全國高校古籍整理研究工作委員會直接資助項目

項目編號:教古字[2006]081號

戰國策索引

李波　李蘊艷　姚英　編

創于1897
商務印書館
The Commercial Press

2013年·北京

圖書在版編目(CIP)數據

戰國策索引/李波，李蘊艷，姚英編．—北京：商務印書館，2013
ISBN 978－7－100－09766－6

Ⅰ.①戰… Ⅱ.①李… ②李… ③姚… Ⅲ.①《戰國策》—書目索引 Ⅳ.①Z89：K231.04

中國版本圖書館CIP數據核字(2013)第007863號

ZHÀNGUÓCÈ SUǑYǏN
戰國策索引
李波　李蘊艷　姚英　編

商務印書館出版
(北京王府井大街36號　郵政編碼100710)
商務印書館發行
北京市藝輝印刷廠印刷
ISBN 978－7－100－09766－6

2013年11月第1版　　開本787×1092　1/16
2013年11月北京第1次印刷　印張57 3/4
定價：186.00元

總　目　録

戰國策索引

附:戰國縱横家書索引

戰國策索引

目　録

凡例 …… 1

檢索表

筆畫檢字表 …… 1
部首檢字表 …… 18
漢語拼音檢字表 …… 36
四角號碼檢字表 …… 66
人名檢索表 …… 94
地名檢索表 …… 102

索引正文

單字索引 …… 1
人名索引 …… 321
地名索引 …… 347
戰國策(閱讀本) …… 1—290

凡　例

一、《戰國策索引》是依據經整理的《戰國策》閱讀本編纂而成，《戰國策》閱讀本附於《戰國策索引》之後。

二、索引不包括《戰國策》閱讀本中的異文内容。

三、索引正文分單字索引、人名索引、地名索引等部分。

四、索引全部内容依中華人民共和國教育部、國家語言文字工作委員會發佈的《語言文字規範GF0012-2009》的《GB13000.1字符集漢字部首歸部規範》筆畫序檢索表爲序排列，並附筆畫檢字表、部首檢字表、漢語拼音檢字表、四角號碼檢字表、人名檢索表、地名檢索表供查檢，其中筆畫檢字表、部首檢字表均依《語言文字規GF0012-2009》排序。

五、索引正文由檢索的字（或詞）及其引文組成。黑括弧内的字即檢索的字（或詞），它後面的阿拉伯數字表明該字（或詞）在《戰國策》閱讀本中出現的次數。隨後是引文，每條引文後面的阿拉伯數表明該句子在《戰國策》閱讀本中的頁、行。

六、索引引文：

（一）引文以《戰國策》閱讀本中相鄰的兩個有效標點符號之間

的内容爲一個自然語言單位引出。

（二）引文指出檢索的字（或詞）在《戰國策》閱讀本中的位置（頁碼和行號）。

（三）單字索引引出的文句按其在《戰國策》閱讀本出現的先後次序排序。

（四）人名、地名索引排序方法與單字索引的相同。

七、爲方便讀者查檢，單字索引正文的頁眉列出該頁檢索的單字；人名索引、地名索引正文的頁眉列出該頁所檢索詞的首字。

八、同人異稱在人名索引中，同地異名在地名索引中均分別列出，不予人工歸納。

九、拼音檢字表衹供本書檢索之用，無確定音讀的作用。

十、《戰國縱横家書》的排列均與《戰國策》相同。

【一畫】
一 1
【二畫】
乙 1
二 1
十 2
丁 2
七 2
卜 2
八 2
人 2
入 5
匕 6
几 6
九 6
刀 6
力 6
乃 6
又 7
【三畫】
三 8
干 8
于 9
工 9
土 9
士 9
才 9
下 9
寸 11
大 11
丈 13
上 13
小 13
口 14
山 14
千 14
乞 15
川 15
夕 15
久 15
凡 15
丸 15
及 15
亡 15
之 16
尸 30
己 30
已 30
弓 30
子 30
也 33
女 40
刃 40
【四畫】
王 40
井 47
天 47
夫 49
元 50
无 50
云 50
丐 50
扎 50
木 50
五 50
市 51
支 51
丏 51
不 51
犬 57
太 57
友 58
尤 58
厄 58
匹 58
巨 58
牙 58
屯 58
戈 58
旡 58
比 58
切 58
止 58
少 59
曰 59
日 63
中 63
內 64
水 65
午 65
牛 65
手 65
毛 65
夭 65
仁 65
什 65
仆 65
化 65
仇 65
斤 65
反 65
兮 66
介 66
父 66
今 66
凶 68
分 68
乏 68
公 68
月 70
氏 70
勿 70
丹 70
印 70
勾 70
厷 70
卞 70
六 70
文 70
亢 71
方 71
火 71
斗 71
户 71
心 71
尹 71
尺 71
引 72
弔 72
丑 72
巴 72
孔 72
以 72
予 78
毋 78
【五畫】
玉 78
未 78
末 79
示 79
巧 79
正 79
扑 79
功 79
去 79
甘 80
世 80
艾 80
古 80
本 80
可 80
左 82
石 82
右 82
布 82
戊 82
平 82
匜 82
北 82
占 83
旦 83
目 83
且 83
甲 84
申 84
田 84
由 84
史 84
央 85
叱 85
兄 85
冃 85
冉 85
囚 85
四 85

生 85
矢 86
失 86
禾 86
丘 86
仕 86
仗 86
代 86
白 86
他 86
仞 86
斥 86
瓜 86
乎 86
令 87
用 88
印 89
句 89
卯 89
犯 89
外 89
冬 89
包 89
主 89
市 90
立 90
半 90
汁 91
穴 91
必 91
司 92
㠯 93
民 93
弗 93
弘 93
疋 93
出 93
阡 94
奴 94
召 94
加 94
皮 94
台 94
矛 94
母 94
幼 95

【六畫】

匡 95
邦 95
式 95
刑 95
邢 95
戎 95
扞 95
圭 95
吉 95
考 95
老 95
地 95
耳 96
共 96
芊 96
芒 96
朽 96
朴 96
机 96
臣 96
吏 99
再 99
西 99
戌 100
在 100
百 100
有 101
存 103
而 103
匠 111
戍 111
列 111
死 111
成 111
夷 112
邪 112
至 112
此 113
光 114
早 114
吁 114
曳 114
曲 114
同 114
因 114
肉 115
年 115
朱 115
先 115
廷 116
舌 116
竹 116
休 116
伍 116
伏 116
臼 116
伐 116
延 117
仲 117
任 117
仰 117
役 117
伉 117
自 117
伊 118
血 118
向 118
似 118
后 118
行 118
舟 119
全 119
合 119
兆 120
刘 120
危 120
旬 120
旨 120
刎 120
匈 120
名 120
各 121
多 121
舛 121
色 121
亦 121
交 121
囟 122
衣 122
次 122
决 122
充 122
妄 122
羊 122
州 122
汗 122
汙 122
江 122
汲 122
汜 122
池 122
汝 122
忖 123
守 123
宅 123
安 123
祁 123
弛 123
阢 123
收 123
阪 124
阬 124
防 124
丞 124
如 124
妃 125
好 125
羽 125
牟 125
巡 125

【七畫】

弄 125
形 125
戒 125
吞 125
扶 125
抎 125
技 125

扼 125
拒 125
批 125
走 125
攻 125
折 127
扮 127
孝 127
均 127
抑 127
投 127
抗 127
坊 127
志 127
抉 127
把 127
刦 127
却 127
劫 127
毐 127
邯 127
芮 127
克 128
杇 128
杜 128
材 128
杖 128
巫 128
李 128
求 128
車 128
甫 129
匣 129
更 129
束 129
吾 129
豆 129
辰 129
否 129
夾 129
豕 129
步 129
肖 129
旰 129
眄 130
見 130
助 130
里 130
吠 131
足 131
男 131
困 132
呿 132
呂 132
吟 132
吹 132
吳 132
邑 132
别 132
兕 132
告 132
我 132
利 133
私 133
每 134
佞 134
兵 134
何 135
佐 136
但 136
伸 136
佚 136
作 136
伯 136
住 136
位 136
佗 136
身 137
伺 137
近 137
巵 137
役 137
彷 137
返 137
余 137
希 137
兑 137
坐 137
谷 137
含 137
肘 137
免 137
狂 137
狄 138
角 138
狃 138
卵 138
迎 138
言 138
况 138
床 139
庇 139
冷 139
序 139
辛 139
弃 139
冶 139
忘 139
弟 139
沐 139
沛 139
沙 139
沃 139
沂 139
汾 139
沒 139
汶 139
沈 139
沉 139
決 139
忕 139
忤 139
忼 139
快 139
完 139
宋 139
牢 140
良 140
初 140
社 140
祀 140
罕 140
君 140
尾 143
改 143
忌 143
阿 143
壯 143
阻 143
附 143
陂 143
姊 143
妙 143
妨 143
邵 143
忍 143
矣 144
【八畫】
奉 146
玩 146
武 146
表 146
毒 146
盂 146
長 146
拑 147
拔 147
坦 147
抽 147
扳 147
拊 147
者 147
坼 150
抵 150
拘 150
抱 150
拄 150
幸 150
拂 151
拙 151
招 151
披 151
亞 151
其 151
耶 153

取 153
苦 154
昔 154
苛 154
若 154
茂 154
苫 155
苴 155
苗 155
英 155
苓 155
苟 155
苞 155
范 155
直 155
茅 155
枉 155
林 155
枝 155
板 155
來 155
松 155
枕 155
杼 155
東 155
或 156
臥 156
事 156
刺 158
兩 158
雨 158
奈 158
刳 158
奔 158
奇 158
殁 158
妻 158
到 158
非 158
叔 159
肯 159
卓 159
虎 159
尙 159
具 159
味 159
果 160
昆 160
昌 160
門 160
明 160
易 160
典 161
固 161
忠 161
呼 161
呴 161
呡 161
咄 161
冐 161
岸 161
囷 161
罔 161
郱 161
制 161
幷 162
知 162
迭 163
垂 163
牧 163
物 163
和 163
季 163
委 163
秉 163
佳 163
侍 163
供 163
使 163
臾 165
兒 165
版 165
侶 165
侏 165
佩 165
侈 165
佼 165
依 165
佯 165
帛 165
卑 165
的 165
迫 165
卹 165
侔 165
征 165
往 165
彼 165
所 166
舍 167
金 167
命 167
肴 168
郄 168
斧 168
采 168
受 168
爭 168
念 168
胷 168
脳 137
忿 168
盼 168
朋 168
股 168
肥 168
服 168
周 169
昏 169
郇 169
兔 169
狙 169
狎 169
狐 169
忽 170
狗 170
咎 170
炙 170
京 170
享 170
夜 170
府 170
底 170
卒 170
郊 170
効 170
妾 170
放 170
刻 170
於 170
育 175
氓 175
券 175
卷 175
並 175
炊 175
沬 175
沫 175
法 175
泄 175
河 175
沾 175
沮 175
況 176
泗 176
沲 176
泠 176
注 176
泣 176
沱 176
沸 176
沼 176
波 176
治 176
怯 176
怵 176
怏 176
性 176
怫 176
怪 176
宗 176
定 176
宜 176
官 176
空 176

宛 176
宓 176
郎 176
戾 177
肩 177
房 177
祆 177
建 177
居 177
屆 177
弦 177
承 177
孟 177
陋 177
牀 177
狀 177
陌 177
孤 177
亟 177
降 178
函 178
限 178
姑 178
姡 178
姓 178
始 178
帑 178
弩 178
糾 178
【九畫】
契 178
奏 178
春 178
珍 178
珉 178
毒 178
封 178
持 179
拱 179
垣 179
城 179
政 179
赴 179
挏 179
哉 179
挺 180
郝 180
拾 180
挑 180
垝 180
指 180
按 180
某 180
甚 180
荆 180
革 180
巷 180
草 180
莒 180
荅 181
苟 181
荒 181
故 181
胡 182
茹 182
南 182
柰 182
枯 182
柯 182
柄 182
柸 182
柩 182
相 182
柚 183
枳 183
枏 183
柞 183
柏 183
柳 183
枹 183
柱 183
勃 184
軌 184
匽 184
部 184
要 184
迺 184
咸 184
威 184
盃 184
厚 184
面 184
殃 184
殆 184
皆 184
剄 185
勁 185
背 185
貞 185
省 185
削 185
昧 185
眄 185
是 185
郢 187
則 187
盼 188
冒 188
咺 188
星 188
昳 188
昨 188
曷 188
昭 189
畏 189
胃 189
胄 189
界 189
虹 189
虻 189
虵 189
思 189
罘 189
咽 189
囿 189
咲 189
炭 189
骨 189
幽 189
拜 189
矩 189
秋 189
科 189
重 189
竽 190
段 190
便 190
俠 190
俓 190
修 190
保 190
侮 190
俗 190
俛 190
係 190
信 190
皇 191
泉 191
卽 191
鬼 191
侵 191
禹 191
侯 191
帥 192
追 192
俊 192
盾 192
待 192
徇 192
衍 192
律 193
後 193
逃 193
俎 193
卻 193
郤 193
食 193
胕 193
胞 193
脉 194
胎 194
匍 194
負 194
勉 194
風 194

狡 194
狩 194
怨 194
急 194
計 194
哀 195
亭 195
度 195
迹 195
庭 195
音 195
帝 195
斿 195
施 195
差 195
美 195
叛 195
送 195
迷 195
前 195
首 196
逆 196
玆 196
炫 196
洹 196
洧 196
洿 196
洞 196
活 196
洛 196
津 196
恃 196
恒 196
怴 196
恢 196
恫 196
恤 196
恨 197
宣 197
宦 197
室 197
突 197
穿 197
客 197
冠 197
寇 197
軍 197
扁 198
扃 198
扆 198
衽 198
衿 198
袂 198
祖 198
神 198
祝 198
祚 198
祠 198
郡 198
退 198
叚 198
屍 198
屋 198
咫 198
屖 198
屏 198
弭 198
昬 198
悲 198
陣 198
韋 198
眉 198
胥 198
陛 198
陘 198
除 198
姻 198
姝 198
姚 198
姸 198
姦 198
怒 198
飛 199
盈 199
勇 199
怠 199
蚤 199
柔 199
矜 199
紂 199
約 199
紈 199
級 199
紀 199
【十畫】
耕 199
挈 199
秦 199
珪 204
珥 204
珠 204
敖 204
素 204
匿 204
恚 204
捄 204
捕 204
馬 204
振 205
挾 205
起 205
捍 205
貢 205
埋 205
捐 205
挹 205
都 205
逝 205
耆 205
挫 205
恐 206
盍 206
埃 206
耻 206
恥 206
華 206
恭 206
莫 206
莠 206
莅 206
莘 206
尅 206
莊 206
桂 207
桔 207
桓 207
栖 207
栢 207
桎 207
株 207
桃 207
格 207
校 207
桉 207
根 207
索 207
軒 207
連 207
軔 207
速 207
鬲 207
栗 207
酌 207
配 207
翅 207
辱 207
唇 207
夏 207
砥 207
破 207
原 208
逐 208
烈 208
殊 208
殉 208
郪 208
劾 208
致 208
晉 208
柴 208
時 209
畢 209
財 209
眩 209
晏 209

畛 209
蚌 209
畔 209
蚊 209
哭 209
恩 209
豈 209
峚 209
剛 209
缺 209
氣 209
特 209
郵 209
造 209
牂 210
乘 210
秣 210
秫 210
笄 210
笔 210
笑 210
俸 210
借 210
值 210
倚 210
倒 210
條 210
脩 210
倐 210
俱 210
倡 210
候 210
倪 210
倫 210
隼 210
俯 210
俲 210
倍 210
倦 211
健 211
臭 211
射 211
躬 211
息 211
烏 211
倨 211
師 211
徒 211
徑 211
徐 211
殷 211
般 211
舫 211
途 211
殺 211
釜 212
豺 212
豹 212
奚 212
倉 212
飢 212
蚠 212
脆 212
眞 212
狹 212
狸 212
狼 212
胷 212
卿 212
逢 212
桀 212
留 212
芻 212
託 212
記 212
訑 212
凌 212
凍 212
衰 212
畝 212
高 213
毫 213
郭 213
席 213
庫 213
准 213
座 213
病 213
疸 213
疾 213
疲 213
脊 213
效 213
唐 213
凋 214
恣 214
剖 214
部 214
旁 214
旆 214
旅 214
旃 214
欬 214
畜 214
羞 214
恙 214
瓶 214
[illegible] 214
[illegible] 214
粉 214
料 214
益 214
兼 214
浦 214
酒 214
涇 214
涉 214
消 214
涓 214
海 214
涂 215
浮 215
流 215
涕 215
涙 215
浚 215
悖 215
悟 215
悍 215
悁 215
悔 215
悅 215
害 215
寇 215
家 215
宵 215
宮 215
容 215
宰 215
案 215
袒 215
袖 215
被 216
祥 216
冥 216
書 216
展 216
弱 216
陸 216
陵 216
陬 216
陳 216
孫 217
蚩 217
崇 217
陰 217
陶 217
陪 217
姬 217
挈 217
恕 217
脅 217
通 217
能 217
逡 218
務 218
桑 218
純 219
納 219
紛 219

【十一畫】

彗 219
責 219
理 219
琅 219

規 219
掫 219
掩 219
排 219
焉 219
赦 219
推 219
授 219
教 219
掠 219
捽 219
接 219
執 219
探 220
掃 220
据 220
堀 220
掘 220
基 220
聊 220
菁 220
著 220
萊 220
黄 220
菽 220
萌 220
萺 220
莾 220
萆 220
菍 220
菟 220
菹 220
菀 220
乾 220
械 220
梗 220
梧 220
梏 220
麥 220
梓 220
梯 220
救 220
殺 220
斬 220
軟 221
專 221
曹 221
副 221
區 221
[illegible] 221
堅 221
鄄 221
脣 221
戚 221
帶 221
厠 221
奢 221
爽 221
盛 221
雪 221
頃 221
鹵 221
虛 221
處 221
雀 221
堂 221
常 221
眦 222
晨 222
敗 222
眼 222
野 222
啞 222
閈 222
閉 222
問 222
晦 222
晚 222
啄 222
異 222
距 222
趾 222
趹 222
略 222
圉 222
蛉 222
蛇 222
累 222
鄂 223
國 223
患 225
唾 225
唯 225
啗 225
啜 225
[illegible] 225
崐 225
崔 225
帷 225
崢 225
崩 225
崇 225
過 225
移 226
動 226
符 226
答 226
敏 226
偃 226
偪 226
偵 226
側 226
偶 226
傀 226
候 226
偷 226
貨 226
售 226
進 226
倚 226
偏 226
梟 226
鳥 226
旣 226
兜 226
假 226
偉 226
術 227
徙 227
得 227
從 228
衒 228
船 228
釣 229
悉 229
欲 229
貪 230
貧 230
脯 230
脰 230
脛 230
魚 230
象 230
逸 230
猜 230
猛 230
祭 230
許 230
訢 230
設 230
訪 230
毫 230
孰 230
烹 231
庶 231
庾 231
疵 231
飡 231
廊 231
康 231
庸 231
鹿 231
章 231
竟 231
產 231
商 231
旌 231
族 231
旋 231
望 231
率 231
牽 231
着 231
粗 231
粒 231

敝 231
焫 231
清 231
渚 232
淇 232
淋 232
淹 232
涿 232
渠 232
淺 232
淖 232
混 232
淮 232
淫 232
淬 232
深 232
粱 232
淄 232
情 232
惜 232
悼 232
惕 232
惟 232
惛 232
惋 233
寇 233
寂 233
寅 233
寄 233
宿 233
密 233
啓 233
裂 233
視 233
祲 233
晝 233
逮 233
敢 233
尉 233
屠 233
張 233
隋 234
將 234
階 235
陽 235
隅 236
隗 236
隆 236
隊 236
婢 236
婚 236
婦 236
習 236
參 236
貫 236
鄉 236
組 236
細 236
終 236
紘 236
紵 236
紹 236
給 236
巢 236

【十二畫】

貳 236
琴 236
髡 236
堯 236
揕 236
堞 236
揀 236
項 236
越 236
超 237
賁 237
堤 237
提 237
場 237
揚 237
揖 237
博 237
揭 237
喜 237
彭 237
揣 237
插 237
煮 237
揜 237
援 237
捊 237
裁 237
達 237
報 237
揮 237
壹 237
壺 237
握 237
揆 237
惡 237
棊 238
朞 238
期 238
欺 238
葉 238
葫 238
散 238
斮 238
葬 238
葘 238
募 238
萬 238
葛 239
董 239
葆 239
敬 239
葱 239
葥 239
落 239
戟 239
朝 239
葭 239
喪 239
葵 239
植 239
棼 239
焚 239
椅 239
棲 239
棧 239
椒 239
椎 239
棓 239
棬 239
棺 239
極 239
軻 239
軸 240
軹 240
軼 240
軫 240
惠 240
惑 240
逼 240
粟 240
棗 240
棘 240
酣 240
厨 240
殖 240
殘 240
裂 240
雄 240
雲 240
悲 240
紫 240
棠 240
掌 240
最 240
量 241
鼎 241
開 241
閑 241
閎 241
間 241
閒 241
閔 241
悶 241
遇 241
景 241
跖 241
跔 241
貴 241
喟 241
單 242

喉 242
喻 242
嗟 242
嗞 242
喙 242
買 242
詈 242
黑 242
圍 242
[illegible] 242
無 242
短 244
規 244
智 244
甀 244
稍 244
黍 244
犂 244
喬 244
等 244
筑 244
策 244
筋 244
筆 244
傲 244
備 244
傅 244
貸 244
順 244
傒 244
傑 244
集 244
焦 244
傍 244
臯 244
衆 244
遁 245
御 245
復 245
徨 245
循 245
徧 245
須 245
舒 245
鉅 245
鈍 245
鈆 245
鈞 245
鈎 246
弒 246
翕 246
殽 246
番 246
禽 246
爲 246
舜 250
貂 250
創 250
飯 250
飲 250
飭 250
腊 250
腓 250
腴 250
脾 250
勝 250
腕 250
猲 250
猴 250
猶 250
然 251
貿 251
鄉 251
証 251
詐 251
詘 251
詔 252
馮 252
就 252
鄗 252
敦 252
痤 252
痛 252
童 252
遊 252
棄 252
善 252
翔 253
普 253
尊 253
道 253
遂 253
曾 253
勞 253
湊 254
湛 254
湖 254
湘 254
渤 254
減 254
測 254
湯 254
温 254
渭 254
滑 254
淵 254
渝 254
盜 254
湆 254
渡 254
游 254
湔 254
滋 254
渾 254
湣 254
愜 254
惰 254
愕 254
惴 254
惶 254
愧 254
慨 254
惽 254
割 254
寒 255
富 255
寖 255
窘 255
寐 255
運 255
遍 255
補 255
裎 255
祺 255
禍 255
祿 255
尋 255
畫 255
犀 255
强 255
費 256
疎 256
疏 256
違 256
隔 256
隕 256
隘 256
媒 256
媪 256
嫂 256
媿 256
婿 256
賀 256
辝 256
登 256
發 256
絫 256
結 257
絰 257
給 257
絳 257
絶 257
絞 257
統 257
絣 257
絲 257
幾 257
【十三畫】
惷 257
瑟 257
瑕 257
搆 257
肆 257
填 257
載 257

搏	257	梗	261	歇	263	舅	266	試	267
馳	257	槐	261	暉	263	鼠	266	註	267
鄢	257	榆	261	暇	263	牒	266	詩	267
趍	258	嗇	261	號	263	傾	266	誠	267
損	258	楺	261	照	263	僂	266	誅	267
遠	258	裘	261	跣	263	賃	266	詬	267
鼓	258	軾	261	跪	263	傷	266	誂	267
勢	258	剸	261	路	263	俵	266	詣	267
搖	258	竪	261	園	263	魁	266	諍	267
搶	258	甄	261	遣	263	敫	266	詳	267
搤	258	賈	261	豊	263	僇	266	裏	267
聖	258	感	261	農	263	遞	266	瘁	267
聘	258	碎	261	嗣	263	微	266	廉	267
朞	258	電	261	嗚	263	徯	266	廕	267
斟	258	雷	261	嗂	263	鉞	266	資	267
蓋	258	頓	261	嗛	263	鉆	266	靖	268
靳	258	督	262	署	263	鉏	266	新	268
靭	258	歲	262	睪	263	鉤	266	鄣	268
蒪	258	訾	262	置	263	愈	266	意	268
蒥	258	虞	262	罪	263	會	266	雍	268
墓	258	虜	262	蜀	263	遙	266	義	268
幕	258	業	262	雉	263	愛	266	粮	268
夢	258	當	262	歆	263	貉	267	煎	268
蒼	258	睹	262	稙	263	亂	267	遡	268
蓬	258	睚	262	稠	264	飾	267	慈	268
蒭	258	睡	262	愁	264	飽	267	煩	268
蒿	258	睢	262	筴	264	腸	267	煬	268
蓄	258	睢	262	筋	264	腫	267	煨	268
蒲	258	賊	262	筦	264	腹	267	煖	268
蒙	258	賂	262	節	264	詹	267	溝	268
蔆	258	嗜	262	與	264	脪	267	滅	269
椹	258	鄙	262	僅	266	腦	267	塗	269
禁	258	黽	262	傳	266	猿	267	滏	269
楚	259	愚	262	傴	266	解	267	溜	269
楊	261	盟	263	毀	266	奄	267	溢	269

溺 269
粱 269
慎 269
慄 269
愴 269
慊 269
塞 269
窟 269
裸 269
裼 269
福 269
羣 269
殿 269
辟 269
裝 269
際 269
障 269
媾 269
嫫 269
嫌 269
嫁 269
勦 269
預 270
經 270
【十四畫】
瑱 270
瑶 270
慝 270
摶 270
趙 270
墟 272
嘉 272
皷 272
臺 272
赫 272
截 272
誓 272
境 272
壽 272
摎 272
綦 272
聚 272
鞅 272
慕 272
暮 272
蔡 272
蔽 272
蔆 273
熙 273
構 273
槁 273
輒 273
輔 273
輕 273
輓 273
匱 273
歌 273
遭 273
監 273
酺 273
酸 273
厮 273
厲 273
厭 273
碭 273
碣 273
爾 273
奪 273
臧 273
需 273
霆 273
蜚 273
對 273
嘗 274
裳 274
嘆 274
閨 274
聞 274
閭 275
閣 275
踛 275
踈 275
踈 275
跼 275
踡 275
蜻 275
蜺 275
鄲 275
鳴 275
圂 275
罰 275
圖 275
舞 276
種 276
稱 276
箕 276
箘 276
箠 276
管 276
箒 276
儆 276
僚 276
僭 276
僕 276
僑 276
僞 276
鼻 276
銜 276
銍 276
銅 276
銛 276
銚 276
貌 276
餌 276
領 276
膊 276
鳳 276
疑 276
獄 276
雒 276
誡 277
誣 277
語 277
誤 277
誘 277
誨 277
說 277
誦 277
裹 277
豪 277
膏 277
廣 277
腐 277
廐 277
廄 277
褎 277
塵 277
劃 277
竭 277
端 278
適 278
齊 278
旗 281
養 281
精 281
粻 281
鄰 281
粹 281
鄭 281
愬 281
弊 281
幣 281
榮 281
滎 281
熒 281
漢 281
滿 281
漆 281
漸 282
漕 282
漂 282
漑 282
漁 282
漉 282
漳 282
漏 282
滲 282
慢 282
慴 282
寬 282
賓 282
寡 282
察 283
寧 283
寢 283

實 283
褐 283
褘 283
盡 283
屢 283
墮 283
隨 283
隣 283
墜 283
隧 283
嫗 283
嫪 283
鼐 283
頗 283
翟 283
翠 284
態 284
鄧 284
瞀 284
綺 284
緄 284
網 284
維 284
綿 284
綸 284
綰 284
綴 284
綠 284
緇 284

【十五畫】
慧 284
奭 284
輦 284
髮 284
撓 284
墳 284
駟 284
駒 284
趣 284
撲 284
賣 284
撫 284
靚 284
摯 284
熱 284
播 284
鞏 284
摰 284
撙 284
增 284
穀 284
撥 284
掾 284
聰 284
歎 284
蕢 284
蕃 284
蕩 284
橫 284
樞 284
樗 284
樓 284
樊 285
賚 285
樟 285
慙 285
輪 285
輟 285
甌 285
毆 285
歐 285
豎 285
賢 285
遷 285
醉 285
憂 285
鴈 285
遼 285
震 285
輩 285
劌 285
齒 285
劇 286
膚 286
慮 286
鄴 286
賞 286
瞋 286
暴 286
賦 286
賭 286
賤 286
賜 286
瞑 286
噴 286
嘻 286
鄲 286
數 286
踦 286
踐 286
踟 286
踞 286
遺 286
嘿 286
噑 287
罵 287
罷 287
墨 287
稽 287
稷 287
剺 287
稻 287
黎 287
稸 287
稼 287
篋 287
箭 287
篇 287
僵 287
價 287
牖 287
億 287
儀 287
臯 288
緜 288
樂 288
僻 288
質 288
德 288
徵 288
衝 288
徹 288
盤 288
鋏 288
銷 288
銳 288
鋒 288
劍 288
虢 289
餝 289
餔 289
餓 289
餘 289
膝 289
膓 289
滕 289
膠 289
魯 289
鄭 289
請 289
諸 290
諾 290
誹 290
諔 290
諛 290
誰 290
論 291
調 291
諂 291
諒 291
談 291
誼 291
熟 291
廝 291
廟 291
摩 291
廡 291
瘨 291
瘡 291
慶 291
廢 291
毅 291
敵 291
羹 291
糅 291

翦 291
熿 291
潔 292
潛 292
潰 292
憒 292
憚 292
憍 292
憔 292
憱 292
憧 292
憐 292
憎 292
寫 292
審 292
窮 292
頞 292
慰 292
遲 292
履 292
彈 292
選 292
漿 292
險 292
駑 292
駕 292
翫 292
戮 292
豫 292
緤 292
練 292
緱 292
緩 292
總 292
編 292
緣 292

【十六畫】

耨 292
璞 292
靜 292
璣 292
錄 293
墻 293
壃 293
駭 293
據 293
操 293
憙 293
擇 293
擔 293
壇 293
擅 293
擁 293
穀 293
縠 293
薔 293
燕 293
薨 294
薛 294
薦 294
薪 294
薄 294
蕭 295
頤 295
薜 295
樹 295
樴 295
橋 295
樵 295
橦 295
橘 295
機 295
輻 295
輯 295
輸 295
整 295
賴 295
橐 295
翮 295
頭 295
瓢 295
醎 295
醜 295
歷 295
奮 295
殪 295
殫 295
頸 295
冀 295
叡 295
遽 295
盧 295
縣 295
鬩 295
踵 295
踰 295
蹄 295
器 295
戰 295
噣 296
噬 296
噲 296
還 296
默 296
黔 296
積 296
穆 296
勳 296
篤 296
築 296
篡 296
舉 296
興 297
學 297
儒 297
儐 297
劓 297
徼 297
衡 297
衛 297
錯 297
錡 297
錢 297
錮 297
錐 297
錦 297
鍵 297
劒 297
墾 297
館 297
頴 297
膳 297
縢 297
雕 297
鴟 297
鮒 297
鮑 297
獲 297
獨 298
謀 298
諫 298
謁 298
謂 298
諭 300
諼 300
諺 300
諱 300
磨 300
廧 300
廩 300
瘵 300
親 300
辨 300
龍 300
嬴 300
壅 300
燒 300
燋 300
燔 300
燧 300
營 300
濊 300
澠 300
潞 300
澤 300
濁 300
激 300
澮 300
澹 300
憾 300
憲 300
褰 300
窺 300
壁 300
避 301

嬖 301
彊 301
隱 301
嬙 301
縛 301
縫 301
縞 301
【十七畫】
環 301
贅 301
黿 301
騁 301
駿 301
趨 301
戴 301
擯 301
觳 301
聲 301
擢 301
藉 301
聰 301
懃 301
鞠 301
藍 301
藏 301
舊 301
韓 301
隸 303
檀 303
轅 303
擊 303
臨 303
醢 304
翳 304
壓 304
磻 304
霜 304
釐 304
壑 304
戲 304
虧 304
購 304
嬰 304
闌 304
闇 304
闈 304
嚂 304
蹈 304
蹊 304
螻 304
雖 304
黜 304
髀 304
矯 304
魏 304
繁 307
輿 307
歛 307
優 307
償 307
儲 307
龜 307
屬 307
徽 307
禦 307
鍥 307
鍊 307
鍾 307
斂 307
爵 307
谿 307
豀 307
餽 307
毚 307
鮮 307
獮 307
講 307
諱 308
謝 308
謠 308
謟 308
謗 308
襄 308
氈 308
應 308
廩 308
癘 308
療 308
麋 308
齎 308
糟 308
糞 308
糠 308
燥 308
燭 308
鴻 308
濫 308
濡 308
濮 308
濟 308
濱 308
懦 308
懧 308
蹇 308
禮 309
臂 309
彌 309
孺 309
際 309
牆 309
翼 309
鍪 309
嚮 309
縛 309
縷 309
縱 309
縮 309
繆 309
【十八畫】
釐 309
騏 309
騎 309
騝 309
駢 309
騄 309
擾 309
瞽 309
贄 309
罄 309
聶 309
職 309
藝 309
鞮 309
鞭 309
鞫 309
藺 309
藥 309
藩 309
轉 309
覆 309
醫 309
殯 310
豐 310
齕 310
叢 310
題 310
鼂 310
闔 310
闕 310
曠 310
嚙 310
蹠 310
壘 310
蟲 310
羃 310
黠 310
鵠 310
鵝 310
簡 310
簡 310
雙 310
軀 310
邊 310
歸 310
鎒 310
鎰 310
鎋 310
雞 310
臏 310
鯉 310
觴 310
獵 310
謹 310
謾 311
謬 311

癕 311
雛 311
離 311
顏 311
糧 311
濺 311
襟 311
襘 311
禱 311
璧 311
醬 311
隴 311
繞 311
繐 311
織 311
繕 311
繒 311
斷 311
雝 311
【十九畫】
黿 311
壞 311
壠 311
難 311
鵲 311
藿 311
藺 311
勸 311
孽 312
蘇 312
顛 312
攀 312
櫓 312
繫 312
櫜 312
覇 312
麗 312
礛 312
願 312
壐 313
闚 313
曝 313
闞 313
關 313
疇 313
蹶 313
蹻 313
蹌 313
蹯 313
蹴 313
蟻 313
嚴 313
獸 313
羅 313
贊 313
簬 313
牘 313
鏤 313
鏡 313
辭 313
鯵 314
譆 314
譚 314
譖 314
識 314
靡 314
廬 314
龐 314
壟 314
羸 314
旟 314
饔 314
類 314
爍 314
瀨 314
懷 314
寵 314
疆 314
鶩 314
歠 314
繩 314
繯 314
繳 314
繡 314
【二十畫】
騶 314
壤 314
攘 314
鬊 314
蘭 314
轘 314
飄 314
醳 314
獻 314
黨 314
懸 315
贍 315
躁 315
黥 315
籍 315
籌 315
纂 315
礜 315
豐 315
覺 315
鐔 315
鐘 315
釋 315
饒 315
饋 315
饑 315
騰 315
鯷 315
鰌 315
觸 315
譴 315
議 315
贏 315
糲 315
灌 315
懽 315
寶 315
竇 315
譬 315
鶩 315
饗 315
繻 315
繼 316
【二十一畫】
齧 316
攝 316
驅 316
驂 316
攜 316
歡 316
權 316
覽 316
霸 316
露 316
闢 316
曩 316
躍 316
纍 316
髓 316
儼 316
鐵 316
鐸 316
鐶 316
鰥 316
辯 316
齎 316
灘 316
懾 316
懼 316
竈 316
顧 316
屬 316
蠡 316
續 316
纆 317
纏 317
【二十二畫】
鬢 317
驕 317
驎 317
騄 317
鷙 317
聽 317
驚 317
囊 317
贖 317
饕 317
躓 317
羇 317
巖 317

體 317
穰 317
籠 317
鑄 318
臞 318
讀 318
孿 318
聾 318
襲 318
灑 318
竊 318
鬻 318
【二十三畫】
驗 318
攫 318
贗 318
齮 318
顯 318
籥 318
讐 318
讎 318
鑠 318
鱗 318
讌 318
欒 318
變 318
麟 318
讋 318
戄 318
鷸 318
纓 318
纖 318
【二十四畫】
驟 318
觀 318
蠹 319
鹽 319
釀 319
靈 319
蠶 319
鬭 319
羈 319
衢 319
讙 319
讒 319
讓 319
鷹 319
鼇 319
【二十五畫】
鬮 319
顱 319
躡 319
鼉 319
髗 319
蠻 319
【二十六畫】
驥 319
黶 319
躧 319
【二十七畫】
驩 319
【二十八畫】
鑿 319
【二十九畫】
驪 319
【三十畫】
爨 319
【三十三畫】
麤 319

【一部】
一 1
二 1
丁 2
七 2
三 8
于 9
才 9
下 9
丈 13
井 47
天 47
夫 49
元 50
元 50
云 50
丐 50
五 50
帀 51
不 51
屯 58
未 78
末 79
正 79
世 80
本 80
吏 99
再 99
百 100
夷 112
丞 124
求 128
甫 129
更 129
束 129
奉 146
表 146
亞 151
東 155
事 156
兩 158
亟 177
奏 178
甚 180
焉 219
棗 240
棘 240
爾 273
囊 31
【丨部】
中 63
内 64
且 83
甲 84
申 84
由 84
史 84
央 85
冉 85
曳 114
曲 114
果 160
畢 209
【丿部】
九 6
千 14
川 15
久 15
丸 15
及 15
午 65
夭 65
乏 68
丹 70
失 86
丘 86
乎 86
年 115
朱 115
我 132
卵 138
并 162
垂 163
秉 163
臾 165
重 189
禹 191
烏 211
師 211
喬 244
弑 246
舉 296
舋 315
【丶部】
之 16
半 90
必 91
州 122
良 140
叛 195
【乛部】
乙 1
乃 6
乞 15
也 33
尹 71
弔 72
丑 72
予 78
司 92
民 93
弗 93
承 177
亂 267
【十部】
十 2
古 80
克 128
直 155
卑 165
南 182
賁 237
博 237
喪 239
嗇 261
戴 301
【厂（⺁）部】
厄 58
反 65
斥 86
后 118
戹 137
厚 184
盾 192
厝 207
原 208
厠 221
厨 240
厮 273
厲 273
厭 273
厭 273
鴈 285
歷 295
饜 318
黶 319
【匚部】
匹 58
巨 58
匜 82
匡 95
匠 111
匣 129
匽 184
匿 204
區 221
匱 273
【卜部】
卜 2
上 13
占 83
卓 159
貞 185
【冂部】
用 88
同 114
罔 161
周 169
【八（丷）部】
八 2
兮 66
分 68
公 68
共 96
兵 134

兑 137
弟 139
其 151
具 159
典 161
忿 168
並 175
前 195
兹 196
瓫 212
[illegible] 214
兼 214
貧 230
與 264
養 281
興 297
輿 307

【人（亻入）部】

人 2
入 5
仁 65
什 65
仆 65
化 65
仇 65
介 66
今 66
以 72
仕 86
仗 86
代 86
他 86
仞 86
令 87
休 116
伍 116
伏 116
伐 116
仲 117
任 117
仰 117
役 117
伉 117
伊 118
似 118
全 119
合 119
佞 134
何 135
佐 136
但 136
伸 136
佚 136
作 136
伯 136
住 136
位 136
佗 136
伺 137
余 137
含 137
佳 163
侍 163
供 163
使 163
侶 165
侏 165
佩 165
侈 165
佼 165
依 165
佯 165
侔 165
舍 167
命 167
念 168
便 190
俠 190
俓 190
修 190
保 190
侮 190
俗 190
俛 190
係 190
信 190
侵 191
侯 191
俊 192
俎 193
俸 210
借 210
值 210
倚 210
倒 210
排 219
條 210
脩 210
倏 210
俱 210
倡 210
候 210
倪 210
倫 210
俯 210
俲 210
倍 210
倦 211
健 211
倨 211
倉 212
偃 226
偪 226
偵 226
側 226
偶 226
傀 226
偷 226
偏 226
假 226
偉 226
貪 230
傲 244
備 244
傅 244
傒 244
傑 244
傍 244
舒 245
翕 246
禽 246
僅 266
傳 266
傴 266
傾 266
僂 266
傷 266
僇 266
愈 266
會 266
儌 276
僚 276
僭 276
僕 276
僑 276
僞 276
僵 287
價 287
億 287
儀 287
僻 288
儒 297
儐 297
劍 297
優 307
償 307
儲 307
儼 316

【勹部】

勿 70
勾 70
句 89
包 89
旬 120
匈 120
匍 194
芻 212

【儿部】

先 115
兆 120
兕 132
兜 226

【匕部】

匕 6
北 82

旨 120
眞 212
頃 221
疑 276
冀 295

【几部】
几 6
凡 15
鳳 276

【亠部】
亡 15
卞 70
六 70
亢 71
主 89
市 90
亦 121
交 121
京 170
享 170
夜 170
卒 170
氓 175
哀 195
亭 195
衰 212
畝 212
亳 213
毫 230
孰 230
亰 231
商 231
率 231
就 252
棄 252
裹 277
裹 277
雍 268
裹 277
豪 277
褎 277
裹 277
壅 300
襄 308
饔 314

【冫部】
次 122
決 122
況 138
冷 139
冶 139
凌 212
凍 212
准 213
凋 214
凔 231
馮 252

【冖部】
冠 197
軍 197
冥 216

【凵部】
凶 68
函 178

【卩部】
卬 70
印 89
卯 89
危 120
却 127
卷 175
即 191
卿 212

【刀（刂⺈部）】
刀 6
刃 40
切 58
召 94
刑 95
刎 120
刦 127
別 132
央 85
免 137
刺 158
剄 158
制 161
兔 169
刻 170
券 175
荆 180
到 185
削 185
負 194
剡 208
剛 209
剖 214
副 221
剬 225
象 230
創 250
割 254
剸 261
劌 285
劇 286
劍 288
豫 292
賴 295
㲋 307

【力部】
力 6
加 94
劫 127
助 130
効 170
勃 184
勁 185
勉 194
勇 199
勦 214
脅 217
動 226
勞 253
勢 258
勠 269
勳 296
勸 311

【又部】
又 7
友 58
厷 70
台 94
牟 125
矣 144
叔 159
受 168
怠 199
叚 198
能 217
桑 218
參 236
叅 256
叡 295
雙 310

【廴部】
廷 116
延 117
建 177

【干部】
干 8
平 82
罕 140
姧 198

【工部】
工 9
巧 79
功 79
左 82
攻 125
巫 128
貢 205
項 236

【土（士）部】
土 9
士 9
去 79
圭 95
吉 95
地 95
在 100
均 127
坊 127
志 127
毐 127
坐 137

坦 147
圤 96
坼 150
幸 150
垣 179
城 179
垝 180
坦 147
埋 205
埃 206
執 219
堀 220
基 220
堅 221
堂 221
堯 236
堞 236
堤 237
場 237
喜 237
報 237
壹 237
壺 237
填 257
塗 269
墟 272
嘉 272
臺 272
境 272
壽 272
墮 283
墜 283
墜 283
墝 284
墳 284
賣 284
增 284
墻 293
壃 293
憙 293
壇 293
墾 297
壁 300
壓 304
壐 313
壑 304
壞 311
壠 311
壤 314
蠱 319

【艹（艸）部】
艾 80
芊 96
芋 96
芒 96
芮 127
苦 154
苛 154
若 154
茂 154
苫 155
苴 155
苗 155
英 155
苓 155
苟 155
苞 155
范 155
茅 155
苟 155
草 180
莒 180
荅 181
荀 181
荒 181
茹 182
華 206
莫 206
莠 206
莅 206
菟 220
莘 206
莊 206
菁 220
著 220
萊 220
菽 220
萌 220
萆 220
菟 220
菹 220
菀 220
葉 238
葫 238
葬 238
葘 238
募 238
萬 238
葛 239
董 239
葆 239
葱 239
葡 239
落 239
葭 239
葵 239
蓋 258
蓐 258
墓 258
幕 258
夢 258
蒼 258
蓬 258
蒟 258
蒿 258
蓄 258
蒲 258
蒙 258
菟 220
慕 272
暮 272
蔡 272
蔽 272
蔆 273
蕢 284
蕃 284
蕩 284
蕘 294
薛 294
薦 294
薪 294
薄 294
蕭 295
薜 295
藉 301
藍 301
藏 301
舊 301
藝 309
藺 309
藥 309
藩 309
藿 311
藺 311
孽 312
蘇 312
蘭 314

【寸部】
寸 11
封 178
尅 206
專 221
尉 233
尊 253
對 273

【廾部】
弃 139
弊 281

【大部】
大 11
太 57
夾 129
奈 158
奔 158
奇 158
契 178
奢 221
爽 221
奪 273
奭 284
樊 285
奮 295

【尢(兀尣)部】
尤 58

【弋部】

式 95
貳 236
【小（⺌）部】
小 13
少 59
光 114
肖 129
尙 159
雀 221
縣 295
【口部】
口 14
可 80
右 82
叱 85
兄 85
吁 114
向 118
吞 125
吾 129
否 129
吠 131
呂 132
吟 132
吹 132
吳 132
告 132
君 140
味 159
呼 161
咆 161
呡 161
咄 161
咎 170
哉 179
咺 188
咽 189
咲 189
啄 222
唾 225
唯 225
啗 225
啜 225
啓 233
喟 241
單 242
喉 242
喻 242
嗟 242
嗞 242
喙 242
善 252
嗜 262
嗣 263
嗚 263
嗛 263
嘆 274
鳴 275
嘖 286
嘻 286
嘿 286
嘷 287
器 295
噣 296
噬 296
噲 296
嚳 300
嚂 304
嚙 310
嚴 313
【囗部】
囚 85
四 85
因 114
困 132
固 161
囷 161
囿 189
圉 222
國 223
圍 242
園 263
圖 275
【山部】
山 14
岸 161
炭 189
幽 189
豈 209
峚 209
崐 225
崔 225
崢 225
崩 225
崇 225
巖 317
【巾部】
布 82
希 137
帑 178
帥 192
帝 195
帑 178
帶 221
常 221
帷 225
幣 281
【彳部】
行 118
役 137
彷 137
征 165
往 165
彼 165
待 192
徇 192
衍 192
律 193
後 193
徒 211
徑 211
徐 211
術 227
徙 227
得 227
從 228
衒 228
御 245
復 245
循 245
徧 245
微 266
德 288
衚 276
德 288
徵 288
衝 288
徹 288
徼 297
衡 297
衞 297
徽 307
衢 319
【彡部】
形 125
彭 237
須 245
【夕部】
夕 15
外 89
名 120
多 121
舞 276
【夂部】
冬 89
各 121
夏 207
【丬（爿）部】
牆 309
憂 285
壯 143
牀 177
狀 177
將 234
【广部】
床 139
庇 139
序 139
府 170
底 170
度 195
庭 195
席 213
庫 213
座 213

唐 213
庶 231
庾 231
廊 231
康 231
庸 231
廉 267
廕 267
廣 277
腐 277
廄 277
廝 291
廟 291
廡 291
慶 291
廢 291
廧 300
廩 300
應 308
廬 314
龐 314
鷹 319
【门（門）部】
門 160
閉 222
閉 222
問 222
開 241
閑 241
閎 241
間 241
閒 241
閔 241
悶 241
閨 274
聞 274
閭 275
閣 275
闕 295
闌 304
闇 304
闈 304
闔 310
闕 310
闐 313
闢 316
闞 313
關 313
闢 316
【宀部】
守 123
宅 123
安 123
完 139
宋 139
牢 140
宗 176
定 176
宜 176
官 176
宛 176
宓 176
宣 197
宧 197
室 197
客 197
害 215
寇 215
家 215
宵 215
宮 215
容 215
宰 215
案 215
寇 233
寅 233
寄 233
宿 233
密 233
寒 255
富 255
寖 255
寐 255
塞 269
寬 282
賓 282
寡 282
察 283
寧 283
寢 283
實 283
寫 292
審 292
憲 300
褰 300
蹇 308
寵 314
寶 315
【辶（辵）部】
巡 125
近 137
返 137
迎 138
迭 163
迫 165
迺 184
追 192
逃 193
迹 195
送 195
迷 195
逆 196
退 198
逝 205
連 207
速 207
逐 208
造 209
途 211
逢 212
通 217
逡 218
過 225
進 226
逸 230
逮 233
達 237
逼 240
遇 241
遁 245
遊 252
道 253
遂 253
運 255
遍 255
違 256
遠 258
遣 263
遞 266
遥 266
遡 268
遭 273
適 278
遷 285
遼 285
遺 286
遲 292
選 292
遽 295
還 296
避 301
邊 310
【彐（彑）部】
彗 219
尋 255
【尸部】
尸 30
尺 71
尾 143
居 177
居 177
屈 177
屍 198
屋 198
咫 198
屏 198
展 216
屠 233
犀 255
屢 283
履 292
屬 316
【己(已巳)部】
己 30
已 30

巴 72
改 143
忌 143
巷 180
卷 175
【弓部】
弓 30
引 72
弘 93
弛 123
弦 177
弩 178
弭 198
弱 216
張 233
强 255
彈 292
彊 301
彌 309
彄 314
【子部】
子 30
孔 72
存 103
孟 177
孤 177
孫 217
學 297
孺 309
孿 318
【屮部】
出 93
蚩 217
【女部】
女 40
奴 94
妄 122
如 124
妃 125
好 125
姉 143
妙 143
妨 143
妻 158
怨 194
姑 178
姤 178
姓 178
始 178
姬 217
姻 198
姝 198
姚 198
姦 198
姬 217
婢 236
婚 236
婦 236
媒 256
媪 256
嫂 256
媿 256
婿 256
媾 269
嫫 269
嫌 269
嫁 269
嫗 283
嫪 283
嬖 301
嫱 301
嬰 304
【飞（飛）部】
飛 199
【马（馬）部】
馬 204
馳 257
駟 284
駒 284
駑 292
駕 292
駭 293
騁 301
駿 301
騏 309
騎 309
騄 309
騖 314
騶 314
驅 316
驂 316
驕 317
驎 317
驚 317
驗 318
驟 318
驥 319
驩 319
驪 319
【幺部】
幼 95
幾 257
【巛部】
巢 236
【王部】
王 40
玉 78
弄 125
玩 146
珍 178
珉 178
珪 204
珥 204
珠 204
理 219
琅 219
望 231
琴 236
瑟 257
瑕 257
聖 258
瑱 270
瑶 270
璞 292
璣 292
環 301
璧 311
璽 313
【无（旡）部】
无 50
旡 58
既 226
旣 242
蠶 319
【韦（韋）部】
韋 198
【木部】
木 50
朽 96
朴 96
机 96
杇 128
杜 128
材 128
杖 128
李 128
枉 155
林 155
枝 155
板 155
來 155
松 155
枕 155
杼 155
柰 182
枯 182
柯 182
柄 182
柸 182
柩 182
相 182
柚 183
枳 183
柟 183
柞 183
柏 183
柳 183
枹 183
柱 183
桂 207
桔 207
桓 207
栖 207
栢 207
桎 207

株 207
桃 207
格 207
校 207
桉 207
根 207
柴 208
桀 212
械 220
梗 220
梧 220
梏 220
梓 220
梯 220
梟 226
渠 232
梁 232
棊 238
植 239
棼 239
椅 239
棲 239
棧 239
椒 239
椎 239
棓 239
棬 239
棺 239
極 239
棠 240
椹 258
楊 261
楩 261
槐 261
楡 261
楺 261
構 273
槁 273
榮 281
横 284
樞 284
樗 284
樓 284
樟 285
樂 288
樹 295
橫 284
橛 295
橋 295
樵 295
橦 295
機 295
橐 295
檀 303
櫓 312
櫜 312
權 316
【支部】
支 51
翅 207
【犬（犭）部】
犬 57
犯 89
狂 137
狄 138
狃 138
狙 169
狎 169
狐 169
狗 170
狡 194
狩 194
哭 209
狹 212
狸 212
狼 212
猜 230
猛 230
猲 250
猴 250
猶 250
猿 267
獄 276
獲 297
獨 298
獮 307
獵 310
獸 313
獻 314
【歹（歺）部】
列 111
死 111
歿 158
殃 184
殆 184
殊 208
殉 208
殖 240
殘 240
殪 295
殫 295
殯 310
【车（車）部】
車 128
軌 184
軒 207
軔 207
斬 220
軟 221
軻 239
軸 240
軹 240
軼 240
軫 240
載 257
軾 261
輒 273
輔 273
輕 273
輓 273
輦 284
輪 285
輟 285
輻 295
輯 295
輸 295
轅 303
轉 309
轘 314
【牙部】
牙 58
邪 112
【戈部】
戈 58
戊 82
戎 95
戌 100
戍 111
成 111
戒 125
或 156
咸 184
威 184
戚 221
戮 292
戰 295
戲 304
【比部】
比 58
皆 184
【瓦部】
瓶 214
甄 244
甀 261
甌 285
【止部】
止 58
此 113
步 129
武 146
肯 159
歲 262
歸 310
【攴（攵）部】
收 123
政 179
故 181
敖 204
效 213
教 219
救 220
敏 226
敝 231
敢 233
散 238

敬 239
敦 252
敫 266
敺 285
數 286
敵 291
整 295
斂 307
斄 309
變 318

【日(冃曰)部】

曰 59
日 63
旦 83
早 114
旰 129
昔 154
昆 160
昌 160
明 160
易 160
春 178
昧 185
是 185
冒 188
星 188
昳 188
昨 188
曷 188
昭 189
昏 198
晉 208
時 209
晏 209
曹 221
晨 222
晦 222
晚 222
最 240
量 241
景 241
智 244
普 253
曾 253
暉 263
暇 263
嘗 274
暴 286
鼂 310
曠 310
曝 313
曩 316

【贝(貝)部】

則 187
財 209
責 219
敗 222
貨 226
貫 236
貴 241
貸 244
貿 251
費 256
賀 256
賊 262
賂 262
賃 266
資 267
賫 285
賢 285
賞 286
賦 286
賭 286
賤 286
賜 286
質 288
贅 301
購 304
贄 309
贊 313
贍 315
贖 317

【水(氵氺)部】

水 65
汁 91
汗 122
汙 122
江 122
汲 122
汜 122
池 122
汝 122
沐 139
沛 139
沙 139
沃 139
沂 139
汾 139
沒 139
汶 139
沈 139
沉 139
決 139
沫 175
沬 175
法 175
泄 175
河 175
沾 175
沮 175
況 176
泗 176
沲 176
泠 176
注 176
泣 176
沱 176
沸 176
沼 176
波 176
治 176
洹 196
洧 196
洿 196
洞 196
活 196
洛 196
津 196
浦 214
酒 214
涇 214
涉 214
消 214
涓 214
海 214
涂 215
浮 215
流 215
涕 215
淚 215
浚 215
清 231
渚 232
淇 232
淋 232
淹 232
涿 232
淺 232
淖 232
混 232
淮 232
淫 232
淬 232
深 232
淄 232
湊 254
湛 254
湖 254
湘 254
渤 254
減 254
測 254
湯 254
温 254
渭 254
滑 254
淵 254
渝 254
湆 254
渡 254
游 254
湔 254
滋 254
渾 254
湣 254

溝 268
滅 269
滏 269
溜 269
溢 269
溺 269
滎 281
黎 287
漢 281
滿 281
漆 281
漸 282
漕 282
漂 282
漑 282
漁 282
漉 282
漳 282
漏 282
滲 282
漿 292
潔 292
潛 292
潰 292
濊 300
澠 300
潞 300
澤 300
濁 300
激 300
澮 300
澹 300
鴻 308
濫 308
濡 308
濮 308
濟 308
濱 308
濺 311
瀨 314
灌 315
灘 316
灑 318
灓 318

【见（見）】
見 130
規 219
覘 284
親 300
覺 315
覽 316
觀 318

【牛（牜）部】
牛 65
告 132
牧 163
物 163
特 209
牽 231
犂 244

【手(扌龵)部】
手 65
扎 50
扑 79
扞 95
扶 125
抎 125
技 125
扼 125
拒 125
批 125
折 127
扮 127
抑 127
投 127
抗 127
抉 127
把 127
拑 147
拔 147
抽 147
拊 147
抵 150
拘 150
抱 150
拄 150
拂 151
拙 151
招 151
披 151
拜 189
持 179
拱 179
挺 180
拾 180
挑 180
指 180
按 180
挈 199
拏 217
捄 204
捕 204
振 205
挾 205
捍 205
捐 205
挹 205
挫 205
掫 219
掩 219
排 219
推 219
授 219
掠 219
捽 219
接 219
探 220
掃 220
据 220
掘 220
掌 240
揕 236
揀 236
提 237
揚 237
揖 237
揭 237
揣 237
插 237
揜 237
搖 258
援 237
揮 237
握 237
揆 237
搆 257
搏 257
損 258
搖 258
搶 258
搤 258
摶 270
摎 272
摯 284
摰 284
撓 284
撲 284
撫 284
播 284
撙 284
撥 284
掾 284
據 293
操 293
擇 293
擔 293
擅 293
擁 293
擊 303
擯 301
擢 301
擾 309
攀 312
攘 314
攝 316
攜 316
攫 318

【气部】
氣 209

【毛部】
毛 65
氈 308

【长(镸長)部】
長 146
肆 257

【片部】
版 165
牒 266
牖 287
牘 313
【斤部】
斤 65
斳 238
新 268
斸 307
斷 311
【爪（爫）部】
采 168
爭 168
奚 212
爲 246
舜 250
愛 266
爵 307
繇 307
【父部】
父 66
斧 168
釜 212
【月部】
月 70
有 101
肘 137
肴 168
肦 168
朋 168
股 168
肥 168
服 168
育 175
胡 182
背 185
胄 189
胕 193
胞 193
脉 194
胎 194
脆 212
胷 212
脊 213
脯 230
脰 230
脛 230
朞 238
期 238
腊 250
腓 250
腴 250
脾 250
勝 250
腕 250
腸 267
腫 267
腹 267
滕 267
腦 267
膊 276
膝 289
膓 289
縢 289
膠 289
膳 297
縢 297
羸 300
臂 309
臏 310
嬴 314
騰 315
羸 315
臛 318
【氏部】
氏 70
昏 169
【欠部】
欬 214
欺 238
歇 263
猷 263
歌 273
歎 284
歟 307
歠 314
歡 316
【风（風）部】
風 194
飄 314
【殳部】
段 190
殷 211
殺 211
殽 246
毀 266
殿 269
穀 284
縠 284
毆 285
毅 291
轂 293
觳 293
轂 301
【文部】
文 70
方 71
放 170
於 170
斿 195
施 195
旁 214
旎 214
旅 214
旃 214
旌 231
族 231
旋 231
旗 281
旟 314
【火（灬）部】
火 71
炙 170
炊 175
炫 196
烈 208
焫 231
羨 237
焚 239
無 242
然 251
照 263
煎 268
煩 268
煬 268
煨 268
煖 268
熙 273
熒 281
熱 284
熟 291
熿 291
燕 293
燒 300
燋 300
燔 300
燧 300
燥 308
燭 308
爍 314
爨 319
【斗部】
斗 71
斟 258
【户部】
户 71
所 166
戾 177
肩 177
房 177
扁 198
扃 198
【心（忄㣺）部】
心 71
忖 123
忘 139
忍 143
忤 139
忼 139
快 139
忠 161
忽 170
怯 176
怵 176

怏 176
性 176
怫 176
怪 176
怨 194
急 194
怒 198
恃 196
恒 196
恢 196
恫 196
恤 196
恨 197
恚 204
恐 206
恭 206
恩 209
恣 214
恕 217
悖 215
悟 215
悍 215
悁 215
悔 215
悅 215
患 225
愁 264
情 232
愜 254
惜 232
悼 232
惕 232
惟 232
惛 232
惋 233
惡 237
惠 240
惑 240
愜 254
惰 254
愕 254
惴 254
惶 254
愧 254
慨 254
惽 254
惷 257
感 261
愚 262
愁 264
愆 266
慈 268
慎 269
慄 269
愴 269
慊 269
慝 270
慁 275
愬 281
態 284
慢 282
慴 282
慧 284
慙 285
慰 292
憒 292
憚 292
憍 292
憔 292
憮 292
憧 292
憐 292
憎 292
憾 300
懃 301
隱 309
懦 308
懧 308
懷 314
懸 315
懽 315
懾 316
懼 316
戄 318
【毋（母）部】
毋 78
母 94
每 134
毒 178
【示（礻）部】
示 79
祁 123
社 140
祀 140
祆 177
祖 198
神 198
祝 198
祚 198
祠 198
祟 217
旅 214
祥 216
祭 230
視 233
祲 233
祺 255
禍 255
祿 255
禁 258
福 269
禦 307
禮 309
禱 311
【甘部】
甘 80
邯 127
某 180
【石部】
石 82
砥 207
破 207
碁 258
碎 261
碭 273
碣 273
磻 304
礛 312
【龙（龍）部】
龍 300
壟 314
聾 318
襲 318
讋 318
【业部】
業 262
叢 310
【目部】
目 83
省 185
眄 185
盼 188
眉 198
眩 209
眦 222
眼 222
督 262
睹 262
睚 262
睡 262
睢 262
瞀 284
瞋 286
瞑 286
【田部】
田 84
男 131
畏 189
胃 189
界 189
思 189
畛 209
畔 209
留 212
畜 214
異 222
略 222
累 222
當 262
壘 310
疇 313
纍 316
【罒部】
買 242
詈 242

署 263
罣 263
置 263
罪 263
蜀 263
罰 275
罵 287
罷 287
羃 310
羅 313
羇 317
羈 319
【皿部】
盂 146
盃 184
盈 199
盍 206
益 214
盛 221
盜 254
盟 263
監 273
盤 288
鹽 319
【生部】
生 85
產 231
【矢部】
矢 86
知 162
矩 189
短 244
雉 263
矯 304
【禾部】
禾 86
利 133
私 133
和 163
季 163
委 163
秋 189
科 189
秦 199
乘 210
秣 210
秫 210
移 226
稍 244
稙 263
稠 264
種 276
稱 276
稽 287
稷 287
稻 287
稸 287
稼 287
積 296
穆 296
穰 317
【白部】
白 86
帛 165
的 165
皇 191
泉 191
緜 288
【瓜部】
瓜 86
瓢 295
【鸟（鳥）部】
鳥 226
鴟 297
鵠 310
鵝 310
鵲 311
鶩 315
鷙 317
鷸 318
【疒部】
病 213
疸 213
疾 213
疲 213
疵 231
痤 252
痛 252
瘁 267
瘨 291
瘠 291
瘵 300
癘 308
療 308
癕 311
【立部】
立 90
妾 170
童 252
竪 261
靖 268
竭 277
端 278
【穴部】
穴 91
空 176
突 197
穿 197
窨 255
窟 269
窮 292
窺 300
竇 315
竈 316
竊 318
【疋部】
疋 93
胥 198
疎 256
疏 256
楚 259
【皮部】
皮 94
皷 272
頗 283
【癶部】
登 256
發 256
【矛部】
矛 94
柔 199
矜 199
務 218
【耒部】
耕 199
耨 292
【老（耂）部】
老 95
考 95
孝 127
者 147
耆 205
【耳部】
耳 96
耶 153
取 153
耻 206
恥 206
聊 220
聘 258
聚 272
聰 284
聲 301
聰 301
聶 309
職 309
聽 317
【臣部】
臣 96
臥 156
臧 273
臨 303
【覀（襾西）部】
西 99
要 184
栗 207
粟 240
賈 261
覆 309
覇 312
【而部】
而 103
【页（頁）部】
順 244
頓 261

預 270
領 276
頰 292
頸 295
頴 297
題 310
顏 311
顛 312
願 312
類 314
顧 316
顯 318
顱 319
【至部】
至 112
到 158
致 208
【虍（虎）部】
虎 159
虛 221
處 221
號 263
虞 262
虜 262
虢 289
膚 286
慮 286
盧 295
虧 304
【虫部】
虹 189
虻 189
虵 189
蚤 199
蚌 209
蚊 209
蛉 222
蛇 222
蜻 275
蜺 275
踞 286
螻 304
蟲 310
璣 292
蟻 313
蠡 316
蠹 319
蠻 319
【肉部】
肉 115
【缶部】
缺 209
【舌部】
舌 116
【竹（⺮）部】
竹 116
竽 190
笄 210
笔 210
笑 210
符 226
笞 226
等 244
筑 244
策 244
筋 244
筆 244
筴 264
節 264
筦 264
節 264
箕 276
箘 276
箠 276
管 276
箒 276
篋 287
箭 287
篇 287
篤 296
築 296
篡 296
簡 310
簬 313
薄 294
籍 315
籌 315
籑 315
籠 317
蘭 314
籥 318
【臼部】
臼 116
兒 165
舅 266
【自部】
自 117
臭 211
息 211
臯 244
【血部】
血 118
衄 165
衆 244
【舟部】
舟 119
般 211
舫 211
船 228
【色部】
色 121
【齐（齊）部】
齊 278
齎 316
【衣（衤）部】
衣 122
初 140
衽 198
衿 198
袂 198
袓 215
袖 215
被 216
裁 237
裂 240
補 255
裎 255
裘 261
裝 269
裸 269
裼 269
裳 274
褐 283
襟 311
襘 311
【羊（⺶⺷）部】
羊 122
差 195
美 195
羞 214
恙 214
着 231
翔 253
義 268
羣 269
羹 291
【米部】
粉 214
料 214
粗 231
粒 231
粮 268
粱 269
精 281
粻 281
粹 281
糅 291
糟 308
糞 308
糠 308
糧 311
糲 315
【聿（⺺⺻）部】
書 216
晝 233
畫 255
盡 283
【羽部】
羽 125
習 236
翟 283
翠 284
翦 291
翫 292
翳 304

翼 309

【糸（纟糹）部】

糾 178
紂 199
約 199
紈 199
級 199
紀 199
素 204
索 207
純 219
納 219
紛 219
組 236
細 236
終 236
絃 236
紵 236
紹 236
紿 236
紫 240
結 257
絍 257
給 257
絳 257
絞 257
統 257
絣 257
絶 257
絲 257
經 270
綦 272
綺 284
緄 284
網 284
維 284
綿 284
綸 284
綰 284
綴 284
綠 284
淄 232
緤 292
練 292
緱 292
緩 292
總 292
編 292
緣 292
縛 301
縫 301
縞 301
繁 307
縳 309
縷 309
縱 309
縮 309
繆 309
繞 311
繙 311
織 311
繕 311
繒 311
繫 312
繩 314
繳 314
繡 314
繻 315
繼 316
續 316
纆 317
纓 318
纖 318

【麦（麥）部】

麥 220

【走部】

走 125
赴 179
起 205
越 236
超 237
趁 258
趙 270
趣 284
趨 301

【赤部】

郝 180
赦 219
赫 272

【豆部】

豆 129
豊 263
豎 285
頭 295

【酉部】

豐 310
酌 207
配 207
酣 240
酺 273
酸 273
醉 285
醎 295
醜 295
醢 304
醫 309
醬 311
醳 314
釀 319

【辰部】

辰 129
辱 207
脣 221
農 263

【豕部】

豕 129

【卤（鹵）部】

鹵 221

【里部】

里 130
野 222

【足（⻊）部】

足 131
距 222
趾 222
趹 222
跖 241
跔 241
跣 263
跪 263
路 263
跿 275
踈 275
踊 275
踉 275
踦 286
踐 286
踘 286
踞 286
踵 295
踰 295
蹄 295
蹈 304
蹊 304
蹠 310
蹶 313
蹻 313
蹡 313
蹯 313
蹴 313
躁 315
躍 316
躓 317
躡 319
躧 319

【邑（⻏右）部】

邑 132
邦 95
邢 95
邵 143
郲 161
郄 168
郇 169
郊 170
郎 176
郜 184
郢 187
郡 198
都 205
鄚 208
郵 209
郭 213
部 214
鄄 221
鄂 223

鄉 236
鄒 251
鄖 257
鄙 262
鄣 268
鄲 275
鄰 281
鄭 281
鄧 284
鄴 286
嚮 309
【身部】
身 137
射 211
躬 211
軀 310
【釆部】
悉 229
番 246
釋 315
【谷部】
谷 137
卻 193
郤 193
欲 229
谿 307
【豸部】
豺 212
豹 212
貂 250
貉 267
貌 276
貎 276
【龟（龜）部】
龜 307
【角部】
角 138
解 267
觴 310
觸 315
【言（讠）部】
言 138
計 194
託 212
記 212
訑 212
許 230
訢 230
設 230
訪 230
証 251
詐 251
詘 251
詔 252
訾 262
試 267
詿 267
詩 267
誠 267
誅 267
詬 267
誂 267
詣 267
諍 267
詳 267
誓 272
誡 277
誣 277
語 277
誤 277
誘 277
誨 277
說 277
誦 277
請 289
諸 290
諾 290
誹 290
諔 290
諛 290
誰 290
論 291
調 291
諂 291
諒 291
談 291
誼 291
謀 298
諫 298
謁 298
謂 298
諭 300
諼 300
諺 300
諱 300
講 307
譁 308
謝 308
謠 308
謟 308
謗 308
謹 310
謾 311
謬 311
譆 314
譚 314
譖 314
識 314
譽 315
譴 315
議 315
譬 315
讀 318
讐 318
讌 318
讙 319
讒 319
讓 319
【辛部】
辛 139
辤 256
辟 269
辨 300
辭 313
辯 316
【青部】
靜 292
【卓部】
乾 220
戟 239
朝 239
韓 301
【雨部】
雨 158
雪 221
雲 240
電 261
雷 261
需 273
霆 273
震 285
霜 304
霸 316
露 316
靈 319
【非部】
非 158
悲 240
蜚 273
輩 285
【齿（齒）部】
齒 285
齕 310
齧 316
齮 318
【黾（黽）部】
黽 262
鄳 286
鼃 301
鼂 311
鼇 319
鼉 319
【隹部】
隼 210
售 226
雄 240
集 244
焦 244
睢 262
截 272
雒 276
雕 297
雖 304
雞 310
雜 311

離 311
雝 311
難 311
讎 318
【阜（阝左）部】
阡 94
阨 123
阪 124
阬 124
防 124
阿 143
阻 143
附 143
陂 143
陋 177
陌 177
降 178
限 178
陣 198
陛 198
陘 198
除 198
陸 216
陵 216
陬 216
陳 216
陰 217
陶 217
陪 217
隋 234
階 235
陽 235
隅 236
隗 236
隆 236
隊 236
隔 256
隕 256
隘 256
際 269
障 269
隨 283
隣 283
隧 283
險 292
隱 301
隴 311
【金（钅）部】
金 167
釣 229
鉅 245
鈍 245
鈆 245
鈞 245
鈎 246
鉞 266
鉆 266
鉏 266
鉤 266
銍 276
銅 276
銛 276
銚 276
鋏 288
鋭 288
鋒 288
錯 297
錡 297
錢 297
錮 297
錐 297
錦 297
鍵 297
鍥 307
鍾 307
鍪 309
鎒 310
鎰 310
鎋 310
鏤 313
鏡 313
鐔 315
鐘 315
鐵 316
鐸 316
鐶 316
鑄 318
鑠 318
鑿 319
【鱼（魚）部】
魚 230
魯 289
鮒 297
鮑 297
鮮 307
鯉 310
鯷 315
鰌 315
鰥 316
鱗 318
【隶部】
隸 303
【革部】
革 180
靳 258
靷 258
鞅 272
鞏 284
鞭 309
鞠 301
鞮 309
鞭 309
鞫 309
【面部】
面 184
【骨部】
骨 189
髀 304
髓 316
體 317
【鬼部】
鬼 191
魁 266
魏 304
【食部】
食 193
飢 212
飯 250
飲 250
飾 267
飽 267
餌 276
餝 289
餔 289
餓 289
餘 289
館 297
餽 307
饗 315
饒 315
饋 315
饑 315
饕 317
【音部】
音 195
章 231
竟 231
意 268
【首部】
首 196
【髟部】
髡 236
髮 284
鬚 317
【鬲部】
鬲 207
翮 295
鬻 318
【鬥部】
鬭 319
鬬 319
【高部】
高 213
鄗 252
膏 277
【黄部】
黄 220
【麻部】
摩 291
磨 300
靡 314
【鹿部】
鹿 231
麈 277
麈 277

麌 308
麗 312
麟 318
麤 319
【鼎部】
鼎 241
鼐 283
【黑部】
黑 242
墨 287
默 296
黔 296
黜 304
黠 310
黨 314
黥 315
【黍部】
黍 244
【鼓部】
鼓 258
鼛 309
【鼠部】
鼠 266
【鼻部】
鼻 276
劓 297

ā
阿 143
āi
哀 195
埃 206
ǎi
毐 127
毐 146
ài
艾 80
阨 123
隘 256
愛 266
ān
安 123
陰 217
闇 304
àn
岸 161
按 180
桉 207
案 215
闇 304
áng
卬 70
āo
𠯋 132
áo
敖 204
ǎo
夭 65
媪 256
ào
𠯋 132
敖 204

傲 244
ba
罷 287
bā
八 2
巴 72
bá
拔 147
抜 147
弊 281
bǎ
把 127
bà
把 127
伯 136
罷 287
覇 312
霸 316
bái
白 86
bǎi
百 100
柏 183
栢 207
bài
拜 189
排 219
敗 222
bān
肦 168
般 211
bǎn
反 65
阪 124
板 155

版 165
bàn
半 90
扮 127
辨 300
bāng
邦 95
彭 237
bàng
並 175
旁 214
蚌 209
棓 239
傍 244
謗 308
bāo
包 89
苞 155
枹 183
胞 193
葆 239
bǎo
保 190
葆 239
飽 267
寶 315
bào
抱 150
豹 212
報 237
暴 286
鮑 297
bēi
陂 143
卑 165

波 176
柸 182
盃 184
背 185
悲 240
běi
北 82
bèi
北 82
拔 147
抜 147
勃 184
背 185
倍 210
悖 215
被 216
備 244
輩 285
bēn
奔 158
賁 237
běn
本 80
bèn
奔 158
bēng
崩 225
傍 244
絣 257
bèng
蚌 209
bī
偪 226
逼 240
bí

鼻 276
庳 308
bǐ
匕 6
比 58
卑 165
彼 165
笔 210
筆 244
鄙 262
髀 304
bì
必 91
庇 139
陂 143
拂 151
披 151
服 168
毖 198
陛 198
畢 209
被 216
萆 220
閉 222
敝 231
婢 236
賁 237
費 256
辟 269
蔽 272
幣 281
弊 281
薜 295
壁 300
嬖 301

避 301
髀 304
臂 309
壁 311
biān
編 292
鞭 309
邊 310
biǎn
扁 198
辨 300
biàn
卞 70
便 190
扁 198
徧 245
遍 255
編 292
辨 300
辯 316
變 318
biǎo
表 146
biē
鼈 319
bié
別 132
扱 147
bīn
賓 282
儐 297
濱 308
bìn
賓 282
儐 297
擯 301
殯 310
臏 310
bīng
兵 134
幷 162
屏 198
絣 257
bǐng
秉 163
柄 182
屏 198
bìng
幷 162
並 175
柄 182
屏 198
病 213
bō
扱 147
波 176
般 211
[illegible] 220
番 246
發 256
撥 284
播 284
磻 304
bó
百 100
伯 136
帛 165
柏 183
勃 184
栢 207
亳 213
悖 215
博 237
渤 254
搏 257
蒲 258
膊 276
暴 286
薄 294
bǒ
播 284
bò
辟 269
薄 294
bū
餔 289
bǔ
卜 2
捕 204
補 255
bù
不 51
布 82
步 129
部 214
餔 289
cāi
猜 230
cái
才 9
在 100
財 209
材 128
裁 237
cǎi
采 168
cài
蔡 272
cān
飡 231
參 236
叅 256
驂 316
驂 317
cán
殘 240
慙 285
蠶 319
càn
參 236
叅 256
操 293
cāng
倉 212
蒼 258
cáng
臧 273
藏 301
cǎng
蒼 258
cāo
摻 284
操 293
cáo
曹 221
漕 282
cǎo
草 180
cè
厠 221
側 226
策 244
測 254
筴 264
cēn
參 236
叅 256
céng
曾 253
增 284
chā
差 195
插 237
chá
苴 155
鉏 266
察 283
chà
差 195
chāi
差 195
chái
柴 208
豺 212
chài
差 195
chān
沾 175
襜 311
chán
單 242
漸 282
毚 307
纏 317
讒 319

chǎn
剗 208
産 231
諂 291
chāng
昌 160
倡 210
cháng
長 146
尙 159
常 221
場 237
搶 258
腸 267
嘗 274
裳 274
膓 289
償 307
chàng
倡 210
chāo
紹 236
超 237
cháo
巢 236
朝 239
鼂 310
chē
車 128
chě
尺 71
chè
宅 123
坼 150
徹 288
chēn
臣 96
瞋 286
chén
辰 129
沉 139
沈 139
陳 216
晨 222
棧 239
湛 254
填 257
塵 277
chèn
稱 276
chēng
稱 276
chéng
成 111
丞 124
承 177
城 179
乘 210
盛 221
裎 255
誠 267
徵 288
chěng
裎 255
騁 301
chèng
稱 276
chī
蚩 217
笞 226
鴟 297
chí
池 122
弛 123
治 176
持 179
馳 257
趍 258
遲 292
離 311
chǐ
尺 71
斥 86
侈 165
恥 206
耻 206
移 226
齒 285
chì
叱 85
斥 86
翅 207
飭 250
鐑 289
chōng
充 122
衝 277
衝 288
憧 292
橦 295
chóng
重 189
崇 225
蟲 310
chǒng
龍 300
寵 314
chōu
抽 147
chóu
愁 264
稠 264
疇 313
籌 315
讎 318
讐 318
chǒu
丑 72
醜 295
chòu
臭 211
chū
出 93
初 140
樗 284
chú
助 130
除 198
芻 212
畜 214
涂 215
著 220
屠 233
廚 240
蒭 258
鉏 266
諸 290
chǔ
處 221
楚 259
儲 307
chù
怵 176
處 221
詘 251
諔 290
黜 304
屬 307
觸 315
chuāi
揣 237
chuǎi
揣 237
chuān
川 15
穿 197
chuán
船 228
傳 266
摶 270
chuǎn
惴 254
chuāng
葱 239
創 250
瘡 291
chuáng
床 139
牀 177
橦 295
chuàng
倉 212
創 250
愴 269
chuī

吹 132
炊 175
chuí
垂 163
甀 244
椎 239
箠 276
chuì
吹 132
chūn
春 178
chún
純 219
脣 221
漘 254
chǔn
春 178
惷 257
chuò
啜 225
淖 232
輟 285
歠 314
cī
差 195
柴 208
恣 214
疵 231
訾 262
cí
子 30
茲 196
祠 198
辝 256
慈 268
辭 313
cǐ
此 113
cì
次 122
伺 137
刺 158
恣 214
賜 286
cōng
䓗 220
從 228
葱 239
聰 284
聦 301
cóng
從 228
叢 310
còu
奏 178
族 231
湊 254
cū
粗 231
麄 267
麤 319
cù
取 153
卒 170
戚 221
趣 284
數 286
憱 292
趨 301
縮 309
蹴 313
cuàn
篡 296
爨 319
cuī
衰 212
崔 225
cuì
卒 170
脆 212
淬 232
瘁 267
粹 281
翠 284
cún
存 103
cǔn
忖 123
cùn
寸 11
cuō
差 195
㝡 233
cuó
痤 252
cuò
昔 154
挫 205
厝 207
錯 297
da
疸 213
dá
荅 181
達 237
憚 292
dà
大 11
dài
大 11
代 86
毒 178
殆 184
待 192
怠 199
帶 221
逮 233
紿 236
貸 244
載 257
遞 266
戴 301
dān
丹 70
單 242
湛 254
鄲 275
擔 293
殫 295
dán
但 136
dǎn
疸 213
單 242
dàn
旦 83
但 136
誕 212
啗 225
啗 263
彈 292
憚 292
擔 293
壇 293
澹 300
贍 315
dāng
當 262
dǎng
黨 314
dàng
湯 254
當 262
碭 273
蕩 284
dāo
刀 6
dǎo
倒 210
道 253
蹈 304
禱 311
dào
到 158
倒 210
陶 217
悼 232
敦 252
道 253
盜 254
稻 287
dé
得 227
德 288
dēng

登 256
děng
等 244
dèng
鄧 284
dī
堤 237
鞮 309
dí
狄 138
的 165
條 210
適 278
翟 283
敵 291
dǐ
抵 150
底 170
砥 207
dì
弔 72
地 95
弟 139
的 165
帝 195
埊 209
遞 266
蹄 295
題 310
diān
瘨 291
顛 312
diǎn
典 161
diàn
田 84
填 257
電 261
殿 269
diāo
凋 214
貂 250
敦 252
雕 297
diǎo
鳥 226
diào
弔 72
釣 229
誂 267
趙 270
銚 276
調 291
dié
佚 136
迭 163
昳 188
涉 214
堞 236
軼 240
牒 266
慴 282
dīng
丁 2
dǐng
鼎 241
dìng
定 176
dōng
冬 89
東 155
dǒng
董 239
dòng
恫 196
洞 196
湅 212
動 226
dōu
咄 161
兜 226
dǒu
斗 71
豆 129
dòu
豆 129
脰 230
竇 315
讀 318
鬭 319
鬬 319
dū
都 205
督 262
dú
毒 178
頓 261
獨 298
櫝 313
讀 318
dǔ
睹 262
覩 284
賭 286
篤 296
dù
土 9
杜 128
妒 178
度 195
渡 254
塗 269
duān
剬 225
端 278
duǎn
短 244
duàn
段 190
斷 311
duī
追 192
敦 252
duì
兑 137
隊 236
敦 252
對 273
鋭 288
dūn
純 219
敦 252
dùn
盾 192
遁 245
鈍 245
敦 252
頓 261
duō
多 121
duó
兑 137
度 195
奪 273
鐸 316
duò
沱 176
沲 176
隋 234
惰 254
墮 283
ē
阿 143
é
鵝 310
è
厄 58
阨 123
扼 125
曷 188
鬲 207
啞 222
鄂 223
惡 237
愕 254
隘 256
搤 258
餓 289
頞 292
閼 295
ēn
恩 209
ěn
眼 222
ér

而　103
兒　165
濡　308
ěr
耳　96
珥　204
爾　273
餌　276
èr
二　1
貳　236
fā
發　256
fá
乏　68
伐　116
抜　147
罰　275
撥　284
fǎ
法　175
fà
髮　284
fān
反　65
番　246
蕃　284
藩　309
蹯　313
fán
凡　15
番　246
煩　268
蕃　284
樊　285
燔　300
繁　307
fǎn
反　65
返　137
fàn
反　65
犯　89
范　155
飯　250
fāng
方　71
坊　127
妨　143
放　170
訪　230
fáng
方　71
防　124
坊　127
妨　143
房　177
fǎng
彷　137
放　170
舫　211
訪　230
fàng
放　170
fēi
妃　125
非　158
飛　199
蜚　273
féi
肥　168
賁　237
腓　250
fěi
非　158
蜚　273
誹　290
fèi
吠　131
沸　176
費　256
廢　291
fēn
分　68
扮　127
紛　219
棼　239
fén
汾　139
盆　212
賁　237
棼　239
焚　239
墳　284
fěn
扮　127
粉　214
fèn
分　68
忿　168
賁　237
焚　239
墳　284
噴　286
奮　295
糞　308
fēng
封　178
風　194
逢　212
豊　263
鳳　276
鋒　288
豐　310
féng
逢　212
馮　252
縫　301
fèng
奉　146
風　194
俸　210
鳳　276
縫　301
fōu
不　51
fǒu
不　51
否　129
fū
夫　49
不　51
拊　147
胕　193
傅　244
膚　286
fú
夫　49
市　51
弗　93
伏　116
扶　125
拂　151
服　168
怫　176
宓　176
枹　183
胕　193
悲　198
浮　215
偪　226
符　226
福　269
滏　269
輻　295
fǔ
父　66
甫　129
附　143
拊　147
斧　168
府　170
俛　190
胕　193
俯　210
釜　212
腐　277
脯　230
輔　273
撫　284
fù
父　66
伏　116
附　143
服　168

赴 179
負 194
副 221
婦 236
報 237
傅 244
復 245
富 255
腹 267
賦 286
鮒 297
縛 301
覆 309
gà
魀 266
gǎi
改 143
gài
丐 50
蓋 258
溉 282
gān
甘 80
乾 220
gǎn
扞 95
捍 205
敢 233
感 261
gàn
干 8
旰 129
gāng
亢 71
剛 209
阬 124
gāo
咎 170
高 213
皋 244
睪 263
槁 273
膏 277
橋 295
櫜 312
gǎo
槁 273
縞 301
gào
告 132
膏 277
gē
戈 58
格 207
割 254
歌 273
gé
革 180
格 207
鬲 207
假 226
葛 239
隔 256
閣 275
gě
合 119
蓋 258
gè
各 121
gēn
根 207
gēng
更 129
耕 199
羹 291
gěng
邢 95
梗 220
gèng
更 129
gōng
工 9
弓 30
公 68
功 79
共 96
攻 125
供 163
恭 206
躬 211
宮 215
gǒng
共 96
拱 179
鞏 284
gòng
共 96
供 163
貢 205
恐 206
gōu
勾 70
句 89
拘 150
區 221
鉤 246
鈎 266
溝 268
構 273
緱 292
gǒu
苟 155
狗 170
gòu
勾 70
句 89
呴 161
區 221
搆 257
詬 267
媾 269
構 273
購 304
講 307
gū
孤 177
姑 178
家 215
gú
瞽 309
gǔ
古 80
谷 137
角 138
苦 154
股 168
姑 178
骨 189
滑 254
鼓 258
賈 261
皷 272
穀 284
穀 293
轂 301
瞽 309
鶻 310
gù
告 132
固 161
故 181
梏 220
錮 297
顧 316
guā
瓜 86
guǎ
寡 282
guà
註 267
guài
怪 176
guān
官 176
冠 197
矜 199
棺 239
綸 284
關 313
鰥 316
觀 318
guǎn
筦 264
管 276
館 297

guàn
冠 197
貫 236
棺 239
關 313
灌 315
懽 315
觀 318
guāng
光 114
guǎng
廣 277
guàng
廣 277
guī
圭 95
珪 204
規 219
傀 226
規 244
閨 274
龜 307
歸 310
guǐ
垝 180
軌 184
鬼 191
guì
垝 180
桂 207
趹 222
貴 241
跪 263
劌 285
蹶 313
gǔn
卷 175
混 232
緄 284
guō
活 196
郭 213
過 225
guó
國 223
虢 289
guǒ
果 160
裹 277
guò
過 225
hāi
海 214
醢 304
hài
害 215
蓋 258
駭 293
hān
酣 240
hán
汗 122
邯 127
含 137
函 178
寒 255
韓 301
hǎn
罕 140
嚂 304
闞 313
hàn
扞 95
汗 122
旰 129
含 137
捍 205
悍 215
閈 222
感 261
漢 281
憾 300
háng
行 118
hàng
行 118
hāo
蒿 258
鎒 310
háo
毫 230
號 263
豪 277
嘷 287
hǎo
好 125
郝 180
hào
好 125
鄗 252
睪 263
號 263
hē
何 135
阿 143
苛 154
hé
禾 86
合 119
何 135
和 163
河 175
曷 188
盇 206
害 215
蓋 258
貉 267
翮 295
闔 310
齕 310
hè
何 135
和 163
葛 239
猲 250
賀 256
赫 272
褐 283
壑 304
鶮 310
hēi
黑 242
hèn
恨 197
héng
恒 196
横 284
hèng
横 284
衡 297
hōng
薨 294
hóng
弘 93
降 178
虹 189
閎 241
鴻 308
hòng
虹 189
鴻 308
hóu
侯 191
越 236
喉 242
猴 250
hǒu
呴 161
hòu
后 118
厚 184
後 193
候 210
候 226
hū
乎 86
武 146
呼 161
忽 170
惡 237
hú
狐 169
胡 182
壺 237
葫 238

湖 254
號 263
觳 293
鵠 310
hǔ
虎 159
許 230
hù
户 71
huā
華 206
huá
華 206
滑 254
譁 308
huà
化 65
華 206
畫 255
huái
淮 232
槐 261
懷 314
huài
壞 311
huān
懽 315
歡 316
讙 319
驩 319
huán
洹 196
桓 207
還 296
環 301
轘 314
鐶 316
huǎn
緩 292
huàn
宦 197
眩 209
患 225
轘 314
huāng
荒 181
皇 191
huáng
黄 220
徨 245
惶 254
熿 291
huǎng
芒 96
熿 291
huī
恢 196
揮 237
睢 262
暉 263
墮 283
褘 283
戲 304
徽 307
隳 309
huǐ
悔 215
毁 266
huì
沬 175
恚 204
彗 219
晦 222
惠 240
喙 242
會 266
誨 277
慧 284
諱 300
濊 300
壞 311
hūn
昏 169
昬 198
惛 232
婚 236
惽 254
湣 254
hún
昆 160
渾 254
hùn
混 232
渾 254
慁 275
huó
活 196
huǒ
火 71
huò
呼 161
或 156
貨 226
惑 240
旤 242
禍 255
獲 297
濊 300
藿 311
jī
几 6
机 96
其 151
奇 158
居 177
迹 195
笄 210
倚 210
飢 212
姬 217
基 220
倚 226
朞 238
期 238
隔 256
幾 257
資 267
箕 276
齊 278
稽 287
賫 285
璣 292
機 295
積 296
激 300
擊 303
雞 310
饑 315
齎 316
羇 317
羈 319
jí
及 15
吉 95
汲 122
亟 177
革 180
即 191
急 194
級 199
疾 213
揖 237
極 239
棘 240
集 244
諔 290
樴 295
輯 295
藉 301
籍 315
jǐ
几 6
己 30
紀 199
脊 213
戟 239
棘 240
給 257
幾 257
踦 286
濟 308
jì
技 125
近 137
忌 143

其 151
易 160
季 163
計 194
紀 199
記 212
旣 226
祭 230
寄 233
薊 239
棘 240
幾 257
結 257
資 267
際 269
跽 275
齊 278
稷 287
冀 295
濟 308
騎 309
繼 316
驥 319
jiā
加 94
夾 129
佳 163
俠 190
挾 205
家 215
葭 239
筴 264
嘉 272
jiá
夾 129
鋏 288
jiǎ
甲 84
叚 198
夏 207
假 226
賈 261
暇 263
jià
假 226
賈 261
嫁 269
價 287
稼 287
駕 292
jiān
肩 177
咸 184
姦 198
姧 198
兼 214
堅 221
淺 232
間 241
閒 241
湔 254
湛 254
煎 268
監 273
漸 282
濺 311
礛 312
纖 318
jiǎn
前 195
揀 236
減 254
齊 278
踐 286
翦 291
錢 297
蹇 308
繭 309
簡 310
簡 310
jiàn
見 130
建 177
健 211
閒 241
間 241
湔 254
煎 268
監 273
僭 276
漸 282
賤 286
踐 286
箭 287
劍 288
險 292
薦 294
劒 297
鍵 297
諫 298
濫 308
䮿 309
濺 311
譖 314
jiāng
江 122
將 234
僵 287
漿 292
壃 293
彊 301
疆 314
jiǎng
講 307
jiàng
匠 111
降 178
虹 189
將 234
絳 257
壃 293
彊 301
醬 311
疆 314
jiāo
交 121
佼 165
郊 170
教 219
椒 239
焦 244
喬 244
鄗 252
膠 289
憍 292
橋 295
徼 297
燋 300
驕 317
jiǎo
佼 165
糾 178
狡 194
校 207
絞 257
敫 266
摎 272
膠 289
橋 295
徼 297
矯 304
蹻 313
繳 314
jiào
校 207
教 219
敫 266
徼 297
覺 315
jie
家 215
jiē
皆 184
接 219
階 235
揭 237
價 287
jié
刦 127
劫 127
拾 180
桔 207
桀 212
接 219
傑 244

結 257
節 264
截 272
碣 273
竭 277
潔 292
jiě
解 267
jiè
介 66
戒 125
界 189
借 210
薊 239
解 267
誡 277
藉 301
籍 315
jīn
斤 65
今 66
金 167
津 196
衿 198
矜 199
祲 233
筋 244
禁 258
襟 311
jǐn
僅 266
盡 283
錦 297
謹 310
jìn
吟 132
近 137
衿 198
晉 208
進 226
禁 258
靳 258
僅 266
盡 283
薦 294
jīng
京 170
荆 180
涇 214
菁 220
旌 231
靖 268
經 270
蜻 275
精 281
驚 317
jǐng
井 47
剄 185
景 241
儆 276
頸 295
jìng
勁 185
俓 190
陘 198
徑 211
脛 230
竟 231
敬 239
靖 268
境 272
靜 292
鏡 313
jiōng
扃 198
jiǒng
扃 198
窘 255
jiū
糾 178
⿰求殳 220
摎 272
繆 309
jiǔ
九 6
久 15
句 89
酒 214
jiù
臼 116
咎 170
柩 182
捄 204
⿰求殳 220
救 220
就 252
舅 266
廄 277
廐 277
舊 301
jū
且 83
車 128
拘 150
苴 155
狙 169
沮 175
居 177
捄 204
俱 210
据 220
跔 241
雎 262
駒 284
踘 286
鞠 301
鞫 309
jú
告 132
桔 207
跼 275
橘 295
鞠 301
jǔ
巨 58
去 79
拒 125
沮 175
莒 180
矩 189
鉏 266
舉 296
jù
巨 58
句 89
拒 125
足 131
具 159
沮 175
俱 210
倨 211
据 220
距 222
渠 232
鉅 245
聚 272
劇 286
踞 286
據 293
遽 295
懼 316
juān
捐 205
涓 214
悁 215
juǎn
卷 175
juàn
卷 175
倦 211
勌 214
悁 215
鄄 221
棬 239
juē
祖 198
嗟 242
jué
决 122
抉 127
角 138
決 139
屈 177
梏 220

掘 220
趹 222
絶 257
爵 307
闕 310
蹶 313
蹻 313
覺 315
戄 318
攫 318
jūn
旬 120
均 127
君 140
軍 197
鈞 245
龜 307
jùn
俊 192
郡 198
浚 215
逡 218
箘 276
駿 301
kāi
開 241
kǎi
豈 209
慨 254
kài
欬 214
kàn
闞 313
kāng
忼 139
康 231
糠 308
kàng
亢 71
伉 117
抗 127
康 231
kǎo
考 95
槁 273
kào
槁 273
kē
苛 154
柯 182
科 189
軻 239
kě
可 80
軻 239
kè
可 80
克 128
刻 170
客 197
尅 206
kěn
肯 159
墾 297
kēng
阬 124
脛 230
聲 309
kěng
聲 309
kōng
空 176
kǒng
孔 72
空 176
恐 206
kòng
空 176
kǒu
口 14
kòu
冦 197
寇 215
寇 233
kū
刳 158
枯 182
哭 209
掘 220
堀 220
窟 269
kǔ
苦 154
kù
庫 213
kuā
華 206
kuài
快 139
會 266
蕢 284
噲 296
澮 300
kuān
寬 282
kuāng
匡 95
皇 191
kuáng
狂 137
kuàng
兄 85
況 138
況 176
皇 191
廣 277
曠 310
kuī
規 219
窺 300
虧 304
kuí
隗 236
揆 237
葵 239
kuǐ
頃 221
傀 226
窺 300
kuì
臾 165
喟 241
愧 254
媿 256
匱 273
蕢 284
憒 292
潰 292
餽 307
歸 310
闚 313
饋 315
kūn
夘 121
卵 138
昆 160
崐 225
髡 236
kùn
困 132
kuò
會 266
lái
來 155
萊 220
氂 304
犛 309
lài
來 155
厲 273
賴 295
瀨 314
lán
藍 301
闌 304
蘭 314
lǎn
濫 308
覽 316
làn
嚂 304
濫 308
láng
郎 176
狼 212

琅 219
廊 231
lǎng
曩 291
láo
牢 140
勞 253
lǎo
老 95
lào
牢 140
勞 253
嫪 283
樂 288
lè
樂 288
léi
累 222
雷 261
壘 310
羸 314
纍 316
lěi
累 222
壘 310
纍 316
lèi
淚 215
累 222
壘 310
類 314
lěng
冷 139
lī
裏 267
lí
狸 212
犂 244
黎 287
氂 304
犛 309
離 311
麗 312
灕 316
蠡 316
驪 319
lǐ
李 128
里 130
理 219
豊 263
裏 267
禮 309
鯉 310
蠡 316
lì
力 6
立 90
吏 99
利 133
戾 177
莅 206
栗 207
鬲 207
淚 215
粒 231
詈 242
慄 269
厲 273
綠 293
翮 295
歷 295
隸 303
癘 308
離 311
麗 312
糲 315
蠡 316
lián
令 87
苓 155
連 207
廉 267
憐 292
liǎn
斂 307
liàn
練 292
鍊 307
liáng
良 140
梁 232
量 241
粮 268
粱 269
糧 311
liǎng
良 140
兩 158
量 241
liàng
兩 158
量 241
諒 291
liáo
[illegible] 198
料 214
聊 220
勞 253
僇 266
僚 276
遼 285
療 308
繆 309
liǎo
僚 276
liào
料 214
liè
列 111
戾 177
栗 207
烈 208
㓠 233
裂 240
獵 310
lín
林 155
淋 232
鄰 281
隣 283
臨 303
驎 317
麟 318
鱗 318
lǐn
廩 300
lìn
賃 266
臨 303
藺 311
líng
令 87
冷 139
苓 155
泠 176
淩 212
陵 216
蛉 222
[illegible] 258
蔆 273
靈 319
lǐng
領 276
lìng
令 87
領 276
liū
溜 269
liú
斿 195
留 212
流 215
游 254
摎 272
liǔ
柳 183
留 212
僂 266
liù
六 70
陸 216
溜 269
lóng
隆 236

龍 300
龐 314
籠 317
聾 318
lǒng
龍 300
隴 311
壠 311
壟 314
籠 317
lòng
弄 125
lóu
牢 140
僂 266
漏 282
樓 284
螻 304
lòu
陋 177
漏 282
鏤 313
lú
盧 295
慮 286
鏤 313
廬 314
顱 319
lǔ
鹵 221
虜 262
魯 289
櫓 312
lù
六 70
谷 137
角 138
陸 216
鹿 231
祿 255
路 262
路 263
僇 266
勠 269
漉 282
綠 284
慮 286
戮 292
潞 300
騄 309
簬 313
露 316
luán
孿 318
欒 318
luǎn
卵 138
luàn
亂 267
欒 318
lūn
輪 285
lún
倫 210
綸 284
輪 285
論 291
lùn
論 291
luó
羅 313
蠡 316
luǒ
果 160
累 222
裸 269
蠡 316
luò
洛 196
格 207
落 239
路 263
雒 276
樂 288
爍 314
lǚ
呂 132
侶 165
旅 214
僂 266
屢 283
履 292
縷 309
lǜ
律 193
率 231
閭 275
綠 284
慮 286
壘 310
lüè
掠 219
略 222
mǎ
馬 204
mà
貉 267
罵 287
mái
埋 205
mǎi
買 242
mài
脉 194
麥 220
賣 284
mán
謾 311
蠻 319
mǎn
滿 281
màn
慢 282
幕 258
謾 311
縵 314
máng
芒 96
萌 220
龍 300
máo
毛 65
矛 94
茅 155
旄 214
mǎo
卯 89
mào
茂 154
冒 188
旄 214
貿 251
貌 276
瞀 284
鄚 289
méi
某 180
眉 198
媒 256
墨 287
麋 308
měi
每 134
美 195
mèi
每 134
沬 175
昧 185
袂 198
寐 255
媒 256
mēn
悶 241
mén
汶 139
門 160
mèn
惛 232
悶 241
滿 281
méng
氓 175
虻 189
萌 220
夢 258

蒙 258
黽 262
盟 263
鄳 286
měng
猛 230
黽 262
mèng
孟 177
夢 258
mī
迷 195
麋 308
彌 309
靡 314
mǐ
弭 198
辟 269
彌 309
靡 314
mì
宓 176
密 233
冪 310
mián
綿 284
瞑 286
緜 288
miǎn
丏 51
盳 130
免 137
眄 185
俛 190
勉 194
黽 262
澠 300
miàn
面 184
湣 254
瞑 286
miáo
苗 155
miǎo
妙 143
鳥 226
miào
妙 143
廟 291
繆 309
miè
滅 269
mín
民 93
珉 178
mǐn
呡 161
昏 169
敏 226
閔 241
湣 254
黽 262
澠 300
míng
名 120
明 160
冥 216
盟 263
鳴 275
瞑 286
mìng
命 167
miù
繆 309
謬 311
mó
莫 206
募 238
無 242
嫫 269
摩 291
磨 300
靡 314
mò
末 79
百 100
沒 139
歿 158
沫 175
陌 177
冒 188
莫 206
秣 210
幕 258
貉 267
嘿 286
墨 287
默 296
磨 300
纆 317
móu
毋 78
牟 125
侔 165
謀 298
繆 309
鍪 309
mǒu
某 180
mòu
戊 82
mǔ
母 94
畝 212
mù
木 50
目 83
牟 125
沐 139
牧 163
莫 206
募 238
墓 258
幕 258
慕 272
暮 272
穆 296
繆 309
鶩 315
ná
南 182
拏 217
nà
內 64
納 219
nǎi
乃 6
迺 184
鼐 283
nài
奈 158
柰 182
能 217
nán
男 131
南 182
枏 183
難 311
nàn
難 311
náng
囊 317
nǎng
曩 316
náo
撓 284
nǎo
腦 267
nào
淖 232
nèi
內 64
néng
而 103
能 217
ní
兒 165
倪 210
蜺 275
nǐ
疑 276
nì
逆 196
匿 204
倪 210

溺 269
䵑 287
nián
年 115
niǎn
輦 284
niàn
念 168
niàng
釀 319
niào
溺 269
niè
聶 309
孽 312
齧 316
攝 316
躡 319
níng
疑 276
寧 283
nìng
佞 134
寧 283
niú
牛 65
niǔ
狃 138
nóng
農 263
nòng
弄 125
nòu
耨 292
鎒 310
nú
奴 94
帑 178
駑 292
nǔ
弩 178
nù
怒 198
nuán
渜 308
nuǎn
煖 268
nuó
難 311
nuò
諾 290
懦 308
懧 308
nǚ
女 40
nù
女 40
ōu
區 221
毆 285
甌 285
歐 285
ǒu
偶 226
pá
把 127
pái
排 219
pān
番 246
攀 312
pán
般 211
番 246
樊 285
盤 288
磻 304
繁 307
pàn
反 65
半 90
盼 188
叛 195
畔 209
páng
方 71
彷 137
房 177
逢 212
旁 214
彭 237
傍 244
龐 314
pāo
胞 193
páo
包 89
胞 193
pēi
柸 182
péi
陪 217
棓 239
pèi
妃 125
沛 139
佩 165
配 207
pēn
噴 286
pèn
噴 286
pēng
烹 231
彭 237
péng
朋 168
逢 212
彭 237
蓬 258
pěng
奉 146
pī
匹 58
皮 94
批 125
披 151
被 216
pí
比 58
皮 94
陂 143
疲 213
脾 250
辟 269
蕃 284
罷 287
pǐ
疋 93
否 129
pì
匹 58
疋 93
萆 220
副 221
辟 269
僻 288
薜 295
譬 315
闢 316
piān
扁 198
偏 226
篇 287
pián
平 82
便 190
楩 261
駢 309
辯 316
piàn
辨 300
piāo
漂 282
飄 314
piáo
瓢 295
piào
漂 282
piē
蔽 272
pín
貧 230
儐 297
pìn

聘 258
píng
平 82
屏 198
瓶 214
馮 252
pō
朴 96
陂 143
頗 283
pó
番 246
繁 307
pǒ
頗 283
pò
朴 96
迫 165
柏 183
栢 207
破 207
覇 312
霸 316
pōu
朴 96
剖 214
póu
棓 239
pǒu
附 143
部 214
pū
仆 65
扑 79
朴 96
撲 284
pú
扶 125
匍 194
脯 230
蒲 258
酺 273
僕 276
璞 292
濮 308
pǔ
朴 96
浦 214
普 253
pù
暴 286
曝 313
qī
七 2
妻 158
栖 207
期 238
欺 238
棲 239
漆 281
踦 286
蹊 304
qí
祁 123
其 151
奇 158
耆 205
淇 232
棊 238
祺 255
幾 257
朞 258
綦 272
齊 278
旗 281
踦 286
錡 297
騏 309
騎 309
齎 316
qǐ
乞 15
起 205
郪 208
豈 209
幾 257
啓 233
綺 284
稽 287
qì
乞 15
切 58
弃 139
妻 158
泣 176
亟 177
契 178
挈 199
氣 209
葺 220
戚 221
揭 237
棄 252
器 295
qià
猲 250
qiān
千 14
阡 94
芊 96
健 211
牽 231
嗛 263
愆 266
遷 285
褰 300
蹇 308
纖 318
qián
拑 147
前 195
乾 220
鉆 266
漸 282
潛 292
黔 296
錢 297
qiǎn
淺 232
遣 263
嗛 263
慊 269
譴 315
qiàn
芊 96
牽 231
嗛 263
qiāng
將 234
搶 258
慶 291
qiáng
强 255
墻 293
薔 293
廧 300
嬙 301
彊 301
牆 309
qiǎng
搶 258
彊 301
qiàng
搶 258
qiāo
鄗 252
敲 266
橋 295
蹻 313
qiáo
招 151
焦 244
喬 244
僑 276
憔 292
樵 295
橋 295
燋 300
qiǎo
巧 79
qiào
削 185
qiē
切 58
qiě

且 83
qiè
切 58
妾 170
怯 176
契 178
挈 199
愜 254
嗛 263
慊 269
篋 287
鍥 307
竊 318
qīn
侵 191
滲 282
親 300
qín
秦 199
琴 236
禽 246
懃 301
qǐn
侵 191
寑 255
寢 283
qìn
親 300
qīng
卿 212
頃 221
清 231
傾 266
輕 273
蜻 275
慶 291
qíng
情 232
請 289
黥 315
qǐng
頃 221
請 289
qìng
請 289
慶 291
qióng
窮 292
qiū
丘 86
秋 189
區 221
龜 307
qiú
仇 65
厹 70
囚 85
求 128
捄 204
裘 261
鰌 315
qū
去 79
曲 114
取 153
屈 177
區 221
詘 251
趍 258
趣 284
毆 285
趨 301
軀 310
騶 314
驅 316
qú
句 89
渠 232
鈎 246
鉤 266
懼 316
臞 318
衢 319
qǔ
曲 114
取 153
qù
去 79
趣 284
趨 301
quān
棬 239
quán
全 119
卷 175
泉 191
純 219
棬 239
權 316
quǎn
犬 57
quàn
券 175
勸 311
quē
屈 177
缺 209
闕 310
què
却 127
卻 193
雀 221
爵 307
闕 310
鵲 311
qūn
困 161
逡 218
遁 245
qún
羣 269
rán
柟 183
然 251
rǎn
冉 85
ráng
壤 314
攘 314
穰 317
rǎng
壤 314
攘 314
穰 317
讓 319
ràng
攘 314
讓 319
ráo
挐 217
饒 315
rǎo
擾 309
繞 311
rào
饒 315
rě
若 154
rè
熱 284
rén
人 2
仁 65
任 117
rěn
忍 143
rèn
刃 40
仞 86
任 117
衽 198
軔 207
紝 257
rì
日 63
róng
戎 95
容 215
隔 256
榮 281
róu
厹 70
柔 199
糅 291
rǒu

楺 261
ròu
肉 115
楺 261
rū
茹 182
繻 315
rú
如 124
挐 217
儒 297
孺 309
濡 308
rǔ
女 40
汝 122
辱 207
rù
入 5
蓐 258
孺 309
ruǎn
軟 221
需 273
ruì
芮 127
兌 137
銳 288
叡 295
ruò
若 154
弱 216
焫 231
sǎ
灑 318
sà
殺 211
蔡 272
sāi
思 189
sài
塞 269
sān
三 8
參 236
糸 256
sǎn
參 236
散 238
糸 256
sàn
散 238
sāng
桑 218
喪 239
sàng
喪 239
sǎo
掃 220
嫂 256
sào
燥 308
sè
色 121
嗇 261
瑟 257
塞 269
薔 293
廧 300
shā
沙 139
殺 211
shá
奢 221
shà
沙 139
舍 167
歃 263
shài
殺 211
shān
山 14
苫 155
shàn
單 242
善 252
擅 293
壇 293
擔 293
膳 297
澹 300
繕 311
贍 315
shāng
商 231
湯 254
傷 266
觴 310
shǎng
上 13
賞 286
shàng
上 13
尚 159
賞 286
shāo
稍 244
燒 300
sháo
招 151
shǎo
少 59
shào
少 59
召 94
邵 143
削 185
紹 236
稍 244
詔 252
燒 300
shē
奢 221
shé
舌 116
虵 189
蛇 222
shě
舍 167
shè
社 140
舍 167
拾 180
射 211
涉 214
赦 219
設 230
葉 238
聶 309
懾 316
攝 316
shēn
申 84
伸 136
身 137
信 190
莘 206
深 232
參 236
糸 256
shén
什 65
神 198
shěn
沈 139
審 292
shèn
甚 180
椹 258
慎 269
滲 282
shēng
生 85
勝 250
聲 301
shéng
澠 300
繩 314
shěng
省 185
shèng
乘 210
盛 221
勝 250
聖 258

shī
尸 30
失 86
施 195
屍 198
師 211
詍 212
詩 267
shí
十 2
什 65
石 82
矢 86
汁 91
拾 180
食 193
時 209
提 237
實 283
識 314
shǐ
史 84
豕 129
使 163
始 178
施 195
shì
士 9
氏 70
示 79
世 80
仕 86
市 90
式 95
忕 139
事 156
侍 163
舍 167
郝 180
是 185
恃 196
室 197
耆 205
逝 205
視 233
弑 246
飭 250
勢 258
軾 261
嗜 262
試 267
飾 267
誓 272
適 278
奭 284
餝 289
噬 296
澤 300
醳 314
釋 315
shōu
收 123
shǒu
手 65
守 123
首 196
shòu
受 168
狩 194
授 219
售 226
壽 272
獸 313
shū
疋 93
杼 155
叔 159
姝 198
殊 208
倏 210
書 216
菽 220
舒 245
疎 256
疏 256
踈 275
樞 284
輸 295
shú
秫 210
孰 230
熟 291
贖 317
shǔ
黍 244
署 263
蜀 263
鼠 266
數 286
屬 316
shù
戍 111
杼 155
秫 210
恕 217
術 227
庶 231
疏 256
竪 261
踈 275
豎 285
數 286
樹 295
shuā
選 292
shuāi
衰 212
shuài
帥 192
率 231
shuāng
霜 304
雙 310
shuǎng
爽 21
shuí
誰 290
shuǐ
水 65
shuì
睡 262
說 277
shùn
順 244
舜 250
shuō
說 277
shuò
數 286
爍 314
鑠 318
sī
司 92
私 133
思 189
絲 257
斯 273
廝 291
sǐ
死 111
sì
四 85
司 92
似 118
汜 122
兕 132
伺 137
祀 140
泗 176
思 189
食 193
肆 257
嗣 263
駟 284
sōng
松 155
sǒng
從 228
縱 309
sòng
宋 139
送 195
誦 277
sū
卹 165

蘇 312
sú
俗 190
sù
束 129
素 204
速 207
宿 233
粟 240
遡 268
愬 281
數 286
蘇 312
蠹 319
suān
酸 273
suàn
選 292
suī
睢 262
雖 304
suí
隋 234
隨 283
suǐ
髓 316
suì
祟 217
術 227
隊 236
遂 253
碎 261
歲 262
粹 281
隧 283
燧 300
sūn
孫 217
sǔn
隼 210
損 258
suō
縮 309
獻 314
suǒ
所 166
索 207
tā
他 86
tá
蹹 313
tà
荅 181
達 237
tāi
台 94
胎 194
tái
台 94
能 217
臺 272
tài
大 11
太 57
能 217
態 284
tān
探 220
貪 230
tán
沈 139
談 291
彈 292
壇 293
澹 300
檀 303
顛 312
譚 314
鐔 315
tǎn
坦 147
袒 215
tàn
炭 189
探 220
貪 230
嘆 274
歎 284
tāng
湯 254
蕩 284
táng
唐 213
堂 221
棠 240
tǎng
帑 178
黨 314
tàng
湯 254
tāo
挑 180
謟 308
饕 317
táo
逃 193
桃 207
陶 217
tè
匿 204
特 209
貳 236
貸 244
慝 270
téng
滕 289
縢 297
䲢 315
tèng
賸 267
tī
梯 220
tí
折 127
提 237
蹏 295
題 310
鯷 315
tǐ
體 317
tì
狄 138
弟 139
涕 215
惕 232
裼 269
適 278
躍 316
tiān
天 47
tián
田 84
填 257
tiǎn
填 257
銛 276
tiàn
瑱 270
tiāo
挑 180
條 210
tiáo
條 210
脩 210
稠 264
銚 276
調 291
tiǎo
挑 180
誂 267
tiào
稠 264
tiě
鐵 316
tīng
聽 317
tíng
廷 116
挺 180
亭 195
庭 195
霆 273
tǐng
挺 180
tìng

庭 195
tōng
恫 196
通 217
tóng
同 114
重 189
洞 196
童 252
銅 276
橦 295
tǒng
統 257
tòng
痛 252
tōu
偷 226
tóu
投 127
頭 295
tū
突 197
tú
徒 211
途 211
涂 215
菟 220
屠 233
塗 269
圖 275
跿 275
tǔ
土 9
tù
兔 169
菟 220
tuán
專 221
剬 225
揣 237
敦 252
剸 261
摶 270
tuàn
緣 292
tuī
推 219
tuì
退 198
tūn
吞 125
tún
屯 58
純 219
敦 252
tuō
他 86
佗 136
託 212
說 277
tuó
池 122
佗 136
沱 176
訑 212
橐 295
鼉 319
tuǒ
訑 212
隋 234
tuò
唾 225
wā
汙 122
鼃 311
wài
外 89
wān
貫 236
關 313
wán
丸 15
完 139
玩 146
紈 199
翫 292
wǎn
宛 176
菀 220
晚 222
惋 233
輓 273
綰 284
wàn
萬 238
腕 250
wāng
匡 95
wáng
亡 15
王 40
wǎng
王 40
方 71
枉 155
罔 161
往 165
網 284
wàng
王 40
妄 122
忘 139
往 165
望 231
wēi
危 120
委 163
威 184
畏 189
微 266
煨 268
wéi
韋 198
唯 225
帷 225
惟 232
圍 242
爲 246
違 256
維 284
闈 304
魏 304
wěi
尾 143
委 163
洧 196
唯 225
偉 226
隗 236
僞 276
wèi
未 78
位 136
味 159
畏 189
胃 189
尉 233
爲 246
渭 254
遺 286
慰 292
衛 297
謂 298
魏 304
wēn
温 254
wén
文 70
蚊 209
聞 274
wěn
刎 120
歾 158
呡 161
昧 185
wèn
文 70
免 137
汶 139
問 222
聞 274
wèng
罋 314
wǒ
我 132

果 160
wò
沃 139
臥 156
握 237
wū
汙 122
杇 128
巫 128
於 170
洿 196
屋 198
烏 211
惡 237
嗚 263
誣 277
wú
亡 15
无 50
毋 78
吾 129
吳 132
郚 184
梧 220
無 242
廡 291
wǔ
五 50
午 65
伍 116
忤 139
武 146
侮 190
務 218
啎 221
舞 276
廡 291
wù
勿 70
戊 82
牟 125
物 163
悟 215
務 218
掘 220
梧 220
惡 237
誤 277
騖 314
鶩 315
xī
夕 15
兮 66
西 99
希 137
昔 154
犀 198
栖 207
息 211
奚 212
悉 229
訢 230
惜 232
喜 237
棲 239
傒 244
翕 246
腊 250
犀 255
裼 269
熙 273
嘻 286
膝 289
蹊 304
戲 304
釐 304
谿 307
釐 309
譆 314
攜 316
xí
席 213
習 236
擊 303
襲 318
xǐ
徙 227
喜 237
憙 293
璽 313
躧 319
xì
郄 168
係 190
郤 193
卻 193
氣 209
旣 226
細 236
赫 272
戲 304
繫 312
xiā
葭 239
瑕 257
xiá
甲 84
夾 129
匣 129
狎 169
俠 190
狹 212
假 226
瑕 257
暇 263
轄 310
黠 310
xià
下 9
夏 207
假 226
暇 263
xiān
先 115
跣 263
銛 276
鮮 307
纖 318
xián
弦 177
咸 184
絃 236
閒 241
閑 241
嗛 263
嫌 269
銜 276
賢 285
xiǎn
省 185
跣 263
險 292
鮮 307
獮 307
顯 318
xiàn
見 130
限 178
軒 207
縣 295
憲 300
鮮 307
驏 309
獻 314
xiāng
相 182
鄉 236
湘 254
襄 308
xiáng
降 178
祥 216
翔 253
詳 267
xiǎng
享 170
鄉 236
嚮 309
攘 314
饗 315
xiàng
向 118
巷 180
相 182
象 230

項 236
鄉 236
嚮 309
xiāo
肖 129
消 214
宵 215
梟 226
梟 288
銷 288
蕭 295
驍 317
xiáo
校 207
殽 246
絞 257
xiǎo
小 13
宵 215
xiào
孝 127
肖 129
効 170
咲 189
校 207
傚 210
笑 210
效 213
宵 215
殽 246
xiē
曷 188
歇 263
xié
汁 91
邪 112
挾 205
脅 217
攜 316
xiě
寫 292
xiè
泄 175
契 178
械 220
猲 250
解 267
漑 282
寫 292
豫 292
緤 292
謝 308
xīn
心 71
辛 139
莘 206
訢 230
新 268
薪 294
親 300
xín
鐔 315
xìn
信 190
舋 315
xīng
星 188
興 297
xíng
刑 95
郉 95
行 118
形 125
陘 198
滎 281
xǐng
省 185
xìng
行 118
幸 150
性 176
姓 178
興 297
xiōng
凶 68
兄 85
匈 120
㐫 122
胸 137
胷 168
胷 212
xióng
雄 240
xiū
休 116
修 190
脩 210
羞 214
xiǔ
朽 96
xiù
臭 211
袖 215
宿 233
俵 266
褎 277
繡 314
xū
于 9
戌 100
吁 114
冔 161
呼 161
胥 198
虛 221
須 245
墟 272
需 273
鬚 317
xú
徐 211
涂 215
xǔ
休 116
呴 161
冔 161
許 230
xù
序 139
卹 165
怵 176
恤 196
怴 196
畜 214
婿 256
蓄 258
稸 287
續 316
xuān
宣 197
軒 207
諼 300
xuán
旋 231
縣 295
還 296
懸 315
xuǎn
咺 188
選 292
xuàn
炫 196
眩 209
涓 214
衒 228
旋 231
選 292
鐶 316
xuē
削 185
薛 294
xué
學 297
xuě
雪 221
xuè
穴 91
血 118
決 122
決 139
怴 196
xūn
勳 296
xún
旬 120

巡 125
郇 169
荀 181
徇 192
揗 237
遁 245
循 245
尋 255
xùn
徇 192
殉 208
孫 217
選 292
yā
亞 151
烏 211
厭 273
壓 304
yá
牙 58
睚 262
yǎ
疋 93
啞 222
yà
亞 151
啞 222
御 245
yān
身 137
咽 189
殷 211
焉 219
淹 232
鄢 257
厭 273
燕 293
閼 295
yán
延 117
巡 125
言 138
鈆 245
險 292
顏 311
嚴 313
巖 317
鹽 319
yǎn
匽 184
衍 192
掩 219
眼 222
偃 226
揜 237
厭 273
闇 304
儼 316
黶 319
yàn
咽 189
晏 209
厭 273
鴈 285
燕 293
諺 300
讌 318
饜 318
驗 318
鹽 319
yāng
央 85
怏 176
殃 184
鞅 272
yáng
羊 122
佯 165
陽 235
揚 237
湯 254
楊 261
詳 267
煬 268
yǎng
卬 70
仰 117
養 281
yàng
恙 214
煬 268
yāo
夭 65
祆 177
要 184
徼 297
yáo
肴 168
姚 198
陶 217
堯 236
猶 250
摇 258
遥 266
瑶 270
銚 276
踰 295
繇 307
謠 308
yǎo
要 184
嚙 310
yào
幼 95
要 184
樂 288
藥 309
yē
耶 153
yě
也 33
冶 139
野 222
yè
曳 114
夜 170
咽 189
射 211
葉 238
業 262
謁 298
yī
一 1
伊 118
衣 122
依 165
挹 205
蛇 222
倚 226
壹 237
揖 237
椅 239
意 268
醫 309
yí
匜 82
台 94
夷 112
佗 136
沂 139
宜 176
施 195
怠 199
訑 212
焉 219
疑 276
儀 287
遺 286
頤 295
yǐ
乙 1
已 30
以 72
目 85
目 93
矣 144
依 165
倚 210
倚 226
椅 239
錡 297
蟻 313
齮 318
yì
艾 80

失 86
伇 117
刈 120
亦 121
衣 122
抑 127
邑 132
佚 136
役 137
迭 163
泄 175
昳 188
食 193
施 195
挹 205
射 211
益 214
異 222
移 226
逸 230
軼 240
肆 257
睪 263
詣 267
意 268
義 268
溢 269
厭 273
鄴 286
億 287
毅 291
誼 291
殪 295
劓 297
澤 300
隸 303
翳 304
翼 309
藝 309
鎰 310
醳 314
釋 315
議 315

yīn
因 114
捆 179
音 195
姻 198
殷 211
陰 217

yín
吟 132
沂 139
訢 230
淫 232
寅 233

yǐn
尹 71
引 72
殷 211
飲 250
靷 258
隱 301

yìn
印 89
陰 217
壹 237
飲 250
廕 267
隱 301

yīng
央 85
英 155
嬰 304
應 308
纓 318
鷹 319

yíng
迎 138
盈 199
熒 281
嬴 300
營 300
繩 314
贏 315

yǐng
郢 187
景 241
潁 297

yìng
迎 138
應 308

yōng
庸 231
雍 268
擁 293
壅 300
饔 308
癰 311
雝 311

yǒng
臾 165
勇 199

yòng
用 88

yōu
幽 189
憂 285
繇 307
優 307

yóu
尤 58
由 84
柚 183
斿 195
郵 209
猶 250
遊 252
游 254
繇 307

yǒu
又 7
友 58
有 101
幽 189
莠 206
脩 210
牖 287

yòu
又 7
右 82
幼 95
有 101
柚 183
囿 189
誘 277

yū
汙 122

yú
于 9
予 78
吾 129
余 137
盂 146
臾 165
於 170
竽 190
移 226
魚 230
隅 236
喻 242
腴 250
渝 254
榆 261
愚 262
虞 262
與 264
漁 282
餘 289
諛 290
踰 295
歟 307
輿 307
旟 314

yǔ
予 78
羽 125
雨 158
臾 165
禹 191
梧 220
圉 222
庾 231
與 264
傴 266

語 277
嫗 283
yù
玉 78
谷 137
或 156
雨 158
育 175
圉 222
欲 229
尉 233
遇 241
喻 242
御 245
與 264
愈 266
預 270
獄 276
語 277
嫗 283
豫 292
閾 295
諭 300
禦 307
譽 315
鬻 318
鷸 318
yuān
宛 176
咽 189
淵 254
yuán
元 50
垣 179
洹 196
原 208
援 237
隕 256
園 263
猿 267
緣 292
黿 301
轅 303
yuǎn
遠 258
yuàn
怨 194
原 208
菀 220
願 312
yuē
曰 59
約 199
yuè
月 70
悅 215
越 236
鉞 266
說 277
樂 288
銳 288
躍 316
籥 318
yún
云 50
均 127
雲 240
yǔn
抎 125
盾 192
隕 256
yùn
均 127
怨 194
菀 220
溫 254
運 255
zā
扎 50
zá
雜 311
zāi
哉 179
菑 238
載 257
zǎi
宰 215
載 257
zài
再 99
在 100
載 257
zàn
贊 313
zāng
牂 210
臧 273
zàng
葬 238
臧 273
藏 301
zāo
遭 273
糟 308
zǎo
早 114
蚤 199
棗 240
zào
造 209
燥 308
躁 315
竈 316
則 187
責 219
賊 262
罾 263
擇 293
澤 300
zé
柞 183
zè
側 226
zèn
譖 314
zēng
曾 253
增 284
憎 292
繒 311
zhā
扎 50
苴 155
zhá
扎 50
zhǎ
扎 50
zhà
作 136
詐 251
zhāi
齊 278
zhái
宅 123
翟 283
zhài
柴 208
責 219
祭 230
瘵 300
zhān
占 83
沾 175
旃 214
氈 308
驙 319
zhǎn
展 216
斬 220
棧 239
zhàn
占 83
棧 239
湛 254
戰 295
zhāng
章 231
張 233
鄣 268
粻 281
漳 282
樟 285
zhǎng
長 146
掌 240

黨 314
zhàng
丈 13
仗 86
杖 128
長 146
張 233
鄣 268
障 269
zhāo
招 151
昭 189
著 220
着 231
朝 239
鼂 310
zhǎo
沼 176
zhào
召 94
兆 120
詔 252
照 263
趙 270
zhe
着 231
zhé
折 127
軼 240
輒 273
適 278
慴 282
聶 309
攝 316
讋 318
zhě
者 147
zhēn
珍 178
貞 185
振 205
眞 212
偵 226
椹 258
斟 258
甄 261
zhěn
枕 155
振 205
眕 209
軫 240
zhèn
枕 155
陣 198
振 205
陳 216
揕 236
填 257
甄 261
瑱 270
震 285
zhēng
丁 2
正 79
征 165
爭 168
承 177
政 179
崢 225
諍 267
徵 288
zhěng
承 177
整 295
zhèng
正 79
爭 168
承 177
政 179
証 251
諍 267
鄭 281
靜 292
zhī
之 16
支 51
氏 70
汁 91
卮 137
枝 155
知 162
智 244
織 311
zhí
直 155
值 210
執 219
植 239
殖 240
跖 241
稙 263
遲 292
職 309
蹠 310
zhǐ
止 58
旨 120
抵 150
底 170
指 180
枳 183
咫 198
耆 205
砥 207
趾 222
視 233
軹 240
徵 288
zhì
至 112
志 127
制 161
知 162
炙 170
治 176
桎 207
致 208
剬 225
智 244
置 263
雉 263
銍 276
摯 284
質 288
遲 292
職 309
贄 309
織 311
識 314
躓 317
鷙 317
zhōng
中 63
忠 161
終 236
衆 244
鍾 307
鐘 315
zhǒng
腫 267
種 276
踵 295
zhòng
中 63
仲 117
重 189
衆 244
種 276
zhōu
舟 119
州 122
周 169
調 291
鬻 318
zhóu
軸 240
zhǒu
肘 137
胕 193
箒 276
zhòu
注 176
冑 189
祝 198
紂 199

啄 222
晝 233
噣 296
[illegible] 307
騶 314
驟 318

zhū
朱 115
邾 161
侏 165
珠 204
株 207
朝 239
誅 267
諸 290

zhú
竹 116
柚 183
逐 208
軸 240
筑 244
燭 308

zhǔ
主 89
拄 150
柱 183
渚 232
煑 237
筯 264
屬 316

zhù
助 130
住 136
杼 155
注 176
柱 183
除 198
祝 198
著 220
庶 231
紵 236
築 296
鑄 318

zhuān
專 221
剸 261
摶 270

zhuǎn
轉 309

zhuàn
傳 266
摶 270
轉 309
縳 309

zhuāng
莊 206
裝 269

zhuàng
壯 143
狀 177
憧 292

zhuī
追 192
揣 237
錐 297

zhuì
隊 236
惴 254
隧 283
墜 283
綴 284
贅 301

zhūn
屯 58
純 219
湻 254
頓 261

zhǔn
准 213
純 219
湻 254

zhuō
拙 151
卓 159
掘 220
涿 232

zhuó
酌 207
著 220
啄 222
着 231
淖 232
斮 238
噣 296
濁 300
擢 301
繳 314

zī
次 122
茲 196
淄 232
葘 238
嗞 242
滋 254
訾 262
資 267
齊 278
緇 284
齎 316

zǐ
子 30
姊 143
梓 220
紫 240
訾 262

zì
自 117
事 156
柴 208
恣 214
眦 222
葘 238

zōng
宗 176
從 228
縱 309

zǒng
從 228
總 292
縱 309

zòng
從 228
縱 309

zōu
陬 216
掫 219
鄹 251
騶 314

zǒu
走 125
奏 178

zòu
奏 178
族 231

zū
苴 155
諸 290

zú
足 131
卒 170
族 231

zǔ
作 136
阻 143
俎 193
祖 198
菹 220
組 236

zuǎn
纂 315

zuī
冣 233
最 240
罪 263
醉 285

zūn
尊 253

zǔn
尊 253
撙 284

zuō
作 136

zuó
作 136
昨 188

捽 219
zuǒ
左 82
佐 136
繓 311
zuò
左 82
作 136
坐 137
昨 188
祚 198
柞 183
挫 205
座 213
鑿 319

0010.4
主 89
童 252
壅 300
0010.8
立 90
0011.1
疵 231
0011.4
痤 252
癰 311
0012.7
病 213
痛 252
癘 308
0013.4
疾 213
0014.7
疲 213
0014.8
瘁 267
0016.7
瘡 291
0018.1
瘨 291
0019.1
瘵 300
0019.6
療 308
0020.1
亭 195
0021.1
庇 139
鹿 231
龐 314
靡 314
麤 319
0021.2
廬 314
0021.3
充 122
0021.4
座 213
產 231
塵 277
廐 277
離 311
0021.6
竟 231
0021.7
亢 71
嬴 300
羸 314
贏 315
0022.1
廝 291
0022.2
序 139
0022.3
齊 278
齎 316
0022.7
方 71
市 90
育 175
帝 195
高 213
席 213
旁 214
商 231
庸 231
廊 231
腐 277
膏 277
廟 291
膂 308
鷹 319
0023.0
卞 70
0023.1
廕 267
廡 291
應 308
0023.2
康 231
豪 277
0023.7
庶 231
庚 231
廉 267
0024.0
府 170
0024.1
庭 195
0024.2
底 170
0024.7
夜 170
度 195
廄 277
廢 291
慶 291
0025.2
摩 291
0025.6
庫 213
0026.1
廧 300
磨 300
0026.7
唐 213
0028.6
廣 277
0029.4
床 139
廪 300
廩 308
0033.0
亦 121
0033.1
忘 139
0033.2
烹 231
0033.6
意 268
0040.0
文 70
0040.1
辛 139
0040.3
率 231
0040.4
妄 122
妾 170
0040.6
章 231
0040.7
享 170
0040.8
交 121
卒 170
0044.1
辨 300
辯 316
0044.3
弃 139
0050.3
牽 231
0060.1
言 138
音 195
0060.3
畜 214
0061.4
誰 290
0062.2
諺 300
0062.7
訪 230
謗 308
0063.2
讓 319
0069.6
諒 291
0070.0
亡 15
0071.4
亳 213
毫 230
雍 268
0073.2
衣 122
哀 195
衰 212
裹 267

裹 277
褒 277
褻 308
0077.2
㐫 122
饔 314
0080.0
六 70
0090.4
棄 252
0090.6
京 170
0091.4
雜 311
0110.4
壟 314
0121.1
龍 300
0128.6
顏 311
0140.1
聾 318
0160.1
讋 318
0161.1
誹 290
0161.8
誣 277
0164.6
譚 314
0166.1
詣 267
語 277
譖 314
0173.2
襲 318
0210.0
剷 277
0211.4
氈 308
0212.7
端 278
0260.0
剖 214
0261.3
誂 267
0261.4
託 212
0262.1
訴 230
0262.7
誘 277
0264.7
諼 300
0266.1
詬 267
0267.2
詘 251
0267.7
謟 308
0280.0
刻 170
0292.1
新 268
0361.7
誼 291
0364.0
試 267
0365.0
誠 267
誡 277
識 314
0391.4
就 252
0433.1
熟 291
0441.7
孰 230
0442.7
効 170
0460.0
計 194
謝 308
0461.4
註 267
謹 310
讙 319
0463.1
讌 318
0464.1
詩 267
0465.4
譁 308
0465.6
諱 300
0466.0
諸 290
0466.4
諾 290
0466.5
譆 314
0468.6
讀 318
0469.4
諜 298
0512.7
靖 268
0562.7
請 289
0563.7
譴 315
0564.7
講 307
0569.0
誅 267
0569.6
諫 298
0612.7
竭 277
0662.7
謁 298
謂 298
0663.4
誤 277
0664.7
謾 311
0691.0
親 300
0710.4
望 231
0722.7
鄗 252
0724.7
毅 291
0728.2
欬 214
0742.7
郊 170
郭 213
鄣 268
0761.3
讒 319
0761.7
記 212
0762.0
調 291
0762.2
謬 311
0762.7
部 214
誦 277
0763.7
諛 290
0764.7
設 230
0766.2
詔 252
0767.7
諂 291
0768.0
畝 212
0774.7
氓 175
0821.2
施 195
0821.4
旄 214
旌 231
0823.2
旅 214
0823.3
於 170
0823.4
族 231
0824.0

放 170
敵 291
0824.7
斿 195
旃 214
0828.1
旋 231
旗 281
旟 314
0844.0
效 213
敦 252
0861.1
詐 251
0861.6
說 277
0862.1
諭 300
0862.7
論 291
0864.0
許 230
0865.1
詳 267
0865.3
議 315
0865.7
誨 277
0925.9
麟 318
0968.9
談 291
1000.0
一 1
1010.0
二 1
工 9
1010.1
三 8
正 79
1010.3
玉 78
璽 313
1010.4
王 40
至 112
1010.7
五 50
盂 146
亞 151
盃 184
1010.8
巫 128
豆 129
靈 319
1011.3
疏 256
1014.1
聶 309
1016.4
露 316
1017.7
雪 221
1020.0
丁 2
1020.7
丏 50
1021.1
元 50
1021.2
死 111
1022.7
而 103
兩 158
雨 158
鬲 207
爾 273
需 273
1023.0
下 9
1023.2
豕 129
弦 177
震 285
1024.0
牙 58
1024.7
夏 207
覆 309
1032.7
焉 219
1033.1
惡 237
1040.0
干 8
于 9
耳 96
1040.1
霆 273
1040.4
要 184
1040.7
憂 285
1040.9
平 82
1041.0
无 50
1043.0
天 47
1044.1
弄 125
1044.7
再 99
1050.6
更 129
1052.7
霸 316
1060.0
石 82
西 99
百 100
面 184
1060.1
吾 129
晉 208
1060.3
雷 261
1060.9
否 129
1062.0
可 80
1063.2
釀 319
1064.8
碎 261
醉 285
1071.6
電 261
1071.7
黿 301
1073.1
云 50
雲 240
1080.6
貢 205
賈 261
1080.9
覂 237
1090.0
不 51
1090.1
示 79
1090.4
栗 207
粟 240
1096.3
霜 304
1111.0
北 82
1111.1
玩 146
非 158
1111.6
疆 314
1111.7
甄 261
1112.7
巧 79
1113.6
蜚 273
蠶 319
1114.0
珥 204
1118.6
項 236

頭 295
頸 295
1120.7
琴 236
1121.1
麗 312
1121.6
彊 301
1122.7
背 185
彌 309
1123.2
張 233
1124.0
弭 198
1128.6
預 270
1133.1
悲 240
瑟 257
1142.7
孺 309
1150.6
輩 285
1161.1
翫 292
1180.1
冀 295
1210.0
到 158
剄 185
1210.8
登 256
1213.4
璞 292
1215.3
璣 292
1217.2
瑶 270
1220.0
引 72
列 111
1223.0
水 65
弘 93
1224.7
發 256
1233.0
烈 208
1240.0
刑 95
1240.1
廷 116
延 117
1241.0
孔 72
1241.3
飛 199
1242.2
形 125
1243.0
孤 177
1249.3
孫 217
1260.0
副 221
1264.0
砥 207
1266.9
磻 304
1273.2
裂 240
1293.0
瓢 295
1310.0
耻 206
1313.2
琅 219
1314.0
武 146
1315.0
職 309
1325.0
戮 292
1325.3
殘 240
1326.0
殆 184
1328.6
殯 310
1362.7
酺 273
1364.7
酸 273
1411.4
珪 204
1412.7
功 79
勁 185
1413.1
聽 317
1418.1
瑱 270
1421.2
弛 123
1421.7
殖 240
1421.8
殪 295
1422.7
勠 269
1461.7
醢 304
1464.7
破 207
1467.0
酣 240
1512.7
聘 258
1519.0
珠 204
1519.6
疎 256
1523.0
殃 184
1529.0
殊 208
1540.0
建 177
1610.4
聖 258
1611.4
理 219
1613.0
聰 301
1613.2
環 301
1623.6
强 255
1625.6
彈 292
殫 295
1661.3
醜 295
1662.7
碭 273
碣 273
1664.1
醳 314
1710.3
丞 124
1710.4
亟 177
1710.5
丑 72
1710.7
孟 177
盈 199
1712.0
羽 125
聊 220
1712.7
耶 153
弱 216
郵 221
鄧 284
1713.2
聰 284
1714.0
取 153
1714.7
珉 178
瑕 257
1720.2
予 78

1720.7
弓 30
1721.4
翟 283
1722.0
刀 6
殉 208
翮 295
1722.1
鼐 283
1722.2
矛 94
1722.7
乃 6
邪 112
胥 198
務 218
鬻 318
鷸 318
1723.2
承 177
聚 272
豫 292
1724.7
及 15
1732.0
刃 40
1732.7
鄢 257
1733.1
忌 143
恐 206
1733.2
忍 143
1734.6
尋 255
1740.7
子 30
1740.8
翠 284
1742.7
邢 95
勇 199
1750.1
羣 269
1750.6
翬 284
1750.7
尹 71
1752.7
弔 72
1760.2
召 94
習 236
1760.7
君 140
1761.7
配 207
1762.0
司 92
酌 207
1762.7
邵 143
部 184
郡 198
1768.2
歌 273
1771.0
乙 1
1771.7
己 30
已 30
1777.2
函 178
1777.7
臼 93
1780.1
疋 93
翼 309
1780.6
負 194
1790.4
柔 199
桑 218
1791.0
飄 314
1810.9
鍪 309
1812.2
珍 178
1814.0
攻 125
政 179
致 208
敢 233
1821.4
鼇 304
1822.7
矜 199
1832.7
鶩 314
鷔 315
1860.4
瞀 284
1861.2
恜 196
1864.0
啎 221
1874.0
改 143
2010.4
垂 163
重 189
2013.2
黍 244
2021.4
住 136
往 165
讎 318
2021.7
伉 117
2021.8
位 136
2022.1
倚 226
2022.7
彷 137
禹 191
傍 244
喬 244
爲 246
2023.2
依 165
偯 266
2023.6
億 287
2024.0
俯 210
2024.1
僻 288
辭 313
2024.4
佞 134
2024.8
佼 165
2025.2
舜 250
2026.1
信 190
倍 210
2030.7
乏 68
2033.1
焦 244
2033.9
悉 229
2040.0
千 14
2040.1
隼 210
2040.4
委 163
2040.7
季 163
受 168
愛 266
雙 310
2040.9
乎 86
2041.4
雞 310
2042.7
舫 211
2043.0
夭 65

奚 212
2050.0
手 65
2050.7
爭 168
2060.1
售 226
讐 318
2060.3
吞 125
2060.4
舌 116
2060.9
番 246
2061.4
雒 276
2071.4
毛 65
雔 311
2074.6
爵 307
2090.1
乘 210
2090.4
禾 86
采 168
集 244
梟 288
2090.7
秉 163
2091.3
統 257
2091.4
維 284
纏 317
2092.7
縞 301
2093.2
絃 236
穰 317
2094.8
絞 257
2096.3
稽 287
2108.6
順 244
2110.0
上 13
止 58
2111.0
此 113
2111.7
甄 244
2120.1
步 129
2121.0
仁 65
2121.1
征 165
俓 190
徑 211
能 217
2121.4
偃 226
2121.6
傴 266
僵 287
軀 310
2121.7
伍 116
虎 159
盧 295
2122.0
何 135
2122.1
行 118
衍 192
術 227
衒 228
衙 276
衝 288
衞 297
衡 297
衢 319
2122.7
肯 159
虜 262
膚 286
儒 297
虧 304
2123.4
虞 262
2123.6
慮 286
2124.1
處 221
2124.6
便 190
2124.7
優 307
2125.3
歲 262
2126.1
僭 276
2126.6
偪 226
2128.1
徙 227
2128.6
偵 226
須 245
傾 266
價 287
顱 319
2133.1
態 284
2133.2
愆 266
2140.6
卓 159
2141.7
號 289
2155.0
拜 189
2160.0
占 83
鹵 221
2160.1
旨 120
皆 184
訾 262
2171.0
匕 6
比 58
2172.7
師 211
2177.2
齒 285
2178.6
頃 221
2180.6
貞 185
2190.3
紫 240
2190.4
柴 208
2191.1
經 270
2192.7
繻 315
2200.0
川 15
2204.7
版 165
2210.8
豈 209
豐 310
2213.6
蚩 217
蠻 319
2220.0
刎 120
制 161
倒 210
側 226
劌 285
劇 286
劓 297
2221.0
亂 267
2221.4
任 117
崔 225
2222.1
鼎 241

2222.7
㐫 168
崩 225
僞 276
僑 276
2223.4
傒 244
僕 276
2224.1
岸 161
2224.7
後 193
2224.8
巖 317
2226.4
循 245
2229.3
係 190
緜 288
2240.7
變 318
2245.3
幾 257
2248.9
炭 189
2272.1
斷 311
2275.7
崢 225
2277.0
山 14
凶 68
幽 189
2277.2
出 93
2279.3
繇 307
2280.6
賃 266
2290.0
利 133
糾 178
2290.1
祟 217
崇 225
2290.4
巢 236
樂 288
2291.3
繼 316
2291.4
紝 257
種 276
2293.0
私 133
2294.7
稱 276
緩 292
2296.3
緇 284
2297.7
稻 287
2299.3
絲 257
2300.0
卜 2
2302.7
牖 287
2320.0
仆 65
外 89
2320.2
參 236
2321.1
佗 136
2322.7
偏 226
徧 245
2323.4
伏 116
獻 314
2324.0
代 86
2324.2
傅 244
2324.7
俊 192
2325.0
伐 116
侔 165
臧 273
戲 304
2328.6
儐 297
2333.3
然 251
2333.6
怠 199
2343.0
矣 144
2350.0
牟 125
2355.0
我 132
2360.0
台 94
2380.6
貸 244
2392.1
紵 236
2392.7
編 292
2393.2
稼 287
2394.2
縛 301
2395.0
織 311
纖 318
2396.0
紿 236
2396.1
稽 287
縮 309
2397.7
綰 284
2399.4
秫 210
2408.6
牘 313
2409.4
牒 266
2412.7
動 226
2420.0
什 65
射 211
豺 212
2421.0
化 65
仕 86
壯 143
2421.1
先 115
佐 136
2421.2
他 86
2421.4
佳 163
僅 266
2421.7
仇 65
值 210
2422.1
倚 210
2422.7
備 244
2423.1
德 288
2423.8
俠 190
2424.1
侍 163
待 192
2424.7
彼 165
2425.6
偉 226
2426.0
儲 307
2426.1
借 210
牆 309
2428.1
供 163

徒 211
2429.0
休 116
牀 177
2429.6
僚 276
2430.0
鮒 297
2432.7
勳 296
2441.2
勉 194
2454.1
特 209
2460.1
告 132
2472.1
齮 318
2472.7
幼 95
帥 192
2473.2
裝 269
2480.6
貨 226
贊 313
2490.0
科 189
紂 199
2491.1
繞 311
2491.7
紈 199
稙 263
2492.1
綺 284
2492.7
納 219
2496.1
結 257
2498.6
續 316
2499.4
緤 292
2500.0
牛 65
2503.0
失 86
2510.0
生 85
2520.0
仗 86
2520.6
仲 117
伸 136
使 163
2520.7
律 193
2523.0
佚 136
2524.0
健 211
2524.3
傳 266
2524.4
僂 266
2525.3
俸 210
2529.0
侏 165
2529.4
傑 244
2590.0
朱 115
2590.4
桀 212
2591.7
純 219
2594.3
縛 309
2594.4
縷 309
2598.6
積 296
2599.0
秣 210
2599.6
練 292
2600.0
白 86
自 117
2610.4
皇 191
2620.0
伯 136
2621.0
但 136
貌 276
2621.3
鬼 191
傀 226
2621.4
徨 245
2622.1
鼻 276
2622.7
冐 161
帛 165
偶 226
觸 315
2623.2
泉 191
2624.1
得 227
2624.8
儼 316
2626.0
侶 165
倡 210
2629.4
保 190
2631.4
鯉 310
2632.7
緆 314
2633.0
息 211
2633.2
鰥 316
2638.1
鯷 315
2640.0
卑 165
2640.3
臯 244
2641.3
魏 304
2643.0
臭 211
2671.1
崐 225
2690.0
和 163
細 236
2691.1
緄 284
2691.4
纆 317
2692.2
穆 296
2692.7
綿 284
2694.1
釋 315
2694.4
纓 318
2694.7
稷 287
2710.0
血 118
2710.4
墾 297
壑 304
2710.7
盤 288
2711.7
龜 307
2712.0
卹 165
2712.7
郵 209
歸 310
2713.2
黎 287
2713.6

蠡 316
2720.0
夕 15
2720.7
多 121
2721.0
佩 165
2721.2
危 120
2721.6
免 137
俛 190
2721.7
倪 210
2722.0
勿 70
仞 86
仰 117
向 118
夘 121
伺 137
徇 192
甪 194
豹 212
御 245
2722.2
修 190
僇 266
2722.7
角 138
侈 165
躬 211
胷 212
鄉 236
嚮 309
2723.2
象 230
衆 244
漿 292
2723.4
侯 191
候 210
候 226
2724.0
將 234
2724.7
伇 117
役 137
侵 191
段 211
假 226
2725.2
解 267
2725.7
伊 118
2726.2
貂 250
2726.4
倨 211
貉 267
2728.1
俱 210
2728.9
倏 210
2729.4
條 210
2730.3
冬 89
2731.2
鮑 297
2732.7
烏 211
鳥 226
2733.1
怨 194
2733.2
忽 170
2733.6
魚 230
2733.7
急 194
2740.0
身 137
2741.3
兔 169
兔 307
2742.7
芻 212
鄒 251
2744.0
舟 119
2744.7
般 211
2746.1
船 228
2748.1
疑 276
2750.2
犂 244
2752.0
物 163
2752.7
鵝 310
2760.0
名 120
2760.1
醬 311
2760.3
魯 289
2760.4
各 121
督 262
2762.0
句 89
旬 120
的 165
2762.7
郇 169
2764.0
叡 295
2764.7
鵠 310
2771.2
包 89
2771.7
色 121
2772.0
勾 70
匈 120
2773.2
饗 315
2778.2
歃 263
2780.0
久 15
2780.9
炙 170
2782.7
鄖 289
2790.1
祭 230
禦 307
2790.4
梟 226
2791.0
組 236
2791.7
紀 199
絶 257
繩 314
2792.0
約 199
稠 264
網 284
剝 287
2792.2
繆 309
2792.7
邾 161
移 226
繡 314
2793.2
綠 284
緣 292
總 292
2793.3
終 236
2793.4
緱 292
縫 301
2794.0
叔 159
2794.7
級 199
綴 284

2795.4
絳 257
2796.2
紹 236
2820.0
似 118
2821.1
作 136
2822.1
偷 226
2822.7
倫 210
傷 266
觴 310
2824.0
傲 244
微 266
敫 266
儌 276
徹 288
徵 288
徼 297
徽 307
2824.7
復 245
2825.1
佯 165
2825.3
儀 287
2825.7
侮 190
2826.8
俗 190
2828.1
從 228
2829.4
徐 211
2835.1
鮮 307
2836.1
鰌 315
2838.1
鱇 319
2846.8
谿 307
2854.0
牧 163
2855.1
牂 210
2860.4
咎 170
2870.0
以 72
2871.7
齕 310
2874.0
收 123
2892.7
紛 219
綸 284
2894.0
繳 314
2894.1
絣 257
2896.1
給 257
繕 311
2896.6
繒 311
2898.1
縱 309
2921.2
倦 211
2928.6
償 307
2931.2
鯢 314
2933.8
愁 264
2935.9
鱗 318
2992.7
稍 244
2998.0
秋 189
3010.1
空 176
3010.4
室 197
塞 269
3010.6
宣 197
3010.7
宜 176
3011.1
漉 282
3011.3
流 215
3011.4
注 176
准 213
淮 232
灘 316
3011.8
泣 176
3012.3
濟 308
3014.0
汶 139
3014.6
漳 282
3014.7
宼 233
渡 254
3014.8
淬 232
3016.6
涫 254
3020.1
寧 283
3021.1
完 139
寵 314
3021.2
宛 176
3021.3
寬 282
3021.4
寇 233
3022.0
房 198
3022.6
扉 308
3022.7
房 177
肩 177
扁 198
扃 198
宵 215
寡 282
窮 292
3023.2
家 215
3023.4
戾 177
3024.1
穿 197
3024.7
寖 255
寢 283
3026.1
宿 233
3027.2
窟 269
3027.7
户 71
3029.4
寐 255
3030.1
進 226
3030.2
適 278
3030.3
迹 195
寒 255
3030.4
避 301
3030.7
之 16
3032.7
寫 292
3033.2
宓 176
3033.6
憲 300

3034.2
守 123
3040.1
宰 215
3040.4
安 123
3043.0
突 197
3044.7
冃 93
3050.2
牢 140
3051.6
窺 300
3060.1
害 215
3060.3
宮 215
3060.4
客 197
3060.6
宮 215
富 255
3060.7
窘 255
3060.8
容 215
3060.9
審 292
3062.1
寄 233
3071.4
宅 123
3071.7
宦 197
竈 316
3073.2
良 140
褰 300
3077.2
密 233
3077.7
官 176
3080.1
定 176
蹇 308
3080.2
穴 91
3080.6
寅 233
賓 282
實 283
寶 315
竇 315
3090.1
宗 176
察 283
3090.4
宋 139
案 215
3092.7
竊 318
3111.0
江 122
3111.1
涇 214
灑 318
3111.6
洹 196
3112.0
河 175
3112.1
涉 214
3112.7
濡 308
馮 252
3113.2
涿 232
3114.0
汗 122
汙 122
3114.6
淖 232
3116.0
沾 175
酒 214
3116.1
潛 292
3119.1
漂 282
3126.6
福 269
3128.6
顧 316
3130.1
遷 285
3130.3
逐 208
遽 295
3130.6
迺 184
逼 240
3148.6
頫 292
3190.4
渠 232
3200.0
州 122
3210.0
測 254
淵 254
3211.3
兆 120
3211.4
淫 232
3212.1
漸 282
3212.2
沂 139
3213.4
沃 139
濮 308
3214.7
浮 215
叢 310
3216.3
淄 232
3216.4
活 196
3220.0
[illegible] 233
3221.4
衽 198
3222.7
脊 213
3223.4
袄 177
3230.1
逃 193
遞 266
3230.2
近 137
逝 205
3230.3
巡 125
3230.4
返 137
3230.6
遁 245
3260.0
割 254
3290.4
業 262
3300.0
心 71
必 91
3311.1
沱 176
3312.2
滲 282
3312.7
浦 214
3313.4
淚 215
3314.7
浚 215
3315.0
減 254
滅 269
3315.3
淺 232
濊 300
濺 311
3316.0
治 139

治 176
3318.6
濱 308
3322.7
補 255
3330.2
遍 255
3330.4
逡 218
3390.4
梁 232
粱 269
3400.0
斗 71
3410.0
汁 91
對 273
3411.1
湛 254
3411.2
池 122
沈 139
3411.4
灌 315
3411.6
淹 232
3411.7
泄 175
3412.7
洧 196
洿 196
渤 254
滿 281
3413.1
法 175
3413.2
漆 281
3413.4
漢 281
3414.0
汝 122
3414.7
波 176
凌 212
3416.0
渚 232
3418.1
淇 232
3419.0
沐 139
淋 232
3421.0
社 140
3424.1
禱 311
3424.7
被 216
3425.6
禕 283
3428.1
祺 255
3429.1
襟 311
3430.3
遠 258
3430.4
達 237
違 256
3430.6
造 209
3430.9
遼 285
3510.7
津 196
3512.7
沛 139
沸 176
清 231
3513.0
决 122
決 139
3513.4
湊 254
3514.7
溝 268
3516.6
漕 282
3518.6
潰 292
3519.0
沬 175
沫 175
3519.6
涑 212
3520.6
神 198
3521.8
禮 309
3523.0
袂 198
3526.0
袖 215
3530.0
連 207
3530.3
迭 163
逮 233
3530.6
遭 273
3530.7
遣 263
3530.8
遺 286
3530.9
速 207
3610.0
泗 176
湘 254
3611.0
況 176
3611.1
混 232
3611.7
温 254
3612.7
涓 214
湯 254
渭 254
濁 300
3614.1
澤 300
3621.0
祝 198
袒 215
視 233
3621.4
裎 255
3622.7
裼 269
褐 283
3629.4
裸 269
3630.0
迫 165
3630.2
遇 241
邊 310
3630.3
還 296
3710.7
盜 254
盗 254
3710.9
鑿 319
3711.0
沮 175
3711.7
汜 122
沉 139
澠 300
3712.0
洞 196
凋 214
湖 254
3712.7
滑 254
溺 269
漏 282
鴻 308
3713.6
漁 282
3714.7
汲 122
没 139
3715.6

渾 254
3716.1
澹 300
3716.2
沼 176
溜 269
3716.4
洛 196
滑 254
潞 300
3718.2
次 122
3718.6
瀨 314
3719.3
潔 292
3719.4
深 232
3721.0
祖 198
3721.4
㐫 122
冠 197
3721.7
祀 140
3722.0
初 140
祠 198
3722.7
祁 123
禍 255
3723.2
祿 255
3724.7
禋 233
3726.1
襜 311
3730.1
逸 230
3730.2
迎 138
通 217
過 225
遡 268
3730.3
退 198
3730.5
逢 212
運 255
遲 292
3730.7
追 192
3730.8
選 292
3733.8
恣 214
3740.1
罕 140
3750.6
軍 197
3772.7
郎 176
3780.0
冥 216
3780.6
資 267
3792.7
鄴 286
3810.4
塗 269
3811.2
沲 176
3811.7
溢 269
濫 308
3811.9
滏 269
3812.1
湔 254
渝 254
3812.7
汾 139
涕 215
3813.2
滋 254
3813.7
冷 139
泠 176
3814.0
激 300
3814.7
游 254
3815.7
海 214
3816.6
澮 300
3819.4
涂 215
3821.1
祚 198
3822.7
衿 198
3825.1
祥 216
3830.3
送 195
遂 253
3830.4
遊 252
3830.6
道 253
3830.7
逆 196
3830.9
途 211
3912.0
沙 139
3912.7
消 214
3930.9
迷 195
4000.0
十 2
4001.1
左 82
4001.4
雄 240
4001.7
九 6
丸 15
4002.7
力 6
4003.0
大 11
太 57
4003.4
爽 221
4003.6
奭 284
4003.8
夾 129
4004.7
友 58
4010.0
土 9
士 9
4010.4
圭 95
臺 272
4010.7
直 155
盍 206
壺 237
4010.8
壹 237
4011.6
境 272
壇 293
4012.7
坊 127
4013.2
壞 311
壤 314
4020.0
才 9
4020.7
麥 220
4021.1
堯 236
4021.4
在 100
帷 225
4021.6
克 128
4022.7

内 64
布 82
有 101
肉 115
希 137
肴 168
南 182
脅 217
4024.7
皮 94
存 103
4024.8
狡 194
4030.0
寸 11
4033.1
志 127
恚 204
4033.6
憙 293
4034.1
奪 273
4040.0
女 40
4040.1
幸 150
4040.7
支 51
李 128
4042.7
妨 143
4044.4
奔 158
姦 198
4046.5
嘉 272
4050.6
韋 198
4050.7
毐 127
4051.4
難 311
4060.0
古 80
右 82
4060.1
吉 95
嗇 261
奮 295
4060.4
奢 221
4060.5
喜 237
4062.1
奇 158
4064.1
壽 272
4071.0
七 2
4071.7
黿 311
4073.1
厹 70
去 79
4073.2
喪 239
4080.1
走 125
4080.6
賁 237
賣 284
4080.9
賚 237
4090.0
木 50
4090.1
奈 158
柰 182
4090.3
索 207
4090.8
來 155
4091.4
柱 183
橦 295
4091.6
檀 303
4092.7
槁 273
4093.1
樵 295
4094.1
梓 220
4094.6
樟 285
4094.8
校 207
4096.1
棓 239
4111.1
壠 311
4111.6
垣 179
壇 293
4111.7
墟 272
4121.4
狂 137
4122.7
獮 307
4128.6
頗 283
4141.6
姬 217
嫗 283
4144.0
姧 198
4146.0
妬 178
4154.6
鞭 309
4188.6
顛 312
4191.4
枉 155
桎 207
極 239
4191.6
桓 207
樞 284
4191.8
柩 182
4191.9
柸 182
4192.0
柯 182
4192.7
朽 96
杇 128
柄 182
樗 284
4194.6
梗 220
楩 261
4196.0
栖 207
栢 207
4196.1
梧 220
4211.2
惁 198
4212.2
彭 237
4213.1
坼 150
4220.0
刳 158
4221.6
獵 310
4223.0
狐 169
4240.0
荆 180
刘 120
4241.3
姚 198
4246.4
婚 236
4250.0
靷 258
4252.1
靳 258
4262.1
斮 238
4270.0

刦 127
4281.4
䵵 314
4291.3
桃 207
4292.7
橋 295
4294.7
板 155
4295.3
機 295
4301.0
尤 58
4303.0
犬 57
4304.2
博 237
4310.0
式 95
4313.2
求 128
4313.4
埃 206
4315.0
城 179
4323.2
狼 212
4323.4
狀 177
獄 276
4324.2
狩 194
4325.0
截 272
4342.3
嫁 269
4345.0
戟 239
4346.0
始 178
4355.0
載 257
4365.0
哉 179
4373.2
裘 261
4375.0
裁 237
4380.0
赴 179
貳 236
4380.5
越 236
4385.0
戴 301
4390.0
朴 96
4394.0
弑 246
4394.4
桉 207
4395.0
械 220
檝 295
4395.3
棧 239
4397.7
棺 239
4410.0
封 178
4410.4
基 220
董 239
墓 258
4410.7
苴 155
蓋 258
藍 301
4411.2
地 95
范 155
4411.7
菹 220
4412.7
蒲 258
蕩 284
4414.2
薄 294
4414.7
鼓 258
皷 272
菠 273
4416.1
墻 293
4416.4
落 239
4416.9
藩 309
4418.1
填 257
4419.4
堞 236
4420.7
考 95
夢 258
4421.0
剋 206
4421.1
荒 181
4421.2
菀 220
薨 294
4421.4
莊 206
藿 311
4421.8
莅 206
4422.0
葥 239
4422.2
茅 155
4422.7
芮 127
莠 206
菁 220
萺 220
帶 221
萅 238
萬 238
莽 239
幕 258
蒿 258
薦 294
蕭 295
藹 309
勸 311
藺 311
蘭 314
4423.2
蒙 258
猿 267
4423.8
狹 212
4424.3
蓐 258
4424.7
葭 239
蔆 258
獲 297
4424.8
蔽 272
4425.3
茂 154
藏 301
4428.6
墳 284
4429.4
葆 239
4430.4
蓬 258
4430.7
苓 155
4432.7
驚 317
4433.1
赫 272
熱 284
燕 293
4433.2
葱 239
4433.3
目 85
苾 220
慕 272
4433.8

恭 206
4439.4
蘇 312
4440.0
艾 80
4440.1
莘 206
4440.6
草 180
萆 220
4440.7
孝 127
孽 312
4441.3
菟 220
4441.7
執 219
4442.7
勃 184
募 238
勢 258
蒭 258
4443.0
莫 206
葵 239
樊 285
4444.1
葬 238
4444.4
莽 220
4445.6
韓 301
4446.0
姑 178
茹 182
4446.1
嬙 301
4449.4
媒 256
4450.2
摯 284
攀 312
4450.4
華 206
4450.6
革 180
4453.0
英 155
4460.0
者 147
苗 155
4460.1
昔 154
苫 155
荅 181
耆 205
碁 258
菩 258
薔 293
4460.3
菑 238
蓄 258
暮 272
4460.4
若 154
苦 154
著 220
瞽 309
4460.6
莒 180
4460.7
蒼 258
4460.9
蕃 284
4462.1
苛 154
4462.7
荷 155
荀 181
萌 220
4464.1
薜 295
4470.0
斟 258
4471.0
芒 96
4471.1
老 95
甚 180
4471.2
也 33
苞 155
4471.7
世 80
巷 180
4472.7
劫 127
葛 239
4473.1
藝 309
4474.1
薛 294
4477.0
甘 80
4477.7
舊 301
4480.1
共 96
其 151
楚 259
4480.6
黄 220
蕢 284
贊 309
4480.9
焚 239
4490.0
材 128
樹 295
4490.1
禁 258
蔡 272
4490.3
綦 272
4490.4
某 180
棊 238
葉 238
藥 309
4490.8
萊 220
4491.0
杜 128
4491.1
椹 258
4491.2
枕 155
4491.4
桂 207
權 316
4491.7
植 239
4492.1
椅 239
薪 294
4494.7
枝 155
菽 220
4496.0
枯 182
4496.1
桔 207
藉 301
4498.6
横 284
4499.0
林 155
4522.7
猜 230
4541.0
姓 178
4544.7
媾 269
4549.0
姝 198
4553.0
鞅 272
4590.0
杖 128
4593.2
隸 303
4594.4
棲 239
樓 284
4594.7

柟 183
構 273
4596.0
柚 183
4596.1
梏 220
4599.0
株 207
4600.0
加 94
4611.0
坦 147
4611.4
埋 205
4612.7
場 237
4618.1
堤 237
4621.0
觀 318
4621.4
狸 212
4622.7
猲 250
獨 298
4625.0
狎 169
4632.7
駕 292
4633.0
恕 217
4640.0
如 124
姻 198
4641.3
媿 256
4641.7
媪 256
4644.0
婢 236
4650.2
挈 217
4658.1
鞮 309
4661.0
覩 284
4680.6
賀 256
4690.0
相 182
柏 183
4691.3
槐 261
4692.7
楊 261
4698.0
枳 183
4711.2
垝 180
4712.0
切 58
均 127
4717.2
堀 220
4720.7
弩 178
4721.0
狙 169
4721.2
犯 89
4721.5
狃 138
4721.7
猛 230
4722.0
狗 170
4722.7
帑 178
4723.4
猴 250
4724.7
殽 246
4728.2
歡 316
4732.7
郝 180
駑 292
4733.4
怒 198
4734.7
𣪠 220
4740.1
聲 301
4740.2
翅 207
4741.7
妃 125
4742.0
朝 239
4742.2
嫪 283
4742.7
郄 168
婦 236
婿 256
4744.0
奴 94
4744.7
好 125
報 237
嫂 256
4750.6
鞶 309
4752.0
鞠 301
鞫 309
4754.7
轂 301
4758.2
歎 284
4762.0
胡 182
4762.7
都 205
鵲 311
4772.0
却 127
4772.7
邯 127
4780.1
起 205
4780.2
趨 301
4780.4
趣 284
4780.6
超 237
4782.0
期 238
4788.2
欺 238
4791.0
机 96
4791.2
枹 183
4792.0
柳 183
4792.2
杼 155
4792.7
橘 295
4793.2
根 207
4794.0
椒 239
4794.7
殺 211
穀 284
縠 293
4796.3
櫓 312
4796.4
格 207
4799.4
楺 261
4814.0
救 220
4816.6
增 284
4824.0
敖 204
散 238
4826.1
猶 250
4832.7

驚 317
4834.0
赦 219
4841.7
乾 220
4843.7
嫌 269
4844.0
教 219
4864.0
故 181
敬 239
4880.6
贅 301
4891.1
柞 183
4892.1
榆 261
4892.7
梯 220
4893.2
松 155
4899.4
\u7ddb 293
4928.0
狄 138
4942.0
妙 143
4980.2
趙 270
4991.2
棬 239
5000.0
丈 13
5000.6
中 63
史 84
申 84
吏 99
曳 114
車 128
5000.7
事 156
5001.4
拄 150
推 219
擁 293
5001.6
擅 293
5001.7
抗 127
5003.0
夫 49
央 85
5003.2
夷 112
攘 314
5004.4
接 219
5004.8
捽 219
5009.6
掠 219
5010.6
晝 233
畫 255
5010.7
盡 283
5011.0
蚯 189
5013.6
蟲 310
蠹 319
5014.0
蚊 209
5022.7
市 51
胄 189
5023.0
本 80
5033.3
惠 240
5033.6
忠 161
患 225
惷 257
5034.3
專 221
5040.4
妻 158
5043.0
奏 178
5044.7
冉 85
5050.3
奉 146
5050.7
毒 178
5055.0
毒 146
5060.0
由 84
5060.1
書 216
5060.3
春 178
5071.7
屯 58
5073.2
表 146
囊 317
5075.7
倏 226
5080.6
責 219
貴 241
5090.0
未 78
末 79
5090.2
棗 240
5090.3
素 204
5090.4
秦 199
橐 295
櫜 312
5090.6
束 129
東 155
5101.0
批 125
輒 273
5101.1
排 219
輕 273
5101.2
扼 125
5101.7
拒 125
5102.0
軻 239
5103.2
振 205
據 293
5104.0
扞 95
軒 207
5104.1
攝 316
5104.7
擾 309
5106.1
指 180
5106.6
輻 295
5111.0
虹 189
5178.6
頓 261
5194.3
耨 292
5201.3
挑 180
5202.1
折 127
斬 220
5202.7
揣 237
攜 316
5203.4
揆 237
撲 284
5204.0
抵 150

5204.1
挺 180
5204.7
扳 147
授 219
援 237
撥 284
5206.9
播 284
5207.2
拙 151
5207.7
插 237
5225.7
靜 292
5230.0
剸 261
5233.2
慙 285
5250.0
剗 208
5260.1
晢 272
5290.0
刺 158
5300.0
戈 58
扑 79
5302.7
捕 204
輔 273
5303.2
捄 204
5304.0
軾 261
5304.2
搏 257
5304.4
按 180
5304.7
拔 147
5308.6
擯 301
5310.0
或 156
5310.7
盛 221
5311.1
蛇 222
5320.0
戊 82
戌 100
戍 111
成 111
咸 184
威 184
戚 221
5322.7
甫 129
5333.0
惑 240
感 261
5340.0
戎 95
戒 125
5400.0
拊 147
5401.1
揕 236
撓 284
5401.6
掩 219
5401.7
軌 184
5403.2
轅 303
5403.8
挾 205
5404.1
持 179
5404.7
披 151
技 125
5407.0
拑 147
5408.1
拱 179
5411.2
虵 189
5500.0
井 47
5502.7
弗 93
拂 151
5503.0
扶 125
抉 127
軼 240
5504.3
摶 270
轉 309
5504.7
搆 257
5506.0
抽 147
軸 240
5509.6
揀 236
5510.0
蚌 209
5510.8
豊 263
5512.7
蜻 275
5514.4
螻 304
5517.7
彗 219
5523.2
農 263
5533.2
恝 198
5533.7
慧 284
5550.6
輦 284
5560.0
曲 114
5560.6
曹 221
5580.1
典 161
5580.6
費 256
5590.0
耕 199
5599.2
棘 240
5600.3
捆 179
5601.0
規 219
5601.7
挹 205
5602.7
捐 205
揚 237
揭 237
5603.2
轘 314
5604.1
捍 205
揖 237
擇 293
輯 295
5604.7
攫 318
5608.0
軹 240
5608.1
提 237
5608.6
損 258
5609.4
操 293
5701.2
抱 150
5701.4
握 237
擢 301
5701.6
輓 273
5701.7
把 127
5702.0

抑 127
拘 150
軔 207
5702.2
摎 272
5702.7
邦 95
掃 220
5704.0
撖 219
5704.7
投 127
捋 237
輟 285
5705.6
揮 237
5706.1
擔 293
5706.2
招 151
5706.4
据 220
5707.2
掘 220
5708.2
軟 221
5709.4
探 220
5711.7
蜺 275
5742.7
郪 208
5743.0
契 178
5750.2
挈 199
擊 303
5777.2
齧 316
5790.3
繫 312
5798.6
賴 295
5801.4
挫 205
5801.7
搵 258
5802.1
輸 295
5802.2
軫 240
5802.7
輪 285
5803.1
撫 284
5804.6
拚 237
撙 284
5806.1
拾 180
5806.7
搶 258
5810.1
整 295
5813.7
蛉 222
5815.3
蟻 313
5821.4
鼇 309
5844.0
數 286
6000.0
口 14
6001.4
唯 225
睢 262
6001.5
睢 262
6003.2
眩 209
6008.6
曠 310
6010.0
曰 59
日 63
旦 83
6010.1
目 83
6010.4
里 130
星 188
量 241
墨 287
壘 310
6010.7
置 263
6011.1
罪 263
6011.3
䟽 275
6011.4
雖 304
6012.7
蜀 263
蹄 295
6013.2
暴 286
6013.7
蹠 310
6014.7
最 240
6015.3
國 223
6021.0
兄 85
四 85
見 130
6021.1
罷 287
6022.7
易 160
冑 189
胃 189
6022.8
界 189
6023.2
晨 222
園 263
6032.7
罵 287
6033.0
思 189
恩 209
慁 275
6033.1
黑 242
6033.2
愚 262
6039.6
黥 315
6040.0
田 84
早 114
6040.1
圉 222
罣 263
6040.4
晏 209
6042.7
男 131
6043.0
因 114
吳 132
6050.0
甲 84
6050.4
畢 209
6050.6
圍 242
6052.1
羇 317
6052.7
羈 319
昌 160
冒 188
6060.3
呂 132
6060.4
固 161
署 263
圖 275
6062.0
罰 275
6071.1

昆 160
6071.7
邑 132
鼂 310
6072.7
曷 188
6073.2
畏 189
曩 316
6080.0
囚 85
6080.1
足 131
是 185
異 222
6080.4
吳 132
6080.6
買 242
6090.3
累 222
纍 316
6090.4
困 132
果 160
囷 161
6090.6
景 241
6091.4
羅 313
6101.0
毗 222
6101.4
睚 262
6101.6
咺 188
6101.7
啞 222
6102.7
眄 130
眪 185
6103.2
啄 222
6104.0
吁 114
盱 129
6107.2
嚙 310
6111.0
趾 222
6111.1
躧 319
6111.7
距 222
6114.1
躡 319
6116.0
跖 241
6118.2
蹶 313
6121.7
號 263
6138.6
顯 318
6173.2
饕 317
6180.8
題 310
6201.4
唾 225
睡 262
6203.4
吠 132
6204.9
呼 161
6207.2
咄 161
6207.7
啗 263
6211.4
踵 295
6212.7
蹻 313
6213.4
蹊 304
6216.9
蹯 313
6217.7
蹈 304
6218.6
躓 317
6233.9
懸 315
6237.2
黜 304
6240.0
別 132
6280.0
則 187
6299.3
縣 295
6303.4
吠 131
6311.4
蹴 313
6315.3
踐 286
6333.4
默 296
6355.0
戰 295
6363.4
獸 313
6384.0
賦 286
6385.0
賊 262
6385.3
賤 286
6401.0
叱 85
6403.4
嘆 274
6404.1
時 209
疇 313
6406.0
睹 262
6406.1
嗜 262
6406.5
嘻 286
6408.1
瞋 286
6411.1
跣 263
6412.1
踦 286
6418.1
踕 275
6436.1
黠 310
6480.0
財 209
6486.0
賭 286
6488.6
贖 317
6503.0
昳 188
6509.0
味 159
昧 185
6513.0
趺 222
6584.7
購 304
6600.0
咽 189
6602.7
喟 241
噣 296
6603.1
嘿 286
6603.2
曝 313
6619.4
躁 315
6624.8
嚴 313
6640.1
罕 189
6640.4
嬰 304
6643.0

哭 209
6650.6
單 242
6660.1
罟 242
6666.3
器 295
6671.7
鼉 319
6682.7
賜 286
6701.6
晚 222
6702.0
明 160
昫 161
6702.7
鳴 263
鳴 275
6703.2
眼 222
喙 242
6703.4
喉 242
6704.7
啜 225
暇 263
6705.6
暉 263
6706.2
昭 189
6706.4
略 222
6707.7
啗 225
6708.0
瞑 286
6708.2
吹 132
6710.7
盟 263
6711.2
跪 263
6711.4
躍 316
6712.0
跔 241
踘 286
6712.2
野 222
6712.7
郢 187
踴 275
6713.1
踞 275
6716.4
路 263
踞 286
6722.0
嗣 263
6722.7
鄂 223
6733.6
照 263
6752.7
鄲 275
6762.7
鄙 262
6778.2
歇 263
6786.1
贍 315
6786.4
賂 262
6801.1
昨 188
嗟 242
6801.8
噬 296
6802.1
喻 242
6802.2
眇 209
6802.7
吟 132
盼 188
6803.4
咲 189
6803.7
嗛 263
6805.7
晦 222
6806.6
噲 296
6812.1
踰 295
6812.7
蹌 313
6832.7
黔 296
6884.0
敗 222
6905.0
畔 209
7010.3
璧 311
7010.4
壁 300
7011.4
睢 262
7011.5
睢 262
7021.4
雕 297
7021.7
阬 124
7022.7
防 124
臂 309
7024.6
障 269
7026.1
陪 217
7034.0
駢 309
7038.2
駭 293
7040.4
嬖 301
7060.1
譬 315
7064.1
辟 269
7110.4
壓 304
7121.1
陘 198
脛 230
腓 250
歷 295
隴 311
7121.2
厄 58
阨 123
陋 177
7121.4
陛 198
皝 242
7121.8
脰 230
7122.0
阿 143
厠 221
7122.1
斷 273
7122.7
脣 221
隔 256
厲 273
鴈 285
7123.1
黶 319
7123.2
辰 129
饜 318
7123.4
厭 273
7124.0
廚 240
7124.7
厚 184
7126.0
陌 177
7126.1
脂 207

階 235
7128.6
願 312
7129.6
原 208
7131.1
驪 319
7131.6
驅 316
7132.7
馬 204
7133.1
慝 270
7134.3
辱 207
7138.1
驥 319
7171.1
匹 58
匜 82
匡 95
7171.2
匠 111
7171.4
匽 184
旣 226
7171.6
匣 129
匿 204
區 221
7171.7
巨 58
臣 96
甌 285
7171.8
匱 273
7173.2
長 146
7174.7
毆 285
7178.6
頤 295
7210.1
丘 86
7220.0
剛 209
7221.4
腫 267
7221.7
卮 137
髡 236
7222.1
斤 65
所 166
7223.0
瓜 86
7223.1
斥 86
7223.7
隱 301
7224.0
阡 94
7224.7
反 65
阪 124
7226.1
后 118
7226.3
腦 267
7226.4
盾 192
7228.6
鬚 317
7232.7
驕 317
7244.7
髮 284
7260.4
昏 169
7274.0
氏 70
7280.1
兵 134
7280.6
質 288
7321.2
腕 250
7322.7
脯 230
7323.2
脉 194
7324.2
膊 276
7326.0
胎 194
7328.6
臏 310
7332.2
驂 316
7333.8
駼 317
7334.7
駿 301
7335.4
驏 309
7410.4
墮 283
7412.7
助 130
7420.0
肘 137
附 143
尉 233
7421.4
陸 216
7422.7
隋 234
7423.2
隨 283
膝 289
髓 316
7424.7
陂 143
陵 216
7426.1
腊 250
7427.2
脳 137
7431.2
馳 257
7431.4
驩 319
7432.1
騎 309
7433.0
慰 292
7433.8
隲 309
7438.1
騏 309
7520.6
陣 198
7521.8
體 317
7529.6
陳 216
7532.7
騁 301
7570.7
肆 257
7621.3
隗 236
7621.4
臞 318
7622.7
陽 235
隅 236
腸 267
臅 307
7624.0
脾 250
髀 304
7628.6
隕 256
7630.0
駟 284
7680.8
咫 198
7710.0
且 83
7710.4
堅 221
閨 274
7710.7
闔 310

舋 315
7710.8
竪 261
豎 285
7712.1
鬭 319
7712.7
翳 304
7713.6
蚤 199
7714.7
毀 266
7714.8
鬫 313
7721.0
几 6
凡 15
阻 143
風 194
鳳 276
7721.1
屍 198
7721.2
胞 193
脆 212
7721.4
尾 143
冦 197
屋 198
隆 236
7721.6
覺 315
7721.7
兕 132
兒 165
肥 168
兜 226
7722.0
月 70
用 88
同 114
罔 161
朋 168
周 169
陶 217
7722.2
膠 289
7722.7
骨 189
脩 210
閒 241
屬 316
7723.2
限 178
展 216
7723.3
閟 295
7723.7
腴 250
7724.0
陬 216
7724.1
屏 198
7724.4
屢 283
7724.7
服 168
股 168
叚 198
閉 222
殿 269
履 292
7725.0
屖 198
7725.3
犀 255
7725.4
降 178
7726.4
居 177
屠 233
7726.7
眉 198
7727.0
尸 30
7727.2
屈 177
7729.1
際 269
7732.0
駒 284
7732.7
騶 314
7733.1
熙 273
7733.2
騄 309
驟 318
7733.7
悶 241
7740.0
又 7
閔 241
7740.1
閈 222
聞 274
7740.7
學 297
7742.7
舅 266
7743.2
閡 241
7743.7
臾 165
7744.0
丹 70
7744.1
開 241
7744.7
段 190
7748.2
闕 310
7750.0
母 94
7750.3
舉 296
7750.6
闡 304
7751.6
闚 313
7755.0
毋 78
7760.0
問 222
暋 267
7760.1
闇 304
醫 309
譽 315
7760.2
留 212
7760.4
昬 198
閣 275
7760.6
閶 275
7760.7
間 241
7764.1
闢 316
7768.2
歠 314
7771.7
巴 72
黽 262
鼠 266
7772.0
卬 70
卯 89
印 89
卵 138
卽 191
卿 212
7772.7
鄹 286
鴟 297
7774.7
民 93
毆 285
7777.0
臼 116
7777.2
關 313
7777.7
臼 85

門 160
7780.1
具 159
與 264
興 297
輿 307
7780.6
貫 236
貿 251
賢 285
7780.7
尺 71
7780.9
爨 319
7788.2
歟 307
7790.4
閑 241
7790.6
闌 304
7810.4
墜 283
7810.7
監 273
鹽 319
7821.6
覽 316
7821.7
隘 256
7822.7
盼 168
7823.1
陰 217
7823.2
隊 236
7823.3
隧 283
7824.7
腹 267
7826.1
膳 297
7828.6
險 292
7829.4
除 198
7838.6
驗 318
7870.0
臥 156
7876.6
臨 303
7922.7
勝 250
騰 315
7923.2
滕 289
7925.9
隣 283
7929.3
膝 297
7935.9
驎 317
8000.0
人 2
八 2
入 5
8010.2
並 175
8010.4
全 119
8010.7
益 214
8010.9
金 167
釜 212
8011.4
錐 297
鐘 315
8011.6
鏡 313
8012.7
翕 246
翦 291
8013.6
蚠 212
8020.7
今 66
兮 66
8021.1
差 195
8021.5
羞 214
8021.6
兌 137
8022.0
介 66
8022.1
斧 168
前 195
8022.7
分 68
弟 139
8023.7
兼 214
8025.1
舞 276
8030.7
令 87
8033.1
恙 214
無 242
8033.2
念 168
忿 168
愈 266
煎 268
8033.3
慈 268
8034.6
尊 253
8040.0
午 65
父 66
8041.4
雉 263
8042.7
禽 246
8043.0
矢 86
美 195
羹 291
8044.1
并 162
8050.0
年 115
8050.1
羊 122
8050.7
每 134
8055.3
義 268
8060.1
合 119
首 196
普 253
8060.2
含 137
8060.4
舍 167
着 231
8060.5
善 252
8060.6
曾 253
會 266
8060.7
倉 212
8060.8
谷 137
8062.7
命 167
8071.7
乞 15
8072.7
飭 250
8073.2
公 68
食 193
兹 196
養 281
8080.6
貪 230
貧 230
8090.4
余 137

8091.7
氣 209
8111.4
銍 276
8111.7
鉅 245
8114.6
鐔 315
8116.0
鉆 266
8138.6
領 276
8141.7
矩 189
瓶 214
8141.8
短 244
8174.0
餌 276
8211.3
銚 276
8211.4
鍾 307
8216.4
銛 276
8219.4
鑠 318
8242.7
矯 304
8260.0
創 250
8274.7
飯 250
8275.3
饑 315
8280.0
劍 288
8315.0
鉞 266
鐵 316
8315.3
錢 297
8372.7
餔 289
8375.0
餓 289
8377.7
館 297
8412.1
錡 297
8413.8
鋏 288
8414.1
鑄 318
8416.1
錯 297
8471.1
饒 315
8511.7
鈍 245
8514.0
鍵 297
8514.4
鏤 313
8519.6
鍊 307
8573.0
缺 209
8578.6
饋 315
8610.0
錮 297
8612.7
錦 297
8614.1
鐸 316
8640.0
知 162
8641.0
規 244
8660.0
智 244
8671.3
餽 307
8711.0
鉏 266
8712.0
釣 229
鈞 245
鈎 246
鉤 266
銅 276
8713.4
鍥 307
8715.4
鋒 288
8733.2
愬 281
8742.7
鄭 281
8752.0
翔 253
8762.0
卻 193
8762.2
舒 245
8762.7
郤 193
8768.2
欲 229
8771.0
飢 212
8771.2
飽 267
8778.2
飲 250
8781.0
俎 193
8810.4
坐 137
筆 276
8811.7
筑 244
鎰 310
8813.2
鈆 245
8816.4
簬 313
8821.1
筦 264
籠 317
8821.3
忕 139
8822.0
竹 116
8822.1
箭 287
8822.7
筋 244
箒 276
篇 287
簡 310
簡 310
籥 318
8824.3
符 226
8832.7
篤 296
8834.1
等 244
8840.1
竽 190
8843.0
笑 210
8843.8
筴 264
8844.1
笄 210
8850.7
筆 244
8854.0
敏 226
8860.3
答 226
箘 276
8864.1
籌 315
8871.3
篋 287
8872.7
節 264
飾 267
8873.3
篡 296
8877.7

管 276
8879.4
餘 289
8880.1
箕 276
8884.0
斂 307
8890.2
策 244
8890.3
繁 307
纂 315
8890.4
築 296
8896.1
籍 315
8912.7
銷 288
9000.0
小 13
9001.4
惟 232
憧 292
9001.7
忼 139
9003.1
憔 292
9003.2
懷 314
9010.4
堂 221
9020.0
少 59
9021.1
光 114
9021.4
雀 221
9022.6
尙 159
9022.7
肖 129
券 175
常 221
9033.1
黨 314
9050.0
半 90
9050.2
掌 240
9060.1
嘗 274
9060.2
省 185
9060.6
當 262
9071.2
卷 175
9073.2
裳 274
9080.0
火 71
9080.1
糞 308
9080.6
賞 286
9083.1
燋 300
9083.2
炫 196
9090.4
棠 240
9091.8
粒 231
9093.2
糠 308
9094.8
粹 281
9101.3
愜 254
9101.4
慨 254
9101.6
恒 196
9102.7
懦 308
9104.1
懾 316
9104.6
悼 232
9106.1
悟 215
9109.4
慄 269
9148.6
類 314
9154.7
叛 195
9188.6
煩 268
9192.7
糲 315
9193.2
粻 281
9202.7
惴 254
憍 292
9206.4
惛 232
9220.0
削 185
9284.7
煖 268
9286.9
燔 300
9289.4
爍 314
9301.2
惋 233
9303.4
忧 139
9305.0
怴 196
憾 300
9309.4
怵 176
9393.2
粮 268
9400.0
忖 123
9401.4
懽 315
9402.7
情 232
惰 254
9403.1
怯 176
9404.1
恃 196
9404.7
悖 215
9406.1
惜 232
9408.1
慎 269
9408.9
恢 196
9472.7
勬 214
9481.1
燒 300
9482.7
炳 231
9488.6
熿 291
9490.0
料 214
9501.0
性 176
9502.7
怫 176
9503.0
快 139
怏 176
9508.6
憒 292
9592.7
精 281
9596.6
糟 308
9601.3
愧 254
9601.4
惶 254
懼 316
9602.7

悁 215
惕 232
愕 254
9604.1
悍 215
9604.7
慢 282
戄 318
9605.6
憚 292
9682.7
煬 268
燭 308
9683.2
煨 268

9689.4
燥 308
9691.4
糧 311
9701.0
恤 196
9701.4
怪 176
9702.0
恫 196
9703.2
恨 197
9706.2
慴 282
9706.4

惛 254
9722.7
鄰 281
9788.2
炊 175
9791.0
粗 231
9799.4
糅 291
9801.6
悅 215
9803.7
慊 269
9804.0
忤 139

9805.7
悔 215
9806.6
憎 292
9806.7
愴 269
9822.7
幣 281
9824.0
敝 231
9844.4
弊 281
9871.7
鼈 319
9883.3

燧 300
9892.7
粉 214
9905.9
憐 292
9923.2
滎 281
9942.7
勞 253
9960.6
營 300
9980.9
熒 281
9990.4
榮 281

工師藉 321
工陳籍 321
士倉 321
士尉 321
大夫種 321
大公事 321
大心 321
大史敫 321
大成午 321
大禹 321
山陽君 321
子 321
子之 321
子文 321
子方 321
子仲 321
子良 321
子罕 321
子虎 321
子肙 321
子胥 321
子華 321
子奢 321
子異人 321
子象 321
子傒 321
子發 321
子楚 321
子義 321
子滿 321
子噲 321
女阿 321
王子圍 321
王斗 321
王良 321
王季歷 321
王陵 321
王孫賈 321
王孫緤 321
王賁 321
王僚 321
王稽 321
王翦 321
王噲 321
王鍾 321
王齕 321
王齮 321
夫差 321
五子胥 321
市丘君 321
支期 321
不韋 321
太子 321
太子丹 321
太子平 321
太子申 321
太子鳴 321
太子横 321
太子顔 321
太公 321
太公望 322
太史氏 322
太史敫 322
比干 322
中山王 322
中山君 322
中行 322
中行氏 322
中期 322
牛贊 322
毛廧 322
毛嬙 322
仇郝 322
仇赫 322
公子印 322
公子平 322
公子他 322
公子成 322
公子年 322
公子延 322
公子池 322
公子牟 322
公子牟夷 322
公子咎 322
公子糾 322
公子部 322
公子勁 322
公子高 322
公子理 322
公子無忌 322
公子傾 322
公子魏牟 322
公子繒 322
公王曰 322
公中 322
公仲 322
公仲明 322
公仲侈 322
公仲珉 322
公甫文伯 322
公叔 322
公叔成 322
公叔痤 322
公孫 322
公孫子 322
公孫氏 322
公孫弘 322
公孫戍 322
公孫郝 322
公孫昧 323
公孫衍 323
公孫起 323
公孫消 323
公孫閈 323
公孫赫 323
公孫綦 323
公孫鞅 323
公孫龍 323
公孫顯 323
公期 323
公輸般 323
公疇堅 323
公疇豎 323
丹 323
勾踐 323
卞隨 323
文 323
文子 323
文王 323
文公 323
文信 323
文信君 323
文信侯 323
文侯 323
文張 323
斗 323
尹澤 323
丑 323
巴寧 323
孔子 323

毋澤 323
去疾 323
甘戊 323
甘茂 323
甘羅 323
世鈞 323
左成 323
左尚 323
左華 323
左師公 324
左爽 324
石行秦 324
石禮 324
布 324
平都君 324
平都侯 324
平原令 324
平原君 324
平原津 324
平陽君 324
北宮 324
申子 324
申不害 324
申生 324
申屠狄 324
申縛 324
申縳 324
田子 324
田子方 324
田文 324
田臣思 324
田成 324
田光 324
田先生 324
田伐 324
田忌 324
田苓 324
田肦 324
田盼 324
田侯 324
田莘 324
田章 324
田單 324
田需 324
田瞀 324
田駟 324
田嬰 324
田嬰齊 324
田駢 324
田簡 324
田繻 324
由 324
史舍 324
史疾 324
史惕 324
史厭 324
史舉 324
史鰌 324
史黶 324
冉 324
冉子 324
代 324
代王 325
代王嘉 325
白公 325
白台 325
白圭 325
白珪 325
白起 325
句踐 325
卯 325
主父 325
市被 325
司空狗 325
司空馬 325
司馬 325
司馬子期 325
司馬尚 325
司馬食其 325
司馬悍 325
司馬康 325
司馬淺 325
司馬喜 325
司馬翦 325
司馬憙 325
司馬錯 325
司馬穰苴 325
弗 325
弘 325
加 325
皮相國 325
戎郭 325
考烈王 325
老萊子 325
共工 325
共太子 325
芊戌 325
芒卯 325
机郝 325
西門豹 325
西周君 325
西施 325
百里奚 325
戌 325
列子圉寇 · 325
成王 325
成荆 325
成侯 325
成恢 325
成陽君 325
成橋 325
夷維子 325
光 325
朱己 325
朱英 325
朱倉 325
朱嬰 325
朱讙 325
伍子胥 325
延陵王 325
仲 325
仲子 325
仲父 326
仲連 326
任固 326
任章 326
伊尹 326
向 326
向子 326
向公 326
向晉 326
向壽 326
后勝 326
行願 326
舟之僑 326
州侯 326
汗先生 326
汗明 326
江一 326
江乙 326

江尹 326
江姬 326
安平君 326
安成君 326
安陵氏 326
安陵君 326
如耳 326
孝己 326
孝公 326
孝文王 326
孝成王 326
芮宋 326
杜聊 326
杜赫 326
杜摯 326
李子 326
李向 326
李伯 326
李兌 326
李牧 326
李帛 326
李郝 326
李信 326
李從 326
李疵 326
李園 326
李鯔 326
更羸 326
吾得 326
肖 326
旰夷 326
足强 326
呂不韋 327
呂氏 327
呂尚 327
呂倉 327
呂望 327
呂遼 327
呂遺 327
呂禮 327
吳 327
吳王 327
吳王夫差 327
吳起 327
吳慶 327
佐 327
伯夷 327
伯樂 327
伯嬰 327
希卑 327
希寫 327
兌 327
冷向 327
辛 327
辛戎 327
辛垣衍 327
宋王 327
宋君 327
宋突 327
宋郭 327
宋康王 327
宋赫 327
君王后 327
尾生 327
尾生高 327
忌 327
邵公奭 327
奉陽君 327
武 327
武王 327
武安 327
武安子 327
武安君 327
武貞君 327
武侯 327
武陽 327
武靈王 327
長安君 327
長信侯 327
苦成常 328
茂 328
范 328
范子 328
范座 328
范睢 328
范環 328
范蠡 328
松 328
東門吳 328
東周君 328
奔 328
卓滑 328
尙 328
尙子 328
尙靳 328
果 328
昌他 328
昌國君 328
明 328
易王 328
易牙 328
固 328
呡 328
冒靡 328
知氏 328
知伯 328
知過 328
和 328
和氏 328
季子 328
季梁 328
金投 328
郄疵 328
肥義 328
服子 328
周 328
周公 328
周公旦 328
周文王 328
周文君 328
周㠯 328
周成王 328
周成恢 328
周肖 328
周足 328
周君 328
周武 328
周佼 329
周烈王 329
周宵 329
周訢 329
周啓 329
周紹 329
周最 329
周襄王 329
郊師 329
育 329
法章 329
泠向 329
空 329

宛公 329
宓戲 329
房喜 329
建 329
建信 329
建信君 329
建信侯 329
屈蓋 329
屈署 329
孟卯 329
孟賁 329
孟軻 329
孟嘗 329
孟嘗君 329
孤狐咺 329
函冶氏 329
始皇帝 329
春平侯 329
春申 329
春申君 329
珉 329
城渾 329
政 329
荆王 329
荆宣王 329
荆卿 329
荆敢 329
荆軻 329
荆慶 330
荀息 330
胡易 330
胡衍 330
南之威 330
南文子 330
南后 330
南威 330
柳下季 330
柳下惠 330
勃蘇 330
要離 330
威王 330
威后 330
勁 330
昧 330
郢威王 330
盼子 330
昭子 330
昭王 330
昭忌 330
昭侯 330
昭衍 330
昭奚恤 330
昭常 330
昭魚 330
昭陽 330
昭揚 330
昭蓋 330
昭雎 330
昭鼠 330
昭翦 330
昭應 330
昭釐侯 330
昭獻 330
段干木 330
段干越人 330
段干綸 330
段規 330
段産 330
段覗 330
信安君 330
信陵君 330
鬼侯 330
禹 330
衍 330
負蒭 330
哀侯 331
施 331
首 331
宣 331
宣子 331
宣王 331
宣太后 331
扁鵲 331
神農 331
祝弗 331
叚干子 331
叚干崇 331
犀武 331
姚賈 331
紂 331
紀姬 331
秦王 331
秦王后 331
秦太后 331
秦孝 331
秦孝公 331
秦武王 331
秦武陽 331
秦始皇 331
秦昭王 331
秦皇帝 332
秦惠王 332
馬服 332
馬服君 332
起 332
起賈 332
都平君 332
華 332
華陽 332
華陽太后 332
莊 332
莊王 332
莊公 332
莊辛 332
莊襄王 332
桓子 332
桓公 332
桓臧 332
桓齮 332
連 332
栗腹 332
夏育 332
夏侯 332
夏侯公 332
夏侯章 332
夏桀 332
夏無且 332
晉文公 332
晉君 332
晉鄙 332
晉獻公 332
畢長 332
畢陽 332
晏 332
晏首 332
剛成君 332
造 332
造父 332
倪侯 332
烏獲 332

徐子 332
徐夫人 332
徐公 332
徐爲 332
殷紂 332
殷順且 332
奚恤 332
桀 332
高 332
高陵 332
高陵君 332
高陽君 332
高漸離 332
郭任 332
郭君 332
郭隗 332
郭開 332
郭遺 332
座 332
疾 332
唐 332
唐且 333
唐明 333
唐客 333
唐雎 333
益 333
涇陽 333
涇陽君 333
涉孟 333
涓 333
悍 333
宮之奇 333
宮他 333
展子 333
陵 333
陳毛 333
陳公 333
陳臣思 333
陳封 333
陳侯 333
陳莊 333
陳軫 333
陳馳 333
陳翠 333
陳舉 333
陳應 333
孫子 333
孫臣 333
孫臏 333
蚩尤 333
陰姬 333
陰姬公 333
陰簡 333
陶朱 333
挈薄 333
務光 333
紛彊 333
教子欬 333
接輿 333
黃帝 333
黃歇 333
黃齊 333
萺 333
梧下先生 333
專諸 333
曹子 333
曹沫 333
曹沬 333
奢 333
盛橋 333
頃襄王 333
常 333
常莊談 333
閈 333
異人 333
鄂侯 334
國子 334
國地君 334
崔杼 334
傀 334
術視 334
許公 334
許由 334
許異 334
許綰 334
疵 334
康子 334
康王 334
庸芮 334
鹿毛壽 334
章 334
章子 334
商 334
商君 334
商容 334
望諸 334
望諸君 334
率 334
淖君 334
淖滑 334
淖齒 334
梁王 334
梁氏 334
梁君 334
悼王 334
啓 334
張子 334
張子儀 334
張子談 334
張丏 334
張丐 334
張丑 334
張孟談 334
張相國 334
張卿 334
張唐 334
張旄 334
張倚 334
張陽 334
張登 334
張翠 334
張儀 334
張樂 335
張懃 335
陽 335
陽向 335
陽虎 335
陽城君 335
陽泉君 335
陽侯 335
陽陵君 335
陽堅 335
陽得子 335
陽豎 335
隗 335
髠 335
堯 335
項橐 335
越王 335
越王勾踐 335

賁 335
彭城君 335
達子 335
葉公子高 335
葉陽 335
葉陽子 335
葉陽君 335
董子 335
董慶 335
董閼安于 335
棼冒勃蘇 335
椒亦 335
軻 335
軫 335
惠子 335
惠王 335
惠公 335
惠施 335
最 335
閎夭 335
閔王 335
景公 336
景舍 336
景陽 336
景翠 336
景鯉 336
跖 336
單 336
無且 336
無忌 336
智 336
智氏 336
智伯 336
智伯瑶 336
喬 336
傲 336
順 336
順子 336
復丑 336
復塗偵 336
須賈 336
舒祺 336
舜 336
貂勃 336
勝 336
勝胥 336
鄒子 336
鄒君 336
鄒忌 336
鄒衍 336
馮公 336
馮旦 336
馮君 336
馮忌 336
馮郝 336
馮亭 336
馮章 336
馮喜 336
馮諼 336
痤 336
曾子 336
曾參 336
湯 336
滑 336
湻于髡 336
游騰 337
寒泉子 337
富丁 337
富術 337
富摯 337
犀武 337
犀首 337
强 337
强國 337
費緤 337
登 337
登徒 337
彖 337
幾瑟 337
鄢陵君 337
靳尚 337
靳黈 337
蒙傲 337
蒙嘉 337
蒙穀 337
楚 337
楚王 337
楚威王 337
楚幽王 337
楚悼 338
楚悼王 338
楚襄王 338
楚懷王 338
楊達 338
賈 338
頓子 338
頓弱 338
虞公 338
虞卿 338
虞商 338
睢 338
雎 338
照翦 338
園 338
嗣君 338
睪子 338
蜀子 338
蜀主 338
微子 338
腹子 338
腹擊 338
廉頗 338
靖郭君 338
新垣衍 338
新城公 338
新城君 338
雍沮 338
雍疸 338
義渠君 338
慎子 338
嫫母 338
趙王 338
趙王遷 338
趙太后 338
趙氏 338
趙文 338
趙主 338
趙足 338
趙利 338
趙卓 338
趙郝 338
趙威后 338
趙禹 339
趙侯 339
趙恢 339
趙敖 339
趙莊 339
趙造 339
趙豹 339
趙葱 339

趙奢 339
趙累 339
趙葭 339
趙惠文王 339
趙勝 339
趙燕 339
趙襄子 339
趙襄主 339
趙獻 339
嘉 339
赫 339
壽陵君 339
摎留 339
綦毋恢 339
綦母恢 339
鞅 339
蔡聖侯 339
蔡澤 339
輔氏 339
監止 339
厲 339
臧子 339
需 339
間須 339
種 339
箕子 339
管 339
管子 339
管夷吾 339
管仲 339
管莊子 339
管與 339
管鼻 339
管燕 339
鼻 339
說 339
齊王 339
齊王建 340
齊太公 340
齊公 340
齊君 340
齊明 340
齊和子 340
齊威 340
齊威王 340
齊侯 340
齊宣王 340
齊桓 340
齊桓公 340
齊閔王 340
齊湣王 340
齊貌辨 340
養由基 340
鄭王 340
鄭申 340
鄭同 340
鄭朱 340
鄭安平 340
鄭君 340
鄭朝 340
鄭强 340
鄭倲 340
鄭褏 340
鄭彊 340
鄭疆 340
榮盆 340
隨侯 340
嫪氏 340
嫪毐 340
嫪毒 340
翟子 340
翟章 340
翟强 340
維子 340
覩師贊 340
穀 340
横君 340
樗里子 340
樗里疾 340
樓子 340
樓公 340
樓昌 340
樓梧 340
樓啎 340
樓鼻 340
樓緩 340
樓庳 340
樊於期 340
樊將軍 341
樊餘 341
劇辛 341
墨子 341
墨翟 341
儀 341
儀狄 341
樂羊 341
樂祚 341
樂乘 341
樂間 341
樂毅 341
魯仲子 341
魯仲連 341
魯君 341
魯侯 341
魯連 341
諸 341
諒毅 341
慶 341
慶忌 341
慶秦 341
翦 341
豫子 341
豫讓 341
緤 341
緤錯 341
壇 341
燕王 341
燕王喜 341
燕王噲 341
燕太子 341
燕文公 341
燕文侯 341
燕后 341
燕昭王 341
燕郭 342
燕噲 342
薛 342
薛公 342
噲 342
噲子 342
穆公 342
舉茅 342
衛君 342
衛姬 342
衛嗣君 342
衛鞅 342
衛靈公 342
錡宣 342
鮑佞 342
鮑接 342

鮑焦 342
辨 342
龍陽君 342
龍賈 342
營淺 342
澤 342
彊 342
縞高 342
贅子 342
藍諸君 342
韓子 342
韓王 342
韓公仲 342
韓公叔 342
韓氏 342
韓他 342
韓臣 342
韓向 342
韓辰 342
韓君 342
韓非 342
韓明 342
韓呡 342
韓侈 342
韓朋 342
韓咎 342
韓春 342
韓珉 342
韓徐 342
韓倉 342
韓傀 343
韓康子 343
韓陽 343
韓爲 343
韓熙 343
韓餘 343
韓慶 343
韓擾 343
韓鼂 343
韓獻 343
擊 343
臨武君 343
嬰 343
嬰子 343
嬰兒子 343
魏子 343
魏王 343
魏太子 343
魏氏 343
魏文子 343
魏文侯 343
魏冉 343
魏加 343
魏安釐王 343
魏牟 343
魏君 343
魏武侯 343
魏昭王 343
魏信 343
魏宣子 343
魏桓子 343
魏惠王 343
魏順 343
魏魀 343
魏齊 343
魏醜夫 343
魏嬰 343
魏懷 344
繁菁 344
儲子 344
瞯 344
鍾離子 344
襄 344
襄子 344
襄王 344
襄主 344
襄安君 344
應 344
應侯 344
燭之武 344
禮 344
彌子瑕 344
縮高 344
騎劫 344
聶政 344
鞠武 344
闔閭 344
闔廬 344
簡 344
簡之塗 344
簡公 344
簡主 344
鯉 344
顔先生 344
顔率 344
顔冣 344
顔瞯 344
縪 344
蘇 344
蘇子 344
蘇公 344
蘇氏 344
蘇代 344
蘇君 344
蘇秦 344
蘇脩 345
蘇涓 345
蘇厲 345
嚴氏 345
嚴仲子 345
嚴遂 345
贊 345
譚拾子 345
廬陵君 345
龐涓 345
龐葱 345
懷王 345
獻則 345
觸讋 345
竇屢 345
穰侯 345
觀鞅 345
靈王 345
驩兜 345
爨襄 345

二周 347
九夷 347
九里 347
九原 347
三川 347
三公 347
三苗 347
三晉 347
三梁 347
干 347
干遂 347
干隧 347
下東國 347
大行 347
大吳 347
大原 347
大梁 347
上谷 347
上洛 347
上郡 347
上埊 347
上庸 347
上梁 347
上蔡 347
上雒 347
上黨 347
小黄 347
山 347
山北 347
山東 347
山陽 347
千乘 347
之城 347
女戟 347
王屋 347
天門 347
天唐 347
天谿 347
元英 347
五都 347
五渚 348
太山 348
太行 348
太原 348
屯留 348
少曲 348
少海 348
中山 348
中牟 348
中呼池 348
午道 348
牛田 348
牛狐 348
牛闌 348
仁 348
什清 348
厹由 348
六晉 348
文山 348
文臺 348
亢父 348
方城 348
方與 348
巴 348
巴蜀 348
玉門 348
甘泉 348
甘魚 348
艾陵 348
左氏 348
石 348
平邑 348
平兵 348
平原 348
平陸 348
平陽 348
平際 348
北夷 348
北郢 348
北陽 348
代 348
代郡 348
代馬 348
白馬 348
令盧 348
句注 348
句章 348
外黄 348
主 348
市丘 349
召陵 349
皮氏 349
刑丘 349
邢 349
邢丘 349
戎 349
扞關 349
共 349
西山 349
西戎 349
西和門 349
西周 349
西河 349
西陵 349
有苗 349
有夏 349
成 349
成陽 349
成皋 349
成睪 349
夷陵 349
曲 349
曲吾 349
曲沃 349
曲陽 349
伊 349
伊是 349
伊闕 349
合伯膊 349
匈奴 349
羊唐 349
羊腸 349
羊膓 349
州西 349
江 349
江東 349
江南 349
汲 349
汝 349
汝南 349
安 349
安邑 349
安陵 349
祁 349
阪 349
扶柳 349
均陵 349
邯鄲 349
杜郵 350
杜陵 350

巫 350
巫山 350
巫郡 350
李下 350
夾林 350
吳 350
吳國 350
何陽 350
伯舉 350
彷徨 350
谷口 350
狄 350
沛 350
沙丘 350
沂 350
汾水 350
汾北 350
汾陘 350
汶 350
汶山 350
宋 350
阿 350
邵 350
邵陵 350
武安 350
武城 350
武遂 350
武隧 351
武關 351
長子 351
長平 351
長羊 351
長沙 351
長城 351
范臺 351
林 351
林中 351
林胡 351
枝桑 351
東夷 351
東武城 351
東周 351
東孟 351
東垣 351
東胡 351
東國 351
東陽 351
東閭 351
兩周 351
昆陽 351
易水 351
呼沲 351
呼沱 351
岸門 351
郲 351
垂沙 351
垂都 351
牧 351
肴 351
周 351
周室 351
郇陽 351
狐氏 351
夜 352
夜邑 352
於陵 352
卷 352
河 352
河内 352
河北 352
河外 352
河東 352
河南 352
河間 352
河閒 352
河漳 352
河關 352
泗 352
泗上 352
泗水 352
定陽 352
宜陽 352
宛 352
承匡 352
孟門 352
孟津 352
孤竹 352
函 352
函谷 352
函谷關 352
姑衣 352
姑密 352
封 352
封陸 352
垣雍 352
城陽 352
城濮 352
垝津 352
荆 352
莒 352
胡 352
胡陵 352
胡貉 352
茹谿 352
南國 352
南梁 353
南陽 353
南鄭 353
相 353
枳 353
柏舉 353
柱山 353
咸陽 353
咸陽宮 353
郢 353
郢都 353
昭關 353
重丘 353
即墨 353
衍 353
負親 353
首坦 353
首垣 353
首陽 353
洹水 353
淯水 353
洞庭 353
洛 353
洛林 353
洛陽 353
恒思 353
廍城 353
陘 353
陘山 353
秦 353
秦國 357
馬陵 357
華 357
華章 357
華陽 357

莫 357
桂陵 357
桂陽 357
桓 357
栢舉 357
桃人 357
格道 357
軒車 357
夏 357
夏州 357
原 357
原陽 357
晉 357
晉水 357
晉國 358
晉陽 358
剛 358
剛平 358
乘丘 358
脩武 358
息壤 358
徐州 358
殷 358
釜 358
狸 358
逢澤 358
留 358
高平 358
高陂 358
高宛 358
高都 358
高唐 358
高陵 358
高商 358
高蔡 358
亳 358
郭 358
唐 358
涇 358
涉而谷 358
海陽 358
海鹽 358
宮唐 358
冥山 358
陳 358
陳城 358
陰 358
陰成 358
陶 358
桑林 358
琅邪 358
聊 358
聊城 358
萊 358
黄 358
黄池 358
黄城 358
黄棘 358
菫下 358
梗陽 358
梧 358
曹 358
鄄 358
虚 358
常山 358
常阪 358
問陽 358
崐山 358
崩山 358
崇 358
符離 358
許 359
章武 359
章臺 359
竟陵 359
商 359
商於 359
清河 359
淇 359
淇水 359
淇谷 359
涿鹿 359
淮 359
淮北 359
深井里 359
梁 359
梁父 359
梁囿 359
淄 359
淄水 359
淄鼠 359
宿胥 359
密須氏 359
隋 359
陽 359
陽人 359
陽武 359
陽城 359
陽侯 359
陽晉 359
陽翟 359
參胡 359
越 359
博 359
博昌 359
博關 359
彭蠡 359
煑棗 359
葉 359
葉庭 359
葉陽 359
菑 359
菑上 359
菑水 360
葛 360
葛薛 360
蒯丘 360
蒯城 360
朝歌 360
朝鮮 360
葵丘 360
軹 360
軹道 360
棘津 360
棘溝 360
雲中 360
雲夢 360
棠谿 360
無疎 360
焦 360
皐狼 360
皐梁 360
鉅防 360
鉅坊 360
鉅鹿 360
殽 360
殽塞 360
番吾 360
勝 360
鄉 360

鄗 360
遂浦 360
湘 360
渤海 360
温 360
温囿 360
渭 360
渭陽 360
滑 360
運 360
補遂 360
强臺 360
費 360
絳 360
絳水 360
幾 360
鄢 360
鄢郢 360
鄢陵 360
鼓 360
蓄 360
蒼梧 360
蒲 360
蒲反 360
楚 360
楚山 362
楚國 362
楊越 362
槐谷 362
榆中 362
榆次 362
榆關 362
甄 363
頓丘 363
督亢 363
虞 363
睢 363
鄙人 363
黽池 363
黽塞 363
暉臺 363
路涉 363
睪 363
睪黍 363
蜀 363
會稽 363
新城 363
新鄭 363
新觀 363
雍氏 363
雍門 363
義渠 363
滏 363
裸國 363
摶關 363
趙 363
趙國 365
皷里 365
蔡 365
菱水 365
酸棗 365
碭 365
碣石 365
疏章 365
鳴條 365
舞陽 365
管 365
銍 365
雒陽 365
端氏 365
齊 365
齊國 368
鄭 368
榮口 368
榮陽 368
滎陽 368
熒陽 368
熒澤 368
漢 368
漢中 368
漳 368
寧 368
寧邑 368
寧臺 368
隨 368
隨陽 368
翟 368
鄧 368
鞏 368
穀川 368
蕩陰 368
樓煩 368
甌越 368
鴈門 368
遼東 368
鄴 368
鄳隘 368
遺遺 368
墨陽 368
黎 368
牖里 368
虢 368
滕 368
膠東 368
魯 368
摩笄 368
緱氏 368
薔 368
燕 368
燕烏集闕 369
燕國 369
薛 369
薄洛 369
蕭 369
薜 369
輸 369
歷室 370
冀 370
閼與 370
黔中 370
衡山 370
衞 370
衞國 370
潁 370
潁川 370
磨 370
磨山 370
嬴 370
營丘 370
濊 370
澠 370
澠池 370
澠隘 370
濁水 370
濁澤 370
澮 370
藍田 370
韓 370
韓原 372

檀衢	372	鴻溝	374	濟陽	374	盧	374
臨晉	372	鴻臺	374	鼇	374	瀨胡	374
臨淄	372	濮	374	離石	374	懷	374
闈	372	濮上	374	隴	374	蘭臺	374
魏	372	濮陽	374	繒	374	轘轅	374
魏國	374	濟	374	雝丘	374	黨	374
谿谷	374	濟上	374	藺	374	權	374
襄陵	374	濟北	374	闕	374	穰	374
應	374	濟西	374	關	374	鑿臺	374

單字索引

【一】 287

凡○鼎而九萬人輓之. 1-19 九九八十○萬人. 1-19 不若○爲下水. 3-3 則東周之民可令○仰西周. 3-5 恐○日之亡國. 10-9 不過○月必拔之. 10-16 有○人過曰. 11-8 ○發不中. 11-11 ○攻而不得. 11-13 天下爲○. 16-4 未煩○兵. 17-4 未戰○士. 17-5 未絶○絃. 17-5 未折○矢. 17-5 ○人用而天下從. 17-6 欲以○人之智. 17-19 諸侯不可○. 17-21 ○可以勝十. 18-21 ○戰不勝而無齊. 19-6 然則是○舉而伯王之名可成也. 19-12 此固已無伯王之道○矣. 19-15 然則是○舉而伯王之名可成也. 19-19 用○國之兵. 19-22 不用○領甲. 20-7 不苦○民. 20-7 則是○舉而壞韓. 20-11 ○舉而三晉亡. 20-13 天下固量秦之謀臣○矣. 20-17 日慎○日. 20-25 戰○日. 21-3 ○舉而天下之從不破. 21-12 故拔○國. 22-11 是我○舉而名實兩附. 22-11 則此○計而三利俱至. 26-13 不穀不煩○兵. 26-16 不傷○人. 26-17 楚因使○將軍受地於秦. 27-1 王不如因而賂之○名都. 27-6 則是○舉而兼兩虎也. 27-25 無刺○虎之勞. 27-25 計有○二者難悖也. 28-3 則君○舉而亡國矣. 28-23 文侯示之謗書○篋. 29-9 ○人又告之曰. 29-15 楚魏爲○. 32-2 ○也. 32-17 已○說而立爲太師. 37-13 ○舉而攻滎陽. 39-18 不如○人持而走疾. 40-21 是我王果處三分之○也. 41-9 投之○骨. 42-5 不亡○甲. 42-16 則秦所得不○幾何. 42-20 寡人○城圍. 43-6 彼○見秦王. 44-8 ○匡天下. 45-21 ○戰舉鄢郢. 46-3 ○年之後. 53-18 ○舉衆而注地於楚. 53-19 秦楚合而爲○. 53-22 王○善楚. 54-1 是王之地○任兩海. 54-3 ○日倍約. 57-2 ○日山陵崩. 57-6 說有可以○切. 57-7 王○日山陵崩. 57-9 而願○得歸. 57-11 不顧○子以留計. 57-15 ○日晏駕. 57-17 大王無○介之使以存之. 57-22 與秦什○. 59-1 四國爲○. 60-19 四國爲○. 60-20 益○言. 62-19 此爲○. 63-20 靖郭君之於寡人○至此乎. 63-23 必○而當十. 65-15 忌聞以爲有○子之孝. 66-2 三七二十○萬. 68-20 固以二十○萬矣. 68-21 皆爲○時說而不顧萬世之利. 69-16 國○日被攻. 70-2 ○人飲之有餘. 72-20 ○人蛇先成. 72-21 ○人之蛇成. 72-22 美其○. 77-7 ○人曰. 78-16 ○軍不能當. 79-17 重之寶劍○. 80-13 臣○喜. 80-15 淳于髡○日而見七人於宣王. 80-21 千里而○士. 80-22 百世而○聖. 80-22 今子○朝而見七士. 80-23 則累世不得○焉. 80-25 故專兵○志以逆秦. 81-20 今君有○窟. 83-13 服劍○. 83-20 ○匡天下. 87-15 ○女不朝. 88-13 而憂○主. 92-21 ○國得而保之. 93-4 故以○秦而敵大魏. 94-3 向子以輿○乘亡. 95-7 今公行○朝之忿. 96-9 此其○時也. 96-13 此亦○計也. 97-4 願公熟計而審處○也. 97-5 ○匡天下. 97-12 曹子以○劍之任. 97-17 ○朝而反之. 97-18 夫○人身. 99-4 江○對曰. 103-23 ○國之衆. 105-21 如出○口矣. 106-20 秦人○夜而襲之. 107-8 秦人○夜而襲之. 107-9 ○軍出武關. 109-3 ○軍下黔中. 109-4 今君欲○天下. 109-23 ○舫載五十人. 110-17 ○日行三百餘里. 110-17 夫以○詐僞反覆之蘇秦. 111-14 混○諸侯. 111-15 無○月之積. 112-25 若扑○人. 113-8 若捽○人. 113-8 此猶○卒也. 113-12 得罪○士. 113-19 未見○人也. 119-10 夫○梟之不如不勝五散. 122-19 令其○善而獻之王. 123-24 今君○時而知臣. 128-6 五日○見. 128-7 此百代之○時也. 130-12 使使者致萬家之邑○於知伯. 132-1 因使人致萬家之邑○於知伯. 132-5 破趙則封二子者各萬家之縣○. 133-20 又封二子者各萬家之縣○. 133-21 是○世之命. 139-9 此百代之○時也. 139-14○軍臨滎陽. 139-20○軍臨太行. 139-21 未見○城也. 140-15 未見○城. 140-18 不義○也. 140-24 ○蓋呼侶. 141-6 ○蓋哭. 141-6 ○蓋曰. 141-7 秦楚爲○. 143-2 六國幷力爲○. 145-15 莫如○韓魏齊楚燕趙. 145-23 而效之於○時之用也. 146-15 臣以從○不可成也. 147-11 不識從之○成惡存也. 147-20 夫天下之不可○亦明矣. 148-9 ○軍塞午道. 148-12○軍軍於成皋. 148-13 ○軍軍於澠池. 148-13 四國爲○以攻趙. 148-13 以爲○從不事秦. 148-19 其便○也. 150-12 不○其用. 150-13 儒者○師而禮異. 150-14 知者不能○. 150-15 故禮世不必○其道便國不必法古. 152-8 而臣無○焉. 153-6 四時不○宜. 154-7 不存其○角. 155-22 是我○舉而兩取地於秦中山也. 157-13 故其言○也. 159-5 虞卿得其○. 160-14 ○舉結三國之親. 160-25 夫不鬬○卒. 161-5 不頓○戟. 161-5 ○解國患. 161-10 亡○都尉. 161-14 則爲○身. 163-1 十人而從○人者. 163-14 賭其○戰而勝. 164-8 ○物不能蔽也. 166-11 臣○見. 169-3 此百代之○時也. 171-9 不至○二月. 171-23 是秦之○舉也. 172-9 ○矣. 172-9 是秦之○舉也. 172-11 是秦之○舉也. 172-14 是秦之○舉也. 172-16 是秦之○舉也. 172-18 不至○二月. 172-19 是秦之○舉也. 172-24 而有○焉. 173-24 安平君必處○焉. 174-24 兩者有○也. 174-24 今燕○以廬陵君爲言. 175-24 ○旦山陵崩. 179-19 乃與之萬家之邑○. 181-10 盡○盃. 181-20 豈可不○會期哉. 182-9 偷取○旦之功而不顧其後. 184-23 ○天下約爲兄弟刑白馬以盟於洹水之上以相堅也. 185-16 秦韓爲○國. 185-22 說○諸侯之王. 186-6 約○國而反. 186-6 先君必欲○見羣臣百姓也夫. 194-3 ○人拔之. 197-18 然而不勝○人者. 197-19 吾恐張儀薛公犀首之有○人相魏者. 197-22 吾恐張儀薛公犀首有○人相魏者. 198-2 今○人言市有虎. 199-19 有○於此. 200-12 請以○鼠首爲女殉者. 203-20 楚魏爲○. 204-1 今夫韓氏以○女子承○弱主. 206-23 而以○人之心爲命也. 212-1 慮久以天下爲可○者. 212-1 秦韓爲○. 213-9 且夫魏○萬乘之國. 216-21 是亡○萬乘之魏. 216-24 臣聞○里之厚. 221-4 ○人當百. 222-7 ○歲不收. 222-20 ○旦而具. 224-10 韓爲○. 225-16 賂之以○名都. 226-1 此以○易二之計也. 226-2 今又得韓之名都○而具甲. 226-4 日行○縣. 231-11 楚韓爲○. 231-17 今有○舉而可以忠於主. 239-18 王不折○兵. 240-10 不殺○人. 240-10 ○從○橫. 240-11 未有○人言善韓者也. 240-14 未有○人言善秦者也. 240-15 合而相堅如○者. 241-3 ○世之明君也. 241-5 ○世之賢士也. 241-5 是我免於○人之下. 241-8 穆公○勝於韓原而霸西州. 241-14 晉文公○勝於城濮而定天下. 241-15 此以○勝立尊令. 241-15 王之明○也. 244-17 爲○宿之行. 245-13 萬分之○也. 247-8 於秦亦萬分之○也. 247-8 天下爲○. 248-17 此○何慶弔相隨之速也. 249-15 義不離親○夕宿於外. 250-14 故妾○僵而棄酒. 251-4 是益○齊也. 256-18 夫○齊之强. 256-20 不憚以○國都爲功. 257-3 ○日而斷太行. 260-11 臣請獻○朝之賈. 263-13 ○旦而馬價十倍. 263-13 臣請獻白璧○雙. 263-15 ○合○離. 264-22 寡人豈敢○日而忘將軍之功哉. 266-19 將柰何合弱而不能如○. 268-18 以其合兩而如○也. 268-20 今山東合弱而不能如○. 268-21 至其相救助如○也. 268-25 不能相救助如○. 269-1 大戰○. 269-25 此○舉而兩失也. 272-20 秦趙爲○. 273-10 ○日而馳千里. 274-15 今有○言. 276-7 今提○匕首入不測之强秦. 276-22 壯士○去兮不復還. 277-1 曾無○介之使以存之乎. 280-1 而圍○城焉. 280-16 白璧○. 281-18 百璧○. 281-20 贖○胥靡. 283-9 吾以○杯羊羹亡國. 288-7 以○壺飡得士二人. 288-8 ○心同功. 289-15 臣人○心. 289-24 此所謂爲○臣屈而勝天下也. 290-11 此亦所謂勝○臣而爲天下屈者也. 290-12 夫勝○臣之嚴焉. 290-13

【乙】 13

王召江○而問焉. 104-8 江○曰. 104-8 江○惡昭奚恤. 105-7 江○欲惡昭奚恤於楚. 105-13 江○曰. 105-15 江○曰. 105-16 江○說於安陵君曰. 105-20 江○曰. 105-24 江○復見曰. 106-4 江○可謂善謀. 106-15 江○爲魏使於楚. 106-17 江○曰. 106-18 江○曰. 106-19

【二】 172

公仲之軍○十萬. 2-3 持○端. 2-21 楚請道於○周之間. 11-22 安能道○周之間. 11-24 歲百○十金. 12-23 韓得○縣. 13-2 魏亡○縣. 13-2 盡包○周. 13-2 多於○縣. 13-2 且魏有南陽鄭地三川而包○周. 13-3 此固已無伯王之道○矣. 19-21 天下固量秦力○矣. 20-19 以臨○周之郊. 21-24 則必將○國幷力合謀. 22-15 必惡是○人. 23-20 計有一○者難悖也. 28-3 樗里疾公孫衍○人者. 29-10 樗里疾公孫衍○人在. 29-20 而賜之○社之地. 32-9 ○也. 32-20 利有千里者○. 35-25 極身毋○. 44-22 頃襄王○十年. 51-16 有○垂. 51-24 王申息衆○年. 52-6 此○國者. 52-17 而關内○萬乘之主注地於齊. 54-1 ○國. 54-10 驅十○諸侯以朝天子於孟津. 55-12 食藍田十○縣. 57-25 今臣生十○歲於兹矣. 58-10 趙賂以河間十○縣. 59-18 此爲○. 63-23 此用○忌之道也. 65-24 百○十城. 66-16 足下豈如令衆而合○國之後哉. 67-17 齊地方○千里. 68-17 三七○十一萬. 68-20 固以○十一萬矣. 68-21 因以上黨○十四縣許秦王. 73-4 臣○喜. 80-15 兼○周之地. 81-16 請爲君復鑿○窟. 83-13 文車○駟. 83-20 今君之家富於○公. 84-24 文不得是○人故也. 84-25 使文得○人者. 84-25 乃○十四. 86-6 此○士弗業. 88-12 衛八門土而○門墮矣. 90-10 然○國勸行之者. 90-18 吞兼○國. 92-21 而滅○子患也. 92-22 而敵萬乘之國○. 92-24 又從十○諸侯朝天子. 93-24 有十○諸侯而朝天子. 94-2 今大王之所從十○諸侯. 94-4 ○者顯名厚實也. 97-5 若此○公者. 97-19 ○人之言皆善也. 104-8 則泗上十○諸侯. 111-11 居○年而覺. 111-13 ○人固不善睢也. 120-24 必善○人者. 121-1 今君相楚王○十餘年. 128-24 春申君相楚○十五年. 129-11 君相楚○十餘年矣. 129-13 使君疑○主之心. 131-13 而離○主之交. 131-14 今知伯帥○國之君伐趙. 133-5 亡則○君爲之次矣. 133-5 ○君曰. 133-6 謀出○君之口. 133-7 ○君卽與張孟談陰約三軍. 133-8 ○主殆將有變. 133-11 吾與○主約謹矣. 133-13 知過出見○主. 133-14 ○主色動而意變. 133-14 君其與○君約. 133-20 破趙則封○子者各萬家之縣一. 133-20 如是則○主之心可不變. 133-20 又封○子者各萬家之縣一. 133-21 是懷○心以事君也. 135-20 亦將以愧天下後世人臣懷○心者. 135-20 卽地去邯鄲○十里. 138-18 秦起○軍以臨韓. 139-23 ○人對曰. 140-18 不義○也. 140-25 趙地方○千里. 144-24 ○十九年不相攻. 147-21 今將軍必負十萬○十萬之衆乃用之. 155-6 君無十餘○十萬之衆. 155-14 齊以○十萬之衆攻荆. 155-19 趙以○十萬之衆攻中山. 155-20 是○國親也. 156-10 婦人爲之自殺於房中者○八. 158-25 未知其○也. 160-15 而解○國患者. 161-6 ○人者. 166-8 用兵於○千里之外. 170-8 得○都. 170-9 不至一○月 171-23 ○矣. 172-12 不至一○月. 172-19 包○周. 172-21 趙能殺此○人. 177-14 ○國不得兵. 181-16 賜之田○十萬. 183-15 武力○十餘萬. 184-18 蒼頭

〇千萬. 184-18 奮擊〇十萬. 184-18 〇百餘里. 185-9〇國恃王. 190-6 夫〇君者. 192-6 而〇士之謀困也. 192-7 〇人者. 192-23 以稽〇人者之所爲. 193-2 〇人者曰. 193-2 〇人者必不敢有外心矣. 193-3 〇人者之所爲之. 193-3 鈞〇子者. 196-9 鈞〇子者. 196-11 〇人言市有虎. 199-20 啓地〇十〇縣. 202-4 敝邑有寶璧〇雙. 205-5 文馬〇駟. 205-5 吾歲不熟〇年矣. 206-2 車〇百乘. 206-11 則〇周必危. 208-14 宜割〇寧以求構. 215-10 王不弱〇周. 215-15 過〇周而攻王者. 215-16 〇子者. 216-7 而强〇敵之齊楚也. 216-24 伏尸〇人. 220-1 〇人各進議於王以事. 221-15 無〇歲之所食. 222-21 見卒不過〇十萬而已矣. 222-22 此以一易〇之計也. 226-2 今〇人者. 227-11 此〇人. 228-23 〇十餘年未嘗見攻. 229-24 〇人相害也. 236-22 王之明〇也. 244-21 公以〇人者爲賢人也. 245-3 〇人者必入秦楚. 245-4 地方〇千餘里. 248-4 後〇日. 251-2 而欲報之〇年矣 252-23 獲〇將. 253-6 而包十〇諸侯. 253-7 〇年. 254-20 〇十八年. 256-8 是益〇齊也. 256-20 〇日而莫不盡繇. 260-12 燕得甲首〇萬人. 264-3 今軍敗亡〇萬人. 264-5 索〇人. 268-22 索〇國. 268-23 使慶秦以〇十萬攻代. 271-24〇人卒留趙. 273-7 年十〇. 276-17 而賜夏無且黃金〇百鎰. 278-3 王行〇者. 285-16 有〇人挈戈而隨其後者. 288-3 中山君顧謂〇人. 288-4 〇人對曰. 288-4 以一壺飡得士〇人. 288-8 大破〇國之軍. 289-5 斬首〇十四萬. 289-6 〇軍爭便之力不同. 289-18

【十】 202

九九八〇一萬人. 1-19 材士〇萬. 2-3 公仲之軍二〇萬. 2-3 臣請以三〇金復取之. 6-23 君予金三〇斤. 7-24 周君留之〇四日. 8-10 故留之〇四日以待命也. 8-12 歲八〇金. 12-22 歲百二〇金. 12-23 是上黨每患而贏四〇金. 12-23 說秦王書〇上而說不行. 16-16 陳篋數〇. 16-21 郊迎三〇里. 17-12 一可以勝〇. 18-21〇可以勝百. 18-21 代三〇六縣. 20-6 上黨〇七縣. 20-6 〇月取之. 22-18 穰侯〇攻魏而不得傷者. 41-11 故〇攻而弗能勝也. 41-14 予之五〇金. 42-6 今令人復載五〇金隨公. 42-9 武安君所以爲秦戰勝攻取者七〇餘城. 42-15 〇七月不下. 43-16 〇夫楺椎. 43-22 誅屠四〇餘萬之衆. 46-4 七〇餘城. 46-6 秦〇餘年. 47-3 頃襄王二〇年. 51-16 王以〇成鄭. 53-24 驅〇二諸侯以朝天子於孟津. 55-12 行百里者半於九〇. 55-19 〇倍. 56-22 食藍田〇二縣. 57-25 今臣生〇二歲於茲矣. 58-10 得上谷三〇六縣. 59-1 趙賂以河間〇二縣. 59-18 秦王召羣臣賓客六〇人而問焉. 60-19 公孫閈乃使人操〇金而往卜於市. 65-6 必一而當〇. 65-15 〇而當百. 65-15 百二〇城. 66-16 帶甲數〇萬. 68-17 三七二〇一萬. 68-20 固以二〇一萬矣. 68-21 不至〇日. 69-2 趙亡卒數〇萬. 69-23 三〇日而舉燕國. 71-8 乃具革車三〇乘. 71-18 與革車三〇乘而納儀於梁. 72-3 因使人以〇城求講於秦. 73-3 因以上黨二〇四縣許秦王. 73-4 孟嘗君予車五〇乘. 83-14 孟嘗君爲相數〇年. 83-25 以車〇乘之秦. 84-7 如臣者〇人. 84-17 後宮〇妃. 85-2 有敢去柳下季壟五〇步而樵采者. 85-20 乃二〇四. 86-6 行年三〇而有七子. 88-19 此〇國者. 91-3 〇萬之衆盡. 92-1 〇年之田而不償也. 92-13 〇年之田而不償也. 92-16 帶甲三〇六萬. 93-23 又從〇二諸侯朝天子. 93-24 有〇二諸侯而朝天子. 94-2 今大王之所從〇二諸侯. 94-4 覆其〇萬之軍. 94-11 王孫賈年〇五. 95-21 取七〇餘城. 96-3 以故建立四〇有餘年不受兵. 101-5 王不如以〇乘行之. 108-1 乃以〇乘行之. 108-2 取〇官而無罪. 108-10 粟支〇年. 108-24 一舫載五〇人. 110-17 不至〇日而距扞關. 110-18 且夫秦之所以不出甲於函谷關〇五年以攻諸侯者. 111-2 通侯執珪死者七〇餘人. 111-4 則泗上〇二諸侯. 111-11 楚令昭鼠以〇萬軍漢中. 115-15 齊使車五〇乘. 117-12 王發上柱國子良車五〇乘. 118-6 遣景鯉車五〇乘. 118-8 悉五尺至六〇. 118-12 三〇餘萬弊甲鈍兵. 118-12 秦以五〇萬臨齊右壤. 118-15 將加己乎〇仞之上. 124-18 六〇而盡相靡也. 125-21 今君相楚王二〇餘年. 128-24 春申君相楚二〇五年. 129-11 君相楚二〇餘年矣. 129-13 後〇七日. 129-24 趙氏分則多〇城. 134-25 卽地去邯鄲二〇里. 138-18 馮亭守三〇日. 140-4 今有城市之邑七〇. 140-5 今不用兵而得城七〇. 140-15 有城市之邑七〇. 140-17 帶甲數〇萬. 145-1 粟支〇年. 145-1 〇倍於秦. 145-14 〇年攘地. 147-8 以兵橫行於中〇四年. 147-19 二〇九年不相攻. 147-21 秦兵不敢出函谷關〇五年矣. 147-24 趙惠文王三〇年. 155-3 今將軍必負〇萬二〇萬之衆乃用之. 155-6 君無〇餘二〇萬之衆. 155-14 能具數〇萬之兵. 155-18 齊以二〇萬之衆攻荆. 155-19 趙以二〇萬之衆攻中山. 155-20 而婦人爲死者〇六人. 159-2 〇人而從一人者. 163-14 吾將以〇太牢待子之君. 163-24 爲郤軍五〇里. 164-16 四〇餘年而秦不能得所欲. 165-2 趙王因割濟東三城令盧高唐平原陵地城邑市五〇七. 174-11 乃割濟東三令城市邑五〇七以與齊. 174-14 〇五歲矣. 179-6 賜之田二〇萬. 183-15 巴寧爨襄田各〇萬. 183-15 故又與田四〇萬. 183-17 使百四〇萬. 183-18 武力二〇餘萬. 184-18 奮擊二〇萬. 184-18 廝徒〇萬. 184-18 卒不過三〇萬人. 185-7 不下〇萬. 185-11 犀首又以車三〇乘使燕趙. 187-14 先以車五〇乘至衞間齊. 190-21 覆〇萬之軍. 196-19 覆〇萬之軍. 197-5 然使〇人樹楊. 197-18 故以〇人之衆. 197-19 後〇日. 202-3 啓地二〇二縣. 202-4 〇萬之軍拔邯鄲. 202-7 臣以爲不下三〇萬. 202-22 以三〇萬之衆. 202-23 守〇仞之城. 202-23 陵〇仞之城. 202-24 戴三〇萬之衆. 202-24 爲起兵〇萬. 205-25 行三〇里而攻危隘之塞. 207-6 秦〇攻魏. 207-21 名都數〇. 207-24 年九〇餘. 216-17 無忌將發〇萬之師. 217-21 龍陽君得〇餘魚而涕下. 218-8 亡城數〇. 218-24 而君以五〇里之地存者. 219-15 今吾以〇倍之地. 219-16 而安陵以五〇里之地存者. 220-3 帶甲數〇萬. 222-1 悉之不過三〇萬. 222-21 見卒不過二〇萬而已矣. 222-22 〇日之內. 229-17 〇日之內. 229-20 二〇餘年未嘗見攻. 229-24 去百六〇里. 230-2 令楚兵〇餘萬在方城之外. 236-2 所殺者數〇人. 238-6 韓氏之士數〇萬. 242-11 帶甲數〇萬. 248-5 粟支〇年. 248-5 不至〇日. 248-14 而數〇萬之衆. 248-14 取〇城. 249-14 王利其〇城. 249-18 莫如歸燕之〇城. 249-23 燕無故而得〇城. 249-24 而以〇城取天下也. 249-25 利得〇城. 250-10 大王割〇城乃卻以謝. 251-20 而包〇二諸侯. 253-7 二〇八年. 256-8 而賈〇倍. 256-23 行年八〇. 258-17 〇乘之家. 259-8 〇七年事秦. 260-10 一旦而馬價〇倍. 263-13 下七〇餘城. 266-13 復收七〇城以復齊. 266-16 請假王〇年. 269-16 奉蘇子車五〇乘. 269-17 不如得〇里於宋. 269-22 遽起六〇萬以攻趙. 271-23 令栗腹以四〇萬攻鄗. 271-23 使慶秦以二〇萬攻代. 271-24 而與秦相距五〇餘年矣. 273-16 王翦將數〇萬之衆臨漳鄴. 275-10 年〇二. 276-17 〇月而拔燕薊城. 278-5 雖有〇左氏. 283-11 七〇家. 287-23 亦以〇倍矣. 288-21 斬首二〇四萬. 289-6 今趙卒之死於長平者已〇七八. 289-7

【丁】 4

富〇欲以趙合齊魏. 156-25 富〇恐主父之聽樓緩而合秦楚也. 156-25 司馬淺爲富〇謂主父曰. 157-2 魏因富〇且合於秦. 157-15

【七】 49

齊桓公宮中〇市. 4-11 女閭〇百. 4-11 上黨十〇縣. 20-6 〇日而叢亡. 40-19 武安君所以爲秦戰勝攻取者〇十餘城. 42-15 十〇月不下. 43-16 〇十餘城. 46-6 夫項橐生〇歲而爲孔子師. 58-10 去咸陽〇里. 58-17 〇日. 64-3 〇月. 64-15 臨淄之中〇萬户. 68-19 三〇二十一萬. 68-20 有〇孺子皆近. 77-6 乃獻〇珥. 77-7 湻于髡一日而見〇人於宣王. 80-21 今子一朝而見〇士. 80-23 豈特〇士也. 81-3 舜有〇友. 86-12 行年三十而有〇子. 88-19 從〇星之旟. 94-9 取〇十餘城. 96-3 敝卒〇千. 99-20〇里之郭. 100-4 通侯執珪死者〇十餘人. 111-4 〇日而薄秦王之朝. 113-14 〇日不得告. 113-14 楚〇約食. 114-9 後十〇日. 129-24 則地與國都邦屬而壤挈者〇百里. 138-17 今有城市之邑〇十. 140-5 今不用兵而得城〇十. 140-15 有城市之邑〇十. 140-17 分以爲戰國〇. 155-18 夫以秦將武安君公孫起乘〇勝之威. 158-5 今趙非有〇克之威也. 158-8 今〇敗之禍未復. 158-9 害〇尺之軀者. 167-16 非直〇尺軀也. 167-17 趙王因割濟東三城令盧高唐平原陵地城邑市五十〇. 174-11 乃割濟東三令城市邑五十〇以與齊. 174-14 車〇百乘. 248-5 凡天下之戰國〇. 253-2 北夷方〇百里. 256-19 十〇年事秦. 260-10 下〇十餘城. 266-13 復收〇十城以復齊. 266-16 〇十家. 287-23 今趙卒之死於長平者已十〇八. 289-7

【卜】 12

鄭朝獻之趙太〇. 6-24 使〇之. 6-25 太〇譴之曰. 6-25 公孫閈乃使人操十金而往〇於市. 65-6 〇者出. 65-8 因令人捕爲人〇者. 65-8 以〇其罪. 106-23 爲樗里疾〇交也. 125-16 且以遇〇王. 190-2 韓之〇也決矣. 190-3 故王胡不〇交乎. 224-17 故楚王〇交而市丘存. 224-20

【八】 24

九九〇十一萬人. 1-19 宜陽城方〇里. 2-3 歲〇十金. 12-22 孝公行之〇年. 15-8 鄒忌脩〇尺有餘. 66-5 覆軍殺將得〇城. 72-15 破軍殺將得〇城. 72-23 至歲〇月. 77-14 衞〇門土而二門墮矣. 90-10 婦人爲之自殺於房中者二〇. 158-25 割〇縣. 202-12 而割〇縣. 202-20 乃爲之起兵〇萬. 206-11 〇年. 211-15 鄭彊載〇百金入秦. 224-23 公以〇百金請伐人之與國. 224-24 〇日中. 245-17 二十〇年. 256-8 行年〇十. 258-17 收〇百歲之蓄積. 268-1 趙使廉頗以〇萬遇栗腹於鄗. 271-24 被〇創. 277-25 今趙卒之死於長平者已十七〇. 289-7 圍邯鄲〇九月. 290-4

【人】 1167

發師五萬〇. 1-8 寡〇將寄徑於梁. 1-11 寡〇將寄徑於楚. 1-13 寡〇終何塗之從而致之齊. 1-15 凡一鼎而九萬〇輓之. 1-19 九九八十一萬〇. 1-19 今大王縱有其〇. 1-20 子爲寡〇謀. 2-7 今昭獻非〇主也. 3-10 君何不令〇謂韓公叔曰. 3-15 寡〇不敢弗受. 3-18 因令〇謂周君曰. 4-5 好毀〇. 4-5 國〇不說也. 4-7 國〇非之. 4-11 温〇之周. 4-16 主〇也. 4-16 君使〇問之曰. 4-17 子非周〇. 4-17 故曰主〇. 4-20 而又知趙之難子齊〇戰. 4-22 公何不令〇謂韓魏之王曰. 6-7 而王無〇焉. 6-13 今君將施於大〇. 7-5 大〇輕君. 7-6 施於小〇. 7-6 小〇無可以求. 7-6 不必且爲大〇者. 7-7 因令〇謂相國御展子廧

夫空曰. 7-13 有○謂相國曰. 7-17 馮旦使○操金與書. 7-24 因使○告東周之候曰. 8-2 今夕有姦○當入者矣. 8-2 韓使○讓周. 8-11 寡○知嚴氏之爲賊. 8-12 寡○請以國聽. 10-14 有一○過曰. 11-8 ○皆善. 11-9 君使○告齊王以周最不肯爲太子也. 12-2 越○請買之千金. 12-4 周君怨寡○乎. 12-16 今王許戍三萬○與溫囿. 12-20 令○微告悍. 13-20 ○說惠王曰. 15-10 今秦婦○嬰兒皆言商君之法. 15-11 而秦○不憐. 15-13 寡○聞之. 15-21 安有說○主不能出其金玉錦繡. 16-22 夫賢○在而天下服. 17-5 一○用而天下從. 17-6 ○生世上. 17-16 蘇秦欺寡○. 17-19 欲以一○之智. 17-19 寡○忿然. 17-22 爲○臣不忠當死. 18-7 秦與荆○戰. 19-8 與荆○和. 19-13 今荆○收亡國. 19-14 寡○聽子. 22-17 ○必害之. 23-3 取皮氏卒萬○. 23-10 必惡是二○. 23-20 行道之○皆知之. 24-2 楚○有兩妻者. 24-14 ○誂其長者. 24-15 居彼○之所. 24-17 則欲其爲我詈○也. 24-18 軫爲○臣. 24-19 孰視寡○曰. 24-23 寡○遂無奈何也. 24-23 寡○因問曰. 24-24 行道之○皆知之. 24-25 子爲寡○慮之. 26-4 不傷一○. 26-17 寡○自以爲智矣. 26-17 楚王使○絶齊. 26-23 秦使○使齊. 27-1 張子以寡○不絶齊乎. 27-2 儀固以小○. 27-4 子秦○也. 27-15 寡○與子故也. 27-15 寡○不佞. 27-16 故子棄寡○事楚王. 27-16 以其餘爲寡○乎. 27-17 王獨不聞吳○之遊楚者乎. 27-18 故使○問之. 27-18 有兩虎諍○而鬬者. 27-21 ○者. 27-23 今兩虎諍○而鬬. 27-23 三○者. 28-7 好女百○. 28-15 大敗秦○於李帛之下. 28-18 寡○欲車通三川. 28-25 而寡○死不朽乎甘茂對曰. 28-25 樗里疾公孫衍二○者. 29-10 費○有與曾子同名族者而殺○. 29-13 ○告曾子母曰. 29-13 曾參殺○. 29-13 吾子不殺○. 29-14 ○又曰. 29-14 曾參殺○. 29-14 一○又告之曰. 29-15 曾參殺○. 29-15 而三○疑之. 29-17 疑臣者不適三○. 29-18 寡○不聽也. 29-19 樗里疾公孫衍二○在. 29-20 寡○固無地而許楚王. 30-3 與寡○爭辭. 30-21 寡○數窮焉. 30-21 賢○. 31-8 賢○也. 31-14 寡○且相子. 31-19 寡○託國於子. 31-21 秦且益趙甲四萬○以伐齊. 32-13 必不益趙甲四萬○以伐齊. 32-15 必不益趙甲四萬○以伐齊矣. 33-2 葬於無知之死○哉. 33-8 何不使○謂燕相國曰. 34-15 聖○不能爲時. 34-15 ○主賞所愛. 36-12 良醫知病○之死生. 36-21 使○持車召之. 37-2 寡○宜以身受令久矣. 37-4 寡○日自請太后. 37-5 寡○乃得以身受命. 37-5 宮中虛無○. 37-8 先生何以幸教寡○. 37-9 先生不幸教寡○乎. 37-11 處○骨肉之間. 37-18 ○之所必不免也. 37-24 寡○愚不肖. 38-12 此天以寡○慁先生. 38-13 寡○得受命於先生. 38-14 願先生悉以教寡○. 38-16 無疑寡○也. 38-16 越○之國而攻. 38-25 齊○伐楚. 39-1 寡○欲親魏. 39-11 寡○不能親. 39-11 ○之病心腹. 39-14 寡○欲收韓. 39-15 籍○以此. 40-20 百○輿瓢而趨. 40-21 不如一○持而走疾. 40-21 百○誠輿瓢. 40-22 有非相國之○者乎. 41-1 有攻○者. 41-11 ○主所甚愛也. 41-13 ○主者. 41-13 ○臣之所樂爲死也. 41-13 攻○主之所愛. 41-13 而攻其○也. 41-15 鄭○謂玉未理者璞. 41-20 周○謂鼠未腊者朴. 41-20 周○懷璞過鄭賈曰. 41-21 邯鄲○誰來取者. 42-7 今令○復載五十金隨公. 42-9 梁○有東門吳者. 42-25 寡○一城圍. 43-6 不用○言. 43-17 ○心固有. 43-20 聞三○成虎. 43-22 東鄙之賤○也. 43-24 今遇惑或與罪○同心. 44-1 使○宣言以感怒應侯曰. 44-8 使○召蔡澤. 44-10 夫○生手足堅强. 44-13 而聖○所謂吉祥善事與. 44-19 其爲○臣. 45-11 聖○之常道也. 45-21 其○辯士. 46-22 臣之見○甚衆. 46-23 ○或惡之. 47-2 寡○欲割河東而講. 48-23 寡○決講矣. 49-6 猶無奈寡○何也. 49-12 其無奈寡○何. 49-13 吾不知水之可亡○之國也. 49-19 魏許寡○以地. 50-2 魏王倍寡○也. 50-2 王何不與寡○遇. 50-2 是王以魏地德寡○. 50-3 寡○絶其西. 50-5 景鯉使○說秦王曰. 50-17 商○是也. 51-1 寡○之國貧. 51-10 楚○有黃歇者. 51-19 拔燕酸棗虛桃○. 52-4 王若負○徒之衆. 52-13 既勝齊○於艾陵. 52-19 他○有心. 52-24 齊○南面. 53-14 ○徒之衆. 53-19 ○衆不足以爲强. 54-8 ○衆者强. 54-9 趙○聞之至枝桑. 54-18 燕○聞之至格道. 54-18 秦○援魏以拒楚. 55-21 楚○援韓以拒秦. 55-21 悍○也. 56-4 濮陽○呂不韋賈於邯鄲. 56-21 見秦質子異○. 56-21 秦子異○質於趙. 56-25 子異○賢材也. 57-10 是子異○無國而有國. 57-12 子異○. 57-14 若使子異○歸而得立. 57-15 雖有子異○. 57-17 異○至. 57-18 吾楚○也. 57-19 寡○子莫若楚. 57-24 趙○得唐者. 58-5 其爲○疾賢妬功臣. 60-2 王使○代. 60-4 故使工○爲木材以接手. 60-7 ○臣不得自殺宮中. 60-10 非無賢○. 60-16 秦王召羣臣賓客六十○而問焉. 60-19 寡○屈於內. 60-20 吾聞子以寡○財交於諸侯. 61-6 有何面目復見寡○. 61-7 其鄙○之賈○也. 61-14 虞之乞○. 61-15 ○主豈得其用哉. 61-18 齊○有請者曰. 62-18 齊貌辨之爲○也多疵. 63-7 門○弗說. 63-8 靖郭君之於寡○一至此乎. 63-23 寡○少. 63-24 客肯爲寡○來靖郭君乎. 63-24 靖郭君可謂能自知○矣. 64-5 能自知○. 64-5 故○非之不爲沮. 64-5 公孫閈乃使○操十金而往卜於市. 65-6 我田忌之○也. 65-7 因令○捕爲○卜者. 65-8 田忌亡○也. 65-23 仕○衆. 66-1 晏首貴而仕○寡. 66-1 以幾何○. 66-3 能面刺寡○之過者. 66-18 上書諫寡○者. 66-18 聞寡○之耳者. 66-19 異○而同辭. 67-3 此不叛寡○明矣. 67-4 夫爲○子而不欺死父. 67-11 豈爲○臣欺生君哉. 67-11 然則子何以弔寡○. 67-17 ○肩摩. 68-23 百○守險. 69-6 千○不能過也. 69-6 寡○不敏. 69-12 從○說大王者. 69-17 地廣○衆. 69-18 夫從○朋黨比周. 69-20 乃使其舍○馮喜之楚. 71-20 寡○甚憎儀. 71-21 賜其舍○卮酒. 72-19 舍○相謂曰. 72-20 數○飲之不足. 72-20 一○飲之有餘. 72-20 一○蛇先成. 72-21 一○之蛇成. 72-22 因使○以十城求講於秦. 73-3 可以使○說薛公以善蘇子. 75-11 蘇秦使○請薛公曰. 76-12 故曰可使○惡蘇秦於薛公也. 76-16 又使○謂楚王曰. 76-17 今○惡蘇秦於薛公. 76-19 齊王夫○死. 77-6 勸王立爲夫○. 77-7 ○事者. 77-10 固不敢言○事也. 77-11 有土偶○與桃梗相與語. 77-13 桃梗謂土偶○曰. 77-13 挺子以爲○. 77-14 刻削子以爲○. 77-16 荆○攻之. 77-21 而孟嘗令○體貌而親郊迎之. 77-22 荆○攻薛. 77-23 ○之急也. 78-5 孟嘗君奉夏侯章以四馬百○之食. 78-7 而奉我四馬百○之食. 78-11 一○曰. 78-16 孟嘗君舍○有與君之夫○相愛者. 78-23 爲君舍○而內與夫○相愛. 78-24 ○之情也. 79-1 君召愛夫○者而謂之曰. 79-2 是○謂衞君曰. 79-5 齊○聞之曰. 79-12 孟嘗君有舍○而弗悅. 79-15 今使○而不能. 79-20 教○而不能. 79-20 使○有棄逐. 79-21 見孟嘗君門○公孫戍曰. 79-25 先○有寶劍. 80-2 許戍以先○之寶劍. 80-16 淳于髡一日而見七○於宣王. 80-21 寡○聞之. 80-22 齊○有馮諼者. 82-3 使○屬孟嘗君. 82-4 孟嘗君使○給其食用. 82-14 美○充下陳. 83-5 寡○不敢以先王之臣爲臣. 83-9 寡○不祥. 83-21 寡○不足爲也. 83-22 姑反國統萬○乎. 83-22 君不以使○先觀秦王. 84-3 寡○地數千里. 84-9 而因欲難寡○. 84-10 孟嘗君好○. 84-1 大王不好○. 84-11 孟嘗君之好○也. 84-12 得志不慙爲○主. 84-13 不得志不肯爲○臣. 84-13 如此者三○. 84-14 能致其如此者五○. 84-15 如臣者十○. 84-17 寡○直與客論耳. 84-17 寡○善孟嘗君. 84-18 欲客之必諭寡○之志也. 84-18 文不得是二○故也. 84-25 使文得二○者. 84-25 ○君也. 85-16 ○臣也. 85-16 至聖○明學. 86-16 ○之困賤下位也. 86-19 豈非下○而尊貴士與. 86-19 寡○自取病耳. 86-22 乃今聞細○之行. 86-23 且顏先生與寡○游. 86-23 寡○請從. 87-10 寡○奉先君之宗廟. 87-11 寡○愚陋. 87-16 寡○何好. 87-19 寡○憂國愛民. 87-22 王使○爲冠. 87-24 寡○有罪國家. 88-1 於是舉士五○任官. 88-1 是其爲○也. 88-8 是其爲○. 88-10 是其爲○也. 88-14 齊○見田駢. 88-17 臣聞之鄰○之女. 88-18 臣鄰○之女. 88-19 徒百○. 88-20 是以聖○從事. 90-4 非得○力. 90-7 車舍○不休傳. 90-9 楚○救趙而伐魏. 90-14 兵弱而憎下○也. 90-19 故約不爲○主怨. 90-22 伐不爲○挫强. 90-23 常以王○爲意也. 91-5 常以謀○爲利也. 91-5 胡○襲燕樓煩數縣. 92-1 中○禱祝. 92-9 今夫鵠的非咎罪於○也. 93-6 惡其示○以難也. 93-8 則是非徒示○以難也. 93-9 又且害○者也. 93-9 齊○伐魏. 94-10 ○有當闕而哭者. 95-11 ○有當闕而哭者. 95-14 ○以告也. 95-14 天地○皆以告矣. 95-14 知其貴○. 95-17 市○從者四百○. 96-1 ○或讒之. 96-5 今秦○下兵. 96-15 食○炊骨. 96-23 不免爲辱○賤行矣. 97-10 有老○涉菑而寒. 98-4 左右顧無○. 98-7 寡○憂民之飢也. 98-10 寡○憂民之寒也. 98-10 寡○憂勞百姓. 98-11 稱寡○之意. 98-11 乃使○聽於閭里. 98-16 田單之愛○. 98-17 小○也. 98-19 王有所幸臣九○之屬. 99-1 楚王使將軍將萬○而佐齊. 99-2 九○之屬曰. 99-3 九○之屬相與語於王曰. 99-4 夫一○身. 99-4 子無罪於寡○. 99-9 民○之治. 99-16 爲○臣之功者. 99-17 燕○興師而襲齊墟. 99-18 狄○乃下. 100-17 以爲非常○. 100-25 失○子之禮也. 101-4 王不如令○以涓來之辭謾固於齊. 102-12 二○之言皆善也. 104-8 是其爲○也近苦矣. 105-4 寡○知之. 105-5 ○有以其狗爲有執而愛之. 105-7 其鄰○見狗之溺井也. 105-8 鄰○憚之. 105-9 且○有好揚○之善者. 105-14 有○好揚○之惡者. 105-15 此小○也. 105-16 以王好聞○之美而惡聞○之惡也. 105-17 寡○願兩聞之. 105-18 寡○萬歲千秋之後. 106-10 不蔽○之善. 106-17 不言○之惡. 106-18 郢○有獄三年不決者. 106-22 郢○某氏之宅. 106-23 郢○某氏. 106-24 三○偶行. 107-5 秦○一夜而襲之. 107-8 秦○一夜而襲之. 107-9 矯巨新城陽○予太子. 107-16 臣爲太子得新城陽○. 107-18 又何新城陽○之敢求. 107-19 寡○欲置相於秦. 108-6 則韓魏齊燕趙衞之妙音美○. 109-8 而有事○之名. 109-11 横○皆欲割諸侯之地以事秦. 109-13 夫爲○臣而割其主之地. 109-14 寡○之國. 109-19 恐反○以入於秦. 109-20 寡○自料. 109-21 寡○臥不安席. 109-22 寡○謹奉社稷以從. 109-24 夫從○者. 110-13 一舫載五十○. 110-17 且大王嘗與吳○五戰三勝而亡之. 110-23 楚○不勝. 111-4 通侯執珪死者七十餘○. 111-4 寡○年幼. 111-21 寡○聞之. 111-22 有○謂昭睢曰. 112-4 夏○也. 112-10 若扑一○. 113-8 若捽一○. 113-8 旃不知○. 113-15 吳與楚○戰於柏舉. 113-17 寡○聞之. 113-19 卒萬○. 113-20 與吳○戰於濁水而大敗之. 113-21 穀非○臣. 114-3 此古之○也. 114-7 今之○. 114-7 齊王好高○以名. 115-5 今爲其行○請魏之相. 115-5 又謂王之幸夫○鄭褏曰. 116-5 君不如使○微要靳尚而刺之. 116-22 張旄果令○要靳尚刺之. 116-24 寡○之得

求反. 117-15 子良見寡○曰. 118-2 常見寡○曰. 118-3 鯉見寡○曰. 118-3 寡○誰用於三子之計. 118-4 齊使○以甲受東地. 118-11 公不如令○謂太子曰. 118-20 蘇子乃令○謂太子. 118-22 仁○之於民也. 119-3 必進賢○以輔之. 119-4 ○臣莫難於無妬而進賢. 119-8 未見一○也. 119-10 故○難之. 119-12 寡○聞先生. 119-16 若聞古○. 119-16 今先生乃不遠千里而臨寡○. 119-16 寡○聞命矣. 119-19 舍○怒而歸. 120-2 寡○無求於晉國. 120-7 寡○之獨何爲不好色也. 120-10 令○謂張子曰. 120-12 非有他○於此也. 120-15 未嘗見○如此其美也. 120-18 而儀言得美○. 120-18 吾固以爲天下莫若是兩○也. 120-19 二○固不善睢也. 120-24 必善二○者. 121-1 棄所貴於讎○. 121-9 而惠子窮○. 121-11 而陰使○以請聽秦. 121-17 吾將使○因魏而和. 121-19 因令○謁和於魏. 121-23 因使○以儀之言聞於楚. 122-3 寡○聞韓侈巧士也. 122-5 因還走而冒○. 122-8 齊○飾身修行得爲益. 122-14 今夫横○嚂口利機. 123-7 魏王遺楚王美○. 123-11 夫○鄭褏知王之說新○也. 123-11 甚愛新○. 123-11 婦○所以事夫者. 123-13 今鄭褏知寡○之說新○也. 123-14 其愛之甚於寡○. 123-14 因謂新○曰. 123-16 新○見王. 123-17 夫新○見寡○. 123-18 於是使○發騶. 124-7 寡○不能用先生之言. 124-8 與○無爭也. 124-14 與○無爭也. 124-18 與○無爭也. 124-23 ○皆以謂公不善於富摯. 125-20 使○殺中射之士. 126-7 中射之士使○說王曰. 126-8 而明○之欺王. 126-10 天下賢○也. 126-13 於是使○謝孫子. 126-15 天下賢○也. 126-19 於是使○請孫子於趙. 126-20 癘○憐王. 126-21 夫○主年少而矜材. 126-22 求婦○宜子者進之. 128-17 趙○李園. 128-18 李園求事春申君爲舍○. 128-19 而○莫知. 129-3 而國○頗有知之者. 129-10 安不有無妄之○乎. 129-12 何謂無妄之○. 129-19 此所謂無妄之○也. 129-21 軟弱○也. 129-22 以其○事知之. 131-6○馬相食. 131-8 使○請地於韓. 131-22 夫知伯之爲○也. 131-22 又使○請地於魏. 132-2 因使○致萬家之邑一於知伯. 132-5 又使○之趙. 132-6 夫知伯之爲○. 132-9 而寡○弗與焉. 132-10 其移兵寡○必矣. 132-11 夫知伯爲○也. 133-6 ○莫之知也. 133-8 寡○所親之. 133-13 使○謂之曰. 134-19 賢○之行. 134-23 爲刑○. 135-9 此天下之賢○也. 135-13 爲乞○而往乞. 135-14 且夫委質而事○. 135-19 亦將以愧天下後世○臣懷二心者. 135-20 使○問之. 135-23 范中行氏以衆○遇臣. 136-1 臣故衆○報之. 136-2 寡○舍子. 136-4 寡○不舍子. 136-5 臣聞明主不掩○之義. 136-5 若以○之事. 137-7 非以○之言也. 137-8 寄宿○田中. 137-9 李兌舍○謂李兌曰. 137-16 舍○曰. 137-17 舍○出送蘇君. 137-18 蘇秦謂舍○曰. 137-18 舍○曰. 137-20 衆○喜之. 138-4 楚○久伐而中山亡. 138-15 ○有言. 139-25 陰使○請趙王曰. 140-4 今馮亭令使者以與寡○. 140-7 臣聞聖○甚禍無故之利. 140-8 ○懷吾義. 140-9 今其守以與寡○. 140-17 二○對曰. 140-18 而以與○. 140-24 吾苦夫匠○. 141-7 自入而出夫○者. 141-9 孟嘗君擇舍○以爲武城吏. 142-6 苟來舉玉趾而見寡○. 142-23 天下之卿相○臣. 144-3 故夫謀○之主. 144-11 伐○之國. 144-11 常苦出辭斷絶○之交. 144-11 禹無百○之聚. 145-8 湯武之卒不過三千○. 145-9 豈掩於衆○之言. 145-12 夫破○之與破於○也. 145-16 臣○之與臣於○也. 145-16 夫横○者. 145-17 美○巧笑. 145-19 是故横○日夜務以秦權恐猲諸侯. 145-20 寡○年少. 146-9 寡○敬以國從. 146-10 ○主不再行也. 146-18 寡○案兵息民. 147-1 秦○遠迹不服. 147-8 秦○下兵攻懷. 147-15 服其○. 147-15 楚有四○起而從之. 147-16 秦○去而不從. 147-16 夫斷右臂而求與○鬬. 148-11 寡○宮居. 148-18 寡○年少. 148-19 爲○臣者. 149-3 必被庶○之恐. 149-7 而世必議寡○矣. 149-8 寡○非疑胡服也. 149-14 寡○胡服. 149-18 今寡○作教易服. 149-20 今寡○恐叔逆從政之經. 149-23 且寡○聞之. 149-24 故寡○願募公叔之義. 149-25 逆○之心. 150-7 是以聖○觀其鄉而順宜. 150-9 是故聖○苟可以利其民. 150-13 故寡○且聚舟檝之用. 150-2 非寡○所望於子. 151-3 聖○之道也. 151-17 知學之○. 151-18 故爲己者不待○. 151-19 明不距○. 151-24 聖○不易民而教. 151-25 聖○之興也. 152-10 是以聖○利身之謂服. 152-13 寡○始行縣. 152-19 故寡○問子以璧. 152-20 ○有言子者曰. 152-21 故寡○以子之知慮. 152-21 爲辨足以道○. 152-22 故寡○欲子之胡服以傅王乎. 152-25 寡○也. 153-3 寡○以王子爲子任. 153-11 以事寡○者畢矣. 153-13 寡○與子. 153-14 不用○矣. 153-14 寡○胡服. 153-21 故寡○恐親犯刑戮之罪. 153-22 故賢○觀時. 154-7 亂寡○之事. 154-13 ○雖衆. 155-17 今寡○不逮. 156-18 寡○有不令之臣. 156-19 非寡○之所敢知. 156-19 魏使○因平原君請從於趙. 157-22 寡○不聽. 157-23 故寡○不聽. 157-24 因使○索六城於趙而講. 158-21 此非○臣之所能知也. 158-23 婦○爲之自殺於房中者二八. 158-25 賢○也. 159-2 是○不隨. 159-2 而婦○爲死者十六○. 159-2 而於婦○厚. 159-3 則○心變矣. 159-5 平原君使○請救於魏. 161-4 用○之力. 161-6 而忘○之功. 161-6 而國○計功也. 161-10 寡○使卷甲而趍之. 161-15 寡○使平陽君媾秦. 161-23 趙之貴○也. 161-25 今其○在是. 162-14 其○在此. 162-18 ○臣也. 162-20 令衆○不知. 162-25 則吾乃梁○也. 163-6 十○而從一○者. 163-14 曷爲與○俱稱帝王. 163-22 謂魯○曰. 163-23 魯○曰. 163-24 魯○投其籥. 164-2 主○必將倍殯柩. 164-4 始以先生爲庸○. 164-14 爲○排患釋難解紛亂而無所取也. 164-20 是商賈之○也. 164-21 君安能少趙○. 164-23 而令趙○多君. 164-2 君安能憎趙○. 164-23 而令趙○愛君乎. 164-23 衆○廣坐之中. 165-4 未嘗不言趙○之長者也. 165-5 臣南方草鄙之○也. 165-9 寡○不好兵. 165-10 寡○不喜. 165-12 今有○操隨侯之珠. 165-14 ○必危之矣. 165-16 寡○請奉教. 165-19 幸以臨寡○. 165-23 先生不知寡○不肖. 165-24 二○者. 166-8 吾聞夢見○君者. 166-10 前之○煬. 166-12 則後之○無從見也. 166-12 今臣疑○之有煬於君者也. 166-12 秦使○來仕. 167-6 夫良商不與○爭買賣之賈. 167-9 ○有置係蹄者而得虎. 167-15 王欲知其○. 167-21 則其○也. 167-22 齊○李伯見孝成王. 167-24 ○告之反. 167-24 ○比然而後如賢不. 170-5 夫秦○貪. 171-7 寡○與子有誓言矣. 173-11 ○之情. 173-16 寧朝○乎. 173-16 寧朝於○也. 173-16○亦寧朝○耳. 173-17 何故寧朝於○. 173-17 乃使○以百里之地. 173-20 臣竊以爲與其以死○市. 174-1 不若以生○市使也. 174-1 燕封宋○榮蚠爲高陽君. 174-11 國奚無○甚哉. 174-14 國奚無○甚也. 174-17 又不肯與燕○戰. 174-24 齊○戎郭宋突謂仇郝曰. 175-7 齊畏從○之合也. 175-13 行○見之. 176-3 客有見○於服子者. 176-4 夫望○而笑. 176-6 臣聞王之使○買馬也. 176-13 紀姬婦○也. 176-16 及夫○優愛孺子也. 176-23 必所使者非其○也. 177-5 數欺弄寡○. 177-14 趙能殺此二○. 177-14 甚於婦○. 179-8 婦○異甚. 179-8 豈○主之子孫則必不善哉. 179-16 ○主之子也. 179-22 而况○臣乎. 179-23 寡○與趙兄弟. 181-14 寡○與韓兄弟. 181-15 求其好掩○之美而楊○之醜者而叅驗之. 182-3 文侯與虞○期獵. 182-8 吾與虞○期獵. 182-9 ○民非不衆也. 183-3 吾乃今日聞聖○之言也. 183-5 旣爲寡○勝强敵矣. 183-16 聖○無積. 183-18 盡以爲○. 183-18 旣以與○. 183-19 而謂寡○必以國事聽鞅. 183-24 ○民之衆. 184-10 然横○謀王. 184-11 武王卒三千○. 184-1 夫爲○臣. 184-22 寡○不肖. 185-4 卒不過三十萬○. 185-7 馬馳○趨. 185-9 且夫從○多奮辭而寡可信. 186-6 以說○主. 186-8 ○主覽其辭. 186-8 寡○惷愚. 186-11 數令○召臣也. 187-9 皆使○告其王曰. 187-14 李從約寡○. 187-17 犀首必欲寡○. 187-18 寡○欲之. 187-18 寡○亦以事因焉. 187-19 因使○先言於楚王. 187-25 使○謂齊王曰. 188-6 子果無之魏而見寡○也. 188-7 ○多爲張子於王所. 188-16 故令○謂韓公叔曰. 189-12 尺楚○. 190-4 魏王聞寡○來. 190-25 使公孫子勞寡○. 190-25 寡○無與之語也. 191-1 請國出五萬○. 192-3 寡○之股掌之臣也. 192-15 二○者. 192-23 以稽二○者之所爲. 193-2 二○者曰. 193-2 需非吾○也. 193-2 二○者必不敢有外心矣. 193-3 二○者之所爲之. 193-3 爲○子. 193-20 如是○者. 195-9 施因令○先之楚. 196-10 寡○之讎也. 196-20 王游○而合其鬬. 196-25 乃使○報於齊. 197-2 且楚王之爲○也. 197-6 然使十○樹楊. 197-18 一○拔之. 197-18 故以十○之衆. 197-19 然而不勝一○者. 197-19 吾恐張儀薛公犀首之有一○相魏者. 197-22 吾恐張儀薛公犀首有一○相魏者. 198-2 是三○皆以太子爲非固相也. 198-5 今大王令○執事於魏. 198-12 今王之使○入魏而不用. 198-15 則王之使○入魏無益也. 198-16 夫令○之君處所不安. 198-18 令○之相行所不能. 198-18 今一○言市有虎. 199-19 二○言市有虎. 199-20 寡○疑之矣. 199-20 三○言市有虎. 199-21 寡○信之矣. 199-21 然而三○言而成虎. 199-22 而議臣者過於三○矣. 199-23 寡○自爲知. 199-23 寡○固刑弗有也. 201-4 寡○請以鄴事大王. 201-5 魏王請以鄴事寡○. 201-6 使寡○絶秦. 201-6 臣則死○也. 202-2 齊○攻燕. 202-8 宋○有學者. 203-11 子患寡○入而不出邪. 203-17 請殉寡○以頭. 203-18 今○有謂臣曰. 203-19 魏使○謂淯于髡曰. 205-4 然則先生之爲寡○計之何如. 205-11 子爲寡○謀. 205-16 寡○願子之行也. 205-18 寡○不能. 205-19 夫行數千里而救○者. 206-3 雖欲行數千里而助○. 206-4 利行數千里而助○乎. 206-9 寡○聽子. 206-11 晉○欲亡虞而伐虢. 208-22 晉○伐虢. 208-24 其○皆欲合齊秦外楚以輕公. 209-6 使○謂樓子曰. 209-24 齊伐釐莒而晉○亡曹. 211-15 齊和子亂而越○亡繒. 211-16 秦翟年穀大凶而晉○亡原. 211-18 而以一○之心爲命也. 212-1 不能禁○議臣於君也. 213-2 猶晉○之與楚○也. 214-23 晉○見楚○之急. 214-24 楚○惡其緩而急之. 214-24 王不如陰侯○說成陽君曰. 215-3 秦○去邯鄲. 215-16 見○於大行. 215-19 因使其○爲見者嗇夫聞見者. 216-8 今周最遁寡○入齊. 216-11 魏使○求救於秦. 216-15 魏○有唐且者. 216-17 丈○芒然乃遠至此. 216-19 寡○知魏之急矣. 216-20 破秦○. 217-4 ○之憎我也. 217-6 吾憎○也. 217-7 ○之有德於我也. 217-7 吾有德於○也. 217-8 破秦○. 217-8 安陵○縮高. 217-12 信陵君使○謂安陵君曰. 217-12 ○大笑也. 217-16 信陵君爲○. 218-2 無爲○臣之義矣. 218-3 無忌小○也. 218-6 今臣爵至○君. 218-12 走○於庭. 218-12 辟○於途. 218-13 美○亦甚多矣. 218-13 有敢言美○者族. 218-16 近習之○. 218-17 欲進美○. 218-18 而近

習之〇相與怨. 218-19 北〇之大過也. 218-23 秦王使〇謂安陵君曰. 219-11 寡〇欲以五百里之地易安陵. 219-11 安陵君其許寡〇. 219-11 寡〇以五百里之地易安陵. 219-14 安陵君不聽寡〇. 219-14 而君逆寡〇者. 219-16 輕寡〇與. 219-16 伏屍二〇. 220-1 寡〇論矣. 220-2 寡〇無所用之. 221-4 萬〇之衆. 221-5 夫爲〇臣者. 221-15 二〇各進議於王以事. 221-15 子嘗教寡〇循功勞. 221-20 君眞其〇也. 221-21 一〇當百. 222-7 寡〇雖死. 222-16 秦〇捐甲徒裎以趨敵. 223-1 左挈〇頭. 223-2 而聽從〇之甘言好辭. 223-5 詿誤〇主者. 223-6 昭獻令〇謂公叔曰. 224-3 韓使〇馳南陽之地. 224-6 公以八百金請伐〇之與國. 224-24 公叔之〇也. 225-2 張儀使〇致上庸之地. 225-7 且王以使〇報於秦矣. 226-19 今二〇者. 227-11 〇皆言楚之多變也. 227-14 此二〇. 228-23 〇皆以楚爲强. 229-23 孰與伐〇之利. 231-19 公何不令〇說昭子曰. 233-1 公不如令〇恐楚王. 233-9 而令〇爲公求武遂於秦. 233-10 叱之必噬〇. 233-25 犬遂無噬〇之心. 234-1 他〇必來. 234-3 矯以新城陽〇合世子. 234-7 世子得新城陽〇. 234-9 又何新城陽〇敢索. 234-10 因令〇謂楚王曰. 235-19 請問楚〇謂此鳥何. 236-17 二〇相害也. 236-22 游求〇可以報韓傀者. 236-24 齊〇或言. 236-25 嚴仲子辟〇. 237-6 特以爲夫〇麤糲之費. 237-8 政身未敢許〇也. 237-10 政乃市井之〇. 237-13 而親信窮僻之〇. 237-17 臣使〇刺之. 237-23 今殺〇之相. 237-24 此其勢不可以多〇. 237-25 多〇不能無生得失. 237-25 遂謝車騎〇徒. 238-1 所殺者數十〇. 238-6 韓〇攻宋. 240-7 不殺一〇. 240-10 未有一〇言善韓者也. 240-14 未有一〇言善秦者也. 240-15 是我免於一〇之下. 241-8 而信於萬〇之上也. 241-9 越〇大敗. 241-20 吳〇入越而户撫之. 241-20 吳〇果聽其辭. 241-21 吳〇大敗. 241-22 越〇不聽也. 241-23 聖〇之計也. 242-18 故賣美〇. 242-25 美〇之賈貴. 242-25 秦反得其金與韓之美〇. 243-1 韓之美〇因言於秦曰. 243-2 韓亡美〇與金. 243-2 美〇知內行者也. 243-5 〇之所以善扁鵲者. 243-13 則〇莫之爲之也. 243-14 何意寡〇如是之權也. 244-6 公以二〇者爲賢〇也. 245-3 二〇者必入秦楚. 245-4 輸〇爲之謂安令曰. 246-11 公孫綦爲〇請御史於王. 246-12 而不能令〇毋議臣於君. 247-2 段干越〇謂新城君曰. 247-5 寡〇國小. 248-18 〇之飢所以不食烏喙者. 249-17 聖〇之制事也. 249-21 故桓公負婦〇而名益尊. 249-21 〇有惡蘇秦於燕王者. 250-6 天下不信〇也. 250-6 示天下與小〇羣也. 250-7 臣東周之鄙〇也. 250-8 〇必有言臣不信. 250-10 非所以爲〇也. 250-19 其妻私〇. 251-1 乃令工〇作爲金斗. 251-13 令之可以擊〇. 251-13 而陰告厨〇曰. 251-14 厨〇進斟羹. 251-15 寡〇蠻夷辟處. 252-1 臣東周之鄙〇也. 252-10 鄙〇不敏. 252-11 寡〇之於齊趙也. 252-18 夫無謀〇之心. 252-19 而令〇疑之. 252-19 有謀〇之心. 252-19 而令〇知之. 252-19 寡〇不敢隱也. 252-23 故寡〇之所欲伐也. 252-24 則寡〇奉國而委之於子矣. 252-25 〇謂堯賢者. 254-1 而吏無非太子〇者. 254-8 王因令〇謂太子平曰. 254-12 寡〇聞太子之義. 254-13 寡〇之國小. 254-14 燕〇恫怨. 254-17 燕〇立公子平. 254-20 齊使〇謂魏王曰. 255-6〇趨己趨. 255-19 則厮役之〇至. 255-20 則徒隸之〇至矣. 255-21 寡〇將誰朝而可. 255-24 臣聞古之君〇. 255-24 涓〇言於君曰. 255-25 涓〇對曰. 256-2 齊〇紫敗素也. 256-23 然而王何不使布衣之〇. 257-4 先〇嘗有德蘇氏. 257-20 今有〇於此. 257-24 則不過不欺〇耳. 258-3 則不過不竊〇之財耳. 258-4 子以此爲寡〇東游於齊. 258-19 何如〇哉. 258-22 安有爲〇臣盡其力. 258-24 其妻愛〇. 259-1 不制於〇臣. 259-8 不制於衆〇. 259-8 寡〇甚不喜訑者言也. 259-12 夫使〇坐受成事者. 259-16 寡〇積甲宛. 260-8 寡〇如射隼矣. 260-9 爲木〇以寫寡〇. 260-20 寡〇地絶兵遠. 260-20 寡〇如自得之. 260-21 齊王四與寡〇約. 260-23 四欺寡〇. 260-24 必率天下以攻寡〇者三. 260-24 寡〇固與韓且絶矣. 261-3 寡〇如自有之. 261-4 〇告奉陽君曰. 261-25 而小〇奉陽君也. 262-13 〇有賣駿馬者. 263-10 〇莫之知. 263-11 〇莫與言. 263-12 蘇代自齊使〇謂燕昭王曰. 263-19 令〇謂閔王曰. 263-21 今寡〇發兵應之. 263-24 願子爲寡〇爲之將. 263-25 寡〇知子矣. 264-2 而與燕〇戰於晉下. 264-3 燕得甲首二萬〇. 264-3 今軍敗亡二萬〇. 264-5 此寡〇之過也. 264-5 又使〇謂閔王曰. 264-7 燕〇大勝. 264-11 陳公不能爲〇之國. 265-5 焉有離〇子母者. 265-5 〇主之愛子也. 265-11 以爲〇之終也. 265-13 臣是以知〇主之不愛丈夫子獨甚也. 265-15 而有齊〇仕於燕者. 265-22 寡〇且與天下伐齊. 265-22 寡〇有時復合和也. 265-24 用齊〇反間. 266-14 燕王乃使〇讓樂毅. 266-18 寡〇豈敢一日而忘將軍之功哉. 266-19 寡〇新卽位. 266-20 左右誤寡〇. 266-20 寡〇之使騎劫代將軍者. 266-20 以與寡〇有郄. 266-22 望諸君乃使〇獻書報燕王曰. 266-24 故古之〇稱之. 268-20 三〇不能行 268-22 索二〇. 268-22 五〇而車因行矣. 268-22 胡與越〇. 268-24 智又不如胡越之〇矣. 269-1 〇之所能爲也. 269-1 假寡〇五年. 269-16 寡〇得其志矣. 269-16〇有言我有寶珠也. 271-13 燕〇大敗. 272-1 寡〇不佞. 272-2 則寡〇之不肖明矣. 272-3 寡〇望有非則君掩蓋之. 272-5 且寡〇之罪. 272-6 國〇莫不知. 272-6 君微出明怨以棄寡〇. 272-7 寡〇必有罪矣. 272-7 厚者不毀〇以自益也. 272-8 仁者不危〇以要名. 272-8 以故掩〇之邪者. 272-9 厚〇之行也. 272-9 救〇之過者. 272-9 世有掩寡〇之邪. 272-10 救寡〇之過. 272-10 輕棄寡〇以快心. 272-11 今使寡〇任不肖之罪. 272-12 寡〇雖不肖乎. 272-16 然則不內蓋寡〇. 272-17 本欲以爲明寡〇之薄. 272-19 楊寡〇之辱. 272-20 義者不虧〇以自益. 272-20 況傷〇以自損乎. 272-21 願君無以寡〇不肖. 272-21 苟與〇之異. 272-23 今寡〇之罪. 272-25 國〇未知. 272-25 而議寡〇者遍天下. 272-25 今以寡〇無罪. 273-3 復以教寡〇. 273-4 使寡〇進不得脩功. 273-5 此寡〇之愚意也. 273-6 二〇卒留趙. 273-7 使〇賀秦王. 273-9 左右無〇. 274-13 不使〇疑之. 274-24 夫爲行使〇疑之. 274-25 得趙〇徐夫〇之匕首. 276-15 以試〇. 276-16〇無不立死者. 276-16 殺〇. 276-17 〇不敢與忤視. 276-17 其〇居遠未來. 276-19 北蠻夷之鄙〇. 277-11 今有〇於此. 279-14 此爲何若〇也. 279-16 使〇謂衛君曰. 279-24 則寡〇不忍也. 280-11 寡〇知之矣. 280-13 宋〇因遂舉兵入趙境. 280-16 宋〇助我攻矣. 280-16 宋〇止於此矣. 280-17 與齊〇戰而死. 281-9 而國〇大駭. 281-15 衛有賢〇. 281-22 使〇迎之於境. 282-1 夫〇於事己者過急. 282-21 於事〇者過緩. 282-21 安能急於事〇. 282-21 〇生之所行. 283-1 衛〇迎新婦. 283-13 主〇笑之. 283-16 寡〇羞與中山並爲王. 284-7 寡〇且王. 284-8 羞與寡〇並爲王. 284-9 而欲伐寡〇. 284-9 且張登之爲〇也. 284-22 寡〇所以閉關不通使者. 285-19 而寡〇不與聞焉. 285-19 王苟舉趾以見寡〇. 285-20 爲〇臣. 286-8 不以分〇. 286-9 固無請〇之妻不得而怨〇者也. 286-19 〇民貧富. 287-3 佳麗〇之所出也. 287-5 觀〇民要謡俗. 287-6 未嘗見〇如中山陰姬者也. 287-7 固已過絶〇矣. 287-9 有二〇挈戈而隨其後者. 288-3 中山君顧謂二〇. 288-4 二〇對曰. 288-4 以一壺飡得士二〇. 288-8 今寡〇息民以養士. 288-15 秦〇歡喜. 288-18 趙〇畏懼. 288-19 趙〇之死者不得收. 288-20 寡〇既以興師矣. 288-25 楚〇震恐. 289-3 是以寡〇大發軍. 289-7 〇數倍於趙國之衆. 289-8 楚〇自戰其地. 289-16 臣〇一心. 289-24 彊爲寡〇臥而將之. 290-7 寡〇之願. 290-8 寡〇恨君. 290-8

【入】 250

鼎〇梁. 1-13 若〇楚. 1-14 西周之欲〇寶. 2-20 西周之寶不〇楚韓. 2-21 請爲王〇齊. 6-19 臣〇齊. 6-21 今夕有姦人當〇者矣. 8-2 因令韓慶〇秦. 9-15 秦令樗里疾以車百乘〇周. 10-3 因隨〇以兵. 10-5 使樗里疾以車百乘〇周. 10-7 則周必折而〇於韓. 10-21 勸周君〇秦者. 11-3 周君不〇秦. 12-12 衛鞅亡魏〇秦. 15-4 必〇西河之外. 23-9 張儀〇. 24-22 甘茂因〇見王曰. 31-20 范子因王稽〇秦. 36-8 望見足下而〇之. 37-1 竭〇太后之家. 41-7 北地〇燕. 42-20 東地〇齊. 42-20 南地〇楚魏. 42-20 而〇韓魏. 44-6 乃西〇秦. 44-7 蔡澤〇. 44-10 乃延〇坐爲上客. 46-21 〇朝. 46-22 三年而燕使太子丹〇質於秦. 47-4 薛公〇魏而出齊女. 48-16 齊女〇魏而怨薛公. 48-20 〇函谷. 48-23 三國〇函谷. 49-4 〇其社稷之臣於秦. 51-9 〇其將相. 51-13 齊王〇朝. 51-14 成橋以北〇燕. 52-2 〇說王后. 57-12 而燕太子已〇質矣. 58-7 聞燕太子丹之〇秦與. 58-21 燕太子〇秦者. 58-22 願公〇明之. 60-8 韓且折而〇於魏. 64-18 將軍無解兵而〇齊. 65-12 則將軍不得〇於齊矣. 65-17 果不〇齊. 65-17 於是〇朝見威王曰. 66-14 候者言章子以齊〇秦. 66-25 秦雖欲深〇. 69-7 趙〇朝黽池. 69-25 〇三川. 71-16 〇三川. 72-2 令齊〇於秦而伐趙魏. 74-3 可以令楚王亟〇下東國. 75-8 可以忠太子而使楚益〇地. 75-9 使亟〇下東國之地. 75-16 今王不亟〇下東國. 75-19 故曰可以使楚亟〇地也. 75-20 可以益〇地. 75-22 故曰可以使楚益〇地也. 76-2 孟嘗君將〇秦. 77-9 而君〇之. 77-18 〇見孟嘗君曰. 80-4 莫敢〇諫. 80-14 臣獨〇諫. 80-15 疾〇諫. 80-19 是齊〇於魏而救邯鄲之功也. 81-13 宣王使謁者延〇. 87-8 與〇. 87-10 而西河之外〇於秦矣. 94-14 王孫賈乃〇市中. 95-24 使賓客〇秦. 101-13 齊王建〇朝於秦. 101-16 王何以去社稷而〇秦. 101-17 卽〇見齊王曰. 101-20 卽臨晉之關可以〇矣. 101-23 卽武關可以〇矣. 101-25 遂〇秦. 102-4 而魏〇吾君臣之間. 105-3 欲〇言之. 105-8 遂不得〇言. 105-9 臣〇則編席. 106-11 臣〇竟. 106-17 恐反人以〇於秦. 109-20 韓必〇臣於秦. 110-9 韓〇臣. 110-9 出走〇齊. 111-13 臣請秦太子〇質於楚. 111-16 楚太子〇質於秦. 111-17 吾將深〇吳軍. 113-8 三戰〇郢. 113-11 水漿無〇口. 113-15 三戰〇郢. 113-17 三戰〇郢. 113-23 遂〇大宮. 113-25 忍而不〇. 114-10 使〇秦. 115-12 楚王〇秦. 117-2 太子〇. 117-10 上柱國子良〇見. 117-15 昭常〇見. 117-19 景鯉〇見. 117-23 慎子〇. 118-2 蘇子必且爲太子〇矣. 118-21 楚將〇之秦而使行和. 121-15 而公〇之秦. 121-16 魏折而〇齊秦. 121-21 謁者操以〇. 126-6 昔伊尹去夏〇殷. 126-17 管仲去魯〇齊. 126-17 聘〇乎. 128-20 楚王召〇. 129-6 李園旣〇其女弟爲王后. 129-9 李園必先〇. 129-18 李園先〇. 129-20 李園果先〇. 129-24 春申君後〇. 129-25 而〇之王所生子者. 130-1 〇臣之耳. 133-8 遣〇晉陽. 133-9 知過〇見知伯曰. 133-11 〇說知伯曰. 133-14 〇見襄子曰. 133-24 〇見知

伯. 133-25 ○宮塗厠. 135-10 漂○漳河. 137-12 西○於秦. 137-24 使陽城君○謝於秦. 139-22 今王令韓興兵以上黨○和於秦. 139-24 辭封而○韓. 140-25 自○而出夫人者. 141-9 必○於秦. 142-2 楚王○秦. 143-2 及楚王之未○也. 143-8 必不○秦. 143-9 若楚王○. 143-10 據衛取淇則齊必○朝. 144-21 必○臣. 145-6 地不○也. 146-24 於是乃以車三百乘○朝澠池. 148-21 而禹袒○裸國. 149-12 率騎○胡. 154-15 而鋒不○. 155-12 則未○而手斷. 155-14 爲○必語從. 157-22 虞卿○. 157-23 ○見王. 159-8 而趙王○朝. 159-9 ○見於王. 160-14 又○見王曰. 160-20 必○吾使. 161-20 趙使○楚魏. 161-20 發鄭朱○秦. 161-22 而○於秦. 161-25 王○秦. 162-3 魏王使客將軍新垣衍間○邯鄲. 162-6 故○之於紂. 163-20 不得○於魯. 164-2 閔王欲○弔. 164-3 故不敢○於鄒. 164-6 ○言於王. 166-22 無○朝之辱. 170-7 韓必○朝秦. 172-15 ○梁. 173-13 春平侯○秦. 178-14 故謀而○之秦. 178-14 ○而徐趨. 178-23 子○而問其賢良之士而師事之. 182-2 而不敢深○者. 186-16 令毋敢○子之事. 192-17 ○子之事者. 192-17 今王之使人○魏而不用. 198-15 則王之使人○魏無益也. 198-16 地○數月. 201-21 地已○數月. 201-21 今地已○. 202-1 地未畢○而兵復出矣. 202-12 ○北地. 202-13 ○北地. 202-21 魏王且○朝於秦. 203-11 尚有可以易○朝者乎. 203-16 而以○朝爲後. 203-17 子患寡人○而不出邪. 203-17 ○而不出. 203-18 ○不測之淵而必出. 203-19 楚王○秦. 203-25 楚王不○. 203-25 樓公將○矣. 204-8 支期先○謂王曰. 204-10 長信侯○見王. 204-11○說齊王曰. 205-6 五○國中. 207-21 出○者賦之. 208-11 ○朝爲臣之日不久. 208-15 令鼻之○秦之傳舍. 214-24 强之○. 214-25 君○秦. 215-4 成陽君必不○秦. 215-6 周最○齊. 216-10 今周最遁寡人○齊. 216-11 必不○於齊. 224-1 鄭彊載八百金○秦. 224-23 而無所○矣. 230-7 召尚子○. 231-6 韓急則折而○於楚矣. 231-14 甘茂○言秦王曰. 231-16 秦爲發使公孫昧○韓. 231-22 請道於南鄭藍田以○攻楚. 231-23 魏折而○於楚. 232-2 史舍○見曰. 233-23 不若及齊師未○. 234-14 齊師果○. 234-16 韓大夫不能必其不○也. 235-6 楚王聽而○質子於韓. 235-11 幾瑟○. 235-20 幾瑟○鄭之日. 235-23 幾瑟得○而德公. 236-5 楚令景鯉○韓. 236-7 太子○秦. 236-7 恐韓咎○韓之不立也. 236-11 聶政直○. 238-4 吳人○越而户撫之. 241-20 秦必弗○. 244-4 ○. 244-4 所○之國. 245-3 二人者必○秦楚. 245-4 今趙王已○朝澠池. 251-21 而蘇代厲遂不敢○燕. 255-3 燕兵獨追北○至臨淄. 256-10 乃○齊惡趙. 261-24 臣故知○齊之有趙累也. 262-4 ○言之王而見之. 263-16 遂○見太后曰. 265-8 盡收○燕. 267-18 故○江而不改. 268-8 樂間○趙. 272-1 請○. 273-25 願太子急遣樊將軍○匈奴以滅口. 274-5 必○臣. 275-11 ○臣. 275-11 今提一匕首○不測之强秦. 276-22 宋人因遂舉兵○趙境. 280-16 今蒲○於魏. 282-5 臣請爲公○戒蒲守. 282-9 胡衍因○蒲. 282-11 ○室見白. 283-15 ○都邑. 287-6 君前率數萬之衆○楚. 289-3 故起所以得引兵深○. 289-13

【匕】 7

將軍爲壽於前而捍○首. 60-5 於是太子預求天下之利○首. 276-15 得趙人徐夫人之○首. 276-15 今提一○首入不測之强秦. 276-22 圖窮而○首見. 277-14 而右手持○首揕抗之. 277-14 乃引其○首提秦王. 277-24

【几】 2

攝衽抱○. 164-1 馮○據杖. 255-19

【九】 46

秦興師臨周而求○鼎. 1-4 欲興兵臨周而求○鼎. 1-6 得○鼎. 1-7 齊將求○鼎. 1-9 願獻○鼎. 1-11 夫梁之君臣欲得○鼎. 1-12 楚之君臣欲得○鼎. 1-14 得○鼎. 1-18 凡一鼎而○萬人輓之. 1-19 ○○八十一萬人. 1-19 ○年而取宛葉以北以强韓魏. 9-5 齊秦恐楚之取○鼎也. 11-23 ○鼎存焉. 13-2 ○鼎寶器必出. 21-25 據○鼎. 21-25 周自知失○鼎. 22-15 楚苞○夷. 35-23 齊桓公○合諸侯. 45-21 畔者○國. 45-22 行百里者半於○十. 55-19 是以堯有○佐. 86-12○合諸侯. 87-14 建○斿. 94-9 ○合諸侯. 97-12 王有所幸臣○人之屬. 99-1 ○人之屬曰. 99-3 ○人之屬相與語於王曰. 99-4 王不亟殺此○子者以謝安平君. 99-24 王乃殺○子而逐其家. 99-25 秦始皇立○年矣. 130-3 二十○年不相攻. 147-21 東收兩周而西遷○鼎. 148-3 踰○限之固. 154-15 楚破南陽○夷. 189-22 年○十餘. 216-17 地方不滿○百里. 222-21 是以○鼎印甘茂也. 225-11 昔齊桓公○合諸侯. 242-7 ○合之尊桓公也. 242-9 魏王爲○里之盟. 246-15 西有雲中○原. 248-4 踰雲中○原. 248-11 秦下甲雲中○原. 251-22 設○賓. 277-9 圍邯鄲八○月. 290-4

【刀】 3

臣少爲秦○笔. 59-19 中罷於○金. 92-18 鼓○以屠. 237-14

【力】 85

少焉氣○倦. 11-11 上非能盡其民○. 20-2 天下固量秦○二矣. 20-19 天下固量秦○三矣. 20-21 外者極吾兵○. 20-22 則必將二國并○合謀. 22-15 主君之○也. 29-10 因天下之○. 34-18 烏獲之○而死. 37-23 張儀之○多. 41-16 張儀之○少. 41-17 上下之○. 46-10 於是三國并○攻楚. 48-12 而欲以○臣天下之主. 52-14 今○田疾作. 56-23 ○不能自存. 59-19 秦曾不出○. 68-2 而薛亦不量其○. 77-25 薛不量其○. 78-1 故曰薛不量○. 78-2 豈用强○哉. 78-5 得貴士之○也. 86-5 非得人○. 90-7 藉○魏而有河東之地. 90-13 筋骨○勁. 91-20 而○不能. 104-23 爲求地甚○. 121-25 今爲馬多○則有矣. 130-18 城○盡. 132-25 則臣○不足. 134-18 三國之○. 136-20 今足下功○. 138-4 六國并○爲一. 145-15 是故官無乏事而○不困. 146-14 ○盡之民. 146-19 ○盡不罷. 146-20 ○田積粟. 148-2 今秦以大王之○. 148-3 用○少而功多. 149-6 竭意盡○. 153-18 有先王之明與先臣之○. 156-17 王以其○尚能進. 159-11 不遺餘○矣. 159-12 秦以其○攻其所不能取. 159-12 王又以其○之所不能攻以資之. 159-13 虞卿能盡知秦○之所至乎. 159-15 誠知秦○之不至. 159-16 又割其○之所不能取而媾也. 159-25 并○而西擊秦也. 160-23 平原君之○也. 161-6 用人之○. 161-6 秦不遺餘○矣. 161-19 寧○不勝. 163-14 臣雖盡○竭知. 173-7 令士大夫餘子之○. 175-1 巴寧爨襄之○也. 183-11 臣何○之有乎. 183-14 武○二十餘萬. 184-18 專心并○. 185-3 甚○之. 187-22 臣盡○竭知. 192-13 又以○攻之. 194-20 又且以○攻王. 194-23 此非兵○之精. 202-20 今公之○有餘守之. 209-18 谿子少府時○距來. 222-1 以重○相壓. 223-3 其多○者内樹其黨. 223-21 其寡○者籍外權. 223-21 今謂馬多○則有矣. 229-11 ○不足矣. 252-25 其民○竭也. 253-7 民○窮弊. 253-11 孤極知燕小○少. 255-14 安有爲人臣盡其○. 258-24 烏獲之○而死. 262-19 約楚魏宋盡○. 267-14 燕趙同○. 273-17 無○之禮. 281-20 ○言不能及也. 287-8 而好勇○. 287-14 君不量百姓之○. 288-15 勠○同憂. 288-20 二軍爭便之○不同. 289-18 上下同○. 289-24

【乃】 320

齊王○止. 1-23 ○往見西周之君曰. 3-2 ○止其行. 3-12 君○使吏出之. 4-20 趙○還之. 6-25 楚王○悅. 10-10 今公○徵甲及粟於周. 10-17 子○曰可教射. 11-9 ○廢文任武. 16-8 ○夜發書. 16-21 於是○摩燕烏集闕. 16-25 禍○不存. 19-8 ○取欺於亡國. 20-16 ○復悉卒○攻邯鄲. 20-18 軍○引退. 20-20 ○遺之女樂. 23-15 ○遺之美男. 23-17 ○必之也. 24-6 ○使勇士往詈齊王. 27-2 ○出見使者曰. 27-3 此○公孫衍之所謂也. 28-17 ○西說秦王曰. 31-8 ○逐之. 31-23 ○案兵告於秦曰. 32-6 何暇○私魏醜夫乎. 33-9 ○止. 33-10 宋衛○當阿甄耳. 35-24 寡人○得以身受命. 37-5 先生○幸至此. 38-13 下○所謂無王已. 40-1 於是○廢太后. 40-11 ○左手爲叢投. 40-18 ○鼠也. 41-23 ○即與無子時同也. 43-3 ○與即爲梁餘子同也. 43-4 蒙傲○往見應侯. 43-9 ○西入秦. 44-7 ○延入坐爲上客. 46-21 ○謝病歸相印. 47-2 ○南襲至鄧. 48-4 之兵○退. 49-7 ○今知之. 49-19 此○方其用肘足時也. 49-22 秦王○留景鯉. 50-16 秦王○出之. 50-21 王○是也. 51-4 ○資萬金. 51-12 天下○釋梁. 54-16 而天下○齊釋. 54-20 ○說秦王后弟陽泉君曰. 57-4 王后○請趙而歸之. 57-13 趙○遣之. 57-17 ○變其名曰楚. 57-19 ○留止. 57-20 王○召相. 57-23 ○曰. 60-10 ○資車百乘. 60-22 ○可復使姚賈而誅韓非. 61-22 ○輟城薛. 63-1 ○起兵. 64-11 ○起兵南攻襄陵. 64-14 ○陰告韓使者而遣之. 64-22 ○說王而使田忌伐魏. 65-4 公孫閈○使人操十金而往卜於市. 65-6 ○下令. 66-17 ○爲齊見魯君. 67-13 今○西面事秦. 68-25 ○許韓使者而遣之. 71-6 ○具革車三十乘. 71-18 ○使其舍人馮喜之楚. 71-20 是○王之託儀也. 71-23 ○止. 72-5 ○左手持巵. 72-21 ○約車而暮去. 76-11 ○獻七珥. 77-7 孟嘗君○止. 77-19 衛君○止. 79-11 ○弗逐. 79-22 ○歌夫長鋏歸來者也. 82-18 ○有意欲爲收責於薛乎. 82-21 ○臣所以爲君市義也. 83-7 ○今日見之. 83-12 孟嘗君○取所怨五百牒削去之. 85-12 ○稱匹夫. 86-2 ○二十四. 86-6 ○今聞細人之行. 86-23 ○進而問之曰. 88-7 然後天下○舍之. 94-11 太子○解衣免服. 95-16 王孫賈○入市中. 95-24 魯連○書. 96-7 ○賜單牛酒. 98-12 ○布令求百姓之飢寒者. 98-15 ○使人聽於閭里. 98-16 ○王之教澤也. 98-17 若○得去不肖者. 98-23 王○得反. 99-23 王○曰單. 99-24 王○殺九子而逐其家. 99-25 田單○懼. 100-8 ○厲氣循城. 100-16 ○援枹鼓之. 100-16 狄人○下. 100-17 法章○自言於莒. 101-1 ○西面而事秦. 102-2 ○命大公事之韓. 103-15 ○封壇爲安陵君. 106-13 ○爲具駟馬乘車五百金之楚. 107-13 ○不罪也. 107-21 ○以十乘行之. 108-2 今○欲西面而事秦. 108-25 ○佯有罪. 111-13 ○遣使車百乘. 111-22 勃蘇○蘇. 113-16 王○大息曰. 114-7○歸子. 117-8 ○遣子良北獻地於齊. 118-9 ○請子良南道楚. 118-17 蘇子○令人謂太子. 118-22 三日○得見乎王. 119-15 今先生○不遠千里而臨寡人. 119-16 ○資之以珠玉. 120-11○觴之. 120-15 ○召南后鄭褎而觴之. 120-16 ○奉惠子而納之宋. 121-12 於是○以執珪而授之爲陽陵君. 125-13 王○不殺. 126-10 三年而後○相知也. 128-6 於是園○進其女弟. 128-21 園○與其女弟謀. 128-22 ○出園女弟謹舍. 129-6 ○亡去. 129-23 ○且攻燕. 130-16 子云○且攻燕者. 130-17 ○使延陵王將車騎先之晉陽. 132-13 ○有他心. 133-16

○稱簡之塗以告襄子曰. 134-9 ○許之. 134-22 張孟談○行. 135-3 ○變姓名. 135-9 豫讓○笑而應之曰. 135-18 襄子○喟然嘆泣曰. 136-3 ○使使者持衣與豫讓. 136-8 我者○士也. 137-10 ○復歸土. 137-11 ○我請君塞兩耳. 137-20 韓○西師以禁秦國. 139-1 今○以抵罪取伐. 139-4 ○起兵. 139-20 ○使馮亭代靳黈. 140-3 ○使趙勝往受地. 140-19 秦○者過柱山. 141-5 ○至布衣之士. 144-3 大王○今然後得與士民相親. 144-6 ○封蘇秦爲武安君. 146-10 ○使有白馬之爲也. 147-13 ○且願變心易慮. 148-20 於是○以車三百乘入朝澠池. 148-21 ○賜胡服. 151-6 ○國未通於王胡服. 153-8 今將軍必負十萬二十萬之衆○用之. 155-6 五年○罷. 155-19 五年○歸. 155-20 ○以河東易齊. 156-11 趙王○令鄭朱對曰. 156-16 此○强吳之所以亡. 158-11 ○不受封. 161-11 則媾○可爲也. 161-21○見平原君曰. 162-11 吾○今然后知君非天下之賢公子也. 162-15 若○梁. 163-5 則吾○梁人也. 163-6 吾○今日而知先生爲天下之士也. 164-14 平原君○置酒. 164-18 公子○驅後車. 165-22 而王必待工而后○使之. 166-2 ○與幼艾. 166-4 ○輦建信以與强秦角逐. 166-5 ○使使者言. 168-1 齊○捄趙以伐宋. 169-19 而○令秦攻王. 170-5 齊○令公孫衍說李兌以攻宋而定封焉. 170-25 李兌○謂齊王曰. 171-1 ○絶和於秦. 173-5 ○使人以百里之地. 173-20 ○割濟東三令城市邑五十七以與齊. 174-14 ○引其兵而歸. 175-3○召趙莊而貴之. 175-15 於是馮忌○談. 176-11 於是秦王○見使者. 177-14 無○傷葉陽君涇陽君之心乎. 177-21 秦王○喜. 177-24 ○結秦連楚宋之交. 178-9 兵○出. 178-20 ○自强步. 179-1 齊兵○出. 179-21○多與趙王寵臣郭開等金. 180-1 ○與之萬家之邑一. 181-10 已○知文侯以講於己也. 181-16 ○往. 182-10 吾○今日聞聖人之言也. 183-5 今○有意西面而事秦. 184-14 今○劫於辟臣之說. 184-20 犀首○見之. 187-5 ○倍李從. 187-18 ○遽解攻於魏. 189-6 ○得見. 190-22 ○使人報於齊. 197-2 ○倍秦而與魏. 199-11 ○出魏太子. 199-16 易牙○煎敖燔炙. 200-5 ○之秦. 201-24 ○罷梁圍. 203-9 王○止. 204-1 今處期年○欲割. 204-18 ○案其行. 205-1 ○不伐魏. 205-8 ○爲之起兵八萬. 206-11 ○惡安陵氏於秦. 207-13 秦○在河西. 207-19 秦○在河西. 207-24 魏王○止. 208-20 ○請樗里子曰. 209-14 昭忌○爲之見秦王曰. 213-11 秦王○止. 213-18 丈人芒然○遠至此. 216-19 ○引兵而去. 217-1 ○之使者之舍. 218-4 ○微謂趙卓韓鼂曰. 221-14 申子○辟舍請罪. 221-21 ○欲西面事秦. 222-7 ○儆公仲之行. 226-2○儆四境之内選師. 226-12 ○止公仲. 226-15 此○韓之寄地也. 227-21 今也子曰○且攻燕者. 229-10 ○行. 229-19 ○弗罪. 234-11 於是嚴遂○具酒. 237-2 政○市井之人. 237-13 而嚴仲子○諸侯之卿相也. 237-14○之韓. 238-11 ○抱屍而哭之曰. 238-13 ○其姊者. 238-15 其蹤秦○始益明. 243-3 而善平原君○所以惡於秦也. 243-15 其形○可以善楚. 243-20 ○使使與蘇秦結交. 249-7 ○歸燕城. 250-3 ○陽僵棄酒. 251-4 今○得罪. 251-7 ○令工人作爲金斗. 251-13 大王割十城○卻以謝. 251-20 ○北見燕王噲曰. 252-10 ○至燕廷. 252-12 此○亡之之勢也. 253-18 將軍市被及百姓○反攻太子平. 254-15 燕質子爲謝○已. 254-23 ○使蘇代持質子於齊. 254-25 蘇代○遺燕昭王書曰. 256-13 今○以三齊臨燕. 256-20 ○召蘇氏. 257-21 而○以與無能之臣. 258-21 王○待天下之攻函谷. 260-9 ○入齊惡趙. 261-24 伯樂○還而視之. 263-13 燕○伐齊攻晉. 263-20 ○謂蘇子曰. 263-24 ○復使蘇子. 264-10 ○命公子束車制衣爲行具. 265-19 使者○以說趙王. 266-10 ○止. 266-10 ○封之以地. 266-10 燕王○使人讓樂毅. 266-18 望諸君○使人獻書報燕王曰. 266-24 臣○口受令. 267-15 ○可折也. 270-1 ○可缺也. 270-1 ○止. 270-9 ○令徙. 271-5 軍吏○服. 271-6 ○罷兵. 271-7 景陽○開西和門. 271-8 ○引兵而去. 271-9○夜遁. 271-10 楚師○還. 271-10 王○召昌國君樂間而問曰. 271-20 然後○可圖也. 274-6○造焉. 274-12 ○請荆卿曰. 275-23 臣○得有以報太子. 276-2 ○遂私見樊於期曰. 276-4 樊於期○前曰. 276-8 ○今得聞教. 276-12 ○遂收盛樊於期之首. 276-13 ○爲裝遣荆軻. 276-16 ○令秦武陽爲副. 276-18 ○復請之曰. 276-20 ○朝服. 277-9 而○以手共搏之. 277-21 左右○曰. 277-22 ○引其匕首提秦王. 277-24 ○欲以生劫之. 278-1 ○以藥囊提軻也. 278-4 臧子○歸. 279-6 ○愈自信. 281-12 王○逃倪侯之館. 281-16 ○佯亡其太子. 281-25 ○止. 282-2 ○見梧下先生. 282-16 ○見魏王曰. 282-17 ○請以左氏. 283-8 無○不可乎. 283-9 ○行之. 285-13 若○其眉目准頞權衡. 287-9 彼○帝王之后. 287-9 臣聞其○欲請所謂陰姬者. 287-14 ○使五校大夫王陵將而伐趙. 288-25 王○使應侯往見武安君. 289-1

【又】 214

周君○患之. 1-9 ○謂秦王曰. 3-17 而○爲客哉. 4-19 而○知趙之難子齊人戰. 4-22 ○禁天下之率. 5-17 則○駭鳥矣. 7-4 ○費財焉. 7-6 吾○恐東周之賊己而以輕西周惡之於楚. 8-7 君之使○不至. 8-13 ○與韓魏攻秦. 9-4 今○攻秦以益之. 9-7 ○無藉兵乞食. 9-9 ○必不攻魏. 9-21 ○能爲君得高都. 10-13 ○有天命也. 11-6 今公○以秦兵出塞. 11-13 而○近. 12-15 ○秦重而欲相者. 14-2 大王○并軍而致與戰. 20-20 ○交罷却. 20-21 而○有禁暴正亂之名. 22-12 ○有不義之名. 22-13 ○欲伐虞. 23-16 張儀○惡陳軫於秦王. 23-23 吾○自知子之楚. 24-12 秦○何重孤國. 26-20 ○重絶之. 26-24 人○曰. 29-14 一人○告之曰. 29-15 而王之信臣○未若曾子之母也. 29-17 今○案兵. 32-10 公○輕. 35-15 ○方千里. 35-23 其淺者○不足聽也. 36-23 臣○何恥乎. 38-6 ○即圍邯鄲乎. 42-14 ○倨. 44-11 ○越韓魏攻强趙. 46-4 ○斬范中行之途. 46-16 王○曰. 49-5 此○不講之悔也. 49-5 有無其名○無其實者. 50-25 無其名○無其實者. 51-4 於是白起○將兵來伐. 51-18 王○舉甲兵而攻魏. 52-3 ○取蒲衍首垣. 52-7 王○割濮磨之北屬之燕. 52-8 ○有母在中. 57-1 士倉○輔之. 57-9 今○割趙之半以强秦. 59-18 ○以爲司空馬逐於秦. 60-15 ○將在楚. 62-11 令其欲封公也○甚於齊. 62-11 孟嘗君○竊以諫. 63-8 辨○曰. 63-21 ○不肯聽辨. 63-23 ○弗如遠甚. 66-11 齊讓○至. 71-11 今勸太子者○蘇秦也. 76-14 ○使人謂楚王曰. 76-17 ○蘇秦也. 76-18 割地固約者○蘇秦也. 76-18 忠王而走太子者○蘇秦也. 76-19 ○使景鯉請薛公曰. 76-23 小官公○弗欲. 79-3 今○刦趙魏. 81-17 分地○非多韓魏也. 91-1 而用兵○非約質而謀燕也. 92-2 ○西圍晉陽. 92-21 ○且害人者也. 93-9 ○從十二諸侯朝天子. 93-24 今公○以弊聊之民. 96-21 ○何如得此樂而樂之. 106-13 ○何新城陽人之敢求. 107-19 ○安敢言地. 107-20 ○郤. 111-6 ○交重楚也. 115-7 ○謂王之幸夫人鄭褏曰. 116-5 ○簡擇宮中佳翫麗好翫習音者. 116-8 ○遣景鯉西索救於秦. 118-10 ○欲奪之東地五百里. 118-16 ○必德王. 121-11 客○說春申君曰. 126-17 春申君○曰. 126-19 ○甚喜之兮. 127-10 恐○無寵. 128-18 君○安得長有寵乎. 129-1○有無妄之禍. 129-12 僕○善之. 129-22 ○何至此. 129-22 君○何以疵言告韓魏之君爲. 131-15 ○將請地於他國. 131-24 ○使人請地於魏. 132-2 ○使人之趙. 132-6 ○封二子者各萬家之縣一. 133-21 豫讓○漆身爲厲. 135-13 ○吞炭爲啞. 135-15 ○有勢同而患異者. 138-14 ○非王之有也. 138-23 ○北之趙. 141-12 趙患○起. 142-1 ○嚴之以刑罰. 146-22 ○况山谷之便乎. 150-14 ○不明其時勢. 155-8 王○以其力之所不能攻以資之. 159-13 王○以虞卿之言告樓緩. 159-15 樓緩○不能必秦之不復攻也. 159-24 ○割其力之所不能取而媾也. 159-25 王○以虞卿言告之. 160-14 ○入見王曰. 160-20 ○割地爲和. 160-21 今○内圍邯鄲而不能去. 162-13 先生○惡能使秦王烹醢梁王. 163-18 彼○將使其子女讒妾爲諸侯妃姬. 164-11 而將軍○何以得故寵乎. 164-12 ○欲與秦攻魏. 169-21 今○以何陽姑密封其子. 170-4 今王○挾故薛公以爲相. 170-12 臣○願足下有地効於襄安君以資臣也. 171-13 而君○不得陰. 172-12 ○遺其後相信陵君書曰. 174-3 ○不肯與燕人戰. 174-24 ○不爲燕也. 176-1 ○兼無燕秦. 176-1 ○不知相馬. 176-15 趙○索兵以攻韓. 181-15 天○雨. 182-9 而子○附之. 182-19 ○不遺賢者之後. 183-16 故○與田四十萬. 183-17 犀首○以車三十乘使燕趙. 187-14 ○非皆同也. 188-20 今公○言有難以懼之. 192-6 ○安敢釋卒不我予乎. 192-8 王○聽之. 192-14 而○况存薔乎. 193-15 官費○恐不給. 193-20 ○令魏太子未葬其先王而因○說文王之義. 194-10○以力攻之. 194-20 ○必且曰王以求埊. 194-22 ○且以力攻王. 194-23 ○必謂王曰使王輕齊. 194-24 ○且收齊以更索於王. 194-25 ○嘗用此於韓矣. 195-1 是故○爲足下傷秦者. 195-5 臣○偏事三晉之吏. 195-19 ○身自醜於秦. 195-21 臣○說齊王而往敗之. 195-24 臣○爭之以死. 195-25 王○欲悉起而攻齊. 196-23 折而樹之○生. 197-18 臣○恐趙之益勁也. 198-13 今○走芒卯. 202-13 今○走芒卯. 202-21 ○爲陰啓兩機. 203-6 ○北見燕王曰. 206-1 今○行數千里而以助魏. 206-2 ○西借秦兵. 206-8 則道里近而輸○易矣. 206-10 而○况於仇讎之敵國也. 206-20 秦○不敢. 207-6 秦○弗爲也. 207-8 秦○不敢也. 207-9 ○不攻衞與齊矣. 207-9 ○長驅梁北. 207-22 ○况於使秦無韓而有鄭地. 207-25 王能○封其子問陽姑衣乎. 208-18 而○怒其不己善也. 209-7 ○謂翟子. 209-25 是○不知魏者也. 212-12 ○不知兹公者也. 212-12 後得○益大. 218-11 王○能死而弗能棄之. 219-1 ○亡其行子之術. 221-19 明年○益求割地. 222-10 ○攻陘. 224-6 ○攻陘. 224-7 今○得韓之名都一而具甲. 226-4 ○非素約而謀伐秦矣. 226-17 齊○畏楚之有陰於秦魏也. 229-5 韓○令尚靳使秦. 231-4 ○何新城陽人敢索. 234-10 ○安敢言地. 234-11 公○令秦求質子於楚. 235-13 楚○收秦而復之. 235-23 傀○韓君之季父也. 237-22 相○國君之親. 237-24 ○與約事. 244-3 ○奚爲挾之以恨魏王乎. 244-5 ○何罪之有也. 250-25 ○高於所聞東周. 252-12 而○以其餘兵南面而舉五千乘之勁宋. 253-6 ○無尺寸之功. 256-17 而○况於當世之賢主乎. 259-9 ○蘇子也. 262-2 ○不予卿也. 262-24 ○不欲王. 262-25 明日○使燕攻陽城及狸. 264-7 ○使人謂閔王曰. 264-7 今燕○攻陽城及狸. 264-8 今王○使慶令臣曰. 264-25 ○不愛丈夫子獨甚. 265-11 而○害於足下之義. 266-25 而○不白於臣之所以事先王之心. 267-2 且○淮北宋地. 267-13 ○譬如車士之引車也. 268-22 智○不如胡越之人矣. 269-1 ○况聞樊將軍之在乎. 274-3 ○舉兵南伐楚. 275-9 ○前而爲歌曰. 277-1 ○以德衞君也. 282-14 ○無守

備.289-13 ○病.290-2

【三】 394

管仲故爲○歸之家.4-11 制齊楚○晉之命.5-6 敗○國.6-5 ○國不敗.6-6 則將與宋敗○國.6-7 則賣趙宋於○國.6-7 臣請以○十金復取之.6-23 ○國隘秦.7-17 秦欲知○國之情.7-18 君予金○十斤.7-24 而處之○晉之西.9-14 ○晉必重齊.9-15 而使○國無攻秦.9-15 今王許戍○萬人與溫囿.12-20 且魏有南陽鄭地○川而包二周.13-3 ○國攻秦反.13-22 楚宋不利秦之德○國也.13-22 舜伐○苗.16-2 雖古五帝○王五伯.16-10 郊迎○十里.17-12 世有○亡.18-9 中陵○晉.19-12 中陵○晉.19-19 此固已無伯王之道○矣.19-24 代○十六縣.20-6 一舉而○晉亡.20-13 天下固量秦力○矣.20-21 武王將素甲○千領.21-3 智伯帥○國之衆.21-4 ○年.21-5 下兵○川.21-23 今○川周室.22-4 ○資者備.22-7 韓自知亡○川.22-15 則此一計而○利俱至.26-13 ○人者.28-7 寡人欲車通○川.28-25 ○年而拔之.29-9 而○人疑之.29-17 疑臣者不適○人.29-18 ○鼓之而卒不上.30-5 夫○晉相結.32-15 ○晉百背秦.32-16 ○也.32-22 夫取○晉之腸胃與出兵而懼其不反也.32-25 齊秦相聚以臨○晉.34-4 觀○國之所求於秦而不能得者.35-10 請以號○國以自信也.35-10 秦○世積節於韓魏.35-21 若是者○.37-10 所以王○問而不對者是也.37-19 ○王之仁而死.37-22 則其國斷而爲○.39-19 叢籍我神○日.40-17 ○日.40-19 ○貴竭國以自安.41-8 是我王果處○分之一也.41-9 散不能○千金.42-10 武安君爲○公.42-14 武安君爲○公.42-17 聞○人成虎.43-22 若此○子者.45-3 私家之富過於○子.45-19 夏育太史啓叱呼駭○軍.45-23 利施○川.46-15 ○年而燕使太子丹入質於秦.47-4 後○國謀攻楚.48-4 今○國之兵且去楚.48-6 而今○國之辭去.48-8 是楚與○國謀出秦兵矣.48-8○國疾攻楚.48-9 於是○國幷力攻楚.48-12 ○國攻秦.48-23 ○國之兵深矣.48-23 ○國雖去.49-3 ○國且去.49-4 吾特以○城從之.49-4 ○國入函谷.49-4 吾愛○城而不講.49-5 寧亡○城而悔.49-6 卒使公子池以○城講於○國.49-7 ○之料天下過矣.49-15 城不沈者○板耳.49-17 ○世而不接地於齊.52-1 今王○使盛橋守事於韓.52-1 ○王不足四.52-12 還爲越王禽於○江之浦.52-19 卒爲○家笑.55-10 ○者非無功也.55-13 殘○川.55-14 則○王不足四.55-16 使剛成君蔡澤事燕○年.58-3 吾令剛成君蔡澤事燕○年.58-7 得上谷○十六縣.59-1 北使燕代之間○年.61-2 臣請○言而已矣.62-19 ○日而聽.64-4 田忌○戰○勝.65-6 吾○戰○勝.65-7 而此者○.67-2 陳軫合○晉而東謂齊王曰.67-23 古之五帝○王五伯之伐也.68-4 今○晉已合矣.68-10 齊非急以銳師合○晉.68-11 ○晉合.68-11 ○晉怒齊不與己也.68-12 不如急以兵合於○晉.68-13 果以兵合於○晉.68-14 下户○男子.68-20 ○七二十一萬.68-20 齊與魯○戰而魯○勝.69-20 獻魚鹽之地○百於秦也.70-5 ○十日而舉燕國.71-8 入○川.71-16 乃具革車○十乘.71-18 入○川.72-2 與革車○十乘而納儀於梁.72-3 吾將與○國共立之.75-6 謂○先生曰.78-15 曹沫之奮○尺之劍.79-17 使曹沫釋其○尺之劍.79-17 臣有大喜○.80-13 臣○喜.80-16 環山者○.81-6 故○國欲與秦壤界.81-14 禍○國之君.81-16 ○國之與秦壤界而患急.81-20 狡兔有○窟.83-12 梁使○反.83-19 ○窟已就.83-24 如此者○人.84-14 諸侯○千.86-5 湯有○輔.86-12 行年○十而有七子.88-19 士○食不得饜.88-25 故○下城而能勝敵者寡矣.92-19 帶甲○十六萬.93-23 此○行者.97-9 然而管子幷○行之過.97-10 ○戰○北.97-13 故去○北之恥.97-15 ○戰之所喪.97-18 故業與○王爭流.97-22 ○里之城.99-19 ○月而不克之也.100-5 夫○晉大夫.101-21 使收○晉之故地.101-23 ○年而弗言.106-4 郢人有獄○年不決者.106-22 ○人偶行.107-5 至郢○千餘里.110-16 與○月之糧.110-17 一日行○百餘里.110-17 危難在○月之內.110-21 且大王嘗與吳人五戰○勝而亡之.110-23 習於○晉之事.112-10 ○戰入郢.113-11 ○戰入郢.113-17 ○戰入郢.113-23 ○國惡楚之強也.115-21 而以利○國也.115-23 ○國可定也.116-2 王因與○國攻之.117-4 王以○大夫計告慎子曰.118-2 寡人誰用於○子之計.118-4 ○十餘萬弊甲鈍兵.118-12 ○日乃得見乎王.119-15 候問○月.127-25 ○年而後乃相知也.128-6 夷○族.130-3 城下不沉者○板.131-3 今約勝趙而○分其地.131-7 今城不沒者○板.131-7 夫勝趙而○分其地.131-11 夫○家雖愚.131-11 ○使韓魏.132-10 ○國之兵乘晉陽城.132-23 ○月不能拔.132-23 圍晉陽○年.132-24 二君卽與張孟談陰約○軍.133-8 破趙○分其地.133-13 兵着晉陽○年矣.133-15 破趙而○分其地.133-21 臥○日.134-19 耕○年.134-24 及○晉分知氏.135-7 豫讓拔劍○躍.136-8 秦戰而勝○國.136-19 ○國而勝秦.136-20 ○國之力.136-20 計者不如構○國攻秦.136-21 皆曰韓亡○川.138-13 而至鉅鹿之界○百里.138-16 秦以○軍強弩坐羊唐之上.138-18 且秦以○軍攻王之上黨而危其北.138-19 ○百里通於燕之唐曲吾.138-20 此○寶者.138-23 反○公什清於趙.139-2 馮亭守○十日.140-4 請以○萬户之都封太守.140-22 諸吏皆益爵○級.140-22 是吾處○不義也.140-24 不義○也.140-25 ○日不得見.141-5 而○日不見.141-9 ○晉倍之憂也.141-25 ○晉之心疑矣.142-2 ○晉合而秦弱.142-13 ○晉離而秦強.142-13 惡○晉之大合也.142-22 而離○晉.143-1 ○晉相親相堅.143-8 便於○晉.143-9 秦見○晉之大合而堅也.143-10 有利於○晉.143-11 秦見○晉之堅也.143-14 此○策者.144-20 堯無○夫之分.145-8 湯武之卒不過○千人.145-9 車不過○百乘.145-9 ○國從之.147-15 不識○國之憎秦而愛懷邪.147-16 是以○國之兵困.147-18 今秦發○將軍.148-12 於是乃以車○百乘入朝澠池.148-21 ○者.151-11 且夫○代不同服而王.151-15 及至○王.152-7 趙惠文王○十年.155-3 所用者不過○萬.155-6 則折爲○.155-10 今以○萬之衆而應強國之兵.155-10 而徒以○萬行於天下.155-15 無過○百丈者.155-16 無過○千家者.155-17 而以集兵○萬.155-17 我其以○萬救是者乎哉.155-21 而索以○萬之衆.155-22 樓緩坐魏○月.157-6 我與○國攻秦.157-8 我約○國而告之秦.157-8 ○國欲伐秦之果也.157-9 ○國必絶之.157-11 ○國不能和我.157-11 而以餘兵與○國攻秦.157-13 ○言之.157-22 昔者○晉之交於秦.159-19 一舉結○國之親.160-25 紂之○公也.163-20 是使○晉之大臣不如鄒魯之僕妾也.164-9 魯仲連辭讓者○.164-18 ○晉皆有秦患.169-23 去齊○千里.170-11 以○晉劫秦.170-21 臣之所以堅○晉以攻秦者.171-1 而求利於○晉.172-8 ○疆○親.172-13 ○矣.172-17 秦堅○晉之交攻齊.172-22 趙王因割濟東○城令盧高唐平原陵地城邑市五十七.174-11 乃割濟東○令城市邑五十七以與齊.174-14 得○城也.175-4 ○國攻秦.175-7 趙王○延之以相.175-17 秦○以虞卿爲言.175-23 公之客獨有○罪.176-4 姓名未著而受○公.176-9 而○公不得也.176-10 ○反不得通.177-2 使者○往不得通者.177-5 使下臣奉其幣物○至王廷.177-8 日○四里.179-1 今○世以前.179-14 後○月.180-4 ○苗之居.182-22 使○軍之士不迷惑者.183-11 無以異於○軍之衆.184-10 臣聞越王勾踐以散卒○千.184-16 武王卒○千人.184-16 革車○百乘.184-16 卒不過○十萬人.185-7 犀首又以車○十乘使燕趙.187-14 儀請以秦攻○川.189-8 秦攻○川.189-13 齊畏○國之合也.189-19 從客談○國之相怨.190-23 王與○國約外魏.190-24 是王謀○國也也.190-24 ○國之不相信齊王之遇.191-1○日而後更葬.194-5 必窮○節.195-10 禹攻○苗.195-16 臣又偏事○晉之吏.195-19 而與之並朝齊侯再○.197-8 是○人皆以太子爲非固相也.198-5 而持○萬乘之國輔之.198-7 ○人言市有虎.199-21 然而○人言而成虎.199-22 而議臣者過於○人矣.199-23 ○日不聽朝.200-7 戰勝乎○梁.202-7 臣以爲不下○十萬.202-22 以○十萬之衆.202-23 戴○十萬之衆.202-24 ○年反而名其母.203-12 子學○年.203-12 以○者.203-23 王以○乘先之.203-25 車○百乘.205-25 行○十里而攻危隘之塞.207-6 今韓受兵○年矣.208-2 子何不疾及○國方堅也.212-14 此○子者.219-24 ○晉已破智氏.221-3 而破○軍者.221-5 悉之不過○十萬.222-21 蹄間○尋者不可稱數也.222-25 且王求百金於○川而不可得.224-9 是楚以○國謀秦也.231-18 出兵於○川以待公.231-24 易○川而歸.232-6 塞○川而守之.232-6 司馬康○反之郢矣.232-7 易○川.232-20 ○川之言曰.232-21 令韓王知王之不取○川也.232-22 韓陽役於○川而欲歸.242-20 ○川服矣.242-20 王於是召諸公子役於○川者而歸之.242-21 故秦買之○千金.243-1 以爲○川之守.246-6 是緤以○川與西周戒也.246-7 秦出兵於○川.246-22 秦再勝而趙○勝.248-10 ○者天下之高行.250-12 且夫○王代興.250-20 西困秦○年.253-5 覆○軍.253-6 燕噲○年.253-22 與楚○晉攻秦.253-22 王因收印自○百石吏而効之子之.254-8 子之○年.254-11 ○年不能得.255-25 ○月得千里馬.256-1 千里之馬至者○.256-4 與秦楚○晉合謀以伐齊.256-9 此○者.256-15 今乃以○齊臨燕.256-20 立爲○帝而以令諸侯.257-8 並立○帝.257-11 兼此○行以事王.257-25 ○王代位.258-8 其丈夫官○年不歸.258-25 必率天下以攻寡人者○.260-24 秦之所殺○晉之民數百萬.261-15 ○川.261-16 ○晉之半.261-16 ○晉稱以爲士.263-6 比○旦立市.263-11 比○旦立於市.263-12 得首○萬.264-11 ○城未下.266-14 ○人不能行.268-22 今山東○國弱而不能敵秦.268-23 ○物者.269-1 今韓梁趙○國以合矣.269-6 秦見○晉之堅也.269-6 不如以兵南合○晉.269-9 燕果以兵南合○晉也.269-11 ○覆宋.269-24 ○國懼.271-7 酒○日.271-19 以○.271-22 ○黜而不去.272-22 柳下惠不以○黜自累.272-24 趙廣○百里.273-16 請西約○晉.274-6 束組○百緄.280-2 黄金○百鎰.280-2 因效金○百鎰焉.282-12 樗里子亦得○百金而歸.282-13 ○年不得見.282-16 事王○年不得見.282-22 ○百之城.283-10 此○言者.283-16 而○國伐之.284-12 司馬憙○相中山.286-14 ○軍之俸有倍於前.288-16

【干】 17

故比○忠.45-6 而不知○隧之敗也.52-17 死於○隧.55-11 段○綸曰.64-9 段○綸曰.64-11 若魏文侯之有田子方段○木也.78-20 今雖○將莫邪.90-7 是以弱宋○強楚也.103-6 上○主心.123-8 夫吳○之劍.155-8 且夫吳○之劍材.155-11 伊尹負鼎俎而○湯.176-8

禽夫差於○遂. 184-16 將使叚○崇割地而講. 204-15 叚○子也. 204
-19 段○越人謂新城君曰. 247-5 竊釋鉏耨而○大王. 252-11
【于】 23
以因○齊趙. 22-16 保○陳城. 51-17 淯○髡爲齊使於荆. 77-21 謂淯
○髡曰. 77-23 淯○髡曰. 77-24 淯○髡一日而見七人於宣王. 80-21
淯○髡曰. 80-24 淯○髡謂齊王曰. 81-5 勢爲王妻以臨○楚. 116-11
夫董闕安○. 132-11 納○筦鍵. 164-1 維命不○常. 202-19 臣以爲自
天下之始分以至○今. 202-25 魏使人謂淯○髡曰. 205-4 淯○髡曰.
205-5 淯○髡言不伐魏者. 205-9 王以謂淯○髡曰. 205-10 淯○髡曰.
205-11 從林軍以至○今. 207-20 先說淯○髡曰. 263-10 淯○髡曰.
263-15 北講於單○. 274-6 燕王拜送○庭. 277-8
【工】 19
前相○師藉恐客之傷己也. 4-4 周文君免士○師藉. 4-7 禹伐共○. 16
-2 ○之所失也. 36-18 故使○人爲木材以接手. 60-7 貞女○巧. 61
-8 不使左右便辟而使○者何也. 87-24 韓求相○陳籍而周不聽. 112
-5 且令○以爲冠. 165-22 ○見客來也. 165-22 而王必待○而后乃使
之. 166-2 今爲天下之○. 166-3 而王不以予○. 166-4 未得相馬之○
也. 176-14 必將待○. 176-19 然而王不待○. 176-20 非計之○也.
202-20 乃令○人作爲金斗. 251-13 使○以藥淬之. 276-16
【土】 23
莫非王○. 4-18 率○之濱. 4-19 故楚之○壤士民非削弱. 27-11 夫以
王壤○之博. 53-19 ○廣不足以爲安. 54-8 若○廣者安. 54-8 身爲糞
○. 57-2 有○偶人與桃梗相與語. 77-13 桃梗謂○偶人曰. 77-13 西
岸之○也. 77-14 ○偶曰. 77-15 吾西岸之○也. 77-15 ○則復西岸耳.
77-15 衛八門○而二門墮矣. 90-10 而士困於○功. 92-18 昔者魏王
擁○千里. 93-23 ○梗與木梗鬭曰. 137-10 我者乃○也. 137-10 乃復
歸○. 137-11 臣竊以爲○梗勝也. 137-12 欲以爲王廣○取尊名. 192
-13 ○地之實不厚於我. 198-25 則有○子民. 286-24
【士】 203
○卒師徒. 1-19 材○十萬. 2-3 辯○也. 4-5 周文君免○工師藉. 4-7
不如備兩周辯知之○. 5-10 君不如令辯知之○. 5-10 君必施於今之
窮○. 7-6 此健○也. 7-14 ○民之衆. 15-18 文○並餝. 16-5 厚養死
○. 16-9 未戰一○. 17-5 且夫蘇秦特窮巷掘門桑户棬樞之○耳. 17-
8 悉其○民. 18-11 ○民病. 19-1 ○民潞病於内. 19-23 悉其○民.
20-3○民病. 20-23 夫軫天下之辯○也. 24-22 諸○大夫皆賀. 26-17
乃使勇○往詈齊王. 27-2 故楚之土壤○民非削弱. 27-11 非恒○也.
31-8 天下之○. 42-2 秦於天下之○非有怨也. 42-3 天下之○. 42-11
某懦子内某○. 43-19 天下駿雄弘辯之○也. 44-8 豈非○之所願與.
44-14 使馳說之○無所開其口. 46-8 率四方○. 46-10 其人辯○. 46
-22 天下之○相從謀曰. 54-12 而使天下之○不敢言. 55-14 河濟之
○. 55-17 ○倉又輔之. 57-9 ○倉用事. 57-10 此四○者. 61-16 復整
其○卒以與王遇. 62-7 ○尉以証靖郭君. 63-8 ○尉辭而去. 63-8 其
良○選卒必殪. 67-18 其良○選卒必殪. 67-19 兵强○勇. 69-18 以能
得天下之○而有齊權也. 76-23 今蘇秦天下之辯○也. 76-24 則是圍
塞天下○而不利說途也. 76-25 收天下之○. 78-20 小國英桀之○. 80
-8 千里而一○. 80-22 今子一朝而見七○. 80-23 則○不亦衆乎. 80
-23 王求○於髡. 81-2 豈特七○也. 81-3 謝將休○也. 81-9 君好○
也. 84-22 而○未有爲君盡游者也. 84-24 ○何必待古哉. 85-3 故曰
君之好○未也. 85-3 君得無有所怨齊○大夫. 85-7 王前爲趨○. 85-
18 不如使王爲趨○. 85-18 ○貴乎. 85-19 ○貴耳. 85-19 曾不若死
○之壟也. 85-22 天下之○. 85-25 今夫○之高者. 86-2○之賤也. 86
-3 得貴○之力也. 86-5 豈非下人而尊貴○與. 86-19 是以明乎○之
貴也. 86-21 ○生乎鄙野. 87-1 王趨見斗爲好○. 87-9 先君好○. 87
-18 是王不好○. 87-18 當今之世無○. 87-19 王亦不好○也. 87-21
何患無○. 87-22 固願得○以治之. 87-22 於是舉○五人任官. 88-1
齊有處○曰鍾離子. 88-7 此二○弗業. 88-12 ○何其易得而難用也.
88-25 ○三食不得饜. 88-25 而○不得以爲緣. 89-1 死者○之所重.
89-1 君不肯以所輕與○. 89-2 而責○以所重事君. 89-2 非○易得而
難用也. 89-2 ○聞戰則輸私財而富軍市. 92-7 輸飲食而待死○. 92-
7 殺牛而觴○. 92-8 ○大夫之所匿. 92-15 厮養○之所竊. 92-15 而
○困於土功. 92-18 ○斷於兵. 92-19 其○多死而兵益弱. 93-4 夫○
死於外. 93-5 夫罷○露國. 93-10 ○民不知而王業至矣. 93-13 爲死
○置將. 94-1 ○卒多死. 96-6 勇○不怯死而滅名. 96-8 勇○不怯死.
96-11 ○無反北之心. 96-23 不如罷兵休○. 96-25 ○民見公. 97-1
以資說○. 97-2 外懷戎翟天下之賢○. 99-7 爲○卒倡曰. 100-10 而
○卒無生之氣. 100-12 練○厲兵. 109-7 虎賁之○百餘萬. 110-2 ○
卒安難樂死. 110-3 得罪一○. 113-19 ○卒不用. 118-17 寡人聞韓侈
巧○也. 122-5 中射之○問曰. 126-6 使人殺中射之○. 126-7 中射之
○使人說王曰. 126-8 陰養死○. 129-9 而陰養死○之日久矣. 129-18
置死○. 129-24 園死○夾刺春申君. 129-25 ○卒病羸. 132-25 ○
大夫病. 132-25 則無爲貴知○也. 133-2 ○爲知己者死. 135-8 彼義
○也. 135-12 知伯以國○遇臣. 136-2 臣故國○報之. 136-2 趙國之
○聞之. 136-10 且夫說○之計. 138-13 其死○皆列之於上地. 140-13
乃至布衣之○. 144-3 是以外賓客遊談之○. 144-5 大王乃今然後
得與○民相親. 144-6 内度其○卒之衆寡賢與不肖. 145-10 趙國豪傑
之○. 161-8 齊國之高○也. 162-19 權使其○. 163-2 吾乃今日而知
先生爲天下之○也. 164-14 所貴於天下之○者. 164-19 子南方之傳
○也. 165-8 臣是以欲足下之速歸休○民也. 171-3 令○大夫餘子之
力. 175-1 辨○也. 177-6 夫鄉邑老者而先受坐之○. 182-2 子入而問
其賢良之○而師事之. 182-2 夫使○卒不崩. 183-8 使三軍之○不迷
惑者. 183-11 不揜能○之迹. 183-17 豈其○卒衆哉. 184-17 是故天
下之遊○. 186-7 而二○之謀困也. 192-7 王之○未有爲之中者也.
201-14 後山東之○. 202-2 如此則○民不勞而故地得. 208-8 非○之
怒也. 219-23 皆布衣之○也. 219-24 若○必怒. 219-25 子皆國之辯
○也. 221-14 虎摯之○. 222-24 夫戰孟賁烏獲之○. 223-3 率曰好○.
227-1 勇敢○也. 236-25 請益具車騎壯○. 237-23 韓息○民以待其
釁. 239-24 中國白頭游敖之○. 240-13 一世之賢○也. 241-5 韓氏之
○數十萬. 242-11 ○唐客於諸公. 243-23 ○罷弊. 253-5 ○卒不戰.
254-19 然得賢○與共國. 255-15 此古服道致○之法也. 255-21 天下
之○必趨於燕矣. 255-22 今王誠欲致○. 256-4 ○爭湊燕. 256-7 ○
卒樂佚輕戰. 256-8 則王何不務使知○以若此言說秦. 257-17 疋夫徒
步之○. 259-8 三晉稱以爲○. 263-6 立名之○也. 267-6 蚤知之○.
267-24 又譬如車○之引車也. 268-22 智固不如車○矣. 268-24 之卒
者出○以成韓梁之西邊. 269-4 散游○. 269-15 非節俠○也. 275-1
愚以爲誠得天下之勇○. 275-12 燕國有勇○秦武陽. 276-17 爲變徵
之聲○皆垂淚涕泣. 276-25 壯○一去兮不復還. 277-1 ○皆瞋目. 277
-2 所傾蓋與車而朝窮閭隘巷之○者. 287-22 舉○. 287-24 則耕者
惰而戰○懦. 287-24 中山君饗都○. 288-2 以一壺飡得○二人. 288-
8 今寡人息民以養○. 288-15 秦中○卒. 289-14 臣推體以下死○.
289-22
【才】 4
箭主之○臣也. 132-11 以子之○. 135-16 唯王○之. 140-6 傅之○.
153-6
【下】 799
謀之暉臺之○. 1-12 西周不○水. 3-1 臣請使西周○水可乎. 3-1 今
不○水. 3-2 不若一爲○水. 3-3 ○水. 3-4 遂○水. 3-5 是天○制於
子也. 4-2 普天之○. 4-18 今周君天○. 4-19 秦以周最之齊疑天○.
4-22 而聽天○之戰. 5-4 天○之半也. 5-6 又禁天○之率. 5-17 天○
果. 5-17 秦得天○. 5-21 卽天○之理也. 5-23 天○不能傷齊. 6-19
如累王之交於天○. 6-20 令天○皆知君之重吾得也. 11-18 天○未有
信之者也. 12-5 使天○見之. 12-8 温囿不○此. 12-15 而聲畏天○.
13-8 天○以聲畏秦. 13-8 而合天○於齊. 13-9 是天○欲罷秦. 13-9
秦與天○俱罷. 13-10 天○之雄國也. 15-18 呑天○. 15-19 齊桓任戰
而伯天○. 16-3 天○爲一. 16-4 上○相愁. 16-6 天○不治. 16-7 天
○不親. 16-8 民服於○. 16-12 今欲并天○. 16-13 妻不○絍. 16-18
見說趙王於華屋之○. 16-25 天○之大. 17-3 夫賢人在而天○服. 17
-5 一人用而天○從. 17-6 横歷天○. 17-9 天○莫之能伉. 17-10 天
○陰燕陽魏. 18-8 而天○得之. 18-10 今天○之府庫不盈. 18-11 萬
可以勝天○矣. 18-22 天○莫如也. 18-24 以此與天○. 18-24 天○不
足兼而有也. 18-24 詔令天○. 19-4 令帥天○西面以與秦爲難. 19-14
天○有比志而軍華○. 19-16 軍於長平之○. 20-3 趙氏上○不相親
也. 20-4 天○徧隨而伏. 20-13 天○固量秦之謀臣一矣. 20-17 天○
固量秦力二矣. 20-19 并於李○. 20-20 天○固量秦力三矣. 20-21 臣
以天○之從. 20-22 外者天○比志甚固. 20-24 天○可有也. 20-25 帥
天○將甲百萬. 21-1 天○莫不傷. 21-4 天○莫如也. 21-9 以此與天
○. 21-9 天○可兼而有也. 21-9 言所以舉破天○之從. 21-10 一舉而
天○之從不破. 21-12 ○兵三川. 21-23 挾天子以令天○. 22-1 天○
莫敢不聽. 22-1 天○之市朝也. 22-4 而天○不以爲暴. 22-11 而攻天
○之所不欲. 22-13 天○之宗室也. 22-14 天○有變. 23-4 楚必畔天
○而與王. 23-5 卽天○有變. 23-6 天○欲以爲子. 24-3 天○欲以爲
臣. 24-3 夫軫天○之辯士也. 24-22 天○皆欲以爲臣. 24-25 天○皆
欲以爲子. 25-1 大敗秦人於李帛之○. 28-18 目之○. 28-21 天○不
以爲多張儀. 29-7 請明日鼓之而不可○. 30-8 願爲足○掃室布席. 31
-6 天○何從圖秦. 31-11 敢告○吏. 32-7 以天○擊之. 32-18 以濟
天○. 34-3 齊免於天○之兵. 34-4 藉君天○數年矣. 34-11 天○必聽.
34-12 因天○之力. 34-18 天○之從君也, 34-24 而爲天○名器. 36-
18 天○有明主. 36-19 望見足○而入之. 37-1 卒擅天○而身立爲帝
王. 37-15 天○見臣盡忠而身蹶也. 38-7 足○上畏太后之嚴. 38-8 ○
惑姦臣之態. 38-8 ○至大臣. 38-15 爲天○笑. 39-3 則天○莫能害.
39-7 而天○之樞也. 39-8 必親中國而以爲天○樞. 39-8 天○有變.
39-15 北斬太行之道則上黨之兵不○. 39-18 ○乃所謂無王已. 40-1
剖符於天○. 40-3 而符布天○. 41-6 顯名於天○. 41-23 天○之王尙
猶尊之. 41-24 是天○之王不如鄭賈之智也. 41-24 天○之士. 42-2
秦於天○之士非有怨也. 42-3 天○之士. 42-11 君能爲之○乎. 42-17

雖欲無爲之○. 42-17 天○之民. 42-19 天○無有. 43-1 天○莫不聞. 43-10 十七月不○. 43-16 且君擅主輕○之日久矣. 43-21 天○皆聞臣之身與王之舉也. 44-1 是王過舉顯於天○. 44-2 天○駿雄弘辯之士也. 44-8 行道施德於天○. 44-15 天○懷樂敬愛. 44-15 天○繼其統. 44-17 與天○終. 44-18 天○之福也. 45-5 故天○以其君父爲戮辱. 45-8 一匡天○. 45-21 吳王夫差無適於天○. 45-22 故秦無敵於天○. 46-2 上○之力. 46-10 計不○席. 46-15 使天○皆畏秦. 46-17 三之料天○過矣. 49-15 爲天○笑. 49-21 尙賢在晉陽之○也. 49-22 臣見王之權輕天○. 50-17 是示天○無楚也. 50-19 天○有其實而無其名者. 50-24 天○之咽喉. 51-8 天○之胷腹. 51-8 而天○可圖也. 51-9 天○未嘗無事也. 51-10 卽以天○恭養. 51-12 天○莫强於秦楚. 51-21 今大國之地半天○. 51-24 天○五合六聚而不敢救也. 52-9 而欲以力臣天○之主. 52-14 天○之國. 53-17 而詳事○吏. 53-17 要絶天○也. 54-4 天○之士相從謀曰. 54-12 於是天○有稱伐邯鄲者. 54-13 天○皆從. 54-15 天○乃釋梁. 54-16 帥天○百姓. 54-17 而天○乃齊釋. 54-20 臨天○諸侯. 54-23 故天○樂伐之也. 54-23 而使天○之士不敢言. 55-14 雍天○之國. 55-14 天○之事. 55-20 則兩國者必爲天○笑矣. 55-24 以秦彊折節而○與國. 56-18 君之門○無不居高尊位. 57-4 太子門○無貴者. 57-5 陛○嘗軔車於趙矣. 57-21 秦○甲而攻趙. 59-3 前日秦○甲攻趙. 59-17 秦兵○趙. 59-23 天○願以爲子. 61-7 天○願以爲臣. 61-8 天○願以爲妃. 61-8 大誹天○. 61-17 聲威天○. 65-7 乃○令. 66-17 受○賞. 66-19 令初○. 66-20 其父殺之而埋馬棧之○. 67-7 臣來弔足○. 67-14 足○豈如令衆而合二國之後哉. 67-17 其餘兵足以待天○. 67-19 欲以正天○而立功名. 67-23 天○爲秦相割. 68-2 天○爲秦相烹. 68-2 今秦之伐天○不然. 68-4 秦得絳安邑以東○河. 68-7 ○戶三男子. 68-20 天○不能當. 68-25 天○强國無過齊者. 69-15 戰於番吾之○. 69-23 是天○以燕賜我也. 71-5 齊梁之兵連於城○. 71-16 梁齊之兵連於城○不能去. 72-1 齊安得救天○乎. 74-4 以市其○東國. 75-4 然則是我抱空質而行不義於天○也. 75-5 與我○東國. 75-6 然則○東國必可得也. 75-7 可以令楚王亟入○東國. 75-8 以市○東國也. 75-14 非亟得○東國者. 75-14 變則是君抱空質而負名於天○也. 75-15 使亟入○東國之地. 75-16 以市○東國也. 75-18 今王不亟入○東國. 75-19 因獻○東國. 75-20 君之所以重於天○者. 76-23 以能得天○之士而有齊權也. 76-23 今蘇秦天○之辯士也. 76-24 則是圍塞天○士而不利說途也. 76-25 降雨○. 77-15 降雨○. 77-16 嘗天○之主. 78-16 請掩足○之短者. 78-18 誦足○之長. 78-18 臣願以足○之府庫財物. 78-20 收天○之士. 78-20 衞君甚欲約天○之兵以攻齊. 79-5 今君約天○之兵以攻齊. 79-8 是足○倍先君盟約而欺孟嘗君也. 79-8 臣輒以頸血湔足○衿. 79-10 足○能使僕無行. 80-2 門○百數. 80-14 天○之疾犬也. 81-6 公子無忌爲天○循便計. 81-12 使秦弗有而失天○. 81-13 且天○之半. 81-17 恐秦兼天○而臣其君. 81-20 是以天○之勢. 81-21 不能以重於天○者何也. 81-23 願寄食門○. 82-4 比門○之客. 82-8 比門○之車客. 82-10 問門○諸客. 82-16 美人充○陳. 83-5 有敢去柳○季壟五十步而樵采者. 85-20 天○之士. 85-25 ○則鄙野監門閭里. 86-3 自古及今而能虛成名於天○者. 86-13 不媿○學. 86-14 ○通其流. 86-16 必以○爲基. 86-17 人之困賤○位也. 86-19 豈非○人而尊貴士與. 86-19 一匡天○. 87-15 ○不治其家. 88-14 ○宮糅羅紈. 89-1 是恨天○也. 89-8 勿庸稱也以爲天○. 89-9 天○聽之. 89-9 而天○不聽. 89-10 其於以收天○. 89-10 王以天○爲尊秦乎. 89-13 釋帝則天○愛齊乎. 89-14 而天○獨尊秦而輕齊. 89-17 則天○愛齊而憎秦. 89-18 以就天○. 89-19 天○不敢不聽. 89-22 而後使天○憎之. 89-23 臣聞用兵而喜先天○者憂. 90-3 兵弱而憎○人也. 90-19 然後從於天○. 90-22 然而天○獨歸咎於齊者. 91-1 且天○徧用兵矣. 91-2 事不塞天○之心. 91-8 則天○不賣. 91-10 昔吳王夫差以强大爲天○先. 91-14 爲天○戮者. 91-15 强大而喜先天○之禍也. 91-16 今天○之相與也不並滅. 91-21 則亡天○可跼足而須也. 91-22 天○有此再費者. 92-16 故三○城而能勝敵者寡矣. 92-19 爲天○笑者. 92-22 天○稱爲善. 93-3 然則天○仇之必矣. 93-9 而多與天○爲仇. 93-10 在勞天○而自佚. 93-19 亂天○而自安. 93-20 勞亂在天○. 93-21 而令行於天○. 94-2 令行於天○矣. 94-4 不足以王天○. 94-6 而從天○之志. 94-7 然後天○乃舍之. 94-11 謀約不○席. 94-13 唯莒卽墨不○. 96-3 燕將攻○聊城. 96-5 而聊城不○. 96-6 今秦人○兵. 96-15 齊無天○之規. 96-17 上○迷惑. 96-19 爲天○戮. 96-20 能以見於天○矣. 96-23 ○養百姓. 97-2 矯國革俗於天○. 97-2 一匡天○. 97-12 名高天○. 97-12 齊桓公有天○. 97-16 天○震動驚駭. 97-18 巖○有貫珠者. 98-7 ○令曰. 98-9 而上○無別. 99-6 外懷戎翟天○之賢士. 99-7 ○者孰與齊桓公. 99-13 城陽天○莫之能止. 99-21 不能○也. 100-3 攻狄而不○. 100-5 ○壘枯丘. 100-7 先生謂單不能○狄. 100-9 狄人乃○. 100-17 而在城南○者百數. 101-24 而天○信之. 105-4 ○比周. 105-13 ○分爭. 105-13 天○之强國也. 108-21 天○之賢王也. 108-21 天○莫能當也. 108-25 則諸侯莫不南面而朝於章臺之○矣. 108-25 秦之所害於天○莫如楚. 109-1 一軍○黔中. 109-4 有呑天○之心. 109-12 天○之仇讎也. 109-12 以侵天○. 109-14 今君欲一天○. 109-23 秦地半天○. 110-1 折天○之脊. 110-4 天○後服者先亡. 110-4 凡天○强國. 110-7 秦○甲兵. 110-8○河東. 110-9 循江而○. 110-16 ○水而浮. 110-17 陰謀有呑天○之心也. 111-3 秦○兵攻衞陽晉. 111-9 必開扃天○之匈. 111-9 凡天○所信約從親堅者蘇秦. 111-12 而欲經營天○. 111-14 使使臣獻書大王之從車○風. 111-19 天○之賢主也. 112-7 天○莫敢目兵南鄉. 113-4 使○臣來告亡. 113-18 ○塞以東. 113-20 秦王惡與楚相弊而令天○. 115-24 天○見楚之無秦也. 116-5 而與天○攻楚. 117-3 不與天○共攻之. 117-3 負不義於天○. 117-25 願承○塵. 118-12 自令尹以○. 119-10 是城○之事也. 119-24 天○關閉不通. 120-14 儀行天○徧矣. 120-17 吾固以爲天○莫若是兩人也. 120-19 天○莫不聞也. 121-8 天○莫不知也. 121-8 賁諸懷錐刃而天○爲勇. 122-16 西施衣褐而天○稱美. 122-16 今君何不爲天○梟. 122-20 臣聞從者欲合天○以朝大王. 123-3 而天○不知. 123-7 ○牟百姓. 123-8 桀紂以天○亡. 124-11 而○爲螻蟻食也. 124-16 而不以天○國家爲事. 125-10 ○之. 125-22 而令行於天○也. 126-2 皆不過百里以有天○. 126-12 天○賢人也. 126-13 天○賢人也. 126-19○比近代. 127-6 天○合從. 127-14 更羸與魏王處京臺之○. 127-16 臣爲王引弓虛發而○鳥. 127-17 更羸以虛發而○之. 127-19 ○車攀而哭之. 128-11 天○無敵. 130-16 子云天○無敵. 130-17 城○不沉者三板. 131-3 欲以城○. 133-1 爲天○笑. 134-5 五百之所以致天○者. 134-10 天○之美同. 134-17 臣○不使者何如. 134-19 此天○之賢人也. 135-13 亦將以愧天○後世人臣懷二心者. 135-20 豫讓伏所當過橋○. 135-22 天○莫不稱君之賢. 136-6 口道天○之事. 137-6 君之立於天○. 137-13 趙收天○. 138-1 今足○功力. 138-4 臣竊外聞大臣及○吏之議. 138-6 先出聲於天○. 138-8 恐天○之驚覺. 138-9 恐天○疑己. 138-10 今王收天○. 139-5 天○必重王. 139-7 然則韓義王以天○就之. 139-7 ○至韓慕王以天○收之. 139-8 昔歲殽○之事. 139-16 此天○之所明也. 142-13 此天○之所明見也. 142-15 天○之卿相人臣. 144-3 夫秦○軹道則南陽動. 144-21 則兵必戰於邯鄲之○矣. 144-23 且秦之所畏害於天○者. 145-2 以有天○. 145-8 臣竊以天○地圖案之. 145-14 令天○之將相. 145-24 今上客有意存天○. 146-10 則天○必爲從. 147-1 臣有以知天○之不能爲從以逆秦也. 147-2 天○之主亦盡過矣. 147-3 秦人○兵攻懷. 147-15 天○安. 147-21 大王收率天○以儐秦. 147-24 行於天○山東. 147-25 迎戰邯鄲之○. 148-5 夫天○之不可一亦明矣. 148-9 殆毋顧天○之議矣. 149-11 吾恐天○笑之. 149-14 吾恐天○議之也. 149-20 臣○之大罪也. 151-22 和於○而不危. 153-5 而天○服矣. 155-6 而徒以三萬行於天○. 155-15 天○憎之. 156-10 是因天○以破齊也. 156-11 趙必爲天○重國. 157-7 周最以天○辱秦者也. 157-17 而與馬服之子戰於長平之○. 158-5 而秦罷於邯鄲之○. 158-7 今臣爲足○解負親之攻. 159-20 我以五城收天○以攻罷秦. 160-3 是我失之於天○. 160-4 而天○皆說. 160-15 天○之賀戰者. 160-16 以疑天○. 160-17 天○將因秦之怒. 160-18 是愈疑天○. 160-21 是不亦大示天○弱乎. 160-21 信陵君發兵至邯鄲城○. 161-4 秦必疑天○合從也. 161-20 天○之賀戰勝者皆在秦矣. 161-24 秦王與應侯必顯重以示天○. 161-25 秦知天○不救王. 162-1 方今唯秦雄天○. 162-9 始吾以君爲天○之賢公子也. 162-14 吾乃今然后知君非天○之賢公子也. 162-15 過而遂正於天○. 163-2 率天○諸侯而朝周. 163-8 天子○席. 163-10 卒爲天○笑. 163-11 視膳於堂○. 164-1 吾乃今日而知先生爲天○之士也. 164-14 所貴於天○之士者. 164-19 趙之於天○也不輕. 165-3 兵固天○之狙喜也. 165-11 許由無天○之累. 165-13 願聞所以爲天○. 165-23 今爲天○之工. 166-3 并燭天○者也. 166-11 天○合從. 166-25 而天○交之. 167-1 足○卑用事者而高商賈乎. 167-8 而能令王坐而天○致名寶. 169-3 則欲以天○之重恐王. 169-7 天○孰敢不致尊名於王. 169-9 天○孰敢不致地於王. 169-10 故天○盡重王. 169-11 天○必盡輕王也. 169-12 今王無齊獨安得無重天○. 169-13 則欲輕王以天○之重. 169-15 留天○之兵於成皐. 169-20 臣爲足○謂魏王曰. 169-23 今趙留天○之甲於成皐. 170-1 天○有敢謀王者乎. 170-6 臣故欲王之偏劫天○. 170-19 以天○劫楚. 170-22 則天○皆偪秦以事王. 170-22 ○親其上而守堅. 171-3 臣是以欲足○之速歸休士民也. 171-3 臣爲足○使公孫衍說奉陽君曰. 171-6 臣願足○之大發攻宋之舉. 171-11 以觀奉陽君之應足○也. 171-11 臣又願足○有地効於襄安君以資臣也. 171-13 足○果殘宋. 171-14 足○何愛焉. 171-14 若足○不得志於宋. 171-14 足○以此資臣也. 171-15 則足○擊潰而決天○矣. 171-15 臣以爲足○見奉陽君矣. 171-19 天○散而事秦. 171-20 足○雄飛. 171-25 且天○散而事秦. 172-5 是秦制天○也. 172-5 秦制天○. 172-5 將何以天○爲. 172-6 天○爭秦有六舉. 172-7 天○爭秦. 172-7 天○爭秦. 172-9 天○爭秦. 172-13 天○爭秦. 172-17 ○軹道南陽高. 172-20 天○爭秦. 172-22 天○爭秦. 173-2 則主必爲天○咲矣. 173-25 天○之兵

未聚. 174-19 陰移而授天○傳. 176-8 則天○不傳. 176-9 今治天○. 176-19 使○臣奉其幣物三至王廷. 177-8 ○臣之來. 177-11 請今率諸侯受命邯鄲城○. 177-15 大王以孝治聞於天○. 177-17 天○必懼. 181-5 君何釋以天○圖知氏. 181-8 樂羊坐於幕○而啜之. 181-20 不○於楚. 184-11 以侵天○. 184-11 天○之强國也. 184-13 天○之賢主也. 184-13 不○十萬. 185-11 一天○約爲兄弟刑白馬以盟於洹水之上以相堅也. 185-16 秦○兵攻河外. 185-19 是故天○之遊士. 186-7 夫齊秦不合天○無憂. 187-1 請移天○之事於公. 187-7 恐後天○得魏. 187-15 犀首遂主天○之事. 187-20 必反燕埊以○楚. 189-20 遽於革○. 190-4 毋謂天○何. 192-16 說文王之義以示天○. 194-11 是故又爲足○傷秦者. 195-5 天○可令伐秦. 195-6 見天○之傷秦也. 195-7 天○可令賓秦. 195-7 天○不可. 195-8 則行其○. 195-11 ○不可. 195-11 令足○鬻之以合於秦. 195-12 願足○之論臣之計也. 195-14 奉陽君孟嘗君韓呡周已周韓餘爲徒從而○之. 195-19 扮之請焚天○之秦符者. 195-21 天○共講. 195-24 因使蘇脩游天○之語. 195-24 爲足○也. 196-2 與魏和而○楚. 197-4 恐其不忠於○吏. 198-12 ○有堅守之心. 198-21 ○所以自爲者厚矣. 198-24 必多割埊以深○王. 199-4 因請以○兵東擊齊. 201-19 而秦兵不○. 201-21 而秦兵不○. 201-21 有意欲以○大王之兵東擊齊也. 202-1 而秦兵不可○. 202-1 未澮○兵也. 202-3 秦兵○. 202-4 臣以爲不○三十萬. 202-22 臣以爲自天○之始分以至于今. 202-25 其○也. 203-23 秦未索其○. 203-23 恐天○之將有變也. 206-6 此天○之所同知也. 206-18 而請爲天○鴈行頓刃. 208-3 非盡亡天○之兵. 208-5 夫存韓安魏而利天○. 208-10 天○之西鄉而馳秦. 208-15 天○且以此輕秦. 209-15 天○之中身也. 211-6 是示天○要斷山東之脊也. 211-6 天○必能救. 211-9 天○之亡國皆然矣. 211-20 或以政教不脩上○不輯. 211-21 且割而從天○乎. 212-5 韓且割而從天○. 212-5 慮久以天○爲可一者. 212-11 是不知天○者也. 212-11 天○之合也. 213-14 合天○之從. 213-15 天○爭敵於秦. 213-17 秦趙久相持於長平之○而無決. 214-2 天○合於秦. 214-3 故王不如順天○. 214-20 吾請先天○構. 215-8 魏王見天○之不足恃也. 215-10 ○皆曰王近也. 215-15 舉欲信於天○. 215-23 魏之所以爲王通天○者. 216-11 齊無通於天○矣. 216-12 魏攻管而不○. 217-12 是臣而○. 217-17 今吾攻管而不○. 217-20 龍陽君得十餘魚而涕○. 218-8 天○無敵. 218-25 執法以○至於長輓者. 219-3 雖至於門閭之○. 219-4 王之交最爲天○上矣. 219-6 今由嫪氏善秦而交爲天○上. 219-7 天○孰不棄呂氏而從嫪氏. 219-8 天○必合呂氏而從嫪氏. 219-8 天○縞素. 220-1 天○之强弓勁弩. 222-1 夫羞社稷而爲天○笑. 222-8 聽吾計則可以强霸天○. 223-5 秦○甲據宜陽. 223-7 臣請爲君止天○之攻市丘. 224-14 天○且以是輕王而重秦. 224-16 天○罷. 224-17 天○惡之. 225-12 必爲天○笑矣. 226-16 向也子曰天○無道. 229-10 秦師不○殽. 231-3 秦師不○殽. 231-5 而秦師不○殽. 231-16 果○師於殽以救韓. 231-19 且示天○輕公. 232-15 魏地易於○. 232-16 今周最固得事足○. 234-2 聞足○義甚高. 237-7 以交足○之驩. 237-8 今足○幸而不棄. 237-23 亦自殺於屍○. 238-14 公之○服. 239-13 今天○散而事秦. 239-19 天○合而離秦. 239-19 天○隨之. 239-21 是韓以天○事秦. 239-21 韓與天○朝秦. 239-22 天○不合秦. 239-23 秦久與天○結怨構難. 239-23 今公以韓爲天○先合於秦. 240-4 以明示天○. 240-4 天○固令韓可知也. 240-12 秦之欲并天○而王之也. 240-25 必外靡於天○矣. 241-8 是我免於一人之○. 241-8 晉文公一勝於城濮而定天○. 241-15 成功名於天○. 241-16 非以求主尊成名於天○也. 241-18 而君臣上○少長貴賤畢呼霸王. 241-25 且明公之不善於天○. 245-5 天○之不善公者. 245-5 大敗趙魏於華陽之○. 245-17 天○爲一. 248-17 蘇秦能抱弱燕而孤於天○哉. 249-3 以招天○之精兵. 249-19 則大王號令天○皆從. 249-25 而以十城取天○也. 249-25 天○不信人也. 250-6 王以萬乘○之. 250-6 示天○與小人羣也. 250-7 見足○身無咫尺之功. 250-9 而足○迎臣於郊. 250-9 今臣爲足○使. 250-9 足○不聽臣者. 250-10 是足○之福也. 250-11 三者天○之高行. 250-12 而以事足○. 250-12 臣亦不事足○矣. 250-13 足○安得使之之齊. 250-14 足○不踰楚境. 250-21 離老母而事足○. 250-22 臣之趍固不與足○合者. 250-23 足○皆自覆之君也. 250-23 足○不知也. 251-1 ○以存主母也. 251-5 且臣之事足○. 251-6 臣恐天○後事足○者. 251-7 天○莫不聞. 251-18 秦○甲雲中九原. 251-22 觀王之羣臣○吏. 252-13 大王天○之明主也. 252-13 子之所謂天○之明主者. 252-14 凡天○之戰國七. 253-2 以其讓天○於許由. 254-2 有讓天○之名. 254-2 實不失天○. 254-2 而以啓爲不足任天○. 254-5 啓與支黨攻益而奪之天○. 254-6 是禹名傳天○於益. 254-7 天○無變. 255-10 而朝其門○. 255-22 天○聞王朝其賢臣. 255-22 天○之士必趨於燕矣. 255-22 天○必以王爲能市馬. 256-3 齊城之不○者. 256-10 而足○行之. 256-15 而齊未加信於足○. 256-16 然則足○之事齊也. 256-16 足○以宋加淮北. 256-18 而後殘吳霸天○. 256-23 盡焚天○之秦符. 257-1 今爲齊○. 257-3 燕趙破宋肥齊尊齊而爲之○者. 257-4 天○孰敢不聽. 257-9 天○服聽. 257-9 足○以爲足. 258-1 則臣不事足○矣. 258-1 足○以愛之故與. 258-20 今臣之所以事足○者. 258-22 今臣爲足○使於齊. 259-7 願足○之無制於羣臣也. 259-10 秦取天○. 260-5 秦之行暴於天○. 260-6 乘夏水而○江. 260-7 乘夏水而○漢. 260-8 東○隨. 260-8 王乃待天○之攻函谷. 260-9 我○枳. 260-14 恐天○救之. 260-23 則以齊委於天○曰. 260-23 必率天○以攻寡人者三. 260-24 因以破齊爲天○罪. 261-2 而天○由此宗蘇氏之從約. 261-20 足○有意爲臣伯樂乎. 263-14 而與燕人戰於晉○. 264-3 日者齊不勝於晉○. 264-7 天○不攻齊. 264-16 天○攻齊. 264-16 次可以得信於○. 264-19 燕昭王且與天○伐齊. 265-22 寡人且與天○伐齊. 265-22 ○七十餘城. 266-13 三城未○. 266-14 天○莫不振動. 266-19 而又害於足○之義. 266-25 則必舉天○而圖之. 267-12 舉天○而圖之. 267-12 此天○之無道不義. 269-20 率天○之兵以伐齊. 269-25 失天○者也. 270-13 得天○者也. 270-13 天○莫不聞. 272-7 柳○惠吏於魯. 272-22 柳○惠曰. 272-23 柳○惠不以三黜自累. 272-24 而議寡人者遍天○. 272-25 而天○服矣. 273-10 天○必不服. 273-12 北○曲陽爲燕. 273-16 秦地遍天○. 273-23 夫樊將軍困窮於天○. 274-8 言足○於太子. 274-23 願足○過太子於宮. 274-23 願足○急過太子. 275-1 膝○行流涕. 275-3 非盡天○之地. 275-8 愚以爲誠得天○之勇士. 275-12 臣駑○. 275-18 則雖欲長侍足○. 275-24 願足○更慮之. 276-3 於是太子預求天○之利匕首. 276-15 以次進至陛○. 277-10 皆陳殿○. 277-19 不及召○兵. 277-20 秦兼天○. 278-8 江漢魚鼈黿鼉爲天○饒. 279-18 今黃城將○矣. 280-1 將移兵而造大國之城○. 280-1 以待○吏之有城而已. 280-15 必霸天○. 281-12 威服天○鬼神. 281-13 乃見梧○先生. 282-16 梧○先生曰. 282-17 君之所行天○者甚謬. 283-3 徙之牖○. 283-15 天○善爲音. 287-5 恐後天○. 287-21 君○壺飡餌之. 288-5 天○莫不聞. 289-7 主折節以○其臣. 289-22 臣推體以○死士. 289-22 上○同力. 289-24 而弗○. 290-4 天○可定. 290-11 此所謂爲一臣屈而勝天○也. 290-11 此亦所謂勝一臣而爲天○屈者也. 290-12 孰若勝天○之威大耶. 290-13

【寸】 8

膚○之地無得者. 39-2 得○則王之○. 39-5 我無分○之功而得此. 78-11 然而不以環○之蹯. 167-16 非環○之蹯也. 167-17 又無尺○之功. 256-17 子腸亦且○絕. 271-16

【大】 699

○王勿憂. 1-4 不若歸之○國. 1-6 願○王圖之. 1-7 齊王○悅. 1-8 ○王勿憂. 1-9 周賴○國之義. 1-10 不識○國何塗之從而致之齊. 1-11 弊邑固竊爲○王患之. 1-15 今○王縱有其人. 1-20 臣竊爲○王私憂之. 1-21 不敢欺○國. 1-22 皆○臣見譽者也. 4-13 故○臣得譽. 4-13 國○傷. 5-4 秦盡韓魏之上黨○原. 5-5 石行秦謂○梁造曰. 5-9 今君將施於○人. 7-5 ○人輕君. 7-6 不必且爲○人者. 7-7 東周○喜. 7-23 西周○怒. 7-24 秦不○弱. 9-14 遺之○鍾. 10-5 而憂○王. 10-10 周君○悅曰. 10-13 秦聞之必○怒. 10-21 罰不諱强○. 15-5 兵革○强. 15-6 ○臣太重者國危. 15-10 莫言○王之法. 15-11 ○王更爲臣也. 15-11 固○王仇讎也. 15-12 願○王圖之. 15-12 ○王之國. 15-15 以○王之賢. 15-18 願○王少留意. 15-19 政教不順者不可以煩○臣. 15-22 臣固疑○王之不能用也. 16-1 然後可建○功. 16-12 趙王○悅. 16-25 天下之○. 17-3 使趙○重. 17-8 ○王裁其罪. 18-8 此甚○功也. 18-25 ○破荆. 19-9 ○王以詐破之. 19-16 ○王以詐破之. 20-3 ○王拱手以須. 20-13 以○王之明. 20-15 ○王又并軍而致與戰. 20-20 願○王有以慮之也. 20-24 臣昧死望見○王. 21-10 ○王試聽其說. 21-12 ○王斬臣以徇於國. 21-14 秦王○怒. 22-24 地○者. 23-4 無○○王. 26-6 亦無○○王. 26-7 亦無○齊王. 26-8 而○國與之懽. 26-10 ○王苟能閉關絶齊. 26-11 楚王○說. 26-15 諸士○夫皆賀. 26-17 楚王○怒. 27-5 固必○傷. 27-8 楚兵○敗於杜陵. 27-10 ○者必傷. 27-24 ○敗秦人於李帛之下. 28-18 ○縣也. 29-5 必○困. 30-6 齊與○國救魏而倍約. 32-8 ○國不義. 32-9 ○國裁之. 32-11 子必○窮矣. 34-9 此君之○時也已. 34-17 而君之○名也. 34-19 勞○者其祿厚. 36-9 能治衆者其官○. 36-9 ○王信行臣之言. 37-20 此臣之所○願也. 37-25 是臣之○榮也. 38-6 ○者宗廟滅覆. 38-10 事無○小. 38-15 下至○臣. 38-15 ○王之國. 38-17 而○王之計有所失也. 38-21 ○王越韓魏而攻强齊. 38-23 爲秦害者莫○於韓. 39-15 ○其都者危其國. 40-5 臣未嘗聞指○於臂. 40-20 臂○於股. 40-21 都○者危其國. 40-25 操○國之勢. 41-6 王見○王之狗. 42-4 ○相與鬬矣. 42-11 秦王○怒. 43-24 越之○夫種. 44-20 ○夫種事越王. 45-1 管仲不足○也. 45-10 商君吳起○夫種. 45-11 商君吳起○夫種. 45-13 商君吳起○夫種不若也. 45-14 不過商君吳起○夫種. 45-18 ○夫種爲越王墾草刱邑. 46-9 或欲分○投. 46-14 則商君白公吳起○夫種是也. 46-18 ○說之. 46-23 ○敗楚軍. 48-3 ○臣有功. 48-13 ○費也. 48-24 ○利也. 48-24 今○王留臣. 50-18 臣竊爲○王不取也. 51-6 今聞○王欲伐楚. 51-21 今○國之地半天下. 51-24 杜○梁之門. 52-

4 非無○功也. 52-17 臣爲○王慮而不取. 52-22 ○武遠宅不涉. 52-
23 而實欺○國也. 53-1 隨陽右壤此皆廣川○水. 53-10 國家○危. 54
-16 而○敗申縛. 54-18 臣竊爲○王慮之而不取也. 55-7 今○王皆
有驕色. 55-19 秦王○怒. 56-3 ○臣之尊者也. 56-7 今○王反國. 57
-22 ○王無一介之使以存之. 57-22 今○王使守小官. 59-5 請爲○王
設秦趙之戰. 59-6 趙孰與秦○. 59-7 然則○王之國. 59-10 ○王之國
亡. 59-10 ○王裂趙之半以賂秦. 59-12 臣請○王約從. 59-16 則是○
王名亡趙之半. 59-16 請爲○王悉趙兵以遇. 59-21 ○王不用. 59-22
是臣無以事○王. 59-22 身○臂短. 60-6 秦王○悅. 60-24 梁之○盜.
61-4 梁之○盜. 61-12 ○誹天下. 61-17 ○臣與百姓弗爲用. 62-6 ○
怒. 62-10 齊○而魯宋小. 62-13 不惡齊○何也. 62-14 海○魚. 62-20
君不聞○魚乎. 62-21 靖郭君○怒曰. 63-9 ○不善於宣王. 63-11
宣王○息. 63-23 田侯召○臣而謀曰. 64-8 ○破之桂陵. 64-15 田侯
召○臣而謀曰. 64-17 ○破之馬陵. 64-24 欲爲○事. 65-8 將軍可以
爲○事乎. 65-11 言齊兵○勝. 67-5 秦軍○敗. 67-5 楚○勝齊. 67-18
此其爲德也亦○矣. 67-20 其見恩德亦其○也. 67-20 願○王之察
也. 68-3 此臣之所謂齊必有○憂. 68-12 夫以○王之賢與齊之强. 68
-24 竊爲○王羞之. 68-25 臣固願○王之少留計. 69-11 ○臣父兄殷
衆富樂. 69-15 然而爲○王計者. 69-16 從人說○王者. 69-17 ○王覽
其說. 69-18 齊○而魯小. 69-21 ○王不事秦. 70-1 是故願○王熟計
之. 70-3 今○客幸而教之. 70-5 東方有○變. 71-13 梁王○恐. 71-19
東方有○變. 71-24 楚王○悅. 76-7 薛公○怒於蘇秦. 76-15 ○官
未可得. 79-2 臣有○喜三. 80-13 臣恐强秦○楚承其後. 81-9 齊放其
○臣孟嘗君於諸侯. 83-15 ○小幾何. 84-8 ○王不好人. 84-11 ○國
也. 84-19 君得無有所怨齊士○夫. 85-7 ○王據千乘之地. 85-24 臅
聞古○禹之時. 86-4 立爲○伯. 87-15 齊國○治. 88-1 此○資也. 89
-11 馬飲於○河. 90-15 地狹而好敵○. 90-20 且夫强○之禍. 91-5
是以○國危. 91-6 ○國之計. 91-6 ○國行此. 91-8 昔吳王夫差以强
○爲天下先. 91-14 强○而喜先天下之禍也. 91-16 則强弱○小之禍.
91-18 亡矢之○半. 92-14 士○夫之所匿. 92-15 臣聞戰○勝者. 93-
4 夫魏氏其功○. 94-2 故以一秦而敵○魏. 94-3 ○王之功○矣. 94-
4 今○王之所從十二諸侯. 94-4 此固○王之所以鞭箠使也. 94-5 ○
王不若北取燕. 94-6 ○王有伐齊楚心. 94-7 ○王不如先行王服. 94-
8 魏王○恐. 94-11 ○臣不親. 95-6 彼燕國○亂. 96-18 ○臣不足恃.
96-21 俲小節者不能行○威. 97-6 ○冠若箕. 100-7 爲莒○史家庸夫.
100-24 ○史敫女. 100-25 即墨○夫與雍門司馬諫而聽之. 101-19 夫
三晉○夫. 101-21 鄢郢○夫. 101-24 爲○王不取也. 102-2 齊王不聽
即墨○夫而聽陳馳. 102-3 乃命○公事之韓. 103-15 臣○懼. 105-3
○夫何患. 105-5 楚進兵○梁. 105-9 ○王萬歲千秋之後. 106-12 王
○說. 106-13 宜陽之○也. 107-7 新城公○說. 107-13 王且予之五○
夫. 107-23 五○夫不可收也. 107-25 予之五○夫. 108-2 ○不如事君.
108-8 眞○王之相已. 108-18 楚國之○利也. 108-18 ○王. 108-21
夫以楚之强與○王之賢. 108-24 ○王不從親. 109-3 故願○王之早計
之. 109-5 ○王誠能聽臣. 109-6 以承○王之明制. 109-6 在○王之所
用之. 109-7 ○王誠能聽臣之愚計. 109-7 臣竊爲○王不取也. 109-11
○逆不忠. 109-16 兩者○王何居焉. 109-17 在○王命之. 109-18
今○王不與猛虎而與羣羊. 110-5 竊以爲○王之計過矣. 110-6 而○
王不與秦. 110-8 是故願○王之熟計之也. 110-14 此臣之所以爲○王
之患也. 110-22 且○王嘗與吳人五戰三勝而亡之. 110-23 攻○者易
危. 110-24 臣竊爲○王危之. 111-1 楚王○怒. 111-5 是故願○王熟
計之也. 111-7 ○王悉起兵以攻宋. 111-10 齊王○怒. 111-14 ○王誠
能聽臣. 111-16 請以秦女爲○王箕箒之妾. 111-17 使使臣獻書○王
之從車下風. 111-19 ○王. 112-7 不於○夫. 112-18 ○夫此言. 112-
23 莫敖○心撫其御之手. 113-7 顧而○息曰. 113-7 以與○心者也.
113-8 莫敖○心是也. 113-10 ○夫悉屬. 113-11 ○夫悉屬. 113-18
與吳人戰於濁水而○敗之. 113-21 ○夫悉屬. 113-23 遂入○宮. 113
-25 而百姓○治. 114-2 王乃○息曰. 114-7 楚王必○怒儀也. 116-22
楚王○怒. 116-24 張旄果○重. 116-25 以地○爲萬乘. 117-20 王
以三○夫計告愼子曰. 118-2 遣昭常爲○司馬. 118-7 立昭常爲○司
馬. 118-9 ○夫來獻地. 118-13 齊王○興兵. 118-14 今王之○臣父兄.
119-4 ○臣播王之過於百姓. 119-6 愼○臣父兄. 119-8 南后鄭褎聞
之○恐. 120-12 儀有死罪於○王. 120-17 臣以爲○王輕矣. 121-9 竊
慕○君之義. 122-15 臣聞從者欲合天下以朝○王. 123-3 臣願○王聽
之也. 123-3 唯○君能之. 123-5 不足以載○名. 123-6 淹乎○沼. 124
-21 明說楚○夫以伐秦. 125-17 則○臣主斷國私以禁誅於己也. 126
-23 春申君○說之. 127-25 先生○息矣. 128-1 服鹽車而上○行.
128-8 春申君○然之. 129-6 今燕之罪○而趙怒深. 130-11 夫楚亦强
○矣. 130-16 今謂楚强○則有矣. 130-19 士○夫病. 132-25 ○敗知
伯軍而禽知伯. 134-3 不爲近○夫. 134-11 功○者身尊. 134-14 授吏
○夫. 135-3 ○亂君臣之義者無此矣. 135-18 許之○勸. 136-15 國有
○事. 136-25 倣有○叢. 137-9 先生之計○而規高. 137-20 臣竊外聞
○臣及下吏之議. 138-6 臣願○王深與左右羣臣卒計而重謀. 139-9
雖强○不能得之於小弱. 140-11 而小弱顧能得之强○乎. 140-12 王
○怒曰. 140-14 此○利也. 140-19 吾已○矣. 141-7 文信侯之憂○矣.
142-1 憂○者不計而構. 142-2 願○夫之往也. 142-10 惡三晉之○合
也. 142-22 秦見三晉之○合而堅也. 143-10 莫不高賢○王之行義.
144-4○王不得任事. 144-5 ○王乃今然後得與士民相親. 144-6 爲○
王計. 144-7 願○王愼無出於口也. 144-11 ○王誠能聽臣. 144-14 今
○王垂拱而兩有之. 144-17 是臣之所以爲○王願也. 144-18 ○王與
秦. 144-18 此臣之所以爲○王患也. 144-23 無有名山○川之限. 145
-4 此臣之所以爲○王患也. 145-7 願○王之熟計之也. 145-21 故竊
爲○王計. 145-23 任○功者. 146-16 知者功○而辭順. 146-17 功○
而息民. 146-19 功○而權輕者. 146-23 臣以田單如耳爲○過也. 147
-2 豈獨田單如耳爲○過哉. 147-3 弊邑秦王使臣敢獻書於○王御史.
147-23 ○王收率天下以儐秦. 147-24 ○王之威. 147-25 唯○王有意
督過之也. 148-2 今秦以○王之力. 148-3 凡○王之所信以爲從者.
148-7 臣切爲○王計. 148-15 願○王之定計. 148-16 成○功者. 149-
11 臣願○王圖之. 150-7○吳之國也. 150-12 臣下之○罪也. 151-22
逆主罪莫○焉. 153-21 行私莫○焉. 153-22 城雖○. 155-16 都平
君喟然○息曰. 155-23 而近於○國. 156-17 秦王○怒. 156-21 ○敗
秦師. 156-23 ○敗趙師. 158-6 ○破之. 158-21 是不亦○示天下弱乎.
160-21 軍果○敗. 162-2 是使三晉之○臣不如鄒魯之僕妾也. 164-9
則且變易諸侯之○臣. 164-10 臣故意○王不好也. 165-11 則王之國
○治矣. 165-24 爵五○夫. 167-7 必有○臣欲衡者耳. 167-21 尊虞商
以爲○客. 170-13 得○齊. 171-9 唯得○封. 171-10 齊無○異. 171-
11 臣願足下之○發攻宋之舉. 171-11 事必○成. 171-13 與韓氏○吏
東免. 171-25 臣恐與國之○亂也. 172-3 ○利也. 173-24 臣竊爲○王
美之. 173-24 令士○夫餘子之力. 175-1 城○無能過百雉者. 175-4
臣竊爲○王不取也. 176-1 則○臣爲之枉法於外矣. 176-24 ○王可試
使之. 177-6 ○王廣地寧邑. 177-7 願○王無絶其歡. 177-9 小○皆聽
吾言. 177-11 固願承○國之意也. 177-12 ○王若有以令之. 177-12
猶○王之有葉陽涇陽君也. 177-16 ○王以孝治聞於天下. 177-17 無
非○王之服御者. 177-19 今使臣受○王之令以還報. 177-21 以惡○
國. 177-24 以稱○國. 177-24 ○臣强諫. 178-20 ○破趙. 180-5 知伯
○說. 181-10 魏武侯與諸○夫浮於西河. 182-17 ○王之埊. 184-5 ○
王之國. 184-11 ○王. 184-13 臣竊爲○王媿之. 184-14 今竊聞○王
之卒. 184-17 願○王之熟察之也. 184-24 後有○患. 185-2 ○王誠能
聽臣. 185-2 在○王詔之. 185-4 無有名山○川之阻. 185-8 ○王不事
秦. 185-19 則○王之國欲求無危不可得也. 185-21 此臣之所以爲○
王患也. 185-22 爲○王計. 185-23 則○王高枕而臥. 185-24 楚雖有
富○之名. 186-1 ○王不聽臣. 186-4 故願○王之熟計之也. 186-10
○敗之. 186-14 ○敗之. 186-16 況○事乎. 188-17 ○事也. 188-17
公今言破趙○易. 192-5 ○敗趙氏. 192-10 ○梁不能守. 193-14 ○王
之攻薔易矣. 193-16 天○雨雪. 193-18 齊○勝魏. 196-19 此可以○
勝也. 197-5 ○敗齊於徐州. 197-9 今臣願○王陳臣之愚意. 198-11
願○王察之. 198-12 今○王令人執事於魏. 198-12 ○王欲完魏之交.
198-22 則是○王垂拱之割埊以爲利重. 199-5 臣願○王察之. 199-6
今邯鄲去○梁也遠於市. 199-22 今○王收秦而攻魏. 201-5 寡人請以
鄰事○王. 201-5 ○王且何以報魏. 201-8 秦趙○惡. 201-9 敝邑所以
事○王者. 201-10 有意欲以下○王之兵東擊齊也. 202-1 走芒卯而圍
○梁. 202-6 臣聞魏氏○臣父兄皆謂魏王曰. 202-6 以攻○梁. 202-21
以止戍○梁. 202-22 願之及楚趙之兵未任於○梁也. 203-2 吾所○
者. 203-13 無○天地. 203-13 毋○不過天地. 203-14 此文之所以忠
於○王也. 205-24 願○王之救之. 206-2 ○變可得聞乎. 206-6 魏王
○說. 206-13 秦王○恐. 206-13 功莫○焉. 206-19 今○王與秦伐韓
而益近秦. 206-22 内有○亂. 206-24 與○梁鄰. 206-25 背○梁. 207
-8 而水○梁. 207-13 ○梁必亡矣. 207-13 王之使者○過矣. 207-13
○縣數百. 207-23 晉國之去○梁也尚千里. 207-24 去○梁百里. 208
-1 此亦王之○時已. 208-10 則衞○梁. 208-13 楚趙楚○破. 208-14
國之○利也. 209-17 昔竊聞○王之謀出事於梁. 211-3 願○王之熟計
之也. 211-4 恐必○合. 211-7 臣見秦之必○憂可立而待也. 211-8 臣
竊爲○王計. 211-8 地可廣○. 211-9 兵必○挫. 211-12 國必○憂.
211-12 秦翟年穀○凶而晉人亡原. 211-18 穰侯攻○梁. 212-21 以○
梁之未亡也. 212-23 今日○梁亡. 212-23 魏王○恐. 213-10 願○王
無攻魏. 213-12 見人於○行. 215-19 恃王國之○. 215-23 ○國欲急
兵. 216-13 ○王已知魏之急而救不至者. 216-20 是○王籌筴之臣無
任矣. 216-21 ○王之救不至. 216-23 竊以爲○王籌筴之臣無任矣.
216-24 此○德也. 217-9 吾將仕之以五○夫. 217-13 人○笑也. 217-
16 信陵君○怒. 217-19 遣○使之安陵曰. 217-19 手受○府之憲. 217
-23 國雖○赦. 217-24 今縮高謹解○位. 217-24 是使我負襄王詔而
廢○府之憲也. 217-25 後得又益○. 218-11 北人之○過也. 218-23
○王加惠. 219-12 以○易小. 219-12 ○王嘗聞布衣之怒乎. 219-21
○成午從趙來. 221-9 國家之○事也. 221-14 王○說之. 221-16 鄧師
宛馮龍淵○阿. 222-4 與○王之賢. 222-7 是故願○王之熟計之也.

222-9○王事秦. 222-9 且夫○王之地有盡. 222-11 今○王西面交臂而臣事秦. 222-13 夫以○王之賢. 222-14 臣竊爲○王羞之. 222-14 ○抵豆飯藿羹. 222-20 料○王之卒. 222-21 ○王不事秦. 223-7 故爲○王計. 223-11 是故秦王使使臣獻書○王御史. 223-14 故謂○宰曰. 225-5 秦王○怒於甘茂. 225-22 故樗里疾○說杜聊. 225-22 楚王聞之○恐. 226-4 楚國不○病矣. 226-9 秦必○怒. 226-10 楚王○說. 226-12 願○國遂肆意於秦. 226-13 韓王○說. 226-15 秦果○怒. 226-20 韓氏○敗. 226-21 最秦之○急也. 228-21 王之○患也. 228-23 王之○資也. 229-5 今謂楚强○則有矣. 229-13 ○國有意. 229-21 願○王之熟計之. 231-5 楚與魏○戰. 232-3 公叔○怒. 233-23 齊○夫諸子有犬. 233-25 韓○夫見王老. 234-24 而内收諸○夫以自輔也. 234-25 韓○夫知王之老而太子定. 235-4 韓○夫不能必其不入也. 235-6 未有○功可以稱者. 237-15 左右○亂. 238-5 聶政○呼. 238-6 此君國長民之○患也. 239-20 ○便也. 240-1 是其於身○利也. 240-5 秦王○怒曰. 240-7 必爲山東○禍矣. 240-20 ○勝以千數. 241-16 ○之不王. 241-17 越人○敗. 241-20 越王使○夫種行成於吳. 241-20 吳人○敗. 241-22 ○國也. 242-24 ○臣爲諸侯輕國也. 244-14 是從臣不事○臣也. 244-15 則○臣不得事近臣矣. 244-16 則爲○臣不敢爲諸侯輕國矣. 244-18 ○怒於周之留成陽君也. 245-2 ○敗趙魏於華陽之下. 245-17 ○國惡有天子. 246-16 王與○國弗聽. 246-16 ○王知其所以然乎. 248-8 是故願○王與趙從親. 248-17 則○王號令天下皆從. 249-25 齊王○說. 250-3 何肯楊燕秦之威於齊而取○功乎哉. 250-18 主父○怒而笞之. 251-4 ○王之所親. 251-11 ○王之所明見知也. 251-19 再圍燕都而劫○王. 251-20 ○王割十城乃卻以謝. 251-20 ○王不事秦. 251-22 今○王事秦. 251-24 是故願○王之熟計之也. 251-25 雖○男子. 252-1 今○客幸而教之. 252-2 故○亂者可得其埊. 252-6 竊釋鉏耨而干○王. 252-11 ○王天下之明主也. 252-13 曰有○數矣. 252-21 曰有○數矣. 252-22 於是燕王○信子之. 253-25 子之○重. 254-4 燕國○亂. 254-11 齊○勝燕. 254-20 燕○亂. 255-3 君○怒曰. 256-1 肥○齊. 256-15 皆國之○敗也. 256-15 其禍必○矣. 256-21 何爲煩○王之廷耶. 258-9 先量其國之○小. 258-12 不先量其國之○小. 258-13 魏無○梁. 260-16 水攻則滅○梁. 260-18 秦罽如此其○. 261-16 此臣之所○患. 261-17 臣死而齊○惡於趙. 262-4 可○紛己. 262-5 不以今時○紛之. 262-14 且舉○事者. 263-3 故舉○事. 263-7 齊王○說蘇子. 263-16 燕人○勝. 264-11 燕因使樂毅○起兵伐齊. 264-11 燕○大將不信臣. 264-15 使齊○馬駭而不言燕. 264-24 太后聞之○怒曰. 265-4 燭之武張孟談受○賞. 266-3 趙王○悅. 266-10 齊可○破也. 267-15 ○勝之. 267-17 ○呂陳於元英. 267-19 臣之所○恐也. 268-10 願○王之熟慮之也. 269-2 主必○憂. 269-5 ○戰一. 269-25 以弊○衆. 270-8 明日○雨. 271-5 山水○出. 271-5 王○怒. 271-23 燕人○敗. 272-1 棄○功者. 273-1 國○事也. 274-19 國之○事也. 274-25 欲以成○事之謀. 275-4 則○善矣. 275-14 彼○將擅兵於外. 275-15 而内有○亂. 275-15 此國之○事. 275-18 燕王誠振畏慕○王之威. 277-5 不敢興兵以拒○王. 277-5 使使以聞○王. 277-8 唯○王命之. 277-8 ○喜. 277-9 願○王少假借之. 277-12 於是秦○怒燕. 278-5 荆王○說. 279-3 宋小而齊○. 279-4 夫救於小宋而惡於○齊. 279-4 弊邑之師過○國之郊. 279-24 將移兵而造○國之城下. 280-1 則功○名美. 280-4 蒙○名. 280-4 謂○尹曰. 280-20 ○勝并莒. 281-5 康王○喜. 281-12 而國人○駭. 281-15 衛君○悅. 281-18 ○國○懼. 281-19 而○國致之. 281-21 非有○罪而亡. 282-1 亂無○. 283-10 願與○國伐之. 284-8 ○恐. 284-8 豈若令○國先與之王. 285-2 ○者危國. 285-10 招○國之威. 286-9 中山君○疑公孫弘. 286-12 趙王必○怒. 286-18 ○怒則君必危矣. 286-18 ○悅曰. 287-10 ○夫司馬子期在焉. 288-2 秦軍○尅. 288-18 趙軍○破. 288-18 乃使五校○夫王陵將而伐趙. 288-25 ○破二國之軍. 289-5 是以寡人○發軍. 289-7 是時楚王恃其國○. 289-11 然惟願○王覽臣愚計. 290-9 ○王若不察臣愚計. 290-12 孰若勝天下之威○耶. 290-13 願○王察之. 290-15

【丈】 15

千○之城. 93-16 聞○夫之相□與語. 98-16 立則○插. 100-10 其高至○餘. 132-18 無過三百○者. 155-16 今千○之城. 155-21 圍千○之城. 155-22 ○夫亦愛憐其少子乎. 179-7 ○人芒然乃遠至此. 216-19 其○夫官三年不歸. 258-25 子之○夫來. 259-1 已而其○夫果來. 259-2 其○夫不知. 259-6 又不愛○夫子獨甚. 265-11 臣是以知人主之不愛○夫子獨甚也. 265-15

【上】 219

少海之○. 1-12 譽在○. 4-9 ○黨長子趙之有已. 4-24 秦盡韓魏之○黨大原. 5-5 趙之○計. 9-19 魏王以○黨之急辭之. 12-14 而兩○黨絶矣. 12-19 是○黨每患而贏四十金. 12-23 韓兼兩○黨以臨趙. 13-3 卽趙羊腸以○危. 13-4 ○下相愁. 16-6 威立於○. 16-12 說秦王書十○而說不行. 16-16 人生世○. 17-16 其○不能殺也. 18-14 ○非能盡其民力. 20-2 以爭韓之○黨. 20-3 趙氏○下不相親也. 20-4 降代○黨. 20-6 ○黨十七縣. 20-6 代○黨不戰而已爲秦矣. 20-8 ○黨南陽積之久矣. 29-5 南取○庸. 29-7 三皷之而卒不○. 30-5 君聞夫江○之處女乎. 31-1 夫江○之處女. 31-2 與之○卿. 31-12 今秦與之○卿. 31-14 賜之○卿. 31-17 則韓魏必無○黨哉. 32-25 書○. 37-2 足下○畏太后之嚴. 38-8 ○及太后. 38-15 北斬太行之道則○黨之兵不下. 39-18 其令邑中自斗食以○. 40-25 困於○黨. 42-18 ○黨之民皆返爲趙. 42-19 ○下之力. 46-10 乃延入坐爲○客. 46-21 則○黨. 48-17 肘足接於車○. 49-20 魏許秦以○洛. 49-25 效○洛於秦. 50-6 殺智伯瑶於鑿臺之○. 52-21 ○蔡召陵不往來也. 53-25 以與申縛遇於泗水之○. 54-17 得○谷三十六縣. 59-1 ○客從趙來. 59-23 以○客料之. 59-25 ○若不信. 60-7 以爲○卿. 60-24 是以羣臣莫敢以虛願望於○. 61-20 於是舍之○舍. 63-10 受○賞. 66-18 ○書諫寡人者. 66-18 非山東之○計也. 67-25 秦趙戰於河漳之○. 69-22 託於東海之○. 70-4 官爲○柱國. 72-17 爵爲○執珪. 72-17 官之○非可重也. 72-25 因以○黨二十四縣許秦王. 73-4 過於淄○. 77-13 梁王虛○位. 83-16 以故相爲○將軍. 83-16 居○位. 86-8 夫○見其原. 86-16 ○不臣於王. 88-14 ○倦於教. 92-19 此用兵之○節也. 92-25 比之堂○. 93-15 折之衽席之○. 93-17 謀成於堂○. 94-14 此臣之所謂比之堂○. 94-15 折衝席○者也. 94-16 ○下迷惑. 96-19 ○輔孤主. 97-1 劫桓公於壇位之○. 97-17 而○下無別. 99-6 王○者孰與周文王. 99-12 ○車弗謝而去. 100-5 西有蓝○之虞. 100-14 濮○之事. 100-19 則○危. 105-13 則○安. 105-13 而楚以○梁應之. 107-7 新城○梁相去五百里. 107-9 ○梁亦不知也. 107-9 非江南泗○也. 107-10 ○蔡之監門也. 108-8 韓之○地不通. 110-8 而民弊者怨於○. 110-25 則泗○十二諸侯. 111-11 託東海之○. 111-21 今○客幸教以明制. 111-22 ○崢山. 113-13 蒙穀給鬬於宮唐之○. 113-24 奉以○庸六縣爲湯沐邑. 116-9 ○柱國子良入見. 117-15 王發○柱國子良車五十乘. 118-6 ○干主心. 123-8 秦果舉鄢郢巫○蔡陳之地. 124-6 加己乎四仞之○. 124-16 將加己乎十仞之○. 124-18 將加己乎百仞之○. 124-24 趙以爲○卿. 126-15 ○比前世. 127-5 鳴呼○天. 127-11 ○天甚神. 127-11 服鹽車而○大行. 128-8 負轅不能○. 128-10 自將軍以○. 134-11 蘇秦爲齊○書說趙王曰. 138-1 秦盡韓魏之○黨. 138-17 秦以三軍强弩坐羊唐之○. 138-18 且秦以三軍攻王之○黨而危其北. 138-19 夫韓事趙宜正爲○交. 139-3 請效○黨之地以爲和. 139-22 令韓陽告○黨之守靳黈曰. 139-23 今王令韓興兵以○黨入和於秦. 139-24 韓不能守○黨. 140-4 韓不能守○黨. 140-7 故自以爲坐受○黨也. 140-10 其死士皆列之於○地. 140-13 韓不能守○黨. 140-17 趙聞韓不能守○黨. 141-1 趙起兵取○黨. 141-2 秦與韓爲○交. 143-3 秦與梁爲○交. 143-5 宜陽效則○郡絶. 144-19 相與會於洹水之○. 145-25 今○客有意存天下. 146-10 爲齊兵困於殽塞之○. 147-7 而令行爲○. 149-21 自常山以至代○黨. 150-19 以及○黨. 150-22 近可以備○黨之形. 151-1 ○無蔽言. 151-23 踐石以○者皆道子之孝. 152-19 不逆○以自伐. 153-19 薄之柱○而擊之. 155-9 質之石○而擊之. 155-10 吾欲北伐○黨. 158-4 弃禮義而○首功之國也. 163-1 善韓徐以爲○交. 170-12 下親其○而守堅. 171-3 魏爲○交. 172-15 燕以奢爲○谷守. 174-18 加之百萬之○. 183-17 一天下約爲兄弟刑白馬以盟於洹水之○以相堅也. 185-16 太○伐秦. 195-2 而以秦爲○交以自重也. 195-9 而行其○. 195-10 ○不可. 195-10 而以齊爲○交. 195-25 則○有野戰之氣. 198-20 ○所以爲其主者忠矣. 198-24 王所患者○地也. 201-18 則○地無憂患. 201-19 ○也. 203-23 而王效其○. 203-24 魏不以敗之○割. 204-17 而秦不以勝之○割. 204-17 絶韓之○黨而攻强趙. 207-3 而右○蔡召陵. 207-8 通韓之○黨於共莫. 208-10 是魏重質韓以其○黨也. 208-11 或以政教不脩○下不輯. 211-21 將皆務事諸侯之能令於王之○者. 214-10 憲之○篇曰. 217-23 廊廟之○. 219-4 王之交最爲天下○矣. 219-6 今由嫪氏善秦而交爲天下○. 219-7 倉鷹擊於殿○. 219-24 集於鳥卵之○. 223-4 斷絶韓之○地. 223-7 絶○地. 223-9 是絶○交而固私府也. 224-10 張儀使人致○庸之地. 225-7 王因取其游之舟○擊之. 229-18 盡置其身妾之○. 231-8 夫韓地易於○. 232-16 非○知也. 233-6 頃間有鵲止於屋○者. 236-17 ○階刺韓傀. 238-4 而信於萬人之○也. 241-9 保於會稽之○. 241-20 而君臣○下少長貴賤畢呼霸王. 241-25 羣臣比周以蔽其○. 244-13 輻湊以事其○. 244-17 ○及不交齊. 245-9 過代○谷. 248-12 ○以活主父. 251-5 於是遂以樂毅爲○將軍. 256-8 夫○計破秦. 257-1 ○交也. 257-18 尊○交. 257-18 歸耕乎周之○埊. 258-1 曩者使燕毋去周室之○. 258-10 吾請拜子爲○卿. 258-19 昔周之○埊嘗有之. 258-25 ○雒之埊. 261-15 今以燕爲○交. 262-10 ○可以得用於齊. 264-19 而立之乎羣臣之○. 267-8 隨先王舉而有之於濟○. 267-16 濟○之軍. 267-17 臣之○計也. 268-9 此燕之○計也. 269-5 此丹之○願. 275-17 於是尊荆軻爲○卿. 275-19 舍○舍. 275-19 至易水○. 276-24 髮盡○指冠. 277-2 羣臣侍殿○者. 277-18 非有詔不得○. 277-20 太子○車請還. 281-8 婦○車. 283-13 ○下同力. 289-24

【小】 82

君之國〇. 7-2 施於〇人. 7-6 〇人無可以求. 7-6 〇國不足亦以容賊. 8-13 周君形不〇利. 12-20 事秦而好〇利. 12-20 今王之地〇民貧. 22-7 儀固以〇人. 27-4 〇者必死. 27-24 長〇國. 34-12 〇者身以孤危. 38-10 事無大〇. 38-15 〇黃濟陽嬰城. 52-8 今大王使守〇官. 59-5 以官長而守〇官. 59-20 齊大而魯宋〇. 62-13 王獨利魯宋之〇. 62-14 齊大而魯〇. 69-21 〇官公又弗欲. 79-3 〇國所以皆致相印於君者. 80-6 〇國英桀之士. 80-8 大〇幾何. 84-8 夫弱〇之殃. 91-5 〇國滅也. 91-6 〇國之情. 91-9 〇國道此. 91-12 則強弱大〇之禍. 91-18 通都〇縣置社. 92-9 㑭〇節者不能行大威. 97-6 惡〇恥者不能立榮名. 97-7 非不能行〇節. 97-19 死〇恥也. 97-20 〇人也. 98-19 此〇人也. 105-16 〇不如處室. 108-9 昔者先君靈王好〇要. 114-9 楚〇臣. 116-21 今楚國雖〇. 124-11 蜻蛉其〇者也. 124-16 夫雀其〇者也. 124-21 夫黃鵠其〇者也. 125-2 蔡聖侯之事其〇者也. 125-7 宮室〇而帑不衆. 136-24 雖强大不能得之於〇弱. 140-11 而〇弱顧能得之强大乎. 140-12 而慕思不可得之〇梁. 165-3 〇大皆聽吾言. 177-11 㙑名雖〇. 184-8 〇事也. 188-16 豈〇功也哉. 194-12 國雖〇. 196-20 而使趙〇心乎. 198-22 〇國也. 217-14 無忌〇人也. 218-6 以大易〇. 219-12 弊邑雖〇. 226-13 中封〇令尹以桂陽. 227-6 〇勝以百數. 241-16 〇之不覇. 241-17 〇國也. 242-24 則不如其處〇國. 245-3 而〇國利之. 246-16 魏安能與〇國立之. 246-16 寡人國〇. 248-18 今燕雖弱〇. 249-18 示天下與〇人羣也. 250-7 〇亂者可得其寶. 252-7 寡人之國〇. 254-14 孤極知燕〇力少. 255-14 先量其國之大〇. 258-12 不先量其國之大〇. 258-13 而〇人奉陽君也. 262-13 使之得比乎〇國諸侯. 267-22 〇戰再. 269-25 國〇而地無所取. 273-17 燕〇弱. 275-11 宋〇而齊大. 279-4 夫救於〇宋而惡於大齊. 279-4 〇而生巨. 281-11 此〇國之禮也. 281-21 治無〇. 283-10 以中山之〇. 284-12

【口】 34

杜左右之〇. 17-10 决白馬之〇. 20-12 塞轘轅緱氏之〇. 21-23 子其弭〇無言. 26-23 北有甘魚之〇. 35-24 無以餌其〇. 38-1 是以杜〇裹足. 38-7 北有甘泉谷〇. 38-17 衆〇所移. 43-22 使馳說之士無所開其〇. 46-8 塞太行之〇. 46-16 譬若虎〇. 77-18 〇勞之. 98-15 如出一〇矣. 106-20 水漿無入〇. 113-15 右濡其〇. 113-16 今夫横人嚂〇利機. 123-7 欲殺春申君以滅〇. 129-10 秉權而殺君以滅〇. 129-19 謀出二君之〇. 133-7 勿出於〇. 133-14 〇道天下之事. 137-6 願大王慎無出於〇也. 144-11 膳啗使之嗛於〇. 177-18 衆〇鑠金. 186-9 寧爲雞〇. 222-13 決榮〇. 260-16 決白馬之〇. 260-16 決宿胥之〇. 260-17 固知將有〇事. 264-14 吾必不聽衆〇與讒言. 264-18 臣乃〇受令. 267-15 願太子急遣樊將軍入匈奴以滅〇. 274-5 〇不能無道爾. 287-11

【山】 235

臨〇而救之. 2-4 增積成〇. 4-14 楚兵在〇南. 11-16 南有巫〇黔中之限. 15-16 〇東之國. 17-8 反覆東〇之君. 17-19 攻中〇. 29-8 陘〇之事. 32-5 今反閉而不敢窺兵於〇東者. 38-20 中〇之地. 39-6 臣居〇東. 39-22 客新有從〇東來者蔡澤. 46-22 楚魏戰於陘〇. 49-25 〇東戰國有六. 51-6 威不掩於〇東. 51-6 〇東之建國可兼與. 51-7 〇林谿谷不食之地. 53-10 王襟以〇東之險. 53-23 一日〇陵崩. 57-6 其寧於太〇四維. 57-7 王一日〇陵崩. 57-9 〇東必恐. 59-15 實得〇東以敵秦. 59-17 文公用中〇盜. 61-16 然後背太〇. 65-15 非〇東之上計也. 67-25 能危〇東者. 68-1 此臣之所以爲〇東之患. 68-1 何秦之智而〇東之愚耶. 68-3 齊南有太〇. 68-16 粟如丘〇. 68-18 未嘗倍太〇絶清河涉渤海也. 68-19 環〇者三. 81-6 騰〇者五. 81-7 夫玉生於〇. 86-25 河〇之間亂. 90-12 而趙氏兼中〇. 91-2 中〇悉起而迎燕趙. 92-23 北戰於中〇. 92-24 夫中〇千乘之國也. 92-24 王走而之城陽之〇中. 99-19 而迎王與后於城陽〇中. 99-22 故爲梁〇陽君請封於楚. 104-23 〇陽君無功於楚國. 104-24 江尹因得〇陽君與之共惡昭奚恤. 104-24 臣請令〇東之國. 109-6 被〇帶河. 110-1 粟如丘〇. 110-2 席卷常〇之險. 110-4 起於汶〇. 110-16 上崢〇. 113-13 遂自弃於磨〇之中. 114-4 今〇澤之獸. 122-8 而積禍重於丘〇. 123-9 北陵乎巫〇. 125-3 豫讓遁逃〇中. 135-8 魏文侯借道於趙攻中〇. 136-13 魏攻中〇而不能取. 136-13 魏拔中〇. 136-14 必不能越趙而有中〇矣. 136-14 謂〇陽君曰. 136-19 楚人久伐而中〇亡. 138-15 今魯句注禁常〇而守. 138-20 而崐〇之玉不出也. 138-22 中〇之地薄. 139-13 秦乃者過柱〇. 141-5 然〇東不能易其路. 142-15 〇東之愚也. 142-17 是臣所爲〇東之憂也. 142-17 今〇東之主不知秦之即己也. 142-19 秦欲已得行於〇東. 144-22〇東之建國. 144-24 西有常〇. 145-1 無有名〇大川之限. 145-4 燕守常〇之北. 146-1 則趙守常〇. 146-4 秦必不敢出兵於函谷關以害〇東矣. 146-7 行於天下〇東. 147-25 胡地中〇吾必有之. 149-16 又況〇谷之便乎. 150-14 與齊中〇同之. 150-18 自常〇以至代上黨. 150-19 先時中〇負齊之强兵. 150-24 遠可以報中〇之怨. 151-1 趙以二十萬之衆攻中〇. 155-20 以未構中〇也. 157-9 中〇聽之. 157-10 是我以王因饒中〇而取地也. 157-10 中〇不聽. 157-11 是中〇孤也. 157-11 我分兵而孤樂中〇. 157-12 中〇必亡. 157-12 我已亡中〇. 157-12 是我一舉而兩取地於秦中〇也. 157-13 右常〇. 165-1 中〇之地薄. 171-8 必起中〇與勝焉. 173-3 秦起中〇與勝. 173-3 趙攻中〇. 175-7 不如盡歸中〇之新埊. 175-8 中〇案此言於齊曰. 175-9 魏敗楚於陘〇. 178-8 一旦〇陵崩. 179-19 樂羊爲魏將而攻中〇. 181-19 其子在中〇. 181-19 中〇之君烹其子而遺之羹. 181-19 樂羊既罷中〇. 181-22 河〇之險. 182-17 河〇之險. 182-21 文〇在其南. 182-23 而衡〇在其北. 182-23 後被〇. 183-2 無有名〇大川之阻. 185-8 昔王季歷葬於楚〇之尾. 194-1 楚王登强臺而望崩〇. 200-8 後〇東之士. 202-2 宋中〇數伐數割. 202-10 而宋中〇可無爲也. 202-11 夫越〇踰河. 207-3 河〇以蘭之. 207-19 〇北河外河內. 207-23 無河〇以蘭之. 207-25 〇東之要也. 211-4 是示天下要斷〇東之脊也. 211-6 是〇東首尾皆救中身之時也. 211-7 〇東見亡必恐. 211-7 〇東尚强. 211-8 今秦國與〇東爲讎. 211-11 中〇恃齊魏以輕趙. 211-18 齊魏伐楚而趙亡中〇. 211-18 〇東之從. 213-13 南有陘〇. 221-24 皆出於冥〇棠谿墨陽合伯膊. 222-3 〇居. 222-19 〇東之卒. 223-1 夫秦卒之與〇東之卒也. 223-2 臣恐〇東之無以馳割事王者矣. 224-8 必爲〇東大禍矣. 240-20 使〇東皆以銳師戍韓梁之西邊. 240-24 〇東無以救亡. 240-24 然則〇東非能從親. 241-2 韓侈且伏於〇中矣. 244-5 或謂〇陽君曰. 245-8 秦封君以〇陽. 245-8 〇陽君因使之楚. 245-10 餓而死於首陽之〇. 250-16 故至今有摩笄之〇. 251-17 獻常〇之尾五城. 252-3 秦取西〇. 258-10 望諸相中〇也使趙. 263-4 此臣之所爲〇東苦也. 268-18 今〇東合弱而不能如一. 268-21 是〇東之知不如魚也. 268-21 今〇東三國弱而不能敵秦. 268-23 然而〇東不知相索. 268-23 今〇東之相與也. 268-25 〇東之主遂不悟. 269-2 此臣之所爲〇東苦也. 269-2 〇東相合. 269-4 故中〇亡. 269-8 〇東不能堅爲此. 269-9 〇水大出. 271-5 魏文侯欲殘中〇. 284-3 魏并中〇. 284-3 因封之中〇. 284-4 是中〇復立也. 284-4 而中〇後持. 284-7 寡人羞與中〇並爲王. 284-7 中〇聞之. 284-8 中〇之君遣之齊. 284-11 臣聞君欲廢中〇之王. 284-11 以中〇之小. 284-12 中〇雖益廢王. 284-12 且中〇恐. 284-12 豈若中〇廢其王而事齊哉. 284-14 今君召中〇. 284-15 中〇必喜而絶趙魏. 284-15 趙魏怒而攻中〇. 284-16 中〇急而爲君難其王. 284-16 則中〇必恐. 284-16 今召中〇. 284-20 致中〇而塞四國. 284-21 是君臨中〇而失四國也. 284-22 善以微計薦中〇之君久矣. 284-23 果召中〇君而許之王. 284-24 齊羞與中〇之爲王甚矣. 285-1 今召中〇. 285-1 果與中〇王而親之. 285-3 中〇果絶齊而從趙魏. 285-3 中〇與燕趙爲王. 285-5 齊閉關不通中〇之使. 285-5 中〇千乘之國也. 285-6 出兵以攻中〇. 285-7 耻與中〇侔名. 285-9 出兵以攻中〇. 285-9 請令燕趙固輔中〇而成其王. 285-11 出兵以攻中〇者. 285-14 其實欲廢中〇之王也. 285-14 出兵以攻中〇. 285-16 所求中〇未必得. 285-16 中〇可廢也. 285-17 使告中〇君曰. 285-18 爲中〇之獨與燕趙爲王. 285-19 中〇恐燕趙之不己據也. 285-20 中〇必遁燕趙. 285-21 是中〇孤. 285-22 非欲廢中〇之王也. 286-1 徒欲以離我於中〇. 286-1 中〇因告燕趙而不往. 286-4 燕趙果俱輔中〇而使其王. 286-5 爲己求相中〇. 286-7 中〇君出. 286-8 中〇君大疑公孫弘. 286-12 司馬憙三相中〇. 286-14 司馬憙卽奏書中〇王曰. 286-25 臣聞弱趙强中〇. 287-1 中〇王悅而見之曰. 287-1 願聞弱趙强中〇之說. 287-2 中〇王遣之. 287-4 未嘗見人如中〇陰姬者也. 287-7 歸報中〇王曰. 287-13 中〇王作色不悅. 287-15 中〇王曰. 287-16 中〇王遂立以爲后. 287-18 主父欲伐中〇. 287-21 中〇之君. 287-22 中〇君饗都士. 288-2 說楚王伐中〇. 288-3 中〇君亡. 288-3 中〇君顧謂二人. 288-4 中〇有事. 288-5 中〇君喟然而仰歎曰. 288-6 攻中〇. 288-10 其子時在中〇. 288-10 中〇君烹之. 288-10

【千】 148

越人請買之〇金. 12-4 沃野〇里. 15-17 今先生儼然不遠〇里而庭教之. 15-22 綿繡〇純. 17-1 張軍數〇百萬. 18-12 百可以勝〇. 18-22 〇可以勝萬. 18-22 方數〇里. 18-23 開地數〇里. 18-25 武王將素甲三〇領. 21-3 方數〇里. 21-8 因以文繡〇匹. 28-15 行〇里而攻之. 29-6 譬猶以〇鈞之弩潰癰也. 32-18 方〇里. 35-23 又方〇里. 35-23 利有〇里者二. 35-25 戰車〇乘. 38-18 再辟〇里. 39-1 散不能三〇金. 42-10 澤流〇世. 44-18 攘地〇里. 44-23 棧道〇里於蜀漢. 46-17 以〇里養. 51-5 〇乘之宋也. 54-11 而使君富貴〇萬歲. 57-7 金〇斤. 60-22 賈封〇户. 60-24 百而當〇. 65-15 今齊地方〇里. 66-15 齊地方二〇里. 68-17 〇人不能過也. 69-6 爲儀〇秋之祝. 72-11 止者〇數而弗聽. 77-9 〇乘之君與萬乘之相. 78-18 象牀之直〇金. 80-1 〇里而一士. 80-22 黃金〇斤. 83-17 〇金. 83-18 遣太傅賫黃金〇斤. 83-20 寡人地數〇里. 84-9 〇乘也. 84-19 立〇乘之義而不可陵. 84-19 賜金〇鎰. 85-22 大王據〇乘之地. 85-24 而建〇石鐘. 85-24 諸侯三〇. 86-5 嘗養〇鍾. 88-20 夫中山〇乘之國也. 92-24 〇丈之城. 93-16 昔者魏王擁土〇里. 93-23 夫〇乘博昌之間. 95-9

而喪地○里. 97-13 敝卒七○. 99-20 而反○里之齊. 99-20 齊地方數○里. 101-21 今王之地方五○里. 104-4 結駟○乘. 106-7 寡人萬歲○秋之後. 106-10 大王萬歲○秋之後. 106-12 地方五○里. 108-23 車○乘. 108-23 車○乘. 110-2 至郢三○餘里. 110-16 遂出革車○乘. 113-20 有萬乘之號而無○乘之用也. 117-21 死者以○數. 119-9 事王者以○數. 119-10 今先生乃不遠○里而臨寡人. 119-16 偶有金○斤. 120-12 行○餘里來. 122-15 猶以數○里. 124-12 若曰勝○鈞則不然者. 130-18 夫○鈞非馬之任也. 130-19 至於榆中○五百里. 138-16 其地不能○里. 139-17 ○户封縣令. 140-22 攘地○餘里. 142-23 趙地方二○里. 144-24 車○乘. 145-1 湯武之卒不過三○人. 145-9 黄金○鎰. 146-11 錦繡○純. 146-11 辟地○里. 154-16 無過三○家者. 155-17 今○丈之城. 155-21 圍○丈之城. 155-22 起前以○金爲魯連壽. 164-19 用兵於二○里之外. 170-8 去齊三○里. 170-11 埊方○里. 184-8 臣聞越王勾踐以散卒三○. 184-16 武王卒三○人. 184-16 蒼頭二○萬. 184-18 騎五○疋. 184-19 魏地方不至○里. 185-7 今又行數○里而以助魏. 206-2 夫行數○里而救人者. 206-3 雖欲行數○里而助人. 206-4 利行數○里而助人乎. 206-9 ○里有餘. 207-19 晉國之去大梁也尚○里. 207-24 今由○里之外. 218-18 雖○里不敢易也. 219-18 流血○里. 219-20 而動○里之權者. 221-5 地方○里. 222-1 車○乘. 222-23 無以異於墮○鈞之重. 223-4 求○金於韓. 224-9 若曰勝○鈞則不然者. 229-12 夫○鈞. 229-12 日費○金. 231-9 不遠○里. 237-14 縣購之○金. 238-8 大勝以○數. 241-16 故秦買之三○金. 243-1 云取○里馬. 247-5 馬不○里. 247-6 ○里之馬也. 247-6 ○里之服也. 247-7 而不能取○里. 247-7 而難○里之行. 247-8 地方二○餘里. 248-4 騎六○疋. 248-5 彌埊踵道數○里. 248-12 戰於○里之外. 248-15 而重○里之外. 248-16 以金○斤謝其後. 250-3 何肯步行數○里. 250-16 而又以其餘兵南面而舉五○乘之勁宋. 253-6 有以○金求○里馬者. 255-24 三月得○里馬. 256-1 ○里之馬至者三. 256-4 豈遠○里哉. 256-5 今夫烏獲舉○鈞之重. 258-17 黄金○鎰. 263-15 奉以○金. 265-12 太后○秋之後. 265-16 燕王使使者賀○金. 273-14 一日而馳○里. 274-15 秦王購之金○斤邑萬家. 275-25 金○斤. 276-5 持○金之資幣物. 277-4 荆之地方五○里. 279-17 中山○乘之國也. 285-6 地方五○里. 289-2

【乞】 9

而藉兵○食於西周. 9-4 又無藉兵○食. 9-9 而使不藉兵○食於西周. 9-16 ○食於吴市. 38-2 虞之○人. 61-15 故儀願○不肖身而之梁. 71-15 故儀願○不肖身而之梁. 72-1 爲○人而往○. 135-14

【川】 32

且魏有南陽鄭地三○而包二周. 13-3 下兵三○. 21-23 今三○周室. 22-4 韓自知亡三○. 22-15 寡人欲車通三○. 28-25 流血成○. 46-5 利施三○. 46-15 隨陽右壤此皆廣○大水. 53-10 殘三○. 55-14 入三○. 71-16 入三○. 72-2 皆曰韓亡三○. 138-13 無有名山大○之限. 145-4 無有名山大○之阻. 185-8 儀請以秦攻三○. 189-8 秦攻三○. 189-13 且王求百金於三○而不可得. 224-9 公何不以秦爲韓求潁○於楚. 227-21 易穀○以歸. 228-18 出兵於三○以待公. 231-24 易三○而歸. 232-6 塞三○而守之. 232-6 易三○. 232-20 三○之言曰. 232-21 令韓王知王之不取三○也. 232-22 韓陽役於三○而欲歸. 242-20 三○服矣. 242-20 王於是召諸公子役於三○者而歸之. 242-21 以爲三○之守. 246-6 是緤以三○與西周戒也. 246-7 秦出兵於三○. 246-22 三○. 261-16

【夕】 12

今○有姦人當入者矣. 8-2 其○. 43-19 ○則虛. 85-11 非朝愛市而○憎之也. 85-11 臣朝○日事聽命. 105-2 朝不謀○. 112-25 ○調乎酸醎. 124-19 ○調乎鼎鼐. 124-25 宿○而死. 127-5 不出宿○. 165-16 可旦○得甘脆以養親. 237-5 義不離親一○宿於外. 250-14

【久】 54

其日○矣. 1-13 其日○矣. 1-14 事○且泄. 8-2 含怒日○. 17-22 上黨南陽積之○矣. 29-5 先王積怒之日○矣. 33-8 則○留臣無爲也. 36-11 寡人宜以身受令○矣. 37-4 不樂爲秦民之日固○矣. 42-19 且君擅主輕下之日○矣. 43-21 子與文游○矣. 79-2 今齊魏○相持. 81-8 與齊○存. 97-4 勿與持○. 110-13 夫秦捐德絶命之日○矣. 123-7 ○失羣也. 127-21 沈洿鄙俗之日○矣. 128-13 君用事○. 129-2 妾之幸君未○. 129-3 而陰養死士之日○矣. 129-18 楚人○伐而中山亡. 138-15 皆願奉教陳忠於前之日○矣. 144-4 然而心忿悁含怒之日○矣. 148-4 曠日持○. 155-19 曷爲○居此圍城之中而不去也. 162-24 曠日持○數歲. 175-1 不得見○矣. 178-24 豈非計○長. 179-13 無○. 187-10 因○坐安. 190-22 今○與之談. 190-24 則難○矣. 198-18 秦之欲許之○矣. 207-14 入朝爲臣之日不○. 208-15 而○不可知. 211-24 慮○以天下爲可一者. 212-11 秦趙○相持於長平之下而無決. 214-2 秦之欲伐我○矣. 226-4 ○離兵史. 228-17 ○之. 237-13 ○之莫知誰子. 238-8 秦○與天下結怨構難. 239-23 ○師則兵弊. 253-8 爲將軍○暴露於外. 266-21 事强可以令國安長○. 268-16 秦○伐韓. 269-8 今○伐楚. 269-8 燕趙○相支. 270-7 曠日彌○. 274-7 ○之. 275-18 ○之. 275-22 秦王目眩良○. 278-2 秦魏交而不脩之日○矣. 282-18 善以微計薦中山之君○矣. 284-23

【凡】 10

○一鼎而九萬人輓之. 1-19 ○天下强國. 110-7 ○天下所信約從親堅者蘇秦. 111-12 ○爲伐秦者楚也. 121-16 ○爲攻秦者魏也. 121-18 ○吾所謂爲此者. 135-19 ○大王之所信以爲從者. 148-7 ○强弱之舉事. 157-25 ○羣臣之言事秦者. 184-21 ○天下之戰國七. 253-2

【丸】 2

右攝○. 124-18 此彈○之地. 159-16

【及】 76

○王病. 6-24 今公乃徵甲○粟於周. 10-17 法○太子. 15-5 今臣之賢不○曾子. 29-17 上○太后. 38-15 至尉内史○王左右. 41-1 ○見之. 44-10 此皆乘至盛不○道理也. 45-24 莫有○者. 46-23 百舉而無○秦者. 59-10 不能○地. 60-6 臂短不能○. 60-12 徐公何能○公也. 66-6 徐公何能○君也. 66-8 則明日○齊楚矣. 73-21 ○韓却周割之. 74-1 如使而弗○也. 78-19 堯亦有所不○矣. 79-19 ○之睪黍梁父之陰. 80-25 ○湯之時. 86-5 自古○今而能虚成名於天下者. 86-13 ○今聞君子之言. 86-22 莒中○齊亡臣相聚. 101-1 ○君王后病且卒. 101-10 則無○已. 109-5 無○爲已. 110-14 此其勢不相○也. 110-21 冠帶不相○. 113-15 臣之能不○舜. 128-5 禍且○身. 129-2 難必○韓魏矣. 131-7 ○三晉分知氏. 135-7 臣竊外聞大臣○下吏之議. 138-6 而禍○於趙. 138-14 食未飽而禍已○矣. 143-1 ○楚王之未入也. 143-8 以○上黨. 150-22 ○至三王. 152-7 施○賤臣. 153-23 吾將使梁○燕助之. 163-4 臣以齊爲王求名於燕○韓魏. 169-10 ○夫人優愛孺子也. 176-23 願○未填溝壑而託之. 179-7 此其近者禍○身. 179-16 遠者○其子孫. 179-16 而不○今令有功於國. 179-19 使趙葱○顏㝡代將. 180-2 虜趙王遷○其將顏㝡. 180-5 ○牛目. 194-6 太子爲○日之故. 194-6 願之○楚趙之兵未任於大梁也. 203-2 子何不疾○三國方堅也. 212-14 豈有○哉. 216-23 則秦兵○我. 217-20 不若○齊師未入. 234-14 韓王○相皆在焉. 238-3 所以不○魏者. 244-11 上○不交齊. 245-9 ○蘇秦死. 253-21 ○老. 254-5 將軍市被○百姓乃反攻太子平. 254-15 知者不○謀. 260-9 勇者不○怒. 260-9 明日又使燕攻陽城○狸. 264-7 今燕又攻陽城○狸. 264-8 ○五年. 264-21 故非○太后與王封公子. 265-17 功未有○先王者也. 267-20 ○至棄羣臣之日. 268-1 施○萌隸皆可以教於後世. 268-2 刳子腹○子之腸矣. 271-15 太子○賓客知其事者. 276-24 ○獻燕之督亢之地圖. 277-7 不○召下兵. 277-20 而論功賞羣臣○當坐者. 278-2 力言不能○也. 287-8

【亡】 263

昌他○西周. 7-23 亟○來○來. 8-1 厹由卒○. 10-6 恐一日之○國. 10-9 周必○矣. 13-1 魏○二縣. 13-2 秦飢而宛○. 13-12 魏攻蔡而鄭○. 13-12 邾莒○於齊. 13-13 陳蔡○於楚. 13-13 衞鞅○魏入秦. 15-4 世有三○. 18-9 以亂攻治者○. 18-10 以邪攻正者○. 18-10 以逆攻順者○. 18-11 大戰者萬乘之存○也. 19-6 荆王○奔走. 19-9 今荆人收○國. 19-14 令魏氏收○國. 19-20 彼固○國之形也. 20-2 然則是舉趙則韓必○. 20-10 韓○則荆魏不能獨立. 20-10 一舉而三晉○. 20-13 乃取欺於○國. 20-16 且夫趙當○不○. 20-17 舉趙○韓. 21-11 韓不○. 21-12 韓自知○三川. 22-15 遂○. 23-17 是我○於秦而取償於齊也. 27-7 僅以救○者. 27-11 存○之機. 28-3 則君一舉而○國矣. 28-23 王遂○臣. 30-2 甘茂○秦. 31-1 存○之機也. 34-13 吴不○越. 34-20 越故○吴. 34-20 齊不○燕. 34-20 燕故○齊. 34-20 齊○於燕. 34-21 吴○於越. 34-21 誠能○齊. 34-24 ○不足以爲臣憂. 37-21 死○之患. 38-10 魏韓見必○. 39-19 七日而叢○. 40-19 趙○. 42-14 南○鄢郢漢中. 42-15 不○一甲. 42-16 趙○. 42-17 君○國. 42-24 今○汝南. 43-4 今應侯○地而言不憂. 43-7 主雖○絶. 45-2 遂以殺身○國. 45-23 寧○三城而悔. 49-6 吾不知水之可○人之國也. 49-19 身死國○. 49-21 是魏勝楚而○地於秦也. 50-3 流○爲臣妾. 53-5 韓魏之不○. 53-6 今○於楚. 56-8 必無危○之患矣. 57-8 大王之國○. 59-10 ○趙自危. 59-15 則是大王名○趙之半. 59-16 秦不足○. 59-17 因以○矣. 59-19 趙必○. 59-25 趙何時○. 59-25 期年而○. 60-1 今國危○. 60-2 五月趙○. 60-13 趙去司空馬而國○. 60-16 國○者. 60-16 至身死國○. 61-11 ○. 62-21 韓見且○. 64-21 田忌○齊而之楚. 65-19 田忌○人也. 65-23 而戰勝存○之機決矣. 69-2 以○隨其後. 69-3 ○隨其後. 69-21 雖有勝名而有○之實. 69-21 趙○卒數十萬. 69-23 終○其酒. 72-23 脣○則齒寒. 73-20 今日○趙. 73-20 義救○趙. 73-22 趙魏○之後. 74-4 有存○繼絶之義. 80-7 ○故去. 85-12 滅○無族之時. 86-7 此○國之形也. 90-10 用兵窮者○. 91-13 而卒身死國○. 91-15 蔡恃晉而○. 91-17 則○天下可跼足而須也. 91-22 ○矢之大半. 92-14 然而智伯卒身死國○. 92-22 然而國遂○. 92-25 向子以輿一乘○. 95-7 破○餘卒. 95-17 殺身○聊城. 96-10 以爲○南陽之害. 96-14 王惡得此○國之言乎. 99-12 惡

得此○國之言乎. 99-18 破○餘卒. 100-4 宗廟○矣. 100-10 莒中及
齊○臣相聚. 101-1 老婦已○矣. 101-11 秦國可○. 102-1 趙有○形.
104-15 趙見○形. 104-17 天下後服者先○. 110-4 此危○之術也.
110-12 且大王嘗與吳人五戰三勝而○之. 110-23 遂○漢中. 111-5 楚
國○之月至矣. 113-7 使下臣來告○. 113-18 生與○爲鄰. 123-5 楚
國必○矣. 124-5 ○羊而補牢. 124-10 桀紂以天下○. 124-11 殷王而
夏○. 126-17 此爲劫弑死○之主言也. 126-22 夫劫殺死○之主也.
127-6 乃○去. 129-23 趙○. 131-6 ○不能存. 133-1 臣聞脣○則齒寒.
133-4 趙將○矣. 133-5 ○則二君爲之次矣. 133-5 國○地分. 134-5
亦所以○也. 134-6 欲○韓吞兩周之地. 138-8 皆曰韓○三川. 138-13
楚人久伐而中山○. 138-15 齊○魏. 141-20 ○其北陽而梁危. 141
-24 齊趙必俱○矣. 142-4 惟寐○之. 142-21 而勝敗存○之機節. 145
-11 夫慮收○齊罷楚敝魏與不可知之趙. 147-3 中山必○. 157-12
我已○中山. 157-12 趙以○敗之餘衆. 158-6 此乃强吳之所以○. 158
-11 驕奢不與死○期. 158-17 而死○至. 158-17 趙且○. 160-18 ○
一都尉. 161-14 未期年而葺○走矣. 166-22 王能○燕. 169-8 能○韓
魏. 169-8 趙必○矣. 169-24 存○繼絶. 173-2 知氏遂○. 181-12 魏
之○可立而須也. 185-22 韓氏○. 189-9 韓恐○. 189-9 韓氏必○.
189-13 需○. 192-14 臣請○. 192-15 殺之○之. 192-16 吾爲子殺之
○之. 192-17 是趙存而我○也. 198-20 身處死○之埊. 199-3 魏王之
恐也見○矣. 199-8 後世必有以酒○其國者. 200-4 後世必有以味○
其國者. 200-6 後世必有以色○其國者. 200-8 後世必有以高臺陂池
○其國者. 200-10 足以○其國. 200-13 而隨以○. 202-10 則國救○
不可得也已. 202-16 陰必○. 203-1 魏無見○之危. 205-13 韓○. 206
-24 韓○之後. 207-2 韓○之後. 207-10 大梁必○矣. 207-13 隨安
陵氏而欲○之. 207-15 所○乎秦者. 207-23 韓知○. 208-3 非盡○天
下之兵. 208-5 ○趙之始也. 208-22 晉人欲○虞而伐虢. 208-22 ○虞
之始也. 208-23 魏王之懼也見○. 209-22 山東見○必恐. 211-7 齊伐
釐莒而晉人○曹. 211-15 齊和子亂而越人○繒. 211-16 伐榆關而韓
氏○鄭. 211-17 秦翟年穀大凶而晉人○原. 211-18 齊魏伐楚而趙○
中山. 211-18 此五國所以○者. 211-19 天下之○國皆然矣. 211-20
韓且坐而胥○乎. 212-4 以大梁之未○也. 212-23 今日大梁○. 212-
23 夫○寧者. 215-10 是○一萬乘之魏. 216-24 降城○子不得與焉.
217-24 今王○地數百里. 218-24 ○城數十. 218-24 且秦滅韓○魏.
219-15 夫韓魏滅○. 220-2 又○其行子之術. 221-19 雖欲無○. 223
-10 魏兩用犀首張儀而西河之外○. 223-20 韓必○. 227-7 魏且旦暮
○矣. 230-1 且○. 232-14 公○. 232-14 幾瑟○之楚. 235-22 今幾瑟
○之楚. 235-23 齊楚後至者先○. 235-25 幾瑟○在楚. 236-2 ○去.
236-24 山東無以救○. 240-24 猶將○之也. 241-1 猶將○之也. 241
-1 猶將○之也. 241-2 適足以自令亟○也. 241-2 必皆○矣. 241-3
韓○美人與金. 243-2 皆曰以燕○於齊. 244-12 魏○於秦. 244-13 陳
蔡○於楚. 244-13 無之而○者. 246-20 趙必○矣. 246-23 且燕○國
之餘也. 249-4 而○國之臣貪於財. 253-14 彼且德燕而輕○宋. 253-
15 則齊可○已. 253-15 此乃○之之勢也. 253-18 子之○. 254-20 ○
國與役處. 255-18 楚得枳而國○. 260-3 齊得宋而國○. 260-4 必○
之. 261-1 今軍敗○二萬人. 264-5 故中山○. 269-8 燕必○. 269-8
此必皆○. 269-10 今我已○之矣. 271-13 ○歸. 273-21 樊將軍○秦
之燕. 274-2 不知吾精已消○矣. 274-16 乃佯○其太子. 281-25 非有
大罪而○. 282-1 魏○西河之外. 282-6 恐○其國. 284-9 彼患○其國.
284-17 是君廢其王而○其國. 284-17 若此不○者. 287-25 中山君○.
288-3 吾以一杯羊羹○國. 288-7 ○五校. 289-1

【之】 5960

周君患○. 1-4 夫秦○爲無道也. 1-5 周○君臣. 1-6 不若歸○大國.
1-6 願大王圖○. 1-7 周君又患○. 1-9 臣請東解○. 1-9 周賴大國○
義. 1-10 不識大國何塗○從而致○齊. 1-11 夫梁○君臣欲得九鼎. 1
-12 謀○暉臺○下. 1-12 少海○上. 1-12 楚○君臣欲得九鼎. 1-14
謀○於葉庭○中. 1-14 寡人終何塗○從而致○齊. 1-15 弊邑固竊爲
大王患○. 1-15 昔周○伐殷. 1-18 凡一鼎而九萬人輓○. 1-19 何塗
○從而出. 1-20 臣竊爲大王私憂○. 1-21 子○數來者. 1-21 公仲○
軍二十萬. 2-3 景翠以楚○衆. 2-4 臨山而救○. 2-4 秦王不聽羣臣父
兄○義而攻宜陽. 2-5 秦王耻○. 2-6 秦恐公○乘其弊也. 2-9 公中慕
公○爲己乘秦也. 2-10 故天子○國也. 2-16 西周○寶可盡矣. 2-17
臣恐西周○與楚. 2-19 令○爲己求地於東周也. 2-20 西周○欲入寶.
2-20 今東周○兵不急西周. 2-21 西周○寶不入楚韓. 2-21 是我爲楚
韓取寶以德○也. 2-23 東周患○. 3-1 乃往見西周○君曰. 3-2 君○
謀過矣. 3-2 君若欲害○. 3-3 種稻而復奪○. 3-4 則東周○民可令一
仰西周. 3-5 蘇子亦得兩國○金也. 3-6 蘇厲爲○謂周君曰. 3-8 主君
令陳封○楚. 3-9 令向公○魏. 3-9 楚韓○遇也. 3-9 主君令許公○楚.
3-10 令向公○韓. 3-10 周恐假○而惡於韓. 3-14 發重使使○楚. 3-
16 周○君患○. 3-21 以王○强而怒周. 3-22 必以國合於所與粟○國.
3-22 則是勁王○敵也. 3-22 子因令周最居魏以共○. 4-1 前相工師
藉恐客○傷己也. 4-4 君有閔閔○心. 4-8 而民非○. 4-10 無忠臣以
掩蓋○也. 4-10 國人非○. 4-11 管仲故爲三歸○家. 4-11 非國家○
美也. 4-13 温人○周. 4-16 吏因囚○. 4-17 君使人問○曰. 4-17 普
天○下. 4-18 率土○濱. 4-19 則我天子○臣. 4-19 君乃使吏出○. 4
-20 秦以周最○齊疑天下. 4-22 而又知趙○難子齊人戰. 4-22 恐齊
韓○合. 4-23 則公○國虛矣. 4-24 上黨長子趙○有已. 4-24 徐爲○
東. 5-1 秦且收齊而封○. 5-4 而聽天下○戰. 5-4 秦盡韓魏○上黨大
原. 5-5 西止秦○有已. 5-5 天下○半也. 5-6 制齊楚三晉○命. 5-6
是何計○道也. 5-7 欲決霸王○名. 5-9 不如備兩周辯知○士. 5-10
君不如令辯知○士. 5-10 周最於齊王也而逐○. 5-13 且反齊王○信.
5-16 又禁天下○率. 5-17 與○齊伐趙. 5-22 即天下○理也. 5-23 君
若欲因最○事. 6-2 仇赫○相宋. 6-5 將以觀秦○應趙宋. 6-5 亦將觀
韓魏○於齊也. 6-6 公何不令人謂韓魏○王曰. 6-7 欲秦趙○相賣乎.
6-8 視○不可離. 6-8 秦知趙○難與齊戰也. 6-11 將恐齊趙○合也.
6-11 必陰勁○. 6-11 而以兵○急則伐齊. 6-13 不顧其先君○丘墓.
6-17 臣請爲救○. 6-20 王遂伐○. 6-20 如累王○交於天下. 6-20 則
王亦無齊○累也. 6-21 趙取周○祭地. 6-23 周君患○. 6-23 臣請以
三十金復取○. 6-23 周君予○. 6-24 鄭朝獻○趙太卜. 6-24 使卜○.
6-25 太卜譴○曰. 6-25 周○祭地爲祟. 6-25 趙乃還○. 6-25 君○國
小. 7-2 譬○如張羅者. 7-3 張於無鳥○所. 7-4 必張於有鳥無鳥○際.
7-5 君必施於今○窮士. 7-6 皆愛○. 7-9 而爲○請太子. 7-10 是公
○知困而交絶於周也. 7-11 蒻今楚王資○以地. 7-12 王類欲令若爲
○. 7-13 相國令○爲太子. 7-14 周令其相○秦. 7-17 以秦○輕也. 7
-17 秦○輕重. 7-18 秦欲知三國○情. 7-18 請謂王聽東方○處. 7-19
是周常不失重國○交也. 7-20 ○東周. 7-23 盡輸西周○情於東周.
7-23 臣能殺○. 7-24 勉成○. 8-1 因使人告東周○候曰. 8-2 以西周
○於王也. 8-6 吾又恐東周○賊己而以輕西周惡○於楚. 8-7 周君留
○十四日. 8-10 載以乘車駟馬而遣○. 8-10 周君患○. 8-11 正語○
曰. 8-11 寡人知嚴氏○爲賊. 8-12 而陽豎與○. 8-12 故留○十四日
以待命也. 8-12 君○使又不至. 8-13 是以遣○也. 8-14 今又攻秦以
益○. 9-7 竊爲君危○. 9-8 令弊邑以君○情謂秦王曰. 9-10 而以楚
○東國自免也. 9-13 必欲○. 9-13 而處○三晉○西. 9-14 君不如禁
秦○攻周. 9-19 趙○上計. 9-19 今秦攻周而得○. 9-19 秦欲待周○
得. 9-20 前有勝魏○勞. 9-21 後有攻周○敗. 9-21 今君禁○. 9-21
而疾支○. 10-1 周君迎○以卒. 10-3 遺○大鍾. 10-5 虎狼○國也. 10
-7 兼有吞周○意. 10-7 以蔡厹由戒○. 10-8 而實囚○也. 10-9 恐
一日○亡國. 10-9 雍氏○役. 10-12 周君患○. 10-12 吾收○以飢. 10
-16 不過一月必拔○. 10-16 楚王始不信昭應○計矣. 10-17 與○高
都. 10-21 秦聞○必大怒. 10-21 而焚周○節. 10-22 周君○秦. 11-1
不如譽秦王○孝也. 11-1 君不若止○. 11-6 去柳葉者百步而射○. 11
-7 子何不代我射○也. 11-9 公○功甚多. 11-12 令天下皆知君○重
吾得也. 11-18 因泄○楚. 11-18 王必求○. 11-19 王必罪○. 11-20
楚請道於二周○間. 11-22 周君患○. 11-22 除道屬○於河. 11-23 韓
魏必惡○. 11-23 齊秦恐楚○取九鼎也. 11-23 楚不能守方城○外. 11
-24 安能道二周○間. 11-24 楚必將自取○矣. 11-25 歸其劍而責○
金. 12-3 越人請買○千金. 12-4 今君○使最爲太子. 12-5 獨知○契
也. 12-5 天下未有信○者也. 12-5 臣恐齊王○爲君實立果而讓○於
最. 12-6 以嫁○齊也. 12-7 使天下見○. 12-8 將以使攻魏○南陽. 12
-10 周君聞○. 12-11 周君○魏求救. 12-14 魏王以上黨○急辭○.
12-14 見梁囿而樂○也. 12-15 臣能爲君取○. 12-16 而王無○扞也.
12-18 秦悉塞外○兵. 12-18 與周○衆. 12-19 臣嘗聞温囿○利. 12-
22 魏王因使孟卯致温囿於周君而許○戍也. 12-24 韓魏○易地. 13-
1 所以爲○者. 13-2 則楚方城○外危. 13-3 故易成○曰. 13-4 爲王
○國計者. 13-7 是公○知困而交絶於周也. 13-19 悍請令王進○以地.
13-20 西周恐魏○藉道也. 13-22 楚宋不利秦○德三國也. 13-22 彼
且攻王○聚以利秦. 13-23 周使周足○秦. 14-1 臣○秦. 14-2 秦周○
交必惡. 14-2 主君○臣. 14-2 君因相○. 14-3 且公○成事也. 14-5
封○於商. 15-4 朞年○後. 15-6 特以强服○耳. 15-7 孝公行○八年.
15-8 今秦婦人嬰兒皆言商君○法. 15-11 莫言大王○法. 15-11 願大
王圖○. 15-12 惠王車裂○. 15-13 大王○國. 15-15 西有巴蜀漢中○
利. 15-15 北有胡貉代馬○用. 15-16 南有巫山黔中○限. 15-16 東有
肴函○固. 15-16 天下○雄國也. 15-18 以大王○賢. 15-18 士民○衆.
15-18 車騎○用. 15-18 兵法○教. 15-19 寡人聞○. 15-21 今先生儼
然不遠千里而庭教○. 15-22 臣固疑大王○不能用也. 16-1 由此觀○.
16-3 常欲坐而致○. 16-10 故以戰續○. 16-11 今○嗣主. 16-14 以
此論○. 16-15 黑貂○裘弊. 16-16 是皆秦○罪也. 16-20 得太公陰符
○謀. 16-21 伏而誦○. 16-21 取卿相○尊者乎. 16-23 此眞可以說當
世○君矣. 16-23 見說趙王於華屋○下. 16-25 當此○時. 17-3 天下
○大. 17-3 萬民○衆. 17-3 王侯○威. 17-3 謀臣○權. 17-4 皆欲決
蘇秦○策. 17-4 式於廊廟○內. 17-6 不式於四境○外. 17-7 當秦○
隆. 17-7 山東○國. 17-8 且夫蘇秦特窮巷掘門桑户棬樞○士耳. 17-
8 廷說諸侯○王. 17-10 杜左右○口. 17-10 天下莫○能伉. 17-10 父
母聞○. 17-12 以季子○位尊而多金. 17-15 欲以一人○智. 17-19 反

覆東山○君. 17-19 猶連雞○不能俱止於棲○明矣. 17-21 安邑王○有也. 18-2 燕趙惡齊秦○合. 18-2 則向○攻宋也. 18-3 王何惡向○攻宋乎. 18-3 向以王○明爲先知○. 18-3 臣聞○. 18-6 臣竊笑○. 18-9 而天下得○. 18-10 其此○謂乎. 18-10 臣聞○曰. 18-10 今天下○府庫不盈. 18-11 出其父母懷衽○中. 18-18 而民爲○者是貴奮也. 18-20 秦○號令賞罰. 18-23 伯王○名不成. 19-2 中使韓魏○君. 19-4 五戰○國也. 19-6 故由此觀○. 19-6 夫戰者萬乘○存亡也. 19-6 且臣聞○曰. 19-8 當是○時. 19-10 然則是一舉而伯王○名可成也. 19-12 此固已無伯王○道一矣. 19-15 大王以詐破○. 19-16 則荆趙○志絶. 19-17 荆趙○志絶. 19-18 然則是一舉而伯王○名可成也. 19-19 此固已無伯王○道二矣. 19-21 前者穰侯○治秦也. 19-22 用一國○兵. 19-22 而欲以成兩國○功. 19-22 伯王○名不成. 19-24 此固已無伯王○道三矣. 19-24 中央○國也. 20-1 雜民○所居也. 20-1 彼固亡國○形也. 20-2 軍於長平○下. 20-3 以爭韓○上黨. 20-3 大王以詐破○. 20-3 皆秦○有也. 20-7 決白馬○口. 20-12 伯王○名可成也. 20-14 以大王○明. 20-15 秦兵○强. 20-15 伯王○業. 20-16 是謀臣○拙也. 20-16 天下固量秦○謀臣一矣. 20-17 非能厚勝○也. 20-21 由是觀○. 20-22 臣以天下○從. 20-22 願大王有以慮○也. 20-24 且臣聞○. 20-25 破紂○國. 21-3 智伯帥三國○衆. 21-4 決水灌○. 21-5 反智伯○約. 21-6 得兩國○衆. 21-7 以攻智伯○國. 21-7 以成襄子○功. 21-7 言所以舉破天下○從. 21-10 以成伯王○名. 21-11 朝四隣諸侯○道. 21-11 一舉而天下○從不破. 21-12 伯王○名不成. 21-13 子不予○. 21-17 塞轘轅緱氏○口. 21-23 當屯留○道. 21-23 以臨二周○郊. 21-24 誅周主○罪. 21-24 侵楚魏○地. 21-25 西辟○國. 22-1 而戎狄○長也. 22-2 天下○市朝也. 22-4 臣聞○. 22-6 而王隨○矣. 22-7 今王○地小民貧. 22-7 西辟○國也. 22-8 而戎狄○長也. 22-8 而有桀紂○亂. 22-9 以秦攻○. 22-9 而又有禁暴正亂○名. 22-12 又有不義○名. 22-13 而攻天下○所不欲. 22-13 天下○宗室也. 22-14 韓周○與國也. 22-14 不如伐蜀○完也. 22-17 十月取○. 22-18 張儀○殘樗里疾也. 22-21 重而使○楚. 22-21 因令楚王爲○請相於秦. 22-21 重樗里疾而使○者. 22-22 今王誠聽○. 22-24 人必害○. 23-3 家有不宜○財. 23-3 不如與魏以勁○. 23-8 必入西河○外. 23-9 王必取○. 23-9 果獻西河○外. 23-11 田莘○爲陳軫說秦惠王曰. 23-13 臣恐王○如郭君. 23-13 而憚舟○僑存. 23-14 乃遺○女樂. 23-15 舟○僑諫而不聽. 23-15 遂破○. 23-16 而憚宮○奇存. 23-16 乃遺○美男. 23-17 教○惡宮○奇. 23-17 宮○奇以諫而不聽. 23-17 遂取○. 23-18 能害王者○國者. 23-18 楚智横君○善用兵. 23-19 用兵與陳軫○智. 23-19 軫馳楚秦○間. 23-23 且軫欲去秦而○楚. 23-25 吾聞子欲去秦而○楚. 24-1 儀○言果信也. 24-2 非獨儀知○也. 24-2 行道○人皆知○. 24-2 吾不○楚. 24-5 乃必○也. 24-6 陳軫去楚○秦. 24-8 願王逐○. 24-9 即復○楚. 24-9 願王殺○. 24-9 軫安敢○楚也. 24-9 王召陳軫告○曰. 24-11 子欲何○. 24-11 臣願○楚. 24-12 儀以子爲○楚. 24-12 吾又自知子○楚. 24-12 且安○也. 24-13 必故○楚. 24-13 以順王與儀○策. 24-14 而明臣○楚與不也. 24-14 詈○. 24-15 少者許○. 24-15 居彼人○所. 24-17 以此明臣○楚與不. 24-20 陳軫果安○. 24-22 夫軫天下○辯士也. 24-22 軫必○楚. 24-23 子必○楚也. 24-24 則儀○言果信矣. 24-24 非獨儀○言也. 24-24 行道○人皆知○. 24-25 軫不○楚. 25-3 而何○乎. 25-3 遂善待○. 25-3 楚○交善. 26-3 惠王患○. 26-3 子爲寡人慮○. 26-4 臣請試○. 26-5 弊邑○王所說甚者. 26-6 唯儀○所甚願爲臣者. 26-7 弊邑○王所甚憎者. 26-7 唯儀○甚憎者. 26-8 今齊王○罪. 26-9 其於弊邑○王甚厚. 26-9 弊邑欲伐○. 26-9 而大國與○懽. 26-10 是以弊邑○王不得事令. 26-10 臣請使秦王獻商於○地. 26-11 而私商於○地以爲利也, 26-13 宣言○於朝廷. 26-15 不穀得商於○田. 26-15 而得商於○地六百里. 26-17 臣見商於○地不可得. 26-18 王必惋○. 26-22 又重絶○. 26-24 齊秦○交陰合. 27-1 王不如因而賂○一名都. 27-6 與○伐齊. 27-7 是吾合齊秦○交也. 27-8 韓氏從○. 27-10 故楚○土壤士民非削弱. 27-11 楚王使陳軫○秦. 27-15 或謂救○便. 27-17 或謂救○不便. 27-17 王獨不聞吳人○遊楚者乎. 27-18 楚王甚愛○. 27-18 故使人問○. 27-18 王不聞夫管與○說乎. 27-20 管莊子將刺○. 27-22 管與止○曰. 27-23 子待傷虎而刺○. 27-24 無刺一虎○勞. 27-25 而有刺兩虎○名. 27-25 王起兵救○. 28-1 有救齊○利. 28-2 而無伐楚○害. 28-2 事○本也. 28-2 存亡○機. 28-3 皆張儀○讎也. 28-7 公用○. 28-7 則諸侯必見張儀○無秦矣. 28-8 義渠君○魏. 28-10 願聞○. 28-11 則秦且燒焫獲君○國. 28-11 而事君○國也. 28-12 蠻夷○賢君. 28-14 王不如賂○以撫其心. 28-15 此乃公孫衍○所謂也. 28-17 大敗秦人於李帛○下. 28-18 武王示○病. 28-20 君○病. 28-20 在耳○前. 28-20 目○下. 28-21 除○未必已也. 28-21 君與知○者謀○. 28-22 而與不知者敗○. 28-23 使此知秦國○政也. 28-23 請○魏. 29-1 上黨南陽積○久矣. 29-5 行千里而攻○. 29-6 臣聞張儀西并巴蜀○地. 29-7 北取西河○外. 29-7 三年而拔○. 29-9 文侯示○謗書一篋. 29-9 此非臣○功. 29-10 主君○力也. 29-10 今臣羇旅○臣也. 29-10 王必聽○. 29-11 而臣受公仲侈○怨也. 29-12 曾子○母曰. 29-14 頃○. 29-15 一人又告○曰. 29-15 夫以曾參○賢. 29-16 與母○信也. 29-16 而三人疑○. 29-17 今臣○賢不及曾子. 29-17 而王○信臣又未若曾子○母也. 29-17 臣恐王爲臣○投杼也. 29-18 於是與○盟於息壤. 29-19 爭○王. 29-21 王將聽○. 29-21 召甘茂而告○. 29-21 有○. 29-21 復使甘茂攻○. 29-22 宜陽○役. 29-24 不如許楚漢中以懽○. 29-25 三鼓○而卒不上. 30-5 秦○右將有尉對曰. 30-5 是無伐○日已. 30-8 請明日鼓○而不可下. 30-8 因以宜陽○郭爲墓. 30-9 明日鼓○. 30-9 則公○功多矣. 30-14 秦衆盡怨○深矣. 30-15 宜陽○役. 30-17 爲○柰何. 30-22 則王必聽○. 30-23 王因而制○. 30-24 且○齊. 31-1 君聞夫江上○處女乎. 31-1 夫江上○處女. 31-2 欲去○. 31-3 何愛餘明○照四壁者. 31-4 處女相語以爲然而留○. 31-5 地形險易盡知○. 31-9 是非秦○利也. 31-9 厚其祿以迎○. 31-11 彼來則置○槐谷. 31-11 與○上卿. 31-12 以相迎○齊. 31-12 今秦與○上卿. 31-14 以相迎○. 31-14 茂德王○賜. 31-14 今王何以禮○. 31-15 彼以甘茂○賢. 31-16 得擅用强秦○衆. 31-16 賜○上卿. 31-17 命而處○. 31-17 與○間有所立. 31-19 因自謂○曰. 31-19 甘茂○吏道而聞○. 31-20 子焉聞○. 31-22 王怒於犀首○泄也. 31-23 乃逐○. 31-23 楚○相秦者屈蓋. 31-25 陘山○事. 32-5 秦王使公子他○趙. 32-8 而賜○二社○地. 32-9 非使臣○所知也. 32-10 大國裁○. 32-11 臣聞往來○者言曰. 32-12 臣竊必○弊邑○王曰. 32-13 秦○深讎也. 32-15 秦○深讎. 32-16 秦○謀者必曰. 32-17 而後制晉楚○勝. 32-18 以天下擊○. 32-18 譬猶以千鈞○弩潰癰也. 32-18 齊舉兵而爲○頓劍. 32-22 何晉楚○智而齊秦○愚. 32-24 善齊以安○. 32-24 夫取三晉○腸胃與出兵而懼其不反也. 32-25 故臣竊必○弊邑○王曰. 33-1 魏子患○. 33-6 若太后○神靈. 33-7 明知死者○無知矣. 33-7 葬於無知○死人哉. 33-8 先王積怒○日久矣. 33-8 禮必并相○. 34-4 齊免於天下○兵. 34-4 君不如勸秦王令弊邑卒攻齊○事. 34-5 秦王畏晉○强也. 34-6 攻齊○事成. 34-11 五伯○事也. 34-12 而莫○據也. 34-13 故攻齊○於陶也. 34-13 存亡○機也. 34-13 君欲成○. 34-15 故以舜湯武○賢. 34-17 此君○大時也已. 34-17 因天下○力. 34-18 伐讎國○齊. 34-18 報惠王○恥. 34-18 成昭王○功. 34-18 除萬世○害. 34-19 此燕○長利. 34-19 而君○大名也. 34-19 成君○功. 34-21 除君○害. 34-22 挾君○讎以誅於燕. 34-23 後雖悔○. 34-23 君悉燕兵而疾僭○. 34-23 天下○從君也, 34-24 若報父子○仇. 34-24 願君○專志於攻齊. 35-1 公聞東方○語乎. 35-4 若有敗○者. 35-6 夫楚王○以其臣請挈領然而臣有患也. 35-7 夫楚王○以其國依冉也. 35-7 而事臣○主. 35-8 此臣○甚患也. 35-8 是令張儀○言爲禹. 35-9 而務敗公○事也. 35-9 德楚而觀薛公○爲公也. 35-9 觀三國○所求於秦而不能得者. 35-10 觀張儀與澤○所不能得於薛公者也. 35-11 而公請○以自重也. 35-12 此亦百世○時也已. 35-18 而齊○德新加與. 35-22 齊有東國○地. 35-23 南有符離○塞. 35-24 北有甘魚○口. 35-24 支分方城膏腴○地以薄鄭. 36-1 成陽君以王○故. 36-4 今王見其達而收○. 36-4 達而報○. 36-6 失韓魏○道也. 36-6 使以臣○言爲可. 36-10 今臣○胷不足以當椹質. 36-13 工○所失也. 36-18 然則聖王○所棄者. 36-18 取○於國. 36-19 取○於諸侯. 36-19 良醫知病人○死生. 36-21 聖主明於成敗○事. 36-21 利則行○. 36-21 害則舍○. 36-21 疑則少嘗○. 36-22 語○至者. 36-22 臣不敢載○於書. 36-23 則臣○志. 36-25 願少賜游觀○間. 36-25 望見足下而入○. 37-1 秦王說○. 37-2 使人持車召○. 37-2 今者義渠○事急. 37-5 今義渠○事已. 37-5 敬執賓主○禮. 37-6 臣聞始時呂尚○遇文王也. 37-12 身爲漁父而釣於渭陽○濱耳. 37-12 是周無天子○德. 37-16 羇旅○臣也. 37-17 皆匡君○○事. 37-18 處人骨肉○間. 37-18 願以陳臣○陋忠. 37-18 知今日言○於前. 37-19 大王信行臣○言. 37-20 五帝○聖而死. 37-22 三王○仁而死. 37-22 五伯○賢而死. 37-23 烏獲○力而死. 37-23 奔育○勇焉而死. 37-24 人○所必不免也. 37-24 處必然○勢. 37-25 此臣○所大願也. 37-25 加○以幽囚. 38-3 是臣說○行也. 38-4 漆身可以補所賢○主. 38-5 是臣○大榮也. 38-6 臣○所恐者. 38-6 獨恐臣死○後. 38-7 足下上畏太后○嚴. 38-8 下惑姦臣○態. 38-8 居深宮○中. 38-9 不離保傅○手. 38-9 此臣○所恐耳. 38-10 若夫窮辱○事. 38-10 死亡○患. 38-10 而存先王○廟也. 38-13 大王○國. 38-17 以秦卒○勇. 38-18 車騎○多. 38-18 霸王○業可致. 38-20 而大王○計有所失也. 38-21 多○則害於秦. 38-24 臣意王○計欲少出師. 38-24 而悉韓魏○兵則不義矣. 38-24 今見與國○不可親. 38-25 越人○國而攻. 38-25 膚寸○地無得者. 39-2 諸侯見齊○罷露. 39-3 君臣○不親. 39-3 舉兵而伐○. 39-3 得寸則王○寸. 39-5 得尺亦王○尺也. 39-5 中山○地. 39-6 趙獨擅○. 39-6 中國○處. 39-7 而天下○樞也. 39-8 魏多變○國也. 39-11 卑辭重幣以事○. 39-12 削地而賂○. 39-12 舉兵而伐○. 39-12 秦韓○地形. 39-14 秦○有韓. 39-14 若木○有蠹. 39-14 人○病心腹. 39-14 爲○柰何. 39-16 則成睪○路不通. 39-17 北斬太行○道則上黨○兵不下. 39-18 聞齊○內有田單. 39-22

聞秦○有太后穰侯涇陽華陽. 39-23 夫擅國○謂王. 39-24 能專利害○謂王. 39-24 制殺生○威○謂王. 39-24 未○有也. 40-1 穰侯使者操王○重. 40-3 淖齒管齊○權. 40-6 縮閔王○筋. 40-6 縣○廟梁. 40-6 高陵涇陽佐○. 40-8 此亦淖齒李兌○類已. 40-8 且臣將恐後世○有秦國者. 40-9 非王○子孫也. 40-10 叢往求○. 40-19 王○叢. 40-19 王○神. 40-20 華陽用○. 40-22 穰侯用○. 40-23 太后用○. 40-23 王亦用○. 40-23 臣聞○也. 40-24 枝○披者傷其心. 40-24 有非相國○人者乎. 41-1 恐萬世○後有國者. 41-3 臣聞古○善爲政也. 41-4 操大國○勢. 41-6 國○幣帛. 41-7 竭入太后○家. 41-7 竟内○利. 41-7 古○所謂危主滅國○道必從此起. 41-7 是我王果處三分○一也. 41-9 人臣○所樂爲死也. 41-13 攻人主○所愛. 41-13 臣願王○毋獨攻其地. 41-15 張儀○力多. 41-16 張儀○力少. 41-17 則王○所求於韓者. 41-18 欲○. 41-22 視○. 41-22 然降其主父沙丘而臣○. 41-23 天下○王尚猶尊○. 41-24 是天下○王不如鄭賈○智也. 41-24 天下○士. 42-2 請令廢○. 42-3 秦於天下○士非有怨也. 42-3 王見大王○狗. 42-4 投○一骨. 42-5 予○五十金. 42-6 與○昆弟矣. 42-8 不問金○所○. 42-9 天下○士. 42-11 禽馬服○軍. 42-16 雖周呂望○功. 42-16 君能爲○下乎. 42-17 雖欲無爲○下. 42-17 固不得○矣. 42-18 上黨○民皆返爲趙. 42-19 天下○民. 42-19 不樂爲秦民○日固久矣. 42-19 故不如因而割○. 42-21 應侯失韓○汝南. 42-24 公○愛子也. 43-1 無子○時不憂. 43-2 臣以韓○細也. 43-11 願委○卿. 43-12 自是○後. 43-13 父○於子也. 43-17 欲教○者. 43-20 不過父子○親. 43-21 且君擅主輕下○日久矣. 43-21 不如賜軍吏而禮○. 43-23 東鄙○賤人也. 43-24 臣無諸侯○援. 43-25 親習○故. 43-25 王舉臣於羈旅○中. 43-25 天下皆聞臣○身與王○舉也. 44-1 而王明誅○. 44-2 王必不失臣○罪. 44-3 而無過舉○名. 44-3 有○. 44-4 遂弗殺而善遇○. 44-4 天下駿雄弘辯○士也. 44-8 秦王必相○而奪君位. 44-9 應侯聞○. 44-10 及見○. 44-10 應侯因讓○曰. 44-11 何君見○晚也. 44-13 夫四時○序. 44-13 豈非士○所願與. 44-14 豈不辯智○期與. 44-16 傳○無窮. 44-18 稱○而毋絶. 44-18 豈非道○符. 44-19 若秦○商君. 44-20 楚○吳起. 44-20 越○大夫種. 44-20 應侯知蔡澤○欲困己以說. 44-21 義○至. 45-3 忠○節也. 45-3 義○所在. 45-3 天下○福也. 45-5 國○福也. 45-5 家○福也. 45-6 無明君賢父以聽○. 45-8 以君臣論○. 45-13 然則君○主. 45-15 君○爲主. 45-17 功章萬里○外. 45-18 而君○祿位貴盛. 45-19 私家○富過於三子. 45-19 竊爲君危○. 45-19 天○常數也. 45-20 聖人○常道也. 45-21 至葵丘○會. 45-22 有驕矜○色. 45-22 白起率數萬○師. 46-3 誅屠四十餘萬○衆. 46-4 自是○後. 46-5 白起○勢也. 46-6 損不急○官. 46-7 塞私門○請. 46-7 壹楚國○俗. 46-8 使馳說○士無所開其口. 46-8 上下○力. 46-10 勾踐終棓而殺○. 46-11 范蠡知○. 46-13 此皆君○所明知也. 46-14 决羊腸○險. 46-16 塞太行○口. 46-16 又斬范中行○途. 46-16 秦○欲得矣. 46-17 君○功極矣. 46-18 此亦秦○分功○時也. 46-18 讓賢者授○. 46-19 必有伯夷○廉. 46-20 而有喬松○壽. 46-20 臣○見人甚衆. 46-23 大說○. 46-23 人或惡○. 47-2 韓魏聞楚○困. 48-3 恐秦○救也. 48-5 今三國○兵且去楚. 48-6 况於楚○故地. 48-7 楚疑於秦○未必救己也. 48-7 而今三國○辭去. 48-8 則楚○應○也必勸. 48-8 秦爲知○. 48-9 遂發重使○楚. 48-12 楚○應○果勸. 48-12 秦○有也. 48-17 秦○縣也已. 48-18 魏懼而復○. 48-20 三國○兵深矣. 48-23 此父兄○任也. 48-24 吾特以三城從○. 49-4 此講○悔也. 49-4 此又不講○悔也. 49-5 ○兵乃退. 49-7 今○如耳魏齊. 49-11 孰與孟嘗芒卯○賢. 49-11 以孟嘗芒卯○賢. 49-12 帥强韓魏○兵以伐秦. 49-12 今以無能○如耳魏齊. 49-13 三○料天下過矣. 49-15 昔者六晉○時. 49-16 吾不知水○可亡人○國也. 49-19 乃今知○. 49-19 今秦○强. 49-21 尚賢在晉陽○下也. 49-22 願王○勿易也. 49-23 魏畏秦楚○合. 50-3 秦○楚者多資矣. 50-4 魏王聞○恐. 50-6 是以鯉與○遇也. 50-10 弊邑○於與遇善○. 50-10 王不如留○以市地. 50-14 臣見王○權輕天下. 50-17 臣○來使也. 50-17 楚知秦○孤. 50-20 秦王乃出○. 50-21 臣○義不參拜. 50-23 秦王許○. 50-24 王知○乎. 51-1 無把銚推耨○勢. 51-2 而有積粟○實. 51-2 無積粟○實. 51-4 無孝○名. 51-5 無孝○實. 51-5 山東○建國可兼與. 51-7 天下○咽喉. 51-8 天下○胷腹. 51-8 聽○韓魏. 51-9 入其社稷○臣於秦. 51-9 寡人○國貧. 51-10 頓子○說也. 51-14 燒先王○墓. 51-17 臣聞○. 51-23 今大國○地半天下. 51-24 萬乘○地未嘗有也. 51-25 王○身. 52-1 以絶從親○要. 52-1 而出百里○地. 52-3 杜大梁○門. 52-4 楚燕○兵云翔不敢校. 52-5 王○功亦多矣. 52-6 然後復○. 52-7 王又割濮磨○北屬○燕. 52-8 斷齊秦○要. 52-8 絶楚魏○脊. 52-9 王○威亦憚矣. 52-10 省攻伐○心而肥仁義○誡. 52-11 王若負人徒○衆. 52-13 材兵甲○强. 52-13 壹毀魏氏○威. 52-13 而欲以力臣天下○主. 52-14 此言始○易. 52-15 終○難也. 52-15 智氏見伐趙○利. 52-16 而不知榆次○禍也. 52-16 吳見伐齊○便. 52-17 而不知干隧○敗也. 52-17 吳○信越也. 52-18 還爲越王禽於三江○浦. 52-19 攻晉陽○城. 52-20 韓魏反○.

52-20 殺智伯瑶於鑿臺○上. 52-21 今王妬楚○不毀也. 52-21 而忘毀楚○强魏也. 52-21 從此觀○. 52-23 予忖度○. 52-24 遇犬獲○. 52-24 今王中道而信韓魏○善王也. 52-24 臣恐韓魏○卑辭慮患. 52-25 王既無重世○德於韓魏. 53-1 而有累世○怨矣. 53-2 韓魏○不亡. 53-6 秦社稷○憂也. 53-6 今王○攻楚. 53-6 是王攻楚○日. 53-7 王將藉路於仇讎○韓魏乎. 53-7 兵出○日而王憂其不反也. 53-8 是王以兵資於仇讎○韓魏. 53-8 王若不藉路於仇讎○韓魏. 53-8 山林谿谷不食○地. 53-10 王雖有○. 53-10 是王有毀楚○名. 53-11 無得地○實也. 53-11 且王攻楚○日. 53-12 秦楚○構而不離. 53-12 膏腴○地也. 53-14 而王使○獨攻. 53-15 韓魏○强足以校於秦矣. 53-16 天下○國. 53-17 一年○後. 53-18 於以禁王○爲帝有餘. 53-18 夫以王壤土○博. 53-19 人徒○衆. 53-19 兵革○强. 53-19 王襟以山東○險. 53-23 帶以河曲○利. 53-23 韓必爲關中○候. 53-24 而關内二萬乘○主注地於齊. 54-1 齊○右壤可拱手而取也. 54-2 是王○地一任兩海. 54-3 則桀紂○後將存. 54-9 厭案萬乘○國. 54-10 千乘○宋也. 54-11 天下○士相從謀曰. 54-12 而朝於邯鄲○君乎. 54-12 因退爲逢澤○遇. 54-14 齊太公聞○. 54-15 郢威王聞○. 54-16 以與申縛遇於泗水○上. 54-17 趙人聞○至枝桑. 54-18 燕人聞○至格道. 54-18 以同言郢威王於側紂○間. 54-22 故天下樂伐○也. 54-23 臣竊惑王○輕齊易楚. 55-3 驕忿非伯主○業也. 55-6 臣竊爲大王慮○而不取也. 55-7 故先王○所重者. 55-8 爲黄池○遇. 55-10 制趙韓○兵. 55-12 而使天下○士不敢言. 55-14 雍天下○國. 55-14 徙兩周○疆. 55-14 而世主不敢交陽侯○塞. 55-15 而韓楚○兵不敢進. 55-15 則臣恐諸侯○君. 55-17 河濟○士. 55-17 以王爲吳智○事也. 55-17 此言末路○難. 55-19 以臣○心觀○. 55-20 天下○事. 55-20 依世主○心. 55-20 四國○兵敵. 55-21 齊宋在繩墨○外以爲權. 55-22 若隨此計而行○. 55-24 必殺○矣. 56-5 大臣○尊者也. 56-7 太后○所親也. 56-8 公何不以秦楚○重. 56-9 資而相○於周乎. 56-9 楚必便○矣. 56-9 是辛戎有秦楚○重. 56-9 紛彊欲敗○. 56-12 魏必負○. 56-13 負秦○日. 56-13 令○留於酸棗. 56-14 樓子患○. 56-14 昭衍爲周○梁. 56-15 樓子告○. 56-15 秦疑於王○約. 56-16 以太子○留酸棗而不○秦. 56-17 秦王○計曰. 56-17 我與其處而待○見攻. 56-18 不如先伐○. 56-18 耕田○利幾倍. 56-22 珠玉○贏幾倍. 56-22 立國家○主贏幾倍. 56-22 願往事○. 56-24 故往說○曰. 56-25 子傒有承國○業. 56-25 外託於不可知○國. 57-1 君○罪至死. 57-4 君知○乎. 57-4 君○門下無不居高尊位. 57-4 君○府藏珍珠寶玉. 57-5 君○駿馬盈外廄. 57-5 王○春秋高. 57-6 必無危亡○患矣. 57-8 子傒有承國○業. 57-9 士倉又輔○. 57-9 王后○門. 57-10 王后誠請而立○. 57-11 王后乃請趙而歸○. 57-13 趙未○遣. 57-14 秦○寵子也. 57-14 王后欲取而子○. 57-14 趙厚送遣○. 57-16 趙乃遣○. 57-17 而自子○. 57-19 王罷○. 57-20 趙○豪桀. 57-21 大王無一介○使以存○. 57-22 王后勸立○. 57-23 令○曰. 57-24 以廣河間○地. 58-4 受百里○地. 58-6 臣行○. 58-8 我自行○而不肯. 58-9 汝安能行○也. 58-9 卿○功. 58-12 臣○功不如武安君也. 58-13 卿明知功○不如武安君歟. 58-13 知○. 58-14 應侯○用秦也. 58-14 知○. 58-16 武安君難○. 58-17 絞而殺○. 58-17 臣不知卿所死○處矣. 58-18 聞燕太子丹○入秦與. 58-21 聞○. 58-21 聞張唐○相燕與. 58-22 聞○. 58-22 與司空馬○趙. 59-3 臣事○. 59-5 請爲大王設秦趙○戰. 59-6 民孰與○衆. 59-7 金錢粟孰與○富. 59-7 國孰與○治. 59-8 相孰與○賢. 59-8 將孰與○武. 59-9 律令孰與○明. 59-9 然則大王○國. 59-10 大王○國亡. 59-10 大王裂趙○半以賂秦. 59-12 秦不接刃而得趙○半. 59-12 内惡趙○守. 59-13 外恐諸侯○救. 59-13 秦必受○. 59-13 則是大王名亡趙○半. 59-16 今又割趙○半以强秦. 59-18 願卿○更計. 59-19 以上客料○. 59-25 趙王○臣有韓倉者. 60-1 韓倉果惡○. 60-4 使韓倉數○曰. 60-4 出○袖中. 60-7 纏○以布. 60-8 願公入明○. 60-8 銜劍徵○於柱以自刺. 60-12 必爲言○曰. 60-14 爲○奈何. 60-21 與○爲交以報秦. 60-24 韓非知○. 61-1 北使燕代○間三年. 61-2 四國○交未必合也. 61-2 是賈以王○權. 61-2 國○寶. 61-3 願王察○. 61-3 梁○大盜. 61-4 趙○逐臣. 61-4 與同知社稷○計. 61-4 尚焉○. 61-9 四國○王尚焉用賈○身. 61-9 梁○大盜. 61-12 趙○逐臣. 61-12 齊○逐夫. 61-12 朝歌○廢屠. 61-13 子良○逐臣. 61-13 棘津○讎不庸. 61-13 文王用○而王. 61-13 其鄙人○賈人也. 61-14 南陽○弊幽. 61-14 魯○免囚. 61-15 桓公用○而伯. 61-15 虞○乞人. 61-15 傳賣以五羊○皮. 61-15 穆公相○而朝西戎. 61-16 明主用○. 61-17 雖有高世○名. 61-19 無咫尺○功者不賞. 61-20 百姓爲○用. 62-5 故王勝○也. 62-7 楚王聞○. 62-10 封○成與不. 62-11 願委○於子. 62-12 王獨利魯宋○小. 62-14 靖郭君因見○. 62-19 更言○. 62-21 亦君○水也. 62-23 雖隆薛○城到於天. 62-24 猶○無益也. 62-24 五官○計. 63-3 說五而厭○. 63-4 齊貌辨○爲人也多疵. 63-7 吾無辭爲○. 63-10 於是舍○上舍. 63-10 靖郭君○交. 63-11 辭而○薛. 63-12 王○不說嬰甚. 63-13 宣王聞○. 63-15 藏怒以待○. 63-15 靖郭君○所聽愛夫. 63-16 愛則有○. 63-17 王○方爲

太子○時.63-17 若聽辨而爲○.63-19 必無今日○患也.63-20 昭陽請以數倍○地易薛.63-20 必聽○.63-21 且先王○廟在薛.63-22 吾豈可以先王○廟與楚乎.63-22 靖郭君○於寡人一至此乎.63-23 靖郭君衣威王○衣.64-1 望○而泣.64-2 因請相○.64-2 故人非○不爲沮.64-5 此齊貌辨○所以外生樂患趣難者也.64-6 邯鄲○難.64-8 軍於邯鄲○郊.64-11 臣○求利且不利者.64-12 邯鄲拔而承魏○弊.64-13 齊因承魏○弊.64-15 大破○桂陵.64-1 南梁○難.64-17 早救○.64-17 孰與晚救○便.64-17 晚救○.64-18 不如早救○.64-18 夫韓魏○兵未弊.64-19 而我救○.64-20 我代韓而受魏○兵.64-20 且夫魏有破韓○志.64-20 我因陰結韓○親.64-21 而晚承魏○弊.64-21 乃陰告韓使者而遣○.64-22 大破○馬陵.64-24 韓魏○君因田嬰北面而朝田侯.64-24 則是君○謀也.65-3 我田忌○人也.65-7 循軼○途也.65-13 田忌亡齊而○楚.65-19 鄒忌代○相.65-19 恐田忌○以楚權復於齊也.65-21 以示田忌○不返齊也.65-22 此用二忌○道也.65-24 楚果封○於江南.65-24 王悅○.66-1 忌聞以爲有一子○孝.66-2 不如有五子○孝.66-2 今首○所進仕者.66-3 宣王因以晏首壅塞○.66-3 齊國○美麗者也.66-7 問○客曰.66-9 徐公不若君○美也.66-10 孰視○.66-11 寢而思○曰.66-12 吾妻○美我者.66-12 妾○美我者.66-13 客○美我者.66-13 臣○妻私臣.66-15 臣○妾畏臣.66-15 臣○客欲有求於臣.66-15 朝廷○臣.66-16 四境○內.66-17 由此觀○.66-17 王○蔽甚矣.66-17 能面刺寡人○過者.66-18 聞寡人○耳者.66-19 數月○後.66-20 期年○後.66-20 燕趙韓魏聞○.66-21 齊威王使章子將而應○.66-24 頃○間.67-1 言章子○敗者.67-2 王何不發將而擊○.67-3 曷爲擊○.67-4 於是秦王拜西藩○臣而謝於齊.67-5 何以知○.67-6 章子○母啓得罪其父.67-6 其父殺○而埋馬棧○下.67-7 勉○曰.67-8 夫子○强.67-8 必更葬將軍○母.67-8 臣○母啓得罪臣○父.67-9 臣○父未教而死.67-9 夫不得父○教而更葬母.67-10 魯親○.67-13 齊王患○.67-13 君○謀過矣.67-15 楚○權敵也.67-17 足下豈如令衆而合二國○後哉.67-17 古○王者○伐也.67-23 今齊楚燕趙韓梁六國○遞甚也.67-24 非山東○上計也.67-25 此臣○所以爲山東○患.68-1 何秦○智而山東○愚耶.68-3 願大王○察也.68-3 古○五帝三王五伯○伐也.68-4 今秦○伐天下不然.68-4 必欲反○.68-5 今韓梁○目未嘗乾.68-5 舉齊屬○海.68-8 願王熟慮○.68-9 此萬世○計也.68-10 此臣○所謂齊必有大憂.68-12 此所謂四塞○國也.68-17 齊車○良.68-18 五家○兵.68-18 臨淄○中七萬户.68-19 臣竊度○.68-20 而臨淄○卒.68-20 臨淄○途.68-23 夫以大王○賢與齊○强.68-24 竊爲大王羞○.68-25 且夫韓魏○所以畏秦者.69-1 而戰勝存亡○機決矣.69-2 是故韓魏○所以重與秦戰而輕爲○臣也.69-3 倍韓魏○地.69-5 至闈陽晉○道.69-5 徑亢父○險.69-6 恐韓魏○議其後也.69-7 夫不深料秦○不奈我何也.69-9 是羣臣○計過也.69-9 今無臣事秦○名.69-10 而有强國○實.69-10 臣固願大王○少留計.69-11 今主君以趙王○教詔○.69-12 皆爲一時說而不顧萬世○利.69-16 負海○國也.69-17 臣聞○.69-20 雖有勝名而有亡○實.69-21 今趙○與秦也.69-22 猶齊○於魯也.69-22 秦趙戰於河漳○上.69-22 戰於番吾○下.69-23 四戰○後.69-23 雖有勝秦○名.69-24 爲昆弟○國.69-25 秦驅韓魏攻齊○南地.70-1 臨淄卽墨非王○有也.70-2 是故願大王熟計○.70-3 託於東海○上.70-4 未嘗聞社稷○長利.70-4 今大客幸而教○.70-5 獻魚鹽○地三百於秦也.70-5 秦伐○.71-3 吾將救○.71-4 王○謀過矣.71-4 不如聽○.71-4 子噲與子○國.71-4 楚趙必救○.71-5 乃許韓使者而遣○.71-6 張儀聞○.71-12 願効○王.71-12 儀○所在.71-14 必舉兵而伐○.71-14 故儀願乞不肖身而○梁.71-15 齊必舉兵而伐○.71-15 齊梁○兵連於城下.71-16 納○梁.71-18 齊果舉兵伐○.71-19 乃使其舍人馮喜○楚.71-20 藉使○齊.71-20 齊楚○事已畢.71-20 厚矣王○託儀於秦王也.71-21 儀○所在.71-22 必舉兵伐○.71-22 是乃王○託儀也.71-23 儀○出秦.71-23 儀○所在.71-24 必舉兵伐○.71-24 故儀願乞不肖身而○梁.72-1 梁齊○兵連於城下不能去.72-1 而果伐○.72-4 此臣○所謂託儀也.72-5 儀以秦梁○齊合橫親.72-8 因與○參坐於衛君○前.72-10 爲儀千秋○祝.72-11 犀首送○至於齊壃.72-11 齊王聞○.72-12 而儀與○俱.72-12 楚○法.72-16 數人飲○不足.72-20 一人飲○有餘.72-20 引酒且飲○.72-21 吾能爲○足.72-22 一人○蛇成.72-22 子安能爲○足.72-22 官○上非可重也.72-25 而與○伐齊.73-3 趙足○齊.73-4 王欲秦趙○解乎.73-5 權○難.73-8 秦使魏冉○趙.73-8 薛公使魏處○趙.73-8 兩國○權.73-13 齊楚救○.73-15 則且遂攻○.73-16 不如聽○以卻秦兵.73-18 是秦○計中.73-18 而齊燕○計過矣.73-18 且趙○於燕齊.73-19 齒○有脣也.73-20 且夫救趙○務.73-21 秦伐周韓○西.73-25 及韓却周割○.74-1 則亦不果於趙魏○應秦而伐周韓.74-3 趙魏亡○後.74-4 吾將與三國共立○.75-6 蘇秦○事.75-8 可以忠太子使○亟去.75-9 則楚○計變.75-14 爲○柰何.75-15 臣請爲君○楚.75-16 使亟入下東國○地.75-16 因遣○.75-17 齊欲奉太子而立○.75-18 臣觀薛公○留太子者.75-18 則太子且倍王○割而使齊奉己.75-19 楚○勢可多割也.75-21 使太子謁○君.75-22 使楚王聞○.75-22 齊奉太子而立○.75-24 太子何不倍楚○割地而資齊.76-1 倍楚○割而延齊.76-1 楚王聞○恐.76-2 益割地而獻○.76-2 齊○所以敢多割地者.76-4 齊未必信太子○言也.76-9 太子其圖○.76-10 蘇秦恐君○知○.76-13 臣竊爲君疑○.76-15 願王○知○.76-20 君○所以重於天下者.76-23 以能得天下○士而有齊權也.76-23 今蘇秦天下○辯士也.76-24 而於君○事殆矣.77-1 故君不如因而親○.77-2 貴而重○.77-2 蘇秦欲止○.77-9 吾已盡知○矣.77-10 臣○來也.77-11 孟嘗君見○.77-12 西岸○土也.77-14 吾西岸○土也.77-15 東國○桃梗也.77-16 今秦四塞○國.77-18 而君入○.77-18 荊人攻○.77-21 而孟嘗令人體貌而親郊迎○.77-22 荊固而攻○.78-2 先君○廟在焉.78-3 疾興兵救○.78-3 顛蹶○請.78-4 望拜○謁.78-4 人○急也.78-5 若自在隘窘○中.78-5 孟嘗君奉夏侯章以四馬百人○食.78-7 遇○甚懽.78-7 董○繁菁以問夏侯公.78-9 而奉我四馬百人○食.78-11 我無分寸○功而得此.78-11 然吾毁○以爲○也.78-11 以吾毁○者也.78-12 願聞先生有以補○闕者.78-15 嘗天下○主.78-16 臣請以臣○血湔其衽.78-17 車軼○所能至.78-17 請掩足下○短者.78-18 誦足下○長.78-18 千乘○君與萬乘○相.78-18 臣願以足下○府庫財物.78-20 收天下○士.78-20 若魏文侯○有田子方段干木也.78-20 此臣○所爲君取矣.78-21 孟嘗君舍人有與君○夫人相愛者.78-23 君其殺○.78-25 人○情也.79-1 其錯○勿言也.79-1 君召愛夫人者而謂○曰.79-2 齊衞○交惡.79-5 衞君甚欲約天下○兵以攻齊.79-5 今君約天下○兵以攻齊.79-8 齊人聞○曰.79-12 欲逐○.79-15 曹沫○奮三尺○劍.79-17 使曹沫釋其三尺○劍.79-17 而操銚鎒與農夫居壟畝○中.79-18○其所短.79-19 則謂○不肖.79-20 則謂○拙.79-20 拙則罷○.79-20 不肖則棄○.79-20 豈非世○立教首也哉.79-21 郢○登徒.79-24 直使送○.79-24 郢○登徒也.79-25 象牀○直千金.80-1 賣妻子不足償○.80-2 願得獻○.80-2 有存亡繼絶○義.80-7 小國英桀○士.80-8 誠說君○義.80-8 慕君○廉也.80-9 所未至○國.80-9 君召而返○.80-11 今何舉足○高.80-12 志○揚也.80-12 重○寶劍一.80-13 諫而止君○過.80-15 郢○登徒不欲行.80-16 許戍以先人○寶劍.80-16 受○乎.80-17 急受○.80-18 有能揚文○名.80-18 止文○過.80-19 寡人聞○.80-22 及○睪黍梁父○陰.80-25 今髡賢者○疇也.81-1 髡將復見○.81-2 天下○疾犬也.81-6 海內○狡兔也.81-6 田父見○.81-7 無勞勸○苦.81-8 有田父○功.81-9 秦破馬服君○師.81-11 卒魏兵以救邯鄲○圍.81-12 是齊入於魏而救邯鄲○功也.81-13 魏○柱國也.81-14 趙○柱國也.81-14 楚○柱國也.81-14 福三國○君.81-16 兼二周○地.81-16 且天下○半.81-17 封衛○東野.81-18 兼魏○河南.81-18 絶趙○東陽.81-18 則非齊○利也.81-19 韓魏趙楚○志.81-19 三國○與秦壤界而患急.81-20 是以天下○勢.81-21 孟嘗君笑而受○曰.82-5 左右以君賤○也.82-6 食○.82-8 比門下○客.82-8 左右皆笑○.82-10 爲○駕.82-10 比門下○車客.82-10 左右皆惡○.82-12 孟嘗君怪○.82-17 吾負○.82-19 請而見○.82-19 沉於國家○事.82-20 願○.82-21 驅而○薛.82-24 衣冠而見○.83-2 今君有區區○薛.83-6 因而賈利○.83-7 寡人不敢以先王○臣爲臣.83-9 乃今日見○.83-12 諸侯先迎○者.83-16 齊其聞○矣.83-18 齊王聞○.83-19 被於宗廟○祟.83-21 沉於諂諛○臣.83-21 願君顧先王○宗廟.83-22 願請先王○祭器.83-23 無纖介○禍者.83-25 馮諼○計也.83-25 意者秦王帝王○主也.84-4 奚暇從以難○.84-5 意者秦王不肖○主也.84-5 君從以難○.84-6 以車十乘○秦.84-7 昭王聞○.84-7 而欲媿○以辭.84-7 薛公○地.84-8 今孟嘗君○地方百里.84-10 孟嘗君○好人也.84-12 而治可爲管商○師.84-14 萬乘○嚴主也.84-16 昭王笑而謝○.84-17 欲客○必諭寡人○志也.84-18 立千乘○義而不可陵.84-19 衣裘與○同○.84-23 今君○家富於二公.84-24 君○廄馬百乘.85-1 色與馬取於今○世.85-3 故曰君○好士未也.85-3 譚拾子迎○於境.85-6 君滿意殺○乎.85-8 君知○乎.85-9 事○必至者.85-10 理○固然者.85-10 富貴則就○.85-10 貧賤則去○.85-10 此事○必至.85-11 理○固然者.85-11 非朝愛市而夕憎○也.85-11 孟嘗君乃取所怨五百牒削去○.85-12 由是觀○.85-22 生王○頭.85-22 曾不若死士○壟也.85-22 大王據千乘○地.85-24 天下○士.85-25 今夫士○高者.86-2 士○賤也.86-3 屬聞古大禹○時.86-4 德厚○道.86-4 得貴士○力也.86-5 及湯○時.86-5 當今○世.86-6 由此觀○.86-6 非得失○策與.86-6 滅亡無族○時.86-7 則凶從○.86-9 形○君也.86-15 事○本也.86-16 何不吉○有哉.86-17 是其賤○本與.86-18 人○困賤下位也.86-19 是以明乎士○貴也.86-21 及今聞君子○言.86-22 乃今聞細人○行.86-23 安行而反臣○邑屋.87-4 先生徐○.87-10 宣王因趨而迎○於門.87-10 寡人奉先君○宗廟.87-11 王聞○過.87-12 唯恐失抎○.87-16 當今○世無士.87-19 世無東郭俊盧氏○狗.87-20 王○走狗已具矣.87-21 固願得士以治○.87-22 王斗曰王○憂國愛民.87-22 爲能○也.87-24 乃進

而問○曰.88-7 北宮○女嬰兒子無恙耶.88-11 子何聞○.88-18 臣聞○鄰人○女.88-18 臣鄰人○女.88-19 且財者君○所輕.89-1 死者士○所重.89-1 蘇秦自燕○齊.89-5 子○來也.89-6 王○問臣也卒.89-7 而患○所從生者微.89-7 聽○.89-8 不如聽○以卒秦.89-8 秦稱○.89-9 天下聽○.89-9 王亦稱○.89-9 先後○事.89-9 秦稱○.89-10 孰與伐宋○利也.89-15 伐趙不如伐宋○利.89-18 夫有宋則衛○陽城危.89-20 有淮北則楚○東國危.89-20 有濟西則趙○河東危.89-20 故釋帝而貳○以伐宋○事.89-21 此湯武○舉也.89-22 而後使天下憎○.89-23 願王○熟慮○也.89-24 萬物○率也.90-5 百事○長也.90-5 不得弦機○利.90-7 此亡國○形也.90-10 邯鄲○中鶩.90-11 河山○間亂.90-12 墮中牟○郭.90-12 譬○衛矢而魏弦機也.90-13 藉力魏而有河東○地.90-13 亦襲魏○河北燒棘溝.90-15 故剛平○殘也.90-16 中牟○墮也.90-16 黄城○墜也.90-17 棘溝○燒也.90-17 此皆非趙魏○欲也.90-17 然二國勸行○者.90-18 衛明於時權○藉也.90-18 今世○爲國者不然矣.90-18 事敗而好鞠○.90-19 順民○意.90-22 而料兵○能.90-22 齊○與韓魏伐秦楚也.90-24 且夫強大○禍.91-5 夫弱小○殃.91-5 大國○計.91-6 夫後起○藉與多而兵勁.91-7 事不塞天下○心.91-8 小國○情.91-9 身從諸侯○君.91-15 強大而喜先天下○禍也.91-16 外信諸侯○殃也.91-17 由此觀○.91-17 則強弱大小○禍.91-18 騏驥○衰也.91-19 駑馬先○.91-19 孟賁○倦也.91-19 女子勝○.91-19 後起○藉也.91-21 今天下○相與也不並滅.91-21 明於諸侯○故.91-23 察於地形○理者.91-23 昔者齊燕戰於桓○曲.91-25 十萬○衆盡.92-1 夫胡○與齊非素親也.92-1 由此觀○.92-3 國○殘也.92-6 而都縣○費也.92-6 彼戰者○爲殘也.92-6 令折轅而炊○.92-7 則是路君○道也.92-8 有市○邑莫不止事而奉王.92-10 則此虚中○計也.92-10 夫戰○明日.92-10 故民○所費也.92-13 十年○田而不償也.92-13 軍○所出.92-13 亡矢○大半.92-14 甲兵○具.92-14 官○所私出也.92-15 士大夫○所匿.92-15 廝養士○所竊.92-15 十年○田而不償也.92-16 攻城○費.92-17 此用兵○盛也.92-21 夫中山千乘○國也.92-24 而敵萬乘○國二.92-24 此用兵○上節也.92-25 不嗇於戰攻○患也.93-1 由此觀○.93-1 則戰攻○敗.93-2 今世○所謂善用兵者.93-3 一國得而保○.93-4 則非國○利也.93-4 則非王○樂也.93-6 便弓引弩而射○.93-7 則同心於貫○者.93-8 然則天下仇○必矣.93-9 素用強兵而弱○.93-10 故明君○攻戰也.93-12 彼明君○從事也.93-13 臣○所聞.93-15 攻戰○道非師者.93-15 雖有百萬○軍.93-15 比○堂上.93-15 雖有闔閭吳起○將.93-16 禽○户內.93-16 千丈○城.93-16 拔○尊俎○間.93-16 百尺○衝.93-16 折○衽席○上.93-17 故鍾鼓竽瑟○音不絶.93-17 和樂倡優侏儒○笑不○.93-18 則王○道也.93-21 鋭兵來則拒○.93-21 患至則趨○.93-22 秦王恐○.93-25 大王○功大矣.94-4 今大王○所從十二諸侯.94-4 此固大王○所以鞭箠使也.94-5 而從天下○志.94-7 魏王說於衛鞅○言也.94-8 從七星○旟.94-9 此天子○位也.94-9 而魏王處○.94-10 覆其十萬○軍.94-11 然後天下乃舍○.94-11 秦王垂拱受西河○外.94-12 故曰衛鞅○始與秦王計也.94-13 言於尊俎○間.94-13 而西河○外入於秦矣.94-14 此臣○所謂比○堂上.94-15 拔城於尊俎○間.94-16 齊負郭○民有孤狐咺者.95-3 斮○檀衢.95-4 殺○東閭.95-5 殺○.95-5 使昌國君將而擊○.95-6 齊使向子將而應○.95-6 淖齒數○曰.95-9 夫千乘博昌○間.95-9 王知○乎.95-10 嬴博○間.95-10 王知○乎.95-11 求○則不得.95-12 去○則聞其聲.95-12 王知○乎.95-12 逃太史○家爲溉園.95-16 善事○.95-17 田單以即墨○城.95-17 立○以爲王.95-18 失王○處.95-21 與○誅淖齒.96-1 刺而殺○.96-1 人或讒○.96-5 田單攻○歲餘.96-6 約○矢以射城中.96-7 吾聞○.96-7 今公行一朝○忿.96-9 不顧燕王○無臣.96-9 願公○詳計而無與俗同也.96-13 齊無南面○心.96-14 以爲亡南陽○害.96-14 不若得濟北○利.96-14 故定計而堅守○.96-14 橫秦○勢合.96-15 則楚國○形危.96-15 計必爲○.96-16 齊無天下○規.96-17 與聊城共據朞年○弊.96-17 即臣見公○不能得也.96-17 齊必決○於聊城.96-18 栗腹以百萬○衆.96-19 萬乘○國.96-20 公聞○乎.96-20 今公又以弊聊○民.96-21 距全齊○兵.96-22 是墨翟○守也.96-22 士無反北○心.96-23 是孫臏吳起○兵也.96-23 然而管子并三行○過.97-10 據齊國○政.97-11 使曹子○足不離陳.97-13 故去三北○恥.97-15 曹子以一劍○任.97-17 劫桓公於壇位○上.97-17 三戰○所喪.97-18 一朝而反○.97-18 故去忿恚○心.97-21 而成終身○名.97-21 除感忿○耻.97-21 而立累世○功.97-21 公其圖○.97-22 故解齊國○圍.97-24 救百姓○死.97-24 仲連○說也.97-24 田單守即墨○城.98-1 田單○立疑.98-2 齊國○衆.98-2 田單相○.98-3 單解裘而衣○.98-6 襄王惡○.98-6 田單○施.98-6 恐後○.98-7 襄王呼而問○曰.98-7 聞○.98-8 王嘉單○善.98-9 寡人憂民○飢也.98-10 單收而食○.98-10 寡人憂民○寒也.98-10 單解裘而衣○.98-10 而單亦憂○.98-11 稱寡人○意.98-11 單有是善而王嘉○.98-11 善單○善.98-12 亦王○善已.98-12 宜召田單而揖○於庭.98-14 口勞○.98-15 乃布令求百姓○飢寒者.98-15 收穀○.98-15 聞丈夫○相囗與語.98-16 田單○愛人.98-17 乃王○教澤也.98-17 安平君聞○.98-19 跖○狗吠堯.98-21 徐子○狗.98-22 猶時攫公孫子○腓而噬○也.98-22 豈特攫其腓而噬○耳哉.98-24 任○於王.98-25 王有所幸臣九人○屬.99-1 燕○伐齊○時.99-1 九人○屬曰.99-3 楚王受而觴○.99-4 九人○屬相與語於王曰.99-4 且安平君○與王也.99-5 外懷戎翟天下○賢士.99-7 陰結諸侯○雄俊豪英.99-7 願王○察○.99-8 子爲子○臣禮.99-9 吾爲吾○王禮而已矣.99-10 王惡得此亡國○言乎.99-12 且自天地○闢.99-16 民人○治.99-16 爲人臣○功者.99-17 惡得此亡國○言乎.99-18 且王不能守先王○社稷.99-18 王走而○城陽○山中.99-19 安平君以惴惴○即墨.99-19 三里○城.99-19 五里○郭.99-20 而反千里○齊.99-20 安平君○功也.99-20 城陽天下莫○能止.99-21 然而計○於道.99-21 歸○於義.99-22 且嬰兒○計不爲此.99-24 臣以五里○城.100-4 七里○郭.100-4 破萬乘○燕.100-4 三月而不克○也.100-5 將軍○在即墨.100-9 當此○時.100-12 將軍有死○心.100-12 而士卒無生○氣.100-12 當今將軍東有夜邑○奉.100-13 西有菑上○虞.100-14 而馳乎淄澠○間.100-14 有生○樂.100-15 無死○心.100-15 先生志○矣.100-16 立於矢石○所.100-16 乃援枹鼓○.100-16 濮上○事.100-19 雖復責○宋.100-21 因以爲辭而攻○.100-21 齊閔王○遇殺.100-24 奇法章○狀貌.100-25 憐而常竊衣食○.100-25 欲立○.101-1 不以不覩○故.101-4 失人子○禮也.101-4 君王后引椎椎破○.101-8 羣臣○可用者某.101-10 請書○.101-11 不脩攻戰○備.101-14 即墨大夫與雍門司馬諫而聽○.101-19 而在阿鄄○間者百數.101-22 王收而與○百萬○衆.101-22 使收三晉○故地.101-23 即臨晉○關可以入矣.101-23 王收而與○百萬○師.101-25 夫舍南面○稱制.102-1 秦使陳馳誘齊王內○.102-3 約與五百里○地.102-3 處○共松柏○間.102-4 先是齊爲○歌曰.102-4 齊以淖君○亂秦.102-7 故使蘇涓○楚.102-7 令任固○齊.102-8 不若其欲齊○甚也.102-8 以示齊○有楚.102-9 是王○聽涓也.102-10 非楚○利也.102-11 且夫涓來○辭.102-11 必非固○所以○齊○辭也.102-11 王不如令人以涓來○辭謾固於齊.102-12 淮泗○間亦可得也.102-14 宋許○.103-3 將法齊○急也.103-4 而令兩萬乘○國.103-6 我厚賂○目利.103-12 我悉兵目臨○.103-12 五國○事必可敗也.103-13 約絶○後.103-14 乃命大公事○韓.103-15 夫牛闌○事.103-15 馬陵○難.103-16 親王○所見也.103-16 請悉楚國○衆也.103-17 齊○反趙魏○後.103-19 則五國○事困也.103-19 吾聞北方○畏昭奚恤也.103-22 虎求百獸而食○.103-23 觀百獸○見我而敢不走乎.104-2 故遂與○行.104-3 獸見○皆走.104-3 今王○地方五千里.104-4 而專屬○昭奚恤.104-5 故北方○畏奚恤也.104-5 其實畏王○甲兵也.104-5 猶百獸○畏虎也.104-5 二人○言皆善也.104-8 邯鄲○難.104-11 夫魏○攻趙也.104-14 恐楚○攻其後.104-14 而有楚○不救己也.104-17 魏怒於趙○勁.104-19 而見楚救○不足畏也.104-19 楚取睢濊○間.104-21 江尹因得山陽君與○共惡昭奚恤.104-24 而魏入吾君臣○間.105-3 夫泄吾君臣○交.105-3 而天下信○.105-4 夫苟不難爲○外.105-4 豈忘爲○内乎.105-4 臣○得罪無日矣.105-5 寡人知○.105-5 人有以其狗爲有執而愛○.105-7 其鄰人見狗○溺井也.105-8 欲入言○.105-8 狗惡○.105-8 當門而噬○.105-8 鄰人憚○.105-9 邯鄲○難.105-9 昭奚恤取魏○寶器.105-9 目居魏知○.105-10 故昭奚恤常惡臣○見王.105-10 王亦知○乎.105-14 且人有好揚人○善者.105-14 近○.105-15 有人好揚人○惡者.105-15 遠○.105-16 以王好聞人○美而惡聞人○惡也.105-17 寡人願兩聞○.105-18 君無咫尺○地.105-20 骨肉○親.105-20 一國○衆.105-21 今君擅楚國○勢.105-25 竊爲君危○.106-1 君不用臣○計.106-5 不敢忘先生○言.106-5 野火○起也若雲蜺.106-7 兕虎嘷○聲若雷霆.106-8 今日○游也.106-10 寡人萬歲千秋○後.106-10 大王萬歲千秋○後.106-12 又何如得此樂而樂○.106-13 君子聞○曰.106-15 聞楚○俗.106-17 不蔽人○善.106-17 不言人○惡.106-18 誠有○乎.106-18 誠有○.106-18 然則白公○亂.106-18 臣等○罪免矣.106-19 客因爲○謂昭奚恤曰.106-23 郢人某氏○宅.106-23 臣願○.106-24 昭奚恤已而悔○.107-1 楚○捭國.107-6 楚○强敵也.107-6 鄭魏○弱.107-7 而楚以上梁應○.107-7 宜陽○大也.107-7 楚目弱新城圍○.107-7 秦人一夜而襲○.107-8 秦人一夜而襲○.107-9 今邊邑○所恃者.107-10 邊邑甚利○.107-11 乃爲具駟馬乘車五百金○楚.107-13 城渾得○.107-14 將罪○.107-17 臣矯予○.107-17 目與公叔爭國而得○.107-18 又何新城陽人○敢求.107-19 王且予○五大夫.107-23 王不如以十乘行○.108-1 予○五大夫.108-2 乃以十乘行○.108-2 臣不足以知○.108-6 上蔡○監門也.108-8 甘茂事○順焉.108-9 故惠王○明.108-10 武王○察.108-10 張儀○好譖.108-10 甘茂事○.108-10 秦○有賢相也.108-11 非楚國○利也.108-11 昧○難.108-13 計王○功所以能如此者.108-14 今王以用○於越矣.108-15 而忘○於秦.108-16

夫公孫郝〇於秦王. 108-17 少與〇同衣. 108-17 長與〇同車. 108-18 眞大王〇相已. 108-18 王相〇. 108-18 楚國〇大利也. 108-18 天下〇强國也. 108-21 天下〇賢王也. 108-21 北有汾陘〇塞郇陽. 108-23 此霸王〇資也. 108-24 夫以楚〇强與大王〇賢. 108-24 則諸侯莫不南面而朝於章臺〇下矣. 108-25 秦〇所害於天下莫如楚. 109-1 臣聞治〇其未亂. 109-4 爲〇其未有也. 109-5 患至而後憂〇. 109-5 故願大王〇早計〇. 109-5 臣請令山東〇國. 109-6 奉四時〇獻. 109-6 以承大王〇明制. 109-6 在大王〇所用〇. 109-7 大王誠能聽臣〇愚計. 109-7 則韓魏齊燕趙衞〇妙音美人. 109-8 今釋霸王〇業. 109-10 而有事人〇名. 109-11 虎狼〇國也. 109-12 有吞天下〇心. 109-12 天下〇仇讎也. 109-12 橫人皆欲割諸侯〇地以事秦. 109-13 夫爲人臣而割其主〇地. 109-14 以外交强虎狼〇秦. 109-14 夫外挾强秦〇威. 109-15 有億兆〇數. 109-17 在大王命〇. 109-18 寡人〇國. 109-19 秦有舉巴蜀幷漢中〇心. 109-19 虎狼〇國. 109-20 虎賁〇士百餘萬. 110-2 席卷常山〇險. 110-4 折天下〇脊. 110-4 夫虎〇與羊. 110-5 竊以爲大王〇計過矣. 110-6 韓〇上地不通. 110-8 秦攻楚〇西. 110-9 此危亡〇術也. 110-12 臣聞〇. 110-12 高主〇節行. 110-13 是故願大王〇熟計〇也. 110-14 與三月〇糧. 110-17 不費馬汗〇勞. 110-18 黔中巫郡非王〇有已. 110-19 秦舉甲出〇武關. 110-20 秦兵〇攻楚也. 110-20 危難在三月〇內. 110-21 而楚恃諸侯〇救. 110-21 在半歲〇外. 110-21 夫恃弱國〇救. 110-22 而忘强秦〇禍. 110-22 此臣〇所以爲大王〇患也. 110-22 且大王嘗與吳人五戰三勝而亡〇. 110-23 臣聞〇. 110-24 夫守易危〇功. 110-25 而逆强秦〇心. 110-25 臣竊爲大王危〇. 111-1 且夫秦〇所以不出甲於函谷關十五年以攻諸侯者. 111-2 陰謀有吞天下〇心也. 111-3 是故願大王熟計〇也. 111-7 必開扃天下〇匈. 111-9 盡王〇有已. 111-11 齊王因受而相〇. 111-13 夫以一詐僞反覆〇蘇秦. 111-14 今秦〇與楚也. 111-16 固形親〇國也. 111-16 請以秦女爲大王箕箒〇妾. 111-17 効萬家〇都. 111-17 以爲湯沐〇邑. 111-18 長爲昆弟〇國. 111-18 使使臣獻書大王〇從車下風. 111-19 託東海〇上. 111-21 不習國家〇長計. 111-21 寡人聞〇. 111-22 獻雞駭〇犀夜光〇璧於秦王. 111-22 楚王說〇. 112-3 萬乘〇强國也. 112-6 天下〇賢主也. 112-7 今儀曰逐君與陳軫而王聽〇. 112-7 而儀重於韓魏〇王也. 112-8 且儀〇所行. 112-8 習於三晉〇事. 112-10 故逐〇. 112-10 今君能用楚〇衆. 112-11 故亦逐〇. 112-11 此所謂內攻〇者也. 112-11 儀聞〇. 112-13 是昭睢〇言不信也. 112-13 王必薄〇. 112-14 自從先君文王以至不穀〇身. 112-16 如華不足知〇矣. 112-18 無所聞〇. 112-18 緇帛〇衣以朝. 112-24 無一月〇積. 112-25 定白公〇禍. 113-2 寧楚國〇事. 113-2 恢先君以揜方城〇外. 113-3 當此〇時也. 113-3 兩御〇間夫卒交. 113-6 莫敖大心撫其御〇手. 113-7 楚國亡〇月至矣. 113-7 七日而薄秦王〇朝. 113-14 秦王聞而走〇. 113-15 秦王身問〇. 113-16 寡人聞〇. 113-19 萬乘〇君. 113-19 今此〇謂也. 113-19 屬〇子滿與子虎. 113-20 與吳人戰於濁水而大敗〇. 113-21 蒙穀給鬭於宮唐〇上. 113-24 負雞次〇典以浮於江. 113-25 逃於雲夢〇中. 114-1 此蒙穀〇功. 114-2 封〇執圭. 114-3 社稷〇臣. 114-3 遂自弃於磨山〇中. 114-4 此古〇人也. 114-7 今〇人. 114-7 焉能有〇耶. 114-7 食〇可欲. 114-10 死〇可惡. 114-10 章聞〇. 114-11 皆可得而致〇. 114-12 魏〇幾相者. 115-3 魏秦〇交必善. 115-4 秦魏〇交完. 115-4 今爲其行人請魏〇相. 115-5 齊魏〇交惡. 115-6 貿首〇讎也. 115-7 而魏秦〇交必惡. 115-7 王欲昭睢〇乘秦也. 115-16 必分公〇兵以益〇. 115-16 秦知公兵〇分也. 115-17 則公〇兵全矣. 115-18 三國惡楚〇强也. 115-21 恐秦〇變而聽楚也. 115-21 不如益昭睢〇兵. 115-23 令〇示秦必戰. 115-24 秦楚〇合. 116-1 將欲殺〇. 116-4 天下見楚〇無秦也. 116-5 又謂王〇幸夫人鄭褎曰. 116-5 秦王〇忠信有功臣也. 116-7 今楚拘〇. 116-7 秦王欲出〇. 116-7 以懽從〇. 116-9 資〇金玉寶器. 116-9 欲因張儀內〇楚王. 116-10 必厚尊敬親愛〇而忘子. 116-12 願委〇於公. 116-13 爲〇奈何. 116-13 子內擅楚〇貴. 116-15 外結秦〇交. 116-15 子〇子孫必爲楚太子矣. 116-15 此非布衣〇利也. 116-16 臣請隨〇. 116-19 臣請殺〇. 116-20 靳尙〇仇也. 116-21 以張儀〇知. 116-21 而有秦楚〇用. 116-21 君不如使人微要靳尙而刺〇. 116-22 張旄果令人要靳尙刺〇. 116-24 秦王留〇. 117-2 不與天下共攻〇. 117-3 王不如與〇盟而歸〇. 117-3 王因與三國攻〇. 117-4 楚襄王爲太子〇時. 117-7 齊王隘〇. 117-7 獻〇地. 117-9 獻〇便. 117-10 爲〇奈何. 117-13 寡人〇得求反. 117-15 爲〇奈何. 117-16 許强萬乘〇齊而不與. 117-17 請與而復攻〇. 117-18 與〇信. 117-18 攻〇武. 117-18 臣故曰與〇. 117-18 爲〇奈何. 117-19 是去戰國〇半也. 117-21 有萬乘〇號而無千乘〇用也. 117-21 常請守〇. 117-22 爲〇奈何. 117-23 許萬乘〇强齊也而不與. 117-25 與而復攻〇. 118-3 常請守〇. 118-3 寡人誰用於三子〇計. 118-4 王皆用〇. 118-5 發子良〇明日. 118-7 遣昭常〇明日. 118-8 遣子良〇明日. 118-9 今常守〇何如. 118-13 臣身受命弊邑〇王. 118-13 王攻〇. 118-14 又欲奪〇東地五百里. 118-16 蘇子知太子〇怨己也. 118-20 仁人〇於民也. 119-3 愛〇以心. 119-3 事〇以善言. 119-3 孝子〇於親也. 119-3 愛〇以心. 119-4 事〇以財. 119-4 忠臣〇於君也. 119-4 必進賢人以輔〇. 119-4 今王〇大臣父兄. 119-4 大臣播王〇過於百姓. 119-6 多賂諸侯以王〇地. 119-6 是故退王〇所愛. 119-7 臣願無聽羣臣〇相惡也. 119-7 用民〇所善. 119-8 節身〇嗜欲. 119-8 垂沙〇事. 119-9 故明主〇察其臣也. 119-10 賢〇事其主也. 119-11 夫進賢〇難者. 119-12 故人難〇. 119-12 蘇秦〇楚. 119-15 楚國〇食貴於玉. 119-17 且使萬乘〇國免其相. 119-24 是城下〇事也. 119-24 張儀〇楚. 120-2 子必以衣冠〇敝. 120-2 當是〇時. 120-3 彼鄭周〇女. 120-8 非知而見〇者. 120-8 僻陋〇國也. 120-9 未嘗見中國〇女如此其美也. 120-9 寡人〇獨何爲不好色也. 120-10 乃資〇以珠玉. 120-11 南后鄭褎聞〇大恐. 120-12 妾聞將軍〇晉國. 120-12 進〇左右. 120-13 願王賜〇觴. 120-14 乃觴〇. 120-15 願王召所便習而觴〇. 120-16 乃召南后鄭褎而觴〇. 120-16 子釋〇. 120-19 楚王令昭睢〇秦重張儀. 120-21 橫親〇不合也. 120-22 韓魏〇重儀. 120-24 儀有秦而睢以楚重〇. 120-25 惠子〇楚. 121-5 楚王受〇. 121-5 而惡王〇交於張儀. 121-7 且宋王〇賢惠子也. 121-8 今〇不善張儀也. 121-8 今爲事〇故. 121-9 王不如舉惠子而納〇於宋. 121-10 而王奉〇. 121-11 此不失爲儀〇實. 121-12 乃奉惠子而納〇宋. 121-12 使惠施〇楚. 121-15 楚將入〇秦而使行和. 121-15 而公入〇秦. 121-16 是明楚〇伐而信魏〇和也. 121-16 折兵〇半. 121-20 子何以救〇. 121-21 陳軫告楚〇魏. 121-25 張儀惡〇於魏王曰. 121-25 魏王甚信〇. 122-1 公雖百說〇. 122-1 公不如目儀〇言爲資. 122-2 因使人以儀〇言聞於楚. 122-3 欲復〇. 122-3 吾欲先據〇目加德焉. 122-6 舍〇. 122-7 以韓侈〇知. 122-7 今山澤〇獸. 122-8 僞舉罔而進〇. 122-9 舍〇. 122-10 韓侈〇知. 122-11 楚王聽〇. 122-11 陳軫先知〇也. 122-11 竊慕大君〇義. 122-15 而善君〇業. 122-15 臣聞〇. 122-15 今君相萬乘〇楚. 122-17 禦中國〇難. 122-17 夫梟棊〇所以能爲者. 122-18 以散棊佐〇也. 122-18 夫一梟〇不如不勝五散. 122-19 臣願大王聽〇也. 123-3 勇者義〇. 123-4 知者官〇. 123-4 夫報報〇反. 123-5 墨墨〇化. 123-5 唯大君能〇. 123-5 夫秦捐德絕命〇日久矣. 123-7 楚王說〇. 123-11 夫人鄭褎知王〇說新人也. 123-11 擇其所喜而爲〇. 123-12 擇其所善而爲〇. 123-12 愛〇甚於王. 123-13 今鄭褎知寡人〇說新人也. 123-14 其愛〇甚於寡人. 123-14 此孝子〇所以事親. 123-14 忠臣〇所以事君也. 123-14 惡子〇鼻. 123-16 雖惡必言〇. 123-19 其似惡聞君王〇臭也. 123-19 令劓〇. 123-20 令其一善而獻〇王. 123-24 因請立〇. 123-24 淹留以觀〇. 124-5 〇趙. 124-6 秦果舉鄢郢巫上蔡陳〇地. 124-6 寡人不能用先生〇言. 124-8 爲〇奈何. 124-8 飛翔乎天地〇間. 124-13 俛啄蚊虻而食〇. 124-13 仰承甘露而飲〇. 124-14 加己乎四仞〇上. 124-16 將加己乎十仞〇上. 124-18 倏忽〇間. 124-19 墜於公子〇手. 124-19 將加己乎百仞〇上. 124-24 蔡聖侯〇事因是以. 125-2 食湘波〇魚. 125-4 與〇馳騁乎高蔡〇中. 125-4 繫己以朱絲而見〇也. 125-5 蔡聖侯〇事其小者也. 125-7 君王〇事因是以. 125-7 飯封祿〇粟. 125-9 而戴方府〇金. 125-9 與〇馳騁乎雲夢〇中. 125-9 塡黽塞〇內. 125-11 而投己乎黽塞〇外. 125-11 襄王聞〇. 125-12 於是乃以執珪而授〇爲陽陵君. 125-13 與淮北〇地也. 125-14 明〇來也. 125-16 皆受明〇說也. 125-17 卓滑因重〇. 125-18 公不聞老萊子〇教孔子事君乎. 125-20 示〇其齒〇堅也. 125-21 見君〇乘. 125-22 下〇. 125-22 起〇. 125-22 長沙〇難. 125-25 因與韓魏〇兵. 125-25 秦恐齊〇敗東國. 126-2 秦王聞〇懼. 126-4 有不獻死〇藥於荊王者. 126-6 中射〇士問曰. 126-6 因奪而食〇. 126-7 使人殺中射〇士. 126-7 中射〇士使人說王曰. 126-8 臣故食〇. 126-8 且客獻不死〇藥. 126-9 臣食〇而王殺臣. 126-9 王殺無罪〇臣. 126-9 而明人〇欺王. 126-10 君籍〇目百里勢. 126-13 孫子去〇趙. 126-15 夫賢者〇所在. 126-18 君何辭〇. 126-19 此不恭〇語也. 126-21 此爲劫弑死亡〇主言也. 126-22 春秋戒〇曰. 126-24 殺〇. 126-25 齊崔杼〇妻美. 126-25 莊公通〇. 127-1 遂殺〇. 127-3 百日而殺〇. 127-4 擢閔王〇筋. 127-4 夫劫殺死亡〇主也. 127-6 心〇憂勞. 127-7 形〇困苦. 127-7 由此觀〇. 127-7 嫫母求〇. 127-10 又甚喜〇兮. 127-10 臣少〇時好射. 127-15 臣願以射譬〇. 127-15 更羸與魏王處京臺〇下. 127-16 更羸以虛發而下〇. 127-19 先生何以知〇. 127-20 不可爲拒秦〇將也. 127-23 春申君大說〇. 127-25 不審君〇聖. 128-2 臣請爲君終言〇. 128-5 君〇賢實不如堯. 128-5 臣〇能不及舜. 128-5 夫驥〇齒至矣. 128-8 伯樂遭〇. 128-11 下車攀而哭〇. 128-11 解紵衣以冪〇. 128-11 彼見伯樂〇知己也. 128-12 今僕〇不肖. 128-13 沈洿鄙俗〇日久矣. 128-13 春申君患〇. 128-17 求婦人宜子者進〇. 128-17 欲進〇楚王. 128-18 楚王〇貴幸君. 128-24 奈何以保相印江東〇封乎. 129-2 妾〇幸君未久. 129-3 誠以君〇重而進妾於楚王. 129-4 則是君〇子爲王也. 129-5 孰與其臨不測〇罪乎. 129-5 春申君大然〇. 129-6 而言〇楚王. 129-6 幸〇. 129-6 而國人頗有知〇者. 129-10 世有無妄〇福. 129-11 又有無妄〇禍. 129-12 今君處

無妄○世. 129-12 以事無妄○主. 129-12 安不有無妄○人乎. 129-12
何謂無妄○福. 129-13 此所謂無妄○福也. 129-16 何謂無妄○禍.
129-17 王○舅也. 129-17 而陰養死士○日久矣. 129-18 此所謂無妄
○禍也. 129-19 何謂無妄○人. 129-19 臣請爲君剸其胸殺○. 129-20
此所謂無妄○人也. 129-21 先生置○. 129-21 僕又善○. 129-22
止於棘門○內. 129-24 投○棘門外. 129-25 於是使吏盡滅春申君○
家. 130-1 而入○王所生子者. 130-1 臣聞○春秋. 130-6 今楚王○春
秋高矣. 130-6 而君○封地. 130-7 而後不免殺○. 130-8 而後王奪○.
130-9 今燕○罪大而趙怒深. 130-11 此百代○一時也. 130-12 而使
所以信○. 130-15 夫千鈞非馬○任也. 130-19 則豈楚○任也我. 130
-20 非楚○任而楚爲○. 130-20 圍晉陽而水○. 131-3 韓魏○君必反
矣. 131-5 何以知○. 131-5 以其人事知○. 131-6 夫從韓魏○兵而攻
趙. 131-6 而韓魏○君無憙志而有憂色. 131-8 知伯以告韓魏○君曰.
131-10 郄疵言君○且反也. 131-10 韓魏○君曰. 131-11 背信盟○約.
131-12 而爲危難不可成○事. 131-12 使君疑二主○心. 131-13 今君
聽讒臣○言. 131-14 而離二主○交. 131-14 爲君惜○. 131-14 君又
何以疵言告韓魏○君爲. 131-15 子安知○. 131-16 韓魏○君視疵端
而趨疾. 131-16 郄疵知其言○不聽. 131-18 知伯遣○. 131-18 韓魏
○君果反矣. 131-18 滅○. 131-21 夫知伯○爲人也. 131-22 君其與
○. 131-24 與○彼狃. 131-24 必鄉○以兵. 132-1 而待事○變. 132-
1 使使者致萬家○邑一於知伯. 132-1 韓與○. 132-4 不如與○. 132
-5 因使人致萬家○邑一於知伯. 132-5 又使人○趙. 132-6 請蔡皐狼
○地. 132-7 趙襄子召張孟談而告○曰. 132-9 夫知伯○爲人. 132-9
簡主○才臣也. 132-11 而尹澤循○. 132-12 乃使延陵王將車騎先○
晉陽. 132-13 君因從○. 132-14 吾城郭○完. 132-15 臣聞董子○治
晉陽也. 132-16 公宮○垣. 132-17 皆以狄蒿苫楚廧○. 132-17 君發
而用○. 132-18 於是發而試○. 132-18 其堅則箘簵○勁不能過也.
132-18 臣聞董子○治晉陽也. 132-19 公宮○室. 132-20 請發而用○.
132-20 三國○兵乘晉陽城. 132-23 因舒軍而圍○. 132-23 決晉水而
灌○. 132-23 臣聞○. 133-1 臣請見韓魏○君. 133-2 張孟談於是陰
見韓魏○君曰. 133-4 今知伯帥二國○君伐趙. 133-5 亡則二君爲○
次矣. 133-5 爲○奈何. 133-7 謀出二君○口. 133-7 入臣○耳. 133-
8 人莫○知也. 133-8 與○期曰. 133-8 襄子再拜○. 133-9 遇知過轅
門○外. 133-10 臣遇張孟談於轅門○外. 133-1 寡人所親○. 133-13
子釋○. 133-13 不如令殺○. 133-15 旦暮當拔○而饗其利. 133-16
不殺則遂親○. 133-17 親○奈何. 133-18 魏宣子○謀臣曰趙葭.
133-18 康子○謀臣曰段規. 133-19 是皆能移其君○計. 133-19 破趙
則封二子者各萬家○縣一. 133-20 如是則二主○心可不變. 133-20
又封二子者各萬家○縣一. 133-21 知過見君○不用也. 133-22 言○
不聽. 133-23 張孟談聞○. 133-24 臣遇知過於轅門○外. 133-24 其
視有疑臣○心. 133-25 必後○矣. 133-25 使張孟談見韓魏○君曰.
134-1 夜期殺守堤○吏. 134-1 韓魏翼而擊○. 134-3 乃稱簡○塗以告
襄子曰. 134-9 前國地君○御有○曰. 134-9 五百○所以致天下者.
134-10 今臣○名顯而身尊. 134-12 此先聖○所以集國家. 134-15 君
○所言. 134-16 成功○美也. 134-16 臣○所謂. 134-16 持國○道也.
134-16 天下○美同. 134-17 臣主○權均○能美. 134-17 未○有也.
134-18 前事○不忘. 134-18 後事○師. 134-18 襄子去○. 134-19 使
人謂○曰. 134-19 晉陽○政. 134-19 君其行○. 134-21 乃許○. 134
-22 而耕負親○丘. 134-22 賢人○行. 134-23 明主○政也. 134-23
襄子往見張孟談而告○曰. 134-24 昔者知氏○地. 134-25 爲○奈何.
135-2 君其負劍而御臣以○國. 135-2 臣試計○. 135-3 其妻○楚.
135-4 長子○韓. 135-4 次子○魏. 135-4 少子○齊. 135-4 晉畢陽○
孫豫讓. 135-6 知伯寵○. 135-7 吾其報知氏○讎矣. 135-9 左右欲殺
○. 135-11 吾謹避○耳. 135-12 此天下○賢人也. 135-13 卒釋○.
135-13 其音何類吾夫○甚也. 135-15 其友謂○曰. 135-15 子○道甚
難而無功. 135-16 以子○才. 135-16 子○得近而行所欲. 135-17 豫
讓乃笑而應○曰. 135-18 大亂君臣○義者無此矣. 135-18 以明君臣
○義. 135-19 而求弒○. 135-20 居頃○. 135-22 使人問○. 135-23
子獨何爲報讎○深也. 136-1 臣故衆人報○. 136-2 臣故國士報○.
136-2 豫子○爲知伯. 136-3 使兵環○. 136-5 臣聞明主不掩人○義.
136-5 天下莫不稱君○賢. 136-6 今日○事. 136-6 然願請君○衣而
擊○. 136-7 於是襄子義○. 136-8 呼天擊○曰. 136-9 死○日. 136-
10 趙國○士聞○. 136-10 君不如許○. 136-15 許○大勸. 136-15 彼
將知矣利○也. 136-15 君不如借○道. 136-16 而示○不得已. 136-17
燕趙救○. 136-19 三國○力. 136-20 荆敢言○主. 136-23 何故爲
室○鉅也. 136-23 今擊○鉅宮. 136-25 口道天下○事. 137-6 先生以
鬼○言見我則可. 137-6 若以人○事. 137-7 兌盡知○矣. 137-7 臣固
以鬼○言見君. 137-7 非以人○言也. 137-8 李兌見○. 137-8 今日臣
○來也暮. 137-8 今汝非木○根. 137-11 則木○枝耳. 137-11 今君殺
主父而族○. 137-13 君○立於天下. 137-13 君能聽蘇公○計乎. 137
-17 先生○計大而規高. 137-20 李兌送蘇秦明月○珠. 137-22 和氏
○璧. 137-23 黑貂○裘. 137-23 臣聞古○賢君. 138-2 衆人喜○. 138
-4 而賢主惡○. 138-4 臣竊外聞大臣及下吏○議. 138-6 臣竊以事
觀○. 138-7 欲亡韓呑兩周○地. 138-8 欲鄰國聞而觀○也. 138-8 恐
天下○驚覺. 138-9 故微韓以貳○. 138-10 臣竊觀其圖○也. 138-11
且夫說士○計. 138-13 今燕盡韓○河南. 138-15 而至鉅鹿○界三百
里. 138-16 秦盡韓魏○上黨. 138-17 秦以三軍强弩坐羊唐○上. 138
-18 且秦以三軍攻王○上黨而危其北. 138-19 則句注○西. 138-19
非王○有也. 138-19 三百里通於燕○唐曲吾. 138-20 而崐山○玉不
出也. 138-22 又非王○有也. 138-23 今從於彊秦國○伐齊. 138-23
五國○王. 138-24 著○盤盂. 138-25 屬○讎柞. 138-25 五國○兵有
日矣. 139-1 此王○明知也. 139-3 臣恐其後事王者○不敢自必也.
139-5 然則韓義王以天下就○. 139-7 下至韓慕王以天下收○. 139-8
是一世○命. 139-9 先事成慮而熟圖○也. 139-10 君○春秋高矣. 139
-12 秦○貪. 139-13 中山○地薄. 139-13 此百代○一時也. 139-14
昔歲殽下○事. 139-16 韓○在我. 139-18 心腹○疾. 139-19 吾將伐
○. 139-19 請效上黨○地以爲和. 139-22 令韓陽告上黨○守靳黈曰.
139-23 使陽言○太守. 139-24 太守其效○. 139-25 挈瓶○知. 139-
25 則死○. 140-2 是欺○也. 140-3 今有城市○邑七十. 140-5 願拜
內○於王. 140-5 唯王才○. 140-6 召平原君而告○曰. 140-6 臣聞聖
人甚禍無故○利. 140-8 秦蠶食韓氏○地. 140-10 且夫韓○所以內趙
者. 140-10 雖强大不能得○於小弱. 140-11 而小弱顧能得○强大乎.
140-12 今王取○. 140-12 其死士皆列○於上地. 140-13 王自圖○.
140-14 夫用百萬○衆. 140-14 王召趙勝趙禹而告○曰. 140-17 有城
市○邑七十. 140-17 敝邑○王. 140-21 請以三萬户○都封太守. 140
-22 主內○秦. 140-24 賣主○地而食○. 140-25 今發兵已取○矣.
141-1 又北○趙. 141-12 以趙○弱而據○建信君. 141-17 涉孟○讎然
者何也. 141-17 建信君知從○無功. 141-18 奚擇有功○無功爲知哉.
141-21 三晉倍○憂也. 141-25 文信侯○憂大矣. 142-1 三晉○心疑
矣. 142-2 秦魏○構. 142-3 而遣○曰. 142-6 借車者馳○. 142-7 借
衣者被○哉. 142-7 有○. 142-7 夫馳親友○車. 142-8 被兄弟○衣.
142-9 而封○以武城. 142-9 願大夫○往也. 142-10 謹使可全而歸○.
142-11 此天下○所明也. 142-13 秦○有燕而伐趙. 142-14 此天下○
所明見也. 142-15 是何楚○知. 142-16 山東○愚也. 142-17 是臣所
爲山東○憂也. 142-17 禽不知虎○即己也. 142-17 故使禽知虎○即
己. 142-18 今山東○主不知秦○即己也. 142-19 願王熟慮○也. 142
-20 秦○欲伐韓梁. 142-21 惟寐亡○. 142-21 惡三晉○大合也. 142
-22 今攻楚休而復○. 142-22 必與楚爲兄弟○國. 142-23 反楚○故
地. 142-24 楚王美秦○語. 142-24 怒韓梁○不救己. 142-24 有謀故
殺使○趙. 142-25 今王美秦○言. 143-1 以秦○强. 143-4 有楚韓○
用. 143-4 以强秦○有韓梁楚. 143-6 與燕○怒. 143-6 國○舉此. 143
-6 臣○所爲來. 143-7 及楚王○未入也. 143-8 楚王聞○. 143-8 秦
見三晉○大合而堅也. 143-10 願王○熟計○也急. 143-11 趙王因起
兵南戍韓梁○西邊. 143-13 秦見三晉○堅也. 143-14 蘇秦從燕○趙.
144-3 天下○卿相人臣. 144-3 乃至布衣○士. 144-3 莫不高賢大王
○行義. 144-4 皆願奉教陳忠於前○日久矣. 144-4 是以外賓客遊談
○士. 144-5 安民○本. 144-8 故夫謀人○主. 144-11 伐人○國. 144
-11 常苦出辭斷絶人○交. 144-11 燕必致氈裘狗馬○地. 144-14 齊
必致海隅魚鹽○地. 144-14 楚必致橘柚雲夢○地. 144-15 韓魏皆可
使致封地湯沐○邑. 144-15 五伯○所以覆軍禽將而求也. 144-16 湯
武○所以放殺而爭也. 144-17 今大王垂拱而兩有○. 144-17 是臣○
所以爲大王願也. 144-18 則兵必戰於邯鄲○下矣. 144-23 此臣○所
以爲大王患也. 144-23 當今○時. 144-24 山東○建國. 144-24 且秦
○所畏害於天下者. 145-2 畏韓魏○議其後也. 145-3 趙○南蔽也.
145-4 秦○攻韓魏也. 145-4 無有名山大川○限. 145-4 稍稍蠶食○.
145-5 傅○國都而止矣. 145-5 秦無韓魏○隔. 145-6 此臣○所以爲
大王患也. 145-7 堯無三夫○分. 145-8 舜無咫尺○地. 145-8 禹無百
人○聚. 145-8 湯武○卒不過三千人. 145-9 是故明主外料其敵國○
强弱. 145-10 內度其士卒○衆寡賢與不肖. 145-10 而勝敗存亡○機
節. 145-11 豈掩於衆人○言. 145-12 臣竊以天下地圖案○. 145-14
諸侯○地五倍於秦. 145-14 料諸侯○卒. 145-14 西面而事○. 145-16
夫破人○與破於人也. 145-16 臣人○與臣於人也. 145-16 豈可同
日而言○哉. 145-17 皆欲割諸侯○地以與秦成. 145-17 聽竽瑟○音.
145-18 察五味○和. 145-18 願大王○熟計○也. 145-21 屏流言○迹.
145-22 塞朋黨○門. 145-22 故尊主廣地强兵○計. 145-22 令天下○
將相. 145-24 相與會於洹水○上. 145-25 通質刑白馬以盟○. 145-25
齊魏各出銳師以佐○. 145-25 燕守常山○北. 146-1 齊出銳師以佐
○. 146-2 燕出銳師以佐○. 146-3 韓魏出銳師以佐○. 146-4 燕出銳
師以佐○. 146-5 五國共伐○. 146-6 莅國○日淺. 146-9 未嘗得聞社
稷○長計. 146-9 臣聞明王○於其民也. 146-13 博論而技藝○. 146-
13 多聽而時用○. 146-14 臣願王察臣○所謁. 146-15 而效○於一時
○用也. 146-15 臣聞○. 146-18 百倍○國者. 146-18 力盡○民. 146
-19 聖主○制也. 146-19 用兵○道也. 146-20 然而四輪○國也. 146
-21 非國○長利也. 146-22 又嚴○以刑罰. 146-22 故過任○事. 146

-24 無已○求. 146-24 故微○爲著者强. 146-24 察乎息民○爲用者
伯. 146-25 明乎輕○爲重者王. 146-25 臣有以知天下○不能爲從以
逆秦也. 147-2 天下○主亦盡過矣. 147-3 夫慮收亡齊罷楚敝魏與不
可知○趙. 147-3 世○賢主也. 147-5 宣王用○. 147-6 爲齊兵困於殽
塞○上. 147-7 夫齊兵○所以破. 147-8 韓魏○所以僅存者. 147-8 今
富非有齊威宣○餘也. 147-9 精兵非有富韓勁魏○庫也. 147-10 而將
非有田單司馬○慮也. 147-10 收破齊罷楚弊魏不可知○趙. 147-11
夫刑名○家. 147-13 乃使有白馬○爲也. 147-13 此臣○所患也. 147
-14 三國從○. 147-15 楚有四人起而從○. 147-16 不識三國○憎秦
而愛懷邪. 147-16 是以三國○兵困. 147-18 而趙奢鮑接○能也. 147
-18 田單將齊○良. 147-19 不識從○一成惡存也. 147-20 大王○威.
147-25 守四封○內. 148-2 唯大王有意督過○也. 148-2 今秦以大王
○力. 148-3 守白馬○津. 148-4 然而心忿悁含怒○日久矣. 148-4 迎
戰邯鄲○下. 148-5 願以甲子○日合戰. 148-5 以正殷紂○事. 148-5
凡大王○所信以爲從者. 148-7 恃蘇秦○計. 148-7 自令車裂於齊○
市. 148-8 夫天下○不可一亦明矣. 148-9 今楚與秦爲昆弟○國. 148
-9 而韓魏稱爲東蕃○臣. 148-9 齊獻魚鹽○地. 148-10 此斷趙○右
臂也. 148-10 軍於邯鄲○東. 148-12 願大王○定計. 148-16 先王○
時. 148-17 奉祠祭○日淺. 148-19 非國○長利也. 148-19 而適聞使
者○明詔. 148-20 王慮世事○變. 148-23 權甲兵○用. 148-23 念簡
襄○迹. 149-1 計胡狄○利乎. 149-1 君○道也. 149-2 錯質務明主○
長. 149-2 臣○論也. 149-2 是以賢君靜而有道民便事○教. 149-2 動
有明古先世○功. 149-3 窮有弟長辭讓○節. 149-4 通有補民益主○
業. 149-4 君臣○分也. 149-4 今吾欲繼襄主○業. 149-5 啓胡翟○鄉.
149-5 可以無盡百姓○勞. 149-6 而享往古○勳. 149-6 夫有高世○
功者. 149-7 必負遺俗○累. 149-7 有獨知○慮者. 149-7 必被庶人○
恐. 149-7 臣聞○. 149-10 今王卽定負遺俗○慮. 149-10 殆毋顧天下
○議矣. 149-11 王其遂行○. 149-13 吾恐天下笑○. 149-14 狂夫○
樂. 149-14 愚者○笑. 149-15 則胡服○功未可知也. 149-15 胡地中
山吾必有○. 149-16 亦欲叔○服○也. 149-1 古今○公行也. 149-19
先王○通誼也. 149-20 吾恐天下議○也. 149-20 今胡服○意. 149
-22 今寡人恐叔逆從政○經. 149-23 以輔公叔○議. 149-24 且寡人
聞○. 149-24 故寡人願募公叔○義. 149-25 以成胡服○功. 149-25
使緤謁○叔. 150-1 臣固聞王○胡服也. 150-2 王今命○. 150-3 臣聞
○. 150-3 聰明叡知○所居也. 150-3 萬物財用○所聚也. 150-4 賢聖
○所教也. 150-4 仁義○所施也. 150-5 詩書禮樂○所用也. 150-5 異
敏技藝○所試也. 150-5 遠方○所觀赴也. 150-5 蠻夷○所義行也.
150-6 而襲遠方○服. 150-6 變古○教. 150-6 易古○道. 150-7 逆人
○心. 150-7 臣願大王圖○. 150-7 吾固聞叔○病也. 150-8 卽○公叔
成家. 150-8 自請○曰. 150-8 甌越○民也. 150-11 大吳○國也. 150
-12 又況山谷○便乎. 150-14 故去就○變. 150-15 遠近○服. 150-15
今卿○所言者. 150-17 吾○所言者. 150-17 今吾國東有河薄洛○
水. 150-18 與齊中山同○. 150-18 而無舟檝○用. 150-18 東有燕東
胡○境. 150-19 西有樓煩秦韓○邊. 150-19 而無騎射○備. 150-20
故寡人且聚舟檝○用. 150-20 求水居○民. 150-20 以守河薄洛○水.
150-20 以備其參胡樓煩秦韓○邊. 150-21 此愚知○所明也. 150-23
先時中山負齊○强兵. 150-24 非社稷○神靈. 150-25 先王忿○. 150
-25 今騎射○服. 150-25 近可以備上黨○形. 151-1 遠可以報中山○
怨. 151-1 而叔也順中國○俗以逆簡襄○意. 151-1 惡變服○名. 151
-2 而忘國事○恥. 151-2 臣愚不達於王○議. 151-4 敢道世俗○間今
欲繼簡襄○意. 151-4 以順先王○志. 151-5 政○經也. 151-7 教○道
也. 151-8 國○祿也. 151-9 古○道也. 151-10 禮○制也. 151-10 民
○職也. 151-11 先聖○所以教. 151-11 而襲遠方○服. 151-12 變古
○教. 151-12 易古○道. 151-12 故臣願王○圖○. 151-12 子言世俗
○間. 151-13 夫制於服○民. 151-16 拘於俗○衆. 151-17 聖人○道
也. 151-17 民○職也. 151-18 知學○人. 151-18 達於禮○變. 151-18
子其釋○. 151-19 姧○屬也. 151-20 賤○類也. 151-21 先聖○明
刑. 151-22 臣下○大罪也. 151-22 臣聞○. 151-25 是以莅國者不襲
奇辟○服. 152-3 中國不近蠻夷○行. 152-3 臣願王○圖○. 152-5 何
古○法. 152-6 何禮○循. 152-6 聖人○興也. 152-10 夏殷○衰也.
152-10 是以聖人利身○謂服. 152-13 便事○謂教. 152-13 進退○謂
節. 152-13 衣服○制. 152-14 不盡於馬○情. 152-15 不達於事○變.
152-16 故循法○功. 152-16 法古○學. 152-16 當子爲子○時. 152-
19 踐石以上者皆道子○孝. 152-19 父○孝子. 152-21 君○忠臣也.
152-21 故寡人以子○知慮. 152-21 事○計也. 152-2 義○經也. 152
-24 循計○事. 152-24 訪議○行. 152-25 故寡人欲子○胡服以傅王
乎. 152-25 立傅○道六. 153-3 傅○才. 153-6 臣○罪也. 153-6 吏○
恥也. 153-7 王○臣也. 153-9 而王重命○. 153-9 欲子○厚愛○. 153
-11 御道○以行義. 153-11 其國○祿也. 153-13 王令讓○曰. 153-
18 事主○行. 153-18 故寡人恐親犯刑戮○罪. 153-22 以明有司○法.
153-23 王○惠也. 153-24 今民便其用而王變○. 154-4 臣恐其攻獲
○利. 154-6 不如所失○費也. 154-6 子知官府○籍. 154-8 不知器械
○利. 154-8 知兵甲○用. 154-9 不知陰陽○宜. 154-9 何兵○不可易.
154-9 何俗○不可變. 154-10 城境封○. 154-10 名曰無窮○門. 154
-10 今子以官府○籍. 154-13 亂寡人○事. 154-13 出於遺遺○門.
154-15 踰九限○固. 154-15 絶五俓○險. 154-15 吾非不說將軍○兵
法也. 155-3 獨將軍○用衆. 155-4 此坐而自破○道也. 155-5 非單○
所爲也. 155-5 單聞○. 155-5 帝王○兵. 155-6 今將軍必負十萬二十
萬○衆乃用○. 155-6 此單○所不服也. 155-7 夫吳干○劍. 155-8 薄
○柱上而擊○. 155-9 質○石上而擊○. 155-10 今以三萬○衆而應强
國○兵. 155-10 是薄柱擊石○類也. 155-11 且夫吳干○劍材. 155-11
難夫毋脊○厚. 155-11 無脾○薄. 155-12 無釣罕鐔蒙須○便. 155
-13 君無十餘二十萬○衆. 155-14 而爲此釣罕鐔蒙須○便. 155-14
四海○內. 155-16 今取古○爲萬國者. 155-18 能具數十萬○兵. 155
-18 卽君○齊已. 155-19 齊以二十萬○衆攻荆. 155-19 趙以二十萬
○衆攻中山. 155-20 今千丈○城. 155-21 萬家○邑相望也. 155-21
而索以三萬○衆. 155-22 圍千丈○城. 155-22 君將以此何○. 155-23
趙使机郝○秦. 156-2 秦王見趙○相魏冉○不急也. 156-4 趙欲存
○. 156-8 以河東○地强齊. 156-10 以燕以趙輔○. 156-10 天下憎○.
156-10 楚魏憎○. 156-12 令淖滑惠施○趙. 156-12 而請內焦黎牛狐
○城. 156-14 夫藺離石祁○地. 156-17 有先王○明與先臣○力. 156
-17 故能有○. 156-18 其社稷○不能恤. 156-18 寡人有不令○臣.
156-19 非寡人○所敢知. 156-19 趙奢將救○. 156-22 富丁恐主父○
聽樓緩而合秦楚也. 156-25 齊○兵不西. 157-4 不能散齊魏○交. 157
-6 我約三國而告○秦. 157-8 三國欲伐秦○果也. 157-9 中山聽○.
157-10 三國必絶○. 157-11 趙畏橫○合也. 157-16 而請相○於魏.
157-17 三言○. 157-22 凡强弱○舉事. 157-25 夫以秦將武安君公孫
起乘七勝○威. 158-5 而與馬服○子戰於長平○下. 158-5 圍邯鄲○
城. 158-6 趙以亡敗○餘衆. 158-6 收破軍○敝守. 158-7 而秦罷於邯
鄲○下. 158-7 今趙非有七克○威也. 158-8 而燕非有長平○禍也.
158-8 今七敗○禍未復. 158-9 是使弱趙爲强秦○所以攻. 158-9 而使
强燕爲弱趙○所以守. 158-10 而强秦以休兵承趙○敝. 158-10 此乃
强吳○所以亡. 158-11 而弱越○所以霸. 158-11 故臣未見燕○可攻
也. 158-11 獨無以教○乎. 158-15 且微君○命命○也. 158-15 公子
○所以教○者厚矣. 158-18 願君○亦勿忘也. 158-19 大破○. 158-21
趙王與樓緩計○曰. 158-22 此非人臣○所能知也. 158-23 試言公
○私. 158-24 婦人爲○自殺於房中者二八. 158-25 其母聞○. 159-1
故從母言○. 159-4 ○爲賢母也. 159-4 從婦言○. 159-4 言與○. 159
-6 則恐王以臣○爲秦也. 159-6 使臣得爲王計○. 159-7 不如予○.
159-7 虞卿聞○. 159-8 王以樓緩言告○. 159-8 秦既解邯鄲○圍.
159-8 秦○攻趙也. 159-10 秦○攻我也. 159-11 王又以其力○所不能
攻以資○. 159-13 王又以虞卿○言告樓緩. 159-15 虞卿能盡知秦力
○所至乎. 159-15 誠知秦力○不至. 159-16 此彈丸○地. 159-16 子
能必來年秦○不復攻我乎. 159-18 此非臣○所敢任也. 159-18 昔者
三晉○交於秦. 159-19 王○所以事秦必不如韓魏也. 159-20 今臣爲
足下解負親○攻. 159-20 王○所以事秦者. 159-21 必在韓魏○後也.
159-22 此非臣○所敢任也. 159-22 王以樓緩○言告. 159-23 樓緩又
不能必秦○不復攻也. 159-24 又割其力○所不能取而媾也. 159-25
此自盡○術也. 160-1 是我失○於天下. 160-4 必王○事秦不如韓魏
也. 160-5 王將予○乎. 160-7 與○. 160-8 則無地而給○. 160-8 以
益愈强○秦. 160-10 而割愈弱○趙. 160-10 且秦虎狼○國也. 160-11
無禮義○心. 160-11 而王○地有盡. 160-11 以有盡○地. 160-12
給無已○求. 160-12 樓緩聞○. 160-14 王又以虞卿言告○. 160-14
天下○賀戰者. 160-16 天下將因秦○怒. 160-18 秦趙○敝而瓜分○.
160-18 何秦○圖. 160-19 王以此斷○. 160-19 虞卿聞○. 160-20 樓
子○爲秦也. 160-20 秦○深讎也. 160-23 齊○聽王. 160-24 不待辭
○畢也. 160-24 一舉結三國○親. 160-25 與○謀秦. 161-1 秦○使者
已在趙矣. 161-2 樓緩聞○. 161-2 平原君○力也. 161-6 用人○力.
161-6 而忘人○功. 161-6 將益○地. 161-7 公孫龍聞○. 161-7 君無
覆軍殺將○功. 161-7 趙國豪傑○士. 161-8 多在君○右. 161-8 寡人
使卷甲而趍○. 161-15 且王○論秦也. 161-18 欲破王○軍乎. 161-18
楚魏欲得王○重寶. 161-20 秦內○. 161-22 天下○賀戰勝者皆在
秦矣. 161-24 趙○貴人也. 161-25 秦留趙王而后許○媾. 162-3 秦圍
趙○邯鄲. 162-5 百萬○衆折於外. 162-12 始吾以君爲天下○賢公子
也. 162-14 吾乃今然后知君非天下○賢公子也. 162-15 吾請爲君責
而歸○. 162-16 勝請召而見○於先生. 162-17 勝請爲紹介而見○於
將軍. 162-18 齊國○高士也. 162-19 勝已泄○矣. 162-20 吾視居北
圍城○中者. 162-22 今吾視先生○玉貌. 162-23 曷爲久居此圍城○
中而不去也. 162-24 弃禮義而上首功○國也. 163-1 吾不忍爲○民也.
163-3 先生助○奈何. 163-4 吾將使梁及燕助○. 163-4 齊楚則固助
○矣. 163-5 先生惡能使梁助○耶. 163-6 梁未睹秦稱帝○害故也.
163-6 使梁睹秦稱帝○害. 163-7 秦稱帝○害將奈何. 163-7 而齊獨朝
○. 163-9 東藩○臣田嬰齊後至. 163-10 則斮○. 163-11 死則叱○.
163-12 畏○也. 163-15 然梁○比於秦若僕耶. 163-15 先生○言也.

163-18 待吾言○. 163-19 鬼侯○鄂侯文王. 163-19 紂○三公也. 163
-20 故入○於紂. 163-20 鄂侯爭○急. 163-20 辨○疾. 163-21 文王
聞○. 163-21 故拘○於牖里○車. 163-21 百日而欲舍○死. 163-22
卒就脯醢○地也. 163-23 齊閔王將○魯. 163-23 吾將以十太牢待子
○君. 163-24 將○薛. 164-3 夷維子謂鄒○孤曰. 164-3 鄒○羣臣曰.
164-5 鄒魯○臣. 164-6 然且欲行天子○禮於鄒魯○臣. 164-7 今秦
萬乘○國. 164-7 梁亦萬乘○國. 164-7 俱據萬乘○國. 164-8 交有稱
王○名. 164-8 欲從而帝○. 164-9 是使三晉○大臣不如鄒魯○僕妾
也. 164-9 則且變易諸侯○大臣. 164-10 處梁○官. 164-12 吾乃今日
而知先生爲天下○士也. 164-14 秦將聞○. 164-15 所貴於天下○士
者. 164-19 是商賈○人也. 164-21 今趙萬乘○强國也. 165-1 由是觀
○. 165-3 趙○於天下也不輕. 165-3 今君易萬乘○强趙. 165-3 而慕
思不可得○小梁. 165-3 自是○後. 165-4 衆人廣坐○中. 165-4 未嘗
不言趙人○長者也. 165-5 未嘗不言趙俗○善者也. 165-5 子南方○
傳士也. 165-8 何以教○. 165-8 臣南方草鄙○人也. 165-9 王致○於
前. 165-9 臣少○時. 165-10 鄭同因撫手仰天而笑○曰. 165-11 兵固
天下○狙喜也. 165-11 王○行能如許由乎. 165-12 許由無天下○累.
165-13 今王既受先王○傳. 165-13 欲宗廟○安. 165-14 社稷○血食
乎. 165-14 今有人操隨侯○珠. 165-14 持丘○環. 165-15 萬金○財.
165-15 内無孟賁○威. 165-16 荆慶○斷. 165-16 外無弓弩○禦. 165
-16 人必危○矣. 165-16 今有强貪○國. 165-17 臨王○境. 165-17
索王○地. 165-17 王非戰國守圉○具. 165-18 其將何以當○. 165-18
趙王迎○. 165-21 王能重王○國若此尺帛. 165-23 則王○國大治
矣. 165-24 請爲王說○. 166-1 爲冠而敗○. 166-2 奚虧於王○國.
166-2 而王必待工而后乃使○. 166-2 今爲天下○工. 166-3 且王○先
帝. 166-4 臣恐秦折王○椅也. 166-6 專君○勢以蔽左右. 166-8 前○
人煬. 166-12 則後○人無從見也. 166-12 今臣疑人○有煬於君者也.
166-12 君○所以事王者. 166-16 膏○所以事王者. 166-16 以日多○
知. 166-18 而逐衰惡○色. 166-18 乘驥而御○. 166-19 君令膏乘獨
斷○車. 166-20 御獨斷○勢. 166-20 令○内治國事. 166-20 則膏○
事有不言者矣. 166-21 君因言王而重責○. 166-21 膏○軸今折矣.
166-21 重責○. 166-22 而天下交○. 167-1 文信猶且知○也. 167-2
文信侯○於僕也. 167-6 僕官○丞相. 167-7 文信侯○於僕也. 167-7
夫良商不與人爭買賣○賈. 167-9 文王○拘於牖里. 167-10 卒斷紂○
頭而縣於太白者. 167-11 是武王○功也. 167-12 虎○情. 167-16 然
而不以環寸○蹯. 167-16 害七尺○軀者. 167-16 而君○身於王. 167
-17 非環寸○蹯也. 167-17 願公○熟圖○也. 167-18 鼓鐸○音聞於
北堂. 167-20 夫秦○攻趙. 167-20 旦日贊羣臣而訪○. 167-21 成王
說○. 167-24 人告○反. 167-24 自是○後. 168-2 而臣竊怪王○不試
見臣. 169-4 欲用王○兵. 169-5 則欲以天下○重恐王. 169-7 孰敢辭
○. 169-11 臣○能也. 169-11 秦○彊. 169-12 以無齊○故重王. 169
-12 則欲用王○兵成其私者也. 169-15 則欲輕王以天下○重. 169-15
願王○熟慮無齊○利害也. 169-16 秦令起賈禁○. 169-19 留天下
○兵於成皋. 169-20 ○齊. 169-23 今○攻秦也. 169-24 今○伐秦也.
170-1 以救李子○死也. 170-1 今趙留天下○甲於成皋. 170-1 而陰
鬻○於秦. 170-2 王○事趙也何得矣. 170-2 如王若用所以事趙○半
收齊. 170-6 王○事齊也. 170-6 無入朝○辱. 170-7 無割地○費. 170
-7 齊爲王○故. 170-7 虛國於燕趙○前. 170-7 用兵於二千里○外.
170-8 盡効○於王. 170-9 自是○後. 170-9 齊甲未嘗不歲至於王○
境也. 170-10 請問王○所以報齊者可乎. 170-11 臣願王○曰聞魏而
無庸見惡也. 170-15 願王○陰重趙. 170-17 而無使秦○見王○重趙
也. 170-17 秦見○且亦重趙. 170-17 臣故欲王○偏劫天下. 170-19
而皆私甘○也. 170-20 使丹也甘○. 170-20 使臣也甘○. 170-21 使
順也甘○. 170-21 使呡也甘○. 170-22 而秦楚禁○. 170-25 臣○所
以堅三晉以攻秦者. 171-1 非以爲齊得利秦○毁也. 171-2 臣是以欲
足下○速歸休士民也. 171-3 若復攻○. 171-4 此亦舉宋○時也. 171
-4 君○身老矣. 171-6 中山○地薄. 171-8 失今○時. 171-8 宋○罪
重. 171-9 齊○怒深. 171-9 此百代○一時也. 171-9 以奉陽君甚食○.
171-10 臣願足下○大發攻宋○舉. 171-11 以觀奉陽君○應足下也.
171-11 縣陰以甘○. 171-12 循有燕以臨○. 171-12 而臣待忠○封.
171-12 此兩地○時也. 171-14 楚與魏韓將應○. 171-18 魏冉必妬君
○有陰也. 171-20 燕趙助○. 171-22 以四國攻○. 172-1 五國復堅而
賓○. 172-2 臣恐與國○大亂也. 172-3 皆非趙○利也. 172-5 臣願君
○蚤計也. 172-6 秦王受負海内○國. 172-7 合負親○交. 172-8 是秦
○一舉也. 172-9 王賁韓他○曹. 172-11 是秦○一舉也. 172-11 是秦
○一舉也. 172-14 齊趙應○. 172-14 秦得安邑○饒. 172-15 是秦○
一舉也. 172-16 秦堅燕趙○交. 172-17 是秦○一舉也. 172-18 而燕
趙應○. 172-18 韓○太原絶. 172-20 非趙○利也. 172-22 秦堅三晉
○交攻齊. 172-22 是秦○一舉也. 172-24 是以攻齊○已弊. 172-24
國在謀○中. 173-1 定無罪○君. 173-2 王不聞公子牟夷○於宋乎.
173-9 今臣○於王非宋○於公子牟夷也. 173-10 人○情. 173-16 今王
能以百里○地. 173-18 若萬户○都. 173-18 乃使人以百里○地. 173
-20 臣聞趙王以百里○地. 173-22 請殺座○身. 173-22 而得百里○
地. 173-23 臣竊爲大王美○. 173-24 百里○地不可得. 173-24 敵戰
○國也. 174-3 趙王以咫尺○書來. 174-3 而魏王輕爲○殺無罪○座.
174-4 故魏○免相望也. 174-5 嘗以魏○故. 174-5 王聽趙殺座○後.
174-7 强秦襲趙○欲. 174-7 倍趙○割. 174-8 則君將何以止○. 174
-8 此君○累也. 174-8 遽言○王而出○. 174-9 而以求安平君而將○.
174-13 君致安平君而將○. 174-14 覆軍殺將○所取割地於敵國者也.
174-16 而求安平君而將○. 174-17 燕○通谷要塞. 174-18 奢習知○.
174-19 百日○内. 174-19 天下○兵未聚. 174-19 將軍釋○矣. 174-
20 僕已言○僕主矣. 174-20 君○所以求安平君者. 174-21 以齊○於
燕也. 174-22 茹肝涉血○仇耶. 174-22 則奚以趙○强爲. 174-25 今
得强趙○兵. 175-1 令士大夫餘子○力. 175-1 兩國交以習○. 175-2
夫盡兩國○兵. 175-3 果如馬服○言也. 175-5 不如盡歸中山○新埊.
175-8 以過章子○路. 175-9 齊畏從人○合也. 175-13 乃召趙莊而貴
○. 175-15 趙王三延○以相. 175-17 臣請爲卿刺○. 175-18 王○逐
廬陵君. 175-22 而王逐○. 175-24 吾固將逐○. 175-25 行人見○.
176-3 公○客獨有三罪. 176-4 昔者堯見舜於草茅○中. 176-7 臣聞王
○使人買馬也. 176-13 有○乎. 176-13 有○. 176-13 未得相馬○工
也. 176-14 然而王○買馬也. 176-18 趙王未○應也. 176-20 燕郭○
法. 176-20 王知○乎. 176-21 未○聞也. 176-22 便辟左右○近者.
176-22 此皆能乘王○醉昏. 176-23 是能得○乎内. 176-24 則大臣爲
○枉法於外矣. 176-24 趙王憂○. 177-3 以秦○强. 177-3 爲○奈何.
177-4 大王可試使○. 177-6 敝邑寡君亦竊嘉○. 177-8 願得請○.
177-10 下臣○來. 177-11 固願承大國○意也. 177-12 大王若有以令
○. 177-12 請奉而西行○. 177-12 親寡君○母弟也. 177-16 猶大王
○有葉陽涇陽君也. 177-16 衣服使○便於體. 177-17 膳啗使○嗛於
口. 177-18 葉陽君涇陽君○車馬衣服. 177-19 無非大王○服御者.
177-19 臣聞○. 177-20 今使臣受大王○令以還報. 177-21 敝邑○君.
177-21 無乃傷葉陽君涇陽君○心乎. 177-21 敝邑○君. 177-23 請黜
○. 177-24 受其弊而厚遇○. 177-24 韓魏以友○. 178-2 王○忠臣也.
178-3 韓魏欲得○. 178-3 故友○. 178-3 將使王逐○. 178-4 而己因
受○. 178-4 今王逐○. 178-4 是韓魏○欲得. 178-4 而王○忠臣有罪
也. 178-5 以明王○賢. 178-5 而折韓魏招○. 178-5 主父欲敗○. 178
-9 乃結秦連楚宋○交. 178-9 魏○和卒敗. 178-10 因留○. 178-12
世鈞爲○謂文信侯曰. 178-12 趙王○所甚愛也. 178-13 而郎中甚妬
○. 178-13 秦必留○. 178-14 故謀而入○秦. 178-14 今君留○. 178
-14 而郎中○計中也. 178-15 因與接意而遣○. 178-16 秦急攻○.
178-19 太后盛氣而揖○. 178-22 而恐太后玉體○有所郄也. 178-24
太后○色少解. 179-2 竊愛憐○. 179-4 願令得補黑衣○數. 179-4 願
及未填溝壑而託○. 179-7 老臣竊以爲媪○愛燕后賢於長安君. 179-
8 不若長安君○甚. 179-10 父母○愛子. 179-10 則爲○計深遠. 179
-11 媪○送燕后也. 179-11 持其踵爲○泣. 179-11 亦哀○矣. 179-12
祭祀必祝○. 179-12 至於趙○爲趙. 179-14 趙主○子孫侯者. 179
-14 豈人主○子孫則必不善哉. 179-16 今媪尊長安君○位. 179-18
而封○以膏腴○地. 179-18 多予○重器. 179-19 恣君○所使○. 179
-21 子義聞○曰. 179-22 人主○子也. 179-22 骨肉○親也. 179-22
猶不能恃無功○尊. 179-22 無勞○奉. 179-22 而守金玉○重也. 179
-23 趙使李牧司馬尚禦○. 179-25 王翦惡○. 180-1 趙王疑○. 180-
2 君予○地. 181-5 以相親○兵. 181-6 待輕敵○國. 181-6 知氏○命
不長矣. 181-6 將欲敗○. 181-7 必姑輔○. 181-7 將欲取○. 181-7
必姑與○. 181-7 君不如與○. 181-7 乃與○萬家○邑一. 181-10 趙
氏應○於内. 181-11 中山○君烹其子而遺○羹. 181-19 樂羊坐於幕
下而啜○. 181-20 樂羊以我○故. 181-21 食其子○肉. 181-21 其子
○肉尚食○. 181-21 必就子○功. 182-1 而成子○名. 182-1 有○.
182-2 夫鄉邑老者而先受坐○士. 182-2 子入而問其賢良○士而師事
○. 182-2 求其好掩人○美而楊人○醜者而条驗○. 182-3 幽莠○幼
也似禾. 182-5 驪牛○黄也似虎. 182-5 此皆似○而非者也. 182-6 公
將焉○. 182-9 身自罷○. 182-10 臣聞○. 182-13 臣恐君○聾於官也.
182-14 河山○險. 182-17 此晉國○所以强也. 182-18 若善脩○. 182
-18 則霸王○業具矣. 182-19 吾君○言. 182-19 危國○道也. 182-
19 而子又附○. 182-19 子○言有說乎. 182-20 河山○險. 182-21 是
伯王○業. 182-21 三苗○居. 182-22 左彭蠡○波. 182-22 右有洞庭
○水. 182-22 而禹放逐○. 182-24 夫夏桀○國. 182-24 左天門○陰.
182-24 而右天谿○陽. 182-24 而湯伐○. 183-1 殷紂○國. 183-1 而
武王伐○. 183-2 從是觀○. 183-3 吾乃今日聞聖人○言也. 183-5 西
河○政. 183-5 專委○子矣. 183-5 以賞田百萬祿○. 183-8 前脉形埊
○險阻. 183-10 决利害○備. 183-10 使三軍○士不迷惑者. 183-11
巴寧爨襄○力也. 183-11 使民昭然信○於後者. 183-12 王○明法也.
183-12 見敵○可也鼓○. 183-13 王特爲臣○右手不倦賞臣. 183-13
若以臣○有功. 183-14 臣何力○有乎. 183-14 於是索吳起○後. 183
-15 賜○田二十萬. 183-15 又不遺賢者○後. 183-16 不揜能士○迹.
183-17 加○百萬○上. 183-17 公叔當○矣. 183-19 惠王往問○. 183

-21 願王以國事聽○也. 183-22 以公叔○賢. 183-24 公孫鞅聞○.
184-1 西○秦. 184-1 孝公受而用○. 184-1 此非公叔○悖也. 184-2
惠王○悖也. 184-2 悖者○患. 184-2 大王○埊. 184-5 西有長城○界.
184-7 曾無所芻牧牛馬○地. 184-9 人民○衆. 184-10 車馬○多. 184
-10 無以異於三軍○衆. 184-10 臣竊料○. 184-10 大王○國. 184-
11 外交强虎狼○秦. 184-11 夫挾强秦○勢. 184-12 天下○强國也.
184-13 天下○賢主也. 184-13 臣竊爲大王媿○. 184-14 斬紂於牧○
野. 184-17 今竊聞大王○卒. 184-17 今乃劫於辟臣○說. 184-20 凡
羣臣○言事秦者. 184-21 割其主○埊以求外交. 184-22 偷取一旦○
功而不顧其後. 184-23 外挾彊秦○勢以内劫其主以求割埊. 184-23
願大王○熟察○也. 184-24 將柰○何. 185-2 則必無强秦○患. 185-
3 在大王詔○. 185-4 今主君以趙王○詔詔○. 185-5 無有名山大川
○阻. 185-8 魏○埊勢. 185-11 此所謂四分五裂○道也. 185-14 且夫
諸侯○爲從者. 185-15 一天下約爲兄弟刑白馬以盟於洹水○上以相
堅也. 185-16 而欲恃詐僞反覆蘇秦○餘謀. 185-17 則大王○國欲求
無危不可得也. 185-21 魏○亡可立而須也. 185-22 此臣○所以爲大
王患也. 185-22 無楚韓○患. 185-24 且夫秦○所欲弱莫如楚. 186-1
楚雖有富大○名. 186-1 魏○兵南面而伐. 186-2 說一諸侯○王. 186
-6 成而封侯○基. 186-7 是故天下○遊士. 186-7 莫不日夜搤腕瞋目
切齒以言從○便. 186-8 故願大王○熟計○也. 186-10 前計失○. 186
-11 大敗○. 186-14 大敗○. 186-16 以魏爲將内○於齊而擊其後.
186-16 而疑○於楚也. 186-18 欲走而○韓. 186-20 齊使蘇厲爲○謂
魏王曰. 186-21 今秦見齊魏○不合也如此其甚也. 186-23 則非魏○
利也. 186-25 軫○所以來者. 187-4 犀首乃見○. 187-5 請移天下○
事於公. 187-7 公可以居其中而疑○. 187-9 旬五○期. 187-10 王許
○. 187-12 諸侯客聞○. 187-14 齊王聞○. 187-15 燕趙聞○. 187-16
楚王聞○. 187-17 寡人欲○. 187-18 犀首遂主天下○事. 187-20
甚力○. 187-22 魏王甚愛○. 187-23 公雖百說○. 187-23 公不如儀
○言爲資. 187-24 令魏王召而相○. 188-2 來將悟○. 188-2 其子陳
應止其公○行. 188-3 物○湛者. 188-3 欲公○去也. 188-5 必勸王多
公○車. 188-5 魏○所以迎我者. 188-6 子果無○魏而見寡人也. 188
-7 因以魯侯○車迎○. 188-7 張儀走○魏. 188-10 魏將迎○. 188-10
今臣○事王. 188-12 若老妾○事其主婦者. 188-12 而王○羣臣皆
以爲可. 188-17 而羣臣○知術也. 188-18 而羣臣○知術也. 188-20
魏○所以相公者. 188-24 雍沮謂齊楚○君曰. 189-1 王亦聞張儀○約
秦王乎. 189-1 是齊楚○兵折. 189-2 此儀○所以與秦王陰相結也.
189-4 今儀相魏而攻○. 189-5 是使儀○計當於秦也. 189-5 非所以窮
儀○道也. 189-5 齊楚○王曰. 189-6 公何不以楚佐儀求相○於魏.
189-9 則韓○南陽舉矣. 189-14 則秦魏○交可廢矣. 189-15 因而委○.
189-16 與○伐齊而存燕. 189-19 張儀欲敗○. 189-19 齊畏三國○合
也. 189-19 楚趙必聽○. 189-20 王○所得者. 189-23 韓○卜也決矣.
190-3 伐齊○事遂敗. 190-4 徐州○役. 190-6 而與乘○. 190-7 必取
方城○外. 190-7 而與乘○. 190-8 是太子○讎報矣. 190-8 臣不知衍
○所以聽於秦○少多. 190-11 然而臣能半衍○割. 190-12 王重其行
而厚奉○. 190-13 夫周君竇屢奉陽君○與穰侯. 190-15 貿首○仇也.
190-15 而欲敗○. 190-16 齊王將見燕趙楚○相於衞. 190-19 臣請敗
○. 190-20 犀首期齊王至○曰. 190-21 從客談三國○相怨. 190-23
今久與○談. 190-24 寡人無與○語也. 191-1 三國○不相信齊王○遇.
191-1 綦母恢教○語曰. 191-4 故用○也. 191-10 而聽相○計. 191-
10 王○國必傷矣. 191-11 願王察○. 191-11 犀首田盼欲得齊魏○兵
以伐趙. 192-3 公○不慧也. 192-6 今公又言有難以懼○. 192-6 而二
士○謀困也. 192-7 犀首田盼遂得齊魏○兵. 192-9 悉起兵從○. 192
-10 王又聽○. 192-14 寡人○股掌○臣也. 192-15 爲子○不便也.
192-15 殺○亡○. 192-16 内○無若羣臣何也. 192-16 今吾爲子外○.
192-17 令毋敢入子○事. 192-17 入子○事者. 192-17 吾爲子殺○亡
○. 192-17 與○約結. 192-18 召文子而相○魏. 192-18 臣請問文○
爲魏. 192-21 衍○爲魏. 192-22 將用王○國. 192-24 王且無所聞○
矣. 192-24 王○國雖滲樂而從○可也. 193-1 以稽二人者○所爲. 193
-2 二人者○所爲○. 193-3 王厝需於側以稽○. 193-4 犀首欲窮○.
193-7 王聞○而弗任也. 193-9 大王○攻薔易矣. 193-16 民必甚病○.
193-20 而以民勞與官費用○故. 193-21 而不行先王○喪. 193-21 吾
未有以言○也. 193-23 昔王季歷葬於楚山○尾. 194-1 見棺○前和.
194-2 故使欒水見○. 194-4 於是出而爲○張於朝. 194-4 百姓皆見
○. 194-5 此文王○義也. 194-5 太子爲及日○故. 194-6 此文王○義
也. 194-8 又令魏太子未葬其先王而因又說文王○義. 194-10 說文王
○義以示天下. 194-11 而秦禁○. 194-14 齊令宋郭○秦. 194-14 秦
王許○. 194-15 魏王畏齊秦○合也. 194-15 分宋○城. 194-16 服宋
○强者. 194-16 乘宋○敝. 194-17 請爲王毋禁楚○伐魏也. 194-17
王○伐宋也. 194-18 請剛柔而皆用○. 194-18 欺○不爲逆者. 194-18
殺○不爲讎者也. 194-19 王無與○講以取埊. 194-19 又以力攻○.
194-20 齊魏○交已醜. 194-24 願王○深計○也. 195-1 見天下○傷
秦也. 195-7 唯已○曾安. 195-12 令足下鬻○以合於秦. 195-12 是免
國於患者○計也. 195-13 臣何足以當○. 195-13 願足下○論臣○計
也. 195-14 兄弟○交也. 195-15 臣爲○苦矣. 195-15 黄帝戰於涿鹿
○野. 195-16 而西戎○兵不至. 195-16 而東夷○民不起. 195-16 黄
帝○所難也. 195-17 臣又偏事三晉○吏. 195-19 奉陽君孟嘗君韓呡
周㝵周韓餘爲徒從而下○. 195-19 恐其伐秦○疑也. 195-20 扮○請
焚天下○秦符者. 195-21 次傳焚符○約者. 195-22 臣又說齊王而往
敗○. 195-24 因使蘇脩游天下○語. 195-24 臣又爭○以死. 195-25
臣非不知秦勸○重也. 196-1 然而所以爲○者. 196-1 犀首患○. 196
-4 則胡不召文子而相○. 196-5 因召文子而相○. 196-6 魏王令惠施
○楚. 196-9 令犀首○齊. 196-9 楚王聞○. 196-10 施因令人先○楚.
196-10 魏王令犀首○齊. 196-10 惠施○楚. 196-11 楚王聞○. 196-
11 客謂公子理○傳曰. 196-13 止太子○行. 196-14 公子爭○於王.
196-16 覆十萬○軍. 196-19 魏王召惠施而告○曰. 196-19 寡人○讎
也. 196-20 怨○至死不忘. 196-20 吾常欲悉起兵而攻○. 196-20 臣
聞○. 196-21 國無守戰○備. 196-23 此非臣○所謂也. 196-24 覆十
萬○軍. 197-5 臣萬乘○魏. 197-5 且楚王○爲人也. 197-6 而與○並
朝齊侯再三. 197-8 趙氏醜○. 197-9 趙應○. 197-9 王欲見○. 197-
12 魏王○年長矣. 197-13 公不如歸太子以德○. 197-14 楚將内而立
○. 197-14 横樹○則生. 197-17 倒樹○則生. 197-17 折而樹○又生.
197-18 一人拔○. 197-18 故以十人○衆. 197-19 樹易生○物. 197-
19 樹○難而去○易也. 197-19 吾恐張儀薛公犀首○有一人相魏者.
197-22 然則相者以誰而君便○也. 197-23 吾欲太子○自相也. 197-
24 必相○矣. 197-24 莫如太子○自相. 198-5 而欲丞相○璽. 198-6
以魏○强. 198-7 而持三萬乘○國輔○. 198-7 不如太子○自相也.
198-8 以此語告○. 198-8 臣聞○. 198-10 今臣願大王陳臣○愚意.
198-11 自使有要領○罪. 198-12 願大王察○. 198-12 臣恐魏交○益
疑也. 198-13 臣又恐趙○益勁也. 198-13 夫魏王○愛習魏信也. 198
-14 其智能而任用○也. 198-14 今王○使人入魏而不用. 198-15 則
王○使人入魏無益也. 198-16 此魏王○所以不安也. 198-16 夫舍萬
乘○事而退. 198-17 此魏信○所難行也. 198-17 夫令人○君處所不
安. 198-18 令人○相行所不能. 198-18 臣故恐魏交○益疑也. 198-18
則趙○謀者必曰. 198-19 則上有野戰○氣. 198-20 下有堅守○心.
198-21 臣故恐趙○益勁也. 198-21 大王欲完魏○交. 198-22 不如用
魏信而尊○以名. 198-22 然則魏信○事主也. 198-23 趙○用事者必
曰. 198-25 魏氏○名族不高於我. 198-25 土地○實不厚於我. 198-25
秦甚善○. 199-1 國處削危○形. 199-2 身處死亡○埊. 199-3 則是
大王垂拱○割埊以爲利重. 199-5 堯舜○所求而不能得也. 199-5 臣
願大王察○. 199-6 魏王○恐也見亡矣. 199-8 王雖復與○攻魏可也.
199-11 欲與○復攻魏. 199-13 恐魏○以太子在楚不肯也. 199-13 外
臣疾使臣謁○. 199-14 敝邑○王欲效城埊. 199-14 而爲魏太子○尚
在楚也. 199-15 臣請效○. 199-15 而復固秦楚○交. 199-16 王信○
乎. 199-20 王信○乎. 199-20 寡人疑○矣. 199-20 王信○乎. 199-21
寡人信○矣. 199-21 夫市○無虎明矣. 199-22 願王察○矣. 199-23
進○禹. 200-4 禹飲而甘○. 200-4 和調五味而進○. 200-6 桓公食
○而飽. 200-6 晉文公得南○威. 200-7 遂推南○威而遠○. 200-7 今
主君○尊. 200-11 儀狄○酒也. 200-11 主君○味. 200-11 易牙○調
也. 200-11 南威○美也. 200-12 强臺○樂也. 200-12 魏王患○. 201
-3 召相國而命○曰. 201-5 敝邑○吏效城者. 201-8 使者○罪也. 201
-11 趙王恐魏承秦○怒. 201-11 王○士未有爲○中者也. 201-14 王
○所欲於魏者. 201-15 長羊王屋洛林○地也. 201-15 王能使臣爲魏
○司徒. 201-16 則臣能使魏獻○. 201-16 因任○以爲魏○司徒. 201
-17 秦○所欲於魏者. 201-18 長羊王屋洛林○地也. 201-18 王獻○
秦. 201-19 因獻○秦. 201-20 乃○秦. 201-24 魏○所以獻長羊王屋
洛林○地者. 201-24 有意欲以下大王○兵東擊齊也. 202-1 後山東○
士. 202-2 芒卯并將秦魏○兵. 202-4 十萬○軍拔邯鄲. 202-7 殺子○.
202-8 燕趙○所以國全兵勁. 202-9 夫秦貪戾○國而無親. 202-11 夫
秦何厭○有哉. 202-13 秦必受○. 202-15 秦挾楚趙○兵以復攻. 202
-15 願王○必無講也. 202-16 是臣○所聞於魏也. 202-17 願君○以
是慮事也. 202-17 此言幸○不可數也. 202-19 此非兵力○精. 202-20
非計○工也. 202-20 以三十萬○衆. 202-23 守十仞○城. 202-23
夫輕信楚趙○兵. 202-24 陵十仞○城. 202-24 戴三十萬○衆. 202-24
而志必舉○. 202-25 臣以爲自天下○始分以至于今. 202-25 未嘗
有○也. 202-25 願○及楚趙○兵未任於大梁也. 203-2 必欲○. 203-
4 楚趙怒於魏○先己講也. 203-4 且君○嘗割晉國取地也. 203-5 而
君制○. 203-7 臣願君○熟計而無行危也. 203-7 子○於學者. 203-14
將盡行○乎. 203-15 願子○有以易名母也. 203-15 子○於學也.
203-15 願子○且以名母爲後也. 203-16 今王○事秦. 203-16 願王○
有以易○. 203-17 如臣○賤也. 203-19 入不測○淵而必出. 203-19
今秦不可知○國也. 203-20 猶不測○淵也. 203-20 而許綰○首. 203
-21 内王於不可知○秦. 203-21 王以三乘先○. 203-25 今不行者欺
○矣. 204-2 僞病者乎而見○. 204-10 臣已恐○矣. 204-11 臣能得○
於應侯. 204-12 華軍○戰. 204-15 魏不以敗○上割. 204-17 而秦不

以勝○上割. 204-17 是羣臣○私而王不知也. 204-18 王因使○割地. 204-19 而王因使○受璽. 204-20 今王○地有盡. 204-22 而秦○求無窮. 204-22 是薪火○說也. 204-23 王獨不見夫博者○用梟邪. 204-25 何用智○不若梟也. 205-1 請致○先生. 205-5 齊○仇敵也. 205-6 齊○與國也. 205-6 受魏○璧馬也. 205-9 聞先生受魏○璧馬. 205-10 有○. 205-10 然則先生○爲寡人計○何如. 205-11 伐魏○事不便. 205-11 且夫王無伐與國○誹. 205-13 魏無見亡○危. 205-13 百姓無被兵○患. 205-13 髡有璧馬○寶. 205-14 魏王聞○. 205-16 告○曰. 205-16 有諸侯○救. 205-17 寡人願子○行也. 205-18 重爲○約車百乘. 205-18 孟嘗君○趙. 205-19 夫趙○兵. 205-21 非能彊於魏○兵. 205-21 魏○兵. 205-21 然而趙○地不歲危. 205-22 而魏○地歲危. 205-22 此文○所以忠於大王也. 205-24 先日公子常約兩王○交矣. 206-1 願大王○救○. 206-2 此國○利也. 206-3 王不用臣○忠計. 206-5 恐天下○將有變也. 206-6 秦攻魏未能克○也. 206-6 以國○半與秦. 206-7 魏王悉韓魏○兵. 206-8 以因趙○衆. 206-8 乃爲○起兵八萬. 206-11 君得燕趙○兵甚衆且亟矣. 206-13 因歸燕趙○兵. 206-14 有虎狼○心. 206-16 此天下○所同知也. 206-18 而竟逐○. 206-19 而再奪○國. 206-20 而又況於仇讎○敵國也. 206-20 臣甚或○. 206-22 羣臣知○. 206-23 外安能支强秦魏○兵. 206-24 而今負强秦○禍也. 207-1 秦非無事○國也. 207-2 韓亡○後. 207-2 絶韓○上黨而攻强趙. 207-3 則是復閼與○事也. 207-4 絶漳滏○水. 207-5 而以與趙兵決勝於邯鄲○郊. 207-5 是受智伯○禍也. 207-5 行三十里而攻危隘○塞. 207-6 韓亡○後. 207-10 兵出○日. 207-10 秦故有懷地刑丘○城垝津. 207-11 而以○臨河內. 207-11 河內○共汲莫不危矣. 207-12 王○使者大過矣. 207-13 秦○欲許○久矣. 207-14 然而秦○葉陽昆陽與舞陽高陵鄰. 207-14 聽使者○惡也. 207-15 隨安陵氏而欲亡○. 207-15 秦繞舞陽○北. 207-15 夫不患秦○不愛南國非也. 207-17 晉國○去梁也. 207-19 河山以蘭○. 207-19 有周韓而閒○. 207-20 東至陶衛○郊. 207-22 晉國○去大梁也尚千里. 207-24 無河山以蘭○. 207-25 無周韓以閒○. 207-25 從○不成矣. 208-2 秦撓○以講. 208-3 以臣○觀○. 208-4 則楚趙必與○攻矣. 208-4 則皆知秦○無窮也. 208-5 非盡亡天下○兵. 208-5 而臣海內○民. 208-6 王速受楚趙○約. 208-6 而挾韓魏○質. 208-7 韓必效○. 208-8 然而無與强秦鄰○禍. 208-9 此亦王○大時已. 208-10 通韓○上黨於共莫. 208-10 因而關○. 208-11 出入者賦○. 208-11 韓是魏○縣也. 208-13 天下○西鄉而馳秦. 208-15 入朝爲臣○日不久. 208-15 亡趙○始也. 208-22 亡虞○始也. 208-23 宮○奇諫而不聽. 208-24 故春秋書○. 208-24 王賢而有聲者相○. 208-25 所以爲腹心○疾者. 208-25 趙○號也. 209-1 魏○虞也. 209-1 虞○爲也. 209-2 願王○熟計○也. 209-2 公必且待齊楚○合也. 209-4 今齊楚○理. 209-5 彼翟子○所惡於國者. 209-5 魏○受兵. 209-6 非秦實首伐○也. 209-7 楚惡魏○事王也. 209-7 以張子○强. 209-8 有秦韓○重. 209-8 齊王惡○. 209-9 今以齊秦○重. 209-9 臣爲公患○. 209-9 鈞○出地. 209-10 臣意秦王與樗里疾○欲○也. 209-12 臣請爲公說○. 209-13 此王○首事也. 209-14 無所用○. 209-16 國○大利也. 209-17 今公○力有餘守○. 209-18 魏王○所恃者. 209-19 欲講攻於齊王兵○辭也. 209-20 楚王怒於魏○不用樓子. 209-21 怨顔已絶○矣. 209-22 魏王○懼也見亡. 209-22 公不如按魏○和. 209-23 昔竊聞大王○謀出事於梁. 211-3 願大王○熟計○也. 211-4 山東○要也. 211-4 天下○中身也. 211-6 是示天下要斷山東○脊也. 211-6 是山東首尾皆救中身○時也. 211-7 臣見秦○必大憂可立而待也. 211-8 王不聞湯○伐桀乎. 211-10 試○弱密須氏以爲武教. 211-10 得密須氏而湯○服桀矣. 211-11 天下○亡國皆然矣. 211-20 夫國○所以不可恃者多. 211-20 或有諸侯鄰國○虞. 211-21 臣以此知國○不可必恃也. 211-23 今王恃楚○强. 211-23 而信春申君○言. 211-23 卽王有萬乘○國. 211-24 而以一人○心爲命也. 212-1 願王○熟計○也. 212-1 攻韓○事. 212-9 茲公○處重也. 212-14 是取子○資. 212-15 而以資子○讎也. 212-15 王交制○也. 212-19 以大梁○未亡也. 212-23 秦攻韓○管. 213-5 魏王發兵救○. 213-5 此魏○福也. 213-7 王若救○. 213-7 必韓○管也. 213-7 必魏○梁也. 213-8 遂救○. 213-9 不用子○計而禍至. 213-10 爲○柰何. 213-10 昭忌乃爲○見秦王曰. 213-11 臣聞明主○聽也. 213-11 山東○從. 213-13 天下○合也. 213-14 以王○不必也. 213-14 以王○必也. 213-14 今攻韓○管. 213-14 合天下○從. 213-15 以爲秦○求索. 213-15 不如齊趙而構○秦. 213-20 而構○秦. 213-21 是幷制秦趙○事也. 213-21 欲王○東長○待○也. 213-22 長平○役. 213-25 秦趙久相持於長平○下而無決. 214-2 秦恐王○變也. 214-3 王敢責垣雍○割乎. 214-4 王能令韓出垣雍○割乎. 214-5 不聽○. 214-9 聽○. 214-9 則後王○臣. 214-9 將皆務事諸侯○能令於王○上者. 214-10 秦必輕王○强矣. 214-11 不若相○. 214-11 芮宋欲絶秦趙○交. 214-14 故令魏氏收秦太后○養地秦王於秦. 214-14 故敝邑收○. 214-16 管鼻○令翟强與秦事. 214-23 鼻○與强. 214-23 猶晉人○與楚人也. 214-23 晉人見楚人○急. 214-24 帶劍而緩○. 214-24

楚人惡其緩而急○. 214-24 令鼻○入秦○傳舍. 214-24 舍不足以舍○. 214-25 强○入. 214-25 魏王令○謂秦王曰. 215-8 魏王見天下○不足恃也. 215-10 吳慶恐魏王○構於秦也. 215-13 秦○攻王也. 215-14 秦○所去. 215-15 王亦知弱○召攻乎. 215-16 季梁聞○. 215-18 我欲○楚. 215-20 君○楚. 215-20 此非楚○路也. 215-21 此非楚○路也. 215-22 恃王國○大. 215-23 兵○精銳. 215-23 王○動愈數. 215-24 王○所求於魏者. 216-4 張子聞○. 216-7 魏王爲○謂秦王曰. 216-10 魏○所以爲王通天下者. 216-11 敝邑○事王. 216-12 遂約車而遣○. 216-18 寡人知魏○急矣. 216-20 大王已知魏○急而救不至者. 216-20 是大王籌筴○臣無任矣. 216-21 且夫魏一萬乘○國. 216-21 以爲秦○强足以爲與也. 216-22 今齊楚○兵已在魏郊矣. 216-22 大王○救不至. 216-23 王雖欲救○. 216-23 是亡一萬乘○魏. 216-24 而强二敵○齊楚也. 216-24 竊以爲大王籌筴○臣無任矣. 216-24 齊楚聞○. 217-1 唐且○說也. 217-2 臣聞○曰. 217-5 人○憎我也. 217-6 人○有德於我也. 217-7 臣願君○忘○也. 217-9 吾將仕○以五大夫. 217-13 請使道使者至縞高○所. 217-14 復信陵君○命. 217-15 君○幸高也. 217-15 亦非君○所喜也. 217-17 遣大使○安陵曰. 217-19 安陵○地. 217-19 願君○生束縮高而致○. 217-20 無忌將發十萬○師. 217-21 以造安陵○城. 217-21 手受大府○憲. 217-23 憲○上篇曰. 217-23 以全父子○義. 217-25 而君曰必生致○. 217-25 是使我負襄王詔而廢大府○憲也. 217-25 縮高聞○曰. 218-2 無爲人臣○義矣. 218-3 乃○使者○舍. 218-4 臣爲王○所得魚也. 218-10 臣○始得魚也. 218-11 今臣直欲棄臣前○所得矣. 218-11 四海○內. 218-13 聞臣○得幸於王也. 218-13 臣亦猶曩臣○前所得魚也. 218-14 於是布令於四境○內曰. 218-16 由是觀○. 218-17 近習○人. 218-17 今由千里○外. 218-18 假○得幸. 218-19 而近習○人相與怨. 218-19 非用知○術也. 218-20 棄○不如用○○易也. 218-22 死○不如棄○○易也. 218-22 能棄○弗能用○. 218-23 能死○弗能棄○. 218-23 北人○大過也. 218-23 是王棄○. 218-24 非用○也. 218-25 今秦○强也. 218-25 而魏○弱也甚. 218-25 王又能死而弗能棄○. 219-1 今王能用臣○計. 219-1 秦自四境○內. 219-3 雖至於門閭○下. 219-4 廊廟○上. 219-4 猶○如是也. 219-4 太后○德王也. 219-6 王○交最爲天下上矣. 219-6 則王○怨報矣. 219-9 寡人欲以五百里○地易安陵. 219-11 願終守○. 219-13 寡人以五百里○地易安陵. 219-14 而君以五十里○地存者. 219-15 今吾以十倍○地. 219-16 安陵君受地於先生而守○. 219-17 公亦嘗聞天子○怒乎. 219-19 天子○怒. 219-20 大王嘗聞布衣○怒乎. 219-21 布衣○怒. 219-21 此庸夫○怒也. 219-22 非士○怒也. 219-23 夫專諸○刺王僚也. 219-23 聶政○刺韓傀也. 219-23 要離○刺慶忌也. 219-24 皆布衣○士也. 219-24 長跪而謝○曰. 220-2 而安陵以五十里○地存者. 220-3 石溜○地也. 221-4 寡人無所用○. 221-4 臣聞一里○厚. 221-4 而動千里○權者. 221-5 萬人○衆. 221-5 至韓○取鄭也. 221-6 魏○圍邯鄲也. 221-12 然未知王○所欲也. 221-12 此安危○要. 221-13 國家○大事也. 221-14 臣請深惟而苦思○. 221-14 子皆國○辯士也. 221-14 申子微視王○所說以言於王. 221-16 王大說○. 221-16 聽子○謁. 221-19 而廢子○道乎. 221-19 又亡其行子○術. 221-19 而廢子○謁乎. 221-20 韓北有鞏洛成皋○固. 221-23 西有宜陽常阪○塞. 221-24 天下○强弓勁弩. 222-1 皆射六百步○外. 222-2 韓卒○劍戟. 222-3 以韓卒○勇. 222-6 夫以韓○勁. 222-7 與大王○賢. 222-7 是故願大王○熟計○也. 222-9 今茲效○. 222-10 與○. 222-10 卽無地以給○. 222-10 且夫大王○地有盡. 222-11 而秦○求無已. 222-11 夫以有盡○地. 222-11 而逆無已○求. 222-12 夫以大王○賢. 222-14 挾强韓○兵. 222-14 而有牛後○名. 222-14 臣竊爲大王羞○. 222-14 今主君以楚王○教詔○. 222-17 民○所食. 222-20 無二歲○所食. 222-21 料大王○卒. 222-21 悉○不過三十萬. 222-21 虎摯○士. 222-24 秦馬○良. 222-25 戎兵○衆. 222-25 山東○卒. 223-1 夫秦卒○與山東○卒也. 223-2 猶孟賁○與怯夫也. 223-2 猶烏獲○與嬰兒也. 223-3 夫戰孟賁烏獲○士. 223-3 以攻不服○弱國. 223-3 無以異於墮千鈞○重. 223-4 集於鳥卵○上. 223-4 諸侯不料兵○弱. 223-4 食○寡. 223-5 而聽從人○甘言好辭. 223-5 夫不顧社稷○長利. 223-6 而聽須臾○說. 223-6 斷絶韓○上地. 223-7 則鴻臺○宮. 223-8 桑林○菀. 223-8 非王○有已. 223-8 則王○國分矣. 223-9 秦○所欲. 223-11 客幸而教○. 223-15 魏兩用犀首張儀而西河○外亡. 223-20 今王兩用○. 223-20 則王○國必危矣. 223-22 與○逐張儀於魏. 223-24 公仲聞○. 223-25 韓使人馳南陽○地. 224-6 韓因割南陽○地. 224-6 臣恐山東○無以馳割事王者矣. 224-8 臣請爲君止天下○攻市丘. 224-14 因遣○. 224-15 王令○勿攻市丘. 224-18 且聽王○言而不攻市丘. 224-19 且反王○言而攻市丘. 224-19 然則王○輕重必明矣. 224-20 公以八百金請伐人○與國. 224-24 公叔○攻楚也. 224-25 以幾瑟○存焉. 224-25 令昭獻轉而與○處. 225-1 公叔○讎也. 225-2 公叔○人也. 225-2 秦王聞○. 225-3 鄭彊○走張儀於秦. 225-5 曰儀○使者. 225-5 必○楚矣. 225-5 公留儀○使者. 225-6 張儀使人致上庸

○地. 225-7 宜陽○役. 225-10 得○. 225-11 天下惡○. 225-12 收韓趙○兵以臨魏. 225-15 楚必敗○. 225-17 公仲以宜陽○故. 225-20 秦王固疑甘茂○以武遂解於公仲也. 225-20 今秦○心欲伐楚. 226-1 賂○以一名都. 226-1 與○伐楚. 226-2 此以一易二○計也. 226-2 乃儆公仲○行. 226-2 楚王聞○大恐. 226-4 召陳軫而告○. 226-4 秦○欲伐我久矣. 226-4 今又得韓○名都一而具甲. 226-4 今已得○矣. 226-5 爲○儆四境○内選師. 226-6 使信王○救己也. 226-7 是我困秦韓○兵. 226-11 而免楚國○患也. 226-11 乃儆四境○内選師. 226-12 已悉起○矣. 226-13 恃楚○虚名. 226-16 輕絶强秦○敵. 226-16 且楚韓非兄弟○國也. 226-17 此必陳軫○謀也. 226-18 夫輕强秦○禍. 226-19 而信楚○謀臣. 226-20 王必悔○矣. 226-20 韓氏○兵非削弱也. 226-22 顔率謂公仲○謁者曰. 226-25 率且正言○而已矣. 227-2 公仲○謁者以告公仲. 227-3 公仲遽起而見○. 227-3 願公○熟計○. 227-8 子爲我謁○. 227-8 秦韓○交可合也. 227-9 今王○愛習公也. 227-10 彼有以失○也. 227-12 公何以異○. 227-14 人皆言楚○多變也. 227-14 而公必○. 227-15 善韓以備○. 227-15 公○讎也. 227-17 反宜陽○民. 227-19 今公徒令收○. 227-20 此乃韓○寄地也. 227-21 公求而得○. 227-22 是韓楚○怨不解. 227-23 收楚韓以安○. 227-25 而誅齊魏○罪. 228-1 是以公孫郝甘茂○無事也. 228-1 願公○聽臣言也. 228-4 楚趙皆公○讎也. 228-6 臣恐國○以此爲患也. 228-6 願公○復求中立於秦也. 228-7 秦王以公孫郝爲黨於公而弗○聽. 228-8 行願○爲秦王臣也公. 228-10 今王聽公孫郝以韓秦○兵應齊而攻魏. 228-12 以韓秦○兵據魏而攻齊. 228-14 齊王言救魏以勁○. 228-17 此惠王○願也. 228-19 以韓秦○兵據魏以郄齊. 228-19 此武王○願也. 228-20 最秦○大急也. 228-21 王○大患也. 228-23 願王○熟計○也. 228-23 齊楚○交善秦. 228-25 王使景鯉○秦. 229-1 鯉與於秦魏○遇. 229-1 臣賀鯉○與於遇也. 229-3 秦魏○遇也. 229-3 齊無以信魏○合己於秦而攻於楚也. 229-4 齊又畏楚○有陰於秦魏也. 229-5 故鯉○與於遇. 229-5 王○大資也. 229-5 魏○絶齊於楚明矣. 229-6 齊楚信○. 229-6 非馬○任也. 229-12 則豈楚○任也哉. 229-13 且非楚○任. 229-14 而楚爲○. 229-14 王儆四彊○内. 229-17 十日○内. 229-17 王因取其游○舟上擊○. 229-18 臣爲王○楚. 229-18 春申君聞○. 229-19 十日○内. 229-20 數萬○衆. 229-20 秦使聞○. 229-20 而君用○弱. 229-23 今秦欲踰兵於澠隘○塞. 229-24 臣○所見者. 230-2 秦楚鬭○日也已. 230-2 諸侯錮○. 230-5 明○反也. 230-6 今四國錮○. 230-7 小甚患○. 230-8 此方其爲尾生○時也. 230-8 韓○於秦也. 231-4 臣聞○. 231-5 願大王○熟計○. 231-5 獨尚子○言是. 231-6 先王以其髀加妾○身. 231-7 盡置其身妾○上. 231-8 夫救韓○危. 231-9 韓○急緩莫不知. 231-13 如此則伐秦○形成矣. 231-18 孰與伐人○利. 231-19 秦王○言曰. 231-23 秦王必祖張儀○故謀. 232-1 秦取西河○外以歸. 232-3 楚陰得秦○不用也. 232-5 塞三川而守○. 232-6 司馬康三反○郢矣. 232-7 是公○所以外者儀而已. 232-11 其實猶○不失秦也. 232-11 公叔爭○而不聽. 232-14 公不若順○. 232-15 楚趙惡○. 232-17 趙聞○. 232-17 楚聞○. 232-17 錡宣○教韓王取秦. 232-20 言○楚. 232-20 三川○言曰. 232-21 韓王○心. 232-21 令韓王知王○不取三川也. 232-22 襄陵○役. 232-25 而楚魏皆德公○國矣. 232-25 請爲子起兵以○魏. 233-2 而資○以秦. 233-6 而不患楚○能揚河外也. 233-9 是令得行於萬乘○主也. 233-11 楚○縣而已. 233-12 是秦韓○怨深. 233-12 而輕陽侯○波. 233-15 是塞漏舟而輕陽侯○波也. 233-16 願公○察也. 233-17 周最患○. 233-19 公叔○與周君交也. 233-19 臣竊强○. 233-23 臣○强○也. 233-24 叱○必噬人. 233-25 客有請叱○者. 234-1 疾視而徐叱○. 234-1 復叱○. 234-1 犬遂無噬人○心. 234-1 而以不得已○故來使. 234-2 其使○必疾. 234-4 言○必急. 234-4 則鄭王必許○矣. 234-4 將罪○. 234-8 臣○矯與○. 234-8 戰○於國中必分. 234-15 尚何足以圖國○全爲. 234-16 楚善○. 234-19 王爲我逐幾瑟以窮○. 234-20 太子○重公也. 234-23 冀太子○用事也. 234-24 固欲事○. 234-24 太子外無幾瑟○患. 234-25 幾瑟○能爲亂也. 235-3 今公殺○. 235-4 韓大夫知王○老而太子定. 235-4 必陰事○. 235-5 伯嬰外無秦楚○權. 235-7 内無父兄○衆. 235-8 公叔伯嬰恐秦楚○内幾瑟也. 235-10 則公叔伯嬰必知秦楚○不以幾瑟爲事也. 235-11 公挾秦楚○重. 235-14 胡衍○出幾瑟於楚也. 235-17 而爲○請太子. 235-18 幾瑟亡○楚. 235-22 楚將收秦而復○. 235-22 今幾瑟亡○楚. 235-23 楚又收秦而復○. 235-23 幾瑟入鄭○日. 235-23 楚○縣邑. 235-24 公不如令秦王賀伯嬰○立也. 235-24 楚王欲復○甚. 236-2 令楚兵十餘萬在方城○外. 236-2 臣請令楚築萬家○都於雍氏○旁. 236-3 韓必起兵以禁○. 236-3 公因以楚韓○兵奉幾瑟而内○鄭. 236-4 景鯉患○. 236-7 是太子反棄○. 236-8 周欲以車百乘重而送○. 236-10 恐韓咎入韓○不立也. 236-11 不如以百金從○. 236-11 治列子圉寇○言. 236-14 謂○鵲. 236-18 謂○烏. 236-18 今王○國有柱國令尹司馬典令. 236-19 舉韓傀○過. 236-22 韓傀以○叱○於朝. 236-23 嚴遂拔劍趨○. 236-23 避仇隱於屠者○間.

236-25 以意厚○. 237-1 吾得爲役○日淺. 237-2 義不敢當仲子○賜. 237-6 特以爲夫人麤糲○費. 237-8 以交足下○驩. 237-8 然仲子卒備賓主○禮而去. 237-11 久○. 237-13 政乃市井○人. 237-13 而嚴仲子乃諸侯○卿相也. 237-14 臣○所以待○至淺鮮矣. 237-14 夫賢者以感忿睚眦○意. 237-16 而親信窮僻○人. 237-17 臣○仇韓相傀. 237-21 傀又韓君○季父也. 237-22 臣使人刺○. 237-23 今殺人○相. 237-24 相又國君○親. 237-24 韓適有東孟○會. 238-3 聶政刺○. 238-5 縣購○千金. 238-8 久○莫知誰子. 238-8 政姉聞○. 238-10 不可愛妾○軀. 238-10 滅吾弟○名. 238-11 乃○韓. 238-11 視○曰. 238-11 氣矜○隆. 238-11 夫愛身不揚弟○名. 238-13 乃抱屍而哭○曰. 238-13 晉楚齊衛聞○曰. 238-15 非獨政○能. 238-15 聶政○所以名施於後世者. 238-16 其姉不避菹醢○誅. 238-17 夫攣子○相似者. 239-3 唯其母知○而已. 239-3 利害○相似者. 239-4 唯智者知○而已. 239-4 其利害○相似. 239-4 正如攣子○相似也. 239-5 得以其道爲○. 239-5 今秦魏○和成. 239-6 而非公適束○. 239-6 令用事於韓以完○. 239-8 今公與安成君爲秦魏○和. 239-9 秦魏○和成. 239-10 而公適束○. 239-10 是韓爲秦魏○門户也. 239-10 操右契而爲公責德於秦魏○主. 239-11 公○事也. 239-12 公○下服. 239-13 願公○無疑也. 239-16 願公○行○也. 239-18 合離○相續. 239-20 此君國長民○大患也. 239-20 天下隨○. 239-21 秦○德韓也厚矣. 239-21 公行○計. 239-22 公行○計. 239-24 韓○重於兩周也無計. 240-2 而秦○爭機也. 240-3 萬於周○時. 240-3 公行○計. 240-4 願公○加務也. 240-5 韓珉○攻宋. 240-8 以韓○强. 240-9 輔○以宋. 240-9 此韓珉○所以禱於秦也. 240-10 吾固患韓○難知. 240-11 中國白頭游敖○士. 240-13 皆積智欲離秦韓○交. 240-14 皆不欲韓秦○合者何也. 240-15 秦○欲伐韓. 240-20 甚唯寐忘○. 240-20 秦○欲攻梁也. 240-21 恐梁○不聽也. 240-21 故欲病○以固交也. 240-21 梁必怒於韓○不與己. 240-22 願王熟慮○也. 240-23 不如急發重使○趙梁. 240-23 使山東皆以鋭師戍韓梁○西邊. 240-24 此萬世○計也. 240-25 秦○欲并天下而王○也. 240-25 事○雖如子○事父. 240-25 猶將亡○也. 241-1 猶將亡○也. 241-1 猶將亡○也. 241-2 雖善事○無益也. 241-2 一世○明君也. 241-5 一世○賢士也. 241-5 韓與魏敵侔○國也. 241-5 申不害○計事. 241-7 是我免於一人○下. 241-8 而信於萬人○上也. 241-9 夫弱魏○兵. 241-9 而重韓○權. 241-9 昭釐侯聽而行○. 241-10 申不害慮事而言○. 241-10 今○韓弱於始○韓. 241-10 而今○秦强於始○秦. 241-11 今秦有梁君○心矣. 241-11 臣竊以爲王○明爲不如昭釐侯. 241-12 而王○諸臣忠莫如申不害也. 241-12 大○不王. 241-17 小○不霸. 241-17 昔先王○攻. 241-18 保於會稽○上. 241-20 吳人入越而户撫○. 241-20 反以越事吳○禮事越. 241-23 臣竊以爲猶○井中而謂曰. 242-1 東孟○會. 242-3 許異蹴哀侯而殪○. 242-3 韓氏○衆無不聽令者. 242-4 則許異爲○先也. 242-4 而韓氏○尊許異也. 242-5 雖終身相○焉. 242-6 未嘗不以周襄王○命. 242-7 九合○尊桓公也. 242-9 韓氏○士數十萬. 242-11 諸侯○君. 242-12 今强國將有帝王○釁. 242-13 此桓公許異○類也. 242-14 夫先與强國○利. 242-14 則我必爲○霸. 242-15 使○無伐我. 242-16 强國○事不成. 242-16 猶○厚德我也. 242-17 强國○事成則有福. 242-17 聖人○計也. 242-18 足强爲○說韓王曰. 242-20 王亦知○乎. 242-21 王於是召諸公子役於三川者而歸○. 242-21 許○. 242-25 美人○賈貴. 242-25 故秦買○三千金. 243-1 秦反得其金與韓○美人. 243-1 韓○美人因言於秦曰. 243-2 從是觀○. 243-2 而韓○踈秦不明. 243-4 張丑○合齊楚講於魏也. 243-7 今公疾攻魏○運. 243-7 攻運而取○易矣. 243-9 則魏且内○. 243-9 則蓋觀公仲○攻也. 243-10 人○所以善扁鵲者. 243-13 則人莫○爲○也. 243-14 願君○熟計○也. 243-15 公仲使韓珉○秦求武隧. 243-18 而恐楚○怒也. 243-18 韓○事秦也. 243-19 非弊邑○所憎也. 243-19 今韓○父兄得衆者毋相. 243-21 吾欲以國輔韓珉而相○可乎. 243-22 而使○主韓. 243-23 楚○事. 243-24 韓相公仲珉使韓侈○秦. 244-1 秦王說○. 244-1 魏○使者謂後相韓辰曰. 244-2 秦王仕○. 244-3 秦○仕韓侈也. 244-4 韓侈○秦. 244-4 又奚爲挾○以恨魏王乎. 244-5 韓辰患○. 244-5 將聽○矣. 244-5 何意寡人如是○權也. 244-6 召韓侈而仕○. 244-7 韓珉○議. 244-9 秦勢能詘○. 244-10 秦○强. 244-10 首○者. 244-10 進齊宋○兵至首坦. 244-10 以爲成而過南陽○道. 244-12 張儀○貴. 244-14 公孫郝○貴. 244-15 則羣臣○賢不肖. 244-17 王○明一也. 244-17 則諸侯○情僞可得而知也. 244-20 王○明二也. 244-21 王猶攻○也. 244-21 王猶校○也. 244-23 羣臣○知. 244-23 無幾於王○明者. 244-23 臣故願公仲○國以侍於王. 244-23 大怒於周○留成陽君也. 245-2 所入○國. 245-3 因用○乎. 245-3 楚王善○. 245-4 今公因逐○. 245-4 且明公○不善於天下. 245-5 天下○不善公者. 245-5 且收○. 245-6 齊秦非重韓則賢君○行也. 245-8 是棘齊秦○威而輕韓也. 245-10 山陽君因使○楚. 245-10 爲一宿○行. 245-13 是何以爲公○王使乎. 245-14 大敗趙魏於華陽○下. 245-17 楚○齊者知西不合於秦. 245-19 不如先收於楚○齊

者. 245-21 楚○齊者先務以楚合於齊. 245-22 周成恢爲○謂魏王曰. 245-25 周必寬而反○. 245-25 王何不爲○先言. 246-1 而還○者魏也. 246-2 豈如道韓反○哉. 246-2 而韓王失○也. 246-3 亦因請復○. 246-3 西周讎○. 246-6 東周寶○. 246-6 王何不召○. 246-6 以爲三川○守. 246-6 西周惡○. 246-7 必效先王○器以止王. 246-7 韓王必爲○. 246-8 西周聞○. 246-8 必解子○罪. 246-8 以止子○事. 246-8 安邑○御史死. 246-11 輸人爲○謂安令曰. 246-11 因遽置○. 246-13 魏王爲九里○盟. 246-15 勿聽○也. 246-15 而小國利○. 246-16 魏安能與小國立○. 246-16 國形有○而存. 246-19 無○而亡者. 246-20 今君○輕韓熙者. 246-20 秦見君○交反善於楚魏也. 246-21 蔡邵○道不通矣. 246-22 願君察○也. 247-2 王良○弟子駕. 247-5 遇造父○弟子. 247-5 造父○弟子曰. 247-6 千里○馬也. 247-6 千里○服也. 247-7 萬分○一也. 247-8 而難千里○行. 247-8 於秦亦萬分○一也. 247-8 南有碣石鴈門○饒. 248-6 北有棗粟○利. 248-6 棗粟○實. 248-7 不見覆軍殺將○憂. 248-8 夫燕○所以不犯寇被兵者. 248- 以趙○爲蔽於南也. 248-9 此燕○所以不犯難也. 248-11 且夫秦○攻燕也. 248-11 秦○不能害燕亦明矣. 248-13 今趙○攻燕也. 248-13 而數十萬○衆. 248-14 秦○攻燕也. 248-15 戰於千里○外. 248-15 趙○攻燕也. 248-15 戰於百里○內. 248-16 夫不憂百里○患. 248-16 而重千里○外. 248-16 今主君幸教詔○. 248-19 今君○齊. 248-23 非趙○利也. 248-23 且燕亡國○餘也. 249-4 不善亦取○. 249-5 權○難. 249-9 趙聞○. 249-11 齊宣王因燕喪攻○. 249-13 此一何慶弔相隨○速也. 249-15 人○飢所以不食烏喙者. 249-17 强秦○少婿也. 249-18 以招天下○精兵. 249-19 此食烏喙○類也. 249-19 聖人○制事也. 249-21 莫如歸燕○十城. 249-23 秦知王以己○故歸燕城也. 249-23 且夫燕秦○俱事齊. 249-24 此霸王○業矣. 250-1 王以萬乘下○. 250-6 尊○於廷. 250-7 臣東周○鄙人也. 250-8 見足下身無咫尺○功. 250-9 臣○不信. 250-11 是足下○福也. 250-11 三者天下○高行. 250-12 足下安得使○○齊. 250-14 汙武王○義而不臣焉. 250-15 辭孤竹○君. 250-16 餓而死於首陽○山. 250-16 而事弱燕○危主乎. 250-17 何肯楊燕秦○威於齊而取大功乎哉. 250-18 皆自覆○術. 250-19 非進取○道也. 250-20 不窺於邊城○外. 250-22 去自覆○術. 250-22 而謀進取○道. 250-23 臣○趍固不與足下合者. 250-23 足下皆自覆○君也. 250-23 僕者進取○臣也. 250-24 又何罪○有也. 250-25 其私○者憂○. 251-2 吾已爲藥酒以待○矣. 251-2 妻使妾奉卮酒進○. 251-3 進○則殺主父. 251-3 言○則逐主母. 251-4 主父大怒而笞○. 251-4 臣○事. 251-6 適不幸而有類妾○棄酒也. 251-6 且臣○事足下. 251-6 且臣○說齊. 251-7 曾不欺○也. 251-8 使○說齊者. 251-8 莫如臣○言也. 251-8 雖堯舜○智. 251-8 大王○所親. 251-11 約與代王遇於句注○塞. 251-13 令○可以擊人. 251-13 即因反斗擊○. 251-15 因反斗而擊○. 251-16 其姊聞○. 251-17 故至今有摩笄○山. 251-17 夫趙王○狼戾無親. 251-19 大王○所明見知也. 251-19 則易水長城非王○有也. 251-23 且今時趙○於秦. 251-23 是西有强秦○援. 251-24 而南無齊趙○患. 251-25 是故願大王○熟計○也. 251-25 今大客幸而教○. 252-2 獻常山○尾五城. 252-3 留○數月. 252-5 湯○伐桀. 252-6 今燕客○言曰. 252-7 猶爲○也. 252-8 因見燕客而遣○. 252-8 其弟蘇代欲繼○. 252-10 臣東周○鄙人也. 252-10 觀王○羣臣下吏. 252-13 大王天下○明主也. 252-13 子○所謂天下○明主者. 252-14 臣聞○. 252-15 臣請謁王○過. 252-15 王○仇讎也. 252-16 王○援國也. 252-16 寡人○於齊趙也. 252-18 夫無謀人○心. 252-19 而令人疑○. 252-19 有謀人○心. 252-19 而令人知○. 252-19 有○乎. 252-22 子聞○. 252-23 而欲報○二年矣. 252-23 故寡人○所欲伐也. 252-24 則寡人奉國而委○於子矣. 252-25 凡天下○戰國七. 253-2 且苟所附○國重. 253-3 而又以其餘兵南面而舉五千乘○勁宋. 253-6 此其君○欲得也. 253-7 且臣聞○. 253-8 誠有○乎. 253-10 而亡國○臣貪於財. 253-14 此乃亡○○勢也. 253-18 蘇秦○在燕也. 253-20 與其相子○爲婚. 253-20 而蘇代與子○交. 253-20 子○相燕. 253-22 燕王問○曰. 253-23 蘇代欲以激燕王以厚任子○也. 253-24 於是燕王大信子○. 253-25 子○因遺蘇代百金. 253-25 不如以國讓子○. 254-1 有讓天下○名. 254-2 今王以國讓相子○. 254-3 子○必不敢受. 254-3 燕王因舉國屬子○. 254-3 子○大重. 254-4 傳○益也. 254-6 啓與支黨攻益而奪○天下. 254-6 其實令啓自取○. 254-7 今王言屬國子○. 254-8 是名屬子○. 254-8 王因收印自三百石吏而効○子○. 254-8 子○南面行王事. 254-9 國事皆決子○. 254-10 子○三年. 254-11 將攻子○. 254-11 因而仆○. 254-12 寡人聞太子○義. 254-13 將廢私而立公飭君臣○義. 254-13 正父子○位. 254-13 寡人○國小. 254-14 則唯太子所以令○. 254-14 攻子○. 254-15 此文武○時. 254-18 王因令章子將五都○兵. 254-19 以因北地○衆以伐燕. 254-19 子○亡. 254-20 燕相子○與蘇代婚. 254-25 於是燕王專任子○. 255-2 殺王噲子○. 255-3 齊善待○. 255-4 非魏○利也. 255-9 伐齊○形成矣. 255-10 於是出蘇代○宋. 255-10 宋善待○. 255-11 齊因孤國○亂. 255-14 以雪先王○恥. 255-15 孤○願也. 255-15 詘指而事○. 255-18 則厮役○人至. 255-20 則徒隸○人至矣. 255-21 此古服道致士○法也. 255-21 王誠博選國中○賢者. 255-22 天下○士必趨於燕矣. 255-22 臣聞古○君人. 255-24 請求○. 255-25 君遣○. 255-25 死馬且買○五百金. 256-2 千里○馬至者三. 256-4 於是昭王爲隗築宮而師○. 256-6 齊城○不下者. 256-10 秦齊助○伐宋. 256-14 皆國○大敗也. 256-15 而足下行○. 256-15 然則足下○事齊也. 256-16 又無尺寸○功. 256-17 强萬乘○國也. 256-18 而齊并○. 256-18 加○以魯衞. 256-19 此所謂强萬乘○國也. 256-19 而齊并○. 256-19 夫一齊○强. 256-20 臣聞知者○舉事也. 256-22 則莫如遥伯齊而厚尊○. 256-25 盡焚天下○秦符. 257-1 其次長賓○秦. 257-1 秦王必患○. 257-2 秦王○志. 257-3 然而王何不使布衣○人. 257-4 以窮齊○說說秦. 257-4 燕趙破宋肥齊尊齊而爲○下者. 257-4 燕趙非利○也. 257-5 弗利而勢爲○者. 257-5 則秦伐○. 257-9 則燕趙伐○. 257-9 而歸楚○淮北. 257-10 歸楚○淮北. 257-11 燕趙○所同利也. 257-11 燕趙○所同願也. 257-11 則燕趙○棄齊也. 257-12 今王○不收燕趙. 257-13 而王從○. 257-14 聖王○事也. 257-19 子○○亂. 257-20 復善待○. 257-21 臣且處無爲○事. 258-1 歸耕乎周○上埊. 258-1 耕而食○. 258-2 織而衣○. 258-2 則不過不竊人○財耳. 258-4 自完○道也. 258-5 非進取○術也. 258-5 則臣亦○周負籠耳. 258-9 何爲煩大王○廷耶. 258-9 曩者使燕毋去周室○上. 258-10 臣聞○. 258-11 先量其國○大小. 258-12 而揆其兵○强弱. 258-12 不先量其國○大小. 258-13 不揆其兵○强弱. 258-13 今王有東嚮伐齊○心. 258-14 而愚臣知○. 258-14 子何以知○. 258-16 是以愚臣知○. 258-17 今夫烏獲舉千鈞○重. 258-17 足下以愛○故與. 258-20 叔父負床○孫. 258-21 而乃以與無能○臣. 258-21 王○論臣. 258-21 今臣○所以事足下者. 258-22 恐以忠信○故. 258-22 昔周○上埊嘗有○. 258-25 子○丈夫來. 259-1 於是因令其妾酌藥酒而進○. 259-3 其妾知○. 259-3 寧佯躓而覆○. 259-5 於是因佯僵而仆○. 259-5 爲子○遠行來○. 259-5 今妾奉而仆○. 259-6 縛其妾而笞○. 259-6 臣聞○曰. 259-8 萬乘○主. 259-8 十乘○家. 259-8 疋夫徒步○士. 259-8 而又況於當世○賢主乎. 259-9 願足下○無制於羣臣也. 259-10 ○男家曰女美. 259-13 ○女家曰男富. 259-13 然而周○俗. 259-14 秦○深讎也. 260-5 秦○行暴於天下. 260-6 蜀地○甲. 260-6 漢中○甲. 260-7 王乃待天下○攻函谷. 260-9 楚王爲是○故. 260-10 決白馬○口. 260-16 決宿胥○口. 260-17 恐齊救○. 260-19 王苟能破宋有○. 260-21 寡人如自得○. 260-21 恐天下救○. 260-23 必伐○. 261-1 必亡○. 261-1 寡人如自有○. 261-4 龍賈○戰. 261-13 岸門○戰. 261-14 封陸○戰. 261-14 高商○戰. 261-14 趙莊○戰. 261-14 秦○所殺三晉○民數百萬. 261-15 皆死秦○孤也. 261-15 西河○外. 261-15 上雒○埊. 261-15 晉國○亂. 261-16 三晉○半. 261-16 而燕趙○秦者. 261-17 此臣○所大患. 261-17 而天下由此宗蘇氏○從約. 261-20 因○燕. 261-24 令齊守趙○質子以甲者. 262-2 果以守趙○質子以甲. 262-3 臣故知入齊○有趙累也. 262-4 出爲○以成所欲. 262-4 今召○矣. 262-9 今封而相○. 262-9 見○知無厲. 262-11 今賢○兩○. 262-11 奉陽君○怒甚矣. 262-13 如齊王王○不信趙. 262-13 因是而倍○. 262-14 不以今時大紛○. 262-14 故齊趙○合苟可循也. 262-15 是臣○患也. 262-18 臣必勉○而求死焉. 262-18 堯舜○賢而死. 262-19 禹湯○知而死. 262-19 孟賁○勇而死. 262-19 烏獲○力而死. 262-19 生○物固有不死者乎. 262-20 在必然○物. 262-20 臣以爲不若逃而去○. 262-21 而爲○取秦. 262-22 深結趙以勁○. 262-22 臣雖爲○累燕. 262-23 蘇子怒於燕王○不以吾故弗予相. 262-23 故臣雖爲○不累燕. 262-25 伊尹再逃湯而○桀. 262-25 再逃桀而○湯. 262-25 果與鳴條○戰. 263-1 伍子胥逃楚而○吳. 263-1 果與伯舉○戰. 263-1 而報其父○讎. 263-2 桓公○難. 263-3 陽虎○難. 263-3 趙劫○求埊. 263-5 外孫○難. 263-6 敗○. 263-8 人莫○知. 263-11 欲賣○. 263-11 願子還而視○. 263-12 去而顧○. 263-12 臣請獻一朝○賈. 263-13 伯樂乃還而視○. 263-13 去而顧○. 263-13 入言○王而見○. 263-16 臣請爲王弱○. 263-20 燕○攻齊也. 263-21 夫以蘇子○賢. 263-22 今寡人發兵應○. 263-24 願子爲寡人爲○將. 263-25 臣○於兵. 263-25 何足以當○. 263-25 是敗王○兵. 264-1 臣有斧質○罪. 264-5 此寡人○過也. 264-5 此非兵○過. 264-8 王復使蘇子應○. 264-9 蘇子先敗王○兵. 264-9 破○. 264-12 臣○行也. 264-14 臣○所重處重卵也. 264-17 與○言曰. 264-20 去燕○齊可也. 264-20 齊趙○交. 264-22 齊○信燕也. 264-23 今王信田伐與系去疾○言. 264-23 王苟欲用○. 264-25 則臣請爲王事○. 265-1 將令燕王○弟爲質於齊. 265-4 太后聞○大怒曰. 265-4 陳公不能爲人○國. 265-5 子其待○. 265-7 賴得先王鴈鶩○餘食. 265-8 憂公子○且爲質於齊也. 265-9 人主○愛子也. 265-11 不如布衣○甚也. 265-11 以爲人○終也. 265-13 今王○以公子爲質也. 265-14 且以爲公子功而封○也. 265-15 臣是以知人主○不愛丈夫子獨甚也. 265-15 太后千秋○後. 265-16 老婦不知長者○計. 265-19 昭王召而謂○曰. 265-22 子必爭○. 265-23

爭○而不聽. 265-23　子因去而○齊. 265-23 當此○時也. 265-24
然而常獨欲有復收○○志若此也. 265-25 趙將伐○. 266-2 楚使將軍
○燕. 266-2 伍子胥宮○奇不用. 266-3 燭○武張孟談受大賞. 266-3
是故謀者皆從事於除患○道. 266-4 今王○伐燕也. 266-7 伐○未必
勝. 266-7 而强秦將以兵承王○西. 266-8 是使弱趙居强吳○處. 266
-8 而使强秦處弱越○所以霸也. 266-9 願王○熟計○也. 266-9 燕昭
王聞○. 266-10 乃封○以地. 266-10 昌國君樂毅爲燕昭王合五國○
兵而攻齊. 266-13 盡郡縣○以屬燕. 266-13 而使騎劫代○將. 266-15
懼趙用樂毅承燕○弊以伐燕. 266-16　且謝○曰. 266-18 報先王○
讎. 266-19 寡人豈敢一日而忘將軍○功哉. 266-19 寡人○使騎劫代
將軍者. 266-20 而亦何以報先王○所以遇將軍○意乎. 266-23 不能
奉承先王○教. 266-24 以順左右○心. 266-24 恐抵斧質○罪. 266-25
以傷先王○明. 266-25　而又害於足下○義. 266-25 自負以不肖○
罪. 267-1 今王使使者數○罪. 267-1 臣恐侍御者○不察先王○所以
畜幸臣○理. 267-1 而又不白於臣○所以事先王○心. 267-2 臣聞賢
聖○君. 267-4 功多者授○. 267-4 能當○者處○. 267-5 成功○君也.
267-5 立名○士也. 267-6 臣以所學者觀○. 267-6 先王○舉錯. 267
-6 有高世○心. 267-6 擢○乎賓客○中. 267-7 而立○乎羣臣○上.
267-8 先王命○曰. 267-10 夫齊霸國○餘教也. 267-11 而驟勝○遺
事也. 267-11 王若欲攻○. 267-12 則必舉天下而圖○. 267-12 舉天
下而圖○. 267-12 楚魏○所同願也. 267-14 四國攻○. 267-14 以天
○道. 267-16 先王○靈. 267-16 河北○地. 267-16 隨先王舉而有○
於濟上. 267-16 濟上○軍. 267-17 大勝○. 267-17 薊丘○植. 267-19
故裂地而封○. 267-22　使○得比乎小國諸侯. 267-22 臣聞賢明○
君. 267-24 蚤知○士. 267-24 若先王○報怨雪耻. 267-25 夷萬乘○
强國. 267-25 收八百歲○蓄積. 268-1 及至棄羣臣○日. 268-1 餘令
詔後嗣○遺義. 268-1 執政任事○臣. 268-2 賜○鴟夷而浮○江. 268
-5 故吳王夫差不悟先論○可以立功. 268-6 子胥不蚤見主○不同量.
268-8 以明先王○迹者. 268-9 臣○上計也. 268-9 離毀辱○非. 268
-10 墮先王○名者. 268-10 臣○所大恐也. 268-10 臨不測○罪. 268
-10 義○所不敢出也. 268-11 臣聞古○君子. 268-12　忠臣○去也.
268-12 恐侍御者○親左右○說. 268-13 而不察疏遠○行也. 268-13
唯君○留意焉. 268-14　萬世○善計. 268-17 此臣○所爲山東苦也.
268-1 比目○魚. 268-20 故古○人稱○. 268-20 是山東○知不如魚
也. 268-21 又譬如車士○引車也. 268-22　今山東○相與也. 268-25
秦○兵至. 268-25 智又不如胡越○人矣. 269-1 人○所能爲也. 269-
1 山東○主遂不悟. 269-2 此臣○所爲山東苦也. 269-2 願大王○熟
慮○也. 269-2 ○主者不卑名. 269-4 ○國者可長存. 269-4 ○卒者出
士以成韓梁○西邊. 269-4　此燕○上計也. 269-5　秦見三晉○堅也.
269-6 趙見秦○伐楚也. 269-7 約成韓梁○西邊. 269-9 用韓魏○兵.
269-13 燕趙○衆. 269-13 用韓魏○兵. 269-18 燕趙○衆. 269-18 臣
聞當世○舉王. 269-19 鑄諸侯○象. 269-20 此天下○無道不義. 269
-20 中國膏腴○地. 269-21 隣民○所處也. 269-21 伐○. 269-22 燕
王聞○. 269-25 率天下○兵以伐齊. 269-25 因其强而强○. 270-1 因
其廣而廣○. 270-1 漁者得而弁禽○. 270-7　臣恐强秦○爲漁父也.
270-8 故願王○熟計○也. 270-8 燕無以決○. 270-12 今魏○辭倨而
幣薄. 270-13 楚王使景陽將而救○. 271-3 取○以與宋. 271-6 齊師
怪○. 271-9 以爲燕楚與魏謀○. 271-9 燕王欲殺○. 271-12 王欲得
○. 271-13 今我已亡○矣. 271-13 我且言子○奪我珠而吞○. 271-14
刳子腹及子○腸矣. 271-15　夫欲得○君. 271-15　境吏恐而赦○.
271-16 四達○國也. 271-21 吾以倍攻○. 271-21 則寡人○不肖明矣.
272-3 君試論○. 272-3 君○於先王也. 272-4 世○所明知也. 272-4
寡人望有非則君掩蓋○. 272-5 不虞君○明罪○也. 272-5 望有過則
君教誨○. 272-5 不虞君○明罪○也. 272-6 且寡人○罪. 272-6 恐君
○未盡厚也. 272-7 以故掩人○邪者. 272-9 厚人○行也. 272-9 救人
○過者. 272-9 仁者○道也. 272-9 世有掩寡人○邪. 272-10 救寡人
○過. 272-10 非君心所望○. 272-10 今使寡人任不肖○罪. 272-12
而君有失厚○累. 272-13 於爲君擇○也. 272-13 無所取○. 272-13
國○有封疆. 272-13 猶家○有垣牆. 272-14 怨惡未見而明棄○. 272
-15 未如殷紂○亂也. 272-16 未如商容箕子○累也. 272-16 苟可以
明君○義. 272-18 成君○高. 272-18 本欲以爲明寡人○薄. 272-19
楊寡人○辱. 272-20 累往事○美. 272-21 或謂○曰. 272-22 苟與人
○異. 272-23 今寡人○罪. 272-25 輟而棄○. 273-2 怨而累○. 273-
2 不望○乎君也. 273-3 君豈怨○乎. 273-3 君○所揣也. 273-5 唯君
圖○. 273-6 此寡人○愚意也. 273-6 敬以書謁○. 273-6　燕王聞○.
273-9 趙王繫○. 273-9 兹○所以受命於趙者. 273-10 而趙繫○. 273
-11　且臣○使秦. 273-12 無妨於趙○伐燕也. 273-13　趙王以爲然而
遣○. 273-13 吾使趙有○. 273-15 臣聞全趙○時. 273-15 臣切爲王
患○. 273-18 太子丹患○. 273-22 願太傅幸而圖○. 273-23 柰何以
見陵○怨. 273-24 圖○. 274-1 居○有間. 274-2　樊將軍亡秦○燕.
274-2 太子容○. 274-2 夫秦王○暴. 274-3 又況聞樊將軍○在乎. 274
-3　是以委肉當餓虎○蹊. 274-4 太傅○計. 274-7 而棄所哀憐○交
置○匈奴. 274-8 是丹命固卒○時也. 274-9 願太傅更慮○. 274-9 可
與○謀也. 274-10 臣聞騏驥盛壯○時. 274-14 駑馬先○. 274-15 今
太子聞光壯盛○時. 274-15 太子送○至門. 274-18 今太子聞光壯盛
○時. 274-21 幸而教○曰. 274-22 光聞長者○行. 274-24 不使人疑
○. 274-24 國○大事也. 274-25 夫爲行使人疑○. 274-25 欲以成大
事○謀. 275-4 豈丹○心哉. 275-5 今秦有貪饕○心. 275-7 非盡天下
○地. 275-8 臣海內○王者. 275-8 王翦將數十萬○衆臨漳鄴. 275-10
丹○私計. 275-12　愚以爲誠得天下○勇士. 275-12 使悉反諸侯○
侵地. 275-14 若曹沫○與齊桓公. 275-14 因而刺殺○. 275-15 此丹
○上願. 275-17 久○. 275-18 此國○大事. 275-18 久○. 275-22 臣
願得謁○. 275-24 秦王購○金千斤邑萬家. 275-25 與燕督亢○地圖
獻秦王. 276-1 丹不忍以己○私. 276-3 而傷長者○意. 276-3 願足下
更慮○. 276-3 秦○遇將軍. 276-4 今聞購將軍○首. 276-5 可以解燕
國○患. 276-7 而報將軍○仇者. 276-7 爲○柰何. 276-8 願得將軍○
首以獻秦. 276-8 然則將軍○仇報. 276-10 而燕國見陵○耻除矣. 276
-10　太子聞○. 276-12 乃遂收盛樊於期○首. 276-13 函封○. 276-
14 於是太子預求天下○利匕首. 276-15 得趙人徐夫人○匕首. 276-
15 取○百金. 276-15 使工以藥淬○. 276-16 頃○未發. 276-19 太子
遲○. 276-19 乃復請○曰. 276-20 今提一匕首入不測○强秦. 276-22
今太子遲○. 276-22　皆白衣冠以送○. 276-24 爲變徵○聲士皆垂
淚涕泣. 276-25 持千金○資幣物. 277-4 燕王誠振畏慕大王○威. 277
-5 比諸侯○列. 277-6　而得奉守先王○宗廟. 277-6 及獻燕○督亢
○地圖. 277-7 唯大王命○. 277-8 秦王聞○. 277-9 羣臣怪○. 277-
11 北蠻夷○鄙人. 277-11 願大王少假借○. 277-12 軻既取圖奉○.
277-13 因左手把秦王○袖. 277-14 而右手持匕首揕抗○. 277-14 而
乃以手共搏○. 277-21 秦王○方還柱走. 277-22 乃欲以生劫○. 278
-1 欲獻○秦. 278-7 秦復進兵攻○. 278-7 此王○所憂也. 279-5 荆
○利也. 279-6 墨子聞○. 279-9 謂○曰. 279-10 宋何罪○有. 279-12
請見○王. 279-13　鄰有弊輿而欲竊○. 279-14 鄰有短褐而欲竊○.
279-15 鄰有糟糠而欲竊○. 279-16 荆○地方五千里. 279-17 此猶文
軒○與弊輿也. 279-17 犀兕麋鹿盈○. 279-18 此猶梁肉○與糟糠也.
279-19 此猶錦繡○與短褐也. 279-20 惡以王吏○攻宋. 279-21 弊邑
○師過大國○郊. 279-24 曾無一介○使以存○乎. 280-1 將移兵而造
大國○城下. 280-1 南文子止○曰. 280-3 坐御以待中○議. 280-5 彼
安敢攻衞以重其不勝○罪哉. 280-6 願王○有以命弊邑. 280-11 夫宋
○不足如梁也. 280-13 寡人知○矣. 280-13 以待下吏○有城而已.
280-15 公不如令楚賀君○孝. 280-20 則君不奪太后○事矣. 280-21
不如與○. 280-24 以明宋○賣楚重於齊也. 280-25 臣有百戰百勝○
術. 281-3 願聞○. 281-4 固願效○. 281-4 此臣○百戰百勝○術也.
281-6 請必從公○言而還. 281-6 彼利太子○戰攻. 281-7 宋康王○
時. 281-11 有雀生𪅀於城○陬. 281-11 使史占○. 281-11 取淮北○
地. 281-12 欲霸○亟成. 281-13 斬社稷而焚滅○. 281-13 爲無顏○
冠. 281-14 剖傴○背. 281-15 鍥朝涉○脛. 281-15 齊聞而伐○. 281
-15 王乃逃倪侯○館. 281-16 無功○賞. 281-20 無力○禮. 281-20
此小國○禮也. 281-21 而大國致○. 281-21 君其圖○. 281-21 使人
迎○於境. 282-1 智伯聞○. 282-2 秦攻衛○蒲. 282-4 公○伐蒲. 282
-4　魏亡西河○外. 282-6 魏强○日. 282-7 西河○外必危. 282-7 且
秦王亦將觀公○事. 282-8 樗里子知蒲○病也. 282-11 衞客患○. 282
-16　許○以百金. 282-17 未知其所○. 282-18 秦魏交而不脩○日久
矣. 282-18 臣恐王事秦○晚. 282-20 奚以知○. 282-22 人生○所行.
283-1 與死○心異. 283-1 始君○所行於世者. 283-1 君○所行天下
者甚謬. 283-3 而挐薄輔○. 283-4 與○相印. 283-5 子制○. 283-5
緤錯挐薄○族皆逐也. 283-6 胥靡逃○魏. 283-8 衞贖○百金. 283-8
以百金○地. 283-9 三百○城. 283-10 將何以用○. 283-11 借○. 283
-13 徙○牖下. 283-15 主人笑○. 283-16 蚤晚○時失也. 283-16 因
封○中山. 284-4 願與大國伐○. 284-8 中山聞○. 284-8 召張登而告
○曰. 284-8 中山○君遣○齊. 284-11 臣聞君欲廢中山○王. 284-11
將與趙魏伐○. 284-11 以中山○小. 284-12 而三國伐○. 284-12 非
齊○利也. 284-13 與○遇而許○王. 284-15 臣聞○. 284-18 與○遇
而許○王. 284-20 必先與○王而故親○. 284-22 且張登○爲人也.
284-22 善以微計薦中山○君久矣. 284-23 果召中山君而許○王. 284
-24 何以知○. 285-1 齊羞與中山○爲王甚矣. 285-1 與○遇而許○
王. 285-2 豈若令大國先與○王. 285-2 果與中山王而親○. 285-3 齊
閉關不通中山○使. 285-5 我萬乘○國也. 285-5 中山千乘○國也.
285-6 藍諸君患○. 285-8 萬乘○國. 285-9 公欲○乎. 285-12 乃行○.
285-13 王○所以不憚割地以賂燕趙. 285-14 其實欲廢中山○王也.
285-14 然則王○爲費且危. 285-15 王如用臣○道. 285-16 子○道柰
何. 285-17 然則子○道柰何. 285-18 爲中山○獨與燕趙爲王. 285-19
是以隘○. 285-20　中山恐燕趙○不己據也. 285-20 今齊○辭云卽
佐王. 285-21　燕趙聞○. 285-22 怒絕○. 285-22 王亦絕○. 285-22
此所以廢○. 285-23 何在其所存○矣. 285-24 齊○欲割平邑以賂我
者. 286-1 非欲廢中山○王也. 286-1 而己親○也. 286-2 公孫弘陰知

○. 286-7 招大國○威. 286-9 吾知○矣. 286-11 居頃○. 286-11 陰簡難○. 286-14 獨不可語陰簡○美乎. 286-15 趙必請○. 286-16 君與○. 286-16 公因勸君立○以爲正妻. 286-16 陰簡○德公. 286-17 固無請人○妻不得而怨人者也. 286-19 欲成○. 286-24 中山王悅而見○曰. 287-1 願聞弱趙强中山○說. 287-2 臣願○趙. 287-3 中山王遣○. 287-4 佳麗人○所出也. 287-5 彼乃帝王○后. 287-9 非諸侯○姬也. 287-10 吾願請○. 287-10 卽欲請○. 287-11 其請○必矣. 287-16 與○. 287-16 以絶趙王○意. 287-17 雖欲得請○. 287-18 使李疵觀○. 287-21 中山○君. 287-22 所傾蓋與車而朝窮閭隘巷○士者. 287-22 未○有也. 287-25 君下壺飡餌○. 288-5 汝必死○. 288-5 中山君烹○. 288-10 樂羊食○. 288-11 古今稱○. 288-11 君不量百姓○力. 288-15 三軍○俸有倍於前. 288-16 長平○事. 288-18 秦民○死者厚葬. 288-19 趙人○死者不得收. 288-20 當今○時. 288-24 責○曰. 289-2 君前率數萬○衆入楚. 289-3 君所將○不能半○. 289-4 而與戰○於伊闕. 289-5 大破二國○軍. 289-5 此君○功. 289-6 今趙卒○死於長平者已十七八. 289-7 人數倍於趙國○衆. 289-8 必欲滅○矣. 289-8 當此○時. 289-14 伊闕○戰. 289-17 魏恃韓○銳. 289-17 二軍爭便○力不同. 289-18 觸魏○不意. 289-19 以是○故能立功. 289-19 自然○理. 289-20 何神○有哉. 289-20 不遂以時乘其振懼而滅○. 289-20 畏而釋○. 289-21 至於平原君○屬. 289-23 皆令妻妾補縫於行伍○間. 289-23 猶勾踐困於會稽○時也. 289-24 以合伐○. 289-24 王聞○怒. 290-6 彊起○. 290-7 彊爲寡人臥而將○. 290-7 寡人○願. 290-8 以諸侯○變. 290-10 夫勝一臣○嚴焉. 290-13 孰若勝天下○威大耶. 290-13 不忍爲辱軍○將. 290-15 願大王察○. 290-15

【尸】 1

○死扶傷. 92-11

【己】 69

公中慕公之爲○乘秦也. 2-10 令之爲○求地於東周也. 2-20 前相工師藉恐客之傷○也. 4-4 忠臣令誹在○. 4-9 恐秦不○收也. 6-12 吾又恐東周之賊○而以輕西周惡之於楚. 8-7 孝○愛其親. 24-2 孝○愛其親. 25-1 以○欲富貴耳. 42-3 應侯知蔡澤之欲困○以說. 44-21 楚疑於秦之未必救○也. 48-7 察其爲○用. 61-19 三晉怒齊不與○也. 68-12 則太子且倍王之割而使齊奉○. 75-19 王不如因以爲○善. 98-9 虎不知獸畏○而走也. 104-3 而有楚之不救○也. 104-17 恐其敗○也. 116-19 蘇子知太子之怨○也. 118-20 賢者用且使○廢. 119-12 貴且使○賤. 119-12 前而驅○也. 122-8 鄭褎知王以○爲不妬也. 123-16 加○乎四仞之上. 124-16 將加○乎十仞之上. 124-18 將加○乎百仞之上. 124-24 繫○以朱絲而見之也. 125-5 而投○乎黽塞之外. 125-11 則大臣主斷國私以禁誅於○也. 126-23 彼見伯樂之知○也. 128-12 信忠在○而衆服焉. 134-14 士爲知○者死. 135-8 女爲悅○者容. 135-9 恐天下疑○. 138-10 禽不知虎之卽○也. 142-17 故使禽知虎之卽○. 142-18 今山東之主不知秦之卽○也. 142-19 怒韓梁之不救○. 142-24 趙怒必於其○邑. 146-20 異於○而不非者. 150-16 故爲○者不待人. 151-19 而○因受之. 178-4 已乃知文侯以講於○也. 181-16 ○愈有. 183-19 ○愈多. 183-19 楚趙怒於魏之先○講也. 203-4 朱○謂魏王曰. 206-16 而又怒其不○善也. 209-7 不能禁狗使無吠○也. 213-1 使信王之救○也. 226-7 齊無以信魏之合○於秦而攻於楚也. 229-4 政將爲知○者用. 237-18 梁必怒於韓之不與○. 240-22 而不能令狗無吠○. 247-1 秦知王以○之故歸燕城也. 249-23 則百○者至. 255-18 則什○者至. 255-19 人趨○趨. 255-19 則若○者至. 255-19 孝如曾參孝○. 257-24 孝如曾參孝○. 258-2 可大紛○. 262-5 丹不忍以○之私. 276-3 夫人於事○者過急. 282-21 今王緩於事○者. 282-21 中山恐燕趙之不○據也. 285-20 而○親之也. 286-2 爲○求相中山. 286-7 以爲○求相. 286-9

【已】 217

上黨長子趙之有○. 4-24 西止秦之有○. 5-5 而○取齊. 7-20 然吾使者○行矣. 10-19 亦○多矣. 10-20 而不○善息. 11-10 孝公○死. 15-9 此固○無伯王之道一矣. 19-15 此固○無伯王之道二矣. 19-21 此固○無伯王之道三矣. 19-24 代上黨不戰而○爲秦矣. 20-8 東陽河外不戰而○反爲齊矣. 20-8 中呼池以北不戰而○爲燕矣. 20-9 而彼○服矣. 22-10 王今○絶齊. 27-8 除之未必○也. 28-21 是無伐之日○. 30-8 此君之大時也○. 34-17 不可得也○. 34-23 此亦百世之時也○. 35-18 弗能改○. 36-22 ○其言臣者. 36-24 今義渠之事○. 37-5 ○一說而立爲太師. 37-13 下乃所謂無王○. 40-1 此亦淖齒李兌之類○. 40-8 則○. 40-23 ○稱瓢爲器. 40-23 則○. 41-1 貴妻○去. 43-20 愛妾○賣. 43-20 功○成. 46-2 功○成矣. 46-6 功○成矣. 46-9 秦之縣也○. 48-18 ○立爲萬乘. 51-5 而燕太子○入質矣. 58-7 臣請三言而○矣. 62-19 不得○而受. 64-3 今三晉○合矣. 68-10 亦○明矣. 69-8 儀事先王不忠言未○. 71-10 齊楚之事○畢. 71-20 今○得地而求不止者. 76-4 吾○盡知之矣. 77-10 三窟○就. 83-24 言要道○備矣. 87-3 王駟○備矣. 87-20 王之走狗○具矣. 87-21 王宮○充矣. 87-21 殘費○先. 92-6 亦王之善○. 98-12 今國○定. 99-2 而社稷○安矣. 99-2 吾爲吾之王禮而○矣. 99-10 今國○定. 99-23 民○安矣. 99-23 老婦○亡矣. 101-11 而王終○不知者. 105-17 王過舉而○. 105-22 昭奚恤○而悔之. 107-1 眞大王之相○. 108-18 則無及○. 109-5 故謀未發而國○危矣. 109-21 無及爲○. 110-14 則從竟陵○東. 110-19 黔中巫郡非王之有○. 110-19 盡王之有○. 111-11 德子無○時. 116-14 僕○知先生. 128-1 ○而謁歸. 128-19 勿復言○. 129-22 且知伯○死. 135-12 知伯○死. 135-25 君前○寬舍臣. 136-6 而示之不得○. 136-17 制於王○. 139-9 吾始○諾於應侯矣. 140-3 今發兵○取之矣. 141-1 吾○大矣. 141-7 年○長矣. 141-7 ○五年矣. 142-23 食未飽而禍○及矣. 143-1 陰陽而○矣. 144-13 秦欲○得行於山東. 144-22 固○見於胷中矣. 145-12 無○之求. 146-24 ○如白馬實馬. 147-13 卽君之齊○. 155-19 我○亡中山. 157-12 其求無○. 160-11 給無○之求. 160-12 非固勿予而○也. 160-22 秦之使者○在趙矣. 161-2 秦○內鄭朱矣. 161-23 ○而復歸帝. 162-8 今齊湣王○益弱. 162-8 勝○泄之矣. 162-20 天子○食. 164-1 且秦無○而帝. 164-9 梁王安得晏然而○乎. 164-12 雖貴○賤矣. 167-10 雖賤○貴矣. 167-10 ○. 167-25 今燕齊○合. 168-2 其前可見○. 169-11 ○講. 170-2 不可復得○. 171-8 姑待○耕. 171-11 則陰不可得○矣. 171-21 若不得○而必搆. 171-24 過趙○安邑矣. 172-15 是以攻齊之○弊. 172-24 吾○與樓子有言矣. 173-13 奢○舉燕矣. 174-19 僕○言之僕主矣. 174-20 將軍無言○. 174-21 ○而請其罪. 176-4 ○行. 179-12 ○乃知文侯以講於己也. 181-16 ○葬. 184-1 日夜行不休○. 184-10 故兵未用而國○虧矣. 184-21 重家而○. 188-12 固○不欲矣. 192-6 而事○去矣. 192-8 旣○得埊矣. 194-20 期於啗宋而○矣. 194-20 旣○得埊. 194-23 齊魏之交○醜. 194-24 秦善魏不可知也○. 195-1 國不可爲也○. 195-3 則爲劫於與國而不得○者. 195-8 唯○之曾安. 195-12 ○在鄴矣. 201-8 地○入數月. 201-21 今地○入. 202-1 則國救亡不可得也○. 202-16 秦兵○令. 203-6 吾始○諾於應侯矣. 204-1 臣○恐之矣. 204-11 吾始○諾於應侯矣. 204-11 吾○許秦矣. 204-24 而臺○燔. 206-7 游○奪矣. 206-7 秦○去魏. 206-8 此亦王之大時○. 208-10 使道○通. 208-11 吾○合魏矣. 209-15 怨顏○絶之矣. 209-22 非獨此五國爲然而○也. 211-19 不出攻則○. 213-6 秦○制趙. 213-16 則趣趙而○. 216-13 大王○知魏之急而救不至者. 216-20 今齊楚之兵○在魏郊矣. 216-22 吾○全○. 218-2 三晉○破智氏. 221-3 盡忠而○矣. 221-15 而秦之求無○. 222-11 而逆無○之求. 222-12 不戰而地○削矣. 222-12 見卒不過二十萬而○矣. 222-22 非王之有○. 223-8 秦○馳. 224-6 今○令楚王奉幾瑟以車百乘居陽翟. 225-1 彼○覺. 225-2 ○而. 225-20 今○得之矣. 226-5 ○悉起之矣. 226-13 率且正言之而○矣. 227-2 武遂終不可得○. 227-20 秦楚鬬之日也○. 230-2 今韓○病矣. 231-4 是公之所以外者儀而○. 232-11 楚之縣而○. 233-12 而以不得○之故來使. 234-2 唯其母知之而○. 239-3 唯智者知之而○. 239-4 秦○善韓. 239-8 韓故○攻宋矣. 240-12 韓○與魏矣. 243-10 韓○得武隧. 243-20 吾○爲藥酒以待之矣. 251-2 今趙王○入朝澠池. 251-21 則齊可亡○. 253-15 將軍市被死○殉. 254-16 燕質子爲謝乃○. 254-23 ○而讓位. 255-2 馬○死. 256-1 吾○爲藥酒而待其來矣. 259-2 ○而其丈夫果來. 259-2 唯媒而○矣. 259-15 ○得安邑. 260-21 ○得宜陽少曲. 261-1 ○得講於趙. 261-9 齊○絶於趙. 261-24 ○矣. 262-12 齊趙○孤矣. 263-19 期於成事而○. 264-21 亦則○矣. 265-5 ○. 271-4 齊兵○去. 271-9 今我○亡之矣. 271-13 不知吾精○消亡矣. 274-16 不知吾形○不逮也. 274-22 言光○死. 275-2 言田光○死. 275-3 今秦○虜韓王. 275-9 旣○. 276-13 終○不顧. 277-3 ○. 280-1 以待下吏之有城而○. 280-15 固○過絶人矣. 287-9 趙自長平○來. 288-22 今趙卒之死於長平者○十七八. 289-7

【弓】 6

○撥矢鉤. 11-11 便○引弩而射之. 93-7 王親引○而射. 106-9 臣爲王引○虛發而下鳥. 127-17 外無○弩之禦. 165-16 天下之强○勁弩. 222-1

【子】 1185

得君臣父○相保也. 1-10 ○之數來者. 1-21 ○以爲何如. 2-2 ○爲寡人謀. 2-7 故天○之國也. 2-16 蘇○謂東周君曰. 3-1 蘇○亦得兩國之金也. 3-6 ○何不以秦攻齊. 3-25 臣請令齊相○. 3-25 ○以齊事秦. 3-25 ○因令周最居魏以共之. 4-1 是天下制於○也. 4-2 ○東重於齊. 4-2 則○常重矣. 4-2 ○罕釋相爲司空. 4-10 民非○罕而善其君. 4-10 ○非周人. 4-17 則我天○之臣. 4-19 而又知趙之難○齊人戰. 4-22 上黨長○趙之有已. 4-24 是君以合齊與强楚吏産○. 6-1 盡君○重寶珠玉以事諸侯. 7-2 周共太○死. 7-9 有五庶○. 7-9 何不封公○咎. 7-10 而爲之請太○. 7-10 公若欲爲太○. 7-13 因令人謂相國御展○廧夫空曰. 7-13 相國令之爲太○. 7-14 ○苟能. 10-14 ○乃曰可教射. 11-9 ○何不代我射之也. 11-9 我不能教○支左屈右. 11-10 不如令太○將軍正迎吾得於境. 11-17 君使人告齊王以周最不肯爲太○

也. 12-2 而屬其○曰. 12-4 今君之使最爲太○. 12-5 王何不以地齎周最以爲太○也. 13-17 法及太○. 15-5 ○元元. 16-13 父母不以我爲○. 16-20 以季○之位尊而多金. 17-15 貧窮則父母不○. 17-15 秦惠王謂寒泉○曰. 17-19 吾欲使武安○起往喻意焉. 17-22 寒泉○曰. 17-23 請使武安○. 17-23 昔者紂爲天○. 21-1 以成襄○之功. 21-7 ○不予之. 21-17 張○不反秦. 21-18 張○得志於魏. 21-18 張○不去秦. 21-19 張○必高○. 21-19 挾天○以令天下. 22-1 今攻韓劫天○. 22-12 劫天○. 22-12 寡人聽○. 22-17 張○謂秦王曰. 22-21 吾聞○欲去秦而之楚. 24-1 天下欲以爲○. 24-3 ○胥忠乎其君. 24-3 吾能聽○言. 24-11 ○欲何之. 24-11 請爲○車約. 24-11 儀以○爲之楚. 24-12 吾又自知○之楚. 24-12 ○非楚. 24-13 ○必之楚也. 24-24 昔者○胥忠其君. 24-25 天下皆欲以爲○. 25-1 ○爲寡人慮之. 26-4 ○獨不賀. 26-18 ○其弭口無言. 26-23 張○以寡人不絕齊乎. 27-2 ○秦人也. 27-15 寡人與○故也. 27-15 故○棄寡人事楚王. 27-16 ○獨不可以忠爲○主計. 27-17 管莊○將刺之. 27-22 ○待傷虎而刺之. 27-24 起樗里○於國. 28-7○歸告王曰. 29-3 盡以爲○功. 29-4 昔者曾○處費. 29-13 費人有與曾○同名族者而殺人. 29-13 人告曾○母曰. 29-13 曾○之母曰. 29-14 吾○不殺人. 29-14 今臣之賢不及曾○. 29-17 而王之信臣又未若曾○之母也. 29-17 請與○盟. 29-19 出關遇蘇○. 31-1 蘇○曰. 31-2 蘇○曰. 31-6 寡人且相○. 31-19 寡人託國於○. 31-21 ○焉聞之. 31-22 而以順○爲質. 32-5 齊以陽武賜弊邑而納順○. 32-6 秦王使公○他之趙. 32-8 必以魏○爲殉. 33-5 魏○患之. 33-6 庸芮爲魏○說太后曰. 33-6 ○必大窮矣. 34-9 率以朝天○. 34-12 不得爲天○. 34-16 若報父○之仇. 34-24 范○因王稽入秦. 36-8 是周無天○之德. 37-16 伍○胥橐載而出昭關. 38-1 使臣得進謀如伍○胥. 38-3 箕○接輿. 38-4 使臣得同行於箕○接輿. 38-5 非王之○孫也. 40-10 今吾得○. 40-13 非王○孫也. 41-3 其○死而不憂. 42-25 公之愛○也. 43-1 今○死不憂. 43-1 吾嘗無○. 43-2 無○之時不憂. 43-2 今○死. 43-2 乃卽與無○時同也. 43-3 臣亦嘗爲○. 43-3 爲○時不憂. 43-3 乃與卽爲梁餘○同也. 43-4 父之於○也. 43-17 某懦○內某士. 43-19 不過父○之親. 43-21 ○常宣言代我相秦. 44-11 虜魏公○卬. 44-23 若此三○者. 45-3 故君○殺身以成名. 45-3 父慈○孝. 45-5 ○胥知. 45-6 是有忠臣孝○. 45-7 憐其臣○. 45-9 是微○不足仁. 45-9 孔○不足聖. 45-9 私家之富過於三○. 45-19 此四○者. 46-12 三年而燕使太○丹入質於秦. 47-4 王何不召公○池而問焉. 49-1 王召公○池而問焉. 49-2 卒使公○池以三城講於三國. 49-7 帥韓魏以圍趙襄○於晉陽. 49-17 韓康○御. 49-18 魏桓○驂乘. 49-18 魏桓○肘韓康○. 49-20 康○履魏桓○. 49-20 於是頓○曰. 50-24 頓○曰. 51-1 頓○曰. 51-7 頓○曰. 51-10 頓○之說也. 51-14 韓魏父○兄弟接踵而死於秦者. 53-2 父○老弱係虜. 53-4 朝爲天○. 54-14 驅十二諸侯以朝天○於孟津. 55-12 後○死. 55-12 魏太○爲質. 56-12 太○爲糞矣. 56-13 王因疑於太○. 56-14 樓○患之. 56-14 樓○告之. 56-15 以太○之留酸棗而不之秦. 56-17 見秦質○異人. 56-21 秦○異人質於趙. 56-25 ○傒有承國之業. 56-25 今○無母於中. 57-1 今○聽吾計事. 57-2 吾爲○使秦. 57-2 必來請○. 57-3 太○門下無貴者. 57-5 太○用事. 57-6 王后無○. 57-9 ○傒有承國之業. 57-9 ○傒立. 57-10 ○異人賢材也. 57-10 是○異人無國而有國. 57-12 王后無○而有○也. 57-12 ○異人. 57-14 秦之寵○也. 57-14 王后欲取而○之. 57-14 不顧一○以留計. 57-15 若使○異人歸而得立. 57-15 雖有○異人. 57-17 而自○之. 57-19 王使○誦. 57-19 ○曰. 57-19 寡人○莫若楚. 57-24 立以爲太○. 57-24 ○楚立. 57-25 而燕太○質於秦. 58-3 少庶○甘羅曰. 58-6 而燕太○已入質矣. 58-7 夫項櫜生七歲而爲孔○師. 58-10 請因孺○而行. 58-18 聞燕太○丹之入秦與. 58-21 燕太○入秦者. 58-22 請歸燕太○. 58-25 歸燕太○. 58-25 且梁監門○. 61-3 取世監門○. 61-4 吾聞○以寡人財交於諸侯. 61-6 天下願以爲○. 61-7 ○胥忠於君. 61-8 王曰○監門○. 61-12 ○良之逐臣. 61-13 欲逐嬰○於齊. 62-3 嬰○恐. 62-3 盼○不用也. 62-4 盼○有功於國. 62-4 嬰○不善. 62-5 今嬰○逐. 62-7 盼○必用. 62-7 嬰○曰. 62-12 願委之於○. 62-12 令長○御. 63-10 ○. 63-16 王之方爲太○之時. 63-17 太○相不仁. 63-17 不若廢太○. 63-18 鄒○曰. 64-9 係梁太○申. 65-11 孫○謂田忌曰. 65-11 孫○曰. 65-12 忌聞以爲有一○之孝. 66-2 不如有五○之孝. 66-2 齊威王使章○將而應之. 66-24 章○爲變其徽章. 66-25 候者言章○以齊入秦. 66-25 候者復言章○以齊兵降秦. 67-1 言章○之敗者. 67-2 章○之母啓得罪其父. 67-6 吾使者章○將也. 67-7 夫○之强. 67-8 夫爲人○而不欺死父. 67-11 ○以齊楚爲孰勝哉. 67-16 然則○何以弔寡人. 67-17 下戶三男○. 68-20 今秦楚嫁○取婦. 69-24 ○噲與○之國. 71-4 挾天○. 71-17 挾天○. 72-3 明日張○行. 72-11 ○安能爲之足. 72-22 樓○恐. 73-4 太○在齊質. 75-3 君何不留楚太○. 75-3 我留太○. 75-4 吾爲王殺太○. 75-6 可以忠太○而使楚益入地. 75-9 可以爲楚王走太○. 75-9 可以忠太○使之亟去. 75-9 可以使人說薛公以善蘇○. 75-11 可以使蘇○自解於薛公. 75-12 今君留太○者. 75-14 齊欲奉太○而立之. 75-18 臣觀薛公之留太○者. 75-18 則太○且倍王之割而使齊奉己. 75-19 請告太○其故. 75-21 使太○謁之君. 75-22 以忠太○. 75-22 謂太○曰. 75-24 齊奉太○而立之. 75-24 楚王請割地以留太○. 75-24 太○何不倍楚之割地而資齊. 76-1 齊必奉太○. 76-1 太○曰. 76-1 挾太○也. 76-4 以太○權王也. 76-5 故臣能去太○. 76-5 太○去. 76-5 故曰可以爲楚王使太○亟去也. 76-7 謂太○曰. 76-9 以空名市者太○也. 76-9 齊未必信太○之言也. 76-9 太○必危矣. 76-10 太○其圖之. 76-10 太○曰. 76-10 故曰可以使太○急去也. 76-11 夫勸留太○者蘇秦也. 76-12 今勸太○者又蘇秦也. 76-14 夫使薛公留太○者蘇秦也. 76-17 奉王而代立楚太○者. 76-18 忠王而走太○者又蘇秦也. 76-19 有七孺○皆近. 77-6 ○. 77-13 挻○以爲人. 77-14 今○. 77-16 刻削○以爲人. 77-16 流○而去. 77-17 則○漂漂者將何如耳. 77-17 夫○弗憂. 77-23 若魏文侯之有田○方段干木也. 78-20 ○與文游久矣. 79-2 賣妻○不足償之. 80-2 ○教文無受象牀. 80-11 ○來. 80-22 今○一朝而見七士. 80-23 韓○盧者. 81-5 韓○盧逐東郭逡. 81-6 國○曰. 81-11 公○無忌爲天下循便計. 81-12 不拊愛○其民. 83-6 義不臣乎天○. 84-12 陽得○養. 84-23 譚拾○迎之於境. 85-6 譚拾○曰. 85-8 譚拾○曰. 85-10 而爲天○. 86-5 老○曰. 86-17 君○焉可侮哉. 86-22 及今聞君○之言. 86-22 願請受爲弟○. 86-23 妻○衣服麗都. 86-24 天○受籍. 87-15 齊有處士曰鍾離○. 88-7 葉陽○無恙乎. 88-9 北宮之女嬰兒○無恙耶. 88-11 ○萬民乎. 88-13 於陵○仲尙存乎. 88-13 ○何聞之. 88-18 行年三十而有七○. 88-19 田○辭. 88-21 ○孰而與我赴諸侯乎. 88-23 ○之來也. 89-6 ○以爲何如. 89-6 女○勝之. 91-19 夫駑馬女○. 91-20 而滅二○患也. 92-22 南戰於長○. 92-23 又從十二諸侯朝天○. 93-24 有十二諸侯而朝天○. 94-2 此天○之位也. 94-9 殺其太○. 94-10 齊孫室○陳舉直言. 95-5 齊使向○將而應之. 95-6 向○以輿一乘亡. 95-7 達○收餘卒. 95-7 太○乃解衣免服. 95-16 遽迎太○於莒. 95-18 遺公○糾而不能死. 97-8 然而管○幷三行之過. 97-10 使曹○之足不離陳. 97-13 曹○以敗軍禽將. 97-14 曹○以爲遭. 97-16 曹○以一劍之任. 97-17 襄王爲太○徵. 98-2 且今使公孫○賢. 98-21 而徐○不肖. 98-22 然而使公孫○與徐○鬬. 98-22 徐○之狗. 98-22 猶時攫公孫○之腓而噬之也. 98-22 ○無罪於寡人. 99-9 ○爲○之臣禮. 99-9 ○臨百姓. 99-23 王不亟殺此九○者以謝安平君. 99-24 王乃殺九○而逐其家. 99-25 往見魯仲○. 100-3 仲○曰. 100-3 問魯仲○曰. 100-8 魯仲○曰. 100-9 贅○死. 100-19 章○走. 100-19 盼○謂齊王曰. 100-19 其○法章變姓名. 100-24 求閔王○. 101-1 生○建. 101-2 失人○之禮也. 101-4 ○建立爲齊王. 101-5 ○象爲楚謂宋王曰. 103-3 ○無敢食我也. 103-24 今○食我. 104-1 ○目我爲不信. 104-2 吾爲○先行. 104-2 ○隨我後. 104-2 楚王告昭○. 105-2 昭○曰. 105-2 此君○也. 105-15 然則且有○殺其父. 105-16 君○聞之曰. 106-15 而太○有楚秦以爭國. 107-16 矯曰新城陽人予太○. 107-16 臣爲太○得新城陽人. 107-18 太○不勝. 107-20 臣請秦太○入質於楚. 111-16 楚太○入質於秦. 111-17 威王問於莫敖○華曰. 112-16 莫敖○華對曰. 112-17 莫敖○華對曰. 112-19 莫敖○華對曰. 112-24 昔令尹○文. 112-24 令尹○文是也. 113-1 昔者葉公○高. 113-2 葉公○高. 113-4 葉公○高是也. 113-5 嗟乎○乎. 113-7 ○孰誰也. 113-16 屬之○滿與○虎. 113-20 莫敖○華對曰. 114-9 公○勁也. 115-3 太○爲質. 115-9 ○亦自知且賤於王乎. 116-6 必厚尊敬親愛之而忘○. 116-12 ○益賤而日疏矣. 116-12 ○何不急言王. 116-13 出張○. 116-14 張○得出. 116-14 德○無已時. 116-14 而秦必重○. 116-14 ○內擅楚之貴. 116-15 畜張○以爲用. 116-15 ○之○孫必爲楚太○矣. 116-15 鄭袖遽說楚王出張○. 116-16 楚王將出張○. 116-19 則○重矣. 116-23 楚襄王爲太○之時. 117-7 太○辭於齊王而歸. 117-7 乃歸○. 117-8 ○不予我. 117-8 太○曰. 117-8 傅慎○曰. 117-9 太○入. 117-10 齊王歸楚太○. 117-11 太○歸. 117-12 楚王告慎○曰. 117-12 慎○曰. 117-13 上柱國○良入見. 117-15 ○良曰. 117-17 ○良出. 117-19 慎○入. 118-2 王以三大夫計告慎○曰. 118-2 ○良見寡人曰. 118-2 寡人誰用於三○之計. 118-4 慎○對曰. 118-5 慎○曰. 118-6 王發上柱國○良車五十乘. 118-6 發○良之明日. 118-7 乃遣○良北獻地於齊. 118-9 遣○良之明日. 118-9 ○良至齊. 118-11 齊王謂○良曰. 118-13 ○良曰. 118-13 夫隘楚太○弗出. 118-15 乃請○良南道楚. 118-17 女阿謂蘇○曰. 118-19 危太○者. 118-19 太○南. 118-20 公不如令人謂太○曰. 118-20 蘇○知太○之怨己也. 118-20 必且務不利太○. 118-21 太○不如善蘇○. 118-21 蘇○必且爲太○入矣. 118-21 蘇○乃令人謂太. 118-22 太○復請善於蘇○. 118-22 蘇○謂楚王曰. 119-3 孝○之於親也. 119-3 王何逐張○. 119-21 ○必以衣冠之敝. 120-2 ○待我爲○見楚王. 120-3 張○見楚王. 120-5 張○曰. 120-5 張○曰. 120-6 張○曰. 120-7 張○曰. 120-8 令人謂張○曰. 120-12 張○辭楚王曰. 120-14 張○中飲. 120-15 張○再拜而請曰. 120-17 ○釋之. 120-19 惠○之楚. 121-5 逐惠○者. 121-6 惠○爲儀者來. 121-7 惠○必弗行也. 121-7 且宋王

之賢惠○也. 121-8 王不如擧惠○而納之於宋. 121-10 請爲○勿納也.
121-10 而惠○窮人. 121-11 而可以德惠○. 121-12 乃奉惠○而納之
宋. 121-12 昭○曰. 121-18 今○從楚爲和. 121-18 ○歸. 121-19 惠
○反. 121-20 魏爲○先戰. 121-20 ○何以救之. 121-21 昭○曰. 121
-22 此孝○之所以事親. 123-14 王愛○美矣. 123-16 惡○之鼻. 123
-16 ○爲見王. 123-17 則必揜○鼻. 123-17 君王卒幸四○者不衰.
124-5 不知夫五尺童○. 124-14 不知夫公○王孫. 124-18 墜於公○之
手. 124-19 不知夫○發方受命乎宣王. 125-5 臣有辭以報樗里○矣.
125-17 公不聞老萊○之教孔○事君乎. 125-20 楚太○橫爲質於齊.
125-25 薛公歸太○橫. 125-25 太○懼. 126-1 太○曰. 126-3 吾與○
出兵矣. 126-4 今孫○. 126-13 於是使人謝孫○. 126-15 孫○去之趙.
126-15 今孫○. 126-19 於是使人請孫○於趙. 126-20 孫○爲書謝曰.
126-21 楚王○圍聘於鄭. 126-24 閭姝○奢. 127-9 楚考烈王無○.
128-17 求婦人宜○者進之. 128-17 卒無○. 128-17 聞其不宜○. 128
-18 而王無○. 128-25 則是君之○爲王也. 129-5 遂生○男. 129-7
立爲太○. 129-7 ○爲太○. 129-9 五○皆相諸侯. 129-14 太○衰弱.
129-15 而入之王所生○者. 130-1 秦惠王封冉○. 130-9 冉○. 130-
9 ○云天下無敵. 130-17 ○云乃且攻燕者. 130-17○安知之. 131-16
韓康○欲勿與. 131-22 康○曰. 132-1 魏宣○欲勿與. 132-3 宣○
曰. 132-5 趙襄○弗與. 132-7 趙襄○召張孟談而告之曰. 132-9 臣聞
董○之治晉陽也. 132-16 臣聞董○之治晉陽也. 132-19 襄○謂張孟
談曰. 132-25 襄○曰. 133-3 張孟談以報襄○. 133-9 襄○再拜之.
133-9○釋之. 133-13○慎勿復言. 133-17 魏宣○之謀臣曰趙葭. 133
-18 康○之謀臣曰段規. 133-19 破趙則封二○者各萬家之縣一. 133
-20 又封二○者各萬家之縣一. 133-21 入見襄○曰. 133-24 襄○曰.
134-1 襄○將卒犯其前. 134-3 乃稱簡之塗以告襄○曰. 134-9 襄○
恨然曰. 134-13 ○何爲然. 134-15 張○談對曰. 134-15 襄○去之.
134-19○從事. 134-21 襄○往見張孟談而告之曰. 134-24 長○之韓.
135-4 次○之魏. 135-4 少○之齊. 135-4 趙襄○最怨知伯. 135-7 欲
以刺襄○. 135-10 襄○如厠. 135-10 趙襄○曰. 135-12 ○之道甚難
而無功. 135-16 謂○有志則然矣. 135-16 謂○智則否. 135-16 以○
之才. 135-16 而善事襄○. 135-17 襄○必近幸○. 135-17 ○之得近
而行所欲. 135-17 襄○當出. 135-22 襄○至橋而馬驚. 135-22 襄○
曰. 135-23 於是趙襄○面數豫讓曰. 135-23 ○不嘗事范中行氏乎.
135-24 而○不爲報讎. 135-25○獨何爲報讎之深也. 136-1 襄○乃喟
然嘆泣曰. 136-3 豫○. 136-3 豫○之爲知伯. 136-3 寡人舍○. 136-
4 ○自爲計. 136-5 寡人不舍○. 136-5 於是襄○義之. 136-8 謂腹○
曰. 136-23 秦王謂公○他曰. 139-16 公○他曰. 139-19 雖王與○.
140-1 立爲天○. 145-9 蘇○爲謂秦王曰. 146-13 父不得於○. 146-24
蘇○曰. 147-2 願以甲○之日合戰. 148-5 使王孫緤告公○成曰.
149-18○不反親. 149-19 公○成再拜曰. 150-2 非寡人所望於○. 151
-3 公○成再拜稽首曰. 151-4 農夫勞而君○養焉. 151-7 ○其言乎.
151-10 ○言世俗之間. 151-13 ○其釋之. 151-19 ○其言乎. 151-24
○其勿反也. 152-17 當○爲○之時. 152-19 踐石以上者皆道○之孝.
152-19 故寡人問○以璧. 152-20 遺○以酒食. 152-20 而求見○. 152
-20 ○謁病而辭. 152-20 人有言○者曰. 152-21 父之孝○. 152-21
故寡人以○之知慮. 152-21 故寡人欲○之胡服以傅王乎. 152-25 選
○莫若父. 153-2 所以使○. 153-8 寡人以王○爲○任. 153-11 欲○
之厚愛之. 153-11 ○能行是. 153-13 寡人與○. 153-14 以傅王○也.
153-15 ○道順而不拂. 153-19 ○用私道者家必亂. 153-20 慈父不○.
153-21 ○獨弗服. 153-21 ○知官府之籍. 154-8 今○以官府之籍.
154-13 非○所知. 154-13 公不若陰辭樓○曰. 156-3 趙以公○郚爲質
於秦. 156-14 令公○繒請地. 156-16 魏令公○咎以銳師居安邑. 156
-22 教○欬謂李兌曰. 157-16 其於○何如. 157-23 而與馬服之○戰
於長平之下. 158-5 公○牟游於秦. 158-14 公○將行矣. 158-15 公○
之所以教之者厚矣. 158-18 焉有○死而不哭者乎. 159-1 孔○. 159-
2 誠聽○割矣. 159-18 ○能必來年秦之不復攻我乎. 159-18 樓○之
爲秦也. 160-20 ○以爲奚如. 161-23 始吾以君爲天下之賢公○也.
162-14 吾乃今然后知君非天下之賢公○也. 162-15 天○下席. 163-
10 彼天○固然. 163-12 鬼侯有○而好. 163-20 夷維○執策而從. 163
-23 ○將何以待吾君. 163-23 吾將以十太牢待○之君. 163-24 維○
曰. 163-24 ○安取禮而來待吾君. 163-25 天○也. 163-25 天○巡狩.
163-25 天○已食. 164-1 夷維○謂鄒之孤曰. 164-3 天○弔. 164-4
然后天○南面弔也. 164-5 然且欲行天○之禮於鄒魯之臣. 164-7 彼
又將使其○女讒妾爲諸侯妃姬. 164-11 適會魏公○無忌奪晉鄙軍以
救趙擊秦. 164-17 ○南方之傳士也. 165-8 公○魏牟過趙. 165-21 公
○乃驅後車. 165-22 衛靈公近雍疸彌○瑕. 166-8 ○何夢. 166-9 今
○曰夢見竈君而言君也. 166-10 因廢雍疸彌○瑕. 166-13 以救李○
之死也. 170-1 今又以何陽姑密封其○. 170-4 而宋置太○以爲王.
171-2 今太○走. 171-3 諸善太○者. 171-3 而太○在外. 171-4 樓○
曰. 173-8 王不聞公○牟夷之於宋乎. 173-9 惡公○牟夷. 173-9 今臣
之於王非宋之於公○牟夷也. 173-10 ○勉行矣. 173-11 寡人與○有
誓言矣. 173-11 樓○遂行. 173-11 吾已與樓○有言矣. 173-13 此夫
○與敵國戰. 174-15 令士大夫餘○之力. 175-1 以過章○之路. 175-
9 客有見人於服○者. 176-4 服○曰. 176-4 及夫人優愛孺○也. 176
-23 令昭應奉太○以委和於薛公. 178-8 丈夫亦愛憐其少○乎. 179-
7 父母之愛○. 179-10 有○孫相繼爲王也哉. 179-13 趙主之○孫侯
者. 179-14 遠者及其○孫. 179-16 豈人主之○孫則必不善哉. 179-16
○義聞之曰. 179-22 人主之○也. 179-22 知伯索地於魏桓○. 181
-3 魏桓○弗予. 181-3 桓○曰. 181-4 其○在中山. 181-19 中山之君
烹其○而遺之羹. 181-19 食其○之肉. 181-21 其○之肉尚食之. 181
-21 ○往矣. 181-24 必就○之功. 182-1 而成○之名. 182-1 ○入而
問其賢良之士而師事之. 182-2 魏文侯與田○方飲酒而稱樂. 182-12
田○方笑. 182-12 ○方曰. 182-13 而○又附之. 182-19 ○之言有說
乎. 182-20 專委之○矣. 183-5 故老○曰. 183-18 痤有御庶○公孫鞅.
183-22 蘇○爲趙合從. 184-5 其○陳應止其公之行. 188-3 ○果無之
魏而見寡人也. 188-7 請封○. 188-7 ○長色衰. 188-11 人多爲張○
於王所. 188-16 惠○謂王曰. 188-16 張○儀以秦相魏. 188-23 雍沮
謂張○曰. 188-23 張○曰. 188-25 且魏王所以貴張○者. 189-13 ○
盍少委焉. 189-14 問張○. 190-1 張○曰. 190-1 是太○之讎報矣.
190-8 使公孫○勞寡人. 190-25 季○爲衍謂梁王曰. 191-8 爲○之不
便也. 192-15 今吾爲○外之. 192-17 令毋敢入○之事. 192-17 入○
之事者. 192-17 吾爲○殺之亡之. 192-17 召文○而相之魏. 192-18
羣臣多諫太○者. 193-19 太○曰. 193-20 爲人○. 193-20 ○勿復言.
193-22 駕而見太○曰. 193-25 太○曰. 193-25 太○爲及日之故. 194
-6 願太○更日. 194-6 太○曰. 194-8 惠○非徒行其說也. 194-10
又令魏太○未葬其先王而因又說文王之義. 194-10 魏文○田需周宵
相善. 196-4 嬰○言行於齊王. 196-5 則胡不召文○而相之. 196-5 因
召文○而相之. 196-6 鈞二○者. 196-9 鈞二○者. 196-11 將太○申
而攻齊. 196-13 客謂公○理之傳曰. 196-13 何不令公○泣王太后.
196-14 止太○之行. 196-14 太○年少. 196-15 而孫○善用兵. 196-15
公○爭之於王. 196-16 王聽公○. 196-16 公○不封. 196-16 不聽
公○. 196-17 太○必敗. 196-17 公○必立. 196-17 殺太○申. 196-19
而禽太○申. 197-5 令太○鳴爲質於齊. 197-12 臣請說嬰○曰. 197
-13 公不如歸太○以德之. 197-14 公○高在楚. 197-14 惠○曰. 197
-17 ○必善左右. 197-17 今○雖自樹於王. 197-20 而欲去○者衆.
197-20 則○必危矣. 197-20 吾欲太○之自相也. 197-24 莫如太○之
自相. 198-5 是三人皆以太○爲非固相也. 198-5 不如太○之自相也.
198-8 太○果自相. 198-8 必內太○. 199-10 魏內太○於楚. 199-11
恐魏之以太○在楚不肯也. 199-13 而爲魏太○之尚在楚也. 199-15
乃出魏太○. 199-16 龐葱與太○質於邯鄲. 199-19 後太○罷質. 199
-24 殺○之. 202-8 戰勝睪○. 202-12 夫戰勝睪○. 202-19 ○學三年.
203-12 其○曰. 203-12 ○之於學者. 203-14 願○之有以易名母也.
203-15 ○之於學也. 203-15 願○之且以名母爲後也. 203-16 ○患寡
人入而不出邪. 203-17 段干○也. 204-19 ○爲寡人謀. 205-16 寡人
願○之行也. 205-18 先日公○常約兩王之交矣. 206-1 ○行矣. 206-
11 寡人聽○. 206-11 今夫韓氏以一女○承一弱主. 206-23 魏王將封
其○. 208-17 王能又封其○問陽姑衣乎. 208-18 魏太○在楚. 209-4
謂樓○於鄢陵曰. 209-4 彼翟○之所惡於國者. 209-5 以張○之强.
209-8 乃請樗里○曰. 209-14 樗里○曰. 209-15 樗里○曰. 209-18 楚
王怒於魏之不用樓○. 209-21 使人謂樓○曰. 209-24 ○能以汾北與
我乎. 209-24 樓○與楚王必疾矣. 209-25 又謂翟○. 209-25 ○能以
汾北與我乎. 209-25 齊和○亂而越人亡繒. 211-16 ○何不疾及三國
方堅也. 212-14 秦必受○. 212-15 橫者將圖○以合於秦. 212-15 是
取○之資. 212-15 而以資○之讎也. 212-15 不用○之計而禍至. 213
-10 ○言無秦. 214-16 ○爲肖謂齊王曰. 216-2 二○者. 216-7 張○
聞之. 216-7 因無敢傷張○. 216-8 其○爲管守. 217-12 夫以父攻○
守. 217-16 父教○倍. 217-17 ○弑父. 217-23 降城亡○不得與焉.
217-24 以全父○之義. 217-25 公亦嘗聞天○之怒乎. 219-19 天○之
怒. 219-20 此三○者. 219-24 ○以韓重我於趙. 221-9 請以趙重○於
韓. 221-9 是○有兩韓. 221-10 王問申○曰. 221-13 ○皆國之辯士也.
221-14 申○微視王之所說以言於王. 221-16 申○請仕其從兄官. 221
-18 申○有怨色. 221-18 非所謂學於○者也. 221-18 聽○之謁. 221
-19 而廢○之道乎. 221-19 又亡其行○之術. 221-19 而廢○之謁乎.
221-20 ○嘗教寡人循功勞. 221-20 申○乃辟舍請罪. 221-21 谿○少
府時力距來. 222-1 ○爲我謁之. 227-8 向○曰. 227-20 向○曰. 227
-24 向也○曰天下無道. 229-10 今也○曰乃且攻燕者. 229-10 ○爲
我反. 229-19 獨尚○之言是. 231-6 召尚○入. 231-6 宣太后謂尚○
曰. 231-6 ○以秦爲將救韓乎. 231-22 王何不試以襄○爲質於韓. 232
-22 因以出襄○而德太○. 232-22 夫楚欲置公○高. 233-1 公何不
令人說昭○曰. 233-1 請爲○起兵以之魏. 233-2 ○有辭以毋戰. 233
-2 於是以太○扁昭揚梁王皆德公矣. 233-2 以與太○爭. 233-7 齊大
夫諸○有犬. 233-25 矯以新城陽人合世○. 234-7 世○得新城陽人.
234-9 中庶○强謂太○曰. 234-14 太○曰. 234-15 太○弗聽. 234-16

太○出走. 234-17 太○之重公也. 234-23 太○無患. 234-24 冀太○之用事也. 234-24 太○外無幾瑟之患. 234-25 以恐太○. 235-1 太○必終身重公矣. 235-1 太○無患. 235-4 韓大夫知王之老而太○定. 235-4 公何不爲韓求質○於楚. 235-10 楚王聽而入質○於韓. 235-11 公又令秦求質○於楚. 235-13 太○在楚. 235-17 公何不試奉公○咎. 235-18 而爲之請太○. 235-18 韓立公○咎而棄幾瑟. 235-19 太○入秦. 236-7 秦必留太○而合楚. 236-8 是太○反棄之. 236-8 治列○圉寇之言. 236-14 ○欲安用我乎. 237-1 仲○奉黄金百鎰. 237-3 固謝嚴仲○. 237-4 仲○固進. 237-4 義不敢當仲○之賜. 237-6 嚴仲○辟人. 237-6 嚴仲○固讓. 237-10 然仲○卒備賓主之禮而去. 237-11 而嚴仲○乃諸侯之卿相也. 237-14 而嚴仲○舉百金爲親壽. 237-15 見嚴仲○曰. 237-19 前所以不許仲○者. 237-19 仲○所欲報仇者爲誰. 237-20 嚴仲○具告曰. 237-21 語泄則韓舉國而與仲○爲讎也. 238-1 久之莫知誰○. 238-8 夫孿○之相似者. 239-3 正如孿○之相似也. 239-5 事之雖如○之事父. 240-25 今日天○不可得而爲也. 242-9 役且共貴公○. 242-21 王於是召諸公○役於三川者而歸之. 242-21 請令公○年謂韓王曰. 246-5 必解○之罪. 246-8 以止○之事. 246-8 且復天○. 246-15 大國惡有天○. 246-16 王良之弟○駕. 247-5 遇造父之弟○. 247-5 造父之弟○曰. 247-6 王良弟○曰. 247-6 ○纆牽長. 247-7 夫制於燕者蘇○也. 249-2 噲○謂文公曰. 249-9 秦惠王以其女爲燕太○婦. 249-13 雖大男○. 252-1 ○之所謂天下之明主者. 252-14 ○聞之. 252-23 ○能以燕敵齊. 252-25 則寡人奉國而委之於○矣. 252-25 王誠能毋愛寵○母弟以爲質. 253-14 吾終以○受命於天矣. 253-16 與其相○之爲婚. 253-20 而蘇代與○之交. 253-20 ○之相燕. 253-22 蘇代欲以激燕王以厚任○之也. 253-24 於是燕王大信○之. 253-25 ○之因遺蘇代百金. 253-25 不如以國讓○之. 254-1 今王以國讓相○之. 254-3 ○之必不敢受. 254-3 燕王因舉國屬○之. 254-3 ○之大重. 254-4 今王言屬國○之. 254-8 而吏無非太○人者. 254-8 是名屬○之. 254-8 而太○用事. 254-8 王因收印自三百石吏而効之○之. 254-8 ○之南面行王事. 254-9 國事皆決○之. 254-10 ○之三年. 254-11 將軍市被太○平謀. 254-11 將攻○之. 254-11 儲○謂齊宣王. 254-12 王因令人謂太○平曰. 254-12 寡人聞太○之義. 254-13 正父○之位. 254-13 則唯太○所以令之. 254-14 太○因數黨聚衆. 254-15 攻○之. 254-15 將軍市被及百姓乃反攻太○平. 254-15 王因令章○將五都之兵. 254-19 ○之亡. 254-20 燕人立公○平. 254-20 蘇秦弟厲因燕質○而求見齊王. 254-23 燕質○爲謝乃已. 254-23 燕相○之與蘇代婚. 254-25 乃使蘇代持質○於齊. 254-25 於是燕王專任○之. 255-2 殺王噲○之. 255-3 不信齊王與蘇○也. 255-7 故王不如東蘇○. 255-9 秦必疑而不信蘇○矣. 255-9 ○之之亂. 257-20 ○何以知之. 258-16 吾請拜○爲上卿. 258-19 奉○車百乘. 258-19 ○以此爲寡人東游於齊. 258-19 則何不與愛○與諸舅. 258-20 ○之丈夫來. 259-1 爲○之遠行來之. 259-5 至公○延. 261-7 蘇○也. 261-25 今齊王召蜀○使不伐宋. 261-25 蘇○也. 262-1 蘇○也. 262-2 令齊守趙之質○以甲者. 262-2 又蘇○也. 262-2 請告○以請齊. 262-2 果以守趙之質○以甲. 262-3 吾必守○以甲. 262-3 必不任蘇○以事. 262-9 順始與蘇○爲讎. 262-11 蘇○怒於燕王之不以吾故弗予相. 262-23 而以湯爲天○. 263-1 伍○胥逃楚而之吳. 263-1 孔○逃於衞. 263-4 願○還而視之. 263-12 齊王大說蘇○. 263-16 王何不令蘇○將而應燕乎. 263-22 夫以蘇○之賢. 263-22 乃謂蘇○曰. 263-24 願○爲寡人爲之將. 263-25 寡人知○矣. 264-2 蘇○遂將. 264-3 蘇○收其餘兵. 264-3 ○無以爲罪. 264-6 王復使蘇○應之. 264-9 蘇○先敗王之兵. 264-9 乃復使蘇○. 264-10 蘇○固辭. 264-10 焉有離人○母者. 265-5 太后方怒○. 265-7 ○其待之. 265-7 憂公○之且爲質於齊也. 265-9 人主之愛○也. 265-11 非徒不愛○也. 265-11 又不愛丈夫○獨甚. 265-11 今王願封公○. 265-13 公○無攻不當封. 265-14 今王之以公○爲質也. 265-14 且以爲公○功而封之也. 265-15 臣是以知人主之不愛丈夫○獨甚也. 265-15 故公○貴. 265-16 而太○卽位. 265-17 公○賤於布衣. 265-17 故非及太后與王封公○. 265-17 則公○終身不封矣. 265-18 乃命公○束車制衣爲行具. 265-19○必爭之. 265-23 ○因去而之齊. 265-23 且以因○而事齊. 265-24 伍○胥宮之奇不用. 266-3 昔者五○胥說聽乎闔閭. 268-4 故沉○胥而不悔. 268-7 ○胥不蚤見主之不同量. 268-8 臣聞古之君○. 268-12 數奉教於君○矣. 268-13 蘇○曰. 269-16 奉蘇○車五十乘. 269-17 蘇○謂燕相曰. 270-12 燕使太○請救於楚. 271-3 今○且致我. 271-14 我且言○之奪我珠而呑之. 271-14 燕王必當殺○. 271-14 刳○腹及○之腸矣. 271-15 ○腸亦且寸絶. 271-16 未如商容箕○之累也. 272-16 ○何賀. 273-15 燕太○丹質於秦. 273-21 太○丹患之. 273-22 太○曰. 273-25 太○容之. 274-2 願太○急遣樊將軍入匈奴以滅口. 274-5 太○丹曰. 274-6 太○曰. 274-10 道太○曰. 274-12 太○跪而逢迎. 274-13 太○避席而請曰. 274-14 今太○聞光壯盛之時. 274-15 太○曰. 274-17 太○送之至門. 274-18 光與○相善. 274-21 今太○聞光壯盛之時. 274-21 言足下於太○. 274-23 願足下過太○於宮. 274-23 今太○約光曰. 274-24 是太○疑光也. 274-25 願足下急過太○. 275-1 軻見太○. 275-3 太○再拜而跪. 275-3 太○避席頓首曰. 275-5 太○前頓首. 275-19 太○日日造問. 275-19 太○丹恐懼. 275-23 微太○言. 275-24 臣乃得有以報太○. 276-2 太○曰. 276-2 荆軻知太○不忍. 276-4 太○聞之. 276-12 於是太○預求天下之利匕首. 276-15 太○遲之. 276-19 叱太○曰. 276-21 豎○也. 276-22 今太○遲之. 276-22 太○及賓客知其事者. 276-24 厚遺秦王寵臣中庶○蒙嘉. 277-4 未嘗見天○. 277-12 必得約契以報太○也. 278-1 燕王喜太○丹等. 278-6 殺太○丹. 278-7 宋使臧○索救於荆. 279-3 臧○憂而反. 279-3 臧○曰. 279-4 臧○乃歸. 279-6 墨○聞之. 279-9 吾自宋聞○. 279-10 吾欲藉○殺王. 279-10 墨○曰. 279-11 墨○見楚王曰. 279-14 墨○曰. 279-17 南文○止之曰. 280-3 則吾何以告○而可乎. 280-14 魏太○自將. 281-3 外黄徐○曰. 281-3 太○能聽臣乎. 281-3 太○曰. 281-4 今太○自將攻齊. 281-4 太○曰. 281-6 太○雖欲還. 281-7 彼利太○之戰攻. 281-7 太○雖欲還. 281-7 太○上車請還. 281-8 南文○有憂色. 281-19 而○有憂色何. 281-19 文○曰. 281-20 乃佯亡其太○. 281-25 南文○曰. 281-25 太○顔爲君○也. 281-25 樗里○知蒲之病也. 282-11 請厚○於衞君. 282-13 樗里○亦得三百金而歸. 282-13 ○聽吾言也以說君. 282-25 君必善○. 282-25 ○謂君. 283-3 ○制之. 283-5 常莊談謂趙襄○曰. 284-3 公何不請公○傾以爲正妻. 284-4 非○莫能吾救. 284-10 見嬰○曰. 284-11 ○之道柰何. 285-17 然則○之道柰何. 285-18 則有土○民. 286-24 大夫司馬○期在焉. 288-2 司馬○期怒而走於楚. 288-2 ○奚爲者也. 288-4 其○時在中山. 288-10 樂羊食○以自信. 288-11

【也】 2803

夫秦之爲無道○. 1-5 美名○. 1-7 厚寶○. 1-7 得君臣父子相保○. 1-10 宜陽必拔○. 2-2 羈旅○. 2-5 則周公旦○. 2-5 秦恐公之乘其弊○. 2-9 公中慕公之爲己乘秦○. 2-10 故天子之國○. 2-16 令之爲己求地於東周○. 2-20 是我爲楚韓取寶以德之○. 2-23 所以富東周○. 3-3 蘇子亦得兩國之金○. 3-6 楚王與魏王遇○. 3-9 楚韓之遇○. 3-9 今昭獻非人主○. 3-10 信東周○. 3-16 是韓不伐○. 3-17 是得地於韓而聽於秦○. 3-18 則是勁王之敵○. 3-22 是天下制於子○. 4-2 前相工師藉恐客之傷己○. 4-4 辯士○. 4-5 國人不說○. 4-7 無忠臣以掩蓋之○. 4-10 非自傷於民○. 4-12 皆大臣見譽者○. 4-13 非國家之美○. 4-13 主人○. 4-16 問其巷而不知○. 4-16 而自謂非客何○. 4-18 天下之半○. 5-6 是何計之道○. 5-7 周最於齊王○而逐之. 5-13 欲深取秦○. 5-20 卽天下之理○. 5-23 君○. 6-3 最○. 6-3 亦將觀韓魏之於齊○. 6-6 則秦趙必相賣以合於王○. 6-9 秦知趙之難與齊戰○. 6-11 將恐齊趙之合○. 6-11 恐秦不己收○. 6-12 無因事○. 6-14 且臣爲齊奴○. 6-20 則王亦無齊之累○. 6-21 君勿患○. 6-23 不可不察○. 7-3 而無適立○. 7-9 是公之知困而交絶於周○. 7-11 孰欲立○. 7-12 此健士○. 7-14 以秦之輕○. 7-17 未可知○. 7-18 重周以取秦○. 7-20 是周常不失重國之交○. 7-20 何○. 8-5 因宣言東周○. 8-6 以西周之於王○. 8-6 故留之十四日以待命○. 8-12 是以遣之○. 8-14 欲王令楚割東國以與齊○. 9-11 而以楚之東國自免○. 9-13 而秦未與魏講○. 9-22 是君却秦而定周○. 9-22 是君存周而戰秦魏○. 10-1 無備故○. 10-6 桓公伐蔡○. 10-6 虎狼之國○. 10-7 而實囚之○. 10-9 是楚病○. 10-17 此告楚病○. 10-18 是公以弊高都得完周○. 10-22 何不與○. 10-22 不如譽秦王之孝○. 11-1 是公有秦○. 11-2 又有天命○. 11-6 可教射○矣. 11-8 子何不代我射之○. 11-9 公○. 11-12 公不若稱病不出○. 11-14 令天下皆知君之重吾得○. 11-18 而吾得無效○. 11-20 齊秦恐楚之取九鼎○. 11-23 君雖不欲與○. 11-25 君使人告齊王以周最不肯爲太子○. 12-2 臣爲君不取○. 12-2 獨知之契○. 12-5 天下未有信之者○. 12-5 以嫁之齊○. 12-7 奉養無有愛於最○. 12-7 見梁囿而樂之○. 12-15 臣爲王有患○. 12-17 謀主○. 12-17 而王無之扞○. 12-18 臣見其必以國事秦○. 12-18 魏王因使孟卯致溫囿於周君而許之戍○. 12-24 因趙以止易○. 13-5 此皆恃援國而輕近敵○. 13-13 王何不以地齎周最以爲太子○. 13-17 是公之知困而交絶於周○. 13-19 西周恐魏之藉道○. 13-22 楚宋不利秦之德三國○. 13-22 且輕秦○. 14-4 且公之成事○. 14-5 大王更爲臣○. 15-11 固大王仇讎○. 15-12 天下之雄國○. 15-18 臣固疑大王之不能用○. 16-1 王固不能行○. 16-15 是皆秦之罪○. 16-20 何前倨而後卑○. 17-14 使攻宋○. 18-1 安邑王之有○. 18-2 則向之攻宋○. 18-3 罪其百姓不能死○. 18-14 其上不能殺○. 18-14 故民不死○. 18-16 不攻無攻相事○. 18-17 生未嘗見寇○. 18-18 斷死於前者比是○. 18-19 夫斷死與斷生○不同. 18-20 而民爲之者是貴奮○. 18-20 天下莫如○. 18-24 天下不足兼而有○. 18-24 所當未嘗不破○. 18-25 此甚大功○. 18-25 謀臣皆不盡其忠○. 19-2 五戰之國○. 19-6 夫戰者萬乘之存亡○. 19-6 則其民足貪○. 19-11 地足利○. 19-11 然則是一舉而伯王之名可成○. 19-12 四鄰諸侯可朝○. 19-13 然則是一舉而伯王之名可成○. 19-19 四隣諸侯可朝○. 19-19 前者穰侯之治秦○. 19-22 中央之國

○.20-1 雜民之所居○.20-1 彼固亡國之形○.20-2 趙氏上下不相親○.20-4 皆秦之有○.20-7 伯王之名可成○.20-14 是謀臣之拙○.20-16 不能拔○.20-18 非能厚勝之○.20-21 願大王有以慮之○.20-24 天下可有○.20-25 何以知其然○.20-25 天下莫如○.21-9 天下可兼而有○.21-9 此王業○.22-1 而戎狄之長○.22-2 天下之市朝○.22-4 西辟之國○.22-8 而戎狄之長○.22-8 譬如使豺狼逐羣羊○.22-9 足以廣國○.22-10 惡名○.22-13 而未必利○.22-13 天下之宗室○.22-14 韓周之與國○.22-14 不如伐蜀之完○.22-17 張儀之殘樗里疾○.22-21 將以爲國交○.22-22 故爲請相○.22-24 此國累○.23-3 王何以市楚○.23-6 楚○.23-18 願王勿聽○.23-20 因言軫○.23-21 然則是軫自爲而不爲國○.23-24 儀之言果信○.24-2 非獨儀知之○.24-2 良僕妾○.24-4 良婦○.24-4 乃必之○.24-6 軫安敢之楚○.24-9 且安之○.24-13 而明臣之楚與不○.24-14 則欲其許我○.24-18 則欲其爲我詈人○.24-18 今楚王明主○.24-19 而昭陽賢相○.24-19 夫軫天下之辯士○.24-22 寡人遂無奈何○.24-23 子必之楚○.24-24 非獨儀之言○.24-24 良僕妾○.25-1 善婦○.25-2 而儀不得爲臣○.26-11 而私商於之地以爲利○,26-13 何○.26-18 而患必至○.26-18 何○.26-19 以王有齊○.26-19 是楚孤○.26-20 秦計必弗爲○.26-21 張儀知楚絶齊○.27-3 伐秦非計○.27-6 是我亡於秦而取償於齊○.27-7 是吾合齊秦之交○.27-8 子秦人○.27-15 寡人與子故○.27-15 不能親國事○.27-16 甘餌○.27-23 則是一舉而兼兩虎○.27-25 唯王可○.28-2 事之本○.28-2 能有國者寡○.28-3 計有一二者難悖○.28-3 皆張儀之讎○.28-7 而事君之國○.28-12 此乃公孫衍之所謂○.28-17 除之未必已○.28-21 使此知秦國之政○.28-23 然願王勿攻○.29-3 大縣○.29-5 其實郡○.29-6 主君之力○.29-10 今臣羈旅之臣○.29-10 而臣受公仲侈之怨○.29-12 其母尙織自若○.29-15 與母之信○.29-16 則慈母不能信○.29-17 而王之信臣又未若曾子之母○.29-17 臣恐王爲臣之投杼○.29-18 寡人不聽○.29-19 五月而不能拔○.29-20 是樗里疾公孫衍無事○.30-15 韓楚必相御○.30-18 臣是以知其御○.30-19 王勿患○.30-22 幸無我逐○.31-6 非恒士○.31-8 是非秦之利○.31-9 賢人○.31-14 則難圖○.31-16 王怒於犀首之泄○.31-23 非使臣之所知○.32-10 是何○.32-15 秦之深讎○.32-15 一○.32-17 罷國○.32-18 譬猶以千鈞之弩潰癰○.32-18 二○.32-20 三○.32-22 四○.32-23 五○.32-24 夫取三晉之腸胃與出兵而懼其不反○.32-25 無知○.33-7 是君收齊以重呂禮○.34-4 秦王畏晉之强○.34-6 操晉以爲重○.34-8 五伯之事○.34-12 而莫之據○.34-13 故攻齊之於陶○.34-13 存亡之機○.34-13 不遇堯○.34-16 此君之大時○已.34-17 而君之大名○.34-19 此除疾不盡○.34-21 以非此時○.34-21 不可得○已.34-23 天下之從君○,34-24 而無他慮○.35-2 弗聞○.35-4 辛張陽毋澤說魏王薛公公叔○.35-5 然而臣有患○.35-6 夫楚王之以其臣請挈領然而臣有患○.35-7 夫楚王之以其國依冉○.35-7 此臣之甚患○.35-8 而務敗公之事○.35-9 德楚而觀薛公之爲公○.35-9 請以號三國以自信○.35-10 觀張儀與澤之所不能得於薛公者○.35-11 而公請之以自重○.35-12 此亦百世之時○已.35-18 未○.36-5 失韓魏之道○.36-6 則久留臣無爲○.36-11 工之所失○.36-18 是何故○.36-20 爲其凋榮○.36-20 其淺者又不足聽○.36-23 非若是○.36-25 非敢然○.37-12 臣聞始時呂尙之遇文王○.37-12 交疏○.37-13 其言深○.37-14 而文武無與成其王○.37-16 羈旅之臣○.37-17 而未知王心○.37-18 所以王三問而不對者是○.37-19 臣非有所畏而不敢言○.37-19 然臣弗敢畏○.37-20 人之所必不免○.37-24 此臣之所大願○.37-25 是臣說之行○.38-4 是臣之大榮○.38-6 天下見臣盡忠而身蹶○.38-7 臣弗敢畏○.38-11 賢於生○.38-11 先生是何言○.38-12 而存先王之廟○.38-13 此天所以幸先王而不棄其孤○.38-14 無疑寡人○.38-16 譬若馳韓盧而逐蹇兔○.38-19 而大王之計有所失○.38-21 非計○.38-23 形弗能有○.39-2 以其伐楚而肥韓魏○.39-4 此所謂藉賊兵而齎盜食者○.39-4 得尺亦王之尺○.39-5 而天下之樞○.39-8 齊附而韓魏可虛○.39-10 魏多變之國○.39-11 韓聽而霸事可成○.39-19 未之有○.40-1 非王之子孫○.40-10 臣聞之○.40-24 臣必聞見王獨立於庭○.41-2 非王子孫○.41-3 臣聞古之善爲政○.41-4 是我王果處三分之一○.41-9 非秦弱而魏强○.41-12 地○.41-12 人主所甚愛○.41-13 人臣之所樂爲死○.41-13 故十攻而弗能勝○.41-14 而攻其人○.41-15 言可得○.41-18 乃鼠○.41-23 是天下之王不如鄭賈之智○.41-24 不知其實○.41-25 王勿憂○.42-2 秦於天下之士非有怨○.42-3 有爭意○.42-5 於是其謀者固未可得予○.42-7 何○.42-25 公之愛子○.43-1 何○.43-2 乃卽與無子時同○.43-3 乃與卽爲梁餘子同○.43-4 今○.43-6 此其情○.43-7 何謂○.43-9 臣以韓之細○.43-11 秦王弗聽○.43-13 以其爲汝南虜○.43-13 吾與王○.43-17 父之於子○.43-17 此令必行者○.43-18 因曰毋敢思○.43-18 此令必不行者○.43-19 東鄙之賤人○.43-24 天下皆聞臣之身與王之舉○.44-1 而爲諸侯所議○.44-2 天下駿雄弘辯之士○.44-8 何君見之晚○.44-13 忠之節○.45-3 天下之福○.45-5 國之福○.45-5 家之福○.45-6 何○.45-8 管仲不足大○.45-10 周公輔成王○.45-12 商君吳起大夫種不若○.45-14 未知何如○.45-16 天之常數○.45-20 聖人之常道○.45-21 此皆乘至盛不及道理○.45-24 白起之勢○.46-6 往而不能反者○.46-13 此皆君之所明知○.46-14 此亦秦之分功之時○.46-18 則商君白公吳起大夫種是○.46-18 臣不如○.46-23 恐秦之救○.48-5 楚疑於秦之未必救己○.48-7 則楚之應之○必勸.48-8 必不救○.48-9 則是我離秦而攻楚○.48-10 秦之有○.48-17 秦之縣○已.48-18 臣請爲王因呡與佐○.48-19 大費○.48-24 大利○.48-24 此父兄之任○.48-24 何○.49-3 此講之悔○.49-4 此又不講之悔○.49-5 鈞吾悔○.49-6 無危咸陽而悔○.49-6 弗如○.49-10 弗如○.49-12 猶無奈寡人何○.49-12 吾不知水之可亡人之國○.49-19 尙賢在晉陽之下○.49-22 此乃方其用肘足時○.49-22 願王之勿易○.49-23 魏王倍寡人○.50-2 是魏勝楚而亡地於秦○.50-3 是以鯉與之遇○.50-10 故齊不合○.50-11 是便計○.50-15 而地不可得○.50-17 臣之來使○.50-17 是示天下無楚○.50-19 齊魏有何重於孤國○.50-19 卽不見○.50-24 商人是○.51-1 此有其實而無其名者○.51-2 農夫是○.51-3 此無其實而有其名者○.51-4 王乃是○.51-4 臣竊爲大王不取○.51-6 而天下可圖○.51-9 恐不能給○.51-10 天下未嘗無事○.51-10 非從卽橫○.51-11 弗得私○.51-12 頓子之說○.51-14 冬夏是○.51-24 累碁是○.51-24 萬乘之地未嘗有○.51-25 天下五合六聚而不敢救○.52-9 五伯不足六○.52-12 終之難○.52-15 何以知其然○.52-16 而不知榆次之禍○.52-16 而不知干隧之敗○.52-17 非無大功○.52-17 而易患於後○.52-18 吳之信越○.52-18 今王妬楚之不毁○.52-21 而忘毁楚之强魏○.52-21 援○.52-23 敵○.52-23 今王中道而信韓魏之善王○.52-24 此正吳信越○.52-25 而實欺大國○.53-1 此何○.53-1 秦社稷之憂○.53-6 兵出之日而王憂其不反○.53-8 無得地之實○.53-11 膏腴之地○.53-14 是王失計○.53-21 上蔡召陵不往來○.53-25 齊之右壤可拱手而取○.54-2 要絶天下○.54-4 無燕趙○.54-4 千乘之宋○.54-11 故天下樂伐之○.54-23 而卑畜韓○.55-3 驕○.55-6 忿○.55-6 驕忿非伯主之業○.55-6 臣竊爲大王慮之而不取○.55-7 三者非無功○.55-13 能始而不能終○.55-13 以王爲吳智之事○.55-17 必秦○.55-20 何以知其然○.55-20 而未能復戰○.55-22 則楚孤而受兵○.55-23 悍人○.56-4 中期適遇明君故○.56-4 大臣之尊者○.56-7 太后不善公○.56-8 太后之所親○.56-8 國與還者○.56-13 子異人賢材○.57-10 王后無子而有子○.57-12 秦之寵子○.57-14 是抱空質○.57-15 吾楚人○.57-19 君侯何不快甚○.58-6 汝安能行之○.58-9 奚以遽言叱○.58-11 臣之功不如武安君○.58-13 應侯之用秦○.58-14 燕不欺秦○.58-22 秦不欺燕○.58-23 欲攻趙而廣河間○.58-24 出諛門○.60-11 非不知○.60-15 非不肖○.60-16 不能用○.60-16 四國之交未必合○.61-2 非所以厲羣臣○.61-5 今賈忠王而王不知○.61-8 其鄙人之賈人○.61-14 王戰勝於徐州○.62-4 盼子不用○.62-4 故王勝之○.62-7 必不便於王○.62-8 非在齊○.62-11 令其欲封公○又甚於齊.62-11 不惡齊大何○.62-14 是其所以弱○.62-15 亦君之水○.62-23 猶之無益○.62-24 不可不日聽○而數覽.63-3 齊貌辨之爲人○多疵.63-7 固不求生○.63-14 吾不忍○.63-19 必無今日之患○.63-20 此齊貌辨之所以外生樂患趣難者○.64-6 非此○.64-12 是趙不拔而魏全○.64-12 是趙破而魏弱○.64-14 顧反聽命於韓○.64-20 則是君之謀○.65-3 我田忌之人○.65-7 循軼之途○.65-13 恐田忌之以楚權復於齊○.65-21 以示田忌之不返齊○.65-22 田忌亡人○.65-23 此用二忌之道○.65-24 徐公何能及公○.66-6 齊國之美麗者○.66-7 徐公何能及君○.66-8 徐公不若君之美○.66-10 私我○.66-12 畏我○.66-13 欲有求於我○.66-13 吾使者章子將○.67-7 臣非不能更葬先妾○.67-9 是欺死父○.67-10 非臣所知○.67-14 何故○.67-16 鬼且不知○.67-16 楚之權敵○.67-17 此其爲德○亦大矣.67-20 其見恩德亦其大○.67-20 古之王者之伐○.67-23 以爲後世○.67-24 今齊楚燕趙韓梁六國之遞甚○.67-24 適足以强秦而自弱○.67-25 非山東之上計○.67-25 强秦○.68-1 願大王之察○.68-3 古之五帝三王五伯之伐○.68-4 而齊民獨不○.68-6 非齊親而韓梁疏○.68-6 此萬世之計○.68-10 三晉怒齊不與己○.68-12 此所謂四塞之國○.68-17 未嘗倍太山絶清河涉渤海○.68-19 以與秦接界○.69-1 是故韓魏之所以重與秦戰而輕爲之臣○.69-3 千人不能過○.69-6 恐韓魏之議其後○.69-7 夫不深料秦之不奈我何○.69-9 是羣臣之計過○.69-9 負海之國○.69-17 是何故○.69-21 今趙之與秦○.69-22 猶齊之於魯○.69-22 是何故○.69-24 秦强而趙弱○.69-24 臨淄卽墨非王之有○.70-2 不可得○.70-2 獻魚鹽之地三百於秦○.70-5 吾與國○.71-3 是天下以燕賜我○.71-5 此王業○.71-17 厚矣王之託儀於秦王○.71-21 何以託儀○.71-22 是乃王之託儀○.71-23 是王業○.72-3 而信儀於秦王○.72-5 此臣之所謂託儀○.72-5 衍非有怨於儀○.72

-9 衍○吾讎. 72-12 其官爵何○. 72-16 異貴於此者何○. 72-17 王非置兩令尹○. 72-18 臣竊爲公譬可○. 72-19 官之上非可重○. 72-25 猶爲蛇足○. 73-1 爲燕取地○. 73-10 然則吾中立而割窮齊與疲燕○. 73-12 隱蔽○. 73-19 齒之有脣○. 73-20 高義○. 73-22 顯名○. 73-22 韓却周害○. 74-1 然則是我抱空質而行不義於天下○. 75-5 然則下東國必可得○. 75-7 以市下東國○. 75-14 變則是君抱空質而負名於天下○. 75-15 以市下東國○. 75-18 故曰可以使楚亟入地○. 75-20 楚之勢可多割○. 75-21 故曰可以使楚益入地○. 76-2 挾太子○. 76-4 以太子權王○. 76-5 必不倍於王○. 76-6 然則是王去讎而得齊交○. 76-6 故曰可以爲楚王使太子亟去○. 76-7 夫剬楚者王○. 76-9 以空名市者太子○. 76-9 齊未必信太子之言○. 76-9 故曰可以使太子急去○. 76-11 夫勸留太子者蘇秦○. 76-12 蘇秦非誠以爲君○. 76-13 且以便楚○. 76-13 故多割楚以滅迹○. 76-14 今勸太子者又蘇秦○. 76-14 故曰可使人惡蘇秦於薛公○. 76-16 夫使薛公留太子者蘇秦○. 76-17 又蘇秦○. 76-18 割地固約者又蘇秦○. 76-18 忠王而走太子者又蘇秦○. 76-19 以其爲齊薄而爲楚厚○. 76-20 故曰可以爲蘇秦請封於楚○. 76-22 以能得天下之士而有齊權○. 76-23 今蘇秦天下之辯士○. 76-24 則是圍塞天下士而不利說途○. 76-25 則是身與楚爲讎○. 77-2 是君有楚○. 77-3 臣之來○. 77-11 固不敢言人事○. 77-11 西岸之土○. 77-14 吾西岸之土○. 77-15 東國之桃梗○. 77-16 何謂○. 78-1 人之急○. 78-5 夏侯章每言未嘗不毀孟嘗君○. 78-8 孟嘗君重非諸侯○. 78-10 然吾毀之以爲之○. 78-11 以吾毀之者○. 78-12 豈得持言○. 78-13 其欲有君○. 78-19 如使而弗及○. 78-19 若魏文侯之有田子方段干木○. 78-20 人之情○. 79-1 其錯之勿言○. 79-1 是足下倍先君盟約而欺孟嘗君○. 79-8 若臣不肖○. 79-10 豈非世之立教首○哉. 79-21 郢之登徒○. 79-25 慕君之廉○. 80-9 志之揚○. 80-12 何謂○. 80-14 若隨踵而至○. 80-23 今髡賢者之疇○. 81-1 而取火於燧○. 81-2 豈特七士○. 81-3 天下之疾犬○. 81-6 海內之狡兔○. 81-6 謝將休士○. 81-9 是齊入於魏而救邯鄲之功○. 81-13 魏之柱國○. 81-14 趙之柱國○. 81-14 楚之柱國○. 81-14 則非齊之利○. 81-19 不得不事齊○. 81-21 不能以重於天下者何○. 81-23 其用者過○. 81-24 客無好○. 82-5 客無能○. 82-5 左右以君賤之○. 82-6 此誰○. 82-17 乃歌夫長鋏歸來者○. 82-18 客果有能○. 82-19 未嘗見○. 82-19 孟嘗君怪其疾○. 83-2 來何疾○. 83-3 乃臣所以爲君市義○. 83-7 未得高枕而臥○. 83-13 重幣○. 83-18 顯使○. 83-18 孟嘗君固辭不往○. 83-19 寡人不足爲○. 83-22 馮諼之計○. 83-25 意者秦王帝王之主○. 84-4 意者秦王不肖之主○. 84-5 猶未敢以有難○. 84-9 孟嘗君之好人○. 84-12 萬乘之嚴主○. 84-16 欲客之必諭寡人之志○. 84-18 大國○. 84-19 千乘○. 84-19 君好士○. 84-22 而士未有爲君盡游者○. 84-24 文不得是二人故○. 84-25 故曰君之好士未○. 85-3 死○. 85-10 非朝愛市而夕憎之○. 85-11 人君○. 85-16 人臣○. 85-16 曾不若死士之壟○. 85-22 士之賤○. 86-3 得貴士之力○. 86-5 華而無其實德者○. 86-11 堯舜禹湯周文王是○. 86-15 形之君○. 86-15 事之本○. 86-16 人之困賤下位○. 86-19 是以明乎士之貴○. 86-21 非不得尊遂○. 87-1 制言者王○. 87-3 盡忠直言者斶○. 87-3 則再拜而辭去○. 87-4 則終身不辱○. 87-6 王亦不好士○. 87-21 不若王愛尺縠○. 87-23 何謂○. 87-23 不使左右便辟而使工者何○. 87-24 爲能之○. 87-24 非左右便辟無使○. 87-25 臣故曰不如愛尺縠○. 87-25 是其爲人○. 88-8 是助王養其民○. 88-9 何以至今不業○. 88-9 是助王息其民者○. 88-10 何以至今不業○. 88-11 是皆率民而出於孝情者○. 88-12 胡爲至今不朝○. 88-12 是其爲人○. 88-14 何謂○. 88-19 而富過畢○. 88-21 士何其易得而難用○. 88-25 非士易得而難用○. 89-2 子之來○. 89-6 王之問臣○卒. 89-7 是恨秦○. 89-8 是恨天下○. 89-8 勿庸稱○以爲天下. 89-9 帝名爲無傷○. 89-9 此大資○. 89-11 孰與伐宋之利○. 89-15 此湯武之舉○. 89-22 此所謂以卑易尊者○. 89-23 願王之熟慮之○. 89-24 夫後起者藉○. 90-4 而遠怨者時○. 90-4 萬物之率○. 90-5 百事之長○. 90-5 而劍非不利○. 90-8 何以知其然○. 90-9 此亡國之形○. 90-10 衛得是藉○. 90-12 衛非强於趙○. 90-13 譬之衛矢而魏弦機○. 90-13 趙得是藉○. 90-15 故剛平之殘○. 90-16 中牟之墮○. 90-16 黄城之墜○. 90-17 棘溝之燒○. 90-17 此皆非趙魏之欲○. 90-17 何○. 90-18 衛明於時權之藉○. 90-18 兵弱而憎下人○. 90-19 欲可成○. 90-23 齊之與韓魏伐秦楚○. 90-24 戰非甚疾○. 90-24 分地又非多韓魏○. 91-1 何○. 91-1 以其爲韓魏主怨○. 91-1 何○. 91-4 伐而好挫强○. 91-4 常以王人爲意○. 91-5 常以謀人爲利○. 91-5 小國滅○. 91-6 則事以衆强適罷寡○. 91-7 兵必立○. 91-8 何以知其然○. 91-14 何○. 91-15 强大而喜先天下之禍○. 91-16 外信諸侯之殃○. 91-17 騏驥之衰○. 91-19 孟賁之倦○. 91-19 非賢於騏驥孟賁○. 91-20 後起之藉○. 91-21 今天下之相與○不並滅. 91-21 則亡天下可跼足而須○. 91-22 形同憂而兵趨利○. 91-25 何以知其然○. 91-25 夫胡之與齊非素親○. 92-1 而用兵又非約質而謀燕○. 92-2 何○. 92-2 何則形同憂而兵趨利○. 92-3 後起則諸侯可趨役○. 92-4 誠欲以伯王○爲志. 92-5 國之殘○. 92-6 而都縣之費○. 92-6 彼戰者之爲殘○. 92-6 則是路君之道○. 92-8 則此虛中之計○. 92-10 雖若有功○. 92-11 故民之所費○. 92-13 十年之田而不償○. 92-13 官之所私出○. 92-15 十年之田而不償○. 92-16 非所先○. 92-20 何以知其然○. 92-20 此用兵之盛○. 92-21 何謂○. 92-22 而滅二子患○. 92-22 夫中山千乘之國○. 92-24 此用兵之上節○. 92-25 何○. 93-1 不嗇於戰攻之患○. 93-1 則非國之利○. 93-4 則非王之樂○. 93-6 今夫鵠的非咎罪於人○. 93-6 何○. 93-8 惡其示人以難○. 93-8 則是非徒示人以難○. 93-9 又且害人者○. 93-9 則明君不居○. 93-10 故明君之攻戰○. 93-12 彼明君之從事○. 93-13 兵後起則諸侯可趨役○. 93-14 諸侯可同日而致○. 93-18 則其國無宿憂○. 93-20 則王之道○. 93-21 非宋衛○. 94-5 此固大王之所以鞭箠使○. 94-5 魏王說於衛鞅之言○. 94-8 此天子之位○. 94-9 故曰衛鞅之始與秦王計○. 94-13 折衝席上者○. 94-16 司馬穰苴爲政者○. 95-5 天以告○. 95-13 地以告○. 95-13 人以告○. 95-14 非忠○. 96-10 非勇○. 96-10 非知○. 96-11 此其一時○. 96-13 願公之詳計而無與俗同○. 96-13 卽臣見公之不能得○. 96-17 是墨翟之守○. 96-22 是孫臏吳起之兵○. 96-23 功名可立○. 97-2 此亦一計○. 97-4 二者顯名厚實○. 97-5 願公熟計而審處一○. 97-5 篡○. 97-8 怯○. 97-8 辱身○. 97-8 鄉里不通○. 97-9 世主不臣○. 97-9 非勇○. 97-14 非知○. 97-15 退而與魯君計○. 97-15 死小耻○. 97-20 非知○. 97-20 名與天壤相敝○. 97-22 仲連之說○. 97-24 皆以田單爲自立○. 98-3 寡人憂民之飢○. 98-10 寡人憂民之寒○. 98-10 乃王之教澤○. 98-17 小人○. 98-19 非貴跖而賤堯○. 98-21 狗固吠非其主○. 98-21 猶時攫公孫子之腓而噬之○. 98-22 豈不以據勢○哉. 99-5 且安平君之與王○. 99-5 其志欲有爲○. 99-8 吾不若○. 99-13 臣固知王不若○. 99-13 吾不若○. 99-14 臣固知王不若○. 99-14 安平君之功○. 99-20 當是時○. 99-21 不能下○. 100-3 何○. 100-5 三月而不克之○. 100-5 此所以破燕○. 100-13 所以不勝者○. 100-15 是以餘粮收宋○. 100-20 非吾種○. 101-3 失人子之禮○. 101-4 爲大王不取○. 102-2 不若其欲齊之甚○. 102-8 是王之聽涓○. 102-10 適爲固驅以合齊秦○. 102-10 非楚之利○. 102-11 必非固之所以之齊之辭○. 102-11 漢中可得○. 102-13 淮泗之間亦可得○. 102-14 將法齊之急○. 103-4 未必利○. 103-5 是以弱宋干强楚○. 103-6 韓氏輔國○. 103-11 可營○. 103-11 可懼○. 103-12 五國之事必可敗○. 103 13 親王之所見○. 103-16 請悉楚國之衆○. 103-17 則五國之事困○. 103-19 吾聞北方之畏昭奚恤○. 103-22 子無敢食我○. 103-24 是逆天帝命○. 104-1 虎不知獸畏己而走○. 104-3 目爲畏狐○. 104-4 故北方之畏奚恤○. 104-5 其實畏王之甲兵○. 104-5 猶百獸之畏虎○. 104-5 二人之言皆善○. 104-8 此謂慮賢○. 104-9 是兩弊○. 104-12 昭奚恤不知○. 104-14 夫魏之攻趙○. 104-14 是楚魏共趙○. 104-15 何目兩弊○. 104-16 而有楚之不救己○. 104-17 而見楚救之不足畏○. 104-19 則魏可破○. 104-20 臣非畏魏○. 105-3 是其爲人○近苦矣. 105-4 其鄰人見狗之溺井○. 105-8 願王勿忘○. 105-14 此君子○. 105-15 此小人○. 105-16 何○. 105-17 以王好聞人之美而惡聞人之惡○. 105-17 何以○. 105-22 未得間○. 106-6 野火之起○若雲蜺. 106-7 今日之游○. 106-10 何○. 106-19 非用故○. 107-2 非故如何○. 107-3 楚之强敵○. 107-6 宜陽之大○. 107-7 上梁亦不知○. 107-9 非江南泗上○. 107-10 故楚王何不目新城爲主郡○. 107-10 以爲國○. 107-18 乃不罪○. 107-21 五大夫不可收○. 107-25 得賞無功○. 107-25 是無善○. 108-1 是不能得趙○. 108-3 何○. 108-7 上蔡之監門○. 108-8 茂誠賢者○. 108-11 秦之有賢相○. 108-11 非楚國之利○. 108-11 越亂而楚治○. 108-15 親○. 108-17 楚國之大利○. 108-18 天下之强國○. 108-21 天下之賢王○. 108-21 此霸王之資○. 108-24 天下莫能當○. 108-25 爲之其未有○. 109-5 臣竊爲大王不取○. 109-11 虎狼之國○. 109-12 天下之仇讎○. 109-12 此所謂養仇而奉讎者○. 109-13 不可親○. 109-20 不足恃○. 109-22 無以異於驅羣羊而攻猛虎○. 110-5 聚羣弱而攻至强○. 110-11 此危亡之術○. 110-12 是故願大王之熟計之○. 110-14 秦兵之攻楚○. 110-20 此其勢不相及○. 110-21 此臣之所以爲大王之患○. 110-22 陰謀有吞天下之心○. 111-3 此所謂兩虎相搏者○. 111-6 是故願大王熟計之○. 111-7 其不可成○亦明矣. 111-15 今秦之與楚○. 111-16 固形親之國○. 111-16 楚王不察於爭名者○. 112-4 何以○. 112-6 周是列縣畜我○. 112-6 萬乘之强國○. 112-6 天下之賢主○. 112-7 而儀重於韓魏之王○. 112-8 有功名者秦○. 112-8 所欲貴富者魏○. 112-9 夏人○. 112-10 此所謂內攻之者○. 112-11 是昭睢之言不信○. 112-13 君王將何問者○. 112-19 將何謂○. 112-23 令尹子文是○. 113-1 當此之時○. 113-3 葉公子高是○. 113-5 以與大心者○. 113-8 莫敖大心是○. 113-10 此猶一卒○. 113-12 子孰誰○. 113-16 今此之謂○. 113-19 棼冒勃蘇是○. 113-22 蒙穀是○. 114-6 此古之人○. 114-7 公子勁○. 115-3 勁○相魏. 115-3 貿首之讎○. 115-7 又交重楚○.

115-7 是公與約〇. 115-13 王欲昭睢之乘秦〇. 115-16 秦知公兵之分〇. 115-17 三國惡楚之强〇. 115-21 恐秦之變而聽楚〇. 115-21 而以利三國〇. 115-23 秦可以少割而收害〇. 116-1 三國可定〇. 116-2 天下見楚之無秦〇. 116-5 何〇. 116-7 秦王之忠信有功臣〇. 116-7 此非布衣之利〇. 116-16 恐其敗己〇. 116-19 靳尙之仇〇. 116-21 楚王必大怒儀〇. 116-22 義〇. 117-5 所以爲身〇. 117-9 王墳墓復羣臣歸社稷〇. 117-15 王不可不與〇. 117-17 不可與〇. 117-20 是去戰國之半〇. 117-21 有萬乘之號而無千乘之用〇. 117-21 不可與〇. 117-24 許萬乘之强齊〇而不與. 117-25 不可不與〇. 118-2 不可與〇. 118-3 不可與〇. 118-4 雖然楚不能獨守〇. 118-4 何謂〇. 118-5 而王且見其誠然〇. 118-6 是常矯〇. 118-14 公〇. 118-19 蘇子知太子之怨己〇. 118-20 仁人之於民〇. 119-3 孝子之於親〇. 119-3 忠臣之於君〇. 119-4 非忠臣〇. 119-6 亦非忠臣〇. 119-7 臣願無聽羣臣之相惡〇. 119-7 未見一人〇. 119-10 故明主之察其臣〇. 119-10 必知其無妬而進賢〇. 119-11 賢之事其主〇. 119-11 是王令困〇. 119-23 是城下之事〇. 119-24 何〇. 120-7 僻陋之國〇. 120-9 未嘗見中國之女如此其美〇. 120-9 寡人之獨何爲不好色〇. 120-10 未知見日〇. 120-14 非有他人於此〇. 120-15 何〇. 120-17 未嘗見人如此其美〇. 120-18 是欺王〇. 120-18 吾固以爲天下莫若是兩人〇. 120-19 横親之不合〇. 120-22 儀貴惠王而善睢〇. 120-23 二人固不善睢〇. 120-24 張儀〇. 121-6 是欺儀〇. 121-6 臣爲王弗取〇. 121-6 惠子必弗行〇. 121-7 且宋王之賢惠子〇. 121-8 天下莫不聞〇. 121-8 今之不善張儀〇. 121-8 天下莫不知〇. 121-8 請爲子勿納〇. 121-10 凡爲伐秦者楚〇. 121-16 是明楚之伐而信魏之和〇. 121-16 凡爲攻秦者魏〇. 121-18 是楚孤〇. 121-22 猶不聽〇. 122-2 寡人聞韓侈巧士〇. 122-5 殆能自免〇. 122-6 王勿據〇. 122-7 前而驅己〇. 122-8 王勿據〇. 122-10 陳軫先知之〇. 122-11 然臣羞而不學〇. 122-14 臣等少〇. 122-17 以散棊佐之〇. 122-18 臣願大王聽之〇. 123-3 夫人鄭褏知王之說新人〇. 123-11 色〇. 123-13 其情〇. 123-13 今鄭褏知寡人之說新人〇. 123-14 忠臣之所以事君〇. 123-14 鄭褏知王以己爲不妬〇. 123-16 何〇. 123-18 妾知〇. 123-18 其似惡聞君王之臭〇. 123-19 未立后〇. 123-22 公何以不請立后〇. 123-22 是知困而交絶於后〇. 123-23 臣誠見其必然者〇. 124-4 非敢以爲國祆祥〇. 124-4 未爲晚〇. 124-10 未爲遲〇. 124-11 與人無爭〇. 124-14 而下爲螻蟻食〇. 124-16 蜻蛉其小者〇. 124-16 與人無爭〇. 124-18 夫雀其小者〇. 124-21 與人無爭〇. 124-23 夫黃鵠其小者〇. 125-2 繫己以朱絲而見之〇. 125-5 蔡聖侯之事其小者〇. 125-7 與淮北之地〇. 125-14 滑不聽〇. 125-16 明之來〇. 125-16 爲樗里疾卜交〇. 125-16 皆受明之說〇. 125-17 唯公弗受〇. 125-17 示之其齒之堅〇. 125-21 六十而盡相靡〇. 125-21 而公重不相善〇. 125-22 是兩盡〇. 125-22 今〇. 125-23 而公不善〇. 125-23 是不臣〇. 125-23 而令行於天下〇. 126-2 而罪在謁者〇. 126-9 是死藥〇. 126-9 天下賢人〇. 126-13 國未嘗不榮〇. 126-19 天下賢人〇. 126-19 此不恭之語〇. 126-21 不可不審察〇. 126-21 此爲劫弒死亡之主言〇. 126-22 則大臣主斷國私以禁誅於己〇. 126-23 因自立〇. 126-25 未至擢筋而餓死〇. 127-6 夫劫殺死亡之主〇. 127-6 癘雖憐王可〇. 127-8 無自瘵〇. 127-12 此孽〇. 127-19 故瘡痛〇. 127-20 久失羣〇. 127-21 而驚心未至〇. 127-21 故瘡隕〇. 127-22 不可爲拒秦之將〇. 127-23 孰與堯〇. 128-2 先生卽舜〇. 128-4 三年而後乃相知〇. 128-6 是君聖於堯而臣賢於舜〇. 128-6 何〇. 128-12 彼見伯樂之知己〇. 128-12 君獨無意湔拔僕〇. 128-14 未〇. 128-21 非徒然〇. 129-1 則是君之子爲王〇. 129-5 實楚王〇. 129-14 此所謂無妄之福〇. 129-16 王之舅〇. 129-17 此所謂無妄之禍〇. 129-19 此所謂無妄之人〇. 129-21 軟弱人〇. 129-22 遂立爲楚幽王〇. 130-2 不可不早定〇. 130-7 功臣〇. 130-9 親姻〇. 130-10 封近故〇. 130-10 此百代之一時〇. 130-12 鄉〇. 130-17 今〇. 130-17 何〇. 130-17 何〇. 130-18 夫千鈞非馬之任〇. 130-19 則豈楚之任〇我. 130-20 是敝楚〇. 130-20 敝楚見强魏〇. 130-21 其於王孰便〇. 130-21 是非反如何〇. 131-9 郄疵言君之且反〇. 131-10 其勢可見〇. 131-13 而解於攻趙〇. 131-13 夫知伯之爲人〇. 131-22 而外怒知伯〇. 132-4 簡主之才臣〇. 132-11 臣聞董子之治晉陽〇. 132-16 其堅則箘簬之勁不能過〇. 132-18 臣聞董子之治晉陽〇. 132-19 則無爲貴知士〇. 133-2 勿復言〇. 133-2 夫知伯爲人〇. 133-6 人莫之知〇. 133-8 必不欺〇. 133-13 知過見君之不用〇. 133-22 此貪欲無厭〇. 134-5 亦所以亡〇. 134-6 成功之美〇. 134-16 持國之道〇. 134-16 未之有〇. 134-18 明主之政〇. 134-23 則豫讓〇. 135-11 彼義士〇. 135-12 此天下之賢人〇. 135-13 其音何類吾夫之甚〇. 135-15 非從易〇. 135-19 是懷二心以事君〇. 135-20 此必豫讓〇. 135-23 子獨何爲報讎之深〇. 136-1 非所望〇. 136-7 魏〇. 136-15 趙〇. 136-15 彼將知矣利之〇. 136-15 何故爲室之鉅〇. 136-23 臣羈旅〇. 136-24 將以取信於百姓〇. 136-25 非以人之言〇. 137-8 今日臣之來〇暮. 137-8 我者乃土〇. 137-10 臣竊以爲土梗勝〇. 137-12 明日復來見兌〇. 137-14 臣竊觀君與蘇公談〇. 137-16 無聽其談〇. 137-18 何〇. 137-19 吾君不能用〇. 137-20 德行非施於海内〇. 138-2 非布於萬民〇. 138-2 非當於鬼神〇. 138-3 非曾深淩於韓〇. 138-5 欲鄰國聞而觀之〇. 138-8 臣竊觀其圖之〇. 138-11 非王之有〇. 138-19 而崐山之玉不出〇. 138-22 又非王之有〇. 138-23 此王之明知〇. 139-3 臣恐其後事王者之不敢自必〇. 139-5 先事成慮而熟圖之〇. 139-10 不可不熟圖〇. 139-13 此百代之一時〇. 139-14 是欺之〇. 140-3 故自以爲坐受上黨〇. 140-10 欲嫁其禍〇. 140-11 未見一城〇. 140-15 此大利〇. 140-19 是吾處三不義〇. 140-24 不義一〇. 140-24 不義二〇. 140-25 不義三〇. 140-25 此非吾所苦〇. 141-8 是故吾事〇. 141-8 且拘茂〇. 141-15 涉孟之讎然者何〇. 141-17 以從爲有功〇. 141-17 三晉倍之憂〇. 141-25 文甚不取〇. 142-8 則兄弟〇. 142-8 願大夫之往〇. 142-10 嘗然使趙王悟而知文〇. 142-10 此天下之所明〇. 142-13 此天下之所明見〇. 142-15 兵弱〇. 142-16 山東之愚〇. 142-17 是臣所爲山東之憂〇. 142-17 禽不知虎之卽己〇. 142-17 今山東之主不知秦之卽己〇. 142-19 願王熟慮之〇. 142-20 惡三晉之大合〇. 142-22 及楚王之未入〇. 143-8 是秦禍不離楚〇. 143-9 秦見三晉之大合而堅〇. 143-10 是秦禍不離楚〇. 143-11 願王之熟計之〇急. 143-11 秦見三晉之堅〇. 143-14 請無庸有爲〇. 144-8 願大王慎無出於口〇. 144-1 五伯之所以覆軍禽將而求〇. 144-16 湯武之所以放殺而爭〇. 144-17 是臣之所以爲大王願〇. 144-18 不可不熟計〇. 144-20 此臣之所以爲大王患〇. 144-23 不足畏〇. 145-2 何〇. 145-3 畏韓魏之議其後〇. 145-3 趙之南蔽〇. 145-4 秦之攻韓魏〇. 145-4 此臣之所以爲大王患〇. 145-7 誠得其道〇. 145-10 夫破人之與破於人〇. 145-16 臣人之與臣於人〇. 145-16 願大王之熟計之〇. 145-21 臣聞明王之於其民〇. 146-13 於其言〇. 146-14 而效之於一時之用〇. 146-15 民不樂後〇. 146-18 人主不再行〇. 146-18 仁者不用〇. 146-19 聖主之制〇. 146-19 用兵之道〇. 146-20 然而四輪之國〇. 146-21 非國之長利〇. 146-22 物不斷〇. 146-23 地不入〇. 146-24 臣有以知天下之不能爲從以逆秦〇. 147-2 臣以田單如耳爲大過〇. 147-2 臣以爲至愚〇. 147-4 世之賢主〇. 147-5 何〇. 147-9 而後受其殃〇. 147-9 今富非有齊威宣之餘〇. 147-9 精兵非有富韓勁魏之庫〇. 147-10 而將非有田單司馬之慮〇. 147-10 臣以從一不可成〇. 147-11 皆曰白馬非馬〇. 147-13 乃使有白馬之爲〇. 147-13 此臣之所患〇. 147-14 而趙奢鮑接之能〇. 147-18 終身不敢設兵以攻秦折韓〇. 147-19 不識從之一成惡存〇. 147-20 唯大王有意督過之〇. 148-2 此斷趙之右臂〇. 148-10 面相見而身相結〇. 148-15 非國之長利〇. 148-19 君之道〇. 149-2 臣之論〇. 149-2 君臣之分〇. 149-4 而卒世不見〇. 149-5 非以養欲而樂志〇. 149-12 欲以論德而要功〇. 149-12 寡人非疑胡服〇. 149-14 則胡服之功未可知〇. 149-15 亦欲叔之服之〇. 149-18 古今之公行〇. 149-19 先王之通誼〇. 149-20 吾恐天下議之〇. 149-20 非以養欲而樂志〇. 149-22 然後德且見〇. 149-23 臣固聞王之胡服〇. 150-2 聰明叡知之所居〇. 150-3 萬物財用之所聚〇. 150-4 賢聖之所教〇. 150-4 仁義之所施〇. 150-5 詩書禮樂之所用〇. 150-5 異敏技藝之所試〇. 150-5 遠方之所觀赴〇. 150-5 蠻夷之所義行〇. 150-6 吾固聞叔之病〇. 150-8 所以便用〇. 150-9 所以便事〇. 150-9 所以利其民而厚其國〇. 150-10 甌越之民〇. 150-11 大吳之國〇. 150-12 其便一〇. 150-12 公於求善〇. 150-16 俗〇. 150-17 所以制俗〇. 150-18 此愚知之所明〇. 150-23 其怨未能報〇. 150-25 而叔〇順中國之俗以逆簡襄之意. 151-1 政之經〇. 151-7 教之道〇. 151-8 國之祿〇. 151-9 古之道〇. 151-10 禮之制〇. 151-10 民之職〇. 151-11 所以成官而順政〇. 151-14 非所以觀遠而論始〇. 151-14 聖人之道〇. 151-17 民之職〇. 151-18 奸之屬〇. 151-20 賤之類〇. 151-21 臣下之大罪〇. 151-22 忠〇. 151-23 明〇. 151-23 慮徑而易見〇. 152-1 非所以教民而成禮〇. 152-2 非所以教民而成禮者〇. 152-4 聖人之興〇. 152-10 夏殷之衰〇. 152-10 而循禮未足多〇. 152-11 是鄒魯無奇行〇. 152-12 是吳越無俊民〇. 152-13 非所以論賢者〇. 152-14 子其勿反〇. 152-17 君之忠臣〇. 152-21 事之計〇. 152-23 義之經〇. 152-24 非賤臣所敢任〇. 153-2 寡人〇. 153-3 六者何〇. 153-3 臣之罪〇. 153-6 吏之恥〇. 153-7 王之臣〇. 153-9 其國之祿〇. 153-13 以傅王子〇. 153-15 惠主不臣〇. 153-21 王之惠〇. 153-24 是變籍而棄經〇. 154-3 是損君而弱國〇. 154-4 不如所失之費〇. 154-6 所以昭後而期遠〇. 154-11 吾非不說將軍之兵法〇. 155-3 糧食輓賃不可給〇. 155-5 此坐而自破之道〇. 155-5 非單之所爲〇. 155-5 此單之所不服〇. 155-7 君非徒不達於兵〇. 155-8 是薄柱擊石之類〇. 155-11 萬家之邑相望〇. 155-21 而野戰不足用〇. 155-22 單不至〇. 155-23 秦王見趙之相魏冉之不急〇. 156-4 且不聽公言〇. 156-5 是二國親〇. 156-10 是因天下以破齊〇. 156-11 實爲此事〇. 156-19 富丁恐主父之聽樓緩而合秦楚〇. 156-25 則伐秦者趙〇. 157-3 是罷齊敝秦〇. 157-7 是俱敝〇. 157-8 以未構中山〇. 157-9 三國欲伐秦之果〇. 157-9 是我以王因饒中山而取地〇. 157-10 是中山

孤○. 157-11 雖少出兵可○. 157-11 是我一舉而兩取地於秦中山○. 157-13 趙畏横之合○. 157-16 周最以天下辱秦者○. 157-17 是輕齊○. 157-19 此利於趙而便於周最○. 157-19 何○. 157-25 而王辭利○. 158-1 以攻難而守者易○. 158-8 今趙非有七克之威○. 158-8 而燕非有長平之禍○. 158-8 故臣未見燕之可攻○. 158-11 且微君之命命之○. 158-15 願君之亦勿忘○. 158-19 此非人臣之所能知○. 158-23 不肯哭○. 159-1 賢人○. 159-2 之爲賢母○. 159-4 必不免爲妬婦○. 159-4 故其言一○. 159-5 則非計○. 159-6 則恐王以臣之爲秦○. 159-6 此飾說○. 159-8 何謂○. 159-10 秦之攻趙○. 159-10 秦之攻我○. 159-11 必以倦而歸○. 159-12 是助秦自攻○. 159-14 猶不予○. 159-17 此非臣之所敢任○. 159-18 相善○. 159-19 王之所以事秦必不如韓魏○. 159-20 必在韓魏之後○. 159-22 此非臣之所敢任○. 159-22 樓緩又不能必秦之不復攻○. 159-24 又割其力之所不能取而媾○. 159-25 此自盡之術○. 160-1 而取償於秦○. 160-4 必王之事秦不如韓魏○. 160-5 是使王歲以六城事秦○. 160-6 則是弃前貴而挑秦禍○. 160-7 是强秦而弱趙○. 160-10 且秦虎狼之國○. 160-11 此飾說○. 160-12 未知其二○. 160-15 何○. 160-15 勿復計○. 160-19 樓子之爲秦○. 160-20 非固勿予而已○. 160-22 秦之深讎○. 160-23 并力而西擊秦○. 160-23 不待辭之畢○. 160-24 而與秦易道○. 160-25 平原君之力○. 161-6 而國人計功○. 161-10 無益○. 161-16 且王之論秦○. 161-18 秦必疑天下合從○. 161-20 則媾乃可爲○. 161-21 趙之貴人○. 161-25 則媾不可得成○. 162-1 勝○何敢言事. 162-12 勝○何敢言事. 162-14 始吾以君爲天下之賢公子○. 162-14 吾乃今然后知君非天下之賢公子○. 162-15 齊國之高士○. 162-19 人臣○. 162-20 吾不願見魯連先生○. 162-20 皆有求於平原君者○. 162-23 曷爲久居此圍城之中而不去○. 162-24 皆非○. 162-25 弃禮義而上首功之國○. 163-1 吾不忍爲之民○. 163-3 欲以助趙○. 163-3 則吾乃梁人○. 163-6 梁未睹秦稱帝之害故○. 163-6 而母婢○. 163-11 誠不忍其求○. 163-12 畏之○. 163-15 先生之言○. 163-18 固○. 163-19 紂之三公○. 163-20 卒就脯醢之地○. 163-23 天子○. 163-25 退而聽朝○. 164-2 然后天子南面弔○. 164-5 是使三晉之大臣不如鄒魯之僕妾○. 164-9 吾乃今日而知先生爲天下之士○. 164-14 爲人排患釋難解紛亂而無所取○. 164-20 是商賈之人○. 164-21 仲連不忍爲○. 164-21 至刴○. 164-24 至輕○. 164-24 因○. 165-1 今趙萬乘之强國○. 165-1 趙之於天下○不輕. 165-3 臣竊爲君不取○. 165-4 未嘗不言趙人之長者○. 165-5 未嘗不言趙俗之善者○. 165-5 子南方之傳士○. 165-8 臣南方草鄙之人○. 165-9 兵固天下之狙喜○. 165-11 臣故意大王不好○. 165-11 故不受○. 165-13 工見客來○. 165-22 或非○. 166-3 臣恐秦折王之椅○. 166-6 今子曰夢見竈君而言君○. 166-10 并燭天下者○. 166-11 一物不能蔽○. 166-11 則後之人無從見○. 166-12 今臣疑人之有煬於君者○. 166-12 色○. 166-16 知○. 166-17 何○. 167-1 文信猶且知之○. 167-2 收河間何益○. 167-3 文信侯之於僕○. 167-6 文信侯之於僕○. 167-7 甚矣其無禮○. 167-7 是武王之功○. 167-12 臣竊爲君不取○. 167-13 非不愛其蹯○. 167-16 權○. 167-17 非直七尺軀○. 167-17 非環寸之蹯○. 167-17 願公之熟圖之○. 167-18 此召兵○. 167-21 則其人○. 167-22 而窮臣○. 169-4 故王重見臣○. 169-5 成其私者○. 169-6 則交有所偏者○. 169-6 則知不足者○. 169-6 而取行於王者○. 169-7 臣之能○. 169-11 天下必盡輕王○. 169-12 非知不足○. 169-14 則不忠者○. 169-15 則欲用王之兵成其私者○. 169-15 取行於王者○. 169-16 則位尊而能卑者○. 169-16 願王之熟慮無齊之利害○. 169-16 今之攻秦○. 169-24 爲趙○. 169-24 今之伐秦○. 170-1 以救李子之死○. 170-1 王之事趙○何得矣. 170-2 而趙無爲王行○. 170-4 王之事齊○. 170-6 未嘗不爲王先被矢石○. 170-8 齊甲未嘗不歲至於王之境○. 170-10 於魏王聽此言○甚詘. 170-14 其欲事王○甚循. 170-14 臣願王之曰聞魏而無庸見惡○. 170-15 而無使秦之見王之重趙○. 170-17 臣必見燕與韓魏亦且重趙○. 170-18 而皆私甘之○. 170-20 使丹○甘之. 170-20 使臣○甘之. 170-21 使順○甘之. 170-21 使呡○甘之. 170-22 而不敢相私○. 170-22 非以爲齊得利秦之毀○. 171-2 欲以使攻宋○. 171-2 臣是以欲足下之速歸休士民○. 171-3 此亦舉宋之時○. 171-4 封不可不早定○. 171-6 此百代之一時○. 171-9 以觀奉陽君之應足下○. 171-11 臣又願足下有地効於襄安君以資臣○. 171-13 此兩地之時○. 171-14 與國何敢望○. 171-15 足下以此資臣○. 171-15 魏冉必妬君之有陰○. 171-20 齊王必無召呡○使臣守約. 171-25 今韓魏與齊相疑○. 172-2 臣恐與國之大亂○. 172-3 齊秦非復合○. 172-3 皆非趙之利○. 172-5 是秦制天下○. 172-5 臣願君之蚤計○. 172-6 是秦之一舉○. 172-9 是秦之一舉○. 172-11 秦行是計○. 172-12 是秦之一舉○. 172-14 是秦之一舉○. 172-16 是秦之一舉○. 172-18 非趙之利○. 172-22 是秦之一舉○. 172-24 秦行是計○. 172-24 救與秦爭戰○. 172-25 君不救○. 172-25 是何言○. 173-8 今臣之於王非宋之於公子牟夷○. 173-10 寧朝於人○. 173-16 而違者范座○. 173-18 而未殺○. 173-21 座薄故○. 173-23 大利○. 173-24 而死者不可復生○. 173-25 不若以生人市使○. 174-1 敵戰之國○. 174-3 故魏之免相望○. 174-5 此君之累○. 174-8 覆軍殺將之所取割地於敵國者○. 174-16 國奚無人甚○. 174-17 且君奚不將奢○. 174-17 僕主幸以聽僕○. 174-20 以齊之於燕○. 174-22 兩者有一○. 174-24 軍○縣釜而炊. 175-3 得三城○. 175-4 果如馬服之言○. 175-5 齊畏從人之合○. 175-13 爲燕○. 175-22 無燕秦○. 175-23 而王不逐○. 175-24 是王輕强秦而重弱燕○. 175-24 吾非爲燕○. 175-25 又不爲燕○. 176-1 臣竊爲大王不取○. 176-1 是狎○. 176-5 是倍○. 176-5 是亂○. 176-6 是和○. 176-6 是庸說○. 176-7 是忠○. 176-7 而三公不得○. 176-10 臣聞王之使人買馬○. 176-13 未得相馬之工○. 176-14 紀姬婦人○. 176-16 然而王之買馬○. 176-18 舉錯非○. 176-19 何○. 176-20 趙王未之應○. 176-20 未之聞○. 176-22 及夫人優愛孺子○. 176-23 而求所欲於王者○. 176-23 必所使者非其人○. 177-5 辨士○. 177-6 固願承大國之意○. 177-12 親寡君之母弟○. 177-16 猶大王之有葉陽涇陽君○. 177-16 賈○. 178-3 王之忠臣○. 178-3 而王之忠臣有罪○. 178-5 趙王之所甚愛○. 178-13 而郎中之計中○. 178-15 而恐太后玉體之有所郄○. 178-24 和於身○. 179-2 媪之送燕后○. 179-11 念悲其遠○. 179-11 非弗思○. 179-12 有子孫相繼爲王○哉. 179-13 老婦不聞○. 179-16 而挾重器多○. 179-17 老臣以媪爲長安君計短○. 179-20 人主之子○. 179-22 骨肉之親○. 179-22 而守金玉之重○. 179-23 已乃知文侯以講於己○. 181-16 夫物多相類而非○. 182-4 幽莠之幼○似禾. 182-5 驪牛之黃○似虎. 182-5 此皆似之而非者○. 182-6 臣恐君之聾於官○. 182-14 此晉國之所以强○. 182-18 危國之道○. 182-19 是危○. 182-20 信不足保○. 182-21 不從此○. 182-22 恃此險○. 182-23 有此險○. 182-25 有此險○. 183-2 城非不高○. 183-3 人民非不衆○. 183-3 政惡故○. 183-3 吾乃今日聞聖人之言○. 183-5 此吳起餘教○. 183-9 臣不能爲○. 183-9 巴寧爨襄之力○. 183-11 王之明法○. 183-12 見敵之可○鼓之. 183-13 臣○. 183-13 何○. 183-14 願王以國事聽之○. 183-22 此非公叔之悖○. 184-2 惠王之悖○. 184-2 天下之强國○. 184-13 天下之賢主○. 184-13 誠能振其威○. 184-17 非忠臣○. 184-22 願大王之熟察之○. 184-24 故戰場○. 185-12 此所謂四分五裂之道○. 185-14 以安社稷尊主强兵顯名○. 185-15 一天下約爲兄弟刑白馬以盟於洹水之上以相堅○. 185-16 則大王之國欲求無危不可得○. 185-21 魏之亡可立而須○. 185-22 此臣之所以爲大王患○. 185-22 此善事○. 186-4 雖欲事秦而不可得○. 186-5 故願大王之熟計之○. 186-10 是示楚無魏○. 186-17 而疑之於楚○. 186-18 而秦不受○. 186-21 夫秦非不利有齊而得宋埊○. 186-22 不信齊王與蘇秦○. 186-23 今秦見齊魏之不合○如此其甚○. 186-23 則非魏之利○. 186-25 秦必疑齊而不聽○. 187-1 事○. 187-5 數令人召臣○. 187-9 爲求壤埊○. 187-22 猶不聽○. 187-24 不可不察○. 188-3 欲公之去○. 188-5 欲以絶齊楚○. 188-6 子果無之魏而見寡人○. 188-7 小事○. 188-16 大事○. 188-17 不知是其可○. 188-18 而羣臣之知術○. 188-18 是其可○. 188-19 未如是其明○. 188-19 而羣臣之知術○. 188-20 又非皆同○. 188-20 是有其半塞○. 188-20 失其半者○. 188-21 是魏計過○. 188-25 此儀之所以與秦王陰相結○. 189-4 是使儀之計當於秦○. 189-5 非所以窮儀之道○. 189-5 則公亦必并相楚韓○. 189-10 齊畏三國之合○. 189-19 而樹怨而於齊秦○. 189-21 新觀○. 189-23 魏王弗聽○. 189-24 無異○. 190-2 韓之卜○決矣. 190-3 貿首之仇○. 190-15 竇屢○. 190-16 奉陽君○. 190-16 太后恐其不因穰侯○. 190-16 而和於東周與魏○. 190-17 恐其謀伐魏○. 190-19 是王謀三國○○. 190-24 寡人無與之語○. 191-1 故用之○. 191-10 是服牛驂驥○. 191-10 公之不慧○. 192-6 而二士之謀困○. 192-7 梁君田侯恐其至而戰敗○. 192-10 是臣終無成功○. 192-14 寡人之股掌之臣○. 192-15 爲子之不便○. 192-15 内之無若羣臣何○. 192-16 孰與其爲齊○. 192-21 不如其爲齊○. 192-22 孰與其爲韓○. 192-22 不如其爲韓○. 192-22 王之國雖滲樂而從之可○. 193-1 需非吾人○. 193-2 亦許由○. 193-8 王聞之而弗任○. 193-9 不義○. 193-21 吾未有以言之○. 193-23 先君必欲一見羣臣百姓○夫. 194-3 此文王之義○. 194-5 先王必欲少留而扶社稷安黔首○. 194-7 此文王之義○. 194-8 惠子非徒行其說○. 194-10 豈小功○哉. 194-12 魏王畏齊秦之合○. 194-15 六國○. 194-16 楚魏○. 194-17 請爲王毋禁楚之伐魏○. 194-17 王之伐宋○. 194-18 殺之不爲讎者○. 194-19 願王之深計之○. 195-1 秦善魏不可知○已. 195-1 與國無相離○. 195-3 國不可爲○已. 195-3 王其聽臣○. 195-3 不敢顯○. 195-6 則陰勸而弗敢圖○. 195-6 見天下之傷秦○. 195-7 則先鬻與國而以自解○. 195-7 而以秦爲上交以自重○. 195-9 鬻王以爲資者○. 195-9 是免國於患者之計○. 195-13 願足下之論臣之計○. 195-14 齊讎國○. 195-15 兄弟之交○. 195-15 黄帝之所難○. 195-17 恐其伐秦之疑○. 195-20 臣○. 195-21 臣○. 195-22 臣○. 195-23 臣非不知秦勸之重○. 196-1 爲足下○. 196-2 齊○. 196-5 將測交○. 196

-9 將測交○. 196-11 田肦宿將○. 196-15 必爲王○. 196-17 寡人之讎○. 196-20 此非臣之所謂○. 196-24 是王以楚毀齊○. 197-1 此可以大勝○. 197-5 且楚王之爲人○. 197-6 必楚○. 197-7 是齊抱空質而行不義○. 197-15 何○. 197-19 樹之難而去之易○. 197-19 然則相者以誰而君便之○. 197-23 吾欲太子之自相○. 197-24 代○從楚來. 198-1 勿憂○. 198-3 長主○. 198-3 長主○. 198-4 必不使相○. 198-5 是三人皆以太子爲非固相○. 198-5 不如太子之自相○. 198-8 臣恐魏交之益疑○. 198-13 將以塞趙○. 198-13 臣又恐趙之益勁○. 198-13 夫魏王之愛習魏信○. 198-14 其智能而任用之○. 198-14 其畏惡嚴尊秦○. 198-15 則王之使人入魏無益○. 198-16 此魏王之所以不安○. 198-16 此魏信之所難行○. 198-17 臣故恐魏交之益疑○. 198-18 是趙存而我亡○. 198-20 趙安而我危○. 198-20 臣故恐趙之益勁○. 198-21 然則魏信之事主○. 198-23 非得計○. 199-3 非完事○. 199-3 堯舜之所求而不能得○. 199-5 魏王之恐○見亡矣. 199-8 王雖復與之攻魏可○. 199-11 恐魏之以太子在楚不肯○. 199-13 而爲魏太子之尚在楚○. 199-15 今邯鄲去大梁○遠於市. 199-22 儀狄之酒○. 200-11 易牙之調○. 200-11 南威之美○. 200-12 強臺之樂○. 200-12 王勿憂○. 201-3 寡人固刑弗有○. 201-4 爲完鄴○. 201-10 使者之罪○. 201-11 卯不知○. 201-11 王之士未有爲之中者○. 201-14 長羊王屋洛林之地○. 201-15 王所患者上地○. 201-18 長羊王屋洛林之地○. 201-18 何○. 201-22 有意欲以下大王之兵東擊齊○. 202-1 臣則死人○. 202-2 未澹下兵○. 202-3 以其能忍難而重出地○. 202-9 而宋中山可無爲○. 202-11 此非但攻梁○. 202-13 且劫王以多割○. 202-14 王必勿聽○. 202-14 則國救亡不可得○已. 202-16 願王之必無講○. 202-16 是臣之所聞於魏○. 202-17 願君之以是慮事○. 202-17 此言幸之不可數○. 202-19 非計之工○. 202-20 是以天幸自爲常○. 202-21 弗易攻○. 202-23 未嘗有之○. 202-25 可以少割收○. 203-1 願之及楚趙之兵未任於大梁○. 203-2 楚趙怒於魏之先己講○. 203-4 且君之嘗割晉國取地○. 203-5 臣願君之熟計而無行危○. 203-7 何○. 203-12 是以名母○. 203-14 願子之有以易名母○. 203-15 子之於學○. 203-15 願子之且以名母爲後○. 203-16 如臣之賤○. 203-19 臣必不爲○. 203-20 今秦不可知之國○. 203-20 猶不測之淵○. 203-20 猶鼠首○. 203-21 臣竊爲王不取○. 203-21 上○. 203-23 其下○. 203-23 王尚未聽○. 203-25 王勿憂○. 204-2 王待臣○. 204-3 臣不知○. 204-5 吾以爲魏○. 204-6 是羣臣之私而王不知○. 204-18 段干子○. 204-19 秦○. 204-20 譬猶抱薪而救火○. 204-22 是薪火之說○. 204-23 不可以革○. 204-24 何用智之不若梟○. 205-1 唯先生○. 205-5 齊之仇敵○. 205-6 齊之與國○. 205-6 爲王弗取○. 205-7 受魏之璧馬○. 205-9 則國可存○. 205-17 寡人願子之行○. 205-18 以忠王○. 205-20 非能弱於趙○. 205-21 何○. 205-23 以其西爲趙蔽○. 205-23 是趙與強秦爲界○. 205-23 此文之所以忠於大王○. 205-24 此國之利○. 206-3 燕王尚未許○. 206-4 恐天下之將有變○. 206-6 秦攻魏未能克之○. 206-6 此天下之所同知○. 206-18 非所施厚積德○. 206-18 故太后母○. 206-18 穰侯舅○. 206-19 而又況於仇讎之敵國○. 206-20 而王弗識○. 206-22 而今負強秦之禍○. 207-1 秦非無事之國○. 207-2 是何○. 207-3 則是復閼與之事○. 207-4 秦必不爲○. 207-4 是受智伯之禍○. 207-5 秦又弗爲○. 207-8 秦又不敢○. 207-9 聽使者之惡○. 207-15 且夫憎韓不受安陵氏可○. 207-17 夫不患秦之不愛南國非○. 207-17 晉國之去梁○. 207-19 晉國之去大梁○尚千里. 207-24 楚魏疑而韓不可得而約○. 208-2 此何○. 208-4 則皆知秦之無窮○. 208-5 是魏重質韓以其上黨○. 208-11 韓是魏之縣○. 208-13 而趙無爲王有○. 208-18 臣爲王不取○. 208-19 亡趙之始○. 208-22 亡虞之始○. 208-23 趙○. 209-1 趙之號○. 209-1 魏之虞○. 209-1 虞之爲○. 209-2 願王之熟計之○. 209-2 公必且待齊楚之合○. 209-4 非秦實首伐之○. 209-7 楚惡魏之事王○. 209-7 而又怒其不己善○. 209-7 而魏王不敢據○. 209-9 以爲和於秦○. 209-10 臣意秦王與樗里疾之欲之○. 209-12 此王之首事○. 209-14 利○. 209-15 國之大利○. 209-17 公終自以爲不能守○. 209-17 何故而弗有○. 209-18 齊楚○. 209-19 樓廑翟強○. 209-19 欲講攻於齊王兵之辭○. 209-20 而使翟強爲和○. 209-21 魏王之懼○見亡. 209-22 以重公○. 209-24 此吾事○. 209-25 以重公○. 210-1 願大王之熟計之○. 211-4 山東之要○. 211-4 天下之中身○. 211-6 是示天下要斷山東之脊○. 211-6 是山東首尾皆救中身之時○. 211-7 臣見秦之必大憂可立而待○. 211-8 皆其所恃○. 211-19 非獨此五國爲然而已○. 211-19 其變不可勝數○. 211-20 臣以此知國之不可必恃○. 211-23 是王獨受秦患○. 211-24 而以一人之心爲命○. 212-1 願王之熟計之○. 212-1 是不知天下者○. 212-11 是又不知魏者○. 212-12 又不知茲公者○. 212-12 其說何○. 212-13 茲公之處重○. 212-14 子何不疾及三國方堅○. 212-14 而以資子之讎○. 212-15 王交制之○. 212-19 何○. 212-23 以大梁之未亡○. 212-23 不能禁狗使無吠己○. 213-1 不能禁人議臣於君○. 213-2 夫秦強國○. 213-5 非於韓○必魏○. 213-6 此魏之福○. 213-7 必韓之管○. 213-7 必魏之梁○. 213-8 臣聞明主之聽○. 213-11 是參行○. 213-12 聽臣○. 213-12 何○. 213-12 何○哉. 213-13 不識○. 213-13 天下之合○. 213-14 以王之不必○. 213-14 其離○. 213-14 以王之必○. 213-14 必不可支○. 213-16 是并制秦趙之事○. 213-21 欲王之東長之待之○. 213-22 臣以垣雍爲空割○. 214-1 何謂○. 214-1 秦恐王之變○. 214-3 故以垣雍餌王○. 214-3 垣雍空割○. 214-5 是無齊○. 214-11 故委國於趙○. 214-15 是欺我○. 214-16 遂絕趙○. 214-17 而交疏於魏○. 214-19 猶晉人之與楚人○. 214-23 王貴臣○. 215-1 魏王見天下之不足恃○. 215-10 吳慶恐魏王之構於秦○. 215-13 秦之攻王○. 215-14 天下皆曰王近○. 215-15 皆曰王弱○. 215-15 以王爲易制○. 215-16 此非楚之路○. 215-21 此非楚之路○. 215-22 猶至楚而北行○. 215-24 是示齊輕○. 216-3 以齊有魏○. 216-5 以周最○. 216-11 以爲秦之強足以爲與○. 216-22 而強二敵之齊楚○. 216-24 唐且之說○. 217-2 何謂○. 217-6 人之憎我○. 217-6 不可不知○. 217-7 吾憎人○. 217-7 不可得而知○. 217-7 人之有德於我○. 217-7 不可忘○. 217-7 吾有德於人○. 217-8 不可不忘○. 217-8 此大德○. 217-9 臣願君之忘之○. 217-9 小國○. 217-14 君之幸高○. 217-15 將使高攻管○. 217-16 人大笑○. 217-16 是倍主○. 217-17 亦非君之所喜○. 217-17 亦猶魏○. 217-19 若君弗致○. 217-21 受詔襄王以守此地○. 217-22 是使我負襄王詔而廢大府之憲○. 217-25 悍而自用○. 218-2 豈可使吾君有魏患○. 218-3 無忌小人○. 218-6 何不相告○. 218-9 臣無敢不安○. 218-9 臣爲王之所得魚○. 218-10 何謂○. 218-10 臣之始得魚○. 218-11 聞臣之得幸於王○. 218-13 臣亦猶曩臣之前所得魚○. 218-14 有是心○. 218-15 何不相告○. 218-15 其摯諂○固矣. 218-17 其自纂繁○完矣. 218-17 非用知之術○. 218-20 棄之不如用之之易○. 218-22 死之不如棄之之易○. 218-22 北人之大過○. 218-23 非用之○. 218-25 今秦之強○. 218-25 而魏之弱○甚. 218-25 此重過○. 219-1 猶之如是○. 219-4 太后之德王○. 219-6 秦魏百相交○. 219-7 百相欺○. 219-7 何○. 219-15 故不錯意○. 219-16 非若是○. 219-17 雖千里不敢易○. 219-18 臣未嘗聞○. 219-20 此庸夫之怒○. 219-22 非士之怒○. 219-23 夫專諸之刺王僚○. 219-23 聶政之刺韓傀○. 219-23 要離之刺慶忌○. 219-24 皆布衣之士○. 219-24 今日是○. 220-1 徒以有先生○. 220-3 石溜之地○. 221-4 地利○. 221-5 不意○. 221-5 至韓之取鄭○. 221-6 而我有兩趙○. 221-10 魏之圍邯鄲○. 221-12 然未知王之所欲○. 221-12 恐言而未必中於王○. 221-12 國家之大事○. 221-14 子皆國之辯士○. 221-14 昭侯不許○. 221-18 非所謂學於子者○. 221-18 君眞其人○. 221-21 不足言○. 222-7 是故願大王之熟計之○. 222-9 此所謂市怨而買禍者○. 222-12 至不可勝計○. 222-24 蹄間三尋者不可稱數○. 222-25 夫秦卒之與山東之卒○. 223-2 猶孟賁之與怯夫○. 223-2 猶烏獲之與嬰兒○. 223-3 比周以相飾○. 223-5 不可得○. 223-11 非以韓能強於楚○. 223-12 其地勢然○. 223-12 計無便於此者○. 223-13 是絕上交而固私府○. 224-10 竊爲王弗取○. 224-10 公叔之攻楚○. 224-25 故言先楚○. 224-25 公叔之讎○. 225-2 公叔之人○. 225-2 必疑公叔爲楚○. 225-3 是以九鼎印甘茂○. 225-11 秦王固疑甘茂之以武遂解於公仲○. 225-20 明○願因茂以事王. 225-21 此以一易二之計○. 226-2 此秦所以廟祠而求○. 226-5 使信王之救己○. 226-7 韓必德王○. 226-8 而免楚國之患○. 226-11 秦○. 226-16 楚○. 226-16 且楚韓非兄弟之國○. 226-17 此必陳軫之謀○. 226-18 是欺秦○. 226-19 韓氏之兵非削弱○. 226-22 民非蒙愚○. 226-22 失計於韓明○. 226-23 公仲必以率爲陽○. 226-25 故不見率○. 227-1 願公之熟計之○. 227-8 非以當韓○. 227-8 秦韓之交可合○. 227-9 今王之愛習公○. 227-10 其知能公○. 227-10 彼有以失之○. 227-12 故王不信○. 227-13 是與公孫郝甘茂同道○. 227-13 人皆言楚之多變○. 227-14 是自爲貴○. 227-15 公不如與王謀其變○. 227-15 公之讎○. 227-17 是外舉不辟讎○. 227-18 此乃韓之寄地○. 227-21 是令行於楚而以其地德韓○. 227-22 而交走秦○. 227-23 此善事○. 227-24 是以公孫郝甘茂之無事○. 228-1 非必聽實○. 228-4 願公之聽臣言○. 228-4 而弗能得○. 228-5 楚趙皆公之讎○. 228-6 臣恐國之以此爲患○. 228-6 願公之復求中立於秦○. 228-7 行願之爲秦王臣○公. 228-10 是秦輕○. 228-14 是秦輕○. 228-16 此惠王之願○. 228-19 此武王之願○. 228-20 最秦之大急○. 228-21 甘茂薄而不敢謁○. 228-22 王之大患○. 228-23 願王之熟計之○. 228-23 恐齊以楚遇爲有陰於秦魏○. 229-2 臣賀鯉之與於遇○. 229-3 秦魏之遇○. 229-3 將以合齊秦而絕齊於楚○. 229-3 齊無以信魏之合己於秦而攻於楚○. 229-4 齊又畏楚之有陰於秦魏○. 229-5 王之大資○. 229-5 向○子曰天下無道. 229-10 今○子曰乃且攻燕者. 229-10 何○. 229-11 何○. 229-12 非馬之任○. 229-12 則豈楚之任○哉. 229-13 是弊楚○. 229-14 其於王孰便○. 229-15 其於鞅○不然. 229-24 秦楚鬬之日○已. 230-2 不若聽而備於其反○. 230-6 明之反○. 230-6 此方其爲尾生之時○. 230-8 冠蓋相望○. 231-3 韓之於秦

〇. 231-4 妾事先王〇. 231-7 妾困不疲〇. 231-7 而妾弗重〇. 231-
8 何〇. 231-8 韓未急〇. 231-12 秦重國知王〇. 231-13 先生毋復言
〇. 231-15 是無韓〇. 231-17 是楚以三國謀秦〇. 231-18 韓固其與
國〇. 232-2 是秦孤〇. 232-2 今〇其將揚言救韓. 232-4 楚陰得秦之
不用〇. 232-5 必易與公相支〇. 232-5 公不能救〇. 232-7 其實猶有
約〇. 232-8 其實猶之不失秦〇. 232-11 令韓王知王之不取三川〇.
232-22 非上知〇. 233-6 而不患楚之能揚河外〇. 233-9 是令得行於
萬乘之主〇. 233-11 而交楚〇. 233-13 是塞漏舟而輕陽侯之波〇.
233-16 願公之察〇. 233-17 公叔之與周君交〇. 233-19 無柰何〇.
233-21 以爲公〇. 233-24 臣之强之〇. 233-24 亦以爲公〇. 233-24
必不許〇. 234-3 以爲國〇. 234-9 而幾瑟走〇. 234-20 是有陰於韓
〇. 234-21 公叔將殺幾瑟〇. 234-23 太子之重公〇. 234-23 畏幾瑟
〇. 234-23 冀太子之用事〇. 234-24 而内收諸大夫以自輔〇. 234-25
公叔且殺幾瑟〇. 235-3 幾瑟之能爲亂〇. 235-3 而外得秦楚〇.
235-4 伯嬰亦幾瑟〇. 235-5 韓大夫不能必其不入〇. 235-6 公叔伯嬰
恐秦楚之内幾瑟〇. 235-10 則公叔伯嬰必知秦楚之不以幾瑟爲事〇.
235-11 是齊孤〇. 235-12 胡衍之出幾瑟於楚〇. 235-17 韓不敢離楚
〇. 235-18 是王抱虛質〇. 235-19 廢公叔而相幾瑟者楚〇. 235-22
公不如令秦王賀伯嬰之立〇. 235-24 此王業〇. 235-25 以復幾瑟〇.
236-8 韓咎立爲君而未定〇. 236-10 恐韓咎入韓之不立〇. 236-11
因〇以爲戒. 236-12 則曰來効賊〇. 236-12 而弗能禁〇. 236-20 鵲
不爲鵲〇. 236-20 二人相害〇. 236-22 勇敢士〇. 236-25 政身未敢
許人〇. 237-10 而嚴仲子乃諸侯之卿相〇. 237-14 然是深知政〇.
237-16 傀又韓君之季父〇. 237-22 語泄則韓舉國而與仲子爲讎〇.
238-1 非弟意〇. 238-11 此爲我故〇. 238-13 吾不忍〇. 238-13 此吾
弟軹深井里聶政〇. 238-14 亦烈女〇. 238-16 以揚其名〇. 238-17
正如孿子之相似〇. 239-5 是爲魏從〇. 239-7 是韓爲秦魏之門户〇.
239-10 公之事〇. 239-12 秦魏不終相聽者〇. 239-13 是公擇布而割
〇. 239-15 不成亦爲福者〇. 239-16 願公之無疑〇. 239-16 願公之
行之〇. 239-18 此君國長民之大患〇. 239-20 秦之德韓〇厚矣. 239
-21 是其於主〇至忠矣. 239-22 是其於國〇. 240-1 大便〇. 240-1
韓之重於兩周〇無計. 240-2 而秦之爭機〇. 240-3 是其於身大利〇.
240-5 願公之加務〇. 240-5 與新城陽晉同〇. 240-7 何〇. 240-8 所
以爲王〇. 240-9 此韓珉之所以禱於秦〇. 240-10 此其說何〇. 240-
11 天下固令韓可知〇. 240-12 未有一人言善韓者〇. 240-14 未有一
人言善秦者〇. 240-15 皆不欲韓秦之合者何〇. 240-15 則晉楚智而
韓秦愚〇. 240-16 秦之欲攻梁〇. 240-21 恐梁之不聽〇. 240-21 故
欲病之以固交〇. 240-21 願王熟慮之〇. 240-23 非爲此〇. 240-24
此萬世之計〇. 240-25 秦之欲并天下而王之〇. 240-25 猶將亡之〇.
241-1 猶將亡之〇. 241-1 猶將亡之〇. 241-2 雖善事之無益〇. 241
-2 適足以自令亟亡〇. 241-2 一世之明君〇. 241-5 一世之賢士〇.
241-5 韓與魏敵侔之國〇. 241-5 非好卑而惡尊〇. 241-6 非慮過而
議失〇. 241-7 而信於萬人之上〇. 241-9 明君〇. 241-10 忠臣〇.
241-10 而王之諸臣忠莫如申不害〇. 241-12 非以求主尊成名於天下
〇. 241-18 此攻其心者〇. 241-22 越人不聽〇. 241-23 此攻其形者
〇. 241-24 我將爲爾求火〇. 242-1 則許異爲之先〇. 242-4 而韓氏
之尊許異〇. 242-5 猶其尊哀侯〇. 242-6 今日鄭君不可得而爲〇.
242-6 九合之尊桓公〇. 242-9 猶其尊襄王〇. 242-9 今日天子不可得
而爲〇. 242-9 無不任事於周室〇. 242-12 亦無他〇. 242-13 此桓公
許異之類〇. 242-14 猶之厚德我〇. 242-17 聖人之計〇. 242-18 大
國〇. 242-24 小國〇. 242-24 非金無以〇. 242-25 美人知内行者〇.
243-5 張丑之合齊楚講於魏〇. 243-7 故公不如勿攻〇. 243-8 則蓋
觀公仲之攻〇. 243-10 爲有臃腫〇. 243-13 使善扁鵲而無臃腫〇.
243-14 則人莫之爲之〇. 243-14 爲惡於秦〇. 243-15 而善平原君乃
所以惡於秦〇. 243-15 願君之熟計之〇. 243-15 而恐楚之怒〇. 243
-18 韓之事秦〇. 243-19 且以求武隧〇. 243-19 非弊邑之所憎〇.
243-19 秦之仕韓侈〇. 244-4 以重公仲〇. 244-4 何意寡人如是之權
〇. 244-6 欲以四國西首〇. 244-12 大臣爲諸侯輕國〇. 244-14 是從
臣不事大臣〇. 244-15 可得而知〇. 244-17 王之明一〇. 244-17 則
諸侯之情僞可得而知〇. 244-20 王之明二〇. 244-21 王猶攻之〇.
244-21 王猶校之〇. 244-23 而無自左右〇. 244-24 大怒於周之留成
陽君〇. 245-2 公以二人者爲賢人〇. 245-3 何〇. 245-4 齊秦非重韓
則賢君之行〇. 245-8 是棘齊秦之威而輕韓〇. 245-10 未急〇. 245-
14 何〇. 245-16 是齊不窮〇. 245-21 是王有向晉於周〇. 246-1 逐
向晉者韓〇. 246-2 而還之者魏〇. 246-2 而韓王失之〇. 246-3 是緤
以三川與西周戒〇. 246-7 其次恐不得〇. 246-11 勿聽之〇. 246-15
魏〇. 246-20 韓〇. 246-20 交善楚魏〇. 246-20 秦見君之交反善於
楚魏〇. 246-21 願君察之〇. 247-2 千里之馬〇. 247-6 千里之服〇.
247-7 何〇. 247-7 萬分之一〇. 247-8 於秦亦萬分之一〇. 247-8 是
纆牽長〇. 247-9 此所謂天府〇. 248-7 以趙之爲蔽於南〇. 248-9 此
燕之所以不犯難〇. 248-11 且夫秦之攻燕〇. 248-11 秦計固不能守
〇. 248-12 今趙之攻燕〇. 248-13 秦之攻燕〇. 248-15 趙之攻燕〇.
248-15 强國〇. 248-19 非趙之利〇. 248-23 臣竊爲君不取〇. 248-
24 夫制於燕者蘇子〇. 249-2 而燕弱國〇. 249-2 是驅燕而使合於齊
〇. 249-4 且燕亡國之餘〇. 249-4 此一何慶弔相隨之速〇. 249-15
而與死同患〇. 249-17 强秦之少婿〇. 249-18 此食烏喙之類〇. 249
-19 聖人之制事〇. 249-21 因敗而爲功者〇. 249-22 秦知王以己之
故歸燕城〇. 249-23 是棄强仇而立厚交〇. 249-24 而以十城取天下
〇. 249-25 因敗成功者〇. 250-1 天下不信人〇. 250-6 示天下與小
人羣〇. 250-7 而燕王不館〇. 250-8 臣東周之鄙人〇. 250-8 是足下
之福〇. 250-11 所以自爲〇. 250-19 非所以爲人〇. 250-19 非進取
之道〇. 250-20 皆不自覆〇. 250-20 足下皆自覆之君〇. 250-23 僕
者進取之臣〇. 250-24 所謂以忠信得罪於君者〇. 250-24 又何罪之
有〇. 250-25 足下不知〇. 251-1 公勿憂〇. 251-2 妾知其藥酒〇.
251-3 下以存主母〇. 251-5 此以忠信得罪者〇. 251-5 適不幸而有類
妾之棄酒〇. 251-6 莫敢自必〇. 251-7 曾不欺之〇. 251-8 莫如臣之
言〇. 251-8 不敢取〇. 251-8 摩笄以自刺〇. 251-17 大王之所明見
知〇. 251-19 則易水長城非王之有〇. 251-23 猶郡縣〇. 251-23 是
故願大王之熟計之〇. 251-25 不聽燕使何〇. 252-5 以其亂〇. 252-
6 欲其亂〇. 252-6 猶爲之〇. 252-8 臣東周之鄙人〇. 252-10 大王
天下之明主〇. 252-13 何如者〇. 252-14 王之仇讎〇. 252-16 王之
援國〇. 252-16 非所以利燕〇. 252-17 非忠臣〇. 252-17 寡人之於
齊趙〇. 252-18 非所敢欲伐〇. 252-18 寡人不敢隱〇. 252-23 我讎
國〇. 252-24 故寡人之所欲伐〇. 252-24 長主〇. 253-4 而自用〇.
253-4 此其君之欲得〇. 253-7 其民力竭〇. 253-7 且異日〇. 253-12
所以備趙〇. 253-12 所以備燕〇. 253-13 此乃亡之之勢〇. 253-18
蘇秦之在燕〇. 253-20 何〇. 253-24 蘇代欲以激燕王以厚任子之
〇. 253-24 是王與堯同行〇. 254-3 傳之益〇. 254-6 不可失〇. 254
-18 齊王其伯〇乎. 255-1 何〇. 255-2 秦非不利有齊而得宋埊〇.
255-7 不信齊王與蘇子〇. 255-7 非魏之利〇. 255-9 孤之願〇. 255-
15 此古服道致士之法〇. 255-21 讎强而國弱〇. 256-15 皆國之大敗
〇. 256-15 將欲以除害取信於齊〇. 256-16 而忌燕〇愈甚矣. 256-16
然則足下之事齊〇. 256-16 强萬乘之國〇. 256-18 是益一齊〇.
256-18 此所謂强萬乘之國〇. 256-19 是益二齊〇. 256-20 而燕猶不
能支〇. 256-20 臣聞知者之舉事〇. 256-22 因敗而成功者〇. 256-22
齊人紫敗素〇. 256-23 因敗而爲功者〇. 256-24 燕趙非利之〇.
257-5 何〇. 257-5 以不信秦王〇. 257-6 燕趙之所同利〇. 257-11 燕
趙之所同願〇. 257-11 則燕趙之棄齊〇. 257-12 而王獨弗從〇. 257
-14 是國伐〇. 257-14 是名卑〇. 257-14 知者不爲〇. 257-16 秦王
聞若說〇. 257-16 上交〇. 257-18 正利〇. 257-18 聖王之事〇. 257
-19 何故〇. 258-2 今臣爲進取者〇. 258-4 自完之道〇. 258-5 非進
取之術〇. 258-5 皆以不自憂故〇. 258-8 而名可立〇. 258-12 故功
不可成而名不可立〇. 258-13 故齊雖强國〇. 258-17 何〇. 258-21
忠信〇. 258-22 勿憂〇. 259-2 忠信〇. 259-7 恐忠信不諭於左右〇.
259-7 願足下之無制於羣臣〇. 259-10 寡人甚不喜訑者言〇. 259-12
爲其兩譽〇. 259-13 何〇. 260-4 秦之深讐〇. 260-5 非行義〇.
260-5 暴〇. 260-5 不能攻〇. 260-20 皆死秦之孤〇. 261-15 蘇子〇.
261-25 蘇子〇. 262-1 蘇子〇. 262-2 又蘇子〇. 262-2 王勿患〇.
262-3 臣故知入齊之有趙累〇. 262-4 臣猶生〇. 262-4 持臣非張孟談
〇. 262-5 使臣〇如張孟談〇. 262-5 吾所恃者順〇. 262-10 而小人
奉陽君〇. 262-13 則後不可柰何〇. 262-14 故齊趙之合苟可循〇.
262-15 然而臣有患〇. 262-17 惡交分於臣〇. 262-17 是臣之患〇.
262-18 若臣死而必相攻〇. 262-18 又不予卿〇. 262-24 望諸相中山
〇使趙. 263-4 燕之攻齊〇. 263-21 欲以復振古埊〇. 263-21 則是兵
弱而計疑〇. 263-22 是王破燕而服趙〇. 263-23 王使臣〇. 263-25
而以臣遺燕〇. 264-1 不可振〇. 264-1 此寡人之過〇. 264-5 齊不幸
而燕有天幸〇. 264-8 是以天幸自爲功〇. 264-8 臣之行〇. 264-14
臣之所重處重夘〇. 264-17 吾信汝〇. 264-19 猶剗刈者〇. 264-19
女無不爲〇. 264-20 以女自信可〇. 264-20 去燕之齊可〇. 264-20
齊之信燕〇. 264-23 無害〇. 265-7 何臞〇. 265-8 憂公子之且爲質
於齊〇. 265-9 人主之愛子〇. 265-11 不如布衣之甚〇. 265-11 非徒
不愛子〇. 265-11 何〇. 265-12 以爲人之終〇. 265-13 今王之以公
子爲質〇. 265-14 且以爲公子功而封之〇. 265-15 臣是以知人主之
不愛丈夫子獨甚〇. 265-15 寡人有時復合和〇. 265-24 當此之時〇.
265-24 然而常獨欲有復收之之志若此〇. 265-25 今予以百金送公〇.
266-5 爲其饑〇. 266-6 伐齊未必勝〇. 266-6 今王之伐燕〇. 266-7
亦爲其饑〇. 266-7 而使强秦處弱越之所以霸〇. 266-9 願王之熟計
之〇. 266-9 成功之君〇. 267-5 立名之士〇. 267-6 夫齊霸國之餘教
〇. 267-11 而驟勝之遺事〇. 267-11 楚魏之所同願〇. 267-14 齊可
大破〇. 267-15 功未有及先王者〇. 267-20 夫差弗是〇. 268-5 臣之
上計〇. 268-9 臣之所大恐〇. 268-10 義之所不敢出〇. 268-11 忠臣
之去〇. 268-12 而不察疏遠之行〇. 268-13 此臣之所爲山東苦〇.
268-18 以其合兩而如一〇. 268-20 是山東之知不如魚〇. 268-21 又
譬如車士之引車〇. 268-22 至其相救助如一〇. 268-25 今山東之相

與○. 268-25 人之所能爲○. 269-1 此臣之所爲山東苦○. 269-2 願大王之熟慮之○. 269-2 此燕之上計○. 269-5 秦見三晉之堅○. 269-6 趙見秦之伐楚○. 269-7 燕果以兵南合三晉○. 269-11 猶鞭筴○. 269-14 猶鞭筴○. 269-18 隣民之所處○. 269-21 乃可折○. 270-1 乃可缺○. 270-1 臣恐强秦之爲漁父○. 270-8 故願王之熟計之○. 270-8 而未有適予○. 270-12 失天下者○. 270-13 得天下者○. 270-13 楚軍欲還不可得○. 271-7 人有言我有寶珠○. 271-13 可伐○. 271-20 四達之國○. 271-21 君之於先王○. 272-4 世之所明知○. 272-4 不虞君之明罪之○. 272-5 不虞君之明罪之○. 272-6 恐君之未盡厚○. 272-7 厚者不毁人以自益○. 272-8 厚人之行○. 272-9 仁者之道○. 272-9 於爲君擇之○. 272-13 所以合好掩惡○. 272-14 未爲通計○. 272-15 未盡厚○. 272-15 未如殷紂之亂○. 272-16 未如商容箕子之累○. 272-16 恐其適足以傷於高而薄於行○. 272-18 非然○. 272-18 不難受○. 272-19 此一舉而兩失○. 272-20 輟○. 273-2 怨○. 273-2 不望之乎君○. 273-3 君之所揣○. 273-5 此寡人之愚意○. 273-6 爲秦○. 273-11 無妨於趙之伐燕○. 273-13 未有所定○. 273-24 然後乃可圖○. 274-6 且非獨於此○. 274-7 是丹命固卒之時○. 274-9 可與之謀○. 274-10 願先生留意○. 274-14 至其衰○. 274-15 光不敢以乏國事○. 274-16 可使○. 274-16 國大事○. 274-19 願先生勿泄○. 274-19 不知吾形已不逮○. 274-22 願先生留意○. 274-22 國之大事○. 274-25 願先生勿泄○. 274-25 是太子疑光○. 274-25 非節俠士○. 275-1 明不言○. 275-2 明不言○. 275-3 此天所以哀燕不棄其孤○. 275-6 而欲不可足○. 275-8 則秦未可親○. 275-25 此臣日夜切齒拊心○. 276-11 豎子○. 276-22 必得約契以報太子○. 278-1 乃以藥囊提軻○. 278-4 有憂色何○. 279-4 此王之所憂○. 279-5 荆之利○. 279-6 敢問攻宋何義○. 279-12 此爲何若人○. 279-16 此猶文軒之與弊輿○. 279-17 宋所謂無雉兔鮒魚者○. 279-19 此猶粱肉之與糟糠○. 279-19 此猶錦繡之與短褐○. 279-20 爲與此同類○. 279-21 必不爲○. 280-5 則寡人不忍○. 280-11 夫宋之不足如梁○. 280-13 宋必不利○. 280-14 以明宋之賣楚重於齊○. 280-25 此臣之百戰百勝之術○. 281-6 不可不察○. 281-20 此小國之禮○. 281-21 先知吾謀○. 281-22 太子顔爲君子○. 281-25 愼勿納○. 282-2 以有蒲○. 282-5 弱○. 282-7 樗里子知蒲之病○. 282-11 又以德衞君○. 282-14 何○. 282-20 臣以是知王緩○. 282-22 子聽吾言○以說君. 282-25 勿益損○. 282-25 食高麗○. 283-1 緤錯挐薄○. 283-2 緤錯挐薄之族皆逐○. 283-6 誰馬○. 283-13 皆要言○. 283-16 蚤晚之時失○. 283-16 是中山復立○. 284-4 猶且聽○. 284-12 是君爲趙魏驅羊○. 284-13 非齊之利○. 284-13 豎於爲趙魏驅羊○. 284-18 今五國相與王○. 284-19 是奪五國而益負海○. 284-20 是君臨中山而失四國○. 284-22 且張登之爲人○. 284-22 是欲用其兵○. 285-2 我萬乘之國○. 285-5 中山千乘之國○. 285-6 吾恐其不吾據○. 285-10 柰何吾弗患○. 285-11 此所欲○. 285-12 其實欲廢中山之王○. 285-14 是强敵○. 285-16 首難○. 285-16 中山可廢○. 285-17 中山恐燕趙之不己據○. 285-20 此王所以存者○. 285-24 非欲廢中山之王○. 286-1 而己親之○. 286-2 燕趙必不受○. 286-2 何○. 286-10 固無請人之妻不得而怨人者○. 286-19 可以令趙勿請○. 286-21 未可豫陳○. 287-4 佳麗人之所出○. 287-5 未嘗見人如中山陰姬者○. 287-7 力言不能及○. 287-8 非諸侯之姬○. 287-10 願王無泄○. 287-12 趙王非賢王○. 287-13 趙强國○. 287-15 鄰國不與○. 287-18 趙王亦無請言○. 287-18 可伐○. 287-21 是賢君○. 287-23 未之有○. 287-25 子奚爲者○. 288-4 故來死君○. 288-6 其說何○. 288-16 趙未可伐○. 288-24 是以能有功○. 289-16 猶勾踐困於會稽之時○. 289-24 此所謂爲一臣屈而勝天下○. 290-11 此亦所謂勝一臣而爲天下屈者○. 290-12

【女】 70

○閭七百. 4-11 美○破舌. 23-14 乃遺之○樂. 23-15 好○百人. 28-15 君聞夫江上之處○乎. 31-1 夫江上之處○. 31-2 處○相與語. 31-2 謂處○曰. 31-3 何妨於處○. 31-4 妾自以有益於處○. 31-5 處○相語以爲然而留之. 31-5 薛公入魏而出齊○. 48-16 齊○入魏而怨薛公. 48-20 美○充後庭. 57-6 貞○工巧. 61-8 北宮之○嬰兒子無恙耶. 88-11 一○不朝. 88-13 臣聞之鄰人之○. 88-18 臣鄰人之○. 88-19 ○子勝之. 91-19 夫駑馬○子. 91-20 太史氏○. 95-16 ○朝出而晚來. 95-21 ○暮出而不還. 95-22 ○今事王. 95-23 ○不知其處. 95-23 ○尙何歸. 95-23 ○聞吾言乎. 98-8 ○以爲何若. 98-8 大史敫○. 100-25 以太史氏○爲王后. 101-2 ○無謀而嫁者. 101-3 是目變○不敝席. 105-25 請以秦○爲大王箕箒之妾. 111-17 秦王有愛○而美. 116-8 秦○依强秦以爲重. 116-10 秦○必不來. 116-14 ○阿謂蘇子曰. 118-19 彼鄭周之○. 120-8 未嘗見中國之○如此其美也. 120-9 右擁嬖○. 125-4 持其○弟. 128-18 齊王遣使求臣○弟. 128-20 於是園乃進其○弟. 128-21 園乃與其○弟謀. 128-22 園○弟承間說春申君曰. 128-24 乃出園○弟謹舍. 129-6 以李園○弟立爲王后. 129-7 李園既入其○弟爲王后. 129-9 而李園○弟. 130-1 ○爲悅己者容. 135-9 彼又將使其子○讒妾爲諸侯妃姬. 164-11 秦舉安邑而塞○戟. 172-19 帝○令儀狄作酒而美. 200-3 請以一鼠首爲○殉者. 203-20 今夫韓氏以一○子承一弱主. 206-23 亦烈○也. 238-16 ○爲妾. 241-21 ○爲妾. 241-23 秦惠王以其○爲燕太子婦. 249-13 之男家曰○美. 259-13 之○家曰男富. 259-13 且夫處○無媒. 259-14 塞○戟. 260-14 塞○戟. 260-21 ○無不爲也. 264-20 以○自信可也. 264-20 太后嫁○諸侯. 265-12 ○所營者. 271-4 間進車騎美○. 275-20

【刃】 9

白○在前. 18-12 犯白○. 18-19 秦不接○而得趙之半. 59-12 賁諸懷錐○而天下爲勇. 122-16 欲自○於廟. 127-2 ○其扞. 135-11 而○不斷. 155-12 操其○而刺. 155-14 而請爲天下鴈行頓○. 208-3

【王】 3125

大○勿憂. 1-4 謂齊○曰. 1-5 願大○圖之. 1-7 齊○大悅. 1-8 大○勿憂. 1-9 謂齊○曰. 1-10 齊○曰. 1-11 齊○曰. 1-13 ○曰. 1-15 弊邑固竊爲大○患之. 1-15 今大○縱有其人. 1-20 臣竊爲大○私憂之. 1-21 齊○曰. 1-21 齊○乃止. 1-23 秦○不聽羣臣父兄之義而攻宜陽. 2-5 秦○耻之. 2-6 爲東周謂韓○曰. 2-15 楚○與魏○遇也. 3-9 若其○在陽翟. 3-11 又謂秦○曰. 3-17 楚○怒周. 3-21 爲周謂楚○曰. 3-21 以○之强而怒周. 3-22 則是勁○之敵也. 3-22 故○不如速解周恐. 3-23 必厚事○矣. 3-23 莫非○土. 4-18 莫非○臣. 4-19 欲決霸○之名. 5-9 周最於齊○也而逐之. 5-13 且反齊○之信. 5-16 齊○誰與爲其國. 5-18 謂齊○曰. 5-20 君不如令○聽最. 5-25 公何不令人謂韓魏之○曰. 6-7 則秦趙必相賣以合於○也. 6-9 爲周最謂魏○曰. 6-11 而○無人焉. 6-13 ○不去周最. 6-13 魏○以國與先生. 6-16 公不如謂魏○薛公曰. 6-19 請爲○入齊. 6-19 ○遂伐之. 6-20 如累○之交於天下. 6-20 ○爲臣賜厚矣. 6-21 則○亦無齊之累也. 6-21 及○病. 6-24 司馬翦謂楚○曰. 7-9 翦今楚○資之以地. 7-12 ○類欲令若爲之. 7-13 公不如遂見秦○曰. 7-18 請謂○聽東方之處. 7-19 以西周之於○也. 8-6 令弊邑以君之情謂秦○曰. 9-10 欲○令楚割東國以與齊也. 9-11 秦○出楚○以爲和. 9-12 楚○出. 9-13 楚○怒. 10-3 游騰謂楚○曰. 10-4 而憂大○. 10-10 楚○乃悅. 10-10 昭應謂楚○曰. 10-15 楚○始不信昭應之計矣. 10-17 必勸楚○益兵守雍氏. 10-18 不如譽秦○之孝也. 11-1 秦○太后必喜. 11-2 吾得將爲楚○屬怒於周. 11-16 ○必求之. 11-19 ○必罪之. 11-20 君使人告齊○以周最不肯爲太子也. 12-2 臣恐齊○之爲君實立果而讓之於最. 12-6 或爲周君謂魏○曰. 12-10 ○何不出於河南. 12-11 魏○以上黨之急辭之. 12-14 反見魏○. 12-16 ○曰. 12-16 且誰怨○. 12-17 臣爲○有患也. 12-17 而設以國爲○扞秦. 12-17 而○無之扞也. 12-18 魏○曰. 12-19 今○許成三萬人與溫囿. 12-20 其以事○者. 12-22 魏○因使孟卯致溫囿於周君而許之成也. 12-24 樊餘謂楚○曰. 13-1 楚○恐. 13-5 周最謂秦○曰. 13-7 爲○之國計者. 13-7 則秦孤而不○矣. 13-9 故勸○攻周. 13-9 謂齊○曰. 13-17 ○何不以地齎周最以爲太子也. 13-17 齊○令司馬悍以賂進周最於周. 13-17 悍請令○進之以地. 13-20 爲西周謂魏○曰. 13-22 彼且攻○之聚以利秦. 13-23 魏○懼. 13-24 惠○代後. 15-9 人說惠○曰. 15-10 莫言大○之法. 15-11 大○更爲臣也. 15-11 固大○仇讎也. 15-12 願大○圖之. 15-12 惠○車裂之. 15-13 蘇秦始將連横說秦惠○曰. 15-15 大○之國. 15-15 以大○之賢. 15-18 願大○少留意. 15-19 秦○曰. 15-21 臣固疑大○之不能用也. 16-1 文○伐崇. 16-2 武○伐紂. 16-3 雖古五帝三○五伯. 16-10 ○固不能行也. 16-15 說秦○書十上而說不行. 16-16 見說趙○於華屋之下. 16-25 趙○大悅. 16-25 ○侯之威. 17-3 廷說諸侯之○. 17-10 將說楚○. 17-12 秦惠○謂寒泉子曰. 17-19 秦惠○曰. 17-24 冷向謂秦○曰. 18-1 向欲以齊事○. 18-1 安邑○之有也. 18-2 必割地以交於○矣. 18-2 齊必重於○. 18-2 且以恐齊而重○. 18-3 ○何惡向之攻宋乎. 18-3 向以○之明爲先知之. 18-3 張儀說秦○曰. 18-6 大○裁其罪. 18-8 伯○之名不成. 19-2 荆○亡奔走. 19-9 然則是一舉而伯○之名可成也. 19-12 此固已無伯○之道一矣. 19-15 大○以詐破之. 19-16 然則是一舉而伯○之名可成也. 19-19 此固已無伯○之道二矣. 19-21 伯○之名不成. 19-24 此固已無伯○之道三矣. 19-24 大○以詐破之. 20-3 大○拱手以須. 20-13 伯○之名可成也. 20-14 以大○之明. 20-15 伯○之業. 20-16 大○又并軍而致與戰. 20-20 願大○有以慮之也. 20-24 武○將素甲三千領. 21-3 臣昧死望見大○. 21-10 以成伯○之名. 21-11 大○試聽其說. 21-12 伯○之名不成. 21-13 大○斬臣以徇於國. 21-14 司馬錯與張儀爭論於秦惠○前. 21-21 ○曰. 21-22 此○業也. 22-1 而○不爭焉. 22-4 去○業遠矣. 22-4 欲○者. 22-7 而○隨之矣. 22-7 今○之地小民貧. 22-7 ○不能禁. 22-16 惠○曰. 22-17 因令楚○爲之請相於秦. 22-21 張子謂秦○曰. 22-21 楚○因爲請相於秦. 22-22 ○欲窮儀於秦乎. 22-23 臣請助○. 22-23 楚○以爲然. 22-23 今○誠聽之. 22-24 彼必以國事楚○. 22-24 秦○大怒. 22-24 請秦○曰. 23-2 甘茂謂○曰. 23-4 ○割漢中以爲和楚. 23-4 楚必畔天下而與○. 23-5 ○今以漢中與楚. 23-5 ○何以市楚也. 23-6 張儀謂秦○曰. 23-8 ○必取之. 23-9 ○用儀言. 23

-10 犀首戰勝威○. 23-10 田莘之爲陳軫說秦惠○曰. 23-13 臣恐○之如郭君. 23-13 今秦自以爲○. 23-18 能害○者之國者. 23-18 願○勿聽也. 23-20 ○怒而不聽. 23-21 張儀又惡陳軫於秦○. 23-23 ○何不聽乎. 23-25 ○謂陳軫曰. 24-1 ○曰. 24-1 秦○曰. 24-6 張儀謂秦○曰. 24-8 陳軫爲○臣. 24-8 願○逐之. 24-9 願○殺之. 24-9 ○曰. 24-9 ○召陳軫告之曰. 24-11 ○曰. 24-12 以順○與儀之策. 24-14 今楚○明主也. 24-19 而常以國輸楚○. 24-19 ○必不留臣. 24-20 問○曰. 24-22 ○曰. 24-22 臣不忠於○. 25-2 ○以爲然. 25-3 惠○患之. 26-3 ○其爲臣約車并幣. 26-5 張儀南見楚○曰. 26-6 弊邑之○所說甚者. 26-6 無大大○. 26-6 亦無大大○. 26-7 弊邑之○所甚憎者. 26-7 亦無先齊○. 26-8 亦無大齊○. 26-8 今齊○之罪. 26-9 其於弊邑之○甚厚. 26-9 是以弊邑之○不得事令. 26-10 大○苟能閉關絶齊. 26-11 臣請使秦○獻商於之地. 26-11 齊弱則必爲○役矣. 26-12 楚○大說. 26-15 楚○曰. 26-16 ○曰. 26-19 夫秦所以重○者. 26-19 以○有齊也. 26-19 ○必惋之. 26-22 楚○不聽. 26-23 楚○使人絶齊. 26-23 楚○曰. 27-2 乃使勇士往詈齊○. 27-2 使者反報楚○. 27-5 楚○大怒. 27-5 ○曰. 27-6 ○不如因而賂之一名都. 27-6 ○今已絶齊. 27-8 楚○不聽. 27-10 陳軫謂楚○曰. 27-13 ○不如以地東解於齊. 27-13 楚○使陳軫之秦. 27-15 秦○謂軫曰. 27-15 故子棄寡人事楚○. 27-16 ○獨不聞吳人之遊楚者乎. 27-18 楚○甚愛之. 27-18 今軫將爲○吳吟. 27-20 ○不聞大管與之說乎. 27-20 ○起兵救之. 28-1 唯○可也. 28-2 秦惠○死. 28-6 陳軫謂秦○曰. 28-14 ○不如賂之以撫其心. 28-15 秦○曰. 28-15 醫扁鵲見秦武○. 28-20 武○示之病. 28-20 秦武○謂甘茂曰. 28-25 ○令向壽輔行. 29-2 子歸告○曰. 29-3 然願○勿攻也. 29-3 向壽歸以告○. 29-4 ○迎甘茂於息壤. 29-4 ○問其故. 29-5 今○倍數險. 29-6 而賢先○. 29-8 ○必聽之. 29-11 是○欺魏. 29-11 而○之信臣又未若曾子之母也. 29-17 臣恐○爲臣之投杼也. 29-18 ○曰. 29-19 爭之○. 29-21 ○將聽之. 29-21 ○曰. 29-21 馮章謂秦○曰. 29-24 ○曰. 30-1 楚○以其言責漢中於馮章. 30-1 馮章謂秦○曰. 30-2 ○遂亡臣. 30-2 固謂楚○曰. 30-2 寡人固無地而許楚○. 30-3 我以宜陽餌○. 30-6 秦○懼. 30-17 秦○謂甘茂曰. 30-21 ○勿患也. 30-22 則○勿聽其事. 30-23 則○必聽之. 30-23 ○因而制之. 30-24 乃西說秦○曰. 31-8 秦○曰. 31-10 秦○曰. 31-12 蘇秦僞謂○曰. 31-13 茂德○之賜. 31-14 願爲○臣. 31-15 今○何以禮之. 31-15 ○若不留. 31-15 必不德○. 31-15 齊○曰. 31-16 秦○愛公孫衍. 31-19 甘茂因入見○曰. 31-20 ○得賢相. 31-21 ○曰. 31-21 ○且相犀首. 31-22 ○曰. 31-22 ○怒於犀首之泄也. 31-23 甘茂謂秦○曰. 32-1 ○不如使魏制和. 32-3 ○不惡於魏. 32-3 趙○喜. 32-6 秦○使公子他之趙. 32-8 謂趙○曰. 32-8 臣竊必之弊邑之○曰. 32-13 秦○明而熟於計. 32-14 秦○安能制晉楚哉. 32-20 故臣竊必之弊邑之○曰. 33-1 秦○明而熟於計. 33-2 先○積怒之日久矣. 33-8 文聞秦○欲以呂禮收齊. 34-3 君不如勸秦○令弊邑卒攻齊之事. 34-5 秦○畏晉之强也. 34-6 不當桀紂不○. 34-16 不遭時不得帝○. 34-17 報惠○之恥. 34-18 成昭○之功. 34-18 辛張陽毋澤說魏○薛公公叔也. 35-5 載主契國以與○約. 35-5 夫楚○之以其臣請挈領然而臣有患也. 35-7 夫楚○之以其國依冉也. 35-7 秦○欲爲成陽君求相韓魏. 36-3 秦太后爲魏冉謂秦○曰. 36-4 成陽君以○之故. 36-4 今○見其達而收之. 36-4 ○曰. 36-5 恐不爲○用. 36-6 范子因○稽入秦. 36-8 獻書昭○曰. 36-8 豈敢以疑事嘗試於○乎. 36-14 獨不重任臣者後無反覆於○前耶. 36-15 然則聖○之所棄者. 36-18 臣愚而不闔於○心耶. 36-23 秦○說之. 37-2 因謝○稽說. 37-2 ○庭迎. 37-4 秦○屏左右. 37-8 秦○跪而請曰. 37-9 秦○復請. 37-10 秦○跽曰. 37-11 臣聞始時呂尙之遇文○也. 37-12 故文○果收功於呂尙. 37-14 卒擅天下而身立爲帝○. 37-15 卽使文○疏呂望而弗與深言. 37-15 而文武無與成其○也. 37-16 交疏於○. 37-17 而未知○心也. 37-18 所以○三問而不對者是也. 37-19 大○信行臣之言. 37-20 三○之仁而死. 37-22 秦○跽曰. 38-12 而存先○之廟也. 38-13 此天所以幸先○而不棄其孤也. 38-14 ○亦再拜. 38-16 大○之國. 38-17 霸○之業可致. 38-20 而大○之計有所失也. 38-21 ○曰. 38-22 大○越韓魏而攻强齊. 38-23 臣意○之計欲少出師. 38-24 ○不如遠交而近攻. 39-5 得寸則○之寸. 39-5 得尺亦○之尺也. 39-5 ○若欲霸. 39-8 ○曰. 39-11 ○不如收韓. 39-15 ○曰. 39-15 ○曰. 39-20 不聞其○. 39-22 不聞其有○. 39-23 夫擅國之謂○. 39-24 能專利害之謂○. 39-24 制殺生之威之謂○. 39-24 下乃所謂無○已. 40-1 而令焉得從○出乎. 40-2 穰侯使者操○之重. 40-3 縮閔○之筋. 40-6 卒無秦○. 40-8 臣今見○獨立於廟朝矣. 40-9 非○之子孫也. 40-10 秦○懼. 40-11 昭○謂范睢曰. 40-13 應侯謂昭○曰. 40-16 ○之叢. 40-19 ○之神. 40-20 ○亦用之. 40-23 至尉内史及○左右. 41-1 臣必聞見○獨立於庭也. 41-2 臣竊爲○恐. 41-2 非○子孫也. 41-3 然則令何得從○出. 41-8 是我○果處三分之一也. 41-9 范睢謂秦昭○曰. 41-11 今○將攻韓圍陘. 41-14 臣願○之毋獨攻其地. 41-15 ○攻韓圍陘. 41-15 且削地而以自贖於○. 41-16 則○逐張儀. 41-17 則○之所求於韓者. 41-18 天下之○尙猶尊之. 41-24 是天下之○不如鄭賈之智也. 41-24 ○勿憂也. 42-2 ○見大○之狗. 42-4 秦○○矣. 42-14 秦○○. 42-17 秦昭○謂應侯曰. 42-24 ○曰. 42-25 秦○以爲不然. 43-6 秦○師君. 43-10 今傲勢得秦爲○將. 43-10 蒙傲以報於昭○. 43-12 秦○弗聽也. 43-13 莊謂○稽曰. 43-16 ○稽曰. 43-16 吾與○也. 43-17 今君雖幸於○. 43-20 ○稽不聽. 43-23 果惡○稽杜摯以反. 43-23 秦○大怒. 43-24 ○舉臣於羈旅之中. 43-25 天下皆聞臣之身與○之舉也. 44-1 而○明誅之. 44-2 是○過舉顯於天下. 44-2 ○必不失臣之罪. 44-3 ○曰. 44-4 聞應侯任鄭安平○稽. 44-7 將見昭○. 44-7 彼一見秦○. 44-8 秦○必相之而奪君位. 44-9 願以爲君○. 44-15 吳起事悼○. 44-23 大夫種事越○. 45-1 閎夭事文○. 45-12 周公輔成○也. 45-12 孰與秦孝公楚悼○越○乎. 45-15 不過秦孝越○楚悼. 45-17 吳○夫差無適於天下. 45-22 大夫種爲越○墾草刱邑. 46-9 言於秦昭○曰. 46-22 秦昭○召見. 46-23 昭○彊起應侯. 46-25 昭○新說蔡澤計畫. 47-1 蔡澤相秦○數月. 47-2 昭○孝文○莊襄○. 47-3 楚○引歸. 48-4 韓春謂秦○曰. 48-16 臣請爲○因呡與佐也. 48-19 終以齊奉事○矣. 48-21 秦○謂樓緩曰. 48-23 ○何不召公子池而問焉. 49-1 ○召公子池而問焉. 49-2 ○曰. 49-3 ○割河東而講. 49-3 ○必曰. 49-3 ○不講. 49-4 ○又曰. 49-5 ○曰. 49-5 秦昭○謂左右曰. 49-10 ○曰. 49-11 ○曰. 49-12 願○之勿易也. 49-23 營淺謂秦○曰. 50-1 ○何不謂楚○曰. 50-1 魏○倍寡人也. 50-2 ○何不與寡人遇. 50-2 是○以魏地德寡人. 50-3 則○攻其南. 50-5 秦○曰. 50-5 楚○揚言與秦遇. 50-6 魏○聞之恐. 50-6 從秦○與魏○遇於境. 50-8 周最爲楚○曰. 50-9 楚○因不罪景鯉而德周秦. 50-11 楚○使景鯉如秦. 50-13 客謂秦○曰. 50-13 楚○使景所甚愛. 50-13 ○不如留之以市地. 50-14 楚○聽. 50-14 楚○不聽. 50-14 秦○乃留景鯉. 50-16 景鯉使人說秦○曰. 50-17 臣見○之權輕天下. 50-17 今大○留臣. 50-18 秦○乃出之. 50-21 秦○欲見頓弱. 50-23 ○能使臣無拜. 50-23 秦○許之. 50-24 ○知之乎. 51-1 ○曰. 51-1 ○乃是也. 51-4 秦○悖然而怒. 51-5 臣竊爲大○不取也. 51-6 秦○曰. 51-7 ○資臣萬金而遊. 51-8 秦○曰. 51-10 卽楚○. 51-11 楚○. 51-12 卽○雖有萬金. 51-12 秦○曰. 51-12 齊○入朝. 51-14 頃襄○二十年. 51-16 燒先○之墓. 51-17 ○徙東北. 51-17 襄○以爲辯. 51-19 說昭○曰. 51-20 今聞大○欲伐楚. 51-21 先帝文○莊○. 51-25 ○之身. 52-1 今○三使盛橋守事於韓. 52-1 是○不用甲. 52-3 ○可謂能矣. 52-3 ○又舉甲兵而攻魏. 52-3 ○之功亦多矣. 52-6 ○申息衆二年. 52-6 ○又割濮磨之北屬之燕. 52-8 ○之威亦憚矣. 52-10 ○若能持功守威. 52-10 三○不足四. 52-12 ○若負人徒之衆. 52-13 還爲越○禽於三江之浦. 52-19 今○妬楚之不毁也. 52-21 臣爲大○慮而不取. 52-22 今○中道而信韓魏之善○也. 52-24 ○既無重世之德於韓魏. 53-1 今○之攻楚. 53-6 是○攻楚之日. 53-7 ○將藉路於仇讎之韓魏乎. 53-7 兵出之日而○憂其不反也. 53-8 是○以兵資於仇讎之韓魏. 53-8 ○若不藉路於仇讎之韓魏. 53-8 ○雖有之. 53-10 是○有毁楚之名. 53-11 且○攻楚之日. 53-12 四國必應悉起應○. 53-12 而○使之獨攻. 53-15 ○破楚於以肥韓魏於中國而勁齊. 53-15 於以禁○之爲帝有餘. 53-18 夫以○壤土之博. 53-19 是○失計也. 53-21 臣爲○慮. 53-22 ○襟以山東之險. 53-23 ○以十成鄭. 53-24 ○一善楚. 54-1 是○之地一任兩海. 54-3 或爲六國說秦○曰. 54-8 稱夏○. 54-14 梁○身抱質執璧. 54-16 郢威○聞之. 54-16 以同言郢威○於側紂之閒. 54-22 臣豈以郢威○爲政衰謀亂以至於此哉. 54-23 謂秦○曰. 55-3 臣竊惑○之輕齊易楚. 55-3 ○兵勝而不驕. 55-3 今○廣德魏趙. 55-5 臣竊爲大○慮之而不取也. 55-7 故先○之所重者. 55-8 吳○夫差棲越於會稽. 55-10 今○破宜陽. 55-14 ○若能爲此尾. 55-16 則三○不足四. 55-16 ○若不能爲此尾. 55-17 以○爲吳智之事也. 55-17 今大○皆有驕色. 55-19 秦○與中期爭論. 56-3 秦○大怒. 56-3 或爲中期說秦○曰. 56-3 秦○因不罪. 56-5 太后坐○而泣. 56-14 ○因疑於太子. 56-14 昭衍見梁○. 56-15 梁○曰. 56-15 ○曰. 56-16 秦疑於○之約. 56-16 秦○之計曰. 56-17 乃說秦○后弟陽泉君曰. 57-4 ○之春秋高. 57-6 ○年高矣. 57-9 ○后無子. 57-9 ○一日山陵崩. 57-9 ○后之門. 57-10 ○后誠請而立之. 57-11 ○后無子而有子也. 57-12 入說○后. 57-12 ○后乃請趙而歸之. 57-13 ○后欲取而子之. 57-14 秦○老矣. 57-17 ○后悅其狀. 57-18 ○使子誦. 57-19 ○罷之. 57-20 今大○反國. 57-22 大○無一介之使以存之. 57-22 ○以爲然. 57-23 ○后勸立之. 57-23 ○乃召相. 57-23 ○后爲華陽太后. 57-25 見趙○. 58-21 趙○郊迎. 58-21 謂趙○曰. 58-21 今○齎臣五城以廣河間. 58-24 趙○立割五城以廣河間. 58-25 司空馬說趙○曰. 59-5 今大○使守小官. 59-5 請爲大○設秦趙之戰. 59-6 然則大○之國. 59-10 大○之國亡. 59-10 趙○曰. 59-11 大○裂趙之半以賂秦. 59-12 臣請大○約從. 59-16 則是大○名亡趙之半. 59-16 趙○曰. 59-17 請爲大○悉趙兵以遇. 59-21 趙○不能將. 59-21 大○不用. 59-22 是臣無以事大○. 59-22 司空馬言其爲趙○計而弗用. 59-24 趙○之臣有韓倉者. 60-1 以曲合於趙○. 60-2 ○必用其言. 60

-3 ○使人代. 60-4 ○觴將軍. 60-5 受命於○. 60-9 秦○召羣臣賓客六十人而問焉. 60-19 秦○大悅. 60-24 是賈以○之權. 61-2 願○察之. 61-3 ○召姚賈而問曰. 61-6 ○曰. 61-7 今賈忠○而○不知也. 61-8 四國之○尙焉用賈之身. 61-9 今○聽讒. 61-11 ○曰子監門子. 61-12 文○用之而○. 61-13 秦○曰. 61-22 楚威○戰勝於徐州. 62-3 張丑謂楚○曰. 62-3 ○戰勝於徐州也. 62-4 故○勝之也. 62-7 復整其士卒以與○遇. 62-7 必不便於○也. 62-8 楚○因弗逐. 62-8 楚○聞之. 62-10 齊○有輟志. 62-10 閒說楚○. 62-11 公孫閈爲謂楚○曰. 62-13 ○獨利魯宋之小. 62-14 楚○曰. 62-15 靖郭君謂齊○曰. 63-3 ○曰. 63-4 威○薨. 63-11 宣○立. 63-11 大不善於宣○. 63-11 請見宣○. 63-12 ○之不說嬰甚. 63-13 宣○聞之. 63-15 齊貌辨見宣○. 63-15 ○曰. 63-16 ○之方爲太子之時. 63-17 受薛於先○. 63-21 雖惡於後○. 63-21 吾獨謂先○何乎. 63-22 且先○之廟在薛. 63-22 吾豈可以先○之廟與楚乎. 63-22 宣○大息. 63-23 靖郭君衣威○之衣. 64-1 宣○自迎靖郭君於郊. 64-1 公何不爲○謀伐魏. 65-3 乃說○而使田忌伐魏. 65-4 亦驗其辭於○前. 65-8 謂楚○曰. 65-21 ○不如封田忌於江南. 65-21 必德○. 65-23 鄒忌事宣○. 66-1 宣○不悅. 66-1 ○悅之. 66-1 鄒忌謂宣○曰. 66-2 宣○因以晏首壅塞之. 66-3 於是入朝見威○曰. 66-14 莫不私○. 66-16 莫不畏○. 66-16 莫不有求於○. 66-17 ○之蔽甚矣. 66-17 ○曰. 66-17 齊威○使章子將而應之. 66-24 威○不應. 67-1 威○不應. 67-2 ○何不發將而擊之. 67-3 ○曰. 67-4 於是秦○拜西藩之臣而謝於齊. 67-5 齊○患之. 67-13 齊○懼乎. 67-14 陳軫合三晉而東謂齊○曰. 67-23 古之○者之伐也. 67-23 願大○之察也. 68-3 古之五帝三○五伯之伐也. 68-4 願○熟慮之. 68-9 齊○敬諾. 68-14 說齊宣○曰. 68-16 夫以大○之賢與齊之强. 68-24 竊爲大○羞之. 68-25 臣固願大○之少留計. 69-11 齊○曰. 69-12 今主君以趙○之教詔之. 69-12 張儀爲秦連横齊○曰. 69-15 然而爲大○計者. 69-16 從人說大○者. 69-17 大○覽其說. 69-18 大○不事秦. 70-1 臨淄卽墨非○之有也. 70-2 是故願大○熟計之. 70-3 齊○曰. 70-4 齊○曰. 71-3 ○之謀過矣. 71-4 ○曰. 71-6 張儀事秦惠○. 71-10 惠○死. 71-10 武○立. 71-10 儀事先○不忠言未已. 71-10 謂武○曰. 71-12 願効之○. 71-12 ○曰. 71-13 然後○可以多割地. 71-13 今齊○甚憎張儀. 71-14 ○以其間伐韓. 71-16 此○業也. 71-17 ○曰. 71-17 梁○大恐. 71-19 ○勿患. 71-19 因謂齊○. 71-20 ○甚憎張儀. 71-21 厚矣○之託儀於秦○也. 71-21 齊○曰. 71-21 是乃○之託儀也. 71-23 因與秦○約曰. 71-23 爲○計者. 71-23 然後○可以多割地. 71-24 齊○甚憎儀. 71-24 ○以其間伐韓. 72-2 是○業也. 72-3 秦○以爲然. 72-3 是○內自罷而伐與國. 72-4 而信儀於秦○也. 72-5 ○曰. 72-5 張儀謂梁○. 72-7 梁○因相儀. 72-8 齊○聞之. 72-12 陳軫爲齊○使. 72-15 ○非置兩令尹也. 72-18 齊○恐. 73-3 因以上黨二十四縣許秦○. 73-4 謂齊○曰. 73-5 ○欲秦趙之解乎. 73-5 蘇秦謂齊○曰. 73-17 或謂齊○曰. 73-25 楚○死. 75-3 郢中立○. 75-4 郢中立○. 75-5 君因謂其新○曰. 75-6 吾爲○殺太子. 75-6 可以令楚○亟入下東國. 75-8 可以爲楚○走太子. 75-9 謂楚○曰. 75-18 今○不亟入下東國. 75-19 則太子且倍○之割而使齊奉己. 75-19 楚○曰. 75-19 使楚○聞之. 75-22 楚○請割地以留太子. 75-24 楚○聞之恐. 76-2 謂楚○曰. 76-4 以太子權○也. 76-5 必不倍於○也. 76-6 ○因馳强齊而爲交. 76-6 必聽○. 76-6 然則是○去讎而得齊交也. 76-6 楚○大悅. 76-7 故曰可以爲楚○使太子亟去也. 76-7 夫剬楚者○也. 76-9 又使人謂楚○曰. 76-17 奉○而代立楚太子者. 76-18 忠○而走太子者又蘇秦也. 76-19 願○之知之. 76-20 楚○曰. 76-21 今蘇秦善於楚○. 77-1 齊○夫人死. 77-6 薛公欲知○所欲立. 77-6 勸○立爲夫人. 77-7 ○曰. 77-25 ○曰. 78-1 而爲先○立清廟. 78-1 齊○和其顔色曰. 78-2 淳于髡一日而見七人於宣○. 80-21 ○曰. 80-22 ○求士於髡. 81-2 淳于髡謂齊○曰. 81-5 齊○懼. 81-9 齊○謂孟嘗君曰. 83-9 寡人不敢以先○之臣爲臣. 83-9 謂惠○曰. 83-15 梁○虛上位. 83-16 齊○聞之. 83-19 願君顧先○之宗廟. 83-22 願請先○之祭器. 83-23 君不以使人先觀秦○. 84-3 意者秦○帝○之主也. 84-4 意者秦○不肖之主也. 84-5 昭○聞之. 84-7 昭○曰. 84-8 昭○笑而曰. 84-9 大○不好人. 84-11 昭○曰. 84-12 昭○笑而謝之. 84-17 昭○. 84-19 齊宣○見顔斶. 85-15 ○前. 85-15 宣○不悅. 85-16 ○. 85-16 ○曰斶前. 85-16 亦曰○前. 85-17 ○前爲趨士. 85-18 不如使○爲趨士. 85-18 ○忿然作色曰. 85-18 ○者貴乎. 85-19 ○者不貴. 85-19 ○曰. 85-19 有能得齊○頭者. 85-21 生○之頭. 85-22 宣○默然不悅. 85-23 大○據千乘之地. 85-24 是以君○無羞亟問. 86-13 堯舜禹湯周文○是也. 86-15 是以侯○稱孤寡不穀. 86-18 而侯○以自謂. 86-19 周成○任周公旦. 86-20 宣○曰. 86-22 制言者○也. 87-3 先生○斗造門而欲見齊宣○. 87-8 宣○使謁者延入. 87-8 ○斗曰. 87-9 斗趨見○爲好勢. 87-9 ○趨見斗爲好士. 87-9 於○何如. 87-9 ○曰. 87-10 宣○因趨而迎之於門. 87-10 ○斗對曰. 87-11 ○聞之過. 87-12 宣○忿然作色. 87-12 ○斗曰. 87-14 今○有四焉. 87-15 宣○說曰. 87-15 ○斗曰. 87-17 ○亦好馬. 87-17 ○亦好狗. 87-17 ○亦好酒. 87-18 ○亦好色. 87-18 是○不好士. 87-18 宣○曰. 87-19 ○斗曰. 87-19 ○騶已備矣. 87-20 ○之走狗已具矣. 87-21 ○宮已充矣. 87-21 ○亦不好士也. 87-21 ○曰. 87-22 ○斗曰○之憂國愛民. 87-22 不若○愛尺縠也. 87-23 ○曰. 87-23 ○斗曰. 87-23○使人爲冠. 87-24 今○治齊. 87-24 宣○謝曰. 88-1 齊○使使者問趙威后. 88-3 ○亦無恙耶. 88-4 今不問○. 88-5 是助○養其民也. 88-9 是助○息其民者也. 88-10 何以○齊國. 88-13 上不臣於○. 88-14 管燕得罪齊○. 88-23 齊○曰. 89-6 ○之問臣也卒. 89-7 ○亦稱之. 89-9 ○因勿稱. 89-10 蘇秦謂齊○曰. 89-13 ○以天下爲尊秦乎. 89-13 ○曰. 89-14 ○曰. 89-15 故臣願○明釋帝. 89-18 而○以其間舉宋. 89-19 願○之熟慮之也. 89-24 蘇秦說齊閔○曰. 90-3 魏○身被甲底劍. 90-11 常以○人爲意也. 91-5 伯○不爲而立矣. 91-9 祖仁者○. 91-13 昔吳○夫差以强大爲天下先. 91-14 此夫差平居而謀○. 91-15 誠欲以伯○也爲志. 92-5 有市之邑莫不止事而奉○. 92-10 則非○之樂也. 93-6 士民不知而○業至矣. 93-13 故夫善爲○業者. 93-19 則○之道也. 93-21 昔者魏○擁土千里. 93-23 秦○恐之. 93-25 衛鞅謀於秦○曰. 94-1 ○何不使臣見魏○. 94-3 秦○許諾. 94-4 衛鞅見魏○曰. 94-4 大○之功大矣. 94-4 今大○之所從十二諸侯. 94-4 此固大○之所以鞭箠使也. 94-5 不足以○天下. 94-6 大○不若北取燕. 94-6 大○有伐齊楚心. 94-7 則○業見矣. 94-8 大○不如先行○服. 94-8 魏○說於衛鞅之言也. 94-8 而魏○處之. 94-10 魏○大恐. 94-11 秦○垂拱受西河之外. 94-12 而不以德魏○. 94-12 故曰衛鞅之始與秦○計也. 94-13 正議閔○. 95-4 閔○不肯與. 95-8 ○奔莒. 95-9 ○知之乎. 95-10 ○曰. 95-10 ○知之乎. 95-11 ○曰. 95-11 ○知之乎. 95-12 ○曰. 95-12 而○不知戒焉. 95-14 於是殺閔○於鼓里. 95-15 君○后. 95-16 立之以爲○. 95-18 襄○卽位. 95-18 君○后以爲后. 95-19 生齊○建. 95-19 ○孫賈年十五. 95-21 事閔○. 95-21 ○出走. 95-21 失○之處. 95-21 女今事○. 95-23 ○出走. 95-23 ○孫賈乃入市中. 95-24 殺閔○. 95-24 不顧燕○之無臣. 96-9 今燕○方寒心獨立. 96-20 歸報燕○. 96-25 燕○必喜. 96-25 故業與三○爭流. 97-22 閔○奔莒. 98-1 淖齒殺閔○. 98-1 襄○爲太子徵. 98-2 襄○立. 98-3 襄○惡之. 98-6 襄○呼而問之曰. 98-7 ○曰. 98-8 ○不如因以爲己善. 98-9 ○嘉單之善. 98-9 單有是善而○嘉之. 98-11 亦○之善已. 98-12 ○曰. 98-12 貫珠者復見○曰. 98-14 ○至朝日. 98-14 乃○之教澤也. 98-17 任之於○. 98-25 ○有所幸臣九人之屬. 99-1 相與語於○曰. 99-1 楚○使將軍將萬人而佐齊. 99-2 何不使使者謝於楚○. 99-2 ○曰. 99-3 楚○受而觴之. 99-4 九人之屬相與語於○曰. 99-4 且安平君之與○也. 99-5 願○之察之. 99-8 而○曰. 99-8 而○曰. 99-9 吾爲吾之○禮而已矣. 99-10 ○賜諸前. 99-11 ○曰. 99-11 ○惡得此亡國之言乎. 99-12 ○上者孰與周文○. 99-12 ○曰. 99-12 臣固知○不若也. 99-13 ○曰. 99-14 臣固知○不若也. 99-14 然則周文○得呂尙以爲太公. 99-15 今○得安平君而獨曰單. 99-16 而○曰單. 99-17 且○不能守先○之社稷. 99-18 ○走而之城陽之山中. 99-19 闔城陽而○. 99-21 而迎○與后於城陽山中. 99-22 ○乃得反. 99-23 ○乃曰單. 99-24 ○不亟殺此九子者以謝安平君. 99-24 ○乃殺九子而逐其家. 99-25 盼子謂齊○曰. 100-19 宋○必說. 100-20 齊閔○之遇殺. 100-24 求閔○子. 101-1 共立法章爲襄○. 101-2 襄○立. 101-2 以太史氏女爲○后. 101-2 君○后賢. 101-4 襄○卒. 101-5 子建立爲齊○. 101-5 君○后事秦謹. 101-5 秦始皇嘗使使者遺君○后玉連環. 101-7 君○后以示羣臣. 101-8 君○后引椎椎破之. 101-8 及君○后病且卒. 101-10 君○后曰. 101-11 君○后曰. 101-11 君○后死. 101-13 勸○朝秦. 101-14 齊○建入朝於秦. 101-16 所爲立○者. 101-16 爲○立○耶. 101-16 ○曰. 101-17 爲社稷立○. 101-17 ○何以去社稷而入秦. 101-17 齊○還車而反. 101-18 卽入見齊○曰. 101-20 ○收而與之百萬之衆. 101-22 ○收而與之百萬之師. 101-25 爲大○不取也. 102-2 齊○不聽. 102-2 秦使陳馳誘齊○內之. 102-3 齊○不聽卽墨大夫而聽陳馳. 102-3 齊明謂楚○曰. 102-8 秦○欲楚. 102-8 是○之聽涓也. 102-10 ○不如令人以涓來之辭謾固於齊. 102-12 則○重矣. 102-13 ○欲收齊以攻秦. 102-13 ○卽欲以秦攻齊. 102-13 子象爲楚謂宋○曰. 103-3 昭陽謂楚○曰. 103-9 ○曰. 103-10 楚○曰. 103-15 親○之所見也. 103-16 ○苟無目五國用兵. 103-16 荆宣○問羣臣曰. 103-22 今○之地方五千里. 104-4 其實畏○之甲兵也. 104-5 昭奚恤與彭城君議於○前. 104-8 ○召江乙而問焉. 104-8 昭奚恤謂楚○曰. 104-11 ○不如無救趙. 104-11 故○不如少出兵. 104-18 江尹欲惡昭奚恤於楚○. 104-23 楚○曰. 104-24 魏氏惡昭奚恤於楚○. 105-2 楚○告昭子. 105-2 ○曰. 105-5 謂楚○曰. 105-7 故昭奚恤常惡臣之見○. 105-10 謂楚○曰. 105-13 ○亦知之乎. 105-14 願○勿忘也. 105-14 於○何如. 105-14○曰. 105-15 於○何如. 105-15 ○曰. 105-16 而○終已不知者. 105-17 以○好聞人之美而惡聞人之惡也. 105-17 ○曰. 105-18 ○過舉而已. 105-22 而無目深自結於○. 106-1 楚○游於雲夢. 106-7 ○親引弓而射. 106-9 ○抽旃旄而抑兕首. 106-9 大○萬歲千秋之

後. 106-12 ○大說. 106-13 謂楚○曰. 106-17 ○曰. 106-18 楚○曰.
106-19 故楚○何不目新城爲主郡也. 107-10 楚○果以新城爲主郡.
107-14 楚○怒. 107-17 楚○曰. 107-20 楚杜赫說楚○以取趙. 107-
23 ○且予之五大夫. 107-23 陳軫謂楚○曰. 107-25 得趙而○無加焉.
108-1 ○不如以十乘行之. 108-1 ○曰. 108-2 陳軫謂○曰. 108-3 楚
○問於范環曰. 108-5 ○曰. 108-6 ○曰. 108-7 故惠○之明. 108-10
武○之察. 108-10 且○嘗用滑於越而納句章. 108-12 計○之功所以
能如此者. 108-14 今○以用之於越矣. 108-15 臣以爲○鉅速忘矣.
108-16○若欲置相於秦乎. 108-16 夫公孫郝之於秦○. 108-17 被○
衣以聽事. 108-18 眞大○之相已. 108-18 ○相之. 108-18 說楚威○
曰. 108-21 大○. 108-21 天下之賢○也. 108-21 此霸○之資也. 108
-24 夫以楚之强與大○之賢. 108-24 故爲○至計. 109-2 大○不從親.
109-3 故願大○之早計之. 109-5 大○誠能聽臣. 109-6 以承大○之
明制. 109-6 在大○之所用之. 109-7 大○誠能聽臣之愚計. 109-7 故
從合則楚○. 109-10 今釋霸○之業. 109-10 臣竊爲大○不取也. 109
-11 兩者大○何居焉. 109-17 故弊邑趙○. 109-17 在大○命之. 109
-18 楚○曰. 109-19 說楚○曰. 110-1 今大○不與猛虎而與羣羊. 110
-5 竊以爲大○之計過矣. 110-6 而大○不與秦. 110-8 是故願大○
之熟計之也. 110-14 黔中巫郡非○之有已. 110-19 此臣之所以爲大
○之患也. 110-22 且大○嘗與吳人五戰三勝而亡之. 110-23 臣竊爲
大○危之. 111-1 楚○大怒. 111-5 是故願大○熟計之也. 111-7 大○
悉起兵以攻宋. 111-10 盡○之有已. 111-11 卽陰與燕○謀破齊共分
其地. 111-12 齊○因受而相之. 111-13 齊○大怒. 111-14 大○誠能
聽臣. 111-16 請以秦女爲大○箕箒之妾. 111-17 故敝邑秦○. 111-19
使使臣獻書大○之從車下風. 111-19 楚○曰. 111-21 獻雞駭之犀
夜光之璧於秦○. 111-22 爲儀謂楚○逐昭雎陳軫. 112-2 昭雎歸報楚
○. 112-3 楚○說之. 112-3 楚○不察於爭名者也. 112-4 大○. 112-
7 今儀曰逐君與陳軫而○聽之. 112-7 而儀重於韓魏之○也. 112-8
而○不知察. 112-12 今君何不見臣於○. 112-12 請爲○使齊交不絕.
112-12 ○必薄之. 112-14 威○問於莫敖子華曰. 112-16 自從先君文
○以至不穀之身. 112-16 ○曰. 112-18 君○將何問者也. 112-19 ○
曰. 112-23 七日而薄秦○之朝. 113-14 秦○聞而走之. 113-15 秦○
身問之. 113-16 秦○顧令不起. 113-18 君○身出. 113-23 昭○反郢.
114-1 ○乃大息曰. 114-7 昔者先君靈○好小要. 114-9 君○直不好.
114-12 若君○誠好賢. 114-12 爲甘茂謂楚○曰. 115-3 故○不如與
齊約. 115-4 齊○好高人以名. 115-5 公不如令○重賂景鯉蘇厲. 115
-11 ○欲昭雎之乘秦也. 115-16 請爲公令辛戎謂○曰. 115-17 楚○
欲擊秦. 115-20 桓臧爲昭雎謂楚○曰. 115-21 秦○怒於戰不勝. 115
-22 是○與秦相罷. 115-22 秦○惡與楚相弊而令天下. 115-24 楚懷
○拘張儀. 116-4 靳尙爲儀謂楚○曰. 116-4 秦○必怒. 116-4 又謂○
之幸夫人鄭袖曰. 116-5 子亦自知且賤於○乎. 116-6 秦○之忠信有
功臣也. 116-7 秦○欲出之. 116-7 秦○有愛女而美. 116-8 欲因張儀
內之楚○. 116-10 楚○必愛. 116-10 勢爲○妻以臨于楚. 116-11 ○
惑於虞樂. 116-11 子何不急言○. 116-13 鄭袖遽說楚○出張子. 116
-16 楚○將出張子. 116-19 靳尙謂楚○曰. 116-19 儀事○不善. 116
-20 楚○必大怒儀也. 116-22 楚○大怒. 116-24 楚○入秦. 117-2 秦
○留之. 117-2 游騰爲楚謂秦○曰. 117-2 ○挾楚○. 117-2 ○不如與
之盟而歸之. 117-3 楚○畏. 117-4 ○因與三國攻之. 117-4 楚襄○爲
太子之時. 117-7 懷○薨. 117-7 太子辭於齊○而歸. 117-7 齊○隘之.
117-7 致命齊○曰. 117-10 齊○歸楚太子. 117-11 卽位爲○. 117-12
楚○告慎子曰. 117-12 ○明日朝羣臣. 117-13 ○曰. 117-15 ○墳
墓復羣臣歸社稷也. 117-15 ○不可不與也. 117-17 ○身出玉聲. 117
-17 ○曰. 117-19 ○曰. 117-23 ○身出玉聲. 117-24 ○以三大夫計
告慎子曰. 118-2 ○皆用之. 118-5 ○怫然作色曰. 118-5 而○且見其
誠然也. 118-6 ○發上柱國子良車五十乘. 118-6 ○曰. 118-9 齊○謂
子良曰. 118-13 臣身受命弊邑之○. 118-13 ○攻之. 118-14 齊○大
興兵. 118-14 齊○恐焉. 118-16 秦栖楚○. 118-19 今楚○歸. 118-19
蘇子謂楚○曰. 119-3 今○之大臣父兄. 119-4 使○見疾於民. 119
-6 大臣播○之過於百姓. 119-6 多賂諸侯以○之地. 119-6 是故退○
之所愛. 119-7 事○者以千數. 119-10 三日乃得見乎○. 119-15 楚○
曰. 119-15 ○難得見如天帝. 119-18 ○曰. 119-18 楚○逐張儀於魏.
119-21 ○何逐張子. 119-21 ○無以爲臣. 119-22 ○勿與爲約. 119-
22 於○何傷. 119-22 於○何益. 119-23 是○令困也. 119-23 子待我
爲子見楚○. 120-3 張子見楚○. 120-5 楚○不說. 120-5 ○無所用臣.
120-5 楚○曰. 120-6 ○無求於晉國乎. 120-6 ○曰. 120-6 ○徒不好
色耳. 120-7 ○曰. 120-7 楚○曰. 120-9 張子辭楚○曰. 120-14 願○
賜之觴. 120-14 ○曰. 120-15 願○召所便習而觴之. 120-16 ○曰.
120-16 儀有死罪於大○. 120-17 ○曰. 120-17 是欺○也. 120-18 ○
曰. 120-19 楚○令昭雎之秦重張儀. 120-21 惠○死. 120-21 武○逐
張儀. 120-21 楚○因收昭雎以取齊. 120-21 桓臧爲雎謂楚○曰. 120
-22 儀貴惠○而善雎也. 120-23 今惠○死. 120-23 武○立. 120-23
○不如復雎. 121-2 楚○受之. 121-5 馮郝謂楚○曰. 121-6 而○親與

約. 121-6 臣爲○弗取也. 121-6 而惡○之交於張儀. 121-7 且宋○之
賢惠子也. 121-8 臣以爲大○輕矣. 121-9 ○不如舉惠子而納之於宋.
121-10 儀必德○. 121-11 而○奉之. 121-11 又必德○. 121-11 楚○
曰. 121-12 魏○不說. 121-20 張儀惡之於魏○曰. 121-25 儀善於魏
○. 122-1 魏○甚信之. 122-1 楚○喜. 122-3 楚○謂陳軫曰. 122-5
○勿據也. 122-7 ○勿據也. 122-10 楚○聽之. 122-11 或謂楚○曰.
123-3 臣聞從者欲合天下以朝大○. 123-3 臣願大○聽之也. 123-3
魏○遺楚○美人. 123-11 楚○說之. 123-11 夫人鄭袖知○之說新人
也. 123-11 愛之甚於○. 123-13 ○曰. 123-13 鄭袖知○以己爲不妬
也. 123-16 ○愛子美矣. 123-16 子爲見○. 123-17 新人見○. 123-17
○謂鄭袖曰. 123-18 ○曰. 123-19 其似惡聞君○之臭也. 123-19
○曰. 123-20 楚○后死. 123-22 ○不聽. 123-23 令其一善而獻之○.
123-24 莊辛謂楚襄○曰. 124-2 君○左州侯. 124-2 襄○曰. 124-3
君○卒幸四子者不衰. 124-5 襄○流揜於城陽. 124-6 襄○曰. 124-8
○獨不見夫蜻蛉乎. 124-13 不知夫公子○孫. 124-18 不知夫子發方
受命乎宣○. 125-5 君○之事因是以. 125-7 不知夫穰侯方受命乎秦
○. 125-10 襄○聞之. 125-12 ○愛富摯. 125-23 楚○死. 125-25 秦
○聞之懼. 126-4 有不獻死之藥於荊○者. 126-6 ○怒. 126-7 中射之
士使人說○曰. 126-8 臣食之而○殺臣. 126-9 ○殺無罪之臣. 126-9
而明人之欺○. 126-10 ○乃不殺. 126-10 武○日鄗. 126-12 殷○而
夏亡. 126-17 癘人憐○. 126-21 楚○子圍聘於鄭. 126-24 聞○病.
126-25 遂以冠纓絞○. 126-25 擢閔○之筋. 127-4 癘雖憐○可也. 127
-8 更羸與魏○處京臺之下. 127-16 更羸謂魏○曰. 127-17 臣爲○
引弓虛發而下鳥. 127-17 魏○曰. 127-17 魏○曰. 127-19 ○曰. 127
-20 楚考烈○無子. 128-17 欲進之楚○. 128-18 齊○遣使求臣女弟.
128-20 楚○之貴幸君. 128-24 今君相楚○二十餘年. 128-24 而○無
子. 128-25 卽楚○更立. 128-25 多失禮於○兄弟. 129-2 誠以君之重
而進妾於楚○. 129-4 ○必幸妾. 129-4 則是君之子爲○也. 129-5 而
言之楚○. 129-6 楚○召入. 129-6 以李園女弟立爲○后. 129-7 楚○
貴李園. 129-7 李園既入其女弟爲○后. 129-9 考烈○病. 129-11 實
楚○也. 129-14 今○疾甚. 129-14 ○長而反政. 129-16 ○之舅也.
129-17 楚○崩. 129-18 君○崩. 129-20 楚考烈○崩. 129-24 而入之
○所生子者. 130-1 遂立爲楚幽○也. 130-2 今楚○之春秋高矣. 130
-6 秦惠○封冉子. 130-9 惠○死. 130-9 而後○奪之. 130-9 爲其遠
○室矣. 130-11 請令魏○可. 130-14 迺謂魏○曰. 130-16 魏○曰.
130-17 其於○孰便也. 130-21 乃使延陵○將車騎先之晉陽. 132-13
蘇秦爲齊上書說趙○曰. 138-1 且秦以三軍攻○之上黨而危其北. 138
-19 非○之有也. 138-19 又非○之有也. 138-23 五國之○. 138-24
此○之明知也. 139-3 臣恐其後事○者之不敢自必也. 139-5 今○收
天下. 139-5 必以○爲得. 139-6 韓危社稷以事○. 139-6 天下必重○.
139-7 然則韓義○以天下就之. 139-7 下至韓慕○以天下收之. 139-
8 制於○已. 139-9 臣願大○深與左右羣臣卒計而重謀. 139-9 秦○
謂公子他曰. 139-16 ○出兵韓. 139-19 ○曰. 139-20 今○令韓興兵
以上黨入和於秦. 139-24 ○則有令. 140-1 雖○與子. 140-1 韓陽趨
以報○. 140-2 ○曰. 140-2 陰使人請趙○曰. 140-4 願拜內之於○.
140-5 唯○才之. 140-6 趙○喜. 140-6 ○曰. 140-9 今○取之. 140-
12 ○自圖之. 140-14 ○大怒曰. 140-14 ○召趙勝趙禹而告之曰. 140
-17 敝邑之○. 140-21 謂韓○曰. 141-1 秦○怒. 141-2 令公孫起○
齮以兵遇趙於長平. 141-2 蘇秦爲趙○使於秦. 141-5 謂趙○曰. 141
-5 齊○欲求救宜陽. 141-13 秦○欲得宜陽. 141-14 趙○封孟嘗君以
武城. 142-6 今趙○不知文不肖. 142-9 訾然使趙○悟而知文也. 142
-10 謂趙○曰. 142-13 願○熟慮之也. 142-20 今謂楚○. 142-23 楚
○美秦之語. 142-24 今○美秦之言. 143-1 楚○入秦. 143-2 及楚○
之未入也. 143-8 楚○聞之. 143-8 若楚○入. 143-10 必不出楚○.
143-10 願○之熟計之也急. 143-11 趙○因起兵南戍韓梁之西邊. 143
-13 果不出楚○卬. 143-14 說趙○曰. 144-3 莫不高賢大○之行義.
144-4 大○不得任事. 144-5 大○乃今然後得與士民相親. 144-6 爲
大○計. 144-7 願大○愼無出於口也. 144-11 大○誠能聽臣. 144-14
今大○垂拱而兩有之. 144-17 是臣之所以爲大○願也. 144-18 大○
與秦. 144-18 此臣之所以爲大○患也. 144-23 此臣之所以爲大○患
也. 145-7 以○諸侯. 145-9 願大○之熟計之也. 145-21 明○絕疑去
讒. 145-22 故竊爲大○計. 145-23 趙○曰. 146-9 蘇子爲謂秦○曰.
146-13 臣聞明○之於其民也. 146-13 臣願○察臣之所謁. 146-15 明
乎輕之爲重者○. 146-25 秦○曰. 147-1 宣○用之. 147-6 於是秦○
解兵不出於境. 147-21 說趙○曰. 147-23 弊邑秦○使臣敢獻書於大
○御史. 147-23 大○收率天下以儐秦. 147-24 大○之威. 147-25 唯
大○有意督過之也. 148-2 今秦以大○之力. 148-3 凡大○之所信以
爲從者. 148-7 臣切爲大○計. 148-15 願大○之定計. 148-16 趙○曰.
148-17 先○之時. 148-17 蔽晦先○. 148-17 先○弃羣臣. 148-18 武
靈○平晝間居. 148-23 ○慮世事之變. 148-23 ○曰. 149-1 今○卽定
負遺俗之慮. 149-10 ○其遂行之. 149-13 ○曰. 149-13 ○遂胡服.
149-18 使○孫緤告公子成曰. 149-18 先○之通誼也. 149-20 臣固聞

○之胡服也. 150-2 ○今命之. 150-3 今○釋此. 150-6 臣願大○圖之. 150-7 使者報○. 150-8 ○曰. 150-8 而襄○兼戎取代. 150-23 先○忿之. 150-25 臣愚不達於○之議. 151-4 以順先○之志. 151-5 ○曰. 151-9 故臣願○之圖之. 151-12 ○曰. 151-13 且夫三代不同服而○. 151-15 ○曰. 151-23 今○易初不循俗. 152-1 臣願○之圖之. 152-5 ○曰. 152-6 帝○不相襲. 152-6 及至三○. 152-7 不相襲而○. 152-10 ○立周紹爲傅. 152-19 故寡人欲子之胡服以傅○乎. 152-25 ○失論矣. 153-2 ○曰. 153-2 ○曰. 153-3 ○請更論. 153-7 ○曰. 153-8 乃國未通於○胡服. 153-8 ○之臣也. 153-9 而○重命之. 153-9 ○曰. 153-11 寡人以○子爲子任. 153-11 以傅○子也. 153-15 ○令讓之曰. 153-18 ○之惠也. 153-24 ○破原陽. 154-2 今○破原陽. 154-3 今民便其用而○變之. 154-4 今○破卒散兵. 154-5 ○曰. 154-7 趙惠文○三十年. 155-3 帝○之兵. 155-6 請無急秦○. 156-4 秦○見趙之相魏冉之不急也. 156-4 樂毅謂趙○曰. 156-8 必皆事○以伐齊. 156-11 ○曰. 156-11 秦○怒. 156-16 趙○乃令鄭朱對曰. 156-16 有先○之明與先臣之力. 156-17 秦○大怒. 156-21 是我以○因饒中山而取地也. 157-10 魏○聽. 157-19 趙○不聽. 157-22 ○曰. 157-23 ○曰. 157-24○亦過矣. 157-24 ○曰. 157-25 而○不聽. 158-1 而○辭利也. 158-1 ○亦過矣. 158-1 趙○與樓緩計之曰. 158-22 ○曰. 158-24 ○亦聞夫公甫文伯母乎. 158-24 則恐○以臣之爲秦也. 159-6 使臣得爲○計之. 159-7 ○曰. 159-7 入見○. 159-8 ○以樓緩言告之. 159-8 而趙○入朝. 159-9 ○曰. 159-10 ○以其力尙能進. 159-11 愛○而不攻乎. 159-11 ○曰. 159-11 ○又以其力之所不能攻以資之. 159-13 來年秦復攻○. 159-14 ○無以救矣. 159-14 ○又以虞卿之言告樓緩. 159-15 令秦來年復攻○. 159-17 ○曰. 159-18 今秦釋韓魏而獨攻○. 159-19 ○之所以事秦必不如韓魏也. 159-20 至來年而○獨不取於秦. 159-21 ○之所以事秦者. 159-21 ○以樓緩之言告. 159-23 來年秦復攻○. 159-24 必○之事秦不如韓魏也. 160-5 是使○歲以六城事秦也. 160-6 ○將予之乎. 160-7 而○之地有盡. 160-11 ○必勿與. 160-12 ○曰. 160-13 入見於○. 160-14 ○又以虞卿言告之. 160-14 ○以此斷之. 160-19 又入見○曰. 160-20 秦索六城於○. 160-22 ○以五城賂齊. 160-22 得○五城. 160-23 齊之聽○. 160-24 是○失於齊而取償於秦. 160-24 趙○曰. 160-25 因發虞卿東見齊○. 160-25 謂趙○曰. 161-5 趙○曰. 161-7 趙○召樓昌與虞卿曰. 161-14 且○之論秦也. 161-18 欲破○之軍乎. 161-18 ○曰. 161-18 ○聊聽臣. 161-19 楚魏欲得○之重寶. 161-20 趙○不聽. 161-22 趙○召虞卿曰. 161-22 ○必不得媾. 161-24 秦○與應侯必顯重以示天下. 161-25 必不救○. 162-1 秦知天下不救○. 162-1 ○入秦. 162-3 秦留趙○而后許之媾. 162-3 魏安釐○使將軍晉鄙救趙. 162-5 魏○使客將軍新垣衍間入邯鄲. 162-6 因平原君謂趙○曰. 162-7 前與齊湣○爭强爲帝. 162-7 今齊湣○已益弱. 162-8 趙誠發使尊秦昭○爲帝. 162-9 魏○使將軍辛垣衍令趙帝秦. 162-13 昔齊威○嘗爲仁義矣. 163-8 周烈○崩. 163-9 威○勃然怒曰. 163-11 然吾將使秦○烹醢梁○. 163-16 先生又惡能使秦○烹醢梁○. 163-18 鬼侯之鄂侯文○. 163-19 文○聞之. 163-21 曷爲與人俱稱帝○. 163-22 齊閔○將之魯. 163-23 閔○欲入弔. 164-3 交有稱○之名. 164-8 梁○安得晏然而已乎. 164-12 鄭同北見趙○. 165-8 趙○曰. 165-8 ○致之於前. 165-9 趙○曰. 165-10 臣故意大○不好也. 165-11 臣亦嘗以兵說魏昭○. 165-12 昭○亦曰. 165-12 ○之行能如許由乎. 165-12 今○既受先○之傳. 165-13 ○曰. 165-14 臨○之境. 165-17 索○之地. 165-17○非戰國守圉之具. 165-18 ○若無兵. 165-18 趙○曰. 165-19 趙○迎之. 165-21 趙○曰. 165-22 ○能重○之國若此尺帛. 165-23 則○之國大治矣. 165-24 趙○不說. 165-24 ○無怒. 165-25 請爲○說之. 166-1○有此尺帛. 166-1 ○曰. 166-1 奚虧於○之國. 166-2 而○必待工而后乃使之. 166-2 先○不血食. 166-4 而○不以予工. 166-4 且○之先帝. 166-4 今○憧憧. 166-5 臣恐秦折○之椅也. 166-6 君之所以事○者. 166-16 胥之所以事○者. 166-16 君因言○而重責之. 166-21 入言於○. 166-22 文○之拘於牖里. 167-10 而武○羈於玉門. 167-11 是武○之功也. 167-12 而君之身於○. 167-17 ○欲知其人. 167-21 齊人李伯見孝成○. 167-24 成○說之. 167-24 孝成○方饋. 167-25 孝成○不應. 167-25 爲孝成○從事於外者. 168-2 爲齊獻書趙○. 169-3 而能令○坐而天下致名寶. 169-3 而臣竊怪○之不試見臣. 169-4 故○重見臣也. 169-5 欲用○之兵. 169-5 則欲以天下之重恐○. 169-7 而取行於○者也. 169-7 臣以齊循事○. 169-8 ○能亡燕. 169-8 臣以爲齊致尊名於○. 169-9 天下孰敢不致尊名於○. 169-9 臣以齊致地於○. 169-10 天下孰敢不致地於○. 169-10 臣以齊爲○求名於燕及韓魏. 169-10 齊先重○. 169-11 故天下盡重○. 169-11 天下必盡輕○也. 169-12 以無齊之故重○. 169-12 燕魏自以無齊故重○. 169-13 今○無齊獨安得無重天下. 169-13 故勸○無齊者. 169-14 則欲用○之兵成其私者也. 169-15 則欲輕○以天下之重. 169-15 取行於○者也. 169-16 願○之熟慮無齊之利害也. 169-16 秦○怒. 169-20 魏○不說. 169-23 謂齊○曰. 169-23 臣爲足下謂魏○曰. 169-23 ○之事趙也何得矣. 170-2 且○嘗濟於漳. 170-3 而趙無爲○行也. 170-4 而乃令秦攻○. 170-5 如○若用所以事趙之半收齊. 170-6 天下有敢謀○者乎. 170-6 ○之事齊也. 170-6 齊爲○之故. 170-7 未嘗不爲○先被矢石也. 170-8 盡効之於○. 170-9 齊甲未嘗不歲至於○之境也. 170-10 請問○之所以報齊者可乎. 170-11 ○以此疑齊. 170-12 今○又挾故薛公以爲相. 170-12 ○固可以反疑齊乎. 170-13 於魏○聽此言也甚詘. 170-14 其欲事○也甚循. 170-14 臣願○之曰聞魏而無庸見惡也. 170-15 臣請爲○推其怨於趙. 170-16 願○之陰重趙. 170-17 而無使秦之見○之重趙也. 170-17 必爲○高矣. 170-19 臣故欲○之偏劫天下. 170-19 ○使臣以韓魏與燕劫趙. 170-20 則天下皆偪秦以事○. 170-22 然後○擇焉. 170-23 李兌乃謂齊○曰. 171-1 而宋置太子以爲○. 171-2 蘇代謂齊○曰. 171-19 秦○貪. 171-21 齊○必無召眠也使臣守約. 171-25 秦○受負海內之國. 172-7 秦○內韓珉於齊. 172-10 復合衍交兩○. 172-10 ○賁韓他之曹. 172-11 秦○受齊受趙. 172-13 謂趙○曰. 173-7 死不復見於○矣. 173-8 ○曰. 173-8 ○不聞公子牟夷之於宋乎. 173-9 今臣之於○非宋之於公子牟夷也. 173-10 故臣死不復見於○矣. 173-11 ○曰. 173-11 而○弗聽. 173-13 虞卿請趙○曰. 173-16 趙○曰. 173-17 今○能以百里之地. 173-18 趙○曰. 173-19 魏○許諾. 173-20 范座獻書魏○曰. 173-22 臣聞趙○以百里之地. 173-22 臣竊爲大○美之. 173-24 趙○以咫尺之書來. 174-3 而魏○輕爲之殺無罪之座. 174-4 ○聽趙殺座之後. 174-7 遽言之○而出之. 174-9 趙○因割濟東三城令盧高唐平原陵地城邑市五十七. 174-11 齊明爲謂趙○曰. 175-12 趙○曰. 175-14 甚善趙○. 175-17 趙○三延之以相. 175-17 則○必怒而誅建信君. 175-18 馮忌爲廬陵君謂趙○曰. 175-22 ○之逐廬陵君. 175-22 ○曰. 175-23 而○不逐也. 175-24 而○逐之. 175-24 是○輕强秦而重弱燕也. 175-24 ○曰. 175-25 然則○逐廬陵君. 175-25 臣竊爲大○不取也. 176-1 馮忌請見趙○. 176-3 ○問其故. 176-4 趙○曰. 176-10 ○曰. 176-11 客見趙○曰. 176-13 臣聞○之使人買馬也. 176-13 ○曰. 176-13 ○曰. 176-14 ○何不遣建信君乎. 176-14 ○曰. 176-15 ○何不遣紀姬乎. 176-15 ○曰. 176-16 ○曰. 176-17 ○曰. 176-17 然而○之買馬也. 176-18 然而○不待工. 176-20 趙○未之應也. 176-20○知之乎. 176-21 ○曰. 176-21 此皆能乘○之醉昏. 176-23 而求所欲於○者也. 176-23 趙○使往賀. 177-2 趙○憂之. 177-3 大○可試使之. 177-6 獻書秦○曰. 177-7 大○廣地寧邑. 177-7 使下臣奉其幣物三至○廷. 177-8 願大○無絶其歡. 177-9 秦○使使者報曰. 177-10 大○若有以令之. 177-12 於是秦○乃見使者. 177-14 猶大○之有葉陽涇陽君也. 177-16 大○以孝治聞於天下. 177-17 無非大○之服御者. 177-19 今使臣受大○之令以還報. 177-21 秦○曰. 177-23 秦○乃喜. 177-24 舉茅爲姚賈謂趙○曰. 178-2 ○之忠臣也. 178-3 將使○逐之. 178-4 今○逐之. 178-4 而○之忠臣有罪也. 178-5 故○不如勿逐. 178-5 以明○之賢. 178-5 楚○懼. 178-8 楚○禽趙宋. 178-10 趙○之所甚愛也. 178-13 春平侯者言行於趙○. 178-15 以衛○官. 179-5 有子孫相繼爲○也哉. 179-13 秦使○翦攻趙. 179-25 ○翦惡之. 180-1 乃多與趙○寵臣郭開等金. 180-1 趙○疑之. 180-2 ○翦因急擊. 180-4 虜趙○遷及其將顏㝡. 180-5 ○鍾侍○. 182-18 則霸○之業具矣. 182-19 是伯○之業. 182-21 而武○伐之. 183-2 奚足以霸○矣. 183-4 魏○說. 183-7 ○之明法也. 183-12 ○特爲臣之右手不倦賞臣. 183-13 ○曰. 183-14 ○曰. 183-16 惠○往問之. 183-21 願○以國事聽之也. 183-22○弗應. 183-23 惠○之悖也. 184-2 說魏○曰. 184-5 大○之埊. 184-5 大○之國. 184-11 然橫人謀○. 184-11 大○. 184-13 臣竊爲大○媿之. 184-14 臣聞越○勾踐以散卒三千. 184-16 武○卒三千人. 184-16 今竊聞大○之卒. 184-17 此其過越○勾踐武○遠矣. 184-19 願大○之熟察之也. 184-24 大○誠能聽臣. 185-2 故敝邑趙○使使臣獻愚計. 185-3 在大○詔之. 185-4 魏○曰. 185-4 今主君以趙○之詔詔之. 185-5 說魏○曰. 185-7 大○不事秦. 185-19 則大○之國欲求無危不可得也. 185-21 此臣之所以爲大○患也. 185-22 爲大○計. 185-23 則大○高枕而臥. 185-24 大○不聽臣. 186-4 說一諸侯之○. 186-6 故願大○之熟計之也. 186-10 魏○曰. 186-11 齊使蘇厲爲之謂魏○曰. 186-21 不信齊○與蘇秦也. 186-23 故○不如復東蘇秦. 186-25 魏○使李從以車百乘使於楚. 187-8 公謂魏○曰. 187-9 ○必無辭以止公. 187-11 謁魏○. 187-12 ○許之. 187-12 皆使人告其○曰. 187-14 齊○聞之. 187-15 魏○止其行使. 187-16 楚○聞之. 187-17 魏○曰. 187-18 張儀惡陳軫於魏○曰. 187-22 儀善於魏○. 187-23 魏○甚愛之. 187-23 而反於楚○. 187-24 因使人先言於楚○. 187-25 令魏○召而相之. 188-2 必勸○多公之車. 188-5 使人謂齊○曰. 188-6 齊○曰. 188-7 張丑諫於○. 188-10 不得於○. 188-10 復諫於○曰. 188-11 ○亦聞老妾事其主婦者乎. 188-11 今臣之事○. 188-12 魏○因不納張儀. 188-12 人多爲張子於○所. 188-16 惠子謂○曰. 188-16 而○之羣臣皆以爲可. 188-17 ○亦聞張儀之約秦○乎. 189-1 ○若相儀於魏. 189-2 必割地以賂○. 189-3 此儀之所以與秦○陰相結也. 189-4 齊楚之○曰. 189-6 故謂魏○曰. 189-8 ○以其間

約南陽. 189-8 魏○將相張儀. 189-12 且魏○所以貴張子者. 189-13 謂魏○曰. 189-19 是○失謀於楚趙. 189-21 ○之所得者. 189-23 魏○弗聽也. 189-24 賞韓○以近河外. 190-1 魏○懼. 190-1 且以遇卜○. 190-2 ○不遇秦. 190-3 魏○遂尙遇秦. 190-3 犀首謂梁○曰. 190-6 二國恃○. 190-6 爲竇屢謂魏○曰. 190-11 而令秦講於○. 190-12 ○曰. 190-12 ○不若與竇屢關内侯. 190-13 ○重其行而厚奉之. 190-13 必以少割請合於○. 190-17 齊○將見燕趙楚之相於衞. 190-19 魏○懼. 190-19 ○與臣百金. 190-20 ○爲約車. 190-20 犀首期齊○至之曰. 190-21 以請先見齊○. 190-22 謂齊○曰. 190-24 ○與三國約外魏. 190-24 是○謀三國也也. 190-24 齊○曰. 190-25 魏○聞寡人來. 190-25 三國之不相信齊○之遇. 191-1 以與○遇. 191-5 季子爲衍謂梁○曰. 191-8 ○獨不見夫服牛驂驥乎. 191-9 今○以衍爲可使將. 191-10 ○之國必傷矣. 191-11 願○察之. 191-11 欲以爲○廣土取尊名. 192-13 ○又聽之. 192-14 ○曰. 192-15 蘇代爲田需說魏○曰. 192-21 ○曰. 192-21 ○曰. 192-22 將用○之國. 192-24 ○且無所聞之矣. 192-24 ○之國雖滲樂而從之可也. 193-1 ○不如舍需於側. 193-1 需必挫我於○. 193-2 ○厝需於側以稽之. 193-4 ○曰. 193-5 史舉非犀首於○. 193-7 請令○讓先生以國. 193-7 ○爲堯舜矣. 193-8 衍請因令○致萬户邑於先生. 193-8 ○聞之而弗任也. 193-9 楚○攻梁南. 193-12 成恢爲犀首謂韓○曰. 193-12 故○不如釋薔. 193-14 大○之攻薔易矣. 193-16 魏惠○死. 193-18 而不行先○之喪. 193-21 昔○季歷葬於楚山之尾. 194-1 文○曰. 194-3 此文○之義也. 194-5 先○必欲少留而扶社稷安黔首也. 194-7 此文○之義也. 194-8 意者羞法文○乎. 194-8 又令魏太子未葬其先○而因又說文○之義. 194-10 說文○之義以示天下. 194-11 秦○許之. 194-15 魏○畏齊秦之合也. 194-15 謂魏○曰. 194-16 秦○謂宋郭曰. 194-16 而與○爭得者. 194-17 請爲○毋禁楚之伐魏也. 194-17 而○獨舉宋. 194-18 ○之伐宋也. 194-18 ○無與之講以取埊. 194-19 而竊爲○悲. 194-22 秦必且用此於○矣. 194-22 又必且曰○以求埊. 194-22 又且以力攻○. 194-23 又必謂○曰使○輕齊. 194-24 又且收齊以更索於○. 194-25 願○之深計之也. 195-1 故爲○計. 195-2○其聽臣也. 195-3 讐○以爲資者也. 195-9 臣又說齊○而往敗之. 195-24 謂魏○曰. 196-5 嬰子言行於齊○. 196-5 ○欲得齊. 196-5 彼必務以齊事○. 196-6 ○曰. 196-6 魏○令惠施之楚. 196-9 楚○聞之. 196-10 魏○令犀首之齊. 196-10 楚○聞之. 196-11 魏惠○起境内衆. 196-13 何不令公子泣○太后. 196-14 不成則爲○矣. 196-14 公子爭之於○. 196-16 ○聽公子. 196-16 必爲○也. 196-17 魏○召惠施而告之曰. 196-19 ○者得度. 196-21 今○所以告臣者. 196-22 ○固先屬怨於趙. 196-22 ○又欲悉起而攻齊. 196-23 ○若欲報齊乎. 196-24 楚○必怒矣. 196-25 ○游人而合其鬬. 196-25 是○以楚毀齊也. 197-1 魏○曰. 197-2 且楚○之爲人也. 197-6 遂内魏○. 197-8 楚○怒. 197-9 ○欲見之. 197-12 朱倉謂○曰. 197-13 魏○之年長矣. 197-13 田需貴於魏○. 197-17 今子雖自樹於○. 197-20 請爲君北見梁○. 197-24 君其爲梁○. 197-25 梁○. 198-3 梁○. 198-4 遂北見梁○. 198-8 蘇代爲說秦○曰. 198-10 今臣願大○陳臣之愚意. 198-11 願大○察之. 198-12 今大○令人執事於魏. 198-12 夫魏○之愛習魏信也. 198-14 今○之使人入魏而不用. 198-15 則○之使人入魏無益也. 198-16 此魏○之所以不安也. 198-16 大○欲完魏之交. 198-22 魏信事○. 198-22 離○. 198-23 彼其事○必完矣. 198-24 必多割埊以深下○. 199-4 則是大○垂拱之割埊以爲利重. 199-5 臣願大○察之. 199-6 爲魏謂楚○曰. 199-8 魏○之恐也見亡矣. 199-8 ○何不倍秦而與魏○. 199-9 魏○喜. 199-10 必效城埊於○. 199-10 ○雖復與之攻魏可也. 199-11 楚○曰. 199-11 爲疾謂楚○曰. 199-14 敝邑之○欲效城埊. 199-14 ○出魏質. 199-15 楚○曰. 199-16 謂魏○曰. 199-19 ○信之乎. 199-20 ○曰. 199-20 ○信之乎. 199-20 ○曰. 199-20 ○信之乎. 199-21 ○曰. 199-21 願○察之矣. 199-23 ○曰. 199-23 梁○魏嬰觴諸侯於范臺. 200-2 楚○登强臺而望崩山. 200-8 梁○稱善相屬. 200-13 魏○患之. 201-3 ○勿憂也. 201-3 臣請發張倚使謂趙○曰. 201-3 今大○收秦而攻魏. 201-5 寡人請以鄴事大○. 201-5 趙○喜. 201-5 魏○請以鄴事寡人. 201-6 張倚因謂趙○曰. 201-8 大○且何以報魏. 201-8 趙○因令閉關絶秦. 201-9 敝邑所以事大○者. 201-10 趙○恐魏承秦之怒. 201-11 芒卯謂秦○曰. 201-14 ○之士未有爲之中者也. 201-14 臣聞明○不胥中而行. 201-14 ○之所欲於魏者. 201-15 長羊○屋洛林之地也. 201-15 ○能使臣爲魏之司徒. 201-16 秦○曰. 201-16 謂魏○曰. 201-18 ○所患者上地也. 201-18 長羊○屋洛林之地也. 201-18 ○獻之秦. 201-19 魏○曰. 201-20 魏○謂芒卯曰. 201-21 ○無以責秦. 201-22 ○因赦其罪. 201-23 臣爲○責約於秦. 201-23 謂秦○曰. 201-24 魏之所以獻長羊○屋洛林之地者. 201-24 有意欲以下大○之兵東擊齊也. 202-1 無以利事○者矣. 202-2 秦○戄然曰. 202-2 臣聞魏氏大臣父兄皆謂魏○曰. 202-6 初時惠○伐趙. 202-7 且劫○以多割也. 202-14 ○必勿聽也. 202-14 今○循楚趙而講. 202-14 楚趙怒而與○爭事秦. 202-15 願○之必無講也. 202-16 ○若欲講. 202-16 魏○且入朝於秦. 203-11 周訢謂○曰. 203-11 今○之事秦. 203-16 願○之有以易之. 203-17 魏○曰. 203-17 内○於不可知之秦. 203-21 而殉○以鼠首. 203-21 臣竊爲○不取也. 203-21○曰. 203-22 ○曰. 203-23 而○效其上. 203-24○尙未聽也. 203-25 ○視楚○. 203-25 楚○入秦. 203-25○以三乘先之. 203-25 楚○不入. 203-25 ○乃止. 204-1 ○謂支期曰. 204-1○勿憂也. 204-2 臣使長信侯請無内○. 204-2 ○待臣也. 204-3○命召相國. 204-4 ○何以臣爲. 204-4 ○急召君. 204-5 吾内○於秦者. 204-5○急召君. 204-8 且見○. 204-10 支期先入謂○曰. 204-10 長信侯入見○. 204-11 ○曰. 204-11 ○毋行矣. 204-12 願○無憂. 204-13 孫臣謂魏○曰. 204-17 是羣臣之私而○不知也. 204-18○因使之割地. 204-19 而○因使之受璽. 204-20 今○之地有盡. 204-22 魏○曰. 204-24 ○獨不見夫博者之用梟邪. 204-25 魏○曰. 205-1 入說齊○曰. 205-6 爲○弗取也. 205-7 齊○曰. 205-7 客謂齊○曰. 205-9 ○以謂淯于髡曰. 205-10 於○何益. 205-12 於○何損. 205-13 且夫○無伐與國之誹. 205-13 於○何傷乎. 205-14 魏○聞之. 205-16 ○曰. 205-17 謂趙○曰. 205-19 趙○曰. 205-19 以忠○也. 205-20 ○曰. 205-20 此文之所以忠於大○也. 205-24 趙○許諾. 205-24 又北見燕○曰. 206-1 先日公子常約兩○之交矣. 206-1 願大○之救之. 206-2 燕○曰. 206-2 今魏○出國門而望見軍. 206-4 燕○尙未許也. 206-4 臣效便計於○. 206-5 ○不用臣之忠計. 206-5 ○曰. 206-6 魏○折節割地. 206-7 魏○悉韓魏之兵. 206-8 ○且何利. 206-9 ○何利. 206-10 燕○曰. 206-10 魏○大說. 206-13 秦○大恐. 206-13 朱己謂魏○曰. 206-16 今大○與秦伐韓而益近秦. 206-22 而○弗識也. 206-22 ○以爲不破乎. 206-24 ○以爲安乎. 206-25 ○欲得故地. 206-25 ○以爲利乎. 207-1 ○之使者大過矣. 207-13 是故臣願以從事乎○. 208-6 ○速受楚趙之約. 208-6 此亦○之大時已. 208-10 魏○將封其子. 208-17 謂魏○曰. 208-17 ○嘗身濟漳. 208-17 而趙無爲○有也. 208-18 ○能又封其子問陽姑衣乎. 208-18 臣爲○不取也. 208-19 魏○乃止. 208-20 魏謂趙○曰. 208-22 ○賢而有聲者相之. 208-25 願○之熟計之也. 209-2 公必謂齊○曰. 209-6 楚惡魏之事○也. 209-7 齊○故欲伐楚. 209-7 齊○惡之. 209-9 而魏○不敢據也. 209-9 魏○必懼. 209-11 臣意秦○與樗里疾之欲之也. 209-12 此○之首事也. 209-14 魏○之所恃者. 209-19 今齊○謂魏○曰. 209-20 欲講攻於齊○兵之辭也. 209-20 楚○怒於魏之不用樓子. 209-21 魏○之懼也見亡. 209-22 樓子與楚○必疾矣. 209-25 翟强與齊○必疾矣. 210-1 獻書秦○曰. 211-3 昔竊聞大○之謀出事於梁. 211-3 願大○之熟計之也. 211-4 今梁○. 211-5 臣竊爲大○計. 211-8 ○不聞湯之伐桀乎. 211-10 謂魏○曰. 211-15 今○恃楚之强. 211-23 是○獨受秦患也. 211-24 卽○有萬乘之國. 211-24 願○之熟計之也. 212-1 魏○問張旄曰. 212-4 ○曰. 212-5 ○曰. 212-6 ○曰. 212-7 ○曰. 212-8 ○自知矣. 212-9 魏○不欲. 212-18 樓緩謂魏○曰. 212-18 ○不與秦攻楚. 212-18 楚且與秦攻○. 212-18 ○不如令秦楚戰. 212-19 ○交制之也. 212-19 魏○且從. 212-21 秦○不問者. 212-23 故臣能無議君於○. 213-2 魏○發兵救之. 213-5 ○若救之. 213-7 魏○不聽. 213-8 魏○大恐. 213-10 昭忌乃爲之見秦○曰. 213-11 願大○無攻魏. 213-12 秦○曰. 213-12 秦○曰. 213-13 以○之不必也. 213-14 以○之必也. 213-14 故爲○計者. 213-16 秦○乃止. 213-18 謂魏○曰. 213-20 ○不構趙. 213-20 ○欲焉而收齊趙攻荊. 213-22 欲○之東長之待之也. 213-22 平都君說魏○曰. 213-25 ○胡不爲從. 213-25 魏○曰. 213-25 魏○曰. 214-1 秦恐○之變也. 214-3 故以垣雍餌○也. 214-3 ○敢責垣雍之割乎. 214-4 ○曰. 214-4 ○能令韓出垣雍之割乎. 214-5 ○曰. 214-5 魏○曰. 214-5 將令秦○遇於境. 214-8 謂魏○曰. 214-8 則後○之臣. 214-9 將皆務事諸侯之能令於○之上者. 214-10 秦必輕○之强矣. 214-11 秦必重○矣. 214-12 故令魏氏收秦太后之養地秦○於秦. 214-14 芮宋謂秦○曰. 214-15 魏委國於○. 214-15 而○不受. 214-15 秦○怒. 214-17 爲魏謂楚○曰. 214-19 秦必不聽○矣. 214-19 故○不如順天下. 214-20 謂魏○曰. 214-23 ○貴臣也. 215-1 魏○弗利. 215-3 白圭謂魏○曰. 215-3 ○不如陰侯人說成陽君曰. 215-3 則○重矣. 215-6 魏○令之謂秦○曰. 215-8 ○歸寧邑. 215-8 魏魏○曰. 215-9 ○無聽. 215-9 魏○見天下之不足恃也. 215-10 吳慶恐魏○之構於秦也. 215-13 謂魏○曰. 215-14 秦之攻○也. 215-14 ○知其故乎. 215-14 天下皆曰○近也. 215-15 ○不近秦. 215-15 皆曰○弱也. 215-15 ○不弱二周. 215-15 過二周而攻○者. 215-16 以○爲易制也. 215-16 ○亦知弱之召攻乎. 215-16 魏○欲攻邯鄲. 215-18 往見○曰. 215-19 今○動欲成霸○. 215-23 恃○國之大. 215-23 ○之動愈數. 215-24 而離○愈遠耳. 215-24 子爲肖謂齊○曰. 216-2 ○之所求於魏者. 216-4 秦○怒. 216-10 令姚賈讓魏○. 216-10 魏○爲之謂秦○曰. 216-10 魏之所以爲○通天下者. 216-11 敝邑之事○. 216-12 謂魏○曰. 216-17 魏○曰. 216-18 唐且見秦○. 216-18 秦○曰. 216-19 大○已知魏之急而救不至者. 216-20 是大○籌筴之臣無任矣. 216-21 大○之救不至. 216-23 ○雖欲救之. 216-23

竊以爲大○籌筴之臣無任矣.216-24 秦○喟然愁悟.217-1 趙○自郊迎.217-4 今趙○自郊迎.217-9 卒然見趙○.217-9 受詔襄○以守此地也.217-22 是使我負襄○詔而廢大府之憲也.217-25 魏○與龍陽君共船而釣.218-8 ○曰.218-8 ○曰.218-9 臣爲○之所得魚也.218-10 ○曰.218-10 而得爲○拂枕席.218-12 聞臣之得幸於○也.218-13 必褰裳而趨○.218-14 魏○曰.218-15 或謂魏○曰.218-22 今○亡地數百里.218-24 是○棄之.218-24 而○以是質秦.218-25 ○又能死而弗能棄之.219-1 今○能用臣之計.219-1 今○割地以賂秦.219-4 ○以國贊嫪毐.219-5 ○以國贊嫪氏.219-6 太后之德○也.219-6○之交最爲天下上矣.219-6 則○之怨報矣.219-9 秦○使人謂安陵君曰.219-11 大○加惠.219-12 秦○不說.219-13 秦○謂唐且曰.219-14 秦○怫然怒.219-18 秦○曰.219-20 大○嘗聞布衣之怒乎.219-21 秦○曰.219-21 夫專諸之刺○僚也.219-23 秦○色撓.220-2 段規謂韓○曰.221-3 韓○曰.221-3 ○用臣言.221-6 ○曰.221-6 申不害始合於韓○.221-12 然未知○之所欲也.221-12 恐言而未必中於○也.221-12 ○問申子曰.221-13 二人各進議於○以事.221-15 申子微視○之所說以言於○.221-16 ○大說之.221-16 蘇秦爲楚合從說韓○曰.221-23 與大○之賢.222-7 是故願大○之熟計之也.222-9 大○事秦.222-9 且夫大○之地有盡.222-11 今大○西面交臂而臣事秦.222-13 夫以大○之賢.222-14 臣竊爲大○羞之.222-14 韓○忿然作色.222-16 今主君以楚○之教詔之.222-17 張儀爲秦連橫說韓○曰.222-19 料大○之卒.222-21 大○不事秦.223-7 非○之有已.223-8 則○之國分矣.223-9 故爲大○計.223-11 今○西面而事秦以攻楚.223-12 秦○必喜.223-13 是故秦○使使臣獻書大○御史.223-14 韓○曰.223-15 宣○謂摎留曰.223-17 今○兩用之.223-20 則○之國必危矣.223-22 張儀謂齊○曰.223-24 ○不如資韓朋.223-24 陳軫謂秦○曰.224-7 臣恐山東之無以馳割事○者矣.224-8 且○求百金於三川而不可得.224-9 今○攻韓.224-10 竊爲○弗取也.224-10 楚○爲從長.224-12 魏順南見楚○曰.224-16 ○約五國而西伐秦.224-16 天下且以是輕○而重秦.224-16 故○胡不卜交乎.224-17 楚○曰.224-17 ○令之勿攻市丘.224-18 五國重○.224-18 且聽○之言而不攻市丘.224-19 不重○.224-19 且反○之言而攻市丘.224-19 然則○之輕重必明矣.224-20 故楚○卜交而市丘存.224-20 公不如令秦○疑公叔.224-24 今已令楚○奉幾瑟以車百乘居陽翟.225-1 秦○聞之.225-3 故因而請秦○曰.225-6 故使使臣再拜謁秦○.225-7 秦○怒.225-7 秦○固疑甘茂之以武遂解於公仲也.225-20 杜赫爲公仲謂秦○曰.225-21 明也願因茂以事○.225-21 秦○大怒於甘茂.225-22 公仲明謂韓○曰.225-25 ○不如因張儀爲和於秦.226-1 韓○曰.226-2 楚○聞之大恐.226-4 ○聽臣.226-6 使信○之救己也.226-7 韓必德○也.226-8 楚○大說.226-12 謂韓○曰.226-13 韓○大說.226-15 且○以使人報於秦矣.226-19 ○必悔之矣.226-20 韓○弗聽.226-20 今○之愛習公也.227-10 而公獨與○主斷於國者.227-11 故○不信也.227-13 公不如與○謀其變也.227-15 故先○聽諺言於市.228-4 秦○以公孫郝爲黨於公而弗之聽.228-8 公何不因行願以與秦○語.228-9 行願之爲秦○臣也公.228-10 臣請爲公謂秦○曰.228-10 秦○必曰.228-11 今○聽公孫郝以韓秦之兵應齊而攻魏.228-12 今○聽甘茂.228-14 故○不如令韓中立以攻齊.228-16 齊○言救魏以勁之.228-17 ○欲.228-18 此惠○之願也.228-19 ○欲.228-19 此武○之願也.228-20 ○之大患也.228-23 願○之熟計之也.228-23 ○使景鯉之秦.229-1 楚○怒景鯉.229-2 爲謂楚○曰.229-3 ○之大資也.229-5 必輕○.229-7 故○不如無罪景鯉.229-7 ○曰.229-8 ○曰.229-10 其於○孰便也.229-15 或謂魏○.229-17 ○儆四彊之內.229-17 其從於○者.229-17 ○因取其游之舟上擊之.229-18 臣爲○之楚.229-18 ○胥臣反.229-19 無見○矣.229-20 以告秦○.229-20 秦○謂魏○曰.229-21 楚○弗聽.230-5 蘇代爲楚○曰.230-5 謂秦○曰.231-4 願大○之熟計之.231-5 妾事先○也.231-7 先○以其髀加妾之身.231-7 尚靳歸書報韓○.231-11 韓○遣張翠.231-11 秦重國知○也.231-13 甘茂入言秦○曰.231-16 秦○曰.231-19 秦○之言曰.231-23 秦○必祖張儀之故謀.232-1 楚威○攻梁.232-1 張儀謂楚○曰.232-1 威○怒.232-3 錡宣之教韓○取秦.232-20 因令公仲謂秦○曰.232-20 秦○必取我.232-21 韓○之心.232-21 ○何不試以襄子爲質於韓.232-22 令韓○知○之不取三川也.232-22 於是以太子扁昭揚梁○皆德公矣.233-2 教陽向說秦○曰.233-5 馮君廣○而不聽公叔.233-6 則○澤布.233-7 公不如令人恐楚○.233-9 謂楚○曰.233-10 秦○聽.233-11 鄭○必以齊○爲不急.234-3 則鄭○必許之矣.234-4 ○果不許韓擾.234-5 鄭强爲楚○使於韓.234-7 楚○曰.234-11 公何不令齊○謂楚○.234-19 ○爲我逐幾瑟以窮之.234-20 楚○不聽.234-21 韓大夫見○老.234-24 韓大夫知○之老而太子定.235-4 楚○聽而入質子於韓.235-11 楚○必重公矣.235-14 教公仲謂魏○曰.235-17 因令人謂楚○曰.235-19 是○抱虛質也.235-19 ○不如亟歸幾瑟.235-19 而德○矣.235-20 公不如令秦○賀伯嬰之立也.235-24 此○業也.235-25 楚○欲復之甚.236-2 楚○問曰.236-14 ○曰.236-15 ○曰.236-16 ○曰.236-18 今○之國有柱國令尹司馬典令.236-19 韓○及相皆在焉.238-3 秦○大怒曰.240-7 蘇秦爲韓說秦○曰.240-8 所以爲○也.240-9 ○不折一兵.240-10 秦○曰.240-11 秦○曰.240-17 或謂韓○曰.240-19 秦○欲出事於梁.240-19 ○不察.240-22 願○熟慮之也.240-23 秦之欲并天下而○之也.240-25 謂鄭○曰.241-5 而○與諸臣不事爲尊秦以定韓者.241-11 臣竊以爲○之明爲不如昭釐侯.241-12 而○之諸臣忠莫如申不害也.241-12 大之不○.241-17 昔先○之攻.241-18 越○使大夫種行成於吳.241-20 而君臣上下少長貴賤畢呼霸○.241-25 未嘗不以周襄○之命.242-7 然則雖尊襄○.242-8 猶其尊襄○也.242-9 今强國將有帝○之釁.242-13 强國能○.242-14 强國不能○.242-15 足强爲之說韓○曰.242-20 ○亦知之乎.242-21 ○於是召諸公子役於三川者而歸之.242-21 ○曰.243-22 秦○說之.244-1 韓侈謂秦○曰.244-2 秦○仕之.244-3 又奚爲挾之以恨魏○乎.244-5 今○不召韓侈.244-5 秦○曰.244-6 客卿爲韓謂秦○曰.244-9 今○位正.244-14 ○之明一也.244-17 ○之明二也.244-21 ○猶攻之也.244-21 ○猶校之也.244-23 無幾於○之明者.244-23 臣故願公仲之國以侍於○.244-23 楚○善之.245-4 是何以爲公之○使乎.245-14 公無見○矣.245-17 秦○必外向.245-19 秦○誠必欲伐齊乎.245-21 向請爲公說秦○.245-23 周成恢爲之謂魏○曰.245-25 ○何不爲之先言.246-1 是○有向晉於周也.246-1 魏○曰.246-1 成恢因爲謂韓○曰.246-1 而韓○失之也.246-3 韓○曰.246-3 請令公子年謂韓○曰.246-5 ○何不召之.246-6 必盡其家以事○.246-7 必效先○之器以止○.246-7 韓○必爲之.246-8 公孫綦爲人請御史於○.246-12 ○曰.246-12 魏○爲九里之盟.246-15 房喜謂韓○曰.246-15 ○與大國弗聽.246-16 能無議君於○.247-2 ○良之弟子駕.247-5 ○良弟子曰.247-6 大○知其所以然乎.248-8 而○以全燕制其後.248-11 是故願大○與趙從親.248-17 燕○曰.248-18 齊○疑蘇秦.249-6 秦惠○以其女爲燕太子婦.249-13 易○立.249-13 齊宣○因燕喪攻之.249-13 武安君蘇秦爲燕說齊○.249-14 齊○桉戈而卻曰.249-15 ○利其十城.249-18 齊○曰.249-20 ○能聽臣.249-23 秦知○以己之故歸燕城也.249-23 秦必德○.249-24 燕亦德○.249-24 則大○號令天下皆從.249-25 是○以虛辭附秦.249-25 此霸○之業矣.250-1 齊○大說.250-3 人有惡蘇秦於燕○者.250-6 ○以萬乘下之.250-6 而燕○不館也.250-8 謂燕○曰.250-8 傷臣於○者.250-10 燕○曰.250-13 汙武○之義而不臣焉.250-15 且夫三○代興.250-20 燕○曰.250-25 謂燕○曰.251-11 大○之所親.251-11 昔趙○以其姊爲代○妻.251-11 約與代○遇於句注之塞.251-13 與代○飲.251-14 代○腦塗地.251-16 夫趙○之狼戾無親.251-19 大○之所明見知也.251-19 且以趙○爲可親邪.251-19 再圍燕都而劫大○.251-20 大○割十城乃卻以謝.251-20 今趙○已入朝澠池.251-21 大○不事秦.251-22 則易水長城非○之有也.251-23 今大○事秦.251-24 秦○必喜.251-24 是故願大○之熟計之也.251-25 燕○曰.252-1 客謂魏○曰.252-5 ○何爲不見.252-8 魏○說.252-8 乃北見燕○噲曰.252-10 竊聞○義甚高甚順.252-11 竊釋鉏耨而干大○.252-11 觀○之羣臣下吏.252-13 大○天下之明主也.252-13 ○曰.252-14 臣請謁○之過.252-15 ○之仇讎也.252-16 ○之援國也.252-16 今○奉仇讎以伐援國.252-16 ○自慮此則計過.252-17 ○曰.252-18 今臣聞○居處不安.252-20 ○曰.252-23 此必使○重矣.253-4 今夫齊○.253-4 ○曰.253-9 ○誠能毋愛寵子母弟以爲質.253-14 ○曰.253-16 ○自治其外.253-17 燕○噲既立.253-20 而齊宣○復用蘇代.253-21 燕○問之曰.253-23 齊宣○何如.253-23 燕○曰.253-24 蘇代欲以激燕○以厚任子之也.253-24 於是燕○大信子之.253-25 鹿毛壽謂燕○曰.254-1 今○以國讓相子之.254-3 是○與堯同行也.254-3 燕○因舉國屬子之.254-3 今○言屬國子之.254-8 ○因收印自三百石吏而効之子之.254-8 子之南面行○事.254-9 儲子謂齊宣○.254-12 ○因令人謂太子平曰.254-12 孟軻謂齊宣○曰.254-18 ○因令章子將五都之兵.254-19 燕○噲死.254-20 是爲燕昭○.254-21 蘇秦弟厲因燕質子而求見齊○.254-23 齊○怨蘇秦.254-23 燕○噲問曰.255-1 齊○其伯也乎.255-1 於是燕○專任子之.255-2 殺○噲子之.255-3 燕立昭○.255-3 齊使人謂魏○曰.255-6 不信齊○與蘇子也.255-7 故○不如東蘇子.255-9 燕昭○收破燕後卽位.255-13 以雪先○之耻.255-15 ○者與友處.255-17 ○誠博選國中之賢者.255-22 天下聞○朝其賢臣.255-22 昭○曰.255-24 天下必以○爲能市馬.256-3 今○誠欲致士.256-4 於是昭○爲隗築宮而師之.256-6 燕○弔死問生.256-7 閔○出走於外.256-9 蘇代乃遺燕昭○書曰.256-13 越○勾踐棲於會稽.256-23 今○若欲轉禍而爲福.256-24 秦○必患之.257-2 秦○之志.257-3 然而○何不使布衣之人.257-4 謂秦○曰.257-4 以不信秦○也.257-6 今○何不使可以信者接收燕趙.257-6 今○之不收燕趙.257-13 而○獨弗從也.257-14 而○從之.257-14 ○不收燕趙.257-15 ○收燕趙.257-15 秦○聞若說也.257-16 則○何不務使知士以若此言說秦.257

-17 聖○之事也. 257-19 燕昭○善其書. 257-20 閔○出走. 257-22
蘇代謂燕昭○曰. 257-24 兼此三行以事○. 257-25 ○曰. 257-25 ○
曰. 258-2 ○曰. 258-7 三○代位. 258-8 何爲煩大○之廷耶. 258-9
今○有東嚮伐齊之心. 258-14 ○曰. 258-16 燕○曰. 258-19 ○之論
臣. 258-21 ○曰. 258-24 臣請爲○譬. 258-24 燕○謂蘇代曰. 259-12
○曰. 259-16 秦召燕○. 260-3 燕○欲往. 260-3 蘇代約燕○曰.
260-3○乃待天下之攻函谷. 260-9 楚○爲是之故. 260-10 宋○無道.
260-19 ○苟能破宋有之. 260-21 齊○四與寡人約. 260-23 燕昭○不
行. 261-19 謂昭○曰. 261-24 今齊○召蜀子使不伐宋. 261-25 與齊
○謀道取秦以謀趙者. 262-1 ○勿患也. 262-3 齊○使公○曰命說曰.
262-8 如齊○○之不信趙. 262-13 ○何疑焉. 262-20 蘇子怒於燕○
之不以吾故弗予相. 262-23 又不欲○. 262-25 未見齊○. 263-10 今
臣欲以駿馬見於○. 263-14 入言之○而見之. 263-16 齊○大說蘇子.
263-16 蘇代自齊使人謂燕昭○曰. 263-19 ○何不出兵以攻齊. 263-
20 臣請爲○弱之. 263-20 令人謂閔○曰. 263-21 ○何不令蘇子將而
應燕乎. 263-22 是○破燕而服趙也. 263-23 閔○曰. 263-24 ○其改
舉. 263-25 ○使臣也. 263-25 是敗○之兵. 264-1 ○曰. 264-1 而報
於閔○曰. 264-4 ○過舉. 264-4 閔○曰. 264-5 又使人謂閔○曰. 264
-7 ○復使蘇子應之. 264-9 蘇子先敗○之兵. 264-9 其後必務以勝
報○矣. 264-9 ○曰. 264-10 ○不聽. 264-10 蘇代自齊獻書於燕○曰.
264-14 ○謂臣曰. 264-18 燕○不與齊謀趙. 264-22 今○信田伐與糸
去疾之言. 264-23 今○又使慶令臣曰. 264-25 ○苟欲用之. 264-25
則臣請爲○事之. 265-1 ○欲醳臣剸任所善. 265-1 將令燕○之弟爲
質於齊. 265-4 燕○許諾. 265-4 ○曰. 265-7 賴得先○鴈鶩之餘食.
265-8 今○願封公子. 265-13 今○之以公子爲質也. 265-14 且太后
與○幸而在. 265-16 ○棄國家. 265-17 故非及太后與○封公子. 265
-17 燕昭○且與天下伐齊. 265-22 昭○召而謂之曰. 265-22 公聽吾
言而說趙○曰. 266-5 今○之伐燕也. 266-7 而强秦將以兵承○之西.
266-8 願○之熟計之也. 266-9 使者乃以說趙○. 266-10 趙○大悅.
266-10 燕昭○聞之. 266-10 昌國君樂毅爲燕昭○合五國之兵而攻齊.
266-13 而燕昭○死. 266-14 惠○即位. 266-14 燕○悔. 266-16 燕○
乃使人讓樂毅. 266-18 先○舉國而委將軍. 266-18 報先○之讐. 266
-19 會先○棄羣臣. 266-20 而亦何以報先○之所以遇將軍之意乎.
266-23 望諸君乃使人獻書報燕○曰. 266-24 不能奉承先○之教. 266
-24 以傷先○之明. 266-25 今○使使者數之罪. 267-1 臣恐侍御者之
不察先○之所以畜幸臣之理. 267-1 而又不白於臣之所以事先○之心.
267-2 先○之舉錯. 267-6 故假節於魏○. 267-6 先○過舉. 267-7 先
○命之曰. 267-10 ○若欲攻之. 267-12 先○曰. 267-15 先○之靈.
267-16 隨先○舉而有之於濟上. 267-16 齊○逃遁走莒. 267-18 功未
有及先○者也. 267-20 先○以爲慊其志. 267-21 若先○之報怨雪耻.
267-25 故吳○遠迹至於郢. 268-5 故吳○夫差不悟先論之可以立功.
268-6 以明先○之迹者. 268-9 墮先○之名者. 268-10 或獻書燕○.
268-16 ○而不能自恃. 268-16 願大○之熟慮之也. 269-2 臣竊爲○
計. 269-9 客謂燕○曰. 269-13 ○何不陰出使. 269-15 燕○曰. 269-
16 請假○十年. 269-16 燕○說. 269-17 謂齊○曰. 269-18 臣聞當世
之舉○. 269-19 今宋○射天笞埊. 269-19 而○不伐. 269-21 ○名終
不成. 269-21 ○何爲弗爲. 269-23 齊○曰. 269-23 燕○聞之. 269-25
蘇代爲燕謂惠○曰. 270-4 故願○之熟計之也. 270-8 惠○曰. 270
-9 齊謂燕○曰. 270-11 魏亦謂燕○曰. 270-11 楚○使景陽將而救之.
271-3 燕○欲殺之. 271-12 燕○所爲將殺我者. 271-12 ○欲得之.
271-13 而燕○不我信. 271-14 燕○必當殺子. 271-14 燕○喜使栗腹
以百金爲趙孝成○壽. 271-19 ○乃召昌國君樂間而問曰. 271-20 ○
曰. 271-21 ○大怒. 271-23 燕○以書且謝焉. 272-2 君之於先○也.
272-4 今君厚受位於先○以成尊. 272-11 追惟先○. 273-4 不顧先○
以明而惡. 273-4 燕○聞之. 273-9 使人賀秦○. 273-9 趙○繫之. 273
-9 趙○以爲然而遣之. 273-13 使者見秦○曰. 273-14 燕○竊聞秦
并趙. 273-14 燕○使使者賀千金. 273-14 秦○曰. 273-14 今○使趙
北并燕. 273-17 臣切爲○患之. 273-18 秦○以爲然. 273-18 夫秦○
之暴. 274-3 臣海内之○者. 275-8 今秦已虜韓○. 275-9 ○翦將數十
萬之衆臨漳鄴. 275-10 秦○貪其贄. 275-13 誠得劫秦○. 275-14 秦
將○翦破趙. 275-22 虜趙○. 275-22 秦○購之金千斤邑萬家. 275-25
與燕督亢之地圖獻秦○. 276-1 秦○必說見臣. 276-2 秦○必喜而
善見臣. 276-9 厚遺秦○寵臣中庶子蒙嘉. 277-4 嘉爲先言於秦○曰.
277-4 燕○誠振畏慕大○之威. 277-5 不敢興兵以拒大○. 277-5 而
得奉守先○之宗廟. 277-6 燕○拜送于庭. 277-8 使使以聞大○. 277
-8 唯大○命之. 277-8 秦○聞之. 277-9 願大○少假借之. 277-12 秦
○謂軻曰. 277-13 因左手把秦○之袖. 277-14 秦○驚. 277-15 荆軻
逐秦○. 277-17 秦○還柱而走. 277-17 以故荆軻逐秦○. 277-20 秦
○之方還柱走. 277-22 ○負劍. 277-23 ○負劍. 277-23 乃引其匕首
提秦○. 277-24 秦○復擊軻. 277-24 秦○目眩良久. 278-2 詔○翦軍
以伐燕. 278-5 燕○喜太子丹等. 278-6 秦將李信追擊燕○. 278-6 ○
急. 278-7 用代○嘉計. 278-7 而虜燕○喜. 278-8 荆○大說. 279-3
此○之所憂也. 279-5 而荆○說甚. 279-5 齊○果攻. 279-6 而荆○不
至. 279-6 吾欲藉子殺○. 279-10 吾義固不殺○. 279-11 義不殺○而
攻國. 279-12 請見之○. 279-13 墨子見楚○曰. 279-14 ○曰. 279-16
惡以○吏之攻宋. 279-21 ○曰. 279-21 梁○伐邯鄲. 280-9 宋君使
使者請於趙○曰. 280-9 願○之有以命弊邑. 280-11 趙○曰. 280-13
趙○曰. 280-15 梁○甚說. 280-16 趙○亦說曰. 280-17 楚○言救宋.
280-23 而貴不益爲○. 281-5 宋康○之時. 281-11 康○大喜. 281-12
○乃逃倪侯之館. 281-16 且秦○亦將觀公之事. 282-8 秦○必怨公.
282-8 乃見魏○曰. 282-17 願○博事秦. 282-18 魏○曰. 282-19 臣
恐○事秦之晚. 282-20 ○曰. 282-20 今○緩於事己者. 282-21 事○
三年不得見. 282-22 臣以是知○緩也. 282-22 魏○趨見衞客. 282-23
犀首立五○. 284-7 寡人羞與中山並爲○. 284-7 以廢其○. 284-8
寡人且○. 284-8 羞與寡人並爲○. 284-9 不在索○. 284-10 臣聞君
欲廢中山之○. 284-11 中山雖益廢○. 284-12 必爲趙魏廢其○而務
附焉. 284-13 豈若中山廢其○而事齊哉. 284-14 與之遇而許之○.
284-15 中山急而爲君難其○. 284-16 爲君廢○事齊. 284-17 是君廢
其○而亡其國. 284-17 今五國相與○也. 284-19 此是欲皆在爲○.
284-19 與之遇而許之○. 284-20 必先與之○而故親之. 284-22 果召
中山君而許之○. 284-24 齊羞與中山之爲○甚矣. 285-1 與之遇而許
之○. 285-2 豈若令大國先與之○. 285-2 果與中山○而親之. 285-3
中山與燕趙爲○. 285-5 次者廢○. 285-10 請令燕趙固輔中山而成其
○. 285-11 請以公爲齊○而登試而說公. 285-12 ○之所以不憚割地
以賂燕趙. 285-14 其實欲廢中山之○也. 285-14 ○曰. 285-15 然則
○之爲費且危. 285-15 ○行二者. 285-16 ○如用臣之道. 285-16 ○
必曰. 285-17 ○發重使. 285-18 爲中山之獨與燕趙爲○. 285-19 ○
苟舉趾以見寡人. 285-20 今齊之辭云即佐○. 285-21 與○相見. 285
-22 ○亦絕之. 285-22 以此說齊○. 285-23 齊○聽乎. 285-23 此○
所以存者也. 285-24 非欲廢中山之○也. 286-1 燕趙果俱輔中山而使
其○. 286-5 趙○必大怒. 286-18 司馬憙即奏書中山○曰. 286-25 中
山○悅而見之曰. 287-1 中山○遣之. 287-4 見趙○曰. 287-5 彼乃帝
○之后. 287-9 趙○意移. 287-10 願○無泄也. 287-12 歸報中山○曰.
287-13 趙○非賢○也. 287-13 中山○作色不悅. 287-15 ○如不與.
287-16 中山○曰. 287-16 ○立爲后. 287-17 以絕趙○之意. 287-17
中山○遂立以爲后. 287-18 趙○亦無請言也. 287-18 說楚○伐中山.
288-3 昭○既息民繕兵. 288-14 ○曰. 288-14 今○發軍. 288-21 ○
曰. 288-25 乃使五校大夫○陵將而伐趙. 288-25 ○欲使武安君. 289
-1 ○乃使應侯往見武安君. 289-1 是時楚○恃其國大. 289-11 以言
於○. 290-3 ○曰. 290-3 更使○齕代○陵伐趙. 290-4 趙○出輕銳以
冦其後. 290-5 ○聞之怒. 290-6 然惟願大○覽臣愚計. 290-9 大○若
不察臣愚計. 290-12 願大○察之. 290-15 ○不荅而去. 290-15

【井】 7

其狗嘗溺○. 105-7 其鄰人見狗之溺○也. 105-8 軹深○里聶政. 236
-25 居市○者. 237-9 政乃市○之人. 237-13 此吾弟軹深○里聶政也.
238-14 臣竊以爲猶之○中而謂曰. 242-1

【天】 594

故○子之國也. 2-16 是○下制於子也. 4-2 普○之下. 4-18 今周君○
下. 4-19 則我○子之臣. 4-19 秦以周最之齊疑○下. 4-22 而聽○下
之戰. 5-4 ○下之半也. 5-6 又禁○下之率. 5-17 ○下果. 5-17 秦得
○下. 5-21 即○下之理也. 5-23 ○下不能傷齊. 6-19 如累王之交於
○下. 6-20 又有○命也. 11-6 令○下皆知君之重吾得也. 11-18 ○下
未有信之者也. 12-5 使○下見之. 12-8 而聲畏○下. 13-8 ○下以聲
畏秦. 13-8 而合○下於齊. 13-9 是○下欲罷秦. 13-9 秦與○下俱罷.
13-10 此所謂○府. 15-18 ○下之雄國也. 15-18 呑○下. 15-19 齊桓
任戰而伯○下. 16-3 ○下爲一. 16-4 ○下不治. 16-7 ○下不親. 16-
8 今欲并○下. 16-13 ○下之大. 17-3 夫賢人在而○下服. 17-5 一人
用而○下從. 17-6 横歴○下. 17-9 ○下莫之能伉. 17-10 ○下陰燕陽
魏. 18-8 而○下得之. 18-10 今○下之府庫不盈. 18-11 萬可以勝○
下矣. 18-22 ○下莫如也. 18-24 以此與○下. 18-24 ○下不足兼而有
也. 18-24 詔令○下. 19-4 令帥○下西面以與秦爲難. 19-14 ○下有
比志而軍華下. 19-16 ○下徧隨而伏. 20-13 ○下固量秦之謀臣一矣.
20-17 ○下固量秦力二矣. 20-19 ○下固量秦力三矣. 20-21 臣以○
下之從. 20-22 外者○下比志甚固. 20-24 ○下可有也. 20-25 昔者紂
爲○子. 21-1 帥○下將甲百萬. 21-1 ○下莫不傷. 21-4 ○下莫如也.
21-9 以此與○下. 21-9 ○下可兼而有也. 21-9 言所以舉破○下之從.
21-10 一舉而○下之從不破. 21-12 挾○子以令○下. 22-1 ○下莫敢
不聽. 22-1 ○下之市朝也. 22-4 而○下不以爲暴. 22-11 今攻韓劫○
子. 22-12 劫○子. 22-12 而攻○下之所不欲. 22-13 ○下之宗室也.
22-14 ○下有變. 23-4 楚必畔○下而與王. 23-5 即○下有變. 23-6
○下欲以爲子. 24-3 ○下欲以爲臣. 24-3 夫軫○下之辯士也. 24-22
○下皆欲以爲臣. 24-25 ○下皆欲以爲子. 25-1 ○下不以爲多張儀.
29-7 ○下何從圖秦. 31-11 以○下擊之. 32-18 以濟○下. 34-3 齊免
於○下之兵. 34-4 藉君○下數年矣. 34-11 率以朝○子. 34-12 ○下

必聽. 34-12 不得爲○子. 34-16 因○下之力. 34-18 ○下之從君也, 34-24 而爲○下名器. 36-18 ○下有明主. 36-19 卒擅○下而身立爲帝王. 37-15 是周無○子之德. 37-16 ○下見臣盡忠而身蹶也. 38-7 此○以寡人慁先生. 38-13 此○所以幸先王而不棄其孤也. 38-14 爲○下笑. 39-3 則○下莫能害. 39-7 而○下之樞也. 39-8 必親中國而以爲○下樞. 39-8 ○下有變. 39-15 剖符於○下. 40-3 而符布○下. 41-6 顯名於○下. 41-23 ○下之王尚猶尊之. 41-24 是○下之王不如鄭賈之智也. 41-24 ○下之士. 42-2 秦於○下之士非有怨也. 42-3 ○下之士. 42-11 ○下之民. 42-19 ○下無有. 43-1 ○下莫不聞. 43-10 ○下皆聞臣之身與王之舉也. 44-1 是王過舉顯於○下. 44-2 ○下駿雄弘辯之士也. 44-8 行道施德於○下. 44-15 ○下懷樂敬愛. 44-15 ○下繼其統. 44-17 與○下終. 44-18 ○下之福也. 45-5 故○下以其君父爲戮辱. 45-8 ○之常數也. 45-20 一匡○下. 45-21 吳王夫差無適於○下. 45-22 故秦無敵於○下. 46-2 使○下皆畏秦. 46-17 三之料○下過矣. 49-15 爲○下笑. 49-21 臣見王之權輕○下. 50-17 是示○下無楚也. 50-19 ○下有其實而無其名者. 50-24 ○下之咽喉. 51-8 ○下之胷腹. 51-8 而○下可圖也. 51-9 ○下未嘗無事也. 51-10 卽以○下恭養. 51-12 ○下莫强於秦楚. 51-21 今大國之地半○下. 51-24 ○下五合六聚而不敢救也. 52-9 而欲以力臣○下之主. 52-14 ○下之國. 53-17 要絶○下也. 54-4 ○下之士相從謀曰. 54-12 於是○下有稱伐邯鄲者. 54-13 朝爲○子. 54-14 ○下皆從. 54-15 ○下乃釋梁. 54-16 帥○下百姓. 54-17 而○下乃齊釋. 54-20 臨○下諸侯. 54-23 故○下樂伐之也. 54-23 驅十二諸侯以朝○子於孟津. 55-12 而使○下之士不敢言. 55-14 雍○下之國. 55-14 ○下之事. 55-20 則兩國者必爲○下笑矣. 55-24 ○下願以爲子. 61-7 ○下願以爲臣. 61-8 ○下願以爲妃. 61-8 大誹○下. 61-17 雖隆薛之城到於○. 62-24 聲威○下. 65-7 右○唐. 65-15 其餘兵足以待○下. 67-19 欲以正○下而立功名. 67-23 ○下爲秦相割. 68-2 ○下爲秦相烹. 68-2 今秦之伐○下不然. 68-4 ○下不能當. 68-25 ○下强國無過齊者. 69-15 是○下以燕賜我也. 71-5 挾○子. 71-17 挾○子. 72-3 齊安得救○下乎. 74-4 然則是我抱空質而行不義於○下也. 75-5 變則是君抱空質而負名於○下也. 75-15 君之所以重於○下者. 76-23 以能得○下之士而有齊權也. 76-23 今蘇秦○下之辯士也. 76-24 則是圍塞○下士而不利說途也. 76-25 訾○下之主. 78-16 收○下之士. 78-20 衞君甚欲約○下之兵以攻齊. 79-5 今君約○下之兵以攻齊. 79-8 ○下之疾犬也. 81-6 公子無忌爲○下循便計. 81-12 使秦弗有而失○下. 81-13 且○下之半. 81-17 恐秦兼○下而臣其君. 81-20 是以○下之勢. 81-21 不能以重於○下者何也. 81-23 義不臣乎○子. 84-12 ○下之士. 85-25 而爲○子. 86-5 自古及今而能虛成名於○下者. 86-13 一匡○下. 87-15 ○子受籍. 87-15 是恨○下也. 89-8 勿庸稱也以爲○下. 89-9 ○下聽之. 89-9 而○下不聽. 89-10 其於以收○下. 89-10 王以○下爲尊秦乎. 89-13 釋帝則○下愛齊乎. 89-14 而○下獨尊秦而輕齊. 89-17 則○下愛齊而憎秦. 89-18 以就○下. 89-19○下不敢不聽. 89-22 而後使○下憎之. 89-23 臣聞用兵而喜先○下者憂. 90-3 然後從於○下. 90-22 然而○下獨歸咎於齊者. 91-1 且○下徧用兵矣. 91-2 事不塞○下之心. 91-8 則○下不賣. 91-10 昔吳王夫差以强大爲○下先. 91-14 爲○下戮者. 91-15 强大而喜先○下之禍也. 91-16 今○下之相與也不並滅. 91-21 則亡○下可跼足而須也. 91-22 ○下有此再費者. 92-16 爲○下笑者. 92-22 ○下稱爲善. 93-3 然則○下仇之必矣. 93-9 而多與○下爲仇. 93-10 故名配○地不爲尊. 93-18 在勞○下而自佚. 93-19 亂○下而自安. 93-20 勞亂在○下. 93-21 又從十二諸侯朝○子. 93-24 而令行於○下. 94-2 有十二諸侯而朝○子. 94-2 令行於○下矣. 94-4 不足以王○下. 94-6 而從○下之志. 94-7 此○子之位也. 94-9 然後○下乃舍之. 94-11 ○雨血沾衣者. 95-13 ○以告也. 95-13 ○地人皆以告矣. 95-14 齊無○下之規. 96-17 爲○下戮. 96-20 能以見於○下矣. 96-23 矯國革俗於○下. 97-2 一匡○下. 97-12 名高○下. 97-12 齊桓公有○下. 97-16 ○下震動驚駭. 97-18 名與○壤相敝也. 97-22 外懷戎翟○下之賢士. 99-7 且自○地之闢. 99-16 城陽○下莫之能止. 99-21 ○帝使我長百獸. 104-1 是逆○帝命也. 104-1 而○下信之. 105-4 仰○而笑曰. 106-10 ○下之强國也. 108-21○下之賢王也. 108-21 ○下莫能當也. 108-25 秦之所害於○下莫如楚. 109-1 有吞○下之心. 109-12 ○下之仇讎也. 109-12 以侵○下. 109-14 今君欲一○下. 109-23 秦地半○下. 110-1 折○下之脊. 110-4 ○下後服者先亡. 110-4 凡○下强國. 110-7 陰謀有吞○下之心也. 111-3 必開扃○下之匈. 111-9 凡○下所信約從親堅者蘇秦. 111-12 而欲經營○下. 111-14 ○下之賢主也. 112-7○下莫敢目兵南鄉. 113-4 秦王惡與楚相弊而令○下. 115-24 ○下見楚之無秦也. 116-5 而與○下攻楚. 117-3 不與○下共攻之. 117-3 負不義於○下. 117-25 王難得見如○帝. 119-18 ○下關閉不通. 120-14 儀行○下徧矣. 120-17 吾固以爲○下莫若是兩人也. 120-19 ○下莫不聞也. 121-8 ○下莫不知也. 121-8 賁諸懷錐刃而○下爲勇. 122-16 西施衣褐而○下稱美. 122-16 今君何不爲○下梟. 122-20 臣聞從者欲合○下以朝大王.

123-3 而○下不知. 123-7 桀紂以○下亡. 124-11 飛翔乎○地之間. 124-13 而不以○下國家爲事. 125-10 而令行於○下也. 126-2 皆不過百里以有○下. 126-12 ○下賢人也. 126-13 ○下賢人也. 126-19 嗚呼上○. 127-11 上○甚神. 127-11 ○下合從. 127-14 聲達於○. 128-12 妾賴○而有男. 129-4 ○下無敵. 130-16 子云○下無敵. 130-17 爲○下笑. 134-5 五百之所以致○下者. 134-10 ○下之美同. 134-17 此○下之賢人也. 135-13 亦將以愧○下後世人臣懷二心者. 135-20 ○下莫不稱君之賢. 136-6 呼○擊之曰. 136-9 口道○下之事. 137-6 君之立於○下. 137-13 趙收○下. 138-1 先出聲於○下. 138-8 恐○下之驚覺. 138-9 恐○下疑己. 138-10 今王收○下. 139-5 ○下必重王. 139-7 然則韓義王以○下就之. 139-7 下至韓慕王以○下收之. 139-8 此○下之所明也. 142-13 此○下之所明見也. 142-15 ○下之卿相人臣. 144-3 且秦之所畏害於○下者. 145-2 以有○下. 145-8 立爲○子. 145-9 臣竊以○下地圖案之. 145-14 令○下之將相. 145-24 今上客有意存○下. 146-10 則○下必爲從. 147-1 臣有以知○下之不能爲從以逆秦也. 147-2 ○下之主亦盡過矣. 147-3 ○下安. 147-21 大王收率○下以儐秦. 147-24 行於○下山東. 147-25 夫○下之不可一亦明矣. 148-9 殆毋顧○下之議矣. 149-11 吾恐○下笑之. 149-14 吾恐○下議之也. 149-20 而○下服矣. 155-6 而徒以三萬行於○下. 155-15 ○下憎之. 156-10 是因○下以破齊也. 156-11 趙必爲○下重國. 157-7 周最以○下辱秦者也. 157-17 我以五城收○下以攻罷秦. 160-3 是我失之於○下. 160-4 而○下皆說. 160-15 ○下之賀戰者. 160-16 以疑○下. 160-17 ○下將因秦之怒. 160-18 是愈疑○下. 160-21 是不亦大示○下弱乎. 160-21 秦必疑○下合從也. 161-20 ○下之賀戰勝者皆在秦矣. 161-24 秦王與應侯必顯重以示○下. 161-25 秦知○下不救王. 162-1 方今唯秦雄○下. 162-9 始吾以君爲○下之賢公子也. 162-14 吾乃今然后知君非○下之賢公子也. 162-15 過而遂正於○下. 163-2 率○下諸侯而朝周. 163-8 ○崩地坼. 163-10 ○子下席. 163-10 卒爲○下笑. 163-11 彼○子固然. 163-12 ○子也. 163-25 ○子巡狩. 163-25 ○子已食. 164-1 ○子弔. 164-4 然后○子南面弔也. 164-5 然且欲行○子之禮於鄒魯之臣. 164-7 吾乃今日而知先生爲○下之士也. 164-14 所貴於○下之士者. 164-19 趙之於○下也不輕. 165-3 鄭同因撫手仰○而笑之曰. 165-11 兵固○下之狙喜也. 165-11 許由無○下之累..165-13 願聞所以爲○下. 165-23 今爲○下之工. 166-3 并燭○下者也. 166-11 ○下合從. 166-25 而○下交之. 167-1 而能令王坐而○下致名寶. 169-3 則欲以○下之重恐王. 169-7 ○下孰敢不致尊名於王. 169-9 ○下孰敢不致地於王. 169-10 故○下盡重王. 169-11 ○下必盡輕王也. 169-12 今王無齊獨安得無重○下. 169-13 則欲輕王以○下之重. 169-15 留○下之兵於成皐. 169-20 今趙留○下之甲於成皐. 170-1 ○下有敢謀王者乎. 170-6 臣故欲王之偏劫○下. 170-19 以○下劫楚. 170-22 則○下皆偪秦以事王. 170-22 則足下擊潰而決○下矣. 171-15 ○下散而事秦. 171-20 且○下散而事秦. 172-5 是秦制○下也. 172-5 秦制○下. 172-5 將何以○下爲. 172-6 ○下爭秦有六舉. 172-7 ○下爭秦. 172-7 ○下爭秦. 172-9 ○下爭秦. 172-13 ○下爭秦. 172-17 ○下爭秦. 172-22 ○下爭秦. 173-2 則主必爲○下咲矣. 173-25 ○下之兵未聚. 174-19 陰移而授○下傳. 176-8 則○下不傳. 176-9 今治○下. 176-19 大王以孝治聞於○下. 177-17 ○下必懼. 181-5 君何釋以○下圖知氏. 181-8 ○雨. 182-8 ○又雨. 182-9 左○門之陰. 182-24 而右○谿之陽. 182-24 以侵○下. 184-11 ○下之强國也. 184-13 ○下之賢主也. 184-13 一○下約爲兄弟刑白馬以盟於洹水之上以相堅也. 185-16 是故○下之遊士. 186-7 夫齊秦不合○下無憂. 187-1 請移○下之事於公. 187-7 恐後○下得魏. 187-15 犀首遂主○下之事. 187-20 毋謂○下何. 192-16 ○大雨雪. 193-18 說文王之義以示○下. 194-11 ○下可令伐秦. 195-6 見○下之傷秦也. 195-7 ○下可令賓秦. 195-7 ○下不可. 195-8 扮之請焚○下之秦符者. 195-21 ○下共講. 195-24 因使蘇脩游○下之語. 195-24 ○幸爲多矣. 202-20 是以○幸自爲常也. 202-21 臣以爲自○下之始分以至于今. 202-25 無大○地. 203-13 ○地名. 203-13 毋大不過○地. 203-14 恐○下之將有變也. 206-6 此○下之所同知也. 206-18 而請爲○下鴈行頓刃. 208-3 非盡亡○下之兵. 208-5 夫存韓安魏而利○下. 208-10 ○下之西鄉而馳秦. 208-15 ○下且以此輕秦. 209-15 ○下之中身也. 211-6 是示○下要斷山東之脊也. 211-6 ○下必能救. 211-9 ○下之亡國皆然矣. 211-20 且割而從○下乎. 212-5 韓且割而從○下. 212-5 慮久以○下爲可一者. 212-11 是不知○下者也. 212-11 ○下之合也. 213-14 合○下之從. 213-15 ○下爭敵於秦. 213-17 ○下合於秦. 214-3 故王不如順○下. 214-20 吾請先○下構. 215-8 魏王見○下之不足恃也. 215-10 ○下皆曰王近也. 215-15 舉欲信於○下. 215-23 魏之所以爲王通○下者. 216-11 齊無通於○下矣. 216-12 ○下無敵. 218-25 王之交最爲○下上矣. 219-6 今由嫪氏善秦而交爲○下上. 219-7 ○下孰不棄呂氏而從嫪氏. 219-8 ○下必合呂氏而從嫪氏. 219-8 公亦嘗聞○子之怒乎. 219-19 ○子之怒. 219-20 休祲降於○. 219-25 ○下縞素. 220-1 ○

下之强弓勁弩. 222-1 夫差社稷而爲○下笑. 222-8 仰○太息曰. 222-16 聽吾計則可以强霸○下. 223-5 臣請爲君止○下之攻市丘. 224-14 ○下且以是輕王而重秦. 224-16 ○下罷. 224-17 ○下惡之. 225-12 必爲○下笑矣. 226-16 向也子曰○下無道. 229-10 且示○下輕公. 232-15 老母今以○年終. 237-18 今○下散而事秦. 239-19 ○下合而離秦. 239-19 ○下隨之. 239-21 是韓以○下事秦. 239-21 韓與○下朝秦. 239-22 ○下不合秦. 239-23 秦久與○下結怨構難. 239-23 今公以韓爲○下先合於秦. 240-4 以明示○下. 240-4 ○下固令韓可知也. 240-12 秦之欲并○下而王之也. 240-25 必外靡於○下矣. 241-8 晉文公一勝於城濮而定○下. 241-15 成功名於○下. 241-16 非以求主尊成名於○下也. 241-18 今日○子不可得而爲也. 242-9 且明公之不善於○下. 245-5 ○下之不善公者. 245-5 且復○子. 246-15 大國惡有○子. 246-16 此所謂○府也. 248-7 ○下爲一. 248-17 蘇秦能抱弱燕而孤於○下哉. 249-3 以招○下之精兵. 249-19 則大王號令○下皆從. 249-25 而以十城取○下也. 249-25 ○下不信人也. 250-6 示○下與小人羣也. 250-7 三者○下之高行. 250-12 臣恐○下後事足下者. 251-7 ○下莫不聞. 251-18 大王○下之明主也. 252-13 子之所謂○下之明主者. 252-14 凡○下之戰國七. 253-2 ○時不與. 253-11 吾終以子受命於○矣. 253-16 以其讓○下於許由. 254-2 有讓○下之名. 254-2 實不失○下. 254-2 而以啓爲不足任○下. 254-5 啓與支黨攻益而奪之○下. 254-6 是禹名傳○下於益. 254-7 ○下無變. 255-10 ○下聞王朝其賢臣. 255-22 ○下之士必趨於燕矣. 255-22 ○下必以王爲能市馬. 256-3 而後殘吳霸○下. 256-23 盡焚○下之秦符. 257-1 ○下孰敢不聽. 257-9 ○下服聽. 257-9 秦取○下. 260-5 秦之行暴於○下. 260-6 王乃待○下之攻函谷. 260-9 恐○下救之. 260-23 則以齊委於○下曰. 260-23 必率○下以攻寡人者三. 260-24 因以破齊爲○下罪. 261-2 而○下由此宗蘇氏之從約. 261-20 而以湯爲○子. 263-1 齊不幸而燕有○幸也. 264-8 是以○幸自爲功也. 264-8 ○下不攻齊. 264-16 ○下攻齊. 264-16 燕昭王且與○下伐齊. 265-22 寡人且與○下伐齊. 265-22 ○下莫不振動. 266-19 則必舉○下而圖之. 267-12 舉○下而圖之. 267-12 以○之道. 267-16 今宋王射○笞埊. 269-19 此○下之無道不義. 269-20 率○下之兵以伐齊. 269-25 失○下者也. 270-13 得○下者也. 270-13 ○下莫不聞. 272-7 而議寡人者遍○下. 272-25 而○下服矣. 273-10 ○下必不服. 273-12 秦地遍○下. 273-23 夫樊將軍困窮於○下. 274-8 此○所以哀燕不棄其孤也. 275-6 非盡○下之地. 275-8 愚以爲誠得○下之勇士. 275-12 樊將軍仰○太息流涕曰. 276-6 於是太子預求○下之利匕首. 276-15 未嘗見○子. 277-12 秦兼○下. 278-8 江漢魚鼈黿鼉爲○下饒. 279-18 必霸○下. 281-12 故射○笞地. 281-13 威服○下鬼神. 281-13 君之所行○下者甚謬. 283-3 ○下善爲音. 287-5 恐後○下. 287-21 ○下莫不聞. 289-7 ○下可定. 290-11 此所謂爲一臣屈而勝○下也. 290-11 此亦所謂勝一臣而爲○下屈者也. 290-12 孰若勝○下之威大耶. 290-13

【夫】 426

○秦之爲無道也. 1-5 ○存危國. 1-7 ○梁之君臣欲得九鼎. 1-12 ○鼎者. 1-16 ○齊合. 5-21 因令人謂相國御展子廧○空曰. 7-13 ○本末更盛. 9-8 ○射柳葉者. 11-10 且○商君. 15-12 ○徒處而致利. 16-9 妻不以我爲○. 16-19 ○賢人在而天下服. 17-5 且○蘇秦特窮巷掘門桑户棬樞之士耳. 17-8 ○攻城墮邑. 17-23 ○斷死與斷生也不同. 18-20 ○戰者萬乘之存亡也. 19-6 且○趙當亡不亡. 20-17 今○蜀. 22-1 ○蜀. 22-8 ○晉獻公欲伐郭. 23-14 ○軫天下之辯士也. 24-22 諸士大○皆賀. 26-17 ○秦所以重王者. 26-19 王不聞○管與之說乎. 27-20 ○以曾參之賢. 29-16 君聞○江上之處女乎. 31-1 ○江上之處女. 31-2 ○三晉相結. 32-15 ○齊. 32-18 ○取三晉之腸胃與出兵而懼其不反也. 32-25 秦宣太后愛魏醜○. 33-5 何暇乃私魏醜○乎. 33-9 ○楚王之以其臣請挈領然而臣有患也. 35-7 ○楚王之以其國依冉也. 35-7 若○窮辱之事. 38-10 ○秦國僻遠. 38-12 ○擅國之謂王. 39-24 十○楺椎. 43-22 ○四時之序. 44-13 ○人生手足堅强. 44-13 越之大○種. 44-20 ○公孫鞅事孝公. 44-21 大○種事越王. 45-1 ○信婦貞. 45-5 ○待死而後可以立忠成名. 45-9 商君吳起大○種. 45-11 商君吳起大○種. 45-13 商君吳起大○種不若也. 45-14 不過商君吳起大○種. 45-18 吳王○差無適於天下. 45-22 然而身死於庸○. 45-24 ○商君爲孝公平權衡正度量調輕重. 45-25 大○種爲越王墾草䢵邑. 46-9 則商君白公吳起大○種是也. 46-18 農○是也. 51-3 ○以王壤土之博. 53-19 於是○積薄而爲厚. 54-21 吳王○差棲越於會稽. 55-10 ○項橐生七歲而爲孔子師. 58-10 齊之逐○. 61-12 ○齊削地而封田嬰. 62-14 今○齊. 62-23 ○齊. 62-24 靖郭君之所聽愛○. 63-16 ○魏氏兼邯鄲. 64-10 ○救邯鄲. 64-12 ○韓魏之兵未弊. 64-19 且○魏有破韓之志. 64-20 ○子之强. 67-8 ○不得父之教而更葬母. 67-10 ○爲人子而不欺死父. 67-11 ○以大王之賢與齊之强. 68-24 且○韓魏之所以畏秦者. 69-1 ○不深料秦之不奈我何也. 69-9 ○從人朋黨比周. 69-20 且○救趙之務. 73-21 ○救趙. 73-22 ○剬楚者王也. 76-9 ○勸留太子者蘇秦也. 76-12 ○使薛公留太子者蘇秦也. 76-17 ○不善君者且奉蘇秦. 76-25 齊王○人死. 77-6 勸王立爲○人. 77-7 ○子弗憂. 77-23 孟嘗君舍人有與君之○人相愛者. 78-23 爲君舍人而内與○人相愛. 78-24 君召愛○人者而謂之曰. 79-2 而操銚鎒與農○居壠畝之中. 79-18 則不若農○. 79-19 ○鳥同翼者而聚居. 80-24 ○物各有疇. 81-1 乃歌○長鋏歸來者也. 82-18 君得無有所怨齊士大○. 85-7 ○屬前爲慕勢. 85-17 今○士之高者. 86-2 乃稱匹○. 86-2 ○上見其原. 86-16 非○孤寡者. 86-19 ○堯傳舜. 86-20 ○玉生於山. 86-25 然○璞不完. 86-25 悲○. 88-24 ○約然與秦爲帝. 89-16 ○有宋則衛之陽城危. 89-20 ○後起者藉也. 90-4 ○權藉者. 90-5 且○强大之禍. 91-5 ○弱小之殃. 91-5 ○後起之藉與多而兵勁. 91-7 昔吳王○差以强大爲天下先. 91-14 此○差平居而謀王. 91-15 ○駑馬女子. 91-20 ○胡之與齊非素親也. 92-1 ○戰之明日. 92-10 士大○之所匿. 92-15 ○中山千乘之國也. 92-24 ○士死於外. 93-5 今○鵠的非咎罪於人也. 93-6 ○罷士露國. 93-10 故○善爲王業者. 93-19 ○魏氏其功大. 94-2 ○千乘博昌之間. 95-9 聞丈○之相□與語. 98-16 ○一人身. 99-4 爲莒大史家庸○. 100-24 即墨大○與雍門司馬諫而聽之. 101-19 ○三晉大○. 101-21 鄢郢大○. 101-24 ○舍南面之稱制. 102-1 齊王不聽即墨大○而聽陳馳. 102-3 且○涓來之辭. 102-11 ○牛闌之事. 103-15 ○魏之攻趙也. 104-14 ○泄吾君臣之交. 105-3 ○苟不難爲之外. 105-4 大○何患. 105-5 王且予之五大○. 107-23 五大○不可收也. 107-25 予之五大○. 108-2 ○史舉. 108-8 ○公孫郝之於秦王. 108-17 ○以楚之强與大王之賢. 108-24 ○秦. 109-12 ○爲人臣而割其主之地. 109-14 ○外挾强秦之威. 109-15 且○爲從者. 110-4 ○虎之與羊. 110-5 且○約從者. 110-11 ○以弱攻强. 110-11 ○從人者. 110-13 ○恃弱國之救. 110-22 ○守易危之功. 110-25 且○秦之所以不出甲於函谷關十五年以攻諸侯者. 111-2 ○秦楚相弊. 111-6 ○以一詐僞反覆之蘇秦. 111-14 不於大○. 112-18 大○此言. 112-23 兩御之間○卒交. 113-6 大○悉屬. 113-11 大○悉屬. 113-18 大○悉屬. 113-23 又謂王之幸○人鄭袖曰. 116-5 王以三大○計告慎子曰. 118-2 大○來獻地. 118-13 ○隘楚太子弗出. 118-15 ○進賢之難者. 119-12 ○梟棊之所以能爲者. 122-18 ○一梟之不如不勝五散. 122-19 ○因詘爲信. 123-3 ○報報之反. 123-5 ○秦捐德絶命之日久矣. 123-7 今○橫人嚂口利機. 123-7 ○人鄭袖知王之說新人也. 123-11 婦人所以事○者. 123-13 ○新人見寡人. 123-18 王獨不見○蜻蛉乎. 124-13 不知○五尺童子. 124-14 不知○公子王孫. 124-18 ○雀其小者也. 124-21 不知○射者. 124-23 ○黃鵠其小者也. 125-2 不知○子發方受命乎宣王. 125-5 不知○穰侯方受命乎秦王. 125-10 明說楚大○以伐秦. 125-17 ○賢者之所在. 126-18 ○人主年少而矜材. 126-22 ○癘雖癰腫胞疾. 127-5 ○劫殺死亡之主也. 127-6 ○以賢舜事聖堯. 128-5 ○驥之齒至矣. 128-8 ○楚亦强大矣. 130-16 ○千鈞非馬之任也. 130-19 ○從韓魏之兵而攻趙. 131-6 ○勝趙而三分其地. 131-11 ○三家雖愚. 131-11 ○知伯之爲人也. 131-22 ○知伯之爲人. 132-9 ○董閼安于. 132-11 士大○病. 132-25 ○知伯爲人也. 133-6 ○不聽知過. 134-5 不爲近大○. 134-11 授吏大○. 135-3 狀貌不似吾○. 135-14 其音何類吾○之甚也. 135-15 且○委質而事人. 135-19 農○登. 138-3 且○說士之計. 138-13 ○韓事趙宜正爲上交. 139-3 且○韓之所以内趙者. 140-10 ○用百萬之衆. 140-14 吾苦○匠人. 141-7 吾所苦○鐵鉆然. 141-8 自入而出○人者. 141-9 ○所借衣車者. 142-8 ○馳親友之車. 142-8 願大○之往也. 142-10 故○謀人之主. 144-11 ○割地效實. 144-16 ○秦下軹道則南陽動. 144-21 堯無三○之分. 145-8 ○破人之與破於人也. 145-16 ○横人者. 145-17 ○慮收亡齊罷楚敝魏與不可知之趙. 147-3 ○齊威宣. 147-5 ○齊兵之所以破. 147-8 ○刑名之家. 147-13 ○攻而不救. 147-17 ○天下之不可一亦明矣. 148-9 ○斷右臂而求與人鬬. 148-11 ○有高世之功者. 149-7 ○論至德者. 149-11 狂○之樂. 149-14 ○制國有常. 149-21 ○服者. 150-9 農○勞而君子養焉. 151-7 且○三代不同服而王. 151-15 ○制於服之民. 151-16 ○吳干之劍. 155-8 且○吳干之劍材. 155-11 難○毋脊之厚. 155-11 ○藺離石祁之地. 156-17 ○以秦將武安君公孫起乘七勝之威. 158-5 ○貴不與富期. 158-16 王亦聞○公甫文伯母乎. 158-24 ○秦趙構難. 160-15 ○趙兵困於秦. 160-20 ○不鬬一卒. 161-5 ○君封以東武城不讓無功. 161-9 ○言媾者. 161-17 先生獨未見○僕乎. 163-14 ○膠漆. 164-24 ○飄於清風. 164-25 爵五大○. 167-7 ○良商不與人爭買賣之賈. 167-9 ○秦之攻趙. 167-20 ○秦人貪. 171-7 ○魏爲從主. 173-17 ○殺無罪范座. 173-23 ○趙魏. 174-3 ○國内無用臣. 174-6 此○子與敵國戰. 174-15 令士大○餘子之力. 175-1 ○盡兩國之兵. 175-3 ○望人而笑. 176-6 使○交淺者不可以深談. 176-9 及○人優愛孺子也. 176-23 丈○亦愛憐其少子乎. 179-7 ○鄉邑老者而先受坐之士. 182-2 ○物多相類而非也. 182-4 武○類玉. 182-5 魏武侯與諸大○浮於西河. 182-17 ○夏桀之國. 182-24 ○使士卒不崩. 183-8 ○挾强秦之勢. 184-12 禽○差於干遂. 184-16 ○事秦必割地效質. 184-20 ○爲人臣. 184-22 且

○諸侯之爲從者. 185-15 ○親昆弟. 185-16 且○秦之所欲弱莫如楚. 186-1 ○虧楚而益魏. 186-3 且○從人多奮辭而寡可信. 186-6 ○秦非不利有齊而得宋埊也. 186-22 ○齊秦不合天下無憂. 187-1 ○魏欲絶楚齊. 188-4 ○周君竇屢奉陽君之與穰侯. 190-15 王獨不見○服牛驂驥乎. 191-9 ○輕用其兵者. 192-4 ○二君者. 192-6 ○難搆而兵結. 192-8 先君必欲一見羣臣百姓也○. 194-3 ○齊. 196-20 今○楊. 197-17 ○魏王之愛習魏信也. 198-14 ○舍萬乘之事而退. 198-17 ○令人之君處所不安. 198-18 ○市之無虎明矣. 199-22 ○鄴. 201-4 ○秦貪戾之國而無親. 202-11 ○秦何厭之有哉. 202-13 ○戰勝睪子. 202-19 ○輕信楚趙之兵. 202-24 ○兵不用. 203-5 且○欲璽者. 204-19 ○欲璽者制地. 204-20 且○姦臣固皆欲以地事秦. 204-21 王獨不見○博者之用梟邪. 204-25 ○伐與國. 205-7 且○王無伐與國之誹. 205-13 ○敢借兵者. 205-20 ○趙之兵. 205-21 ○行數千里而救人者. 206-3 今○韓氏以一女子承一弱主. 206-23 ○越山踰河. 207-3 且○憎韓不受安陵氏可也. 207-17 ○不患秦之不愛南國非也. 207-17 ○存韓安魏而利天下. 208-10 ○國之所以不可恃者多. 211-20 ○秦强國也. 213-5 ○解攻者. 213-7 ○亡寧者. 215-10 ○得寧者. 215-11 ○齊不以無魏者以害有魏者. 216-3 因使其人爲見者嗇○聞見者. 216-8 且○魏一萬乘之國. 216-21 吾將仕之以五大○. 217-13 ○以父攻子守. 217-16 此庸○之怒也. 219-22 ○專諸之刺王僚也. 219-23 ○韓魏滅亡. 220-2 ○爲人臣者. 221-15 ○以韓之勁. 222-7 ○羞社稷而爲天下笑. 222-8 且○大王之地有盡. 222-11 ○以有盡之地. 222-11 ○以大王之賢. 222-14 ○秦卒之與山東之卒也. 223-2 猶孟賁之與怯○也. 223-2 ○戰孟賁烏獲之士. 223-3 ○不顧社稷之長利. 223-6 ○塞成皐. 223-8 ○造禍而求福. 223-10 ○攻楚而私其地. 223-13 ○以實告我者. 226-15 ○輕强秦之禍. 226-19 ○千鈞. 229-12 若○越趙魏而關兵於燕. 229-13 ○救韓之危. 231-9 ○韓地易於上. 232-16 ○楚欲置公子高. 233-1 齊大○諸子有犬. 233-25 韓大○見王老. 234-24 而内收諸大○以自輔也. 234-25 韓大○知王之老而太子定. 235-4 韓大○不能必其不入也. 235-6 特以爲○人麤糲之費. 237-8 ○賢者以感忿睚眦之意. 237-16 ○愛身不揚弟之名. 238-13 ○孿子之相似者. 239-3 若○安韓魏而終身相. 239-13 ○弱魏之兵. 241-9 越王使大○種行成於吳. 241-20 遂殘吳國而禽○差. 241-23 ○攻形不如越. 241-25 ○先與强國之利. 242-14 ○宵行者能無爲姦. 247-1 ○安樂無事. 248-7 ○燕之所以不犯寇被兵者. 248-9 且○秦之攻燕也. 248-11 ○不憂百里之患. 248-16 ○制於燕者蘇子也. 249-2 且○燕秦之俱事齊. 249-24 且○孝如曾參. 250-14 且○信行者. 250-19 且○三王代興. 250-20 ○忠信. 250-25 其○且歸. 251-1 ○至. 251-3 ○趙王之狼戾無親. 251-19 ○齊趙者. 252-16 ○無謀人之心. 252-19 今○齊王. 253-4 ○驕主必不好計. 253-14 ○列在萬乘. 256-13 ○民勞而實費. 256-17 ○一齊之强. 256-20 ○上計破秦. 257-1 ○反宋地. 257-11 ○實得所利. 257-12 ○去尊寧而就卑危. 257-15 ○取秦. 257-18 今○烏獲舉千鈞之重. 258-17 其丈○宦三年不歸. 258-25 子之丈○來. 259-1 已而其丈○果來. 259-2 其丈○不知. 259-6 疋○徒步之士. 259-8 且○處女無媒. 259-14 ○使人坐受成事者. 259-16 ○以蘇子之賢. 263-22 燕大○將不信臣. 264-15 又不愛丈○子獨甚. 265-11 臣是以知人主之不愛丈○子獨甚也. 265-15 ○齊霸國之餘教也. 267-11 ○差弗是也. 268-5 故吳王○差不悟先論之可以立功. 268-6 ○免身全功. 268-9 且○宋. 269-21 ○欲得之君. 271-15 ○燕無道. 273-15 ○秦王之暴. 274-3 ○樊將軍困窮於天下. 274-8 ○爲行使人疑之. 274-25 ○今樊將軍. 275-25 得趙人徐○人之匕首. 276-15 ○救於小宋而惡於大齊. 279-4 ○在中者惡臨. 280-4 ○梁兵勁而權重. 280-9 ○宋之不足如梁也. 280-13 ○人於事己者過急. 282-21 ○割地以賂燕趙. 285-15 大○司馬子期在焉. 288-2 乃使五校大○王陵將而伐趙. 288-25 ○勝一臣之嚴焉. 290-13

【元】 3

子○○. 16-13 大呂陳於○英. 267-19

【无】 1

齊衞後世○相攻伐. 79-7

【云】 18

書○. 34-19 楚燕之兵○翔不敢校. 52-5 詩○. 52-15 詩○. 52-23 詩○. 52-23 詩○. 55-8 詩○. 55-19 君○視吾家所寡有者. 83-4 是故易傳不○乎. 86-8 ○曰尚矣. 100-11 子○天下無敵. 130-17 子○乃且攻燕者. 130-17 詩○. 152-23 書○. 153-14 然而吾弗爲○者. 242-7 雖爲桓公吾弗爲○者. 242-10 ○取千里馬. 247-5 今齊之辭○卽佐王. 285-21

【丐】 1

張○曰. 67-13

【扎】 1

身自削甲○. 252-21

【木】 15

若○之有蠹. 39-14 ○實繁者披其枝. 40-5 ○實繁者枝必披. 40-24 故使工人爲○材以接手. 60-7 若魏文侯之有田子方段干○也. 78-20 猿獮猴錯○據水. 79-16 故爲棧道○閣. 99-22 土梗與○梗鬬曰. 137-10 今汝非○之根. 137-11 則○之枝耳. 137-11 有兩○焉. 141-6 毋伐樹○. 142-10 林○伐. 207-22 爲○人以寫寡人. 260-20 宋無長○. 279-20

【五】 189

發師○萬人. 1-8 有○庶子. 7-9 今圍雍氏○月不能拔. 10-17 雖古○帝三王○伯. 16-10 ○戰之國也. 19-6 取洞庭○都江南. 19-9 故驕張儀以○國. 23-20 ○國伐秦. 28-14 ○月而不能拔也. 29-20 ○也. 32-24 ○伯之事也. 34-12 ○國罷成睪. 36-3 ○帝之聖而死. 37-22 ○伯之賢而死. 37-23 方○百里. 39-6 ○日而叢枯. 40-19 予之○十金. 42-6 今令人復載○十金隨公. 42-9 天下○合六聚而不敢救也. 52-9 ○伯不足六也. 52-12 ○伯不足六. 55-16 借臣車○乘. 58-19 今王齎臣○城以廣河間. 58-24 趙王立割○城以廣河間. 58-25 ○月趙亡. 60-13 傳賣以○羊之皮. 61-15 ○官之計. 63-3 說○而厭之. 63-4 ○戰○不勝. 64-23 不如有○子之孝. 66-2 古之○帝三王○伯之伐也. 68-4 ○家之兵. 68-18 趙令樓緩以○城求講於秦. 73-3 騰山者○. 81-7 孟嘗君予車○十乘. 83-14 金○百斤. 83-14 能致其如此者○人. 84-15 孟嘗君乃取所怨○百牒削去之. 85-12 有敢去柳下季壟○十步而樵采者. 85-20 禹有○丞. 86-12 於是舉士○人任官. 88-1 則○兵不動而諸侯從. 93-11 王孫賈年十○. 95-21 ○折於外. 96-19 爲○伯首. 97-12 ○日. 99-9 ○里之郭. 99-20 臣以○里之城. 100-4 約與○百里之地. 102-3 ○國約目伐齊. 103-9 ○國目破齊秦. 103-9 ○國之事必可敗也. 103-13 王苟無目○國用兵. 103-16 請効列城○. 103-17 則○國之事困也. 103-19 今王之地方○千里. 104-4 新城上梁相去○百里. 107-9 乃爲具駟馬乘車○百金之楚. 107-13 王且予之○大夫. 107-23 ○大夫不可收也. 107-25 予之○大夫. 108-2 地方○千里. 108-23 一舫載○十人. 110-17 且大王嘗與吳人○戰三勝而亡之. 110-23 且夫秦之所以不出甲於函谷關十○年以攻諸侯者. 111-2 ○官失法. 114-1 ○官得法. 114-2 此○臣者. 114-12 予我東地○百里. 117-8 敬獻地○百里. 117-11 齊使車○十乘. 117-12 以東地○百里許齊. 117-16 齊使來求東地○百里. 117-19 今去東地○百里. 117-20 齊使來求東地○百里. 117-23 王發上柱國子良車○十乘. 118-6 而北獻地○百里於齊. 118-7 遣景鯉車○十乘. 118-8 悉○尺至六十. 118-12 秦以○十萬臨齊右壤. 118-15 又欲奪之東地○百里. 118-16 鄭褎亦以金○百斤. 120-13 ○國伐秦. 121-15 夫一梟之不如不勝○散. 122-19 然則不買○雙珥. 123-23 留○月. 124-6 不知夫○尺童子. 124-14 ○日一見. 128-7 春申君相楚二十○年. 129-11 ○子皆相諸侯. 129-14 發○百. 134-8 ○百之所以致天下者. 134-10 至於榆中千○百里. 138-16 ○國之王. 138-24 ○國之兵有日矣. 139-1 已○年矣. 142-23 ○伯之所以覆軍禽將而求也. 144-16 諸侯之地○倍於秦. 145-14 察○味之和. 145-18 ○國共伐之. 146-6 秦兵不敢出函谷關十○年矣. 147-24 ○伯不同教而政. 151-15 絶○俓之險. 154-15 ○年乃罷. 155-19 ○年乃歸. 155-20 我以○城收天下以攻罷秦. 160-3 王以○城賂齊. 160-22 得王○城. 160-23 爲郤軍○十里. 164-16 ○里而罷. 166-19 爵○大夫. 167-7 李兌約○國以伐秦. 169-20 ○國伐趙. 169-24 ○國事趙. 170-18 ○國伐秦無功. 171-18 ○國據宋. 171-22 則願○國復堅約. 171-24 ○國復堅而賓之. 172-2 ○矣. 173-1 趙王因割濟東三城令盧高唐平原陵地城邑市○十七. 174-11 乃割濟東三令城市邑○十七以與齊. 174-14 ○年以擅呼沲. 175-7 十○歲矣. 179-6 騎○千疋. 184-19 此所謂四分○裂之道也. 185-14 旬○之期. 187-10 先以車○十乘至衞間齊. 190-21 請國出○萬人. 192-3 不過○月而趙破. 192-4 ○國伐秦. 194-14 欲使○國約閉秦關者. 195-22 和調○味而進之. 200-6 遽割○城以合於魏而支秦. 201-11 ○入國中. 207-21 此○國所以亡者. 211-19 非獨此○國爲然而已也. 211-19 吾將仕之以○大夫. 217-13 寡人欲以○百里之地易安陵. 219-11 寡人以○百里之地易安陵. 219-14 而君以○十里之地存者. 219-15 豈直○百里哉. 219-18 流血○步. 220-1 而安陵以○十里之地存者. 220-3 ○穀所生. 222-19 ○國約而攻秦. 224-12 ○國罷. 224-13 王約○國而西伐秦. 224-16 ○國重王. 224-18 請爲公以○萬攻西周. 225-10 楚圍雍氏○月. 231-3 秦趙○戰. 248-10 不至四○日. 248-14 ○覇迭盛. 250-20 獻常山之尾○城. 252-3 南攻楚○年. 253-4 而又以其餘兵南面而舉○千乘之勁宋. 253-6 王因令章子將○都之兵. 254-19 買其首○百金. 256-1 安事死馬而捐○百金. 256-2 死馬且買之○百金. 256-2 秦○世以結諸侯. 257-3 ○伯改政. 258-8 ○日而至郢. 260-7 四日而至○渚. 260-8 ○日而國舉. 260-12 及○年. 264-21 昌國君樂毅爲燕昭王合○國之兵而攻齊. 266-13 自○伯以來. 267-20 昔者○子胥說聽乎闔閭. 268-4 ○人而車因行矣. 268-22 卽雖○燕不能當. 269-14 假寡人○年. 269-16 奉蘇子車○十乘. 269-17 使樂乘以○萬遇慶秦於代. 272-1 而與秦相距○十餘年矣. 273-16 ○歲而卒滅燕國. 278-8 拔宋○城. 279-6 荆之地方○千里. 279-17 宋方○百里. 279-17 車過○乘. 282-1 犀首立○王. 284-7 今○國相與王也. 284-

19 是奪〇國而益負海也. 284-20 乃使〇校大夫王陵將而伐趙. 288-25 亡〇校. 289-1 地方〇千里. 289-2

【市】 2

魏順謂〇丘君曰. 224-12 〇丘君曰. 224-14

【支】 30

粟〇數年. 2-3 魏不能〇. 9-23 而疾〇之. 10-1 我不能教子〇左屈右. 11-10 而不能〇秦. 34-7 〇分方城膏腴之地以薄鄭. 36-1 卒〇解. 46-9 粟〇十年. 108-24 粟〇十年. 145-1 韓魏不能〇秦. 145-5 魏不能〇. 193-13 遽割五城以合於魏而〇秦. 201-11 〇期曰. 203-25 王謂〇期曰. 204-1 〇期曰. 204-2 〇期說於長信侯曰. 204-4 〇期曰. 204-5 〇期曰. 204-6 〇期曰. 204-8 〇期隨其後. 204-10 〇期先入謂王曰. 204-10 外安能〇强秦魏之兵. 206-24 欲獨以魏〇秦者. 212-12 必不可〇也. 213-16 必易與公相〇也. 232-5 粟〇十年. 248-5 啓與〇黨攻益而奪之天下. 254-6 而燕猶不能〇也. 256-20 燕趙久相〇. 270-7 趙不能〇秦. 275-11

【丏】 1

張〇對曰. 64-18

【不】 2971

〇若歸之大國. 1-6 〇識大國何塗之從而致之齊. 1-11 〇可. 1-12 必〇出. 1-13 〇可. 1-14 鼎必〇出. 1-15 〇敢欺大國. 1-22 秦王〇聽羣臣父兄之義而攻宜陽. 2-5 宜陽〇拔. 2-6 〇勝. 2-9 〇如背秦援宜陽. 2-9 〇如謂楚韓曰. 2-20 今東周之兵〇急西周. 2-21 西周之寶〇入楚韓. 2-21 西周〇下水. 3-1 今〇下水. 3-2 〇若一爲下水. 3-3 相國將〇欲. 3-8 〇假而惡於秦. 3-14 君何〇令人謂韓公叔曰. 3-15 公何〇與周地. 3-16 〇信周. 3-17 是韓〇伐也. 3-17 寡人〇敢弗受. 3-18 故王〇如速解周恐. 3-23 子何〇以秦攻齊. 3-25 然而所以〇可者. 4-5 國人〇說也. 4-7 周君遂〇免. 4-14 周〇納. 4-16 問其巷而〇知也. 4-16 公〇如救齊. 4-24 〇勝. 5-4 〇得〇聽秦. 5-5 〇如備兩周辯知之士. 5-10 君〇如令辯知之士. 5-10 必〇處矣. 5-22 君〇如令王聽最. 5-25 三國〇敗. 6-6 〇固. 6-7 公何〇令人謂韓魏之王曰. 6-7 何〇合周最兼相. 6-8 視之〇可離. 6-8 趙〇敢戰. 6-12 恐秦〇己收也. 6-12 〇可. 6-13 王〇去周最. 6-13 〇顧其先君之丘墓. 6-17 〇與伐齊者. 6-18 〇可. 6-19 公〇如謂魏王薛公曰. 6-19 天下〇能傷齊. 6-19 〇可. 6-21 〇可〇察也. 7-3 〇必且爲大人者. 7-7 何〇封公子咎. 7-10 周君〇聽. 7-11 〇如謂周君曰. 7-11 居中〇便於相國. 7-14 公〇如遂見秦王曰. 7-18 是周常〇失重國之交也. 7-20 〇可成. 8-1 小國〇足亦以容賊. 8-13 君之使又〇至. 8-13 君〇如令弊邑陰合於秦而君無攻. 9-8 秦〇大弱. 9-14 而使〇藉兵乞食於西周. 9-16 君〇如禁秦之攻周. 9-19 必〇攻魏. 9-20 秦若攻周而〇得. 9-21 又必〇攻魏. 9-21 必〇敢〇聽. 9-22 魏〇能支. 9-23 若魏〇講. 10-1 代能爲君令韓〇徵甲與粟於周. 10-13 公〇聞楚計乎. 10-15 〇過一月必拔之. 10-16 今圍雍氏五月〇能拔. 10-17 楚王始〇信昭應之計矣. 10-17 公何〇以高都與周. 10-19 〇通其使. 10-22 何〇與也. 10-22 〇徵甲與粟於周而與高都. 10-23 楚卒〇拔雍氏而去. 10-23 〇如譽秦王之孝也. 11-1 君〇若止之. 11-6 子何〇代我射之也. 11-9 我〇能教子支左屈右. 11-10 而〇已善息. 11-10 一發〇中. 11-11 一攻而〇得. 11-13 公〇若稱病〇出也. 11-14 〇如令太子將軍正迎吾得於境. 11-17 楚〇能守方城之外. 11-24 君雖〇欲與也. 11-25 君使人告齊王以周最〇肯爲太子也. 12-2 臣爲君〇取也. 12-2 公〇知善. 12-3 折而〇賣. 12-4 君何〇買信貨哉. 12-7 王何〇出於河南. 12-11 將以爲辭於秦而〇往. 12-12 周君〇入秦. 12-12 秦必〇敢越河而攻南陽. 12-12 溫囿〇下此. 12-15 〇怨. 12-17 周君形〇小利. 12-20 必〇合於秦. 12-22 〇攻周. 13-7 實〇足以利國. 13-8 則秦孤而〇王矣. 13-9 則令〇橫行於周矣. 13-10 君〇如使周最陰合於趙以備秦. 13-14 則〇毀. 13-15 王何〇以地齎周最以爲太子也. 13-17 周〇聽. 13-19 公〇如謂周君曰. 13-19 楚宋〇利秦之德三國也. 13-22 何〇謂周君曰. 14-1 而臣爲〇能使矣. 14-3 〇惡周於秦矣. 14-4 公必〇免. 14-5 〇善於公且誅矣. 14-6 罰〇諱强大. 15-5 賞〇私親近. 15-5 道〇拾遺. 15-6 民〇妄取. 15-6 疾且〇起. 15-8 辭〇受. 15-8 而秦人〇憐. 15-13 毛羽〇豐滿者〇可以高飛. 15-21 文章〇成者〇可以誅罰. 15-21 道德〇厚者〇可以使民. 15-22 政教〇順者〇可以煩大臣. 15-22 今先生儼然〇遠千里而庭教之. 15-22 臣固疑大王之〇能用也. 16-1 惡有〇戰者乎. 16-3 兵革〇藏. 16-4 〇可勝理. 16-5 百姓〇足. 16-6 戰攻〇息. 16-7 天下〇治. 16-7 〇見成功. 16-8 天下〇親. 16-8 其勢〇能. 16-11 非兵〇可. 16-14 王固〇能行也. 16-15 說秦王書十上而說〇行. 16-16 妻〇下絍. 16-18 嫂〇爲炊. 16-19 父母〇與言. 16-19 妻〇以我爲夫. 16-19 嫂〇以我爲叔. 16-20 父母〇以我爲子. 16-20 安有說人主〇能出其金玉錦繡. 16-22 故蘇秦相於趙而關〇通. 17-3 〇費斗糧. 17-4 〇式於勇. 17-6 〇式於四境之外. 17-7 貧窮則父母〇子. 17-15 諸侯〇可一. 17-21 猶連雞之〇能俱止於棲之明矣. 17-21 〇可. 17-23 故〇言. 18-4 弗知而言爲〇智. 18-6 知而〇言爲〇忠. 18-6 爲人臣〇忠當死. 18-7 言〇審亦當死. 18-7 今天下之府庫〇盈. 18-11 〇能死. 18-13 罪其百姓〇能死也. 18-14 其上〇能殺也. 18-14 言賞則〇與. 18-15 言罰則〇行. 18-15 賞罰〇行. 18-15 故民〇死也. 18-16 〇攻無攻相事也. 18-17 大斷死與斷生也〇同. 18-20 天下〇足兼而有也. 18-24 是知秦戰未嘗〇勝. 18-25 攻未嘗〇取. 18-25 所當未嘗〇破也. 18-25 四隣諸侯〇服. 19-1 伯王之名〇成. 19-2 謀臣皆〇盡其忠也. 19-2 一戰〇勝而無齊. 19-6 禍乃〇存. 19-8 而謀臣〇爲. 19-13 而謀臣〇爲. 19-20 伯王之名〇成. 19-24 號令〇治. 20-2 賞罰〇信. 20-2 地形〇便. 20-2 而〇憂民氓. 20-3 趙氏上下〇相親也. 20-4 貴賤〇相信. 20-4 然則是邯鄲〇守. 20-5 〇用一領甲. 20-7 〇苦一民. 20-7 代上黨〇戰而已爲秦矣. 20-8 東陽河外〇戰而已反爲齊矣. 20-8 中呼池以北〇戰而已爲燕矣. 20-9 韓亡則荆魏〇能獨立. 20-10 荆魏〇能獨立. 20-11 而謀臣〇爲. 20-15 地尊〇可得. 20-16 且夫趙當亡〇亡. 20-17 秦當伯〇伯. 20-17 〇能拔也. 20-18 淇水竭而洹水〇流. 21-2 天下莫〇傷. 21-4 一舉而天下之從〇破. 21-12 趙〇舉. 21-12 韓〇亡. 21-12 荆魏〇臣. 21-13 齊燕〇親. 21-13 伯王之名〇成. 21-13 四隣諸侯〇朝. 21-13 以主爲謀〇忠者. 21-14 子〇予之. 21-17 魏〇反秦兵. 21-17 張子〇反秦. 21-18 〇敢反於秦矣. 21-18 張子〇去秦. 21-19 〇如伐韓. 21-21 周自知〇救. 21-25 天下莫敢〇聽. 22-1 弊兵勞衆〇足以成名. 22-2 得其地〇足以爲利. 22-3 而王〇爭焉. 22-4 〇然. 22-6 繕兵〇傷衆. 22-10 而天下〇以爲暴. 22-11 諸侯〇以爲貪. 22-11 又有〇義之名. 22-13 而攻天下之所〇欲. 22-13 王〇能禁. 22-16 〇如伐蜀之完也. 22-17 種樹〇處者. 23-2 家有〇宜之財. 23-3 〇如與魏以勁之. 23-8 〇勝. 23-9 魏〇能守. 23-9 舟之僑諫而〇聽. 23-15 宮之奇以諫而〇聽. 23-17 王怒而〇聽. 23-21 今楚〇加善秦而善軫. 23-24 然則是軫自爲而〇爲國也. 23-24 王何〇聽乎. 23-25 吾〇忠於君. 24-4 吾〇之楚. 24-5 儀〇能與從事. 24-8 而明臣之楚與〇也. 24-14 王必〇留臣. 24-20 昭陽將〇與臣從事矣. 24-20 以此明臣之楚與〇. 24-20 故賣僕妾〇出里巷而取者. 25-1 臣〇忠於王. 25-2 軫〇之楚. 25-3 是以弊邑之王〇得事令. 26-10 而儀〇得爲臣也. 26-11 〇穀得商於之田. 26-15 獨〇賀. 26-16 〇穀〇煩一兵. 26-16 〇傷一人. 26-17 子獨〇賀. 26-18 臣見商於之地〇可得. 26-18 故〇敢妄賀. 26-19 楚王〇聽. 26-23 稱病〇朝. 27-2 張子以寡人〇絕齊乎. 27-2 〇聞六里. 27-4 王〇如因而賂之一名都. 27-6 楚國〇尚全事. 27-7 楚王〇聽. 27-10 王〇如以地東解於齊. 27-13 寡人〇佞. 27-16 〇能親國事也. 27-16 或謂救之〇便. 27-17 子獨〇可以忠爲子主計. 27-17 王獨〇聞吳人之遊楚者乎. 27-18 臣〇知其思與〇思. 27-19 王〇聞夫管與之說乎. 27-20 〇如召甘茂於魏. 28-6 臣〇得復過矣. 28-10 王〇如賂之以撫其心. 28-15 將使耳〇聰. 28-21 目〇明. 28-21 而與〇知者敗之. 28-23 而寡人死〇朽乎甘茂對曰. 28-25 天下〇以爲多張儀. 29-7 吾子〇殺人. 29-14 則慈母〇能信也. 29-17 今臣之賢〇及曾子. 29-17 疑臣者〇適三人. 29-18 寡人〇聽也. 29-19 五月而〇能拔也. 29-20 〇拔宜陽. 29-24 〇如許楚漢中以懽之. 29-25 楚懽而〇進. 29-25 三鼓之而卒〇上. 30-5 公〇論兵. 30-6 今攻宜陽而〇拔. 30-7 請明日鼓之而〇可下. 30-8 公〇如進兵攻宜陽. 30-14 〇爲韓氏先戰. 30-17 而〇餘怨於秦. 30-18 而健者〇用矣. 30-24 〇聞. 31-2 今臣〇肖. 31-5 〇如重其贄. 31-10 甘茂辭〇往. 31-13 故〇往. 31-15 王若〇留. 31-15 必〇德王. 31-15 怵於楚而〇使魏制和. 32-1 〇悅而合於楚. 32-2 王〇如使魏制和. 32-3 王〇惡於魏. 32-3 〇可信恃. 32-8 大國〇義. 32-9 必〇益趙甲四萬人以伐齊. 32-15 〇爲〇信. 32-16 〇爲無行. 32-16 〇利於秦. 32-17 則晉楚〇信. 32-20 則必〇走於秦且走晉楚. 32-21 夫取三晉之腸胃與出兵而懼其〇反也. 32-25 必〇益趙甲四萬人以伐齊矣. 33-2 太后救過〇贍. 33-8 君〇如勸秦王令弊邑卒攻齊之事. 34-5 而〇能支秦. 34-7 若齊〇破. 34-9 攻齊〇成. 34-13 何〇使人謂燕相國曰. 34-15 聖人〇能爲時. 34-15 〇遇堯也. 34-16 〇得爲天子. 34-16 〇當桀紂〇王. 34-16 〇遭時〇得帝王. 34-17 吳〇亡越. 34-20 齊〇亡燕. 34-20 此除疾〇盡也. 34-21 〇可得也已. 34-23 公〇如反公國. 35-9 觀三國之所求於秦而〇能得者. 35-10 觀張儀與澤之所〇能得於薛公者也. 35-11 和〇成. 35-14 〇勝. 35-15 公〇若毋多. 35-15 〇能與齊縣衡矣. 35-21 〇必待齊. 36-1 窮而〇收. 36-5 恐〇爲王用. 36-6 有功者〇得〇賞. 36-8 有能者〇得〇官. 36-9 故〇能者〇敢當其職焉. 36-10 能者亦〇得蔽隱. 36-10 明主則〇然. 36-12 今臣之胷〇足以當椹質. 36-13 要〇足以待斧鉞. 36-13 獨〇重任臣者後無反覆於王前耶. 36-15 獨〇足以厚國家乎. 36-18 則諸侯〇得擅厚矣. 36-20 臣〇敢載之於書. 36-23 其淺者又〇足聽也. 36-23 臣愚而〇闔於王心耶. 36-23 將賤而〇足聽耶. 36-25 躬竊閔然〇敏. 37-6 見者無〇變色易容者. 37-8 先生〇幸教寡人乎. 37-11 所以王三問而〇對者是也. 37-19 臣非有所畏而〇敢言也. 37-19 死〇足以爲臣患. 37-21 亡〇足以爲臣憂. 37-21 〇足以爲臣恥. 37-21 人之所必〇免也. 37-24 終身〇復見. 38-3 〇離保傅之手. 38-9 寡人愚〇肖. 38-12 此天所以幸先王而〇棄其孤也. 38-14 今反閉而〇敢窺兵於山東者. 38-20 是

穰侯爲國謀○忠. 38-21 則○足以傷齊. 38-23 而悉韓魏之兵則○義矣. 38-24 今見與國之○可親. 38-25 豈齊○欲地哉. 39-2 君臣之○親. 39-3 王○如遠交而近攻. 39-5 ○亦繆乎. 39-6 寡人○能親. 39-11 ○可. 39-12 ○可. 39-12 王○如收韓. 39-15 ○聽. 39-16 則成睪之路○通. 39-17 北斬太行之道則上黨之兵○下. 39-18 焉得○聽. 39-19 ○聞其王. 39-22 ○聞其有王. 39-23 今太后擅行○顧. 39-24 穰侯出使○報. 39-25 四貴備而國○危者. 39-25 然則權焉得○傾. 40-1 莫敢○聽. 40-3 ○勝叢. 40-17 ○如一人持而走疾. 40-21 ○稱瓢爲器. 40-23 四治政○亂○逆. 41-4 ○敢爲非. 41-5 穰侯十攻魏而○得傷者. 41-11 幾割地而韓○盡. 41-16 而更與○如張儀者市. 41-17 因謝○取. 41-23 是天下之王○如鄭賈之智也. 41-24 ○知其實也. 41-25 ○問金之所之. 42-9 散○能三千金. 42-10 ○亡一甲. 42-16 亦○過此矣. 42-17 固○得之矣. 42-18 ○樂爲秦民之日固久矣. 42-19 則秦所得○一幾何. 42-20 故○如因而割之. 42-21 臣○憂. 42-25 其子死而○憂. 42-25 今子死○憂. 43-1 無子之時○憂. 43-2 爲子時○憂. 43-3 秦王以爲○然. 43-6 食○甘味. 43-6 臥○便席. 43-7 今應侯亡地而言○憂. 43-7 天下莫○聞. 43-10 ○若死. 43-12 十七月○下. 43-16 君何○賜軍吏乎. 43-16 ○用人言. 43-17○然. 43-17 必○行者. 43-18 此令必○行者也. 43-19 而心○有. 43-20 ○過父子之親. 43-21 ○卑於守閭嫗. 43-21 ○如賜軍吏而禮之. 43-23 王稽○聽. 43-23 王必○失臣之罪. 44-3 應侯固○快. 44-10 豈○辯智之期與. 44-16 終其年而○夭傷. 44-17 何爲○可. 44-21 盡公○還私. 44-22 使私○害公. 44-24 讒○蔽忠. 44-24 言○取苟合. 44-24 行○取苟容. 44-24 行義○固毀譽. 44-24 ○辭禍凶. 45-1 悉忠而○解. 45-1 盡能而○離. 45-2 多功而○矜. 45-2 貴富○驕怠. 45-2 何爲○可哉. 45-4 ○能存殷. 45-6 ○能存吳. 45-7 是微子○足仁. 45-9 孔子○足聖. 45-9 管仲○足大也. 45-10 豈○亦忠乎. 45-12 商君吳起大夫種○若也. 45-14 ○欺舊故. 45-15 ○過秦孝越王楚悼. 45-17 ○過商君吳起大夫種. 45-18 而身○退. 45-19 此皆乘至盛○及道理也. 45-24 ○敢攻秦者. 46-6 損○急之官. 46-7 成功而○去. 46-12 此所謂信而○能詘. 46-12 往而○能反者也. 46-13 君獨○觀博者乎. 46-14 計○下席. 46-15 謀○出廊廟. 46-15 如是○退. 46-18 君何○以此時歸相印. 46-19 臣○如也. 46-23 必○救也. 48-9 秦愈○敢出. 48-10 秦遂○敢出兵. 48-13 何○取爲妻. 48-16 王何○召公子池而問焉. 49-1 ○講亦悔. 49-2 王○講. 49-4 吾愛三城而○講. 49-5 此又○講之悔也. 49-5 城○沈者三板耳. 49-17 吾○知水之可亡人之國也. 49-19 ○能過智伯. 49-21 魏○與. 50-1 王何○謂楚王曰. 50-1 王何○與寡人遇. 50-2 若○出地. 50-4 故齊○合也. 50-11 楚王因○罪景鯉而德周秦. 50-11 王○如留之以市地. 50-14 則○用兵而得地. 50-14 楚王○聽. 50-14 更○與○如景鯉留. 50-1 而地○可得也. 50-17 ○與地. 50-20 ○如出臣. 50-21 臣之義○參拜. 50-23 ○. 50-24 卽○見也. 50-24 威○掩於山東. 51-6 臣竊爲大王○取也. 51-6 恐○能給也. 51-10 ○如善楚. 51-22 三世而○接地於齊. 52-1 是王○用甲. 52-3 ○伸威. 52-3 楚燕之兵云翔○敢校. 52-5 天下五合六聚而○敢救也. 52-9 三王○足四. 52-12 五伯○足六也. 52-12 靡○有初. 52-15 而○知榆次之禍也. 52-16 而○知干隧之敗也. 52-17 今王妬楚之○毀也. 52-21 臣爲大王慮而○取. 52-22 大武遠宅○涉. 52-23 敵○可易. 52-25 時○可失. 52-25 百姓○聊生. 53-5 韓魏之○亡. 53-6 ○亦失乎. 53-6 兵出之日而王憂其○反也. 53-8 王若○藉路於仇讎之韓魏. 53-8 山林谿谷○食之地. 53-10 ○爲得地. 53-11 秦楚之構而○離. 53-12 上蔡召陵○往來也. 53-25 ○待痛而服矣. 54-5 土廣○足以爲安. 54-8 人衆○足以爲强. 54-8 莫○令朝行. 54-13 寢○寐. 54-17 食○飽. 54-17 格道○通. 54-19 齊戰敗○勝. 54-19 謀則○得. 54-19 王兵勝而○驕. 55-3 伯主約而○忿. 55-4 勝而○驕. 55-4 約而○忿. 55-4 ○恤楚交. 55-6 臣竊爲大王慮之而○取也. 55-7 靡○有初. 55-8 能始而○能終也. 55-13 而使天下之士○敢言. 55-14 而世主○敢交陽侯之塞. 55-15 而韓楚之兵○敢進. 55-15 則三王○足四. 55-16 五伯○足六. 55-16 王若○能爲此尾. 55-17 ○勝. 56-3 秦王因○罪. 56-5 所以○爲相者. 56-7 太后○善公也. 56-8 公何○以秦楚之重. 56-9 以太子之留酸棗而○之秦. 56-17 魏○與我約. 56-17 ○如先伐之. 56-18 濮陽人呂○韋賈於邯鄲. 56-21 ○得煖衣餘食. 56-23 外託於○可知之國. 57-1 君之門下無○居高尊位. 57-4 而○壽於朝生. 57-7 ○韋曰. 57-8 ○韋說趙曰. 57-14 ○顧一子以留計. 57-15 是○敢倍德畔施. 57-16 ○足以結秦. 57-17 ○韋使楚服而見. 57-18 ○習於誦. 57-20 得知名者○少. 57-21 以○韋爲相. 57-25 文信侯去而○快. 58-6 君侯何○快甚也. 58-6 而○肯行. 58-8 我自行之而○肯. 58-9 ○知其數. 58-13 ○知其數. 58-13 臣之功○如武安君也. 58-13 卿明知功之○如武安君歟. 58-13 應侯○如文信侯專. 58-15 卿明知爲○如文信侯專歟. 58-15 而卿○肯行. 58-18 臣○知卿所死之處矣. 58-18 燕○欺秦也. 58-22 秦○欺燕也. 58-23 秦燕○相欺. 58-23 燕秦所以○相欺者. 58-23 ○如. 59-7 ○如. 59-7 ○如. 59-8 ○如. 59-9 ○如. 59-9 ○如. 59-10 卿○遠趙. 59-11 秦○接刃而得趙之半. 59-12 秦○足亡. 59-17 卒○免秦患. 59-18 力○能自存. 59-19 趙王○能將. 59-21 大王○用. 59-22 ○過半年. 60-1 ○能及地. 60-6 起居○敬. 60-6 上若○信. 60-7 ○赦. 60-9 臣○敢言. 60-9 人臣○得自殺宮中. 60-10 臂短○能及. 60-12 非○知也. 60-15 非○肖也. 60-16 ○能用也. 60-16 今賈忠王而王○知也. 61-8 賈○歸四國. 61-9 使賈○忠於君. 61-9 棘津之讎○庸. 61-13 故明主○取其汙. 61-18 ○聽其非. 61-18 雖有外誹者○聽. 61-19 無咫尺之功者○賞. 61-20 盼子○用也. 62-4 嬰子○善. 62-5 必○便於王也. 62-8 封之成與○. 62-11 魯宋事楚而齊○事者. 62-13 ○惡齊大何也. 62-14 因○止. 62-16 鄙臣○敢以死爲戲. 62-20 君○聞大魚乎. 62-21 網○能止. 62-22 鉤○能牽. 62-22 ○可○日聽也而數覽. 63-3 靖郭君○聽. 63-8 大○善於宣王. 63-11 王之○說嬰甚. 63-13 固○求生也. 63-14 靖郭君○能止. 63-14 太子相○仁. 63-17 ○若廢太子. 63-18 ○可. 63-19 吾○忍也. 63-19 又○肯聽辨. 63-23 殊○知此. 63-24 ○得已而受. 64-3 靖郭君辭○得. 64-3 故人非之○爲沮. 64-5 ○如勿救. 64-9 則我○利. 64-9 臣之求利且○利者. 64-12 是趙○拔而魏全也. 64-12 故○如南攻襄陵以弊魏. 64-13 ○如早救之. 64-18 ○可. 64-19 五戰五○勝. 64-23 ○相說. 65-2 公何○爲王謀伐魏. 65-3 戰○勝. 65-4 田忌○進. 65-4 戰而○死. 65-4 ○然. 65-17 則將軍○得入於齊矣. 65-17 田忌○聽. 65-17 果○入齊. 65-17 鄒忌所以○善楚者. 65-21 王○如封田忌於江南. 65-21 以示田忌之○返齊也. 65-22 宣王○悅. 66-1 ○如有五子之孝. 66-2 忌○自信. 66-7 徐公○若君之美也. 66-10 自以爲○如. 66-11 臣誠知○如徐公美. 66-14 莫○私王. 66-16 莫○畏王. 66-16 莫○有求於王. 66-17 威王○應. 67-1 威王○應. 67-2 王何○發將而擊之. 67-3 此○叛寡人明矣. 67-4 臣非○能更葬先妾也. 67-9 夫○得父之教而更葬母. 67-10 故○敢. 67-10 夫爲人子而○欺死父. 67-11 君○與勝者而與○勝者. 67-15 鬼且○知也. 67-16 ○用有魯與無魯. 67-17 ○立以立功名. 67-25 ○憂强秦. 68-1 秦曾○出力. 68-2 秦曾○出薪. 68-3 伐○道者. 68-4 今秦之伐天下○然. 68-4 而齊民獨○也. 68-6 秦必○敢攻梁. 68-11 三晉怒齊○與己也. 68-12 ○如急以兵合於三晉. 68-13 ○待發於遠縣. 68-20 其民無○吹竽鼓瑟擊筑彈琴鬭雞走犬六博蹹踘者. 68-21 天下○能當. 68-25 ○至十日. 69-2 四境○守. 69-3 戰而○勝. 69-3 今秦攻齊則○然. 69-5 車○得方軌. 69-6 馬○得並行. 69-6 千人○能過也. 69-6 高躍而○敢進. 69-8 則秦○能害齊. 69-8 夫○深料秦之○奈我何也. 69-9 寡人○敏. 69-12 皆爲一時說而○顧萬世之利. 69-16 而○察其至實. 69-18 莫○以從爲可. 69-20 大王○事秦. 70-1 ○可得也. 70-2 ○如聽之. 71-4 百姓○戴. 71-5 儀事先王○忠言未已. 71-10 故儀願乞○肖身而之梁. 71-15 ○能相去. 71-16 故儀願乞○肖身而之梁. 72-1 梁齊之兵連於城下○能去. 72-1 犀首以梁爲齊戰於承匡而○勝. 72-7 ○用臣言以危國. 72-8 值所以爲國者○同耳. 72-9 遂○聽. 72-13 數人飲之○足. 72-20 ○弱兵. 72-24 戰無○勝而○知止者. 72-25 ○如從合於趙. 73-5 ○如按兵勿出. 73-11 戰而○勝. 73-12 ○親. 73-16 而齊○聽. 73-17 ○如聽之以却秦兵. 73-18 ○聽則秦兵○却. 73-18 ○務爲此. 73-23 趙魏○伐. 74-1 趙魏亦○免與秦爲患矣. 74-2 則亦○果於趙魏之應秦而伐周韓. 74-3 君何○留楚太子. 75-3 ○可. 75-4 然則是我抱空質而行○義於天下也. 75-5 ○然. 75-5 ○然. 75-6 計○決者名○成. 75-13 今王○亟入下東國. 75-19 太子何○倍楚之割地而資齊. 76-1 尚恐事○成. 76-2 今已得地而求○止者. 76-4 必○倍於王也. 76-6 君因○善蘇秦. 76-24 則是圍塞天下士而○利說途也. 76-25 夫○善君者且奉蘇秦. 76-25 而君○蚤親. 77-2 故君○如因而親之. 77-2 固○敢言人事也. 77-11 ○然. 77-15 則臣○知君所出矣. 77-18 而薛亦○量其力. 77-25 薛○量其力. 78-1 故曰薛○量力. 78-2 夏侯章每言未嘗○毀孟嘗君也. 78-8 亦甚○義矣. 78-25 孟嘗君○知臣○肖. 79-6 ○聽臣. 79-9 若臣○肖也. 79-10 則○若魚鼈. 79-16 則騏驥○如狐狸. 79-16 一軍○能當. 79-17 則○若農夫. 79-19 堯亦有所○及矣. 79-19 今使人而○能. 79-20 則謂之○肖. 79-20 教人而○能. 79-20 ○肖則棄之. 79-20 ○相與處. 79-21 ○欲行. 79-25 賈妻子○足償之. 80-2 郢之登徒○欲行. 80-16 則士○亦衆乎. 80-23 ○然. 80-24 則累世○得一焉. 80-25 齊○與秦壤界而患緩. 81-21 ○得○事齊也. 81-21 ○能以重於天下者何也. 81-23 貧乏○能自存. 82-3 以爲貪而○知足. 82-13 於是馮諼○復歌. 82-14 先生○羞. 82-21 ○拊愛子其民. 83-6 孟嘗君○說. 83-8 寡人○敢以先王之臣爲臣. 83-9 孟嘗君固辭○往也. 83-19 寡人○祥. 83-21 寡人○足爲也. 83-22 君○以使人先觀秦王. 84-3 君恐○得爲臣. 84-5 意者秦王○肖之主也. 84-5 大王○好人. 84-11 義○臣乎天子. 84-12 ○友乎諸侯. 84-13 得志○慙爲人主. 84-13 ○得志○肯爲人臣. 84-13 公孫弘可謂○侵矣. 84-19 立千乘之義而○可陵. 84-19 文○得是二人故也. 84-25 豈獨○得盡. 84-25 無○被繡衣而食菽粟者. 85-1 ○知. 85-9 ○敢以爲言. 85-13 宣王○悅. 85-16 ○如使王爲趨士. 85-18 王者○貴. 85-19 死○赦. 85-21 曾○若死士之壟也. 85-22 宣王默然○悅. 85-23 莫○來語. 86-1 莫敢○

服.86-1 求萬物○備具.86-1 而百無○親附.86-2 ○然.86-4 是故
易傳○云乎.86-8 矜功○立.86-11 虛願○至.86-11 ○媿下學.86-
14 何○吉之有哉.86-17 是以侯王稱孤寡○穀.86-18 然夫璞○完.
86-25 非○得尊遂也.87-1 然而形神○全.87-2 則終身○辱也.87-
6 聞先生直言正諫○諱.87-11 ○說.87-13 是王○好士.87-18 王亦
○好士也.87-21 ○若王愛尺縠也.87-23 ○使左右便辟而使工者何
也.87-24 臣故曰○如愛尺縠也.87-25 使者○說.88-4 今○問王.88
-5 ○然.88-5 何以至今○業也.88-9 補○足.88-10 何以至今○業
也.88-11 至老○嫁.88-11 胡爲至今○朝也.88-12 一女○朝.88-13
上○臣於王.88-14 下○治其家.88-14 中○索交諸侯.88-14 何爲
至今○殺乎.88-15 設爲○宦.88-17 設爲○嫁.88-19 ○嫁則○嫁.
88-19 今先生設爲○宦.88-20 ○宦則然矣.88-21 士三食○得饜.88
-25 而士○得以爲緣.89-1 君○肯以所輕與士.89-2 今○聽.89-88
○如聽之以卒秦.89-8 而天下○聽.89-10 伐趙○如伐宋之利.89-1
有陰平陸則梁門○啓.89-21 天下○敢○聽.89-22 則○能割劌矣.
90-7 ○得弦機之利.90-7 則○能遠殺矣.90-8 矢非○銛.90-8 而劍
非○利也.90-8 權藉○在焉.90-9 車舍人○休傳.90-9 今世之爲國
者○然矣.90-18 故約○爲人主怨.90-22 伐○爲人挫强.90-23 則兵
○費.90-23 權○輕.90-23 秦楚戰韓魏○休.91-2 莫若後起而重伐
○義.91-6 事○塞天下之心.91-8 則名號○攘而至.91-8 伯王○爲
而立矣.91-9 則四鄰○反.91-10 則天下○賣.91-10 外○賣.91-11
內○反.91-11 則擯禍朽腐而○用.91-11 幣帛矯蠹而○服矣.91-12
則○祠而福矣.91-12 ○貸而見足矣.91-13 今天下之相與也○並滅.
91-21 寄怨而誅○直.91-22 ○約親.91-23 ○相質而固.91-23 ○趨
而疾.91-24 衆事而○反.91-24 交割而○相憎.91-24 燕○勝.92-1
有市之邑莫○止事而奉王.92-10 十年之田而○償也.92-13 十年之
田而○償也.92-16 將○釋甲.92-18 ○嗇於戰攻之患也.93-1 而守
○可拔.93-3 守而○可拔者.93-5 ○中則愧.93-7 而守必○拔.93-
9 則明君○居也.93-10 則察相○事.93-11 則五兵○動而諸侯從.93
-11 甲兵○出於軍而敵國勝.93-12 衝櫓○施而邊城降.93-12 士民
○知而王業至矣.93-13 故鍾鼓竽瑟之音○絶.93-17 和樂倡優侏儒
之笑○之.93-18 故名配天地○爲尊.93-18 利制海內○爲厚.93-19
寢○安席.93-25 食○甘味.93-25 恐○如.94-3 王何○使臣見魏王.
94-3 ○足以王天下.94-6 大王○若北取燕.94-6 大王○如先行王服.
94-8 而○以德魏王.94-12 謀約○下席.94-13 百姓○附.95-4 大臣
○親.95-6 閔王○肯與.95-8 ○知.95-10 ○知.95-11 求之則○得.
95-12 ○知.95-12 而王○知戒焉.95-14 女暮出而○還.95-22 女○
知其處.95-23 唯莒即墨○下.96-3 ○敢歸.96-5 而聊城○下.96-6
智者○倍時而弃利.96-7 勇士○怯死而滅名.96-8 忠臣○先身而後
君.96-9 ○顧燕王之無臣.96-9 而威○信於齊.96-10 故知者○再計.
96-11 勇士○怯死.96-11 ○若得濟北之利.96-14 魏○敢東面.96-
15 燕救○至.96-17 即臣見公之○能得也.96-17 大臣○足恃.96-21
朞年○解.96-22 ○如罷兵休士.96-25 傚小節者○能行大威.97-
6 惡小恥者○能立榮名.97-7 遺公子糾而○能死.97-8 鄉里○通也.
97-9 世主○臣也.97-9 幽囚而○出.97-9 慙恥而○見.97-10 ○免
爲辱人賤行矣.97-10 使曹子之足○離陳.97-13 計○顧後.97-14 出
必死而○生.97-14 則○免爲敗軍禽將.97-14 顏色○變.97-18 而辭
氣○悖.97-18 非○能行小節.97-19 功名○立.97-20 出○能行.98
-4 ○早圖.98-7 王○如因以爲己善.98-9 而徐子○肖.98-22 若乃
得去○肖者.98-23 何○使使者謝於楚王.99-2 數日○反.99-4 豈○
以據勢也哉.99-5 且其志欲爲○善.99-6 振窮補○足.99-7 吾○若
也.99-13 臣固知王○若也.99-13 吾○若也.99-14 臣固知王○若也.
99-14 且王○能守先王之社稷.99-18 以爲○可.99-22 且嬰兒之計
○爲此.99-24 王○亟殺此九子者以謝安平君.99-24 ○然.99-25 ○
能下也.100-3 攻狄而○下.100-5 三月而○克之也.100-5 攻狄○能.
100-7 先生謂單○能下狄.100-9 莫○揮泣奮臂而欲戰.100-13 所以
○勝者也.100-15 ○如易餘糧於宋.100-19 梁氏○敢過宋伐齊.100
-20 ○償.100-21 終身○覩.101-3 ○以○覩之故.101-4 以故建立
四十有餘年○受兵.101-5 而解此環○.101-8 羣臣○知解.101-8 ○
脩攻戰之備.101-14 皆○便秦.101-22 ○欲爲秦.101-24 爲大王○
取也.102-2 齊王○聽.102-2 齊王○聽即墨大夫而聽陳馳.102-3 ○
若其欲齊之甚也.102-8 王○如令人以涓來之辭謾固於齊.102-12 齊
秦必○合.102-12 齊秦○合.102-13 ○勝.103-6 且我爲○信.104
-2 觀百獸之見我而敢○走乎.104-2 虎○知獸畏己而走也.104-3
臣○敢言其後.104-9 王○如無救趙.104-11 趙○能聽.104-12 ○然.
104-14 昭奚恤○知也.104-14 今○救趙.104-15 而有楚之○救己也.
104-17 故王○如少出兵.104-18 而見楚救之○足畏也.104-19 必○
釋趙.104-19 而力○能.104-23 ○當封.104-24 夫苟○難爲之外.
105-4 遂○得入言.105-9 而王終已○知者.105-17 見君莫○斂衽而
拜.105-21 ○然.105-22 是目嬖女○敝席.105-25 寵臣○避軒.105
-25 君○用臣之計.106-5 臣請○敢復見矣.106-5 ○敢忘先生之言.
106-5 ○蔽人之善.106-17 ○言人之惡.106-18 郢人有獄三年○決

者.106-22 ○當服罪.106-24 故其宅○得.106-24 謂而○得.107-2
安邑○知.107-9 上梁亦○知也.107-9 故楚王何○目新城爲主郡也.
107-10 太子○勝.107-20 然而○死.107-20 乃○罪也.107-21 赫○
能得趙.107-25 五大夫○可收也.107-25 王○如以十乘行之.108-1
杜赫怒而○行.108-3 是○能得趙也.108-3 臣○足以知之.108-6 ○
可.108-7 大○如事君.108-8 小○如處室.108-9 然而○可相秦.108
-11 則諸侯莫○南面而朝於章臺之下矣.108-25 此其勢○兩立.109
-2 大王○從親.109-3 臣竊爲大王○取也.109-11 ○顧其禍.109-
15 大逆○忠.109-16 ○可親也.109-20 ○可與深謀.109-20 ○足恃
也.109-22 寡人臥○安席.109-22 食○甘味.109-22 ○格明矣.110
-5 今大王○與猛虎而與羣羊.110-5 其勢○兩立.110-7 而大王○與
秦.110-8 韓之上地○通.110-8 ○料敵而輕戰.110-12 兵○如者.
110-12 粟○如者.110-13 言其利而○言其害.110-14 ○費馬汗之勞.
110-18 ○至十日而距扞關.110-18 此其勢○相及也.110-21 且夫秦
之所以○出甲於函谷關十五年以攻諸侯者.111-2 楚人○勝.111-4
○至數月而宋可擧.111-10 其○可成也亦明矣.111-15 ○習國家之
長計.111-21 楚王○察於爭名者也.112-4 韓求相工陳籍而周○聽.
112-5 魏求相綦母恢而周○聽.112-5 是楚自行○如周.112-7 則楚
衆○用矣.112-11 而王○知察.112-12 今君何○見臣於王.112-12
請爲王使齊交○絶.112-12 齊交○絶.112-12 是昭雎之言○信也.
112-13 自從先君文王以至○穀之身.112-16 亦有○爲爵勸.112-17
○爲祿勉.112-17 如華○足知之矣.112-18 ○於大夫.112-18 壹瞑
而萬世○視.112-21 ○知所益.112-21 亦有○爲爵勸.112-22 ○爲
祿勉.112-23 朝○謀夕.112-25 四封○侵.113-3 名○挫於諸侯.113
-3 壹瞑而萬世○視.113-9 ○知所益.113-10 ○若奔諸侯.113-13
雀立○轉.113-14 七日○得告.113-14 旄○知人.113-15 冠帶○相
及.113-15 秦王顧令○起.113-18 故○爲爵勸.114-6○爲祿勉.114
-6 忍而○入.114-10 然而○避.114-11 君王直○好.114-12 故王
○如與齊約.115-4 魏氏○聽.115-6 公○如令王重賂景鯉蘇厲.115
-11 必○求地而合於楚.115-12 若齊○求.115-12 昭侯○欲.115-20
秦王怒於戰○勝.115-22 戰○勝秦.115-23 ○如益昭雎之兵.115
-23 而燕趙魏○敢○聽.116-1 子何○急言王.116-13 秦女必○來.
116-14 儀事王○善.116-20 君○如使人微要靳尙而刺之.116-22 ○
與天下共攻之.117-3 王○如與之盟而歸之.117-3 必○敢倍盟.117
-4 子○予我.117-8 ○得歸.117-8 愛地○送死父.117-10 ○義.117
-10 王○可○與也.117-17 許强萬乘之齊而○與.117-17 則○信.
117-17 後○可以約結諸侯.117-18 ○可與也.117-20 ○可.117-21
○可與也.117-24 楚○能獨守.117-24 許萬乘之强齊也而○與.117
-25 負○義於天下.117-25 楚亦○能獨守.117-25 ○可○與也.118
-2 ○可與也.118-3 ○可與也.118-4 雖然楚○能獨守也.118-4 ○
仁.118-15 ○義.118-16 ○然.118-16 士卒○用.118-17 公○如令
人謂太子曰.118-20 必且務○利太子.118-21 太子○如善蘇子.118
-21 今先生乃○遠千里而臨寡人.119-16 曾○肯留.119-16 爲臣○
忠○信.119-21 ○忠.119-22 ○信.119-22 且魏臣○忠○信.119-22
若○聽.119-23 楚王○說.120-5 王徒○好色耳.120-7 寡人之獨
何爲○好色也.120-10 天下關閉○通.120-14 横親之○合也.120-22
二人固○善雎也.120-24 王○如復雎.121-2 魏○合秦.121-2 韓
亦○從.121-3 天下莫○聞也.121-8 今之○善張儀也.121-8 天下莫
○知也.121-8 王○如擧惠子而納之於宋.121-10 此○失爲儀之實.
121-12 公○如無聽惠施.121-17 魏王○說.121-20 謁病○聽.121-
20 請和○得.121-21 ○如速和.121-22 猶○聽也.122-2 公○如目
儀之言爲資.122-2 然臣羞而○學也.122-14 ○避絶江河.122-15 所
欲者○成.122-17 所求者○得.122-17 夫一梟之○如○勝五散.122
-19 今君何○爲天下梟.122-20 ○偏於死.123-6 ○偏於生.123-6
○足以載大名.123-6 ○足以横世.123-7 而天下○知.123-7 鄭褏知
王以己爲○妬也.123-16 公何以○請立后也.123-22 王○聽.123-23
然則○買五雙珥.123-23 ○顧國政.124-3 君王卒幸四子者○衰.
124-5 寡人○能用先生之言.124-8 王獨○見夫蜻蛉乎.124-13 ○知
夫五尺童子.124-14 ○知夫公子王孫.124-18 ○知夫射者.124-23
而○以國家爲事.125-4 ○知夫子發方受命乎宣王.125-5 而○以天
下國家爲事.125-10 ○知夫穰侯方受命乎秦王.125-10 滑○聽也.
125-16 人皆以謂公○善於富摯.125-20 公○聞老萊子之教孔子事君
乎.125-20 而公重○相善也.125-22 而公○善也.125-23 是○臣也.
125-23 ○若令屈署以新東國爲和於齊以動秦.126-1 有○獻死之藥
於荊王者.126-6 且客獻○死之藥.126-9 王乃○殺.126-10 皆○過
百里以有天下.126-12 臣竊目爲○便於君.126-14 其君未嘗○尊.
126-18 國未嘗○榮也.126-19 此○恭之語也.126-21 ○可○審察也.
126-21 廢正適而立○義.126-24 崔杼○許.127-2 崔杼○許.127-2
○知佩兮.127-8 ○知異兮.127-9 ○可爲拒秦之將也.127-23 ○審
君之聖.128-2 ○然.128-4 君之賢實○如堯.128-5 臣之能○及舜.
128-5 負轅○能上.128-10 今僕之○肖.128-13 聞其○宜子.128-
18 雖兄弟○如.128-24 孰與其臨○測之罪乎.129-5 安○有無妄之人

乎. 129-12 疾而〇起. 129-15 〇. 129-16 李園〇治國. 129-17 〇爲兵將. 129-18 而呂〇韋廢. 130-4 〇可〇早定也. 130-7 而後〇免殺之. 130-8 然而〇免奪死者. 130-10 故君〇如北兵以德趙. 130-12 若曰勝千鈞則〇然者. 130-18 城下〇沉者三板. 131-3 今城〇沒者三板. 131-7 〇棄美利於前. 131-12 而爲危難〇可成之事. 131-12 郄疵知其言之〇聽. 131-18 〇可. 131-22 來請地〇與. 131-23 他國〇聽. 131-24 〇如與之. 132-其堅則箘簬之勁〇能過也. 132-18 三月〇能拔. 132-23 吾〇能守矣. 132-25 亡〇能存. 133-1 危〇能安. 133-1 〇然. 133-12 必〇欺也. 133-13 〇如令殺之. 133-15 〇可. 133-16 〇殺則遂親之. 133-17 如是則二主之心可〇變. 133-20〇可. 133-22 知過見君之〇用也. 133-22 言之〇聽. 133-23 遂去〇見. 133-23 今暮〇擊. 133-25 夫〇聽知過. 134-5 〇令在相位. 134-11〇爲近大夫. 134-11 前事之〇忘. 134-18 則臣力〇足. 134-18 臣下〇使者何如. 134-19 〇避其死. 134-21 始事范中行氏而〇說. 135-6 其妻〇識. 135-14 狀貌〇似吾夫. 135-14 子〇嘗事范中行氏乎. 135-24 而子〇爲報讎. 135-25 寡人〇舍子. 136-5 臣聞明主〇掩人之義. 136-5 忠臣〇愛死以成名. 136-6 天下莫〇稱君之賢. 136-6 雖死〇恨. 136-7 趙侯將〇許. 136-13 魏攻中山而〇能取. 136-13 必〇能越趙而有中山矣. 136-14 君〇如許之. 136-15 君〇如借之道. 136-16 而示之〇得已. 136-17 雖〇足以攻秦. 136-20 計者〇如構三國攻秦. 136-21 宮室小而帑〇衆. 136-24 擊必〇爲用. 136-25 汝〇如我. 137-10 〇聽臣計則死. 137-14 〇能. 137-17 君卽〇能. 137-17 今日精而君〇動. 137-19 吾君〇能用也. 137-20 恐其事〇成. 138-9 此代馬胡駒〇東. 138-22 而崑山之玉〇出也. 138-22 臣恐其後事王者之〇敢自必也. 139-5 奉陽君〇欲. 139-12 而封地〇定. 139-12 〇可〇熟圖也. 139-13 其地〇能千里. 139-17 展轉〇可約. 139-17 秦戰〇利. 139-18 〇固信盟. 139-18 懼則可以〇戰而深取割. 139-20 韓〇能有. 139-24 〇失守器. 140-1 若〇能卒. 140-2 今〇與. 140-3 韓〇能守上黨. 140-4 其民皆〇欲爲秦. 140-4 韓〇能守上黨. 140-7 其吏民〇欲爲秦. 140-7 中絶〇令相通. 140-10 雖强大〇能得之於小弱. 140-11 〇可與戰. 140-13 今〇用兵而得城七十. 140-15 何故〇爲. 140-15 韓〇能守上黨. 140-17 是吾處三〇義也. 140-24 爲主守地而〇能死. 140-24 〇義一也. 140-24 〇順主命. 140-25 〇義二也. 140-25 〇義三也. 140-25 趙聞韓〇能守上黨. 141-1 三日〇得見. 141-5 而三日〇見. 141-9 〇如令趙拘甘茂. 141-12 〇愛名寶. 141-14 齊〇從. 141-18 〇能以無功惡秦. 141-19 河間封〇定而齊危. 141-25 文信〇得志. 141-25 齊〇從. 142-2 憂大者〇計而構. 142-2 〇待割而成. 142-3 鄙語豈〇曰. 142-7 文甚〇取也. 142-8 文以爲〇可. 142-9 今趙王〇知文〇肖. 142-9 然山東〇能易其路. 142-15 弱而〇能相壹. 142-16 禽〇知虎之卽己也. 142-17 決〇相關矣. 142-18 今山東之主〇知秦之卽己也. 142-19 知〇如禽遠矣. 142-20 怒韓梁之〇救己. 142-24 韓〇待伐. 143-3 梁〇待伐矣. 143-4 必〇入秦. 143-9 是秦禍〇離楚也. 143-9 必〇出楚王. 143-10 是秦禍〇離楚也. 143-11 果〇出楚王印. 143-14 莫〇高賢大王之行義. 144-4 大王〇得任事. 144-5 擇交〇得則民終身〇得安. 144-9 而民〇得安. 144-9 而民〇得安. 144-10 民〇得安. 144-10 河外割則道〇通. 144-20 〇可〇熟計也. 144-20 〇足畏也. 145-2 然而秦〇敢擧兵甲而伐趙者. 145-3 則〇然. 145-4 韓魏〇能支秦. 145-5 湯武之卒〇過三千人. 145-9 車〇過三百乘. 145-9 內度其士卒之衆寡賢與〇肖. 145-10〇待兩軍相當. 145-11 而〇與其憂. 145-19 秦必〇敢出兵於函谷關以害山東矣. 146-7 是故官無乏事而力〇困. 146-14 是故事無敗業而惡〇章. 146-14 〇以夜行. 146-16 〇以輕敵. 146-16 故民〇惡其尊. 146-17 而世〇妬其業. 146-17 民〇樂後也. 146-18 人主〇再行也. 146-18 仁者〇用也. 146-19 今用兵終身〇休. 146-20 力盡〇罷. 146-20 地廣而〇耕. 146-22 民羸而〇休. 146-22 則雖從而〇止矣. 146-23 物〇斷也. 146-23 地〇入也. 146-24 父〇得於子. 146-24 君〇得於臣. 146-24 臣有以知天下之〇能爲從以逆秦也. 147-2 夫慮收亡齊罷楚敝魏與〇可知之趙. 147-3 秦人遠迹〇服. 147-8 收破齊罷楚弊魏〇可知之趙. 147-11 臣以從一〇可成也. 147-11 臨懷而〇救. 147-16 秦人去而〇從. 147-16 〇識三國之憎秦而愛懷邪. 147-16 夫攻而〇救. 147-17 去而〇從. 147-17 終身〇敢設兵以攻秦折韓也. 147-19 〇識從之一成惡存也. 147-20 於是秦王解兵〇出於境. 147-21 二十九年〇相攻. 147-21 秦兵〇敢出函谷關十五年矣. 147-24 〇敢動搖. 148-2 欲反覆齊國而〇能. 148-8 夫天下之〇可一亦明矣. 148-9 是故〇敢匿意隱情. 148-14 〇得與國謀. 148-18 以爲一從〇事秦. 148-19 嗣立〇忘先德. 149-1 而卒世〇見也. 149-5 〇和於俗. 149-11 〇謀於衆. 149-11 子〇反親. 149-19 臣〇逆主. 149-19 而叔〇服. 149-20 因貴戚者名〇累. 149-25 〇佞寢疾. 150-2 〇能趨走. 150-2 是以〇先進. 150-2 禮服〇同. 150-12 〇一其用. 150-13 〇同其禮. 150-14 知者〇能一. 150-15 賢聖〇能同. 150-15 〇知而〇疑. 150-16 異於己而〇非者. 150-16 且昔者簡主〇塞晉陽. 150-22 卽鄗幾〇守. 150-25 臣愚〇達於王之議. 151-4 臣敢〇聽今. 151-5 且夫三代〇同服而王.

151-15 五伯〇同教而政. 151-15 〇肖者拘焉. 151-16 〇足與論心. 151-16 〇足與致意. 151-17 故爲己者〇待人. 151-19 制今者〇法古. 151-19 隱忠〇竭. 151-20 竭意〇諱. 151-23 忠〇辟危. 151-24 明〇距人. 151-24 聖人〇易民而教. 151-25 知者〇變俗而動. 151-25 〇勞而成功. 152-1 今王易初〇循俗. 152-1 胡服〇顧世. 152-2 是以莅國者〇襲奇辟之服. 152-3 中國〇近蠻夷之行. 152-3 古今〇同俗. 152-6 帝王〇相襲. 152-6 宓戲神農教而〇誅. 152-6 黃帝堯舜誅而〇怒. 152-7 故禮世〇必一其道便國〇必法古. 152-8 〇相襲而王. 152-10 〇易禮而滅. 152-11 〇盡於馬之情. 152-15 〇達於事之變. 152-16 〇足以高世. 152-16 〇足以制今. 152-17 窮而〇憂. 152-25 知慮〇躁達於變. 153-4 威嚴〇足以易於位. 153-4 重利〇足以變其心. 153-5 恭於教而〇快. 153-5 和於下而〇危. 153-5 隱中〇竭. 153-6 臣敢〇聽令乎. 153-9 〇逆其志. 153-12 〇倍其孤. 153-13 〇用人矣. 153-14 微諫而〇譁. 153-18 應對而〇怨. 153-19 〇逆上以自伐. 153-19 〇立私以爲名. 153-19 子道順而〇拂. 153-19 臣行讓而〇爭. 153-20 慈父〇子. 153-21 惠主〇臣也. 153-21 更〇用侵辱教. 153-24 故利〇百者〇變俗. 154-5 功〇什者〇易器. 154-5 〇如所失之費也. 154-6 陰陽〇同道. 154-7 四時〇一宜. 154-7 而〇觀於時. 154-8 而〇制於兵. 154-8 〇知器械之利. 154-8 〇知陰陽之宜. 154-9 故兵〇當於用. 154-9 何兵之〇可易. 154-9 教〇便於事. 154-9 何俗之〇可變. 154-10 〇可以踰險. 154-12 〇可以來朝. 154-12 吾聞信〇棄功. 154-12 知〇遺時. 154-12 臣敢〇聽令乎. 154-14 吾非〇說將軍之兵法也. 155-3 所以〇服者. 155-4 使民〇得耕作. 155-4 糧食輓賃〇可給也. 155-5 所用者〇過三萬. 155-6 此單之所〇服也. 155-7 君非徒〇達於兵也. 155-8 又〇明其時勢. 155-8 而鋒〇入. 155-12 而刃〇斷. 155-12 〇存其一角. 155-22 而野戰〇足用也. 155-22 單〇至也. 155-23 秦〇聽. 156-3 公〇若陰辭樓子曰. 156-3 秦王見趙之相甕冉之〇急也. 156-4 且〇聽公言也. 156-5 是事而〇成. 156-5 〇如請以河東易燕地於齊. 156-9 燕趙必〇爭矣. 156-9 〇予焦黎牛狐. 156-16 今寡人〇逮. 156-18 其社稷之〇能恤. 156-18 寡人有〇令之臣. 156-19 〇如以順齊. 157-2 今我〇順齊伐秦. 157-2 齊〇欲伐秦. 157-3 齊之兵〇西. 157-4 今我順而齊〇西. 157-5 〇能散齊魏之交. 157-6 〇然. 157-8 中山〇聽. 157-11 三國〇能和我. 157-11 公〇如令主父以地資周最. 157-17 無秦〇能傷趙. 157-18 無齊〇能得趙. 157-19 趙王〇聽. 157-22 寡人〇聽. 157-23 故寡人〇聽. 157-24 而王〇聽. 158-1 〇可. 158-5 趙守而〇可拔者. 158-7 夫貴〇與富期. 158-16 富〇與粱肉期. 158-16 粱肉〇與驕奢期. 158-17 驕奢〇與死亡期. 158-17 〇忘於心. 158-19 〇與何如. 158-23 〇肯哭也. 159-1 焉有子死而〇哭者乎. 159-1 是人〇隨. 159-2 必〇免爲妬婦也. 159-4 故〇敢對. 159-6 〇如予之. 159-7 愛王而〇攻乎. 159-11 〇遺餘力矣. 159-12 秦以其力攻其所〇能取. 159-12 王又以其力之所〇能攻以資之. 159-13 誠知秦力之〇至. 159-16 猶〇予也. 159-17 子能必來年秦之〇復攻我乎. 159-18 王之所以事秦必〇如韓魏也. 159-20 至來年而王獨〇取於秦. 159-21 樓緩言〇媾. 159-23 樓緩又〇能必秦之〇復攻也. 159-24 又割其力之所〇能取而媾也. 159-25 〇如無媾. 160-1 〇能取六城. 160-2 趙雖〇能守. 160-2 而〇至失六城. 160-2 必王之事秦〇如韓魏也. 160-5 〇與. 160-7 而弱者〇能自守. 160-9 秦兵〇敝而多得地. 160-9 其計固〇止矣. 160-10 〇然. 160-14 故〇若亟割地求和. 160-17 〇然. 160-18 是〇亦大示天下弱乎. 160-21 〇待辭之畢也. 160-24 夫〇鬭一卒. 161-5 〇頓一戟. 161-5 〇可. 161-6 夫君封以東武城〇讓無功. 161-9 佩趙國相印〇辭無能. 161-10 〇如勿受便. 161-11 乃〇受封. 161-11 趙〇勝. 161-14 軍戰〇勝. 161-15 〇如發重使而爲媾. 161-16 以爲〇媾者軍必破. 161-17 其〇邪. 161-18 秦〇遺餘力矣. 161-19 趙王〇聽. 161-22 王必〇得媾. 161-24 必〇救王. 162-1 秦知天下〇救王. 162-1 則媾〇可得成也. 162-1 趙卒〇得媾. 162-2 〇進. 162-6 今又內圍邯鄲而〇能去. 162-13 吾〇願見魯連先生也. 162-20 曷爲久居此圍城之中而〇去也. 162-24 令衆人〇知. 162-25 吾〇忍爲之民也. 163-3 誠〇忍其求也. 163-12 寧力〇勝. 163-14 智〇若耶. 163-14 辛垣衍怏然〇悅曰. 163-17 〇果納. 164-2 〇得入於魯. 164-2 故〇敢入於鄒. 164-6 生則〇得事養. 164-6 死則〇得飯含. 164-6 〇果納. 164-7 是使三晉之大臣〇如鄒魯之僕妾也. 164-9 彼將奪其所謂〇肖. 164-10 〇敢復言帝秦. 164-15 終〇肯受. 164-18 仲連〇忍爲也. 164-21 終身〇復見. 164-21 而〇能合遠. 164-24 而〇能自擧. 164-25 四十餘年而秦〇能得所欲. 165-2 趙之於天下也〇輕. 165-3 而慕思〇可得之小梁. 165-3 臣竊爲君〇取也. 165-4 未嘗〇言趙人之長者也. 165-5 未嘗〇言趙俗之善者也. 165-5 安敢〇對乎. 165-10 寡人〇好兵. 165-10 臣故意大王〇好也. 165-11 寡人〇喜. 165-12 故〇受也. 165-13 壤地〇削. 165-14 〇出宿夕. 165-16 告以理則〇可. 165-17 說以義則〇聽. 165-17 趙王〇說. 165-24 先生〇知寡人〇肖. 165-24 何〇令前郎中以爲冠. 166-1 郎中〇知爲冠. 166-2 先王〇血食. 166-4 而王〇以予工. 166-4 一物〇能蔽也. 166-11 若竈則〇然. 166-12 〇

倦而取道多. 166-19 則胥之事有○言者矣. 166-21 何患○得收河間.
167-3 ○如商賈. 167-8 ○然. 167-9 夫良商○與人爭買賣之賈. 167
-9 今君○能與文信侯相伉以權. 167-12 臣竊爲君○取也. 167-13 非
○愛其躡也. 167-16 然而○以環寸之躡. 167-16 ○宜急如此. 167-21
○墮食. 167-25 孝成王○應. 167-25 而臣竊怪王之○試見臣. 169
-4 羣臣必多以臣爲○能者. 169-4 以臣爲○能者非他. 169-5 則知○
足者也. 169-6 天下孰敢○致尊名於王. 169-9 天下孰敢○致地於王.
169-10 非知○足也. 169-14 則○忠者也. 169-15 魏王○說. 169-23
人比然而後如賢○. 170-5 未嘗○爲王先被矢石也. 170-8 齊甲未嘗
○歲至於王之境也. 170-10 而○敢相私也. 170-22 趙○聽. 170-25
封○可○早定也. 171-6 ○可復得已. 171-8 若足下○得志於宋. 171
-14 則陰○可得已矣. 171-21 ○至一二月. 171-23 若○得已而必搆.
171-24 若復○堅約而講. 172-3 皆○利趙矣. 172-7 ○利於趙. 172-
9 而君終○得陰. 172-9 ○利於趙. 172-12 而君又○得陰. 172-12 魏
○待伐. 172-14 ○利於趙. 172-16 而君必○得陰. 172-16 ○至一二
月. 172-19 而君終身○得陰. 172-22 君○救也. 172-25 而君有終身
○得陰. 173-1 死○復見於王矣. 173-8 王○聞公子牟夷之於宋乎.
173-9 非肉○食. 173-9 故臣死○復見於王矣. 173-11 百里之地○可
得. 173-24 而死者○可復生也. 173-25 ○若以生人市使也. 174-1 座
雖○肖. 174-4 勢○能守. 174-6 且君奚○將奢也. 174-17 其於奢○
然. 174-23 固○能當榮盆. 174-23 又○肯與燕人戰. 174-24 趙强則
齊○復霸矣. 174-25 ○如盡歸中山之新埊. 175-8 齊必○效地矣. 175
-14 翟章辭○受. 175-17 建信君○死. 175-19 終身○敝. 175-19 而
王○逐也. 175-24 又○爲燕也. 176-1 臣竊爲大王○取也. 176-1 欲
言而○敢. 176-3 談語而○稱師. 176-5 ○然. 176-6 言而○稱師. 176
-6 使夫交淺者○可以深談. 176-9 則天下○傳. 176-9 而三公○得
也. 176-10 何故至今○遣. 176-14 王何○遣建信君乎. 176-14 又○
知相馬. 176-15 王何○遣紀姬乎. 176-15 ○知相馬. 176-16 而社稷
○血食. 176-19 然而王○待工. 176-20 三反○得通. 177-2 吾往賀而
獨○得通. 177-4 使者三往○得通者. 177-5 ○敢寧居. 177-8 而使○
得通. 177-9 若○從吾言. 177-11 若○能殺. 177-15 未嘗○分於葉陽
涇陽君. 177-18 而鳳皇○翔. 177-20 而騏驎○至. 177-20 畏懼○敢
○行. 177-21 有母弟○能教誨. 177-23 故王○如勿逐. 178-5 故君○
如遣春平侯而留平都侯. 178-15 太后○肯. 178-20 曾○能疾走. 178
-23 ○得見久矣. 178-24 老臣今者殊○欲食. 179-1 老婦○能. 179-
2 ○肖. 179-4 ○若長安君之甚. 179-10 老婦○聞也. 179-16 豈人主
之子孫則必○善哉. 179-16 而○及今令有功於國. 179-19 故以爲其
愛○若燕后. 179-20 猶○能恃無功之尊. 179-22 知氏之命○長矣.
181-6 君○如與之. 181-7 ○敢從. 181-15 ○敢從. 181-16 二國○得
兵. 181-16 其誰○食. 181-22 豈可○一會期哉. 182-9 鍾聲○比乎.
182-12 ○明則樂音. 182-14 豈○亦信固哉. 182-17 信○足保也. 182
-21 ○從此也. 182-22 爲政○善. 182-24 然爲政○善. 182-25 然爲
政○善. 183-2 城非○高也. 183-3 人民非○衆也. 183-3 夫使士卒○
崩. 183-8 直而○倚. 183-8 撓揀而○辟者. 183-9 臣○能爲也. 183-
9 使三軍之士○迷惑者. 183-11 ○敢怠倦者. 183-13 王特爲臣之右
手○倦賞臣. 183-13 又○遺賢者之後. 183-16○揜能士之迹. 183-17
卽○可諱. 183-21 豈○悲哉. 183-24 ○亦悖乎. 183-24 固以○悖
者爲悖. 184-2 日夜行○休已. 184-10 ○下於楚. 184-11 ○被其禍.
184-12 偷取一旦之功而○顧其後. 184-23 緜緜○絶. 185-1 毫毛○
拔. 185-1 前慮○定. 185-2 寡人○肖. 185-4 魏地方○至千里. 185-
7 卒○過三十萬人. 185-7 ○過百里. 185-9 ○待倦而至梁. 185-9 ○
下十萬. 185-11 魏南與楚而○與齊. 185-12 東與齊而○與趙. 185-12
○合於韓. 185-13 ○親於楚. 185-13 其○可以成亦明矣. 185-17
大王○事秦. 185-19 則趙○南. 185-20 趙○南. 185-20 則魏○北.
185-20 魏○北. 185-20 則大王之國欲求無危○可得也. 185-21 ○敢
○聽. 185-22 事秦則楚韓必○敢動. 185-23 ○敢堅戰. 186-2 大王○
聽臣. 186-4 雖欲事秦而○可得也. 186-5 莫○日夜搤腕瞋目切齒以
言從之便. 186-8 而○敢深入者. 186-16 ○如貴董慶以善魏. 186-18
魏氏閉關而○通. 186-20 而秦○受也. 186-21 夫秦非○利有齊而得
宋埊也. 186-22 然其所以○受者. 186-22○信齊王與蘇秦也. 186-23
今秦見齊魏之○合也如此其甚也. 186-23 則齊必○欺秦. 186-24
故王○如復東蘇秦. 186-25 秦必疑齊而○聽也. 187-1 夫齊秦○合天
下無憂. 187-1 公○見軫. 187-5 ○得待異日矣. 187-5 衍○肖. 187-
7 ○能得事焉. 187-7 所以○使犀首者. 187-19 以爲○可. 187-19 猶
○聽也. 187-24 公○如儀之言爲資. 187-24 ○可○察也. 188-3 郢中
○善公者. 188-5 ○得於王. 188-10 魏王因○納張儀. 188-12 謂可者
謂○可者正半. 188-16 ○知是其可也. 188-18 若○勝魏. 189-3 其敝
○足以應秦. 189-4 公何○以楚佐儀求相之於魏. 189-9 而○與魏六
城. 189-20 王○遇秦. 190-3 何○陽與齊而陰結於楚. 190-6 臣○知
衍之所以聽於秦之少多. 190-11 王○若與竇屢關内侯. 190-13 太后
恐其○因穰侯也. 190-16 三國之○相信齊王之遇. 191-1 和○成. 191
-5 與其相田繻○善. 191-8 王獨○見夫服牛驂驥乎. 191-9 ○可以
行百步. 191-9 而○能成其功. 191-11 梁君與田侯○欲. 192-3 ○過
五月而趙破. 192-4 公之○慧也. 192-6 固已○欲矣. 192-6 是趙○伐.
192-7 又安敢釋卒○我予乎. 192-8 爲子之○便也. 192-15 ○如其爲
齊也. 192-22 ○如其爲韓也. 192-22 中道而○可. 192-24 王○如舍
需於側. 193-1 吾舉事而○利於魏. 193-2 二人者必○敢有外心矣.
193-3 利於魏與○利於魏. 193-4 史舉○辭而去. 193-9 魏○能支. 193
-13 故王○如釋薔. 193-14 戰而○勝. 193-14 大梁○能守. 193-14
官費又恐○給. 193-20 而○行先王之喪. 193-21 ○義也. 193-21 羣
臣皆○敢言. 193-23 欺之○爲逆者. 194-18 殺之○爲讎者也. 194-19
秦善魏○可知也已. 195-1 國○可爲也已. 195-3 ○敢顯也. 195-6
則爲劫於與國而○得已者. 195-8 天下○可. 195-8 上○可. 195-10
中○可. 195-11 下○可. 195-11 則明○與秦. 195-11 而西戎之兵○
至. 195-16 而東夷之民○起. 195-16 臣非○知秦勸之重也. 196-1 則
胡○召文子而相之. 196-5 何○令公子泣王太后. 196-14 ○成則爲王
矣. 196-14 ○習於兵. 196-15 戰必○勝. 196-15 ○勝必禽. 196-16
公子○封. 196-16 ○聽公子. 196-17 怨之至死○忘. 196-20 ○可.
196-21 今戰○勝. 196-23 則○如因變服折節而朝齊. 196-24 ○可.
197-4 戰○勝魏. 197-4 田嬰○聽. 197-8 何○稱病. 197-13 公○如歸
太子以德之. 197-14 ○然. 197-14 是齊抱空質而行○義也. 197-15
然而○勝一人者. 197-19 必○相張儀. 198-3 必○使相也. 198-5 ○
如太子之自相也. 198-8 信安君○欲往. 198-10 忠○必當. 198-11 當
必○忠. 198-11 恐其○忠於下吏. 198-12 今王之使人入魏而○用.
198-15 此魏王之所以○安也. 198-16 夫令人之君處所○安. 198-18
令人之相行所○能. 198-18 ○如用魏信而尊之以名. 198-22 魏氏之
名族○高於我. 198-25 土地之實○厚於我. 198-25 堯舜之所求而○
能得也. 199-5 王何○倍秦而與魏王. 199-9 恐魏之以太子在楚○肯
也. 199-13 果○得見. 199-24 齊桓公夜半○嗛. 200-5 至旦○覺. 200
-6 三日○聽朝. 200-7 利○過鄴. 201-7 今○用兵而得鄴. 201-7 卯
○知也. 201-11 臣聞明王○冐中而行. 201-14 而秦兵○下. 201-21
而秦兵○下. 201-21 而秦兵○可下. 202-1 趙氏○割. 202-8 燕○割.
202-8 而地○并乎諸侯者. 202-9 則國救亡○可得也已. 202-16 ○然
必欺. 202-17 維命○于常. 202-19 此言幸之○可數也. 202-19 知者
○然. 202-21 臣以爲○下三十萬. 202-22 攻而○能拔. 202-25 夫兵
○用. 203-5 何求而○得. 203-7 何爲而○成. 203-7 今母賢○過堯舜.
203-14 母大○過天地. 203-14 將有所○行乎. 203-15 子患寡人入而
○出邪. 203-17 入而○出. 203-18 入○測之淵而必出. 203-19 ○出.
203-19 臣必○爲也. 203-20 今秦○可知之國也. 203-20 猶○測之淵
也. 203-20 内王於○可知之秦. 203-21 臣竊爲王○取也. 203-21 楚
王○入. 203-25 今○行者欺之矣. 204-2 臣○知也. 204-5 君○行.
204-8 魏○勝秦. 204-15 魏○以敗之上割. 204-17 可謂善用○勝矣.
204-17 而秦○以勝之上割. 204-17 可謂○能用勝矣. 204-18 是羣臣
之私而王○知也. 204-18 薪○盡. 204-22 則火○止. 204-22 ○可以
革也. 204-24 王獨○見夫博者之用梟邪. 204-25 因曰○可革. 205-1
何用智之○若梟也. 205-1 乃○伐魏. 205-8 淳于髡言○伐魏者. 205
-9 伐魏之事○便. 205-11 若誠○便. 205-12 寡人○能. 205-19 然而
趙之地○歲危. 205-22 而民○歲死. 205-22 今趙○救魏. 205-23 吾
歲○熟二年矣. 206-2 王○用臣之忠計. 206-5 而燕○救魏. 206-7 ○
識禮義德行. 206-17 ○顧親戚兄弟. 206-17 則○明矣. 206-23 則○
忠矣. 206-23 王以爲○破乎. 206-24 必○伐楚與趙矣. 207-3 秦必○
爲也. 207-4 秦又○敢. 207-6 秦又○敢也. 207-9 秦必○伐楚與趙矣.
207-9 又○攻衞與齊矣. 207-9 河内之共汲莫○危矣. 207-12 且夫憎
韓○受安陵氏可也. 207-17 夫○患秦之○愛南國非也. 207-17 從之
○成矣. 208-2 楚魏疑而韓○可得而約也. 208-2 必○休矣. 208-6 如
此則士民○勞而故地得. 208-8 韓必○敢反魏. 208-13 今○存韓. 208
-14 入朝爲臣之日○久. 208-15 臣爲王○取也. 208-19 宮之奇諫而
○聽. 208-24 必○合矣. 209-5 而又怒其○己善也. 209-7 而魏王○
敢據也. 209-9 而○能拔. 209-14 公終自以爲○能守也. 209-17 楚王
怒於魏之○用樓子. 209-21 公○如按魏之和. 209-23 何故○能有地
於河東乎. 210-2 謀恐○出於計矣. 211-3 ○如南出. 211-8 王○聞湯
之伐桀乎. 211-10 ○先以弱爲武教. 211-12 夫國之所以○可恃者多.
211-20 其變○可勝數也. 211-20 或以政教○脩上下○輯. 211-21 而
○可恃者. 211-21 而○可恃者. 211-21 或以年穀○登. 211-22 而○
可恃者. 211-22 臣以此知國之○可必恃也. 211-23 而久○可知. 211
-24 臣以此爲○完. 212-1 與所○怨乎. 212-8 且割而從其所○强.
212-8 與其所○怨. 212-9 是○知天下者也. 212-11 是又○知魏者也.
212-12 謂茲公○知此兩者. 212-12 又○知茲公者也. 212-12 ○從則
茲公輕. 212-13 ○實爲期. 212-14 子何○疾及三國方堅也. 212-14
○然. 212-15 魏王○欲. 212-18 王○與秦攻楚. 212-18 王○如令秦
楚戰. 212-19 秦王○問者. 212-23 ○能禁狗使無吠己也. 213-1 ○能
禁人議臣於君也. 213-2 ○出攻則已. 213-6 魏王○聽. 213-8 若○因
救韓. 213-8 ○用子之計而禍至. 213-10 ○以挾私爲政. 213-11 ○識
也. 213-13 以王之○必也. 213-14 必○可支也. 213-16 ○如齊趙.

213-16 則燕○敢○事秦. 213-17 荊齊○能獨從. 213-17 ○如齊趙而構之秦. 213-20 王○構趙. 213-20 趙○以毀構矣. 213-21 王胡○爲從. 213-25 ○敢. 214-4 秦戰○勝趙. 214-4○能. 214-5 ○聽之. 214-9 ○若相之. 214-11 而王○受. 214-15 秦必○聽王矣. 214-19 故王○如順天下. 214-20 兵○傷. 214-21 交○變. 214-21 舍○足以舍之. 214-25 王○如陰侯人說成陽君曰. 215-3 韓○聽. 215-5 故君○如安行求質於秦. 215-5 成陽君必○入秦. 215-6 秦韓○敢合. 215-6 魏王見天下之○足恃也. 215-10 王○近秦. 215-15 王○弱二周. 215-15 衣焦○申. 215-18 頭塵○去. 215-18 ○可. 216-3 夫齊○以無魏者以害有魏者. 216-3 故公○如示有魏. 216-3 秦救○出. 216-16 大王已知魏之急而救○至者. 216-20 大王之救○至. 216-23 事有○可知者. 217-5 有○可○知者. 217-5 有○可忘者. 217-6 有○可○忘者. 217-6 ○可○知也. 217-7 ○可得而知也. 217-7 ○可忘也. 217-7 ○可○忘也. 217-8 魏攻管而○下. 217-12 ○能必使其民. 217-14 今吾攻管而○下. 217-20 有常○赦. 217-23 降城亡子○得與焉. 217-24 雖死終○敢行. 218-1 有所○安乎. 218-8 何○相告也. 218-9 臣無敢○安也. 218-9 何○相告也. 218-15 棄之○如用之之易也. 218-22 死之○如棄之之易也. 218-22 而國患○解. 218-24 虧地○足以傷國. 219-2 卑體○足以苦身. 219-2 天下孰○棄呂氏而從嫪氏. 219-8 秦王○說. 219-13 安陵君○聽寡人. 219-14 故○錯意也. 219-16 雖千里○敢易也. 219-18 ○然. 221-4 ○意也. 221-5 謂申○害於韓曰. 221-9 申○害始合於韓王. 221-12 昭侯○許也. 221-18 百發○暇止. 222-2 無○畢具. 222-6 ○足言也. 222-7 ○與. 222-10 ○戰而地已削矣. 222-12 必○能事秦. 222-16 一歲○收. 222-20 民○饜糟糠. 222-21 地方○滿九百里. 222-21 悉之○過三十萬. 222-21 見卒○過二十萬而已矣. 222-22 至○可勝計也. 222-24 蹄間三尋者○可稱數也. 222-25 以攻○服之弱國. 223-3 諸侯○料兵之弱. 223-4 夫○顧社稷之長利. 223-6 大王○事秦. 223-7 ○事秦則危矣. 223-9 ○可得也. 223-11 ○可. 223-19 王○如資韓朋. 223-24 必○入於齊. 224-1 ○如貴昭獻以固楚. 224-3 國形○便故馳. 224-7 交○親故割. 224-7 今割矣而交○親. 224-8 馳矣而兵○止. 224-8 且王求百金於三川而○可得. 224-9 ○能傷秦. 224-12 ○能傷秦. 224-16 故王胡○卜交乎. 224-17 且聽王之言而○攻市丘. 224-19 ○重王. 224-19 秦必○聽公. 224-24 公○如令秦王疑公叔. 224-24 ○然. 225-11 公何○與趙藺離石祁. 225-14 宜陽必○拔矣. 225-17 與國○可恃. 225-25 王○如因張儀爲和於秦. 226-1 縱韓爲○能聽我. 226-7 必○爲鴈行以來. 226-8 是秦韓○和. 226-9 楚國○大病矣. 226-9 其應秦必○敬. 226-10 ○可. 226-15 楚救○至. 226-21 公仲○見. 226-25 故○見率也. 227-1 ○如公孫郝. 227-10 ○如甘茂. 227-11 皆○得親於事矣. 227-11 故王○信也. 227-13 公○如與王謀其變也. 227-15 是外舉○辟讎也. 227-18 武遂終○可得已. 227-20 公何○以秦爲韓求潁川於楚. 227-21 是韓楚之怨○解. 227-23 甘茂○善於公而弗爲公言. 228-9 公何○因行願以與秦王語. 228-9 魏○敢戰. 228-13 臣以公孫郝爲○忠. 228-14 齊○敢戰. 228-15 ○求割地而合於魏. 228-15 臣以甘茂爲○忠. 228-16 故王○如令韓中立以攻齊. 228-16 齊魏○能相聽. 228-17 公孫郝黨於齊而○肯言. 228-22 甘茂薄而○敢謁也. 228-22 今鯉○與於遇. 229-6 故王○如無罪景鯉. 229-7 因○罪而益其列. 229-8 若曰勝千鈞則○然者. 229-12 備○具者死. 229-18 其於鞅也○然. 229-24○使. 229-25 ○可. 230-1 今則○然. 230-1 ○能愛其許鄢陵與梧. 230-1 公仲數○信於諸侯. 230-5 ○若聽而備於其反也. 230-6 秦師○下殽. 231-3 秦師○下殽. 231-5 妾困○疲也. 231-7 兵○衆. 231-9 粮○多. 231-9 則○足以救韓. 231-9 獨○可使妾少有利焉. 231-9 韓之急緩莫○知. 231-13 今先生言○急. 231-14 而秦師○下殽. 231-16 公仲且抑首而○朝. 231-17 魏氏○敢○聽. 231-18 ○識坐而待伐. 231-19 其○乎. 231-23 殆○合. 231-24 故○如出兵以勁魏. 232-2 楚陰得秦之○用也. 232-5 公戰○勝楚. 232-6 公○能救也. 232-7 以公○如亟以國合於齊楚. 232-10 其實猶之○失秦也. 232-11 公叔爭之而○聽. 232-14 公○若順之. 232-15 公○如告楚趙. 232-17 ○可解矣. 232-21 王何○試以襄子爲質於韓. 232-22 令韓王知王之○取三川也. 232-22 公何○令人說昭子曰. 233-1 主君○如善馮君. 233-6 馮君廣王而○聽公叔. 233-6 而○患楚之能揚河外也. 233-9 公○如令人恐楚王. 233-9 秦○聽. 233-12 周最固○欲來使. 233-23 周最○欲來. 233-24 犬猛○可叱. 233-25 犬○動. 234-1 而以○得已之故來使. 234-2 鄭王必以齊王爲○急. 234-3 必○許也. 234-3 今周最○來. 234-3 王果○許韓擾. 234-5 若戰而○勝. 234-10 走而○死. 234-11 ○若及齊師未入. 234-14 ○可. 234-15 事○成. 234-15 公何○令齊王謂楚王. 234-19 楚王○聽. 234-21 ○如無殺幾瑟. 234-25 公○如勿殺. 235-5 韓大夫○能必其○入也. 235-6 必○敢輔伯嬰以爲亂. 235-6 必○能爲亂矣. 235-8 公何○爲韓求質子於楚. 235-10 則公叔伯嬰必知秦楚之○以幾瑟爲事也. 235-11 魏氏○敢東. 235-12 楚○聽. 235-13 韓○敢離楚也. 235-18 公何○試奉公子咎. 235-18 王○如亟歸幾瑟. 235-19 公○如令秦王賀伯嬰之立也. 235-24 恐韓咎入韓之○立也. 236-11 ○如以百金從之. 236-11 ○立. 236-12 ○可. 236-19 此烏○爲烏. 236-20 鵲○爲鵲也. 236-20 義○敢當仲子之賜. 237-6 聶政竟○肯受. 237-11 ○遠千里. 237-14 我雖○受. 237-16 前所以○許仲子者. 237-19 今親○幸. 237-20 今足下幸而○棄. 237-23 中間○遠. 237-24 此其勢○可以多人. 237-25 多人○能無生得失. 237-25 豈○殆哉. 238-1 ○可愛妾之軀. 238-10 夫愛身○揚弟之名. 238-13 吾○忍也. 238-13 其姊○避菹醢之誅. 238-17 ○得其道. 239-6 ○成亦爲福. 239-10 秦魏○終相聽者也. 239-13 齊怒於○得魏. 239-14 魏○聽秦. 239-14 ○和. 239-16 ○成亦爲福者也. 239-16 天下○合秦. 239-23 秦令而○聽. 239-23 秦必起兵以誅○服. 239-23 而兵○決. 239-24 王○折一兵. 240-10 ○殺一人. 240-10 ○西事秦. 240-13 則宋地○安矣. 240-13 皆○欲韓秦之合者何也. 240-15 今韓○察. 240-20 恐梁之○聽也. 240-21 王○察. 240-22 梁必怒於韓之○與己. 240-22 ○如急發重使之趙梁. 240-23 ○與古同. 240-25○可以爲存. 241-2 申○害. 241-5 申○害與昭釐侯執珪而見梁君. 241-6 申○害之計事. 241-7 申○害慮事而言之. 241-10 而王與諸臣○事爲尊秦以定韓者. 241-11 臣竊以爲王之明爲○如昭釐侯. 241-12 而王之諸臣忠莫如申○害也. 241-12 大之○王. 241-17 小之○覇. 241-17 與成而○盟. 241-22 越人○聽也. 241-23 夫攻形○如越. 241-25 而攻心○如吳. 241-25 韓氏之衆無○聽令者. 242-4 今日鄭君○可得而爲也. 242-6 豈○爲過謀哉. 242-7 未嘗○以周襄王之命. 242-7 今日天子○可得而爲也. 242-9 豈○爲過謀而○知尊哉. 242-10 無○任事於周室也. 242-12 豈可○謂善謀哉. 242-14 强國○能王. 242-15 强國之事○成. 242-16 ○成則無患. 242-17 諸侯○能買. 243-1 ○如止淫用. 243-3 而韓之疏秦○明. 243-4○見內行. 243-5 故公○如勿攻也. 243-8 戰○勝. 243-9 以爲○然. 243-10 公仲○攻. 243-11 而○告韓. 243-11 而○敢爲楚計. 243-20 韓○能獨立. 243-21 勢必○善楚. 243-22 ○可. 244-3 今王○召韓侈. 244-5 知其君○知異君. 244-9 知其國○知異國. 244-9 所以○及魏者. 244-11 所以○者. 244-12 ○得議公孫郝. 244-14 是從臣○事大臣也. 244-15 ○得議甘戊. 244-15 則大臣○得事近臣矣. 244-16 貴賤○相事. 244-16 則羣臣之賢○肖. 244-17 公孫郝嘗疾齊韓而○加貴. 244-18 則爲大臣○敢爲諸侯輕國矣. 244-18 齊韓嘗因公孫郝而○受. 244-19 則諸侯○敢因羣臣以爲能矣. 244-19 外內○相爲. 244-20 則○如其處小國. 245-3 且明公之○善於天下. 245-5 天下之○善公者. 245-5 上及○交齊. 245-9 秦○救. 245-12 楚之齊者知西○合於秦. 245-19 燕趙○敢○聽. 245-20 是齊○窮也. 245-21 ○如先收於楚之齊者. 245-21 則燕趙○敢○聽. 245-23 王何○爲之先言. 246-1 王何○召之. 246-6 其次恐○得也. 246-11 ○可無而從者. 246-20 蔡邵之道○通矣. 246-22 而○能令狗無吠己. 247-1 而○能令人毋議臣於君. 247-2 馬○千里. 247-6 而○能取千里. 247-7 今臣雖○肖. 247-8 而相國見臣○釋塞者. 247-9 民雖○由田作. 248-6 ○見覆軍殺將之憂. 248-8 夫燕之所以○犯寇被兵者. 248-9 此燕之所以○犯難也. 248-11 秦計固○能守也. 248-12 秦之○能害燕亦明矣. 248-13 ○至十日. 248-14 ○至四五日. 248-14 夫○憂百里之患. 248-16 奉陽君李兌甚○取於蘇秦. 248-22 臣竊爲君○取也. 248-24 東○如齊. 249-2 西○如趙. 249-2 而君甚○善蘇秦. 249-3 ○善亦取之. 249-5 燕再戰○勝. 249-9 ○如以埊請合於齊. 249-9 若○吾救. 249-10 ○得○事. 249-10 人之飢所以○食烏喙者. 249-17 天下○信人也. 250-6 而燕王○館也. 250-8 足下○聽臣者. 250-10 人必有言臣○信. 250-10 臣之○信. 250-11 ○可乎. 250-12 臣亦○事足下矣. 250-13 義○離親一夕宿於外. 250-14 ○取素飡. 250-15 汙武王之義而○臣焉. 250-15 期而○來. 250-17 皆○自覆也. 250-20 則齊○益於營丘. 250-21 足下○踰楚境. 250-21 ○窺於邊城之外. 250-22 臣之趍固○與足下合者. 250-23 足下○知也. 251-1 然○免於笞. 251-5 適○幸而有類妾之棄酒也. 251-6 曾○欺之也. 251-8 ○敢取也. 251-8 天下莫○聞. 251-18 大王○事秦. 251-22 ○敢妄興師以征伐. 251-24 而趙○敢妄動矣. 251-24 言○足以求正. 252-1 謀○足以決事. 252-2 魏○聽. 252-5 ○聽燕使何也. 252-5 王何爲○見. 252-8 鄙人○敏. 252-11 ○欲聞其善. 252-15 今臣聞王居處○安. 252-20 食飲○甘. 252-20 寡人○敢隱也. 252-23 力○足矣. 252-25 獨戰則○能. 253-2 有所附則無○重. 253-2 天時○與. 253-11 濟西○役. 253-12 河北○師. 253-13 夫驕主必○好計. 253-14 內寇○與. 253-17 外敵○可距. 253-17 ○勝而還. 253-22 必○覇. 253-23 ○信其臣. 253-24 ○如以國讓子之. 254-1 由必○受. 254-2 實○失天下. 254-2 子之必○敢受. 254-3 而以啓爲○足任天下. 254-5 而噲老○聽政. 254-10 ○足先後. 254-14 ○克. 254-15 ○可失也. 254-18 士卒○戰. 254-19 城門○閉. 254-19 ○能. 255-2 ○信其臣. 255-2 而蘇代厲遂○敢入燕. 255-3 秦○受. 255-7 秦非○利有齊而得宋埊也. 255-7 ○信齊王與蘇子也. 255-7 今齊魏○和. 255-8 則齊○欺秦. 255-8 故王○如東蘇子. 255-9 秦必疑而○信蘇子矣. 255-9 齊秦○合. 255-10 ○足以報. 255-15 三年○能得. 255-25 於是○能期年. 256-3 齊城之○下者. 256-10 而燕猶○

能支也. 256-20 ○憚以一國都爲功. 257-3 然而王何○使布衣之人. 257-4 以○信秦王也. 257-6 今王何○使可以信者接收燕趙. 257-6 韓魏○聽. 257-8 齊○聽. 257-9 天下孰敢○聽. 257-9 今王之○收燕趙. 257-13 王○收燕趙. 257-15 知者○爲也. 257-16 則王何○務使知士以若此言說秦. 257-17 則臣○事足下矣. 258-1 則○過養其親其. 258-3 則○過○欺人耳. 258-3 則○過○竊人之財耳. 258-4 臣以爲廉○與身俱達. 258-5 義○與生俱立. 258-5 自憂○足乎. 258-7 則秦○出殽塞. 258-7 齊○出營丘. 258-7 楚○出疏章. 258-8 皆以○自憂故也. 258-8 則諸侯○爲別馬而朝矣. 258-11 ○能爲事者. 258-13 ○先量其國之大小. 258-13 ○揆其兵之强弱. 258-13 故功○可成而名○可立也. 258-13 則何○與愛子與諸舅. 258-20 ○得. 258-21 其丈夫官三年○歸. 258-25 其丈夫○知. 259-6 恐忠信○諭於左右也. 259-7 ○制於人臣. 259-8 ○制於衆人. 259-8 ○制於妻妾. 259-9 寡人甚○喜訑者言也. 259-12 ○自爲取妻. 259-14 老且○嫁. 259-14 弊而○售. 259-15 售而○弊者. 259-15 且事非權○立. 259-16 非勢○成. 259-16 齊楚○得以有枳宋事秦者. 260-4 知者○及謀. 260-9 勇者○及怒. 260-9 ○亦遠乎. 260-10 二日而莫○盡繇. 260-12 ○能攻也. 260-20 魏○爲割. 261-9 母○能制. 261-13 舅○能約. 261-13 燕昭王○行. 261-19 或從或○. 261-20 奉陽君○聽. 261-23 使齊○信趙者. 261-25 今齊王召蜀子使○伐宋. 261-25 必○反韓珉. 262-9 必○任蘇子以事. 262-9 令○合燕. 262-9 如齊王王之○信趙. 262-13 ○以今時大紛之. 262-14 則後○可柰何也. 262-14 死○足以爲臣患. 262-15 逃○足以爲臣恥. 262-16 ○足以爲臣榮. 262-16 ○足以爲臣辱. 262-17 臣死而齊趙○循. 262-17 生之物固有○死者乎. 262-20 臣以爲○若逃而去之. 262-21 蘇子怒於燕王之○以吾故弗予相. 262-23 又○予卿也. 262-24 故臣雖爲之○累燕. 262-25 又○欲王. 262-25 孰○逃. 263-3 逃○足以爲辱矣. 263-7 王何○出兵以攻齊. 263-20 燕兵在晉而○進. 263-21 王何○令蘇子將而應燕乎. 263-22 燕破則趙○敢○聽. 263-23 戰○勝. 264-1 ○可振也. 264-1 日者齊○勝於晉下. 264-7 齊○幸而燕有天幸也. 264-8 王○聽. 264-10 齊君臣○親. 264-11 燕大夫將○信臣. 264-15 齊有○善. 264-16 天下○攻齊. 264-16 吾必○聽衆口與讒言. 264-18 女無○爲也. 264-20 燕王○與齊謀趙. 264-22 使齊大馬駭而○言燕. 264-24 陳公○能爲人之國. 265-5 ○宜臞. 265-9 ○如布衣之甚也. 265-11 非徒○愛子也. 265-11 又○愛丈夫子獨甚. 265-11 公子無攻○當封. 265-14 臣是以知人主之○愛丈夫子獨甚也. 265-15 則公子終身○封矣. 265-18 老婦○知長者之計. 265-19 爭之而○聽. 265-23 燕齊○兩立. 265-25 伍子胥宮之奇○用. 266-3 ○如以言. 266-5 天下莫○振動. 266-19 臣○佞. 266-24 ○能奉承先王之教. 266-24 自負以○肖之罪. 267-1 故○敢爲辭說. 267-1 臣恐侍御者之○察先王之所以畜幸臣之理. 267-1 而又○白於臣之所以事先王之心. 267-2 ○以祿私其親. 267-4 ○以官隨其愛. 267-4 ○謀於父兄. 267-8 故受命而○辭. 267-9 ○量輕弱. 267-10 以臣爲○頓命. 267-21 臣○佞. 267-22 功立而○廢. 267-24 名成而○毀. 267-24 ○必善成. 268-4 ○必善終. 268-4 故吳王夫差○悟先論之可以立功. 268-6 故沉子胥而○悔. 268-7 子胥○蚤見主之○同量. 268-8 故入江而○改. 268-8 臨○測之罪. 268-10 義之所○敢出也. 268-11 交絶○出惡聲. 268-12 ○潔其名. 268-12 臣雖○佞. 268-12 而○察疏遠之行也. 268-13 王而○能自恃. 268-16 ○惡卑名以事强. 268-16 以事强而○可以爲萬世. 268-17 則○如合弱. 268-18 將柰何合弱而○能如一. 268-18 ○相得則○能行. 268-20 今山東合弱而○能如一. 268-21 是山東之知○如魚也. 268-21 三人○能行. 268-22 今山東三國弱而○能敵秦. 268-23 然而山東○知相索. 268-23 智固○如車士矣. 268-24 言語○相知. 268-24 志意○相通. 268-24 ○能相救助如一. 269-1 智又○如胡越之人矣. 269-1 山東之主遂○悟. 269-2 之主者○卑名. 269-4 ○急爲此. 269-5 ○如以兵南合三晉. 269-9 山東○能堅爲此. 269-9 卽雖五燕○能當. 269-14 王何○陰出使. 269-15 攻○義. 269-19 此天下之無道○義. 269-20 而王○伐. 269-21 王名終○成. 269-21 ○如得十里於宋. 269-22 今日○雨. 270-5 明日○雨. 270-6 今日○出. 270-6 明日○出. 270-6 兩者○肯相舍. 270-7 於是遂○救燕. 271-6 楚軍欲還○可得也. 271-7 而燕王○我信. 271-14 ○可說以利. 271-16 ○可與戰. 271-21 ○可. 271-22 ○可. 271-22 寡人○佞. 272-2 ○能奉順君意. 272-2 則寡人之○肖明矣. 272-3 而君○肯聽. 272-3 仁○輕絶. 272-4 智○輕怨. 272-4 ○虞君之明罪之也. 272-5 ○虞君之明罪之也. 272-6 國人莫○知. 272-6 天下莫○聞. 272-7 厚者○毀人以自益也. 272-8 仁者○危人以要名. 272-8 今使寡人任○肖之罪. 272-12 室○能相和. 272-14 寡人雖○肖乎. 272-16 君雖○得意乎. 272-16 然則○內蓋寡人. 272-17 ○難受也. 272-19 而君○得厚. 272-19 而君○得榮. 272-20 義者○虧人以自益. 272-20 願君無以寡人○肖. 272-21 三黜而○去. 272-22 惡往而○黜乎. 272-23 柳下惠○以三黜自累. 272-24 故前業○忘. 272-24 ○以去爲心. 272-24 論○脩心. 273-1 議○累物. 273-1 仁○輕絶. 273-1 智○簡功. 273-1 ○望之乎君也. 273-3 ○顧先王以明而惡. 273-4 使寡人進○得脩功. 273-5 退○得改過. 273-5 樂間樂乘怨○用其計. 273-7 ○報. 273-7 天下必○服. 273-12 而燕○受命矣. 273-12 所以○能反勝秦者. 273-17 必○復受於秦矣. 273-18 燕秦○兩立. 273-22 ○可. 274-3 禍必○振矣. 274-4 ○能爲謀. 274-5 恐○能須臾. 274-7 丹終○迫於强秦. 274-8 燕秦○兩立. 274-14 ○知吾精已消亡矣. 274-16 光○敢以乏國事也. 274-16 燕國莫○知. 274-21 ○知吾形已○逮也. 274-22 燕秦○兩立. 274-22 光竊○自外. 274-23 ○使人疑之. 274-24 明○言也. 275-2 明○言也. 275-3 今田先生以死明○泄言. 275-5 田先生○知丹○肖. 275-6 此天所以哀燕○棄其孤也. 275-6 而欲○可足也. 275-8 其意○饜. 275-9 趙○能支秦. 275-11 今計舉國○足以當秦. 275-12 則○可. 275-14 而○知所以委命. 275-17 恐○足任使. 275-18 丹○忍以己之私. 276-3 荆軻知太子○忍. 276-4 顧計○知所出耳. 276-6 人無○立死者. 276-16 人○敢與忤視. 276-17 今日往而○反者. 276-21 今提一匕首入○測之强秦. 276-22 壯士一去兮○復還. 277-1 終已○顧. 277-3 ○敢興兵以拒大王. 277-5 恐懼○敢自陳. 277-7 故○可立拔. 277-17 卒起○意. 277-18 ○得持尺兵. 277-19 非有詔○得上. 277-20 ○及召下兵. 277-20 卒惶急○知所爲. 277-22 ○中. 277-24 軻自知事○就. 277-25 事所以○成者. 278-1 ○中而死. 278-10 而荆王○至. 279-6 吾義固○殺王. 279-11 義○殺王而攻國. 279-12 是○殺少而殺衆. 279-12 必○敢來. 280-3 ○勝. 280-3 亦○敢來. 280-3 必○爲也. 280-5 是○勝黃城. 280-5 恐○免於罪矣. 280-6 彼安敢攻衛以重其○勝之罪哉. 280-6 遂○敢過衛. 280-7 弊邑○從. 280-10 則寡人○忍也. 280-11 夫宋之○足如梁也. 280-13 宋必○利也. 280-14 公○如令楚賀君之孝. 280-20 則君○奪太后之事矣. 280-21 齊○聽. 280-24 ○如與之. 280-24 則富○過有魏. 281-5 而貴○益爲王. 281-5 若戰○勝. 281-5 ○得矣. 281-7 恐○得矣. 281-8 ○如遂行. 281-8 卒○得魏. 281-9 城○守. 281-15 見祥而○爲祥. 281-16 ○可○察也. 281-20 爲秦則○賴矣. 282-5 三年○得見. 282-16 秦魏交而○脩之日久矣. 282-18 事王三年○得見. 282-22 公孫氏必○血食矣. 283-4 ○與. 283-8 無乃○可乎. 283-9 然而○免爲笑者. 283-16 公何○請公子傾以爲正妻. 284-4 ○在索王. 284-10 ○可. 284-18 負海○與焉. 284-19 田嬰○聽. 284-24 齊閉關○通中山之使. 285-5 ○憚割地以賂燕趙. 285-9 吾恐其○吾據也. 285-10 王之所以○憚割地以賂燕趙. 285-14 地○虧而兵○用. 285-17 寡人所以閉關○通使者. 285-19 而寡人○與聞焉. 285-19 中山恐燕趙之○己據也. 285-20 燕趙必○受也. 286-2 中山因告燕趙而○往. 286-4 ○以分人. 286-9 獨○可語陰簡之美乎. 286-15 固無請人之妻○得而怨人者也. 286-19 ○成. 286-24 何○見臣乎. 286-24 君臣賢○肖. 287-3 周流無所○通. 287-7 ○知者. 287-8 力言○能及也. 287-8 口○能無道爾. 287-11 ○好道德. 287-13 ○好仁義. 287-14 中山王作色○悅. 287-15 王如○與. 287-16 鄰國○與也. 287-18 ○然. 287-24 則民務名○存本. 287-24 若此○亡者. 287-25 羊羹○遍. 288-2 與○期衆少. 288-6 怨○期深淺. 288-7 ○可. 288-14 君○量百姓之力. 288-15 而曰○可. 288-16 趙人之死者○得收. 288-20 傷者○得療. 288-20 武安君稱疾○行. 289-1 東徙而○敢西向. 289-4 君所將之○能半之. 289-4 天下莫○聞. 289-7 ○恤其政. 289-11 城池○修. 289-12 ○約而親. 289-15 ○謀而信. 289-15 死○旋踵. 289-15 ○欲先用其衆. 289-17 二軍爭便之力○同. 289-18 觸魏之○意. 289-19 ○遂以時乘其振懼而滅之. 289-20 必○肯出. 289-25 必○可尅. 289-25 吾○能滅趙乎. 290-3 秦數○利. 290-5 ○聽臣計. 290-6 如君○行. 290-8 雖○行無罪. 290-9 ○免於誅. 290-9 大王若○察臣愚計. 290-12 破國○可復完. 290-14 死卒○可復生. 290-14 ○忍爲辱軍之將. 290-15 王○荅而去. 290-15

【犬】 11

此猶兩虎相鬬而駑○受其弊. 51-22 遇○獲之. 52-24 其民無不吹竽鼓瑟擊筑彈琴鬬雞走○六博蹹踘者. 68-21 天下之疾○也. 81-6 ○廢於後. 81-7 ○兔俱罷. 81-7 見菟而顧○. 124-10 齊大夫諸子有○. 233-25 ○猛不可叱. 233-25 ○不動. 234-1 ○遂無噬人之心. 234-1

【太】 326

鄭朝獻之趙○卜. 6-24 ○卜譴之曰. 6-25 周共○子死. 7-9 而爲之請○子. 7-10 公若欲爲○子. 7-13 相國令之爲○子. 7-14 因以應爲○后養地. 11-1 秦王○后必喜. 11-2 不如令○子將軍正迎吾得於境. 11-17 君使人告齊王以周最不肯爲○子也. 12-2 函冶氏爲齊○公買良劍. 12-3 今君之使最爲○子. 12-5 王何不以地齎周最以爲○子也. 13-17 法及○子. 15-5 大臣○重者國危. 15-10 左右○親者身危. 15-10 得○公陰符之謀. 16-21 秦宣○后愛魏醜夫. 33-5 ○后病將死. 33-5 庸芮爲魏子說○后曰. 33-6 ○后曰. 33-6 若○后之神靈. 33-7 ○后救過不贍. 33-8 ○后曰. 33-9 秦○后爲魏冉謂秦王曰. 36-4 ○后曰. 36-5 寡人日自請○后. 37-5 已一說而立爲○師. 37-13 足下上畏○后之嚴. 38-8 上及○后. 38-15 北斬○行之道則上黨之兵不下. 39-18 聞秦之有○后穰侯涇陽華陽. 39-23 今○后擅行不顧. 39-24

○后穰侯用事. 40-7 於是乃廢○后. 40-11 ○后用之. 40-23 今○后
使者分裂諸侯. 41-5 竭入○后之家. 41-7 夏育○史啓叱呼駭三軍.
45-24 塞○行之口. 46-16 三年而燕使○子丹入質於秦. 47-4 齊○公
聞之. 54-15 ○后不善公也. 56-8 ○后之所親也. 56-8 ○后必悅公.
56-10 魏○子爲質. 56-12 謂○后曰. 56-13 ○子爲糞矣. 56-13 ○后
坐王而泣. 56-14 王因疑於○子. 56-14 以○子之留酸棗而不之秦.
56-17 ○子門下無貴者. 57-5○子用事. 57-6 其寧於○山四維. 57-7
立以爲○子. 57-24 王后爲華陽○后. 57-25 而燕○子質於秦. 58-3
而燕○子已入質矣. 58-7 聞燕○子丹之入秦與. 58-21 燕○子入秦者.
58-22 請歸燕○子. 58-25 歸燕○子. 58-25 ○公望. 61-12 王之方爲
○子之時. 63-17 ○子相不仁. 63-17 不若廢○子. 63-18 係梁○子申.
65-11 然後背○山. 65-15 齊南有○山. 68-16 未嘗倍○山絶清河涉
渤海也. 68-19 ○子在齊質. 75-3 君何不留楚○子. 75-3 我留○子.
75-4 吾爲王殺○子. 75-6 可以忠○子而使楚益入地. 75-9 可以爲楚
王走○子. 75-9 可以忠○子使之亟去. 75-9 今君留○子者. 75-14 齊
欲奉○子而立之. 75-18 臣觀薛公之留○子者. 75-18 則○子且倍王
之割而使齊奉己. 75-19 請告○子其故. 75-21 使○子謁之君. 75-22
以忠○子. 75-22 謂○子曰. 75-24 齊奉○子而立之. 75-24 楚王請割
地以留○子. 75-24 ○子何不倍楚之割地而資齊. 76-1 齊必奉○子.
76-1 ○子曰. 76-1 挾○子也. 76-4 以○子權王也. 76-5 故臣能去○
子. 76-5 ○子去. 76-5 故曰可以爲楚王使○子亟去也. 76-7 謂○子
曰. 76-9 以空名市者○子也. 76-9 齊未必信○子之言也. 76-9 ○子
必危矣. 76-10 ○子其圖之. 76-10 ○子曰. 76-10 故曰可以使○子急
去也. 76-11 夫勸留○子者蘇秦也. 76-12 今勸○子者又蘇秦也. 76-
14 夫使薛公留○子者蘇秦也. 76-17 奉王而代立楚○子者. 76-18 忠
王而走○子者又蘇秦也. 76-19 遺○傅賫黃金千斤. 83-20 食必○牢.
86-24 殺其○子. 94-10 ○子乃解衣免服. 95-16 逃○史之家爲漑園.
95-16 ○史氏女. 95-16 遽迎○子於莒. 95-18 襄王爲○子徵. 98-2
然則周文王得呂尚以爲○公. 99-15 以○史氏女爲王后. 101-2 ○史
敫曰. 101-2 而○子有楚秦以爭國. 107-16 矯日新城陽人予○子. 107
-16 臣爲○子得新城陽人. 107-18 ○子不勝. 107-20 臣請秦○子入
質於楚. 111-16 楚○子入質於秦. 111-17 ○子爲質. 115-9 子之子孫
必爲楚○子矣. 116-15 楚襄王爲○子之時. 117-7 ○子辭於齊王而歸.
117-7 ○子曰. 117-8 ○子入. 117-10 齊王歸楚○子. 117-11 ○子歸.
117-12 夫隘楚○子弗出. 118-15 危○子者. 118-19 ○子南. 118-20
公不如令人謂○子曰. 118-20 蘇子知○子之怨己也. 118-20 必且務
不利○子. 118-21 ○子不如善蘇子. 118-21 蘇子必且爲○子入矣.
118-21 蘇子乃令人謂○子. 118-22 ○子復請善於蘇子. 118-22 楚○
子橫爲質於齊. 125-25 薛公歸○子橫. 125-25 ○子懼. 126-1 ○子曰.
126-3 立爲○子. 129-7 子爲○子. 129-9 ○子衰弱. 129-15 ○公望
封於齊. 130-10 一軍臨○行. 139-21 使陽言之○守. 139-24 ○守其
效之. 139-25 而臣○守. 140-1 ○守有詔. 140-21 請以三萬户之都封
○守. 140-22 亦○甚矣. 163-18 吾將以十○牢待子之君. 163-24 卒
斷紂之頭而縣於○白者. 167-11 而宋置○子以爲王. 171-2 今○子走.
171-3 諸善○子者. 171-3 而○子在外. 171-4 韓之○原絶. 172-20
令昭應奉○子以委和於薛公. 178-8 趙○后新用事. 178-19 ○后不肯.
178-20 ○后明謂左右. 178-20 左師觸讋願見○后. 178-22 ○后盛氣
而揖之. 178-22 而恐○后玉體之有所郄也. 178-24 故願望見○后.
178-25○后曰. 178-25 ○后曰. 179-2 ○后之色少解. 179-2 ○后曰.
179-6 ○后曰. 179-7 ○后笑曰. 179-8 ○后曰. 179-13 ○后曰. 179
-20 是○子之讎報矣. 190-8 ○后恐其不因穰侯也. 190-16 羣臣多諫
○子者. 193-19 ○子曰. 193-20 駕而見○子曰. 193-25 ○子曰. 193
-25 ○子爲及日之故. 194-6 願○子更日. 194-6 ○子曰. 194-8 又令
魏○子未葬其先王而因又說文王之義. 194-10 ○上伐秦. 195-2 將○
子申而攻齊. 196-13 何不令公子泣王○后. 196-14 止○子之行. 196
-14 ○子年少. 196-15 ○子必敗. 196-17 殺○子申. 196-19 而禽○
子申. 197-5 令○子鳴爲質於齊. 197-12 公不如歸○子以德之. 197-
14 吾欲○子之自相也. 197-24 莫如○子之自相. 198-5 是三人皆以
○子爲非固相也. 198-5 不如○子之自相也. 198-8 ○子果自相. 198
-8 必内○子. 199-10 魏内○子於楚. 199-11 恐魏之以○子在楚不肯
也. 199-13 而爲魏○子之尙在楚也. 199-15 乃出魏○子. 199-16 龐
葱與○子質於邯鄲. 199-19 後○子罷質. 199-24 故○后母也. 206-18
魏○子在楚. 209-4 故令魏氏收秦○后之養地秦王於秦. 214-14 而
養秦○后以地. 214-16 ○后之德王也. 219-6 仰天○息曰. 222-16 宣
○后曰. 231-6 宣○后謂尙子曰. 231-6 因以出襄子而德○子. 232-22
於是以○子扁昭揚梁王皆德公矣. 233-2 以與○子爭. 233-7 中庶
子强謂○子曰. 234-14 ○子曰. 234-15 ○子弗聽. 234-16 ○子出走.
234-17 ○子之重公也. 234-23 ○子無患. 234-24 冀○子之用事也.
234-24 ○子外無幾瑟之患. 234-25 以恐○子. 235-1 ○子必終身重
公矣. 235-1 ○子無患. 235-4 韓大夫知王之老而○子定. 235-4 ○子
在楚. 235-17 而爲之請○子. 235-18 ○子入秦. 236-7 秦必留○子而
合楚. 236-8 是○子反棄之. 236-8 秦惠王以其女爲燕○子婦. 249-13
而吏無非○子人者. 254-8 而○子用事. 254-8 將軍市被○子平謀.
254-11 王因令人謂○子平曰. 254-12 寡人聞○子之義. 254-13 則唯
○子所以令之. 254-14 ○子因數黨聚衆. 254-15 將軍市被及百姓乃
反攻○子平. 254-15 一日而斷○行. 260-11 韓氏○原卷. 260-14 困
則使○后穰侯爲和. 261-9 ○后聞之大怒曰. 265-4 陳翠欲見○后.
265-7 ○后方怒子. 265-7 遂入見○后曰. 265-8 ○后曰. 265-8 ○后
曰. 265-12 ○后嫁女諸侯. 265-12 ○后弗聽. 265-15 且○后與王幸
而在. 265-16 ○后千秋之後. 265-16 而○子卽位. 265-17 故非及○
后與王封公子. 265-17 ○后曰. 265-19 燕使○子請救於楚. 271-3 燕
○子丹質於秦. 273-21 ○子丹患之. 273-22 謂其○傅鞫武曰. 273-22
願○傅幸而圖之. 273-23 ○子曰. 273-25 ○傅曰. 273-25 ○子容
之. 274-2 ○傅鞫武諫曰. 274-2 願○子急遣樊將軍入匈奴以滅口.
274-5○子丹曰. 274-6 ○傅之計. 274-7 願○傅更慮之. 274-9 ○子
曰. 274-10 願因○傅交於田先生. 274-11 道○子曰. 274-12 ○子跪
而逢迎. 274-13 ○子避席而請曰. 274-14 今○子聞光壯盛之時. 274
-15 ○子曰. 274-17 ○子送之至門. 274-18 今○子聞光壯盛之時.
274-21 言足下於○子. 274-23 願足下過○子於宮. 274-23 今○子約
光曰. 274-24 是○子疑光也. 274-25 願足下急過○子. 275-1 軻見○
子. 275-3 ○子再拜而跪. 275-3 ○子避席頓首曰. 275-5 而李信出○
原雲中. 275-10 ○子前頓首. 275-19 ○子日日造問. 275-19 供○牢
異物. 275-20 ○子丹恐懼. 275-23 微○子言. 275-24 臣乃得有以報
○子. 276-2 ○子曰. 276-2 荆軻知○子不忍. 276-4 樊將軍仰天○息
流涕曰. 276-6 ○子聞之. 276-12 於是○子預求天下之利匕首. 276-
15 ○子遲之. 276-19 叱○子曰. 276-21 今○子遲之. 276-22 ○子及
賓客知其事者. 276-24 必得約契以報○子也. 278-1 燕王喜○子丹等.
278-6 殺○子丹. 278-7 則君不奪○后之事矣. 280-21 魏○子自將.
281-3 ○子能聽臣乎. 281-3 ○子曰. 281-4 今○子自將攻齊. 281-4
○子曰. 281-6 ○子雖欲還. 281-7 彼利○子之戰攻. 281-7 ○子雖欲
還. 281-7 ○子上車請還. 281-8 乃佯亡其○子. 281-25 ○子顔爲君
子也. 281-25

【友】 9

過其○曰. 82-11 不○乎諸侯. 84-13 舜有七○. 86-12 其○謂之曰.
135-15 非親○. 142-8 夫馳親○之車. 142-8 韓魏以○之. 178-2 故
○之. 178-3 王者與○處. 255-17

【尤】 2

黃帝伐涿鹿而禽蚩○. 16-1 衞效○憚. 203-6

【厄】 2

臣聞周有砥○. 36-17 其於當○. 288-7

【匹】 5

因以文繡千○. 28-15 乃稱○夫. 86-2 騎萬○. 108-24 騎萬○. 145-
1 騎萬○. 222-23

【巨】 1

小而生○. 281-11

【牙】 3

輕起相○者. 42-5 易○乃煎敖燔炙. 200-5 易○之調也. 200-11

【屯】 1

當○留之道. 21-23

【戈】 3

齊王桉○而卻曰. 249-15 銛○在後. 260-16 有二人挈○而隨其後者.
288-3

【旡】 1

○爲客通. 62-18

【比】 29

斷死於前者○是也. 18-19 天下有○志而軍華下. 19-16 外者天下○
志甚固. 20-24 故○干忠. 45-6 夫從人朋黨○周. 69-20 是○肩而立.
80-22 ○門下之客. 82-8 ○門下之車客. 82-10 終戰○勝. 93-3 今窮
戰○勝. 93-8 ○之堂上. 93-15 此臣之所謂○之堂上. 94-15 富○陶
衞. 97-3 下○周. 105-13 上○前世. 127-5 下○近代. 127-6 具帶黃
金師○. 153-15 然梁之○於秦若僕耶. 163-15 人○然而後如賢不.
170-5 鍾聲不○乎. 182-12 ○於患. 211-22 ○周以相飾也. 223-5 請
○郡縣. 223-15 羣臣○周以蔽其上. 244-13 ○三旦立市. 263-11 ○
三旦立於市. 263-12 使之得○乎小國諸侯. 267-22 ○目之魚. 268-20
○諸侯之列. 277-6

【切】 5

說有可以一○. 57-7 臣○爲大王計. 148-15 莫不日夜搤腕瞋目○齒
以言從之便. 186-8 臣○爲王患之. 273-18 此臣日夜○齒拊心也. 276
-11

【止】 64

瀰然○於齊者. 1-18 齊王乃○. 1-23 乃○其行. 3-12 西○秦之有已.
5-5 而全趙令其○. 9-22 君不若○之. 11-6 因趙以○易也. 13-5 猶
連雞之不能俱○於棲之明矣. 17-21 管與○之曰. 27-23 乃○. 33-10
○者○. 42-4 乃留○. 57-20 ○其兵. 60-23 願勿○. 62-15 因不○.

62-16 網不能○. 62-22 靖郭君不能○. 63-14 乃○. 72-5 戰無不勝而不知○者. 72-25 今已得地而求不○者. 76-4 ○者千數而弗聽. 77-9 蘇秦欲○之. 77-9 孟嘗君乃○. 77-19 衛君乃○. 79-11 諫而○君之過. 80-15 ○文之過. 80-19 有市之邑莫不○事而奉王. 92-10 城陽天下莫之能○. 99-21 ○於棘門之內. 129-24 ○棘門. 129-25 氾濫無所○. 137-12 傅之國都而○矣. 145-5 則雖從而不○矣. 146-23 功有所○. 149-23 其計固不○矣. 160-10 ○於蕩陰. 162-6 則君將何以○之. 174-8 王必無辭以○公. 187-11 魏王○其行使. 187-16 其子陳應○其公之行. 188-3 ○太子之行. 196-14 以○成大梁. 202-22 王乃○. 204-1 則火不○. 204-22 魏王乃○. 208-20 秦王乃○. 213-18 百發不暇○. 222-2 簡公用田成監○而簡公弑. 223-19 馳矣而兵不○. 224-8 臣請爲君○天下之攻市丘. 224-14 乃○公仲. 226-15 勸齊兵以勸○魏. 228-5 頃間有鵲○於屋上者. 236-17 而政獨安可嘿然而○乎. 237-17 不如○淫用. 243-3 必效先王之器以○王. 246-7 以○子之事. 246-8 乃○. 266-10 乃○. 270-9 南文子○之曰. 280-3 宋人○於此矣. 280-17 乃○. 282-2 以○其遇哉. 285-2

【少】 73

○海之上. 1-12 臣○而誦詩. 4-18 ○焉氣力倦. 11-11 願大王○留意. 15-19 誂其○者. 24-15 ○者許之. 24-15 ○者乎. 24-16 ○者和汝. 24-17 秦○出兵. 32-20 疑則○嘗之. 36-22 願○賜游觀之間. 36-25 可以○有補於秦. 37-25 ○出師. 38-23 臣意王之計欲○出師. 38-24 恒思有悍○年. 40-16 張儀之力○. 41-17 蔡澤得○間. 45-11 聚○而爲多. 54-21 ○棄捐在外. 57-19 得知名者不○. 57-21 ○庶子甘羅曰. 58-6 臣○爲秦刀笔. 59-19 寡人○. 63-24 臣固願大王之○留計. 69-11 齊○其地. 75-24 世與○有. 76-24 ○長貴賤. 93-8 用財○. 93-13 故王不如○出兵. 104-18 ○與之同衣. 108-17 秦可以○割而收害也. 116-1 臣等○也. 122-17 裁○爲多. 123-4 夫人主年○而矜材. 126-22 臣○之時好射. 127-15 而君相○主. 129-15 吾銅○若何. 132-19 黽中而○親. 133-6 則吾所得者○. 133-22 ○子之齊. 135-4 寡人年○. 146-9 寡人年○. 148-19 用力○而功多. 149-6 教○以學. 152-24 雖○出兵可也. 157-11 君安能○趙人. 164-23 臣○之時. 165-10 而責文信侯○禮. 167-13 ○益耆食. 179-2 太后之色○解. 179-2 最○. 179-4 雖○. 179-7 丈夫亦愛憐其○子乎. 179-7 子盍○委焉. 189-14 臣不知衍之所以聽於秦之○多. 190-11 必以○割請合於王. 190-17 先王必欲○留而扶社稷安黔首也. 194-7 太子年○. 196-15 必○割而有質. 202-17 可以○割收也. 203-1 亟以○割收. 203-3 而得以○割爲和. 203-3 谿子○府時力距來. 222-1 以其○有利焉. 231-8 獨不可使妾○有利焉. 231-9 而君臣上下○長貴賤畢呼霸王. 241-25 强秦之○婿也. 249-18 孤極知燕小力○. 255-14 我起乎○曲. 260-11 已得宜陽○曲. 261-1 願大王○假借之. 277-12 是不殺○而殺衆. 279-12 與不期衆○. 288-6

【曰】 2317

顔率○. 1-4 謂齊王○. 1-5 顔率○. 1-9 謂齊王○. 1-10 齊王○. 1-11 顔率○. 1-12 齊王○. 1-13 對○. 1-13 王○. 1-15 顔率○. 1-15 齊王○. 1-21 顔率○. 1-22 周君謂趙累○. 2-2 對○. 2-2 君○. 2-3 對○. 2-4 臣故○拔. 2-7 君○. 2-7 對○. 2-8 君謂景翠○. 2-8 爲東周謂韓王○. 2-15 齊明謂東周君○. 2-19 不如謂楚韓○. 2-20 蘇子謂東周君○. 3-1 乃往見西周之君○. 3-2 西周君○. 3-5 蘇厲爲之謂周君○. 3-8 主君將令誰往周君○. 3-11 史黶謂周君○. 3-15 君何不令人謂韓公叔○. 3-15 又謂秦王○. 3-17 爲周謂楚王○. 3-21 周最謂石禮○. 3-25 因令人謂周君○. 4-5 謂周文君○. 4-9 客卽對○. 4-16 君使人問之○. 4-17 對○. 4-18 詩○. 4-18 故○主人. 4-20 或爲周最謂金投○. 4-22 周最謂金投○. 5-3 石行秦謂大梁造○. 5-9 謂周君○. 5-10 謂薛公○. 5-13 謂齊王○. 5-20 蘇厲爲周最謂蘇秦○. 5-25 謂周最○. 6-5 公何不令人謂韓魏之王○. 6-7 爲周最謂魏王○. 6-11 謂周最○. 6-16 公不如謂魏王薛公○. 6-19 鄭朝○. 6-23 太卜譴之○. 6-25 謂周君○. 7-2 司馬翦謂楚王○. 7-9 左成謂司馬翦○. 7-10 不如謂周君○. 7-11 因令人謂相國御展子廧夫空○. 7-13 有人謂相國○. 7-17 公不如遂見秦王○. 7-18 馮旦○. 7-24 間遺昌他書○. 7-25 因使人告東周之候○. 8-2 或謂照翦○. 8-4 照翦○. 8-4 照翦○. 8-7 客謂周君○. 8-11 正語之○. 8-11 韓慶爲西周謂薛公○. 9-5 令弊邑以君之情謂秦王○. 9-10 薛公○. 9-15 爲周最謂李兌○. 9-18 游騰謂楚王○. 10-4 名○衛疾. 10-9 蘇代○. 10-12 周君大悅○. 10-13 蘇代遂往見韓相國公中○. 10-14 昭應謂楚王○. 10-15 公中○. 10-19 代○. 10-19 公中怒○. 10-20 代○. 10-21 公中○. 10-23 謂周最○. 11-1 蘇厲謂周君○. 11-5 謂白起○. 11-7 左右皆○善. 11-8 有一人過○. 11-8 養由基○. 11-8 子乃○可教射. 11-9 客○. 11-9 或謂周君○. 11-17 ○. 11-19 必名○謀楚. 11-19 蘇秦謂周君○. 11-22 司寇布爲周最謂周君○. 12-2 而屬其子○. 12-4 或爲周君謂魏王○. 12-10 綦母恢謂周君○. 12-15 王○. 12-16 對○. 12-16 魏王○. 12-19 綦毋恢○. 12-19 樊餘謂楚王○. 13-1 故易成之○. 13-4 周最謂秦王○. 13-7 宮他謂周君○. 13-12 謂齊王○. 13-17 左尙謂司馬悍○. 13-18 公不如謂周君○. 13-19 爲西周謂魏王○. 13-22 或謂周足○. 14-1 何不謂周君○. 14-1 號○商君. 15-4 人說惠王○. 15-10 蘇秦始將連橫說秦惠王○. 15-15 秦王○. 15-21 蘇秦○. 16-1 蘇秦喟歎○. 16-19 ○. 16-22 ○. 16-23 故○. 17-6 蘇秦○. 17-14 嫂○. 17-14 蘇秦○. 17-15 秦惠王謂寒泉子○. 17-19 寒泉子○. 17-23 秦惠王○. 17-24 冷向謂秦王○. 18-1 張儀說秦王○. 18-6 臣聞之○. 18-10 且臣聞之○. 19-8 左成謂甘茂○. 21-17 張儀○. 21-21 王○. 21-22 對○. 21-23 司馬錯○. 22-6 惠王○. 22-17 張子謂秦王○. 22-21 臣聞其言○. 22-23 請秦王○. 23-2 甘茂謂王○. 23-4 張儀謂秦王○. 23-8 田莘之爲陳軫說秦惠王○. 23-13 荀息○. 23-14 荀息○. 23-16 ○. 23-23 王謂陳軫○. 24-1 陳軫○. 24-1 王○. 24-1 ○. 24-2 ○. 24-2 秦王○. 24-6 張儀謂秦王○. 24-8 王○. 24-9 王召陳軫告之○. 24-11 對○. 24-12 王○. 24-12 軫○. 24-13 客謂誂者○. 24-16 客○. 24-17 ○. 24-17 問王○. 24-22 王○. 24-22 孰視寡人○. 24-23 寡人因問○. 24-24 軫○. 24-24 謂張儀○. 26-4 張儀○. 26-4 張儀南見楚王○. 26-6 ○. 26-15 楚王○. 26-16 陳軫對○. 26-18 王○. 26-19 對○. 26-19 ○. 26-23 楚王○. 27-2 乃出見使者○. 27-3 使者○. 27-4 儀○. 27-4 陳軫○. 27-5 王○. 27-6 軫○. 27-6 陳軫謂楚王○. 27-13 秦王謂軫○. 27-15 陳軫○. 27-18 ○. 27-19 左右○. 27-19 管與止之○. 27-23 故○. 28-3 李讎謂公孫衍○. 28-6 公孫衍謂義渠君○. 28-10 義渠君○. 28-11 對○. 28-11 義渠君○. 28-13 陳軫謂秦王○. 28-14 秦王○. 28-15 義渠君致羣臣而謀○. 28-17 左右○. 28-20 秦武王謂甘茂○. 28-25 而寡人死不朽乎甘茂對○. 28-25 子歸告王○. 29-3 對○. 29-5 樂羊再拜稽首○. 29-9 人告曾子母○. 29-13 曾子之母○. 29-14 人又○. 29-14 一人又告之○. 29-15 王○. 29-19 甘茂對○. 29-21 王○. 29-21 馮章謂秦王○. 29-24 王○. 30-1 馮章謂秦王○. 30-2 固謂楚王○. 30-2 秦之右將有尉對○. 30-5 甘茂○. 30-6 左成謂甘茂○. 30-12 甘茂○. 30-17 秦王謂甘茂○. 30-21 甘茂對○. 30-22 ○. 31-1 蘇子○. 31-2 ○. 31-2 謂處女○. 31-3 蘇子○. 31-6 乃西說秦王○. 31-8 秦王○. 31-10 蘇代○. 31-10 秦王○. 31-12 蘇秦僞謂王○. 31-13 齊王○. 31-16 因自謂之○. 31-19 甘茂因入見王○. 31-20 王○. 31-21 對○. 31-22 王○. 31-22 對○. 31-22 甘茂謂秦王○. 32-1 楚必○. 32-1 乃案兵告於秦○. 32-6 謂趙王○. 32-8 蘇代爲齊獻書穰侯○. 32-12 臣聞往來之者言○. 32-12 臣竊必之弊邑之王○. 32-13 秦之謀者必○. 32-17 故臣竊必之弊邑之王○. 33-1 出令○. 33-5 庸芮爲魏子說太后○. 33-6 太后○. 33-6 ○. 33-7 太后○. 33-9 薛公爲魏謂魏冉○. 34-3 秦客卿造謂穰侯○. 34-11 何不使人謂燕相國○. 34-15 魏謂魏冉○. 35-4 ○. 35-4 ○. 35-5 ○. 35-5 謂魏冉○. 35-14 謂穰侯○. 35-17 謂魏冉○. 35-21 秦太后爲魏冉謂秦王○. 36-4 王○. 36-5 太后○. 36-5 獻書昭王○. 36-8 語○. 36-11 謂范雎○. 37-4 秦王跪而請○. 37-9 范雎○. 37-9 范雎○. 37-10 秦王跽○. 37-11 范雎謝○. 37-12 秦王跽○. 38-12 范雎○. 38-17 王○. 38-22 雎○. 38-23 王○. 39-11 范雎○. 39-12 ○. 39-14 王○. 39-15 范雎○. 39-17 王○. 39-20 范雎○. 39-22 詩○. 40-5 昭王謂范雎○. 40-13 應侯謂昭王○. 40-16 ○. 40-17 范雎謂秦昭王○. 41-11 應侯○. 41-20 周人懷璞過鄭賈○. 41-21 鄭賈○. 41-22 秦相應侯○. 42-2 謂應侯○. 42-13 ○. 42-13 ○. 42-14 秦昭王謂應侯○. 42-24 應侯○. 42-25 王○. 42-25 ○. 42-25 其相室○. 43-1 東門吳○. 43-2 以告蒙傲○. 43-6 蒙傲○. 43-7 ○. 43-9 應侯○. 43-9 ○. 43-10 應侯拜蒙傲○. 43-12 莊謂王稽○. 43-16 王稽○. 43-16 莊○. 43-17 ○. 43-18 因○毋敢思也. 43-18 守閭嫗○. 43-19 故○. 43-22 范雎○. 43-24 王○. 44-4 使人宣言以感怒應侯○. 44-8 應侯因讓之○. 44-11 對○. 44-12 應侯○. 44-12 蔡澤○. 44-12 應侯○. 44-14 蔡澤○. 44-15 應侯○. 44-16 蔡澤復○. 44-16 應侯○. 44-19 澤○. 44-19 復○. 44-21 蔡澤○. 45-4 因○. 45-11 應侯○. 45-14 蔡澤○. 45-14 應侯○. 45-16 蔡澤○. 45-16 語○. 45-20 應侯○. 46-21 言於秦昭王○. 46-22 可發使告楚○. 48-5 薛公○. 48-12 韓春謂秦王○. 48-16 秦王謂樓緩○. 48-23 對○. 48-24 對○. 49-2 王○. 49-3 對○. 49-3 王必○. 49-3 王又○. 49-5 王○. 49-5 秦昭王謂左右○. 49-10 孰與始强對○. 49-10 王○. 49-11 對○. 49-11 王○. 49-12 左右皆○. 49-14 中期推琴對○. 49-15 智伯○. 49-18 營淺謂秦王○. 50-1 王何不謂楚王○. 50-1 秦王○. 50-5 周最爲楚王○. 50-9 客謂秦王○. 50-13 景鯉使人說秦王○. 50-17 頓弱○. 50-23 於是頓子○. 50-24 王○. 51-1 頓子○. 51-1 頓弱○. 51-6 秦王○. 51-7 頓子○. 51-7 秦王○. 51-10 頓子○. 51-10 秦王○. 51-12 說昭王○. 51-20 易○. 52-15 或爲六國說秦王○. 54-8 ○趙强何若. 54-10 天下之士相從謀○. 54-12 謂秦王○. 55-3 故○先得齊宋者伐秦. 55-22 或爲中期說秦王○. 56-3 獻則謂公孫消○. 56-7 謂太后○. 56-13 梁王○. 56-15 ○. 56-16 王○. 56-16 ○. 56-16 秦王之計○. 56-17 歸而謂父○. 56-21 ○. 56-22 ○. 56-22 ○. 56-23 ○. 56-23 故往說之○. 56-25 乃說秦王后弟陽泉君○. 57-4 不韋○. 57-8 陽泉君○. 57-12

不韋說趙○. 57-14 ○. 57-19 乃變其名○楚. 57-19 子○. 57-19 間
○. 57-21 令之○. 57-24 號○文信侯. 57-25 張唐辭○. 58-5 少庶子
甘羅○. 58-6 文信侯○. 58-7 甘羅○. 58-8 文信君叱去○. 58-8 甘
羅○. 58-10 甘羅見張唐○. 58-12 唐○. 58-12 甘羅○. 58-13○. 58
-14 ○. 58-15 ○. 58-15 ○. 58-16 甘羅○. 58-16 唐○. 58-18 甘
羅謂文信侯○. 58-19 謂趙王○. 58-21 ○. 58-21 ○. 58-22 司空馬
說趙王○. 59-5 ○. 59-7 ○. 59-7 ○. 59-8 ○. 59-8 ○. 59-9○. 59
-9 ○. 59-10 司空馬○. 59-10 趙王○. 59-11 司空馬○. 59-12 趙
王○. 59-17 司空馬○. 59-19 司空馬○. 59-22 平原令○. 59-25 司
空馬○. 60-1 使韓倉數之○. 60-4 武安君○. 60-6 韓倉○. 60-9 乃
○. 60-10 必爲言之○. 60-14 ○. 60-20 姚賈對○. 60-21 ○. 61-1
王召姚賈而問○. 61-6 對○. 61-6 王○. 61-7 對○. 61-7 王○子監
門子. 61-12 姚賈○. 61-12 秦王○. 61-22 張丑謂楚王○. 62-3 公孫
閈○. 62-10 嬰子○. 62-12 公孫閈爲謂楚王○. 62-13 楚王○. 62-15
齊人有請者○. 62-18 客趨而進○. 62-20 君○. 62-20 客○. 62-20
君○. 62-21 對○. 62-21 君○. 62-24 靖郭君謂齊王○. 63-3 王○.
63-4 靖郭君大怒○. 63-9 靖郭君○. 63-13 齊貌辨○. 63-14 王○.
63-16 齊貌辨○. 63-16 辨謂靖郭君○. 63-17 靖郭君泣而○. 63-19
辨又○. 63-21 靖郭君○. 63-21 ○. 63-23 齊貌辨對○. 63-25 田侯
召大臣而謀○. 64-8 鄒子○. 64-9 段干綸○. 64-9 田侯○. 64-10 田
侯○. 64-11 ○. 64-11 段干綸○. 64-11 田侯○. 64-14 田侯召大臣
而謀○. 64-17 張丐對○. 64-18 田臣思○. 64-19 田侯○. 64-22 公
孫閈謂鄒忌○. 65-2 ○. 65-7 孫子謂田忌○. 65-11 田忌○. 65-12
孫子○. 65-12 杜赫○. 65-19 謂楚王○. 65-21 鄒忌謂宣王○. 66-2
謂其妻○. 66-5 其妻○. 66-6 而復問其妾○. 66-8 妾○. 66-8 問之
客○. 66-9 客○. 66-10 寢而思之○. 66-12 於是入朝見威王○. 66-
14 王○. 66-17 有司請○. 67-2 王○. 67-4 左右○. 67-6 ○. 67-6
勉之○. 67-8 對○. 67-8 張丐○. 67-13 魯君○. 67-14 ○. 67-14 魯
君○. 67-15 ○. 67-15 魯君○. 67-16 對○. 67-16 ○. 67-17 陳軫合
三晉而東謂齊王○. 67-23 說齊宣王○. 68-16 齊王○. 69-12 張儀爲
秦連横齊王○. 69-15 齊王○. 70-4 齊王○. 71-3 田臣思○. 71-4 王
○. 71-6 ○. 71-10 謂武王○. 71-12 王○. 71-13○. 71-13 王○. 71
-17 張儀○. 71-19 齊王○. 71-21 對○. 71-22 因與秦王約○. 71-
23 王○. 72-5 謂衛君○. 72-9 ○. 72-12 昭陽○. 72-17 陳軫○. 72
-17 ○. 72-18 陳軫○. 72-18 舍人相謂○. 72-20 ○. 72-21 奪其卮
○. 72-22 謂齊王○. 73-5 謂李向○. 73-9 秦計○. 73-15 蘇秦謂齊
王○. 73-17 或謂齊王○. 73-25 蘇秦謂薛公○. 75-3 薛公○. 75-4
蘇秦○. 75-5 君因謂其新王○. 75-6 蘇秦謂薛公○. 75-13 薛公○.
75-15 對○. 75-16 薛公○. 75-17 謂楚王○. 75-18 楚王○. 75-19
故○可以使楚亟入地也. 75-20 謂薛公○. 75-21 薛公○. 75-21 故○
可以益割於楚. 75-22 謂太子○. 75-24 太子○. 76-1 故○可以使楚
益入地也. 76-2 謂楚王○. 76-4 ○. 76-7 故○可以爲楚王使太子亟
去也. 76-7 謂太子○. 76-9 太子○. 76-10 故○可以使太子急去也.
76-11 蘇秦使人請薛公○. 76-12 故○可使人惡蘇秦於薛公也. 76-16
又使人謂楚王○. 76-17 楚王○. 76-21 故○可以爲蘇秦請封於楚
也. 76-22 又使景鯉請薛公○. 76-23 故○可以爲蘇秦說薛公以善蘇
秦. 77-3 孟嘗○. 77-10 蘇秦○. 77-11 謂孟嘗君○. 77-12 桃梗謂土
偶人○. 77-13 土偶○. 77-15 謂淳于髡○. 77-23 淳于髡○. 77-24
王○. 77-25 對○. 77-25 王○. 78-1 對○. 78-1 故○薛不量力. 78-
2 齊王和其顏色○. 78-2 孟嘗君○. 78-9 夏侯公○. 78-10 謂三先生
○. 78-15 一人○. 78-16 田瞀○. 78-17 勝瞀○. 78-19 或以問孟嘗
君○. 78-23 君○. 78-25 君召愛夫人者而謂之○. 79-2 是人謂衛君
○. 79-5 盟○. 79-7 齊人聞之○. 79-12 魯連謂孟嘗君○. 79-15 孟
嘗君○. 79-22 見孟嘗君門人公孫戍○. 79-25 公孫○. 80-3 入見孟
嘗君○. 80-4 孟嘗君○. 80-4 公孫戍○. 80-5 孟嘗君○. 80-5 公孫
戍○. 80-6 孟嘗君○. 80-10 ○. 80-11 公孫戍○. 80-12 孟嘗君○.
80-13 公孫戍○. 80-14 孟嘗君○. 80-17 公孫戍○. 80-17 ○. 80-18
因書門版○. 80-18 王○. 80-22 淳于髡○. 80-24 淳于髡謂齊王○.
81-5 國子○. 81-11 孟嘗君○. 82-4 ○. 82-5 ○. 82-5 ○. 82-5 孟
嘗君笑而受之○. 82-5 歌○. 82-7 孟嘗君○. 82-8 歌○. 82-9 孟嘗
君○. 82-10 過其友○. 82-11 歌○. 82-12 對○. 82-13 馮諼署○. 82
-17 ○. 82-17 左右○. 82-18 孟嘗君笑○. 82-18 謝○. 82-19 馮諼
○. 82-21 辭○. 82-22 孟嘗君○. 82-23 ○. 83-3 ○. 83-3 馮諼○.
83-3 孟嘗君○. 83-5 ○. 83-6 ○. 83-8 齊王謂孟嘗君○. 83-9 馮諼
○. 83-12 謂惠王○. 83-15 馮諼先驅誡孟嘗君○. 83-17 封書謝孟嘗
君○. 83-20 馮諼誡孟嘗君○. 83-22 還報孟嘗君○. 83-24 公孫弘謂
孟嘗君○. 84-3 孟嘗君○. 84-6 昭王○. 84-8 公孫弘對○. 84-8 昭
王笑而○. 84-9 公孫弘對○. 84-11 昭王○. 84-12 公孫弘○. 84-12
○. 84-17 公孫弘○. 84-18 君○. 84-25 對○. 85-1 故○君之好士未
也. 85-3 謂孟嘗君○. 85-6 孟嘗君○. 85-7 孟嘗君○. 85-8 譚拾子
○. 85-8 孟嘗君○. 85-9 譚拾子○. 85-10 ○. 85-15 斶亦○. 85-15
左右○. 85-16 王○斶前. 85-16 亦○王前. 85-17 斶對○. 85-17 王
忿然作色○. 85-18 對○. 85-19 王○. 85-19 斶○. 85-20 令○. 85-
20 令○. 85-21 左右皆○. 85-24 斶對○. 86-4 故○. 86-11 故○. 86
-15 老子○. 86-17 而世世稱○明主. 86-20 宣王○. 86-22 顏斶辭
去○. 86-25 王斗○. 87-9 王○. 87-10 ○. 87-11 王斗對○. 87-11
王斗○. 87-14 宣王說○. 87-15 王斗○. 87-17 宣王○. 87-19 王斗
○. 87-19 王○. 87-22 王斗○王之憂國愛民. 87-22 王○. 87-23 王
斗○. 87-23 臣故○不如愛尺縠也. 87-25 宣王謝○. 88-1 威后問使
者○. 88-3 ○. 88-4 威后○. 88-5 乃進而問之○. 88-7 齊有處士○
鍾離子. 88-7 ○. 88-17 田駢○. 88-18 對○. 88-18 田駢○. 88-18
對○. 88-19 謂其左右○. 88-23 管燕連然流涕○. 88-24 田需對○.
88-25 齊王○. 89-6 對○. 89-6 蘇秦謂齊王○. 89-13 王○. 89-14
王○. 89-15 對○. 89-16 蘇秦說齊閔王○. 90-3 故○. 91-13 語○.
91-19 故○. 92-19 故○. 93-14 衛鞅謀於秦王○. 94-1 衛鞅見魏王
○. 94-4 故○衛鞅之始與秦王計也. 94-13 淖齒數之○. 95-9 王○.
95-10 王○. 95-11 王○. 95-12 淖齒○. 95-12 其母○. 95-21 ○. 95
-24 遺燕將○. 96-7 燕將○. 97-23 ○. 98-6 襄王呼而問之○. 98-
7 對○. 98-8 王○. 98-8 對○. 98-9 下令○. 98-9 王○. 98-12 貫珠
者復見王○. 98-14 舉□□□□○. 98-16 ○. 98-19 ○. 98-20 貂勃
○. 98-20 安平君○. 98-24 相與語於王○. 99-1 王○. 99-3 九人之
屬○. 99-3 九人之屬相與語於王○. 99-4 而王○. 99-8 而王○. 99-
9 王○. 99-11 貂勃避席稽首○. 99-12 王○. 99-12 貂勃○. 99-13
王○. 99-14 貂勃○. 99-14 今王得安平君而獨○單. 99-16 而王○單.
99-17 王乃○單. 99-24 仲子○. 100-3 田單○. 100-4 齊嬰兒謠○.
100-7 問魯仲子○. 100-8 魯仲子○. 100-9 爲士卒倡○. 100-10 云
○尙矣. 100-11 田單○. 100-15 盼子謂齊王○. 100-19 太史敫○.
101-2 ○. 101-7 謝秦使○. 101-9 誠建○. 101-10 建○. 101-10 君王
后○. 101-11 君王后○. 101-11 雍門司馬前○. 101-16 王○. 101-17
司馬○. 101-17 卽入見齊王○. 101-20 先是齊爲之歌○. 102-4 齊
明謂楚王○. 102-8 子象爲楚謂宋王○. 103-3 昭陽謂楚王○. 103-9
王○. 103-10 對○. 103-11 楚王○. 103-15 見公仲○. 103-15 荆宣
王問羣臣○. 103-22 江一對○. 103-23 狐○. 103-23 江乙○. 104-8
昭奚恤謂楚王○. 104-11 景舍○. 104-14 楚王○. 104-24 昭奚恤○.
104-24 昭子○. 105-2 王○. 105-5 謂楚王○. 105-7 謂楚王○. 105
-13 王○. 105-15 江乙○. 105-15 王○. 105-16 江乙○. 105-16 王
○. 105-18 江乙說於安陵君○. 105-20 ○. 105-22 江乙○. 105-24
安陵君○. 106-2 ○. 106-3 江乙復見○. 106-4 安陵君○. 106-5 仰
天而笑○. 106-10 安陵君泣數行而進○. 106-11 君子聞之○. 106-15
謂楚王○. 106-17 王○. 106-18 江乙○. 106-18 楚王○. 106-19
江乙○. 106-19 左右俱○無有. 106-20 客因爲之謂昭奚恤○. 106-23
昭奚恤○. 106-24 因謂客○. 107-1 客○. 107-2 ○. 107-2 城渾說
其令○. 107-6 對○. 107-17 楚王○. 107-20 陳軫謂楚王○. 107-25
王○. 108-2 陳軫謂王○. 108-3 楚王問於范環○. 108-5 對○. 108-
6 王○. 108-6 范環對○. 108-7 王○. 108-7 ○. 108-7 說楚威王○.
108-21 楚王○. 109-19 說楚王○. 110-1 楚王○. 111-21 謂昭睢○.
111-25 ○. 111-25 ○. 112-1 ○. 112-1 張儀○. 112-2 有人謂昭睢
○. 112-4 今儀○逐君與陳軫而王聽之. 112-7 威王問於莫敖子華○.
112-16 莫敖子華對○. 112-17 王○. 112-18 莫敖子華對○. 112-19
王○. 112-23 莫敖子華對○. 112-24 顧而大息○. 113-7 棼冒勃蘇○.
113-12 棼冒勃蘇對○. 113-16 舍鬬奔郢○. 113-24 蒙穀怒○. 114-
3 王乃大息○. 114-7 莫敖子華對○. 114-9 爲甘茂謂楚王○. 115-3
昭睢謂景翠○. 115-10 蘇厲謂宛公昭鼠○. 115-16 請爲公令辛戎謂
王○. 115-17 桓臧爲昭睢謂楚王○. 115-21 靳尙爲儀謂楚王○. 116
-4 又謂王之幸夫人鄭褎○. 116-5 鄭褎○. 116-6 尙○. 116-7 鄭褎
○. 116-12 ○. 116-13 靳尙謂楚王○. 116-19 謂張旄○. 116-21 游
騰爲楚謂秦王○. 117-2 太子○. 117-8 傅愼子○. 117-9 臣故○. 117
-10 致命齊王○. 117-10 楚王告愼子○. 117-12 愼子○. 117-13 王
○. 117-15 子良○. 117-17 臣故○與之. 117-18 王○. 117-19 昭常
○. 117-20 臣故○勿與. 117-21 王○. 117-23 景鯉○. 117-24 王以
三大夫計告愼子○. 118-2 子良見寡人○. 118-2 常見寡人○. 118-3
鯉見寡人○. 118-3 愼子對○. 118-5 王怫然作色○. 118-5 愼子○.
118-6 王○. 118-9 昭常應齊使○. 118-11 齊王謂子良○. 118-13 子
良○. 118-13 ○. 118-15 女阿謂蘇子○. 118-19 公不如令人謂太子
○. 118-20 蘇子謂楚王○. 119-3 楚王○. 119-15 對○. 119-17 王○.
119-18 陳軫○. 119-21 ○. 119-21 ○. 119-22 張儀○. 120-2 張子
○. 120-5 楚王○. 120-6 張子○. 120-6 王○. 120-6 張子○. 120-7
王○. 120-7 張子○. 120-8 楚王○. 120-9 令人謂張子○. 120-12 張
子辭楚王○. 120-14 王○. 120-15 再拜而請○. 120-15 王○. 120-16
張子再拜而請○. 120-17 王○. 120-17 ○. 120-17 王○. 120-19
桓臧爲睢謂楚王○. 120-22 馮郝謂楚王○. 121-6 而謂張儀○. 121-
10 楚王○. 121-12 杜赫謂昭陽○. 121-16 昭子○. 121-18 因謂惠施
○. 121-18 杜赫謂昭陽○. 121-20 昭子○. 121-22 張儀惡之於魏王
○. 121-25 左爽謂陳軫○. 122-1 陳軫○. 122-2 楚王謂陳軫○. 122

-5 陳軫對○. 122-7 唐且見春申君○. 122-14 或謂楚王○. 123-3 王
○. 123-13 因謂新人○. 123-16 王謂鄭褎○. 123-18 鄭褎○. 123-18
王○. 123-19 鄭褎○. 123-19 王○. 123-20 謂昭魚○. 123-22 昭
魚○. 123-22 莊辛謂楚襄王○. 124-2 襄王○. 124-3 莊辛○. 124-4
莊辛○. 124-7 襄王○. 124-8 莊辛對○. 124-10 臣聞鄙語○. 124-10
齊明謂卓滑○. 125-16 或謂黃齊○. 125-20 諺○. 125-22 昭蓋○.
126-1 太子○. 126-3 令辛戎告楚○. 126-4 中射之士問○. 126-6 ○.
126-7 中射之士使人說王○. 126-8 謁者○可食. 126-8 客說春申君
○. 126-12 春申君○. 126-15 客又說春申君○. 126-17 春申君又○.
126-19 孫子爲書謝○. 126-21 春秋戒之○. 126-24 因爲賦○. 127-
8 詩○. 127-11 趙使魏加見楚春申君○. 127-14 ○. 127-14 魏加○.
127-15 春申君○. 127-16 加○. 127-16 更羸謂魏王○. 127-17 魏王
○. 127-17 更羸○. 127-18 魏王○. 127-19 更羸○. 127-19 王○.
127-20 對○. 127-20 春申君○. 128-1 汗明慽焉○. 128-1 春申君○.
128-3 汗明○. 128-3 春申君○. 128-4 汗明○. 128-4 春申君○. 128
-7 汗明○. 128-8 對○. 128-20 春申君○. 128-20 對○. 128-21 春
申君○. 128-21 ○. 128-21 園女弟承間說春申君○. 128-24 朱英謂
春申君○. 129-11 春申君○. 129-13 ○. 129-13 春申君○. 129-17
○. 129-17 春申君○. 129-19 ○. 129-20 春申君○. 129-21 虞卿謂
春申君○. 130-6 君○. 130-13 對○. 130-14 君○. 130-14 對○. 130
-14 迺謂魏王○. 130-16 魏王○. 130-17 對○. 130-17 若○勝千鈞
則不然者. 130-18 郄疵謂知伯○. 131-4 知伯○. 131-5 郄疵○. 131
-6 知伯以告韓魏之君○. 131-10 韓魏之君○. 131-11 郄疵謂知伯○.
131-14 知伯○. 131-15 對○. 131-16 段規諫○. 131-22 康子○. 132
-1 趙葭諫○. 132-3 宣子○. 132-5 趙襄子召張孟談而告之○. 132
-9 張孟談○. 132-11 君○. 132-13 召張孟談○. 132-15 張孟談○.
132-16 君○. 132-19 張孟談○. 132-19 君○. 132-21 襄子謂張孟談
○. 132-25 張孟談○. 133-1 襄子○. 133-3 張孟談於是陰見韓魏之
君○. 133-4 二君○. 133-6 張孟談○. 133-7 與之期○. 133-8 知過
入見知伯○. 133-11 君○. 133-11 對○. 133-12 知伯○. 133-12 入
說知伯○. 133-14 知伯○. 133-15 知過○. 133-17 知伯○. 133-17
知過○. 133-18 魏宣子之謀臣○趙葭. 133-18 康子之謀臣○段規.
133-19 知伯○. 133-21 入見襄子○. 133-24 襄子○. 134-1 使張孟談
見韓魏之君○. 134-1 乃稱簡之塗以告襄子○. 134-9 前國地君之御
有之○. 134-9 襄子恨然○. 134-13 張子談對○. 134-15 使人謂之○.
134-19 對○. 134-20 張孟談○. 134-20 君○. 134-21 故○. 134-23
襄子往見張孟談而告之○. 134-24 張孟談○. 135-2 君○. 135-3 ○.
135-8 ○. 135-11 趙襄子○. 135-12 ○. 135-14 其友謂之○. 135-15
豫讓乃笑而應之○. 135-18 襄子○. 135-23 於是趙襄子面數豫讓
○. 135-23 豫讓○. 136-1 襄子乃喟然嘆泣○. 136-3 豫讓○. 136-5
呼天擊之○. 136-9 趙利○. 136-13 謂山陽君○. 136-19 謂腹子○.
136-23 腹擊○. 136-23 百姓皆○. 136-24 主君○. 137-1 蘇秦說李
兌○. 137-3 李兌○. 137-6 蘇秦對○. 137-7 蘇秦○. 137-8 土梗與
木梗鬬○. 137-10 李兌○. 137-14 李兌舍人謂李兌○. 137-16 李兌
○. 137-17 舍人○. 137-17 蘇秦謂舍人○. 137-18 舍人○. 137-20
蘇秦爲齊上書說趙王○. 138-1 皆○韓亡三川. 138-13 客謂奉陽君○.
139-12 秦王謂公子他○. 139-16 公子他○. 139-19 王○. 139-20 令
韓陽告上黨之守靳黈○. 139-23 靳黈○. 139-25 王○. 140-2 陰使人
請趙王○. 140-4 召平原君而告之○. 140-6 趙豹對○. 140-8 王○.
140-9 對○. 140-9 王大怒○. 140-14 王召趙勝趙禹而告之○. 140-
17 二人對○. 140-18 趙勝至○. 140-21 使臣勝謂○. 140-22 馮亭垂
涕而勉○. 140-23 謂韓王○. 141-1 韓告秦○. 141-2 謂趙王○. 141
-5 對○. 141-6 一蓋○. 141-7 冷向謂强國○. 141-12 謂皮相國○.
141-17 或謂皮相國○. 141-24 而遣之○. 142-6 鄙語豈不○. 142-7
皆對○. 142-7 孟嘗君○. 142-8 謂趙王○. 142-13 臣故○. 143-7 說
趙王○. 144-3 ○言所以異. 144-13 約○. 145-25 趙王○. 146-9 蘇
子爲謂秦王○. 146-13 語○. 146-23 秦王○. 147-1 蘇子○. 147-2
皆○白馬非馬也. 147-13 說趙王○. 147-23 約○. 148-13 趙王○.
148-17○. 148-23 王○. 149-1 肥義○. 149-10 王○. 149-13 使王孫
緤告公子成○. 149-18 公子成再拜○. 150-2 王○. 150-8 自請之○.
150-8 公子成再拜稽首○. 151-4 趙文進諫○. 151-7 王○. 151-9 趙
文○. 151-10 王○. 151-13 趙造諫○. 151-20 王○. 151-23 趙造○.
151-25 王○. 152-6 諺○. 152-15 ○. 152-19 人有言子者○. 152-21
周紹○. 153-2 王○. 153-2 周紹○. 153-3 王○. 153-3 周紹○.
153-4 王○. 153-8 周紹○. 153-8 王○. 153-11 王令讓之○. 153-18
趙燕再拜稽首○. 153-23 牛贊進諫○. 154-2 王○. 154-7 名○無窮
之門. 154-10 牛贊再拜稽首○. 154-14 相都平君田單問趙奢○. 155
-3 馬服○. 155-8 豈有敢○. 155-21 都平君喟然大息○. 155-23 宋
突謂机郝○. 156-2 公不若陰辭樓子○. 156-3 樂毅謂趙王○. 156-8
王○. 156-11 趙王乃令鄭朱對○. 156-16 司馬淺爲富丁謂主父○.
157-2 主父○. 157-8 ○. 157-8 教子欬謂李兌○. 157-16 出遇虞卿○.
157-22 王○. 157-23 虞卿○. 157-24 王○. 157-24 虞卿○. 157-24
王○. 157-25 ○. 157-25 臣故○. 158-1 平原君請馮忌○. 158-4 馮
忌對○. 158-5 平原君○. 158-11 平原君謂平陽君○. 158-14 應侯○.
158-14 ○. 158-15 應侯○. 158-18 平陽君○. 158-19 趙王與樓緩計
之○. 158-22 樓緩辭讓○. 158-23 王○. 158-24 樓緩○. 158-24 相
室○. 159-1 其母○. 159-2 王○. 159-7 虞卿○. 159-8 王○. 159-10
虞卿○. 159-10 王○. 159-11 虞卿○. 159-12 樓緩○. 159-15 王
○. 159-18 樓緩對○. 159-18 虞卿○. 159-23 今樓緩○. 160-5 語○.
160-9 故○. 160-12 王○. 160-13 樓緩○. 160-14 ○我將因强而乘
弱. 160-16 又入見王○. 160-20 且臣○勿予者. 160-22 趙王○. 160
-25 謂趙王○. 161-5 趙王○. 161-7 見平原君○. 161-7 平原君○.
161-11 趙王召樓昌與虞卿○. 161-14 樓昌○. 161-16 虞卿○. 161-
17 王○. 161-18 虞卿○. 161-19 趙王召虞卿○. 161-22 虞卿○. 161
-24 因平原君謂趙王○. 162-7 乃見平原君○. 162-11 平原君○.
162-12 魯連○. 162-14 平原君○. 162-16 平原君遂見辛垣衍○. 162
-17 辛垣衍○. 162-19 平原君○. 162-20 辛垣衍○. 162-22 魯連○.
162-25 辛垣衍○. 163-4 魯連○. 163-4 辛垣衍○. 163-5 魯連○.
163-6 辛垣衍○. 163-7 魯仲連○. 163-8 赴於齊○. 163-10 威王勃然
怒○. 163-11 辛垣衍○. 163-14 魯仲連○. 163-15 辛垣衍○. 163-16
魯仲連○. 163-16 辛垣衍怏然不悅○. 163-17 魯仲連○. 163-19
謂魯人○. 163-23 魯人○. 163-24 維子○. 163-24 夷維子謂鄒之孤
○. 164-3 鄒之羣臣○. 164-5 再拜謝○. 164-14 魯連笑○. 164-19
說張相國○. 164-23 君○. 165-4 趙王○. 165-8 鄭同○. 165-9 趙王
○. 165-10 鄭同因撫手仰天而笑之○. 165-11 昭王亦○. 165-12 臣
○. 165-12 王○. 165-14 趙王○. 165-19 趙王○. 165-22 魏牟○.
165-23 ○. 165-24 魏牟○. 165-25 ○. 166-1 王○. 166-1 魏牟○.
166-2 復塗偵謂君○. 166-9 君○. 166-9 ○. 166-9 君忿然作色○.
166-10 今子○夢見竈君而言君也. 166-10 對○. 166-11 君○. 166-
13 建信君○. 166-18 ○. 166-19 苦成常謂建信君○. 166-25 建信君
○. 167-6 希寫○. 167-7 建信君悖然○. 167-8 ○. 167-9 魏魀謂建
信君○. 167-15 希卑○. 167-20 使臣與復丑○. 169-3 謂齊王○. 169
-23 臣爲足下謂魏王○. 169-23 ○有秦陰. 170-12 臣願王之○聞魏
而無庸見惡也. 170-15 李兌乃謂齊王○. 171-1 臣爲足下使公孫衍說
奉陽君○. 171-6 蘇代謂齊王○. 171-19 臣謂奉陽君○. 171-20 故○
君必無講. 173-4 奉陽君○. 173-5 謂趙王○. 173-7 王○. 173-8 樓
子○. 173-8 王○. 173-11 ○. 173-13 虞卿請趙王○. 173-16 趙王○.
173-17 虞卿○. 173-17 趙王○. 173-19 范座獻書魏王○. 173-22 又
遺其後相信陵君書○. 174-3 信陵君○. 174-8 馬服君謂平原君○.
174-13 平原君○. 174-20 馬服君○. 174-21 齊人戎郭宋突謂仇郝○.
175-7 中山案此言於齊○. 175-9 齊明爲謂趙王○. 175-12 趙王○.
175-14 田駟謂柱國韓向○. 175-17 馮忌爲廬陵君謂趙王○. 175-22
王○. 175-23 對○. 175-23 王○. 175-25 對○. 176-4 服子○. 176-
4 客○. 176-6 趙王○. 176-10 馮忌○. 176-10 王○. 176-11 客見趙
王○. 176-13 王○. 176-13 王○. 176-14 對○. 176-14 王○. 176-15
○. 176-15 王○. 176-16 對○. 176-16 王○. 176-17 王○. 176-17
對○. 176-18 客○. 176-20 王○. 176-21 謂左右○. 177-3 左右○.
177-5 ○諒毅者. 177-5 獻書秦王○. 177-7 秦王使使者報○. 177-10
諒毅對○. 177-11 ○. 177-14 諒毅○. 177-16 秦王○. 177-23 諒
毅○. 177-23 舉茅爲姚賈謂趙王○. 178-2 世鈞爲之謂文信侯○. 178
-12 故相與謀○. 178-13 文信侯○. 178-16 齊○. 178-19 ○. 178-
23 太后○. 178-25 ○. 178-25 ○. 179-1 ○. 179-1 太后○. 179-2
左師公○. 179-4 太后○. 179-6 對○. 179-6 太后○. 179-7 對○.
179-8 太后笑○. 179-8 對○. 179-8 ○. 179-10 左師公○. 179-10 祝
○. 179-12 太后○. 179-13 左師公○. 179-14 ○. 179-15○. 179-15
○. 179-15 太后○. 179-20 子義聞之○. 179-22 ○. 180-2 任章○.
181-3 桓子○. 181-4 任章○. 181-4 周書○. 181-7 君○. 181-9 韓
索兵於魏○. 181-14 魏文侯○. 181-14 文侯○. 181-15 文侯謂覩師
贊○. 181-20 贊對○. 181-21 文侯○. 181-24 西門豹○. 182-1 文侯
○. 182-2 左右○. 182-8 文侯○. 182-9 文侯○. 182-12 文侯○. 182
-13 子方○. 182-13 文侯○. 182-14 稱○. 182-17 ○. 182-18 吳起
對○. 182-19 武侯忿然○. 182-20 吳起對○. 182-21 武侯○. 183-5
再拜辭○. 183-8 王○. 183-14 王○. 183-16 故老子○. 183-18 ○.
183-21 公叔痤對○. 183-22 出而謂左右○. 183-23 說魏王○. 184-
5 周書○. 185-1 魏王○. 185-4 說魏王○. 185-7 魏王○. 186-11 盱
夷爲董慶謂田嬰○. 186-15 齊使蘇厲爲之謂魏王○. 186-21 陳軫○.
187-4 陳軫○. 187-6 犀首○. 187-7 陳軫○. 187-7 犀首○. 187-8
陳軫○. 187-8 公謂魏王○. 187-9 ○無事必來. 187-10 因自言於廷
○. 187-11 犀首○. 187-12 皆使人告其王○. 187-14 ○. 187-17 魏
王○. 187-18 張儀惡陳軫於魏王○. 187-22 左華謂陳軫○. 187-23
陳軫○. 187-25 ○. 188-3 鄭彊出秦○. 188-4 使人謂齊王○. 188-6
齊王○. 188-7 復諫於王○. 188-11 惠子謂王○. 188-16 雍沮謂張子
○. 188-23 張子○. 188-25 雍沮○. 188-25 雍沮謂齊楚之君○. 189
-1 ○. 189-2 齊楚之王○. 189-6 故謂魏王○. 189-8 史厭謂趙獻○.

189-9 故令人謂韓公叔○. 189-12 其言○. 189-13 謂魏王○. 189-19 張子○. 190-1 犀首謂梁王○. 190-6 爲竇屢謂魏王○. 190-11 王○. 190-12 對○. 190-13 因揚言○. 190-14 公孫衍○. 190-20 犀首期齊王至之○. 190-21 謂齊王○. 190-24 齊王○. 190-25 綦母恢教之語○. 191-4 ○. 191-5 季子爲衍謂梁王○. 191-8 犀首○. 192-3 田盼○. 192-4 犀首○. 192-6 田盼○. 192-9 犀首見梁君○. 192-13 王○. 192-15 蘇代爲田需說魏王○. 192-21 王○. 192-21 王○. 192-22 而蘇代○. 192-23 二人者○. 193-2 王○. 193-5 謂張儀○. 193-7 成恢爲犀首謂韓王○. 193-12 ○. 193-19 太子○. 193-20 犀首○. 193-23 惠公○. 193-25 駕而見太子○. 193-25 太子○. 193-25 惠公○. 194-1 文王○. 194-3 太子○. 194-8 謂魏王○. 194-16 秦王謂宋郭○. 194-16 又必且○王以求坐. 194-22 又必謂王○使王輕齊. 194-24 謂魏王○. 196-5 王○. 196-6 言○. 196-10 客謂公子理之傳○. 196-13 魏王召惠施而告之○. 196-19 對○. 196-21 魏王○. 197-2 張丑○. 197-4 朱倉謂王○. 197-13 臣請說嬰子○. 197-13 惠子○. 197-17 昭魚謂蘇代○. 197-22 代○. 197-23 昭魚○. 197-23 代○. 197-24 昭魚○. 197-24 代○. 197-25 昭魚○. 198-1 對○. 198-1 代○. 198-1 ○. 198-2 代○. 198-2 代○. 198-5 故○. 198-8 蘇代爲說秦王○. 198-10 則趙之謀者必○. 198-19 趙之用事者必○. 198-25 爲魏謂楚王○. 199-8 楚王○. 199-11 爲疾謂楚王○. 199-14○. 199-14 楚王○. 199-16 謂魏王○. 199-19 王○. 199-20 王○. 199-20 王○. 199-21 龐葱○. 199-21 王○. 199-23 避席擇言○. 200-3 ○. 200-4 ○. 200-6 ○. 200-8 ○. 200-10 芒卯○. 201-3 臣請發張倚使謂趙王○. 201-3 召相國而命之○. 201-5 相國○. 201-6 張倚因謂趙王○. 201-8 芒卯應趙使○. 201-10 芒卯謂秦王○. 201-14 秦王○. 201-16 謂魏王○. 201-18 魏王○. 201-20 魏王謂芒卯○. 201-21 芒卯○. 201-22 謂秦王○. 201-24 秦王愯然○. 202-2 須賈爲魏謂穰侯○. 202-6 臣聞魏氏大臣父兄皆謂魏王○. 202-6 周書○. 202-19 穰侯○. 203-9 周訢謂王○. 203-11 其母○. 203-12 其子○. 203-12 其母○. 203-14 魏王○. 203-17 許綰爲我祝○. 203-18 周訢對○. 203-18 今人有謂臣○. 203-19 王○. 203-22 王○. 203-23 ○. 203-23 支期○. 203-25 王謂支期○. 204-1 支期○. 204-2 支期說於長信侯○. 204-4 長信侯○. 204-4 支期○. 204-5 長信侯○. 204-5 支期○. 204-6 長信侯○. 204-7 支期○. 204-8 支期先入謂王○. 204-10 王○. 204-11 長信侯○. 204-12 孫臣謂魏王○. 204-17 魏王○. 204-24 對○. 204-24 因○不可革. 205-1 魏王○. 205-1 魏使人謂淳于髡○. 205-4 淳于髡○. 205-5 入說齊王○. 205-6 齊王○. 205-7 客謂齊王○. 205-9 王以謂淳于髡○. 205-10 ○. 205-10 淳于髡○. 205-11 告之○. 205-16 孟嘗君○. 205-17 王○. 205-17 謂趙王○. 205-19 趙王○. 205-19 孟嘗君○. 205-20 王○. 205-20 孟嘗君○. 205-20 又北見燕王○. 206-1 燕王○. 206-2 田文○. 206-3 田文○. 206-5 王○. 206-6 ○. 206-6 燕王○. 206-10 ○. 206-13 朱己謂魏王○. 206-16 故○. 207-9 謂魏王○. 208-17 魏謂趙王○. 208-22 謂樓子於鄢陵○. 209-4 公必謂齊王○. 209-6 乃請樗里子○. 209-14 樗里子○. 209-15 對○. 209-16 樗里子○. 209-18 ○. 209-19 今齊王謂魏王○. 209-20 使人謂樓子○. 209-24 獻書秦王○. 211-3 謂魏王○. 211-15 魏王問張旄○. 212-4 張旄對○. 212-4 王○. 212-5 張旄○. 212-6 王○. 212-6 張旄○. 212-6 王○. 212-7 張旄○. 212-7 王○. 212-8 張旄○. 212-9 客謂司馬食其○. 212-11 樓緩謂魏王○. 212-18 謂穰侯○. 212-21 白珪謂新城君○. 213-1 昭忌○. 213-5 ○. 213-8 謂昭忌○. 213-10 昭忌乃爲之見秦王○. 213-11 秦王○. 213-12 昭忌○. 213-12 秦王○. 213-13 ○. 213-13 謂魏王○. 213-20 平都君說魏王○. 213-25 魏王○. 213-25 平都君○. 214-1 魏王○. 214-1 平都君○. 214-2 王○. 214-4 王○. 214-5 臣故○. 214-5 魏王○. 214-5 謂魏王○. 214-8 芮宋謂秦王○. 214-15 李郝謂臣○. 214-16 爲魏謂楚王○. 214-19 謂魏王○. 214-23 白圭謂魏王○. 215-3 王不如陰侯人說成陽君○. 215-3 魏王令之謂秦王○. 215-8 魏魏王○. 215-9 謂魏王○. 215-14 天下皆○王近也. 215-15 皆○王弱也. 215-15 往見王○. 215-19 告臣○. 215-20 臣○. 215-20 ○. 215-20 臣○. 215-21 ○. 215-21 臣○. 215-21 ○. 215-22 周肖謂宮他○. 216-2 子爲肖謂齊王○. 216-2 宮他○. 216-3 公○. 216-4 魏王爲之謂秦王○. 216-10 謂魏王○. 216-17 魏王○. 216-18 秦王○. 216-19 唐且對○. 216-20 唐且謂信陵君○. 217-4 臣聞之○. 217-5 信陵君○. 217-6 對○. 217-6 信陵君○. 217-10 信陵君使人謂安陵君○. 217-12 安陵君○. 217-13 縮高○. 217-15 遣大使之安陵○. 217-19 安陵君○. 217-22 憲之上篇○. 217-23 而君○必生致之. 217-25 縮高聞之○. 218-2 使使者謝安陵君○. 218-5 王○. 218-8 對○. 218-9 王○. 218-9 ○. 218-10 王○. 218-10 對○. 218-11 魏王○. 218-15 於是布令於四境之內○. 218-16 或謂魏王○. 218-22 故畢○. 219-3 秦王使人謂安陵君○. 219-11 安陵君○. 219-12 秦王謂唐且○. 219-14 唐且對○. 219-17 謂唐且○. 219-19 唐且對○. 219-19 秦王○. 219-20 唐且○. 219-20 秦王○. 219-21 唐且○. 219-22 長跪而謝之○. 220-2 段規謂韓王○. 221-3 韓王○. 221-3 段規○. 221-4 王○. 221-6 謂申不害於韓○. 221-9 王問申子○. 221-13 對○. 221-13 乃微謂趙卓韓鼂○. 221-14 昭侯○. 221-18 ○. 221-21 蘇秦爲楚合從說韓王○. 221-23 臣聞鄙語○. 222-12 仰天太息○. 222-16 張儀爲秦連横說韓王○. 222-19 皆言○. 223-5 韓王○. 223-15 宣王謂摎留○. 223-17 對○. 223-18 張儀謂齊王○. 223-24 昭獻令人謂公叔○. 224-3 秦必○楚韓合矣. 224-4 陳軫謂秦王○. 224-7 魏順謂市丘君○. 224-12 市丘君○. 224-14 魏順南見楚王○. 224-16 楚王○. 224-17 魏順○. 224-17 泠向謂鄭彊○. 224-23 鄭彊○. 224-25 ○. 224-25 ○儀之使者. 225-5 故謂大宰○. 225-5 故因而請秦王○. 225-6 楊達謂公孫顯○. 225-10 游騰謂公仲○. 225-14 杜赫爲公仲謂秦王○. 225-21 公仲明謂韓王○. 225-25 韓王○. 226-2 陳軫○. 226-4 謂韓王○. 226-13 公仲○. 226-15 顏率謂公仲之謁者○. 226-25 率○好士. 227-1 率○散施. 227-2 率○好義. 227-2 韓公仲謂向壽○. 227-5 向壽○. 227-8 公仲○. 227-9 對○. 227-9 諺○. 227-9 向壽○. 227-19 對○. 227-19 向子○. 227-20 對○. 227-21 向子○. 227-24 對○. 227-24 或謂公仲○. 228-4 公仲○. 228-8 對○. 228-8 臣請爲公謂秦王○. 228-10 秦王必○. 228-11 臣即○. 228-12 爲謂楚王○. 229-3 王○. 229-8 王○. 229-10 向也子○天下無道. 229-10 今也子○乃且攻燕者. 229-10 對○. 229-11 若○勝千鈞則不然者. 229-12 謂使者○. 229-19 秦王謂魏王○. 229-21 觀鞅謂春申○. 229-23 蘇代爲楚王○. 230-5 謂秦王○. 231-4 宣太后○. 231-6 宣太后謂尚子○. 231-6 甘茂○. 231-12 張翠○. 231-12 甘茂○. 231-12 張翠○. 231-14 甘茂○. 231-15 甘茂入言秦王○. 231-16 秦王○. 231-19 公仲○. 231-22 對○. 231-23 秦王之言○. 231-23 公仲○. 231-24 對○. 232-1 張儀謂楚王○. 232-1 其言○收璽. 232-8 公仲恐○. 232-9 對○. 232-9 史惕謂公叔○. 232-14 ○. 232-20 因令公仲謂秦王○. 232-20 三川之言○. 232-21 畢長謂公叔○. 232-25 公何不令人說昭子○. 233-1 教陽向說秦王○. 233-5 謂公叔○. 233-9 謂楚王○. 233-10 謂公叔○. 233-15 ○. 233-19 語○. 233-20 史舍○. 233-21 史舍入見○. 233-23 公叔○. 233-25 對○. 233-25 公叔○. 234-5 鄭彊○. 234-8 臣○. 234-9 楚王○. 234-11 中庶子强謂太子○. 234-14 太子○. 234-15 對○. 234-15 齊明謂公叔○. 234-19 謂公叔○. 234-23 宋赫爲謂公叔○. 235-3 謂新城君○. 235-10 教公仲謂魏王○. 235-17 因令人謂楚王○. 235-19 謂芊戌○. 235-22 泠向謂韓咎○. 236-2 泠向謂伯嬰○. 236-7 綦毋恢○. 236-11 則○來効賊也. 236-12 楚王問○. 236-14 ○. 236-14 ○. 236-15 ○. 236-15 王○. 236-15 ○. 236-15 王○. 236-16 ○. 236-16 ○. 236-16 ○. 236-17 王○. 236-18 ○. 236-18 ○. 236-18 ○. 236-19 必○廉潔勝任. 236-20 聶政問○. 237-1 嚴遂○. 237-2 而聶政謝○. 237-5 因爲聶政語○. 237-6 聶政○. 237-9 聶政○. 237-13 見嚴仲子○. 237-19 嚴仲子具告○. 237-21 政○. 237-24 ○. 238-10 視之○. 238-11 乃抱屍而哭之○. 238-13 晉楚齊衞聞之○. 238-15 或謂韓公仲○. 239-3 或謂公仲○. 239-18 秦王大怒○. 240-7 蘇秦爲韓說秦王○. 240-8 秦王○. 240-11 對○. 240-11 秦王○. 240-17 或謂韓王○. 240-19 謂鄭王○. 241-5 ○. 241-7 臣竊以爲猶之井中而謂○. 242-1 足强爲之說韓王○. 242-20 韓之美人因言於秦○. 243-2 故客有說韓者○. 243-3 謂韓公仲○. 243-7 公仲○. 243-9 張丑因謂齊楚○. 243-10 或謂韓相國○. 243-13 唐客謂公仲○. 243-18 王○. 243-22 韓侈謂秦王○. 244-2 魏之使者謂後相韓辰○. 244-2 韓辰○. 244-3 使者○. 244-3 秦王○. 244-6 客卿爲韓謂秦王○. 244-9 皆○以燕亡於齊. 244-12 謂韓珉○. 245-3 或謂山陽君○. 245-8 韓相國謂田苓○. 245-12 穰侯○. 245-13 田苓對○. 245-14 穰侯怒○. 245-14 公○未急. 245-16 田苓○. 245-16 穰侯○. 245-16 泠向謂陳軫○. 245-19 向○. 245-21 周成恢爲之謂魏王○. 245-25 魏王○. 246-1 成恢因爲謂韓王○. 246-1 韓王○. 246-3 張登請費緤○. 246-5 請令公子年謂韓王○. 246-5 輸人爲之謂安令○. 246-11 王○. 246-12 房喜謂韓王○. 246-15 趙敖爲謂建信侯○. 246-19 段産謂新城君○. 247-1 段干越人謂新城君○. 247-5 造父之弟子○. 247-6 王良弟子○. 247-6 ○. 247-7 北說燕文侯○. 248-3 故○. 248-15 燕王○. 248-18 李兌因爲蘇秦謂奉陽君○. 248-22 奉陽君○. 249-1 對○. 249-2 奉陽君○. 249-7 噲子謂文公○. 249-9 文公○. 249-1 齊王桉戈而卻○. 249-15 對○. 249-17 齊王○. 249-20 對○. 249-21 ○. 250-6 謂燕王○. 250-8 燕王○. 250-13 ○. 250-13 蘇秦○. 250-14 燕王○. 250-25 對○. 251-1 其妻○. 251-2 謂燕王○. 251-11 而陰告厨人○. 251-14 燕王○. 252-1 客謂魏王○. 252-5 ○. 252-6 對○. 252-6 今燕客之言○. 252-7 乃北見燕王噲○. 252-10 王○. 252-14 對○. 252-15 王○. 252-18 ○. 252-19 ○有大數矣. 252-21 ○有大數矣. 252-22 王○. 252-23 對○. 253-2 王○. 253-9 對○. 253-11 王○. 253-16 ○. 253-17 燕王問之○. 253-23 對○. 253-23 燕王○. 253-24 對○. 253-24 鹿毛壽謂燕王○. 254-1 或○. 254-5 王因令人謂太子平○. 254-12 孟軻謂齊宣王○. 254-18 燕王噲問○. 255-1 ○. 255-1 ○.

255-2 ○. 255-2 齊使人謂魏王○. 255-6 故往見郭隗先生○. 255-14 郭隗先生對○. 255-17 昭王○. 255-24 郭隗先生○. 255-24 涓人言於君○. 255-25 君大怒○. 256-1 涓人對○. 256-2 蘇代乃遺燕昭王書○. 256-13 約○. 257-1 謂秦王○. 257-4 ○. 257-10 ○. 257-20 蘇代謂燕昭王○. 257-24 王○. 257-25 對○. 257-25 王○. 258-2 對○. 258-2 王○. 258-7 對○. 258-7 王○. 258-16 對○. 258-16 燕王○. 258-19 對○. 258-20 王○. 258-24 對○. 258-24 其所愛者○. 259-1 其妻○. 259-2 慮○. 259-3 其妻○. 259-5 臣聞之○. 259-8 燕王謂蘇代○. 259-12 蘇代對○. 259-12 之男家○女美. 259-13 之女家○男富. 259-13 王○. 259-16 蘇代約燕王○. 260-3 正告楚○. 260-6 秦正告韓○. 260-11 秦正告魏○. 260-14 ○. 260-19 則以齊委於天下○. 260-23 則以南陽委於楚○. 261-3 適燕者○. 261-10 適趙者○. 261-11 適魏者○. 261-11 適楚者○. 261-11 適齊者○. 261-12 謂昭王○. 261-24 韓爲謂臣○. 261-24 人告奉陽君○. 261-25 奉陽君告朱讙與趙足○. 262-8 齊王使公王○命說○. 262-8 奉陽君告朱讙○. 262-23 先說淳于髡○. 263-10 往見伯樂○. 263-11 淳于髡○. 263-15 蘇代自齊使人謂燕昭王○. 263-19 令人謂閔王○. 263-21 閔王○. 263-24 乃謂蘇子○. 263-24 對○. 263-25 王○. 264-1 而報於閔王○. 264-4 閔王○. 264-5 又使人謂閔王○. 264-7 王○. 264-10 蘇代自齊獻書於燕王○. 264-14 ○. 264-15 將○善爲齊謀. 264-16 王謂臣○. 264-18 與之言○. 264-20 今王又使慶令臣○. 264-25 太后聞之大怒○. 265-4 王○. 265-7 陳翠○. 265-7 遂入見太后○. 265-8 太后○. 265-8 陳翠○. 265-11 太后○. 265-12 對○. 265-12○. 265-14 太后○. 265-19 昭王召而謂之○. 265-22 趙恢○. 266-2 公聽吾言而說趙王○. 266-5 且謝之○. 266-18 望諸君乃使人獻書報燕王○. 266-24 先王命之○. 267-10 臣對○. 267-11 先王○. 267-15 客謂燕王○. 269-13 燕王○. 269-16 蘇子○. 269-16 謂齊王○. 269-18 齊王○. 269-23 故○. 270-1 蘇代爲燕謂惠王○. 270-4 鷸○. 270-5 蚌亦謂鷸○. 270-6 惠王○. 270-9 齊謂燕王○. 270-11 魏亦謂燕王○. 270-11 蘇子謂燕相○. 270-12 景陽怒○. 271-4 丑○. 271-12 反報○. 271-19 王乃召昌國君樂間而問○. 271-20 對○. 271-21 王○. 271-21 ○. 271-22 ○. 271-22 ○. 271-22 ○. 272-2 語○. 272-4 諺○. 272-8 或謂之○. 272-22 柳下惠○. 272-23 語○. 272-25 意君○. 273-4 使者○. 273-10 使者見秦王○. 273-14 秦王○. 273-14 使者○. 273-15 謂其太傅鞫武○. 273-22 武對○. 273-23 太子○. 273-25 太傅○. 273-25 太傅鞫武諫○. 274-2 太子丹○. 274-6 鞫武○. 274-9 太子○. 274-10 鞫武○. 274-11 道太子○. 274-12 田光○. 274-12 太子避席而請○. 274-14 田光○. 274-14 太子○. 274-17 田光○. 274-18 ○. 274-19 田光俛而笑○. 274-19 ○. 274-21 幸而教之○. 274-22 荆軻○. 274-23 田光○. 274-24 今太子約光○. 274-24 ○. 275-1 有頃而後言○. 275-4 太子避席頓首○. 275-5 荆軻○. 275-18 乃請荆卿○. 275-23 荆卿○. 275-24 太子○. 276-2 乃遂私見樊於期○. 276-4 樊將軍仰天太息流涕○. 276-6 軻○. 276-7 樊於期乃前○. 276-8 荆軻○. 276-8 樊於期偏袒扼腕而進○. 276-11 乃復請之○. 276-20 叱太子○. 276-21 又前而爲歌○. 277-1 嘉爲先言於秦王○. 277-4 前爲謝○. 277-11 秦王謂軻○. 277-13 左右乃○. 277-22 箕踞以罵○. 277-25 ○. 278-3 其御○. 279-4 臧子○. 279-4 謂之○. 279-10 公輸般○. 279-10 墨子○. 279-11 墨子見楚王○. 279-14 王○. 279-16 墨子○. 279-17 王○. 279-21 使人謂衛君○. 279-24 南文子止之○. 280-3 宋君使使者請於趙王○. 280-9 趙王○. 280-13 使者○. 280-14 趙王○. 280-15 ○. 280-16 趙王亦說○. 280-17 謂大尹○. 280-20 蘇秦爲宋謂齊相○. 280-24 外黃徐子○. 281-3 太子○. 281-4 客○. 281-4 太子○. 281-6 客○. 281-6 其御○. 281-8 ○. 281-11 ○. 281-13 罵國老諫○. 281-14 衛君○. 281-19 文子○. 281-20 至境而反○. 281-22 南文子○. 281-25 ○. 282-1 胡衍謂樗里疾○. 282-4 樗里疾○. 282-8 胡衍○. 282-9 樗里疾○. 282-10 謂其守○. 282-11 其言○. 282-11 ○. 282-13 梧下先生○. 282-17 乃見魏王○. 282-17 魏王○. 282-19 至郎門而反○. 282-20 王○. 282-20 先生○. 282-20 衛客○. 282-22 富術謂殷順且○. 282-25 君○. 283-5 ○. 283-5 羣臣諫○. 283-9 君○. 283-10 御○. 283-13 新婦謂僕○. 283-14 ○. 283-15 常莊談謂趙襄子○. 284-3 齊謂趙魏○. 284-7 召張登而告之○. 284-8 齊謂趙魏○. 284-9 登對○. 284-10 見嬰子○. 284-11 田嬰○. 284-15 張登○. 284-15 田嬰○. 284-18 張丑○. 284-18 張登因謂趙魏○. 284-24 其言○. 285-5 張登謂藍諸君○. 285-8 藍諸君○. 285-8 張登○. 285-11 藍諸君○. 285-12 ○. 285-12 藍諸君○. 285-13 登○. 285-14 王○. 285-15 王必○. 285-17 藍諸君○. 285-18 張登○. 285-18 使告中山君○. 285-18 藍諸君○. 285-23 張登○. 285-24 燕趙必○. 286-1 藍諸君○. 286-2 弘○. 286-8 君○. 286-9 司馬憙頓首於軾○. 286-10 君○. 286-10 君○. 286-11 田簡謂司馬憙○. 286-14 司馬憙○. 286-18 司馬憙謂陰姬公○. 286-23 陰姬公稽首○. 286-25 司馬憙卽奏書中山王○. 286-25 中山王悅而見之○. 287-1 司馬憙○. 287-2 見趙王○. 287-5 大悅○. 287-10 司馬憙○. 287-11 歸報中山王○. 287-13 司馬喜○. 287-15 中山王○. 287-16 司馬憙○. 287-17 李疵○. 287-21 主父○. 287-22 對○. 287-22 主父○. 287-23 李疵○. 287-24 二人對○. 288-4 ○. 288-5 中山君喟然而仰歎○. 288-6 武安君○. 288-14 王○. 288-14 而○不可. 288-16 武安君○. 288-18 王○. 288-25 責之○. 289-2 武安君○. 289-11 王○. 290-3 武安君○. 290-5 ○. 290-7 武安君頓首○. 290-8

【曰】 199

其○久矣. 1-13 其○久矣. 1-14 則終○無所得矣. 7-4 周君留之十四○. 8-10 故留之十四○以待命也. 8-12 恐一○之亡國. 10-9 願以異○. 15-23 含怒○久. 17-22 ○愼一○. 20-25 戰一○. 21-3 是無伐之○已. 30-8 請明○鼓之而不可下. 30-8 明○鼓之. 30-9 先王積怒之○久矣. 33-8 寡人○自請太后. 37-5 是○見范睢. 37-8 知今○言之於前. 37-19 而明○伏誅於後. 37-20 百○而餓死. 40-7 叢籍我神三○. 40-17 三○. 40-19 五○而叢枯. 40-19 七○而叢亡. 40-19 不樂爲秦民之○固久矣. 42-19 且君擅主輕下之○久矣. 43-21 ○中則移. 45-20 後數○. 46-22 今○韓魏. 49-10 勝有○矣. 52-20 是王攻楚之○. 53-7 兵出之○而王憂其不反也. 53-8 且王攻楚之○. 53-12 負秦之○. 56-13 一○倍約. 57-2 一○山陵崩. 57-6 王一○山陵崩. 57-9 一○晏駕. 57-17 行有○矣. 58-19 前○秦下甲攻趙. 59-17 不可不○聽也而數覽. 63-3 必無今○之患也. 63-20 七○. 64-3 三○而聽. 64-4 旦○. 66-9 明○. 66-11 不至十○. 69-2 國一○被攻. 70-2 三十○而舉燕國. 71-8 明○張子行. 72-11 今○亡趙. 73-20 則明○及齊楚矣. 73-21 明○視美珥所在. 77-7 淳于髡一○而見七人於宣王. 80-21 乃今○見之. 83-12 夫戰之明○. 92-10 ○者. 92-23 曠○遠而爲利長者. 93-14 諸侯可同○而致也. 93-18 後數○. 98-14 王至朝○. 98-14 明○. 98-25 數○不反. 99-4 異○. 99-8 五○. 99-9 明○. 100-16 臣之得罪無○矣. 105-5 旌旗蔽○. 106-7 今○之游也. 106-10 一○行三百餘里. 110-17 不至十○而距扞關. 110-18 ○晦而歸食. 112-25 七○而薄秦王之朝. 113-14 七○不得告. 113-14 子益賤而○疏矣. 116-12 王明○朝羣臣. 117-13 發子良之明○. 118-7 遣昭常之明○. 118-8 遣子良之明○. 118-9 三○乃得見乎王. 119-15 未知見○也. 120-14 夫秦捐德絶命之○久矣. 123-7 明○視善珥所在. 123-24 百○而殺之. 127-4 異○者. 127-16 五○一見. 128-7 沈洿鄙俗之○久矣. 128-13 而陰養死士之○久矣. 129-18 後十七○. 129-24 城降有○. 131-8 明○. 131-10 臥三○. 134-19 今○之事. 136-6 死之○. 136-10 ○百而舍. 137-5 今○臣之來也暮. 137-8 明○復來見兌也. 137-14 明○復見. 137-18 終○談而去. 137-18 昨○我談粗而君動. 137-19 今○精而君不動. 137-19 先生明○復來. 137-21 明○來. 137-22 五國之兵有○矣. 139-1 ○者秦楚戰於藍田. 139-17 馮亭守三十○. 140-4 三○不得見. 141-5 而三○不見. 141-9 皆願奉教陳忠於前之○久矣. 144-4 豈可同○而言之哉. 145-17 是故横人○夜務以秦權恐猲諸侯. 145-20 莅國之○淺. 146-9 然而心忿悁含怒之○久矣. 148-4 願以甲子之○合戰. 148-5 奉祠祭之○淺. 148-19 以待今○. 153-25 曠○持久. 155-19 ○者. 157-6 百○而欲舍之死. 163-22 吾乃今○而知先生爲天下之士也. 164-14 昔○臣夢見君. 166-9 夢見○. 166-10 ○. 166-11 以○多之知. 166-18 旦○贊羣臣而訪之. 167-21 百○之內. 174-19 曠○持久數歲. 175-1 故○月暉於外. 176-24 ○食飲得無衰乎. 178-25 ○三四里. 179-1 是○. 182-8 今○飲酒樂. 182-8 吾乃今○聞聖人之言也. 183-5 秦果○以强. 184-1 魏○以削. 184-2 ○夜行不休已. 184-10 莫不○夜搤腕瞋目切齒以言從之便. 186-8 不得待異○矣. 187-5 葬有○矣. 193-18 請弛期更○. 193-20 葬有○矣. 193-25 三○而後更葬. 194-5 今葬有○矣. 194-5 太子爲及○之故. 194-6 願太子更○. 194-6 因弛期而更爲○. 194-7 更擇○. 194-9 三○不聽朝. 200-7 後十○. 202-3 先○公子常約兩王之交矣. 206-1 兵出之○. 207-10 異○者. 207-19 異○者. 208-1 入朝爲臣之○不久. 208-15 今○大梁亡. 212-23 ○夜赴魏. 217-1 白虹貫○. 219-24 今○是也. 220-1 十○之內. 229-17 十○之內. 229-20 秦楚鬬之○也已. 230-2 ○費千金. 231-9 ○行一縣. 231-11 幾瑟入鄭之○. 235-23 吾得爲役之○淺. 237-2 且前○要政. 237-17 今○鄭君不可得而爲也. 242-6 今○天子不可得而爲也. 242-9 八○中. 245-17 不至十○. 248-14 不至四五○. 248-14 後二○. 251-2 且異○也. 253-12 五○而至郢. 260-7 四○而至五渚. 260-8 一○而斷太行. 260-11 二○而莫不盡繇. 260-12 五○而國舉. 260-12 明○又使燕攻陽城及狸. 264-7 ○者齊不勝於晉下. 264-7 寡人豈敢一○而忘將軍之功哉. 266-19 及至棄羣臣之○. 268-1 今○不雨. 270-5 明○不雨. 270-6 今○不出. 270-6 明○不出. 270-6 明○大雨. 271-5 酒三○. 271-19 曠○彌久. 274-7 一○而馳千里. 274-15 太子○○造問. 275-19 此臣○夜切齒拊心也. 276-11 ○以盡矣. 276-20 今○往而不反者. 276-21 徐其攻而留其○. 280-15 君○長矣. 280-20 魏强之○. 282-7 秦魏交而不脩之○久矣. 282-18

【中】 327

謀之於葉庭之○. 1-14 公○慕公之爲己乘秦也. 2-10 齊桓公宮○七市. 4-11 居○不便於相國. 7-14 蘇代遂往見韓相國公○曰. 10-14 公○曰. 10-19 公○怒曰. 10-20 公○曰. 10-23 百發百○. 11-7 百發百○. 11-10 一發不○. 11-11 西有巴蜀漢○之利. 15-15 南有巫山黔○之限. 15-16 出其父母懷衽之○. 18-18 ○破宋. 19-3 ○使韓魏之君. 19-4 ○陵三晉. 19-12 ○陵三晉. 19-19 ○央之國也. 20-1 ○呼池以北不戰而已爲燕矣. 20-9 張儀欲以漢○與楚. 23-2 有漢○. 23-2 漢○南邊爲楚利. 23-3 王割漢○以爲和楚. 23-4 王今以漢○與楚. 23-5 ○國無事於秦. 28-11 ○國爲有事於秦. 28-12 攻○山. 29-8 不如許楚漢○以懽之. 29-25 果使馮章許楚漢○. 30-1 楚王以其言責漢○於馮章. 30-1 而公○以韓窮我於外. 30-7 達途於○國. 35-1 宮○虛無人. 37-8 居深宮之○. 38-9 ○山之地. 39-6 ○國之處. 39-7 必親○國而以爲天下樞. 39-8 其令邑○自斗食以上. 40-25 南亡鄢郢漢○. 42-15 王舉臣於羇旅之○. 43-25 日○則移. 45-20 又斬范○行之途. 46-16 秦取楚漢○. 48-3 ○期推琴對曰. 49-15 滅破范○行. 49-16 今王○道而信韓魏之善王也. 52-24 王破楚於以肥韓魏於○國而勁齊. 53-15 韓必爲關○之候. 53-24 昔智伯瑶殘范○行. 55-9 秦王與○期爭論. 56-3 ○期徐行而去. 56-3 或爲○期說秦王曰. 56-3 ○期適遇明君故也. 56-4 又有母在○. 57-1 今子無母於○. 57-1 無母於○. 57-14 出之袖○. 60-7 人臣不得自殺宮○. 60-10 文公用○山盜. 61-16 受○賞. 66-19 臣請令魯○立. 67-13 臨淄之○七萬户. 68-19 然則吾○立而割窮齊與疲燕也. 73-12 是秦之計○. 73-18 郢○立王. 75-4 郢○立王. 75-5 若自在隘窘之○. 78-5 而操銚鎒與農夫居壟畝之○. 79-18 至○閨. 80-11 疏○國. 81-17 則權重於○國. 81-22 君宮○積珍寶. 83-4 迎君道○. 83-10 ○不索交諸侯. 88-14 邯鄲之○鶩. 90-11 墮○牟之郭. 90-12 軍舍林○. 90-15 ○牟之墮也. 90-16 而趙氏兼○山. 91-2 ○人禱祝. 92-9 則此虛○之計也. 92-10 ○哭泣. 92-11 ○罷於刀金. 92-18 昔智伯瑶攻范○行氏. 92-20 ○山悉起而迎燕趙. 92-23 北戰於○山. 92-24 夫○山千乘之國也. 92-24 ○者則善. 93-7 不○則愧. 93-7 盡堞○爲戰具. 93-25 王孫賈乃入市○. 95-24 約之矢以射城○. 96-7 昔管仲射桓公○鉤. 97-7 坐於沙○. 98-5 王走而之城陽之山○. 99-19 而迎王與后於城陽山○. 99-22 莒○及齊亡臣相聚. 101-1 漢○可得也. 102-13 宋請○立. 103-3 楚地西有黔○巫郡. 108-22 一軍下黔○. 109-4 秦有舉巴蜀并漢○之心. 109-19 黔○巫郡非王之有已. 110-19 戰於漢○. 111-4 遂亡漢○. 111-5 楚無鄢郢漢○. 111-25 請復鄢郢漢○. 112-2 其效鄢郢漢○必緩矣. 112-13 逃於雲夢之○. 114-1 遂自弃於磨山之○. 114-4 楚令昭鼠以十萬軍漢○. 115-15 必出漢○. 115-17 秦兵且出漢○. 115-18 又簡擇宮○佳翫麗好翫習音者. 116-8 秦敗楚漢○. 117-2 未嘗見○國之女如此其美也. 120-9 張子○飲. 120-15 禦○國之難. 122-17 與之馳騁乎高蔡之○. 125-4 與之馳騁乎雲夢之○. 125-9 ○射之士問曰. 126-6 使人殺○射之士. 126-7 ○射之士使人說王曰. 126-8 射○其股. 127-3 ○阪遷延. 128-10 君先仕臣爲郎○. 129-20 知伯帥趙韓魏而伐范○行氏. 131-21 城○巢居而處. 132-24 龜○而少親. 133-6 始事范○行氏而不說. 135-6 豫讓遁逃山○. 135-8 子不嘗事范○行氏乎. 135-24 知伯滅范○行氏. 135-24 臣事范○行氏. 136-1 范○行氏以衆人遇臣. 136-1 魏文侯借道於趙攻○山. 136-13 魏攻○山而不能取. 136-13 魏拔○山. 136-14 必不能越趙而有○山矣. 136-14 寄宿人田○. 137-9 楚人久伐而○山亡. 138-15 至於榆○千五百里. 138-16 ○山之地薄. 139-13 韓爲○軍. 139-16 ○絶不令相通. 140-10 禍○於趙矣. 145-6 固已見於胷○矣. 145-12 燕守雲○. 146-2 以兵横行於○十四年. 147-19 并漢○. 148-3 胡地○山吾必有之. 149-16 ○國者. 150-3 離○國. 150-7 ○國同俗而教離. 150-14 與齊○山同之. 150-18 先時○山負齊之强兵. 150-24 遠可以報○山之怨. 151-1 而叔也順○國之俗以逆簡襄之意. 151-1 ○國不近蠻夷之行. 152-3 隱○不竭. 153-6 至榆○. 154-16 趙以二十萬之衆攻○山. 155-20 以未構○山也. 157-9 ○山聽之. 157-10 是我以王因饒○山而取地也. 157-10 ○山不聽. 157-11 是○山孤也. 157-11 我分兵而孤樂○山. 157-12 ○山必亡. 157-12 我已亡○山. 157-12 是我一舉而兩取地於秦○山也. 157-13 婦人爲之自殺於房○者二八. 158-25 吾視居北圍城之○者. 162-22 曷爲久居此圍城之○而不去也. 162-24 衆人廣坐之○. 165-4 何不令前郎○以爲冠. 166-1 郎○不知爲冠. 166-2 無自疑於○者. 168-3 ○山之地薄. 171-8 以據○國. 172-8 國在謀之○. 173-1 必起○山與勝焉. 173-3 秦起○山與勝. 173-3 後以○牟反. 173-13 趙攻○山. 175-7 不如盡歸○山之新埊. 175-8 ○山案此言於齊曰. 175-9 昔者堯見舜於草茅之○. 176-7 而郎○甚妬之. 178-13 而郎○之計○也. 178-15 樂羊爲魏將而攻○山. 181-19 其子在○山. 181-19 ○山之君烹其子而遺之羹. 181-19 樂羊既罷○山. 181-22 公可以居其○而疑之. 187-9 郢○不善公者. 188-5 田需從○敗君. 192-13 ○道而不可. 192-24 則行其○. 195-10 ○不可. 195-11 主患於○. 199-3 王之士未有爲之○者也. 201-14 臣聞明王不胥○而行. 201-14 宋○山數伐數割. 202-10 而宋○山可無爲也. 202-11 五入國○. 207-21 擊其○身. 211-5 天下之○身也. 211-6 是山東首尾皆救○身之時也. 211-7 ○山恃齊魏以輕趙. 211-18 齊魏伐楚而趙亡○山. 211-18 ○道而反. 215-18 恐言而未必○於王也. 221-12 而厮徒負養在其○矣. 222-22 ○封小令尹以桂陽. 227-6 公求○立於秦. 228-5 願公之復求○立於秦也. 228-7 故王不如令韓○立以攻齊. 228-16 臣以爲令韓以○立以勁齊. 228-21 ○庶子强謂太子曰. 234-14 戰之於國○必分. 234-15 ○間不遠. 237-24 遂○哀侯. 238-5 ○國白頭游敖之士. 240-13 因欲○立. 240-22 臣竊以爲猶之井○而謂曰. 242-1 韓侈且伏於山○矣. 244-5 八日○. 245-17 今臣處郎○. 247-2 西有雲○九原. 248-4 踰雲○九原. 248-11 頓首塗○. 250-3 秦下甲雲○九原. 251-22 ○附韓魏則韓魏重. 253-3 王誠博選國○之賢者. 255-22 趙爲○帝. 257-8 漢○之甲. 260-7 兵困於林○. 261-6 望諸相○山也使趙. 263-4 擢之乎賓客之○. 267-7 故○山亡. 269-8 ○國膏腴之地. 269-21 而李信出太原雲○. 275-10 厚遺秦王寵臣○庶子蒙嘉. 277-4 諸郎○執兵. 277-19 不○. 277-24 ○柱. 277-24 不○而死. 278-10 夫在○者惡臨. 280-4 坐御以待○之議. 280-5 魏文侯欲殘○山. 284-3 魏并○山. 284-3 因封之○山. 284-4 是○山復立也. 284-4 而○山後持. 284-7 寡人羞與○山並爲王. 284-7 ○山聞之. 284-8 ○山之君遣之齊. 284-11 臣聞君欲廢○山之王. 284-11 以○山之小. 284-12 ○山雖益廢王. 284-12 且○山恐. 284-12 豈若○山廢其王而事齊哉. 284-14 今君召○山. 284-15 ○山必喜而絶趙魏. 284-15 趙魏怒而攻○山. 284-16 ○山急而爲君難其王. 284-16 則○山必恐. 284-16 今召○山. 284-20 致○山而塞四國. 284-21 是君臨○山而失四國也. 284-22 善以微計薦○山之君久矣. 284-23 果召○山君而許之王. 284-24 齊羞與○山之爲王甚矣. 285-1 今召○山. 285-1 果與○山王而親之. 285-3 ○山果絶齊而從趙魏. 285-3 ○山與燕趙爲王. 285-5 齊閉關不通○山之使. 285-5 ○山千乘之國也. 285-6 出兵以攻○山. 285-7 耻與○山侔名. 285-9 出兵以攻○山. 285-9 請令燕趙固輔○山而成其王. 285-11 出兵以攻○山者. 285-14 其實欲廢○山之王也. 285-14 出兵以攻○山. 285-16 所求○山未必得. 285-16 ○山可廢也. 285-17 使告○山君曰. 285-18 爲○山之獨與燕趙爲王. 285-19 ○山恐燕趙之不己據也. 285-20 ○山必遁燕趙. 285-21 是○山孤. 285-22 非欲廢○山之王也. 286-1 徒欲以離我於○山. 286-1 ○山因告燕趙而不往. 286-4 燕趙果俱輔○山而使其王. 286-5 爲己求相○山. 286-7 ○山君出. 286-8 ○山君大疑公孫弘. 286-12 司馬憙三相○山. 286-14 司馬憙即奏書○山王曰. 286-25 臣聞弱趙强○山. 287-1 ○山王悅而見之曰. 287-1 願聞弱趙强○山之說. 287-2 ○山王遣之. 287-4 未嘗見人如○山陰姬者也. 287-7 歸報○山王曰. 287-13 ○山王作色不悅. 287-15 ○山王曰. 287-16 ○山王遂立以爲后. 287-18 主父欲伐○山. 287-21 ○山之君. 287-22○山君饗都士. 288-2 說楚王伐○山. 288-3 ○山君亡. 288-3 ○山君顧謂二人. 288-4 ○山有事. 288-5 ○山君喟然而仰歎曰. 288-6 攻○山. 288-10 其子時在○山. 288-10 ○山君烹之. 288-10 秦○士卒. 289-14 以軍○爲家. 289-14

【内】 133

○自盡計. 1-6 義强於○. 16-12 制海○. 16-13 式於廊廟之○. 17-6 士民潞病於○. 19-23 ○者量吾謀臣. 20-22 ○者吾甲兵頓. 20-23 公孫衍樗里疾挫我於○. 30-7 公○攻於樗里疾公孫衍. 30-12 聞齊之○有田單. 39-22 ○固其威. 40-2 至尉○史及王左右. 41-1 其威○扶. 41-4 竟○之利. 41-7 某懦子○某士. 43-19 應侯○慙. 44-7 富國足家强主威蓋海○. 45-18 舉河○. 52-4 滿海○矣. 53-6 而魏亦關○候矣. 54-1 而關○二萬乘之主注地於齊. 54-1 ○喻其百姓. 54-20 無母於○. 57-11 ○惡趙之守. 59-13 寡人屈於○. 60-20 而珍珠重寶盡於○. 61-2 四境之○. 66-17 是王○自罷而伐與國. 72-4 爲君舍人而○與夫人相愛. 78-24 海○之狡兔也. 81-6 ○不反. 91-11 此皆○長詐. 91-17 完者○酺而華樂. 92-12 民殘於○. 93-5 禽之户○. 93-16 利制海○不爲厚. 93-19 令於境○. 93-25 禽將户○. 94-15 ○牧百姓. 99-6 秦使陳馳誘齊王○之. 102-3 豈忘爲之○乎. 105-4 以○劫其主. 109-15 ○與羣臣謀. 109-22 危難在三月之○. 110-21 ○逐其謀臣. 112-10 此所謂○攻之者也. 112-11 欲因張儀○之楚王. 116-10 子○擅楚之貴. 116-15 填黽塞之○. 125-11 止於棘門之○. 129-24 則是魏○自强. 132-4 德行非施於海○也. 138-2 願拜○之於王. 140-5 且夫韓之所以○趙者. 140-10 主○之秦. 140-24 ○度其士卒之衆寡賢與不肖. 145-10 而馳於封○. 147-20 守四封之○. 148-2 四海之○. 155-16 而請○焦黎牛狐之城. 156-14 得無割其○而媾乎. 159-17 得無更割其○而媾. 159-24 秦○之. 161-22 秦已○鄭朱矣. 161-23 今又○圍邯鄲而不能去. 162-13 ○無孟賁之威. 165-16 令之○治國事. 166-20 秦王受負海○之國. 172-7 秦王○韓珉於齊. 172-10 ○成陽君於韓. 172-10 夫國○無用臣. 174-6 百日之○. 174-19 是能得之乎○. 176-24 其賊在於○. 176-25 趙氏應之於○. 181-11 以○劫其主. 184-12 外挾彊秦之勢以○劫其主以求割埊. 184-23 ○嫁禍安國. 186-4 以魏爲將○之於齊而擊其後. 186-16 欲勿○. 188-10 ○沛. 189

-23 王不若與竇屢闕○侯. 190-13 ○之無若羣臣何也. 192-16 魏惠王起境○衆. 196-13 遂○魏王. 197-8 楚將○而立之. 197-14 必○太子. 199-10 魏○太子於楚. 199-11 ○王於不可知之秦. 203-21 且無梁孰與無河○急. 203-22 河○. 203-23 臣使長信侯請無○王. 204-2 吾○王於秦者. 204-5 ○有大亂. 206-24 若道河○. 207-4 而以之臨河○. 207-11 河○之共汲莫不危矣. 207-12 山北河外河○. 207-23 而臣海○之民. 208-6○得樓庳翟强以爲佐. 210-2 四海之○. 218-13 於是布令於四境之○曰. 218-16 秦自四境之○. 219-3 其多力者○樹其黨. 223-21 羣臣或○樹其黨以擅其主. 223-21 爲之儆四境之○選師. 226-6 乃儆四境之○選師. 226-12 公仲好○. 227-1 王儆四彊之○. 229-17 十日之○. 229-17 十日之○. 229-20 而○收諸大夫以自輔也. 234-25 ○得父兄. 235-3 ○無父兄之衆. 235-8 公叔伯嬰恐秦楚之○幾瑟也. 235-10 公因以楚韓之兵奉幾瑟而○之鄭. 236-4 韓且○伯嬰於秦. 236-7 美人知○行者也. 243-5 不見○行. 243-5 則魏且○之. 243-9 外○不相爲. 244-20 戰於百里之○. 248-16 封○斃矣. 253-13 ○寇不與. 253-17 臣自報其○. 253-17 陸攻則擊河○. 260-17 然則不○蓋寡人. 272-17 臣海○之王者. 275-8 而○有大亂. 275-15 願舉國爲○臣. 277-6 ○臨其倫. 280-4 卽公無○難矣. 286-16 其國○實. 288-23

【水】 62
西周不下○. 3-1 臣請使西周下○可乎. 3-1 今不下○. 3-2 不若一爲下○. 3-3 下○. 3-4 遂下○. 3-5 右飲於洹○. 21-2 淇○竭而洹○不流. 21-2 決○灌之. 21-5 至於淩○. 38-1 決晉○以灌晉陽. 49-17 智伯出行○. 49-18 吾不知○之可亡人之國也. 49-19 汾○利以灌安邑. 49-19 絳○利以灌平陽. 49-19 隨陽右壤此皆廣川大○. 53-10 以與申縛遇於泗○之上. 54-17 蕩而失○. 62-22 亦君之○也. 62-23 淄○至. 77-15 淄○至. 77-17 猿獮猴錯木據○. 79-16 譬若挹○於河. 81-2 過葘○. 98-4 下○而浮. 110-17 ○漿無入口. 113-15 與吳人戰於濁○而大敗之. 113-21 圍晉陽而○之. 131-3 決晉○而灌之. 132-23 而決○灌知伯軍. 134-2 知伯軍救○而亂. 134-2 ○通糧. 140-13 相與會於洹○之上. 145-25 今吾國東有河薄洛之○. 150-18 求○居之民. 150-20 以守河薄洛之○. 150-20 引○圍鄗. 150-24 右有洞庭之○. 182-22 一天下約爲兄弟刑白馬以盟於洹○之上以相堅也. 185-16 欒○齧其墓. 194-2 故使欒○見之. 194-4 絶漳滏之○. 207-5 而○大梁. 207-13 東有宛穰洧○. 221-24 ○擊鵠鴈. 222-5 南有呼沱易○. 248-4 涉易○. 248-14 則易○長城非王之有也. 251-23 乘夏○而下江. 260-7 乘夏○而下漢. 260-8 乘夏○. 260-15 ○攻則滅大梁. 260-18 過易○. 270-4 ○皆至滅表. 271-5 山○大出. 271-5 ○皆滅表. 271-6 兵以臨易○. 273-21 則易○以北. 273-24 秦兵旦暮渡易○. 275-23 至易○上. 276-24 風蕭蕭兮易○寒. 277-1

【午】 3
魏塞○道. 146-3 一軍塞○道. 148-12 大成○從趙來. 221-9

【牛】 21
取其○馬. 92-1 殺○而觴士. 92-8 乃賜單○酒. 98-12 夫○闌之事. 103-15 且秦以○田. 140-12 ○贊進諫曰. 154-2 ○贊再拜稽首曰. 154-14 肉試則斷○馬. 155-9 而請內焦黎○狐之城. 156-14 不予焦黎○狐. 156-16 驪○之黃也似虎. 182-5 曾無所芻牧○馬之地. 184-9 王獨不見夫服○驂驥乎. 191-9 是服○驂驥也. 191-10○馬俱死. 191-11 至於○目. 193-18 及○目. 194-6 皆陸斷馬○. 222-5 無爲○後. 222-13 何以異於○後乎. 222-14 而有○後之名. 222-14

【手】 21
大王拱○以須. 20-13 不離保傅之○. 38-9 乃左○爲叢投. 40-18 右○自爲投. 40-18 夫人生○足堅强. 44-13 齊之右壤可拱○而取也. 54-2 故使工人爲木材以接○. 60-7 乃左○持卮. 72-21 右○畫蛇. 72-21 莫敢大心撫其御之○. 113-7 墜於公子之○. 124-19 則未入而○斷. 155-14 鄭同因撫○仰天而笑之曰. 165-11 馮忌接○免首. 176-3 王特爲臣之右○不倦賞臣. 183-13 ○受大府之憲. 217-23 臣左○把其袖. 276-9 而右○揕抗其胷. 276-9 因左○把秦王之袖. 277-14 而右○持匕首揕抗之. 277-14 而乃以○共搏之. 277-21

【毛】 9
○羽不豐滿者不可以高飛. 15-21 使陳○釋劍掫. 54-19 豈有○廧西施哉. 85-3 世無○嬙西施. 87-21 是以國權輕於鴻○. 123-8 鴻○. 164-24 車甲羽○裂敝. 175-2 毫○不拔. 185-1 鹿○壽謂燕王曰. 254-1

【夭】 4
終其年而不○傷. 44-17 閎○事文王. 45-12 其可願孰與閎○周公哉. 45-13 刳胎焚○. 177-20

【仁】 21
三王之○而死. 37-22 質○秉義. 44-15 是微子不足○. 45-9 慈○任忠. 45-15 以臨○平兵. 52-7 省攻伐之心而肥○義之誡. 52-11 太子相不○. 63-17 ○義皆來役處. 85-25 祖○者王. 91-13 不○. 118-15 ○人之於民也. 119-3 ○者不用也. 146-19 ○義之所施也. 150-5 ○義道德. 154-12 昔齊威王嘗爲○義矣. 163-8 ○義者. 258-5 ○不輕絶. 272-4 ○者不危人以要名. 272-8 ○者之道也. 272-9 ○不輕絶. 273-1 不好○義. 287-14

【什】 4
與秦○一. 59-1 反三公○清於趙. 139-2 功不○者不易器. 154-5 則○己者至. 255-19

【仆】 4
頭顱僵○. 53-4 因而○之. 254-12 於是因佯僵而○之. 259-5 今妾奉而○之. 259-6

【化】 6
進退盈縮變○. 45-21 墨墨之○. 123-5 故勢與俗○. 151-17 能與時○. 151-19 或○於利. 211-22 教○喻於民. 283-10

【仇】 31
○赫之相宋. 6-5 固大王○讎也. 15-12 若報父子之○. 34-24 王將藉路於○讎之韓魏乎. 53-7 是王以兵資於○讎之韓魏. 53-8 王若不藉路於○讎之韓魏. 53-8 然則天下○之必矣. 93-9 而多與天下爲○. 93-10 天下之○讎也. 109-12 此所謂養○而奉讎者也. 109-13 靳尚之○也. 116-21 茹肝涉血之○耶. 174-22 齊人戎郭宋突謂○郝曰. 175-7 令○郝相宋. 178-9 貿首之○也. 190-15 齊之○敵也. 205-6 使○敵制其餘敝. 205-7 而又況於○讎之敵國也. 206-20 ○甘茂. 225-20 避○隱於屠者之間. 236-25 臣有○. 237-7 仲子所欲報○者爲誰. 237-20 臣之○韓相傀. 237-21 而深與强秦爲○. 249-18 是棄强○而立厚交也. 249-24 王之○讎也. 252-16 今王奉○讎以伐援國. 252-16 燕欲報○於齊. 257-21 而報將軍之○者. 276-7 然則將軍之○報. 276-10 爲燕報○. 278-9

【斤】 11
君予金三十○. 7-24 黃金百○盡. 16-16 金千○. 60-22 金五百○. 83-14 黃金千○. 83-17 遣太傅賫黃金千○. 83-20 偶有金千○. 120-12 鄭襃亦以金五百○. 120-13 以金千○謝其後. 250-3 秦王購之金千○邑萬家. 275-25 金千○. 276-5

【反】 131
且○齊王之信. 5-16 周君○. 12-15○見魏王. 12-16 三國攻秦○. 13-22 是商君○爲主. 15-11 ○覆東山之君. 17-19 東陽河外不戰而已○爲齊矣. 20-8 ○智伯之約. 21-6 魏不○秦兵. 21-17 張子不○秦. 21-18 魏若○秦兵. 21-18 不敢○於秦矣. 21-18 張儀○. 27-1 使者○報楚王. 27-5 樂羊○而語功. 29-9 ○以謀秦. 31-9 則秦○受兵. 32-23 夫取三晉之腸胃與出兵而懼其不○也. 32-25 公不如○公國. 35-9 獨不重任臣者後無○覆於王前耶. 36-15 今○閉而不敢窺兵於山東者. 38-20 果惡王稽杜摯以○. 43-23 往而不能○者也. 46-13 物至而○. 51-23 韓魏○之. 52-20 兵出之日而王憂其不○也. 53-8 今大王○國. 57-22 因○走. 62-20 若是者信○. 63-18 願○聽命於韓也. 64-20 必欲○之. 68-5 還○過薛. 77-22 以何市而○. 82-22 以何市而○. 83-3 梁使三○. 83-19 姑○國統萬人乎. 83-22 孟嘗君逐於齊而復○. 85-6 安行而○臣之邑屋. 87-4 歸○撲. 87-6 則四鄰不○. 91-10 內不○. 91-11 衆事而不○. 91-24 士無○北之心. 96-23 一朝而○之. 97-18 數日不○. 99-4 而○千里之齊. 99-20 王乃得○. 99-23 齊王還車而○. 101-18 齊之○趙魏之後. 103-19 蒲○平陽相去百里. 107-8 恐○人以入於秦. 109-20 夫以一詐僞○覆之蘇秦. 111-14 昭王○郢. 114-1 寡人之得求○. 117-15 惠子○. 121-20 夫報報之○. 123-5 ○問疾. 126-25 王長而○政. 129-16 韓魏之君必○矣. 131-5 是非○如何也. 131-9 郄疵言君之且○也. 131-10 韓魏之君果○矣. 131-18 ○委質事知伯. 135-25 ○温枳高平於魏. 139-2 ○三公什清於趙. 139-2 ○. 141-5 ○楚之故地. 142-24 求得而○靜. 146-19 欲○覆齊國而不能. 148-8 子不○親. 149-19 ○此兩者. 151-21 然則○古未可非. 152-11 子其勿○也. 152-17 ○親以爲行. 153-20 ○攻魏幾. 156-22 虞卿未○. 161-2 願○至坐. 165-21 人告之○. 167-24 王固可以○疑齊乎. 170-13 後以中牟○. 173-13 三○不得通. 177-2 必勿使○. 179-12 使爲○間. 180-1 李牧司馬尙欲與秦○趙. 180-2 韓魏○於外. 181-11 怒而○. 181-16 公叔痤○走. 183-8 而欲恃詐僞○覆蘇秦之餘謀. 185-17 約一國而○. 186-6 而○於楚王. 187-24 必○燕埊以下楚. 189-20 三年○而名其母. 203-12 ○而名我者. 203-12 韓必不敢○魏. 208-13 ○而取虞. 208-24 中道而○. 215-18 此辭○. 218-2 且○王之言而攻市丘. 224-19 ○宜陽之民. 227-19 王胃臣○. 229-19 子爲我○. 229-19 不若聽而備於其○也. 230-6 明之○也. 230-6 司馬康三○之郢矣. 232-7 公無辭以後○. 232-15 是太子○棄之. 236-8 ○以越事吳之禮事越. 241-23 秦○得其金與韓之美人. 243-1 甘茂約楚趙而○敬魏. 244-22 周必寬而○之. 245-25 豈如道韓○之哉. 246-2 秦見君之交○善於楚魏也. 246-21 卽因○斗擊之. 251-15 因○斗而擊之. 251-16 將軍市被及百姓乃○攻太子平. 254-15 ○以報君. 256-1 必○宋地. 257-10 夫○宋地. 257-11 燕○約諸侯從親. 261-19 必不○韓珉. 262-9 用齊人○間. 266-14 願○命. 267-16 故鼎○於歷室. 267-19 ○報曰. 271-19 所以不能○勝秦者. 273-17

使悉○諸侯之侵地. 275-14 今日往而不○者. 276-21 臧子憂而○. 279-3 ○爲禍. 281-16 至境而○曰. 281-22 至郎門而○曰. 282-20

【兮】 6

不知佩○. 127-8 不知異○. 127-9 莫知媒○. 127-10 又甚喜之○. 127-10 風蕭蕭○易水寒. 277-1 壯士一去○不復還. 277-1

【介】 4

大王無一○之使以存之. 57-22 無纖○之禍者. 83-25 勝請爲紹○而見之於將軍. 162-18 曾無一○之使以存之乎. 280-1

【父】 91

得君臣○子相保也. 1-10 秦王不聽羣臣○兄之義而攻宜陽. 2-5 周君得以爲辭於○兄百姓. 12-21 ○母不與言. 16-19 ○母不以我爲子. 16-20○母聞之. 17-12 貧窮則○母不子. 17-15 出其○母懷衽之中. 18-18 若報○子之仇. 34-24 身爲漁○而釣於渭陽之濱耳. 37-12 減食主○. 40-7 時以爲仲○. 40-13 亦以爲○. 40-13 然降其主○沙丘而臣之. 41-23 ○之於子也. 43-17 不過○子之親. 43-21 ○慈子孝. 45-5 無明君賢○以聽之. 45-8 故天下以其君○爲戮辱. 45-8 此○兄之任也. 48-24 韓魏○子兄弟接踵而死於秦者. 53-2 ○子老弱係虜. 53-4 歸而謂○曰. 56-21 章子之母啓得罪其○. 67-6 其○殺之而埋馬棧之下. 67-7 臣之母啓得罪臣之○. 67-9 臣之○未教而死. 67-9 夫不得○之教而更葬母. 67-10 是欺死○也. 67-10 夫爲人子而不欺死○. 67-11 徑亢○之險. 69-6 大臣○兄殷衆富樂. 69-15 及之睪黍梁○之陰. 80-25 田○見之. 81-7 有田○之功. 81-9 以養○母. 88-12 如見○母. 97-1 齊桓公得管夷吾以爲仲○. 99-15 然則且有子殺其○. 105-16 愛地不送死○. 117-10 今王之大臣○兄. 119-4 慎大臣○兄. 119-8 餓主○於沙丘. 127-4 今君殺主○而族之. 137-13 貴戚○兄皆可以受封侯. 144-15 ○不得於子. 146-24 ○之孝子. 152-21 選子莫若○. 153-2 慈○不子. 153-21 富丁恐主○之聽樓緩而合秦楚也. 156-25 司馬淺爲富丁謂主○曰. 157-2 主○曰. 157-8 公不如令主○以地資周最. 157-17 主○欲敗之. 178-9 ○母之愛子. 179-10 同○母. 185-17 臣聞魏氏大臣○兄皆謂魏王曰. 202-6 夫以○攻子守. 217-16 ○教子倍. 217-17 子弑○. 217-23 以全○子之義. 217-25 内得○兄. 235-3 内無○兄之衆. 235-8 傀又韓君之季○也. 237-22 ○母既歿矣. 238-12 事之雖如子之事○. 240-25 今韓之○兄得衆者毋相. 243-21○兄惡珉. 243-22 遇造○之弟子. 247-5 造○之弟子曰. 247-6 進之則殺主○. 251-3 主○大怒而笞之. 251-4 上以活主○. 251-5 正○子之位. 254-13 叔○負床之孫. 258-21 吾以此飲吾主○. 259-3 則殺吾主○. 259-4 以此事告吾主○. 259-4 與殺吾○逐吾主母者. 259-4 今其言變有甚於其○. 262-10 而報其○之讐. 263-2 不謀於○兄. 267-8 臣恐強秦之爲漁○也. 270-8 ○母宗族. 276-5 主○欲伐中山. 287-21 主○曰. 287-22 主○曰. 287-23 臣有○. 288-4 臣○且死. 288-5 明害○以求法. 288-11 將帥爲○母. 289-15

【今】 709

○大王縱有其人. 1-20 ○東周之兵不急西周. 2-21 ○不下水. 3-2 ○其民皆種麥. 3-3 ○昭獻非人主也. 3-10 ○周君天下. 4-19 ○君將施於大人. 7-5 君必施於○之窮士. 7-6 蒯○楚王資之以地. 7-12 ○夕有姦人當入者矣. 8-2 ○又攻秦以益之. 9-7 ○秦攻周而得之. 9-19 ○君禁之. 9-21 ○秦者. 10-7 ○圍雍氏五月不能拔. 10-17 ○公乃徵甲及粟於周. 10-17 ○攻梁. 11-6 ○公破韓魏. 11-11 ○公又以秦兵出塞. 11-13 ○君之使最爲太子. 12-5○王許戍三萬人與溫囿. 12-20 ○君恃韓魏而輕秦. 13-14 ○秦婦人嬰兒皆言商君之法. 15-11 ○先生儼然不遠千里而庭教之. 15-22 ○欲并天下. 16-13 ○之嗣主. 16-14○天下之府庫不盈. 18-11 ○秦出號令而行賞罰. 18-17○秦地形. 18-23 ○荆人收亡國. 19-14 ○秦地斷長續短. 21-8 ○夫蜀. 22-1 ○三川周室. 22-4 ○王之地小民貧. 22-7 ○攻韓劫天子. 22-12 ○身在楚. 22-22 ○王誠聽之. 22-24 王○以漢中與楚. 23-5 ○秦自以爲王. 23-18 ○楚不加善秦而善軫. 23-24 ○爲我妻. 24-18 ○楚王明主也. 24-19 ○齊王之罪. 26-9 ○地未可得而齊先絕. 26-20 王○已絕齊. 27-8 ○齊楚相伐. 27-16 ○軫將爲王吳吟. 27-20 ○兩虎諍人而鬬. 27-23 齊楚○戰. 28-1 ○王倍數險. 29-6 ○臣羇旅之臣也. 29-10 ○臣之賢不及曾子. 29-17 ○攻宜陽而不拔. 30-7 ○公用兵無功. 30-14 ○臣不肖. 31-5 ○秦與之上卿. 31-14 ○王何以禮之. 31-15 ○又案兵. 32-10 ○破齊以肥趙. 32-16 ○公東而因言於楚. 35-8 ○王見其達而收之. 36-4 ○臣之胷不足以當椹質. 36-13 ○者義渠之事急. 37-5 ○義渠之事已. 37-5 ○臣. 37-17 知○日言之於前. 37-19 ○反閉而不敢窺兵於山東者. 38-20 ○見與國之不可親. 38-25 ○舍此而遠攻. 39-5 ○韓魏. 39-7 ○太后擅行不顧. 39-24○秦. 40-7 臣○見王獨立於廟朝矣. 40-9 ○吾得子. 40-13 ○國者. 40-19 ○秦國. 40-22 ○太后使者分裂諸侯. 41-5 ○王將攻韓圍陘. 41-14 ○平原君自以賢. 41-23 ○令人復載五十金隨公. 42-9 ○攻趙. 42-19 ○子死不憂. 43-1 ○子死. 43-2 ○亡汝南. 43-4 ○也. 43-6 ○應侯亡地而言不憂. 43-7 ○傲勢得秦爲王將. 43-10 ○君雖幸於王. 43-20 ○遇惑或與罪人同心. 44-1 ○君相秦. 46-15 ○三國之兵且去楚. 48-6 而○三國之辭去. 48-8 ○日韓魏. 49-10 ○之如耳魏齊. 49-11○以無能之如耳魏齊. 49-13 乃○知之. 49-19 ○秦之強. 49-21○戰勝. 50-2 ○大王留臣. 50-18 ○聞大王欲伐楚. 51-21 ○大國之地半天下. 51-24 ○王三使盛橋守事於韓. 52-1 ○王妬楚之不毀也. 52-21○王中道而信韓魏之善王也. 52-24 ○王之攻楚. 53-6○王廣德魏趙. 55-5 ○王破宜陽. 55-14 ○大王皆有驕色. 55-19○亡於楚. 56-8 ○力田疾作. 56-23 ○建國立君. 56-24 ○子無母於中. 57-1 ○子聽吾計事. 57-2 ○大王反國. 57-22 ○吾自請張卿相燕. 58-7 ○臣生十二歲於茲矣. 58-10 ○文信侯自請卿相燕. 58-17 ○王齎臣五城以廣河間. 58-24 ○大王使守小官. 59-5 ○又割趙之半以強秦. 59-18 ○國危亡. 60-2 ○賈忠王而王不知也. 61-8 ○王聽讒. 61-11 ○嬰子逐. 62-7 ○夫齊. 62-23 ○與靖郭君. 63-4 必無○日之患也. 63-20 ○首之所進仕者. 66-3 ○齊地方千里. 66-15 ○齊楚燕趙韓梁六國之遞甚也. 67-24 ○秦之伐天下不然. 68-4 ○韓梁之目未嘗乾. 68-5 ○齊將近矣. 68-7 ○秦欲攻梁絳安邑. 68-7 ○三晉已合矣. 68-10 ○乃西面事秦. 68-25 ○秦攻齊則不然. 69-5 ○無臣事秦之名. 69-10 ○主君以趙王之教詔之. 69-12 ○趙之與秦也. 69-22 ○秦楚嫁子取婦. 69-24 ○大客幸而教之. 70-5 ○齊王甚憎張儀. 71-14 ○君相楚而攻魏. 72-23 ○日亡趙. 73-20 ○齊秦伐趙魏. 74-2 ○君留太子者. 75-14 ○王不亟入下東國. 75-19 ○已得地而求不止者. 76-4 ○勸太子者又蘇秦也. 76-14 ○人惡蘇秦於薛公. 76-19 ○蘇秦天下之辯士也. 76-24 ○蘇秦善於楚王. 77-1 ○者臣來. 77-12 ○子. 77-16 ○秦四塞之國. 77-18 ○君約天下之兵以攻齊. 79-8 ○使人而不能. 79-20 ○君到楚而受象牀. 80-9 ○何舉足之高. 80-12 ○子一朝而見七士. 80-23 ○求柴葫桔梗於沮澤. 80-25 ○髡賢者之疇也. 81-1 ○齊魏久相持. 81-8 ○又刦趙魏. 81-17 ○君有區區之薛. 83-6 乃○日見之. 83-12 ○君有一窟. 83-13 ○孟嘗君之地方百里. 84-10 ○君之家富於二公. 84-24 色與馬取於○之世. 85-3 ○夫士之高者. 86-2 當○之世. 86-6 自古及○而能虛成名於天下者. 86-13 及○聞君子之言. 86-22 乃○聞細人之行. 86-23 ○王有四焉. 87-15 當○之世無士. 87-19 ○王治齊. 87-24 ○不問王. 88-5 何以至○不業也. 88-9 何以至○不業也. 88-11 胡爲至○不朝也. 88-12 何爲至○不殺乎. 88-15 ○先生設爲不宦. 88-20 ○不聽. 89-8 ○雖干將莫邪. 90-7 ○世之爲國者不然矣. 90-18 ○天下之相與也不並滅. 91-21 ○世之所謂善用兵者. 93-3 ○夫鵠的非咎罪於人也. 93-6 ○窮戰比勝. 93-8 ○大王之所從十二諸侯. 94-4 女○事王. 95-23 ○公行一朝之忿. 96-9 ○死生榮辱. 96-12 ○秦人下兵. 96-15 ○楚魏交退. 96-16 ○燕王方寒心獨立. 96-20 ○公又以弊聊之民. 96-21 且○使公孫子賢. 98-21 ○國已定. 99-2 ○王得安平君而獨曰單. 99-16 ○國已定. 99-23 當○將軍東有夜邑之奉. 100-13 ○子食我. 104-1 ○王之地方五千里. 104-4 ○不救趙. 104-15 ○君擅楚國之勢. 105-25 至○未效. 106-4 ○日之游也. 106-10 ○邊邑之所恃者. 107-10 ○將倒冠而至. 107-20 ○王以用之於越矣. 108-15 ○乃欲西面而事秦. 108-25 ○釋霸王之業. 109-10 ○君欲一天下. 109-23 ○大王不與猛虎而與羣羊. 110-5 ○秦之與楚也. 111-16 ○上客幸教以明制. 111-22 ○楚. 112-6 ○儀曰逐君與陳軫而王聽之. 112-7 ○君能用楚之衆. 112-11 ○君何不見臣於王. 112-12 ○此之謂也. 113-19 至○無冒. 114-5 ○之人. 114-7 ○爲其行人請魏之相. 115-5 ○楚拘之. 116-7 ○去東地五百里. 117-20 ○常守之何如. 118-13 ○楚王歸. 118-19 ○王之大臣父兄. 119-4 ○先生乃不遠千里而臨寡人. 119-16 ○令臣食玉炊桂. 119-18 ○惠王死. 120-23 ○儀困秦而睢收楚. 120-25 ○之不善張儀也. 121-8 ○爲事之故. 121-9 ○施以魏來. 121-16 ○子從楚爲和. 121-18 ○山澤之獸. 122-8 ○諸侯明知此多詐. 122-10 ○君相萬乘之楚. 122-17 ○君何不爲天下梟. 122-20 ○夫橫人嚂口利機. 123-7 ○鄭褎知寡人之說新人也. 123-14 ○事至於此. 124-8 ○楚國雖小. 124-11 ○富摯能. 125-21 ○也. 125-23 ○孫子. 126-13 ○孫子. 126-19 ○臨武君. 127-23 ○君一時而知臣. 128-6 ○僕之不肖. 128-13○君相楚王二十餘年. 128-24 ○妾自知有身矣. 129-3 ○君處無妄之世. 129-12 ○王疾甚. 129-14○楚王之春秋高矣. 130-6 ○燕之罪大而趙怒深. 130-11 ○也. 130-17 ○爲馬多力則有矣. 130-18 ○謂楚強大則有矣. 130-19 ○約勝趙而三分其地. 131-7 ○城不沒者三板. 131-7 城○且將拔矣. 131-11 ○君聽讒臣之言. 131-14 ○吾安居而可. 132-11 ○知伯帥二國之君伐趙. 133-5 ○暮不擊. 133-25 ○臣之名顯而身尊. 134-12 而○諸侯孰謀我. 135-1 ○日之事. 136-6 ○擊之鉅宮. 136-25 ○日臣之來也暮. 137-8 ○汝非木之根. 137-11 ○君殺主父而族之. 137-13 ○日精而君不動. 137-19 ○足下功力. 138-4 ○燕盡韓之河南. 138-15 ○魯句注禁常山而守. 138-20 ○從於彊秦國之伐齊. 138-23 ○乃以抵罪取伐. 139-4 ○王收天下. 139-5 ○王令韓興兵以上黨入和於秦. 139-24 ○不與. 140-3 ○有城市之邑七十. 140-5 ○馮亭令使者以與寡人. 140-7 ○王取之. 140-12 ○不用兵而得城七十. 140-15 ○其守以與寡人. 140-17 ○坐而得城. 140-18 ○發兵已取之矣. 141-1 ○臣使於秦. 141-9 ○魏恥未滅. 142-1 ○趙王不知文不肖. 142-9 ○山東

之主不知秦之即己也. 142-19 ○事有可急者. 142-21 ○南攻楚者.
142-22 ○攻楚休而復之. 142-22 ○謂楚王. 142-23 ○王美秦之言.
143-1○奉陽君捐館舍. 144-6 大王乃○然後得與士民相親. 144-6 ○
大王垂拱而兩有之. 144-17 當○之時. 144-24 ○見破於秦. 145-15
○上客有意存天下. 146-10 ○用兵終身不休. 146-20 ○雖得邯鄲.
146-21 ○富非有齊威宣之餘也. 147-9○臣有患於世. 147-12○秦以
大王之力. 148-3 ○宣君有微甲鈍兵. 148-4 ○楚與秦爲昆弟之國.
148-9○秦發三將軍. 148-12 ○吾欲繼襄主之業. 149-5○吾將胡服
騎射以教百姓. 149-8 ○王即定負遺俗之慮. 149-10 古○之公行也.
149-19 ○寡人作教易服. 149-20 ○胡服之意. 149-22○寡人恐叔逆
從政之經. 149-23 王○命之. 150-3 ○王釋此. 150-6 ○卿之所言者.
150-17 ○吾國東有河薄洛之水. 150-18 ○騎射之服. 150-25 敢道世
俗之間○欲繼簡襄之意. 151-4 臣敢不聽○. 151-5 ○君釋此. 151-
12 制○者不法古. 151-19 ○王易初不循俗. 152-1 古○不同俗. 152-
6 以古制○者. 152-15 不足以制○. 152-17 以待○日. 153-25 ○王
破原陽. 154-3 ○民便其用而王變之. 154-4 ○王破卒散兵. 154-5 古
○異利. 154-7 ○重甲循兵. 154-11 ○子以官府之籍. 154-13 ○將軍
必負十萬二十萬之衆乃用之. 155-6○以三萬之衆而應强國之兵. 155
-10 ○取古之爲萬國者. 155-18 ○者. 155-20 ○千丈之城. 155-21
○無約而攻齊. 156-8 ○寡人不逮. 156-18 ○我不順齊伐秦. 157-2
○我順而齊不西. 157-5 ○我順而齊魏果西. 157-7 ○相魏. 157-18
○者平原君爲魏請從. 157-23 ○魏求從. 158-1 ○趙非有七克之威也.
158-8 ○七敗之禍未復. 158-9 ○死. 159-2 ○臣新從秦來. 159-5 ○
秦釋韓魏而獨攻王. 159-19 ○臣爲足下解負親之攻. 159-20 ○媾.
159-24○樓緩曰. 160-5 ○坐而聽秦. 160-9 ○趙兵困於秦. 160-16
○齊湣王已益弱. 162-8 方○唯秦雄天下. 162-9 ○又內圍邯鄲而不
能去. 162-13 ○其人在是. 162-14 吾乃○然后知君非天下之賢公子
也. 162-15 ○吾視先生之玉貌. 162-23 ○秦萬乘之國. 164-7 吾乃○
日而知先生爲天下之士也. 164-14 ○趙萬乘之强國也. 165-1 ○君易
萬乘之强趙. 165-3 ○王既受先王之傳. 165-13 ○有人操隨侯之珠.
165-14 ○有强貪之國. 165-17 ○爲天下之工. 166-3 ○王憧憧. 166
-5 ○子曰夢見竈君而言君也. 166-10○臣疑人之有煬於君者也. 166
-12 膏之軸○折矣. 166-21 ○收河間. 167-1 臣以爲○世用事者.
167-8 ○君不能與文信侯相伉以權. 167-12○有國. 167-17○燕齊已
合. 168-2 ○王無齊獨安得無重天下. 169-13 ○之攻秦也. 169-24 ○
之伐秦也. 170-1 ○趙留天下之甲於成皐. 170-1 ○又以何陽姑密封
其子. 170-4 ○王又挾故薛公以爲相. 170-12 ○太子走. 171-3 失○
之時. 171-8 ○韓魏與齊相疑也. 172-2 ○臣之於王非宋之於公子牟
夷也. 173-10 ○王能以百里之地. 173-18 然○能守魏者. 174-6 ○君
以此與齊. 174-17 ○得强趙之兵. 175-1 ○聞趙莊賤. 175-13 ○燕一
以盧陵君爲言. 175-24 ○外臣交淺而欲深談可乎. 176-10 何故至○
不遣. 176-14 ○治天下. 176-19 請○率諸侯受命邯鄲城下. 177-15
○使臣受大王之令以還報. 177-21 ○王逐之. 178-4 ○君留之. 178-
14 老臣○者殊不欲食. 179-1 ○三世以前. 179-14 ○媼尊長安君之
位. 179-18 而不及○令有功於國. 179-19 ○日飲酒樂. 182-8 ○君審
於聲. 182-14 吾乃○日聞聖人之言也. 183-5 ○乃有意西面而事秦.
184-14 ○竊聞大王之卒. 184-17 ○乃劫於辟臣之說. 184-20 ○主君
以趙王之詔詔之. 185-5 ○殺董慶. 186-17 ○秦見齊魏之不合也如此
其甚也. 186-23 ○臣無事. 187-10 ○燕齊趙皆以事因犀首. 187-17
○臣之事王. 188-12 ○公相而魏受兵. 188-24 ○儀相魏而攻之. 189
-5 ○行和者. 190-16 ○久與之談. 190-24 ○王以衍爲可使將. 191-
10 公○言破趙大易. 192-5 ○公又言有難以懼之. 192-6 ○吾爲子外
之. 192-17 ○葬有日矣. 194-5 ○所患者. 196-5 ○王所以告臣者.
196-22 ○戰不勝. 196-23 ○戰勝魏. 197-5 ○有疾. 197-14 ○夫楊.
197-17 ○子雖自樹於王. 197-20 ○臣願大王陳臣之愚意. 198-11 ○
大王令人執事於魏. 198-12 ○王之使人入魏而不用. 198-15 ○我講
難於秦兵爲招質. 199-1 ○一人言市有虎. 199-19 ○邯鄲去大梁也遠
於市. 199-22 ○主君之尊. 200-11 ○主君兼此四者. 200-13 ○大王
收秦而攻魏. 201-5 ○不用兵而得鄴. 201-7 ○郊鄴者. 201-10 ○地
已入. 202-1 ○以兵從. 202-3 ○又走芒卯. 202-13 ○王循楚趙而講.
202-14 ○又走芒卯. 202-21 臣以爲自天下之始分以至于○. 202-25
○魏方疑. 203-1 ○毋賢不過堯舜. 203-14 ○王之事秦. 203-16 ○人
有謂臣曰. 203-19 ○秦不可知之國也. 203-20 ○不行者欺之矣. 204
-2 臣○從. 204-8 ○處期年乃欲割. 204-18 ○王之地有盡. 204-22
○君劫於羣臣而許秦. 204-25 ○趙不救魏. 205-23 ○秦且攻魏. 206
-1 ○又行數千里而以助魏. 206-2 ○魏王出國門而望見軍. 206-4 ○
大王與秦伐韓而益近秦. 206-22○夫韓氏以一女子承一弱主. 206-23
而○負强秦之禍也. 207-1 從林軍以至于○. 207-20 ○韓受兵三年
矣. 208-2 ○不存韓. 208-14 ○國莫强於趙. 208-25○齊楚之理. 209
-5 ○以齊秦之重. 209-9 ○公之力有餘守之. 209-18 ○齊王謂魏王
曰. 209-20 ○梁王. 211-5 ○秦國與山東爲讎. 211-11 ○王恃楚之强.
211-23 ○日大梁亡. 212-23 ○幸而於韓. 213-7○攻韓之管. 213-14
○者臣來. 215-19 ○王動欲成霸王. 215-23 ○周最遁寡人入齊.
216-11○齊楚之兵已在魏郊矣. 216-22 ○君殺晉鄙. 217-8○趙王自
郊迎. 217-9 ○吾攻管而不下. 217-20 ○縮高謹解大位. 217-24○臣
直欲棄臣前之所得矣. 218-11 ○以臣凶惡. 218-12 ○臣爵至人君.
218-12○由千里之外. 218-18 ○王亡地數百里. 218-24 ○秦之强也.
218-25 ○王能用臣之計. 219-1 ○王割地以賂秦. 219-4 ○由嫪氏善
秦而交爲天下上. 219-7 ○吾以十倍之地. 219-16 ○日是也. 220-1
○有所求. 221-20 ○玆効之. 222-10 ○大王西面交臂而臣事秦. 222
-13 ○主君以楚王之教詔之. 222-17○王西面而事秦以攻楚. 223-12
○王兩用之. 223-20 ○割矣而交不親. 224-8 ○王攻韓. 224-10 ○
已令楚王奉幾瑟以車百乘居陽翟. 225-1 ○秦之心欲伐楚. 226-1 ○
又得韓之名都一而具甲. 226-4 ○已得之矣. 226-5 ○弗行. 226-19
自○以來. 227-2 ○公與楚解. 227-6 ○王之愛習公也. 227-10 ○二
人者. 227-11 ○秦楚爭强. 227-13 ○公言善韓以備楚. 227-17 ○公
徒令收之. 227-20 ○公取宜陽以爲功. 227-25 ○王聽公孫郝以韓秦
之兵應齊而攻魏. 228-12 ○王聽甘茂. 228-14 ○鯉與於遇. 229-4 ○
鯉不與於遇. 229-6 ○也子曰乃且攻燕者. 229-10 ○謂馬多力則有矣.
229-11 ○謂楚强大則有矣. 229-13 ○涉魏境. 229-20 ○秦欲踰兵於
澠隘之塞. 229-24 ○則不然. 230-1 ○四國錮之. 230-7 ○韓已病矣.
231-4 ○佐韓. 231-8 ○先生言不急. 231-14 ○雍氏圍. 231-16 ○也
其將揚言救韓. 232-4 ○公自以辯於薛公而輕秦. 233-16 ○公叔怨齊.
233-21 ○周最固得事足下. 234-2 ○周最不來. 234-3○且以至. 234
-11 ○楚欲善齊甚. 234-19 ○幾瑟死. 234-23 ○公殺之. 235-4 ○
幾瑟亡之楚. 235-23 ○王之國有柱國令尹司馬典令. 236-19 ○盜賊
公行. 236-20 事○薄. 237-2 老母○以天年終. 237-18 ○親不幸. 237
-20 ○足下幸而不棄. 237-23 ○殺人之相. 237-24 ○死而無名. 238
-12 ○公國. 239-4 ○秦魏之和成. 239-6 ○公與安成君爲秦魏之和.
239-9 ○有一舉而可以忠於主. 239-18 ○天下散而事秦. 239-19 ○
公以韓先合於秦. 239-20 ○公以韓善秦. 240-2 ○公以韓爲天下先合
於秦. 240-4 ○韓不察. 240-20 ○之韓弱於始之韓. 241-10 而○之秦
强於始之秦. 241-11 ○秦有梁君之心矣. 241-11 ○秦數世强矣. 241
-16 ○將攻其心乎. 241-24 ○日鄭君不可得而爲也. 242-6 ○日天子
不可得而爲也. 242-9 ○强國將有帝王之覺. 242-13 ○與强國. 242-
17 ○公疾攻魏之運. 243-7 ○君以所事善平原君者. 243-14 ○韓之
父兄得衆者毋相. 243-21 ○公仲死. 244-4 ○王不召韓侈. 244-5 ○
王位正. 244-14 ○公因逐之. 245-4 ○楚攻齊取莒. 245-9 ○君之輕
韓熙者. 246-20 ○臣處郎中. 247-2 ○臣雖不肖. 247-8 ○趙之攻燕
也. 248-13 ○主君幸教詔之. 248-19 ○君之齊. 248-23 ○燕雖弱小.
249-18 ○使弱燕爲鴈行. 249-18 ○臣爲足下使. 250-9 ○乃得罪.
251-7 故至○有摩笄之山. 251-17 ○趙王已入朝澠池. 251-21 且○時
趙之於秦. 251-23 ○大王事秦. 251-24 ○大客幸而教之. 252-2 ○燕
客之言曰. 252-7 ○王奉仇讎以伐援國. 252-16 ○臣聞王居處不安.
252-20 ○夫齊王. 253-4 ○濟西河北. 253-13 ○王以國讓相子之.
254-3○王言屬國子之. 254-8 ○伐燕. 254-18 ○齊魏不和. 255-8 馬
○至矣. 256-3 ○王誠欲致士. 256-4 ○乃以三齊臨燕. 256-20 ○王
若欲轉禍而爲福. 256-24 ○爲齊下. 257-3 ○王何不使可以信者接收
燕趙. 257-6 ○涇陽君若高陵君先於燕趙. 257-6 ○王之不收燕趙.
257-13○有人於此. 257-24 ○臣爲進取者也. 258-4 ○王有東嚮伐齊
之心. 258-14 ○夫烏獲舉千鈞之重. 258-17 ○臣之所以事足下者.
258-22 ○妾奉而仆之. 259-6 ○臣爲足下使於齊. 259-7 ○其生者.
261-15 ○齊王召蜀子使不伐宋. 261-25 ○召之矣. 262-9 ○封而相之.
262-9 ○以燕爲上交. 262-10 ○其言變有甚於其父. 262-10 ○賢之
兩之. 262-11 不以○時大紛之. 262-14 ○臣逃而紛齊趙. 263-2 ○臣
欲以駿馬見於王. 263-14 ○寡人發兵應之. 263-24 ○軍敗亡二萬人.
264-5 ○燕又攻陽城及狸. 264-8 ○王信田伐與參去疾之言. 264-23
○王又使慶令臣曰. 264-25 ○王願封公子. 265-13 ○王之以公子爲
質也. 265-14 ○予以百金送公也. 266-5 ○王之伐燕也. 266-7 ○王
使使者數之罪. 267-1 ○山東合弱而不能如一. 268-21 ○山東三國弱
而不能敵秦. 268-23 ○山東之相與也. 268-25 ○韓梁趙三國以合矣.
269-6 ○久伐楚. 269-8 ○宋王射天笞埊. 269-19 ○者臣來. 270-4
○日不雨. 270-5 ○日不出. 270-6 ○趙且伐燕. 270-7 ○魏之辭倨而
幣薄. 270-13 ○我已亡之矣. 271-13 ○子且致我. 271-14 ○君厚受
位於先王以成尊. 272-11 ○使寡人任不肖之罪. 272-12 ○寡人之罪.
272-25 ○以寡人無罪. 273-3 ○臣使秦. 273-11 ○王使趙北并燕.
273-17 ○太子聞光壯盛之時. 274-15 ○太子聞光壯盛之時. 274-21
○太子約光曰. 274-24 ○田先生以死明不泄言. 275-5 ○秦有貪饕之
心. 275-7 ○秦已虜韓王. 275-9 ○計舉國不足以當秦. 275-12 ○行
而無信. 275-24 夫○樊將軍. 275-25 ○聞購將軍之首. 276-5 ○有一
言. 276-7 乃○得聞教. 276-12 ○日往而不反者. 276-21 ○提一匕首
入不測之强秦. 276-22 ○太子遲之. 276-22 ○有人於此. 279-14 ○
黃城將下矣. 280-1 ○徵師於弊邑. 280-10 ○太子自將攻齊. 281-4
○蒲入於魏. 282-5 ○并衞於魏. 282-7 ○臣能使釋蒲勿攻. 282-12

○王緩於事己者. 282-21 自○以往者. 283-4 ○君召中山. 284-15 ○五國相與王也. 284-19 ○召中山. 284-20 ○召中山. 285-1 ○齊之辭云卽佐王. 285-21 ○者. 287-5 古○稱之. 288-11 ○寡人息民以養士. 288-15 ○王發軍. 288-21 當○之時. 288-24 韓魏以故至○稱東藩. 289-6 ○趙卒之死於長平者已十七八. 289-7 ○秦破趙軍於長平. 289-20 ○果何如. 290-6

【凶】 4

不辭禍○. 45-1 以吉爲○. 127-11 秦翟年穀大○而晉人亡原. 211-18 今以臣○惡. 218-12

【分】 52

支○方城膏腴之地以薄鄭. 36-1 今太后使者○裂諸侯. 41-5 ○移華陽. 41-7 權何得毋○. 41-9 是我王果處三○之一也. 41-9 或欲○大投. 46-14 或欲○功. 46-14 此亦秦之○功之時也. 46-18 而智氏○矣. 49-20 首身○離. 53-3 壤地兩○. 54-15 我無○寸之功而得此. 78-11 ○地又非多韓魏也. 91-1 欲使後車○衣. 98-5 無可以○者. 98-5 下○爭. 105-13 卽陰與燕王謀破齊共○其地. 111-12 必○公之兵以益之. 115-16 秦知公兵之○也. 115-17 莊公請與○國. 127-1 今約勝趙而三○其地. 131-7 夫勝趙而三○其地. 131-11 破趙三○其地. 133-13 破趙而三○其地. 133-21 國亡地○. 134-5 趙氏○則多十城. 134-25 及三晉○知氏. 135-7 參○趙國壤地. 138-25 以楚趙○齊. 141-19 秦○齊. 141-20 堯無三夫之○. 145-8 破趙而四○其地. 148-14 君臣之○也. 149-4 ○爲萬國. 155-16 ○以爲戰國七. 155-18 我○兵而孤樂中山. 157-12 秦趙之敝而瓜○之. 160-18 兵○於齊. 172-21 而兵東○於齊. 172-23 未嘗不○於葉陽涇陽君. 177-18 此所謂四○五裂之道也. 185-14 ○宋之城. 194-16 臣以爲自天下之始○以至于今. 202-25 將○其地. 221-3 ○地必取成皋. 221-3 則王之國○矣. 223-9 晉用六卿而國○. 223-19 戰之於國中必○. 234-15 萬○之一也. 247-8 於秦亦萬○之一也. 247-8 惡交○於臣也. 262-17 不以○人. 286-9

【乏】 5

資用○絕. 16-16 貧○不能自存. 82-3 無使○. 82-14 是故官無○事而力不困. 146-14 光不敢以○國事也. 274-16

【公】 761

○仲之軍二十萬. 2-3 則周○旦也. 2-5 ○爵爲執圭. 2-8 ○進兵. 2-9 秦恐○之乘其弊也. 2-9 必以實事○. 2-10 ○中慕○之爲己乘秦也. 2-10 令向○之魏. 3-9 主君令許○之楚. 3-10 令向○之韓. 3-10 君何不令人謂韓○叔曰. 3-15 ○何不與周地. 3-16 齊桓○宮中七市. 4-11 以掩桓○. 4-12 則○之國虛矣. 4-24 ○不如救齊. 4-24 ○東收實於秦. 4-25 ○負令秦與强齊戰. 5-3 謂薛○曰. 5-13 ○何不令人謂韓魏之王曰. 6-7 薛○故主. 6-16 而○獨脩虛信爲茂行. 6-17 ○不如謂魏王薛○曰. 6-19 何不封○子咎. 7-10 是○之知困而交絕於周也. 7-11 ○若欲爲太子. 7-13 ○不如遂見秦王曰. 7-18 秦必重○. 7-19 是○重周. 7-19 爲○畫陰計. 8-4 西周必令賊賊○. 8-6 薛○以齊爲韓魏攻楚. 9-4 韓慶爲西周謂薛○曰. 9-5 薛○必破秦以張韓魏. 9-10 薛○曰. 9-15 桓○伐蔡也. 10-6 蘇代遂往見韓相國○中曰. 10-14 ○不聞楚計乎. 10-15 今○乃徵甲及粟於周. 10-17 ○中曰. 10-19 ○何不以高都與周. 10-19 ○中怒曰. 10-20 是○以弊高都得完周也. 10-22○中曰. 10-23 是○有秦也. 11-2 周君必以爲○功. 11-2 今○破韓魏. 11-11 ○也. 11-12 ○之功甚多. 11-12 今○又以秦兵出塞. 11-13 ○不若稱病不出也. 11-14 函冶氏爲齊太○買良劍. 12-3 ○不知善. 12-3 是○之知困而交絕於周也. 13-19○不如謂周君曰. 13-19 ○必不免. 14-5 ○言是而行. 14-5 且○之成事也. 14-5 不善於○且誅矣. 14-6 孝○以爲相. 15-4 ○平無私. 15-5 孝○行之八年. 15-8 孝○已死. 15-9 得太○陰符之謀. 16-21 夫晉獻○欲伐郭. 23-14 ○孫衍欲窮張儀. 28-6 李讎謂○孫衍曰. 28-6 召○孫顯於韓. 28-7 ○用之. 28-7○孫衍謂義渠君曰. 28-10 此乃○孫衍之所謂也. 28-17 樗里疾○孫衍二人者. 29-10 而臣受○仲侈之怨也. 29-12 樗里疾○孫衍二人在. 29-20 ○不論兵. 30-6 ○孫衍樗里疾挫我於內. 30-7 而○中以韓窮我於外. 30-7 於是出私金以益○賞. 30-9 ○內攻於樗里疾○孫衍. 30-12 今○用兵無功. 30-14 ○必窮矣. 30-14 ○不如進兵攻宜陽. 30-14 則○之功多矣. 30-14 是樗里疾○孫衍無事也. 30-15 請重○於齊. 31-7 秦王愛○孫衍. 31-19 秦王使○子他之趙. 32-8 薛○爲魏謂魏冉曰. 34-3 ○聞東方之語乎. 35-4 辛張陽毋澤說魏王薛○○叔也. 35-5 今○東而因言於楚. 35-8 而務敗○之事也. 35-9 ○不如反○國. 35-9 德楚而觀薛○之爲○也. 35-9 觀張儀與澤之所不能得於薛○者也. 35-11 而○請之以自重也. 35-12 必窮○. 35-14 必事趙從○. 35-15 ○又輕. 35-15 ○不若毋多. 35-15 齊○得管仲. 40-13 ○與秦計功者. 42-9 今令人復載五十金隨○. 42-9 武安君爲三○. 42-14 武安君爲三○. 42-17 ○之愛子也. 43-1 夫○孫鞅事孝○. 44-21 盡○不還私. 44-22 虜魏○子卬. 44-23 使私不害○. 44-24 周○輔成王也. 45-12 其可願孰與閎夭周○哉. 45-13 孰與秦孝○楚悼王越王乎. 45-15 齊桓○九合諸侯. 45-21 夫商君爲孝○平權衡正度量調輕重. 45-25 則商君白○吳起大夫種是也. 46-18 或說薛○. 48-5 薛○曰. 48-12 薛○入魏而出齊女. 48-16 呡欲以齊秦劫魏而困薛○. 48-18 齊女入魏而怨薛○. 48-20 王何不召○子池而問焉. 49-1 王召○子池而問焉. 49-2 卒使○子池以三城講於三國. 49-7 齊太○聞之. 54-15 獻則謂○孫消曰. 56-7 ○. 56-7 太后不善○也. 56-8 ○何不以秦楚之重. 56-9 太后必悅○. 56-10 ○相必矣. 56-10 願○入明之. 60-8 平原令見諸○. 60-14 太○望. 61-12 桓○用之而伯. 61-15 穆○相之而朝西戎. 61-16 文○用中山盜. 61-16○孫閈曰. 62-10 令其欲封○也又甚於齊. 62-11 ○孫閈爲謂楚王曰. 62-13 ○往必得死焉. 63-13 ○孫閈謂鄒忌曰. 65-2 ○何不爲王謀伐魏. 65-3 鄒忌以告○孫閈. 65-6 ○孫閈乃使人操十金而往卜於市. 65-6 我孰與城北徐○美. 66-6 徐○何能及○也. 66-6 城北徐○. 66-7 吾孰與徐○美. 66-8 徐○何能及君也. 66-8 吾與徐○孰美. 66-9 徐○不若君之美也. 66-10 徐○來. 66-11 臣誠知不如徐○美. 66-14 皆以美於徐○. 66-15 臣竊爲○譬可也. 72-19 齊畏○甚. 72-24 ○以是爲名居足矣. 72-24 薛○使魏處之趙. 73-8 蘇秦謂薛○曰. 75-3 薛○曰. 75-4 可以惡蘇秦於薛○. 75-10 可以使人說薛○以善蘇子. 75-11 可以使蘇子自解於薛○. 75-12 蘇秦謂薛○曰. 75-13 薛○曰. 75-15 薛○曰. 75-17 臣觀薛○之留太子者. 75-18 謂薛○曰. 75-21 薛○曰. 75-21 蘇秦使人請薛○曰. 76-12 薛○大怒於蘇秦. 76-15 故曰可使人惡蘇秦於薛○也. 76-16 夫使薛○留太子者蘇秦也. 76-17 今人惡蘇秦於薛○. 76-19 又使景鯉請薛○曰. 76-23 薛○因善蘇秦. 77-3 故曰可以爲蘇秦說薛○以善蘇秦. 77-3 薛○欲知王所欲立. 77-6 文有以事夏侯○矣. 78-9 董之繁菁以問夏侯○. 78-9 夏侯○曰. 78-10 小官○又弗欲. 79-3 見孟嘗君門人○孫戍曰. 79-25 ○孫曰. 80-3 ○孫戍曰. 80-5 ○孫戍曰. 80-6 ○孫戍趨而去. 80-11 ○孫戍曰. 80-12 ○孫戍曰. 80-14 ○孫戍曰. 80-17 ○子無忌爲天下循便計. 81-12 馮○有親乎. 82-13 ○孫弘謂孟嘗君曰. 84-3 願因請○往矣. 84-6 ○孫弘敬諾. 84-7 ○孫弘見. 84-8 薛○之地. 84-8 ○孫弘對曰. 84-8 ○孫弘對曰. 84-11 ○孫弘曰. 84-12 ○孫弘曰. 84-18 ○孫弘可謂不侵矣. 84-19 今君之家富於二○. 84-24 周成王任周○旦. 86-20 昔先君桓○所好者. 87-14 故身廣○宮. 94-9 今○行一朝之忿. 96-9 願○之詳計而無與俗同也. 96-13 卽臣見○之不能得也. 96-17 ○無再計. 96-18 ○聞之乎. 96-20 今○又以弊聊之民. 96-21 故爲○計者. 96-25 士民見○. 97-1 願○熟計而審處一也. 97-5 昔管仲射桓○中鉤. 97-7 遺○子糾而不能死. 97-8 齊桓○有天下. 97-16 劫桓○於壇位之上. 97-17 若此二○者. 97-19 ○其圖之. 97-22 且今使○孫子賢. 98-21 然而使○孫子與徐子鬬. 98-22 猶時攫○孫子之腓而噬之也. 98-22 下者孰與齊桓○. 99-13 然則周文王得呂尚以爲太○. 99-15 齊桓○得管夷吾以爲仲父. 99-15 乃命大○事之韓. 103-15 見○仲曰. 103-15 然則白○之亂. 106-18 奚恤得事○. 107-1 ○何爲以故與奚恤. 107-1 新城○大說. 107-13 韓○叔有齊魏. 107-16 目與○叔爭國而得之. 107-18 若○孫郝者可. 108-16 夫○孫郝之於秦王. 108-17 昔者葉○子高. 113-2 定白○之禍. 113-2 葉○子高. 113-4 葉○子高是也. 113-5 ○子勁也. 115-3 ○出地以取齊. 115-10 ○事必敗. 115-11 ○不如令王重賂景鯉蘇厲. 115-11 是○與約也. 115-13 蘇厲謂宛○昭鼠曰. 115-16 必分○之兵以益之. 115-16 秦知○兵之分也. 115-17 請爲○令辛戎謂王曰. 115-17 則○之兵全矣. 115-18 願委之於○. 116-13 ○也. 118-19 ○必危. 118-20 ○不如令人謂太子曰. 118-20 ○孫郝甘茂貴. 120-23 ○孫郝善韓. 120-24 而○入之秦. 121-16 ○不如無聽惠施. 121-17 ○雖百說之. 122-1 ○不如目儀之言爲資. 122-2 ○舉而私取利. 123-8 ○何以不請立后也. 123-22 不知夫○子王孫. 124-18 墜於○子之手. 124-19 唯○弗受也. 125-17 人皆以謂○不善於富摯. 125-20 ○不聞老萊子之教孔子事君乎. 125-20 而○重不相善也. 125-22 而○不善也. 125-23 薛○歸太子橫. 125-25 莊○通之. 127-1 莊○請與分國. 127-1 莊○走出. 127-2 而立其弟景○. 127-3 如伊尹周○. 129-15 秦孝○封商君. 130-8 孝○死. 130-8 ○孫鞅. 130-9 太○望封於齊. 130-10 邵○奭封於燕. 130-10 ○宮之垣. 132-17 ○宮之室. 132-20 臣竊觀君與蘇○談也. 137-16 君能聽蘇○之計乎. 137-17 反三○什清於趙. 139-2 秦王謂○子他曰. 139-16 ○子他曰. 139-19 令○孫起王齮以兵遇趙於長平. 141-2 且以置○孫赫樗里疾. 141-15 使王孫緤告○子成曰. 149-18 古今之○行也. 149-19 以輔○叔之議. 149-24 故寡人願募○叔之義. 149-25○子成再拜曰. 150-24 卽之○叔成家. 150-8 ○於求善也. 150-16 ○子成再拜稽首曰. 151-樓緩必怨○. 156-3 ○不若陰辭樓子曰. 156-3 且不聽○言也. 156-5 魏冉固德○矣. 156-6 趙以○子部爲質於秦. 156-14 令○子繒請地. 156-16 魏令○子咎以銳師居安邑. 156-22 請效地於魏而聽薛○. 157-15 故欲效地於魏而聽薛○. 157-16 ○不如令主父以地資周最. 157-17 夫以秦將武安君○孫起乘七勝之威. 158-5 ○子牟游於秦. 158-14○子將行矣. 158-15 ○子之所以教之者厚矣. 158-18 試言○之私. 158-24 王亦聞夫○甫文伯母乎. 158-24 ○甫文伯官於魯. 158-25 ○孫龍聞之. 161-7 始吾以君爲天下之賢○子也. 162-14 吾乃今

然后知君非天下之賢○子也. 162-15 紂之三○也. 163-20 適會魏○
子無忌奪晉鄙軍以救趙擊秦. 164-17 ○子魏牟過趙. 165-21 ○子乃
驅後車. 165-22 衛靈○近雍疸彌子瑕. 166-8 願○之熟圖之也. 167-
18 今王又挾故薛○以爲相. 170-12 齊乃令○孫衍說李兌以攻宋而定
封焉. 170-25 臣爲足下使○孫衍說奉陽君曰. 171-6 王不聞○子牟夷
之於宋乎. 173-9 惡○子牟夷. 173-9 今臣之於王非宋之於○子牟夷
也. 173-10 ○之客獨有三罪. 176-4 姓名未著而受三○. 176-9 而三
○不得也. 176-10 令昭應奉太子以委和於薛○. 178-8 左師○曰. 179
-4 左師○曰. 179-10 左師○曰. 179-14 ○將焉之. 182-9 魏○叔痤
爲魏將. 183-7 ○叔痤反走. 183-8 ○叔豈非長者哉. 183-16 ○叔何
可無益乎. 183-17 ○叔當之矣. 183-19 魏○叔痤病. 183-21 ○叔病.
183-21 ○叔痤對曰. 183-22 痤有御庶子○孫鞅. 183-22 以○叔之賢.
183-24 ○叔痤死. 184-1 ○孫鞅聞之. 184-1 孝○受而用之. 184-1
此非○叔之悖也. 184-2 破○家而成私門. 184-23 ○不見軫. 187-5
○惡事乎. 187-6 請移天下之事於○. 187-7 ○可以居其中而疑之.
187-9○謂魏王曰. 187-9 王必無辭以止○. 187-11 ○得行. 187-11
○雖百說之. 187-23 ○不如儀之言爲資. 187-24 其子陳應止其○之
行. 188-3 必重迎○. 188-5 郢中不善○者. 188-5 欲○之去也. 188-
5 必勸王多○之車. 188-5 ○至宋. 188-5 魏之所以相○者. 188-24
以○相則國家安. 188-24 今○相而魏受兵. 188-24○必危矣. 188-25
○何不以楚佐儀求相之於魏. 189-9 則○亦必并相楚韓也. 189-10
故令人謂韓○叔曰. 189-12 ○叔以爲信. 189-16 張儀告○仲. 190-1
魏令○孫衍乘勝而留於境. 190-10 告○孫衍. 190-20 ○孫衍曰. 190
-20 魏使○孫衍來. 190-24 使○孫子勞寡人. 190-25 魏令○孫衍請
和於秦. 191-4 ○孫衍爲魏將. 191-8 ○今言破趙大易. 192-5 ○之不
慧也. 192-6 今○又言有難以懼之. 192-6 且○直言易. 192-7 是其唯
惠○乎. 193-24 請告惠○. 193-24 惠○曰. 193-25 惠○曰. 194-1 客
謂○子理之傳曰. 196-13 何不令○子泣王太后. 196-14 ○子爭之於
王. 196-16 王聽○子. 196-16 ○子不封. 196-16 不聽○子. 196-17
○子必立. 196-17 ○不如歸太子以德之. 197-14○子高在楚. 197-14
吾恐張儀薛○犀首之有一人相魏者. 197-22 吾恐張儀薛○犀首有
一人相魏者. 198-2 薛○相魏. 198-4 齊桓○夜半不嗛. 200-5 桓○食
之而飽. 200-6 晉文○得南之威. 200-7 樓○將入矣. 204-8 先日○子
常約兩王之交矣. 206-1 以罪虞○. 208-24○必且待齊楚之合也. 209
-4 無○矣. 209-6 其人皆欲合齊秦外楚以輕○. 209-6 ○必謂齊王
曰. 209-6 外楚以輕○. 209-9 臣爲○患之. 209-9 ○因寄汾北以予秦
而爲和. 209-11 秦楚重○. 209-12 ○必爲相矣. 209-12 臣請爲○說
之. 209-13 臣願以鄙心意○. 209-16 ○無以爲罪. 209-16 ○終自以
爲不能守也. 209-17 今○之力有餘守之. 209-18 ○不如按魏之和.
209-23 以重○也. 209-24 以重○也. 210-1 是○外得齊楚以爲用.
210-2 謂茲○不知此兩者. 212-12 又不知茲○者也. 212-1 然而茲○
爲從. 212-13 從則茲○重. 212-13 不從則茲○輕. 212-13 茲○之處
重也. 212-14 故○不如示有魏. 216-3 ○曰. 216-4 齊必資○矣. 216
-4 是○有齊. 216-4 ○亦嘗聞天子之怒乎. 219-19 吾欲兩用○仲○
叔. 223-18 簡○用田成監止而簡○弒. 223-19 而相○叔以伐秦. 223
-25 ○仲聞之. 223-25 據○於魏. 224-1 是○無患. 224-1 昭獻令人
謂○叔曰. 224-3 ○以八百金請伐人之與國. 224-24 秦必不聽○. 224
-24 ○不如令秦王疑○叔. 224-24 ○叔之攻楚也. 224-25○叔之讎
也. 225-2 ○叔之人也. 225-2 必疑○叔爲楚也. 225-3 ○留儀之使者.
225-6 楊達謂○孫顯曰. 225-10 請爲○以五萬攻西周. 225-10 游騰
謂○仲曰. 225-14 ○何不與趙藺離石祁. 225-14 ○仲以宜陽之故.
225-20 秦王固疑甘茂之以武遂解於○仲也. 225-20 杜赫爲○仲謂秦
王曰. 225-21 ○仲明謂韓王曰. 225-25 乃儆○仲之行. 226-2 乃止○
仲. 226-15 ○仲曰. 226-15 顏率見○仲. 226-25 ○仲不見. 226-25
顏率謂○仲之謁者曰. 226-25 ○仲必以率爲陽也. 226-25 ○仲好內.
227-1 ○仲無行. 227-2 ○仲之謁者以告○仲. 227-3 ○仲遽起而見
之. 227-3 韓○仲謂向壽曰. 227-5 ○破韓. 227-5 辱○仲. 227-5 ○
仲收國復事秦. 227-5 今○與楚解. 227-6 ○仲躬率其私徒以鬭於秦.
227-7 願○之熟計之也. 227-8 ○仲曰. 227-9 願有復於○. 227-9 今
王之愛習○也. 227-10 不如○孫郝. 227-10 其知能○也. 227-10 而
○獨與王主斷於國者. 227-11 ○孫郝黨於韓. 227-12 而○黨於楚.
227-13 是與○孫郝甘茂同道也. 227-13 ○何以異之. 227-14 而○必
之. 227-15 ○不如與王謀其變也. 227-15 韓氏先以國從○孫郝. 227
-16 ○之讎也. 227-17 今○言善韓以備楚. 227-17 甘茂許○仲以武
遂. 227-19 今○徒令收之. 227-20 ○何不以秦爲韓求潁川於楚. 227
-21 ○求而得之. 227-22 ○求而弗得. 227-22 而○過楚以攻韓. 227
-23 ○孫郝欲以韓取齊. 227-25 今○取宜陽以爲功. 227-25 是以○
孫郝甘茂之無事也. 228-1 或謂○仲曰. 228-4 願○之聽臣言也. 228
-4 ○求中立於秦. 228-5 善○孫郝以難甘茂. 228-5 楚趙皆○之讎也.
228-6 願○之復求中立於秦也. 228-7 ○仲曰. 228-8 秦王以○孫郝
爲黨於○而弗之聽. 228-8 甘茂不善於○而弗爲○言. 228-9 ○何不
因行願以與秦王語. 228-9 行願之爲秦王臣也○. 228-10 臣請爲○謂
秦王曰. 228-10 今王聽○孫郝以韓秦之兵應齊而攻魏. 228-12 臣以
○孫郝爲不忠. 228-14 則信○孫郝於齊. 228-18 ○孫郝黨於齊而不
肯言. 228-22 韓○仲相. 228-25 ○仲數不信於諸侯. 230-5○仲柄得
秦師. 231-16 ○仲且抑首而不朝. 231-17 ○叔且以國南合於楚. 231
-17 秦爲發使○孫昧入韓. 231-22 ○仲曰. 231-22 出兵於三川以待
○. 231-24 ○仲曰. 231-24 ○恃秦而勁. 232-5 必易與○相支也. 232
-5 ○戰勝楚. 232-6 遂與○乘楚. 232-6 ○戰不勝楚. 232-6 ○不能
救也. 232-7 ○仲恐曰. 232-9 ○必先韓而後秦. 232-9 以○不如亟以
國合於齊楚. 232-10 秦必委國於○以解伐. 232-11 是○之所以外者
儀而已. 232-11 ○仲爲韓魏易地. 232-14 ○叔爭之而不聽. 232-14
史惕謂○叔曰. 232-14 ○亡. 232-14 ○無辭以後反. 232-15 且示天
下輕○. 232-15 ○不若順之. 232-15 ○不如告楚趙. 232-17 爲○叔
具車百乘. 232-20 因令○仲謂秦王曰. 232-20 畢長謂○叔曰. 232-25
而楚魏皆德○之國矣. 232-25 夫楚欲置○子高. 233-1 ○何不令人
說昭子曰. 233-1 於是以太子扁昭揚梁王皆德○矣. 233-2 ○叔使馮
君於秦. 233-5 馮君廣王而不聽○叔. 233-6 謂○叔曰. 233-9 ○欲得
武遂於秦. 233-9 ○不如令人恐楚王. 233-9 而令人爲○求武遂於秦.
233-10 謂○叔曰. 233-15 今○自以辯於薛○而輕秦. 233-16 願○之
察也. 233-17 立韓擾而廢○叔. 233-19 ○叔之與周君交也. 233-19
立韓擾而廢○叔. 233-20 今○叔怨齊. 233-21 ○行矣. 233-22 請令
○叔必重○. 233-22 ○叔大怒. 233-23 以爲○也. 233-24 亦以爲○
也. 233-24 ○叔曰. 233-25 來使者無交於○. 234-4 ○叔曰. 234-5
韓○叔與幾瑟爭國. 234-7 以與○叔爭國. 234-8 以與○叔爭國. 234
-9 韓○叔與幾瑟爭國. 234-14 急擊○叔. 234-14 齊明謂○叔曰. 234
-19 ○何不令齊王謂楚王. 234-19 ○叔將殺幾瑟也. 234-23 謂○叔
曰. 234-23 太子之重○也. 234-23 必輕○. 234-24○必輕矣. 234-25
太子必終身重○矣. 235-1 ○叔且殺幾瑟也. 235-3 宋赫爲謂○叔
曰. 235-3 今○殺之. 235-4 必輕○. 235-4 ○不如勿殺. 235-5 必保
於○. 235-6 此便於○. 235-8 ○叔伯嬰恐秦楚之內幾瑟也. 235-10
○何不爲韓求質子於楚. 235-10 則○叔伯嬰必知秦楚之不以幾瑟爲
事也. 235-11 ○又令秦求質子於楚. 235-13 楚王必重○矣. 235-14
○挾秦楚之重. 235-14 則○叔伯嬰必以國事○矣. 235-15 教○仲謂
魏王曰. 235-17 ○何不試奉○子咎. 235-18 韓立○子咎而棄幾瑟.
235-19 廢○叔而相幾瑟者楚也. 235-22 ○不如令秦王賀伯嬰之立也.
235-24 ○必將矣. 236-4 ○因以楚韓之兵奉幾瑟而內之鄭. 236-4 幾
瑟得入而德○. 236-5 必以韓楚奉○矣. 236-5 今盜賊○行. 236-20
或謂韓○仲曰. 239-3 今○國. 239-4 而非○適束之. 239-6 是○危矣.
239-9 今○與安成君爲秦魏之和. 239-9 而○適束之. 239-10 操右契
而爲○責德於秦魏之主. 239-11 ○之事也. 239-12 ○之下服. 239-13
是○擇布而割也. 239-15 則兩國德○. 239-15 則兩國爭事○. 239
-16 願○之無疑也. 239-16 或謂○仲曰. 239-18 願○之行之也. 239
-18 今○以韓先合於秦. 239-20 ○行之計. 239-22 ○行之計. 239-24
今○以韓善秦. 240-2 今○以韓爲天下先合於秦. 240-4 秦必以○
爲諸侯. 240-4 ○行之計. 240-4 願○之加務也. 240-5 穆○一勝於韓
原而霸西州. 241-14 晉文○一勝於城濮而定天下. 241-15 昔齊桓○
九合諸侯. 242-7 桓○亦定霸矣. 242-8 九合之尊桓○也. 242-9 雖爲
桓○吾弗爲云者. 242-10 而桓○獨取霸者. 242-12 此桓○許異之類
也. 242-14 伇且共貴○子. 242-21 王於是召諸○子役於三川者而歸
之. 242-21 謂韓○仲曰. 243-7 今○疾攻魏之運. 243-7 故○不如勿
攻也. 243-8 ○仲曰. 243-9 則蓋觀○仲之攻也. 243-10 ○仲不攻.
243-11○仲使韓珉之秦求武隧. 243-18 唐客謂○仲曰. 243-18 ○仲
說. 243-23 士唐客於諸○. 243-23 韓相○仲珉使韓侈之秦. 244-1 ○
仲珉死. 244-2 ○必爲魏罪韓侈. 244-3 以重○仲也. 244-4 今○仲死.
244-4 彼○仲者. 244-10 不得議○孫郝. 244-14 ○孫郝之貴. 244-15
○孫郝嘗疾齊韓而不加貴. 244-18 齊韓嘗因○孫郝而不受. 244-19
○孫郝樗里疾請無攻韓. 244-21 臣故願○仲之國以侍於王. 244-26
令吏逐○疇豎. 245-2 ○以二人者爲賢人也. 245-3 ○疇堅. 245-4
今○因逐之. 245-4 必爲○患. 245-5 且明○之不善於天下. 245-5 天
下之不善○者. 245-5 以臨齊而市○. 245-6 願○雖疾. 245-13 何故
使○來. 245-14 是何以爲○之王使乎. 245-14 ○曰未急. 245-16 ○
無見王矣. 245-17 向請爲○說秦王. 245-23 請令○子年謂韓王曰.
246-5 ○孫綦爲人請御史於王. 246-12 噲子謂文○曰. 249-9 文○曰.
249-10 燕文○時. 249-13 文○卒. 249-13 故桓○負婦人而名益尊.
249-21 ○勿憂也. 251-2 將廢私而立○飭君臣之義. 254-13 將軍市
被圍○宮. 254-15 燕人立○子平. 254-20 至○子延. 261-7 齊王使○
王曰命說曰. 262-8 桓○之難. 263-3 薛○釋戴逃出於關. 263-6 陳○
不能爲人之國. 265-5 憂○子之且爲質於齊也. 265-9 今王願封○子.
265-13 ○子無攻不當封. 265-14 今王之以○子爲質也. 265-14 且以
爲○子功而封之也. 265-15 故○子貴. 265-16 ○子賤於布衣. 265-17
故非及太后與王封○子. 265-17 則○子終身不封矣. 265-18 乃命
○子束車制衣爲行具. 265-19 今予以百金送○也. 266-5 ○聽吾言而
說趙王曰. 266-5 若曹沫之與齊桓○. 275-14 ○輸般爲楚設機. 279-

9 往見○輸般. 279-9 ○輸般曰. 279-10 聞○爲雲梯. 279-11 ○輸般服焉. 279-13 則○無事. 280-20 ○不如令楚賀君之孝. 280-20 則○常用宋矣. 280-21 請必從○之言而還. 281-6 ○之伐蒲. 282-4 且秦王亦將觀○之事. 282-8 秦王必怨○. 282-8 ○釋蒲勿攻. 282-9 臣請爲○入戒蒲守. 282-9 ○孫氏必不血食矣. 283-4 殷順且以君令相○期. 283-5 ○何不請○子傾以爲正妻. 284-4 ○何患於齊. 285-8 ○欲之乎. 285-12 請以○爲齊王而登試而說○. 285-12 ○孫弘陰知之. 286-7 ○孫弘參乘. 286-8 中山君大疑○孫弘. 286-12 ○孫弘走出. 286-12 卽○無内難矣. 286-16○因勸君立之以爲正妻. 286-16 陰簡之德○. 286-17 司馬憙謂陰姬○曰. 286-23 陰姬○稽首曰. 286-25

【月】 37

不過一○必拔之. 10-16 今圍雍氏五○不能拔. 10-17 十○取之. 22-18 五○而不能拔也. 29-20 十七○不下. 43-16 ○滿則虧. 45-20 蔡澤相秦王數○. 47-2 五○趙亡. 60-13 七○. 64-15 數○之後. 66-20 至歲八○. 77-14 三○而不克之也. 100-5 與三○之糧. 110-17 危難在三○之内. 110-21 不至數○而宋可擧. 111-10 無一○之積. 112-25 楚國亡之○至矣. 113-7 留五○. 124-6 候問三○. 127-25 三○不能拔. 132-23 李兌送蘇秦明○之珠. 137-22 樓緩坐魏三○. 157-6 不至一二○. 171-23 不至一二○. 172-19 故日○暉於外. 176-24 後三○. 180-4 不過五○而趙破. 192-4 地入數○. 201-21 地已入數○. 201-21 彗星襲○. 219-23 楚圍雍氏五○. 231-3 留之數○. 252-5 國構難數○. 254-16 三○得千里馬. 256-1 十○而拔燕薊城. 278-5 犀角偃○. 287-9 圍邯鄲八九○. 290-4

【氏】 144

韓○果亦效重寶. 2-12 楚攻雍○. 3-21 嚴○爲賊. 8-10 寡人知嚴○之爲賊. 8-12 雍○之役. 10-12 韓○罷於兵. 10-15 今圍雍○五月不能拔. 10-17 必勸楚王益兵守雍○. 10-18 雍○必拔. 10-19 楚卒不拔雍○而去. 10-23 函冶○爲齊太公買良劍. 12-3 與魏○和. 19-20 令魏○收亡國. 19-20 趙○. 20-1 趙○上下不相親也. 20-4 以流魏○. 20-12 與趙○爲和. 20-15 塞轘轅緱○之口. 21-23 取皮○卒萬人. 23-10 韓○從之. 27-10 不爲韓○先戰. 30-17 智○最强. 49-16 而智○分矣. 49-20 而魏○服矣. 52-8 壹毀魏○之威. 52-13 智○見伐趙之利. 52-16 智○信韓魏. 52-20 魏○將出兵而攻留方與銍胡陵碭蕭相. 53-13 梁○寒心. 53-24 趙○亦嘗强矣. 54-9 則韓○鑠. 55-23 韓○鑠. 55-23 則魏○鑠. 55-24 魏○鑠. 55-24 夫魏○兼邯鄲. 64-10 韓○請救於齊. 64-17 舉韓○取其地. 81-17 世無東郭俊盧○之狗. 87-20 昔者趙○襲衛. 90-9 趙○懼. 90-14 而趙○兼中山. 91-2 昔智伯瑶攻范中行○. 92-20 敗趙○. 92-24 以待魏○. 94-1 夫魏○其功大. 94-2 太史○女. 95-16 梁○不敢過宋伐齊. 100-20 以太史○女爲王后. 101-2 韓○輔國也. 103-11 魏○惡昭奚恤於楚王. 105-2 郢人某○之宅. 106-23 郢人某○. 106-24 韓○急. 107-19 魏○不聽. 115-6 魏○聽. 115-6 知伯帥趙韓魏而伐范中行○. 131-21 更其姓爲輔○. 133-23 知○盡滅. 134-6 唯輔○存焉. 134-6 昔者知○之地. 134-25 趙○分則多十城. 134-25 始事范中行○而不說. 135-6 及三晉分知○. 135-7 吾其報知○之讎矣. 135-9 子不嘗事范中行○乎. 135-24 知伯滅范中行○. 135-24 臣事范中行○. 136-1 范中行○以衆人遇臣. 136-1 和○之璧. 137-23 秦蠶食韓○之地. 140-10 必效縣狐○. 141-13 必以路涉端○賂趙. 141-14 與韓○大吏東免. 171-25 趙○求救於齊. 178-19 知○之命不長矣. 181-6 君何釋以天下圖知○. 181-8 而獨以吾國爲知○質乎. 181-9 趙○應之於内. 181-11 知○遂亡. 181-12 魏○閉關而不通. 186-20 韓○亡. 189-9 韓○必亡. 189-13 大敗趙○. 192-10 韓○因圍蕃. 193-12 韓○必危. 193-13 趙⊙醜之. 197-9 魏○之名族不高於我. 198-25 圍皮○. 199-8 臣聞魏○大臣父兄皆謂魏王曰. 202-6 趙○不割. 202-8 臣聞魏○悉其百縣勝兵. 202-22 今夫韓○以一女子承一弱主. 206-23 乃惡安陵○於秦. 207-13 隨安陵○而欲亡之. 207-15 且夫憎韓不受安陵○可也. 207-17 以救皮○. 209-5 攻皮○. 209-14 且有皮○. 209-15 有皮○. 209-16 試之弱密須○以爲武教. 211-10 得密須○而湯之服桀矣. 211-11 伐榆關而韓○亡鄭. 211-17 故令魏○收秦太后之養地秦王於秦. 214-14 魏○復全. 217-2 與嫪○乎. 219-3 與呂○乎. 219-3 王以國贊嫪○. 219-6 今由嫪○善秦而交爲天下上. 219-7 天下孰不棄呂○而從嫪○. 219-8 天下必合呂○而從嫪○. 219-8 三晉已破智○. 221-3 韓○急. 225-25 興師與韓○戰於岸門. 226-21 韓○大敗. 226-21 韓○之兵非削弱也. 226-22 韓○先以國從公孫郝. 227-16 楚圍雍○五月. 231-3 今雍○圍. 231-16 魏○不敢不聽. 231-18 楚圍雍○. 231-22 於是攻皮○. 232-3 魏○勁. 232-3 魏必急韓○. 234-9 韓○急. 234-10 魏○不敢東. 235-12 臣請令楚築萬家之都於雍○之旁. 236-3 韓○之衆無不聽令者. 242-4 而韓○之尊許異也. 242-5 韓○之士數十萬. 242-11 韓○逐向晉於周. 245-25 先人嘗有德蘇○. 257-20 而蘇○去燕. 257-20 非蘇○莫可. 257-21 乃召蘇○. 257-21 韓○以爲然. 260-12 韓○太原卷. 260-14 魏○以爲然. 260-18 而天下由此宗蘇○之從約. 261-20 威脅韓魏趙○. 273-23 公孫○必不血食矣. 283-4 乃請以左○. 283-8 雖有十左○. 283-11

【勿】 77

大王○憂. 1-4 大王○憂. 1-9 案兵而○出. 2-16 君○患也. 6-23 願王○聽也. 23-20 然願王○攻也. 29-3 王○患也. 30-22 則王○聽其事. 30-23 終身○出. 31-11 王○憂也. 42-2 願王之○易也. 49-23 願○止. 62-15 救趙孰與○救. 64-8 不如○救. 64-9 王○患. 71-19 不如按兵○出. 73-11 ○言. 78-9 其錯之○言也. 79-1 願君○以齊爲心. 79-9 臣願君○受. 80-5 臣成願君○受. 80-10 願君○怨. 85-12 ○庸稱也以爲天下. 89-9 王因○稱. 89-10 ○使爭重. 89-19 雖○與地可. 103-14 願王○忘也. 105-14 ○與挑戰. 110-13 ○與持久. 110-13 臣故曰○與. 117-21 王○與爲約. 119-22 請爲子○納也. 121-10 王○據也. 122-7 王○據也. 122-10 ○復言已. 129-22 韓康子欲○與. 131-22 魏宣子欲○與. 132-3 ○復言也. 133-2 ○出於口. 133-14 子慎○復言. 133-17 ○出. 141-13 子其○反也. 152-17 ○令溺苦於學. 153-12 任賢○貳. 153-14 願君之亦○忘也. 158-19 而言○與. 159-6 王必○與. 160-12 ○復計也. 160-19 且臣曰○予者. 160-22 非固○予而已也. 160-22 不如○受便. 161-11 ○使從政. 177-23 ○使與政事. 177-24 故王不如○逐. 178-5 必○使反. 179-12 ○使出竟. 183-23 欲○内. 188-10 子○復言. 193-22 ○憂也. 198-3 王○憂也. 201-3 王必○聽也. 202-14 王○憂也. 204-2 ○攻便. 212-24 王令之○攻市丘. 224-18 公不如○殺. 235-5 故公不如○攻也. 243-8 ○聽之也. 246-15 公○憂也. 251-2 ○憂也. 259-2 王○患也. 262-3 願先生○泄也. 274-19 願先生○泄也. 274-25 慎○納也. 282-2 公釋蒲○攻. 282-9 今臣能使釋蒲○攻. 282-12 ○益損也. 282-25 可以令趙○請也. 286-21

【丹】 22

三年而燕使太子○入質於秦. 47-4 聞燕太子○之入秦與. 58-21 制○衣柱. 94-9 使○也甘之. 170-20 燕太子○質於秦. 273-21 太子○患之. 273-22 太子○曰. 274-6 歸身於○. 274-8 ○終不迫於强秦. 274-8 是○命固卒之時也. 274-9 ○所報. 274-19 ○所請田先生無言者. 275-4 豈○之心哉. 275-5 田先生不知○不肖. 275-6 ○之私計. 275-12 此○之上願. 275-17 太子○恐懼. 275-23 樊將軍以窮困來歸○. 276-2 ○不忍以己之私. 276-3 ○請先遣秦武陽. 276-20 燕王喜太子○等. 278-6 殺太子○. 278-7

【印】 2

虜魏公子○. 44-23 果不出楚王○. 143-14

【勾】 5

○踐終棓而殺之. 46-11 臣聞越王○踐以散卒三千. 184-16 此其過越王○踐武王遠矣. 184-19 越王○踐棲於會稽. 256-23 猶○踐困於會稽之時也. 289-24

【厶】 3

昔智伯欲伐○由. 10-4 ○由卒亡. 10-6 以蔡○由戒之. 10-8

【卞】 1

使若○隨務光申屠狄. 61-18

【六】 56

代三十○縣. 20-6 方○百里. 26-12 方○百里. 26-16 而得商於之地○百里. 26-17 廣從○里. 27-3 臣聞○百里. 27-4 不聞○里. 27-4 安得○百里. 27-4 昔者○晉之時. 49-16 山東戰國有○. 51-6 天下五合○聚而不敢救也. 52-9 五伯不足○也. 52-12 或爲○國說秦王曰. 54-8 五伯不足○. 55-16 得上谷三十○縣. 59-1 秦王召羣臣賓客○十人而問焉. 60-19 今齊楚燕趙韓梁○國之遞甚也. 67-24 其民無不吹竽鼓瑟擊筑彈琴鬭雞走犬○博蹹踘者. 68-21 行此○者而求伯. 90-20 帶甲三十○萬. 93-23 食田○百畛. 113-4 田○百畛. 114-3 楚令景翠以○城賂齊. 115-9 奉以上庸○縣爲湯沐邑. 116-9 悉五尺至○十. 118-12 ○足四翼. 124-13 奮其○翮. 124-22 ○十而盡相靡也. 125-21 賜家○金. 140-23 ○國幷力爲一. 145-15 ○國從親. 145-24 ○國從親以擯秦. 146-6 立傅之道○. 153-3 ○者何也. 153-3 ○者. 153-5 知此○者. 153-8 因使人索○城於趙而講. 158-21 而婦人爲死者十○人. 159-2 割○縣而講. 159-9 不能取○城. 160-2 而不至失○城. 160-2 是使王歲以○城事秦也. 160-6 秦索○城於王. 160-22 天下爭秦有○舉. 172-7 ○矣. 173-4 車○百乘. 184-19 ○國從親. 185-3 楚許魏○城. 189-19 而不與魏○城. 189-20 ○國也. 194-16 皆射○百步之外. 222-2 晉用○卿而國分. 223-19 去百○十里. 230-2 騎○千疋. 248-5 遽起○十萬以攻趙. 271-23 見秦且滅○國. 273-21

【文】 132

周○君免士工師藉. 4-7 謂周○君曰. 4-9 ○章不成者不可以誅罰. 15-21○王伐崇. 16-2 ○士並餝. 16-5 繁稱○辭. 16-7 乃廢○任武. 16-8 因以○繡千匹. 28-15 魏○侯令樂羊將. 29-8 ○侯示之謗書一篋. 29-9 ○聞秦王欲以呂禮收齊. 34-3 ○請以所得封君. 34-6 臣聞始時呂尚之遇○王也. 37-12 故○王果收功於呂尚. 37-14 卽使○王疏呂望而弗與深言. 37-15 而○武無與成其王也. 37-16 閎夭事○王. 45-12 昭王孝○王莊襄王. 47-3 先帝○王莊王. 51-25 號曰○信侯.

57-25 ○信侯欲攻趙以廣河間. 58-3 ○信侯因請張唐相燕. 58-4 ○信侯去而不快. 58-6 ○信侯曰. 58-7 ○信君叱去曰. 58-8 孰與○信侯專. 58-15 應侯不如○信侯專. 58-15 卿明知爲不如○信侯專歟. 58-15 今○信侯自請卿相燕. 58-17 甘羅謂○信侯曰. 58-19 ○信侯出走. 59-3 ○信侯相秦. 59-5 ○王用之而王. 61-13 ○公用中山盜. 61-16 ○無以復侍矣. 77-23 ○有以事夏侯公矣. 78-9 若魏○侯之有田子方段干木也. 78-20 子與○游久矣. 79-2 衛君與○布衣交. 79-3 子教○無受象牀. 80-11 有能揚○之名. 80-18 止○之過. 80-19 能爲○收責於薛者乎. 82-16 ○倦於事. 82-20 先生所爲○市義者. 83-11 ○車二駟. 83-20 ○不得是二人故也. 84-25 使○得二人者. 84-25 堯舜禹湯周○王是也. 86-15 王上者孰與周○王. 99-12 然則周○王得呂尙以爲太公. 99-15 自從先君○王以至不穀之身. 112-16 昔令尹子○. 112-24 令尹子○是也. 113-1 魏○侯借道於趙攻中山. 136-13 ○信不得志. 141-25 ○信侯之憂大矣. 142-1 ○甚不取也. 142-8 ○以爲不可. 142-9 今趙王不知○不肖. 142-9 訾然使趙王悟而知○也. 142-10 被髮○身. 150-10 趙○進諫曰. 151-7 趙○曰. 151-10 趙惠○王三十年. 155-3 王亦聞夫公甫○伯母乎. 158-24 公甫○伯官於魯. 158-25 鬼侯之鄂侯○王. 163-19 ○王聞之. 163-21 ○信猶且知之也. 167-2 ○信侯之於僕也. 167-6 ○信侯之於僕也. 167-7 ○王之拘於牖里. 167-10 今君不能與○信侯相伉以權. 167-12 而責○信侯少禮. 167-13 ○張善宋. 173-9 而惡臣者過○張. 173-10 世鈞爲之謂○信侯曰. 178-12 ○信侯曰. 178-16 魏○侯曰. 181-14 ○侯曰. 181-15 已乃知○侯以講於己也. 181-16 ○侯謂覩師贊曰. 181-20 ○侯賞其功而疑其心. 181-22 而辭乎魏○侯. 181-24 ○侯曰. 181-24 ○侯曰. 182-2 ○侯與虞人期獵. 182-8 ○侯將出. 182-8 ○侯曰. 182-9 魏○侯與田子方飲酒而稱樂. 182-12 ○侯曰. 182-12 ○侯曰. 182-13 ○侯曰. 182-14 ○山在其南. 182-23 召○子而相之魏. 192-18 臣請問○之爲魏. 192-21 ○將右齊而左魏. 192-23 ○王曰. 194-3 此○王之義也. 194-5 此○王之義也. 194-8 意者羞法○王乎. 194-8 又令魏太子未葬其先王而因又說○王之義. 194-10 說○王之義以示天下. 194-11 魏○子田需周宵相善. 196-4 則胡不召○子而相之. 196-5 因召○子而相之. 196-6 晉○公得南之威. 200-7 ○馬二駟. 205-5 ○願借兵以救魏. 205-19 此○之所以忠於大王也. 205-24 田○曰. 206-3 田○曰. 206-5 ○請行矣. 206-5 以從田○. 206-11 而封田○. 206-14 ○臺墮. 207-21 晉○公一勝於城濮而定天下. 241-15 北說燕○侯曰. 248-3 噲子謂○公曰. 249-9 ○公曰. 249-10 燕○公時. 249-13 ○公卒. 249-13 此○武之時. 254-18 舍其○軒. 279-14 此猶○軒之與弊輿也. 279-17 荊有長松○梓楩柟豫樟. 279-19 南○子止之曰. 280-3 南○子有憂色. 281-19 ○子曰. 281-20 南○子曰. 281-25 魏○侯欲殘中山. 284-3

【亢】 4

徑○父之險. 69-6 ○義益國. 251-6 與燕督○之地圖獻秦王. 276-1 及獻燕之督○之地圖. 277-7

【方】 82

宜陽城○八里. 2-3 將興趙宋合於東○以孤秦. 6-6 請謂王聽東○之處. 7-19 楚不能守○城之外. 11-24 則楚○城之外危. 13-3 ○數千里. 18-23 ○數千里. 21-8 楚○懽. 26-4 ○六百里. 26-12 ○六百里. 26-16 公聞東○之語乎. 35-4 ○千里. 35-23 又○千里. 35-23 支分○城膏腴之地以薄鄭. 36-1 ○五百里. 39-6 率四○士. 46-10 此乃○其用肘足時也. 49-22 魏氏將出兵而攻留○與銍胡陵碭蕭相. 53-13 王之○爲太子之時. 63-17 今齊地○千里. 66-15 齊地○二千里. 68-17 車不得○軌. 69-6 東○有大變. 71-13 東○有大變. 71-24 言其○. 78-4 若魏文侯之有田子○段干木也. 78-20 今孟嘗君之地○百里. 84-10 ○數百里. 95-9 今燕王○寒心獨立. 96-20 齊地○數千里. 101-21 吾聞北○之畏昭奚恤也. 103-22 今王之地○五千里. 104-4 故北○之畏奚恤也. 104-5 地○五千里. 108-23 ○船積粟. 110-16 恢先君以揜○城之外. 113-3 ○城必危. 121-1 則○城無患. 121-3 ○將調鉛膠絲. 124-15 ○將脩其莽盧. 124-23 不知夫子發○受命乎宣王. 125-5 而戴○府之金. 125-9 不知夫穰侯○受命乎秦王. 125-10 鴈從東○來. 127-18 趙地○二千里. 144-24 ○將約車趨行. 148-20 遠○之所觀赴也. 150-5 而襲遠○之服. 150-6 而襲遠○之服. 151-12 齊韓相○. 155-20 ○今唯秦雄天下. 162-9 設北面於南○. 164-4 子南○之傳士也. 165-8 臣南○草鄙之人也. 165-9 孝成王○饋. 167-25 魏文侯與田子○飲酒而稱樂. 182-12 田子○笑. 182-12 子○曰. 182-13 埊○千里. 184-8 魏地○不至千里. 185-7 卒戍四○. 185-10 必取○城之外. 190-7 今魏○疑. 203-1 魏○疑. 203-3 事於南○. 211-9 子何不疾及三國○堅也. 212-14 ○北面而持其駕. 215-19 地○千里. 222-1 地○不滿九百里. 222-21 此○其爲尾生之時也. 230-8 發兵臨○城. 232-18 令楚兵十餘萬在○城之外. 236-2 客何○所循. 236-14 地○二千餘里. 248-4 北夷○七百里. 256-19 太后○怒子. 265-7 蚌○出曝. 270-4 ○急時. 277-20 秦王之○還柱走. 277-22 荊之地○五千里. 279-17 宋○五百里. 279-17 地○五千里. 289-2

【火】 7

而取○於燧也. 81-2 野○之起也若雲蜺. 106-7 譬猶抱薪而救○也. 204-22 則○不止. 204-22 是薪○之說也. 204-23 我將爲爾求○也. 242-1 將失○. 283-15

【斗】 16

不費○糧. 17-4 其令邑中自○食以上. 40-25 先生王○造門而欲見齊宣王. 87-8 王○曰. 87-9 ○趨見王爲好勢. 87-9 王趨見○爲好士. 87-9 王○對曰. 87-11 ○生於亂世. 87-12 王○曰. 87-14 王○曰. 87-17 王○曰. 87-19 王○曰王之憂國愛民. 87-22 王○曰. 87-23 乃令工人作爲金○. 251-13 卽因反○擊之. 251-15 因反○而擊之. 251-16

【户】 14

且夫蘇秦特窮巷掘門桑○棬樞之士耳. 17-8 賈封千○. 60-24 臨淄之中七萬○. 68-19 下○三男子. 68-20 封萬○侯. 85-22 禽之○內. 93-16 禽將○內. 94-15 益封安平君以夜邑萬○. 99-25 請以三萬○之都封太守. 140-22 千○封縣令. 140-22 若萬○之都. 173-18 衍請因令王致萬○邑於先生. 193-8 是韓爲秦魏之門○也. 239-10 吳人入越而○撫之. 241-20

【心】 120

君有閔閔之○. 4-8 王不如賂之以撫其○. 28-15 亦能翕其○乎. 36-5 臣愚而不闔於王○耶. 36-23 而未知王○也. 37-18 人之病○腹. 39-14 披其枝者傷其○. 40-5 枝之披者傷其○. 40-24 而○不有. 43-20 人○固有. 43-20 今遇惑或與罪人同○. 44-1 省攻伐之○而肥仁義之誡. 52-11 他人有○. 52-24 梁氏寒○. 53-24 以臣之○觀之. 55-20 依世主之○. 55-20 臣恐其皆有怨○. 57-22 願君勿以齊爲○. 79-9 而獨舉○於齊者. 91-3 事不塞天下之○. 91-8 則傷主○矣. 92-11 則同○於貫之者. 93-8 大王有伐齊楚○. 94-7 宗族離○. 95-5 齊無南面之○. 96-14 今燕王方寒○獨立. 96-20 民○無所歸. 96-21 士無反北之○. 96-23 故去忿恚之○. 97-21 循撫其○. 99-6 將軍有死之○. 100-12 無死之○. 100-15 單有○. 100-15 其○必營. 103-12 其○必懼我. 103-13 有吞天下之○. 109-12 秦有舉巴蜀幷漢中之○. 109-19 ○搖搖如懸旌. 109-23 而逆强秦之○. 110-25 陰謀有吞天下之○也. 111-3 莫敖大○撫其御之手. 113-7 以與大○者也. 113-8 莫敖大○是也. 113-10 愛之以○. 119-3 愛之以○. 119-4 上干主○. 123-8 ○之憂勞. 127-7 而驚○未至也. 127-21 使君疑二主之○. 131-13 乃有他○. 133-16 如是則二主之○可不變. 133-20 其視有疑臣之○. 133-25 ○動. 135-10 是懷二○以事君也. 135-20 亦將以愧天下後世人臣懷二○者. 135-20 敢布腹○. 136-7 ○腹之疾. 139-19 三晉之○疑矣. 142-2 ○疑者事秦急. 142-2 然而○忿悁含怒之日久矣. 148-4 私○固竊疑焉. 148-19 乃且願變○易慮. 148-20 逆人之○. 150-7 不足與論○. 151-16 重利不足以變其○. 153-5 不忘於○. 158-19 則人○變矣. 159-5 無禮義之○. 160-11 慰秦○. 160-17 而何慰秦○哉. 160-21 皆有死○. 171-4 無乃傷葉陽君涇陽君之○乎. 177-21 文侯賞其功而疑其○. 181-22 專○并力. 185-3 二人者必不敢有外○矣. 193-3 下有堅守之○. 198-21 而使趙小○乎. 198-22 有虎狼之○. 206-16 所以爲腹○之疾者. 208-25 臣願以鄙○意公. 209-16 而以一人之○爲命也. 212-1 有是○也. 218-15 近者掩○. 222-3 今秦之○欲伐楚. 226-1 韓王之○. 232-21 犬遂無噬人之○. 234-1 今秦有梁君之○矣. 241-11 爲名者攻其○. 241-19 此攻其○者也. 241-22 今將攻其○乎. 241-24 而攻○不如吳. 241-25 夫無謀人之○. 252-19 有謀人之○. 252-19 必如刺○然. 257-16 今王有東嚮伐齊之○. 258-14 百姓離○. 264-11 以順左右之○. 266-24 而又不白於臣之所以事先王之○. 267-2 有高世之○. 267-6 非君○所望之. 272-10 輕棄寡人以快○. 272-11 不以去爲○. 272-24 論不脩○. 273-1 余且慝○以成而過. 273-4 足爲寒○. 274-3 ○惛然. 274-7 豈丹之○哉. 275-5 今秦有貪饕之○. 275-7 此臣日夜切齒拊○也. 276-11 破○而走. 280-6 與死之○異. 283-1 四國寒○. 284-21 其於傷○. 288-7 積慮并○. 288-23 百姓○離. 289-12 一○同功. 289-15 各有散○. 289-16 臣人一○. 289-24 諸侯生○. 290-1 必欲快○於趙. 290-12

【尹】 16

唯令○耳. 72-18 令○貴矣. 72-18 王非置兩令○也. 72-18 江○欲惡昭奚恤於楚王. 104-23 江○因得山陽君與之共惡昭奚恤. 104-24 昔令○子文. 112-24 令○子文是也. 113-1 自令○以下. 119-10 昔伊○去夏入殷. 126-17 如伊○周公. 129-15 而○澤循之. 132-12 伊○負鼎俎而干湯. 176-8 中封小令○以桂陽. 227-6 今王之國有柱國令○司馬典令. 236-19 伊○再逃湯而之桀. 262-25 謂大○曰. 280-20

【尺】 23

得○亦王之○也. 39-5 無咫○之功者不賞. 61-20 鄒忌脩八○有餘. 66-5 曹沫之奮三○之劍. 79-17 使曹沫釋其三○之劍. 79-17 不若王愛○縠也. 87-23 臣故曰不如愛○縠也. 87-25 百○之衝. 93-16 君無咫○之地. 105-20 悉五○至六十. 118-12 不知夫五○童子. 124-14 舜無咫○之地. 145-8 前有○帛. 165-21 王能重王之國若此○帛. 165

-23 王有此○帛. 166-1 害七○之軀者. 167-16 非直七○軀也. 167-17 趙王以咫○之書來. 174-3 ○楚人. 190-4 見足下身無咫○之功. 250-9 又無○寸之功. 256-17 不得持○兵. 277-19

【引】 25

○錐自刺其股. 16-22 ○軍而退. 19-13 ○軍而退. 19-20 ○軍而去. 20-5 ○軍而退. 20-15 軍乃○退. 20-20 楚王○歸. 48-4 ○領西望. 57-11 ○酒且飲之. 72-21 便弓○弩而射之. 93-7 君王后○椎椎破之. 101-8 王親○弓而射. 106-9 ○微繳. 124-25 臣爲王○弓虛發而下鳥. 127-17 ○而高飛. 127-22 ○水圍鄗. 150-24 ○兵而歸. 158-21 秦軍○而去. 164-17 乃○其兵而歸. 175-3 乃○兵而去. 217-1 又譬如車士之○車也. 268-22 乃○兵而去. 271-9 自○而起. 277-15 乃○其匕首提秦王. 277-24 故起所以得○兵深入. 289-13

【弔】 10

臣來○足下. 67-14 何○. 67-15 然則子何以○寡人. 67-17 諸侯皆○. 163-9 閔王欲入○. 164-3 天子○. 164-4 然后天子南面○也. 164-5 因仰而○. 249-15 此一何慶○相隨之速也. 249-15 燕王○死問生. 256-7

【丑】 11

張○謂楚王曰. 62-3 使臣與復○曰. 169-3 張○諫於王. 188-10 張○退. 188-11 張○曰. 197-4 張○之合齊楚講於魏也. 243-7 張○因謂齊楚曰. 243-10 張○爲質於燕. 271-12 境吏得○. 271-12 ○曰. 271-12 張○曰. 284-18

【巴】 8

西有○蜀漢中之利. 15-15 臣聞張儀西并○蜀之地. 29-7 秦有舉○蜀并漢中之心. 109-19 秦西有○蜀. 110-16 西舉○蜀. 148-3 ○寧爨襄之力也. 183-11 ○寧爨襄田各十萬. 183-15 乘舟出於○. 260-7

【孔】 5

○子不足聖. 45-9 夫項橐生七歲而爲○子師. 58-10 公不聞老萊子之教○子事君乎. 125-20 ○子. 159-2 ○子逃於衞. 263-4

【以】 2445

○告顏率. 1-4 使陳臣思將○救周. 1-8 可懷挾提挈○至齊者. 1-17 所○備者稱此. 1-20 弊邑遷鼎○待命. 1-22 子○爲何如. 2-2 景翠○楚之衆. 2-4 必○實事公. 2-10 可○德東周. 2-16 是我爲楚韓取寶○德之也. 2-23 所○富東周也. 3-3 ○病其所種. 3-4 秦假道於周○伐韓. 3-14 將○疑周於秦. 3-17 ○王之强而怒周. 3-22 必○國合於所與粟之國. 3-22 子何不○秦攻齊. 3-25 子○齊事秦. 3-25 子因令周最居魏○共之. 4-1 然而所○不可者. 4-5 宋君奪民時○爲臺. 4-9 無忠臣○掩蓋之也. 4-10 ○掩桓公. 4-12 春秋記臣弒君者○百數. 4-12 秦○周最之齊疑天下. 4-22 魏因○因. 4-25 君弗如急北兵趨趙○秦魏. 5-15 收周最○爲後行. 5-16 故急兵○示秦. 5-22 秦○趙攻. 5-22 ○地合於魏趙. 5-25 是君○合齊與强楚吏產子. 6-1 將○觀秦之應趙宋. 6-5 將興趙宋合於東方○孤秦. 6-6 則秦趙必相賣○合於王也. 6-9 而○兵之急則伐齊. 6-13 魏王○國與先生. 6-16 貴合於秦○伐齊. 6-16 產○忿强秦. 6-18 臣請○三十金復取之. 6-23 因告○祭地事. 6-24 盡君子重寶珠玉○事諸侯. 7-2 小人無可○求. 7-6 翦今楚王資之○地. 7-12 ○秦之輕也. 7-17 重周○取秦也. 7-20 ○西周之於王也. 8-6 吾又恐東周之賊己而○輕西周惡之於楚. 8-7 載○乘車駟馬而遣之. 8-10 故留之十四日○待命也. 8-12 小國不足亦○容賊. 8-13 是○遣之也. 8-14 薛公○齊爲韓魏攻楚. 9-4 君○齊爲韓魏攻楚. 9-5 九年而取宛葉○北○强韓魏. 9-5 今又攻秦○益之. 9-7 令弊邑○君之情謂秦王曰. 9-10 薛公必破秦○張韓魏. 9-10 所○進兵者. 9-11 欲王令楚割東國○與齊也. 9-11 秦王出楚王○爲和. 9-12 君令弊邑○此忠秦. 9-12 而○楚之東國自免也. 9-13 秦令樗里疾○車百乘入周. 10-3 周君迎之○卒. 10-3 ○其重秦客. 10-4 載○廣車. 10-5 因隨入○兵. 10-5 使樗里疾○車百乘入周. 10-7 ○蔡厹由戒之. 10-8 寡人請○國聽. 10-14 無○守城. 10-16 吾收之○飢. 10-16 公何不○高都與周. 10-19 是公○弊高都得完周也. 10-22 因○應爲太后養地. 11-1 周君必○爲公功. 11-2 今公又○秦兵出塞. 11-13 踐韓而○攻梁. 11-13 周君所○事吾得者器. 11-19 ○臨韓魏. 11-22 君使人告齊王○周最不肯爲太子也. 12-2 ○嫁之齊也. 12-7 將○使攻魏之南陽. 12-10 將○爲辭於秦而不往. 12-12 魏王○上黨之急辭之. 12-14 而設○國爲王扞秦. 12-17 臣見其必○國事秦也. 12-18 ○攻南陽. 12-19 周君得○爲辭於父兄百姓. 12-21 而利溫囿○爲樂. 12-21 其○事王者. 12-22 所○爲之者. 13-2 韓兼兩上黨○臨趙. 13-3 卽趙羊腸○上危. 13-4 因趙○止易也. 13-5 實不足○利國. 13-8 天下○聲畏秦. 13-8 君不如使周最陰合於趙○備秦. 13-14 王何不○地齎周最○爲太子也. 13-17 齊王令司馬悍○賂進周最於周. 13-17 悍請令王進之○地. 13-20 左尙○此得事. 13-20 彼且攻王之聚○利秦. 13-23 孝公○爲相. 15-4 特○强服之耳. 15-7 ○大王之賢. 15-18 可○幷諸侯. 15-19 毛羽不豐滿者不可○高飛. 15-21 文章不成者不可○誅罰. 15-21 道德不厚者不可○使民. 15-22 政教不順者不可○煩大臣. 15-22 願○異日. 15-23 故○戰續之. 16-11 ○此論之. 16-15 妻不○我爲夫. 16-19 嫂不○我爲叔. 16-20 父母不○我爲子. 16-20 簡練○爲揣摩. 16-21 此眞可○說當世之君矣. 16-23 ○隨其後. 17-2 ○抑强秦. 17-2 ○季子之位尊而多金. 17-15 欲○一人之智. 17-19 從○欺秦. 17-20 故先使蘇秦○幣帛約乎諸侯. 17-20 向欲○齊事王. 18-1 必割地○交於王矣. 18-2 且○恐齊而重王. 18-3 向○王之明爲先知之. 18-3 將西南○與秦爲難. 18-9 ○亂攻治者亡. 18-10 ○邪攻正者亡. 18-10 ○逆攻順者亡. 18-11 一可○勝十. 18-21 十可○勝百. 18-21 百可○勝千. 18-22 千可○勝萬. 18-22 萬可○勝天下矣. 18-22 ○此與天下. 18-24 足○爲限. 19-5 足○爲塞. 19-5 隨荆○兵. 19-10 東○强齊燕. 19-11 令帥天下西面○與秦爲難. 19-14 大王○詐破之. 19-16 東○强齊燕. 19-18 而欲○成兩國之功. 19-22 ○爭韓之上黨. 20-3 大王○詐破之. 20-3 中呼池○北不戰而已爲燕矣. 20-9 ○東弱齊燕. 20-12 ○流魏氏. 20-12 大王拱手○須. 20-13 ○大王之明. 20-15 臣○天下之從. 20-22 願大王有○慮之也. 20-24 何○知其然也. 20-25 ○與周武爲難. 21-2 ○攻趙襄主於晉陽. 21-4 ○視利害. 21-6 ○攻智伯之國. 21-7 ○成襄子之功. 21-7 ○此與天下. 21-9 言所○舉破天下之從. 21-10 ○成伯王之名. 21-11 大王斬臣○徇於國. 21-14 ○主爲謀不忠者. 21-14 張儀欲假秦兵○救魏. 21-17 ○臨二周之郊. 21-24 挾天子○令天下. 22-1 弊兵勞衆不足○成名. 22-2 得其地不足○爲利. 22-3 ○秦攻之. 22-9 足○廣國也. 22-10 足○富民. 22-10 而天下不○爲暴. 22-11 諸侯不○爲貪. 22-11 ○因于齊趙. 22-16○鼎與楚. 22-16 ○地與魏. 22-16 將○爲國交也. 22-22 楚王○爲然. 22-23 彼必○國事楚王. 22-24 張儀欲○漢中與楚. 23-2 王割漢中○爲和楚. 23-4 王今○漢中與楚. 23-5 王何○市楚也. 23-6 不如與魏○勁之. 23-8 ○與魏. 23-10 ○亂其政. 23-15 宮之奇○諫而不聽. 23-17 今秦自○爲王. 23-18 故驕張儀○五國. 23-20 天下欲○爲子. 24-3 天下欲○爲臣. 24-3 楚亦何○軫爲忠乎. 24-5 常○國情輸楚. 24-8 儀○子爲之楚. 24-12 ○順王與儀之策. 24-14 而常○國輸楚王. 24-19 ○此明臣之楚與不. 24-20 天下皆欲○爲臣. 24-25 天下皆欲○爲子. 25-1 楚何○軫爲. 25-2 王○爲然. 25-3 是○弊邑之王不得事令. 26-10 而私商於之地○爲利也, 26-13 寡人自○爲智矣. 26-17 夫秦所○重王者. 26-19 ○王有齊也. 26-19 ○待吾事. 26-23 張子○寡人不絕齊乎. 27-2 儀固○小人. 27-4 臣可○言乎. 27-5 僅○救亡者. 27-11 王不如○地東解於齊. 27-13 子獨不可○忠爲子主計. 27-17 ○其餘爲寡人乎. 27-17 王不如賂之○撫其心. 28-15 因○文繡千匹. 28-15 君○告扁鵲. 28-21 ○闕周室. 28-25 盡○爲子功. 29-4 向壽歸○告王. 29-4 天下不○爲多張儀. 29-7 夫○曾參之賢. 29-16 不如許楚漢中○懽之. 29-25 楚王○其言責漢中於馮章. 30-1 我○宜陽餌王. 30-6 而公中○韓窮我於外. 30-7 因○宜陽之郭爲墓. 30-9 於是出私金○益公賞. 30-9 臣是○知其御也. 30-19 妾○無燭. 31-3 幸○賜妾. 31-4 妾自○有益於處女. 31-5 處女相語○爲然而留之. 31-5 彼若○齊約韓魏. 31-9 反○謀秦. 31-9 厚其祿○迎之. 31-11 ○相迎之齊. 31-12 ○相迎之. 31-14 今王何○禮之. 31-15 彼○甘茂之賢. 31-16 ○告甘茂. 31-20 令田章○陽武合於趙. 32-5 而○順子爲質. 32-5 齊○陽武賜弊邑而納順子. 32-6 欲○解伐. 32-7 ○告弊邑. 32-9 ○奉祭祀. 32-9 秦且益趙甲四萬人○伐齊. 32-13 必不益趙甲四萬人○伐齊. 32-15 今破齊○肥趙. 32-16 ○天下擊之. 32-18 譬猶○千鈞之弩潰癰也. 32-18 齊割地○實晉楚. 32-22 是晉楚○秦破齊. 32-23 ○齊破秦. 32-23 善齊○安之. 32-24 必不益趙甲四萬人○伐齊矣. 33-2 必○魏子爲殉. 33-5 ○死者爲有知乎. 33-6 何爲空○生所愛. 33-7 文聞秦王欲○呂禮收齊. 34-3 ○濟天下. 34-3 齊秦相聚○臨三晉. 34-4 是君收齊○重呂禮也. 34-4 文請○所得封君. 34-6 必重君○取晉. 34-7 晉必重君○事秦. 34-7 是君破齊○爲功. 34-8 操晉○爲重也. 34-8 秦封君○陶. 34-11 率○朝天子. 34-12 故○舜湯武之賢. 34-17 ○非此時也. 34-21 挾君之讎○誅於燕. 34-23 載主契國○與王約. 35-5 夫楚王之○其臣請挈領然而臣有患也. 35-7 夫楚王之○其國依冉也. 35-7 請○號三國○自信也. 35-10 而公請之○自重也. 35-12 支分方城膏腴之地○薄鄭. 36-1 足○傷秦. 36-1 成陽君○王之故. 36-4 使○臣之言爲可. 36-10 今臣之賀不足○當椹質. 36-13 要不足○待斧鉞. 36-13 豈敢○疑事嘗試於王乎. 36-14 雖○臣爲賤而輕辱臣. 36-14 獨不足○厚國家乎. 36-18 寡人宜○身受令久矣. 37-4 寡人乃得○身受命. 37-5 先生何○幸教寡人. 37-9 願○陳臣之陋忠. 37-18 所○王三問而不對者是也. 37-19 死不足○爲臣患. 37-21 亡不足○爲臣憂. 37-21 不足○爲臣恥. 37-21 可○少有補於秦. 37-25 無○餌其口. 38-1 加之○幽囚. 38-3 漆身可○補所賢之主. 38-5 是○杜口裹足. 38-7 小者身○孤危. 38-10 此天○寡人恩先生. 38-13 此天所○幸先王而不棄其孤也. 38-14 願先生悉○教寡人. 38-16 ○秦卒之勇. 38-18 ○當諸侯. 38-19 則不足○傷齊. 38-23 所○然者. 39-4 ○其伐楚而肥韓魏也. 39-4 必親中國而○爲天下樞. 39-8 ○威楚趙. 39-8 懼必卑辭重幣○事秦. 39-9 卑辭重幣○事之. 39-12 時○爲仲父. 40-13 亦○爲父. 40-13 籍人○此. 40-20 其令邑中自斗食○上. 40-25 三貴竭國○自安. 41-8 ○張儀爲言.41-15 且削地而○自贖於王.41-16 今平原君自○賢.41-23 ○己欲富貴耳.42-3 武安君所○爲秦戰勝攻取者七十餘城.42-15 因○爲武安功.42-21 秦王○爲不然.43-6 ○告蒙傲曰.43-6 臣○韓之細也.43-11 蒙傲○報於昭王.43-12 ○其爲汝南虜也.43-13 果惡王稽杜摯○反.43-23 而恩○相葬臣.44-3 使人宣言○感怒應侯曰.44-8 願○爲君王.44-15 應侯知蔡澤之欲困己○說.44-21 信賞罰○致治.44-22 故君子殺身○成名.45-3 無明君賢父○聽之.45-8 故天下○其君父爲戮辱.45-8 夫待死而後可○立忠成名.45-9 ○君臣論之.45-13 遂○殺身亡國.45-23 是○兵動而地廣.46-1 遂○車裂.46-2 ○與楚戰.46-3 ○禽勁吳.46-11 ○實宜陽.46-16 君何不○此時歸相印.46-19 孰與○禍終哉.46-20 楚必走秦○急.48-9 ○齊秦劫魏.48-16 氓欲○齊秦劫魏而困薛公.48-18 負蒭必○魏歿世事秦.48-20 終○齊奉事王矣.48-21 吾特○三城從之.49-4 卒使公子池○三城講於三國.49-7 ○孟嘗芒卯之賢.49-12 帥强韓魏之兵○伐秦.49-12 今○無能之如耳魏齊.49-13 帥弱韓魏○攻秦.49-13 帥韓魏○圍趙襄子於晉陽.49-17 決晉水○灌晉陽.49-17 汾水利○灌安邑.49-19 絳水利○灌平陽.49-19 魏許秦○上洛.49-25 ○絕秦於楚.49-25 魏許寡人○地.50-2 是王○魏地德寡人.50-3 ○是告楚.50-6 是○鯉與之遇也.50-10 王不如留之○市地.50-14 聞齊魏皆且割地○事秦.50-18 所○然者.50-18 ○秦與楚爲昆弟國.50-18 而外結交諸侯○圖.50-20 ○千里養.51-5 卽○天下恭養.51-12 襄王○爲辯.51-19 此從生民○來.51-25 ○絕從親之要.52-1 成橋○北入燕.52-2 ○臨仁平兵.52-7 而欲○力臣天下之主.52-14 何○知其然也.52-16 是王○兵資於仇讎之韓魏.53-8 王破楚於○肥韓魏於中國而勁齊.53-15 韓魏之强足○校於秦矣.53-16 齊南○泗爲境.53-16 於○禁王之爲帝有餘.53-18 夫○王壤土之博.53-19 臨○韓.53-22 王襟○山東之險.53-23 帶○河曲之利.53-23 王○十成鄭.53-24 土廣不足○爲安.54-8 人衆不足○爲强.54-8 ○與申縛遇於泗水之上.54-17 ○同言郢威王於側紂之間.54-22 臣豈○郢威王爲政衰謀亂○至於此哉.54-23 何○知其然.55-9 驅十二諸侯○朝天子於孟津.55-12 ○王爲吳智之事也.55-17 ○臣之心觀之.55-20 何○知其然也.55-20 秦人援魏○拒楚.55-21 楚人援韓○拒秦.55-21 齊宋在繩墨之外○爲權.55-22 所○不爲相者.56-7 公何不○秦楚之重.56-9 ○太子之留酸棗而不之秦.56-17 ○秦彊折節而下與國.56-18 澤可○遺世.56-24 可○有秦國.57-2 說有可○一切.57-7 不顧一子○留計.57-15 不足○結秦.57-17 大王無一介之使○存之.57-22 王○爲然.57-23 立○爲太子.57-24 ○不韋爲相.57-25 文信侯欲攻趙○廣河間.58-3 ○廣河間之地.58-4 奚○遽言叱也.58-11 燕秦所○不相欺者.58-23 今王齎臣五城○廣河間.58-24 趙王立割五城○廣河間.58-25 趙○爲守相.59-3 而悉教○國事.59-11 大王裂趙之半○賂秦.59-12 趙守半國○自存.59-14 秦銜賂○自强.59-14 實得山東○敵秦.59-17 趙賂○河間十二縣.59-18 今又割趙之半○强秦.59-18 因○亡矣.59-19 ○官長而守小官.59-20 請爲大王悉趙兵○遇.59-21 是臣無○事大王.59-22 ○上客料之.59-25 ○曲合於趙王.60-2 故使工人爲木材○接手.60-7 繓請○出示.60-7 ○示韓倉.60-8 纏之○布.60-8 銜劍徵之於柱○自刺.60-12 又○爲司空馬逐於秦.60-15 將○攻秦.60-19 將○圖秦.60-20 衣○其衣.60-22 冠舞○其劍.60-23 與之爲交○報秦.60-24 ○爲上卿.60-24 買○珍珠重寶.61-1 是賈○王之權.61-2 非所○厲羣臣也.61-5 吾聞子○寡人財交於諸侯.61-6 天下願○爲子.61-7 天下願○爲臣.61-8 天下願○爲妃.61-8 傳賣○五羊之皮.61-15 故可○存社稷者.61-19 是○羣臣莫敢○虛願望於上.61-20 復整其士卒○與王遇.62-7 是其所○弱也.62-15 客多○諫.62-18 鄙臣不敢○死爲戲.62-20 奚○薛爲.62-23 士尉○証靖郭君.63-8 孟嘗君又竊○諫.63-8 藏怒○待之.63-15 昭陽請○數倍之地易薛.63-20 吾豈可○先王之廟與楚乎.63-22 此齊貌辨之所○外生樂患趣難者也.64-6 故不如南攻襄陵○弊魏.64-13 韓自○專有齊國.64-23 君可○有功.65-3 鄒忌○爲然.65-4 鄒忌○告公孫閈.65-6 將軍可○爲大事乎.65-11 齊恐田忌欲○楚權復於齊.65-19 鄒忌所○不善楚者.65-21 恐田忌之○楚權復於齊也.65-21 ○示田忌之不返齊也.65-22 鄒忌○齊厚事楚.65-22 必○齊事楚.65-23 忌聞○爲有一子之孝.66-2 ○幾何人.66-3 宣王因○晏首壅塞之.66-3 自○爲不如.66-11 皆○美於徐公.66-15 秦假道韓魏○攻齊.66-24 ○雜秦軍.66-25 候者言章子○齊入秦.66-25 候者復言章子○齊兵降秦.67-1 何○知之.67-6 子○齊楚爲孰勝哉.67-16 然則子何○弔寡人.67-17 其餘兵足○待天下.67-19 而君○魯衆合戰勝後.67-20 魯君○爲然.67-21 欲○正天下而立功名.67-23 ○爲後世也.67-24 不立○立功名.67-25 適足○强秦而自弱也.67-25 此臣之所○爲山東之患.68-1 秦得絳安邑○東下河.68-7 而出銳師○戍梁絳安邑.68-10 齊非急○銳師合三晉.68-11 不如急○兵合於三晉.68-13 果○兵合於三晉.68-14 固○二十一萬矣.68-21 夫○大王之賢與齊之强.68-24 且夫韓魏之所○畏秦者.69-1 ○與秦接界也.69-1 ○亡隨其後.69-3 是故韓魏之所○重與秦戰而輕爲之臣也.69-3 今主君○趙王之教詔之.69-12 敬奉社稷○從.69-13 莫不○從爲可.69-20 國○危.69-21 割河間○事秦.69-25 請奉社稷○事秦.70-5 張儀○秦魏伐韓.71-3 是天下○燕賜我也.71-5 韓自○得交於齊.71-7 然後王可○多割地.71-13 王○其間伐韓.71-16 ○臨周.71-17 何○託儀也.71-22 然後王可○多割地.71-24 王○其間伐韓.72-2 ○臨周.72-3 秦王○爲然.72-3 廣鄰敵○自臨.72-4 犀首○梁爲齊戰於承匡而不勝.72-7 不用臣言○危國.72-8 儀○秦梁之齊合橫親.72-8 值所○爲國者不同耳.72-9 公○是爲名居足矣.72-24 昭陽○爲然.73-1 趙令樓緩○五城求講於秦.73-3 因使人○十城求講於秦.73-3 因○上黨二十四縣許秦王.73-4 急必○地和於燕.73-9 趙無○食.73-17 不如聽之○却秦兵.73-18 ○市其下東國.75-4 可○請行.75-8 可○令楚王亟入下東國.75-8 可○益割於楚.75-8 可○忠太子而使楚益入地.75-9 可○爲楚王走太子.75-9 可○忠太子使之亟去.75-9 可○惡蘇秦於薛公.75-10 可○爲蘇秦請封於楚.75-10 可○使人說薛公○善蘇子.75-11 可○使蘇子自解於薛公.75-12 ○市下東國也.75-14 ○市下東國也.75-18 故曰可○使楚亟入地也.75-20 ○忠太子.75-22 可○益入地.75-22 故曰可○益割於楚.75-22 楚王請割地○留太子.75-24 故曰可○使楚益入地也.76-2 齊之所○敢多割地者.76-4 ○太子權王也.76-5 請○國因.76-7 故曰可○爲楚王使太子亟去也.76-7 ○空名市者太子也.76-9 故曰可○使太子急去也.76-11 蘇秦非誠○爲君也.76-13 且○便楚也.76-13 故多割楚○滅迹也.76-14 ○其爲齊薄而爲楚厚也.76-20 故曰可○爲蘇秦請封於楚也.76-22 君之所○重於天下者.76-23 ○能得天下之士而有齊權也.76-23 故曰可○爲蘇秦說薛公○善蘇秦.77-3 固且○鬼事見君.77-11 挺子○爲人.77-14 刻削子○爲人.77-16 文無○復侍矣.77-23 孟嘗君奉夏侯章○四馬百人之食.78-7 或○告孟嘗君.78-8 文有○事夏侯公矣.78-9 董之繁菁○問夏侯公.78-9 然吾毀之○爲之也.78-11 君所○得爲長者.78-12 ○吾毀之者也.78-12 吾○身爲孟嘗君.78-12 願聞先生有○補之闕者.78-15 臣請○臣之血湔其衽.78-17 臣願○足下之府庫財物.78-20 或○問孟嘗君曰.78-23 願君○此從衛君遊.79-3 衛君甚欲約天下之兵○攻齊.79-5 ○臣欺君.79-6 今君約天下之兵○攻齊.79-8 願君勿○齊爲心.79-9 臣輒○頸血湔足下衿.79-10 小國所○皆致相印於君者.80-6 皆○國事累君.80-8 將何○待君.80-9 許戍○先人之寶劍.80-16 ○頓其兵.81-8 卒魏兵○救邯鄲之圍.81-12 故專兵一志○逆秦.81-20 是○天下之勢.81-21 則足○敵秦.81-22 不能○重於天下者何也.81-23 左右○君賤之也.82-6 食○草具.82-6 左右○告.82-8 ○告.82-10 無○爲家.82-12 ○爲貪而不知足.82-13 ○何市而反.82-22 起矯命○責賜諸民.82-24 ○何市而反.83-3 君家所寡有者○義耳.83-5 竊○爲君市義.83-5 ○責賜諸民.83-7 乃臣所○爲君市義也.83-7 寡人不敢○先王之臣爲臣.83-9 ○故相爲上將軍.83-16 君不○使人先觀秦王.84-3 奚暇從○難之.84-5 君從○難之.84-6 ○車十乘之秦.84-7 而欲媿之○辭.84-7 猶未敢○有難也.84-9 必○其血洿其衣.84-16 請○市諭.85-11 不敢○爲言.85-13 ○喜其爲名者.86-8 必○驕奢爲行.86-9 是○堯有九佐.86-12 是○君王無羞亟問.86-13 必○賤爲本.86-17 必○下爲基.86-17 是○侯王稱孤寡不穀.86-18 而侯王○自謂.86-19 是○明乎士之貴也.86-21 晚食○當肉.87-2 安步○當車.87-2 無罪○當貴.87-2 清靜貞正○自虞.87-3 固願得士○治之.87-22 何○有民.88-6 何○有君.88-6 何○至今不業也.88-9 何○至今不業也.88-11 ○養父母.88-12 何○王齊國.88-13 而士不得○爲緣.89-1 君不肯○所輕與士.89-2 而責士○所重事君.89-2 子○爲何如.89-6 不如聽之○卒秦.89-8 勿庸稱也○爲天下.89-9 其於○收天下.89-10 王○天下爲尊秦乎.89-13 ○就天下.89-19 而王○其間舉宋.89-19 故釋帝而貳之○伐宋之事.89-21 燕楚○形服.89-22 敬秦○爲名.89-23 此所謂○卑易尊者也.89-23 是○聖人從事.90-4 何○知其然也.90-9 ○其爲韓魏主怨也.91-1 皆○相敵爲意.91-3 常○王人爲意也.91-5 常○謀人爲利也.91-5 是○大國危.91-6 則事○衆强適罷寡也.91-7 何○知其然也.91-14 昔吳王夫差○强大爲天下先.91-14 倨彊而加○親.91-24 何○知其然也.91-25 誠欲○伯王也爲志.92-5 何○知其然也.92-20 惡其示人○難也.93-8 則是非徒示人○難也.93-9 何○知其然.93-20 何○知其然矣.93-23 ○西謀秦.93-25 ○待魏氏.94-1 故○一秦而敵大魏.94-3 此固大王之所○鞭箠使也.94-5 不足○王天下.94-6 而不○德魏王.94-12 而魏將○禽於齊矣.94-14 ○故燕舉兵.95-6 向子○輿一乘亡.95-7 求所○償者.95-8 天○告也.95-13 地○告也.95-13 人○告也.95-14 天地人皆○告矣.95-14 田單○卽墨之城.95-17 遂○復齊.95-18 立之○爲王.95-18 君王后○爲后.95-19 齊田單○卽墨破燕.96-3 約之矢○射城中.96-7 ○爲亡南陽之害.96-14 栗腹○百萬之衆.96-19 今公又○弊聊之民.96-21 能○見於天下矣.96-23 ○制羣臣.97-2 ○資說士.97-2 曹子○敗軍禽將.97-14 曹子○爲遭.97-16 曹子○一劍之任.97-17 ○爲殺身絕世.97-20 齊○破燕.98-2 皆○田單爲自立也.98-3 無可○分者.98-5 將欲○取我國乎.98-6 女○爲何若.98-8 王不

如因○爲己善. 98-9 單何○得罪於先生. 98-20 豈不○據勢也哉. 99-5 然則周文王得呂尚○爲太公. 99-15 齊桓公得管夷吾○爲仲父. 99-15 安平君○惴惴之卽墨. 99-19 ○爲不可. 99-22 王不亟殺此九子者○謝安平君. 99-24 益封安平君○夜邑萬户. 99-25 臣○五里之城. 100-4 此所○破燕也. 100-13 所○不勝者也. 100-15 是○餘糧收宋也. 100-20 因○爲辭而攻之. 100-21 ○爲非常人. 100-25 ○太史氏女爲王后. 101-2 不○不覩之故. 101-4 ○故建立四十有餘年不受兵. 101-5 君王后○示羣臣. 101-8 謹○解矣. 101-9 王何○去社稷而入秦. 101-17 則○爲可可爲謀. 101-20 卽臨晉之關可○入矣. 101-23 卽武關可○入矣. 101-25 齊○淖君之亂秦. 102-7 ○示齊之有楚. 102-9 ○資固於齊. 102-9 適爲固驅○合齊秦也. 102-10 必非固之所○之齊之辭也. 102-11 王不如令人○涓來之辭謾固於齊. 102-12 王欲收齊○攻秦. 102-13 王卽欲○秦攻齊. 102-13 楚○緩失宋. 103-4 齊○急得宋. 103-4 是○弱宋干强楚也. 103-6 常○急求所欲. 103-6 且魏令兵○深割趙. 104-16 人有○其狗爲有執而愛之. 105-7 ○王好聞人之美而惡聞人之惡也. 105-17 何○也. 105-22 ○財交者. 105-24 ○卜其罪. 106-23 公何爲○故與奚恤. 107-1 而楚○上梁應之. 107-7 楚王果○新城爲主郡. 107-14 而太子有楚秦○爭國. 107-16 ○爲國也. 107-18 楚杜赫說楚王○取趙. 107-23 王不如○十乘行之. 108-1 乃○十乘行之. 108-2 臣不足○知之. 108-6 計王之功所○能如此者. 108-14 今王○用之於越矣. 108-15 臣○爲王鉅速忘矣. 108-16 被王衣○聽事. 108-18 夫○楚之强與大王之賢. 108-24 莫如從親○孤秦. 109-3 ○承大王之明制. 109-6 橫人皆欲割諸侯之地○事秦. 109-13 ○外交强虎狼之秦. 109-14 ○侵天下. 109-14 ○內劫其主. 109-15 ○求割地. 109-15 則諸侯割地○事楚. 109-1 則楚割地○事秦. 109-16 恐反人○入於秦. 109-20 ○楚當秦. 109-21 寡人謹奉社稷○從. 109-24 四塞○爲固. 110-2 主嚴○明. 110-3 將知○武. 110-3 無○異於驅羣羊而攻猛虎也. 110-5 竊○爲大王之計過矣. 110-6 夫○弱攻强. 110-11 此臣之所○爲大王之患也. 110-22 且夫秦之所○不出甲於函谷關十五年○攻諸侯者. 111-2 而韓魏○全制其後. 111-6 大王悉起兵○攻宋. 111-10 夫○一詐僞反覆之蘇秦. 111-14 請○秦女爲大王箕帚之妾. 111-17 ○爲湯沐之邑. 111-18 臣○爲計無便於此者. 111-18 須○決事. 111-20 今上客幸教○明制. 111-22 敬○國從. 111-22 何○也. 112-6 自從先君文王○至不穀之身. 112-16 ○憂社稷者乎. 112-17 ○憂社稷者. 112-20 ○憂社稷者. 112-20 ○憂社稷者. 112-21 ○憂社稷者. 112-22 ○憂社稷者. 112-23 緇帛之衣○朝. 112-24 鹿裘○處. 112-24 ○憂社稷者. 113-1 恢先君○揜方城之外. 113-3 ○憂社稷者. 113-5 ○與大心者也. 113-8 ○憂社稷者. 113-10 下塞○東. 113-20 ○憂社稷者. 113-22 負雞次之典○浮於江. 113-25 ○憂社稷者. 114-6 齊王好高人○名. 115-5 楚令景翠○六城賂齊. 115-9 公出地○取齊. 115-10 鯉與厲且○收地取秦. 115-11 楚令昭鼠○十萬軍漢中. 115-15 必分公之兵○益之. 115-16 楚令昭雎將○距秦. 115-20 必深攻楚○勁秦. 115-22 而○利三國也. 115-23 秦可○少割而收害也. 116-1 ○懽從之. 116-9 奉○上庸六縣爲湯沐邑. 116-9 秦女依强秦○爲重. 116-10 挾寶地○爲資. 116-11 勢爲王妻○臨于楚. 116-11 畜張子○爲用. 116-15 ○張儀之知. 116-21 所○爲身也. 117-9 ○東地五百里許齊. 117-16 後不可○約結諸侯. 117-18 ○地大爲萬乘. 117-20 王○三大夫計告愼子曰. 118-2 齊使人○甲受東地. 118-11 秦○五十萬臨齊右壤. 118-15 愛之○心. 119-3 事之○善言. 119-3 愛之○心. 119-4 事之○財. 119-4 必進賢人○輔之. 119-4 好傷賢○爲資. 119-5 多賂諸侯○王之地. 119-6 是○國危. 119-7 ○百姓. 119-8 死者○千數. 119-9 自令尹○下. 119-10 事王者○千數. 119-10 王無○爲臣. 119-22 子必○衣冠之敝. 120-2 ○爲神. 120-9 乃資之○珠玉. 120-11 ○供芻秣. 120-13 鄭褏亦○金五百斤. 120-13 吾固○爲天下莫若是兩人也. 120-19 楚王因收昭雎○取齊. 120-21 必○秦合韓魏. 120-24 儀有秦而雎○楚重之. 120-25 ○與秦爭. 121-2 臣○爲大王輕矣. 121-9 而可○德惠子. 121-12 今施○魏來. 121-16 而陰使人○請聽秦. 121-17 子何○救之. 121-21 因使人○儀之言聞於楚. 122-3 ○韓侈之知. 122-7 夫梟棊之所○能爲者. 122-18 ○散棊佐之也. 122-18 臣聞從者欲合天下○朝大王. 123-3 不足○載大名. 123-6 不足○橫世. 123-7 是○國權輕於鴻毛. 123-8 婦人所○事夫者. 123-13 此孝子之所○事親. 123-14 忠臣之所○事君也. 123-14 鄭褏知王○己爲不妬也. 123-16 公何○不請立后也. 123-22 將○爲楚國袄祥乎. 124-3 非敢○爲國袄祥也. 124-4 淹留○觀之. 124-5 臣聞昔湯武○百里昌. 124-11 桀紂○天下亡. 124-11 猶○數千里. 124-12 自○爲無患. 124-14 黃雀因是○. 124-16 自○爲無患. 124-17 ○其類爲招. 124-19 黃鵠因是○. 124-21 自○爲無患. 124-23 蔡聖侯之事因是○. 125-2 而不○國家爲事. 125-4 繫己○朱絲而見之也. 125-5 君王之事因是○. 125-7 而不○天下國家爲事. 125-10 於是乃○執珪而授之爲陽陵君. 125-13 齊明說卓滑○伐秦. 125-16 明說楚大夫○伐秦. 125-17 臣有辭○報樗里子矣. 125-17 人皆○謂公不善於富摯. 125-20 不若令屈署○新東國爲和於齊

○動秦. 126-1 遽令屈署○東國爲和於齊. 126-3 謁者操○入. 126-6 皆不過百里○有天下. 126-12 趙○爲上卿. 126-15 無法術○知姦. 126-23 則大臣主斷國私○禁誅於己也. 126-23 遂○冠纓絞王. 126-25 ○瞽爲明. 127-10 ○聾爲聰. 127-10 ○是爲非. 127-11 ○吉爲凶. 127-11 臣願○射譬之. 127-15 更羸○虛發而下之. 127-19 先生何○知之. 127-20 臣何足○當堯. 128-3 夫○賢舜事聖堯. 128-5 解紵衣○冪之. 128-11 奈何○保相印江東之封乎. 129-2 誠○君之重而進妾於楚王. 129-4 ○李園女弟立爲王后. 129-7 欲殺春申君○滅口. 129-10 ○事無妄之主. 129-12 秉權而殺君○滅口. 129-19 故君不如北兵○德趙. 130-12 ○定身封. 130-12 而使所○信之. 130-15 知伯從韓魏兵○攻趙. 131-3 何○知之. 131-5 ○其人事知之. 131-6 知伯○告韓魏之君曰. 131-10 君又何○疵言告韓魏之君爲. 131-15 必鄉之○兵. 132-1 然則韓可○免於患難. 132-1 將○伐趙. 132-8 皆○狄蒿苦楚廧之. 132-17 皆○鍊銅爲柱質. 132-20 號令○定. 132-21 備守○具. 132-21 欲○城下. 133-1 張孟談○報襄子. 133-9 亦所○亡也. 134-6 乃稱簡之塗○告襄子曰. 134-9 五百之所○致天下者. 134-10 自將軍○上. 134-11 臣願捐功名去權勢○離衆. 134-12 此先聖之所○集國家. 134-15 ○成其忠. 134-21 張孟談便厚○便名. 134-22 納地釋事○去權尊. 134-22 韓魏齊燕負親○謀趙. 134-24 君其負劒而御臣○之國. 135-2 而將其頭○爲飲器. 135-8 欲○刺襄子. 135-10 自刑○變其容. 135-14 ○子之才. 135-16 ○明君臣之義. 135-19 是懷二心○事君也. 135-20 亦將○愧天下後世人臣懷二心者. 135-20 范中行氏○衆人遇臣. 136-1 知伯○國士遇臣. 136-2 亦○足矣. 136-4 忠臣不愛死○成名. 136-6 而可○報知伯矣. 136-9 雖不足○攻秦. 136-20 足○拔鄭. 136-20 將○取信於百姓也. 136-25 先生○鬼之言見我則可. 137-6 若○人之事. 137-7 臣固○鬼之言見君. 137-7 非○人之言也. 137-8 臣竊○爲土梗勝也. 137-12 蘇秦得○爲用. 137-23 且○伐齊. 138-1 ○秦爲愛趙而憎韓. 138-6 臣竊○事觀之. 138-7 故○韓爲餌. 138-8 故出兵○佯示趙魏. 138-9 故微韓○貳之. 138-10 故出質○爲信. 138-10 議秦○謀計. 138-11 秦○三軍强弩坐羊唐之上. 138-18 且秦○三軍攻王之上黨而危其北. 138-19 韓乃西師○禁秦國. 139-1 今乃○抵罪取伐. 139-4 必○王爲得. 139-6 韓危社稷○事王. 139-6 然則韓義王○天下就之. 139-7 下至韓慕王○天下收之. 139-8 ○與諸侯攻秦. 139-16 韓出銳師○佐秦. 139-18 懼則可○不戰而深取割. 139-20 請效上黨之地○爲和. 139-22 秦起二軍○臨韓. 139-23 今王令韓興兵○上黨入和於秦. 139-24 臣請悉發守○應秦. 140-2 韓陽趨○報王. 140-2 且○與秦. 140-4 且○與秦. 140-7 今馮亭令使者○與寡人. 140-7 故自○爲坐受上黨也. 140-10 且夫韓之所○內趙者. 140-10 且秦○牛田. 140-12 今其守○與寡人. 140-17 請○三萬户之都封太守. 140-22 而○與人. 140-24 令公孫起王齮○兵遇趙於長平. 141-2 且○繩墨案規矩刻鏤我. 141-7 甘茂爲秦約魏○攻韓宜陽. 141-12 ○與齊韓秦市. 141-13 必○路涉端氏賂趙. 141-14 且○置公孫赫樗里疾. 141-15 ○趙之弱而據之建信君. 141-17 ○從爲有功也. 141-17 建信者安能○無功惡秦哉. 141-18 不能○無功惡秦. 141-19 ○楚趙分齊. 141-19 趙王封孟嘗君○武城. 142-6 孟嘗君擇舍人○爲武城吏. 142-6 文○爲不可. 142-9 而封之○武城. 142-9 ○燕餌趙. 143-1 ○秦之强. 143-4 ○强秦之有韓梁楚. 143-6 出銳師○戍韓梁西邊. 143-8 是○外賓客遊談之士. 144-5 曰言所○異. 144-13 貴戚父兄皆可○受封侯. 144-15 五伯之所○覆軍禽將而求也. 144-16 湯武之所○放殺而爭也. 144-17 是臣之所○爲大王願也. 144-18 此臣之所○爲大王患也. 144-23 此臣之所○爲大王患也. 145-7 ○有天下. 145-8 ○王諸侯. 145-9 而○冥冥決事哉. 145-13 臣竊○天下地圖案之. 145-14 皆欲割諸侯之地○與秦成. 145-17 是故橫人日夜務○秦權恐猲諸侯. 145-20 ○求割地. 145-21 ○儐畔秦. 145-24 通質刑白馬○盟之. 145-25 齊魏各出銳師○佐之. 145-25 齊出銳師○佐之. 146-2 燕出銳師○佐之. 146-3 韓魏出銳師○佐之. 146-4 燕出銳師○佐之. 146-5 六國從親○擯秦. 146-6 秦必不敢出兵於函谷關○害山東矣. 146-7 寡人敬○國從. 146-10 ○約諸侯. 146-11 不○夜行. 146-16 不○輕敵. 146-16 是○賢者任重而行恭. 146-16 又嚴之○刑罰. 146-22 將○逆秦. 147-1 臣有○知天下之不能爲從○逆秦也. 147-2 臣○田單如耳爲大過也. 147-2 欲○窮秦折韓. 147-4 臣○爲至愚也. 147-4 ○南伐楚. 147-6 夫齊兵之所○破. 147-8 韓魏之所○僅存者. 147-8 欲○窮秦折韓. 147-11 臣○爲至誤. 147-11 臣○從一不可成也. 147-11 是○三國之兵困. 147-18 故裂地○敗於齊. 147-19 ○兵橫行於中十四年. 147-19 終身不敢設兵○攻秦折韓也. 147-19 大王收率天下○儐秦. 147-24 今秦○大王之力. 148-3 願○甲子之日合戰. 148-5 ○正殷紂之事. 148-5 敬使臣先○聞於左右. 148-5 凡大王之所信○爲從者. 148-7 ○是爲非. 148-8 ○非爲是. 148-8 四國爲一○攻趙. 148-13 先○聞於左右. 148-14 ○爲一從不事秦. 148-19 剖地謝前過○事秦. 148-20 於是乃○車三百乘入朝澠池. 148-21 割河閒○事秦. 148-21 是○賢君靜而有道民便事之教. 149-2 可○無盡百姓之勞. 149-6 今吾將胡服騎射○教百姓. 149-8 非○

養欲而樂志也. 149-12 欲○論德而要功也. 149-12 雖敺世○笑我. 149-16 且將○朝. 149-18 非○養欲而樂志也. 149-22 ○輔公叔之議. 149-24 ○成胡服之功. 149-25 是○不先進. 150-2 所○便用也. 150-9 所○便事也. 150-9 是○聖人觀其鄉而順宜. 150-9 所○利其民而厚其國也. 150-10 是○鄉異而用變. 150-12 是故聖人苟可○利其民. 150-13 果可○便其事. 150-13 所○制俗也. 150-18 自常山○至代上黨. 150-19 ○守河薄洛之水. 150-20 ○備其參胡樓煩秦韓之邊. 150-21 ○及上黨. 150-22 ○攘諸胡. 150-23 近可○備上黨之形. 151-1 遠可○報中山之怨. 151-1 而叔也順中國之俗○逆簡襄之意. 151-1 ○順先王之志. 151-5 先聖之所○教. 151-11 所○成官而順政也. 151-14 非所○觀遠而論始也. 151-14 ○私誣國. 151-20 非所○教民而成禮也. 152-2 是○莅國者不襲奇辟之服. 152-3 非所○教民而成禮者也. 152-4 是○聖人利身之謂服. 152-13 所○齊常民. 152-14 非所○論賢者也. 152-14 ○書爲御者. 152-15 ○古制今者. 152-15 不足○高世. 152-16 不足○制今. 152-17 踐石○上者皆道子之孝. 152-19 故寡人問子○璧. 152-20 遺子○酒食. 152-20 故寡人○子之知慮. 152-21 爲辨足○道人. 152-22 危足○持難. 152-22 忠可○寫意. 152-22 信可○遠期. 152-23 服難○勇. 152-23 治亂○知. 152-23 立傅○行. 152-24 教少○學. 152-24 故寡人欲子之胡服○傅王乎. 152-25 威嚴不足○易於位. 153-4 重利不足○變其心. 153-5 ○煩有司. 153-7 所○使子. 153-8 寡人○王子爲子任. 153-11 御道之○行義. 153-11 ○事寡人者畢矣. 153-13 ○傅王子也. 153-15 不逆上○自伐. 153-19 不立私○爲名. 153-19 反親○爲行. 153-20 逆主○自成. 153-21 ○從政爲累. 153-22 ○逆主爲高. 153-22 ○明有司之法. 153-23 臣○失令過期. 153-24 ○待今日. 153-25 ○爲騎邑. 154-2 ○爲騎邑. 154-3 ○奉騎射. 154-6 所○昭後而期遠也. 154-11 不可○踰險. 154-12 不可○來朝. 154-12 今子○官府之籍. 154-13 所○不服者. 155-4 今○三萬之衆而應強國之兵. 155-10 而徒○三萬行於天下. 155-15 而○集兵三萬. 155-17 分○爲戰國七. 155-18 齊○二十萬之衆攻荊. 155-19 趙○二十萬之衆攻中山. 155-20 我其○三萬救是者乎哉. 155-21 而索○三萬之衆. 155-22 君將○此何之. 155-23 不如請○河東易燕地於齊. 156-9 ○河東之地強齊. 156-10 ○燕○趙輔之. 156-10 必皆事王○伐齊. 156-11 是因天下○破齊也. 156-11 乃○河東易齊. 156-11 趙○公子部爲質於秦. 156-14 ○易藺離石祁於趙. 156-15 魏令公子咎○銳師居安邑. 156-22 ○挾秦. 156-22 富丁欲○趙合齊魏. 156-25 樓緩欲○趙合秦楚. 156-25 不如○順齊. 157-2 必○趙爲辭. 157-3 ○未構中山也. 157-9 是我○王因饒中山而取地也. 157-10 而○餘兵與三國攻秦. 157-13 公不如令主父○地資周最. 157-17 周最○天下辱秦者也. 157-17 夫○秦將武安君公孫起乘七勝之威. 158-5 因○其餘兵. 158-6 趙○亡敗之餘衆. 158-6 ○攻難而守者易也. 158-8 而欲○罷趙攻強燕. 158-9 是使弱趙爲強秦之所○攻. 158-9 而使強燕爲弱趙之所○守. 158-1 而強秦○休兵承趙之敝. 158-10 此乃強吳之所○亡. 158-11 而弱越之所○霸. 158-11 獨無○教之乎. 158-15 累世○前. 158-17 公子之所○教之者厚矣. 158-18 則恐王○臣之爲秦也. 159-6 王○樓緩言告之. 159-8 王○其力尚能進. 159-11 必○倦而歸也. 159-12 秦○其力攻其所不能取. 159-12 王又○其力之所不能攻○資之. 159-13 王無○救矣. 159-14 王又○虞卿之言告樓緩. 159-15 王之所○事秦必不如韓魏也. 159-20 王之所○事秦者. 159-21 王○樓緩之言告. 159-23 我○五城收天下○攻罷秦. 160-3 自弱○強秦. 160-5 是使王歲○六城事秦也. 160-6 ○益愈強之秦. 160-10 ○有盡之地. 160-12 王又○虞卿言告之. 160-14 ○疑天下. 160-17 王○此斷之. 160-19 王○五城賂齊. 160-22 而封○東武城. 161-8 而君爲相國者○親故. 161-8 夫君封○東武城不讓無功. 161-9 ○爲不媾者軍必破. 161-17 發使出重寶○附楚魏. 161-19 子○爲奚如. 161-23 秦王與應侯必顯重○示天下. 161-25 楚魏○趙爲媾. 161-25 秦所○急圍趙者. 162-7 ○齊故. 162-8 始吾○君爲天下之賢公子也. 162-14 世○鮑焦無從容而死者. 162-25 欲○助趙也. 163-3 燕則吾請○從矣. 163-5 紂○爲惡. 163-20 子將何○待吾君. 163-23 吾將○十太牢待子之君. 163-2 而將軍又何○得故寵乎. 164-12 始○先生爲庸人. 164-14 適會魏公子無忌奪晉鄙軍○救趙擊秦. 164-17 起前○千金爲魯連壽. 164-19 何○教之. 165-8 親嘗教○兵. 165-10 臣亦嘗○兵說魏昭王. 165-12 告○理則不可. 165-17 說○義則不聽. 165-17 其將何○當之. 165-18 且令工○爲冠. 165-22 幸○臨寡人. 165-23 願聞所○爲天下. 165-23 何不令前郎中○爲冠. 166-1 而王不○予工. 166-4 ○與秦角逐. 166-5 乃輦建信○與強秦角逐. 166-5 專君之勢○蔽左右. 166-8 是○夢見竈君. 166-13 君之所○事王者. 166-16 肓之所○事王者. 166-16 ○日多之知. 166-18 ○居邯鄲. 166-20 厚任肓○事能. 166-22 而獨○趙惡秦. 166-25 於是與殺呂遺何○異. 167-1 臣○爲今世用事者. 167-8 今君不能與文信侯相伉○權. 167-12 然而不○環寸之蹯. 167-16 ○爲代郡守. 167-24 恐其○擊燕爲名. 168-1 而○兵襲趙. 168-1 羣臣必多○臣爲不能者. 169-4 ○臣爲不能者非他. 169-5 則欲○天下之重恐王. 169-7 臣○齊循事王. 169-8 臣○爲齊致尊名於王. 169-9 臣○齊致地於王. 169-10 臣○齊爲王求名於燕及韓魏. 169-10 ○無齊之故重王. 169-12 燕魏自○無齊故重王. 169-13 則欲輕王○天下之重. 169-15 齊乃捄趙○伐宋. 169-19 李兌約五國○伐秦. 169-20 ○解其怨而取封焉. 169-21 ○救李子之死也. 170-1 則令秦攻魏○成其私封. 170-2 ○爲趙蔽. 170-4 今又○何陽姑密封其子. 170-4 ○便取陰. 170-5 如王若用所○事趙之半收齊. 170-6 請問王之所○報齊者可乎. 170-11 王○此疑齊. 170-12 今王又挾故薛公○爲相. 170-12 善韓徐○爲上交. 170-12 尊虞商○爲大客. 170-13 王固可○反疑齊乎. 170-13 趙從親○合於秦. 170-19 王使臣○韓魏與燕劫趙. 170-20 ○趙劫韓魏. 170-21 ○三晉劫秦. 170-21 ○天下劫楚. 170-22 則天下皆偪秦○事王. 170-22 齊乃令公孫衍說李兌○攻宋而定封焉. 170-25 臣之所○堅三晉○攻秦者. 171-1 非○爲齊得利秦之毀也. 171-2 欲○使攻宋也. 171-2 而宋置太子○爲王. 171-2 臣是○欲足下之速歸休士民也. 171-3 ○奉陽君甚食之. 171-10 ○觀奉陽君之應足下也. 171-11 縣陰○甘之. 171-12 循有燕○臨之. 171-12 臣又願足下有地効於襄安君○資臣也. 171-13 足下○此資臣也. 171-15 臣○爲足下見奉陽君矣. 171-19 ○四國攻之. 172-1 將何○天下爲. 172-6 ○據中國. 172-8 ○據魏而求安邑. 172-13 ○伐齊收楚. 172-17 是○攻齊之已弊. 172-24 而收齊魏○成取陰. 173-5 後○中牟反. 173-13 今王能○百里之地. 173-18 乃使人○百里之地. 173-20 臣聞趙王○百里之地. 173-22 臣竊○爲與其○死人市. 174-1 不若○生人市使也. 174-1 趙王○咫尺之書來. 174-3 嘗○魏之故. 174-5 則君將何○止之. 174-8 命○與齊. 174-13 而○求安平君而將之. 174-13 乃割濟東三令城市邑五十七○與齊. 174-14 今君○此與齊. 174-17 燕○奢爲上谷守. 174-18 僕主幸○聽僕也. 174-20 君之所○求安平君者. 174-21 ○齊之於燕也. 174-22 則奚○趙之強爲. 174-25 ○杜燕將. 175-兩國交○習之. 175-2 五年○擅呼沲. 175-7 ○過章子之路. 175-9 趙王三延之○相. 175-17 ○爲交. 175-19 卿因○德建信君矣. 175-19 吾所○重者. 175-23 秦三○虞卿爲言. 175-23 今燕一○廬陵君爲言. 175-24 使夫交淺者不可○深談. 176-9 ○秦之強. 177-3 ○制齊趙. 177-3 大王若有○令之. 177-12 大王○孝治聞於天下. 177-17 今使臣受大王之令○還報. 177-21 ○惡大國. 177-24 ○稱大國. 177-24 韓魏○友之. 178-2 ○明王之賢. 178-5 令昭應奉太子○委和於薛公. 178-8 必厚割趙○事君. 178-16 必○長安君爲質. 178-19 ○衛王官. 179-5 沒死○聞. 179-6 老臣竊○爲媼之愛燕后賢於長安君. 179-8 今三世○前. 179-14 而封之○膏腴之地. 179-18 長安君何○自託於趙. 179-19 老臣○媼爲長安君計短也. 179-20 故○爲其愛不若燕后. 179-20 ○多取封於秦. 180-2 ○相親之兵. 181-6 ○驕知伯. 181-8 君何釋○天下圖知氏. 181-8 而獨○吾國爲知氏質乎. 181-9 願得借師○伐趙. 181-14 趙又索兵○攻韓. 181-15 已乃知文侯○講於己也. 181-16 樂羊○我之故. 181-21 此晉國之所○強也. 182-18 奚足○霸王矣. 183-4 ○賞田百萬祿之. 183-8 若○臣之有功. 183-14 盡○爲人. 183-18 旣○與人. 183-19 願王○國事聽之也. 183-22 ○公叔之賢. 183-24 而謂寡人必○國事聽鞅. 183-24 秦果日○強. 184-1 魏日○削. 184-2 固○不悖者爲悖. 184-2 無○異於三軍之衆. 184-10 ○侵天下. 184-11 ○內劫其主. 184-12 臣聞越王勾踐○散卒三千. 184-16 割其主之埊○求外交. 184-22 外挾彊秦之勢○內劫其主○求割埊. 184-23 今主君○趙王之詔詔之. 185-5 敬○國從. 185-5 ○安社稷尊主強兵顯名也. 185-15 一天下約爲兄弟刑白馬○盟於洹水之上○相堅也. 185-16 其不可○成亦明矣. 185-17 此臣之所○爲大王患也. 185-22 莫不日夜搤腕瞋目切齒○言從之便. 186-8 ○說人主. 186-8 魏○董慶爲質於齊. 186-14 ○魏爲將內之於齊而擊其後. 186-16 不如貴董慶○善魏. 186-18 齊請○宋地封涇陽君. 186-21 然其所○不受者. 186-22 軫之所○來者. 187-4 魏王使李從○車百乘使於楚. 187-8 公可○居其中而疑之. 187-9 王必無辭○止公. 187-11 李從○車百乘使楚. 187-14 犀首又○車三十乘使燕趙. 187-14 ○事屬犀首. 187-15 亦○事屬犀首. 187-17 今燕齊趙皆○事因犀首. 187-17 而○事因犀首. 187-18 所○不使犀首者. 187-19 ○爲不可. 187-19 令四國屬○事. 187-19 寡人亦○事因焉. 187-19 魏之所○迎我者. 188-6 欲○絶齊楚也. 188-6 因○魯侯之車迎之. 188-7 張儀欲○魏合於秦韓而攻齊楚. 188-15 惠施欲○魏合於齊楚○案兵. 188-15 ○魏合於秦韓而攻齊楚. 188-17 而王之羣臣皆○爲可. 188-17 張子儀○秦相魏. 188-23 魏之所○相公者. 188-24 ○公相則國家安. 188-24 魏必事秦○持其國. 189-3 必割地○賂王. 189-3 其敝不足○應秦. 189-4 此儀之所○與秦王陰相結也. 189-4 非所○窮儀之道也. 189-5 儀請○秦攻三川. 189-8 王○其間約南陽. 189-8 公何不○楚佐儀求相之於魏. 189-9 張儀○合秦魏矣. 189-12 且魏王所○貴張子者. 189-13 ○爲衍功. 189-15 公叔○爲信. 189-16 犀首○爲功. 189-16 必反燕埊○下楚. 189-20 令○饑故. 190-1 賞韓王○近河外. 190-1 且○遇卜王. 190-2 ○講於秦. 190-11 臣不知衍之所○聽於秦之少多. 190-11 聞周魏令竇屢○割魏於奉陽君. 190-14 必○少割請合於王. 190-17 先○車五十乘至

衞間齊. 190-21 行○百金. 190-22 ○請先見齊王. 190-22 ○與王遇. 191-5 敗後必莫能○魏合於秦者矣. 191-5 不可○行百步. 191-9 今王○衍爲可使將. 191-10 犀首田盼欲得齊魏之兵○伐趙. 192-3 今公又言有難○懼之. 192-6 欲○爲王廣土取尊名. 192-13 ○稽二人者之所爲. 193-2 王厝需於側○稽之. 193-4 臣○爲身利而便於事. 193-4 請令王讓先生○國. 193-7 而○民勞與官費用之故. 193-21 而○告犀首. 193-23 吾未有○言之也. 193-23 難○行. 194-6 說文王之義○示天下. 194-11 請合而○伐宋. 194-15 王無與之講○取埊. 194-19 又○力攻之. 194-20 又必且曰王○求埊. 194-22 又且○力攻王. 194-23 又且收齊○更索於王. 194-25 則先鬻與國而○自解也. 195-7 而○秦爲上交○自重也. 195-9 鬻王○爲資者也. 195-9 而生○殘秦. 195-11 令足下鬻之○合於秦. 195-12 臣何足○當之. 195-13 合讎國○伐婚姻. 195-15 ○燕伐秦. 195-17 而臣○致燕甲而起齊兵矣. 195-17 而○齊爲上交. 195-25 臣又爭之○死. 195-25 然而所○爲之者. 196-1 彼必務○齊事王. 196-6 犀首○倍田需周宵. 196-6 今王所○告臣者. 196-22 ○休楚而伐罷齊. 197-1 是王○楚毀齊也. 197-1 此可○大勝也. 197-5 公不如歸太子○德之. 197-14 故○十人之衆. 197-19 然則相者○誰而君便之也. 197-23 是三人皆○太子爲非固相也. 198-5 皆將務○其國事魏. 198-6 ○魏之强. 198-7 ○此語告之. 198-8 ○完其交. 198-13 將○塞趙也. 198-13 此魏王之所○不安也. 198-16 ○此爲親. 198-18 不如用魏信而尊之○名. 198-22 上所○爲其主者忠矣. 198-24 下所○自爲者厚矣. 198-24 魏信○韓魏事秦. 198-25 必多割埊○深下王. 199-4 則是大王垂拱之割埊○爲利重. 199-5 恐魏之○太子在楚不肯也. 199-13 是○未敢. 199-15 ○疾攻魏. 199-16 秦因合魏○攻楚. 199-17 後世必有○酒亡其國者. 200-4 後世必有○味亡其國者. 200-6 後世必有○色亡其國者. 200-8 ○臨彷徨. 200-9 後世必有○高臺陂池亡其國者. 200-10 足○亡其國. 200-13 寡人請○鄴事大王. 201-5 魏王請○鄴事寡人. 201-6 大王且何○報魏. 201-8 敝邑所○事大王者. 201-10 遽割五城○合於魏而支秦. 201-11 因任之○爲魏之司徒. 201-17 因請○下兵東擊齊. 201-19 王無○責秦. 201-22 魏之所○獻長羊王屋洛林之地者. 201-24 有意欲○下大王之兵東擊齊也. 202-1 無○利事王者矣. 202-2 今○兵從. 202-3 ○東擊齊. 202-4 燕趙之所○國全兵勁. 202-9 ○其能忍難而重出地也. 202-9 而隨○亡. 202-10 臣○爲燕趙可法. 202-10 且劫王○多割也. 202-14 秦挾楚趙之兵○復攻. 202-15 願君之○是慮事也. 202-17 ○攻大梁. 202-21 是○天幸自爲常也. 202-21 ○止戍大梁. 202-22 臣○爲不下三十萬. 202-22 ○三十萬之衆. 202-23 臣○爲雖湯武復生. 202-23 臣○爲自天下之始分○至于今. 202-25 可○少割收也. 203-1 亟○少割收. 203-3 而得○少割爲和. 203-3 從是○散. 203-4 何必○兵哉. 203-5 是○名母也. 203-14 願子之有○易名母也. 203-15 願子之且○名母爲後也. 203-16 尚有可○易入朝者乎. 203-16 願王之有○易之. 203-17 而○入朝爲後. 203-17 請殉寡人○頭. 203-18 請○一鼠首爲女殉者. 203-20 而殉王○鼠首. 203-21 ○三者. 203-23 王○三乘先之. 203-25 尚足○捍秦. 204-1 王何○臣爲. 204-4 寧○爲秦邪. 204-6 吾○爲魏也. 204-6 魏不○敗之上割. 204-17 而秦不○勝之上割. 204-17 且夫姦臣固皆欲○地事秦. 204-21 ○地事秦. 204-21 不可○革也. 204-24 王○謂湻于髡曰. 205-10 文願借兵○救魏. 205-19 ○忠王也. 205-20 ○其西爲趙蔽也. 205-23 此文之所○忠於大王也. 205-24 今又行數千里而○助魏. 206-2 ○國之半與秦. 206-7 ○因趙之衆. 206-8 ○四國攻燕. 206-9 ○從田文. 206-11 而○憂死. 206-19 而莫○此諫. 206-23 今夫韓氏○一女子承一弱主. 206-23 王○爲不破乎. 206-24 王○爲安乎. 206-25 王○爲利乎. 207-1 而○與趙兵決勝於邯鄲之郊. 207-5 ○與楚兵決於陳郊. 207-9 而○之臨河內. 207-11 ○東臨許. 207-16 河山○蘭之. 207-19 從林軍○至于今. 207-20 而國繼○圍. 207-22 無河山○蘭之. 207-25 無周韓○閒之. 207-25 秦撓之○講. 208-3 ○臣之觀之. 208-4 是故臣願○從事乎王. 208-6 ○存韓爲務. 208-7 是魏重質韓○其上黨也. 208-11 足○富國. 208-12 魏得韓○爲縣. 208-13 抱葛薜陰成○爲趙養邑. 208-18 故荀息○馬與璧假道於虞. 208-23 ○罪虞公. 208-24 所○爲腹心之疾者. 208-25 ○救皮氏. 209-5 其人皆欲合齊秦外楚○輕公. 209-6 必令魏○地聽秦而爲和. 209-8 ○張子之强. 209-8 今○齊秦之重. 209-9 外楚○輕公. 209-9 ○爲和於秦也. 209-10 公因寄汾北○予秦而爲和. 209-11 合親○孤齊. 209-11 天下且○此輕秦. 209-15 於○攻韓魏. 209-15 臣願○鄙心意公. 209-16 公無○爲罪. 209-16 而○與魏. 209-17 公終自○爲不能守也. 209-17 故○與魏. 209-17 ○輕樓廩. 209-22 ○輕翟强. 209-2 子能○汾北與我乎. 209-24 ○重公也. 209-24 子能○汾北與我乎. 209-25 ○重公也. 210-1 是公外得齊楚○爲用. 210-2 内得樓廩翟强○爲佐. 210-2 試之弱密須氏○爲武教. 211-10 不先○弱爲武教. 211-12 繒恃齊○悍越. 211-16 鄭恃魏○輕韓. 211-16 原恃秦翟○輕晉. 211-17 中山恃齊魏○輕趙. 211-18 此五國所○亡者. 211-19 夫國之所○不可恃者多. 211-20 或○政教不脩上下不輯. 211-21 或○年穀不登. 211-22 臣○此知國之不可必恃也. 211-23 ○是質秦. 211-24 而○一人之心爲命也. 212-1 臣○此爲不完. 212-1 慮久○天下爲可一者. 212-11 欲獨○魏支秦者. 212-12 横者將圖子○合於秦. 212-15 而○資子之讎也. 212-15 君攻楚得宛穰○廣陶. 212-22 攻齊得剛博○廣陶. 212-22 得許鄢陵○廣陶. 212-22 ○大梁之未亡也. 212-23 不○挾私爲政. 213-11 ○王之不必也. 213-14 ○王之必也. 213-14 ○爲秦之求索. 213-15 趙不○毀構矣. 213-21 秦許吾○垣雍. 213-25 臣○垣雍爲空割也. 214-1 故○垣雍餌王也. 214-3 是○有雍者與秦遇. 214-12 而養秦太后○地. 214-16 舍不足○舍之. 214-25 成陽君欲○韓魏聽秦. 215-3 而○多割於韓矣. 215-4 宜割二寧○求構. 215-10○王爲易制也. 215-16 ○廣地尊名. 215-24 夫齊不○無魏者○害有魏者. 216-3 臣請○魏聽. 216-4 ○齊有魏也. 216-5 魏之所○爲王通天下者. 216-11 ○周最也. 216-11 ○爲秦之强足○爲與也. 216-22 竊○爲大王籌筴之臣無任矣. 216-24 吾將仕之○五大夫. 217-13 夫○父攻子守. 217-16 使者○報信陵君. 217-19 ○造安陵之城. 217-21 受詔襄王○守此地也. 217-22 ○全父子之義. 217-25 今○臣凶惡. 218-12 而王○是質秦. 218-25 虧地不足○傷國. 219-2 卑體不足○苦身. 219-2 執法○下至於長輓者. 219-3 今王割地○賂秦. 219-4 ○爲嫪毐功. 219-5 卑體○尊秦. 219-5 ○因嫪毐. 219-5 王○國贊嫪毐. 219-5 ○嫪毐勝矣. 219-6 王○國贊嫪氏. 219-6 寡人欲○五百里之地易安陵. 219-11○大易小. 219-12 寡人○五百里之地易安陵. 219-14 而君○五十里之地存者. 219-15 ○君爲長者. 219-15 今吾○十倍之地. 219-16 ○頭搶地爾. 219-22 而安陵○五十里之地存者. 220-3 徒○有先生也. 220-3 子○韓重我於趙. 221-9 請○趙重子於韓. 221-9 二人各進議於王○事. 221-15 申子微視王之所說○言於王. 221-16 ○韓卒之勇. 222-6 夫○韓之勁. 222-7 卽無地○給之. 222-10 夫○有盡之地. 222-11 何○異於牛後乎. 222-14 夫○大王之賢. 222-14 今主君○楚王之教詔之. 222-17 敬奉社稷○從. 222-17 被甲冒胄○會戰. 223-1 秦人捐甲徒裎○趨敵. 223-1 ○重力相壓. 223-3 ○攻不服之弱國. 223-3 無○異於墮千鈞之重. 223-4 比周○相飾也. 223-5 聽吾計則可○强霸天下. 223-5 非○韓能强於楚也. 223-12 今王西面而事秦○攻楚. 223-12 須○決事. 223-14 羣臣或內樹其黨○擅其主. 223-21 或外爲交○裂其地. 223-22 因○齊魏廢韓朋. 223-25 而相公叔○伐秦. 223-25 不如貴昭獻○固楚. 224-3 臣恐山東之無○馳割事王者矣. 224-8 ○償兵費. 224-13 天下且○是輕王而重秦. 224-16 必攻市丘○償兵費. 224-18 請○伐韓. 224-23 公○八百金請伐人之與國. 224-24 ○幾瑟之存焉. 224-25 今已令楚王奉幾瑟○車百乘居陽翟. 225-1 請爲公○五萬攻西周. 225-10 是○九鼎印甘茂也. 225-11○質許地. 225-15 收韓趙之兵○臨魏. 225-15 ○成陽資翟强於齊. 225-17 公仲○宜陽之故. 225-20 秦王固疑甘茂之○武遂解於公仲也. 225-20 明也願因茂○事王. 225-21 賂之○一名都. 226-1 此○一易二之計也. 226-2 此秦所○廟祠而求也. 226-5 必不爲鴈行○來. 226-8 ○厚怨於韓. 226-10 弊邑將○楚殉韓. 226-14 夫○實告我者. 226-15 ○虛名救我者. 226-16 楚因○起師言救韓. 226-18 且王○使人報於秦矣. 226-19 公仲必○率爲陽也. 226-25 自今○來. 227-2 公仲之謁者○告公仲. 227-3 自○爲必可○封. 227-6 中封小令尹○桂陽. 227-6 公仲躬率其私徒○鬬於秦. 227-7 非○當韓也. 227-8 貴其所○貴者貴. 227-9 彼有○失之也. 227-12 公何○異之. 227-14 善韓○備之. 227-15 韓氏先○國從公孫郝. 227-16 今公言善韓○備楚. 227-17 甘茂許公仲○武遂. 227-19 公何不○秦爲韓求潁川於楚. 227-21 是令行於楚而○其地德韓也. 227-22 而公過楚○攻韓. 227-23 甘茂欲○魏取齊. 227-24 公孫郝欲○韓取齊. 227-25 今公取宜陽○爲功. 227-25 收楚韓○安之. 227-25 是○公孫郝甘茂之無事也. 228-1 善公孫郝○難甘茂. 228-5 勸齊兵○勸止魏. 228-5 臣恐國之○此爲患也. 228-6 秦王○公孫郝爲黨於公而弗之聽. 228-8 公何不因行願○與秦王語. 228-9 今王聽公孫郝○韓秦之兵應齊而攻魏. 228-12 臣○公孫郝爲不忠. 228-14 ○韓秦之兵據魏而攻齊. 228-14 臣○甘茂爲不忠. 228-16 故王不如令韓中立○攻齊. 228-16 齊王言救魏○勁之. 228-17 易穀川○歸. 228-18 ○韓秦之兵據魏○郄齊. 228-19 臣○爲令韓○中立○勁齊. 228-21 且○善齊而絶齊乎楚. 229-1 恐齊○楚遇爲有陰於秦魏也. 229-2 將○合齊秦而絶齊於楚也. 229-3 齊無○信魏之合己於秦而攻於楚也. 229-4 ○視齊於有秦魏. 229-7 ○告秦王. 229-20 必來○是而足矣. 229-21 人皆○楚爲强. 229-23 假道兩周倍韓○攻楚. 229-25 割○予秦. 230-2 先王○其髀加妾之身. 231-7 ○其少有利焉. 231-8 則不足○救韓. 231-9 公叔且○國南合於楚. 231-17 是楚○三國謀秦也. 231-18 果下師於殽○救韓. 231-19 子○秦爲將救韓乎. 231-22 請道於南鄭藍田○入攻楚. 231-23 出兵於三川○待公. 231-24 故不如出兵○勁魏. 232-2 秦取西河之外○歸. 232-3 ○公不如亟○國合於齊楚. 232-10 秦必委國於公○解伐. 232-11 是公之所○外者儀而已. 232-11 公無辭○後反. 232-15 王何不試○襄子爲質於韓. 232-22 因○出襄子而德太子. 232-22 必○兵臨魏. 233-1 請爲子起兵○之魏. 233-2 子有辭○毋戰. 233-2 於是○太子扁昭

揚梁王皆德公矣. 233-2 留馮君○善韓臣. 233-5 而資之○秦. 233-6
○與太子爭. 233-7 韓得武遂○恨秦. 233-11 今公自○辯於薛公而輕
秦. 233-16 ○爲公也. 233-24 亦○爲公也. 233-24 而○不得已之故
來使. 234-2 鄭王必○齊王爲不急. 234-3 矯○新城陽人合世子. 234
-7 ○與公叔爭國. 234-8 ○爲國也. 234-9 ○與公叔爭國. 234-9 今
且○至. 234-11 尙何足○圖國之全爲. 234-16 王爲我逐幾瑟○窮之.
234-20 而內收諸大夫○自輔也. 234-25 ○恐太子. 235-1 必不敢輔
伯嬰○爲亂. 235-6 秦楚挾幾瑟○塞伯嬰. 235-7 則公叔伯嬰必知秦
楚之不○幾瑟爲事也. 235-11 必○韓合於秦楚矣. 235-12 秦楚挾韓
○窘魏. 235-12 韓挾齊魏○盻楚. 235-13 ○積德於韓. 235-15 則公
叔伯嬰必○國事公矣. 235-15 必○韓權報讎於魏. 235-20 韓必起兵
○禁之. 236-3 公因○楚韓之兵奉幾瑟而內之鄭. 236-4 必○韓楚奉
公矣. 236-5 ○復幾瑟也. 236-8 周欲○車百乘重而送之. 236-10 不
如○百金從之. 236-11 因也○爲戒. 236-12 正可○圉盜乎. 236-16
○正圉盜. 236-16 韓傀○之叱之於朝. 236-23 ○救解. 236-23 游求
人可○報韓傀者. 236-24 ○意厚之. 237-1 客游○爲狗屠. 237-5 可
旦夕得甘脆○養親. 237-5 特○爲夫人麤糲之費. 237-8 ○交足下之
驩. 237-8 豈敢○有求邪. 237-8 臣所○降志辱身. 237-9 鼓刀○屠.
237-14 臣之所○待之至淺鮮矣. 237-14 未有大功可○稱者. 237-15
夫賢者○感忿睚眦之意. 237-16 政徒○老母. 237-17 老母今○天年
終. 237-18 前所○不許仲子者. 237-19 徒○親在. 237-20 ○爲羽翼.
237-23 此其勢不可○多人. 237-25 遂○死. 238-7 聶政之所○名施
於後世者. 238-16 ○揚其名也. 238-17 得○其道爲之. 239-5 若韓隨
魏○善秦. 239-7 令用事於韓○完之. 239-8 必欲善韓○塞魏. 239-14
必務善韓○備秦. 239-14 今有一舉而可○忠於主. 239-18 今公○
韓先合於秦. 239-20 是韓○天下事秦. 239-21 秦必起兵○誅不服.
239-23 韓息士民○待其釁. 239-24 周佼○西周善於秦. 240-1 周啓○
東周善於秦. 240-2 今公○韓善秦. 240-2 今公○韓爲天下先合於秦.
240-4 秦必○公爲諸侯. 240-4 ○明示天下. 240-4 所○爲王也. 240
-9 ○韓之强. 240-9 輔之○宋. 240-9 此韓珉之所○禱於秦也. 240-
10 ○萬乘自輔. 240-13 請○决事. 240-17 ○東闚周室. 240-20 欲得
梁○臨韓. 240-21 故欲病之○固交也. 240-21 使山東皆○銳師戍韓
梁之西邊. 240-24 山東無○救亡. 240-24 不可○爲存. 241-2 適足○
自令亟亡也. 241-2 而王與諸臣不事爲尊秦○定韓者. 241-11 臣竊○
爲王之明爲不如昭釐侯. 241-12 此○一勝立尊令. 241-15 大勝○千
數. 241-16 小勝○百數. 241-16 非○求主尊成名於天下也. 241-18
反○越事吳之禮事越. 241-23 臣竊○爲猶之井中而謂曰. 242-1 立○
爲鄭君. 242-4 未嘗不○周襄王之命. 242-7 皆戴哀侯○爲君. 242-11
而○國先者. 242-13 則可○辟其兵. 242-15 非金無○也. 242-25
韓因○其金事秦. 243-1 ○是爲金○事秦. 243-4 則必○地和於齊楚.
243-8 ○爲不然. 243-10 人之所○善扁鵲者. 243-13 今君○所事善
平原君者. 243-14 而善平原君乃所○惡於秦也. 243-15 且○求武隧
也. 243-19 其形乃可○善楚. 243-20 吾欲○國輔韓珉而相之可乎.
243-22 珉必○國保楚. 243-23○重公仲也. 244-4 又奚爲挾之○恨魏
王乎. 244-5 所○不及魏者. 244-11 ○爲成而過南陽之道. 244-12 欲
○四國西首也. 244-12 所○不者. 244-12 皆曰○燕亡於齊. 244-12
羣臣比周○蔽其上. 244-13 輻湊○事其上. 244-17 則諸侯不敢因羣
臣○爲能矣. 244-19 臣故願公仲之國○侍於王. 244-23 公○二人者
爲賢人也. 245-3 ○臨齊而市公. 245-6 秦封君○山陽. 245-8 齊封君
○莒. 245-8 是何○爲公之王使乎. 245-14 必且務○楚合於齊. 245-
20 齊○四國敵秦. 245-20 楚之齊者先務○楚合於齊. 245-22 ○强秦
而有晉楚. 245-22 ○爲三川之守. 246-6 是緤○三川與西周戒也. 246
-7 必盡其家○事王. 246-7 必效先王之器○止王. 246-7 ○止子之
事. 246-8 可○無釁. 246-24 大王知其所○然乎. 248-8 夫燕之所○
不犯寇被兵者. 248-9 ○趙之爲蔽於南也. 248-9 而王○全燕制其後.
248-11 此燕之所○不犯難也. 248-11 合從○安燕. 248-19 敬○國從.
248-19 於是齎蘇秦車馬金帛○至趙. 248-19 其○權立. 249-4 ○重
外. 249-4 ○事貴. 249-4 ○疑燕齊. 249-5 不如○埊請合於齊. 249-
9 令郭任○埊請講於齊. 249-11 秦惠王○其女爲燕太子婦. 249-13
人之飢所○不食鳥喙者. 249-17 ○爲雖偷充腹. 249-17 ○招天下之
精兵. 249-19 卑辭○謝秦. 249-2 秦知王○己之故歸燕城也. 249-23
是王○虛辭附秦. 249-25 而○十城取天下也. 249-25 ○金千斤謝
其後. 250-3 王○萬乘下之. 250-6 而○事足下. 250-12 所○自爲也.
250-19 非所○爲人也. 250-19 君○自覆爲可乎. 250-21 所謂○忠信
得罪於君者也. 250-24 吾已爲藥酒○待之矣. 251-2 上○活主父. 251
-5 下○存主母也. 251-5 此○忠信得罪者也. 251-5 昔趙王○其姊
爲代王妻. 251-11 令之可○擊人. 251-13 摩笄○自刺也. 251-17 且
○趙王爲可親邪. 251-19 大王割十城乃卻○謝. 251-20 效河間○事
秦. 251-21 不敢妄興師○征伐. 251-24 言不足○求正. 252-1 謀不足
○决事. 252-2 ○其亂也. 252-6 今王奉仇讎○伐援國. 252-16 非所
○利燕也. 252-17 無○諫者. 252-17 子能○燕敵齊. 252-25 而又○
其餘兵南面而舉五千乘之勁宋. 253-6 可○爲固. 253-9 足○爲塞.
253-9 何足○爲固. 253-11 何足○爲塞. 253-12 所○備趙也. 253-12
所○備燕也. 253-13 盡○役矣. 253-13 王誠能毋愛寵子母弟○爲質.
253-14 寶珠玉帛○事其左右. 253-15 吾終○子受命於天矣. 253-16
蘇代欲○激燕王○厚任子之也. 253-24 不如○國讓子之. 254-1 ○其
讓天下於許由. 254-2 今王○國讓相子之. 254-3 禹授益而○啓爲吏.
254-5 而○啓爲不足任天下. 254-5 則唯太子所○令之. 254-14 ○因
北地之衆○伐燕. 254-19 齊請○宋封涇陽君. 255-6 ○招賢者. 255-
13 欲將○報讎. 255-13 不足○報. 255-15 ○雪先王之耻. 255-15 敢
問○國報讎者奈何. 255-16 有○千金求千里馬者. 255-24 反○報君.
256-1 天下必○王爲能市馬. 256-3 於是遂○樂毅爲上將軍. 256-8
與秦楚三晉合謀○伐齊. 256-9 將欲○除害取信於齊也. 256-16 足下
○宋加淮北. 256-18 加之○魯衞. 256-19 今乃○三齊臨燕. 256-20
秦挾賓客○待破. 257-2 秦五世○結諸侯. 257-3 不憚○一國都爲功.
257-3 ○窮齊之說說秦. 257-4 ○不信秦王也. 257-6 今王何不使可
○信者接收燕趙. 257-6 因○爲質. 257-7 立爲三帝而○令諸侯. 257
-8 因驅韓魏○攻齊. 257-10 則王何不務使知士○若此言說秦. 257-
17 兼此三行○事王. 257-25 足下○爲足. 258-1 臣○爲廉不與身俱
達. 258-5 ○自憂爲足. 258-7 皆○不自憂故也. 258-8 子何○知之.
258-16 是○愚臣知之. 258-17 子○此爲寡人東游於齊. 258-19 足下
○愛之故與. 258-20 而乃○與無能之臣. 258-21 今臣之所○事足下
者. 258-22 恐○忠信之故. 258-22 吾○此飲吾主父. 259-3 ○此事告
吾主父. 259-4 故妾所○笞者. 259-7 齊楚不得○有枳宋事秦者. 260
-4 韓氏○爲然. 260-12 魏氏○爲然. 260-18 則○宋委於齊. 260-19
爲木人○寫寡人. 260-20 因○破宋爲齊罪. 260-21 則○齊委於天下
曰. 260-23 必率天下○攻寡人者三. 260-24 因○破齊爲天下罪. 261
-2 則○南陽委於楚曰. 261-3 因○塞鄳隘爲楚罪. 261-5 ○膠東委於
燕. 261-6 ○濟西委於趙. 261-6 則○葉蔡委於魏. 261-8 ○膠東. 261
-11 ○濟西. 261-11 ○葉蔡. 261-11 ○塞鄳隘. 261-12 ○宋. 261-
12 皆○爭事秦說其主. 261-17 代厲皆○壽死. 261-20 蘇代爲奉陽君
說燕於趙○伐齊. 261-23 與齊王謀道取秦○謀趙者. 262-1 令齊守趙
之質子○甲者. 262-2 請告子○請齊. 262-2 果○守趙之質子○甲.
262-3 吾必守子○甲. 262-3 出爲之○成所欲. 262-4 必不任蘇子○事.
262-9 今○燕爲上交. 262-10 不○今時大紛之. 262-14 死不足○爲
臣患. 262-15 逃不足○爲臣耻. 262-16 不足○爲臣榮. 262-16 不足
○爲臣辱. 262-17 ○成所欲. 262-20 臣○爲不若逃而去之. 262-21
臣○韓魏循自齊. 262-21 深結趙○勁之. 262-22 蘇子怒於燕王之不
○吾故弗予相. 262-23 而○湯爲天子. 263-1 三晉稱○爲士. 263-6
逃不足○爲辱矣. 263-7 趙合於燕○攻齊. 263-8 今臣欲○駿馬見於
王. 263-14 ○爲馬食. 263-15 王何不出兵○攻齊. 263-20 欲○復振
古埊也. 263-21 夫○蘇子之賢. 263-22 何足○當之. 263-25 而○臣
遺燕也. 264-1 ○守陽城. 264-4 請自歸於吏○戮. 264-5 子無○爲罪.
264-6 是○天幸自爲功也. 264-8 其後必務○勝報王矣. 264-9 遂將
○與燕戰於陽城. 264-10 上可○得用於齊. 264-19 次可○得信於下.
264-19 ○女自信可也. 264-20 臣受令○任齊. 264-21 奉○千金. 265
-12 ○爲人之終也. 265-13 今王之○公子爲質也. 265-14 且○爲公
子功而封之也. 265-15 臣是○知人主之不愛丈夫子獨甚也. 265-15
且○因子而事齊. 265-24 今予○百金送公也. 266-5 不如○言. 266-
5 而弱越乘其弊○霸. 266-6 而强秦將○兵承王之西. 266-8 而使强
秦處弱越之所○霸也. 266-9 使者乃○說趙王. 266-10 乃封之○地.
266-10 盡郡縣之○屬燕. 266-13 趙封○爲望諸君. 266-15 復收七十
城○復齊. 266-16 懼趙用樂毅承燕之弊○伐燕. 266-16 ○與寡人有
郄. 266-22 而亦何○報先王之所○遇將軍之意乎. 266-23 ○順左右
之心. 266-24 ○傷先王之明. 266-25 自負○不肖之罪. 267-1 臣恐侍
御者之不察先王之所○畜幸臣之理. 267-1 而又不白於臣之所○事先
王之心. 267-2 故敢○書對. 267-3 不○祿私其親. 267-4 不○官隨其
愛. 267-4 臣○所學者觀之. 267-6 而○身得察於燕. 267-7 臣自○爲
奉令承教. 267-8 可○幸無罪矣. 267-9 而欲○齊爲事. 267-10 ○天
之道. 267-16 僅○身免. 267-18 自五伯○來. 267-20 先王○爲愜其
志. 267-21 ○臣爲不頓命. 267-21 自○爲奉令承教. 267-22 可○幸
無罪矣. 267-23 所○能循法令. 268-2 施及萌隸皆可○教於後世. 268
-2 故吳王夫差不悟先論之可○立功. 268-6 ○明先王之迹者. 268-
9 ○幸爲利者. 268-10 故敢○書報. 268-14 不惡卑名○事强. 268-16
事强可○令國安長久. 268-16 ○事强而不可○爲萬世. 268-17 ○
其合兩而如一也. 268-20 之卒者出士○戍韓梁之西邊. 269-4 今韓梁
趙三國○合矣. 269-6 不如○兵南合三晉. 269-9 燕果○兵南合三晉
也. 269-11 率天下之兵○伐齊. 269-25 ○弊大衆. 270-8 燕無○决之.
270-12 此焉可○舍. 271-5 取之○與宋. 271-6 晝○車騎. 271-8 暮
○燭見. 271-8 ○爲燕楚與魏謀之. 271-9 不可說○利. 271-16 燕王
喜使栗腹○百金爲趙孝成王壽. 271-19 吾○倍攻之. 271-21 ○三.
271-22 左右皆○爲趙可伐. 271-23 遽起六十萬○攻趙. 271-23 令栗
腹○四十萬攻鄗. 271-23 使慶秦○二十萬攻代. 271-24 趙使廉頗○
八萬遇栗腹於鄗. 271-24 使樂乘○五萬遇慶秦於代. 272-1 燕王○書

且謝焉. 272-2 君微出明怨○棄寡人. 272-7 厚者不毀人○自益也. 272-8 仁者不危人○要名. 272-8○故掩人之邪者. 272-9 今君厚受位於先王○成尊. 272-11 輕棄寡人○快心. 272-11 所○合好掩惡也. 272-14 恐其適足○傷於高而薄於行也. 272-18 苟可○明君之義. 272-18 本欲○爲明寡人之薄. 272-19 義者不虧人○自益. 272-20 況傷人○自損乎. 272-21 願君無○寡人不肖. 272-21 可○去. 272-22 柳下惠不○三黜自累. 272-24 不○去爲心. 272-24 今○寡人無罪. 273-3 復○教寡人. 273-4 余且慝心○成而過. 273-4 不顧先王○明而惡. 273-4 敬○書謁之. 273-6 茲之所○受命於趙者. 273-10 趙王○爲然而遣之. 273-13 所○不能反勝秦者. 273-17 秦王○爲然. 273-18 兵○臨易水. 273-21 則易水○北. 273-24 柰何○見陵之怨. 273-24 是○委肉當餓虎之蹊. 274-4 願太子急遣樊將軍入匈奴○滅口. 274-5 光不敢○乏國事也. 274-16 欲自殺○激荆軻. 275-1 欲○成大事之謀. 275-4 今田先生○死明不泄言. 275-5 此天所○哀燕不棄其孤也. 275-6 今計舉國不足○當秦. 275-12 愚○爲誠得天下之勇士. 275-12 窺○重利. 275-13 ○其間諸侯. 275-16 而不知所○委命. 275-17 ○順適其意. 275-21 臣乃得有○報太子. 276-2 樊將軍○窮困來歸丹. 276-2 丹不忍○己之私. 276-3 可○解燕國之患. 276-7 願得將軍之首○獻秦. 276-8 使工○藥淬之. 276-16 ○試人. 276-16 日○盡矣. 276-20 僕所○留者. 276-22 皆白衣冠○送之. 276-24 不敢興兵○拒大王. 277-5 使使○聞大王. 277-8 ○次進至陛下. 277-10 ○故荆軻逐秦王. 277-20 而卒惶急無○擊軻. 277-20 而乃○手共搏之. 277-21 ○其所奉藥囊提軻. 277-21 遂拔○擊荆軻. 277-23 箕踞○罵曰. 277-25 事所○不成者. 278-1 乃欲○生劫之. 278-1 必得約契○報太子也. 278-1 乃○藥囊提軻也. 278-4 詔王翦軍○伐燕. 278-5 其後荆軻客高漸離○擊筑見秦皇帝. 278-9 而○筑擊秦皇帝. 278-9 必○堅我. 279-5 將○攻宋. 279-9 將○攻宋. 279-11 惡○王吏之攻宋. 279-21 曾無一介之使○存之乎. 280-1 ○隨使者. 280-3 坐御○待中之議. 280-5 彼安敢攻衞○重其不勝之罪哉. 280-6 ○害趙國. 280-11 願王之有○命弊邑. 280-11 弱趙○强梁. 280-13 則吾何○告子而可乎. 280-14 ○待下吏之有城而已. 280-15 宋因賣楚重○求講於齊. 280-23○明宋之賣楚重於齊也. 280-25 ○示勇. 281-14 衞君○其言告邊境. 281-21 ○爲秦乎. 282-4 ○爲魏乎. 282-4 衞所○爲衞者. 282-5 ○有蒲也. 282-5 害秦○善魏. 282-8○德衞君. 282-9 ○自重於衞. 282-13 又○德衞君也. 282-14 許之○百金. 282-17 奚○知之. 282-22 臣○是知王緩也. 282-22 子聽吾言也○說君. 282-25 羣臣盡○爲君輕國而好高麗. 283-2 自今○往者. 283-4 般順且○君令相公期. 283-5 乃請○左氏. 283-8 ○百金之地. 283-9 足○爲治. 283-10 將何○用之. 283-11 公何不請公子傾○爲正妻. 284-4 ○廢其王. 284-8 ○中山之小. 284-12 善○微計薦中山之君久矣. 284-23 難信○爲利. 284-23 何○知之. 285-1 ○止其遇哉. 285-2 欲割平邑○賂燕趙. 285-6 出兵○攻中山. 285-7 不憚割地○賂燕趙. 285-9 出兵○攻中山. 285-9 請○公爲齊王而登試而說公. 285-12 王之所○不憚割地○賂燕趙. 285-14 出兵○攻中山者. 285-14 夫割地○賂燕趙. 285-15 出兵○攻中山. 285-16 寡人所○閉關不通使者. 285-19 是○隘之. 285-20 王苟舉趾○見寡人. 285-20 ○此說齊王. 285-23 此所○廢之. 285-23 此王所○存者也. 285-24 齊○是辭來. 285-25 ○積厚於燕趙. 285-25 齊之欲割平邑○賂我者. 286-1 徒欲○離我於中山. 286-1 果○是辭來. 286-4 ○爲己求相. 286-9 不○分人. 286-9 公因勸君立之○爲正妻. 286-16 然則立○爲妻. 286-18 可○爲司馬憙. 286-20 可○爲陰簡. 286-20 可○令趙勿請也. 286-21 ○臣所行多矣. 287-6 特○爲神. 287-8 ○絶趙王之意. 287-17 中山王遂立○爲后. 287-18 何○. 287-22 吾○一桮羊羹亡國. 288-7 ○一壺飡得士二人. 288-8 樂羊食子○自信. 288-11 明害父○求法. 288-11 求益軍糧○滅趙. 288-15 今寡人息民○養士. 288-15 ○靡其財. 288-19○生其財. 288-21 亦○十倍矣. 288-21 寡人既○興師矣. 288-25 韓魏○故至今稱東藩. 289-6 是○寡人大發軍. 289-7 君嘗○寡擊衆. 289-9 況○彊擊弱. 289-9 ○衆擊寡乎. 289-9 而羣臣相妬○功. 289-11 故起所○得引兵深入. 289-13 發梁焚舟○專民. 289-13 ○掠於郊野. 289-14 ○足軍食. 289-14 ○軍中爲家. 289-14 是○能有功也. 289-16 欲推○爲鋒. 289-17 是○臣得設疑兵. 289-18 ○待韓陣. 289-18 ○是之故能立功. 289-19 不遂○時乘其振懼而滅之. 289-20 使得耕稼○益蓄積. 289-21 養孤長幼○益其衆. 289-21 繕治兵甲○益其强. 289-22 增城浚池○益其固. 289-22 主折節○下其臣. 289-22 臣推體○下死士. 289-22 ○合伐之. 289-24 ○言於王. 290-3 趙王出輕鋭○寇其後. 290-5 ○諸侯之變. 290-10 ○令諸侯. 290-11 何必○趙爲先乎. 290-11 ○致臣罪. 290-12

【予】 34

周君○之. 6-24 君○金三十斤. 7-24 子不○之. 21-17 齊○晉弊邑. 34-7 ○之五十金. 42-6 於是其謀者固未可得○也. 42-7 ○忖度之. 52-24 孟嘗君○車五十乘. 83-14 矯目新城陽人○太子. 107-16 臣矯○之. 107-17 王且○之五大夫. 107-23 ○之五大夫. 108-2 ○我東地五百里. 117-8 子不○我. 117-8 不○焦黎牛狐. 156-16 不如○之. 159-7 猶不○也. 159-17 王將○之乎. 160-7 且臣曰勿○者. 160-22 非固勿○而已也. 160-22 而○其所謂賢. 164-11 而王不以○工. 166-4 多○之重器. 179-19 魏桓子弗○. 181-3 何故弗○. 181-3 故弗○. 181-4 君○之地. 181-5 又安敢釋卒不我○乎. 192-8 公因寄汾北以○秦而爲和. 209-11 割以○秦. 230-2 蘇子怒於燕王之不以吾故弗○相. 262-23 又不○卿也. 262-24 今○以百金送公也. 266-5 而未有適○也. 270-12

【毋】 30

綦○恢曰. 12-19 辛張陽○澤說魏王薛公公叔也. 35-5 公不若○多. 35-15 權何得○分. 41-9 臣願王之○獨攻其地. 41-15 ○相與鬬者. 42-5 因曰○敢思也. 43-18 ○翼而飛. 43-22 稱之而○絶. 44-18 極身○二. 44-22 ○與齊東國. 126-4 ○伐樹木. 142-10 ○發屋室. 142-10 殆○顧天下之議矣. 149-11 難夫○脊之厚. 155-11 道稱疾而○行. 188-6 ○謂天下何. 192-16 令○敢入子之事. 192-17 得○嫌於欲亟葬乎. 194-6 請爲王○禁楚之伐魏也. 194-17 王○行矣. 204-12 先生○復言也. 231-15 請○用兵. 232-25 子有辭以○戰. 233-2 ○秦患而得楚. 233-12 綦○恢曰. 236-11 今韓之父兄得衆者○相. 243-21 而不能令人○議臣於君. 247-2 王誠能○愛寵子母弟以爲質. 253-14 曩者使燕○去周室之上. 258-10

【玉】 23

盡君子重寶珠○以事諸侯. 7-2 安有說人主不能出其金○錦繡. 16-22 鄭人謂○未理者璞. 41-20 珠○之贏幾倍. 56-22 君之府藏珍珠寶○. 57-5 夫○生於山. 86-25 秦始皇嘗使使者遺君王后○連環. 101-7 多受秦間金○. 101-13 資之金○寶器. 116-9 王身出○聲. 117-17 王身出○聲. 117-24 楚國之食貴於○. 119-17 今令臣食○炊桂. 119-18 乃資之以珠○. 120-11 而崐山之○不出也. 138-22 苟來舉○趾而見寡人. 142-23 今吾視先生之○貌. 162-23 而武王羈於○門. 167-11 而恐太后○體之有所郄也. 178-24 而守金○之重也. 179-23 武夫類○. 182-5 寶珠○帛以事其左右. 253-15 珠○財寶. 267-18

【未】 191

○可知也. 7-18 而秦○與魏講也. 9-22 天下○有信之者也. 12-5 ○煩一兵. 17-4 ○戰一士. 17-5 ○絶一絃. 17-5 ○折一矢. 17-5 生○嘗見冦也. 18-18 是知秦戰○嘗不勝. 18-25 攻○嘗不取. 18-25 所當○嘗不破也. 18-25 而○必利也. 22-13 今地○可得而齊先絶. 26-20 使者○來. 26-24 除之○必已也. 28-21 而王之信臣又○若曾子之母也. 29-17 宜陽○得. 30-12 ○也. 36-5 而○知王心也. 37-18 ○之有也. 40-1 臣○嘗聞指大於臂. 40-20 鄭人謂玉○理者璞. 41-20 周人謂鼠○腊者朴. 41-20 於是其謀者固○可得予也. 42-7 ○知何如也. 45-16 楚疑於秦之○必救己也. 48-7 天下○嘗無事也. 51-10 萬乘之地○嘗有也. 51-25 爲帝若○能. 53-18 而○能復戰也. 55-22 趙○之遣. 57-14 ○嘗爲兵首. 59-20 四國之交○必合也. 61-2 夫韓魏之兵○弊. 64-19 臣之父○教而死. 67-9 今韓梁之目○嘗乾. 68-5 ○嘗倍太山絶清河涉渤海也. 68-19 ○嘗聞社稷之長利. 70-4 儀事先王不忠言○已. 71-10 ○成. 72-22 齊○必信太子之言也. 76-9 吾所○聞者. 77-10 夏侯章每言○嘗不毀孟嘗君也. 78-8 大官○可得. 79-2 所○至之國. 80-9 ○出. 80-11 ○敢. 80-18 ○嘗見也. 82-19 ○至百里. 83-10 ○得高枕而臥也. 83-13 ○晚. 84-6 猶○敢以有難也. 84-9 而士○有爲君盡游者也. 84-24 故曰君之好士○也. 85-3 ○得其實. 86-8 書○發. 88-3 衝櫓○施. 94-14 ○必利也. 103-5 至今○效. 106-4 ○得間也. 106-6 臣聞治之其○亂. 109-4 爲之其○有也. 109-5 故謀○發而國已危矣. 109-21 ○見勝焉. 109-22 ○明而立於朝. 112-25 ○涉疆. 118-15 ○見一人也. 119-10 ○嘗見中國之女如此其美也. 120-9 ○知見日也. 120-14 ○嘗見人如此其美也. 120-18 ○至. 120-21 而交○定於齊秦. 121-22 ○立后也. 123-22 ○爲晚也. 124-10 ○爲遲也. 124-11 其君○嘗不尊. 126-18 國○嘗不榮也. 126-19 ○出竟. 126-24 ○至絞纓射股. 127-5 ○至擢筋而餓死也. 127-6 故瘡○息. 127-21 而驚心○至也. 127-21 ○也. 128-21 妾之幸君○久. 129-3 我謀○遂而知. 133-7 ○之有也. 134-18 恃韓○窮. 138-13 ○見一城也. 140-15 ○見一城. 140-18 今魏恥○滅. 142-1 食○飽而禍已及矣. 143-1 及楚王之○入也. 143-8 ○嘗得聞社稷之長計. 146-9 智者見於○萌. 149-13 則胡服之功○可知也. 149-15 其怨○能報也. 150-25 然則反古○可非. 152-11 而循禮○足多也. 152-11 乃國○通於王胡服. 153-8 則○入而手斷. 155-14 以○構中山也. 157-9 今七敗之禍○復. 158-9 故臣○見燕之可攻也. 158-11 趙計○定. 158-22 ○知其二也. 160-15 虞卿○反. 161-2 平原君猶豫○有所決. 162-10 梁○睹秦稱帝之害故也. 163-6 先生獨○見夫僕乎. 163-14 ○嘗不言趙人之長者也. 165-5 ○嘗不言趙俗之善者也. 165-5 ○期年而葺亡走矣. 166-22 ○嘗不爲王先被矢石也. 170-8 齊甲○嘗不歲至於王之境也. 170-10 而○殺也. 173-21 天下之兵○聚. 174-19 姓名○著而受三公. 176-9 ○得相馬之工也. 176-14 趙王○之應也. 176-20 ○之聞也. 176-22 ○嘗不分於葉陽涇陽君. 177-18 願及○填溝壑而託之.

179-7 故兵○用而國已虧矣. 184-21 ○嘗得聞明教. 185-5 ○如是其明也. 188-19 兵○出境. 192-10 吾○有以言之也. 193-23 又令魏太子○葬其先王而因又說文王之義. 194-10 是以○敢. 199-15 王之士○有爲之中者也. 201-14 ○澮下兵也. 202-3 地○畢入而兵復出矣. 202-12 ○嘗有之也. 202-25 願之及楚趙之兵○任於大梁也. 203-2 秦○索其下. 203-23 王尙○聽也. 203-25 燕王尙○許也. 206-4 秦攻魏○能克之也. 206-6 以大梁之○亡也. 212-23 ○卒而移兵於梁. 213-15 ○見有福. 218-19 ○見有德. 218-20 臣○嘗聞也. 219-20 懷怒○發. 219-25 然○知王之所欲也. 221-12 恐言而○必中於王也. 221-12 二十餘年○嘗見攻. 229-24 韓○急也. 231-12 戰○必勝. 233-1 不若及齊師○入. 234-14 韓咎立爲君而○定也. 236-10 政身○敢許人也. 237-10 ○有大功可以稱者. 237-15 ○有一人言善韓者也. 240-14 ○有一人言善秦者也. 240-15 ○嘗不以周襄王之命. 242-7 ○急也. 245-14 公曰○急. 245-16 謀○發而聞於外. 252-20 而齊○加信於足下. 256-16 ○見齊王. 263-10 ○嘗謀燕. 264-22 伐齊○必勝也. 266-6 伐之○必勝. 266-7 三城○下. 266-14 功○有及先王者也. 267-20 而○有適予也. 270-12 其孤○壯. 271-20 恐君之○盡厚也. 272-7 ○爲通計也. 272-15 怨惡○見而明棄之. 272-15 ○盡厚也. 272-15 ○如殷紂之亂也. 272-16 ○如商容箕子之累也. 272-16 國人○知. 272-25 ○有所定也. 273-24 荆卿○有行意. 275-22 則秦○可親也. 275-25 其人居遠○來. 276-19 頃之○發. 276-19 ○嘗見天子. 277-12 ○至身. 277-15 ○知其所之. 282-18 所求中山○必得. 285-16○可豫陳也. 287-4 ○嘗見人如中山陰姬者也. 287-7 ○之有也. 287-25 趙○可伐也. 288-24 必○可拔. 290-1 ○覩其利. 290-2○能行. 290-2

【末】 4

夫本○更盛. 9-8 聽無失本○者難惑. 28-4 此言○路之難. 55-19 故有問舍本而問○者耶. 88-6

【示】 27

故急兵以○秦. 5-22 武王○之病. 28-20 文侯○之謗書一篋. 29-9 ○情素. 44-22 是○天下無楚也. 50-19 褊請以出○. 60-7 以○韓倉. 60-8 以○田忌之不返齊也. 65-22 惡其○人以難也. 93-8 則是非徒○人以難也. 93-9 君王后以○羣臣. 101-8 以○齊之有楚. 102-9 令之○秦必戰. 115-24 ○之其齒之堅也. 125-21 而○之不得已. 136-17 故出兵以佯○趙魏. 138-9 是不亦大○天下弱乎. 160-21 秦王與應侯必顯重以○天下. 161-25 是○楚無魏也. 186-17 說文王之義以○天下. 194-11 是○天下要斷山東之脊也. 211-6 是○齊輕也. 216-3 故公不如○有魏. 216-3 且○天下輕公. 232-15 以明○天下. 240-4 ○天下與小人羣也. 250-7 以○勇. 281-14

【巧】 4

君爲多○. 12-7 貞女工○. 61-8 寡人聞韓侈○士也. 122-5 美人○笑. 145-19

【正】 37

○語之曰. 8-11 不如令太子將軍○迎吾得於境. 11-17 以邪攻○者亡. 18-10 而又有禁暴○亂之名. 22-12 臣聞明主莅○. 36-8 ○亂批患折難. 45-17 夫商君爲孝公平權衡○度量調輕重. 45-25 此○吳信越也. 52-25 則齊君可○. 65-16 欲以○天下而立功名. 67-23 清靜貞○以自虞. 87-3 聞先生直言○諫不諱. 87-11 焉敢直言○諫. 87-12 ○議閔王. 95-4 廢○適而立不義. 126-24 夫韓事趙宜○爲上交. 139-3 衞楚○. 139-13 以○殷紂之事. 148-5 過而遂○於天下. 163-2 謂可者謂不可者○半. 188-16 率且○言之而已矣. 227-2 貴○. 236-15 ○亦可爲國乎. 236-15 ○可以圉盜乎. 236-16 以○圉盜. 236-16 ○如孿子之相似也. 239-5 今王位○. 244-14 言不足以求○. 252-1 ○父子之位. 254-13 ○利也. 257-18 務○利. 257-18 ○告楚曰. 260-6 秦○告韓曰. 260-11 秦○告魏曰. 260-14 必誅暴○亂. 269-19 公何不請公子傾以爲○妻. 284-4 公因勸君立之以爲○妻. 286-16

【扑】 1

若○一人. 113-8

【功】 193

秦必無○. 2-4 攻宜陽而有○. 2-5 無○. 2-5 周君必以爲公○. 11-2 前○盡矣. 11-11 公之○甚多. 11-12 前○盡滅. 11-14 不見成○. 16-8 然後可建大○. 16-12 此甚大○也. 18-25 而欲以成兩國之○. 19-22 以成襄子之○. 21-7 盡以爲子○. 29-4 樂羊反而語○. 29-9 此非臣之○. 29-10 今公用兵無○. 30-14 則公之○多矣. 30-14 是君破齊以爲○. 34-8 成昭王之○. 34-18 成君之○. 34-21 有○者不得不賞. 36-8 ○多者其爵尊. 36-9 賞必加於有○. 36-12 故文王果收○於呂尙. 37-14 ○成名立利附. 39-7 公與秦計○者. 42-9 金盡者○多矣. 42-9 雖周呂望之○. 42-16 因以爲武安○. 42-21 成○者去. 44-13 多○而不矜. 45-2 盡忠致○. 45-11○章萬里之外. 45-18 ○已成. 46-2 ○已成矣. 46-6 ○已成矣. 46-9 成霸○. 46-11 成○而不去. 46-12 或欲分○. 46-14 君之○極矣. 46-18 此亦秦之分○之時也. 46-18 兵必有○. 48-10 大臣有○. 48-13 王之○亦多矣. 52-6 王若能持○守威. 52-10 非無大○也. 52-17 三者非無○也. 55-13 數伐有○. 56-7 卿之○. 58-12 臣之○不如武安君也. 58-13 卿明知○之不如武安君歟. 58-13 其爲人疾賢妬○臣. 60-2 知其可與立○. 61-17 無咫尺之○者不賞. 61-20 盼子有○於國. 62-4 君可以有○. 65-3 欲以正天下而立○名. 67-23 不立以立○名. 67-25 臣聞謀泄者事無○. 75-13 而楚○見矣. 76-10 我無分寸之○而得此. 78-11 轉禍爲○. 79-13 而擅其○. 81-8 有田父之○. 81-9 是齊入於魏而救邯鄲之○也. 81-13 無○而受其祿者辱. 86-10 矜○不立. 86-11 是故成其道德而揚○名於後世者. 86-14 雖若有○也. 92-11 而士困於士○. 92-18 夫魏氏其○大. 94-2 大王之○大矣. 94-4 ○廢名滅. 96-10 ○業可明矣. 97-1 ○名可立也. 97-2 ○廢名滅. 97-15 ○名不立. 97-20 而立累世之○. 97-21 爲人臣之○者. 99-17 安平君之○也. 99-20 山陽君無○於楚國. 104-24 得賞無○也. 107-25 計王之○所以能如此者. 108-14 夫守易危之○. 110-25 有○名者秦也. 112-8 此蒙穀之○. 114-2 秦王之忠信有○臣也. 116-7 ○臣也. 130-9 臣願捐○名去權勢以離衆. 134-12 ○大者身尊. 134-14 成○之美也. 134-16 子之道甚難而無○. 135-16 此甚易而○必成. 135-17 今足下○力. 138-4 以從爲有○也. 141-17 建信君知從之無○. 141-18 建信者安能以無○惡秦哉. 141-18 不能以無○惡秦. 141-19 則無○而惡秦. 141-20 則有○而善秦. 141-21 奚擇有○之無○爲知哉. 141-21 任大○者. 146-16 知者○大而辭順. 146-17 ○業高世者. 146-18 ○大而息民. 146-19 ○大而權輕者. 146-23 動有明古先世之○. 149-3 用力少而○多. 149-6 夫有高世之○者. 149-7 疑事無○. 149-10 成大○者. 149-11 欲以論德而要○也. 149-12 則胡服之○未可知也. 149-15 ○有所止. 149-23 事成○立. 149-23 以成胡服之○. 149-25 不勞而成○. 152-1 故循法之○. 152-16 ○不什者不易器. 154-5 吾聞信不棄○. 154-12 而忘人之○. 161-6 君無覆軍殺將之○. 161-7 夫君封以東武城不讓無○. 161-9 而國人計○也. 161-10 弃禮義而上首○之國也. 163-1 故事有簡而○成者. 164-25 從而有○乎. 167-3 從而無○乎. 167-3 是武王之○也. 167-12 無○. 169-20 五國伐秦無○. 171-18 位尊而無○. 179-17 而不及今令有○於國. 179-19 猶不能恃無○之尊. 179-22 文侯賞其○而疑其心. 181-22 必就子之○. 182-1 敢問就○成名. 182-1 若以臣之有○. 183-14 偷取一旦之○而不顧其後. 184-23 以爲衍○. 189-15 犀首以爲○. 189-16 事成○縣宋衞. 189-24 而不能成其○. 191-11 是臣終無成○也. 192-14 豈小○也哉. 194-12 無○而還. 194-14 則前○必棄矣. 203-1 ○莫大焉. 206-19 以爲嫪毐○. 219-5 子嘗教寡人循○勞. 221-20 則棄前○而後更受其禍. 222-10 今公取宜陽以爲○. 227-25 未有大○可以稱者. 237-15 成○名於天下. 241-16 因敗而爲○. 249-21 因敗而爲○者也. 249-22 因敗成○者也. 250-1 見足下身無咫尺之○. 250-9 ○存危燕. 250-10 何肯楊燕秦之威於齊而取大○乎哉. 250-18 又無尺寸之○. 256-17 因敗而成○者也. 256-22 因敗而爲○者也. 256-24 因敗而爲○乎. 256-25 不憚以一國都爲○. 257-3 故○可成. 258-12 故○不可成而名不可立也. 258-13 是則有○者. 260-4 是以天幸自爲○也. 264-8 且以爲公子○而封之也. 265-15 寡人豈敢一日而忘將軍之○哉. 266-19 ○多者授之. 267-4 成○之君也. 267-5 ○未有及先王者也. 267-20 ○立而不廢. 267-24 故吳王夫差不悟先論之可以立○. 268-6 夫免身全○. 268-9 智不簡○. 273-1 棄大○者. 273-1 使寡人進不得脩○. 273-5 而論○賞羣臣及當坐者. 278-2 則○大名美. 280-4 挾成○. 280-5 無○之賞. 281-20 此君之○. 289-6 而羣臣相妬以○. 289-11 一心同○. 289-15 是以能有○也. 289-16 以是之故能立○. 289-19 兵出無○. 290-1 有○. 290-8 臣知行雖無○. 290-9

【去】 133

王不○周最. 6-13 秦○周. 9-23 楚卒不拔雍氏而○. 10-23 ○柳葉者百步而射之. 11-7 ○秦而歸. 16-17 而皆○走. 18-13 引軍而○. 20-5 張子不○秦. 21-19 ○王業遠矣. 22-4 遂○. 23-15 且軫欲○秦而之楚. 23-25 吾聞子欲○秦而之楚. 24-1 陳軫○楚之秦. 24-8 欲○之. 31-3 家貧無燭者將○矣. 31-3 何爲○我. 31-5 ○貴妻. 43-18 貴妻已○. 43-20 成功者○. 44-13 成功而不○. 46-12 今三國之兵且○楚. 48-6 而今三國之辭○. 48-8 三國雖○. 49-3 三國且○. 49-4 中期徐行而○. 56-3 文信侯○而不快. 58-6 文信君叱○曰. 58-8 ○咸陽七里. 58-17 司空馬○趙. 59-23 ○趙. 60-15 趙○司空馬而國亡. 60-16 士尉辭而○. 63-8 不能相○. 71-16 梁齊之兵連於城下不能○. 72-1 解軍而○. 73-1 可以忠太子使之亟○. 75-9 故臣能○太子. 76-5 太子○. 76-5 然則是王○讎而得齊交也. 76-6 故曰可以爲楚王使太子亟○也. 76-7 乃約車而暮○. 76-11 故曰可以使太子急○也. 76-11 流子而○. 77-17 公孫成趨而○. 80-11 貧賤則○之. 85-10 亡故○. 85-12 孟嘗君乃取所怨五百牒削○之. 85-12 有敢○柳下季壟五十步而樵采者. 85-20 顏斶辭○曰. 86-25 則再拜而辞○也. 87-4 ○之則聞其聲. 95-12 故○三北之恥. 97-15 故○忿恚之心. 97-21 因罷兵到讀而○. 97-23 若乃得○不肖者. 98-23 上車弗謝而○. 100-5 王何以○社稷而入秦. 101-17 客辭而○. 107-1 蒲反平陽相○百里. 107-8

新城上梁相○五百里. 107-9 相○遠矣. 109-17 今○東地五百里. 117-20 是○戰國之半也. 117-21 莊辛○. 124-6 孫子○之趙. 126-15 昔伊尹○夏入殷. 126-17 管仲○魯入齊. 126-17 乃亡○. 129-23 遂○不見. 133-23 臣願捐功名○權勢以離衆. 134-12 襄子○之. 134-19 納地釋事以○權尊. 134-22 ○而就知伯. 135-6 滅鬚○眉. 135-13 終日談而○. 137-18 卽地○邯鄲二十里. 138-18 明王絶疑○讒. 145-22 秦人○而不從. 147-16 ○而不從. 147-17 故○就之變. 150-15 ○邪無疑. 153-14 逃○. 161-2 罷兵○. 162-10 今又内圍邯鄲而不能○. 162-13 曷爲久居此圍城之中而不○也. 162-24 吾請○. 164-15 秦軍引而○. 164-17 遂辭平原君而○. 164-21 決蹯而○. 167-15 ○齊三千里. 170-11 欲公之○也. 188-5 而事已○矣. 192-8 史舉不辭而○. 193-9 則先○. 195-8 樹之難而○之易也. 197-19 而欲○子者衆. 197-20 今邯鄲○大梁也遠於市. 199-22 秦必○矣. 206-8 秦已○魏. 206-8 晉國之○梁也. 207-19 晉國之○大梁也尚千里. 207-24 ○大梁百里. 208-1 秦之所○. 215-15 秦人○邯鄲. 215-16 頭塵不○. 215-18 乃引兵而○. 217-1 ○百六十里. 230-2 亡○. 236-24 然仲子卒備賓主之禮而○. 237-11 陳四辟○. 244-21 成陽君爲秦○韓. 245-4 ○自覆之術. 250-22 夫○尊寧而就卑危. 257-15 而蘇氏○燕. 257-20 曩者使燕毋○周室之上. 258-10 臣以爲不若逃而○之. 262-21 ○而顧之. 263-12 ○而顧之. 263-13 ○燕之齊可也. 264-20 今王信田伐與条○疾之言. 264-23 子因○而之齊. 265-23 忠臣之○也. 268-12 乃引兵而○. 271-9 齊兵已○. 271-9 故君捐國而○. 272-2 三黜而不○. 272-22 可以○. 272-22 不以○爲心. 272-24 壯士一○兮不復還. 277-1 於是荆軻遂就車而○. 277-3 秦兵誠○. 282-13 司馬憙辭○. 287-13 王不荅而○. 290-15

【甘】 91

○茂. 2-4 左成謂○茂曰. 21-17 ○茂謂王曰. 23-4 ○餌也. 27-23 不如召○茂於魏. 28-6 秦武王謂○茂曰. 28-25 而寡人死不朽乎○茂對曰. 28-25 ○茂至魏. 29-3 王迎○茂於息壤. 29-4 ○茂至. 29-5 召○茂而告之. 29-21 ○茂對曰. 29-21 復使○茂攻之. 29-22 ○茂攻宜陽. 30-5 ○茂曰. 30-6 ○茂欲息兵. 30-12 左成謂○茂曰. 30-12 ○茂曰. 30-17 秦王謂○茂曰. 30-21 ○茂對曰. 30-22 ○茂亡秦. 31-1 ○茂. 31-8 ○茂辭不往. 31-13 ○茂. 31-14 彼以○茂之賢. 31-16 ○茂相秦. 31-19 ○茂之吏道而聞之. 31-20 以告○茂. 31-20 ○茂因入見王曰. 31-20 ○茂約秦魏而攻楚. 31-25 ○茂謂秦王曰. 32-1 北有○魚之口. 35-24 北有○泉谷口. 38-17 食不○味. 43-6 少庶子○羅曰. 58-6 ○羅曰. 58-8 ○羅曰. 58-10 ○羅見張唐曰. 58-12 ○羅曰. 58-13 ○羅曰. 58-16 ○羅謂文信侯曰. 58-19 食不○味. 93-25 吾相○茂可乎. 108-6 ○茂事之順焉. 108-9 ○茂事之. 108-10 食不○味. 109-22 爲○茂謂楚王曰. 115-3 相○茂於魏. 115-5 ○茂與樗里疾. 115-6 公孫郝○茂貴. 120-23○茂善魏. 120-2 仰承○露而飲之. 124-14 ○露降. 138-3 ○茂爲秦約魏以攻韓宜陽. 141-12 不如令趙拘○茂. 141-12 而皆私○之也. 170-20 使丹也○之. 170-20 使臣也○之. 170-21 使順也○之. 170-21 使眠也○之. 170-22 縣陰以○之. 171-12 禹飲而○之. 200-4 而聽從人之○言好辭. 223-5 是以九鼎印○茂也. 225-11 ○茂必敗矣. 225-16 仇○茂. 225-20 秦王固疑○茂之以武遂解於公仲也. 225-20 秦王大怒於○茂. 225-22 不如○茂. 227-11 而○茂黨於魏. 227-12 是與公孫郝○茂同道也. 227-13 而後委國於○茂. 227-16 ○茂許公仲以武遂. 227-19 ○茂欲以魏取齊. 227-24 是以公孫郝○茂之無事也. 228-1 善公孫郝以難○茂. 228-5 ○茂不善於公而弗爲公言. 228-9 今王聽○茂. 228-14 臣以○茂爲不忠. 228-16 則信○茂於魏. 228-19 ○茂薄而不敢謁也. 228-22 ○茂曰. 231-12 ○茂曰. 231-12 ○茂曰. 231-15○茂入言秦王曰. 231-16 ○茂與昭獻遇於境. 232-8 可旦夕得○脆以養親. 237-5 不得議○戊. 244-15 ○茂約楚趙而反敬魏. 244-22 食飲不○. 252-20 與百姓同其○苦. 256-7

【世】 120

而薛○○無患. 9-14 此眞可以說當○之君矣. 16-23 人生○上. 17-16 ○有三亡. 18-9 其居秦累○重矣. 31-8 除萬○之害. 34-19 ○○無患. 35-1 此亦百○之時也已. 35-18 秦三○積節於韓魏. 35-21 且臣將恐後○之有秦國者. 40-9 恐萬○之後有國者. 41-3 澤流千○. 44-18 超然避○. 46-13 ○○稱孤. 46-20 負蒭必以魏殁○事秦. 48-20 三○而不接地於齊. 52-1 王旣無重○之德於韓魏. 53-1 而有累○之怨矣. 53-2 百○矣. 53-3 故能服○. 55-4 而○主不敢交陽侯之塞. 55-15 依○主之心. 55-20 澤可以遺○. 56-24 取○監門子. 61-4 雖有高○之名. 61-19 以爲後○也. 67-24 此萬○之計也. 68-10 皆爲一時說而不顧萬○之利. 69-16 ○與少有. 76-24 齊衞後○无相攻伐. 79-7 豈非○之立教首也哉. 79-21 百○而一聖. 80-22 則累○不得一焉. 80-25 色與馬取於今之○. 85-3 當今之○. 86-6 是故成其道德而揚功名於後○者. 86-14 而○○稱曰明主. 86-20 斗生於亂○. 87-12 當今之○無士. 87-19 ○無騏驎騄耳. 87-19 ○無東郭俊盧氏之狗. 87-20 ○無毛嬙西施. 87-21 今○之爲國者不然矣. 90-18 今○之所謂善用兵者. 93-3 後○無稱. 96-10 交游攘臂而議於○. 97-1 亦捐燕棄○. 97-3 ○○稱孤寡. 97-4 ○主不臣也. 97-9 後○無稱. 97-15 傳名後○. 97-19 以爲殺身絶○. 97-20 而立累○之功. 97-21 汙吾○矣. 101-3 目苛廉聞於○. 108-9 壹瞑而萬○不視. 112-21 壹瞑而萬○不視. 113-9 不足以横○. 123-7 上比前○. 127-5 ○有無妄之福. 129-11 今君處無妄之○. 129-12 ○治晉陽. 132-12 亦將以愧天下後○人臣懷二心者. 135-20 是一○之命. 139-9 而○不妬其業. 146-17 功業高○者. 146-18 ○之賢主也. 147-5 今臣有患於○. 147-12 王慮○事之變. 148-23 動有明古先○之功. 149-3 而卒○不見也. 149-5 夫有高○之功者. 149-7 而○必議寡人矣. 149-8 ○有順我者. 149-15 雖毆○以笑我. 149-16 敢道○俗之間今欲繼簡襄之意. 151-4 當○輔俗. 151-10 子言○俗之間. 151-13 胡服不顧○. 152-2 故禮○不必一其道便國不必法古. 152-8 不足以高○. 152-16 累○以前. 158-17 ○以鮑焦無從容而死者. 162-25 臣以爲今○用事者. 167-8 ○鈞爲之謂文信侯曰. 178-12 今三○以前. 179-14 舉事於○. 192-24 後○必有以酒亡其國者. 200-4 後○必有以味亡其國者. 200-6 後○必有以色亡其國者. 200-8 後○必有以高臺陂池亡其國者. 200-10 矯以新城陽人合○子. 234-7 ○子得新城陽人. 234-9 聶政之所以名施於後○者. 238-16 此萬○之計也. 240-25 一○之明君也. 241-5 一○之賢士也. 241-5 今秦數○强矣. 241-16 而○負其禍矣. 256-18 秦五○以結諸侯. 257-3 而又況於當○之賢主乎. 259-9 有高○之心. 267-6 故稱於後○. 267-25 施及萌隸皆可以教於後○. 268-2 萬○之善計. 268-17 以事强而不可以爲萬○. 268-17 使○○無患. 269-15 臣聞當○之舉王. 269-19 ○之所明知也. 272-4 ○有掩寡人之邪. 272-10 且○有薄於故厚施. 272-12 則萬○無魏. 281-5 始君之所行於○者. 283-1 ○無請后者. 287-18

【艾】 4

旣勝齊人於○陵. 52-19 勝齊於○陵. 55-10 無所冦○. 123-6 乃與幼○. 166-4

【古】 38

○者使車轂擊馳. 16-4 雖○五帝三王五伯. 16-10 臣聞○之善爲政也. 41-4 ○之所謂危主滅國之道必從此起. 41-7○之王者之伐也. 67-23 ○之五帝三王五伯之伐也. 68-4 士何必待○哉. 85-3 斶聞○大禹之時. 86-4 自○及今而能虚成名於天下者. 86-13 此○之人也. 114-7 若聞○人. 119-16 聞往○. 134-16 臣聞○之賢君. 138-2 動有明○先世之功. 149-3 而享往○之勳. 149-6 ○今之公行也. 149-19 變○之教. 150-6 易○之道. 150-7 ○之道也. 151-10 變○之教. 151-12 易○之道. 151-12 制今者不法○. 151-19 ○今不同俗. 152-6 何○之法. 152-6 故禮世不必一其道便國不必法○. 152-8 然則反○未可非. 152-11 以○制今者. 152-15 法○之學. 152-16 ○今異利. 154-7 且○者. 155-16 今取○之爲萬國者. 155-18 不與○同. 240-25 此○服道致士之法也. 255-21 臣聞○之君人. 255-24 欲以復振○埊也. 263-21 臣聞○之君子. 268-12 故○之人稱之. 268-20 ○今稱之. 288-11

【本】 14

夫○末更盛. 9-8 則傷○. 23-3 事之○也. 28-2 聽無失○末者難惑. 28-4 ○國殘. 53-3 事之○也. 86-16 必以賤爲○. 86-17 是其賤之○與. 86-18 故有問舍○而問末者耶. 88-6 據○議制斷君命. 129-18 安民之○. 144-8 而利民爲○. 149-21 ○欲以爲明寡人之薄. 272-19 則民務名不存○. 287-24

【可】 513

不○. 1-12 不○. 1-14 ○懷挾提挈以至齊者. 1-17 ○以德東周. 2-16 西周之寶○盡矣. 2-17 臣請使西周下水○乎. 3-1 則東周之民○令一仰西周. 3-5 然而所以不○者. 4-5 視之不○離. 6-8 不○. 6-13 不○. 6-19 不○. 6-21 不○不察也. 7-3 小人無○以求. 7-6 未○知也. 7-18 事○成. 8-1 不○成. 8-1 ○教射也矣. 11-8 子乃曰○教射. 11-9 ○以幷諸侯. 15-19 毛羽不豐滿者不○以高飛. 15-21 文章不成者不○以誅罰. 15-21 道德不厚者不○以使民. 15-22 政教不順者不○以煩大臣. 15-22 不○勝理. 16-5 然後○建大功. 16-12 非兵不○. 16-14 此眞○以說當世之君矣. 16-23 蓋○忽乎哉. 17-16 諸侯不○一. 17-21 不○. 17-23 一○以勝十. 18-21 十○以勝百. 18-21 百○以勝千. 18-22 千○以勝萬. 18-22 萬○以勝天下矣. 18-22 則荆○舉. 19-10 然則是一舉而伯王之名○成也. 19-12 四鄰諸侯○朝也. 19-13 則梁○拔. 19-17 則魏○舉. 19-17 然則是一舉而伯王之名○成也. 19-19 四隣諸侯○朝也. 19-19 伯王之名○成也. 20-14 地尊不○得. 20-16 天下○有也. 20-25 何國○降. 21-6 天下○兼而有也. 21-9 臣見商於之地不○得. 26-18 今地未○得而齊先絶. 26-20 臣○以言乎. 27-5 ○矣. 27-6 子獨不○以忠爲子主計. 27-17 唯王○也. 28-2 請明日鼓之而不○下. 30-8 不○信恃. 32-8 不○得也已. 34-23 使以臣之言爲○. 36-10 ○以少有補於秦. 37-25 漆身○以補所賢之主. 38-5 霸王之業○致. 38-20 今見與國之不○親. 38-25 ○乎. 39-1 齊附而韓魏○虚也. 39-10 不○. 39-12 不○. 39-12 韓聽而霸事○成也.

39-19 言○得也. 41-18 於是其謀者固未○得予也. 42-7 其○得與者. 42-8 其卒亦○願矣. 44-20 何爲不○. 44-21 何爲不○哉. 45-4 夫待死而後○以立忠成名. 45-9 則○願矣. 45-12 其○願孰與閎夭周公哉. 45-13 ○發使告楚曰. 48-5 吾不知水之○亡人之國也. 49-19 而地不○得也. 50-17 即○矣. 50-23 山東之建國○兼與. 51-7 而天下○圖也. 51-9 王○謂能矣. 52-3 敵不○易. 52-25 時不○失. 52-25 齊之右壤○拱手而取也. 54-2 澤○以遺世. 56-24 外託於不○知之國. 57-1 ○以有秦國. 57-2 說有○以一切. 57-7 則從事○成. 59-16 知其○與立功. 61-17 故○以存社稷者. 61-19 乃○復使姚賈而誅韓非. 61-22 不○不日聽也而數覽. 63-3 苟○慊齊貌辨者. 63-9 不○. 63-19 吾豈○以先王之廟與楚乎. 63-22 靖郭君○謂能自知人矣. 64-5 不○. 64-19 則國○重. 64-22 利○得. 64-22 名○尊矣. 64-22 君○以有功. 65-3 將軍○以爲大事乎. 65-11 則齊君○正. 65-16 而成侯○走. 65-16 無○進者. 66-21 莫不以從爲○. 69-20 不○得也. 70-2 然後王○以多割地. 71-13 然後王○以多割地. 71-24 臣竊爲公譬○也. 72-19 官之上非○重也. 72-25 趙○取唐曲逆. 73-12 不○. 75-4 然則下東國必○得也. 75-7 ○以請行. 75-8○以令楚王亟入下東國. 75-8 ○以益割於楚. 75-8 ○以忠太子而使楚益入地. 75-9 ○以爲楚王走太子. 75-9 ○以忠太子使之亟去. 75-9 ○以惡蘇秦於薛公. 75-10 ○以爲蘇秦請封於楚. 75-10 ○以使人說薛公以善蘇子. 75-11 ○以使蘇子自解於薛公. 75-12 故曰○以使楚亟入地也. 75-20 楚之勢○多割也. 75-21 ○以益入地. 75-22 故曰○以益割於楚. 75-22 故曰○以使楚益入地也. 76-2 故曰○以爲楚王使太子亟去也. 76-7 故曰○以使太子急去也. 76-11 故曰○使人惡蘇秦於薛公也. 76-16 故曰○以爲蘇秦請封於楚也. 76-22 故曰○以爲蘇秦說薛公以善蘇秦. 77-3 大官未○得. 79-2 君聽臣則○. 79-9 孟嘗君○語善爲事矣. 79-12 猶○乎. 84-11 而治○爲管商之師. 84-14 公孫弘○謂不侵矣. 84-19 立千乘之義而不○陵. 84-19 ○謂足使矣. 84-20 ○乎. 85-17 安○得而有乎哉. 86-7 君子焉○侮哉. 86-22 地○廣. 90-23 欲○成也. 90-23 ○見於前事矣. 91-18 則亡天下○跼足而須也. 91-22 後起則諸侯○趨役也. 92-4 ○見於前事. 93-2 而守不○拔. 93-3 守而不○拔者. 93-5 兵後起則諸侯○趨役也. 93-14 地○廣而欲○成. 93-17 諸侯○同日而致也. 93-18 功業○明矣. 97-1 功名○立也. 97-2 無○以分者. 98-5 左右孰○. 99-3 貂勃○. 99-3 以爲不○. 99-22 ○往矣. 100-10 ○. 100-21 亦○. 100-22 羣臣之○用者某. 101-10 則以爲○○爲謀. 101-20 即臨晉之關○以入矣. 101-23 即武關○以入矣. 101-25 則齊威○立. 102-1 秦國○亡. 102-1 漢中○得也. 102-13 淮泗之間亦○得也. 102-14 ○營也. 103-11 ○懼也. 103-12 五國之事必○敗也. 103-13 雖勿與地○. 103-14 則魏○破也. 104-20 江乙○謂善謀. 106-15 安陵君○謂知時矣. 106-15 五大夫不○收也. 107-25 孰○. 108-6 吾相甘茂○乎. 108-6 不○. 108-7 然而不○相秦. 108-11 若公孫郝者○. 108-16 不○親也. 109-20 不○與深謀. 109-20 不至數月而宋○舉. 111-10 其不○成也亦明矣. 111-15 食之○欲. 114-10 死之○惡. 114-10 皆○得而致之. 114-12 秦○以少割而收害也. 116-1 三國○定也. 116-2 王不○不與也. 117-17 後不○以約結諸侯. 117-18 不○與也. 117-20 不○. 117-21 不○與也. 117-24 不○不與也. 118-2 不○與也. 118-3 不○與也. 118-4 其縮甲則○. 118-16 逐而聽則○. 119-23 而○以德惠子. 121-12 ○食乎. 126-7 ○. 126-7 謁者曰○食. 126-8 不○不審察也. 126-21 癘雖憐王○也. 127-8 ○乎. 127-15 ○. 127-16 然則射○至此乎. 127-18 ○. 127-18 然則射○至此乎. 127-19 不○爲拒秦之將也. 127-23 ○得見乎. 128-21 ○. 128-21 楚國封盡○得. 129-5 不○不早定也. 130-7 請令魏王○. 130-14 而爲危難不○成之事. 131-12 其勢○見也. 131-13 不○. 131-22 然則韓○以免於患難. 132-1 今吾安居而○. 132-11 不○. 133-16 如是則二主之心○不變. 133-20 不○. 133-22 而○以報知伯矣. 136-9 先生以鬼之言見我則○. 137-6 不○不熟圖也. 139-13 展轉不○約. 139-17 懼則○以不戰而深取割. 139-20 ○謂有故乎. 140-12 不○與戰. 140-13 文以爲不○. 142-9 謹使○全而歸之. 142-11 今事有○急者. 142-21 事有○急爲者. 143-7 韓魏皆○使致封地湯沐之邑. 144-15 貴戚父兄皆○以受封侯. 144-15 不○不熟計也. 144-20 豈○同日而言之哉. 145-17 夫慮收亡齊罷楚敝魏與不○知之趙. 147-3 收破齊罷楚弊魏不○知之趙. 147-11 臣以從一不○成也. 147-11 夫天下之不○一亦明矣. 148-9 豈○得哉. 148-11 ○以無盡百姓之勞. 149-6 則胡服之功未○知也. 149-15 是故聖人苟○以利其民. 150-13 果○以便其事. 150-13 近○以備上黨之形. 151-1 遠○以報中山之怨. 151-1 然則反古未○非. 152-11 忠○以寫意. 152-22 信○以遠期. 152-23 故有臣○命. 153-13 何兵之不○易. 154-9 何俗之不○變. 154-10 不○以踰險. 154-12 不○以來朝. 154-12 糧食輓賃不○給也. 155-5 雖少出兵○也. 157-11 不○. 158-5 趙守而不○拔者. 158-7 故臣未見燕之○攻也. 158-11 不○. 161-6 則媾乃○爲也. 161-21 則媾不○得成也. 162-1 而慕思不○得之小梁. 165-3 告以理則不○. 165-17 有說則○. 166-11 而地○多割. 168-2 其前○見已. 169-11 請問王之所以報齊者○乎. 170-11 王固○以反疑齊乎. 170-13 封不○不早定也. 171-6 他國莫○. 171-7 不○復得已. 171-8 則陰不○得已矣. 171-21 則從事○移於趙. 173-19 百里之地不○得. 173-24 而死者不○復生也. 173-25 使夫交淺者不○以深談. 176-9 今外臣交淺而欲深談○乎. 176-10 大王○試使之. 177-6 則○. 177-15 豈○不一會期哉. 182-9 然而○得并者. 183-3 見敵之○也詖之. 183-13 公叔何○無益乎. 183-17 即不○諱. 183-21 其不○以成亦明矣. 185-17 則大王之國欲求無危不○得也. 185-21 魏之亡○立而須也. 185-22 雖欲事秦而不○得也. 186-5 且夫從人多奮辭而寡○信. 186-6 公○以居其中而疑之. 187-9 以爲不○. 187-19 不○不察也. 188-3 謂○者謂不○者正半. 188-16 而王之羣臣皆以爲○. 188-17 不知是其○也. 188-18 是其○也. 188-19 則秦魏之交○廢矣. 189-15 不○以行百步. 191-9 今王以衍爲○使將. 191-10 中道而不○. 192-24 王之國雖滲樂而從之○也. 193-1 秦善魏不○知也已. 195-1 國不○爲也已. 195-3 天下○令伐秦. 195-6 天下○令賓秦. 195-7 天下不○. 195-8 上不○. 195-10 中不○. 195-11 下不○. 195-11 不○. 196-21 不○. 197-4 此○以大勝也. 197-5 王雖復與之攻魏○也. 199-11 ○無戒與. 200-13 而秦兵不○下. 202-1 臣以爲燕趙○法. 202-10 而宋中山○無爲也. 202-11 則國救亡不○得也已. 202-16 此言幸之不○數也. 202-19○以少割收也. 203-1 尚有○以易入朝者乎. 203-16 今秦不○知之國也. 203-20 内王於不○知之秦. 203-21 ○乎. 203-24 ○謂善用不勝矣. 204-17 ○謂不能用勝矣. 204-18 不○以革也. 204-24 因曰不○革. 205-1 則國○存也. 205-17 ○得聞乎. 205-20○得乎. 206-4 大變○得聞乎. 206-6 且夫憎韓不受安陵氏○也. 207-17 楚魏疑而韓不○得而約也. 208-2 臣見秦之必大憂○立而待也. 211-8 地○廣大. 211-9 國○富. 211-10 兵○强. 211-10 主○尊. 211-10 夫國之所以不○恃者多. 211-20 其變不○勝數也. 211-20 而不○恃者. 211-21 而不○恃者. 211-21 而不○恃者. 211-22 臣以此知國之不○必恃也. 211-23 而久不○知. 211-24 慮久以天下爲○一者. 212-11 必不○支也. 213-16 安○. 215-1 不○. 216-3 令兵先臣出○乎. 216-18 事有不○知者. 217-5 有不○不知者. 217-5 有不○忘者. 217-6 有不○不忘者. 217-6 不○不知也. 217-7 不○得而知也. 217-7 不○忘也. 217-7 不○不忘也. 217-8 豈○使吾君有魏患也. 218-3 吾誰與而○. 221-13 言○必用. 221-15 至不○勝計也. 222-24 蹄間三尋者不○稱數也. 222-25 聽吾計則○以强霸天下. 223-5 不○得也. 223-11 其○乎. 223-18 不○. 223-19 且王求百金於三川而不○得. 224-9 與國不○恃. 225-25 不○. 226-15 自以爲必○以封. 227-6 秦韓之交○合也. 227-9 武遂終不○得已. 227-20 不○. 230-1 獨不○使妾少有利焉. 231-9 ○乎. 231-14 則易必○成矣. 232-15 不○解矣. 232-21 犬猛不○叱. 233-25 不○. 234-15 正亦○爲國乎. 236-15 ○. 236-15 正○以圉盜乎. 236-16 ○. 236-16 ○乎. 236-18 不○. 236-19 游求人○以報韓傀者. 236-24 ○旦夕得甘脆以養親. 237-5 未有大功○以稱者. 237-15 而政獨安○嘿然而止乎. 237-17 此其勢不○以多人. 237-25 不○愛妾之軀. 238-10 今有一舉而○以忠於主. 239-18 天下固令韓○知也. 240-12 不○以爲存. 241-2 今日鄭君不○得而爲也. 242-6 今日天子不○得而爲也. 242-9 豈○不謂善謀哉. 242-14 則○以辟其兵. 242-15 其形乃○以善楚. 243-20 吾欲以國輔韓珉而相之○乎. 243-22 不○. 244-3 ○得而知也. 244-17 則諸侯之情僞○得而知也. 244-20 不○無而從者. 246-20 ○以無疊. 246-24 不○乎. 250-12 ○. 250-13 君以自覆爲○乎. 250-21 令之○以擊人. 251-13 且以趙王爲○親邪. 251-19 故大亂者○得其埊. 252-6 小亂者○得其寶. 252-7 事苟○聽. 252-7 ○以爲固. 253-9 則齊○亡已. 253-15 外敵不○距. 253-17 不○失也. 254-18 寡人將誰朝而○. 255-24 今王何不使○以信者接收燕趙. 257-6 非蘇氏莫○. 257-21 故功○成. 258-12 而名○立也. 258-12 故功不○成而名不○立也. 258-13 則齊軍○敗. 258-18 而河間○取. 258-18 ○大紛已. 262-5 則後不○柰何也. 262-14 故齊趙之合苟○循也. 262-15 始○著於春秋. 263-2 不○振也. 264-1 上○以得用於齊. 264-19 次○以得信於下. 264-19 以女自信○也. 264-20 去燕之齊○也. 264-20 將軍自爲計則○矣. 266-22 ○以幸無罪矣. 267-9 齊○大破也. 267-15 ○以幸無罪矣. 267-23 施及萌隸皆○以教於後世. 268-2 故吳王夫差不悟先論之○以立功. 268-6 事强○以令國安長久. 268-16 以事强而不○以爲萬世. 268-17 之國者○長存. 269-4 乃○折也. 270-1 乃○缺也. 270-1 此焉○以舍. 271-5 楚軍欲還不○得也. 271-7 不○說以利. 271-16 ○伐也. 271-20 不○與戰. 271-21 ○乎. 271-22 不○. 271-22 ○乎. 271-22 不○. 271-22 左右皆以爲趙○伐. 271-23 苟○以明君之義. 272-18 ○以去. 272-22 不○. 274-3 然後乃○圖也. 274-6 ○與之謀也. 274-10 ○乎. 274-11 ○使也. 274-16 ○乎. 274-18 而欲不○足也. 275-8 則不○. 275-14 豈○得哉. 275-24 則秦未○親也. 275-25 ○謂深矣. 276-4 ○以解燕國之患. 276-7 無○柰何. 276-13 故不○立拔. 277-17 則吾何以告子而○乎. 280-14 不○不察也. 281-20 無乃不○乎. 283-9 不○. 284-18 ○. 285-13 中山○廢也. 285-17 獨不○語陰簡之美乎.

286-15 ○以爲司馬憙. 286-20 ○以爲陰簡. 286-20 ○以令趙勿請也. 286-21 事何○豫道者. 286-25 未○豫陳也. 287-4 ○伐也. 287-21 安○伐. 287-23 不○. 288-14 而已不○. 288-16 趙未○伐也. 288-24 必不○尅. 289-25 必未○拔. 290-1 天下○定. 290-11 破國不○復完. 290-14 死卒不○復生. 290-14

【左】 96
○成謂司馬翦曰. 7-10 ○右皆曰善. 11-8 我不能教子支○屈右. 11-10 ○尚謂司馬悍曰. 13-18 ○尚以此得事. 13-20 ○右太親者身危. 15-10 杜○右之口. 17-10 ○飲於淇谷. 21-2 ○成謂甘茂曰. 21-17 ○右曰. 27-19 ○右曰. 28-20 ○成謂甘茂曰. 30-12 秦王屏○右. 37-8 ○關阪. 38-18 乃○手爲叢投. 40-18 至尉内史及王○右. 41-1 秦昭王謂○右曰. 49-10 ○右皆曰. 49-14 舉○案齊. 54-10○濟. 65-15 宮婦○右. 66-16 ○右曰. 67-6 ○右惡張儀. 71-10 乃○手持巵. 72-21○右以君賤之也. 82-6 ○右以告. 82-8 ○右皆笑之. 82-10 ○右皆惡之. 82-12 ○右曰. 82-18 ○右曰. 85-16 ○右皆曰. 85-24 不使○右便辟而使工者何也. 87-24 非○右便辟無使也. 87-25 謂其○右曰. 88-23 ○右嘿然莫對. 88-24 ○右顧無人. 98-7 ○右孰可. 99-3 ○右俱曰無有. 106-20 ○奉其首. 113-15 進之○右. 120-13 ○爽謂陳軫曰. 122-1 君王○州侯. 124-2 ○挾彈. 124-18 ○抱幼妾. 125-4 ○州侯. 125-7 ○司馬見使於國家. 134-20 ○右欲殺之. 135-11 臣願大王深與○右羣臣卒計而重謀. 139-9 請屏○右. 144-13 敬使臣先以聞於○右. 148-5 先以聞於○右. 148-14 錯臂○衽. 150-11 ○河間. 165-2 專君之勢以蔽○右. 166-8 便辟○右之近者. 176-22 謂○右曰. 177-3 ○右曰. 177-5 太后明謂○右. 178-20 ○師觸讋願見太后. 178-22 ○師公曰. 179-4 ○師公曰. 179-10 ○師公曰. 179-14 ○右曰. 182-8 ○高. 182-12 ○彭蠡之波. 182-22 ○天門之陰. 182-24 ○孟門而右漳釜. 183-1 出而謂○右曰. 183-23 ○華謂陳軫曰. 187-23 衍將右韓而○魏. 192-23 文將右齊而○魏. 192-23 子必善○右. 197-17 必右秦而○魏. 198-3 必右齊而○魏. 198-4 必右韓而○魏. 198-4 ○江而右湖. 200-9 ○白台而右閭須. 200-11 ○挈人頭. 223-2 ○右大亂. 238-5 而無自○右也. 244-24 實珠玉帛以事其○右. 253-15 見罪於○右. 258-22 恐忠信不諭於○右也. 259-7 ○右誤寡人. 266-20 以順○右之心. 266-24 恐侍御者之親○右之說. 268-13 使○右司馬各營壁地. 271-4 ○右皆以爲趙可伐. 271-23 ○右無人. 274-13 臣○手把其袖. 276-9 因○手把秦王之袖. 277-14 ○右乃曰. 277-22 斷其○股. 277-23 ○右既前斬荆軻. 278-2 乃請以○氏. 283-8 雖有十○氏. 283-11

【石】 23
周最謂○禮曰. 3-25 ○行秦謂大梁造曰. 5-9 取藺離○祁者. 11-5 取藺離○祁者. 11-12 扁鵲怒而投其○. 28-22 而建千○鐘. 85-24 萬○怵. 85-24 立於矢○之所. 100-16 若出金○聲者. 128-12 踐○以上者皆道子之孝. 152-19 質之○上而擊之. 155-10 是薄柱擊○之類也. 155-11 藺離○祁拔. 156-14 以易藺離○祁於趙. 156-15 夫藺離○祁之地. 156-17 安能收恤藺離○祁乎. 156-18 未嘗不爲王先被矢○也. 170-8 ○溜之地也. 221-4 公何不與趙藺離○祁. 225-14 南有碣○鴈門之饒. 248-6 王因收印自三百○吏而效之子之. 254-8 致藺○. 261-1 兵傷於離○. 261-8

【右】 93
左○皆曰善. 11-8 我不能教子支左屈○. 11-10 左○太親者身危. 15-10 杜左○之口. 17-10 ○飲於洹水. 21-2 左○曰. 27-19 左○曰. 28-20 秦之○將有尉對曰. 30-5 秦王屏左○. 37-8○隴蜀. 38-17 ○手自爲投. 40-18 至尉内史及王左○. 41-1 秦昭王謂左○曰. 49-10 左○皆曰. 49-14 必攻陽○壤. 53-9 隨陽○壤此皆廣川大水. 53-10 齊之○壤可拱手而取也. 54-2 舉○案魏. 54-10○舉劍將自誅. 60-11 ○天唐. 65-15 宮婦左○. 66-16 左○曰. 67-6 左○惡張儀. 71-10 ○手畫蛇. 72-21 左○以君賤之也. 82-6 左○以告. 82-8 左○皆笑之. 82-10 左○皆惡之. 82-12 左○曰. 82-18 左○曰. 85-16 左○皆曰. 85-24 不使左○便辟而使工者何也. 87-24 非左○便辟無使也. 87-25 謂其左○曰. 88-23 左○嘿然莫對. 88-24 袒○. 96-1 斷○壤. 96-16 左○顧無人. 98-7 左○孰可. 99-3 左○俱曰無有. 106-20 ○濡其口. 113-16 秦以五十萬臨齊○壤. 118-15 進之左○. 120-13 ○夏侯. 124-2 ○攝丸. 124-18 ○擁嬖女. 125-4 ○夏侯. 125-8 左○欲殺之. 135-11 臣願大王深與左○羣臣卒計而重謀. 139-9 請屏左○. 144-13 敬使臣先以聞於左○. 148-5 此斷趙之○臂也. 148-10 夫斷○臂而求與人鬬. 148-11 先以聞於左○. 148-14 多在君之○. 161-8 ○常山. 165-1 專君之勢以蔽左○. 166-8 便辟左○之近者. 176-22 謂左○曰. 177-3 左○曰. 177-5 太后明謂左○. 178-20 左○曰. 182-8 ○有洞庭之水. 182-22 而○天谿之陽. 182-24 左孟門而○漳釜. 183-1 王特爲臣之○手不倦賞臣. 183-13 出而謂左○曰. 183-23 衍將○韓而左魏. 192-23 文將○齊而左魏. 192-23 子必善左○. 197-17 必○秦而左魏. 198-3 必○齊而左魏. 198-4 必○韓而左魏. 198-4 左江而○湖. 200-9 左白台而○閭須. 200-11 而○上蔡召陵. 207-8○挾生虜. 223-2 左○大亂. 238-5 操○契而爲公責德於秦魏之主. 239-11 而無自左○也. 244-24 實珠玉帛以事其左○. 253-15 見罪於左○. 258-22 恐忠信不諭於左○也. 259-7 左○誤寡人. 266-20 以順左○之心. 266-24 恐侍御者之親左○之說. 268-13 使左○司馬各營壁地. 271-4 左○皆以爲趙可伐. 271-23 左○無人. 274-13 而○手揕抗其胷. 276-9 而○手持匕首揕抗之. 277-14 左○乃曰. 277-22 左○既前斬荆軻. 278-2

【布】 24
司寇○爲周最謂周君曰. 12-2 掃室○席. 31-3 願爲足下掃室○席. 31-6 其輔外○. 41-4 而符○天下. 41-6 身○冠而拘於秦. 55-13 纏之以○. 60-8 衛君與文○衣交. 79-3 乃○令求百姓之飢寒者. 98-15 ○德於民. 99-7 此非○衣之利也. 116-16 禕○與絲. 127-8 敢○腹心. 136-7 非○於萬民也. 138-2 乃至○衣之士. 144-3 於是○令於四境之内曰. 218-16 大王嘗聞○衣之怒乎. 219-21 ○衣之怒. 219-21 皆○衣之士也. 219-24 則王澤○. 233-7 是公擇○而割也. 239-15 然而王何不使○衣之人. 257-4 不如○衣之甚也. 265-11 公子賤於○衣. 265-17

【戊】 1
不得議甘○. 244-15

【平】 113
公○無私. 15-5 軍於長○之下. 20-3 今○原君自以賢. 41-23 聞應侯任鄭安○王稽. 44-7 夫商君爲孝公○權衡正度量調輕重. 45-25 絳水利以灌○陽. 49-19 以臨仁○兵. 52-7 此皆○原四達. 53-14 築剛○. 54-11 ○際絕. 54-19 渡○原. 59-23 ○原津令郭遺勞而問. 59-23 ○原令曰. 59-25 ○原令見諸公. 60-14 秦攻趙長○. 73-15 有陰○陸則梁門不啓. 89-21 衛國城割○. 90-10 殘剛○. 90-12 故剛○之殘也. 90-16 此夫差○居而謀王. 91-15 魏攻○陸. 96-13 安○君. 98-19 安○君聞之. 98-19 安○君曰. 98-24 欲傷安○君. 99-1 且安○君之與王也. 99-5 今王得安○君而獨曰單. 99-16 誰有厚於安○君者哉. 99-17 安○君以惴惴之卽墨. 99-19 安○君之功也. 99-20 王不亟殺此九子者以謝安○君. 99-24 益封安○君以夜邑萬户. 99-25 蒲反○陽相去百里. 107-8 反溫枳高○於魏. 139-2 召○原君而告之曰. 140-6 令公孫起王齮以兵遇趙於長○. 141-2 武靈王○晝間居. 148-23 相都○君田單問趙奢曰. 155-3 都○君喟然大息曰. 155-23 魏使人因○原君請從於趙. 157-22 今者○原君爲魏請從. 157-23 ○原君請馮忌曰. 158-4 而與馬服之子戰於長○之下. 158-5 而燕非有長○之禍也. 158-8 ○原君曰. 158-11 ○原君謂○陽君曰. 158-14 ○陽君曰. 158-19 秦攻趙於長○. 158-21 ○原君使人請救於魏. 161-4 虞卿爲○原君請益地. 161-5 ○原君之力也. 161-6 見○原君曰. 161-7 ○原君曰. 161-11 秦趙戰於長○. 161-14 與○陽君爲媾. 161-22 寡人使○陽君媾秦. 161-23 因○原君謂趙王曰. 162-7 ○原君猶豫未有所決. 162-10 乃見○原君曰. 162-11 ○原君曰. 162-12 ○原君曰. 162-16 ○原君遂見辛垣衍曰. 162-17 ○原君曰. 162-20 皆有求於○原君者也. 162-23 非有求於○原君者. 162-23 於是○原君欲封魯仲連. 164-18 ○原君乃置酒. 164-18 遂辭○原君而去. 164-21 趙王因割濟東三城令盧高唐○原陵地城邑市五十七. 174-11 而以求安○君而將之. 174-13 馬服君謂○原君曰. 174-13 君致安○君而將之. 174-14 而求安○君而將之. 174-17 然則君奚求安○君而爲將乎. 174-19 ○原君曰. 174-20 君之所以求安○君者. 174-21 使安○君愚. 174-23 使安○君知. 174-23 安○君必處一焉. 174-24 使安○君知. 174-25 趙豹○原君. 177-14 趙豹○原君. 177-16 秦召春○侯. 178-12 春○侯者. 178-13 春○侯入秦. 178-14 故君不如遣春○侯而留○都侯. 178-15 春○侯者言行於趙王. 178-15 而贖○都侯. 178-16 塞四○. 185-8 長○之役. 213-25 ○都君說魏王曰. 213-25 ○都君曰. 214-1 ○都君曰. 214-2 秦趙久相持於長○之下而無決. 214-2 而封於○原. 240-2 今君以所事善○原君者. 243-14 而善○原君乃所以惡於秦也. 243-15 將軍市被太子○謀. 254-11 王因令人謂太子○曰. 254-12 將軍市被及百姓乃反攻太子○. 254-15 燕人立公子○. 254-20 我起乎宜陽而觸○陽. 260-11 趙民其壯者皆死於長○. 271-19 欲割○邑以賂燕趙. 285-6 齊之欲割○邑以賂我者. 286-1 雖百○邑. 286-2 長○之事. 288-18 趙自長○已來. 288-22 今趙卒之死於長○者已十七八. 289-7 今秦破趙軍於長○. 289-20 至於○原君之屬. 289-23

【匜】 1
金試則截盤○. 155-9

【北】 129
君弗如急○兵趨趙以秦魏. 5-15 九年而取宛葉以○以強韓魏. 9-5 而○攻趙. 11-12 ○有胡貉代馬之用. 15-16 ○破燕. 19-4 中呼池以○不戰而已爲燕矣. 20-9 則是○弱齊. 26-12 ○絕齊交. 26-22 ○取西河之外. 29-7 ○有甘魚之口. 35-24 ○有甘泉谷口. 38-17 ○斬太行之道則上黨之兵不下. 39-18 ○地入燕. 42-20 ○阬馬服. 46-4 ○并陳蔡. 46-8 ○遊於燕趙. 51-13 王徙東○. 51-17 成橋以○入燕. 52-2 王又割濮磨之○屬之燕. 52-8 泗○必舉. 53-14 ○倚河. 53-16 ○

說燕. 54-20 武安君○面再拜賜死. 60-9 ○使燕代之間三年. 61-2 韓魏之君因田嬰○面而朝田侯. 64-24 我孰與城○徐公美. 66-6 城○徐公. 66-7 ○向而孤燕趙. 68-9 ○有渤海. 68-17 東西南○. 86-1 ○宮之女嬰兒子無恙耶. 88-11 有淮○則楚之東國危. 89-20 亦收餘甲而○面. 90-12 亦襲魏之河○燒棘溝. 90-15 ○戰於中山. 92-24 再戰○勝. 92-25 則臣請必○魏矣. 94-3 大王不若○取燕. 94-6 不若得濟○之利. 96-14 存濟○. 96-16 士無反○之心. 96-23 三戰三○. 97-13 故去三○之恥. 97-15 吾聞○方之畏昭奚恤也. 103-22 故○方之畏奚恤也. 104-5 ○有汾陘之塞郇陽. 108-23 韓魏攻其○. 110-10 則○地絕. 110-20 而○獻地五百里於齊. 118-7 乃遣子良○獻地於齊. 118-9 臣請○見晉君. 120-5 ○無晉. 121-22 ○陵乎巫山. 125-3 與淮○之地也. 125-14 故君不如○兵以德趙. 130-12 且秦以三軍攻王之上黨而危其○. 138-19 又○之趙. 141-12 亡其○陽而梁危. 141-24 ○無趙. 143-3 ○有燕國. 145-2 燕守常山之○. 146-1 趙有河○. 156-9 吾欲○伐上黨. 158-4 吾視居○圍城之中者. 162-22 設○面於南方. 164-4 ○有代. 165-2 鄭同○見趙王. 165-8 鼓鐸之音聞於○堂. 167-20 而衡山在其○. 182-23 廬睪在其○. 182-25 而與韓趙戰澮○. 183-7 ○有河外卷衍燕酸棗. 184-8 ○與趙境. 185-10 則趙攻其○. 185-13 則魏不○. 185-20 魏不○. 185-20 易○. 186-2 請爲君○見梁王. 197-24 遂○見梁王. 198-8 入○地. 202-13 入○地. 202-21 又○見燕王曰. 206-1 秦繞舞陽之○. 207-15 又長驅梁○. 207-22 ○至乎闞. 207-23 山○河外河內. 207-23 公因寄汾○以予秦而爲和. 209-11 子能以汾○與我乎. 209-24 子能以汾○與我乎. 209-25 乘○郢. 212-21 方○面而持其駕. 215-19 將奚爲○面. 215-20 猶至楚而○行也. 215-24 ○人之大過也. 218-23 韓○有鞏洛成皋之固. 221-23 ○說燕文侯曰. 248-3 ○有林胡樓煩. 248-3 ○有棗粟之利. 248-6 乃○見燕王噲曰. 252-10 ○與燕戰. 253-5 河○不師. 253-13 今濟西河○. 253-13 以因○地之衆以伐燕. 254-19 ○面而受學. 255-18 燕兵獨追○入至臨淄. 256-10 殘楚淮○. 256-14 足下以宋加淮○. 256-18 ○夷方七百里. 256-19 燕爲○帝. 257-8 而歸楚之淮○. 257-10 歸楚之淮○. 257-11 諸侯○面而朝. 258-10 至於虛○埊行其兵. 264-23 且又淮○宋地. 267-13 河○之地. 267-16 必○攻燕. 269-7 使齊○面伐燕. 269-14 齊遂○矣. 270-14 ○向迎燕. 273-9 ○下曲陽爲燕. 273-16 今王使趙○并燕. 273-17 則易水以○. 273-24 ○講於單于. 274-6 ○臨趙. 275-9 進兵○略地. 275-23 ○蠻夷之鄙人. 277-11 與○同. 281-8 取淮○之地. 281-12 乘勝逐○. 289-19

【占】 2

數策○兆. 21-5 使史○之. 281-11

【旦】 20

則周公○也. 2-5 馮○曰. 7-24 馮○使人操金與書. 7-24 ○暮進食. 63-10 ○日. 66-9 周成王任周公○. 86-20 ○暮且崩. 129-14 ○暮當拔之而饗其利. 133-16 ○日贊羣臣而訪之. 167-21 一○山陵崩. 179-19 偷取一○之功而不顧其後. 184-23 至○不覺. 200-6 一○而具. 224-10 魏且○暮亡矣. 230-1 可○夕得甘脆以養親. 237-5 比三○立市. 263-11 比三○立於市. 263-12 一○而馬價十倍. 263-13 ○暮出令矣. 265-23 秦兵○暮渡易水. 275-23

【目】 14

面○犂黑. 16-18 妻側○而視. 17-13 ○之下. 28-21 ○不明. 28-21 耳○聰明聖知. 44-14 有何面○復見寡人. 61-7 今韓梁之○未嘗乾. 68-5 莫不日夜搤腕瞋○切齒以言從之便. 186-8 至於牛○. 193-18 及牛○. 194-6 比○之魚. 268-20 士皆瞋○. 277-2 秦王○眩良久. 278-2 若乃其眉○准頞權衡. 287-9

【且】 334

○奈何. 2-7 即○趣我攻西周. 2-22 秦○收齊而封之. 5-4 復國○身危. 5-7 ○反齊王之信. 5-16 ○臣爲齊奴也. 6-20 不必○爲大人者. 7-7 事久○泄. 8-2 ○誰怨王. 12-17 ○魏有南陽鄭地三川而包二周. 13-3 彼○攻王之聚以利秦. 13-23 ○惡臣於秦. 14-2 ○輕秦也. 14-4 ○公之成事也. 14-5 不善於公○誅矣. 14-6 疾○不起. 15-8 ○夫商君. 15-12 ○夫蘇秦特窮巷掘門桑戶棬樞之士耳. 17-8 ○以恐齊而重王. 18-3 ○臣聞之曰. 19-8 ○夫趙當亡不亡. 20-17 ○臣聞之. 20-25 城○拔矣. 21-5 ○軫欲去秦而之楚. 23-25 忠○見棄. 24-5 ○安之也. 24-13 ○先出地絕齊. 26-21 ○必受欺於張儀. 26-21 則秦○燒焫獲君之國. 28-11 則秦○輕使重幣. 28-12 ○之齊. 31-1 寡人○相子. 31-19 王○相犀首. 31-22 趙○與秦伐齊. 32-5 ○欲合齊而受其地. 32-10 秦○益趙甲四萬人以伐齊. 32-13 則必不走於秦○走晉楚. 32-21 ○復將. 35-14 ○收成陽君. 36-6 ○昔者. 39-6 ○臣將恐後世之有秦國者. 40-9 ○削地而以自贖於王. 41-16 ○君擅主輕下之日久矣. 43-21 今三國之兵○去楚. 48-6 三國○去. 49-4 聞齊魏皆○割地以事秦. 50-18 ○王攻楚之日. 53-12 聞秦○伐魏. 56-16 ○梁監門子. 61-3 ○先王之廟在薛. 63-22 臣之求利○不利者. 64-12 韓○折而入於魏. 64-18 ○夫魏有破韓之志. 64-20 韓見○亡. 64-21 鬼○不知也. 67-16 ○夫韓魏之所以畏秦者. 69-1 引酒○飲之. 72-21 身○死. 72-25 爵○後歸. 73-1 則○遂攻之. 73-16 ○趙之於燕齊. 73-19 ○夫救趙之務. 73-21 則太子○倍王之割而使齊奉己. 75-19 ○以便楚也. 76-13 夫不善君者○奉蘇秦. 76-25 固○以鬼事見君. 77-11 ○臣聞齊衛先君. 79-6 ○天下之半. 81-17 ○顏先生與寡人游. 86-23 ○財者君之所輕. 89-1 ○尊齊乎. 89-14 ○愛秦乎. 89-15 ○天下徧用兵矣. 91-2 ○夫強大之禍. 91-5 又○害人者也. 93-9 ○楚攻南陽. 96-13 ○弃南陽. 96-15 ○吾聞. 97-6 ○今使公孫子賢. 98-21 ○安平君之與王也. 99-5 ○其志欲爲不善. 99-6 ○自天地之闢. 99-16 ○王不能守先王之社稷. 99-18 ○嬰兒之計不爲此. 99-24 及君王后病○卒. 101-10 ○夫涓來之辭. 102-11 ○魏令兵以深割趙. 104-16 ○人有好揚人之善者. 105-14 然則○有子殺其父. 105-16 王○予之五大夫. 107-23 ○王嘗用滑於越而納句章. 108-12 ○夫爲從者. 110-4 ○夫約從者. 110-11 ○大王嘗與吳人五戰三勝而亡之. 110-23 ○夫秦之所以不出甲於函谷關十五年以攻諸侯者. 111-2 ○儀之所行. 112-8 ○求救. 113-18 秦恐○因景鯉蘇厲而效地於楚. 115-10 鯉與厲○以收地取秦. 115-11 秦兵○出漢中. 115-18 子亦自知○賤於王乎. 116-6 而王○見其誠然也. 118-6 ○與死生. 118-11 必○務不利太子. 118-21 蘇子必○爲太子入矣. 118-21 賢者用○使己廢. 119-12 貴○使己賤. 119-12 ○魏臣不忠不信. 119-22 忠○信. 119-23 ○使萬乘之國免其相. 119-24 ○宋王之賢惠子也. 121-8 ○爲事耶. 121-9 唐○見春申君曰. 122-14 ○客獻不死之藥. 126-9 禍○及身. 129-2 旦暮○崩. 129-14 乃○攻燕. 130-16 子云乃○攻燕者. 130-17 郄疵言君之○反也. 131-10 城今○將拔矣. 131-11 ○知伯已死. 135-12 ○夫委質而事人. 135-19 ○以伐齊. 138-1 ○夫說士之計. 138-13 ○物固有勢異而患同者. 138-14 ○秦以三軍攻王之上黨而危其北. 138-19 ○以與秦. 140-4 ○以與秦. 140-7 ○夫韓之所以內趙者. 140-10 ○秦以牛田. 140-12 ○以繩墨案規矩刻鏤我. 141-7 ○拘茂也. 141-15 ○以置公孫赫樗里疾. 141-15 則○出兵助秦攻魏. 141-19 ○秦之所畏害於天下者. 145-2 乃○願變心易慮. 148-20 ○將以朝. 149-18 然後德○見也. 149-23 ○寡人聞之. 149-24 故寡人○聚舟檝之用. 150-20 ○昔者簡主不塞晉陽. 150-22 ○夫三代不同服而王. 151-15 ○服奇者志淫. 152-2 ○循法無過. 152-4 ○服奇而志淫. 152-11 ○習其兵者輕其敵. 154-4 ○夫吳干之劍材. 155-11 ○古者. 155-16 ○不聽公言也. 156-5 ○我順齊. 157-6 魏因富丁○合於秦. 157-15 ○東. 158-14 ○微君之命命之也. 158-15 臣固○有效於君. 158-15 ○秦虎狼之國也. 160-11 趙○亡. 160-18 ○臣曰勿予者. 160-22 ○王之論秦也. 161-18 必○破趙軍. 161-19 ○必恐. 161-21 周貧○微. 163-8 然○欲行天子之禮於鄒魯之臣. 164-7 ○秦無已而帝. 164-9 則○變易諸侯之大臣. 164-10 ○令工以爲冠. 165-22 ○王之先帝. 166-4 文信猶○知之也. 167-2 ○王嘗濟於漳. 170-3 秦見之○亦重趙. 170-17 臣必見燕與韓魏亦○重趙也. 170-18 皆○無敢與趙治. 170-18 ○天下散而事秦. 172-5 固○爲書而厚寄卿. 173-8 ○君奚不將奢也. 174-17 ○君親從臣而勝降城. 183-2 ○魏. 184-13 ○夫諸侯之爲從者. 185-15 ○夫秦之所欲弱莫如楚. 186-1 ○夫從人多奮辭而寡可信. 186-6 軫○行. 187-5 ○魏王所以貴張子者. 189-13 ○以遇卜王. 190-2 ○公直言易. 192-7 王○無所聞之矣. 192-24 ○爲棧道而葬. 193-18 秦必○用此於王矣. 194-22 又必○曰王以求埊. 194-22 又○以力攻王. 194-23 又○收齊以更索於王. 194-25 ○楚王之爲人也. 197-6 ○魏信舍事. 198-19 大王○何以報魏. 201-8 ○劫王以多割也. 202-14 ○君之嘗割晉國取地也. 203-5 魏王○入朝於秦. 203-11 願子之○以名母爲後也. 203-16 ○無梁孰與無河內急. 203-22 ○安死乎. 204-6 ○見王. 204-10 ○夫欲璽者. 204-19 ○夫姦臣固皆欲以地事秦. 204-21 ○夫王無伐與國之誹. 205-13 秦○攻魏. 205-16 地亦○歲危. 205-24 民亦○歲死矣. 205-24 今秦○攻魏. 206-1 ○奈何. 206-3 王○何利. 206-9 君得燕趙之兵甚衆○亟矣. 206-13 必○便事. 207-2 ○夫憎韓不受安陵氏可也. 207-17 公必○待齊楚之合也. 209-4 天下○以此輕秦. 209-15 ○有皮氏. 209-15 韓○坐而胥亡乎. 212-4 ○割而從天下乎. 212-5 韓○割而從天下. 212-5 韓○割而從其所强. 212-7 ○割而從其所不强. 212-8 楚○與秦攻王. 212-18 魏王○從. 212-21 ○遇於秦而相秦者. 214-10 魏人有唐○者. 216-17 唐○見秦王. 216-18 唐○對曰. 216-20 ○夫魏一萬乘之國. 216-21 魏急則○割地而約齊楚. 216-23 唐○之說也. 217-2 唐○謂信陵君曰. 217-4 安陵君因使唐○使於秦. 219-13 秦王謂唐○曰. 219-14 ○秦滅韓亡魏. 219-15 唐○對曰. 219-17 謂唐○曰. 219-19 唐○對曰. 219-19 唐○曰. 219-20 唐○曰. 219-22 ○夫大王之地有盡. 222-11 秦○攻韓. 224-3 ○王求百金於三川而不可得. 224-9 天下○以是輕王而重秦. 224-16 ○聽王之言而不攻市丘. 224-19 ○反王之言而攻市丘. 224-19 ○楚韓非兄弟之國也. 226-17 ○王以使人報於秦矣. 226-19 率○正言之而已矣. 227-2 ○以善齊而絕齊乎楚. 229-1 ○罪景鯉. 229-2 而○疑秦魏於齊. 229-8 今也子曰乃○攻燕者. 229-10 ○非楚之任. 229-14 魏○旦暮亡矣. 230-1 ○急矣. 231-12 公仲○抑首而不朝. 231-17 公叔○以國南合於楚. 231-17 ○亡. 232-14 ○示

天下輕公. 232-15 今○以至. 234-11 公叔○殺幾瑟也. 235-3 韓○內伯嬰於秦. 236-7 ○前日要政. 237-17 役○共貴公子. 242-21 則魏○內之. 243-9 ○以求武隧也. 243-19 韓侈○伏於山中矣. 244-5 茂○攻宜陽. 244-22 ○明公之不善於天下. 245-5 ○收之. 245-6 必○務以楚合於齊. 245-20 ○復天子. 246-15 ○夫秦之攻燕也. 248-11 ○燕亡國之餘也. 249-4 ○夫燕秦之俱事齊. 249-24○夫孝如曾參. 250-14 ○夫信行者. 250-19 ○夫三王代興. 250-20 ○臣有老母於周. 250-22 其夫○歸. 251-1 ○臣之事足下. 251-6 ○臣之說齊. 251-7 ○以趙王爲可親邪. 251-19 ○今時趙之於秦. 251-23 ○苟所附之國重. 253-3 ○臣聞之. 253-8 ○異日也. 253-12 彼○德燕而輕亡宋. 253-15 死馬○買之五百金. 256-2 隗○見事. 256-4 臣○處無爲之事. 258-1 則○奈何乎. 259-1 ○夫處女無媒. 259-14 老○不嫁. 259-14 ○事非權不立. 259-16 寡人固與韓○絕矣. 261-3 ○舉大事者. 263-3 ○攻齊. 264-24 憂公子之○爲質於齊也. 265-9 ○以爲公子功而封之也. 265-15 ○太后與王幸而在. 265-16 燕昭王○與天下伐齊. 265-22 寡人○與天下伐齊. 265-22 ○以因子而事齊. 265-24 ○謝之曰. 266-18 故召將軍○休計事. 266-21 ○又淮北宋地. 267-13 ○夫宋. 269-21 趙○伐燕. 270-4 今趙○伐燕. 270-7 走○出境. 271-12 今子○致我. 271-14 我○言子之奪我珠而呑之. 271-14 吾要○死. 271-16 子腸亦○寸絕. 271-16 燕王以書○謝焉. 272-2 ○寡人之罪. 272-6 ○世有薄於故厚施. 272-12 猶○黜乎. 272-23 余○慝心以成而過. 273-4 ○臣之使秦. 273-12 見秦○滅六國. 273-21 ○非獨於此也. 274-7 是時侍醫夏無○. 277-21 而賜夏無○黃金二百鎰. 278-3 無○愛我. 278-4 ○秦王亦將觀公之事. 282-8 富術謂殷順○曰. 282-25 殷順○以君令相公期. 283-5 寡人○王. 284-8 猶○聽也. 284-12 ○中山恐. 284-12 ○張登之爲人也. 284-22 然則王之爲費○危. 285-15 嘗餓○死. 288-4 臣父○死. 288-5

【甲】 81

韓徵○與粟於周. 10-12 代能爲君令韓不徵○與粟於周. 10-13 今公乃徵○及粟於周. 10-17 吾無徵○與粟於周. 10-20 不徵○與粟於周而與高都. 10-23 兵○愈起. 16-7 綴○厲兵. 16-9 然而○兵頓. 19-1 不用一領○. 20-7 棄○兵怒. 20-19 內者吾○兵頓. 20-23 帥天下將○百萬. 21-1 武王將素○三千領. 21-3 請益○四萬. 32-11 秦且益趙○四萬人以伐齊. 32-13 必不益趙○四萬人以伐齊. 32-15 必不益趙○四萬人以伐齊矣. 33-2 不亡一○. 42-16 是王不用○. 52-3 王又舉○兵而攻魏. 52-3 材兵○之强. 52-13 秦下○而攻趙. 59-3 前日秦下○攻趙. 59-17 帶○數十萬. 68-17 魏王身被○底劍. 90-11 亦收餘○而北面. 90-12 ○兵之具. 92-14 將不釋○. 92-18 ○兵不出於軍而敵國勝. 93-12 帶○三十六萬. 93-23 全車○. 96-25 帶○數百萬. 101-21 帶○百萬. 104-4 其實畏王之○兵也. 104-5 帶○百萬. 108-23 雖無出兵○. 110-3 秦下○兵. 110-8 秦舉○出之武關. 110-20 且夫秦之所以不出○於函谷關十五年以攻諸侯者. 111-2 齊使人以○受東地. 118-11 三十餘萬弊○鈍兵. 118-12 其縮○則可. 118-16 則必舉○而向趙. 144-22 秦○涉河踰漳. 144-22 帶○數十萬. 145-1 然而秦不敢舉兵○而伐趙者. 145-3 繕○厲兵. 148-1 今宣君有微○鈍兵. 148-4 願以○子之日合戰. 148-5 權○兵之用. 148-23 知兵○之用. 154-9 今重○循兵. 154-11 寡人使卷○而趍之. 161-15 帶○百萬. 165-2 今趙留天下之○於成皐. 170-1 齊○未嘗不歲至於王之境也. 170-10 車○羽毛裀敝. 175-2 秦○出而東. 186-4 而臣以致燕○而起齊兵矣. 195-17 帶○數十萬. 222-1 ○盾鞮鍪鐵幕革抉. 222-5 被堅○. 222-6 秦帶○百餘萬. 222-23 被○冒胄以會戰. 223-1 秦人捐○徒裎以趨敵. 223-1 秦下○據宜陽. 223-7 今又得韓之名都一而具○. 226-4 帶○數十萬. 248-5 秦下○雲中九原. 251-22 身自削○扎. 252-21 妻自組○絣. 252-21 蜀地之○. 260-6 漢中之○. 260-7 寡人積○宛. 260-8 令齊守趙之質子以○者. 262-2 果以守趙之質子以○. 262-3 吾必守子以○. 262-3 燕得○首二萬人. 264-3 閑於兵○. 267-12 車○珍器. 267-18 繕治兵○以益其强. 289-22

【申】 65

○生孝. 45-7 王○息衆二年. 52-6 以與○縛遇於泗水之上. 54-17 而大敗○縛. 54-18 使若卞隨務光○屠狄. 61-18 而用○縛. 62-5 ○縛者. 62-6 係梁太子○. 65-11 鄭○爲楚使於韓. 107-16 唐且見春○君曰. 122-14 客說春○君曰. 126-12 春○君曰. 126-15 客又說春○君曰. 126-17 春○君又曰. 126-19 趙使魏加見楚春○君曰. 127-14 春○君曰. 127-16 汗明見春○君. 127-25 春○君大說之. 127-25 春○君曰. 128-1 春○君曰. 128-3 春○君曰. 128-4 春○君曰. 128-7 蹄○膝折. 128-9 春○君患之. 128-17 李園求事春○君爲舍人. 128-19 春○君問狀. 128-19 春○君曰. 128-20 春○君曰. 128-21 即幸於春○君. 128-22 園女弟承間說春○君曰. 128-24 春○君大然之. 129-6 恐春○君語泄而益驕. 129-9 欲殺春○君以滅口. 129-10 春○君相楚二十五年. 129-11 朱英謂春○君曰. 129-11 春○君曰. 129-13 春○君曰. 129-17 春○君曰. 129-19 春○君曰. 129-21 春○君後入. 129-25 園死士夾刺春○君. 129-25 於是使吏盡滅春○君之家. 130-1 初幸春○君有身. 130-1 虞卿謂春○君曰. 130-6 建信春○從. 141-20 將太子○而攻齊. 196-13 殺太子○. 196-19 而禽太子○. 197-5 而信春○君之言. 211-23 卽春○君有變. 211-24 衣焦不○. 215-18 謂○不害於韓曰. 221-9 ○不害始合於韓王. 221-12 王問○子曰. 221-13 ○子微視王之所說以言於王. 221-16 ○子請仕其從兄官. 221-18 ○子有怨色. 221-18 ○子乃辟舍請罪. 221-21 春○君聞之. 229-19 觀鞅謂春○曰. 229-23 ○不害. 241-5 ○不害與昭釐侯執珪而見梁君. 241-6 ○不害之計事. 241-7 ○不害慮事而言之. 241-10 而王之諸臣忠莫如○不害也. 241-12

【田】 146

○肥美. 15-17 ○疇荒. 19-1 ○疇荒. 20-23 ○莘之爲陳軫說秦惠王曰. 23-13 不穀得商於之○. 26-15 令○章以陽武合於趙. 32-5 聞齊之內有○單. 39-22 再戰於藍○. 48-3 雖藍○豈難得哉. 48-6 耕○之利幾倍. 56-22 今力○疾作. 56-23 食藍○十二縣. 57-25 齊將封○嬰於薛. 62-10 夫齊削地而封○嬰. 62-14 ○侯召大臣而謀曰. 64-8 ○侯曰. 64-10 ○侯曰. 64-11 ○侯曰. 64-14 ○侯召大臣而謀曰. 64-17 ○臣思曰. 64-19 ○侯曰. 64-22 韓魏之君因○嬰北面而朝○侯. 64-24 ○忌爲將. 65-2 ○忌不進. 65-4 乃說王而使○忌伐魏. 65-4 ○忌三戰三勝. 65-6 我○忌之人也. 65-7 ○忌遂走. 65-9 ○忌爲齊將. 65-11 孫子謂○忌曰. 65-11 ○忌曰. 65-12 ○忌不聽. 65-17 ○忌亡齊而之楚. 65-19 齊恐○忌欲以楚權復於齊. 65-19 恐○忌之以楚權復於齊也. 65-21 王不如封○忌於江南. 65-21 以示○忌之不返齊也. 65-22 ○忌亡人也. 65-23 ○臣思曰. 71-4 ○晉曰. 78-17 若魏文侯之有○子方段干木也. 78-20 ○父見之. 81-7 有○父之功. 81-9 齊人見○駢. 88-17 ○駢曰. 88-18 ○駢曰. 88-18 ○子辭. 88-21 ○需對曰. 88-25 十年之○而不償也. 92-13 十年之○而不償也. 92-16 ○單以卽墨之城. 95-17 齊○單以卽墨破燕. 96-3 ○單攻之歲餘. 96-6 ○單守卽墨之城. 98-1 ○單之立疑. 98-2 皆以○單爲自立也. 98-3 ○單相之. 98-3 ○單見其寒. 98-5 ○單之施. 98-6 宜召○單而揖之於庭. 98-14 ○單之愛人. 98-17 貂勃常惡○單. 98-19 ○單免冠徒跣肉袒而進. 99-8 召相○單而來. 99-11 ○單將攻狄. 100-3 ○單曰. 100-4 ○單乃懼. 100-8 ○單曰. 100-15 戰於藍○. 111-5 食○六百畛. 113-4 ○六百畛. 114-3 寄宿人○中. 137-9 日者秦楚戰於藍○. 139-17 且秦以牛○. 140-12 臣以○單如耳爲大過也. 147-2 豈獨○單如耳爲大過哉. 147-3 而將非有○單司馬之慮也. 147-10 ○單將齊之良. 147-19 力○積粟. 148-2 相都平君○單問趙奢曰. 155-3 東藩之臣○嬰齊後至. 163-10 ○駟謂柱國韓向曰. 175-17 魏文侯與○子方飲酒而稱樂. 182-12 ○子方笑. 182-12 以賞○百萬祿之. 183-8 賜之○二十萬. 183-15 巴寧爨襄○各十萬. 183-15 故又與○四十萬. 183-17 然而廬○廡舍. 184-9 ○嬰怒. 186-15 旰夷爲董慶謂○嬰曰. 186-15 與其相○繻不善. 191-8 犀首○盼欲得齊魏之兵以伐趙. 192-3 梁君與○侯不欲. 192-3 ○盼曰. 192-4 ○侯梁君見其危. 192-8 ○盼曰. 192-9 犀首○盼遂得齊魏之兵. 192-9 梁君○侯恐其至而戰敗也. 192-10 ○需從中敗君. 192-13 於是東見○嬰. 192-18 蘇代爲○需說魏王曰. 192-21 魏文子○需周宵相善. 196-4 犀首以倍○需周宵. 196-6 ○盼宿將也. 196-15 ○嬰許諾. 197-4 ○嬰不聽. 197-8 ○需貴於魏王. 197-17 ○需死. 197-22 ○需死. 197-22 ○需死. 198-2 ○文曰. 206-3 ○文曰. 206-5 以從○文. 206-11 而封○文. 206-14 秦果南攻藍○鄢郢. 211-12 簡公用○成監止而簡公弒. 223-19 請道於南鄭藍○以入攻楚. 231-23 韓相國謂○苓曰. 245-12 ○苓見穰侯. 245-13 ○苓對曰. 245-14 ○苓曰. 245-16 民雖不由○作. 248-6 今王信○伐與条去疾之言. 264-23 齊○單欺詐騎劫. 266-15 燕有○光先生者. 274-10 願因太傅交於○先生. 274-11 出見○光. 274-11 ○光曰. 274-12 ○先生坐定. 274-13 ○光曰. 274-14 ○光曰. 274-18 ○光俛而笑曰. 274-19 ○光曰. 274-24 言○光已死. 275-3 丹所請○先生無言者. 275-4 今○先生以死明不泄言. 275-5 ○先生不知丹不肖. 275-6 臣請見○嬰. 284-10 ○嬰曰. 284-15 ○嬰曰. 284-18 ○嬰不聽. 284-24 ○簡謂司馬憙曰. 286-14 ○簡自謂取使. 286-20 耕○疾作. 288-20

【由】 28

昔智伯欲伐厹○. 10-4 厹○卒亡. 10-6 以蔡厹○戒之. 10-8 楚有養○基者. 11-7 養○基曰. 11-8 ○此觀之. 16-3 故○此觀之. 19-6 ○是觀之. 20-22 ○此觀之. 66-17 ○是觀之. 85-22 ○此觀之. 86-6 ○此觀之. 91-17 ○此觀之. 92-3 ○此觀之. 93-1 ○此觀之. 127-7 ○是觀之. 165-3 王之行能如許○乎. 165-12 許○無天下之累. 165-13 亦許○也. 193-8 豈若○楚乎. 209-10 ○是觀之. 218-17 今○千里之外. 218-18 今○嫪氏善秦而交爲天下上. 219-7 民雖不○田作. 248-6 以其讓天下於許○. 254-2 ○必不受. 254-2 而天下○此宗蘇氏之從約. 261-20 然則何○. 273-25

【史】 26

○黶謂周君曰. 3-15 至尉內○及王左右. 41-1 夏育太○啓叱呼駭三軍. 45-23 逃太○之家爲溉園. 95-16 太○氏女. 95-16 爲莒太○家庸

夫.100-24 大○敫女.100-25 以太○氏女爲王后.101-2 太○敫曰.101-2 夫○舉.108-8 弊邑秦王使臣敢獻書於大王御○.147-23 ○厭謂趙獻曰.189-9 ○舉非犀首於王.193-7 因令○舉數見犀首.193-9 ○舉不辭而去.193-9 是故秦王使使臣獻書大王御○.223-14 久離兵○.228-17 ○惕謂公叔曰.232-14 ○舍曰.233-21 ○舍入見曰.233-23 ○疾爲韓使楚.236-14 安邑之御○死.246-11 公孫綦爲人請御○於王.246-12 廉如鮑焦○鰌.257-25 廉如鮑焦○鰌.258-4 使○占之.281-11

【央】 1

中○之國也.20-1

【叱】 13

夏育太史啓○呼駭三軍.45-23 文信君○去曰.58-8 奚以遽言○也.58-11 ○嗟.163-11 死則○之.163-12 犬猛不可○.233-25 ○之必噬人.233-25 客有請○之者.234-1 疾視而徐○之.234-1 復○之.234-1 韓傀以之○之於朝.236-23 呴籍○咄.255-21 ○太子曰.276-21

【兄】 35

秦王不聽羣臣父○之義而攻宜陽.2-5 周君得以爲辭於父○百姓.12-21 賢於○弟.17-5 此父○之任也.48-24 韓魏父子○弟接踵而死於秦者.53-2 復爲○弟約.68-10 大臣父○殷衆富樂.69-15 今王之大臣父○.119-4 慎大臣父○.119-8 雖○弟不如.128-24 即百歲後將更立○弟.128-25 多失禮於王○弟.129-2 ○弟誠立.129-2 則○弟也.142-8 被○弟之衣.142-9 必與楚爲○弟之國.142-23 貴戚父○皆可以受封侯.144-15 寡人與趙○弟.181-14 寡人與韓○弟.181-15 一天下約爲○弟刑白馬以盟於洹水之上以相堅也.185-16 ○弟之交也.195-15 臣聞魏氏大臣父○皆謂魏王曰.202-6 不顧親戚○弟.206-17 此於其親戚○弟若此.206-20 申子請仕其從○官.221-18 且楚韓非○弟之國也.226-17 内得父○.235-3 内無父○之衆.235-8 ○弟無有.238-13 約復爲○弟.240-24 今韓之父○得衆者毋相.243-21 父○惡珉.243-22 願爲○弟而請罪於秦.250-3 不謀於父○.267-8 宋與楚爲○弟.280-23

【目】 33

五國約○伐齊.103-9 五國○破齊秦.103-9 我厚賂之○利.103-12 我悉兵○臨之.103-12 王苟無○五國用兵.103-16 ○廧於齊.103-17 子○我爲不信.104-2 虎○爲然.104-3 ○爲畏狐也.104-4 而○强魏.104-11 何○兩弊也.104-16 必與魏合而○謀楚.104-17 ○爲趙援.104-18 臣朝夕○事聽命.105-2 ○居魏知之.105-10 無○至此.105-22 ○色交者.105-24 是○嬖女不敝席.105-25 而無○深自結於王.106-1 ○身爲殉.106-2 願得○身試黃泉.106-12 楚○弱新城圍之.107-7 故楚王何不○新城爲主郡也.107-10 矯○新城陽人予太子.107-16 ○與公叔爭國而得之.107-18 ○苛廉聞於世.108-9 天下莫敢○兵南鄉.113-4 公不如○儀之言爲資.122-2 吾欲先據之○加德焉.122-6 湯○亳.126-12 武王○鄗.126-12 君籍之○百里勢.126-13 臣竊○爲不便於君.126-14

【冉】 15

薛公爲魏謂魏○曰.34-3 魏謂魏○曰.35-4 夫楚王之以其國依○也.35-7 謂魏○曰.35-14 謂魏○曰.35-21 秦太后爲魏○謂秦王曰.36-4 秦使魏○之趙.73-8 秦使魏○致帝.89-6 秦惠王封○子.130-9 ○子.130-9 請相魏○.156-2 秦王見趙之相魏○之不急也.156-4 魏○固德公矣.156-6 魏○必妬君之有陰也.171-20 魏○妬.171-21

【囚】 6

吏因○之.4-17 而實○之也.10-9 加之以幽○.38-3 魯之免○.61-15 幽○而不出.97-9 欲○厲.254-23

【四】 111

周君留之十○日.8-10 故留之十○日以待命也.8-12 若○國弗惡.11-25 是上黨每患而贏○十金.12-23 不式於○境之外.17-7 ○拜自跪而謝.17-13 ○隣諸侯不服.19-1 ○鄰諸侯可朝也.19-13 ○隣諸侯可朝也.19-19 朝○隣諸侯之道.21-11 ○隣諸侯不朝.21-13 何愛餘明之照○壁者.31-4 請益甲○萬.32-11 秦且益趙甲○萬人以伐齊.32-13 必不益趙甲○萬人以伐齊.32-15 ○也.32-23 必不益趙甲○萬人以伐齊矣.33-2 此○寶者.36-17 ○貴備而國不危者.39-25 爲此○者.40-1 ○治政不亂不逆.41-4 夫○時之序.44-13 誅屠○十餘萬之衆.46-4 率○方士.46-10 此○子者.46-12 ○國必從.51-14 三王不足○.52-12 ○國必應悉起應王.53-12 此皆平原○達.53-14 此○國者.54-5 則三王不足○.55-16 ○國之兵敵.55-21 其寧於太山○維.57-7 ○國爲一.60-19 ○國爲一.60-20 賈願出使○國.60-21 ○國之交未必合也.61-2 賈不歸○國.61-9 ○國之王尚焉用賈之身.61-9 此○士者.61-16 ○境之內.66-17 此所謂○塞之國也.68-17 ○境不守.69-3 ○戰之後.69-23 因以上黨二十○縣許秦王.73-4 今秦○塞之國.77-18 孟嘗君奉夏侯章以○馬百人之食.78-7 而奉我○馬百人之食.78-11 乃二十○.86-6 今王有○焉.87-15 焉能有○焉.87-16 則○鄰不反.91-10 市人從者○百人.96-1 以故建立○十有餘年不受兵.101-5 奉○時之獻.109-6 兵敵○國.110-1 ○塞以爲固.110-2 ○封不侵.113-3 ○國伐楚.115-20 君王卒幸○子者不衰.124-5 六足○翼.124-13 加己乎○仞之上.124-16 ○國疑而謀敗.135-4 然而○輪之國也.146-21 楚有○人起而從之.147-16 以兵橫行於中十○年.147-19 守○封之內.148-2 ○國爲一以攻趙.148-13 破趙而○分其地.148-14 ○時不一宜.154-7 ○海之內.155-16 則橫行○海.164-25 ○十餘年而秦不能得所欲.165-2 以○國攻之.172-1 ○矣.172-22 ○國將假道於衞.175-9 日三○里.179-1 故又與田○十萬.183-17 使百○十萬.183-18 坒○平.185-8 諸侯○通.185-8 卒戍○方.185-10 此所謂○分五裂之道也.185-14 令○國屬以事.187-19 今主君兼此○者.200-13 以○國攻燕.206-9 ○海之內.218-13 於是布令於○境之內曰.218-16 秦自○境之內.219-3 與臣而將○矣.219-25 爲之儆○境之內選師.226-6 乃儆○境之內選師.226-12 王儆○彊之內.229-17 今○國錮之.230-7 欲以○國西首也.244-12 陳○辟去.244-21 齊以○國敵秦.245-20 不至○五日.248-14 ○日而至五渚.260-8 齊王○與寡人約.260-23 ○欺寡人.260-24 ○國攻之.267-14 ○達之國也.271-21 令栗腹以○十萬攻鄗.271-23 遺衞君野馬○百.281-18 野馬○.281-20 致中山而塞○國.284-21 ○國寒心.284-21 是君臨中山而失○國也.284-22 ○面出嫁.288-22 斬首二十○萬.289-6

【生】 166

魏王以國與先○.6-16 今先○儼然不遠千里而庭教之.15-22 人○世上.17-16 ○未嘗見寇也.18-18 夫斷死與斷○也不同.18-20 是西○秦患.26-22 何爲空以○所愛.33-7 良醫知病人之死○.36-21 雖堯舜禹湯復○.36-22 先○何以幸教寡人.37-9 先○不幸教寡人乎.37-11 賢於○也.38-11 先○是何言也.38-12 先○乃幸至此.38-13 此天以寡人慁先○.38-13 寡人得受命於先○.38-14 先○柰何而言若此.38-15 願先○悉以教寡人.38-16 制殺○之威之謂王.39-24 傲尙奚○.43-11 夫人○手足堅强.44-13 ○命壽長.44-17 申○孝.45-7 此從○民以來.51-25 百姓不聊○.53-5 而不壽於朝○.57-7 必○蓬蒿.57-10 夫項橐○七歲而爲孔子師.58-10 今臣○十二歲於玆矣.58-10 固不求○也.63-14 此齊貌辨之所以外○樂患趣難者也.64-6 豈爲人臣欺○君哉.67-11 謂三先○曰.78-15 願聞先○有以補之闕者.78-15 開罪於先○.82-21 先○不羞.82-21 先○休矣.83-8 先○所爲文市義者.83-11 ○王之頭.85-22 且顏先○與寡人游.86-23 夫玉○於山.86-25 士○乎鄙野.87-1 先○王斗造門而欲見齊宣王.87-8 先○徐之.87-10 聞先○直言正諫不諱.87-11 斗○於亂世.87-12 聞先○高議.88-17 今先○設爲不宦.88-20 而患之所從○者微.89-7 ○齊王建.95-19 今死○榮辱.96-12 出必死而不○.97-14 單何以得罪於先○.98-20 先○謂單不能下狄.100-9 而士卒無○之氣.100-12 有○之樂.100-15 先○志之矣.100-16 ○子建.101-2 不敢忘先○之言.106-5 且與死○.118-11 寡人聞先○.119-16 今先○乃不遠千里而臨寡人.119-16 先○就舍.119-18 ○與亡爲鄰.123-5 不偏於○.123-6 先○老悖乎.124-3 寡人不能用先○之言.124-8 先○何以知之.127-20 僕已知先○.128-1 先○大息矣.128-1 先○過矣.128-3 先○即舜也.128-4 召門吏爲汗先○著客籍.128-7 遂○子男.129-7 先○置之.129-21 而入之王所○子者.130-1 臼竈○鼃.131-8 先○以鬼之言見我則可.137-6 君聽臣計則○.137-13 先○就舍.137-14 先○之計大而規高.137-20 先○明日復來.137-21 吾請資先○厚用.137-21 勝請召而見之於先○.162-17 東國有魯連先○.162-18 吾聞魯連先○.162-19 吾不願見魯連先○也.162-20 今吾視先○之玉貌.162-23 先○助之奈何.163-4 先○惡能使梁助之耶.163-6 故○則朝周.163-12 先○獨未見夫僕乎.163-14 先○之言也.163-18 先○又惡能使秦王烹醢梁王.163-18 ○則不得事養.164-6 始以先○爲庸人.164-14 吾乃今日而知先○爲天下之士也.164-14 先○不知寡人不肖.165-24 而死者不可復○也.173-25 不若以○人市使也.174-1 請令王讓先○以國.193-7 而先○弗受.193-8 衍請因令王致萬户邑於先○.193-8 而○以殘秦.195-11 橫樹之則○.197-17 倒樹之則○.197-17 折而樹之又○.197-18 則無○楊矣.197-18 樹易○之物.197-19 臣以爲雖湯武復○.202-23 安○乎.204-7 唯先○也.205-5 請致之先○.205-5 聞先○受魏之璧馬.205-10 然則先○之爲寡人計之何如.205-11 願君之○束縮高而致之.217-20 而君曰必○致之.217-25 受地於先○.219-12 安陵君受地於先○而守之.219-17 先○坐.220-2 徒以有先○也.220-3 五穀所○.222-19 右挾○虜.223-2 此方其爲尾○之時也.230-8 先○病而來.231-12 今先○言不急.231-14 先○毋復言也.231-15 多人不能無○得失.237-25 ○得失則語泄.237-25 使臣信如尾○.250-11 信如尾○.250-17 故往見郭隗先○曰.255-14 郭隗先○對曰.255-17 郭隗先○曰.255-24 所求者○馬.256-1 況○馬乎.256-2 燕王弔死問○.256-7 信如尾○高.257-24 信如尾○高.258-3 義不與○俱立.258-5 今其○者.261-15 臣猶○也.262-4 ○之物固有不死者乎.262-20 燕有田光先○者.274-10 願因太傅交於田先○.274-11 願圖國事於先○.274-12 田先○

坐定. 274-13 願先○留意也. 274-14 願因先○得願交於荆軻. 274-17 先○所言者. 274-19 願先○勿泄也. 274-19 願先○留意也. 274-22 願先○勿泄也. 274-25 丹所請田先○無言者. 275-4 今田先○以死明不泄言. 275-5 田先○不知丹不肖. 275-6 乃欲以○劫之. 278-1 有雀○鷇於城之陬. 281-11 小而○巨. 281-11 乃見梧下先○. 282-16 梧下先○曰. 282-17 先○曰. 282-20 人○之所行. 283-1 以○其財. 288-21 諸侯○心. 290-1 死卒不可復○. 290-14

【矢】 10

弓撥○鉤. 11-11 未折一○. 17-5 疾如錐○. 68-18 ○非不銛. 90-8 譬之衛○而魏弦機也. 90-13 亡○之大半. 92-14 約之○以射城中. 96-7 立於○石之所. 100-16 無○奈何. 132-16 未嘗不爲王先被○石也. 170-8

【失】 68

是周常不○重國之交也. 7-20 周自知○九鼎. 22-15 計○於陳軫. 27-11 計○而聽過. 28-3 聽無○本末者難惑. 28-4 時至而弗○. 34-15 ○韓魏之道也. 36-6 工之所○也. 36-18 而大王之計有所○也. 38-21 願聞所○計. 38-22 應侯○韓之汝南. 42-24 王必不○臣之罪. 44-3 時不可○. 52-25 不亦○乎. 53-6 是王○計也. 53-2 而輕○齊. 55-5 蕩而○水. 62-22 使秦弗有而○天下. 81-13 ○齊者輕. 81-23 非得○之策與. 86-6 唯恐○抎之. 87-16 ○王之處. 95-21 ○人子之禮也. 101-4 楚以緩○宋. 103-4 五官○法. 114-1 則○利矣. 117-3 此不○爲儀之實. 121-12 久○羣也. 127-21 故○期. 128-19 故○期. 128-20 多○禮於王兄弟. 129-2 不○守器. 140-1 ○其黨而孤居. 148-11 ○而累. 152-24 王○論矣. 153-2 臣以○令過期. 153-24 ○經則弱. 154-3 不如所○之費也. 154-6 而不至○六城. 160-2 是我○之於天下. 160-4 是王○於齊而取償於秦. 160-24 ○今之時. 171-8 前計○之. 186-11 ○其半者也. 188-21 是王○謀於楚趙. 189-21 秦恐○楚. 199-10 ○言於君. 218-6 秦○魏. 225-17 ○計於韓明也. 226-23 彼有以○之也. 227-12 其實猶之不○秦也. 232-11 多人不能無生得○. 237-25 生得○則語泄. 237-25 非慮過而議○也. 241-7 而韓王○之也. 246-3 實不○天下. 254-2 不可○也. 254-18 ○所爲矣. 256-17 ○天下者也. 270-13 魏○其與國. 271-10 行有○而故惠用. 272-12 而君有○厚之累. 272-13 此一舉而兩○也. 272-20 盡○其度. 277-18 將○火. 283-15 蚤晚之時○也. 283-16 是君臨中山而○四國也. 284-22 陵戰○利. 289-1

【禾】 1

幽莠之幼也似○. 182-5

【丘】 32

不顧其先君之○墓. 6-17 於是舉兵而攻邢○. 39-13 邢○拔而魏請附. 39-13 然降其主父沙○而臣之. 41-23 至葵○之會. 45-22 粟如○山. 68-18 下壘枯○. 100-7 粟如○山. 110-2 昭雎勝秦於重○. 115-15 而積禍重於○山. 123-9 餓主父於沙○. 127-4 而耕負親之○. 134-22 距沙○. 138-15 持○之環. 165-15 取乘○. 189-22 虚頓○危. 189-22 秦故有懷地刑○之城垝津. 207-11 魏順謂市○君曰. 224-12 必攻市○. 224-13 臣請爲君止天下之攻市○. 224-14 市○君曰. 224-14 必攻市○以償兵費. 224-18 王令之勿攻市○. 224-18 且聽王之言而不攻市○. 224-19 且反王之言而攻市○. 224-19 故楚王卜交而市○存. 224-20 則齊不益於營○. 250-21 齊不出營○. 258-7 登○東嚮而歎. 258-16 魏無虚頓○. 260-17 薊○之植. 267-19 而攻魏雝○. 271-6

【仕】 11

○人衆. 66-1 晏首貴而○人寡. 66-1 今首之所進○者. 66-3 君先○臣爲郎中. 129-20 秦使人來○. 167-6 吾將○之以五大夫. 217-13 申子請○其從兄官. 221-18 秦王○之. 244-3 秦之○韓侈也. 244-4 召韓侈而○之. 244-7 而有齊人○於燕者. 265-22

【仗】 3

常○趙而畔楚. 230-7 ○齊而畔秦. 230-7 獨行○劍至韓. 238-1

【代】 89

告蘇○. 10-12 蘇○曰. 10-12 ○能爲君令韓不徵甲與粟於周. 10-13 蘇○遂往見韓相國公中曰. 10-14 ○曰. 10-19 ○曰. 10-21 子何不○我射之也. 11-9 惠王○後. 15-9 北有胡貉○馬之用. 15-16 降○上黨. 20-6 ○三十六縣. 20-6 ○上黨不戰而已爲秦矣. 20-8 蘇○曰. 31-10 蘇○爲齊獻書穰侯曰. 32-12 子常宣言○我相秦. 44-11 王使人○. 60-4 北使燕○之間三年. 61-2 我○韓而受魏之兵. 64-20 鄒忌○之相. 65-19 奉王而○立楚太子者. 76-18 趙○良馬橐他. 109-9 近○所見. 127-3 下比近○. 127-6 因而○立當國. 129-15 此百○之一時也. 130-12 此○馬胡駒不東. 138-22 此百○之一時也. 139-14 乃使馮亭○靳黈. 140-3 自常山以至○上黨. 150-19 而襄王兼戎取○. 150-23 且夫三○不同服而王. 151-15 昔者先君襄主與○交地. 154-10 北有○. 165-2 以爲○郡守. 167-24 此百○之一時也. 171-9 蘇○謂齊王曰. 171-19 使趙葱及顔冣○將. 180-2 蘇○爲田需説魏王曰. 192-21 而蘇○曰. 192-23 昭魚謂蘇○曰. 197-22 ○曰. 197-23 ○曰. 197-24 ○曰. 197-25 ○請説君. 197-25 ○也從楚來. 198-1 ○曰. 198-1 ○曰. 198-2 ○曰. 198-5 蘇○爲説秦王曰. 198-10 蘇○爲楚王曰. 230-5 過○上谷. 248-12 且夫三王○興. 250-2 昔趙王以其姊爲○王妻. 251-11 欲并○. 251-12 約與○王遇於句注之塞. 251-13 與○王飲. 251-14 ○王腦塗地. 251-16 其弟蘇○欲繼之. 252-10 而蘇○與子之交. 253-20 而齊宣王復用蘇○. 253-21 蘇○爲齊使於燕. 253-23 蘇○欲以激燕王以厚任子之也. 253-24 子之因遺蘇○百金. 253-25 燕相子之與蘇○婚. 254-25 乃使蘇○持質子於齊. 254-25 齊使○報燕. 255-1 而蘇○厲遂不敢入燕. 255-3 蘇○過魏. 255-6 魏爲燕執○. 255-6 於是出蘇○之宋. 255-10 蘇○乃遺燕昭王書曰. 256-13 蘇○謂燕昭王曰. 257-24 三王○位. 258-8 燕王謂蘇○曰. 259-12 蘇○對曰. 259-12 蘇○約燕王曰. 260-3 蘇○復重於燕. 261-19 ○厲皆以壽死. 261-20 蘇○爲奉陽君説燕於趙以伐齊. 261-23 蘇○爲燕説齊. 263-10 蘇○自齊使人謂燕昭王曰. 263-19 蘇○自齊獻書於燕王曰. 264-14 而使騎劫○之將. 266-15 寡人之使騎劫○將軍者. 266-20 蘇○爲燕謂惠王曰. 270-4 使慶秦以二十萬攻○. 271-24 使樂乘以五萬遇慶秦於○. 272-1 用○王嘉計. 278-7 更使王齕○王陵伐趙. 290-4

【白】 38

皆○起. 11-6 謂○起曰. 11-7 ○璧百雙. 17-1 ○刃在前. 18-12 犯○刃. 18-19 決○馬之口. 20-12 ○起者. 35-14 ○起率數萬之師. 46-3 ○起之勢也. 46-6 則商君○公吳起大夫種是也. 46-18 秦○起拔楚西陵. 51-16 於是○起又將兵來伐. 51-18 然則○公之亂. 106-18 定○公之禍. 113-2 粉○墨黑. 120-8 俯噣○粒. 124-17 ○汗交流. 128-10 通質刑○馬以盟之. 145-25 ○璧百雙. 146-11 皆曰○馬非馬也. 147-13 已如○馬實馬. 147-13 乃使有○馬之爲也. 147-13 守○馬之津. 148-4 卒斷紂之頭而縣於太○者. 167-11 ○骨疑象. 182-5 一天下約爲兄弟刑○馬以盟於洹水之上以相堅也. 185-16 左○台而右閭須. 200-11 ○珪謂新城君曰. 213-1 ○圭謂魏王曰. 215-3 ○虹貫日. 219-24 中國○頭游敖之士. 240-13 決○馬之口. 260-16 ○珪逃於秦. 263-4 臣請獻○璧一雙. 263-15 而又不○於臣之所以事先王之心. 267-2 皆○衣冠以送之. 276-24 ○璧一. 281-18 微○起. 290-3

【他】 26

無○種矣. 3-3 昌○亡西周. 7-23 間遺昌○書曰. 7-25 告昌○. 8-1 東周立殺昌○. 8-2 宮○謂周君曰. 13-12 秦王使公子○之趙. 32-8 秦卒有○事而從齊. 34-22 而無○慮也. 35-2 ○人有心. 52-24 趙代良馬橐○. 109-9 非有○人於此也. 120-15 又將請地於○國. 131-24 ○國不聽. 131-24 乃有○心. 133-16 秦王謂公子○曰. 139-16 公子○曰. 139-19 以臣爲不能者非○. 169-5 ○國莫可. 171-7 王賁韓○之曹. 172-11 周肖謂宮○曰. 216-2 宮○曰. 216-3 ○人必來. 234-3 無○. 242-12 亦無○也. 242-13 宮○爲燕使魏. 252-5

【仞】 5

加己乎四○之上. 124-16 將加己乎十○之上. 124-18 將加己乎百○之上. 124-24 守十○之城. 202-23 陵十○之城. 202-24

【斥】 1

良臣○踈. 289-12

【瓜】 1

秦趙之敝而○分之. 160-18

【乎】 387

臣請使西周下水可○. 3-1 欲秦趙之相賣○. 6-8 公不聞楚計○. 10-15 周君怨寡人○. 12-16 惡有不戰者○. 16-3 取卿相之尊者○. 16-23 嗟○. 17-15 蓋可忽○哉. 17-16 故先使蘇秦以幣帛約○諸侯. 17-20 王何惡向之攻宋○. 18-3 其此之謂○. 18-10 而求解○楚魏. 22-16 王欲窮儀於秦○. 22-23 固多憂○. 23-4 王何不聽○. 23-25 信○. 24-1 子胥忠○其君. 24-3 賣僕妾售○閭巷者. 24-4 楚亦何以軫爲忠○. 24-5 何適○. 24-6 汝取長者○. 24-16 少者○. 24-16 而何之○. 25-3 張子以寡人不絶齊○. 27-2 臣可以言○. 27-5 以其餘爲寡人○. 27-17 王獨不聞吳人之遊楚者○. 27-18 誠病○. 27-19 意亦思○. 27-19 王不聞夫管與之説○. 27-20 而寡人死不朽○甘茂對曰. 28-25 君聞夫江上之處女○. 31-1 以死者爲有知○. 33-6 何暇乃私魏醜夫○. 33-9 公聞東方之語○. 35-4 亦能翕其心○. 36-5 豈敢以疑事嘗試於王○. 36-14 獨不足以厚國家○. 36-18 先生不幸教寡人○. 37-11 臣何患○. 37-25 臣何憂○. 38-4 臣又何耻○. 38-6 可○. 39-1 不亦繆○. 39-6 而令焉得從王出○. 40-2 得無危○. 40-20 有非相國之人者○. 41-1 欲買朴○. 41-22 君禽馬服○. 42-13 又即圍邯鄲○. 42-14 君能爲之下○. 42-17 其憂○. 42-24 而況於秦國○. 43-10 君何不賜軍吏○. 43-16 豈有此○. 44-12 豈不亦忠○. 45-12 孰與秦孝公楚悼王越王○. 45-15 君獨不觀博者○. 46-14 王知之○. 51-1 不亦失○. 53-6 王將藉路於仇讎之韓魏○. 53-7 而朝於邯鄲之君○. 54-12 資而相之於周○. 56-9 君知之○. 57-4 嗟嗞○. 60-14 君不聞大魚○. 62-21 吾獨謂先王何○. 63-22 吾豈可以先王之廟與楚○. 63-22 靖郭君之於寡人一至此○. 63-23 客肯爲寡人來靖郭君○. 63-24 將軍可以爲大事○. 65-11 齊王懼○. 67-14 王欲秦趙之解

○. 73-5 齊安得救天下○. 74-4 受之○. 80-17 則士不亦衆○. 80-23
長鋏歸來○. 82-8 長鋏歸來○. 82-9 長鋏歸來○. 82-12 馮公有親
○. 82-13 能爲文收責於薛者○. 82-16 乃有意欲爲收責於薛○. 82-
21 責畢收○. 83-3 姑反國統萬人○. 83-22 猶可○. 84-11 義不臣○
天子. 84-12 不友○諸侯. 84-13 君滿意殺之○. 85-8 君知之○. 85-
9 可○. 85-17 王者貴○. 85-19 士貴○. 85-19 有說○. 85-19 安可
得而有○哉. 86-7 是故易傳不云○. 86-8 是以明○士之貴也. 86-21
嗟○. 86-22 士生○鄙野. 87-1 豈先賤而後尊貴者○. 88-5 葉陽子無
恙○. 88-9 子萬民○. 88-13 於陵子仲尚存○. 88-13 何爲至今不殺
○. 88-15 子孰而與我赴諸侯○. 88-23 王以天下爲尊秦○. 89-13 且
尊齊○. 89-14 釋帝則天下愛齊○. 89-14 且愛秦○. 89-15 王知之○.
95-10 王知之○. 95-11 王知之○. 95-12 何得無誅○. 95-14 公聞之
○. 96-20 東游於齊○. 97-3 將欲以取我國○. 98-6 女聞吾言○. 98
-8 王惡得此亡國之言○. 99-12 惡得此亡國之言○. 99-18 而馳○淄
澠之間. 100-14 觀百獸之見我而敢不走○. 104-2 豈忘爲之内○. 105
-4 王亦知之○. 105-14 誠有之○. 106-18 得無遂○. 106-19 吾相
甘茂可○. 108-6 王若欲置相於秦○. 108-16 有所更得○. 111-25 有
所更得○. 112-1 以憂社稷者○. 112-17 嗟○子○. 113-7 社稷其爲
庶幾○. 113-9 楚國社稷其庶幾○. 113-25 餘豈悉無君○. 114-4 子
亦自知且賤於王○. 116-6 三日乃得見○王. 119-15 王無求於晉國○.
120-6 而令臣等爲散○. 122-20 先生老悖○. 124-3 將以爲楚國祆祥
○. 124-3 王獨不見夫蜻蛉○. 124-13 飛翔○天地之間. 124-13 加己
○四仞之上. 124-16 將加己○十仞之上. 124-18 晝游○茂樹. 124-19
夕調○酸鹹. 124-19 淹○大沼. 124-21 飄搖○高翔. 124-22 將加
己○百仞之上. 124-24 故晝游○江河. 124-25 夕調○鼎鼐. 124-25
南游○高陂. 125-3 北陵○巫山. 125-3 與之馳騁○高蔡之中. 125-4
不知夫子發方受命○宣王. 125-5 與之馳騁○雲夢之中. 125-9 不知
夫穰侯方受命○秦王. 125-10 而投己○黽塞之外. 125-11 公不聞老
萊子之教孔子事君○. 125-20 可食○. 126-7 君有將○. 127-14 可○.
127-15 然則射可至此○. 127-18 然則射可至此○. 127-19 君亦聞驥
○. 128-8 使得爲君高鳴屈於梁○. 128-15 聘入○. 128-20 可得見○.
128-21 君又安得長有寵○. 129-1 奈何以保相印江東之封○. 129-2
孰與其臨不測之罪○. 129-5 安不有無妄之人○. 129-12 安社稷○.
134-15 嗟○. 135-8 子不嘗事范中行氏○. 135-24 嗟○. 136-3 君能
聽蘇公之計○. 137-17 何謂無故○. 140-9 而小弱顧能得之强大○.
140-12 可謂有故○. 140-12 無有謂臣爲鐵鈷者○. 141-9 察○息民
之爲用者伯. 146-25 明○輕之爲重者王. 146-25 計胡狄之利○. 149
-1 又况山谷之便○. 150-14 子其言○. 151-10 子其言○. 151-24 故
寡人欲子之胡服以傅王○. 152-25 臣敢不聽令○. 153-9 臣敢不聽令
○. 154-14 君焉能○. 155-16 我其以三萬救是者○哉. 155-21 安能
收恤藺離石祁○. 156-18 獨無以教之○. 158-15 王亦聞夫公甫文伯
母○. 158-24 焉有子死而不哭者○. 159-1 倦而歸○. 159-10 愛王而
不攻○. 159-11 虞卿能盡知秦力之所至○. 159-15 得無割其内而媾
○. 159-17 子能必來年秦之不復攻我○. 159-18 王將予之○. 160-7
是不亦大示天下弱○. 160-21 欲破王之軍○. 161-18 先生獨未見夫
僕○. 163-14 梁王安得晏然而已○. 164-12 而將軍又何以得故寵○.
164-12 而令趙人愛君○. 164-23 安敢不對○. 165-10 王之行能如許
由○. 165-12 社稷之血食○. 165-14 從而有功○. 167-3 從而無功○.
167-3 足下卑用事者而高商賈○. 167-8 天下有敢謀王者○. 170-6
請問王之所以報齊者可○. 170-11 王固可以反疑齊○. 170-13 王不
聞公子牟夷之於宋○. 173-9 寧朝人○. 173-16 然則君奚求安平君而
爲將○. 174-19 今外臣交淺而欲深談可○. 176-10 有之○. 176-13
王何不遣建信君○. 176-14 王何不遣紀姬○. 176-15 王知之○. 176
-21 是能得之○内. 176-24 無乃傷葉陽君涇陽君之心○. 177-21 日
食飲得無衰○. 178-25 丈夫亦愛憐其少子○. 179-7 其繼有在者○.
179-15 諸侯有在者○. 179-15 而况人臣○. 179-23 而獨以吾國爲知
氏質○. 181-9 而辭○魏文侯. 181-24 亦有術○. 182-1 魏於是○始
强. 182-10 鍾聲不比○. 182-12 子之言有說○. 182-20 臣何力之有
○. 183-14 公叔何可無益○. 183-17 不亦悖○. 183-24 公惡事○.
187-6 王亦聞老妾事其主婦者○. 188-11 况大事○. 188-17 王亦聞張
儀之約秦王○. 189-1 王獨不見夫服牛驂驥○. 191-9 又安敢釋卒不
我予○. 192-8 而又况存薔○. 193-15 是其唯惠公○. 193-24 得毋嫌
於欲亟葬○. 194-6 意者羞法文王○. 194-8 王若欲報齊○. 196-24
而使趙小心○. 198-22 王信之○. 199-20 王信之○. 199-20 王信之
○. 199-21 戰勝○三梁. 202-7 而地不并○諸侯者. 202-9 將盡行之
○. 203-15 將有所不行○. 203-15 尚有可以易入朝者○. 203-16 可
○. 203-24 且安死○. 204-6 安生○. 204-7 安窮○. 204-7 安貴○.
204-7 僞病者○而見之. 204-10 行○. 204-12 於王何傷○. 205-14
可得聞○. 205-20 可得○. 206-4 大變可得聞○. 206-6 利行數千里
而助人○. 206-9 利出燕南門而望見軍○. 206-9 王以爲不破○. 206
-24 王以爲安○. 206-25 王以爲利○. 207-1 北至○闞. 207-23 所亡
○秦者. 207-23 是故臣願以從事○王. 208-6 王能又封其子問陽姑衣
○. 208-18 豈若由楚○. 209-10 子能以汾北與我○. 209-24 子能以
汾北與我○. 209-25 何故不能有地於河東○. 210-2 王不聞湯之伐桀
○. 211-10 韓且坐而胥亡○. 212-4 且割而從天下○. 212-5 韓怨魏
○. 212-6 怨秦○. 212-6 韓强秦○. 212-7 强魏○. 212-7 與所不怨
○. 212-8 與其所怨○. 212-8 王敢責垣雍之割○. 214-4 王能令韓出
垣雍之割○. 214-5 安能歸寧○. 215-11 王知其故○. 215-14 王亦知
弱之召攻○. 215-16 令兵先臣出可○. 216-18 有所不安○. 218-8 臣
安能無涕出○. 218-15 所效者庸必得幸○. 218-18 庸必爲我用○.
218-19 與嫪氏○. 219-3 與呂氏○. 219-3 公亦嘗聞天子之怒○. 219
-19 大王嘗聞布衣之怒○. 219-21 而廢子之道○. 221-19 而廢子之
謁○. 221-20 此我將奚聽○. 221-20 何以異於牛後○. 222-14 其可
○. 223-18 故王胡不卜交○. 224-17 且以善齊而絶齊○楚. 229-1 可
○. 231-14 子以秦爲將救韓○. 231-22 其不○. 231-23 正亦可爲國
○. 236-15 正可以圉盜○. 236-16 可○. 236-18 子欲安用我○. 237
-1 嗟○. 237-13 而政獨安可嘿然而止○. 237-17 今將攻其心○. 241
-24 攻其形○. 241-24 王亦知之○. 242-21 吾欲以國輔韓珉而相之
可○. 243-22 又奚爲挾之以恨魏王○. 244-5 因用之○. 245-3 韓急
○. 245-13 是何以爲公之王使○. 245-14 秦王誠必欲伐齊○. 245-21
彼固有次○. 246-12 大王知其所以然○. 248-8 不可○. 250-12 而
事弱燕之危主○. 250-17 何肯楊燕秦之威於齊而取大功○哉. 250-18
君以自覆爲可○. 250-21 有之○. 252-22 誠有之○. 253-10 齊王
其伯也○. 255-1 況生馬○. 256-2 况賢於隗者○. 256-5 因敗而爲功
○. 256-25 歸耕○周之上埊. 258-1 自憂不足○. 258-7 而得罪者○.
258-24 則且柰何○. 259-1 而又況於當世之賢主○. 259-9 不亦遠○.
260-10 我起○少曲. 260-11 我起○宜陽而觸平陽. 260-11 生之物固
有不死者○. 262-20 足下有意爲臣伯樂○. 263-14 王何不令蘇子將
而應燕○. 263-22 而亦何以報先王之所以遇將軍之意○. 266-23 擢
之○賓客之中. 267-7 而立之○羣臣之上. 267-8 使之得比○小國諸
侯. 267-22 昔者五子胥說聽○闔閭. 268-4 可○. 271-22 可○. 271-
22 寡人雖不肖○. 272-16 君雖不得意○. 272-16 況傷人以自損○.
272-21 惡往而不黜○. 272-23 猶且黜○. 272-23 不望之○君也. 273
-3 君豈怨之○. 273-3 又况聞樊將軍之在○. 274-3 可○. 274-11
可○. 274-18 將軍豈有意○. 276-11 曾無一介之使以存之○. 280-14
則吾何以告子而可○. 280-14 太子能聽臣○. 281-3 以爲秦○. 282-
以爲魏○. 282-4 無乃不可○. 283-9 公欲之○. 285-12 齊王聽○.
285-23 獨不可語陰簡之美○. 286-15 何不見臣○. 286-24 以衆擊寡
○. 289-9 吾不能滅趙○. 290-3 何必以趙爲先○. 290-11

【令】 335

○之爲己求地於東周也. 2-20 則東周之民可○一仰西周. 3-5 周君將
○相國往. 3-8 主君○陳封之楚. 3-9 ○向公之魏. 3-9 主君○許公之
楚. 3-10 ○向公之韓. 3-10 而主君○相國往. 3-11 主君將○誰往周
君曰. 3-11 君何不○人謂韓公叔曰. 3-15 秦必無辭而○周弗受. 3-18
臣請○齊相子. 3-25 子因○周最居魏以共之. 4-1 因○人謂周君曰.
4-5 忠臣○誹在己. 4-9 公負○秦與强齊戰. 5-3 君不如○辯知之士.
5-10 君不如○王聽最. 5-25 公何不○人謂韓魏之王曰. 6-7 因○人
謂相國御展子廧夫空曰. 7-13 王類欲○若爲之. 7-13 相國○之爲太
子. 7-14 周○其相之秦. 7-17 自○身死. 8-2 西周必○賊賊公. 8-6
君不如○弊邑陰合於秦而君無攻. 9-8 ○弊邑以君之情謂秦王曰. 9-
10 欲王○楚割東國以與齊也. 9-11 君○弊邑以此忠秦. 9-12 因○韓
慶入秦. 9-15 莫如○秦魏復戰. 9-19 而全趙○其止. 9-22 秦○樗里
疾以車百乘入周. 10-3 代能爲君○韓不徵甲與粟於周. 10-13 不如○
太子將軍正迎吾得於境. 11-17 ○天下皆知君之重吾得也. 11-18 則
○不横行於周矣. 13-10 齊王○司馬悍以賂進周最於周. 13-17 ○人
微告悍. 13-20 悍請○王進之以地. 13-20 ○軍設舍速東. 13-24 法○
至行. 15-5 今秦出號○而行賞罰. 18-17 秦之號○賞罰. 18-23 詔○
天下. 19-4 ○帥天下西面以與秦爲難. 19-14 ○魏氏收亡國. 19-20
號○不治. 20-2 秦國號○賞罰. 21-8 挾天子以○天下. 22-1 因○楚
王爲之請相於秦. 22-21 是以弊邑之王不得事○. 26-10 謹聞○. 28-
13 王○向壽輔行. 29-2 魏文侯○樂羊將. 29-8 ○田章以陽武合於趙.
32-5 出○曰. 33-5 君不如勸秦王○弊邑卒攻齊之事. 34-5 ○攻齊.
34-17 是○張儀之言爲禹. 35-9 寡人宜以身受○久矣. 37-4 而○焉
得從王出乎. 40-2 其○邑中自斗食以上. 40-25 然則○何得從王出.
41-8 請○廢之. 42-3 今○人復載五十金隨公. 42-9 ○有必行者. 43
-17 此○必行者也. 43-18 此○必不行者也. 43-19 詘○韓魏. 53-20
莫不○朝行. 54-13 ○之留於酸棗. 56-14 ○之曰. 57-24 吾○剛成君
蔡澤事燕三年. 58-7 ○庫具車. 58-18 律○孰與之明. 59-9 平原津○
郭遺勞而問. 59-23 平原○曰. 59-25 平原○見諸公. 60-14 ○其欲封
公也又甚於齊. 62-11 ○長子御. 63-10 因○人捕爲人卜者. 65-8 乃
下○. 66-17 ○初下. 66-20 臣請○魯中立. 67-13 足下豈如○衆而合
二國之後哉. 67-17 請○罷齊兵. 71-20 唯○尹耳. 72-18 ○尹貴矣.
72-18 王非置兩○尹也. 72-18 趙○樓緩以五城求講於秦. 73-3 ○齊
入於秦而伐趙魏. 74-3 可以○楚王亟入下東國. 75-8 而孟嘗○人體

貌而親郊迎之. 77-22 ○其命如此. 79-8 ○曰. 85-20 ○曰. 85-21 ○折轅而炊之. 92-7 ○於境内. 93-25 而○行於天下. 94-2 ○行於天下矣. 94-4 下○曰. 98-9 乃布○求百姓之飢寒者. 98-15 ○任固之齊. 102-8 王不如○人以涓來之辭謾固於齊. 102-12 而○兩萬乘之國. 103-6 且魏○兵以深割趙. 104-16 謹受○. 106-3 故○請其宅. 106-22 城渾說其○曰. 107-6 而○私行. 107-24 臣請○山東之國. 109-6 法○既明. 110-3 昔○尹子文. 112-24 ○尹子文是也. 113-1 秦王顧○不起. 113-18 楚○景翠以六城賂齊. 115-9 公不如○王重賂景鯉蘇厲. 115-11 楚○昭鼠以十萬軍漢中. 115-15 請爲公○辛戎謂王曰. 115-17 楚○昭雎將以距秦. 115-20 ○之示秦必戰. 115-24 秦王惡與楚相弊而○天下. 115-24 張旄果○人要靳尚刺之. 116-24 皆○獻其計. 117-14 齊○使來求地. 117-16 ○往守東地. 118-8 公不如○人謂太子曰. 118-20 蘇子乃○人謂太子. 118-22 自○尹以下. 119-10 今○臣食玉炊桂. 119-18 是王○困也. 119-23 ○人謂張子曰. 120-12 楚王○昭雎之秦重張儀. 120-21 因○人謁和於魏. 121-23 而○臣等爲散乎. 122-20 ○劓之. 123-20 ○其一善而獻之王. 123-24 不若○屈署以新東國爲和於齊以動秦. 126-1 而○行於天下也. 126-2 遽○屈署以東國爲和於齊. 126-3 ○辛戎告楚曰. 126-4 請○魏王可. 130-14 號○以定. 132-21 不如○殺之. 133-15 無○臣能制主. 134-11 不○在相位. 134-11 使秦發○素服而聽. 139-1 ○韓陽告上黨之守靳䵍曰. 139-23 今王○韓興兵以上黨入和於秦. 139-24 王則有○. 140-1 今馮亭○使者以與寡人. 140-7 中絶不○相通. 140-10 ○嚴政行. 140-13 千户封縣○. 140-22 ○公孫起王齮以兵遇趙於長平. 141-2 不如○趙拘甘茂. 141-12 ○天下之將相. 145-24 自○車裂於齊之市. 148-8 而○行爲上. 149-21 法度制○. 152-8 臣敢不聽○乎. 153-9 勿○溺苦於學. 153-12 王○讓之曰. 153-18 臣以失○過期. 153-24 臣敢不聽○乎. 154-14 ○淖滑惠施之趙. 156-12 ○公子繒請地. 156-16 趙王乃○鄭朱對曰. 156-16 寡人有不○之臣. 156-19 ○衛胡易伐趙. 156-21 魏○公子咎以銳師居安邑. 156-22 公不如○主父以地資周最. 157-17 ○秦來年復攻王. 159-17 謹受○. 161-11 聞魏將欲○趙尊秦爲帝. 162-11 魏王使將軍辛垣衍○趙帝秦. 162-13 ○衆人不知. 162-25 而○趙人多君. 164-23 而○趙人愛君乎. 164-23 且○工以爲冠. 165-22 何不○前郎中以爲冠. 166-1 君○脊乘獨斷之車. 166-20 ○之内治國事. 166-20 而能○王坐而天下致名寶. 169-3 秦○起賈禁之. 169-19 則○秦攻魏以成其私封. 170-2 而乃○秦攻王. 170-5 齊乃○公孫衍說李兌以攻宋而定封焉. 170-25 趙王因割濟東三城○盧高唐平原陵地城邑市五十七. 174-11 乃割濟東三○城市邑五十七以與齊. 174-14 ○士大夫餘子之力. 175-1 大王若有以○之. 177-12 今使臣受大王之○以還報. 177-21 ○昭應奉太子以委和於薛公. 178-8 ○仇郝相宋. 178-9 有復言○長安君爲質者. 178-21 願○得補黑衣之數. 179-4 而不及今○有功於國. 179-19 西門豹爲鄴○. 181-24 數○人召臣也. 187-9 ○四國屬以事. 187-19 ○魏王召而相之. 188-2 請○齊楚解攻. 189-1 故○人謂韓公叔曰. 189-12 ○以饑故. 190-1 魏○公孫衍乘勝而留於境. 190-10 而○秦講於王. 190-12 而○趙. 190-13 聞周魏○竇屢以割魏於奉陽君. 190-14 魏○公孫衍請和於秦. 191-4 ○毋敢入子之事. 192-17 請○王讓先生以國. 193-7 衍請因○王致萬户邑於先生. 193-8 因○史舉數見犀首. 193-9 又○魏太子未葬其先王而因又說文王之義. 194-10 齊○宋郭之秦. 194-14 天下可○伐秦. 195-6 天下可○賓秦. 195-7 ○足下蠹之以合於秦. 195-12 魏王○惠施之楚. 196-9 ○犀首之齊. 196-9 施因○人先之楚. 196-10 魏王○犀首之齊. 196-10 何不○公子泣王太后. 196-14 ○太子鳴爲質於齊. 197-12 今大王○人執事於魏. 198-12 夫○人之君處所不安. 198-18 ○人之相行所不能. 198-18 秦必○其所愛信者用趙. 198-20 帝女○儀狄作酒而美. 200-3 趙王因○閉關絶秦. 201-9 秦兵已○. 203-6 必○魏以地聽秦而爲和. 209-8 王不如○秦楚戰. 212-19 王能○韓出垣雍之割乎. 214-5 將○秦王遇於境. 214-8 將皆務事諸侯之能○於王之上者. 214-10 故○魏氏收秦太后之養地秦王於秦. 214-14 管鼻之○翟强與秦事. 214-23 ○鼻之入秦之傳舍. 214-24 魏王○之謂秦王曰. 215-8 ○齊資我於魏. 216-2 ○姚賈讓魏王. 216-10 ○兵先臣出可乎. 216-18 於是布○於四境之内曰. 218-16 昭獻○人謂公叔曰. 224-3 王○之勿攻市丘. 224-18 公不如○秦王疑公叔. 224-24 今已○楚王奉幾瑟以車百乘居陽翟. 225-1 ○昭獻轉而與之處. 225-1 ○戰車滿道路. 226-7 中封小○尹以桂陽. 227-6 今公徒○收之. 227-20 是○行於楚而以其地德韓也. 227-22 故王不如○韓中立以攻齊. 228-16 臣以爲○韓以中立以勁齊. 228-21 韓○使者求救於秦. 231-3 韓又○尚靳使秦. 231-4 韓○冷向借救於秦. 231-22 因○公仲謂秦王曰. 232-20 ○韓王知王之不取三川也. 232-22 公何不○人說昭子曰. 233-1 公不如○人恐楚王. 233-9 而○人爲公求武遂於秦. 233-10 是○得行於萬乘之主也. 233-11 齊○周最使鄭. 233-19 ○我使鄭. 233-20 請○公叔必重公. 233-22 公何不○齊王謂楚王. 234-19 公又○秦求質子於楚. 235-13 因○人謂楚王曰. 235-19 公不如○秦王賀伯嬰之立也. 235-24 ○楚兵十餘萬在方城之外. 236-2 臣請○楚築萬家之都於雍氏之旁. 236-3 楚○景鯉入韓. 236-7 今王之國有柱國○尹司馬典○. 236-19 ○用事於韓以完之. 239-8 秦○而不聽. 239-23 天下固○韓可知也. 240-12 適足以自○亟亡也. 241-2 此以一勝立尊○. 241-15 制○無所行. 241-1 韓氏之衆無不聽○者. 242-4 ○安伏. 244-6 ○吏逐公疇豎. 245-2 臣請○發兵救韓. 245-17 請○公子年謂韓王曰. 246-5 輪人爲之謂安○曰. 246-11 而不能○狗無吠己. 247-1 而不能○人毋議臣於君. 247-2 發興號○. 248-13 ○郭任以塋請講於齊. 249-11 則大王號○天下皆從. 249-25 乃○工人作爲金斗. 251-13 ○之可以擊人. 251-13 而○人疑之. 252-19 而○人知之. 252-19 其實○啓自取之. 254-7 王因○人謂太子平曰. 254-12 則唯太子所以○之. 254-14 王因○章子將五都之兵. 254-19 立爲三帝而以○諸侯. 257-8 於是因○其妾酌藥酒而進之. 259-3 此必○其言如循環. 261-12 ○齊絶於趙. 261-24 ○齊守趙之質子以甲者. 262-2 ○齊趙絶. 262-5 ○不合燕. 262-9 ○人謂閔王曰. 263-21 王何不○蘇子將而應燕乎. 263-22 ○臣應燕. 264-4 臣受○以任齊. 264-21 今王又使慶○臣曰. 264-25 將○燕王之弟爲質於齊. 265-4 旦暮出○矣. 265-23 臣自以爲奉○承教. 267-8 臣乃口受○. 267-15 奉○擊齊. 267-17 自以爲奉○承教. 267-22 餘○詔後嗣之遺義. 268-1 所以能循法○. 268-2 事强可以○國安長久. 268-16 乃○徙. 271-5 ○栗腹以四十萬攻鄗. 271-23 乃○秦武陽爲副. 276-18 公不如○楚賀君之孝. 280-20 殷順且以君○相公期. 283-5 豈若○大國先與之王. 285-2 請○燕趙固輔中山而成其王. 285-11 果○趙請. 286-17 可以○趙勿請也. 286-21 皆○妻妾補縫於行伍之間. 289-23 以○諸侯. 290-11

【用】 234

故○祝弗. 5-23 是攻○兵. 11-6 北有胡貉代馬之○. 15-16 車騎之○. 15-18 臣固疑大王之不能○也. 16-1 資○乏絶. 16-16 一人○而天下從. 17-6 黃金萬溢爲○. 17-7 ○一國之兵. 19-22 其民輕而難○. 20-1 不○一領甲. 20-7 王○儀言. 23-10 楚智横君之善○兵. 23-19 ○兵與陳軫之智. 23-19 公○之. 28-7 今公○兵無功. 30-14 然則需弱者○. 30-24 而健者不○矣. 30-24 得擅○强秦之衆. 31-16 呂禮復○. 34-9 恐不爲王○. 36-6 李兌○趙. 40-7 太后穰侯○事. 40-7 華陽○之. 40-22 穰侯○之. 40-23 太后○之. 40-23 王亦○之. 40-23 不○人言. 43-17 廢無○. 46-7 此乃方其○肘足時也. 49-22 則不○兵而得地. 50-14 是王不○甲. 52-3 太子○事. 57-6 士倉○事. 57-10 應侯之○秦也. 58-14 大王不○. 59-22 司空馬言其爲趙王計而弗○. 59-24 王必○其言. 60-3 不能○也. 60-16 四國之王尚焉○賈之身. 61-9 文王○之而王. 61-13 桓公○之而伯. 61-15 文公○中山盜. 61-16 明主○之. 61-17 人主豈得其○哉. 61-18 察其爲己○. 61-19 盼子不○也. 62-4 百姓爲之○. 62-5 而○申縛. 62-5 大臣與百姓弗爲○. 62-6 盼子必○. 62-7 此○二忌之道也. 65-24 不○有魯與無魯. 67-17 不○臣言以危國. 72-8 豈○强力哉. 78-5 其○者過也. 81-24 孟嘗君使人給其食○. 82-14 此率民而出於無○者. 88-15 士何其易得而難○也. 88-25 非士易得而難○也. 89-2 臣聞○兵而喜先天下者憂. 90-3 且天下徧○兵矣. 91-2 而宋越專○其兵. 91-3 則擯禍朽腐而不○. 91-11 ○兵窮者亡. 91-13 微○兵而寄於義. 91-22 而○兵又非約質而謀燕也. 92-2 此○兵之盛也. 92-21 此○兵之上節也. 92-25 今世之所謂善○兵者. 93-3 素○强兵而弱之. 93-10 ○財少. 93-13 羣臣之可○者某. 101-10 王苟無目五國○兵. 103-16 君不○臣之計. 106-5 非○故也. 107-2 且王嘗○滑於越而納句章. 108-12 今王以○之於越矣. 108-15 在大王之所○之. 109-7 今君能○楚之衆. 112-11 則楚衆不○矣. 112-11 畜張子以爲○. 116-15 而有秦楚之○. 116-21 有萬乘之號而無千乘之○也. 117-21 寡人誰○於三子之計. 118-4 王皆○之. 118-5 士卒不○. 118-17 ○民之所善. 119-8 賢者○且使已廢. 119-12 王無所○臣. 120-5 寡人不能○先生之言. 124-8 李兌○趙. 127-3 淖齒○齊. 127-4 君○事久. 129-2 李園○事. 129-7 府庫足○. 132-15 君發而○之. 132-18 請發而○之. 132-20 知過見君之不○也. 133-22 是○兵者. 136-15 擊必不爲○. 136-25 吾君不能○也. 137-20 吾請資先生厚○. 137-21 蘇秦得以爲○. 137-23 夫○百萬之衆. 140-14 今不○兵而得城七十. 140-15 ○兵踰年. 140-18 有楚韓之○. 143-4 多聽而時○之. 146-14 而效之於一時之○也. 146-15 仁者不○也. 146-19 ○兵之道也. 146-20 今○兵終身不休. 146-20 察乎息民之爲○者伯. 146-25 國富而○民. 147-5 宣王○之. 147-6 權甲兵之○. 148-23 ○力少而功多. 149-6 萬物財○之所聚也. 150-4 詩書禮樂之所○也. 150-5 所以便○也. 150-9 是以鄉異而○變. 150-12 不一其○. 150-13 而無舟楫之○. 150-18 故寡人且聚舟楫之○. 150-20 各便其○. 152-8 不○人矣. 153-14 子○私道者家必亂. 153-20 臣○私義者國必危. 153-20 更不○侵辱教. 153-24 便其○者易其難. 154-4 今民便其○而王變之. 154-4 遠近易○. 154-7 知兵甲之○. 154-9 故兵不當於○. 154-9 獨將軍之○衆. 155-4 ○衆者. 155-4 所○者不過三萬. 155-6 今將軍必負十萬二十萬之衆乃○之. 155-6 而野戰不足○也. 155-22 ○人之力. 161-6 臣以爲今

世○事者. 167-8 足下卑○事者而高商賈乎. 167-8 欲○王之兵. 169-5 則欲○王之兵成其私者也. 169-15 如王若○所以事趙之半收齊. 170-6 ○兵於二千里之外. 170-8 兵始○. 172-18 夫國内無○臣. 174-6 趙太后新○事. 178-19 孝公受而○之. 184-1 故兵未○而國已虧矣. 184-21 故○之也. 191-10 夫輕○其兵者. 192-4 易○其計者. 192-5 將○王之國. 192-24 而以民勞與官費○之故. 193-21 請剛柔而皆○之. 194-18 秦必且○此於王矣. 194-22 秦嘗○此於楚矣. 194-25 又嘗○此於韓矣. 195-1 而孫子善○兵. 196-15 好○兵而甚務名. 197-7 其智能而任○之也. 198-14 今王之使人入魏而不○. 198-15 若○. 198-16 魏必舍所愛習而○所畏惡. 198-16 秦必令其所愛信者○趙. 198-20 不如○魏信而尊之以名. 198-22 趙之○事者必曰. 198-25 今不○兵而得鄴. 201-7 夫兵不○. 203-5 可謂善○不勝矣. 204-17 可謂不能○勝矣. 204-18 王獨不見夫博者之○梟邪. 204-25 何○智之不若梟也. 205-1 王不○臣之忠計. 206-5 無所○之. 209-16 所○者. 209-19 楚王怒於魏之不○樓子. 209-21 是公外得齊楚以爲○. 210-2 不○子之計而禍至. 213-10 吾○多. 215-21 ○雖多. 215-21 悍而自○也. 218-2 庸必爲我○乎. 218-19 非○知之術也. 218-20 棄之不如○之之易也. 218-22 能棄之弗能○之. 218-23 非○之也. 218-25 今王能○臣之計. 219-1 寡人無所○之. 221-4 王○臣言. 221-6 言可必○. 221-15 吾欲兩○公仲公叔. 223-18 晉○六卿而國分. 223-19 簡公○田成監止而簡公弑. 223-19 魏兩○犀首張儀而西河之外亡. 223-20 今王兩○之. 223-20 而君○之弱. 229-23 楚陰得秦之不○也. 232-5 請毋○兵. 232-25 冀太子之○事也. 234-24 子欲安○我乎. 237-1 政將爲知己者○. 237-18 令○事於韓以完之. 239-8 必折爲秦○. 240-23 然而春秋○兵者. 241-17 不如止淫○. 243-3 因○之乎. 245-3 而自○也. 253-4 而齊宣王復○蘇代. 253-21 而太子○事. 254-8 ○兵如刺蜚繡. 261-13 臣○. 264-15 上可以得○於齊. 264-19 吾欲○所善. 264-25 王苟欲○之. 264-25 伍子胥宮之奇不○. 266-3 ○齊人反間. 266-14 懼趙○樂毅承燕之弊以伐燕. 266-16 ○韓魏之兵. 269-13 ○韓魏之兵. 269-18 行有失而故惠○. 272-12 樂間樂乘怨不○其計. 273-7 ○代王嘉計. 278-7 則公常○宋矣. 280-21 所○者. 283-2 將何以○之. 283-11 是欲○其兵也. 285-2 王如○臣之道. 285-16 地不虧而兵不○. 285-17 諂諛○事. 289-11 不欲先○其衆. 289-17

【印】 10

受相○. 17-1 君何不以此時歸相○. 46-19 請歸相○. 46-25 乃謝病歸相○. 47-2 小國所以皆致相○於君者. 80-6 奈何以保相○江東之封乎. 129-2 佩趙國相○不辭無能. 161-10 是以九鼎○甘茂也. 225-11 王因收○自三百石吏而効之子之. 254-8 與之相○. 283-5

【句】 5

遂與○踐禽. 55-11 且王嘗用滑於越而納○章. 108-12 則○注之西. 138-19 今魯○注禁常山而守. 138-20 約與代王遇於○注之塞. 251-13

【卯】 13

魏王因使孟○致温囿於周君而許之成也. 12-24 孰與孟嘗芒○之賢. 49-11 以孟嘗芒○之賢. 49-12 芒○曰. 201-3 芒○應趙使曰. 201-10 ○不知也. 201-11 芒○謂秦王曰. 201-14 魏王謂芒○曰. 201-21 芒○曰. 201-22 芒○并將秦魏之兵. 202-4 走芒○而圍大梁. 202-6 今又走芒○. 202-13 今又走芒○. 202-21

【犯】 6

○白刃. 18-19 襄子將卒○其前. 134-3 ○姦者身死. 151-21 故寡人恐親○刑戮之罪. 153-22 夫燕之所以不○寇被兵者. 248-9 此燕之所以不○難也. 248-11

【外】 138

○周最. 5-20 楚不能守方城之○. 11-24 秦悉塞○之兵. 12-18 則楚方城之○危. 13-3 是故兵勝於○. 16-12 不式於四境之○. 17-7 是故兵終身暴靈於○. 19-23 東陽河○不戰而已反爲齊矣. 20-8 ○者極吾兵力. 20-22 ○者天下比志甚固. 20-24 必入西河之○. 23-9 果獻西河之○. 23-11 北取西河之○. 29-7 而公中以韓窮我於○. 30-7 而○與韓侈爲怨. 30-13 而○重其權. 40-2 走涇陽於關○. 40-11 其輔○布. 41-4 功章萬里之○. 45-18 而○結交諸侯以圖. 50-20 齊宋在繩墨之○以爲權. 55-22 ○託於不可知之國. 57-1 君之駿馬盈○廄. 57-5 少棄捐在○. 57-19 ○恐諸侯之救. 59-13 而百姓靡於○. 60-20 ○自交於諸侯. 61-3 雖有○誹者不聽. 61-19 此齊貌辨之所以○生樂患趣難者也. 64-6 客從○來. 66-9 魏效河○. 69-25 私得寶於○者. 80-19 狗馬實○廄. 83-4 ○不賣. 91-11 ○信諸侯之殃也. 91-17 夫士死於○. 93-5 秦王垂拱受西河之○. 94-12 而西河之○入於秦矣. 94-14 五折於○. 96-19 ○懷戎翟天下之賢士. 99-7 夫苟不難爲之○. 105-4 必實於○廄. 109-10 以○交强虎狼之秦. 109-14 夫○挾强秦之威. 109-15 在半歲之○. 110-21 ○絶其交. 112-9 恢先君以揜方城之○. 113-3 ○結秦之交. 116-15 而投己乎黽塞之○. 125-11 踰於○牆. 127-2 投之棘門○. 129-25 而○怒知伯也. 132-4 遇知過轅門之○. 133-10 臣遇張孟談於轅門之○. 133-12 臣遇知過於轅門之○. 133-24 造○闕. 137-6 臣竊○聞大臣及下吏之議. 138-6 是以○賓客遊談之士. 144-5 請言○患. 144-9 魏弱則割河○. 144-19 河○割則道不通. 144-20 是故明主○料其敵國之强弱. 145-10 魏軍河○. 146-5 毆韓魏而軍於河○. 148-13 百萬之衆折於○. 162-12 ○無弓弩之禦. 165-16 ○刺諸侯. 166-21 爲孝成王從事於○者. 168-2 用兵於二千里之○. 170-8 而太子在○. 171-4 ○雖得地. 174-6 今○臣交淺而欲深談可乎. 176-10 則大臣爲之枉法於○矣. 176-24 故日月暉於○. 176-24 韓魏反於○. 181-11 北有河○卷衍燕酸棗. 184-8 ○交强虎狼之秦. 184-11 割其主之埊以求○交. 184-22 ○挾彊秦之勢以内劫其主以求割埊. 184-23 秦下兵攻河○. 185-19 効河○. 186-12 賞韓王以近河○. 190-1 必取方城之○. 190-7 約○魏. 190-19 王與三國約○魏. 190-24 今吾爲子○之. 192-17 二人者必不敢有○心矣. 193-3 結怨於○. 199-3 ○臣疾使臣謁之. 199-14 ○安能支强秦魏之兵. 206-24 若道河○. 207-8 山北河○河内. 207-23 河○必安矣. 208-13 其人皆欲合齊秦○楚以輕公. 209-6 ○楚以輕公. 209-9 翟强欲合齊秦○楚. 209-22 樓廪欲合秦楚○齊. 209-23 請合於楚○齊. 209-24 必爲合於齊○於楚. 209-25 是公○得齊楚以爲用. 210-2 肖願爲○臣. 216-2 今由千里之○. 218-18 皆射六百步之○. 222-2 魏兩用犀首張儀而西河之○亡. 223-20 其寡力者籍○權. 223-21 或○爲交以裂其地. 223-22 是○舉不辟讎也. 227-18 秦取西河之○以歸. 232-3 是公之所以○者儀而已. 232-11 而不患楚之能揚河○也. 233-9 太子○無幾瑟之患. 234-25 而○得秦楚也. 235-4 伯嬰○無秦楚之權. 235-7 令楚兵十餘萬在方城之○. 236-2 必○靡於天下矣. 241-8 ○内不相爲. 244-20 秦王必○向. 245-19 戰於千里之○. 248-15 而重千里之○. 248-16 以重○. 249-4 義不離親一夕宿於○. 250-14 不窺於邊城之○. 250-22 謀未發而聞於○. 252-20 ○敵不可距. 253-17 王自治其○. 253-17 閔王出走於○. 256-9 西河之○. 261-15 ○孫之難. 263-6 爲將軍久暴露於○. 266-21 而明怨於○. 272-17 光竊不自○. 274-23 彼大將擅兵於○. 275-15 過宋○黃. 281-3 ○黃徐子曰. 281-3 魏亡西河之○. 282-6 西河之○必危. 282-7 其交○成. 288-23 ○救必至. 290-1

【冬】 1

○夏是也. 51-24

【包】 6

盡○二周. 13-2 且魏有南陽鄭地三川而○二周. 13-3 劫韓○周則趙自銷鑠. 144-21 ○二周. 172-21 而○十二諸侯. 253-7 ○兩周. 260-15

【主】 238

○君令陳封之楚. 3-9 ○君令許公之楚. 3-10 今昭獻非人○也. 3-10 而○君令相國往. 3-11 ○君將令誰往周君曰. 3-11 ○人也. 4-16 故曰○人. 4-20 薛公故○. 6-16 明羣臣據故○. 6-18 謀○也. 12-17 ○君之臣. 14-2 是商君反爲○. 15-11 明○賢君. 16-10 今之嗣○. 16-14 安有說人○不能出其金玉錦繡. 16-22 立社○. 19-14 立社○. 19-21 以攻趙襄○於晉陽. 21-4 襄○錯龜. 21-5 以○爲謀不忠者. 21-14 誅周○之罪. 21-24 蜀○更號爲侯. 22-18 今楚王明○也. 24-19 子獨不可以忠爲子○計. 27-17 ○君之力也. 29-10 載○契國以與王約. 35-5 而事臣之○. 35-8 臣聞明○蒞正. 36-8 人○賞所愛. 36-12 明○則不然. 36-12 天下有明○. 36-19 聖○明於成敗之事. 36-21 敬執賓○之禮. 37-6 漆身可以補所賢之○. 38-5 ○辱軍破. 39-3 尊其臣者卑其○. 40-6 減食○父. 40-7 臣强者危其○. 40-25 古之所謂危○滅國之道必從此起. 41-7 人○所甚愛也. 41-13 人○者. 41-13 攻人○之所愛. 41-13 然降其○父沙丘而臣之. 41-23 且君擅○輕下之日久矣. 43-21 必有伯○强國. 44-25 ○離困辱. 45-1 ○雖亡絶. 45-2 ○聖臣賢. 45-5 然則君之○. 45-15 ○固親忠臣. 45-16 君之爲○. 45-17 富國足家强○威蓋海内. 45-18 而欲以力臣天下之○. 52-14 而關内二萬乘之○注地於齊. 54-1 伯○約而不忿. 55-4 驕忿非伯○之業也. 55-6 而世○不敢交陽侯之塞. 55-15 依世○之心. 55-20 立國家之○贏幾倍. 56-22 明○用之. 61-17 人○豈得其用哉. 61-18 故明○不取其汙. 61-18 使彼罷弊於先弱守於○. 65-12 ○者. 65-13 使彼罷弊先弱守於○. 65-14 ○必死辱. 68-5 今○君以趙王之教詔之. 69-12 皆天下之○. 78-16 意者秦王帝王之○也. 84-4 意者秦王不肖之○也. 84-5 得志不慙爲人○. 84-13 萬乘之嚴○也. 84-16 而世世稱曰明○. 86-20 約結而喜○怨者孤. 90-4 故約不爲人○怨. 90-22 以其爲韓魏○怨也. 91-1 約而好○怨. 91-4 故明○察相. 92-5 則傷○心矣. 92-11 而憂一○. 92-21 壤削○困. 96-20 上輔孤○. 97-1 世○不臣也. 97-9 狗固吠非其○也. 98-21 臣弑其○者. 105-16 貴甚矣而○斷. 106-20 故楚王何不目新城爲○郡也. 107-10 楚王果以新城爲○郡. 107-14 夫爲人臣而割其○之地. 109-14 以内劫其○. 109-15 ○嚴以明. 110-3 高○之節行. 110-13 天下之賢○也. 112-7 我典○東地. 118-11 爲○死易. 119-9 爲○辱易. 119-9 故明○之察其臣也. 119-10 賢之事其○也. 119-11 上干○心. 123-8 此爲劫弑死亡之

○言也. 126-22 夫人○年少而矜材. 126-22 則大臣○斷國私以禁誅於己也. 126-23 餓○父於沙丘. 127-4 夫劫殺死亡之○也. 127-6 以事無妄之○. 129-12 而君相少○. 129-15 爲○君慮封者. 130-7 使君疑二○之心. 131-13 而離二○之交. 131-14 簡○之才臣也. 132-11 二○殆將有變. 133-11 吾與二○約謹矣. 133-13 知過出見二○. 133-14 二○色動而意變. 133-14 如是則二○之心可不變. 133-20 約兩○勢能制臣. 134-10 無令臣能制○. 134-11 吾聞輔○者名顯. 134-13 臣○之權均之能美. 134-17 明○之政也. 134-23 臣聞明○不掩人之義. 136-5 荆敢言之○. 136-23 ○雖信臣. 136-24 ○君曰. 137-1 今君殺○父而族之. 137-13 而賢○惡之. 138-4 皆言○前專據. 138-6 爲○守地而不能死. 140-24 ○内之秦. 140-24 不順○命. 140-25 賣○之地而食之. 140-25 今山東之○不知秦之卽己也. 142-19 故夫謀人之○. 144-11 是故明○外料其敵國之强弱. 145-10 故尊○廣地强兵之計. 145-22 人○不再行也. 146-18 聖○之制也. 146-19 天下之○亦盡過矣. 147-3 世之賢○也. 147-5 錯質務明○之長. 149-2 通有補民益○之業. 149-4 今吾欲繼襄○之業. 149-5 臣不逆○. 149-19 且昔者簡○不塞晉陽. 150-22 事○之行. 153-18 逆○以自成. 153-21 惠○不臣也. 153-21 逆○罪莫大焉. 153-21 以逆○爲高. 153-22 昔者先君襄○與代交地. 154-10 富丁恐○父之聽樓緩而合秦楚也. 156-25 司馬淺爲富丁謂○父曰. 157-2 ○父曰. 157-8 公不如令○父以地資周最. 157-17 ○人必將倍殯柩. 164-4 夫魏爲從○. 173-17 則○必爲天下咲矣. 173-25 僕已言之僕○矣. 174-20 僕○幸以聽僕也. 174-20 ○父欲敗之. 178-9 趙○之子孫侯者. 179-14 豈人○之子孫則必不善哉. 179-16 人○之子也. 179-22 以内劫其○. 184-12 天下之賢○也. 184-13 割其○之埊以求外交. 184-22 外挾彊秦之勢以内劫其○以求割埊. 184-23 今○君以趙王之詔詔之. 185-5 以安社稷尊○强兵顯名也. 185-15 以說人○. 186-8 人○覽其辭. 186-8 犀首遂○天下之事. 187-20 王亦聞老妾事其○婦者乎. 188-11 若老妾之事其○婦者. 188-12 所謂劫○者. 188-21 長○也. 198-3 長○也. 198-4 然則魏信之事○也. 198-23 上所以爲其○者忠矣. 198-24 ○患於中. 199-3 今○君之尊. 200-11 ○君之味. 200-11 今○君兼此四者. 200-13 今夫韓氏以一女子承一弱○. 206-23 ○可尊. 211-10 臣聞明○之聽也. 213-11 是倍○也. 217-17 今○君以楚王之教詔之. 222-17 詿誤人○者. 223-6 羣臣或内樹其黨以擅其○. 223-21 而公獨與王○斷於國者. 227-11 ○君不如善馮君. 233-6 是令得行於萬乘之○也. 233-11 然仲子卒備賓○之禮而去. 237-11 則○尊而身安. 239-5 則○卑而身危. 239-6 ○卑矣. 239-8 是韓重而○尊矣. 239-11 操右契而爲公責德於秦魏之○. 239-11 此○尊而身安矣. 239-13 今有一舉而可以忠於○. 239-18 是其於○也至忠矣. 239-22 非以求○尊成名於天下也. 241-18 而使之○韓. 243-23 今○君幸教詔之. 248-19 而事弱燕之危○乎. 250-17 進之則殺○父. 251-3 言之則逐○母. 251-4 ○父大怒而笞之. 251-4 上以活○父. 251-5 下以存○母也. 251-5 大王天下之明○也. 252-13 子之所謂天下之明○者. 252-14 明○者務聞其過. 252-15 長○也. 253-4 夫驕○必不好計. 253-14 貴重○斷. 253-22 吾以此飲吾○父. 259-3 則殺吾○父. 259-4 以此事告吾○父. 259-4 則逐吾○母. 259-4 與殺吾父逐吾○母者. 259-4 萬乘之○. 259-8 而又況於當世之賢○乎. 259-9 皆以爭事秦說其○. 261-17 人○之愛子也. 265-11 臣是以知人○之不愛丈夫子獨甚也. 265-15 子胥不蚤見○之不同量. 268-8 山東之○遂不悟. 269-2 之○者不卑名. 269-4 ○必大憂. 269-5 緤錯○斷於國. 283-3 ○人笑之. 283-16 ○父欲伐中山. 287-21 ○父曰. 287-22 ○父曰. 287-23 ○折節以下其臣. 289-22 臣聞明○愛其國. 290-14

【市】 62

齊桓公宮中七○. 4-11 爭利者於○. 22-3 天下之○朝也. 22-4 王何以○楚也. 23-6 乞食於吳○. 38-2 而更與不如張儀者○. 41-17 王不如留之以○地. 50-14 公孫閈乃使人操十金而往卜於○. 65-6 能謗議於○朝. 66-19 門庭若○. 66-20 以○其下東國. 75-4 以○下東國也. 75-14 以○下東國也. 75-18 以空名○者太子也. 76-9 以何○而反. 82-22 以何○而反. 83-3 竊以爲君○義. 83-5 ○義奈何. 83-6 乃臣所以爲君○義也. 83-7 先生所爲文○義者. 83-11 請以○諭. 85-11 ○. 85-11 非朝愛○而夕憎之也. 85-11 士聞戰則輸私財而富軍○. 92-7 有○之邑莫不止事而奉王. 92-10 王孫賈乃入○中. 95-24 ○人從者四百人. 96-1 車裂蘇秦於○. 111-14 今有城○之邑七十. 140-5 有城○之邑七十. 140-17 以與齊韓秦○. 141-13 自令車裂於齊之○. 148-8 臣竊以爲與其以死人○. 174-1 不若以生人○使也. 174-1 趙王因割濟東三城令盧高唐平原陵地城邑○五十七. 174-11 乃割濟東三令城○邑五十七以與齊. 174-14 今一人言○有虎. 199-19 二人言○有虎. 199-20 三人言○有虎. 199-21 夫○之無虎明矣. 199-22 今邯鄲去大梁也遠於○. 199-22 此所謂○怨而買禍者也. 222-12 必攻○丘. 224-13 臣請爲君止天下之攻○丘. 224-14 必攻○丘以償兵費. 224-18 王令之勿攻○丘. 224-18 且聽王之言而不攻○丘. 224-19 且反王之言而攻○丘. 224-19 故楚王卜交而○丘存. 224-20 故先王聽諺言於○. 228-4 怒於室者色於○. 233-20 居○井者. 237-9 政乃○井之人. 237-13 韓取聶政屍於○. 238-7 以臨齊而○公. 245-6 將軍○被太子平謀. 254-11 將軍○被圍公宮. 254-15 將軍○被及百姓乃反攻太子平. 254-15 將軍○被死已殉. 254-16 天下必以王爲能○馬. 256-3 比三旦立○. 263-11 比三旦立於○. 263-12

【立】 168

而無適○也. 7-9 孰欲○也. 7-12 東周○殺昌他. 8-2 臣恐齊王之爲君實○果而讓之於最. 12-6 威○於上. 16-12 ○社主. 19-14 ○社主. 19-21 韓亡則荆魏不能獨○. 20-10 荆魏不能獨○. 20-11 與之間有所○. 31-19 已一說而○爲太師. 37-13 卒擅天下而身○爲帝王. 37-15 功成名○利附. 39-7 臣今見王獨○於廟朝矣. 40-9 臣必聞見王獨○於庭也. 41-2 夫待死而後可以○忠成名. 45-9 ○威諸侯. 46-2 齊秦合而○負蒭. 48-17 負蒭○. 48-17 已○爲萬乘. 51-5 ○國家之主贏幾倍. 56-22 今建國○君. 56-24 子傒○. 57-10 王后誠請而○之. 57-11 若使子異人歸而得○. 57-15 王后勸○之. 57-23 ○以爲太子. 57-24 子楚○. 57-25 趙王○割五城以廣河間. 58-25 知其可與○功. 61-17 宣王○. 63-11 更○衛姬嬰兒郊師. 63-19 臣請令魯中○. 67-13 欲以正天下而○功名. 67-23 不○以○功名. 67-25 武王○. 71-10 然則吾中○而割窮齊與疲燕也. 73-12 郢中○王. 75-4 郢中○王. 75-5 吾將與三國共○之. 75-6 齊欲奉太子而○之. 75-18 齊奉太子而○之. 75-24 奉王而代○楚太子者. 76-18 薛公欲知王所欲○. 77-6 勸王○爲夫人. 77-7 而爲先王○清廟. 78-1 豈非世之○教首也哉. 79-21 是比肩而○. 80-22 ○宗廟於薛. 83-23 ○千乘之義而不可陵. 84-19 矜功不○. 86-11 ○爲大伯. 87-15 齊秦○爲兩帝. 89-13 兩帝○. 89-15 兵必○也. 91-8 伯王不爲而○矣. 91-9 ○義者伯. 91-13 ○之以爲王. 95-18 今燕王方寒心獨○. 96-20 功名可○也. 97-2 惡小恥者不能○榮名. 97-7 功名不○. 97-20 而○累世之功. 97-21 田單之○疑. 98-2 皆以田單爲自○也. 98-3 襄王○. 98-3 ○則丈插. 100-10 ○於矢石之所. 100-16 欲○之. 101-1 共○法章爲襄王. 101-2 襄王○. 101-2 子建○爲齊王. 101-5 以故建○四十有餘年不受兵. 101-5 所爲○王者. 101-16 爲王○王耶. 101-16 爲社稷○王. 101-17 則齊威可○. 102-1 宋請中○. 103-3 此其勢不兩○. 109-2 其勢不兩○. 110-7 未明而○於朝. 112-25 雀○不轉. 113-14 焉而能○. 114-10 ○昭常爲大司馬. 118-9 ○於衢閭. 120-8 武王○. 120-23 未○后也. 123-22 公何以不請○后也. 123-22 因請○之. 123-24 故弑賢長而○幼弱. 126-23 廢正適而○不義. 126-24 因自○也. 126-25 而○其弟景公. 127-3 卽百歲後將更○兄弟. 128-25 卽楚王更○. 128-25 兄弟誠○. 129-2 ○爲太子. 129-7 以李園女弟○爲王后. 129-7 因而代○當國. 129-15 遂○爲楚幽王也. 130-2 秦始皇○九年矣. 130-3 君之○於天下. 137-13 ○爲天子. 145-9 嗣○不忘先德. 149-1 事成功○. 149-23 王○周紹爲傅. 152-19 ○傅以行. 152-24 ○傅之道六. 153-3 不○私以爲名. 153-19 而○司空狗. 166-14 魏之亡可○而須也. 185-22 公子必○. 196-17 ○. 196-17 楚將内而○之. 197-14 臣見秦之必大憂可○而待也. 211-8 公求中○於秦. 228-5 願公之復求中○於秦也. 228-7 故王不如令韓中○以攻齊. 228-16 臣以爲令韓以中○以勁齊. 228-21 ○韓擾而廢公叔. 233-19 ○韓擾而廢公叔. 233-20 韓○公子咎而棄幾瑟. 235-19 公不如令秦王賀伯嬰之○也. 235-24 韓咎○爲君而未定也. 236-10 恐韓咎入韓之不○也. 236-11 韓咎○. 236-12 不○. 236-12 因欲中○. 240-22 此以一勝○尊令. 241-15 名尊無所○. 241-17 ○以爲鄭君. 242-4 則我○帝而覇. 242-16 韓不能獨○. 243-21 魏安能與小國○之. 246-16 其以權○. 249-4 易王○. 249-13 是棄强仇而○厚交也. 249-24 燕王噲旣○. 253-20 將廢私而○公飭君臣之義. 254-13 燕人○公子平. 254-20 燕○昭王. 255-3 ○爲三帝而以令諸侯. 257-8 並○三帝. 257-11 義不與生俱○. 258-5 而名可○也. 258-12 故功不可成而名不可○也. 258-13 半道而○. 259-3 且事非權不○. 259-16 比三旦○市. 263-11 比三旦○於市. 263-12 燕齊不兩○. 265-25 ○名之士也. 267-6 而○之乎羣臣之上. 267-8 功○而不廢. 267-24 故吳王夫差不悟先論之可以○功. 268-6 燕秦不兩○. 273-22 燕秦不兩○. 274-14 燕秦不兩○. 274-22 人無不○死者. 276-16 故不可○拔. 277-17 是中山復○也. 284-4 犀首○五王. 284-7 公因勸君○之以爲正妻. 286-16 然則○以爲妻. 286-18 王○爲后. 287-17 中山王遂○以爲后. 287-18 以是之故能○功. 289-19

【半】 27

天下之○也. 5-6 今大國之地○天下. 51-24 行百里者○於九十. 55-19 大王裂趙之○以賂秦. 59-12 秦不接刃而得趙之○. 59-12 趙守○國以自存. 59-14 則是大王名亡趙之○. 59-16 今又割趙之○以强秦. 59-18 不過○年. 60-1 則兵○折. 69-3 且天下之○. 81-17 亡矢之大○. 92-14 秦地○天下. 110-1 在○歲之外. 110-21 是去戰國之○也. 117-21 折兵之○. 121-20 夜○. 137-9 如王若用所以事趙之○收齊. 170-6 謂可者謂不可者正○. 188-16 是有其○塞也. 188-20 失其○者也. 188-21 然而臣能○衍之割. 190-12 齊桓公夜○不嗛. 200-5 以

國之○與秦. 206-7 ○道而立. 259-3 三晉之○. 261-16 君所將之不
能○之. 289-4
【汁】 1
漉○灑地. 128-9
【穴】 2
身窟○. 92-17 堀○窮巷. 128-13
【必】 859
○不出. 1-13 鼎○不出. 1-15 宜陽○拔也. 2-2 秦○無功. 2-4 ○以
寶事公. 2-10 亦○盡其寶. 2-11 東周○復種稻. 3-4 秦○疑. 3-16 秦
○無辭而令周弗受. 3-18 ○以國合於所與粟之國. 3-22 ○厚事王矣.
3-23 ○無處矣. 4-1 國○有誹譽. 4-9 ○先合於秦. 4-23 秦○輕君.
5-15 弗○走. 5-18 ○不處矣. 5-22 故○怒合於齊. 6-1 則秦趙○相
賣以合於王也. 6-9 ○陰勁之. 6-11 ○張於有鳥無鳥之際. 7-5 君○
施於今之窮士. 7-6 不○且爲大人者. 7-7 秦○重公. 7-19 西周○令
賊賊公. 8-6 齊○輕矣. 9-7 薛公○破秦以張韓魏. 9-10○欲之. 9-13
○德齊. 9-14 三晉○重齊. 9-15 則衆○多傷矣. 9-20 ○不攻魏. 9
-20 又○不攻魏. 9-21 ○不敢不聽. 9-22 ○復攻魏. 9-23 ○因君而
講. 9-23 不過一月○拔之. 10-16 ○勸楚王益兵守雍氏. 10-18 雍氏
○拔. 10-19 則周○折而入於韓. 10-21 秦聞之○大怒. 10-21 秦王太
后○喜. 11-2 周君○以爲公功. 11-2 ○有罪矣. 11-3 梁○破. 11-6
○名曰謀楚. 11-19 王○求之. 11-19 王○罪之. 11-20 韓魏○惡之.
11-23 ○救韓魏而攻楚. 11-24 楚○將自取之矣. 11-25 ○無獨知. 12
-5 秦○不敢越河而攻南陽. 12-12 臣見其○以國事秦也. 12-18 ○
不合於秦. 12-22 周○亡矣. 13-1 ○東合於齊. 13-8 秦周之交○惡.
14-2 公○不免. 14-5 ○割地以交於王矣. 18-2 齊○重於王. 18-2 然
則是舉趙則韓○亡. 20-10 張子○高子. 21-19 九鼎寶器○出. 21-25
而未○利也. 22-13 則○將二國并力合謀. 22-15 彼○以國事楚王. 22
-24 人○害之. 23-3 楚○畔天下而與王. 23-5 ○入西河之外. 23-9
王○取之. 23-9 ○惡是二人. 23-20 乃○之也. 24-6○故之楚. 24-13
王○不留臣. 24-20 軫○之楚. 24-23 子○之楚也. 24-24 齊○弱.
26-12 齊弱則○爲王役矣. 26-12 而患○至也. 26-18 秦計○弗爲也.
26-21 且○受欺於張儀. 26-21 王○惋之. 26-22 則兩國兵○至矣. 26
-22 固○大傷. 27-8 小者○死. 27-24 大者○傷. 27-24 戰○敗. 28
-1 則諸侯○見張儀之無秦矣. 28-8 除之未○已也. 28-21 王○聽之.
29-11 國○危矣. 29-25 韓○孤. 29-25 ○大困. 30-6 公○窮矣. 30-
14 韓楚○相御也. 30-18 則王○聽之. 30-23 ○不德王. 31-15 楚○
曰. 32-1 魏制和○悅. 32-3 則寄地○多矣. 32-3 臣竊○之弊邑之王
曰. 32-13 ○不益趙甲四萬人以伐齊. 32-15 秦之謀者○曰. 32-17 則
○不走於秦且走晉楚. 32-21 亦○無患矣. 32-24 則韓魏○無上黨哉.
32-25 故臣竊○之弊邑之王曰. 33-1○不益趙甲四萬人以伐齊矣. 33
-2 ○以魏子爲殉. 33-5 君○輕矣. 34-3 禮○并相之. 34-4 其讎君
○深. 34-5 ○重君以取晉. 34-7 晉○重君以事秦. 34-7 子○大窮矣.
34-9 天下○聽. 34-12 其讎君○深矣. 34-22 ○無患矣. 35-6 兵○出.
35-14 ○窮公. 35-14 ○事趙從公. 35-15 不○待齊. 36-1 賞○加於
有功. 36-12 刑○斷於有罪. 36-13 人之所○不免也. 37-24 處○然之
勢. 37-25 ○親中國而以爲天下樞. 39-8 楚趙附則齊○懼. 39-9 懼○
卑辭重幣以事秦. 39-9 魏韓見○亡. 39-19 則病○甚矣. 40-21 瓢○
裂. 40-22 國○裂矣. 40-24 木實繁者枝○披. 40-24 臣○聞見王獨立
於庭也. 41-2 古之所謂危主滅國之道○從此起. 41-7 令有○行者. 43
-17 ○不行者. 43-18 此令○行者也. 43-18 此令○不行者也. 43-19
王○不失臣之罪. 44-3 秦王○相之而奪君位. 44-9 ○有伯主强國.
44-25 ○有伯夷之廉. 46-20 楚疑於秦之未○救己也. 48-7 則楚之應
之也○勸. 48-8 ○不救也. 48-9 楚○走秦以急. 48-9 兵○有功. 48-
10 負蒭○以魏殁世事秦. 48-20 王○曰. 49-3 咸陽○危. 49-4 ○與
秦地矣. 50-3 魏○危. 50-5 則社稷○危. 50-20 四國○從. 51-14 ○
攻陽右壤. 53-9 四國○應悉起應王. 53-12 故宋○盡. 53-14 泗北○
舉. 53-14 韓○授首. 53-22 韓○爲關中之候. 53-24 ○秦也. 55-20
則兩國者○爲天下笑矣. 55-24 ○殺之矣. 56-5 楚○便之矣. 56-9 太
后○悅公. 56-10 公相○矣. 56-10 魏○負之. 56-13 ○攻我. 56-17
○來請子. 57-3 ○無危亡之患矣. 57-8 ○生蓬蒿. 57-10 燕者○徑於
趙. 58-5 秦○悅. 59-13 秦○受之. 59-13 山東○恐. 59-15 諸侯○懼.
59-15 趙○亡. 59-25 王○用其言. 60-3 武安君○死. 60-3 ○爲言之
曰. 60-14 ○絶其謀. 60-22 四國之交未○合也. 61-2 盼子○用. 62-
7 ○不便於王也. 62-8 公往○得死焉. 63-13 請○行. 63-14 ○無今
日之患也. 63-20 ○聽之. 63-21 ○東愬於齊. 64-21 ○一而當十. 65
-15 ○德王. 65-23 ○以齊事楚. 65-23 ○更葬將軍之母. 67-8 其良
士選卒○殪. 67-18 其良士選卒○殪. 67-19 ○欲反之. 68-5 主○死
辱. 68-5 民○死虜. 68-5 ○表裏河而東攻齊. 68-7 ○有後憂. 68-11
秦○不敢攻梁. 68-11 ○南攻楚. 68-12 ○東攻齊. 68-12 此臣之所謂
齊○有大憂. 68-12 ○謂齊西有强趙. 69-17 楚趙○救之. 71-5 ○舉
兵而伐之. 71-14 齊○舉兵而伐之. 71-15 祭器○出. 71-17 ○舉兵伐
之. 71-22 ○舉兵伐之. 71-24 齊○舉兵伐梁. 72-1 祭器○出. 72-3
君○解衍. 72-10 是○與衍鬻吾國矣. 72-12 趙○倍秦. 73-5 齊○急.
73-9 急○以地和於燕. 73-9 齊○緩. 73-11 緩○復與燕戰. 73-11 然
則下東國○可得也. 75-7 齊○奉太子. 76-1 ○不倍於王也. 76-6 ○
聽王. 76-6 齊未○信太子之言也. 76-9 太子○危矣. 76-10 清廟○危.
78-2 ○以其血洿其衣. 84-16 欲客之○論寡人之志也. 84-18 士何○
待古哉. 85-3 事有○至. 85-9 事之○至者. 85-10 此事之○至. 85-11
○以驕奢爲行. 86-9 禍○握. 86-11 ○以賤爲本. 86-17 ○以下爲
基. 86-17 食○太牢. 86-24 出○乘車. 86-24 ○藉於權而務興於時.
90-5 兵○立也. 91-8 則利○附矣. 91-8 而守○不拔. 93-9 然則天下
仇之○矣. 93-9 其與○衆. 94-2 則臣請○北魏矣. 94-3 則趙○從矣.
94-6 則韓○從矣. 94-7 計○爲之. 96-16 齊○決之於聊城. 96-18 燕
王○喜. 96-25 出○死而不生. 97-14 宋王○說. 100-20 ○受固. 102
-10 ○非固之所以之齊之辭也. 102-11 齊秦○不合. 102-12 未○利
也. 103-5 勢○危宋. 103-6 國○危矣. 103-7 ○南圖楚. 103-10 其心
○誉. 103-12 其心○懼我. 103-13 五國之事○可敗也. 103-13 其割
趙○深矣. 104-12 則○堅守. 104-12 害○深矣. 104-15 ○與魏合而
目謀楚. 104-17 ○與魏戰. 104-18 ○不釋趙. 104-19 願君○請從死.
106-2 如是○長得重於楚國. 106-3 齊魏○伐韓. 107-19 ○懸命於楚.
107-19 秦○起兩軍. 109-3 ○充後宮矣. 109-9 ○實於外廄. 109-10
韓○入臣於秦. 110-9 ○開扃天下之匈. 111-9 ○南伐楚. 112-9 其效
鄢郢漢中○緩矣. 112-13 王○薄之. 112-14 魏秦之交○善. 115-4 齊
○喜. 115-5 ○爭事楚. 115-6 而魏秦之交○惡. 115-7 公事○敗. 115
-11 ○不求地而合於楚. 115-12 ○分公之兵以益之. 115-16 ○出漢
中. 115-17 ○深攻楚以勁秦. 115-22 ○悉起而擊楚. 115-22 令之示
秦○戰. 115-24 秦王○怒. 116-4 楚○輕矣. 116-5 楚王○愛. 116-10
○厚尊敬親愛之而忘子. 116-12 秦女○不來. 116-14 而秦○重子.
116-14 子之子孫○爲楚太子矣. 116-15 君○窮矣. 116-22 楚王○大
怒儀也. 116-22 ○不敢倍盟. 117-4 公○危. 118-20 ○且務不利太子.
118-21 蘇子○且爲太子入矣. 118-21 ○進賢人以輔之. 119-4 ○知
其無妬而進賢也. 119-11 亦○無妬而進賢. 119-11 子○以衣冠之敝.
120-2 ○以秦合韓魏. 120-24 ○善二人者. 121-1 方城○危. 121-1
惠子○弗行也. 121-7 儀○德王. 121-11 又○德王. 121-11 爲其○免.
122-6 僞舉罔而進者○衆矣. 122-10 則○揜子鼻. 123-17 雖惡○言
之. 123-19 郢都○危矣. 124-3 臣誠見其○然者也. 124-4 楚國○亡
矣. 124-5 ○將救我. 126-3 ○甚於癘矣. 127-7 王○幸妾. 129-4 李
園○先入. 129-18 韓魏之君○反矣. 131-5 難○及韓魏矣. 131-7 ○
加兵於韓矣. 131-23 ○鄉之以兵. 132-1 然則其錯兵於魏○矣. 132-
5 其移兵寡人○矣. 132-11 則其禍○至. 133-7 ○不欺也. 133-13 ○
背君. 133-15 ○後之矣. 133-25 襄子○近幸子. 135-17 此甚易而功
○成. 135-17 此○豫讓也. 135-23 則魏○罷. 136-14 ○不能越趙而
有中山矣. 136-14 ○輟. 136-16 秦○過周韓而有梁. 136-20 擊○不
爲用. 136-25 ○出於是. 138-12 臣恐其後事王者之不敢自○也. 139
-5 ○以王爲得. 139-6 天下○重王. 139-7 韓○懼. 139-19 ○效縣狐
氏. 141-13 ○以路涉端氏賂趙. 141-14 齊趙○俱亡矣. 142-4 ○與楚
爲兄弟之國. 142-23 ○爲楚攻韓梁. 142-24 ○入於秦. 142-25 割○
深矣. 143-6 ○不入秦. 143-9 秦○怒而循攻楚. 143-9 ○不出楚王.
143-10 燕○致氈裘狗馬之地. 144-14 齊○致海隅魚鹽之地. 144-14
楚○致橘柚雲夢之地. 144-15 則秦○弱韓魏. 144-18 則齊○弱楚魏.
144-19 據衛取淇則齊○入朝. 144-21 則○舉甲而向趙. 144-22 則兵
○戰於邯鄲之下矣. 144-23 ○入臣. 145-6 秦破○矣. 145-15 秦○不
敢出兵於函谷關以害山東矣. 146-7 趙怒○於其己邑. 146-20 則天下
○爲從. 147-1 ○負遺俗之累. 149-7 ○被庶人之恐. 149-7 而世○議
寡人矣. 149-8 胡地中山吾○有之. 149-16 故禮世不○一其道便國不
○法古. 152-8 子用私道者家○亂. 153-20 臣用私義者國○危. 153-
20 今將軍○負十萬二十萬之衆乃用之. 155-6 樓緩○怨公. 156-3 齊
○讎趙. 156-8 燕趙○不爭矣. 156-9 ○皆事王以伐齊. 156-11 秦楚
○合而攻韓魏. 157-2 ○以趙爲辭. 157-3 韓魏○怨趙. 157-4 韓○聽
秦違齊. 157-4 兵○歸於趙矣. 157-5 韓魏○絶齊. 157-5 趙○爲天下
重國. 157-7 ○聽我. 157-10 三國○絶之. 157-11 中山○亡. 157-12
魏秦○虛矣. 157-18 爲入○語從. 157-22 ○不免爲妬婦也. 159-4 ○
以倦而歸也. 159-12 子能○來年秦之不復攻我乎. 159-18 王之所以
事秦○不如韓魏也. 159-20 ○在韓魏之後也. 159-22 樓緩又不能○
秦之不復攻也. 159-24 兵○罷. 160-3 ○王之事秦不如韓魏也. 160-
5 其勢○無趙矣. 160-12 王○勿與. 160-12 則○盡在於秦矣. 160-17
以爲不媾者軍○破. 161-17 ○且破趙軍. 161-19 ○入吾使. 161-20
秦○疑天下合從也. 161-20 且○恐. 161-21 王○不得媾. 161-24
軍○破矣. 161-24 秦王與應侯○顯重以示天下. 161-25 ○不救王.
162-1 此非○貪邯鄲. 162-9 秦○喜. 162-10 則○助趙矣. 163-7 主人
○將倍殯柩. 164-4 ○若此. 164-5 人○危之矣. 165-16 而王○待工
而后乃使之. 166-2 君○困矣. 166-18 ○有大臣欲衡者耳. 167-21 羣
臣○多以臣爲不能者. 169-4 天下○盡輕王也. 169-12 趙○亡矣. 169
-24 李兌○死. 170-1 臣○見燕與韓魏亦且重趙也. 170-18 ○爲王

高矣. 170-19 其國○有亂. 171-4 事○大成. 171-13 秦○據宋. 171-20 魏冉○妬君之有陰也. 171-20 齊○攻宋. 171-22 則楚○攻宋. 171-22 魏○攻宋. 171-22 陰○得矣. 171-23 若不得已而○搆. 171-24 齊王○無召呡也使臣守約. 171-25 ○有踦重者矣. 172-4 韓○入朝秦. 172-15 而君○不得陰. 172-16 魏○破矣. 172-19 ○起中山與勝焉. 173-3 故曰君○無講. 173-4 則陰○得矣. 173-4 則主○爲天下咲矣. 173-25 安平君○處一焉. 174-24 ○效鼓. 175-9 齊○不效地矣. 175-14 則王○怒而誅建信君. 175-18 則卿○爲相矣. 175-19 ○將待工. 176-19 此○加兵我. 177-4 ○所使者非其人也. 177-秦○留之. 178-14 ○厚割趙以事君. 178-16 ○以長安君爲質. 178-19 老婦○唾其面. 178-21 祭祀○祝之. 179-12 ○勿使反. 179-12 豈人主之子孫則○不善哉. 179-16 鄰國○恐. 181-4 天下○懼. 181-5 知伯○憍. 181-5 ○姑輔之. 181-7 ○姑與之. 181-7 ○就子之功. 182-1 而謂寡人○以國事聽鞅. 183-24 夫事秦○割地效質. 184-20 則○無强秦之患. 185-3 事秦則楚韓○不敢動. 185-23 國○無憂矣. 185-24 勝楚○矣. 186-3 齊○危矣. 186-17 則齊○不欺秦. 186-24 秦○疑齊而不聽也. 187-1 無事○來. 187-6 曰無事○來. 187-10 王○無辭以止公. 187-11 犀首○欲寡人. 187-18 ○重迎公. 188-5 ○勸王多公之車. 188-5 公○危矣. 188-25 ○攻魏. 189-2 魏○事秦以持其國. 189-3 ○割地以賂王. 189-3 ○南走楚. 189-10 則公亦○并相楚韓也. 189-10 韓氏○亡. 189-13 則魏○圖秦而棄儀. 189-15 ○反燕埊以下楚. 189-20 楚趙○聽之. 189-20 齊楚○戰. 190-7 ○取方城之外. 190-7 ○以少割請合於王. 190-17 敗後○莫能以魏合於秦者矣. 191-5 王之國○傷矣. 191-11 需○挫我於王. 193-2 二人者○不敢有外心矣. 193-3 楚師○進矣. 193-13 韓氏○危. 193-13 ○與楚戰. 193-14 民○甚病之. 193-20 先君○欲一見羣臣百姓也夫. 194-3 先王○欲少留而扶社稷安黔首也. 194-7 秦○且用此於王矣. 194-22 又○且曰王以求埊. 194-22 又○謂王曰使王輕齊. 194-24 ○無與講. 195-4 ○窮三節. 195-10 彼○務以齊事王. 196-6 戰○不勝. 196-15 不勝○禽. 196-16 太子○敗. 196-17 公子○立. 196-17 ○爲王也. 196-17 楚王○怒矣. 196-25 則楚○伐齊. 196-25 則○爲楚禽矣. 197-1 ○楚也. 197-7 子○善左右. 197-17 則子○危矣. 197-20 ○相之矣. 197-24○不相張儀. 198-3 ○右秦而左魏. 198-3 ○右齊而左魏. 198-4○右韓而左魏. 198-4 ○不使相也. 198-5 魏○安矣. 198-7 忠不○當. 198-11 當○不忠. 198-11 魏○舍所愛習而用所畏惡. 198-16 則趙之謀者○曰. 198-19 秦○令其所愛信者用趙. 198-20 彼其事王○完矣. 198-24 趙之用事者○曰. 198-25 ○多割埊以深下王. 199-4 ○舍於秦. 199-9 ○内太子. 199-10 ○效城埊於王. 199-10 後世○有以酒亡其國者. 200-4 後世○有以味亡其國者. 200-6 後世○有以色亡其國者. 200-8 後世○有以高臺陂池亡其國者. 200-10 攘地○遠矣. 201-19 王○勿聽也. 202-14 秦○受之. 202-15 願王之○無講也. 202-16 ○少割而有質. 202-17 不然○欺. 202-17 而志○舉之. 202-25 秦兵○罷. 203-1 陰○亡. 203-1 則前功○棄矣. 203-1 ○欲之. 203-4 ○爭事秦. 203-4 何○以兵哉. 203-5 入不測之淵而○出. 203-19 臣○不爲也. 203-20 其勢○無魏矣. 204-21 秦○去矣. 206-8○且便事. 207-2 ○就易與利. 207-2 ○不伐楚與趙矣. 207-3 秦○不爲也. 207-4 秦○不伐楚與趙矣. 207-9 大梁○亡矣. 207-13 則南國○危矣. 207-16 禍○百此矣. 208-1 則楚趙○與之攻矣. 208-4 ○不休矣. 208-6 韓○效之. 208-8 韓○德魏愛魏重魏畏魏. 208-12 韓○不敢反魏. 208-13 河外○安矣. 208-13 則二周○危. 208-14 安陵○易. 208-14 公○且待齊楚之合也. 209-4 ○不合矣. 209-5 公○謂齊王曰. 209-6 ○令魏以地聽秦而爲和. 209-8 魏王○懼. 209-11 公○爲相矣. 209-12 樓子與楚王○疾矣. 209-25 ○爲合於齊外於楚. 209-25 翟强與齊王○疾矣. 210-1 山東見亡○恐. 211-7 恐○大合. 211-7 臣見秦之○大憂可立而待也. 211-8 天下○能救. 211-9 兵○大挫. 211-12 國○大憂. 211-12 臣以此知國之不可○恃也. 211-23 秦○受子. 212-15 許鄢陵○議. 212-24 議則君○窮. 212-24 非於韓也○魏也. 213-6 ○韓之管也. 213-7○魏之梁也. 213-8 以王之不○也. 213-14 以王之○也. 213-14○不可支也. 213-16 趙○復鬬. 213-21 ○重魏. 213-21 秦○置相. 214-9 秦○輕王之强矣. 214-11 齊○喜. 214-12 秦○重王矣. 214-12 秦○不聽王矣. 214-19 所欲○得矣. 214-21 秦○留君. 215-4 秦○留君. 215-5 成陽君○不入秦. 215-6 齊○資公矣. 216-4 不能○使其民. 217-14 社稷○危矣. 217-20 而君曰○生致之. 217-25 ○爲國禍. 218-2 ○褰裳而趨王. 218-14 所效者庸○得幸乎. 218-18 庸○爲我用乎. 218-19 天下○合呂氏而從嫪氏. 219-8 若士○怒. 219-25 分地○取成皋. 221-3 則韓○取鄭矣. 221-6 恐言而未○中於王也. 221-12 言可○用. 221-15 秦○求宜陽成皋. 222-9 ○不能事秦. 222-16 ○無幸矣. 223-4 秦王○喜. 223-13 則王之國○危矣. 223-22 ○不入於齊. 224-1 秦○曰楚韓合矣. 224-4 ○攻市丘. 224-13 ○攻市丘以償兵費. 224-18 然則王之輕重○明矣. 224-20 秦○不聽公. 224-24 ○疑公叔爲楚也. 225-3 ○之楚矣. 225-5 其救韓○疾. 225-12 則樓緩○敗矣. 225-15 樓鼻○敗矣. 225-15 魏○倍秦. 225-16 甘茂○敗矣. 225-16 楚○敗之. 225-17 須秦○敗. 225-17 宜陽○不拔矣. 225-17 楚國○伐矣. 226-6 韓○德王也. 226-8 ○不爲鴈行以來. 226-8 秦○大怒. 226-10 ○輕秦. 226-10 其應秦○不敬. 226-10 ○爲天下笑矣. 226-16 此○陳軫之謀也. 226-18 王○悔之矣. 226-20 公仲○以率爲陽也. 226-25 自以爲○可以封. 227-6 韓○亡. 227-7 而公○之. 227-15 非○聽實也. 228-4 秦王○曰. 228-11 ○重楚. 229-5 ○輕王. 229-7 齊○重楚. 229-7 ○來以是而足矣. 229-21 秦王○祖張儀之故謀. 232-1 ○輕與楚戰. 232-5 ○易與公相支也. 232-5 公○先韓而後秦. 232-9 秦○委國於公以解伐. 232-11 則易○可成矣. 232-15 而易○敗矣. 232-18 秦王○取我. 232-21 ○以兵臨魏. 233-1 戰未○勝. 233-1 ○周君而深怨我矣. 233-21 請令公叔○重公. 233-22 叱之○噬人. 233-25 鄭王○以齊王爲不急. 234-3 ○不許也. 234-3 他人○來. 234-3 其使之○疾. 234-4 言之○急. 234-4 則鄭王○許之矣. 234-4 魏○急韓氏. 234-9 ○縣命於楚. 234-10 戰之於國中○分. 234-15 身○危. 234-16 ○輕公. 234-24 公○輕矣. 234-25 太子○終身重公矣. 235-1 ○輕公. 235-4 ○陰事之. 235-5 ○陰事伯嬰. 235-5 ○保於公. 235-6 韓大夫不能○其不入也. 235-6 ○不敢輔伯嬰以爲亂. 235-6 ○不能爲亂矣. 235-8 則公叔伯嬰○知秦楚之不以幾瑟爲事也. 235-11 ○以韓合於秦楚矣. 235-12 楚王○重公矣. 235-14 則公叔伯嬰○以國事公矣. 235-15 ○以韓權報讎於魏. 235-20 其事秦○疾. 235-24 韓○起兵以禁之. 236-3 公○將矣. 236-4 ○以韓楚奉公矣. 236-5 秦○留太子而合楚. 236-8 ○曰廉潔勝任. 236-20 則韓○謀矣. 239-7 ○將欲置其所愛信者. 239-8 ○欲善韓以塞魏. 239-14 ○務善韓以備秦. 239-14 秦○起兵以誅不服. 239-23 秦○以公爲諸侯. 240-4 楚魏○恐. 240-9 ○西面事秦. 240-9 ○伺韓秦. 240-16 ○圖晉楚. 240-17 ○爲山東大禍矣. 240-20 梁○怒於韓之不與己. 240-22 ○折爲秦用. 240-23 韓○舉矣. 240-23 ○皆亡矣. 241-3 魏君○得志於韓. 241-7 ○外靡於天下矣. 241-8 諸侯惡魏○事韓. 241-8 則我○爲之覇. 242-15 是金○行. 243-4 則○以地和於齊楚. 243-8 魏緩則○戰. 243-8 勢○不善楚. 243-22 珉○以國保楚. 243-23 公○爲魏罪韓侈. 244-3 秦○弗入. 244-4 二人者○入秦楚. 245-4 ○爲公患. 245-5 秦王○外向. 245-19 ○且務以楚合於齊. 245-20 秦王誠○欲伐齊乎. 245-21 則楚○卽秦矣. 245-22 周○寬而反之. 245-25 ○盡其家以事王. 246-7 ○效先王之器以止王. 246-7 韓王○爲之. 246-8 ○解子之罪. 246-8 其收韓○重矣. 246-21 其救趙○緩矣. 246-23 趙○亡矣. 246-23 則國○無患矣. 248-17 趙○救我. 249-10 秦○德王. 249-24 人○有言臣不信. 250-10 莫敢自○也. 251-7 秦王○喜. 251-24 此○使王重矣. 253-4 夫驕主○不好計. 253-14 ○不覇. 253-23 由○不受. 254-2 子之○不敢受. 254-3 破燕○矣. 254-12 秦○疑而不信蘇子矣. 255-9 天下之士○趨於燕矣. 255-22 天下○以王爲能市馬. 256-3 其禍○大矣. 256-21 秦王○患之. 257-2 ○反宋地. 257-10 則齊伯○成矣. 257-13 ○如刺心然. 257-16 秦伐齊○矣. 257-18 ○率天下以攻寡人者三. 260-24 ○伐之. 261-1 ○亡之. 261-1 此○令其言如循環. 261-12 吾○守子以甲. 262-3 齊趙○有爲智伯者矣. 262-6 ○不反韓珉. 262-9 ○不任蘇子以事. 262-9 若臣死而○相攻也. 262-18 臣○勉之而求死焉. 262-18 在○然之物. 262-20 燕破○矣. 263-23 其後○務以勝報王矣. 264-9 吾○不聽衆口與讒言. 264-18 子○爭之. 265-23 伐齊未○勝也. 266-6 伐之未○勝. 266-7 則○舉天下而圖之. 267-12 不○善成. 268-4 不○善終. 268-4 國○危矣. 269-5 主○大憂. 269-5 ○南伐楚. 269-7 ○北攻燕. 269-7 燕○亡. 269-8 此○皆亡. 269-10 ○誅暴正亂. 269-19 燕王○當殺子. 271-14 寡人○有罪矣. 272-7 天下○不服. 273-12 ○不復受於秦矣. 273-18 禍○不振矣. 274-4 ○入臣. 275-11 ○得所願矣. 275-13 其償破秦○矣. 275-16 秦王○說見臣. 276-2 秦王○喜而善見臣. 276-9 ○得約契以報太子也. 278-1 ○以堅我. 279-5 ○爲有竊疾矣. 279-16 ○不敢來. 280-3 ○不爲也. 280-5 宋○不利也. 280-14 ○絶於宋而事齊. 280-25 請○從公之言而還. 281-6 ○覇天下. 281-12 ○有故. 282-1 衛○折於魏. 282-6 魏○强. 282-7 西河之外○危. 282-7 秦王○怨公. 282-8 吾○取蒲. 282-11 君○善子. 282-25 ○無與君言國事者. 283-3 公孫氏○不血食矣. 283-4 ○無趙矣. 284-4 ○爲趙魏廢其王而務附焉. 284-13 中山○喜而絶趙魏. 284-15 則中山○恐. 284-16 ○先與之王而故親之. 284-22 所求中山未○得. 285-16 王○曰. 285-17 中山○遁燕趙. 285-21 是則○聽矣. 285-23 燕趙○曰. 286-1 燕趙○不受也. 286-2 趙○請之. 286-16 趙王○大怒. 286-18 大怒則君○危矣. 286-18 其請之○矣. 287-16 汝○死之. 288-5 ○欲滅之矣. 289-8 趙○固守. 289-25 ○不肯出. 289-25 ○不可尅. 289-25 ○未可拔. 290-1 ○無所得. 290-1 外救○至. 290-1 何○以趙爲先乎. 290-11 ○欲快心於趙. 290-12

【司】 64

子罕釋相爲○空. 4-10 ○馬翦謂楚王曰. 7-9 左成謂○馬翦曰. 7-10 ○寇布爲周最謂周君曰. 12-2 齊王令○馬悍以賂進周最於周. 13-17 左尚謂○馬悍曰. 13-18 ○馬錯與張儀爭論於秦惠王前. 21-21 ○馬

錯欲伐蜀. 21-21 ○馬錯曰. 22-6 與○空馬之趙. 59-3 ○空馬說趙王曰. 59-5 ○空馬曰. 59-10 ○空馬曰. 59-12 ○空馬曰. 59-19 ○空馬曰. 59-22 ○空馬去趙. 59-23 ○空馬言其爲趙王計而弗用. 59-24 ○空馬曰. 60-1 遇○空馬門. 60-10 ○空馬. 60-14 又以爲○空馬逐於秦. 60-15 趙去○空馬而國亡. 60-16 有○請曰. 67-2 ○馬穰苴爲政者也. 95-5 禽其○馬. 99-20 雍門○馬前曰. 101-16 ○馬曰. 101-17 卽墨大夫與雍門○馬諫而聽之. 101-19 遣昭常爲大○馬. 118-7 立昭常爲大○馬. 118-9 左○馬見使於國家. 134-20 而將非有田單○馬之慮也. 147-10 以煩有○. 153-7 以明有○之法. 153-23 ○馬淺爲富丁謂主父曰. 157-2 而立○空狗. 166-14 而謹○時. 167-9 使○徒執范座. 173-20 趙使李牧○馬尙禦之. 179-25 李牧○馬尙欲與秦反趙. 180-2 廢○馬尙. 180-4 王能使臣爲魏之○徒. 201-16 因任之以爲魏之○徒. 201-17 客謂○馬食其曰. 212-11 ○馬康三反之郢矣. 232-7 今王之國有柱國令尹○馬典令. 236-19 使左右○馬各營壁地. 271-4 ○馬憙使趙. 286-7 ○馬憙御. 286-8 ○馬憙頓首於軾曰. 286-10 爲○馬憙求相. 286-11 ○馬憙三相中山. 286-14 田簡謂○馬憙曰. 286-14 ○馬憙曰. 286-18 可以爲○馬憙. 286-20 ○馬憙謂陰姬公曰. 286-23○馬憙卽奏書中山王曰. 286-25 ○馬憙曰. 287-2 ○馬憙曰. 287-11 ○馬憙辭去. 287-13 ○馬喜曰. 287-15 ○馬憙曰. 287-17 大夫○馬子期在焉. 288-2 ○馬子期怒而走於楚. 288-2

【㠯】 1

奉陽君孟嘗君韓呡周○周韓餘爲徒從而下之. 195-19

【民】 169

今其○皆種麥. 3-3 則東周之○可令一仰西周. 3-5 宋君奪○時以爲臺. 4-9 而○非之. 4-10 ○非子罕而善其君. 4-10 非自傷於○也. 4-12 ○不妄取. 15-6 ○殷富. 15-17 士○之衆. 15-18 道德不厚者不可以使○. 15-22 ○多僞態. 16-6 ○無所聊. 16-6 ○服於下. 16-12 萬○之衆. 17-3 悉其士○. 18-11 故○不死也. 18-16 而○爲之者是貴奮也. 18-20 士○病. 19-1 則其○足貪也. 19-11 聚散○. 19-14 聚散○. 19-20 士○潞病於内. 19-23 雜○之所居也. 20-1 其○輕而難用. 20-1 上非能盡其○力. 20-2 而不憂○氓. 20-3 悉其士○. 20-3 不苦一○. 20-7 士○病. 20-23 而有其○. 21-4 務富其○. 22-7 今王之地小○貧. 22-7 足以富○. 22-10 故楚之土壤士○非削弱. 27-11 上黨之○皆返爲趙. 42-19 天下之○. 42-19 不樂爲秦○之日固久矣. 42-19 教○耕戰. 46-1 此從生○以來. 51-25 ○孰與之衆. 59-7 羣臣吏○. 66-18 ○必死虜. 68-5 而齊○獨不也. 68-6 其○無不吹竽鼓瑟擊筑彈琴鬭雞走犬六博蹹踘者. 68-21 使吏召諸○當償者. 82-24 起矯命以責賜諸○. 82-24 ○稱萬歲. 83-1 不拊愛子其○. 83-6 以責賜諸○. 83-7 ○稱萬歲. 83-7 ○扶老攜幼. 83-10 寡人憂國愛○. 87-22 王斗曰王之憂國愛○. 87-22 ○亦無恙耶. 88-4 而先問歲與○. 88-5 何以有○. 88-6 苟無○. 88-6 是助王養其○也. 88-9 是助王息其○者也. 88-10 是皆率○而出於孝情者也. 88-12 子萬○乎. 88-13 此率○而出於無用者. 88-15 順○之意. 90-22 故○之所費也. 92-13 ○殘於内. 93-5 士○不知而王業至矣. 93-13 齊負郭之○有孤狐咺者. 95-3 ○心無所歸. 96-21 今公又以弊聊之○. 96-21 士○見公. 97-1 寡人憂○之飢也. 98-10 寡人憂○之寒也. 98-10 布德於○. 99-7 ○人之治. 99-16 ○已安矣. 99-23 有偏守新城而居○苦矣. 110-24 而○弊者怨於上. 110-25 仁人之於○也. 119-3 使王見疾於○. 119-6 用○之所善. 119-8 非布於萬○也. 138-2 其○皆不欲爲秦. 140-4 其吏○不欲爲秦. 140-7 ○能相集者. 140-23 大王乃今然後得與士○相親. 144-6 莫若安○無事. 144-8 安○之本. 144-8 擇交而得則○安. 144-8 擇交不得則○終身不得安. 144-9 而○不得安. 144-9 而○不得安. 144-10 而○不得安. 144-10 臣聞明王之於其○也. 146-13 故○不惡其尊. 146-17 ○不樂後也. 146-18 力盡之○. 146-19 功大而息○. 146-19○羸而不休. 146-22 察乎息○之爲用者伯. 146-25 寡人案兵息○. 147-1 國富而用○. 147-5 是以賢君靜而有道○便事之教. 149-2 通有補○益主之業. 149-4 而利○爲本. 149-21 所以利其○而厚其國也. 150-10 甌越之○也. 150-1 是故聖人苟可以利其○. 150-13 求水居之○. 150-20 係累吾○. 150-24 ○之職也. 151-11 常○溺於習俗. 151-13 夫制於服之○. 151-16 ○之職也. 151-18 聖人不易○而教. 151-25 因○而教者. 152-1 非所以教○而成禮也. 152-2 俗辟者亂○. 152-3 非所以教○而成禮者也. 152-4 俗辟而○易. 152-12 是吳越無俊○也. 152-13 所以齊常○. 152-14 今○便其用而王變之. 154-4 使○不得耕作. 155-4 虜使其○. 163-2 吾不忍爲之○也. 163-3 臣是以欲足下之速歸休士○也. 171-3 人○非不衆也. 183-3 使○昭然信之於後者. 183-12 人○之衆. 184-10○必甚病之. 193-20 而以○勞與官費用之故. 193-21 而東夷之○不起. 195-16 而○不歲死. 205-22 而○歲死者. 205-22 ○亦且歲死矣. 205-24 而臣海内之○. 208-6 如此則士○不勞而故地得. 208-8 不能必使其○. 217-14 ○之所食. 222-20 ○不饜糟糠. 222-21 ○非蒙愚也. 226-22 反宜陽之○. 227-19 此君國長○之大患也. 239-20 韓息士○以待其釁. 239-24○雖不由田作. 248-6 足食於○矣. 248-7○憔瘁. 253-5 其○力竭也. 253-7 數戰則○勞. 253-8 ○力窮弊. 253-11 ○勞而實費. 256-14 夫○勞而實費. 256-17 秦之所殺三晉之○數百萬. 261-15 隣○之所處也. 269-21 趙○其壯者皆死於長平. 271-19 其○皆習於兵. 271-21 ○散. 281-15 教化喻於○. 283-10 ○無廉恥. 283-11 則有土子○. 286-24 人○貧富. 287-3 觀人○要謠俗. 287-6 則○務名不存本. 287-24 昭王旣息○繕兵. 288-14 前年國虛○飢. 288-14 今寡人息○以養士. 288-15 秦○之死者厚葬. 288-19 發梁焚舟以專○. 289-13 釋趙養○. 290-10

【弗】 124

寡人不敢○受. 3-18 秦必無辭而令周○受. 3-18 聽祝○. 5-13 ○與禮重矣. 5-14 君○如急北兵趨趙以秦魏. 5-15 ○必走. 5-18 齊聽祝○. 5-20 逐周最聽祝○相呂禮者. 5-20 故用祝○. 5-23 若四國○惡. 11-25 西周○利. 13-1 ○知而言爲不智. 18-6 秦計必○爲也. 26-21 時至而○失. 34-15 ○聞也. 35-4 韓魏○聽. 36-3 若將○行. 36-11 ○能改已. 36-22 卽使文王疏呂望而○與深言. 37-15 然臣○敢畏也. 37-20 臣○敢畏也. 38-11 形○能有也. 39-2 遂○歸. 40-19 故十攻而○能勝也. 41-14 秦王○聽也. 43-13 遂○殺而善遇之. 44-4 ○如也. 49-10 ○如也. 49-12 ○知. 51-1 ○得私也. 51-12 ○如. 59-8 司空馬言其爲趙王計而○用. 59-24 大臣與百姓○爲用. 62-6 楚王因○逐. 62-8 門人○說. 63-8 ○救. 64-9 又○如遠甚. 66-11 諸侯○與. 71-5 而君○知. 76-15 止者千數而○聽. 77-9 夫子○憂. 77-23 如使而○及也. 78-19 小官公又○欲. 79-3 孟嘗君有舍人而○悅. 79-15 乃○逐. 79-22 使秦○有而失天下. 81-13 非○寶貴矣. 86-25 此二士○業. 88-12 上車○謝而去. 100-5 而楚果○與地. 103-19 三年而○言. 106-4 夫隘楚太子○出. 118-15 臣爲王○取也. 121-6 惠子必○行也. 121-7 唯公○受也. 125-17 魏○與. 132-4 趙襄子○與. 132-7 而寡人○與焉. 132-10 君若○圖. 134-18 子獨○服. 153-21 秦○欲. 171-19 而王○聽. 173-13 非○思也. 179-12 魏桓子○予. 181-3 何故○予. 181-3 故○予. 181-4 趙○與. 181-11 爲○能聽. 183-23 王○應. 183-23 而魏○救. 186-14 犀首○利. 189-12 魏王○聽也. 189-24 而先生○受. 193-8 王聞之而○任也. 193-9 若此而○爲. 194-8 則陰勸而○敢圖也. 195-6 遂盟強臺而○登. 200-10 寡人固刑○有也. 201-4 ○易攻也. 202-23 爲王○取也. 205-7 而王○識也. 206-22 秦又○爲也. 207-8 猶○聽. 208-3 何故而○有也. 209-18 是○救矣. 209-21 魏王○利. 215-3 若君○致也. 217-21 能棄之○能用之. 218-23 能死之○能棄之. 218-23 王又能死而○能棄之. 219-1 ○敢易. 219-13 竊爲王○取也. 224-10 今○行. 226-19 韓王○聽. 226-20 公求而○得. 227-22 而○能得也. 228-5 秦王以公孫郝爲黨於公而○之聽. 228-8 甘茂不善於公而○爲公言. 228-9 楚王○聽. 230-5 而妾○重也. 231-8 舟漏而○塞. 233-15 乃○罪. 234-11 太子○聽. 234-16 而○能禁也. 236-20 然而吾○爲云者. 242-7 雖爲桓公吾○爲云者. 242-10 秦必○入. 244-4 次○納於君. 245-9 王與大國○聽. 246-16 趙○救. 249-9 ○利而勢爲之者. 257-5 而王獨○從也. 257-14 蘇子怒於燕王之不以吾故○予相. 262-23 太后○聽. 265-15 故受命而○辭. 267-23 夫差○是也. 268-5 王何爲○爲. 269-23 而○能復取者. 282-6 柰何吾○患也. 285-11 君○與趙. 286-16 君○與. 286-17 君○與趙. 286-18 君○攻. 287-21 而○下. 290-4

【弘】 14

天下駿雄○辯之士也. 44-8 公孫○謂孟嘗君曰. 84-3 公孫○敬諾. 84-7 公孫○見. 84-8 公孫○對曰. 84-8 公孫○對曰. 84-11 公孫○曰. 84-12 公孫○曰. 84-18 公孫○可謂不侵矣. 84-19 公孫○陰知之. 286-7 公孫○參乘. 286-8 ○曰. 286-8 中山君大疑公孫○. 286-12 公孫○走出. 286-12

【疋】 4

騎萬○. 110-2 騎五千○. 184-19 騎六千○. 248-5 ○夫徒步之士. 259-8

【出】 261

必不○. 1-13 鼎必不○. 1-15 何塗之從而○. 1-20 疾定所從○. 1-22 案兵而勿○. 2-16 西周寶○. 2-22 君乃使吏○之. 4-20 秦王○楚王以爲和. 9-12 楚王○. 9-13 今公又以秦兵○塞. 11-13 公不若稱病不○也. 11-14 王何不○於河南. 12-11 安有說人主不能○其金玉錦繡. 16-22 今秦○號令而行賞罰. 18-17 ○其父母懷衽之中. 18-18 於是潛行而○. 21-6 九鼎寶器必○. 21-25 樗里疾○走. 22-25 ○婦嫁鄉曲者. 24-4 臣○. 24-13 軫○. 24-22 故賣僕妾不○里巷而取者. 25-1○婦嫁於鄉里者. 25-2 且先○地絶齊. 26-21 乃○見使者曰. 27-3 於是○私金以益公賞. 30-9 ○關遇蘇子. 31-1 棄逐於秦而○關. 31-6 終身勿○. 31-11 秦少○兵. 32-20 多○兵. 32-20 夫取三晉之腸胃與○兵而懼其不反也. 32-25 ○令曰. 33-5 兵必○. 35-14 伍子胥橐載而○昭關. 38-1 少○師. 38-23 臣意王之計欲少○師. 38-24 穰侯○使不報. 39-25 而令焉得從王○乎. 40-2 ○高陵. 40-11 然則令何得從王○. 41-8 ○其朴. 41-22 謀不○廊廟. 46-15 是楚與三國謀○秦兵矣. 48-8 秦愈不敢○. 48-10 秦遂不敢○兵. 48-13 薛公入

魏而○齊女. 48-16 智伯○行水. 49-18 若不○地. 50-4 不如○臣. 50-21 秦王乃○之. 50-21 而○百里之地. 52-3 則惡○兵. 53-7 兵○之日而王憂其不反也. 53-8 魏氏將○兵而攻留方與銍胡陵碭蕭相. 53-13 文信侯○走. 59-3 緇請以○示. 60-7 ○之袖中. 60-7○誠門也. 60-11 賈願○使四國. 60-21 卜者○. 65-8 秦曾不○力. 68-2 秦曾不○薪. 68-3 齊無所○其計矣. 68-9 而○銳師以成梁絳安邑. 68-10 兵○而相當. 69-1 ○兵函谷而無伐. 71-16 祭器必○. 71-17 儀之○秦. 71-23 ○兵函谷而無伐. 72-2 祭器必○. 72-3 ○兵助燕擊齊. 73-8 不如按兵勿○. 73-11 則臣不知君所○矣. 77-18 孟嘗君○行國. 79-24 未○. 80-11 ○無車. 82-9 後孟嘗君○記. 82-16 ○於野鄙. 86-5 ○必乘車. 86-24 是皆率民而○於孝情者也. 88-12 此率民而○於無用者. 88-15 ○梁門. 90-14 軍○費. 92-11 軍之所○. 92-13 官之所私○也. 92-15 甲兵不○於軍而敵國勝. 93-12 王○走. 95-21 女朝○而晚來. 95-21 女暮○而不還. 95-22 王○走. 95-23 幽囚而不○. 97-9 ○必死而不生. 97-14 ○不能行. 98-4 故王不如少○兵. 104-18 ○則陪乘. 106-12 如○一口矣. 106-20 城渾○周. 107-5 一軍○武關. 109-3 雖無○兵甲. 110-3 秦舉甲○之武關. 110-20 且夫秦之所以不○甲於函谷關十五年以攻諸侯者. 111-2 ○走入齊. 111-13 寡君身○. 113-11 寡君身○. 113-18 遂○革車千乘. 113-20 君王身○. 113-23 公○地以取齊. 115-10 必○漢中. 115-17 秦兵且○漢中. 115-18 秦王欲○之. 116-7 ○張子. 116-14 張子得○. 116-14 鄭傁遽說楚王○張子. 116-16 楚王將○張子. 116-19 王身○玉聲. 117-17 子良○. 117-19 昭常○. 117-23 王身○玉聲. 117-24 景鯉○. 118-2 夫隘楚太子弗○. 118-15 黃金珠璣犀象○於楚. 120-6 吾與子○兵矣. 126-4 未○竟. 126-24 莊公走○. 127-2 若○金石聲者. 128-12 乃○園女弟謹舍. 129-6 趨而○. 131-14 謀○二君之口. 133-7 張孟談因朝知伯而○. 133-10 勿○於口. 133-14 知過○見二主. 133-14 ○. 133-23 ○更其姓. 133-25 襄子當○. 135-22 蘇秦○. 137-14 舍人○送蘇君. 137-18 先○聲於天下. 138-8 故○兵以佯示趙魏. 138-9 故○質以為信. 138-10 必○於是. 138-12 而崐山之玉不○也. 138-22 臣恐其禍○於是矣. 138-24 韓○銳師以佐秦. 139-18 王○兵韓. 139-19 趙豹○. 140-16 自入而○夫人者. 141-9 勿○. 141-13 則且○兵助秦攻魏. 141-19 ○銳師以成韓梁西邊. 143-8 必不○楚王. 143-10 果不○楚王印. 143-14 常苦○辭斷絕人之交. 144-11 願大王慎無○於口也. 144-11 齊魏各○銳師以佐之. 145-25 齊○銳師以佐之. 146-2 燕○銳師以佐之. 146-3 韓魏○銳師以佐之. 146-4 燕○銳師以佐之. 146-5 秦必不敢○兵於函谷關以害山東矣. 146-7 於是秦王解兵不○於境. 147-21 秦兵不敢○函谷關十五年矣. 147-24 事有所○. 149-22 ○於遺遺之門. 154-15 雖少○兵可也. 157-11 ○遇虞卿曰. 157-22 ○兵攻燕. 158-4 發使○重寶以附楚魏. 161-19 不○宿夕. 165-16 遽言之王而○之. 174-9 兵乃○. 178-20 齊兵乃○. 179-21 文侯將○. 182-8 伊洛○其南. 182-25 勿使○竟. 183-23 ○而謂左右曰. 183-23 秦甲○而東. 186-4 ○而乘其車. 186-6 鄭彊○秦曰. 188-4 請國○五萬人. 192-3 兵未○境. 192-10 於是○而為之張於朝. 194-4 王○魏質. 199-15 乃○魏太子. 199-16 以其能忍難而重○地也. 202-9 地未畢入而兵復○矣. 202-12 子患寡人入而不○邪. 203-17 入而不○. 203-18 入不測之淵而必○. 203-19 不○. 203-19 今魏王○國門而望見軍. 206-4 利○燕南門而望見軍乎. 206-9 兵○之日. 207-10 ○入者賦之. 208-11 鈞之○地. 209-10 昔竊聞大王之謀○事於梁. 211-3 謀恐不○於計矣. 211-3 不如南○. 211-8 不○攻則已. 213-6 若○攻. 213-6 王能令韓○垣雍之割乎. 214-5 秦救不○. 216-16 老臣請○西說秦. 216-17 令兵先臣○可乎. 216-18 然則何為涕○. 218-9 臣安能無涕○乎. 218-15 皆自韓○. 222-1 皆○於冥山棠谿墨陽合伯膊. 222-3 ○為鴈行. 231-4 ○兵於三川以待公. 231-24 故不如○兵以勁魏. 232-2 因以○襄子而德太子. 232-22 太子○走. 234-17 胡衍之○幾瑟於楚也. 235-17 自屠○腸. 238-7 秦王欲○事於梁. 240-19 韓計將安○矣. 240-19 秦○兵於三川. 246-22 遂○兵救燕. 249-11 於是○蘇代之宋. 255-10 閔王○走於外. 256-9 閔王○走. 257-22 則秦不○殽塞. 258-7 齊不○營丘. 258-7 楚不○疏章. 258-8 乘舟○於巴. 260-7 ○為之以成所欲. 262-4 望諸攻關而○逃. 263-5 薛公釋戴逃○於關. 263-6 王何不○兵以攻齊. 263-20 齊數○兵. 264-21 旦暮○令矣. 265-23 義之所不敢○也. 268-11 交絕不○惡聲. 268-12 之卒者○士以成韓梁之西邊. 269-4 王何不陰○使. 269-15 蚌方○曝. 270-4 今日不○. 270-6 明日不○. 270-6 山水大○. 271-5 走且○境. 271-12 君微○明怨以棄寡人. 272-7 ○語隣家. 272-15 ○見田光. 274-11 趨○. 274-18 而李信○太原雲中. 275-10 顧計不知所○耳. 276-6 將○而還. 281-8 臣聞秦○兵. 282-17 客趨○. 282-20 ○兵以攻中山. 285-7 ○兵以攻中山. 285-9 ○兵以攻中山者. 285-14 ○兵以攻中山. 285-16 中山君○. 286-8 公孫弘走○. 286-12 佳麗人之所○也. 287-5 四面○嫁. 288-22 必不肯○. 289-25 兵○無功. 290-1 趙王○輕銳以寇其後. 290-5

【阡】 1

決裂○陌. 46-1

【奴】 3

且臣為齊○也. 6-20 願太子急遣樊將軍入匈○以滅口. 274-5 而棄所哀憐之交置之匈○. 274-8

【召】 72

秦○周君. 12-10 秦○周君. 12-10 王○陳軫告之曰. 24-11 不如○甘茂於魏. 28-6 ○公孫顯於韓. 28-7 ○甘茂而告之. 29-21 使人持車○之. 37-2 使人○蔡澤. 44-10 秦昭王○見. 46-23 王何不○公子池而問焉. 49-1 王○公子池而問焉. 49-2 上蔡○陵不往來也. 53-25 王乃○相. 57-23 秦王○羣臣賓客六十人而問焉. 60-19 王○姚賈而問曰. 61-6 田侯○大臣而謀曰. 64-8 田侯○大臣而謀曰. 64-17 君○愛夫人者而謂之曰. 79-2 君○而返之. 80-11 使吏○諸民當償者. 82-24 宣○田單而揖之於庭. 98-14 故為酒而○貂勃. 98-19 ○相單來. 99-8 ○相田單而來. 99-11 王○江乙而問焉. 104-8 願王○所便習而觴之. 120-16 乃○南后鄭褏而觴之. 120-16 ○門吏為汗先生著客籍. 128-7 楚王○入. 129-6 趙襄子○張孟談而告之曰. 132-9 ○張孟談曰. 132-15 ○平原君而告之曰. 140-6 王○趙勝趙禹而告之曰. 140-17 趙王○樓昌與虞卿曰. 161-14 趙王○虞卿曰. 161-22 勝請○而見之於先生. 162-17 此○兵也. 167-21 齊王必無○眠也使臣守約. 171-25 乃○趙莊而貴之. 175-15 秦○春平侯. 178-12 數令人○臣也. 187-9 令魏王○而相之. 188-2 ○文子而相之魏. 192-18 則胡不○文子而相之. 196-5 因○文子而相之. 196-6 魏王○惠施而告之曰. 196-19 秦○魏相信安君. 198-10 ○相國而命之曰. 201-5 王命○相國. 204-4 王急○君. 204-5 王急○君. 204-8 而右上蔡○陵. 207-8 王亦知弱之○攻乎. 215-16 ○陳軫而告之. 226-4 ○尚子入. 231-6 王於是○諸公子役於三川者而歸之. 242-21 今王不○韓侈. 244-5 ○韓侈而仕之. 244-7 王何不○之. 246-6 乃○蘇氏. 257-21 秦○燕王. 260-3 今齊王○蜀子使不伐宋. 261-25 今○之矣. 262-9 昭王○而謂之曰. 265-22 故○將軍且休計事. 266-21 王乃○昌國君樂間而問曰. 271-20 不及○下兵. 277-20 ○張登而告之曰. 284-8 今君○中山. 284-15 今○中山. 284-20 果○中山君而許之王. 284-24 今○中山. 285-1

【加】 27

則無○焉矣. 2-8 今楚不○善秦而善軫. 23-24 而齊之德新○與. 35-22 賞必○於有功. 36-12 ○之以幽囚. 38-3 俱彊而○以親. 91-24 得趙而王無○焉. 108-1 吾欲先據之目○德焉. 122-6 ○己乎四仞之上. 124-16 將○己乎十仞之上. 124-18 將○己乎百仞之上. 124-24 趙使魏○見楚春申君曰. 127-14 魏○曰. 127-15 ○曰. 127-16 必○兵於韓矣. 131-23 非數痛○於秦國. 138-4 此必○兵我. 177-4 ○之百萬之上. 183-17 大王○惠. 219-12 先王以其髀○妾之身. 231-7 願公之○務也. 240-5 公孫郝嘗疾齊韓而不○貴. 244-18 而齊未○信於足下. 256-16 足下以宋○淮北. 256-18 ○之以魯衞. 256-19 故名有所○而實有所歸. 280-18 將○重於君. 290-8

【皮】 12

取○氏卒萬人. 23-10 傳賣以五羊之○. 61-15 請具車馬○幣. 79-3 謂○相國曰. 141-17 或謂○相國曰. 141-24 圍○氏. 199-8 以救○氏. 209-5 攻○氏. 209-14 且有○氏. 209-15 有○氏. 209-16 於是攻○氏. 232-3 因自○面抉眼. 238-6

【台】 1

左白○而右閭須. 200-11

【矛】 1

○戟折. 92-13

【母】 72

綦○恢謂周君曰. 12-15 父○不與言. 16-19 父○不以我為子. 16-20 父○聞之. 17-12 貧窮則父○不子. 17-15 出其父○懷衽之中. 18-18 人告曾子○曰. 29-13 曾子之○曰. 29-14 其○尚織自若也. 29-15 其○懼. 29-16 與○之信也. 29-16 則慈○不能信也. 29-17 而王之信臣又未若曾子之○也. 29-17 其○在秦. 48-18 而掩於○. 51-6 又有○在中. 57-1 今子無○於中. 57-1 無○於內. 57-11 無○於中. 57-14 章子之○啓得罪其父. 67-6 必更葬將軍之○. 67-8 臣之○啓得罪臣之父. 67-9 夫不得父之教而更葬○. 67-10 有老○. 82-13 以養父○. 88-12 其○曰. 95-21 如見父○. 97-1 魏求相綦○恢而周不聽. 112-5 嫫○求之. 127-10 王亦聞夫公甫文伯○乎. 158-24 其○聞之. 159-1 其○曰. 159-2 故從○言之. 159-4 之為賢○也. 159-4 而○婢也. 163-11 親寡君之○弟也. 177-16 有○弟不能教誨. 177-23 父○之愛子. 179-10 同父○. 185-17 綦○恢教之語曰. 191-4 三年反而名其○. 203-12 其○曰. 203-12 今○賢不過堯舜. 203-14 ○大不過天地. 203-14 是以名○也. 203-14 其○曰. 203-14 願子之有以易名○也. 203-15 願子之且以名○為後也. 203-16 故太后○也. 206-18 觴聶政○前. 237-3 前為聶政○壽. 237-3 臣有老○. 237-5 徒幸而養老○. 237-9 老○在. 237-10 聶政○死. 237-13 政徒以老○. 237-17 老○今以天年終. 237-18 父○既歿矣. 238-12 唯其○知之而已. 239-3 且臣有老○於周. 250-22 離老○而事足下. 250-22 言之則逐主○. 251-4

下以存主○也. 251-5 王誠能毋愛寵子○弟以爲質. 253-14 則逐吾主○. 259-4 與殺吾父逐吾主○者. 259-4 嬴則兼欺舅與○. 261-10 ○不能制. 261-13 焉有離人子○者. 265-5 父○宗族. 276-5 教送○. 283-14 將帥爲父○. 289-15

【幼】 7

民扶老攜○. 83-10 寡人年○. 111-21 左抱○妾. 125-4 故弑賢長而立○弱. 126-23 乃與○艾. 166-4 幽莠之○也似禾. 182-5 養孤長○以益其衆. 289-21

【匡】 5

皆○君之之事. 37-18 一○天下. 45-21 犀首以梁爲齊戰於承○而不勝. 72-7 一○天下. 87-15 一○天下. 97-12

【邦】 1

則地與國都○屬而壤挈者七百里. 138-17

【式】 5

○於政. 17-6 不○於勇. 17-6 ○於廊廟之内. 17-6 不○於四境之外. 17-7 ○而能起. 114-10

【刑】 12

○必斷於有罪. 36-13 ○馬壓羊. 79-7 爲○人. 135-9 自○以變其容. 135-14 通質○白馬以盟之. 145-25 又嚴之以○罰. 146-22 夫○名之家. 147-13 先聖之明○. 151-22 故寡人恐親犯○戮之罪. 153-22 一天下約爲兄弟○白馬以盟於洹水之上以相堅也. 185-16 寡人固○弗有也. 201-4 秦故有懷地○丘之城垝津. 207-11

【邢】 3

於是舉兵而攻○丘. 39-13 ○丘拔而魏請附. 39-13 秦嘗攻韓○. 42-18

【戎】 14

而○狄之長也. 22-2 顧爭於○狄. 22-4 而○狄之長也. 22-8 辛○者. 56-8 是辛○有秦楚之重. 56-9 穆公相之而朝西○. 61-16 外懷○翟天下之賢士. 99-7 請爲公令辛○謂王曰. 115-17 令辛○告楚曰. 126-4 而襄王兼○取代. 150-23 齊人○郭宋突謂仇郝曰. 175-7 而西○之兵不至. 195-16 秦與○翟同俗. 206-16 ○兵之衆. 222-25

【扞】 6

而設以國爲王○秦. 12-17 而王無之○也. 12-18 不至十日而距○關. 110-18 ○關驚. 110-19 刃其○. 135-11 距於○關. 138-16

【圭】 3

公爵爲執○. 2-8 封之執○. 114-3 白○謂魏王曰. 215-3

【吉】 4

而聖人所謂○祥善事與. 44-19 亦○否. 65-8 何不○之有哉. 86-17 以○爲凶. 127-11

【考】 3

楚○烈王無子. 128-17 ○烈王病. 129-11 楚○烈王崩. 129-24

【老】 44

美男破○. 23-17 父子○弱係虜. 53-4 秦王○矣. 57-17 有○母. 82-13 民扶○攜幼. 83-10 ○子曰. 86-17 至○不嫁. 88-11 有○人涉菑而寒. 98-4 ○婦已亡矣. 101-11 先生○悖乎. 124-3 公不聞○萊子之教孔子事君乎. 125-20 家貧親○. 137-4 色○而衰. 166-17 知○而多. 166-17 君之身○矣. 171-6 ○婦必唾其面. 178-21○臣病足. 178-23 ○婦恃輦而行. 178-25 ○臣今者殊不欲食. 179-1 ○婦不能. 179-2 ○臣賤息舒祺. 179-4 ○臣竊以爲媪之愛燕后賢於長安君. 179-8 ○婦不聞也. 179-16 ○臣以媪爲長安君計短也. 179-20 夫鄉邑○者而先受坐之士. 182-2 故○子曰. 183-18 王亦聞○妾事其主婦者乎. 188-11 若○妾之事其主婦者. 188-12 ○臣請出西說秦. 216-17 韓大夫見王○. 234-24 韓大夫知王之○而太子定. 235-4 臣有○母. 237-5 徒幸而養○母. 237-9 ○母在. 237-10 政徒以○母. 237-17 ○母今以天年終. 237-18 且臣有○母於周. 250-22 離○母而事足下. 250-22 及○. 254-5 而噲○不聽政. 254-10 ○且不嫁. 259-14 ○婦欲得志焉. 265-5 ○婦不知長者之計. 265-19 罵國○諫曰. 281-14

【地】 453

令之爲己求○於東周也. 2-20 公何不與周○. 3-16 韓强與周○. 3-17 是得○於韓而聽於秦也. 3-18 南取○於韓. 4-25 秦○. 5-6 以○合於魏趙. 5-25 割○者. 6-3 趙取周之祭○. 6-23 因告以祭○事. 6-24 周之祭○爲祟. 6-25 蓟今楚王資之以○. 7-12 則○廣而益重. 9-7 因以應爲太后養○. 11-1 韓魏易○. 13-1 韓魏之易○. 13-1 且魏有南陽鄭○三川而包二周. 13-3 王何不以○齎周最以爲太子也. 13-17 悍請令王進之以○. 13-20 ○勢形便. 15-18 安坐而廣○. 16-9 必割○以交於王矣. 18-2 今秦○形. 18-23 ○形利害. 18-24 開○數千里. 18-25○廣而兵强. 19-4 ○足利也. 19-11 ○形不便. 20-2 ○尊不可得. 20-16 據其○. 21-3 今秦○斷長續短. 21-8 ○形利害. 21-9 侵楚魏之○. 21-25 得其○不足以爲利. 22-3 務廣其○. 22-6 今王之○小民貧. 22-7 取其○. 22-9 以○與魏. 22-16 ○大者. 23-4 臣請使秦王獻商於之○. 26-11 而私商於之○以爲利也, 26-13 而得商於之○六百里. 26-17 臣見商於之○不可得. 26-18 今○未可得而齊先絶. 26-20 且先出○絶齊. 26-21 先絶齊後責○. 26-21 楚因使一將軍受○於秦. 27-1 王不如以○東解於齊. 27-13 臣聞張儀西并巴蜀之○. 29-7 寡人固無○而許楚王. 30-3○形險易盡知之. 31-9 則寄○必多矣. 32-3 而賜之二社之○. 32-9 且欲合齊而受其○. 32-10 齊割○以實晉楚. 32-22 齊有東國之○. 35-23 支分方城膏腴之○以薄鄭. 36-1 膚寸之○無得者. 39-2 豈齊不欲○哉. 39-2 中山之○. 39-6 削○而賂之. 39-12 秦韓之○形. 39-14 有攻○者. 41-11○也. 41-12 ○者. 41-13 臣願王之毋獨攻其○. 41-15 且削○而以自贖於王. 41-16 幾割○而韓不盡. 41-16 北○入燕. 42-20 東○入齊. 42-20 南○入楚魏. 42-20 今應侯亡○而言不憂. 43-7 奪君○. 43-11 攘○千里. 44-23 廣○殖穀. 45-18 是以兵動而○廣. 46-1 楚○持戟百萬. 46-3 辟○殖穀. 46-10 況於楚之故○. 48-7 魏許寡人以○. 50-2 必與秦○矣. 50-3 是魏勝楚而亡○於秦也. 50-3 是王以魏○德寡人. 50-3 若不出○. 50-4 王不如留之以市○. 50-14 則不用兵而得○. 50-14 而○不可得也. 50-17 聞齊魏皆且割○以事秦. 50-18 不與○. 50-20 今大國之○半天下. 51-24 萬乘之○未嘗有也. 51-25 三世而不接○於齊. 52-1 而出百里之○. 52-3 山林谿谷不食之○. 53-10 不爲得○. 53-11 無得○之實也. 53-11 膏腴之○也. 53-14 齊魏得○葆利. 53-17 一舉衆而注○於楚. 53-19 而關内二萬乘之主注○於齊. 54-1 是王之○一任兩海. 54-3 壤○兩分. 54-15 以廣河間之○. 58-4 受百里之○. 58-6 秦受○而郄兵. 59-13 ○削兵弱. 59-18 不能及○. 60-6 夫齊削○而封田嬰. 62-14 昭陽請以數倍之○易薛. 63-20 今齊○方千里. 66-15 齊○方二千里. 68-17 倍韓魏之○. 69-5 ○廣人衆. 69-18 秦驅韓魏攻齊之南○. 70-1 獻魚鹽之○三百於秦也. 70-5 然後王可以多割○. 71-13 然後王可以多割○. 71-24 請畫○爲蛇. 72-20 急必以○和於燕. 73-9 爲燕取○也. 73-10 可以忠太子而使楚益入○. 75-9 使亟入下東國之○. 75-16 故曰可以使楚亟入○也. 75-20 可以益入○. 75-22 楚王請割○以留太子. 75-24 齊少其○. 75-24 太子何不倍楚之割○而資齊. 76-1 益割○而獻之. 76-2 故曰可以使楚益入○也. 76-2 齊之所以敢多割○者. 76-4 今已得○而求不止者. 76-4 割○固約者又蘇秦也. 76-18 兼二周之○. 81-16 舉韓氏取其○. 81-17 薛公之○. 84-8 寡人○數千里. 84-9 今孟嘗君之○方百里. 84-10 大王據千乘之○. 85-24 藉力魏而有河東之○. 90-13 ○狹而好敵大. 90-20 ○可廣. 90-23 分○又非多韓魏也. 91-1 察於○形之理者. 91-23 ○可廣而欲可成. 93-17 故名配天○不爲尊. 93-18 ○坼至泉. 95-11 ○坼至泉者. 95-13 ○以告也. 95-13 天○人皆以告矣. 95-14 請裂○定封. 97-3 而喪○千里. 97-13 且自天○之闢. 99-16 齊○方數千里. 101-21 使收三晉之故○. 101-23 使收楚故○. 101-25 約與五百里之○. 102-3 雖勿與○可. 103-14 而楚果弗與○. 103-19 今王之○方五千里. 104-4 君無咫尺之○. 105-20 又安敢言○. 107-20 楚○西有黔中巫郡. 108-22 ○方五千里. 108-23 横人皆欲割諸侯之○以事秦. 109-13 夫爲人臣而割其主之○. 109-14 以求割○. 109-15 則諸侯割○以事楚. 109-16 則楚割○以事秦. 109-16 秦○半天下. 110-1 韓之上○不通. 110-8 則北○絶. 110-20 即陰與燕王謀破齊共分其○. 111-12 秦恐且因景鯉蘇厲而效○於楚. 115-10 公出○以取齊. 115-10 鯉與厲且以收○取秦. 115-11 必不求○而合於楚. 115-12 挾寶○以爲資. 116-11 予我東○五百里. 117-8 獻之○. 117-9 愛○不送死父. 117-10 敬獻○五百里. 117-11 來取東○於楚. 117-12 齊使來求東○. 117-13 以東○五百里許齊. 117-16 齊令使來求○. 117-16 齊使來求東○五百里. 117-19 以○大爲萬乘. 117-20 今去東○五百里. 117-20 齊使來求東○五百里. 117-23 而北獻○五百里於齊. 118-7 令往守東○. 118-8 乃遣子良北獻○於齊. 118-9 使守東○. 118-10 齊使人以甲受東○. 118-11 我典主東○. 118-11 大夫來獻○. 118-13 攻東○. 118-14 又欲奪之東○五百里. 118-16 東○復全. 118-17 多賂諸侯以王之○. 119-6 爲求○甚力. 121-25 秦果舉鄢郢巫上蔡陳之○. 124-6 飛翔乎天○之間. 124-13 與淮北之○也. 125-14 漉汁灑○. 128-9 而君之封○. 130-7 今約勝趙而三分其○. 131-7 夫勝趙而三分其○. 131-11 使人請○於韓. 131-22 來請○不與. 131-23 又將請○於他國. 131-24 又使人請○於魏. 132-2 彼請○於韓. 132-3 請○於魏. 132-4 請蔡臯狼之○. 132-7 破趙三分其○. 133-13 破趙而三分其○. 133-21 國亡○分. 134-5 前國○君之御有之曰. 134-9 納○釋事以去權尊. 134-22 昔者知氏之○. 134-25 而得○者. 136-15 欲亡韓吞兩周之○. 138-8 則○與國都邦屬而壤挈者七百里. 138-17 即○去邯鄲二十里. 138-18 參分趙國壤○. 138-25 而封○不定. 139-12 中山之○薄. 139-13 其○不能千里. 139-17 請效上黨之○以爲和. 139-22 秦蠶食韓氏之○. 140-10 其死士皆列之於上○. 140-13 乃使趙勝往受○. 140-19 爲主守○而不能死. 140-24 賣主之○而食之. 140-25 攘○千餘里. 142-23 反楚之故○. 142-24 而多求○. 143-15 燕必致氈裘狗馬之○. 144-14 齊必致海隅魚鹽之○. 144-14 楚必致橘柚雲夢之○. 144-15 韓魏皆可使致封○湯沐之邑. 144-15 夫割○效實. 144-16 趙○方二千里. 144-24 舜無咫尺之○. 145-8 臣竊以天下○圖案之. 145-14 諸侯之○五倍於秦. 145-14 皆欲割諸侯之○以

與秦成. 145-17 以求割○. 145-21 故尊主廣○强兵之計. 145-22 ○
廣而不耕. 146-22 ○不入也. 146-24 德博而○廣. 147-5 十年攘○.
147-8 故裂○以敗於齊. 147-19 齊獻魚鹽之○. 148-10 破趙而四分
其○. 148-14 割○謝前過以事秦. 148-20 胡○中山吾必有之. 149-16
侵掠吾○. 150-24 昔者先君襄主與代交○. 154-10 辟○千里. 154
-16 不如請以河東易燕○於齊. 156-9 以河東之○强齊. 156-10 令公
子繒請○. 156-16 夫藺離石祁之○. 156-17 是我以王因饒中山而取
○也. 157-10 是我一舉而兩取○於秦中山也. 157-13 請效○於魏而
聽薛公. 157-15 故欲效○於魏而聽薛公. 157-16 公不如令主父以○
資周最. 157-17 此彈丸之○. 159-16 孰與坐而割○. 160-5 即坐而○
盡矣. 160-6 來年秦復求割○. 160-6 則無○而給之. 160-8 秦兵不敝
而多得○. 160-9 而王之○有盡. 160-11 以有盡之○. 160-12 故不若
亟割○求和. 160-17 又割○爲和. 160-21 虞卿爲平原君請益○. 161
-5 將益之○. 161-7 欲求益○. 161-10 天崩○坼. 163-10 卒就脯醢
之○也. 163-23 壤○不削. 165-14 索王之○. 165-17 而○可多割.
168-2 臣以齊致○於王. 169-10 天下孰敢不致○於王. 169-10 無割○
之費. 170-7 中山之○薄. 171-8 臣又願足下有○効於襄安君以資臣
也. 171-13 此兩○之時也. 171-14 今王能以百里之○. 173-18 乃使
人以百里之○. 173-20 臣聞趙王以百里之○. 173-22 而得百里之○.
173-23 百里之○不可得. 173-24 外雖得○. 174-6 趙王因割濟東三
城令盧高唐平原陵○城邑市五十七. 174-11 覆軍殺將之所取割○於
敵國者也. 174-16 齊請效○. 175-12 故效○. 175-13 齊必不效○矣.
175-14 大王廣○寧邑. 177-7 而封之以膏腴之○. 179-18 知伯索○
於魏桓子. 181-3 無故索○. 181-4 無故索○. 181-4 君予之○. 181-
5 ○形險阻. 183-4 曾無所芻牧牛馬之○. 184-9 夫事秦必割○效質.
184-20 魏○方不至千里. 185-7 齊請以宋○封涇陽君. 186-21 齊秦
合而涇陽君有宋○. 186-25 必割○以賂王. 189-3 收侵○. 189-22 土
○之實不厚於我. 198-25 長羊王屋洛林之○也. 201-15 王所患者上
○也. 201-18 長羊王屋洛林之○也. 201-18 則上○無憂患. 201-19
攘○必遠矣. 201-19 ○入數月. 201-21 ○已入數月. 201-21 魏之所
以獻長羊王屋洛林之○者. 201-24 今○已入. 202-1 啓○二十二縣.
202-4 而○不并乎諸侯者. 202-9 以其能忍難而重出○也. 202-9 ○
未畢入而兵復出矣. 202-12 入北○. 202-13 入北○. 202-21 且君之
嘗割晉國取○也. 203-5 無大天○. 203-13 天○名. 203-13 母大不過
天○. 203-14 將使段干崇割○而講. 204-15 王因使之割○. 204-19
欲○者. 204-19 夫欲璽者制○. 204-20 而欲○者制璽. 204-20 且夫
姦臣固皆欲以○事秦. 204-21 以○事秦. 204-21 今王之○有盡. 204
-22 然而趙之○不歲危. 205-22 而魏之○歲危. 205-22 ○亦且歲危.
205-24 魏王折節割○. 206-7 割○請講於魏. 206-13 秦盡有鄭○.
206-25 王欲得故○. 206-25 秦故有懷○刑丘之城垝津. 207-11 秦有
鄭○. 207-12 又況於使秦無韓而有鄭○. 207-25 因求故○於韓. 208
-7 如此則士民不勞而故○得. 208-8 必令魏以○聽秦而爲和. 209-8
鈞之出○. 209-10 何故不能有○於河東乎. 210-2 ○可廣大. 211-9
故令魏氏收秦太后之養○秦王於秦. 214-14 而養秦太后以○. 214-16
與魏便○. 214-20 以廣○尊名. 215-24 魏急則且割○而約齊楚.
216-23 安陵之○. 217-19 受詔襄王以守此○也. 217-22 今王亡○數
百里. 218-24 虧○不足以傷國. 219-2 今王割○以賂秦. 219-4 寡人
欲以五百里之○易安陵. 219-11 受○於先生. 219-12 寡人以五百里
之○易安陵. 219-14 而君以五十里之○存者. 219-15 今吾以十倍之
○. 219-16 安陵君受○於先生而守之. 219-17 以頭搶○爾. 219-22
而安陵以五十里之○存者. 220-3 將分其○. 221-3 分○必取成臯.
221-3 石溜之○也. 221-4 ○利也. 221-5○方千里. 222-1 明年又益
求割○. 222-10 即無○以給之. 222-10 且夫大王之○有盡. 222-11
夫以有盡之○. 222-11 不戰而○已削矣. 222-12 韓○險惡. 222-19
○方不滿九百里. 222-21 斷絶韓之上○. 223-7 絶上○. 223-9 其○
勢然也. 223-12 夫攻楚而私其○. 223-13 或外爲交以裂其○. 223-
22 韓使人馳南陽之○. 224-6 韓因割南陽之○. 224-6 秦受○. 224-7
張儀使人致上庸之○. 225-7 以質許○. 225-15 此乃韓之寄○也. 227
-21 是令行於楚而以其○德韓也. 227-22 歸○而合於齊. 228-13 不
求割○而合於魏. 228-15 公仲爲韓魏易○. 232-14 夫韓○易於上.
232-16 魏○易於下. 232-16 又安敢言○. 234-11 裂○而爲諸侯. 239
-12 則宋○不安矣. 240-13 則必以○和於齊楚. 243-8 此皆絶○形.
244-13 ○方二千餘里. 248-4 代王腦塗○. 251-16 雖盡寶○. 252-7
以因北○之衆以伐燕. 254-19 涇陽君有宋○. 255-9 必反宋○. 257-
10 夫反宋○. 257-11 蜀○之甲. 260-6 寡人○絶兵遠. 260-20 乃封
之以○. 266-10 且又淮北宋○. 267-13 河北之○. 267-16 故裂○而
封之. 267-22 中國膏腴之○. 269-21 使左右司馬各營壁○. 271-4 國
小而○無所取. 273-17 秦○遍天下. 273-23 非盡天下之○. 275-8 盡
納其○. 275-9 使悉反諸侯之侵○. 275-14 盡收其○. 275-22 進兵北
略○. 275-23 與燕督亢之○圖獻秦王. 276-1 及獻燕之督亢之○圖.
277-7 而秦武陽奉○圖匣. 277-10 荆之○方五千里. 279-17 取淮北
之○. 281-12 故射天笞○. 281-13 以百金之○. 283-9 不憚割○以賂
燕趙. 285-9 燕趙好位而貪○. 285-10 王之所以不憚割○以賂燕趙.
285-14 夫割○以賂燕趙. 285-15 ○不虧而兵不用. 285-17 觀其○形
險阻. 287-3 ○方五千里. 289-2 楚人自戰其○. 289-16

【耳】 53

非效忧壺醬甀○. 1-16 猶無與○. 1-22 特以强服之○. 15-7 舌弊○
聾. 16-8 且夫蘇秦特窮巷掘門桑户棬樞之士○. 17-8 傾○而聽. 17-
13 在○之前. 28-20 將使○不聰. 28-21 宋衛乃當阿甄○. 35-24 身
爲漁父而釣於渭陽之濱○. 37-12 莫肯即秦○. 38-8 此臣之所恐○.
38-10 以己欲富貴○. 42-3 ○目聰明聖知. 44-14 今之如○魏齊. 49
-11 今以無能之如○魏齊. 49-13 城不沈者三板○. 49-17 聞寡人之
○者. 66-19 值所以爲國者不同○. 72-9 唯令尹○. 72-18 獨鬼事○.
77-10 土則復西岸○. 77-15 則子漂漂者將何如○. 77-17 則郄車而
載○. 81-1 君家所寡有者以義○. 83-5 僅得免其死○. 83-12 寡人直
與客論○. 84-17 豈有騏麟騄○哉. 85-2 士貴○. 85-19 寡人自取病
○. 86-22 世無騏驎騄○. 87-19 期數而能拔城者爲亟○. 92-18 豈特
攫其腓而噬之○哉. 98-24 王徒不好色○. 120-7 入臣之○. 133-8 吾
謹避之○. 135-12 則木之枝○. 137-11 願君堅塞兩○. 137-17 乃我
請君塞兩○. 137-20 臣以田單如○爲大過也. 147-2 豈獨田單如○爲
大過哉. 147-3 必有大臣欲衡者○. 167-21 人亦寧朝人○. 173-17 恃
鬻○. 179-1 若禽獸○. 206-18 而離楚愈遠○. 215-22 而離王愈遠○.
215-24 則不過不欺人○. 258-3 則不過不竊人之財○. 258-4 則臣亦
之周負籠○. 258-9 唯訑者○. 259-16 顧計不知所出○. 276-6 趙使
者來屬○. 286-15

【共】 27

子因令周最居魏以○之. 4-1 周○太子死. 7-9 禹伐○工. 16-2 楚能
應而○攻秦. 48-6 欲與燕○伐趙. 58-4 吾將與三國○立之. 75-6 夷
傷者空財而○藥. 92-12 與聊城○據朞年之弊. 96-17 ○立法章爲襄
王. 101-2 處之○松柏之間. 102-4 住建○者. 102-5 是楚魏○趙也.
104-15 江尹因得山陽君與之○惡昭奚恤. 104-24 即陰與燕王謀破齊
○分其地. 111-12 不與天下○攻之. 117-3 五國○伐之. 146-6 天下
○講. 195-24 河内之○汲莫不危矣. 207-12 其攻多於與秦○伐韓.
208-8 通韓之上黨於○莫. 208-10 ○有其賦. 208-12 魏王與龍陽君○
船而釣. 218-8 役且○貴公子. 242-21 然得賢士與○國. 255-15 齊韓
魏○攻燕. 271-3 無與○擊楚. 271-10 而乃以手○搏之. 277-21

【芊】 1

謂○戌曰. 235-22

【芒】 12

孰與孟嘗○卯之賢. 49-11 以孟嘗○卯之賢. 49-12 ○卯曰. 201-3 ○
卯應趙使曰. 201-10 ○卯謂秦王曰. 201-14 魏王謂○卯曰. 201-21
○卯曰. 201-22 ○卯并將秦魏之兵. 202-4 走○卯而圍大梁. 202-6
今又走○卯. 202-13 今又走○卯. 202-21 丈人○然乃遠至此. 216-
19

【朽】 1

則擯禍○腐而不用. 91-11

【朴】 3

周人謂鼠未腊者○. 41-20 欲買○乎. 41-22 出其○. 41-22

【机】 2

趙使○郝之秦. 156-2 宋突謂○郝曰. 156-2

【臣】 1185

○請東借救於齊. 1-5 周之君○. 1-6 使陳○思將以救周. 1-8 ○請東
解之. 1-9 得君○父子相保也. 1-10 夫梁之君○欲得九鼎. 1-12 楚之
君○欲得九鼎. 1-14 ○竊爲大王私憂之. 1-21 秦王不聽羣○父兄之
義而攻宜陽. 2-5 ○故曰拔. 2-7 ○恐西周之與楚. 2-19 ○請使西周
下水可乎. 3-1 ○請令齊相子. 3-25 忠○令誹在己. 4-9 無忠○以掩
蓋之也. 4-10 春秋記○弑君者以百數. 4-12 皆大○見譽者也. 4-13
故大○得譽. 4-13 ○少而誦詩. 4-18 莫非王○. 4-19 則我天子之○.
4-19 明羣○據故主. 6-18 ○請爲救之. 6-20 且○爲齊奴也. 6-20 王
爲○賜厚矣. 6-21 ○入齊. 6-21 ○請以三十金復取之. 6-23 ○能殺
之. 7-24 ○爲君不取也. 12-2 ○恐齊王之爲君實立果而讓之於最.
12-6○能爲君取之. 12-16 ○爲王有患也. 12-17 ○見其必以國事秦
也. 12-18 ○嘗聞溫囿之利. 12-22 ○之秦. 14-2 主君之○. 14-2 且
惡○於秦. 14-2 而○爲不能使矣. 14-3 ○願免而行. 14-3 大○太重
者國危. 15-10 大王更爲○也. 15-11 ○請奏其效. 15-20 政教不順者
不可以煩大○. 15-22 ○固疑大王之不能用也. 16-1 ○諸侯. 16-13
謀○之權. 17-4 ○聞之. 18-6 爲人○不忠當死. 18-7 ○願悉言所聞.
18-8 ○聞. 18-8 ○竊笑之. 18-9 ○聞之曰. 18-10 謀○皆不盡其忠
也. 19-2 ○敢言往昔. 19-3 且○聞之曰. 19-8 而謀○不爲. 19-13 而
謀○不爲. 19-20 而謀○不爲. 20-15 是謀○之拙也. 20-16 天下固量
秦之謀○一矣. 20-17 内者量吾謀○. 20-22 ○以天下之從. 20-22 且
○聞之. 20-25 ○昧死望見大王. 21-10 ○荆魏. 21-11 荆魏不○. 21
-13 大王斬○以徇於國. 21-14 ○聞. 22-3 ○聞之. 22-6 故○願從事
於易. 22-8 ○請謁其故. 22-14 此○所謂危. 22-17 ○聞其言曰. 22-

23 ○請助王. 22-23 ○恐王之如郭君. 23-13 天下欲以爲○. 24-3 陳軫爲王○. 24-8 ○願之楚. 24-12 ○出. 24-13 而明○之楚與不也. 24-14 軫爲人○. 24-19 王必不留○. 24-20 昭陽將不與○從事矣. 24-20 以此明○之楚與不. 24-20 天下皆欲以爲○. 24-25 ○不忠於王. 25-2 王其爲○約車幷幣. 26-5 ○請試之. 26-5 唯儀之所甚願爲○者. 26-7 而儀不得爲○也. 26-11 ○請使秦王獻商於之地. 26-11 羣○聞見者畢賀. 26-16 ○見商於之地不可得. 26-18 ○聞六百里. 27-4 ○可以言乎. 27-5 ○不知其思與不思. 27-19 ○不得復過矣. 28-10 義渠君致羣○而謀曰. 28-17 魏聽○矣. 29-3 ○聞張儀西幷巴蜀之地. 29-7 此非○之功. 29-10 今○羈旅之○也. 29-10 而○受公仲侈之怨也. 29-12 今○之賢不及曾子. 29-17 而王之信○又未若曾子之母也. 29-17 疑○者不適三人. 29-18 ○恐王爲○之投杼也. 29-18 王遂亡○. 30-2 ○是以知其御也. 30-19 今○不肖. 31-5 願爲王○. 31-15 犀首告○. 31-22 非使○之所知也. 32-10 ○聞往來之者言曰. 32-12 ○竊必之弊邑之王曰. 32-13 故○竊必之弊邑之王曰. 33-1 ○戰. 35-5 ○請挈領. 35-6 然而○有患也. 35-6 夫楚王之以其○請挈領然而○有患也. 35-7 而事○之主. 35-8 此○之甚患也. 35-8 ○聞明主莅正. 36-8 使以○之言爲可. 36-10 則久留○無爲也. 36-11 今○之胷不足以當椹質. 36-13 雖以○爲賤而輕辱○. 36-14 獨不重任○者後無反覆於王前耶. 36-15 ○聞周有砥厄. 36-17 ○聞善厚家者. 36-19 ○不敢載之於書. 36-23 ○愚而不闔於王心耶. 36-23 已其言○者. 36-24 則○之志. 36-25 ○聞始時呂尚之遇文王也. 37-12 今○. 37-17 羈旅之○也. 37-17 願以陳○之陋忠. 37-18 ○非有所畏而不敢言也. 37-19 然○弗敢畏也. 37-20 大王信行○之言. 37-20 死不足以爲○患. 37-21 亡不足以爲○憂. 37-21 不足以爲○恥. 37-21 此○之所大願也. 37-25 ○何患乎. 37-25 使○得進謀如伍子胥. 38-3 是○說之行也. 38-4 ○何憂乎. 38-4 使○得同行於箕子接輿. 38-5 是○之大榮也. 38-6 ○又何恥乎. 38-6 ○之所恐者. 38-6 獨恐○死之後. 38-7 天下見○盡忠而身蹶也. 38-7 下惑姦○之態. 38-8 此○之所恐耳. 38-10 ○弗敢畏也. 38-11 ○死而秦治. 38-11 下至大○. 38-15 ○意王之計欲少出師. 38-24 君○之不親. 39-3 ○居山東. 39-22 ○聞. 40-2 尊其○者卑其主. 40-6 ○今見王獨立於廟朝矣. 40-9 且○將恐後世之有秦國者. 40-9 ○未嘗聞指大於臂. 40-20 ○聞之也. 40-24 ○强者危其主. 40-25 ○必聞見王獨立於庭也. 41-2 ○竊爲王恐. 41-2 ○聞古之善爲政也. 41-4 人○之所樂爲死也. 41-13 ○願王之毋獨攻其地. 41-15 然降其主父沙丘而○之. 41-23 ○不憂. 42-25 ○奚憂焉. 43-3 ○亦嘗爲子. 43-3 ○何爲憂. 43-5 ○請得其情. 43-8 ○以韓之細也. 43-11 ○. 43-24 ○無諸侯之援. 43-25 王舉○於羈旅之中. 43-25 天下皆聞○之身與王之舉也. 44-1 ○願請藥賜死. 44-3 而恩以相葬○. 44-3 王必不失○之罪. 44-3 主聖○賢. 45-5 君明○忠. 45-5 是有忠○孝子. 45-7 憐其○子. 45-9 其爲人○. 45-11 以君○論之. 45-13 主固親忠○. 45-16 ○之見人甚衆. 46-23 ○不如也. 46-23 大○有功. 48-13 ○請爲王因呡與佐也. 48-19 ○見王之權輕天下. 50-17 ○之來使也. 50-17 今大王留○. 50-18 不如出○. 50-21 ○之義不參拜. 50-23 王能使○無拜. 50-23 ○竊爲大王不取也. 51-6 王資○萬金而遊. 51-8 入其社稷之○於秦. 51-9 ○請言其說. 51-23 ○聞之. 51-23 而欲以力○天下之主. 52-14 ○恐有後患. 52-14 ○爲大王慮而不取. 52-22 ○聞. 52-25 ○恐韓魏之卑辭慮患. 52-25 流亡爲○妾. 53-5 ○爲王慮. 53-22 請爲陳侯○. 54-16 ○豈以郢威王爲政衰謀亂以至於此哉. 54-23 ○竊惑王之輕齊易楚. 55-3 ○聞. 55-3 ○竊爲大王慮之而不取也. 55-7 則○恐諸侯之君. 55-17 以○之心觀之. 55-20 大○之尊者也. 56-7 ○恐其害於東周. 56-18 ○恐其皆有怨心. 57-22 ○行之. 58-8 今○生十二歲於茲矣. 58-10 君其試○. 58-11 ○之功不如武安君也. 58-13 ○不知卿所死之處矣. 58-18 借○車五乘. 58-19 今王齎○五城以廣河間. 58-24 ○事之. 59-5 ○請大王約從. 59-16 ○少爲秦刀笔. 59-19 ○效愚計. 59-22 是○無以事大王. 59-22 趙王之○有韓倉者. 60-1 其爲人疾賢妬功○. 60-2 ○不敢言. 60-9 人○不得自殺宮中. 60-10 秦王召羣○賓客六十人而問焉. 60-19 羣○莫對. 60-21 ○於趙而逐. 61-4 趙之逐○. 61-4 非所以厲羣○也. 61-5 天下願以爲○. 61-8 紂聞讒而殺其忠○. 61-10 則無忠○矣. 61-11 趙之逐○. 61-12 子良之逐○. 61-13 是以羣○莫敢以虛願望於上. 61-20 大○與百姓弗爲用. 62-6 ○請三言而已矣. 62-19 ○請烹. 62-19 鄙○不敢以死爲戲. 62-20 田侯召大○而謀曰. 64-8 ○之求利且不利者. 64-12 田侯召大○而謀曰. 64-17 田○思曰. 64-19 ○請爲留楚. 65-20 ○誠知不如徐公美. 66-14 ○之妻私○. 66-15○之妾畏○. 66-15 ○之客欲有求於○. 66-15 朝廷之○. 66-16 羣○吏民. 66-18 羣○進諫. 66-20 於是秦王拜西藩之○而謝於齊. 67-5 ○非不能更葬先妾也. 67-9 ○之母啓得罪○之父. 67-9 ○之父未教而死. 67-9 豈爲人○欺生君哉. 67-11 ○請令魯中立. 67-13 非○所知也. 67-14 ○來弔足下. 67-14 此○之所以爲山東之患. 68-1 此○之所謂齊必有大憂. 68-12 ○竊度之. 68-20 是故韓魏之所以重與秦戰而輕爲之○也. 69-3 是羣○之計過也. 69-9 今無○事秦之名. 69-10 ○固願大王之少留計. 69-11 大○父兄殷衆富樂. 69-15 ○聞之. 69-20 田○思曰. 71-4 此○之所謂託儀也. 72-5 不用○言以危國. 72-8 ○竊爲公譬可也. 72-19 ○聞謀泄者事無功. 75-13○請爲君之楚. 75-16 ○觀薛公之留太子者. 75-18 故○能去太子. 76-5 ○竊爲君疑之. 76-15 ○之來也. 77-11 今者○來. 77-12 則○不知君所出矣. 77-18 ○請以○之血湔其衽. 78-17 ○願以足下之府庫財物. 78-20 此○之所爲君取矣. 78-21 孟嘗君不知○不肖. 79-6 以○欺君. 79-6 且○聞齊衞先君. 79-6 君聽○則可. 79-9 不聽○. 79-9 若○不肖也. 79-10 ○輒以頸血湔足下衿. 79-10 ○. 79-25 ○願君勿受. 80-5 ○戍願君勿受. 80-10 ○有大喜三. 80-13 ○獨入諫. 80-15 ○一喜. 80-15 ○二喜. 80-15 ○三喜. 80-16 ○恐强秦大楚承其後. 81-9 恐秦兼天下而○其君. 81-20 ○竊計. 83-4 ○竊矯君命. 83-7 乃○所以爲君市義也. 83-7 寡人不敢以先王之○爲○. 83-9 齊放其大○孟嘗君於諸侯. 83-15 君○恐懼. 83-19 沉於諂諛之○. 83-21 君恐不得爲○. 84-5 義不○乎天子. 84-12 不得志不肯爲人○. 84-13 如○者十人. 84-17 人○也. 85-16 安行而反○之邑屋. 87-4 ○故曰不如愛尺縠也. 87-25 ○奉使使威后. 88-4 上不○於王. 88-14 ○聞之鄰人之女. 88-18 ○鄰人之女. 88-19 王之問○也卒. 89-7 故○願王明釋帝. 89-18 ○聞用兵而喜先天下者憂. 90-3 ○聞善爲國者. 90-22 君○於齊者. 93-1 ○聞戰大勝者. 93-4 ○之所聞. 93-15 王何不使○見魏王. 94-3 則○請必北魏矣. 94-3 此○之所謂比之堂上. 94-15 大○不親. 95-6 忠○不先身而後君. 96-9 不顧燕王之無○. 96-9 卽○見公之不能得也. 96-17 君○過計. 96-19 大○不足恃. 96-21 以制羣○. 97-2 世主不○也. 97-9 王有所幸○九人之屬. 99-1 君○無禮. 99-5 子爲子之○禮. 99-9 ○固知王不若也. 99-13 ○固知王不若也. 99-14 爲人○之功者. 99-17 ○以五里之城. 100-4 莒中及齊亡○相聚. 101-1 君王后以示羣○. 101-8 羣○不知解. 101-8 羣○之可用者某. 101-10 荆宣王問羣○曰. 103-22 羣○莫對. 103-23 ○不敢言其後. 104-9 ○朝夕旨事聽命. 105-2 而魏入吾君○之間. 105-3 ○大懼. 105-3 ○非畏魏也. 105-3 夫泄吾君○之交. 105-3 ○之得罪無日矣. 105-5 故昭奚恤常惡○之見王. 105-10 ○弑其主者. 105-16 寵○不避軒. 105-25 ○所爲君道. 106-4 君不用○之計. 106-5 ○請不敢復見矣. 106-5 ○入則編席. 106-11 ○入竟. 106-17 ○等之罪免矣. 106-19 ○願之. 106-24 ○矯予之. 107-17 ○爲太子得新城陽人. 107-18 ○不足以知之. 108-6 ○以爲王鉅速忘矣. 108-16 ○聞治之其未亂. 109-4 大王誠能聽○. 109-6 ○請令山東之國. 109-6 大王誠能聽○之愚計. 109-7 ○竊爲大王不取也. 109-11 夫爲人○而割其主之地. 109-14 使○効愚計. 109-18 内與羣○謀. 109-22 韓必入○於秦. 110-9 韓入○. 110-9 ○聞之. 110-12 此○之所以爲大王之患也. 110-22 ○聞之. 110-24○竊爲大王危之. 111-1 大王誠能聽○. 111-16 ○請秦太子入質於楚. 111-16 ○以爲計無便於此者. 111-18 使使○獻書大王之從車下風. 111-19 内逐其謀○. 112-10 則楚無謀○矣. 112-10 今君何不見○於王. 112-12 ○非異. 113-17 使下○來告亡. 113-18 穀非人○. 114-3 社稷之○. 114-3 其○抉拾. 114-11 此五○者. 114-12 秦王之忠信有功○也. 116-7 ○請隨之. 116-19 ○請殺之. 116-20 楚小○. 116-21 ○有傅. 117-8 ○故曰. 117-10 王明日朝羣○. 117-13 王墳墓復羣○歸社稷也. 117-15 ○故曰與之. 117-18 ○故曰勿與. 117-21 ○請西索救於秦. 118-1 ○請索救於秦. 118-4 ○請效其說. 118-6 ○身受命弊邑之王. 118-13 忠○之於君也. 119-4 今王之大○父兄. 119-4 厚賦斂諸○百姓. 119-5 非忠○也. 119-6 大○播王之過於百姓. 119-6 亦非忠○也. 119-7 ○願無聽羣○之相惡也. 119-7 愼大○父兄. 119-8 人○莫難於無妬而進賢. 119-8 故明主之察其○也. 119-10 今令○食玉炊桂. 119-18 爲○不忠不信. 119-21 王無以爲○. 119-22 且魏○不忠不信. 119-22 王無所用○. 120-5 ○請北見晉君. 120-5 ○爲王弗取也. 121-6 ○以爲大王輕矣. 121-9 然○羞而不學也. 122-14 ○聞之. 122-15 ○等少也. 122-17 而令○等爲散乎. 122-20 ○聞從者欲合天下以朝大王. 123-3 ○願大王聽之也. 123-3 忠○之所以事君也. 123-14 ○誠見其必然者也. 124-4 ○請辟於趙. 124-5 ○聞鄙語曰. 124-10 ○聞昔湯武以百里昌. 124-11 ○有辭以報樗里子矣. 125-17 是不○也. 125-23 ○問謁者. 126-8○故食之. 126-8 是○無罪. 126-8 ○食之而王殺○. 126-9 王殺無罪之○. 126-9 ○竊目爲不便於君. 126-14 則大○主斷國私以禁誅於己也. 126-23 ○少之時好射. 127-15 ○願以射譬之. 127-15 ○爲王引弓虛發而下鳥. 127-17 ○何足以當堯. 128-3 然則君料○孰與舜. 128-3 ○請爲君終言之. 128-5 ○之能不及舜. 128-5 今君一時而知○. 128-6 是君聖於堯而○賢於舜也. 128-6 齊王遣使求○女弟. 128-20 君先仕○爲郎中. 129-20 ○請爲君剸其脳殺之. 129-20 ○聞之春秋. 130-6 功○也. 130-9 ○請到魏. 130-15 今君聽讒○之言. 131-14 簡主之才○也. 132-11 ○聞董子之治晉陽也. 132-16 ○聞董子之治晉陽也. 132-19 ○聞之. 133-1 ○請見韓魏之君. 133-2 ○聞脣亡則齒寒. 133-4 入○之耳. 133-8 ○遇張孟談於轅門之外. 133-12 魏宣子之謀○曰趙葭. 133-18 康子之謀○曰段規. 133-19 ○遇知過於轅門之外. 133-24 其

視有疑○之心. 133-25 約兩主勢能制○. 134-10 無令○能制主. 134
-11 今○之名顯而身尊. 134-12 ○願捐功名去權勢以離衆. 134-12
○之所謂. 134-16 ○觀成事. 134-16 ○主之權均之能美. 134-17 則
○力不足. 134-18 ○下不使者何如. 134-19 君其負劍而御○以之國.
135-2 舍○於廟. 135-3 ○試計之. 135-3 而其○至爲報讎. 135-13
大亂君○之義者無此矣. 135-18 以明君○之義. 135-19 亦將以愧天
下後世人○懷二心者. 135-20 ○事范中行氏. 136-1 范中行氏以衆人
遇○. 136-1 ○故衆人報之. 136-2 知伯以國士遇○. 136-2 ○故國士
報之. 136-2 ○聞明主不掩人之義. 136-5 忠○不愛死以成名. 136-6
君前已寬舍○. 136-6 ○故伏誅. 136-7 ○羈旅也. 136-24 主雖信○.
136-24 ○固以鬼之言見君. 137-7 今日○之來也暮. 137-8 ○竊以爲
土梗勝也. 137-12 君聽○計則生. 137-13 不聽○計則死. 137-14 ○
竊觀君與蘇公談也. 137-16 ○聞古之賢君. 138-2 ○竊外聞大○及下
吏之議. 138-6 ○竊以事觀之. 138-7 ○竊觀其圖之也. 138-11 ○恐
其禍出於是矣. 138-24 ○恐其後事王者之不敢自必也. 139-5 ○願大
王深與左右羣○卒計而重謀. 139-9 而○太守. 140-1 ○請悉發守以
應秦. 140-2 ○聞聖人甚禍無故之利. 140-8 使使者○勝. 140-21 使
○勝謂曰. 140-22 今○使於秦. 141-9 無有謂○爲鐵鉆者乎. 141-9
是○所爲山東之憂也. 142-17 ○之所爲來. 143-7 ○故曰. 143-7 天
下之卿相人○. 144-3 ○故敢獻其愚. 144-7 大王誠能聽○. 144-14
是○之所以爲大王願也. 144-18 此○之所以爲大王患也. 144-23 必
入○. 145-6 韓魏○於秦. 145-6 此○之所以爲大王患也. 145-7 ○聞.
145-8 ○竊以天下地圖案之. 145-14 見○於秦. 145-16 ○人之與○
於人也. 145-16 ○聞. 145-22 ○得陳忠於前矣. 145-23 ○聞明王之
於其民也. 146-13 ○願王察○之所謁. 146-15○聞懷重寶者. 146-16
○聞之. 146-18 君不得於○. 146-24 ○有以知天下之不能爲從以
逆秦也. 147-2 ○以田單如耳爲大過也. 147-2 ○以爲至愚也. 147-4
○以爲至誤. 147-11 ○以從一不可成也. 147-11 今○有患於世. 147
-12 此○之所患也. 147-14 弊邑秦王使○敢獻書於大王御史. 147-23
敬使○先以聞於左右. 148-5 而韓魏稱爲東蕃之○. 148-9 ○切爲
大王計. 148-15 ○請案兵無攻. 148-16 先王弃羣○. 148-18 ○之論
也. 149-2 爲人○者. 149-3 君○之分也. 149-4 ○聞之. 149-10 ○不
逆主. 149-19 ○固聞王之胡服也. 150-2 ○固敢竭其愚忠. 150-3 ○
聞之. 150-3 ○願大王圖之. 150-7 ○愚不達於王之議. 151-4 ○敢不
聽今. 151-5 ○無隱忠. 151-8 ○雖愚. 151-9 故○願王之圖之. 151-
12 ○下之大罪也. 151-22 ○雖愚. 151-22 ○聞之. 151-25 ○願王之
圖之. 152-5 君之忠○也. 152-21 非賤○所敢任也. 153-2 論○莫若
君. 153-2 而○無一焉. 153-6 ○之罪也. 153-6 ○. 153-9 王之○也.
153-9 ○敢不聽今乎. 153-9 故有○可命. 153-13○行讓而不爭. 153
-20 ○用私義者國必危. 153-20 惠主不○也. 153-21 施及賤○. 153
-23 ○以失令過期. 153-24 ○敬循衣服. 153-24 ○恐其攻獲之利.
154-6 ○敢不聽令乎. 154-14 有先王之明與先○之力. 156-17 寡人
有不令之○. 156-19 ○故曰. 158-1 故○未見燕之可攻也. 158-11 ○
固且有效於君. 158-15 此非人○之所能知也. 158-23 今○新從秦來.
159-5 則恐王以○之爲秦也. 159-6 使○得爲王計之. 159-7 此非○
之所敢任也. 159-18 今○爲足下解負親之攻. 159-20 此非○之所敢
任也. 159-22 且○曰勿予者. 160-22 王聊聽○. 161-19 人○也. 162
-20 東藩之○田嬰齊後至. 163-10 鄒之羣○曰. 164-5 鄒魯之○. 164
-6 然且欲行天子之禮於鄒魯之○. 164-7 是使三晉之大○不如鄒魯
之僕妾也. 164-9 則且變易諸侯之大○. 164-10○竊爲君不取也. 165
-4 ○南方草鄙之人也. 165-9 ○少之時. 165-10 ○故意大王不好也.
165-11 ○亦嘗以兵說魏昭王. 165-12 ○曰. 165-12 ○恐秦折王之椅
也. 166-6 昔日○夢見君. 166-9 今○疑人之有煬於君者也. 166-12
○以爲今世用事者. 167-8 ○竊爲君不取也. 167-13 必有大○欲衡者
耳. 167-21 旦日贊羣○而訪之. 167-21 ○請要其敝. 168-2 使○與復
丑曰. 169-3 ○一見. 169-3 而○竊怪王之不試見○. 169-4 而窮○也.
169-4 羣○必多以○爲不能者. 169-4 故王重見○也. 169-5 以○爲
不能者非他. 169-5 ○以齊循事王. 169-8 ○以爲齊致尊名於王. 169
-9 ○以齊致地於王. 169-10 ○以齊爲王求名於燕及韓魏. 169-10 ○
之能也. 169-11 ○爲足下謂魏王曰. 169-23 ○願王之曰聞魏而無庸
見惡也. 170-15 ○請爲王推其怨於趙. 170-16 ○必見燕與韓魏亦且
重趙也. 170-18 ○故欲王之偏劫天下. 170-19 王使○以韓魏與燕劫
趙. 170-20 使○也甘之. 170-21 ○之所以堅三晉以攻秦者. 171-1 ○
是以欲足下之速歸休士民也. 171-3 ○爲足下使公孫衍說奉陽君曰.
171-6 ○願足下之大發攻宋之舉. 171-11 而○待忠之封. 171-12 ○
又願足下有地效於襄安君以資○也. 171-13 足下以此資○也. 171-
15○循燕觀趙. 171-15 ○以爲足下見奉陽君矣. 171-19 ○謂奉陽君
曰. 171-20 齊王必無召呡也使○守約. 171-25 ○恐與國之大亂也.
172-3○願君之蚤計也. 172-6 ○雖盡力竭知. 173-7 今○之於王非宋
之於公子牟夷也. 173-10 而惡○者過文張. 173-10 故○死不復見於
王矣. 173-11 ○聞趙王以百里之地. 173-22 ○竊爲大王美之. 173-
24○竊以爲與其以死人市. 174-1 夫國內無用○. 174-6 ○請爲卿刺
之. 175-18 ○竊爲大王不取也. 176-1 今外○交淺而欲深談可乎. 176
-10 ○聞王之使人買馬也. 176-13 則大○爲之枉法於外矣. 176-24
使下○奉其幣物三至王廷. 177-8 下○之來. 177-11 ○聞之. 177-20
今使○受大王之令以還報. 177-21 王之忠○也. 178-3 而王之忠○有
罪也. 178-5 大○强諫. 178-20 老○病足. 178-23 老○今者殊不欲食.
179-1 老○賤息舒祺. 179-4 而○衰. 179-4 老○竊以爲媼之愛燕后
賢於長安君. 179-8 老○以媼爲長安君計短也. 179-20 而况人○乎.
179-23 乃多與趙王寵○郭開等金. 180-1 ○聞之. 182-13 ○恐君之
聾於官也. 182-14 且君親從○而勝降城. 183-2 ○不能爲也. 183-9
○也. 183-13 王特爲○之右手不倦賞○. 183-13 若以○之有功. 183
-14 ○何力之有乎. 183-14 ○竊料之. 184-10 ○竊爲大王媿之. 184
-14 ○聞越王勾踐以散卒三千. 184-16 今乃劫於辟○之說. 184-20
而欲○事秦. 184-20 凡羣○之言事秦者. 184-21 皆姦○. 184-22 非
忠○也. 184-22 夫爲人○. 184-22 大王誠能聽○. 185-2 故敝邑趙王
使使○獻愚計. 185-3 此○之所以爲大王患也. 185-22 大王不聽○.
186-4 ○聞積羽沉舟. 186-9 ○與燕趙故矣. 187-9 數令人召○也.
187-9 今○無事. 187-10 ○急使燕趙. 187-11 今○之事王. 188-12 而
王之羣○皆以爲可. 188-17 而羣○之知術也. 188-18 而羣○之知術
也. 188-20 ○不知衍之所以聽於秦之少多. 190-11 然而○能半衍之
割. 190-12 王與○百金. 190-20 ○請敗之. 190-20 ○盡力竭知. 192
-13 是○終無成功也. 192-14 ○將侍. 192-15 ○請亡. 192-15 寡人
之股掌之○也. 192-15 內之無若羣○何也. 192-16 ○請問文之爲魏.
192-21 ○以爲身利而便於事. 193-4 羣○多諫太子者. 193-19 羣○
皆不敢言. 193-23 先君必欲一見羣○百姓也夫. 194-3○聞此言. 194
-22 王其聽○也. 195-3 ○何足以當之. 195-13 願足下之論○之計
也. 195-14 ○爲之苦矣. 195-15 而○以致燕甲而起齊兵矣. 195-17
○又偏事三晉之吏. 195-19 ○也. 195-21 ○也. 195-22 ○也. 195-23
○又說齊王而往敗之. 195-24 ○又爭之以死. 195-25 ○非不知秦
勸之重也. 196-1 ○聞之. 196-21 今王所以告○者. 196-22 此非○之
所謂也. 196-24 願○畜而朝. 197-2 ○萬乘之魏. 197-5 ○請說嬰子
曰. 197-13 ○聞之. 198-10 今○願大王陳○之愚意. 198-11 ○恐魏
交之益疑也. 198-13 ○又恐趙之益勁也. 198-13 ○故恐魏交之益疑
也. 198-18 ○故恐趙之益勁也. 198-21 ○願大王察之. 199-6 外○疾
使○謁之. 199-14 ○請效之. 199-15 而議○者過於三人矣. 199-23
○請發張倚使謂趙王曰. 201-3 ○聞明王不胥中而行. 201-14 王能使
○爲魏之司徒. 201-16 則○能使魏獻之. 201-16 ○有死罪. 201-22
○死. 201-22 ○爲王責約於秦. 201-23 ○則死人也. 202-2 ○聞魏氏
大○父兄皆謂魏王曰. 202-6 ○以爲燕趙可法. 202-10 是○之所聞於
魏也. 202-17 ○聞魏氏悉其百縣勝兵. 202-22 ○以爲不下三十萬.
202-22 ○以爲雖湯武復生. 202-23 ○以爲自天下之始分以至于今.
202-25 ○願君之熟計而無行危也. 203-7 如○之賤也. 203-19 今人有
謂○曰. 203-19 ○必不爲也. 203-20 ○竊爲王不取也. 203-21 ○使
長信侯請無內王. 204-2 王待○也. 204-3 王何以○爲. 204-4 ○不知
也. 204-5 ○今從. 204-8 ○已恐之矣. 204-11 ○能得之於應侯. 204
-12 孫○謂魏王曰. 204-17 是羣○之私而王不知也. 204-18 且夫姦
○固皆欲以地事秦. 204-21 今君劫於羣○而許秦. 204-25 ○效便計
於王. 206-5 王不用○之忠計. 206-5 ○甚或之. 206-22 羣○知之.
206-23 以○之觀之. 208-4 而○海內之民. 208-6 是故○願以從事乎
王. 208-6 入朝爲○之日不久. 208-15 ○爲王不取也. 208-19 ○爲公
患之. 209-9 ○意秦王與樗里疾之欲之也. 209-12○請爲公說之. 209
-13 ○願以鄙心意公. 209-16 ○見秦之必大憂可立而待也. 211-8
○竊爲大王計. 211-8 ○以此知國之不可必恃也. 211-23 ○以此爲不
完. 212-1 故○能無議君於王. 213-2 不能禁人議○於君也. 213-2 ○
聞明主之聽也. 213-11 聽○也. 213-12 ○以垣雍爲空割也. 214-1 ○
故曰. 214-5 則後王之○. 214-9 李郝謂○曰. 214-16 王貴○也. 215
-1 今者○來. 215-19 告○曰. 215-20 ○曰. 215-20 ○曰. 215-21 ○
曰. 215-21 肖願爲外○. 216-2 ○請以魏聽. 216-4 老○請出西說秦.
216-17 令兵先○出可乎. 216-18 是大王籌筴之○無任矣. 216-21 竊
以爲大王籌筴之○無任矣. 216-24 ○聞之曰. 217-5 ○願君之忘之也.
217-9 是○而下. 217-17 ○弒君. 217-23 無爲人○之義矣. 218-3 ○
無敢不安也. 218-9 ○爲王之所得魚也. 218-10 ○之始得魚也. 218-
11 ○甚喜. 218-11 今○直欲棄○前之所得矣. 218-11 今以○凶惡.
218-12 今○爵至人君. 218-12 聞○之得幸於王也. 218-13 ○亦猶曩
○之前所得魚也. 218-14 ○亦將棄矣. 218-15 ○安能無涕出乎. 218
-15 今王能用○之計. 219-1 ○未嘗聞也. 219-20 與○而將四矣. 219
-25 ○聞一里之厚. 221-4 王用○言. 221-6 ○請深惟而苦思之. 221
-14 夫爲人○者. 221-15 ○聞鄙語曰. 222-12 今大王西面交臂而○
事秦. 222-13 ○竊爲大王羞之. 222-14 是故秦王使使○獻書大王御
史. 223-14 羣○或內樹其黨以擅其主. 223-21 ○恐山東之無以馳割
事王者矣. 224-8 君資○. 224-14 ○請爲君止天下之攻市丘. 224-14
故使使○再拜謁秦王. 225-7 王聽○. 226-6 發信○. 226-7 發信○.
226-12 而信楚之謀○. 226-20 願公之聽○言也. 228-4 ○恐國之以

此爲患也. 228-6 行願之爲秦王○也公. 228-10 ○請爲公謂秦王曰. 228-10 ○卽曰. 228-12 ○以公孫郝爲不忠. 228-14 ○以甘茂爲不忠. 228-16 ○以爲令韓以中立以勁齊. 228-21 ○賀鯉之與於遇也. 229-3 ○爲王之楚. 229-18 王胃○反. 229-19 ○之所見者. 230-2 ○聞之. 231-5 ○安敢來. 231-14 ○甚惡其事. 232-7 留馮君以善韓○. 233-5 ○竊强之. 233-23 ○之强之也. 233-24 ○之矯與之. 234-8 ○曰. 234-9 ○請令楚築萬家之都於雍氏之旁. 236-3 ○有老母. 237-5 ○有仇. 237-7 ○所以降志辱身. 237-9 枉車騎而交○. 237-14 ○之所以待之至淺鮮矣. 237-14 ○之仇韓相傀. 237-21○使人刺之. 237-23 忠○也. 241-10 而王與諸○不事爲尊秦以定韓者. 241-11 ○竊以爲王之明爲不如昭釐侯. 241-12 而王之諸○忠莫如申不害也. 241-12 請男爲○. 241-21 亦請男爲○. 241-22 而君○上下少長貴賤畢呼霸王. 241-25 ○竊以爲猶之井中而謂曰. 242-1 ○願有言. 243-20 羣○比周以蔽其上. 244-13 大○爲諸侯輕國也. 244-14 是從○不事大○也. 244-15 則大○不得事近○矣. 244-16 則羣○之賢不肖. 244-17 則爲大○不敢爲諸侯輕國矣. 244-18 則諸侯不敢因羣○以爲能矣. 244-19 羣○之知. 244-23 ○故願公仲之國以侍於王. 244-23 ○請令發兵救韓. 245-17 今○處郎中. 247-2 而不能令人毋議○於君. 247-2 今○雖不肖. 247-8 而相國見○不釋塞者. 247-9 ○竊爲君不取也. 248-24 王能聽○. 249-23 ○東周之鄙人也. 250-8 而足下迎○於郊. 250-9 顯○於廷. 250-9 今○爲足下使. 250-9 足下不聽○者. 250-10 人必有言○不信. 250-10 傷○於王者. 250-10 ○之不信. 250-11 使○信如尾生. 250-11 ○亦不事足下矣. 250-13 汙武王之義而不○焉. 250-15 且○有老母於周. 250-22 ○之趍固不與足下合者. 250-23 僕者進取之○也. 250-24 ○鄰家有遠爲吏者. 251-1 ○之事. 251-6 且○之事足下. 251-6 ○恐天下後事足下者. 251-7 且○之說齊. 251-7 莫如○之言也. 251-8 ○東周之鄙人也. 252-10 ○竊負其志. 252-12 觀王之羣○下吏. 252-13 ○聞之. 252-15○請謁王之過. 252-15 非忠○也. 252-17 今○聞王居處不安. 252-20 且○聞之. 253-8 而亡國之○貪於財. 253-14 ○自報其內. 253-17 不信其○. 253-24 顧爲○. 254-10 將廢私而立公飭君○之義. 254-13 遂委質爲○. 254-24 不信其○. 255-2 霸者與○處. 255-17 天下聞王朝其賢○. 255-22 ○聞古之君人. 255-24 ○聞知者之舉事也. 256-22 則○不事足下矣. 258-1 ○且處無爲之事. 258-1 今○爲進取者也. 258-4 ○以爲廉不與身俱達. 258-5 則○亦之周負籠耳. 258-9 ○聞之. 258-11 而愚○知之. 258-14 是以愚○知之. 258-17 而乃以與無能之○. 258-21 王之論○. 258-21 今○之所以事足下者. 258-22 安有爲人○盡其力. 258-24 ○請爲王譬. 258-24 今○爲足下使於齊. 259-7 ○聞之曰. 259-8 不制於人○. 259-8 ○請行矣. 259-10 願足下之無制於羣○也. 259-10 此○之所大患. 261-17 韓爲謂○曰. 261-24 ○故知入齊之有趙累也. 262-4 ○死而齊大惡於趙. 262-4 ○猶生也. 262-4 持○非張孟談也. 262-5 使○也如張孟談也. 262-5 死不足以爲○患. 262-15 逃不足以爲○恥. 262-16 不足以爲○榮. 262-16 不足以爲○辱. 262-17 然而○有患也. 262-17 ○死而齊趙不循. 262-17 惡交分於○也. 262-17 是○之患也. 262-18 若○死而必相攻也. 262-18 ○必勉之而求死焉. 262-18 ○以爲不若逃而去之. 262-21 ○以韓魏循自齊. 262-21 ○雖爲之累燕. 262-23 故○雖爲之不累燕. 262-25 今○逃而紛齊趙. 263-2 ○有駿馬. 263-11 ○請獻一朝之賈. 263-13 今○欲以駿馬見於王. 263-14 莫爲○先後者. 263-14 足下有意爲○伯樂乎. 263-14 ○請獻白璧一雙. 263-15 ○聞離齊趙. 263-19 ○請爲王弱之. 263-20○之於兵. 263-25 王使○也. 263-25 而以○遺燕也. 264-1 令○應燕. 264-4 ○有斧質之罪. 264-5 齊君○不親. 264-11 ○之行也. 264-14 ○貴於齊. 264-15 燕大夫將不信○. 264-15 ○賤. 264-15 將輕○. 264-15 ○用. 264-15 將多望於○. 264-15 將歸罪於○. 264-16 將與齊兼鄮○. 264-17 ○之所重處重夘也. 264-17 王謂○曰. 264-18 ○受令以任齊. 264-21 今王又使慶令○曰. 264-25 則○請爲王事之. 265-1 王欲醳○剸任所善. 265-1 則○請歸醳事. 265-2 ○苟得見. 265-2 羣○效忠. 265-13○是以知人主之不愛丈夫子獨甚也. 265-15 會先王棄羣○. 266-20 ○不佞. 266-24 ○恐侍御者之不察先王之所以畜幸○之理. 267-1 而又不白於○之所以事先王之心. 267-2 ○聞賢聖之君. 267-4 ○以所學者觀之. 267-6 而立之乎羣○之上. 267-8 而使○爲亞卿. 267-8 ○自以爲奉令承教. 267-8 ○對曰. 267-11 ○乃口受令. 267-15 南使○於趙. 267-15 以○爲不頓命. 267-21 ○不佞. 267-22 ○聞賢明之君. 267-24 及至棄羣○之日. 268-1 執政任事之○. 268-2 ○聞善作者. 268-4 ○之上計也. 268-9 ○之所大恐也. 268-10 ○聞古之君子. 268-12 忠○之去也. 268-12 ○雖不佞. 268-12 此○之所爲山東苦也. 268-18 此○之所爲山東苦也. 269-2 ○竊爲王計. 269-9 ○聞當世之舉王. 269-19 今者○來. 270-4 ○恐强秦之爲漁父也. 270-8 ○聞辭卑而幣重者. 270-13 今○使秦. 273-11 且○之使秦. 273-12 ○聞全趙之時. 273-15 ○切爲王患之. 273-18 ○聞騏驥盛壯之時. 274-14 ○海內之王者. 275-8 必入○. 275-11 入○. 275-11 則君○相疑. 275-15 ○駑下. 275-18○願得謁之. 275-24 秦王必說見○. 276-2 ○乃得有以報太子. 276-2 秦王必喜而善見○. 276-9 ○左手把其袖. 276-9 此○日夜切齒拊心也. 276-11 厚遺秦王寵○中庶子蒙嘉. 277-4 願舉國爲內○. 277-6 羣○怪之. 277-11 羣○驚愕. 277-18 羣○侍殿上者. 277-18 而論功賞羣○及當坐者. 278-2 ○請受邊城. 280-14 ○有百戰百勝之術. 281-3 太子能聽○乎. 281-3 此○之百戰百勝之術也. 281-6 羣○皆賀. 281-19 ○請爲公入戒蒲守. 282-9 今○能使釋蒲勿攻. 282-12 ○聞秦出兵. 282-17 ○恐王事秦之晚. 282-20 ○以是知王緩也. 282-22 羣○盡以爲君輕國而好高麗. 283-2 羣○諫曰. 283-9 君爲○多車重幣. 284-10 ○請見田嬰. 284-10 ○聞君欲廢中山之王. 284-11 ○聞之. 284-18 王如用○之道. 285-16 爲人○. 286-8 ○自知死至矣. 286-10 ○抵罪. 286-11 何不見○乎. 286-24 ○聞弱趙强中山. 287-1 ○願之趙. 287-3 君○賢不肖. 287-3 ○聞趙. 287-5 ○來至境. 287-5 以○所行多矣. 287-6 ○竊見其佳麗. 287-11 是非○所敢議. 287-12 ○聞其乃欲請所謂陰姬者. 287-14 ○有父. 288-4 ○父且死. 288-5 ○料趙國守備. 288-21 君○憂懼. 288-22 而羣○相妬以功. 289-11 良○斥疎. 289-12 旣無良○. 289-12 是以○得設疑兵. 289-18 主折節以下其○. 289-22 ○推體以下死士. 289-22 ○人一心. 289-24 ○見其害. 290-2 不聽○計. 290-6 ○知行雖無功. 290-9 然惟願大王覽○愚計. 290-9 此所謂爲一○屈而勝天下也. 290-11 大王若不察○愚計. 290-12 以致○罪. 290-12 此亦所謂勝一○而爲天下屈者也. 290-12 夫勝一○之嚴焉. 290-13 ○聞明主愛其國. 290-14 忠○愛其名. 290-14 ○寧伏受重誅而死. 290-14

【吏】 40

○因囚之. 4-17 君乃使○出之. 4-20 是君以合齊與强楚○産子. 6-1 甘茂之○道而聞之. 31-20 敢告下○. 32-7 君何不賜軍○乎. 43-16 軍○雖賤. 43-21 不如賜軍○而禮之. 43-23 軍○窮. 43-23 而詳事下○. 53-17 羣臣○民. 66-18 使○召諸民當償者. 82-24 召門○爲汗先生著客籍. 128-7 於是使○盡滅春申君之家. 130-1 夜期殺守堤之○. 134-1 授○大夫. 135-3 臣竊外聞大臣及下○之議. 138-6 其○民不欲爲秦. 140-7 諸○皆益爵三級. 140-22 孟嘗君擇舍人以爲武城○. 142-6 ○之恥也. 153-7 前○命胡服. 153-23 與韓氏大○東免. 171-25 臣又偏事三晉之○. 195-19 恐其不忠於下○. 198-12 敝邑之○效城者. 201-8 其任官置○. 236-19 令○逐公疇豎. 245-2 臣鄰家有遠爲○者. 251-1 觀王之羣臣下○. 252-13 禹授益而以啓爲○. 254-5 而○無非太子人者. 254-8 王因收印自三百石○而効之子之. 254-8 請自歸於○以戮. 264-5 軍○乃服. 271-6 境○得丑. 271-12 境○恐而赦之. 271-16 柳下惠○於魯. 272-22 惡以王○之攻宋. 279-21 以待下○之有城而已. 280-15

【再】 46

樂羊○拜稽首曰. 29-9 敢○拜賀. 31-21 范睢○拜. 38-16 秦王亦○拜. 38-16 ○辟千里. 39-1 ○戰燒夷陵. 46-3 ○戰於藍田. 48-3 武安君北面○拜賜死. 60-9 ○戰而○勝秦. 69-22 ○戰而○勝秦. 69-23 ○拜賀戰勝. 72-16 則○拜而辭去也. 87-4 天下有此○費者. 92-16 ○戰北勝. 92-25 故知者不○計. 96-11 公無○計. 96-18 ○拜而請曰. 120-15 張子○拜而請曰. 120-17 襄子○拜之. 133-9 人主不○行也. 146-18 公子成○拜曰. 150-2 公子成○拜稽首曰. 151-4 ○拜. 151-6 ○拜. 153-10 趙燕○拜稽首曰. 153-23 牛贊○拜稽首曰. 154-14 ○拜謝曰. 164-14 建信君○拜受命. 166-22 ○拜辭曰. 183-8 魏○明孰. 195-5 而與之並朝齊侯○三. 197-8 而○奪之國. 206-20 敢○拜辭. 217-17 敢○拜釋罪. 218-6 故使使臣○拜謁秦王. 225-7 秦○勝而趙三勝. 248-10 燕○戰不勝. 249-9 ○拜而賀. 249-14 ○圍燕都而劫大王. 251-20 伊尹○逃湯而之桀. 262-25 ○逃桀而之湯. 262-25 小戰○. 269-25 太子○拜而跪. 275-3 蒲守○拜. 282-12

【西】 185

東周與○周戰. 2-15 韓救○周. 2-15 ○周者. 2-15 ○周之寶可盡矣. 2-17 東周與○周爭. 2-19 ○周欲和於楚韓. 2-19 臣恐○周之與楚. 2-19 ○周之欲入寶. 2-20 今東周之兵不急○周. 2-21 ○周之寶不入楚韓. 2-21 卽且趣我攻○周. 2-22 ○周寶出. 2-22 ○周弱矣. 2-23 ○周不下水. 3-1 臣請使○周下水可乎. 3-1 乃往見○周之君曰. 3-2 則東周之民可令一仰○周. 3-5 ○周君曰. 3-5 ○貴於秦. 4-2 ○止秦之有已. 5-5 昌他亡○周. 7-23 盡輸○周之情於東周. 7-23 ○周大怒. 7-24 ○周甚憎東周. 8-5 ○周必令賊賊公. 8-6 以○周之於王也. 8-6 吾又恐東周之賊己而以輕○周惡之於楚. 8-7 而藉兵乞食於○周. 9-4 韓慶爲○周謂薛公曰. 9-5 ○無秦患. 9-7 而處之三晉之○. 9-14 而使不藉兵乞食於○周. 9-16 ○周弗利. 13-1 ○周恐魏之藉道也. 13-22 爲○周謂魏王曰. 13-22 ○有巴蜀漢中之利. 15-15 將○南以與秦爲難. 18-9 ○服秦. 19-3 令帥天下○面以與秦爲難. 19-14 ○攻脩武. 20-6 ○辟之國. 22-1 ○辟之國也. 22-8 利盡○海. 22-11 必入○河之外. 23-9 果獻○河之外. 23-11 ○德於秦. 26-13 是○生秦患. 26-22 ○講於秦. 27-13 臣聞張儀○并巴蜀之地. 29-7 北取○河之外. 29-7 乃○說秦王曰. 31-8 乃○入秦. 44-7 寡人絶其○. 50-5 秦白起

拔楚○陵. 51-16 ○說趙. 54-20 引領○望. 57-11 皆○面而望. 57-22 穆公相之而朝○戎. 61-16 於是秦王拜○藩之臣而謝於齊. 67-5 ○有清河. 68-16 今乃○面事秦. 68-25 而欲○面事秦. 69-9 必謂齊○有强趙. 69-17 周韓○有强秦. 73-25 秦伐周韓之○. 73-25 ○岸之土也. 77-14 吾○岸之土也. 77-15 土則復○岸耳. 77-15 ○遊於梁. 83-14 豈有毛廧○施哉. 85-3 東○南北. 86-1 世無毛嫱○施. 87-21 有濟○則趙之河東危. 89-20 戰於州○. 90-14 又○圍晉陽. 92-21 ○圍定陽. 93-24 以○謀秦. 93-25 ○取秦. 94-7 秦王垂拱受○河之外. 94-12 而○河之外入於秦矣. 94-14 ○有菑上之虞. 100-14 乃○面而事秦. 102-2 楚地○有黔中巫郡. 108-22 今乃欲○面而事秦. 108-25 ○與秦接境. 109-19 秦攻楚之○. 110-9 秦○有巴蜀. 110-16 臣請○索救於秦. 118-1 ○索救於秦. 118-8 又遣景鯉○索救於秦. 118-10 ○使秦. 118-17 ○施衣裼而天下稱美. 122-16 ○入於秦. 137-24 則句注之○. 138-19 韓乃○師以禁秦國. 139-1 割挈馬兔而○走. 143-3 割挈馬兔而○走. 143-5 出銳師以戍韓梁○邊. 143-8 趙王因起兵南戍韓梁之○邊. 143-13 ○有常山. 145-1 ○面而攻秦. 145-15 ○面而事之. 145-16 ○攻秦. 147-7 ○舉巴蜀. 148-3 東收兩周而○遷九鼎. 148-3 ○有樓煩秦韓之邊. 150-19 齊之兵不○. 157-4 今我順而齊不○. 157-5 齊無而○. 157-6 今我順而齊魏果○. 157-7 并力而○擊秦也. 160-23 韓魏焉免○合. 173-1 請奉而○行之. 177-12 ○門豹爲鄴令. 181-24 ○門豹曰. 182-1 魏武侯與諸大夫浮於○河. 182-17 ○河之政. 183-5 ○之秦. 184-1 ○有長城之界. 184-7 今乃有意○面而事秦. 184-14 ○與韓境. 185-10 則韓攻其○. 185-13 而○戎之兵不至. 195-16 而果○因蘇脩重報. 195-25 以其○爲趙蔽也. 205-23 又○借秦兵. 206-8 秦乃在河○. 207-19 秦乃在河○. 207-24 天下之○鄉而馳秦. 208-15 ○合於秦. 213-9 老臣請出○說秦. 216-17 ○有宜陽常阪之塞. 221-24 乃欲○面事秦. 222-7 今大王○面交臂而臣事秦. 222-13 今王○面而事秦以攻楚. 223-12 魏兩用犀首張儀而○河之外亡. 223-20 王約五國而○伐秦. 224-16 彊請○圖儀於秦. 225-6 請爲公以五萬攻○周. 225-10 秦攻○周. 225-11 將○講於秦. 226-2 秦取○河之外以歸. 232-3 遂○至濮陽. 237-19 而○貴於秦. 239-11 周佼以○周善於秦. 240-1 必○面事秦. 240-9 其○面事秦. 240-12 不○事秦. 240-13 伏軾結靷○馳者. 240-14 使山東皆以銳師戍韓梁之○邊. 240-24 穆公一勝於韓原而霸○州. 241-14 欲以四國○首也. 244-12 楚之齊者知○不合於秦. 245-19 ○周讎之. 246-6 是緤以三川與○周戒也. 246-7 ○周惡之. 246-7 ○周聞之. 246-8 ○有雲中九原. 248-4 ○追强秦. 248-18 ○不如趙. 249-2 豈能東無齊○無趙哉. 249-3 是○有强秦之援. 251-24 請奉社稷○面而事秦. 252-2 ○附秦則秦重. 253-3 ○困秦三年. 253-5 濟○不役. 253-12 今濟○河北. 253-13 秦爲○帝. 257-8 秦取○山. 258-10 諸侯○面而朝. 258-10 ○勞於宋. 258-18 以濟○委於趙. 261-6 以濟○. 261-11○河之外. 261-15 而强秦將以兵承王之○. 266-8 之卒者出士以戍韓梁之○邊. 269-4 約戍韓梁之○邊. 269-9 ○屈秦. 269-13○屈秦. 269-18 魏軍其○. 271-7 景陽乃開○和門. 271-8 請○約三晉. 274-6 魏亡○河之外. 282-6 ○河之外必危. 282-7 東徙而不敢○向. 289-4

【戌】 1

謂芊○曰. 235-22

【在】 111

昭獻○陽翟. 3-8 若其王○陽翟. 3-11 忠臣令誹○己. 4-9 譽○上. 4-9 重亦盡○趙. 10-1 故使長兵○前. 10-8 强弩○後. 10-9 楚兵○山南. 11-16 夫賢人○而天下服. 17-5 白刃○前. 18-12 斧質○後. 18-13 今身○楚. 22-22 ○耳之前. 28-20 樗里疾公孫衍二人○. 29-20 息壤○彼. 29-21 義之所○. 45-3 其母○秦. 48-18 尙賢○晉陽之下也. 49-22 楚使者景鯉○秦. 50-8 齊宋○繩墨之外以爲權. 55-22 ○東周. 56-8 又有母○中. 57-1 弃○於趙. 57-10 少棄捐○外. 57-19 非○齊也. 62-11 又將○楚. 62-11 且先王之廟○薛. 63-22 儀之所○. 71-14 儀之所○. 71-22 儀之所○. 71-24 太子○齊質. 75-3 明日視美珥所○. 77-7 孟嘗君○薛. 77-21 先君之廟○焉. 78-3 若自○隘窘之中. 78-5 權藉不○焉. 90-9 ○勞天下而自佚. 93-19 佚治○我. 93-21 勞亂○天下. 93-21 將軍之○即墨. 100-9 而○阿鄄之間者百數. 101-22 而○城南下者百數. 101-24 ○大王之所用之. 109-7 ○大王命之. 109-18 危難○三月之內. 110-21 ○半歲之外. 110-21 明日視善珥所○. 123-24 而罪○謁者也. 126-9 夫賢者之所○. 126-18 不令○相位. 134-11 信忠○己而衆服焉. 134-14 韓之○我. 139-18 ○於擇交. 144-8 故明德○於論賤. 149-21 行政○於信貴. 149-22 必○韓魏之後也. 159-22 則必盡○於秦矣. 160-17 秦之使者已○趙矣. 161-2 多○君之右. 161-8 而制媾者○秦. 161-17 天下之賀戰勝者皆○秦矣. 161-24 今其人○是. 162-14 梁客辛垣衍安○. 162-16 其人○此. 162-18 而太子○外. 171-4 國○謀之中. 173-1 其賊○於內. 176-25 而禍○於所愛. 176-25 其繼有○者乎. 179-15 諸侯有○者乎. 179-15 其子○中山. 181-19 文山○其南. 182-23 而衡山○其北. 182-23 廬睪○其北. 182-25 ○大王詔之. 185-4 蘇脩朱嬰既皆陰○邯鄲. 195-23 公子高○楚. 197-14 恐魏之以太子○楚不肯也. 199-13 而爲魏太子之尙○楚也. 199-15 已○鄴矣. 201-8 秦乃○河西. 207-19 秦乃○河西. 207-24 魏太子○楚. 209-4 今齊楚之兵已○魏郊矣. 216-22 而厮徒負養○其中矣. 222-22 太子○楚. 235-17 幾瑟亡○楚. 236-2 令楚兵十餘萬○方城之外. 236-2 其弟○周. 236-10 老母○. 237-10 徒以親○. 237-20 韓王及相皆○焉. 238-3 韓侈○唐. 244-1 蘇秦○燕. 248-22 蘇秦之○燕也. 253-20 夫列○萬乘. 256-13 强弩○前. 260-15 銛戈○後. 260-16 ○必然之物. 262-20 燕兵○晉而不進. 263-21 燕兵○晉. 263-24 且太后與王幸而○. 265-16 宜○遠者. 273-3 又况聞樊將軍之○乎. 274-3 夫○中者惡臨. 280-4 不○索王. 284-10 此是欲皆○爲王. 284-19 而憂○負海. 284-20 何○其所存之矣. 285-24 大夫司馬子期○焉. 288-2 其子時○中山. 288-10

【百】 269

女閭七○. 4-11 春秋記臣弑君者以○數. 4-12 秦令樗里疾以車○乘入周. 10-3 使樗里疾以車○乘入周. 10-7 去柳葉者○步而射之. 11-7 ○發○中. 11-7 ○發○中. 11-10 周君得以爲辭於父兄○姓. 12-21 歲○二十金. 12-23 奮擊○萬. 15-17 ○姓不足. 16-6 黄金○斤盡. 16-16 革車○乘. 17-1 白璧○雙. 17-1 張軍數千○萬. 18-12 罪其○姓不能死也. 18-14 十可以勝○. 18-21 ○可以勝千. 18-22 名師數○萬. 18-23 帥天下將甲○萬. 21-1 名師數○萬. 21-8 車○乘. 23-10 方六○里. 26-12 方六○里. 26-16 而得商於之地六○里. 26-17 臣聞六○里. 27-4 安得六○里. 27-4 好女○人. 28-15 三晉○背秦. 32-16 ○欺秦. 32-16 此亦○世之時也已. 35-18 奮擊○萬. 38-18 方五○里. 39-6 則怨結於○姓. 40-4 ○日而餓死. 40-7 ○人輿瓢而趨. 40-21 ○人誠輿瓢. 40-22 楚地持戟○萬. 46-3 而出○里之地. 52-3 ○世矣. 53-3 ○姓不聊生. 53-5 帥天下○姓. 54-17 內喻其○姓. 54-20 行○里者半於九十. 55-19 ○倍. 56-22 受○里之地. 58-6 ○舉而無及秦者. 59-10 而○姓靡於外. 60-20 乃資車○乘. 60-22 ○里奚. 61-15 ○姓爲之用. 62-5 大臣與○姓弗爲用. 62-6 十而當○. 65-15 ○而當千. 65-15 ○二十城. 66-16 ○人守險. 69-6 雖有○秦. 69-18 獻魚鹽之地三○於秦也. 70-5 ○姓不戴. 71-5 孟嘗君奉夏侯章以四馬○人之食. 78-7 而奉我四馬○人之食. 78-11 門下○數. 80-14 ○世而一聖. 80-22 未至○里. 83-10 金五○斤. 83-14 車○乘. 83-17 ○乘 83-18 ○里. 84-9 今孟嘗君之地方○里. 84-10 君之廐馬○乘. 85-1 孟嘗君乃取所怨五○牒削去之. 85-12 而○無不親附. 86-2 徒○人. 88-20 ○事之長也. 90-5 ○姓理襜蔽. 92-17 其○姓罷而城郭露. 93-5 雖有○萬之軍. 93-15 ○尺之衝. 93-16 ○姓不附. 95-4 方數○里. 95-9 市人從者四○人. 96-1 栗腹以○萬之衆. 96-19 下養○姓. 97-2 救○姓之死. 97-24 寡人憂勞○姓. 98-11 乃布令求○姓之飢寒者. 98-15 內牧○姓. 99-6 子臨○姓. 99-23 帶甲數○萬. 101-21 而在阿鄄之間者○數. 101-22 王收而與之○萬之衆. 101-22 而在城南下者○數. 101-24 王收而與之○萬之師. 101-25 約與五○里之地. 102-3 虎求○獸而食之. 103-23 天帝使我長○獸. 104-1 觀○獸之見我而敢不走乎. 104-2 帶甲○萬. 104-4 猶○獸之畏虎也. 104-5 蒲反平陽相去○里. 107-8 新城上梁相去五○里. 107-9 乃爲具駟馬乘車五○金之楚. 107-13 帶甲○萬. 108-23 虎賁之士○餘萬. 110-2 一日行三○餘里. 110-17 乃遣使車○乘. 111-22 食田六○畛. 113-4 ○姓離散. 113-12 ○姓離散. 113-18 ○姓離散. 113-23 ○姓昏亂. 114-1 而○姓大治. 114-2 田六○畛. 114-3 予我東地五○里. 117-8 敬獻地五○里. 117-11 以東地五○里許齊. 117-16 齊使來求東地五○里. 117-19 今去東地五○里. 117-20 齊使來求東地五○里. 117-23 而北獻地五○里於齊. 118-7 又欲奪之東地五○里. 118-16 厚賦斂諸臣○姓. 119-5 大臣播王之過於○姓. 119-6 以○姓. 119-8 鄭褎亦以金五○斤. 120-13 公雖○說之. 122-1 下牟○姓. 123-8 臣聞昔湯武以○里昌. 124-11 豈特○里哉. 124-12 將加己乎○仞之上. 124-24 皆不過○里以有天下. 126-12 君籍之目○里勢. 126-13 ○日而殺之. 127-4 卽○歲後將更立兄弟. 128-25 此○代之一時也. 130-12 發五○. 134-8 五○之所以致天下者. 134-10 ○姓皆曰. 136-24 將以取信於○姓也. 136-25 日○而舍. 137-5 黄金○鎰. 137-23 而至鉅鹿之界三○里. 138-16 至於榆中千五○里. 138-16 則地與國都邦屬而壤挈者七○里. 138-17 三○里通於燕之唐曲吾. 138-20 此○代之一時也. 139-14 夫用○萬之衆. 140-14 禹無○人之聚. 145-8 車不過三○乘. 145-9 飾車○乘. 146-11 白璧○雙. 146-11 ○倍之國者. 146-18 於是乃以車三○乘入朝澠池. 148-21 可以無盡○姓之勞. 149-6 今吾將胡服騎射以教○姓. 149-8 故利不○者不變俗. 154-5 則碎爲○. 155-10 無過三○丈者. 155-16 ○萬之衆折於外. 162-12 ○日而欲舍之死. 163-22 帶甲○萬. 165-2 此○代之一時也. 171-9 今王能以○里之地. 173-18 乃使人以○里之地. 173-20 臣聞趙王以○里之地. 173-22 而得○里之地. 173-23 ○里之地不可得. 173-24 ○日之內. 174-19 城大無能過○雉者. 175-4 於是爲長安君約車○乘質於齊. 179-21 以賞田○萬祿之. 183-8 加之○萬之上. 183-17 使○四十萬. 183-18 革車三○乘. 184-16 車六○乘. 184-19 不過○里. 185-9 二○

餘里. 185-9 魏王使李從以車〇乘使於楚. 187-8 李從以車〇乘使楚. 187-14 公雖〇說之. 187-23 而〇姓無患. 188-24 王與臣〇金. 190-20 載〇金. 190-20 行以〇金. 190-22 不可以行〇步. 191-9 先君必欲一見羣臣〇姓也夫. 194-3 〇姓皆見之. 194-5 使秦皆無〇怨〇利. 195-11 臣聞魏氏悉其〇縣勝兵. 202-22 〇姓無被兵之患. 205-13 重爲之約車〇乘. 205-18 車三〇乘. 205-25 車二〇乘. 206-11 大縣數〇. 207-23 去大梁〇里. 208-1 禍必〇此矣. 208-1 今王亡地數〇里. 218-24 秦魏〇相交也. 219-7 〇相欺也. 219-7 寡人欲以五〇里之地易安陵. 219-11 寡人以五〇里之地易安陵. 219-14 豈直五〇里哉. 219-18 伏屍〇萬. 219-20 皆射六〇步之外. 222-2〇發不暇止. 222-2 一人當〇. 222-7 地方不滿九〇里. 222-21 秦帶甲〇餘萬. 222-23 且王求〇金於三川而不可得. 224-9 鄭彊載八〇金入秦. 224-23 公以八〇金請伐人之與國. 224-24 今已令楚王奉幾瑟以車〇乘居陽翟. 225-1 去〇六十里. 230-2 爲公叔具車〇乘. 232-20 周欲以車〇乘重而送之. 236-10 不如以〇金從之. 236-11 仲子奉黃金〇鎰. 237-3 故直進〇金者. 237-7 而嚴仲子舉〇金爲親壽. 237-15 小勝以〇數. 241-16 車七〇乘. 248-5 戰於〇里之內. 248-16 夫不憂〇里之患. 248-16 子之因遺蘇代〇金. 253-25 王因收印自三〇石吏而效之子之. 254-8〇姓恫怨. 254-11 將軍市被及〇姓乃反攻太子平. 254-15 〇姓離意. 254-17 則〇己者至. 255-18 買其首五〇金. 256-1 安事死馬而捐五〇金. 256-2 死馬且買之五〇金. 256-2 與〇姓同其甘苦. 256-7 北夷方七〇里. 256-19 奉子車〇乘. 258-19 秦之所殺三晉之民數〇萬. 261-15 〇姓離心. 264-11 齎埊〇里. 265-13 〇官持職. 265-13 今予以〇金送公也. 266-5 收八〇歲之蓄積. 268-1 與其得〇里於燕. 269-22 燕王喜使栗腹以〇金爲趙孝成王壽. 271-19 趙廣三〇里. 273-16 取之〇金. 276-15 而賜夏無且黃金二〇鎰. 278-3 〇舍重繭. 279-9 宋方五〇里. 279-17 束組三〇緄. 280-2 黃金三〇鎰. 280-2 臣有〇戰〇勝之術. 281-3 此臣之〇戰〇勝之術也. 281-6 遺衛君野馬四〇. 281-18 〇璧一. 281-20 因效金三〇鎰焉. 282-12 樗里子亦得三〇金而歸. 282-13 許之以〇金. 282-17 衛贖之〇金. 283-8 以〇金之地. 283-9 三〇之城. 283-10 雖〇平邑. 286-2 君不量〇姓之力. 288-15 持戟〇萬. 289-2 〇姓心離. 289-12

【有】 865

今大王縱〇其人. 1-20 攻宜陽而〇功. 2-5 君〇閔閔之心. 4-8 國必〇誹譽. 4-9 上黨長子趙之〇已. 4-24 則〇合矣. 5-1 西止秦之〇已. 5-5 〇周齊. 5-15 而〇變. 6-19 必張於〇鳥無鳥之際. 7-5 〇五庶子. 7-9 〇人謂相國曰. 7-17 齊重故〇周. 7-20 今夕〇姦人當入者矣. 8-2 虛實〇時. 9-8 前〇勝魏之勞. 9-21 後〇攻周之敗. 9-21 兼〇吞周之意. 10-7 是公〇秦也. 11-2 必〇罪矣. 11-3 又〇天命也. 11-6 楚〇養由基者. 11-7 〇一人過曰. 11-8 天下未〇信之者也. 12-5 奉養無〇愛於最也. 12-7 臣爲王〇患也. 12-17 且魏〇南陽鄭地三川而包二周. 13-3 莅政〇頃. 15-9 西〇巴蜀漢中之利. 15-15 北〇胡貉代馬之用. 15-16 南〇巫山黔中之限. 15-16 東〇肴函之固. 15-16 湯伐〇夏. 16-2 惡〇不戰者乎. 16-3 狀〇歸色. 16-18 安〇說人主不能出其金玉錦繡. 16-22 安邑王之〇也. 18-2 世〇三亡. 18-9 天下不足兼而〇也. 18-24 天下〇比志而軍華下. 19-16 皆秦之〇也. 20-7 願大王〇以慮之也. 20-24 天下可〇也. 20-25 而〇其民. 21-4 天下可兼而〇也. 21-9 而〇桀紂之亂. 22-9 而又〇禁暴正亂之名. 22-12 又〇不義之名. 22-13 〇漢中. 23-2 家〇不宜之財. 23-3 天下〇變. 23-4 即天下〇變. 23-6 周書〇言. 23-14 周書〇言. 23-16 楚人〇兩妻者. 24-14 〇兩妻者死. 24-16 以王〇齊也. 26-19 〇兩虎諍人而鬬者. 27-21 而〇刺兩虎之名. 27-25 〇救齊之利. 28-2 能〇國者寡也. 28-3 計〇一二者難悖也. 28-3 中國爲〇事於秦. 28-12 費人〇與曾子同名族者而殺人. 29-13 〇頃焉. 29-14 〇之. 29-21 秦之右將〇尉對曰. 30-5 韓亦恐戰而楚〇變其後. 30-18 〇家貧而無燭者. 31-2 妾自以〇益於處女. 31-5 與之間〇所立. 31-19 秦〇安邑. 32-25 以死者爲〇知乎. 33-6 若死者〇知. 33-8 秦卒〇他事而從齊. 34-22 若〇敗之者. 35-6 然而臣〇患也. 35-6 夫楚王之以其臣請挈領然而臣〇患也. 35-7 齊〇東國之地. 35-23 南〇符離之塞. 35-24 北〇甘魚之口. 35-24 利〇千里者二. 35-25 〇功者不得不賞. 36-8 〇能者不得不官. 36-9 賞必加於〇功. 36-12 刑必斷於〇罪. 36-13 臣聞周〇砥厄. 36-17 宋〇結綠. 36-17 梁〇懸黎. 36-17 楚〇和璞. 36-17 天下〇明主. 36-19 〇間. 37-10 臣非〇所畏而不敢言也. 37-19 可以少〇補於秦. 37-25 北〇甘泉谷口. 38-17 而大王之計〇所失也. 38-21 形弗能〇也. 39-2 秦之〇韓. 39-14 若木之〇蠹. 39-14 天下〇變. 39-15 聞齊之內〇田單. 39-22 聞秦之〇太后穰侯涇陽華陽. 39-23 不聞其〇王. 39-23 未之〇也. 40-1 且臣將恐後世之〇秦國者. 40-9 亦聞恒思〇神叢與. 40-16 恒思〇悍少年. 40-16 若〇此. 40-21 〇非相國之人者乎. 41-1 國〇事. 41-2 恐萬世之後〇國者. 41-3 〇攻人者. 41-11 〇攻地者. 41-11 秦於天下之士非〇怨也. 42-3 〇爭意也. 42-5 梁人〇東門吳者. 42-25 天下無〇. 43-1 令〇必行者. 43-17 而心不〇. 43-20 人心固〇. 43-20 〇之. 44-4 豈〇此乎. 44-12 必〇伯主强國. 44-25 是〇忠臣孝子. 45-7 〇驕矜之色. 45-22 必〇伯夷之廉. 46-20 而〇喬松之壽. 46-20 客新〇從山東來者蔡澤. 46-22 莫〇及者. 46-23 兵必〇功. 48-10 大臣〇功. 48-13 秦之〇也. 48-17 齊魏〇何重於孤國也. 50-19 天下〇其實而無其名者. 50-24 〇無其實而〇其名者. 50-25 〇無其名又無其實者. 50-25 〇其實而無其名者. 51-1 而〇積粟之實. 51-2 此〇其實而無其名者也. 51-2 無其實而〇其名者. 51-3 此無其實而〇其名者也. 51-4 山東戰國〇六. 51-6 即王雖〇萬金. 51-12 楚人〇黃歇者. 51-19 〇二垂. 51-24 萬乘之地未嘗〇也. 51-25 臣恐〇後患. 52-14 靡不〇初. 52-15 鮮克〇終. 52-15 勝〇日矣. 52-20 他人〇心. 52-24 而〇累世之怨矣. 53-2 王雖〇之. 53-10 是王〇毀楚之名. 53-11 於以禁王之爲帝〇餘. 53-18 於是天下〇稱伐邯鄲者. 54-13 靡不〇初. 55-8 鮮克〇終. 55-8 而〇後患. 55-17 今大王皆〇驕色. 55-19 數伐〇功. 56-7 是辛戎〇秦楚之重. 56-9 子傒〇承國之業. 56-25 又〇母在中. 57-1 可以〇秦國. 57-2 說〇可以一切. 57-7 子傒〇承國之業. 57-9 是子異人無國而〇國. 57-12 王后無子而〇子也. 57-12 雖〇子異人. 57-17 臣恐其皆〇怨心. 57-22 行〇日矣. 58-19 趙王之臣〇韓倉者. 60-1 〇諸. 61-6 〇. 61-6 〇何面目復見寡人. 61-7 皆〇詬醜. 61-17 雖〇外誹者不聽. 61-19 雖〇高世之名. 61-19 盼子〇功於國. 62-4 齊王〇輟志. 62-10 齊人〇請者曰. 62-18 客〇於此. 62-20 君長〇齊陰. 62-23 愛則〇之. 63-17 聽則無〇. 63-17 且夫魏〇破韓之志. 64-20 韓自以專〇齊國. 64-23 君可以〇功. 65-3 忌聞以爲〇一子之孝. 66-2 不如〇五子之孝. 66-2 鄒忌脩八尺〇餘. 66-5 欲〇求於我也. 66-13 臣之客欲〇求於臣. 66-15 莫不〇求於王. 66-17 〇司請曰. 67-2 不用〇魯與無魯. 67-17 必〇後憂. 68-11 此臣之所謂齊必〇大憂. 68-12 齊南〇太山. 68-16 東〇琅邪. 68-16 西〇清河. 68-16 北〇渤海. 68-17 即〇軍役. 68-19 而〇强國之實. 69-10 必謂齊西〇强趙. 69-17 南〇韓魏. 69-17 雖〇百秦. 69-18 雖〇勝名而〇亡之實. 69-21 雖〇勝秦之名. 69-24 臨淄即墨非王之〇也. 70-2 儀〇愚計. 71-12 東方〇大變. 71-13 東方〇大變. 71-24 衍非〇怨於儀也. 72-9 楚〇祠者. 72-19 一人飲之〇餘. 72-20 齒之〇脣也. 73-20 周韓西〇强秦. 73-25 東〇趙魏. 73-25 以能得天下之士而〇齊權也. 76-23 世與少〇. 76-24 是君〇楚也. 77-3 〇七孺子皆近. 77-6 〇土偶人與桃梗相與語. 77-13 文〇以事夏侯公矣. 78-9 願聞先生〇以補之闕者. 78-15 〇侵君者. 78-16 其欲〇君也. 78-19 若魏文侯之〇田子方段干木也. 78-20 孟嘗君舍人〇與君之夫人相愛者. 78-23 〇相攻伐者. 79-7 孟嘗君〇舍人而弗悅. 79-15 堯亦〇所不及矣. 79-19 使人〇棄逐. 79-21 先人〇寶劍. 80-2 〇存亡繼絕之義. 80-7 臣〇大喜三. 80-13 〇能揚文之名. 80-18 大物各〇疇. 81-1 〇田父之功. 81-9 使秦弗〇而失天下. 81-13 齊〇此勢. 81-23 齊人〇馮諼者. 82-3 居〇頃. 82-7 居〇頃. 82-9 後〇頃. 82-11 馮公〇親乎. 82-13 〇老母. 82-13 客果〇能也. 82-19 乃〇意欲爲收責於薛乎. 82-21 視吾家所寡〇者. 82-23 君云視吾家所寡〇者. 83-4 君家所寡〇者以義耳. 83-5 今君〇區區之薛. 83-6 狡兔〇三窟. 83-12 今君〇一窟. 83-13 猶未敢以〇難也. 84-9 而士未〇爲君盡游者也. 84-24 豈〇騏驎騄耳哉. 85-2 豈〇毛廧西施哉. 85-3 君得無〇所怨齊士大夫. 85-7 〇. 85-8 事〇必至. 85-9 理〇固然. 85-9 〇說乎. 85-19 〇. 85-20 〇敢去柳下季壟五十步而樵采者. 85-20 〇能得齊王頭者. 85-21 安可得而〇乎哉. 86-7 是以堯〇九佐. 86-12 舜〇七友. 86-12 禹〇五丞. 86-12 湯〇三輔. 86-12 無〇. 86-13 何不吉之〇哉. 86-17 〇問. 87-14 今王〇四焉. 87-15 焉能〇四焉. 87-16 寡人〇罪國家. 88-1 何以〇民. 88-6 何以〇君. 88-6 故〇問舍本而問末者耶. 88-6 齊〇處士曰鍾離子. 88-7 〇糧者亦食. 88-8 〇衣者亦衣. 88-8 行年三十而〇七子. 88-19 而君鵝鶩〇餘食. 88-25 夫〇宋則衛之陽城危. 89-20 〇淮北則楚之東國危. 89-20 〇濟西則趙之河東危. 89-20 〇陰平陸則梁門不啓. 89-21 藉力魏而〇河東之地. 90-13 〇而案兵而後起. 91-21 〇市之邑莫不止事而奉王. 92-10 雖若〇功也. 92-11 天下〇此再費者. 92-16 雖〇百萬之軍. 93-15 雖〇闔閭吳起之將. 93-16 〇十二諸侯而朝天子. 94-2 大王〇伐齊楚心. 94-7 齊負郭之民〇孤狐咺者. 95-3 人〇當闕而哭者. 95-11 人〇當闕而哭者. 95-14 齊桓公〇天下. 97-16 〇老人涉菑而寒. 98-4 巖下〇貫珠者. 98-7 單〇是善而王嘉之. 98-11 王〇所幸臣九人之屬. 99-1 其志欲〇爲也. 99-8 誰〇厚於安平君者哉. 99-17 將軍〇死之心. 100-12 當今將軍東〇夜邑之奉. 100-13 西〇菑上之虞. 100-14 〇生之樂. 100-15 單〇心. 100-15 以故建立四十〇餘年不受兵. 101-5 以示齊之〇楚. 102-9 趙〇亡形. 104-15 而〇楚之不救己也. 104-17 人〇以其狗爲〇執而愛之. 105-7 且人〇好揚人之善者. 105-14 〇人好揚人之惡者. 105-15 然則且〇子殺其父. 105-16 〇狂兕牂車依輪而至. 106-8 誠〇之乎. 106-18 誠〇之. 106-18 左右俱曰無〇. 106-20 郢人〇獄三年不決者. 106-22 〇說色. 107-2 韓公叔〇齊魏. 107-16 而太子〇楚秦以爭國. 107-16 秦之〇賢相也. 108-11 楚地西〇黔中巫郡. 108-22 東〇夏州海陽. 108-22 南〇洞庭蒼梧. 108-22 北〇汾陘之塞郇陽. 108-23 爲之其未〇也. 109-5 而〇事人之名. 109

-11 ○呑天下之心. 109-12 卒○秦患. 109-14 ○億兆之數. 109-17
秦○舉巴蜀并漢中之心. 109-19 卒○楚禍. 110-14 秦西○巴蜀. 110
-16 黔中巫郡非王之○已. 110-19 ○偏守新城而居民苦矣. 110-24
陰謀○呑天下之心也. 111-3 盡王之○已. 111-11 乃佯○罪. 111-13
○所更得乎. 111-25 無○. 112-1 ○所更得乎. 112-1 ○人謂昭睢曰.
112-4 ○功名者秦也. 112-8 故攻○道. 112-9 亦○不爲爵勸. 112-17
彼○廉其爵. 112-19 ○崇其爵. 112-20 ○斷脰決腹. 112-20 ○勞
其身. 112-21 亦○不爲爵勸. 112-22 若○孤. 113-25 焉能○之耶.
114-7 秦王之忠信○功臣也. 116-7 秦王○愛女而美. 116-8 而○秦楚
之用. 116-21 臣○傅. 117-8 ○萬乘之號而無千乘之用也. 117-21 偶
○金千斤. 120-12 非○他人於此也. 120-15 儀○死罪於大王. 120-17
儀○秦而睢以楚重之. 120-25 東○越纍. 121-21 舊患○成. 123-4
臣○辭以報樗里子矣. 125-17 ○不獻死之藥於荊王者. 126-6 皆不過
百里以○天下. 126-12 君○將乎. 127-14 ○矣. 127-14 ○問. 127-18
明願○問君而恐固. 128-2 知其○身. 128-22 君又安得長○寵乎.
129-1 今妾自知○身矣. 129-3 妾賴天而○男. 129-4 而國人頗○知
之者. 129-10 世○無妄之福. 129-11 又○無妄之禍. 129-12 安不○
無妄之人乎. 129-12 因而○楚國. 129-16 初幸春申君○身. 130-1 今
爲馬多力則○矣. 130-18 今謂楚強大則○矣. 130-19 城降○日. 131
-8 而韓魏之君無憙志而○憂色. 131-8 則○餘銅矣. 132-21 二主殆
將○變. 133-11 乃○他心. 133-16 其視○疑臣之心. 133-25 前國地
君之御○之曰. 134-9 未之○也. 134-18 愴然○決色. 134-18 謂子○
志則然矣. 135-16 必不能越趙而○中山矣. 136-14 秦必過周韓而○
梁. 136-20 國○大事. 136-25 傍○大叢. 137-9 且物固○勢異而患同
者. 138-14 又○勢同而患異者. 138-14 非王之○也. 138-19 又非王
之○也. 138-23 五國之兵○日矣. 139-1 韓不能○. 139-24 人○言.
139-25 王則○令. 140-1 今○城市之邑七十. 140-5 可謂○故乎. 140
-12 ○城市之邑七十. 140-17 太守○詔. 140-21 ○兩木焉. 141-6
無○謂臣爲鐵鉆者乎. 141-9 韓欲○宜陽. 141-14 以從爲○功也. 141
-17 則○功而善秦. 141-21 奚擇○功之無功爲知哉. 141-21 ○之.
142-7 秦之○燕而伐趙. 142-14 ○趙而伐燕. 142-14 ○梁而伐趙.
142-14 ○趙而伐梁. 142-14 ○楚而伐韓. 142-15 ○韓而伐楚. 142-
15 今事○可急者. 142-21 ○謀故殺使之趙. 142-25○楚韓之用. 143
-4 以強秦之○韓梁楚. 143-6 事○可急爲者. 143-7 ○利於三晉. 143
-11 請無庸○爲也. 144-8 今大王垂拱而兩○之. 144-17 西○常山.
145-1 南○河漳. 145-1 東○清河. 145-2 北○燕國. 145-2 無○名山
大川之限. 145-4 以○天下. 145-8 前○軒轅. 145-19 後○長庭. 145
-19 卒○秦患. 145-19 諸侯○先背約者. 146-6 今上客○意存天下.
146-10 臣○以知天下之不能爲從以逆秦也. 147-2 今富非○齊威宣
之餘也. 147-9 精兵非○富韓勁魏之庫也. 147-10 而將非○田單司馬
之慮也. 147-10 客○難者. 147-12 今臣○患於世. 147-12 乃使○白
馬之爲也. 147-13 楚○四人起而從之. 147-16 唯大王○意督過之也.
148-2 今宣君○微甲鈍兵. 148-4 是以賢君靜而○道民便事之教. 149
-2 動○明古先世之功. 149-3 窮○弟長辭讓之節. 149-4 通○補民
益主之業. 149-4 夫○高世之功者. 149-7 ○獨知之慮者. 149-7 昔舜
舞○苗. 149-12 世○順我者. 149-15 胡地中山吾必○之. 149-16 夫
制國○常. 149-21 從政○經. 149-21 事○所出. 149-22 功○所止.
149-23 今吾國東○河薄洛之水. 150-18 東○燕東胡之境. 150-19 西
○樓煩秦韓之邊. 150-19 衣服○常. 151-10 人○言子者曰. 152-21
以煩○司. 153-7 故○臣可命. 153-13 以明○司之法. 153-23 國○固
籍. 154-2 兵○常經. 154-2 兼○是兩者. 155-12 豈○敢曰. 155-21
趙○河北. 156-9 齊○河東. 156-9 ○先王之明與先臣之力. 156-17
故能○之. 156-18 寡人○不令之臣. 156-19 今趙非○七克之威也.
158-8 而燕非○長平之禍也. 158-8 臣固且○效於君. 158-15 焉○子
死而不哭者乎. 159-1 而王之地○盡. 160-11 以○盡之地. 160-12 平
原君猶豫未○所決. 162-10 東國○魯連先生. 162-18 使事○職. 162
-20 皆○求於平原君者也. 162-23 非○求於平原君者. 162-23 則連
○赴東海而死矣. 163-2 鬼侯○子而好. 163-20 交○稱王之名. 164-
8 卽○所取者. 164-20 故事○簡而功成者. 164-25 北○代. 165-2 今
○人操隨侯之珠. 165-14 今○強貪之國. 165-17 前○尺帛. 165-21
王○此尺帛. 166-1 ○說則可. 166-11 今臣疑人之○煬於君者也. 166
-12 則膏之事○不言者矣. 166-21 從而○功乎. 167-3 人○置係蹄
者而得虎. 167-15 今○國. 167-17 必○大臣欲衡者耳. 167-21 則交
○所偏者也. 169-6 三晉皆○秦患. 169-23 天下○敢謀王者乎. 170-
6 曰○秦陰. 170-12 皆○死心. 171-4 其國必○亂. 171-4 循○燕以
臨之. 171-12 臣又願足下○地效於襄安君以資臣也. 171-13 魏冉必
妬君之○陰也. 171-20 秦雖○變. 171-23 若與○倍約者. 172-1 必○
踦重者矣. 172-4 天下爭秦○六舉. 172-7 而君○終身不得陰. 173-1
寡人與子○誓言矣. 173-11 吾已與樓子○言矣. 173-13 而○一焉.
173-24 兩者○一也. 174-24 客○見人於服子者. 176-4 公之客獨○三
罪. 176-4 ○之乎. 176-13 ○之. 176-13 建信君○國事. 176-15 ○所
謂桑雍者. 176-21 若使○罪. 177-10 豈敢○難. 177-12 大王若○以
令之. 177-12 猶大王之○葉陽涇陽君也. 177-16○覆巢毀卵. 177-20
○母弟不能教誨. 177-23 而王之忠臣○罪也. 178-5 ○復言令長安
君爲質者. 178-21 而恐太后玉體之○所郄也. 178-24 ○子孫相繼爲
王也哉. 179-13 其繼○在者乎. 179-15 無○. 179-15 諸侯○在者乎.
179-15 而不及今令○功於國. 179-19 亦○術乎. 182-1 ○之. 182-2
子之言○說乎. 182-20 右○洞庭之水. 182-22 ○此險也. 182-25 ○
此險也. 183-2 若以臣之○功. 183-14 臣何力之○乎. 183-14 己愈○.
183-19 痤○御庶子公孫鞅. 183-22 南○鴻溝陳汝南○許鄢昆陽邵陵
舞陽新郪. 184-5 東○淮潁沂黃煑棗海鹽無疏. 184-6 西○長城之界.
184-7 北○河外卷衍燕酸棗. 184-8 卒○國患. 184-12 今乃○意西面
而事秦. 184-14 後○大患. 185-2 無○名山大川之阻. 185-8 尙○爭
錢財. 185-17 楚雖○富大之名. 186-1 夫秦非不利○齊而得宋埊也.
186-22 齊秦合而涇陽君○宋地. 186-25 是○其半塞也. 188-20 固○
秦重和. 191-5 恐○後咎. 192-5 今公又言○難以懼之. 192-6 二人者
必不敢○外心矣. 193-3 葬○日矣. 193-18 吾未○以言之也. 193-23
葬○日矣. 193-25 今葬○日矣. 194-5 今○疾. 197-14 吾恐張儀薛公
犀首之○一人相魏者. 197-22 吾恐張儀薛公犀首○一人相魏者. 198
-2 自使○要領之罪. 198-12 則上○野戰之氣. 198-20 下○堅守之心.
198-21 今一人言市○虎. 199-19 二人言市○虎. 199-20 三人言市○
虎. 199-21 後世必○以酒亡其國者. 200-4 後世必○以味亡其國者.
200-6 後世必○以色亡其國者. 200-8 後世必○以高臺陂池亡其國者.
200-10 ○一於此. 200-12 寡人固刑弗○也. 201-4 王之士未○爲之
中者也. 201-14 臣○死罪. 201-22 ○意欲以下大王之兵東擊齊也.
202-1 國○事. 202-3 夫秦何厭之○哉. 202-13 必少割而○質. 202-17
未嘗○之也. 202-25 宋人○學者. 203-11 願子之○以易名母也. 203
-15 將○所不行乎. 203-15 尙○可以易入朝者乎. 203-16 願王之
○以易之. 203-17 今人○謂臣曰. 203-19 今王之地○盡. 204-22 敝
邑○寶璧二雙. 205-5 ○諸. 205-10 ○之. 205-10 髡○璧馬之寶. 205
-14 ○諸侯之救. 205-17 恐天下之將○變也. 206-6○虎狼之心. 206
-16 苟○利焉. 206-17 內○大亂. 206-24 秦盡○鄭地. 206-25 秦
故○懷地刑丘之城垝津. 207-11 秦○鄭地. 207-12 千里○餘. 207-19
○周韓而間之. 207-20 又況於使秦無韓而○鄭地. 207-25 共○其
賦. 208-12 而趙無爲王○也. 208-18 王賢而○聲者相之. 208-25 ○
秦韓之重. 209-8 且○皮氏. 209-15 ○皮氏. 209-16 今公之力○餘守
之. 209-18 何故而弗○也. 209-18 何故不能○地於河東乎. 210-2 ○
虵於此. 211-4 或○諸侯鄰國之虞. 211-21 卽春申君○變. 211-24 卽
王○萬乘之國. 211-24 ○齊者. 214-11 是以○雍者與秦遇. 214-12
楚魏○怨. 214-20 夫齊不以無魏者以害○魏者. 216-3 故公不如示○
魏. 216-3 是公○齊. 216-4 以齊○魏也. 216-5 魏人○唐且者. 216-
17 豈○及哉. 216-23 事○不可知者. 217-5 ○不可不知者. 217-5 ○
不可忘者. 217-6 ○不可不忘者. 217-6 人之○德於我也. 217-7 吾○
德於人也. 217-8 ○常不赦. 217-23 豈可使吾君○魏患也. 218-3 ○
所不安乎. 218-8 ○是心也. 218-15 ○敢言美人者族. 218-16 我見○
禍. 218-19 未見○福. 218-19 見○怨. 218-20 未見○德. 218-20 徒
以○先生也. 220-3 是子○兩韓. 221-10 而我○兩趙也. 221-10 申子
○怨色. 221-18 今○所求. 221-20 韓北○鞏洛成皐之固. 221-23 西
○宜陽常阪之塞. 221-24 東○宛穰洧水. 221-24 南○陘山. 221-24
且夫大王之地○盡. 222-11 夫以○盡之地. 222-11 而○牛後之名.
222-14 非王之○已. 223-8 旬○餘. 225-2 願○復於公. 227-9 彼○以
失之也. 227-12 恐齊以楚遇爲○陰於秦魏也. 229-2 齊又畏楚之○陰
於秦魏也. 229-5 以視齊於○秦魏. 229-7 今謂馬多力則○矣. 229-11
今謂楚強大則○矣. 229-13 大國○意. 229-21 以其少○利焉. 231
-8 獨不可使妾少○利焉. 231-9 其實猶○約也. 232-8 子○辭以毋戰.
233-2 齊大夫諸子○犬. 233-25 客○請叱之者. 234-1 是○陰於韓也.
234-21 頃間○鵲止於屋上者. 236-17 今王之國○柱國令尹司馬典令.
236-19 奚敢○請. 237-2 臣○老母. 237-5 臣○仇. 237-7 豈敢以○
求邪. 237-8 未○大功可以稱者. 237-15 韓適○東孟之會. 238-3 兄
弟無○. 238-13 今○一舉而可以忠於主. 239-18 未○一人言善韓者
也. 240-14 未○一人言善秦者也. 240-15 今秦○梁君之心矣. 241-11
○爲名者. 241-19 ○爲實者. 241-19 今強國將○帝王之釁. 242-13
強國之事成則○福. 242-17 故客○說韓者曰. 243-3 爲○臂腫也.
243-13 臣願○言. 243-20 與欲○求於齊者. 245-6 以強秦而○晉楚.
245-22 是王○向晉於周也. 246-1 是魏○向晉於周. 246-3 彼固○次
乎. 246-12 大國惡○天子. 246-16 國形○之而存. 246-19 燕東○朝
鮮遼東. 248-3 北○林胡樓煩. 248-3 西○雲中九原. 248-4 南○呼沱
易水. 248-4 南○碣石鴈門之饒. 248-6 北○棗粟之利. 248-6 人○惡
蘇秦於燕王者. 250-6 人必○言臣不信. 250-10 ○此. 250-13 且臣○
老母於周. 250-22 又何罪之○也. 250-25 臣鄰家○遠爲吏者. 251-1
適不幸而○類妾之棄酒也. 251-6 故至今○摩笄之山. 251-17 則易水
長城非王之○也. 251-23 是西○強秦之援. 251-24 ○謀人之心. 252
-19 曰○大數矣. 252-21 曰○大數矣. 252-22 ○之乎. 252-22 我○
深怨積怒於齊. 252-23 ○所附則無不重. 253-2 吾聞齊○清濟濁河.

253-9 ○長城鉅防. 253-9 誠○之乎. 253-10 雖○清濟濁河. 253-11 雖○長城鉅防. 253-12 ○讓天下之名. 254-2 秦非不利○齊而得宋埊也. 255-7 涇陽君○宋地. 255-9 ○以千金求千里馬者. 255-24 秦○變. 257-7 先人嘗○德蘇氏. 257-20 今○人於此. 257-24 今王○東嚮伐齊之心. 258-14 安○爲人臣盡其力. 258-24 昔周之上埊嘗○之. 258-25 齊楚不得以○枳宋事秦者. 260-4 是則○功者. 260-4 王苟能破宋○之. 260-21 ○齊無秦. 260-24 無齊○秦. 261-1 寡人如自○之. 261-4 臣故知入齊之○趙累也. 262-4 齊趙必○爲智伯者矣. 262-6 今其言變○甚於其父. 262-10 然而臣○患也. 262-17 生之物固○不死者乎. 262-20 人○賣駿馬者. 263-10 臣○駿馬. 263-11 足下○意爲臣伯樂乎. 263-14 臣○斧質之罪. 264-5 齊不幸而燕○天幸也. 264-8 固知將○口事. 264-14 齊○不善. 264-16 焉○離人子母者. 265-5 而○齊人仕於燕者. 265-22 寡人○時復合和也. 265-24 然而常獨欲○復收之之志若此也. 265-25 以與寡人○郄. 266-22 ○高世之心. 267-6 我○積怨深怒於齊. 267-10 隨先王舉而○之於濟上. 267-16 功未○及先王者也. 267-20 物固○勢異而患同者. 269-7 即○死蚌. 270-6 即○死鷸. 270-6 而未○適予也. 270-12 人○言我○寶珠也. 271-13 寡人望○非則君掩蓋之. 272-5 望○過則君教誨之. 272-5 寡人必○罪矣. 272-7 世○掩寡人之邪. 272-10 且世○薄於故厚施. 272-12 行○失而故惠用. 272-12 而君○失厚之累. 272-13 國之○封疆. 272-13 猶家之○垣墻. 272-14 是秦趙○郄. 273-11 秦趙○郄. 273-12 吾使趙○之. 273-15 未○所定也. 273-24 居之○間. 274-2 雖○管晏. 274-5 燕○田光先生者. 274-10 ○頃而後言曰. 275-4 願○所道. 275-6 今秦○貪饕之心. 275-7 而内○大亂. 275-15 荆卿未○行意. 275-22 臣乃得○以報太子. 276-2 今○一言. 276-7 將軍豈○意乎. 276-11 燕國○勇士秦武陽. 276-17 荆軻○所待. 276-18 疑其○改悔. 276-19 非○詔不得上. 277-20 各○差. 278-3○憂色何也. 279-4 宋何罪之○. 279-12 今○人於此. 279-14 鄰○弊輿而欲竊之. 279-14 鄰○短褐而欲竊之. 279-15 鄰○糟糠而欲竊之. 279-16 必爲○竊疾矣. 279-16 荆○雲夢. 279-18 荆○長松文梓楩柟豫樟. 279-19 願王之○以命弊邑. 280-11 以待下吏之○城而已. 280-15 故名○所加而實○所歸. 280-18 臣○百戰百勝之術. 281-3 則富不過○魏. 281-5 ○雀生𪇰於城之陬. 281-11 南文子○憂色. 281-19 而子○憂色何. 281-19 衞○賢人. 281-22 甚愛而○寵. 282-1 非○大罪而亡. 282-1 必○故. 282-1 以○蒲也. 282-5 無○佗計. 282-19 雖○十左氏. 283-11 則○土子民. 286-24 未之○也. 287-25 ○二人挈戈而隨其後者. 288-3 臣○父. 288-4 中山○事. 288-5 三軍之俸○倍於前. 288-16 各○散心. 289-16 莫○鬬志. 289-16 是以能○功也. 289-16 何神之○哉. 289-20 ○功. 290-8

【存】 61

夫○危國. 1-7 是君○周而戰秦魏也. 10-1 九鼎○焉. 13-2 夫戰者萬乘之○亡也. 19-6 禍乃不○. 19-8 而憚舟之僑○. 23-14 而憚宮之奇○. 23-16 ○亡之機. 28-3 ○亡之機也. 34-13 而○先王之廟也. 38-13 不能○殷. 45-6 不能○吳. 45-7 則桀紂之後將○. 54-9 大王無一介之使以○之. 57-22 趙守半國以自○. 59-14 力不能自○. 59-19 故可以○社稷者. 61-19 而戰勝○亡之機決矣. 69-2 邯鄲僅○. 69-23 有○亡繼絶之義. 80-7 貧乏不能自○. 82-3 求○故往. 85-12 於陵子仲尚○乎. 88-13 ○濟北. 96-16 與齊久○. 97-4 ○危國. 109-24 多與○國相若. 114-2 其餘政教猶○. 132-13 亡不能○. 133-1 唯輔氏○焉. 134-6 而勝敗○亡之機節. 145-11 今上客有意○天下. 146-10 趙僅○哉. 146-21 韓魏之所以僅○者. 147-8 不識從之一成惡○也. 147-20 不○其一角. 155-22 趙欲○之. 156-8 請伐齊而○燕. 156-12 ○亡繼絶. 173-2 與之伐齊而○燕. 189-19 而又況○薔乎. 193-15 是趙○而我亡也. 198-20 則國可○也. 205-17 以○韓爲務. 208-7 夫○韓安魏而利天下. 208-10 今不○韓. 208-14 ○趙國. 217-4 ○趙國. 217-9 而君以五十里之地○者. 219-15 而安陵以五十里之地○者. 220-3 故楚王卜交而市丘○. 224-20 以幾瑟之○焉. 224-25 不可以爲○. 241-2 國形有之而○. 246-19 功○危燕. 250-10 下以○主母也. 251-5 之國者可長○. 269-4 曾無一介之使以○之乎. 280-1 何在其所○之矣. 285-24 此王所以○者也. 285-24 則民務名不○本. 287-24

【而】 3018

秦興師臨周○求九鼎. 1-4 欲興兵臨周○求九鼎. 1-6 ○秦兵罷. 1-8 不識大國何塗之從○致之齊. 1-11 寡人終何塗之從○致之齊. 1-15 凡一鼎○九萬人輓之. 1-19 何塗之從○出. 1-20 臨山○救之. 2-4 攻宜陽○有功. 2-5 秦王不聽羣臣父兄之義○攻宜陽. 2-5 戰○勝. 2-8 ○德東周. 2-13 案兵○勿出. 2-16 種稻○復奪之. 3-4 ○受命於君矣. 3-5 ○主君令相國往. 3-11 周恐假之○惡於韓. 3-14 不假○惡於秦. 3-14 秦敢絶塞○伐韓者. 3-16 秦必無辭○令周弗受. 3-18 是得地於韓○聽於秦也. 3-18 以王之强○怒周. 3-22 彼前得罪○後得解. 3-23 然○所以不可者. 4-5 ○民非之. 4-10 民非子罕○善其君. 4-10 問其巷○不知也. 4-16 ○自謂非客何也. 4-18 臣少○誦詩. 4-18 ○又爲客哉. 4-19 ○又知趙之難子齊人戰. 4-22 因佐秦○伐韓魏. 4-24 秦且收齊○封之. 5-4 ○聽天下之戰. 5-4 周最於齊王也○逐之. 5-13 ○王無人焉. 6-13 ○以兵之急則伐齊. 6-13 ○公獨脩虚信爲茂行. 6-17 ○有變. 6-19 ○無適立也. 7-9 ○爲之請太子. 7-10 是公之知困○交絶於周也. 7-11 ○已取齊. 7-20 候得○獻東周. 8-2 吾又恐東周之賊己○以輕西周惡之於楚. 8-7 ○陽豎與焉. 8-10 載以乘車駟馬○遣之. 8-10 ○陽豎與之. 8-12 ○藉兵乞食於西周. 9-4 九年○取宛葉以北以强韓魏. 9-5 則地廣○益重. 9-7 君不如令弊邑陰合於秦○君無攻. 9-8 君臨函谷○無攻. 9-9 ○以楚之東國自免也. 9-13 齊得東國○益强. 9-14 ○薛世世無患. 9-14 ○處之三晉之西. 9-14 ○使三國無攻秦. 9-15 ○使不藉兵乞食於西周. 9-16 進兵○攻周. 9-18 今秦攻周○得之. 9-19 秦若攻周○不得. 9-21 ○秦未與魏講也. 9-22 ○全趙令其止. 9-22 是君却秦○定周也. 9-22 必因君○講. 9-23 ○疾支之. 10-1 是君存周○戰秦魏也. 10-1 ○實因之也. 10-9 ○憂大王. 10-10 則周必折○入於韓. 10-21 ○焚周之節. 10-22 不徵甲與粟於周○與高都. 10-23 楚卒不拔雍氏○去. 10-23 去柳葉者百步○射之. 11-7 ○不已善息. 11-10 ○北攻趙. 11-12 踐韓○以攻梁. 11-13 一攻○不得. 11-13 ○君自郊迎. 11-18 ○吾得無效也. 11-20 必救韓魏○攻楚. 11-24 歸其劍○責之金. 12-3 折○不賣. 12-4 ○屬其子曰. 12-4 臣恐齊王之爲君實立果○讓之於最. 12-6 將以爲辭於秦○不往. 12-12 秦必不敢越河○攻南陽. 12-12 見梁囿○樂之也. 12-15 ○又近. 12-15 ○設以國爲王扞秦. 12-17 ○王無之扞也. 12-18 ○兩上黨絶矣. 12-19 事秦○好小利. 12-20 ○利温囿以爲樂. 12-21 是上黨每患○贏四十金. 12-23 魏王因使孟卯致温囿於周君○許之戍也. 12-24 且魏有南陽鄭地三川○包二周. 13-3 ○聲畏天下. 13-8 ○合天下於齊. 13-9 則秦孤○不王矣. 13-9 宛恃秦○輕晉. 13-12 秦飢○宛亡. 13-12 鄭恃魏○輕韓. 13-12 魏攻蔡○鄭亡. 13-12 此皆恃援國○輕近敵也. 13-13 今君恃韓魏○輕秦. 13-14 是公之知困○交絶於周也. 13-19 又秦重○欲相者. 14-2 ○臣爲不能使矣. 14-3 臣願免○行. 14-3 行○免. 14-4 公言是○行. 14-5 ○秦人不憐. 15-13 稱帝○治. 15-19 今先生儼然不遠千里○庭教之. 15-22 黄帝伐涿鹿○禽蚩尤. 16-1 齊桓任戰○伯天下. 16-3 夫徒處○致利. 16-9 安坐○廣地. 16-9 常欲坐○致之. 16-10 說秦王書十上○說不行. 16-16 去秦○歸. 16-17 伏○誦之. 16-21 抵掌○談. 16-25 故蘇秦相於趙○關不通. 17-3 夫賢人在○天下服. 17-5 一人用○天下從. 17-6 從風○服. 17-8 妻側目○視. 17-13 傾耳○聽. 17-13 四拜自跪○謝. 17-13 何前倨○後卑也. 17-14 以季子之位尊○多金. 17-15 且以恐齊○重王. 18-3 弗知○言爲不智. 18-6 知○不言爲不忠. 18-6 ○天下得之. 18-10 ○皆去走. 18-13 今秦出號令○行賞罰. 18-17 ○民爲之者是貴奮也. 18-20 天下不足兼○有也. 18-24 然○甲兵頓. 19-1 地廣○兵强. 19-4 一戰不勝○無齊. 19-6 然則是一舉○伯王之名可成也. 19-12 ○謀臣不爲. 19-13 引軍○退. 19-13 天下有比志○軍華下. 19-16 趙危○荆孤. 19-18 然則是一舉○伯王之名可成也. 19-19 ○謀臣不爲. 19-20 引軍○退. 19-20 ○欲以成兩國之功. 19-22 其民輕○難用. 20-1 ○不憂民氓. 20-3 引軍○去. 20-5 代上黨不戰○已爲秦矣. 20-8 東陽河外不戰○已反爲齊矣. 20-8 中呼池以北不戰○已爲燕矣. 20-9 則是一舉○壞韓. 20-11 一舉○三晉亡. 20-13 天下徧隨○伏. 20-13 ○謀臣不爲. 20-15 引軍○退. 20-15 戰慄○却. 20-19 大王又幷軍○致與戰. 20-20 淇水竭○洹水不流. 21-2 ○有其民. 21-4 ○使張孟談. 21-6 於是潛行○出. 21-6 天下可兼○有也. 21-9 一舉○天下之從不破. 21-12 ○戎狄之長也. 22-2 ○王不爭焉. 22-4 ○王隨之矣. 22-7 ○戎狄之長也. 22-8 ○有桀紂之亂. 22-9 ○彼已服矣. 22-10 ○天下不以爲暴. 22-11 是我一舉○名實兩附. 22-11 ○又有禁暴正亂之名. 22-12 ○未必利也. 22-13 ○攻天下之所不欲. 22-13 ○求解乎楚魏. 22-16 ○使陳莊相蜀. 22-18 重○使之楚. 22-21 重樗里疾○使之者. 22-22 楚必畔天下○與王. 23-5 ○憚舟之僑存. 23-14 舟之僑諫○不聽. 23-15 因○伐郭. 23-16 ○憚宮之奇存. 23-16 宮之奇以諫○不聽. 23-17 因○伐虞. 23-18 王怒○不聽. 23-21 今楚不加善秦○善軫. 23-24 然則是軫自爲○不爲國也. 23-24 且軫欲去秦○之楚. 23-25 吾聞子欲去秦○之楚. 24-1 ○明臣之楚與不也. 24-14 ○昭陽賢相也. 24-19 ○常以國輸楚王. 24-19 故賣僕妾不出里巷○取者. 25-1 ○何之乎. 25-3 ○大國與之懽. 26-10 ○儀不得爲臣也. 26-11 ○私商於之地以爲利也, 26-13 則此一計○三利俱至. 26-13 ○得商於之地六百里. 26-17 ○患必至也. 26-18 今地未可得○齊先絶. 26-20 王不如因○賂之一名都. 27-6 是我亡於秦○取償於齊也. 27-7 ○責欺於秦. 27-8 有兩虎諍人○鬬者. 27-21 今兩虎諍人○鬬. 27-23 子待傷虎○刺之. 27-24 則是一舉○兼兩虎也. 27-25 ○有刺兩虎之名. 27-25 ○無伐楚之害. 28-2 計失○聽過. 28-3 ○事君之國也. 28-12 義渠君致羣臣○謀曰. 28-17 扁鵲怒○投其石. 28-22 ○與不知者敗之. 28-23 則君一舉○亡國矣. 28-23 ○寡人死不朽乎甘茂對曰. 28-25 行千里○攻之. 29-6 ○賢先王. 29-8 三年○拔之. 29-9 樂羊反○語功. 29-9 挾韓○議. 29-11 ○臣受公仲侈之怨也. 29-12 費人有與曾子同名族者○殺人. 29-13 投杼踰牆○走. 29-16 ○三人疑之. 29-17 ○王之信臣又未若曾子之母也. 29-17 五月○不能拔也. 29-20 召甘茂○告之. 29-21 楚懼○不進. 29-25 ○拔宜陽. 30-1 寡人固無地○許楚王. 30-3 三鼓之○卒不上. 30-5 我羈旅○得相秦者. 30-6 今攻宜陽○不拔. 30-7 ○公中以韓窮我於外. 30-7 請明日鼓之○不可下. 30-8 ○外與韓侈爲怨. 30-13 楚畔秦○合於韓. 30-17 韓亦恐戰○楚有變其後. 30-18 ○不餘怨於秦. 30-18 ○健者不用矣. 30-24 王因○制之. 30-24 有家貧○無燭者. 31-2 處女相語以爲然○留之. 31-5 棄逐於秦○出關. 31-6 命○處之. 31-17 甘茂之吏道○聞之. 31-20 甘茂約秦魏○攻楚. 31-25 秦啓關○聽楚使. 31-25 怵於楚○不使魏制和. 32-1 不悅○合於楚. 32-2 ○以順子爲質. 32-5 齊以陽武賜弊邑○納順子. 32-6 齊與大國救魏○倍約. 32-8 ○賜之二社之地. 32-9 且欲合齊○受其地. 32-10 秦王明○熟於計. 32-14 穰侯智○習於事. 32-14 ○後制晉楚之勝. 32-18 齊舉兵○爲之頓劍. 32-22 何晉楚之智○齊秦之愚. 32-24 夫取三晉之腸胃與出兵○懼其不反也. 32-25 秦王明○熟於計. 33-2 穰侯智○習於事. 33-2 ○不能支秦. 34-7 ○秦晉皆重君. 34-9 ○莫之據也. 34-13 時至○弗失. 34-15 ○君之大名也. 34-19 秦卒有他事○從齊. 34-22 君悉燕兵○疾僭之. 34-23 ○無他慮也. 35-2 然○臣有患也. 35-6 夫楚王之以其臣請挈領然○臣有患也. 35-7 ○事臣之主. 35-8 今公東○因言於楚. 35-8 ○務敗公之事也. 35-9 德楚○觀薛公之爲公也. 35-9 觀三國之所求於秦○不能得者. 35-10 ○公請之以自重也. 35-12 ○齊之德新加與. 35-22 窮○居於齊. 36-4 今王見其達○收之. 36-4 窮○不收. 36-5 達○報之. 36-6 則行○益利其道. 36-11 ○罰所惡. 36-12 雖以臣爲賤○輕辱臣. 36-14 ○爲天下名器. 36-18 臣愚○不闔於王心耶. 36-23 將賤○不足聽耶. 36-25 望見足下○入之. 37-1 秦王跪○請曰. 37-9 身爲漁父○釣於渭陽之濱耳. 37-12 已一說○立爲太師. 37-13 卒擅天下○身立爲帝王. 37-15 卽使文王疏呂望○弗與深言. 37-15 ○文武無與成其王也. 37-16 ○所願陳者. 37-17 ○未知王心也. 37-18 所以王三問○不對者是也. 37-19 臣非有所畏○不敢言也. 37-19 ○明日伏誅於後. 37-20 漆身○爲厲. 37-21 被髮○爲狂. 37-21 五帝之聖○死. 37-22 三王之仁○死. 37-22 五伯之賢○死. 37-23 烏獲之力○死. 37-23 奔育之勇焉○死. 37-24 伍子胥橐載○出昭關. 38-1 夜行○晝伏. 38-1 漆身○爲厲. 38-4 被髮○爲狂. 38-4 天下見臣盡忠○身蹶也. 38-7 臣死○秦治. 38-11 ○存先王之廟也. 38-13 此天所以幸先王○不棄其孤也. 38-14 先生柰何○言若此. 38-15 譬若馳韓盧○逐蹇兔也. 38-19 今反閉○不敢窺兵於山東者. 38-20 ○大王之計有所失也. 38-21 大王越韓魏○攻强齊. 38-23 ○悉韓魏之兵則不義矣. 38-24 越人之國○攻. 38-25 舉兵○伐之. 39-3 以其伐楚○肥韓魏也. 39-4 此所謂藉賊兵○齎盜食者也. 39-4 王不如遠交○近攻. 39-5 今舍此○遠攻. 39-5 ○天下之樞也. 39-8 必親中國○以爲天下樞. 39-8 齊附○韓魏可虛也. 39-10 削地○賂之. 39-12 舉兵○伐之. 39-12 於是舉兵○攻邢丘. 39-13 邢丘拔○魏請附. 39-13 舉兵○攻滎陽. 39-17 一舉○攻滎陽. 39-18 則其國斷○爲三. 39-19 韓聽○霸事可成也. 39-19 四貴備○國不危者. 39-25 ○令焉得從王出乎. 40-2 ○外重其權. 40-2 ○禍歸社稷. 40-5 宿昔○死. 40-7 百日○餓死. 40-7 五日○叢枯. 40-19 七日○叢亡. 40-19 百人輿瓢○趨. 40-21 不如一人持○走疾. 40-21 使者直道○行. 41-5 ○符布天下. 41-6 穰侯十攻魏○不得傷者. 41-11 非秦弱○魏强也. 41-12 故十攻○弗能勝也. 41-14 ○攻其人也. 41-15 且削地○以自贖於王. 41-16 幾割地○韓不盡. 41-16 ○更與不如張儀者市. 41-17 然降其主父沙丘○臣之. 41-23 ○欲攻秦. 42-2 相聚○攻秦者. 42-3 故不如因○割之. 42-21 其子死○不憂. 42-25 今應侯亡地○言不憂. 43-7 ○況於秦國乎. 43-10 ○心不有. 43-20 毋翼○飛. 43-22 不如賜軍吏○禮之. 43-23 ○欲兼誅范睢. 43-24 ○王明誅之. 44-2 ○爲諸侯所議也. 44-2 ○恩以相葬臣. 44-3 ○無過舉之名. 44-3 遂弗殺○善遇之. 44-4 ○入韓魏. 44-6 秦王必相之○奪君位. 44-9 終其年○不夭傷. 44-17 稱之○毋絕. 44-18 ○聖人所謂吉祥善事與. 44-19 悉忠○不解. 45-1 盡能○不離. 45-2 多功○不矜. 45-2 ○晉惑亂. 45-7 夫待死○後可以立忠成名. 45-9 ○君之祿位貴盛. 45-19 ○身不退. 45-19 然○身死於庸夫. 45-24 是以兵動○地廣. 46-1 兵休○國富. 46-2 勾踐終棓○殺之. 46-11 成功○不去. 46-12 此所謂信○不能詘. 46-12 往○不能反者也. 46-13 ○有喬松之壽. 46-20 三年○燕使太子丹入質於秦. 47-4 楚能應○共攻秦. 48-6 ○今三國之辭去. 48-8 則是我離秦○攻楚也. 48-10 薛公入魏○出齊女. 48-16 齊秦合○立負蒭. 48-17 氓欲以齊秦劫魏○困薛公. 48-18 魏懼○復之. 48-20 齊女入魏○怨薛公. 48-20 寡人欲割河東○講. 48-23 王何不召公子池○問焉. 49-1 王召公子池○問焉. 49-2 王割河東○講. 49-3 吾愛三城○不講. 49-5 寧亡三城○悔. 49-6 無危咸陽○悔也. 49-6 ○智氏分矣. 49-20 是魏勝楚○亡地於秦也. 50-3 魏請無與楚遇○合於秦. 50-9 楚王因不罪景鯉○德周秦. 50-11 則不用兵○得地. 50-14 ○地不可得也. 50-17 ○外結交諸侯以圖. 50-20 天下有其實○無其名者. 50-24 有無其實○有其名者. 50-25 有其實○無其名者. 51-1 ○有積粟之實. 51-2 此有其實○無其名者也. 51-2 無其實○有其名者. 51-3 解凍○耕. 51-3 暴背○耨. 51-3 此無其實○有其名者也. 51-4 秦王悖然○怒. 51-5 ○掩於母. 51-6 王資臣萬金○遊. 51-8 ○天下可圖也. 51-9 ○殺李牧. 51-14 此猶兩虎相鬭○駑犬受其弊. 51-22 物至○反. 51-23 致至○危. 51-24 三世○不接地於齊. 52-1 ○出百里之地. 52-3 王又舉甲兵○攻魏. 52-3 ○魏氏服矣. 52-8 天下五合六聚○不敢救也. 52-9 省攻伐之心○肥仁義之誡. 52-11 ○欲以力臣天下之主. 52-14 ○不知榆次之禍也. 52-16 ○不知干隧之敗也. 52-17 ○易患於後也. 52-18 從○伐齊. 52-18 從○伐趙. 52-20 ○忘毀楚之强魏也. 52-21 臣爲大王慮○不取. 52-22 今王中道○信韓魏之善王也. 52-24 ○實欺大國也. 53-1 ○有累世之怨矣. 53-2 韓魏父子兄弟接踵○死於秦者. 53-2 兵出之日○王憂其不反也. 53-8 秦楚之構○不離. 53-12 魏氏將出兵○攻留方與銍胡陵碭蕭相. 53-13 ○王使之獨攻. 53-15 王破楚於以肥韓魏於中國○勁齊. 53-15 ○無後患. 53-17○詳事下吏. 53-17 一舉衆○注地於楚. 53-19 秦楚合○爲一. 53-22 ○魏亦關內候矣. 54-1 ○關內二萬乘之主注地於齊. 54-1 齊之右壤可拱手○取也. 54-2 不待痛○服矣. 54-5 ○朝於邯鄲之君乎. 54-12○大敗申縛. 54-18 ○天下乃齊釋. 54-20 於是夫積薄○爲厚. 54-21 聚少○爲多. 54-21 ○卑畜韓也. 55-3 王兵勝○不驕. 55-3 伯主約○不忿. 55-4 勝○不驕. 55-4 約○不忿. 55-4 ○輕失齊. 55-5 臣竊爲大王慮之○不取也. 55-7 身布冠○拘於秦. 55-13 能始○不能終也. 55-13 ○使天下之士不敢言. 55-14 ○世主不敢交陽侯之塞. 55-15 ○韓楚之兵不敢進. 55-15 ○有後患. 55-17 ○未能復戰也. 55-22 則楚孤○受兵也. 55-23 則秦孤○受兵矣. 55-24 若隨此計○行之. 55-24 中期徐行○去. 56-3 資○相之於周乎. 56-9 敗秦○利魏. 56-13 太后坐王○泣. 56-14 以太子之留酸棗○不之秦. 56-17 我與其處○待之見攻. 56-18 以秦彊折節○下與國. 56-18 歸○謂父曰. 56-21 ○不壽於朝生. 57-7 ○使君富貴千萬歲. 57-7 ○願一得歸. 57-11 王后誠請○立之. 57-11 是子異人無國○有國. 57-12 王后無子○有子也. 57-12 王后乃請趙○歸之. 57-13 王后欲取○子之. 57-14 使秦○欲屠趙. 57-15 若使子異人歸○得立. 57-15 不韋使楚服○見. 57-18 ○自子之. 57-19 皆西面○望. 57-22 ○燕太子質於秦. 58-3 文信侯去○不快. 58-6 ○燕太子已入質矣. 58-7 ○不肯行. 58-8 我自行之○不肯. 58-9 夫項橐生七歲○爲孔子師. 58-10 絞○殺之. 58-17 ○卿不肯行. 58-18 請因孺子○行. 58-18 欲攻趙○廣河間也. 58-24 秦下甲○攻趙. 59-3 ○親觀其孰勝. 59-6 百舉○無及秦者. 59-10 ○悉教以國事. 59-11 秦不接刃○得趙之半. 59-12 秦受地○郄兵. 59-13 懼○相捄. 59-15 以官長○守小官. 59-20 平原津令郭遺勞○問. 59-23 司空馬言其爲趙王計○弗用. 59-24 期年○亡. 60-1 將軍爲壽於前○捍匕首. 60-5 趙去司空馬○國亡. 60-16 秦王召羣臣賓客六十人○問焉. 60-19 ○百姓靡於外. 60-20 ○安其兵. 60-22 ○珍珠重寶盡於內. 61-2 臣於趙○逐. 61-4 王召姚賈○問曰. 61-6 今賈忠王○王不知也. 61-8 桀聽讒○誅其良將. 61-10 紂聞讒○殺其忠臣. 61-10 文王用之○王. 61-13 桓公用之○伯. 61-15 穆公相之○朝西戎. 61-16 ○勝於城濮. 61-16 乃可復使姚賈○誅韓非. 61-22 ○用申縛. 62-5 魯宋事楚○齊不事者. 62-13 齊大○魯宋小. 62-13 夫齊削地○封田嬰. 62-14 臣請三言○已矣. 62-19 客趨○進曰. 62-20 蕩○失水. 62-22 不可不日聽也○數覽. 63-3 說五○厭之. 63-4 士尉辭○去. 63-8 剗○類. 63-9 辭○之薛. 63-12 齊貌辨辭○行. 63-12 靖郭君泣○曰. 63-19 若聽辨○爲之. 63-19 望之○泣. 64-2 不得已○受. 64-3 三日○聽. 64-4 田侯召大臣○謀曰. 64-8 是趙不拔○魏全也. 64-12 邯鄲拔○承魏之弊. 64-13 是趙破○魏弱也. 64-14 田侯召大臣○謀曰. 64-17 韓且折○入於魏. 64-18 ○我救之. 64-20 我代韓○受魏之兵. 64-20 ○晚承魏之弊. 64-21 乃陰告韓使者○遣之. 64-22 韓魏之君因田嬰北面○朝田侯. 64-24 戰○不死. 65-4 曲撓○誅. 65-4 乃說王○使田忌伐魏. 65-4 公孫閈乃使人操十金○往卜於市. 65-6 將軍無解兵○入齊. 65-12 鍺擊摩車○相過. 65-14 必一○當十. 65-15 十○當百. 65-15 百○當千. 65-15 ○成侯可走. 65-16 田忌亡齊○之楚. 65-19 ○得封. 65-23 晏首貴○仕人寡. 66-1 ○復問其妾曰. 66-8 窺鏡○自視. 66-11 寢○思之曰. 66-12 時時○間進. 66-20 齊威王使章子將○應之. 66-24 與秦交和○舍. 66-24 ○此者三. 67-2 異人○同辭. 67-3 王何不發將○擊之. 67-3 於是秦王拜西藩之臣○謝於齊. 67-5 其父殺之○埋馬棧之下. 67-7 全兵○還. 67-8 臣之父未教○死. 67-9 夫不得父之教○更葬母. 67-10 夫爲人子○不欺死父. 67-11 君不與勝者○與不勝者. 67-15 足下豈如令衆○合二國之後哉. 67-17 ○君以魯衆合戰勝後. 67-20 陳軫合三晉○東謂齊王曰. 67-23 欲以正天下○立功名. 67-23 適足以强秦○自弱也. 67-25 ○遞相罷弱. 68-1 ○兩歸其國於秦. 68-1 何秦之智○山東之愚耶. 68-3 ○齊民獨不也. 68-6 非齊親○韓梁疏也. 68-6 齊遠秦○韓梁近. 68-6 必表裏河○東攻齊. 68-7 南面○孤楚韓梁. 68-8 北向○孤燕趙. 68-9 ○出銳師以戍梁絳安邑. 68-10 ○臨淄之卒. 68-20 臨淄甚富○實. 68-21 家敦○

富.68-24 志高○揚.68-24 兵出○相當.69-1 ○戰勝存亡之機決矣.
69-2 韓魏戰○勝秦.69-2 戰○不勝.69-3 是故韓魏之所以重與秦戰
○輕爲之臣也.69-3 高躍○不敢進.69-8 ○欲西面事秦.69-9 ○有
强國之實.69-10 然○爲大王計者.69-16 皆爲一時說○不顧萬世之
利.69-16 ○不察其至實.69-18 齊與魯三戰○魯三勝.69-20 雖有勝
名○有亡之實.69-21 齊大○魯小.69-21 再戰○再勝秦.69-22 再戰
○再勝秦.69-23 ○國破矣.69-24 秦强○趙弱也.69-24 今大客幸○
教之.70-5 乃許韓使者○遣之.71-6 楚趙果遽起兵○救韓.71-7 三
十日○舉燕國.71-8 必舉兵○伐之.71-14 故儀願乞不肖身○之梁.
71-15 齊必舉兵○伐之.71-15 出兵函谷○無伐.71-16 故儀願乞不
肖身○之梁.72-1 出兵函谷○無伐.72-2 與革車三十乘○納儀於梁.
72-3 ○果伐之.72-4 是王內自罷○伐與國.72-4 ○信儀於秦王也.
72-5 犀首以梁爲齊戰於承匡○不勝.72-7 ○儀與之俱.72-12 移兵
○攻齊.72-15 起○問.72-16 今君相楚○攻魏.72-23 戰無不勝○不
知止者.72-25 解軍○去.73-1 ○與之伐齊.73-3 ○身與趙戰矣.73
-9 戰○勝.73-11 戰○不勝.73-12 然則吾中立○割窮齊與疲燕也.
73-12 ○齊不聽.73-17 ○齊燕之計過矣.73-18 ○務愛粟.73-23 則
亦不果於趙魏之應秦○伐周韓.74-3 令齊入於秦○伐趙魏.74-3 秦
東面○伐齊.74-4 然則是我抱空質○行不義於天下也.75-5 可以忠
太子○使楚益入地.75-9 變則是君抱空質○負名於天下也.75-15 齊
欲奉太子○立之.75-18 則太子且倍王之割○使齊奉己.75-19 齊奉
太子○立之.75-24 太子何不倍楚之割地○資齊.76-1 倍楚之割○延
齊.76-1 益割地○獻之.76-2 今已得地○求不止者.76-4 王因馳强
齊○爲交.76-6 然則是王去讎○得齊交也.76-6 ○楚功見矣.76-10
乃約車○暮去.76-11 ○君弗知.76-15 奉王○代立楚太子者.76-18
忠王○走太子者又蘇秦也.76-19 以其爲齊薄○爲楚厚也.76-20 以
能得天下之士○有齊權也.76-23 則是圍塞天下士○不利說途也.76
-25 ○於君之事殆矣.77-1○君不蚤親.77-2 故君不如因○親之.77
-2 貴○重之.77-2 止者千數○弗聽.77-9 流子○去.77-17 ○君入
之.77-18 ○孟嘗令人體貌○親郊迎之.77-22 ○薛亦不量其力.77-
25 ○爲先王立清廟.78-1 荆固○攻之.78-2 ○荆亦甚固.78-2 ○奉
我四馬百人之食.78-11 我無分寸之功○得此.78-11 如使○弗及也.
78-19 爲君舍人○內與夫人相愛.78-24 睹貌○相悅者.78-25 君召
愛夫人者○謂之曰.79-2 是足下倍先君盟約○欺孟嘗君也.79-8 孟
嘗君有舍人○弗悅.79-15 ○操銚鎒與農夫居壟畝之中.79-18 今使
人○不能.79-20 教人○不能.79-20 ○來害相報者.79-21 今君到楚
○受象牀.80-9 公孫戍趨○去.80-11 君召○返之.80-11 諫○得聽.
80-15 諫○止君之過.80-15 淳于髡一日○見七人於宣王.80-21 千
里○一士.80-22 是比肩○立.80-22 百世○一聖.80-22 若隨踵○至
也.80-23 今子一朝○見七士.80-23 夫鳥同翼者○聚居.80-24 獸同
足者○俱行.80-24 則郄車○載耳.81-1 ○取火於燧也.81-2 ○擅其
功.81-8 使秦弗有○失天下.81-13 是齊入於魏○救邯鄲之功也.81
-13 恐秦兼天下○臣其君.81-20 三國之與秦壤界○患急.81-20 齊
不與秦壤界○患緩.81-21 孟嘗君笑○受之曰.82-5 以爲貪○不知足.
82-13 請○見之.82-19 ○性懧愚.82-20 載券契○行.82-22 以何市
○反.82-22 驅○之薛.82-24 晨○求見.83-2 衣冠○見之.83-2 以
何市○反.83-3 因○賈利之.83-7 未得高枕○臥也.83-13 富○兵强.
83-16 ○欲媿之以辭.84-7 昭王笑○曰.84-9 ○因欲難寡人.84-10
○治可爲管商之師.84-14 退○自刎.84-16 昭王笑○謝之.84-17 立
千乘之義○不可陵.84-19 ○士未有爲君盡游者也.84-24 無不被繡
衣○食菽粟者.85-1 孟嘗君逐於齊○復反.85-6 非朝愛市○夕憎之
也.85-11 有敢去柳下季壟五十步○樵采者.85-20 ○建千石鐘.85-
24 ○百無不親附.86-2 徒步○處農畝.86-2 ○爲天子.86-5 安可得
○有乎哉.86-7 是故無其實○喜其名者削.86-10 無德○望其福者約.
86-10 無功○受其祿者辱.86-10 華○無其實德者也.86-11 自古及
今○能虛成名於天下者.86-13 是故成其道德○揚功名於後世者.86
-14 ○侯王以自謂.86-19 豈非下人○尊貴士與.86-19 ○世世稱曰
明主.86-20 然○形神不全.87-2 安行○反臣之邑屋.87-4 則再拜○
辭去也.87-4 先生王斗造門○欲見齊宣王.87-8 宣王因趨○迎之於
門.87-10 不使左右便辟○使工者何也.87-24 ○先問歲與民.88-5
豈先賤○後尊貴者乎.88-5 故有問舍本○問末者耶.88-6 乃進○問
之曰.88-7 是皆率民○出於孝情者也.88-12 此率民○出於無用者.
88-15 ○願爲役.88-17 行年三十○有七子.88-19 ○富過畢也.88-
21 子孰○與我赴諸侯乎.88-23 士何其易得○難用也.88-25 ○君鵝
鶩有餘食.88-25 ○士不得以爲緣.89-1 ○責士以所重事君.89-2 非
士易得○難用也.89-2 ○患之所從生者微.89-7 ○天下不聽.89-10
愛齊○憎秦.89-15 ○天下獨尊秦○輕齊.89-17 則天下愛齊○憎秦.
89-18 ○王以其間舉宋.89-19 故釋帝○貳之以伐宋之事.89-21 則
國重○名尊.89-22 ○後使天下憎之.89-23 臣聞用兵○喜先天下者
憂.90-3 約結○喜主怨者孤.90-4 ○遠怨者時也.90-4 必藉於權○
務興於時.90-5 ○時勢者.90-5 ○能事成者寡矣.90-6 ○劍非不利
也.90-8 衛八門土○二門墮矣.90-10 亦收餘甲○北面.90-12 譬之
衛矢○魏弦機也.90-13 藉力魏○有河東之地.90-13 楚人救趙○伐
魏.90-14 兵弱○好敵强.90-19 國罷○好衆怨.90-19 事敗○好鞠之.
90-19 兵弱○憎下人也.90-19 地狹○好敵大.90-20 事敗○好長詐.
90-20 行此六者○求伯.90-20 ○料兵之能.90-22 然○天下獨歸咎
於齊者.91-1 ○趙氏兼中山.91-2 ○宋越專用其兵.91-3 ○獨舉心
於齊者.91-3 約○好主怨.91-4 伐○好挫强也.91-4 莫若後起○重
伐不義.91-6 夫後起之藉與多○兵勁.91-7 則名號不攘○至.91-8
伯王不爲○立矣.91-9 莫如僅靜○寡信諸侯.91-9 則擯禍朽腐○不
用.91-11 幣帛矯蠹○不服矣.91-12 則不祠○福矣.91-12 不貸○見
足矣.91-13 强襲郢○棲越.91-14 ○卒身死國亡.91-15 此夫差平居
○謀王.91-15 强大○喜先天下之禍也.91-16 莒恃越○滅.91-17 蔡
恃晉○亡.91-17 有○案兵○後起.91-21 寄怨○誅不直.91-22 微用
兵○寄於義.91-22 則亡天下可跼足○須也.91-22 不相質○固.91-
23 不趨○疾.91-24 衆事○不反.91-24 交割○不相憎.91-24 俱彊
○加以親.91-24 形同憂○兵趨利也.91-25 ○用兵又非約質○謀燕
也.92-2 然○甚於相趨者.92-2 何則形同憂○兵趨利也.92-3 ○都
縣之費也.92-6 ○能從諸侯者寡矣.92-6 士聞戰則輸私財○富軍市.
92-7 輸飲食○待死士.92-7 令折轅○炊之.92-7 殺牛○觴士.92-8
有市之邑莫不止事○奉王.92-10 死者破家○葬.92-12 夷傷者空財
○共藥.92-12 完者內酺○華樂.92-12 十年之田○不償也.92-13 十
年之田○不償也.92-16 ○能從諸侯寡矣.92-16 ○士困於土功.92-
18 期數○能拔城者爲亟耳.92-18 故三下城○能勝敵者寡矣.92-19
○憂一主.92-21 然○智伯卒身死國亡.92-22 ○滅二子患也.92-22
中山悉起○迎燕趙.92-23 ○敵萬乘之國二.92-24 然○國遂亡.92-
25 ○守不可拔.93-3 一國得○保之.93-4 其士多死○兵益弱.93-4
守○不可拔者.93-5 其百姓罷○城郭露.93-5 ○城郭露於境.93-5
便弓引弩○射之.93-7 ○守必不拔.93-9 ○多與天下爲仇.93-10 素
用强兵○弱之.93-10 則五兵不動○諸侯從.93-11 辭讓○重賂至矣.
93-12 甲兵不出於軍○敵國勝.93-12 衝櫓不施○邊城降.93-12 士
民不知○王業至矣.93-13 曠日遠○爲利長者.93-14 地可廣○欲可
成.93-17 諸侯可同日○致也.93-18 在勞天下○自佚.93-19 亂天下
○自安.93-20 其强○拔邯鄲.93-23 ○令行於天下.94-2 有十二諸
侯○朝天子.94-2 故以一秦○敵大魏.94-3 ○從天下之志.94-7 ○
魏王處之.94-10 ○東次於齊.94-11 ○不以德魏王.94-12 ○魏將以
禽於齊矣.94-14 ○西河之外入於秦矣.94-14 使昌國君將○擊之.95
-6 齊使向子將○應之.95-6 人有當闕○哭者.95-11 人有當闕○哭
者.95-14 ○王不知戒焉.95-14 女朝出○晚來.95-21 則吾倚門○望.
95-22 女暮出○不還.95-22 則吾倚閭○望.95-22 刺○殺之.96-1
○聊城不下.96-6 智者不倍時○弃利.96-7 勇士不怯死○滅名.96-
8 忠臣不先身○後君.96-9 ○威不信於齊.96-10 願公之詳計○無與
俗同也.96-13 故定計○堅守之.96-14 交游攘臂○議於世.97-1 願
公熟計○審處一也.97-5 遺公子糾○不能死.97-8 幽囚○不出.97-
9 慙恥○不見.97-10 然○管子并三行之過.97-10 ○喪地千里.97-
13 出必死○不生.97-14 退○與魯君計也.97-15 ○辭氣不悖.97-18
一朝○反之.97-18 ○成終身之名.97-21 ○立累世之功.97-21 因
罷兵到讀○去.97-23 有老人涉菑○寒.98-4 單解裘○衣之.98-6 襄
王呼○問之曰.98-7 單收○食之.98-10 單解裘○衣之.98-10 ○單
亦憂之.98-11 單有是善○王嘉之.98-11 宜召田單○揖之於庭.98-
14 故爲酒○召貂勃.98-19 非貴跖○賤堯也.98-21 ○徐子不肖.98
-22 然○使公孫子與徐子鬬.98-22 猶時攫公孫子之腓○噬之也.98
-22 ○爲賢者狗.98-24 豈特攫其腓○噬之耳哉.98-24 楚王使將軍
將萬人○佐齊.99-2 ○社稷已安矣.99-2 楚王受○觴之.99-4 ○牽
留萬乘者.99-5 ○上下無別.99-6 ○王曰.99-8 田單免冠徒跣肉袒
○進.99-8 退○請死罪.99-9 ○王曰.99-9 吾爲吾之王禮○已矣.99
-10 召相田單○來.99-11 今王得安平君○獨曰單.99-16 ○王曰單.
99-17 燕人興師○襲齊墟.99-18 王走○之城陽之山中.99-19 ○反
千里之齊.99-20 闔城陽○王.99-21 然○計之於道.99-21 ○迎王與
后於城陽山中.99-22 王乃殺九子○逐其家.99-25 攻狄○不下.100
-5 上車弗謝○去.100-5 三月○不克之也.100-5 坐○織蕢.100-10
○士卒無生之氣.100-12 莫不揮泣奮臂○欲戰.100-13 ○馳乎淄澠
之間.100-14 因以爲辭○攻之.100-21 憐○常竊衣食之.100-25 女
無謀○嫁者.101-3 ○解此環不.101-8 王何以去社稷○入秦.101-17
齊王還車○反.101-18 卽墨大夫與雍門司馬諫○聽之.101-19 ○
在阿鄄之間者百數.101-22 王收○與之百萬之衆.101-22 ○在城南
下者百數.101-24 王收○與之百萬之師.101-25 乃西面○事秦.102
-2 齊王不聽卽墨大夫○聽陳馳.102-3 餓○死.102-4 是從齊○攻楚.
103-5 ○令兩萬乘之國.103-6 好利○惡難.103-11 彼懼吾兵○營我
利.103-13 ○楚果弗與地.103-19 虎求百獸○食之.103-23 觀百獸
之見我○敢不走乎.104-2 虎不知獸畏己○走也.104-3 ○專屬之昭
奚恤.104-5 王召江乙○問焉.104-8 ○日强魏.104-11 ○魏無楚憂.
104-15 ○有楚之不救己也.104-17 必與魏合○日謀楚.104-17 ○見
楚救之不足畏也.104-19 ○齊秦應楚.104-20 ○力不能.104-23 ○

魏入吾君臣之間. 105-3 ○天下信之. 105-4 人有以其狗爲有執○愛之. 105-7 當門○噬之. 105-8 ○王終已不知者. 105-17 以王好聞人之美○惡聞人之惡也. 105-17 見君莫不斂衽○拜. 105-21 撫委○服. 105-21 王過舉○已. 105-22 財盡○交絕. 105-24 華落○愛渝. 105-24 ○無目深自結於王. 106-1 三年○弗言. 106-4 有狂兕牂車依輪○至. 106-8 王親引弓○射. 106-9 壹發○殪. 106-9 王抽旃旄○抑兕首. 106-9 仰天○笑曰. 106-10 安陵君泣數行○進曰. 106-11 又何如得此樂○樂之. 106-13 貴甚矣○主斷. 106-20 客辭○去. 107-1 昭奚恤已○悔之. 107-1 謂○不得. 107-2 ○秦. 107-6 ○楚以上梁應之. 107-7 秦人一夜○襲之. 107-8 秦人一夜○襲之. 107-9 ○太子有楚秦以爭國. 107-16 目與公叔爭國○得之. 107-18 然○不死. 107-20 今將倒冠○至. 107-20 ○令私行. 107-24 得趙○王無加焉. 108-1 杜赫怒○不行. 108-3 取十官○無罪. 108-10 然○不可相秦. 108-11 且王嘗用滑於越○納句章. 108-12 故楚南察瀨胡○野江東. 108-14 越亂○楚治也. 108-15 ○忘之於秦. 108-16 今乃欲西面○事秦. 108-25 則諸侯莫不南面○朝於章臺之下矣. 108-25 患至○後憂之. 109-5 ○有事人之名. 109-11 此所謂養仇○奉讎者也. 109-13 夫爲人臣○割其主之地. 109-14 ○韓魏迫於秦患. 109-20 故謀未發○國已危矣. 109-21 ○無所終薄. 109-23 無以異於驅羣羊○攻猛虎也. 110-5 今大王不與猛虎○與羣羊. 110-5 非秦○楚. 110-7 非楚○秦. 110-7 ○大王不與秦. 110-8 魏則從風○動. 110-9 聚羣弱○攻至强也. 110-11 不料敵○輕戰. 110-12 國貧○驟舉兵. 110-12 言其利○不言其害. 110-14 循江○下. 110-16 下水○浮. 110-17 不至十日○距扞關. 110-18 南面○攻. 110-20 ○楚恃諸侯之救. 110-21 ○忘强秦之禍. 110-22 且大王嘗與吳人五戰三勝○亡之. 110-23 有偏守新城○居民苦矣. 110-24 ○民弊者怨於上. 110-25 ○逆强秦之心. 110-25 ○韓魏以全制其後. 111-6 不至數月○宋可舉. 111-10 舉宋○東指. 111-11 封爲武安君○相燕. 111-12 齊王因受○相之. 111-13 居二年○覺. 111-13○欲經營天下. 111-14 韓求相工陳籍○周不聽. 112-5 魏求相綦母恢○周不聽. 112-5 今儀曰逐君與陳軫○王聽之. 112-7 ○儀重於韓魏之王也. 112-8 ○王不知察. 112-12 壹瞑○萬世不視. 112-21 未明○立於朝. 112-25 日晦○歸食. 112-25 ○財於柱國. 113-2 顧○大息曰. 113-7 壹瞑○萬世不視. 113-9 赴强敵○死. 113-12 七日○薄秦王之朝. 113-14 瘨○殫悶. 113-15 秦王聞○走之. 113-15 與吳人戰於濁水○大敗之. 113-21 ○百姓大治. 114-2 馮○能立. 114-10 式○能起. 114-10 忍○不入. 114-10 然○不避. 114-11 皆可得○致之. 114-12 ○魏秦之交必惡. 115-7 秦恐且因景鯉蘇厲○效地於楚. 115-10 必不求地○合於楚. 115-12 恐秦之變○聽楚也. 115-21 必悉起○擊楚. 115-22 ○以利三國也. 115-23 秦進兵○攻. 115-23 秦王惡與楚相弊○令天下. 115-24 秦可以少割○收害也. 116-1○燕趙魏不敢不聽. 116-1 秦王有愛女○美. 116-8 必厚尊敬親愛之○忘子. 116-12 子益賤○日疏矣. 116-12 ○秦必重子. 116-14 ○有秦楚之用. 116-21 君不如使人微要靳尙○刺之. 116-22 秦構兵○戰. 116-24 ○與天下攻楚. 117-3 王不如與之盟○歸之. 117-3 太子辭於齊王○歸. 117-7 請追○問傅. 117-9 許强萬乘之齊○不與. 117-17 請與○復攻之. 117-18 有萬乘之號○無千乘之用也. 117-21 許萬乘之强齊也○不與. 117-25 與○復攻之. 118-3 ○王且見其誠然也. 118-6 ○北獻地五百里於齊. 118-7 人臣莫難於無妬○進賢. 119-8 至於無妬○進賢. 119-10 必知其無妬○進賢也. 119-11 亦必無妬○進賢. 119-11 辭○行. 119-15 今先生乃不遠千里○臨寡人. 119-16 逐○聽則可. 119-23 舍人怒○歸. 120-2 非知○見之者. 120-8 再拜○請曰. 120-15 願王召所便習○觴之. 120-16 乃召南后鄭褎○觴之. 120-16 張子再拜○請曰. 120-17 ○儀言得美人. 120-18 儀貴惠王○善睢也. 120-23 儀有秦○睢以楚重之. 120-25 今儀困秦○睢收楚. 120-25 將收韓魏輕儀○伐楚. 121-1 ○重儀於韓魏. 121-2 ○王親與約. 121-6 ○惡王之交於張儀. 121-7 王不如舉惠子○納之於宋. 121-10 ○謂張儀曰. 121-10 ○惠子窮人. 121-11 ○王奉之. 121-11 ○可以德惠子. 121-12 乃奉惠子○納之宋. 121-12 楚將入之秦○使行和. 121-15 ○公入之秦. 121-16 是明楚之伐○信魏之和也. 121-16 ○陰使人以請聽秦. 121-17 吾將使人因魏○和. 121-19 魏折○入齊秦. 121-21 ○交未定於齊秦. 121-22 ○得復楚. 122-2 前○驅己也. 122-8 因還走○冒人. 122-8 僞舉罔○進之. 122-9 僞舉罔○進者必衆矣. 122-10 然臣羞○不學也. 122-14 ○善君之業. 122-15 賁諸懷錐刃○天下爲勇. 122-16 西施衣褐○天下稱美. 122-16 ○令臣等爲散乎. 122-20 ○天下不知. 123-7 公舉○私取利. 123-8 ○積禍重於丘山. 123-9 擇其所喜○爲之. 123-12 擇其所善○爲之. 123-12 ○妬者. 123-13 是知困○交絕於后也. 123-23 令其一善○獻之王. 123-24 見菟○顧犬. 124-10 亡羊○補牢. 124-10 俛啄蚊虻○食之. 124-13 仰承甘露○飲之. 124-14 ○下爲螻蟻食也. 124-16 ○凌清風. 124-22 折清風○抎矣. 124-25 ○不以國家爲事. 125-4 繫己以朱絲○見之也. 125-5 ○戴方府之金. 125-9 ○不以天下國家爲事. 125-10 ○投己乎黽塞之外. 125-11 於是乃以執珪○授之爲陽陵君. 125-13 六十○盡相靡也. 125-21 ○公重不相善也. 125-22 ○公不善也. 125-23 隨○攻東國. 126-1 ○令行於天下也. 126-2 因奪○食之. 126-7 ○罪在謁者也. 126-9 臣食之○王殺臣. 126-9 ○明人之欺王. 126-10 殷王○夏亡. 126-17 魯弱○齊强. 126-18 夫人主年少○矜材. 126-22 故弒賢長○立幼弱. 126-23 廢正適○立不義. 126-24 崔杼帥其君黨○攻. 127-1 ○立其弟景公. 127-3 百日○殺之. 127-4 宿夕○死. 127-5 未至擢筋○餓死也. 127-6 臣爲王引弓虛發○下鳥. 127-17 更羸以虛發○下之. 127-19 其飛徐○鳴悲. 127-20 ○驚心未至也. 127-21 引○高飛. 127-22 ○後得見. 127-25 明願有問君○恐固. 128-2 三年○後乃相知也. 128-6 今君一時○知臣. 128-6 是君聖於堯○臣賢於舜也. 128-6 服鹽車○上大行. 128-8 下車攀○哭之. 128-11 驥於是俛○噴. 128-11 仰○鳴. 128-11 已○謁歸. 128-19 ○王無子. 128-25 ○人莫知. 129-3 誠以君之重○進妾於楚王. 129-4 妾賴天○有男. 129-4 ○言之楚王. 129-6 恐春申君語泄○益驕. 129-9 ○國人頗有知之者. 129-10 疾○不起. 129-15 ○君相少主. 129-15 因○代立當國. 129-15 王長○反政. 129-16 因○有楚國. 129-16 ○陰養死士之日久矣. 129-18 秉權○殺君以滅口. 129-19 ○李園女弟. 130-1 ○入之王所生子者. 130-1 ○呂不韋廢. 130-4 ○君之封地. 130-7 ○後不免殺之. 130-8 ○後王奪之. 130-9 然○不免奪死者. 130-10 今燕之罪大○趙怒深. 130-11 ○使所以信之. 130-15 若越趙魏○鬬兵於燕. 130-19 非楚之任○楚爲之. 130-20 圍晉陽○水之. 131-3 夫從韓魏之兵○攻趙. 131-6 今約勝趙○三分其地. 131-7 ○韓魏之君無憙志○有憂色. 131-8 夫勝趙○三分其地. 131-11 ○爲危難不可成之事. 131-12 ○解於攻趙也. 131-13 ○離二主之交. 131-14 趨○出. 131-14 韓魏之君視疵端○趨疾. 131-16 知伯帥趙韓魏○伐范中行氏. 131-21 好利○鷙復. 131-23 ○待事之變. 132-1 ○外怒知伯也. 132-4 趙襄子召張孟談○告之曰. 132-9 陽親○陰疏. 132-10 ○寡人弗與焉. 132-10 今吾安居○可. 132-11 ○尹澤循之. 132-12 君發○用之. 132-18 於是發○試之. 132-18 請發○用之. 132-20 因舒軍○圍之. 132-23 決晉水○灌之. 132-23 城中巢居○處. 132-24 懸釜○炊. 132-24 竈中○少親. 133-6 我謀未遂○知. 133-7 張孟談因朝知伯○出. 133-10 二主色動○意變. 133-14 旦暮當拔之○饗其利. 133-16 ○君得其所欲矣. 133-21 破趙○三分其地. 133-21 ○決水灌知伯軍. 134-2 知伯軍救水○亂. 134-2 韓魏翼○擊之. 134-3 大敗知伯軍○禽知伯. 134-3 今臣之名顯○身尊. 134-12 權重○衆服. 134-12 信忠在己○衆服焉. 134-14 ○耕負親之丘. 134-22 襄子往見張孟談○告之曰. 134-24 ○今諸侯孰謀我. 135-1 君其負劍○御臣以之國. 135-2 四國疑○謀敗. 135-4 始事范中行氏○不說. 135-6 去○就知伯. 135-6 ○將其頭以爲飲器. 135-8 ○其臣至爲報讎. 135-13 爲乞人○往乞. 135-14 子之道甚難○無功. 135-16 ○善事襄子. 135-17 子之得近○行所欲. 135-17 此甚易○功必成. 135-17 豫讓乃笑○應之曰. 135-18 且夫委質○事人. 135-19 ○求弒之. 135-20 襄子至橋○馬驚. 135-22 ○子不爲報讎. 135-25 然願請君之衣○擊之. 136-7 ○可以報知伯矣. 136-9 遂伏劍○死. 136-10 魏攻中山○不能取. 136-13 必不能越趙○有中山矣. 136-14 ○得地者. 136-15 ○示之不得已. 136-17 秦戰○勝三國. 136-19 秦必過周韓○有梁. 136-20 三國○勝秦. 136-20 腹擊爲室○鉅. 136-23 爵高○祿輕. 136-24 宮室小○帑不衆. 136-24 日百○舍. 137-5 今君殺主父○族之. 137-13 終日談○去. 137-18 昨日我談粗○君動. 137-19 今日精○君不動. 137-19 先生之計大○規高. 137-20 抵掌○談. 137-22 ○賢主惡之. 138-4 ○怨毒積惡. 138-5 以秦爲愛趙○憎韓. 138-6 秦豈得愛趙○憎韓哉. 138-7 欲鄰國聞○觀之也. 138-8 ○實伐空韓. 138-11 ○禍及於趙. 138-14 且物固有勢異○患同者. 138-14 又有勢同○患異者. 138-14 楚人久伐○中山亡. 138-15 ○至鉅鹿之界三百里. 138-16 則地與國都邦屬○壤挈者七百里. 138-17 且秦以三軍攻王之上黨○危其北. 138-19 今魯句注禁常山○守. 138-20 ○崐山之玉不出也. 138-22 嘗合橫○謀伐趙. 138-25 使秦發令素服○聽. 139-1 臣願大王深與左右羣臣卒計○重謀. 139-9 先事成慮○熟圖之也. 139-10 ○封地不定. 139-12 懼則可以不戰○深取割. 139-20 ○臣太守. 140-1 ○願爲趙. 140-5 召平原君○告之曰. 140-6 ○皆願爲趙. 140-7 ○趙受其利. 140-11 ○小弱顧能得之强大乎. 140-12 今不用兵○得城七十. 140-15 王召趙勝趙禹○告之曰. 140-17 今坐○得城. 140-18 馮亭垂涕○勉曰. 140-23 爲主守地○不能死. 140-24 ○以與人. 140-24 賣主之地○食之. 140-25 辭封○入韓. 140-25 自入○出夫人者. 141-9 ○三日不見. 141-9 以趙之弱○據之建信君. 141-17 則無功○惡秦. 141-20 則有功○善秦. 141-21 魏殺呂遼○衛兵. 141-24 亡其北陽○梁危. 141-24 河間封不定○齊危. 141-25 憂大者不計○構. 142-2 不待割○成. 142-3 ○遣之曰. 142-6 ○封之以武城. 142-9 訾然使趙王悟○知文也. 142-10 謹使可全○歸之. 142-11 三晉合○秦弱. 142-13 三晉離○秦强. 142-13 秦之有燕○伐趙. 142-14 有趙○伐燕. 142-14 有梁○伐趙. 142-14 有趙○伐梁. 142-14 有楚○伐韓. 142-15 有韓○伐楚. 142-15 弱○不能相壹. 142-16 ○相鬬兩罷. 142-18 ○歸其死於虎. 142-18

○尙相鬬兩敝. 142-19 ○歸其國於秦. 142-19 今攻楚休○復之. 142-22 苟來舉玉趾○見寡人. 142-23 ○離三晉. 143-1 ○欲攻燕. 143-1 食未飽○禍已及矣. 143-1 東面○攻韓. 143-2 割挈馬兔○西走. 143-3 割挈馬兔○西走. 143-5 秦必怒○循攻楚. 143-9 秦見三晉之大合○堅也. 143-10 ○多求地. 143-15 擇交○得則民安. 144-8 ○民不得安. 144-9 ○民不得安. 144-10 ○民不得安. 144-10 陰陽○已矣. 144-13 五伯之所以覆軍禽將○求也. 144-16 湯武之所以放殺○爭也. 144-17 今大王垂拱○兩有之. 144-17 則必舉甲○向趙. 144-22 然○秦不敢舉兵甲○伐趙者. 145-3 傅之國都○止矣. 145-5 ○勝敗存亡之機節. 145-11 ○以冥冥決事哉. 145-13 西面○攻秦. 145-15 西面○事之. 145-16 豈可同日○言之哉. 145-17 ○不與其憂. 145-19 博論○技藝之. 146-13 是故官無乏事○力不困. 146-14 多聽○時用之. 146-14 是故事無敗業○惡不章. 146-14 ○效之於一時之用也. 146-15 是以賢者任重○行恭. 146-16 知者功大○辭順. 146-17 ○世不妬其業. 146-17 求得○反靜. 146-19 功大○息民. 146-19 然○四輪之國也. 146-21 地廣○不耕. 146-22 民羸○不休. 146-22 則雖從○不止矣. 146-23 戰勝○國危者. 146-23 功大○權輕者. 146-23 德博○地廣. 147-5 國富○用民. 147-5 將武○兵强. 147-6 ○齊爲虛戾. 147-8 ○後受其殃也. 147-9 ○將非有田單司馬之慮也. 147-10 楚有四人起○從之. 147-16 臨懷○不救. 147-16 秦人去○不從. 147-16 不識三國之憎秦○愛懷邪. 147-16 忘其憎懷○愛秦邪. 147-17 夫攻○不救. 147-17 去○不從. 147-17 ○趙奢鮑接之能也. 147-18 ○馳於封內. 147-20 東收兩周○西遷九鼎. 148-3 然○心忿悁含怒之日久矣. 148-4 欲反覆齊國○不能. 148-8 ○韓魏稱爲東蕃之臣. 148-9 大斷右臂○求與人鬬. 148-11 失其黨○孤居. 148-11 毆韓魏○軍於河外. 148-13 破趙○四分其地. 148-14 面相見○身相結也. 148-15 ○適聞使者之明詔. 148-20 是以賢君靜○有道民便事之教. 149-2 ○卒世不見也. 149-5 用力少○功多. 149-6 ○享往古之勳. 149-6 ○世必議寡人矣. 149-8 ○禹袒入裸國. 149-12 非以養欲○樂志也. 149-12 欲以論德○要功也. 149-12 ○叔不服. 149-20 ○利民爲本. 149-21 ○令行爲上. 149-21 非以養欲○樂志也. 149-22 ○襲遠方之服. 150-6 是以聖人觀其鄉○順宜. 150-9 因其事○制禮. 150-10 所以利其民○厚其國也. 150-10 是以鄉異○用變. 150-12 事異○禮易. 150-13 儒者一師○禮異. 150-14 中國同俗○教離. 150-14 不知○不疑. 150-16 異於己○不非者. 150-16 ○無舟檝之用. 150-18 ○無騎射之備. 150-20 ○襄王兼戎取代. 150-23 ○叔也順中國之俗以逆簡襄之意. 151-1 ○忘國事之耻. 151-2 農夫勞○君子養焉. 151-7 愚者陳意○知者論焉. 151-7 ○襲遠方之服. 151-12 所以成官○順政也. 151-14 非所以觀遠○論始也. 151-14 且夫三代不同服○王. 151-15 五伯不同教○政. 151-15 ○愚者制焉. 151-16 ○禮與變俱. 151-17 承教○動. 151-18 聖人不易民○教. 151-25 知者不變俗○動. 151-25 因民○教者. 152-1 不勞○成功. 152-1 據俗○動者. 152-1 慮徑○易見也. 152-1 非所以教民○成禮也. 152-2 非所以教民○成禮者也. 152-4 宓戲神農教○不誅. 152-6 黄帝堯舜誅○不怒. 152-7 觀時○制法. 152-7 因事○制禮. 152-8 不相襲○王. 152-10 不易禮○滅. 152-11 ○循禮未足多也. 152-11 且服奇○志淫. 152-11 俗辟○民易. 152-12 ○求見子. 152-20 子謁病○辭. 152-20 失○累. 152-24 窮○不憂. 152-25 恭於教○不快. 153-5 和於下○不危. 153-5 ○臣無一焉. 153-6 ○王重命之. 153-9 微諫○不譁. 153-18 應對○不怨. 153-19 子道順○不拂. 153-19 臣行讓○不爭. 153-20 是變籍○棄經也. 154-3 今民便其用○王變之. 154-4 是損君○弱國也. 154-4 ○不觀於時. 154-8 ○不制於兵. 154-8 所以昭後○期遠也. 154-11 此坐○自破之道也. 155-5 ○天下服矣. 155-6 薄之柱上○擊之. 155-9 質之石上○擊之. 155-10 今以三萬之衆○應强國之兵. 155-10 ○鋒不入. 155-12 ○刃不斷. 155-12 操其刃○刺. 155-14 則未入○手斷. 155-14 ○爲此釣罕鐔蒙須之便. 155-14 ○徒以三萬行於天下. 155-15 ○以集兵三萬. 155-17 ○國圍攻焉. 155-20 ○索以三萬之衆. 155-22 ○野戰不足用也. 155-22 是事○不成. 156-5 今無約○攻齊. 156-8 請伐齊○存燕. 156-12 ○請內焦黎牛狐之城. 156-14 ○近於大國. 156-17 富丁恐主父之聽樓緩○合秦楚也. 156-25 秦楚必合○攻韓魏. 157-2 違齊○親. 157-5 今我順○齊不西. 157-5 齊無○西. 157-6 今我順○齊魏果西. 157-7 我約三國○告之秦. 157-8 是我以王因饒中山○取地也. 157-10 我分兵○孤樂中山. 157-12 ○以餘兵與三國攻秦. 157-13 是我一舉○兩取地於秦中山也. 157-13 請效地於魏○聽薛公. 157-15 故欲效地於魏○聽薛公. 157-16 ○請相之於魏. 157-17 此利於趙○便於周最也. 157-19 ○王不聽. 158-1 ○王辭利也. 158-1 ○與馬服之子戰於長平之下. 158-5 ○秦罷於邯鄲之下. 158-7 趙守○不可拔者. 158-7 以攻難○守者易也. 158-8 ○燕非有長平之禍也. 158-8 ○欲以罷趙攻强燕. 158-9 ○使强燕爲弱趙之所以守. 158-10 ○强秦以休兵承趙之敝. 158-10 ○弱越之所以霸. 158-11 ○辭應侯. 158-14 ○富至. 158-16 ○粱肉至. 158-16 ○驕奢至. 158-17 ○死亡至. 158-17 引兵○歸. 158-21 因使人索六城於趙○講. 158-21 焉有子死○不哭者乎. 159-1 ○婦人爲死者十六人. 159-2 ○於婦人厚. 159-3 ○言勿與. 159-6 ○趙王入朝. 159-9 割六縣○講. 159-9 倦○歸乎. 159-10 愛王○不攻乎. 159-11 必以倦○歸也. 159-12 倦○歸. 159-13 得無割其內○媾乎. 159-17 今秦釋韓魏○獨攻王. 159-19 至來年○王獨不取於秦. 159-21 得無更割其內○媾. 159-24 又割其力之所不能取○媾也. 159-25 ○不至失六城. 160-2 秦倦○歸. 160-3 ○取償於秦也. 160-4 孰與坐○割地. 160-5 秦善韓魏○攻趙者. 160-5 即坐○地盡矣. 160-6 則是弃前貴○挑秦禍也. 160-7 則無地○給之. 160-8 ○弱者不能自守. 160-9 今坐○聽秦. 160-9 秦兵不敝○多得地. 160-9 是强秦○弱趙也. 160-10 ○割愈弱之趙. 160-10 ○王之地有盡. 160-11 ○天下皆說. 160-15 曰我將因强○乘弱. 160-16 秦趙之敝○瓜分之. 160-18 ○何慰秦心哉. 160-21 非固勿予○已也. 160-22 并力○西擊秦也. 160-23 是王失於齊○取償於秦. 160-24 ○與秦易道也. 160-25 ○解二國患者. 161-6 ○忘人之功. 161-6 ○封以東武城. 161-8 ○君爲相國者以親故. 161-8 ○國人計功也. 161-10 寡人使卷甲○趍之. 161-15 不如發重使○爲媾. 161-16 ○制媾者在秦. 161-17 ○入於秦. 161-25 秦留趙王○后許之媾. 162-3 已○復歸帝. 162-8 今又內圍邯鄲○不能去. 162-13 吾請爲君責○歸之. 162-16 勝請召○見之於先生. 162-17 勝請爲紹介○見之於將軍. 162-18 魯連見辛垣衍○無言. 162-22 曷爲久居此圍城之中○不去也. 162-24 世以鮑焦無從容○死者. 162-25 弃禮義○上首功之國也. 163-1 彼則肆然○爲帝. 163-2 過○遂正於天下. 163-2 則連有赴東海○死矣. 163-2 率天下諸侯○朝周. 163-8 ○齊獨朝之. 163-9 ○母婢也. 163-11 十人○從一人者. 163-14 鬼侯有子○好. 163-20 喟然○歎. 163-21 百日○欲舍之死. 163-22 夷維子執策○從. 163-23 子安取禮○來待吾君. 163-25 退○聽朝也. 164-2 吾將伏劍○死. 164-5 賭其一戰○勝. 164-8 欲從○帝之. 164-9 且秦無已○帝. 164-9 ○予其所謂賢. 164-11 ○與其所愛. 164-11 梁王安得晏然○已乎. 164-12 ○將軍又何以得故寵乎. 164-12 吾乃今日○知先生爲天下之士也. 164-14 秦軍引○去. 164-17 爲人排患釋難解紛亂○無所取也. 164-20 遂辭平原君○去. 164-21 ○令趙人多君. 164-23 ○令趙人愛君乎. 164-23 ○不能合遠. 164-24 ○不能自舉. 164-25 故事有簡○功成者. 164-25 四十餘年○秦不能得所欲. 165-2 ○慕思不可得之小梁. 165-3 鄭同因撫手仰天○笑之曰. 165-11 爲冠○敗之. 166-2 ○王必待工○后乃使之. 166-2 ○王不以予工. 166-4 駕犀首○驂馬服. 166-4 今子曰夢見竈君○言君也. 166-10 ○立司空狗. 166-14 色老○衰. 166-17 知老○多. 166-17 ○逐衰惡之色. 166-18 並驥○走者. 166-19 五里○罷. 166-19 乘驥○御之. 166-19 不倦○取道多. 166-19 君因言王○重責之. 166-21 未期年○葺亡走矣. 166-22 ○獨以趙惡秦. 166-25 ○天下交之. 167-1 從○有功乎. 167-3 從○無功乎. 167-3 足下卑用事者○高商賈乎. 167-8 ○謹司時. 167-9 時賤○買. 167-9 時貴○賣. 167-10 ○武王羈於玉門. 167-11 卒斷紂之頭○縣於太白者. 167-11 ○責文信侯少禮. 167-13 人有置係蹄者○得虎. 167-15 決蹯○去. 167-15 然○不以環寸之蹯. 167-16 ○君之身於王. 167-17 旦日贊羣臣○訪之. 167-21 ○居無幾何. 167-24 ○以兵襲趙. 168-1 ○地可多割. 168-2 ○能令王坐○天下致名寶. 169-3 ○臣竊怪王之不試見臣. 169-4 ○窮臣也. 169-4 ○取行於王者也. 169-7 則位尊○能卑者也. 169-16 ○陰構於秦. 169-21 以解其怨○取封焉. 169-21 ○陰鬻之於秦. 170-2 ○身朝於邯鄲. 170-3 ○趙無爲王行也. 170-4 ○乃令秦攻王. 170-5 人比然○後如賢不. 170-5 臣願王之曰聞魏○無庸見惡也. 170-15 ○無使秦之見王之重趙也. 170-17 ○皆私甘之也. 170-20 ○不敢相私也. 170-22 ○秦楚禁之. 170-25 齊乃令公孫衍說李兌以攻宋○定封焉. 170-25 ○宋置太子以爲王. 171-2 下親其上○守堅. 171-3 ○太子在外. 171-4 ○無庸致兵. 171-11 ○臣待忠之封. 171-12 則足下擊潰○決天下矣. 171-15 天下散○事秦. 171-20 得陰○搆. 171-23 若不得已○必搆. 171-24 ○秦侵約. 172-2 五國復堅○賓之. 172-2 若復不堅約○講. 172-3 且天下散○事秦. 172-5 ○求利於三晉. 172-8 ○君終不得陰. 172-9 皆起○行事. 172-11 ○君又不得陰. 172-12 以據魏○求安邑. 172-13 抱安邑○信秦. 172-14 ○君必不得陰. 172-16 與韓呡○攻魏. 172-17 ○燕趙應之. 172-18 秦因收楚○攻魏. 172-19 秦舉安邑○塞女戟. 172-19 ○君終身不得陰. 172-22 ○兵東分於齊. 172-23 ○君有終身不得陰. 173-1 ○趙宋同命. 173-3 ○收齊魏以成取陰. 173-5 固且爲書○厚寄卿. 173-8 ○惡臣者過文張. 173-10 ○王弗聽. 173-13 ○違者范座也. 173-18 ○未殺也. 173-21 ○得百里之地. 173-23 ○有一焉. 173-24 ○死者不可復生也. 173-25 ○魏王輕爲之殺無罪之座. 174-4 遽言之王○出之. 174-9 使將○攻趙. 174-11 ○以求安平君○將之. 174-13 君致安平君○將之. 174-14 ○求安平君○將之. 174-17 然則君奚求安平君○爲將乎. 174-19 乃引其兵○歸. 175-3 軍也縣釜○炊. 175-3 乃召趙莊○貴之. 175-15 則王必怒○誅建信君. 175-18 ○王不逐也. 175-24 ○王逐之. 175-24 是王輕强秦○重弱燕也. 175-24 欲言○不敢. 176-3 已○請其罪. 176-4 望我○笑. 176-5 談語○不稱師. 176-

5 交淺○言深. 176-5 夫望人○笑. 176-6 言○不稱師. 176-6 交淺○
言深. 176-7 席隴畝○廕庇桑. 176-7 陰移○授天下傳. 176-8 伊尹負
鼎俎○干湯. 176-8 姓名未著○受三公. 176-9○三公不得也. 176-10
今外臣交淺○欲深談可乎. 176-10 買馬○善. 176-16 買馬○惡.
176-17 然則買馬善○若惡. 176-18 然○王之買馬也. 176-18○社稷
不血食. 176-19 然○王不待工. 176-20 ○與建信君. 176-20 ○求所
欲於王者也. 176-23 ○禍在於所愛. 176-25 吾往賀○獨不得通. 177
-4 諒毅親受命○往. 177-7 ○使不得通. 177-9 請奉○西行之. 177-
12 ○鳳皇不翔. 177-20 ○騏驎不至. 177-20 受其弊○厚遇之. 177-
24 ○己因受之. 178-4 ○王之忠臣有罪也. 178-5○折韓魏招之. 178
-5 ○郎中甚妬之. 178-13 故謀○入之秦. 178-14 ○郎中之計中也.
178-15 故君不如遣春平侯○留平都侯. 178-15 ○贖平都侯. 178-16
因與接意○遣之. 178-16 太后盛氣○揖之. 178-22 入○徐趨. 178-23
至○自謝. 178-23 ○恐太后玉體之有所郄也. 178-24 老婦恃輦○
行. 178-25 ○臣衰. 179-4 願及未填溝壑○託之. 179-7 位尊○無功.
179-17 奉厚○無勞. 179-17 ○挾重器多也. 179-17○封之以膏腴之
地. 179-18 ○不及今令有功於國. 179-19 ○守金玉之重也. 179-23
○況人臣乎. 179-23 憍○輕敵. 181-5 鄰國懼○相親. 181-6 ○獨以
吾國爲知氏質乎. 181-9 怒○反. 181-16 樂羊爲魏將○攻中山. 181-
19 中山之君烹其子○遺之羹. 181-19 樂羊坐於幕下○啜之. 181-20
文侯賞其功○疑其心. 181-22 ○辭乎魏文侯. 181-24 ○成子之名.
182-1 夫鄉邑老者○先受坐之士. 182-2 子入○問其賢良之士○師事
之. 182-2 求其好掩人之美○楊人之醜者○參驗之. 182-3 夫物多相
類○非也. 182-4 此皆似之○非者也. 182-6 魏文侯與田子方飲酒○
稱樂. 182-12 ○子又附之. 182-19 ○衡山在其北. 182-23 ○禹放逐
之. 182-24 ○右天谿之陽. 182-24 ○湯伐之. 183-1 左孟門○右漳釜.
183-1 ○武王伐之. 183-2 且君親從臣○勝降城. 183-2 然○可得并
者. 183-3 ○與韓趙戰澮北. 183-7 直○不倚. 183-8 撓揀○不辟者.
183-9 出○謂左右曰. 183-23 ○謂寡人必以國事聽鞅. 183-24 孝公
受○用之. 184-1 然○廬田廡舍. 184-9 今乃有意西面○事秦. 184-14
○欲臣事秦. 184-20 故兵未用○國已虧矣. 184-21 偷取一旦之功
○不顧其後. 184-23 破公家○成私門. 184-23 不待倦○至梁. 185-9
魏南與楚○不與齊. 185-12 東與齊○不與趙. 185-12 ○欲恃詐僞反
覆蘇秦之餘謀. 185-17 秦挾韓○攻魏. 185-21 魏之亡可立○須也.
185-22 則大王高枕○臥. 185-24 ○能弱楚者莫若魏. 186-1 多言○輕
走. 186-2 魏之兵南面○伐. 186-2 夫虧楚○益魏. 186-3 攻楚○適秦.
186-3 秦甲出○東. 186-4 雖欲事秦○不可得也. 186-5 且夫從人多
奮辭○寡可信. 186-6 出○乘其車. 186-6 約一國○反. 186-6 成○封
侯之基. 186-7 齊魏約○伐楚. 186-14 ○魏弗救. 186-14 ○不敢深入
者. 186-16 以魏爲將内之於齊○擊其後. 186-16 ○疑之於楚也. 186
-18 欲走○之韓. 186-20 魏氏閉關○不通. 186-20 ○秦不受也. 186
-21 夫秦非不利有齊○得宋埊也. 186-22 ○秦信齊矣. 186-24 齊秦
合○涇陽君有宋地. 186-25 秦必疑齊○不聽也. 187-1 何爲飲食○無
事. 187-6 公可以居其中○疑之. 187-9 請謁○往. 187-10 ○以事因
犀首. 187-18 ○反於楚王. 187-24 令魏王召○相之. 188-2 道稱疾○
毋行. 188-6 子果無之魏○見寡人也. 188-7 重家○已. 188-12 張儀
欲以魏合於秦韓○攻齊楚. 188-15 以魏合於秦韓○攻齊楚. 188-17
○王之羣臣皆以爲可. 188-17 ○羣臣之知術也. 188-18 ○羣臣之知
術也. 188-20 齊楚怒○欲攻魏. 188-23 ○百姓無患. 188-24 今公相
○魏受兵. 188-24 魏戰○勝. 189-2 ○儀固得魏矣. 189-3 今儀相魏
○攻之. 189-5 則魏必圖秦○棄儀. 189-15 收韓○相衍. 189-15 因○
委之. 189-16 與之伐齊○存燕. 189-19 ○不與魏六城. 189-20 ○樹
怨○於齊秦也. 189-21 ○道塗宋衞爲制. 189-23 秦韓合○欲攻南陽.
190-2 何不陽與齊○陰結於楚. 190-6 ○與乘之. 190-7 ○與乘之.
190-8 魏令公孫衍乘勝○留於境. 190-10 然○臣能半衍之割. 190-12
○令秦講於王. 190-12 ○令趙. 190-13 王重其行○厚奉之. 190-13
○聽秦矣. 190-15 ○欲敗之. 190-16 ○和於東周與魏也. 190-17 ○
聽相之計. 191-10 ○不能成其功. 191-11 不過五月○趙破. 192-4 ○
二士之謀困也. 192-7 ○事已去矣. 192-8 夫難搆○兵結. 192-8 梁君
田侯恐其至○戰敗也. 192-10 召文子○相之魏. 192-18 ○蘇代曰.
192-23 衍將右韓○左魏. 192-23 文將右齊○左魏. 192-23 中道○不
可. 192-24 王之國雖滲樂○從之可也. 193-1 吾舉事○不利於魏. 193
-2 臣以爲身利○便於事. 193-4 ○先生弗受. 193-8 王聞之○弗任
也. 193-9 史舉不辭○去. 193-9 交臂○聽楚. 193-13 戰○不勝. 193
-14 ○又況存薔乎. 193-15 若戰○勝. 193-15 且爲棧道○葬. 193-18
雪甚如此○喪行. 193-19 ○以民勞與官費用之故. 193-21 ○不行
先王之喪. 193-21 ○以告犀首. 193-23 駕○見太子曰. 193-25 於是
出○爲之張於朝. 194-4 三日○後更葬. 194-5 ○雪甚. 194-6 先王必
欲少留○扶社稷安黔首也. 194-7 因弛期○更爲日. 194-7 若此○弗
爲. 194-8 又令魏太子未葬其先王○因又說文王之義. 194-10 無功○
還. 194-14 ○秦禁之. 194-14 請合○以伐宋. 194-15 ○與王爭得者.
194-17 ○王獨舉宋. 194-18 請剛柔○皆用之. 194-18 期於晤宋○已
矣. 194-20 ○竊爲王悲. 194-22 其次堅約○詳講. 195-2 則陰勸○弗
敢圖也. 195-6 則先鬻與國○以自解也. 195-7 則爲劫於與國○不得
已者. 195-8 ○以秦爲上交以自重也. 195-9 ○焉能免國於患. 195-9
○行其上. 195-10 ○生以殘秦. 195-11 ○西戎之兵不至. 195-16 ○
東夷之民不起. 195-16 ○臣以致燕甲○起齊兵矣. 195-17 奉陽君孟
嘗君韓呡周㝡周韓餘爲徒從○下之. 195-19 臣又說齊王○往敗之.
195-24 ○以齊爲上交. 195-25 ○果西因蘇脩重報. 195-25 然○所以
爲之者. 196-1 則胡不召文子○相之. 196-5 因召文子○相之. 196-6
將太子申○攻齊. 196-13 ○孫子善用兵. 196-15 魏王召惠施○告之
曰. 196-19 吾常欲悉起兵○攻之. 196-20 ○覇者知計. 196-21 疏於
度○遠於計. 196-22 ○後與齊戰. 196-23 王又欲悉起○攻齊. 196-23
則不如因變服折節○朝齊. 196-24 王游人○合其鬭. 196-25 以休
楚○伐罷齊. 197-1 願臣畜○朝. 197-2 ○得朝禮. 197-4 與魏和○下
楚. 197-4 ○禽太子申. 197-5 ○卑秦楚. 197-6 好用兵○甚務名. 197
-7 ○與之並朝齊侯再三. 197-8 自將○伐齊. 197-9 楚將内○立之.
197-14 是齊抱空質○行不義也. 197-15 折○樹之又生. 197-18 然○
不勝一人者. 197-19 樹之難○去之易也. 197-19 ○欲去子者衆. 197
-20 然則相者以誰○君便之也. 197-23 必右秦○左魏. 198-3 必右齊
○左魏. 198-4 必右韓○左魏. 198-4 ○欲丞相之璽. 198-6 ○持三萬
乘之國輔之. 198-7 其智能○任用之也. 198-14 今王之使人入魏○不
用. 198-15 魏必舍所愛習○用所畏惡. 198-16 夫舍萬乘之事○退.
198-17 是趙存○我亡也. 198-20 趙安○我危也. 198-20 ○使趙小心
乎. 198-22 不如用魏信○尊之以名. 198-22 國安○名尊. 198-23 國
危○權輕. 198-23 ○悔其過行. 199-4 堯舜之所求○不能得也. 199-
5 王何不倍秦○與魏王. 199-9 乃倍秦○與魏. 199-11 ○爲魏太子之
尚在楚也. 199-15 ○復固秦楚之交. 199-16 然○三人言○成虎. 199
-22 ○議臣者過於三人矣. 199-23 ○讒言先至. 199-24 帝女令儀狄
作酒○美. 200-3 禹飲○甘之. 200-4 和調五味○進之. 200-6 桓公食
之○飽. 200-6 遂推南之威○遠之. 200-7 楚王登强臺○望崩山. 200
-8 左江○右湖. 200-9 遂盟强臺○弗登. 200-10 左白台○右閭須.
200-11 前夾林○後蘭臺. 200-12 秦趙約○伐魏. 201-3 今大王收秦○
攻魏. 201-5 召相國○命之曰. 201-5 今不用兵○得鄴. 201-7 遽割五
城以合於魏○支秦. 201-11 臣聞明王不胥中○行. 201-14 ○秦兵不
下. 201-21 ○秦兵不下. 201-21 ○秦兵不可下. 202-1 走芒卯○圍大
梁. 202-6 ○邯鄲復歸. 202-8 ○燕國復歸. 202-9 ○地不并乎諸侯者.
202-9 以其能忍難○重出地也. 202-9 ○隨以亡. 202-10 ○宋中山可
無爲也. 202-11 夫秦貪戾之國○無親. 202-11 地未畢入○兵復出矣.
202-12 今王循楚趙○講. 202-14 楚趙怒○與王爭事秦. 202-15 必少
割○有質. 202-17 ○割八縣. 202-20 ○志必舉之. 202-25 攻○不能
拔. 202-25 ○得以少割爲和. 203-3 ○君後擇焉. 203-5 ○魏效絳安
邑. 203-5 ○君制之. 203-7 何求○不得. 203-7 何爲○不成. 203-7
臣願君之熟計○無行危也. 203-7 三年反○名其母. 203-12 反○名我
者. 203-12 ○以入朝爲後. 203-17 子患寡人入○不出邪. 203-17 入
○不出. 203-18 入不測之淵○必出. 203-19 ○許綰之首. 203-21 ○
殉王以鼠首. 203-21 ○王效其上. 203-24 僞病者乎○見之. 204-10
將使段干崇割地○講. 204-15 ○秦不以勝之上割. 204-17 是羣臣之
私○王不知也. 204-18 ○王因使之受璽. 204-20 ○欲地者制璽. 204
-20 譬猶抱薪○救火也. 204-22 ○秦之求無窮. 204-22 今君劫於羣
臣○許秦. 204-25 名醜○實危. 205-7 然○趙之地不歲危. 205-22 ○
民不歲死. 205-22 ○魏之地歲危. 205-22 ○民歲死者. 205-22 今又
行數千里○以助魏. 206-2 夫行數千里○救人者. 206-3 今魏王出國
門○望見軍. 206-4 雖欲行數千里○助人. 206-4 ○臺已燔. 206-7 ○
燕不救魏. 206-7 利行數千里○助人乎. 206-9 利出燕南門○望見軍
乎. 206-9 則道里近○輸又易矣. 206-10 ○封田文. 206-14 貪戾好利
○無信. 206-17 ○以憂死. 206-19 ○竟逐之. 206-19 ○再奪之國.
206-20 ○又況於仇讎之敵國也. 206-20 今大王與秦伐韓○益近秦.
206-22 ○王弗識也. 206-22 ○莫以此諫. 206-23 ○今負强秦之禍也.
207-1 絶韓之上黨○攻强趙. 207-3○以與趙兵決勝於邯鄲之郊. 207
-5 道涉○谷. 207-6 行三十里○攻危隘之塞. 207-6 ○所攻者甚難.
207-8 ○右上蔡召陵. 207-8 ○以之臨河内. 207-11 ○水大梁. 207-
13 然○秦之葉陽昆陽與舞陽高陵鄰. 207-14 隨安陵氏○欲亡之. 207
-15 有周韓○閒之. 207-20 ○國繼以圍. 207-22 ○禍若是矣. 207-
25 又況於使秦無韓○有鄭地. 207-25 楚魏疑○韓不可得○約也. 208
-2 ○請爲天下鴈行頓刃. 208-3 ○臣海内之民. 208-6 ○挾韓魏之
質. 208-7 如此則士民不勞○故地得. 208-8 然○無與强秦鄰之禍.
208-9 夫存韓安魏○利天下. 208-10 因○關之. 208-11 天下之西鄉○
馳秦. 208-15 ○趙無爲王有也. 208-18 晉人欲亡虞○伐虢. 208-22
宮之奇諫○不聽. 208-24 反○取虞. 208-24 ○并齊秦. 208-25 王賢
○有聲者相之. 208-25 聽秦○攻魏者. 209-2○又怒其不己善也. 209
-7 必令魏以地聽秦○爲和. 209-8 ○魏王不敢摞也. 209-9 公因寄
汾北以予秦○爲和. 209-11 ○不能拔. 209-14 ○以與魏. 209-17 何
故○弗有也. 209-18 ○使翟强爲和也. 209-21 臣見秦之必大憂可立

○待也. 211-8 得密須氏○湯之服桀矣. 211-11 昔曹恃齊○輕晉. 211-15 齊伐釐莒○晉人亡曹. 211-15 齊和子亂○越人亡繒. 211-16 伐榆關○韓氏亡鄭. 211-17 秦翟年穀大凶○晉人亡原. 211-18 齊魏伐楚○趙亡中山. 211-18 非獨此五國爲然○已也. 211-19 ○不可恃者. 211-21 ○不可恃者. 211-21 ○不可恃者. 211-22 ○信春申君之言. 211-23 ○久不可知. 211-24 ○以一人之心爲命也. 212-1 韓且坐○胥亡乎. 212-4 且割○從天下乎. 212-5 韓且割○從天下. 212-5 韓且割○從其所强. 212-7 且割○從其所不强. 212-8 韓將割○從其所强. 212-8 然○玆公爲從. 212-13 ○以資子之讎也. 212-15 ○韓魏壤梁. 213-5 今幸○於韓. 213-7 秦果釋管○攻魏. 213-10 不用子之計○禍至. 213-10 未卒○移兵於梁. 213-15 秦趙構難○戰. 213-20 不如齊趙○構之秦. 213-20 ○構之秦. 213-21 王欲焉○收齊趙攻荆. 213-22 欲焉○收荆趙攻齊. 213-22 秦趙久相持於長平之下○無決. 214-2 遇○無相. 214-9 且遇於秦○相秦者. 214-10 ○王不受. 214-15 ○養秦太后以地. 214-16 ○交疏於魏也. 214-19 帶劍○緩之. 214-24 楚人惡其緩○急之. 214-24 ○秦若此其甚. 215-1 ○以多割於韓矣. 215-4 ○伐韓矣. 215-5 過二周○攻王者. 215-16 中道○反. 215-18 方北面○持其駕. 215-19 ○離楚愈遠耳. 215-22 ○攻邯鄲. 215-24 ○離王愈遠耳. 215-24 猶至楚○北行也. 215-24 則趣趙○已. 216-13 齊楚約○欲攻魏. 216-15 遂約車○遣之. 216-18 大王已知魏之急○救不至者. 216-20 魏急則且割地○約齊楚. 216-23 ○强二敵之齊楚也. 216-24 乃引兵○去. 217-1 不可得○知也. 217-7 魏攻管○不下. 217-12 是臣○下. 217-17 今吾攻管○不下. 217-20 願君之生束縮高○致之. 217-20 ○君曰必生致之. 217-25 是使我負襄王詔○廢大府之憲也. 217-25 悍○自用也. 218-2 刎頸○死. 218-4 魏王與龍陽君共船○釣. 218-8 龍陽君得十餘魚○涕下. 218-8 ○得爲王拂枕席. 218-12 必褰裳○趨王. 218-14 ○近習之人相與怨. 218-19 ○國患不解. 218-24 ○魏之弱也甚. 218-25 ○王以是質秦. 218-25 王又能死○弗能棄之. 219-1 解患○怨報. 219-2 今由嫪氏善秦○交爲天下上. 219-7 天下孰不棄呂氏○從嫪氏. 219-8 天下必合呂氏○從嫪氏. 219-8 ○君以五十里之地存者. 219-15 ○君逆寡人者. 219-16 安陵君受地於先生○守之. 219-17 與臣○將四矣. 219-25 挺劍○起. 220-1 長跪○謝之曰. 220-2 ○安陵以五十里之地存者. 220-3 ○動千里之權者. 221-5 ○破三軍者. 221-5 ○我有兩趙也. 221-10 恐言○未必中於王也. 221-12 吾誰與○可. 221-13 臣請深惟○苦思之. 221-14 盡忠○已矣. 221-15 ○廢子之道乎. 221-19 ○廢子之謁乎. 221-20 韓卒超足○射. 222-2 交臂○服焉. 222-8 夫羞社稷○爲天下笑. 222-8 則棄前功○後更受其禍. 222-10 ○秦之求無已. 222-11 ○逆無已之求. 222-12 此所謂市怨○買禍者也. 222-12 不戰○地已削矣. 222-12 今大王西面交臂○臣事秦. 222-13 ○有牛後之名. 222-14 非麥○豆. 222-19 ○厮徒負養在其中矣. 222-22 見卒不過二十萬○已矣. 222-22 ○聽從人之甘言好辭. 223-5 ○聽須臾之說. 223-6 夫造禍○求福. 223-10 計淺○怨深. 223-10 逆秦○順楚. 223-10 ○能弱楚者莫如韓. 223-11 今王西面○事秦以攻楚. 223-12 夫攻楚○私其地. 223-13 轉禍○說秦. 223-13 客幸○教之. 223-15 晉用六卿○國分. 223-19 簡公用田成監止○簡公弒. 223-19 魏兩用犀首張儀○西河之外亡. 223-20 ○相公叔以伐秦. 223-25 今割矣○交不親. 224-8 馳矣○兵不止. 224-8 且王求百金於三川○不可得. 224-9 一旦○具. 224-10 是絶上交○固私府也. 224-10 五國約○攻秦. 224-12 兵罷○留於成皐. 224-12 王約五國○西伐秦. 224-16 天下且以是輕王○重秦. 224-16 且聽王之言○不攻市丘. 224-19 且反王之言○攻市丘. 224-19 故楚王卜交○市丘存. 224-20 令昭獻轉○與之處. 225-1 ○幾瑟. 225-2 ○昭獻. 225-2 故因○請秦王曰. 225-6 已○. 225-20 召陳軫○告之. 226-4 今又得韓之名都一○具甲. 226-4 此秦所以廟祠○求也. 226-5 ○免楚國之患也. 226-11 又非素約○謀伐秦矣. 226-17 ○信楚之謀臣. 226-20 率且正言之○已矣. 227-2 公仲遽起○見之. 227-3 ○公獨與王主斷於國者. 227-11 ○甘茂黨於魏. 227-12 ○公黨於楚. 227-13 ○公必之. 227-15 ○後委國於甘茂. 227-16 公求○得之. 227-22 是令行於楚○以其地德韓也. 227-22 公求○弗得. 227-22 ○交走秦也. 227-23 ○公過楚以攻韓. 227-23 ○誅齊魏之罪. 228-1 ○弗能得也. 228-5 秦王以公孫郝爲黨於公○弗之聽. 228-8 甘茂不善於公○弗爲公言. 228-9 今王聽公孫郝以韓秦之兵應齊○攻魏. 228-12 歸地○合於齊. 228-13 以韓秦之兵據魏○攻齊. 228-14 不求割地○合於魏. 228-15 公孫郝黨於齊○不肯言. 228-22 甘茂薄○不敢謁也. 228-22 且以善齊○絶齊乎楚. 229-1 將以合齊秦○絶齊於楚也. 229-3 齊無以信魏之合己於秦○攻於楚也. 229-4 ○且疑秦魏於齊. 229-8 因不罪○益其列. 229-8 若夫越趙魏○關兵於燕. 229-13 ○楚爲之. 229-14 必來以是○足矣. 229-21 ○君用之弱. 229-23 不若聽○備於其反也. 230-6 常仗趙○畔楚. 230-7 仗齊○畔秦. 230-7 ○無所入矣. 230-7 ○妾弗重也. 231-8 先生病○來. 231-12 韓急則折○入於楚矣. 231-14 ○秦師不下殽. 231-16 公仲且抑首○不朝. 231-17 不識坐○待伐. 231-19 魏折○入於楚. 232-2 ○陰善楚. 232-4 公恃秦○勁. 232-5 易三川○歸. 232-6 塞三川○守之. 232-6 公必先韓○後秦. 232-9 先身○後張儀. 232-9 是公之所以外者儀○已. 232-11 公叔爭之○不聽. 232-14 ○易必敗矣. 232-18 因以出襄子○德太子. 232-22 ○楚魏皆德公之國矣. 232-25 ○資之以秦. 233-6 馮君廣王○不聽公叔. 233-6 ○害於韓矣. 233-7 ○不患楚之能揚河外也. 233-9 ○令人爲公求武遂於秦. 233-10 毋秦患○得楚. 233-12 楚之縣○已. 233-12 ○交楚也. 233-13 舟漏○弗塞. 233-15 ○輕陽侯之波. 233-15 今公自以辯於薛公○輕秦. 233-16 是塞漏舟○輕陽侯之波也. 233-16 立韓擾○廢公叔. 233-19 立韓擾○廢公叔. 233-20 必周君○深怨我矣. 233-21 疾視○徐叱之. 234-1 ○以不得已之故來使. 234-2 彼將禮陳其辭○緩其言. 234-2 ○欲德於韓擾. 234-4 ○得全. 234-9 若戰○不勝. 234-10 走○不死. 234-11 ○幾瑟走也. 234-20 ○内收諸大夫以自輔也. 234-25 ○外得秦楚也. 235-4 韓大夫知王之老○太子定. 235-4 楚王聽○入質子於韓. 235-11 ○爲之請太子. 235-18 韓立公子咎○棄幾瑟. 235-19 ○德王矣. 235-20 楚將收秦○復之. 235-22 廢公叔○相幾瑟者楚也. 235-22 楚又收秦○復之. 235-23 公因以楚韓之兵奉幾瑟○内之鄭. 236-4 幾瑟得入○德公. 236-5 秦必留太子○合楚. 236-8 韓咎立爲君○未定也. 236-10 周欲以車百乘重○送之. 236-10 ○弗能禁也. 236-20 ○聶政謝曰. 237-5 ○行游諸侯衆矣. 237-7 徒幸○養老母. 237-9 然仲子卒備賓主之禮○去. 237-11 ○嚴仲子乃諸侯之卿相也. 237-14 枉車騎○交臣. 237-14 ○嚴仲子舉百金爲親壽. 237-15 ○親信窮僻之人. 237-17 ○政獨安可嘿然○止乎. 237-17 今足下幸○不棄. 237-23 語泄則韓舉國○與仲子爲讎也. 238-1 持兵戟○衛者甚衆. 238-3 韓傀走○抱哀侯. 238-4 是其軼賁育○高成荆矣. 238-12 今死○無名. 238-12 乃抱屍○哭之曰. 238-13 唯其母知之○已. 239-3 唯智者知之○已. 239-4 則主尊○身安. 239-5 則主卑○身危. 239-6 ○非公適束之. 239-6 ○公適束之. 239-10 是韓重○主尊矣. 239-11 ○西貴於秦. 239-11 操右契○爲公責德於秦魏之主. 239-11 裂地○爲諸侯. 239-12 若夫安韓魏○終身相. 239-13 此主尊○身安矣. 239-13 是公擇布○割也. 239-15 今有一舉○可以忠於主. 239-18 今天下散○事秦. 239-19 天下合○離秦. 239-19 ○獨厚取德焉. 239-22 秦令○不聽. 239-23 ○兵不决. 239-24 ○封於梗陽. 240-1 ○封於平原. 240-2 ○秦之爭機也. 240-3 ○攻我甚所愛. 240-8 無事○割安邑. 240-10 則晉楚智○韓秦愚也. 240-16 ○欲攻絳安邑. 240-19 秦之欲并天下○王之也. 240-25 合○相堅如一者. 241-3 申不害與昭釐侯執珪○見梁君. 241-6 非好卑○惡尊也. 241-6 非慮過○議失也. 241-7 ○信於萬人之上也. 241-9 ○重韓之權. 241-9 昭釐侯聽○行之. 241-10 申不害慮事○言之. 241-10 ○今之秦强於始之秦. 241-11 ○王與諸臣不事爲尊秦以定韓者. 241-11 ○王之諸臣忠莫如申不害也. 241-12 穆公一勝於韓原○霸西州. 241-14 晉文公一勝於城濮○定天下. 241-15 然○春秋用兵者. 241-17 吳人入越○户撫之. 241-20 身執禽○隨諸御. 241-21 與成○不盟. 241-22 遂殘吳國○禽夫差. 241-23 ○攻心不如吳. 241-25 ○君臣上下少長貴賤畢呼霸王. 241-25 臣竊以爲猶之井中○謂曰. 242-1 許異蹴哀侯○殪之. 242-3 ○許異終身相焉. 242-5 ○韓氏之尊許異也. 242-5 今日鄭君不可得○爲也. 242-6 然○吾弗爲云者. 242-7 今日天子不可得○爲也. 242-9 豈不爲過謀○不知尊哉. 242-10 ○許異獨取相焉者. 242-11 ○桓公獨取霸者. 242-12 ○以國先者. 242-13 則我立帝○霸. 242-16 韓陽役於三川○欲歸. 242-20 王於是召諸公子役於三川者○歸之. 242-21 然○見親秦. 242-24 ○韓之疏秦不明. 243-4 攻運○取之易矣. 243-9 ○不告韓. 243-11 使善扁鵲○無臂腫也. 243-14 ○善平原君乃所以惡於秦也. 243-15 ○恐楚之怒也. 243-18 ○不敢爲楚計. 243-20 吾欲以國輔韓珉○相之可乎. 243-22 ○使之主韓. 243-23 召韓侈○仕之. 244-7 以爲成○過南陽之道. 244-12 可得○知也. 244-17 公孫郝嘗疾齊韓○不加貴. 244-18 齊韓嘗因公孫郝○不受. 244-19 則諸侯之情僞可得○知也. 244-20 甘茂約楚趙○反敬魏. 244-22 ○無自左右也. 244-24 以臨齊○市公. 245-6 是棘齊秦之威○輕韓也. 245-10 秦招楚○伐齊. 245-19 以强秦○有晉楚. 245-22 周必寬○反之. 245-25 ○還之者魏也. 246-2 ○韓王失之也. 246-3 ○小國利之. 246-16 國形有之○存. 246-19 無之○亡者. 246-20 不可無○從者. 246-20 ○不能令狗無吠己. 247-1 ○不能令人毋議臣於君. 247-2 ○不能取千里. 247-7 ○難千里之行. 247-8 ○相國見臣不釋塞者. 247-9 秦再勝○趙三勝. 248-10 ○王以全燕制其後. 248-11 ○數十萬之衆. 248-14 ○重千里之外. 248-16 ○燕弱國也. 249-2 ○君甚不善蘇秦. 249-3 蘇秦能抱弱燕○孤於天下哉. 249-3 是驅燕○使合於齊也. 249-4 再拜○賀. 249-14 因仰○弔. 249-15 齊王桉戈○卻曰. 249-15 ○與死同患也. 249-17 ○深與强秦爲仇. 249-18 ○强秦制其後. 249-19 轉禍○爲福. 249-21 因敗○爲功. 249-21 故桓公負婦人○名益尊. 249-21 韓獻開罪○交愈固. 249-22 此皆轉禍○爲福. 249-22 因敗○爲功者也. 249-22 燕無故○得十城. 249-24 是棄强仇○立厚交也. 249-24 ○以十城取天下也. 249-25 願爲兄弟○請罪於秦. 250-3 ○燕王不館也. 250-8 ○足下迎臣於郊.

250-9 ○以事足下. 250-12 汙武王之義○不臣焉. 250-1 餓○死於首陽之山. 250-16 ○事弱燕之危主乎. 250-17 期○不來. 250-17 抱梁柱○死. 250-17 何肯楊燕秦之威於齊○取大功乎哉. 250-18 離老母○事足下. 250-22 ○謀進取之道. 250-23 主父大怒○笞之. 251-4 故妾一僵○棄酒. 251-4 適不幸○有類妾之棄酒也. 251-6 ○陰告厨人曰. 251-14 因反斗○擊之. 251-16 趙興兵○攻燕. 251-20 再圍燕都○劫大王. 251-20 驅趙○攻燕. 251-23 ○趙不敢妄動矣. 251-24 ○南無齊趙之患. 251-25 今大客幸○教之. 252-2 請奉社稷西面○事秦. 252-2 因見燕客○遣之. 252-8 竊釋鉏耨○干大王. 252-11 ○令人疑之. 252-19 ○令人知之. 252-19 謀未發○聞於外. 252-20 ○欲報之二年矣. 252-23 則寡人奉國○委之於子矣. 252-25 ○燕處弱焉. 253-2 ○自用也. 253-4 ○又以其餘兵南面○舉五千乘之勁宋. 253-6 ○包十二諸侯. 253-7 ○亡國之臣貪於財. 253-14 彼且德燕○輕亡宋. 253-15 ○蘇代與子之交. 253-20 ○齊宣王復用蘇代. 253-21 不勝○還. 253-22 禹授益○以啓爲吏. 254-5 ○以啓爲不足任天下. 254-5 啓與支黨攻益○奪之天下. 254-6 ○吏無非太子人者. 254-8 ○太子用事. 254-8 王因收印自三百石吏○効之子之. 254-8 ○噲老不聽政. 254-10 因○仆之. 254-12 將廢私○立公飭君臣之義. 254-13 蘇秦弟厲因燕質子○求見齊王. 254-23 ○欲得燕權. 254-25 已○讓位. 255-2 ○蘇代厲遂不敢入燕. 255-3 秦非不利有齊○得宋埊也. 255-7 秦必疑○不信蘇子矣. 255-9 ○襲破燕. 255-14 詘指○事之. 255-18 北面○受學. 255-18 先趨○後息. 255-18 先問○後嘿. 255-19 ○朝其門下. 255-22 寡人將誰朝○可. 255-24 安事死馬○捐五百金. 256-2 於是昭王爲隗築宮○師之. 256-6 ○寄質於齊. 256-13 名卑○權輕. 256-14 民勞○實費. 256-14 讎强○國弱也. 256-15○足下行之. 256-15 ○齊未加信於足下. 256-16 ○忌燕也愈甚矣. 256-16 夫民勞○實費. 256-17 ○世負其禍矣. 256-18 ○齊并之. 256-18 ○齊并之. 256-19○燕猶不能支也. 256-20 轉禍○爲福. 256-22 因敗○成功者也. 256-22 ○賈十倍. 256-23 ○後殘吳覇天下. 256-23 此皆轉禍○爲福. 256-24 因敗○爲功者也. 256-24 今王若欲轉禍○爲福. 256-24 因敗○爲功乎. 256-25 則莫如遥伯齊○厚尊之. 256-25 然○王何不使布衣之人. 257-4 燕趙破宋肥齊尊齊○爲之下者. 257-4 弗利○勢爲之者. 257-5 立爲三帝○以令諸侯. 257-8○歸楚之淮北. 257-10 ○王獨弗從也. 257-14 ○王從之. 257-14 名卑○國危. 257-15 名尊○國寧. 257-15 夫去尊寧○就卑危. 257-15 ○蘇氏去燕. 257-20 耕○食之. 258-2 織○衣之. 258-2 若自憂○足. 258-9 諸侯北面○朝. 258-10 諸侯西面○朝. 258-10 則諸侯不爲别馬○朝矣. 258-11 ○揆其兵之强弱. 258-12 ○名可立也. 258-12 故功不可成○名不可立也. 258-13 ○愚臣知之. 258-14 登丘東嚮○歎. 258-16 ○求扶持. 258-17 ○河間可取. 258-18 ○乃以與無能之臣. 258-21○得罪者乎. 258-24 吾已爲藥酒○待其來矣. 259-2 已○其丈夫果來. 259-2 於是因令其妾酌藥酒○進之. 259-3 半道○立. 259-3 寧佯躓○覆之. 259-5 於是因佯僵○仆之. 259-5 今妾奉○仆之. 259-6 縛其妾○笞之. 259-6 ○又況於當世之賢主乎. 259-9 然○周之俗. 259-14 舍媒○自衒. 259-14 弊○不售. 259-15 順○無敗. 259-15 售○不弊者. 259-15 唯媒○已矣. 259-15 楚得枳○國亡. 260-3 齊得宋○國亡. 260-4 乘夏水○下江. 260-7 五日○至郢. 260-7 乘夏水○下漢. 260-8 四日○至五渚. 260-8 一日○斷太行. 260-11 我起乎宜陽○觸平陽. 260-11 二日○莫不盡繇. 260-12 我離兩周○觸鄭. 260-12 五日○國舉. 260-12 魏棄與國○合於秦. 261-4 因犀首屬行○攻趙. 261-7 ○重魏. 261-8 ○燕趙之秦者. 261-17 ○天下由此宗蘇氏之從約. 261-20 臣死○齊大惡於趙. 262-4 今封○相之. 262-9 ○小人奉陽君也. 262-13 因是○倍之. 262-14 解○復合. 262-14 然○臣有患也. 262-17 臣死○齊趙不循. 262-17 ○後相效. 262-17 若臣死○必相攻也. 262-18 臣必勉之○求死焉. 262-18 堯舜之賢○死. 262-19 禹湯之知○死. 262-19 孟賁之勇○死. 262-19 烏獲之力○死. 262-19 臣以爲不若逃○去之. 262-21 ○爲之取秦. 262-22 伊尹再逃湯○之桀. 262-25 再逃桀○之湯. 262-25 ○以湯爲天子. 263-1 伍子胥逃楚○之吳. 263-1 ○報其父之讎. 263-2 今臣逃○紛齊趙. 263-2 望諸攻關○出逃. 263-5 願子還○視之. 263-12 去○顧之. 263-12 伯樂乃還○視之. 263-13 去○顧之. 263-13 一旦○馬價十倍. 263-13 入言之王○見之. 263-16 燕兵在晉○不進. 263-21 則是兵弱○計疑也. 263-22 王何不令蘇子將○應燕乎. 263-22 將○應弱燕. 263-23 是王破燕○服趙也. 263-23○以臣遺燕也. 264-1 ○與燕人戰於晉下. 264-3 ○報於閔王曰. 264-4 齊不幸○燕有天幸也. 264-8 故獻御書○行. 264-14 期於成事○已. 264-21 使齊大馬駭○不言燕. 264-24 且以爲公子功○封之也. 265-15 且太后與王幸○在. 265-16 ○太子卽位. 265-17 ○有齊人仕於燕者. 265-22 昭王召○謂之曰. 265-22 爭之○不聽. 265-23 子因去○之齊. 265-23 且以因子○事齊. 265-24 然○常獨欲有復收之之志若此也. 265-25 ○先使除患無至者. 266-4 公聽吾言○說趙王曰. 266-5 ○弱越乘其弊以霸. 266-6 ⊙强秦將以兵承王之西. 266-8 ○使强秦處弱越之所以霸也. 266-9 昌國君樂毅爲燕昭王合五國之兵○攻齊. 266-13 ○燕昭王死. 266-14 ○使騎劫代之將. 266-15 先王舉國○委將軍. 266-18 寡人豈敢一日○忘將軍之功哉. 266-19 遂捐燕○歸趙. 266-22○亦何以報先王之所以遇將軍之意乎. 266-23 ○又害於足下之義. 266-25 ○又不白於臣之所以事先王之心. 267-2 故察能○授官者. 267-5 論行○結交者. 267-5 ○以身得察於燕. 267-7 ○立之乎羣臣之上. 267-8 ○使臣爲亞卿. 267-8 故受命○不辭. 267-9 ○欲以齊爲事. 267-10 ○驟勝之遺事也. 267-11 則必舉天下○圖之. 267-12 舉天下○圖之. 267-12 起兵隨○攻齊. 267-16 隨先王舉○有之於濟上. 267-16 故裂地○封之. 267-22 故受命○弗辭. 267-23 功立○不廢. 267-24 名成○不毁. 267-24 賜之鴟夷○浮之江. 268-5 故沉子胥○不悔. 268-7 故入江○不改. 268-8 ○不察疏遠之行也. 268-13 王○不能自恃. 268-16 以事强○不可以爲萬世. 268-17 將柰何合弱○不能如一. 268-18 以其合兩○如一也. 268-20 今山東合弱○不能如一. 268-21 五人○車因行矣. 268-22 今山東三國弱○不能敵秦. 268-23 然○山東不知相索. 268-23 同舟○凌波. 268-25 如同舟○濟. 268-25 物固有勢異○患同者. 269-7 ○王不伐. 269-21 因其强○强之. 270-1 因其廣○廣之. 270-1 ○鷸啄其肉. 270-5 蚌合○拑其喙. 270-5 漁者得○并禽之. 270-7○未有適予也. 270-12 臣聞辭卑○幣重者. 270-13 辭倨○幣薄者. 270-13 今魏之辭倨○幣薄. 270-13 楚王使景陽將○救之. 271-3 ○攻魏雝丘. 271-6 乃引兵○去. 271-9 ○燕王不我信. 271-14 我且言子之奪我珠○吞之. 271-14 境吏恐○赦之. 271-16 王乃召昌國君樂間○問曰. 271-20 故君捐國○去. 272-2 ○君不肯聽. 272-3 行有失○故惠用. 272-12 ○君有失厚之累. 272-13 怨惡未見○明棄之. 272-15 ○明怨於外. 272-17 恐其適足以傷於高○薄於行也. 272-18 ○君不得厚. 272-19 ○君不得榮. 272-20 此一舉○兩失也. 272-20 三黜○不去. 272-22 惡往○不黜乎. 272-23 ○議寡人者遍天下. 272-25 輟○棄之. 273-2 怨○累之. 273-2 余且慝心以成○過. 273-4 不顧先王以明○惡. 273-4 ○天下服矣. 273-10 ○趙繫之. 273-11 ○燕不受命矣. 273-12 趙王以爲然○遣之. 273-13 ○與秦相距五十餘年矣. 273-16 國小○地無所取. 273-17 起兵○救燕. 273-19 願太傅幸○圖之. 273-23 ○積怨於燕. 274-3 ○棄所哀憐之交置之匈奴. 274-8 太子跪○逢迎. 274-13 跪○拂席. 274-13 太子避席○請曰. 274-14 一日○馳千里. 274-15 田光俛○笑曰. 274-19 幸○教之曰. 274-22 遂自剄○死. 275-2 太子再拜○跪. 275-3 有頃○後言曰. 275-4 ○欲不可足也. 275-8 ○李信出太原雲中. 275-10 因○刺殺之. 275-15 ○内有大亂. 275-15 ○不知所以委命. 275-17 今行○無信. 275-24 ○傷長者之意. 276-3 ○報將軍之仇者. 276-7 秦王必喜○善見臣. 276-9 ○右手揕抗其胷. 276-9 ○燕國見陵之耻除矣. 276-10 樊於期偏袒扼腕○進曰. 276-11 伏屍○哭. 276-13 ○爲留待. 276-19 今日往○不反者. 276-21 荆軻和○歌. 276-25 又前○爲歌曰. 277-1 於是荆軻遂就車○去. 277-3 ○得奉守先王之宗廟. 277-6 ○秦武陽奉地圖匣. 277-10 圖窮○匕首見. 277-14 ○右手持匕首揕抗之. 277-14 自引○起. 277-15 秦王還柱○走. 277-17 ○秦法. 277-18 ○卒惶急無以擊軻. 277-20 ○乃以手共搏之. 277-21 倚柱○笑. 277-25 ○論功賞羣臣及當坐者. 278-2 ○賜夏無且黄金二百鎰. 278-3 十月○拔燕薊城. 278-5 五歲○卒滅燕國. 278-8 ○虜燕王喜. 278-8 ○以筑擊秦皇帝. 278-9 不中○死. 278-10 臧子憂○反. 279-3 索救○得. 279-4 宋小○齊大. 279-4 夫救於小宋○惡於大齊. 279-4 ○荆王說甚. 279-5 我堅○齊弊. 279-5 ○荆王不至. 279-6 義不殺王○攻國. 279-12 是不殺少○殺衆. 279-12 鄰有弊輿○欲竊之. 279-14 鄰有短褐○欲竊之. 279-15 鄰有糟糠○欲竊之. 279-16 將移兵○造大國之城下. 280-1 破心○走. 280-6 帥師○歸. 280-7 ○徵師於宋. 280-9 夫梁兵勁○權重. 280-9 則吾何以告子○可乎. 280-14 徐其攻○留其日. 280-15 以待下吏之有城○已. 280-15 ○圍一城焉. 280-16 德施於梁○無怨於趙. 280-17 故名有所加○實有所歸. 280-18 必絶於宋○事齊. 280-25 ○貴不益爲王. 281-5 請必從公之言○還. 281-6 ○欲滿其意者衆. 281-7 將出○還. 281-8 與齊人戰○死. 281-9 小○生巨. 281-11 斬社稷○焚滅之. 281-13 ○國人大駭. 281-15 齊聞○伐之. 281-15 遂得○死. 281-16 見祥○不爲祥. 281-16 ○子有憂色何. 281-19 ○大國致之. 281-21 智伯果起兵○襲衛. 281-22 至境○反曰. 281-22 甚愛○有寵. 282-1 非有大罪○亡. 282-1 ○弗能復取者. 282-6 樗里子亦得三百金○歸. 282-13 秦魏交○不脩之日久矣. 282-18 至郎門○反曰. 282-20 羣臣盡以爲君輕國○好高麗. 283-2 ○挐薄輔之. 283-4 然○不免爲笑者. 283-16 ○中山後持. 284-7 召張登○告之曰. 284-8 ○欲伐寡人. 284-9 ○三國伐之. 284-12 必爲趙魏廢其王○務附焉. 284-13 豈若中山廢其王○事齊哉. 284-14 與之遇○許之王. 284-15 中山必喜○絶趙魏. 284-15 趙魏怒○攻中山. 284-16 中山急○爲君難其王. 284-16 是君廢其王○亡其國. 284-17 ○憂在負海. 284-20 與之遇○許之王. 284-20 是奪五國○益負海也. 284-20 致中山○塞四國. 284-21 必先與之王○故親之. 284-22 是君臨中山○失四國也. 284-22 果召中山君○許之王. 284-24 與之遇○許之王. 285-2 果與中山王○親之. 285-

3 中山果絶齊○從趙魏. 285-3 燕趙好位○貪地. 285-10 請令燕趙固輔中山○成其王. 285-11 請以公爲齊王○登試○說公. 285-12 地不虧○兵不用. 285-17 ○寡人不與聞焉. 285-19 因言告燕趙○無往. 285-25 ○已親之也. 286-2 中山因告燕趙○不往. 286-4 燕趙果俱輔中山○使其王. 286-5 固無請人之妻不得○怨人者也. 286-19 中山王悅○見之曰. 287-1 ○好聲色. 287-14 ○好勇力. 287-14 所傾蓋與車○朝窮閭隘巷之士者. 287-22 則耕者惰○戰士懦. 287-24 司馬子期怒○走於楚. 288-2 有二人挈戈○隨其後者. 288-3 中山君喟然○仰歎曰. 288-6 ○曰不可. 288-16 乃使五校大夫王陵將○伐趙. 288-25 東徙○不敢西向. 289-4 ○與戰之於伊闕. 289-5 ○羣臣相妬以功. 289-11 不約○親. 289-15 不謀○信. 289-15 不遂以時乘其振懼○滅之. 289-20 畏○釋之. 289-21 應侯慙○退. 290-3 ○弗下. 290-4 彊爲寡人臥○將之. 290-7 此所謂爲一臣屈○勝天下也. 290-11 此亦所謂勝一臣○爲天下屈者也. 290-12 臣寧伏受重誅○死. 290-14 王不荅○去. 290-15

【匠】 1

吾苦夫○人. 141-7

【戍】 19

今王許○三萬人與溫囿. 12-20 魏王因使孟卯致溫囿於周君而許之○也. 12-24 而出銳師以○梁絳安邑. 68-10 見孟嘗君門人公孫○曰. 79-25 公孫○曰. 80-5 公孫○曰. 80-6 臣○願君勿受. 80-10 公孫○趨而去. 80-11 公孫○曰. 80-12 公孫○曰. 80-14 許○以先人之寶劍. 80-16 公孫○曰. 80-17 出銳師以○韓梁西邊. 143-8 趙王因起兵南○韓梁之西邊. 143-13 卒○四方. 185-10 以止○大梁. 202-22 使山東皆以銳師○韓梁之西邊. 240-24 之卒者出士以○韓梁之西邊. 269-4 約○韓梁之西邊. 269-9

【列】 10

請效○城五. 103-17 周是○縣畜我也. 112-6 故貴爲○侯者. 134-11 其死士皆○之於上地. 140-13 守亭障者參○. 185-11 因不罪而益其○. 229-8 治○子圉寇之言. 236-14 夫○在萬乘. 256-13 比諸侯之○. 277-6 攻其○城. 289-25

【死】 269

則○. 2-9 周共太子○. 7-9 自令身○. 8-2 將○. 12-4 孝公已○. 15-9 厚養○士. 16-9 爲人臣不忠當○. 18-7 言不審亦當○. 18-7 不能○. 18-13 罪其百姓不能○也. 18-14 故民不○也. 18-16 斷○於前者比是也. 18-19 夫斷○與斷生也不同. 18-20 臣昧○望見大王. 21-10 有兩妻者○. 24-16 小者必○. 27-24 秦惠王○. 28-6 而寡人○不朽乎甘茂對曰. 28-25 秦○傷者衆. 30-12 太后病將○. 33-5 以○者爲有知乎. 33-6 明知○者之無知矣. 33-7 葬於無知之○人哉. 33-8 若○者有知. 33-8 良醫知病人之○生. 36-21 ○不足以爲臣患. 37-21 五帝之聖而○. 37-22 三王之仁而○. 37-22 五伯之賢而○. 37-23 烏獲之力而○. 37-23 奔育之勇焉而○. 37-24 ○者. 37-24 獨恐臣○之後. 38-7 ○亡之患. 38-10 臣○而秦治. 38-11 宿昔而○. 40-7 百日而餓○. 40-7 人臣之所樂爲○也. 41-13 與樂○者鬬. 41-14 其子○而不憂. 42-25 今子○不憂. 43-1 今子○. 43-2 傲欲○. 43-9 不若○. 43-12 臣願請藥賜○. 44-3 身雖○. 45-4 夫待○而後可以立忠成名. 45-9 然而身○於庸夫. 45-24 賜○於杜郵. 46-7 身○國亡. 49-21 韓魏父子兄弟接踵而○於秦者. 53-2 ○於干隧. 55-11 後子○. 55-12 君之罪至○. 57-4 臣不知卿所○之處矣. 58-18 武安君必○. 60-3 當○. 60-5 恐懼○罪於前. 60-6 賜將軍○. 60-9 武安君北面再拜賜○. 60-9 武安君○. 60-13 至身○國亡. 61-11 鄙臣不敢以○爲戲. 62-20 公往必得○焉. 63-13 戰而不○. 65-4 臣之父未教而○. 67-9 是欺○父也. 67-10 夫爲人子而不欺○父. 67-11 主必○辱. 68-5 民必○虜. 68-5 惠王○. 71-10 身且○. 72-25 楚王○. 75-3 齊王夫人○. 77-6 各○其處. 81-7 僅得免其○耳. 83-12 皆得其○. 84-24 ○也. 85-10 ○不赦. 85-21 曾不若○士之壟也. 85-22 ○者士之所重. 89-1 而卒身○國亡. 91-15 輸飲食而待○士. 92-7 尸○扶傷. 92-11 ○者破家而葬. 92-12 故其費與○傷者鈞. 92-12 然而智伯卒身○國亡. 92-22 其士多○而兵益弱. 93-4 夫士○於外. 93-5 爲○士置將. 94-1 士卒多○. 96-6 勇士不怯○而滅名. 96-8 勇士不怯○. 96-11 今○生榮辱. 96-12 遺公子糾而不能○. 97-8 出必○而不生. 97-14 ○小耻也. 97-20 救百姓之○. 97-24 退而請○罪. 99-9 將軍有○之心. 100-12 無○之心. 100-15 贅子○. 100-19 君王后○. 101-13 餓而○. 102-4 願君必請從○. 106-2 然而不○. 107-20 士卒安難樂○. 110-3 通侯執珪○者七十餘人. 111-4 赴强敵而○. 113-12 ○之可惡. 114-10 魏相翟强○. 115-3 愛地不送○父. 117-10 且與○生. 118-11 爲主○易. 119-9 ○者以千數. 119-9 儀有○罪於大王. 120-17 惠王○. 120-21 今惠王○. 120-23 不偏於○. 123-6 楚王后○. 123-22 楚王○. 125-25 有不獻○之藥於荊王者. 126-6 且客獻不○之藥. 126-9 是○藥也. 126-9 此爲劫弒○亡之主言也. 126-22 宿夕而○. 127-5 未至擢筋而餓○也. 127-6 夫劫殺○亡之主也. 127-6 陰養○士. 129-9 而陰養○士之日久矣. 129-18 置○士. 129-24 園○士夾刺春申君. 129-25 孝公○. 130-8 惠王○. 130-9 然而不免奪○者. 130-10 知伯身○. 134-5 ○僇. 134-20 不避其○. 134-21 士爲知己者○. 135-8 且知伯已○. 135-12 知伯已○. 135-25 忠臣不愛○以成名. 136-6 雖○不恨. 136-7 遂伏劍而○. 136-10 ○之日. 136-10 不聽臣計則○. 137-14 則○之. 140-2 其○士皆列之於上地. 140-13 爲主守地而不能○. 140-24 而歸其○於虎. 142-18 犯姦者身○. 151-21 無逎其○. 151-23 驕奢不與○亡期. 158-17 而○亡至. 158-17 病○. 158-25 焉有子○而不哭者乎. 159-1 今○. 159-2 而婦人爲○者十六人. 159-2 尉復○. 161-15 世以鮑焦無從容而○者. 162-25 則連有赴東海而○矣. 163-2 ○則叱之. 163-12 百日而欲舍之○. 163-22 鄒君○. 164-3 吾將伏劍而○. 164-5 ○則不得飯含. 164-6 無說則○. 166-11 李兌必○. 170-1 以救李子之○也. 170-1 皆有○心. 171-4 ○不復見於王矣. 173-8 故臣○不復見於王矣. 173-11 范座○. 173-19 而○者不可復生也. 173-25 臣竊以爲與其以○人市. 174-1 客若○. 175-18 建信君○. 175-18 建信君不○. 175-19 沒○以聞. 179-6 公叔痤○. 184-1 牛馬俱○. 191-11 魏惠王○. 193-18 臣又爭之以○. 195-25 怨之至○不忘. 196-20 田需○. 197-22 田需○. 197-22 田需○. 198-2 身處○亡之地. 199-3 其樂忘○. 200-10 臣有○罪. 201-22 臣○. 201-22 臣則○人也. 202-2 且安○乎. 204-6 意雖道○. 204-12 而民不歲○. 205-22 而民歲○者. 205-22 民亦且歲○矣. 205-24 而以憂○. 206-19 雖○終不敢行. 218-1 刎頸而○. 218-4 信陵君聞縮高○. 218-5 ○之不如棄之之易也. 218-22 能○之弗能棄之. 218-23 王又能○而弗能棄之. 219-1 寡人雖○. 222-16 備不具者○. 229-18 走而不○. 234-11 今幾瑟○. 234-23 聶政母○. 237-13 遂以○. 238-7 今○而無名. 238-12 公仲珉○. 244-2 今公仲○. 244-4 安邑之御史○. 246-11 而與○同患也. 249-17 餓而○於首陽之山. 250-16 抱梁柱而○. 250-17 蘇秦○. 252-10 蘇秦○於齊. 253-20 及蘇秦○. 253-21 將軍市被○已殉. 254-16 ○者數萬衆. 254-17 燕王噲○. 254-20 馬已○. 256-1 安事○馬而捐五百金. 256-2 ○馬且買之五百金. 256-2 燕王弔○問生. 256-7 皆○秦之孤也. 261-15 代厲皆以壽○. 261-20 臣○而齊大惡於趙. 262-4 ○不足以爲臣患. 262-15 臣○而齊趙不循. 262-17 若臣○而必相攻也. 262-18 臣必勉之而求○焉. 262-18 堯舜之賢而○. 262-19 禹湯之知而○. 262-19 孟賁之勇而○. 262-19 烏獲之力而○. 262-19 生之物固有不○者乎. 262-20 苟無○. 264-20 而燕昭王○. 266-14 卽有○蚌. 270-6 卽有○鷸. 270-6 吾要且○. 271-16 趙民其壯者皆○於長平. 271-19 言光已○. 275-2 遂自剄而○. 275-2 言田光已○. 275-3 今田先生以○明不泄言. 275-5 人無不立○者. 276-16 不中而○. 278-10 與齊人戰而○. 281-9 遂得而○. 281-16 與○之心異. 283-1 我○. 283-5 嗣君○. 283-5 臣自知○至矣. 286-10 嘗餓且○. 288-4 臣父且○. 288-5 汝必○之. 288-5 故來○君也. 288-6 秦民之○者厚葬. 288-19 趙人之○者不得收. 288-20 今趙卒之○於長平者已十七八. 289-7 ○不旋踵. 289-15 臣推體以下○士. 289-22 ○傷者衆. 290-4 ○卒不可復生. 290-14 臣寧伏受重誅而○. 290-14

【成】 231

故衆庶○彊. 4-13 增積○山. 4-14 左○謂司馬翦曰. 7-10 事可○. 8-1 勉○之. 8-1 不可○. 8-1 故易○之曰. 13-4 且公之○事也. 14-5 文章不○者不可以誅罰. 15-21 不見○功. 16-8 朞年揣摩○. 16-23 收餘韓○從. 18-8 伯王之名不○. 19-2 然則是一舉而伯王之名可○也. 19-12 然則是一舉而伯王之名可○也. 19-19 而欲以○兩國之功. 19-22 伯王之名不○. 19-24 伯王之名可○也. 20-14 以○襄子之功. 21-7 以○伯王之名. 21-11 伯王之名不○. 21-13 左○謂甘茂曰. 21-17 弊兵勞衆不足以○名. 22-2 事○. 29-4 左○謂甘茂曰. 30-12 攻齊之事○. 34-11 攻齊不○. 34-13 君欲○之. 34-15 ○昭王之功. 34-18 ○君之功. 34-21 和不○. 35-14 五國罷○睪. 36-3 秦王欲爲○陽君求相韓魏. 36-3 ○陽君以王之故. 36-4 且收○陽君. 36-6 聖主明於○敗之事. 36-21 而文武無與○其王也. 37-16 功○名立利附. 39-7 則○睪之路不通. 39-17 韓聽而霸事可○也. 39-19 聞三人○虎. 43-22 ○功者去. 44-13 ○理萬物. 44-16 故君子殺身以○名. 45-3 夫待死而後可以立忠○名. 45-9 周公輔○王也. 45-12 功已○. 46-2 流血○川. 46-5 功已○矣. 46-6 功已○矣. 46-9 ○霸功. 46-11 ○功而不去. 46-12 號爲剛○君. 47-2 橫○. 51-11 從○. 51-11 ○橋以北入燕. 52-2 王以十○鄭. 53-24 使剛○君蔡澤事燕三年. 58-3 吾令剛○君蔡澤事燕三年. 58-7 則從事可○. 59-16 從事○. 59-16 封之○與不. 62-11 ○侯鄒忌爲齊相. 65-2 而○侯可走. 65-16 連衽○帷. 68-23 舉袂○幕. 68-23 揮汗○雨. 68-24 先○者飲酒. 72-20 一人蛇先○. 72-21 未○. 72-22 一人之蛇○. 72-22 計不決者名不○. 75-13 楚得○. 75-16 尙恐事不○. 76-2 楚交○. 76-10 廟○. 83-23 自古及今而能虛○名於天下者. 86-13 是故○其道德而揚功名於後世者. 86-14 周○王任周公旦. 86-20 而能事○者寡矣. 90-6 欲可○也. 90-23 地可廣而欲可○. 93-17 諸侯無○謀. 93-20 使諸侯無○謀. 93-22 謀○於堂上. 94-14 而○終身之名. 97-21 事○. 108-1 橫○則秦

帝. 109-10 取〇臯. 110-9 其不可〇也亦明矣. 111-15 所欲者不〇.
122-17 舊患有〇. 123-4 而爲危難不可〇之事. 131-12 〇功之美也.
134-16 臣觀〇事. 134-16 以〇其忠. 134-21 此甚易而功必〇. 135-
17 名既〇矣. 136-4 忠臣不愛死以〇名. 136-6 恐其事不〇. 138-9
先事〇慮而熟圖之也. 139-10 不待割而〇. 142-3 皆欲割諸侯之地以
與秦〇. 145-17 與秦〇. 145-18 韓守〇臯. 146-3 如是則伯業〇矣.
146-8 臣以從一不可〇也. 147-11 不識從之一〇惡存也. 147-20 一
軍軍於〇臯. 148-13 〇大功者. 149-11 愚者闇於〇事. 149-13 使王
孫緤告公子〇曰. 149-18 事〇功立. 149-23 以〇胡服之功. 149-25
公子〇再拜曰. 150-2 即之公叔〇家. 150-8 公子〇再拜稽首曰. 151
-4 所以〇官而順政也. 151-14 不勞而〇功. 152-1 非所以教民而〇
禮也. 152-2 非所以教民而〇禮者也. 152-4 逆主以自〇. 153-21 是
事而不〇. 156-5 則媾不可得〇也. 162-1 故事有簡而功〇者. 164-25
苦〇常謂建信君曰. 166-25 齊人李伯見孝〇王. 167-24 〇王說之.
167-24 孝〇王方饋. 167-25 孝〇王不應. 167-25 爲孝〇王從事於外
者. 168-2 〇其私者也. 169-6 則欲用王之兵〇其私者也. 169-15 留
天下之兵於〇臯. 169-20 今趙留天下之甲於〇臯. 170-1 則令秦攻魏
以〇其私封. 170-2 拖陰〇. 170-3 事必大〇. 171-13 罷於〇臯. 171
-18 内〇陽君於韓. 172-10 而收齊魏以〇取陰. 173-5 而〇子之名.
182-1 敢問就功〇名. 182-1 破公家而〇私門. 184-23 將〇斧柯. 185
-2 其不可以〇亦明矣. 185-17 〇而封侯之基. 186-7 伐齊〇. 187-
2 事〇功縣宋衛. 189-24 和〇. 191-5 和不〇. 191-5 而不能〇其功.
191-11 是臣終無〇功也. 192-14 〇恢爲犀首謂韓王曰. 193-12 事〇
則樹德. 196-14 不〇則爲王矣. 196-14 然而三人言而〇虎. 199-22
何爲而不〇. 203-7 從之不〇矣. 208-2 拖葛薜陰〇以爲趙養邑. 208
-18 〇陽君欲以韓魏聽秦. 215-3 王不如陰侯人說〇陽君曰. 215-3
〇陽君必不入秦. 215-6 今王動欲〇霸王. 215-23 吾先君〇侯. 217-
22 分地必取〇臯. 221-3 〇臯. 221-4 果取〇臯. 221-6 果從〇臯始.
221-7 大〇午從趙來. 221-9 韓北有鞏洛〇臯之固. 221-23 秦必求宜
陽〇臯. 222-9 東取〇臯宜陽. 223-7 夫塞〇臯. 223-8 簡公用田〇監
止而簡公弒. 223-19 兵罷而留於〇臯. 224-12 以〇陽資翟强於齊.
225-17 如此則伐秦之形〇矣. 231-18 則易必可〇矣. 232-15 事不〇.
234-15 是其軼賁育而高〇荆矣. 238-12 今秦魏之和〇. 239-6 今公
與安〇君爲秦魏之和. 239-9 〇固爲福. 239-9 不〇亦爲福. 239-10
秦魏之和〇. 239-10 安〇君東重於魏. 239-11 所謂〇爲福. 239-16
不〇亦爲福者也. 239-16 〇功名於天下. 241-16 非以求主尊〇名於
天下也. 241-18 越王使大夫種行〇於吳. 241-2 與〇而不盟. 241-22
然則强國事〇. 242-16 强國之事不〇. 242-16 强國之事〇則有福.
242-17 不〇則無患. 242-17 以爲〇而過南陽之道. 244-12 大怒於周
之留〇陽君也. 245-2 〇陽君爲秦去韓. 245-4 周〇恢爲之謂魏王曰.
245-25 〇恢因爲謂韓王曰. 246-1 因敗〇功者也. 250-1 伐齊之形〇
矣. 255-10 因敗而〇功者也. 256-22 則齊伯必〇矣. 257-13 故功可
〇. 258-12 故功不可〇而名不可立也. 258-13 非勢不〇. 259-16 夫
使人坐受〇事者. 259-16 出爲之以〇所欲. 262-4 以〇所欲. 262-20
期於〇事而已. 264-21 〇功之君也. 267-5 名〇而不毁. 267-24 不必
善〇. 268-4 王名終不〇. 269-21 〇其名. 270-1 燕王喜使栗腹以百
金爲趙孝〇王壽. 271-19 今君厚受位於先王以〇尊. 272-11 〇君之
高. 272-18 余且慝心以〇而過. 273-4 欲以〇大事之謀. 275-4 事所
以不〇者. 278-1 挾〇功. 280-5 欲霸之亟〇. 281-13 請今燕趙固輔
中山而〇其王. 285-11 事〇. 286-24 不〇. 286-24 欲〇之. 286-24
其交外〇. 288-23
【夷】 26
蠻〇之賢君. 28-14 楚苞九〇. 35-23 再戰燒〇陵. 46-3 必有伯〇之
廉. 46-20 或拔鄢郢〇陵. 51-16 〇傷者空財而共藥. 92-12 齊桓公得
管〇吾以爲仲父. 99-15 〇三族. 130-3 蠻〇之所義行也. 150-6 中國
不近蠻〇之行. 152-3 〇維子執策而從. 163-23 〇維子謂鄒之孤曰.
164-3 王不聞公子牟〇之於宋乎. 173-9 惡公子牟〇. 173-9 今臣之
於王非宋之於公子牟〇也. 173-10 盱〇爲董慶謂田嬰曰. 186-15 楚
破南陽九〇. 189-22 而東〇之民不起. 195-16 行雖如伯〇. 241-1 廉
如伯〇. 250-11 廉如伯〇. 250-15 寡人蠻〇辟處. 252-1 北〇方七百
里. 256-19 〇萬乘之强國. 267-25 賜之鴟〇而浮之江. 268-5 北蠻〇
之鄙人. 277-11
【邪】 19
以〇攻正者亡. 18-10 東有琅〇. 68-16 今雖干將莫〇. 90-7 松〇.
102-5 栢〇. 102-5 不識三國之憎秦而愛懷〇. 147-16 忘其憎懷而愛
秦〇. 147-17 事利國者行無〇. 149-24 脩禮無〇. 152-4 去〇無疑.
153-14 其不〇. 161-18 子患寡人入而不出〇. 203-17 寧以爲秦〇.
204-6 王獨不見夫博者之用梟〇. 204-25 豈敢以有求〇. 237-8 且以
趙王爲可親〇. 251-19 以故掩人之〇者. 272-9 世有掩寡人之〇.
272-10 則掩〇救過. 272-11
【至】 240
顔率〇齊. 1-5 顔率〇齊. 1-10 可懷挾提挈以〇齊者. 1-17 君之使又
不〇. 8-13 法令〇行. 15-5 忽於〇道. 16-14 歸〇家. 16-18 血流〇
足. 16-22 兵〇梁郭. 19-16 則此一計而三利俱〇. 26-13 而患必〇也.
26-18 則兩國兵必〇矣. 26-22 張儀〇. 27-2 從某〇某. 27-3 甘茂〇
魏. 29-3 甘茂〇. 29-5 故常先〇. 31-3 時〇而弗失. 34-15 語之〇者.
36-22 范睢〇秦. 37-4 〇於菱水. 38-1 先生乃幸〇此. 38-13 下〇大
臣. 38-15 〇尉内史及王左右. 41-1 行〇武安. 42-10 義之〇. 45-3
〇葵丘之會. 45-22 此皆乘〇盛不及道理也. 45-24 禍〇於此. 46-12
乃南襲〇鄧. 48-4 物〇而反. 51-23 致〇而危. 51-24 趙人聞之〇枝
桑. 54-18 燕人聞之〇格道. 54-18 臣豈以郢威王爲政衰謀亂以〇於
此哉. 54-23 君之罪〇死. 57-4 異人〇. 57-18 武安君〇. 60-4 〇身
死國亡. 61-11 齊貌辨行〇齊. 63-15 〇於薛. 63-20 靖郭君之於寡人
一〇此乎. 63-23 靖郭君〇. 64-2 不〇十日. 69-2 〇闈陽晉之道. 69
-5 而不察其〇實. 69-18 齊讓又〇. 71-11 犀首送之〇於齊壃. 72-11
〇歲八月. 77-14 淄水〇. 77-15 淄水〇. 77-17 〇於齊. 77-25 車
軼之所能〇. 78-17 〇楚. 79-24 所未〇之國. 80-9 〇中閭. 80-11 若
隨踵而〇也. 80-23 未〇百里. 83-10 事有必〇. 85-9 事之必〇者. 85
-10 此事之必〇. 85-11 慮願不〇. 86-11 〇聖人明學. 86-16 何以
〇今不業也. 88-9 何以〇今不業也. 88-11 〇老不嫁. 88-11 胡爲〇
今不朝也. 88-12 何爲〇今不殺乎. 88-15 則名號不攘而〇. 91-8 辭
讓而重賂〇矣. 93-12 士民不知而王業〇矣. 93-13 患〇則趨之. 93-
22 地坼〇泉. 95-11 地坼〇泉者. 95-13 燕救不〇. 96-17 王〇朝日.
98-14 無目曰〇此. 105-22 〇今未效. 106-4 有狂兕牂車依輪而〇. 106
-8 〇於新城. 107-5 今將倒冠而〇. 107-20 故爲王〇計. 109-2 患
〇而後憂之. 109-5 聚羣弱而攻〇强也. 110-11 〇郢三千餘里. 110-
16 不〇十日而距扞關. 110-18 不〇數月而宋可舉. 111-10 自從先君
文王以〇不穀之身. 112-16 楚國亡之月〇矣. 113-7 〇今無冒. 114-
5 子良〇齊. 118-11 悉五尺〇六十. 118-12 〇於無妬而進賢. 119-10
未〇. 120-21 〇數. 122-9 莊辛〇. 124-8 今事〇於此. 124-8 未〇
絞纓射股. 127-5 未〇擢筋而餓死也. 127-6 然則射可〇此乎. 127-18
然則射可〇此乎. 127-19 而驚心未〇也. 127-21 夫驥之齒〇矣.
128-8 又何〇此. 129-22 〇. 132-15 其高〇丈餘. 132-18 則其禍必〇.
133-7 而其臣〇爲報讎. 135-13 襄子〇橋而馬驚. 135-22 東流〇海.
137-12 風雨時〇. 138-3 而〇鉅鹿之界三百里. 138-16 〇於榆中千
五百里. 138-16 下〇韓慕王以天下收之. 139-8 趙勝〇曰. 140-21 乃
〇布衣之士. 144-3 臣以爲〇愚也. 147-4 臣以爲〇誤. 147-11 夫論
〇德者. 149-11 自常山以〇代上黨. 150-19 及〇三王. 152-7 〇遂胡
服. 154-14 〇榆中. 154-16 單不〇也. 155-23 而富〇. 158-16 而粱
肉〇. 158-16 而驕奢〇. 158-17 而死亡〇. 158-17 虞卿能盡知秦力
之所〇乎. 159-15 誠知秦力之不〇. 159-16 〇來年而王獨不取於秦.
159-21 而不〇失六城. 160-2 信陵君發兵〇邯鄲城下. 161-4 東藩之
臣田嬰齊後〇. 163-10 〇麴也. 164-24 〇輕也. 164-24 顧反〇坐.
165-21 告者復〇. 167-25 齊甲未嘗不歲〇於王之境也. 170-10 不〇
一二月. 171-23 不〇一二月. 172-19 何故〇今不遣. 176-14 〇秦.
177-7 使下臣奉其幣物三〇王廷. 177-8 而騏驥不〇. 177-20 〇而自
謝. 178-23 〇於趙之爲趙. 179-14 魏地方不〇千里. 185-7 從鄭〇梁.
185-9 從陳〇梁. 185-9 不待倦而〇梁. 185-9 公〇宋. 188-5 犀首期
齊王〇之曰. 190-21 先以車五十乘〇衛閒齊. 190-21 梁君田侯恐其
〇而戰敗也. 192-10 〇於牛目. 193-18 而西戎之兵不〇. 195-16 怨
之〇死不忘. 196-20 而讒言先〇. 199-24 〇旦不覺. 200-6 臣以爲自
天下之始分以〇于今. 202-25 從林軍以〇于今. 207-20 東〇陶衛之
郊. 207-22 北〇乎闞. 207-23 不用子之計而禍〇. 213-10 猶〇楚而
北行也. 215-24 丈人芒然乃遠〇此. 216-19 大王已知魏之急而救不
〇者. 216-20 大王之救不〇. 216-23 請使道使者〇縞高之所. 217-14
今臣爵〇人君. 218-12 執法以下〇於長輓者. 219-3 雖〇於門閭之
下. 219-4 何〇於此. 220-2 〇韓之取鄭也. 221-6〇不可勝計也. 222
-24 兵雖〇. 226-9 楚救不〇. 226-21 張翠〇. 231-11 周最行〇鄭.
233-23 今且以〇. 234-11 齊楚後〇者先亡. 235-25 〇齊. 236-25 然
〇齊. 237-7 臣之所以待之〇淺鮮矣. 237-14 遂西〇濮陽. 237-19 獨
行仗劍〇韓. 238-1 弟〇賢. 238-10 是其於主也〇忠矣. 239-22 進齊
宋之兵〇首坦. 244-10 不〇十日. 248-14 不〇四五日. 248-14 於是
齎蘇秦車馬金帛以〇趙. 248-19 信〇如此. 250-18 夫〇. 251-3 忠〇
如此. 251-5 故〇今有摩笄之山. 251-17 〇於邯鄲. 252-11 乃〇燕廷.
252-12 則百己者〇. 255-18 則什己者〇. 255-19 則若己者〇. 255-
19 則厮役之人〇. 255-20 則徒隸之人〇矣. 255-21 馬今〇矣. 256-
3 千里之馬〇者三. 256-4 燕兵獨追北入〇臨淄. 256-10 五日而〇郢.
260-7 四日而〇五渚. 260-8 〇公子延. 261-7 其疑〇於此. 262-24
〇於虚北垄行其兵. 264-23 使除患無〇. 266-2 而先使除患無〇者.
266-4 長驅〇國. 267-17 及〇棄羣臣之日. 268-1 故吳王遠迹〇於郢.
268-5 〇其相救助如一也. 268-25 秦之兵〇. 268-25 水皆〇滅表.
271-5 恐其禍〇. 273-22 〇其衰也. 274-15 太子送之〇門. 274-18 使
得〇前. 275-6 則禍〇燕. 275-11 〇燕南界. 275-23 〇易水上. 276-
24 既〇秦. 277-4 以次進〇陛下. 277-10 未〇身. 277-15 而荆王不

○.279-6 ○境而反曰.281-22 ○郎門而反曰.282-20 車○門.283-14 臣自知死○矣.286-10 臣來○境.287-5 東○竟陵.289-3 韓魏以故○今稱東藩.289-6 ○於平原君之屬.289-23 外救必○.290-1

【此】 461

所以備者稱○.1-20 ○健士也.7-14 君令弊邑以○忠秦.9-12 ○告楚病也.10-18 昭應聞○.10-18 温囿不下○.12-15 ○皆恃援國而輕近敵也.13-13 左尙以○得事.13-20 ○所謂天府.15-18 由○觀之.16-3 以○論之.16-15 ○眞可以說當世之君矣.16-23 當○之時.17-3 其○之謂乎.18-10 以○與天下.18-24 ○甚大功也.18-25 ○無異故.19-2 故由○觀之.19-6 ○固已無伯王之道一矣.19-15 ○固已無伯王之道二矣.19-21 ○固已無伯王之道三矣.19-24 以○與天下.21-9 ○王業也.22-1 ○臣所謂危.22-17 ○國累也.23-3 以○明臣之楚與不.24-20 若○.26-12 則○一計而三利俱至.26-13 ○乃公孫衍之所謂也.28-17 使○知秦國之政也.28-23 ○非臣之功.29-10 ○君之大時也已.34-17 ○燕之長利.34-19 ○除疾不盡也.34-21 以非○時也.34-21 ○臣之甚患也.35-8 ○亦百世之時也已.35-18 ○四寶者.36-17 ○臣之所大願也.37-25 ○臣之所恐耳.38-10 先生乃幸至○.38-13 ○天以寡人慁先生.38-13 ○天所以幸先王而不棄其孤也.38-14 先生柰何而言若○.38-15○所謂藉賊兵而齎盜食者也.39-4 今舍○而遠攻.39-5 爲○四者.40-1 ○亦淖齒李兌之類已.40-8 籍人以○.40-20 若有○.40-21 古之所謂危主滅國之道必從○起.41-7 亦不過○矣.42-17 ○其情也.43-7 ○令必行者也.43-18 ○令必不行者也.43-19 豈有○乎.44-12 若○三子者.45-3 ○皆乘至盛不及道理也.45-24 ○四子者.46-12 禍至於○.46-12 ○所謂信而不能詘.46-12 ○皆君之所明知也.46-14 ○亦秦之分功之時也.46-18 君何不以○時歸相印.46-19 ○則君何居焉.46-21○父兄之任也.48-24 ○講之悔也.49-4 ○又不講之悔也.49-5 ○乃方其用肘足時也.49-22 ○有其實而無其名者也.51-2 ○無其實而有其名者也.51-4 ○猶兩虎相鬬而駑犬受其弊.51-22 ○從生民以來.51-25 ○言始之易.52-15 ○二國者.52-17 從○觀之.52-23 ○正吳信越也.52-25 ○何也.53-1 隨陽右壤○皆廣川大水.53-10 ○皆平原四達.53-14 如○.54-1 ○四國者.54-5 臣豈以郢威王爲政衰謀亂以至於○哉.54-23 王若能爲○尾.55-16 王若不能爲○尾.55-17 ○言末路之難.55-19 若隨○計而行之.55-24 ○四士者.61-16 客有於○.62-20 ○爲一.63-20 ○爲二.63-23 靖郭君之於寡人一至○乎.63-23 殊不知○.63-24 ○齊貌辨之所以外生樂患趣難者也.64-6 非○也.64-12 ○用二忌之道也.65-24 由○觀之.66-17 ○所謂戰勝於朝廷.66-22 而○者三.67-2 ○不叛寡人明矣.67-4 ○其爲德也亦大矣.67-20 ○臣之所以爲山東之患.68-1 ○萬世之計也.68-10 ○臣之所謂齊必有大憂.68-12 ○所謂四塞之國也.68-17 ○王業也.71-17 ○臣之所謂託儀也.72-5 異貴於○者何也.72-17 不務爲○.73-23 我無分寸之功而得○.78-11 ○臣之所爲君取矣.78-21 願君以○從衞君遊.79-3 令其命如○.79-8 傷○若髮漂.80-1 齊有○勢.81-23 ○誰也.82-17 如○者三人.84-14 能致其如○者五人.84-15 客胡爲若○.84-17 ○事之必至.85-11 由○觀之.86-6 ○皆幸樂其名.86-11 ○二士弗業.88-12 ○率民而出於無用者.88-15 ○大資也.89-11 ○湯武之舉也.89-22 ○所謂以卑易尊者也.89-23 ○亡國之形也.90-10 ○皆非趙魏之欲也.90-17 行○六者而求伯.90-20 如○.90-23 ○十國者.91-3 大國行○.91-8 小國道○.91-12 ○夫差平居而謀王.91-15 ○皆內長詐.91-17 由○觀之.91-17 由○觀之.92-3 則○虛中之計也.92-10 天下有○再費者.92-16 ○用兵之盛也.92-21 ○用兵之上節也.92-25 由○觀之.93-1 ○固大王之所以鞭箠使也.94-5 ○天子之位也.94-9 ○臣之所謂比之堂上.94-15 ○其一時也.96-13 ○亦一計也.97-4 ○三行者.97-9 若○二公者.97-19 王惡得○亡國之言乎.99-12 惡得○亡國之言乎.99-18 且嬰兒之計不爲○.99-24 王不亟殺○九子者以謝安平君.99-24 當○之時.100-12○所以破燕也.100-13 而解○環不.101-8 如○.102-1 ○謂慮賢也.104-9 ○君子也.105-15 ○小人也.105-16 無目至○.105-22 誰與樂○矣.106-11 又何如得○樂而樂之.106-13 計王之功所以能如○者.108-14 ○霸王之資也.108-24 ○其勢不兩立.109-2 若○.109-4 ○所謂養仇而奉讎者也.109-13 無過○者.109-16 ○兩策者.109-17 ○危亡之術也.110-12 ○其勢不相及也.110-21 ○臣之所以爲大王之患也.110-22 ○所謂兩虎相搏者也.111-6 計無過於○者矣.111-7 臣以爲計無便於○者.111-18 ○所謂內攻之者也.112-11 大夫○言.112-23 當○之時也.113-3 ○猶一卒也.113-12 今○之謂也.113-19 ○蒙穀之功.114-2 ○古之人也.114-7 ○五臣者.114-12○非布衣之利也.116-16 未嘗見中國之女如○其美也.120-9 非有他人於○也.120-15 未嘗見人如○其美也.120-18 ○不失爲儀之實.121-12 於○因矣.122-7 今諸侯明知○多詐.122-10 於○困矣.122-11 ○孝子之所以事親.123-14 今事至於○.124-8 ○不恭之語也.126-21 ○爲劫弑死亡之主言也.126-22 由○觀之.127-7 然則射可至○乎.127-18 然則射可至○乎.127-19 ○孽也.127-19 ○所謂無妄之福也.129-16 ○所謂無妄之禍也.129-19 ○所謂無妄之人也.129-21 又何至○.129-22 ○百代之一時也.130-12 君釋○計.133-2 ○貪欲無厭也.134-5 ○先聖之所以集國家.134-15 ○天下之賢人也.135-13 ○甚易而功必成.135-17 大亂君臣之義者無○矣.135-18 凡吾所謂爲○者.135-19 ○必豫讓也.135-23 ○代馬胡駒不東.138-22 ○三寶者.138-23 ○王之明知也.139-3 ○百代之一時也.139-14 ○大利也.140-19○非吾所苦也.141-8 ○天下之所明也.142-13 ○天下之所明見也.142-15 國之舉○.143-6 ○三策者.144-20 ○臣之所以爲大王患也.144-23 ○臣之所以爲大王患也.145-7 ○臣之所患也.147-14○斷趙之右臂也.148-10 ○兩者.149-4 今王釋○.150-6 ○愚知之所明也.150-23 今君釋○.151-12 ○兩者.151-14 反○兩者.151-21 知○六者.153-8 ○坐而自破之道也.155-5 ○單之所不服也.155-7 而爲○釣罕鐔蒙須之便.155-14 距○奚難哉.155-17 君將以○何之.155-23 實爲○事也.156-19 ○利於趙而便於周最也.157-19 ○乃强吳之所以亡.158-11 坐○者多矣.158-18 僕得聞○.158-18 ○非人臣之所能知也.158-23 ○飾說也.159-8 ○彈丸之地.159-16 ○非臣之所敢任也.159-18 ○非臣之所敢任也.159-22 ○自盡之術也.160-1 ○飾說也.160-12 王以○斷之.160-19 如○.161-21 ○非必貪邯鄲.162-9 ○時魯仲連適游趙.162-11 其人在○.162-18 曷爲久居○圍城之中而不去也.162-24 必若○.164-5 王能重王之國若○尺帛.165-23 豈敢輕國若○.165-25 王有○尺帛.166-1 不宜急如○.167-21 ○召兵也.167-21 王以○疑齊.170-12 於魏王聽○言也甚詘.170-14 ○亦舉宋之時也.171-4 ○百代之一時也.171-9 ○兩地之時也.171-14 足下以○資臣也.171-15○君之累也.174-8○夫子與敵國戰.174-15 今君以○與齊.174-17 ○兩言者.174-24 無明○者矣.175-3 中山案○言於齊曰.175-9 齊聞○.175-9 ○皆能乘王之醉昏.176-23 ○必加兵我.177-4 趙能殺○二人.177-14 ○其近者禍及身.179-16 ○皆似之而非者也.182-6 ○晉國之所以强也.182-18 不從○也.182-22 恃○險也.182-23 有○險也.182-25 有○險也.183-2 ○吳起餘教也.183-9 ○非公叔之悖也.184-2 罪無過○者.184-12 ○其過越王勾踐武王遠矣.184-19 ○所謂四分五裂之道也.185-14 ○臣之所以爲大王患也.185-22 ○善事也.186-4 今秦見齊魏之不合也如○其甚也.186-23 ○儀之所以與秦王陰相結也.189-4 如○.189-15 雪甚如○而喪行.193-19 ○文王之義也.194-5 ○文王之義也.194-8 若○而弗爲.194-8 臣聞○言.194-22 秦必且用○於王矣.194-22 秦嘗用○於楚矣.194-25 又嘗用○於韓矣.195-1 ○非臣之所謂也.196-24 ○可以大勝也.197-5 ○其暴於戾定矣.197-6 以○語告之.198-8 ○魏王之所以不安也.198-16 ○魏信之所難行也.198-17 以○爲親.198-18 有一於○.200-12 今主君兼○四者.200-13 ○非但攻梁也.202-13 ○言幸之不可數也.202-19 ○非兵力之精.202-20 ○文之所以忠於大王也.205-24 ○國之利也.206-3 ○天下之所同知也.206-18 ○於其親戚兄弟若○.206-20 而莫以○諫.206-23 禍必百○矣.208-1 ○何也.208-4 如○則士民不勞而故地得.208-8 ○亦王之大時已.208-10 ○王之首事也.209-14 天下且以○輕秦.209-15 ○吾事也.209-25 有虵於○.211-4 ○五國所以亡者.211-19 非獨○五國爲然而已也.211-19 臣以○知國之不可必恃也.211-23 臣以○爲不完.212-1 謂玆公不知○兩者.212-12 ○魏之福也.213-7 無精於○者矣.213-15 而秦若○其甚.215-1 ○非楚之路也.215-21 ○非楚之路也.215-22 ○數者愈善.215-22 丈人芒然乃遠至○.216-19 ○大德也.217-9 受詔襄王以守○地也.217-22 ○辭反.218-2 ○重過也.219-1 ○庸夫之怒也.219-22 ○三子者.219-24 何至於○.220-2 ○安危之要.221-13 ○我將奚聽乎.221-20 無過○者矣.222-9 ○所謂市怨而買禍者也.222-12 無過於○者矣.223-7 計無便於○者也.223-13 ○以一易二之計也.226-2 ○秦所以廟祠而求也.226-5 ○必陳軫之謀也.226-18 若○.227-16 ○乃韓之寄地也.227-21 ○利於秦.227-24 ○善事也.227-24 臣恐國之以○爲患也.228-6 ○惠王之願也.228-19 ○武王之願也.228-20 ○二人.228-23 ○方其爲尾生之時也.230-8 如○則伐秦之形成矣.231-18 ○便於公.235-8 ○王業也.235-25 請問楚人謂○烏何.236-17 ○烏不爲烏.236-20 ○其勢不可以多人.237-25 ○爲我故也.238-13 ○吾弟軹深井里聶政也.238-14 ○主尊而身安矣.239-13 ○君國長民之大患也.239-20 ○韓珉之所以禱於秦也.240-10 ○其說何也.240-11 非爲○也.240-24 ○萬世之計也.240-25 ○以一勝立尊令.241-15 ○攻其心者也.241-22 ○攻其形者也.241-24 ○桓公許異之類也.242-14 ○皆絕地形.244-13 ○其家萬金.246-6 ○所謂天府也.248-7 ○燕之所以不犯難也.248-11 計無過於○者.248-16 ○一何慶弔相隨之速也.249-15 ○食烏喙之類也.249-19 ○皆轉禍而爲福.249-22 ○霸王之業矣.250-1 有○.250-13 廉如○者.250-16 信至如○.250-18 忠至如○.251-5 ○以忠信得罪者也.251-5 王自慮○則計過.252-17 ○必使王重矣.253-4 ○其君之欲得也.253-7 ○乃亡之之勢也.253-18 ○文武之時.254-18 如○其甚.255-8 ○古服道致士之法也.255-21 ○三者.256-15 ○所謂强萬乘之國也.256-19 ○皆轉禍而爲

福.256-24 則王何不務使知士以若○言說秦.257-17 今有人於○.
257-24 兼○三行以事王.257-25 子以○爲寡人東游於齊.258-19 吾
以○飲吾主父.259-3 以○事告吾主父.259-4 ○必令其言如循環.
261-12 秦旣如○其大.261-16 ○臣之所大患.261-17 而天下由○宗
蘇氏之從約.261-20 其疑至於○.262-24 ○寡人之過也.264-5 ○非
兵之過.264-8 當○之時也.265-24 然而常獨欲有復收之之志若○也.
265-25 ○臣之所爲山東苦也.268-18 ○臣之所爲山東苦也.269-2
○燕之上計也.269-5 不急爲○.269-5 山東不能堅爲○.269-9 ○必
皆亡.269-10 ○天下之無道不義.269-20 ○焉可以舍.271-5○一舉
而兩失也.272-20 ○寡人之愚意也.273-6 且非獨於○也.274-7 ○
天所以哀燕不棄其孤也.275-6 ○丹之上願.275-17○國之大事.275
-18 ○臣日夜切齒拊心也.276-11 ○王之所憂也.279-5 今有人於
○.279-14 ○爲何若人也.279-16 ○猶文軒之與弊輿也.279-17 ○
猶粱肉之與糟糠也.279-19 ○猶錦繡之與短褐也.279-20 爲與○同
類也.279-21 宋人止於○矣.280-17 ○臣之百戰百勝之術也.281-6
○小國之禮也.281-21 ○三言者.283-16 ○是欲皆在爲王.284-19
○所欲也.285-12 以○說齊王.285-23 ○所以廢之.285-23 ○王所
以存者也.285-24 若○不亡者.287-25 ○君之功.289-6 當○之時.
289-14 ○所謂爲一臣屈而勝天下也.290-11○亦所謂勝一臣而爲天
下屈者也.290-12

【光】 20

使若卞隨務○申屠狄.61-18 ○照鄰國.97-12 獻雞駭之犀夜○之璧
於秦王.111-22 燕有田○先生者.274-10 出見田○.274-11 田○曰.
274-12 田○曰.274-14 今太子聞○壯盛之時.274-15 ○不敢以乏國
事也.274-16 田○曰.274-18 田○俛而笑曰.274-19 ○與子相善.
274-21 今太子聞○壯盛之時.274-21 ○竊不自外.274-23 田○曰.
274-24 ○聞長者之行.274-24 今太子約○曰.274-24 是太子疑○也.
274-25 言○已死.275-2 言田○已死.275-3

【早】 8

使邊境○閉晚開.57-23 ○救之.64-17 不如○救之.64-18 不○圖.
98-7 故願大王之○計之.109-5 不可不○定也.130-7 封不可不○定
也.171-6 ○朝晏退.288-22

【吁】 1

○.44-13

【曳】 1

○綺縠.89-1

【曲】 12

出婦嫁鄉○者.24-4 取○沃.26-3 帶以河○之利.53-23 以○合於趙
王.60-2 ○撓而誅.65-4 趙可取唐○逆.73-12 昔者齊燕戰於桓之○.
91-25 三百里通於燕之唐○吾.138-20 ○學多辨.150-16 我起乎少
○.260-11 已得宜陽少○.261-1 北下○陽爲燕.273-16

【同】 67

其實○理.5-22 夫斷死與斷生也不○.18-20 費人有與曾子○名族者
而殺人.29-13 使臣得○行於箕子接輿.38-5 乃即與無子時○也.43
-3 乃與即爲梁餘子○也.43-4 今遇惑或與罪人○心.44-1 以○言郢
威王於側紂之閒.54-22 與○知社稷之計.61-4 異人而○辭.67-3 値
所以爲國者不○耳.72-9 夫鳥○翼者而聚居.80-24 獸○足者而俱行.
80-24 衣裘與之○之.84-23 形○憂而兵趨利也.91-25 何則形○憂
而兵趨利也.92-3 約於○形則利長.92-3 則○心於貫之者.93-8 諸
侯可○日而致也.93-18 願公之詳計而無與俗○也.96-13 少與之○
衣.108-17 長與之○車.108-18 曷惟其○.127-11 天下之美○.134
-17 且物固有勢異而患○者.138-14 又有勢○而患異者.138-14 豈
可○日而言之哉.145-17 禮服不○.150-12 不○其禮.150-14 中國
○俗而教離.150-14 賢聖不能○.150-15 與齊中山○之.150-18 且
夫三代不○服而王.151-15 五伯不○教而政.151-15 古今不○俗.
152-6 陰陽不○道.154-7 鄭○北見趙王.165-8 鄭○曰.165-9 鄭○
因撫手仰天而笑之曰.165-11 而趙宋○命.173-3 ○父母.185-17 如
是其○耶.188-19 又非皆○也.188-20 秦與戎翟○俗.206-16 此天
下之所○知也.206-18 是與公孫郝甘茂○道也.227-13 與新城陽晉
○也.240-7 不與古○.240-25 而與死○患也.249-17 是王與堯○行
也.254-3 與百姓○其甘苦.256-7 燕趙之所○利也.257-11 燕趙之
所○願也.257-11 楚魏之所○願也.267-14 子胥不蚤見主之不○量.
268-8 ○舟而凌波.268-25 如○舟而濟.268-25 物固有勢異而患○
者.269-7 燕趙○力.273-17 爲與此○類也.279-21 與北○.281-8
○欲者相憎.284-19 ○憂者相親.284-19 勠力○憂.288-20 一心○
功.289-15 二軍爭便之力不○.289-18 上下○力.289-24

【因】 292

子○令周最居魏以共之.4-1 ○令人謂周君曰.4-5 吏○囚之.4-17
○佐秦而伐韓魏.4-24 魏○以○.4-25 君若欲○最之事.6-2 無○事
也.6-14 ○告以祭地事.6-24 ○令人謂相國御展子廧夫空曰.7-13
○使人告東周之候曰.8-2 ○宣言東周也.8-6 ○令韓慶入秦.9-15
必○君而講.9-23 ○隨入以兵.10-5 ○以應爲太后養地.11-1 ○泄
之楚.11-18 魏王○使孟卯致溫囿於周君而許之成也.12-24 ○趙以
止易也.13-5 君○相之.14-3 以○于齊趙.22-16 ○令楚王爲之請相
於秦.22-21 楚王○爲請相於秦.22-22 ○而伐郭.23-16 ○而伐虞.
23-18 ○言軫也.23-21 寡人○問曰.24-24 楚○使一將軍受地於秦.
27-1 王不如○而賂之一名都.27-6 ○以文繡千匹.28-15 ○起兵襲
秦.28-17 ○悉起兵.29-22 ○以宜陽之郭爲墓.30-9 王○而制之.
30-24 ○自謂之曰.31-19 甘茂○入見王曰.31-20 ○天下之力.34-
18 今公東而○言於楚.35-8 范子○王稽入秦.36-8 ○謝王稽說.37-
2 ○謝不取.41-23 故不如○而割之.42-21 ○以爲武安功.42-21 ○
曰毋敢思也.43-18 應侯○讓之曰.44-11 ○曰.45-11 應侯○謝病.
46-25 ○免相.47-1 臣請爲王○呡與佐也.48-19 楚王○不罪景鯉而
德周秦.50-11 ○退爲逢澤之遇.54-14 秦王○不罪.56-5 王○疑於
太子.56-14 文信侯○請張唐相燕.58-4 請○孺子而行.58-18 願於
○計.59-12 ○以亡矣.59-19 楚王○弗逐.62-8 ○不止.62-16 靖郭
君○見之.62-19 ○反走.62-20 ○請相之.64-2 齊○承魏之弊.64-
15 我○陰結韓之親.64-21 齊○起兵擊魏.64-23 韓魏之君○田嬰北
面而朝田侯.64-24 ○令人捕爲人卜者.65-8 宣王○以晏首壅塞之.
66-3 齊○起兵攻燕.71-7 ○謂齊王.71-20 ○與秦王約曰.71-23 梁
王○相儀.72-8 ○與之參坐於衛君之前.72-10 ○使人以十城求講於
秦.73-3 ○以上黨二十四縣許秦王.73-4 君○謂其新王曰.75-6 ○
遣之.75-17 ○獻下東國.75-20 王○馳强齊而爲交.76-6 請以國○.
76-7 ○封蘇秦爲武貞君.76-21 君○不善蘇秦.76-24 故君不如○而
親之.77-2 薛公○善蘇秦.77-3 ○書門版曰.80-18 ○燒其券.83-1
○而賈利之.83-7 ○燒其券.83-7 願○請公往矣.84-6 而○欲難寡
人.84-10 宣王○趨而迎之於門.87-10 王○勿稱.89-10 ○罷兵到讀
而去.97-23 王不如○以爲己善.98-9 ○以爲辭而攻之.100-21 楚○
使景舍起兵救趙.104-21 江尹○得山陽君與之共惡昭奚恤.104-24
客○爲之謂昭奚恤曰.106-23 ○謂客曰.107-1 齊王○受而相之.111
-13 秦恐且○景鯉蘇厲而效地於楚.115-10 欲○張儀內之楚王.116
-10 王○與三國攻之.117-4 ○鬼見帝.119-18 楚王○收昭睢以取
齊.120-21 ○謂惠施曰.121-18 吾將使人○魏而和.121-19 ○令人
謁和於魏.121-23 ○使人以儀之言聞於楚.122-3 於此○矣.122-7
○還走而冒人.122-8 麋○得矣.122-9 夫○詘爲信.123-3 ○謂新人
曰.123-16 ○掩其鼻.123-17 ○請立之.123-24 黃雀○是以.124-16
黃鵠○是以.124-21 蔡聖侯之事○是以.125-2 君王之事○是以.
125-7 卓滑○重之.125-18 ○與韓魏之兵.125-25 ○奪而食之.126
-7 ○自立也.126-25 ○爲賦曰.127-8 ○而代立當國.129-15 ○而
有楚國.129-16 ○使人致萬家之邑一於知伯.132-5 知伯○陰結韓魏.
132-7 君○從之.132-14 ○舒軍而圍之.132-23 張孟談○朝知伯而
出.133-10 ○轉與楚.139-18 趙王○起兵南戍韓梁之西邊.143-13
○貴戚者名不累.149-25 ○其事而制禮.150-10 ○民而教者.152-1
○事而制禮.152-8 是○天下以破齊也.156-11 是我以王○饒中山而
取地也.157-10 魏○富丁且合於秦.157-15 魏使人○平原君請從於
趙.157-22 ○以其餘兵.158-6 ○使人索六城於趙而講.158-21 曰我
將○强而乘弱.160-16 天下將○秦之怒.160-18 ○發虞卿東見齊王.
160-25 ○平原君謂趙王曰.162-7 ○也.165-1 鄭同○撫手仰天而笑
之曰.165-11 ○辟.165-22 ○廢雍疸彌子瑕.166-13 君○言王而重
責之.166-21 齊○欲與趙.170-25 秦○收楚而攻魏.172-19 趙王○
割濟東三城令盧高唐平原陵地城邑市五十七.174-11 趙○賤趙莊.
175-12 卿○以德建信君矣.175-19 而己○受之.178-4 ○留之.178-
12 ○與接意而遣之.178-16 王翦○急擊.180-4 ○索蔡皋梁於趙.
181-10 ○圍晉陽.181-11 ○自言於廷曰.187-11 今燕齊趙皆以事○
犀首.187-17 而以事○犀首.187-18 寡人亦以事○焉.187-19 ○使
人先言於楚王.187-25 ○以魯侯之車迎之.188-7 魏王○不納張儀.
188-12 ○而委之.189-16 ○揚言曰.190-14 太后恐其不○穰侯也.
190-16 ○久坐安.190-22 衍請○令王致萬户邑於先生.193-8 ○令
史舉數見犀首.193-9 韓氏○圍蕃.193-12 ○弛期而更爲日.194-7
又○令魏太子未葬其先王而○又說文王之義.194-10 ○使蘇脩游天下
之語.195-24 而果西○蘇脩重報.195-25 ○召文子而相之.196-6 施
○令人先之楚.196-10 ○郊迎惠施.196-11 則不如○變服折節而朝
齊.196-24 秦○合魏以攻楚.199-17 張倚○謂趙王曰.201-8 趙王○
令閉關絕秦.201-9 ○任之以爲魏之司徒.201-17 ○請以下兵東擊齊.
201-19 ○獻之秦.201-20 王○赦其罪.201-23 王○使之割地.204-
19 而王○使之受璽.204-20 ○曰不可革.205-1 以○趙之衆.206-8
○歸燕趙之兵.206-14 ○求故地於韓.208-7 ○而關之.208-11 公○
寄汾北以予秦而爲和.209-11 若不○救韓.213-8 ○使其人爲見者嗇
夫聞見者.216-8 ○無敢傷張子.216-8 以○嫪毐.219-5 安陵君○使
唐且使於秦.219-13 魏○相犀首.223-25 ○以齊魏廢韓朋.223-25
韓○割南陽之地.224-6 ○遣之.224-15 故○而請秦王曰.225-6 明
也願○茂以事王.225-21 王不如○張儀爲和於秦.226-1 楚○以起師
言救韓.226-18 公何不○行願以與秦王語.228-9 ○不罪而益其列.
229-8 王○取其游之舟上擊之.229-18 ○令公仲謂秦王曰.232-20

○以出襄子而德太子. 232-22 ○令人謂楚王曰. 235-19 公○以楚韓之兵奉幾瑟而内之鄭. 236-4 ○也以爲戒. 236-12○爲聶政語曰. 237-6 ○自皮面抉眼. 238-6 ○欲與秦. 240-20 ○欲中立. 240-22 韓○以其金事秦. 243-1 韓之美人○言於秦曰. 243-2 張丑○謂齊楚曰. 243-10○講於魏. 243-11 齊韓嘗○公孫郝而不受. 244-19 則諸侯不敢○羣臣以爲能矣. 244-19 ○用之乎. 245-3 今公○逐之. 245-4 山陽君○使之楚. 245-10 成恢○爲謂韓王曰. 246-1 亦○請復之. 246-3 ○遽置之. 246-13 李兌○爲蘇秦謂奉陽君曰. 248-22 齊宣王○燕喪攻之. 249-13 ○仰而弔. 249-15 ○敗而爲功. 249-21 ○敗而爲功者也. 249-22 ○敗成功者也. 250-1 卽○反斗擊之. 251-15 ○反斗而擊之. 251-16 ○見燕客而遣之. 252-8 子之○遺蘇代百金. 253-25 燕王○舉國屬子之. 254-3 王○收印自三百石吏而効之子之. 254-8 ○而仆之. 254-12 王○令人謂太子平曰. 254-12 太子○數黨聚衆. 254-15 王○令章子將五都之兵. 254-19 以○北地之衆以伐燕. 254-19 蘇秦弟厲○燕質子而求見齊王. 254-23 齊○孤國之亂. 255-14 ○敗而成功者也. 256-22 ○敗而爲功者也. 256-24○敗而爲功乎. 256-25 ○以爲質. 257-7 ○驅韓魏以攻齊. 257-10 於是○令其妾酌藥酒而進之. 259-3 於是○佯僵而仆之. 259-5 ○以破宋爲齊罪. 260-21 ○以破齊爲天下罪. 261-2 ○以塞鄳隘爲楚罪. 261-5 ○犀首屬行而攻趙. 261-7 ○之燕. 261-24 ○是而倍之. 262-14 燕○使樂毅大起兵伐齊. 264-11 子○去而之齊. 265-23 且以○子而事齊. 265-24 五人而車○行矣. 268-22 ○能勝秦矣. 268-23 ○其强而强之. 270-1 ○其廣而廣之. 270-1 燕○合於魏. 270-14 願○太傅交於田先生. 274-11 願○先生得願交於荆軻. 274-17 ○而刺殺之. 275-15 ○左手把秦王之袖. 277-14 宋人○遂舉兵入趙境. 280-16 宋○賣楚重以求講於齊. 280-23 胡衍○入蒲. 282-11 ○效金三百鎰焉. 282-12 ○封之中山. 284-4 張登○謂趙魏曰. 284-24○言告燕趙而無往. 285-25 中山○告燕趙而不往. 286-4 公○勸君立之以爲正妻. 286-16 ○見武安君. 290-6

【肉】 18

處人骨○之間. 37-18 食粱○. 85-2 晩食以當○. 87-2 田單免冠徒跣○袒而進. 99-8 骨○之親. 105-20 ○試則斷牛馬. 155-9 富不與粱○期. 158-16 而粱○至. 158-16 粱○不與驕奢期. 158-17 非○不食. 173-9 骨○之親也. 179-22 食其子之○. 181-21 其子之○尙食之. 181-21 而鵰啄其○. 270-5 是以委○當餓虎之蹊. 274-4 舍其粱○. 279-15 此猶粱○之與糟糠也. 279-19 吾食其○. 286-9

【年】 113

粟支數○. 2-3 九○而取宛葉以北以强韓魏. 9-5 朞○之後. 15-6 孝公行之八○. 15-8 朞○揣摩成. 16-23 三○. 21-5 三○而拔之. 29-9 藉君天下數○矣. 34-11 恒思有悍少○. 40-16 終其○而不夭傷. 44-17 秦十餘○. 47-3 三○而燕使太子丹入質於秦. 47-4 頃襄王二十○. 51-16 王申息衆二○. 52-6 一○之後. 53-18 王○高矣. 57-9 使剛成君蔡澤事燕三○. 58-3 吾令剛成君蔡澤事燕三○. 58-7 期○而亡. 60-1 不過半○. 60-1 北使燕代之間三○. 61-2 數○. 63-11 期○之後. 66-20 居朞○. 79-2 後朞○. 83-9 孟嘗君爲相數十○. 83-25 行○三十而有七子. 88-19 十○之田而不償也. 92-13 十○之田而不償也. 92-16 王孫賈○十五. 95-21 與聊城共據朞○之弊. 96-17 朞○不解. 96-22 窮○沒壽. 97-10 以故建立四十有餘○不受兵. 101-5 三○而弗言. 106-4 郢人有獄三○不決者. 106-22 粟支十○. 108-24 且夫秦之所以不出甲於函谷關十五○以攻諸侯者. 111-2 居二○而覺. 111-13 寡人○幼. 111-21 夫人主○少而矜材. 126-22 三○而後乃相知也. 128-6 今君相楚王二十餘○. 128-24 春申君相楚二十五○. 129-11 君相楚二十餘○矣. 129-13 秦始皇立九○矣. 130-3 休數○. 131-21 圍晉陽三○. 132-24 兵着晉陽三○矣. 133-15 耕三○. 134-24 ○穀豊盈. 138-3 攻戰踰○歷歲. 140-14 用兵踰○. 140-18○已長矣. 141-7 已五○矣. 142-23 粟支十○. 145-1 寡人○少. 146-9 十○攘地. 147-8 以兵橫行於中十四○. 147-19 二十九○不相攻. 147-21 秦兵不敢出函谷關十五○矣. 147-24 寡人○少. 148-19 趙惠文王三十○. 155-3 五○乃罷. 155-19 五○乃歸. 155-20 來○秦復攻王. 159-14 令秦來○復攻王. 159-17 子能必來○秦之不復攻我乎. 159-18 至來○而王獨不取於秦. 159-21 來○秦復攻王. 159-24 來○復攻. 159-25 來○秦復求割地. 160-6 四十餘○而秦不能得所欲. 165-2 未期○而莒亡走矣. 166-22 五○以擅呼沲. 175-7 ○幾何矣. 179-6 太子○少. 196-15 魏王之○長矣. 197-13 三○反而名其母. 203-12 子學三○. 203-12 明○. 204-15 今處期○乃欲割. 204-18 吾歲不熟二○矣. 206-2 今韓受兵三○矣. 208-2 八○. 211-15 秦翟○穀大凶而晉人亡原. 211-18 或以○穀不登. 211-22 ○九十餘. 216-17 明○又益求割地. 222-10 二十餘○未嘗見攻. 229-24 老母今以天○終. 237-18 請令公子○謂韓王曰. 246-5 粟支十○. 248-5 而欲報之二○矣. 252-23 南攻楚五○. 253-4 西困秦三○. 253-5 燕噲三○. 253-22 子之三○. 254-11 二○. 254-20 三○不能得. 255-25 於是不能期○. 256-3 二十八○. 256-8 行○八十. 258-17 其丈夫官三○不歸. 258-25 十七○事秦. 260-10 及五○. 264-21 假寡人五○. 269-16 請假王十○. 269-16 而與秦相距五十餘○矣. 273-16 ○十二. 276-17 三○不得見. 282-16 事王三○不得見. 282-22 前○國虛民飢. 288-14

【朱】 13

長爲陶○. 46-13 繫己以○絲而見之也. 125-5 ○英謂春申君曰. 129-11 ○英恐. 129-22 趙王乃令鄭○對曰. 156-16 發鄭○入秦. 161-22 秦已内鄭○矣. 161-23 鄭○. 161-25 蘇脩○嬰既皆陰在邯鄲. 195-23 ○倉謂王曰. 197-13 ○己謂魏王曰. 206-16 奉陽君告○讙與趙足曰. 262-8 奉陽君告○讙曰. 262-23

【先】 291

必○合於秦. 4-23 ○合於齊. 6-12 魏王以國與○生. 6-16 不顧其○君之丘墓. 6-17 今○生儼然不遠千里而庭教之. 15-22 故○使蘇秦以幣帛約乎諸侯. 17-20 向以王之明爲○知之. 18-3 亦無○齊王. 26-8 今地未可得而齊○絕. 26-20 且○出地絶齊. 26-21 ○絕齊後責地. 26-21 而賢○王. 29-8 不爲韓氏○戰. 30-17 故常○至. 31-3 ○王積怒之日久矣. 33-8 ○生何以幸教寡人. 37-9 ○生不幸教寡人乎. 37-11 ○生是何言也. 38-12 ○生乃幸至此. 38-13 此天以寡人慁○生. 38-13 而存○王之廟也. 38-13 寡人得受命於○生. 38-14 此天所以幸○王而不棄其孤也. 38-14 ○生柰何而言若此. 38-15 願○生悉以教寡人. 38-16 燒○王之墓. 51-17 ○帝文王莊王. 51-25 故○王之所重者. 55-8 故曰○得齊宋者伐秦. 55-22 秦○得齊宋. 55-23 楚○得齊. 55-23 不如○伐之. 56-18 請爲張唐○報趙. 58-20 受薛於○王. 63-21 吾獨謂○王何乎. 63-22 且○王之廟在薛. 63-22 吾豈可以○王之廟與楚乎. 63-22 使彼罷弊於○弱守於主. 65-12 使彼罷弊○弱守於主. 65-14 臣非不能更葬○妾也. 67-9 儀事○王不忠言未已. 71-10 ○成者飲酒. 72-20 一人蛇○成. 72-21 而爲○王立清廟. 78-1 ○君之廟在焉. 78-3 謂三○生曰. 78-15 願聞○生有以補之闕者. 78-15 且臣聞齊衞○君. 79-6 是足下倍○君盟約而欺孟嘗君也. 79-8 ○人有寶劍. 80-2 許成以○人之寶劍. 80-16 開罪於○生. 82-21 ○生不羞. 82-21 ○生休矣. 83-8 寡人不敢以○王之臣爲臣. 83-9 ○生所爲文市義者. 83-11 諸侯○迎之者. 83-16 馮諼○驅誡孟嘗君曰. 83-17 願君顧○王之宗廟. 83-22 願請○王之祭器. 83-23 君不以使人○觀秦王. 84-3 且顔○生與寡人游. 86-23 ○生王斗造門而欲見齊宣王. 87-8 ○生徐之. 87-10 寡人奉○君之宗廟. 87-11 聞○生直言正諫不諱. 87-11 昔○君桓公所好者. 87-14 ○君好馬. 87-17 ○君好狗. 87-17 ○君好酒. 87-17 ○君好色. 87-18 ○君好士. 87-18 而○問歲與民. 88-5 豈○賤而後尊貴者乎. 88-5 聞○生高議. 88-17 今○生設爲不宦. 88-20 ○後之事. 89-9 臣聞用兵而喜○天下者憂. 90-3 昔吳王夫差以强大爲天下○. 91-14 强大而喜○天下之禍也. 91-16 駑馬○之. 91-19 則戰攻非所○. 92-5 殘費已○. 92-6 非所○也. 92-20 兵○戰攻. 92-22 大王不如○行王服. 94-8 忠臣不○身而後君. 96-9 單何以得罪於○生. 98-20 且王不能守○王之社稷. 99-18 ○生謂單不能下狄. 100-9 ○生志之矣. 100-16 ○是齊爲之歌曰. 102-4 吾爲子○行. 104-2 不敢忘○生之言. 106-5 天下後服者○亡. 110-4 自從○君文王以至不穀之身. 112-16 恢○君以揜方城之外. 113-3 昔者○君靈王好小要. 114-9 寡人聞○生. 119-16 今○生乃不遠千里而臨寡人. 119-16 ○生就舍. 119-18 魏爲子○戰. 121-20 吾欲○據之目加德焉. 122-6 陳軫○知之也. 122-11 ○生老悖乎. 124-3 寡人不能用○生之言. 124-8 ○生何以知之. 127-20 僕已知○生. 128-1 ○生大息矣. 128-1 ○生過矣. 128-3 ○生卽舜也. 128-4 召門吏爲汗○生著客籍. 128-7 李園必○入. 129-18 君○仕臣爲郎中. 129-20 李園○入. 129-20 ○生置之. 129-21 李園果○入. 129-24 乃使延陵王將車騎○之晉陽. 132-13 此○聖之所以集國家. 134-15 是爲○知報後知. 135-18 ○生以鬼之言見我則可. 137-6 ○生就舍. 137-14 ○生之計大而規高. 137-20 ○生明日復來. 137-21 吾請資○生厚用. 137-21 ○出聲於天下. 138-8 ○事成慮而熟圖之也. 139-10 諸侯有○背約者. 146-6 敬使臣○以聞於左右. 148-5 ○以聞於左右. 148-14 ○王之時. 148-17 蔽晦○王. 148-17 ○王弃羣臣. 148-18 嗣立不忘○德. 149-1 動有明古○世之功. 149-3 ○王之通誼也. 149-20 是以不○進. 150-2 ○時中山負齊之强兵. 150-24 ○王忿之. 150-25 以順○王之志. 151-5 ○聖之所以教. 151-11 ○聖之明刑. 151-22 事○者. 153-12 昔者○君襄主與代交地. 154-10 有○王之明與○臣之力. 156-17 勝請召而見之於○生. 162-17 東國有魯連○生. 162-18 吾聞魯連○生. 162-19 吾不願見魯連○生也. 162-20 今吾視○生之玉貌. 162-23 ○生助之奈何. 163-4 ○生惡能使梁助之耶. 163-6 ○生獨未見夫僕乎. 163-14 ○生之言也. 163-18 ○生又惡能使秦王烹醢梁王. 163-18 始以○生爲庸人. 164-14 吾乃今日而知○生爲天下之士也. 164-14 今王既受○王之傳. 165-13 ○生不知寡人不肖. 165-24 ○王不血食. 166-4 且王之○帝. 166-4○言横者. 167-22 建信君果○言横. 167-22 齊○重王. 169-11 未嘗不爲王○被矢石也. 170-8 夫鄉邑老者而○受坐之士. 182-2 因使人○言於楚王. 187-25 ○以車五十乘至衞間齊. 190-21 以請○見齊王. 190-22 請令王讓○生以國. 193-7 而○生弗

受. 193-8 衍請因令王致萬户邑於○生. 193-8 而不行○王之喪. 193-21 ○君必欲一見羣臣百姓也夫. 194-3 ○王必欲少留而扶社稷安黔首也. 194-7 又令魏太子未葬其○王而因又說文王之義. 194-10 則○鬻與國而以自解也. 195-7 則○去. 195-8 施因令人○之楚. 196-10 王固○屬怨於趙. 196-22 而讒言○至. 199-24 楚趙怒於魏之○己講也. 203-4 王以三乘○之. 203-25 君其○自爲計. 204-7 支期○入謂王曰. 204-10 唯○生也. 205-5 請致之○生. 205-5 聞○生受魏之璧馬. 205-10 然則○生之爲寡人計之何如. 205-11 ○日公子常約兩王之交矣. 206-1 不○以弱爲武教. 211-12 吾請○天下構. 215-8 故欲○構. 215-10 令兵○臣出可乎. 216-18 吾○君成侯. 217-22 受地於○生. 219-12 安陵君受地於○生而守之. 219-17 ○生坐. 220-2 徒以有○生也. 220-3 ○事秦則安矣. 223-9 故言○楚也. 224-25 韓氏○以國從公孫郝. 227-16 故○王聽諺言於市. 228-4 ○君者. 229-24 妾事○王也. 231-7 ○王以其髀加妾之身. 231-7 ○生病而來. 231-12 今○生言不急. 231-14 ○生毋復言也. 231-15 公必○韓而後秦. 232-9 ○身而後張儀. 232-9 齊楚後至者○亡. 235-25 則韓最○危矣. 239-20 今公以韓○合於秦. 239-20 今公以韓爲天下○合於秦. 240-4 昔○王之攻. 241-18 則許異爲之○也. 242-4 而以國○者. 242-13 夫○與强國之利. 242-14 然則○與强國者. 242-18 不如○收於楚之齊者. 245-21 楚之齊者○務以楚合於齊. 245-22 王何不爲之○言. 246-1 必效○王之器以止王. 246-7 不足○後. 254-14 故往見郭隗○生曰. 255-14 以雪○王之耻. 255-15 郭隗○生對曰. 255-17 ○趨而後息. 255-18 ○問而後嘿. 255-19 郭隗○生曰. 255-24 ○從隗始. 256-4 今涇陽君若高陵君○於燕趙. 257-6 ○人嘗有德蘇氏. 257-20 ○量其國之大小. 258-12 不○量其國之大小. 258-13 ○說淯于髡曰. 263-10 莫爲臣○後者. 263-14 蘇子○敗王之兵. 264-9 賴得○王鴈鶩之餘食. 265-8 而○使除患無至者. 266-4 ○王舉國而委將軍. 266-18 報○王之讐. 266-19 會○王棄羣臣. 266-20 而亦何以報○王之所以遇將軍之意乎. 266-23 不能奉承○王之教. 266-24 以傷○王之明. 266-25 臣恐侍御者之不察○王之所以畜幸臣之理. 267-1 而又不白於臣之所以事○王之心. 267-2 ○王之舉錯. 267-6 ○王過舉. 267-7 ○王命之曰. 267-10 ○王曰. 267-15 ○王之靈. 267-16 隨○王舉而有之於濟上. 267-16 功未有及○王者也. 267-20 ○王以爲慊其志. 267-21 若○王之報怨雪耻. 267-25 故吳王夫差不悟○論之可以立功. 268-6 以明○王之迹者. 268-9 墮○王之名者. 268-10 君之於○王也. 272-4 今君厚受位於○王以成尊. 272-11 追惟○王. 273-4 不顧○王以明而惡. 273-4 燕有田光○生者. 274-10 願因太傅交於田○生. 274-11 願圖國事於○生. 274-12 田○生坐定. 274-13 願○生留意也. 274-14 駑馬○之. 274-15 願因○生得願交於荆軻. 274-17 ○生所言者. 274-19 願○生勿泄也. 274-19 願○生留意也. 274-22 願○生勿泄也. 274-25 丹所請田○生無言者. 275-4 今田○生以死明不泄言. 275-5 田○生不知丹不肖. 275-6 丹請○遣秦武陽. 276-20 嘉爲○言於秦王曰. 277-4 而得奉守○王之宗廟. 277-6 ○知吾謀也. 281-22 乃見梧下○生. 282-16 梧下○生曰. 282-17 ○生曰. 282-20 必○與之王而故親之. 284-22 豈若令大國○與之王. 285-2 不欲○用其衆. 289-17 何必以趙爲○乎. 290-11

【廷】 10

○說諸侯之王. 17-10 宣言之於朝○. 26-15 朝○之臣. 66-16 此所謂戰勝於朝○. 66-22 使下臣奉其幣物三至王○. 177-8 因自言於○曰. 187-11 尊之於○. 250-7 顯臣於○. 250-9 乃至燕○. 252-12 何爲煩大王之○耶. 258-9

【舌】 2

○弊耳聾. 16-8 美女破○. 23-14

【竹】 1

辭孤○之君. 250-16

【休】 19

兵○復起. 36-1 兵○而國富. 46-2 謝將○士也. 81-9 先生○矣. 83-8 車舍人不○傳. 90-9 秦楚戰韓魏不○. 91-2 不如罷兵○士. 96-25 ○數年. 131-21 今攻楚○而復之. 142-22 今用兵終身不○. 146-20 民羸而不○. 146-22 諸侯○. 147-21 而强秦以○兵承趙之敝. 158-10 臣是以欲足下之速歸○士民也. 171-3 日夜行不○已. 184-10 以○楚而伐罷齊. 197-1 必不○矣. 208-6 ○祲降於天. 219-25 故召將軍且○計事. 266-21

【伍】 5

○子胥橐載而出昭關. 38-1 使臣得進謀如○子胥. 38-3○子胥逃楚而之吳. 263-1 ○子胥宮之奇不用. 266-3 皆令妻妾補縫於行○之間. 289-23

【伏】 21

○而誦之. 16-21 ○軾撙銜. 17-9 嫂虵行匍○. 17-13 東○於陳. 19-10 天下徧隨而○. 20-13 而明日○誅於後. 37-20 夜行而晝○. 38-1 豫讓○所當過橋下. 135-22 臣故○誅. 136-7 遂○劍而死. 136-10 弊邑恐懼懾○. 148-1 吾將○劍而死. 164-5 ○事. 173-7○屍百萬. 219-20 ○屍二人. 220-1 ○軾結靷西馳者. 240-14 ○軾結靷東馳者. 240-15 韓侈且○於山中矣. 244-5 令安○. 244-6 ○屍而哭. 276-13 臣寧○受重誅而死. 290-14

【臼】 2

○竈生鼃. 131-8 入室見○. 283-15

【伐】 335

昔周之○殷. 1-18 秦假道於周以○韓. 3-14 秦敢絶塞而○韓者. 3-16 是韓不○也. 3-17 因佐秦而○韓魏. 4-24 則○齊深矣. 5-21 則趙恐○. 5-21 與之齊○趙. 5-22 而以兵之急則○齊. 6-13 貴合於秦以○齊. 6-16 不與○齊者. 6-18 王遂○之. 6-20 昔智伯欲○厹由. 10-4 桓公○蔡也. 10-6 號言○楚. 10-6 昔者神農○補遂. 16-1 黄帝○涿鹿而禽蚩尤. 16-1 堯○驩兜. 16-2 舜○三苗. 16-2 禹○共工. 16-2 湯○有夏. 16-2 文王○崇. 16-2 武王○紂. 16-3 司馬錯欲○蜀. 21-21 不如○韓. 21-21 不如○蜀之完也. 22-17 卒起兵○蜀. 22-18 夫晉獻公欲○郭. 23-14 因而○郭. 23-16 又欲○虞. 23-16 因而○虞. 23-18 秦欲○齊. 26-3 吾欲○齊. 26-4 弊邑欲○之. 26-9 欲興師○秦. 27-5 ○秦非計也. 27-6 與之○齊. 27-7 遂舉兵○秦. 27-10 齊舉兵○楚. 27-13 今齊楚相○. 27-16 而無○楚之害. 28-2 五國○秦. 28-14 約○韓. 29-1 是無○之日已. 30-8 趙且與秦○齊. 32-5 欲以解○. 32-7 秦且益趙甲四萬人以○齊. 32-13 必不益趙甲四萬人以○齊. 32-15 必不益趙甲四萬人以○齊矣. 33-2 ○讎國之齊. 34-18 須殘○亂宋. 35-18 則秦○矣. 35-23 齊人○楚. 39-1 舉兵而○之. 39-3 以其○楚而肥韓魏也. 39-4 舉兵而○之. 39-12 征敵○國. 40-3 ○諸侯. 41-6 帥强韓魏之兵以○秦. 49-12 於是白起又將兵來○. 51-18 今聞大王欲○楚. 51-21 省攻○之心而肥仁義之誡. 52-11 智氏見○趙之利. 52-16 吳見○齊之便. 52-17 從而○齊. 52-18 從而○趙. 52-20 於是天下有稱○邯鄲者. 54-13 魏○邯鄲. 54-14 舉兵○魏. 54-15 故天下樂○之也. 54-23 梁君○楚勝齊. 55-11 故曰先得齊宋者○秦. 55-22 數○有功. 56-7 聞秦且○魏. 56-16 不如先○之. 56-18 欲與燕共○趙. 58-4 應侯欲○趙. 58-16 則○趙. 58-23 將○齊. 62-10 公何不爲王謀○魏. 65-3 乃說王而使田忌○魏. 65-4 楚將○齊. 67-13 秦○魏. 67-23 古之王者之○也. 67-23 古之五帝三王五伯之○也. 68-4 ○不道者. 68-4 今秦之○天下不然. 68-4 張儀以秦魏○韓. 71-3 秦○之. 71-3 秦○韓. 71-5 必舉兵而○之. 71-14 齊必舉兵而○之. 71-15 王以其間○韓. 71-16 出兵函谷而無○. 71-16 齊果舉兵○之. 71-19 必舉兵○之. 71-22 必舉兵○之. 71-24 齊必舉兵○梁. 72-1 王以其間○韓. 72-2 出兵函谷而無○. 72-2 而果○之. 72-4 是王內自罷而○與國. 72-4 昭陽爲楚○魏. 72-15 而與之○齊. 73-3 秦○周韓之西. 73-25 趙魏不○. 74-1 今齊秦○趙魏. 74-2 則亦不果於趙魏之應秦而○周韓. 74-3 令齊入於秦而○趙魏. 74-3 秦東面而○齊. 74-4 齊衛後世无相攻○. 79-7 有相攻○者. 79-7 齊欲○魏. 81-5 齊魏亦佐秦○邯鄲. 81-11 秦○魏取安邑. 81-15 ○趙取晉陽. 81-15 ○楚取鄢郢矣. 81-15 約○趙. 89-15 孰與○宋之利也. 89-15 ○趙不如○宋之利. 89-18 故釋帝而貳之以○宋之事. 89-21 楚人救趙而○魏. 90-14 ○不爲人挫强. 90-23 齊之與韓魏○秦楚也. 90-24 ○而好挫强也. 91-4 莫若後起而重○不義. 91-6 東○齊. 94-6 南○楚. 94-7 大王有○齊楚心. 94-7 齊人○魏. 94-10 燕之○齊之時. 99-1 梁氏不敢過宋○齊. 100-20 五國約目○齊. 103-9 齊魏必○韓. 107-19 必南○楚. 112-9 術視○楚. 115-15 四國○楚. 115-20 ○昭常. 118-15 將收韓魏輕儀而○楚. 121-1 五國○秦. 121-15 凡爲○秦者楚也. 121-16 是明楚之○而信魏之和也. 121-16 秦○宜陽. 122-5 齊明說卓滑以○秦. 125-16 明說楚大夫以○秦. 125-17 知伯帥趙韓魏而○范中行氏. 131-21 將以○趙. 132-8 今知伯帥二國之君○趙. 133-5 且以○齊. 138-1 而實○空韓. 138-11 楚人久○而中山亡. 138-15 今從於彊秦國之○齊. 138-23 嘗合横而謀○趙. 138-25 今乃以抵罪取○. 139-4 殘○亂宋. 139-14 吾將○之. 139-19 毋○樹木. 142-10 秦之有燕而○趙. 142-14 有趙而○燕. 142-14 有梁而○趙. 142-14 有趙而○梁. 142-14 有楚而○韓. 142-15 有韓而○楚. 142-15 秦之欲○韓梁. 142-21 韓不待○. 143-3 梁不待○矣. 143-4 ○人之國. 144-11 然而秦不敢舉兵甲而○趙者. 145-3 五國共○之. 146-6 以南○楚. 147-6 是則○楚攻秦. 147-9 不逆上以自○. 153-19 必皆事王以○齊. 156-11 請○齊而存燕. 156-12 令衛胡易○趙. 156-21 今我不順齊○秦. 157-2 齊不欲○秦. 157-3 則○秦者趙也. 157-3 三國欲○秦之果也. 157-9 吾欲北○上黨. 158-4 齊乃捄趙以○宋. 169-19 李兌約五國以○秦. 169-20 五國○趙. 169-24 今之○秦也. 170-1 五國○秦無功. 171-18 魏不待○. 172-14 以○齊收楚. 172-17 燕趙○齊. 172-18 ○魏. 172-20 欲○齊. 175-12 願得借師以○趙. 181-14 而湯○之. 183-1 而武王○之. 183-2 魏之兵南面而○. 186-2 齊魏約而○楚. 186-14 ○齊成. 187-2 與之○齊而存燕. 189-19 齊遂○趙. 189-22 ○齊之事遂敗. 190-4 恐其謀○魏也. 190-19 犀首田盼欲得齊魏之兵以○趙. 192-3 是趙不○. 192-7 五國○秦. 194-14 齊欲○宋. 194-14 請合而以○宋. 194-15 請爲王毋禁楚之○魏也. 194-17 王之○宋也.

194-18 太上〇秦. 195-2 天下可令〇秦. 195-6 合讎國以〇婚姻. 195-15 以燕〇秦. 195-17 恐其〇秦之疑也. 195-20 兵請〇魏. 195-25 則楚必〇齊. 196-25 以休楚而〇罷齊. 197-1 自將而〇齊. 197-9 秦趙約而〇魏. 201-3 初時惠王〇趙. 202-7 宋中山數〇數割. 202-10 齊欲〇魏. 205-4 齊欲〇魏. 205-4 夫〇與國. 205-7 乃不〇魏. 205-8 涫于髡言不〇魏者. 205-9 〇魏之事不便. 205-11 且夫王無〇與國之誹. 205-13 秦將〇魏. 205-16 今大王與秦〇韓而益近秦. 206-22 必不〇楚與趙矣. 207-3 〇楚. 207-6 秦必不〇楚與趙矣. 207-9 林木〇. 207-22 其攻多於與秦共〇韓. 208-8 晉人欲亡虞而〇虢. 208-22 〇虢者. 208-23 晉人〇虢. 208-24 非秦實首〇之也. 209-7 齊王故欲〇楚. 209-7 王不聞湯之〇桀乎. 211-10 齊〇釐莒而晉人亡曹. 211-15 〇榆關而韓氏亡鄭. 211-17 齊魏〇楚而趙亡中山. 211-18 魏秦〇楚. 212-18 遂〇齊. 214-20 而〇韓矣. 215-5 而相公叔以〇秦. 223-25 王約五國而西〇秦. 224-16 請以〇韓. 224-23 公以八百金請〇人之與國. 224-24 今秦之心欲〇楚. 226-1 與之〇楚. 226-2 秦之欲〇我久矣. 226-4 楚國必〇矣. 226-6 又非素約而謀〇秦矣. 226-17 秦欲〇楚. 226-18 如此則〇秦之形成矣. 231-18 不識坐而待〇. 231-19 孰與〇人之利. 231-19 秦必委國於公以解〇. 232-11 秦之欲〇韓. 240-20 使之無〇我. 242-16 秦招楚而〇齊. 245-19 秦王誠必欲〇齊乎. 245-21 不敢妄興師以征〇. 251-24 湯之〇桀. 252-6 今王奉仇讎以〇援國. 252-16 非所敢欲〇也. 252-18 故寡人之所欲〇也. 252-24 今〇燕. 254-18 以因北地之衆以〇燕. 254-19 齊〇燕. 255-3 〇齊之形成矣. 255-10 與秦楚三晉合謀以〇齊. 256-9 齊〇宋. 256-13 秦齊助之〇宋. 256-14 則秦〇之. 257-9 則燕趙〇之. 257-9 是國〇也. 257-14 秦〇齊必矣. 257-18 〇齊. 257-18 與謀〇齊. 257-21 今王有東嚮〇齊之心. 258-14 必〇之. 261-1 蘇代爲奉陽君說燕於趙以〇齊. 261-23 今齊王召蜀子使不〇宋. 261-25 燕乃〇齊攻晉. 263-20 燕因使樂毅大起兵〇齊. 264-11 今王信田〇與条去疾之言. 264-23 燕昭王且與天下〇齊. 265-22 寡人且與天下〇齊. 265-22 趙將〇之. 266-2 昔者吳〇齊. 266-6 〇齊未必勝也. 266-6 今王之〇燕也. 266-7 〇之未必勝. 266-7 懼趙用樂毅承燕之弊以〇燕. 266-16 必南〇楚. 269-7 趙見秦之〇楚也. 269-7 秦久〇韓. 269-8 今久〇楚. 269-8 使齊北面〇燕. 269-14 而王不〇. 269-21 〇之. 269-22 遂與兵〇宋. 269-23 率天下之兵以〇齊. 269-25 趙且〇燕. 270-4 今趙且〇燕. 270-7 可〇也. 271-20 左右皆以爲趙可〇. 271-23 無妨於趙之〇燕也. 273-13 又舉兵南〇楚. 275-9 詔王翦軍以〇燕. 278-5 犀首〇黄. 279-24 梁王〇邯鄲. 280-9 若扶梁〇趙. 280-10 於是滅滕〇薛. 281-12 齊聞而〇之. 281-15 智伯欲〇衛. 281-18 公之〇蒲. 282-4 願與大國〇之. 284-8 而欲〇寡人. 284-9 將與趙魏〇之. 284-11 而三國〇之. 284-12 齊欲〇河東. 284-24 主父欲〇中山. 287-21 可〇也. 287-21 安可〇. 287-23 說楚王〇中山. 288-3 復欲〇趙. 288-14 趙未可〇也. 288-24 乃使五校大夫王陵將而〇趙. 288-25 以合〇之. 289-24 更使王齕代王陵〇趙. 290-4 〇其憍慢. 290-10

【延】 7

乃〇入坐爲上客. 46-21 倍楚之割而〇齊. 76-1 宣王使謁者〇入. 87-8 中阪遷〇. 128-10 乃使〇陵王將車騎先之晉陽. 132-13 趙王三〇之以相. 175-17 至公子〇. 261-7

【仲】 96

公〇之軍二十萬. 2-3 管〇故爲三歸之家. 4-11 而臣受公〇侈之怨也. 29-12 齊公得管〇. 40-13 時以爲〇父. 40-13 管〇不足大也. 45-10 管〇. 61-14 魯〇連謂孟嘗. 84-22 於陵子〇尚存乎. 88-13 昔管〇射桓公中鉤. 97-7 使管〇終窮抑. 97-9 〇連之說也. 97-24 齊桓公得管夷吾以爲〇父. 99-15 往見魯〇子. 100-3 〇子曰. 100-3 問魯〇子曰. 100-8 魯〇子曰. 100-9 見公〇曰. 103-15 管〇去魯入齊. 126-17 此時魯〇連適游趙. 162-11 魯〇連曰. 163-8 魯〇連曰. 163-15 魯〇連曰. 163-16 魯〇連曰. 163-19 於是平原君欲封魯〇連. 164-18 魯〇連辭讓者三. 164-18 〇連不忍爲也. 164-21 張儀告公〇. 190-1 吾欲兩用公〇公叔. 223-18 公〇聞之. 223-25 游騰謂公〇曰. 225-14 公〇以宜陽之故. 225-20 秦王固疑甘茂之以武遂解於公〇也. 225-20 杜赫爲公〇謂秦王曰. 225-21 公〇明謂韓王曰. 225-25 乃儆公〇之行. 226-2 乃止公〇. 226-15 公〇曰. 226-15 顏率見公〇. 226-25 公〇不見. 226-25 顏率謂公〇之謁者曰. 226-25 公〇必以率爲陽也. 226-25 公〇好內. 227-1 〇嗇於財. 227-1 公〇無行. 227-2 公〇之謁者以告公〇. 227-3 公〇遽起而見之. 227-3 韓公〇謂向壽曰. 227-5 辱公〇. 227-5 公〇收國復事秦. 227-5 公〇躬率其私徒以鬭於秦. 227-7 公〇曰. 227-9 甘茂許公〇以武遂. 227-19 或謂公〇曰. 228-4 公〇曰. 228-8 韓公〇相. 228-25 公〇數不信於諸侯. 230-5 公〇柄得秦師. 231-16 公〇且抑首而不朝. 231-17 公〇曰. 231-22 公〇曰. 231-24 公〇恐曰. 232-9 公〇爲韓魏易地. 232-14 因令公〇謂秦王曰. 232-20 教公〇謂魏王曰. 235-17 〇子奉黄金百鎰. 237-3 固謝嚴〇子. 237-4 〇子固進. 237-4 義不敢當〇子之賜. 237-6 嚴〇子辟人. 237-6 嚴〇子固讓. 237-10 然〇子卒備賓主之禮而去. 237-11 而嚴〇子乃諸侯之卿相也. 237-14 而嚴〇子舉百金爲親壽. 237-15 見嚴〇子曰. 237-19 前所以不許〇子者. 237-19 〇子所欲報仇者爲誰. 237-20 嚴〇子具告曰. 237-21 語泄則韓舉國而與〇子爲讎也. 238-1 或謂韓公〇曰. 239-3 或謂公〇曰. 239-18 謂韓公〇曰. 243-7 公〇曰. 243-9 則蓋觀公〇之攻也. 243-10 公〇不攻. 243-11 公〇使韓珉之秦求武隧. 243-18 唐客謂公〇曰. 243-18 公〇說. 243-23 韓相公〇珉使韓侈之秦. 244-1 公〇珉死. 244-2 以重公〇也. 244-4 今公〇死. 244-4 彼公〇者. 244-10 臣故願公〇之國以侍於王. 244-23 管〇逃於魯. 263-3

【任】 51

齊桓〇戰而伯天下. 16-3 乃廢文〇武. 16-8 獨不重〇臣者後無反覆於王前耶. 36-15 聞應侯〇鄭安平王稽. 44-7 慈仁〇忠. 45-15 此父兄之〇也. 48-24 是王之地一〇兩海. 54-3 周成王〇周公旦. 86-20 於是舉士五人〇官. 88-1 曹子以一劍之〇. 97-17 〇之於王. 98-25 令〇固之齊. 102-8 夫千鈞非馬之〇也. 130-19 則豈楚之〇也我. 130-20 非楚之〇而楚爲之. 130-20 〇國者權重. 134-14 大王不得〇事. 144-5 〇大功者. 146-16 是以賢者〇重而行恭. 146-16 故過〇之事. 146-24 非賤臣所敢〇也. 153-2 寡人以王子爲子〇. 153-11 〇賢勿貳. 153-14 此非臣之所敢〇也. 159-18 此非臣之所敢〇也. 159-22 厚〇葺以事能. 166-22 〇章曰. 181-3 〇章曰. 181-4 王聞之而弗〇也. 193-9 其智能而〇用之也. 198-14 因〇之以爲魏之司徒. 201-17 願之及楚趙之兵未〇於大梁也. 203-2 是大王籌筴之臣無〇矣. 216-21 竊以爲大王籌筴之臣無〇矣. 216-24 非馬之〇也. 229-12 則豈楚之〇也哉. 229-13 且非楚之〇. 229-14 其〇官置吏. 236-19 必曰廉潔勝〇. 236-20 無不〇事於周室也. 242-12 令郭〇以埊請講於齊. 249-11 蘇代欲以激燕王以厚〇子之也. 253-24 而以啓爲不足〇天下. 254-5 於是燕王專〇子之. 255-2 必不〇蘇子以事. 262-9 臣受令以〇齊. 264-21 王欲醳臣剸〇所善. 265-1 執政〇事之臣. 268-2 今使寡人〇不肖之罪. 272-12 雖〇惡名. 272-19 恐不足〇使. 275-18

【仰】 12

則東周之民可令一〇西周. 3-5 〇天而笑曰. 106-10 〇承甘露而飲之. 124-14 〇棲茂樹. 124-17 〇嚙蔆衡. 124-22 〇見飛鳥. 127-16 〇而鳴. 128-11 鄭同因撫手〇天而笑之曰. 165-11 〇天太息曰. 222-16 因〇而弔. 249-15 樊將軍〇天太息流涕曰. 276-6 中山君喟然而〇歎曰. 288-6

【役】 4

韓陽〇於三川而欲歸. 242-20 〇且共貴公子. 242-21 王於是召諸公子〇於三川者而歸之. 242-21 則厮〇之人至. 255-20

【伉】 2

天下莫之能〇. 17-10 今君不能與文信侯相〇以權. 167-12

【自】 224

內〇盡計. 1-6 非〇傷於民也. 4-12 而〇謂非客何也. 4-18 〇令身死. 8-2 而以楚之東國〇免也. 9-13 而君〇郊迎. 11-18 楚必將〇取之矣. 11-25 引錐〇刺其股. 16-22 四拜〇跪而謝. 17-13 周〇知不救. 21-25 周〇知失九鼎. 22-15 韓〇知亡三川. 22-15 今秦〇以爲王. 23-18 然則是軫〇爲而不爲國也. 23-24 吾又〇知子之楚. 24-12 寡人〇以爲智矣. 26-17 織〇若. 29-14 其母尙織〇若也. 29-15 妾〇以有益於處女. 31-5 〇殽塞谿谷. 31-8 因〇謂之曰. 31-19 請以號三國以〇信也. 35-10 而公請之以〇重也. 35-12 寡人日〇請太后. 37-5 右手〇爲投. 40-18 其令邑中〇斗食以上. 40-25 三貴竭國以〇安. 41-8 且削地而以〇贖於王. 41-16 今平原君〇以賢. 41-23 〇是之後. 43-13 〇是之後. 46-5 是〇爲德講. 57-16 而〇子之. 57-19 今吾〇請張卿相燕. 58-7 我〇行之而不肯. 58-9 今文信侯〇請卿相燕. 58-17 趙守半國以〇存. 59-14 秦銜賂以〇强. 59-14 亡趙〇危. 59-15 力不能〇存. 59-19 願〇請. 59-22 縮劍將〇誅. 60-10 人臣不得〇殺宮中. 60-10 右舉劍將〇誅. 60-11 銜劍徵之於柱以〇刺. 60-12 外〇交於諸侯. 61-3 宣王〇迎靖郭君於郊. 64-1 靖郭君可謂能〇知人矣. 64-5 能〇知人. 64-5 韓〇以專有齊國. 64-23 忌不〇信. 66-7 〇以爲不如. 66-11 窺鏡而〇視. 66-11 適足以强秦而〇弱也. 67-25 韓〇以得交於齊. 71-7 是王內〇罷而伐與國. 72-4 廣鄰敵以〇臨. 72-4 然則是君〇爲燕東兵. 73-10 可以使蘇子〇解於薛公. 75-12 若〇在隘窘之中. 78-5 貧乏不能〇存. 82-3 退而〇刎. 84-16 〇古及今而能虛成名於天下者. 86-13 而侯王以〇謂. 86-19 寡人〇取病耳. 86-22 清靜貞正以〇虞. 87-3 蘇秦〇燕之齊. 89-5 在勞天下而〇佚. 93-19 亂天下而〇安. 93-20 皆以田單爲〇立也. 98-3 且〇天地之闢. 99-16 法章乃〇言於莒. 101-1 而無目深〇結於王. 106-1 寡人〇料. 109-21 是楚〇行不如周. 112-7 〇從先君文王以至不穀之身. 112-16 遂〇弃於磨山之中. 114-4 子亦〇知且賤於王乎. 116-6 〇令尹以下. 119-10 殆能〇免也. 122-6 〇以爲無患. 124-14 〇以爲無患. 124-17 〇以爲無患. 124-23 因〇立也. 126-25 欲〇刃於廟. 127-2 無〇瘵也. 127-12 今妾〇知有身矣. 129-3 則是魏內〇强. 132-4 〇將軍以上. 134-11 〇刑以變其容. 135-14 子〇爲計. 136-5 臣恐其後事王者之不

敢○必也. 139-5 故○以爲坐受上黨也. 140-10 王○圖之. 140-14 ○入而出夫人者. 141-9 劫韓包周則趙○銷鑠. 144-21 ○令車裂於齊之市. 148-8 ○請之曰. 150-8 ○常山以至代上黨. 150-19 不逆上以○伐. 153-19 逆主以○成. 153-21 此坐而○破之道也. 155-5 婦人爲之○殺於房中者二八. 158-25 是助秦○攻也. 159-14 此○盡之術也. 160-1 ○弱以强秦. 160-5 而弱者不能○守. 160-9 而不能○舉. 164-25 ○是之後. 165-4 故發兵○備. 168-1 ○是之後. 168-2 無○疑於中者. 168-3 燕魏○以無齊故重王. 169-13 ○是之後. 170-9 即趙○消爍矣. 172-21 至而○謝. 178-23 竊○恕. 178-24 乃○强步. 179-1 長安君何以○託於趙. 179-19 身○罷之. 182-10 因○言於廷曰. 187-11 則先鬻與國而以○解也. 195-7 而以秦爲上交以○重也. 195-9 又身○醜於秦. 195-21 ○將而伐齊. 197-9 今子雖○樹於王. 197-20 吾欲太子之○相也. 197-24 莫如太子之○相. 198-5 不如太子之○相也. 198-8 太子果○相. 198-8 ○使有要領之罪. 198-12 下所以○爲者厚矣. 198-24 寡人○爲知. 199-23 是以天幸○爲常也. 202-21 臣以爲○天下之始分以至于今. 202-25 君其○爲計. 204-6 君其先○爲計. 204-7 公終○以爲不能守也. 209-17 王○知矣. 212-9 ○賣於秦. 212-14 趙王○郊迎. 217-4 今趙王○郊迎. 217-9 使者○往. 217-14 悍而○用也. 218-2 其○纂繁也完矣. 218-17 秦○四境之内. 219-3 皆○韓出. 222-1 ○今以來. 227-2 ○以爲必可以封. 227-6 是○爲貴也. 227-15 今公○以辯於薛公而輕秦. 233-16 而内收諸大夫以○輔也. 234-25 因○皮面抉眼. 238-6 ○屠出腸. 238-7 亦○殺於屍下. 238-14 以萬乘○輔. 240-13 適足以○令亟亡也. 241-2 而無○左右也. 244-24 所以○爲也. 250-19 皆○覆之術. 250-19 皆不○覆也. 250-20 君以○覆爲可乎. 250-21 去○覆之術. 250-22 足下皆○覆之君也. 250-23 莫敢○必也. 251-7 摩笄以○刺也. 251-17 王○慮此則計過. 252-17 身○削甲扎. 252-21 妻○組甲絣. 252-21 而○用也. 253-4 王○治其外. 253-17 臣○報其内. 253-17 其實令啓○取之. 254-7 王因收印○三百石吏而效之子之. 254-8 樂毅○魏往. 256-6 鄒衍○齊往. 256-6 劇辛○趙往. 256-7 ○完之道也. 258-5 ○憂不足乎. 258-7 以○憂爲足. 258-7 皆以不○憂故也. 258-8 若○憂而足. 258-9 不○爲取妻. 259-14 舍媒而○衒. 259-14 寡人如○得之. 260-21 寡人如○有之. 261-4 被髮○漆爲厲. 262-16 臣以韓魏循○齊. 262-21 蘇代○齊使人謂燕昭王曰. 263-19 請○歸於吏以戮. 264-5 是以天幸○爲功也. 264-8 蘇代○齊獻書於燕王曰. 264-14 以女○信可也. 264-20 將軍○爲計則可矣. 266-22 ○負以不肖之罪. 267-1 臣○以爲奉令承教. 267-8 ○五伯以來. 267-20 ○以爲奉令承教. 267-22 王而不能○恃. 268-16 厚者不毀人以○益也. 272-8 義者不虧人以○益. 272-20 況傷人以○損乎. 272-21 柳下惠不以三黜○累. 272-24 光竊不○外. 274-23 欲○殺以激荆軻. 275-1 遂○刭而死. 275-2 遂○刎. 276-12 恐懼不敢○陳. 277-7 ○引而起. 277-15 軻○知事不就. 277-25 吾○宋聞子. 279-10 ○知政. 280-20 魏太子○將. 281-3 今太子○將攻齊. 281-4 乃愈○信. 281-12 以○重於衛. 282-13 ○今以往者. 283-4 臣○知死至矣. 286-10 田簡○謂取使. 286-20 樂羊食子以○信. 288-11 趙○長平已來. 288-22 楚人○戰其地. 289-16 韓軍○潰. 289-19 ○然之理. 289-20

【伊】 11

秦攻魏將犀武軍於○闕. 9-18 犀武敗於○闕. 12-14 魏取○是. 81-12 昔○尹去夏入殷. 126-17 如○尹周公. 129-15 ○尹負鼎俎而干湯. 176-8 ○洛出其南. 182-25 與魏戰於○闕. 190-10 ○尹再逃湯而之桀. 262-25 而與戰之於○闕. 289-5 ○闕之戰. 289-17

【血】 18

○流至足. 16-22 流○成川. 46-5 臣請以臣之○湔其衽. 78-17 臣輒以頸○湔足下衿. 79-10 必以其○洿其衣. 84-16 雨○沾衣. 95-10 天雨○沾衣者. 95-13 苟社稷○食. 114-4 社稷之○食乎. 165-14 先王不○食. 166-4 茹肝涉○之仇耶. 174-22 而社稷不○食. 176-19 ○濺君襟矣. 204-8 流○千里. 219-20 流○五步. 220-1 ○濡縷. 276-16 公孫氏必不○食矣. 283-4 流○漂鹵. 289-5

【向】 39

令○公之魏. 3-9 令○公之韓. 3-10 冷○謂秦王曰. 18-1 ○欲以齊事王. 18-1 則○之攻宋也. 18-3 王何惡○之攻宋乎. 18-3 ○以王之明爲先知之. 18-3 王令○壽輔行. 29-2 謂○壽. 29-3 ○壽歸以告王. 29-4 ○者遇桀紂. 56-4 北○而孤燕趙. 68-9 謂李○曰. 73-9 齊使○子將而應之. 95-6 ○子以輿一乘亡. 95-7 冷○謂强國曰. 141-12 則必舉甲而○趙. 144-22 田駟謂柱國韓○曰. 175-17 冷○謂鄭彊曰. 224-23 韓公仲謂○壽曰. 227-5 ○壽曰. 227-8 ○壽曰. 227-19 ○子曰. 227-20 ○子曰. 227-24 ○也子曰天下無道. 229-10 韓令冷○借救於秦. 231-22 教陽○說秦王曰. 233-5 冷○謂韓咎曰. 236-2 冷○謂伯嬰曰. 236-7 冷○謂陳軫曰. 245-19 秦王必外○. 245-19 ○曰. 245-21 ○請爲公說秦王. 245-23 韓氏逐○晉於周. 245-25 是王有○晉於周也. 246-1 逐○晉者韓也. 246-2 是魏有○晉於周. 246-3 北○迎燕. 273-9 東徙而不敢西○. 289-4

【似】 9

其○惡聞君王之臭也. 123-19 狀貌不○吾夫. 135-14 幽莠之幼也○禾. 182-5 驪牛之黄也○虎. 182-5 此皆○之而非者也. 182-6 夫孿子之相○者. 239-3 利害之相○者. 239-4 其利害之相○. 239-4 正如孿子之相○也. 239-5

【后】 115

因以應爲太○養地. 11-1 秦王太○必喜. 11-2 秦宣太○愛魏醜夫. 33-5 太○病將死. 33-5 庸芮爲魏子說太○曰. 33-6 太○曰. 33-6 若太○之神靈. 33-7 太○救過不贍. 33-8 太○曰. 33-9 秦太○爲魏冉謂秦王曰. 36-4 太○曰. 36-5 寡人日自請太○. 37-5 足下上畏太○之嚴. 38-8 上及太○. 38-15 聞秦之有太○穰侯涇陽華陽. 39-23 今太○擅行不顧. 39-24 太○穰侯用事. 40-7 於是乃廢太○. 40-11 太○用之. 40-23 今太○使者分裂諸侯. 41-5 竭入太○之家. 41-7 太○不善公也. 56-8 太○之所親也. 56-8 太○必悦公. 56-10 謂太○曰. 56-13 太○坐王而泣. 56-14 乃說秦王○弟陽泉君曰. 57-4 王○無子. 57-9 王○之門. 57-10 王○誠請而立之. 57-11 王○無子而有子也. 57-12 入說王○. 57-12 王○乃請趙而歸之. 57-13 王○欲取而子之. 57-14 王○悦其狀. 57-18 王○勸立之. 57-23 王○爲華陽太○. 57-25 齊王使使者問趙威○. 88-3 威○問使者曰. 88-3 臣奉使使威○. 88-4 威○曰. 88-5 君王○. 95-16 君王○以爲. 95-19 而迎王與○於城陽山中. 99-22 以太史氏女爲王○. 101-2 君王○賢. 101-4 君王○事秦謹. 101-5 秦始皇嘗使使者遺君王○玉連環. 101-7 君王○以示羣臣. 101-8 君王○引椎椎破之. 101-8 及君王○病且卒. 101-10 君王○曰. 101-11 君王○曰. 101-11 君王○死. 101-13 後○勝相齊. 101-13 南○鄭襃貴於楚. 120-3 南○鄭襃聞之大恐. 120-12 乃召南○鄭襃而觴之. 120-16 楚王○死. 123-22 未立○也. 123-22 公何以不請立○也. 123-22 是知困而交絶於○也. 123-23 以李園女弟立爲王○. 129-7 李園既入其女弟爲王○. 129-9 秦留趙王而○許之媾. 162-3 吾乃今然○知君非天下之賢公子也. 162-15 然○天子南面弔也. 164-5 而王必待工而○乃使之. 166-2 趙太○新用事. 178-19 太○不肯. 178-20 太○明謂左右. 178-20 左師觸讋願見太○. 178-22 太○盛氣而揖之. 178-22 而恐太○玉體之有所郄也. 178-24 故願望見太○. 178-25 太○曰. 178-25 太○曰. 179-2 太○之色少解. 179-2 太○曰. 179-6 太○曰. 179-7 太○笑曰. 179-8 老臣竊以爲媼之愛燕○賢於長安君. 179-8 媼之送燕○也. 179-11 太○曰. 179-13 故以爲其愛不若燕○. 179-20 太○曰. 179-20 太○恐其不因穰侯也. 190-16 何不令公子泣王太○. 196-14 故太○母也. 206-18 故令魏氏收秦太○之養地秦王於秦. 214-14 而養秦太○以地. 214-16 太○之德王也. 219-6 宣太○曰. 231-6 宣太○謂尚子曰. 231-6 困則使太○穰侯爲和. 261-9 太○聞之大怒曰. 265-4 陳翠欲見太○. 265-7 太○方怒子. 265-7 遂入見太○曰. 265-8 太○曰. 265-8 太○曰. 265-12 太○嫁女諸侯. 265-12 太○弗聽. 265-15 且太○與王幸而在. 265-16 太○千秋之後. 265-16 故非及太○與王封公子. 265-17 太○曰. 265-19 則君不奪太○之事矣. 280-21 陰姬與江姬爭爲○. 286-23 彼乃帝王之○. 287-9 王立爲○. 287-17 世無請○者. 287-18 中山王遂立以爲○. 287-18

【行】 327

乃止其○. 3-12 石○秦謂大梁造曰. 5-9 收周最以爲後○. 5-16 而公獨脩虛信爲茂○. 6-17 留其○. 7-17 然吾使者已○矣. 10-19 則令不横○於周矣. 13-10 臣願免而○. 14-3 ○而免. 14-4 公言是而○. 14-5 法令至○. 15-5 孝公○之八年. 15-8 ○義約信. 16-8 王固不能○也. 16-15 說秦王書十上而說不○. 16-16 嫂虵○匍伏. 17-13 言罰則不○. 18-15 賞罰不○. 18-15 今秦出號令而○賞罰. 18-17 於是潛○而出. 21-6 ○道之人皆知之. 24-2 ○道之人皆知之. 24-25 王令向壽輔○. 29-2 ○千里而攻之. 29-6 不爲無○. 32-16 則○而益利其道. 36-11 若將弗○. 36-11 利則○之. 36-21 大王信○臣之言. 37-20 夜○而晝伏. 38-1 坐○蒲服. 38-2 是臣說之○也. 38-4 使臣得同○於箕子接輿. 38-5 北斬太○之道則上黨之兵不下. 39-18 今太后擅○不顧. 39-24 使者直道而○. 41-5 ○者○. 42-4 唐雎○. 42-10 ○至武安. 42-10 令有必○者. 43-17 必不○者. 43-18 此令必○者也. 43-18 此令必不○者也. 43-19 ○道施德於天下. 44-15 ○不取苟容. 44-24 ○義不固毀譽. 44-24 塞太○之口. 46-16 又斬范中○之途. 46-16 滅破范中○. 49-16 智伯出○水. 49-18 莫不令朝○. 54-13 昔智伯瑶殘范中○. 55-9 ○百里者半於九十. 55-19 若隨此計而○之. 55-24 中期徐○而去. 56-3 而不肯○. 58-8 臣○之. 58-8 我自○之而不肯. 58-9 汝安能○之也. 58-9 而卿不肯○. 58-18 請因孺子而○. 58-18 ○有日矣. 58-19 姚賈辭○. 60-23 齊貌辨辭而○. 63-12 請必○. 63-14 齊貌辨○至齊. 63-15 馬不得並○. 69-6 犀首跪○. 72-11 明日張子○. 72-11 然則是我抱空質而○不義於天下也. 75-5 可以請○. 75-8 孟嘗君出○國. 79-24 不欲○. 79-25 足下能使僕無○. 80-2 郢之登徒不欲○. 80-16 獸同足者而俱○. 80-24 載券契而○. 82-22 說義聽○. 84-15 必以驕奢爲○. 86-9 乃今聞細人之○. 86-23 安○而

反臣之邑屋.87-4 ○年三十而有七子.88-19 衛君跣○.90-10 然二國勸○之者.90-18 ○此六者而求伯.90-20 大國○此.91-8 昔智伯瑤攻范中○氏.92-20 而令○於天下.94-2 令○於天下矣.94-4 大王不如先○王服.94-8 跣○按兵於國.94-11 今公○一朝之忿.96-9 傚小節者不能○大威.97-6 此三○者.97-9 不免爲辱人賤○矣.97-10 然而管子幷三○之過.97-10 非不能○小節.97-19 出不能○.98-4 嘉其○.98-13 吾爲子先○.104-2 故遂與之○.104-3 安陵君泣數○而進曰.106-11 三人偶○.107-5 而令私○.107-24 王不如以十乘○之.108-1 乃以十乘○之.108-2 杜赫怒而不○.108-3 高主之節○.110-13 一日○三百餘里.110-17 是楚自○不如周.112-7 且儀之所○.112-8 於是贏糧潛○.113-13 今爲其○人請魏之相.115-5 則傷○矣.117-3 辭而○.119-15 儀○天下徧矣.120-17 惠子必弗○也.121-7 楚將入之秦而使○和.121-15 齊人飾身修○得爲益.122-14 ○千餘里來.122-15 而令○於天下也.126-2 服鹽車而上大○.128-8 知伯帥趙韓魏而伐范中○氏.131-21 ○城郭.132-15 其○高.133-12 君其○之.134-21 賢人之○.134-23 張孟談乃○.135-3 始事范中○氏而不說.135-6 子之得近而○所欲.135-17 子不嘗事范中○氏乎.135-24 知伯滅范中○氏.135-24 臣事范中○氏.136-1 范中○氏以衆人遇臣.136-1 德○非施於海内也.138-2 一軍臨太○.139-21 令嚴政○.140-13 莫不高賢大王之○義.144-4 秦欲已得○於山東.144-22 不以夜○.146-16 是以賢者任重而○恭.146-16 人主不再○也.146-18 以兵橫○於中十四年.147-19 ○於天下山東.147-25 方將約車趨○.148-20 疑○無名.149-10 王其遂○之.149-13 古今之公○也.149-19 而令○爲上.149-21 ○政在於信貴.149-22 事利國者○無邪.149-24 蠻夷之所義○也.150-6 中國不近蠻夷之○.152-3 是鄒魯無奇○也.152-12 寡人始○縣.152-19 立傅以○.152-24 訪議之○.152-25 身○寬惠達於禮.153-4 御道之以○義.153-11 子能○是.153-13 事主之○.153-18 臣○讓而不爭.153-20 反親以爲○.153-20 ○私莫大焉.153-22 而徒以三萬○於天下.155-15 公子將○矣.158-15 然且欲○天子之禮於鄒魯之臣.164-7 則橫○四海.164-25 王之○能如許由乎.165-12 而取○於王者也.169-7 取○於王者也.169-16 而趙無爲王○也.170-4 秦○是計.172-9 皆起而○事.172-11 秦○是計也.172-12 秦○是計.172-14 秦○是計.172-16 秦○是計.172-18 秦○是計也.172-24 辭○.173-7 子勉○矣.173-11 樓子遂○.173-11 ○逐愛弟.176-1 ○人見之.176-3 請奉而西○之.177-12 畏懼不敢不○.177-21 春平侯者言○於趙王.178-15 老婦恃輦而○.178-25 已○.179-12 日夜○不休已.184-10 軫且○.187-5 公得○.187-11 急約車爲○具.187-12 魏王止其○使.187-16 將○.188-3 其子陳應止其公之○.188-3 道稱疾而毋○.188-6 王重其○而厚奉之.190-13 今○和者.190-16 ○以百金.190-22 不可以○百步.191-9 雪甚如此而喪○.193-19 而不○先王之喪.193-21 難以○.194-6 惠子非徒○其說也.194-10 而○其上.195-10 則○其中.195-10 則○其下.195-11 嬰子言○於齊王.196-5 止太子之○.196-14 是齊抱空質而○不義也.197-15 此魏信之所難○也.198-17 令人之相○所不能.198-18 而悔其過○.199-4 於是辭○.199-24 臣聞明王不胥中而○.201-14 臣願君之熟計而無○危也.203-7 將盡○之乎.203-15 將有所不○乎.203-15 今不○者欺之矣.204-2 君不○.204-8 長信侯○.204-10 ○乎.204-12 王毋○矣.204-12 乃案其○.205-1 寡人願子之○也.205-18 今又○數千里而以助魏.206-2 夫○數千里而救人者.206-3 雖欲○數千里而助人.206-4 文請○矣.206-5 利○數千里而助人乎.206-9 子○矣.206-11 不識禮義德○.206-17 ○三十里而攻危隘之塞.207-6 所○者甚遠.207-7 而請爲天下鴈○頓刃.208-3 夜○者能無爲姦.213-1 是參○也.213-12 故君不如安○求質於秦.215-5 見人於大○.215-19 猶至楚而北○也.215-24 雖死終不敢○.218-1 又亡其○子之術.221-19 乃儆公仲之○.226-2 必不爲鴈○以來.226-8 今弗○.226-19 公仲無○.227-2 是令○於楚而以其地德韓也.227-22 公何不因○願以與秦王語.228-9 ○願之爲秦王臣也公.228-10 乃○.229-19 出爲鴈○.231-4 日○一縣.231-11 是令得○於萬乘之主也.233-11 公○矣.233-22 周最○至鄭.233-23 今盜賊公○.236-20 而○游諸侯衆矣.237-7 獨○仗劍至韓.238-1 願公之○之也.239-18 公○之計.239-22 公○之計.239-24 公○之計.240-4 ○雖如伯夷.241-1 ○雖如桀紂.241-1 昭釐侯聽而○之.241-10 制令無所○.241-17 越王使大夫種○成於吳.241-20 是金必○.243-4 美人知内○者也.243-5 不見内○.243-5 齊秦非重韓則賢君之○也.245-8 爲一宿之○.245-13 夫宵○者能無爲姦.247-1 而難千里之○.247-8 今使弱燕爲鴈○.249-18 三者天下之高○.250-12 何肯步○數千里.250-16 且夫信○者.250-19 是王與堯同○也.254-3 子之南面○王事.254-9 而足下○之.256-15 兼此三○以事王.257-25 ○年八十.258-17 爲子之遠○來之.259-5 臣請○矣.259-10 非○義也.260-5 秦之○暴於天下.260-6 一日而斷太○.260-11 因犀首屬○而攻趙.261-7 燕昭王不○.261-19 ○.264-1 臣之○也.264-14 故獻御書而○.264-14 至於虚北坐○其兵.264-23 乃命公子束車制衣爲○具.265-19 論○而結交者.267-5 而不察疏遠之○也.268-13 不相得則不能○.268-20 三人不能○.268-22 五人而車因○矣.268-22 厚人之○也.272-9 ○有失而故惠用.272-12 恐其適足以傷於高而薄於○也.272-18 却○爲道.274-13 僂○見荆軻.274-21 光聞長者之○.274-24 夫爲○使人疑之.274-25 膝下○流涕.275-3 荆卿未有○意.275-22 今○而無信.275-24 不如遂○.281-8 遂○.281-9 人生之所○.283-1 始君之所○於世者.283-1 君之所○天下者甚謬.283-3 乃○之.285-13 王○二者.285-16 ○.286-11 以臣所○多矣.287-6 武安君稱疾不○.289-1 皆令妻妾補縫於○伍之間.289-23 未能○.290-2 如君不○.290-8 臣知○雖無功.290-9 雖不○無罪.290-9

【舟】 18

而憚○之僑存.23-14 ○之僑諫而不聽.23-15 而無○檝之用.150-18 故寡人且聚○檝之用.150-20 臣聞積羽沉○.186-9 王因取其游之○上擊之.229-18 乘○.233-15 ○漏而弗塞.233-15 則○沉矣.233-15 塞漏○.233-15 則○覆矣.233-16 是塞漏○而輕陽侯之波也.233-16 輕○浮於汶.260-7 乘○出於巴.260-7 浮輕○.260-15 同○而凌波.268-25 如同○而濟.268-25 發梁焚○以專民.289-13

【全】 20

而○趙令其止.9-22 楚國不尙○事.27-7 是趙不拔而魏○也.64-12 ○兵而還.67-8 然而形神不○.87-2 距○齊之兵.96-22 ○車甲.96-25 而韓魏以○制其後.111-6 則公之兵○矣.115-18 東地復○.118-17 謹使可○而歸之.142-11 燕趙之所以國○兵勁.202-9 魏氏復○.217-2 以○父子之義.217-25 吾已○已.218-2 而得○.234-9 尙何足以圖國之○爲.234-16 而王以○燕制其後.248-11 夫免身○功.268-9 臣聞○趙之時.273-15

【合】 216

必以國○於所與粟之國.3-22 秦齊○.4-2 恐齊韓之○.4-23 必先○於秦.4-23 秦齊○.4-23 則有○矣.5-1 秦齊○.5-14 夫齊○.5-21 以地○於魏趙.5-25 故必怒○於齊.6-1 是君以○齊與强楚吏産子.6-1 則○齊者.6-2 將興趙宋○於東方以孤秦.6-6 何不○周最兼相.6-8 則秦趙必相賣以○於王也.6-9 將恐齊趙之○也.6-11 先○於齊.6-12 ○與收齊.6-13 貴○於秦以伐齊.6-16 君不如令弊邑陰○於秦而君無攻.9-8 必不○於秦.12-22 必東○於齊.13-8 而○天下於齊.13-9 君不如使周最陰○於趙以備秦.13-14 燕趙惡齊秦之○.18-2 則必將二國幷力○謀.22-15 齊秦之交陰○.27-1 是吾○齊秦之交也.27-8 秦與齊○.27-10 楚畔秦而○於韓.30-17 楚雖○韓.30-17 不悅而○於楚.32-2 令田章以陽武○於趙.32-5 且欲○齊而受其地.32-10 齊趙○.34-22 ○從相聚於趙.42-2 言不取苟○.44-24 齊桓公九○諸侯.45-21 齊秦○而立負蒭.48-17 魏畏秦楚之○.50-3 楚怒秦○.50-8 魏請無與楚遇而○於秦.50-9 故齊不○也.50-11 天下五○六聚而不敢救也.52-9 秦楚○而爲一.53-22 以曲○於趙王.60-2 四國之交未必○也.61-2 足下豈如令衆而○二國之後哉.67-17 而君以魯衆○戰勝後.67-20 陳軫○三晉而東謂齊王曰.67-23 今三晉已○矣.68-10 齊非急以銳師○三晉.68-11 三晉○.68-11 不如急以兵○於三晉.68-13 果以兵○於三晉.68-14 蘇秦爲趙○從.68-16 儀以秦梁之齊○橫親.72-8 不如從○於趙.73-5 悉來○券.82-24 券徧○.82-24 九○諸侯.87-14 橫秦之勢○.96-15 九○諸侯.97-12 適爲固驅以○齊秦也.102-10 齊秦○.102-10 齊秦必不○.102-12 齊秦不○.102-13 必與魏○而目謀楚.104-17 蘇秦爲趙○從.108-21 故從○則楚王.109-10 橫○.109-16 必不求地而○於楚.115-12 秦楚之○.116-1 橫親之不○也.120-22 必以秦○韓魏.120-24 魏不○秦.121-2 臣聞從者欲○天下以朝大王.123-3 天下○從.127-14 嘗○橫而謀伐趙.138-25 三晉○而秦弱.142-13 惡三晉之大○也.142-22 秦見三晉之大○而堅也.143-10 始○從.144-3 願以甲子之日○戰.148-5 富丁欲以趙○齊魏.156-25 樓緩欲以趙○秦楚.156-25 富丁恐主父之聽樓緩而○秦楚也.156-25 秦楚必○而攻韓魏.157-2 魏因富丁且○於秦.157-15 趙畏橫之○也.157-16 秦必疑天下○從也.161-20 而不能○遠.164-24 天下○從.166-25 今燕齊已○.168-2 趙從親以○於秦.170-19 齊秦非復○也.172-3 後○與踦重者.172-4 ○負親之交.172-8 復○衍交兩王.172-10 韓魏焉免西○.173-1 趙使趙莊○從.175-12 齊畏從人之○也.175-13 蘇子爲趙○從.184-5 不○於韓.185-13 ○從者.185-15 魏怒○於楚.186-17 今秦見齊魏之不○也如此其甚也.186-23 齊秦○而涇陽君有宋地.186-25 夫齊秦不○天下無憂.187-1 張儀欲以魏○於秦韓而攻齊楚.188-15 惠施欲以魏○於齊楚以案兵.188-15 以魏○於秦韓而攻齊楚.188-17 張儀以○秦魏矣.189-12 齊畏三國之○也.189-19 秦韓○而欲攻南陽.190-2 必以少割請○於王.190-17 敗後必莫能以魏○於秦者矣.191-5 請○而以伐宋.194-15 魏王畏齊秦之○也.194-15 秦齊○.195-3 令足下鬻之以○於秦.195-12 ○讎國以伐婚姻.195-15 王游人而○其鬬.196-25 秦因○魏以攻楚.199-17 遽割五城以○於魏而支秦.201-11 公必且待齊楚之○也.209-4 必不○矣.209-5 其人皆欲○齊

秦外楚以輕公. 209-6 ○親以孤齊. 209-11 吾已○魏矣. 209-15 翟强欲○齊秦外楚. 209-22 樓庳欲○秦楚外齊. 209-23 請○於楚外齊. 209-24 必爲○於齊外於楚. 209-25 恐必大○. 211-7 横者將圖子以○於秦. 212-15 西○於秦. 213-9 時○時離. 213-13 天下之○也. 213-14 ○天下之從. 213-15 天下○於秦. 214-3 ○於趙. 214-3 秦韓不敢○. 215-6 天下必○呂氏而從嫪氏. 219-8 申不害始○於韓王. 221-12 蘇秦爲楚○從說韓王曰. 221-23 皆出於冥山棠谿墨陽○伯膊. 222-3 秦必曰楚韓○矣. 224-4 秦楚○. 227-7 吾○秦楚. 227-8 秦韓之交可○也. 227-9 吾甚欲韓○. 227-19 齊魏○與離. 228-10 齊魏别與○. 228-11 ○. 228-12 ○. 228-12 歸地而○於齊. 228-13 不求割地而○於魏. 228-15 將以○齊秦而絶齊於楚也. 229-3 齊無以信魏之○己於秦而攻於楚也. 229-4 公叔且以國南○於楚. 231-17 殆不○. 231-24 以公不如亟以國○於齊楚. 232-10 矯以新城陽人○世子. 234-7 是齊楚○. 234-20 必以韓○於秦楚矣. 235-12 秦必留太子而○楚. 236-8 天下○而離秦. 239-19 ○離之相續. 239-20 今公以韓先○於秦. 239-20 天下不○秦. 239-23 今公以韓爲天下先○於秦. 240-4 皆不欲韓秦之○者何也. 240-15 晉楚○. 240-16 韓秦○. 240-16 ○而相堅如一者. 241-3 昔齊桓公九○諸侯. 242-7 九○之尊桓公也. 242-9 張丑之○齊楚講於魏也. 243-7 楚之齊者知西不○於秦. 245-19 必且務以楚○於齊. 245-20 齊楚○. 245-20 楚之齊者先務以楚○於齊. 245-22 ○從以安燕. 248-19 齊燕○則趙輕. 248-23 何吾○燕於齊. 249-1 是驅燕而使○於齊也. 249-4 不如以埊請○於齊. 249-9 臣之趍固不與足下○者. 250-23 齊秦○. 255-8 齊秦不○. 255-10 與秦楚三晉○謀以伐齊. 256-9 魏棄與國而○於秦. 261-4 令不○燕. 262-9 解而復○. 262-14 故齊趙之○苟可循也. 262-15 趙○於燕以攻齊. 263-8 一○一離. 264-22 陳翠○齊燕. 265-4 寡人有時復○和也. 265-24 昌國君樂毅爲燕昭王○五國之兵而攻齊. 266-13 則不如○弱. 268-18 將柰何○弱而不能如一. 268-18 以其○兩而如一也. 268-20 今山東○弱而不能如一. 268-21 山東相○. 269-4 今韓梁趙三國以○矣. 269-6 不如以兵南○三晉. 269-9 燕果以兵南○三晉也. 269-11 蚌○而拑其喙. 270-5 燕因○於魏. 270-14 所以○好掩惡也. 272-14 莫敢○從. 275-12 諸侯得○從. 275-16 齊楚○. 280-25 以○伐之. 289-24

【兆】 2

數策占○. 21-5 有億○之數. 109-17

【刭】 1

猶剗○者也. 264-19

【危】 139

夫存○國. 1-7 復國且身○. 5-7 竊爲君○之. 9-8 破則周○. 11-6 則楚方城之外○. 13-3 即趙羊腸以上○. 13-4 大臣太重者國○. 15-10 左右太親者身○. 15-10 晉國○. 18-1 則趙○. 19-18 趙○而荆孤. 19-18 ○. 22-13 此臣所謂○. 22-17 國必○矣. 29-25 小者身以孤○. 38-10 四貴備而國不○者. 39-25 大其都者○其國. 40-5 得無○乎. 40-20 都大者○其國. 40-25 臣强者○其主. 40-25 古之所謂○主滅國之道必從此起. 41-7 竊爲君○之. 45-19 咸陽必○. 49-4 無○咸陽而悔也. 49-6 魏必○. 50-5 則社稷必○. 50-20 致至而○. 51-24 然後○動燕趙. 54-5 衛○於累卵. 54-12 國家大○. 54-16 君○於累卵. 57-6 必無○亡之患矣. 57-8 ○矣. 58-23 亡趙自○. 59-15 今國○亡. 60-2 能○山東者. 68-1 國以○. 69-21 不用臣言以○國. 72-8 太子必○矣. 76-10 清廟必○. 78-2 歷險乘○. 79-16 則趙魏亦○矣. 81-18 趙魏○. 81-19 夫有宋則衛之陽城○. 89-20 有淮北則楚之東國○. 89-20 有濟西則趙之河東○. 89-20 是以大國○. 91-6 則楚國之形○. 96-15 國○矣. 99-25 勢必○宋. 103-6 國必○矣. 103-7 則上○. 105-13 竊爲君○之. 106-1 故謀未發而國已○矣. 109-21 存○國. 109-24 社稷豈得無○哉. 110-10 此○亡之術也. 110-12 ○難在三月之内. 110-21 攻大者易○. 110-24 夫守易○之功. 110-25 臣竊爲大王○之. 111-1 社稷其○. 113-19 ○太子者. 118-19 公必○. 118-20 是以國○. 119-7 方城必○. 121-1 郢都必○矣. 124-3 於安思○. 130-6 ○則慮安. 130-6 而爲○難不可成之事. 131-12 ○不能安. 133-1 ○於累卵. 137-13 且秦以三軍攻王之上黨而○其北. 138-19 韓○社稷以事王. 139-6 韓魏○. 139-13 亡其北陽而梁○. 141-24 河間封不定而齊○. 141-25 戰勝而國○者. 146-23 求欲無○. 148-11 忠不辟○. 151-24 ○足以持難. 152-22 和於下而不○. 153-5 臣用私義者國必○. 153-20 ○矣. 160-20 人必○之矣. 165-16 韓魏○. 171-7 固○扶弱. 173-2 何○於國. 176-17 無○於國. 176-17 皆無○補於國. 176-18 ○國之道也. 182-19 是○也. 182-20 則大王之國欲求無○不可得也. 185-21 齊必○矣. 186-17 公必○矣. 188-25 虚頓丘○. 189-22 許鄢陵○. 189-23 其國易○. 192-4 田侯梁君見其○. 192-8 韓氏必○. 193-13 則子必○矣. 197-20 趙安而我○也. 198-20 國○而權輕. 198-23 國處削○之形. 199-2 臣願君之熟計而無行○也. 203-7 名醜而實○. 205-7 魏無見亡之○. 205-13 然而趙之地不歲○. 205-22 而魏之地歲○. 205-22 地亦且歲○. 205-24 行三十里而攻○隘之塞. 207-6 河内之共汲莫不○矣. 207-12 則南國必○矣. 207-16 南國雖無○. 207-16 則二周必○. 208-14 則魏○. 213-9 國○矣. 213-15 社稷必○矣. 217-20 此安○之要. 221-13 不事秦則○矣. 223-9 則王之國必○矣. 223-22 夫救韓之○. 231-9 身必○. 234-16 則主卑而身○. 239-6 是公○矣. 239-9 則韓最先○矣. 239-20 功存○燕. 250-10 而事弱燕之○主乎. 250-17 則○. 252-20 名卑而國○. 257-15 夫去尊寧而就卑○. 257-15 國必○矣. 269-5 仁者不○人以要名. 272-8 則恐○社稷. 280-10 西河之外必○. 282-7 大者○國. 285-10 然則王之爲費且○. 285-15 大怒則君必○矣. 286-18 即社稷○矣. 287-16

【旬】 3

圍梁數○. 19-17 ○五之期. 187-10 ○有餘. 225-2

【旨】 1

絶○酒. 200-4

【刎】 3

退而自○. 84-16 ○頸而死. 218-4 遂自○. 276-12

【匈】 3

必開扃天下之○. 111-9 願太子急遣樊將軍入○奴以滅口. 274-5 而棄所哀憐之交置之○奴. 274-8

【名】 176

美○也. 1-7 多○器重寶. 2-16 欲决霸王之○. 5-9 ○曰衞疾. 10-9 必○曰謀楚. 11-19 ○師數百萬. 18-23 伯王之○不成. 19-2 然則是一舉而伯王之○可成也. 19-12 然則是一舉而伯王之○可成也. 19-19 伯王之○不成. 19-24 伯王之○可成也. 20-14 ○師數百萬. 21-8 以成伯王之○. 21-11 伯王之○不成. 21-13 弊兵勞衆不足以成○. 22-2 爭○者於朝. 22-3 是我一舉而○實兩附. 22-11 而又有禁暴正亂之○. 22-12 惡○也. 22-13 又有不義之○. 22-13 王不如因而賂之一○都. 27-6 而有刺兩虎之○. 27-25 ○爲縣. 29-6 費人有與曾子同○族者而殺人. 29-13 而君之大○也. 34-19 而爲天下○器. 36-18 功成○立利附. 39-7 顯○於天下. 41-23 眩於○. 41-25 而無過舉之○. 44-3 ○實純粹. 44-18 故君子殺身以成○. 45-3 夫待死而後可以立忠成○. 45-9 天下有其實而無其○者. 50-24 有無其實而有其○者. 50-25 有無其○又無其實者. 50-25 有其實而無其○者. 51-1 此有其實而無其○者也. 51-2 無其實而有其○者. 51-3 此無其實而有其○者也. 51-4 無其○又無其實者. 51-4 無孝之○. 51-5 是王有毁楚之○. 53-11 乃變其○曰楚. 57-19 得知○者不少. 57-21 則是大王○亡趙之半. 59-16 雖有高世之○. 61-19 ○可尊矣. 64-22 欲以正天下而立功○. 67-23 不立以立功○. 67-25 今無臣事秦之○. 69-10 雖有勝○而有亡之實. 69-21 雖有勝秦之○. 69-24 公以是爲○居足矣. 72-24 顯○也. 73-22 計不决者○不成. 75-13 變則是君抱空質而負○於天下也. 75-15 以空○市者太子也. 76-9 有能揚文之○. 80-18 以喜其爲○者. 86-8 是故無其實而喜其○者削. 86-10 此皆幸樂其○. 86-11 自古及今而能虚成○於天下者. 86-13 是故成其道德而揚功○於後世者. 86-14 帝○爲無傷也. 89-9 則國重而○尊. 89-22 敬秦以爲○. 89-23 則○號不攘而至. 91-8 故○配天地不爲尊. 93-18 勇士不怯死而滅○. 96-8 功廢○滅. 96-10 功○可立也. 97-2 二者顯○厚實也. 97-5 惡小恥者不能立榮○. 97-7 ○高天下. 97-12 功廢○滅. 97-15 傳○後世. 97-19 功○不立. 97-20 而成終身之○. 97-21 ○與天壤相敝也. 97-22 其子法章變姓○. 100-24 而有事人之○. 109-11 楚王不察於爭○者也. 112-4 有功○者秦也. 112-8 ○不挫於諸侯. 113-3 齊王好高人以○. 115-5 不足以載大○. 123-6 雖○爲相國. 129-13 今臣之○顯而身尊. 134-12 臣願捐功○去權勢以離衆. 134-12 吾聞輔主者○顯. 134-13 張孟談便厚以便○. 134-22 乃變姓○. 135-9 ○既成矣. 136-4 忠臣不愛死以成○. 136-6 不愛○寶. 141-14 無有○山大川之限. 145-4 夫刑○之家. 147-13 疑行無○. 149-10 因貴戚者○不累. 149-25 惡變服之○. 151-2 不立私以爲○. 153-19 ○曰無窮之門. 154-10 交有稱王之○. 164-8 恐其以擊燕爲○. 168-1 而能令王坐而天下致○寶. 169-3 臣以爲齊致尊○於王. 169-9 天下孰敢不致尊○於王. 169-9 臣以齊爲王求○於燕及韓魏. 169-10 姓○未著而受三公. 176-9 而成子之○. 182-1 敢問就功成○. 182-1 埊○雖小. 184-8 無有○山大川之阻. 185-8 以安社稷尊主强兵顯○也. 185-15 楚雖有富大之○. 186-1 欲以爲王廣土取尊○. 192-13 好用兵而甚務○. 197-7 不如用魏信而尊之以○. 198-22 國安而○尊. 198-23 魏氏之○族不高於我. 198-25 三年反而○其母. 203-12 反而○我者. 203-12 堯舜○. 203-13 天地○. 203-13 是以○母也. 203-14 願子之有以易○母也. 203-15 願子之且以○母爲後也. 203-16 ○醜而實危. 205-7 ○都數十. 207-24 以廣地尊○. 215-24 而有牛後之○. 222-14 賂之以一○都. 226-1 今又得韓之○都一而具甲. 226-4 以虚○救我者. 226-16 恃楚之虚○. 226-16 滅吾弟之○. 238-11 今死而無○. 238-12 夫愛身不揚弟之○. 238-13 聶政之所以○施於後世者. 238-16 以揚其○也. 238-17 成功○於天下. 241-16 ○尊無所立. 241-17 非以求主尊成○於天下也. 241-18 有爲○者. 241-19 爲○者攻其心. 241

-19 故桓公負婦人而○益尊. 249-21 有讓天下之○. 254-2 是禹○傳天下於益. 254-7 是○屬子之. 254-8 ○卑而權輕. 256-14 ○得所願. 257-12 是○卑也. 257-14 ○卑而國危. 257-15 ○尊而國寧. 257-15 而○可立也. 258-12 故功不可成而○不可立也. 258-13 ○顯諸侯. 261-21 立○之士也. 267-6 ○成而不毁. 267-24 墮先王之○者. 268-10 不潔其○. 268-12 不惡卑○以事强. 268-16 之主者不卑○. 269-4 王○終不成. 269-21 ○則義. 269-22 成其○. 270-1 仁者不危人以要○. 272-8 雖任惡○. 272-19 則功大○美. 280-4 蒙大○. 280-4 故○有所加而實有所歸. 280-18 何侔○於我. 285-6 耻與中山侔○. 285-9 則民務○不存本. 287-24 忠臣愛其○. 290-14

【各】 15

萬物○得其所. 44-17 夫物○有疇. 81-1 ○死其處. 81-7 彼亦○貴其故所親. 129-1 破趙則封二子者○萬家之縣一. 133-20 又封二子者○萬家之縣一. 133-21 齊魏○出銳師以佐之. 145-25 ○順其宜. 152-8 ○便其用. 152-8 巴寧爨襄田○十萬. 183-15 二人○進議於王以事. 221-15 ○得其位. 244-17 使左右司馬○營壁地. 271-4 ○有差. 278-3 ○有散心. 289-16

【多】 107

○名器重寶. 2-16 使無○割. 5-4 張於○鳥處. 7-4 然後能○得鳥矣. 7-5 則衆必○傷矣. 9-20 亦已○矣. 10-20 公之功甚○. 11-12 君爲○巧. 12-7 最爲○詐. 12-7 ○於二縣. 13-2 蓄積饒○. 15-17 民○僞態. 16-6 以季子之位尊而○金. 17-15 固○憂乎. 23-4 天下不以爲○張儀. 29-7 則公之功○矣. 30-14 楚客來使者○健. 30-21 則寄地必○矣. 32-3 ○出兵. 32-20 公不若毋○. 35-15 功○者其爵尊. 36-9 車騎之○. 38-18 ○之則害於秦. 38-24 魏○變之國也. 39-11 張儀之力○. 41-16 金盡者功○矣. 42-9 ○功而不矜. 45-2 秦之楚者○資矣. 50-4 王之功亦○矣. 52-6 聚少而爲○. 54-21 客○以諫. 62-18 齊貌辨之爲人也○疵. 63-7 然後王可以○割地. 71-13 然後王可以○割地. 71-24 楚之勢可○割也. 75-21 齊之所以敢○割地者. 76-4 故○割楚以滅迹也. 76-14 分地又非○韓魏也. 91-1 夫後起之藉與○而兵勁. 91-7 其士○死而兵益弱. 93-4 而○與天下爲仇. 93-10 士卒○死. 96-6 國弊畝○. 96-21 齊○知. 101-7○受秦間金玉. 101-13 里數雖○. 110-18 ○與存國相若. 114-2 ○賂諸侯以王之地. 119-6 今諸侯明知此○詐. 122-10 裁少爲○. 123-4 ○失禮於王兄弟. 129-2 今爲馬○力則有矣. 130-18 趙氏分則○十城. 134-25 即○割. 143-11 而○求地. 143-15 ○聽而時用之. 146-14 用力少而功○. 149-6 窮鄕○異. 150-16 曲學○辨. 150-16 而循禮未足○也. 152-11 坐此者○矣. 158-18 秦兵不敝而○得地. 160-9 ○在君之右. 161-8 而令趙人○君. 164-23 知老而○. 166-17 以日○之知. 166-18 不倦而取道○. 166-19 而地可○割. 168-2 羣臣必○以臣爲不能者. 169-4 而挾重器○也. 179-17 ○予之重器. 179-19 乃○與趙王寵臣郭開等金. 180-1 以○取封於秦. 180-2 夫物○相類而非也. 182-4 己愈○. 183-19 車馬之○. 184-10 ○言而輕走. 186-2 且夫從人○奮辭而寡可信. 186-6 必勸王○公之車. 188-5 人○爲張子於王所. 188-16 臣不知衍之所以聽於秦之少○. 190-11 無○割. 191-4 羣臣○諫太子者. 193-19 必○割埊以深下王. 199-4 且劫王以○割也. 202-14 天幸爲○矣. 202-20 其攻○於與秦共伐韓. 208-8 夫國之所以不可恃者○. 211-20 而以○割於韓矣. 215-4 吾用○. 215-21 用雖○. 215-21 美人亦甚○矣. 218-13 其○力者内樹其黨. 223-21 ○其車. 226-7 ○其車. 226-12 人皆言楚之○變也. 227-14 今謂馬○力則有矣. 229-11 粮不○. 231-9 楚國○盜. 236-16 此其勢不可以○人. 237-25 ○人不能無生得失. 237-25 則君○資. 249-6 將○望於臣. 264-15 功○者授之. 267-4 君爲臣○車重幣. 284-10 以臣所行○矣. 287-6 ○倍城邑. 289-13

【夘】 1

臣之所重處重○也. 264-17

【色】 42

狀有歸○. 16-18 見者無不變○易容者. 37-8 有驕矜之○. 45-22 今大王皆有驕○. 55-19 動於顔○. 63-23 齊王和其顔○曰. 78-2 ○與馬取於今之世. 85-3 王忿然作○曰. 85-18 宣王忿然作○. 87-12 先君好○. 87-18 王亦好○. 87-18 顔○不變. 97-18 目○交者. 105-24 有說○. 107-2 王怫然作○曰. 118-5 王徒不好○耳. 120-7 寡人之獨何爲不好○也. 120-10 ○也. 123-13 顔○變作. 125-12 而韓魏之君無憙志而有憂○. 131-8 二主○動而意變. 133-14 愴然有決○. 134-18 形於顔○. 165-24 君忿然作○曰. 166-10 ○也. 166-16 ○老而衰. 166-17 而逐衰惡之○. 166-18 太后之○少解. 179-2 子長○衰. 188-11 後世必有以○亡其國者. 200-8 秦王○撓. 220-2 申子有怨○. 221-18 韓王忿然作○. 222-16 怒於室者○於市. 233-20 秦武陽○變振恐. 277-10 有憂○何也. 279-4 南文子有憂○. 281-19 而子有憂○何. 281-19 容貌顔○. 287-6 其容貌顔○. 287-8 而好聲○. 287-14 中山王作○不悅. 287-15

【亦】 177

○必盡其寶. 2-11 韓氏果○效重寶. 2-12 蘇子○得兩國之金也. 3-6 ○將觀韓魏之於齊也. 6-6 則王○無齊之累也. 6-21 小國不足○以容賊. 8-13 重○盡在趙. 10-1 ○已多矣. 10-20 言不審○當死. 18-7 楚○何以軫爲忠乎. 24-5 ○無大大王. 26-7 ○無先齊王. 26-8 ○無大齊王. 26-8 意○思乎. 27-19 韓○恐戰而楚有變其後. 30-18 ○必無患矣. 32-24 此○百世之時也已. 35-18 ○能翕其心乎. 36-5 能者○不得蔽隱. 36-10 秦王○再拜. 38-16 得尺○王之尺也. 39-5 不○繆乎. 39-6 此○淖齒李兌之類已. 40-8 ○以爲父. 40-13 ○聞恒思有神叢與. 40-16 王○用之. 40-23 ○不過此矣. 42-17 臣○嘗爲子. 43-3 其卒○可願矣. 44-20 豈不○忠乎. 45-12 此○秦之分功之時也. 46-18 講○悔. 49-2 不講○悔. 49-2 ○明矣. 49-14 王之功○多矣. 52-6 王之威○憚矣. 52-10 不○失乎. 53-6 而魏○關内候矣. 54-1 趙氏○嘗强矣. 54-9 ○君之水也. 62-23 ○吉否. 65-8 ○驗其辭於王前. 65-8 此其爲德也○大矣. 67-20 其見恩德○其大也. 67-20 ○已明矣. 69-8 趙魏○不免與秦爲患矣. 74-2 則○不果於趙魏之應秦而伐周韓. 74-3 而薛○不量其力. 77-25 而荆○甚固. 78-2 ○甚不義矣. 78-25 堯○有所不及矣. 79-19 則士不○衆乎. 80-23 齊魏○佐秦伐邯鄲. 81-11 則趙魏○危矣. 81-18 雍門養椒○. 84-23 闔○曰. 85-15 ○曰王前. 85-17 ○甚矣. 86-3 王○好馬. 87-17 王○好狗. 87-17 王○好酒. 87-18 王○好色. 87-18 王○不好士也. 87-21 歲○無恙耶. 88-3 民○無恙耶. 88-4 王○無恙耶. 88-4 有糧者○食. 88-8 無糧者○食. 88-8 有衣者○衣. 88-8 無衣者○衣. 88-8 王○稱之. 89-9 ○收餘甲而北面. 90-12 ○襲魏之河北燒棘溝. 90-15 ○捐燕棄世. 97-3 此○一計也. 97-4 而單○憂之. 98-11 ○王之善已. 98-12 ○可. 100-22 淮泗之間○可得也. 102-14 王○知之乎. 105-14 上梁○不知也. 107-9 其不可成也○明矣. 111-15 故○逐之. 112-11 ○有不爲爵勸. 112-17 ○有不爲爵勸. 112-22 ○聞於遂浦. 113-21 子○自知且賤於王乎. 116-6 楚○不能獨守. 117-25 ○非忠臣也. 119-7 ○必無妬而進賢. 119-11 鄭褏○以金五百斤. 120-13 韓○不從. 121-3 ○明矣. 122-19 君○聞驥乎. 128-8 彼○各貴其故所親. 129-1 嫪毐○爲亂於秦. 130-3 夫楚○强大矣. 130-16 ○所以亡也. 134-6 ○將以愧天下後世人臣懷二心者. 135-20 ○以足矣. 136-4 ○其猜焉. 140-1 天下之主○盡過矣. 147-3 夫天下之不可一○明矣. 148-9 ○欲叔之服之也. 149-18 王○過矣. 157-24 王○過矣. 158-1 願君之○勿忘也. 158-19 王○聞夫公甫文伯母乎. 158-24 是不○大示天下弱乎. 160-21 ○太甚矣. 163-18 梁○萬乘之國. 164-7 臣○嘗以兵說魏昭王. 165-12 昭王○曰. 165-12 秦見之且○重趙. 170-17 臣必見燕與韓魏○且重趙也. 170-18 此○舉宋之時也. 171-4 人○寧朝人耳. 173-17 敝邑寡君○竊嘉之. 177-8 丈夫○愛憐其少子乎. 179-7 ○哀之矣. 179-12 ○有術乎. 182-1 豈不○信固哉. 182-17 不○悖乎. 183-24 其不可以成○明矣. 185-17 ○以事屬犀首. 187-17 寡人○以事因焉. 187-19 王○聞老妾事其主婦者乎. 188-11 王○聞張儀之約秦王乎. 189-1 則公○必并相楚韓也. 189-10 ○許由也. 193-8 地○且歲危. 205-24 民○且歲死矣. 205-24 此○王之大時已. 208-10 王○知弱之召攻乎. 215-16 ○無齊累矣. 216-12 ○非君之所喜也. 217-17 ○猶魏也. 217-19 美人○甚多矣. 218-13 臣○猶曩臣之前所得魚也. 218-14 臣○將棄矣. 218-15 公○嘗聞天子之怒乎. 219-19 ○免冠徒跣. 219-21 ○甚患之. 230-8 ○以爲公也. 233-24 伯嬰○幾瑟也. 235-5 正○可爲國乎. 236-15 ○自殺於屍下. 238-14 ○烈女也. 238-16 不成○爲福. 239-10 不成○爲福者也. 239-16 ○請男爲臣. 241-22 桓公○定霸矣. 242-8 ○無他也. 242-13 王○知之乎. 242-21 ○因請復之. 246-3 於秦○萬分之一也. 247-8 秦之不能害燕○明矣. 248-13 不善○取之. 249-5 燕○德王. 249-24 臣○不事足下矣. 250-13 則臣○之周負籠耳. 258-9 不○遠乎. 260-10 ○則已矣. 265-5 ○爲其饑也. 266-7 而○何以報先王之所以遇將軍之意乎. 266-23 蚌○謂鷸曰. 270-6 魏○謂燕王曰. 270-11 子腸○且寸絶. 271-16 ○不敢來. 280-3 趙王○說曰. 280-17 且秦王○將觀公之事. 282-8 樗里子○得三百金而歸. 282-13 請○佐君. 285-20 王○絶之. 285-22 趙王○無請言也. 287-18 ○以十倍矣. 288-21 此○所謂勝一臣而爲天下屈者也. 290-12

【交】 159

如累王之○於天下. 6-20 是公之知困而○絶於周也. 7-11 是周常不失重國之○也. 7-20 ○善. 11-2 ○惡. 11-3 是公之知困而○絶於周也. 13-19 秦周之○必惡. 14-2 ○善於秦. 14-5 ○惡於秦. 14-6 必割地以○於王矣. 18-2 又○罷却. 20-21 將以爲國○也. 22-22 楚之○善. 26-3 北絶齊○. 26-22 齊秦之○陰合. 27-1 是吾合齊秦之○也. 27-8 齊秦○爭. 35-22 ○疏也. 37-13 ○疏於王. 37-17 王不如遠○而近攻. 39-5 欺舊○. 44-23 而外結○諸侯以圖. 50-20 不恤楚○. 55-6 而世主不敢○陽侯之塞. 55-15 其○甚親. 60-2 與之爲○以報秦. 60-24 四國之○未必合也. 61-2 外自○於諸侯. 61-3 吾聞子以寡人財○於諸侯. 61-6 靖郭君之○. 63-11 與秦○和而舍. 66-24 韓自以得○於齊. 71-7 王因馳强齊而爲○. 76-6 然則是王去讎而得齊○也. 76-6 楚○成. 76-10 衛君與文布衣○. 79-3 齊衛之○惡. 79-5 中不索○諸侯. 88-14 ○割而不相憎. 91-24 今楚魏○退. 96-16 ○游攘臂

而議於世. 97-1 夫泄吾君臣之○. 105-3 以財○者. 105-24 財盡而○絶. 105-24 目色○者. 105-24 遂南○於楚. 107-14 以外○强虎狼之秦. 109-14 兩國敵侔○爭. 110-7 外絶其○. 112-9 請爲王使齊○不絶. 112-12 齊○不絶. 112-12 兩御之間夫卒○. 113-6 魏秦之○必善. 115-4 秦魏之○完. 115-4 ○惡於齊. 115-6 齊魏之○惡. 115-6 而魏秦之○必惡. 115-7 又○重楚也. 115-7 外結秦之○. 116-15 而惡王之○於張儀. 121-7 而○未定於齊秦. 121-22 是知困而○絶於后也. 123-23 爲樗里疾卜○也. 125-16 白汗○流. 128-10 而離二主之○. 131-14 夫韓事趙宜正爲上○. 139-3 秦與韓爲上○. 143-3 秦與梁爲上○. 143-5 在於擇○. 144-8 擇○而得則民安. 144-8 擇○不得則民終身不得安. 144-9 常苦出辭斷絶人之○. 144-11 昔者先君襄主與代○地. 154-10 不能散齊魏之○. 157-6 昔者三晉之○於秦. 159-19 齊○韓魏. 159-21 ○有稱王之名. 164-8 而天下○之. 167-1 則○有所偏者也. 169-6 善韓徐以爲上○. 170-12 齊秦○重趙. 170-18 ○定. 170-23 合負親之○. 172-8 復合衍○兩王. 172-10 魏爲上○. 172-15 秦堅燕趙之○. 172-17 秦堅三晉之○攻齊. 172-22 兩國○以習之. 175-2 以爲○. 175-19 ○淺而言深. 176-5 ○淺而言深. 176-7 使夫○淺者不可以深談. 176-9 今外臣○淺而欲深談可乎. 176-10 乃結秦連楚宋之○. 178-9 外○强虎狼之秦. 184-11 割其主之埊以求外○. 184-22 則秦魏之○可廢矣. 189-15 ○臂而聽楚. 193-13 齊魏之○已醜. 194-24 而以秦爲上○以自重也. 195-9 兄弟之○也. 195-15 而以齊爲上○. 195-25 將測○也. 196-9 將測○也. 196-11 惠施爲韓魏○. 197-12 以完其○. 198-13 臣恐魏○之益疑也. 198-13 臣故恐魏○之益疑也. 198-18 大王欲完魏之○. 198-22 而復固秦楚之○. 199-16 先日公子常約兩王之○矣. 206-1 王○制之也. 212-19 則○惡於秦. 214-9 芮宋欲絶秦趙之○. 214-14 而○疏於魏也. 214-19 ○不變. 214-21 王之○最爲天下上矣. 219-6 秦魏百相○也. 219-7 今由嫪氏善秦而○爲天下上. 219-7 ○臂而服焉. 222-8 今大王西面○臂而臣事秦. 222-13 或外爲○以裂其地. 223-22 ○不親故割. 224-7 今割矣而○不親. 224-8 是絶上○而固私府也. 224-10 故王胡不卜○乎. 224-17 故楚王卜○而市丘存. 224-20 秦韓之○可合也. 227-9 而○走秦也. 227-23 齊楚之○善秦. 228-25 而○楚也. 233-13 公叔之與周君○也. 233-19 來使者無○於公. 234-4 嚴遂陰○於聶政. 237-1 以○足下之驩. 237-8 枉車騎而○臣. 237-14 韓珉與我○. 240-7 皆積智欲離秦韓之○. 240-14 故欲病之以固○也. 240-21 上及不○齊. 245-9○善楚魏也. 246-20 秦見君之○反善於楚魏也. 246-21 乃使使與蘇秦結○. 249-7 韓獻開罪而○愈固. 249-22 是棄强仇而立厚○也. 249-24 而蘇代與子之○. 253-20 上○也. 257-18 尊上○. 257-18 今以燕爲上○. 262-10 惡○分於臣也. 262-17 齊趙之○. 264-22 論行而結○者. 267-5 ○絶不出惡聲. 268-12 絶○於齊. 269-25 而棄所哀憐之○置之匈奴. 274-8 願因太傅○於田先生. 274-11 願因先生得願○於荆軻. 274-17 秦魏○而不脩之日久矣. 282-18 其○外成. 288-23

【亟】 1

則○從之. 86-9

【衣】 58

不得煖○餘食. 56-23 ○以其○. 60-22 靖郭君○威王之○. 64-1 朝服○冠窺鏡. 66-5 衛君與文布○交. 79-3 ○冠而見之. 83-2 必以其血洿其○. 84-16 ○裘與之同之. 84-23 無不被繡○而食菽粟者. 85-1 皆○縞紵. 85-2 妻子○服麗都. 86-24 有○者亦○. 88-8 無○者亦○. 88-8 制丹○柱. 94-9 雨血沾○. 95-10 天雨血沾○者. 95-13 太子乃解○免服. 95-16 欲使後車分○. 98-5 單解裘而○之. 98-6 單解裘而○之. 98-10 憐而常竊○食之. 100-25 少與之同○. 108-17 被王○以聽事. 108-18 緇帛之○以朝. 112-24 此非布○之利也. 116-16 子必以○冠之敝. 120-2 西施○褐而天下稱美. 122-16○服玩好. 123-12 解紵○以羃之. 128-11 然願請君之○而擊之. 136-7 乃使使者持○與豫讓. 136-8 借○者被之哉. 142-7 夫所借○車者. 142-8 被兄弟之○. 142-9 乃至布○之士. 144-3 ○服有常. 151-10 ○服器械. 152-8○服之制. 152-14 遂賜周紹胡服○冠. 153-1 臣敬循○服. 153-24 ○服使之便於體. 177-17 葉陽君涇陽君之車馬○服. 177-19 願令得補黑○之數. 179-4 王能又封其子問陽姑○乎. 208-18 ○焦不申. 215-18 大王嘗聞布○之怒乎. 219-21 布○之怒. 219-21 皆布○之士也. 219-24 然而王何不使布○之人. 257-4 織而○之. 258-2 不如布○之甚也. 265-11 公子賤於布○. 265-17 乃命公子束車制○爲行具. 265-19 皆白○冠以送之. 276-24

【次】 16

而不知榆○之禍也. 52-16 而東○於齊. 94-11 負雞○之典以浮於江. 113-25 亡則二君爲之○矣. 133-5 ○子之魏. 135-4 其○賓秦. 195-2 其○堅約而詳講. 195-2 ○傳焚符之約者. 195-22 視○弟. 221-20 ○弗納於君. 245-9 其○恐不得也. 246-11 彼固有○乎. 246-12 其○長賓之秦. 257-1 ○可以得信於下. 264-19 以○進至陛下. 277-10 ○者廢王. 285-10

【决】 15

欲○霸王之名. 5-9 皆欲○蘇秦之策. 17-4 ○白馬之口. 20-12 ○水灌之. 21-5 ○羊腸之險. 46-16 寡人○講矣. 49-6 能爲君○疑應卒. 78-20 ○不相鬬矣. 142-18 而以冥冥○事哉. 145-13 則足下擊潰而○天下矣. 171-15 ○利害之備. 183-10 而兵不○. 239-24 請以○事. 240-17 謀不足以○事. 252-2 國事皆○子之. 254-10

【充】 5

美女○後庭. 57-6 美人○下陳. 83-5 王宮已○矣. 87-21 必○後宮矣. 109-9 以爲雖偷○腹. 249-17

【妄】 15

民不○取. 15-6 故不敢○賀. 26-19 世有無○之福. 129-11 又有無○之禍. 129-12 今君處無○之世. 129-12 以事無○之主. 129-12 安不有無○之人乎. 129-12 何謂無○之福. 129-13 此所謂無○之福也. 129-16 何謂無○之禍. 129-17 此所謂無○之禍也. 129-19 何謂無○之人. 129-19 此所謂無○之人也. 129-21 不敢○興師以征伐. 251-24 而趙不敢○動矣. 251-24

【羊】 30

即趙○腸以上危. 13-4 踰○腸. 20-6 譬如使豺狼逐羣○也. 22-9 魏文侯令樂○將. 29-8 樂○反而語功. 29-9 樂○再拜稽首曰. 29-9 决○腸之險. 46-16 傳賣以五○之皮. 61-15 刑馬壓○. 79-7 無以異於驅羣○而攻猛虎也. 110-5 夫虎之與○. 110-5 今大王不與猛虎而與羣○. 110-5 亡○而補牢. 124-10 秦以三軍强弩坐○唐之上. 138-18 樂○爲魏將而攻中山. 181-19 樂○坐於幕下而啜之. 181-20 樂○以我之故. 181-21 樂○既罷中山. 181-22 長○王屋洛林之地也. 201-15 長○王屋洛林之地也. 201-18 魏之所以獻長○王屋洛林之地者. 201-24 起兵臨○腸. 232-17 是君爲趙魏驅○也. 284-13 賢於爲趙魏驅○也. 284-18 ○羹不遍. 288-2 吾以一杯○羹亡國. 288-7 樂○爲魏將. 288-10 作羹致於樂○. 288-10 樂○食之. 288-11 樂○食子以自信. 288-11

【州】 11

楚威王戰勝於徐○. 62-3 王戰勝於徐○也. 62-4 戰於○西. 90-14 ○侯相楚. 106-20 東有夏○海陽. 108-22 君王左○侯. 124-2 左○侯. 125-7 阨於○部. 128-13 徐○之役. 190-6 大敗齊於徐○. 197-9 穆公一勝於韓原而霸西○. 241-14

【汗】 10

揮○成雨. 68-24 不費馬○之勞. 110-18 ○明見春申君. 127-25 ○明欲復談. 128-1 ○明憱焉曰. 128-1 ○明曰. 128-3 ○明曰. 128-4 召門吏爲○先生著客籍. 128-7 ○明曰. 128-8 白○交流. 128-10

【汙】 3

故明主不取其○. 61-18 ○吾世矣. 101-3 ○武王之義而不臣焉. 250-15

【江】 36

取洞庭五都○南. 19-9 君聞夫○上之處女乎. 31-1 夫○上之處女. 31-2 還爲越王禽於三○之浦. 52-19 王不如封田忌於○南. 65-21 楚果封之於○南. 65-24 ○一對曰. 103-23 王召○乙而問焉. 104-8 ○乙曰. 104-8 ○尹欲惡昭奚恤於楚王. 104-23 ○尹因得山陽君與之共惡昭奚恤. 104-24 ○乙惡昭奚恤. 105-7 ○乙欲惡昭奚恤於楚. 105-13 ○乙曰. 105-15 ○乙曰. 105-16 ○乙說於安陵君曰. 105-20 ○乙曰. 105-24 ○乙復見曰. 106-4 ○乙可謂善謀. 106-15 ○乙爲魏使於楚. 106-17 ○乙曰. 106-18 ○乙曰. 106-19 非○南泗上也. 107-10 故楚南察瀨胡而野○東. 108-14 循○而下. 110-16 負雞次之典以浮於○. 113-25 不避絶○河. 122-15 游於○海. 124-21 故晝游乎○河. 124-25 奈何以保相印○東之封乎. 129-2 左○而右湖. 200-9 乘夏水而下○. 260-7 賜之鴟夷而浮之○. 268-5 故入○而不改. 268-8 ○漢魚鼈黿鼉爲天下饒. 279-18 陰姬與○姬爭爲后. 286-23

【汲】 1

河内之共○莫不危矣. 207-12

【汜】 1

○濫無所止. 137-12

【池】 14

中呼○以北不戰而已爲燕矣. 20-9 王何不召公子○而問焉. 49-1 王召公子○而問焉. 49-2 卒使公子○以三城講於三國. 49-7 爲黄○之遇. 55-10 趙入朝黽○. 69-25 軍於澠○. 148-4 一軍軍於澠○. 148-13 莫如與秦遇於澠○. 148-15 於是乃以車三百乘入朝澠○. 148-21 後世必有以高臺陂○亡其國者. 200-10 今趙王已入朝澠○. 251-21 城○不修. 289-12 增城浚○以益其固. 289-22

【汝】 15

○取長者乎. 24-16 長者詈○. 24-17 少者和○. 24-17 ○何爲取長者. 24-17 應侯失韓之○南. 42-24 今亡○南. 43-4 以其爲○南虜也. 43-13 ○安能行之也. 58-9 則○殘矣. 77-15 ○不如我. 137-10 今○非木之根. 137-11 ○逢疾風淋雨. 137-11 南有鴻溝陳○南有許鄢昆陽邵陵舞陽新鄭. 184-5 吾信○也. 264-19 ○必死之. 288-5

【忖】 1
予○度之. 52-24
【守】 111
無以○城. 10-16 必勸楚王益兵○雍氏. 10-18 楚不能○方城之外. 11-24 然則是邯鄲不○. 20-5 魏不能○. 23-9○閭嫗曰. 43-19 不卑於○閭嫗. 43-21 ○其業. 44-17 今王三使盛橋○事於韓. 52-1 王若能持功○威. 52-10 趙以爲○相. 59-3 今大王使○小官. 59-5 内惡趙之○. 59-13 趙○半國以自存. 59-14 以官長而○小官. 59-20 使彼罷弊於先弱○於主. 65-12 使彼罷弊先弱○於主. 65-14 四境不○. 69-3 百人○險. 69-6 ○社稷. 87-11 ○齊國. 87-16 而○不可拔. 93-3 ○而不可拔者. 93-5 而○必不拔. 93-9 竟爲○備. 94-1 遂保○聊城. 96-5 故定計而堅○之. 96-14 是墨翟之○也. 96-22 田單○卽墨之城. 98-1 且王不能○先王之社稷. 99-18 則必堅○. 104-12 盡城○矣. 110-19 有偏○新城而居民苦矣. 110-24 夫○易危之功. 110-25 常請○之. 117-22 楚不能獨○. 117-24 楚亦不能獨○. 117-25 常請○之. 118-3 雖然楚不能獨○也. 118-4 令往○東地. 118-8 使○東地. 118-10 今常○之何如. 118-13 備○以具. 132-21 吾不能○矣. 132-25 夜期殺○堤之吏. 134-1 今魯句注禁常山而○. 138-20 令韓陽告上黨之○靳黈曰. 139-23 使陽言之太○. 139-24 太○其效之. 139-25 不失○器. 140-1 而臣太○. 140-1 臣請悉發○以應秦. 140-2 馮亭○三十日. 140-4 韓不能○上黨. 140-4 韓不能○上黨. 140-7 韓不能○上黨. 140-17 今其○以與寡人. 140-17 太○有詔. 140-21 請以三萬户之都封太○. 140-22 爲主○地而不能死. 140-24 趙聞韓不能○上黨. 141-1 燕○常山之北. 146-1 燕○雲中. 146-2 韓○成皋. 146-3 則趙○常山. 146-4 ○四封之内. 148-2 ○白馬之津. 148-4 以○河薄洛之水. 150-20 卽鄗幾不○. 150-25 收破軍之敝○. 158-7 趙○而不可拔者. 158-7 以攻難而○者易也. 158-8 而使强燕爲弱趙之所以○. 158-10 趙雖不能○. 160-2 而弱者不能自○. 160-9 王非戰國○圉之具. 165-18 以爲代郡○. 167-24 下親其上而○堅. 171-3 齊王必無召珉也使臣○約. 171-25 勢不能○. 174-6 然今能○魏者. 174-6 燕以奢爲上谷○. 174-18 而○金玉之重也. 179-23 ○亭障者參列. 185-11 大梁不能○. 193-14 國無○戰之備. 196-23 下有堅○之心. 198-21 ○十仞之城. 202-23 公終自以爲不能○也. 209-17 今公之力有餘○之. 209-18 其子爲管○. 217-12 夫以父攻子○. 217-16 受詔襄王以○此地也. 217-22 願終○之. 219-13 安陵君受地於先生而○之. 219-17 爲除○徼亭鄣塞. 222-22 塞三川而○之. 232-6 以爲三川之○. 246-6 秦計固不能○也. 248-12 令齊○趙之質子以甲者. 262-2 果以○趙之質子以甲. 262-3 吾必○子以甲. 262-3 以○陽城. 264-4 而得奉○先王之宗廟. 277-6 城不○. 281-15 臣請爲公入戒蒲○. 282-9 謂其○曰. 282-11 蒲○再拜. 282-12 臣料趙國○備. 288-21 又無○備. 289-13 趙必固○. 289-25
【宅】 4
大武遠○不涉. 52-23 故令請其○. 106-22 郢人某氏之○. 106-23 故其○不得. 106-24
【安】 237
○能道二周之間. 11-24 ○坐而廣地. 16-9 ○有說人主不能出其金玉錦繡. 16-22 封爲武○君. 17-1 吾欲使武○子起往喻意焉. 17-22 請使武○子. 17-23 ○邑王之有也. 18-2 拔武○. 20-4 軫○敢之楚也. 24-9 且○之也. 24-13 陳軫果○之. 24-22 ○得六百里. 27-4 秦王○能制晉楚哉. 32-20 則晉楚○. 32-22 秦得○邑. 32-24 善齊以○之. 32-24 秦有○邑. 32-25 三貴竭國以自○. 41-8 居武○. 42-6 行至武○. 42-10 武○君爲三公. 42-14 武○君所以爲秦戰勝攻取者七十餘城. 42-15 武○君爲三公. 42-17 因以爲武○功. 42-21 聞應侯任鄭○平王稽. 44-7 汾水利以灌○邑. 49-19 土廣不足以爲○. 54-8 若土廣者○. 54-8 汝○能行之也. 58-9 孰與武○君. 58-12 武○君戰勝攻取. 58-12 臣之功不如武○君也. 58-13 卿明知功之不如武○君歟. 58-13 武○君難之. 58-17 趙將武○君. 60-1 若殺武○君. 60-1 武○君必死. 60-3 武○君至. 60-4 武○君曰. 60-6 武○君北面再拜賜死. 60-9 武○君死. 60-13 而○其兵. 60-22 今秦欲攻梁絳○邑. 68-7 秦得絳○邑以東下河. 68-7 而出銳師以成梁絳○邑. 68-10 子○能爲之足. 72-22 齊○得救天下乎. 74-4 ○邑者. 81-13 秦伐魏取○邑. 81-15 ○可得而有乎哉. 86-7 ○步以當車. 87-2 ○行而反臣之邑屋. 87-4 亂天下而自○. 93-20 寢不○席. 93-25 ○平君. 98-19 ○平君聞之. 98-19 ○平君曰. 98-24 欲傷○平君. 99-1 而社稷已○矣. 99-2 且○平君之與王也. 99-5 今王得○平君而獨曰單. 99-16 誰有厚於○平君者哉. 99-17 ○平君以惴惴之卽墨. 99-19 ○平君之功也. 99-20 民已○矣. 99-23 王不亟殺此九子者以謝○平君. 99-24 益封○平君以夜邑萬户. 99-25 則上○. 105-13 江乙說於○陵君曰. 105-20 ○陵君曰. 106-2 ○陵君曰. 106-5 ○陵君泣數行而進曰. 106-11 乃封壇爲○陵君. 106-13 ○陵君可謂知時矣. 106-15 ○邑不知. 107-9 又○敢言地. 107-20 寡人臥不○席. 109-22 ○諸侯. 109-24 士卒○難樂死. 110-3 封爲武○君而相燕. 111-12 君又○得長有寵乎. 129-1 ○不有無妄之人乎. 129-12 於○思危. 130-6 危則慮○. 130-6 子○知之. 131-16 今吾○居而可. 132-11 夫董閼○于. 132-11 危不能○. 133-1 ○社稷乎. 134-15 ○社稷. 134-21 建信者○能以無功惡秦哉. 141-18 秦禍○移於梁矣. 143-4 莫若○民無事. 144-8 ○民之本. 144-8 擇交而得則民○. 144-8 擇交不得則民終身不得○. 144-9 而民不得○. 144-9 而民不得○. 144-10 而民不得○. 144-10 ○諸侯. 146-10 乃封蘇秦爲武○君. 146-10 天下○. 147-21 ○能收恤藺離石祁乎. 156-18 魏令公子咎以銳師居○邑. 156-22 夫以秦將武○君公孫起乘七勝之威. 158-5 魏○釐王使將軍晉鄙救趙. 162-5 梁客辛垣衍○在. 162-16 子○取禮而來待吾君. 163-25 梁王○得晏然而已乎. 164-12 君○能少趙人. 164-23 君○能憎趙人. 164-23 ○敢不對乎. 165-10 欲宗廟之○. 165-14 今王無齊獨○得無重天下. 169-13 臣又願足下有地效於襄○君以資臣也. 171-13 以據魏而求○邑. 172-13 抱○邑而信秦. 172-14 秦得○邑之饒. 172-15 過趙已○邑矣. 172-15 秦舉○邑而塞女戟. 172-19 取○邑. 172-24 而以求○平君而將之. 174-13 君致○平君而將之. 174-14 而求○平君而將之. 174-17 然則君奚求○平君而爲將乎. 174-19 君之所以求○平君者. 174-21 使○平君愚. 174-23 使○平君知. 174-23 ○平君必處一焉. 174-24 使○平君知. 174-25 必以長○君爲質. 178-19 有復言令長○君爲質者. 178-21 老臣竊以爲媼之愛燕后賢於長○君. 179-8 不若長○君之甚. 179-10 今媼尊長○君之位. 179-18 長○君何以自託於趙. 179-19 老臣以媼爲長○君計短也. 179-20 於是爲長○君約車百乘質於齊. 179-21 以○社稷尊主强兵顯名也. 185-15 内嫁禍○國. 186-4 以公相則國家○. 188-24 因久坐○. 190-22 又○敢釋卒不我予乎. 192-8 先王必欲少留而扶社稷○黔首也. 194-7 唯已之曾○. 195-12 魏必○矣. 198-7 秦召魏相信○君. 198-10 信○君不欲往. 198-10 此魏王之所以不○也. 198-16 夫令人之君處所不○. 198-18 趙○而我危也. 198-20 國○而名尊. 198-23 國得○焉. 199-1 而魏效絳○邑. 203-5 且○死乎. 204-6 ○生乎. 204-7 ○窮乎. 204-7 ○貴乎. 204-7 外○能支强秦魏之兵. 206-24 王以爲○乎. 206-25 乃惡○陵氏於秦. 207-13 隨○陵氏而欲亡之. 207-15 則魏國豈得○哉. 207-16 且夫憎韓不受○陵氏可也. 207-17 夫存韓○魏而利天下. 208-10 河外必○矣. 208-13 ○陵必易. 208-14 ○可. 215-1 故君不如○行求質於秦. 215-5 ○能歸寧乎. 215-11 ○陵人縮高. 217-12 信陵君使人謂○陵君曰. 217-12 ○陵君曰. 217-13 ○陵. 217-14 遣大使之○陵曰. 217-19 ○陵之地. 217-19 以造○陵之城. 217-21 ○陵君曰. 217-22 使使者謝○陵君曰. 218-5 有所不○乎. 218-8 臣無敢不○也. 218-9 臣○能無涕出乎. 218-15 秦王使人謂○陵君曰. 219-11 寡人欲以五百里之地易○陵. 219-11 ○陵君其許寡人. 219-11 ○陵君曰. 219-12 ○陵君因使唐且使於秦. 219-13 寡人以五百里之地易○陵. 219-14 ○陵君不聽寡人. 219-14 ○陵君受地於先生而守之. 219-17 而○陵以五十里之地存者. 220-3 此○危之要. 221-13 先事秦則○矣. 223-9 收楚韓以○之. 227-25 臣○敢來. 231-14 又○敢言地. 234-11 子欲○用我乎. 237-1 而政獨○可嘿然而止乎. 237-17 則主尊而身○. 239-5 今公與○成君爲秦魏之和. 239-9 ○成君東重於魏. 239-11 若夫○韓魏而終身相. 239-13 此主尊而身○矣. 239-13 無事而割○邑. 240-10 則宋地不○矣. 240-13 而欲攻絳○邑. 240-19 韓計將○出矣. 240-19 令○伏. 244-6 ○邑之御史死. 246-11 輸人爲之謂○令曰. 246-11 魏○能與小國立之. 246-16 夫○樂無事. 248-7 合從以○燕. 248-19 武○君蘇秦爲燕說齊王. 249-14 武○君. 250-6 武○君從齊來. 250-8 足下○得使之之齊. 250-14 今臣聞王居處不○. 252-20 ○猶取哉. 253-7 ○事死馬而捐五百金. 256-2 ○有爲人臣盡其力. 258-24 我舉○邑. 260-14 秦欲攻○邑. 260-19 已得○邑. 260-21 事强可以令國○長久. 268-16 彼○敢攻衛以重其不勝之罪哉. 280-6 ○能急於事人. 282-21 ○可伐. 287-23 武○君曰. 288-14 武○君曰. 288-18 王欲使武○君. 289-1 武○君稱疾不行. 289-1 王乃使應侯往見武○君. 289-1 武○君曰. 289-11 武○君曰. 290-5 因見武○君. 290-6 武○君頓首曰. 290-8
【祁】 7
取藺離石○者. 11-5 取藺離石○者. 11-12 藺離石○拔. 156-14 以易藺離石○於趙. 156-15 夫藺離石○之地. 156-17 安能收恤藺離石○乎. 156-18 公何不與趙藺離石○. 225-14
【弛】 3
請○期更日. 193-20 因○期而更爲日. 194-7 敬○期. 194-9
【阨】 1
○於州部. 128-13
【收】 96
公東○寶於秦. 4-25 秦且○齊而封之. 5-4 ○周最以爲後行. 5-16 恐秦不已○也. 6-12 合與○齊. 6-13 吾○之以飢. 10-16 ○餘韓成從. 18-8 今荊人○亡國. 19-14 令魏氏○亡國. 19-20 文聞秦王欲以呂禮○齊. 34-3 是君○齊以重呂禮也. 34-4 今王見其達而○之. 36-4 窮而不○. 36-5 且○成陽君. 36-6 故文王果○功於呂尚. 37-14 王不如

○韓. 39-15 寡人欲○韓. 39-15 東○周室. 47-1 ○天下之士. 78-20 能爲文○責於薛者乎. 82-16 乃有意欲爲○責於薛乎. 82-21 責畢○. 82-22 責畢○乎. 83-3 ○畢矣. 83-3 其於以○天下. 89-10 亦○餘甲而北面. 90-12 達子○餘卒. 95-7 單○而食之. 98-10 ○穀之. 98-15 是以餘粮○宋也. 100-20 王○而與之百萬之衆. 101-22 使○三晉之故地. 101-23 王○而與之百萬之師. 101-25 使○楚故地. 101-25 王欲○齊以攻秦. 102-13 五大夫不可○也. 107-25 鯉與厲且以○地取秦. 115-11 秦可以少割而○害也. 116-1 楚王因○昭睢以取齊. 120-21 今儀困秦而睢○楚. 120-25 將○韓魏輕儀而伐楚. 121-1 趙○天下. 138-1 今王○天下. 139-5 下至韓慕王以天下○之. 139-8 夫慮○亡齊罷楚敝魏與不可知之趙. 147-3 ○破齊罷楚弊魏不可知之趙. 147-11 大王○率天下以儐秦. 147-24 東○兩周而西遷九鼎. 148-3 安能○恤藺離石祁乎. 156-18 ○破軍之敝守. 158-7 我以五城○天下以攻罷秦. 160-3 今○河間. 167-1 何患不得○河間. 167-3 ○河間何益也. 167-3 如王若用所以事趙之半○齊. 170-6 以伐齊○楚. 172-17 秦因○楚而攻魏. 172-19 而○齊魏以成取陰. 173-5 ○韓而相衍. 189-15 ○侵地. 189-22 又且○齊以更索於王. 194-25 今大王○秦而攻魏. 201-5 ○秦攻魏. 201-7 可以少割○也. 203-1 亟以少割○. 203-3 王欲焉而○齊趙攻荆. 213-22 欲焉而○荆趙攻齊. 213-22 故令魏氏○秦太后之養地秦王於秦. 214-14 故敝邑○之. 214-16 一歲不○. 222-20 ○韓趙之兵以臨魏. 225-15 公仲○國復事秦. 227-5 今公徒令○之. 227-20 ○楚韓以安之. 227-25 其言曰○璽. 232-8 而内○諸大夫以自輔也. 234-25 楚將○秦而復之. 235-22 楚又○秦而復之. 235-23 且○之. 245-6 不如先○於楚之齊者. 245-21 其○韓必重矣. 246-21 故君○韓. 246-23 王因○印自三百石吏而効之子之. 254-8 燕昭王○破燕後卽位. 255-13 今王何不使可以信者接○燕趙. 257-6 今王之不○燕趙. 257-13 王不○燕趙. 257-15 王○燕趙. 257-15 蘇子○其餘兵. 264-3 然而常獨欲有復○之之志若此也. 265-25 復○七十城以復齊. 266-16 盡○入燕. 267-18 ○八百歲之蓄積. 268-1 盡○其地. 275-22 乃遂○盛樊於期之首. 276-13 趙人之死者不得○. 288-20

【阪】 3

左關○. 38-18 中○遷延. 128-10 西有宜陽常○之塞. 221-24

【阬】 1

北○馬服. 46-4

【防】 2

有長城鉅○. 253-9 雖有長城鉅○. 253-12

【丞】 3

禹有五○. 86-12 僕官之○相. 167-7 而欲○相之璽. 198-6

【如】 380

子以爲何○. 2-2 不○背秦援宜陽. 2-9 不○謂楚韓曰. 2-20 故王不○速解周恐. 3-23 公不○救齊. 4-24 不○備兩周辯知之士. 5-10 君不○令辯知之士. 5-10 君弗○急北兵趨趙以秦魏. 5-15 君不○令王聽最. 5-25 公不○謂魏王薛公曰. 6-19 ○累王之交於天下. 6-20 譬之○張羅者. 7-3 不○謂周君曰. 7-11 公不○遂見秦王曰. 7-18 君不○令弊邑陰合於秦而君無攻. 9-8 君不○禁秦之攻周. 9-19 莫○令秦魏復戰. 9-19 不○譽秦王之孝也. 11-1 不○令太子將軍正迎吾得於境. 11-17 君不○使周最陰合於趙以備秦. 13-14 公不○謂周君曰. 13-19 天下莫○也. 18-24 天下莫○也. 21-9 不○伐韓. 21-21 譬○使豺狼逐羣羊也. 22-9 不○伐蜀之完也. 22-17 不○與魏以勁之. 23-8 臣恐王之○郭君. 23-13 王不○因而賂之一名都. 27-6 王不○以地東解於齊. 27-13 不○召甘茂於魏. 28-6 王不○賂之以撫其心. 28-15 不○許楚漢中以懽之. 29-25 公不○進兵攻宜陽. 30-14 不○重其贄. 31-10 王不○使魏制和. 32-3 君不○勸秦王令弊邑卒攻齊之事. 34-5 樹德莫○滋. 34-19 除害莫○盡. 34-20 公不○反公國. 35-9 使臣得進謀○伍子胥. 38-3 王不○遠交而近攻. 39-5 相錯○繡. 39-14 王不○收韓. 39-15 不○一人持而走疾. 40-21 而更與不○張儀者市. 41-17 是天下之王不○鄭賈之智也. 41-24 故不○因而割之. 42-21 不○賜軍吏而禮之. 43-23 未知何○也. 45-16 ○是不退. 46-18 臣不○也. 46-23 弗○也. 49-10 今之○耳魏齊. 49-11 弗○也. 49-12 今以無能之○耳魏齊. 49-13 楚王使景鯉○秦. 50-13 王不○留之以市地. 50-14 更不與不○景鯉留. 50-15 不○出臣. 50-21 不○善楚. 51-22 ○此. 54-1 不○先伐之. 56-18 臣之功不○武安君也. 58-13 卿明知功之不○武安君歟. 58-13 應侯不○文信侯專. 58-15 卿明知爲不○文信侯專歟. 58-15 不○. 59-7 不○. 59-7 弗○. 59-8 不○. 59-8 不○. 59-9 不○. 59-9 不○. 59-10 趙事何○. 59-24 狀○振捆. 60-8 不○勿救. 64-9 故不○南攻襄陵以弊魏. 64-13 不○早救之. 64-18 王不○封田忌於江南. 65-21 不○有五子之孝. 66-2 自以爲不○. 66-11 又弗○遠甚. 66-11 臣誠知不○徐公美. 66-14 足下豈○令衆而合二國之後哉. 67-17 不○急以兵合於三晉. 68-13 粟○丘山. 68-18 疾○錐矢. 68-18 戰○雷電. 68-18 解○風雨. 68-18 不○聽之. 71-4 不○從合於趙. 73-5 不○按兵勿出. 73-11 不○聽之以却秦兵. 73-18 故君不○因而親之. 77-2 則子漂漂者將何○耳. 77-17 ○使而弗及也. 78-19 令其命○此. 79-8 則騏驥不○狐狸. 79-16 奚○. 84-12 ○此者三人. 84-14 能致其○此者五人. 84-15 ○臣者十人. 84-17 不○使王爲趨士. 85-18 於王何○. 87-9 臣故曰不○愛尺轂也. 87-25 子以爲何○. 89-6 不○聽之以卒秦. 89-8 伐趙不○伐宋之利. 89-18 ○此. 90-23 莫○僅靜而寡信諸侯. 91-9 恐不○. 94-3 大王不○先行王服. 94-8 不○罷兵休士. 96-25 ○見父母. 97-1 王不○因以爲己善. 98-9 不○易餘粮於宋. 100-19 ○此. 102-1 王不○令人以涓來之辭謾固於齊. 102-12 果誠何○. 103-22 王不○無救趙. 104-11 故王不○少出兵. 104-18 於王何○. 105-14 於王何○. 105-15 ○是必長得重於楚國. 106-3 又何○得此樂而樂之. 106-13 誠○是. 106-19 ○出一口矣. 106-20 非故○何也. 107-3 王不○以十乘行之. 108-1 大不○事君. 108-8 小不○處室. 108-9 計王之功所以能○此者. 108-14 秦之所害於天下莫○楚. 109-1 莫○從親以孤秦. 109-3 心摇摇○懸旌. 109-23 粟○丘山. 110-2 兵不○者. 110-12 粟不○者. 110-13 是楚自行不○周. 112-7 ○華不足知之矣. 112-18 故王不○與齊約. 115-4 公不○令王重賂景鯉蘇厲. 115-11 不○益昭睢之兵. 115-23 君不○使人微要靳尚而刺之. 116-22 王不○與之盟而歸之. 117-3 今常守之何○. 118-13 公不○令人謂太子曰. 118-20 太子不○善蘇子. 118-21 謁者難得見○鬼. 119-17 王難得見○天帝. 119-18 未嘗見中國之女○此其美也. 120-9 未嘗見人○此其美也. 120-18 王不○復睢. 121-2 王不○舉惠子而納之於宋. 121-10 公不○無聽惠施. 121-17 不○速和. 121-22 公不○目儀之言爲資. 122-2 夫一梟之不○不勝五散. 122-19 何○. 126-15 君之賢實不○堯. 128-5 雖兄弟不○. 128-24 ○伊尹周公. 129-15 莫○遠楚. 130-8 故君不○北兵以德趙. 130-12 何○. 130-14 是非反○何也. 131-9 不○與之. 132-5 何○. 133-1 何○. 133-11 不○令殺之. 133-15 ○是則二主之心可不變. 133-20 臣下不使者何○. 134-19 襄子○厠. 135-10 君不○許之. 136-15 君不○借之道. 136-16 計者不○構三國攻秦. 136-21 汝不○我. 137-10 何○. 139-19 何○. 140-8 不○令趙拘甘茂. 141-12 知不○禽遠矣. 142-20 莫○趙强. 144-24 莫○趙. 145-3 莫○一韓魏齊楚燕趙. 145-23 ○是則伯業成矣. 146-8 臣以田單○耳爲大過也. 147-2 豈獨田單○耳爲大過哉. 147-3 已○白馬實馬. 147-13 莫○與秦遇於澠池. 148-15 不○所失之費也. 154-6 不○請以河東易燕地於齊. 156-9 不○以順齊. 157-2 公不○令主父以地資周最. 157-17 其於子何○. 157-23 何○. 158-4 與秦城何○. 158-23 不與何○. 158-23 不○予之. 159-7 王之所以事秦必不○韓魏也. 159-20 不○無媾. 160-1 必王之事秦不○韓魏也. 160-5 不○勿受便. 161-11 何○. 161-15 不○發重使而爲媾. 161-16 ○此. 161-21 子以爲奚○. 161-23 是使三晉之大臣不○鄒魯之僕妾也. 164-9 王之行能○許由乎. 165-12 不○商賈. 167-8 不宜急○此. 167-21 人比然而後○賢不. 170-5 ○王若用所以事趙之半收齊. 170-6 莫○於陰. 171-8 莫○君矣. 174-7 果○馬服之言也. 175-5 不○盡歸中山之新坐. 175-8 故王不○勿逐. 178-5 故君不○遣春平侯而留平都侯. 178-15 君不○與之. 181-7 莫○事秦. 185-23 且夫秦之所欲弱莫○楚. 186-1 不○貴董慶以善魏. 186-18 今秦見齊魏之不合也○此其甚也. 186-23 故王不○復東蘇秦. 186-25 公不○儀之言爲資. 187-24 ○是其明耶. 188-18 ○是其同耶. 188-19 未○是其明也. 188-19 ○此. 189-15 胡○. 192-18 不○其爲齊也. 192-22 不○其爲韓也. 192-22 王不○舍需於側. 193-1 故王不○釋薔. 193-14 雪甚○此而喪行. 193-19 ○宋者. 194-18 ○是人者. 195-9 何○. 196-21 則不○因變服折節而朝齊. 196-24 公不○歸太子以德之. 197-14 莫○太子之自相. 198-5 不○太子之自相也. 198-8 不○用魏信而尊之以名. 198-22 ○臣之賤也. 203-19 然則先生之爲寡人計之何○. 205-11 ○此則士民不勞而故地得. 208-8 公不○按魏之和. 209-23 不○南出. 211-8 何○. 212-4 王不○令秦楚戰. 212-19 不○齊趙. 213-16 不○齊趙而構之秦. 213-20 故王不○順天下. 214-20 王不○陰侯人說成陽君曰. 215-3 故君不○安行求質於秦. 215-5 故公不○示有魏. 216-3 ○是. 218-9 棄之不○用之之易也. 218-22 死之不○棄之之易也. 218-22 猶之○是也. 219-4 莫○事秦. 223-11 莫○弱楚. 223-11 而能弱楚者莫○韓. 223-11 王不○資韓朋. 223-24 不○貴昭獻以固楚. 224-3 公不○令秦王疑公叔. 224-24 何○. 224-25 王不○因張儀爲和於秦. 226-1 不○公孫郝. 227-10 不○甘茂. 227-11 公不○與王謀其變也. 227-15 故王不○令韓中立以攻齊. 228-16 故王不○無罪景鯉. 229-7 ○此則伐秦之形成矣. 231-18 故不○出兵以勁魏. 232-2 以公不○亟以國合於齊楚. 232-10 公不○告楚趙. 232-17 主君不○善馮君. 233-6 公不○令人恐楚王. 233-9 不○無殺幾瑟. 234-25 公不○勿殺. 235-5 王不○亟歸幾瑟. 235-19 公不○令秦王賀伯嬰之立也. 235-24 不○以百金從之. 236-11 正○孿子之相似也. 239-5 不○急發重使之趙梁. 240-23 事之雖○子之事父. 240-25 行雖○伯夷. 241-1 行雖○桀紂. 241-1 合而相堅○一者. 241-3 莫○朝魏. 241-9 臣竊以爲王之明爲不○昭釐侯. 241-12 而王之諸臣忠莫○申不害也. 241-12 宜使○吳. 241-24 宜使○越. 241-24

夫攻形不○越. 241-25 而攻心不○吳. 241-25 不○止淫用. 243-3 故公不○勿攻也. 243-8 何意寡人○是之權也. 244-6 則不○其處小國. 245-3 不○先收於楚之齊者. 245-21 豈○道韓反之哉. 246-2 東不○齊. 249-2 西不○趙. 249-2 不○以埊請合於齊. 249-9 莫○歸燕之十城. 249-23 使臣信○尾生. 250-11 廉○伯夷. 250-11 孝○曾參. 250-12 且夫孝○曾參. 250-14 廉○伯夷. 250-15 廉○此者. 250-16 信○尾生. 250-17 信至○此. 250-18 忠至○此. 251-5 莫○臣之言也. 251-8 莫○趙. 251-11 裁○嬰兒. 252-1 何○者也. 252-14 齊宣王何○. 253-23 不○以國讓子之. 254-1 ○此其甚. 255-8 故王不○東蘇子. 255-9 則莫○遥伯齊而厚尊之. 256-25 必○刺心然. 257-16 孝○曾參孝己. 257-24 信○尾生高. 257-24 廉○鮑焦史鰌. 257-25 奚○. 257-25 ○是足矣. 257-25 孝○曾參孝己. 258-2 信○尾生高. 258-3 廉○鮑焦史鰌. 258-4 何○. 258-20 何○人哉. 258-22 寡人○射隼矣. 260-9 寡人○自得之. 260-21 寡人○自有之. 261-4 此必令其言○循環. 261-12 用兵○刺蜚繡. 261-13 秦旣○此其大. 261-16 ○蘇秦時. 261-19 使臣也○張孟談也. 262-5 ○齊王王之不信趙. 262-13 ○是則近於相攻. 262-22 不○布衣之甚也. 265-11 不○以言. 266-5 則不○合弱. 268-18 將柰何合弱而不能○一. 268-18 以其合兩而○一也. 268-20 今山東合弱而不能○一. 268-21 是山東之知不○魚也. 268-21 又譬○車士之引車也. 268-22 智固不○車士矣. 268-24 至其相救助○一也. 268-25 ○同舟而濟. 268-25 不能相救助○一. 269-1 智又不○胡越之人矣. 269-1 不○以兵南合三晉. 269-9 不○得十里於宋. 269-22 何○. 271-20 未○殷紂之亂也. 272-16 未○商容箕子之累也. 272-16 何○. 276-7 給貢職○郡縣. 277-6 夫宋之不足○梁也. 280-13 公不○令楚賀君之孝. 280-20 不○與之. 280-24 不○遂行. 281-8 王○用臣之道. 285-16 於君何○. 286-9 誠○君言. 286-25 未嘗見人○中山陰姬者也. 287-7 何○. 287-10 王○不與. 287-16 取勝○神. 289-9 今果何○. 290-6 ○君不行. 290-8

【妃】 3

天下願以爲○. 61-8 後宮十○. 85-2 彼又將使其子女讒妾爲諸侯○姬. 164-11

【好】 73

○毀人. 4-5 事秦而○小利. 12-20 ○女百人. 28-15 客何○. 82-4 客無○也. 82-5 孟嘗君○人. 84-11 大王不○人. 84-11 孟嘗君之○人也. 84-12 君○士也. 84-22 故曰君之○士未也. 85-3 斗趨見王爲○勢. 87-9 王趨見斗爲○士. 87-9 昔先君桓公所○者. 87-14 先君○馬. 87-17 王亦○馬. 87-17 先君○狗. 87-17 王亦○狗. 87-17 先君○酒. 87-17 王亦○酒. 87-18 先君○色. 87-18 王亦○色. 87-18 先君○士. 87-18 是王不○士. 87-18 寡人何○. 87-19 王亦不○士也. 87-21 兵弱而○敵强. 90-19 國罷而○衆怨. 90-19 事敗而○鞠之. 90-19 地狹而○敵大. 90-20 事敗而○長詐. 90-20 約而○主怨. 91-4 伐而○挫强也. 91-4 昔者萊莒○謀. 91-16 陳蔡○詐. 91-16 ○利而惡難. 103-11 ○利. 103-11 且人有○揚人之善者. 105-14 有人○揚人之惡者. 105-15 以王○聞人之美而惡聞人之惡也. 105-17 張儀之○譖. 108-10 昔者先君靈王○小要. 114-9 其君○發者. 114-11 君王直不○. 114-12 若君王誠○賢. 114-12 齊王○高人以名. 115-5 又簡擇宮中佳翫麗○翫習音者. 116-8 ○傷賢以爲資. 119-5 王徒不○色耳. 120-7 寡人之獨何爲不○色也. 120-10 衣服玩○. 123-12 臣少之時○射. 127-15○利而驚復. 131-23 鬼侯有子而○. 163-20 寡人不○兵. 165-10 臣故意大王不○也. 165-11 求其○掩人之美而楊人之醜者而參驗之. 182-3 ○用兵而甚務名. 197-7 貪戾○利而無信. 206-17 而聽從人之甘言○辭. 223-5 公仲○內. 227-1 率曰○士. 227-1 率曰○義. 227-2 非○卑而惡尊也. 241-6 夫驕主必不○計. 253-14 所以合○掩惡也. 272-14 羣臣盡以爲君輕國而○高麗. 283-2 燕趙○位而貪地. 285-10 殊無佳麗○美者. 287-6 不○道德. 287-13 而○聲色. 287-14 不○仁義. 287-14 而○勇力. 287-14 連○齊楚. 288-23

【羽】 5

毛○不豐滿者不可以高飛. 15-21 車甲○毛裂敝. 175-2 臣聞積○沉舟. 186-9 以爲○翼. 237-23 復爲忼慨○聲. 277-2

【牟】 12

隨中○之郭. 90-12 中○之墮也. 90-16 下○百姓. 123-8 公子○游於秦. 158-14 公子魏○過趙. 165-21 魏○曰. 165-23 魏○曰. 165-25 魏○曰. 166-2 王不聞公子○夷之於宋乎. 173-9 惡公子○夷. 173-9 今臣之於王非宋之於公子○夷也. 173-10 後以中○反. 173-13

【巡】 1

天子○狩. 163-25

【弄】 1

數欺○寡人. 177-14

【形】 43

周君○不小利. 12-20 地勢○便. 15-18 ○容枯槁. 16-17 今秦地○. 18-23 地○利害. 18-24 地○不便. 20-2 彼固亡國之○也. 20-2 地○利害. 21-9 地○險易盡知之. 31-9 ○弗能有也. 39-2 秦韓之地○. 39-14 無○者. 86-15 ○之君也. 86-15 然而○神不全. 87-2 燕楚以○服. 89-22 此亡國之○也. 90-10 察於地○之理者. 91-23 ○同憂而兵趨利也. 91-25 何則○同憂而兵趨利也. 92-3 約於同○則利長. 92-3 則楚國之○危. 96-15 趙有亡○. 104-15 趙見亡○. 104-17 固○親之國也. 111-16 ○之困苦. 127-7 近可以備上黨之○. 151-1 ○於顏色. 165-24 地○險阻. 183-4 前脉○埊之險阻. 183-10 國處削危之○. 199-2 國○不便故馳. 224-7 如此則伐秦之○成矣. 231-18 爲實者攻其○. 241-19 此攻其○者也. 241-24 攻其○乎. 241-24 夫攻○不如越. 241-25 其○乃可以善楚. 243-20 此皆絕地○. 244-13 國○有之而存. 246-19 伐齊之○成矣. 255-10 不知吾○已不逮也. 274-22 觀其地○險阻. 287-3 皆計利○勢. 289-20

【戒】 7

以蔡厹由○之. 10-8 而王不知○焉. 95-14 春秋○之曰. 126-24 可無○與. 200-13 因也以爲○. 236-12 是緤以三川與西周○也. 246-7 臣請爲公入○蒲守. 282-9

【吞】 9

兼有○周之意. 10-7 ○天下. 15-19 ○兼二國. 92-21 有○天下之心. 109-12 陰謀有○天下之心也. 111-3 又○炭爲啞. 135-15 欲亡韓○兩周之地. 138-8 獨○趙. 142-4 我且言子之奪我珠而○之. 271-14

【扶】 9

其威內○. 41-4 民○老攜幼. 83-10 尸死○傷. 92-11 固危○弱. 173-2 取○柳. 175-7 先王必欲少留而○社稷安黔首也. 194-7 而求○持. 258-17 若○梁伐趙. 280-10 ○. 283-14

【抎】 2

唯恐失○之. 87-16 折清風而○矣. 124-25

【技】 2

博論而○藝之. 146-13 異敏○藝之所試也. 150-5

【扼】 1

樊於期偏袒○腕而進曰. 276-11

【拒】 5

秦人援魏以○楚. 55-21 楚人援韓以○秦. 55-21 鋭兵來則○之. 93-21 不可爲○秦之將也. 127-23 不敢興兵以○大王. 277-5

【批】 1

正亂○患折難. 45-17

【走】 64

弗必○. 5-18 而皆去○. 18-13 荆王亡奔○. 19-9 樗里疾出○. 22-25 投杼踰牆而○. 29-16 則必不○於秦且○晉楚. 32-21 ○涇陽於關外. 40-11 不如一人持而○疾. 40-21 楚必○秦以急. 48-9 文信侯出○. 59-3 因反○. 62-20 田忌遂○. 65-9 而成侯可○. 65-16 其民無不吹竽鼓瑟擊筑彈琴鬬雞○犬六博蹹踘者. 68-21 可以爲楚王○太子. 75-9 忠王而○太子者又蘇秦也. 76-19 王之○狗已具矣. 87-21 軍破○. 95-8 王出○. 95-21 王出○. 95-23 王○而之城陽之山中. 99-19 章子○. 100-19 觀百獸之見我而敢不○乎. 104-2 獸見之皆○. 104-3 虎不知獸畏己而○也. 104-3 出○入齊. 111-13 秦王聞而○之. 113-15 儀○. 120-23 因還○而冒人. 122-8 莊公○出. 127-2 割挈馬兔而西○. 143-3 割挈馬兔而西○. 143-5 不能趨○. 150-2 並驥而○者. 166-19 未期年而葺亡○矣. 166-22 今太子○. 171-3 曾不能疾○. 178-23 李牧數破○秦軍. 179-25 公叔痤反○. 183-8 多言而輕○. 186-2 欲○而之韓. 186-20 張儀○之魏. 188-10 必南○楚. 189-10 ○芒卯而圍大梁. 202-6 今又○芒卯. 202-13 今又○芒卯. 202-21 ○人於庭. 218-12 鄭彊之○張儀於秦. 225-5 張儀○. 225-8 而交○秦也. 227-23 ○而不死. 234-11 太子出○. 234-17 而幾瑟○也. 234-20 韓傀○而抱哀侯. 238-4 閔王出○於外. 256-9 閔王出○. 257-22 齊王逃遁○莒. 267-18 ○且出境. 271-12 秦王還柱而○. 277-17 秦王之方還柱○. 277-22 破心而○. 280-6 公孫弘○出. 286-12 司馬子期怒而○於楚. 288-2

【攻】 564

秦○宜陽. 2-2 ○宜陽而有功. 2-5 秦王不聽羣臣父兄之義而○宜陽. 2-5 即且趣我○西周. 2-22 楚○雍氏. 3-21 子何不以秦○齊. 3-25 秦以趙○. 5-22 薛公以齊爲韓魏○楚. 9-4 又與韓魏○秦. 9-4 君以齊爲韓魏○楚. 9-5 今又○秦以益之. 9-7 君不如令弊邑陰合於秦而君無○. 9-8 君臨函谷而無○. 9-9 而使三國無○秦. 9-15 秦○魏將犀武軍於伊闕. 9-18 進兵而○周. 9-18 君不如禁秦之○周. 9-19 今秦○周而得之. 9-19 必不○魏. 9-20 秦若○周而不得. 9-21 後有○周之敗. 9-21 又必不○魏. 9-21 必復○魏. 9-23 ○趙. 11-5 是○用兵. 11-6 今○梁. 11-6 而北○趙. 11-12 踐韓而以○梁. 11-13 一○而不得. 11-13 必救韓魏而○楚. 11-24 將以使○魏之南陽. 12-10 秦必不敢越河而○南陽. 12-12 以○南陽. 12-19 秦欲○周. 13-7 不○周. 13-7 ○周. 13-8 故勸王○周. 13-9 魏○蔡而鄭亡. 13-12 三國○秦反. 13-22 彼且○王之聚以利秦. 13-23 戰○不息. 16-7 寬則兩軍相○. 16-11 夫○城墮邑. 17-23 使○宋也. 18-1 則向之○宋也. 18-3 王何惡向之○宋乎. 18-3 以亂○治者亡. 18-10 以邪○正者亡. 18

-10 以逆○順者亡. 18-11 不○無○相事也. 18-17 ○未嘗不取. 18-25 戰勝○取. 19-4 西○脩武. 20-6 乃復悉卒乃○邯鄲. 20-18 以○趙襄主於晉陽. 21-4 以○智伯之國. 21-7 秦○新城宜陽. 21-24 以秦○之. 22-9 今○韓劫天子. 22-12 而○天下之所不欲. 22-13 楚○魏. 23-8 齊助楚○秦. 26-3 然願王勿○也. 29-3 行千里而○之. 29-6 ○中山. 29-8 果○宜陽. 29-20 復使甘茂○之. 29-22 甘茂○宜陽. 30-5 今○宜陽而不拔. 30-7 公內○於樗里疾公孫衍. 30-12 公不如進兵○宜陽. 30-14 甘茂約秦魏而○楚. 31-25 君不如勸秦王令弊邑卒○齊之事. 34-5 ○齊之事成. 34-11 ○齊不成. 34-13 故○齊之於陶也. 34-13 令○齊. 34-17 願君之專志於○齊. 35-1 大王越韓魏而○强齊. 38-23 越人之國而○. 38-25 王不如遠交而近○. 39-5 今舍此而遠○. 39-5 於是舉兵而○邢丘. 39-13 舉兵而○榮陽. 39-17 一舉而○榮陽. 39-18 戰勝○取. 40-4 戰勝○取. 41-6 秦○韓. 41-11 有○人者. 41-11 有○地者. 41-11 穰侯十○魏而不得傷者. 41-11 其所○者. 41-12 ○人主之所愛. 41-13 故十○而弗能勝也. 41-14 今王將○韓圍陘. 41-14 臣願王之毋獨○其地. 41-15 而○其人也. 41-15 王○韓圍陘. 41-15 而欲○秦. 42-2 相聚而○秦者. 42-3 武安君所以爲秦戰勝○取者七十餘城. 42-15 秦嘗○韓邢. 42-18 今○趙. 42-19 秦○邯鄲. 43-16 又越韓魏○强趙. 46-4 不敢○秦者. 46-6 南○楊越. 46-8 後三國謀○楚. 48-4 楚能應而共○秦. 48-6 三國疾○楚. 48-9 則是我離秦而○楚也. 48-10 於是三國并力○楚. 48-12 三國○秦. 48-23 帥弱韓魏以○秦. 49-13 則王○其南. 50-5 王又舉甲兵而○魏. 52-3 省○伐之心而肥仁義之誡. 52-11 ○晉陽之城. 52-20 今王之○楚. 53-6 是王○楚之日. 53-7 必○陽右壤. 53-9 且王○楚之日. 53-12 魏氏將出兵而○留方與銍胡陵碭蕭相. 53-13 而王使之獨○. 53-15 必○我. 56-17 我與其處而待之見○. 56-18 文信侯欲○趙以廣河間. 58-3 武安君戰勝○取. 58-12 ○城墮邑. 58-13 欲○趙而廣河間也. 58-24 與强趙○弱燕. 58-25 趙○燕. 58-25 秦下甲而○趙. 59-3 前日秦下甲○趙. 59-17 將以○秦. 60-19 故不如南○襄陵以弊魏. 64-13 乃起兵南○襄陵. 64-14 秦假道韓魏以○齊. 66-24 今秦欲○梁絳安邑. 68-7 必表裏河而東○齊. 68-7 秦必不敢○梁. 68-11 必南○楚. 68-12 必東○齊. 68-12 今秦○齊則不然. 69-5 秦驅韓魏○齊之南地. 70-1 國一日被○. 70-2 齊因起兵○燕. 71-7 移兵而○齊. 72-15 今君相楚而○魏. 72-23 欲○齊. 72-24 秦○趙. 73-3 秦○趙長平. 73-15 則且遂○之. 73-16 荆人○之. 77-21 荆人○薛. 77-23 荆固而○之. 78-2 衛君甚欲約天下之兵以○齊. 79-5 齊衛後世无相○伐. 79-7 有相○伐者. 79-7 今君約天下之兵以○齊. 79-8 昔者秦○齊. 85-20 則戰○非所先. 92-5 ○城之費. 92-17 彼戰○者. 92-20 昔智伯瑶○范中行氏. 92-20 兵先戰○. 92-22 不嗇於戰○之患也. 93-1 則戰○之敗. 93-2 故明君之○戰也. 93-12 ○戰之道非師者. 93-15 燕○齊. 96-3 燕將○下聊城. 96-5 田單○之歲餘. 96-6 且楚○南陽. 96-13 魏○平陸. 96-13 燕○齊. 98-1 田單將○狄. 100-3 將軍○狄. 100-3 ○狄而不下. 100-5 遂○狄. 100-5 ○狄不能. 100-7 因以爲辭而○之. 100-21 不偹○戰之備. 101-14 王欲收齊以○秦. 102-13 王卽欲以秦○齊. 102-13 是從齊而○楚. 103-5 夫魏之○趙也. 104-14 恐楚之○其後. 104-14 無以異於驅羣羊而○猛虎也. 110-5 秦○楚之西. 110-9 韓魏○其北. 110-10 聚羣弱而○至强也. 110-11 夫以弱○强. 110-11 南面而○. 110-20 秦兵之○楚也. 110-20 ○大者易危. 110-24 且夫秦之所以不出甲於函谷關十五年以○諸侯者. 111-2 秦下兵○衛陽晉. 111-9 大王悉起兵以○宋. 111-10 終身無相○擊. 111-18 欲爲○於魏. 112-9 故○有道. 112-9 此所謂內○之者也. 112-11 齊秦約○楚. 115-9 必深○楚以勁秦. 115-22 秦進兵而○. 115-23 而與天下○楚. 117-3 不與天下共○之. 117-3 王因與三國○之. 117-4 請與而復○之. 117-18 ○之武. 117-18 與而復○之. 118-3 王○之. 118-14 ○東地. 118-14 凡爲○秦者魏也. 121-18 隨而○東國. 126-1 崔杼帥其君黨而○. 127-1 所道○燕. 130-13 楚君雖欲○燕. 130-13 乃且○燕. 130-16 子云乃且○燕者. 130-17 知伯從韓魏兵以○趙. 131-3 夫從韓魏之兵而○趙. 131-6 而解於○趙也. 131-13 魏文侯借道於趙○中山. 136-13 魏○中山而不能取. 136-13 雖不足以○秦. 136-20 計者不如構三國○秦. 136-21 且秦以三軍○王之上黨而危其北. 138-19 齊○宋. 139-12 以與諸侯○秦. 139-16 ○戰踰年歷歲. 140-14 甘茂爲秦約魏以○韓宜陽. 141-12 則且出兵助秦○魏. 141-19 秦從楚魏○齊. 142-3 今南○楚者. 142-22 今○楚休而復之. 142-22 必爲楚○韓梁. 142-24 而欲○燕. 143-1 ○燕. 143-1 東面而○韓. 143-2 秦必怒而循○楚. 143-9 倍秦○齊. 144-10 倍齊○秦. 144-10 秦之○韓魏也. 145-4 西面而○秦. 145-15 秦○楚. 145-25 秦○韓魏. 146-1 秦○齊. 146-2 秦○燕. 146-4 秦○趙. 146-5 秦○趙. 146-13 西○秦. 147-7 是則伐楚○秦. 147-9 秦人下兵○懷. 147-15 夫○而不救. 147-17 終身不敢設兵以○秦折韓也. 147-19 二十九年不相○. 147-21 四國爲一以○趙. 148-13 臣請案兵無○. 148-16 臣恐其○獲之利. 154-6 齊以二十萬之衆○荆. 155-19 趙以二十萬之衆○中山. 155-20 而國圍○焉. 155-20 今無約而○齊. 156-8 秦○趙. 156-14 ○閼與. 156-21 反○魏幾. 156-22 秦楚必合而○韓魏. 157-2 我與三國○秦. 157-8 而以餘兵與三國○秦. 157-13 出兵○燕. 158-4 以○難而守者易也. 158-8 而欲以罷趙○强燕. 158-9 是使弱趙爲强秦之所以○. 158-9 故臣未見燕之可○也. 158-11 秦○趙於長平. 158-21 秦之○趙也. 159-10 愛王而不○乎. 159-11 秦之○我也. 159-11 秦以其力○其所不能取. 159-12 王又以其力之所不能○以資之. 159-13 是助秦自○也. 159-14 來年秦復○王. 159-14 令秦來年復○王. 159-17 子能必來年秦之不復○我乎. 159-18 今秦釋韓魏而獨○王. 159-19 今臣爲足下解負親之○. 159-20 來年秦復○王. 159-24 樓緩又不能必秦之不復○也. 159-24 來年復○. 159-25 秦雖善○. 160-1 我以五城收天下以○罷秦. 160-3 秦善韓魏而○趙者. 160-5 强者善○. 160-9 秦○趙. 161-4 秦○趙. 167-20 夫秦之○趙. 167-20 能○秦. 169-8 齊欲○宋. 169-19 又欲與秦○魏. 169-21 今之○秦也. 169-24 則令秦○魏以成其私封. 170-2 而乃令秦○王. 170-5 故○城野戰. 170-8 秦○魏. 170-9 齊將○宋. 170-25 齊乃令公孫衍說李兌以○宋而定封焉. 170-25 臣之所以堅三晉以○秦者. 171-1 欲以使○宋也. 171-2 若復○之. 171-4 臣願足下之大發○宋之舉. 171-11 齊必○宋. 171-22 齊○宋. 171-22 則楚必○宋. 171-22 魏必○宋. 171-22 以四國○之. 172-1 與韓呡而○魏. 172-17 秦因收楚而○魏. 172-19 秦堅三晉之交○齊. 172-22 秦桉兵○魏. 172-23 是以○齊之已弊. 172-24 使將而○趙. 174-11 三國○秦. 175-7 趙○中山. 175-7 秦○魏. 177-2 秦急○之. 178-19 秦使王翦○趙. 179-25 趙又索兵以○韓. 181-15 樂羊爲魏將而○中山. 181-19 則齊○其東. 185-12 則趙○其北. 185-13 則韓○其西. 185-13 則楚○其南. 185-13 秦下兵○河外. 185-19 秦挾韓而○魏. 185-21 ○楚而適秦. 186-3 楚○齊. 186-14 楚○齊. 186-16 張儀欲以魏合於秦韓而○齊楚. 188-15 以魏合於秦韓而○齊楚. 188-17 齊楚怒而欲○魏. 188-23 齊楚○魏. 188-25 請令齊楚解○. 189-1 必○魏. 189-2 若欲復○. 189-4 今儀相魏而○之. 189-5 乃遽解○於魏. 189-6 儀請以秦○三川. 189-8 魏○南陽. 189-13 秦○三川. 189-13 韓欲○南陽. 190-2 秦韓合而欲○南陽. 190-2 楚王○梁南. 193-12 疾○薔. 193-13 大王之○薔易矣. 193-16 又以力○之. 194-20 又且以力○王. 194-23 禹○三苗. 195-16 將太子申而○齊. 196-13 吾常欲悉起兵而○之. 196-20 王又欲悉起而○齊. 196-23 秦楚○魏. 199-8 王雖復與之○魏可也. 199-11 欲與之復○魏. 199-13 欲與魏○楚. 199-13 以疾○魏. 199-16 秦因合魏以○楚. 199-17 今大王收秦而○魏. 201-5 收秦○魏. 201-7 齊人○燕. 202-8 此非但○梁也. 202-13 秦挾楚趙之兵以復○. 202-15 以○大梁. 202-21 弗易○也. 202-23 ○而不能拔. 202-25 秦且○魏. 205-16 今秦且○魏. 206-1 秦○魏未能克之也. 206-6 以四國○燕. 206-9 魏將與秦○韓. 206-16 絶韓之上黨而○强趙. 207-3 行三十里而○危隘之塞. 207-6 而所○者甚難. 207-8 又不○衛與齊矣. 207-9 非魏無○矣. 207-10 秦十○魏. 207-21 則楚趙必與之○矣. 208-4 其○多於與秦共伐韓. 208-8 秦使趙○魏. 208-22 ○魏者. 208-22 聽秦而○魏者. 209-2 故勸秦○魏. 209-7 秦疾○楚. 209-10 ○皮氏. 209-14 於以○韓魏. 209-15 欲講○於齊王兵之辭也. 209-20 秦○梁者. 211-6 秦果南○藍田鄢郢. 211-12 吾欲與秦○韓. 212-4 ○韓之事. 212-9 王不與秦○楚. 212-18 楚且與秦○王. 212-18 穰侯○大梁. 212-21 君○楚得宛穰以廣陶. 212-22 ○齊得剛博以廣陶. 212-22 勿○便. 212-24 秦○韓之管. 213-5 不出○則已. 213-6 若出○. 213-6 大解○者. 213-7 致○者. 213-8 秦果釋管而○魏. 213-10 願大王無○魏. 213-12 今○韓之管. 213-14 王欲焉而收齊趙○荆. 213-22 欲焉而收荆趙○齊. 213-22 索○魏於秦. 214-19 ○魏. 215-13 秦之○王也. 215-14 過二周而○王者. 215-16 王亦知弱之召○乎. 215-16 魏王欲○邯鄲. 215-18 而○邯鄲. 215-24 齊楚約而欲○魏. 216-15 魏○管而不下. 217-12 將使高○管也. 217-16 夫以父○子守. 217-16 今吾○管而不下. 217-20 秦○魏急. 218-22 以○不服之弱國. 223-3 今王西面而事秦以○楚. 223-12 夫○楚而私其地. 223-13 秦且○韓. 224-3 秦○陘. 224-6 又○陘. 224-6 又○陘. 224-7 今王○韓. 224-10 五國約而○秦. 224-12 必○市丘. 224-13 臣請爲君止天下之○市丘. 224-14 必○市丘以償兵費. 224-18 王令之勿○市丘. 224-18 且聽王之言而不○市丘. 224-19 且反王之言而○市丘. 224-19 公叔之○楚也. 224-25 請爲公以五萬○西周. 225-10 秦○西周. 225-11 復○韓. 227-7 而公過楚以○韓. 227-23 今王聽公孫郝以韓秦之兵應齊而○魏. 228-12 以韓秦之兵據魏而○齊. 228-14 故王不如令韓中立以○齊. 228-16 齊無以信魏之合己於秦而○於楚也. 229-4 今也子曰乃且○燕者. 229-10 二十餘年未嘗見○. 229-24 假道兩周倍韓以○楚. 229-25 請道於南鄭藍田以入○楚. 231-23 楚威王○梁. 232-1 與楚○梁. 232-1 於是○皮氏. 232-3 韓人○宋. 240-7 而○我甚所愛. 240-8 韓珉之○宋. 240-8 韓故已○宋矣. 240-12 而欲○絳安邑. 240-19 秦之欲○梁也. 240-21 昔先王之○. 241-18 爲名者○其心. 241-19 爲實者○其形. 241-19 此○其心者也. 241-22 此○其形者也. 241-24 今將○其心乎. 241-24 ○其形乎. 241-24 夫○形不如越. 241-25 而○心不

如吳.241-25 今公疾○魏之運.243-7 故公不如勿○也.243-8 ○運而取之易矣.243-9 則蓋觀公仲之○也.243-10 公仲不○.243-11 請○魏.244-1 公孫郝樗里疾請無○韓.244-21 王猶○之也.244-21 茂且○宜陽.244-22 今楚○齊取莒.245-9 趙魏○華陽.245-12 且夫秦之○燕也.248-11 今趙之○燕也.248-13 秦之○燕也.248-15 趙之○燕也.248-15 齊宣王因燕喪○之.249-13 趙興兵而○燕.251-20 驅趙而○燕.251-23 南○楚五年.253-4 與楚三晉○秦.253-22 啓與支黨○益而奪之天下.254-6 將○子之.254-11 ○子之.254-15 將軍市被及百姓乃反○太子平.254-15 因驅韓魏以○齊.257-10 王乃待天下之○函谷.260-9 陸○則擊河内.260-17 水○則滅大梁.260-18 秦欲○安邑.260-19 不能○也.260-20 秦欲○齊.260-23 必率天下以○寡人者三.260-24 秦欲○魏.261-3 因犀首屬行而○趙.261-7 若臣死而必相○也.262-18 如是則近於相○.262-22 望諸○關而出逃.263-5 趙合於燕以○齊.263-8 王何不出兵以○齊.263-20 燕乃伐齊○晉.263-20 燕之○齊也.263-21 明日又使燕○陽城及狸.264-7 今燕又○陽城及狸.264-8 天下不○齊.264-16 天下○齊.264-16 且○齊.264-24 公子無○不當封.265-14 昌國君樂毅爲燕昭王合五國之兵而○齊.266-13 習於戰○.267-12 王若欲○之.267-12 四國○之.267-14 起兵隨而○齊.267-16 必北○燕.269-7 ○不義.269-19 齊韓魏共○燕.271-3 而○魏雝丘.271-6 吾以倍○之.271-21 遽起六十萬以○趙.271-23 令栗腹以四十萬○鄗.271-23 使慶秦以二十萬○代.271-24 秦復進兵○之.278-7 齊○宋.279-3 齊王果○.279-6 將以○宋.279-9 將以○宋.279-11 義不殺王而○國.279-12 敢問○宋何義也.279-12 惡以王吏之○宋.279-21 請無○宋.279-21 彼安敢○衞以重其不勝之罪哉.280-6 徐其○而留其日.280-15 宋人助我○矣.280-16 齊○宋.280-23 則○宋易矣.281-1 今太子自將○齊.281-4 彼利太子之戰○.281-7 秦○衞之蒲.282-4 公釋蒲勿○.282-9 今臣能使釋蒲勿○.282-12 趙魏怒而○中山.284-16 出兵以○中山.285-7 出兵以○中山.285-9 出兵以○中山者.285-14 出兵以○中山.285-16 君弗○.287-21 ○中山.288-10 ○其列城.289-25

【折】 39

則周必○而入於韓.10-21 ○而不賣.12-4 未○一矢.17-5 正亂批患○難.45-17 刳腹○頤.53-3 以秦彊○節而下與國.56-18 韓且○而入於魏.64-18 則兵半○.69-3 令○轅而炊之.92-7 矛戟○.92-13 ○之衽席之上.93-17 ○衝席上者也.94-16 五○於外.96-19 ○天下之脊.110-4 ○兵之半.121-20 魏○而入齊秦.121-21 ○清風而抎矣.124-25 蹄申膝○.128-9 欲以窮秦○韓.147-4 欲以窮秦○韓.147-11 終身不敢設兵以攻秦○韓也.147-19 則○爲三.155-10 百萬之衆○於外.162-12 臣恐秦○王之椅也.166-6 胥之軸今○矣.166-21 而○韓魏招之.178-5 羣輕○軸.186-9 是齊楚之兵○.189-2 則不如因變服○節而朝齊.196-24 ○而樹之又生.197-18 則契○於秦.201-22 魏王○節割地.206-7 韓急則○而入於楚矣.231-14 魏○而入於楚.232-2 王不○一兵.240-10 必○爲秦用.240-23 乃可○也.270-1 衞必○於魏.282-6 主○節以下其臣.289-22

【扮】 1

○之請焚天下之秦符者.195-21

【孝】 40

不如譽秦王之○也.11-1 ○公以爲相.15-4 ○公行之八年.15-8 ○公已死.15-9 ○己愛其親.24-2 ○己愛其親.25-1 夫公孫鞅事○公.44-21 父慈子○.45-5 申生○.45-7 是有忠臣○子.45-7 孰與秦○公楚悼王越王乎.45-15 不過秦○越王楚悼.45-17 夫商君爲○公平權衡正度量調輕重.45-25 昭王○文王莊襄王.47-3 無○之名.51-5 無○之實.51-5 曾參○其親.61-7 忌聞以爲有一子之○.66-2 不如有五子之○.66-2 是皆率民而出於○情者也.88-12 ○子之於親也.119-3 此○子之所以事親.123-14 秦○公封商君.130-8 ○公死.130-8 踐石以上者皆道子之○.152-19 父之○子.152-21 齊人李伯見○成王.167-24 ○成王方饋.167-25 ○成王不應.167-25 爲○成王從事於外者.168-2 大王以○治聞於天下.177-17 ○公受而用之.184-1 ○如曾參.250-12 且夫○如曾參.250-14 ○如曾參○己.257-24 ○如曾參○己.258-2 燕王喜使栗腹以百金爲趙○成王壽.271-19 公不如令楚賀君之○.280-20

【均】 2

臣主之權○之能美.134-17 殘○陵.261-3

【抑】 5

以○强秦.17-2 使管仲終窮○.97-9 王抽旃旄而○兕首.106-9 嘗○强齊.165-2 公仲且○首而不朝.231-17

【投】 13

或爲周最謂金○曰.4-22 周最謂金○曰.5-3 扁鵲怒而○其石.28-22 ○杼踰牆而走.29-16 臣恐王爲臣之○杼也.29-18 乃左手爲叢○.40-18 右手自爲○.40-18 ○之一骨.42-5 或欲分大○.46-14 而○己乎黽塞之外.125-11 ○之棘門外.129-25 魯人○其籥.164-2 ○質於趙.208-3

【抗】 2

而右手揕○其胷.276-9 而右手持匕首揕○之.277-14

【坊】 1

長城鉅○.19-5

【志】 45

天下有比○而軍華下.19-16 則荆趙之○絶.19-17 荆趙之○絶.19-18 外者天下比○甚固.20-24 張子得○於魏.21-18 願君之專○於攻齊.35-1 則臣之○.36-25 齊王有輟○.62-10 且夫魏有破韓之○.64-20 ○高而揚.68-24 ○之揚也.80-12 韓魏趙楚之○.81-19 故專兵一○以逆秦.81-20 得○不慚爲人主.84-13 不得○不肯爲人臣.84-13 欲客之必諭寡人之○也.84-18 誠欲以伯王也爲○.92-5 而從天下之○.94-7 且其○欲爲不善.99-6 其○欲有爲也.99-8 先生○之矣.100-16 愁其○.112-22 而韓魏之君無憙○而有憂色.131-8 其○矜.133-12 謂子有○則然矣.135-16 文信不得○.141-25 非以養欲而樂○也.149-12 非以養欲而樂○也.149-22 以順先王之○.151-5 且服奇者○淫.152-2 且服奇而○淫.152-11 不逆其○.153-12 鄰國得○矣.165-19 若足下不得○於宋.171-14 而○必舉之.202-25 臣所以降○辱身.237-9 魏君必得○於韓.241-7 臣竊負其○.252-12 秦王之○.257-3 老婦欲得○焉.265-5 然而常獨欲有復收之之○若此也.265-25 先王以爲慊其○.267-21 ○意不相通.268-24 寡人得其○矣.269-16 莫有鬬○.289-16

【抉】 3

其臣○拾.114-11 甲盾鞮鍪鐵幕革○.222-5 因自皮面○眼.238-6

【把】 3

無○銚推耨之勢.51-2 臣左手○其袖.276-9 因左手○秦王之袖.277-14

【刦】 1

今又○趙魏.81-17

【却】 10

是君○秦而定周也.9-22 戰慄而○.20-19 又交罷○.20-21 不如聽之以○秦兵.73-18 不聽則秦兵不○.73-18 ○秦兵.73-22 威○强秦兵.73-22 韓○周害也.74-1 及韓○周割之.74-1 ○行爲道.274-13

【劫】 33

今攻韓○天子.22-12 ○天子.22-12 以齊秦○魏.48-16 呡欲以齊秦○魏而困薛公.48-18 紿騎○.95-18 殺騎○.96-3 ○桓公於壇位之上.97-17 以内○其主.109-15 此爲○弑死亡之主言也.126-22 夫○殺死亡之主也.127-6 ○韓包周則趙自銷鑠.144-21 臣故欲王之偏○天下.170-19 王使臣以韓魏與燕○趙.170-20 以趙○韓魏.170-21 以三晉○秦.170-21 以天下○楚.170-22 以内○其主.184-12 今乃○於辟臣之說.184-20 外挾彊秦之勢以内○其主以求割埊.184-23 ○衞取晉陽.185-19 韓○於秦.185-22 所謂○主者.188-21 則爲○於與國而不得已者.195-8 且○王以多割也.202-14 今君○於羣臣而許秦.204-25 再圍燕都而○大王.251-20 則○魏.261-9 趙○之求埊.263-5 而使騎○代之將.266-15 齊田單欺詐騎○.266-15 寡人之使騎○代將軍者.266-20 誠得○秦王.275-14 乃欲以生○之.278-1

【毐】 4

以爲嫪○功.219-5 以因嫪○.219-5 王以國贊嫪○.219-5 以嫪○勝矣.219-6

【邯】 61

然則是○鄲不守.20-5 拔○鄲.20-5 乃復悉卒乃攻○鄲.20-18 ○鄲人誰來取者.42-7 又即圍○鄲乎.42-14 秦攻○鄲.43-16 而朝於○鄲之君乎.54-12 於是天下有稱伐○鄲者.54-13 魏伐○鄲.54-14 濮陽人呂不韋賈於○鄲.56-21 ○鄲之難.64-8 夫魏氏兼○鄲.64-10 軍於○鄲之郊.64-11 夫救○鄲.64-12 ○鄲拔而承魏之弊.64-13 ○鄲拔.64-15 ○鄲僅存.69-23 圍○鄲.81-11 齊魏亦佐秦伐○鄲.81-11 卒魏兵以救○鄲之圍.81-12 是齊入於魏而救○鄲之功也.81-13 ○鄲之中騖.90-11 其强而拔○鄲.93-23 ○鄲之難.104-11 ○鄲拔.104-21 ○鄲之難.105-9 即地去○鄲二十里.138-18 則兵必戰於○鄲之下矣.144-23 今雖得○鄲.146-21 迎戰○鄲之下.148-5 軍於○鄲之東.148-12 圍○鄲之城.158-6 而秦罷於○鄲之下.158-7 秦既解○鄲之圍.159-8 信陵君發兵至○鄲城下.161-4 秦圍趙之○鄲.162-5 魏王使客將軍新垣衍間入○鄲.162-6 此非必貪○鄲.162-9 今又内圍○鄲而不能去.162-13 以居○鄲.166-20 而身朝於○鄲.170-3 請令率諸侯受命○鄲城下.177-15 蘇脩朱嬰既皆陰在○鄲.195-23 龐葱與太子質於○鄲.199-19 今○鄲去大梁也遠於市.199-22 十萬之軍拔○鄲.202-7 而○鄲復歸.202-8 而以與趙兵決勝於○鄲之郊.207-5 朝○鄲.208-17 秦罷○鄲.215-13 秦人去○鄲.215-16 魏王欲攻○鄲.215-18 而攻○鄲.215-24 救○鄲.217-4 救○鄲.217-8 魏之圍○鄲也.221-12 秦舉兵破○鄲.246-23 至於○鄲.252-11 所聞於○鄲者.252-12 梁王伐○鄲.280-9 圍○鄲八九月.290-4

【芮】 4

庸○爲魏子說太后曰.33-6 ○宋欲絶秦趙之交.214-14 ○宋謂秦王曰.214-15 吠○.222-6

【克】 7

鮮○有終.52-15 鮮○有終.55-8 ○燕軍.92-24 三月而不○之也.100-5 今趙非有七○之威也.158-8 秦攻魏未能○之也.206-6 不○.254-15

【朽】 1

而寡人死不○乎甘茂對曰.28-25

【杜】 15

○赫欲重景翠於周.7-2 ○左右之口.17-10 楚兵大敗於○陵.27-10 是以○口裹足.38-7 果惡王稽○摯以反.43-23 賜死於○郵.46-7 ○大梁之門.52-4 ○赫曰.65-19 楚○赫說楚王以取趙.107-23 ○赫怒而不行.108-3 ○赫謂昭陽曰.121-16 ○赫謂昭陽曰.121-20 以○燕將.175-1 ○赫爲公仲謂秦王曰.225-21 故樗里疾大說○聊.225-22

【材】 6

○士十萬.2-3 ○兵甲之强.52-13 子異人賢○也.57-10 故使工人爲木○以接手.60-7 夫人主年少而矜○.126-22 且夫吳干之劍○.155-11

【杖】 3

追則○戟相橦.16-11 見○.125-22 馮几據○.255-19

【巫】 5

南有○山黔中之限.15-16 楚地西有黔中○郡.108-22 黔中○郡非王之有已.110-19 秦果舉鄢郢○上蔡陳之地.124-6 北陵乎○山.125-3

【李】 53

爲周最謂○兌曰.9-18 幷於○下.20-20 ○讎謂公孫衍曰.28-6 大敗秦人於○帛之下.28-18 ○兌用趙.40-7 此亦淖齒○兌之類已.40-8 而殺○牧.51-14 謂○向曰.73-9 ○兌用趙.127-3 趙人○園.128-18 ○園求事春申君爲舍人.128-19 以○園女弟立爲王后.129-7 楚王貴○園.129-7 ○園用事.129-7 ○園旣入其女弟爲王后.129-9 ○園不治國.129-17 ○園必先入.129-18○園先入.129-20 ○園.129-22 ○園果先入.129-24 而○園女弟.130-1 蘇秦說○兌曰.137-3 ○兌曰.137-6 ○兌見之.137-8 ○兌曰.137-14 ○兌舍人謂○兌曰.137-16 ○兌曰.137-17 ○兌送蘇秦明月之珠.137-22 教子欬謂○兌曰.157-16 齊人○伯見孝成王.167-24 ○兌約五國以伐秦.169-20 秦逐○兌.169-24 ○兌必死.170-1 以救○子之死也.170-1 齊乃令公孫衍說○兌以攻宋而定封焉.170-25 ○兌乃謂齊王曰.171-1 趙使○牧司馬尙禦之.179-25 ○牧數破走秦軍.179-25 ○牧司馬尙欲與秦反趙.180-2 斬○牧.180-4 魏王使○從以車百乘使於楚.187-8 ○從以車百乘使楚.187-14 ○從約寡人.187-17 乃倍○從.187-18 ○郝謂臣曰.214-16 奉陽君○兌甚不取於蘇秦.248-22 ○兌因爲蘇秦謂奉陽君曰.248-22 而○信出太原雲中.275-10 秦將○信追擊燕王.278-6 使○疵觀之.287-21 ○疵曰.287-21 ○疵曰.287-24

【求】 147

秦興師臨周而○九鼎.1-4 欲興兵臨周而○九鼎.1-6 齊將○九鼎.1-9 令之爲己○地於東周也.2-20 小人無可以○.7-6 王必○之.11-19 周君之魏○救.12-14 而○解乎楚魏.22-16 觀三國之所○於秦而不能得者.35-10 秦王欲爲成陽君○相韓魏.36-3 叢往○之.40-19 則王之所○於韓者.41-18 ○歸.57-2 固不○生也.63-14 趙○救於齊.64-8 臣之○利且不利者.64-12 欲有○於我也.66-13 臣之客欲有○於臣.66-15 莫不有○於王.66-17 趙令樓緩以五城○講於秦.73-3 因使人以十城○講於秦.73-3 今已得地而○不止者.76-4 今○柴葫桔梗於沮澤.80-25 王○士於髡.81-2 晨而○見.83-2 ○存故往.85-12 ○萬物不備具.86-1 行此六者而○伯.90-20 ○所以償者.95-8 ○之則不得.95-12 乃布令○百姓之飢寒者.98-15 ○閔王子.101-1 常以急○所欲.103-6 虎○百獸而食之.103-23 又何新城陽人之敢○.107-19 以○割地.109-15 韓○相工陳籍而周不聽.112-5 魏○相綦母恢而周不聽.112-5 且○救.113-18 必不○地而合於楚.115-12 若齊不○.115-12 齊使來○東地.117-13 寡人之得○反.117-15 齊令使來○地.117-16 齊使來○東地五百里.117-19 齊使來○東地五百里.117-23 王無○於晉國乎.120-6 寡人無○於晉國.120-7 爲○地甚力.121-25 所○者不得.122-17 嫫母○之.127-10 ○婦人宜子者進之.128-17 李園○事春申君爲舍人.128-19 齊王遣使○臣女弟.128-20 而○弑之.135-20 齊王欲○救宜陽.141-13 而多○地.143-15 五伯之所以覆軍禽將而○也.144-16 以○割地.145-21○得而反靜.146-19 無已之○.146-24 夫斷右臂而○與人鬬.148-11 ○欲無危.148-11 公於○善也.150-16 ○水居之民.150-20 而○見子.152-20 今魏○從.158-1 是魏○害.158-1 來年秦復○割地.160-6 其○無已.160-11 給無已之○.160-12 故不若亟割地○和.160-17 欲○益地.161-10 其意欲○爲帝.162-9 皆有○於平原君者也.162-23 非有○於平原君者.162-23 誠不忍其○也.163-12 臣以齊爲王○名於燕及韓魏.169-10 而○利於三晉.172-8 以據魏而○安邑.172-13 而以○安平君而將之.174-13 而○安平君而將之.174-17 然則君奚○安平君而爲將乎.174-19 君之所以○安平君者.174-21 而○所欲於王者也.176-23 趙氏○救於齊.178-19 ○其好掩人之美而楊人之醜者而衆驗之.182-3 割其主之埊以○外交.184-22 外挾彊秦之勢以內劫其主以○割埊.184-23 則大王之國欲○無危不可得也.185-21 ○見犀首.187-4 爲○壞埊也.187-22 公何不以楚佐儀○相之於魏.189-9 又必且曰王以○埊.194-22 堯舜之所○而不能得也.199-5 何○而不得.203-7 而秦之○無窮.204-22 因○故地於韓.208-7 以爲秦之○索.213-15 故君不如安行○質於秦.215-5 宜割二寧以○構.215-10 王之所○於魏者.216-4 魏使人○救於秦.216-15 魏來○救數矣.216-19 今有所○.221-20 秦必○宜陽成皐.222-9 明年又益○割地.222-10 而秦之○無已.222-11 而逆無已之○.222-12 夫造禍而○福.223-10 且王○百金於三川而不可得.224-9 ○千金於韓.224-9 此秦所以廟祠而○也.226-5 公何不以秦爲韓○潁川於楚.227-21 公○而得之.227-22 公○而弗得.227-22 公○中立於秦.228-5 願公之復○中立於秦也.228-7 不○割地而合於魏.228-15 韓令使者○救於秦.231-3 而令人爲公○武遂於秦.233-10 發重使爲韓○武遂於秦.233-10 公何不爲韓○質子於楚.235-10 公又令秦○質子於楚.235-13 游○人可以報韓傀者.236-24 豈敢以有○邪.237-8 非以○主尊成名於天下也.241-18 我將爲爾○火也.242-1 公仲使韓珉之秦○武隧.243-18 且以○武隧也.243-19 與欲有○於齊者.245-6 言不足以○正.252-1 蘇秦弟厲因燕質子而○見齊王.254-23 有以千金○千里馬者.255-24 請○之.255-25 所○者生馬.256-1 而○扶持.258-17 臣必勉之而○死焉.262-18 趙劫之○埊.263-5 於是太子預○天下之利匕首.276-15 宋因賣楚重以○講於齊.280-23 所○中山未必得.285-16 爲己○相中山.286-7 以爲己○相.286-9 爲司馬憙○相.286-11 明害父以○法.288-11 ○益軍糧以滅趙.288-15

【車】 129

載以乘○駟馬而遣之.8-10 秦令樗里疾以○百乘入周.10-3 載以廣○.10-5 使樗里疾以○百乘入周.10-7 惠王○裂之.15-13 戰○萬乘.15-17 ○騎之用.15-18 古者使○轂擊馳.16-4 革○百乘.17-1 ○百乘.23-10 請爲子○約.24-11 王其爲臣約○幷幣.26-5 寡人欲○通三川.28-25 使人持○召之.37-2 戰○千乘.38-18 ○騎之多.38-18 遂以○裂.46-2 肘足接於○上.49-20 乘夏○.54-14 陛下嘗軔○於趙矣.57-21 令庫具○.58-18 借臣○五乘.58-19 乃資○百乘.60-22 轄擊摩○而相過.65-14 使輕○銳騎衝雍門.65-16 齊○之良.68-18 ○罄擊.68-23 ○不得方軌.69-6 乃具革○三十乘.71-18 與革○三十乘而納儀於梁.72-3 乃約○而暮去.76-11 ○軼之所能至.78-17 請具○馬皮幣.79-3 則郄○而載耳.81-1 出無○.82-9 比門下之○客.82-10 於是乘其○.82-10 於是約○治裝.82-22 孟嘗君予○五十乘.83-14 ○百乘.83-17 文○二駟.83-20 以○十乘之秦.84-7 出必乘○.86-24 安步以當○.87-2 ○舍人不休傳.90-9 破○.92-14 全○甲.96-25 欲使後○分衣.98-5 上○弗謝而去.100-5 齊王還○而反.101-18 有狂兕牂○依輪而至.106-8 乃爲具駟馬乘○五百金之楚.107-13 長與之同○.108-18 ○千乘.108-23 ○千乘.110-2 ○裂蘇秦於市.111-14 使使臣獻書大王之從○下風.111-19 乃遣使○百乘.111-22 遂出革○千乘.113-20 齊使○五十乘.117-12 王發上柱國子良○五十乘.118-6 遣景鯉○五十乘.118-8 服鹽○而上大行.128-8 下○攀而哭之.128-11 乃使延陵王將○騎先之晉陽.132-13 雒陽乘軒○蘇秦.137-3 無罷○駑馬.137-4 借○者馳之.142-7 夫所借衣○者.142-8 夫馳親友之○.142-8 ○千乘.145-1 ○不過三百乘.145-9 飾○百乘.146-11 飾○騎.148-1 自令○裂於齊之市.148-8 方將約○趨行.148-20 於是乃以○三百乘入朝澠池.148-21 故拘之於牖里之○.163-21 公子乃驅後○.165-22 君令肯乘獨斷之○.166-20 ○甲羽毛裂敝.175-2 葉陽君涇陽君之○馬衣服.177-19 於是爲長安君約○百乘質於齊.179-21 ○馬之多.184-10 革○三百乘.184-16 ○六百乘.184-19 出而乘其○.186-6 魏王使李從以○百乘使於楚.187-8 急約○爲行具.187-12 李從以○百乘使楚.187-14 犀首又以○三十乘使燕趙.187-14 必勸王多公之○.188-5 因以魯侯之○迎之.188-7 王爲約○.190-20 先以○五十乘至衛間齊.190-21 重爲之約○百乘.205-18 ○三百乘.205-25 ○二百乘.206-11 遂約○而遣之.216-18 ○千乘.222-23 今已令楚王奉幾瑟以○百乘居陽翟.225-1 令戰○滿道路.226-7 多其○.226-7 多其○.226-12 禽困覆○.227-5 爲公叔具○百乘.232-20 周欲以○百乘重而送之.236-10 枉○騎而交臣.237-14 請益具○騎壯士.237-23 遂謝○騎人徒.238-1 ○七百乘.248-5 於是齎蘇秦○馬金帛以至趙.248-19 奉子○百乘.258-19 乃命公子束○制衣爲行具.265-19 ○甲珍器.267-18 又譬如○士之引○也.268-22 五人而○因行矣.268-22 智固不如○士矣.268-24 奉蘇子○五十乘.269-17 晝以○騎.271-8 間進○騎美女.275-20 於是荆軻遂就○而去.277-3 太子上○請還.281-8 ○過五乘.282-1 婦上○.283-13 ○至門.283-14 君爲臣多○重幣.284-10 所傾蓋與○而朝窮閭隘巷之士者.287-22

【甫】 2

王亦聞夫公〇文伯母乎. 158-24 公〇文伯官於魯. 158-25

【匣】 1

而秦武陽奉地圖〇. 277-10

【更】 37

夫本末〇盛. 9-8 大王〇爲臣也. 15-11 蜀主〇號爲侯. 22-18 焉〇得賢相. 31-21 而〇與不如張儀者市. 41-17 〇不與不如景鯉留. 50-15 願卿之〇計. 59-19 〇言之. 62-21 〇立衛姬嬰兒郊師. 63-19 必〇葬將軍之母. 67-8 臣非不能〇葬先妾也. 67-9 夫不得父之教而〇葬母. 67-10 有所〇得乎. 111-25 有所〇得乎. 112-1 無所〇得. 112-1 〇羸與魏王處京臺之下. 127-16 〇羸謂魏王曰. 127-17 〇羸曰. 127-18 〇羸以虛發而下之. 127-19 〇羸曰. 127-19 卽百歲後將〇立兄弟. 128-25 卽楚王〇立. 128-25 〇其姓爲輔氏. 133-23 出〇其姓. 133-25 王請〇論. 153-7 〇不用侵辱教. 153-24 得無〇割其內而媾. 159-24 請弛期〇日. 193-20 三日而後〇葬. 194-5 願太子〇日. 194-6 因弛期而〇爲日. 194-7 〇擇日. 194-9 又且收齊以〇索於王. 194-25 則棄前功而後〇受其禍. 222-10 願太傅〇慮之. 274-9 願足下〇慮之. 276-3 〇使王齕代王陵伐趙. 290-4

【東】 6

〇縛桎梏. 97-8 願君之生〇縮高而致之. 217-20 而非公適〇之. 239-6 而公適〇之. 239-10 乃命公子〇車制衣爲行具. 265-19 〇組三百緄. 280-2

【吾】 262

〇又恐東周之賊己而以輕西周惡之於楚. 8-7 〇收之以飢. 10-16 然〇使者已行矣. 10-19 〇無徵甲與粟於周. 10-20 〇得將爲楚王屬怒於周. 11-16 不如令太子將軍正迎〇得於境. 11-17 令天下皆知君之重〇得也. 11-18 周君所以事〇得者器. 11-19 而〇得無效也. 11-20 〇欲使武安子起往喻意焉. 17-22 內者量〇謀臣. 20-22 外者極〇兵力. 20-22 內者〇甲兵頓. 20-23 〇聞子欲去秦而之楚. 24-1 〇不忠於君. 24-4 〇不之楚. 24-5 〇能聽子言. 24-11 〇又自知子之楚. 24-12 〇欲伐齊. 26-4 〇事善矣. 26-23 以待〇事. 26-23 是〇合齊秦之交也. 27-8 〇子不殺人. 29-14 韓楚乘〇弊. 29-24 今〇得子. 40-13 〇勝叢. 40-17 〇嘗無子. 43-2 〇與王也. 43-17 〇特以三城從之. 49-4 〇愛三城而不講. 49-5 鈞〇悔也. 49-6 〇不知水之可亡人之國也. 49-19 〇將還其委質. 54-12 今子聽〇計事. 57-2 〇爲子使秦. 57-2 〇楚人也. 57-19 〇令剛成君蔡澤事燕三年. 58-7 今〇自請張卿相燕. 58-7 〇聞子以寡人財交於諸侯. 61-6 破〇家. 63-9 〇無辭爲之. 63-10 〇不忍也. 63-19 〇獨謂先王何乎. 63-22 〇豈可以先王之廟與楚乎. 63-22 〇三戰三勝. 65-7 〇孰與徐公美. 66-8 〇與徐公孰美. 66-9 〇妻之美我者. 66-12 〇使者章子將也. 67-7 戰於番〇之下. 69-23 〇與國也. 71-3 〇將救之. 71-4 衍也〇讎. 72-12 是必與衍鬻〇國矣. 72-12 〇能爲之足. 72-22 然則〇中立而割窮齊與疲燕也. 73-12 〇爲王殺太子. 75-6 〇將與三國共立之. 75-6 〇已盡知之矣. 77-10 〇所未聞者. 77-10 〇西岸之土也. 77-15 然〇毀之以爲之也. 78-11 以〇毀之者也. 78-12 〇以身爲孟嘗君. 78-12 〇負之. 82-19 視〇家所寡有者. 82-23 君云視〇家所寡有者. 83-4 則〇倚門而望. 95-22 則〇倚閭而望. 95-22 〇聞之. 96-7 且〇聞. 97-6 女聞〇言乎. 98-8 〇爲〇之王禮而已矣. 99-10 〇不若也. 99-13 〇不若也. 99-14 齊桓公得管夷〇以爲仲父. 99-15 非〇種也. 101-3 汙〇世矣. 101-3 彼懼〇兵而營我利. 103-13 〇聞北方之畏昭奚恤也. 103-22 〇爲子先行. 104-2 而魏入〇君臣之間. 105-3 夫泄〇君臣之交. 105-3 〇相甘茂可乎. 108-6 〇將深入吳軍. 113-8 〇被堅執銳. 113-12 〇固以爲天下莫若是兩人也. 120-19 〇將使人因魏而和. 121-19 〇欲先據之目加德焉. 122-6 〇與子出兵矣. 126-4 今〇安居而可. 132-11 〇城郭之完. 132-15 〇銅少若何. 132-19 〇不能守矣. 132-25 〇與二主約謹矣. 133-13 則〇所得者少. 133-22〇聞輔主者名顯. 134-13 〇其報知氏之讎矣. 135-9 〇謹避之耳. 135-12 狀貌不似〇夫. 135-14 其音何類〇夫之甚也. 135-15 凡〇所謂爲此者. 135-19 〇所爲難. 135-20 〇君不能用也. 137-20 〇請資先生厚用. 137-21 三百里通於燕之唐曲〇. 138-20 〇將伐之. 139-19 〇始已諾於應侯矣. 140-3 人懷〇義. 140-9 是〇處三不義也. 140-24 〇已大矣. 141-7 〇苦夫匠人. 141-7 此非〇所苦也. 141-8 是故〇事也. 141-8 〇所苦夫鐵鈷然. 141-8 據番〇. 144-23 據番〇. 148-5 今〇欲繼襄主之業. 149-5 今〇將胡服騎射以教百姓. 149-8 〇恐天下笑之. 149-14 胡地中山〇必有之. 149-16 〇恐天下議之也. 149-20 〇固聞叔之病也. 150-8 〇之所言者. 150-17 今〇國東有河薄洛之水. 150-18 侵掠〇地. 150-24 係累〇民. 150-24 過番〇. 152-19 〇聞信不棄功. 154-12 〇非不說將軍之兵法也. 155-3 〇欲北伐上黨. 158-4 〇國尙利. 160-4 必入〇使. 161-20 始〇以君爲天下之賢公子也. 162-14 〇乃今然后知君非天下之賢公子也. 162-15 〇請爲君責而歸之. 162-16 〇聞魯連先生. 162-19 〇不願見魯連先生也. 162-20 〇視居北圍城之中者. 162-22 今〇視先生之玉貌. 162-23 〇不忍爲之民也. 163-3 〇將使梁及燕助之. 163-4 燕則〇請以從矣. 163-5 則〇乃梁人也. 163-6 然〇將使秦王烹醢梁王. 163-16 待〇言之. 163-19 子將何以待〇君. 163-23 〇將以十太牢待子之君. 163-24 子安取禮而來待〇君. 163-25 彼〇君者. 163-25 〇將伏劍而死. 164-5 〇乃今日而知先生爲天下之士也. 164-14 〇請去. 164-15 〇聞夢見人君者. 166-10 〇已與樓子有言矣. 173-13 〇所以重者. 175-23 〇非爲燕也. 175-25 〇固將逐之. 175-25 〇往賀而獨不得通. 177-4 〇所使趙國者. 177-10 小大皆聽〇言. 177-11 若不從〇言. 177-11 而獨以〇國爲知氏質乎. 181-9 〇與虞人期獵. 182-9 〇君之言. 182-19 〇乃今日聞聖人之言也. 183-5 今〇爲子外之. 192-17 〇爲子殺之亡之. 192-17 需非〇人也. 193-2 〇舉事而不利於魏. 193-2 〇未有以言之也. 193-23 〇常欲悉起兵而攻之. 196-20 〇恐張儀薛公犀首之有一人相魏者. 197-22 〇欲太子之自相也. 197-24 〇恐張儀薛公犀首有一人相魏者. 198-2 〇所賢者. 203-13 〇所大者. 203-13 〇始已諾於應侯矣. 204-1 〇內王於秦者. 204-5 〇以爲魏也. 204-6 〇始已諾於應侯矣. 204-11 〇已許秦矣. 204-24 〇歲不熟二年矣. 206-2 〇已合魏矣. 209-15 此〇事也. 209-25 〇欲與秦攻韓. 212-4 秦許〇以垣雍. 213-25 〇請先天下構. 215-8 〇馬良. 215-20 〇用多. 215-21 〇御者善. 215-22 〇憎人也. 217-7 〇有德於人也. 217-8 〇將仕之以五大夫. 217-13 今〇攻管而不下. 217-20 〇先君成侯. 217-22 〇已全已. 218-2 豈可使〇君有魏患也. 218-3 今〇以十倍之地. 219-16 〇誰與而可. 221-13 聽〇計則可以强霸天下. 223-5 〇欲兩用公仲公叔. 223-18 〇合秦楚. 227-8 〇甚欲韓合. 227-19 〇得爲役之日淺. 237-2 滅〇弟之名. 238-11 〇不忍也. 238-13 此〇弟軹深井里聶政也. 238-14 〇愛宋. 240-7 〇固患韓之難知. 240-11 然而〇弗爲云者. 242-7 雖爲桓公〇弗爲云者. 242-10 〇欲以國輔韓珉而相之可乎. 243-22 〇難敗其法. 246-13 何〇合燕於齊. 249-1 若不〇救. 249-10 〇已爲藥酒以待之矣. 251-2 〇聞齊有清濟濁河. 253-9 〇終以子受命於天矣. 253-16 〇請拜子爲上卿. 258-19 〇已爲藥酒而待其來矣. 259-2 〇以此飲〇主父. 259-3 則殺〇主父. 259-4 以此事告〇主父. 259-4 則逐〇主母. 259-4 與殺〇父逐〇主母者. 259-4 〇必守子以甲. 262-3 〇所恃者順也. 262-10 〇無齊矣. 262-12 蘇子怒於燕王之不以〇故弗予相. 262-23 〇必不聽衆口與讒言. 264-18 〇信汝也. 264-19 〇欲用所善. 264-25 公聽〇言而說趙王曰. 266-5 〇得趙矣. 270-11 〇得趙矣. 270-11 〇要且死. 271-16 〇以倍攻之. 271-21 〇使趙有之. 273-15 不知〇精已消亡矣. 274-16 不知〇形已不逮也. 274-22 〇每念. 276-6 待〇客與俱. 276-22 〇自宋聞子. 279-10 〇欲藉子殺王. 279-10 〇義固不殺王. 279-11 則〇何以告子而可乎. 280-14 先知〇謀也. 281-22 〇必取蒲. 282-11 子聽〇言也以說君. 282-25 非子莫能〇救. 284-10 〇恐其不〇據也. 285-10 柰何〇弗患也. 285-11 〇食其肉. 286-9 〇知之矣. 286-11 〇願請之. 287-10 〇以一杯羊羹亡國. 288-7 〇不能滅趙乎. 290-3

【豆】 2

非麥而〇. 222-19 大抵〇飯藿羹. 222-20

【辰】 3

魏之使者謂後相韓〇曰. 244-2 韓〇曰. 244-3 韓〇患之. 244-5

【否】 5

亦吉〇. 65-8 〇. 87-17 謂子智則〇. 135-16 〇. 199-20 〇. 219-17

【夾】 2

園死士〇刺春申君. 129-25 前〇林而後蘭臺. 200-12

【豕】 1

過頤〇視. 63-18

【步】 10

去柳葉者百〇而射之. 11-7 有敢去柳下季壟五十〇而樵采者. 85-20 徒〇而處農畝. 86-2 安〇以當車. 87-2 乃自强〇. 179-1 不可以行百〇. 191-9 流血五〇. 220-1 皆射六百〇之外. 222-2 何肯〇行數千里. 250-16 疋夫徒〇之士. 259-8

【肖】 34

今臣不〇. 31-5 寡人愚不〇. 38-12 非不〇也. 60-16 故儀願乞不〇身而之梁. 71-15 故儀願乞不〇身而之梁. 72-1 孟嘗君不知臣不〇. 79-6 若臣不〇也. 79-10 則謂之不〇. 79-20 不〇則棄之. 79-20 意者秦王不〇之主也. 84-5 而徐子不〇. 98-22 若乃得去不〇者. 98-23 今僕之不〇. 128-13 今趙王不知文不〇. 142-9 內度其士卒之衆寡賢與不〇. 145-10 不〇者拘焉. 151-16 彼將奪其所謂不〇. 164-10 先生不知寡人不〇. 165-24 座雖不〇. 174-4 不〇. 179-4 寡人不〇. 185-4 衍不〇. 187-7 周〇謂宮他曰. 216-2 子爲〇謂齊王曰. 216-2 〇願爲外臣. 216-2 則羣臣之賢不〇. 244-17 今臣雖不〇. 247-8 自負以不〇之罪. 267-1 則寡人之不〇明矣. 272-3 今使寡人任不〇之罪. 272-12 寡人雖不〇乎. 272-16 願君無以寡人不〇. 272-21 田先生不知丹不〇. 275-6 君臣賢不〇. 287-3

【旰】 2

茹〇涉血之仇耶. 174-22 〇夷爲董慶謂田嬰曰. 186-15

【盱】 1
韓挾齊魏以〇楚. 235-13
【見】 369
乃往〇西周之君曰. 3-2 周相呂倉〇客於周君. 4-4 皆大臣〇譽者也. 4-13 公不如遂〇秦王曰. 7-18 蘇代遂往〇韓相國公中曰. 10-14 使天下〇之. 12-8 〇梁囿而樂之也. 12-15 反〇魏王. 12-16 臣〇其必以國事秦也. 12-18 不〇成功. 16-8 〇說趙王於華屋之下. 16-25 生未嘗〇冦也. 18-18 臣昧死望〇大王. 21-10 忠且〇棄. 24-5 忠尚〇棄. 25-2 張儀南〇楚王曰. 26-6 羣臣聞〇者畢賀. 26-16 陳軫後〇. 26-16 臣〇商於之地不可得. 26-18 乃出〇使者曰. 27-3 則諸侯必〇張儀之無秦矣. 28-8 醫扁鵲〇秦武王. 28-20 甘茂因入〇王曰. 31-20 今王〇其達而收之. 36-4 望〇足下而入之. 37-1 是日〇范睢. 37-8 〇者無不變色易容者. 37-8 終身不復〇. 38-3 天下〇臣盡忠而身蹶也. 38-7 今〇與國之不可親. 38-25 諸侯〇齊之罷露. 39-3 魏韓〇必亡. 39-19 臣今〇王獨立於廟朝矣. 40-9 臣必聞〇王獨立於庭也. 41-2 王〇大王之狗. 42-4 蒙傲乃往〇應侯. 43-9 蔡澤〇逐於趙. 44-6 將〇昭王. 44-7 彼一〇秦王. 44-8 及〇之. 44-10 何君〇之晚也. 44-13 臣之〇人甚衆. 46-23 秦昭王召〇. 46-23 臣〇王之權輕天下. 50-17 秦王欲〇頓弱. 50-23 即不〇也. 50-24 智氏〇伐趙之利. 52-16 吳〇伐齊之便. 52-17 昭衍〇梁王. 56-15 我與其處而待之〇攻. 56-18 〇秦質子異人. 56-21 不韋使楚服而〇. 57-18 甘羅〇張唐曰. 58-12 〇趙王. 58-21 平原令〇諸公. 60-14 有何面目復〇寡人. 61-7 靖郭君因〇之. 62-19 請〇宣王. 63-12 齊貌辨〇宣王. 63-15 韓〇且亡. 64-21 於是入朝〇威王曰. 66-14 乃爲齊〇魯君. 67-13 其〇恩德亦其大也. 67-20 〇昭陽. 72-16 而楚功〇矣. 76-10 固且以鬼事〇君. 77-11 孟嘗君〇之. 77-12 何〇於荆. 77-25 〇孟嘗君門人公孫戍曰. 79-25 入〇孟嘗君曰. 80-4 淳于髡一日而〇七人於宣王. 80-21 今子一朝而〇七士. 80-23 髡將復〇之. 81-2 田父〇之. 81-7 未嘗〇也. 82-19 請而〇之. 82-19 晨而求〇. 83-2 衣冠而〇之. 83-2 乃今日〇之. 83-12 公孫弘〇. 84-8 齊宣王〇顏斶. 85-15 夫上〇其原. 86-16 先生王斗造門而欲〇齊宣王. 87-8 斗趨〇王爲好勢. 87-9 王趨〇斗爲好士. 87-9 齊人〇田駢. 88-17 〇於華章南門. 89-5 不貸而〇足矣. 91-13 可〇於前事矣. 91-18 可〇於前事. 93-2 王何不使臣〇魏王. 94-3 衛鞅〇魏王. 94-4 則王業〇矣. 94-8 卽臣〇公之不能得也. 96-17 能以〇於天下矣. 96-23 士民〇公. 97-1 如〇父母. 97-1 慙耻而不〇. 97-10 田單〇其寒. 98-5 貫珠者復〇王曰. 98-14 故常〇譽於朝. 98-20 往〇魯仲子. 100-3 卽入〇齊王曰. 101-20 齊〇楚. 102-9 〇公仲曰. 103-15 親王之所〇也. 103-16 觀百獸之〇我而敢不走乎. 104-2 獸〇之皆走. 104-3 趙〇亡形. 104-17 而〇楚救之不足畏也. 104-19 其鄰人〇狗之溺井也. 105-8 故昭奚恤常惡臣之〇王. 105-10 〇君莫不斂衽而拜. 105-21 江乙復〇曰. 106-4 臣請不敢復〇矣. 106-5 未〇勝焉. 109-22 今君何不〇臣於王. 112-12 天下〇楚之無秦也. 116-5 上柱國子良入〇. 117-15 昭常入〇. 117-19 景鯉入〇. 117-23 子良〇寡人曰. 118-2 常〇寡人曰. 118-3 鯉〇寡人曰. 118-3 而王且〇其誠然也. 118-6 使王〇疾於民. 119-6 未〇一人也. 119-10 三日乃得〇乎王. 119-15 謁者難得〇如鬼. 119-17 王難得〇如天帝. 119-18 因鬼〇帝. 119-18 子待我爲子〇楚王. 120-3 張子〇楚王. 120-5 臣請北〇晉君. 120-5 非知而〇之者. 120-8 未嘗〇中國之女如此其美也. 120-9 未知〇日也. 120-14 未嘗〇人如此其美也. 120-18 唐且〇春申君曰. 122-14 子爲〇王. 123-17 新人〇王. 123-17 夫新人〇寡人. 123-18 臣誠〇其必然者也. 124-4 〇菟而顧犬. 124-10 王獨不〇夫蜻蛉乎. 124-13 繫己以朱絲而〇之也. 125-5 〇君之乘. 125-22 〇杖. 125-22 近代所〇. 127-3 趙使魏加〇楚春申君曰. 127-14 仰〇飛鳥. 127-16 汗明〇春申君. 127-25 而後得〇. 127-25 五日一〇. 128-7 彼〇伯樂之知己也. 128-12 可得〇乎. 128-21 敝楚〇强魏也. 130-21 其勢可〇也. 131-13 臣請〇韓魏之君. 133-2 張孟談於是陰〇韓魏之君曰. 133-4 知過入〇知伯曰. 133-11 知過出〇二主. 133-14 知過〇君之不用也. 133-22 遂去不〇. 133-23 入〇襄子曰. 133-24 入〇知伯. 133-25 使張孟談〇韓魏之君曰. 134-1 左司馬〇使於國家. 134-20 襄子往〇張孟談而告之曰. 134-24 願〇於前. 137-6 先生以鬼之言〇我則可. 137-6 臣固以鬼之言〇君. 137-7 李兌〇之. 137-8 明日復來〇兌也. 137-14 明日復〇. 137-18 未〇一城也. 140-15 未〇一城. 140-18 三日不得〇. 141-5 而三日不〇. 141-9 此天下之所明〇也. 142-15 苟來舉玉趾而〇寡人. 142-23 秦〇三晉之大合而堅也. 143-10 秦〇三晉之堅也. 143-14 固已〇於胷中矣. 145-12 今〇破於秦. 145-15 〇臣於秦. 145-16 面相〇而身相結也. 148-15 而卒世不〇也. 149-5 智者〇於未萌. 149-13 然後德且〇也. 149-23 慮徑而易〇也. 152-1 而求〇子. 152-20 無所〇醜. 153-11 秦王〇趙之相魏冉之不急也. 156-4 故臣未〇燕之可攻也. 158-11 入〇王. 159-8 入〇於王. 160-14 又入〇王曰. 160-20 因發虞卿東〇齊王. 160-25 〇平原君曰. 161-7 乃〇平原君曰. 162-11 勝請召而〇之於先生. 162-17 平原君遂〇辛垣衍曰. 162-17 勝請爲紹介而〇之於將軍. 162-18 吾不願〇魯連先生也. 162-20 魯連〇辛垣衍而無言. 162-22 所爲〇將軍者. 163-3 先生獨未〇夫僕乎. 163-14 終身不復〇. 164-21 鄭同北〇趙王. 165-8 工〇客來也. 165-22 昔日臣夢〇君. 166-9 夢〇竈君. 166-9 吾聞夢〇人君者. 166-10 夢〇日. 166-10 今子曰夢〇竈君而言君也. 166-10 則後之人無從〇也. 166-12 是以夢〇竈君. 166-13 希寫〇建信君. 167-6 齊人李伯〇孝成王. 167-24 臣一〇. 169-3 而臣竊怪王之不試〇臣. 169-4 故王重〇臣也. 169-5 其前可〇已. 169-11 臣願王之曰聞魏而無庸〇惡也. 170-15 而無使秦之〇王之重趙也. 170-17 秦〇之且亦重趙. 170-17 臣必〇燕與韓魏亦且重趙也. 170-18 臣以爲足下〇奉陽君矣. 171-19 死不復〇於王矣. 173-8 故臣死不復〇於王矣. 173-11 馮忌請〇趙王. 176-3 行人〇之. 176-3 客有〇人於服子者. 176-4 昔者堯〇舜於草茅之中. 176-7 客〇趙王曰. 176-13 於是秦王乃〇使者. 177-14 左師觸讋願〇太后. 178-22 不得〇久矣. 178-24 故願望〇太后. 178-25 〇敵之可也鼓之. 183-13 今秦〇齊魏之不合也如此其甚也. 186-23 求〇犀首. 187-4 公不〇軫. 187-5 犀首乃〇之. 187-5 子果無之魏而〇寡人也. 188-7 齊王將〇燕趙楚之相於衞. 190-19 以請先〇齊王. 190-22 乃得〇. 190-22 王獨不〇夫服牛驂驥乎. 191-9 田侯梁君〇其危. 192-8 犀首〇梁君曰. 192-13 於是東〇田嬰. 192-18 因令史舉數〇犀首. 193-9 駕而〇太子曰. 193-25 〇棺之前和. 194-2 先君必欲一〇羣臣百姓也夫. 194-3 故使欒水〇之. 194-4 百姓皆〇之. 194-5 〇天下之傷秦也. 195-7 王欲〇之. 197-12 請爲君北〇梁王. 197-24 遂北〇梁王. 198-8 魏王之恐也〇亡矣. 199-8 果不得〇. 199-24 且〇王. 204-10 僞病者乎而〇之. 204-10 長信侯入〇王. 204-11 王獨不〇夫博者之用梟邪. 204-25 魏無〇亡之危. 205-13 夜〇孟嘗君. 205-16 又北〇燕王曰. 206-1 今魏王出國門而望〇軍. 206-4 利出燕南門而望〇軍乎. 206-9 魏王之懼也〇亡. 209-22 山東〇亡必恐. 211-7 臣〇秦之必大憂可立而待也. 211-8 昭忌乃爲之〇秦王曰. 213-11 晉人〇楚人之急. 214-24 魏王〇天下之不足恃也. 215-10 往〇王曰. 215-19 〇人於大行. 215-19 因使其人爲〇者嗇夫聞〇者. 216-8 唐且〇秦王. 216-18 卒然〇趙王. 217-9 我〇有禍. 218-19 未〇有福. 218-19 〇有怨. 218-20 未〇有德. 218-20 〇卒不過二十萬而已矣. 222-22 魏順南〇楚王曰. 224-16 顏率〇公仲. 226-25 公仲不〇. 226-25 故不〇率也. 227-1 公仲遽起而〇之. 227-3 無〇王矣. 229-20 二十餘年未嘗〇攻. 229-24 臣之所〇者. 230-2 史舍入〇曰. 233-23 韓大夫〇王老. 234-24 〇嚴仲子曰. 237-19 申不害與昭釐侯執珪而〇梁君. 241-6 然而〇親秦. 242-24 不〇內行. 243-5 田苓〇穰侯. 245-13 公無〇王矣. 245-17 秦〇君之交反善於楚魏也. 246-21 而相國〇臣不釋塞者. 247-9 不〇覆軍殺將之憂. 248-8 〇足下身無咫尺之功. 250-9 大王之所明〇知也. 251-19 王何爲不〇. 252-8 因〇燕客而遣之. 252-8 乃北〇燕王噲曰. 252-10 蘇秦弟厲因燕質子而求〇齊王. 254-23 故往〇郭隗先生曰. 255-14 隗且〇事. 256-4 〇罪於左右. 258-22 〇之知無厲. 262-11 未〇齊王. 263-10 往〇伯樂曰. 263-11 今臣欲以駿馬〇於王. 263-14 入言之王而〇之. 263-16 臣苟得〇. 265-2 陳翠欲〇太后. 265-7 遂入〇太后曰. 265-8 〇趙恢. 266-2 子胥不蚤〇主之不同量. 268-8 秦〇三晉之堅也. 269-6 趙〇秦之伐楚也. 269-7 暮以燭〇. 271-8 怨惡未〇而明棄之. 272-15 使者〇秦王曰. 273-14 〇秦且滅六國. 273-21 柰何以〇陵之怨. 273-24 出〇田光. 274-11 僂行〇荆軻. 274-21 軻〇太子. 275-3 秦王必說〇臣. 276-2 乃遂私〇樊於期曰. 276-4 秦王必喜而善〇臣. 276-9 而燕國〇陵之耻除矣. 276-10 〇燕使者咸陽宮. 277-9 未嘗〇天子. 277-12 圖窮而匕首〇. 277-14 其後荆軻客高漸離以擊筑〇秦皇帝. 278-9 往〇公輸般. 279-9 請〇之王. 279-13 墨子〇楚王曰. 279-14 〇祥而不爲祥. 281-16 三年不得〇. 282-16 乃〇梧下先生. 282-16 乃〇魏王曰. 282-17 事王三年不得〇. 282-22 魏王趨〇衞客. 282-23 入室〇白. 283-15 臣請〇田嬰. 284-10 〇嬰子曰. 284-11 王苟舉趾以〇寡人. 285-20 與王相〇. 285-22 何不〇臣乎. 286-24 中山王悅而〇之曰. 287-1 〇趙王曰. 287-5 未嘗〇人如中山陰姬者也. 287-7 臣竊〇其佳麗. 287-11 王乃使應侯往〇武安君. 289-1 臣〇其害. 290-2 因〇武安君. 290-6
【助】 22
臣請〇王. 22-23 齊〇楚攻秦. 26-3 出兵〇燕擊齊. 73-8 君〇燕擊齊. 73-9 是〇王養其民也. 88-9 是〇王息其民者也. 88-10 則且出兵〇秦攻魏. 141-19 是〇秦自攻也. 159-14 欲以〇趙也. 163-3 先生〇之奈何. 163-4 吾將使梁及燕〇之. 163-4 齊楚則固〇之矣. 163-5 先生惡能使梁〇之耶. 163-6 則必〇趙矣. 163-7 燕趙〇之. 171-22 今又行數千里而以〇魏. 206-2 雖欲行數千里而〇人. 206-4 利行數千里而〇人乎. 206-9 秦齊〇之伐宋. 256-14 至其相救〇如一也. 268-25 不能相救〇如一. 269-1 宋人〇我攻矣. 280-16
【里】 180
宜陽城方八〇. 2-3 秦令樗〇疾以車百乘入周. 10-3 使樗〇疾以車百乘入周. 10-7 沃野千〇. 15-17 今先生儼然不遠千〇而庭教之. 15-22

郊迎三十〇. 17-12 方數千〇. 18-23 開地數千〇. 18-25 方數千〇. 21-8 張儀之殘樗〇疾也. 22-21 重樗〇疾而使之者. 22-22 樗〇疾出走. 22-25 故賣僕妾不出〇巷而取者. 25-1 出婦嫁於鄉〇者. 25-2 方六百〇. 26-12 方六百〇. 26-16 而得商於之地六百〇. 26-17 廣從六〇. 27-3 臣聞六百〇. 27-4 不聞六〇. 27-4 安得六百〇. 27-4 起樗〇子於國. 28-7 行千〇而攻之. 29-6 樗〇疾公孫衍二人者. 29-10 樗〇疾公孫衍二人在. 29-20 公孫衍樗〇疾挫我於內. 30-7 公內攻於樗〇疾公孫衍. 30-12 是樗〇疾公孫衍無事也. 30-15 方千〇. 35-23 又方千〇. 35-23 利有千〇者二. 35-25 再辟千〇. 39-1 方五百〇. 39-6 攘地千〇. 44-23 功章萬〇之外. 45-18 棧道千〇於蜀漢. 46-17 以千〇養. 51-5 而出百〇之地. 52-3 行百〇者半於九十. 55-19 受百〇之地. 58-6 去咸陽七〇. 58-17 百〇奚. 61-15 今齊地方千〇. 66-15 齊地方二千〇. 68-17 千〇而一士. 80-22 未至百〇. 83-10 百〇. 84-9 寡人地數千〇. 84-9 今孟嘗君之地方百〇. 84-10 下則鄙野監門閭〇. 86-3 欲爲監門閭〇. 86-7 昔者魏王擁土千〇. 93-23 方數百〇. 95-9 於是殺閔王於鼓〇. 95-15 鄉〇不通也. 97-9 而喪地千〇. 97-13 乃使人聽於閭〇. 98-16 三〇之城. 99-19 五〇之郭. 99-20 而反千〇之齊. 99-20 臣以五〇之城. 100-4 七〇之郭. 100-4 齊地方數千〇. 101-21 約與五百〇之地. 102-3 今王之地方五千〇. 104-4 蒲反平陽相去百〇. 107-8 新城上梁相去五百〇. 107-9 地方五千〇. 108-23 至郢三千餘〇. 110-16 一日行三百餘〇. 110-17 〇數雖多. 110-18 甘茂與樗〇疾. 115-6 予我東地五百〇. 117-8 敬獻地五百〇. 117-11 以東地五百〇許齊. 117-16 齊使來求東地五百〇. 117-19 今去東地五百〇. 117-20 齊使來求東地五百〇. 117-23 而北獻地五百〇於齊. 118-7 又欲奪之東地五百〇. 118-16 今先生乃不遠千〇而臨寡人. 119-16 行千餘〇來. 122-15 臣聞昔湯武以百〇昌. 124-11 猶以數千〇. 124-12 豈特百〇哉. 124-12 爲樗〇疾卜交也. 125-16 臣有辭以報樗〇子矣. 125-17 皆不過百〇以有天下. 126-12 君籍之日百〇勢. 126-13 而至鉅鹿之界三百〇. 138-16 至於榆中千五百〇. 138-16 則地與國都邦屬而壤挈者七百〇. 138-17 卽地去邯鄲二十〇. 138-18 三百〇通於燕之唐曲吾. 138-20 其地不能千〇. 139-17 且以置公孫赫樗〇疾. 141-15 攘地千餘〇. 142-23 趙地方二千〇. 144-24 辟地千〇. 154-16 故拘之於牖〇之車. 163-21 爲郤軍五十〇. 164-16 五〇而罷. 166-19 文王之拘於牖〇. 167-10 用兵於二千〇之外. 170-8 去齊三千〇. 170-11 今王能以百〇之地. 173-18 乃使人以百〇之地. 173-20 臣聞趙王以百〇之地. 173-22 而得百〇之地. 173-23 百〇之地不可得. 173-24 日三四〇. 179-1 埊方千〇. 184-8 魏地方不至千〇. 185-7 不過百〇. 185-9 二百餘〇. 185-9 樗〇疾怒. 199-13 今又行數千〇而以助魏. 206-2 夫行數千〇而救人者. 206-3 雖欲行數千〇而助人. 206-4 利行數千〇而助人乎. 206-9 則道〇近而輸又易矣. 206-10 行三十〇而攻危隘之塞. 207-6 千〇有餘. 207-19 晉國之去大梁也尚千〇. 207-24 去大梁百〇. 208-1 臣意秦王與樗〇疾之欲之也. 209-12 乃請樗〇子曰. 209-14 樗〇子曰. 209-15 樗〇子曰. 209-18 今由千〇之外. 218-18 今王亡地數百〇. 218-24 寡人欲以五百〇之地易安陵. 219-11 寡人以五百〇之地易安陵. 219-14 而君以五十〇之地存者. 219-15 雖千〇不敢易也. 219-18 豈直五百〇哉. 219-18 流血千〇. 219-20 而安陵以五十〇之地存者. 220-3 臣聞一〇之厚. 221-4 而動千〇之權者. 221-5 地方千〇. 222-1 地方不滿九百〇. 222-21 故樗〇疾大說杜聊. 225-22 去百六十〇. 230-2 軹深井〇聶政. 236-25 不遠千〇. 237-14 此吾弟軹深井〇聶政也. 238-14 公孫郝樗〇疾請無攻韓. 244-21 魏王爲九〇之盟. 246-15 云取千〇馬. 247-5 馬不千〇. 247-6 千〇之馬也. 247-6 千〇之服也. 247-7 而不能取千〇. 247-7 而難千〇之行. 247-8 地方二千餘〇. 248-4 彌埊踵道數千〇. 248-12 戰於千〇之外. 248-15 戰於百〇之內. 248-16 夫不憂百〇之患. 248-16 而重千〇之外. 248-16 何肯步行數千〇. 250-16 有以千金求千〇馬者. 255-24 三月得千〇馬. 256-1 千〇之馬至者三. 256-4 豈遠千〇哉. 256-5 北夷方七百〇. 256-19 齎埊百〇. 265-13 與其得百〇於燕. 269-22 不如得十〇於宋. 269-22 趙廣三百〇. 273-16 一日而馳千〇. 274-15 荆之地方五千〇. 279-17 宋方五百〇. 279-17 胡衍謂樗〇疾曰. 282-4 樗〇疾曰. 282-8 樗〇疾曰. 282-10 樗〇子知蒲之病也. 282-11 樗〇子亦得三百金而歸. 282-13 地方五千〇. 289-2

【吠】 4

跖之狗〇堯. 98-21 狗固〇非其主也. 98-21 不能禁狗使無〇己也. 213-1 而不能令狗無〇己. 247-1

【足】 215

小國不〇亦以容賊. 8-13 實不〇以利國. 13-8 周使周〇之秦. 14-1 或謂周〇曰. 14-1 百姓不〇. 16-6 血流至〇. 16-22 聞戰頓〇徒裼. 18-18 天下不〇兼而有也. 18-24 〇以爲限. 19-5〇以爲塞. 19-5 則其民〇貪也. 19-11 地〇利也. 19-11 弊兵勞衆不〇以成名. 22-2 得其地不〇以爲利. 22-3 〇以廣國也. 22-10 〇以富民. 22-10 願爲〇下掃室布席. 31-6 〇以傷秦. 36-1 今臣之胷不〇以當椹質. 36-13 要不〇以待斧鉞. 36-13 獨不〇以厚國家乎. 36-18 其淺者又不〇聽也. 36-23 將賤而不〇聽耶. 36-25 望見〇下而入之. 37-1 死不〇以爲臣患. 37-21 亡不〇以爲臣憂. 37-21 不〇以爲臣恥. 37-21 是以杜口裹〇. 38-7 〇下上畏太后之嚴. 38-8 則不〇以傷齊. 38-23 夫人生手〇堅强. 44-13 是微子不〇仁. 45-9 孔子不〇聖. 45-9 管仲不〇大也. 45-10 富國〇家强主威蓋海內. 45-18 肘〇接於車上. 49-20 此乃方其用肘〇時也. 49-22 三王不〇四. 52-12 五伯不〇六也. 52-12 韓魏之强〇以校於秦矣. 53-16 土廣不〇以爲安. 54-8 人衆不〇以爲强. 54-8 則三王不〇四. 55-16 五伯不〇六. 55-16 不〇以結秦. 57-17 秦不〇亡. 59-17 臣來弔〇下. 67-14 〇下豈如令衆而合二國之後哉. 67-17 其餘兵〇以待天下. 67-19 適〇以强秦而自弱也. 67-25 數人飲之不〇. 72-20 吾能爲之〇. 72-22 蛇固無〇. 72-22 子安能爲之〇. 72-22 爲蛇〇者. 72-23 公以是爲名居〇矣. 72-24 猶爲蛇〇也. 73-1 趙〇之齊. 73-4 請掩〇下之短者. 78-18 誦〇下之長. 78-18 臣願以〇下之府庫財物. 78-20 是〇下倍先君盟約而欺孟嘗君也. 79-8 臣輒以頸血湔〇下衿. 79-10 賣妻子不〇償之. 80-2 〇下能使僕無行. 80-2 今何舉〇之高. 80-12 獸同〇者而俱行. 80-24 則〇以敵秦. 81-22 以爲貪而不知〇. 82-13 寡人不〇爲也. 83-22 可謂〇使矣. 84-20 屬知〇矣. 87-6 補不〇. 88-10 不貸而見〇矣. 91-13 則亡天下可跼〇而須也. 91-22 不〇以王天下. 94-6 大臣不〇恃. 96-21 使曹子之〇不離陳. 97-13 振窮補不〇. 99-7 而見楚救之不〇畏也. 104-19 臣不〇以知之. 108-6 不〇恃也. 109-22 如華不〇知之矣. 112-18 不〇以載大名. 123-6 不〇以橫世. 123-7 六〇四翼. 124-13 臣何〇以當堯. 128-3 府庫〇用. 132-15 〇矣. 132-19 則臣力不〇. 134-18 亦以〇矣. 136-4 雖不〇以攻秦. 136-20 〇以拔鄭. 136-20 〇重繭. 137-5 今〇下功力. 138-4 不〇畏也. 145-2 不〇與論心. 151-16 不〇與致意. 151-17 而循禮未〇多也. 152-11 不〇以高世. 152-16 不〇以制今. 152-17 爲辨〇以道人. 152-22 危〇以持難. 152-22 威嚴不〇以易於位. 153-4 重利不〇以變其心. 153-5 而野戰不〇用也. 155-22 今臣爲〇下解負親之攻. 159-20 其無〇怪. 163-12 何〇問. 165-9 〇下卑用事者而高商賈乎. 167-8 則知不〇者也. 169-6 非知不〇也. 169-14 臣爲〇下謂魏王曰. 169-23 臣是以欲〇下之速歸休士民也. 171-3 臣爲〇下使公孫衍說奉陽君曰. 171-6 臣願〇下之大發攻宋之舉. 171-11 以觀奉陽君之應〇下也. 171-11 臣又願〇下有地効於襄安君以資臣也. 171-13 〇下果殘宋. 171-14 〇下何愛焉. 171-14 若〇下不得志於宋. 171-14 〇下以此資臣也. 171-1 則〇下擊潰而决天下矣. 171-15 臣以爲〇下見奉陽君矣. 171-19 〇下雄飛. 171-25 老臣病〇. 178-23 信不〇保也. 182-21 奚〇以霸王矣. 183-4 其敝不〇以應秦. 189-4 是故又爲〇下傷秦者. 195-5 令〇下鬻之以合於秦. 195-12 臣何〇以當之. 195-13 願〇下之論臣之計也. 195-14 爲〇下也. 196-2 〇以亡其國. 200-13 尙〇以捍秦. 204-1 〇以富國. 208-12 舍不〇以舍之. 214-25 魏王見天下之不〇恃也. 215-10 以爲秦之强〇以爲與也. 216-22 虧地不〇以傷國. 219-2 卑體不〇以苦身. 219-2 韓卒超〇而射. 222-2 不〇言也. 222-7 必來以是而〇矣. 229-21 則不〇以救韓. 231-9 今周最固得事〇下. 234-2 尙何〇以圖國之全爲. 234-16 聞〇下義甚高. 237-7 以交〇下之驩. 237-8 今〇下幸而不棄. 237-23 適〇以自令亟亡也. 241-2 〇强爲之說韓王曰. 242-20 〇食於民矣. 248-7 見〇下身無咫尺之功. 250-9 而〇下迎臣於郊. 250-9 今臣爲〇下使. 250-9 〇下不聽臣者. 250-10 是〇下之福也. 250-11 而以事〇下. 250-12 臣亦不事〇下矣. 250-13 〇下安得使之之齊. 250-14 〇下不踰楚境. 250-21 離老母而事〇下. 250-22 臣之趍固不與〇下合者. 250-23 〇下皆自覆之君也. 250-23 〇下不知也. 251-1 且臣之事〇下. 251-6 臣恐天下後事〇下者. 251-7 言不〇以求正. 252-1 謀不〇以决事. 252-2 力不〇矣. 252-25 〇以爲塞. 253-9 何〇以爲固. 253-11 何〇以爲塞. 253-12 而以啓爲不〇任天下. 254-5 不〇先後. 254-14 不〇以報. 255-15 而〇下行之. 256-15 而齊未加信於〇下. 256-16 然則〇下之事齊也. 256-16 〇下以宋加淮北. 256-18 如是〇矣. 257-25 〇下以爲〇. 258-1 則臣不事〇下矣. 258-1 自憂不〇乎. 258-7 以自憂爲〇. 258-7 若自憂而〇. 258-9 〇下以愛之故與. 258-20 今臣之所以事〇下者. 258-22 今臣爲〇下使於齊. 259-7 願〇下之無制於羣臣也. 259-10 奉陽君告朱讙與趙〇曰. 262-8 死不〇以爲臣患. 262-15 逃不〇以爲臣耻. 262-16 不〇以爲臣榮. 262-16 不〇以爲臣辱. 262-17 逃不〇以爲辱矣. 263-7 〇下有意爲臣伯樂乎. 263-14 何〇以當之. 263-25 而又害於〇下之義. 266-25 恐其適〇以傷於高而薄於行也. 272-18 〇爲寒心. 274-3 言〇下於太子. 274-23 願〇下過太子於宮. 274-23 願〇下急過太子. 275-1 而欲不可〇也. 275-8 今計舉國不〇以當秦. 275-12 恐不〇任使. 275-18 則雖欲長侍〇下. 275-24 願〇下更慮之. 276-3 夫宋之不〇如梁也. 280-13 〇以爲治. 283-10 以〇軍食. 289-14

【男】 10

美〇破老. 23-17 乃遺之美〇. 23-17 下户三〇子. 68-20 妾賴天而有〇. 129-4 遂生子〇. 129-7 請〇爲臣. 241-21 亦請〇爲臣. 241-22

雖大〇子. 252-1 之〇家曰女美. 259-13 之女家曰〇富. 259-13

【困】 38

是公之知〇而交絶於周也. 7-11 是公之知〇而交絶於周也. 13-19 必大〇. 30-6 叢〇我. 40-18 〇於上黨. 42-18 應侯知蔡澤之欲〇己以說. 44-21 主離〇辱. 45-1 韓魏聞楚之〇. 48-3 呡欲以齊秦劫魏而〇薛公. 48-18 人之〇賤下位也. 86-19 振〇窮. 88-10 而士〇於土功. 92-18 壤削主〇. 96-20 則五國之事〇也. 103-19 是王令〇也. 119-23 今儀〇秦而睢收楚. 120-25 於此〇矣. 122-11 是知〇而交絶於后也. 123-23 形之〇苦. 127-7 是故官無乏事而力不〇. 146-14 爲齊兵〇於殽塞之上. 147-7 是以三國之兵〇. 147-18 今趙兵〇於秦. 160-16 夫趙兵〇於秦. 160-20 君必〇矣. 166-18 而二士之謀〇也. 192-7 是智〇於秦. 214-19 〇於思慮. 218-6 是我〇秦韓之兵. 226-11 禽〇覆車. 227-5 妾〇不疲也. 231-7 西〇秦三年. 253-5 兵〇於林中. 261-6 〇則使太后穰侯爲和. 261-9 夫樊將軍〇窮於天下. 274-8 數〇於兵. 275-11 樊將軍以窮〇來歸丹. 276-2 猶勾踐〇於會稽之時也. 289-24

【呋】 1

〇芮. 222-6

【呂】 21

周相〇倉見客於周君. 4-4 相〇倉. 4-7 相〇禮者. 5-14 逐周最聽祝弗相〇禮者. 5-20 文聞秦王欲以〇禮收齊. 34-3 是君收齊以重〇禮也. 34-4 〇禮復用. 34-9 臣聞始時〇尚之遇文王也. 37-12 故文王果收功於〇尚. 37-14 卽使文王疏〇望而弗與深言. 37-15 雖周〇望之功. 42-16 濮陽人〇不韋賈於邯鄲. 56-21 然則周文王得〇尚以爲太公. 99-15 而〇不韋廢. 130-4 魏殺〇遼而衛兵. 141-24 魏殺〇遺. 167-1 於是與殺〇遺何以異. 167-1 與〇氏乎. 219-3 天下孰不棄〇氏而從嫪氏. 219-8 天下必合〇氏而從嫪氏. 219-8 大〇陳於元英. 267-19

【吟】 3

誠思則將吳〇. 27-20 今軫將爲王吳〇. 27-20 晝〇宵哭. 113-14

【吹】 1

其民無不〇竽鼓瑟擊筑彈琴鬭雞走犬六博蹹踘者. 68-21

【吳】 64

王獨不聞〇人之遊楚者乎. 27-18 誠思則將〇吟. 27-20 今軫將爲王〇吟. 27-20 〇不亡越. 34-20 越故亡〇. 34-20 〇亡於越. 34-21 乞食於〇市. 38-2 卒興〇國. 38-2 梁人有東門〇者. 42-25 東門〇曰. 43-2 楚之〇起. 44-20 〇起事悼王. 44-23 不能存〇. 45-7 商君〇起大夫種. 45-11 商君〇起大夫種. 45-13 商君〇起大夫種不若也. 45-14 不過商君〇起大夫種. 45-18 〇王夫差無適於天下. 45-22 〇起爲楚悼罷無能. 46-7 以禽勁〇. 46-11 則商君白公〇起大夫種是也. 46-18 〇見伐齊之便. 52-17 〇之信越也. 52-18 此正〇信越也. 52-25 〇王夫差棲越於會稽. 55-10 以王爲〇智之事也. 55-17 南使荆〇. 61-1 昔〇王夫差以强大爲天下先. 91-14 雖有闔閭〇起之將. 93-16 是孫臏〇起之兵也. 96-23 威信〇楚. 97-19 且大王嘗與〇人五戰三勝而亡之. 110-23 昔者〇與楚戰於柏舉. 113-6 吾將深入〇軍. 113-8 昔〇與楚戰於柏舉. 113-11 〇與楚人戰於柏舉. 113-17 與〇人戰於濁水而大敗之. 113-21 〇與楚戰於柏舉. 113-23 大〇之國也. 150-12 是〇越無俊民也. 152-13 夫〇干之劍. 155-8 且夫〇干之劍材. 155-11 此乃强〇之所以亡. 158-11 〇起對曰. 182-19〇起對曰. 182-21 此〇起餘教也. 183-9 於是索〇起之後. 183-15 〇慶恐魏王之構於秦也. 215-13 〇與越戰. 241-19 〇人入越而戶撫之. 241-20 越王使大夫種行成於〇. 241-20 〇人果聽其辭. 241-21 其後越與〇戰. 241-22 〇人大敗. 241-22 反以越事〇之禮事越. 241-23 遂殘〇國而禽夫差. 241-23 宜使如〇. 241-24 而攻心不如〇. 241-25 而後殘〇霸天下. 256-23 伍子胥逃楚而之〇. 263-1 昔者〇伐齊. 266-6 是使弱趙居强〇之處. 266-8 故〇王遠迹至於郢. 268-5 故〇王夫差不悟先論之可以立功. 268-6

【邑】 108

弊〇固竊爲大王患之. 1-15 弊〇遷鼎以待命. 1-22 君不如令弊〇陰合於秦而君無攻. 9-8 令弊〇以君之情謂秦王曰. 9-10 君令弊〇以此忠秦. 9-12 夫攻城墮〇. 17-23 安〇王之有也. 18-2 弊〇之王所說甚者. 26-6 弊〇之王所甚憎者. 26-7 其於弊〇之王甚厚. 26-9 弊〇欲伐之. 26-9 是以弊〇之王不得事令. 26-10 齊以陽武賜弊〇而納順子. 32-6 以告弊〇. 32-9 臣竊必之弊〇之王曰. 32-13 秦得安〇. 32-24 秦有安〇. 32-25 故臣竊必之弊〇之王曰. 33-1 君不如勸秦王令弊〇卒攻齊之事. 34-5 齊予晉弊〇. 34-7 其令〇中自斗食以上. 40-25 大夫種爲越王墾草刱〇. 46-9 汾水利以灌安〇. 49-19 弊〇之於與遇善之. 50-10 諸侯皆致秦〇. 58-1 攻城墮〇. 58-13 今秦欲攻梁絳安〇. 68-7 秦得絳安〇以東下河. 68-7 而出銳師以戍梁絳安〇. 68-10 安〇者. 81-13 秦伐魏取安〇. 81-15 安行而反臣之〇屋. 87-4 有市之〇莫不止事而奉王. 92-10 益封安平君以夜〇萬戶. 99-25 當今將軍東有夜〇之奉. 100-13 安〇不知. 107-9 今邊〇之所恃者. 107-10 邊〇甚利之. 107-11 故弊〇趙王. 109-17 以爲湯沐之〇. 111-18 故敝〇秦王. 111-19 奉以上庸六縣爲湯沐〇. 116-9 臣身受命弊〇之王. 118-13 使使者致萬家之〇一於知伯. 132-1 因使人致萬家之〇一於知伯. 132-5 今有城市之〇七十. 140-5 有城市之〇七十. 140-17 敝〇之王. 140-21 韓魏皆可使致封地湯沐之〇. 144-15 趙怒必於其己〇. 146-20 弊〇秦王使臣敢獻書於大王御史. 147-23 弊〇恐懼懾伏. 148-1 以爲騎〇. 154-2 以爲騎〇. 154-3 萬家之〇相望也. 155-21 魏令公子咎以銳師居安〇. 156-22 以摟魏而求安〇. 172-13 抱安〇而信秦. 172-14 秦得安〇之饒. 172-15 過趙已安〇矣. 172-15 秦舉安〇而塞女戟. 172-19 取安〇. 172-24 趙王因割濟東三城令盧高唐平原陵地城〇市五十七. 174-11 乃割濟東三令城市〇五十七以與齊. 174-14 取寧〇. 177-2 得寧〇. 177-3 大王廣地寧〇. 177-7 敝〇寡君亦竊嘉之. 177-8 敝〇之君. 177-21 敝〇之君. 177-23 乃與之萬家之〇一. 181-10 夫鄉〇老者而先受坐之士. 182-2 故敝〇趙王使使臣獻愚計. 185-3 衍請因令王致萬戶〇於先生. 193-8 敝〇之王欲效城埊. 199-14 敝〇之吏效城者. 201-8 敝〇所以事大王者. 201-10 而魏效絳安〇. 203-5 敝〇有寶璧二雙. 205-5 抱葛薜陰成以爲趙養〇. 208-18 故敝〇收之. 214-16 秦拔寧〇. 215-8 王歸寧〇. 215-8 取寧〇. 215-13 敝〇之事王. 216-12 爲敝〇. 223-13 弊〇雖小. 226-13 弊〇將以楚殉韓. 226-14 楚之縣〇. 235-24 無事而割安〇. 240-10 而欲攻絳安〇. 240-19 非弊〇之所憎也. 243-19 告弊〇甚急. 245-15 安〇之御史死. 246-11 我舉安〇. 260-14 秦欲攻安〇. 260-19 已得安〇. 260-21 秦王購之金千斤〇萬家. 275-25 〇萬家. 276-5 弊〇之師過大國之郊. 279-24 今徼師於弊〇. 280-10 弊〇不從. 280-10 願王之有以命弊〇. 280-11 欲割平〇以賂燕趙. 285-6 齊之欲割平〇以賂我者. 286-1 雖百平〇. 286-2 入都〇. 287-6 多倍城〇. 289-13

【別】 4

而上下無〇. 99-6 齊魏〇與合. 228-11 齊魏〇. 228-12 則諸侯不爲〇馬而朝矣. 258-11

【兕】 4

〇虎嘷之聲若雷霆. 106-8 有狂〇牂車依輪而至. 106-8 王抽旃旄而抑〇首. 106-9 犀〇麋鹿盈之. 279-18

【告】 102

以〇顏率. 1-4 〇於鄭朝. 6-23 因〇以祭地事. 6-24 微〇翦. 7-12 〇昌他. 8-1 因使人〇東周之候曰. 8-2 〇蘇代. 10-12 此〇楚病也. 10-18 君使人〇齊王以周最不肯爲太子也. 12-2 令人微〇悍. 13-20 商君〇歸. 15-9 王召陳軫〇之曰. 24-11 君以〇扁鵲. 28-21 子歸〇王曰. 29-3 向壽歸以〇王. 29-4 人〇曾子母曰. 29-13 一人又〇之曰. 29-15 召甘茂而〇之. 29-21 以〇甘茂. 31-20 犀首〇臣. 31-22 乃案兵〇於秦曰. 32-6 敢〇下吏. 32-7 以〇弊邑. 32-9 以〇蒙傲曰. 43-6 可發使〇楚曰. 48-5 楚果〇急於秦. 48-13 以是〇楚. 50-6 樓子〇之. 56-15 乃陰〇韓使者而遣之. 64-22 鄒忌以〇公孫閈. 65-6 衛君爲〇儀. 72-10 請〇太子其故. 75-21 或以〇孟嘗君. 78-8 左右以〇. 82-8 以〇. 82-10 〇遡於魏. 90-10 天以〇也. 95-13 地以〇也. 95-13 人以〇也. 95-14 天地人皆以〇矣. 95-14 楚王〇昭子. 105-2 七日不得〇. 113-14 使下臣來〇亡. 113-18 楚王〇愼子曰. 117-12 王以三大夫計〇愼子曰. 118-2 陳軫〇楚之魏. 121-25 令辛戎〇楚曰. 126-4 知伯以〇韓魏之君曰. 131-10 君又何以疵言〇韓魏之君爲. 131-1 趙襄子召張孟談而〇之曰. 132-9 乃稱簡之塗以〇襄子曰. 134-9 襄子往見張孟談而〇之曰. 134-24 令韓陽〇上黨之守靳黈曰. 139-23 召平原君而〇之曰. 140-6 王召趙勝趙禹而〇之曰. 140-17 韓〇秦曰. 141-2 〇齊使興師度清河. 148-12 使王孫緤〇公子成曰. 149-18 韓魏〇急於齊. 157-3 我約三國而〇之秦. 157-8 王以樓緩言〇之. 159-8 王又以虞卿之言〇樓緩. 159-15 王以樓緩之言〇. 159-23 王又以虞卿言〇之. 160-14 〇以理則不可. 165-17 人〇之反. 167-24 〇者復至. 167-25 皆使人〇其王曰. 187-14 張儀〇公仲. 190-1 〇公孫衍. 190-20 而以〇犀首. 193-23 請〇惠公. 193-24 魏王召惠施而〇之曰. 196-19 今王所以〇臣者. 196-22 以此語〇之. 198-8 〇之曰. 205-16 〇臣曰. 215-20 何不相〇也. 218-9 何不相〇也. 218-15 召陳軫而〇之. 226-4 夫以實〇我者. 226-15 公仲之謁者以〇公仲. 227-3 以〇秦王. 229-20 公不如〇楚趙. 232-17 嚴仲子具〇曰. 237-21 而不〇韓. 243-11 〇弊邑甚急. 245-15 而陰〇厨人曰. 251-14 以此事〇吾主父. 259-4 正〇楚曰. 260-6 秦正〇韓曰. 260-11 秦正〇魏曰. 260-14 人〇奉陽君曰. 261-25 請〇子以請齊. 262-2 奉陽君〇朱讙與趙足曰. 262-8 奉陽君〇朱讙曰. 262-23 則吾何以〇子而可乎. 280-14 衛君以其言〇邊境. 281-21 召張登而〇之曰. 284-8 使〇中山君曰. 285-18 因言〇燕趙而無往. 285-25 中山因〇燕趙而不往. 286-4

【我】 183

卽且趣〇攻西周. 2-22 是〇爲楚韓取寶以德之也. 2-23 則〇天子之臣. 4-19 子何不代〇射之也. 11-9 〇不能教子支左屈右. 11-10 妻不以〇爲夫. 16-19 嫂不以〇爲叔. 16-20 父母不以〇爲子. 16-20 善〇

國家使諸侯. 17-23 是○一舉而名實兩附. 22-11 則欲其許○也. 24-18 今爲○妻. 24-18 則欲其爲○詈人也. 24-18 是○亡於秦而取償於齊也. 27-7 ○羈旅而得相秦者. 30-6 ○以宜陽餌王. 30-6 公孫衍樗里疾挫○於內. 30-7 而公中以韓窮○於外. 30-7 何爲去○. 31-5 幸無○逐也. 31-6 爲○葬. 33-5 叢籍○神三日. 40-17 叢困○. 40-18 是○王果處三分之一也. 41-9 子常宣言代○相秦. 44-11 則是○離秦而攻楚也. 48-10 爲期與○約矣. 56-16 魏不與○約. 56-17 必攻○. 56-17 ○與其處而待之見攻. 56-18 ○自行之而不肯. 58-9 則○不利. 64-9 而○救之. 64-20 ○代韓而受魏之兵. 64-20 ○因陰結韓之親. 64-21 ○田忌之人也. 65-7 ○孰與城北徐公美. 66-6 吾妻之美○者. 66-12 私○也. 66-12 妾之美○者. 66-13 畏○也. 66-13 客之美○者. 66-13 欲有求於○也. 66-13 夫不深料秦之不奈○何也. 69-9 將無奈○何. 69-18 是天下以燕賜○也. 71-5 ○留太子. 75-4 然則是○抱空質而行不義於天下也. 75-5 與○下東國. 75-6 而奉○四馬百人之食. 78-11 ○無分寸之功而得此. 78-11 孟嘗君客○. 82-11 子孰而與○赴諸侯乎. 88-23 佚治在○. 93-21 欲與○誅者. 96-1 將欲以取○國乎. 98-6 ○厚賂之臣利. 103-12 ○悉兵臣臨之. 103-12 其心必懼○. 103-13 彼懼吾兵而營○利. 103-13 子無敢食○也. 103-24 天帝使○長百獸. 104-1 今子食○. 104-1 子目○爲不信. 104-2 子隨○後. 104-2 觀百獸之見○而敢不走乎. 104-2 周是列縣畜○也. 112-6 予○東地五百里. 117-8 子不予○. 117-8 ○典主東地. 118-11 子待○爲子見楚王. 120-3 必將救○. 126-3 則豈楚之任也○. 130-20 ○知其然. 133-6 ○謀未遂而知. 133-7 而今諸侯孰謀○. 135-1 先生以鬼之言見○則可. 137-6 汝不如○. 137-10 ○者乃土也. 137-10 使○逢疾風淋雨. 137-10 昨日○談粗而君動. 137-19 乃○請君塞兩耳. 137-20 韓之在○. 139-18 且以繩墨案規矩刻鏤○. 141-7 世有順○者. 149-15 雖毆世以笑○. 149-16 ○其以三萬救是者乎哉. 155-21 今○不順齊伐秦. 157-2 今○順而齊不西. 157-5 絶齊則皆事○. 157-5 且○順齊. 157-6 今○順而齊魏果西. 157-7 ○與三國攻秦. 157-8 ○約三國而告之秦. 157-8 必聽○. 157-10 欲和○. 157-10 是○以王因饒中山而取地也. 157-10 三國不能和○. 157-11 ○分兵而孤樂中山. 157-12 ○已亡中山. 157-12 是○一舉而兩取地於秦中山也. 157-13 秦之攻○也. 159-11 子能必來年秦之不復攻○乎. 159-18 ○以五城收天下以攻罷秦. 160-3 是○失之於天下. 160-4 曰○將因强而乘弱. 160-16 望○而笑. 176-5 此必加兵○. 177-4 樂羊以○之故. 181-21 魏之所以迎○者. 188-6 又安敢釋卒不○予乎. 192-8 需必挫○於王. 193-2 是趙存而○亡也. 198-20 趙安而○危也. 198-20 魏氏之名族不高於○. 198-25 土地之實不厚於○. 198-25 今○講難於秦兵爲招質. 199-1 反而名○者. 203-12 許綰爲○祝曰. 203-18 子能以汾北與○乎. 209-24 子能以汾北與○乎. 209-25 是欺○也. 214-16 ○欲之楚. 215-20 令齊資○於魏. 216-2 人之憎○也. 217-6 人之有德於○也. 217-7 則秦兵及○. 217-20 是使○負襄王詔而廢大府之憲也. 217-25 庸必爲○用乎. 218-19 ○見有禍. 218-19 子以韓重○於趙. 221-9 而○有兩趙也. 221-10 此○將奚聽乎. 221-20 秦之欲伐○久矣. 226-4 縱韓爲不能聽○. 226-7 爲能聽○絶和於秦. 226-9 是○困秦韓之兵. 226-11 夫以實告○者. 226-15 以虛名救○者. 226-16 子爲○謁之. 227-8 子爲○反. 229-19 秦王必取○. 232-21 令○使鄭. 233-20 必周君而深怨○矣. 233-21 王爲○逐幾瑟以窮之. 234-20 子欲安用○乎. 237-1 ○雖不受. 237-16 此爲○故也. 238-13 韓珉與○交. 240-7 而攻○甚所愛. 240-8 ○執珪於魏. 241-7 是○免於一人之下. 241-8 ○將爲爾求火也. 242-1 則○必爲之霸. 242-15 使之無伐○. 242-16 則○立帝而霸. 242-16 猶之厚德○也. 242-17 是其講○. 244-22 趙必救○. 249-10 ○有深怨積怒於齊. 252-23 ○讎國也. 252-24 ○起乎少曲. 260-11 ○起乎宜陽而觸平陽. 260-11 ○離兩周而觸鄭. 260-12 ○舉安邑. 260-14 ○下枳. 260-14 ○有積怨深怒於齊. 267-10 燕王所爲將殺○者. 271-12 人有言○有寶珠也. 271-13 今○已亡之矣. 271-13 而燕王不○信. 271-14 今子且致○. 271-14 ○且言子之奪○珠而吞之. 271-14 無且愛○. 278-4 必以堅○. 279-5 ○堅而齊弊. 279-5 宋人助○攻矣. 280-16 ○死. 283-5 ○萬乘之國也. 285-5 何侔名於○. 285-6 齊之欲割平邑以賂○者. 286-1 徒欲以離○於中山. 286-1

【利】 195

周君形不小○. 12-20 事秦而好小○. 12-20 而○溫囿以爲樂. 12-21 臣嘗聞溫囿之○. 12-22 西周弗○. 13-1 實不足以○國. 13-8 楚宋不○秦之德三國也. 13-22 彼且攻王之聚以○秦. 13-23 西有巴蜀漢中之○. 15-15 夫徒處而致○. 16-9 地形○害. 18-24 地足○. 19-11 以視○害. 21-6 地形○害. 21-9 得其地不足以爲○. 22-3 爭○者於市. 22-3 ○盡西海. 22-11 而未必○也. 22-13 漢中南邊爲楚. 23-3 而私商於之地以爲○也, 26-13 則此一計而三○俱至. 26-13 有救齊之○. 28-2 是非秦之○也. 31-9 不○於秦. 32-17 孰○. 33-1 此燕之長○. 34-19 ○有千里者二. 35-25 則行而益○其道. 36-11 ○則行之. 36-21 功成名立○附. 39-7 能專○害之謂王. 39-24 則○歸於陶. 40-4 ○盡歸於陶. 41-7 竟內之○. 41-7 ○施三川. 46-15 大○也. 48-24 汾水○以灌安邑. 49-19 絳水○以灌平陽. 49-19 智氏見伐趙之○. 52-16 設○於前. 52-18 齊魏得地葆○. 53-17 帶以河曲之○. 53-23 敗秦而○魏. 56-13 耕田之○幾倍. 56-22 王獨○魯宋之小. 62-14 則我不○. 64-9 其於齊何○哉. 64-10 臣之求○且不○者. 64-12 ○可得. 64-22 皆爲一時說而不顧萬世之○. 69-16 未嘗聞社稷之長○. 70-4 則是圍塞天下士而不○說途也. 76-25 則非齊之○也. 81-19 因而賈○之. 83-7 孰與伐宋之○也. 89-15 伐趙不如伐宋之○. 89-18 堅箭○金. 90-7 不得弦機之○. 90-7 而劍非不○也. 90-8 常以謀人爲○也. 91-5 則○必附矣. 91-8 形同憂而兵趨○也. 91-25 何則形同憂而兵趨○也. 92-3 約於同形則○長. 92-3 則非國之○也. 93-4 曠日遠而爲○長者. 93-14 ○制海內不爲厚. 93-19 智者不倍時而弃○. 96-7 不若得濟北之○. 96-14 非楚之○也. 102-11 未必○也. 103-5 好○而惡難. 103-11 好○. 103-11 我厚賂之臣○. 103-12 彼懼吾兵而營我○. 103-13 邊邑甚○之. 107-11 非楚國之○也. 108-11 楚國之大○也. 108-18 言其○而不言其害. 110-14 而以○三國也. 115-23 此非布衣之○也. 116-16 則失○矣. 117-3 必且務不○太子. 118-21 楚得其○. 121-19 今夫橫人嚂口○機. 123-7 公舉而私取○. 123-8 不棄美○於前. 131-12 好○而鷙復. 131-23 旦暮當拔之而饗其○. 133-16 趙○曰. 136-13 彼將知矣○之也. 136-15 秦戰不○. 139-18 臣聞聖人甚禍無故之○. 140-8 而趙受其○. 140-11 此大○也. 140-19 有○於三晉. 143-11 非國之長○也. 146-22 非國之長○也. 148-19 計胡狄之○乎. 149-1 而○民爲本. 149-21 事○國者行無邪. 149-24 所以○其民而厚其國也. 150-10 是故聖人苟可以○其民. 150-13 是以聖人○身之謂服. 152-13 重○不足以變其心. 153-5 故○不百者不變俗. 154-5 臣恐其攻獲之○. 154-6 古今異○. 154-7 不知器械之○. 154-8 此○於趙而便於周最也. 157-19 强受其○. 157-25 而王辭○也. 158-1 吾國尙○. 160-4 願王之熟慮無齊之○害也. 169-16 非以爲齊得○秦之毀也. 171-2 皆非趙之○也. 172-5 皆不○趙矣. 172-7 而求○於三晉. 172-8 不○於趙. 172-9 不○於趙. 172-12 不○於趙. 172-16 非趙之○也. 172-22 大○也. 173-24 決○害之備. 183-10 夫秦非不○有齊而得宋埊也. 186-22 則非魏之○也. 186-25 犀首弗○. 189-12 吾舉事而不○於魏. 193-2 ○於魏與不○於魏. 193-4 臣以爲身○而便於事. 193-4 使秦皆無百怨百○. 195-11 冀其○. 199-4 則是大王垂拱之割埊以爲○重. 199-5 ○不過鄴. 201-7 無以○事王者矣. 202-2 此國之○也. 206-3 王且何○. 206-9 ○行數千里而助人乎. 206-9 ○出燕南門而望見軍乎. 206-9 王何○. 206-10 貪戾好○而無信. 206-17 苟有○焉. 206-17 王以爲○乎. 207-1 必就易與○. 207-2 就易與○. 207-3 夫存韓安魏而○天下. 208-10 ○也. 209-15 國之大○也. 209-17 或化於○. 211-22 魏王弗○. 215-3 地○也. 221-5 帶○劍. 222-6 夫不顧社稷之長○. 223-6 此○於秦. 227-24 於秦孰○. 228-10 以其少有○焉. 231-8 獨不可使妾少有○焉. 231-9 孰與伐人之○. 231-19 ○害之相似者. 239-4 其○害之相似. 239-4 ○於身. 239-18 是其於身大○也. 240-5 夫先與强國之○. 242-14 而小國○之. 246-16 北有棗栗之○. 248-6 非趙之○也. 248-23 王○其十城. 249-18 ○得十城. 250-10 非所以○燕也. 252-17 秦非不○有齊而得宋埊也. 255-7 非魏之○也. 255-9 燕趙非○之也. 257-5 弗○而勢爲之者. 257-5 燕趙之所同○也. 257-11 夫實得所○. 257-12 正○也. 257-18 務正○. 257-18 苟○於楚. 261-4 以幸爲○者. 268-10 實則○. 269-23 不可說以○. 271-16 輕絶厚○者. 273-2 窺以重○. 275-13 於是太子預求天下之○匕首. 276-15 荆之○也. 279-6 宋必不○也. 280-14 彼○太子之戰攻. 281-7 非齊之○也. 284-13 難信以爲○. 284-23 陵戰失○. 289-1 皆計○形勢. 289-20 未覩其○. 290-2 秦數不○. 290-5

【私】 47

臣竊爲大王○憂之. 1-21 公平無○. 15-5 賞不○親近. 15-5 而○商於之地以爲利也, 26-13 於是出○金以益公賞. 30-9 何暇乃○魏醜夫乎. 33-9 盡公不還○. 44-22 使○不害公. 44-24 ○家之富過於三子. 45-19 塞○門之請. 46-7 弗得○也. 51-12 ○我也. 66-12 臣之妻○臣. 66-15 莫不○王. 66-16 ○得寶於外者. 80-19 士聞戰則輸○財而富軍市. 92-7 官之所○出也. 92-15 與○焉. 101-1 而令○行. 107-24 公舉而○取利. 123-8 則大臣主斷國○以禁誅於己也. 126-23 ○心固竊疑焉. 148-19 循法無○. 151-18 以○誣國. 151-20 不立○以爲名. 153-19 子用○道者家必亂. 153-20 臣用○義者國必危. 153-20 行○莫大焉. 153-22 試言公之○. 158-24 成其○者也. 169-6 則欲用王之兵成其○者也. 169-15 則令秦攻魏以成其○封. 170-2 而皆○甘之也. 170-20 而不敢相○也. 170-22 破公家而成○門. 184-23 是羣臣之○而王不知也. 204-18 不以挾○爲政. 213-11 夫攻楚而○其地. 223-13 是絶上交而固○府也. 224-10 公仲躬率其○徒以鬬於秦. 227-7 其妻○人. 251-1 其○之者憂之. 251-2 將廢○而立公飭君臣之義. 254-13 不以祿○其親. 267-4 丹之○計. 275-12 丹不忍以己之○. 276-3 乃遂○見樊於期曰. 276-4

【每】 4

是上黨○患而贏四十金. 12-23 應侯○言韓事者. 43-13 夏侯章○言未嘗不毁孟嘗君也. 78-8 吾○念. 276-6

【侫】 7

寡人不○. 27-16 趙奢鮑○將. 147-15 不○寢疾. 150-2 臣不○. 266-24 臣不○. 267-22 臣雖不○. 268-12 寡人不○. 272-2

【兵】 541

欲興○臨周而求九鼎. 1-6 而秦○罷. 1-8 公進○. 2-9 景翠果進○. 2-12 案○而勿出. 2-16 今東周之○不急西周. 2-21 君弗如急北○趨趙以秦魏. 5-15 故急○以示秦. 5-22 而以○之急則伐齊. 6-13 而藉○乞食於西周. 9-4 又無藉○乞食. 9-9 所以進○者. 9-11 而使不藉○乞食於西周. 9-16 進○而攻周. 9-18 因隨入以○. 10-5 故使長○在前. 10-8 韓氏罷於○. 10-15 必勸楚王益○守雍氏. 10-18 是攻用○. 11-6 今公又以秦○出塞. 11-13 楚○在山南. 11-16 秦悉塞外之○. 12-18 ○弊於周. 13-9 ○革大强. 15-6 ○法之教. 15-19 ○革不藏. 16-4 ○甲愈起. 16-7 綴甲厲○. 16-9 是故○勝於外. 16-12 非○不可. 16-14 未煩一○. 17-4 然而甲○頓. 19-1 地廣而○强. 19-4 隨荆以○. 19-10 ○至梁郭. 19-16 用一國之○. 19-22 是故○終身暴靈於外. 19-23 秦○之强. 20-15 棄甲○怒. 20-19 外者極吾○力. 20-22 内者吾甲○頓. 20-23 張儀欲假秦○以救魏. 21-17 魏不反秦○. 21-17 魏若反秦○. 21-18 下○三川. 21-23 弊○勞衆不足以成名. 22-2 欲强○者. 22-6 繕○不傷衆. 22-10 卒起○伐蜀. 22-18 魏○罷弊. 23-10 楚智横君之善用○. 23-19 用○與陳軫之智. 23-19 不穀不煩一○. 26-16 則兩國○必至矣. 26-22 遂舉○伐秦. 27-10 楚○大敗於杜陵. 27-10 齊舉○伐楚. 27-13 王起○救之. 28-1 因起○襲秦. 28-17 因悉起○. 29-22 公不論○. 30-6 甘茂欲息○. 30-12 今公用○無功. 30-14 公不如進○攻宜陽. 30-14 乃案○告於秦曰. 32-6 今又案○. 32-10 秦少出○. 32-20 多出○. 32-20 齊舉○而爲之頓劍. 32-22 則秦反受○. 32-23 夫取三晉之腸胃與出○而懼其不反也. 32-25 齊免於天下之○. 34-4 君悉燕○而疾僭之. 34-23 ○必出. 35-14 ○休復起. 36-1 今反閉而不敢窺○於山東者. 38-20 而悉韓魏之○則不義矣. 38-24 舉○而伐之. 39-3 此所謂藉賊○而齎盜食者也. 39-4 舉○而伐之. 39-12 於是舉○而攻邢丘. 39-13 舉○而攻榮陽. 39-17 北斬太行之道則上黨之○不下. 39-18 强徵○. 41-6 將○. 43-11 是以○動而地廣. 46-1 ○休而國富. 46-2 今三國之○且去楚. 48-6 是楚與三國謀出秦○矣. 48-8 ○必有功. 48-10 秦遂不敢出○. 48-13 三國之○深矣. 48-23 之○乃退. 49-7 帥强韓魏之○以伐秦. 49-12 則不用○而得地. 50-14 於是白起又將○來伐. 51-18 王又舉甲○而攻魏. 52-3 楚燕之○云翔不敢校. 52-5 以臨仁平○. 52-7 材○甲之强. 52-13 則惡出○. 53-7 ○出之日而王憂其不反也. 53-8 是王以○資於仇讎之韓魏. 53-8 魏氏將出○而攻留方與銍胡陵碭蕭相. 53-13 ○革之强. 53-19 舉○伐魏. 54-15 王○勝而不驕. 55-3 制趙韓之○. 55-12 而韓楚之○不敢進. 55-15 非楚受○. 55-20 四國之○敵. 55-21 則楚孤而受○也. 55-23 則秦孤而受○矣. 55-24 秦受地而郄○. 59-13 地削○弱. 59-18 未嘗爲○首. 59-20 請爲大王悉趙○以遇. 59-21 秦○下趙. 59-23 而安其○. 60-22 止其○. 60-23 乃起○. 64-11 乃起○南攻襄陵. 64-14 夫韓魏之○未弊. 64-19 我代韓而受魏之○. 64-20 齊因起○擊魏. 64-23 將軍無解○而入齊. 65-12 候者復言章子以齊○降秦. 67-1 言齊○大勝. 67-5 全○而還. 67-8 其餘○足以待天下. 67-19 不如急以○合於三晉. 68-13 果以○合於三晉. 68-14 五家之○. 68-18 ○出而相當. 69-1 則○半折. 69-3 ○强士勇. 69-18 楚趙果遽起○而救韓. 71-7 齊因起○攻燕. 71-7 必舉○而伐之. 71-14 齊必舉○而伐之. 71-15 齊梁之○連於城下. 71-16 出○函谷而無伐. 71-16 齊果舉○伐之. 71-19 請令罷齊○. 71-20 必舉○伐之. 71-22 必舉○伐之. 71-24 齊必舉○伐梁. 72-1 梁齊之○連於城下不能去. 72-1 出○函谷而無伐. 72-2 移○而攻齊. 72-15 不弱○. 72-24 出○助燕擊齊. 73-8 然則是君自爲燕東○. 73-10 不如按○勿出. 73-11 ○罷弊. 73-11 則將退○. 73-16 不如聽之以却秦○. 73-18 不聽則秦○不却. 73-18 却秦○. 73-22 威却强秦○. 73-22 疾興○救之. 78-3 衞君甚欲約天下之○以攻齊. 79-5 今君約天下之○以攻齊. 79-8 以頓其○. 81-8 卒魏○以救邯鄲之圍. 81-12 故專○一志以逆秦. 81-20 富而○强. 83-16 臣聞用○而喜先天下者憂. 90-3 ○弱而好敵强. 90-19 ○弱而憎下人也. 90-19 而料○之能. 90-22 則○不費. 90-23 且天下徧用○矣. 91-2 而宋越專用其○. 91-3 夫後起之藉與多而○勁. 91-7 ○必立也. 91-8 用○窮者亡. 91-13 有而案○而後起. 91-21 微用○而寄於義. 91-22 形同憂而○趨利也. 91-25 而用○又非約質而謀燕也. 92-2 何則形同憂而○趨利也. 92-3 甲○之具. 92-14 士斷於○. 92-19 此用○之盛也. 92-21 ○先戰攻. 92-22 此用○之上節也. 92-25 今世之所謂善用○者. 93-3 其士多死而○益弱. 93-4 素用强○而弱之. 93-10 則五○不動而諸侯從. 93-11 甲○不出於軍而敵國勝. 93-12 ○後起則諸侯可趨役也. 93-14 銳○來則拒之. 93-21 跳行按○於國. 94-11 以故燕舉○. 95-6 破燕○. 95-17 今秦人下○. 96-15 距全齊之○. 96-22 是孫臏吳起之○也. 96-23 不如罷○休士. 96-25 因罷○到讀而去. 97-23 破燕○. 98-1 以故建立四十有餘年不受○. 101-5 我悉○目臨之. 103-12 彼懼吾○而營我利. 103-13 王苟無目五國用○. 103-16 其實畏王之甲○也. 104-5 且魏令○以深割趙. 104-16 故王不如少出○. 104-18 楚因使景舍起○救趙. 104-21 楚進○大梁. 105-9 練士厲○. 109-7 ○敵四國. 110-1 雖無出○甲. 110-3 秦下甲○. 110-8 國貧而驟舉○. 110-12 ○不如者. 110-12 秦○之攻楚也. 110-20 秦下○攻衞陽晉. 111-9 大王悉起○以攻宋. 111-10 天下莫敢目○南鄉. 113-4 必分公之○以益之. 115-16 秦知公○之分也. 115-17 秦○且出漢中. 115-18 則公之○全矣. 115-18 秦進○而攻. 115-23 不如益昭雎之○. 115-23 秦構○而戰. 116-24 三十餘萬弊甲鈍○. 118-12 齊王大興○. 118-14 折○之半. 121-20 因與韓魏之○. 125-25 吾與子出○矣. 126-4 不爲○將. 129-18 故君不如北○以德趙. 130-12 若越趙魏而鬭○於燕. 130-19 知伯從韓魏○以攻趙. 131-3 夫從韓魏之○而攻趙. 131-6 必加○於韓矣. 131-23 必鄉之以○. 132-1 然則其錯○於魏必矣. 132-5 其移○寡人必矣. 132-11 三國之○乘晉陽城. 132-23 ○着晉陽三年矣. 133-15 使○環之. 136-5 是用○者. 136-15 故出○以佯示趙魏. 138-9 五國之○有日矣. 139-1 王出○韓. 139-19 乃起○. 139-20 今王令韓興○以上黨入和於秦. 139-24 今不用○而得城七十. 140-15 用○踰年. 140-18 今發○已取之矣. 141-1 趙起○取上黨. 141-2 令公孫起王齮以○遇趙於長平. 141-2 則且出○助秦攻魏. 141-19 魏殺呂遼而衞○. 141-24 ○弱也. 142-16 趙王因起○南戍韓梁之西邊. 143-13 則○必戰於邯鄲之下矣. 144-23 然而秦不敢舉○甲而伐趙者. 145-3 故尊主廣地强○之計. 145-22 秦必不敢出○於函谷關以害山東矣. 146-7 用○之道也. 146-20 今用○終身不休. 146-20 寡人案○息民. 147-1 將武而○强. 147-6 爲齊○困於殽塞之上. 147-7 夫齊○之所以破. 147-8 精○非有富韓勁魏之庫也. 147-10 秦人下○攻懷. 147-15 是以三國之○困. 147-18 以○横行於中十四年. 147-19 終身不敢設○以攻秦折韓也. 147-19 於是秦王解○不出於境. 147-21 秦○不敢出函谷關十五年矣. 147-24 繕甲厲○. 148-1 今宣君有微甲鈍○. 148-4 臣請案○無攻. 148-16 權甲○之用. 148-23 先時中山負齊之强○. 150-24 ○有常經. 154-2 且習其○者輕其敵. 154-4 今王破卒散○. 154-5 制○. 154-8 而不制於○. 154-8 知○甲之用. 154-9 故○不當於用. 154-9 何○之不可易. 154-9 今重甲循○. 154-11 吾非不說將軍之○法也. 155-3 帝王之○. 155-6 君非徒不達於○也. 155-8 今以三萬之衆而應强國之○. 155-10 而以集○三萬. 155-17 能具數十萬之○. 155-18 齊之○不西. 157-4 ○必歸於趙矣. 157-5 雖少出○可也. 157-11 我分○而孤樂中山. 157-12 而以餘○與三國攻秦. 157-13 出○攻燕. 158-4 因以其餘○. 158-6 而强秦以休○承趙之敝. 158-10 引○而歸. 158-21 ○必罷. 160-3 秦○不敝而多得地. 160-9 今趙○困於秦. 160-16 夫趙○困於秦. 160-20 信陵君發○至邯鄲城下. 161-4 秦○罷. 161-4 罷○去. 162-10 親嘗教以○. 165-10 寡人不好○. 165-10 ○固天下之狙喜也. 165-11 臣亦嘗以○說魏昭王. 165-12 王若無○. 165-18 此召○也. 167-21 齊舉○擊燕. 168-1 而以○襲趙. 168-1 故發○自備. 168-1 欲用王之○. 169-5 則欲用王之○成其私者也. 169-15 留天下之○於成皋. 169-20 用○於二千里之外. 170-8 而無庸致○. 171-11 ○始用. 172-18 ○分於齊. 172-21 而○東分於齊. 172-23 秦桉○攻魏. 172-23 天下之○未聚. 174-19 今得强趙之○. 175-1 乃引其○而歸. 175-3 夫盡兩國之○. 175-3 此必加○我. 177-4 ○乃出. 178-20 齊○乃出. 179-21 以相親之○. 181-6 韓索○於魏曰. 181-14 趙又索○以攻韓. 181-15 二國不得○. 181-16 故○未用而國已虧矣. 184-21 以安社稷尊主强○顯名也. 185-15 秦下○攻河外. 185-19 魏之○南面而伐. 186-2 惠施欲以魏合於齊楚以案○. 188-15 今公相而魏受○. 188-24 是齊楚之○折. 189-2 犀首田盼欲得齊魏之○以伐趙. 192-3 夫輕用其○者. 192-4 夫難搆而○結. 192-8 犀首田盼遂得齊魏之○. 192-9 ○未出境. 192-10 悉起○從之. 192-10 ○罷敝. 193-15 而西戎之○不至. 195-16 而臣以致燕甲而起齊○矣. 195-17 ○請伐魏. 195-25 不習於○. 196-15 而孫子善用○. 196-15 吾常欲悉起○而攻之. 196-20 好用○而甚務名. 197-7 今我講難於秦○爲招質. 199-1 今不用○而得鄴. 201-7 因請以下○東擊齊. 201-19 而秦○不下. 201-21 而秦○不下. 201-21 有意欲以下大王之○東擊齊也. 202-1 而秦○不可下. 202-1 未澹下○也. 202-3 今以○從. 202-3 秦○下. 202-4 芒卯幷將秦魏之○. 202-4 燕趙之所以國全○勁. 202-9 地未畢入而○復出矣. 202-12 秦挾楚趙之○以復攻. 202-15 此非○力之精. 202-20 臣聞魏氏悉其百縣勝○. 202-22 夫輕信楚趙之○. 202-24 秦○必罷. 203-1 願之及楚趙之○未任於大梁也. 203-2 何必以○哉. 203-5 夫○不用. 203-5 秦○已令. 203-6 百姓無被○之患. 205-13 文願借○以救魏. 205-19 夫敢借○者. 205-20 夫趙之○. 205-21 非能彊於魏之○. 205-21 魏之○. 205-21 爲起○十萬. 205-25 魏王悉韓魏之○. 206-8 又西借秦○. 206-8 乃爲之起○八萬. 206-11 君得燕趙之○甚衆且亟矣. 206-13 因歸燕趙之○. 206

-14 外安能支强秦魏之○. 206-24 而以與趙○決勝於邯鄲之郊. 207-5 以與楚○決於陳郊. 207-9 ○出之日. 207-10 今韓受○三年矣. 208-2 非盡亡天下之○. 208-5 魏之受○. 209-6 楚還○. 209-10 欲講攻於齊王○之辭也. 209-20 其○弱. 211-9 ○可强. 211-10 ○必大挫. 211-12 魏王發○救之. 213-5 未卒而移○於梁. 213-15 ○不傷. 214-21 ○之精銳. 215-23 大國欲急○. 216-13 令○先臣出可乎. 216-18 今齊楚之○已在魏郊矣. 216-22 遽發○. 217-1 乃引○而去. 217-1 則秦○及我. 217-20 挾强韓之○. 222-14 戎○之衆. 222-25 諸侯不料○之弱. 223-4 馳矣而○不止. 224-8 ○罷而留於成皋. 224-12 以償○費. 224-13 必攻市丘以償○費. 224-18 收韓趙之○以臨魏. 225-15 秦韓并○南鄉. 226-5 ○雖至. 226-9 是我困秦韓之○. 226-11 韓氏之○非削弱也. 226-22 ○爲秦禽. 226-22 勸齊○以勸止魏. 228-5 今王聽公孫郝以韓秦之○應齊而攻魏. 228-12 以韓秦之○據魏而攻齊. 228-14 久離○史. 228-17 以韓秦之○據魏以郄齊. 228-19 若夫越趙魏而關○於燕. 229-13 今秦欲踰○於澠隘之塞. 229-24 ○不衆. 231-9 出○於三川以待公. 231-24 故不如出○以劲魏. 232-2 起○臨羊腸. 232-17 發○臨方城. 232-18 請毋用○. 232-25 必以○臨魏. 233-1 請爲子起○以之魏. 233-2 令楚○十餘萬在方城之外. 236-2 韓必起○以禁之. 236-3 公因以楚韓之○奉幾瑟而内之鄭. 236-4 ○衛設. 237-22 持○戟而衛者甚衆. 238-3 秦必起○以誅不服. 239-23 而○不决. 239-24 王不折一○. 240-10 夫弱魏之○. 241-9 然而春秋用○者. 241-17 則可以辟其○. 242-15 進齊宋之○至首垣. 244-10 臣請令發○救韓. 245-17 秦出○於三川. 246-22 秦舉○破邯鄲. 246-23 夫燕之所以不犯寇被○者. 248-9 遂出○救燕. 249-11 以招天下之精○. 249-19 趙興○而攻燕. 251-20 而又以其餘○南面而舉五千乘之劲宋. 253-6 久師則○弊. 253-8 王因令章子將五都之○. 254-19 齊○敗. 256-9 燕○獨追北入至臨淄. 256-10 而摻其○之强弱. 258-12 不摻其○之强弱. 258-13 寡人地絶○遠. 260-20 ○困於林中. 261-6 ○傷於離石. 261-8 用○如刺蜚繡. 261-13 王何不出○以攻齊. 263-20 燕○在晋而不進. 263-21 則是○弱而計疑也. 263-22 燕○在晋. 263-24 今寡人發○應之. 263-24 臣之於○. 263-25 是敗王之○. 264-1 蘇子收其餘○. 264-3 此非○之過. 264-8 蘇子先敗王之○. 264-9 燕因使樂毅大起○伐齊. 264-11 齊數出○. 264-21 至於虚北坐行其○. 264-23 而强秦將以○承王之西. 266-8 昌國君樂毅爲燕昭王合五國之○而攻齊. 266-13 閑於○甲. 267-12 起○隨而攻齊. 267-16 輕卒銳○. 267-17 秦之○至. 268-25 不如以○南合三晋. 269-9 燕果以○南合三晋也. 269-11 用韓魏之○. 269-13 頓齊○. 269-15 用韓魏之○. 269-18 遂與○伐宋. 269-23 率天下之○以伐齊. 269-25 乃罷○. 271-7 乃引○而去. 271-9 齊○已去. 271-9 其民皆習於○. 271-21 起○而救燕. 273-19 ○以臨易水. 273-21 又舉○南伐楚. 275-9 數困於○. 275-11 彼大將擅○於外. 275-15 進○北略地. 275-23 秦○旦暮渡易水. 275-23 不敢興○以拒大王. 277-5 不得持尺○. 277-19 諸郎中執○. 277-19 不及召下○. 277-20 益發○詣趙. 278-5 皆率其精○東保於遼東. 278-6 秦復進○攻之. 278-7 將移○而造大國之城下. 280-1 夫梁○劲而權重. 280-9 宋人因遂舉○入趙境. 280-16 故○退難解. 280-17 智伯果起○而襲衛. 281-22 秦○誠去. 282-13 臣聞秦出○. 282-17 是欲用其○也. 285-2 出○以攻中山. 285-7 出○以攻中山. 285-9 出○以攻中山者. 285-14 出○以攻中山. 285-16 地不虧而○不用. 285-17 昭王既息民繕○. 288-14 興○甚衆. 289-4 故起所以得引○深入. 289-13 是以臣得設疑○. 289-18 繕治○甲以益其强. 289-22 ○出無功. 290-1

【何】 504

不識大國○塗之從而致之齊. 1-11 寡人終○塗之從而致之齊. 1-15 ○塗之從而出. 1-20 子以爲○如. 2-2 且奈○. 2-7 君○不令人謂韓公叔曰. 3-15 公○不與周地. 3-16 子○不以秦攻齊. 3-25 而自謂非客○也. 4-18 是○計之道也. 5-7 公○不令人謂韓魏之王曰. 6-7 ○不合周最兼相. 6-8 ○不封公子咎. 7-10 ○也. 8-5 ○患焉. 10-12 公○不以高都與周. 10-19 ○爲與高都. 10-21 ○不與也. 10-22 子○不代我射之也. 11-9 君○不買信貨哉. 12-7 王○不出於河南. 12-11 然則奈○. 12-19 王○不以地齎周最以爲太子也. 13-17 ○欲置. 13-19 ○不謂周君曰. 14-1 ○前倨而後卑也. 17-14 王○惡向之攻宋乎. 18-3 ○以知其然也. 20-25 ○國可降. 21-6 王○以市楚也. 23-6 王○不聽乎. 23-25 楚亦○以軫爲忠乎. 24-5 ○適乎. 24-6 子欲○之. 24-11 居無幾○. 24-15 汝○爲取長者. 24-17 寡人遂無奈○也. 24-23 楚○以軫爲. 25-2 而○之乎. 25-3 奈○. 26-4 ○也. 26-18 ○也. 26-19 秦又○重孤國. 26-20 居無幾○. 28-14 無奈秦○矣. 29-25 爲之奈○. 30-22 ○愛餘明之照四壁者. 31-4 ○妨於處女. 31-4 ○爲去我. 31-5 然則奈○. 31-10 天下○從圖秦. 31-11 今王○以禮之. 31-15 是○也. 32-15 ○晋楚之智而齊秦之愚. 32-24 ○爲空以生所愛. 33-7 ○暇乃私魏醜夫乎. 33-9 ○不使人謂燕相國曰. 34-15 是○故也. 36-20 先生○以幸教寡人. 37-9 臣○患乎. 37-25 臣○憂乎. 38-4 臣又○恥乎. 38-6 先生是○言也. 38-12 先生奈○而言若此. 38-15 請問親魏奈○. 39-11 爲之奈○. 39-16 然則令○得從王出. 41-8 權○得毋分. 41-9 ○則. 42-5 則秦所得不一幾○. 42-20 ○也. 42-25 ○也. 43-2 臣○爲憂. 43-5 ○謂也. 43-9 君○不賜軍吏乎. 43-16 ○君見之晚也. 44-13 ○爲不可. 44-21 ○爲不可哉. 45-4 ○也. 45-8 未知○如也. 45-16 君○不以此時歸相印. 46-19 此則君○居焉. 46-21 ○不取爲妻. 48-16 王○不召公子池而問焉. 49-1 ○也. 49-3 猶無奈寡人○也. 49-12 其無奈寡人○. 49-13 王○不謂楚王曰. 50-1 王○不與寡人遇. 50-2 齊魏有○重於孤國也. 50-19 ○以知其然也. 52-16 此○也. 53-1 曰趙强○若. 54-10 ○以知其然. 55-9 ○以知其然也. 55-20 公○不以秦楚之重. 56-9 ○聞. 56-15 君侯○不快甚也. 58-6 趙事○如. 59-24 趙○時亡. 59-25 爲之奈○. 60-21 有○面目復見寡人. 61-7 不惡齊大○也. 62-14 無幾○. 63-12 吾獨謂先王○乎. 63-22 ○哉. 64-10 其於齊○利哉. 64-10 公○不爲王謀伐魏. 65-3 奈○. 65-12 以幾○人. 66-3 徐公○能及公也. 66-6 徐公○能及君也. 66-8 王○不發將而擊之. 67-3 ○以知之. 67-6 ○弔. 67-15 ○故也. 67-16 然則子○以弔寡人. 67-17 ○秦之智而山東之愚耶. 68-3 夫不深料秦之不奈我○也. 69-9 將無奈我○. 69-18 是○故也. 69-21 是○故也. 69-24 奈○. 71-13 ○以託儀也. 71-22 其官爵○也. 72-16 異貴於此者○也. 72-17 君○不留楚太子. 75-3 爲之奈○. 75-15 奈○. 75-21 太子○不倍楚之割地而資齊. 76-1 則子漂漂者將○如耳. 77-17 ○見於荆. 77-25 ○謂也. 78-1 ○哉. 80-6 將○以待君. 80-9 今○舉足之高. 80-12 ○謂也. 80-14 不能以重於天下者○也. 81-23 客○好. 82-4 客○能. 82-5 以○市而反. 82-22 來○疾也. 83-3 以○市而反. 83-3 市義奈○. 83-6 大小幾○. 84-8 士○必待古哉. 85-3 ○則. 86-4 ○不吉之有哉. 86-17 於王○如. 87-9 寡人○好. 87-19 ○患無士. 87-22 ○謂也. 87-23 不使左右便辟而使工者○也. 87-24 ○以有民. 88-6 ○以有君. 88-6 ○以至今不業也. 88-9 ○以至今不業也. 88-11 ○以王齊國. 88-13 ○爲至今不殺乎. 88-15 子○聞之. 88-18 ○謂也. 88-19 士○其易得而難用也. 88-25 子以爲○如. 89-6 ○則. 90-8 ○以知其然也. 90-9 ○也. 90-18 ○也. 91-1 ○也. 91-4 ○以知其然也. 91-14 ○也. 91-15 ○則. 91-20 ○則. 91-24 ○以知其然也. 91-25 ○也. 92-2 ○則形同憂而兵趨利也. 92-3 ○以知其然也. 92-20 ○謂也. 92-22 ○也. 93-1 ○也. 93-8 ○以知其然. 93-20 ○以知其然矣. 93-23 王○不使臣見魏王. 94-3 ○得無誅乎. 95-14 女尚○歸. 95-23 女以爲○若. 98-8 單○以得罪於先生. 98-20 ○不使使者謝於楚王. 99-2 ○也. 100-5 歸於○黨矣. 100-11 王○以去社稷而入秦. 101-17 然則奈○. 103-10 果誠○如. 103-22 ○目兩弊也. 104-16 大夫○患. 105-5 於王○如. 105-14 於王○如. 105-15 ○也. 105-17 ○以也. 105-22 然則奈○. 106-2 又○如得此樂而樂之. 106-13 ○也. 106-19 公○爲以故與奚恤. 107-1 非故如○也. 107-3 故楚王○不目新城爲主郡也. 107-10 又○新城陽人之敢求. 107-19 ○也. 108-7 兩者大王○居焉. 109-17 ○以也. 112-6 今君○不見臣於王. 112-12 君王將○問者也. 112-19 將○謂也. 112-23 ○也. 116-7 爲之奈○. 116-13 子○不急言王. 116-13 爲之奈○. 117-13 爲之奈○. 117-16 爲之奈○. 117-19 爲之奈○. 117-23 ○謂也. 118-5 今常守之○如. 118-13 王○逐張子. 119-21 於王○傷. 119-22 於王○益. 119-23 ○也. 120-7 寡人之獨○爲不好色也. 120-10 ○也. 120-17 子○以救之. 121-21 今君○不爲天下梟. 122-20 ○也. 123-18 公○以不請立后也. 123-22 爲之奈○. 124-8 ○如. 126-15 君○辭之. 126-19 先生○以知之. 127-20 臣○足以當堯. 128-3 ○也. 128-12 奈○以保相印江東之封乎. 129-2 ○謂無妄之福. 129-13 ○謂無妄之禍. 129-17 ○謂無妄之人. 129-19 又○至此. 129-22 將道○哉. 130-14 ○如. 130-14 ○也. 130-17 ○也. 130-18 ○以知之. 131-5 是非反如○也. 131-9 君又○以疵言告韓魏之君爲. 131-15 無矣奈○. 132-16 吾銅少若○. 132-19 ○如. 133-1 爲之奈○. 133-7 ○如. 133-11 親之奈○. 133-18 ○哉. 134-13 子○爲然. 134-15 臣下不使者○如. 134-19 爲之奈○. 135-2 其音○類吾夫之甚也. 135-15 子獨○爲報讎之深也. 136-1 ○故爲室之鉅也. 136-23 ○也. 137-19 ○如. 139-19 ○如. 140-8 ○謂無故乎. 140-9 ○故不爲. 140-15 涉孟之讎然者○也. 141-17 是○楚之知. 142-16 ○也. 145-3 ○也. 147-9 ○古之法. 152-6 ○禮之循. 152-6 六者○也. 153-3 ○兵之不可易. 154-9 ○俗之不可變. 154-10 君將以此○之. 155-23 其於子○如. 157-23 ○也. 157-25 ○如. 158-4 與秦城○如. 158-23 不與○如. 158-23 ○謂也. 159-10 雖割○益. 159-25 ○也. 160-15 ○秦之圖. 160-19 而○慰秦心哉. 160-21 ○如. 161-15 事將奈○矣. 162-12 勝也○敢言事. 162-12 勝也○敢言事. 162-14 先生助之奈○. 163-4 秦稱帝之害將奈○. 163-7 子將○以待吾君. 163-23 而將軍又○以得故寵乎. 164-12 ○以教之. 165-8 ○足問. 165-9 其將○以當之. 165-18 ○不令前郎中以爲冠. 166-1 子○夢. 166-9 奈○. 166-19 ○也. 167-1 於是與殺呂遺○以異. 167-1 ○患不得收河間. 167-3 收河間○益也. 167-3 而居無幾○. 167-24 無幾○. 167-25 王之事趙也○得矣. 170-2 今又以○陽姑密封其子. 170-4 足下○愛焉. 171-14 與國○敢望也. 171-15 將

○以天下爲. 172-6 ○暇言陰. 173-3 是○言也. 173-8 ○故寧朝於人. 173-17 則君將○以止之. 174-8 ○故至今不遣. 176-14 王○不遣建信君乎. 176-14 王○不遣紀姬乎. 176-15 ○補於國. 176-17 ○危於國. 176-17 ○也. 176-20 爲之奈○. 177-4 年幾○矣. 179-6 長安君○以自託於趙. 179-19 ○故弗予. 181-3 君○釋以天下圖知氏. 181-8 ○也. 183-14 臣○力之有乎. 183-14 公叔○可無益乎. 183-17 將奈社稷○. 183-22 緆緆奈○. 185-1 將奈之○. 185-2 ○爲飲食而無事. 187-6 ○敢惡事. 187-7 奈○. 187-8 然則奈○. 188-25 公○不以楚佐儀求相之於魏. 189-9 ○不陽與齊而陰結於楚. 190-6 奈○. 190-12 毋謂天下○. 192-16 内之無若羣臣○也. 192-16 臣○足以當之. 195-13 ○不令公子泣王太后. 196-14 ○如. 196-21 ○不稱病. 197-13 ○也. 197-19 奈○. 197-25 奈○. 198-1 君○憂. 198-1 王○不倍秦而與魏王. 199-9 大王且○以報魏. 201-8 ○也. 201-22 夫秦○厭之有哉. 202-13 ○必以兵哉. 203-5 ○求而不得. 203-7 ○爲而不成. 203-7 ○也. 203-12 王○以臣爲. 204-4 病甚奈○. 204-11 ○用智之不若梟也. 205-1 然則先生之爲寡人計之○如. 205-11 於王○益. 205-12 於王○損. 205-13 於王○傷乎. 205-14 奈○. 205-17 ○也. 205-23 且奈○. 206-3 王且○利. 206-9 王○利. 206-10 是○也. 207-3 此○也. 208-4 ○故而弗有也. 209-18 奈○. 209-18 ○故不能有地於河東乎. 210-2 ○如. 212-4 其說○也. 212-13 子○不疾及三國方堅也. 212-14 ○也. 212-23 爲之奈○. 213-10 ○也. 213-12 ○也哉. 213-13 ○謂也. 214-1 ○謂也. 217-6 ○不相告也. 218-9 然則○爲涕出. 218-9 ○謂也. 218-10 ○不相告也. 218-15 ○也. 219-15 ○至於此. 220-2 ○以異於牛後乎. 222-14 奈○. 224-17 ○如. 224-25 公○不與趙藺離石祁. 225-14 公○以異之. 227-14 然則奈○. 227-20 公○不以秦爲韓求潁川於楚. 227-21 奈○. 227-24 奈○. 228-8 公○不因行願以與秦王語. 228-9 ○也. 229-11 ○也. 229-12 ○也. 231-8 奈○. 231-24 然則奈○. 232-9 王○不試以襄子爲質於韓. 232-22 公○不令人說昭子曰. 233-1 無奈○也. 233-21 又○新城陽人敢索. 234-10 尙○足以圖國之全爲. 234-16 公○不令齊王謂楚王. 234-19 公○不爲韓求質子於楚. 235-10 公○不試奉公子咎. 235-18 客○方所循. 236-14 ○貴. 236-15 奈○. 236-17 請問楚人謂此鳥○. 236-17 ○也. 240-8 此其說○也. 240-11 皆不欲韓秦之合者○也. 240-15 ○意寡人如是之權也. 244-6 ○也. 245-4 ○故使公來. 245-14 是○以爲公之王使乎. 245-14 ○也. 245-16 王○不爲之先言. 246-1 王○不召之. 246-6 ○也. 247-7 ○吾合燕於齊. 249-1 此一○慶弔相隨之速也. 249-15 然則奈○. 249-20 ○肯步行數千里. 250-16 ○肯楊燕秦之威於齊而取大功乎哉. 250-18 又○罪之有也. 250-25 不聽燕使○也. 252-5 王○爲不見. 252-8 ○如者也. 252-14 ○足以爲固. 253-11 ○足以爲塞. 253-12 齊宣王○如. 253-23 ○也. 253-24 ○也. 255-2 敢問以國報讎者奈○. 255-16 然而王○不使布衣之人. 257-4 ○也. 257-5 今王○不使可以信者接收燕趙. 257-6 則王○不務使知士以若此言說秦. 257-17 ○故也. 258-2 ○爲煩大王之廷耶. 258-9 子○以知之. 258-16 ○如. 258-20 則○不與愛子與諸舅. 258-20 ○也. 258-21 ○如人哉. 258-22 則且奈○乎. 259-1 ○也. 260-4 則後不可奈○也. 262-14 王○疑焉. 262-20 王○不出兵以攻齊. 263-20 王○不令蘇子將而應燕乎. 263-22 ○足以當之. 263-25 ○臞也. 265-8 ○也. 265-12 而亦○以報先王之所以遇將軍之意乎. 266-23 將奈○合弱而不能如一. 268-18 王○不陰出使. 269-15 王○爲弗爲. 269-23 ○如. 271-20 子○賀. 273-15 奈○以見陵之怨. 273-24 然則○由. 273-25 將奈○. 276-5 ○如. 276-7 爲之奈○. 276-8 無可奈○. 276-13 有憂色○也. 279-4 宋○罪之有. 279-12 敢問攻宋○義也. 279-12 此爲○若人也. 279-16 則吾○以告子而可乎. 280-14 而子有憂色○. 281-19 奈○. 282-9 ○也. 282-20 將○以用之. 283-11 公○不請公子傾以爲正妻. 284-4 奈○. 284-15 ○以知之. 285-1 ○侔名於我. 285-6 公○患於齊. 285-8 奈○吾弗患也. 285-11 子之道奈○. 285-17 然則子之道奈○. 285-18 孤○得無廢. 285-23 ○在其所存之矣. 285-24 於君○如. 286-9 ○也. 286-10 ○不見臣乎. 286-24 事○可豫道者. 286-25 ○如. 287-10 爲將奈○. 287-17 ○以. 287-22 其說○也. 288-16 ○神之有哉. 289-20 今果○如. 290-6 ○必以趙爲先乎. 290-11

【佐】 19

因○秦而伐韓魏. 4-24 高陵涇陽○之. 40-8 ○欲定其弟. 48-19 臣請爲王因岷與○也. 48-19 齊魏亦○秦伐邯鄲. 81-11 是以堯有九○. 86-12 楚王使將軍將萬人而○齊. 99-2 以散棊○之也. 122-18 韓出銳師以○秦. 139-18 齊魏各出銳師以○之. 145-25 齊出銳師以○之. 146-2 燕出銳師以○之. 146-3 韓魏出銳師以○之. 146-4 燕出銳師以○之. 146-5 公何不以楚○儀求相之於魏. 189-9 内得樓廩翟强以爲○. 210-2 今○韓. 231-8 請亦○君. 285-20 今齊之辭云即○王. 285-21

【但】 1

此非○攻梁也. 202-13

【伸】 1

不○威. 52-3

【佚】 3

在勞天下而自○. 93-19 ○治在我. 93-21 士卒樂○輕戰. 256-8

【作】 17

今力田疾○. 56-23 王忿然○色曰. 85-18 宣王忿然○色. 87-12 王怫然○色曰. 118-5 顏色變○. 125-12 今寡人○教易服. 149-20 知者○教. 151-15 使民不得耕○. 155-4 君忿然○色曰. 166-10 帝女令儀狄○酒而美. 200-3 韓王忿然○色. 222-16 民雖不由田○. 248-6 乃令工人○爲金斗. 251-13 臣聞善○者. 268-4 中山王○色不悅. 287-15 ○羹致於樂羊. 288-10 耕田疾○. 288-20

【伯】 129

昔智○欲伐厹由. 10-4 齊桓任戰而○天下. 16-3 雖古五帝三王五○. 16-10 ○王之名不成. 19-2 然則是一舉而○王之名可成也. 19-12 此固已無○王之道一矣. 19-15 然則是一舉而○王之名可成也. 19-19 此固已無○王之道二矣. 19-21 ○王之名不成. 19-24 此固已無○王之道三矣. 19-24 ○王之名可成也. 20-14 ○王之業. 20-16 秦當不○. 20-17 智○帥三國之衆. 21-4 反智○之約. 21-6 以攻智○之國. 21-7 以成○王之名. 21-11 ○王之名不成. 21-13 五○之事也. 34-12 五○之賢而死. 37-23 必有○主强國. 44-25 必有○夷之廉. 46-20 智○出行水. 49-18 智○曰. 49-18 不能過智○. 49-21 五○不足六也. 52-12 殺智○瑤於鑿臺之上. 52-21 ○主約而不忿. 55-4 驕忿非○主之業也. 55-6 昔智○瑤殘范中行. 55-9 五○不足六. 55-16 桓公用之而○. 61-15 古之五帝三王五○之伐也. 68-4 立爲大○. 87-15 行此六者而求○. 90-20 ○王不爲而立矣. 91-9 立義者○. 91-13 誠欲以○王也爲志. 92-5 昔智○瑤攻范中行氏. 92-20 然而智○卒身死國亡. 92-22 爲五○首. 97-12 ○樂遭之. 128-11 彼見○樂之知己也. 128-12 知○從韓魏兵以攻趙. 131-3 郄疵謂知○曰. 131-4 知○曰. 131-5 知○以告韓魏之君曰. 131-10 郄疵謂知○曰. 131-14 知○曰. 131-15 知○遣之. 131-18 知○帥趙韓魏而伐范中行氏. 131-21 夫知○之爲人也. 131-22 使使者致萬家之邑一於知○. 132-1 知○說. 132-2 而外怒知○也. 132-4 因使人致萬家之邑一於知○. 132-5 知○說. 132-6 知○因陰結韓魏. 132-7 夫知○之爲人. 132-9 今知○帥二國之君伐趙. 133-5 夫知○爲人也. 133-6 張孟談因朝知○而出. 133-10 知過入見知○曰. 133-11 知○曰. 133-12 入說知○曰. 133-14 知○曰. 133-15 知○曰. 133-17 知○曰. 133-21 入見知○. 133-25 而決水灌知○軍. 134-2 知○軍救水而亂. 134-2 大敗知○軍而禽知○. 134-3 知○身死. 134-5 去而就知○. 135-6 知○寵之. 135-7 趙襄子最怨知○. 135-7 欲爲知○報讎. 135-11 且知○已死. 135-12 知○滅范中行氏. 135-24 反委質事知○. 135-25 知○已死. 135-25 知○以國士遇臣. 136-2 豫子之爲知○. 136-3 而可以報知○矣. 136-9 五○之所以覆軍禽將而求也. 144-16 如是則○業成矣. 146-8 察乎息民之爲用者○. 146-25 五○不同教而政. 151-15 王亦聞夫公甫文○母乎. 158-24 公甫文○官於魯. 158-25 齊人李○見孝成王. 167-24 知○索地於魏桓子. 181-3 知○必憍. 181-5 以驕知○. 181-8 知○大說. 181-10 是○王之業. 182-21 是受智○之禍也. 207-5 皆出於冥山棠谿墨陽合○膊. 222-3 必陰事○嬰. 235-5 ○嬰亦幾瑟也. 235-5 ○嬰恐. 235-6 必不敢輔○嬰以爲亂. 235-6 秦楚挾幾瑟以塞○嬰. 235-7 ○嬰外無秦楚之權. 235-7 公叔○嬰恐秦楚之内幾瑟也. 235-10 則公叔○嬰必知秦楚之不以幾瑟爲事也. 235-11 則公叔○嬰必以國事公矣. 235-15 公不如令秦王賀○嬰之立也. 235-24 韓且内○嬰於秦. 236-7 冷向謂○嬰曰. 236-7 行雖如○夷. 241-1 廉如○夷. 250-11 廉如○夷. 250-15 齊王其○也乎. 255-1 則莫如遥○齊而厚尊之. 256-25 則齊○必成矣. 257-13 五○改政. 258-8 齊趙必有爲智○者矣. 262-6 果與○舉之戰. 263-1 往見○樂曰. 263-11 ○樂乃還而視之. 263-13 足下有意爲臣○樂乎. 263-14 自五○以來. 267-20 智○欲伐衞. 281-18 智○果起兵而襲衞. 281-22 智○欲襲衞. 281-25 智○聞之. 282-2

【住】 1

○建共者. 102-5

【位】 30

以季子之○尊而多金. 17-15 勢○富貴. 17-16 秦王必相之而奪君○. 44-9 而君之祿○貴盛. 45-19 君之門下無不居高尊○. 57-4 梁王虛上○. 83-16 居上○. 86-8 人之困賤下○也. 86-19 此天子之○也. 94-9 襄王即○. 95-18 劫桓公於壇○之上. 97-17 處尊○. 105-20 即○爲王. 117-12 不令在相○. 134-11 威嚴不足以易於○. 153-4 則○尊而能卑者也. 169-16 ○尊而無功. 179-17 今媪尊長安君之○. 179-18 今縮高謹解大○. 217-24 今王○正. 244-14 各得其○. 244-17 正父子之○. 254-13 已而讓○. 255-2 燕昭王收破燕後即○. 255-13 三王代○. 258-8 而太子即○. 265-17 惠王即○. 266-14 寡人新即○. 266-20 今君厚受○於先王以成尊. 272-11 燕趙好○而貪地. 285-10

【佗】 1

無有○計. 282-19

【身】 152

復國且○危. 5-7 自令○死. 8-2 左右太親者○危. 15-10 是故兵終○暴靈於外. 19-23 禽其○. 21-3 禽其○. 21-7 今○在楚. 22-22 終○勿出. 31-11 定○封. 35-18 寡人宜以○受令久矣. 37-4 寡人乃得以○受命. 37-5 ○爲漁父而釣於渭陽之濱耳. 37-12 卒擅天下而○立爲帝王. 37-15 漆○而爲厲. 37-21 終○不復見. 38-3 漆○而爲厲. 38-4 漆○可以補所賢之主. 38-5 天下見臣盡忠而○蹶也. 38-7 終○闇惑. 38-9 小者○以孤危. 38-10 天下皆聞臣之○與王之舉也. 44-1 極○毋二. 44-22 故君子殺○以成名. 45-3 ○雖死. 45-4 而○不退. 45-19 遂以殺○亡國. 45-23 然而○死於庸夫. 45-24 ○所服者. 46-6 ○死國亡. 49-21 王之○. 52-1 首○分離. 53-3 梁王○抱質執璧. 54-16 ○布冠而拘於秦. 55-13 ○爲糞土. 57-2 ○大臂短. 60-6 四國之王尚焉用賈之○. 61-9 至○死國亡. 61-11 ○體昳麗. 66-5 ○退師. 67-21 故儀願乞不肖○而之梁. 71-15 故儀願乞不肖○而之梁. 72-1 ○且死. 72-25 而○與趙戰矣. 73-9 則是○與楚爲讎也. 77-2 吾以○爲孟嘗君. 78-12 則終○不辱也. 87-6 魏王○被甲底劍. 90-11 ○從諸侯之君. 91-15 而卒○死國亡. 91-15 ○窟穴. 92-17 然而智伯卒○死國亡. 92-22 故○廣公宮. 94-9 忠臣不先○而後君. 96-9 殺○亡聊城. 96-10 辱○也. 97-8 以爲殺○絶世. 97-20 而成終○之名. 97-21 夫一人○. 99-4 終○不覩. 101-3 臣○爲殉. 106-2 願得臣○試黃泉. 106-12 終○無相攻擊. 111-18 自從先君文王以至不穀之○. 112-16 貧其○. 112-19 有勞其○. 112-21 貧其○. 113-1 ○獲於表薄. 113-2 寡君○出. 113-11 秦王○問之. 113-16 寡君○出. 113-18 故勞其○. 113-21 君王○出. 113-23 所以爲○也. 117-9 王○出玉聲. 117-17 王○出玉聲. 117-24 臣○受命弊邑之王. 118-13 節○之嗜欲. 119-8 齊人飾○修行得爲益. 122-14 ○體戰慄. 125-12 知其有○. 128-22 禍且及○. 129-2 今妾自知有○矣. 129-3 初幸春申君有○. 130-1 以定○封. 130-12 知伯○死. 134-5 今臣之名顯而○尊. 134-12 功大者○尊. 134-14 豫讓又漆○爲厲. 135-13 定○封. 139-14 擇交不得則民終○不得安. 144-9 今用兵終○不休. 146-20 終○不敢設兵以攻秦折韓也. 147-19 面相見而○相結也. 148-15 被髮文○. 150-10 犯姦者○死. 151-21 是以聖人利○之謂服. 152-13 ○行寬惠達於禮. 153-4 則爲一○. 163-1 終○不復見. 164-21 而君之○於王. 167-17 而○朝於邯鄲. 170-3 君之○老矣. 171-6 定○封. 171-9 而君終○不得陰. 172-22 而君有終○不得陰. 173-1 請殺座之○. 173-22 終○不敝. 175-19 和於○也. 179-2 此其近者禍及○. 179-16 ○自罷之. 182-10 其○易窮. 192-5 ○相於韓. 192-19 臣以爲○利而便於事. 193-4 又○自醜於秦. 195-21 ○取尊焉. 199-1 ○處死亡之埊. 199-3 無梁孰與無○急. 203-22 ○急. 203-23 ○. 203-23 王嘗○濟漳. 208-17 擊其中○. 211-5 天下之中○也. 211-6 是山東首尾皆救中○之時也. 211-7 卑體不足以苦○. 219-2 先王以其髀加妾之○. 231-7 盡置其○妾之上. 231-8 先○而後張儀. 232-9 ○必危. 234-16 太子必終○重公矣. 235-1 臣所以降志辱○. 237-9 政○未敢許人也. 237-10 夫愛○不揚弟之名. 238-13 則主尊而○安. 239-5 則主卑而○危. 239-6 若夫安韓魏而終○相. 239-13 此主尊而○安矣. 239-13 利於○. 239-18 是其於○大利也. 240-5 ○執禽而隨諸御. 241-21 而許異終○相焉. 242-5 雖終○相之焉. 242-6 見足下○無咫尺之功. 250-9 ○自削甲扎. 252-21 卑○厚幣. 255-13 臣以爲廉不與○俱達. 258-5 則公子終○不封矣. 265-18 而以○得察於燕. 267-7 僅以○免. 267-18 夫免○全功. 268-9 歸○於丹. 274-8 未至○. 277-15 則恐無○. 286-24

【伺】 1

必○韓秦. 240-16

【近】 35

而又○. 12-15 此皆恃援國而輕○敵也. 13-13 賞不私親○. 15-5 王不如遠交而○攻. 39-5 齊遠秦而韓梁○. 68-6 今齊將○矣. 68-7 有七孺子皆○. 77-6 是其爲人也○苦矣. 105-4 ○之. 105-15 ○代所見. 127-3 下比○代. 127-6 封○故也. 130-10 不爲○大夫. 134-11 襄子必○幸子. 135-17 子之得○而行所欲. 135-17 遠○之服. 150-15 ○可以備上黨之形. 151-1 中國不○蠻夷之行. 152-3 遠○易用. 154-7 而○於大國. 156-17 衛靈公○雍疸彌子瑕. 166-8 便辟左右之○者. 176-22 此其○者禍及身. 179-16 賞韓王以○河外. 190-1 則道里○而輸又易矣. 206-10 今大王與秦伐韓而益○秦. 206-22 天下皆曰王○也. 215-15 王不○秦. 215-15 ○習之人. 218-17 而○習之人相與怨. 218-19 ○者掩心. 222-3 則大臣不得事○臣矣. 244-16 南○齊趙. 248-18 如是則○於相攻. 262-22 故遠○無議. 272-24

【卮】 4

賜其舍人○酒. 72-19 乃左手持○. 72-21 奪其○曰. 72-22 妻使妾奉○酒進之. 251-3

【役】 17

雍氏之○. 10-12 齊弱則必爲王○矣. 26-12 宜陽之○. 29-24 宜陽之○. 30-17 卽有軍○. 68-19 仁義皆來○處. 85-25 而願爲○. 88-17 後起則諸侯可趨○也. 92-4 兵後起則諸侯可趨○也. 93-14 徐州之○. 190-6 長平之○. 213-25 宜陽之○. 225-10 襄陵之○. 232-25 吾得爲○之日淺. 237-2 濟西不○. 253-12 盡以○矣. 253-13 亡國與○處. 255-18

【彷】 1

以臨○徨. 200-9

【返】 3

上黨之民皆○爲趙. 42-19 以示田忌之不○齊也. 65-22 君召而○之. 80-11

【余】 1

○且慝心以成而過. 273-4

【希】 3

○寫見建信君. 167-6 ○寫曰. 167-7 ○卑曰. 167-20

【兑】 22

爲周最謂李○曰. 9-18 李○用趙. 40-7 此亦淖齒李○之類已. 40-8 李○用趙. 127-3 蘇秦說李○曰. 137-3 李○曰. 137-6 ○盡知之矣. 137-7 李○見之. 137-8 李○曰. 137-14 明日復來見○也. 137-14 李○舍人謂李○曰. 137-16 李○曰. 137-17 李○送蘇秦明月之珠. 137-22 教子欬謂李○曰. 157-16 李○約五國以伐秦. 169-20 秦逐李○. 169-24 李○必死. 170-1 齊乃令公孫衍說李○以攻宋而定封焉. 170-25 李○乃謂齊王曰. 171-1 奉陽君李○甚不取於蘇秦. 248-22 李○因爲蘇秦謂奉陽君曰. 248-22

【坐】 35

安○而廣地. 16-9 常欲○而致之. 16-10 ○行蒲服. 38-2 ○制諸侯. 46-15 乃延入○爲上客. 46-21 太后○王而泣. 56-14 與○談. 66-9 因與之參○於衛君之前. 72-10 孟嘗君讌○. 78-15 ○於沙中. 98-5 ○而織蕢. 100-10 秦以三軍强弩○羊唐之上. 138-18 故自以爲○受上黨也. 140-10 今○而得城. 140-18 肥義侍○. 148-23 此○而自破之道也. 155-5 樓緩○魏三月. 157-6 ○此者多矣. 158-18 孰與○而割地. 160-5 卽○而地盡矣. 160-6 今○而聽秦. 160-9 衆人廣○之中. 165-4 顧反○. 165-21 而能令王○而天下致名寶. 169-3 樂羊○於幕下而啜之. 181-20 夫鄉邑老者而先受○之士. 182-2 因久○安. 190-22 韓且○而胥亡乎. 212-4 先生○. 220-2 不識○而待伐. 231-19 夫使人○受成事者. 259-16 田先生○定. 274-13 荆軻○定. 275-5 而論功賞羣臣及當○者. 278-2 ○御以待中之議. 280-5

【谷】 20

君臨函○而無攻. 9-9 左飲於淇○. 21-2 自殽塞谿○. 31-8 彼來則置之槐○. 31-11 北有甘泉○口. 38-17 入函○. 48-23 三國入函○. 49-4 山林谿○不食之地. 53-10 得上○三十六縣. 59-1 出兵函○而無伐. 71-16 出兵函○而無伐. 72-2 且夫秦之所以不出甲於函○關十五年以攻諸侯者. 111-2 秦必不敢出兵於函○關以害山東矣. 146-7 秦兵不敢出函○關十五年矣. 147-24 又況山○之便乎. 150-14 燕以奢爲上○守. 174-18 燕之通○要塞. 174-18 道涉而○. 207-6 過代上○. 248-12 王乃待天下之攻函○. 260-9

【含】 3

○怒日久. 17-22 然而心忿悁○怒之日久矣. 148-4 死則不得飯○. 164-6

【肘】 3

魏桓子○韓康子. 49-20 ○足接於車上. 49-20 此乃方其用○足時也. 49-22

【胐】 1

臣請爲君剸其○殺之. 129-20

【免】 43

周文君○士工師藉. 4-7 周君遂不○. 4-14 而以楚之東國自○也. 9-13 臣願○而行. 14-3 行而○. 14-4 公必不○. 14-5 齊○於天下之兵. 34-4 人之所必不○也. 37-24 因○相. 47-1 ○於國患. 48-24 卒不○秦患. 59-18 魯之○囚. 61-15 趙魏亦不○與秦爲患矣. 74-2 僅得○其死耳. 83-12 太子乃解衣○服. 95-16 不○爲辱人賤行矣. 97-10 則不○爲敗軍禽將. 97-14 田單○冠徒跣肉袒而進. 99-8 臣等之罪○矣. 106-19 且使萬乘之國○其相. 119-24 殆能自○也. 122-6 爲其必○. 122-6 而後不○殺之. 130-8 然而不○奪死者. 130-10 然則韓可以○於患難. 132-1 必不○爲妬婦也. 159-4 與韓氏大吏東○. 171-25 韓魏焉○西合. 173-1 故魏之○相望也. 174-5 馮忌接手○首. 176-3 而焉能○國於患. 195-9 ○國於患者. 195-10 是○國於患者之計也. 195-13 亦○冠徒跣. 219-21 而○楚國之患也. 226-11 是我○於一人之下. 241-8 然不○於答. 251-5 僅以身○. 267-18 夫○身全功. 268-9 恐不○於罪矣. 280-6 然而不○爲笑者. 283-16 得○於罪. 290-9 不○於誅. 290-9

【狂】 4

被髮而爲○. 37-21 被髮而爲○. 38-4 有○兕牂車依輪而至. 106-8 ○夫之樂. 149-14

【狄】 16

而戎○之長也. 22-2 願爭於戎○. 22-4 而戎○之長也. 22-8 使若卞隨務光申屠○. 61-18 田單將攻○. 100-3 將軍攻○. 100-3 攻○而不下. 100-5 遂攻○. 100-5 攻○不能. 100-7 先生謂單不能下○. 100-9 ○人乃下. 100-17 皆以○蒿苦楚廧之. 132-17 計胡○之利乎. 149-1 帝女令儀○作酒而美. 200-3 遂疏儀○. 200-4 儀○之酒也. 200-11

【角】 4

不存其一○. 155-22 以與秦○逐. 166-5 乃輦建信以與強秦○逐. 166-5 犀○偃月. 287-9

【狃】 1

與之彼○. 131-24

【卯】 5

衞危於累○. 54-12 君危於累○. 57-6 危於累○. 137-13 有覆巢毀○. 177-20 集於鳥○之上. 223-4

【迎】 34

周君○之以卒. 10-3 不如令太子將軍正○吾得於境. 11-17 而君自郊○. 11-18 郊○三十里. 17-12 王○甘茂於息壤. 29-4 厚其祿以○之. 31-11 以相○之齊. 31-12 以相○之. 31-14 王庭○. 37-4 趙王郊○. 58-21 宣王自○靖郭君於郊. 64-1 而孟嘗令人體貌而親郊○之. 77-22 ○君道中. 83-10 諸侯先○之者. 83-16 譚拾子○之於境. 85-6 宣王因趨而○之於門. 87-10 中山悉起而○燕趙. 92-23 遽○太子於莒. 95-18 而○王與后於城陽山中. 99-22 ○戰邯鄲之下. 148-5 趙王○之. 165-21 ○郊. 183-7 必重○公. 188-5 魏之所以○我者. 188-6 因以魯侯之車○之. 188-7 魏將○之. 188-10 因郊○惠施. 196-11 趙王自郊○. 217-4 今趙王自郊○. 217-9 而足下○臣於郊. 250-9 北向○燕. 273-9 太子跪而逢○. 274-13 使人○之於境. 282-1 衞人○新婦. 283-13

【言】 327

因宣○東周也. 8-6 號○伐楚. 10-6 公○是而行. 14-5 今秦婦人嬰兒皆○商君之法. 15-11 莫○大王之法. 15-11 ○語相結. 16-4 明○章理. 16-7 辯○偉服. 16-7 迷於○. 16-14 父母不與○. 16-19 故不○. 18-4 弗知而○爲不智. 18-6 知而不○爲不忠. 18-6 ○不審亦當死. 18-7 臣願悉○所聞. 18-8 ○賞則不與. 18-15 ○罰則不行. 18-15 臣敢○往昔. 19-3 ○所以舉破天下之從. 21-10 臣聞其○曰. 22-23 王用儀○. 23-10 周書有○. 23-14 周書有○. 23-16 因○軫也. 23-21 儀之○果信也. 24-2 吾能聽子○. 24-11 則儀之○果信矣. 24-24 非獨儀之○也. 24-24 宣○之於朝廷. 26-15 子其弭口無○. 26-23 臣可以○乎. 27-5 楚王以其○責漢中於馮章. 30-1 楚○與韓. 30-18 臣聞往來之者○曰. 32-12 今公東而因○於楚. 35-8 是令張儀之○爲禹. 35-9 使以臣之○爲可. 36-10 已其○臣者. 36-24 其○深也. 37-14 即使文王疏呂望而弗與深○. 37-15 臣非有所畏而不敢○也. 37-19 知今日○之於前. 37-19 大王信行臣之○. 37-20 先生是何○也. 38-12 先生柰何而○若此. 38-15 以張儀爲○. 41-15 ○可得也. 41-18 今應侯亡地而○不憂. 43-7 應侯每○韓事者. 43-13 不用人○. 43-17 使人宣○以感怒應侯曰. 44-8 子常宣○代我相秦. 44-11 ○不取苟合. 44-24 ○於秦昭王曰. 46-22 楚王揚○與秦遇. 50-6 臣請○其說. 51-23 此○始之易. 52-15 以同○郢威王於側紂之閒. 54-22 而使天下之士不敢○. 55-14 此○末路之難. 55-19 奚以遽○叱也. 58-11 司空馬○其爲趙王計而弗用. 59-24 王必用其○. 60-3 臣不敢○. 60-9 必爲○之曰. 60-14 臣請三○而已矣. 62-19 益一○. 62-19 更○之. 62-21 雖欲○. 66-21 候者○章子以齊入秦. 66-25 候者復○章子以齊兵降秦. 67-1 ○章子之敗者. 67-2 ○齊兵大勝. 67-5 儀事先王不忠○未已. 71-10 不用臣○以危國. 72-8 齊未必信太子之○也. 76-9 固不敢○人事也. 77-11 ○其方. 78-4 夏侯章每○未嘗不毀孟嘗君也. 78-8 勿○. 78-9 豈得持○也. 78-13 其錯之勿○也. 79-1 不敢以爲○. 85-13 及今聞君子之○. 86-22 制○者王也. 87-3 盡忠直○者屬也. 87-3 ○要道已備矣. 87-3 聞先生直○正諫不諱. 87-11 焉敢直○正諫. 87-12 魏王說於衞鞅之○也. 94-8 ○於尊俎之間. 94-13 齊孫室子陳舉直○. 95-5 女聞吾○乎. 98-8 王惡得此亡國之○乎. 99-12 惡得此亡國之○乎. 99-18 聞若○. 100-12 法章乃自○於莒. 101-1 取筆牘受○. 101-11 二人之○皆善也. 104-8 臣不敢○其後. 104-9 欲入○之. 105-8 遂不得入○. 105-9 三年而弗○. 106-4 不敢忘先生之○. 106-5 不○人之惡. 106-18 又安敢○地. 107-20 ○其利而不○其害. 110-14 是昭睢之○不信也. 112-13 大夫此○. 112-23 子何不急○王. 116-13 事之以善○. 119-3 而儀○得美人. 120-18 公不如目儀之○爲資. 122-2 因使人以儀之○聞於楚. 122-3 雖惡必○之. 123-19 寡人不能用先生之○. 124-8 此爲劫弒死亡之主○也. 126-22 臣請爲君終○之. 128-5 而○之楚王. 129-6 勿復○已. 129-22 郄疵○君之且反也. 131-10 今君聽讒臣之○. 131-14 君又何以疵○告韓魏之君爲. 131-15 郄疵知其○之不聽. 131-18 勿復○也. 133-2 子慎勿復○. 133-17 ○之不聽. 133-23 君之所○. 134-16 荊敢○之主. 136-23 先生以鬼之○見我則可. 137-6 臣固以鬼之○見君. 137-7 非以人之○也. 137-8 皆○主前專據. 138-6 使陽○之太守. 139-24 人有○. 139-25 今王美秦之○. 143-1 請○外患. 144-9 曰○所以異. 144-13 豈掩於衆人之○. 145-12 豈可同日而○之哉. 145-17 屏流○之迹. 145-22 於其○也. 146-14 今卿之所○者. 150-17 吾之所○者. 150-17 君無蔽○. 151-8 子其○乎. 151-10 子○世俗之間. 151-13 上無蔽○. 151-23 子其○乎. 151-24 人有○子者曰. 152-21 且不聽公○也. 156-5 三○之. 157-22 試○公之私. 158-24 故從母○之. 159-4 從婦○之. 159-4 故其○一也. 159-5 ○者異. 159-5 而○勿與. 159-6 ○與之. 159-6 王以樓緩○告之. 159-8 王又以虞卿之○告樓緩. 159-15 王以樓緩之○告. 159-23 樓緩○不媾. 159-23 王又以虞卿○告之. 160-14 夫○媾者. 161-17 勝也何敢○事. 162-12 勝也何敢○事. 162-14 魯連見辛垣衍而無○. 162-22 先生之○也. 163-18 待吾○之. 163-19 不敢復○帝秦. 164-15 未嘗不○趙人之長者也. 165-5 未嘗不○趙俗之善者也. 165-5 今子曰夢見竈君而○君也. 166-10 則胥之事有不○者矣. 166-21 君因○王而重責之. 166-21 入○於王. 166-22 先○橫者. 167-22 建信君果先○橫. 167-22 乃使使者○. 168-1 於魏王聽此○也甚詘. 170-14 何暇○陰. 173-3 是何○也. 173-8 寡人與子有誓○矣. 173-11 候者來○. 173-13 吾已與樓子有○矣. 173-13 遽○之王而出之. 174-9 僕已○之僕主矣. 174-20 將軍無○已. 174-21 此兩○者. 174-24 果如馬服之○也. 175-5 中山案此○於齊曰. 175-9 秦三以虞卿爲○. 175-23 今燕一以廬陵君爲○. 175-24 欲○而不敢. 176-3 交淺而○深. 176-5 ○而不稱師. 176-6 交淺而○深. 176-7 小大皆聽吾○. 177-11 若不從吾○. 177-11 春平侯者○行於趙王. 178-15 有復○令長安君爲質者. 178-21 吾君之○. 182-19 子之○有說乎. 182-20 吾乃今日聞聖人之○也. 183-5 凡羣臣之○事秦者. 184-21 多○而輕走. 186-2 莫不日夜搤腕瞋目切齒以○從之便. 186-8 因自○於廷曰. 187-11 即明○使燕趙. 187-12 公不如儀之○爲資. 187-24 因使人先○於楚王. 187-25 其○曰. 189-13 因揚○曰. 190-14 公今○破趙大易. 192-5 今公又○有難以懼之. 192-6 且公直○易. 192-7 子勿復○. 193-22 羣臣皆不敢○. 193-23 吾未有以○之也. 193-23 臣聞此○. 194-22 嬰子○行於齊王. 196-5 ○曰. 196-10 今一人○市有虎. 199-19 二人○市有虎. 199-20 三人○市有虎. 199-21 然而三人○而成虎. 199-22 而讒○先至. 199-24 避席擇○曰. 200-3 此○幸之不可數也. 202-19 淳于髡○不伐魏者. 205-9 而信春申君之○. 211-23 子○無秦. 214-16 失○於君. 218-6 有敢○美人者族. 218-16 王用臣○. 221-6 恐○而未必中於王也. 221-12 ○可必用. 221-15 申子微視王之所說以○於王. 221-16 不足○也. 222-7 而聽從人之甘○好辭. 223-5 皆○曰. 223-5 且聽王之○而不攻市丘. 224-19 且反王之○而攻市丘. 224-19 故○先楚也. 224-25 ○救韓. 226-6 ○救韓. 226-12 楚因以起師○救韓. 226-18 率且正○之而已矣. 227-2 人皆○楚之多變也. 227-14 今公○善韓以備楚. 227-17 故先王聽諺○於市. 228-4 願公之聽臣○也. 228-4 甘茂不善於公而弗爲公○. 228-9 齊王○救魏以勁之. 228-17 公孫郝黨於齊而不肯○. 228-22 獨尚子之○是. 231-6 今先生○不急. 231-14 先生毋復○也. 231-15 甘茂入○秦王曰. 231-16 秦王之○曰. 231-23 今也其將揚○救韓. 232-4 其○曰收璽. 232-8 ○之楚. 232-20 三川之○曰. 232-21 彼將禮陳其辭而緩其○. 234-2 ○之必急. 234-4 又安敢○地. 234-11 治列子圉寇之○. 236-14 齊人或○. 236-25 未有一人○善韓者也. 240-14 未有一人○善秦者也. 240-15 申不害慮事而○之. 241-10 韓之美人因○於秦曰. 243-2 臣願有○. 243-20 王何不爲之先○. 246-1 人必有○臣不信. 250-10 ○之則逐主母. 251-4 莫如臣之○也. 251-8 ○不足以求正. 252-1 今燕客之○曰. 252-7 今王○屬國子之. 254-8 涓人○於君曰. 255-25 則王何不務使知士以若此○說秦. 257-17 寡人甚不喜訑者○也. 259-12 此必令其○如循環. 261-12 其○惡矣. 262-3 今其○變有甚於其父. 262-10 人莫與○. 263-12 入○之王而見之. 263-16 吾必不聽衆口與讒○. 264-18 與之○曰. 264-20 今王信田伐與条去疾之○. 264-23 使齊大馬駿而不○燕. 264-24 不如以○. 266-5 公聽吾○而說趙王曰. 266-5 ○語不相知. 268-24 人有○我有寶珠也. 271-13 我且○子之奪我珠而吞之. 271-14 先生所○者. 274-19 ○足下於太子. 274-23 所○者. 274-24 ○光已死. 275-2 明不○也. 275-2 ○田光已死. 275-3 明不○也. 275-3 有頃而後○曰. 275-4 丹所請田先生無○者. 275-4 今田先生以死明不泄○. 275-5 微太子○. 275-24 今有一○. 276-7 嘉爲先○於秦王曰. 277-4 楚王○救宋. 280-23 請必從公之○而還. 281-6 衞君以其○告邊境. 281-21 其○曰. 282-11 子聽吾○也以說君. 282-25 必無與君○國事者. 283-3 此三○者. 283-16 皆要○也. 283-16 其○曰. 285-5 因○告燕趙而無往. 285-25 誠如君○. 286-25 力○不能及也. 287-8 趙王亦無請○也. 287-18 以○於王. 290-3

【況】 8

而○於秦國乎. 43-10 ○於楚之故地. 48-7 又○山谷之便乎. 150-14 而○人臣乎. 179-23 ○大事乎. 188-17 ○傷人以自損乎. 272-21 又

○聞樊將軍之在乎. 274-3 ○以彊擊弱. 289-9
【床】 1
叔父負○之孫. 258-21
【庇】 1
席隴畝而廕○桑. 176-7
【冷】 5
○向謂强國曰. 141-12 韓令○向借救於秦. 231-22 ○向謂韓咎曰. 236-2 ○向謂伯嬰曰. 236-7 ○向謂陳軫曰. 245-19
【序】 1
夫四時之○. 44-13
【辛】 27
○張陽毋澤說魏王薛公公叔也. 35-5 ○戎者. 56-8 是○戎有秦楚之重. 56-9 請爲公令○戎謂王曰. 115-17 莊○謂楚襄王曰. 124-2 莊○曰. 124-4 莊○去. 124-6 徵莊○於趙. 124-7 莊○曰. 124-7 莊○至. 124-8 莊○對曰. 124-10 令○戎告楚曰. 126-4 魏王使將軍○垣衍令趙帝秦. 162-13 梁客○垣衍安在. 162-16 平原君遂見○垣衍曰. 162-17 ○垣衍曰. 162-19 ○垣衍許諾. 162-21 魯連見○垣衍而無言. 162-22 ○垣衍曰. 162-22 ○垣衍曰. 163-4 ○垣衍曰. 163-5 ○垣衍曰. 163-7 ○垣衍曰. 163-14 ○垣衍曰. 163-16 ○垣衍怏然不悅曰. 163-17 ○垣衍起. 164-14 劇○自趙往. 256-7
【弃】 7
○在於趙. 57-10 智者不倍時而○利. 96-7 且○南陽. 96-15 遂自○於磨山之中. 114-4 先王○羣臣. 148-18 則是○前貴而挑秦禍也. 160-7 ○禮義而上首功之國也. 163-1
【冶】 2
函○氏爲齊太公買良劍. 12-3 ○其繒繳. 124-24
【忘】 26
輕○其薛. 6-17 而○毀楚之强魏也. 52-21 豈○爲之內乎. 105-4 願王勿○也. 105-14 不敢○先生之言. 106-5 而○之於秦. 108-16 臣以爲王鉅速○矣. 108-16 而○强秦之禍. 110-22 必厚尊敬親愛之而○子. 116-12 前事之不○. 134-18 ○其憎懷而愛秦邪. 147-17 嗣立不○先德. 149-1 而○國事之耻. 151-2 不○於心. 158-19 願君之亦勿○也. 158-19 而○人之功. 161-6 怨之至死不○. 196-20 其樂○死. 200-10 有不可○者. 217-6 有不可不○者. 217-6 不可○也. 217-7 不可不○也. 217-8 臣願君之○之也. 217-9 甚唯寐○之. 240-20 寡人豈敢一日而○將軍之功哉. 266-19 故前業不○. 272-24
【弟】 60
賢於兄○. 17-5 與之昆○矣. 42-8 佐欲定其○. 48-19 以秦與楚爲昆○國. 50-18 韓魏父子兄○接踵而死於秦者. 53-2 乃說秦王后○陽泉君曰. 57-4 復爲兄○約. 68-10 爲昆○之國. 69-25 願請受爲○子. 86-23 長爲昆○之國. 111-18 而立其○景公. 127-3 持其女○. 128-18 齊王遣使求臣女○. 128-20 於是園乃進其女○. 128-21 園乃與其女○謀. 128-22 園女○承間說春申君曰. 128-24 雖兄○不如. 128-24 即百歲後將更立兄○. 128-25 多失禮於王兄○. 129-2 兄○誠立. 129-2 乃出園女○謹舍. 129-6 以李園女○立爲王后. 129-7 李園旣入其女○爲王后. 129-9 而李園女○. 130-1 則兄○也. 142-8 被兄○之衣. 142-9 必與楚爲兄○之國. 142-23 今楚與秦爲昆○之國. 148-9 窮有○長辭讓之節. 149-4 行逐愛○. 176-1 親寡君之母○也. 177-16 有母○不能教誨. 177-23 寡人與趙兄○. 181-14 寡人與韓兄○. 181-15 一天下約爲兄○刑白馬以盟於洹水之上以相堅也. 185-16 夫親昆○. 185-16 兄○之交也. 195-15 不顧親戚兄○. 206-17 兩○無罪. 206-19 此於其親戚兄○若此. 206-20 視次○. 221-20 且楚韓非兄○之國也. 226-17 其○在周. 236-10 ○至賢. 238-10 滅吾○之名. 238-11 非○意也. 238-11 兄○無有. 238-13 夫愛身不揚○之名. 238-13 此吾○軹深井里聶政也. 238-14 約復爲兄○. 240-24 王良之○子駕. 247-5 遇造父之○子. 247-5 造父之○子曰. 247-6 王良○子曰. 247-6 願爲兄○而請罪於秦. 250-3 其○蘇代欲繼之. 252-10 王誠能毋愛寵子母○以爲質. 253-14 蘇秦○厲因燕質子而求見齊王. 254-23 將令燕王之○爲質於齊. 265-4 宋與楚爲兄○. 280-23
【沐】 3
以爲湯○之邑. 111-18 奉以上庸六縣爲湯○邑. 116-9 韓魏皆可使致封地湯○之邑. 144-15
【沛】 1
內○. 189-23
【沙】 6
然降其主父○丘而臣之. 41-23 坐於○中. 98-5 垂○之事. 119-9 長○之難. 125-25 餓主父於○丘. 127-4 距○丘. 138-15
【沃】 3
○野千里. 15-17 取曲○. 26-3 ○焦釜. 73-21
【沂】 1
東有淮潁○黃煑棗海鹽無疎. 184-6
【汾】 5
○水利以灌安邑. 49-19 北有○陘之塞郇陽. 108-23 公因寄○北以予秦而爲和. 209-11 子能以○北與我乎. 209-24 子能以○北與我乎. 209-25
【沒】 4
窮年○壽. 97-10 今城不○者三板. 131-7 ○死以聞. 179-6 皆爲戮○. 276-5
【汶】 3
起於○山. 110-16 輕舟浮於○. 260-7 植於○皇. 267-20
【沈】 3
○於辯. 16-15 城不○者三板耳. 49-17 ○洿鄙俗之日久矣. 128-13
【沉】 8
○於國家之事. 82-20 ○於諂諛之臣. 83-21 城下不○者三板. 131-3 學者○於所聞. 151-13 臣聞積羽○舟. 186-9 則舟○矣. 233-15 故○子胥而不悔. 268-7 其勇○. 274-10
【決】 26
○裂諸侯. 40-3 ○裂阡陌. 46-1 ○晉水以灌晉陽. 49-17 而戰勝存亡之機○矣. 69-2 計不○者名不成. 75-13 齊必○之於聊城. 96-18 郢人有獄三年不○者. 106-22 須以○事. 111-20 有斷脰○腹. 112-20 故斷脰○腹. 113-9 ○晉水而灌之. 132-23 而○水灌知伯軍. 134-2 愴然有○色. 134-18 平原君猶豫未有所○. 162-10 ○蹯而去. 167-15 韓之卜也○矣. 190-3 而以與趙兵○勝於邯鄲之郊. 207-5 以與楚兵○於陳郊. 207-9 ○熒澤. 207-12 秦趙久相持於長平之下而無○. 214-2 須以○事. 223-14 ○榮口. 260-16 ○白馬之口. 260-16 ○宿之口. 260-17 燕無以○之. 270-12 請辭○矣. 276-23
【怢】 1
萬石○. 85-24
【忤】 1
人不敢與○視. 276-17
【忼】 1
復爲○慨羽聲. 277-2
【快】 6
應侯固不○. 44-10 文信侯去而不○. 58-6 君侯何不○甚也. 58-6 恭於教而不○. 153-5 輕棄寡人以○心. 272-11 必欲○心於趙. 290-12
【完】 17
是公以弊高都得○周也. 10-22 ○河間. 20-5 不如伐蜀之○也. 22-17 然大璞不○. 86-25 ○者內酺而華樂. 92-12 秦魏之交○. 115-4 吾城郭之○. 132-15 以○其交. 198-13 大王欲○魏之交. 198-22 彼其事王必○矣. 198-24 非○事也. 199-3 爲○鄴也. 201-10 臣以此爲不○. 212-1 其自纂繁也○矣. 218-17 令用事於韓以○之. 239-8 自○之道也. 258-5 破國不可復○. 290-14
【宋】 182
○君奪民時以爲臺. 4-9 仇赫之相○. 6-5 將以觀秦之應趙○. 6-5 將興趙○合於東方以孤秦. 6-6 則將與○敗三國. 6-7 則賣趙○於三國. 6-7 楚○不利秦之德三國也. 13-22 使攻○也. 18-1 ○破. 18-1 則向之攻○也. 18-3 王何惡向之攻○乎. 18-3 中破○. 19-3 若於除○罪. 35-17 須殘伐亂○. 35-18 權縣○衛. 35-24 ○衛乃當阿甄耳. 35-24 ○有結綠. 36-17 故○必盡. 53-14 千乘之○也. 54-11 無禮於○. 55-10 齊○在繩墨之外以爲權. 55-22 故曰先得齊○者伐秦. 55-22 秦先得齊○. 55-23 魯○事楚而齊不事者. 62-13 齊大而魯○小. 62-13 王獨利魯○之小. 62-14 孰與伐○之利也. 89-15 伐趙不如伐○之利. 89-18 而王以其間舉○. 89-19 夫有○則衛之陽城危. 89-20 故釋帝而貳之以伐○之事. 89-21 而○越專用其兵. 91-3 非○衛也. 94-5 不如易餘粮於○. 100-19 ○王必說. 100-20 梁氏不敢過○伐齊. 100-20 是以餘粮收○也. 100-20 雖復責之○. 100-21 ○請中立. 103-3 齊急○. 103-3 ○許之. 103-3 子象爲楚謂○王曰. 103-3 楚以緩失○. 103-4 齊以急得○. 103-4 勢必危○. 103-6 是以弱○干强楚也. 103-6 大王悉起兵以攻○. 111-10 不至數月而○可舉. 111-10 舉○而東指. 111-11 且○王之賢惠子也. 121-8 王不如舉惠子而納之於○. 121-10 乃奉惠子而納之○. 121-12 齊攻○. 139-12 ○罪重. 139-14 殘伐亂○. 139-14 ○突謂机郝曰. 156-2 齊欲攻○. 169-19 齊乃捄趙以伐○. 169-19 齊將攻○. 170-25 齊乃令公孫衍說李兌以攻○而定封焉. 170-25 欲以使攻○也. 171-2 而○置太子以爲王. 171-2 此亦舉○之時也. 171-4 莫若於○. 171-7 ○之罪重. 171-9 殘亂○. 171-9 臣願足下之大發攻○之舉. 171-11 足下果殘○. 171-14 若足下不得志於○. 171-14 秦必據○. 171-20 齊必攻○. 171-22 齊攻○. 171-22 則楚必攻○. 171-22 魏必攻○. 171-22 五國據○. 171-22 而趙○同命. 173-3 王不聞公子牟夷之於○乎. 173-9 文張善○. 173-9 今臣之於王非○之於公子牟夷也. 173-10 燕封○人榮蚠爲高陽君. 174-11 齊人戎郭○突謂仇郝曰. 175-7 乃結秦連楚○之交. 178-9 令仇郝相○. 178-9 楚王禽趙○. 178-10 齊請以○地封涇陽君. 186-21 夫秦非不利有齊而得○埊也. 186-22 齊秦合而涇陽君有○地. 186-25 公至○. 188-5 而道塗○衛爲制. 189-23 事成功縣○衛. 189-24 齊欲伐

○. 194-14 齊令○郭之秦. 194-14 請合而以伐○. 194-15 秦王謂○郭曰. 194-16 分○之城. 194-16 服○之强者. 194-16 乘○之敝. 194-17 而王獨舉○. 194-18 王之伐○也. 194-18 如○者. 194-18 期於啗○而已矣. 194-20 ○中山數伐數割. 202-10 而○中山可無爲也. 202-11 盡故○. 203-6 ○人有學者. 203-11 芮○欲絶秦趙之交. 214-14 芮○謂秦王曰. 214-15 ○赫爲謂公叔曰. 235-3 韓人攻○. 240-7 吾愛○. 240-7 韓珉之攻○. 240-8 輔之以○. 240-9 韓故已攻○矣. 240-12 則○地不安矣. 240-13 進齊○之兵至首坦. 244-10 而又以其餘兵南面而舉五千乘之勁○. 253-6 彼且德燕而輕亡○. 253-15 齊請以○封涇陽君. 255-6 秦非不利有齊而得○埊也. 255-7 涇陽君有○地. 255-9 於是出蘇代之○. 255-10 ○善待之. 255-11 齊伐○. 256-13 ○急. 256-13 秦齊助之伐○. 256-14 破○. 256-14 破○肥饒. 256-17 足下以○加淮北. 256-18 燕趙破○肥齊尊齊而爲之下者. 257-4 必反○地. 257-10 夫反○地. 257-11 西勞於○. 258-18 齊得○而國亡. 260-4 齊楚不得以有枳○事秦者. 260-4 則以○委於齊. 260-19 ○王無道. 260-19 王苟能破○有之. 260-21 因以破○爲齊罪. 260-21 以○. 261-12 今齊王召蜀子使不伐○. 261-25 且又淮北○地. 267-13 約楚魏○盡力. 267-14 今○王射天笞埊. 269-19 且夫○. 269-21 不如得十里於○. 269-22 遂與兵伐○. 269-23 三覆○. 269-24 ○遂舉. 269-24 取之以與○. 271-6 齊攻○. 279-3 ○使臧子索救於荆. 279-3 ○小而齊大. 279-4 夫救於小○而惡於大齊. 279-4 拔○五城. 279-6 將以攻○. 279-9 吾自○聞子. 279-10 將以攻○. 279-11 ○何罪之有. 279-12 敢問攻○何義也. 279-12 ○方五百里. 279-17 ○所謂無雉兔鮒魚者也. 279-19 ○無長木. 279-20 惡以王吏之攻○. 279-21 請無攻○. 279-21 而徵師於○. 280-9 ○君使使者請於趙王曰. 280-9 夫○之不足如梁也. 280-13 ○必不利也. 280-14 ○人因遂舉兵入趙境. 280-16 ○人助我攻矣. 280-16 ○人止於此矣. 280-17 則公常用○矣. 280-21 ○與楚爲兄弟. 280-23 齊攻○. 280-23 楚王言救○. 280-23 ○因賣楚重以求講於齊. 280-23 蘇秦爲○謂齊相曰. 280-24 以明○之賣楚重於齊也. 280-25 必絶於○而事齊. 280-25 則攻○易矣. 281-1 過○外黄. 281-3 ○康王之時. 281-11

【牢】 4

食必太○. 86-24 亡羊而補○. 124-10 吾將以十太○待子之君. 163-24 供太○異物. 275-20

【良】 34

函冶氏爲齊太公買○劍. 12-3 ○僕妾也. 24-4 ○婦也. 24-4 ○僕妾也. 25-1 ○醫知病人之死生. 36-21 桀聽讒而誅其○將. 61-10 子○之逐臣. 61-13 其○士選卒必殪. 67-18 其○士選卒必殪. 67-19 齊車之○. 68-18 趙代○馬橐他. 109-9 上柱國子○入見. 117-15 子○曰. 117-17 子○出. 117-19 子○見寡人曰. 118-2 王發上柱國子○車五十乘. 118-6 發子○之明日. 118-7 乃遣子○北獻地於齊. 118-9 遣子○之明日. 118-9 子○至齊. 118-11 齊王謂子○曰. 118-13 子○曰. 118-13 乃請子○南道楚. 118-17 田單將齊之○. 147-19 夫○商不與人爭買賣之賈. 167-9 子入而問其賢○之士而師事之. 182-2 吾馬○. 215-20 馬雖○. 215-21 秦馬之○. 222-25 王○之弟子駕. 247-5 王○弟子曰. 247-6 秦王目眩○久. 278-2 ○臣斥踈. 289-12 既無○臣. 289-12

【初】 8

靡不有○. 52-15 靡不有○. 55-8 令○下. 66-20 ○. 96-5 ○幸春申君有身. 130-1 今王易○不循俗. 152-1 ○時惠王伐趙. 202-7 ○. 254-23

【社】 63

立○主. 19-14 立○主. 19-21 而賜之二○之地. 32-9 而禍歸○稷. 40-5 則○稷必危. 50-20 入其○稷之臣於秦. 51-9○稷壞. 53-3 秦○稷之憂也. 53-6 與同知○稷之計. 61-4 故可以存○稷者. 61-19 敬奉○稷以從. 69-13 未嘗聞○稷之長利. 70-4 請奉○稷以事秦. 70-5 爲○稷計者. 71-13 守○稷. 87-11 通都小縣置○. 92-9 而○稷已安矣. 99-2 且王不能守先王之○稷. 99-18 爲○稷耶. 101-16 爲○稷. 101-17 爲○稷立王. 101-17 王何以去○稷而入秦. 101-17 委○稷宗廟. 109-7 寡人謹奉○稷以從. 109-24 ○稷豈得無危哉. 110-10 以憂○稷者乎. 112-17 以憂○稷者. 112-20 以憂○稷者. 112-20 以憂○稷者. 112-21 以憂○稷者. 112-22 以憂○稷者. 112-23 以憂○稷者. 113-1 以憂○稷者. 113-5 ○稷其爲庶幾乎. 113-9 以憂○稷者. 113-10 ○稷其危. 113-19 以憂○稷者. 113-22 楚國○稷其庶幾乎. 113-25 ○稷之臣. 114-3 苟○稷血食. 114-4 以憂○稷者. 114-6 王墳墓復羣臣歸○稷也. 117-15 安○稷乎. 134-15 安○稷. 134-21 韓危○稷以事王. 139-6 未嘗得聞○稷之長計. 146-9 非○稷之神靈. 150-25 其○稷之不能恤. 156-18 ○稷之血食乎. 165-14 使奉○稷. 165-25 ○稷爲虚戾. 166-3 而○稷不血食. 176-19 將柰○稷何. 183-22 以安○稷尊主强兵顯名也. 185-15 先王必欲少留而扶○稷安黔首也. 194-7○稷必危矣. 217-20 夫差○稷而爲天下笑. 222-8 敬奉○稷以從. 222-17 夫不顧○稷之長利. 223-6 請奉○稷西面而事秦. 252-2 則恐危○稷. 280-10 斬○稷而焚滅之. 281-13 卽○稷危矣. 287-16

【祀】 3

以奉祭○. 32-9 祭○時享. 138-2 祭○必祝之. 179-12

【罕】 2

子○釋相爲司空. 4-10 民非子○而善其君. 4-10

【君】 1288

周○患之. 1-4 周之○臣. 1-6 周○又患之. 1-9 得○臣父子相保也. 1-10 夫梁之○臣欲得九鼎. 1-12 楚之○臣欲得九鼎. 1-14 周○謂趙累曰. 2-2 ○曰. 2-3 ○曰. 2-7 ○謂景翠曰. 2-8 齊明謂東周○曰. 2-19 蘇子謂東周○曰. 3-1 乃往見西周之○曰. 3-2 ○之謀過矣. 3-2 ○若欲害之. 3-3 而受命於○矣. 3-5 西周○曰. 3-5 周○將令相國往. 3-8 蘇厲爲之謂周○曰. 3-8 主○令陳封之楚. 3-9 主○令許公之楚. 3-10 而主○令相國往. 3-11 主○將令誰往周○曰. 3-11 史黶謂周○曰. 3-15 ○何不令人謂韓公叔曰. 3-15 周之○患之. 3-21 周相呂倉見客於周○. 4-4 因令人謂周○曰. 4-5 周文○免士工師藉. 4-7 ○有閔閔之心. 4-8 謂周文○曰. 4-9 宋○奪民時以爲臺. 4-9 民非子罕而善其○. 4-10 春秋記臣弑○者以百數. 4-12 周○遂不免. 4-14 ○使人問之曰. 4-17 今周○天下. 4-19 ○乃使吏出之. 4-20 謂周○曰. 5-10 ○不如令辯知之士. 5-10 爲○爭於秦. 5-11 秦必輕○. 5-15 ○弗如急北兵趨趙以秦魏. 5-15 ○不如令王聽最. 5-25 是○以合齊與强楚吏産子. 6-1 ○若欲因最之事. 6-2 ○也. 6-3 不顧其先○之丘墓. 6-17 周○患之. 6-23 ○勿患也. 6-23 周○予之. 6-24 謂周○曰. 7-2 ○之國小. 7-2 盡○子重寶珠玉以事諸侯. 7-2 今○將施於大人. 7-5 大人輕○. 7-6 ○必施於今之窮士. 7-6 周○不聽. 7-11 不如謂周○曰. 7-11 ○予金三十斤. 7-24 周○留之十四日. 8-10 周○患之. 8-11 客謂周○曰. 8-11 ○之使又不至. 8-13 ○以齊爲韓魏攻楚. 9-5 竊爲○危之. 9-8 ○不如令弊邑陰合於秦而○無攻. 9-8 ○臨函谷而無攻. 9-9 令弊邑以○之情謂秦王曰. 9-10 ○令弊邑以此忠秦. 9-12 ○不如禁秦之攻周. 9-19 今○禁之. 9-21 是○却秦而定周也. 9-22 必因○而講. 9-23 則○重矣. 9-23 是○存周而戰秦魏也. 10-1 周○迎之以卒. 10-3 周○懼焉. 10-8 周○豈能無愛國哉. 10-9 周○患之. 10-12 代能爲○令韓不徵甲與粟於周. 10-13 又能爲○得高都. 10-13 周○大悅曰. 10-13 周○之秦. 11-1 周○必以爲公功. 11-2 勸周○入秦者. 11-3 蘇厲謂周○曰. 11-5 ○不若止之. 11-6 或謂周○曰. 11-17 而○自郊迎. 11-18 令天下皆知○之重吾得也. 11-18 周○所以事吾得者器. 11-19 周○患之. 11-22 蘇秦謂周○曰. 11-22 ○雖不欲與也. 11-25 司寇布爲周最謂周○曰. 12-2 ○使人告齊王以周最不肯爲太子也. 12-2 臣爲○不取也. 12-2 今○之使最爲太子. 12-5 臣恐齊王之爲○實立果而讓之於最. 12-6 ○爲多巧. 12-7 ○何不買信貨哉. 12-7 秦召周○. 12-10 周○難往. 12-10 或爲周○謂魏王曰. 12-10 秦召周○. 12-10 周○聞之. 12-11 周○不入秦. 12-12 周○之魏求救. 12-14 周○反. 12-15 綦母恢謂周○曰. 12-15 臣能爲○取之. 12-16 周○怨寡人乎. 12-16 周○. 12-17 周○形不小利. 12-20 周○得以爲辭於父兄百姓. 12-21 周○得温囿. 12-22 魏王因使孟卯致温囿於周○而許之戍也. 12-24 宮他謂周○曰. 13-12 今○恃韓魏而輕秦. 13-14 ○不如使周最陰合於趙以備秦. 13-14 公不如謂周○曰. 13-19 何不謂周○曰. 14-1 主○之臣. 14-2 ○因相之. 14-3 ○重秦. 14-4 號曰商○. 15-4 商○治秦. 15-4 欲傳商○. 15-8 商○告歸. 15-9 今秦婦人嬰兒皆言商○之法. 15-11 是商○反爲主. 15-11 且夫商○. 15-12 商○歸還. 15-12 明主賢○. 16-10 此眞可以說當世之○矣. 16-23 封爲武安○. 17-1 反覆東山之○. 17-19 中使韓魏之○. 19-4 臣恐王之如郭○. 23-13 楚智横○之善用兵. 23-19 子胥忠乎其○. 24-3 吾不忠於○. 24-4 昔者子胥忠其○. 24-25 義渠○之魏. 28-10 公孫衍謂義渠○曰. 28-10 義渠○曰. 28-11 則秦且燒焫獲○之國. 28-11 而事○之國也. 28-12 義渠○曰. 28-13 義渠○者. 28-14 蠻夷之賢○. 28-14 遺義渠○. 28-16 義渠○致羣臣而謀曰. 28-17 ○之病. 28-20 ○以告扁鵲. 28-21 ○與知之者謀之. 28-22 則○一舉而亡國矣. 28-23 主○之力也. 29-10 ○聞夫江上之處女乎. 31-1 ○必輕矣. 34-3 是○收齊以重呂禮也. 34-4 其讎○必深. 34-5 ○不如勸秦王令弊邑卒攻齊之事. 34-5 文請以所得封○. 34-6 必重○以取晉. 34-7 晉必重○以事秦. 34-7 是○破齊以爲功. 34-8 而秦晉皆重○. 34-9 秦封○以陶. 34-11 藉○天下數年矣. 34-11 ○欲成之. 34-15 此○之大時也已. 34-17 而○之大名也. 34-19 成○之功. 34-21 除○之害. 34-22 其讎○必深矣. 34-22 挾○之讎以誅於燕. 34-23 ○悉燕兵而疾僭之. 34-23 天下之從○也, 34-24 封○於河南. 34-24 願○之專志於攻齊. 35-1 爲○慮封. 35-17 秦王欲爲成陽○求相韓魏. 36-3 成陽○以王之故. 36-4 且收成陽○. 36-6 皆匡○之之事. 37-18 ○臣之不親. 39-3 今平原○自以賢. 41-23 ○禽馬服乎. 42-13 武安○爲三公. 42-14 武安○所以爲秦戰勝攻取者七十餘城. 42-15 武安○爲三公. 42-17 ○能爲之下乎. 42-17 ○亡國. 42-24 秦王師○. 43-10 奪○地. 43-11 ○何不賜軍吏乎. 43-16 今○雖幸於王. 43-20 且○擅主輕下之日久矣. 43-21 秦王必相之而奪○位. 44-9 何○見之晚也. 44-13

願以爲○王. 44-15 若秦之商○. 44-20 故○子殺身以成名. 45-3 ○明臣忠. 45-5 無明○賢父以聽之. 45-8 故天下以其○父爲戮辱. 45-8 商○吳起大夫種. 45-11 以○臣論之. 45-13 商○吳起大夫種. 45-13 商○吳起大夫種不若也. 45-14 然則○之主. 45-15 ○之爲主. 45-17 不過商○吳起大夫種. 45-18 而○之祿位貴盛. 45-19 竊爲○危之. 45-19 夫商○爲孝公平權衡正度量調輕重. 45-25 ○獨不觀博者乎. 46-14 此皆○之所明知也. 46-14 今○相秦. 46-15 ○之功極矣. 46-18 則商○白公吳起大夫種是也. 46-18 ○何不以此時歸相印. 46-19 此則○何居焉. 46-21 號爲剛成○. 47-2 而朝於邯鄲之○乎. 54-12 梁○伐楚勝齊. 55-11 則臣恐諸侯之○. 55-17 中期適遇明○故也. 56-4 今建國立○. 56-24 乃說秦王后弟陽泉○曰. 57-4 ○之罪至死. 57-4 ○知之乎. 57-4 ○之門下無不居高尊位. 57-4 ○之府藏珍珠寶玉. 57-5 ○之駿馬盈外廄. 57-5 ○危於累卵. 57-6 而使○富貴千萬歲. 57-7 陽泉○避席. 57-8 陽泉○曰. 57-12 使剛成○蔡澤事燕三年. 58-3 ○侯何不快甚也. 58-6 吾令剛成○蔡澤事燕三年. 58-7 文信○叱去曰. 58-8 ○其試臣. 58-11 孰與武安○. 58-12 武安○戰勝攻取. 58-12 臣之功不如武安○也. 58-13 卿明知功之不如武安○歟. 58-13 武安○難之. 58-17 趙將武安○. 60-1 若殺武安○. 60-1 武安○必死. 60-3 武安○至. 60-4 武安○曰. 60-6 武安○北面再拜賜死. 60-9 武安○死. 60-13 子胥忠於○. 61-8 使賈不忠於○. 61-9 靖郭○將城薛. 62-18 靖郭○謂謁者. 62-18 靖郭○因見之. 62-19 ○曰. 62-20 ○曰. 62-21 ○不聞大魚乎. 62-21 亦○之水也. 62-23 ○長有齊陰. 62-23 ○曰. 62-24 靖郭○謂齊王曰. 63-3 今與靖郭○. 63-4 靖郭○善齊貌辨. 63-7 士尉以証靖郭○. 63-8 靖郭○不聽. 63-8 孟嘗○又竊以諫. 63-8 靖郭○大怒曰. 63-9 靖郭○之交. 63-11 靖郭○曰. 63-13 靖郭○不能止. 63-14 靖郭○之所聽愛夫. 63-16 辨謂靖郭○曰. 63-17 靖郭○泣而曰. 63-19 靖郭○曰. 63-21 靖郭○之於寡人一至此乎. 63-23 客肯爲寡人來靖郭○乎. 63-24 靖郭○衣威王之衣. 64-1 宣王自迎靖郭○於郊. 64-1 靖郭○至. 64-2 靖郭○辭. 64-3 靖郭○辭不得. 64-3 靖郭○可謂能自知人矣. 64-5 韓魏之○因田嬰北面而朝田侯. 64-24 則是○之謀也. 65-3 ○可以有功. 65-3 則齊○可正. 65-16 ○美甚. 66-6 徐公何能及○也. 66-8 徐公不若○之美也. 66-10 豈爲人臣欺生○哉. 67-11 乃爲齊見魯○. 67-13 魯○曰. 67-14 魯○曰. 67-15 ○之謀過矣. 67-15 ○不與勝者而與不勝者. 67-15 魯○曰. 67-16 而○以魯衆合戰勝後. 67-20 魯○以爲然. 67-21 今主○以趙王之教詔之. 69-12 謂衛○曰. 72-9 ○必解衍. 72-10 衛○爲告儀. 72-10 因與之參坐於衛○之前. 72-10 今○相楚而攻魏. 72-23 ○助燕擊齊. 73-9 然則是○自爲燕東兵. 73-10 故爲○計者. 73-10 歸於○矣. 73-13 ○何不留楚太子. 75-3 ○因謂其新王曰. 75-6 今○留太子者. 75-14 變則是○抱空質而負名於天下也. 75-15 臣請爲○之楚. 75-16 則○無敗矣. 75-16 使太子謁之○. 75-22 蘇秦非誠以爲○也. 76-13 蘇秦恐○之知之. 76-13 而○弗知. 76-15 臣竊爲○疑之. 76-15 因封蘇秦爲武貞○. 76-21 ○之所以重於天下者. 76-23 ○因不善蘇秦. 76-24 夫不善○者且奉蘇秦. 76-25 而於○之事殆矣. 77-1 而○不蚤親. 77-2 故○不如因而親之. 77-2 是○有楚也. 77-3 孟嘗○將入秦. 77-9 固且以鬼事見○. 77-11 孟嘗○見之. 77-12 謂孟嘗○曰. 77-12 而○入之. 77-18 則臣不知○所出矣. 77-18 孟嘗○乃止. 77-19 孟嘗○在薛. 77-21 先○之廟在焉. 78-3 孟嘗○奉夏侯章以四馬百人之食. 78-7 夏侯章每言未嘗不毀孟嘗○也. 78-8 或以告孟嘗○. 78-8 孟嘗○曰. 78-9 孟嘗○重非諸侯也. 78-10 ○所以得爲長者. 78-12 吾以身爲孟嘗○. 78-12 孟嘗○讌坐. 78-15 有侵○者. 78-16 千乘之○與萬乘之相. 78-18 其欲有○也. 78-19 能爲○決疑應卒. 78-20 此臣之所爲○取矣. 78-21 孟嘗○舍人有與○之夫人相愛者. 78-23 或以問孟嘗○曰. 78-23 爲○舍人而內與夫人相愛. 78-24 ○其殺之. 78-25 ○曰. 78-25 ○召愛夫人者而謂之曰. 79-2 衛○與文布衣交. 79-3 願○以此從衛○遊. 79-3 衛○甚欲約天下之兵以攻齊. 79-5 是人謂衛○曰. 79-5 孟嘗○不知臣不肖. 79-6 以臣欺○. 79-6 且臣聞齊衛先○. 79-6 今○約天下之兵以攻齊. 79-8 是足下倍先○盟約而欺孟嘗○也. 79-8 願○勿以齊爲心. 79-9 ○聽臣則可. 79-9 衛○乃止. 79-11 孟嘗○可語善爲事矣. 79-12 孟嘗○有舍人而弗悅. 79-15 魯連謂孟嘗○曰. 79-15 孟嘗○曰. 79-22 孟嘗○出行國. 79-24 見孟嘗○門人公孫戍曰. 79-25 入見孟嘗○曰. 80-4 ○豈受楚象牀哉. 80-4 孟嘗○曰. 80-4 臣願○勿受. 80-5 孟嘗○曰. 80-5 小國所以皆致相印於○者. 80-6 聞○於齊能振達貧窮. 80-7 皆以國事累○. 80-8 誠說○之義. 80-8 慕○之廉也. 80-9 今○到楚而受象牀. 80-9 將何以待○. 80-9 臣戍願○勿受. 80-10 孟嘗○曰. 80-10 ○召而返之. 80-11 孟嘗○曰. 80-13 諫而止○之過. 80-15 孟嘗○曰. 80-17 秦破馬服○之師. 81-11 福三國之○. 81-16 恐秦兼天下而臣其○. 81-20 使人屬孟嘗○. 82-4 孟嘗○曰. 82-4 孟嘗○笑而受之曰. 82-5 左右以○賤之也. 82-6 孟嘗○曰. 82-8 孟嘗○曰. 82-10 孟嘗○客我. 82-11 孟嘗○問. 82-13 孟嘗○使人給其食用. 82-14 後孟嘗○出記. 82-16 孟嘗○怪之. 82-17 孟嘗○笑曰. 82-18 孟嘗○曰. 82-23 孟嘗○怪其疾也. 83-2 ○云視吾家所寡有者. 83-4 ○宮中積珍寶. 83-4 ○家所寡有者以義耳. 83-5 竊以爲○市義. 83-5 孟嘗○曰. 83-5 今○有區區之薛. 83-6 臣竊矯○命. 83-7 乃臣所以爲○市義也. 83-7 孟嘗○不說. 83-8 齊王謂孟嘗○曰. 83-9 孟嘗○就國於薛. 83-10 迎○道中. 83-10 孟嘗○顧謂馮諼. 83-11 今○有一窟. 83-13 請爲○復鑿二窟. 83-13 孟嘗○予車五十乘. 83-14 齊放其大臣孟嘗○於諸侯. 83-15 往聘孟嘗○. 83-17 馮諼先驅誡孟嘗○曰. 83-17 孟嘗○固辭不往也. 83-19 ○臣恐懼. 83-19 封書謝孟嘗○曰. 83-20 開罪於○. 83-21 願○顧先王之宗廟. 83-22 馮諼誡孟嘗○曰. 83-22 還報孟嘗○曰. 83-24 ○姑高枕爲樂矣. 83-24 孟嘗○爲相數十年. 83-25 孟嘗○爲從. 84-3 公孫弘謂孟嘗○曰. 84-3 ○不以使人先觀秦王. 84-3 ○恐不得爲臣. 84-5 ○從以難之. 84-6 孟嘗○曰. 84-6 今孟嘗○之地方百里. 84-10 孟嘗○好人. 84-11 孟嘗○之好人也. 84-12 寡人善孟嘗○. 84-18 ○好士也. 84-22 今○之家富於二公. 84-24 而士未有爲○盡游者也. 84-24 ○曰. 84-25 ○之廄馬百乘. 85-1 故曰○之好士未也. 85-3 孟嘗○逐於齊而復反. 85-6 譚拾子迎之於境. 謂孟嘗○曰. 85-6 ○得無有所怨齊士大夫. 85-7 孟嘗○曰. 85-7 ○滿意殺之乎. 85-8 孟嘗○曰. 85-8 ○知之乎. 85-9 孟嘗○曰. 85-9 願○勿怨. 85-12 孟嘗○乃取所怨五百牒削去之. 85-12 人○也. 85-16 是以○王無羞亟問. 86-13 形之○也. 86-15 ○子焉可侮哉. 86-22 及今聞○子之言. 86-22 寡人奉先○之宗廟. 87-11 事亂○. 87-12 昔先○桓公所好者. 87-14 先○好馬. 87-17 先○好狗. 87-17 先○好酒. 87-17 先○好色. 87-18 先○好士. 87-18 何以有○. 88-6 而○鵝鶩有餘食. 88-25 且財者○之所輕. 89-1 ○不肯以所輕與士. 89-2 而責士以所重事○. 89-2 衛○跣行. 90-10 身從諸侯之○. 91-15 則是路○之道也. 92-8 ○翳釀. 92-9 殺其○. 92-20 ○臣於齊者. 93-1 則明○不居也. 93-10 彼明○察相者. 93-11 故明○之攻戰也. 93-12 彼明○之從事也. 93-13 使昌國○將而擊之. 95-6 ○王后. 95-16 ○王后以爲后. 95-19 忠臣不先身而後○. 96-9 ○臣過計. 96-19 曹沫爲魯○將. 97-13 退而與魯○計也. 97-15 安平○. 98-19 安平○聞之. 98-19 安平○曰. 98-24 欲傷安平○. 99-1 且安平○之與王也. 99-5 ○臣無禮. 99-5 今王得安平○而獨曰單. 99-16 誰有厚於安平○者哉. 99-17 安平○以惴惴之即墨. 99-19 安平○之功也. 99-20 王不亟殺此九子者以謝安平○. 99-24 益封安平○以夜邑萬户. 99-25 ○王后賢. 101-4 ○王后事秦謹. 101-5 秦始皇嘗使使者遺○王后玉連環. 101-7 ○王后以示羣臣. 101-8 ○王后引椎椎破之. 101-8 及○王后病且卒. 101-10 ○王后曰. 101-11 ○王后曰. 101-11 ○王后死. 101-13 齊以淖○之亂秦. 102-7 昭奚恤與彭城○議於王前. 104-8 故爲梁山陽○請封於楚. 104-23 山陽○無功於楚國. 104-24 江尹因得山陽○與之共惡昭奚恤. 104-24 而魏入吾○臣之間. 105-3 夫泄吾○臣之交. 105-3 此○子也. 105-15 江乙說於安陵○曰. 105-20 ○無咫尺之地. 105-20 見○莫不斂衽而拜. 105-21 今○擅楚國之勢. 105-25 竊爲○危之. 106-1 安陵○曰. 106-2 願○必請從死. 106-2 臣所爲○道. 106-4 ○不用臣之計. 106-5 安陵○曰. 106-5 安陵○泣數行而進曰. 106-11 乃封壇爲安陵○. 106-13 ○子聞之曰. 106-15 安陵○可謂知時矣. 106-15 大不如事○. 108-8 今○欲一天下. 109-23 封爲武安○而相燕. 111-12 今儀曰逐○與陳軫而王聽之. 112-7 今○能用楚之衆. 112-11 今○何不見臣於王. 112-12 自從先○文王以至不穀之身. 112-16 ○王將何問者也. 112-19 恢先○以揜方城之外. 113-3 寡○身出. 113-11 寡○身出. 113-18 萬乘之○. 113-19 ○王身出. 113-23 餘豈悉無○乎. 114-4 昔者先○靈王好小要. 114-9 其○好發者. 114-11 ○王直不好. 114-12 若○王誠好賢. 114-12 ○必窮矣. 116-22 ○不如使人微要靳尚而刺之. 116-22 忠臣之於○也. 119-4 臣請北見晉○. 120-5 唐且見春申○曰. 122-14 竊慕大○之義. 122-15 而善○之業. 122-15 今○相萬乘之楚. 122-17 今○何不爲天下梟. 122-20 唯大○能之. 123-5 忠臣之所以事○也. 123-14 其似惡聞○王之臭也. 123-19 ○王左州侯. 124-2 輦從鄢陵○與壽陵○. 124-2 ○王卒幸四子者不衰. 124-5 ○王之事因是以. 125-7 輩從鄢陵○與壽陵○. 125-8 於是乃以執珪而授之爲陽陵○. 125-13 公不聞老萊子之教孔子事○乎. 125-20 見○之乘. 125-22 客說春申○曰. 126-12 ○籍之目百里勢. 126-13 臣竊目爲不便於○. 126-14 春申○曰. 126-15 客又說春申○曰. 126-17 其○未嘗不尊. 126-18 ○何辭之. 126-19 春申○又曰. 126-19 崔杼帥其○黨而攻. 127-1 趙使魏加見楚春申○曰. 127-14 ○有將乎. 127-14 僕欲將臨武○. 127-15 春申○曰. 127-16 今臨武○. 127-23 汗明見春申○. 127-25 春申○大說之. 127-25 春申○曰. 128-1 明願有問○而恐固. 128-2 不審○之聖. 128-2 春申○曰. 128-3 然則○料臣孰與舜. 128-3 春申○曰. 128-4 臣請爲○終言之. 128-5 ○之賢實不如堯. 128-5 今○一時而知臣. 128-6 是○聖於堯而臣賢於舜也. 128-6 春申○曰. 128-7 ○亦聞驥乎. 128-8 ○獨無意湔拔僕也. 128-14 使得爲○高鳴屈於梁乎. 128-15 春申○患之. 128-17 李園求事春申○爲舍人. 128-19 春申○問狀. 128-19 春申○曰. 128-20 春申○曰. 128-21 卽幸於春申○. 128-22 園女弟承間說春申

○曰. 128-24 楚王之貴幸○. 128-24 今○相楚王二十餘年. 128-24
○又安得長有寵乎. 129-1 ○用事久. 129-2 妾之幸○未久. 129-3 誠
以○之重而進妾於楚王. 129-4 則是○之子爲王也. 129-5 春申○大
然之. 129-6 恐春申○語泄而益驕. 129-9 欲殺春申○以滅口. 129-10
春申○相楚二十五年. 129-11 朱英謂春申○曰. 129-11 今○處無
妄之世. 129-12 春申○曰. 129-13 ○相楚二十餘年矣. 129-13 而○
相少主. 129-15 春申○曰. 129-17 據本議制斷○命. 129-18 秉權而
殺○以滅口. 129-19 春申○曰. 129-19 ○先仕臣爲郎中. 129-20 ○
王崩. 129-20 臣請爲○刺其胸殺之. 129-20 春申○曰. 129-21 春申
○後入. 129-25 園死士夾刺春申○. 129-25 於是使吏盡滅春申○之
家. 130-1 初幸春申○有身. 130-1 虞卿謂春申○曰. 130-6 而○之封
地. 130-7 爲主○慮封者. 130-7 秦孝公封商○. 130-8 故○不如北兵
以德趙. 130-12 ○曰. 130-13 楚○雖欲攻燕. 130-13 ○曰. 130-14
韓魏之○必反矣. 131-5 而韓魏之○無憙志而有憂色. 131-8 知伯以
告韓魏之○曰. 131-10 郄疵言○之且反也. 131-10 韓魏之○曰. 131
-11 使○疑二主之心. 131-13 今○聽讒臣之言. 131-14 爲○惜之.
131-14 ○又何以疵言告韓魏之○爲. 131-15 韓魏之○視疵端而趨疾.
131-16 韓魏之○果反矣. 131-18 ○其與之. 131-24 ○其定居晉陽.
132-13 ○曰. 132-13 ○因從之. 132-14 ○發而用之. 132-18 ○曰.
132-19 ○曰. 132-21 ○釋此計. 133-2 臣請見韓魏之○. 133-2 張孟
談於是陰見韓魏之○曰. 133-4 今知伯帥二國之○伐趙. 133-5 亡則
二○爲之次矣. 133-5 二○曰. 133-6 謀出二○之口. 133-7 二○卽與
張孟談陰約三軍. 133-8 ○曰. 133-11 必背○. 133-15 是皆能移其○
之計. 133-19 ○其與二○約. 133-20 而○得其所欲矣. 133-21 知過
見○之不用也. 133-22 使張孟談見韓魏之○曰. 134-1 前國地○之御
有之曰. 134-9 ○之所言. 134-16 ○若弗圖. 134-18 ○其行之. 134-
21 ○曰. 134-21 ○其負劍而御臣以之國. 135-2 ○曰. 135-3 爲故○
賊新○. 135-18 大亂○臣之義者無此矣. 135-18 以明○臣之義. 135
-19 是懷二心以事○也. 135-20 ○前已寬舍臣. 136-6 天下莫不稱○
之賢. 136-6 然願請○之衣而擊之. 136-7 ○不如許之. 136-15 ○不
如借之道. 136-16 謂山陽○曰. 136-19 主○曰. 137-1 臣固以鬼之言
見○. 137-7 今○殺主父而族之. 137-13 ○之立於天下. 137-13 ○聽
臣計則生. 137-13 臣竊觀○與蘇公談也. 137-16 其辯過○. 137-16
其博過○. 137-16 ○能聽蘇公之計乎. 137-17 ○卽不能. 137-17 願
○堅塞兩耳. 137-17 舍人出送蘇○. 137-18 昨日我談粗而○動. 137
-19 今日精而○不動. 137-19 吾○不能用也. 137-20 乃我請○塞兩
耳. 137-20 臣聞古之賢○. 138-2 奉陽○不欲. 139-12 客謂奉陽○曰.
139-12 ○之春秋高矣. 139-12 使陽城○入謝於秦. 139-22 召平原○
而告之曰. 140-6 以趙之弱而據之建信○. 141-17 建信○知從之無功.
141-18 故兩○者. 141-21 趙王封孟嘗○以武城. 142-6 孟嘗○擇舍
人以爲武城吏. 142-6 孟嘗○曰. 142-8 奉陽○妬. 144-4 今奉陽○捐
館舍. 144-6 乃封蘇秦爲武安○. 146-10 ○不得於臣. 146-24 今宣○
有微甲鈍兵. 148-4 奉陽○相. 148-17 ○之道也. 149-2 是以賢○靜
而有道民便事之教. 149-2 ○臣之分也. 149-4 國聽於○. 149-19 農
夫勞而○子養焉. 151-7 ○無蔽言. 151-8 今○釋此. 151-12 ○之忠
臣也. 152-21 論臣莫若○. 153-2 ○. 153-3 事○者. 153-12 是損○
而弱國也. 154-4 昔者先○襄主與代交地. 154-10 相都平○田單問趙
奢曰. 155-3 ○非徒不達於兵也. 155-8 ○無十餘二十萬之衆. 155-14
○焉能乎. 155-16 卽○之齊已. 155-19 ○將以此何之. 155-23 都
平○喟然大息曰. 155-23 魏使人因平原○請從於趙. 157-22 今者平
原○爲魏請從. 157-23 平原○請馮忌曰. 158-4 夫以秦將武安○公孫
起乘七勝之威. 158-5 平原○曰. 158-11 平原○謂平陽○曰. 158-14
且微○之命命之也. 158-15 臣固且有效於○. 158-15 願○之亦勿忘
也. 158-19 平陽○曰. 158-19 平原○使人請救於魏. 161-4 信陵○發
兵至邯鄲城下. 161-4 虞卿爲平原○請益地. 161-5 平原○之力也.
161-6 見平原○曰. 161-7 ○無覆軍殺將之功. 161-7 多在○之右. 161
-8 而○爲相國者以親故. 161-8 夫○封以東武城不讓無功. 161-9
爲○計者. 161-11 平原○曰. 161-11 與平陽○爲媾. 161-22 寡人使
平陽○媾秦. 161-23 因平原○謂趙王曰. 162-7 平原○猶豫未有所決.
162-10 乃見平原○曰. 162-11 平原○曰. 162-12 始吾以○爲天下之
賢公子也. 162-14 吾乃今然后知○非天下之賢公子也. 162-15 吾請
爲○責而歸之. 162-16 平原○曰. 162-16 平原○遂見辛垣衍曰. 162
-17 平原○曰. 162-20 皆有求於平原○者也. 162-23 非有求於平原
○者. 162-23 子將何以待吾○. 163-23 吾將以十太牢待子之○. 163
-24 子安取禮而來待吾○. 163-25 彼吾○者. 163-25 鄒○死. 164-3
於是平原○欲封魯仲連. 164-18 平原○乃置酒. 164-18 遂辭平原○
而去. 164-21 ○安能少趙人. 164-23 而令趙人多○. 164-23 ○安能
憎趙人. 164-23 而令趙人愛○乎. 164-23 今○易萬乘之强趙. 165-3
臣竊爲○不取也. 165-4 ○曰. 165-4 建信○貴於趙. 165-21 專○之
勢以蔽左右. 166-8 復塗偵謂○曰. 166-9 昔日臣夢見○. 166-9 ○曰.
166-9 夢見竈○. 166-9 ○忿然作色曰. 166-10 吾聞夢見人○者. 166
-10 今子曰夢見竈○而言○也. 166-10 今臣疑人之有煬於○者也.
166-12 是以夢見竈○. 166-13 ○曰. 166-13 ○之所以事王者. 166-
16 ○必困矣. 166-18 建信○曰. 166-18 ○令菅乘獨斷之車. 166-20
○因言王而重責之. 166-21 建信○再拜受命. 166-22 苦成常謂建信
○曰. 166-25 ○唯釋虛僞疾. 167-2 希寫見建信○. 167-6 建信○曰.
167-6 建信○悖然曰. 167-8 今○不能與文信侯相伉以權. 167-12 臣
竊爲○不取也. 167-13 魏魀謂建信○曰. 167-15 而○之身於王. 167
-17 建信○果先言橫. 167-22 臣爲足下使公孫衍說奉陽○曰. 171-6
○之身老矣. 171-6 爲○慮封. 171-7 以奉陽○甚食之. 171-10 以觀
奉陽○之應足下也. 171-11 臣又願足下有地効於襄安○以資臣也.
171-13 臣以爲足下見奉陽○矣. 171-19 臣謂奉陽○曰. 171-20 魏冉
必妬○之有陰也. 171-20 ○無搆. 171-21 則○無患矣. 171-23 臣願
○之蚤計也. 172-6 而○終不得陰. 172-9 内成陽○於韓. 172-10 而
○又不得陰. 172-12 而○必不得陰. 172-16 而○終身不得陰. 172-22
○桉救魏. 172-24 ○不救也. 172-25 而○有終身不得陰. 173-1 定
無罪之○. 173-2 故曰○必無講. 173-4 奉陽○曰. 173-5 又遺其後相
信陵○書曰. 174-3 莫如○矣. 174-7 則○將何以止之. 174-8 此○之
累也. 174-8 信陵○曰. 174-8 燕封宋人榮盆爲高陽○. 174-11 而以
求安平○而將之. 174-13 馬服○謂平原○曰. 174-13 ○致安平○而
將之. 174-14 今○以此與齊. 174-17 而求安平○而將之. 174-17 且
○奚不將奢也. 174-17 然則○奚求安平○而爲將乎. 174-19 平原○
曰. 174-20 馬服○曰. 174-21 ○過矣. 174-21 ○之所以求安平○者.
174-21 使安平○愚. 174-23 使安平○知. 174-23 安平○必處一焉.
174-24 使安平○知. 174-25 則王必怒而誅建信○. 175-18 建信○死.
175-18 建信○不死. 175-19 卿因以德建信○矣. 175-19 馮忌爲廬陵
○謂趙王曰. 175-22 王之逐廬陵○. 175-22 今燕一以廬陵○爲言.
175-24 然則王逐廬陵○. 175-25 王何不遣建信○乎. 176-14 建信○
有國事. 176-15 而與建信○. 176-20 敝邑寡○亦竊嘉之. 177-8 趙豹
平原○. 177-14 趙豹平原○. 177-16 親寡○之母弟也. 177-16 猶大
王之有葉陽涇陽○也. 177-16 未嘗不分於葉陽涇陽○. 177-18 葉陽
○涇陽○之車馬衣服. 177-19 敝邑之○. 177-21 無乃傷葉陽○涇陽
○之心乎. 177-21 敝邑之○. 177-23 今○留之. 178-14 故○不如遣
春平侯而留平都侯. 178-15 必厚割趙以事○. 178-16 必以長安○爲
質. 178-19 有復言令長安○爲質者. 178-21 老臣竊以爲媼之愛燕后
賢於長安○. 179-8 ○過矣. 179-10 不若長安○之甚. 179-10 今媼尊
長安○之位. 179-18 長安○何以自託於趙. 179-19 老臣以媼爲長安
○計短也. 179-20 恣○之所使之. 179-21 於是爲長安○約車百乘質
於齊. 179-21 ○予之地. 181-5 ○不如與之. 181-7 ○何釋以天下圖
知氏. 181-8 ○曰. 181-9 中山之○烹其子而遺之羹. 181-19 ○明則
樂官. 182-13 今○審於聲. 182-14 臣恐○之聾於官也. 182-14 吾○
之言. 182-19 且○親從臣而勝降城. 183-2 今主○以趙王之詔詔之.
185-5 齊請以宋地封涇陽○. 186-21 齊秦合而涇陽○有宋地. 186-25
雍沮謂齊楚之○曰. 189-1 聞周魏令竇屢以割魏於奉陽○. 190-14
夫周○竇屢奉陽○之與穰侯. 190-15 奉陽○也. 190-16 梁○與田侯
不欲. 192-3 夫二○者. 192-6 田侯梁○見其危. 192-8 遂勸兩○聽犀
首. 192-9 梁○田侯恐其至而戰敗也. 192-10 犀首見梁○曰. 192-13
田需從中敗○. 192-13 先○必欲一見羣臣百姓也夫. 194-3 奉陽○孟
嘗○韓呡周㝡周韓餘爲徒從而下之. 195-19 奉陽○韓餘爲旣和矣.
195-23 然則相者以誰而○便之也. 197-23 請爲○北見梁王. 197-24
○其爲梁王. 197-25 代請說○. 197-25 ○何憂. 198-1 秦召魏相信安
○. 198-10 信安○不欲往. 198-10 夫令人之○處所不安. 198-18 請
魯○舉觴魯○興. 200-2 今主○之尊. 200-11 主○之味. 200-11 今主
○兼此四者. 200-13 願○之以是慮事也. 202-17 則○得所欲矣. 203
-4 而○後擇焉. 203-5 且○之嘗割晉國取地也. 203-5 而○制之. 203
-7 臣願○之熟計而無行危也. 203-7 王急召○. 204-5 ○無爲魏計.
204-6 ○其自爲計. 204-6 ○其先自爲計. 204-7 王急召○. 204-8 ○
不行. 204-8 血濺○襟矣. 204-8 今○劫於羣臣而許秦. 204-25 夜見
孟嘗○. 205-16 孟嘗○曰. 205-17 孟嘗○之趙. 205-19 孟嘗○曰.
205-20 孟嘗○曰. 205-20 ○得燕趙之兵甚衆且亟矣. 206-13 葉陽○
約魏. 208-17 而信春申○之言. 211-23 卽春申○有變. 211-24 ○攻
楚得宛穰以廣陶. 212-22 議則○必窮. 212-24 爲○計者. 212-24 白
珪謂新城○曰. 213-1 故臣能無議○於王. 213-2 不能禁人議臣於○
也. 213-2 平都○說魏王曰. 213-25 平都○曰. 214-1 平都○曰. 214
-2 成陽○欲以韓魏聽秦. 215-3 王不如陰侯人說成陽○曰. 215-3 ○
入秦. 215-4 秦必留○. 215-4 秦必留○. 215-5 故○不如安行求質於
秦. 215-5 成陽○必不入秦. 215-6 ○之楚. 215-20 信陵○殺晉鄙.
217-4 唐且謂信陵○曰. 217-4 信陵○曰. 217-6 今○殺晉鄙. 217-8
臣願○之忘之也. 217-9 信陵○曰. 217-10 信陵○使人謂安陵○曰.
217-12 ○其遣縮高. 217-13 安陵○曰. 217-13 復信陵○之命. 217-
15 ○之幸高也. 217-15 亦非○之所喜也. 217-17 使者以報信陵○.
217-19 信陵○大怒. 217-19 願○之生束縮高而致之. 217-20 若○弗
致也. 217-21 安陵○曰. 217-22 吾先○成侯. 217-22 臣弑○. 217-23
而○曰必生致之. 217-25 信陵○爲人. 218-2 豈可使吾○有魏患也.

218-3 信陵○聞縮高死. 218-5 使使者謝安陵○曰. 218-5 失言於○. 218-6 魏王與龍陽○共船而釣. 218-8 龍陽○得十餘魚而涕下. 218-8 今臣爵至人○. 218-12 秦王使人謂安陵○曰. 219-11 安陵○其許寡人. 219-11 安陵○曰. 219-12 安陵○因使唐且使於秦. 219-13 安陵○不聽寡人. 219-14 而○以五十里之地存者. 219-15 以○爲長者. 219-15 請廣於○. 219-16 而○逆寡人者. 219-16 安陵○受地於先生而守之. 219-17 ○眞其人也. 221-21 今主○以楚王之教詔之. 222-17 魏順謂市丘○曰. 224-12 ○資臣. 224-14 臣請爲○止天下之攻市丘. 224-14 市丘○曰. 224-14 春申○聞之. 229-19 而○用之弱. 229-23 先○者. 229-24 公叔使馮○於秦. 233-5 留馮○以善韓臣. 233-5 主○不如善馮○. 233-6 馮○廣王而不聽公叔. 233-6 公叔之與周○交也. 233-19 必周○而深怨我矣. 233-21 謂新城○曰. 235-10 韓咎立爲○而未定也. 236-10 嚴遂重於○. 236-22 傀又韓○之季父也. 237-22 相又國○之親. 237-24 今公與安成○爲秦魏之和. 239-9 安成○東重於魏. 239-11 此○國長民之大患也. 239-20 一世之明○也. 241-5 申不害與昭釐侯執珪而見梁○. 241-6 魏○必得志於韓. 241-7 明○也. 241-10 今秦有梁○之心矣. 241-11 而○臣上下少長貴賤畢呼霸王. 241-25 聶政陽堅刺相兼○. 242-3 立以爲鄭○. 242-4 是故哀侯爲○. 242-5 今日鄭○不可得而爲也. 242-6 皆戴哀侯以爲○. 242-11 諸侯之○. 242-12 今○以所事善平原○者. 243-14 而善平原○乃所以惡於秦也. 243-15 願○之熟計之也. 243-15 知其○不知異○. 244-9 大怒於周之留成陽○也. 245-2 成陽○爲秦去韓. 245-4 或謂山陽○曰. 245-8 秦封○以山陽. 245-8 齊封○以莒. 245-8 齊秦非重韓則賢○之行也. 245-8 次弗納於○. 245-9 山陽○因使之楚. 245-10 建信○輕韓熙. 246-19 今○之輕韓熙者. 246-20 秦見○之交反善於楚魏也. 246-21 故○收韓. 246-23 段産謂新城○曰. 247-1 能無議○於王. 247-2 而不能令人毋議臣於○. 247-2 願○察之也. 247-2 段干越人謂新城○曰. 247-5 今主○幸教詔之. 248-19 奉陽○李兌甚不取於蘇秦. 248-22 李兌因爲蘇秦謂奉陽○曰. 248-22 今○之齊. 248-23 臣竊爲○不取也. 248-24 奉陽○曰. 249-1 而○甚不善蘇秦. 249-3 故爲○計. 249-5 則○多資. 249-6 奉陽○曰. 249-7 武安○蘇秦爲燕說齊王. 249-14 武安○. 250-6 武安○從齊來. 250-8 辭孤竹之○. 250-16 ○以自覆爲可乎. 250-21 足下皆自覆之○也. 250-23 所謂以忠信得罪於○者也. 250-24 此其○之欲得也. 253-7 將廢私而立公飭○臣之義. 254-13 齊請以宋封涇陽○. 255-6 涇陽○有宋地. 255-9 臣聞古之○人. 255-24 涓人言於○曰. 255-25○遣之. 255-25 反以報○. 256-1 ○大怒曰. 256-1 今涇陽○若高陵○先於燕趙. 257-6 蘇代爲奉陽○說燕於趙以伐齊. 261-23 奉陽○不聽. 261-23 人告奉陽○曰. 261-25 奉陽○告朱讙與趙足曰. 262-8 奉陽○之怒甚矣. 262-13 而小人奉陽○也. 262-13 奉陽○告朱讙曰. 262-23 齊○臣不親. 264-11 昌國○樂毅爲燕昭王合五國之兵而攻齊. 266-13 趙封以爲望諸○. 266-15 望諸○乃使人獻書報燕王曰. 266-24 臣聞賢聖之○. 267-4 成功之○也. 267-5 臣聞賢明之○. 267-24 臣聞古之○子. 268-12 數奉教於○子矣. 268-13 唯○之留意焉. 268-14 夫欲得之○. 271-15 王乃召昌國○樂間而問曰. 271-20 不能奉順○意. 272-2 故○捐國而去. 272-2 而○不肯聽. 272-3 ○試論之. 272-3 ○之於先王也. 272-4 寡人望有非則○掩蓋之. 272-5 不虞○之明罪之也. 272-5 望有過則○教誨之. 272-5 不虞○之明罪之也. 272-6 ○微出明怨以棄寡人. 272-7 恐○之未盡厚也. 272-7 非○心所望之. 272-10 今○厚受位於先王以成尊. 272-11 難得於○矣. 272-12 而○有失厚之累. 272-13 於爲○擇之也. 272-13 ○雖不得意乎. 272-16 苟可以明○之義. 272-18 成○之高. 272-18 而○不得厚. 272-19 而○不得榮. 272-20 願○無以寡人不肖. 272-21 不望之乎○也. 273-3 ○豈怨之乎. 273-3 願○捐怨. 273-3 意○曰. 273-4 ○之所揣也. 273-5 唯○圖之. 273-6 則○臣相疑. 275-15 使人謂衛○曰. 279-24 衛○懼. 280-2 宋○使使者請於趙王曰. 280-9 ○日長矣. 280-20 公不如令楚賀○之孝. 280-20 則○不奪太后之事矣. 280-21 遺衛○野馬四百. 281-18 衛○大悅. 281-18 衛○曰. 281-19 ○其圖之. 281-21 衛○以其言告邊境. 281-21 太子顏爲○子也. 281-25 以德衛○. 282-9 請厚子於衛○. 282-13 又以德衛○也. 282-14 衛嗣○病. 282-25 子聽吾言也以說○. 282-25 ○必善子. 282-25 始○之所行於世者. 283-1 羣臣盡以爲○輕國而好高麗. 283-2 必無與○言國事者. 283-3 子謂○. 283-3 ○之所行天下者甚謬. 283-3 ○曰. 283-5 嗣○死. 283-5 殷順且以○令相公期. 283-5 衛嗣○時. 283-8 ○曰. 283-10 ○爲臣多車重幣. 284-10 中山之○遣之齊. 284-11 臣聞○欲廢中山之王. 284-11 是○爲趙魏驅羊也. 284-13 今○召中山. 284-15 中山急而爲○難其王. 284-16 爲○廢王事齊. 284-17 是○廢其王而亡其國. 284-17 是○臨中山而失四國也. 284-22 善以微計薦中山之○久矣. 284-23 果召中山○而許之王. 284-24 藍諸○患之. 285-8 張登謂藍諸○曰. 285-8 藍諸○曰. 285-8 藍諸○曰. 285-12 藍諸○曰. 285-13 藍諸○曰. 285-18 使告中山○曰. 285-18 請亦佐○. 285-20 藍諸○曰. 285-23 藍諸○曰. 286-2 中山○出. 286-8 於○何如. 286-9 ○曰. 286-9 ○曰. 286-10 ○曰. 286-11 中山○大疑公孫弘. 286-12 ○與之. 286-16 ○弗與趙. 286-16 公因勸○立之以爲正妻. 286-16 ○弗與. 286-17 ○弗與趙. 286-18 大怒則○必危矣. 286-18 誠如○言. 286-25 ○臣賢不肖. 287-3 ○弗攻. 287-21 中山之○. 287-22 是賢○也. 287-23 中山○饗都士. 288-2 中山○亡. 288-3 中山○顧謂二人. 288-4 ○下壺飡餌之. 288-5 故來死○也. 288-6 中山○喟然而仰歎曰. 288-6 中山○烹之. 288-10 武安○曰. 288-14 ○不量百姓之力. 288-15 武安○曰. 288-18 ○臣憂懼. 288-22 王欲使武安○. 289-1 武安○稱疾不行. 289-1 王乃使應侯往見武安○. 289-1 ○前率數萬之衆入楚. 289-3 ○所將之不能半之. 289-4 此○之功. 289-6 願使○將. 289-8 ○嘗以寡擊衆. 289-9 武安○曰. 289-11 至於平原○之屬. 289-23 武安○曰. 290-5 因見武安○. 290-6 ○雖病. 290-7 將加重於○. 290-8 如○不行. 290-8 寡人恨○. 290-8 武安○頓首曰. 290-8

【尾】 16

狐濡其○. 52-15 王若能爲此○. 55-16 王若不能爲此○. 55-17 ○湛胕潰. 128-9 昔王季歷葬於楚山之○. 194-1 擊其○. 211-4 其○救. 211-5 首○皆救. 211-5 是山東首○皆救中身之時也. 211-7 此方其爲○生之時也. 230-8 使臣信如○生. 250-11 信如○生. 250-17 長其○. 251-13 獻常山之○五城. 252-3 信如○生高. 257-24 信如○生高. 258-3

【改】 6

弗能○已. 36-22 五伯○政. 258-8 王其○舉. 263-25 故入江而不○. 268-8 退不得○過. 273-5 疑其有○悔. 276-19

【忌】 47

成侯鄒○爲齊相. 65-2 田○爲將. 65-2 公孫閈謂鄒○曰. 65-2 田○不進. 65-4 鄒○以爲然. 65-4 乃說王而使田○伐魏. 65-4 田○三戰三勝. 65-6 鄒○以告公孫閈. 65-6 我田○之人也. 65-7 田○遂走. 65-9 田○爲齊將. 65-11 孫子謂田○曰. 65-11 田○曰. 65-12 田○不聽. 65-17 田○亡齊而之楚. 65-19 鄒○代之相. 65-19 齊恐田○欲以楚權復於齊. 65-19 鄒○所以不善楚者. 65-21 恐田○之以楚權復於齊也. 65-21 王不如封田○於江南. 65-21 以示田○之不返齊也. 65-22 鄒○以齊厚事楚. 65-22 田○亡人也. 65-23 此用二○之道也. 65-24 鄒○事宣王. 66-1 鄒○謂宣王曰. 66-2 ○聞以爲有一子之孝. 66-2 鄒○脩八尺有餘. 66-5 ○不自信. 66-7 公子無○爲天下循便計. 81-12 平原君請馮○曰. 158-4 馮○對曰. 158-5 適會魏公子無○奪晉鄙軍以救趙擊秦. 164-17 馮○爲廬陵君謂趙王曰. 175-22 馮○請見趙王. 176-3 馮○接手免首. 176-3 馮○曰. 176-10 於是馮○乃談. 176-11 昭○曰. 213-5 謂昭○曰. 213-10 昭○乃爲之見秦王曰. 213-11 昭○曰. 213-12 無○謹受教. 217-10 無○將發十萬之師. 217-21 無○小人也. 218-6 要離之刺慶○也. 219-24 而○燕也愈甚矣. 256-16

【阿】 4

宋衛乃當○甄耳. 35-24 而在○鄄之間者百數. 101-22 女○謂蘇子曰. 118-19 鄧師宛馮龍淵大○. 222-4

【壯】 7

請益具車騎○士. 237-23 趙民其○者皆死於長平. 271-19 其孤未○. 271-20 臣聞騏驥盛○之時. 274-14 今太子聞光○盛之時. 274-15 今太子聞光○盛之時. 274-21 ○士一去兮不復還. 277-1

【阻】 4

地形險○. 183-4 前脉形埊之險○. 183-10 無有名山大川之○. 185-8 觀其地形險○. 287-3

【附】 19

是我一舉而名實兩○. 22-11 功成名立利○. 39-7 趙彊則楚○. 39-9 楚彊則趙○. 39-9 楚趙○則齊必懼. 39-9 齊○而韓魏可虛也. 39-10 邢丘拔而魏請○. 39-13 而百無不親○. 86-2 則利必○矣. 91-8 百姓不○. 95-4 發使出重寶以○楚魏. 161-19 而子又○之. 182-19 是王以虛辭○秦. 249-25 有所○則無不重. 253-2 南○楚則楚重. 253-3 西○秦則秦重. 253-3 中○韓魏則韓魏重. 253-3 且苟所○之國重. 253-3 必爲趙魏廢其王而務○焉. 284-13

【陂】 2

南游乎高○. 125-3 後世必有以高臺○池亡其國者. 200-10

【姉】 5

政○聞之. 238-10 乃其○者. 238-15 其○不避菹醢之誅. 238-17 昔趙王以其○爲代王妻. 251-11 其○聞之. 251-17

【妙】 1

則韓魏齊燕趙衛之○音美人. 109-8

【妨】 3

何○於處女. 31-4 無○於趙之伐燕也. 273-13 ○往來者. 283-15

【邵】 3

○公奭封於燕. 130-10 南有鴻溝陳汝南有許鄢昆陽○陵舞陽新郪. 184-5 蔡○之道不通矣. 246-22

【忍】 11

吾不○也. 63-19 ○而不入. 114-10 吾不○爲之民也. 163-3 誠不○
其求也. 163-12 仲連不○爲也. 164-21 以其能○難而重出地也. 202
-9 吾不○也. 238-13 丹不○以己之私. 276-3 荆軻知太子不○. 276
-4 則寡人不○也. 280-11 不○爲辱軍之將. 290-15
【矣】 890
其日久○. 1-13 其日久○. 1-14 則無加焉○. 2-8 西周之寶可盡○.
2-17 西周弱○. 2-23 君之謀過○. 3-2 無他種○. 3-3 而受命於君○.
3-5 必厚事王○. 3-23 必無處○. 4-1 則子常重○. 4-2 則公之國虚
○. 4-24 則有合○. 5-1 弗與禮重○. 5-14 則伐齊深○. 5-21 必不處
○. 5-22 王爲臣賜厚○. 6-21 則終日無所得○. 7-4 則又駭鳥○. 7-
4 然後能多得鳥○. 7-5 故能得欲○. 7-7 今夕有姦人當入者○. 8-2
齊必輕○. 9-7 則衆必多傷○. 9-20 則君重○. 9-23 楚王始不信昭應
之計○. 10-17 然吾使者已行○. 10-19 亦已多○. 10-20 必有罪○.
11-3 可教射也○. 11-8 前功盡○. 11-11 楚必將自取之○. 11-25 而
兩上黨絶○. 12-19 周必亡○. 13-1 則秦孤而不王○. 13-9 則令不横
行於周○. 13-10 國恐傷○. 13-14 而臣爲不能使○. 14-3 不惡周於
秦○. 14-4 不善於公且誅○. 14-6 此眞可以説當世之君○. 16-23 猶
連雞之不能俱止於棲之明○. 17-21 必割地以交於王○. 18-2 萬可以
勝天下○. 18-22 此固已無伯王之道一○. 19-15 此固已無伯王之道
二○. 19-21 此固已無伯王之道三○. 19-24 代上黨不戰而已爲秦○.
20-8 東陽河外不戰而已反爲齊○. 20-8 中呼池以北不戰而已爲燕○.
20-9 天下固量秦之謀臣一○. 20-17 天下固量秦力二○. 20-19 天下
固量秦力三○. 20-21 豈其難○. 20-23 城且拔○. 21-5 不敢反於秦
○. 21-18 去王業遠○. 22-4 而王隨之○. 22-7 而彼已服○. 22-10
昭陽將不與臣從事○. 24-20 則儀之言果信○. 24-24 齊弱則必爲王
役○. 26-12 寡人自以爲智○. 26-17 則兩國兵必至○. 26-22 吾事善
○. 26-23 可○. 27-6 則諸侯必見張儀之無秦○. 28-8 臣不得復過○.
28-10 則君一舉而亡國○. 28-23 魏聽臣○. 29-3 上黨南陽積之久○.
29-5 難○. 29-6 國必危○. 29-25 無柰秦何○. 29-25 公必窮○. 30
-14 則公之功多○. 30-14 秦衆盡怨之深○. 30-15 而健者不用○. 30
-24 家貧無燭者將去○. 31-3 其居秦累世重○. 31-8 國恐傷○. 32
-2 則寄地必多○. 32-3 亦必無患○. 32-24 必不益趙甲四萬人以伐
齊○. 33-2 明知死者之無知○. 33-7 先王積怒之日久○. 33-8 君必
輕○. 34-3 子必大窮○. 34-9 藉君天下數年○. 34-11 其讎君必深○.
34-22 必無患○. 35-6 不能與齊縣衡○. 35-21 則秦伐○. 35-23 則
諸侯不得擅厚○. 36-20 寡人宜以身受令久○. 37-4 而悉韓魏之兵則
不義○. 38-24 疏於計○. 39-1 臣今見王獨立於廟朝○. 40-9 則病必
甚○. 40-21 國必裂○. 40-24 與之昆弟○. 42-8 金盡者功多○. 42-
9 大相與鬭○. 42-11 秦王王○. 42-14 亦不過此○. 42-17 固不得之
○. 42-18 不樂爲秦民之日固久○. 42-19 且君擅主輕下之日久○. 43
-21 其卒亦可願○. 44-20 則可願○. 45-12 功已成○. 46-6 功已成
○. 46-9 秦之欲得○. 46-17 君之功極○. 46-18 是楚與三國謀出秦
兵○. 48-8 終以齊奉事王○. 48-21 三國之兵深○. 48-23 惜○. 49-
3 惜○. 49-5 寡人决講○. 49-6 亦明○. 49-14 三之料天下過○. 49
-15 而智氏分○. 49-20 必與秦地○. 50-3 秦之楚者多資○. 50-4 郎
可○. 50-23 王可謂能○. 52-3 王之功亦多○. 52-6 而魏氏服○. 52
-8 王之威亦憚○. 52-10 勝有日○. 52-20 而有累世之怨○. 53-2 百
世○. 53-3 滿海内○. 53-6 韓魏之强足以校於秦○. 53-16 而魏亦關
内候○. 54-1 不待痛而服○. 54-5 趙氏亦嘗强○. 54-9 則秦孤而受
兵○. 55-24 則兩國者必爲天下笑○. 55-24 必殺之○. 56-5 楚必便
之○. 56-9 公相必○. 56-10 太子爲糞○. 56-13 爲期與我約○. 56-
16 必無危亡之患○. 57-8 王年高○. 57-9 秦王老○. 57-17 陛下嘗
軔車於趙○. 57-21 而燕太子已入質○. 58-7 今臣生十二歲於兹○.
58-10 臣不知卿所死之處○. 58-18 行有日○. 58-19 危○. 58-23 因
以亡○. 59-19 則無忠臣○. 61-11 臣請三言而已○. 62-19 靖郭君可
謂能自知人○. 64-5 名可尊○. 64-22 則將軍不得入於齊○. 65-17
王之蔽甚○. 66-17 此不叛寡人明○. 67-4 君之謀過○. 67-15 此其
爲德也亦大○. 67-20 今齊將近○. 68-7 齊無所出其計○. 68-9 今三
晉已合○. 68-10 固以二十一萬○. 68-21 而戰勝存亡之機決○. 69-
2 亦已明○. 69-8 而國破○. 69-24 王之謀過○. 71-4 厚○王之託儀
於秦王也. 71-21 是必與衍鬻吾國○. 72-12 令尹貴○. 72-18 公以是
爲名居足○. 72-24 倍秦則齊無患○. 73-6 而身與趙戰○. 73-9 歸於
君○. 73-13 而齊燕之計過○. 73-18 則明日及齊楚○. 73-21 則爲國
計者過○. 73-23 趙魏亦不免與秦爲患○. 74-2 則君無敗○. 75-16
而楚功見○. 76-10 太子必危○. 76-10 而於君之事殆○. 77-1 吾已
盡知之○. 77-10 則汝殘○. 77-15 則臣不知君所出○. 77-18 文無以
復侍○. 77-23 雖得則薄○. 78-4 文有以事夏侯公○. 78-9 此臣之所
爲君取○. 78-21 亦甚不義○. 78-25 子與文游久○. 79-2 孟嘗君可
語善爲事○. 79-12 堯亦有所不及○. 79-19 伐楚取鄢郢○. 81-15 則
趙魏亦危○. 81-18 收畢○. 83-3 先生休○. 83-8 齊其聞之○. 83-18
君姑高枕爲樂○. 83-24 願因請公往○. 84-6 公孫弘可謂不侵○.
84-19 可謂足使○. 84-20 亦甚○. 86-3 非弗寶貴○. 86-25 言要道
已備○. 87-3 屬知足○. 87-6 王駟已備○. 87-20 王之走狗已具○.
87-21 王宫已充○. 87-21 然嫁過畢○. 88-20 不宦則然○. 88-21 而
能事成者寡○. 90-6 則不能割劌○. 90-7 則不能遠殺○. 90-8 衛八
門土而二門墮○. 90-10 今世之爲國者不然○. 90-18 則遠○. 90-21
且天下徧用兵○. 91-2 則利必附○. 91-8 伯王不爲而立○. 91-9 幣
帛矯蠹而不服○. 91-12 則不祠而福○. 91-12 不貸而見足○. 91-13
可見於前事○. 91-18 而能從諸侯者寡○. 92-6 則傷主心○. 92-11
而能從諸侯寡○. 92-16 故三下城而能勝敵者寡○. 92-19 然則天下
仇之必○. 93-9 辭讓而重賂至○. 93-12 士民不知而王業至○. 93-13
則其國無宿憂○. 93-22 何以知其然○. 93-23 則臣請必北魏○. 94
-3 大王之功大○. 94-4 令行於天下○. 94-4 則趙必從○. 94-6 則
韓必從○. 94-7 則王業見○. 94-8 而魏將以禽於齊○. 94-14 而西河
之外入於秦○. 94-14 天地人皆以告○. 95-14 能以見於天下○. 96-
23 功業可明○. 97-1 不免爲辱人賤行○. 97-10 敬聞命○. 97-23 而
社稷已安○. 99-2 吾爲吾之王禮而已○. 99-10 民已安○. 99-23 國
危○. 99-25 可往○. 100-10 宗廟亡○. 100-10 云曰尚○. 100-11 歸
於何黨○. 100-11 先生志之○. 100-16 汙吾世○. 101-3 謹以解○.
101-9 老婦已亡○. 101-11 即臨晉之關可以入○. 101-23 即武關可
以入○. 101-25 則王重○. 102-13 後將常急○. 103-5 國必危○. 103
-7 其割趙必深○. 104-12 害必深○. 104-15 是其爲人也近苦○.
105-4 臣之得罪無日○. 105-5 取○. 105-9 臣請不敢復見○. 106-5
樂○. 106-10 誰與樂此○. 106-11 安陵君可謂知時○. 106-15 臣等
之罪免○. 106-19 貴甚○而主斷. 106-20 如出一口○. 106-20 今王
以用之於越○. 108-15 臣以爲王鉅速忘○. 108-16 則諸侯莫不南面
而朝於章臺之下○. 108-25 則鄢郢動○. 109-4 必充後宫○. 109-9
相去遠○. 109-17 故謀未發而國已危○. 109-21 不格明○. 110-5 竊
以爲大王之計過○. 110-6 盡城守○. 110-19 陳卒盡○. 110-23 有偏
守新城而居民苦○. 110-24 計無過於此者○. 111-7 其不可成也亦明
○. 111-15 甚○. 112-4 則楚無謀臣○. 112-10 則楚衆不用○. 112-
11 其效鄢郢漢中必緩○. 112-13 如華不足知之○. 112-18 楚國亡之
月至○. 113-7 則楚輕○. 115-4 則公之兵全○. 115-18 楚必輕○.
116-5 子益賤而日疏○. 116-12 子之子孫必爲楚太子○. 116-15 君必
窮○. 116-22 則子重○. 116-23 則魏無患○. 116-23 則傷行○. 117
-3 則失利○. 117-3 蘇子必且爲太子入○. 118-21 寡人聞命○. 119
-19 儀行天下徧○. 120-17 臣以爲大王輕○. 121-9 於此因○. 122-
7 麇因得○. 122-9 僞舉罔而進者必衆○. 122-10 於此困○. 122-11
亦明○. 122-19 夫秦捐德絶命之日久○. 123-7 王愛子美○. 123-16
郢都必危○. 124-3 楚國必亡○. 124-5 折清風而抎○. 124-25 臣有
辭以報樗里子○. 125-17 吾與子出兵○. 126-4 必甚於癘○. 127-7
有○. 127-14 先生大息○. 128-1 先生過○. 128-3 夫驥之齒至○.
128-8 沈洿鄙俗之日久○. 128-13 今妾自知有身○. 129-3 君相楚二
十餘年○. 129-13 而陰養死士之日久○. 129-18 秦始皇立九年○.
130-3 今楚王之春秋高○. 130-6 爲其遠王室○. 130-11 夫楚亦强大
○. 130-16 今爲馬多力則有○. 130-18 今謂楚强大則有○. 130-19
韓魏之君必反○. 131-5 難必及韓魏○. 131-7 城今且將拔○. 131-11
是疵爲趙計○. 131-13 韓魏之君果反○. 131-18 必加兵於韓○.
131-23 然則其錯兵於魏必○. 132-5 其移兵寡人必○. 132-11 倉廩實
○. 132-16 足○. 132-19 則有餘銅○. 132-21 吾不能守○. 132-25
趙將亡○. 133-5 亡則二君爲之次○. 133-5 吾與二主約謹○. 133-13
兵着晉陽三年○. 133-15 而君得其所欲○. 133-21 必後之○. 133
-25 吾其報知氏之讎○. 135-9 謂子有志則然○. 135-16 大亂君臣之
義者無此○. 135-18 名既成○. 136-4 亦以足○. 136-4 而可以報知
伯○. 136-9 過○. 136-13 必不能越趙而有中山○. 136-14 彼將知○
利之也. 136-15 兑盡知之○. 137-7 臣恐其禍出於是○. 138-24 五國
之兵有日○. 139-1 君之春秋高○. 139-12 吾始已諾於應侯○. 140-
3 今發兵已取之○. 141-1 吾已大○. 141-7 年已長○. 141-7 則是强
畢○. 141-20 文信侯之憂大○. 142-1 三晉之心疑○. 142-2 齊趙必
俱亡○. 142-4 決不相鬭○. 142-18 知不如禽遠○. 142-20 已五年○.
142-23 食未飽而禍已及○. 143-1 秦禍安移於梁○. 143-4 梁不待伐
○. 143-4 秦禍案攘於趙○. 143-5 割必深○. 143-6 皆願奉教陳忠於
前之日久○. 144-4 陰陽而已○. 144-13 則兵必戰於邯鄲之下○. 144
-23 傅之國都而止○. 145-5 禍中於趙○. 145-6 固已見於胷中○.
145-12 秦破必○. 145-15 臣得陳忠於前○. 145-23 秦必不敢出兵於
函谷關以害山東○. 146-7 如是則伯業成○. 146-8 則雖從而不止○.
146-23 天下之主亦盡過○. 147-3 秦兵不敢出函谷關十五年○. 147
-24 然而心忿悁含怒之日久○. 148-4 夫天下之不可一亦明○. 148-
9 而世必議寡人○. 149-8 殆毋顧天下之議○. 149-11 王失論○. 153
-2 以事寡人者畢○. 153-13 不用人○. 153-14 而天下服○. 155-6
魏冉固德公○. 156-6 燕趙必不爭○. 156-9 兵必歸於趙○. 157-5 魏
秦必虚○. 157-18 魏過○. 157-24 王亦過○. 157-24 王亦過○. 158
-1 公子將行○. 158-15 坐此者多○. 158-18 公子之所以教之者厚○.
158-18 則人心變○. 159-5 不遺餘力○. 159-12 王無以救○. 159-14

誠聽子割○. 159-18 卽坐而地盡○. 160-6 其計固不止○. 160-10
其勢必無趙○. 160-12 則必盡在於秦○. 160-17 危○. 160-20 秦之
使者已在趙○. 161-2 秦不遺餘力○. 161-19 秦已内鄭朱○. 161-23
軍必破○. 161-24 天下之賀戰勝者皆在秦○. 161-24 事將奈何○.
162-12 勝已泄之○. 162-20 則連有赴東海而死○. 163-2 齊楚則固助
之○. 163-5 燕則吾請以從○. 163-5 則必助趙○. 163-7 昔齊威王嘗
爲仁義○. 163-8 亦太甚○. 163-18 人必危之○. 165-16 鄰國得志○.
165-19 則王之國大治○. 165-24 君必困○. 166-18 則胥之事有不言
者○. 166-21 胥之軸今折○. 166-21 未期年而胥亡走○. 166-22 甚
○其無禮也. 167-7 雖貴已賤○. 167-10 雖賤已貴○. 167-10 趙必亡
○. 169-24 王之事趙也何得○. 170-2 必爲王高○. 170-19 君之身老
○. 171-6 則足下擊潰而決天下○. 171-15 臣以爲足下見奉陽君○.
171-19 則陰不可得已○. 171-21 陰必得○. 171-23 則君無患○. 171
-23 必有踦重者○. 172-4 皆不利趙○. 172-7 一○. 172-9 二○.
172-12 過趙已安邑○. 172-15 三○. 172-17 魏必破○. 172-19 卽趙
自消爍○. 172-21 四○. 172-22 五○. 173-1 六○. 173-4 則陰必得
○. 173-4 死不復見於王○. 173-8 故臣死不復見於王○. 173-11 子
勉行○. 173-11 寡人與子有誓言○. 173-11 吾已與樓子有言○. 173
-13 則主必爲天下咲○. 173-25 莫如君○. 174-7 奢已舉燕○. 174-
19 將軍釋之○. 174-20 僕已言之僕主○. 174-20 君過○. 174-21 趙
强則齊不復霸○. 174-25 無明此者○. 175-3 齊必不效地○. 175-14
則卿必爲相○. 175-19 卿因以德建信君○. 175-19 則大臣爲之枉法
於外○. 176-24 則使者歸○. 177-11 不得見久○. 178-24 年幾何○.
179-6 十五歲○. 179-6 君過○. 179-10 亦哀之○. 179-12 知氏之命
不長○. 181-6 子往○. 181-24 則霸王之業具○. 182-19 奚足以霸王
○. 183-4 專委之子○. 183-5 既爲寡人勝强敵○. 183-16 公叔當之
○. 183-19 此其過越王勾踐武王遠○. 184-19 故兵未用而國已虧○.
184-21 其不可以成亦明○. 185-17 國必無憂○. 185-24 勝楚必○.
186-3 齊必危○. 186-17 而秦信齊○. 186-24 則埊廣○. 187-2 不得
待異日○. 187-5 臣與燕趙故○. 187-9 公必危○. 188-25 而儀固得
魏○. 189-3 張儀以合秦魏○. 189-12 則韓之南陽舉○. 189-14 則秦
魏之交可廢○. 189-15 韓之卜也決○. 190-3 是太子之讎報○. 190-
8 而聽秦○. 190-15 敗後必莫能以魏合於秦者○. 191-5 王之國必傷
○. 191-11 固已不欲○. 192-6 而事已去○. 192-8 王且無所聞之○.
192-24 二人者必不敢有外心○. 193-3 王爲堯舜○. 193-8 楚師必進
○. 193-13 大王之攻薔易○. 193-16 葬有日○. 193-18 葬有日○.
193-25 今葬有日○. 194-5 既已得埊○. 194-20 期於啗宋而已○. 194
-20 秦必且用此於王○. 194-22 秦嘗用此於楚○. 194-25 又嘗用此
於韓○. 195-1 臣爲之苦○. 195-15 而臣以致燕甲而起齊兵○. 195-
17 奉陽君韓餘爲既和○. 195-23 不成則爲王○. 196-14 楚王必怒○.
196-25 則必爲楚禽○. 197-1 此其暴於戾定○. 197-6 魏王之年長○.
197-13 則無生楊○. 197-18 則子必危○. 197-20 必相之○. 197-24
魏必安○. 198-7 甚○. 198-14 厚○. 198-14 明○. 198-15 則難久○.
198-18 上所以爲其主者忠○. 198-24 下所以自爲者厚○. 198-24 彼
其事王必完○. 198-24 魏王之恐也見亡○. 199-8 寡人疑之○. 199-
20 寡人信之○. 199-21 夫市之無虎明○. 199-22 而議臣者過於三人
○. 199-23 願王察之○. 199-23 已在鄴○. 201-8 攘地必遠○. 201-
19 無以利事王者○. 202-2 地未畢入而兵復出○. 202-12 天幸爲多
○. 202-20 則前功必棄○. 203-1 則君得所欲○. 203-4 吾始已諾於
應侯○. 204-1 今不行者欺之○. 204-2 樓公將入○. 204-8 血濺君襟
○. 204-8 臣已恐之○. 204-11 吾始已諾於應侯○. 204-11 王毋行○.
204-12 可謂善用不勝○. 204-17 可謂不能用勝○. 204-18 其勢必無
魏○. 204-21 吾已許秦○. 204-24 民亦且歲死○. 205-24 先日公子
常約兩王之交○. 206-1 吾歲不熟二年○. 206-2 文請行○. 206-5 游
已奪○. 206-7 秦必去○. 206-8 則道里近而輸又易○. 206-10 子行
○. 206-11 君得燕趙之兵甚衆且亟○. 206-13 則不明○. 206-23 則
不忠○. 206-23 必不伐楚與趙○. 207-3 秦必不伐楚與趙○. 207-9
又不攻衛與齊○. 207-9 非魏無攻○. 207-10 河内之共汲莫不危○.
207-12 大梁必亡○. 207-13 王之使者大過○. 207-13 秦之欲許之久
○. 207-14 則南國必危○. 207-16 而禍若是○. 207-25 禍必百此○.
208-1 從之不成○. 208-2 今韓受兵三年○. 208-2 則楚趙必與之攻
○. 208-4 必不休○. 208-6 河外必安○. 208-13 必不合○. 209-5 無
公○. 209-6 公必爲相○. 209-12 吾已合魏○. 209-15 是弗救○. 209
-21 怨顔已絶之○. 209-22 樓子與楚王必疾○. 209-25 翟强與齊王
必疾○. 210-1 謀恐不出於計○. 211-3 得密須氏而湯之服桀○. 211
-11 天下之亡國皆然○. 211-20 王自知○. 212-9 國危○. 213-15 無
精於此者○. 213-15 則弱○. 213-17 趙不以毀構○. 213-21 秦必輕
王之强○. 214-11 秦必重王○. 214-12 秦必不聽王○. 214-19 則秦
重○. 214-20 所欲必得○. 214-21 而以多割於韓○. 215-4 而伐韓○.
215-5 則王重○. 215-6 齊必資公○. 216-4 齊無通於天下○. 216-12
亦無齊累○. 216-12 甚苦○. 216-19 魏來求救數○. 216-19 寡人
知魏之急○. 216-20 是大王籌筴之臣無任○. 216-21 今齊楚之兵已
在魏郊○. 216-22 竊以爲大王籌筴之臣無任○. 216-24 社稷必危○.
217-20 無爲人臣之義○. 218-3 今臣直欲棄臣前之所得○. 218-11
美人亦甚多○. 218-13 臣亦將棄○. 218-15 其摯謟也固○. 218-17
其自纂繁也完○. 218-17 以嫪毐勝○. 219-6 王之交最爲天下上○.
219-6 則王之怨報○. 219-9 與臣而將四○. 219-25 寡人諭○. 220-
2 則韓必取鄭○. 221-6 盡忠而已○. 221-15 無過此者○. 222-9 不
戰而地已削○. 222-12 而廝徒負養在其中○. 222-22 見卒不過二十
萬而已○. 222-22 必無幸○. 223-4 無過於此者○. 223-7 則王之國
分○. 223-9 先事秦則安○. 223-9 不事秦則危○. 223-9 則王之國必
危○. 223-22 秦必曰楚韓合○. 224-4 今割○而交不親. 224-8 馳○
而兵不止. 224-8 臣恐山東之無以馳割事王者○. 224-8 然則王之輕
重必明○. 224-20 必之楚○. 225-5 則茂事敗○. 225-12 則樓緩必敗
○. 225-15 樓鼻必敗○. 225-15 甘茂必敗○. 225-16 宜陽必不拔○.
225-17 秦之欲伐我久○. 226-4 今已得之○. 226-5 楚國必伐○. 226
-6 楚國不大病○. 226-9 已悉起之○. 226-13 必爲天下笑○. 226-
16 又非素約而謀伐秦○. 226-17 且王以使人報於秦○. 226-19 王必
悔之○. 226-20 率且正言之而已○. 227-2 皆不得親於事○. 227-11
則無禍○. 227-16 魏之絶齊於楚明○. 229-6 今謂馬多力則有○. 229
-11 今謂楚强大則有○. 229-13 無見王○. 229-20 必來以是而足○.
229-21 魏且旦暮亡○. 230-1 而無所入○. 230-7 今韓已病○. 231-
4 使者來者衆○. 231-6 韓急○. 231-12 且急○. 231-12 韓急則折而
入於楚○. 231-14 如此則伐秦之形成○. 231-18 軍於南鄭○. 231-24
司馬康三反之郢○. 232-7 則易必可成○. 232-15 而易必敗○. 232
-18 不可解○. 232-21 而楚魏皆德公之國○. 232-25 於是以太子扁
昭揚梁王皆德公○. 233-2 而害於韓○. 233-7 則舟沉○. 233-15 則
舟覆○. 233-16 必周君而深怨我○. 233-21 公行○. 233-22 則鄭王
必許之○. 234-4 公必輕○. 234-25 太子必終身重公○. 235-1 必不
能爲亂○. 235-8 必以韓合於秦楚○. 235-12 楚王必重公○. 235-14
則公叔伯嬰必以國事公○. 235-15 而德王○. 235-20 公必將○. 236
-4 必以韓楚奉公○. 236-5 而行游諸侯衆○. 237-7 臣之所以待之至
淺鮮○. 237-14 是其軼賁育而高成荆○. 238-12 父母既殁○. 238-12
則韓必謀○. 239-7 則韓輕○. 239-7 主卑○. 239-8 是公危○. 239
-9 是韓重而主尊○. 239-11 此主尊而身安○. 239-13 則韓最輕○.
239-19 則韓最弱○. 239-20 則韓最先危○. 239-20 秦之德韓也厚○.
239-21 是其於主也至忠○. 239-22 韓故已攻宋○. 240-12 則宋地不
安○. 240-13 韓計將安出○. 240-19 必爲山東大禍○. 240-20 韓必
舉○. 240-23 必皆亡○. 241-3 必外靡於天下○. 241-8 是魏弊○.
241-8 今秦有梁君之心○. 241-11 今秦數世强○. 241-16 桓公亦定霸
○. 242-8 三川服○. 242-20 攻運而取之易○. 243-9 韓已與魏○.
243-10 將聽之○. 244-5 韓侈且伏於山中○. 244-5 珉爲疾○. 244-10
則大臣不得事近臣○. 244-16 則爲大臣不敢爲諸侯輕國○. 244-18
則諸侯不敢因羣臣以爲能○. 244-19 則將變○. 245-16 公無見王
○. 245-17 則楚必卽秦○. 245-22 是齊孤○. 245-23 其收韓必重○.
246-21 則無從輕○. 246-22 蔡邵之道不通○. 246-22 其救趙必緩○.
246-23 趙必亡○. 246-23 足食於民○. 248-7 無過燕○. 248-8 秦之
不能害燕亦明○. 248-13 軍於東垣○. 248-14 距國都○. 248-15 則
國必無患○. 248-17 則趙重○. 249-6 此霸王之業○. 250-1 臣亦不
事足下○. 250-13 吾已爲藥酒以待之○. 251-2 而趙不敢妄動○. 251
-24 曰有大數○. 252-21 曰有大數○. 252-22 而欲報之二年○. 252
-23 力不足○. 252-25 則寡人奉國而委之於子○. 252-25 此必使王
重○. 253-4 盡以役○. 253-13 封内弊○. 253-13 吾終以子受命於天
○. 253-16 破燕必○. 254-12 秦必疑而不信蘇子○. 255-9 伐齊之形
成○. 255-10 則徒隸之人至○. 255-21 天下之士必趨於燕○. 255-22
馬今至○. 256-3 而忌燕也愈甚○. 256-16 失所爲○. 256-17 而世
負其禍○. 256-18 其禍必大○. 256-21 則燕趙信秦○. 257-7 則齊伯
必成○. 257-13 秦伐齊必○. 257-18 如是足○. 257-25 則臣不事足
下○. 258-1 則諸侯不爲別馬而朝○. 258-11 吾已爲藥酒而待其來○.
259-2 臣請行○. 259-10 唯媒而已○. 259-15 善○. 259-16 寡人如
射隼○. 260-9 寡人固與韓且絶○. 261-3 其言惡○. 262-3 齊趙必有
爲智伯者○. 262-6 今召之○. 262-9 已○. 262-12 吾無齊○. 262-12
奉陽君之怒甚○. 262-13 殆無燕○. 262-24 逃不足以爲辱○. 263
-7 謹聞命○. 263-16 齊趙已孤○. 263-19 燕破必○. 263-23 寡人知
子○. 264-2 其後必務以勝報王○. 264-9 亦則已○. 265-5 則公子終
身不封○. 265-18 旦暮出令○. 265-23 將軍自爲計則可○. 266-22
可以幸無罪○. 267-9 莫徑於結趙○. 267-13 可以幸無罪○. 267-23
數奉教於君子○. 268-13 五人而車因行○. 268-22 因能勝秦○. 268
-23 智固不如車士○. 268-24 智又不如胡越之人○. 269-1 國必危○.
269-5 今韓梁趙三國以合○. 269-6 寡人得其志○. 269-16 吾得趙○.
270-11 吾得趙○. 270-11 齊遂北○. 270-14 今我已亡之○. 271-13
刳子腹及子之腸○. 271-15 則寡人之不肖明○. 272-3 寡人必有罪○.
272-7 難得於君○. 272-12 而天下服○. 273-10 而燕不受命○. 273
-12 而與秦相距五十餘年○. 273-16 必不復受於秦○. 273-18 禍必

不振○. 274-4 不知吾精已消亡○. 274-16 必得所願○. 275-13 則大善○. 275-14 其償破秦必○. 275-16 可謂深○. 276-4 而燕國見陵之耻除○. 276-10 日以盡○. 276-20 請辭決○. 276-23 必爲有竊疾○. 279-16 今黄城將下○. 280-1 恐不免於罪○. 280-6 寡人知之○. 280-13 宋人助我攻○. 280-16 宋人止於此○. 280-17 君日長○. 280-20 則君不奪太后之事○. 280-21 則公常用宋○. 280-21 則攻宋易○. 281-1 不得○. 281-7 恐不得○. 281-8 爲秦則不賴○. 282-5 秦魏交而不脩之日久○. 282-18 公孫氏必不血食○. 283-4 必無趙○. 284-4 過○. 284-12 善以微計薦中山之君久○. 284-23 齊羞與中山之爲王甚○. 285-1 是則必聽○. 285-23 何在其所存之○. 285-24 臣自知死至○. 286-10 吾知之○. 286-11 卽公無内難○. 286-16 無所窮○. 286-17 大怒則君必危○. 286-18 以臣所行多○. 287-6 固已過絶人○. 287-9 其請之必○. 287-16 卽社稷危○. 287-16 亦以十倍○. 288-21 寡人旣以興師○. 288-25 必欲滅之○. 289-8

【奉】 93

○養無有愛於最也. 12-7 以○祭祀. 32-9 終以齊○事王矣. 48-21 敬○社稷以從. 69-13 請○社稷以事秦. 70-5 宜若○漏壅. 73-21 齊欲○太子而立之. 75-18 則太子且倍王之割而使齊○己. 75-19 齊○太子而立之. 75-24 齊必○太子. 76-1 ○王而代立楚太子者. 76-18 夫不善君者且○蘇秦. 76-25 孟嘗君○夏侯章以四馬百人之食. 78-7 而○我四馬百人之食. 78-11 寡人○先君之宗廟. 87-11 臣○使使威后. 88-4 有市之邑莫不止事而○王. 92-10 當今將軍東有夜邑之○. 100-13 ○四時之獻. 109-6 此所謂養仇而○讎者也. 109-13 ○明約. 109-18 寡人謹○社稷以從. 109-24 左○其首. 113-15 ○以上庸六縣爲湯沐邑. 116-9 而王○之. 121-11 乃○惠子而納之宋. 121-12 ○陽君不欲. 139-12 客謂○陽君曰. 139-12 皆願○教陳忠於前之日久矣. 144-4 ○陽君妬. 144-4 今○陽君捐館舍. 144-6 ○陽君相. 148-17 ○祠祭之日淺. 148-19 以○騎射. 154-6 寡人請○教. 165-19 使○社稷. 165-25 臣爲足下使公孫衍說○陽君曰. 171-6 以○陽君甚食之. 171-10 以觀○陽君之應足下也. 171-11 臣以爲足下見○陽君矣. 171-19 臣謂○陽君曰. 171-20 ○陽君曰. 173-5 請○教. 176-11 使下臣○其幣物三至王廷. 177-8 請○而西行之. 177-12 令昭應○太子以委和於薛公. 178-8 ○厚而無勞. 179-17 無勞之○. 179-22 ○明約. 185-4 王重其行而厚○之. 190-13 聞周魏令竇屢以割魏於○陽君. 190-14 夫周君竇屢○陽君之與穰侯. 190-15 ○陽君也. 190-16 ○陽君孟嘗君韓呡周己周韓餘爲徒從而下之. 195-19 ○陽君韓餘爲旣和矣. 195-23 敬○社稷以從. 222-17 今已令楚王○幾瑟以車百乘居陽翟. 225-1 公何不試○公子咎. 235-18 公因以楚韓之兵○幾瑟而内之鄭. 236-4 必以韓楚○公矣. 236-5 仲子○黄金百鎰. 237-3 ○陽君李兌甚不取於蘇秦. 248-22 李兌因爲蘇秦謂○陽君曰. 248-22 ○陽君曰. 249-1 ○陽君曰. 249-7 妻使妾○卮酒進之. 251-3 請○社稷西面而事秦. 252-2 今王○仇讎以伐援國. 252-16 則寡人○國而委之於子矣. 252-25 ○子車百乘. 258-19 今妾○而仆之. 259-6 蘇代爲○陽君說燕於趙以伐齊. 261-23 ○陽君不聽. 261-23 人告○陽君曰. 261-25 ○陽君告朱讙與趙足曰. 262-8 ○陽君之怒甚矣. 262-13 而小人○陽君也. 262-13 ○陽君告朱讙曰. 262-23 ○以千金. 265-12 不能○承先王之教. 266-24 臣自以爲○令承教. 267-8 ○令擊齊. 267-17 自以爲○令承教. 267-22 數○教於君子矣. 268-13 ○蘇子車五十乘. 269-17 不能○順君意. 272-2 敬○教. 274-12 謹○教. 274-23 而得○守先王之宗廟. 277-6 荆軻○樊於期頭函. 277-9 而秦武陽○地圖匣. 277-10 軻旣取圖○之. 277-13 以其所○藥囊提軻. 277-21

【玩】 1

衣服○好. 123-12

【武】 126

秦攻魏將犀○軍於伊闕. 9-18 殺犀○. 11-5 殺犀○. 11-12 犀○敗於伊闕. 12-14 犀○敗. 14-1 ○王伐紂. 16-3 乃廢文任○. 16-8 封爲○安君. 17-1 吾欲使○安子起往喻意焉. 17-22 請使○安子. 17-23 拔○安. 20-4 西攻脩○. 20-6 以與周○爲難. 21-2 ○王將素甲三千領. 21-3 醫扁鵲見秦○王. 28-20 ○王示之病. 28-20 秦○王謂甘茂曰. 28-25 令田章以陽○合於趙. 32-5 齊以陽○賜弊邑而納順子. 32-6 湯○雖賢. 34-16 故以舜湯○之賢. 34-17 而文○無與成其王也. 37-16 居○安. 42-6 行至○安. 42-10 ○安君爲三公. 42-14 ○安君所以爲秦戰勝攻取者七十餘城. 42-15 ○安君爲三公. 42-17 因以爲○安功. 42-21 大○遠宅不涉. 52-23 孰與○安君. 58-12 ○安君戰勝攻取. 58-12 臣之功不如○安君也. 58-13 卿明知功之不如○安君歟. 58-13 ○安君難之. 58-17 將孰與之○. 59-9 趙將○安君. 60-1 若殺○安君. 60-1 ○安君必死. 60-3 ○安君至. 60-4 ○安君曰. 60-6 ○安君北面再拜賜死. 60-9 ○安君死. 60-13 ○王立. 71-10 謂○王曰. 71-12 因封蘇秦爲○貞君. 76-21 此湯○之舉也. 89-22 卽○關可以入矣. 101-25 ○王之察. 108-10 一軍出○關. 109-3 將知以○. 110-3 秦舉甲出之○關. 110-20 封爲○安君而相燕. 111-12 攻之○. 117-18 ○王逐張儀. 120-21 ○王立. 120-23 臣聞昔湯○以百里昌. 124-11 ○王目鄗. 126-12 僕欲將臨○君. 127-15 今臨○君. 127-23 趙王封孟嘗君以○城. 142-6 孟嘗君擇舍人以爲○城吏. 142-6 而封之以○城. 142-9 湯○之所以放殺而爭也. 144-17 湯○之卒不過三千人. 145-9 楚軍○關. 146-4 楚軍○關. 146-5 乃封蘇秦爲○安君. 146-10 將○而兵强. 147-6 ○靈王平晝間居. 148-23 夫以秦將○安君公孫起乘七勝之威. 158-5 而封以東○城. 161-8 夫君封以東○城不讓無功. 161-9 而○王羈於玉門. 167-11 是○王之功也. 167-12 ○夫類玉. 182-5 魏○侯與諸大夫浮於西河. 182-17 ○侯忿然曰. 182-20 而○王伐之. 183-2 ○侯曰. 183-5 ○王卒三千人. 184-16 ○力二十餘萬. 184-18 此其過越王勾踐○王遠矣. 184-19 殺犀○. 190-10 臣以爲雖湯○復生. 202-23 試之弱密須氏以爲○教. 211-10 不先以弱爲○教. 211-12 秦歸○遂於韓. 225-20 秦王固疑甘茂之以○遂解於公仲也. 225-20 甘茂許公仲以○遂. 227-19 ○遂終不可得已. 227-20 此○王之願也. 228-20 公欲得○遂於秦. 233-9 而令人爲公求○遂於秦. 233-10 發重使爲韓求○遂於秦. 233-10 韓得○遂以恨秦. 233-11 公仲使韓珉之秦求○隧. 243-18 且以求○隧也. 243-19 韓已得○隧. 243-20 ○安君蘇秦爲燕說齊王. 249-14 ○安君. 250-6 ○安君從齊來. 250-8 汙○王之義而不臣焉. 250-15 此文○之時. 254-18 昔者楚取章○. 258-10 燭之○張孟談受大賞. 266-3 謂其太傅鞫○曰. 273-22 ○對曰. 273-23 太傅鞫○諫曰. 274-2 鞫○曰. 274-9 鞫○曰. 274-11 燕國有勇士秦○陽. 276-17 乃令秦○陽爲副. 276-18 丹請先遣秦○陽. 276-20 而秦○陽奉地圖匣. 277-10 秦○陽色變振恐. 277-10 荆軻顧笑○陽. 277-11 取○陽所持圖. 277-13 ○安君曰. 288-14 ○安君曰. 288-18 王欲使○安君. 289-1 ○安君稱疾不行. 289-1 王乃使應侯往見○安君. 289-1 ○安君曰. 289-11 ○安君曰. 290-5 因見○安君. 290-6 ○安君頓首曰. 290-8

【表】 5

必○裏河而東攻齊. 68-7 身獲於○薄. 113-2 稙○. 271-4 水皆至滅○. 271-5 水皆滅○. 271-6

【毐】 1

嫪○亦爲亂於秦. 130-3

【盂】 1

著之盤○. 138-25

【長】 127

上黨○子趙之有已. 4-24 故使○兵在前. 10-8 斷○續短. 18-23 ○城鉅坊. 19-5 軍於○平之下. 20-3 今秦地斷○續短. 21-8 而戎狄之○也. 22-2 而戎狄之○也. 22-8 人誂其○者. 24-15 汝取○者乎. 24-16 取○者. 24-16 ○者詈汝. 24-17 汝何爲取○者. 24-17 ○小國. 34-12 此燕之○利. 34-19 生命壽○. 44-17 ○爲陶朱. 46-13 ○爲應侯. 46-20 以官○而守小官. 59-20 君○有齊陰. 62-23 令○子御. 63-10 未嘗聞社稷之○利. 70-4 秦攻趙○平. 73-15 君所以得爲○者. 78-12 誦足下之○. 78-18 故物舍其所○. 79-19 ○鋏歸來乎. 82-8 ○鋏歸來乎. 82-9 ○鋏歸來乎. 82-12 乃歌夫○鋏歸來者也. 82-18 ○驅到齊. 83-2 百事之○也. 90-5 事敗而好○詐. 90-20 此皆内○詐. 91-17 約於同形則利○. 92-3 南戰於○子. 92-23 少○費賤. 93-8 曠日遠而爲利○者. 93-14 天帝使我○百獸. 104-1 如是必○得重於楚國. 106-3 ○與之同車. 108-18 ○爲昆弟之國. 111-18 不習國家之○計. 111-21 絶○續短. 124-12 ○沙之難. 125-25 故弑賢○而立幼弱. 126-23 君又安得○有寵乎. 129-1 王○而反政. 129-16 ○子之韓. 135-4 令公孫起王齮以兵遇趙於○平. 141-2 年已○矣. 141-7 後有○庭. 145-19 未嘗得聞社稷之○計. 146-9 非國之○利也. 146-22 非國之○利也. 148-19 錯質務明主之○. 149-2 窮有弟○辭讓之節. 149-4 而與馬服之子戰於○平之下. 158-5 而燕非有○平之禍也. 158-8 秦攻趙於○平. 158-21 其於○者薄. 159-3 秦趙戰於○平. 161-14 未嘗不言趙人之○者也. 165-5 必以○安君爲質. 178-19 有復言令○安君爲質者. 178-21 老臣竊以爲媪之愛燕后賢於○安君. 179-8 不若○安君之甚. 179-10 豈非計久○. 179-13 今媪尊○安君之位. 179-18 ○安君何以自託於趙. 179-19 老臣以媪爲○安君計短也. 179-20 於是爲○安君約車百乘質於齊. 179-21 知氏之命不○矣. 181-6 公叔豈非○者哉. 183-16 西有○城之界. 184-7 子○色衰. 188-11 魏王之年○矣. 197-13 ○主也. 198-3 ○主也. 198-4 ○羊王屋洛林之地也. 201-15 ○羊王屋洛林之地也. 201-18 魏之所以獻○羊王屋洛林之地者. 201-24 臣使○信侯請無内王. 204-2 支期說於○信侯曰. 204-4 ○信侯曰. 204-4 ○信侯曰. 204-5 ○信侯曰. 204-7 ○信侯行. 204-10 ○信侯入見王. 204-11 ○信侯曰. 204-12 又○驅梁北. 207-22 欲王之東○之待之也. 213-22 ○平之役. 213-25 秦趙久相持於○平之下而無決. 214-2 執法以下至於○輓者. 219-3 以君爲○者. 219-15 ○跪而謝之曰. 220-2 夫不顧社稷之○利. 223-6 楚王爲從○. 224-12 畢○謂公叔曰. 232-25 此君國○民之大患也. 239-20 而君臣上下少○貴賤畢呼霸王. 241-25 子纆牽○. 247-7 是纆牽○也. 247-9 ○其尾. 251-13 則易水○城非王之有也. 251-23 ○主也. 253-4 有○城鉅防. 253-9 雖有○城鉅防. 253-12 其次○賓之秦. 257-1 老婦不知○者之

計.265-19 ○驅至國.267-17 事强可以令國安○久.268-16 之國者可○存.269-4 趙民其壯者皆死於○平.271-19 光聞○者之行.274-24 則雖欲○侍足下.275-24 而傷○者之意.276-3 劍○.277-16 荆有○松文梓楩柟豫樟.279-19 宋無○木.279-20 君日○矣.280-20 ○平之事.288-18 趙自○平已來.288-22 今趙卒之死於○平者已十七八.289-7 今秦破趙軍於○平.289-20 養孤○幼以益其衆.289-21

【拑】 1

蚌合而○其喙.270-5

【拔】 64

宜陽必○也.2-2 宜陽不○.2-6 臣故曰○.2-7 秦○宜陽.2-12 不過一月必○之.10-16 今圍雍氏五月不能○.10-17 雍氏必○.10-19 楚卒不○雍氏而去.10-23 則梁可○.19-17 ○梁.19-17 ○武安.20-4 ○邯鄲.20-5 不能○也.20-18 城且○矣.21-5 故○一國.22-11 三年而○之.29-9 五月而不能○也.29-20 遂○宜陽.29-22 不○宜陽.29-24 而○宜陽.30-1 今攻宜陽而不○.30-7 宜陽○.30-10 宜陽○.30-14 邢丘○而魏請附.39-13 秦白起○楚西陵.51-16 或○鄢郢夷陵.51-16 ○燕酸棗虛桃人.52-4 是趙不○而魏全也.64-12 邯鄲○而承魏之弊.64-13 邯鄲○.64-15 期數而能○城者爲亟耳.92-18 而守不可○.93-3 守而不可○者.93-5 而守必不○.93-9 ○之尊俎之間.93-16 其强而○邯鄲.93-23 ○城於尊俎之間.94-16 邯鄲○.104-21 宜陽果○.122-11 君獨無意湔○僕也.128-14 城今且將○矣.131-11 三月不能○.132-23 旦暮當○之而饗其利.133-16 豫讓○劍三躍.136-8 魏○中山.136-14 足以○鄭.136-20 藺離石祁○.156-14 趙守而不可○者.158-7 毫毛不○.185-1 ○卷衍燕酸棗.185-19 一人○之.197-18 十萬之軍○邯鄲.202-7 攻而不能○.202-25 而不能○.209-14 秦○寧邑.215-8 宜陽必不○矣.225-17 嚴遂○劍趨之.236-23 ○劍.277-16 故不可立○.277-17 遂○以擊荆軻.277-23 十月而○燕薊城.278-5 ○宋五城.279-6 ○鄢郢.289-3 必未可○.290-1

【坦】 1

進齊宋之兵至首○.244-10

【抽】 1

王○旃旄而抑兕首.106-9

【抜】 1

邊城盡○.207-21

【拊】 3

不○愛子其民.83-6 此臣日夜切齒○心也.276-11 ○髤.283-14

【者】 1442

夫鼎○.1-16 可懷挾提挈以至齊○.1-17 灕然止於齊○.1-18 所以備○稱此.1-20 子之數來○.1-21 西周○.2-15 秦敢絶塞而伐韓○.3-16 客○.4-5 然而所以不可○.4-5 春秋記臣弑君○以百數.4-12 皆大臣見譽○也.4-13 相呂禮○.5-14 逐周最聽祝弗相呂禮○.5-20 則合齊○.6-2 割地○.6-3 不與伐齊○.6-18 譬之如張羅○.7-3 不必且爲大人○.7-7 今夕有姦人當入○矣.8-2 所以進兵○.9-11 今秦○.10-7 然吾使○已行矣.10-19 勸周君入秦○.11-3 取藺離石祁○.11-5 楚有養由基○.11-7 去柳葉○百步而射之.11-7 夫射柳葉○.11-10 取藺離石祁○.11-12 周君所以事吾得○器.11-19 天下未有信之○也.12-5 其以事王○.12-22 所以爲之○.13-2 爲王之國計○.13-7 又秦重而欲相○.14-2 大臣太重○國危.15-10 左右太親○身危.15-10 毛羽不豐滿○不可以高飛.15-21 文章不成○不可以誅罰.15-21 道德不厚○不可以使民.15-22 政教不順○不可以煩大臣.15-22 昔○神農伐補遂.16-1 惡有不戰○乎.16-3 古○使車轂擊馳.16-4 取卿相之尊○乎.16-23 以亂攻治○亡.18-10 以邪攻正○亡.18-10 以逆攻順○亡.18-11 斷死於前○比是也.18-19 而民爲之○是貴奮也.18-20 昔○齊南破荆.19-3 夫戰○萬乘之存亡也.19-6 前○穰侯之治秦也.19-22 從○敗.20-13 内○量吾謀臣.20-22 外○極吾兵力.20-22 内○吾甲兵頓.20-23 外○天下比志甚固.20-24 昔○紂爲天子.21-1 以主爲謀不忠○.21-14 爭名○於朝.22-3 爭利○於市.22-3 欲富國○.22-6 欲强兵○.22-6 欲王○.22-7 三資○備.22-7 重樗里疾而使之○.22-22 種樹不處○.23-2 地大○.23-4 能害王○之國○.23-18 賣僕妾售乎閭巷○.24-4 出婦嫁鄉曲○.24-4 楚人有兩妻○.24-14 人誂其長○.24-15 誂其少○.24-15 少○許之.24-15 有兩妻○死.24-16 客謂誂○曰.24-16 汝取長○乎.24-16 少○乎.24-16 取長○.24-16 長○詈汝.24-17 少○和汝.24-17 汝何爲取長○.24-17 昔○子胥忠其君.24-25 故賣僕妾不出里巷而取○.25-1 出婦嫁於鄉里○.25-2 弊邑之王所說甚○.26-6 唯儀之所甚願爲臣○.26-7 弊邑之王所甚憎○.26-7 唯儀之甚憎○.26-8 羣臣聞見○畢賀.26-16 夫秦所以重王○.26-19 使○未來.26-24 乃出見使○曰.27-3 使○曰.27-4 使○反報楚王.27-5 僅以救亡○.27-11 王獨不聞吳人之遊楚○乎.27-18 有兩虎諍人而鬭○.27-21 虎○.27-23 人○.27-23 小○必死.27-24 大○必傷.27-24 計聽知覆逆○.28-2 計○.28-2 聽○.28-3 能有國○寡也.28-3 計有一二○難悖也.28-3 聽無失本末○難惑.28-4 三人○.28-7 義渠君○.28-14 君與知之○謀之.28-22 而與不知○敗之.28-23 樗里疾公孫衍二人○.29-10 昔○曾子處費.29-13 費人有與曾子同名族○而殺人.29-13 疑臣○不適三人.29-18 我羇旅而得相秦○.30-6 秦死傷○衆.30-12 楚客來使○多健.30-21 其健○來使○.30-22 其需弱○來使.30-23 然則需弱○用.30-24 而健○不用矣.30-24 有家貧而無燭○.31-2 家貧無燭○將去矣.31-3 何愛餘明之照四壁○.31-4 楚之相秦○屈蓋.31-25 臣聞往來之○言曰.32-12 秦之謀○必曰.32-17 以死○爲有知乎.33-6 明知死○之無知矣.33-7 若死○有知.33-8 若有敗之○.35-6 觀三國之所求於秦而不能得○.35-10 觀張儀與澤之所不能得於薛公○也.35-11 白起○.35-14 利有千里○二.35-25 有功○不得不賞.36-8 有能○不得不官.36-9 勞大○其祿厚.36-9 功多○其爵尊.36-9 能治衆○其官大.36-9 故不能○不敢當其職焉.36-10 能○亦不得蔽隱.36-10 獨不重任臣○後無反覆於王前耶.36-15 此四寶○.36-17 然則聖王之所棄○.36-18 臣聞善厚家○.36-19 善厚國○.36-19 語之至○.36-22 其淺○又不足聽也.36-23 意○.36-23 已其言臣○.36-24 今○義渠之事急.37-5 見○無不變色易容○.37-8 若是○三.37-10 若是○.37-13 載與俱歸○.37-14 而所願陳○.37-17 所以王三問而不對○是也.37-19 死○.37-24 臣之所恐○.38-6 大○宗廟滅覆.38-10 小○身以孤危.38-10 今反閉而不敢窺兵於山東○.38-20 昔○.39-1 膚寸之地無得○.39-2 所以然○.39-4 此所謂藉賊兵而齎盜食○也.39-4 且昔○.39-6 爲秦害○莫大於韓.39-15 四貴備而國不危○.39-25 爲此四○.40-1 善爲國○.40-2 穰侯使○操王之重.40-3 木實繁○披其枝.40-5 披其枝○傷其心.40-5 大其都○危其國.40-5 尊其臣○卑其主.40-6 且臣將恐後世之有秦國○.40-9 昔○.40-13 今國○.40-19 勢○.40-20 木實繁○枝必披.40-24 枝之披○傷其心.40-24 都大○危其國.40-25 臣强○危其主.40-25 有非相國之人○乎.41-1 恐萬世之後有國○.41-3 使○直道而行.41-5 今太后使○分裂諸侯.41-5 有攻人○.41-11 有攻地○.41-11 穰侯十攻魏而不得傷○.41-11 其所攻○.41-12 地○.41-13 人主○.41-13 與樂死○鬬.41-14 而更與不如張儀○市.41-17 則王之所求於韓○.41-18 鄭人謂玉未理○璞.41-20 周人謂鼠未腊○朴.41-20 相聚而攻秦○.42-3 臥○臥.42-4 起○起.42-4 行○行.42-4 止○止.42-4 毋相與鬬○.42-5 輕起相牙○.42-5 邯鄲人誰來取○.42-7 於是其謀○固未可得予也.42-7 其可得與○.42-8 公與秦計功○.42-9 金盡○功多矣.42-9 武安君所以爲秦戰勝攻取○七十餘城.42-15 梁人有東門吳○.42-25 應侯每言韓事○.43-13 令有必行○.43-17 必不行○.43-18 此令必行○也.43-18 此令必不行○也.43-19 欲教之○.43-20 成功○去.44-13 若此三子○.45-3 昔○.45-21 畔○九國.45-22 不敢攻秦○.46-6 身所服○.46-6 此四子○.46-12 往而不能反○也.46-13 君獨不觀博○乎.46-14 讓賢○授之.46-19 客新有從山東來○蔡澤.46-22 莫有及○.46-23 昔○六晉之時.49-16 城不沈○三板耳.49-17 秦之楚○多資矣.50-4 楚使○景鯉在秦.50-8 所以然○.50-18 天下有其實而無其名○.50-24 有無其實而有其名○.50-25 有無其名又無其實○.50-25 有其實而無其名○.51-1 此有其實而無其名○也.51-2 無其實而有其名○.51-3 此無其實而有其名○也.51-4 無其名又無其實○.51-4 楚人有黄歇○.51-19 此二國○.52-17 韓魏父子兄弟接踵而死於秦○.53-2 此四國○.54-5 若土廣○安.54-8 人衆○强.54-9 昔○.54-9 於是天下有稱伐邯鄲○.54-13 故先王之所重○.55-8 三○非無功也.55-13 行百里○半於九十.55-19 故曰先得齊宋○伐秦.55-22 則兩國○必爲天下笑矣.55-24 向○遇桀紂.56-4 大臣之尊○也.56-7 所以不爲相○.56-7 辛戎○.56-8 國與還○也.56-13 太子門下無貴○.57-5 得知名○不少.57-21 燕○必徑於趙.58-5 趙人得唐○.58-5 燕太子入秦○.58-22 張唐相燕○.58-23 燕秦所以不相欺○.58-23 百舉而無及秦○.59-10 趙王之臣有韓倉○.60-1 國亡○.60-16 此四士○.61-16 故可以存社稷○.61-19 雖有外誹○不聽.61-19 無咫尺之功○不賞.61-20 申縛○.62-6 魯宋事楚而齊不事○.62-13 靖郭君謂謁○.62-18 齊人有請○曰.62-18 苟可慊齊貌辨○.63-9 若是○信反.63-18 此齊貌辨之所以外生樂患趣難○也.64-6 臣之求利且不利○.64-12 乃陰告韓使○而遣之.64-22 卜○出.65-8 因令人捕爲人卜○.65-8 主○.65-13 鄒忌所以不善楚○.65-21 今首之所進仕○.66-3 齊國之美麗○也.66-7 吾妻之美我○.66-12 妾之美我○.66-13 客之美我○.66-13 能面刺寡人之過○.66-18 上書諫寡人○.66-18 聞寡人之耳○.66-19 無可進○.66-21 使○數相往來.66-25 候○言章子以齊入秦.66-25 候○復言章子以齊兵降秦.67-1 而此○三.67-2 言章子之敗○.67-2 吾使○章子將也.67-7 君不與勝○而與不勝○.67-15 古之王○之伐也.67-23 能危山東○.68-1 伐不道○.68-4 其民無不吹竽鼓瑟擊筑彈琴鬭雞走犬六博蹹踘○.68-21 且夫韓魏之所以畏秦○.69-1 天下强國無過齊○.69-15 無過齊○.69-16 然而爲大王計○.69-16 從人說大王○.69-17 乃許韓使○而遣之.71-6 爲社稷計○.71-13 爲王計○.71-23 值所以爲國○不同耳.

72-9 異貴於此○何也. 72-17 楚有祠○. 72-19 先成○飲酒. 72-20 爲蛇足○. 72-23 戰無不勝而不知止○. 72-25 故爲君計○. 73-10 則爲國計○過矣. 73-23 臣聞謀泄○事無功. 75-13 計不決○名不成. 75-13 今君留太子○. 75-14 非亟得下東國○. 75-14 臣觀薛公之留太子○. 75-18 齊之所以敢多割地○. 76-4 今已得地而求不止○. 76-4 夫剬楚○王也. 76-9 以空名市○太子也. 76-9 夫勸留太子○蘇秦也. 76-12 今勸太子○又蘇秦也. 76-14 夫使薛公留太子○蘇秦也. 76-17 奉王而代立楚太子○. 76-18 割地固約○又蘇秦也. 76-18 忠王而走太子○又蘇秦也. 76-19 君之所以重於天下○. 76-23 夫不善君○且奉蘇秦. 76-25 止○千數而弗聽. 77-9 人事○. 77-10 吾所未聞○. 77-10 今○臣來. 77-12 則子漂漂○將何如耳. 77-17 善說○. 78-4 君所以得爲長○. 78-12 以吾毀之○也. 78-12 願聞先生有以補之闕○. 78-15 有侵君○. 78-16 請掩足下之短○. 78-18 孟嘗君舍人有與君之夫人相愛○. 78-23 睹貌而相悅○. 78-25 君召愛夫人○而謂之曰. 79-2 有相攻伐○. 79-7 而來害相報○. 79-21 小國所以皆致相印於君○. 80-6 私得寶於外○. 80-19 夫鳥同翼○而聚居. 80-24 獸同足○而俱行. 80-24 今髡賢○之疇也. 81-1 韓子盧○. 81-5 東郭逡○. 81-6 環山○三. 81-6 騰山○五. 81-7 安邑○. 81-13 晉陽○. 81-14 鄢郢○. 81-14 故秦趙魏得齊○重. 81-22 失齊○輕. 81-23 不能以重於天下○何也. 81-23 其用○過也. 81-24 齊人有馮諼○. 82-3 能爲文收責於薛○乎. 82-16 乃歌夫長鋏歸來○也. 82-18 視吾家所寡有○. 82-23 使吏召諸民當償○. 82-24 君云視吾家所寡有○. 83-4 君家所寡有○以義耳. 83-5 先生所爲文市義○. 83-11 諸侯先迎之○. 83-16 遣使○. 83-17 無纖介之禍○. 83-25 意○秦王帝王之主也. 84-4 意○秦王不肖之主也. 84-5 如此○三人. 84-14 能致其如此○五人. 84-15 辱其使○. 84-16 如臣○十人. 84-17 而士未有爲君盡游○也. 84-24 使文得二人○. 84-25 無不被繡衣而食菽粟○. 85-1 事之必至○. 85-10 理之固然○. 85-10 理之固然○. 85-11 王○貴乎. 85-19 王○不貴. 85-19 昔○秦攻齊. 85-20 有敢去柳下季壟五十步而樵采○. 85-20 有能得齊王頭○. 85-21 今夫士之高○. 86-2 南面稱寡○. 86-6 以喜其爲名○. 86-8 是故無其實而喜其名○削. 86-10 無德而望其福○約. 86-10 無功而受其祿○辱. 86-10 華而無其實德○也. 86-11 自古及今而能虛成名於天下○. 86-13 是故成其道德而揚功名於後世○. 86-14 無形○. 86-15 無端○. 86-16 非夫孤寡○. 86-19 制言○王也. 87-3 盡忠直言○屬也. 87-3 宣王使謁○延入. 87-8 使○復還報. 87-9 昔先君桓公所好○. 87-14 不使左右便辟而使工○何也. 87-24 齊王使使○問趙威后. 88-3 威后問使○曰. 88-3 使○不說. 88-4 豈先賤而後尊貴○乎. 88-5 故有問舍本而問末○耶. 88-6 有糧○亦食. 88-8 無糧○亦食. 88-8 有衣○亦衣. 88-8 無衣○亦衣. 88-8 是助王息其民○也. 88-10 是皆率民而出於孝情○也. 88-12 此率民而出於無用○. 88-15 且財○君之所輕. 89-1 死○士之所重. 89-1 而患之所從生○微. 89-7 此所謂以卑易尊○也. 89-23 臣聞用兵而喜先天下○憂. 90-3 約結而喜主怨○孤. 90-4 夫後起○藉也. 90-4 而遠怨○時也. 90-4 夫權藉○. 90-5 而時勢○. 90-5 而能事成○寡矣. 90-6 昔○趙氏襲衛. 90-9 然二國勸行之○. 90-18 今世之爲國○不然矣. 90-18 行此六○而求伯. 90-20 臣聞善爲國○. 90-22 昔○. 90-24 然而天下獨歸咎於齊○. 91-1 此十國○. 91-3 而獨舉心於齊○. 91-3 祖仁○王. 91-13 立義○伯. 91-13 用兵窮○亡. 91-13 爲天下戮○. 91-15 昔○萊莒好謀. 91-16 察於地形之理○. 91-23 昔○齊燕戰於桓之曲. 91-25 然而甚於相趨○. 92-2 戰○. 92-6 而能從諸侯○寡矣. 92-6 彼戰○之爲殘也. 92-6 死○破家而葬. 92-12 夷傷○空財而共藥. 92-12 完○內酺而華樂. 92-12 故其費與死傷○鈞. 92-12 天下有此再費○. 92-16 期數而能拔城○爲亟耳. 92-18 故三下城而能勝敵○寡矣. 92-19 彼戰攻○. 92-20 爲天下笑○. 92-22 日○. 92-23 君臣於齊○. 93-1 今世之所謂善用兵○. 93-3 臣聞戰大勝○. 93-4 守而不可拔○. 93-5 中○則善. 93-7 則同心於貫之○. 93-8 又且害人○也. 93-9 彼明君察相○. 93-11 曠日遠而爲利長○. 93-14 攻戰之道非師○. 93-15 故夫善爲王業○. 93-19 昔○魏王擁土千里. 93-23 折衝席上○也. 94-16 齊負郭之民有孤狐咺○. 95-3 司馬穰苴爲政○也. 95-5 求所以償○. 95-8 人有當闕而哭○. 95-11 天雨血沾衣○. 95-13 地坼至泉○. 95-13 人有當闕而哭○. 95-14 欲與我誅○. 96-1 市人從○四百人. 96-1 智○不倍時而弃利. 96-7 故知○不再計. 96-11 故爲公計○. 96-25 意○. 97-3 二○顯名厚實也. 97-5 傚小節○不能行大威. 97-6 惡小恥○不能立榮名. 97-7 此三行○. 97-9 若此二公○. 97-19 無可以分○. 98-5 巖下有貫珠○. 98-7 貫珠○復見王曰. 98-14 乃布令求百姓之飢寒○. 98-15 若乃得去不肖○. 98-23 而爲賢○狗. 98-24 何不使使○謝於楚王. 99-2 而牽留萬乘○. 99-5 王上○孰與周文王. 99-12 下○孰與齊桓公. 99-13 爲人臣之功○. 99-17 誰有厚於安平君○哉. 99-17 王不亟殺此九子○以謝安平君. 99-24 所以不勝○也. 100-15 女無謀而嫁○. 101-3 秦始皇嘗使使○遺君王后玉連環. 101-7 羣臣之可用○某. 101-10 所爲立王○. 101-16 而在阿鄄之間○百數. 101-22 而在城南下○百數. 101-24 住建共○. 102-5 且人有好揚人之善○. 105-14 有人好揚人之惡○. 105-15 臣弑其主○. 105-16 而王終已不知○. 105-17 以財交○. 105-24 目色交○. 105-24 郢人有獄三年不決○. 106-22 鄭魏○. 107-6 今邊邑之所恃○. 107-10 茂誠賢○也. 108-11 計王之功所以能如此○. 108-14 若公孫郝○可. 108-16 此所謂養仇而奉讎○也. 109-13 無過此○. 109-16 此兩策○. 109-17 兩○大王何居焉. 109-17 天下後服○先亡. 110-4 且夫爲從○. 110-4 且夫約從○. 110-11 兵不如○. 110-12 粟不如○. 110-13 夫從人○. 110-13 攻大○易危. 110-24 而民弊○怨於上. 110-25 且夫秦之所以不出甲於函谷關十五年以攻諸侯○. 111-2 通侯執珪死○七十餘人. 111-4 此所謂兩虎相搏○也. 111-6 計無過於此○矣. 111-7 凡天下所信約從親堅○蘇秦. 111-12 臣以爲計無便於此○. 111-18 楚王不察於爭名○也. 112-4 有功名○秦也. 112-8 所欲貴富○魏也. 112-9 此所謂內攻之○也. 112-11 以憂社稷○乎. 112-17 君王將何問○也. 112-19 以憂社稷○. 112-20 以憂社稷○. 112-20 以憂社稷○. 112-21 以憂社稷○. 112-22 以憂社稷○. 112-23 以憂社稷○. 113-1 昔○葉公子高. 113-2 以憂社稷○. 113-5 昔○吳與楚戰於栢舉. 113-6 以與大心○也. 113-8 以憂社稷○. 113-10 以憂社稷○. 113-22 以憂社稷○. 114-6 昔○先君靈王好小要. 114-9 其君好發○. 114-11 此五臣○. 114-12 魏之幾相○. 115-3 張儀○. 116-7 又簡擇宮中佳翫麗好翫習音○. 116-8 萬乘○. 117-20 危太子○. 118-19 死○以千數. 119-9 事王○以千數. 119-10 夫進賢之難○. 119-12 賢○用且使己廢. 119-12 謁○難得見如鬼. 119-17 非知而見之○. 120-8 必善二人○. 121-1 逐惠子○. 121-6 惠子爲儀○來. 121-7 凡爲伐秦○楚也. 121-16 凡爲攻秦○魏也. 121-18 麋知獵○張罔. 122-8 獵○知其詐. 122-9 僞舉罔而進○必衆矣. 122-10 所欲○不成. 122-17 所求○不得. 122-17 夫梟棊之所以能爲○. 122-18 臣聞從○欲合天下以朝大王. 123-3 勇○義之. 123-4 知○官之. 123-4 婦人所以事夫○. 123-13 而妒○. 123-13 臣誠見其必然○也. 124-4 君王卒幸四子○不衰. 124-5 蜻蛉其小○也. 124-16 夫雀其小○也. 124-21 不知夫射○. 124-23 夫黃鵠其小○也. 125-2 蔡聖侯之事其小○也. 125-7 有不獻死之藥於荆王○. 126-6 謁○操以入. 126-6 臣問謁○. 126-8 謁○曰可食. 126-8 而罪在謁○也. 126-9 夫賢○之所在. 126-18 異日○. 127-16 飛徐○. 127-20 鳴悲○. 127-21 若出金石聲○. 128-12 求婦人宜子○進之. 128-17 與其使○飲. 128-20 而國人頗有知之○. 129-10 而入之王所生子○. 130-1 爲主君慮封○. 130-7 然而不免奪死○. 130-10 子云乃且攻燕○. 130-17 若曰勝千鈞則不然○. 130-18 城下不沉○三板. 131-3 今城不沒○三板. 131-7 使使○致萬家之邑一於知伯. 132-1 破趙則封二子○各萬家之縣一. 133-20 又封二子○各萬家之縣一. 133-21 則吾所得○少. 133-22 昔○. 134-9 五百之所以致天下○. 134-10 故貴爲列侯○. 134-11 吾聞輔主○名顯. 134-13 功大○身尊. 134-14 任國○權重. 134-14 臣下不使○何如. 134-19 昔○知氏之地. 134-25 士爲知己○死. 135-8 女爲悅己○容. 135-9 執問塗○. 135-10 大亂君臣之義○無此矣. 135-18 凡吾所謂爲此○. 135-19 亦將以愧天下後世人臣懷二心○. 135-20 乃使使○持衣與豫讓. 136-8 是用兵○. 136-15 而得地○. 136-15 計○不如構三國攻秦. 136-21 我○乃土也. 137-10 無聽談○. 137-21 且物固有勢異而患同○. 138-14 又有勢同而患異○. 138-14 昔○. 138-15 則地與國都邦屬而壤挈○七百里. 138-17 此三寶○. 138-23 昔○. 138-24 臣恐其後事王○之不敢自必也. 139-5 日○秦楚戰於藍田. 139-17 今馮亭令使○以與寡人. 140-7 且夫韓之所以內趙○. 140-10 使使○臣勝. 140-21 民能相集○. 140-23 秦乃○過柱山. 141-5 自入而出夫人○. 141-9 無有謂臣爲鐵鉆○乎. 141-9 涉孟之讎然○何也. 141-17 建信○安能以無功惡秦哉. 141-18 故兩君○. 141-21 憂大○不計而構. 142-2 心疑○事秦急. 142-2 借車○馳之. 142-7 借衣○被之哉. 142-7 夫所借衣車○. 142-8 今事有可急○. 142-21 今南攻楚○. 142-22 事有可急爲○. 143-7 無敢盡忠於前○. 144-6 此三策○. 144-20 且秦之所畏害於天下○. 145-2 然而秦不敢舉兵甲而伐趙○. 145-3 夫橫人○. 145-17 諸侯有先背約○. 146-6 臣聞懷重寶○. 146-16 任大功○. 146-16 是以賢○任重而行恭. 146-16 知○功大而辭順. 146-17 百倍之國○. 146-18 功業高世○. 146-18 仁○不用也. 146-19 意○. 146-22 戰勝而國危○. 146-23 功大而權輕○. 146-23 故微之爲著○强. 146-24 察乎息民之爲用○伯. 146-25 明乎輕之爲重○王. 146-25 韓魏之所以僅存○. 147-8 客有難○. 147-12 昔○. 147-15 凡大王之所信以爲從○. 148-7 而適聞使○之明詔. 148-20 爲人臣○. 149-3 此兩○. 149-4 敵弱○. 149-6 夫有高世之功○. 149-7 有獨知之慮○. 149-7 夫論至德○. 149-11 成大功○. 149-11 愚○闇於成事. 149-13 智○見於未萌. 149-13 知○哀焉. 149-14 愚○之笑. 149-15 賢○戚焉. 149-15 世有順我○. 149-15 事利國○行無邪. 149-24 因貴戚○名不累. 149-25 中國○. 150-3 畔學○. 150-7 使○報王. 150-8 夫服○. 150-9 禮○. 150-9 儒○一師而禮異. 150-14 知○不能一. 150-15 異於己而不非○. 150-16 今卿之所言○. 150-17 吾之所言○. 150-17 且昔○簡主不塞

晉陽. 150-22 愚○陳意而知○論焉. 151-7 三○. 151-11 學○沉於所聞. 151-13 此兩○. 151-14 知○作教. 151-15 而愚○制焉. 151-16 賢○議俗. 151-16 不肖○拘焉. 151-16 故爲己○不待人. 151-19 制今○不法古. 151-19 犯姦○身死. 151-21 賤國○族宗. 151-21 反此兩○. 151-21 知○不變俗而動. 151-25 因民而教○. 152-1 據俗而動○. 152-1 且服奇○志淫. 152-2 俗辟○亂民. 152-3 是以莅國○不襲奇辟之服. 152-3 非所以教民而成禮○也. 152-4 非所以論賢○也. 152-14 以書爲御○. 152-15 以古制今○. 152-15 踐石以上○皆道子之孝. 152-19 人有言子○曰. 152-21 六○何也. 153-3 六○. 153-5 知此六○. 153-8 事君○. 153-12 事先○. 153-12 以事寡人○畢矣. 153-13 子用私道○家必亂. 153-20 臣用私義○國必危. 153-20 且習其兵○輕其敵. 154-4 便其用○易其難. 154-4 故利不百○不變俗. 154-5 功不什○不易器. 154-5 昔○先君襄主與代交地. 154-10 所以不服○. 155-4 用衆○. 155-4 所用○不過三萬. 155-6 兼有是兩○. 155-12 且古○. 155-16 無過三百丈○. 155-16 無過三千家○. 155-17 今取古之爲萬國○. 155-18 今○. 155-20 我其以三萬救是○乎哉. 155-21 則伐秦○趙也. 157-3 日○. 157-6 周最以天下辱秦○也. 157-17 今○平原君爲魏請從. 157-23 趙守而不可拔○. 158-7 以攻難而守○易也. 158-8 坐此○多矣. 158-18 公子之所以教之○厚矣. 158-18 婦人爲之自殺於房中○二八. 158-25 焉有子死而不哭○乎. 159-1 而婦人爲死○十六人. 159-2 若是○. 159-3 其於長○薄. 159-3 言○異. 159-5 昔○三晉之交於秦. 159-19 王之所以事秦○. 159-21 秦善韓魏而攻趙○. 160-5 强○善攻. 160-9 而弱○不能自守. 160-9 天下之賀戰○. 160-16 且臣曰勿予○. 160-22 秦之使○已在趙矣. 161-2 而解二國患○. 161-6 而君爲相國○以親故. 161-8 爲君計○. 161-11 夫言媾○. 161-17 以爲不媾○軍必破. 161-17 而制媾○在秦. 161-17 天下之賀戰勝○皆在秦矣. 161-24 秦所以急圍趙○. 162-7 吾視居北圍城之中○. 162-22 皆有求於平原君○也. 162-23 非有求於平原君○. 162-23 世以鮑焦無從容而死○. 162-25 彼秦○. 163-1 所爲見將軍○. 163-3 十人而從一人○. 163-14 昔○. 163-19 彼吾君○. 163-25 魯仲連辭讓○三. 164-18 所貴於天下之士○. 164-19 卽有所取○. 164-20 故事有簡而功成○. 164-25 未嘗不言趙人之長○也. 165-5 未嘗不言趙俗之善○也. 165-5 二人○. 166-8 吾聞夢見人君○. 166-10 并燭天下○也. 166-11 今臣疑人之有煬於君○也. 166-12 君之所以事王○. 166-16 肯之所以事王○. 166-16 並驥而走○. 166-19 則肯之事有不言○矣. 166-21 臣以爲今世用事○. 167-8 足下卑用事○而高商賈乎. 167-8 昔○. 167-10 卒斷紂之頭而縣於太白○. 167-11 人有置係蹄○而得虎. 167-15 害七尺之軀○. 167-16 必有大臣欲衡○耳. 167-21 先言橫○. 167-22 告○復至. 167-25 乃使使○言. 168-1 爲孝成王從事於外○. 168-2 無自疑於中○. 168-3 羣臣必多以臣爲不能○. 169-4 以臣爲不能○非他. 169-5 成其私○也. 169-6 則交有所偏○也. 169-6 則知不足○也. 169-6 而取行於王○也. 169-7 故勸王無齊○. 169-14 則不忠○也. 169-15 則欲用王之兵成其私○也. 169-15 取行於王○也. 169-16 則位尊而能卑○也. 169-16 天下有敢謀王○乎. 170-6 請問王之所以報齊○可乎. 170-11 臣之所以堅三晉以攻秦. 171-1 諸善太子○. 171-3 若與有倍約○. 172-1 無倍約○. 172-1 必有踦重○矣. 172-4 後合與踦重○. 172-4 而惡臣○過文張. 173-10 候○來言. 173-13 而違○范座也. 173-18 而死○不可復生也. 173-25 然今能守魏○. 174-6 覆軍殺將之所取割地於敵國○也. 174-16 君之所以求安平君○. 174-21 此兩言○. 174-24 兩○有一也. 174-24 無明此○矣. 175-3 城大無能過百雉○. 175-4 吾所以重○. 175-23 客有見人於服子○. 176-4 昔○堯見舜於草茅之中. 176-7 使夫交淺○不可以深談. 176-9 有所謂桑雍○. 176-21 所謂桑雍○. 176-22 便辟左右之近○. 176-22 而求所欲於王○也. 176-23 使○三往不得通○. 177-5 必所使○非其人也. 177-5 曰諒毅○. 177-5 秦王使使○報曰. 177-10 吾所使趙國○. 177-10 則使○歸矣. 177-11 於是秦王乃見使○. 177-14 無非大王之服御○. 177-19 春平侯○. 178-13 春平侯○言行於趙王. 178-15 有復言令長安君爲質○. 178-21 老臣今○殊不欲食. 179-1 趙主之子孫侯○. 179-14 其繼有在○乎. 179-15 諸侯有在○乎. 179-15 此其近○禍及身. 179-16 遠○及其子孫. 179-16 夫鄉邑老○而先受坐之士. 182-2 求其好掩人之美而楊人之醜○而參驗之. 182-3 此皆似之而非○也. 182-6 昔○. 182-22 然而可得并○. 183-3 撓揀而不辟○. 183-9 使三軍之士不迷惑○. 183-11 使民昭然信之於後○. 183-12 不敢怠倦○. 183-13 公叔豈非長○哉. 183-16 又不遺賢○之後. 183-16 悖○之患. 184-2 固以不悖○爲悖. 184-2 罪無過此○. 184-12 凡羣臣之言事秦○. 184-21 守亭障○条列. 185-11 且夫諸侯之爲從○. 185-15 合從○. 185-15 而能弱楚○莫若魏. 186-1 而不敢深入○. 186-16 然其所以不受○. 186-22 軫之所以來○. 187-4 所以不使犀首○. 187-19 物之湛○. 188-3 郢中不善公○. 188-5 魏之所以迎我○. 188-6 王亦聞老妾事其主婦○乎. 188-11 若老妾之事其主婦○. 188-12 謂可○謂不可○正半. 188-16 所謂劫主○. 188-21 失其半○也. 188-21 魏之所以相公○. 188-24 且魏王所以貴張子○. 189-13 王之所得○. 189-23 今行和○. 190-16 制割○. 190-16 敗後必莫能以魏合於秦○矣. 191-5 夫輕用其兵○. 192-4 易用其計○. 192-5 夫二君○. 192-6 入子之事○. 192-17 二人○. 192-23 以稽二人○之所爲. 193-2 二人○曰. 193-2 二人○必不敢有外心矣. 193-3 二人○之所爲之. 193-3 羣臣多諫太子○. 193-19 意○羞法文王乎. 194-8 服宋之强○. 194-16 而與王爭得○. 194-17 如宋○. 194-18 欺之不爲逆○. 194-18 殺之不爲讎○也. 194-19 是故又爲足下傷秦○. 195-5 則爲劫於與國而不得已○. 195-8 如是人○. 195-9 鬻王以爲資○也. 195-9 免國於患○. 195-10 是免國於患○之計也. 195-13 扮之請焚天下之秦符○. 195-21 次傳焚符之約○. 195-22 欲使五國約閉秦關○. 195-22 然而所以爲之○. 196-1 今所患○. 196-5 鈞二子○. 196-9 鈞二子○. 196-11 王○得度. 196-21 而覇○知計. 196-21 今王所以告臣○. 196-22 終爲齊患○. 197-7 然而不勝一人○. 197-19 而欲去子○衆. 197-20 吾恐張儀薛公犀首之有一人相魏○. 197-22 然則相○以誰而君便之也. 197-23 吾恐張儀薛公犀首有一人相魏○. 198-2 則趙之謀○必曰. 198-19 秦必令其所愛信○用趙. 198-20 上所以爲其主○忠矣. 198-24 下所以自爲○厚矣. 198-24 趙之用事○必曰. 198-25 而議臣○過於三人矣. 199-23 昔○. 200-3 後世必有以酒亡其國○. 200-4 後世必有以味亡其國○. 200-6 後世必有以色亡其國○. 200-8 後世必有以高臺陂池亡其國○. 200-10 今主君兼此四○. 200-13 敝邑之吏效城○. 201-8 敝邑所以事大王○. 201-10 今郊鄴○. 201-10 使○之罪也. 201-11 王之士未有爲之中○也. 201-14 王之所欲於魏○. 201-15 王所患○上地也. 201-18 秦之所欲於魏○. 201-18 魏之所以獻長羊王屋洛林之地○. 201-24 無以利事王○矣. 202-2 而地不幷乎諸侯○. 202-9 知○不然. 202-21 宋人有學○. 203-11 反而名我○. 203-12 吾所賢○. 203-13 吾所大○. 203-13 子之於學○. 203-14 尙有可以易入朝○乎. 203-16 請以一鼠首爲女殉○. 203-20 以三○. 203-23 今不行○欺之矣. 204-2 吾内王於秦○. 204-5 僞病○乎而見之. 204-10 且夫欲璽○. 204-19 欲地○. 204-19 夫欲璽○制地. 204-20 而欲地○制璽. 204-20 王獨不見夫博○之用梟邪. 204-25 淳于髡言不伐魏○. 205-9 夫敢借兵○. 205-20 而民歲死○. 205-22 夫行數千里而救人○. 206-3 所行○甚遠. 207-7 而所攻○甚難. 207-8 王之使○大過矣. 207-13 聽使○之惡也. 207-15 異日○. 207-19 所亡乎秦○. 207-23 異日○. 208-1 出入○賦之. 208-11 攻魏○. 208-22 昔○. 208-22 伐虢○. 208-23 王賢而有聲○相之. 208-25 所以爲腹心之疾○. 208-25 魏○. 209-1 趙○. 209-1 聽秦而攻魏○. 209-2 彼翟子之所惡於國○. 209-5 魏王之所恃○. 209-19 所用○. 209-19 梁○. 211-4 秦攻梁○. 211-6 此五國所以亡○. 211-19 夫國之所以不可恃○多. 211-20 而不可恃○. 211-21 而不可恃○. 211-21 而不可恃○. 211-22 慮久以天下爲可一○. 212-11 是不知天下○也. 212-11 欲獨以魏支秦○. 212-12 是又不知魏○也. 212-12 謂茲公不知此兩○. 212-12 又不知茲公○也. 212-12 橫○將圖子以合於秦. 212-15 秦王不問○. 212-23 爲君計○. 212-24 夜行○能無爲姦. 213-1 夫解攻○. 213-7 致攻○. 213-8 無精於此○矣. 213-15 故爲王計○. 213-16 將皆務事諸侯之能令於王之上○. 214-10 且遇於秦而相秦○. 214-10 有齊○. 214-11 是以有雍○與秦遇. 214-12 無蔽於秦○. 214-25 夫亡寧○. 215-10 夫得寧○. 215-11 過二周而攻王○. 215-16 今○臣來. 215-19 吾御○善. 215-22 此數○愈善. 215-22 夫齊不以無魏○以害有魏○. 216-3 王之所求於魏○. 216-4 二子○. 216-7 因使其人爲見○嗇夫聞見○. 216-8 魏之所以爲王通天下○. 216-11 魏人有唐且○. 216-17 大王已知魏之急而救不至○. 216-20 衵春秋○. 216-22 事有不可知○. 217-5 有不可不知○. 217-5 有不可忘○. 217-6 有不可不忘○. 217-6 使○自往. 217-14 請使道使○至縞高之所. 217-14 使○以報信陵君. 217-19 乃之使○之舍. 218-4 使使○謝安陵君曰. 218-5 有敢言美人○族. 218-16 所效○庸必得幸乎. 218-18 執法以下至於長輓○. 219-3 而君以五十里之地存○. 219-15 以君爲長○. 219-15 而君逆寡人○. 219-16 此三子○. 219-24 而安陵以五十里之地存○. 220-3 而動千里之權○. 221-5 而破三軍○. 221-5 夫爲人臣○. 221-15 非所謂學於子○也. 221-18 遠○達胷. 222-3 近○掩心. 222-3 無過此○矣. 222-9 此所謂市怨而買禍○也. 222-12 貫頤奮戟○. 222-24 蹄間三尋○不可稱數也. 222-25 詿誤人主○. 223-6 無過於此○矣. 223-7 而能弱楚○莫如韓. 223-11 計無便於此○也. 223-13 其多力○内樹其黨. 223-21 其寡力○籍外權. 223-21 臣恐山東之無以馳割事王○矣. 224-8 曰儀之使○. 225-5 公留儀之使○. 225-6 夫以實告我○. 226-15 以虛名救我○. 226-16 顔率謂公仲之謁○曰. 226-25 公仲之謁○以告公仲. 227-3 貴其所以貴○貴. 227-9 今二人○. 227-11 而公獨與王主斷於國○. 227-11 聽○聽國. 228-4 今也子曰乃且攻燕○. 229-10 若曰勝千鈞則不然○. 229-12 其從於王○. 229-17 備不具○死. 229-18 謂使○曰. 229-19 先君○. 229-24 臣之所見○. 230-2 韓令使○求救於秦. 231-3 脣揭○其齒寒. 231-5 使○來○衆矣. 231-6 是公之所以外○儀而已. 232-11 怒於室○色於市.

233-20 客有請叱之○. 234-1 來使○無交於公. 234-4 廢公叔而相幾瑟○楚也. 235-22 齊楚後至○先亡. 235-25 頃間有鵲止於屋上○. 236-17 游求人可以報韓傀○. 236-24 避仇隱於屠○之間. 236-25 故直進百金○. 237-7 居市井○. 237-9 未有大功可以稱○. 237-15 夫賢○以感忿睚眦之意. 237-16 政將爲知己○用. 237-18 前所以不許仲子○. 237-19 仲子所欲報仇○爲誰. 237-20 持兵戟而衛○甚衆. 238-3 所殺○數十人. 238-6 乃其姊○. 238-15 聶政之所以名施於後世○. 238-16 夫孿子之相似○. 239-3 利害之相似○. 239-4 唯智○知之而已. 239-4 必將欲置其所愛信○. 239-8 秦魏不終相聽○也. 239-13 不成亦爲福○也. 239-16 昔○. 240-1 伏軾結靷西馳○. 240-14 未有一人言善韓○也. 240-14 伏軾結靷東馳○. 240-15 未有一人言善秦○也. 240-15 皆不欲韓秦之合○何也. 240-15 合而相堅如一○. 241-3 而王與諸臣不事爲尊秦以定韓○. 241-11 昔○. 241-14 然而春秋用兵○. 241-17 有爲名○. 241-19 有爲實○. 241-19 爲名○攻其心. 241-19 爲實○攻其形. 241-19 昔○. 241-19 此攻其心○也. 241-22 此攻其形○也. 241-24 韓氏之衆無不聽令○. 242-4 然而吾弗爲云○. 242-7 雖爲桓公吾弗爲云○. 242-10 而許異獨取相焉○. 242-11 而桓公獨取霸○. 242-12 而以國先○. 242-13 然則先與强國○. 242-18 王於是召諸公子役於三川○而歸之. 242-21 故客有說韓○曰. 243-3 美人知內行○也. 243-5 故善爲計○. 243-5 人之所以善扁鵲○. 243-13 今君以所事善平原君○. 243-14 今韓之父兄得衆○毋相. 243-21 魏之使○謂後相韓辰曰. 244-2 使○曰. 244-3 彼公仲○. 244-10 首之○. 244-10 所以不及魏○. 244-11 所以不○. 244-12 無幾於王之明○. 244-23 公以二人○爲賢人也. 245-3 二人○必入秦楚. 245-4 天下之不善公○. 245-5 與欲有求於齊○. 245-6 楚之齊○知西不合於秦. 245-19 不如先收於楚之齊○. 245-21 楚之齊○先務以楚合於齊. 245-22 逐向晉○韓也. 246-2 而還之○魏也. 246-2 無之而亡○. 246-20 不可無而從○. 246-20 今君之輕韓熙○. 246-20 夫宵行○能無爲姦. 247-1 而相國見臣不釋塞○. 247-9 夫燕之所以不犯寇被兵○. 248-9 計無過於此○. 248-16 夫制於燕○蘇子也. 249-2 人之飢所以不食烏喙○. 249-17 因敗而爲功○也. 249-22 因敗成功○也. 250-1 人有惡蘇秦於燕王○. 250-6 足下不聽臣○. 250-10 傷臣於王○. 250-10 三○天下之高行. 250-12 廉如此○. 250-16 且夫信行○. 250-19 臣之趍固不與足下合○. 250-23 僕○進取之臣也. 250-24 所謂以忠信得罪於君○也. 250-24 臣鄰家有遠爲吏○. 251-1 其私之○憂之. 251-2 此以忠信得罪○也. 251-5 臣恐天下後事足下○. 251-7 使之說齊○. 251-8 故大亂○可得其埊. 252-6 小亂○可得其寶. 252-7 所聞於邯鄲○. 252-12 子之所謂天下之明主○. 252-14 何如○也. 252-14 明主○務聞其過. 252-15 夫齊趙○. 252-16 楚魏○. 252-16 無以諫○. 252-17 齊○. 252-24 人謂堯賢○. 254-1 而吏無非太子人○. 254-8 死○數萬衆. 254-17 以招賢○. 255-13 敢問以國報讎○柰何. 255-16 帝○與師處. 255-17 王○與友處. 255-17 霸○與臣處. 255-17 則百己○至. 255-18 則什己○至. 255-19 則若己○至. 255-19 王誠博選國中之賢○. 255-22 有以千金求千里馬○. 255-24 所求○生馬. 256-1 千里之馬至○三. 256-4 況賢於隗○乎. 256-5 齊城之不下○. 256-10 此三○. 256-15 臣聞知○之舉事也. 256-22 因敗而成功○也. 256-22 因敗而爲功○也. 256-24 燕趙破宋肥齊尊齊而爲之下○. 257-4 弗利而勢爲之○. 257-5 今王何不使可以信○接收燕趙. 257-6 知○不爲也. 257-16 今臣爲進取○也. 258-4 仁義○. 258-5 昔○楚取章武. 258-10 曩○使燕毋去周室之上. 258-10 善爲事○. 258-12 不能爲事○. 258-13 今臣之所以事足下○. 258-22 而得罪○乎. 258-24 其所愛○曰. 259-1 與殺吾父逐吾主母○. 259-4 故妾所以笞○. 259-7 寡人甚不喜訑○言也. 259-12 售而不弊○. 259-15 夫使人坐受成事○. 259-16 唯訑○耳. 259-16 齊楚不得以有枳宋事秦○. 260-4 是則有功○. 260-4 知○不及謀. 260-9 勇○不及怒. 260-9 必率天下以攻寡人○三. 260-24 適燕○曰. 261-10 適趙○曰. 261-11 適魏○曰. 261-11 適楚○曰. 261-11 適齊○曰. 261-12 今其生○. 261-15 而燕趙之秦○. 261-17 使齊不信趙○. 261-25 與齊王謀道取秦以謀趙○. 262-1 令齊守趙之質子以甲○. 262-2 齊趙必有爲智伯○矣. 262-6 吾所恃○順也. 262-10 生之物固有不死○乎. 262-20 且舉大事○. 263-3 人有賣駿馬○. 263-10 莫爲臣先後○. 263-14 日○齊不勝於晉下. 264-7 猶剗刈○也. 264-19 焉有離人子母○. 265-5 臏○. 265-9 老婦不知長○之計. 265-19 而有齊人仕於燕○. 265-22 是故謀○皆從事於除患之道. 266-4 而先使除患無至○. 266-4 昔○吳伐齊. 266-6 使○乃以說趙王. 266-10 寡人之使騎劫代將軍○. 266-20 今王使使○數之罪. 267-1 臣恐侍御○之不察先王之所以畜幸臣之理. 267-1 功多○授之. 267-4 能當之○處之. 267-5 故察能而授官○. 267-5 論行而結交○. 267-5 臣以所學○觀之. 267-6 功未有及先王○也. 267-20 順庶孽○. 268-2 臣聞善作○. 268-4 善始○. 268-4 昔○五子胥說聽乎闔閭. 268-4 以明先王之迹○. 268-9 墮先王之名○. 268-10 以幸爲利○. 268-10 恐侍御○之親左右之說. 268-13 三物○. 269-1 之主○不卑名. 269-4 之國○可長存. 269-4 之卒○出士以戍韓梁之西邊. 269-4 物固有勢異而患同○. 269-7 今○臣來. 270-4 兩○不肯相舍. 270-7 漁○得而并禽之. 270-7 臣聞辭卑而幣重○. 270-13 失天下○也. 270-13 辭倨而幣薄○. 270-13 得天下○也. 270-13 女所營○. 271-4 所營○. 271-5 燕王所爲將殺我○. 271-12 趙民其壯○皆死於長平. 271-19 故使使○陳愚意. 272-3 厚○不毀人以自益也. 272-8 仁○不危人以要名. 272-8 以故掩人之邪○. 272-9 救人之過○. 272-9 仁○之道也. 272-9 義○不虧人以自益. 272-20 昔○. 272-22 而議寡人○遍天下. 272-25 棄大功○. 273-1 輕絶厚利○. 273-2 宜在遠○. 273-3 使○過趙. 273-9 使○曰. 273-10 茲之所以受命於趙○. 273-10 使○見秦王曰. 273-14 燕王使使○賀千金. 273-14 使○曰. 273-15 所以不能反勝秦○. 273-17 燕有田光先生○. 274-10 先生所言○. 274-19 光聞長○之行. 274-24 所言○. 274-24 丹所請田先生無言○. 275-4 臣海內之王○. 275-8 而傷長○之意. 276-3 而報將軍之仇○. 276-7 人無不立死○. 276-16 今日往而不反○. 276-21 僕所以留○. 276-22 太子及賓客知其事○. 276-24 見燕使○咸陽宮. 277-9 羣臣侍殿上○. 277-18 事所以不成○. 278-1 而論功賞羣臣及當坐○. 278-2 宋所謂無雉兔鮒魚○也. 279-19 以隨使○. 280-3 夫在中○惡臨. 280-4 宋君使使○請於趙王曰. 280-9 使○曰. 280-14 而欲滿其意○衆. 281-7 衛所以爲衛○. 282-5 而弗能復取○. 282-6 夫人於事己○過急. 282-21 於事人○過緩. 282-21 今王緩於事己○. 282-21 始君之所行於世○. 283-1 所用○. 283-2 必無與君言國事○. 283-3 君之所行天下○甚謬. 283-3 自今以往○. 283-4 妨往來○. 283-15 此三言○. 283-16 然而不免爲笑○. 283-16 同欲○相憎. 284-19 同憂○相親. 284-19 大○危國. 285-10 次○廢王. 285-10 出兵以攻中山○. 285-14 王行二○. 285-16 寡人所以閉關不通使○. 285-19 此王所以存○也. 285-24 齊之欲割平邑以賂我○. 286-1 趙使○來屬耳. 286-15 固無請人之妻不得而怨人○也. 286-19 事何可豫道○. 286-25 今○. 287-5 殊無佳麗好美○. 287-6 未嘗見人如中山陰姬○也. 287-7 不知○. 287-8 臣聞其乃欲請所謂陰姬○. 287-14 世無請后○. 287-18 所傾蓋與車而朝窮閭隘巷之士○. 287-22 則耕○惰而戰士懦. 287-24 若此不亡○. 287-25 有二人挈戈而隨其後○. 288-3 子奚爲○也. 288-4 秦民之死○厚葬. 288-19 傷○厚養. 288-19 勞○相饗. 288-19 趙人之死○不得收. 288-20 傷○不得療. 288-20 今趙卒之死於長平○已十七八. 289-7 死傷○衆. 290-4 此亦所謂勝一臣而爲天下屈○也. 290-12

【坼】 3

地○至泉. 95-11 地○至泉者. 95-13 天崩地○. 163-10

【抵】 7

○掌而談. 16-25 ○掌而談. 137-22 今乃以○罪取伐. 139-4 奢嘗○罪居燕. 174-18 大○豆飯藿羹. 222-20 恐○斧質之罪. 266-25 臣○罪. 286-11

【拘】 11

身布冠而○於秦. 55-13 楚懷王○張儀. 116-4 ○張儀. 116-4 今楚○之. 116-7 不如令趙○甘茂. 141-12 且○茂也. 141-15 不肖者○焉. 151-16 ○於俗之衆. 151-17 故○之於牖里之車. 163-21 文王之○於牖里. 167-10 蘇秦○於魏. 186-20

【抱】 16

梁王身○質執璧. 54-16 是○空質也. 57-15 然則是我○空質而行不義於天下也. 75-5 變則是君○空質而負名於天下也. 75-15 左○幼妾. 125-4 播祏○几. 164-1 ○陰成. 170-3 ○安邑而信秦. 172-14 是齊○空質而行不義也. 197-15 譬猶○薪而救火也. 204-22 ○葛薜陰成以爲趙養邑. 208-18 是王○虛質也. 235-19 韓傀走而○哀侯. 238-4 乃○屍而哭之曰. 238-13 蘇秦能○弱燕而孤於天下哉. 249-3 ○梁柱而死. 250-17

【拄】 1

脩劍○頤. 100-7

【幸】 48

○以賜妾. 31-4 ○無我逐也. 31-6 先生何以○教寡人. 37-9 先生不○教寡人乎. 37-11 先生乃○至此. 38-13 此天所以○先王而不棄其孤也. 38-14 今君雖○於王. 43-20 今大客○而教之. 70-5 此皆○樂其名. 86-11 王有所○臣九人之屬. 99-1 今上客○教以明制. 111-22 又謂王之○夫人鄭褎曰. 116-5 君王卒○四子者不衰. 124-5 卽○於春申君. 128-22 楚王之貴○君. 128-24 妾之○君未久. 129-3 王必○妾. 129-4 ○之. 129-6 初○春申君有身. 130-1 襄子必近○子. 135-17 ○以臨寡人. 165-23 僕主○以聽僕也. 174-20 此言○之不可數也. 202-19 天○爲多矣. 202-20 是以天○自爲常也. 202-21 今○而於韓. 213-7 君之○高也. 217-15 聞臣之得○於王也. 218-13 所效者庸必得○乎. 218-18 假之得○. 218-19 必無○矣. 223-4 客○而教之. 223-15 徒○而養老母. 237-9 今親不○. 237-20 今足下○而不棄. 237-23 今主君○教詔之. 248-19 適不○而有類妾之棄酒也. 251-6 今大客○而教之. 252-2 齊不○而燕有天○也. 264-8 是以天○自爲功也. 264-8 且太后與王○而在. 265-16 臣恐侍御者之不察先王之所以畜

○臣之理. 267-1 可以○無罪矣. 267-9 可以○無罪矣. 267-23 以○爲利者. 268-10 願太傅○而圖之. 273-23 ○而教之曰. 274-22

【拂】 3

子道順而不○. 153-19 而得爲王○枕席. 218-12 跪而○席. 274-13

【拙】 4

是謀臣之○也. 20-16 則謂之○. 79-20 ○則罷之. 79-20 ○. 252-20

【招】 7

以其類爲○. 124-19 而折韓魏○之. 178-5 今我講難於秦兵爲○質. 199-1 秦○楚而伐齊. 245-19 以○天下之精兵. 249-19 以○賢者. 255-13 ○大國之威. 286-9

【披】 4

木實繁者○其枝. 40-5 ○其枝者傷其心. 40-5 木實繁者枝必○. 40-24 枝之○者傷其心. 40-24

【亞】 1

而使臣爲○卿. 267-8

【其】 1135

○日久矣. 1-13 ○日久矣. 1-14 今大王縱有○人. 1-20 秦恐公之乘○弊也. 2-9 亦必盡○寶. 2-11 今○民皆種麥. 3-3 以病○所種. 3-4 若○王在陽翟. 3-11 乃止○行. 3-12 民非子罕而善○君. 4-10 問○巷而不知也. 4-16 齊王誰與爲○國. 5-18 ○實同理. 5-22 輕忘○薛. 6-17 不顧○先君之丘墓. 6-17 周令○相之秦. 7-17 留○行. 7-17 而全趙令○止. 9-22 以○重秦客. 10-4 ○實襲蔡. 10-6 不通○使. 10-22 歸○劍而責之金. 12-3 而屬○子曰. 12-4 臣見○必以國事秦也. 12-18 ○以事王者. 12-22 黥劓○傅. 15-6 臣請奏○效. 15-20 ○勢不能. 16-11 引錐自刺○股. 16-22 安有說人主不能出○金玉錦繡. 16-22 以隨○後. 17-2 趙固負○衆. 17-20 大王裁○罪. 18-8○此之謂乎. 18-10 悉○士民. 18-11 罪○百姓不能死也. 18-14○上不能殺也. 18-14 出○父母懷衽之中. 18-18 謀臣皆不盡○忠也. 19-2 則○民足貪也. 19-11 ○民輕而難用. 20-1 上非能盡○民力. 20-2 悉○士民. 20-3 豈○難矣. 20-23 荀慎○道. 20-25 何以知○然也. 20-25 禽○身. 21-3 據○地. 21-3 而有○民. 21-4 禽○身. 21-7 大王試聽○說. 21-12 請聞○說. 21-22 得○地不足以爲利. 22-3 務廣○地. 22-6 務富○民. 22-7 務博○德. 22-7 取○地. 22-9 得○財. 22-10 臣請謁○故. 22-14 臣聞○言曰. 22-23 以亂○政. 23-15 孝己愛○親. 24-2 子胥忠乎○君. 24-3 人誂○長者. 24-15 誂○少者. 24-15 則欲○許我也. 24-18 則欲○爲我詈人也. 24-18 昔者子胥忠○君. 24-25 孝己愛○親. 25-1 ○後. 26-3 王○爲臣約車并幣. 26-5 ○於弊邑之王甚厚. 26-9 子○弭口無言. 26-23 以○餘爲寡人乎. 27-17 臣不知○思與不思. 27-19 王不如賂之以撫○心. 28-15 扁鵲怒而投○石. 28-22 王問○故. 29-5 ○實郡也. 29-6 ○母尚織自若也. 29-15 ○母懼. 29-16 楚王以○言責漢中於馮章. 30-1 韓亦恐戰而楚有變○後. 30-18 臣是以知○御也. 30-19 ○健者來使者. 30-22 則王勿聽○事. 30-23 ○需弱者來使. 30-23 ○居秦累世重矣. 31-8 不如重○贄. 31-10 厚○祿以迎之. 31-11 且欲合齊而受○地. 32-10 夫取三晉之腸胃與出兵而懼○不反也. 32-25 ○讎君必深. 34-5○讎君必深矣. 34-22 夫楚王之以○臣請挈領然而臣有患也. 35-7 夫楚王之以○國依冉也. 35-7 今王見○達而收之. 36-4 亦能翕○心乎. 36-5 勞大者○祿厚. 36-9 功多者○爵尊. 36-9 能治衆者○官大. 36-9 故不能者不敢當○職焉. 36-10 則行而益利○道. 36-11 爲○凋榮也. 36-20 ○淺者又不足聽也. 36-23 已○言臣者. 36-24 ○言深也. 37-14 而文武無與成○王也. 37-16 無以餌○口. 38-1 此天所以幸先王而不棄○孤也. 38-14 以○伐楚而肥韓魏也. 39-4 則○國斷而爲三. 39-19 不聞○王. 39-22 不聞○有王. 39-23 内固○威. 40-2 而外重○權. 40-2 木實繁者披○枝. 40-5 披○枝者傷○心. 40-5 大○都者危○國. 40-5 尊○臣者卑○主. 40-6 叢籍○神. 40-18 枝之披者傷○心. 40-24 都大者危○國. 40-25 臣强者危○主. 40-25 ○令邑中自斗食以上. 40-25 ○威内扶. 41-4 ○輔外布. 41-4 ○所攻者. 41-12 臣願王之毋獨攻○地. 41-15 而攻○人也. 41-15 出○朴. 41-22 然降○主父沙丘而臣之. 41-23 不知○實也. 41-25 於是○謀者固未可得予也. 42-7 ○可得與者. 42-8 ○憂乎. 42-24 ○子死而不憂. 42-25 ○相室曰. 43-1 此○情也. 43-7 臣請得○情. 43-8 以○爲汝南虜也. 43-13 ○夕. 43-19 請聞○說. 44-12 萬物各得○所. 44-17 終○年而不夭傷. 44-17 天下繼○統. 44-17 守○業. 44-17 ○卒亦可願矣. 44-20 故天下以○君父爲戮辱. 45-8 憐○臣子. 45-9 ○爲人臣. 45-11 ○可願孰與閎夭周公哉. 45-13 使馳說之士無所開○口. 46-8 ○人辯士. 46-22 ○母在秦. 48-18 佐欲定○弟. 48-19 ○無奈寡人何. 49-13 躡○踵. 49-20 此乃方○用肘足時也. 49-22 則王攻○南. 50-5 寡人絶○西. 50-5 天下有○實而無○名者. 50-24 有無○實而有○名者. 50-25 有無○名又無○實者. 50-25 有○實而無○名者. 51-1 此有○實而無○名者也. 51-2 無○實而有○名者. 51-3 此無○實而有○名者也. 51-4 無○名又無○實者. 51-4 入○社稷之臣於秦. 51-9 入○將相. 51-13 此猶兩虎相鬬而駑犬受○弊. 51-22 臣請言○說. 51-23 狐濡○尾. 52-15 何以知○然也. 52-16 兵出之日而王憂○不反也. 53-8 吾將還○委質. 54-12 内喻○百姓. 54-20 何以知○然. 55-9 何以知○然也. 55-20 我與○處而待之見攻. 56-18 臣恐○害於東周. 56-18 ○寧於太山四維. 57-7 請聞○說. 57-8 王后悅○狀. 57-18 高○知. 57-18 乃變○名曰楚. 57-19 臣恐○皆有怨心. 57-22 奇○計. 57-23 君○試臣. 58-11 不知○數. 58-13 不知○數. 58-13 而親觀○孰勝. 59-6 司空馬言○爲趙王計而弗用. 59-24 ○交甚親. 60-2 ○爲人疾賢妬功臣. 60-2 王必用○言. 60-3 必絶○謀. 60-22 而安○兵. 60-22 衣以○衣. 60-22 冠舞以○劍. 60-23 絶○謀. 60-23 止○兵. 60-23 曾參孝○親. 61-7 桀聽讒而誅○良將. 61-10 紂聞讒而殺○忠臣. 61-10 ○鄙人之賈人也. 61-14 知○可與立功. 61-17 人主豈得○用哉. 61-18 故明主不取○汙. 61-18 不聽○非. 61-18 察○爲己用. 61-19 復整○士卒以與王遇. 62-7 令○欲封公也又甚於齊. 62-11 是○所以弱也. 62-15 冠舞○劍. 64-1 ○於齊何利哉. 64-10 軍於○郊. 64-12 亦驗○辭於王前. 65-8 謂○妻曰. 66-5 ○妻曰. 66-6 而復問○妾曰. 66-8 章子爲變○徽章. 66-25 章子之母啓得罪○父. 67-6 ○父殺之而埋馬棧之下. 67-7 ○良士選卒必殪. 67-18 ○餘兵足以待天下. 67-19 ○良士選卒必殪. 67-19 此○爲德也亦大矣. 67-20 ○見恩德亦○大也. 67-20 而兩歸○國於秦. 68-1 齊無所出○計矣. 68-9 ○民無不吹竽鼓瑟擊筑彈琴鬬雞走犬六博蹹踘者. 68-21 以亡隨○後. 69-3 恐韓魏之議○後也. 69-7 大王覽○說. 69-18 而不察○至實. 69-18 亡隨○後. 69-21 王以○間伐韓. 71-16 乃使○舍人馮喜之楚. 71-20 王以○間伐韓. 72-2 ○官爵何也. 72-16 賜○舍人卮酒. 72-19 奪○卮曰. 72-22 遂飲○酒. 72-23 終亡○酒. 72-23 以市○下東國. 75-4 君因謂○新王曰. 75-6 請告太子○故. 75-21 齊少○地. 75-24 太子○圖之. 76-10 以○爲齊薄而爲楚厚也. 76-20 美○一. 77-7 而薛亦不量○力. 77-25 薛不量○力. 78-1 齊王和○顏色曰. 78-2 陳○勢. 78-4 言○方. 78-4 臣請以臣之血湔○衽. 78-17 ○欲有君也. 78-19 君○殺之. 78-25 ○錯之勿言也. 79-1 令○命如此. 79-8 使曹沫釋○三尺之劍. 79-17 故物舍○所長. 79-19 之○所短. 79-19 各死○處. 81-7 而擅○功. 81-8 以頓○兵. 81-8 弊○衆. 81-8 臣恐强秦大楚承○後. 81-9 舉韓氏取○地. 81-17 恐秦兼天下而臣○君. 81-20 ○用者過也. 81-24 倚柱彈○劍. 82-7 復彈○鋏. 82-9 於是乘○車. 82-10 揭○劍. 82-11 過○友曰. 82-11 復彈○劍鋏. 82-12 孟嘗君使人給○食用. 82-14 因燒○券. 83-1 孟嘗君怪○疾也. 83-2 不拊愛子○民. 83-6 因燒○券. 83-7 僅得免○死耳. 83-12 齊放○大臣孟嘗君於諸侯. 83-15 齊○聞之矣. 83-18 能致○如此者五人. 84-15 辱○使者. 84-16 必以○血洿○衣. 84-16 皆得○死. 84-24 未得○實. 86-8 以喜○爲名者. 86-8 是故無○實而喜○名者削. 86-10 無德而望○福者約. 86-10 無功而受○祿者辱. 86-10 此皆幸樂○名. 86-11 華而無○實德者也. 86-11 是故成○道德而揚功名於後世者. 86-14 夫上見○原. 86-16 下通○流. 86-16 是○賤之本與. 86-18 是○爲人也. 88-8 是助王養○民也. 88-9 是○爲人. 88-10 是助王息○民者也. 88-10 徹○環瑱. 88-11 是○爲人也. 88-14 下不治○家. 88-14 謂○左右曰. 88-23 士何○易得而難用也. 88-25 ○於以收天下. 89-10 而王以○間舉宋. 89-19 何以知○然也. 90-9 以○爲韓魏主怨也. 91-1 而宋越專用○兵. 91-3 何以知○然也. 91-14 何以知○然也. 91-25 取○牛馬. 92-1 故○費與死傷者鈞. 92-12 何以知○然也. 92-20 殺○君. 92-20 滅○國. 92-21 殺○將. 92-24 ○士多死而兵益弱. 93-4 ○百姓罷而城郭露. 93-5 惡○示人以難也. 93-8 則○國無宿憂也. 93-20 何以知○然. 93-20 則○國無宿憂矣. 93-22 何以知○然矣. 93-23 ○强而拔邯鄲. 93-23 夫魏氏○功大. 94-2 ○與必衆. 94-2 殺○太子. 94-10 覆○十萬之軍. 94-11 去之則聞○聲. 95-12 知○貴人. 95-17 ○母曰. 95-21 女不知○處. 95-23 此○一時也. 96-13 公○圖之. 97-22 田單見○寒. 98-5 嘉○行. 98-13 狗固吠非○主也. 98-21 豈特攫○腓而噬之耳哉. 98-24 且○志欲爲不善. 99-6 循撫○心. 99-6 ○志欲有爲也. 99-8 禽○司馬. 99-20 王乃殺九子而逐○家. 99-25 請聞○說. 100-9 ○子法章變姓名. 100-24 ○後秦欲取齊. 102-7 不若○欲齊之甚也. 102-8 ○使涓來. 102-9 ○心必營. 103-12 ○心必懼我. 103-13 ○實畏王之甲兵也. 104-5 臣不敢言○後. 104-9 ○割趙必深矣. 104-12 恐楚之攻○後. 104-14 是○爲人也近苦矣. 105-4 人有以○狗爲有執而愛之. 105-7 ○狗嘗溺井. 105-7 ○鄰人見狗之溺井也. 105-8 然則且有子殺○父. 105-16 臣弑○主者. 105-16 故令請○宅. 106-22 以卜○罪. 106-23 故○宅不得. 106-24 城渾說○令曰. 107-6 此○勢不兩立. 109-2 臣聞治之○未亂. 109-4 爲之○未有也. 109-5 夫爲人臣而割○主之地. 109-14 不顧○禍. 109-15 以内劫○主. 109-15 ○勢不兩立. 110-7 韓魏攻○北. 110-10 言○利而不言○害. 110-14 此○勢不相及也. 110-21 而韓魏以全制○後. 111-6 即陰與燕王謀破齊共分○地. 111-12 ○不可成也亦明矣. 111-15 外絶○交. 112-9 内逐○謀臣. 112-10 ○效鄢郢漢中必緩矣. 112-13 彼有廉○爵. 112-19 貧○身. 112-19 有崇○爵. 112-20 豐○祿. 112-20 有勞○身. 112-21 愁○志. 112-22 故彼廉○爵. 113-1 貧○身. 113-1 故彼崇○爵. 113-5 豐○

祿.113-5 莫敖大心撫○御之手.113-7 社稷○爲庶幾乎.113-9 左奉
○首.113-15 右濡○口.113-16 社稷○危.113-19 故勞○身.113-21
愁○思.113-21 楚國社稷○庶幾乎.113-25 ○君好發者.114-11
○臣抉拾.114-11 今爲○行人請魏之相.115-5 恐○敗已也.116-19
皆令獻○計.117-14 臣請效○說.118-6 而王且見○誠然也.118-6
○縮甲則可.118-16 故明主之察○臣也.119-10 必知○無妬而進賢
也.119-11 賢之事○主也.119-11 願聞○說.119-17 且使萬乘之國
免○相.119-24 未嘗見中國之女如此○美也.120-9 未嘗見人如此○
美也.120-18 楚得○利.121-19 魏受○怨.121-19 爲○必免.122-6
獵者知○詐.122-9 擇○所喜而爲之.123-12 擇○所善而爲之.123-
12 ○情也.123-13 ○愛之甚於寡人.123-14 因揜○鼻.123-17 則揜
○鼻.123-18 ○似惡聞君王之臭也.123-19 令○一善而獻之王.123
-24 臣誠見○必然者也.124-4 蜻蛉○小者也.124-16 以○類爲招.
124-19 夫雀○小者也.124-21 奮○六翮.124-22 方將脩○莽盧.124
-23 治○繒繳.124-24 夫黃鵠○小者也.125-2 蔡聖侯之事○小者
也.125-7 示之○齒之堅也.125-21 ○君未嘗不尊.126-18 崔杼帥○
君黨而攻.127-1 射中○股.127-3 而立○弟景公.127-3 縣於○廟梁.
127-4 曷惟○同.127-11 ○飛徐而鳴悲.127-20 持○女弟.128-18
聞○不宜子.128-18 與○使者飲.128-20 於是園乃進○女弟.128-21
知○有身.128-22 園乃與○女弟謀.128-22 彼亦各貴○故所親.
129-1 孰與○臨不測之罪乎.129-5 李園既入○女弟爲王后.129-9 臣
請爲君剷○胷殺之.129-20 斬○頭.129-25 爲○遠王室矣.130-11
○於王孰便也.130-21 以○人事知之.131-6 今約勝趙而三分○地.
131-7 夫勝趙而三分○地.131-11 ○勢可見也.131-13 郄疵知○言
之不聽.131-18 君○與之.131-24 然則○錯兵於魏必矣.132-5○移
兵寡人必矣.132-11 ○餘政教猶存.132-13 君○定居晉陽.132-13
○高至丈餘.132-18 ○堅則箘簬之勁不能過也.132-18 我知○然.
133-6 則○禍必至.133-7 ○志矜.133-12 ○行高.133-12 破趙三分
○地.133-13 旦暮當拔之而饗○利.133-16 是皆能移○君之計.133
-19 君○與二君約.133-20 而君得○所欲矣.133-21 破趙而三分○
地.133-21 更○姓爲輔氏.133-23 ○視有疑臣之心.133-25 出更○
姓.133-25 襄子將卒犯○前.134-3 不避○死.134-21 以成○忠.134
-21 君○行之.134-21 君○負劍而御臣以之國.135-2 ○妻之楚.
135-4 而將○頭以爲飲器.135-8 吾○報知氏之讎矣.135-9 刃○扞.
135-11 而○臣至爲報讎.135-13 自刑以變○容.135-14 ○妻不識.
135-14 ○音何類吾夫之甚也.135-15 變○音.135-15 ○友謂之曰.
135-15 ○辯過君.137-16 ○博過君.137-16 無聽○談也.137-18 恐
○事不成.138-9 臣竊觀○圖之也.138-11 且秦以三軍攻王之上黨而
危○北.138-19 臣恐○禍出於是矣.138-24 臣恐○後事王者之不敢
自必也.139-5 ○地不能千里.139-17 太守○效之.139-25 亦○猜焉.
140-1 ○民皆不欲爲秦.140-4 ○吏民不欲爲秦.140-7 欲嫁○禍也.
140-11 秦被○勞.140-11 而趙受○利.140-11 ○死士皆列之於上地.
140-13 今○守以與寡人.140-17 問○故.141-6 亡○北陽而梁危.
141-24 然山東不能易○路.142-15 而歸○死於虎.142-18 而歸○國
於秦.142-19 臣故敢獻○愚.144-7 畏韓魏之議○後也.145-3 誠得
○道也.145-10 是故明主外料○敵國之强弱.145-10 內度○士卒之
衆寡賢與不肖.145-10 而不與○憂.145-19 則楚絕○後.146-2 則楚
絕○後.146-2 臣聞明王之於○民也.146-13 於○言也.146-14 故民
不惡○尊.146-17 而世不妬○業.146-17 趙怒必於○已邑.146-20
而後受○殃也.147-9 服○人.147-15 忘○憎懷而愛秦邪.147-17 失
○黨而孤居.148-11 破趙而四分○地.148-14 王○遂行之.149-13
臣固敢竭○愚忠.150-3 是以聖人觀○鄉而順宜.150-9 因○事而制
禮.150-10 所以利○民而厚○國也.150-10 ○便一也.150-12 是故
聖人苟可以利○民.150-13 不一○用.150-13 果可以便○事.150-13
不同○禮.150-14 以備○參胡樓煩秦韓之邊.150-21 ○怨未能報
也.150-25 願竭○忠.151-9 子○言乎.151-10 子○釋之.151-19 願
盡○忠.151-22 無遁○死.151-23 子○言乎.151-24 各順○宜.152
-8 各便○用.152-8 故禮世不必一○道便國不必法古.152-8 子○勿
反也.152-17 重利不足以變○心.153-5 順○意.153-12 不逆○志.
153-12 明○高.153-12 不倍○孤.153-13 ○國之祿也.153-13 且習
○兵者輕○敵.154-4 便○用者易○難.154-4 今民便○用而王變之.
154-4 臣恐○攻獲之利.154-6 又不明○時勢.155-8 操○刃而刺.
155-14 我○以三萬救是者乎哉.155-21 不存○一角.155-22 ○社稷
之不能恤.156-18 ○於子何如.157-23 强受○利.157-25 弱受○害.
157-25 因以○餘兵.158-6 ○母聞之.159-1 ○母曰.159-2 ○於長
者薄.159-3 故○言一也.159-5 王以○力尚能進.159-11 秦以○力
攻○所不能取.159-12 王又以○力之所不能攻以資之.159-13 得無
割○內而媾乎.159-17 得無更割○內而媾.159-24 又割○力之所不
能取而媾也.159-25 ○計固不止矣.160-10 ○求無已.160-11 ○勢
必無趙矣.160-12 虞卿得○一.160-14 未知○二也.160-15 ○不邪.
161-18 ○意欲求爲帝.162-9 今○人在是.162-14 ○人在此.162-18
權使○士.163-2 虜使○民.163-2 誠不忍○求也.163-12 ○無足
怪.163-12 魯人投○籥.164-2 賭○一戰而勝.164-8 彼將奪○所謂
不肖.164-10 而予○所謂賢.164-11 奪○所憎.164-11 而與○所愛.
164-11 彼又將使○子女讒妾爲諸侯妃姬.164-11 ○將何以當之.165
-18 秦當時適○鋒.166-5 甚矣○無禮也.167-7 非不愛○踵也.167
-16 王欲知○人.167-21 則○人也.167-22 恐○以擊燕爲名.168-
1 臣請要○敝.168-2 成○私者也.169-6 ○前可見已.169-11 則欲
用王之兵成○私者也.169-15 以解○怨而取封焉.169-21 則令秦攻
魏以成○私封.170-2 今又以何陽姑密封○子.170-4 ○欲事王也甚
循.170-14 ○怨於趙.170-15 臣請爲王推○怨於趙.170-16 下親○
上而守堅.171-3 ○國必有亂.171-4 臣竊以爲與○以死人市.174-1
又遺○後相信陵君書曰.174-3 ○於奢不然.174-23 乃引○兵而歸.
175-3 王問○故.176-4 已而請○罪.176-4 ○賊在於內.176-25 謹
備○所憎.176-25 必所使者非○人也.177-5 使下臣奉○幣物三至王
廷.177-8 願大王無絕○歡.177-9 受○弊而厚遇之.177-24 老婦必
唾○面.178-21 丈夫亦愛憐○少子乎.179-7 持○踵爲之泣.179-11
念悲○遠也.179-11 ○繼有在者乎.179-15 此○近者禍及身.179-16
遠者及○子孫.179-16 故以爲○愛不若燕后.179-20 虜趙王遷及
○將顏冣.180-5 ○子在中山.181-19 中山之君烹○子而遺之羹.181
-19 食○子之肉.181-21 ○子之肉尙食之.181-21 ○誰不食.181-
22 文侯賞○功而疑○心.181-22 子入而問○賢良之士而師事之.182
-2 求○好掩人之美而楊人之醜者而參驗之.182-3 文山在○南.182
-23 而衡山在○北.182-23 廬睪在○北.182-25 伊洛出○南.182-
25 不被○禍.184-12 以內劫○主.184-12 豈○士卒衆哉.184-17 誠
能振○威也.184-17 此○過越王勾踐武王遠矣.184-19 割○主之埊
以求外交.184-22 偷取一旦之功而不顧○後.184-23 外挾彊秦之勢
以內劫○主以求割埊.184-23 則齊攻○東.185-12 則趙攻○北.185
-13 則韓攻○西.185-13 則楚攻○南.185-13 ○不可以成亦明矣.
185-17 ○實空虛.186-2 ○卒雖衆.186-2 出而乘○車.186-6 人主覽
○辭.186-8 牽○說.186-8 以魏爲將內之於齊而擊○後.186-16 然
○所以不受者.186-22 今秦見齊魏之不合也如此○甚也.186-23 公
可以居○中而疑之.187-9 皆使人告○王曰.187-14 魏王止○行使.
187-16 ○子陳應止○公之行.188-3 王亦聞老妾事○主婦者乎.188
-11 若老妾之事○主婦者.188-12 不知是○可也.188-18 如是○明
耶.188-18 如是○同耶.188-19 是○可也.188-19 未如是○明也.
188-19 是有○半塞也.188-20 失○半者也.188-21 魏必事秦以持○
國.189-3 ○敝不足以應秦.189-4 王以○間約南陽.189-8 ○言曰.
189-13 王重○行而厚奉之.190-13 太后恐○不因穰侯也.190-16 恐
○謀伐魏也.190-19 與○相田繻不善.191-8 而不能成○功.191-11
夫輕用○兵者.192-4 ○國易危.192-4 易用○計者.192-5 ○身易窮.
192-5 田侯梁君見○危.192-8 梁君田侯恐○至而戰敗也.192-10 孰
與○爲齊也.192-21 不如○爲齊也.192-22 孰與○爲韓也.192-22
不如○爲韓也.192-22 是○唯惠公乎.193-24 欒水齧○墓.194-2 惠
子非徒行○說也.194-10 又令魏太子未葬○先王而因又說文王之義.
194-10 ○後.194-14 ○次賓秦.195-2 ○次堅約而詳講.195-2 王○
聽臣也.195-3 而行○上.195-10 則行○中.195-10 則行○下.195-
11 恐○伐秦之疑也.195-20 王游人而合○鬭.196-25 此○暴於戾定
矣.197-6 君○爲梁王.197-25 皆將務以○國事魏.198-6 恐○不忠
於下吏.198-12 以完○交.198-13 ○智能而任用之也.198-14 ○畏
惡嚴尊秦也.198-15 秦必令○所愛信者用趙.198-20 上所以爲○主
者忠矣.198-24 彼○事王必完矣.198-24 彼將傷○前事.199-4 而悔
○過行.199-4 冀○利.199-4 後世必有以酒亡○國者.200-4 後世必
有以味亡○國者.200-6 後世必有以色亡○國者.200-8 ○樂忘死.
200-10 後世必有以高臺陂池亡○國者.200-10 足以亡○國.200-13
王因赦○罪.201-23 以○能忍難而重出地也.202-9 臣聞魏氏悉○百
縣勝兵.202-22 三年反而名○母.203-12 ○母曰.203-12 ○子曰.
203-12 ○母曰.203-14 ○下也.203-23 秦未索○下.203-23 而王效
○上.203-24 君○自爲計.204-6 君○先自爲計.204-7 支期隨○後.
204-10 ○勢必無魏矣.204-21 乃案○行.205-1 使仇敵制○餘敝.
205-7 以○西爲趙蔽也.205-23 此於○親戚兄弟若此.206-20 ○攻多
於與秦共伐韓.208-8 是魏重質韓以○上黨也.208-11 共有○賦.208
-12 魏王將封○子.208-17 王能又封○子問陽姑衣乎.208-18 ○人
皆欲合齊秦外楚以輕公.209-6 而又怒○不已善也.209-7 擊○尾.
211-4 ○首救.211-5 擊○首.211-5 ○尾救.211-5 擊○中身.211-5
○兵弱.211-9 皆○所恃也.211-19 ○變不可勝數也.211-20 韓且割
而從○所强.212-7 且割而從○所不强.212-8 與○所怨乎.212-8 韓
將割而從○所强.212-8 與○所不怨.212-9 客謂司馬食○曰.212-11
○說何也.212-13 ○離也.213-14 楚人惡○緩而急之.214-24 而
秦若此○甚.215-1 王知○故乎.215-14 方北面而持○駕.215-19 因
使○人爲見者嗇夫聞見者.216-8 ○子爲管守.217-12 君○遺縮高.
217-13 不能必使○民.217-14 ○摯諂也固矣.218-17 ○自纂繁也完
矣.218-17 安陵君○許寡人.219-11 將分○地.221-3 申子請仕○從
兄官.221-18 又亡○行子之術.221-19 君眞○人也.221-21 則棄前

功而後更受○禍. 222-10 而厮徒負養在○中矣. 222-22 ○地勢然也. 223-12 夫攻楚而私○地. 223-13 ○可乎. 223-18 ○多力者内樹○黨. 223-21 ○寡力者籍外權. 223-21 羣臣或内樹○黨以擅○主. 223-21 或外爲交以裂○地. 223-22 ○救韓必疾. 225-12 ○後. 225-20 多○車. 226-7 重○幣. 226-7 ○應秦必不敬. 226-10 多○車. 226-12 重○幣. 226-13 公仲躬率○私徒以鬬於秦. 227-7 貴○所以貴者貴. 227-9 ○知能公也. 227-10 公不如與王謀○變也. 227-15 是令行於楚而以○地德韓也. 227-22 因不罪而益○列. 229-8○於王孰便也. 229-15 ○從於王者. 229-17 王因取○游之舟上擊之. 229-18 ○於鞅也不然. 229-24 不能愛○許鄢陵與梧. 230-1 不若聽而備於○反也. 230-6 此方○爲尾生之時也. 230-8 脣揭者○齒寒. 231-5 先王以○髀加妾之身. 231-7 盡置○身妾之上. 231-8 以○少有利焉. 231-8 ○不乎. 231-23 韓固○與國也. 232-2 今也○將揚言救韓. 232-4 臣甚惡○事. 232-7 ○言曰收璽. 232-8 ○實猶有約也. 232-8 ○實猶之不失秦也. 232-11 請聞○說. 233-25 彼將禮陳○辭而緩○言. 234-2 ○使之必疾. 234-4 韓大夫不能必○不入也. 235-6 ○事秦必疾. 235-24 ○弟在周. 236-10 ○任官置吏. 236-19 愈怪○厚. 237-4 此○勢不可以多人. 237-25 是○軼賁育而高成荆矣. 238-12 乃○姉者. 238-15 ○姉不避菹醢之誅. 238-17 以揚○名也. 238-17 唯○母知之而已. 239-3 ○利害之相似. 239-4 得以○道爲之. 239-5 不得○道. 239-6 必將欲置○所愛信者. 239-8 是○於主也至忠矣. 239-22 韓息士民以待○舋. 239-24 是○於國也. 240-1 是○於身大利也. 240-5 此○說何也. 240-11 ○西面事秦. 240-12 爲名者攻○心. 241-19 爲實者攻○形. 241-19 吳人果聽○辭. 241-21 此攻○心者也. 241-22 ○後越與吳戰. 241-22 此攻○形者也. 241-24 今將攻○心乎. 241-24 攻○形乎. 241-24 猶○尊哀侯也. 242-6 猶○尊襄王也. 242-9 則可以辟○兵. 242-15 韓因以○金事秦. 243-1 秦反得○金與韓之美人. 243-1 ○踈秦乃始益明. 243-3 ○形乃可以善楚. 243-20 知○君不知異君. 244-9 知○國不知異國. 244-9 羣臣比周以蔽○上. 244-13 各得○位. 244-17 輻湊以事○上. 244-17 是○講我. 244-22 則不如○處小國. 245-3 此○家萬金. 246-6 必盡○家以事王. 246-7 ○次恐不得也. 246-11 吾難敗○法. 246-13 ○收韓必重矣. 246-21 ○救趙必緩矣. 246-23 大王知○所以然乎. 248-8 而王以全燕制○後. 248-11○以權立. 249-4 秦惠王以○女爲燕太子婦. 249-13 王利○十城. 249-18 而强秦制○後. 249-19 以金千斤謝○後. 250-3 ○妻私人. 251-1 ○夫且歸. 251-1 ○私之者憂之. 251-2 ○妻曰. 251-2 妾知○藥酒也. 251-3 昔趙王以○姉爲代王妻. 251-11 長○尾. 251-13 ○姉聞之. 251-17 以○亂也. 252-6 欲○亂也. 252-6 故大亂者可得○埊. 252-6 小亂者可得○寶. 252-7 ○弟蘇代欲繼之. 252-10 臣竊負○志. 252-12 明主者務聞○過. 252-15 不欲聞○善. 252-15 而又以○餘兵南面而舉五千乘之勁宋. 253-6 此○君之欲得也. 253-7 ○民力竭也. 253-7 寶珠玉帛以事○左右. 253-15 王自治○外. 253-17 臣自報○内. 253-17 與○相子之爲婚. 253-20 不信○臣. 253-24 聽○所使. 253-25 以○讓天下於許由. 254-2 ○實令啓自取之. 254-7 齊王○伯也乎. 255-1 不信○臣. 255-2 如此○甚. 255-8 而朝○門下. 255-22 天下聞王朝○賢臣. 255-22 買○首五百金. 256-1 與百姓同○甘苦. 256-7 燒○宮室宗廟. 256-10 而世負○禍矣. 256-18 ○禍必大矣. 256-21 ○次長賓之秦. 257-1 燕昭王善○書. 257-20 則不過養○親○. 258-3 先量○國之大小. 258-12 而揆○兵之强弱. 258-12 不先量○國之大小. 258-13 不揆○兵之强弱. 258-13 安有爲人臣盡○力. 258-24 竭○能. 258-24 ○丈夫官三年不歸. 258-25 ○妻愛人. 259-1 ○所愛者曰. 259-1 ○妻曰. 259-2 吾已爲藥酒而待○來矣. 259-2 已而○丈夫果來. 259-2 於是因令○妾酌藥酒而進之. 259-3 ○妾知之. 259-3 ○妻曰. 259-5 ○丈夫不知. 259-6 縛○妾而笞之. 259-6 爲○兩讐也. 259-13 射○面. 260-20 此必令○言如循環. 261-12 今○生者. 261-15 秦旣如此○大. 261-16 皆以爭事秦說○主. 261-17 ○言惡矣. 262-3 今○言變有甚於○父. 262-10 ○疑至於此. 262-24 而報○父之讐. 263-2 王○改舉. 263-25 蘇子收○餘兵. 264-3 ○後必務以勝報王矣. 264-9 至於虛北埊行○兵. 264-23 子○待之. 265-7 爲○饑也. 266-6 而弱越乘○弊以霸. 266-6 亦爲○饑也. 266-7 不以祿私○親. 267-4 不以官隨○愛. 267-4 先王以爲慊○志. 267-21 不潔○名. 268-12 以○合兩而如一也. 268-20 至○相救助如一也. 268-25 弊○衆. 269-15 寡人得○志矣. 269-16 展○臂. 269-20 彈○鼻. 269-20 與○得百里於燕. 269-22 成○名. 270-1 因○强而强之. 270-1 因○廣而廣之. 270-1 而鷸啄○肉. 270-5 蚌合而拑○喙. 270-5 魏軍○西. 271-7 齊軍○東. 271-7 魏失○與國. 271-10 趙民○壯者皆死於長平. 271-19 ○孤未壯. 271-20 ○民皆習於兵. 271-21 敢端○願. 272-3 恐○適足以傷於高而薄於行也. 272-18 樂間樂乘怨不用○計. 273-7 恐○禍至. 273-22 謂○太傅鞫武曰. 273-22 欲排○逆鱗哉. 273-25 ○智深. 274-10 ○勇沉. 274-10 至○衰也. 274-15 此天所以哀燕不棄○孤也. 275-6 ○意不饜. 275-9 盡納○地. 275-9 秦王貪○贄. 275-13 以○間諸侯. 275-16 ○償破秦必矣. 275-16 以順適○意. 275-21 盡收○地. 275-22 臣左手把○袖. 276-9 而右手揕抗○胷. 276-9 ○人居遠未來. 276-19 疑○有改悔. 276-19 太子及賓客知○事者. 276-24 捺○室. 277-16 盡失○度. 277-18 以○所奉藥囊提軻. 277-21 斷○左股. 277-23 乃引○匕首提秦王. 277-24 皆率○精兵東保於遼東. 278-6 ○後荆軻客高漸離以擊筑見秦皇帝. 278-9 ○御曰. 279-4 舍○文軒. 279-14 舍○錦繡. 279-15 舍○粱肉. 279-15 敢請○罪. 280-1 内臨○倫. 280-4 議○事. 280-4 彼安敢攻衛以重○不勝之罪哉. 280-6 徐○攻而留○日. 280-15 而欲滿○意者衆. 281-7 ○御曰. 281-8 君○圖之. 281-21 衛君以○言告邊境. 281-21 乃佯亡○太子. 281-25 謂○守曰. 282-11 ○言曰. 282-11 未知○所之. 282-18 以廢○王. 284-8 恐亡○國. 284-9 必爲趙魏廢○王而務附焉. 284-13 豈若中山廢○王而事齊哉. 284-14 中山急而爲君難○王. 284-16 彼患亡○國. 284-17 是君廢○王而亡○國. 284-17 是欲用○兵也. 285-2 以止○遇哉. 285-2 ○言曰. 285-5 吾恐○不吾據也. 285-10 請令燕趙固輔中山而成○王. 285-11 願聞○說. 285-13 ○實欲廢中山之王也. 285-14 何在○所存之矣. 285-24 燕趙果俱輔中山而使○王. 286-5 吾食○肉. 286-9 觀○地形險阻. 287-3 ○容貌顔色. 287-8 若乃○眉目准頞權衡. 287-9 臣竊見○佳麗. 287-11 臣聞○乃欲請所謂陰姬者. 287-14 ○請之必矣. 287-16 有二人挈戈而隨○後者. 288-3 ○於當厄. 288-7 ○於傷心. 288-7 ○子時在中山. 288-10 ○說何也. 288-16 以靡○財. 288-19 以生○財. 288-21 雖倍○前. 288-21 ○國内實. 288-23 ○交外成. 288-23 焚○廟. 289-3 ○國虛弱. 289-7 是時楚王恃○國大. 289-11 不恤○政. 289-11 楚人自戰○地. 289-16 咸顧○家. 289-16 不欲先用○衆. 289-17 不遂以時乘○振懼而滅之. 289-20 養孤長幼以益○衆. 289-21 繕治兵甲以益○强. 289-22 增城浚池以益○固. 289-22 主折節以下○臣. 289-22 挑○軍戰. 289-25 圍○國都. 289-25 攻○列城. 289-25 掠○郊野. 290-1 臣見○害. 290-2 未覩○利. 290-2 趙王出輕鋭以寇○後. 290-5 撫○恐懼. 290-10 伐○憍慢. 290-10 臣聞明主愛○國. 290-14 忠臣愛○名. 290-14

【耶】 23

獨不重任臣者後無反覆於王前○. 36-15 臣愚而不闔於王心○. 36-23 將賤而不足聽○. 36-25 何秦之智而山東之愚○. 68-3 歲亦無恙○. 88-3 民亦無恙○. 88-4 王亦無恙○. 88-4 故有問舍本而問末者○. 88-6 無恙○. 88-7 北宮之女嬰兒子無恙○. 88-11 爲社稷○. 101-16 爲王立王○. 101-16 客○. 102-5 焉能有之○. 114-7 且爲事○. 121-9 先生惡能使梁助之○. 163-6 智不若○. 163-14 然梁之比於秦若僕○. 163-15 茹盱涉血之仇○. 174-22 如是其明○. 188-18 如是其同○. 188-19 何爲煩大王之廷○. 258-9 孰若勝天下之威大○. 290-13

【取】 206

是我爲楚韓○寶以德之也. 2-23 南○地於韓. 4-25 欲○秦. 5-14 欲深○秦也. 5-20 趙○周之祭地. 6-23 臣請以三十金復○之. 6-23 重周以○秦也. 7-20 而已○齊. 7-20 九年而○宛葉以北以强韓魏. 9-5 ○藺離石祁者. 11-5 ○藺離石祁者. 11-12 齊秦恐楚之○九鼎也. 11-23 楚必將自○之矣. 11-25 臣爲君不○也. 12-2 臣能爲君○之. 12-16 民不妄○. 15-6 ○卿相之尊者乎. 16-23 攻未嘗不○. 18-25 戰勝攻○. 19-4 ○洞庭五都江南. 19-9 乃○欺於亡國. 20-16 ○其地. 22-9 十月○之. 22-18 王必○之. 23-9 ○皮氏卒萬人. 23-10 遂○之. 23-18 汝○長者乎. 24-16 ○長者. 24-16 汝何爲○長者. 24-17 故賣僕妾不出里巷而○者. 25-1 ○曲沃. 26-3 是我亡於秦而○償於齊也. 27-7 北○西河之外. 29-7 南○上庸. 29-7 夫○三晉之腸胃與出兵而懼其不反也. 32-25 必重君以○晉. 34-7 ○之於國. 36-19 ○之於諸侯. 36-19 戰勝攻○. 40-4 戰勝攻○. 41-6 因謝不○. 41-23 邯鄲人誰來○者. 42-7 武安君所以爲秦戰勝攻○者七十餘城. 42-15 言不○苟合. 44-24 行不○苟容. 44-24 秦○楚漢中. 48-3 何不○爲妻. 48-16 臣竊爲大王不○也. 51-6 又○蒲衍首垣. 52-7 臣爲大王慮而不○. 52-22 齊之右壤可拱手而○也. 54-2 臣竊爲大王慮之而不○也. 55-7 ○黄棘. 55-15 王后欲○而子之. 57-14 武安君戰勝攻○. 58-12 ○世監門子. 61-4 故明主不○其汙. 61-18 今秦楚嫁子○婦. 69-24 爲燕○地也. 73-10 趙可○唐曲逆. 73-12 此臣之所爲君○矣. 78-21 而○火於燧也. 81-2 齊○淄鼠. 81-11 魏○伊是. 81-12 秦伐魏○安邑. 81-15 伐趙○晉陽. 81-15 伐楚○鄢郢矣. 81-15 舉韓氏○其地. 81-17 色與馬○於今之世. 85-3 孟嘗君乃○所怨五百牒削去之. 85-12 寡人自○病耳. 86-22 ○其牛馬. 92-1 大王不若北○燕. 94-6 西○秦. 94-7 ○七十餘城. 96-3 將欲以○我國乎. 98-6 ○筆牘受言. 101-11 爲大王不○也. 102-2 其後秦欲○齊. 102-7 楚○睢濊之間. 104-21 ○矣. 105-9 昭奚恤○魏之寶器. 105-9 楚杜赫說楚王以○趙. 107-23 ○十官而無罪. 108-10 臣竊爲大王不○也. 109-11 ○成皐. 110-9 公出地以○齊. 115-10 鯉與厲且以收地○秦. 115-11 來○東地於楚. 117-12 楚王因收昭睢以○齊. 120-21 臣爲王弗○也. 121-6 公舉而私○利. 123-8 魏攻中山而不能○. 136-13 將以○信於百姓也. 136-25 今乃以抵罪○伐. 139-4 懼則可以不戰而深○割. 139-20 今王○

之. 140-12 今發兵已〇之矣. 141-1 趙起兵〇上黨. 141-2 文甚不〇也. 142-8 據衛〇淇則齊必入朝. 144-21 而襄王兼戎〇代. 150-23 今〇古之爲萬國者. 155-18 是我以王因饒中山而〇地也. 157-10 是我一舉而兩〇地於秦中山也. 157-13 秦以其力攻其所不能〇. 159-12 至來年而王獨不〇於秦. 159-21 又割其力之所不能〇而媾也. 159-25 不能〇六城. 160-2 而〇償於秦也. 160-4 是王失於齊而〇償於秦. 160-24 子安〇禮而來待吾君. 163-25 爲人排患釋難解紛亂而無所〇也. 164-20 卽有所〇者. 164-20 臣竊爲君不〇也. 165-4 不倦而〇道多. 166-19 臣竊爲君不〇也. 167-13 而〇行於王者也. 169-7 〇行於王者也. 169-16 以解其怨而〇封焉. 169-21 以便〇陰. 170-5 〇安邑. 172-24 而收齊魏以成〇陰. 173-5 覆軍殺將之所〇割地於敵國者也. 174-16 〇扶柳. 175-7 臣竊爲大王不〇也. 176-1 〇寧邑. 177-2 以多〇封於秦. 180-2 將欲〇之. 181-7 偷〇一旦之功而不顧其後. 184-23 劫衛〇晉陽. 185-19 〇乘丘. 189-22 必〇方城之外. 190-7 欲以爲王廣土〇尊名. 192-13 王無與之講以〇埊. 194-19 身〇尊焉. 199-1 且君之嘗割晉國〇地也. 203-5 臣竊爲王不〇也. 203-21 爲王弗〇也. 205-7 臣爲王不〇也. 208-19 反而〇虞. 208-24 是〇子之資. 212-15 〇寧邑. 215-13 分地必〇成臯. 221-3 則韓必〇鄭矣. 221-6 果〇成臯. 221-6 至韓之〇鄭也. 221-6 東〇成臯宜陽. 223-7 竊爲王弗〇也. 224-10 甘茂欲以魏〇齊. 227-24 公孫郝欲以韓〇齊. 227-25 今公〇宜陽以爲功. 227-25 爲韓〇南陽. 228-18 王因〇其游之舟上擊之. 229-18 秦〇西河之外以歸. 232-3 錡宣之教韓王〇秦. 232-20 秦王必〇我. 232-21 令韓王知王之不〇三川也. 232-22 韓〇聶政屍於市. 238-7 而獨厚〇德焉. 239-22 而許異獨〇相焉者. 242-11 而桓公獨〇霸者. 242-12 攻運而〇之易矣. 243-9 今楚攻齊〇莒. 245-9 云〇千里馬. 247-5 而不能〇千里. 247-7 奉陽君李兌甚不〇於蘇秦. 248-22 臣竊爲君不〇也. 248-24 善蘇秦則〇. 249-5 不善亦〇之. 249-5 〇十城. 249-14 而以十城〇天下也. 249-25 不〇素飡. 250-15 何肯楊燕秦之威於齊而〇大功乎哉. 250-18 非進〇之道也. 250-20 而謀進〇之道. 250-23 僕者進〇之臣也. 250-24 不敢〇也. 251-8 於是酒酣樂進〇熱歠. 251-15 安猶〇哉. 253-7 其實令啓自〇之. 254-7 盡〇齊寶. 256-10 將欲以除害〇信於齊也. 256-16 夫〇秦. 257-18 今臣爲進〇者也. 258-4 非進〇之術也. 258-5 昔者楚〇章武. 258-10 秦〇西山. 258-10 而河間可〇. 258-18 不自爲〇妻. 259-14 秦〇天下. 260-5 與齊王謀道〇秦以謀趙者. 262-1 而爲之〇秦. 262-22 〇之以與宋. 271-6 無所〇之. 272-13 國小而地無所〇. 273-17 〇之百金. 276-15 〇道. 276-25 〇武陽所持圖. 277-13 軻旣〇圖奉之. 277-13 〇淮北之地. 281-12 而弗能復〇者. 282-6 吾必〇蒲. 282-11 胡衍〇金於蒲. 282-13 田簡自謂〇使. 286-20 〇勝如神. 289-9

【苦】 18

不〇一民. 20-7 無勞勸之〇. 81-8 是其爲人也近〇矣. 105-4 有偏守新城而居民〇矣. 110-24 形之困〇. 127-7 吾〇夫匠人. 141-7 此非吾所〇也. 141-8 吾所〇夫鐵鉆然. 141-8 常〇出辭斷絶人之交. 144-11 勿令溺〇於學. 153-12 〇成常謂建信君曰. 166-25 臣爲之〇矣. 195-15 甚〇矣. 216-19 卑體不足以〇身. 219-2 臣請深惟而〇思之. 221-14 與百姓同其甘〇. 256-7 此臣之所爲山東〇也. 268-18 此臣之所爲山東〇也. 269-2

【昔】 65

〇周之伐殷. 1-18 〇智伯欲伐厹由. 10-4 〇者神農伐補遂. 16-1 臣敢言往〇. 19-3 〇者齊南破荆. 19-3 〇者紂爲天子. 21-1 〇者子胥忠其君. 24-25 〇者曾子處費. 29-13 〇者. 39-1 且〇者. 39-6 宿〇而死. 40-7 〇者. 40-13 〇者. 45-21 〇者六晉之時. 49-16 〇者. 54-9 〇智伯瑶殘范中行. 55-9 〇者秦攻齊. 85-20 〇先君桓公所好者. 87-14 〇者趙氏襲衛. 90-9 〇者. 90-24 〇吳王夫差以强大爲天下先. 91-14 〇者萊莒好謀. 91-16 〇者齊燕戰於桓之曲. 91-25 〇智伯瑶攻范中行氏. 92-20 〇者魏王擁土千里. 93-23 〇管仲射桓公中鉤. 97-7 〇令尹子文. 112-24 〇者葉公子高. 113-2 〇者吳與楚戰於栢舉. 113-6 〇吳與楚戰於栢舉. 113-11 〇者先君靈王好小要. 114-9 臣聞〇湯武以百里昌. 124-11 〇伊尹去夏入殷. 126-17 〇者. 134-9 〇者知氏之地. 134-25 〇者. 138-15 〇者. 138-24 〇歲殽下之事. 139-16 〇者. 147-15 〇舜舞有苗. 149-12 且〇者簡主不塞晉陽. 150-22 〇者先君襄主與代交地. 154-10 〇者三晉之交於秦. 159-19 〇齊威王嘗爲仁義矣. 163-8 〇者. 163-19 〇日臣夢見君. 166-9 〇者. 167-10 〇者堯見舜於草茅之中. 176-7 〇者. 182-22 〇王季歷葬於楚山之尾. 194-1 〇者. 200-3 〇者. 208-22 〇竊聞大王之謀出事於梁. 211-3 〇曹恃齊而輕晉. 211-15 〇者. 240-1 〇者. 241-14 〇先王之攻. 241-18 〇者. 241-19 〇齊桓公九合諸侯. 242-7 〇趙王以其姊爲代王妻. 251-11 〇者楚取章武. 258-10 〇周之上埊嘗有之. 258-25 〇者吳伐齊. 266-6 〇者五子胥說聽乎闔閭. 268-4 〇者. 272-22

【苛】 1

目〇廉聞於世. 108-9

【若】 214

不〇歸之大國. 1-6 〇入楚. 1-14 君〇欲害之. 3-3 不〇一爲下水. 3-3 〇是. 3-4 〇其王在陽翟. 3-11 君〇欲因最之事. 6-2 公〇欲爲太子. 7-13 王類欲令〇爲之. 7-13 秦〇攻周而不得. 9-21 〇魏不講. 10-1 君不〇止之. 11-6 公不〇稱病不出也. 11-14 〇四國弗惡. 11-25 魏〇反秦兵. 21-18 〇此. 26-12 織自〇. 29-14 其母尙織自〇也. 29-15 而王之信臣又未〇曾子之母也. 29-17 彼〇以齊約韓魏. 31-9 王〇不留. 31-15 〇太后之神靈. 33-7 〇死者有知. 33-8 〇齊不破. 34-9 〇報父子之仇. 34-24 〇有敗之者. 35-6 公不〇毋多. 35-15 〇於除宋罪. 35-17 〇將弗行. 36-11 非〇是也. 36-25 〇是者三. 37-10 〇是者. 37-13 〇夫窮辱之事. 38-10 先生柰何而言〇此. 38-15 譬〇馳韓盧而逐蹇兔也. 38-19 王〇欲霸. 39-8 〇木之有蠹. 39-14 〇有此. 40-21 不〇死. 43-12 〇秦之商君. 44-20 〇此三子者. 45-3 商君吳起大夫種不〇也. 45-14 沸聲〇雷. 46-5 〇不出地. 50-4 王〇能持功守威. 52-10 王〇負人徒之衆. 52-13 王〇不藉路於仇讎之韓魏. 53-8 爲帝〇未能. 53-18 莫〇善楚. 53-22 〇是. 53-24 〇土廣者安. 54-8 曰趙强何〇. 54-10 王〇能爲此尾. 55-16 王〇不能爲此尾. 55-17 〇隨此計而行之. 55-24 〇使子異人歸而得立. 57-15 寡人子莫〇楚. 57-24 〇殺武安君. 60-1 上〇不信. 60-7 使〇卞隨務光申屠狄. 61-18 〇是者信反. 63-18 不〇廢太子. 63-18 〇聽辨而爲之. 63-19 〇是. 65-16 〇復於齊. 65-23 徐公不〇君之美也. 66-10 門庭〇市. 66-20 宜〇奉漏壅. 73-21 譬〇虎口. 77-18 〇自在隘窘之中. 78-5 〇魏文侯之有田子方段干木也. 78-20 〇臣不肖也. 79-10 則不〇魚鼈. 79-16 則不〇農夫. 79-19 傷此〇髮漂. 80-1 〇隨踵而至也. 80-23 譬〇挹水於河. 81-2 客胡爲〇此. 84-17 曾不〇死士之壟也. 85-22 不〇王愛尺縠也. 87-23 莫〇後起而重伐不義. 91-6 雖〇有功也. 92-11 大王不〇北取燕. 94-6 不〇得濟北之利. 96-14 〇此二公者. 97-19 女以爲何〇. 98-8 〇乃得去不肖者. 98-23 吾不〇也. 99-13 臣固知王不〇也. 99-13 吾不〇也. 99-14 臣固知王不〇也. 99-14 大冠〇箕. 100-7 聞〇言. 100-12 不〇其欲齊之甚也. 102-8 野火之起也〇雲蜺. 106-7 兕虎嘷之聲〇雷霆. 106-8 王〇欲置相於秦乎. 108-16 〇公孫郝者可. 108-16 〇此. 109-4 〇扑一人. 113-8 〇捽一人. 113-8 不〇奔諸侯. 113-13 〇有孤. 113-25 多與存國相〇. 114-2 〇君王誠好賢. 114-12 〇齊不求. 115-12 〇聞古人. 119-16 〇不聽. 119-23 吾固以爲天下莫〇是兩人也. 120-19 不〇令屈署以新東國爲和於齊以動秦. 126-1 〇出金石聲者. 128-12 〇曰勝千鈞則不然者. 130-18 〇越趙魏而鬬兵於燕. 130-19 吾銅少〇何. 132-19 君〇弗圖. 134-18 〇以人之事. 137-7 〇不能卒. 140-2 〇楚王入. 143-10 莫〇安民無事. 144-8 選子莫〇父. 153-2 論臣莫〇君. 153-2 公不〇陰辭樓子曰. 156-3 〇是者. 159-3 故不〇亟割地求和. 160-17 〇乃梁. 163-5 智不〇耶. 163-14 然梁之比於秦〇僕耶. 163-15 必〇此. 164-5 王〇無兵. 165-18 王能重王之國〇此尺帛. 165-23 豈敢輕國〇此. 165-25 〇竈則不然. 166-12 如王〇用所以事趙之半收齊. 170-6 〇復攻之. 171-4 莫〇於宋. 171-7 〇足下不得志於宋. 171-14 〇不得已而必搆. 171-24 〇與有倍約者. 172-1 〇復不堅約而講. 172-3 〇萬户之都. 173-18 不〇以生人市使也. 174-1 客〇死. 175-18 然則買馬善而〇惡. 176-18 使〇無罪. 177-9 〇使有罪. 177-10 〇不從吾言. 177-11 大王〇有以令之. 177-12 〇不能殺. 177-15 不〇長安君之甚. 179-10 故以爲其愛不〇燕后. 179-20 〇善脩之. 182-18 〇以臣之有功. 183-14 而能弱楚者莫〇魏. 186-1 〇老妾之事其主婦者. 188-12 王〇相儀於魏. 189-2 〇不勝魏. 189-3 〇欲復攻. 189-4 王不〇與竇屢關内侯. 190-13 内之無〇羣臣何也. 192-16 〇戰而勝. 193-15 〇此而弗爲. 194-8 王〇欲報齊乎. 196-24 〇用. 198-16 王〇欲講. 202-16 何用智之不〇梟也. 205-1 〇誠不便. 205-12 〇禽獸耳. 206-18 此於其親戚兄弟〇此. 206-20 〇道河内. 207-4 〇道河外. 207-8 而禍〇是矣. 207-25 豈〇由楚乎. 209-10 〇出攻. 213-6 王〇救之. 213-7 〇不因救韓. 213-8 不〇相之. 214-11 而秦〇此其甚. 215-1 〇君弗致也. 217-21 非〇是也. 219-17 〇士必怒. 219-25 〇此. 227-16 〇曰勝千鈞則不然者. 229-12 〇夫越趙魏而鬬兵於燕. 229-13 不〇聽而備於其反也. 230-6 公不〇順之. 232-15 〇戰而不勝. 234-10 不〇及齊師未入. 234-14 秦楚〇無韓. 235-5 〇韓隨魏以善秦. 239-7 〇夫安韓魏而終身相. 239-13 〇不吾救. 249-10 則〇己者至. 255-19 〇恣睢奮擊. 255-20 今王〇欲轉禍而爲福. 256-24 今涇陽君〇高陵君先於燕趙. 257-6 秦王聞〇說也. 257-16 則王何不務使知士以〇此言說秦. 257-17 〇自憂而足. 258-9 〇臣死而必相攻也. 262-18 臣以爲不〇逃而去之. 262-21 然而常獨欲有復收之之志〇此也. 265-25 王〇欲攻之. 267-12 趙〇許. 267-14 〇先王之報怨雪耻. 267-25 〇曹沫之與齊桓公. 275-14 此爲何〇人也. 279-16 〇扶梁伐趙. 280-10 〇戰不勝. 281-5 豈〇中山廢其王而事齊哉. 284-14 豈〇令大國先與之王. 285-2 〇乃其眉目准頞權衡. 287-9 〇此不亡者. 287-25 大王〇不察臣愚計. 290-12 孰〇勝天下之威大耶. 290-13

【茂】 73

甘○. 2-4 而公獨脩虛信爲○行. 6-17 左成謂甘○曰. 21-17 甘○謂王曰. 23-4 不如召甘○於魏. 28-6 秦武王謂甘○曰. 28-25 而寡人死不朽乎甘○對曰. 28-25 甘○至魏. 29-3 王迎甘○於息壤. 29-4 甘○至. 29-5 召甘○而告之. 29-21 甘○對曰. 29-21 復使甘○攻之. 29-22 甘○攻宜陽. 30-5 甘○曰. 30-6 甘○欲息兵. 30-12 左成謂甘○曰. 30-12 甘○曰. 30-17 秦王謂甘○曰. 30-21 甘○對曰. 30-22 甘○亡秦. 31-1 甘○. 31-8 甘○辭不往. 31-13 甘○. 31-14 ○德王之賜. 31-14 彼以甘○之賢. 31-16 甘○相秦. 31-19 甘○之吏道而聞之. 31-20 以告甘○. 31-20 甘○因入見王曰. 31-20 甘○約秦魏而攻楚. 31-25 甘○謂秦王曰. 32-1 吾相甘○可乎. 108-6 甘○事之順焉. 108-9 甘○事之. 108-10 ○誠賢者也. 108-11 爲甘○謂楚王曰. 115-3 相甘○於魏. 115-5 甘○與樗里疾. 115-6 公孫郝甘○貴. 120-23 甘○善魏. 120-24 仰棲○樹. 124-17 晝游乎○樹. 124-19 甘○爲秦約魏以攻韓宜陽. 141-12 不如令趙拘甘○. 141-12 且拘○也. 141-15 是以九鼎印甘○也. 225-11 則○事敗矣. 225-12 甘○必敗矣. 225-16 仇甘○. 225-20 秦王固疑甘○之以武遂解於公仲也. 225-20 明也願因○以事王. 225-21 秦王大怒於甘○. 225-22 不如甘○. 227-11 而甘○黨於魏. 227-12 是與公孫郝甘○同道也. 227-13 而後委國於甘○. 227-16 甘○許公仲以武遂. 227-19 甘○欲以魏取齊. 227-24 是以公孫郝甘○之無事也. 228-1 善公孫郝以難甘○. 228-5 甘○不善於公而弗爲公言. 228-9 今王聽甘○. 228-14 臣以甘○爲不忠. 228-16 則信甘○於魏. 228-19 甘○薄而不敢謁也. 228-22 甘○曰. 231-12 甘○曰. 231-12 甘○曰. 231-15 甘○入言秦王曰. 231-16 甘○與昭獻遇於境. 232-8 甘○約楚趙而反敬魏. 244-22 ○且攻宜陽. 244-22

【苫】 1

皆以狄蒿○楚廧之. 132-17

【苴】 1

司馬穰○爲政者也. 95-5

【苗】 4

舜伐三○. 16-2 昔舜舞有○. 149-12 三○之居. 182-22 禹攻三○. 195-16

【英】 5

小國○桀之士. 80-8 陰結諸侯之雄俊豪○. 99-7 朱○謂春申君曰. 129-11 朱○恐. 129-22 大呂陳於元○. 267-19

【苓】 4

韓相國謂田○曰. 245-12 田○見穰侯. 245-13 田○對曰. 245-14 田○曰. 245-16

【苟】 25

子○能. 10-14 大王○能閉關絶齊. 26-11 言不取○合. 44-24 行不取○容. 44-24 ○可慊齊貌辨者. 63-9 ○無歲. 88-6 ○無民. 88-6 王○無目五國用兵. 103-16 夫○不難爲之外. 105-4 ○社稷血食. 114-4 ○來舉玉趾而見寡人. 142-23 是故聖人○可以利其民. 150-13 ○有利焉. 206-17 事○可聽. 252-7 且○所附之國重. 253-3 ○得窮齊. 257-3 王○能破宋有之. 260-21 ○利於楚. 261-4 故齊趙之合○可循也. 262-15 ○無死. 264-20 王○欲用之. 264-25 臣○得見. 265-2 ○可以明君之義. 272-18 ○與人之異. 272-23 王○舉趾以見寡人. 285-20

【苞】 1

楚○九夷. 35-23

【范】 38

○子因王稽入秦. 36-8 ○睢至秦. 37-4 謂○睢曰. 37-4 ○睢辭讓. 37-6 是日見○睢. 37-8 ○睢曰. 37-9 ○睢曰. 37-10 ○睢謝曰. 37-12 ○睢再拜. 38-16 ○睢曰. 38-17 ○睢曰. 39-12 ○睢曰. 39-17 ○睢曰. 39-22 昭王謂○睢曰. 40-13 ○睢謂秦昭王曰. 41-11 而欲兼誅○睢. 43-24 ○睢曰. 43-24 ○蠡知之. 46-13 又斬○中行之途. 46-16 滅破○中行. 49-16 昔智伯瑶殘○中行. 55-9 昔智伯瑶攻○中行氏. 92-20 楚王問於○環曰. 108-5 ○環對曰. 108-7 知伯帥趙韓魏而伐○中行氏. 131-21 始事○中行氏而不說. 135-6 子不嘗事○中行氏乎. 135-24 知伯滅○中行氏. 135-24 臣事○中行氏. 136-1 ○中行氏以衆人遇臣. 136-1 而違者○座也. 173-18 請殺○座於魏. 173-19 ○座死. 173-19 請殺○座於魏. 173-20 使司徒執○座. 173-20 ○座獻書魏王曰. 173-22 夫殺無罪○座. 173-23 梁王魏嬰觴諸侯於○臺. 200-2

【直】 20

使者○道而行. 41-5 ○使送之. 79-24 ○送象牀. 80-1 象牀之○千金. 80-1 寡人○與客論耳. 84-17 盡忠○言者斶也. 87-3 聞先生○言正諫不諱. 87-11 焉敢○言正諫. 87-12 寄怨而誅不○. 91-22 齊孫室子陳舉○言. 95-5 君王○不好. 114-12 非○七尺軀也. 167-17 ○而不倚. 183-8 且公○言易. 192-7 今臣○欲棄臣前之所得矣. 218-11 豈○五百里哉. 219-18 嚴遂政議○指. 236-22 故○進百金者. 237-7 聶政○入. 238-4 ○患國弊. 252-24

【茅】 2

昔者堯見舜於草○之中. 176-7 舉○爲姚賈謂趙王曰. 178-2

【枉】 2

則大臣爲之○法於外矣. 176-24 ○車騎而交臣. 237-14

【林】 11

山○谿谷不食之地. 53-10 軍舍○中. 90-15 前夾○而後蘭臺. 200-12 長羊王屋洛○之地也. 201-15 長羊王屋洛○之地也. 201-18 魏之所以獻長羊王屋洛○之地者. 201-24 從○軍以至于今. 207-20 ○木伐. 207-22 桑○之菀. 223-8 北有○胡樓煩. 248-3 兵困於○中. 261-6

【枝】 6

木實繁者披其○. 40-5 披其○者傷其心. 40-5 木實繁者○必披. 40-24 ○之披者傷其心. 40-24 趙人聞之至○桑. 54-18 則木之○耳. 137-11

【板】 3

城不沈者三○耳. 49-17 城下不沉者三○. 131-3 今城不沒者三○. 131-7

【來】 131

子之數○者. 1-21 亟亡○亡○. 8-1 ○. 23-20 張儀果○辭. 23-20 使者未○. 26-24 楚客○使者多健. 30-21 其健者○使者. 30-22 其需弱者○使. 30-23 彼○則置之槐谷. 31-11 臣聞往○之者言曰. 32-12 邯鄲人誰○取者. 42-7 遁逃○奔. 43-25 客新有從山東○者蔡澤. 46-22 臣之○使也. 50-17 於是白起又將兵○伐. 51-18 此從生民以○. 51-25 上蔡召陵不往○也. 53-25 必○請子. 57-3 上客從趙○. 59-23 客肯爲寡人○靖郭君乎. 63-24 客從外○. 66-9 徐公○. 66-11 使者數相往○. 66-25 臣○弔足下. 67-14 臣之○也. 77-11 今者臣○. 77-12 而○害相報者. 79-21 子○. 80-22 長鋏歸○乎. 82-8 長鋏歸○乎. 82-9 長鋏歸○乎. 82-12 乃歌夫長鋏歸○者也. 82-18 悉○合券. 82-24 ○何疾也. 83-3 斶○. 85-24 斶○. 85-24 仁義皆○役處. 85-25 莫不○語. 86-1 子之○也. 89-6 銳兵○則拒之. 93-21 女朝出而晚○. 95-21 召相單○. 99-8 貂勃從楚○. 99-11 召相田單而○. 99-11 其使涓○. 102-9 且夫涓○之辭. 102-11 王不如令人以涓○之辭謾固於齊. 102-12 使下臣○告亡. 113-18 秦女必不○. 116-14 ○取東地於楚. 117-12 齊使○求東地. 117-13 齊令使○求地. 117-16 齊使○求東地五百里. 117-19 齊使○求東地五百里. 117-23 大夫○獻地. 118-13 惠子爲儀者○. 121-7 今施以魏○. 121-16 行千餘里○. 122-15 明之○也. 125-16 鴈從東方○. 127-18 ○請地不與. 131-23 復○. 135-1 今日臣之○也暮. 137-8 明日復○見兌也. 137-14 先生明日復○. 137-21 明日○. 137-22 苟○舉玉趾而見寡人. 142-23 臣之所爲○. 143-7 不可以○朝. 154-12 樓緩新從秦○. 158-22 今臣新從秦○. 159-5 ○年秦復攻王. 159-14 令秦○年復攻王. 159-17 子能必○年秦之不復攻我乎. 159-18 至○年而王獨不取於秦. 159-21 ○年秦復攻王. 159-24 ○年復攻. 159-25 ○年秦復求割地. 160-6 子安取禮而○待吾君. 163-25 工見客○也. 165-22 秦使人○仕. 167-6 候者○言. 173-13 趙王以咫尺之書○. 174-3 翟章從梁○. 175-17 下臣之○. 177-11 軫之所以○者. 187-4 無事必○. 187-6 曰無事必○. 187-10 ○將悟之. 188-2 魏使公孫衍○. 190-24 魏王聞寡人○. 190-25 代也從楚○. 198-1 今者臣○. 215-19 魏○求救數矣. 216-19 大成午從趙○. 221-9 谿子少府時力距○. 222-1 必不爲鴈行以○. 226-8 自今以○. 227-2 必○以是而足矣. 229-21 使者○者衆矣. 231-6 先生病而○. 231-12 臣安敢○. 231-14 周最固不欲○使. 233-23 周最不欲○. 233-24 而以不得已之故○使. 234-2 今周最不○. 234-3 他人必○. 234-3 ○使者無交於公. 234-4 則曰○効賊也. 236-12 何故使公○. 245-14 武安君從齊○. 250-8 期而不○. 250-17 子之丈夫○. 259-1 吾已爲藥酒而待其○矣. 259-2 已而其丈夫果○. 259-2 爲子之遠行○之. 259-5 自五伯以○. 267-20 今者臣○. 270-4 樊將軍以窮困○歸丹. 276-2 其人居遠未○. 276-19 必不敢○. 280-3 亦不敢○. 280-3 妨往○者. 283-15 齊以是辭○. 285-25 果以是辭○. 286-4 趙使○. 286-11 趙使者○屬耳. 286-15 臣○至境. 287-5 故○死君也. 288-6 趙自長平已○. 288-22

【松】 4

而有喬○之壽. 46-20 處之共○栢之間. 102-4 ○邪. 102-5 荆有長○文梓楩柟豫樟. 279-19

【枕】 4

未得高○而臥也. 83-13 君姑高○爲樂矣. 83-24 則大王高○而臥. 185-24 而得爲王拂○席. 218-12

【杼】 6

投○踰牆而走. 29-16 臣恐王爲臣之投○也. 29-18 齊崔○之妻美. 126-25 崔○帥其君黨而攻. 127-1 崔○不許. 127-2 崔○不許. 127-2

【東】 263

臣請○借救於齊. 1-5 臣請○解之. 1-9 而德○周. 2-13 ○周與西周戰. 2-15 爲○周謂韓王曰. 2-15 可以德○周. 2-16 ○周與西周爭. 2

-19 齊明謂○周君曰. 2-19 令之爲己求地於○周也. 2-20 今○周之兵不急西周. 2-21 ○周欲爲稻. 3-1 ○周患之. 3-1 蘇子謂○周君曰. 3-1 所以富○周也. 3-3 ○周必復種稻. 3-4 則○周之民可令一仰西周. 3-5 信○周也. 3-16 子○重於齊. 4-2 公○收寶於秦. 4-25 徐爲之○. 5-1 將興趙宋合於○方以孤秦. 6-6 請謂王聽○方之處. 7-19 之○周. 7-23 盡輸西周之情於○周. 7-23 ○周大喜. 7-23 因使人告○周之候曰. 8-2 候得而獻○周. 8-2 ○周立殺昌他. 8-2 昭翦與○周惡. 8-4 西周甚憎○周. 8-5 嘗欲○周與楚惡. 8-5 因宣言○周也. 8-6 吾又恐○周之賊己而以輕西周惡之於楚. 8-7 遽和○周. 8-7 欲王令楚割○國以與齊也. 9-11 而以楚之○國自免也. 9-13 齊得○國而益强. 9-14 必○合於齊. 13-8 令軍設舍速○. 13-24 ○有肴函之固. 15-16 山○之國. 17-8 反覆○山之君. 17-19 ○伏於陳. 19-10 ○以强齊燕. 19-11 ○以强齊燕. 19-18 ○陽河外不戰而已反爲齊矣. 20-8 以○弱齊燕. 20-12 王不如以地○解於齊. 27-13 公聞○方之語乎. 35-4 今公○而因言於楚. 35-8 韓魏○聽. 35-23 齊有○國之地. 35-23 今反閉而不敢窺兵於山○者. 38-20 臣居山○. 39-22 ○地入齊. 42-20 梁人有○門吳者. 42-25 ○門吳曰. 43-2○鄙之賤人也. 43-24 客新有從山○來者蔡澤. 46-22 ○收周室. 47-1 寡人欲割河○而講. 48-23 割河○. 48-24 王割河○而講. 49-3 山○戰國有六. 51-6 威不掩於山○. 51-6 山○之建國可兼與. 51-7 使○遊韓魏. 51-13 王徙○北. 51-17 ○負海. 53-16 王襟以山○之險. 53-23 衞無○野. 54-11 芻牧薪采莫敢闚○門. 54-11 在○周. 56-8 臣恐其害於○周. 56-18 山○必恐. 59-15 實得山○以敵秦. 59-17 必○愬於齊. 64-21 ○愬於齊. 64-23 陳軫合三晉而○謂齊王曰. 67-23 非山○之上計也. 67-25 能危山○者. 68-1 此臣之所以爲山○之患. 68-1 何秦之智而山○之愚耶. 68-3 秦得絳安邑以○下河. 68-7 必表裏河而○攻齊. 68-7 必○攻齊. 68-12 ○有琅邪. 68-16 託於○海之上. 70-4○方有大變. 71-13 ○方有大變. 71-24 然則是君自爲燕○兵. 73-10 ○有趙魏. 73-25 秦○面而伐齊. 74-4 以市其下○國. 75-4 與我下○國. 75-6 然則下○國必可得也. 75-7 可以令楚王亟入下○國. 75-8 以市下○國也. 75-14 非亟得下○國者. 75-14 使亟入下○國之地. 75-16 以市下○國也. 75-18 今王不亟入下○國. 75-19 因獻下○國. 75-20 ○國之桃梗也. 77-16 ○郭逡者. 81-6 韓子盧逐○郭逡. 81-6 封衞之○野. 81-18 絶趙之○陽. 81-18 ○西南北. 86-1 世無○郭俊盧氏之狗. 87-20 有淮北則楚之○國危. 89-20 有濟西則趙之河○危. 89-20 藉力魏而有河○之地. 90-13 ○伐齊. 94-6 而○次於齊. 94-11 殺之○閭. 95-5 魏不敢○面. 96-15 ○游於齊乎. 97-3 當今將軍○有夜邑之奉. 100-13 故楚南察瀨胡而野江○. 108-14 ○有夏州海陽. 108-22 臣請令山○之國. 109-6 下河○. 110-9 則從竟陵已○. 110-19 舉宋而○指. 111-11 託○海之上. 111-21 下塞以○. 113-20 予我○地五百里. 117-8 來取○地於楚. 117-12 齊使來求○地. 117-13 以○地五百里許齊. 117-16 齊使來求○地五百里. 117-19 今去○地五百里. 117-20 齊使來求○地五百里. 117-23 令往守○地. 118-8 使守○地. 118-10 齊使人以甲受○地. 118-11 我典主○地. 118-11 攻○地. 118-14 又欲奪之○地五百里. 118-16 ○地復全. 118-17 ○有越纍. 121-21 隨而攻○國. 126-1 不若令屈署以新○國爲和於齊以動秦. 126-1 秦恐齊之敗○國. 126-2 遽令屈署以○國爲和於齊. 126-3 毋與齊○國. 126-4 鴈從○方來. 127-18 奈何以保相印江○之封乎. 129-2 ○流至海. 137-12 此代馬胡駒不○. 138-22 然山○不能易其路. 142-15 山○之愚也. 142-17 是臣所爲山○之憂也. 142-17 今山○之主不知秦之即己也. 142-19 ○闚於周室甚. 142-21 ○面而攻韓. 143-2 秦欲已得行於山○. 144-22 山○之建國. 144-24 ○有清河. 145-2 秦必不敢出兵於函谷關以害山○矣. 146-7 行於天下山○. 147-25 ○收兩周而西遷九鼎. 148-3 而韓魏稱爲○蕃之臣. 148-9 軍於邯鄲之○. 148-12 今吾國○有河薄洛之水. 150-18 ○有燕○胡之境. 150-19 不如請以河○易燕地於齊. 156-9 齊有河○. 156-9 以河○之地强齊. 156-10 乃以河○易齊. 156-11 且○. 158-14 因發虞卿○見齊王. 160-25 而封以○武城. 161-8 夫君封以○武城不讓無功. 161-9 ○國有魯連先生. 162-18 則連有赴○海而死矣. 163-2○藩之臣田嬰齊後至. 163-10 割河○. 170-9 與韓氏大吏○免. 171-25 而兵○分於齊. 172-23 趙王因割濟○三城令盧高唐平原陵地城邑市五十七. 174-11 乃割濟○三令城市邑五十七以與齊. 174-14 ○有淮潁沂黃煑棗海鹽無疎. 184-6 稱○藩. 184-14 ○與齊境. 185-10 則齊攻其○. 185-12 ○與齊而不與趙. 185-12 秦甲出而○. 186-4 請稱○藩. 186-11 故王不如復○蘇秦. 186-25 秦敗○周. 190-10 而和於○周與魏也. 190-17 於是○見田嬰. 192-18 而○夷之民不起. 195-16 因請以下兵○擊齊. 201-19 有意欲以下大王之兵○擊齊也. 202-1 後山○之士. 202-2 以○擊齊. 202-4 以○臨許. 207-16 ○至陶衞之郊. 207-22 何故不能有地於河○乎. 210-2 山○之要也. 211-4 是示天下要斷山○之脊也. 211-6 是山○首尾皆救中身之時也. 211-7 山○見亡必恐. 211-7 山○尚强. 211-8 今秦國與山○爲讎. 211-11 山○之從. 213-13 欲王之○長之待之也. 213-22 稱○藩. 216-21 ○有宛穰洧水. 221-24 稱○藩. 222-7 山○之卒. 223-1 夫秦卒之與山○之卒也. 223-2 ○取成皐宜陽. 223-7 稱○藩. 223-15 臣恐山○之無以馳割事王者矣. 224-8 魏氏不敢○. 235-12 韓適有○孟之會. 238-3 安成君○重於魏. 239-11 周啓以○周善於秦. 240-2 伏軾結靷○馳者. 240-15 以○闚周室. 240-20 必爲山○大禍矣. 240-20 使山○皆以銳師戍韓梁之西邊. 240-24 山○無以救亡. 240-24 然則山○非能從親. 241-2 ○孟之會. 242-3 ○周寶之. 246-6 燕○有朝鮮遼○. 248-3 軍於○垣矣. 248-14 ○不如齊. 249-2 豈能○無齊西無趙哉. 249-3 臣○周之鄙人也. 250-8 臣○周之鄙人也. 252-10 又高於所聞○周. 252-12 故王不如○蘇子. 255-9 今王有○嚮伐齊之心. 258-14 登丘○嚮而歎. 258-16 子以此爲寡人○游於齊. 258-19 ○下隨. 260-8 以膠○委於燕. 261-6 以膠○. 261-11 此臣之所爲山○苦也. 268-18 今山○合弱而不能如一. 268-21 是山○之知不如魚也. 268-21 今山○三國弱而不能敵秦. 268-23 然而山○不知相索. 268-23 今山○之相與也. 268-25 山○之主遂不悟. 269-2 此臣之所爲山○苦也. 269-2 山○相合. 269-4 山○不能堅爲此. 269-9 齊軍其○. 271-7 皆率其精兵○保於遼○. 278-6 齊欲伐河○. 284-24 ○至竟陵. 289-3 ○徙而不敢西向. 289-4 韓魏以故至今稱○藩. 289-6

【或】　45

○爲周最謂金投曰. 4-22 ○謂照翦曰. 8-4 ○謂周君曰. 11-17 ○爲周君謂魏王曰. 12-10 ○謂周足曰. 14-1 ○謂救之便. 27-17 ○謂救之不便. 27-17 今遇惑○與罪人同心. 44-1 ○欲分大投. 46-14 ○欲分功. 46-14 人○惡之. 47-2 ○說薛公. 48-5 ○拔鄢郢夷陵. 51-16 ○爲六國說秦王曰. 54-8 ○爲中期說秦王曰. 56-3 ○謂齊王曰. 73-25 ○以告孟嘗君. 78-8 ○以問孟嘗君曰. 78-23 人○讒之. 96-5 ○謂楚王曰. 123-3 ○謂黃齊曰. 125-20 ○謂皮相國曰. 141-24 ○非也. 166-3 ○謂建信. 166-16 臣甚○之. 206-22 ○以政教不脩上下不輯. 211-21 ○有諸侯鄰國之虞. 211-21 ○以年穀不登. 211-22 ○化於利. 211-22 ○謂魏王曰. 218-22 羣臣○內樹其黨以擅其主. 223-21 ○外爲交以裂其地. 223-22 ○謂公仲曰. 228-4 ○謂魏王. 229-17 齊人○言. 236-25 ○謂韓公仲曰. 239-3 ○謂公仲曰. 239-18 ○謂韓王曰. 240-19 ○謂韓相國曰. 243-13 ○謂山陽君曰. 245-8 ○曰. 254-5 ○從○不. 261-20 ○獻書燕王. 268-16 ○謂之曰. 272-22

【臥】　9

○者○. 42-4 ○不便席. 43-7 未得高枕而○也. 83-13 寡人○不安席. 109-22 宮室○具. 123-12 ○三日. 134-19 則大王高枕而○. 185-24 彊爲寡人○而將之. 290-7

【事】　551

必以寶○公. 2-10 必厚○王矣. 3-23 子以齊○秦. 3-25 君若欲因最之○. 6-2 無因○也. 6-14 因告以祭地○. 6-24 盡君子重寶珠玉以○諸侯. 7-2 ○可成. 8-1 ○久且泄. 8-2 周君所以○吾得者器. 11-19 臣見其必以國○秦也. 12-18 ○秦而好小利. 12-20 其以○王者. 12-22 左尙以此得○. 13-20 且公之成○也. 14-5 向欲以齊○王. 18-1 不攻無攻相○也. 18-17 故臣願從○於易. 22-8 彼必以國○楚王. 22-24 儀不能與從○. 24-8 昭陽將不與臣從○矣. 24-20 是以弊邑之王不得○令. 26-10 吾○善矣. 26-23 以待吾○. 26-23 楚國不尙全○. 27-7 不能親國○也. 27-16 故子棄寡人○楚王. 27-16 ○之本也. 28-2 請謁○情. 28-10 中國無○於秦. 28-11 中國爲有○於秦. 28-12 而○君之國也. 28-12 ○成. 29-4 是樗里疾公孫衍無○也. 30-15 則王勿聽其○. 30-23 陘山之○. 32-5 穰侯智而習於○. 32-14 穰侯智而習於○. 33-2 君不如勸秦王令弊邑卒攻齊之○. 34-5 晉必重君以○秦. 34-7 攻齊之○成. 34-11 五伯之○也. 34-12 秦卒有他○而從齊. 34-22 而○臣之主. 35-8 而務敗公之○也. 35-9 必○趙從公. 35-15 豈敢以疑○嘗試於王乎. 36-14 聖主明於成敗之○. 36-21 今者義渠之○急. 37-5 今義渠之○已. 37-5 皆匡君之之○. 37-18 若夫窮辱之○. 38-10 ○無大小. 38-15 懼必卑辭重幣以○秦. 39-9 卑辭重幣以○之. 39-12 韓聽而霸○可成也. 39-19 太后穰侯用○. 40-7 國無○. 41-1 國有○. 41-2 應侯每言韓○者. 43-13 使職○. 44-1 而聖人所謂吉祥善○與. 44-19 夫公孫鞅○孝公. 44-21 吳起○悼王. 44-23 大夫種○越王. 45-1 閎夭○文王. 45-12 卒○始皇帝. 47-3 負蒭必以魏殁世○秦. 48-20 終以齊奉○王矣. 48-21 聞齊魏皆且割地以○秦. 50-18 天下未嘗無○也. 51-10 今王三使盛橋守○於韓. 52-1 而詳○下吏. 53-17 以王爲吳智之○也. 55-17 天下之○. 55-20 願往○之. 56-24 今子聽吾計○. 57-2 太子用○. 57-6 士倉用○. 57-10 使剛成君蔡澤○燕三年. 58-3 吾令剛成君蔡澤○燕三年. 58-7 臣○之. 59-5 習秦○. 59-5 習趙○. 59-6 而悉教以國○. 59-11 則從○可成. 59-16 從○成. 59-16 是臣無以○大王. 59-22 趙○何如. 59-24 魯宋○楚而齊不○者. 62-13 欲爲大○. 65-8 將軍可以爲大○乎. 65-11 鄒忌以齊厚○楚. 65-22 必以齊○楚. 65-23 鄒忌○宣王. 66-1 今乃西面○秦. 68-25 而欲西面○秦. 69-9 今無臣○秦之名. 69-10 割河間以○秦. 69-25 大王不○秦. 70-1 雖欲○秦. 70-2 請奉社稷以○秦. 70-5 張儀○秦惠王. 71-10 儀○先王不忠言未已. 71-10 齊楚

之○已畢. 71-20 蘇秦之○. 75-8 臣聞謀泄者○無功. 75-13 尚恐○
不成. 76-2 而於君之○殆矣. 77-1 人○者. 77-10 獨鬼○耳. 77-10
固不敢言人○也. 77-11 固且以鬼○見君. 77-11 文有以○夏侯公矣.
78-9 孟嘗君可語善爲○矣. 79-12 皆以國○累君. 80-8 不得不○齊
也. 81-21 文倦於○. 82-20 沉於國家之○. 82-20 ○有必至. 85-9 ○
之必至者. 85-10 此○之必至. 85-11 ○之本也. 86-16 ○亂君. 87-12
而責士以所重○君. 89-2 先後之○. 89-9 故釋帝而貳之以伐宋之
○. 89-21 是以聖人從○. 90-4 百○之長也. 90-5 而能○成者寡矣.
90-6 ○敗而好鞠之. 90-19 ○敗而好長詐. 90-20 則○以衆强適罷寡
也. 91-7 ○不塞天下之心. 91-8 可見於前○矣. 91-18 衆○而不反.
91-24 有市之邑莫不止○而奉王. 92-10 可見於前○. 93-2 則察相不
○. 93-11 彼明君之從○也. 93-13 善○之. 95-17 ○閔王. 95-21 女
今○王. 95-23 濮上之○. 100-19 君王后○秦謹. 101-5 乃西面而○
秦. 102-2 五國之○必可敗也. 103-13 乃命大公○之韓. 103-15 夫牛
闌之○. 103-15 則五國之○困也. 103-19 臣朝夕目○聽命. 105-2 奚
恤得○公. 107-1 ○成. 108-1 大不如○君. 108-8 甘茂○之順焉. 108
-9 甘茂○之. 108-10 被王衣以聽○. 108-18 今乃欲西面而○秦.
108-25 而有○人之名. 109-11 横人皆欲割諸侯之地以○秦. 109-13
則諸侯割地以○楚. 109-16 則楚割地以○秦. 109-16 須以決○. 111
-20 習於三晉之○. 112-10 寧楚國之○. 113-2 必爭○楚. 115-6 公
○必敗. 115-11 儀○王不善. 116-20 秦楚爭○魏. 116-25 ○之以善
言. 119-3 ○之以財. 119-4 垂沙之○. 119-9 ○王者以千數. 119-10
賢之○其主也. 119-11 是城下之○也. 119-24 今爲○之故. 121-9 且
爲○耶. 121-9 習諸侯○. 122-5 婦人所以○夫者. 123-13 此孝子之
所以○親. 123-14 忠臣之所以○君也. 123-14 今○至於此. 124-8 蔡
聖侯之○因是以. 125-2 而不以國家爲○. 125-4 蔡聖侯之○其小者
也. 125-7 君王之○因是以. 125-7 而不以天下國家爲○. 125-10 公
不聞老萊子之教孔子○君乎. 125-20 夫以賢舜○聖堯. 128-5 李園求
○春申君爲舍人. 128-19 君用○久. 129-2 李園用○. 129-7 以○無
妄之主. 129-12 以其人○知之. 131-6 而爲危難不可成之○. 131-12
而待○之變. 132-1 臣觀成○. 134-16 前○之不忘. 134-18 後○之師.
134-18 子從○. 134-21 納地釋○以去權尊. 134-22 始○范中行氏而
不說. 135-6 而善○襄子. 135-17 且夫委質而○人. 135-19 是懷二心
以○君也. 135-20 子不嘗○范中行氏乎. 135-24 反委質○知伯. 135
-25 臣○范中行氏. 136-1 今日之○. 136-6 國有大○. 136-25 口道
天下之○. 137-6 若以人之○. 137-7 臣竊以○觀之. 138-7 恐其○不
成. 138-9 夫韓○趙宜正爲上交. 139-3 臣恐其後○王者之不敢自必
也. 139-5 韓危社稷以○王. 139-6 先○成慮而熟圖之也. 139-10 昔
歲殽下之○. 139-16 是故吾○也. 141-8 心疑者○秦急. 142-2 今○
有可急者. 142-21 ○有可急爲者. 143-7 大王不得任○. 144-5 莫若
安民無○. 144-8 而以冥冥決○哉. 145-13 西面而○之. 145-16 是故
官無乏○而力不困. 146-14 是故○無敗業而惡不章. 146-14 故過任
之○. 146-24 以正殷紂之○. 148-5 獨制官○. 148-17 以爲一從不○
秦. 148-19 剖地謝前過以○秦. 148-20 割河間以○秦. 148-21 王慮
世○之變. 148-23 是以賢君靜而有道民便○之教. 149-2 疑○無功.
149-10 愚者闇於成○. 149-13 ○有所出. 149-22 ○成功立. 149-23
○利國者行無邪. 149-24 所以便○也. 150-9 因其○而制禮. 150-10
○異而禮易. 150-13 果可以便其○. 150-13 而忘國○之耻. 151-2 因
○而制禮. 152-8 便○之謂教. 152-13 不達於○之變. 152-16 ○之計
也. 152-23 循計之○. 152-24 ○君者. 153-12 ○先者. 153-12 以○
寡人者畢矣. 153-13 ○主之行. 153-18 教不便於○. 154-9 亂寡人之
○. 154-13 是○而不成. 156-5 必皆○王以伐齊. 156-11 實爲此○也.
156-19 絶齊則皆○我. 157-5 凡强弱之舉○. 157-25 使趙郝約○於
秦. 159-9 王之所以○秦必不如韓魏也. 159-20 王之所以○秦者. 159
-21 必王之○秦不如韓魏也. 160-5 是使王歲以六城○秦也. 160-6
○將奈何矣. 162-12 勝也何敢言○. 162-12 勝也何敢言○. 162-14
使○有職. 162-20 生則不得○養. 164-6 故○有簡而功成者. 164-25
君之所以○王者. 166-16 胥之所以○王者. 166-16 令之内治國○.
166-20 則胥之○有不言者矣. 166-21 厚任胥以○能. 166-22 臣以爲
今世用○者. 167-8 足下卑用○者而高商賈乎. 167-8 爲孝成王從○
於外者. 168-2 臣以齊循○王. 169-8 王之○趙也何得矣. 170-2 如王
若用所以○趙之半收齊. 170-6 王之○齊也. 170-6 其欲○王也甚循.
170-14 五國○趙. 170-18 則天下皆偪秦以○王. 170-22 ○必大成.
171-13 天下散而○秦. 171-20 且天下散而○秦. 172-5 皆起而行○.
172-11 伏○. 173-7 則從○可移於趙. 173-19 建信君有國○. 176-15
勿使與政○. 177-24 必厚割趙以○君. 178-16 趙太后新用○. 178
-19 子入而問其賢良之士而師○之. 182-2 願王以國○聽之也. 183-
22 而謂寡人必以國○聽鞅. 183-24 今乃有意西面而○秦. 184-14 而
欲臣○秦. 184-20 夫○秦必割地效質. 184-20 凡羣臣之言○秦者.
184-21 大王不○秦. 185-19 莫如○秦. 185-23 ○秦則楚韓必不敢動.
185-23 此善○也. 186-4 雖欲○秦而不可得也. 186-5 ○也. 187-5
公惡○乎. 187-6 何爲飲食而無○. 187-6 無○必來. 187-6 不能得○
焉. 187-7 何敢惡○. 187-7 請移天下之○於公. 187-7 曰無○必來.
187-10 今臣無○. 187-10 以○屬犀首. 187-15 犀首受齊○. 187-16
亦以○屬犀首. 187-17 今燕齊趙皆以○因犀首. 187-17 而以○因犀
首. 187-18 令四國屬以○. 187-19 寡人亦以○因焉. 187-19 犀首遂
主天下之○. 187-20 軫善○楚. 187-22 王亦聞老妾○其主婦者乎.
188-11 今臣之○王. 188-12 若老妾之○其主婦者. 188-12 小○也.
188-16 況大○乎. 188-17 大○也. 188-17 魏必○秦以持其國. 189-3
○敗爲趙驅. 189-24 ○成功縣宋衛. 189-24 伐齊之○遂敗. 190-4 遇
○遂敗. 191-2 而○已去矣. 192-8 令毋敢入子之○. 192-17 入子之
○者. 192-17 舉○於世. 192-24 吾舉○而不利於魏. 193-2 臣以爲身
利而便於○. 193-4 臣又偏○三晉之吏. 195-19 彼必務以齊○王. 196
-6 ○成則樹德. 196-14 皆將務以其國○魏. 198-6 今大王令人執○
於魏. 198-12 夫舍萬乘之○而退. 198-17 且魏信舍○. 198-19 魏信
○王. 198-22 然則魏信之○主也. 198-23 彼其○王必完矣. 198-24
趙之用○者必曰. 198-25 魏信以韓魏○秦. 198-25 非完○也. 199-3
彼將傷其前○. 199-4 寡人請以鄴○大王. 201-5 魏王請以鄴○寡人.
201-6 敝邑所以○大王者. 201-10 無以利○王者矣. 202-2 國有○.
202-3 楚趙怒而與王爭○秦. 202-15 願君之以是慮○也. 202-17 必
爭○秦. 203-4 今王之○秦. 203-16 且夫姦臣固皆欲以地○秦. 204-
21 以地○秦. 204-21 伐魏之○不便. 205-11 秦非無○之國也. 207-
2 必且便○. 207-2 便○. 207-2 則是復閼與之○也. 207-4 是故臣願
以從○乎王. 208-6 楚惡魏之○王也. 209-7 此王之首○也. 209-14
此吾○也. 209-25 昔竊聞大王之謀出○於梁. 211-3 ○於南方. 211-
9 攻韓之○. 212-9 則燕不敢不○秦. 213-17 是并制秦趙之○也. 213
-21 將皆務○諸侯之能令於王之上者. 214-10 管鼻之令翟强與秦○.
214-23 敝邑之○王. 216-12 ○有不可知者. 217-5 國家之大○也.
221-14 二人各進議於王以○. 221-15 乃欲西面○秦. 222-7 大王○秦.
222-9 今大王西面交臂而臣○秦. 222-13 必不能○秦. 222-16 大王
不○秦. 223-7 先○秦則安矣. 223-9 不○秦則危矣. 223-9 莫如○秦.
223-11 今王西面而○秦以攻楚. 223-12 須以決○. 223-14 臣恐山東
之無以馳割○王者矣. 224-8 則茂○敗矣. 225-12 明也願因茂以○王.
225-21 公仲收國復○秦. 227-5 皆不得親於○矣. 227-11 此善○也.
227-24 是以公孫郝甘茂之無○也. 228-1 妾○先王也. 231-7 臣甚惡
其○. 232-7 今周最固得○足下. 234-2 ○不成. 234-15 冀太子之用
○也. 234-24 固欲○之. 234-24 必陰○之. 235-5 必陰○伯嬰. 235-
5 則公叔伯嬰必知秦楚之不以幾瑟爲○也. 235-11 則公叔伯嬰必以
國○公矣. 235-15 其○秦必疾. 235-24 ○今薄. 237-2 令用○於韓以
完之. 239-8 公之○也. 239-12 則兩國爭○公. 239-16 今天下散而○
秦. 239-19 是韓以天下○秦. 239-21 必西面○秦. 240-9 無○而割安
邑. 240-10 其西面○秦. 240-12 不西○秦. 240-13 請以決○. 240-17
秦王欲出○於梁. 240-19 ○之雖如子之○父. 240-25 雖善○之無
益也. 241-2 申不害之計○. 241-7 諸侯惡魏必○韓. 241-8 申不害慮
○而言之. 241-10 而王與諸臣不○爲尊秦以定韓者. 241-11 反以越
○吳之禮○越. 241-23 無不任○於周室也. 242-12 然則强國○成.
242-16 强國之○不成. 242-16 强國之○成則有福. 242-17 韓因以其
金○秦. 243-1 以是爲金以○秦. 243-4 今君以所○善平原君者. 243
-14 韓之○秦也. 243-19 楚之○. 243-24 又與約○. 244-3 是從臣不
○大臣也. 244-15 則大臣不得○近臣矣. 244-16 貴賤不相○. 244-16
輻湊以○其上. 244-17 ○急. 245-13 必盡其家以○王. 246-7 以止
子之○. 246-8 故纆牽於○. 247-7 夫安樂無○. 248-7 以○貴. 249-
4 不得不○. 249-10 聖人之制○也. 249-21 且夫燕秦之俱○齊. 249
-24 而以○足下. 250-12 臣亦不○足下矣. 250-13 而○弱燕之危主
乎. 250-17 離老母而○足下. 250-22 臣之○. 251-6 且臣之○足下.
251-6 臣恐天下後○足下者. 251-7 效河間以○秦. 251-21 大王不○
秦. 251-22 今大王○秦. 251-24 謀不足以決○. 252-2 請奉社稷西面
而○秦. 252-2 ○苟可聽. 252-7 寶珠玉帛以○其左右. 253-15 而太
子用○. 254-8 子之南面行王○. 254-9 國○皆決子之. 254-10 詘指
而○之. 255-18 安○死馬而捐五百金. 256-2 隗且見○. 256-4 然則
足下之○齊也. 256-16 臣聞知者之舉○也. 256-22 聖王之○也. 257
-19 兼此三行以○王. 257-25 則臣不○足下矣. 258-1 臣且處無爲之
○. 258-1 善爲○者. 258-12 不能爲○者. 258-13 今臣之所以○足下
者. 258-22 以此○告吾主父. 259-4 且○非權不立. 259-16 夫使人坐
受成○者. 259-16 齊楚不得以有枳宋○秦者. 260-4 十七年○秦. 260
-10 故○秦. 260-13 故○秦. 260-18 皆以爭○秦說其主. 261-17 必
不任蘇子以○. 262-9 且舉大○者. 263-3 故舉大○. 263-7 固知將有
口○. 264-14 期於成○而已. 264-21 則臣請爲王○之. 265-1 則臣請
歸醳○. 265-2 且以因子而○齊. 265-24 是故謀者皆從○於除患之道.
266-4 故召將軍且休計○. 266-21 而又不白於臣之所以○先王之心.
267-2 而欲以齊爲○. 267-10 而驟勝之遺○也. 267-11 執政任○之
臣. 268-2 不惡卑名以○强. 268-16 ○强可以令國安長久. 268-16 以
○强而不可以爲萬世. 268-17 累往○之美. 272-21 願圖國○於先生.
274-12 光不敢以乏國○也. 274-16 國大○也. 274-19 國之大○也.

274-25 欲以成大〇之謀. 275-4 此國之大〇. 275-18 太子及賓客知其〇者. 276-24 軻自知〇不就. 277-25 〇所以不成者. 278-1 議其〇. 280-4 則公無〇. 280-20 則君不奪太后之〇矣. 280-21 必絶於宋而〇齊. 280-25 且秦王亦將觀公之〇. 282-8 衞使客〇魏. 282-16 願王博〇秦. 282-18 臣恐王〇秦之晩. 282-20 夫人於〇己者過急. 282-21 於〇人者過緩. 282-21 今王緩於〇己者. 282-21 安能急於〇人. 282-21〇王三年不得見. 282-22 必無與君言國〇者. 283-3 豈若中山廢其王而〇齊哉. 284-14 爲君廢王〇齊. 284-17 〇遂定. 285-11 〇遂定. 286-5 〇成. 286-24 〇何可豫道者. 286-25 中山有〇. 288-5 長平之〇. 288-18 諂諛用〇. 289-11

【刺】 27

引錐自〇其股. 16-22 管莊子將〇之. 27-22 子待傷虎而〇之. 27-24 無〇一虎之勞. 27-25 而有〇兩虎之名. 27-25 銜劍徵之於柱以自〇. 60-12 能面〇寡人之過者. 66-18 〇而殺之. 96-1 君不如使人微要靳尙而〇之. 116-22 張旄果令人要靳尙〇之. 116-24 園死士夾〇春申君. 129-25 欲以〇襄子. 135-10 操其刃而〇. 155-14 外〇諸侯. 166-21 臣請爲卿〇之. 175-18 魏雖〇髡. 205-12 夫專諸之〇王僚也. 219-23 聶政之〇韓傀也. 219-23 要離之〇慶忌也. 219-24 臣使人〇之. 237-23 上階〇韓傀. 238-4 聶政〇之. 238-5 聶政陽堅〇相兼君. 242-3 摩笄以自〇也. 251-17 必如〇心然. 257-16 用兵如〇蜚繡. 261-13 因而〇殺之. 275-15

【兩】 88

蘇子亦得〇國之金也. 3-6 不如備〇周辯知之士. 5-10 過〇周. 11-13 而〇上黨絶矣. 12-19 韓兼〇上黨以臨趙. 13-3 寬則〇軍相攻. 16-11 而欲以成〇國之功. 19-22 得〇國之衆. 21-7 是我一舉而名實〇附. 22-11 楚人有〇妻者. 24-14 有〇妻者死. 24-16 則〇國兵必至矣. 26-22 有〇虎諍人而鬬者. 27-21 今〇虎諍人而鬬. 27-23 則是一舉而兼〇虎也. 27-25 而有刺〇虎之名. 27-25 此猶〇虎相鬬而駑犬受其弊. 51-22 是王之地一任〇海. 54-3 壤地〇分. 54-15 徙〇周之疆. 55-14 則〇國者必爲天下笑矣. 55-24 而〇歸其國於秦. 68-1 王非置〇令尹也. 72-18 〇國之權. 73-13 齊秦立爲〇帝. 89-13 〇帝立. 89-15 而令〇萬乘之國. 103-6 是〇弊也. 104-12 何曰〇弊也. 104-16 寡人願〇聞之. 105-18 此其勢不〇立. 109-2 秦必起〇軍. 109-3 此〇策者. 109-17 〇者大王何居焉. 109-17 〇國敵侔交爭. 110-7 其勢不〇立. 110-7 此所謂〇虎相搏者也. 111-6 〇御之間夫卒交. 113-6 吾固以爲天下莫若是〇人也. 120-19 是〇盡也. 125-22 約〇主勢能制臣. 134-10 願君堅塞〇耳. 137-17 乃我請君塞〇耳. 137-20 欲亡韓呑〇周之地. 138-8 有〇木焉. 141-6 故〇君者. 141-21 而相鬬〇罷. 142-18 而尙相鬬〇敝. 142-19 齊秦爲〇敵. 144-9 今大王垂拱而〇有之. 144-17 不待〇軍相當. 145-11 東收〇周而西遷九鼎. 148-3 此〇者. 149-4 此〇者. 151-14 反此〇者. 151-21 兼有是〇者. 155-12 是我一舉而〇取地於秦中山也. 157-13 此〇地之時也. 171-14 復合衍交〇王. 172-10 此〇言者. 174-24 〇者有一也. 174-24 〇國交以習之. 175-2 夫盡〇國之兵. 175-3 遂勸〇君聽犀首. 192-9 又爲陰啓〇機. 203-6 先日公子常約〇王之交矣. 206-1 〇弟無罪. 206-19 謂玆公不知此〇者. 212-12 是子有〇韓. 221-10 而我有〇趙也. 221-10 吾欲〇用公仲公叔. 223-18 魏〇用犀首張儀而西河之外亡. 223-20 今王〇用之. 223-20 假道〇周倍韓以攻楚. 229-25 則〇國德公. 239-15 則〇國爭事公. 239-16 韓之重於〇周也無計. 240-2 爲其〇譽也. 259-13 我離〇周而觸鄭. 260-12 包〇周. 260-15 今賢之〇之. 262-11 燕齊不〇立. 265-25 以其合〇而如一也. 268-20 〇者不肯相舍. 270-7 此一舉而〇失也. 272-20 燕秦不〇立. 273-22 燕秦不〇立. 274-14 燕秦不〇立. 274-22

【雨】 15

解如風〇. 68-18 揮汗成〇. 68-24 降〇下. 77-15 降〇下. 77-16 〇血沾衣. 95-10 天〇血沾衣者. 95-13 使我逢疾風淋〇. 137-10 汝逢疾風淋〇. 137-11 風〇時至. 138-3 天〇. 182-8 天又〇. 182-9 天大〇雪. 193-18 今日不〇. 270-5 明日不〇. 270-6 明日大〇. 271-5

【奈】 30

且〇何. 2-7 寡人遂無〇何也. 24-23 猶無〇寡人何也. 49-12 其無〇寡人何. 49-13 爲之〇何. 60-21 夫不深料秦之不〇我何也. 69-9 將無〇我何. 69-18 然則〇何. 103-10 然則〇何. 106-2 爲之〇何. 116-13 爲之〇何. 117-13 爲之〇何. 117-16 爲之〇何. 117-19 爲之〇何. 117-23 爲之〇何. 124-8 〇何以保相印江東之封乎. 129-2 無矣〇何. 132-16 爲之〇何. 133-7 親之〇何. 133-18 爲之〇何. 135-2 事將〇何矣. 162-12 先生助之〇何. 163-4 秦稱帝之害將〇何. 163-7 〇何. 166-19 爲之〇何. 177-4 病甚〇何. 204-11 且〇何. 206-3 〇何. 227-24 〇何. 228-8 爲將〇何. 287-17

【刳】 3

〇腹折頤. 53-3 〇胎焚夭. 177-20 〇子腹及子之腸矣. 271-15

【奔】 11

荆王亡〇走. 19-9 〇育之勇焉而死. 37-24 遁逃來〇. 43-25 諸侯〇齊. 94-10 王〇莒. 95-9 閔王〇莒. 98-1 不若〇諸侯. 113-13 舍闕〇郢曰. 113-24 樂毅〇趙. 266-15 故遁逃〇趙. 266-25 使〇衞. 281-25

【奇】 11

而憚宮之〇存. 23-16 教之惡宮之〇. 23-17 宮之〇以諫而不聽. 23-17 〇其計. 57-23 〇法章之狀貌. 100-25 且服〇者志淫. 152-2 是以莅國者不襲〇辟之服. 152-3 且服〇而志淫. 152-11 是鄒魯無〇行也. 152-12 宮之〇諫而不聽. 208-24 伍子胥宮之〇不用. 266-3

【歿】 2

負蒭必以魏〇世事秦. 48-20 父母既〇矣. 238-12

【妻】 34

〇不下紝. 16-18 〇不以我爲夫. 16-19 〇側目而視. 17-13 楚人有兩〇者. 24-14 有兩〇者死. 24-16 今爲我〇. 24-18 去貴〇. 43-18 貴〇已去. 43-20 何不取爲〇. 48-16 謂其〇曰. 66-5 其〇曰. 66-6 吾〇之美我者. 66-12 臣之〇私臣. 66-15 賣〇子不足償之. 80-2 〇子衣服麗都. 86-24 勢爲王〇以臨于楚. 116-11 齊崔杼之〇美. 126-25 其〇之楚. 135-4 其〇不識. 135-14 其〇私人. 251-1 其〇曰. 251-2 〇使妾奉巵酒進之. 251-3 昔趙王以其姉爲代王〇. 251-11 〇自組甲絣. 252-21 其〇愛人. 259-1 其〇曰. 259-2 其〇曰. 259-5 不制於〇妾. 259-9 不自爲取〇. 259-14 公何不請公子傾以爲正〇. 284-4 公因勸君立之以爲正〇. 286-16 然則立以爲〇. 286-18 固無請人之〇不得而怨人者也. 286-19 皆令〇妾補縫於行伍之間. 289-23

【到】 6

則疾〇. 35-15 雖隆薛之城〇於天. 62-24 今君〇楚而受象牀. 80-9 長驅〇齊. 83-2 因罷兵〇讀而去. 97-23 臣請〇魏. 130-15

【非】 299

〇效怵壺醬甀耳. 1-16 〇效鳥集烏飛. 1-17 今昭獻〇人主也. 3-10 而民〇之. 4-10 民〇子罕而善其君. 4-10 國人〇之. 4-11 〇自傷於民也. 4-12 〇國家之美也. 4-13 子〇周人. 4-17 而自謂〇客何也. 4-18 莫〇王土. 4-18 莫〇王臣. 4-19 〇兵不可. 16-14 上〇能盡其民力. 20-2 〇能厚勝之也. 20-21 〇獨儀知之也. 24-2 子〇楚. 24-13 〇獨儀之言也. 24-24 伐秦〇計也. 27-6 故楚之土壤士民〇削弱. 27-11 此〇臣之功. 29-10 〇恒士也. 31-8 是〇秦之利也. 31-9 〇使臣之所知也. 32-10 以〇此時也. 34-21 〇若是也. 36-25 〇敢然也. 37-12 臣〇有所畏而不敢言也. 37-19 〇計也. 38-23 〇王之子孫也. 40-10 有〇相國之人者乎. 41-1 〇王子孫也. 41-3 不敢爲〇. 41-5 〇秦弱而魏强也. 41-12 秦於天下之士〇有怨也. 42-3 豈〇士之所願與. 44-14 豈〇道之符. 44-19 〇從即横也. 51-11 〇無大功也. 52-17 驕忿〇伯主之業也. 55-6 三者〇無功也. 55-13 〇楚受兵. 55-20 〇不知也. 60-15 〇不肖也. 60-16 〇無賢人. 60-16 韓〇知之. 61-1 〇所以厲羣臣也. 61-5 不聽其〇. 61-18 乃可復使姚賈而誅韓〇. 61-22 〇在齊也. 62-11 故人〇之不爲沮. 64-5 〇此也. 64-12 臣〇不能更葬先妾也. 67-9 〇臣所知也. 67-14 〇山東之上計也. 67-25 〇齊親而韓梁疏也. 68-6 齊〇急以鋭師合三晉. 68-11 臨淄即墨〇王之有也. 70-2 衍〇有怨於儀也. 72-9 王〇置兩令尹也. 72-18 官之上〇可重也. 72-25 〇亟得下東國者. 75-14 蘇秦〇誠以爲君也. 76-13 孟嘗君重〇諸侯也. 78-10 豈〇世之立教首也哉. 79-21 則〇齊之利也. 81-19 〇朝愛市而夕憎之也. 85-11 〇得失之策與. 86-6 〇夫孤寡者. 86-19 豈〇下人而尊貴士與. 86-19 〇弗寶貴矣. 86-25 〇不得尊遂也. 87-1 〇左右便辟無使也. 87-25 〇士易得而難用也. 89-2 〇得人力. 90-7 矢〇不銛. 90-8 而劍〇不利也. 90-8 衞〇强於趙也. 90-13 此皆〇趙魏之欲也. 90-17 戰〇甚疾也. 90-24 分地又〇多韓魏也. 91-1 〇賢於騏驥孟賁也. 91-20 夫胡之與齊〇素親也. 92-1 而用兵又〇約質而謀燕也. 92-2 則戰攻〇所先. 92-5 〇所先也. 92-20 則〇國之利也. 93-4 則〇王之樂也. 93-6 今夫鵠的〇咎罪於人也. 93-6 則是〇徒示人以難也. 93-9 攻戰之道〇師者. 93-15 〇宋衞也. 94-5 〇忠也. 96-10 〇勇也. 96-10 〇知也. 96-11 〇勇也. 97-14 〇知也. 97-15 〇不能行小節. 97-19 〇知也. 97-20 〇貴跖而賤堯也. 98-21 狗固吠〇其主也. 98-21 以爲〇常人. 100-25 〇吾種也. 101-3 〇楚之利也. 102-11 必〇固之所以之齊之辭也. 102-11 臣〇畏魏也. 105-3 〇用故也. 107-2 〇故如何也. 107-3 〇江南泗上也. 107-10 〇楚國之利也. 108-11 〇秦而楚. 110-7 〇楚而秦. 110-7 黔中巫郡〇王之有已. 110-19 臣〇異. 113-17 穀〇人臣. 114-3 此〇布衣之利也. 116-16 〇忠臣也. 119-6 亦〇忠臣也. 119-7 〇知而見之者. 120-8 〇有他人於此也. 120-15 〇敢以爲國祆祥也. 124-4 以是爲〇. 127-11 〇徒然也. 129-1 〇齊則魏. 130-13 夫千鈞〇馬之任也. 130-19 〇楚之任而楚爲之. 130-20 是〇反如何也. 131-9 〇從易也. 135-19 〇所望也. 136-7 〇以人之言也. 137-8 今汝〇木之根. 137-11 德行〇施於海内也. 138-2 〇布於萬民也. 138-2 〇當於鬼神也. 138-3 〇數痛加於秦國. 138-4 〇曾深凌於韓也. 138-5 〇王之有也. 138-19 又〇王之有也. 138-23 此〇吾所苦也. 141-8 〇親友. 142-8 〇國之長利也. 146-22 今富〇有齊威宣之餘也. 147-9 精兵〇有富韓勁魏之庫也.

147-10 而將○有田單司馬之慮也. 147-10 皆曰白馬○馬也. 147-13 以是爲○. 148-8 以○爲是. 148-8 ○國之長利也. 148-19 ○以養欲而樂志也. 149-12 寡人○疑胡服也. 149-14 ○以養欲而樂志也. 149-22 異於己而不○者. 150-16 ○社稷之神靈. 150-25 ○寡人所望於子. 151-3 ○所以觀遠而論始也. 151-14 ○所以教民而成禮也. 152-2 ○所以教民而成禮者也. 152-4 然則反古未可○. 152-11 ○所以論賢者也. 152-14 ○賤臣所敢任也. 153-2 ○子所知. 154-13 吾○不說將軍之兵法也. 155-3 ○單之所爲也. 155-5 君○徒不達於兵也. 155-8 ○寡人之所敢知. 156-19 今趙○有七克之威也. 158-8 而燕○有長平之禍也. 158-8 此○人臣之所能知也. 158-23 則○計也. 159-6 此○臣之所敢任也. 159-18 此○臣之所敢任也. 159-22 ○固勿予而已也. 160-22 此○必貪邯鄲. 162-9 吾乃今然后知君○天下之賢公子也. 162-15 ○有求於平原君者. 162-23 皆○也. 162-25 王○戰國守圉之具. 165-18 或○也. 166-3 ○不愛其蹯也. 167-16 ○直七尺軀也. 167-17 ○環寸之蹯也. 167-17 以臣爲不能者○他. 169-5 ○然. 169-6 ○然. 169-6 ○然. 169-7 ○知不足也. 169-14 ○然. 169-15 ○然. 169-15 ○然. 169-16 ○以爲齊得利秦之毀也. 171-2 齊秦○復合也. 172-3 皆○趙之利也. 172-5 ○趙之利也. 172-22 ○肉不食. 173-9 今臣之於王○宋之於公子牟夷也. 173-10 吾○爲燕也. 175-25 舉錯○也. 176-19 必所使者○其人也. 177-5 無○大王之服御者. 177-19 ○弗思也. 179-12 豈○計久長. 179-13 夫物多相類而○也. 182-4 此皆似之而○者也. 182-6 城○不高也. 183-3 人民○不衆也. 183-3 公叔豈○長者哉. 183-16 此○公叔之悖也. 184-2 ○忠臣也. 184-22 夫秦○不利有齊而得宋埊也. 186-22 則○魏之利也. 186-25 又○皆同也. 188-20 ○所以窮儀之道也. 189-5 需○吾人也. 193-2 史舉○犀首於王. 193-7 惠子○徒行其說也. 194-10 臣○不知秦勸之重也. 196-1 此○臣之所謂也. 196-24 是三人皆以太子爲○固相也. 198-5 ○得計也. 199-3 ○完事也. 199-3 此○但攻梁也. 202-13 此○兵力之精. 202-20 ○計之工也. 202-20 ○能彊於魏之兵. 205-21 ○能弱於趙也. 205-21 ○所施厚積德也. 206-18 秦○無事之國也. 207-2 ○魏無攻矣. 207-10 夫不患秦之不愛南國○也. 207-17 ○盡亡天下之兵. 208-5 ○秦實首伐之也. 209-7 ○獨此五國爲然而已也. 211-19 ○於韓也必魏也. 213-6 此○楚之路也. 215-21 此○楚之路也. 215-22 亦○君之所喜也. 217-17 ○用知之術也. 218-20 ○用之也. 218-25 ○若是也. 219-17 ○士之怒也. 219-23 ○所謂學於子者也. 221-18 ○麥而豆. 222-19 ○王之有已. 223-8 ○以韓能强於楚也. 223-12 且楚韓○兄弟之國也. 226-17 又○素約而謀伐秦矣. 226-17 韓氏之兵○削弱也. 226-22 民○蒙愚也. 226-22 ○以當韓也. 227-8 ○必聽實也. 228-4 ○馬之任也. 229-12 且○楚之任. 229-14 ○上知也. 233-6 ○弟意也. 238-11 ○獨政之能. 238-15 而○公適束之. 239-6 ○爲此也. 240-24 然則山東○能從親. 241-2 ○好卑而惡尊也. 241-6 ○慮過而議失也. 241-7 ○以求主尊成名於天下也. 241-18 ○金無以也. 242-25 ○弊邑之所憎也. 243-19 齊秦○重韓則賢君之行也. 245-8 ○趙之利也. 248-23 ○所以爲人也. 250-19 ○進取之道也. 250-20 則易水長城○王之有也. 251-23 ○所以利燕也. 252-17○忠臣也. 252-17 ○所敢欲伐也. 252-18 而吏無○太子人者. 254-8 秦○不利有齊而得宋埊也. 255-7 ○魏之利也. 255-9 燕趙○利之也. 257-5 ○蘇氏莫可. 257-21 ○進取之術也. 258-5 且事○權不立. 259-16 ○勢不成. 259-16 ○行義也. 260-5 持臣○張孟談也. 262-5 此○兵之過. 264-8 ○徒不愛子也. 265-11 故○及太后與王封公子. 265-17 離毀辱之○. 268-10 寡人望有○則君掩蓋之. 272-5 ○君心所望之. 272-10 ○然也. 272-18 且○獨於此也. 274-7 ○節俠士也. 275-1 ○盡天下之地. 275-8 ○有詔不得上. 277-20 ○有大罪而亡. 282-1 ○子莫能吾救. 284-10 ○齊之利也. 284-13 ○欲廢中山之王也. 286-1 ○諸侯之姬也. 287-10 是○臣所敢議. 287-12 趙王○賢王也. 287-13

【叔】 67

君何不令人謂韓公○曰. 3-15 嫂不以我爲○. 16-20 辛張陽毋澤說魏王薛公公○也. 35-5 韓公○有齊魏. 107-16 目與公○爭國而得之. 107-18 亦欲○之服之也. 149-18 而○不服. 149-20 今寡人恐○逆從政之經. 149-23 以輔公○之議. 149-24 故寡人願募公○之義. 149-25 使緤謁之○. 150-1 吾固聞○之病也. 150-8 即之公○成家. 150-8 而○也順中國之俗以逆簡襄之意. 151-1 魏公○痤爲魏將. 183-7 公○痤反走. 183-8 公○豈非長者哉. 183-16 公○何可無益乎. 183-17 公○當之矣. 183-19 魏公○痤病. 183-21 公○病. 183-21 公○痤對曰. 183-22 以公○之賢. 183-24 公○痤死. 184-1 此非公○之悖也. 184-2 故令人謂韓公○曰. 189-12 公○以爲信. 189-16 吾欲兩用公仲公○. 223-18 而相公○以伐秦. 223-25 昭獻令人謂公○曰. 224-3 公不如令秦王疑公○. 224-24 公○之攻楚也. 224-25 公○之讎也. 225-2 公○之人也. 225-2 必疑公○爲楚也. 225-3 公○且以國南合於楚. 231-17 公○爭之而不聽. 232-14 史惕謂公○曰. 232-14 爲公○具車百乘. 232-20 畢長謂公○曰. 232-25 公○使馮君於秦. 233-5 馮君廣王而不聽公○. 233-6 謂公○曰. 233-9 謂公○曰. 233-15 立韓擾而廢公○. 233-19 公○之與周君交也. 233-19 立韓擾而廢公○. 233-20 今公○怨齊. 233-21 請令公○必重公. 233-22 公○大怒. 233-23 公○曰. 233-25 公○曰. 234-5 韓公○與幾瑟爭國. 234-7 以與公○爭國. 234-8 以與公○爭國. 234-9 韓公○與幾瑟爭國. 234-14 急擊公○. 234-14 齊明謂公○曰. 234-19 公○將殺幾瑟也. 234-23 謂公○曰. 234-23 公○且殺幾瑟也. 235-3 宋赫爲謂公○曰. 235-3 公○伯嬰恐秦楚之內幾瑟也. 235-10 則公○伯嬰必知秦楚之不以幾瑟爲事也. 235-11 則公○伯嬰必以國事公矣. 235-15 廢公○而相幾瑟者楚也. 235-22 ○父負床之孫. 258-21

【肯】 23

君使人告齊王以周最不○爲太子也. 12-2 莫○即秦耳. 38-8 而不○行. 58-8 我自行之而不○. 58-9 而卿不○行. 58-18 又不○聽辨. 63-23 客○爲寡人來靖郭君乎. 63-24 不得志不○爲人臣. 84-13 君不○以所輕與士. 89-2 閔王不○與. 95-8 曾不○留. 119-16 不○哭也. 159-1 終不○受. 164-18 又不○與燕人戰. 174-24 太后不○. 178-20 恐魏之以太子在楚不○也. 199-13 公孫郝黨於齊而不○言. 228-22 聶政竟不○受. 237-11 何○步行數千里. 250-16 何○楊燕秦之威於齊而取大功乎哉. 250-18 兩者不○相舍. 270-7 而君不○聽. 272-3 必不○出. 289-25

【卓】 4

齊明說○滑以伐秦. 125-16 齊明謂○滑曰. 125-16 ○滑因重之. 125-18 乃微謂趙○韓鼂曰. 221-14

【虎】 44

○狼之國也. 10-7 有兩○諍人而鬬者. 27-21 ○者. 27-23 今兩○諍人而鬬. 27-23 子待傷○而刺之. 27-24 則是一舉而兼兩○也. 27-25 無刺一○之勞. 27-25 而有刺兩○之名. 27-25 聞三人成○. 43-22 此猶兩○相鬬而駑犬受其弊. 51-22 譬若○口. 77-18 ○求百獸而食之. 103-23 ○目爲然. 104-3 ○不知獸畏己而走也. 104-3 猶百獸之畏○也. 104-5 兕○嗥之聲若雷霆. 106-8 ○狼之國也. 109-12 以外交强○狼之秦. 109-14 ○狼之國. 109-20 ○賁之士百餘萬. 110-2 無以異於驅羣羊而攻猛○也. 110-5 夫○之與羊. 110-5 今大王不與猛○而與羣羊. 110-5 此所謂兩○相搏者也. 111-6 屬之子滿與子○. 113-20 ○將即禽. 142-17 禽不知○之即己也. 142-17 而歸其死於○. 142-18 故使禽知○之即己. 142-18 且秦○狼之國也. 160-11 人有置係蹄者而得○. 167-15 ○怒. 167-15 ○之情. 167-16 驪牛之黄也似○. 182-5 外交强○狼之秦. 184-11 今一人言市有○. 199-19 二人言市有○. 199-20 三人言市有○. 199-21 夫市之無○明矣. 199-22 然而三人言而成○. 199-22 有○狼之心. 206-16 ○摯之士. 222-24 陽○之難. 263-3 是以委肉當餓○之蹊. 274-4

【尙】 46

左○謂司馬悍曰. 13-18 左○以此得事. 13-20 忠○見棄. 25-2 楚國不○全事. 27-7 其母○織自若也. 29-15 臣聞始時呂○之遇文王也. 37-12 故文王果收功於呂○. 37-14 天下之王○猶尊之. 41-24 傲○奚生. 43-11 ○賢在晉陽之下也. 49-22 爲○書. 59-5 ○焉之. 61-9 四國之王○焉用賈之身. 61-9 ○恐事不成. 76-2 於陵子仲○存乎. 88-13 女○何歸. 95-23 然則周文王得呂○以爲太公. 99-15 云曰○矣. 100-11 靳○爲儀謂楚王曰. 116-4 ○曰. 116-7 靳○謂楚王曰. 116-19 靳○之仇也. 116-21 君不如使人微要靳○而刺之. 116-22 張旄果令人要靳○刺之. 116-24 而○相鬬兩敝. 142-19 王以其力○能進. 159-11 吾國○利. 160-4 趙使李牧司馬○禦之. 179-25 李牧司馬○欲與秦反趙. 180-2 廢司馬○. 180-4 其子之肉○食之. 181-21 ○有爭錢財. 185-17 魏王遂○遇秦. 190-3 而爲魏太子之○在楚也. 199-15 ○有可以易入朝者乎. 203-16 王○未聽也. 203-25 ○足以捍秦. 204-1 燕王○未許也. 206-4 晉國之去大梁也○千里. 207-24 山東○强. 211-8 韓又令○靳使秦. 231-4 獨○子之言是. 231-6 召○子入. 231-6 宣太后謂○子曰. 231-6 ○靳歸書報韓王. 231-11 ○何足以圖國之全爲. 234-16

【具】 29

器械被○. 1-19 令庫○車. 58-18 廏○馬. 58-19 府○幣. 58-19 乃○革車三十乘. 71-18 請○車馬皮幣. 79-3 食以草○. 82-6 求萬物不備○. 86-1 王之走狗已○矣. 87-21 甲兵之○. 92-14 盡堞中爲戰○. 93-25 乃爲○駟馬乘車五百金之楚. 107-13 宮室臥○. 123-12 備守以○. 132-21 ○帶黄金師比. 153-15 能○數十萬之兵. 155-18 王非戰國守圉之○. 165-18 則霸王之業○矣. 182-19 急約車爲行○. 187-12 無不畢○. 222-6 一旦而○. 224-10 今又得韓之名都一而○甲. 226-4 備不○者死. 229-18 爲公叔○車百乘. 232-20 於是嚴遂乃○酒. 237-2 嚴仲子○告曰. 237-21 請益○車騎壯士. 237-23 乃命公子束車制衣爲行○. 265-19 ○符節. 267-15

【味】 7

食不甘○. 43-6 食不甘○. 93-25 食不甘○. 109-22 察五○之和. 145-18 和調五○而進之. 200-6 後世必有以○亡其國者. 200-6 主君之○. 200-11

【果】 76
景翠○進兵. 2-12 韓氏○亦效重寶. 2-12 天下○. 5-17 臣恐齊王之爲君實立○而讓之於最. 12-6 ○獻西河之外. 23-11 張儀○來辭. 23-20 儀之言○信也. 24-2 陳軫○安之. 24-22 則儀之言○信矣. 24-24 ○攻宜陽. 29-20 ○使馮章許楚漢中. 30-1 故文王○收功於呂尙. 37-14 是我王○處三分之一也. 41-9 ○惡王稽杜摯以反. 43-23 楚之應之○勸. 48-12 楚○告急於秦. 48-13 韓倉○惡之. 60-4 ○不入齊. 65-17 楚○封之於江南. 65-24 ○以兵合於三晉. 68-14 楚趙○遽起兵而救韓. 71-7 齊○舉兵伐之. 71-19 而○伐之. 72-4 則亦不○於趙魏之應秦而伐周韓. 74-3 客○有能也. 82-19 而楚○弗與地. 103-19 ○誠何如. 103-22 楚王○以新城爲主郡. 107-14 張旄○令人要靳尙刺之. 116-24 張旄○大重. 116-25 宜陽○拔. 122-11 秦○舉鄢郢巫上蔡陳之地. 124-6 李園○先入. 129-24 韓魏之君○反矣. 131-18 ○豫讓. 135-23 ○不出楚王印. 143-14 ○可以便其事. 150-13 今我順而齊魏○西. 157-7 三國欲伐秦之○也. 157-9 軍○大敗. 162-2 不○納. 164-2 不○納. 164-7 建信君○先言横. 167-22 足下○殘宋. 171-14 ○如馬服之言也. 175-5 秦○日以强. 184-1 子○無之魏而見寡人也. 188-7 ○相魏. 189-16 ○厝需於側. 193-5 而○西因蘇脩重報. 195-25 太子○自相. 198-8 ○不得見. 199-24 秦○南攻藍田鄢郢. 211-12 秦○釋管而攻魏. 213-10 ○取成皐. 221-6 ○從成皐始. 221-7 秦○大怒. 226-20 ○下師於殽以救韓. 231-19 王○不許韓擾. 234-5 齊師○入. 234-16 吳人○聽其辭. 241-21 已而其丈夫○來. 259-2 ○以守趙之質子以甲. 262-3 ○與鳴條之戰. 263-1 ○與伯舉之戰. 263-1 燕○以兵南合三晉也. 269-11 齊王○攻. 279-6 ○勝黄城. 280-6 智伯○起兵而襲衛. 281-22 ○召中山君而許之王. 284-24 ○與中山王而親之. 285-3 中山○絶齊而從趙魏. 285-3 ○以是辭來. 286-4 燕趙○俱輔中山而使其王. 286-5 ○令趙請. 286-17 今○何如. 290-6

【昆】 8
與之○弟矣. 42-8 以秦與楚爲○弟國. 50-18 爲○弟之國. 69-25 長爲○弟之國. 111-18 今楚與秦爲○弟之國. 148-9 南有鴻溝陳汝南有許鄢○陽邵陵舞陽新郪. 184-5 夫親○弟. 185-16 然而秦之葉陽○陽與舞陽高陵鄰. 207-14

【昌】 11
○他亡西周. 7-23 間遺○他書曰. 7-25 告○他. 8-1 東周立殺○他. 8-2 使○國君將而擊之. 95-6 夫千乘博○之間. 95-9 臣聞昔湯武以百里○. 124-11 趙王召樓○與虞卿曰. 161-14 樓○曰. 161-16 ○國君樂毅爲燕昭王合五國之兵而攻齊. 266-13 王乃召○國君樂間而問曰. 271-20

【門】 69
且夫蘇秦特窮巷掘○桑户棬樞之士耳. 17-8 梁人有東○吳者. 42-25 東○吳曰. 43-2 塞私○之請. 46-7 杜大梁之○. 52-4 芻牧薪采莫敢闚東○. 54-11 君之○下無不居高尊位. 57-4 太子○下無貴者. 57-5 王后之○. 57-10 遇司空馬○. 60-10 出諔○也. 60-11 且梁監○子. 61-3 取世監○子. 61-4 王曰子監○子. 61-12 ○人弗說. 63-8 使輕車銳騎衝雍○. 65-16 ○庭若市. 66-20 見孟嘗君○人公孫戍曰. 79-25 ○下百數. 80-14 因書○版曰. 80-18 願寄食○下. 82-4 比○下之客. 82-8 比○下之車客. 82-10 問○下諸客. 82-16 雍○養椒亦. 84-23 下則鄙野監○閭里. 86-3 欲爲監○閭里. 86-7 先生王斗造○而欲見齊宣王. 87-8 宣王因趨而迎之於○. 87-10 見於華章南○. 89-5 有陰平陸則梁○不啓. 89-21 衞八○土而二○墮矣. 90-10 出梁○. 90-14 則吾倚○而望. 95-22 雍○司馬前曰. 101-16 卽墨大夫與雍○司馬諫而聽之. 101-19 當○而噬之. 105-8 上蔡之監○也. 108-8 召○吏爲汗先生著客籍. 128-7 止於棘○之內. 129-24 止棘○. 129-25 投之棘○外. 129-25 遇知過轅○之外. 133-10 臣遇張孟談於轅○之外. 133-12 臣遇知過於轅○之外. 133-24 後郭○. 137-9 塞朋黨之○. 145-22 名曰無窮之○. 154-10 出於遺遺之○. 154-15 而武王羈於玉○. 167-11 西○豹爲鄴令. 181-24 西○豹曰. 182-1 左天○之陰. 182-24 左孟○而右漳釜. 183-1 破公家而成私○. 184-23 今魏王出國○而望見軍. 206-4 利出燕南○而望見軍乎. 206-9 雖至於○閭之下. 219-4 興師與韓氏戰於岸○. 226-21 是韓爲秦魏之○户也. 239-10 南有碣石鴈○之饒. 248-6 城○不閉. 254-19 而朝其○下. 255-22 岸○之戰. 261-14 景陽乃開西和○. 271-8 太子送之至○. 274-18 至郎○而反曰. 282-20 車至○. 283-14

【明】 187
齊○謂東周君曰. 2-19 ○羣臣據故主. 6-18 ○言章理. 16-7 ○主賢君. 16-10 猶連雞之不能俱止於棲之○矣. 17-21 向以王之○爲先知之. 18-3 以大王之○. 20-15 而○臣之楚與不也. 24-14 今楚王○主也. 24-19 以此○臣之楚與不. 24-20 目不○. 28-21 請○日鼓之而不可下. 30-8 ○日鼓之. 30-9 何愛餘○之照四壁者. 31-4 秦王○而熟於計. 32-14 秦王○而熟於計. 33-2 ○知死者之無知矣. 33-7 臣聞○主莅正. 36-8 ○主則不然. 36-12 天下有○主. 36-19 聖主○於成敗之事. 36-21 而○日伏誅於後. 37-20 而王○誅之. 44-2 耳目聰○聖知. 44-14 君○臣忠. 45-5 無○君賢父以聽之. 45-8 此皆君之所○知也. 46-14 亦○矣. 49-14 中期適遇○君故也. 56-4 卿○知功之不如武安君歟. 58-13 卿○知爲不如文信侯專歟. 58-15 律令孰與之○. 59-9 願公入○之. 60-8 ○主用之. 61-17 故○主不取其汙. 61-18 ○日. 66-11 此不叛寡人○矣. 67-4 亦已○矣. 69-8 ○日張子行. 72-11 則○日及齊楚矣. 73-21 ○日視美珥所在. 77-7 至聖人○學. 86-16 而世世稱曰○主. 86-20 是以○乎士之貴也. 86-21 故臣願王○釋帝. 89-18 衞○於時權之藉也. 90-18 ○於諸侯之故. 91-23 故○主察相. 92-5 夫戰之○日. 92-10 則○君不居也. 93-10 彼○君察相者. 93-11 故○君之攻戰也. 93-12 彼○君之從事也. 93-13 功業可○矣. 97-1 ○日. 98-25 ○日. 100-16 齊○謂楚王曰. 102-8 故惠王之○. 108-10 以承大王之○制. 109-6 奉○約. 109-18 法令既○. 110-3 主嚴以○. 110-3 不格○矣. 110-5 其不可成也亦○矣. 111-15 今上客幸教以○制. 111-22 未○而立於朝. 112-25 王○日朝羣臣. 117-13 發子良之○日. 118-7 遣昭常之○日. 118-8 遣子良之○日. 118-9 故○主之察其臣也. 119-10 是○楚之伐而信魏之和也. 121-16 今諸侯○知此多詐. 122-10 亦○矣. 122-19 ○日視善珥所在. 123-24 齊○說卓滑以伐秦. 125-16 齊○謂卓滑曰. 125-16 ○之來也. 125-16 ○說楚大夫以伐秦. 125-17 皆受○之說也. 125-17 而○人之欺王. 126-10 以瞽爲○. 127-10 汗○見春申君. 127-25 汗○欲復談. 128-1 汗○憱焉曰. 128-1 ○願有問君而恐固. 128-2 汗○曰. 128-3 汗○曰. 128-4 汗○曰. 128-8 ○日. 131-10 ○主之政也. 134-23 以○君臣之義. 135-19 臣聞○主不掩人之義. 136-5 ○日復來見兌也. 137-14 ○日復見. 137-18 先生○日復來. 137-21 ○日來. 137-22 李兌送蘇秦○月之珠. 137-22 此王之○知也. 139-3 此天下之所○也. 142-13 此天下之所○見也. 142-15 是故○主外料其敵國之强弱. 145-10 ○王絶疑去讒. 145-22 臣聞○王之於其民也. 146-13 ○乎輕之爲重者王. 146-25 夫天下之不可一亦○矣. 148-9 而適聞使者之○詔. 148-20 錯質務○主之長. 149-2 動有○古先世之功. 149-3 故○德在於論賤. 149-21 聰○叡知之所居也. 150-3 此愚知之所○也. 150-23 先聖之○刑. 151-22 ○也. 151-23 ○不距人. 151-24 ○其高. 153-12 以○有司之法. 153-23 又不○其時勢. 155-8 有先王之○與先臣之力. 156-17 無○此者矣. 175-3 齊○爲謂趙王曰. 175-12 以○王之賢. 178-5 禽唐○. 178-8 太后○謂左右. 178-20 君○則樂官. 182-13 不○則樂音. 182-14 王之○法也. 183-12 奉○約. 185-4 未嘗得聞○教. 185-5 其不可以成亦○矣. 185-17 卽○言使燕趙. 187-12 如是其○耶. 188-18 未如是其○也. 188-19 魏再○孰. 195-5 則○不與秦. 195-11 ○矣. 198-15 夫市之無虎○矣. 199-22 臣聞○王不冒中而行. 201-14 ○年. 204-15 則不○矣. 206-23 臣聞○主之聽也. 213-11 ○年又益求割地. 222-10 然則王之輕重必○矣. 224-20 ○也願因茂以事王. 225-21 公仲○謂韓王曰. 225-25 失計於韓○也. 226-23 魏之絶齊於楚○矣. 229-6 ○之反也. 230-6 齊○謂公叔曰. 234-19 以○示天下. 240-4 一世之○君也. 241-5 ○君也. 241-10 臣竊以爲王之○爲不如昭釐侯. 241-12 其疏秦乃始益○. 243-3 而韓之疏秦不○. 243-4 王之○一也. 244-17 王之○二也. 244-21 無幾於王之○者. 244-23 且○公之不善於天下. 245-5 秦之不能害燕亦○矣. 248-13 大王之所○見知也. 251-19 大王天下之○主也. 252-13 子之所謂天下之○主者. 252-14 ○主者務聞其過. 252-15 ○日又使燕攻陽城及狸. 264-7 以傷先王之○. 266-25 臣聞賢○之君. 267-24 以○先王之迹者. 268-9 ○日不雨. 270-6 ○日不出. 270-6 ○日大雨. 271-5 則寡人之不肖○矣. 272-3 世之所○知也. 272-4 不虞君之○罪之也. 272-5 不虞君之○罪之也. 272-6 君微出○怨以棄寡人. 272-7 怨惡未見而○棄之. 272-15 而○怨於外. 272-17 苟可以○君之義. 272-18 本欲以爲○寡人之薄. 272-19 不顧先王以○而惡. 273-4 ○不言也. 275-2 ○不言也. 275-3 今田先生以死○不泄言. 275-5 以○宋之賣楚重於齊也. 280-25 ○害父以求法. 288-11 臣聞○主愛其國. 290-14

【易】 99
韓魏○地. 13-1 韓魏之○地. 13-1 故○成之曰. 13-4 因趙以止○也. 13-5 故臣願從事於○. 22-8 地形險○盡知之. 31-9 見者無不變色○容者. 37-8 願王之勿○也. 49-23 ○曰. 52-15 此言始之○. 52-15 而○患於後也. 52-18 敵不可○. 52-25 臣竊惑王之輕齊○楚. 55-3 昭陽請以數倍之地○薛. 63-20 是故○傳不云乎. 86-8 士何其○得而難用也. 88-25 非士○得而難用也. 89-2 此所謂以卑○尊者也. 89-23 不如○餘粮於宋. 100-19 攻大者○危. 110-24 夫守○危之功. 110-25 爲主死○. 119-9 爲主辱○. 119-9 此甚○而功必成. 135-17 非從○也. 135-19 然山東不能○其路. 142-15 乃且願變心○慮. 148-20 今寡人作教○服. 149-20 ○古之道. 150-7 事異而禮○. 150-13 ○古之道. 151-12 聖人不○民而教. 151-25 慮徑而○見也. 152-1 今王○初不循俗. 152-1 不○禮而滅. 152-11 俗辟而民○. 152-12 威嚴不足以○於位. 153-4 便其用者○其難. 154-4 功不什者不○器. 154-5 遠近○用. 154-7 何兵之不可○. 154-9 不如請以河東○燕地於齊. 156

-9 乃以河東○齊. 156-11 以○藺離石祁於趙. 156-15 令衛胡○伐趙. 156-21 以攻難而守者○也. 158-8 而與秦○道也. 160-25 則且變○諸侯之大臣. 164-10 今君○萬乘之强趙. 165-3 ○北. 186-2 其國○危. 192-4 ○用其計者. 192-5 其身○窮. 192-5 公今言破趙大○. 192-5 且公直言○. 192-7 大王之攻蕾○矣. 193-16 樹○生之物. 197-19 樹之難而去之○也. 197-19 ○牙乃煎敖燔炙. 200-5 ○牙之調也. 200-11 弗○攻也. 202-23 願子之有以○名母也. 203-15 尚有可以○入朝者乎. 203-16 願王之有以○之. 203-17 則道里近而輸又○矣. 206-10 必就○與利. 207-2 就○與利. 207-3 安陵必○. 208-14 以王爲○制也. 215-16 棄之不如用之之○也. 218-22 死之不如棄之之○也. 218-22 寡人欲以五百里之地○安陵. 219-11 以大○小. 219-12 弗敢○. 219-13 寡人以五百里之地○安陵. 219-14 雖千里不敢○也. 219-18 此以一○二之計也. 226-2 ○穀川以歸. 228-18 必○與公相支也. 232-5 ○三川而歸. 232-6 公仲爲韓魏○地. 232-14 則○必可成矣. 232-15 夫韓地○於上. 232-16 魏地○於下. 232-16 而○必敗矣. 232-18 ○三川. 232-20 攻運而取之○矣. 243-9 南有呼沱○水. 248-4 涉○水. 248-14 ○王立. 249-13 則○水長城非王之有也. 251-23 ○於救患. 266-3 過○水. 270-4 兵以臨○水. 273-21 則○水以北. 273-24 秦兵旦暮渡○水. 275-23 至○水上. 276-24 風蕭蕭兮○水寒. 277-1 則攻宋○矣. 281-1

【典】 4

負雞次之○以浮於江. 113-25 蒙穀獻○. 114-2 我○主東地. 118-11 今王之國有柱國令尹司馬○令. 236-19

【固】 134

弊邑○竊爲大王患之. 1-15 不○. 6-7 ○大王仇讎也. 15-12 東有肴函之○. 15-16 臣○疑大王之不能用也. 16-1 王○不能行也. 16-15 趙○負其衆. 17-20 連荆○齊. 18-8 此○已無伯王之道一矣. 19-15 此○已無伯王之道二矣. 19-21 此○已無伯王之道三矣. 19-24 彼○亡國之形也. 20-2 天下○量秦之謀臣一矣. 20-17 天下○量秦力二矣. 20-19 天下○量秦力三矣. 20-21 外者天下比志甚○. 20-24 ○多憂乎. 23-4 儀○以小人. 27-4 ○必大傷. 27-8 ○謂楚王曰. 30-2 寡人○無地而許楚王. 30-3 内○其威. 40-2 於是其謀者○未可得予也. 42-7 ○不得之矣. 42-18 不樂爲秦民之日○久矣. 42-19 人心○有. 43-20 應侯○不快. 44-10 行義不○毁譽. 44-24 主○親忠臣. 45-16 ○不求生也. 63-14 ○以二十一萬矣. 68-21 臣○願大王之少留計. 69-11 蛇○無足. 72-22 割地○約者又蘇秦也. 76-18○不敢言人事也. 77-11 ○且以鬼事見君. 77-11 荆甚○. 77-25 荆○而攻之. 78-2 而荆亦甚○. 78-2 孟嘗君○辭不往也. 83-19 理有○然. 85-9 理之○然者. 85-10 理之○然者. 85-11 ○願得士以治之. 87-22 不相質而○. 91-23 此○大王之所以鞭箠使也. 94-5 狗○吠非其主也. 98-21 臣○知王不若也. 99-13 臣○知王不若也. 99-14 齊○弱. 100-20 令任○之齊. 102-8 以資○於齊. 102-9 必受○. 102-10 適爲○驅以合齊秦也. 102-10 必非○之所以之齊之辭也. 102-11 王不如令人以涓來之辭謾○於齊. 102-12 四塞以爲○. 110-2 ○形親之國也. 111-16 吾○以爲天下莫若是兩人也. 120-19 二人○不善睢也. 120-24 明願有問君而恐○. 128-2 張孟談既○趙宗. 134-8 臣○以鬼之言見君. 137-7 且物○有勢異而患同者. 138-14 不○信盟. 139-18 燕○弱國. 145-2 ○已見於胷中矣. 145-12 私心○竊疑焉. 148-19 臣○聞王之胡服也. 150-2 臣○敢竭其愚忠. 150-3 吾○聞叔之病也. 150-8 國有○籍. 154-2 踰九限之○. 154-15 魏冉○德公矣. 156-6 臣○且有效於君. 158-15 其計○不止矣. 160-10 非○勿予而已也. 160-22 齊楚則○助之矣. 163-5 彼天子○然. 163-12 ○也. 163-19 兵○天下之狙喜也. 165-11 王○可以反疑齊乎. 170-13 ○危扶弱. 173-2 ○且爲書而厚寄卿. 173-8 ○不能當榮盆. 174-23 吾○將逐之. 175-25 ○願承大國之意也. 177-12 豈不亦信○哉. 182-17 ○以不悖者爲悖. 184-2 而儀○得魏矣. 189-3 ○有秦重和. 191-5 ○已不欲矣. 192-6 王○先屬怨於趙. 196-22 是三人皆以太子爲非○相也. 198-5 而復○秦楚之交. 199-16 寡人○刑弗有也. 201-4 且夫姦臣○皆欲以地事秦. 204-21 其摯諂也○矣. 218-17 韓北有鞏洛成皋之○. 221-23 不如貴昭獻以○楚. 224-3 是絶上交而○私府也. 224-10 秦王○疑甘茂之以武遂解於公仲也. 225-20 韓○其與國也. 232-2 周最○不欲來使. 233-23 今周最○得事足下. 234-2 ○欲事之. 234-24 ○謝嚴仲子. 237-4 仲子○進. 237-4 嚴仲子○讓. 237-10 成○爲福. 239-9 吾○患韓之難知. 240-11 天下○令韓可知也. 240-12 故欲病之以○交也. 240-21 彼○有次乎. 246-12 秦計○不能守也. 248-12 韓獻開罪而交愈○. 249-22 臣之趍○不與足下合者. 250-23 可以爲○. 253-9 何足以爲○. 253-11 寡人○與韓且絶矣. 261-3 生之物○有不死者乎. 262-20 蘇子○辭. 264-10 ○知將有口事. 264-14 智○不如車士矣. 268-24 物○有勢異而患同者. 269-7 是丹命○卒之時也. 274-9 ○請無讓. 275-19 吾義○不殺王. 279-11 ○願效之. 281-4 請令燕趙○輔中山而成其王. 285-11 ○無請人之妻不得而怨人者也. 286-19 ○已過絶人矣. 287-9 增城淺池以益其○. 289-22 趙必○守. 289-25

【忠】 102

○臣令誹在己. 4-9 無○臣以掩蓋之也. 4-10 君令弊邑以此○秦. 9-12 知而不言爲不○. 18-6 爲人臣不○當死. 18-7 謀臣皆不盡其○也. 19-2 以主爲謀不○者. 21-14 子胥○乎其君. 24-3 吾不○於君. 24-4 楚亦何以軫爲○乎. 24-5 ○且見棄. 24-5 昔者子胥○其君. 24-25 臣不○於王. 25-2 ○尚見棄. 25-2 子獨不可以○爲子主計. 27-17 願以陳臣之陋○. 37-18 天下見臣盡○而身蹶也. 38-7 是穰侯爲國謀不○. 38-21 讒不蔽○. 44-24 悉○而不解. 45-1 ○之節也. 45-3 君明臣○. 45-5 故比干○. 45-6 是有○臣孝子. 45-7 夫待死而後可以立○成名. 45-9 盡○致功. 45-11 豈不亦○乎. 45-12 慈仁任○. 45-15 主固親○臣. 45-16 子胥○於君. 61-8 今賈○王而王不知也. 61-8 使賈不○於君. 61-9 紂聞讒而殺其○臣. 61-10 則無○臣矣. 61-11 儀事先王不○言未已. 71-10 可以○太子而使楚益入地. 75-9 可以○太子使之亟去. 75-9 以○太子. 75-22 ○王而走太子者又蘇秦也. 76-19 盡○直言者斶也. 87-3 ○臣不先身而後君. 96-9 非○也. 96-10 大逆不○. 109-16 秦王之○信有功臣也. 116-7 ○臣之於君也. 119-4 非○臣也. 119-6 亦非○臣也. 119-7 爲臣不○不信. 119-21 不○. 119-22 且魏臣不○不信. 119-22 ○且信. 119-23 ○臣之所以事君也. 123-14 信○在己而衆服焉. 134-14 以成其○. 134-21 ○臣不愛死以成名. 136-6 皆願奉教陳○於前之日久矣. 144-4 無敢盡○於前者. 144-6 効愚○. 144-7 臣得陳○於前矣. 145-23 臣固敢竭其愚○. 150-3 臣無隱○. 151-8 願竭其○. 151-9 ○無過罪. 151-9 隱○不竭. 151-20 願盡其○. 151-22 ○也. 151-23 ○不辟危. 151-24 君之○臣也. 152-21 ○可以寫意. 152-22 則不○者也. 169-15 而臣待○之封. 171-12 是○也. 176-7 王之○臣也. 178-3 而王之○臣有罪也. 178-5 非○臣也. 184-22 ○不必當. 198-11 當必不○. 198-11 恐其不○於下吏. 198-12 上所以爲其主者○矣. 198-24 以○王也. 205-20 此文之所以○於大王也. 205-24 王不用臣之○計. 206-5 則不○矣. 206-23 盡○而已矣. 221-15 臣以公孫郝爲不○. 228-14 臣以甘茂爲不○. 228-16 今有一舉而可以○於主. 239-18 是其於主也至○矣. 239-22 ○臣也. 241-10 而王之諸臣○莫如申不害也. 241-12 所謂以○信得罪於君者也. 250-24 夫○信. 250-25 ○至如此. 251-5 此以○信得罪者也. 251-5 非○臣也. 252-17 ○信也. 258-22 恐以○信之故. 258-22 ○信也. 259-7 恐○信不諭於左右也. 259-7 羣臣效○. 265-13 ○臣之去也. 268-12 ○臣愛其名. 290-14

【呼】 11

中○池以北不戰而已爲燕矣. 20-9 夏育太史啓叱○駭三軍. 45-23 襄王○而問之曰. 98-7 鳴○上天. 127-11 ○天擊之曰. 136-9 一蓋○侶. 141-6 五年以擅○沲. 175-7 聶政大○. 238-6 而君臣上下少長貴賤畢○霸王. 241-25 南有○沱易水. 248-4 度○沱. 248-14

【呴】 1

○籍叱咄. 255-21

【呡】 7

○欲以齊秦劫魏而困薛公. 48-18 臣請爲王因○與佐也. 48-19 韓○處於趙. 170-11 使○也甘之. 170-22 齊王必無召○也使臣守約. 171-25 與韓○而攻魏. 172-17 奉陽君孟嘗君韓○周㝡周韓餘爲徒從而下之. 195-19

【咄】 1

呴籍叱○. 255-21

【冐】 7

臣聞明王不○中而行. 201-14 王○臣反. 229-19 決宿○之口. 260-17 故沉子○而不悔. 268-7 子○不蚤見主之不同量. 268-8 ○靡逃之魏. 283-8 贖一○靡. 283-9

【岸】 5

西○之土也. 77-14 吾西○之土也. 77-15 土則復西○耳. 77-15 興師與韓氏戰於○門. 226-21 ○門之戰. 261-14

【囷】 3

○倉空虚. 18-11 ○倉虚. 19-1 ○倉虚. 20-23

【罔】 3

麋知獵者張○. 122-8 僞舉○而進之. 122-9 僞舉○而進者必衆矣. 122-10

【邾】 1

○莒亡於齊. 13-13

【制】 69

是天下○於子也. 4-2 ○齊楚三晉之命. 5-6 ○海内. 16-13 王因而○之. 30-24 怵於楚而不使魏○和. 32-1 王不如使魏○和. 32-3 魏○和必悦. 32-3 而後○晉楚之勝. 32-18 秦王安能○晉楚哉. 32-20 則晉楚爲○於秦. 32-21 ○殺生之威之謂王. 39-24 坐○諸侯. 46-15 ○趙韓之兵. 55-12 ○則破焉. 86-25 ○言者王也. 87-3 利○海内不爲厚. 93-19 ○丹衣柱. 94-9 以○羣臣. 97-2 夫舍南面之稱○. 102-1 以承大王之明○. 109-6 而韓魏以全○其後. 111-6 今上客幸教以明○. 111-22 據本議○斷君命. 129-18 約兩主勢能○臣. 134-10 無令臣能

○主. 134-11 ○於王已. 139-9 聖主之○也. 146-19 獨○官事. 148-17 夫○國有常. 149-21 因其事而○禮. 150-10 所以○俗也. 150-18 禮之○也. 151-10 而愚者○焉. 151-16 夫○於服之民. 151-16 ○今者不法古. 151-19 觀時而○法. 152-7 因事而○禮. 152-8 法度○令. 152-8 衣服之○. 152-14 以古○今者. 152-15 不足以○今. 152-17 ○兵. 154-8 而不○於兵. 154-8 而○媾者在秦. 161-17 是秦○天下也. 172-5 秦○天下. 172-5 以○齊趙. 177-3 而道塗宋衞爲○. 189-23 ○割者. 190-16 而君○之. 203-7 夫欲璽者○地. 204-20 而欲地者○璽. 204-20 使仇敵○其餘敝. 205-7 王交○之也. 212-19 秦已○趙. 213-16 是幷○秦趙之事也. 213-21 以王爲易○也. 215-16 ○令無所行. 241-17 而王以全燕○其後. 248-11 夫○於燕者蘇子也. 249-2 而强秦○其後. 249-19 聖人之○事也. 249-21 不○於人臣. 259-8 不○於衆人. 259-8 不○於妻妾. 259-9 願足下之無○於羣臣也. 259-10 毋不能○. 261-13 乃命公子束車○衣爲行具. 265-19 子○之. 283-5

【幷】 39

可以○諸侯. 15-19 今欲○天下. 16-13 ○於李下. 20-20 大王又○軍而致與戰. 20-20 則必將二國○力合謀. 22-15 王其爲臣約車○幣. 26-5 臣聞張儀西○巴蜀之地. 29-7 禮必○相之. 34-4 南○蜀漢. 46-4 北○陳蔡. 46-8 於是三國○力攻楚. 48-12 然而管子○三行之過. 97-10 秦有舉巴蜀○漢中之心. 109-19 六國○力爲一. 145-15 ○漢中. 148-3 ○力而西擊秦也. 160-23 ○燭天下者也. 166-11 然而可得○者. 183-3 專心○力. 185-3 張儀欲○相秦魏. 189-8 則公亦必○相楚韓也. 189-10 芒卯○將秦魏之兵. 202-4 而地不○乎諸侯者. 202-9 而○齊秦. 208-25 是○制秦趙之事也. 213-21 秦韓○兵南鄉. 226-5 秦之欲○天下而王之也. 240-25 欲○代. 251-12 而齊○之. 256-18 而齊○之. 256-19 漁者得而○禽之. 270-7 秦○趙. 273-9 燕王竊聞秦○趙. 273-14 今王使趙北○燕. 273-17 大勝○莒. 281-5 今○衞於魏. 282-7 魏○中山. 284-3 積慮○心. 288-23 專軍○銳. 289-18

【知】 430

問其巷而不○也. 4-16 而又○趙之難子齊人戰. 4-22 不如備兩周辯○之士. 5-10 君不如令辯○之士. 5-10 秦○趙之難與齊戰也. 6-11 是公之○困而交絶於周也. 7-11 未可○也. 7-18 秦欲○三國之情. 7-18 寡人○嚴氏之爲賊. 8-12 令天下皆○君之重吾得也. 11-18 公不○善. 12-3 必無獨○. 12-5 獨○之契也. 12-5 是公之○困而交絶於周也. 13-19 向以王之明爲先○之. 18-3 弗○而言爲不智. 18-6 ○而不言爲不忠. 18-6 是○秦戰未嘗不勝. 18-25 何以○其然也. 20-25 周自○不救. 21-25 周自○失九鼎. 22-15 韓自○亡三川. 22-15 非獨儀○之也. 24-2 行道之人皆○之. 24-2 吾又自○子之楚. 24-12 行道之人皆○之. 24-25 張儀○楚絶齊也. 27-3 臣不○其思與不思. 27-19 計聽○覆逆者. 28-2 君與○之者謀之. 28-22 而與不○者敗之. 28-23 使此○秦國之政也. 28-23 臣是以○其御也. 30-19 地形險易盡○之. 31-9 非使臣之所○也. 32-10 以死者爲有○乎. 33-6 無○也. 33-7 明○死者之無○矣. 33-7 葬於無○之死人哉. 33-8 若死者有○. 33-8 良醫○病人之死生. 36-21 而未○王心也. 37-18 ○今日言之於前. 37-19 不○其實也. 41-25 耳目聰明聖○. 44-14 應侯○蔡澤之欲困已以說. 44-21 子胥○. 45-6 未○何如也. 45-16 范蠡○之. 46-13 此皆君之所明○也. 46-14 秦爲○之. 48-9 吾不○水之可亡人之國也. 49-19 乃今○之. 49-19 楚○秦之孤. 50-20 王○之乎. 51-1 弗○. 51-1 何以○其然也. 52-16 而不○榆次之禍也. 52-16 而不○干隧之敗也. 52-17 何以○其然. 55-9 何以○其然也. 55-20 外託於不可○之國. 57-1 君○之乎. 57-4 高其○. 57-18 得○名者不少. 57-21 不○其數. 58-13 不○其數. 58-13 卿明○功之不如武安君歟. 58-13 ○之. 58-14 卿明○爲不如文信侯專歟. 58-15 ○之. 58-16 臣不○卿所死之處矣. 58-18 非不○也. 60-15 韓非○之. 61-1 與同○社稷之計. 61-4 今賈忠王而王不○也. 61-8 ○其可與立功. 61-17 殊不○此. 63-24 靖郭君可謂能自○人矣. 64-5 能自○人. 64-5 臣誠○不如徐公美. 66-14 何以○之. 67-6 非臣所○也. 67-14 鬼且不○也. 67-16 戰無不勝而不○止者. 72-25 蘇秦恐君之○之. 76-13 而君弗○. 76-15 願王之○之. 76-20 薛公欲○王所欲立. 77-6 吾已盡○之矣. 77-10 則臣不○君所出矣. 77-18 孟嘗君不○臣不肖. 79-6 以爲貪而不○足. 82-13 君○之乎. 85-9 不○. 85-9 辯○並進. 85-25 膩○足矣. 87-6 何以○其然也. 90-9 何以○其然也. 91-14 何以○其然也. 91-25 何以○其然也. 92-20 士民不○而王業至矣. 93-13 何以○其然. 93-20 何以○其然矣. 93-23 王○之乎. 95-10 不○. 95-10 王○之乎. 95-11 不○. 95-11 王○之乎. 95-12 不○. 95-12 而王不○戒焉. 95-14 ○其貴人. 95-17 女不○其處. 95-23 非○也. 96-11 故○者不再計. 96-11 非○也. 97-15 非○也. 97-20 臣固○王不若也. 99-13 臣固○王不若也. 99-14 齊多○. 101-7 羣臣不○解. 101-8 虎不○獸畏己而走也. 104-3 昭奚恤不○也. 104-14 寡人○之. 105-5 日居魏○之. 105-10 王亦○之乎. 105-14 而王終已不○者. 105-17 安陵君可謂○時矣. 106-15 安邑不○. 107-9 上梁亦不○也. 107-9 臣不足以○之. 108-6 將○以武. 110-3 而王不○察. 112-12 如華不足○之矣. 112-18 不○所益. 112-21 不○所益. 113-10 旄不○人. 113-15 秦○公兵之分也. 115-17 子亦自○且賤於王乎. 116-6 以張儀之○. 116-21 蘇子○太子之怨己也. 118-20 必○其無妬而進賢也. 119-11 非○而見之者. 120-8 未○見日也. 120-14 天下莫不○也. 121-8 以韓侈之○. 122-7 麋○獵者張罔. 122-8 獵者○其詐. 122-9 今諸侯明○此多詐. 122-10 韓侈之○. 122-11 陳軫先○之也. 122-11 ○者官之. 123-4 而天下不○. 123-7 夫人鄭褎○王之說新人也. 123-11 今鄭褎○寡人之說新人也. 123-14 鄭褎○王以己爲不妬也. 123-16 妾○也. 123-18 是○困而交絶於后也. 123-23 不○夫五尺童子. 124-14 不○夫公子王孫. 124-18 不○夫射者. 124-23 不○夫子發方受命乎宣王. 125-5 不○夫穰侯方受命乎秦王. 125-10 無法術以○姦. 126-23 不○佩兮. 127-8 不○異兮. 127-9 莫○媒兮. 127-10 先生何以○之. 127-20 僕已○先生. 128-1 三年而後乃相○也. 128-6 今君一時而○臣. 128-6 彼見伯樂之○己也. 128-12 ○其有身. 128-22 今妾自○有身矣. 129-3 而人莫○. 129-3 而國人頗有○之者. 129-10 ○伯從韓魏兵以攻趙. 131-3 郄疵謂○伯曰. 131-4 ○伯曰. 131-5 何以○之. 131-5 以其人事○之. 131-6 ○伯以告韓魏之君曰. 131-10 郄疵謂○伯曰. 131-14 ○伯曰. 131-15 子安○之. 131-16 郄疵○其言之不聽. 131-18 ○伯遣之. 131-18 ○伯帥趙韓魏而伐范中行氏. 131-21 夫○伯之爲人也. 131-22 使使者致萬家之邑一於○伯. 132-1 ○伯說. 132-2 而外怒○伯也. 132-4 因使人致萬家之邑一於○伯. 132-5 ○伯說. 132-6 ○伯因陰結韓魏. 132-7 夫○伯之爲人. 132-9 則無爲貴○士也. 133-2 今○伯帥二國之君伐趙. 133-5 我○其然. 133-6 夫○伯爲人也. 133-6 我謀未遂而○. 133-7 人莫之○也. 133-8 張孟談因朝○伯而出. 133-10 遇○過轅門之外. 133-10 ○過入見○伯曰. 133-11 ○伯曰. 133-12 ○過出見二主. 133-14 入說○伯曰. 133-14 ○伯曰. 133-15 ○過曰. 133-17 ○伯曰. 133-17 ○過曰. 133-18 ○伯曰. 133-21 ○過見君之不用也. 133-22 臣遇○過於轅門之外. 133-24 入見○伯. 133-25 而決水灌○伯軍. 134-2 ○伯軍救水而亂. 134-2 大敗○伯軍而禽○伯. 134-3 ○伯身死. 134-5 夫不聽○過. 134-5 ○氏盡滅. 134-6 昔者○氏之地. 134-25 去而就○伯. 135-6 ○伯寵之. 135-7 及三晉分○氏. 135-7 趙襄子最怨○伯. 135-7 士爲○己者死. 135-8 吾其報○氏之讎矣. 135-9 欲爲○伯報讎. 135-11 且○伯已死. 135-12 是爲先○報後○. 135-18 ○伯滅范中行氏. 135-24 反委質事○伯. 135-25 ○伯已死. 135-25 ○伯以國士遇臣. 136-2 豫子之爲○伯. 136-3 而可以報○伯矣. 136-9 彼將○矣利之也. 136-15 兌盡○之矣. 137-7 此王之明○也. 139-3 挈瓶之○. 139-25 建信君○從之無功. 141-18 奚擇有功之無功爲○哉. 141-21 今趙王不○文不肖. 142-9 皆然使趙王悟而○文也. 142-10 是何楚之○. 142-16 禽不○虎之卽己也. 142-17 故使禽○虎之卽己. 142-18 今山東之主不○秦之卽己也. 142-19 ○不如禽遠矣. 142-20 ○者功大而辭順. 146-17 臣有以○天下之不能爲從以逆秦也. 147-2 夫慮收亡齊罷楚敝魏與不可○之趙. 147-3 收破齊罷楚弊魏不可○之趙. 147-11 有獨○之慮者. 149-7 ○者哀焉. 149-14 則胡服之功未可○也. 149-15 聰明叡○之所居也. 150-3 ○者不能一. 150-15 不○而不疑. 150-16 此愚○之所明也. 150-23 愚者陳意而○者論焉. 151-7 ○者作教. 151-15 ○學之人. 151-18 ○者不變俗而動. 151-25 故寡人以子之○慮. 152-21 治亂以○. 152-23 ○慮不躁達於變. 153-4 ○此六者. 153-8 子○官府之籍. 154-8 不○器械之利. 154-8 ○兵甲之用. 154-9 不○陰陽之宜. 154-9 ○不遺時. 154-12 非子所○. 154-13 非寡人之所敢○. 156-19 此非人臣之所能○也. 158-23 虞卿能盡○秦力之所至乎. 159-15 誠○秦力之不至. 159-16 未○其二也. 160-15 秦○天下不救王. 162-1 吾乃今然后○君非天下之賢公子也. 162-15 令衆人不○. 162-25 吾乃今日而○先生爲天下之士也. 164-14 先生不○寡人不肖. 165-24 郎中不○爲冠. 166-2 ○也. 166-17 ○老而多. 166-17 以日多之○. 166-18 文信猶且○之也. 167-2 王欲○其人. 167-21 則○不足者也. 169-6 非○不足也. 169-14 臣雖盡力竭○. 173-7 奢習○之. 174-19 使安平君○. 174-23 使安平君○. 174-25 又不○相馬. 176-15 不○相馬. 176-16 王○之乎. 176-21 ○伯索地於魏桓子. 181-3 ○伯必憍. 181-5 ○氏之命不長矣. 181-6 以驕○伯. 181-8 君何釋以天下圖○氏. 181-8 而獨以吾國爲○氏質乎. 181-9 ○伯大說. 181-10 ○氏遂亡. 181-12 已乃○文侯以講於己也. 181-16 應爲○. 188-4 不○是其可也. 188-18 而羣臣之○術也. 188-18 而羣臣之○術也. 188-20 臣不○衍之所以聽於秦之少多. 190-11 臣盡力竭○. 192-13 秦善魏不可○也已. 195-1 臣非不○秦勸之重也. 196-1 而覇者○計. 196-21 寡人自爲○. 199-23 卯不○也. 201-11 ○者不然. 202-21 今秦不可○之國也. 203-20 內王於不可○之秦. 203-21 臣不○也. 204-5 是羣臣之私而王不○也. 204-18 此天下之所同○也. 206-18 羣臣○之. 206-23 韓○亡. 208-3 則皆○秦之無窮也. 208-5 臣以此○國之不可必恃也. 211-23 而久不可○. 211-24 王自○矣. 212-9 是不○天下者也. 212-11 是又不○魏者也. 212-12 謂兹公不○此兩者. 212-12 又

不○兹公者也. 212-12 王○其故乎. 215-14 王亦○弱之召攻乎. 215-16 寡人○魏之急矣. 216-20 大王已○魏之急而救不至者. 216-20 事有不可○者. 217-5 有不可不○者. 217-5 不可不○也. 217-7 不可得而○也. 217-7 非用○之術也. 218-20 然未○王之所欲也. 221-12 其○能公也. 227-10 秦重國○王也. 231-13 韓之急緩莫不○. 231-13 令韓王○王之不取三川也. 232-22 非上○也. 233-6 韓大夫○王之老而太子定. 235-4 則公叔伯嬰必○秦楚之不以幾瑟爲事也. 235-11 然是深○政也. 237-16 政將爲○己者用. 237-18 久之莫○誰子. 238-8 唯其母○之而已. 239-3 唯智者○之而已. 239-4 吾固患韓之難○. 240-11 天下固令韓可○也. 240-12 豈不爲過謀而不○尊哉. 242-10 王亦○之乎. 242-21 美人○内行者也. 243-5 ○其君不○異君. 244-9 ○其國不○異國. 244-9 可得而○也. 244-17 則諸侯之情僞可得而○也. 244-20 羣臣之○. 244-23 楚之齊者○西不合於秦. 245-19 大王○其所以然乎. 248-8 秦○王以己之故歸燕城也. 249-23 足下不○也. 251-1 妾○其藥酒也. 251-3 大王之所明見○也. 251-19 而令人○之. 252-19 孤極○燕小力少. 255-14 臣聞○者之舉事也. 256-22 ○者不爲也. 257-16 則王何不務使○士以若此言說秦. 257-17 而愚臣○之. 258-14 子何以○之. 258-16 是以愚臣○之. 258-17 其妾○之. 259-3 其丈夫不○. 259-6 ○者不及謀. 260-9 臣故○入齊之有趙累也. 262-4 見之○無厲. 262-11 禹湯之○而死. 262-19 人莫之○. 263-11 寡人○子矣. 264-2 固○將有口事. 264-14 臣是以○人主之不愛丈夫子獨甚也. 265-15 老婦不○長者之計. 265-19 蚤○之士. 267-24 是山東之○不如魚也. 268-21 然而山東不○相索. 268-23 言語不相○. 268-24 世之所明○也. 272-4 國人莫不○. 272-6 國人未○. 272-25 不○吾精已消亡矣. 274-16 燕國莫不○. 274-21 不○吾形已不逮也. 274-22 田先生不○丹不肖. 275-6 而不○所以委命. 275-17 荆軻○太子不忍. 276-4 顧計不○所出耳. 276-6 太子及賓客○其事者. 276-24 卒惶急不○所爲. 277-22 軻自○事不就. 277-25 寡人○之矣. 280-13 自○政. 280-20 先○吾謀也. 281-22 樗里子○蒲之病也. 282-11 未○其所之. 282-18 奚以○之. 282-22 臣以是○王緩也. 282-22 何以○之. 285-1 公孫弘陰○之. 286-7 臣自○死至矣. 286-10 吾○之矣. 286-11 不○者. 287-8 臣○行雖無功. 290-9

【迭】 1

五霸○盛. 250-20

【垂】 8

有二○. 51-24 秦王○拱受西河之外. 94-12 ○沙之事. 119-9 馮亭○涕而勉曰. 140-23 今大王○拱而兩有之. 144-17 則是大王○拱之割埊以爲利重. 199-5 ○都焚. 207-21 爲變徵之聲士皆○淚涕泣. 276-25

【牧】 9

而殺李○. 51-14 芻○薪采莫敢闚東門. 54-11 内○百姓. 99-6 趙使李○司馬尚禦之. 179-25 李○數破走秦軍. 179-25 李○司馬尚欲與秦反趙. 180-2 斬李○. 180-4 曾無所芻○牛馬之地. 184-9 斬紂於○之野. 184-17

【物】 24

成理萬○. 44-16 萬○各得其所. 44-17 ○盛則衰. 45-20 ○至而反. 51-23 臣願以足下之府庫財○. 78-20 故○舍其所長. 79-19 夫○各有疇. 81-1 求萬○不備具. 86-1 萬○之率也. 90-5 且○固有勢異而患同者. 138-14 ○不斷也. 146-23 萬○財用之所聚也. 150-4 一○不能蔽也. 166-11 使下臣奉其幣○三至王廷. 177-8 夫○多相類而非也. 182-4 ○之湛者. 188-3 樹易生之○. 197-19 生之○固有不死者乎. 262-20 在必然之○. 262-20 三○者. 269-1 ○固有勢異而患同者. 269-7 議不累○. 273-1 供太牢異○. 275-20 持千金之資幣○. 277-4

【和】 76

西周欲○於楚韓. 2-19 遽○東周. 8-7 秦王出楚王以爲○. 9-12 與荆人○. 19-13 與魏氏○. 19-20 與趙氏爲○. 20-15 王割漢中以爲○楚. 23-4 少者○汝. 24-17 爲楚○於秦. 31-25 怵於楚而不使魏制○. 32-1 王不如使魏制○. 32-3 魏制○必悅. 32-3 ○不成. 35-14 楚有○璞. 36-17 與秦交○而舍. 66-24 急必以地○於燕. 73-9 齊王○其顔色曰. 78-2 ○樂倡優侏儒之笑不之. 93-18 魏欲○. 121-15 楚將入之秦而使行○. 121-15 是明楚之伐而信魏之○也. 121-16 今子從楚爲○. 121-18 吾將使人因魏而○. 121-19 請○不得. 121-21 不如速○. 121-22 因令人謁○於魏. 121-23 不若令屈署以新東國爲○於齊以動秦. 126-1 遽令屈署以東國爲○於齊. 126-3 ○氏之璧. 137-23 請效上黨之地以爲○. 139-22 今王令韓興兵以上黨入○於秦. 139-24 察五味之○. 145-18 不○於俗. 149-11 ○於下而不危. 153-5 欲○我. 157-10 三國不能○我. 157-11 故不若亟割地求○. 160-17 又割地爲○. 160-21 乃絶○於秦. 173-5 是○也. 176-6 令昭應奉太子以委○於薛公. 178-8 魏之○卒敗. 178-10 ○於身也. 179-2 今行○者. 190-16 而○於東周與魏也. 190-17 魏令公孫衍請○於秦. 191-4 ○成. 191-5 固有秦重○. 191-5 ○不成. 191-5 見棺之前○. 194-2 奉陽君韓餘爲既○矣. 195-23 與魏○而下楚. 197-4 ○調五味而進之. 200-6 而得以少割爲○. 203-3 必令魏以地聽秦而爲○. 209-8 以爲○於秦也. 209-10 公因寄汾北以予秦而爲○. 209-11 而使翟强爲○也. 209-21 公不如按魏之○. 209-23 齊○子亂而越人亡繒. 211-16 王不如因張儀爲○於秦. 226-1 是秦韓不○. 226-9 爲能聽我絶○於秦. 226-9 遂絶○於秦. 226-20 今秦魏之○成. 239-6 今公與安成君爲秦魏之○. 239-9 秦魏之○成. 239-10 秦魏○. 239-15 不○. 239-16 則必以地○於齊楚. 243-8 今齊魏不○. 255-8 困則使太后穰侯爲○. 261-9 寡人有時復合○也. 265-24 景陽乃開西○門. 271-8 室不能相○. 272-14 荆軻○而歌. 276-25

【季】 6

以○子之位尊而多金. 17-15 有敢去柳下○壟五十步而樵采者. 85-20 ○子爲衍謂梁王曰. 191-8 昔王○歷葬於楚山之尾. 194-1 ○梁聞之. 215-18 傀又韓君之○父也. 237-22

【委】 29

願○之卿. 43-12 吾將還其○質. 54-12 ○南聽罪. 54-20 願○之於子. 62-12 撫○而服. 105-21 ○社稷宗廟. 109-7 願○之於公. 116-13 且夫○質而事人. 135-19 反○質事知伯. 135-25 令昭應奉太子以○和於薛公. 178-8 專○之子矣. 183-5 子盍少○焉. 189-14 因而○之. 189-16 魏○國於王. 214-15 故○國於趙也. 214-15 而後○國於甘茂. 227-16 南○國於楚. 230-5 秦必○國於公以解伐. 232-11 則寡人奉國而○之於子矣. 252-25 遂○質爲臣. 254-24 則以宋○於齊. 260-19 則以齊○於天下曰. 260-23 則以南陽○於楚曰. 261-3 以膠東○於燕. 261-6 以濟西○於趙. 261-6 則以葉蔡○於魏. 261-8 先王舉國而○將軍. 266-18 是以○肉當餓虎之蹊. 274-4 而不知所以○命. 275-17

【秉】 2

質仁○義. 44-15 ○權而殺君以滅口. 129-19

【佳】 4

又簡擇宮中○翫麗好翫習音者. 116-8 ○麗人之所出也. 287-5 殊無○麗好美者. 287-6 臣竊見其○麗. 287-11

【侍】 12

文無以復○矣. 77-23 肥義○坐. 148-23 王鍾○王. 182-18 臣將○. 192-15 需○. 192-15 臣故願公仲之國以○於王. 244-23 臣恐○御者之不察先王之所以畜幸臣之理. 267-1 恐○御者之親左右之說. 268-13 使○屏匽. 269-20 則雖欲長○足下. 275-24 羣臣○殿上者. 277-18 是時○醫夏無且. 277-21

【供】 3

以○芻秣. 120-13 親○養備. 237-6 ○太牢異物. 275-20

【使】 632

○陳臣思將以救周. 1-8 臣請○西周下水可乎. 3-1 發重○○之楚. 3-16 君○人問之曰. 4-17 君乃○吏出之. 4-20 ○無多割. 5-4 ○卜之. 6-25 馮旦○人操金與書. 7-24 因○人告東周之候曰. 8-2 韓○人讓周. 8-11 君之○又不至. 8-13 而○三國無攻秦. 9-15 而○不藉兵乞食於西周. 9-16 ○樗里疾以車百乘入周. 10-7 故○長兵在前. 10-8 然吾○者已行矣. 10-19 不通其○. 10-22 君○人告齊王以周最不肯爲太子也. 12-2 今君之○最爲太子. 12-5 ○天下見之. 12-8 將以○攻魏之南陽. 12-10 魏王因○孟卯致温囿於周君而許之戍也. 12-24 君不如○周最陰合於趙以備秦. 13-14 周○周足之秦. 14-1 而臣爲不能○矣. 14-3 故○相往. 14-4 道德不厚者不可以○民. 15-22 古者○車轂擊馳. 16-4 ○趙大重. 17-8 故先○蘇秦以幣帛約乎諸侯. 17-20 吾欲○武安子起往喻意焉. 17-22 請○武安子. 17-23 善我國家○諸侯. 17-23 請○客卿張儀. 17-24 ○攻宋也. 18-1 中○韓魏之君. 19-4 而○張孟談. 21-6 譬如○豺狼逐羣羊也. 22-9 而○陳莊相蜀. 22-18 重而○之楚. 22-21 重樗里疾而○之者. 22-22 臣請○秦王獻商於之地. 26-11 楚王○人絶齊. 26-23 ○者未來. 26-24 秦○人○齊. 27-1 楚因○一將軍受地於秦. 27-1 乃○勇士往詈齊王. 27-2 乃出見○者曰. 27-3 ○者曰. 27-4 ○者反報楚王. 27-5 楚王○陳軫之秦. 27-15 故○人問之. 27-18 則秦且輕○重幣. 28-12 將○耳不聰. 28-21 ○此知秦國之政也. 28-23 復○甘茂攻之. 29-22 果○馮章許楚漢中. 30-1 楚客來○者多健. 30-21 其健者來○者. 30-22 其需弱者來○. 30-23 秦啓關而聽楚○. 31-25 怵於楚而不○魏制和. 32-1 王不如○魏制和. 32-3 秦王○公子他之趙. 32-8 非○臣之所知也. 32-10 何不○人謂燕相國曰. 34-15 ○以臣之言爲可. 36-10 ○人持車召之. 37-2 即○文王疏呂望而弗與深言. 37-15 ○臣得進謀如伍子胥. 38-3 ○臣得同行於箕子接輿. 38-5 穰侯出○不報. 39-25 穰侯○者操王之重. 40-3 ○者直道而行. 41-5 今太后○者分裂諸侯. 41-5 ○職事. 44-1 ○人宣言以感怒應侯曰. 44-8 ○人召蔡澤. 44-10 ○私不害公. 44-24 ○秦業帝. 46-5 ○馳說之士無所開其口. 46-8 ○天下皆畏秦. 46-17 爲秦○於燕. 47-4 三年而燕○太子丹入質於秦. 47-4 可發○告楚曰. 48-5 遂發重○之楚. 48-12 卒○公子池以三城講於三國. 49-7 楚○者景鯉在秦. 50-8 楚王○景鯉如秦. 50-13 楚王○景所甚愛. 50-13 景鯉○人說秦王曰. 50-17 臣之來○也. 50-17 王能○臣無拜. 50-

23 ○東遊韓魏. 51-13 故○於秦. 51-19 今王三○盛橋守事於韓. 52-1 ○無復後患. 52-11 而王○之獨攻. 53-15 ○陳毛釋劍掫. 54-19 而○天下之士不敢言. 55-14 吾爲子○秦. 57-2 而○君富貴千萬歲. 57-7 ○秦而欲屠趙. 57-15 若○子異人歸而得立. 57-15 不韋○楚服而見. 57-18 王○子誦. 57-19 大王無一介之○以存之. 57-22 ○邊境早閉晚開. 57-23 ○剛成君蔡澤事燕三年. 58-3 今大王○守小官. 59-5 王○人代. 60-4 ○韓倉數之曰. 60-4 故○工人爲木材以接手. 60-7 賈願出○四國. 60-21 南○荆吳. 61-1 北○燕代之間三年. 61-2 ○賈不忠於君. 61-9 ○若卞隨務光申屠狄. 61-18 乃可復○姚賈而誅韓非. 61-22 乃陰告韓○者而遣之. 64-22 乃說王而○田忌伐魏. 65-4 公孫閈乃○人操十金而往卜於市. 65-6○彼罷弊於先弱守於主. 65-12 ○彼罷弊先弱守於主. 65-14 ○輕車銳騎衝雍門. 65-16 齊威王○章子將而應之. 66-24 ○者數相往來. 66-25 吾○者章子將也. 67-7 乃許韓○者而遣之. 71-6 乃○其舍人馮喜之楚. 71-20 藉○之齊. 71-20 陳軫爲齊王○. 72-15 因○人以十城求講於秦. 73-3 秦○魏冉之趙. 73-8 薛公○魏處之趙. 73-8 可以忠太子而○楚益入地. 75-9 可以忠太子○之亟去. 75-9 可以○人說薛公以善蘇子. 75-11 可以○蘇子自解於薛公. 75-12 ○亟入下東國之地. 75-16 則太子且倍王之割而○齊奉己. 75-19 故曰可以○楚亟入地也. 75-20 ○太子謁之君. 75-22 ○楚王聞之. 75-22 故曰可以○楚益入地也. 76-2 故曰可以爲楚王○太子亟去也. 76-7 故曰可以○太子急去也. 76-11 蘇秦○人請薛公曰. 76-12 故曰可○人惡蘇秦於薛公也. 76-16 又○人謂楚王曰. 76-17 夫○薛公留太子者蘇秦也. 76-17 又○景鯉請薛公曰. 76-23 淳于髡爲齊○於荆. 77-21 如○而弗及也. 78-19 ○曹沫釋其三尺之劍. 79-17 今○人而不能. 79-20 ○人有棄逐. 79-21 直○送之. 79-24 足下能○僕無行. 80-2 ○秦弗有而失天下. 81-13 ○人屬孟嘗君. 82-4 孟嘗君○人給其食用. 82-14 無○乏. 82-14 ○吏召諸民當償者. 82-24 遣○者. 83-17 顯○也. 83-18 梁○三反. 83-19 君不以○人先觀秦王. 84-3 辱其○者. 84-16 可謂足○矣. 84-20○文得二人者. 84-25 與○爲趨勢. 85-18 不如○王爲趨士. 85-18 宣王○謁者延入. 87-8 ○者復還報. 87-9 王○人爲冠. 87-24 不○左右便辟而○工者何也. 87-24 非左右便辟無○也. 87-25 齊王○○者問趙威后. 88-3 威后問○者曰. 88-3 ○者不說. 88-4 臣奉○○威后. 88-4 秦○魏冉致帝. 89-6 勿○爭重. 89-19 而後○天下憎之. 89-23 ○諸侯無成謀. 93-22 王何不○臣見魏王. 94-3 此固大王之所以鞭箠○也. 94-5 ○昌國君將而擊之. 95-6 齊○向子將而應之. 95-6 ○管仲終窮抑. 97-9 ○曹子之足不離陳. 97-13 欲○後車分衣. 98-5 乃○人聽於閭里. 98-16 且今○公孫子賢. 98-21 然而○公孫子與徐子鬭. 98-22 楚王○將軍將萬人而佐齊. 99-2 何不○○者謝於楚王. 99-2 貂勃○楚. 99-3 秦始皇嘗○○者遺君王后玉連環. 101-7 謝秦○曰. 101-9 ○賓客入秦. 101-13 ○收三晉之故地. 101-23 ○收楚故地. 101-25 秦○陳馳誘齊王內之. 102-3 故○蘇涓之楚. 102-7 其○涓來. 102-9 天帝○我長百獸. 104-1 楚因○景舍起兵救趙. 104-21 江乙爲魏○於楚. 106-17 鄭申爲楚○於韓. 107-16 ○臣効愚計. 109-18○○臣獻書大王之從車下風. 111-19 乃遣○車百乘. 111-22 請爲王○齊交不絕. 112-12 楚○新造悲棼冒勃蘇. 113-17 ○下臣來告亡. 113-18 ○入秦. 115-12 君不如○人微要靳尚而刺之. 116-22 齊○車五十乘. 117-12 齊○來求東地. 117-13 齊令○來求地. 117-16 齊○來求東地五百里. 117-19 齊○來求東地五百里. 117-23 ○守東地. 118-10 齊○人以甲受東地. 118-11 昭常應齊○曰. 118-11 西○秦. 118-17 ○王見疾於民. 119-6 賢者用且○己廢. 119-12 貴且○己賤. 119-12 且○萬乘之國免其相. 119-24 ○惠施之楚. 121-15 楚將入之秦而○行和. 121-15 而陰○人以請聽秦. 121-17 吾將○人因魏而和. 121-19 因○人以儀之言聞於楚. 122-3 無○逆命. 123-20 於是○人發騶. 124-7 ○人殺中射之士. 126-7 中射之士○人說王曰. 126-8 於是○人謝孫子. 126-15 於是○人請孫子於趙. 126-20 趙○魏加見楚春申君曰. 127-14 ○得爲君高鳴屈於梁乎. 128-15 齊王遣○求臣女弟. 128-20 與其○者飲. 128-20 於是○吏盡滅春申君之家. 130-1 而○所以信之. 130-15 ○君疑二主之心. 131-13 請○於齊. 131-18 ○人請地於韓. 131-22 ○○者致萬家之邑一於知伯. 132-1 又○人請地於魏. 132-2 因○人致萬家之邑一於知伯. 132-5 又○人之趙. 132-6 三○韓魏. 132-10 乃○延陵王將車騎先之晉陽. 132-13 ○張孟談見韓魏之君曰. 134-1 ○人謂之曰. 134-19 臣下不○者何如. 134-19 左司馬見○於國家. 134-20 ○人問之. 135-23 ○兵環之. 136-5 乃○○者持衣與豫讓. 136-8 ○我逢疾風淋雨. 137-10 ○秦發令素服而聽. 139-1 ○陽城君入謝於秦. 139-22 ○陽言之太守. 139-24 乃○馮亭代靳䵺. 140-3 陰○人請趙王曰. 140-4 今馮亭令○者以與寡人. 140-7 乃○趙勝往受地. 140-19 ○○者臣勝. 140-21 ○臣勝謂曰. 140-22 蘇秦爲趙王○於秦. 141-5 今臣○於秦. 141-9 甞然○趙王悟而知文也. 142-10 謹○可全而歸之. 142-11 故○禽知虎之即己. 142-18 有謀故殺○之趙. 142-25 韓魏皆可○致封地湯沐之邑. 144-15 乃○有白馬之爲也. 147-13 弊邑秦王○臣敢獻書於大王御史. 147-23 敬○臣先以聞於左右.

148-5 告齊○興師度清河. 148-12 而適聞○者之明詔. 148-20 ○王孫緤告公子成曰. 149-18 ○緤謁之叔. 150-1 ○者報王. 150-8 所以○子. 153-8 ○民不得耕作. 155-4 趙○机郝之秦. 156-2 魏○人因平原君請從於趙. 157-22 是○弱趙爲强秦之所以攻. 158-9 而○强燕爲弱趙之所以守. 158-10 因○人索六城於趙而講. 158-21 ○臣得爲王計之. 159-7 ○趙郝約事於秦. 159-9 是○王歲以六城事秦也. 160-6 秦之○者已在趙矣. 161-2 平原君○人請救於魏. 161-4 寡人○卷甲而趍之. 161-15 不如發重○而爲媾. 161-16 發○出重寶以附楚魏. 161-19 必入吾○. 161-20 趙○入楚魏. 161-20 寡人○平陽君媾秦. 161-23 魏安釐王○將軍晉鄙救趙. 162-5 魏王○客將軍新垣衍間入邯鄲. 162-6 趙誠發○尊秦昭王爲帝. 162-9 魏王○將軍辛垣衍令趙帝秦. 162-13 ○事有職. 162-20 權○其士. 163-2 虜○其民. 163-2 吾將○梁及燕助之. 163-4 先生惡能○梁助之耶. 163-6 ○梁睹秦稱帝之害. 163-7 然吾將○秦王烹醢梁王. 163-16 先生又惡能○秦王烹醢梁王. 163-18 是○三晉之大臣不如鄒魯之僕妾也. 164-9 彼又將○其子女讒妾爲諸侯妃姬. 164-11 ○奉社稷. 165-25 而王必待工而后乃○之. 166-2 秦○人來仕. 167-6 乃○○者言. 168-1 ○臣與復丑曰. 169-3 而無○秦之見王之重趙也. 170-17 王○臣以韓魏與燕劫趙. 170-20 ○丹也甘之. 170-20 ○臣也甘之. 170-21 ○順也甘之. 170-21 ○眠也甘之. 170-22 欲以○攻宋也. 171-2 臣爲足下○公孫衍說奉陽君曰. 171-6 齊王必無召眠也○臣守約. 171-25 樓緩將○. 173-7 乃○人以百里之地. 173-20 ○司徒執范座. 173-20 不若以生人市○也. 174-1 ○將而攻趙. 174-11 ○安平君愚. 174-23 ○安平君知. 174-23 ○安平君知. 174-25 趙○趙莊合從. 175-12 ○夫交淺者不可以深談. 176-9 臣聞王之○人買馬也. 176-13 趙王○往賀. 177-2 ○者三往不得通者. 177-5 必所○者非其人也. 177-5 大王可試○之. 177-6 ○下臣奉其幣物三至王廷. 177-8 而○不得通. 177-9 ○若無罪. 177-9 若○有罪. 177-10 秦王○○者報曰. 177-10 吾所○趙國者. 177-10 則○者歸矣. 177-11 於是秦王乃見○者. 177-14 衣服○之便於體. 177-17 膳啗○之嗛於口. 177-18 今○臣受大王之令以還報. 177-21 勿○從政. 177-23 勿○與政事. 177-24 趙○姚賈約韓魏. 178-2 將○王逐之. 178-4 必勿○反. 179-12 恣君之所○之. 179-21 秦○王翦攻趙. 179-25 趙○李牧司馬尚禦之. 179-25 ○爲反間. 180-1 ○趙葱及顏冣代將. 180-2 夫○士卒不崩. 183-8 ○三軍之士不迷惑者. 183-11 ○民昭然信之於後者. 183-12 ○百四十萬. 183-18 勿○出竟. 183-23 故敝邑趙王○○臣獻愚計. 185-3 齊○蘇厲爲之謂魏王曰. 186-21 陳軫爲秦○於齊. 187-4 魏王○李從以車百乘○於楚. 187-8 臣急○燕趙. 187-11 卽明言○燕趙. 187-12 皆○人告其王曰. 187-14 李從以車百乘○楚. 187-14 犀首又以車三十乘○燕趙. 187-14 魏王止其行○. 187-16 所以不○犀首者. 187-19 因○人先言於楚王. 187-25 ○人謂齊王曰. 188-6 是○儀之計當於秦也. 189-5 魏○公孫衍來. 190-24 ○公孫子勞寡人. 190-25 今王以衍爲可○將. 191-10 故○欒水見之. 194-4 故○雪甚. 194-7 又必謂王曰○王輕齊. 194-24 ○秦皆無百怨百利. 195-11 欲○五國約閉秦關者. 195-22 因○蘇脩游天下之語. 195-24 乃○人報於齊. 197-2 然○十人樹楊. 197-18 必不○相也. 198-5 自○有要領之罪. 198-12 今王之○人入魏而不用. 198-15 則王之○人入魏無益也. 198-16 而○趙小心乎. 198-22 外臣疾○臣謁之. 199-14 臣請發張倚○謂趙王曰. 201-3 ○寡人絶秦. 201-6 芒卯應趙○曰. 201-10 ○者之罪也. 201-11 王能○臣爲魏之司徒. 201-16 則臣能○魏獻之. 201-16 臣○長信侯請無內王. 204-2 將○段干崇割地而講. 204-15 王因○之割地. 204-19 而王因○之受璽. 204-20 魏○人謂淳于髡曰. 205-4 ○仇敵制其餘敝. 205-7 王之○者大過矣. 207-13 聽○者之惡也. 207-15 又況於○秦無韓而有鄭地. 207-25 ○道已通. 208-11 秦○趙攻魏. 208-22 而○翟强爲和也. 209-21 ○人謂樓子曰. 209-24 不能禁狗○無吠己也. 213-1 因○其人爲見者嗇夫聞見者. 216-8 魏○人求救於秦. 216-15 信陵君○人謂安陵君曰. 217-12 ○爲持節尉. 217-13 不能必○其民. 217-14 ○者自往. 217-14 請○道○者至縞高之所. 217-14 將○高攻管也. 217-16 ○者以報信陵君. 217-19 遣大○之安陵曰. 217-19 是○我負襄王詔而廢大府之憲也. 217-25 豈可○吾君有魏患也. 218-3 乃之○者之舍. 218-4 ○○者謝安陵君曰. 218-5 秦王○人謂安陵君曰. 219-11 安陵君因○唐且○於秦. 219-13 是故秦王○○臣獻書大王御史. 223-14 韓○人馳南陽之地. 224-6 曰儀之○者. 225-5 公留儀之○者. 225-6 張儀○人致上庸之地. 225-7 故○○臣再拜謁秦王. 225-7 ○信王之救己也. 226-7 且王以○人報於秦矣. 226-19 王○景鯉之秦. 229-1 謂○者曰. 229-19 秦○聞之. 229-20 不○. 229-25 韓令○者求救於秦. 231-3 韓又令尚靳○秦. 231-4 ○者來者衆矣. 231-6 獨不可○妾少有利焉. 231-9 秦爲發○公孫昧入韓. 231-22 公叔○馮君於秦. 233-5 發重○爲韓求武遂於秦. 233-10 齊令周最○鄭. 233-19 令我○鄭. 233-20 周最固不欲來○. 233-23 而以不得已之故來○. 234-2 來○者無交於公. 234-4 其○之必疾. 234-4 鄭强爲楚王○於韓. 234-7 史疾爲韓○楚. 236-14 臣○人刺之. 237-23 不如急發重○之

趙梁. 240-23 ○山東皆以銳師戍韓梁之西邊. 240-24 越王○大夫種行成於吳. 241-20 宜○如吳. 241-24 宜○如越. 241-24 ○之無伐我. 242-16 ○善扁鵲而無奪腫也. 243-14 公仲○韓珉之秦求武隧. 243-18 而○之主韓. 243-23 韓相公仲珉○韓侈之秦. 244-1 魏之○者謂後相韓辰曰. 244-2 ○者曰. 244-3 山陽君因○之楚. 245-10 何故○公來. 245-14 是何以爲公之王○乎. 245-14 是驅燕而○合於齊也. 249-4 乃○○與蘇秦結交. 249-7 今○弱燕爲鴈行. 249-18 今臣爲足下○. 250-9 ○臣信如尾生. 250-11 足下安得○之之齊. 250-14 妻○妾奉卮酒進之. 251-3 ○之說齊者. 251-8 宮他爲燕○魏. 252-5 不聽燕○何也. 252-5 此必○王重矣. 253-4 蘇代爲齊○於燕. 253-23 聽其所○. 253-25 乃○蘇代持質子於齊. 254-25 齊○代報燕. 255-1 齊○人謂魏王曰. 255-6 眄視指○. 255-20 ○○盟於周室. 257-1 然而王何不○布衣之人. 257-4 今王何不○可以信者接收燕趙. 257-6 則王何不務○知士以若此言說秦. 257-17 曩者○燕毋去周室之上. 258-10 今臣爲足下○於齊. 259-7 夫○人坐受成事者. 259-16 困則○太后穰侯爲和. 261-9 ○齊不信趙者. 261-25 今齊王召蜀子○不伐宋. 261-25 ○臣也如張孟談也. 262-5 齊王○公王曰命說曰. 262-8 望諸相中山也○趙. 263-4 蘇代自齊○人謂燕昭王曰. 263-19 王○臣也. 263-25 明日又○燕攻陽城及狸. 264-7 又○人謂閔王曰. 264-7 王復○蘇子應之. 264-9 乃復○蘇子. 264-10 燕因○樂毅大起兵伐齊. 264-11 ○齊大馬駭而不言燕. 264-24 今王又○慶令臣曰. 264-25 楚○將軍之燕. 266-2 ○除患無至. 266-2 而先○除患無至者. 266-4 是○弱趙居强吳之處. 266-8 而○强秦處弱越之所以霸也. 266-9 ○者乃以說趙王. 266-10 而○騎劫代之將. 266-15 燕王乃○人讓樂毅. 266-18 寡人之○騎劫代將軍者. 266-20 望諸君乃○人獻書報燕王曰. 266-24 今王○○者數之罪. 267-1 而○臣爲亞卿. 267-8 南○臣於趙. 267-15 ○之得比乎小國諸侯. 267-22 ○齊北面伐燕. 269-14 王何不陰出○. 269-15 ○世世無患. 269-15 南○於齊. 269-17 ○侍屏匽. 269-20 燕○太子請救於楚. 271-3 楚王○景陽將而救之. 271-3 ○左右司馬各營壁地. 271-4 通○於魏. 271-8 燕王喜○栗腹以百金爲趙孝成王壽. 271-19 ○慶秦以二十萬攻代. 271-24 趙○廉頗以八萬遇栗腹於鄗. 271-24 ○樂乘以五萬遇慶秦於代. 272-1 故○○者陳愚意. 272-3 今○寡人任不肖之罪. 272-12 ○寡人進不得脩功. 273-5 ○人賀秦王. 273-9 ○者過趙. 273-9 ○者曰. 273-10 今臣○秦. 273-11 且臣之○秦. 273-12 ○者見秦王曰. 273-14 燕王○○者賀千金. 273-14 吾○趙有之. 273-15 ○者曰. 273-15 今王○趙北并燕. 273-17 可○也. 274-16 不○人疑之. 274-24 夫爲行○人疑之. 274-25 ○得至前. 275-6 ○於秦. 275-13 ○悉反諸侯之侵地. 275-14 恐不足任○. 275-18 ○工以藥淬之. 276-16 ○○以聞大王. 277-8 見燕○者咸陽宮. 277-9 ○畢○於前. 277-12 宋○臧子索救於荆. 279-3 ○人謂衛君曰. 279-24 曾無一介之○以存之乎. 280-1 以隨○者. 280-3 宋君○○者請於趙王曰. 280-9 ○者曰. 280-14 ○史占之. 281-11 ○奔衛. 281-25 ○人迎之於境. 282-1 今臣能○釋蒲勿攻. 282-12 衛○客事魏. 282-16 齊閉關不通中山之○. 285-5 王發重○. 285-18 ○告中山君曰. 285-18 寡人所以閉關不通○者. 285-19 燕趙果俱輔中山而○其王. 286-5 司馬憙○趙. 286-7 趙○來. 286-11 趙○者來屬耳. 286-15 田簡自謂取○. 286-20 ○李疵觀之. 287-21 乃○五校大夫王陵將而伐趙. 288-25 王欲○武安君. 289-1 王乃○應侯往見武安君. 289-1 願○君將. 289-8 ○得耕稼以益蓄積. 289-21 更○王齕代王陵伐趙. 290-4

【臾】 2

而聽須○之說. 223-6 恐不能須○. 274-7

【兒】 7

今秦婦人嬰○皆言商君之法. 15-11 更立衛姬嬰○郊師. 63-19 北宮之女嬰○子無恙耶. 88-11 且嬰○之計不爲此. 99-24 齊嬰○謠曰. 100-7 猶烏獲之與嬰○也. 223-3 裁如嬰○. 252-1

【版】 1

因書門○曰. 80-18

【侶】 1

一蓋呼○. 141-6

【侏】 1

和樂倡優○儒之笑不之. 93-18

【佩】 2

不知○兮. 127-8 ○趙國相印不辭無能. 161-10

【侈】 15

而臣受公仲○之怨也. 29-12 而外與韓○爲怨. 30-13 寡人聞韓○巧士也. 122-5 以韓○之知. 122-7 韓○之知. 122-11 專淫逸○靡. 124-3 韓相公仲珉使韓○之秦. 244-1 韓○在唐. 244-1 韓○謂秦王曰. 244-2 公必爲魏罪韓○. 244-3 秦之仕韓○也. 244-4 韓○之秦. 244-4 今王不召韓○. 244-5 韓○且伏於山中矣. 244-5 召韓○而仕之. 244-7

【佼】 1

周○以西周善於秦. 240-1

【依】 4

夫楚王之以其國○冉也. 35-7 ○世主之心. 55-20 有狂兕牂車○輪而至. 106-8 秦女○强秦以爲重. 116-10

【佯】 5

乃○有罪. 111-13 故出兵以○示趙魏. 138-9 寧○躓而覆之. 259-5 於是因○僵而仆之. 259-5 乃○亡其太子. 281-25

【帛】 10

故先使蘇秦以幣○約乎諸侯. 17-20 大敗秦人於李○之下. 28-18 國之幣○. 41-7 幣○矯蠹而不服矣. 91-12 緇○之衣以朝. 112-24 前有尺○. 165-21 王能重王之國若此尺○. 165-23 王有此尺○. 166-1 於是齎蘇秦車馬金○以至趙. 248-19 寶珠玉○以事其左右. 253-15

【卑】 29

何前倨而後○也. 17-14 懼必○辭重幣以事秦. 39-9 ○辭重幣以事之. 39-12 尊其臣者○其主. 40-6 不○於守閭嫗. 43-21 臣恐韓魏之○辭慮患. 52-25 而○畜韓也. 55-3 此所謂以○易尊者也. 89-23 尊○貴賤. 96-12 足下○用事者而高商賈乎. 167-8 希○曰. 167-20 則位尊而能○者也. 169-16 請○辭割埊. 190-11 而○秦楚. 197-6 ○體不足以苦身. 219-2 ○體以尊秦. 219-5 則主○而身危. 239-6 主○矣. 239-8 非好○而惡尊也. 241-6 ○辭以謝秦. 249-23 ○身厚幣. 255-13 名○而權輕. 256-14 是名○也. 257-14 名○而國危. 257-15 夫去尊寧而就○危. 257-15 不惡○名以事强. 268-16 之主者不○名. 269-4 臣聞辭○而幣重者. 270-13 ○辭重幣. 288-22

【的】 1

今夫鵠○非咎罪於人也. 93-6

【迫】 4

○則杖戟相橦. 16-11 而韓魏○於秦患. 109-20 西○强秦. 248-18 丹終不○於强秦. 274-8

【卹】 1

○孤獨. 88-10

【侔】 4

兩國敵○交爭. 110-7 韓與魏敵○之國也. 241-5 何○名於我. 285-6 耻與中山○名. 285-9

【征】 2

○敵伐國. 40-3 不敢妄興師以○伐. 251-24

【往】 66

乃○見西周之君曰. 3-2 周君將令相國○. 3-8 而主君令相國○. 3-11 主君將令誰○周君曰. 3-11 蘇代遂○見韓相國公中曰. 10-14 周君難○. 12-10 將以爲辭於秦而不○. 12-12 故使相○. 14-4 吾欲使武安子起○喻意焉. 17-22 臣敢言○昔. 19-3 乃使勇士○詈齊王. 27-2 甘茂辭不○. 31-13 故不○. 31-15 臣聞○來之者言曰. 32-12 叢○求之. 40-19 蒙傲乃○見應侯. 43-9 ○而不能反者也. 46-13 上蔡召陵不○來也. 53-25 願○事之. 56-24 故○說之曰. 56-25 公○必得死焉. 63-13 公孫閈乃使人操十金而○卜於市. 65-6 使者數相○來. 66-25 ○聘孟嘗君. 83-17 孟嘗君固辭不○也. 83-19 願因請公○矣. 84-6 求存故○. 85-12 ○見魯仲子. 100-3 可○矣. 100-10 令○守東地. 118-8 聞○古. 134-16 襄子○見張孟談而告之曰. 134-24 爲乞人而○乞. 135-14 乃使趙勝○受地. 140-19 願大夫之○也. 142-10 而享○古之勳. 149-6 齊後○. 163-10 趙王使○賀. 177-2 吾○賀而獨不得通. 177-4 使者三○不得通者. 177-5 諒毅親受命而○. 177-7 子○矣. 181-24 乃○. 182-10 惠王○問之. 183-21 請謁而○. 187-10 臣又說齊王而○敗之. 195-24 信安君不欲○. 198-10 ○見王曰. 215-19 使者自○. 217-14 故○見郭隗先生曰. 255-14 樂毅自魏○. 256-6 鄒衍自齊○. 256-6 劇辛自趙○. 256-7 燕王欲○. 260-3 ○見伯樂曰. 263-11 累○事之美. 272-21 惡○而不黜乎. 272-23 馳○. 276-13 今日○而不反者. 276-21 ○見公輸般. 279-9 自今以○者. 283-4 妨○來者. 283-15 因言告燕趙而無○. 285-25 遣張登○. 286-4 中山因告燕趙而不○. 286-4 王乃使應侯○見武安君. 289-1

【彼】 53

○前得罪而後得解. 3-23 ○且攻王之聚以利秦. 13-23 ○得相. 14-3 ○固亡國之形也. 20-2 而○已服矣. 22-10 ○必以國事楚王. 22-24 居○人之所. 24-17 息壤在○. 29-21 ○若以齊約韓魏. 31-9 ○來則置之槐谷. 31-11 ○以甘茂之賢. 31-16 ○一見秦王. 44-8 使○罷弊於先弱守於主. 65-12 使○罷弊先弱守於主. 65-14 ○戰者之爲殘也. 92-6 ○戰攻者. 92-20 ○明君察相者. 93-11 ○明君之從事也. 93-13 ○燕國大亂. 96-18 ○懼吾兵而營我利. 103-13 ○有廉其爵. 112-19 故○廉其爵. 113-1 故○崇其爵. 113-5 ○儀窮. 116-23 ○鄭周之女. 120-8 ○見伯樂之知己也. 128-12 ○亦各貴其故所親. 129-1 與之○狃. 131-24 ○請地於韓. 132-3 ○義士也. 135-12 ○將知矣利之也. 136-15 ○秦者. 163-1 ○則肆然而爲帝. 163-2 ○天子固然. 163-12 ○吾君者. 163-25 ○將奪其所謂不肖. 164-10 ○又將使其子女讒妾爲諸侯妃姬. 164-11 ○必務以齊事王. 196-6 ○其事王必完矣.

198-24 ○將傷其前事. 199-4 ○翟子之所惡於國者. 209-5 ○已覺. 225-2 ○有以失之也. 227-12 ○將禮陳其辭而緩其言. 234-2 ○公仲者. 244-10 ○韓急. 245-16 ○固有次乎. 246-12 ○且德燕而輕亡宋. 253-15 ○大將擅兵於外. 275-15 ○安敢攻衛以重其不勝之罪哉. 280-6 ○利太子之戰攻. 281-7 ○患亡其國. 284-17 ○乃帝王之后. 287-9

【所】 537

○以備者稱此. 1-20 疾定○從出. 1-22 ○以富東周也. 3-3 以病其○種. 3-4 必以國合於○與粟之國. 3-22 然而○以不可者. 4-5 張於無鳥之○. 7-4 則終日無○得矣. 7-4 ○以進兵者. 9-11 周君○以事吾得者器. 11-19 ○以爲之者. 13-2 此○謂天府. 15-18 民無○聊. 16-6 臣願悉言○聞. 18-8 ○當未嘗不破也. 18-25 雜民之○居也. 20-16 言○以舉破天下之從. 21-10 而攻天下之○不欲. 22-13 此臣○謂危. 22-17 居彼人之○. 24-17 弊邑之王○說甚者. 26-6 唯儀之○甚願爲臣者. 26-7 弊邑之王○甚憎者. 26-7 夫秦○以重王者. 26-19 此乃公孫衍之○謂也. 28-17 與之間有○立. 31-19 非使臣之○知也. 32-10 何爲空以生○愛. 33-7 文請以○得封君. 34-6 觀三國之○求於秦而不能得者. 35-10 觀張儀與澤之○不能得於薛公者也. 35-11 人主賞○愛. 36-12 而罰○惡. 36-12 工之○失也. 36-18 然則聖王之○棄者. 36-18 而○願陳者. 37-17 ○以王三問而不對者是也. 37-19 臣非有○畏而不敢言也. 37-19 人之○必不免也. 37-24 此臣之○大願也. 37-25 漆身可以補○賢之主. 38-5 臣之○恐者. 38-6 此臣之○恐耳. 38-10 此天○以幸先王而不棄其孤也. 38-14 而大王之計有○失也. 38-21 願聞○失計. 38-22 ○以然者. 39-4 此○謂藉賊兵而齎盜食者也. 39-4 下乃○謂無王已. 40-1 古之○謂危主滅國之道必從此起. 41-7 其○攻者. 41-12 人主○甚愛也. 41-13 人臣之○樂爲死也. 41-13 攻人主之○愛. 41-13 則王之○求於韓者. 41-18 不問金之○之. 42-9 武安君○以爲秦戰勝攻取者七十餘城. 42-15 則秦○得不一幾何. 42-20 衆口○移. 43-22 而爲諸侯○議也. 44-2 豈非士之○願與. 44-14 萬物各得其○. 44-17 而聖人○謂吉祥善事與. 44-19 義之○在. 45-3 身○服者. 46-6 使馳說之士無○開其口. 46-8 此○謂信而不能詘. 46-12 此皆君之○明知也. 46-14 楚王使景○甚愛. 50-13 ○以然者. 50-18 爲秦○輕. 51-18 鬼神狐祥無○食. 53-4 故先王之○重者. 55-8 ○以不爲相者. 56-7 太后之○親也. 56-8 嘗無師傅○教學. 57-20 臣不知卿○死之處矣. 58-18 燕秦○以不相欺者. 58-23 非○以厲羣臣也. 61-5 是其○以弱也. 62-15 靖郭君之○聽愛夫. 63-16 此齊貌辨之○以外生樂患趣難者也. 64-6 鄒忌○以不善楚者. 65-21 今首之○進仕者. 66-3 此○謂戰勝於朝廷. 66-22 非臣○知也. 67-14 此臣之○以爲山東之患. 68-1 齊無○出其計矣. 68-9 此臣之○謂齊必有大憂. 68-12 此○謂四塞之國也. 68-17 且夫韓魏之○以畏秦者. 69-1 是故韓魏之○以重與秦戰而輕爲之臣也. 69-3 儀之○在. 71-14 儀之○在. 71-22 儀之○在. 71-24 此臣之○謂託儀也. 72-5 值○以爲國者不同耳. 72-9 齊之○以敢多割地者. 76-4 君之○以重於天下者. 76-23 薛公欲知王○欲立. 77-6 明日視美珥○在. 77-7 吾○未聞者. 77-10 則臣不知君○出矣. 77-18 君○以得爲長者. 78-12 車軼之○能至. 78-17 此臣之○爲君取矣. 78-21 故物舍其○長. 79-19 之其○短. 79-19 堯亦有○不及矣. 79-19 小國○以皆致相印於君者. 80-6 ○未至之國. 80-9 視吾家○寡有者. 82-23 君云視吾家○寡有者. 83-4 君家○寡有者以義耳. 83-5 乃臣○以爲君市義也. 83-7 先生○爲文市義者. 83-11 君得無有○怨齊士大夫. 85-7 孟嘗君乃取○怨五百牒削去之. 85-12 昔先君桓公○好者. 87-14 且財者君之○輕. 89-1 死者士之○重. 89-1 君不肯以○輕與士. 89-2 而責士以○重事君. 89-2 而患之○從生者微. 89-7 此○謂以卑易尊者也. 89-23 則戰攻非○先. 92-5 故民之○費也. 92-13 軍之○出. 92-13 官之○私出也. 92-15 士大夫之○匿. 92-15 厮養士之○竊. 92-15 非○先也. 92-20 今世之○謂善用兵者. 93-3 臣之○聞. 93-15 今大王之○從十二諸侯. 94-4 此固大王之○以鞭箠使也. 94-5 此臣之○謂比之堂上. 94-15 求○以償者. 95-8 民心無○歸. 96-21 三戰之○喪. 97-18 王有○幸臣九人之屬. 99-1 此○以破燕也. 100-13 ○以不勝者也. 100-15 立於矢石之○. 100-16 ○爲立王者. 101-16 必非固之○以之齊之辭也. 102-11 常以急求○欲. 103-6 親王之○見也. 103-16 臣○爲君道. 106-4 今邊邑之○恃者. 107-10 計王之功○以能如此者. 108-14 秦之○害於天下莫如楚. 109-1 在大王之○用之. 109-7 此○謂養仇而奉讎者也. 109-13 而無○終薄. 109-23 此臣之○以爲大王之患也. 110-22 且夫秦之○以不出甲於函谷關十五年以攻諸侯者. 111-2 此○謂兩虎相搏者也. 111-6 凡天下○信約從親堅者蘇秦. 111-12 有○更得乎. 111-25 有○更得乎. 112-1 無○更得. 112-1 且儀之○行. 112-8 ○欲貴富者魏也. 112-9 此○謂內攻之者也. 112-11 無○聞之. 112-18 不知○益. 112-21 不知○益. 113-10 ○以爲身也. 117-9 是故退王之○愛. 119-7 用民之○善. 119-8 王無○用臣. 120-5 願王召○便習而觴之. 120-16 棄○貴於讎人. 121-9 ○欲者不成. 122-17 ○求者不得. 122-17 夫梟棊之○以能爲者. 122-18 無○冠艾. 123-6 擇其○喜而爲之. 123-12 擇其○善而爲之. 123-12 婦人○以事夫者. 123-13 此孝子之○以事親. 123-14 忠臣之○以事君也. 123-14 明日視善珥○在. 123-24 夫賢者之○在. 126-18 近代○見. 127-3 彼亦各貴其故○親. 129-1 此○謂無妄之福也. 129-16 此○謂無妄之禍也. 129-19 此○謂無妄之人也. 129-21 而入之王○生子者. 130-1 ○道攻燕. 130-13 而使○以信之. 130-15 寡人○親之. 133-13 而君得其○欲矣. 133-21 則吾○得者少. 133-22 亦○以亡也. 134-6 五百之○以致天下者. 134-10 此先聖之○以集國家. 134-15 君之○言. 134-16 臣之○謂. 134-16 子之得近而行○欲. 135-17 凡吾○謂爲此者. 135-19 吾○爲難. 135-20 豫讓伏○當過橋下. 135-22 非○望也. 136-7 藉席無○得. 137-9 汜濫無○止. 137-12 且夫韓之○以內趙者. 140-10 此非吾○苦也. 141-8 吾○苦夫鐵鉆然. 141-8 夫○借衣車者. 142-8 此天下之○明也. 142-13 此天下之○明見也. 142-15 是臣○爲山東之憂也. 142-17 臣之○爲來. 143-7 曰言○以異. 144-13 五伯之○以覆軍禽將而求也. 144-16 湯武之○以放殺而爭也. 144-17 是臣之○以爲大王願也. 144-18 此臣之○以爲大王患也. 144-23 且秦之○畏害於天下者. 145-2 此臣之○以爲大王患也. 145-7 臣願王察臣之○謁. 146-15 夫齊兵之○以破. 147-8 韓魏之○以僅存者. 147-8 此臣之○患也. 147-14 凡大王之○信以爲從者. 148-7 事有○出. 149-22 功有○止. 149-23 聰明叡知之○居也. 150-3 萬物財用之○聚也. 150-4 賢聖之○教也. 150-4 仁義之○施也. 150-5 詩書禮樂之○用也. 150-5 異敏技藝之○試也. 150-5 遠方之○觀赴也. 150-5 蠻夷之○義行也. 150-6 ○以便用也. 150-9 ○以便事也. 150-9 ○以利其民而厚其國也. 150-10 今卿之○言者. 150-17 吾之○言者. 150-17 ○以制俗也. 150-18 此愚知之○明也. 150-23 非寡人○望於子. 151-3 先聖之○以教. 151-11 學者沉於○聞. 151-13 ○以成官而順政也. 151-14 非○以觀遠而論始也. 151-14 非○以教民而成禮也. 152-2 非○以教民而成禮者也. 152-4 ○以齊常民. 152-14 非○以論賢者也. 152-14 非賤臣○敢任也. 153-2 ○以使子. 153-8 無○見醜. 153-11 不如○失之費也. 154-6 ○以昭後而期遠也. 154-11 非子○知. 154-13 ○以不服者. 155-4 非單之○爲也. 155-5 ○用者不過三萬. 155-6 此單之○不服也. 155-7 非寡人之○敢知. 156-19 是使弱趙爲強秦之○以攻. 158-9 而使強燕爲弱趙之○以守. 158-10 此乃強吳之○以亡. 158-11 而弱越之○以霸. 158-11 公子之○以教之者厚矣. 158-18 此非人臣之○能知也. 158-23 秦以其力攻其○不能取. 159-12 王又以其力之○不能攻以資之. 159-13 虞卿能盡知秦力之○至乎. 159-15 此非臣之○敢任也. 159-18 王之○以事秦必不如韓魏也. 159-20 王之○以事秦者. 159-21 此非臣之○敢任也. 159-22 又割其力之○不能取而媾也. 159-25 秦○以急圍趙者. 162-7 平原君猶豫未有○決. 162-10 ○爲見將軍者. 163-3 彼將奪其○謂不肖. 164-10 而予其○謂賢. 164-11 奪其○憎. 164-11 而與其○愛. 164-11 ○貴於天下之士者. 164-19 爲人排患釋難解紛亂而無○取也. 164-20 即有○取者. 164-20 四十餘年而秦不能得○欲. 165-2 願聞○以爲天下. 165-23 君之○以事王者. 166-16 膏之○以事王者. 166-16 則交有○偏者也. 169-6 如王若用○以事趙之半收齊. 170-6 請問王之○以報齊者可乎. 170-11 臣之○以堅三晉以攻秦者. 171-1 覆軍殺將之○取割地於敵國者也. 174-16 君之○以求安平君者. 174-21 吾○以重者. 175-23 有○謂桑雍者. 176-21 ○謂桑雍者. 176-22 而求○欲於王者也. 176-23 謹備其○憎. 176-25 而禍在於○愛. 176-25 必○使者非其人也. 177-5 吾○使趙國者. 177-10 無○敢疑. 177-13 趙王之○甚愛也. 178-13 而恐太后玉體之有○郄也. 178-24 恣君之○使之. 179-21 此晉國之○以強也. 182-18 曾無○芻牧牛馬之地. 184-9 此○謂四分五裂之道也. 185-14 此臣之○以爲大王患也. 185-22 且夫秦之○欲弱莫如楚. 186-1 然其○以不受者. 186-22 軫之○以來者. 187-4 ○以不使犀首者. 187-19 魏之○以迎我者. 188-6 人多爲張子於王○. 188-16 ○謂劫主者. 188-21 魏之○以相公者. 188-24 此儀之○以與秦王陰相結也. 189-4 非○以窮儀之道也. 189-5 且魏王○以貴張子者. 189-13 王之○得者. 189-23 臣不知衍之○以聽於秦之少多. 190-11 王且無○聞之矣. 192-24 以稽二人者之○爲. 193-2 二人者之○爲之. 193-3 黃帝之○難也. 195-17 然而○以爲之者. 196-1 今○患者. 196-5 今王○以告臣者. 196-22 此非臣之○謂也. 196-24 魏必舍○愛習而用○畏惡. 198-16 此魏王之○以不安也. 198-16 此魏信之○難行也. 198-17 夫令人之君處○不安. 198-18 令人之相行○不能. 198-18 秦必令其○愛信者用趙. 198-20 上○以爲其主者忠矣. 198-24 下○以自爲者厚矣. 198-24 堯舜之○求而不能得也. 199-5 敝邑○以事大王者. 201-10 王之○欲於魏者. 201-15 王○患者上地也. 201-18 秦之○欲於魏者. 201-18 魏之○以獻長羊王屋洛林之地者. 201-24 燕趙之○以國全兵勁. 202-9 是臣之○聞於魏也. 202-17 則君得○欲矣. 203-4 吾○賢者. 203-13 吾○大者. 203-13 將有○不行乎. 203-15 此文之○以忠於大王也. 205-24 此天下之○同知也. 206-18 非○施厚積德也. 206-18 ○行者甚遠. 207-7 而○攻者甚難. 207-8 ○亡乎秦者. 207-23 ○以爲腹心之疾者. 208-25 彼翟子之○

惡於國者. 209-5 無○用之. 209-16 魏王之○恃者. 209-19 ○用者.
209-19 此五國○以亡者. 211-19 皆其○恃也. 211-19 夫國之○以不
可恃者多. 211-20 韓且割而從其○强. 212-7 與○不怨乎. 212-8 且
割而從其○不强. 212-8 與其○怨乎. 212-8 韓將割而從其○强. 212
-8 與其○不怨. 212-9 ○欲必得矣. 214-21 秦之○去. 215-15 王之
○求於魏者. 216-4 魏之○以爲王通天下者. 216-11 請使道使者至縞
高之○. 217-14 亦非君之○喜也. 217-17 有○不安乎. 218-8 臣爲王
之○得魚也. 218-10 今臣直欲棄臣前之○得矣. 218-11 臣亦猶曩臣
之前○得魚也. 218-14 ○效者庸必得幸乎. 218-18 寡人無○用之.
221-4 然未知王之○欲也. 221-12 申子微視王之○說以言於王. 221-
16 非○謂學於子者也. 221-18 今有○求. 221-20 此○謂市怨而買禍
者也. 222-12 五穀○生. 222-19 民之○食. 222-20 無二歲之○食.
222-21 秦之○欲. 223-11 此秦○以廟祠而求也. 226-5 貴其○以貴者
貴. 227-9 臣之○見者. 230-2 而無○入矣. 230-7 是公之○以外者儀
而已. 232-11 客何方○循. 236-14 臣○以降志辱身. 237-9 臣之○以
待之至淺鮮矣. 237-14 前○以不許仲子者. 237-19 仲子○欲報仇者
爲誰. 237-20 ○殺者數十人. 238-6 聶政之○以名施於後世者. 238-
16 必將欲置其○愛信者. 239-8 ○謂成爲福. 239-16 而攻我甚○愛.
240-8 ○以爲王也. 240-9 此韓珉之○以禱於秦也. 240-10 名尊無○
立. 241-17 制令無○行. 241-17 人之○以善扁鵲者. 243-13 今君以
○事善平原君者. 243-14 而善平原君乃○以惡於秦也. 243-15 非弊
邑之○憎也. 243-19 ○以不及魏者. 244-11 ○以不者. 244-12 ○入
之國. 245-3 此○謂天府也. 248-7 大王知其○以然乎. 248-8 夫燕之
○以不犯寇被兵者. 248-9 此燕之○以不犯難也. 248-11 人之飢○以
不食烏喙者. 249-17 ○謂轉禍爲福. 250-1 ○以自爲也. 250-19 非○
以爲人也. 250-19 ○謂以忠信得罪於君者也. 250-24 大王之○親.
251-11 大王之○明見知也. 251-19 ○聞於邯鄲者. 252-12 又高於○
聞東周. 252-12 子之○謂天下之明主者. 252-14 非○以利燕也. 252
-17 非○敢欲伐也. 252-18 故寡人之○欲伐也. 252-24 有○附則無
不重. 253-2 且苟○附之國重. 253-3 ○以備趙也. 253-12 ○以備燕
也. 253-13 聽其○使. 253-25 則唯太子○以令之. 254-14 ○求者生
馬. 256-1 失○爲矣. 256-17 此○謂强萬乘之國也. 256-19 燕趙之○
同利也. 257-11 燕趙之○同願也. 257-11 夫實得○利. 257-12 名得
○願. 257-12 今臣之○以事足下者. 258-22 其○愛者曰. 259-1 故妾
○以笞者. 259-7 秦之○殺三晉之民數百萬. 261-15 此臣之○大患.
261-17 出爲之以成○欲. 262-4 吾○恃者順也. 262-10 以成○欲.
262-20 臣之○重處重夘也. 264-17 吾欲用○善. 264-2 王欲醳臣剸
任○善. 265-1 而使强秦處弱越之○以霸也. 266-9 而亦何以報先王
之○以遇將軍之意乎. 266-23 臣恐侍御者之不察先王之○以畜幸臣
之理. 267-1 而又不白於臣之○以事先王之心. 267-2 臣以○學者觀
之. 267-6 楚魏之○同願也. 267-14 ○以能循法令. 268-2 臣之○大
恐也. 268-10 義之○不敢出也. 268-11 此臣之○爲山東苦也. 268-18
人之○能爲也. 269-1 此臣之○爲山東苦也. 269-2 隣民之○處也.
269-21 女○營者. 271-4 ○營者. 271-5 燕王○爲將殺我者. 271-12
世之○明知也. 272-4 非君心○望之. 272-10 無○取之. 272-13○以
合好掩惡也. 272-14 君之○揣也. 273-5 茲之○以受命於趙者. 273-
10 ○以不能反勝秦者. 273-17 國小而地無○取. 273-17 未有○定也.
273-24 而棄○哀憐之交置之匈奴. 274-8 ○善荆軻. 274-16 丹○報.
274-19 先生○言者. 274-19 ○言者. 274-24 丹○請田先生無言者.
275-4 願有○道. 275-6 此天○以哀燕不棄其孤也. 275-6 必得○願
矣. 275-13 而不知○以委命. 275-17 恣荆軻○欲. 275-20 顧計不知
○出耳. 276-6 荆軻有○待. 276-18 僕○以留者. 276-22 取武陽○持
圖. 277-13 以其○奉樊囊提軻. 277-21 卒惶急不知○爲. 277-22 事
○以不成者. 278-1 此王之○憂也. 279-5 宋○謂無雉兔鮒魚者也.
279-19 故名有○加而實有○歸. 280-18 衞○以爲衞者. 282-5 未知其
○之. 282-18 人生之○行. 283-1 始君之○行於世者. 283-1 ○用者.
283-2 君之○行天下者甚謬. 283-3 此○欲也. 285-12 王之○以不憚
割地以賂燕趙. 285-14 ○求中山未必得. 285-16 寡人○以閉關不通
使者. 285-19 此○以廢之. 285-23 何在其○存之矣. 285-24 此王○
以存者也. 285-24 無○窮矣. 286-17 佳麗人之○出也. 287-5 以臣○
行多矣. 287-6 周流無○不通. 287-7 是非臣○敢議. 287-12 臣聞其
乃欲請○謂陰姬者. 287-14○傾蓋與車而朝窮閭隘巷之士者. 287-22
君○將之不能半之. 289-4 故起○以得引兵深入. 289-13 必無○得.
290-1 此○謂爲一臣屈而勝天下也. 290-11 此亦○謂勝一臣而爲天
下屈者也. 290-12

【舍】 67

令軍設○速東. 13-24 害則○之. 36-21 今○此而遠攻. 39-5 於是○
之上○. 63-10 與秦交和而○. 66-24 乃使其○人馮喜之楚. 71-20 賜
其○人巵酒. 72-19 ○人相謂曰. 72-20 孟嘗君○人有與君之夫人相
愛者. 78-23 爲君○人而內與夫人相愛. 78-24 孟嘗君有○人而弗悅.
79-15 故物○其所長. 79-19 故有問○本而問末者耶. 88-6 車○人不
休傳. 90-9 軍○林中. 90-15 然後天下乃○之. 94-11 夫○南面之稱
制. 102-1 景○曰. 104-14 楚因使景○起兵救趙. 104-21 ○關奔郢曰.
113-24 先生就○. 119-18○人怒而歸. 120-2 ○之. 122-7 ○之. 122
-10 李園求事春申君爲○人. 128-19 乃出園女弟謹○. 129-6 ○臣
於廟. 135-3 寡人○子. 136-4 寡人不○子. 136-5 君前已寬○臣. 136
-6 日百而○. 137-5 先生就○. 137-14 李兌○人謂李兌曰. 137-16
○人曰. 137-17 ○人出送蘇君. 137-18 蘇秦謂○人曰. 137-18 ○人
曰. 137-20 孟嘗君擇○人以爲武城吏. 142-6 今奉陽君捐館○. 144-
6 百日而欲○之死. 163-22 諸侯辟○. 163-25 然而廬田廡○. 184-9
王不如○需於側. 193-1 魏必○所愛習而用所畏惡. 198-16 夫○萬乘
之事而退. 198-17 且魏信○事. 198-19 ○於秦. 198-19 必○於秦.
199-9 令鼻之入秦之傳○. 214-24 ○不足以○之. 214-25 乃之使者之
○. 218-4 素服縞素辟○. 218-5 申子乃辟○請罪. 221-21 史○曰.
233-21 史○入見曰. 233-23 ○媒而自衒. 259-14 兩者不肯相○. 270
-7 暮○. 271-4 此焉可以○. 271-5 ○上○. 275-19 百○重繭. 279-
9 ○其文軒. 279-14 ○其錦繡. 279-15 ○其粱肉. 279-15

【金】 101

蘇子亦得兩國之○也. 3-6 或爲周最謂○投曰. 4-22 周最謂○投曰.
5-3 臣請以三十○復取之. 6-23 君予○三十斤. 7-24 馮旦使人操○
與書. 7-24 歸其劍而責之○. 12-3 越人請買之千○. 12-4 歲八十○.
12-22 歲百二十○. 12-23 是上黨每患而贏四十○. 12-23 黄○百斤
盡. 16-16 安有說人主不能出其○玉錦繡. 16-22 黄○萬溢. 17-2 黄
○萬溢爲用. 17-7 以季子之位尊而多○. 17-15 於是出私○以益公賞.
30-9 予之五十○. 42-6 不問○之所之. 42-9 ○盡者功多矣. 42-9 今
令人復載五十○隨公. 42-9 散不能三千○. 42-10 王資臣萬○而遊.
51-8 卽王雖有萬○. 51-12 乃資萬○. 51-12 ○錢粟孰與之富. 59-7
○千斤. 60-22 公孫閈乃使人操十○而往卜於市. 65-6 象牀之直千○.
80-1 ○五百斤. 83-14 黄○千斤. 83-17 千○. 83-18 遣太傅賫黄○
千斤. 83-20 賜○千鎰. 85-22 堅箭利○. 90-7 中罷於刀○. 92-18 黄
○横帶. 100-14 多受秦間○玉. 101-13 乃爲具駟馬乘車五百○之楚.
107-13 資之○玉寶器. 116-9 黄○珠璣犀象出於楚. 120-6 偶有○千
斤. 120-12 鄭褎亦以○五百斤. 120-13 而戴方府之○. 125-9 若出○
石聲者. 128-12 黄○百鎰. 137-23 賜家六○. 140-23 黄○千鎰. 146
-11 具帶黄○師比. 153-15 ○試則截盤匜. 155-9 起前以千○爲魯連
壽. 164-19 萬○之財. 165-15 而守○玉之重也. 179-23 乃多與趙王
寵臣郭開等○. 180-1 衆口鑠○. 186-9 王與臣百○. 190-20 載百○.
190-20 行以百○. 190-22 且王求百○於三川而不可得. 224-9 求千
○於韓 224-9 鄭彊載八百○入秦. 224-23 公以八百○請伐人之與國.
224-24 日費千○. 231-9 不如以百○從之. 236-11 仲子奉黄○百鎰.
237-3 故直進百○者. 237-7 而嚴仲子舉百○爲親壽. 237-15 縣購之
千○. 238-8 非○無以也. 242-25 故秦買之三千○. 243-1 韓因以其
○事秦. 243-1 秦反得其○與韓之美人. 243-1 韓亡美人與○. 243-2
以是爲○以事秦. 243-4 是○必行. 243-4 此其家萬○. 246-6 於是齎
蘇秦車馬○帛以至趙. 248-19 以○千斤謝其後. 250-3 乃令工人作爲
○斗. 251-13 子之因遺蘇代百○. 253-25 有以千○求千里馬者. 255
-24 買其首五百○. 256-1 安事死馬而捐五百○. 256-2 死馬且買之
五百○. 256-2 黄○千鎰. 263-15 奉以千○. 265-12 今予以百○送公
也. 266-5 燕王喜使栗腹以百○爲趙孝成王壽. 271-19 燕王使使者賀
千○. 273-14 秦王購之○千斤邑萬家. 275-25 ○千斤. 276-5 取之百
○. 276-15 持千○之資幣物. 277-4 而賜夏無且黄○二百鎰. 278-3
黄○三百鎰. 280-2 因效○三百鎰焉. 282-12 胡衍取○於蒲. 282-13
樗里子亦得三百○而歸. 282-13 許之以百○. 282-17 衞贖之百○.
283-8 以百○之地. 283-9

【命】 73

弊邑遷鼎以待○. 1-22 而受○於君矣. 3-5 制齊楚三晉之○. 5-6 故
留之十四日以待○也. 8-12 又有天○也. 11-6 敬受○. 17-24 ○而處
之. 31-17 寡人乃得以身受○. 37-5 寡人得受○於先生. 38-14 生○
壽長. 44-17 受○於王. 60-9 顧反聽○於韓也. 64-20 ○懸於趙. 73-
12 謹受○. 75-20 謹受○. 76-10 謹受○. 76-21 敬聞○. 77-24 令其
○如此. 79-8 起矯○以責賜諸民. 82-24 臣竊矯君○. 83-7 敬聞○矣.
97-23 敬聞○. 98-25 乃○大公事之韓. 103-15 是逆天帝○也. 104-
1 臣朝夕日事聽○. 105-2 必懸○於楚. 107-19 在大王○之. 109-18
致○齊王曰. 117-10 臣身受○弊邑之王. 118-13 寡人聞○矣. 119-19
夫秦捐德絶○之日久矣. 123-7 無使逆○. 123-20 不知夫子發方受
○乎宣王. 125-5 不知夫穰侯方受○乎秦王. 125-10 據本議制斷君○.
129-18 是一世之○. 139-9 不順主○. 140-25 王令○之. 150-3 傅○
僕官. 153-6 而王重○之. 153-9 故有臣可○. 153-13 前吏○胡服.
153-23 且微君之○○之也. 158-15 建信君再拜受○. 166-22 而趙宋
同○. 173-3 ○以與齊. 174-13 諒毅親受○而往. 177-7 請今率諸侯
受○邯鄲城下. 177-15 知氏之○不長矣. 181-6 敬聞○. 182-15 召相
國而○之曰. 201-5 維○不于常. 202-19 王○召相國. 204-4 而以一
人之心爲○也. 212-1 復信陵君之○. 217-15 必縣○於楚. 234-10 未
嘗不以周襄王之○. 242-7 吾終以子受○於天矣. 253-16 齊王使公王

曰○說曰. 262-8 謹聞○矣. 263-16 乃○公子束車制衣爲行具. 265-19 故受○而不辭. 267-9 先王○之曰. 267-10 顧反○. 267-16 以臣爲不頓○. 267-21 故受○而弗辭. 267-23 兹之所以受○於趙者. 273-10 而燕不受○矣. 273-12 是丹○固卒之時也. 274-9 而不知所以委○. 275-17 唯大王○之. 277-8 願王之有以○弊邑. 280-11

【肴】 1

東有○函之固. 15-16

【郄】 12

秦受地而○兵. 59-13 則○車而載耳. 81-1 ○疵謂知伯曰. 131-4 ○疵曰. 131-6 ○疵言君之且反也. 131-10 ○疵謂知伯曰. 131-14 ○疵知其言之不聽. 131-18 而恐太后玉體之有所○也. 178-24 以韓秦之兵據魏以○齊. 228-19 以與寡人有○. 266-22 是秦趙有○. 273-11 秦趙有○. 273-12

【斧】 5

○質在後. 18-13 要不足以待○鉞. 36-13 將成○柯. 185-2 臣有○質之罪. 264-5 恐抵○質之罪. 266-25

【采】 2

芻牧薪○莫敢闚東門. 54-11 有敢去柳下季壟五十步而樵○者. 85-20

【受】 139

○寶於韓. 2-13 而○命於君矣. 3-5 寡人不敢弗○. 3-18 秦必無辭而令周弗○. 3-18 辭不○. 15-8 ○相印. 17-1 敬○命. 17-24 且必○欺於張儀. 26-21 ○欺於張儀. 26-22 楚因使一將軍○地於秦. 27-1 而臣○公仲侈之怨也. 29-12 且欲合齊而○其地. 32-10 則秦反○兵. 32-23 寡人宜以身○令久矣. 37-4 寡人乃得以身○命. 37-5 寡人得○命於先生. 38-14 此猶兩虎相鬭而駑犬○其弊. 51-22 非楚○兵. 55-20 則楚孤而○兵也. 55-23 則秦孤而○兵矣. 55-24 ○百里之地. 58-6 秦必○之. 59-13 秦○地而郄兵. 59-13 ○命於王. 60-9 ○薛於先王. 63-21 不得已而○. 64-3 我代韓而○魏之兵. 64-20 ○上賞. 66-18 ○中賞. 66-19 ○下賞. 66-19 謹○命. 75-20 謹○命. 76-10 謹○命. 76-21 君豈○楚象牀哉. 80-4 臣願君勿○. 80-5 今君到楚而○象牀. 80-9 臣戍願君勿○. 80-10 子教文無○象牀. 80-11 ○之乎. 80-17 急○之. 80-18 孟嘗君笑而○之曰. 82-5 無功而○其祿者辱. 86-10 願請○爲弟子. 86-23 天子○籍. 87-15 秦王垂拱○西河之外. 94-12 楚王○而觴之. 99-4 以故建立四十有餘年不○兵. 101-5 取筆牘○言. 101-11 多○秦間金玉. 101-13 必○固. 102-10○厚祿. 105-21 謹○令. 106-3 齊王因○而相之. 111-13 齊使人以甲○東地. 118-11 臣身○命弊邑之王. 118-13 楚王○之. 121-5 魏○其怨. 121-19 不知夫子發方○命乎宣王. 125-5 不知夫穰侯方○命乎秦王. 125-10 皆○明之說也. 125-17 唯公弗○也. 125-17 故自以爲坐○上黨也. 140-10 而趙○其利. 140-11 乃使趙勝往○地. 140-19 貴戚父兄皆可以○封侯. 144-15 而後○其殃也. 147-9 强○其利. 157-25 弱○其害. 157-25 是親戚○封. 161-10 不如勿○便. 161-11 謹○令. 161-11 乃不○封. 161-11 終不肯○. 164-18 故不○也. 165-13 今王既○先王之傳. 165-13 建信君再拜○命. 166-22 秦王○負海内之國. 172-7 秦王○齊○趙. 172-13 翟章辭不○. 175-17 姓名未著而○三公. 176-9 諒毅親○命而往. 177-7 則○書幣. 177-11 請今率諸侯○命邯鄲城下. 177-15 今使臣○大王之令以還報. 177-21 ○其弊而厚遇之. 177-24 而己因○之. 178-4 夫鄉邑老者而先○坐之士. 182-2 孝公○而用之. 184-1 ○冠帶. 184-14 ○冠帶. 186-12 而秦不○也. 186-21 然其所以不○者. 186-22 犀首○齊事. 187-16 今公相而魏○兵. 188-24 而先生弗○. 193-8 秦必○之. 202-15 而王因使之○璽. 204-20 ○魏之璧馬也. 205-9 聞先生○魏之璧馬. 205-10 是○智伯之禍也. 207-5 且夫憎韓不○安陵氏可也. 207-17 今韓○兵三年矣. 208-2 王速○楚趙之約. 208-6 魏之○兵. 209-6 是王獨○秦患也. 211-24 秦必○子. 212-15 而王不○. 214-15 ○冠帶. 216-21 無忌謹○教. 217-10 ○詔襄王以守此地也. 217-22 手○大府之憲. 217-23 ○地於先生. 219-12 安陵君○地於先生而守之. 219-17 ○冠帶. 222-8 則棄前功而後更○其禍. 222-10 秦○地. 224-7 聶政竟不肯○. 237-11 我雖不○. 237-16 齊韓嘗因公孫郝而不○. 244-19 吾終以子○命於天矣. 253-16 由必不○. 254-2 子之必不敢○. 254-3 秦不○. 255-7 北面而○學. 255-18 夫使人坐○成事者. 259-16 臣○令以任齊. 264-21 燭之武張孟談○大賞. 266-3 故○命而不辭. 267-9 臣乃口○令. 267-15 故○命而弗辭. 267-23 今君厚○位於先王以成尊. 272-11 不難○也. 272-19 兹之所以○命於趙者. 273-10 而燕不○命矣. 273-12 必不復○於秦矣. 273-18 臣請○邊城. 280-14 燕趙必不○也. 286-2 臣寧伏○重誅而死. 290-14

【爭】 65

東周與西周○. 2-19 爲君○於秦. 5-11 秦趙○齊. 6-12 以○韓之上黨. 20-3 司馬錯與張儀○論於秦惠王前. 21-21 ○名者於朝. 22-3 ○利者於市. 22-3 而王不○焉. 22-4 顧○於戎狄. 22-4 ○之王. 29-21 與寡人○辭. 30-21 齊秦交○. 35-22 有○意也. 42-5 秦王與中期○論. 56-3 勿使○重. 89-19 故業與三王○流. 97-22 下分○. 105-13 而太子有楚秦以○國. 107-16 日與公叔○國而得之. 107-18 兩國敵侔交○. 110-7 楚王不察於○名者也. 112-4 必○事楚. 115-6 秦楚○事魏. 116-25 以與秦○. 121-2 與人無○也. 124-14 與人無○也. 124-18 與人無○也. 124-23 湯武之所以放殺而○也. 144-17 臣行讓而不○. 153-20 燕趙必不○矣. 156-9 前與齊湣王○强爲帝. 162-7 鄂侯○之急. 163-20 夫良商不與人○買賣之賈. 167-9 天下○秦有六舉. 172-7 天下○秦. 172-7 天下○秦. 172-9 天下○秦. 172-13 天下○秦. 172-17 天下○秦. 172-22 救與秦○戰也. 172-25 天下○秦. 173-2 尚有○錢財. 185-17 而與王○得者. 194-17 臣又○之以死. 195-25 公子○之於王. 196-16 楚趙怒而與王○事秦. 202-15 必○事秦. 203-4 天下○敵於秦. 213-17 今秦楚○强. 227-13 秦楚○强. 227-23 公叔○之而不聽. 232-14 以與太子○. 233-7 韓公叔與幾瑟○國. 234-7 以與公叔○國. 234-8 以與公叔○國. 234-9 韓公叔與幾瑟○國. 234-14 則兩國○事公. 239-16 而秦之○機也. 240-3 士○湊燕. 256-7 皆以○事秦說其主. 261-17 子必○之. 265-23 ○之而不聽. 265-23 齊魏○燕. 270-11 陰姬與江姬○爲后. 286-23 二軍○便之力不同. 289-18

【念】 4

○簡襄之迹. 149-1 ○悲其遠也. 179-11 思○報齊. 252-20 吾每○. 276-6

【肙】 2

天下之○腹. 51-8 而右手揕抗其○. 276-9

【忿】 17

產以○强秦. 6-18 寡人○然. 17-22 伯主約而不○. 55-4 約而不○. 55-4 ○也. 55-6 驕○非伯主之業也. 55-6 王○然作色曰. 85-18 宣王○然作色. 87-12 今公行一朝之○. 96-9 故去○恚之心. 97-21 除感○之耻. 97-21 然而心○悁含怒之日久矣. 148-4 先王○之. 150-25 君○然作色曰. 166-10 武侯○然曰. 182-20 韓王○然作色. 222-16 夫賢者以感○睚眦之意. 237-16

【肦】 1

田○宿將也. 196-15

【朋】 4

夫從人○黨比周. 69-20 塞○黨之門. 145-22 王不如資韓○. 223-24 因以齊魏廢韓○. 223-25

【股】 6

引錐自刺其○. 16-22 臂大於○. 40-21 射中其○. 127-3 未至絞纓射○. 127-5 寡人之○掌之臣也. 192-15 斷其左○. 277-23

【肥】 10

田○美. 15-17 今破齊以○趙. 32-16 以其伐楚而○韓魏也. 39-4 省攻伐之心而○仁義之誠. 52-11 王破楚於以○韓魏於中國而勁齊. 53-15 ○義侍坐. 148-23 ○義曰. 149-10 ○大齊. 256-15 破宋○讎. 256-17 燕趙破宋○齊尊齊而爲之下者. 257-4

【服】 118

特以强○之耳. 15-7 辯言偉○. 16-7 民○於下. 16-12 夫賢人在而天下○. 17-5 從風而○. 17-8 四隣諸侯不○. 19-1 西○秦. 19-3 而彼已○矣. 22-10 坐行蒲○. 38-2 君禽馬○乎. 42-13 禽馬○之軍. 42-16 北阬馬○. 46-4 趙楚懾○. 46-5 身所○者. 46-6 而魏氏○矣. 52-8 不待痛而○矣. 54-5 故能○世. 55-4 不韋使楚○而見. 57-18 朝○衣冠窺鏡. 66-5 秦破馬○君之師. 81-11 ○劍一. 83-20 莫敢不○. 86-1 妻子衣○麗都. 86-24 燕楚以形○. 89-22 幣帛矯蠹而不○矣. 91-12 大王不如先行王○. 94-8 太子乃解衣免○. 95-16 撫委而○. 105-21 不當○罪. 106-24 天下後○者先亡. 110-4 衣○玩好. 123-12 ○鹽車而上大行. 128-8 權重而衆○. 134-12 信忠在己而衆○焉. 134-14 使秦發令素○而聽. 139-1 秦人遠迹不○. 147-8 ○其人. 147-15 今吾將胡○騎射以教百姓. 149-8 寡人非疑胡○也. 149-14 則胡○之功未可知也. 149-15 王遂胡○. 149-18 寡人胡○. 149-18 亦欲叔之○之也. 149-18 今寡人作教易○. 149-20 而叔不○. 149-20 今胡○之意. 149-22 以成胡○之功. 149-25 請○焉. 150-1 臣固聞王之胡○也. 150-2 而襲遠方之○. 150-6 夫○者. 150-9 禮○不同. 150-12 遠近之○. 150-15 變○騎射. 150-21 今騎射之○. 150-25 惡變○之名. 151-2 乃賜胡○. 151-6 衣○有常. 151-10 而襲遠方之○. 151-12 且夫三代不同○而王. 151-15 夫制於○之民. 151-16 胡○不顧世. 152-2 且○奇者志淫. 152-2 是以莅國者不襲奇辟之○. 152-3 衣○器械. 152-8 且○奇而志淫. 152-11 是以聖人利身之謂○. 152-13 衣○之制. 152-14 ○難以勇. 152-23 故寡人欲子之胡○以傅王乎. 152-25 乃國未通於王胡○. 153-8 賜胡○. 153-10 遂賜周紹胡○衣冠. 153-15 趙燕後胡○. 153-18 寡人胡○. 153-21 子獨弗○. 153-21 前吏命胡○. 153-23 臣敬循衣○. 153-24 至遂胡○. 154-14 所以不○者. 155-4 而天下○矣. 155-6 此單之所不○也. 155-7 馬○曰. 155-8 而與馬○之子戰於長平之下. 158-5 駕犀首而驂馬○. 166-4 馬○君謂平原君曰. 174-13 馬○君曰. 174-21 果如馬○之言也. 175

-5 客有見人於○子者. 176-4 ○子曰. 176-4 衣○使之便於體. 177-17 葉陽君涇陽君之車馬衣○. 177-19 無非大王之○御者. 177-19 王獨不見夫○牛驂驥乎. 191-9 是○牛驂驥也. 191-10 ○宋之强者. 194-16 則不如因變○折節而朝齊. 196-24 得密須氏而湯之○桀矣. 211-11 素○縞素辟舍. 218-5 交臂而○焉. 222-8 以攻不○之弱國. 223-3 除○. 237-13 公之下○. 239-13 秦必起兵以誅不○. 239-23 三川○矣. 242-20 ○. 247-7 千里之○也. 247-7 此古○道致士之法也. 255-21 天下○聽. 257-9 是王破燕而○趙也. 263-23 軍吏乃○. 271-6 而天下○矣. 273-10 天下必不○. 273-12 諸侯○秦. 275-12 乃朝○. 277-9 公輸般○焉. 279-13 威○天下鬼神. 281-13 無荅○. 283-14

【周】 362

秦興師臨○而求九鼎. 1-4 ○君患之. 1-4 欲興兵臨○而求九鼎. 1-6 ○之君臣. 1-6 使陳臣思將以救○. 1-8 ○君又患之. 1-9 ○賴大國之義. 1-10 昔○之伐殷. 1-18 ○君謂趙累曰. 2-2 則○公旦也. 2-5 而德東○. 2-13 東○與西○戰. 2-15 韓救西○. 2-15 爲東○謂韓王曰. 2-15 西○者. 2-15 可以德東○. 2-16 西○之寶可盡矣. 2-17 東○與西○爭. 2-19 西○欲和於楚韓. 2-19 齊明謂東○君曰. 2-19 臣恐西○之與楚. 2-19 令之爲己求地於東○也. 2-20 西○之欲入寶. 2-20 今東○之兵不急西○. 2-21 西○之寶不入楚韓. 2-21 即且趣我攻西○. 2-22 西○寶出. 2-22 西○弱矣. 2-23 東○欲爲稻. 3-1 西○不下水. 3-1 東○患之. 3-1 蘇子謂東○君曰. 3-1 臣請使西○下水可乎. 3-1 乃往見西○之君曰. 3-2 所以富東○也. 3-3 東○必復種稻. 3-4 則東○之民可令一仰西○. 3-5 西○君曰. 3-5 ○君將令相國往. 3-8 蘇厲爲之謂○君曰. 3-8 主君將令誰往○君曰. 3-11 秦假道於○以伐韓. 3-14 ○恐假之而惡於韓. 3-14 史黶謂○君曰. 3-15 信東○也. 3-16 公何不與○地. 3-16 不信○. 3-17 韓强與○地. 3-17 將以疑○於秦. 3-17 秦必無辭而令○弗受. 3-18 ○粻秦韓. 3-21 楚王怒○. 3-21 ○之君患之. 3-21 爲○謂楚王曰. 3-21 以王之强而怒○. 3-22 ○恐. 3-22 故王不如速解○恐. 3-23 ○最謂石禮曰. 3-25 子因令○最居魏以共之. 4-1 ○相呂倉見客於○君. 4-4 因令人謂○君曰. 4-5 ○文君免士工師藉. 4-7 謂○文君曰. 4-9 ○君遂不免. 4-14 温人之○. 4-16 ○不納. 4-16 子非○人. 4-17 今○君天下. 4-19 或爲○最謂金投曰. 4-22 秦以○最之齊疑天下. 4-22 ○最謂金投曰. 5-3 不如備兩○辯知之士. 5-10 謂○君曰. 5-10 ○最於齊王也而逐之. 5-13 有○齊. 5-15 收○最以爲後行. 5-16 外○最. 5-20 逐○最聽祝弗相呂禮者. 5-20 蘇厲爲○最謂蘇秦曰. 5-25 謂○最曰. 6-5 何不合○最兼相. 6-8 爲○最謂魏王曰. 6-11 王不去○最. 6-13 謂○最曰. 6-16 趙取○之祭地. 6-23 ○君患之. 6-23 ○君予之. 6-24 ○之祭地爲祟. 6-25 杜赫欲重景翠於○. 7-2 謂○君曰. 7-2 ○共太子死. 7-9 ○君不聽. 7-11 是公之知困而交絶於○也. 7-11 不如謂○君曰. 7-11 ○令其相之秦. 7-17 是公重○. 7-19 重○以取秦也. 7-20 齊重故有○. 7-20 是○常不失重國之交也. 7-20 昌他亡西○. 7-23 之東○. 7-23 盡輸西○之情於東○. 7-23 東○大喜. 7-23 西○大怒. 7-24 因使人告東○之候曰. 8-2 候得而獻東○. 8-2 東○立殺昌他. 8-2 昭翦與東○惡. 8-4 西○甚憎東○. 8-5 嘗欲東○與楚惡. 8-5 西○必令賊賊公. 8-6 因宣言東○也. 8-6 以西○之於王也. 8-6 吾又恐東○之賊己而以輕西○惡之於楚. 8-7 遽和東○. 8-7 道○. 8-10 ○君留之十四日. 8-10 韓使人讓○. 8-11 ○君患之. 8-11 客謂○君曰. 8-11 而藉兵乞食於西○. 9-4 韓慶爲西○謂薛公曰. 9-5 而使不藉兵乞食於西○. 9-16 進兵而攻○. 9-18 爲○最謂李兌曰. 9-18 君不如禁秦之攻○. 9-19 今秦攻○而得之. 9-19 秦欲待○之得. 9-20 秦若攻○而不得. 9-21 後有攻○之敗. 9-21 是君却秦而定○也. 9-22 秦去○. 9-23 是君存○而戰秦魏也. 10-1 秦令樗里疾以車百乘入○. 10-3 ○君迎之以卒. 10-3 讓○. 10-3 兼有呑○之意. 10-7 使樗里疾以車百乘入○. 10-7 ○君懼焉. 10-8 ○君豈能無愛國哉. 10-9 韓徵甲與粟於○. 10-12 ○君患之. 10-12 代能爲君令韓不徵甲與粟於○. 10-13 ○君大悦曰. 10-13 今公乃徵甲及粟於○. 10-17 公何不以高都與○. 10-19 吾無徵甲與粟於○. 10-20 則○必折而入於韓. 10-21 而焚○之節. 10-22 是公以弊高都得完○也. 10-22 不徵甲與粟於○而與高都. 10-23 ○君之秦. 11-1 謂○最曰. 11-1 ○君必以爲公功. 11-2 勸○君入秦者. 11-3 蘇厲謂○君曰. 11-5 破則○危. 11-6 過兩○. 11-13 吾得將爲楚王屬怒於○. 11-16 或謂○君曰. 11-17 ○君所以事吾得者器. 11-19 楚請道於二○之間. 11-22 ○君患之. 11-22 蘇秦謂○君曰. 11-22 安能道二○之間. 11-24 司寇布爲○最謂○君曰. 12-2 君使人告齊王以○最不肯爲太子也. 12-2 秦召○君. 12-10○君難往. 12-10 或爲○君謂魏王曰. 12-10 秦召○君. 12-10 ○君聞之. 12-11 ○君不入秦. 12-12 ○君之魏求救. 12-14 ○君反. 12-15 綦母恢謂○君曰. 12-15 ○君怨寡人乎. 12-16 ○君. 12-17 與○之衆. 12-19 ○君形不小利. 12-20 ○君得以爲辭於父兄百姓. 12-21 ○君得温囿. 12-22 魏王因使孟卯致温囿於○君而許之戍也. 12-24 西○弗利. 13-1 ○必亡矣. 13-1 盡包二○. 13-2 且魏有南陽鄭地三川而包二○. 13-3 秦欲攻○. 13-7 ○最謂秦王曰. 13-7 不攻○. 13-7 攻○. 13-8 兵弊於○. 13-9 故勸王攻○. 13-9 則令不横行於○矣. 13-10 宮他謂○君曰. 13-12 君不如使○最陰合於趙以備秦. 13-14 王何不以地齎○最以爲太子也. 13-17 齊王令司馬悍以賂進○最於○. 13-17 ○不聽. 13-19 是公之知困而交絶於○也. 13-19 公不如謂○君曰. 13-19 西○恐魏之藉道也. 13-22 爲西○謂魏王曰. 13-22 ○使○足之秦. 14-1 或謂○足曰. 14-1 何不謂○君曰. 14-1 秦○之交必惡. 14-2 不惡○於秦矣. 14-4 以與○武爲難. 21-2 以臨二○之郊. 21-24 誅○主之罪. 21-24 ○自知不救. 21-25 今三川○室. 22-4 ○. 22-14 韓○之與國也. 22-14 ○自知失九鼎. 22-15 ○書有言. 23-14 ○書有言. 23-16 以闚○室. 28-25 臣聞○有砥厄. 36-17 是○無天子之德. 37-16 ○人謂鼠未腊者朴. 41-20 ○人懷璞過鄭賈曰. 41-21 雖○呂望之功. 42-16 ○公輔成王也. 45-12 其可願孰與閎夭○公哉. 45-13 東收○室. 47-1 ○最爲楚王曰. 50-9 楚王因不罪景鯉而德○秦. 50-11 徙兩○之疆. 55-14 在東○. 56-8 資而相之於○乎. 56-9 昭衍爲○之梁. 56-15 臣恐其害於東○. 56-18 夫從人朋黨比○. 69-20 以臨○. 71-17 以臨○. 72-3 ○韓西有强秦. 73-25 秦伐○韓之西. 73-25 ○韓爲割. 74-1 韓却○害也. 74-1 及韓却○割之. 74-1 則亦不果於趙魏之應秦而伐○韓. 74-3 兼二○之地. 81-16 堯舜禹湯○文王是也. 86-15 ○成王任○公旦. 86-20 王上者孰與○文王. 99-12 然則○文王得呂尚以爲太公. 99-15 下比○. 105-13 城渾出○. 107-5 韓求相工陳籍而○不聽. 112-5 魏求相綦母恢而○不聽. 112-5 ○是列縣畜我也. 112-6 是楚自行不如○. 112-7 彼鄭○之女. 120-8 如伊尹○公. 129-15 秦必過○韓而有梁. 136-20 欲亡韓呑兩○之地. 138-8 東闚於○室甚. 142-21 劫韓包○則趙自銷鑠. 144-21 東收兩○而西遷九鼎. 148-3 王立○紹爲傅. 152-19 ○紹曰. 153-2 ○紹曰. 153-3 ○紹曰. 153-4 ○紹曰. 153-8 遂賜○紹胡服衣冠. 153-15 公不如令主父以地資○最. 157-17 ○最以天下辱秦者也. 157-17 此利於趙而便於○最也. 157-19 率天下諸侯而朝○. 163-8 ○貧且微. 163-8 ○烈王崩. 163-9 ○怒. 163-10 故生則朝○. 163-12 包二○. 172-21 ○書曰. 181-7 ○書曰. 185-1 秦敗東○. 190-10 聞○魏令竇屢以割魏於奉陽君. 190-14 夫○君竇屢奉陽君之與穰侯. 190-15 而和於東○與魏也. 190-17 奉陽君孟嘗君韓呡○己○韓餘爲徒從而下之. 195-19 魏文子田需○宵相善. 196-4 犀首以倍田需○宵. 196-6 ○書曰. 202-19 ○訢謂王曰. 203-11 ○訢對曰. 203-18 有○韓而間之. 207-20 無○韓以間之. 207-25 則二○必危. 208-14 王不弱二○. 215-15 過二○而攻王者. 215-16 ○肖謂宮他曰. 216-2 ○最善齊. 216-7 ○最入齊. 216-10 以○最也. 216-11 今○最遁寡人入齊. 216-11 比○以相飾也. 223-5 請爲公以五萬攻西○. 225-10 秦攻西○. 225-11 假道兩○倍韓以攻楚. 229-25 齊令○最使鄭. 233-19 ○最患之. 233-19 公叔之與○君交也. 233-19 必○君而深怨我矣. 233-21 ○最行至鄭. 233-23 ○最固不欲來使. 233-23 ○最不欲來. 233-24 今○最固得事足下. 234-2 今○最不來. 234-3 遂重○最. 234-5 其弟在○. 236-10 ○欲以車百乘重而送之. 236-10 ○佼以西○善於秦. 240-1 ○啓以東○善於秦. 240-2 韓之重於兩○也無計. 240-2 萬於○之時. 240-3 以東闚○室. 240-20 未嘗不以○襄王之命. 242-7 無不任事於○室也. 242-12 羣臣比○以蔽其上. 244-13 大怒於○之留成陽君也. 245-2 韓氏逐向晉於○. 245-25 ○成恢爲之謂魏王曰. 245-25 ○必寬而反之. 245-25 是王有向晉於○也. 246-1 是魏有向晉於○. 246-3 西○讎之. 246-6 東○寶之. 246-6 是緤以三川與西○戒也. 246-7 西○惡之. 246-7 西○聞之. 246-8 臣東○之鄙人也. 250-8 且臣有老母於○. 250-22 臣東○之鄙人也. 252-10 又高於所聞東○. 252-12 使使盟於○室. 257-1 歸耕乎○之上埊. 258-1 則臣亦之○負籠耳. 258-9 曩者使燕毋去○室之上. 258-10 昔○之上埊嘗有之. 258-25 ○埊賤媒. 259-12 然而○之俗. 259-14 我離兩○而觸鄭. 260-12 包兩○. 260-15 ○流無所不通. 287-7

【昏】 1

百姓○亂. 114-1

【郇】 1

北有汾陘之塞○陽. 108-23

【兔】 10

○興馬逝. 1-17 譬若馳韓盧而逐蹇○也. 38-19 躍躍毚○. 52-24 海内之狡○也. 81-6 ○極於前. 81-7 犬○俱罷. 81-7 狡○有三窟. 83-12 割挈馬○而西走. 143-3 割挈馬○而西走. 143-5 宋所謂無雉○鮒魚者也. 279-19

【狙】 1

兵固天下之○喜也. 165-11

【狎】 1

是○也. 176-5

【狐】 10

○濡其尾. 52-15 鬼神○祥無所食. 53-4 則騏驥不如○狸. 79-16 齊負郭之民有孤○咺者. 95-3 得○. 103-23 ○曰. 103-23 子爲畏○也.

104-4 必效縣○氏. 141-13 而請內焦黎牛○之城. 156-14 不予焦黎牛○. 156-16
【忽】 3
○於至道. 16-14 蓋可○乎哉. 17-16 倏○之間. 124-19
【狗】 19
王見大王之○. 42-4 ○馬實外廄. 83-4 先君好○. 87-17 王亦好○. 87-17 世無東郭俊盧氏之○. 87-20 王之走○已具矣. 87-21 跖之○吠堯. 98-21 ○固吠非其主也. 98-21 徐子之○. 98-22 而爲賢者○. 98-24 人有以其○爲有執而愛之. 105-7 其○嘗溺井. 105-7 其鄰人見○之溺井也. 105-8 ○惡之. 105-8 燕必致氈裘○馬之地. 144-14 而立司空○. 166-14 不能禁○使無吠已也. 213-1 客游以爲○屠. 237-5 而不能令○無吠已. 247-1
【咎】 12
何不封公子○. 7-10 蒙怨○. 44-22 然而天下獨歸○於齊者. 91-1 今夫鵠的非○罪於人也. 93-6 魏令公子○以銳師居安邑. 156-22 恐有後○. 192-5 公何不試奉公子○. 235-18 韓立公子○而棄幾瑟. 235-19 冷向謂韓○曰. 236-2 韓○立爲君而未定也. 236-10 恐韓○入韓之不立也. 236-11 韓○立. 236-12
【炙】 1
易牙乃煎敖燔○. 200-5
【京】 1
更贏與魏王處○臺之下. 127-16
【享】 2
祭祀時○. 138-2 而○往古之勳. 149-6
【夜】 20
乃○發書. 16-21 ○行而晝伏. 38-1 益封安平君以○邑萬户. 99-25 當今將軍東有○邑之奉. 100-13 秦人一○而襲之. 107-8 秦人一○而襲之. 107-9 獻雞駭之犀○光之壁於秦王. 111-22 ○. 133-9 ○期殺守堤之吏. 134-1 ○半. 137-9 是故横人日○務以秦權恐猲諸侯. 145-20 不以○行. 146-16 日○行不休已. 184-10 莫不日○搤腕瞋目切齒以言從之便. 186-8 齊桓公○半不嗛. 200-5 ○見孟嘗君. 205-16 ○行者能無爲姦. 213-1 日○赴魏. 217-1 乃○遁. 271-10 此臣日○切齒拊心也. 276-11
【府】 16
此所謂天○. 15-18 今天下之○庫不盈. 18-11 君之○藏珍珠寶玉. 57-5 ○具幣. 58-19 臣願以足下之○庫財物. 78-20 而藏方○之金. 125-9 案○庫. 132-15 ○庫足用. 132-15 子知官○之籍. 154-8 今子以官○之籍. 154-13 ○庫倉廩虛. 175-2 手受大○之憲. 217-23 是使我負襄王詔而廢大○之憲也. 217-25 谿子少○時力距來. 222-1 是絕上交而固私○也. 224-10 此所謂天○也. 248-7
【底】 1
魏王身被甲○劍. 90-11
【卒】 111
士○師徒. 1-19 周君迎之以○. 10-3 厹由○亡. 10-6 楚○不拔雍氏而去. 10-23 乃復悉○乃攻邯鄲. 20-18 ○起兵伐蜀. 22-18 取皮氏○萬人. 23-10 三鼓之而○不上. 30-5 君不如勸秦王令弊邑○攻齊之事. 34-5 秦○有他事而從齊. 34-22 ○擅天下而身立爲帝王. 37-15 ○興吳國. 38-2 以秦○之勇. 38-18 ○無秦王. 40-8 其○亦可願矣. 44-20 ○爲秦禽將. 44-23 ○支解. 46-9 ○事始皇帝. 47-3 ○使公子池以三城講於三國. 49-7 ○爲三家笑. 55-10 ○不免秦患. 59-18 復整其士○以與王遇. 62-7 其良士選○必殪. 67-18 其良士選○必殪. 67-19 而臨淄之○. 68-20 趙亡○數十萬. 69-23 能爲君決疑應○. 78-20 ○魏兵以救邯鄲之圍. 81-12 王之問臣也○. 89-7 不如聽之以○秦. 89-8 而○身死國亡. 91-15 然而智伯○身死國亡. 92-22 遂子收餘○. 95-7 破亡餘○. 95-17 士○多死. 96-6 敝○七千. 99-20 破亡餘○. 100-4 爲士○倡曰. 100-10 而士○無生之氣. 100-12 襄王○. 101-5 及君王后病且○. 101-10 ○有秦患. 109-14 士○安難樂死. 110-3 ○有楚禍. 110-14 舫船載○. 110-17 陳○盡矣. 110-23 兩御之間夫○交. 113-6 此猶一○也. 113-12 ○萬人. 113-20 士○不用. 118-17 談○. 119-15 君王○幸四子者不衰. 124-5 談○. 127-25 ○無子. 128-17 士○病羸. 132-25 襄子將○犯其前. 134-3 ○釋之. 135-13 臣願大王深與左右羣臣○計而重謀. 139-9 若不能○. 140-2 湯武之○不過三千人. 145-9 內度其士○之衆寡賢與不肖. 145-10 料諸侯之○. 145-14 ○有秦患. 145-19 而○世不見也. 149-5 今王破○散兵. 154-5 ○倍秦. 156-19 夫不鬪一○. 161-5 趙○不得媾. 162-2 ○爲天下笑. 163-11 ○就脯醢之地也. 163-23 ○斷紂之頭而縣於太白者. 167-11 魏之和○敗. 178-10 夫使士○不崩. 183-8 ○有國患. 184-12 臣聞越王勾踐以散○三千. 184-16 武王○三千人. 184-16 豈其士○衆哉. 184-17 今竊聞大王之○. 184-17 ○不過三十萬人. 185-7 ○成四方. 185-10 其○雖衆. 186-2 又安敢釋○不我予乎. 192-8 ○假晉道. 208-24 未○而移兵於梁. 213-15 ○然見趙王. 217-9 韓○超足而射. 222-2 韓○之劍戟. 222-3 以韓○之勇. 222-6 料大王之○. 222-21 見○不過二十萬而已矣. 222-22 山東之○. 223-1 夫秦○之與山東之○也. 223-2 然仲子○備賓主之禮而去. 237-11 文公○. 249-13 士○不戰. 254-19 士○樂佚輕戰. 256-8 ○絕齊於趙. 263-8 ○敗燕軍. 266-16 輕○銳兵. 267-17 之○者出士以成韓梁之西邊. 269-4 二人○留趙. 273-7 是丹命固○之時也. 274-9 ○起不意. 277-18 而○惶急無以擊軻. 277-20 ○惶急不知所爲. 277-22 五歲而○滅燕國. 278-8 ○不得魏. 281-9 今趙○之死於長平者已十七八. 289-7 秦中士○. 289-14 死○不可復生. 290-14
【郊】 22
而君自○迎. 11-18 ○迎三十里. 17-12 以臨二周之○. 21-24 趙王○迎. 58-21 更立衛姬嬰兒○師. 63-19 宣王自迎靖郭君於○. 64-1 軍於邯鄲之○. 64-11 軍於其○. 64-12 而孟嘗令人體貌而親○迎之. 77-22 迎○. 183-7 因○迎惠施. 196-11 今○鄴者. 201-10 而以與趙兵決勝於邯鄲之○. 207-5 以與楚兵決於陳○. 207-9 東至陶衛之○. 207-22 今齊楚之兵已在魏○矣. 216-22 趙王自○迎. 217-4 今趙王自○迎. 217-9 而足下迎臣於○. 250-9 弊邑之師過大國之○. 279-24 以掠於○野. 289-14 掠其○野. 290-1
【効】 12
願○之王. 71-12 請○列城五. 103-17 使臣○愚計. 109-18 ○萬家之都. 111-17 ○愚忠. 144-7 盡○之於王. 170-9 臣又願足下有地○於襄安君以資臣也. 171-13 ○河外. 186-12 今茲○之. 222-10 ○宜陽. 223-15 則曰來○賊也. 236-12 王因收印自三百石吏而○之子之. 254-8
【妾】 48
賣僕○售乎閭巷者. 24-4 良僕○也. 24-4 故賣僕○不出里巷而取者. 25-1 良僕○也. 25-1 ○以無燭. 31-3 幸以賜○. 31-4 ○自以有益於處女. 31-5 賣愛○. 43-18 愛○已賣. 43-20 流亡爲臣○. 53-5 而復問其○曰. 66-8 ○曰. 66-8 ○之美我者. 66-13 臣之○畏臣. 66-15 臣非不能更葬先○也. 67-9 請以秦女爲大王箕帚之○. 111-17 ○聞將軍之晉國. 120-12 ○知也. 123-18 左抱幼○. 125-4 今○自知有身矣. 129-3 ○之幸君未久. 129-3 誠以君之重而進○於楚王. 129-4 王必幸○. 129-4 ○賴天而有男. 129-4 是使三晉之大臣不如鄒魯之僕○也. 164-9 彼又將使其子女讒○爲諸侯妃姬. 164-11 王亦聞老○事其主婦者乎. 188-11 若老○之事其主婦者. 188-12 ○事先王也. 231-7 先王以其髀加○之身. 231-7 ○困不疲也. 231-7 盡置其身○之上. 231-8 而○弗重也. 231-8 獨不可使○少有利焉. 231-9 不可愛○之軀. 238-10 女爲○. 241-21 女爲○. 241-23 妻使○奉卮酒進之. 251-3 ○知其藥酒也. 251-3 故○一僵而棄酒. 251-4 適不幸而有類○之棄酒也. 251-6 於是因令其○酌藥酒而進之. 259-3 其○知之. 259-3 今○奉而仆之. 259-6 縛其○而笞之. 259-6 故○所以笞者. 259-7 不制於妻○. 259-9 皆令妻○補縫於行伍之間. 289-23
【放】 3
齊○其大臣孟嘗君於諸侯. 83-15 湯武之所以○殺而爭也. 144-17 而禹○逐之. 182-24
【刻】 3
然○深寡恩. 15-7 ○削子以爲人. 77-16 且以繩墨案規矩○鏤我. 141-7
【於】 1803
臣請東借救○齊. 1-5 寡人將寄徑○梁. 1-11 寡人將寄徑○楚. 1-13 謀之○葉庭之中. 1-14 灕然止○齊者. 1-18 則削迹○秦. 2-5 景翠得城○秦. 2-13 受寶○韓. 2-13 西周欲和○楚韓. 2-19 令之爲己求地○東周也. 2-20 而受命○君矣. 3-5 秦假道○周以伐韓. 3-14 周恐假之而惡○韓. 3-14 不假而惡○秦. 3-14 將以疑周○秦. 3-17 是得地○韓而聽○秦也. 3-18 必以國合○所與粟之國. 3-22 是天下制○子也. 4-2 子東重○齊. 4-2 西貴○秦. 4-2 周相呂倉見客○周君. 4-4 非自傷○民也. 4-12 必先合○秦. 4-23 公東收寶○秦. 4-25 南取地○韓. 4-25 爲君爭○秦. 5-11 周最○齊王也而逐之. 5-13 以地合○魏趙. 5-25 故必怒合○齊. 6-1 將興趙宋合○東方以孤秦. 6-6 亦將觀韓魏之○齊也. 6-6 則賣趙宋○三國. 6-7 則秦趙必相賣以合○王也. 6-9 先合○齊. 6-12 貴合○秦以伐齊. 6-16 如累王之交○天下. 6-20 告○鄭朝. 6-23 杜赫欲重景翠○周. 7-2 張○無鳥之所. 7-4 張○多鳥處. 7-4 必張○有鳥無鳥之際. 7-5 今君將施○大人. 7-5 施○小人. 7-6 君必施○今之窮士. 7-6 是公之知困而交絕○周也. 7-11 居中不便○相國. 7-14 盡輪西周之情○東周. 7-23 以西周之○王也. 8-6 吾又恐東周之賊己而以輕西周惡之○楚. 8-7 而藉兵乞食○西周. 9-4 君不如令弊邑陰合○秦而君無攻. 9-8 而使不藉兵乞食○西周. 9-16 秦攻魏將犀武軍○伊闕. 9-18 韓徵甲與粟○周. 10-12 代能爲君令韓不徵甲與粟○周. 10-13 韓氏罷○兵. 10-15 今公乃徵甲及粟○周. 10-17 吾無徵甲與粟○周. 10-20 則周必折而入○韓. 10-21 不徵甲與粟○周而與高都. 10-23 吾得將爲楚王屬怒○周. 11-16 不如令太子將軍正迎吾得○境. 11-17 楚請道○二周之間. 11-22 除道屬之○河. 11-23 臣恐齊王之爲君實立果而讓之○最. 12-6 奉養無有愛

○最也. 12-7 王何不出○河南. 12-11 將以爲辭○秦而不往. 12-12 犀武敗○伊闕. 12-14 周君得以爲辭○父兄百姓. 12-21 必不合○秦. 12-22 魏王因使孟卯致溫囿○周君而許之戍也. 12-24 多○二縣. 13-2 必東合○齊. 13-8 兵弊○周. 13-9 而合天下○齊. 13-9 則令不橫行○周矣. 13-10 郲莒亡○齊. 13-13 陳蔡亡○楚. 13-13 君不如使周最陰合○趙以備秦. 13-14 齊王令司馬悍以賂進周最○周. 13-17 是公之知困而交絕○周也. 13-19 且惡臣○秦. 14-2 不惡周○秦矣. 14-4 交善○秦. 14-5 交惡○秦. 14-6 不善○公且誅矣. 14-6 封之○商. 15-4 ○是. 16-8 效勝○戰場. 16-9 是故兵勝○外. 16-12 義強○內. 16-12 威立○上. 16-12 民服○下. 16-12 忽○至道. 16-14 皆惛○教. 16-14 亂○治. 16-14 迷○言. 16-14 惑○語. 16-15 沈○辯. 16-15 溺○辭. 16-15 ○是乃摩燕烏集闕. 16-25 見說趙王○華屋之下. 16-25 故蘇秦相○趙而關不通. 17-3 賢○兄弟. 17-5 式○政. 17-6 不式○勇. 17-6 式○廊廟之內. 17-6 不式○四境之外. 17-7 炫熿○道. 17-8 猶連雞之不能俱止○棲之明矣. 17-21 必割地以交○王矣. 18-2 齊必重○王. 18-2 斷死○前者比是也. 18-19 東伏○陳. 19-10 是故兵終身暴靈○外. 19-23 士民潞病○內. 19-23 軍○長平之下. 20-3 乃取欺○亡國. 20-16 幷○李下. 20-20 左飲○淇谷. 21-2 右飲○洹水. 21-2 以攻趙襄主○晉陽. 21-4 ○是潛行而出. 21-6 大王斬臣以徇○國. 21-14 張子得志○魏. 21-18 不敢反○秦矣. 21-18 司馬錯與張儀爭論○秦惠王前. 21-21 爭名者○朝. 22-3 爭利者○市. 22-3 願爭○戎狄. 22-4 故臣願從事○易. 22-8 因令楚王爲之請相○秦. 22-21 楚王因爲請相○秦. 22-22 王欲窮儀○秦乎. 22-23 復聽○秦. 23-8 張儀又惡陳軫○秦王. 23-23 吾不忠○君. 24-4 出婦嫁○鄉里者. 25-2 臣不忠○王. 25-2 其○弊邑之王甚厚. 26-9 臣請使秦王獻商○之地. 26-11 西德○秦. 26-13 而私商○之地以爲利也, 26-13 宣言之○朝廷. 26-15 不穀得商○之田. 26-15 而得商○之地六百里. 26-17 臣見商○之地不可得. 26-18 且必受欺○張儀. 26-21 受欺○張儀. 26-22 楚因使一將軍受地○秦. 27-1 是我亡○秦而取償○齊也. 27-7 而責欺○秦. 27-8 楚兵大敗○杜陵. 27-10 計失○陳軫. 27-11 過聽○張儀. 27-11 王不如以地東解○齊. 27-13 西講○秦. 27-13 不如召甘茂○魏. 28-6 召公孫顯○韓. 28-7 起樗里子○國. 28-7 中國無事○秦. 28-11 中國爲有事○秦. 28-12 大敗秦人○李帛之下. 28-18 王迎甘茂○息壤. 29-4 ○是與之盟○息壤. 29-19 楚王以其言責漢中○馮章. 30-1 公孫衍樗里疾挫我○內. 30-7 而公中以韓窮我○外. 30-7 ○是出私金以益公賞. 30-9 公內攻○樗里疾公孫衍. 30-12 楚畔秦而合○韓. 30-17 而不餘怨○秦. 30-18 何妨○處女. 31-4 妾自以有益○處女. 31-5 棄逐○秦而出關. 31-6 請重公○齊. 31-7 寡人託國○子. 31-21 王怒○犀首之泄也. 31-23 爲楚和○秦. 31-25 怵○楚而不使魏制和. 32-1 不悅而合○楚. 32-2 王不惡○魏. 32-3 令田章以陽武合○趙. 32-5 乃案兵告○秦曰. 32-6 秦王明而熟○計. 32-14 穰侯智而習○事. 32-14 不利○秦. 32-17 則晉楚爲制○秦. 32-21 則必不走○秦且走晉楚. 32-21 秦王明而熟○計. 33-2 穰侯智而習○事. 33-2 葬○無知之死人哉. 33-8 齊免○天下之兵. 34-4 故攻齊之○陶也. 34-13 齊亡○燕. 34-21 吳亡○越. 34-21 挾君之讎以誅○燕. 34-23 封君○河南. 34-24 達途○中國. 35-1 願君之專志○攻齊. 35-1 今公東而因言○楚. 35-8 觀三國之所求○秦而不能得者. 35-10 觀張儀與澤之所不能得○薛公者也. 35-11 若○除宋罪. 35-17 秦三世積節○韓魏. 35-21 窮而居○齊. 36-4 賞必加○有功. 36-12 刑必斷○有罪. 36-13 豈敢以疑事嘗試○王乎. 36-14 獨不重任臣者後無反覆○王前耶. 36-15 取之○國. 36-19 取之○諸侯. 36-19 聖主明○成敗之事. 36-21 臣不敢載之○書. 36-23 臣愚而不闔○王心耶. 36-23 身爲漁父而釣○渭陽之濱耳. 37-12 故文王果收功○呂尙. 37-14 交疏○王. 37-17 知今日言之○前. 37-19 而明日伏誅○後. 37-20 可以少有補○秦. 37-25 至○菱水. 38-1 乞食○吳市. 38-2 無益○殷楚. 38-5 使臣得同行○箕子接輿. 38-5 賢○生也. 38-11 寡人得受命○先生. 38-14 今反閉而不敢窺兵○山東者. 38-20 多之則害○秦. 38-24 疏○計矣. 39-1 ○是舉兵而攻邢丘. 39-13 爲秦害者莫大○韓. 39-15 剖符○天下. 40-3 則利歸○陶. 40-4 御○諸侯. 40-4 則怨結○百姓. 40-4 臣今見王獨立○廟朝矣. 40-9 ○是乃廢太后. 40-11 走涇陽○關外. 40-11 臣未嘗聞指大○臂. 40-20 臂大○股. 40-21 臣必聞見王獨立○庭也. 41-2 利盡歸○陶. 41-7 且削地而以自贖○王. 41-16 則王之所求○韓者. 41-18 顯名○天下. 41-23 眩○名. 41-25 合從相聚○趙. 42-2 秦○天下之士非有怨也. 42-3 ○是唐雎載音樂. 42-5 ○是其謀者固未可得予也. 42-7 困○上黨. 42-18 而況○秦國乎. 43-10 蒙傲以報○昭王. 43-12 父之○子也. 43-17 今君雖幸○王. 43-20 不卑○守閭嫗. 43-21 開罪○楚魏. 43-24 王舉臣○羈旅之中. 43-25 是王過舉顯○天下. 44-2 蔡澤見逐○趙. 44-6 遇奪釜鬲○涂. 44-6 行道施德○天下. 44-15 ○是應侯稱善. 45-10 私家之富過○三子. 45-19 吳王夫差無適○天下. 45-22 然而身死○庸夫. 45-24 故秦無敵○天下. 46-2 賜死○杜郵. 46-7 禍至○此. 46-12 棧道千里○蜀漢. 46-17 言○秦昭王曰. 46-22 爲秦使○燕. 47-4 三年而燕使太子丹入質○秦. 47-4 再戰○藍田. 48-3 況○楚之故地. 48-7 楚疑○秦之未必救己也. 48-7 ○是三國幷力攻楚. 48-12 楚果告急○秦. 48-13 免○國患. 48-24 卒使公子池以三城講○三國. 49-7 帥韓魏以圍趙襄子○晉陽. 49-17 肘足接○車上. 49-20 楚魏戰○陘山. 49-25 以絕秦○楚. 49-25 楚敗○南陽. 49-25 秦責賂○魏. 50-1 是魏勝楚而亡地○秦也. 50-3 效上洛○秦. 50-6 從秦王與魏王遇○境. 50-8 魏請無與楚遇而合○秦. 50-9 弊邑之○與遇善之. 50-10 齊魏有何重○孤國也. 50-19 ○是頓子曰. 50-24 威不掩○山東. 51-6 而掩○母. 51-6 入其社稷之臣○秦. 51-9 北遊○燕趙. 51-13 ○是白起又將兵來伐. 51-18 故使○秦. 51-19 天下莫強○秦楚. 51-21 三世而不接地○齊. 52-1 今王三使盛橋守事○韓. 52-1 設利○前. 52-18 而易患○後也. 52-18 旣勝齊人○艾陵. 52-19 還爲越王禽○三江之浦. 52-19 殺智伯瑤○鑿臺之上. 52-21 王旣無重世之德○韓魏. 53-1 韓魏父子兄弟接踵而死○秦者. 53-2 相望○境. 53-4 相隨○路. 53-4 王將藉路○仇讎之韓魏乎. 53-7 是王以兵資○仇讎之韓魏. 53-8 王若不藉路○仇讎之韓魏. 53-8 王破楚○以肥韓魏○中國而勁齊. 53-15 韓魏之強足以校○秦矣. 53-16 莫強○齊. 53-17 ○以禁王之爲帝有餘. 53-18 一舉衆而注地○楚. 53-19 歸帝重○齊. 53-20 而關內二萬乘之主注地○齊. 54-1 衛危○累卵. 54-12 而朝○邯鄲之君乎. 54-12 ○是天下有稱伐邯鄲者. 54-13 以與申縛遇○泗水之上. 54-17 ○是夫積薄而爲厚. 54-21 以同言郢威王○側紂之閒. 54-22 臣豈以郢威王爲政衰謀亂以至○此哉. 54-23 吳王夫差棲越○會稽. 55-10 勝齊○艾陵. 55-10 無禮○宋. 55-10 死○干隧. 55-11 驅十二諸侯以朝天子○孟津. 55-12 身布冠而拘○秦. 55-13 行百里者半○九十. 55-19 今亡○楚. 56-8 資而相之○周乎. 56-9 王因疑○太子. 56-14 令之留○酸棗. 56-14 秦疑○王之約. 56-16 臣恐其害○東周. 56-18 濮陽人呂不韋賈○邯鄲. 56-21 秦子異人質○趙. 56-25 處○㢌城. 56-25 今子無母○中. 57-1 外託○不可知之國. 57-1 君危○累卵. 57-6 而不壽○朝生. 57-7 其寧○太山四維. 57-7 弃在○趙. 57-10 無母○內. 57-11 無母○中. 57-14 不習○誦. 57-20 陛下嘗軔車○趙矣. 57-21 而燕太子質○秦. 58-3 燕者必徑○趙. 58-5 今臣生十二歲○茲矣. 58-10 願○因計. 59-12 以曲合○趙王. 60-2 將軍爲壽○前而捍匕首. 60-5 恐懼死罪○前. 60-6 受命○王. 60-9 銜劍徵之○柱以自刺. 60-12 又以爲司空馬逐○秦. 60-15 寡人屈○內. 60-20 而百姓靡○外. 60-20 而珍珠重寶盡○內. 61-2 外自交○諸侯. 61-3 嘗盜○梁. 61-3 臣○趙而逐. 61-4 吾聞子以寡人財交○諸侯. 61-6 子胥忠○君. 61-8 使賈不忠○君. 61-9 而勝○城濮. 61-16 是以羣臣莫敢以虛願望○上. 61-20 楚威王戰勝○徐州. 62-3 欲逐嬰子○齊. 62-3 王戰勝○徐州也. 62-4 盼子有功○國. 62-4 必不便○王也. 62-8 齊將封田嬰○薛. 62-10 令其欲封公也又甚○齊. 62-11 願委之○子. 62-12 客有○此. 62-20 雖隆薛之城到○天. 62-24 ○是舍之上舍. 63-10 大不善○宣王. 63-11 至○薛. 63-20 受薛○先王. 63-21 雖惡○後王. 63-21 動○顏色. 63-23 靖郭君之○寡人一至此乎. 63-23 宣王自迎靖郭君○郊. 64-1 趙求救○齊. 64-8 其○齊何利哉. 64-10 軍○邯鄲之郊. 64-11 軍○其郊. 64-12 韓氏請救○齊. 64-17 韓且折而入○魏. 64-18 顧反聽命○韓也. 64-20 必東愬○齊. 64-21 東愬○齊. 64-23 公孫閈乃使人操十金而往卜○市. 65-6 亦驗其辭○王前. 65-8 使彼罷弊○先弱守○主. 65-12 使彼罷弊先弱守○主. 65-14 則將軍不得入○齊矣. 65-17 齊恐田忌欲以楚權復○齊. 65-19 恐田忌之以楚權復○齊也. 65-21 王不如封田忌○江南. 65-21 若復○齊. 65-23 楚果封之○江南. 65-24 欲有求○我也. 66-13 ○是入朝見威王曰. 66-14 臣之客欲有求○臣. 66-15 皆以美○徐公. 66-15 莫不有求○王. 66-17 能謗議○市朝. 66-19 皆朝○齊. 66-22 此所謂戰勝○朝廷. 66-22 ○是秦王拜西藩之臣而謝○齊. 67-5 而兩歸其國○秦. 68-1 不如急以兵合○三晉. 68-13 果以兵合○三晉. 68-14 不待發○遠縣. 68-20 猶齊之○魯也. 69-22 秦趙戰○河漳之上. 69-22 戰○番吾之下. 69-23 託○東海之上. 70-4 獻魚鹽之地三百○秦也. 70-5 韓自以得交○齊. 71-7 齊梁之兵連○城下. 71-16 厚矣王之託儀○秦王也. 71-21 梁齊之兵連○城下不能去. 72-1 與革車三十乘而納儀○梁. 72-3 而信儀○秦王也. 72-5 犀首以梁爲齊戰○承匡而不勝. 72-7 衍非有怨○儀也. 72-9 因與之參坐○衛君之前. 72-10 犀首送之至○齊壃. 72-11 怒○儀. 72-12 異貴○此者何也. 72-17 趙令樓緩以五城求講○秦. 73-3 因使人以十城求講○秦. 73-3 不如從合○趙. 73-5 急必以地和○燕. 73-9 命懸○趙. 73-12 歸○君矣. 73-13 請粟○齊. 73-17 且趙之○燕齊. 73-19 則亦不果○趙魏之應秦而伐周韓. 74-3 令齊入○秦而伐趙魏. 74-3 然則是我抱空質而行不義○天下也. 75-5 可以益割○楚. 75-8 可以惡蘇秦○薛公. 75-10 可以爲蘇秦請封○楚. 75-10 可以使蘇子自解○薛公. 75-12 變則是君抱空質而負名○天下也. 75-15 故曰可以益割○楚. 75-22 必不倍○王也. 76-6 薛公大怒○蘇秦. 76-15 故曰可使人惡蘇秦○薛公也. 76-16 今人惡蘇秦○薛公. 76-19 故曰可以爲蘇秦請封○楚也. 76-22 君之所以重○天下者. 76-23 而○君之事殆矣. 77-1 今蘇秦善○楚王. 77-1 過○淄上. 77-13 淳于髡爲齊使

○荆. 77-21 至○齊. 77-25 何見○荆. 77-25 ○衛甚重. 79-4 小國所以皆致相印○君者. 80-6 聞君○齊能振達貧窮. 80-7 私得寶○外者. 80-19 淳于髡一日而見七人○宣王. 80-21 今求柴葫桔梗○沮澤. 80-25 王求士○髡. 81-2 譬若挹水○河. 81-2 而取火○燧也. 81-2 兔極○前. 81-7 犬廢○後. 81-7 是齊入○魏而救邯鄲之功也. 81-13 則權重○中國. 81-22 不能以重○天下者何也. 81-23 ○是乘其車. 82-10 ○是馮諼不復歌. 82-14 能爲文收責○薛者乎. 82-16 文倦○事. 82-20 憒○憂. 82-20 沉○國家之事. 82-20 開罪○先生. 82-21 乃有意欲爲收責○薛乎. 82-21 ○是約車治裝. 82-22 孟嘗君就國○薛. 83-10 西遊○梁. 83-14 齊放其大臣孟嘗君○諸侯. 83-15 ○是. 83-16 被○宗廟之祟. 83-21 沉○諂諛之臣. 83-21 開罪○君. 83-21 立宗廟○薛. 83-23 今君之家富○二公. 84-24 色與馬取○今之世. 85-3 孟嘗君逐○齊而復反. 85-6 譚拾子迎之○境. 85-6 出○野鄙. 86-5 自古及今而能虛成名○天下者. 86-13 是故成其道德而揚功名○後世者. 86-14 夫玉生○山. 86-25 ○王何如. 87-9 宣王因趨而迎之○門. 87-10 斗生○亂世. 87-12 ○是舉士五人任官. 88-1 是皆率民而出○孝情者也. 88-12 ○陵子仲尚存乎. 88-13 上不臣○王. 88-14 此率民而出○無用者. 88-15 見○華章南門. 89-5 其○以收天下. 89-10 必藉○權而務興○時. 90-5 告遡○魏. 90-10 衛非强○趙也. 90-13 戰○州西. 90-14 馬飲○大河. 90-15 衛明○時權之藉也. 90-18 然後從○天下. 90-22 然而天下獨歸咎○齊者. 91-1 而獨舉心○齊者. 91-3 可見○前事矣. 91-18 非賢○騏驥孟賁也. 91-20 微用兵而寄○義. 91-22 明○諸侯之故. 91-23 察○地形之理者. 91-23 昔者齊燕戰○桓之曲. 91-25 然而甚○相趨者. 92-2 約○同形則利長. 92-3 中罷○刀金. 92-18 而士困○土功. 92-18 上倦○教. 92-19 士斷○兵. 92-19 南戰○長子. 92-23 北戰○中山. 92-24 君臣○齊者. 93-1 不嗇○戰攻之患也. 93-1 可見○前事. 93-2 夫士死○外. 93-5 民殘○內. 93-5 而城郭露○境. 93-5 今夫鵠的非咎罪○人也. 93-6 則同心○貫之者. 93-8 甲兵不出○軍而敵國勝. 93-12 令○境內. 93-25 衛鞅謀○秦王曰. 94-1 而令行○天下. 94-2 令行○天下矣. 94-4 魏王說○衛鞅之言也. 94-8 ○是齊楚怒. 94-10 跣行按兵○國. 94-11 而東次○齊. 94-11 言○尊俎之間. 94-13 謀成○堂上. 94-14 而魏將以禽○齊矣. 94-14 而西河之外入○秦矣. 94-14 拔城○尊俎之間. 94-16 ○是殺閔王○鼓里. 95-15 遽迎太子○莒. 95-18 而威不信○齊. 96-10 齊必決之○聊城. 96-18 五折○外. 96-19 被圍○趙. 96-20 能以見○天下矣. 96-23 交游攘臂而議○世. 97-1 矯國革俗○天下. 97-2 東游○齊乎. 97-3 劫桓公○壇位之上. 97-17 坐○沙中. 98-5 宜召田單而揖之○庭. 98-14 乃使人聽○閭里. 98-16 單何以得罪○先生. 98-20 故常見譽○朝. 98-20 任之○王. 98-25 相與語○王曰. 99-1 何不使使者謝○楚王. 99-2 九人之屬相與語○王曰. 99-4 布德○民. 99-7 子無罪○寡人. 99-9 誰有厚○安平君者哉. 99-17 然而計之○道. 99-21 歸之○義. 99-22 而迎王與后○城陽山中. 99-22 歸○何黨矣. 100-11 立○矢石之所. 100-16 不如易餘糧○宋. 100-19 法章乃自言○莒. 101-1 齊王建入朝○秦. 101-16 以資固○齊. 102-9 王不如令人以涓來之辭謾固○齊. 102-12 目廥○齊. 103-17 昭奚恤與彭城君議○王前. 104-8 魏怒○趙之勁. 104-19 江尹欲惡昭奚恤○楚王. 104-23 故爲梁山陽君請封○楚. 104-23 山陽君無功○楚國. 104-24 魏氏惡昭奚恤○楚王. 105-2 江乙欲惡昭奚恤○楚. 105-13○王何如. 105-14 ○王何如. 105-15 江乙說○安陵君曰. 105-20 而無目深自結○王. 106-1 如是必長得重○楚國. 106-3 ○是. 106-7 楚王游○雲夢. 106-7 江乙爲魏使○楚. 106-17 南游○楚. 107-5 至○新城. 107-5 遂南交○楚. 107-14 鄭申爲楚使○韓. 107-16 必懸命○楚. 107-19 楚王問○范環曰. 108-5 寡人欲置相○秦. 108-6 目苛廉聞○世. 108-9 且王嘗用滑○越而納句章. 108-12 今王以用之○越矣. 108-15 而忘之○秦. 108-16 王若欲置相○秦乎. 108-16 夫公孫郝之○秦王. 108-17 則諸侯莫不南面而朝○章臺之下矣. 108-25 秦之所害○天下莫如楚. 109-1 必實○外廄. 109-10 而韓魏迫○秦患. 109-20 恐反人以入○秦. 109-20 無以異○驅羣羊而攻猛虎也. 110-5 韓必入臣○秦. 110-9 起○汶山. 110-16 而民弊者怨○上. 110-25 且夫秦之所以不出甲○函谷關十五年以攻諸侯者. 111-2 戰○漢中. 111-4 戰○藍田. 111-5 計無過○此者矣. 111-7 車裂蘇秦○市. 111-14 臣請秦太子入質○楚. 111-16 楚太子入質○秦. 111-17 臣以爲計無便○此者. 111-18 獻雞駭之犀夜光之璧○秦王. 111-22 楚王不察○爭名者也. 112-4 而儀重○韓魏之王也. 112-8 欲爲攻○魏. 112-9 習○三晉之事. 112-10 今君何不見臣○王. 112-12 威王問○莫敖子華曰. 112-16 不○大夫. 112-18 未明而立○朝. 112-25 身獲○表薄. 113-2 而財○柱國. 113-2 名不挫○諸侯. 113-3 昔者吳與楚戰○柏舉. 113-6 昔吳與楚戰○柏舉. 113-11 ○是贏糧潛行. 113-13 吳與楚人戰○柏舉. 113-17 與吳人戰○濁水而大敗之. 113-21 亦聞○遂浦. 113-21 吳與楚戰○柏舉. 113-23 蒙穀給鬬○宮唐之上. 113-24 負雞次之典以浮○江. 113-25 逃○雲夢之中. 114-1 遂自弃○磨山之中. 114-4 相甘茂○魏. 115-5 交惡○齊. 115-6 秦恐且因景鯉蘇厲而效地○楚. 115-10 必不求地而合○楚. 115-12 昭睢勝秦○重丘. 115-15 秦王怒○戰不勝. 115-22 子亦自知且賤○王乎. 116-6 王惑○虞樂. 116-11 願委之○公. 116-13 質○齊. 117-7 太子辭○齊王而歸. 117-7 來取東地○楚. 117-12 負不義○天下. 117-25 臣請西索救○秦. 118-1 臣請索救○秦. 118-4 寡人誰用○三子之計. 118-4 而北獻地五百里○齊. 118-7 西索救○秦. 118-8 乃遣子良北獻地○齊. 118-9 又遣景鯉西索救○秦. 118-10 太子復請善○蘇子. 118-22 仁人之○民也. 119-3 孝子之○親也. 119-3 忠臣之○君也. 119-4 使王見疾○民. 119-6 大臣播王之過○百姓. 119-6 人臣莫難○無妬而進賢. 119-8 至○無妬而進賢. 119-10 楚國之食貴○玉. 119-17 薪貴○桂. 119-17 楚王逐張儀○魏. 119-21 ○王何傷. 119-22 ○王何益. 119-23 南后鄭褏貴○楚. 120-3 王無求○晉國乎. 120-6 黃金珠璣犀象出○楚. 120-6 寡人無求○晉國. 120-7 立○衢閭. 120-8 非有他人○此也. 120-15 儀有死罪○大王. 120-17 而重儀○韓魏. 121-2 張儀逐惠施○魏. 121-5 而惡王之交○張儀. 121-7 棄所貴○讎人. 121-9 王不如舉惠子而納之○宋. 121-10 而交未定○齊秦. 121-22 因令人謁和○魏. 121-23 張儀惡之○魏王曰. 121-25 儀善○魏王. 122-1 因使人以儀之言聞○楚. 122-3 ○此因矣. 122-7 無黚○麋. 122-8 ○此困矣. 122-11 不偏○死. 123-6 不偏○生. 123-6 是以國權輕○鴻毛. 123-8 而積禍重○丘山. 123-9 愛之甚○王. 123-13 其愛之甚○寡人. 123-14 是知困而交絕○后也. 123-23 臣請辟○趙. 124-5 襄王流揜○城陽. 124-6 ○是使人發騶. 124-7 徵莊辛○趙. 124-7 今事至○此. 124-8 墜○公子之手. 124-19 游○江海. 124-21 ○是乃以執珪而授之爲陽陵君. 125-13 人皆以謂公不善○富摯. 125-20 楚太子橫爲質○齊. 125-25 不若令屈署以新東國爲和○齊以動秦. 126-1 而令行○天下也. 126-2 遽令屈署以東國爲和○齊. 126-3 有不獻死之藥○荆王者. 126-6 臣竊目爲不便○君. 126-14 ○是使人謝孫子. 126-15 ○是使人請孫子○趙. 126-20 則大臣主斷國私以禁誅○己也. 126-23 楚王子圍聘○鄭. 126-24 欲自刃○廟. 127-2 踰○外牆. 127-2 餓主父○沙丘. 127-4 縣○其廟梁. 127-4 必甚○癘矣. 127-7 是君聖○堯而臣賢○舜也. 128-6 驥○是俛而噴. 128-11 聲達○天. 128-12 阨○州部. 128-13 使得爲君高鳴屈○梁乎. 128-15 ○是園乃進其女弟. 128-21 即幸○春申君. 128-22 多失禮○王兄弟. 129-2 誠以君之重而進妾○楚王. 129-4 止○棘門之內. 129-24 ○是使吏盡滅春申君之家. 130-1 嫪毐亦爲亂○秦. 130-3 ○安思危. 130-6 太公望封○齊. 130-10 邵公奭封○燕. 130-10 若越趙魏而鬬兵○燕. 130-19 其○王孰便也. 130-21 不棄美利○前. 131-12 而解○攻趙也. 131-13 請使○齊. 131-18 使人請地○韓. 131-22 必加兵○韓矣. 131-23 又將請地○他國. 131-24 然則韓可以免○患難. 132-1 使使者致萬家之邑一○知伯. 132-1 又使人請地○魏. 132-2 彼請地○韓. 132-3 請地○魏. 132-4 然則其錯兵○魏必矣. 132-5 因使人致萬家之邑一○知伯. 132-5 ○是發而試之. 132-18 張孟談○是陰見韓魏之君曰. 133-4 臣遇張孟談○轅門之外. 133-12 勿出○口. 133-14 臣遇知過○轅門之外. 133-24 左司馬見使○國家. 134-20 舍臣○廟. 135-3 ○是趙襄子面數豫讓曰. 135-23 ○是襄子義之. 136-8 魏文侯借道○趙攻中山. 136-13 將以取信○百姓也. 136-25 願見○前. 137-6 君之立○天下. 137-13 危○累卵. 137-13 西入○秦. 137-24 德行非施○海內也. 138-2 非布○萬民也. 138-2 非當○鬼神也. 138-3 非數痛加○秦國. 138-4 非曾深凌○韓也. 138-5 先出聲○天下. 138-8 聲德○與國. 138-11 必出○是. 138-12 而禍及○趙. 138-14 距○扞關. 138-16 至○榆中千五百里. 138-16 三百里通○燕之唐曲吾. 138-20 今從○彊秦國之伐齊. 138-23 臣恐其禍出○是矣. 138-24 反溫枳高平○魏. 139-2 反三公什清○趙. 139-2 制○王已. 139-9 日者秦楚戰○藍田. 139-17 使陽城君入謝○秦. 139-22 今王令韓興兵以上黨入和○秦. 139-24 吾始已諾○應侯矣. 140-3 願拜內之○王. 140-5 雖强大不能得之○小弱. 140-11 其死士皆列之○上地. 140-13 令公孫起王齮以兵遇趙○長平. 141-2 蘇秦爲趙王使○秦. 141-5 今臣使○秦. 141-9 而歸其死○虎. 142-18 而歸其國○秦. 142-19 東闚○周室甚. 142-21 必入○秦. 142-25 秦禍安移○梁矣. 143-4 秦禍案攘○趙矣. 143-5 便○三晉. 143-9 有利○三晉. 143-11 皆願奉教陳忠○前之日久矣. 144-4 無敢盡忠○前者. 144-6 在○擇交. 144-8 願大王愼無出○口也. 144-11 秦欲已得行○山東. 144-22 則兵必戰○邯鄲之下矣. 144-23 且秦之所畏害○天下者. 145-2 韓魏臣○秦. 145-6 禍中○趙矣. 145-6 固已見○胷中矣. 145-12 豈掩○衆人之言. 145-12 諸侯之地五倍○秦. 145-14 十倍○秦. 145-14 今見破○秦. 145-15 見臣○秦. 145-16 夫破人之與破○人也. 145-16 臣人之與臣○人也. 145-16 臣得陳忠○前矣. 145-23 相與會○洹水之上. 145-25 秦必不敢出兵○函谷關以害山東矣. 146-7 臣聞明王之○其民也. 146-13 ○其言也. 146-14 而效之○一時之用也. 146-15 趙怒必○其己邑. 146-20 父不得○子. 146-24 君不得○臣. 146-24 爲齊兵困○殽塞之上. 147-7 今臣有患○世. 147-12 故裂地以敗○齊. 147-19 以兵橫行○中十四年. 147-19 而馳○封內. 147-20 ○是秦王解兵不出○境. 147-21 弊邑秦王使臣敢獻

書○大王御史. 147-23 行○天下山東. 147-25 軍○澠池. 148-4 敬使
臣先以聞○左右. 148-5 自令車裂○齊之市. 148-8 軍○邯鄲之東.
148-12 一軍軍○成皋. 148-13 敺韓魏而軍○河外. 148-13 一軍軍○
澠池. 148-13 先以聞○左右. 148-14 莫如與秦遇○澠池. 148-15 屬
○師傅. 148-18 ○是乃以車三百乘入朝澠池. 148-21 不和○俗. 149
-11 不謀○衆. 149-11 愚者闇○成事. 149-13 智者見○未萌. 149-13
家聽○親. 149-19 國聽○君. 149-19 故明德在○論賤. 149-21 行
政在○信貴. 149-22 異○己而不非者. 150-16 公○求善也. 150-16
非寡人所望○子. 151-3 臣愚不達○王之議. 151-4 常民溺○習俗.
151-13 學者沉○所聞. 151-13 夫制○服之民. 151-16 拘○俗之衆.
151-17 達○禮之變. 151-18 不盡○馬之情. 152-15 不達○事之變.
152-16 知慮不躁達○變. 153-4 身行寬惠達○禮. 153-4 威嚴不足以
易○位. 153-4 恭○教而不快. 153-5 和○下而不危. 153-5 乃國未通
○王胡服. 153-8 勿令溺苦○學. 153-12 而不觀○時. 154-8 而不制
○兵. 154-8 故兵不當○用. 154-9 教不便○事. 154-9 出○遺遺之門.
154-15 君非徒不達○兵也. 155-8 而徒以三萬行○天下. 155-15 不
如請以河東易燕地○齊. 156-9 趙以公子部爲質○秦. 156-14 以易藺
離石祁○趙. 156-15 曠遠○趙. 156-17 而近○大國. 156-17 秦敗○
閼與. 156-22 韓魏告急○齊. 157-3 兵必歸○趙矣. 157-5 是我一舉
而兩取地○秦中山也. 157-13 魏因富丁且合○秦. 157-15 請效地○
魏而聽薛公. 157-15 故欲效地○魏而聽薛公. 157-16 而請相之○魏.
157-17 此利○趙而便○周最也. 157-19 魏使人因平原君請從○趙.
157-22 其○子何如. 157-23 而與馬服之子戰○長平之下. 158-5 而
秦罷○邯鄲之下. 158-7 公子牟游○秦. 158-14 臣固且有效○君. 158
-15 不忘○心. 158-19 秦攻趙○長平. 158-21 因使人索六城○趙而
講. 158-21 公甫文伯官○魯. 158-25 婦人爲之自殺○房中者二八.
158-25 逐○魯. 159-2 其○長者薄. 159-3 而○婦人厚. 159-3 使趙郝
約事○秦. 159-9 昔者三晉之交○秦. 159-19 至來年而王獨不取○秦.
159-21 是我失之○天下. 160-4 而取償○秦也. 160-4 入見○王. 160
-14 今趙兵困○秦. 160-16 則必盡在○秦矣. 160-17 夫趙兵困○秦.
160-20 秦索六城○王. 160-22 是王失○齊而取償○秦. 160-24 平原
君使人請救○魏. 161-4 秦趙戰○長平. 161-14 而入○秦. 161-25 止
○蕩陰. 162-6 百萬之衆折○外. 162-12 勝請召而見之○先生. 162-
17 勝請爲紹介而見之○將軍. 162-18 皆有求○平原君者也. 162-23
非有求○平原君者. 162-23 過而遂正○天下. 163-2 赴○齊曰. 163-
10 然梁之比○秦若僕耶. 163-15 故入之○紂. 163-20 故拘之○牖里
之車. 163-21 視膳○堂下. 164-1 不得入○魯. 164-2 假涂○鄒. 164
-3 設北面○南方. 164-4 故不敢入○鄒. 164-6 然且欲行天子之禮○
鄒魯之臣. 164-7 ○是. 164-14 ○是平原君欲封魯仲連. 164-18 所貴
○天下之士者. 164-19 夫飄○清風. 164-25 趙之○天下也不輕. 165
-3 王致之○前. 165-9 時宿○野. 165-15 建信君貴○趙. 165-21 形
○顏色. 165-24 奚虧○王之國. 166-2 今臣疑人之有煬○君者也. 166
-12 ○是. 166-13 入言○王. 166-22 ○是與殺呂遺何以異. 167-1
文信侯之○僕也. 167-6 文信侯之○僕也. 167-7 文王之拘○牖里.
167-10 而武王羈○玉門. 167-11 卒斷紂之頭而縣○太白者. 167-11
而君之身○王. 167-17 鼓鐸之音聞○北堂. 167-20 爲孝成王從事○
外者. 168-2 無自疑○中者. 168-3 而取行○王者也. 169-7 臣以爲齊
致尊名○王. 169-9 天下孰敢不致尊名○王. 169-9 臣以齊致地○王.
169-10 天下孰敢不致地○王. 169-10 臣以齊爲王求名○燕及韓魏.
169-10 取行○王者也. 169-16 屬怨○趙. 169-20 留天下之兵○成皋.
169-20 而陰構○秦. 169-21 今趙留天下之甲○成皋. 170-1 而陰鬻
之○秦. 170-2 且王嘗濟○漳. 170-3 而身朝○邯鄲. 170-3 虛國○燕
趙之前. 170-7 用兵○二千里之外. 170-8 盡効之○王. 170-9 齊甲未
嘗不歲至○王之境也. 170-10 韓岷處○趙. 170-11 ○魏王聽此言也
甚詘. 170-14 其怨○趙. 170-15 臣請爲王推其怨○趙. 170-16 趙從
親以合○秦. 170-19 莫若○宋. 171-7 莫如○陰. 171-8 臣又願足下
有地効○襄安君以資臣也. 171-13 若足下不得志○宋. 171-14 罷○
成皋. 171-18 趙欲搆○秦. 171-18 而求利○三晉. 172-8 不利○趙.
172-9 秦王内韓珉○齊. 172-10 内成陽君○韓. 172-10 相魏懷○魏.
172-10 不利○趙. 172-12 不利○趙. 172-16 國燥○秦. 172-21 兵分
○齊. 172-21 而兵東分○齊. 172-23 乃絶和○秦. 173-5 死不復見○
王矣. 173-8 王不聞公子牟夷之○宋乎. 173-9 今臣之○王非宋之○
公子牟夷也. 173-10 故臣死不復見○王矣. 173-11 寧朝○人也. 173
-16 何故寧朝○人. 173-17 請殺范座○魏. 173-19 則從事可移○趙.
173-19 請殺范座○魏. 173-20 得罪○趙. 174-5 覆軍殺將之所取割
地○敵國者也. 174-16 以齊之○燕也. 174-22 其○奢不然. 174-23
盡○溝壘. 175-2 中山案此言○齊曰. 175-9 四國將假道○衞. 175-9
客有見人○服子者. 176-4 昔者堯見舜○草茅之中. 176-7 ○是馮忌
乃談. 176-11 何補○國. 176-17 無補○國. 176-17 何危○國. 176-17
無危○國. 176-17 皆無危補○國. 176-18 而求所欲○王者也. 176
-23 則大臣爲之枉法○外矣. 176-24 故日月暉○外. 176-24 其賊在
○内. 176-25 而禍在○所愛. 176-25 ○是秦王乃見使者. 177-14 大
王以孝治聞○天下. 177-17 衣服使之便○體. 177-17 膳啗使之嗛○
口. 177-18 未嘗不分○葉陽涇陽君. 177-18 魏敗楚○陘山. 178-8 令
昭應奉太子以委和○薛公. 178-8 春平侯者言行○趙王. 178-15 趙氏
求救○齊. 178-19 和○身也. 179-2 甚○婦人. 179-8 老臣竊以爲媼
之愛燕后賢○長安君. 179-8 至○趙之爲趙. 179-14 而不及今令有功
○國. 179-19 長安君何以自託○趙. 179-19 ○是爲長安君約車百乘
質○齊. 179-21 以多取封○秦. 180-2 知伯索地○魏桓子. 181-3 因
索蔡皋梁○趙. 181-10 韓魏反○外. 181-11 趙氏應之○内. 181-11
韓索兵○魏曰. 181-14 已乃知文侯以講○己也. 181-16 樂羊坐○幕
下而啜之. 181-20 魏○是乎始强. 182-10 今君審○聲. 182-14 臣恐
君之聾○官也. 182-14 魏武侯與諸大夫浮○西河. 182-17 縣賞罰○
前. 183-12 使民昭然信之○後者. 183-12 ○是索吳起之後. 183-15
無以異○三軍之衆. 184-10 不下○楚. 184-11 禽夫差○干遂. 184-16
斬紂○牧之野. 184-17 今乃劫○辟臣之說. 184-20 不合○韓. 185
-13 不親○楚. 185-13 一天下約爲兄弟刑白馬以盟○洹水之上以相
堅也. 185-16 韓劫○秦. 185-22 魏以董慶爲質○齊. 186-14 以魏爲
將内之○齊而擊其後. 186-16 魏怒合○楚. 186-17 而疑之○楚也.
186-18 蘇秦拘○魏. 186-20 陳軫爲秦使○齊. 187-4 請移天下之事○
公. 187-7 魏王使李從以車百乘使○楚. 187-8 因自言○廷曰. 187-11
張儀惡陳軫○魏王曰. 187-22 儀善○魏王. 187-23 而反○楚王.
187-24 因使人先言○楚王. 187-25 張丑諫○王. 188-10 不得○王.
188-10 復諫○王曰. 188-11 張儀欲以魏合○秦韓而攻齊楚. 188-15
惠施欲以魏合○齊楚以案兵. 188-15 人多爲張子○王所. 188-16 以
魏合○秦韓而攻齊楚. 188-17 王若相儀○魏. 189-2 是使儀之計當○
秦也. 189-5 乃遽解攻○魏. 189-6 公何不以楚佐儀求相之○魏. 189
-9 是王失謀○楚趙. 189-21 而樹怨而○齊秦也. 189-21 遽○萆下.
190-4 何不陽與齊而陰結○楚. 190-6 與魏戰○伊闕. 190-10 魏令公
孫衍乘勝而留○境. 190-10 以講○秦. 190-11 臣不知衍之所以聽○
秦之少多. 190-11 而令秦講○王. 190-12 閒周魏令竇屢以割魏○奉
陽君. 190-14 必以少割請合○王. 190-17 而和○東周與魏也. 190-17
齊王將見燕趙楚之相○衞. 190-19 魏令公孫衍請和○秦. 191-4 敗
後必莫能以魏合○秦者矣. 191-5 ○是東見田嬰. 192-18 身相○韓.
192-19 舉事○世. 192-24 王不如舍需○側. 193-1 吾舉事而不利○
魏. 193-2 需必挫我○王. 193-2 利○魏與不利○魏. 193-4 王厝需○
側以稽之. 193-4 臣以爲身利而便○事. 193-4 果厝需○側. 193-5 史
舉非犀首○王. 193-7 衍請因令王致萬户邑○先生. 193-8 至○牛目.
193-18 昔王季歷葬○楚山之尾. 194-1 ○是出而爲之張○朝. 194-4
得毋嫌○欲亟葬乎. 194-6 欲講○秦. 194-15 期○啗宋而已矣. 194-
20 秦必且用此○王矣. 194-22 又且收齊以更索○王. 194-25 秦嘗用
此○楚矣. 194-25 又嘗用此○韓矣. 195-1 則爲劫○與國而不得已者.
195-8 而焉能免國○患. 195-9 免國○患者. 195-10 令足下鬻之以合
○秦. 195-12 是免國○患者之計也. 195-13 黄帝戰○涿鹿之野. 195
-16 又身自醜○秦. 195-21 嬰子言行○齊王. 196-5 不習○兵. 196-
15 公子爭之○王. 196-16 齊魏戰○馬陵. 196-19 疏○度而遠○計.
196-22 王固先屬怨○趙. 196-22 乃使人報○齊. 197-2 此其暴○戾
定矣. 197-6 大敗齊○徐州. 197-9 令太子鳴爲質○齊. 197-12 田需
貴○魏王. 197-17 今子雖自樹○王. 197-20 恐其不忠○下吏. 198-12
今大王令人執事○魏. 198-12 舍○秦. 198-19 魏氏之名族不高○
我. 198-25 土地之實不厚○我. 198-25 今我講難○秦兵爲招質. 199
-1 結怨○外. 199-3 主患○中. 199-3 必舍○秦. 199-9 必效城塞○
王. 199-10 魏内太子○楚. 199-11 龐葱與太子質○邯鄲. 199-19 今
邯鄲去大梁也遠○市. 199-22 而議臣者過○三人矣. 199-23 ○是辭
行. 199-24 梁王魏嬰觴諸侯○范臺. 200-2 有一○此. 200-12 遽割五
城以合○魏而支秦. 201-11 王之所欲○魏者. 201-15 秦之所欲○魏
者. 201-18 則契折○秦. 201-22 臣爲王責約○秦. 201-23 秦敗魏○
華. 202-6 是臣之所聞○魏也. 202-17 願之及楚趙之兵未任○大梁也.
203-2 楚趙怒○魏之先己講也. 203-4 秦敗魏○華. 203-11 魏王且入
朝○秦. 203-11 子之○學者. 203-14 子之○學也. 203-15 内王○不
可知之秦. 203-21 吾始已諾○應侯矣. 204-1 支期說○長信侯曰. 204
-4 吾内王○秦者. 204-5 吾始已諾○應侯矣. 204-11 臣能得之○應
侯. 204-12 今君劫○羣臣而許秦. 204-25 ○王何益. 205-12 ○王何
損. 205-13 ○王何傷乎. 205-14 非能彊○魏之兵. 205-21 非能弱○
趙也. 205-21 魏敵盟○秦. 205-23 此文之所以忠○大王也. 205-24
臣效便計○王. 206-5 割地請講○魏. 206-13 此○其親戚兄弟若此.
206-20 而又況○仇讎之敵國也. 206-20 而以與趙兵決勝○邯鄲之郊.
207-5 以與楚兵決○陳郊. 207-9 乃惡安陵氏○秦. 207-13 又況○使
秦無韓而有鄭地. 207-25 投質○趙. 208-3 因求故地○韓. 208-7 其
攻多○與秦共伐韓. 208-8 通韓之上黨○共莫. 208-10 故荀息以馬與
璧假道○虞. 208-23 今國莫强○趙. 208-25 謂樓子○鄢陵曰. 209-4
彼翟子之所惡○國者. 209-5 以爲和○秦也. 209-10 ○以攻韓魏. 209
-15 欲講攻○齊王兵之辭也. 209-20 楚王怒○魏之不用樓子. 209-
21 請合○楚外齊. 209-24 必爲合○齊外○楚. 209-25 何故不能有地

○河東乎. 210-2 昔竊聞大王之謀出事○梁. 211-3 謀恐不出○計矣.
211-3 有虵○此. 211-4 事○南方. 211-9 或化○利. 211-22 比○患.
211-22 自賣○秦. 212-14 横者將圖子以合○秦. 212-15 故臣能無議
君○王. 213-2 不能禁人議臣○君也. 213-2 非○韓也必魏也. 213-6
今幸而○韓. 213-7 西合○秦. 213-9 未卒而移兵○梁. 213-15 無精
○此者矣. 213-15 天下爭敵○秦. 213-17 秦趙久相持○長平之下而
無決. 214-2 天下合○秦. 214-3 合○趙. 214-3 將令秦王遇○境. 214
-8 則交惡○秦. 214-9 將皆務事諸侯之能令○王之上者. 214-10 且
遇○秦而相秦者. 214-10 故令魏氏收秦太后之養地秦王○秦. 214-14
魏委國○王. 214-15 故委國○趙也. 214-15 索攻魏○秦. 214-19
是智困○秦. 214-19 而交疏○魏也. 214-19 無蔽○秦者. 214-25 而
以多割○韓矣. 215-4 故君不如安行求質○秦. 215-5 吳慶恐魏王之
構○秦也. 215-13 見人○大行. 215-19 舉欲信○天下. 215-23 令齊
資我○魏. 216-2 王之所求○魏者. 216-4 欲傷張儀○魏. 216-7 齊無
通○天下矣. 216-12 魏使人求救○秦. 216-15 人之有德○我也. 217
-7 吾有德○人也. 217-8 困○思慮. 218-6 失言○君. 218-6 走人○
庭. 218-12 辟人○途. 218-13 聞臣之得幸○王也. 218-13 ○是布令
○四境之內曰. 218-16 執法以下至○長輓者. 219-3 雖至○門閭之下.
219-4 深○骨髓. 219-6 受地○先生. 219-12 安陵君因使唐且使○秦.
219-13 請廣○君. 219-16 安陵君受地○先生而守之. 219-17 倉鷹擊
○殿上. 219-24 休祲降○天. 219-25 何至○此. 220-2 謂申不害○韓
曰. 221-9 子以韓重我○趙. 221-9 請以趙重子○韓. 221-9 申不害始
合○韓王. 221-12 恐言而未必中○王也. 221-12 二人各進議○王以
事. 221-15 申子微視王之所說以言○王. 221-16 非所謂學○子者也.
221-18 皆出○冥山棠谿墨陽合伯膊. 222-3 何以異○牛後乎. 222-14
無以異○墮千鈞之重. 223-4 集○鳥卵之上. 223-4 無過○此者矣.
223-7 非以韓能强○楚也. 223-12 計無便○此者也. 223-13 與之逐
張儀○魏. 223-24 必不入○齊. 224-1 據公○魏. 224-1 且王求百金
○三川而不可得. 224-9 求千金○韓. 224-9 兵罷而留○成皋. 224-12
鄭彊之走張儀○秦. 225-5 彊請西圖儀○秦. 225-6 以成陽資翟强
○齊. 225-17 秦歸武遂○韓. 225-20 秦王固疑甘茂之以武遂解○公
仲也. 225-20 秦王大怒○甘茂. 225-22 秦韓戰○濁澤. 225-25 王不
如因張儀爲和○秦. 226-1 將西講○秦. 226-2 爲能聽我絶和○秦.
226-9 以厚怨○韓. 226-10 願大國遂肆意○秦. 226-13 且王以使人報
○秦矣. 226-19 遂絶和○秦. 226-20 興師與韓氏戰○岸門. 226-21
過聽○陳軫. 226-22 失計○韓明也. 226-23 仲嗇○財. 227-1 公仲躬
率其私徒以鬭○秦. 227-7 願有復○公. 227-9 皆不得親○事矣. 227
-11 而公獨與王主斷○國者. 227-11 公孫郝黨○韓. 227-12 而甘茂
黨○魏. 227-12 而公黨○楚. 227-13 而後委國○甘茂. 227-16 公何
不以秦爲韓求潁川○楚. 227-21 是令行○楚而以其地德韓也. 227-22
此利○秦. 227-24 故先王聽諺言○市. 228-4 公求中立○秦. 228-
5 願公之復求中立○秦也. 228-7 秦王以公孫郝爲黨○公而弗之聽.
228-8 甘茂不善○公而弗爲公言. 228-9 ○秦孰利. 228-10 ○秦孰强.
228-11 歸地而合○齊. 228-13 不求割地而合○魏. 228-15 則信公孫
郝○齊. 228-18 則信甘茂○魏. 228-19 公孫郝黨○齊而不肯言. 228
-22 鯉與○秦魏之遇. 229-1 恐齊以楚遇爲有陰○秦魏也. 229-2 臣
賀鯉之與○遇也. 229-3 將以合齊秦而絶齊○楚也. 229-3 今鯉與○
遇. 229-4 齊無以信魏之合己○秦而攻○楚也. 229-4 齊又畏楚之有
陰○秦魏也. 229-5 故鯉之與○遇. 229-5 今鯉不與○遇. 229-6 魏之
絶齊○楚明矣. 229-6 以視齊○有秦魏. 229-7 而且疑秦魏○齊. 229
-8 若夫越趙魏而關兵○燕. 229-13 其○王孰便也. 229-15 其從○王
者. 229-17 其○鞅也不然. 229-24 今秦欲踰兵○澠隘之塞. 229-24
公仲數不信○諸侯. 230-5 南委國○楚. 230-5 不若聽而備○其反也.
230-6 韓令使者求救○秦. 231-3 韓之○秦也. 231-4 韓急則折而入
○楚矣. 231-14 公叔且以國南合○楚. 231-17 果下師○殽以救韓.
231-19 韓令冷向借救○秦. 231-22 請道○南鄭藍田以入攻楚. 231-
23 出兵○三川以待公. 231-24 軍○南鄭矣. 231-24 魏折而入○楚.
232-2 ○是攻皮氏. 232-3 甘茂與昭獻遇○境. 232-8 以公不如亟以國
合○齊楚. 232-10 秦必委國○公以解伐. 232-11 夫韓地易○上. 232
-16 則害○趙. 232-16 魏地易○下. 232-16 則害○楚. 232-16 王何
不試以襄子爲質○韓. 232-22 ○是以太子扁昭揚梁王皆德公矣. 233
-2 公叔使馮君○秦. 233-5 而害○韓矣. 233-7 公欲得武遂○秦. 233
-9 而令人爲公求武遂○秦. 233-10 發重使爲韓求武遂○秦. 233-10
是令得行○萬乘之主也. 233-11 今公自以辯○薛公而輕秦. 233-16
怒○室者色○市. 233-20 來使者無交○公. 234-4 而欲德○韓擾.
234-4 鄭强爲楚王使○韓. 234-7 必縣命○楚. 234-10 戰之○國中必
分. 234-15 是有陰○韓也. 234-21 必保○公. 235-6 此便○公. 235-
8 公何不爲韓求質子○楚. 235-10 楚王聽而入質子○韓. 235-11 必
以韓合○秦楚矣. 235-12 公又令秦求質子○楚. 235-13 則怨結○韓.
235-13 以積德○韓. 235-15 胡衍之出幾瑟○楚也. 235-17 必以韓權
報讎○魏. 235-20 韓絶○楚. 235-24 臣請令楚築萬家之都○雍氏之
旁. 236-3 韓且内伯嬰○秦. 236-7 頃間有鵲止○屋上者. 236-17 嚴
遂重○君. 236-22 韓傀以之叱之○朝. 236-23 ○是嚴遂懼誅. 236-23
避仇隱○屠者之間. 236-25 嚴遂陰交○聶政. 237-1 ○是嚴遂乃具
酒. 237-2 韓取聶政屍○市. 238-7 亦自殺○屍下. 238-14 聶政之所
以名施○後世者. 238-16 令用事○韓以完之. 239-8 安成君東重○魏.
239-11 而西貴○秦. 239-11 操右契而爲公責德○秦魏之主. 239-11
齊怒○不得魏. 239-14 今有一舉而可以忠○主. 239-18 便○國. 239
-18 利○身. 239-18 今公以韓先合○秦. 239-20 是其○主也至忠矣.
239-22 是其○國也. 240-1 周佼以西周善○秦. 240-1 而封○梗陽.
240-1 周啓以東周善○秦. 240-2 而封○平原. 240-2 韓之重○兩周
也無計. 240-2 萬○周之時. 240-3 今公以韓爲天下先合○秦. 240-4
是其○身大利也. 240-5 此韓珉之所以禱○秦也. 240-10 秦王欲出事
○梁. 240-19 梁必怒○韓之不與己. 240-22 我執珪○魏. 241-7 魏君
必得志○韓. 241-7 必外靡○天下矣. 241-8 是我免○一人之下. 241
-8 而信○萬人之上也. 241-9 今之韓弱○始之韓. 241-10 而今之秦
强○始之秦. 241-11 穆公一勝○韓原而霸西州. 241-14 晉文公一勝
○城濮而定天下. 241-15 成功名○天下. 241-16 非以求主尊成名○
天下也. 241-18 保○會稽之上. 241-20 越王使大夫種行成○吳. 241
-20 無不任事○周室也. 242-12 韓陽役○三川而欲歸. 242-20 王○
是召諸公子役○三川者而歸之. 242-21 韓之美人因言○秦曰. 243-2
張丑之合齊楚講○魏也. 243-7 則必以地和○齊楚. 243-8 因講○魏.
243-11 爲惡○秦也. 243-15 而善平原君乃所以惡○秦也. 243-15 士
唐客○諸公. 243-23 韓傪且伏○山中矣. 244-5 皆曰以燕亡○齊. 244
-12 魏亡○秦. 244-13 陳蔡亡○楚. 244-13 無幾○王之明者. 244-
23 臣故願公仲之國以侍○王. 244-23 大怒○周之留成陽君也. 245-
2 且明公之不善○天下. 245-5 與欲有求○齊者. 245-6 次弗納○君.
245-9 韓謁急○秦. 245-12 大敗趙魏○華陽之下. 245-17 楚之齊者
知西不合○秦. 245-19 必且務以楚合○齊. 245-20 不如先收○楚之
齊者. 245-21 楚之齊者先務以楚合○齊. 245-22 韓氏逐向晉○周.
245-25 是王有向晉○周也. 246-1 是魏有向晉○周. 246-3 公孫綦爲
人請御史○王. 246-12 秦見君之交反善○楚魏也. 246-21 秦出兵○
三川. 246-22 能無議君○王. 247-2 而不能令人毋議臣○君. 247-2
故繼牽○事. 247-7 ○秦亦萬分之一也. 247-8 足食○民矣. 248-7 以
趙之爲蔽○南也. 248-9 軍○東垣矣. 248-14 戰○千里之外. 248-15
戰○百里之內. 248-16 計無過○此者. 248-16 ○是齎蘇秦車馬金帛
以至趙. 248-19 奉陽君李兑甚不取○蘇秦. 248-22 何吾合燕○齊.
249-1 夫制○燕者蘇子也. 249-2 蘇秦能抱弱燕而孤○天下哉. 249-3
是驅燕而使合○齊也. 249-4 不如以埊請合○齊. 249-9 令郭任以埊
請講○齊. 249-11 願爲兄弟而請罪○秦. 250-3 人有惡蘇秦○燕王者.
250-6 尊之○廷. 250-7 而足下迎臣○郊. 250-9 顯臣○廷. 250-9 傷
臣○王者. 250-10 義不離親一夕宿○外. 250-14 餓而死○首陽之山.
250-16 何肯楊燕秦之威○齊而取大功乎哉. 250-18 則齊不益○營丘.
250-21 不窺○邊城之外. 250-22 且臣有老母○周. 250-22 所謂以忠
信得罪○君者也. 250-24 然不免○笞. 251-5 約與代王遇○句注之塞.
251-13 ○是酒酣樂進取熱歠. 251-15 且今時趙之○秦. 251-23 至○
邯鄲. 252-11 所聞○邯鄲者. 252-12 又高○所聞東周. 252-12 寡人
之○齊趙也. 252-18 謀未發而聞○外. 252-20 我有深怨積怒○齊.
252-23 則寡人奉國而委之○子矣. 252-25 而亡國之臣貪○財. 253-14
吾終以子受命○天矣. 253-16 蘇秦死○齊. 253-20 蘇代爲齊使○
燕. 253-23 ○是燕王大信子之. 253-25 以其讓天下○許由. 254-2 是
禹名傳天下○益. 254-7 乃使蘇代持質子○齊. 254-25 ○是燕王專任
子之. 255-2 ○是出蘇代之宋. 255-10 天下之士必趨○燕矣. 255-22
涓人言○君曰. 255-25 ○是不能期年. 256-3 況賢○隗者乎. 256-5
○是昭王爲隗築宮而師之. 256-6 ○是遂以樂毅爲上將軍. 256-8 閔
王出走○外. 256-9 而寄質○齊. 256-13 將欲以除害取信○齊也. 256
-16 而齊未加信○足下. 256-16 越王勾踐棲○會稽. 256-23 使使盟
○周室. 257-1 今涇陽君若高陵君先○燕趙. 257-6 燕欲報仇○齊.
257-21 今有人○此. 257-24 西勞○宋. 258-18 南罷○楚. 258-18 子
以此爲寡人東游○齊. 258-19 見罪○左右. 258-22 ○是因令其妾酌
藥酒而進之. 259-3 ○是因佯僵而仆之. 259-5 今臣爲足下使○齊.
259-7 恐忠信不諭○左右也. 259-7 不制○人臣. 259-8 不制○衆人.
259-8 不制○妻妾. 259-9 而又況○當世之賢主乎. 259-9 願足下之
無制○羣臣也. 259-10 秦之行暴○天下. 260-6 輕舟浮○汶. 260-7
乘舟出○巴. 260-7 則以宋委○齊. 260-19 則以齊委○天下曰. 260-
23 則以南陽委○楚曰. 261-3 苟利○楚. 261-4 魏棄與國而合○秦.
261-4 兵困○林中. 261-6 以膠東委○燕. 261-6 以濟西委○趙. 261
-6 趙得講○魏. 261-6 兵傷○離石. 261-8 遇敗○馬陵. 261-8 則以
葉蔡委○魏. 261-8 已得講○趙. 261-9 蘇代復重○燕. 261-19 蘇代
爲奉陽君說燕○趙以伐齊. 261-23 令齊絶○趙. 261-24 齊已絶○趙.
261-24 臣死而齊大惡○趙. 262-4 今其言變有甚○其父. 262-10 惡
交分○臣也. 262-17 如是則近○相攻. 262-22 蘇子怒○燕王之不以
吾故弗予相. 262-23 其疑至○此. 262-24 始可著○春秋. 263-2 管仲
逃○魯. 263-3 孔子逃○衛. 263-4 張儀逃○楚. 263-4 白珪逃○秦.

263-4 薛公釋戴逃出○關. 263-6 卒絶齊○趙. 263-8 趙合○燕以攻齊. 263-8 比三旦立○市. 263-12 今臣欲以駿馬見○王. 263-14 臣之○兵. 263-25 而與燕人戰○晉下. 264-3 而報○閔王曰. 264-4 請自歸○吏以戮. 264-5 日者齊不勝○晉下. 264-7 遂將以與燕戰○陽城. 264-10 蘇代自齊獻書○燕王曰. 264-14 臣貴○齊. 264-15 將多望○臣. 264-15 將歸罪○臣. 264-16 上可以得用○齊. 264-19 次可以得信○下. 264-19 期○成事而已. 264-21 至○虛北塞行其兵. 264-23 將令燕王之弟爲質○齊. 265-4 憂公子之且爲質○齊也. 265-9 公子賤○布衣. 265-17 而有齊人仕○燕者. 265-22 易○救患. 266-3 是故謀者皆從事○除患之道. 266-4 爲將軍久暴露○外. 266-21 而又害○足下之義. 266-25 而又不白○臣之所以事先王之心. 267-2 故假節○魏王. 267-6 而以身得察○燕. 267-7 不謀○父兄. 267-8 我有積怨深怒○齊. 267-10 閑○兵甲. 267-12 習○戰攻. 267-12 莫徑○結趙矣. 267-13 南使臣○趙. 267-15 隨先王舉而有之○濟上. 267-16 大呂陳○元英. 267-19 故鼎反○歷室. 267-19 齊器設○寧臺. 267-19 植○汶皇. 267-20 故著○春秋. 267-24 故稱○後世. 267-25 施及萌隸皆可以教○後世. 268-2 故吳王遠迹至○郢. 268-5 數奉教○君子矣. 268-13 南使○齊. 269-17 與其得百里○燕. 269-22 不如得十里○宋. 269-22 絶交○齊. 269-25 燕因合○魏. 270-14 燕使太子請救○楚. 271-3 ○是遂不救燕. 271-6 通使○魏. 271-8 張丑爲質○燕. 271-12 趙民其壯者皆死○長平. 271-19 其民皆習○兵. 271-21 趙使廉頗以八萬遇栗腹○鄗. 271-24 使樂乘以五萬遇慶秦○代. 272-1 君之○先王也. 272-4 今君厚受位○先王以成尊. 272-11 難得○君矣. 272-12 且世有薄○故厚施. 272-12 ○爲君擇之也. 272-13 而明怨○外. 272-17 恐其適足以傷○高而薄○行也. 272-18 柳下惠吏○魯. 272-22 寧○故國爾. 272-23 兹之所以受命○趙者. 273-10 無妨○趙之伐燕也. 273-13 必不復受○秦矣. 273-18 燕太子丹質○秦. 273-21 而積怨○燕. 274-3 北講○單于. 274-6 且非獨○此也. 274-7 夫樊將軍困窮○天下. 274-8 歸身○丹. 274-8 丹終不迫○强秦. 274-8 願因太傅交○田先生. 274-11 願圖國事○先生. 274-12 願因先生得願交○荆軻. 274-17 言足下○太子. 274-23 願足下過太子○宮. 274-23 數困○兵. 275-11 使○秦. 275-13 彼大將擅兵○外. 275-15 ○是尊荆軻爲上卿. 275-19 乃遂私見樊○期曰. 276-4 常痛○骨髓. 276-6 樊○期乃前曰. 276-8 樊○期偏袒扼腕而進曰. 276-11 乃遂收盛樊○期之首. 276-13 ○是太子預求天下之利匕首. 276-15 ○是荆軻遂就車而去. 277-3 嘉爲先言○秦王曰. 277-4 謹斬樊○期頭. 277-7 荆軻奉樊○期頭函. 277-9 使畢使○前. 277-12 ○是秦大怒燕. 278-5 皆率其精兵東保○遼東. 278-6 宋使臧子索救○荆. 279-3 夫救○小宋而惡○大齊. 279-4 今有人○此. 279-14 恐不免○罪矣. 280-6 而徵師○宋. 280-9 宋君使使者請○趙王曰. 280-9 今徵師○弊邑. 280-10 宋人止○此矣. 280-17 德施○梁而無怨○趙. 280-17 宋因賣楚重以求講○齊. 280-23 以明宋之賣楚重○齊也. 280-25 必絶○宋而事齊. 280-25 有雀生䳲○城之陬. 281-11 ○是滅滕伐薛. 281-12 使人迎之○境. 282-1 今蒲入○魏. 282-5 衛必折○魏. 282-6 今并衛○魏. 282-7 請厚子○衛君. 282-13 胡衍取金○蒲. 282-13 以自重○衛. 282-13 夫人○事己者過急. 282-21 ○事人者過緩. 282-21 今王緩○事己者. 282-21 安能急○事人. 282-21 始君之所行○世者. 283-1 綶錯主斷○國. 283-3 教化喻○民. 283-10 賢○爲趙魏驅羊也. 284-18 何侔名○我. 285-6 公何患○齊. 285-8 以積厚○燕趙. 285-25 徒欲以離我○中山. 286-1 ○君何如. 286-9 司馬憙頓首○軾曰. 286-10 司馬子期怒而走○楚. 288-2 其○當厄. 288-7 其○傷心. 288-7 作羹致○樂羊. 288-10 三軍之俸有倍○前. 288-16 而與戰之○伊闕. 289-5 今趙卒之死○長平者已十七八. 289-7 人數倍○趙國之衆. 289-8 以掠○郊野. 289-14 今秦破趙軍○長平. 289-20 至○平原君之屬. 289-23 皆令妻妾補縫○行伍之間. 289-23 猶勾踐困○會稽之時也. 289-24 以言○王. 290-3 將加重○君. 290-8 得免○罪. 290-9 不免○誅. 290-9 必欲快心○趙. 290-12

【育】 3

奔○之勇焉而死. 37-24 夏○太史啓叱呼駭三軍. 45-23 是其軼賁○而高成荆矣. 238-12

【氓】 1

而不憂民○. 20-3

【券】 5

載○契而行. 82-22 悉來合○. 82-24 ○徧合. 82-24 因燒其○. 83-1 因燒其○. 83-7

【卷】 5

席○常山之險. 110-4 寡人使○甲而趍之. 161-15 北有河外○衍燕酸棗. 184-8 拔○衍燕酸棗. 185-19 韓氏太原○. 260-14

【並】 9

文士○餝. 16-5 馬不得○行. 69-6 辯知○進. 85-25 今天下之相與也不○滅. 91-21 ○驥而走者. 166-19 而與之○朝齊侯再三. 197-8 ○立三帝. 257-11 寡人羞與中山○爲王. 284-7 羞與寡人○爲王. 284-9

【炊】 6

嫂不爲○. 16-19 令折轅而○之. 92-7 食人○骨. 96-23 今令臣食玉○桂. 119-18 懸釜而○. 132-24 軍也縣釜而○. 175-3

【沫】 1

曹○之奮三尺之劍. 79-17

【沬】 3

使曹○釋其三尺之劍. 79-17 曹○爲魯君將. 97-13 若曹○之與齊桓公. 275-14

【法】 38

○令至行. 15-5 ○及太子. 15-5 今秦婦人嬰兒皆言商君之○. 15-11 莫言大王之○. 15-11 兵○之教. 15-19 楚之○. 72-16 其子○章變姓名. 100-24 奇○章之狀貌. 100-25 ○章乃自言於莒. 101-1 共立○章爲襄王. 101-2 將○齊之急也. 103-4 ○令既明. 110-3 五官失○. 114-1 五官得○. 114-2 無○術以知姦. 126-23 修○無愆. 151-11 循○無私. 151-18 制今者不○古. 151-19 且循○無過. 152-4 何古之○. 152-6 觀時而制○. 152-7 ○度制令. 152-8 故禮世不必一其道便國不必○古. 152-8 故循○之功. 152-16 ○古之學. 152-16 以明有司之○. 153-23 吾非不說將軍之兵○也. 155-3 燕郭之○. 176-20 則大臣爲之枉○於外矣. 176-24 王之明○也. 183-12 意者羞○文王乎. 194-8 臣以爲燕趙可○. 202-10 執○以下至於長輓者. 219-3 吾難敗其○. 246-13 此古服道致士之○也. 255-21 所以能循○令. 268-2 而秦○. 277-18 明害父以求○. 288-11

【泄】 13

事久且○. 8-2 因○之楚. 11-18 王怒於犀首之○也. 31-23 臣聞謀○者事無功. 75-13 夫○吾君臣之交. 105-3 恐春申君語○而益驕. 129-9 勝已○之矣. 162-20 生得失則語○. 237-25 語○則韓舉國而與仲子爲讎也. 238-1 願先生勿○也. 274-19 願先生勿○也. 274-25 今田先生以死明不○言. 275-5 願王無○也. 287-12

【河】 112

除道屬之於○. 11-23 王何不出於○南. 12-11 秦必不敢越○而攻南陽. 12-12 濟清○濁. 19-4 完○間. 20-5 東陽○外不戰而已反爲齊矣. 20-8 必入西○之外. 23-9 果獻西○之外. 23-11 北取西○之外. 29-7 封君於○南. 34-24 寡人欲割○東而講. 48-23 割○東. 48-24 王割○東而講. 49-3 舉○內. 52-4 北倚○. 53-16 帶以○曲之利. 53-23 ○濟之士. 55-17 文信侯欲攻趙以廣○間. 58-3 以廣○閒之地. 58-4 欲攻趙而廣○間也. 58-24 今王齎臣五城以廣○間. 58-24 趙王立割五城以廣○間. 58-25 趙賂以○間十二縣. 59-18 秦得絳安邑以東下○. 68-7 必表裏○而東攻齊. 68-7 西有清○. 68-16 未嘗倍太山絶清○涉渤海也. 68-19 秦趙戰於○漳之上. 69-22 魏效○外. 69-25 割○間以事秦. 69-25 悉趙涉○關. 70-1 譬若挹水於○. 81-2 兼魏之○南. 81-18 有濟西則趙之○東危. 89-20 ○山之間亂. 90-12 藉力魏而有○東之地. 90-13 馬飲於大○. 90-15 亦襲魏之○北燒棘溝. 90-15 秦王垂拱受西○之外. 94-12 而西○之外入於秦矣. 94-14 被山帶○. 110-1 下○東. 110-9 不避絶江○. 122-15 故晝游乎江○. 124-25 越漳○. 137-5 漂入漳○. 137-12 今燕盡韓之○南. 138-15 ○間封不定而齊危. 141-25 魏弱則割○外. 144-19 ○外割則道不通. 144-20 秦甲涉○踰漳. 144-22 南有○漳. 145-1 東有清○. 145-2 趙涉○漳. 146-1 趙涉○漳. 146-2 趙涉○漳博關. 146-3 魏軍○外. 146-5 願渡○踰漳. 148-4 告齊使興師度清○. 148-12 毆韓魏而軍於○外. 148-13 割○間以事秦. 148-21 今吾國東有○薄洛之水. 150-18 以守○薄洛之水. 150-20 不如請以○東易燕地於齊. 156-9 趙有○北. 156-9 齊有○東. 156-9 以○東之地强齊. 156-10 乃以○東易齊. 156-11 左○間. 165-2 今收○間. 167-1 何患不得收○間. 167-3 收○間何益也. 167-3 割○東. 170-9 魏武侯與諸大夫浮於西○. 182-17 ○山之險. 182-17 ○山之險. 182-21 前帶○. 183-1 西○之政. 183-5 北有○外卷衍燕酸棗. 184-8 秦下兵攻○外. 185-19 効○外. 186-12 賞韓王以近○外. 190-1 且無梁孰與無○內急. 203-22 ○內. 203-23 夫越山踰○. 207-3 若道○內. 207-4 若道○外. 207-8 而以之臨○內. 207-11 ○內之共汲莫不危矣. 207-12 秦乃在○西. 207-19 ○山以蘭之. 207-19 山北○外○內. 207-23 秦乃在○西. 207-24 無○山以蘭之. 207-25 ○外必安矣. 208-13 何故不能有地於○東乎. 210-2 魏兩用犀首張儀而西○之外亡. 223-20 秦取西○之外以歸. 232-3 而不患楚之能揚○外也. 233-9 效○間以事秦. 251-21 吾聞齊有清濟濁○. 253-9 雖有清濟濁○. 253-11 ○北不師. 253-13 今濟西○北. 253-13 而○間可取. 258-18 陸攻則擊○內. 260-17 西○之外. 261-15 ○北之地. 267-16 魏亡西○之外. 282-6 西○之外必危. 282-7 齊欲伐○東. 284-24

【沾】 2

雨血○衣. 95-10 天雨血○衣者. 95-13

【沮】 6

故人非之不爲○. 64-5 今求柴葫桔梗於○澤. 80-25 壞○. 137-11 雍

○謂張子曰. 188-23 雍○曰. 188-25 雍○謂齊楚之君曰. 189-1

【況】 6

而又○存薔乎. 193-15 而又○於仇讎之敵國也. 206-20 又○於使秦無韓而有鄭地. 207-25 ○生馬乎. 256-2 ○賢於隗者乎. 256-5 而又○於當世之賢主乎. 259-9

【泗】 6

○北必舉. 53-14 齊南以○爲境. 53-16 以與申縛遇於○水之上. 54-17 淮○之間亦可得也. 102-14 非江南○上也. 107-10 則○上十二諸侯. 111-11

【淹】 1

五年以擅呼○. 175-7

【泠】 2

○向謂秦王曰. 18-1 ○向謂鄭彊曰. 224-23

【注】 5

一舉衆而○地於楚. 53-19 而關内二萬乘之主○地於齊. 54-1 則句○之西. 138-19 今魯句○禁常山而守. 138-20 約與代王遇於句○之塞. 251-13

【泣】 12

太后坐王而○. 56-14 靖郭君○而曰. 63-19 望之而○. 64-2 中哭○. 92-11 莫不揮○奮臂而欲戰. 100-13 安陵君○數行而進曰. 106-11 襄子乃喟然嘆○曰. 136-3 皆爲涕○. 136-10 持其踵爲之○. 179-11 何不令公子○王太后. 196-14 爲變徵之聲士皆垂淚涕○. 276-25 涕○相哀. 288-20

【沱】 2

南有呼○易水. 248-4 度呼○. 248-14

【沸】 1

○聲若雷. 46-5

【沼】 1

淹乎大○. 124-21

【波】 5

食湘○之魚. 125-4 左彭蠡之○. 182-22 而輕陽侯之○. 233-15 是塞漏舟而輕陽侯之○也. 233-16 同舟而淩○. 268-25

【治】 38

商君○秦. 15-4 稱帝而○. 15-19 天下不○. 16-7 亂於○. 16-14 以亂攻○者亡. 18-10 前者穰侯之○秦也. 19-22 號令不○. 20-2 能○衆者其官大. 36-9 臣死而秦○. 38-11 四○政不亂不逆. 41-4 信賞罰以致○. 44-22 國孰與之○. 59-8 於是約車○裝. 82-22 而○可爲管商之師. 84-14 固願得士以○之. 87-22 今王○齊. 87-24 齊國大○. 88-1 下不○其家. 88-14 佚○在我. 93-21 民人之○. 99-16 越亂而楚○也. 108-15 臣聞○之其未亂. 109-4 而百姓大○. 114-2 李園不○國. 129-17 世○晉陽. 132-12 臣聞董子之○晉陽也. 132-16 臣聞董子之○晉陽也. 132-19 ○亂以知. 152-23 則王之國大○矣. 165-24 令之内○國事. 166-20 皆且無敢與趙○. 170-18 今○天下. 176-19 大王以孝○聞於天下. 177-17 ○列子圉寇之言. 236-14 王自○其外. 253-17 ○無小. 283-10 足以爲○. 283-10 繕○兵甲以益其強. 289-22

【怯】 4

勇士不○死而滅名. 96-8 勇士不○死. 96-11 ○也. 97-8 猶孟賁之與○夫也. 223-2

【怵】 1

○於楚而不使魏制和. 32-1

【怏】 1

辛垣衍○然不悅曰. 163-17

【性】 1

而○懧愚. 82-20

【怫】 2

王○然作色曰. 118-5 秦王○然怒. 219-18

【怪】 7

孟嘗君○之. 82-17 孟嘗君○其疾也. 83-2 其無足○. 163-12 而臣竊○王之不試見臣. 169-4 愈○其厚. 237-4 齊師○之. 271-9 羣臣○之. 277-11

【宗】 20

置○廟. 19-14 置○廟. 19-21 天下之○室也. 22-14 大者○廟滅覆. 38-10 ○廟隳. 53-3 被於○廟之祟. 83-21 願君顧先王之○廟. 83-22 立○廟於薛. 83-23 寡人奉先君之○廟. 87-11○族離心. 95-5 ○廟亡矣. 100-10 委社稷○廟. 109-7 張孟談既固趙○. 134-8 賤國者族○. 151-21 欲○廟之安. 165-14 ○族盛. 237-22 燒其宮室○廟. 256-10 而天下由此○蘇氏之從約. 261-20 父母○族. 276-5 而得奉守先王之○廟. 277-6

【定】 42

疾○所從出. 1-22 是君却秦而○周也. 9-22 遂○蜀. 22-18 破齊○封. 34-8 ○身封. 35-18 佐欲○其弟. 48-19 西圍○陽. 93-24 故○計而堅守之. 96-14 請裂地○封. 97-3 今國已○. 99-2 今國已○. 99-23 ○白公之禍. 113-2 三國可○也. 116-2 而交未○於齊秦. 121-22 不可不早○也. 130-7 以○身封. 130-12 君其○居晉陽. 132-13 號令以○. 132-21 而封地不○. 139-12 ○身封. 139-14 河間封不○而齊危. 141-25 願大王之○計. 148-16 今王卽○負遺俗之慮. 149-10 趙計未○. 158-22 交○. 170-23 齊乃令公孫衍說李兌以攻宋而○封焉. 170-25 封不可不早○也. 171-6 ○身封. 171-9 ○無罪之君. 173-2 前慮不○. 185-2 此其暴於戾○矣. 197-6 韓大夫知王之老而太子○. 235-4 韓咎立爲君而未○也. 236-10 而王與諸臣不事爲尊秦以○韓者. 241-11 晉文公一勝於城濮而○天下. 241-15 桓公亦○霸矣. 242-8 未有所○也. 273-24 田先生坐○. 274-13 荆軻坐○. 275-5 事遂○. 285-11 事遂○. 286-5 天下可○. 290-11

【宜】 70

秦攻○陽. 2-2 ○陽必拔也. 2-2 ○陽城方八里. 2-3 攻○陽而有功. 2-5 秦王不聽羣臣父兄之義而攻○陽. 2-5 ○陽不拔. 2-6 不如背秦援○陽. 2-9 秦拔○陽. 2-12 秦攻新城○陽. 21-24 家有不○之財. 23-3 ○陽. 29-5 果攻○陽. 29-20 遂拔○陽. 29-22 ○陽之役. 29-24 不拔○陽. 29-24 而拔○陽. 30-1 甘茂攻○陽. 30-5 我以○陽餌王. 30-6 今攻○陽而不拔. 30-7 因以○陽之郭爲墓. 30-9 ○陽拔. 30-10 ○陽未得. 30-12 公不如進兵攻○陽. 30-14 ○陽拔. 30-14 ○陽之役. 30-17 寡人○以身受令久矣. 37-4 以實○陽. 46-16 戰勝○陽. 55-6 今王破○陽. 55-14 韓獻○陽. 69-25 ○若奉漏壅. 73-21 ○召田單而揖之於庭. 98-14 ○陽之大也. 107-7 據○陽. 110-8 秦伐○陽. 122-5 ○陽果拔. 122-11 求婦人○子者進之. 128-17 聞其不○子. 128-18 夫韓事趙○正爲上交. 139-3 甘茂爲秦約魏以攻韓○陽. 141-12 齊王欲求救○陽. 141-13 韓欲有○陽. 141-14 秦王欲得○陽. 141-14 韓弱則效○陽. 144-19 ○陽效則上郡絶. 144-19 則韓軍○陽. 146-5 是以聖人觀其鄉而順○. 150-9 各順其○. 152-8 四時不一○. 154-7 不知陰陽之○. 154-9 不○急如此. 167-21 ○割二寧以求構. 215-10 西有○陽常阪之塞. 221-24 秦必求○陽成皋. 222-9 秦下甲據○陽. 223-7 東取成皋○陽. 223-7 効○陽. 223-15 ○陽之役. 225-10 秦圍○陽. 225-14 ○陽必不拔矣. 225-17 公仲以○陽之故. 225-20 反○陽之民. 227-19 今公取○陽以爲功. 227-25 ○使如吳. 241-24 ○使如越. 241-24 茂且攻○陽. 244-22 我起乎○陽而觸平陽. 260-11 已得○陽少曲. 261-1 不○臞. 265-9 ○在遠者. 273-3

【官】 39

○爲柱國. 2-8 有能者不得不○. 36-9 能治衆者其○大. 36-9 損不急之○. 46-7 今大王使守小○. 59-5 以○長而守小○. 59-20 五○之計. 63-3 其○爵何也. 72-16 ○爲上柱國. 72-17 ○之上非可重也. 72-25 大○未可得. 79-2 小○公又弗欲. 79-3 於是舉士五人任○. 88-1 ○之所私出也. 92-15 取十○而無罪. 108-10 五○失法. 114-1 五○得法. 114-2 知者○之. 123-4 是故○無乏事而力不困. 146-14 獨制○事. 148-17 所以成○而順政也. 151-14 傅命僕○. 153-6 子知○府之籍. 154-8 今子以○府之籍. 154-13 公甫文伯○於魯. 158-25 處梁之○. 164-12 僕○之丞相. 167-7 以衛王○. 179-5 君明則樂○. 182-13 臣恐君之聾於○也. 182-14 ○費又恐不給. 193-20 而以民勞與○費用之故. 193-21 申子請仕其從兄○. 221-18 其任○置吏. 236-19 其丈夫○三年不歸. 258-25 百○持職. 265-13 不以○隨其愛. 267-4 故察能而授○者. 267-5

【空】 30

子罕釋相爲司○. 4-10 因令人謂相國御展子廧夫○曰. 7-13 倉廩○. 10-16 囷倉○虛. 18-11 何爲○以生所愛. 33-7 是抱○質也. 57-15 與司○馬之趙. 59-3 司○馬說趙王曰. 59-5 司○馬曰. 59-10 司○馬曰. 59-12 司○馬曰. 59-19 司○馬曰. 59-22 司○馬去趙. 59-23 司○馬言其爲趙王計而弗用. 59-24 司○馬曰. 60-1 遇司○馬門. 60-10 司○馬. 60-14 又以爲司○馬逐於秦. 60-15 趙去司○馬而國亡. 60-16 然則是我抱○質而行不義於天下也. 75-5 變則是君抱○質而負名於天下也. 75-15 以○名市者太子也. 76-9 夷傷者○財而共藥. 92-12 而實伐○韓. 138-11 而立司○狗. 166-14 是○絶趙. 178-14 其實○虛. 186-2 是齊抱○質而行不義也. 197-15 臣以垣雍爲○割也. 214-1 垣雍○割也. 214-5

【宛】 9

九年而取○葉以北以強韓魏. 9-5 ○恃秦而輕晉. 13-12 秦飢而○亡. 13-12 軍重踵高○. 65-16 蘇厲謂○公昭鼠曰. 115-16 君攻楚得○穰以廣陶. 212-22 東有○穰洧水. 221-24 鄧師○馮龍淵大阿. 222-4 寡人積甲○. 260-8

【宓】 1

○戲神農教而不誅. 152-6

【郎】 8

君先仕臣爲○中. 129-20 何不令前○中以爲冠. 166-1 ○中不知爲冠. 166-2 而○中甚妬之. 178-13 而○中之計中也. 178-15 今臣處○中. 247-2 諸○中執兵. 277-19 至○門而反曰. 282-20

【戾】 8
○蟲. 27-23 而齊爲虚○. 147-8 社稷爲虚○. 166-3 國家爲虚○. 176-19 此其暴於○定矣. 197-6 夫秦貪○之國而無親. 202-11 貪○好利而無信. 206-17 夫趙王之狼○無親. 251-19
【肩】 2
人○摩. 68-23 是比○而立. 80-22
【房】 2
婦人爲之自殺於○中者二八. 158-25 ○喜謂韓王曰. 246-15
【祆】 2
將以爲楚國○祥乎. 124-3 非敢以爲國○祥也. 124-4
【建】 38
然後可○大功. 16-12 山東之○國可兼與. 51-7 今○國立君. 56-24 而○千石鐘. 85-24 ○九斿. 94-9 生齊王○. 95-19 生子○. 101-2 子○立爲齊王. 101-5 以故○立四十有餘年不受兵. 101-5 誠○曰. 101-10 ○曰. 101-10 齊王○入朝於秦. 101-16 住○共者. 102-5 以趙之弱而據之○信君. 141-17 ○信君知從之無功. 141-18 ○信者安能以無功惡秦哉. 141-18 ○信春申從. 141-20 山東之○國. 144-24 ○信君貴於趙. 165-21 乃輦○信以與强秦角逐. 166-5 或謂○信. 166-16 ○信君曰. 166-18 ○信君再拜受命. 166-22 苦成常謂○信君曰. 166-25 希寫見○信君. 167-6 ○信君曰. 167-6 ○信君悖然曰. 167-8 魏魀謂○信君曰. 167-15 ○信君果先言橫. 167-22 則王必怒而誅○信君. 175-18 ○信君死. 175-18 ○信君不死. 175-19 卿因以德○信君矣. 175-19 王何不遣○信君乎. 176-14 ○信君有國事. 176-15 而與○信君. 176-20 ○信君輕韓熙. 246-19 趙敖爲謂○信侯曰. 246-19
【居】 57
子因令周最○魏以共之. 4-1 ○中不便於相國. 7-14 雜民之所○也. 20-1 ○無幾何. 24-15 ○彼人之所. 24-17 ○無幾何. 28-14 其○秦累世重矣. 31-8 窮而○於齊. 36-4 ○深宮之中. 38-9 臣○山東. 39-22 ○武安. 42-6 此則君何○焉. 46-21 君之門下無不○高尊位. 57-4 起○不敬. 60-6 齊僻陋隱○. 70-4 公以是爲名○足矣. 72-24 ○朞年. 79-2 而操銚鎒與農夫○壠畝之中. 79-18 夫鳥同翼者而聚○. 80-24 ○有頃. 82-7 ○有頃. 82-9 ○上位. 86-8 此夫差平○而謀王. 91-15 則明君不○也. 93-10 日○魏知之. 105-10 兩者大王何○焉. 109-17 有偏守新城而○民苦矣. 110-24 ○二年而覺. 111-13 今吾安○而可. 132-11 君其定○晉陽. 132-13 城中巢○而處. 132-24 ○頃之. 135-22 愁○懾處. 148-2 失其黨而孤○. 148-11 寡人宮○. 148-18 武靈王平晝間○. 148-23 聰明叡知之所○也. 150-3 求水○之民. 150-20 魏令公子咎以銳師○安邑. 156-22 吾視○北圍城之中者. 162-22 曷爲久○此圍城之中而不去也. 162-24 ○歲餘. 163-9 以○邯鄲. 166-20 而○無幾何. 167-24 奢嘗抵罪○燕. 174-18 不敢寧○. 177-8 三苗之○. 182-22 公可以○其中而疑之. 187-9 山○. 222-19 今已令楚王奉幾瑟以車百乘○陽翟. 225-1 ○爲隱蔽. 231-4 ○市井者. 237-9 今臣聞王○處不安. 252-20 是使弱趙○强吳之處. 266-8 ○之有間. 274-2 其人○遠未來. 276-19 ○頃之. 286-11
【屈】 11
我不能教子支左○右. 11-10 楚之相秦者○蓋. 31-25 寡人○於內. 60-20 不若令○署以新東國爲和於齊以動秦. 126-1 遽令○署以東國爲和於齊. 126-3 使得爲君高鳴○於梁乎. 128-15 國破曹○. 172-23 西○秦. 269-13 西○秦. 269-18 此所謂爲一臣○而勝天下也. 290-11 此亦所謂勝一臣而爲天下○者也. 290-12
【弦】 4
不得○機之利. 90-7 譬之衛矢而魏○機也. 90-13 鐶○絕. 92-14 聞○音. 127-22
【承】 21
子傒有○國之業. 56-25 子傒有○國之業. 57-9 邯鄲拔而○魏之弊. 64-13 齊因○魏之弊. 64-15 而晚○魏之弊. 64-21 犀首以梁爲齊戰於○匡而不勝. 72-7 臣恐强秦大楚○其後. 81-9 以○大王之明制. 109-6 願○下塵. 118-12 仰○甘露而飲之. 124-14 園女弟○間說春申君曰. 128-24 ○教而動. 151-18 而强秦以休兵○趙之敝. 158-10 固願○大國之意也. 177-12 趙王恐魏○秦之怒. 201-11 今夫韓氏以一女子○一弱主. 206-23 而强秦將以兵○王之西. 266-8 懼趙用樂毅○燕之弊以伐燕. 266-16 不能奉○先王之教. 266-24 臣自以爲奉令○教. 267-8 自以爲奉令○教. 267-22
【孟】 122
魏王因使○卯致溫囿於周君而許之成也. 12-24 而使張○談. 21-6 孰與○嘗芒卯之賢. 49-11 以○嘗芒卯之賢. 49-12 驅十二諸侯以朝天子於○津. 55-12 ○嘗君又竊以諫. 63-8 ○嘗君將入秦. 77-9 ○嘗曰. 77-10 ○嘗君見之. 77-12 謂○嘗君曰. 77-12 ○嘗君乃止. 77-19 ○嘗君在薛. 77-21 而○嘗令人體貌而親郊迎之. 77-22 ○嘗君奉夏侯章以四馬百人之食. 78-7 夏侯章每言未嘗不毁○嘗君也. 78-8 或以告○嘗君. 78-8 ○嘗君曰. 78-9 ○嘗君重非諸侯也. 78-10 吾以身爲○嘗君. 78-12 ○嘗君讌坐. 78-15 ○嘗君舍人有與君之夫人相愛者. 78-23 或以問○嘗君曰. 78-23 ○嘗君不知臣不肖. 79-6 是足下倍先君盟約而欺○嘗君也. 79-8 ○嘗君可語善爲事矣. 79-12 ○嘗君有舍人而弗悅. 79-15 魯連謂○嘗君曰. 79-15 ○嘗君曰. 79-22 ○嘗君出行國. 79-24 見○嘗君門人公孫戍曰. 79-25 入見○嘗君曰. 80-4 ○嘗君曰. 80-4 ○嘗君曰. 80-5 ○嘗君曰. 80-10 ○嘗君曰. 80-13 ○嘗君曰. 80-17 使人屬○嘗君. 82-4 ○嘗君曰. 82-4 ○嘗君笑而受之曰. 82-5 ○嘗君曰. 82-8 ○嘗君曰. 82-10 ○嘗君客我. 82-11 ○嘗君問. 82-13 ○嘗君使人給其食用. 82-14 後○嘗君出記. 82-16 ○嘗君怪之. 82-17 ○嘗君笑曰. 82-18 ○嘗君曰. 82-23 ○嘗君怪其疾也. 83-2 ○嘗君曰. 83-5 ○嘗君不說. 83-8 齊王謂○嘗君曰. 83-9 ○嘗君就國於薛. 83-10 ○嘗君顧謂馮諼. 83-11 ○嘗君予車五十乘. 83-14 齊放其大臣○嘗君於諸侯. 83-15 往聘○嘗君. 83-17 馮諼先驅誡○嘗君曰. 83-17 ○嘗君固辭不往也. 83-19 封書謝○嘗君曰. 83-20 馮諼誡○嘗君曰. 83-22 還報○嘗君曰. 83-24 ○嘗君爲相數十年. 83-25 ○嘗君爲從. 84-3 公孫弘謂○嘗君曰. 84-3 ○嘗君曰. 84-6 今○嘗君之地方百里. 84-10 ○嘗君好人. 84-11 ○嘗君之好人也. 84-12 寡人善○嘗君. 84-18 ○嘗. 84-19 魯仲連謂○嘗. 84-22 ○嘗君逐於齊而復反. 85-6 譚○嘗君曰. 85-6 ○嘗君曰. 85-7 ○嘗君曰. 85-8 ○嘗君曰. 85-9 ○嘗君乃取所怨五百牒削去之. 85-12 ○賁之倦也. 91-19 非賢於騏驥○賁也. 91-20 趙襄子召張○談而告之曰. 132-9 張○談曰. 132-11 召張○談曰. 132-15 張○談曰. 132-16 張○談曰. 132-19 襄子謂張○談曰. 132-25 張○談曰. 133-1 張○談於是陰見韓魏之君曰. 133-4 張○談曰. 133-7 二君卽與張○談陰約三軍. 133-8 張○談以報襄子. 133-9 張○談因朝知伯而出. 133-10 臣遇張○談於轅門之外. 133-12 張○談聞之. 133-24 使張○談見韓魏之君曰. 134-1 張○談既固趙宗. 134-8 張○談曰. 134-20 張○談便厚以便名. 134-22 襄子往見張○談而告之曰. 134-24 張○談曰. 135-2 張○談乃行. 135-3 涉○之讎然者何也. 141-17 趙王封○嘗君以武城. 142-6 ○嘗君擇舍人以爲武城吏. 142-6 ○嘗君曰. 142-8 內無○賁之威. 165-16 左○門而右漳釜. 183-1 奉陽君○嘗君韓呡周已周韓餘爲徒從而下之. 195-19 夜見○嘗君. 205-16 ○嘗君曰. 205-17 ○嘗君之趙. 205-19 ○嘗君曰. 205-20 ○嘗君曰. 205-20 猶○賁之與怯夫也. 223-2 夫戰○賁烏獲之士. 223-3 韓適有東○之會. 238-3 東○之會. 242-3 ○軻謂齊宣王曰. 254-18 持臣非張○談也. 262-5 使臣也如張○談也. 262-5 ○賁之勇而死. 262-19 燭之武張○談受大賞. 266-3
【陋】 5
願以陳臣之○忠. 37-18 齊僻○隱居. 70-4 寡人愚○. 87-16 楚國僻○. 111-21 僻○之國也. 120-9
【牀】 7
獻象○. 79-24 直送象○. 80-1 象○之直千金. 80-1 君豈受楚象○哉. 80-4 今君到楚而受象○. 80-9 子教文無受象○. 80-11 輸象○. 80-16
【狀】 6
○有歸色. 16-18 王后悅其○. 57-18 ○如振捆. 60-8 奇法章之○貌. 100-25 春申君問○. 128-19 ○貌不似吾夫. 135-14
【陌】 1
決裂阡○. 46-1
【孤】 49
將與趙宋合於東方以○秦. 6-6 則秦○而不王矣. 13-9 趙危而荆○. 19-18 是楚○也. 26-20 秦又何重○國. 26-20 韓必○. 29-25 小者身以○危. 38-10 此天所以幸先王而不棄其○也. 38-14 世世稱○. 46-20 齊魏有何重於○國也. 50-19 楚知秦之○. 50-20 則楚○而受兵也. 55-23 則秦○而受兵矣. 55-24 南面而○楚韓梁. 68-8 北向而○燕趙. 68-9 是以侯王稱○寡不穀. 86-18 非夫○寡者. 86-19 卹○獨. 88-10 約結而喜主怨者○. 90-4 齊負郭之民有○狐咺者. 95-3 上輔○主. 97-1 世世稱○寡. 97-4 莫如從親以○秦. 109-3 若有○. 113-25 是楚○也. 121-22 卽遂南面稱○. 129-16 失其黨而○居. 148-11 不倍其○. 153-13 是中山○也. 157-11 我分兵而○樂中山. 157-12 夷維子謂鄒之○曰. 164-3 能○秦. 169-8 合親以○齊. 209-11 是秦○也. 232-2 是齊○也. 235-12 是齊○矣. 245-23 蘇秦能抱弱燕而○於天下哉. 249-3 辭○竹之君. 250-16 齊因○國之亂. 255-14 ○極知燕小力少. 255-14 ○之願也. 255-15 皆死秦之○也. 261-15 齊趙已○矣. 263-19 其○未壯. 271-20 此天所以哀燕不棄其○也. 275-6 是中山○. 285-22 ○何得無廢. 285-23 韓○顧魏. 289-17 養○長幼以益其衆. 289-21
【亟】 19
○亡來亡來. 8-1 可以令楚王○入下東國. 75-8 可以忠太子使之○去. 75-9 非○得下東國者. 75-14 使○入下東國之地. 75-16 今王不○入下東國. 75-19 故曰可以使楚○入地也. 75-20 故曰可以爲楚王使太子○去也. 76-7 是以君王無羞○問. 86-13 期數而能拔城者爲○耳. 92-18 王不○殺此九子者以謝安平君. 99-24 故不若○割地求和. 160

-17 得毋嫌於欲○葬乎. 194-6 ○以少割收. 203-3 君得燕趙之兵甚衆且○矣. 206-13 以公不如○以國合於齊楚. 232-10 王不如○歸幾瑟. 235-19 適足以自令○亡也. 241-2 欲霸之○成. 281-13

【降】 13
○代上黨. 20-6 何國可○. 21-6 然○其主父沙丘而臣之. 41-23 侯者復言章子以齊兵○秦. 67-1 ○雨下. 77-15 ○雨下. 77-16 衝櫓不施而邊城○. 93-12 城○有日. 131-8 甘露○. 138-3 且君親從臣而勝○城. 183-2 ○城亡子不得與焉. 217-24 休祲○於天. 219-25 臣所以○志辱身. 237-9

【函】 14
君臨○谷而無攻. 9-9 ○冶氏爲齊太公買良劍. 12-3 東有肴○之固. 15-16 入○谷. 48-23 三國入○谷. 49-4 出兵○谷而無伐. 71-16 出兵○谷而無伐. 72-2 且夫秦之所以不出甲於○谷關十五年以攻諸侯者. 111-2 秦必不敢出兵於○谷關以害山東矣. 146-7 秦兵不敢出○谷關十五年矣. 147-24 王乃待天下之攻○谷. 260-9 ○封之. 276-14 ○封. 277-8 荆軻奉樊於期頭○. 277-9

【限】 4
南有巫山黔中之○. 15-16 足以爲○. 19-5 無有名山大川之○. 145-4 踰九○之固. 154-15

【姑】 7
○反國統萬人乎. 83-22 君○高枕爲樂矣. 83-24 今又以何陽○密封其子. 170-4 ○待已耕. 171-11 必○輔之. 181-7 必○與之. 181-7 王能又封其子問陽○衣乎. 208-18

【妬】 15
今王○楚之不毀也. 52-21 其爲人疾賢○功臣. 60-2 人臣莫難於無○而進賢. 119-8 至於無○而進賢. 119-10 必知其無○而進賢也. 119-11 亦必無○而進賢. 119-11 而○者. 123-13 鄭褏知王以己爲不○也. 123-16 奉陽君○. 144-4 而世不○其業. 146-17 必不免爲○婦也. 159-4 魏冉必○君之有陰也. 171-20 魏冉○. 171-21 而郎中甚○之. 178-13 而羣臣相○以功. 289-11

【姓】 49
周君得以爲辭於父兄百○. 12-21 百○不足. 16-6 罪其百○不能死也. 18-14 則怨結於百○. 40-4 百○不聊生. 53-5 帥天下百○. 54-17 内喻其百○. 54-20 而百○靡於外. 60-20 百○爲之用. 62-5 大臣與百○弗爲用. 62-6 百○不戴. 71-5 百○理襜蔽. 92-17 其百○罷而城郭露. 93-5 百○不附. 95-4 下養百○. 97-2 救百○之死. 97-24 寡人憂勞百○. 98-11 乃布令求百○之飢寒者. 98-15 内牧百○. 99-6 子臨百○. 99-23 其子法章變○名. 100-24 百○離散. 113-12 百○離散. 113-18 百○離散. 113-23 百○昏亂. 114-1 而百○大治. 114-2 厚賦斂諸臣百○. 119-5 大臣播王之過於百○. 119-6 以百○. 119-8 下牟百○. 123-8 更其○爲輔氏. 133-23 出更其○. 133-25 乃變○名. 135-9 百○皆曰. 136-24 將以取信於百○也. 136-25 可以無盡百○之勞. 149-6 今吾將胡服騎射以教百○. 149-8 ○名未著而受三公. 176-9 而百○無患. 188-24 先君必欲一見羣臣百○也夫. 194-3 百○皆見之. 194-5 百○無被兵之患. 205-13 百○恫怨. 254-11 將軍市被及百○乃反攻太子平. 254-15 百○離意. 254-17 與百○同其甘苦. 256-7 百○離心. 264-11 君不量百○之力. 288-15 百○心離. 289-12

【始】 37
楚王○不信昭應之計矣. 10-17 蘇秦○將連横說秦惠王曰. 15-15 臣聞○時呂尚之遇文王也. 37-12 卒事○皇帝. 47-3 孰與○强對曰. 49-10 ○. 49-18 此言○之易. 52-15 唯○與終. 55-8 能○而不能終也. 55-13 故曰衛鞅之○與秦王計也. 94-13 秦○皇嘗使使者遺君王后玉連環. 101-7 秦○皇立九年矣. 130-3 ○事范中行氏而不說. 135-6 吾○已諾於應侯矣. 140-3 ○合從. 144-3 非所以觀遠而論○也. 151-14 寡人○行縣. 152-19 ○吾以君爲天下之賢公子也. 162-14 ○以先生爲庸人. 164-14 兵○用. 172-18 魏於是乎○强. 182-10 臣以爲自天下之○分以至于今. 202-25 吾○已諾於應侯矣. 204-1 吾○已諾於應侯矣. 204-11 亡趙之○也. 208-22 亡虞之○也. 208-23 臣之○得魚也. 218-11 果從成皐○. 221-7 申不害○合於韓王. 221-12 今之韓弱於○之韓. 241-10 而今之秦强於○之秦. 241-11 其疏秦乃○益明. 243-3 先從隗○. 256-4 順○與蘇子爲讐. 262-11 ○可著於春秋. 263-2 善○者. 268-4 ○君之所行於世者. 283-1

【帑】 1
宫室小而○不衆. 136-24

【弩】 9
强○在後. 10-9 譬猶以千鈞之○潰癰也. 32-18 傷○. 92-14 便弓引○而射之. 93-7 秦以三軍强○坐羊唐之上. 138-18 外無弓○之禦. 165-16 天下之强弓勁○. 222-1 蹠勁○. 222-6 强○在前. 260-15

【糾】 1
遺公子○而不能死. 97-8

【契】 6
獨知之○也. 12-5 載主○國以與王約. 35-5 載券○而行. 82-22 則○折於秦. 201-22 操右○而爲公責德於秦魏之主. 239-11 必得約○以報太子也. 278-1

【奏】 2
臣請○其效. 15-20 司馬憙即○書中山王曰. 286-25

【春】 60
○秋記臣弑君者以百數. 4-12 韓○謂秦王曰. 48-16 王之○秋高. 57-6 唐且見○申君曰. 122-14 客說○申君曰. 126-12 ○申君曰. 126-15 客又說○申君曰. 126-17 ○申君又曰. 126-19 ○秋戒之曰. 126-24 趙使魏加見楚○申君曰. 127-14 ○申君曰. 127-16 汗明見○申君. 127-25 ○申君大說之. 127-25 ○申君曰. 128-1 ○申君曰. 128-3 ○申君曰. 128-4 ○申君曰. 128-7 ○申君患之. 128-17 李園求事○申君爲舍人. 128-19 ○申君問狀. 128-19 ○申君曰. 128-20 ○申君曰. 128-21 即幸於○申君. 128-22 園女弟承間說○申君曰. 128-24 ○申君大然之. 129-6 恐○申君語泄而益驕. 129-9 欲殺○申君以滅口. 129-10 ○申君相楚二十五年. 129-11 朱英謂○申君曰. 129-11 ○申君曰. 129-13 ○申君曰. 129-17 ○申君曰. 129-19 ○申君曰. 129-21 ○申君後入. 129-25 園死士夾刺○申君. 129-25 於是使吏盡滅○申君之家. 130-1 初幸○申君有身. 130-1 虞卿謂○申君曰. 130-6 臣聞之○秋. 130-6 今楚王之○秋高矣. 130-6 君之○秋高矣. 139-12 建信○申從. 141-20 秦召○平侯. 178-12 ○平侯者. 178-13 ○平侯入秦. 178-14 故君不如遣○平侯而留平都侯. 178-15 ○平侯者言行於趙王. 178-15 祠○秋. 184-14 祠○秋. 186-12 故○秋書之. 208-24 而信○申君之言. 211-23 即○申君有變. 211-24 祠○秋者. 216-22 祠○秋. 222-8 祠○秋. 223-15 ○申君聞之. 229-19 觀鞅謂○申曰. 229-23 然而○秋用兵者. 241-17 始可著於○秋. 263-2 故著於○秋. 267-24

【珍】 6
君之府藏○珠寶玉. 57-5 買以○珠重寶. 61-1 而○珠重寶盡於内. 61-2 君宫中積○寶. 83-4 寶○隋珠. 127-8 車甲○器. 267-18

【珉】 15
秦王内韓○於齊. 172-10 韓○與我交. 240-7 韓○之攻宋. 240-8 此韓○之所以禱於秦也. 240-10 公仲使韓○之秦求武隧. 243-18 吾欲以國輔韓○而相之可乎. 243-22 父兄惡○. 243-22 ○必以國保楚. 243-23 韓相公仲○使韓侈之秦. 244-1 公仲○死. 244-2 韓○之議. 244-9 ○爲疾矣. 244-10 韓○相齊. 245-2 謂韓○曰. 245-3 必不反韓○. 262-9

【毒】 1
而怨○積惡. 138-5

【封】 110
主君令陳○之楚. 3-9 秦且收齊而○之. 5-4 何不○公子咎. 7-10 ○之於商. 15-4 ○爲武安君. 17-1 文請以所得○君. 34-6 破齊定○. 34-8 秦○君以陶. 34-11 ○君於河南. 34-24 爲君慮○. 35-17 定身○. 35-18 買○千户. 60-24 齊將○田嬰於薛. 62-10 ○之成與不. 62-11 令其欲○公也又甚於齊. 62-11 夫齊削地而○田嬰. 62-14 王不如○田忌於江南. 65-21 而得○. 65-23 楚果○之於江南. 65-24 可以爲蘇秦請○於楚. 75-10 因○蘇秦爲武貞君. 76-21 故曰可以爲蘇秦請○於楚也. 76-22 ○衛之東野. 81-18 ○書謝孟嘗君曰. 83-20 ○萬户侯. 85-22 請裂地定○. 97-3 益○安平君以夜邑萬户. 99-25 故爲梁山陽君請○於楚. 104-23 不當○. 104-24 乃○壇爲安陵君. 106-13 ○爲武安君而相燕. 111-12 四○不侵. 113-3 ○之執圭. 114-3 飯○祿之粟. 125-9 奈何以保相印江東之○乎. 129-2 楚國○盡可得. 129-5 而君之○地. 130-7 爲主君慮○者. 130-7 秦孝公○商君. 130-8 秦惠王○冉子. 130-9 ○近故也. 130-10 太公望○於齊. 130-10 邵公奭○於燕. 130-10 以定身○. 130-12 破趙則○二子者各萬家之縣一. 133-20 又○二子者各萬家之縣一. 133-21 廣○疆. 134-8 而○地不定. 139-12 定身○. 139-14 請以三萬户之都○太守. 140-22 千户○縣令. 140-22 辭○而入韓 140-25 河間○不定而齊危. 141-25 趙王○孟嘗君以武城. 142-6 而○之以武城. 142-9 韓魏皆可使致○地湯沐之邑. 144-15 貴戚父兄皆可以受○侯. 144-15 ○侯貴戚. 144-17 乃○蘇秦爲武安君. 146-10 而馳於○内. 147-20 守四○之内. 148-2 城境○之. 154-10 而○以東武城. 161-8 夫君○以東武城不讓無功. 161-9 是親戚受○. 161-10 乃不受○. 161-11 於是平原君欲○魯仲連. 164-18 以解其怨而取○焉. 169-21 則令秦攻魏以成其私○. 170-2 今又以何陽姑密○其子. 170-4 齊乃令公孫衍說李兌以攻宋而定○焉. 170-25 ○不可不早定也. 171-6 爲君慮○. 171-7 定身○. 171-9 唯得大○. 171-10 而臣待忠之○. 171-12 燕○宋人榮盆爲高陽君. 174-11 而○之以膏腴之地. 179-18 以多取○於秦. 180-2 成而○侯之基. 186-7 齊請以宋地○涇陽君. 186-21 請○子. 188-7 公子不○. 196-16 魏雖○髡. 205-12 而○田文. 206-14 魏王將○其子. 208-17 王能又○其子問陽姑衣乎. 208-18 自以爲必可以○. 227-6 中○小令尹以桂陽. 227-6 而○於梗陽. 240-1 而○於平原. 240-2 秦○君以山陽. 245-8 齊○君以莒. 245-8 ○内弊矣. 253-13 齊請以宋○涇陽君. 255-6 道

南陽○冀. 260-15 ○陸之戰. 261-14 今○而相之. 262-9 今王願○公子. 265-13 公子無攻不當○. 265-14 且以爲公子功而○之也. 265-15 故非及太后與王○公子. 265-17 則公子終身不○矣. 265-18 乃○之以地. 266-10 趙○以爲望諸君. 266-15 故裂地而○之. 267-22 國之有○疆. 272-13 函○之. 276-14 函○. 277-8 因○之中山. 284-4

【持】 34

○二端. 2-21 使人○車召之. 37-2 不如一人○而走疾. 40-21 楚地○戟百萬. 46-3 王若能○功守威. 52-10 ○齊楚. 54-5 乃左手○卮. 72-21 豈得○言也. 78-13 今齊魏久相○. 81-8 勿與○久. 110-13 ○其女弟. 128-18 ○國之道也. 134-16 乃使使者○衣與豫讓. 136-8 危足以○難. 152-22 曠日○久. 155-19 ○丘之環. 165-15 曠日○久數歲. 175-1 ○其踵爲之泣. 179-11 魏必事秦以○其國. 189-3 而○三萬乘之國輔之. 198-7 秦趙久相○於長平之下而無決. 214-2 方北面而○其駕. 215-19 使爲○節尉. 217-13 ○兵戟而衛者甚衆. 238-3 乃使蘇代○質子於齊. 254-25 而求扶○. 258-17 ○臣非張孟談也. 262-5 百官○職. 265-13 ○千金之資幣物. 277-4 取武陽所○圖. 277-13 而右手○匕首揕抗之. 277-14 不得○尺兵. 277-19 而中山後○. 284-7 ○戟百萬. 289-2

【拱】 5

大王○手以須. 20-13 齊之右壤可○手而取也. 54-2 秦王垂○受西河之外. 94-12 今大王垂○而兩有之. 144-17 則是大王垂○之割埊以爲利重. 199-5

【垣】 26

又取蒲衍首○. 52-7 公宮之○. 132-17 魏王使客將軍新○衍間入邯鄲. 162-6 魏王使將軍辛○衍令趙帝秦. 162-13 梁客辛○衍安在. 162-16 平原君遂見辛○衍曰. 162-17 辛○衍曰. 162-19 辛○衍許諾. 162-21 魯連見辛○衍而無言. 162-22 辛○衍曰. 162-22 辛○衍曰. 163-4 辛○衍曰. 163-5 辛○衍曰. 163-7 辛○衍曰. 163-14 辛○衍曰. 163-16 辛○衍怏然不悅曰. 163-17 辛○衍起. 164-14 得○雍. 207-12 秦許吾以○雍. 213-25 臣以○雍爲空割也. 214-1 故以○雍餌王也. 214-3 王敢責○雍之割乎. 214-4 王能令韓出○雍之割乎. 214-5 ○雍空割也. 214-5 軍於東○矣. 248-14 猶家之有○墻. 272-14

【城】 212

宜陽○方八里. 2-3 景翠得○於秦. 2-13 無以守○. 10-16 楚不能守方○之外. 11-24 則楚方○之外危. 13-3 夫攻○墮邑. 17-23 長○鉅坊. 19-5 ○且拔矣. 21-5 秦攻新○宜陽. 21-24 支分方○膏腴之地以薄鄭. 36-1 武安君所以爲秦戰勝攻取者七十餘○. 42-15 寡人一○圍. 43-6 七十餘○. 46-6 吾特以三○從之. 49-4 吾愛三○而不講. 49-5 寧亡三○而悔. 49-6 卒使公子池以三○講於三國. 49-7 ○不沈者三板耳. 49-17 保于陳○. 51-17 小黄濟陽嬰○. 52-8 攻晉陽之○. 52-20 許鄢陵嬰○. 53-25 處於㢮○. 56-25 攻○墮邑. 58-13 今王齎臣五○以廣河間. 58-24 趙王立割五○以廣河間. 58-25 而勝於○濮. 61-16 靖郭君將○薛. 62-18 雖隆薛之○到於天. 62-24 乃輟○薛. 63-1 我孰與○北徐公美. 66-6 ○北徐公. 66-7 百二十○. 66-16 齊梁之兵連於○下. 71-16 梁齊之兵連於○下不能去. 72-1 覆軍殺將得八○. 72-15 破軍殺將得八○. 72-23 趙令樓緩以五○求講於秦. 73-3 因使人以十○求講於秦. 73-3 夫有宋則衛之陽○危. 89-20 衛國○割平. 90-10 隊黄○. 90-16 黄○之墜也. 90-17 攻○之費. 92-17 期數而能拔○者爲亟耳. 92-18 故三下○而能勝敵者寡矣. 92-19 其百姓罷而○郭露. 93-5 而○郭露於境. 93-5 衝櫓不施而邊○降. 93-12 千丈之○. 93-16 拔○於尊俎之間. 94-16 田單以卽墨之○. 95-17 取七十餘○. 96-3 燕將攻下聊○. 96-5 遂保守聊○. 96-5 而聊○不下. 96-6 約之矢以射○中. 96-7 殺身亡聊○. 96-10 與聊○共據碁年之弊. 96-17 齊必決之於聊○. 96-18 田單守卽墨之○. 98-1 王走而之○陽之山中. 99-19 三里之○. 99-19 闔○陽而王. 99-21 ○陽天下莫之能止. 99-21 而迎王與后於○陽山中. 99-22 臣以五里之○. 100-4 乃厲氣循○. 100-16 而在○南下者百數. 101-24 請効列○五. 103-17 昭奚恤與彭○君議於王前. 104-8 ○渾出周. 107-5 至於新○. 107-5 ○渾說其令曰. 107-6 楚目弱新○圍之. 107-7 新○上梁相去五百里. 107-9 故楚王何不目新○爲主郡也. 107-10 新○公大說. 107-13 ○渾得之. 107-14 楚王果以新○爲主郡. 107-14 矯目新○陽人予太子. 107-16 臣爲太子得新○陽人. 107-18 又何新○陽人之敢求. 107-19 盡○守矣. 110-19 有偏守新○而居民苦矣. 110-24 恢先君以揜方○之外. 113-3 楚令景翠以六○賂齊. 115-9 是○下之事也. 119-24 方○必危. 121-1 則方○無患. 121-3 襄王流揜於○陽. 124-6 ○下不沉者三板. 131-3 今○不沒者三板. 131-7 ○降有日. 131-8 ○今且將拔矣. 131-11 行○郭. 132-15 吾○郭之完. 132-15 三國之兵乘晉陽○. 132-23 ○中巢居而處. 132-24 ○力盡. 132-25 欲以○下. 133-1 趙氏分則多十○. 134-25 使陽○君入謝於秦. 139-22 今有○市之邑七十. 140-5 未見一○也. 140-15 今不用兵而得○七十. 140-15 有○市之邑七十. 140-17 未見一○. 140-18 今坐而得○. 140-18 趙王封孟嘗君以武○. 142-6 孟嘗君擇舍人以爲武○吏. 142-6 而封之以武○. 142-9 ○境封之. 154-10 ○雖大. 155-16 今千丈之○. 155-21 圍千丈之○. 155-22 而請内焦黎牛狐之○. 156-14 圍邯鄲之○. 158-6 因使人索六○於趙而講. 158-21 與秦○何如. 158-23 不能取六○. 160-2 而不至失六○. 160-2 我以五○收天下以攻罷秦. 160-3 是使王歲以六○事秦也. 160-6 秦索六○於王. 160-22 王以五○賂齊. 160-22 得王五○. 160-23 信陵君發兵至邯鄲○下. 161-4 而封以東武○. 161-8 夫君封以東武○不讓無功. 161-9 吾視居北圍○之中者. 162-22 曷爲久居此圍○之中而不去也. 162-24 故攻○野戰. 170-8 趙王因割濟東三○令盧高唐平原陵地○邑市五十七. 174-11 乃割濟東三令○市邑五十七以與齊. 174-14 得三○也. 175-4 ○大無能過百雉者. 175-4 請今率諸侯受命邯鄲○下. 177-15 且君親從臣而勝降○. 183-2 ○非不高也. 183-3 西有長○之界. 184-7 楚許魏六○. 189-19 而不與魏六○. 189-20 必取方○之外. 190-7 壞○郭. 193-18 分宋之○. 194-16 必效○埊於王. 199-10 許楚○埊. 199-13 敝邑之王欲效○埊. 199-14 敝邑之吏效○者. 201-8 遽割五○以合於魏而支秦. 201-11 守十仞之○. 202-23 陵十仞之○. 202-24 秦故有懷地刑丘之○垝津. 207-11 邊○盡拔. 207-21 白珪謂新○君曰. 213-1 以造安陵之○. 217-21 降○亡子不得與焉. 217-24 亡○數十. 218-24 發兵臨方○. 232-18 矯以新○陽人合世子. 234-7 世子得新○陽人. 234-9 又何新○陽人敢索. 234-10 謂新○君曰. 235-10 令楚兵十餘萬在方○之外. 236-2 與新○陽晉同也. 240-7 晉文公一勝於○濮而定天下. 241-15 段産謂新○君曰. 247-1 段干越人謂新○君曰. 247-5 雖得燕○. 248-12 取十○. 249-14 王利其十○. 249-18 莫如歸燕之十○. 249-23 秦知王以己之故歸燕○也. 249-23 燕無故而得十○. 249-24 而以十○取天下也. 249-25 乃歸燕○. 250-3 利得十○. 250-10 不窺於邊○之外. 250-22 大王割十○乃卻以謝. 251-20 則易水長○非王之有也. 251-23 獻常山之尾五○. 252-3 有長○鉅防. 253-9 雖有長○鉅防. 253-12 ○門不閉. 254-19 齊○之不下者. 256-10 以守陽○. 264-4 明日又使燕攻陽○及狸. 264-7 今燕又攻陽○及狸. 264-8 遂將以與燕戰於陽○. 264-10 下七十餘○. 266-13 三○未下. 266-14 復收七十○以復齊. 266-16 十月而拔燕薊○. 278-5 拔宋五○. 279-6 今黄○將下矣. 280-1 將移兵而造大國之○下. 280-1 是勝黄○. 280-3 是勝黄○. 280-4 是不勝黄○. 280-5 果勝黄○. 280-6 臣請受邊○. 280-14 以待下吏之有○而已. 280-15 而圍一○焉. 280-16 有雀生𪇆於○之陬. 281-11 ○不守. 281-15 三百之○. 283-10 ○池不修. 289-12 多倍○邑. 289-13 增○浚池以益其固. 289-22 攻其列○. 289-25

【政】 68

莅○有頃. 15-9 ○教不順者不可以煩大臣. 15-22 式於○. 17-6 以亂其○. 23-15 使此知秦國之○也. 28-23 臣聞古之善爲○也. 41-4 四治○不亂不逆. 41-4 臣豈以郢威王爲○衰謀亂以至於此哉. 54-23 司馬穰苴爲○者也. 95-5 據齊國之○. 97-11 不顧國○. 124-3 王長而反○. 129-16 其餘○教猶存. 132-13 晉陽之○. 134-19 明主之○也. 134-23 令嚴○行. 140-13 從○有經. 149-21 行○在於信貴. 149-22 今寡人恐叔逆從○之經. 149-23 ○之經也. 151-7 所以成官而順○也. 151-14 五伯不同教而○. 151-15 以從○爲累. 153-22 勿使從○. 177-23 勿使與○事. 177-24 爲○不善. 182-24 然爲○不善. 182-25 然爲○不善. 183-2 ○惡故也. 183-3 西河之○. 183-5 或以○教不脩上下不輯. 211-21 不以挾私爲○. 213-11 聶○之刺韓傀也. 219-23 嚴遂○議直指. 236-22 軹深井里聶○. 236-25 嚴遂陰交於聶○. 237-1 聶○問曰. 237-1 觴聶○母前. 237-3 前爲聶○母壽. 237-3 聶○驚. 237-4 而聶○謝曰. 237-5 因爲聶○語曰. 237-6 聶○曰. 237-9 ○身未敢許人也. 237-10 聶○竟不肯受. 237-11 聶○母死. 237-13 聶○曰. 237-13 ○乃市井之人. 237-13 然是深知○也. 237-16 而○獨安可嘿然而止乎. 237-17 且前日要○. 237-17 ○徒以老母. 237-17 ○將爲知己者用. 237-18 ○曰. 237-24 聶○直入. 238-4 聶○刺之. 238-5 聶○大呼. 238-6 韓取聶○屍於市. 238-7 ○姉聞之. 238-10 此吾弟軹深井里聶○也. 238-14 非獨○之能. 238-15 聶○之所以名施於後世者. 238-16 聶○陽堅刺相兼君. 242-3 而噲老不聽○. 254-10 五伯改○. 258-8 執○任事之臣. 268-2 自知○. 280-20 不恤其○. 289-11

【赴】 6

子孰而與我○諸侯乎. 88-23 ○强敵而死. 113-12 遠方之所觀○也. 150-5 則連有○東海而死矣. 163-2 ○於齊曰. 163-10 日夜○魏. 217-1

【捆】 1

狀如振○. 60-8

【哉】 89

而又爲客○. 4-19 周君豈能無愛國○. 10-9 君何不買信貨○. 12-7 蓋可忽乎○. 17-16 秦王安能制晉楚○. 32-20 則韓魏必無上黨○. 32-25 葬於無知之死人○. 33-8 豈齊不欲地○. 39-2 何爲不可○. 45-4 其可願孰與閎夭周公○. 45-13 孰與以禍終○. 46-20 雖藍田豈難得○. 48-6 臣豈以郢威王爲政衰謀亂以至於此○. 54-23 人主豈得其

用〇. 61-18 何〇. 64-10 其於齊何利〇. 64-10 豈爲人臣欺生君〇. 67-11 子以齊楚爲孰勝〇. 67-16 足下豈如令衆而合二國之後〇. 67-17 豈用强力〇. 78-5 豈非世之立教首也〇. 79-21 君豈受楚象牀〇. 80-4 何〇. 80-6 豈有騏驎騄耳〇. 85-2 豈有毛廧西施〇. 85-3 士何必待古〇. 85-3 安可得而有乎〇. 86-7 何不吉之有〇. 86-17 君子焉可侮〇. 86-22 豈特攫其腓而噬之耳〇. 98-24 豈不以據勢也〇. 99-5 誰有厚於安平君者〇. 99-17 社稷豈得無危〇. 110-10 悍〇. 123-20 豈特百里〇. 124-12 將道何〇. 130-14 何〇. 134-13 秦豈得愛趙而憎韓〇. 138-7 建信者安能以無功惡秦〇. 141-18 奚擇有功之無功爲知〇. 141-21 借衣者被之〇. 142-7 而以冥冥决事〇. 145-13 豈可同日而言之〇. 145-17 趙僅存〇. 146-21 豈獨田單如耳爲大過〇. 147-3 豈可得〇. 148-11 距此奚難〇. 155-17 我其以三萬救是者乎〇. 155-21 善〇. 158-12 而何慰秦心〇. 160-21 國奚無人甚〇. 174-14 有子孫相繼爲王也〇. 179-13 豈人主之子孫則必不善〇. 179-16 豈可不一會期〇. 182-9 豈不亦信固〇. 182-17 公叔豈非長者〇. 183-16 豈不悲〇. 183-24 豈其士卒衆〇. 184-17 惡得無眩〇. 186-9 豈小功也〇. 194-12 夫秦何厭之有〇. 202-13 何必以兵〇. 203-5 則魏國豈得安〇. 207-16 何也〇. 213-13 豈有及〇. 216-23 豈直五百里〇. 219-18 則豈楚之任也〇. 229-13 豈不殆〇. 238-1 勇〇. 238-11 豈不爲過謀〇. 242-7 豈不爲過謀而不知尊〇. 242-10 豈可不謂善謀〇. 242-14 豈如道韓反之〇. 246-2 豈能東無齊西無趙〇. 249-3 蘇秦能抱弱燕而孤於天下〇. 249-3 何肯楊燕秦之威於齊而取大功乎〇. 250-18 安猶取〇. 253-7 豈遠千里〇. 256-5 何如人〇. 258-22 寡人豈敢一日而忘將軍之功〇. 266-19 欲排其逆鱗〇. 273-25 豈丹之心〇. 275-5 豈可得〇. 275-24 荆卿豈無意〇. 276-20 善〇. 279-21 彼安敢攻衛以重其不勝之罪〇. 280-6 豈若中山廢其王而事齊〇. 284-14 以止其遇〇. 285-2 何神之有〇. 289-20

【挺】 2

〇子以爲人. 77-14 〇劍而起. 220-1

【郝】 28

若公孫〇者可. 108-16 夫公孫〇之於秦王. 108-17 公孫〇甘茂貴. 120-23 公孫〇善韓. 120-24 馮〇謂楚王曰. 121-6 趙使机〇之秦. 156-2 宋突謂机〇曰. 156-2 使趙〇約事於秦. 159-9 齊人戎郭宋突謂仇〇曰. 175-7 令仇〇相宋. 178-9 李〇謂臣曰. 214-16 不如公孫〇. 227-10 公孫〇黨於韓. 227-12 是與公孫〇甘茂同道也. 227-13 韓氏先以國從公孫〇. 227-16 公孫〇欲以韓取齊. 227-25 是以公孫〇甘茂之無事也. 228-1 善公孫〇以難甘茂. 228-5 秦王以公孫〇爲黨於公而弗之聽. 228-8 今王聽公孫〇以韓秦之兵應齊而攻魏. 228-12 臣以公孫〇爲不忠. 228-14 則信公孫〇於齊. 228-18 公孫〇黨於齊而不肯言. 228-22 不得議公孫〇. 244-14 公孫〇之貴. 244-15 公孫〇嘗疾齊韓而不加貴. 244-18 齊韓嘗因公孫〇而不受. 244-19 公孫〇樗里疾請無攻韓. 244-21

【拾】 5

道不〇遺. 15-6 譚〇子迎之於境. 85-6 譚〇子曰. 85-8 譚〇子曰. 85-10 其臣抶〇. 114-11

【挑】 4

〇趙索戰. 90-11 勿與〇戰. 110-13 則是弃前貴而〇秦禍也. 160-7 〇其軍戰. 289-25

【垸】 1

秦故有懷地刑丘之城〇津. 207-11

【指】 7

臣未嘗聞〇大於臂. 40-20 〇摶關. 70-1 舉宋而東〇. 111-11 嚴遂政議直〇. 236-22 詘〇而事之. 255-18 眄視〇使. 255-20 髮盡上〇冠. 277-2

【按】 6

〇圖籍. 21-25 不如〇兵勿出. 73-11 跳行〇兵於國. 94-11 秦〇爲義. 173-2 公不如〇魏之和. 209-23 攘臂〇劍. 222-16

【某】 7

從〇至〇. 27-3 〇懦子内〇士. 43-19 羣臣之可用者〇. 101-10 郢人〇氏之宅. 106-23 郢人〇氏. 106-24

【甚】 133

西周〇憎東周. 8-5 〇敬. 10-3 公之功〇多. 11-12 此〇大功也. 18-25 外者天下比志〇固. 20-24 弊邑之王所説〇者. 26-6 唯儀之所〇願爲臣者. 26-7 弊邑之王所〇憎者. 26-7 唯儀之〇憎者. 26-8 其於弊邑之王〇厚. 26-9 楚王〇愛之. 27-18 此臣之〇患也. 35-8 則病必〇矣. 40-21 人主所〇愛也. 41-13 臣之見人〇衆. 46-23〇然. 49-14 楚王使景所〇愛. 50-13 君侯何不快〇也. 58-6 其交〇親. 60-2 趣〇疾. 60-11 令其欲封公也又〇於齊. 62-11 王之不説嬰〇. 63-13 君美〇. 66-6 又弗如遠〇. 66-11 王之蔽〇矣. 66-17 今齊楚燕趙韓梁六國之遞〇也. 67-24 臨淄〇富而實. 68-21 今齊王〇憎張儀. 71-14 王〇憎張儀. 71-21 寡人〇憎儀. 71-21 齊王〇憎儀. 71-24 齊畏公〇. 72-24 荆〇固. 77-25 而荆亦〇固. 78-2 遇之〇懽. 78-7 亦〇不義矣. 78-25 於衛〇重. 79-4 衛君〇欲約天下之兵以攻齊. 79-5 〇善. 80-12 亦〇矣. 86-3 戰非〇疾也. 90-24 然而〇於相趨者. 92-2 不若其欲齊之〇也. 102-8 貴〇矣而主斷. 106-20 邊邑〇利之. 107-11 〇矣. 112-4 爲求地〇力. 121-25 魏王〇信之. 122-1 〇愛新人. 123-11 愛之〇於王. 123-13 其愛之〇於寡人. 123-14 必〇於癘矣. 127-7 又〇喜之兮. 127-10 上天〇神. 127-11 〇衆. 128-17 今王疾〇. 129-14 其音何類吾夫之〇也. 135-15 子之道〇難而無功. 135-16 此〇易而功必成. 135-17 臣聞聖人〇禍無故之利. 140-8 文〇不取也. 142-8 東闚於周室〇. 142-21 亦太〇矣. 163-18 〇無禮. 167-6 〇矣其無禮也. 167-7 於魏王聽此言也〇詘. 170-14 其欲事王也〇循. 170-14 以奉陽君〇食之. 171-10 國奚無人〇哉. 174-14 國奚無人〇也. 174-17 〇善趙王. 175-17 〇善. 176-10 趙王之所〇愛也. 178-13 而郎中〇妬之. 178-13 〇於婦人. 179-8 婦人異〇. 179-8 不若長安君之〇. 179-10 今秦見齊魏之不合也如此其〇也. 186-23 〇力之. 187-22 魏王〇愛之. 187-23 雪〇如此而喪行. 193-19 民必〇病之. 193-20 而雪〇. 194-6 故使雪〇. 194-7 〇善. 194-8 好用兵而〇務名. 197-7 昭魚〇憂. 198-1 〇矣. 198-14 秦〇善之. 199-1 病〇奈何. 204-11 君得燕趙之兵〇衆且亟矣. 206-13 臣〇或之. 206-22 所行者〇遠. 207-7 而所攻者〇難. 207-8 衛齊〇畏. 208-15 而秦若此其〇. 215-1 〇苦矣. 216-19 臣〇喜. 218-11 美人亦〇多矣. 218-13 而魏之弱也〇. 218-25 〇善. 219-12 吾〇欲韓合. 227-19 〇難. 227-20 亦〇患之. 230-8 臣〇惡其事. 232-7 今楚欲善齊〇. 234-19 楚王欲復之〇. 236-2 聞足下義〇高. 237-7 持兵戟而衛者〇衆. 238-3 而攻我〇所愛. 240-8 〇唯寐忘之. 240-20 韓〇疏秦. 242-24 韓〇疏秦. 243-2 告弊邑〇急. 245-15 奉陽君李兑〇不取於蘇秦. 248-22 而君〇不善蘇秦. 249-3 竊聞王義〇高〇順. 252-11 如此其〇. 255-8 而忌燕也愈〇矣. 256-16 寡人〇不喜訑者言也. 259-12 今其言變有〇於其父. 262-10 奉陽君之怒〇矣. 262-13 不如布衣之〇也. 265-11 又不愛丈夫子獨〇. 265-11 臣是以知人主之不愛丈夫子獨〇也. 265-15 許救〇勸. 279-3 而荆王説〇. 279-5 梁王〇説. 280-16 〇愛而有寵. 282-1 君之所行天下者〇謬. 283-3 齊羞與中山之爲王〇矣. 285-1 興兵〇衆. 289-4

【荆】 72

連〇固齊. 18-8 昔者齊南破〇. 19-3 秦與〇人戰. 19-8 大破〇. 19-9 〇王亡奔走. 19-9 隨〇以兵. 19-10 則〇可舉. 19-10 舉〇. 19-10 與〇人和. 19-13 今〇人收亡國. 19-14 則〇趙之志絶. 19-17 〇趙之志絶. 19-18 趙危而〇孤. 19-18 韓亡則〇魏不能獨立. 20-10 〇魏不能獨立. 20-11 挾〇. 20-11 臣〇魏. 21-11 〇魏不臣. 21-13 南使〇吴. 61-1 〇人攻之. 77-21 湻于髡爲齊使於〇. 77-21 〇人攻薛. 77-23 何見於〇. 77-25 〇甚固. 77-25 〇固而攻之. 78-2 而〇亦甚固. 78-2 〇宣王問羣臣曰. 103-22 有不獻死之藥於〇王者. 126-6 〇敢言之主. 136-23 齊以二十萬之衆攻〇. 155-19 〇慶之斷. 165-16 〇齊不能獨從. 213-17 王欲焉而收齊趙攻〇. 213-22 欲焉而收〇趙攻齊. 213-22 是其軼賁育而高成〇矣. 238-12 所善〇軻. 274-16 願因先生得願交於〇軻. 274-17 僂行見〇軻. 274-21 〇軻曰. 274-23 欲自殺以激〇軻. 275-1 〇軻坐定. 275-5 唯〇卿留意焉. 275-17 〇軻曰. 275-18 於是尊〇軻爲上卿. 275-19 恣〇軻所欲. 275-20 〇卿未有行意. 275-22 乃請〇卿曰. 275-23 〇卿曰. 275-24 〇軻知太子不忍. 276-4 〇軻曰. 276-8 乃爲裝遣〇軻. 276-16〇軻有所待. 276-18 〇卿豈無意哉. 276-20 〇軻怒. 276-21 〇軻和而歌. 276-25 於是〇軻遂就車而去. 277-3 〇軻奉樊於期頭函. 277-9 〇軻顧笑武陽. 277-11 〇軻逐秦王. 277-17 以故〇軻逐秦王. 277-20 遂拔以擊〇軻. 277-23 〇軻廢. 277-23 左右既前斬〇軻. 278-2 其後〇軻客高漸離以擊筑見秦皇帝. 278-9 宋使臧子索救於〇. 279-3 〇王大説. 279-3 而〇王説甚. 279-5 〇之利也. 279-6 而〇王不至. 279-6 〇之地方五千里. 279-17 〇有雲夢. 279-18 〇有長松文梓楩柟豫樟. 279-19

【革】 12

兵〇大强. 15-6 兵〇不藏. 16-4 〇車百乘. 17-1 兵〇之强. 53-19 乃具〇車三十乘. 71-18 與〇車三十乘而納儀於梁. 72-3 矯國〇俗於天下. 97-2 遂出〇車千乘. 113-20 〇車三百乘. 184-16 不可以〇也. 204-24 因曰不可〇. 205-1 甲盾鞮鍪鐵幕〇抉. 222-5

【巷】 6

問其〇而不知也. 4-16 且夫蘇秦特窮〇掘門桑户棬樞之士耳. 17-8 賣僕妾售乎閭〇者. 24-4 故賣僕妾不出里〇而取者. 25-1 堀穴窮〇. 128-13 所傾蓋與車而朝窮閭隘〇之士者. 287-22

【草】 5

大夫種爲越王墾〇刱邑. 46-9 暴骨〇澤. 53-4 食以〇具. 82-6 臣南方〇鄙之人也. 165-9 昔者堯見舜於〇茅之中. 176-7

【莒】 16

郑〇亡於齊. 13-13 昔者莱〇好謀. 91-16 〇恃越而滅. 91-17 王奔〇. 95-9 遽迎太子於〇. 95-18 唯〇即墨不下. 96-3 閔王奔〇. 98-1 爲〇大史家庸夫. 100-24 〇中及齊亡臣相聚. 101-1 法章乃自言於〇.

101-1 齊伐釐〇而晉人亡曹. 211-15 齊封君以〇. 245-8 今楚攻齊取〇. 245-9 唯獨〇卽墨. 256-11 齊王逃遁走〇. 267-18 大勝幷〇. 281-5

【荅】 1

王不〇而去. 290-15

【荀】 4

〇愼其道. 20-25 〇息曰. 23-14 〇息曰. 23-16 故〇息以馬與璧假道於虞. 208-23

【荒】 2

田疇〇. 19-1 田疇〇. 20-23

【故】 485

臣〇曰拔. 2-7 〇天子之國也. 2-16 〇王不如速解周恐. 3-23 管仲〇爲三歸之家. 4-11 〇大臣得譽. 4-13 〇衆庶成彊. 4-13 〇曰主人. 4-20 〇急兵以示秦. 5-22 〇用祝弗. 5-23 〇必怒合於齊. 6-1 薛公〇主. 6-16 明羣臣據〇主. 6-18 〇能得欲矣. 7-7 齊重〇有周. 7-20 〇留之十四日以待命也. 8-12 無備〇也. 10-6 〇使長兵在前. 10-8 〇易成之曰. 13-4 〇勸王攻周. 13-9 〇使相往. 14-4 〇以戰續之. 16-11 是〇兵勝於外. 16-12 〇蘇秦相於趙而關不通. 17-3 〇曰. 17-6 〇先使蘇秦以幣帛約乎諸侯. 17-20 〇不言. 18-4〇民不死也. 18-16 此無異〇. 19-2 〇由此觀之. 19-6 是〇兵終身暴靈於外. 19-23 〇臣願從事於易. 22-8 〇拔一國. 22-11 臣請謁其〇. 22-14 〇爲請相也. 22-24 〇驕張儀以五國. 23-20 必〇之楚. 24-13〇賣僕妾不出里巷而取者. 25-1 〇不敢妄賀. 26-19 〇楚之土壤士民非削弱. 27-11 寡人與子〇也. 27-15 〇子棄寡人事楚王. 27-16 〇使人問之. 27-18 〇曰. 28-3 王問其〇. 29-5 〇常先至. 31-3 〇不往. 31-15〇臣竊必之弊邑之王曰. 33-1 〇攻齊之於陶也. 34-13〇以舜湯武之賢. 34-17 越〇亡吳. 34-20 燕〇亡齊. 34-20 成陽君以王之〇. 36-4 〇不能者不敢當其職焉. 36-10 是何〇也. 36-20 〇文王果收功於呂尙. 37-14 〇十攻而弗能勝也. 41-14 〇不如因而割之. 42-21 〇曰. 43-22 親習之〇. 43-25 〇君子殺身以成名. 45-3 〇比干忠. 45-6 〇天下以其君父爲戮辱. 45-8 不欺舊〇. 45-15 〇秦無敵於天下. 46-2 況於楚之〇地. 48-7 〇齊不合也. 50-11 〇使於秦. 51-19 〇宋必盡. 53-14 〇天下樂伐之也. 54-23 〇能服世. 55-4 〇能從鄰. 55-4 〇先王之所重者. 55-8 〇曰先得齊宋者伐秦. 55-22 中期適遇明君〇也. 56-4 〇往說之曰. 56-25 無異〇. 58-24 〇使工人爲木材以接手. 60-7 〇明主不取其汙. 61-18 〇可以存社稷者. 61-19 〇王勝之也. 62-7 〇人非之不爲沮. 64-5 〇不如南攻襄陵以弊魏. 64-13 〇不敢. 67-10 何〇也. 67-16 是〇韓魏之所以重與秦戰而輕爲之臣也. 69-3 是〇恫疑虛猲. 69-7 是何〇也. 69-21 是何〇也. 69-24 是〇願大王熟計之. 70-3 〇儀願乞不肖身而之梁. 71-15 〇儀願乞不肖身而之梁. 72-1 〇爲君計者. 73-10 〇曰可以使楚亟入地也. 75-20 請告太子其〇. 75-21 〇曰可以益割於楚. 75-22 〇曰可以使楚益入地也. 76-2 〇臣能去太子. 76-5 〇曰可以爲楚王使太子亟去也. 76-7 〇曰可以使太子急去也. 76-11 〇多割楚以滅迹也. 76-14 〇曰可使人惡蘇秦於薛公也. 76-16 〇曰可以爲蘇秦請封於楚也. 76-22〇君不如因而親之. 77-2 〇曰可以爲蘇秦說薛公以善蘇秦. 77-3 〇曰薛不量力. 78-2 〇物舍其所長. 79-19 〇三國欲與秦壤界. 81-14〇專兵一志以逆秦. 81-20 〇秦得齊. 81-21 〇秦趙魏得齊者重. 81-22 以〇相爲上將軍. 83-16 文不得是二人〇也. 84-25 〇曰君之好士未也. 85-3 求存〇往. 85-12 亡〇去. 85-12 〇舜起農畝. 86-5 是〇易傳不云乎. 86-8 是〇無其實而喜其名者削. 86-10 〇曰. 86-11 是〇成其道德而揚功名於後世者. 86-14 〇曰. 86-15 臣〇曰不如愛尺縠也. 87-25 〇有問舍本而問末者耶. 88-6 〇臣願王明釋帝. 89-18 〇釋帝而貳之以伐宋之事. 89-21 〇無權藉. 90-6 〇剛平之殘也. 90-16〇約不爲人主怨. 90-22 〇曰. 91-13 明於諸侯之〇. 91-23 〇明主察相. 92-5 〇其費與死傷者鈞. 92-12 〇民之所費也. 92-13 〇三下城而能勝敵者寡矣. 92-19 〇曰. 92-19 〇明君之攻戰也. 93-12 〇曰. 93-14 〇鍾皷竽瑟之音不絶. 93-17 〇名配天地不爲尊. 93-18 〇夫善爲王業者. 93-19 〇以一秦而敵大魏. 94-3 〇身廣公宮. 94-9 〇曰衞鞅之始與秦王計也. 94-13 以〇燕舉兵. 95-6 〇知者不再計. 96-11 〇定計而堅守之. 96-14 〇爲公計者. 96-25 〇去三北之恥. 97-15 〇去忿恚之心. 97-21 〇業與三王爭流. 97-22 〇解齊國之圍. 97-24 〇爲酒而召貂勃. 98-19 〇常見譽於朝. 98-20 〇爲棧道木閣. 99-22 不以不覩之〇. 101-4 以〇建立四十有餘年不受兵. 101-5 使收三晉之〇地. 101-23 使收楚〇地. 101-25 〇使蘇涓之楚. 102-7 〇遂與之行. 104-3 〇北方之畏奚恤也. 104-5 〇王不如少出兵. 104-18 〇爲梁山陽君請封於楚. 104-23 〇昭奚恤常惡臣之見王. 105-10 〇令請其宅. 106-22 〇其宅不得. 106-24 公何爲以〇與奚恤. 107-1 非用〇也. 107-2 非〇如何也. 107-3 〇楚王何不目新城爲主郡也. 107-10 〇惠王之明. 108-10 〇楚南察瀨胡而野江東. 108-14 〇爲王至計. 109-2 〇願大王之早計之. 109-5 〇從合則楚王. 109-10 〇從親. 109-16 〇弊邑趙王. 109-17 〇謀未發而國已危矣. 109-21 是〇願大王之熟計之也. 110-14 是〇願大王熟計之也. 111-7 〇敝邑秦王. 111-19 〇攻有道. 112-9 〇逐之. 112-10 〇亦逐之. 112-11 〇彼廉其爵. 113-1 〇彼崇其爵. 113-5 〇斷脰決腹. 113-9 〇勞其身. 113-21 〇不爲爵勸. 114-6 〇王不如與齊約. 115-4 臣〇曰. 117-10 臣〇曰與之. 117-18 臣〇曰勿與. 117-21 是〇退王之所愛. 119-7 〇明主之察其臣也. 119-10 〇人難之. 119-12 〇欲歸. 120-3 今爲事之〇. 121-9 〇晝游乎江河. 124-25 臣〇食之. 126-8 〇弑賢長而立幼弱. 126-23 〇瘡痛也. 127-20 〇瘡未息. 127-21 〇瘡隕也. 127-22 〇失期. 128-19 〇失期. 128-20 彼亦各貴其〇所親. 129-1 封近〇也. 130-10 〇君不如北兵以德趙. 130-12 〇貴爲列侯者. 134-11 〇曰. 134-23 爲〇君賊新君. 135-18 臣〇衆人報之. 136-2 臣〇國士報之. 136-2 臣〇伏誅. 136-7 何〇爲室之鉅也. 136-23 〇以韓爲餌. 138-8 〇出兵以佯示趙魏. 138-9 〇微韓以貳之. 138-10 〇出質以爲信. 138-10 臣聞聖人甚禍無〇之利. 140-8 何謂無〇乎. 140-9 〇自以爲坐受上黨也. 140-10 可謂有〇乎. 140-12 何〇不爲. 140-15 問其〇. 141-6 是〇吾事也. 141-8 〇兩君者. 141-21 〇使禽知虎之即己. 142-18 反楚之〇地. 142-24 有謀〇殺使之趙. 142-25 臣〇曰. 143-7 臣〇敢獻其愚. 144-7 〇夫謀人之主. 144-11 是〇明主外料其敵國之强弱. 145-10 是〇横人日夜務以秦權恐猲諸侯. 145-20 〇尊主廣地强兵之計. 145-22 〇竊爲大王計. 145-23 是〇官無乏事而力不困. 146-14 是〇事無敗業而惡不章. 146-14 〇民不惡其尊. 146-17 〇過任之事. 146-24 〇微之爲著者强. 146-24 〇裂地以敗於齊. 147-19 是〇不敢匿意隱情. 148-14 〇明德在於論賤. 149-21 〇寡人願募公叔之義. 149-25 是〇聖人苟可以利其民. 150-13 〇去就之變. 150-15 〇寡人且聚舟檝之用. 150-20 〇臣願王之圖之. 151-12 〇勢與俗化. 151-17 〇爲己者不待人. 151-19 〇禮世不必一其道便國不必法古. 152-8 〇聖與俗流. 152-14 〇循法之功. 152-16 〇寡人問子以璧. 152-20 〇寡人以子之知慮. 152-21 〇寡人欲子之胡服以傅王乎. 152-25 〇有臣可命. 153-13 〇寡人恐親犯刑戮之罪. 153-22 〇利不百者不變俗. 154-5 〇賢人觀時. 154-7 〇兵不當於用. 154-9 〇能有之. 156-18 〇欲效地於魏而聽薛公. 157-16 〇寡人不聽. 157-24 臣〇曰. 158-1 〇臣未見燕之可攻也. 158-11 〇從母言之. 159-4 〇其言一也. 159-5 〇不敢對. 159-6 〇曰. 160-12 〇不若亟割地求和. 160-17 而君爲相國者以親〇. 161-8 以齊〇. 162-8 梁未睹秦稱帝之害〇也. 163-6 〇生則朝周. 163-12 〇入之於紂. 163-20 〇脯鄂侯. 163-21 〇拘之於牖里之車. 163-21 〇不敢入於鄒. 164-6 而將軍又何以得〇寵乎. 164-12 〇事有簡而功成者. 164-25 臣〇意大王不好也. 165-11 〇不受也. 165-13 〇發兵自備. 168-1 〇王重見臣也. 169-5 〇天下盡重王. 169-11 以無齊之〇重王. 169-12 燕魏自以無齊〇重王. 169-13 〇勸王無齊者. 169-14 齊爲王之〇. 170-7 〇攻城野戰. 170-8 今王又挾〇薛公以爲相. 170-12 臣〇欲王之偏劫天下. 170-19 〇曰君必無講. 173-4 〇臣死不復見於王矣. 173-11 何〇寧朝於人. 173-17 座薄〇也. 173-23 〇魏之免相望也. 174-5 嘗以魏之〇. 174-5 〇效地. 175-13 王問其〇. 176-4 何〇至今不遣. 176-14 〇日月暉於外. 176-24 〇友之. 178-3 〇王不如勿逐. 178-5 〇相與謀曰. 178-13 〇謀而入之秦. 178-14 〇君不如遣春平侯而留平都侯. 178-15 〇願望見太后. 178-25 〇以爲其愛不若燕后. 179-20 何〇弗予. 181-3 無〇索地. 181-4 〇弗予. 181-4 無〇索地. 181-4 欒羊以我之〇. 181-21 政惡〇也. 183-3 〇又與田四十萬. 183-17 〇老子曰. 183-18 〇兵未用而國已虧矣. 184-21 〇敝邑趙王使使臣獻愚計. 185-3 〇戰場也. 185-12 是〇天下之遊士. 186-7 〇願大王之熟計之也. 186-10 〇王不如復東蘇秦. 186-25 臣與燕趙〇矣. 187-9 〇謂魏王曰. 189-8 〇令人謂韓公叔曰. 189-12 令以饑〇. 190-1 〇用之也. 191-10 〇王不如釋薔. 193-14 而以民勞與官費用之〇. 193-21 〇使欒水見之. 194-4 太子爲及日之〇. 194-6 〇使雪甚. 194-7 〇爲王計. 195-2 是〇又爲足下傷秦者. 195-5 〇以十人之衆. 197-19 〇曰. 198-8 臣〇恐魏交之益疑也. 198-18 臣〇恐趙之益勁也. 198-21 破〇國. 202-8 盡〇宋. 203-6 〇太后母也. 206-18 王欲得〇地. 206-25 〇曰. 207-9 秦〇有懷地刑丘之城垝津. 207-11 是〇臣願以從事乎王. 208-6 因求〇地於韓. 208-7 如此則士民不勞而〇地得. 208-8 〇荀息以馬與璧假道於虞. 208-23 〇春秋書之. 208-24 〇勸秦攻魏. 209-7 齊王〇欲伐楚. 209-7 〇以與魏. 209-17 何〇而弗有也. 209-18 何〇不能有地於河東乎. 210-2 〇臣能無議君於王. 213-2 〇爲王計者. 213-16 〇以垣雍餌王也. 214-3 臣〇曰. 214-5 〇令魏氏收秦太后之養地秦王於秦. 214-14 〇委國於趙也. 214-15 〇敝邑收之. 214-16 〇王不如順天下. 214-20 〇君不如安行求質於秦. 215-5 〇欲先構. 215-10 王知其〇乎. 215-14 〇公不如示有魏. 216-3 〇畢曰. 219-3 〇不錯意也. 219-16 是〇願大王之熟計之也. 222-9 〇爲大王計. 223-11 是〇秦王使使臣獻書大王御史. 223-14 國形不便〇馳. 224-7 交不親〇割. 224-7 〇王胡不卜交乎. 224-17 〇楚王卜交而市丘存. 224-20 〇言先楚也. 224-25 〇謂大宰曰. 225-5 〇因而請秦王曰. 225-6 〇使使臣再拜謁秦王. 225-7 公仲以宜陽之〇. 225-20 〇樗里疾大說杜聊. 225-22 〇不見率也. 227-1 〇

王不信也. 227-13 ○先王聽諺言於市. 228-4 ○王不如令韓中立以攻齊. 228-16 ○鯉之與於遇. 229-5 ○王不如無罪景鯉. 229-7 ○敢捍楚. 231-16 秦王必祖張儀之○謀. 232-1 ○不如出兵以勁魏. 232-2 而以不得已之○來使. 234-2 ○直進百金者. 237-7 此爲我○也. 238-13 韓○已攻宋矣. 240-12 ○欲病之以固交也. 240-21 是○哀侯爲君. 242-5 ○賣美人. 242-25 ○秦買之三千金. 243-1 ○客有說韓者曰. 243-3 ○善爲計者. 243-5 ○公不如勿攻也. 243-8 臣○願公仲之國以侍於王. 244-23 何○使公來. 245-14 ○君收韓. 246-23 ○纆牽於事. 247-7 ○曰. 248-15 是○願大王與趙從親. 248-17 ○爲君計. 249-5 ○桓公負婦人而名益尊. 249-21 秦知王以己之○歸燕城也. 249-23 燕無○而得十城. 249-24 ○妾一僵而棄酒. 251-4 ○至今有摩笄之山. 251-17 是○願大王之熟計之也. 251-25 ○大亂者可得其寋. 252-6 ○寡人之所欲伐也. 252-24 ○王不如東蘇子. 255-9 ○往見郭隗先生曰. 255-14 何○也. 258-2 皆以不自憂○也. 258-8 ○功可成. 258-12 ○功不可成而名不可立也. 258-13 ○齊雖强國也. 258-17 足下以愛之○與. 258-20 恐以忠信之○. 258-22 ○爲美酒. 259-6 ○妾所以笞者. 259-7 楚王爲是之○. 260-10 ○事秦. 260-13 ○事秦. 260-18 臣○知入齊之有趙累也. 262-4 ○齊趙之合苟可循也. 262-15 蘇子怒於燕王之不以吾○弗予相. 262-23 ○臣雖爲之不累燕. 262-25 ○舉大事. 263-7 ○獻御書而行. 264-14 ○公子貴. 265-16 ○非及太后與王封公子. 265-17 是○謀者皆從事於除患之道. 266-4 ○召將軍且休計事. 266-21 ○遁逃奔趙. 266-25 ○不敢爲辭說. 267-1 ○敢以書對. 267-3 ○察能而授官者. 267-5 ○假節於魏王. 267-6 ○受命而不辭. 267-9 ○鼎反於歷室. 267-19 ○裂地而封之. 267-22 ○受命而弗辭. 267-23 ○著於春秋. 267-24 ○稱於後世. 267-25 ○吳王遠迹至於郢. 268-5 ○吳王夫差不悟先論之可以立功. 268-6 ○沉子胥而不悔. 268-7 ○入江而不改. 268-8 ○敢以書報. 268-14 ○古之人稱之. 268-20 ○中山亡. 269-8 ○曰. 270-1 ○願王之熟計之也. 270-8 ○君捐國而去. 272-2 ○使使者陳愚意. 272-3 以○掩人之邪者. 272-9 且世有薄於○厚施. 272-12 行有失而○惠用. 272-12 寧於○國爾. 272-23 ○前業不忘. 272-24 ○遠近無議. 272-24 ○振慴. 277-12 ○不可立拔. 277-17 以○荆軻逐秦王. 277-20 ○兵退難解. 280-17 ○名有所加而實有所歸. 280-18 ○射天笞地. 281-13 必有○. 282-1 必先與之王而○親之. 284-22 ○來死君也. 288-6 韓魏以○至今稱東藩. 289-6 ○起所以得引兵深入. 289-13 以是之○能立功. 289-19

【胡】 46
北有○貉代馬之用. 15-16 魏氏將出兵而攻留方與銍○陵碭蕭相. 53-13 客○爲若此. 84-17 ○爲至今不朝也. 88-12 ○人襲燕樓煩數縣. 92-1 夫○之與齊非素親也. 92-1 故楚南察瀨○而野江東. 108-14 此代馬○駒不東. 138-22 計○狄之利乎. 149-1 啓○翟之鄉. 149-5 今吾將○服騎射以教百姓. 149-8 寡人非疑○服也. 149-14 則○服之功未可知也. 149-15 ○地中山吾必有之. 149-16 王遂○服. 149-18 寡人○服. 149-18 今○服之意. 149-22 以成○服之功. 149-25 臣固聞王之○服也. 150-2 東有燕東○之境. 150-19 以備其參○樓煩秦韓之邊. 150-21 以攘諸○. 150-23 乃賜○服. 151-6 ○服不顧世. 152-2 故寡人欲子之○服以傅王乎. 152-25 乃國未通於王○服. 153-8 賜○服. 153-10 遂賜周紹○服衣冠. 153-15 趙燕後○服. 153-18 寡人○服. 153-21 前吏命○服. 153-23 至遂○服. 154-14 率騎入○. 154-15 令衛○易伐趙. 156-21 ○如. 192-18 則○不召文子而相之. 196-5 王○不爲從. 213-25 故王○不卜交乎. 224-17 ○衍之出幾瑟於楚也. 235-17 北有林○樓煩. 248-3 ○與越人. 268-24 智又不如○越之人矣. 269-1 ○衍謂樗里疾曰. 282-4 ○衍曰. 282-9 ○衍因入蒲. 282-11 ○衍取金於蒲. 282-13

【茹】 2
飲○谿流. 125-3 ○肝涉血之仇耶. 174-22

【南】 155
○取地於韓. 4-25 韓魏○無楚憂. 9-7 楚兵在山○. 11-16 將以使攻魏之○陽. 12-10 王何不出於河○. 12-11 秦必不敢越河而攻○陽. 12-12 以攻○陽. 12-19 且魏有○陽鄭地三川而包二周. 13-3 ○有巫山黔中之限. 15-16 將西○以與秦爲難. 18-9 昔者齊○破荆. 19-3 取洞庭五都江○. 19-9 魏絕○陽. 21-24 楚臨○鄭. 21-24 漢中○邊爲楚利. 23-3 張儀○見楚王曰. 26-6 上黨○陽積之久矣. 29-5 ○取上庸. 29-7 封君於河○. 34-24 ○與陶爲鄰. 35-1 ○有符離之塞. 35-24 ○帶涇渭. 38-17 ○亡鄢郢漢中. 42-15 ○地入楚魏. 42-20 應侯失韓之汝○. 42-24 今亡汝○. 43-4 以其爲汝○虜也. 43-13 ○并蜀漢. 46-4 ○攻楊越. 46-8 乃○襲至鄧. 48-4 楚敗於○陽. 49-25 則王攻其○. 50-5 齊人○面. 53-14 齊○以泗爲境. 53-16 委○聽罪. 54-20 ○使荆吳. 61-1 ○陽之弊幽. 61-14 故不如○攻襄陵以弊魏. 64-13 乃起兵○攻襄陵. 64-14 ○梁之難. 64-17 王不如封田忌於江○. 65-21 楚果封之於江○. 65-24 ○面而孤楚韓梁. 68-8 必○攻楚. 68-12 齊○有太山. 68-16 ○有韓魏. 69-17 秦驅韓魏攻齊之○地. 70-1 兼魏之河○. 81-18 東西○北. 86-1 ○面稱寡者. 86-6 見於華章○門. 89-5 ○戰於長子. 92-23 ○伐楚. 94-7 且楚攻○陽. 96-13 齊無○面之心. 96-14 以爲亡○陽之害. 96-14 且弃○陽. 96-15 而在城○下者百數. 101-24 夫舍○面之稱制. 102-1 必○圖楚. 103-10 ○游於楚. 107-5 非江○泗上也. 107-10 遂○交於楚. 107-14 故楚○察瀨胡而野江東. 108-14 ○有洞庭蒼梧. 108-22 則諸侯莫不○面而朝於章臺之下矣. 108-25 ○面而攻. 110-20 必○伐楚. 112-9 天下莫敢目兵○鄉. 113-4 乃請子良○道楚. 118-17 太子○. 118-20 ○后鄭褏貴於楚. 120-3 ○后鄭褏聞之大恐. 120-12 乃召○后鄭褏而觴之. 120-16 ○游乎高陂. 125-3 即遂○面稱孤. 129-16 今燕盡韓之河○. 138-15 今○攻楚者. 142-22 韓○無楚. 143-2 趙王因起兵○成韓梁之西邊. 143-13 夫秦下軹道則○陽動. 144-21 ○有河漳. 145-1 趙之○蔽也. 145-4 以○伐楚. 147-6 設北面於○方. 164-4 然后天子○面弔也. 164-5 子○方之傳士也. 165-8 臣○方草鄙之人也. 165-9 下軹道○陽高. 172-20 文山在其○. 182-23 伊洛出其○. 182-25 ○有鴻溝陳汝○有許鄢昆陽邵陵舞陽新郪. 184-5 ○與楚境. 185-10 魏○與楚而不與齊. 185-12 則楚攻其○. 185-13 則趙不○. 185-20 趙不○. 185-20 魏之兵○面而伐. 186-2 王以其間約○陽. 189-8 必○走楚. 189-10 魏攻○陽. 189-13 則韓之○陽舉矣. 189-14 楚破○陽九夷. 189-22 韓欲攻○陽. 190-2 秦韓合而欲攻○陽. 190-2 楚王攻梁○. 193-12 晉文公得○之威. 200-7 遂推○之威而遠之. 200-7 ○威之美也. 200-12 利出燕○門而望見軍乎. 206-9 則○國必危矣. 207-16 ○國雖無危. 207-16 夫不患秦之不愛○國非也. 207-17 不如○出. 211-8 事於○方. 211-9 秦果○攻藍田鄢郢. 211-12 ○有陘山. 221-24 韓使人馳○陽之地. 224-6 韓因割○陽之地. 224-6 魏順○見楚王曰. 224-16 秦韓并兵○鄉. 226-5 爲韓取○陽. 228-18 ○委國於楚. 230-5 公叔且以國○合於楚. 231-17 請道於○鄭藍田以入攻楚. 231-23 軍於○鄭矣. 231-24 以爲成而過○陽之道. 244-12 則○圍鄢. 246-22 ○有呼沱易水. 248-4 ○有碣石鴈門之饒. 248-6 以趙之爲蔽於○也. 248-9 ○近齊趙. 248-18 而○無齊趙之患. 251-25 ○附楚則楚重. 253-3 ○攻楚五年. 253-4 而又以其餘兵○面而舉五千乘之勁宋. 253-6 子之○面行王事. 254-9 ○罷於楚. 258-18 道○陽封冀. 260-15 則以○陽委於楚曰. 261-3 ○使臣於趙. 267-15 必○伐楚. 269-7 不如以兵○合三晉. 269-9 燕果以兵○合三晉也. 269-11 齊○破楚. 269-13 ○使於齊. 269-17 齊○破楚. 269-18 ○鄰爲秦. 273-15 ○連齊楚. 274-6 又舉兵○伐楚. 275-9 至燕○界. 275-23 ○文子止之曰. 280-3 ○文子有憂色. 281-19 ○文子曰. 281-25

【柰】 44
然則○何. 12-19 ○何. 26-4 無○秦何矣. 29-25 爲之○何. 30-22 然則○何. 31-10 先生○何而言若此. 38-15 請問親魏○何. 39-11 爲之○何. 39-16 ○何. 65-12 ○何. 71-13 爲之○何. 75-15 ○何. 75-21 市義○何. 83-6 將○社稷何. 183-22 剔剔○何. 185-1 將○之何. 185-2 ○何. 187-8 然則○何. 188-25 ○何. 190-12 ○何. 197-25 ○何. 198-1 ○何. 205-17 ○何. 209-18 爲之○何. 213-10 ○何. 224-17 然則○何. 227-20 ○何. 231-24 然則○何. 232-9 無○何也. 233-21 ○何. 236-17 然則○何. 249-20 敢問以國報讎者○何. 255-16 則且○何乎. 259-1 則後不可○何也. 262-14 將○何合弱而不能如一. 268-18 ○何以見陵之怨. 273-24 將○何. 276-5 爲之○何. 276-8 無可○何. 276-13 ○何. 282-9 ○何. 284-15 ○何吾弗患也. 285-11 子之道○何. 285-17 然則子之道○何. 285-18

【枯】 3
形容○槁. 16-17 五日而叢○. 40-19 下壘○丘. 100-7

【柯】 1
將成斧○. 185-2

【柄】 1
公仲○得秦師. 231-16

【枉】 1
吾以一○羊羹亡國. 288-7

【柩】 1
主人必將倍殯○. 164-4

【相】 394
得君臣父子○保也. 1-10 周君將令○國往. 3-8 ○國將不欲. 3-8 而主君令○國往. 3-11 臣請令齊○子. 3-25 周○呂倉見客於周君. 4-4 前○工師藉恐客之傷己也. 4-4 ○呂倉. 4-7 子罕釋○爲司空. 4-10 ○呂禮者. 5-14 逐周最聽祝弗○呂禮者. 5-20 仇赫之○宋. 6-5 欲秦趙之○賣乎. 6-8 何不合周最兼○. 6-8 則秦趙必○賣以合於王也. 6-9 因令人謂○國御展子廧夫空曰. 7-13 居中不便於○國. 7-14 ○國令之爲太子. 7-14 周令其○之秦. 7-17 有人謂○國曰. 7-17 蘇代遂往見韓○國公中曰. 10-14 又秦重而欲○者. 14-2 君因○之. 14-3 彼得○. 14-3 故使○往. 14-4 孝公以爲○. 15-4 言語○結. 16-4 上下○愁. 16-6 寬則兩軍○攻. 16-11 迫則杖戟○橦. 16-11 取卿○之尊者乎. 16-23 受○印. 17-1 故蘇秦○於趙而關不通. 17-3 諸侯○親.

17-5 不攻無攻○事也. 18-17 趙民上下不○親也. 20-4 貴賤不○信. 20-4 而使陳莊○蜀. 22-18 因令楚王爲之請○於秦. 22-21 楚王因爲請○於秦. 22-22 故爲請○也. 22-24 而昭陽賢○也. 24-19 今齊楚○伐. 27-16 我羈旅而得○秦者. 30-6 韓楚必○御也. 30-18 處女○與語. 31-2 處女○語以爲然而留之. 31-5 以○迎之齊. 31-12 以○迎之. 31-14 甘茂○秦. 31-19 寡人且○子. 31-19 王得賢○. 31-21 焉更得賢○. 31-21 王且○犀首. 31-22 楚之○秦者屈蓋. 31-25 夫三晉○結. 32-15 齊秦○聚以臨三晉. 34-4 禮必并○之. 34-4 何不使人謂燕○國曰. 34-15 秦王欲爲成陽君求○韓魏. 36-3 ○錯如繡. 39-14 有非○國之人者乎. 41-1 合從○聚於趙. 42-2 秦○應侯曰. 42-2 ○聚而攻秦者. 42-3 毋○與鬬者. 42-5 輕起○牙者. 42-5 高會○與飲. 42-6 大○與鬬矣. 42-11 其○室曰. 43-1 而恩以○葬臣. 44-3 秦王必○之而奪君位. 44-9 子常宣言代我○秦. 44-11 今君○秦. 46-15 君何不以此時歸○印. 46-19 請歸○印. 46-25 因免○. 47-1 遂拜爲秦○. 47-1 蔡澤○秦王數月. 47-2 乃謝病歸○印. 47-2 入其將○. 51-13 此猶兩虎○鬬而駑犬受其弊. 51-22 ○望於境. 53-4 ○隨於路. 53-4 魏氏將出兵而攻留方與銍胡陵碭蕭○. 53-13 天下之士○從謀曰. 54-12 所以不爲○者. 56-7 資而○之於周乎. 56-9 公○必矣. 56-10 王乃召○. 57-23 以不韋爲○. 57-25 文信侯因請張唐○燕. 58-4 今吾自請張卿○燕. 58-7 今文信侯自請卿○燕. 58-17 聞張唐之○燕與. 58-22 張唐○燕者. 58-23 秦燕不○欺. 58-23 燕秦所以不○欺者. 58-23 趙以爲守○. 59-3 文信侯○秦. 59-5 ○孰與之賢. 59-8 懼而○捄. 59-15 穆公○之而朝西戎. 61-16 太子○不仁. 63-17 因請○之. 64-2 成侯鄒忌爲齊○. 65-2 不○說. 65-2 錯擊摩車而○過. 65-14 鄒忌代之○. 65-19 使者數○往來. 66-25 而遞○罷弱. 68-1 天下爲秦○割. 68-2 天下爲秦○烹. 68-2 兵出而○當. 69-1 不能○去. 71-16 梁王因○儀. 72-8 舍人○謂曰. 72-20 今君○楚而攻魏. 72-23 有土偶人與桃梗○與語. 77-13 千乘之君與萬乘之○. 78-18 孟嘗君舍人有與君之夫人○愛者. 78-23 爲君舍人而內與夫人○愛. 78-24 睹貌而○悅者. 78-25 齊衛後世无○攻伐. 79-7 有○攻伐者. 79-7 不○與處. 79-21 而來害○報者. 79-21 小國所以皆致○印於君者. 80-6 今齊魏久○持. 81-8 以故○爲上將軍. 83-16 孟嘗君爲○數十年. 83-25 皆以○敵爲意. 91-3 今天下之○與也不並滅. 91-21 不○質而固. 91-23 交割而不○憎. 91-24 然而甚於○趨者. 92-2 故明主察○. 92-5 則察○不事. 93-11 彼明君察○者. 93-11 名與天壤○敝也. 97-22 田單○之. 98-3 聞丈夫之○□與語. 98-16 ○與語於王曰. 99-1 九人之屬○與語於王曰. 99-4 召○單來. 99-8 召○田單而來. 99-11 莒中及齊亡臣○聚. 101-1 後后勝○齊. 101-13 趙魏○弊. 104-19 州侯○楚. 106-20 蒲反平陽○去百里. 107-8 新城上梁○去五百里. 107-9 寡人欲置○於秦. 108-6 吾○甘茂可乎. 108-6 然而不可○秦. 108-11 秦之有賢○也. 108-11 王若欲置○於秦乎. 108-16 眞大王之○已. 108-18 王○之. 108-18 ○去遠矣. 109-17 此其勢不○及也. 110-21 此所謂兩虎○搏者也. 111-6 夫秦楚○弊. 111-6 封爲武安君而○燕. 111-12 齊王因受而○之. 111-13 終身無○攻擊. 111-18 張儀○秦. 111-25 韓求○工陳籍而周不聽. 112-5 魏求○綦母恢而周不聽. 112-5 冠帶不○及. 113-15 多與存國○若. 114-2 魏○翟强死. 115-3 魏之幾○者. 115-3 勁也○魏. 115-3 ○甘茂於魏. 115-5 今爲其行人請魏之○. 115-5 是王與秦○罷. 115-22 秦王惡與楚○弊而令天下. 115-24 楚秦○難. 116-23 臣願無聽羣臣之○惡也. 119-7 且使萬乘之國免其○. 119-24 今君○萬乘之楚. 122-17 禍與福○貫. 123-5 六十而盡○靡也. 125-21 而公重不○善也. 125-22 三年而後乃○知也. 128-6 今君○楚王二十餘年. 128-24 奈何以保○印江東之封乎. 129-2 春申君○楚二十五年. 129-11 君○楚二十餘年矣. 129-13 雖名爲○國. 129-13 五子皆○諸侯. 129-14 而君○少主. 129-15 人馬○食. 131-8 不令在○位. 134-11 中絕不令○通. 140-10 民能○集者. 140-23 謂皮○國曰. 141-17 或謂皮○國曰. 141-24 弱而不能○壹. 142-16 而○鬬兩罷. 142-18 決不○鬬矣. 142-18 而尚○鬬兩敝. 142-19 三晉○親○堅. 143-8 天下之卿○人臣. 144-3 大王乃今然後得與士民○親. 144-6 不待兩軍○當. 145-11 令天下之將○. 145-24 ○與會於洹水之上. 145-25 二十九年不○攻. 147-21 面○見而身○結也. 148-15 奉陽君○. 148-17 帝王不○襲. 152-6 不○襲而王. 152-10 ○都平君田單問趙奢曰. 155-3 齊韓○方. 155-20 萬家之邑○望也. 155-21 請○魏冉. 156-2 秦王見趙之○魏冉之不急也. 156-4 而請○之於魏. 157-17 今○魏. 157-18 ○室曰. 159-1 ○善也. 159-19 而君爲○國者以親故. 161-8 佩趙國○印不辭無能. 161-10 說張○國曰. 164-23 僕官之丞○. 167-7 今君不能與文信侯○伉以權. 167-12 今王又挾故薛公以爲○. 170-12 而不敢○私也. 170-22 今韓魏與齊○疑也. 172-2 ○魏懷於魏. 172-10 又遺其後○信陵君書曰. 174-3 故魏之免○望也. 174-5 趙王三延之以○. 175-17 則卿必爲○矣. 175-19 未得○馬之工也. 176-14 又不知○馬. 176-15 不知○馬. 176-16 令仇郝○宋. 178-9 樓緩○秦. 178-10 故○與謀曰. 178-13 有子孫○繼爲王也哉. 179-13 鄰國懼而○親. 181-6 以○親之兵. 181-6 韓趙○難. 181-14 夫物多○類而非也. 182-4 一天下約爲兄弟刑白馬以盟於洹水之上以○堅也. 185-16 復○魏. 187-20 令魏王召而○之. 188-2 張子儀以秦○魏. 188-23 魏之所以○公者. 188-24 以公○則國家安. 188-24 今公○而魏受兵. 188-24 王若○儀於魏. 189-2 此儀之所以與秦王陰○結也. 189-4 今儀○魏而攻之. 189-5 張儀欲幷○秦魏. 189-8 公何不以楚佐儀求○之於魏. 189-9 儀兼○秦魏. 189-10 則公亦必幷○楚韓也. 189-10 魏王將○張儀. 189-12 收韓而○衍. 189-15 果○魏. 189-16 齊王將見燕趙楚之○於衛. 190-19 從客談三國之○怨. 190-23 三國之不○信齊王之遇. 191-1 與其○田繻不善. 191-8 而聽○之計. 191-10 召文子而○之魏. 192-18 身○於韓. 192-19 與國無○離也. 195-3 魏文子田需周宵○善. 196-4 則胡不召文子而○之. 196-5 因召文子而○之. 196-6 吾恐張儀薛公犀首之有一人○魏者. 197-22 然則○者以誰而君便之也. 197-23 吾欲太子之自○也. 197-24 必○之矣. 197-24 吾恐張儀薛公犀首有一人○魏者. 198-2 必不○張儀. 198-3 張儀○魏. 198-3 薛公○魏. 198-4 犀首○魏. 198-4 必不使○也. 198-5 莫如太子之自○. 198-5 是三人皆以太子爲非固○也. 198-5 而欲丞○之璽. 198-6 不如太子之自○也. 198-8 太子果自○. 198-8 秦召魏○信安君. 198-10 令人之○行所不能. 198-18 梁王稱善○屬. 200-13 召○國而命之曰. 201-5 ○國曰. 201-6 王命召○國. 204-4 王賢而有聲者○之. 208-25 公必爲○矣. 209-12 秦趙久○持於長平之下而無決. 214-2 遇而無○. 214-9 秦必置○. 214-9 且遇於秦而○秦者. 214-10 不若○之. 214-11 冠蓋○望. 216-15 何不○告也. 218-9 何不○告也. 218-15 而近習之人○與怨. 218-19 秦魏百○交也. 219-7 百○欺也. 219-7 以重力○壓. 223-3 比周以○飾也. 223-5 魏因○犀首. 223-25 而○公叔以伐秦. 223-25 楚昭獻○韓. 224-3 齊魏不能○聽. 228-17 韓公仲○. 228-25 冠蓋○望也. 231-3 必易與公○支也. 232-5 廢公叔而○幾瑟者楚也. 235-22 韓傀○韓. 236-22 二人○害也. 236-22 而嚴仲子乃諸侯之卿○也. 237-14 臣之仇韓○傀. 237-21 今殺人之○. 237-24 ○又國君之親. 237-24 韓王及○皆在焉. 238-3 夫孿子之○似者. 239-3 利害之○似者. 239-4 其利害之○似. 239-4 正如孿子之○似也. 239-5 若夫安韓魏而終身○. 239-13 秦魏不終○聽者也. 239-13 合離之○續. 239-20 合而○堅如一者. 241-3 聶政陽堅刺○兼君. 242-3 而許異終身○焉. 242-5 雖終身○之焉. 242-6 而許異獨取○焉者. 242-11 或謂韓○國曰. 243-13 今韓之父兄得衆者毋○. 243-21 吾欲以國輔韓珉而○之可乎. 243-22 韓○公仲珉使韓侈之秦. 244-1 魏之使者謂後○韓辰曰. 244-2 貴賤不○事. 244-16 外內不○爲. 244-20 韓珉○齊. 245-2 冠蓋○望. 245-12 韓○國謂田苓曰. 245-12 冠蓋○望. 245-15 而○國見臣不釋塞者. 247-9 秦趙○弊. 248-10 此一何慶弔○隨之速也. 249-15 與其○子之爲婚. 253-20 子之○燕. 253-22 今王以國讓○子之. 254-3 燕○子之與蘇代婚. 254-25 今封而○之. 262-9 而後○效. 262-17 若臣死而必○攻也. 262-18 如是則近於○攻. 262-22 蘇子怒於燕王之不以吾故弗予○. 262-23 望諸○中山也使趙. 263-4 不○得則不能行. 268-20 然而山東不知○索. 268-23 言語不○知. 268-24 志意不○通. 268-24 至其○救助如一也. 268-25 今山東之○與也. 268-25 不能○救助如一. 269-1 山東○合. 269-4 兩者不肯○舍. 270-7 燕趙久○支. 270-7 蘇子謂燕○曰. 270-12 室不能○和. 272-14 而與秦○距五十餘年矣. 273-16 光與子○善. 274-21 則君臣○疑. 275-15 蘇秦爲宋謂齊○曰. 280-24 與之○印. 283-5 殷順且以君令○公期. 283-5 同欲者○憎. 284-19 同憂者○親. 284-19 今五國○與王也. 284-19 與王○見. 285-22 爲己求○中山. 286-7 以爲己求○. 286-9 爲司馬憙求○. 286-11 司馬憙三○中山. 286-14 勞者○饗. 288-19 涕泣○哀. 288-20 韓魏○率. 289-4 而羣臣○妬以功. 289-11

【柚】 1

楚必致橘○雲夢之地. 144-15

【枳】 4

反温○高平於魏. 139-2 楚得○而國亡. 260-3 齊楚不得以有○宋事秦者. 260-4 我下○. 260-14

【柟】 1

荆有長松文梓楩○豫樟. 279-19

【柞】 1

屬之讎○. 138-25

【柏】 2

吳與楚人戰於○舉. 113-17 吳與楚戰於○舉. 113-23

【柳】 7

去○葉者百步而射之. 11-7 夫射○葉者. 11-10 有敢去○下季壟五十步而樵采者. 85-20 取扶○. 175-7 ○下惠吏於魯. 272-22 ○下惠曰. 272-23 ○下惠不以三黜自累. 272-24

【枹】 1

乃援○鼓之. 100-16

【柱】 22

官爲○國. 2-8 銜劍徵之於○以自刺. 60-12 官爲上○國. 72-17 魏之

○國也. 81-14 趙之○國也. 81-14 楚之○國也. 81-14 倚○彈其劍. 82-7 制丹衣○. 94-9 而財於○國. 113-2 上○國子良入見. 117-15 王發上○國子良車五十乘. 118-6 皆以鍊銅爲○質. 132-20 秦乃者過○山. 141-5 薄之○上而擊之. 155-9 是薄○擊石之類也. 155-11 田馴謂○國韓向曰. 175-17 今王之國有○國令尹司馬典令. 236-19 抱梁○而死. 250-17 秦王還○而走. 277-17 秦王之方還○走. 277-22 中○. 277-24 倚○而笑. 277-25

【勃】 15
貂○常惡田單. 98-19 故爲酒而召貂○. 98-19 貂○曰. 98-20 貂○可. 99-3 貂○使楚. 99-3 貂○從楚來. 99-11 貂○避席稽首曰. 99-12 貂○曰. 99-13 貂○曰. 99-14 棼冒○蘇曰. 113-12 ○蘇乃蘇. 113-16 棼冒○蘇對曰. 113-16 楚使新造盩棼冒○蘇. 113-17 棼冒○蘇是也. 113-22 威王○然怒曰. 163-11

【軌】 1
車不得方○. 69-6

【匽】 1
使侍屏○. 269-20

【部】 1
趙以公子○爲質於秦. 156-14

【要】 21
○不足以待斧鉞. 36-13 以絶從親之○. 52-1 斷齊秦之○. 52-8 ○絶天下也. 54-4 言○道已備矣. 87-3 昔者先君靈王好小○. 114-9 君不如使人微○靳尙而刺之. 116-22 張旄果令人○靳尙刺之. 116-24 欲以論德而○功也. 149-12 臣請○其敝. 168-2 燕之通谷○塞. 174-18 自使有○領之罪. 198-12 山東之○也. 211-4 是示天下○斷山東之脊也. 211-6 ○離之刺慶忌也. 219-24 此安危之○. 221-13 且前日○政. 237-17 吾○且死. 271-16 仁者不危人以○名. 272-8 皆○言也. 283-16 觀人民○謡俗. 287-6

【逌】 1
○謂魏王曰. 130-16

【咸】 5
○陽必危. 49-4 無危○陽而悔也. 49-6 去○陽七里. 58-17 見燕使者○陽宫. 277-9 ○顧其家. 289-16

【威】 60
○立於上. 16-12 王侯之○. 17-3 犀首戰勝○王. 23-10 以○楚趙. 39-8 制殺生之○之謂王. 39-24 内固其○. 40-2 其○内扶. 41-4 富國足家强主○蓋海内. 45-18 立○諸侯. 46-2 ○不掩於山東. 51-6 不伸○. 52-3 王之○亦憚矣. 52-10 王若能持功守○. 52-10 壹毀魏氏之○. 52-13 郢○王聞之. 54-16 以同言郢○王於側紂之閒. 54-22 臣豈以郢○王爲政衰謀亂以至於此哉. 54-23 楚○王戰勝於徐州. 62-3 ○王薨. 63-11 靖郭君衣○王之衣. 64-1 聲○天下. 65-7 於是入朝見○王曰. 66-14 齊○王使章子將而應之. 66-24 ○王不應. 67-1 ○王不應. 67-2 ○却强秦兵. 73-22 齊王使使者問趙○后. 88-3 ○后問使者曰. 88-3 臣奉使使○后. 88-4 ○后曰. 88-5 而○不信於齊. 96-10 砌小節者不能行大○. 97-6 ○信吳楚. 97-19 則齊○可立. 102-1 說楚○王曰. 108-21 夫外挾强秦之○. 109-15 ○王問於莫敖子華曰. 112-16 夫齊○宣. 147-5 後富韓○魏. 147-6 今富非有齊○宣之餘也. 147-9 大王之○. 147-25 ○嚴不足以易於位. 153-4 夫以秦將武安君公孫起乘七勝之○. 158-5 今趙非有七克之○也. 158-8 昔齊○王嘗爲仁義矣. 163-8 ○王勃然怒曰. 163-11 内無孟賁之○. 165-16 誠能振其○也. 184-17 晉文公得南之○. 200-7 遂推南之○而遠之. 200-7 南○之美也. 200-12 楚○王攻梁. 232-1 ○王怒. 232-3 是棘齊秦之○而輕韓也. 245-10 何肯楊燕秦之○於齊而取大功乎哉. 250-18 ○脅韓魏趙氏. 273-23 燕王誠振畏慕大王之○. 277-5 ○服天下鬼神. 281-13 招大國之○. 286-9 孰若勝天下之○大耶. 290-13

【盃】 1
盡一○. 181-20

【厚】 69
○實也. 1-7 必○事王矣. 3-23 王爲臣賜○矣. 6-21 道德不○者不可以使民. 15-22 ○養死士. 16-9 非能○勝之也. 20-21 秦益强富○. 22-19 其於弊邑之王甚○. 26-9 ○其祿以迎之. 31-11 勞大者其祿○. 36-9 獨不足以○國家乎. 36-18 臣聞善○家者. 36-19 善○國者. 36-19 則諸侯不得擅○矣. 36-20 於是夫積薄而爲○. 54-21 趙○送遣之. 57-16 鄒忌以齊○事楚. 65-22 ○矣王之託儀於秦王也. 71-21 以其爲齊薄而爲楚○也. 76-20 德○之道. 86-4 利制海内不爲○. 93-19 二者顯名○實也. 97-5 誰有○於安平君者哉. 99-17 我○賂之目利. 103-12 受○祿. 105-21 必○尊敬親愛之而忘子. 116-12 ○賦斂諸臣百姓. 119-5 張孟談便○以便名. 134-22 吾請資先生○用. 137-21 所以利其民而○其國也. 150-10 欲子之○愛之. 153-11 難夫毋脊之○. 155-11 公子之所以教之者○矣. 158-18 而於婦人○. 159-3 ○任膏以事能. 166-22 固且爲書而○寄卿. 173-8 受其弊而○遇之. 177-24 必○割趙以事君. 178-16 奉○而無勞. 179-17 王重其行而○奉之. 190-13 ○矣. 198-14 下所以自爲者○矣. 198-24 土地之實不○於我. 198-25 非所施○積德也. 206-18 臣聞一里之○. 221-4 以○怨於韓. 226-10 以意○之. 237-1 愈怪其○. 237-4 秦之德韓也○矣. 239-21 而獨○取德焉. 239-22 猶之○德我也. 242-17 是棄强仇而立○交也. 249-24 蘇代欲以激燕王以○任子之也. 253-24 卑身○幣. 255-13 則莫如遥伯齊而○尊之. 256-25 恐君之未盡○也. 272-7 ○者不毁人以自益也. 272-8 ○人之行也. 272-9 今君○受位於先王以成尊. 272-11 且世有薄於故○施. 272-12 而君有失○之累. 272-13 未盡○也. 272-15 而君不得○. 272-19 輕絶○利者. 273-2 ○遺秦王寵臣中庶子蒙嘉. 277-4 請○子於衞君. 282-13 以積○於燕趙. 285-25 秦民之死者○葬. 288-19 傷者○養. 288-19

【面】 49
○目犁黑. 16-18 令帥天下西○以與秦爲難. 19-14 齊人南○. 53-14 皆西○而望. 57-22 武安君北○再拜賜死. 60-9 有何○目復見寡人. 61-7 韓魏之君因田嬰北○而朝田侯. 64-24 能○刺寡人之過者. 66-18 南○而孤楚韓梁. 68-8 今乃西○事秦. 68-25 而欲西○事秦. 69-9 秦東○而伐齊. 74-4 南○稱寡者. 86-6 亦收餘甲而北○. 90-12 齊無南○之心. 96-14 魏不敢東○. 96-15 夫舍南○之稱制. 102-1 乃西○而事秦. 102-2 今乃欲西○而事秦. 108-25 則諸侯莫不南○而朝於章臺之下矣. 108-25 南○而攻. 110-20 即遂南○稱孤. 129-16 於是趙襄子○數豫讓曰. 135-23 東○而攻韓. 143-2 西○而攻秦. 145-15 西○而事之. 145-16 ○相見而身相結也. 148-15 設北○於南方. 164-4 然后天子南○弔也. 164-5 老婦必唾其○. 178-21 今乃有意西○而事秦. 184-14 魏之兵南○而伐. 186-2 方北○而持其駕. 215-19 將奚爲北○. 215-20 乃欲西○事秦. 222-7 今大王西○交臂而臣事秦. 222-13 今王西○而事秦以攻楚. 223-12 因自皮○抉眼. 238-6 必西○事秦. 240-9 其西○事秦. 240-12 請奉社稷西○而事秦. 252-2 而又以其餘兵南○而舉五千乘之勁宋. 253-6 子之南○行王事. 254-9 北○而受學. 255-18 諸侯北○而朝. 258-10 諸侯西○而朝. 258-10 射其○. 260-20 使齊北○伐燕. 269-14 四○出嫁. 288-22

【殃】 3
夫弱小之○. 91-5 外信諸侯之○也. 91-17 而後受其○也. 147-9

【殆】 8
而於君之事○矣. 77-1 ○能自免也. 122-6 二主○將有變. 133-11 ○毋顧天下之議矣. 149-11 ○不合. 231-24 豈不○哉. 238-1 ○. 252-19 ○無燕矣. 262-24

【皆】 189
今其民○種麥. 3-3 ○大臣見譽者也. 4-13 ○愛之. 7-9 ○白起. 11-6 左右○曰善. 11-8 人○善. 11-9 令天下○知君之重吾得也. 11-18 楚趙○輕. 13-4 此○恃援國而輕近敵也. 13-13 今秦婦人嬰兒○言商君之法. 15-11 ○惽於教. 16-14 是○秦之罪也. 16-20 ○欲决蘇秦之策. 17-4 而○去走. 18-13 謀臣○不盡其忠也. 19-2 ○秦之有也. 20-7 行道之人○知之. 24-2 行道之人○知之. 24-25 天下○欲以爲臣. 24-25 天下○欲以爲子. 25-1 諸士大夫○賀. 26-17 ○張儀之讎也. 28-7 而秦晉○重君. 34-9 ○匡君之之事. 37-18 上黨之民○返爲趙. 42-19 天下○聞臣之身與王之舉也. 44-1 ○負重罪. 44-7 此○乘至盛不及道理也. 45-24 此○君之所明知也. 46-14 使天下○畏秦. 46-17 左右○曰. 49-14 聞齊魏○且割地以事秦. 50-18 隨陽右壤此○廣川大水. 53-10 此○平原四達. 53-14 天下○從. 54-15 今大王○有驕色. 55-19 ○西面而望. 57-22 臣恐其○有怨心. 57-22 諸侯○致秦邑. 58-1 ○有詬醜. 61-17 ○以美於徐公. 66-15 ○朝於齊. 66-22 ○爲一時說而不顧萬世之利. 69-16 有七孺子○近. 77-6 小國所以○致相印於君者. 80-6 ○以國事累君. 80-8 左右○笑之. 82-10 左右○惡之. 82-12 ○得其死. 84-24 ○衣縞紵. 85-2 左右○曰. 85-24 仁義○來役處. 85-25 此○幸樂其名. 86-11 是○率民而出於孝情者也. 88-12 此○非趙魏之欲也. 90-17 ○以相敵爲意. 91-3 此○内長詐. 91-17 天地人○以告矣. 95-14 ○以田單爲自立也. 98-3 ○爲變辭. 101-14 ○不便秦. 101-22 獸見之○走. 104-3 二人之言○善也. 104-8 横人○欲割諸侯之地以事秦. 109-13 ○可得而致之. 114-12 ○令獻其計. 117-14 王○用之. 118-5 ○受明之說也. 125-17 人○以謂公不善於富摯. 125-20 ○不過百里以有天下. 126-12 五子○相諸侯. 129-14 ○以狄蒿苫楚廧之. 132-17 ○以鍊銅爲柱質. 132-20 是○能移其君之計. 133-19 ○爲涕泣. 136-10 百姓○曰. 136-24 ○言主前專據. 138-6 ○曰韓亡三川. 138-13 其民○不欲爲秦. 140-4 而○願爲趙. 140-7 其死士○列之於上地. 140-13 諸吏○益爵三級. 140-22 ○對曰. 142-7 ○願奉教陳忠於前之日久矣. 144-4 韓魏○可使致封地湯沐之邑. 144-15 貴戚父兄○可以受封侯. 144-15 ○欲割諸侯之地以與秦成. 145-17 ○曰白馬非馬也. 147-13 踐石以上者○道子之孝. 152-19 必○事王以伐齊. 156-11 絶齊則○事我. 157-5 而天下○說. 160-15 天下之賀戰勝者○在秦矣. 161-24 ○有求於平原君者也. 162-23 ○非也. 162-25 諸侯○弔. 163-9 三晉○有秦患. 169-23 ○且無敢與趙治. 170-18 而○私甘之也. 170-20 則天下○偪秦以事王. 170-22

○有死心. 171-4 ○非趙之利也. 172-5 ○不利趙矣. 172-7 ○起而行事. 172-11 ○無危補於國. 176-18 此○能乘王之醉昏. 176-23 諸侯○賀. 177-2 諸侯○賀. 177-3 諸侯○賀. 177-8 小大○聽吾言. 177-11 ○朝魏. 181-17 此○似之而非者也. 182-6 ○姦臣. 184-22 ○使人告其王曰. 187-14 今燕齊趙○以事因犀首. 187-17 而王之羣臣○以爲可. 188-17 又非○同也. 188-20 羣臣○不敢言. 193-23 百姓○見之. 194-5 請剛柔而○用之. 194-18 使秦○無百怨百利. 195-11 蘇脩朱嬰既○陰在邯鄲. 195-23 是三人○以太子爲非固相也. 198-5 ○將務以其國事魏. 198-6 臣聞魏氏大臣父兄○謂魏王曰. 202-6 且夫姦臣固○欲以地事秦. 204-21 則○知秦之無窮也. 208-5 其人○欲合齊秦外楚以輕公. 209-6 首尾○救. 211-5 是山東首尾○救中身之時也. 211-7 ○其所恃也. 211-19 天下之亡國○然矣. 211-20 將○務事諸侯之能令於王之上者. 214-10 天下○曰王近也. 215-15 ○曰王弱也. 215-15 ○布衣之士也. 219-24 子○國之辯士也. 221-14 ○自韓出. 222-1 ○射六百步之外. 222-2 ○出於冥山棠谿墨陽合伯膊. 222-3 ○陸斷馬牛. 222-5 ○言曰. 223-5 ○不得親於事矣. 227-11 人○言楚之多變也. 227-14 楚趙○公之讎也. 228-6 人○以楚爲强. 229-23 而楚魏○德公之國矣. 232-25 於是以太子扁昭揚梁王○德公矣. 233-2 韓王及相○在焉. 238-3 ○積智欲離秦韓之交. 240-14 ○不欲韓秦之合者何也. 240-15 使山東○以銳師戍韓梁之西邊. 240-24 必○亡矣. 241-3 ○戴哀侯以爲君. 242-11 ○曰以燕亡於齊. 244-12 此○絕地形. 244-13 此○轉禍而爲福. 249-22 則大王號令天下○從. 249-25 ○自覆之術. 250-19 ○不自覆也. 250-20 足下○自覆之君也. 250-23 國事○决子之. 254-10 ○終歸齊. 255-4 ○國之大敗也. 256-15 此○轉禍而爲福. 256-24 ○以不自憂故也. 258-8 ○死秦之孤也. 261-15 ○以爭事秦說其主. 261-17 代厲○以壽死. 261-20 是故謀者○從事於除患之道. 266-4 施及萌隸○可以教於後世. 268-2 此必○亡. 269-10 水○至滅表. 271-5 水○滅表. 271-6 趙民其壯者○死於長平. 271-19 其民○習於兵. 271-21 左右○以爲趙可伐. 271-23 ○爲戮沒. 276-5 ○白衣冠以送之. 276-24 爲變徵之聲士○垂淚涕泣. 276-25 士○瞋目. 277-2 ○陳殿下. 277-19 ○率其精兵東保於遼東. 278-6 羣臣○賀. 281-19 緤錯挐薄之族○逐也. 283-6 ○要言也. 283-16 此是欲○在爲王. 284-19 ○計利形勢. 289-20 ○令妻妾補縫於行伍之間. 289-23

【剄】 1

遂自○而死. 275-2

【勁】 30

則是○王之敵也. 3-22 必陰○之. 6-11 不如與魏以○之. 23-8 以禽○吳. 46-11 王破楚於以肥韓魏於中國而○齊. 53-15 夫後起之藉與多而兵○. 91-7 筋骨力○. 91-20 趙恃楚○. 104-18 魏怒於趙之○. 104-19 公子○也. 115-3 ○也相魏. 115-3 必深攻楚以○秦. 115-22 其堅則箘簬之○不能過也. 132-18 精兵非有富韓○魏之庫也. 147-10 齊魏雖○. 157-18 秦魏雖○. 157-19 臣又恐趙之益○也. 198-13 臣故恐趙之益○也. 198-21 燕趙之所以國全兵○. 202-9 天下之强弓○弩. 222-1 蹠○弩. 222-6 夫以韓之○. 222-7 齊王言救魏以○之. 228-17 臣以爲令韓以中立以○齊. 228-21 故不如出兵以○魏. 232-2 魏氏○. 232-3 公恃秦而○. 232-5 而又以其餘兵南面而舉五千乘之○宋. 253-6 深結趙以○之. 262-22 夫梁兵○而權重. 280-9

【背】 10

不如○秦援宜陽. 2-9 三晉百○秦. 32-16 暴○而耨. 51-3 然後○太山. 65-15 ○信盟之約. 131-12 必○君. 133-15 諸侯有先○約者. 146-6 趙○秦. 156-15 ○大梁. 207-8 剖傴之○. 281-15

【貞】 4

夫信婦○. 45-5 ○女工巧. 61-8 因封蘇秦爲武○君. 76-21 清靜○正以自虞. 87-3

【省】 1

○攻伐之心而肥仁義之誡. 52-11

【削】 18

則○迹於秦. 2-5 ○株掘根. 19-8 故楚之土壤士民非○弱. 27-11 ○地而賂之. 39-12 且○地而以自贖於王. 41-16 楚遂○弱. 51-17 地○兵弱. 59-18 夫齊○地而封田嬰. 62-14 刻○子以爲人. 77-16 孟嘗君乃取所怨五百牒○去之. 85-12 是故無其實而喜其名者○. 86-10 壤○主困. 96-20 壤地不○. 165-14 魏日以○. 184-2 國處○危之形. 199-2 不戰而地已○矣. 222-12 韓氏之兵非○弱也. 226-22 身自○甲扎. 252-21

【昧】 3

臣○死望見大王. 21-10 ○之難. 108-13 秦爲發使公孫○入韓. 231-22

【眄】 1

○視指使. 255-20

【是】 608

○我爲楚韓取寶以德之也. 2-23 若○. 3-4 ○韓不伐也. 3-17 ○得地於韓而聽於秦也. 3-18 則○勁王之敵也. 3-22 ○天下制於子也. 4-2 ○何計之道也. 5-7 ○君以合齊與强楚吏產子. 6-1 ○公之知困而交絕於周也. 7-11 ○公重周. 7-19 ○周常不失重國之交也. 7-20 ○以遣之也. 8-14 ○君却秦而定周也. 9-22 ○君存周而戰秦魏也. 10-1 ○楚病也. 10-17 ○公以弊高都得完周也. 10-22 ○公有秦也. 11-2 ○攻用兵. 11-6 ○上黨每患而贏四十金. 12-23 ○天下欲罷秦. 13-9 ○公之知困而交絕於周也. 13-19 公言○而行. 14-5 ○商君反爲主. 15-11 於○. 16-8 ○故兵勝於外. 16-12 ○皆秦之罪也. 16-20 於○乃摩燕烏集闕. 16-25 斷死於前者比○也. 18-19 而民爲之者○貴奮也. 18-20 ○知秦戰未嘗不勝. 18-25 當○之時. 19-10 然則○一舉而伯王之名可成也. 19-12 然則○一舉而伯王之名可成也. 19-19 ○故兵終身暴靈於外. 19-23 當○時. 20-4 然則○邯鄲不守. 20-5 然則○舉趙則韓必亡. 20-10 則○一舉而壞韓. 20-11 ○謀臣之拙也. 20-16 由○觀之. 20-22 於○潛行而出. 21-6 ○我一舉而名實兩附. 22-11 必惡○二人. 23-20 然則○軫自爲而不爲國也. 23-24 ○以弊邑之王不得事令. 26-10 則○北弱齊. 26-12 ○楚孤也. 26-20 ○西生秦患. 26-22 ○我亡於秦而取償於齊也. 27-7 ○吾合齊秦之交也. 27-8 則○一舉而兼兩虎也. 27-25 ○王欺魏. 29-11 於○與之盟於息壤. 29-19 ○無伐之日已. 30-8 於○出私金以益公賞. 30-9 ○樗里疾公孫衍無事也. 30-15 臣○以知其御也. 30-19 ○非秦之利也. 31-9 ○何也. 32-15 ○晉楚以秦破齊. 32-23 ○君收齊以重呂禮也. 34-4 ○君破齊以爲功. 34-8 ○令張儀之言爲禹. 35-9 ○何故也. 36-20 非若○也. 36-25 ○日見范睢. 37-8 若○者三. 37-10 若○者. 37-13 ○周無天子之德. 37-16 所以王三問而不對者○也. 37-19 ○臣說之行也. 38-4 ○臣之大榮也. 38-6 ○以杜口裹足. 38-7 先生○何言也. 38-12 ○穰侯爲國謀不忠. 38-21 於○舉兵而攻邢丘. 39-13 於○乃廢太后. 40-11 ○我王果處三分之一也. 41-9 ○天下之王不如鄭賈之智也. 41-24 於○唐睢載音樂. 42-5 於○其謀者固未可得予也. 42-7 自○之後. 43-13 ○王過舉顯於天下. 44-2 ○有忠臣孝子. 45-7 ○微子不足仁. 45-9 於○應侯稱善. 45-10 ○以兵動而地廣. 46-1 自○之後. 46-5 如○不退. 46-18 則商君白公吳起大夫種○也. 46-18 ○楚與三國謀出秦兵矣. 48-8 則○我離秦而攻楚也. 48-10 於○三國幷力攻楚. 48-12 ○魏勝楚而亡地於秦也. 50-3 ○王以魏地德寡人. 50-3 以○告楚. 50-6 ○以鯉與之遇也. 50-10 ○便計也. 50-15 ○示天下無楚也. 50-19 於○頓子曰. 50-24 商人○也. 51-1 農夫○也. 51-3 王乃○也. 51-4 於○白起又將兵來伐. 51-18 冬夏○也. 51-24 累碁○也. 51-24 ○王不用甲. 52-3 ○王攻楚之日. 53-7 ○王以兵資於仇讎之韓魏. 53-8 ○王有毀楚之名. 53-11 ○王失計也. 53-21 若○. 53-24 ○王之地一任兩海. 54-3 ○燕趙無齊楚. 54-4 當○時. 54-12 於○天下有稱伐邯鄲者. 54-13 於○夫積薄而爲厚. 54-21 ○辛戎有秦楚之重. 56-9 ○子異人無國而有國. 57-12 ○抱空質也. 57-15 ○不敢倍德畔施. 57-16 ○自爲德講. 57-16 則○大王名亡趙之半. 59-16 ○臣無以事大王. 59-22 ○賈以王之權. 61-2 ○以羣臣莫敢以虛願望於上. 61-20 ○其所以弱也. 62-15 於○舍之上舍. 63-10 若○者信反. 63-18 當○時. 64-5 ○趙不拔而魏全也. 64-12 ○趙破而魏弱也. 64-14 則○君之謀也. 65-3 若○. 65-16 於○入朝見威王曰. 66-14 於○秦王拜西藩之臣而謝於齊. 67-5 ○欺死父也. 67-10 ○故韓魏之所以重與秦戰而輕爲之臣也. 69-3 ○故恫疑虛猲. 69-7 ○羣臣之計過也. 69-9 ○何故也. 69-21 ○何故也. 69-24 ○故願大王熟計之. 70-3 ○天下以燕賜我也. 71-5 ○乃王之託儀也. 71-23 ○王業也. 72-3 ○王內自罷而伐與國. 72-4 ○必與衍鬻吾國矣. 72-12 公以○爲名居足矣. 72-24 然則○君自爲燕東兵. 73-10 ○秦之計中. 73-18 然則○我抱空質而行不義於天下也. 75-5 變則○君抱空質而負名於天下也. 75-15 然則○王去讎而得齊交也. 76-6 則○圍塞天下士而不利說途也. 76-25 則○身與楚爲讎也. 77-2 ○君有楚也. 77-3 ○人謂衞君曰. 79-5 ○足下倍先君盟約而欺孟嘗君也. 79-8 ○比肩而立. 80-22 魏取伊○. 81-12 ○齊入於魏而救邯鄲之功也. 81-13 ○以天下之勢. 81-21 於○乘其車. 82-10 於○馮諼不復歌. 82-14 於○約車治裝. 82-22 於○. 83-16 文不得○二人故也. 84-25 由○觀之. 85-22 ○故易傳不云乎. 86-8 ○故無其實而喜其名者削. 86-10 ○以堯有九佐. 86-12 ○以君王無羞亟問. 86-13 ○故成其道德而揚功名於後世者. 86-14 堯舜禹湯周文王○也. 86-15 ○以侯王稱孤寡不穀. 86-18 ○其賤之本與. 86-18 ○以明乎士之貴也. 86-21 ○王不好士. 87-18 於○舉士五人任官. 88-1 ○其爲人也. 88-8 ○助王養其民也. 88-9 ○其爲人. 88-10 ○助王息其民者也. 88-10 ○皆率民而出於孝情者也. 88-12 ○其爲人也. 88-14 ○恨秦也. 89-8 ○恨天下也. 89-8 ○以聖人從事. 90-4 衞得○藉也. 90-12 趙得○藉也. 90-15 ○以大國危. 91-6 則○路君之道也. 92-8 則○非徒示人以難也. 93-9 於○齊楚怒. 94-10 當○時. 94-12 於○殺閔王於鼓里. 95-15 ○墨翟之守也. 96-22 ○孫臏吳起之兵也. 96-23 單有○善而王嘉之. 98-11 當○時也. 99-21 ○以餘糧收宋也. 100-20 先○齊爲之歌曰. 102-4 ○王之聽涓也. 102-10 ○從齊而攻楚. 103-5 ○以弱宋干强楚也. 103-6 ○逆天

帝命也. 104-1 ○兩弊也. 104-12 ○楚魏共趙也. 104-15 ○其爲人也近苦矣. 105-4 ○目變女不敝席. 105-25 如○必長得重於楚國. 106-3 於○. 106-7 誠如○. 106-19 ○無善也. 108-1 ○不能得趙也. 108-3 ○故願大王之熟計之也. 110-14 ○故願大王熟計之也. 111-7 周○列縣畜我也. 112-6 ○楚自行不如周. 112-7 ○昭睢之言不信也. 112-13 令尹子文○也. 113-1 葉公子高○也. 113-5 莫敖大心○也. 113-10 於○贏糧潛行. 113-13 棼冒勃蘇○也. 113-22 蒙穀○也. 114-6 ○公與約也. 115-13 ○王與秦相罷. 115-22 ○去戰國之半也. 117-21 ○常矯也. 118-14 ○故退王之所愛. 119-7 ○以國危. 119-7 ○王令困也. 119-23 ○城下之事也. 119-24 當○之時. 120-3 ○欺王也. 120-18 吾固以爲天下莫若○兩人也. 120-19 ○欺儀也. 121-6 ○明楚之伐而信魏之和也. 121-16 ○楚孤也. 121-22 ○以國權輕於鴻毛. 123-8 ○知困而交絶於后也. 123-23 於○使人發騶. 124-7 黄雀因○以. 124-16 黄鵠因○以. 124-21 蔡聖侯之事因○以. 125-2 君王之事因○以. 125-7 於○乃以執珪而授之爲陽陵君. 125-13 ○兩盡也. 125-22 ○不臣也. 125-23 ○臣無罪. 126-8 ○死藥也. 126-9 於○使人謝孫子. 126-15 於○使人請孫子於趙. 126-20 以○爲非. 127-11 ○君聖於堯而臣賢於舜也. 128-6 驥於○俛而噴. 128-11 於○園乃進其女弟. 128-21 則○君之子爲王也. 129-5 於○使吏盡滅春申君之家. 130-1 ○歲. 130-3 ○敝楚也. 130-20 ○非反如何也. 131-9 ○疵爲趙計矣. 131-13 則○魏内自强. 132-4 於○發而試之. 132-18 張孟談於○陰見韓魏之君曰. 133-4 ○皆能移其君之計. 133-19 如○則二主之心可不變. 133-20 ○爲先知報後知. 135-18 ○懷二心以事君也. 135-20 於○趙襄子面數豫讓曰. 135-23 於○襄子義之. 136-8○用兵者. 136-15 必出於○. 138-12 臣恐其禍出於○矣. 138-24 ○一世之命. 139-9 唯便○從. 139-18 ○欺之也. 140-3 ○吾處三不義也. 140-24 ○故吾事也. 141-8 則○强畢矣. 141-20 ○何楚之知. 142-16 ○臣所爲山東之憂也. 142-17 ○秦禍不離楚也. 143-9○秦禍不離楚也. 143-11 ○以外賓客遊談之士. 144-5○臣之所以爲大王願也. 144-18 ○故明主外料其敵國之强弱. 145-10 ○故横人日夜務以秦權恐猲諸侯. 145-20 如○則伯業成矣. 146-8 ○故官無乏事而力不困. 146-14 ○故事無敗業而惡不章. 146-14 ○以賢者任重而行恭. 146-16 ○則伐楚攻秦. 147-9 ○以三國之兵困. 147-18 於○秦王解兵不出於境. 147-21 以○爲非. 148-8 以非爲○. 148-8 ○故不敢匿意隱情. 148-14 於○乃以車三百乘入朝澠池. 148-21 ○以賢君靜而有道民便事之教. 149-2 ○以不先進. 150-2 ○以聖人觀其鄉而順宜. 150-9 ○以鄉異而用變. 150-12 ○故聖人苟可以利其民. 150-13 ○以莅國者不襲奇辟之服. 152-3 ○鄒魯無奇行也. 152-12 ○吳越無俊民也. 152-13 ○以聖人利身之謂服. 152-13 子能行○. 153-13 ○變籍而棄經也. 154-3 ○損君而弱國也. 154-4○薄柱擊石之類也. 155-11 兼有○兩者. 155-12 我其以三萬救○者乎哉. 155-21 ○事而不成. 156-5 ○二國親也. 156-10 ○因天下以破齊也. 156-11 ○罷齊敝秦也. 157-7 ○俱敝也. 157-8 ○我以王因饒中山而取地也. 157-10 ○中山孤也. 157-11 ○我一舉而兩取地於秦中山也. 157-13 ○輕齊也. 157-19 ○魏求害. 158-1 ○使弱趙爲强秦之所以攻. 158-9 ○人不隨. 159-2 若○者. 159-3 ○助秦自攻也. 159-14 ○我失之於天下. 160-4 ○使王歲以六城事秦也. 160-6 則○弃前貴而挑秦禍也. 160-7 ○强秦而弱趙也. 160-10 ○愈疑天下. 160-21 ○不亦大示天下弱乎. 160-21 ○王失於齊而取償於秦. 160-24 ○親戚受封. 161-10 今其人在○. 162-14 當○時. 164-3 ○使三晉之大臣不如鄒魯之僕妾也. 164-9 於○. 164-14 於○平原君欲封魯仲連. 164-18○商賈之人也. 164-21 由○觀之. 165-3 自○之後. 165-4 ○以夢見竈君. 166-13 於○. 166-13 於○與殺呂遺何以異. 167-1 ○武王之功也. 167-12 自○之後. 168-2 自○之後. 170-9 臣○以欲足下之速歸休士民也. 171-3 ○秦制天下也. 172-5 ○秦之一舉也. 172-9 秦行○計. 172-9 ○秦之一舉也. 172-11 秦行○計也. 172-12 ○秦之一舉也. 172-14 秦行○計. 172-14 ○秦之一舉也. 172-16 秦行○計. 172-16 ○秦之一舉也. 172-18 秦行○計. 172-18 ○秦之一舉也. 172-24 秦行○計也. 172-24 ○以攻齊之已弊. 172-24 ○何言也. 173-8 ○王輕强秦而重弱燕也. 175-24 ○狎也. 176-5 ○倍也. 176-5 ○亂也. 176-6 ○和也. 176-6 ○庸說也. 176-7 ○忠也. 176-7 於○馮忌乃談. 176-11 ○能得之乎内. 176-24 於○秦王乃見使者. 177-14 ○韓魏之欲得. 178-4 ○空絶趙. 178-14 於○爲長安君約車百乘質於齊. 179-21 ○日. 182-8 魏於○乎始强. 182-10 ○危也. 182-20 ○伯王之業. 182-21 從○觀之. 183-3 於○索吳起之後. 183-15 ○故天下之遊士. 186-7 ○示楚無魏也. 186-17 不知○其可也. 188-18 如○其明耶. 188-18 如○其同耶. 188-19 ○其可也. 188-19 未如○其明也. 188-19 ○有其半塞也. 188-20 ○魏計過也. 188-25 ○齊楚之兵折. 189-2 ○使儀之計當於秦也. 189-5 ○王失謀於楚趙. 189-21 ○太子之讎報矣. 190-8○王謀三國也也. 190-24 ○服牛驂驥也. 191-10 ○趙不伐. 192-7○臣終無成功也. 192-14 於○東見田嬰. 192-18 ○其唯惠公乎. 193-24 於○出而爲之張於朝. 194-4 ○故又爲足下傷秦者. 195-5 如○人者. 195-9 ○免國於患者之計也. 195-13 ○王以楚毁齊也. 197-1○齊抱空質而行不義也. 197-15 ○三人皆以太子爲非固相也. 198-5 ○趙存而我亡也. 198-20 則○大王垂拱之割地以爲利重. 199-5 ○以未敢. 199-15 於○辭行. 199-24 ○臣之所聞於魏也. 202-17 願君之以○慮事也. 202-17 ○以天幸自爲常也. 202-21 從○以散. 203-4 ○以名母也. 203-14 ○羣臣之私而王不知也. 204-18 ○薪火之說也. 204-23 ○趙與强秦爲界也. 205-23 ○何也. 207-3 則○復鬬與之事也. 207-4 ○受智伯之禍也. 207-5 而禍若○矣. 207-25 ○故臣願以從事乎王. 208-6 ○魏重質韓以其上黨也. 208-11 韓○魏之縣也. 208-13 ○弗救矣. 209-21 ○公外得齊楚以爲用. 210-2 ○示天下要斷山東之脊也. 211-6 ○山東首尾皆救中身之時也. 211-7 以○質秦. 211-24 ○王獨受秦患也. 211-24 ○不知天下者也. 212-11 ○又不知魏者也. 212-12 ○取子之資. 212-15 ○參行也. 213-12 ○并制秦趙之事也. 213-21 ○無齊也. 214-11 ○以有雍者與秦遇. 214-12 ○欺我也. 214-16 ○智困於秦. 214-19 ○示齊輕也. 216-3 ○公有齊. 216-4 ○大王籌筴之臣無任矣. 216-21 ○亡一萬乘之魏. 216-24 ○臣而下. 217-17 ○倍主也. 217-17 ○使我負襄王詔而廢大府之憲也. 217-25 如○. 218-9 有○心也. 218-15 於○布令於四境之内曰. 218-16 由○觀之. 218-17 ○王棄之. 218-24 而王以○質秦. 218-25 猶之如○也. 219-4 非若○也. 219-17 今日○也. 220-1 ○子有兩韓. 221-10 ○故願大王之熟計之也. 222-9 ○故秦王使使臣獻書大王御史. 223-14 ○公無患. 224-1 ○絶上交而固私府也. 224-10 天下且以○輕王而重秦. 224-16 ○以九鼎印甘茂也. 225-11 ○秦韓不和. 226-9 ○我困秦韓之兵. 226-11 ○欺秦也. 226-19 ○與公孫郝甘茂同道也. 227-13 ○自爲貴也. 227-15 ○韓. 227-17 ○外舉不辟讎也. 227-18 ○令行於楚而以其地德韓也. 227-22 ○韓楚之怨不解. 227-23 ○以公孫郝甘茂之無事也. 228-1 ○秦輕也. 228-14 ○秦輕也. 228-16 ○弊楚也. 229-14 必來以○而足矣. 229-21 獨尙子之言○. 231-6 ○無韓也. 231-17 ○楚以三國謀秦也. 231-18 ○秦孤也. 232-2 於○攻皮氏. 232-3 ○公之所以外者儀而已. 232-11 於○以太子扁昭揚梁王皆德公矣. 233-2 ○令得行於萬乘之主也. 233-11 ○秦韓之怨深. 233-12 ○塞漏舟而輕陽侯之波也. 233-16 ○齊楚合. 234-20 ○有陰於韓也. 234-21 ○齊孤也. 235-12 ○王抱虛質也. 235-19 ○太子反棄之. 236-8 於○嚴遂懼誅. 236-23 於○嚴遂乃具酒. 237-2 然○深知政也. 237-16 ○其軼賁育而高成荆矣. 238-12 ○爲魏從也. 239-7 ○公危矣. 239-9 ○韓爲秦魏之門户也. 239-10 ○韓重而主尊矣. 239-11 ○公擇布而割也. 239-15 ○韓以天下事秦. 239-21 ○其於主也至忠矣. 239-22 ○其於國也. 240-1 ○其於身大利也. 240-5 ○魏弊矣. 241-8 ○我免於一人之下. 241-8 ○故哀侯爲君. 242-5 王於○召諸公子役於三川者而歸之. 242-21 從○觀之. 243-2 以○爲金以事秦. 243-4 ○金必行. 243-4 何意寡人如○之權也. 244-6 ○從臣不事大臣也. 244-15 ○其講我. 244-22 ○棘齊秦之威而輕韓也. 245-10 ○何以爲公之王使乎. 245-14 ○齊不窮也. 245-21 ○齊孤矣. 245-23 ○王有向晉於周也. 246-1 ○魏有向晉於周. 246-3 ○絏以三川與西周戒也. 246-7○纆牽長也. 247-9 ○故願大王與趙從親. 248-17 於○齎蘇秦車馬金帛以至趙. 248-19 ○驅燕而使合於齊也. 249-4 ○棄强仇而立厚交也. 249-24 ○王以虛辭附秦. 249-25 ○足下之福也. 250-11 於○酒酣樂進取熱歠. 251-15 ○西有强秦之援. 251-24 ○故願大王之熟計之也. 251-25 於○燕王大信子之. 253-25 ○王與堯同行也. 254-3 ○禹名傳天下於益. 254-7 ○名屬子之. 254-8 ○爲燕昭王. 254-21 於○燕王專任子之. 255-2 於○出蘇代之宋. 255-10 於○不能期年. 256-3 於○昭王爲隗築宮而師之. 256-6 於○遂以樂毅爲上將軍. 256-8 ○益一齊也. 256-18 ○益二齊也. 256-20 ○國伐也. 257-14 ○名卑也. 257-14 如○足矣. 257-25 ○以愚臣知之. 258-17 於○因令其妾酌藥酒而進之. 259-3 於○因佯僵而仆之. 259-5 ○則有功者. 260-4 楚王爲○之故. 260-10 因○而倍之. 262-14 ○臣之患也. 262-18 如○則近於相攻. 262-22 則○兵弱而計疑也. 263-22 ○王破燕而服趙也. 263-23 ○敗王之兵. 264-1 ○以天幸自爲功也. 264-8 臣○以知人主之不愛丈夫子獨甚也. 265-15 ○故謀者皆從事於除患之道. 266-4 ○使弱趙居强吳之處. 266-8 夫差弗○也. 268-5 ○山東之知不如魚也. 268-21 於○遂不救燕. 271-6 ○秦趙有郄. 273-11○以委肉當餓虎之蹊. 274-4 ○丹命固卒之時也. 274-9 ○太子疑光也. 274-25 於○尊荆軻爲上卿. 275-19 於○太子預求天下之利匕首. 276-15 於○荆軻遂就車而去. 277-3 ○時侍醫夏無且. 277-21 於○秦大怒燕. 278-5 ○不殺少而殺衆. 279-12 ○勝黄城. 280-3 ○勝黄城. 280-4 ○不勝黄城. 280-5 於○滅滕伐薛. 281-12 臣以○知王緩也. 282-22 ○中山復立也. 284-4 ○君爲趙魏驅羊也. 284-13 ○君廢其王而亡其國. 284-17 此○欲皆在爲王. 284-19 ○奪五國而益負海也. 284-20 ○君臨中山而失四國也. 284-22 ○欲用其兵也. 285-2 ○强敵也. 285-16 ○以隘之. 285-20 ○中山孤. 285-22 ○則必聽矣. 285-23 齊以○辭來. 285-25 果以○辭來. 286-4 ○非臣所敢議. 287-12 ○賢君也. 287-23 ○以寡人大發軍. 289-7 ○時楚王恃其國大. 289-11 ○以能有功也.

289-16 ○以臣得設疑兵. 289-18 以○之故能立功. 289-19

【郢】 39

襲○. 19-9 南亡鄢○漢中. 42-15 一戰舉鄢○. 46-3 或拔鄢○夷陵. 51-16 ○威王聞之. 54-16 以同言○威王於側紂之閒. 54-22 臣豈以○威王爲政衰謀亂以至於此哉. 54-23 ○爲强. 54-23 ○中立王. 75-4 ○中立王. 75-5 ○之登徒. 79-24 ○之登徒也. 79-25 ○之登徒不欲行. 80-16 鄢○者. 81-14 伐楚取鄢○矣. 81-15 强襲○而棲越. 91-14 鄢○大夫. 101-24 ○人有獄三年不決者. 106-22 ○人某氏之宅. 106-23 ○人某氏. 106-24 則鄢○動矣. 109-4 至○三千餘里. 110-16 楚無鄢○漢中. 111-25 請復鄢○漢中. 112-2 其效鄢○漢中必緩矣. 112-13 三戰入○. 113-11 三戰入○. 113-17 三戰入○. 113-23 舍鬬奔○曰. 113-24 昭王反○. 114-1 ○都必危矣. 124-3 秦果舉鄢○巫上蔡陳之地. 124-6 ○中不善公者. 188-5 秦果南攻藍田鄢○. 211-12 乘北○. 212-21 司馬康三反之○矣. 232-7 五日而至○. 260-7 故吳王遠迹至於○. 268-5 拔鄢○. 289-3

【則】 743

○周公旦也. 2-5 ○削迹於秦. 2-5 ○無加焉矣. 2-8 ○死. 2-9 ○東周之民可令一仰西周. 3-5 ○是勁王之敵也. 3-22 ○子常重矣. 4-2 ○我天子之臣. 4-19 ○公之國虛矣. 4-24 ○有合矣. 5-1 ○伐齊深矣. 5-21 ○趙恐伐. 5-21 ○合齊者. 6-2 ○將與宋敗三國. 6-7 ○賣趙宋於三國. 6-7 ○秦趙必相賣以合於王也. 6-9 而以兵之急○伐齊. 6-13 ○王亦無齊之累也. 6-21 ○終日無所得矣. 7-4 ○又駭鳥矣. 7-4 ○地廣而益重. 9-7 ○衆必多傷矣. 9-20 ○君重矣. 9-23 ○周必折而入於韓. 10-21 破○周危. 11-6 然○柰何. 12-19 ○楚方城之外危. 13-3 ○秦孤而不王矣. 13-9 ○令不橫行於周矣. 13-10 ○不毀. 13-15 寬○兩軍相攻. 16-11 迫○杖戟相橦. 16-11 貧窮○父母不子. 17-15 富貴○親戚畏懼. 17-16 ○向之攻宋也. 18-3 言賞○不與. 18-15 言罰○不行. 18-15 ○荆可舉. 19-10 ○其民足貪也. 19-11 然○是一舉而伯王之名可成也. 19-12 ○梁可拔. 19-17 ○魏可舉. 19-17 ○荆趙之志絶. 19-17 ○趙危. 19-18 然○是一舉而伯王之名可成也. 19-19 然○是邯鄲不守. 20-5 然○是舉趙○韓必亡. 20-10 韓亡○荆魏不能獨立. 20-10 ○是一舉而壞韓. 20-11 ○必將二國幷力合謀. 22-15 ○傷本. 23-3 然○是軫自爲而不爲國也. 23-24 ○欲其許我也. 24-18 ○欲其爲我詈人也. 24-18○儀之言果信矣. 24-24 齊弱○必爲王役矣. 26-12 ○是北弱齊. 26-12 ○此一計而三利俱至. 26-13○兩國兵必至矣. 26-22 誠思○將吳吟. 27-20 ○是一舉而兼兩虎也. 27-25 ○諸侯必見張儀之無秦矣. 28-8 ○秦且燒焫獲君之國. 28-11 ○秦且輕使重幣. 28-12 ○君一舉而亡國矣. 28-23 ○慈母不能信也. 29-17 ○公之功多矣. 30-14 ○王勿聽其事. 30-23 ○王必聽之. 30-23 然○需弱者用. 30-24 然○柰何. 31-10 彼來○置之槐谷. 31-11 ○難圖也. 31-16 ○寄地必多矣. 32-3 ○晉楚不信. 32-20 ○晉楚爲制於秦. 32-21 ○必不走於秦且走晉楚. 32-21 ○晉楚安. 32-22 ○秦反受兵. 32-23 ○韓魏必無上黨哉. 32-25 ○疾到. 35-15 ○秦伐矣. 35-23 ○行而益利其道. 36-11 ○久留臣無爲也. 36-11 明主○不然. 36-12 然○聖王之所棄者. 36-18 ○諸侯不得擅厚矣. 36-20 利○行之. 36-21 害○舍之. 36-21 疑○少嘗之. 36-22 ○臣之志. 36-25 ○不足以傷齊. 38-23 多之○害於秦. 38-24 而悉韓魏之兵○不義矣. 38-24 得寸○王之寸. 39-5 ○天下莫能害. 39-7 趙彊○楚附. 39-9 楚彊○趙附. 39-9 楚趙附○齊必懼. 39-9 ○成睪之路不通. 39-17 北斬太行之道○上黨之兵不下. 39-18 ○其國斷而爲三. 39-19 然○權焉得不傾. 40-1 ○利歸於陶. 40-4 ○怨結於百姓. 40-4 ○病必甚矣. 40-21 ○已. 40-23 ○已. 41-1 然○令何得從王出. 41-8○王逐張儀. 41-17 ○王之所求於韓者. 41-18 何○. 42-5 ○秦所得不一幾何. 42-20 ○揖應侯. 44-10 ○可願矣. 45-12 然○君之主. 45-15 日中○移. 45-20 月滿○虧. 45-20 物盛○衰. 45-20 ○商君白公吳起大夫種是也. 46-18 此○君何居焉. 46-21 ○楚之應之也必勸. 48-8 ○是我離秦而攻楚也. 48-10 ○上黨. 48-17 ○魏. 48-18 ○王攻其南. 50-5 ○不用兵而得地. 50-14 ○殺景鯉. 50-14 ○社稷必危. 50-20 ○秦帝. 51-11 ○惡出兵. 53-7 ○桀紂之後將存. 54-9 謀○不得. 54-19 ○三王不足四. 55-16 ○臣恐諸侯之君. 55-17 ○韓氏鑠. 55-23 ○楚孤而受兵也. 55-23 ○魏氏鑠. 55-24 ○秦孤而受兵矣. 55-24○兩國者必爲天下笑矣. 55-24 獻○謂公孫消曰. 56-7 ○伐趙. 58-23 然○大王之國. 59-10 ○從事可成. 59-16 ○是大王名亡趙之半. 59-16 ○無忠臣矣. 61-11 ○螻蟻得意焉. 62-22 愛○有之. 63-17 聽○無有. 63-17○我不利. 64-9 ○國可重. 64-22 ○是君之謀也. 65-3○齊君可正. 65-16 ○將軍不得入於齊矣. 65-17 然○子何以弔寡人. 67-17 ○兵半折. 69-3 今秦攻齊○不然. 69-5 ○狼顧. 69-7 ○秦不能害齊. 69-8 倍秦○齊無患矣. 73-6 然○是君自爲燕東兵. 73-10 然○吾中立而割窮齊與疲燕也. 73-12 ○將退兵. 73-16 ○且遂攻之. 73-16 不聽○秦兵不却. 73-18 脣亡○齒寒. 73-20 ○明日及齊楚矣. 73-21 ○爲國計者過矣. 73-23 ○亦不果於趙魏之應秦而伐周韓. 74-3 然○是我抱空質而行不義於天下也. 75-5 然○下東國必可得也. 75-7 ○楚之計變. 75-14 變○是君抱空質而負名於天下也. 75-15 ○君無敗矣. 75-16 ○太子且倍王之割而使齊奉己. 75-19 然○是王去讎而得齊交也. 76-6 ○是圍塞天下士而不利說途也. 76-25 ○是身與楚爲讎也. 77-2 ○汝殘矣. 77-15 土○復西岸耳. 77-15 ○子漂漂者將何如耳. 77-17 ○臣不知君所出矣. 77-18 雖得○薄矣. 78-4 君聽臣○可. 79-9 ○不若魚鼈. 79-16 ○騏驥不如狐狸. 79-16 ○不若農夫. 79-19 ○謂之不肖. 79-20 ○謂之拙. 79-20 拙○罷之. 79-20 不肖○棄之. 79-20 ○士不亦衆乎. 80-23 ○累世不得一焉. 80-25 ○郄車而載耳. 81-1 ○趙魏亦危矣. 81-18 ○非齊之利也. 81-19 ○權重於中國. 81-22 ○足以敵秦. 81-22 富貴○就之. 85-10 貧賤○去之. 85-10 朝○滿. 85-11 夕○虛. 85-11 下○鄙野監門閭里. 86-3 何○. 86-4 ○凶從之. 86-9 制○破焉. 86-25 推選○祿焉. 87-1 ○再拜而辭去也. 87-4 ○終身不辱也. 87-6 不嫁○不嫁. 88-19 不宦○然矣. 88-21 釋帝○天下愛齊乎. 89-14 ○天下愛齊而憎秦. 89-18 夫有宋○衞之陽城危. 89-20 有淮北○楚之東國危. 89-20 有濟西○趙之河東危. 89-20 有陰平陸○梁門不啓. 89-21 ○國重而名尊. 89-22 ○不能割劌矣. 90-7 ○不能遠殺矣. 90-8 何○. 90-8 ○遠矣. 90-21 ○兵不費. 90-23 ○事以衆强適罷寡也. 91-7 ○利必附矣. 91-8 ○名號不攘而至. 91-8 ○四鄰不反. 91-10 ○天下不賣. 91-10 ○擯禍朽腐而不用. 91-11 ○不祠而福矣. 91-12 ○强弱大小之禍. 91-18 何○. 91-20 ○亡天下可蹈足而須也. 91-22 何○. 91-24 何○形同憂而兵趨利也. 92-3 約於同形○利長. 92-3 後起○諸侯可趨役也. 92-4 ○戰攻非所先. 92-5 士聞戰○輸私財而富軍市. 92-7 ○是路君之道也. 92-8 ○此虛中之計也. 92-10 ○傷主心矣. 92-11 ○戰攻之敗. 93-2 ○非國之利也. 93-4 ○非王之樂也. 93-6 中者○善. 93-7 不中○愧. 93-7 ○同心於貫之者. 93-8 ○是非徒示人以難也. 93-9 然○天下仇之必矣. 93-9 ○明君不居也. 93-10 ○察相不事. 93-11 ○五兵不動而諸侯從. 93-11 兵後起○諸侯可趨役也. 93-14 ○其國無宿憂也. 93-20 ○王之道也. 93-21 銳兵來○拒之. 93-21 患至○趨之. 93-22 ○其國無宿憂矣. 93-22 ○臣請必北魏矣. 94-3 ○鄒魯陳蔡. 94-5 ○趙必從矣. 94-6 ○韓必從矣. 94-7 ○王業見矣. 94-8 求之○不得. 95-12 去之○聞其聲. 95-12 ○吾倚門而望. 95-22 ○吾倚閭而望. 95-22 ○楚國之形危. 96-15 ○不免爲敗軍禽將. 97-14 然○周文王得呂尙以爲太公. 99-15 立○丈插. 100-10 ○以爲可可爲謀. 101-20 ○齊威可立. 102-1 ○王重矣. 102-13 然○奈何. 103-10 ○五國之事困也. 103-19 ○必堅守. 104-12 ○魏可破也. 104-20 ○上危. 105-13 ○上安. 105-13 然○且有子殺其父. 105-16 然○奈何. 106-2 臣入○編席. 106-11 出○陪乘. 106-12 然○白公之亂. 106-18 ○諸侯莫不南面而朝於章臺之下矣. 108-25 楚强○秦弱. 109-2 楚弱○秦强. 109-2 ○鄢郢動矣. 109-4 ○無及已. 109-5 ○韓魏齊燕趙衞之妙音美人. 109-8 故從合○楚王. 109-10 橫成○秦帝. 109-10 ○諸侯割地以事楚. 109-16 ○楚割地以事秦. 109-16 魏○從風而動. 110-9 ○從竟陵已東. 110-19 ○北地絶. 110-20 ○泗上十二諸侯. 111-11 ○楚無謀臣矣. 112-10 ○楚衆不用矣. 112-11 ○楚輕矣. 115-4 ○公之兵全矣. 115-18 ○子重矣. 116-23 ○魏無患矣. 116-23 ○傷行矣. 117-3 ○失利矣. 117-3 ○不信. 117-17 其縮甲○可. 118-16 ○願待戰. 118-16 逐而聽○可. 119-23 ○方城無患. 121-3 ○必揜子鼻. 123-17 ○揜其鼻. 123-18 然○不買五雙珥. 123-23 ○大臣主斷國私以禁誅於己也. 126-23 然○射可至此乎. 127-18 然○射可至此乎. 127-19 然○君料臣孰與舜. 128-3 ○是君之子爲王也. 129-5 危○慮安. 130-6 非齊○魏. 130-13 今爲馬多力○有矣. 130-18 若曰勝千鈞○不然者. 130-18 今謂楚强大○有矣. 130-19 ○豈楚之任也我. 130-20 然○韓可以免於患難. 132-1 ○是魏內自强. 132-4 然○其錯兵於魏必矣. 132-5 其堅○箘簬之勁不能過也. 132-18 ○有餘銅矣. 132-21 ○無爲貴知士也. 133-2 臣聞脣亡○齒寒. 133-4 亡○二君爲之次矣. 133-5 ○其禍必至. 133-7 不殺○遂親之. 133-17 破趙○封二子者各萬家之縣一. 133-20 如是○二主之心可不變. 133-20 ○吾所得者少. 133-22 ○臣力不足. 134-18 趙氏分○多十城. 134-25 ○豫讓也. 135-11 謂子有志○然矣. 135-16 謂子智○否. 135-16 ○魏必罷. 136-14 罷○趙重. 136-14 先生以鬼之言見我○可. 137-6 ○木之枝耳. 137-11 君聽臣計○生. 137-13 不聽臣計○死. 137-14 ○地與國都邦屬而壤挈者七百里. 138-17 ○句注之西. 138-19 然○韓義王以天下就之. 139-7 懼○可以不戰而深取割. 139-20 王○有令. 140-1 ○死之. 140-2 ○且出兵助秦攻魏. 141-19 ○是强畢矣. 141-20 ○無功而惡秦. 141-20 ○有功而善秦. 141-21 ○兄弟也. 142-8 擇交而得○民安. 144-8 擇交不得○民終身不得安. 144-9 ○秦必弱韓魏. 144-18 ○齊必弱楚魏. 144-19 魏弱○割河外. 144-19 韓弱○效宜陽. 144-19 宜陽效○上郡絶. 144-19 河外割○道不通. 144-20 楚弱○無援. 144-20 夫秦下軹道○南陽動. 144-21 劫韓包周○趙自銷鑠. 144-21 據衞取淇○齊必入朝. 144-21 ○必舉甲而向趙. 144-22 ○兵必戰於邯鄲之下矣. 144-23 然○韓魏. 145-4 ○不然. 145-4 ○高臺. 145-18 ○楚絶其後. 146-2 ○楚絶其後. 146-2 ○趙守常山. 146-4 ○韓軍宜陽. 146-5 如是○伯業成矣. 146-8 ○雖

從而不止矣. 146-23 ○天下必爲從. 147-1 是○伐楚攻秦. 147-9 ○胡服之功未可知也. 149-15 然○反古未可非. 152-11 變籍○亂. 154-3 失經○弱. 154-3 肉試○斷牛馬. 155-9 金試○截盤匜. 155-9 ○折爲三. 155-10 ○碎爲百. 155-10 ○未入而手斷. 155-14 ○伐秦者趙也. 157-3 絶齊○皆事我. 157-5 ○人心變矣. 159-5○非計也. 159-6 ○恐王以臣之爲秦也. 159-6 ○是弃前貴而挑秦禍也. 160-7 ○無地而給之. 160-8 ○必盡在於秦矣. 160-17 ○媾乃可爲也. 161-21 ○媾不可得成也. 162-1 ○爲一身. 163-1 彼○肆然而爲帝. 163-2 ○連有赴東海而死矣. 163-2 齊楚○固助之矣. 163-5 燕○吾請以從矣. 163-5 ○吾乃梁人也. 163-6 ○必助趙矣. 163-7 ○斮之. 163-11 故生○朝周. 163-12 死○叱之. 163-12 生○不得事養. 164-6 死○不得飯含. 164-6 ○且變易諸侯之大臣. 164-10 ○横行四海. 164-25 告以理○不可. 165-17 說以義○不聽. 165-17 ○王之國大治矣. 165-24 有說○可. 166-11 無說○死. 166-11 若竈○不然. 166-12 ○後之人無從見也. 166-12 ○嘗之事有不言者矣. 166-21 ○其人也. 167-22 ○交有所偏者也. 169-6 ○知不足者也. 169-6 ○欲以天下之重恐王. 169-7 ○不忠者也. 169-15 ○欲用王之兵成其私者也. 169-15 ○欲輕王以天下之重. 169-15 ○位尊而能卑者也. 169-16 ○令秦攻魏以成其私封. 170-2 ○天下皆偪秦以事王. 170-22 ○足下擊潰而决天下矣. 171-15 ○陰不可得已矣. 171-21 ○楚必攻宋. 171-22 ○君無患矣. 171-23 ○願五國復堅約. 171-24 ○陰必得矣. 173-4 ○從事可移於趙. 173-19 ○主必爲天下咲矣. 173-25 ○君將何以止之. 174-8 然○君奚求安平君而爲將乎. 174-19 ○奚以趙之强爲. 174-25 趙强○齊不復霸矣. 174-25 ○王必怒而誅建信君. 175-18 ○卿必爲相矣. 175-19 然○王逐廬陵君. 175-25○天下不傳. 176-9 然○買馬善而若惡. 176-18 ○大臣爲之枉法於外矣. 176-24 ○受書幣. 177-11 ○使者歸矣. 177-11 ○可. 177-15 ○爲之計深遠. 179-11 豈人主之子孫○必不善哉. 179-16 君明○樂官. 182-13 不明○樂音. 182-14 ○霸王之業具矣. 182-19 ○必無强秦之患. 185-3 ○齊攻其東. 185-12 ○趙攻其北. 185-13 ○韓攻其西. 185-13 ○楚攻其南. 185-13 ○趙不南. 185-20 ○魏不北. 185-20 ○從道絶. 185-20 ○大王之國欲求無危不可得也. 185-21 事秦○楚韓必不敢動. 185-23 ○大王高枕而臥. 185-24 ○齊必不欺秦. 186-24 ○非魏之利也. 186-25○埊廣矣. 187-2 以公相○國家安. 188-24 然○柰何. 188-25 ○公亦必并相楚韓也. 189-10 ○韓之南陽舉矣. 189-14 ○秦魏之交可廢矣. 189-15 ○魏必圖秦而棄儀. 189-15 ○陰勸而弗敢圖也. 195-6○先鬻與國而以自解也. 195-7 ○爲劫於與國而不得已者. 195-8 ○先去. 195-8○行其中. 195-10 ○行其下. 195-11 ○明不與秦. 195-11○胡不召文子而相之. 196-5 事成○樹德. 196-14 不成○爲王矣. 196-14○不如因變服折節而朝齊. 196-24 ○楚必伐齊. 196-25 ○必爲楚禽矣. 197-1 横樹之○生. 197-17 倒樹之○生. 197-17 ○無生楊矣. 197-18 ○子必危矣. 197-20 然○相者以誰而君便之也. 197-23 ○王之使人入魏無益也. 198-16 ○難久矣. 198-18 ○趙之謀者必曰. 198-19 ○上有野戰之氣. 198-20 然○魏信之事主也. 198-23 ○是大王垂拱之割埊以爲利重. 199-5 ○臣能使魏獻之. 201-16 ○上地無憂患. 201-19 ○契折於秦. 201-22 臣○死人也. 202-2 ○國救亡不可得也已. 202-16 ○前功必棄矣. 203-1 ○君得所欲矣. 203-4 ○火不止. 204-22 欲食○食. 204-25 欲握○握. 204-25 然○先生之爲寡人計之何如. 205-11 ○國可存也. 205-17 ○道里近而輸又易矣. 206-10 ○不明矣. 206-23 ○不忠矣. 206-23 ○是復閼與之事也. 207-4○南國必危矣. 207-16 ○魏國豈得安哉. 207-16 ○楚趙必與之攻矣. 208-4 ○皆知秦之無窮也. 208-5 如此○士民不勞而故地得. 208-8○衞大梁. 208-13 ○二周必危. 208-14 從○茲公重. 212-13 不從○茲公輕. 212-13 議○君必窮. 212-24 不出攻○已. 213-6 ○魏危. 213-9○燕不敢不事秦. 213-17 ○弱矣. 213-17 ○無趙. 214-3 ○無秦. 214-3○交惡於秦. 214-9 ○後王之臣. 214-9 ○秦重矣. 214-20 ○王重矣. 215-6 ○趣趙而已. 216-13 魏急○且割地而約齊楚. 216-23 ○秦兵及我. 217-20 然○何爲涕出. 218-9 ○王之怨報矣. 219-9○韓必取鄭矣. 221-6○棄前功而後更受其禍. 222-10 聽吾計○可以强霸天下. 223-5 ○鴻臺之宮. 223-8 ○王之國分矣. 223-9 先事秦○安矣. 223-9 不事秦○危矣. 223-9 ○王之國必危矣. 223-22 然○王之輕重必明矣. 224-20 ○茂事敗矣. 225-12 ○樓緩必敗矣. 225-15 ○無禍矣. 227-16 然○柰何. 227-20 ○秦重. 228-11 ○秦輕. 228-12 ○秦强. 228-12 ○秦弱. 228-12 ○信公孫郝於齊. 228-18 ○信甘茂於魏. 228-19 今謂馬多力○有矣. 229-11 若曰勝千鈞○不然者. 229-12 今謂楚强大○有矣. 229-13 ○豈楚之任也哉. 229-13 今○不然. 230-1○不足以救韓. 231-9 韓急○折而入於楚矣. 231-14 如此○伐秦之形成矣. 231-18 然○柰何. 232-9 ○易必可成矣. 232-15 ○害於趙. 232-16 ○害於楚. 232-16 ○王澤布. 233-7 ○舟沉矣. 233-15○舟覆矣. 233-16 ○鄭王必許之矣. 234-4 ○公叔伯嬰必知秦楚之不以幾瑟爲事也. 235-11 ○怨結於韓. 235-13 ○公叔伯嬰必以國事公矣. 235-15 ○曰來効賊也. 236-12 生得失○語泄. 237-25 語泄○韓舉國而與仲子爲讎也. 238-1 ○主尊而身安. 239-5 ○主卑而身危. 239-6 ○韓必謀矣. 239-7 ○韓輕矣. 239-7 ○兩國德公. 239-15 ○兩國爭事公. 239-16 ○韓最輕矣. 239-19 ○韓最弱矣. 239-20 ○韓最先危矣. 239-20 ○宋地不安矣. 240-13 ○晉楚智而韓秦愚也. 240-16 然○山東非能從親. 241-2 ○許異爲之先也. 242-4 然○雖尊襄王. 242-8 ○我必爲之霸. 242-15 ○可以辟其兵. 242-15 然○强國事成. 242-16 ○我立帝而霸. 242-16 强國之事成○有福. 242-17 不成○無患. 242-17 然○先與强國者. 242-18 ○必以地和於齊楚. 243-8 魏緩○必戰. 243-8 ○魏且内之. 243-9 ○蓋觀公仲之攻也. 243-10 ○人莫之爲之也. 243-14 ○大臣不得事近臣矣. 244-16 ○羣臣之賢不肖. 244-17 ○爲大臣不敢爲諸侯輕國矣. 244-18 ○諸侯不敢因羣臣以爲能矣. 244-19 ○諸侯之情僞可得而知也. 244-20 ○不如其處小國. 245-3 齊秦非重韓○賢君之行也. 245-8 ○將變矣. 245-16○楚必卽秦矣. 245-22 ○燕趙不敢不聽. 245-23 從○韓輕. 246-22 横○韓重. 246-22 ○無從輕矣. 246-22 ○南圍鄢. 246-22 ○國必無患矣. 248-17 齊燕離○趙重. 248-23 齊燕合○趙輕. 248-23 善蘇秦○取. 249-5 ○趙重矣. 249-6 ○君多資. 249-6 然○柰何. 249-20 ○大王號令天下皆從. 249-25 ○齊不益於營丘. 250-21 進之○殺主父. 251-3 言之○逐主母. 251-4 ○易水長城非王之有也. 251-23 王自慮此○計過. 252-17 ○危. 252-20 ○寡人奉國而委之於子矣. 252-25 獨戰○不能. 253-2 有所附○無不重. 253-2 南附楚○楚重. 253-3 西附秦○秦重. 253-3 中附韓魏○韓魏重. 253-3 數戰○民勞. 253-8 久師○兵弊. 253-8 ○齊可亡已. 253-15 ○唯太子所以令之. 254-14 ○齊不欺秦. 255-8 ○百己者至. 255-18 ○什己者至. 255-19 ○若己者至. 255-19 ○厮役之人至. 255-20 ○徒隸之人至矣. 255-21 然○足下之事齊也. 256-16 ○莫如遥伯齊而厚尊之. 256-25 ○燕趙信秦矣. 257-7 ○秦伐之. 257-9 ○燕趙伐之. 257-9 ○燕趙之棄齊也. 257-12 ○齊伯必成矣. 257-13 ○王何不務使知士以若此言說秦. 257-17 ○臣不事足下矣. 258-1 ○不過養其親其. 258-3 ○不過不欺人耳. 258-3 ○不過不竊人之財耳. 258-4 ○秦不出殽塞. 258-7 ○臣亦之周負籠耳. 258-9 ○諸侯不爲别馬而朝矣. 258-11 ○齊軍可敗. 258-18 ○何不與愛子與諸舅. 258-20 ○且柰何乎. 259-1 ○殺吾主父. 259-4 ○逐吾主母. 259-4 是○有功者. 260-4 陸攻○擊河内. 260-17 水攻○滅大梁. 260-18 ○以宋委於齊. 260-19 ○以齊委於天下曰. 260-23 ○以南陽委於楚曰. 261-3 ○以葉蔡委於魏. 261-8 ○劫魏. 261-9 困○使太后穰侯爲和. 261-9 羸○兼欺舅與母. 261-10 ○後不可柰何也. 262-14 如是○近於相攻. 262-22 ○是兵弱而計疑也. 263-22 燕破○趙不敢不聽. 263-23 ○與趙謀齊. 264-22 ○臣請爲王事之. 265-1○臣請歸醳事. 265-2 ○盈願. 265-2 亦○已矣. 265-5 ○公子終身不封矣. 265-18 將軍自爲計○可矣. 266-22 ○必舉天下而圖之. 267-12 ○不如合弱. 268-18 不相得○不能行. 268-20 名○義. 269-22 實○利. 269-23 ○寡人之不肖明矣. 272-3 寡人望有非○君掩蓋之. 272-5 望有過○君教誨之. 272-5 ○掩邪救過. 272-11 然○不内蓋寡人. 272-17 ○易水以北. 273-24 然○何由. 273-25 ○禍至燕. 275-11 ○大善矣. 275-14 ○不可. 275-14 ○君臣相疑. 275-15 ○雖欲長侍足下. 275-24 ○秦未可親也. 275-25 然○將軍之仇報. 276-10 ○功大名美. 280-4 ○恐危社稷. 280-10 ○寡人不忍也. 280-11 ○吾何以告子而可乎. 280-14 ○公無事. 280-20 ○君不奪太后之事矣. 280-21 ○公常用宋矣. 280-21 ○攻宋易矣. 281-1 ○富不過有魏. 281-5 ○萬世無魏. 281-5 爲魏○善. 282-5 爲秦○不賴矣. 282-5 ○中山必恐. 284-16 然○王之爲費且危. 285-15 然○子之道柰何. 285-18 是○必聽矣. 285-23 大怒○君必危矣. 286-18 然○立以爲妻. 286-18 ○有土子民. 286-24 ○恐無身. 286-24 ○民務名不存本. 287-24 ○耕者惰而戰士懦. 287-24

【盼】 8

○子不用也. 62-4 ○子有功於國. 62-4 ○子必用. 62-7 ○子謂齊王曰. 100-19 犀首田○欲得齊魏之兵以伐趙. 192-3 田○曰. 192-4 田○曰. 192-9 犀首田○遂得齊魏之兵. 192-9

【冒】 7

棼○勃蘇曰. 113-12 棼○勃蘇對曰. 113-16 楚使新造盩棼○勃蘇. 113-17 棼○勃蘇是也. 113-22 至今無○. 114-5 因還走而○人. 122-8 被甲○胄以會戰. 223-1

【哃】 1

齊負郭之民有孤狐○者. 95-3

【星】 2

從七○之旟. 94-9 彗○襲月. 219-23

【昳】 1

身體○麗. 66-5

【昨】 1

○日我談粗而君動. 137-19

【曷】 4

○爲擊之. 67-4 ○惟其同. 127-11 ○爲久居此圍城之中而不去也.

162-24 ○爲與人俱稱帝王. 163-22

【昭】 136

○獻在陽翟. 3-8 今○獻非人主也. 3-10 ○翦與東周惡. 8-4 ○應謂楚王曰. 10-15 楚王始不信○應之計矣. 10-17 ○應聞此. 10-18 而○陽賢相也. 24-19 ○陽將不與臣從事矣. 24-20 成○王之功. 34-18 獻書○王曰. 36-8 伍子胥橐載而出○關. 38-1 ○王謂范睢曰. 40-13 應侯謂○王曰. 40-16 范睢謂秦○王曰. 41-11 秦○王謂應侯曰. 42-24 蒙傲以報於○王. 43-12 將見○王. 44-7 言於秦○王曰. 46-22 秦○王召見. 46-23 ○王彊起應侯. 46-25 ○王新說蔡澤計畫. 47-1 ○王孝文王莊襄王. 47-3 秦○王謂左右曰. 49-10 說○王曰. 51-20 ○衍爲周之梁. 56-15 ○衍見梁王. 56-15 ○陽請以數倍之地易薛. 63-20 ○陽爲楚伐魏. 72-15 見○陽. 72-16 ○陽曰. 72-17 ○陽以爲然. 73-1 ○王聞之. 84-7 ○王曰. 84-8 ○王笑而曰. 84-9 ○王曰. 84-12 ○王笑而謝之. 84-17 ○王. 84-19 ○陽謂楚王曰. 103-9 吾聞北方之畏○奚恤也. 103-22 而專屬之○奚恤. 104-5 ○奚恤與彭城君議於王前. 104-8 ○奚恤謂楚王曰. 104-11 ○奚恤不知也. 104-14 江尹欲惡○奚恤於楚王. 104-23 ○奚恤曰. 104-24 江尹因得山陽君與之共惡○奚恤. 104-24 魏氏惡○奚恤於楚王. 105-2 楚王告○子. 105-2 ○子曰. 105-2 江乙惡○奚恤. 105-7 ○奚恤取魏之寶器. 105-9 故○奚恤常惡臣之見王. 105-10 江乙欲惡○奚恤於楚. 105-13 客因爲之謂○奚恤曰. 106-23 ○奚恤曰. 106-24 ○奚恤已而悔之. 107-1 謂○睢曰. 111-25 無○睢陳軫. 112-1 爲儀謂楚王逐○睢陳軫. 112-2 ○睢歸報楚王. 112-3 有人謂○睢曰. 112-4 是○睢之言不信也. 112-13 ○王反郢. 114-1 ○睢謂景翠曰. 115-10 楚令○鼠以十萬軍漢中. 115-15 ○睢勝秦於重丘. 115-15 蘇厲謂宛公○鼠曰. 115-16 王欲○睢之乘秦也. 115-16 楚令○睢將以距秦. 115-20 ○侯不欲. 115-20 桓臧爲○睢謂楚王曰. 115-21 不如益○睢之兵. 115-23 ○常入見. 117-19 ○常曰. 117-20 ○常出. 117-23 遣○常爲大司馬. 118-7 遣○常之明日. 118-8 立○常爲大司馬. 118-9 ○常應齊使曰. 118-11 伐○常. 118-15 楚王令○睢之秦重張儀. 120-21 楚王因收○睢以取齊. 120-21 杜赫謂○陽曰. 121-16 ○子曰. 121-18 杜赫謂○陽曰. 121-20 ○子曰. 121-22 謂○魚曰. 123-22 ○魚曰. 123-22○蓋曰. 126-1 所以○後而期遠也. 154-11 趙誠發使尊秦○王爲帝. 162-9 臣亦嘗以兵說魏○王. 165-12 ○王亦曰. 165-12 令○應奉太子以委和於薛公. 178-8 使民○然信之於後者. 183-12 ○魚謂蘇代曰. 197-22 ○魚曰. 197-23 ○魚曰. 197-24 ○魚曰. 198-1 ○魚甚憂. 198-1○忌曰. 213-5 謂○忌曰. 213-10 ○忌乃爲之見秦王曰. 213-11 ○忌曰. 213-12 ○侯不許也. 221-18 ○侯曰. 221-18 楚○獻相韓. 224-3 韓廢○獻. 224-3 ○獻令人謂公叔曰. 224-3 不如貴○獻以固楚. 224-3 令○獻轉而與之處. 225-1 而○獻. 225-2 甘茂與○獻遇於境. 232-8 公何不令人說○子曰. 233-1 於是以太子扁○揚梁王皆德公矣. 233-2 ○釐侯. 241-5 申不害與○釐侯執珪而見梁君. 241-6 ○釐侯聽而行之. 241-10 臣竊以爲王之明爲不如○釐侯. 241-12 是爲燕○王. 254-21 燕立○王. 255-3 燕○王收破燕後卽位. 255-13 ○王曰. 255-24 於是○王爲隗築宮而師之. 256-6 蘇代乃遺燕○王書曰. 256-13 燕○王善其書. 257-20 蘇代謂燕○王曰. 257-24 燕○王不行. 261-19 謂○王曰. 261-24 蘇代自齊使人謂燕○王曰. 263-19 燕○王且與天下伐齊. 265-22 ○王召而謂之曰. 265-22 燕○王聞之. 266-10 昌國君樂毅爲燕○王合五國之兵而攻齊. 266-13 而燕○王死. 266-14 ○王旣息民繕兵. 288-14

【畏】 45

而聲○天下. 13-8 天下以聲○秦. 13-8 諸侯○懼. 15-6 富貴則親戚○懼. 17-16 恐○秦. 23-11 秦王○晉之强也. 34-6 臣非有所○而不敢言也. 37-19 然臣弗敢○也. 37-20 足下上○太后之嚴. 38-8 臣弗敢○也. 38-11 使天下皆○秦. 46-17 魏○秦楚之合. 50-3 ○我也. 66-13 臣之妾○臣. 66-15 莫不○王. 66-16 且夫韓魏之所以○秦者. 69-1 齊○公甚. 72-24 吾聞北方之○昭奚恤也. 103-22 虎不知獸○己而走也. 104-3 目爲○狐也. 104-4 故北方之○奚恤也. 104-5 其實○王之甲兵也. 104-5 猶百獸之○虎也. 104-5 而見楚救之不足○也. 104-19 臣非○魏也. 105-3 楚王○. 117-4 不足○也. 145-2 且秦之所○害於天下者. 145-2 ○韓魏之議其後也. 145-3 趙○橫之合也. 157-16 ○秦. 162-5 ○之也. 163-15 齊○從人之合也. 175-13○懼不敢不行. 177-21 齊○三國之合也. 189-19 魏王○齊秦之合也. 194-15 其○惡嚴尊秦也. 198-15 魏必舍所愛習而用所○惡. 198-16 韓必德魏愛魏重魏○魏. 208-12 衛齊甚○. 208-15 齊又○楚之有陰於秦魏也. 229-5 ○幾瑟也. 234-23 燕王誠振○慕大王之威. 277-5 趙人○懼. 288-19 ○而釋之. 289-21

【胃】 1

夫取三晉之腸○與出兵而懼其不反也. 32-25

【冑】 1

被甲冒○以會戰. 223-1

【界】 10

以與秦接○也. 69-1 故三國欲與秦壤○. 81-14 三國之與秦壤○而患急. 81-20 齊不與秦壤○而患緩. 81-21 接境壤○. 111-16 而至鉅鹿之○三百里. 138-16 韓與秦接境壤○. 139-16 西有長城之○. 184-7 是趙與强秦爲○也. 205-23 至燕南○. 275-23

【虹】 1

白○貫日. 219-24

【虻】 1

俛啄蚊○而食之. 124-13

【虵】 3

嫂○行匍伏. 17-13 猶爲○足也. 73-1 有○於此. 211-4

【思】 18

使陳臣○將以救周. 1-8 意亦○乎. 27-19 臣不知其○與不○. 27-19 誠○則將吳吟. 27-20 亦聞恒○有神叢與. 40-16 恒○有悍少年. 40-16 因曰毋敢○也. 43-18 田臣○曰. 64-19 寝而○之曰. 66-12 田臣○曰. 71-4 愁其○. 113-21 於安○危. 130-6 而慕○不可得之小梁. 165-3 非弗○也. 179-12 困於○慮. 218-6 臣請深惟而苦○之. 221-14 ○念報齊. 252-20

【罕】 2

無釣○鐔蒙須之便. 155-13 而爲此釣○鐔蒙須之便. 155-14

【咽】 1

天下之○喉. 51-8

【囿】 7

見梁○而樂之也. 12-15 温○不下此. 12-15 今王許戍三萬人與温○. 12-20 而利温○以爲樂. 12-21 臣嘗聞温○之利. 12-22 周君得温○. 12-22 魏王因使孟卯致温○於周君而許之戍也. 12-24

【咲】 1

則主必爲天下○矣. 173-25

【炭】 2

踏煨○. 18-19 又吞○爲啞. 135-15

【骨】 10

處人○肉之間. 37-18 投之一○. 42-5 暴○草澤. 53-4 筋○力勁. 91-20 食人炊○. 96-23 ○肉之親. 105-20 ○肉之親也. 179-22 白○疑象. 182-5 深於○髓. 219-6 常痛於○髓. 276-6

【幽】 5

加之以○囚. 38-3 南陽之弊○. 61-14 ○囚而不出. 97-9 遂立爲楚○王也. 130-2 ○莠之幼也似禾. 182-5

【拜】 37

四○自跪而謝. 17-13 樂羊再○稽首曰. 29-9 敢再○賀. 31-21 范睢再○. 38-16 秦王亦再○. 38-16 應侯○蒙傲曰. 43-12 ○爲客卿. 46-24 遂○爲秦相. 47-1 臣之義不參○. 50-23 王能使臣無○. 50-23 武安君北面再○賜死. 60-9 於是秦王○西藩之臣而謝於齊. 67-5 再○賀戰勝. 72-16 望○之謁. 78-4 則再○而辭去也. 87-4 見君莫不斂衽而○. 105-21 再○而請曰. 120-15 張子再○而請曰. 120-17 襄子再○之. 133-9 願○內之於王. 140-5 公子成再○曰. 150-2 公子成再○稽首曰. 151-4 再○. 151-6 再○. 153-10 趙燕再○稽首曰. 153-23 牛贊再○稽首曰. 154-14 再○謝曰. 164-14 建信君再○受命. 166-22 再○辭曰. 183-8 敢再○辭. 217-17 敢再○釋罪. 218-6 故使使臣再○謁秦王. 225-7 再○而賀. 249-14 吾請○子爲上卿. 258-19 太子再○而跪. 275-3 燕王○送于庭. 277-8 蒲守再○. 282-12

【矩】 1

且以繩墨案規○刻鏤我. 141-7

【秋】 19

春○記臣弑君者以百數. 4-12 王之春○高. 57-6 爲儀千○之祝. 72-11 寡人萬歲千○之後. 106-10 大王萬歲千○之後. 106-12 春○戒之曰. 126-24 臣聞之春○. 130-6 今楚王之春○高矣. 130-6 君之春○高矣. 139-12 祠春○. 184-14 祠春○. 186-12 故春○書之. 208-24 祠春○者. 216-22 祠春○. 222-8 祠春○. 223-15 然而春○用兵者. 241-17 始可著於春○. 263-2 太后千○之後. 265-16 故著於春○. 267-24

【科】 2

○條旣備. 16-6 跿跔○頭. 222-24

【重】 229

韓氏果亦效○寶. 2-12 多名器○寶. 2-16 發○使使之楚. 3-16 子東○於齊. 4-2 則子常○矣. 4-2 弗與禮○矣. 5-14 杜赫欲○景翠於周. 7-2 盡君子○寶珠玉以事諸侯. 7-2 秦之輕○. 7-18 秦必○公. 7-19 是公○周. 7-19 ○周以取秦也. 7-20 齊○故有周. 7-20 是周常不失○國之交也. 7-20 則地廣而益○. 9-7 三晉必○齊. 9-15 則君○矣. 9-23 ○亦盡在趙. 10-1 以其○秦客. 10-4 令天下皆知君之○吾得也. 11-18 又秦○而欲相者. 14-2 君○秦. 14-4 大臣太○者國危. 15-10 使趙大○. 17-8 齊必○於王. 18-2 且以恐齊而○王. 18-3 ○而使之楚. 22-21 ○樗里疾而使之者. 22-22 夫秦所以○王者. 26-19 秦又何○孤國. 26-20 又○絕之. 26-24 則秦且輕使○幣. 28-12 請○公於齊.

31-7 其居秦累世○矣. 31-8 不如○其贄. 31-10 是君收齊以○呂禮也. 34-4 必○君以取晉. 34-7 晉必○君以事秦. 34-7 操晉以爲○也. 34-8 而秦晉皆○君. 34-9 而公請之以自○也. 35-12 ○齊怒. 35-17 獨不○任臣者後無反覆於王前耶. 36-15 懼必卑辭○幣以事秦. 39-9 卑辭○幣以事之. 39-12 而外○其權. 40-2 穰侯使者操王之○. 40-3 皆負○罪. 44-7 夫商君爲孝公平權衡正度量調輕○. 45-25 遂發○使之楚. 48-12 齊魏有何○於孤國也. 50-19 王既無○世之德於韓魏. 53-1 歸帝○於齊. 53-20 故先王之所○者. 55-8 公何不以秦楚之○. 56-9 是辛戎有秦楚之○. 56-9 買以珍珠○寶. 61-1 而珍珠○寶盡於內. 61-2 則國可○. 64-22 軍○踵高宛. 65-16 是故韓魏之所以○與秦戰而輕爲之臣也. 69-3 官之上非可○也. 72-25 君之所以○於天下者. 76-23 貴而○之. 77-2 孟嘗君○非諸侯也. 78-10 於衛甚○. 79-4 ○之寶劍一. 80-13 則權○於中國. 81-22 故秦趙魏得齊者○. 81-22 不能以○於天下者何也. 81-23 ○幣也. 83-18 死者士之所○. 89-1 而責士以所○事君. 89-2 勿使爭○. 89-19 則國○而名尊. 89-22 莫若後起而○伐不義. 91-6 辭讓而○賂至矣. 93-12 則王○矣. 102-13 如是必長得○於楚國. 106-3 而儀○於韓魏之王也. 112-8 又交○楚也. 115-7 公不如令王○賂景鯉蘇厲. 115-11 昭雎勝秦於○丘. 115-15 秦女依强秦以爲○. 116-10 而秦必○子. 116-14 則子○矣. 116-23 張旄果大○. 116-25 楚王令昭雎之秦○張儀. 120-21 韓魏之○儀. 120-24 儀有秦而雎以楚○之. 120-25 而○儀於韓魏. 121-2 挾魏○. 121-2 而積禍○於丘山. 123-9 卓滑因○之. 125-18 而公○不相善也. 125-22 誠以君之○而進妾於楚王. 129-4 權○而衆服. 134-12 任國者權○. 134-14 罷則趙○. 136-14 足○繭. 137-5 天下必○王. 139-7 臣願大王深與左右羣臣卒計而○謀. 139-9 宋罪○. 139-14 臣聞懷○寶者. 146-16 是以賢者任○而行恭. 146-16 明乎輕之爲○者王. 146-25 ○利不足以變其心. 153-5 而王○命之. 153-9 今○甲循兵. 154-11 趙必爲天下○國. 157-7 不如發○使而爲媾. 161-16 發使出○寶以附楚魏. 161-19 楚魏欲得王之○寶. 161-20 秦王與應侯必顯○以示天下. 161-25 王能○王之國若此尺帛. 165-23 君因言王而○責之. 166-21 ○責之. 166-22 故王○見臣也. 169-5 則欲以天下之○恐王. 169-7 齊先○王. 169-11 故天下盡○王. 169-11 以無齊之故○王. 169-12 燕魏自以無齊故○王. 169-13 今王無齊獨安得無○天下. 169-13 則欲輕王以天下之○. 169-15 願王之陰○趙. 170-17 而無使秦之見王之○趙也. 170-17 秦見之且亦○趙. 170-17 齊秦交○趙. 170-18 臣必見燕與韓魏亦且○趙也. 170-18 宋之罪○. 171-9 必有踦○者矣. 172-4 後合與踦○者. 172-4 吾所以○者. 175-23 是王輕强秦而○弱燕也. 175-24 而挾○器多也. 179-17 多予之○器. 179-19 而守金玉之○也. 179-23 ○欲無厭. 181-5 必○迎公. 188-5 ○家而已. 188-12 王○其行而厚奉之. 190-13 固有秦○和. 191-5 秦權○魏. 195-5 而以秦爲上交以自○也. 195-9 而果西因蘇脩○報. 195-25 臣非不知秦勸之○也. 196-1 則是大王垂拱之割埊以爲利○. 199-5 以其能忍難而○出地也. 202-9 ○爲之約車百乘. 205-18 是魏○質韓以其上黨也. 208-11 韓必德魏愛魏○魏畏魏. 208-12 有秦韓之○. 209-8 今以齊秦之○. 209-9 秦楚○公. 209-12 以○公也. 209-24 以○公也. 210-1 從則茲公○. 212-13 茲公之處○也. 212-14 必○魏. 213-21 秦必○王矣. 214-12 則秦○矣. 214-20 則王○矣. 215-6 此○過也. 219-1 子以韓○我於趙. 221-9 請以趙○子於韓. 221-9 以○力相壓. 223-3 無以異於墮千鈞之○. 223-4 天下且以是輕王而○秦. 224-16 五國○王. 224-18 不○王. 224-19 然則王之輕○必明矣. 224-20 ○其幣. 226-7 ○其幣. 226-13 則秦○. 228-11 必○楚. 229-5 齊必○楚. 229-7 而妾弗○也. 231-8 秦○國知王也. 231-13 發○使爲韓求武遂於秦. 233-10 請令公叔必○公. 233-22 遂○周最. 234-5 太子之○公也. 234-23 太子必終身○公矣. 235-1 楚王必○公矣. 235-14 公挾秦楚之○. 235-14 周欲以車百乘○而送之. 236-10 嚴遂○於君. 236-22 是韓○而主尊矣. 239-11 安成君東○於魏. 239-11 韓之○於兩周也無計. 240-2 不如急發○使之趙梁. 240-23 而○韓之權. 241-9 以○公仲也. 244-4 齊秦非○韓則賢君之行也. 245-8 其收韓必○矣. 246-21 横則韓○. 246-22 而○千里之外. 248-16 齊燕離則趙○. 248-23 以○外. 249-4 則趙○矣. 249-6 有所附則無不○. 253-2 南附楚則楚○. 253-3 西附秦則秦○. 253-3 中附韓魏則韓魏○. 253-3 且苟所附之國○. 253-3 此必使王○矣. 253-4 貴○主斷. 253-22 子之大○. 254-4 今夫烏獲舉千鈞之○. 258-17 ○楚. 261-3 ○燕趙. 261-6 而○魏. 261-8 蘇代復○於燕. 261-19 臣之所○處○夘也. 264-17 臣聞辭卑而幣○者. 270-13 竊以○利. 275-13 百舍○繭. 279-9 彼安敢攻衛以○其不勝之罪哉. 280-6 夫梁兵勁而權○. 280-9 宋因賣楚○以求講於齊. 280-23 以明宋之賣楚○於齊也. 280-25 以自○於衛. 282-13 君爲臣多車○幣. 284-10 王發○使. 285-18 卑辭○幣. 288-22 將加○於君. 290-8 臣寧伏受○誅而死. 290-14

【竽】 3

其民無不吹○鼓瑟擊筑彈琴鬬雞走犬六博蹹踘者. 68-21 故鍾皷○瑟之音不絕. 93-17 聽○瑟之音. 145-18

【段】 9

○干綸曰. 64-9 ○干綸曰. 64-11 若魏文侯之有田子方○干木也. 78-20 ○規諫曰. 131-22 康子之謀臣曰○規. 133-19 ○規謂韓王曰. 221-3 ○規曰. 221-4 ○產謂新城君曰. 247-1 ○干越人謂新城君曰. 247-5

【便】 63

居中不○於相國. 7-14 地勢形○. 15-18 地形不○. 20-2 或謂救之○. 27-17 或謂救之不○. 27-17 臥不○席. 43-7 是○計也. 50-15 吳見伐齊之○. 52-17 楚必○之矣. 56-9 必不○於王也. 62-8 孰與晚救之○. 64-17 且以○楚也. 76-13 公子無忌爲天下循○計. 81-12 不使左右○辟而使工者何也. 87-24 非左右○辟無使也. 87-25 ○弓引弩而射之. 93-7 皆不○秦. 101-22 臣以爲計無○於此者. 111-18 獻之○. 117-10 願王召所○習而觴之. 120-16 臣竊自爲不○於君. 126-14 其於王孰○也. 130-21 張孟談○厚以○名. 134-22 唯○是從. 139-18 ○於三晉. 143-9 是以賢君靜而有道民○事之教. 149-2 所以○用也. 150-9 所以○事也. 150-9 其○一也. 150-12 果可以○其事. 150-13 又況山谷之○乎. 150-14 各○其用. 152-8 故禮世不必一其道○國不必法古. 152-8 ○事之謂教. 152-13 ○其用者易其難. 154-4 今民○其用而王變之. 154-4 教不○於事. 154-9 無釣罕鐔蒙須之○. 155-13 而爲此釣罕鐔蒙須之○. 155-14 此利於趙而○於周最也. 157-19 不如勿受○. 161-11 以○取陰. 170-5 ○辟左右之近者. 176-22 衣服使之○於體. 177-17 莫不日夜搤腕瞋目切齒以言從之○. 186-8 爲子之不○也. 192-15 臣以爲身利而○於事. 193-4 然則相者以誰而君○之也. 197-23 伐魏之事不○. 205-11 若誠不○. 205-12 臣效○計於王. 206-5 必且○事. 207-2 ○事. 207-2 勿攻○. 212-24 與魏○地. 214-20 計無○於此者也. 223-13 國形不○故馳. 224-7 其於王孰○也. 229-15 此○於公. 235-8 ○於國. 239-18 大○也. 240-1 二軍爭○之力不同. 289-18

【俠】 1

非節○士也. 275-1

【侄】 1

絶五○之險. 154-15

【修】 3

齊人飾身○行得爲益. 122-14 ○法無愆. 151-11 城池不○. 289-12

【保】 11

得君臣父子相○也. 1-10 不離○傅之手. 38-9 ○于陳城. 51-17 一國得而○之. 93-4 遂○守聊城. 96-5 奈何以○相印江東之封乎. 129-2 信不足○也. 182-21 必○於公. 235-6 ○於會稽之上. 241-20 珉必以國○楚. 243-23 皆率其精兵東○於遼東. 278-6

【侮】 1

君子焉可○哉. 86-22

【俗】 32

壹楚國之○. 46-8 願公之詳計而無與○同也. 96-13 矯國革○於天下. 97-2 聞楚之○. 106-17 沈洿鄙○之日久矣. 128-13 必負遺○之累. 149-7 今王卽定負遺○之慮. 149-10 不和於○. 149-11 中國同○而教離. 150-14 ○也. 150-17 所以制○也. 150-18 而叔也順中國之○以逆簡襄之意. 151-1 敢道世○之間今欲繼簡襄之意. 151-4 當世輔○. 151-10 子言世○之間. 151-13 常民溺於習○. 151-13 賢者議○. 151-16 拘於○之衆. 151-17 故勢與○化. 151-17 知者不變○而動. 151-25 據○而動者. 152-1 今王易初不循○. 152-1 ○辟者亂民. 152-3 古今不同○. 152-6 ○辟而民易. 152-12 故聖與○流. 152-14 故利不百者不變○. 154-5 何○之不可變. 154-10 未嘗不言趙○之善者也. 165-5 秦與戎翟同○. 206-16 然而周之○. 259-14 觀人民要謡○. 287-6

【俛】 3

○啄蚊虻而食之. 124-13 驥於是○而噴. 128-11 田光○而笑曰. 274-19

【係】 4

父子老弱○虜. 53-4 ○梁太子申. 65-11 ○累吾民. 150-24 人有置○蹄者而得虎. 167-15

【信】 215

○東周也. 3-16 不○周. 3-17 且反齊王之○. 5-16 而公獨脩虛○爲茂行. 6-17 楚王始不○昭應之計矣. 10-17 天下未有○之者也. 12-5 君何不買○貨哉. 12-7 行義約○. 16-8 賞罰不○. 20-2 貴賤不相○. 20-4 ○乎. 24-1 儀之言果○也. 24-2 則儀之言果○矣. 24-24 與母之○也. 29-16 則慈母不能○也. 29-17 而王之○臣又未若曾子之母也. 29-17 不可○恃. 32-8 不爲不○. 32-16 則晉楚不○. 32-20 請以號三國以自○也. 35-10 大王○行臣之言. 37-20 ○賞罰以致治. 44-22 夫○婦貞. 45-5 此所謂○而不能詘. 46-12 吳之○越也. 52-18 智氏○韓魏. 52-20 今王中道而○韓魏之善王也. 52-24 此正吳○越也. 52-25 號曰文○侯. 57-25 文○侯欲攻趙以廣河間. 58-3 文○侯因請張唐相燕. 58-4 文○侯去而不快. 58-6 文○侯曰. 58-7 文○君叱去

曰. 58-8 孰與文○侯專. 58-15 應侯不如文○侯專. 58-15 卿明知爲不如文○侯專歟. 58-15 今文○侯自請卿相燕. 58-17 甘羅謂文○侯曰. 58-19 文○侯出走. 59-3 文○侯相秦. 59-5 上若不○. 60-7 若是者○反. 63-18 忌不自○. 66-7 而○儀於秦王也. 72-5 齊未必○太子之言也. 76-9 莫如僅靜而寡○諸侯. 91-9 寡○諸侯. 91-10 外○諸侯之殃也. 91-17 而威不○於齊. 96-10 威○吳楚. 97-19 與諸侯○. 101-5 子目我爲不○. 104-2 而天下○之. 105-4 凡天下所○約從親堅者蘇秦. 111-12 是昭雎之言不○也. 112-13 秦王之忠○有功臣也. 116-7 則不○. 117-17 與之○. 117-18 爲臣不忠不○. 119-21 不○. 119-22 且魏臣不忠不○. 119-22 忠且○. 119-23 是明楚之伐而○魏之和也. 121-16 魏王甚○之. 122-1 夫因詘爲○. 123-3 而使所以○之. 130-15 背○盟之約. 131-12 ○忠在己而衆服焉. 134-14 主雖○臣. 136-24 將以取○於百姓也. 136-25 故出質以爲○. 138-10 不固○盟. 139-18 以趙之弱而據之建○君. 141-17 建○君知從之無功. 141-18 建○者安能以無功惡秦哉. 141-18 建○春申從. 141-20 文○不得志. 141-25 文○侯之憂大矣. 142-1 凡大王之所○以爲從者. 148-7 行政在於○貴. 149-22 ○可以遠期. 152-23 吾聞○不棄功. 154-12 ○陵君發兵至邯鄲城下. 161-4 建○君貴於趙. 165-21 乃輦建○以與强秦角逐. 166-5 或謂建○. 166-16 建○君曰. 166-18 建○君再拜受命. 166-22 苦成常謂建○君曰. 166-25 文○猶且知之也. 167-2 希寫見建○君. 167-6 建○君曰. 167-6 文○侯之於僕也. 167-6 文○侯之於僕也. 167-7 建○君悖然曰. 167-8 今君不能與文○侯相伉以權. 167-12 而責文○侯少禮. 167-13 魏魀謂建○君曰. 167-15 建○君果先言橫. 167-22 抱安邑而○秦. 172-14 又遺其後相○陵君書曰. 174-3 ○陵君曰. 174-8 則王必怒而誅建○君. 175-18 建○君死. 175-18 建○君不死. 175-19 卿因以德建○君矣. 175-19 王何不遣建○君乎. 176-14 建○君有國事. 176-15 而與建○君. 176-20 世鈞爲之謂文○侯曰. 178-12 文○侯曰. 178-16 豈不亦○固哉. 182-17 ○不足保也. 182-21 使民昭然○之於後者. 183-12 且夫從人多奮辭而寡可○. 186-6 不○齊王與蘇秦也. 186-23 而秦○齊矣. 186-24 公叔以爲○. 189-16 ○韓廣魏救趙. 190-3 三國之不相○齊王之遇. 191-1 秦召魏相○安君. 198-10 ○安君不欲往. 198-10 夫魏王之愛習魏○也. 198-14 此魏○之所難行也. 198-17 且魏○舍事. 198-19 秦必令其所愛○者用趙. 198-20 不如用魏○而尊之以名. 198-22 魏○事王. 198-22 然則魏○之事主也. 198-23 魏○以韓魏事秦. 198-25 王○之乎. 199-20 王○之乎. 199-20 王○之乎. 199-21 寡人○之矣. 199-21 夫輕○楚趙之兵. 202-24 臣使長○侯請無內王. 204-2 支期說於長○侯曰. 204-4 長○侯曰. 204-4 長○侯曰. 204-5 長○侯曰. 204-7 長○侯行. 204-10 長○侯入見王. 204-11 長○侯曰. 204-12 貪戾好利而無○. 206-17 而○春申君之言. 211-23 舉欲○於天下. 215-23 ○陵君殺晉鄙. 217-4 唐且謂○陵君曰. 217-4○陵君曰. 217-6 ○陵君曰. 217-10○陵君使人謂安陵君曰. 217-12 復○陵君之命. 217-15 使者以報○陵君. 217-19 ○陵君大怒. 217-19 ○陵君爲人. 218-2 ○陵君聞縮高死. 218-5 發○臣. 226-7 使○王之救己也. 226-7 發○臣. 226-12 而○楚之謀臣. 226-20 故王不○也. 227-13 則○公孫郝於齊. 228-18 則○甘茂於魏. 228-19 齊無以○魏之合己於秦而攻於楚也. 229-4 齊楚○之. 229-6 公仲數不○於諸侯. 230-5 而親○窮僻之人. 237-17 必將欲置其所愛○者. 239-8 而○於萬人之上也. 241-9 建○君輕韓熙. 246-19 趙敖爲謂建○侯曰. 246-19 天下不○人也. 250-6 人必有言臣不○. 250-10 臣之不○. 250-11 使臣○如尾生. 250-11 ○如尾生. 250-17 ○至如此. 250-18 且夫○行者. 250-19 所謂以忠○得罪於君者也. 250-24 夫忠○. 250-25 此以忠○得罪者也. 251-5 不○其臣. 253-24 於是燕王大○子之. 253-25 不○其臣. 255-2 不○齊王與蘇子也. 255-7 秦○齊. 255-8 秦必疑而不○蘇子矣. 255-9 將欲以除害取○於齊也. 256-16 而齊未加○於足下. 256-16 以不○秦王也. 257-6 今王何不使可以○者接收燕趙. 257-6 則燕趙○秦矣. 257-7 ○如尾生高. 257-24 ○如尾生高. 258-3 忠○也. 258-22 恐以忠○之故. 258-22 忠○也. 259-7 恐忠○不諭於左右也. 259-7 使齊不○趙者. 261-25 如齊王王之不○趙. 262-13 燕大夫將不○臣. 264-15 吾○汝也. 264-19 次可以得○於下. 264-19 以女自○可也. 264-20 齊之○燕也. 264-23 今王○田伐與parallel去疾之言. 264-23 而燕王不我○. 271-14 而李○出太原雲中. 275-10 今行而無○. 275-24 秦將李○追擊燕王. 278-6 乃愈自○. 281-12 難○以爲利. 284-23 樂羊食子以自○. 288-11 不謀而○. 289-15

【皇】 7

卒事始○帝. 47-3 秦始○嘗使使者遺君王后玉連環. 101-7 秦始○立九年矣. 130-3 而鳳○不翔. 177-20 植於汶○. 267-20 其後荆軻客高漸離以擊筑見秦○帝. 278-9 而以筑擊秦○帝. 278-9

【泉】 9

秦惠王謂寒○子曰. 17-19 寒○子曰. 17-23 北有甘○谷口. 38-17 乃說秦王后弟陽○君曰. 57-4 陽○君避席. 57-8 陽○君曰. 57-12 地坼至○. 95-11 地坼至○者. 95-13 願得目身試黃○. 106-12

【卽】 81

○且趣我攻西周. 2-22 客○對曰. 4-16 ○天下之理也. 5-23 ○趙羊腸以上危. 13-4 ○天下有變. 23-6 ○復之楚. 24-9 ○使文王疏呂望而弗與深言. 37-15 莫肯○秦耳. 38-8 又○圍邯鄲乎. 42-14 乃○與無子時同也. 43-3 乃與○爲梁餘子同也. 43-4 ○可矣. 50-23 ○不見也. 50-24 ○韓魏從. 51-9 非從○橫也. 51-11 ○楚王. 51-11 ○以天下恭養. 51-12 ○王雖有萬金. 51-12 ○有軍役. 68-19 臨淄○墨非王之有也. 70-2 田單以○墨之城. 95-17 襄王○位. 95-18 唯莒○墨不下. 96-3 齊田單以○墨破燕. 96-3 ○臣見公之不能得也. 96-17 田單守○墨之城. 98-1 安平君以惴惴之○墨. 99-19 將軍之在○墨. 100-9 ○墨大夫與雍門司馬諫而聽之. 101-19 ○入見齊王曰. 101-20 ○臨晉之關可以入矣. 101-23 ○武關可以入矣. 101-25 齊王不聽○墨大夫而聽陳馳. 102-3 王○欲以秦攻齊. 102-13 ○陰與燕王謀破齊共分其地. 111-12 ○位爲王. 117-12 先生○舜也. 128-4 ○幸於春申君. 128-22 ○百歲後將更立兄弟. 128-25 ○楚王更立. 128-25 ○遂南面稱孤. 129-16 二君○與張孟談陰約三軍. 133-8 君○不能. 137-17 ○地去邯鄲二十里. 138-18 虎將○禽. 142-17 禽不知虎之○己也. 142-17 故使禽知虎之○己. 142-18 今山東之主不知秦之○己也. 142-19 ○多割. 143-11 今王○定負遺俗之慮. 149-10 ○之公叔成家. 150-8 ○鄗幾不守. 150-25 ○君之齊已. 155-19 ○坐而地盡矣. 160-6 ○有所取者. 164-20 ○趙自消爍矣. 172-21 ○不可諱. 183-21 ○明言使燕趙. 187-12 ○春申君有變. 211-24 ○王有萬乘之國. 211-24 當敵○斬堅. 222-5 ○無地以給之. 222-10 臣○曰. 228-12 則楚必○秦矣. 245-22 ○酒酣樂. 251-15 ○因反斗擊之. 251-15 燕昭王收破燕後○位. 255-13 唯獨莒○墨. 256-11 而太子○位. 265-17 惠王○位. 266-14 寡人新○位. 266-20 ○雖五燕不能當. 269-14 ○有死蚌. 270-6 ○有死鷸. 270-6 ○起. 274-18 今齊之辭云○佐王. 285-21 ○公無內難矣. 286-16 司馬憙○奏書中山王曰. 286-25 ○欲請之. 287-11 ○社稷危矣. 287-16 ○爲諸侯笑. 287-16

【鬼】 13

○神狐祥無所食. 53-4 ○且不知也. 67-16 獨○事耳. 77-10 固且以○事見君. 77-11 謁者難得見如○. 119-17 因○見帝. 119-18 先生以○之言見我則可. 137-6 臣固以○之言見君. 137-7 非當於○神也. 138-3 ○侯之鄂侯文王. 163-19 ○侯有子而好. 163-20 醢○侯. 163-20 威服天下○神. 281-13

【侵】 11

○楚魏之地. 21-25 有○君者. 78-16 公孫弘可謂不○矣. 84-19 以○天下. 109-14 四封不○. 113-3 ○掠吾地. 150-24 更不用○辱教. 153-24 而秦○約. 172-2 以○天下. 184-11 收○地. 189-22 使悉反諸侯之○地. 275-14

【禹】 17

○伐共工. 16-2 是令張儀之言爲○. 35-9 雖堯舜○湯復生. 36-22 屬聞古大○之時. 86-4 ○有五丞. 86-12 堯舜○湯周文王是也. 86-15 舜傳○. 86-20 王召趙勝趙○而告之曰. 140-17 ○無百人之聚. 145-8 而○袒入裸國. 149-12 而○放逐之. 182-24 ○攻三苗. 195-16 進之○. 200-4 ○飮而甘之. 200-4 ○授益而以啓爲吏. 254-5 是○名傳天下於益. 254-7 ○湯之知而死. 262-19

【侯】 357

盡君子重寶珠玉以事諸○. 7-2 諸○畏懼. 15-6 可以幷諸○. 15-19 諸○亂惑. 16-5 臣諸○. 16-13 王○之威. 17-3 諸○相親. 17-5 廷說諸○之王. 17-10 故先使蘇秦以幣帛約乎諸○. 17-20 諸○不可一. 17-21 善我國家使諸○. 17-23 四隣諸○不服. 19-1 四鄰諸○可朝也. 19-13 四隣諸○可朝也. 19-19 前者穰○之治秦也. 19-22 朝四隣諸○之道. 21-11 四隣諸○不朝. 21-13 諸○不以爲貪. 22-11 蜀主更號爲○. 22-18 輕諸○. 22-19 則諸○必見張儀之無秦矣. 28-8 魏文○令樂羊將. 29-8 文○示之謗書一篋. 29-9 蘇代爲齊獻書穰○曰. 32-12 穰○智而習於事. 32-14 穰○智而習於事. 33-2 秦客卿造謂穰○曰. 34-11 謂穰○曰. 35-17 取之於諸○. 36-19 則諸○不得擅厚矣. 36-20 以當諸○. 38-19 是穰○爲國謀不忠. 38-21 諸○見齊之罷露. 39-3 聞秦之有太后穰○涇陽華陽. 39-23 穰○出使不報. 39-25 穰○使者操王之重. 40-3 決裂諸○. 40-3 御於諸○. 40-4 太后穰○用事. 40-7 逐穰○. 40-11 應○謂昭王曰. 40-16 穰○用之. 40-23 今太后使者分裂諸○. 41-5 伐諸○. 41-6 穰○十攻魏而不得傷者. 41-11 應○曰. 41-20 秦相應○曰. 42-2 謂應○曰. 42-13 應○失韓之汝南. 42-24 秦昭王謂應○曰. 42-24 應○曰. 42-25 今應○亡地而言不憂. 43-7 蒙傲乃往見應○. 43-9 應○曰. 43-9 應○拜蒙傲曰. 43-12 應○每言韓事者. 43-13 臣無諸○之援. 43-25 而爲諸○所議也. 44-2 聞應○任鄭安平王稽. 44-7 應○內慙. 44-7 使人宣言以感怒應○曰. 44-8 應○聞之. 44-10 則揖應○. 44-10 應○固不快. 44-10 應○因讓之曰. 44-11 應○曰. 44-12 應○曰. 44-14 應○曰. 44-16 應○曰. 44-19 應○知蔡澤之欲困己以說. 44-21 於是應○稱善. 45-10 應○曰. 45-14 應○曰. 45-16 齊桓公九合諸○. 45-21 輕諸○. 45-23 立

威諸○. 46-2 坐制諸○. 46-15 長爲應○. 46-20 應○曰. 46-21 應○因謝病. 46-25 昭王彊起應○. 46-25 應○遂稱篤. 46-25 而外結交諸○以圖. 50-20 請爲陳○臣. 54-16 臨天下諸○. 54-23 驅十二諸○以朝天子於孟津. 55-12 而世主不敢交陽○之塞. 55-15 則臣恐諸○之君. 55-17 號曰文信○. 57-25 諸○皆致秦邑. 58-1 文信○欲攻趙以廣河間. 58-3 文信○因請張唐相燕. 58-4 文信○去而不快. 58-6 君○何不快甚也. 58-6 文信○曰. 58-7 應○之用秦也. 58-14 孰與文信○專. 58-15 應○不如文信○專. 58-15 卿明知爲不如文信○專歟. 58-15 應○欲伐趙. 58-16 今文信○自請卿相燕. 58-17 甘羅謂文信○曰. 58-19 文信○出走. 59-3 文信○相秦. 59-5 外恐諸○之救. 59-13 諸○必懼. 59-15 外自交於諸○. 61-3 吾聞子以寡人財交於諸○. 61-6 田○召大臣而謀曰. 64-8 田○曰. 64-10 田○曰. 64-11 田○曰. 64-14 田○召大臣而謀曰. 64-17 田○曰. 64-22 韓魏之君因田嬰北面而朝田○. 64-24 成○鄒忌爲齊相. 65-2 而成○可走. 65-16 諸○弗與. 71-5 孟嘗君奉夏○章以四馬百人之食. 78-7 夏○章每言未嘗不毁孟嘗君也. 78-8 文有以事夏○公矣. 78-9 董之繁菁以問夏○公. 78-9 夏○公曰. 78-10 孟嘗君重非諸○也. 78-10 若魏文○之有田子方段干木也. 78-20 齊放其大臣孟嘗君於諸○. 83-15 諸○先迎之者. 83-16 不友乎諸○. 84-13 封萬户○. 85-22 諸○萬國. 86-4 諸○三千. 86-5 是以○王稱孤寡不穀. 86-18 而○王以自謂. 86-19 九合諸○. 87-14 中不索交諸○. 88-14 子孰而與我赴諸○乎. 88-23 莫如僅靜而寡信諸○. 91-9 寡信諸○. 91-10 身從諸○之君. 91-15 外信諸○之殃也. 91-17 明於諸○之故. 91-23 後起則諸○可趨役也. 92-4 而能從諸○者寡矣. 92-6 而能從諸○寡矣. 92-16 則五兵不動而諸○從. 93-11 兵後起則諸○可趨役也. 93-14 諸○可同日而致也. 93-18 諸○無成謀. 93-20 使諸○無成謀. 93-22 又從十二諸○朝天子. 93-24 有十二諸○而朝天子. 94-2 今大王之所從十二諸○. 94-4 諸○奔齊. 94-10 九合諸○. 97-12 朝諸○. 97-16 陰結諸○之雄俊豪英. 99-7 與諸○信. 101-5 州○相楚. 106-20 則諸○莫不南面而朝於章臺之下矣. 108-25 横人皆欲割諸○之地以事秦. 109-13 則諸○割地以事楚. 109-16 安諸○. 109-24 而楚恃諸○之救. 110-21 且夫秦之所以不出甲於函谷關十五年以攻諸○者. 111-2 通○執珪死者七十餘人. 111-4 則泗上十二諸○. 111-11 混一諸○. 111-15 名不挫於諸○. 113-3 不若奔諸○. 113-13 昭○不欲. 115-20 後不可以約結諸○. 117-18 多賂諸○以王之地. 119-6 習諸○事. 122-5 今諸○明知此多詐. 122-10 君王左州○. 124-2 右夏○. 124-2 蔡聖○之事因是以. 125-2 蔡聖○之事其小者也. 125-7 左州○. 125-7 右夏○. 125-8 不知夫穰○方受命乎秦王. 125-10 五子皆相諸○. 129-14 故貴爲列○者. 134-11 而今諸○孰謀我. 135-1 魏文○借道於趙攻中山. 136-13 趙○將不許. 136-13 以與諸○攻秦. 139-16 吾始已諾於應○矣. 140-3 文信○之憂大矣. 142-1 貴戚父兄皆可以受封○. 144-15 封○貴戚. 144-17 以王諸○. 145-9 諸○之地五倍於秦. 145-14 料諸○之卒. 145-14 皆欲割諸○之地以與秦成. 145-17 是故横人日夜務以秦權恐猲諸○. 145-20 諸○有先背約者. 146-6 安諸○. 146-10 以約諸○. 146-11 諸○休. 147-21 熒惑諸○. 148-7 而辭應○. 158-14 應○曰. 158-14 應○曰. 158-18 秦王與應○必顯重以示天下. 161-25 率天下諸○而朝周. 163-8 諸○莫朝. 163-9 諸○皆弔. 163-9 鬼○之鄂○文王. 163-19 鬼○有子而好. 163-20 醢鬼○. 163-20 鄂○爭之急. 163-20 故脯鄂○. 163-21 諸○辟舍. 163-25 則且變易諸○之大臣. 164-10 彼又將使其子女讒妾爲諸○妃姬. 164-11 今有人操隨○之珠. 165-14 外刺諸○. 166-21 文信○之於僕也. 167-6 文信○之於僕也. 167-7 今君不能與文信○相伉以權. 167-12 而責文信○少禮. 167-13 諸○皆賀. 177-2 諸○皆賀. 177-3 諸○皆賀. 177-8 請今率諸○受命邯鄲城下. 177-15 秦召春平○. 178-12 世鈞爲之謂文信○曰. 178-12 春平○者. 178-13 春平○入秦. 178-14 故君不如遣春平○而留平都○. 178-15 春平○者言行於趙王. 178-15 而贖平都○. 178-16 文信○曰. 178-16 趙主之子孫○者. 179-14 諸○有在者乎. 179-15 魏文○曰. 181-14 文○曰. 181-15 已乃知文○以講於己也. 181-16 文○謂覩師贊曰. 181-20 文○賞其功而疑其心. 181-22 而辭乎魏文○. 181-24 文○曰. 181-24 文○曰. 182-2 文○與虞人期獵. 182-8 文○將出. 182-8 文○曰. 182-9 魏文○與田子方飲酒而稱樂. 182-12 文○曰. 182-12 文○曰. 182-13 文○曰. 182-14 魏武○與諸大夫浮於西河. 182-17 武○忿然曰. 182-20 武○曰. 183-5 諸○四通. 185-8 且夫諸○之爲從者. 185-15 說一諸○之王. 186-6 成而封○之基. 186-7 諸○客聞之. 187-14 因以魯○之車迎之. 188-7 王不若與竇屢關内○. 190-13 夫周君竇屢奉陽君之與穰○. 190-15 太后恐其不因穰○也. 190-16 梁君與田○不欲. 192-3 田○梁君見其危. 192-8 梁君田○恐其至而戰敗也. 192-10 而與之並朝齊○再三. 197-8 梁王魏嬰觴諸○於范臺. 200-2 須賈爲魏謂穰○曰. 202-6 而地不并乎諸○者. 202-9 穰○曰. 203-9 吾始已諾於應○矣. 204-1 臣使長信○請無内王. 204-2 支期說於長信○曰. 204-4 長信○曰. 204-4 長信○曰. 204-5 長信○曰. 204-7 長信○行. 204-10 長信○入見王. 204-11 吾始已諾於應○矣. 204-11 長信○曰. 204-12 臣能得之於應○. 204-12 有諸○之救. 205-17 穰○舅也. 206-19 或有諸○鄰國之虞. 211-21 穰○攻大梁. 212-21 謂穰○曰. 212-21 將皆務事諸○之能令於王之上者. 214-10 王不如陰○人說成陽君曰. 215-3 吾先君成○. 217-22 昭○不許也. 221-18 昭○曰. 221-18 諸○不料兵之弱. 223-4 公仲數不信於諸○. 230-5 諸○錮之. 230-5 而輕陽○之波. 233-15 是塞漏舟而輕陽○之波也. 233-16 而行游諸○衆矣. 237-7 而嚴仲子乃諸○之卿相也. 237-14 韓傀走而抱哀○. 238-4 遂中哀○. 238-5 裂地而爲諸○. 239-12 秦必以公爲諸○. 240-4 昭釐○. 241-5 申不害與昭釐○執珪而見梁君. 241-6 諸○惡魏必事韓. 241-8 昭釐○聽而行之. 241-10 臣竊以爲王之明爲不如昭釐○. 241-12 許異蹴哀○而殪之. 242-3 是故哀○爲君. 242-5 猶其尊哀○也. 242-6 昔齊桓公九合諸○. 242-7 皆戴哀○以爲君. 242-11 諸○之君. 242-12 諸○不能買. 243-1 大臣爲諸○輕國也. 244-14 則爲大臣不敢爲諸○輕國矣. 244-18 則諸○不敢因羣臣以爲能矣. 244-19 則諸○之情僞可得而知也. 244-20 田苓見穰○. 245-13 穰○曰. 245-13 穰○怒曰. 245-14 穰○曰. 245-16 趙敖爲謂建信○曰. 246-19 北說燕文○曰. 248-3 而包十二諸○. 253-7 秦五世以結諸○. 257-3 立爲三帝而以令諸○. 257-8 諸○戴齊. 257-13 諸○戴齊. 257-14 諸○北面而朝. 258-10 諸○西面而朝. 258-10 則諸○不爲别馬而朝矣. 258-11 困則使太后穰○爲和. 261-9 燕反約諸○從親. 261-19 名顯諸○. 261-21 爲諸○. 262-16 太后嫁女諸○. 265-12 使之得比乎小國諸○. 267-22 鑄諸○之象. 269-20 諸○服秦. 275-12 使悉反諸○之侵地. 275-14 以其間諸○. 275-16 諸○得合從. 275-16 比諸○之列. 277-6 王乃逃倪○之館. 281-16 魏文○欲殘中山. 284-3 非諸○之姬也. 287-10 卽爲諸○笑. 287-16 王乃使應○往見武安君. 289-1 諸○生心. 290-1 應○慙而退. 290-3 以諸○之變. 290-10 以令諸○. 290-11

【帥】 12

令○天下西面以與秦爲難. 19-14 ○天下將甲百萬. 21-1 智伯○三國之衆. 21-4 ○强韓魏之兵以伐秦. 49-12 ○弱韓魏以攻秦. 49-13 ○韓魏以圍趙襄子於晉陽. 49-17 ○天下百姓. 54-17 崔杼○其君黨而攻. 127-1 知伯○趙韓魏而伐范中行氏. 131-21 今知伯○二國之君伐趙. 133-5 ○師而歸. 280-7 將○爲父母. 289-15

【追】 4

請○而問傅. 117-9 燕兵獨○北入至臨淄. 256-10 ○惟先王. 273-4 秦將李信○擊燕王. 278-6

【俊】 3

世無東郭○盧氏之狗. 87-20 陰結諸侯之雄○豪英. 99-7 是吳越無○民也. 152-13

【盾】 1

甲○鞮鍪鐵幕革抉. 222-5

【待】 63

弊邑遷鼎以○命. 1-22 故留之十四日以○命也. 8-12 秦欲○周之得. 9-20 遂善○之. 25-3 以○吾事. 26-23 子○傷虎而刺之. 27-24 不必○齊. 36-1 要不足以○斧鉞. 36-13 夫○死而後可以立忠成名. 45-9 不○痛而服矣. 54-5 我與其處而○之見攻. 56-18 藏怒以○之. 63-15 其餘兵足以○天下. 67-19 不○發於遠縣. 68-20 將何以○君. 80-9 士何必○古哉. 85-3 輸飲食而○死士. 92-7 以○魏氏. 94-1 則願○戰. 118-16 子○我爲子見楚王. 120-3 而○事之變. 132-1 不○割而成. 142-3 韓不○伐. 143-3 梁不○伐矣. 143-4 不○兩軍相當. 145-11 故爲己者不○人. 151-19 以○今日. 153-25 不○辭之畢也. 160-24 ○吾言之. 163-19 子將何以○吾君. 163-23 吾將以十太牢○子之君. 163-24 子安取禮而來○吾君. 163-25 而王必○工而后乃使之. 166-2 姑○已耕. 171-11 而臣○忠之封. 171-12 魏不○伐. 172-14 必將○工. 176-19 然而王不○工. 176-20 ○輕敵之國. 181-6 不○倦而至梁. 185-9 不得○異日矣. 187-5 王○臣也. 204-3 公必且○齊楚之合也. 209-4 臣見秦之必大憂可立而○也. 211-8 欲王之東長之○之也. 213-22 不識坐而○伐. 231-19 出兵於三川以○公. 231-24 臣之所以○之至淺鮮矣. 237-14 韓息士民以○其釁. 239-24 吾已爲藥酒以○之矣. 251-2 齊善○之. 255-4 宋善○之. 255-11 秦挾賓客以○破. 257-2 復善○之. 257-21 吾已爲藥酒而○其來矣. 259-2 王乃○天下之攻函谷. 260-9 子其○之. 265-7 荆軻有所○. 276-18 而爲留○. 276-19 ○吾客與俱. 276-22 坐御以○中之議. 280-5 以○下吏之有城而已. 280-15 以○韓陣. 289-18

【徇】 1

大王斬臣以○於國. 21-14

【衍】 60

公孫○欲窮張儀. 28-6 李讎謂公孫○曰. 28-6 公孫○謂義渠君曰. 28-10 此乃公孫○之所謂也. 28-17 樗里疾公孫○二人者. 29-10 樗里疾公孫○二人在. 29-20 公孫○樗里疾挫我於内. 30-7 公内攻於樗里疾公孫○. 30-12 是樗里疾公孫○無事也. 30-15 秦王愛公孫○. 31-19 又取蒲○首垣. 52-7 昭○爲周之梁. 56-15 昭○見梁王. 56-15 ○

非有怨於儀也. 72-9 君必解○. 72-10 ○也吾讎. 72-12 是必與○礪吾國矣. 72-12 魏王使客將軍新垣○間入邯鄲. 162-6 魏王使將軍辛垣○令趙帝秦. 162-13 梁客辛垣○安在. 162-16 平原君遂見辛垣○曰. 162-17 辛垣○曰. 162-19 ○. 162-20 辛垣○許諾. 162-21 魯連見辛垣○而無言. 162-22 辛垣○曰. 162-22 辛垣○曰. 163-4 辛垣○曰. 163-5 辛垣○曰. 163-7 辛垣○曰. 163-14 辛垣○曰. 163-16 辛垣○快然不悅曰. 163-17 辛垣○起. 164-14 齊乃令公孫○說李兌以攻宋而定封焉. 170-25 臣爲足下使公孫○說奉陽君曰. 171-6 復合○交兩王. 172-10 北有河外卷○燕酸棗. 184-8 拔卷○燕酸棗. 185-19 ○不肖. 187-7 以爲○功. 189-15 收韓而相○. 189-15 魏令公孫○乘勝而留於境. 190-10 臣不知○之所以聽於秦之少多. 190-11 然而臣能半○之割. 190-12 告公孫○. 190-20 公孫○曰. 190-20 魏使公孫○來. 190-24 魏令公孫○請和於秦. 191-4 公孫○爲魏將. 191-8 季子爲○謂梁王曰. 191-8 今王以○爲可使將. 191-10 ○之爲魏. 192-22 ○將右韓而左魏. 192-23 ○請因令王致萬户邑於先生. 193-8 胡○之出幾瑟於楚也. 235-17 鄒○自齊往. 256-6 胡○謂樗里疾曰. 282-4 胡○曰. 282-9 胡○因入蒲. 282-11 胡○取金於蒲. 282-13

【律】 1

○令孰與之明. 59-9

【後】 209

彼前得罪而○得解. 3-23 收周最以爲○行. 5-16 然○能多得鳥矣. 7-5 ○有攻周之敗. 9-21 强弩在○. 10-9 朞年之○. 15-6 惠王代○. 15-9 然○可建大功. 16-12 以隨其○. 17-2 何前倨而○卑也. 17-14 斧質在○. 18-13 其○. 26-3 陳軫○見. 26-16 先絶齊○責地. 26-21 韓亦恐戰而楚有變其○. 30-18 而○制晉楚之勝. 32-18 ○雖悔之. 34-23 獨不重任臣者○無反覆於王前耶. 36-15 而明日伏誅於○. 37-20 獨恐臣死之○. 38-7 且臣將恐○世之有秦國者. 40-9 恐萬世之○有國者. 41-3 自是之○. 43-13 夫待死而○可以立忠成名. 45-9 自是之○. 46-5 ○數日. 46-22 ○三國謀攻楚. 48-4 然○復之. 52-7 使無復○患. 52-11 臣恐有○患. 52-14 而易患於○也. 52-18 而無○患. 53-17 一年之○. 53-18 然○危動燕趙. 54-5 則桀紂之○將存. 54-9 ○子死. 55-12 而有○患. 55-17 美女充○庭. 57-6 雖惡於○王. 63-21 然○背太山. 65-15 數月之○. 66-20 期年之○. 66-20 足下豈如令衆而合二國之○哉. 67-17 而君以魯衆合戰勝○. 67-20 以爲○世也. 67-24 必有○憂. 68-11 以亡隨其○. 69-3 恐韓魏之議其○也. 69-7 亡隨其○. 69-21 四戰之○. 69-23 然○王可以多割地. 71-13 然○王可以多割地. 71-24 爵且○歸. 73-1 趙魏亡之○. 74-4 齊衛○世无相攻伐. 79-7 犬廢於○. 81-7 臣恐强秦大楚承其○. 81-9 ○有頃. 82-11 ○孟嘗君出記. 82-16 ○朞年. 83-9 ○宮十妃. 85-2 是故成其道德而揚功名於○世者. 86-14 豈先賤而○尊貴者乎. 88-5 先○之事. 89-9 而○使天下憎之. 89-23 夫○起者藉也. 90-4 然○從於天下. 90-22 莫若○起而重伐不義. 91-6 夫○起之藉與多而兵勁. 91-7 ○起之藉也. 91-21 有而案兵而○起. 91-21 ○起則諸侯可趨役也. 92-4 兵○起則諸侯可趨役也. 93-14 然○圖齊楚. 94-8 然○天下乃舍之. 94-11 忠臣不先身而○君. 96-9 ○世無稱. 96-10 計不顧○. 97-14 ○世無稱. 97-15 傳名○世. 97-19 欲使○車分衣. 98-5 恐○之. 98-7 ○數日. 98-14 ○后勝相齊. 101-13 其○秦欲取齊. 102-7 ○將常急矣. 103-5 約絶之○. 103-14 齊之反趙魏之○. 103-19 子隨我○. 104-2 臣不敢言其○. 104-9 恐楚之攻其○. 104-14 寡人萬歲千秋之○. 106-10 大王萬歲千秋之○. 106-12 患至而○憂之. 109-5 必充○宮矣. 109-9 天下○服者先亡. 110-4 而韓魏以全制其○. 111-6 ○不可以約結諸侯. 117-18 而○得見. 127-25 三年而○乃相知也. 128-6 卽百歲○將更立兄弟. 128-25 ○十七日. 129-24 春申君○入. 129-25 而○不免殺之. 130-8 而○王奪之. 130-9 必○之矣. 133-25 ○事之師. 134-18 無○. 135-12 是爲先知報○知. 135-18 亦將以愧天下○世人臣懷二心者. 135-20 ○郭門. 137-9 臣恐其○事王者之不敢自必也. 139-5 大王乃今然○得與士民相親. 144-6 畏韓魏之議其○也. 145-3 ○有長庭. 145-19 則楚絶其○. 146-2 則楚絶其○. 146-2 民不樂○也. 146-18 ○富韓威魏. 147-6 而○受其殃也. 147-9 然○德且見也. 149-23 趙燕○胡服. 153-18 所以昭○而期遠也. 154-11 必在韓魏之○也. 159-22 齊○往. 163-10 東藩之臣田嬰齊○至. 163-10 自是之○. 165-4 公子乃驅○車. 165-22 則○之人無從見也. 166-12 自是之○. 168-2 人比然而○如賢不. 170-5 自是之○. 170-9 然○王擇焉. 170-23 ○合與踦重者. 172-4 ○以中牟反. 173-13 又遺其○相信陵君書曰. 174-3 王聽趙殺座之○. 174-7 ○三月. 180-4 ○被山. 183-2 使民昭然信之於○者. 183-12 於是索吳起之○. 183-15 又不遺賢者之○. 183-16 倫取一旦之功而不顧其○. 184-23 ○有大患. 185-2 以魏爲將內之於齊而擊其○. 186-16 恐○天下得魏. 187-15 敗○必莫能以魏合於秦者矣. 191-5 恐有○咎. 192-5 三日而○更葬. 194-5 其○. 194-14 而○與齊戰. 196-23 ○太子罷質. 199-24 ○世必有以酒亡其國者. 200-4 ○世必有以味亡其國者. 200-6 ○世必有以色亡其國者. 200-8 ○世必有以高臺陂池亡其國者. 200-10 前夾林而○蘭臺. 200-12 ○山東之士. 202-2 ○十日. 202-3 而君○擇焉. 203-5 願子之且以名母爲○也. 203-16 而以入朝爲○. 203-17 ○爲魏計. 204-7 支期隨其○. 204-10 韓亡之○. 207-2 韓亡之○. 207-10 則○王之臣. 214-9 ○得又益大. 218-11 則棄前功而○更受其禍. 222-10 無爲牛○. 222-13 何以異於牛○乎. 222-14 而有牛○之名. 222-14 探前趹○. 222-25 其○. 225-20 而○委國於甘茂. 227-16 公必先韓而○秦. 232-9 先身而○張儀. 232-9 公無辭以○反. 232-15 齊楚○至者先亡. 235-25 聶政之所以名施於○世者. 238-16 其○越與吳戰. 241-22 魏之使者謂○相韓辰曰. 244-2 而王以全燕制其○. 248-11 而强秦制其○. 249-19 以金千斤謝其○. 250-3 ○二日. 251-2 臣恐天下○事足下者. 251-7 不足先○. 254-14 燕昭王收破燕○卽位. 255-13 先趨而○息. 255-18 先問而○嘿. 255-19 而○殘吳覇天下. 256-23 銛戈在○. 260-16 則○不可柰何也. 262-14 而○相效. 262-17 莫爲臣先○者. 263-14 其○必務以勝報王矣. 264-9 太后千秋之○. 265-16 故稱於○世. 267-25 餘令詔○嗣之遺義. 268-1 施及萌隸皆可以教於○世. 268-2 然○乃可圖也. 274-6 有頃而○言曰. 275-4 然○許諾. 275-19 其○荆軻客高漸離以擊筑見秦皇帝. 278-9 而中山○持. 284-7 恐○天下. 287-21 有二人挈戈而隨其○者. 288-3 趙王出輕鋭以冦其○. 290-5

【逃】 23

遁○來奔. 43-25 ○太史之家爲溉園. 95-16 ○於雲夢之中. 114-1 豫讓遁○山中. 135-8 ○去. 161-2 ○不足以爲臣耻. 262-16 臣以爲不若○而去之. 262-21 伊尹再○湯而之桀. 262-25 再○桀而之湯. 262-25 伍子胥○楚而之吳. 263-1 今臣○而紛齊趙. 263-2 孰不○. 263-3 管仲○於魯. 263-3 孔子○於衞. 263-4 張儀○於楚. 263-4 白珪○於秦. 263-4 望諸攻關而出○. 263-5 薛公釋戴○出於關. 263-6 ○不足以爲辱矣. 263-7 故遁○奔趙. 266-25 齊王○遁走莒. 267-18 王乃○倪侯之館. 281-16 胥靡○之魏. 283-8

【俎】 4

拔之尊○之間. 93-16 言於尊○之間. 94-13 拔城於尊○之間. 94-16 伊尹負鼎○而干湯. 176-8

【卻】 2

齊王桉戈而○曰. 249-15 大王割十城乃○以謝. 251-20

【郤】 2

又○. 111-6 爲○軍五十里. 164-16

【食】 102

而藉兵乞○於西周. 9-4 又無藉兵乞○. 9-9 而使不藉兵乞○於西周. 9-16 乞○於吳市. 38-2 此所謂藉賊兵而齎盗○者也. 39-4 減○主父. 40-7 其令邑中自斗○以上. 40-25 ○不甘味. 43-6 鬼神狐祥無所○. 53-4 山林谿谷不○之地. 53-10 ○不飽. 54-17 不得煖衣餘○. 56-23 ○藍田十二縣. 57-25 旦暮進○. 63-10 趙無以○. 73-17 孟嘗君奉夏侯章以四馬百人之○. 78-7 而奉我四馬百人之○. 78-11 願寄○門下. 82-4 ○以草具. 82-6 ○無魚. 82-8 ○之. 82-8 孟嘗君使人給其○用. 82-14 飲○. 84-23 無不被繡衣而○菽粟者. 85-1 ○粱肉. 85-2 ○必太牢. 86-24 晚○以當肉. 87-2 有糧者亦○. 88-8 無糧者亦○. 88-8 士三○不得饜. 88-25 而君鵝鶩有餘○. 88-25 輸飲○而待死士. 92-7 ○不甘味. 93-25 ○人炊骨. 96-23 單收而○之. 98-10 憐而常竊衣○之. 100-25 虎求百獸而○之. 103-23 子無敢○我也. 103-24 今子○我. 104-1 ○不甘味. 109-22 日晦而歸○. 112-25 ○田六百畛. 113-4 苟社稷血○. 114-4 楚七約○. 114-9 ○之可欲. 114-10 楚國之○貴於玉. 119-17 今令臣○玉炊桂. 119-18 俛啄蚊虻而○之. 124-13 而下爲螻蟻○也. 124-16 ○湘波之魚. 125-4 可○乎. 126-7 因奪而○之. 126-7 謁者曰可○. 126-8 臣故○之. 126-8 臣○之而王殺臣. 126-9 人馬相○. 131-8 財○將盡. 132-24 糧○匱. 132-25 秦蠶○韓氏之地. 140-10 賣主之地而○之. 140-25 ○未飽而禍已及矣. 143-1 稍稍蠶○之. 145-5 韓絶○道. 146-1 遺子以酒○. 152-20 糧○輓賃不可給也. 155-5 天子已○. 164-1 社稷之血○乎. 165-14 先王不血○. 166-4 不墮○. 167-25 以奉陽君甚○之. 171-10 非肉不○. 173-9 而社稷不血○. 176-19 日○飲得無衰乎. 178-25 老臣今者殊不欲○. 179-1 少益耆○. 179-2 ○其子之肉. 181-21 其子之肉尚○之. 181-21 其誰不○. 181-22 何爲飲○而無事. 187-6 桓公○之而飽. 200-6 蠶○魏. 202-11 欲○則○. 204-25 客謂司馬○其曰. 212-11 民之所○. 222-20 無二歲之所○. 222-21 ○之寡. 223-5 足○於民矣. 248-7 人之飢所以不○烏喙者. 249-17 此○烏喙之類也. 249-19 ○飲不甘. 252-20 耕而○之. 258-2 以爲馬○. 263-15 賴得先王鴈鶩之餘○. 265-8 ○高麗也. 283-1 公孫氏必不血○矣. 283-4 吾○其肉. 286-9 樂羊○之. 288-11 樂羊○子以自信. 288-11 蓄積糧○. 288-16 飲○餔餽. 288-19 以足軍○. 289-14

【胕】 1

尾湛○潰. 128-9

【胞】 1

夫癘雖癰腫○疾. 127-5

【脉】 1
前○形埊之險阻. 183-10
【胎】 1
刳○焚夭. 177-20
【匍】 1
嫂蛇行○伏. 17-13
【負】 45
公○令秦與强齊戰. 5-3 ○書擔橐. 16-17 趙固○其衆. 17-20 皆○重罪. 44-7 齊秦合而立○蒭. 48-17 ○蒭立. 48-17 ○蒭必以魏歿世事秦. 48-20 王若○人徒之衆. 52-13 東○海. 53-16 魏必○之. 56-13 ○秦之日. 56-13 ○海之國也. 69-17 變則是君抱空質而○名於天下也. 75-15 吾○之. 82-19 齊○郭之民有孤狐咺者. 95-3 ○雞次之典以浮於江. 113-25 ○不義於天下. 117-25 ○轅不能上. 128-10 而耕○親之丘. 134-22 韓魏齊燕○親以謀趙. 134-24 君其○劍而御臣以之國. 135-2 ○書擔橐. 137-5 必○遺俗之累. 149-7 今王卽定○遺俗之慮. 149-10 先時中山○齊之强兵. 150-24 今將軍必○十萬二十萬之衆乃用之. 155-6 今臣爲足下解○親之攻. 159-20 ○蒿葛蘚. 170-3 秦王受○海內之國. 172-7 合○親之交. 172-8 伊尹○鼎俎而干湯. 176-8 而今○强秦之禍也. 207-1 是使我○襄王詔而廢大府之憲也. 217-25 而厮徒○養在其中矣. 222-22 故桓公○婦人而名益尊. 249-21 臣竊○其志. 252-12 而世○其禍矣. 256-18 則臣亦之周○籠耳. 258-9 叔父○床之孫. 258-21 自○以不肖之罪. 267-1 王○劍. 277-23 王○劍. 277-23 ○海不與焉. 284-19 而憂在○海. 284-20 是奪五國而益○海也. 284-20
【勉】 8
○成之. 8-1 ○之曰. 67-8 不爲祿○. 112-17 不爲祿○. 112-23 不爲祿○. 114-6 馮亭垂涕而○曰. 140-23 子○行矣. 173-11 臣必○之而求死焉. 262-18
【風】 11
從○而服. 17-8 解如○雨. 68-18 魏則從○而動. 110-9 使使臣獻書大王之從車下○. 111-19 而淩清○. 124-22 折清○而抎矣. 124-25 使我逢疾○淋雨. 137-10 汝逢疾○淋雨. 137-11 ○雨時至. 138-3 夫飄於清○. 164-25 ○蕭蕭兮易水寒. 277-1
【狡】 2
海內之○兔也. 81-6 ○兔有三窟. 83-12
【狩】 1
天子巡○. 163-25
【怨】 90
周君○寡人乎. 12-16 不○. 12-17 且誰○王. 12-17 而臣受公仲侈之○也. 29-12 而外與韓侈爲○. 30-13 秦衆盡○之深矣. 30-15 而不餘○於秦. 30-18 則○結於百姓. 40-4 秦於天下之士非有○也. 42-3 蒙○咎. 44-22 齊女入魏而○薛公. 48-20 而有累世之○矣. 53-2 臣恐其皆有○心. 57-22 衍非有○於儀也. 72-9 君得無有所○齊士大夫. 85-7 願君勿○. 85-12 孟嘗君乃取所○五百牒削去之. 85-12 約結而喜主○者孤. 90-4 而遠○者時也. 90-4 國罷而好衆○. 90-19 故約不爲人主○. 90-22 以其爲韓魏主○也. 91-1 約而好主○. 91-4 寄○而誅不直. 91-22 而民弊者○於上. 110-25 蘇子知太子之○己也. 118-20 魏受其○. 121-19 魏齊新○楚. 130-13 趙襄子最○知伯. 135-7 而○毒積惡. 138-5 其○未能報也. 150-25 遠可以報中山之○. 151-1 應對而不○. 153-19 樓緩必○公. 156-3 韓魏必○趙. 157-4 屬○於趙. 169-20 以解其○而取封焉. 169-21 其○於趙. 170-15 臣請爲王推其○於趙. 170-16 而樹○而於齊秦也. 189-21 從客談三國之相○. 190-23 使秦皆無百○百利. 195-11 ○之至死不忘. 196-20 王固先屬○於趙. 196-22 結○於外. 199-3 ○顏已絕之矣. 209-22 韓○魏乎. 212-6 ○秦乎. 212-6 ○魏. 212-6 與所不○乎. 212-8 與其所○乎. 212-8 與其所不○. 212-9 韓○魏. 213-8 楚魏有○. 214-20 而近習之人相與○. 218-19 見有○. 218-20 解患而○報. 219-2 則王之○報矣. 219-9 申子有○色. 221-18 此所謂市○而買禍者也. 222-12 計淺而○深. 223-10 以厚○於韓. 226-10 是韓楚之○不解. 227-23 是秦韓之○深. 233-12 今公叔○齊. 233-21 必周君而深○我矣. 233-21 則○結於韓. 235-13 秦久與天下結○構難. 239-23 我有深○積怒於齊. 252-23 百姓恫○. 254-11 燕人恫○. 254-17 齊王○蘇秦. 254-23 我有積○深怒於齊. 267-10 若先王之報○雪耻. 267-25 智不輕○. 272-4 君微出明○以棄寡人. 272-7 ○惡未見而明棄之. 272-15 而明○於外. 272-17 ○也. 273-2 ○而累之. 273-2 君豈○之乎. 273-3 願君捐○. 273-3 樂間樂乘○不用其計. 273-7 柰何以見陵之○. 273-24 而積○於燕. 274-3 時○急. 277-16 德施於梁而無○於趙. 280-17 秦王必○公. 282-8 固無請人之妻不得而○人者也. 286-19 ○不期深淺. 288-7
【急】 86
今東周之兵不○西周. 2-21 君弗如○北兵趨趙以秦魏. 5-15 故○兵以示秦. 5-22 而以兵之○則伐齊. 6-13 魏王以上黨之○辭之. 12-14 今者義渠之事○. 37-5 損不○之官. 46-7 楚必走秦以○. 48-9 楚果告○於秦. 48-13 齊非○以銳師合三晉. 68-11 不如○以兵合於三晉. 68-13 齊必○. 73-9 ○必以地和於燕. 73-9 故曰可以使太子○去也. 76-11 人之○也. 78-5 ○受之. 80-18 三國之與秦壤界而患○. 81-20 齊○宋. 103-3 將法齊之○也. 103-4 齊以○得宋. 103-4 後將常○矣. 103-5 常以○求所欲. 103-6 韓氏○. 107-19 子何不○言王. 116-13 心疑者事秦○. 142-2 今事有可○者. 142-21 事有可○爲者. 143-7 願王之熟計之也○. 143-11 請無○秦王. 156-4 秦王見趙之相魏冉之不○也. 156-4 韓魏告○於齊. 157-3 秦所以○圍趙者. 162-7 鄂侯爭之○. 163-20 不宜○如此. 167-21 秦○攻之. 178-19 王翦因○擊. 180-4 臣○使燕趙. 187-11 ○約車爲行具. 187-12 且無梁孰與無河內○. 203-22 梁○. 203-22 無梁孰與無身○. 203-22 身○. 203-23 王○召君. 204-5 王○召君. 204-8 晉人見楚人之○. 214-24 楚人惡其緩而○之. 214-24 大國欲○兵. 216-13 寡人知魏之○矣. 216-20 大王已知魏之○而救不至者. 216-20 魏○則且割地而約齊楚. 216-23 秦攻魏○. 218-22 韓氏○. 225-25 最秦之大○也. 228-21 韓○矣. 231-12 韓未○也. 231-12 且○矣. 231-12 韓之○緩莫不知. 231-13 今先生言不○. 231-14 韓○則折而入於楚矣. 231-14 鄭王必以齊王爲不○. 234-3 言之必○. 234-4 魏必○韓氏. 234-9 韓氏○. 234-10 ○擊公叔. 234-14 不如○發重使之趙梁. 240-23 魏○. 243-8 韓謁○於秦. 245-12 事○. 245-13 韓○乎. 245-13 未○也. 245-14 告弊邑甚○. 245-15 公曰未○. 245-16 彼韓○. 245-16 魏○. 246-23 宋○. 256-13 不○爲此. 269-5 願太子○遣樊將軍入匈奴以滅口. 274-5 願足下○過太子. 275-1 時怨○. 277-16 方○時. 277-20 而卒惶○無以擊軻. 277-20 卒惶○不知所爲. 277-22 王○. 278-7 夫人於事己者過○. 282-21 安能○於事人. 282-21 中山○而爲君難其王. 284-16
【計】 223
內自盡○. 1-6 是何○之道也. 5-7 爲公畫陰○. 8-4 趙之上○. 9-19 公不聞楚○乎. 10-15 楚王始不信昭應之○矣. 10-17 爲王之國○者. 13-7 則此一○而三利俱至. 26-13 秦○必弗爲也. 26-21 伐秦非○也. 27-6 ○失於陳軫. 27-11 子獨不可以忠爲子主○. 27-17 ○聽知覆逆者. 28-2 ○者. 28-2 ○失而聽過. 28-3 ○有一二者難悖也. 28-3 秦王明而熟於○. 32-14 秦王明而熟於○. 33-2 而大王之○有所失也. 38-21 願聞所失○. 38-22 非○也. 38-23 臣意王之○欲少出師. 38-24 疏於○矣. 39-1 公與秦○功者. 42-9 ○不下席. 46-15 昭王新說蔡澤○畫. 47-1 是便○也. 50-15 是王失○也. 53-21 若隨此○而行之. 55-24 秦王之○曰. 56-17 今子聽吾○事. 57-2 不顧一子以留○. 57-15 奇其○. 57-23 願於因○. 59-12 願卿之更○. 59-19 臣效愚○. 59-22 司空馬言其爲趙王○而弗用. 59-24 與同知社稷之○. 61-4 五官之○. 63-3 非山東之上○也. 67-25 齊無所出其○矣. 68-9 此萬世之○也. 68-10 是羣臣之○過也. 69-9 臣固願大王之少留○. 69-11 然而爲大王○者. 69-16 是故願大王熟○之. 70-3 儀有愚○. 71-12 爲社稷○者. 71-13 爲王○者. 71-23 故爲君○者. 73-10 秦○曰. 73-15 是秦之○中. 73-18 而齊燕之○過矣. 73-18 則爲國○者過矣. 73-23 ○不決者名不成. 75-13 則楚之○變. 75-14 公子無忌爲天下循便○. 81-12 誰習○會. 82-16 臣竊○. 83-4 馮諼之○也. 83-25 大國之○. 91-6 則此虛中之○也. 92-10 故曰衛鞅之始與秦王○也. 94-13 故知者不再○. 96-11 願公之詳○而無與俗同也. 96-13 故定○而堅守之. 96-14 ○必爲之. 96-16 公無再○. 96-18 君臣過○. 96-19 故爲公○者. 96-25 此亦一○也. 97-4 願公熟○而審處一也. 97-5 ○不顧後. 97-14 退而與魯君○也. 97-15 然而○之於道. 99-21 且嬰兒之○不爲此. 99-24 君不用臣之○. 106-5 ○王之功所以能如此者. 108-14 故爲王至○. 109-2 故願大王之早○之. 109-5 大王誠能聽臣之愚○. 109-7 使臣効愚○. 109-18 竊以爲大王之○過矣. 110-6 是故願大王之熟○之也. 110-14 ○無過於此者矣. 111-7 是故願大王熟○之也. 111-7 臣以爲○無便於此者. 111-18 不習國家之長○. 111-21 皆令獻其○. 117-14 王以三大夫○告慎子曰. 118-2 寡人誰用於三子之○. 118-4 是瘢爲趙○矣. 131-13 君釋此○. 133-2 是皆能移其君之○. 133-19 臣試○之. 135-3 子自爲○. 136-5 ○者不如構三國攻秦. 136-21 君聽臣○則生. 137-13 不聽臣○則死. 137-14 君能聽蘇公之○乎. 137-17 先生之○大而規高. 137-20 議秦以謀○. 138-11 且夫說士之○. 138-13 臣願大王深與左右羣臣卒○而重謀. 139-9 憂大者不○而構. 142-2 願王之熟○之也急. 143-11 爲大王○. 144-7 不可不熟○也. 144-20 願大王之熟○之也. 145-21 故尊主廣地强兵之○. 145-22 故竊爲大王○. 145-23 未嘗得聞社稷之長○. 146-9 恃蘇秦之○. 148-7 臣切爲大王○. 148-15 願大王之定○. 148-16 ○胡狄之利乎. 149-1 事之○也. 152-23 循○之事. 152-24 趙○未定. 158-22 趙王與樓緩○之曰. 158-22 則非○也. 159-6 使臣得爲王○之. 159-7 其○固不止矣. 160-10 勿復○也. 160-19 而國人○功也. 161-10 爲君○者. 161-11 臣願君之蚤○也. 172-6 秦行是○. 172-9 秦行是○也. 172-12 秦行是○. 172-14 秦行是○. 172-16 秦行是○.

172-18 秦行是○也. 172-24 而郎中之○中也. 178-15 則爲之○深遠. 179-11 豈非○久長. 179-13 老臣以媼爲長安君○短也. 179-20 故敝邑趙王使使臣獻愚○. 185-3 爲大王○. 185-23 故願大王之熟○之也. 186-10 前○失之. 186-11 是魏○過也. 188-25 是使儀之○當於秦也. 189-5 而聽相之○. 191-10 易用其○者. 192-5 願王之深○之也. 195-1 故爲王○. 195-2 是免國於患者之○也. 195-13 願足下之論臣之○也. 195-14 而覇者知○. 196-21 踈於度而遠於○. 196-22 非得○也. 199-3 非○之工也. 202-20 臣願君之熟○而無行危也. 203-7 君無爲魏○. 204-6 君其自爲○. 204-6 君其先自爲○. 204-7 後爲魏○. 204-7 然則先生之爲寡人○之何如. 205-11 臣效便○於王. 206-5 王不用臣之忠○. 206-5 願王之熟○之也. 209-2 謀恐不出於○矣. 211-3 願大王之熟○之也. 211-4 臣竊爲大王○. 211-8 願王之熟○之也. 212-1 爲君○者. 212-24 不用子之○而禍至. 213-10 故爲王○者. 213-16 今王能用臣之○. 219-1 是故願大王之熟○之也. 222-9 至不可勝○也. 222-24 聽吾○則可以强霸天下. 223-5 ○淺而怨深. 223-10 故爲大王○. 223-11 ○無便於此者也. 223-13 此以一易二之○也. 226-2 失○於韓明也. 226-23 願公之熟○之也. 227-8 願王之熟○之也. 228-23 願大王之熟○之. 231-5 公行之○. 239-22 公行之○. 239-24 韓之重於兩周也無○. 240-2 公行之○. 240-4 韓○將安出矣. 240-19 此萬世之○也. 240-25 申不害之○事. 241-7 聖人之○也. 242-18 ○之. 242-25 故善爲○者. 243-5 願君之熟○之也. 243-15 而不敢爲楚○. 243-20 秦○固不能守也. 248-12 ○無過於此者. 248-16 故爲君○. 249-5 是故願大王之熟○之也. 251-25 王自慮此則○過. 252-17 夫驕主必不好○. 253-14 夫上○破秦. 257-1 則是兵弱而○疑也. 263-22 老婦不知長者之○. 265-19 願王之熟○之也. 266-9 故召將軍且休○事. 266-21 將軍自爲○則可矣. 266-22 臣之上○也. 268-9 萬世之善○. 268-17 此燕之上○也. 269-5 臣竊爲王○. 269-9 故願王之熟○之也. 270-8 未爲通○也. 272-15 樂間樂乘怨不用其○. 273-7 太傅之○. 274-7 今○舉國不足以當秦. 275-12 丹之私○. 275-12 願○不知所出耳. 276-6 用代王嘉○. 278-7 無有佗○. 282-19 善以微○薦中山之君久矣. 284-23 皆○利形勢. 289-20 不聽臣○. 290-6 然惟願大王覽臣愚○. 290-9 大王若不察臣愚○. 290-12

【哀】 13

○鰥寡. 88-10 知者○焉. 149-14 亦○之矣. 179-12 韓傀走而抱○侯. 238-4 遂中○侯. 238-5 許異蹴○侯而殪之. 242-3 是故○侯爲君. 242-5 猶其尊○侯也. 242-6 皆戴○侯以爲君. 242-11 而棄所○憐之交置之匈奴. 274-8 此天所以○燕不棄其孤也. 275-6 極○. 276-13 涕泣相○. 288-20

【亭】 6

乃使馮○代靳黈. 140-3 馮○守三十日. 140-4 今馮○令使者以與寡人. 140-7 馮○垂涕而勉曰. 140-23 守○障者參列. 185-11 爲除守徼○鄣塞. 222-22

【度】 10

夫商君爲孝公平權衡正○量調輕重. 45-25 予忖○之. 52-24 臣竊○之. 68-20 内○其士卒之衆寡賢與不肖. 145-10 告齊使興師○清河. 148-12 法○制令. 152-8 王者得○. 196-21 踈於○而遠於計. 196-22 ○呼沱. 248-14 盡失其○. 277-18

【迹】 8

則削○於秦. 2-5 故多割楚以滅○也. 76-14 屏流言之○. 145-22 秦人遠○不服. 147-8 念簡襄之○. 149-1 不揜能士之○. 183-17 故吳王遠○至於郢. 268-5 以明先王之○者. 268-9

【庭】 13

謀之於葉○之中. 1-14 今先生儼然不遠千里而○教之. 15-22 取洞○五都江南. 19-9 王○迎. 37-4 臣必聞見王獨立於○也. 41-2 美女充後○. 57-6 門○若市. 66-20 宜召田單而揖之於○. 98-14 南有洞○蒼梧. 108-22 後有長○. 145-19 右有洞○之水. 182-22 走人於○. 218-12 燕王拜送于○. 277-8

【音】 11

於是唐睢載○樂. 42-5 故鍾皷竽瑟之○不絕. 93-17 則韓魏齊燕趙衛之妙○美人. 109-8 又簡擇宮中佳翫麗好翫習○者. 116-8 聞弦○. 127-22 其○何類吾夫之甚也. 135-15 變其○. 135-15 聽竽瑟之○. 145-18 鼓鐸之○聞於北堂. 167-20 不明則樂○. 182-14 天下善爲○. 287-5

【帝】 66

稱○而治. 15-19 黃○伐涿鹿而禽蚩尤. 16-1 雖古五○三王五伯. 16-10 不遭時不得○王. 34-17 卒擅天下而身立爲○王. 37-15 五○之聖而死. 37-22 使秦業○. 46-5 卒事始皇○. 47-3 則秦○. 51-11 秦○. 51-11 先○文王莊王. 51-25 爲○若未能. 53-18 於以禁王之爲○有餘. 53-18 歸○重於齊. 53-20 古之五○三王五伯之伐也. 68-4 意者秦王○王之主也. 84-4 秦使魏冉致○. 89-6 ○名爲無傷也. 89-9 齊秦立爲兩○. 89-13 釋○則天下愛齊乎. 89-14 兩○立. 89-15 夫約然與秦爲○. 89-16 齊釋○. 89-18 故臣願王明釋○. 89-18 故釋○而貳之以伐宋之事. 89-21 天○使我長百獸. 104-1 是逆天○命也. 104-1 横成則秦○. 109-10 王難得見如天○. 119-18 因鬼見○. 119-18 ○王不相襲. 152-6 黃○堯舜誅而不怒. 152-7 ○王之兵. 155-6 前與齊湣王爭强爲○. 162-7 已而復歸○. 162-8 其意欲求爲○. 162-9 趙誠發使尊秦昭王爲○. 162-9 聞魏將欲令趙尊秦爲○. 162-11 魏王使將軍辛垣衍令趙○秦. 162-13 彼則肆然而爲○. 163-2 梁未睹秦稱○之害故也. 163-6 使梁睹秦稱○之害. 163-7 秦稱○之害將奈何. 163-7 曷爲與人俱稱○王. 163-22 欲從而○之. 164-9 且秦無已而○. 164-9 不敢復言○秦. 164-15 且王之先○. 166-4 築○宮. 184-14 築○宮. 186-11 黃○戰於涿鹿之野. 195-16 黃○之所難也. 195-17 ○女令儀狄作酒而美. 200-3 築○宮. 222-8 築○宮. 223-15 今强國將有○王之舋. 242-13 則我立○而覇. 242-16 ○者與師處. 255-17 秦爲西○. 257-8 趙爲中○. 257-8 燕爲北○. 257-8 立爲三○而以令諸侯. 257-8 並立三○. 257-11 其後荆軻客高漸離以擊筑見秦皇○. 278-9 而以筑擊秦皇○. 278-9 彼乃○王之后. 287-9

【斿】 1

建九○. 94-9

【施】 34

今君將○於大人. 7-5 ○於小人. 7-6 君必○於今之窮士. 7-6 行道○德於天下. 44-15 利○三川. 46-15 是不敢倍德畔○. 57-16 豈有毛廧西○哉. 85-3 世無毛嬙西○. 87-21 衝櫓不○而邊城降. 93-12 衝櫓未○. 94-14 田單之○. 98-6 張儀逐惠○於魏. 121-5 使惠○之楚. 121-15 今○以魏來. 121-16 公不如無聽惠○. 121-17 因謂惠○曰. 121-18 西○衣褐而天下稱美. 122-16 德行非○於海内也. 138-2 仁義之所○也. 150-5 ○及賤臣. 153-23 令淖滑惠○之趙. 156-12 惠○欲以魏合於齊楚以案兵. 188-15 魏王令惠○之楚. 196-9 ○因令人先之楚. 196-10 惠○之楚. 196-11 因郊迎惠○. 196-11 魏王召惠○而告之曰. 196-19 惠○爲韓魏交. 197-12 非所○厚積德也. 206-18 率曰散○. 227-2 聶政之所以名○於後世者. 238-16 ○及萌隸皆可以教於後世. 268-2 且世有薄於故厚○. 272-12 德○於梁而無怨於趙. 280-17

【差】 9

吳王夫○無適於天下. 45-22 吳王夫○棲越於會稽. 55-10 昔吳王夫○以强大爲天下先. 91-14 此夫○平居而謀王. 91-15 禽夫○於干遂. 184-16 遂殘吳國而禽夫○. 241-23 夫○弗是也. 268-5 故吳王夫○不悟先論之可以立功. 268-6 各有○. 278-3

【美】 59

○名也. 1-7 非國家之○也. 4-13 田肥○. 15-17 ○女破舌. 23-14 ○男破老. 23-17 乃遺之○男. 23-17 ○女充後庭. 57-6 我孰與城北徐公○. 66-6 君○甚. 66-6 齊國之○麗者也. 66-7 吾孰與徐公○. 66-8 吾與徐公孰○. 66-9 徐公不若君之○也. 66-10 吾妻之○我者. 66-12 妾之○我者. 66-13 客之○我者. 66-13 臣誠知不如徐公○. 66-14 皆以○於徐公. 66-15 ○其一. 77-7 明日視○珥所在. 77-7 ○人充下陳. 83-5 以王好聞人之○而惡聞人之惡也. 105-17 則韓魏齊燕趙衛之妙音○人. 109-8 秦王有愛女而○. 116-8 未嘗見中國之女如此其○也. 120-9 未嘗見人如此其○也. 120-18 而儀言得○人. 120-18 西施衣褐而天下稱○. 122-16 魏王遺楚王○人. 123-11 王愛子○矣. 123-16 齊崔杼之妻○. 126-25 不棄○利於前. 131-12 成功之○也. 134-16 天下之○同. 134-17 臣主之權均之能○. 134-17 楚王○秦之語. 142-24 今王○秦之言. 143-1 ○宮室. 145-18 ○人巧笑. 145-19 臣竊爲大王○之. 173-24 求其好掩人之○而楊人之醜者而參驗之. 182-3 帝女令儀狄作酒而○. 200-3 南威之○也. 200-12 ○人亦甚多矣. 218-13 有敢言○人者族. 218-16 欲進○人. 218-18 故賣○人. 242-25 ○人之賈貴. 242-25 秦反得其金與韓之○人. 243-1 韓之○人因言於秦曰. 243-2 韓亡○人與金. 243-2 ○人知内行者也. 243-5 故爲○酒. 259-6 之男家曰女○. 259-13 累往事之○. 272-21 問進車騎○女. 275-20 則功大名○. 280-4 獨不可語陰簡之○乎. 286-15 殊無佳麗好○者. 287-6

【叛】 1

此不○寡人明矣. 67-4

【送】 14

趙厚○遣之. 57-16 犀首○之至於齊壃. 72-11 直使○之. 79-24 直○象牀. 80-1 愛地不○死父. 117-10 舍人出○蘇君. 137-18 李兌○蘇秦明月之珠. 137-22 媼之○燕后也. 179-11 周欲以車百乘重而○之. 236-10 今予以百金○公也. 266-5 太子○之至門. 274-18 皆白衣冠以○之. 276-24 燕王拜○于庭. 277-8 教○母. 283-14

【迷】 3

○於言. 16-14 上下○惑. 96-19 使三軍之士不○惑者. 183-11

【前】 89

彼○得罪而後得解. 3-23 ○相工師藉恐客之傷己也. 4-4 ○有勝魏之勞. 9-21 故使長兵在○. 10-8 ○功盡矣. 11-11 ○功盡滅. 11-14 何○倨而後卑也. 17-14 白刃在○. 18-12 斷死於○者比是也. 18-19 ○

者穰侯之治秦也. 19-22 司馬錯與張儀爭論於秦惠王○. 21-21 在耳之○. 28-20 獨不重任臣者後無反覆於王○耶. 36-15 知今日言之於○. 37-19 設利於○. 52-18 ○日秦下甲攻趙. 59-17 將軍爲壽於○而捍匕首. 60-5 恐懼死罪於○. 60-6 亦驗其辭於王○. 65-8 因與之參坐於衞君之○. 72-10 兔極於○. 81-7 臅○. 85-15 王○. 85-15 王曰臅○. 85-16 亦曰王○. 85-17 夫臅○爲慕勢. 85-17 王○爲趨士. 85-18 可見於○事矣. 91-18 可見於○事. 93-2 王賜諸○. 99-11 雍門司馬○曰. 101-16 昭奚恤與彭城君議於王○. 104-8○而驅已也. 122-8 上比○世. 127-5 不棄美利於○. 131-12 襄子將卒犯其○. 134-3 ○國地君之御有之曰. 134-9 ○事之不忘. 134-18 君○已寬舍臣. 136-6 願見於○. 137-6 皆言主○專據. 138-6 皆願奉教陳忠於○之日久矣. 144-4 無敢盡忠於○者. 144-6 ○有軒轅. 145-19 臣得陳忠於○矣. 145-23 剖地謝○過以事秦. 148-20 ○吏命胡服. 153-23 累世以○. 158-17 則是弃○貴而挑秦禍也. 160-7○與齊湣王爭强爲帝. 162-7 起○以千金爲魯連壽. 164-19 ○漳滏. 165-1 王致之於○. 165-9 ○有尺帛. 165-21 何不令○郎中以爲冠. 166-1 ○之人煬. 166-12 其○可見已. 169-11 虛國於燕趙之○. 170-7 今三世以○. 179-14 ○帶河. 183-1 ○脉形埊之險阻. 183-10 縣賞罰於○. 183-12 ○慮不定. 185-2 ○計失之. 186-11 見棺之○和. 194-2 彼將傷其○事. 199-4 ○夾林而後蘭臺. 200-12 則○功必棄矣. 203-1 今臣直欲棄臣○之所得矣. 218-11 臣亦猶曩臣之○所得魚也. 218-14 則棄○功而後更受其禍. 222-10 探○趹後. 222-25 觴聶政母○. 237-3 ○爲聶政母壽. 237-3 且○日要政. 237-17 ○所以不許仲子者. 237-19 强弩在○. 260-15 故○業不忘. 272-24 使得至○. 275-6 太子○頓首. 275-19 樊於期乃○曰. 276-8 又○而爲歌曰. 277-1 ○爲謝曰. 277-11 使畢使於○. 277-12 左右既○斬荆軻. 278-2 ○年國虛民飢. 288-14 三軍之俸有倍於○. 288-16 雖倍其○. 288-21 君○率數萬之衆入楚. 289-3

【首】 113

犀○戰勝威王. 23-10 樂羊再拜稽○曰. 29-9 王且相犀○. 31-22 犀○告臣. 31-22 王怒於犀○之泄也. 31-23 又取蒲衍○垣. 52-7 ○身分離. 53-3 韓必授○. 53-22 未嘗爲兵○. 59-20 將軍爲壽於前而捍匕○. 60-5 晏○貴而仕人寡. 66-1 今○之所進仕者. 66-3 宣王因以晏○壅塞之. 66-3 犀○以梁爲齊戰於承匡而不勝. 72-7 犀○欲敗. 72-9 犀○跪行. 72-11 犀○送之至於齊彊. 72-11 豈非世之立教○也哉. 79-21 爲五伯○. 97-12 貂勃避席稽○曰. 99-12 王抽旃旄而抑兕○. 106-9 左奉其○. 113-15 貿○之讎也. 115-7 公子成再拜稽○曰. 151-4 趙燕再拜稽○曰. 153-23 牛贊再拜稽○曰. 154-14 弃禮義而上○功之國也. 163-1 駕犀○而驂馬服. 166-4 馮忌接手免○. 176-3 求見犀○. 187-4 犀○謝陳軫. 187-4 犀○乃見之. 187-5 犀○曰. 187-7 犀○曰. 187-8 犀○曰. 187-12 犀○又以車三十乘使燕趙. 187-14 以事屬犀○. 187-15 犀○受齊事. 187-16 亦以事屬犀○. 187-17 今燕齊趙皆以事因犀○. 187-17 犀○必欲寡人. 187-18 而以事因犀○. 187-18 所以不使犀○者. 187-19 犀○遂主天下之事. 187-20 犀○弗利. 189-12 犀○以爲功. 189-16 犀○謂梁王曰. 190-6 貿○之仇也. 190-15 犀○期齊王至之曰. 190-21 犀○田盼欲得齊魏之兵以伐趙. 192-3 犀○曰. 192-3 犀○曰. 192-6 遂勸兩君聽犀○. 192-9 犀○田盼遂得齊魏之兵. 192-9 犀○見梁君曰. 192-13 犀○許諾. 192-18 史舉非犀○於王. 193-7 犀○欲窮之. 193-7 因令史舉數見犀○. 193-9 成恢爲犀○謂韓王曰. 193-12 而以告犀○. 193-23 犀○曰. 193-23 先王必欲少留而扶社稷安黔○也. 194-7 欲罪犀○. 196-4 犀○患之. 196-4 犀○以倍田需周宵. 196-6 令犀○之齊. 196-9 魏王令犀○之齊. 196-10 吾恐張儀薛公犀○之有一人相魏者. 197-22 吾恐張儀薛公犀○有一人相魏者. 198-2 犀○相魏. 198-4 請以一鼠○爲女殉者. 203-20 而許綰之○. 203-21 猶鼠○也. 203-21 而殉王以鼠○. 203-21 非秦實○伐之也. 209-7 此王之○事也. 209-14 其○救. 211-5 擊其○. 211-5 ○尾皆救. 211-5 是山東○尾皆救中身之時也. 211-7 魏兩用犀○張儀而西河之外亡. 223-20 魏因相犀○. 223-25 公仲且抑○而不朝. 231-17 ○之者. 244-10 進齊宋之兵至○坦. 244-10 欲以四國西○也. 244-12 頓○塗中. 250-3 餓而死於○陽之山. 250-16 買其○五百金. 256-1 因犀○屬行而攻趙. 261-7 燕得甲○二萬人. 264-3 得○三萬. 264-11 太子避席頓○曰. 275-5 太子前頓○. 275-19 誠能得樊將軍○. 276-1 今聞購將軍之○. 276-5 願得將軍之○以獻秦. 276-8 乃遂收盛樊於期之○. 276-13 於是太子預求天下之利匕○. 276-15 得趙人徐夫人之匕○. 276-15 今提一匕○入不測之强秦. 276-22 圖窮而匕○見. 277-14 而右手持匕○揕抗之. 277-14 乃引其匕○提秦王. 277-24 犀○伐黃. 279-24 犀○雖愚. 280-5 犀○立五王. 284-7 ○難也. 285-16 司馬憙頓○於軾曰. 286-10 陰姬公稽○曰. 286-25 斬○二十四萬. 289-6 武安君頓○曰. 290-8

【逆】 26

以○攻順者亡. 18-11 計聽知覆○者. 28-2 四治政不亂不○. 41-4 顯○誅. 43-11 趙可取唐曲○. 73-12 故專兵一志以○秦. 81-20 是○天帝命也. 104-1 大○不忠. 109-16 而○强秦之心. 110-25 無使○命. 123-20 將以○秦. 147-1 臣有以知天下之不能爲從以○秦也. 147-2 臣不○主. 149-19 今寡人恐叔○從政之經. 149-23 ○人之心. 150-7 而叔也順中國之俗以○簡襄之意. 151-1 不○其志. 153-12 不○上以自伐. 153-19 ○主以自成. 153-21 ○主罪莫大焉. 153-21 以○主爲高. 153-22 欺之不爲○者. 194-18 而君○寡人者. 219-16 而○無已之求. 222-12 ○秦而順楚. 223-10 欲排其○鱗哉. 273-25

【兹】 9

今臣生十二歲於○矣. 58-10 謂○公不知此兩者. 212-12 又不知○公者也. 212-12 然而○公爲從. 212-13 從則○公重. 212-13 不從則○公輕. 212-13 ○公之處重也. 212-14 今○効之. 222-10 ○之所以受命於趙者. 273-10

【炫】 1

○熿於道. 17-8

【洹】 4

右飲於○水. 21-2 淇水竭而○水不流. 21-2 相與會於○水之上. 145-25 一天下約爲兄弟刑白馬以盟於○水之上以相堅也. 185-16

【洧】 1

東有宛穰○水. 221-24

【洿】 2

必以其血○其衣. 84-16 沈○鄙俗之日久矣. 128-13

【洞】 3

取○庭五都江南. 19-9 南有○庭蒼梧. 108-22 右有○庭之水. 182-22

【活】 1

上以○主父. 251-5

【洛】 10

路過○陽. 17-12 魏許秦以上○. 49-25 效上○於秦. 50-6 今吾國東有河薄○之水. 150-18 以守河薄○之水. 150-20 伊○出其南. 182-25 長羊王屋○林之地也. 201-15 長羊王屋○林之地也. 201-18 魏之所以獻長羊王屋○林之地者. 201-24 韓北有鞏○成皋之固. 221-23

【津】 5

驅十二諸侯以朝天子於孟○. 55-12 平原○令郭遺勞而問. 59-23 棘○之讎不庸. 61-13 守白馬之○. 148-4 秦故有懷地刑丘之城垝○. 207-11

【恃】 43

宛○秦而輕晉. 13-12 鄭○魏而輕韓. 13-12 此皆○援國而輕近敵也. 13-13 今君○韓魏而輕秦. 13-14 不可信○. 32-8 莒○越而滅. 91-17 蔡○晉而亡. 91-17 大臣不足○. 96-21 趙○楚勁. 104-18 今邊邑之所○者. 107-10 不足○也. 109-22 而楚○諸侯之救. 110-21 夫○弱國之救. 110-22 ○韓未窮. 138-13 ○蘇秦之計. 148-7 老婦○輦而行. 178-25 ○鬻耳. 179-1 猶不能○無功之尊. 179-22 ○此險也. 182-23 而欲○詐僞反覆蘇秦之餘謀. 185-17 二國○王. 190-6 魏王之所○者. 209-19 昔曹○齊而輕晉. 211-15 繒○齊以悍越. 211-16 鄭○魏以輕韓. 211-16 原○秦翟以輕晉. 211-17 中山○齊魏以輕趙. 211-18 皆其所○也. 211-19 夫國之所以不可○者多. 211-20 而不可○者. 211-21 而不可○者. 211-21 而不可○者. 211-22 臣以此知國之不可必○也. 211-23 今王○楚之强. 211-23 魏王見天下之不足○也. 215-10 ○王國之大. 215-23 與國不可○. 225-25 ○楚之虛名. 226-16 公○秦而勁. 232-5 吾所○者順也. 262-10 王而不能自○. 268-16 是時楚王○其國大. 289-11 魏○韓之銳. 289-17

【恒】 3

非○士也. 31-8 亦聞○思有神叢與. 40-16 ○思有悍少年. 40-16

【怴】 1

非效○壺醬甀耳. 1-16

【恢】 11

綦母○謂周君曰. 12-15 綦毋○曰. 12-19 魏求相綦母○而周不聽. 112-5 ○先君以揜方城之外. 113-3 綦母○教之語曰. 191-4 成○爲犀首謂韓王曰. 193-12 綦毋○曰. 236-11 周成○爲之謂魏王曰. 245-25 成○因爲謂韓王曰. 246-1 見趙○. 266-2 趙○曰. 266-2

【恫】 3

是故○疑虛猲. 69-7 百姓○怨. 254-11 燕人○怨. 254-17

【恤】 24

陶爲鄰○. 34-13 不○楚交. 55-6 吾聞北方之畏昭奚○也. 103-22 而專屬之昭奚○. 104-5 故北方之畏奚○也. 104-5 昭奚○與彭城君議於王前. 104-8 昭奚○謂楚王曰. 104-11 昭奚○不知也. 104-14 江尹欲惡昭奚○於楚王. 104-23 昭奚○曰. 104-24 江尹因得山陽君與之共惡昭奚○. 104-24 魏氏惡昭奚○於楚王. 105-2 江乙惡昭奚○. 105-7 昭奚○取魏之寶器. 105-9 故昭奚○常惡臣之見王. 105-10 江乙欲惡昭奚○於楚. 105-13 客因爲之謂昭奚○曰. 106-23 昭奚○曰. 106-24 昭奚○已而悔之. 107-1 奚○得事公. 107-1 公何爲以故與奚○. 107-1 其社稷之不能○. 156-18 安能收○藺離石祁乎. 156-18 不

○其政. 289-11

【恨】 7

是○秦也. 89-8 是○天下也. 89-8 襄子○然曰. 134-13 雖死不○. 136-7 韓得武遂以○秦. 233-11 又奚爲挾之以○魏王乎. 244-5 寡人○君. 290-8

【宣】 47

因○言東周也. 8-6 ○言之於朝廷. 26-15 秦○太后愛魏醜夫. 33-5 使人○言以感怒應侯曰. 44-8 子常○言代我相秦. 44-11 ○王立. 63-11 大不善於○王. 63-11 請見○王. 63-12 ○王聞之. 63-15 齊貌辨見○王. 63-15 ○王大息. 63-23 ○王自迎靖郭君於郊. 64-1 鄒忌事○王. 66-1 ○王不悅. 66-1 鄒忌謂○王曰. 66-2 ○王因以晏首壅塞之. 66-3 說齊○王曰. 68-16 淳于髡一日而見七人於○王. 80-21 齊○王見顏斶. 85-15 ○王不悅. 85-16 ○王默然不悅. 85-23 ○王曰. 86-22 先生王斗造門而欲見齊○王. 87-8 ○王使謁者延入. 87-8 ○王因趨而迎之於門. 87-10 ○王忿然作色. 87-12 ○王說曰. 87-15 ○王曰. 87-19 ○王謝曰. 88-1 荆○王問羣臣曰. 103-22 不知夫子發方受命乎○王. 125-5 魏○子欲勿與. 132-3 ○子曰. 132-5 魏○子之謀臣曰趙葭. 133-18 夫齊威○. 147-5 ○王用之. 147-6 今富非有齊威○之餘也. 147-9 今○君有微甲鈍兵. 148-4 ○王謂摎留曰. 223-17 ○太后曰. 231-6 ○太后謂尚子曰. 231-6 錡○之教韓王取秦. 232-20 齊○王因燕喪攻之. 249-13 而齊○王復用蘇代. 253-21 齊○王何如. 253-23 儲子謂齊○王. 254-12 孟軻謂齊○王曰. 254-18

【宧】 3

設爲不○. 88-17 今先生設爲不○. 88-20 不○則然矣. 88-21

【室】 29

今三川周○. 22-4 天下之宗○也. 22-14 以闚周○. 28-25 掃○布席. 31-3 願爲足下掃○布席. 31-6 其相○曰. 43-1 東收周○. 47-1 齊孫○子陳舉直言. 95-5 小不如處○. 108-9 宮○臥具. 123-12 爲其遠王○矣. 130-11 公宮之○. 132-20 腹擊爲○而鉅. 136-23 何故爲○之鉅也. 136-23 宮○小而帑不衆. 136-24 毋發屋○. 142-10 東闚於周○甚. 142-21 美宮○. 145-18 相○曰. 159-1 怒於○者色於市. 233-20 以東闚周○. 240-20 無不任事於周○也. 242-12 燒其宮○宗廟. 256-10 使使盟於周○. 257-1 曩者使燕毋去周○之上. 258-10 故鼎反於歷○. 267-19 ○不能相和. 272-14 掾其○. 277-16 入○見臼. 283-15

【突】 2

宋○謂机郝曰. 156-2 齊人戎郭宋○謂仇郝曰. 175-7

【穿】 1

蹠○膝暴. 113-14

【客】 101

周相呂倉見○於周君. 4-4 前相工師藉恐○之傷己也. 4-4 ○者. 4-5 ○卽對曰. 4-16 而自謂非○何也. 4-18 而又爲○哉. 4-19 ○謂周君曰. 8-11 以其重秦○. 10-4 ○曰. 11-9 請使○卿張儀. 17-24 ○謂誂者曰. 24-16 ○曰. 24-17 楚○來使者多健. 30-21 秦○卿造謂穰侯曰. 34-11 燕○蔡澤. 44-8 乃延入坐爲上○. 46-21 ○新有從山東來者蔡澤. 46-22 拜爲○卿. 46-24 ○謂秦王曰. 50-13 上○從趙來. 59-23 以上○料之. 59-25 秦王召羣臣賓○六十人而問焉. 60-19 ○多以諫. 62-18 无爲○通. 62-18 ○趨而進曰. 62-20 ○有於此. 62-20 ○曰. 62-20 ○肯爲寡人來靖郭君乎. 63-24 ○從外來. 66-9 問之○曰. 66-9 ○曰. 66-10 ○之美我者. 66-13 臣之○欲有求於臣. 66-15 今大○幸而教之. 70-5 ○何好. 82-4 ○無好也. 82-5 ○何能. 82-5 ○無能也. 82-5 比門下之○. 82-8 比門下之車○. 82-10 孟嘗君○我. 82-11 問門下諸○. 82-16 ○果有能也. 82-19 ○胡爲若此. 84-17 寡人直與○論耳. 84-17 欲○之必論寡人之志也. 84-18 使賓○入秦. 101-13 ○耶. 102-5 ○因爲之謂昭奚恤曰. 106-23 ○辭而去. 107-1 因謂○曰. 107-1 ○曰. 107-2 今上○幸教以明制. 111-22 且○獻不死之藥. 126-9 ○說春申君曰. 126-12 ○又說春申君曰. 126-17 召門吏爲汗先生著○籍. 128-7 ○謂奉陽君曰. 139-12 是以外賓○遊談之士. 144-5 今上○有意存天下. 146-10 ○有難者. 147-12 魏王使○將軍新垣衍間入邯鄲. 162-6 梁○辛垣衍安在. 162-16 工見○來也. 165-22 尊虞商以爲大○. 170-13 ○若死. 175-18 ○有見人於服子者. 176-4 公之○獨有三罪. 176-4 ○曰. 176-6 ○見趙王曰. 176-13 ○曰. 176-20 諸侯○聞之. 187-14 從○談三國之相怨. 190-23 ○謂公子理之傳曰. 196-13 ○謂齊王曰. 205-9 ○謂司馬食其曰. 212-11 ○幸而教之. 223-15 ○有請叱之者. 234-1 ○何方所循. 236-14 ○游以爲狗屠. 237-5 故○有說韓者曰. 243-3 唐○謂公仲曰. 243-18 士唐○於諸公. 243-23 ○卿爲韓謂秦王曰. 244-9 今大○幸而教之. 252-2 ○謂魏王曰. 252-5 今燕○之言曰. 252-7 因見燕○而遣之. 252-8 秦挾賓○以待破. 257-2 擢之乎賓○之中. 267-7 ○謂燕王曰. 269-13 待吾○與俱. 276-22 太子及賓○知其事者. 276-24 其後荆軻○高漸離以擊筑見秦皇帝. 278-9 ○曰. 281-4 ○曰. 281-6 衞使○事魏. 282-16 衞○患之. 282-16 ○趨出. 282-20 衞○曰. 282-22 魏王趨見衞○. 282-23

【冠】 30

身布○而拘於秦. 55-13 ○舞以其劍. 60-23 ○舞其劍. 64-1 朝服衣○窺鏡. 66-5 衣○而見之. 83-2 王使人爲○. 87-24 田單免○徒跣肉袒而進. 99-8 大○若箕. 100-7 今將倒○而至. 107-20 ○帶不相及. 113-15 子必以衣○之敝. 120-2 遂以○纓絞王. 126-25 鯷○秫縫. 150-11 遂賜周紹胡服衣○. 153-15 且令工以爲○. 165-22 何不令前郎中以爲○. 166-1 郎中不知爲○. 166-2 爲○而敗之. 166-2 受○帶. 184-14 受○帶. 186-12 ○蓋相望. 216-15 受○帶. 216-21 亦免○徒跣. 219-21 受○帶. 222-8 ○蓋相望也. 231-3 ○蓋相望. 245-12 ○蓋相望. 245-15 皆白衣○以送之. 276-24 髮盡上指○. 277-2 爲無顏之○. 281-14

【冦】 5

生未嘗見○也. 18-18 無所○艾. 123-6 夫燕之所以不犯○被兵者. 248-9 內○不與. 253-17 趙王出輕銳以○其後. 290-5

【軍】 191

公仲之○二十萬. 2-3 秦攻魏將犀武○於伊闕. 9-18 不如令太子將○正迎吾得於境. 11-17 令○設舍速東. 13-24 寬則兩○相攻. 16-11 張○數千百萬. 18-12 引○而退. 19-13 天下有比志而○華下. 19-16 引○而退. 19-20 ○於長平之下. 20-3 引○而去. 20-5 引○而退. 20-15 ○乃引退. 20-20 大王又并○而致與戰. 20-20 楚因使一將○受地於秦. 27-1 破○殺將. 39-1 主辱○破. 39-3 禽馬服之○. 42-16 君何不賜○吏乎. 43-16 ○吏雖賤. 43-21 不如賜○吏而禮之. 43-23 ○吏窮. 43-23 破敵○. 44-23 夏育太史啓叱呼駭三○. 45-23 大敗楚○. 48-3 將○戰勝. 60-4 王鮒將○. 60-5 將○爲壽於前而捍匕首. 60-5 賜將○死. 60-9 ○於邯鄲之郊. 64-11 ○於其郊. 64-12 將○可以爲大事乎. 65-11 將○無解兵而入齊. 65-12 ○重踵高宛. 65-16 則將○不得入於齊矣. 65-17 以雜秦○. 66-25 秦○大敗. 67-5 必更葬將○之母. 67-8 卽有○役. 68-19 覆○殺將得八城. 72-15 覆○殺將. 72-16 破○殺將得八城. 72-23 解○而去. 73-1 一○不能當. 79-17 以故相爲上將○. 83-16 ○舍林中. 90-15 士聞戰則輸私財而富○市. 92-7 ○出費. 92-11 ○之所出. 92-13 克燕○. 92-24 甲兵不出於○而敵國勝. 93-12 雖有百萬之○. 93-15 覆其十萬之○. 94-11 齊○破. 95-7 ○破走. 95-8 則不免爲敗○禽將. 97-14 曹子以敗○禽將. 97-14 楚王使將○將萬人而佐齊. 99-2 將○攻狄. 100-3 將○之在卽墨. 100-9 將○有死之心. 100-12 當今將○東有夜邑之奉. 100-13 秦必起兩○. 109-3 一○出武關. 109-3 一○下黔中. 109-4 吾將深入吳○. 113-8 楚令昭鼠以十萬○漢中. 115-15 妾聞將○之晉國. 120-12 因舒○而圍之. 132-23 二君卽與張孟談陰約三○. 133-8 而決水灌知伯○. 134-2 知伯○救水而亂. 134-2 大敗知伯○而禽知伯. 134-3 自將○以上. 134-11 秦以三○强弩坐羊唐之上. 138-18 且秦以三○攻王之上黨而危其北. 138-19 韓爲中○. 139-16 一○臨熒陽. 139-20 一○臨太行. 139-21 秦起二○以臨韓. 139-23 五伯之所以覆○禽將而求也. 144-16 不待兩○相當. 145-11 楚○武關. 146-4 則韓○宜陽. 146-5 楚○武關. 146-5 魏○河外. 146-5 ○於澠池. 148-4 今秦發三將○. 148-12 一○塞午道. 148-12 ○於邯鄲之東. 148-12 一○○於成皋. 148-13 敺韓魏而○於河外. 148-13 一○○於澠池. 148-13 吾非不說將○之兵法也. 155-3 獨將○之用衆. 155-4 今將○必負十萬二十萬之衆乃用之. 155-6 收破○之敝守. 158-7 君無覆○殺將之功. 161-7 ○戰不勝. 161-15 以爲不媾者○必破. 161-17 欲破王之○乎. 161-18 必且破趙○. 161-19 ○必破矣. 161-24 ○果大敗. 162-2 魏安釐王使將○晉鄙救趙. 162-5 魏王使客將○新垣衍間入邯鄲. 162-6 魏王使將○辛垣衍令趙帝秦. 162-13 勝請爲紹介而見之於將○. 162-18 所爲見將○者. 163-3 而將○又何以得故寵乎. 164-12 爲郤○五十里. 164-16 適會魏公子無忌奪晉鄙○以救趙擊秦. 164-17 秦○引而去. 164-17 覆○殺將之所取割地於敵國者也. 174-16 將○釋之矣. 174-20 將○無言已. 174-21 ○也縣釜而炊. 175-3 李牧數破走秦○. 179-25 殺趙○. 180-5 使三○之士不迷惑者. 183-11 無以異於三○之衆. 184-10 覆十萬之○. 196-19 覆十萬之○. 197-5 十萬之○拔邯鄲. 202-7 華○之戰. 204-15 今魏王出國門而望見○. 206-4 利出燕南門而望見○乎. 206-9 從林○以至于今. 207-20 而破三○者. 221-5 ○於南鄭矣. 231-24 不見覆○殺將之憂. 248-8 ○於東垣矣. 248-14 覆三○. 253-6 將○市被太子平謀. 254-11 將○市被圍公宮. 254-15 將○市被及百姓乃反攻太子平. 254-15 將○市被死已殉. 254-16 於是遂以樂毅爲上將○. 256-8 則齊○可敗. 258-18 齊○敗. 264-3 今○敗亡二萬人. 264-5 楚使將○之燕. 266-2 卒敗燕○. 266-16 先王舉國而委將○. 266-18 將○爲燕破齊. 266-18 寡人豈敢一日而忘將○之功哉. 266-19 寡人之使騎劫代將○者. 266-20 爲將○久暴露於外. 266-21 故召將○且休計事. 266-21 將○過聽. 266-22 將○自爲計則可矣. 266-22 而亦何以報先王之所以遇將○之意乎. 266-23 濟上之○. 267-17 ○吏乃服. 271-6 魏○其西. 271-7 齊○其東. 271-7 楚○欲還不可得也. 271-7 樊將○亡秦之燕. 274-2 又況聞樊

將○之在乎. 274-3 願太子急遣樊將○入匈奴以滅口. 274-5 夫樊將○困窮於天下. 274-8 夫今樊將○. 275-25 誠能得樊將○首. 276-1 樊將○以窮困來歸丹. 276-2 秦之遇將○. 276-4 今聞購將○之首. 276-5 樊將○仰天太息流涕曰. 276-6 而報將○之仇者. 276-7 願得將○之首以獻秦. 276-8 然則將○之仇報. 276-10 將○豈有意乎. 276-11 詔王翦○以伐燕. 278-5 求益○糧以滅趙. 288-15 三○之俸有倍於前. 288-16 秦○大尅. 288-18 趙○大破. 288-18 今王發○. 288-21 大破二國之○. 289-5 是以寡人大發○. 289-7 以足○食. 289-14 以○中爲家. 289-14 二○爭便之力不同. 289-18 專○并銳. 289-18 魏○既敗. 289-19 韓○自潰. 289-19 今秦破趙○於長平. 289-20 挑其○戰. 289-25 復益發○. 290-3 不忍爲辱○之將. 290-15

【扁】 7

醫○鵲見秦武王. 28-20 ○鵲請除. 28-20 君以告○鵲. 28-21○鵲怒而投其石. 28-22 於是以太子○昭揚梁王皆德公矣. 233-2 人之所以善○鵲者. 243-13 使善○鵲而無臂腫也. 243-14

【扃】 1

必開○天下之匈. 111-9

【房】 1

處於○城. 56-25

【衽】 7

出其父母懷○之中. 18-18 連○成帷. 68-23 臣請以臣之血湔其○. 78-17 折之○席之上. 93-17 見君莫不斂○而拜. 105-21 錯臂左○. 150-11 攝○抱几. 164-1

【衿】 1

臣輒以頸血湔足下○. 79-10

【袂】 1

舉○成幕. 68-23

【祖】 3

○仁者王. 91-13 秦王必○張儀之故謀. 232-1 既○. 276-25

【神】 17

昔者○農伐補遂. 16-1 若太后之○靈. 33-7 亦聞恒思有○叢與. 40-16 叢籍我○三日. 40-17 叢籍其○. 40-18 王之○. 40-20 鬼○狐祥無所食. 53-4 然而形○不全. 87-2 以爲○. 120-9 上天甚○. 127-11 非當於鬼○也. 138-3 非社稷之○靈. 150-25 宓戲○農教而不誅. 152-6 威服天下鬼○. 281-13 特以爲○. 287-8 取勝如○. 289-9 何○之有哉. 289-20

【祝】 9

聽○弗. 5-13 齊聽○弗. 5-20 逐周最聽○弗相呂禮者. 5-20 故用○弗. 5-23 爲儀千秋之○. 72-11 中人禱○. 92-9 祭祀必○之. 179-12 ○曰. 179-12 許綰爲我○曰. 203-18

【祚】 1

禽樂○. 183-7

【祠】 9

楚有○者. 72-19 則不○而福矣. 91-12 奉○祭之日淺. 148-19 ○春秋. 184-14 ○春秋. 186-12 ○春秋者. 216-22 ○春秋. 222-8 ○春秋. 223-15 此秦所以廟○而求也. 226-5

【郡】 11

其實○也. 29-6 故楚王何不目新城爲主○也. 107-10 楚王果以新城爲主○. 107-14 楚地西有黔中巫○. 108-22 黔中巫○非王之有已. 110-19 宜陽效則上○絶. 144-19 以爲代○守. 167-24 請比○縣. 223-15 猶○縣也. 251-23 盡○縣之以屬燕. 266-13 給貢職如○縣. 277-6

【退】 24

引軍而○. 19-13 引軍而○. 19-20 引軍而○. 20-15 軍乃引○. 20-20 而身不○. 45-19 進○盈縮變化. 45-21 如是不○. 46-18 之兵乃○. 49-7 因○爲逢澤之遇. 54-14 身○師. 67-21 則將○兵. 73-16○而自刎. 84-16 今楚魏交○. 96-16 ○而與魯君計也. 97-15○而請死罪. 99-9 是故○王之所愛. 119-7 進○之謂節. 152-13○而聽朝也. 164-2 張丑○. 188-11 夫舍萬乘之事而○. 198-17 ○不得改過. 273-5 故兵○難解. 280-17 早朝晏○. 288-22 應侯慙而○. 290-3

【叚】 2

將使○干崇割地而講. 204-15 ○干子也. 204-19

【屍】 6

伏○百萬. 219-20 伏○二人. 220-1 韓取聶政○於市. 238-7 乃抱○而哭之曰. 238-13 亦自殺於○下. 238-14 伏○而哭. 276-13

【屋】 7

見說趙王於華○之下. 16-25 安行而反臣之邑○. 87-4 毋發○室. 142-10 長羊王○洛林之地也. 201-15 長羊王○洛林之地也. 201-18 魏之所以獻長羊王○洛林之地者. 201-24 頃間有鵲止於○上者. 236-17

【咫】 5

無○尺之功者不賞. 61-20 君無○尺之地. 105-20 舜無○尺之地. 145-8 趙王以○尺之書來. 174-3 見足下身無○尺之功. 250-9

【屖】 5

秦攻魏將○武軍於伊闕. 9-18 殺○武. 11-5 殺○武. 11-12 ○武敗於伊闕. 12-14 ○武敗. 14-1

【屏】 4

秦王○左右. 37-8 請○左右. 144-13 ○流言之迹. 145-22 使侍○匽. 269-20

【弭】 1

子其○口無言. 26-23

【昏】 1

此皆能乘王之醉○. 176-23

【悲】 1

楚使新造○棼冒勃蘇. 113-17

【陣】 1

以待韓○. 289-18

【韋】 6

濮陽人呂不○賈於邯鄲. 56-21 不○曰. 57-8 不○說趙曰. 57-14 不○使楚服而見. 57-18 以不○爲相. 57-25 而呂不○廢. 130-4

【眉】 2

滅鬚去○. 135-13 若乃其○目准頞權衡. 287-9

【胥】 10

子○忠乎其君. 24-3 昔者子○忠其君. 24-25 伍子○橐載而出昭關. 38-1 使臣得進謀如伍子○. 38-3 子○知. 45-6 子○忠於君. 61-8 韓且坐而○亡乎. 212-4 伍子○逃楚而之吳. 263-1 伍子○宮之奇不用. 266-3 昔者五子○說聽乎闔閭. 268-4

【陛】 2

○下嘗軔車於趙矣. 57-21 以次進至○下. 277-10

【陘】 11

○山之事. 32-5 圍○. 41-11 今王將攻韓圍○. 41-14 王攻韓圍○. 41-15 楚魏戰於○山. 49-25 北有汾○之塞郇陽. 108-23 魏敗楚於○山. 178-8 南有○山. 221-24 秦攻○. 224-6 又攻○. 224-6 又攻○. 224-7

【除】 17

○道屬之於河. 11-23 清宮○道. 17-12 扁鵲請○. 28-20 ○之未必已也. 28-21 ○萬世之害. 34-19 ○害莫如盡. 34-20 此○疾不盡也. 34-21 ○君之害. 34-22 若於○宋罪. 35-17 ○感忿之耻. 97-21 爲○守徼亭鄣塞. 222-22 ○服. 237-13 將欲以○害取信於齊也. 256-16 使○患無至. 266-2 是故謀者皆從事於○患之道. 266-4 而先使○患無至者. 266-4 而燕國見陵之耻○矣. 276-10

【姻】 2

親○也. 130-10 合讎國以伐婚○. 195-15

【姝】 1

間○子奢. 127-9

【姚】 8

○賈對曰. 60-21 ○賈辭行. 60-23 王召○賈而問曰. 61-6 ○賈曰. 61-12 乃可復使○賈而誅韓非. 61-22 趙使○賈約韓魏. 178-2 舉茅爲○賈謂趙王曰. 178-2 令○賈讓魏王. 216-10

【姧】 3

無法術以知○. 126-23 ○之屬也. 151-20 夫宵行者能無爲○. 247-1

【姦】 7

今夕有○人當入者矣. 8-2 下惑○臣之態. 38-8 無與照○. 38-9 犯○者身死. 151-21 皆○臣. 184-22 且夫○臣固皆欲以地事秦. 204-21 夜行者能無爲○. 213-1

【怒】 121

楚王○周. 3-21 以王之强而○周. 3-22 故必○合於齊. 6-1 西周大○. 7-24 楚王○. 10-3 公中○曰. 10-20 秦聞之必大○. 10-21 吾得將爲楚王屬○於周. 11-16 含○日久. 17-22 棄甲兵○. 20-19 秦王大○. 22-24 王○而不聽. 23-21 楚王大○. 27-5 扁鵲○而投其石. 28-22 王○於犀首之泄也. 31-23 先王積○之日久矣. 33-8 重齊○. 35-17 秦王大○. 43-24 使人宣言以感○應侯曰. 44-8 楚○秦合. 50-8 秦王悖然而○. 51-5 秦王大○. 56-3 大○. 62-10 靖郭君大○曰. 63-9 藏○以待之. 63-15 三晉○齊不與己也. 68-12 ○於儀. 72-12 薛公大○於蘇秦. 76-15 於是齊楚○. 94-10 魏○於趙之勁. 104-19 楚王○. 107-17 杜赫○而不行. 108-3 楚王大○. 111-5 齊王大○. 111-14 蒙穀○曰. 114-3 秦王○於戰不勝. 115-22 秦王必○. 116-4 楚王必大○儀也. 116-22 楚王大○. 116-24 舍人○而歸. 120-2 王○. 126-7 今燕之罪大而趙○深. 130-11 而外○知伯也. 132-4 齊○深. 139-14 王大○曰. 140-14 秦王○. 141-2 ○韓梁之不救己. 142-24 與燕之○. 143-6 秦必○而循攻楚. 143-9 趙○必於其己邑. 146-20 然而心忿悁含○之日久矣. 148-4 黄帝堯舜誅而不○. 152-7 秦王○. 156-16 秦王大○. 156-21 天下將因秦之○. 160-18 周○. 163-10 威王勃然○曰. 163-11 王無○. 165-25 虎○. 167-15 秦王○. 169-20 齊之○深.

171-9 則王必○而誅建信君. 175-18 ○而反. 181-16 田嬰○. 186-15 魏○合於楚. 186-17 齊楚○而欲攻魏. 188-23 楚王必○矣. 196-25 楚王○. 197-9 樗里疾○. 199-13 趙王恐魏承秦之○. 201-11 楚趙○而與王爭事秦. 202-15 楚趙○於魏之先己講也. 203-4 而又○其不己善也. 209-7 楚王○於魏之不用樓子. 209-21 秦王○. 214-17 秦王○. 216-10 信陵君大○. 217-19 秦王怫然○. 219-18 公亦嘗聞天子之○乎. 219-19 天子之○. 219-20 大王嘗聞布衣之○乎. 219-21 布衣之○. 219-21 此庸夫之○也. 219-22 非士之○也. 219-23 懷○未發. 219-25 若士必○. 219-25 秦王○. 225-7 秦王大○於甘茂. 225-22 秦必大○. 226-10 秦果大○. 226-20 楚王○景鯉. 229-2 威王○. 232-3 ○於室者色於市. 233-20 公叔大○. 233-23 楚○. 234-8 齊○於不得魏. 239-14 秦王大○曰. 240-7 梁必○於韓之不與己. 240-22 而恐楚之○也. 243-18 大○於周之留成陽君也. 245-2 穰侯○曰. 245-14 主父大○而笞之. 251-4 我有深怨積○於齊. 252-23 君大○曰. 256-1 勇者不及○. 260-9 奉陽君之○甚矣. 262-13 蘇子○於燕王之不以吾故弗予相. 262-23 太后聞之大○曰. 265-4 太后方○子. 265-7 我有積怨深○於齊. 267-10 景陽○曰. 271-4 王大○. 271-23 荆軻○. 276-21 於是秦大○燕. 278-5 楚○. 280-25 趙魏○而攻中山. 284-16 ○絶之. 285-22 趙王必大○. 286-18 大○則君必危矣. 286-18 司馬子期○而走於楚. 288-2 王聞之○. 290-6

【飛】 9
非效鳥集烏○. 1-17 毛羽不豐滿者不可以高○. 15-21 毋翼而○. 43-22 ○翔乎天地之間. 124-13 仰見○鳥. 127-16 其○徐而鳴悲. 127-20 ○徐者. 127-20 引而高○. 127-22 足下雄○. 171-25

【盈】 6
今天下之府庫不○. 18-11 進退○縮變化. 45-21 君之駿馬○外廄. 57-5 年穀豐○. 138-3 則○願. 265-2 犀兕麋鹿○之. 279-18

【勇】 22
不式於○. 17-6 乃使○士往詈齊王. 27-2 奔育之○焉而死. 37-24 以秦卒之○. 38-18 兵强士○. 69-18 ○士不怯死而滅名. 96-8 非○也. 96-10 ○士不怯死. 96-11 非○也. 97-14 賁諸懷錐刃而天下爲○. 122-16 ○者義之. 123-4 服難以○. 152-23 以韓卒之○. 222-6 ○敢士也. 236-25 ○哉. 238-11 ○者不及怒. 260-9 孟賁之○而死. 262-19 其○沉. 274-10 愚以爲誠得天下之○士. 275-12 燕國有○士秦武陽. 276-17 以示○. 281-14 而好○力. 287-14

【怠】 2
貴富不驕○. 45-2 不敢○倦者. 183-13

【蚤】 5
而君不○親. 77-2 臣願君之○計也. 172-6 ○知之士. 267-24 子胥不○見主之不同量. 268-8 ○晚之時失也. 283-16

【柔】 1
請剛○而皆用之. 194-18

【矜】 7
多功而不○. 45-2 有驕○之色. 45-22 ○功不立. 86-11 夫人主年少而○材. 126-22 其志○. 133-12 氣○之隆. 238-11 ○戟砥劍. 258-16

【紂】 19
武王伐○. 16-3 昔者○爲天子. 21-1 破○之國. 21-3 而有桀○之亂. 22-9 不當桀○不王. 34-16 則桀○之後將存. 54-9 以同言郢威王於側○之閒. 54-22 向者遇桀○. 56-4 ○聞讒而殺其忠臣. 61-10 桀○以天下亡. 124-11 以正殷○之事. 148-5 ○之三公也. 163-20 故入之於○. 163-20 ○以爲惡. 163-20 卒斷○之頭而縣於太白者. 167-11 殷○之國. 183-1 斬○於牧之野. 184-17 行雖如桀○. 241-1 未如殷○之亂也. 272-16

【約】 124
○從連横. 16-4 行義○信. 16-8 ○從散横. 17-2 故先使蘇秦以幣帛○乎諸侯. 17-20 反智伯之○. 21-6 請爲子車○. 24-11 王其爲臣○車并幣. 26-5 ○伐韓. 29-1 彼若以齊○韓魏. 31-9 甘茂○秦魏而攻楚. 31-25 齊與大國救魏而倍○. 32-8 載主契國以與王○. 35-5 伯主○而不忿. 55-4 ○而不忿. 55-4 樓許○秦魏. 56-12 爲期與我○矣. 56-16 秦疑於王之○. 56-16 魏不與我○. 56-17 一日倍○. 57-2 臣請大王○從. 59-16 復爲兄弟○. 68-10 因與秦王○曰. 71-23 乃○車而暮去. 76-11 割地固○者又蘇秦也. 76-18 衛君甚欲○天下之兵以攻齊. 79-5 今君○天下之兵以攻齊. 79-8 是足下倍先君盟○而欺孟嘗君也. 79-8 於是○車治裝. 82-22 無德而望其福者○. 86-10 ○伐趙. 89-15 夫○然與秦爲帝. 89-16 倍○儐秦. 89-19○結而喜主怨者孤. 90-4 故○不爲人主怨. 90-22 ○而好主怨. 91-4 不○親. 91-23 而用兵又非○質而謀燕也. 92-2 ○於同形則利長. 92-3 謀○不下席. 94-13 ○之矢以射城中. 96-7 ○與五百里之地. 102-3 五國○目伐齊. 103-9 ○絶之後. 103-14 奉明○. 109-18 且夫○從者. 110-11 凡天下所信○從親堅者蘇秦. 111-12 楚七○食. 114-9 故王不如與齊○. 115-4 齊秦○攻楚. 115-9 是公與○也. 115-13 後不可以○結諸侯. 117-18 王勿與爲○. 119-22 而王親與○. 121-6 今○勝趙而三分其地. 131-7 背信盟之○. 131-12 二君卽與張孟談陰○三軍. 133-8 吾與二主○謹矣. 133-13 君其與二君○. 133-20 ○兩主勢能制臣. 134-10 展轉不可○. 139-17 甘茂爲秦○魏以攻韓宜陽. 141-12 ○曰. 145-25 諸侯有先背○者. 146-6 以○諸侯. 146-11 ○曰. 148-13 方將○車趨行. 148-20 今無○而攻齊. 156-8 我○三國而告之秦. 157-8 使趙郝○事於秦. 159-9 李兌○五國以伐秦. 169-20 則願五國復堅○. 171-24 齊王必無召眠也使臣守○. 171-25 若與有倍○者. 172-1 無倍○者. 172-1 而秦侵○. 172-2 若復不堅○而講. 172-3 趙使姚賈○韓魏. 178-2 於是爲長安君○車百乘質於齊. 179-21 奉明○. 185-4 一天下○爲兄弟刑白馬以盟於洹水之上以相堅也. 185-16 ○一國而反. 186-6 齊魏○而伐楚. 186-14 急○車爲行具. 187-12 李從○寡人. 187-17 王亦聞張儀之○秦王乎. 189-1 王以其間○南陽. 189-8○外魏. 190-19 王爲○車. 190-20 王與三國○外魏. 190-24 與之○結. 192-18 其次堅○而詳講. 195-2 次傳焚符之○者. 195-22 欲使五國○閉秦關者. 195-22 秦趙○而伐魏. 201-3 臣爲王責○於秦. 201-23 重爲之○車百乘. 205-18 先日公子常○兩王之交矣. 206-1 楚魏疑而韓不可得而○也. 208-2 王速受楚趙之○. 208-6 葉陽君○魏. 208-17 樓梧○秦魏. 214-8 齊楚○而欲攻魏. 216-15 遂○車而遣之. 216-18 魏急則且割地而○齊楚. 216-23 五國○而攻秦. 224-12 王○五國而西伐秦. 224-16 又非素○而謀伐秦矣. 226-17 其實猶有○也. 232-8 ○復爲兄弟. 240-24 又與○事. 244-3 甘茂○楚趙而反敬魏. 244-22 ○與代王遇於句注之塞. 251-13 ○曰. 257-1 蘇代○燕王曰. 260-3 齊王四與寡人○. 260-23 舅不能○. 261-13 燕反○諸侯從親. 261-19 而天下由此宗蘇氏之從○. 261-20 ○楚魏宋盡力. 267-14 ○成韓梁之西邊. 269-9 請西○三晉. 274-6 今太子○光曰. 274-24 必得○契以報太子也. 278-1 不○而親. 289-15

【紈】 1
下宮糅羅○. 89-1

【級】 1
諸吏皆益爵三○. 140-22

【紀】 2
王何不遣○姬乎. 176-15 ○姬婦人也. 176-16

【耕】 13
教民○戰. 46-1 解凍而○. 51-3 ○田之利幾倍. 56-22 而○負親之丘. 134-22 ○三年. 134-24 地廣而不○. 146-22 使民不得○作. 155-4 姑待已○. 171-11 歸○乎周之上埊. 258-1 ○而食之. 258-2 則○者惰而戰士懦. 287-24 ○田疾作. 288-20 使得○稼以益蓄積. 289-21

【挈】 9
可懷挾提○以至齊者. 1-17 臣請○領. 35-6 夫楚王之以其臣請○領然而臣有患也. 35-7 則地與國都邦屬而壤○者七百里. 138-17 ○瓶之知. 139-25 割○馬兔而西走. 143-3 割○馬兔而西走. 143-5 左○人頭. 223-2 有二人○戈而隨其後者. 288-3

【秦】 2076
○興師臨周而求九鼎. 1-4 夫○之爲無道也. 1-5 與○. 1-6 而○兵罷. 1-8 ○攻宜陽. 2-2 ○必無功. 2-4 則削迹於○. 2-5 ○王不聽羣臣父兄之義而攻宜陽. 2-5 ○王耻之. 2-6 不如背○援宜陽. 2-9 ○恐公之乘其弊也. 2-9 公中慕公之爲己乘○也. 2-10 ○拔宜陽. 2-12 ○懼. 2-12 景翠得城於○. 2-13 ○假道於周以伐韓. 3-14 不假而惡於○. 3-14 ○敢絶塞而伐韓者. 3-16 ○必疑. 3-16 又謂○王曰. 3-17 將以疑周於○. 3-17 ○必無辭而令周弗受. 3-18 是得地於韓而聽於○也. 3-18 周粻○韓. 3-21 子何不以○攻齊. 3-25 子以齊事○. 3-25 西貴於○. 4-2 ○齊合. 4-2 ○以周最之齊疑天下. 4-22 必先合於○. 4-23 ○齊合. 4-23 因佐○而伐韓魏. 4-24 公東收寶於○. 4-25 公負令○與强齊戰. 5-3 ○且收齊而封之. 5-4 不得不聽○. 5-5 ○盡韓魏之上黨大原. 5-5 西止○之有已. 5-5 ○地. 5-6 石行○謂大梁造曰. 5-9 爲君爭於○. 5-11 欲取○. 5-14 ○齊合. 5-14 ○必輕君. 5-15 君弗如急北兵趨趙以○魏. 5-15 齊無○. 5-17 欲深取○也. 5-20 ○得天下. 5-21 故急兵以示○. 5-22 ○以趙攻. 5-22 蘇厲爲周最謂蘇○曰. 5-25 將以觀○之應趙宋. 6-5 將興趙宋合於東方以孤○. 6-6 欲○趙之相賣乎. 6-8 則○趙必相賣以合於王也. 6-9 ○知趙之難與齊戰也. 6-11 恐○不己收也. 6-12 ○趙爭齊. 6-12 貴合於○以伐齊. 6-16 産以忿强○. 6-18 三國隘○. 7-17 周令其相之○. 7-17 以○之輕也. 7-17 ○之輕重. 7-18 ○欲知三國之情. 7-18 公不如遂見○王曰. 7-18 ○必重公. 7-19 重周以取○也. 7-20 又與韓魏攻○. 9-4 今又攻○以益之. 9-7 西無○患. 9-7 君不如令弊邑陰合於○而君無攻. 9-8 令弊邑以君之情謂○王曰. 9-10 薛公必破○以張韓魏. 9-10 ○王出楚王以爲和. 9-12 君令弊邑以此忠○. 9-12 ○得無破. 9-13 ○不大弱. 9-14 因令韓慶入○. 9-15 而使三國無攻○. 9-15 ○攻魏將犀武軍於伊闕. 9-18 君不如禁○之攻周. 9-19 莫如令○魏復戰. 9-19 今○攻周而得之. 9-19 ○欲待周之得. 9-20 ○若攻周而不得. 9-21 而○未與魏講也. 9-22 是君却○而定周也. 9-22 ○去周. 9-23 是

君存周而戰○魏也. 10-1 ○令樗里疾以車百乘入周. 10-3 以其重○
客. 10-4 今○者. 10-7 ○聞之必大怒. 10-21 周君之○. 11-1 不如譽
○王之孝也. 11-1 ○王太后必喜. 11-2 是公有○也. 11-2 勸周君入
○者. 11-3 今公又以○兵出塞. 11-13 蘇○謂周君曰. 11-22 齊○恐
楚之取九鼎也. 11-23 ○召周君. 12-10 ○召周君. 12-10 將以爲辭於
○而不往. 12-12 周君不入○. 12-12 ○必不敢越河而攻南陽. 12-12
而設以國爲王扞○. 12-17 臣見其必以國事○也. 12-18 ○悉塞外之
兵. 12-18 事○而好小利. 12-20 必不合於○. 12-22 ○欲攻周. 13-7
周最謂○王曰. 13-7 天下以聲畏○. 13-8 則○孤而不王矣. 13-9 是
天下欲罷○. 13-9 ○與天下俱罷. 13-10 宛恃○而輕晉. 13-12 ○飢
而宛亡. 13-12 今君恃韓魏而輕○. 13-14 君不如使周最陰合於趙以
備○. 13-14 三國攻○反. 13-22 楚宋不利○之德三國也. 13-22 彼且
攻王之聚以利○. 13-23 周使周足之○. 14-1 臣之○. 14-2 ○周之交
必惡. 14-2 又○重而欲相者. 14-2 且惡臣於○. 14-2 不惡周於○矣.
14-4 君重○. 14-4 且輕○也. 14-4 交善於○. 14-5 交惡於○. 14-6
衞鞅亡魏入○. 15-4 商君治○. 15-4 今○婦人嬰兒皆言商君之法.
15-11 而○人不憐. 15-13 蘇○始將連横說○惠王曰. 15-15○王曰.
15-21 蘇○曰. 16-1 說○王書十上而說不行. 16-16 去○而歸. 16-17
蘇○喟歎曰. 16-19 是皆○之罪也. 16-20 以抑强○. 17-2 故蘇○
相於趙而關不通. 17-3 皆欲决蘇○之策. 17-4 當○之隆. 17-7 且夫
蘇○特窮巷掘門桑户棬樞之士耳. 17-8 蘇○曰. 17-14 蘇○曰. 17-15
○惠王謂寒泉子曰. 17-19 蘇○欺寡人. 17-19 從以欺○. 17-20 故
先使蘇○以幣帛約乎諸侯. 17-20 ○惠王曰. 17-24 泠向謂○王曰.
18-1 燕趙惡齊○之合. 18-2 張儀說○王曰. 18-6 將西南以與○爲難.
18-9 今○出號令而行賞罰. 18-17 今○地形. 18-23 ○之號令賞罰.
18-23 是知○戰未嘗不勝. 18-25 西服○. 19-3 ○與荆人戰. 19-8 令
帥天下西面以與○爲難. 19-14 前者穰侯之治○也. 19-22 皆○之有
也. 20-7 代上黨不戰而已爲○矣. 20-8 ○兵之强. 20-15 ○當伯不伯.
20-17 天下固量○之謀臣一矣. 20-17 天下固量○力二矣. 20-19 天
下固量○力三矣. 20-21 今○地斷長續短. 21-8 ○國號令賞罰. 21-8
張儀欲假○兵以救魏. 21-17 魏不反○兵. 21-17 張子不反○. 21-18
魏若反○兵. 21-18 不敢反於○矣. 21-18 張子不去○. 21-19 司馬錯
與張儀爭論於○惠王前. 21-21 ○攻新城宜陽. 21-24 以○攻之. 22-
9 ○益强富厚. 22-19 因令楚王爲之請相於○. 22-21 張子謂○王曰.
22-21 楚王因爲請相於○. 22-22 王欲窮儀於○乎. 22-23 ○王大怒.
22-24 請○王曰. 23-2 張儀謂○王曰. 23-8 復聽於○. 23-8 恐畏○.
23-11 田莘之爲陳軫說○惠王曰. 23-13 今○自以爲王. 23-18 張儀
又惡陳軫於○王. 23-23 軫馳楚○之間. 23-23 今楚不加善○而善軫.
23-24 且軫欲去○而之楚. 23-25 吾聞子欲去○而之楚. 24-1 ○王曰.
24-6 陳軫去楚之○. 24-8 張儀謂○王曰. 24-8 齊助楚攻○. 26-3 ○
欲伐齊. 26-3 臣請使○王獻商於之地. 26-11 西德於○. 26-13 夫○
所以重王者. 26-19 ○又何重孤國. 26-20 ○計必弗爲也. 26-21 是西
生○患. 26-22 ○使人使齊. 27-1 齊○之交陰合. 27-1 楚因使一將軍
受地於○. 27-1 欲興師伐○. 27-5 伐○非計也. 27-6 是我亡於○而
取償於齊也. 27-7 而責欺於○. 27-8 是吾合齊○之交也. 27-8 遂舉
兵伐○. 27-10 ○與齊合. 27-10 西講於○. 27-13 楚王使陳軫之○.
27-15 ○王謂軫曰. 27-15 子○人也. 27-15 ○惠王死. 28-6 則諸侯
必見張儀之無○矣. 28-8 中國無事於○. 28-11 則○且燒焫獲君之國.
28-11 中國爲有事於○. 28-12 則○且輕使重幣. 28-12 五國伐○.
28-14 陳軫謂○王曰. 28-14 ○王曰. 28-15 因起兵襲○. 28-17 大敗
○人於李帛之下. 28-18 醫扁鵲見○武王. 28-20 使此知○國之政也.
28-23 ○武王謂甘茂曰. 28-25 馮章謂○王曰. 29-24 無柰○何矣.
29-25 馮章謂○王曰. 30-2○之右將有尉對曰. 30-5 我羇旅而得相○
者. 30-6 ○死傷者衆. 30-12 ○衆盡怨之深矣. 30-15 楚畔○而合於
韓. 30-17 ○王懼. 30-17 而不餘怨於○. 30-18○王謂甘茂曰. 30-21
甘茂亡○. 31-1 棄逐於○而出關. 31-6 乃西說○王曰. 31-8 其居
○累世重矣. 31-8 反以謀○. 31-9 是非○之利也. 31-9 ○王曰. 31-
10 天下何從圖○. 31-11 ○王曰. 31-12 蘇○僞謂王曰. 31-13 今○
與之上卿. 31-14 得擅用强○之衆. 31-16 甘茂相○. 31-19○王愛公
孫衍. 31-19 甘茂約○魏而攻楚. 31-25 楚之相○者屈蓋. 31-25 爲楚
和於○. 31-25 ○啓關而聽楚使. 31-25 甘茂謂○王曰. 32-1 ○鬻魏.
32-2 趙且與○伐齊. 32-5 乃案兵告於○曰. 32-6 ○王使公子他之趙.
32-8 ○且益趙甲四萬人以伐齊. 32-13 ○王明而熟於計. 32-14 ○之
深讎也. 32-15 三晉百背○. 32-16 百欺○. 32-16 ○之深讎. 32-16
不利於○. 32-17 ○之謀者必曰. 32-17 ○王安能制晉楚哉. 32-20 ○
少出兵. 32-20 則晉楚爲制於○. 32-21 則必不走於○且走晉楚. 32-
21 則○反受兵. 32-23 是晉楚以○破齊. 32-23 以齊破○. 32-23 何
晉楚之智而齊○之愚. 32-24 ○得安邑. 32-24 ○有安邑. 32-25 ○王
明而熟於計. 33-2 ○宣太后愛魏醜夫. 33-5 文聞○王欲以呂禮收齊.
34-3 齊○相聚以臨三晉. 34-4 君不如勸○王令弊邑卒攻齊之事. 34
-5 ○王畏晉之强也. 34-6 而不能支○. 34-7 晉必重君以事○. 34-7
而○晉皆重君. 34-9 ○客卿造謂穰侯曰. 34-11 ○封君以陶. 34-11

○卒有他事而從齊. 34-22 觀三國之所求於○而不能得者. 35-10 楚
破○. 35-21 ○三世積節於韓魏. 35-21 齊○交爭. 35-22 則○伐矣.
35-23 ○烏能與齊縣衡韓魏. 35-25 足以傷○. 36-1 ○王欲爲成陽君
求相韓魏. 36-3 ○太后爲魏冉謂○王曰. 36-4 范子因王稽入○. 36-
8 ○王說之. 37-2 范睢至○. 37-4 ○王屏左右. 37-8 ○王跪而請曰.
37-9 ○王復請. 37-10 ○王跽曰. 37-11 可以少有補於○. 37-25 莫
肯卽○耳. 38-8 臣死而○治. 38-11 ○王跽曰. 38-12 夫○國僻遠. 38
-12 ○王亦再拜. 38-16 以○卒之勇. 38-18 多之則害於○. 38-24
懼必卑辭重幣以事○. 39-9 ○韓之地形. 39-14 ○之有韓. 39-14 爲
○害者莫大於韓. 39-15 聞○之有太后穰侯涇陽華陽. 39-23 今○. 40
-7 卒無○王. 40-8 且臣將恐後世之有○國者. 40-9 ○王懼. 40-11
今○國. 40-22 ○攻韓. 41-11 范睢謂○昭王曰. 41-11 非○弱而魏强
也. 41-12 而欲攻○. 42-2 ○相應侯曰. 42-2 ○於天下之士非有怨也.
42-3 相聚而攻○者. 42-3 公與○計功者. 42-9 ○王王矣. 42-14 武
安君所以爲○戰勝攻取者七十餘城. 42-15 ○王王. 42-17 ○嘗攻韓
邢. 42-18 不樂爲○民之日固久矣. 42-19 則○所得不一幾何. 42-20
○昭王謂應侯曰. 42-24 ○王以爲不然. 43-6 ○王師君. 43-10 而況
於○國乎. 43-10 今傲勢得○爲王將. 43-10 ○王弗聽也. 43-13 ○攻
邯鄲. 43-16 ○王大怒. 43-24 乃西入○. 44-7 彼一見○王. 44-8 ○
王必相之而奪君位. 44-9 子常宣言代我相○. 44-11 若○之商君. 44
-20 卒爲○禽將. 44-23 孰與○孝公楚悼王越王乎. 45-15 不過○孝
越王楚悼. 45-17 故○無敵於天下. 46-2 使○業帝. 46-5 不敢攻○者.
46-6 今君相○. 46-15 使天下皆畏○. 46-17 ○之欲得矣. 46-17 此
亦○之分功之時也. 46-18 言於○昭王曰. 46-22 ○昭王召見. 46-23
遂拜爲○相. 47-1 蔡澤相○王數月. 47-2 ○十餘年. 47-3 爲○使於
燕. 47-4 三年而燕使太子丹入質於○. 47-4 ○取楚漢中. 48-3 恐○
之救也. 48-5 楚能應而共攻○. 48-6 楚疑於○之未必救己也. 48-7
是楚與三國謀出○兵矣. 48-8 ○爲知之. 48-9 楚必走○以急. 48-9
○愈不敢出. 48-10 則是我離○而攻楚也. 48-10 楚果告急於○. 48-
13 ○遂不敢出兵. 48-13 韓春謂○王曰. 48-16 以齊○劫魏. 48-16
○之有也. 48-17 齊○合而立負蒭. 48-17 其母在○. 48-18 ○之縣也
已. 48-18 呡欲以齊○劫魏而困薛公. 48-18 負蒭必以魏殁世事○. 48
-20 三國攻○. 48-23 ○王謂樓緩曰. 48-23 ○昭王謂左右曰. 49-10
帥强韓魏之兵以伐○. 49-12 帥弱韓魏以攻○. 49-13 今○之强. 49
-21 魏許○以上洛. 49-25 以絶○於楚. 49-25 ○責賂於魏. 50-1 營
淺謂○王曰. 50-1 魏畏○楚之合. 50-3 必與○地矣. 50-3 是魏勝楚
而亡地於○也. 50-3 ○之楚者多資矣. 50-4 ○王曰. 50-5 楚王揚言
與○遇. 50-6 效上洛於○. 50-6 楚使者景鯉在○. 50-8 從○王與魏
王遇於境. 50-8 楚怒○合. 50-8 魏請無與楚遇而合於○. 50-9 楚王
因不罪景鯉而德周○. 50-11 楚王使景鯉如○. 50-13 客謂○王曰. 50
-13 ○王乃留景鯉. 50-16 景鯉使人說○王曰. 50-17 聞齊魏皆且割
地以事○. 50-18 以○與楚爲昆弟國. 50-18 楚知○之孤. 50-20 ○王
乃出之. 50-21 ○王欲見頓弱. 50-23 ○王許之. 50-24 ○王悖然而怒.
51-5 ○王曰. 51-7 入其社稷之臣於○. 51-9 ○王曰. 51-10 則○帝.
51-11 ○帝. 51-11 ○王曰. 51-12 ○白起拔楚西陵. 51-16 爲○所輕.
51-18 故使於○. 51-19 天下莫强於○楚. 51-21 斷齊○之要. 52-8
韓魏父子兄弟接踵而死於○者. 53-2 ○社稷之憂也. 53-6 ○楚之構
而不離. 53-12 韓魏之强足以校於○矣. 53-16 ○楚合而爲一. 53-22
或爲六國說○王曰. 54-8 謂○王曰. 55-3 身布冠而拘於○. 55-13 必
○也. 55-20 ○人援魏以拒楚. 55-21 楚人援韓以拒○. 55-21 故曰先
得齊宋者伐○. 55-22 ○先得齊宋. 55-23 則○孤而受兵矣. 55-24 ○
王與中期爭論. 56-3 ○王大怒. 56-3 或爲中期說○王曰. 56-3 ○王
因不罪. 56-5 公何不以○楚之重. 56-9 是辛戎有○楚之重. 56-9 樓
啎約○魏. 56-12 敗○而利魏. 56-13 負○之日. 56-13 聞○且伐魏.
56-16 ○疑於王之約. 56-16 以太子之留酸棗而不之○. 56-17 ○王
之計曰. 56-17 以○彊折節而下與國. 56-18 見○質子異人. 56-21 ○
子異人質於趙. 56-25 可以有○國. 57-2 吾爲子使○. 57-2 乃說○王
后弟陽泉君曰. 57-4 ○之寵子也. 57-14 使○而欲屠趙. 57-15 ○王
老矣. 57-17 不足以結○. 57-17 諸侯皆致○邑. 58-1 而燕太子質於
○. 58-3 應侯之用○也. 58-14 聞燕太子丹之入○與. 58-21 燕太子
入○者. 58-22 燕不欺○也. 58-22 ○不欺燕也. 58-23 ○燕不相欺.
58-23 燕○所以不相欺者. 58-23 與○什一. 59-1 ○下甲而攻趙. 59
-3 文信侯相○. 59-5 習○事. 59-5 請爲大王設○趙之戰. 59-6 趙孰
與○大. 59-7 百舉而無及○者. 59-10 大王裂趙之半以賂○. 59-12
○不接刃而得趙之半. 59-12 ○必悅. 59-13 ○必受之. 59-13 ○受地
而郄兵. 59-13 ○銜賂以自强. 59-14 實得山東以敵○. 59-17 ○不足
亡. 59-17 前日○下甲攻趙. 59-17 卒不免○患. 59-18 今又割趙之半
以强○. 59-18 臣少爲○刀笔. 59-19 ○兵下趙. 59-23 又以爲司空馬
逐於○. 60-15 將以攻○. 60-19 ○王召羣臣賓客六十人而問焉. 60-
19 將以圖○. 60-20 與之爲交以報○. 60-24 ○王大悅. 60-24 ○王
曰. 61-22 ○假道韓魏以攻齊. 66-24 與○交和而舍. 66-24 以雜○軍.
66-25 候者言章子以齊入○. 66-25 候者復言章子以齊兵降○. 67-1

○軍大敗.67-5 於是○王拜西藩之臣而謝於齊.67-5 ○伐魏.67-23
適足以强○而自弱也.67-25 强○也.68-1 不憂强○.68-1 而兩歸其
國於○.68-1 天下爲○相割.68-2 ○曾不出力.68-2 天下爲○相烹.
68-2 ○曾不出薪.68-3 何○之智而山東之愚耶.68-3 今○之伐天下
不然.68-4 齊遠○而韓梁近.68-6 今○欲攻梁絳安邑.68-7 ○得絳
安邑以東下河.68-7 ○必不敢攻梁.68-11 楚○構難.68-12 蘇○爲
趙合從.68-16 今乃西面事○.68-25 且夫韓魏之所以畏○者.69-1
以與○接界也.69-1 韓魏戰而勝○.69-2 是故韓魏之所以重與○戰
而輕爲之臣也.69-3 今○攻齊則不然.69-5 ○雖欲深入.69-7 則○
不能害齊.69-8 夫不深料○之不奈我何也.69-9 而欲西面事○.69-
9 今無臣事○之名.69-10 張儀爲○連横齊王曰.69-15 雖有百○.69
-18 今趙之與○也.69-22 ○趙戰於河漳之上.69-22 再戰而再勝○.
69-22 再戰而再勝○.69-23 雖有勝○之名.69-24○强而趙弱也.69
-24 今○楚嫁子取婦.69-24 割河間以事○.69-25 大王不事○.70
-1 ○驅韓魏攻齊之南地.70-1 雖欲事○.70-2 請奉社稷以事○.70
-5 獻魚鹽之地三百於○也.70-5 張儀以○魏伐韓.71-3 ○伐之.71
-3 ○伐韓.71-5 遂與○戰.71-7 張儀事○惠王.71-10 厚矣王之託
儀於○王也.71-21 儀之出○.71-23 因與○王約曰.71-23○王以爲
然.72-3 而信儀於○王也.72-5 儀以○梁之齊合横親.72-8 ○攻趙.
73-3 趙令樓緩以五城求講於○.73-3 因使人以十城求講於○.73-3
因以上黨二十四縣許○王.73-4 王欲○趙之解乎.73-5 趙必倍○.73
-5 倍○則齊無患矣.73-6 ○使魏冉之趙.73-8 ○攻趙長平.73-15
○計曰.73-15 蘇○謂齊王曰.73-17 不如聽之以却○兵.73-18 不聽
則○兵不却.73-18 是○之計中.73-18 却○兵.73-22 威却强○兵.
73-22 周韓西有强○.73-25 ○伐周韓之西.73-25 趙魏亦不免與○
爲患矣.74-2 今齊○伐趙魏.74-2 則亦不果於趙魏之應○而伐周韓.
74-3 令齊入於○而伐趙魏.74-3 ○東面而伐齊.74-4 蘇○謂薛公曰.
75-3 蘇○曰.75-5 蘇○之事.75-8 可以惡蘇○於薛公.75-10 可以
爲蘇○請封於楚.75-10 蘇○謂薛公曰.75-13 蘇○使人請薛公曰.76
-12 夫勸留太子者蘇○也.76-12 蘇○非誠以爲君也.76-13 蘇○恐
君之知之.76-13 今勸太子者又蘇○也.76-14 薛公大怒於蘇○.76-
15 故曰可使人惡蘇○於薛公也.76-16 夫使薛公留太子者蘇○也.76
-17 又蘇○也.76-18 割地固約者又蘇○也.76-18 忠王而走太子者
又蘇○也.76-19 今人惡蘇○於薛公.76-19 因封蘇○爲武貞君.76-
21 故曰可以爲蘇○請封於楚也.76-22 今蘇○天下之辯士也.76-24
君因不善蘇○.76-24 夫不善君者且奉蘇○.76-25 今蘇○善於楚王.
77-1 薛公因善蘇○.77-3 故曰可以爲蘇○說薛公以善蘇○.77-3 孟
嘗君將入○.77-9 蘇○欲止之.77-9 蘇○曰.77-11 今○四塞之國.
77-18 臣恐强○大楚承其後.81-9 ○破馬服君之師.81-11 齊魏亦佐
○伐邯鄲.81-11 使○弗有而失天下.81-13 故三國欲與○壤界.81-
14 ○伐魏取安邑.81-15 恐○兼天下而臣其君.81-20 故專兵一志以
逆○.81-20 三國之與○壤界而患急.81-20 齊不與○壤界而患緩.81
-21 故○得齊.81-21 則足以敵○.81-22 故○趙魏得齊者重.81-22
君不以使人先觀○王.84-3 意者○王帝王之主也.84-4 意者○王
不肖之主也.84-5 以車十乘之○.84-7 昔者○攻齊.85-20 蘇○自燕
之齊.89-5 ○使魏冉致帝.89-6 是恨○也.89-8 不如聽之以卒○.89
-8 ○稱之.89-9 ○稱之.89-10 蘇○謂齊王曰.89-13 齊○立爲兩
帝.89-13 王以天下爲尊○乎.89-13 尊○.89-14 且愛○乎.89-15
愛齊而憎○.89-15 夫約然與○爲帝.89-1 而天下獨尊○而輕齊.89
-17 則天下愛齊而憎○.89-18 倍約儐○.89-19 敬○以爲名.89-
23 蘇○說齊閔王曰.90-3 齊之與韓魏伐○楚也.90-24○楚戰韓魏不
休.91-2 以西謀○.93-25 ○王恐之.93-25 衞鞅謀於○王曰.94-1
故以一○而敵大魏.94-3 ○王許諾.94-4 西取○.94-7 ○王垂拱受
西河之外.94-12 故曰衞鞅之始與○王計也.94-13 而西河之外入於
○矣.94-14 今○人下兵.96-15 横○之勢合.96-15 君王后事○謹.
101-5 ○始皇嘗使使者遺君王后玉連環.101-7 謝○使曰.101-9 多
受○間金玉.101-13 使賓客入○.101-13 勸王朝○.101-14 齊王建
入朝於○.101-16 王何以去社稷而入○.101-17 皆不便○.101-22
不欲爲○.101-24 ○國可亡.102-1 乃西面而事○.102-2 ○使陳馳
誘齊王内之.102-3 遂入○.102-4 齊以淖君之亂○.102-7 其後○欲
取齊.102-7 ○王欲楚.102-8 適爲固驅以合齊○也.102-10 齊○合.
102-10 齊○必不合.102-12 齊○不合.102-13 王欲收齊以攻○.102
-13 王卽欲以○攻齊.102-13 五國目破齊○.103-9 而齊○應楚.
104-20 而○.107-6 ○人一夜而襲之.107-8○人一夜而襲之.107-9
而太子有楚○以爭國.107-16 寡人欲置相於○.108-6 然而不可相○.
108-11 ○之有賢相也.108-11 而忘之於○.108-16 王若欲置相於○
乎.108-16 夫公孫郝之於○王.108-17 蘇○爲趙合從.108-21 今乃
欲西面而事○.108-25 ○之所害於天下莫如楚.109-1 楚强則○弱.
109-2 楚弱則○强.109-2 莫如從親以孤○.109-3 ○必起兩軍.109
-3 横成則○帝.109-10 夫○.109-12 ○.109-12 横人皆欲割諸侯之
地以事○.109-13 以外交强虎狼之○.109-14 卒有○患.109-14 夫
外挾强○之威.109-15 則楚割地以事○.109-16 西與○接境.109-19
○有舉巴蜀幷漢中之心.109-19 ○.109-19 而韓魏迫於○患.109
-20 恐反人以入於○.109-20 以楚當○.109-21 張儀爲○破從連横.
110-1 ○地半天下.110-1 非○而楚.110-7 非楚而○.110-7 而大王
不與○.110-8 ○下甲兵.110-8 韓必入臣於○.110-9 ○攻楚之西.
110-9 ○西有巴蜀.110-16 ○舉甲出之武關.110-20 ○兵之攻楚也.
110-20 而忘强○之禍.110-22 而逆强○之心.110-25 且夫○之所以
不出甲於函谷關十五年以攻諸侯者.111-2 楚嘗與○構難.111-3 興
師襲○.111-5 夫○楚相弊.111-6 ○下兵攻衞陽晉.111-9 凡天下所
信約從親堅者蘇○.111-12 車裂蘇○於市.111-14 夫以一詐僞反覆
之蘇○.111-14 今○之與楚也.111-16 臣請○太子入質於楚.111-16
楚太子入質於○.111-17 請以○女爲大王箕箒之妾.111-17 故敝
邑○王.111-19 獻雞駭之犀夜光之璧於○王.111-22 張儀相○.111
-25 有功名者○也.112-8 七日而薄○王之朝.113-14 ○王聞而走之.
113-15 ○王身問之.113-16 ○王顧令不起.113-18 魏○之交必善.
115-4 ○魏之交完.115-4 而魏○之交必惡.115-7 齊○約攻楚.115
-9 ○恐且因景鯉蘇厲而效地於楚.115-10 鯉與厲且以收地取○.115
-11 使入○.115-12 ○恐.115-12 昭雎勝○於重丘.115-15 王欲昭
雎之乘○也.115-16 ○知公兵之分也.115-17 ○兵且出漢中.115-18
楚令昭雎將以距○.115-20 楚王欲擊○.115-20 恐○之變而聽楚
也.115-21 必深攻楚以勁○.115-22 ○王怒於戰不勝.115-22 是王
與○相罷.115-22 戰不勝○.115-23 ○進兵而攻.115-23 令之示○
必戰.115-24 ○王惡與楚相弊而令天下.115-24 ○可以少割而收害
也.116-1 ○楚之合.116-1 ○王必怒.116-4 天下見楚之無○也.116
-5 ○王之忠信有功臣也.116-7 ○王欲出之.116-7 ○王有愛女而
美.116-8 ○女依强○以爲重.116-10 ○女必不來.116-14 而○必重
子.116-14 外結○之交.116-15 而有○楚之用.116-21 楚○相難.
116-23 ○構兵而戰.116-24 ○楚爭事魏.116-25 ○敗楚漢中.117-2
楚王入○.117-2 ○王留之.117-2 游騰爲楚謂○王曰.117-2 臣請西
索救於○.118-1 臣請索救於○.118-4 西索救於○.118-8 又遣景鯉
西索救於○.118-10 ○以五十萬臨齊右壤.118-15 西使○.118-17
○栖楚王.118-19 蘇○之楚.119-15 楚王令昭雎之○重張儀.120-21
必以○合韓魏.120-24 儀有○而雎以楚重之.120-25 今儀困○而
雎收楚.120-25 韓魏欲得○.120-25 以與○爭.121-2 魏不合○.121
-2 五國伐○.121-15 楚將入之○而使行和.121-15 凡爲伐○者楚
也.121-16 而公入之○.121-16 而陰使人以請聽○.121-17 凡爲攻
○者魏也.121-18 魏折而入齊○.121-21 而交未定於齊○.121-22
○伐宜陽.122-5 夫○捐德絶命之日久矣.123-7 ○果舉鄢郢巫上蔡
陳之地.124-6 不知夫穰侯方受命乎○王.125-10 齊明說卓滑以伐○.
125-16 明說楚大夫以伐○.125-17 不若令屈署以新東國爲和於齊以
動○.126-1 ○恐齊之敗東國.126-2 ○王聞之懼.126-4 嘗爲○孽.
127-23 不可爲拒○之將也.127-23 ○始皇立九年矣.130-3 嫪毐亦
爲亂於○.130-3 ○孝公封商君.130-8 ○惠王封冉子.130-9 ○韓圍
梁.136-19 ○戰而勝三國.136-19 ○必過周韓而有梁.136-20 三國
而勝○.136-20 雖不足以攻.136-20 計者不如構三國攻○.136-21
蘇○說李兌曰.137-3 雒陽乘軒車蘇○.137-3 蘇○對曰.137-7 蘇
○曰.137-8 蘇○出.137-14 蘇○謂舍人曰.137-18 李兌送蘇○明月
之珠.137-22 蘇○得以爲用.137-23 西入於○.137-24 蘇○爲齊上
書說趙王曰.138-1 非數痛加於○國.138-4 以○爲愛趙而憎韓.138
-6 ○豈得愛趙而憎韓哉.138-7 議○以謀計.138-11 ○盡韓魏之上
黨.138-17 ○以三軍强弩坐羊唐之上.138-18 且○以三軍攻王之上
黨而危其北.138-19 今從於彊○國之伐齊.138-23 韓乃西師以禁○
國.139-1 使○發令素服而聽.139-1 ○之貪.139-13 ○王謂公子他
曰.139-16 以與諸侯攻○.139-16 韓與○接境壤界.139-16 日者○
楚戰於藍田.139-17 韓出銳師以佐○.139-18 ○戰不利.139-18 使
陽城君入謝於○.139-22 ○起二軍以臨韓.139-23 今王令韓興兵以
上黨入和於○.139-24 臣請悉發守以應○.140-2 且以與○.140-4
其民皆不欲爲○.140-4 且以與○.140-7 其吏民不欲爲○.140-7 ○
蠶食韓氏之地.140-10 ○被其勞.140-11 且○以牛田.140-12 主内
之○.140-24 韓告○曰.141-2 ○王怒.141-2 蘇○爲趙王使於○.
141-5 ○乃者過柱山.141-5 今臣使於○.141-9 甘茂爲○約魏以攻韓
宜陽.141-12 以與齊韓○市.141-13 ○王欲得宜陽.141-14 建信者
安能以無功惡○哉.141-18 不能以無功惡○.141-19 則且出兵助○
攻魏.141-19 則無功而惡○.141-20 ○分齊.141-20 則有功而善○.
141-21 心疑者事○急.142-2 ○魏之構.142-3 ○從楚魏攻齊.142-
3 三晉合而○弱.142-13 三晉離而○强.142-13 ○之有燕而伐趙.
142-14 今山東之主不知○之卽己也.142-19 而歸其國於○.142-19
○之欲伐韓梁.142-21 楚王美○之語.142-24 必入於○.142-25 今
王美○之言.143-1 楚王入○.143-2 ○楚爲一.143-2 ○與韓爲上交.
143-3 ○禍安移於梁矣.143-4 以○之强.143-4 ○與梁爲上交.143
-5 ○禍案攘於趙矣.143-5 以强○之有韓梁楚.143-6 必不入○.143
-9 ○必怒而循攻楚.143-9 是○禍不離楚也.143-9 ○見三晉之大
合而堅也.143-10 是○禍不離楚也.143-11 ○見三晉之堅也.143-14

蘇○從燕之趙. 144-3　齊○爲兩敵. 144-9 倚○攻齊. 144-10 倚齊攻○. 144-10 大王與○. 144-18 則○必弱韓魏. 144-18 夫○下軹道則南陽動. 144-21 ○欲已得行於山東. 144-22○甲涉河踰漳. 144-22 且○之所畏害於天下者. 145-2　然而○不敢擧兵甲而伐趙者. 145-3 ○之攻韓魏也. 145-4 韓魏不能支○. 145-5 韓魏臣於○. 145-6 ○無韓魏之隔. 145-6 諸侯之地五倍於○. 145-14 十倍於○. 145-14 西面而攻○. 145-15 ○破必矣. 145-15 今見破於○. 145-15 見臣於○. 145-16 皆欲割諸侯之地以與○成. 145-17 與○成. 145-18 卒有○患. 145-19 是故横人日夜務以○權恐猲諸侯. 145-20 以儐畔○. 145-24 ○攻楚. 145-25 ○攻韓魏. 146-1 ○攻齊. 146-2 ○攻燕. 146-4 ○攻趙. 146-5 六國從親以擯○. 146-6 ○必不敢出兵於函谷關以害山東矣. 146-7 乃封蘇○爲武安君. 146-10 ○攻趙. 146-13 蘇子爲謂○王曰. 146-13 ○王曰. 147-1 將以逆○. 147-1 臣有以知天下之不能爲從以逆○也. 147-2 欲以窮○折韓. 147-4 西攻○. 147-7 ○人遠迹不服. 147-8 是則伐楚攻○. 147-9 欲以窮○折韓. 147-11 ○人下兵攻懷. 147-15 ○人去而不從. 147-16 不識三國之憎○而愛懷邪. 147-16 忘其憎懷而愛○邪. 147-17　終身不敢設兵以攻○折韓也. 147-19 於是○王解兵不出於境. 147-21 張儀爲○連横. 147-23 弊邑○王使臣敢獻書於大王御史. 147-23 大王收率天下以儐○. 147-24 ○兵不敢出函谷關十五年矣. 147-24 今○以大王之力. 148-3 ○雖辟遠. 148-4 恃蘇○之計. 148-7 今楚與○爲昆弟之國. 148-9　今○發三將軍. 148-12 莫如與○遇於澠池. 148-15 以爲一從不事○. 148-19 剖地謝前過以事○. 148-20 割河間以事○. 148-21 西有樓煩○韓之邊. 150-19 以備其參胡樓煩○韓之邊. 150-21 趙使机郝之○. 156-2 ○不聽. 156-3 請無急○王. 156-4 ○王見趙之相魏冉之不急也. 156-4 ○攻趙. 156-14 趙以公子部爲質於○. 156-14 趙背○. 156-15 ○王怒. 156-16 卒倍○. 156-19 ○王大怒. 156-21 以挾○. 156-22○敗於閼與. 156-22 大敗○師. 156-23 樓緩欲以趙合○楚. 156-25 富丁恐主父之聽樓緩而合○楚也. 156-25 今我不順齊伐○. 157-2○楚必合而攻韓魏. 157-2 齊不欲伐○. 157-3 則伐○者趙也. 157-3 韓必聽○違齊. 157-4 是罷齊敝○也. 157-7 我與三國攻○. 157-8 我約三國而告之○. 157-8 三國欲伐○之果也. 157-9 而以餘兵與三國攻○. 157-13 是我一擧而兩取地於○中山也. 157-13　魏因富丁且合於○. 157-15 周最以天下辱○者也. 157-17　魏○必虛矣. 157-18 無○不能傷趙. 157-18 ○魏雖勁. 157-19 夫以○將武安君公孫起乘七勝之威. 158-5 而○罷於邯鄲之下. 158-7 是使弱趙爲强○之所以攻. 158-9 而强○以休兵承趙之敝. 158-10 公子牟游於○. 158-14 ○攻趙於長平. 158-21 樓緩新從○來. 158-22 與○城何如. 158-23 今臣新從○來. 159-5 則恐王以臣之爲○也. 159-6○既解邯鄲之圍. 159-8 使趙郝約事於○. 159-9 ○之攻趙也. 159-10 ○之攻我也. 159-11○以其力攻其所不能取. 159-12 是助○自攻也. 159-14 來年○復攻王. 159-14 虞卿能盡知○力之所至乎. 159-15 誠知○力之不至. 159-16 令○來年復攻王. 159-17 子能必來年○之不復攻我乎. 159-18 昔者三晉之交於○. 159-19 今○釋韓魏而獨攻王. 159-19 王之所以事○必不如韓魏也. 159-20 至來年而王獨不取於○. 159-21 王之所以事○者. 159-21 來年○復攻王. 159-24 樓緩又不能必○之不復攻也. 159-24 ○雖善攻. 160-1 ○倦而歸. 160-3 我以五城收天下以攻罷○. 160-3 而取償於○也. 160-4 自弱以强○. 160-5 ○善韓魏而攻趙者. 160-5 必王之事○不如韓魏也. 160-5 是使王歲以六城事○也. 160-6 來年○復求割地. 160-6 則是弃前貴而挑○禍也. 160-7 今坐而聽○. 160-9 ○兵不敝而多得地. 160-9 是强○而弱趙也. 160-10 以益愈强之○. 160-10 且○虎狼之國也. 160-11 夫○趙構難. 160-15 今趙兵困於○. 160-16 則必盡在於○矣. 160-17 慰○心. 160-17 天下將因○之怒. 160-18 ○趙之敝而瓜分之. 160-18 何○之圖. 160-19 樓子之爲○也. 160-20 夫趙兵困於○. 160-20 而何慰○心哉. 160-21 ○索六城於王. 160-22 ○之深讎也. 160-23 幷力而西擊○也. 160-23 是王失於齊而取償於○. 160-24 而與○易道也. 160-25 與之謀○. 161-1 ○之使者已在趙矣. 161-2 ○攻趙. 161-4 ○兵罷. 161-4 ○趙戰於長平. 161-14 而制媾者在○. 161-17 且王之論○也. 161-18 ○不遺餘力矣. 161-19 ○必疑天下合從也. 161-20 發鄭朱入○. 161-22 ○內之. 161-22 寡人使平陽君媾○. 161-23 ○已內鄭朱矣. 161-23 天下之賀戰勝者皆在○矣. 161-24 而入於○. 161-25 ○王與應侯必顯重以示天下. 161-25 ○知天下不救王. 162-1 王入○. 162-3 ○留趙王而后許之媾. 162-3 ○圍趙之邯鄲. 162-5 畏○. 162-5 ○所以急圍趙者. 162-7 方今唯○雄天下. 162-9 趙誠發使尊○昭王爲帝. 162-9 ○必喜. 162-10 會○圍趙. 162-11 聞魏將欲令趙尊○爲帝. 162-11 魏王使將軍辛垣衍令趙帝○. 162-13 彼○者. 163-1 梁未睹○稱帝之害故也. 163-6 使梁睹○稱帝之害. 163-7 ○稱帝之害將奈何. 163-7 然梁之比於○若僕耶. 163-15 然吾將使○王烹醢梁王. 163-16 先生又惡能使○王烹醢梁王. 163-18 今○萬乘之國. 164-7 且○無已而帝. 164-9 不敢復言帝○. 164-15 ○將聞之. 164-15 適會魏公子無忌奪晉鄙軍以救趙擊○. 164-17 ○軍引而去. 164-17 四十餘年而○不能得所欲. 165-2 以與○角逐. 166-5○當時適其鋒. 166-5 乃輦建信以與强○角逐. 166-5 臣恐○折王之椅也. 166-6 而獨以趙惡○. 166-25 ○使人來仕. 167-6○攻趙. 167-20 夫○之攻趙. 167-20 能攻○. 169-8 能孤○. 169-8 ○之彊. 169-12 ○令起賈禁之. 169-19 ○王怒. 169-20 李兌約五國以伐○. 169-20 而陰構於○. 169-21 又欲與○攻魏. 169-21 三晉皆有○患. 169-23 今之攻○也. 169-24 ○逐李兌. 169-24 今之伐○也. 170-1 而陰鬻之於○. 170-2 則令○攻魏以成其私封. 170-2 而乃令○攻王. 170-5 ○攻魏. 170-9 曰有○陰. 170-12 而無使○之見王之重趙也. 170-17 ○見之且亦重趙. 170-17 齊○交重趙. 170-18 趙從親以合於○. 170-19 以三晉劫○. 170-21 則天下皆偪○以事王. 170-22 而○楚禁之. 170-25 臣之所以堅三晉以攻○者. 171-1 非以爲齊得利○之毀也. 171-2 夫○人貪. 171-7 五國伐○無功. 171-18 趙欲搆於○. 171-18 ○弗欲. 171-19 天下散而事○. 171-20 ○必據宋. 171-20 ○王貪. 171-21 ○雖有變. 171-23 而○侵約. 172-2 齊○非復合也. 172-3 且天下散而事○. 172-5 是○制天下也. 172-5 ○制天下. 172-5 天下爭○有六擧. 172-7 天下爭○. 172-7 ○王受負海內之國. 172-7 是○之一擧也. 172-9 ○行是計. 172-9 天下爭○. 172-9 ○王內韓珉於齊. 172-10 是○之一擧也. 172-11 ○行是計也. 172-12 天下爭○. 172-13 ○王受齊受趙. 172-13 是○之一擧也. 172-14 ○行是計. 172-14 抱安邑而信○. 172-14 ○得安邑之饒. 172-15 韓必入朝○. 172-15 是○之一擧也. 172-16 ○行是計. 172-16 天下爭○. 172-17 ○堅燕趙之交. 172-17 是○之一擧也. 172-18 ○行是計. 172-18 ○因收楚而攻魏. 172-19 ○擧安邑而塞女戟. 172-19 國燥於○. 172-21 天下爭○. 172-22 ○堅三晉之交攻齊. 172-22 ○桉兵攻魏. 172-23 是○之一擧也. 172-24 ○行是計也. 172-24 救與○爭戰也. 172-25 天下爭○. 173-2 ○按爲義. 173-2 ○起中山與勝. 173-3 乃絶和於○. 173-5 强○襲趙之欲. 174-7 三國攻○. 175-7 無燕○也. 175-23 ○三以虞卿爲言. 175-23 是王輕强○而重弱燕也. 175-24 又兼無燕○. 176-1 ○攻魏. 177-2 以○之强. 177-3 至○. 177-7 獻書○王曰. 177-7 ○王使使者報曰. 177-10 於是○王乃見使者. 177-14 ○王曰. 177-23 ○王乃喜. 177-24 乃結○連楚宋之交. 178-9 樓緩相○. 178-10 ○召春平侯. 178-12 春平侯入○. 178-14 ○必留之. 178-14 故謀而入之○. 178-14 ○急攻之. 178-19 ○使王翦攻趙. 179-25 李牧數破走○軍. 179-25 殺○將桓齮. 180-1 李牧司馬尙欲與○反趙. 180-2 以多取封於○. 180-2 西之○. 184-1 ○果日以强. 184-1 外交强虎狼之○. 184-11 夫挾强○之勢. 184-12 今乃有意西面而事○. 184-14 而欲臣事○. 184-20 夫事○必割地效質. 184-20 凡羣臣之言事○者. 184-21 外挾彊○之勢以內劫其主以求割埊. 184-23 則必無强○之患. 185-3 張儀爲○連横. 185-7 而欲恃詐僞反覆蘇○之餘謀. 185-17 大王不事○. 185-19 ○下兵攻河外. 185-19 ○挾韓而攻魏. 185-21 韓劫於○. 185-22 ○韓爲一國. 185-22 莫如事○. 185-23 事○則楚韓必不敢動. 185-23 且夫○之所欲弱莫如楚. 186-1 攻楚而適○. 186-3 ○甲出而東. 186-4 雖欲事○而不可得也. 186-5 蘇○拘於魏. 186-20 而○不受也. 186-21 夫○非不利有齊而得宋埊也. 186-22 不信齊王與蘇○也. 186-23 今○見齊魏之不合也如此其甚也. 186-23 則齊必不欺○. 186-24 而○信齊矣. 186-24 齊○合而涇陽君有宋地. 186-25 故王不如復東蘇○. 186-25 ○必疑齊而不聽也. 187-1 夫齊○不合天下無憂. 187-1 陳軫爲○使於齊. 187-4 鄭彊出○曰. 188-4 張儀欲以魏合於○韓而攻齊楚. 188-15 以魏合於○韓而攻齊楚. 188-17 張子儀以○相魏. 188-23 王亦聞張儀之約○王乎. 189-1 魏必事○以持其國. 189-3 其敝不足以應○. 189-4 此儀之所以與○王陰相結也. 189-4 是使儀之計當於○也. 189-5 張儀欲幷相○魏. 189-8 儀請以○攻三川. 189-8 儀兼相○魏. 189-10 張儀以合○魏矣. 189-12 ○攻三川. 189-13 則○魏之交可廢矣. 189-15 則魏必圖○而棄儀. 189-15 而樹怨而於齊○也. 189-21 ○欲救齊. 190-2 ○韓合而欲攻南陽. 190-2 王不遇○. 190-3 魏王遂尙遇○. 190-3 ○敗東周. 190-10 以講於○. 190-11 臣不知衍之所以聽於○之少多. 190-11 而令○講於王. 190-12 而聽○矣. 190-15 魏令公孫衍請和於○. 191-4 固有○重和. 191-5 敗後必莫能以魏合於○者矣. 191-5 五國伐○. 194-14 而○禁之. 194-14 齊令宋郭之○. 194-14 ○王許之. 194-15 魏王畏齊○之合也. 194-15 欲講於○. 194-15 ○王謂宋郭曰. 194-16 ○必且用此於王矣. 194-22 ○嘗用此於楚矣. 194-25 ○善魏不可知也已. 195-1 太上伐○. 195-2 其次賓○. 195-2 ○齊合. 195-3 ○權重魏. 195-5 是故又爲足下傷○者. 195-5 天下可令伐○. 195-6 見天下之傷○也. 195-7 天下可令賓○. 195-7 而以○爲上交以自重也. 195-9 則明不與○. 195-11 而生以殘○. 195-11 使○皆無百怨百利. 195-11 令足下鬻之以合於○. 195-12 ○. 195-15 以燕伐○. 195-17 恐其伐○之疑也. 195-20 又身自醜於○. 195-21 扮之請焚天下之○符者. 195-21 欲使五國約閉○關者. 195-22 臣非不知○勸之重也. 196-1 而卑○楚. 197-6 必右○而左魏. 198-3 ○召魏相信安君. 198-10 蘇代爲說○王曰. 198-10 其畏惡嚴尊○也. 198-15 舍於○. 198-19 ○必令其所愛信者用趙. 198

-20 魏信以韓魏事○. 198-25 ○甚善之. 199-1 今我講難於○兵爲招質. 199-1 ○楚攻魏. 199-8 ○楚勝魏. 199-8 必舍於○. 199-9 王何不倍○而與魏王. 199-9 ○恐失楚. 199-10 乃倍○而與魏. 199-11 ○恐. 199-13 而復固○楚之交. 199-16 ○因合魏以攻楚. 199-17 ○趙約而伐魏. 201-3 今大王收○而攻魏. 201-5 使寡人絶○. 201-6 收○攻魏. 201-7 趙王因令閉關絶○. 201-9 ○趙大惡. 201-9 趙王恐魏承○之怒. 201-11 遽割五城以合於魏而支○. 201-11 芒卯謂○王曰. 201-14 ○王曰. 201-16 ○之所欲於魏者. 201-18 王獻之○. 201-19 因獻之○. 201-20 而○兵不下. 201-21 而○兵不下. 201-21 則契折於○. 201-22 王無以責○. 201-22 臣爲王責約於○. 201-23 乃之○. 201-24 謂○王曰. 201-24 而○兵不可下. 202-1 ○王慢然曰. 202-2 ○兵下. 202-4 芒卯并將○魏之兵. 202-4 ○敗魏於華. 202-6 夫○貪戾之國而無親. 202-11 夫○何厭之有哉. 202-13 楚趙怒而與王爭事○. 202-15 ○必受之. 202-15 ○挾楚趙之兵以復攻. 202-15 ○兵必罷. 203-1 必爭事○. 203-4 ○兵已令. 203-6 ○敗魏於華. 203-11 魏王且入朝於○. 203-11 今王之事○. 203-16 今○不可知之國也. 203-20 内王於不可知之○. 203-21 ○未索其下. 203-23 楚王入○. 203-25 尚足以捍○. 204-1 吾内王於○者. 204-5 寧以爲○邪. 204-6 魏不勝○. 204-15 而○不以勝之上割. 204-17 ○也. 204-20 且夫姦臣固皆欲以地事○. 204-21 以地事○. 204-21 而○之求無窮. 204-22 吾已許○矣. 204-24 今君劫於羣臣而許○. 204-25 ○將伐魏. 205-16 ○且攻魏. 205-16 魏歃盟於○. 205-23 是趙與强○爲界也. 205-23 今○且攻魏. 206-1 ○攻魏未能克之也. 206-6 以國之半與○. 206-7 ○必去矣. 206-8 ○已去魏. 206-8 又西借○兵. 206-8 ○王大恐. 206-13 魏將與○攻韓. 206-16 ○與戎翟同俗. 206-16 今大王與○伐韓而益近○. 206-22 外安能支强○魏之兵. 206-24 ○盡有鄭地. 206-25 而今負强○之禍也. 207-1 ○非無事之國也. 207-2 ○必不爲也. 207-4 ○又不敢. 207-6 ○又弗爲也. 207-8 ○又不敢也. 207-9 ○必不伐楚與趙矣. 207-9 ○故有懷地刑丘之城垝津. 207-11 ○有鄭地. 207-12 乃惡安陵氏於○. 207-13 ○之欲許之久矣. 207-14 然而○之葉陽昆陽與舞陽高陵鄰. 207-14 ○繞舞陽之北. 207-15 夫不患○之不愛南國非也. 207-17 ○乃在河西. 207-19 ○十攻魏. 207-21 所亡乎○者. 207-23 ○乃在河西. 207-24 又況於使○無韓而有鄭地. 207-25 ○撓之以講. 208-3 則皆知○之無窮也. 208-5 其攻多於與○共伐韓. 208-8 然而無與强○鄰之禍. 208-9 天下之西鄉而馳○. 208-15 ○使趙攻魏. 208-22 而并齊○. 208-25 聽○而攻魏者. 209-2 其人皆欲合齊○外楚以輕公. 209-6 非○實首伐之也. 209-7 故勸○攻魏. 209-7 必令魏以地聽○而爲和. 209-8 有○韓之重. 209-8 今以齊○之重. 209-9 以爲和於○也. 209-10 ○疾攻楚. 209-10 公因寄汾北以予○而爲和. 209-11 ○楚重公. 209-12 臣意○王與樗里疾之欲之也. 209-12 天下且以此輕○. 209-15 翟强欲合齊○外楚. 209-22 樓庳欲合○楚外齊. 209-23 獻書○王曰. 211-3 ○攻梁者. 211-6 臣見○之必大憂可立而待也. 211-8 今○國與山東爲讎. 211-11○果南攻藍田鄢郢. 211-12 原恃○翟以輕晉. 211-17 ○翟年穀大凶而晉人亡原. 211-18 以是質○. 211-24 是王獨受○患也. 211-24 吾欲與○攻韓. 212-4 怨○乎. 212-6 韓强○乎. 212-7 强○. 212-7 欲獨以魏支○者. 212-12 自賣於○. 212-14 ○必受子. 212-15 横者將圖子以合於○. 212-15 魏○伐楚. 212-18 王不與○攻楚. 212-18 楚且與○攻王. 212-18 王不如令○楚戰. 212-19 ○王不問者. 212-23 ○攻韓之管. 213-5 夫○强國也. 213-5 西合於○. 213-9 ○韓爲一. 213-9 ○果釋管而攻魏. 213-10 昭忌乃爲之見○王曰. 213-11 ○王曰. 213-12 ○王曰. 213-13 以爲○之求索. 213-15 ○已制趙. 213-16 則燕不敢不事○. 213-17 天下爭敵於○. 213-17 ○王乃止. 213-18 ○趙構難而戰. 213-20 不如齊趙而構之○. 213-20 而構之○. 213-21 是并制○趙之事也. 213-21 ○許吾以垣雍. 213-25 ○趙久相持於長平之下而無決. 214-2 天下合於○. 214-3 則無○. 214-3 ○恐王之變也. 214-3 ○戰勝趙. 214-4 ○戰不勝趙. 214-4 樓梧約○魏. 214-8 將令○王遇於境. 214-8 ○必置相. 214-9 則交惡於○. 214-9 且遇於○而相○者. 214-10 ○必輕王之强矣. 214-11 是以有雍者與○遇. 214-12 ○必重王矣. 214-12 芮宋欲絶○趙之交. 214-14 故令魏氏收○太后之養地○王於○. 214-14 芮宋謂○王曰. 214-15 子言無○. 214-16 而養○太后以地. 214-16 ○王怒. 214-17 索攻魏於○. 214-19 ○必不聽王矣. 214-19 是智困於○. 214-19 則○重矣. 214-20 管鼻之令翟强與○事. 214-23 令鼻之入○之傳舍. 214-24 無蔽於○者. 214-25 而○若此其甚. 215-1 成陽君欲以韓魏聽○. 215-3 君入○. 215-4○必留君. 215-4 ○必留君. 215-5 故君不如安行求質於○. 215-5 成陽君必不入○. 215-6 ○韓不敢合. 215-6 ○拔寧邑. 215-8 魏王令之謂○王曰. 215-8 ○罷邯鄲. 215-13 吳慶恐魏王之構於○也. 215-13 ○之攻王也. 215-14 王不近○. 215-15 ○之所去. 215-15 ○人去邯鄲. 215-16 ○王怒. 216-10 魏王爲之謂○王曰. 216-10 ○魏爲與國. 216-15 魏使人求救於○. 216-15 ○救不出. 216-16 老臣請出西說○. 216-17 唐且見○王. 216-18 ○王曰. 216-19 以爲○之强足以爲與也. 216-22 ○王喟然愁悟. 217-1 破○人. 217-4 破○人. 217-8 則○兵及我. 217-20 ○攻魏急. 218-22 今○之强也. 218-25 而王以是質○. 218-25 ○自四境之内. 219-3 今王割地以賂○. 219-4 卑體以尊○. 219-5 ○魏百相交也. 219-7 今由嫪氏善○而交爲天下上. 219-7 ○王使人謂安陵君曰. 219-11 ○王不說. 219-13 安陵君因使唐且使於○. 219-13 ○王謂唐且曰. 219-14 且○滅韓亡魏. 219-15 ○王怫然怒. 219-18 ○王曰. 219-20 ○王曰. 219-21 ○王色撓. 220-2 蘇○爲楚合從說韓王曰. 221-23 乃欲西面事○. 222-7 大王事○. 222-9 ○必求宜陽成皋. 222-9 而○之求無已. 222-11 今大王西面交臂而臣事○. 222-13 必不能事○. 222-16 張儀爲○連横說韓王曰. 222-19 ○帶甲百餘萬. 222-23 ○馬之良. 222-25 ○人捐甲徒裎以趨敵. 223-1 夫○卒之與山東之卒也. 223-2 大王不事○. 223-7 ○下甲據宜陽. 223-7 先事○則安矣. 223-9 不事○則危矣. 223-9 逆○而順楚. 223-10 莫如事○. 223-11 ○之所欲. 223-11 今王西面而事○以攻楚. 223-12 ○王必喜. 223-13 轉禍而說○. 223-13 是故○王使使臣獻書大王御史. 223-14 而相公叔以伐○. 223-25 ○且攻韓. 224-3 ○必曰楚韓合矣. 224-4 ○攻陘. 224-6 ○已馳. 224-6 ○受地. 224-7 陳軫謂○王曰. 224-7 五國約而攻○. 224-12 不能傷○. 224-12 王約五國而西伐○. 224-16 不能傷○. 224-16 天下且以是輕王而重○. 224-16 鄭彊載八百金入○. 224-23 ○必不聽公. 224-24 公不如令○王疑公叔. 224-24 ○王聞之. 225-3 鄭彊之走張儀於○. 225-5 彊請西圖儀於○. 225-6 故因而請○王曰. 225-6 故使使臣再拜謁○王. 225-7 ○王怒. 225-7 ○攻西周. 225-11 ○圍宜陽. 225-14 魏必倍○. 225-16 須○必敗. 225-17 ○失魏. 225-17 ○歸武遂於韓. 225-20 ○王固疑甘茂之以武遂解於公仲也. 225-20 杜赫爲公仲謂○王曰. 225-21 ○王大怒於甘茂. 225-22 ○韓戰於濁澤. 225-25 今○之心欲伐楚. 226-1 王不如因張儀爲和於○. 226-1 將西講於○. 226-2 ○之欲伐我久矣. 226-4 ○韓并兵南鄉. 226-5 此○所以廟祠而求也. 226-5 是○韓不和. 226-9 爲能聽我絶和於○. 226-9 ○必大怒. 226-10 必輕○. 226-10 輕○. 226-10 其應○必不敬. 226-10 是我困○韓之兵. 226-11 願大國遂肆意於○. 226-13 ○也. 226-16 輕絶强○之敵. 226-16 又非素約而謀伐○矣. 226-17 ○欲伐楚. 226-18 且王以使人報於○矣. 226-19 是欺○也. 226-19 夫輕强○之禍. 226-19 遂絶和於○. 226-20 ○果大怒. 226-20 兵爲○禽. 226-22 公仲收國復事○. 227-5 ○楚合. 227-7 公仲躬率其私徒以鬬於○. 227-7 吾合○楚. 227-8 ○韓之交可合也. 227-9 今○楚爭强. 227-13 公何不以○爲韓求潁川於楚. 227-21 而交走○也. 227-23 ○楚爭强. 227-23 此利於○. 227-24 公求中立於○. 228-5 願公之復求中立於○也. 228-7 ○王以公孫郝爲黨於公而弗之聽. 228-8 公何不因行願以與○王語. 228-9 行願之爲○王臣也公. 228-10 臣請爲公謂○王曰. 228-10 於○孰利. 228-10 於○孰强. 228-11 ○王必曰. 228-11 則○重. 228-11 則○輕. 228-12 則○强. 228-12 則○弱. 228-12 今王聽公孫郝以韓○之兵應齊而攻魏. 228-12 是○輕也. 228-14 以韓○之兵據魏而攻齊. 228-14 是○輕也. 228-16 以韓○之兵據魏以郄齊. 228-19 最○之大急也. 228-21 齊楚之交善○. 228-25 ○魏遇. 228-25 王使景鯉之○. 229-1 鯉與於○魏之遇. 229-1 恐齊以楚遇爲有陰於○魏也. 229-2 ○魏之遇也. 229-3 將以合齊○而絶齊於楚也. 229-3 齊無以信魏之合己於○而攻於楚也. 229-4 齊又畏楚之有陰於○魏也. 229-5 以視齊於有○魏. 229-7 而且疑○魏於齊. 229-8 ○使聞之. 229-20 以告○王. 229-20 ○王謂魏王曰. 229-21 今○欲踰兵於澠隘之塞. 229-24 割以予○. 230-2 ○楚鬬之日也已. 230-2 仗齊而畔○. 230-7 韓令使者求救於○. 231-3 ○師不下殽. 231-3 韓又令尚靳使○. 231-4 謂○王曰. 231-4 韓之於○也. 231-4 ○師不下殽. 231-5 ○重國知王也. 231-13 甘茂入言○王曰. 231-16 公仲柄得○師. 231-16 而○師不下殽. 231-16 是楚以三國謀○也. 231-18 如此則伐○之形成矣. 231-18 ○王曰. 231-19 韓令冷向借救於○. 231-22 ○爲發使公孫昧入韓. 231-22 子以○爲將救韓乎. 231-22 ○王之言曰. 231-23 ○王必祖張儀之故謀. 232-1 是○孤也. 232-2 ○取西河之外以歸. 232-3 公恃○而勁. 232-5 楚陰得○之不用也. 232-5 公必先韓而後○. 232-9 ○必委國於公以解伐. 232-11 其實猶之不失○也. 232-11 錡宣之教韓王取○. 232-20 因令公仲謂○王曰. 232-20 ○王必取我. 232-21 公叔使馮君於○. 233-5 教陽向說○王曰. 233-5 而資之以○. 233-6 公欲得武遂於○. 233-9 而令人爲公求武遂於○. 233-10 發重使爲韓求武遂於○. 233-10 ○王聽. 233-11 韓得武遂以恨○. 233-11 毋○患而得楚. 233-12 ○不聽. 233-12 是○韓之怨深. 233-12 今公自以辯於薛公而輕○. 233-16 而外得○楚也. 235-4 ○楚若無韓. 235-5 ○楚挾幾瑟以塞伯嬰. 235-7 伯嬰外無○楚之權. 235-7 公叔伯嬰恐○楚之内幾瑟也. 235-10 則公叔伯嬰必知○楚之不以幾瑟爲事也. 235-11 必以韓合於○楚矣. 235-12 ○楚挾韓以窘魏. 235-12 公又令○求質子於楚. 235-13 公挾○楚之重. 235-14 楚將收○而復之. 235-22 楚又收○而復之. 235-23 公不如令○王賀伯嬰之立也. 235-24 其事○必疾. 235-24 ○挾韓親魏. 235-25 韓且内伯嬰於○. 236-7 太子入○. 236-7

〇必留太子而合楚. 236-8 今〇魏之和成. 239-6 若韓隨魏以善〇. 239-7 〇已善韓. 239-8 今公與安成君爲〇魏之和. 239-9〇魏之和成. 239-10 是韓爲〇魏之門户也. 239-10 而西貴於〇. 239-11 操右契而爲公責德於〇魏之主. 239-11 〇魏不終相聽者也. 239-13 魏不聽〇. 239-14 必務善韓以備〇. 239-14 〇魏和. 239-15 今天下散而事〇. 239-19 天下合而離〇. 239-19 今公以韓先合於〇. 239-20 是韓以天下事〇. 239-21 〇之德韓也厚矣. 239-21 韓與天下朝〇. 239-22 天下不合〇. 239-23 〇令而不聽. 239-23 〇必起兵以誅不服. 239-23 〇久與天下結怨構難. 239-23 周佼以西周善於〇. 240-1 周啓以東周善於〇. 240-2 今公以韓善〇. 240-2 而〇之爭機也. 240-3 今公以韓爲天下先合於〇. 240-4 〇必以公爲諸侯. 240-4 〇王大怒曰. 240-7 蘇〇爲韓說〇王曰. 240-8 必西面事〇. 240-9 此韓珉之所以禱於〇也. 240-10 〇王曰. 240-11 其西面事〇. 240-12 不西事〇. 240-13 皆積智欲離〇韓之交. 240-14 未有一人言善〇者也. 240-15 皆不欲韓〇之合者何也. 240-15 則晉楚智而韓〇愚也. 240-16 必伺韓〇. 240-16 韓〇合. 240-16 〇王曰. 240-17 〇王欲出事於梁. 240-19 〇之欲伐韓. 240-20 因欲與〇. 240-20 〇之欲攻梁也. 240-21 必折爲〇用. 240-23 〇之欲并天下而王之也. 240-25 而今之〇强於始之〇. 241-11 今〇有梁君之心矣. 241-11 而王與諸臣不事爲尊〇以定韓者. 241-11 今〇數世强矣. 241-16 〇. 242-24 韓甚疏〇. 242-24 然而見親〇. 242-24 故〇買之三千金. 243-1 韓因以其金事〇. 243-1 〇反得其金與韓之美人. 243-1 韓之美人因言於〇曰. 243-2 韓甚疏〇. 243-2 其疏〇乃始益明. 243-3 以是爲金以事〇. 243-4 而韓之疏〇不明. 243-4 爲惡於〇也. 243-15 而善平原君乃所以惡於〇也. 243-15 公仲使韓珉之〇求武隧. 243-18 韓之事〇也. 243-19 韓相公仲珉使韓侈之〇. 244-1 〇王說之. 244-1 韓侈謂〇王曰. 244-2 〇王仕之. 244-3 〇之仕韓侈也. 244-4 韓侈之〇. 244-4 〇必弗入. 244-4 〇王曰. 244-6 客卿爲韓謂〇王曰. 244-9 〇勢能詘之. 244-10 〇之强. 244-10 魏亡於〇. 244-13 成陽君爲〇去韓. 245-4 二人者必入〇楚. 245-4 〇封君以山陽. 245-8 齊〇非重韓則賢君之行也. 245-8 是棘齊〇之威而輕韓也. 245-10 韓謁急於〇. 245-12 〇不救. 245-12 〇招楚而伐齊. 245-19 〇王必外向. 245-19 楚之齊者知西不合於〇. 245-19 齊以四國敵〇. 245-20 〇王誠必欲伐齊乎. 245-21 則楚必卽〇矣. 245-22 以强〇而有晉楚. 245-22 向請爲公說〇王. 245-23 〇見君之交反善於楚魏也. 246-21 〇出兵於三川. 246-22 〇舉兵破邯鄲. 246-23 於〇亦萬分之一也. 247-8 蘇〇將爲從. 248-3 〇趙五戰. 248-10 〇再勝而趙三勝. 248-10 〇趙相弊. 248-10 且夫〇之攻燕也. 248-11 〇計固不能守也. 248-12 〇之不能害燕亦明矣. 248-13 〇之攻燕也. 248-15 西迫强〇. 248-18 於是齎蘇〇車馬金帛以至趙. 248-19 奉陽君李兌甚不取於蘇〇. 248-22 蘇〇在燕. 248-22 李兌因爲蘇〇謂奉陽君曰. 248-22 而君甚不善蘇〇. 249-3 蘇〇能抱弱燕而孤於天下哉. 249-3 善蘇〇則取. 249-5 齊王疑蘇〇. 249-6 乃使使與蘇〇結交. 249-7 〇惠王以其女爲燕太子婦. 249-13 武安君蘇〇爲燕說齊王. 249-14 强〇之少婿也. 249-18 而深與强〇爲仇. 249-18 而强〇制其後. 249-19 卑辭以謝〇. 249-23 〇知王以己之故歸燕城也. 249-23 〇必德王. 249-24 且夫燕〇之俱事齊. 249-24 是王以虛辭附〇. 249-25 願爲兄弟而請罪於〇. 250-3 人有惡蘇〇於燕王者. 250-6 蘇〇曰. 250-14 何肯楊燕〇之威於齊而取大功乎哉. 250-18 張儀爲〇破從連横. 251-11 效河間以事〇. 251-21 大王不事〇. 251-22 〇下甲雲中九原. 251-22 且今時趙之於〇. 251-23 今大王事〇. 251-24 〇王必喜. 251-24 是西有强〇之援. 251-24 請奉社稷西面而事〇. 252-2 蘇〇死. 252-10 西附〇則〇重. 253-3 西困〇三年. 253-5 蘇〇死於齊. 253-20 蘇〇之在燕也. 253-20 及蘇〇死. 253-21 與楚三晉攻〇. 253-22 蘇〇弟厲因燕質子而求見齊王. 254-23 齊王怨蘇〇. 254-23 〇不受. 255-7 〇非不利有齊而得宋埊也. 255-7 則齊不欺〇. 255-8 〇信齊. 255-8 齊〇合. 255-8〇必疑而不信蘇子矣. 255-9 齊〇不合. 255-10 與〇楚三晉合謀以伐齊. 256-9 〇齊助之伐宋. 256-14 盡焚天下之〇符. 257-1 夫上計破〇. 257-1 其次長賓之〇. 257-1 〇挾賓客以待破. 257-2 〇王必患之. 257-2 〇五世以結諸侯. 257-3 〇王之志. 257-3 以窮齊之說說〇. 257-4 謂〇王曰. 257-4 以不信〇王也. 257-6 〇有變. 257-7 則燕趙信〇矣. 257-7 〇爲西帝. 257-8 則〇伐之. 257-9 〇王聞若說也. 257-16 則王何不務使知士以若此言說〇. 257-17 〇伐齊必矣. 257-18 夫取〇. 257-18 則〇不出殽塞. 258-7 〇取西山. 258-10 〇召燕王. 260-3 齊楚不得以有枳宋事〇者. 260-4 〇之深讎也. 260-5 〇取天下. 260-5 〇之行暴於天下. 260-6 十七年事〇. 260-10 〇正告韓曰. 260-11 故事〇. 260-13 〇正告魏曰. 260-14 故事〇. 260-18 〇欲攻安邑. 260-19 〇欲攻齊. 260-23 有齊無〇. 260-24 無齊有〇. 261-1〇欲攻魏. 261-3 魏棄與國而合於〇. 261-4 〇之所殺三晉之民數百萬. 261-15 皆死〇之孤也. 261-15 〇禍如此其大. 261-16 而燕趙之〇者. 261-17 皆以爭事〇說其主. 261-17 如蘇〇時. 261-19 與齊王謀道取〇以謀趙者. 262-1 而爲之取〇. 262-22 白珪逃於〇. 263-4 而强〇將以兵承王之西. 266-8 而使强〇處弱越之所以霸也. 266-9 今山東三國弱而不能敵〇. 268-23 因能勝〇矣. 268-23 〇之兵至. 268-25 〇見三晉之堅也. 269-6 趙見〇之伐楚也. 269-7 〇久伐韓. 269-8 西屈〇. 269-13 西屈〇. 269-18 臣恐强〇之爲漁父也. 270-8 使慶〇以二十萬攻代. 271-24 使樂乘以五萬遇慶〇於代. 272-1 〇并趙. 273-9 使人賀〇王. 273-9 〇趙爲一. 273-10 爲〇也. 273-11 今臣使〇. 273-11 是〇趙有郄. 273-11 〇趙有郄. 273-12 且臣之使〇. 273-12 使者見〇王曰. 273-14 燕王竊聞〇并趙. 273-14 〇王曰. 273-14 南鄰爲〇. 273-15 而與〇相距五十餘年矣. 273-16 所以不能反勝〇者. 273-17 必不復受於〇矣. 273-18 〇王以爲然. 273-18 燕太子丹質於〇. 273-21 見〇且滅六國. 273-21 燕〇不兩立. 273-22 〇地遍天下. 273-23 樊將軍亡〇之燕. 274-2 夫〇王之暴. 274-3 丹終不迫於强〇. 274-8 燕〇不兩立. 274-14 燕〇不兩立. 274-22 今〇有貪饕之心. 275-7 今〇已虜韓王. 275-9 趙不能支〇. 275-11 今計舉國不足以當〇. 275-12 諸侯服〇. 275-12 使於〇. 275-13 〇王貪其贄. 275-13 誠得劫〇王. 275-14 其償破〇必矣. 275-16 〇將王翦破趙. 275-22 〇兵旦暮渡易水. 275-23 則〇未可親也. 275-25 〇王購之金千斤邑萬家. 275-25 與燕督亢之地圖獻〇王. 276-1 〇王必說見臣. 276-2 〇之遇將軍. 276-4 願得將軍之首以獻〇. 276-8 〇王必喜而善見臣. 276-9 燕國有勇士〇武陽. 276-17 乃令〇武陽爲副. 276-18 丹請先遣〇武陽. 276-20 今提一匕首入不測之强〇. 276-22 旣至〇. 277-4 厚遺〇王寵臣中庶子蒙嘉. 277-4 嘉爲先言於〇王曰. 277-4 〇王聞之. 277-9 而〇武陽奉地圖匣. 277-10 〇武陽色變振恐. 277-10 〇王謂軻曰. 277-13 因左手把〇王之袖. 277-14 〇王驚. 277-15 荆軻逐〇王. 277-17 〇王還柱而走. 277-17 而〇法. 277-18 以故荆軻逐〇王. 277-20 〇王之方還柱走. 277-22 乃引其匕首提〇王. 277-24 〇王復擊軻. 277-24 〇王目眩良久. 278-2 於是〇大怒燕. 278-5 〇將李信追擊燕王. 278-6 欲獻之〇. 278-7 〇復進兵攻之. 278-7 〇兼天下. 278-8 其後荆軻客高漸離以擊筑見〇皇帝. 278-9 而以筑擊〇皇帝. 278-9 蘇〇爲宋謂齊相曰. 280-24 〇攻衞之蒲. 282-4 以爲〇乎. 282-4 爲〇則不賴矣. 282-5 且〇王亦將觀公之事. 282-8 害〇以善魏. 282-8 〇王必怨公. 282-8 〇兵誠去. 282-13 臣聞〇出兵. 282-17 〇魏交而不脩之日久矣. 282-18 願王博事〇. 282-18 臣恐王事〇之晚. 282-20 〇軍大尅. 288-18 〇人歡喜. 288-18 〇民之死者厚葬. 288-19 備〇爲務. 288-23 〇中士卒. 289-14 今〇破趙軍於長平. 289-20 〇數不利. 290-5

【珪】 7

爵爲上執〇. 72-17 通侯執〇死者七十餘人. 111-4 於是乃以執〇而授之爲陽陵君. 125-13 白〇謂新城君曰. 213-1 申不害與昭釐侯執〇而見梁君. 241-6 我執〇於魏. 241-7 白〇逃於秦. 263-4

【珥】 4

乃獻七〇. 77-7 明日視美〇所在. 77-7 然則不買五雙〇. 123-23 明日視善〇所在. 123-24

【珠】 16

盡君子重寶〇玉以事諸侯. 7-2 〇玉之贏幾倍. 56-22 君之府藏珍〇寶玉. 57-5 賈以珍〇重寶. 61-1 而珍〇重寶盡於內. 61-2 巖下有貫〇者. 98-7 貫〇者復見王曰. 98-14 黃金〇璣犀象出於楚. 120-6 乃資之以〇玉. 120-11 寶珍隋〇. 127-8 李兌送蘇秦明月之〇. 137-22 今有人操隨侯之〇. 165-14 寶〇玉帛以事其左右. 253-15 〇玉財寶. 267-18 人有言我有寶〇也. 271-13 我且言子之奪我〇而吞之. 271-14

【敖】 10

威王問於莫〇子華曰. 112-16 莫〇子華對曰. 112-17 莫〇子華對曰. 112-19 莫〇子華對曰. 112-24 莫〇大心撫其御之手. 113-7 莫〇大心是也. 113-10 莫〇子華對曰. 114-9 易牙乃煎〇燔炙. 200-5 中國白頭游〇之士. 240-13 趙〇爲謂建信侯曰. 246-19

【素】 11

武王將〇甲三千領. 21-3 示情〇. 44-22 夫胡之與齊非〇親也. 92-1 〇用强兵而弱之. 93-10 使秦發令〇服而聽. 139-1 〇服縞〇辟舍. 218-5 天下縞〇. 220-1 又非〇約而謀伐秦矣. 226-17 不取〇飡. 250-15 齊人紫敗〇也. 256-23

【匿】 2

士大夫之所〇. 92-15 是故不敢〇意隱情. 148-14

【恚】 1

故去忿〇之心. 97-21

【捄】 2

懼而相〇. 59-15 齊乃〇趙以伐宋. 169-19

【捕】 1

因令人〇爲人卜者. 65-8

【馬】 164

免輿〇逝. 1-17 司〇翦謂楚王曰. 7-9 左成謂司〇翦曰. 7-10 載以乘車駟〇而遣之. 8-10 齊王令司〇悍以賂進周最於周. 13-17 左尚謂司

○悍曰. 13-18 北有胡貉代○之用. 15-16 决白○之口. 20-12 司○錯與張儀爭論於秦惠王前. 21-21 司○錯欲伐蜀. 21-21 司○錯曰. 22-6 君禽○服乎. 42-13 禽○服之軍. 42-16 北阬○服. 46-4 君之駿○盈外廄. 57-5 廄具○. 58-19 與司空○之趙. 59-3 司空○說趙王曰. 59-5 司空○曰. 59-10 司空○曰. 59-12 司空○曰. 59-19 司空○曰. 59-22 司空○去趙. 59-23 司空○言其爲趙王計而弗用. 59-24 司空○曰. 60-1 遇司空○門. 60-10 司空○. 60-14 又以爲司空○逐於秦. 60-15 趙去司空○而國亡. 60-16 大破之○陵. 64-24 其父殺之而埋○棧之下. 67-7 ○不得並行. 69-6 孟嘗君奉夏侯章以四○百人之食. 78-7 而奉我四○百人之食. 78-11 請具車○皮幣. 79-3 刑○壓羊. 79-7 秦破○服君之師. 81-11 狗○實外廄. 83-4 君之廄○百乘. 85-1 色與○取於今之世. 85-3 先君好○. 87-17 王亦好○. 87-17 ○飲於大河. 90-15 駑○先之. 91-19 夫駑○女子. 91-20 取其牛○. 92-1 罷○. 92-14 司○穰苴爲政者也. 95-5 禽其司○. 99-20 雍門司○前曰. 101-16 司○曰. 101-17 卽墨大夫與雍門司○諫而聽之. 101-19 ○陵之難. 103-16 乃爲具駟○乘車五百金之楚. 107-13 趙代良○橐他. 109-9 不費○汗之勞. 110-18 遣昭常爲大司○. 118-7 立昭常爲大司○. 118-9 今爲○多力則有矣. 130-18 夫千鈞非○之任也. 130-19 人○相食. 131-8 左司○見使於國家. 134-20 襄子至橋而○驚. 135-22 無罷車駑○. 137-4 此代○胡駒不東. 138-22 割摯○兔而西走. 143-3 割摯○兔而西走. 143-5 燕必致氈裘狗○之地. 144-14 通質刑白○以盟之. 145-25 而將非有田單司○之慮也. 147-10 皆曰白○非○也. 147-13 已如白○實○. 147-13 乃使有白○之爲也. 147-13 守白○之津. 148-4 不盡於○之情. 152-15 ○服曰. 155-8 肉試則斷牛○. 155-9 司○淺爲富丁謂主父曰. 157-2 而與○服之子戰於長平之下. 158-5 駕犀首而驂○服. 166-4 ○服君謂平原君曰. 174-13 ○服君曰. 174-21 果如○服之言也. 175-5 臣聞王之使人買○也. 176-13 未得相○之工也. 176-14 又不知相○. 176-15 不知相○. 176-16 買○而善. 176-16 買○而惡. 176-17 然則買○善而若惡. 176-18 然而王之買○也. 176-18 葉陽君涇陽君之車○衣服. 177-19 趙使李牧司○尙禦之. 179-25 李牧司○尙欲與秦反趙. 180-2 廢司○尙. 180-4 曾無所芻牧牛○之地. 184-9 車○之多. 184-10 ○馳人趨. 185-9 一天下約爲兄弟刑白○以盟於洹水之上以相堅也. 185-16 牛○俱死. 191-11 齊魏戰於○陵. 196-19 文○二駟. 205-5 受魏之璧○也. 205-9 聞先生受魏之璧○. 205-10 髡有璧○之寶. 205-14 故荀息以○與璧假道於虞. 208-23 客謂司○食其曰. 212-11 吾○良. 215-20 ○雖良. 215-21 皆陸斷○牛. 222-5 秦○之良. 222-25 今謂○多力則有矣. 229-11 非○之任也. 229-12 司○康三反之郢矣. 232-7 今王之國有柱國令尹司○典令. 236-19 云取千里○. 247-5 ○不千里. 247-6 ○. 247-6 千里之○也. 247-6 於是齎蘇秦車○金帛以至趙. 248-19 有以千金求千里○者. 255-24 三月得千里○. 256-1 ○已死. 256-1 所求者生○. 256-1 安事死○而捐五百金. 256-2 死○且買之五百金. 256-2 況生○乎. 256-2 天下必以王爲能市○. 256-3○今至矣. 256-3 千里之○至者三. 256-4 則諸侯不爲別○而朝矣. 258-11 決白○之口. 260-16 遇敗於○陵. 261-8 人有賣駿○者. 263-10 臣有駿○. 263-11 一旦而○價十倍. 263-13 今臣欲以駿○見於王. 263-14 以爲○食. 263-15 使齊大○駭而不言燕. 264-24 使左右司○各營壁地. 271-4 駑○先之. 274-15 遺衞君野○四百. 281-18 野○四. 281-20 騶○. 283-13 誰○也. 283-13 司○憙使趙. 286-7 司○憙御. 286-8 司○憙頓首於軾曰. 286-10 爲司○憙求相. 286-11 司○憙三相中山. 286-14 田簡謂司○憙曰. 286-14 司○憙曰. 286-18 可以爲司○憙. 286-20 司○憙謂陰姬公曰. 286-23 司○憙卽奏書中山王曰. 286-25 司○憙曰. 287-2 司○憙曰. 287-11 司○憙辭去. 287-13 司○喜曰. 287-15 司○憙曰. 287-17 大夫司○子期在焉. 288-2 司○子期怒而走於楚. 288-2

【振】 14

狀如○捆. 60-8 聞君於齊能○達貧窮. 80-7 ○困窮. 88-10 復○. 95-7 ○窮補不足. 99-7 誠能○其威也. 184-17 欲以復○古塈也. 263-21 不可○也. 264-1 天下莫不○動. 266-19 禍必不○矣. 274-4 燕王誠○畏慕大王之威. 277-5 秦武陽色變○恐. 277-10 故○慴. 277-12 不遂以時乘其○懼而滅之. 289-20

【挾】 32

可懷○提挈以至齊者. 1-17 ○荆. 20-11 ○天子以令天下. 22-1 ○韓而議. 29-11 ○君之讎以誅於燕. 34-23 ○天子. 71-17 ○天子. 72-3 ○太子也. 76-4 夫外○强秦之威. 109-15 ○寶地以爲資. 116-11 王○楚王. 117-2 ○魏重. 121-2 左○彈. 124-18 以○秦. 156-22 今王又○故薛公以爲相. 170-12 而○重器多也. 179-17 夫○强秦之勢. 184-12 外○彊秦之勢以內劫其主以求割塈. 184-23 秦○韓而攻魏. 185-21 秦○楚趙之兵以復攻. 202-15 而○韓魏之質. 208-7 不以○私爲政. 213-11 ○强韓之兵. 222-14 右○生虜. 223-2 秦楚○幾瑟以塞伯嬰. 235-7 秦楚○韓以窘魏. 235-12 韓○齊魏以盱楚. 235-13 公○秦楚之重. 235-14 秦○韓親魏. 235-25 又奚爲○之以恨魏王乎. 244-5 秦○賓客以待破. 257-2 ○成功. 280-5

【起】 108

皆白○. 11-6 謂白○曰. 11-7 疾且不○. 15-8 萬端俱○. 16-5 兵甲愈○. 16-7 吾欲使武安子○往喻意焉. 17-22 卒○兵伐蜀. 22-18 王○兵救之. 28-1 ○樗里子於國. 28-7 因○兵襲秦. 28-17 因悉○兵. 29-22 白○者. 35-14 兵休復○. 36-1 古之所謂危主滅國之道必從此○. 41-7 ○者○. 42-4 輕○相牙者. 42-5 楚之吳○. 44-20 吳○事悼王. 44-23 商君吳○大夫種. 45-11 商君吳○大夫種. 45-13 商君吳○大夫種不若也. 45-14 不過商君吳○大夫種. 45-18 白○率數萬之師. 46-3 白○之勢也. 46-6 吳○爲楚悼罷無能. 46-7 則商君白公吳○大夫種是也. 46-18 昭王彊○應侯. 46-25 秦白○拔楚西陵. 51-16 於是白○又將兵來伐. 51-18 四國必應悉○應王. 53-12 ○居不敬. 60-6 乃○兵. 64-11 乃○兵南攻襄陵. 64-14 齊因○兵擊魏. 64-23 楚趙果遽○兵而救韓. 71-7 齊因○兵攻燕. 71-7 ○而問. 72-16 ○矯命以責賜諸民. 82-24 故舜○農畝. 86-5 夫後○者藉也. 90-4 莫若後○而重伐不義. 91-6 夫後○之藉與多而兵勁. 91-7 後○之藉也. 91-21 有而案兵而後○. 91-21 後○則諸侯可趨役也. 92-4 中山悉○而迎燕趙. 92-23 兵後○則諸侯可趨役也. 93-14 雖有闔閭吳○之將. 93-16 是孫臏吳○之兵也. 96-23 楚因使景舍○兵救趙. 104-21 野火之○也若雲蜺. 106-7 秦必○兩軍. 109-3 ○於汶山. 110-16 大王悉○兵以攻宋. 111-10 秦王顧令不○. 113-18 式而能○. 114-10 必悉○而擊楚. 115-22 ○之. 125-22 疾而不○. 129-15 乃○兵. 139-20 秦○二軍以臨韓. 139-23 趙○兵取上黨. 141-2 令公孫○王齮以兵遇趙於長平. 141-2 趙患又○. 142-1 趙王因○兵南戍韓梁之西邊. 143-13 楚有四人○而從之. 147-16 夫以秦將武安君公孫○乘七勝之威. 158-5 辛垣衍○. 164-14 ○前以千金爲魯連壽. 164-19 秦令○賈禁之. 169-19 皆○而行事. 172-11 必○中山與勝焉. 173-3 秦○中山與勝. 173-3 吳○對曰. 182-19 吳○對曰. 182-21 此吳○餘教也. 183-9 於是索吳○之後. 183-15 悉○兵從之. 192-10 而東夷之民不○. 195-16 而臣以致燕甲而○齊兵矣. 195-17 魏惠王○境內衆. 196-13 吾常欲悉○兵而攻之. 196-20 王又欲悉○而攻齊. 196-23 爲○兵十萬. 205-25 乃爲之○兵八萬. 206-11 挺劍而○. 220-1 已悉○之矣. 226-13 楚因以○師言救韓. 226-18 公仲遽○而見之. 227-3 ○兵臨羊腸. 232-17 請爲子○兵以之魏. 233-2 韓必○兵以禁之. 236-3 秦必○兵以誅不服. 239-23 我○乎少曲. 260-11 我○乎宜陽而觸平陽. 260-11 燕因使樂毅大○兵伐齊. 264-11 ○兵隨而攻齊. 267-16 遽○六十萬以攻趙. 271-23 ○兵而救燕. 273-19 卽○. 274-18 ○. 277-13 自引而○. 277-15 卒○不意. 277-18 智伯果○兵而襲衞. 281-22 故○所以得引兵深入. 289-13 微白○. 290-3 彊○之. 290-7

【捍】 3

將軍爲壽於前而○匕首. 60-5 尙足以○秦. 204-1 故敢○楚. 231-16

【貢】 1

給○職如郡縣. 277-6

【埋】 1

其父殺之而○馬棧之下. 67-7

【捐】 10

少棄○在外. 57-19 亦○燕棄世. 97-3 夫秦○德絶命之日久矣. 123-7 臣願○功名去權勢以離衆. 134-12 今奉陽君○館舍. 144-6 秦人○甲徒裎以趨敵. 223-1 安事死馬而○五百金. 256-2 遂○燕而歸趙. 266-22 故君○國而去. 272-2 願君○怨. 273-3

【挹】 1

譬若○水於河. 81-2

【都】 40

又能爲君得高○. 10-13 公何不以高○與周. 10-19 何爲與高○. 10-21 與之高○. 10-21 是公以弊高○得完周也. 10-22 不徵甲與粟於周而與高○. 10-23 取洞庭五○江南. 19-9 王不如因而賂之一名○. 27-6 大其○者危其國. 40-5 ○大者危其國. 40-25 妻子衣服麗○. 86-24 而○縣之費也. 92-6 通○小縣置社. 92-9 効萬家之○. 111-17 郢○必危矣. 124-3 則地與國○邦屬而壤挈者七百里. 138-17 請以三萬户之○封太守. 140-22 傅之國○而止矣. 145-5 相○平君田單問趙奢曰. 155-3 ○平君喟然大息曰. 155-23 亡一○尉. 161-14 得二○. 170-9 若萬户之○. 173-18 故君不如遣春平侯而留平○侯. 178-15 而贖平○侯. 178-16 垂○焚. 207-21 名○數十. 207-24 平○君說魏王曰. 213-25 平○君曰. 214-1 平○君曰. 214-2 賂之以一名○. 226-1 今又得韓之名○一而具甲. 226-4 臣請令楚築萬家之○於雍氏之旁. 236-3 距國○矣. 248-15 再圍燕○而劫大王. 251-20 王因令章子將五○之兵. 254-19 不憚以一國○爲功. 257-3 入○邑. 287-6 中山君饗○士. 288-2 圍其國○. 289-25

【逝】 1

兔興馬○. 1-17

【耆】 1

少益○食. 179-2

【挫】 6

公孫衍樗里疾○我於内. 30-7 伐不爲人○强. 90-23 伐而好○强也. 91-4 名不○於諸侯. 113-3 需必○我於王. 193-2 兵必大○. 211-12

【恐】 179

秦○公之乘其弊也. 2-9 臣○西周之與楚. 2-19 周○假之而惡於韓. 3-14 周○. 3-22 故王不如速解周○. 3-23 前相工師藉○客之傷己也. 4-4 ○齊韓之合. 4-23 則趙○伐. 5-21 將○齊趙之合也. 6-11 ○秦不己收也. 6-12 吾又○東周之賊己而以輕西周惡之於楚. 8-7 ○一日之亡國. 10-9 齊秦○楚之取九鼎也. 11-23 臣○齊王之爲君實立果而讓之於最. 12-6 楚王○. 13-5 國○傷矣. 13-14 西周○魏之藉道也. 13-22 且以○齊而重王. 18-3 ○畏秦. 23-11 臣○王之如郭君. 23-13 臣○王爲臣之投杼也. 29-18 韓亦○戰而楚有變其後. 30-18 國○傷矣. 32-2 齊○. 32-21 ○不爲王用. 36-6 臣之所○者. 38-6 獨○臣死之後. 38-7 此臣之所○耳. 38-10 且臣將○後世之有秦國者. 40-9 臣竊爲王○. 41-2 ○萬世之後有國者. 41-3 ○秦之救也. 48-5 魏王聞之○. 50-6 ○不能給也. 51-10 臣○有後患. 52-14 臣○韓魏之卑辭慮患. 52-25 則臣○諸侯之君. 55-17 臣○其害於東周. 56-18 臣○其皆有怨心. 57-22 外○諸侯之救. 59-13 山東必○. 59-15 ○懼死罪於前. 60-6 嬰子○. 62-3 齊○田忌欲以楚權復於齊. 65-19 ○田忌之以楚權復於齊也. 65-21 ○韓魏之議其後也. 69-7 梁王大○. 71-19 齊王○. 73-3 樓子○. 73-4 楚王聞之○. 76-2 尙○事不成. 76-2 蘇秦○君之知之. 76-13 臣○强秦大楚承其後. 81-9 ○秦兼天下而臣其君. 81-20 君臣○懼. 83-19 君○不得爲臣. 84-5 唯○失抎之. 87-16 秦王○之. 93-25 ○不如. 94-3 魏王大○. 94-11 ○後之. 98-7 ○楚之攻其後. 104-14 ○反人以入於秦. 109-20 秦○且因景鯉蘇厲而效地於楚. 115-10 秦○. 115-12 ○秦之變而聽楚也. 115-21 ○其敗己也. 116-19 齊王○焉. 118-16 南后鄭褎聞之大○. 120-12 秦○齊之敗東國. 126-2 明願有問君而○固. 128-2 ○又無寵. 128-18 ○春申君語泄而益驕. 129-9 朱英○. 129-22 ○其事不成. 138-9 ○天下之驚覺. 138-9 ○天下疑己. 138-10 臣○其禍出於是矣. 138-24 臣○其後事王者之不敢自必也. 139-5 韓○. 139-22 是故横人日夜務以秦權○獨諸侯. 145-20 弊邑○懼懾伏. 148-1 必被庶人之○. 149-7 吾○天下笑之. 149-14 吾○天下議之也. 149-20 今寡人○叔逆從政之經. 149-23 故寡人○親犯刑戮之罪. 153-22 臣○其攻獲之利. 154-6 富丁○主父之聽樓緩而合秦楚也. 156-25 趙○. 157-15 則○王以臣之爲秦也. 159-6 且必○. 161-21 臣○秦折王之椅也. 166-6 ○其以擊燕爲名. 168-1 則欲以天下之重○王. 169-7 臣○與國之大亂也. 172-3 而○太后玉體之有所郄也. 178-24 鄰國必○. 181-4 臣○君之聾於官也. 182-14 ○後天下得魏. 187-15 韓○亡. 189-9 太后○其不因穰侯也. 190-16 ○其謀伐魏也. 190-19 ○有後咎. 192-5 梁君田侯○其至而戰敗也. 192-10 官費又○不給. 193-20 ○其伐秦之疑也. 195-20 吾○張儀薛公犀首之有一人相魏者. 197-22 吾○張儀薛公犀首有一人相魏者. 198-2 ○其不忠於下吏. 198-12 臣○魏交之益疑也. 198-13 臣又○趙之益勁也. 198-13 臣故○魏交之益疑也. 198-18 臣故○趙之益勁也. 198-21 魏王之○也見亡矣. 199-8 秦○失楚. 199-10 秦○. 199-13 ○魏之以太子在楚不肯也. 199-13 趙王○魏承秦之怒. 201-11 臣已○之矣. 204-11 ○天下之將有變也. 206-6 秦王大○. 206-13 謀○不出於計矣. 211-3 山東見亡必○. 211-7 ○必大合. 211-7 魏王大○. 213-10 秦○王之變也. 214-3 吳慶○魏王之構於秦也. 215-13 ○言而未必中於王也. 221-12 臣○山東之無以馳割事王者矣. 224-8 楚王聞之大○. 226-4 臣○國之以此爲患也. 228-6 ○齊以楚遇爲有陰於秦魏也. 229-2 公仲○曰. 232-9 ○留. 233-5 公不如令人○楚王. 233-9 以○太子. 235-1 伯嬰○. 235-6 公叔伯嬰○秦楚之内幾瑟也. 235-10 ○韓咎入韓之不立也. 236-11 楚魏必○. 240-9 ○. 240-9 ○梁之不聽也. 240-21 齊楚○. 243-11 而○楚之怒也. 243-18 其次○不得也. 246-11 臣○天下後事足下者. 251-7 ○以忠信之故. 258-22 ○忠信不諭於左右也. 259-7 ○齊救之. 260-19 ○天下救之. 260-23 ○抵斧質之罪. 266-25 臣○侍御者之不察先王之所以畜幸臣之理. 267-1 臣之所大○也. 268-10 ○侍御者之親左右之說. 268-13 臣○强秦之爲漁父也. 270-8 境吏○而赦之. 271-16 ○君之未盡厚也. 272-7 ○其適足以傷於高而薄於行也. 272-18 ○其禍至. 273-22 ○不能須臾. 274-7 ○不足任使. 275-18 太子丹○懼. 275-23 ○懼不敢自陳. 277-7 秦武陽色變振○. 277-10 ○不免於罪矣. 280-6 則○危社稷. 280-10 ○不得矣. 281-8 臣○王事秦之晚. 282-20 大○. 284-8 ○亡其國. 284-9 且中山○. 284-12 則中山必○. 284-16 吾○其不吾據也. 285-10 中山○燕趙之不己據也. 285-20 則○無身. 286-24 ○後天下. 287-21 楚人震○. 289-3 撫其○懼. 290-10

【盇】 1

子○少委焉. 189-14

【埃】 1

觸塵○. 137-5

【耻】 12

秦王○之. 2-6 慙○而不見. 97-10 死小○也. 97-20 除感忿之○. 97-21 而忘國事之○. 151-2 吏之○也. 153-7 以雪先王之○. 255-15 逃不足以爲臣○. 262-16 若先王之報怨雪○. 267-25 而燕國見陵之○除矣. 276-10 民無廉○. 283-11 ○與中山侔名. 285-9

【恥】 6

報惠王之○. 34-18 不足以爲臣○. 37-21 臣又何○乎. 38-6 惡小○者不能立榮名. 97-7 故去三北之○. 97-15 今魏○未滅. 142-1

【華】 23

見說趙王於○屋之下. 16-25 天下有比志而軍○下. 19-16 聞秦之有太后穰侯涇陽○陽. 39-23 涇陽○陽擊斷無諱. 39-25 ○陽用之. 40-22 分移○陽. 41-7 王后爲○陽太后. 57-25 ○而無其實德者也. 86-11 見於○章南門. 89-5 完者内酺而○樂. 92-12 ○落而愛渝. 105-24 威王問於莫敖子○曰. 112-16 莫敖子○對曰. 112-17 如○不足知之矣. 112-18 莫敖子○對曰. 112-19 莫敖子○對曰. 112-24 莫敖子○對曰. 114-9 左○謂陳軫曰. 187-23 秦敗魏於○. 202-6 秦敗魏於○. 203-11 ○軍之戰. 204-15 趙魏攻○陽. 245-12 大敗趙魏於○陽之下. 245-17

【恭】 4

卽以天下○養. 51-12 此不○之語也. 126-21 是以賢者任重而行○. 146-16 ○於教而不快. 153-5

【莫】 118

○非王土. 4-18 ○非王臣. 4-19 ○如令秦魏復戰. 9-19 ○言大王之法. 15-11 天下○之能伉. 17-10 天下○如也. 18-24 天下○不傷. 21-4 天下○如也. 21-9 天下○敢不聽. 22-1 而○之據也. 34-13 樹德○如滋. 34-19 除害○如盡. 34-20 ○肯卽秦耳. 38-8 則天下○能害. 39-7 爲秦害者○大於韓. 39-15 ○敢不聽. 40-3 天下○不聞. 43-10 ○有及者. 46-23 天下○强於秦楚. 51-21 ○强於齊. 53-17 ○若善楚. 53-22 芻牧薪采○敢闚東門. 54-11 ○不令朝行. 54-13 寡人子○若楚. 57-24 羣臣○對. 60-21 是以羣臣○敢以虛願望於上. 61-20 ○不私王. 66-16 ○不畏王. 66-16 ○不有求於王. 66-17 ○不以從爲可. 69-20 ○敢入諫. 80-14 ○不來語. 86-1 ○敢不服. 86-1 左右嘿然○對. 88-24 今雖干將○邪. 90-7 ○若後起而重伐不義. 91-6 ○如僅靜而寡信諸侯. 91-9 有市之邑○不止事而奉王. 92-10 城陽天下○之能止. 99-21 ○不揮泣奮臂而欲戰. 100-13 羣臣○對. 103-23 見君○不斂衽而拜. 105-21 天下○能當也. 108-25 則諸侯○不南面而朝於章臺之下矣. 108-25 秦之所害於天下○如楚. 109-1 ○如從親以孤秦. 109-3 威王問於○敖子華曰. 112-16 ○敖子華對曰. 112-17 ○敖子華對曰. 112-19 ○敖子華對曰. 112-24 天下○敢目兵南鄉. 113-4 ○敖大心撫其御之手. 113-7 ○敖大心是也. 113-10 ○敖子華對曰. 114-9 人臣○難於無妬而進賢. 119-8 吾固以爲天下○若是兩人也. 120-19 天下○不聞也. 121-8 天下○不知也. 121-8 ○知媒兮. 127-10 而人○知. 129-3 ○如遠楚. 130-8 人○之知也. 133-8 天下○不稱君之賢. 136-6 ○不高賢大王之行義. 144-4 ○若安民無事. 144-8 ○如趙强. 144-24 ○如趙. 145-3 ○如一韓魏齊楚燕趙. 145-23 ○如與秦遇於澠池. 148-15 選子○若父. 153-2 論臣○若君. 153-2 逆主罪○大焉. 153-21 行私○大焉. 153-22 諸侯○朝. 163-9 ○若於宋. 171-7 他國○可. 171-7 ○如於陰. 171-8 ○如君矣. 174-7 ○如事秦. 185-23 且夫秦之所欲弱○如楚. 186-1 而能弱楚者○若魏. 186-1 ○不日夜搤腕瞋目切齒以言從之便. 186-8 敗後必○能以魏合於秦者矣. 191-5 ○如太子之自相. 198-5 功○大焉. 206-19 而○以此諫. 206-23 河内之共汲○不危矣. 207-12 通韓之上黨於共○. 208-10 今國○强於趙. 208-25 ○如事秦. 223-11 ○如弱楚. 223-11 而能弱楚者○如韓. 223-11 韓之急緩○不知. 231-13 終○能就. 237-23 久之○知誰子. 238-8 ○如朝魏. 241-9 而王之諸臣忠○如申不害也. 241-12 則人○之爲之也. 243-14 ○如歸燕之十城. 249-23 ○敢自必也. 251-7 ○如臣之言也. 251-8 ○如趙. 251-11 天下○不聞. 251-18 則○如遥伯齊而厚尊之. 256-25 非蘇氏○可. 257-21 二日而○不盡繇. 260-12 人○之知. 263-11 人○與言. 263-12 ○爲臣先後者. 263-14 天下○不振動. 266-19 ○徑於結趙矣. 267-13 國人○不知. 272-6 天下○不聞. 272-7 燕國○不知. 274-21 ○敢合從. 275-12 非子○能吾救. 284-10 天下○不聞. 289-7 ○有鬬志. 289-16

【莠】 1

幽○之幼也似禾. 182-5

【莅】 4

○政有頃. 15-9 臣聞明主○正. 36-8 ○國之日淺. 146-9 是以○國者不襲奇辟之服. 152-3

【莘】 1

田○之爲陳軫說秦惠王曰. 23-13

【尅】 2

秦軍大○. 288-18 必不可○. 289-25

【莊】 22

而使陳○相蜀. 22-18 管○子將刺之. 27-22 ○謂王稽曰. 43-16 ○曰. 43-17 昭王孝文王○襄王. 47-3 先帝文王○王. 51-25 ○辛謂楚襄王

曰. 124-2 ○辛曰. 124-4 ○辛去. 124-6 徵○辛於趙. 124-7 ○辛曰. 124-7 ○辛至. 124-8 ○辛對曰. 124-10 ○公通之. 127-1 ○公請與分國. 127-1 ○公走出. 127-2 趙使趙○合從. 175-12 趙因賤趙○. 175-12 今聞趙○賤. 175-13 乃召趙○而貴之. 175-15 趙○之戰. 261-14 常○談謂趙襄子曰. 284-3

【桂】 4

大破之○陵. 64-15 薪貴於○. 119-17 今令臣食玉炊○. 119-18 中封小令尹以○陽. 227-6

【桔】 1

今求柴葫○梗於沮澤. 80-25

【桓】 33

齊○公宮中七市. 4-11 以掩○公. 4-12 ○公伐蔡也. 10-6 齊○任戰而伯天下. 16-3 齊○公九合諸侯. 45-21 魏○子驂乘. 49-18 魏○子肘韓康子. 49-20 康子履魏○子. 49-20 ○公用之而伯. 61-15 昔先君○公所好者. 87-14 昔者齊燕戰於○之曲. 91-25 昔管仲射○公中鉤. 97-7 齊○公有天下. 97-16 劫○公於壇位之上. 97-17 下者孰與齊○公. 99-13 齊○公得管夷吾以爲仲父. 99-15 ○臧爲昭雎謂楚王曰. 115-21 ○臧爲雎謂楚王曰. 120-22 殺秦將○齮. 180-知伯索地於魏○子. 181-3 魏○子弗予. 181-3○子曰. 181-4 齊○公夜半不嗛. 200-5 ○公食之而飽. 200-6 昔齊○公九合諸侯. 242-7 ○公亦定霸矣. 242-8 九合之尊○公也. 242-9 雖爲○公吾弗爲云者. 242-10 而○公獨取霸者. 242-12 此○公許異之類也. 242-14 故○公負婦人而名益尊. 249-21 ○公之難. 263-3 若曹沫之與齊○公. 275-14

【栖】 1

秦○楚王. 118-19

【栢】 4

處之共松○之間. 102-4○邪. 102-5 昔者吳與楚戰於○舉. 113-6 昔吳與楚戰於○舉. 113-11

【桎】 1

束縛○梏. 97-8

【株】 1

削○掘根. 19-8

【桃】 4

拔燕酸棗虛○人. 52-4 有土偶人與○梗相與語. 77-13○梗謂土偶人曰. 77-13 東國之○梗也. 77-16

【格】 3

燕人聞之至○道. 54-18 ○道不通. 54-19 不○明矣. 110-5

【校】 5

楚燕之兵云翔不敢○. 52-5 韓魏之强足以○於秦矣. 53-16 王猶○之也. 244-23 乃使五○大夫王陵將而伐趙. 288-25 亡五○. 289-1

【桉】 3

秦○兵攻魏. 172-23 君○救魏. 172-24 齊王○戈而卻曰. 249-15

【根】 2

削株掘○. 19-8 今汝非木之○. 137-11

【索】 30

蓄積○. 19-1 蓄積○. 20-23 中不○交諸侯. 88-14 挑趙○戰. 90-11 臣請西○救於秦. 118-1 臣請○救於秦. 118-4 西○救於秦. 118-8 又遣景鯉西○救於秦. 118-10 而○以三萬之衆. 155-22 因使人○六城於趙而講. 158-21 秦○六城於王. 160-22 ○王之地. 165-17 知伯○地於魏桓子. 181-3 無故○地. 181-4 無故○地. 181-4 因○蔡皋梁於趙. 181-10 韓○兵於魏曰. 181-14 趙又○兵以攻韓. 181-15 於是○吳起之後. 183-15 又且收齊以更○於王. 194-25 秦未○其下. 203-23 以爲秦之求○. 213-15 ○攻魏於秦. 214-19 又何新城陽人敢○. 234-10 ○二人. 268-22 ○二國. 268-23 然而山東不知相○. 268-23 宋使臧子○救於荆. 279-3 ○救而得. 279-4 不在○王. 284-10

【軒】 5

寵臣不避○. 105-25 雒陽乘○車蘇秦. 137-3 前有○轅. 145-19 舍其文○. 279-14 此猶文○之與弊輿也. 279-17

【連】 42

蘇秦始將○横說秦惠王曰. 15-15 約從○横. 16-4 轉轂○騎. 17-7 猶○雞之不能俱止於棲之明矣. 17-21 ○荆固齊. 18-8○衽成帷. 68-23 張儀爲秦○横齊王曰. 69-15 齊梁之兵○於城下. 71-16 梁齊之兵○於城下不能去. 72-1 魯○謂孟嘗君曰. 79-15 魯仲○謂孟嘗. 84-22 管燕○然流涕曰. 88-24 魯○乃書. 96-7 仲○之說也. 97-24 秦始皇嘗使使者遺君王后玉○環. 101-7 張儀爲秦破從○横. 110-1 張儀爲秦○横. 147-23 此時魯仲○適游趙. 162-11 魯○曰. 162-14 東國有魯○先生. 162-18 吾聞魯○先生. 162-19 吾不願見魯○先生也. 162-20 魯○見辛垣衍而無言. 162-22 魯○曰. 162-25 則○有赴東海而死矣. 163-2 魯○曰. 163-4 魯○曰. 163-6 魯仲○曰. 163-8 魯仲○曰. 163-15 魯仲○曰. 163-16 魯仲○曰. 163-19 於是平原君欲封魯仲○. 164-18 魯仲○辭讓者三. 164-18 起前以千金爲魯○壽. 164-19 魯○笑曰. 164-19 仲○不忍爲也. 164-21 乃結秦○楚宋之交. 178-9 張儀爲秦○横. 185-7 張儀爲秦○横說韓王曰. 222-19 張儀爲秦破從○横. 251-11 南○齊楚. 274-6 ○好齊楚. 288-23

【軔】 1

陛下嘗○車於趙矣. 57-21

【速】 7

故王不如○解周恐. 3-23 令軍設舍○東. 13-24 臣以爲王鉅○忘矣. 108-16 不如○和. 121-22 臣是以欲足下之○歸休士民也. 171-3 王○受楚趙之約. 208-6 此一何慶弔相隨之○也. 249-15

【鬲】 1

遇奪釜○於涂. 44-6

【栗】 5

○腹以百萬之衆. 96-19 棗○之實. 248-7 燕王喜使○腹以百金爲趙孝成王壽. 271-19 令○腹以四十萬攻鄗. 271-23 趙使廉頗以八萬遇○腹於鄗. 271-24

【酌】 1

於是因令其妾○藥酒而進之. 259-3

【配】 1

故名○天地不爲尊. 93-18

【翅】 1

鼓○奮翼. 124-17

【辱】 23

雖以臣爲賤而輕○臣. 36-14 若夫窮○之事. 38-10 主○軍破. 39-3 主離困○. 45-1 故天下以其君父爲戮○. 45-8 主必死○. 68-5 ○其使者. 84-16 無功而受其祿者○. 86-10 則終身不○也. 87-6 今死生榮○. 96-12 ○身也. 97-8 不免爲○人賤行矣. 97-10 爲主○易. 119-9 更不用侵○教. 153-24 周最以天下○秦者也. 157-17 無入朝之○. 170-7 ○公仲. 227-5 臣所以降志○身. 237-9 不足以爲臣○. 262-17 逃不足以爲○矣. 263-7 離毀○之非. 268-10 楊寡人之○. 272-20 不忍爲○軍之將. 290-15

【唇】 2

王○需於側以稽之. 193-4 果○需於側. 193-5

【夏】 24

湯伐有○. 16-2 ○育太史啓叱呼駭三軍. 45-23 冬○是也. 51-24 乘○車. 54-14 稱○王. 54-14 孟嘗君奉○侯章以四馬百人之食. 78-7 ○侯章每言未嘗不毀孟嘗君也. 78-8 文有以事○侯公矣. 78-9 董之繁菁以問○侯公. 78-9 ○侯公曰. 78-10 東有○州海陽. 108-22 ○人也. 112-10 右○侯. 124-2 右○侯. 125-8 昔伊尹去○入殷. 126-17 殷王而○亡. 126-17 ○殷之衰也. 152-10 ○. 175-3 夫○桀之國. 182-24 乘○水而下江. 260-7 乘○水而下漢. 260-8 乘○水. 260-15 是時侍醫○無且. 277-21 而賜○無且黃金二百鎰. 278-3

【砥】 2

臣聞周有○厄. 36-17 矜戟○劍. 258-16

【破】 131

薛公必○秦以張韓魏. 9-10 秦得無○. 9-13 梁必○. 11-6 ○則周危. 11-6 今公○韓魏. 11-11 宋○. 18-1 所當未嘗不○也. 18-25 昔者齊南○荆. 19-3 中○宋. 19-3 北○燕. 19-4 大○荆. 19-9 大王以詐○之. 19-16 大王以詐○之. 20-3 ○紂之國. 21-3 言所以舉○天下之從. 21-10 一舉而天下之從不○. 21-12 美女○舌. 23-14 遂○之. 23-16 美男○老. 23-17 今○齊以肥趙. 32-16 ○齊弊晉. 32-17 是晉楚以秦○齊. 32-23 以齊○秦. 32-23 齊○. 34-6 齊○晉强. 34-6 是君○齊以爲功. 34-8 ○齊定封. 34-8 若齊不○. 34-9 楚○秦. 35-21 ○軍殺將. 39-1 主辱軍○. 39-3 ○敵軍. 44-23 ○横散從. 46-8 滅○范中行. 49-16 王○楚於以肥韓魏於中國而勁齊. 53-15 今王○宜陽. 55-14 ○吾家. 63-9 是趙○而魏弱也. 64-14 大○之桂陵. 64-15 且夫魏有○韓之志. 64-20 大○之馬陵. 64-24 魏○韓弱. 64-24 而國○矣. 69-24 ○軍殺將得八城. 72-23 秦○馬服君之師. 81-11 制則○焉. 86-25 死者○家而葬. 92-12 ○車. 92-14 齊軍○. 95-7 軍○走. 95-8 ○亡餘卒. 95-17 ○燕兵. 95-17 齊田單以卽墨○燕. 96-3 齊○. 98-1 ○燕兵. 98-1 齊以○燕. 98-2 ○亡餘卒. 100-4 ○萬乘之燕. 100-4 此所以○燕也. 100-13 君王后引椎椎○之. 101-8 五國目○齊秦. 103-9 則魏可○也. 104-20 張儀爲秦○從連横. 110-1 卽陰與燕王謀○齊共分其地. 111-12 ○趙三分其地. 133-13 ○趙則封二子者各萬家之縣一. 133-20 ○趙而三分其地. 133-21 秦○必矣. 145-15 今見○於秦. 145-15 夫○人之與○於人也. 145-16 夫齊兵之所以○. 147-8 收○齊罷楚弊魏不可知之趙. 147-11 ○趙而四分其地. 148-14 王○原陽. 154-2 今王○原陽. 154-3 今王○卒散兵. 154-5 此坐而自○之道也. 155-5 齊○燕. 156-8 是因天下以○齊也. 156-11 收○軍之敝守. 158-7 大○之. 158-21 以爲不媾者軍必○. 161-17 欲○王之軍乎. 161-18 必且○趙軍. 161-19 軍必○矣. 161-24 魏必○矣. 172-19 國○曹屈. 172-23 李牧數○走秦軍. 179-25 大○趙. 180-5 ○公家而成私門. 184-23 楚○南陽九夷. 189-22 不過五月而趙○. 192-4 公今言○趙大易. 192-5 ○故國. 202-8 王以爲不○乎. 206-24 楚趙楚大○.

208-14 ○秦人. 217-4 ○秦人. 217-8 三晉已○智氏. 221-3 而○三軍者. 221-5 公○韓. 227-5 秦擧兵○邯鄲. 246-23 張儀爲秦○從連橫. 251-11 ○燕必矣. 254-12 燕昭王收○燕後卽位. 255-13 而襲○燕. 255-14 ○宋. 256-14 ○宋肥讎. 256-17 夫上計○秦. 257-1 秦挾賓客以待○. 257-2 燕趙○宋肥齊尊齊而爲之下者. 257-4 竟○齊. 257-22 王苟能○宋有之. 260-21 因以○宋爲齊罪. 260-21 因以○齊爲天下罪. 261-2 燕○必矣. 263-23 燕○則趙不敢不聽. 263-23 是王○燕而服趙也. 263-23 ○之. 264-12 將軍爲燕○齊. 266-18 齊可大○也. 267-15 齊南○楚. 269-13 齊南○楚. 269-18 其償○秦必矣. 275-16 秦將王翦○趙. 275-22○心而走. 280-6 趙軍大○. 288-18 大○二國之軍. 289-5 今秦○趙軍於長平. 289-20 ○國不可復完. 290-14

【原】 51

秦盡韓魏之上黨大○. 5-5 今平○君自以賢. 41-23 此皆平○四達. 53-14 渡平○. 59-23 平○津令郭遺勞而問. 59-23 平○令曰. 59-25 平○令見諸公. 60-14 夫上見其○. 86-16 召平○君而告之曰. 140-6 王破○陽. 154-2 今王破○陽. 154-3 魏使人因平○君請從於趙. 157-22 今者平○君爲魏請從. 157-23 平○君請馮忌曰. 158-4 平○君曰. 158-11 平○君謂平陽君曰. 158-14 平○君使人請救於魏. 161-4 虞卿爲平○君請益地. 161-5 平○君之力也. 161-6 見平○君曰. 161-7 平○君曰. 161-11 因平○君謂趙王曰. 162-7 平○君猶豫未有所決. 162-10 乃見平○君曰. 162-11 平○君曰. 162-12 平○君曰. 162-16 平○君遂見辛垣衍曰. 162-17 平○君曰. 162-20 皆有求於平○君者也. 162-23 非有求於平○君者. 162-23 於是平○君欲封魯仲連. 164-18 平○君乃置酒. 164-18 遂辭平○君而去. 164-21 韓之太○絕. 172-20 趙王因割濟東三城令盧高唐平○陵地城邑市五十七. 174-11 馬服君謂平○君曰. 174-13 平○君曰. 174-20 趙豹平○君. 177-14 趙豹平○君. 177-16 ○恃秦翟以輕晉. 211-17 秦翟年穀大凶而晉人亡○. 211-18 而封於平○. 240-2 穆公一勝於韓○而霸西州. 241-14 今君以所事善平○君者. 243-14 而善平○君乃所以惡於秦也. 243-15 西有雲中九○. 248-4 踰雲中九○. 248-11 秦下甲雲中九○. 251-22 韓氏太○卷. 260-14 而李信出太○雲中. 275-10 至於平○君之屬. 289-23

【逐】 67

周最於齊王也而○之. 5-13 ○周最聽祝弗相呂禮者. 5-20 譬如使豺狼○羣羊也. 22-9 願王○之. 24-9 棄○於秦而出關. 31-6 幸無我○也. 31-6 乃○之. 31-23 譬若馳韓盧而○蹇兔也. 38-19 ○穰侯. 40-11 則王○張儀. 41-17 蔡澤見○於趙. 44-6 又以爲司空馬○於秦. 60-15 臣於趙而○. 61-4 趙之○臣. 61-4 趙之○臣. 61-12 齊之○夫. 61-12 子良之○臣. 61-13 欲○嬰子於齊. 62-3 今嬰子○. 62-7 楚王因弗○. 62-8 欲○之. 79-15 使人有棄○. 79-21 乃弗○. 79-22 韓子盧○東郭逡. 81-6 孟嘗君○於齊而復反. 85-6 王乃殺九子而○其家. 99-25 爲儀謂楚王○昭雎陳軫. 112-2 今儀曰○君與陳軫而王聽之. 112-7 內○其謀臣. 112-10 故○之. 112-10 故亦○之. 112-11 楚王○張儀於魏. 119-21 王何○張子. 119-21 ○而聽則可. 119-23 武王○張儀. 120-21 張儀○惠施於魏. 121-5 ○惠子者. 121-6 ○於魯. 159-2 以與秦角○. 166-5 乃輦建信以與强秦角○. 166-5 而○衰惡之色. 166-18 秦○李兌. 169-24 王之○廬陵君. 175-22 而王不○也. 175-24 而王○之. 175-24 吾固將○之. 175-25 然則王○廬陵君. 175-25 行○愛弟. 176-1 將使王○之. 178-4 今王○之. 178-4 故王不如勿○. 178-5 而禹放○之. 182-24 而竟○之. 206-19 與之○張儀於魏. 223-24 齊○幾瑟. 234-19 王爲我○幾瑟以窮之. 234-20 令吏○公疇豎. 245-2 今公因○之. 245-4 韓氏○向晉於周. 245-25 ○向晉者韓也. 246-2 言之則○主母. 251-4 則○吾主母. 259-4 與殺吾父○吾主母者. 259-4 荊軻○秦王. 277-17 以故荊軻○秦王. 277-20 緤錯挐薄之族皆○也. 283-6 乘勝○北. 289-19

【烈】 5

楚考○王無子. 128-17 考○王病. 129-11 楚考○王崩. 129-24 周○王崩. 163-9 亦○女也. 238-16

【殊】 3

○不知此. 63-24 老臣今者○不欲食. 179-1 ○無佳麗好美者. 287-6

【殉】 7

必以魏子爲○. 33-5 且身爲○. 106-2 請○寡人以頭. 203-18 請以一鼠首爲女○者. 203-20 而○王以鼠首. 203-21 弊邑將以楚○韓. 226-14 將軍市被死已○. 254-16

【郪】 1

南有鴻溝陳汝南有許鄢昆陽邵陵舞陽新○. 184-5

【剢】 2

○而類. 63-9 猶○刻者也. 264-19

【致】 50

不識大國何塗之從而○之齊. 1-11 寡人終何塗之從而○之齊. 1-15 魏王因使孟卯○溫囿於周君而許之戍也. 12-24 夫徒處而○利. 16-9 常欲坐而○之. 16-10 大王又幷軍而○與戰. 20-20 義渠君○羣臣而謀曰. 28-17 霸王之業可○. 38-20 信賞罰以○治. 44-22 盡忠○功. 45-11 ○至而危. 51-24 諸侯皆○秦邑. 58-1 小國所以皆○相印於君者. 80-6 能○其如此者五人. 84-15 秦使魏冉○帝. 89-6 諸侯可同日而○也. 93-18 皆可得而○之. 114-12 ○命齊王曰. 117-10 使使者○萬家之邑一於知伯. 132-1 因使人○萬家之邑一於知伯. 132-5 五百之所以○天下者. 134-10 燕必○氈裘狗馬之地. 144-14 齊必○海隅魚鹽之地. 144-14 楚必○橘柚雲夢之地. 144-15 韓魏皆可使○封地湯沐之邑. 144-15 不足與○意. 151-17 王○之於前. 165-9 而能令王坐而天下○名寶. 169-3 臣以爲齊○尊名於王. 169-9 天下孰敢不○尊名於王. 169-9 臣以齊○地於王. 169-10 天下孰敢不○地於王. 169-10 而無庸○兵. 171-11 君○安平君而將之. 174-14 衍請因令王○萬戶邑於先生. 193-8 而臣以○燕甲而起齊兵矣. 195-17 請○之先生. 205-5 ○攻者. 213-8 願君之生束縮高而○之. 217-20 若君弗○也. 217-21 而君曰必生○之. 217-25 張儀使人○上庸之地. 225-7 此古服道○士之法也. 255-21 今王誠欲○士. 256-4 ○藺石. 261-1 今子且○我. 271-14 而大國○之. 281-21 ○中山而塞四國. 284-21 作羹○於樂羊. 288-10 以○臣罪. 290-12

【晉】 147

制齊楚三○之命. 5-6 而處之三○之西. 9-14 三○必重齊. 9-15 宛恃秦而輕○. 13-12 ○國危. 18-1 中陵三○. 19-12 中陵三○. 19-19 一舉而三○亡. 20-13 以攻趙襄主於○陽. 21-4 夫○獻公欲伐郭. 23-14 夫三○相結. 32-15 三○百背秦. 32-16 破齊弊○. 32-17 而後制○楚之勝. 32-18 秦王安能制○楚哉. 32-20 則○楚不信. 32-20 則○楚爲制於秦. 32-21 則必不走於秦且走○楚. 32-21 齊割地以實○楚. 32-22 則○楚安. 32-22 是○楚以秦破齊. 32-23 何○楚之智而齊秦之愚. 32-24 夫取三○之腸胃與出兵而懼其不反也. 32-25 齊秦相聚以臨三○. 34-4 齊破○强. 34-6 秦王畏○之强也. 34-6 必重君以取○. 34-7 齊予○弊邑. 34-7 ○必重君以事秦. 34-7 操○以爲重也. 34-8 而秦○皆重君. 34-9 而○惑亂. 45-7 凌齊○. 45-23 昔者六○之時. 49-16 帥韓魏以圍趙襄子於○陽. 49-17 決○水以灌○陽. 49-17 尚賢在○陽之下也. 49-22 攻○陽之城. 52-20 圍逼○陽. 55-9 陳軫合三○而東謂齊王曰. 67-23 今三○已合矣. 68-10 齊非急以銳師合三○. 68-11 三○合. 68-11 三○怒齊不與己也. 68-12 不如急以兵合於三○. 68-13 果以兵合於三○. 68-14 至闈陽○之道. 69-5 殺○鄙. 81-12 ○陽者. 81-14 伐趙取○陽. 81-15 蔡恃○而亡. 91-17 又西圍○陽. 92-21 夫三○大夫. 101-21 使收三○之故地. 101-23 卽臨○之關可以入矣. 101-23 秦下兵攻衛陽○. 111-9 習於三○之事. 112-10 臣請北見○君. 120-5 王無求於○國乎. 120-6 寡人無求於○國. 120-7 妾聞將軍之○國. 120-12 北無○. 121-22 圍○陽而水之. 131-3 世治○陽. 132-12 君其定居○陽. 132-13 乃使延陵王將車騎先之○陽. 132-13 臣聞董子之治○陽也. 132-16 臣聞董子之治○陽也. 132-19 三國之兵乘○陽城. 132-23 決○水而灌之. 132-23 圍○陽三年. 132-24 遣入○陽. 133-9 兵着○陽三年矣. 133-15 ○陽之政. 134-19 ○畢陽之孫豫讓. 135-6 及三○分知氏. 135-7 魏滅○國. 138-13 三○倍之憂也. 141-25 三○之心疑矣. 142-2 三○合而秦弱. 142-13 三○離而秦强. 142-13 惡三○之大合也. 142-22 而離三○. 143-1 三○相親相堅. 143-8 便於三○. 143-9 秦見三○之大合而堅也. 143-10 有利於三○. 143-11 秦見三○之堅也. 143-14 且昔者簡主不塞○陽. 150-22 昔者三○之交於秦. 159-19 魏安釐王使將軍○鄙救趙. 162-5 是使三○之大臣不如鄒魯之僕妾也. 164-9 適會魏公子無忌奪○鄙軍以救趙擊秦. 164-17 三○皆有秦患. 169-23 以三○劫秦. 170-21 臣之所以堅三○以攻秦者. 171-1 而求利於三○. 172-8 秦堅三○之交攻齊. 172-22 因圍○陽. 181-11 此○國之所以强也. 182-18 劫衛取○陽. 185-19 臣又偏事三○之吏. 195-19 ○文公得南之威. 200-7 盡○國. 202-12 且君之嘗割○國取地也. 203-5 ○國之去梁也. 207-19 ○國之去大梁也尚千里. 207-24 ○人欲亡虞而伐虢. 208-22 卒假○道. 208-24 ○人伐虢. 208-24 昔曹恃齊而輕○. 211-15 齊伐釐莒而○人亡曹. 211-15 原恃秦翟以輕○. 211-17 秦翟年穀大凶而○人亡原. 211-18 猶○人之與楚人也. 214-23 ○人見楚人之急. 214-24 信陵君殺○鄙. 217-4 今君殺○鄙. 217-8 三○已破智氏. 221-3 ○用六卿而國分. 223-19 ○楚齊衛聞之曰. 238-15 與新城陽○同也. 240-7 則○楚智而韓秦愚也. 240-16 ○楚合. 240-16 必圖○楚. 240-17 ○文公一勝於城濮而定天下. 241-15 以强秦而有○楚. 245-22 韓氏逐向○於周. 245-25 是王有向○於周也. 246-1 逐向○者韓也. 246-2 是魏有向○於周. 246-3 與楚三○攻秦. 253-22 與秦楚三○合謀以伐齊. 256-9 秦之所殺三○之民數百萬. 261-15 ○國之眡. 261-16 三○之半. 261-16 三○稱以爲士. 263-6 燕乃伐齊攻○. 263-20 燕兵在○而不進. 263-21 燕兵在○. 263-24 而與燕人戰於○下. 264-3 日者齊不勝於○下. 264-7 秦見三○之堅也. 269-6 不如以兵南合三○. 269-9 燕果以兵南合三○也. 269-11 請西約三○. 274-6

【柴】 1

今求○葫桔梗於沮澤. 80-25
【時】 114
宋君奪民○以爲臺. 4-9 虛實有○. 9-8 當此之○. 17-3 當是之○. 19-10 當是○. 20-4 聖人不能爲○. 34-15○至而弗失. 34-15 不遭○不得帝王. 34-17 此君之大○也已. 34-17 以非此○也. 34-21 此亦百世之○也已. 35-18 臣聞始○呂尙之遇文王也. 37-12 ○以爲仲父. 40-13 無子之○不憂. 43-2 乃即與無子○同也. 43-3 爲子○不憂. 43-3 夫四○之序. 44-13 此亦秦之分功之○也. 46-18 君何不以此○歸相印. 46-19 昔者六晉之○. 49-16 此乃方其用肘足○也. 49-22 ○不可失. 52-25 當是○. 54-12 趙何○亡. 59-25 王之方爲太子之○. 63-17 當是○. 64-5 ○○而間進. 66-20 皆爲一○說而不顧萬世之利. 69-16 屬聞古大禹之○. 86-4 及湯之○. 86-5 滅亡無族之○. 86-7 而遠怨者○也. 90-4 必藉於權而務興於○. 90-5 而○勢者. 90-5 倍○勢. 90-6 衞明於○權之藉也. 90-18 當是○. 94-12 智者不倍○而弃利. 96-7 此其一○也. 96-13 猶○攫公孫子之腓而噬之也. 98-22 燕之伐齊之○. 99-1 當是○也. 99-21 當此之○. 100-12 安陵君可謂知○矣. 106-15 奉四○之獻. 109-6 當此之○也. 113-3 德子無已○. 116-14 楚襄王爲太子之○. 117-7 當是之○. 120-3 臣少之○好射. 127-15 今君一○而知臣. 128-6 此百代之一○也. 130-12 祭祀○享. 138-2 風雨○至. 138-3 此百代之一○也. 139-14 當今之○. 144-24 多聽而○用之. 146-14 而效之於一○之用也. 146-15 先王之○. 148-17 先○中山負齊之强兵. 150-24 能與○化. 151-19 觀○而制法. 152-7 當子爲子之○. 152-19 四○不一宜. 154-7 故賢人觀○. 154-7 而不觀於○. 154-8 知不遺○. 154-12 又不明其○勢. 155-8 此○魯仲連適游趙. 162-11 當是○. 164-3 臣少之○. 165-10○宿於野. 165-15 秦當○適其鋒. 166-5 而謹司○. 167-9 ○賤而買. 167-9 ○貴而賣. 167-10 此亦舉宋之○也. 171-4 失今之○. 171-8 此百代之一○也. 171-9 此兩地之○也. 171-14 初○惠王伐趙. 202-7 此亦王之大○已. 208-10 是山東首尾皆救中身之○也. 211-7 ○合○離. 213-13 谿子少府○力距來. 222-1 此方其爲尾生之○也. 230-8 萬於周之○. 240-3 燕文公○. 249-13 且今○趙之於秦. 251-23 天○不與. 253-11 此文武之○. 254-18 如蘇秦○. 261-19 不以今○大紛之. 262-14 寡人有○復合和也. 265-24 當此之○也. 265-24 臣聞全趙之○. 273-15 是丹命固卒之○也. 274-9 臣聞騏驥盛壯之○. 274-14 今太子聞光壯盛之○. 274-15 今太子聞光壯盛之○. 274-21 ○怨急. 277-16 方急○. 277-20 是○侍醫夏無且. 277-21 宋康王之○. 281-11 衞嗣君○. 283-8 蚤晚之○失也. 283-16 其子○在中山. 288-10 當今之○. 288-24 是○楚王恃其國大. 289-11 當此之○. 289-14 不遂以○乘其振懼而滅之. 289-20 猶勾踐困於會稽之○也. 289-24
【畢】 18
羣臣聞見者○賀. 26-16 齊楚之事已○. 71-20 ○報. 77-25 責○收. 82-22 責○收乎. 83-3 收○矣. 83-3 然嫁過○矣. 88-20 而富過○也. 88-21 晉○陽之孫豫讓. 135-6 則是强○矣. 141-20 以事寡人者○矣. 153-13 不待辭之○也. 160-24 地未○入而兵復出矣. 202-12 故○曰. 219-3 無不○具. 222-6 ○長謂公叔曰. 232-25 而君臣上下少長貴賤○呼霸王. 241-25 使○使於前. 277-12
【財】 23
又費○焉. 7-6 得其○. 22-10 家有不宜之○. 23-3 吾聞子以寡人○交於諸侯. 61-6 臣願以足下之府庫○物. 78-20 且○者君之所輕. 89-1 士聞戰則輸私○而富軍市. 92-7 夷傷者空○而共藥. 92-12 用○少. 93-13 以○交者. 105-24 ○盡而交絕. 105-24 而○於柱國. 113-2 事之以○. 119-4 ○食將盡. 132-24 萬物○用之所聚也. 150-4 萬金之○. 165-15 尙有爭錢○. 185-17 仲嗇於○. 227-1 而亡國之臣貪於○. 253-14 則不過不竊人之○耳. 258-4 珠玉○寶. 267-18 以靡其○. 288-19 以生其○. 288-21
【眩】 3
○於名. 41-25 惡得無○哉. 186-9 秦王目○良久. 278-2
【晏】 6
一日○駕. 57-17 ○首貴而仕人寡. 66-1 宣王因以○首壅塞之. 66-3 梁王安得○然而已乎. 164-12 雖有管○. 274-5 早朝○退. 288-22
【畛】 2
食田六百○. 113-4 田六百○. 114-3
【蚌】 4
○方出曝. 270-4 ○合而拑其喙. 270-5 即有死○. 270-6 ○亦謂鷸曰. 270-6
【畔】 8
楚必○天下而與王. 23-5 楚○秦而合於韓. 30-17 ○者九國. 45-22 是不敢倍德○施. 57-16 以儐○秦. 145-24 ○學者. 150-7 常仗趙而○楚. 230-7 仗齊而○秦. 230-7
【蚊】 1
俛啄○虻而食之. 124-13
【哭】 10
中○泣. 92-11 人有當闕而○者. 95-11 人有當闕而○者. 95-14 晝吟宵○. 113-14 下車攀而○之. 128-11 一蓋○. 141-6 不肯○也. 159-1 焉有子死而不○者乎. 159-1 乃抱屍而○之曰. 238-13 伏屍而○. 276-13
【恩】 3
然刻深寡○. 15-7 而○以相葬臣. 44-3 其見○德亦其大也. 67-20
【豈】 71
周君○能無愛國哉. 10-9 ○其難矣. 20-23 ○敢以疑事嘗試於王乎. 36-14 ○齊不欲地哉. 39-2○有此乎. 44-12○非士之所願與. 44-14 ○不辯智之期與. 44-16 ○非道之符. 44-19 ○不亦忠乎. 45-12 雖藍田○難得哉. 48-6 臣○以郢威王爲政衰謀亂以至於此哉. 54-23 人主○得其用哉. 61-18 吾○可以先王之廟與楚乎. 63-22 ○爲人臣欺生君哉. 67-11 足下○如令衆而合二國之後哉. 67-17○用强力哉. 78-5 ○得持言也. 78-13 ○非世之立教首也哉. 79-21 君○受楚象牀哉. 80-4 ○特七士也. 81-3 ○獨不得盡. 84-25 ○有騏驎騄耳哉. 85-2 ○有毛廧西施哉. 85-3 ○非下人而尊貴士與. 86-19 ○先賤而後尊貴者乎. 88-5 ○特攫其腓而噬之耳哉. 98-24○不以據勢也哉. 99-5 ○忘爲之內乎. 105-4 社稷○得無危哉. 110-10 餘○悉無君乎. 114-4 ○特百里哉. 124-12 則○楚之任也我. 130-20 秦○得愛趙而憎韓哉. 138-7 鄙語○不曰. 142-7 ○掩於衆人之言. 145-12 ○可同日而言之哉. 145-17 ○獨田單如耳爲大過哉. 147-3 ○可得哉. 148-11 ○有敢曰. 155-21 ○敢輕國若此. 165-25 ○敢有難. 177-12 ○非計久長. 179-13 ○人主之子孫則必不善哉. 179-16 ○可不一會期哉. 182-9 ○不亦信固哉. 182-17 公叔○非長者哉. 183-16 ○不悲哉. 183-24 ○其士卒衆哉. 184-17 ○小功也哉. 194-12 則魏國○得安哉. 207-16 ○若由楚乎. 209-10 ○有及哉. 216-23 ○可使吾君有魏患也. 218-3 ○直五百里哉. 219-18 則○楚之任也哉. 229-13 ○敢以有求邪. 237-8 ○不殆哉. 238-1 ○不爲過謀哉. 242-7 ○不爲過謀而不知尊哉. 242-10 ○可不謂善謀哉. 242-14 ○如道韓反之哉. 246-2 ○能東無齊西無趙哉. 249-3 ○遠千里哉. 256-5 寡人○敢一日而忘將軍之功哉. 266-19 君○怨之乎. 273-3 ○丹之心哉. 275-5 ○可得哉. 275-24 將軍○有意乎. 276-11 荆卿○無意哉. 276-20 ○若中山廢其王而事齊哉. 284-14 ○若令大國先與之王. 285-2
【峚】 39
不如盡歸中山之新○. 175-8 前脉形○之險阻. 183-10 大王之○. 184-5 ○方千里. 184-8 ○名雖小. 184-8 割其主之○以求外交. 184-22 外挾彊秦之勢以內劫其主以求割○. 184-23 ○四平. 185-8 魏之○勢. 185-11 夫秦非不利有齊而得宋○也. 186-22 則○廣矣. 187-2 爲求壤○也. 187-22 欲得○. 189-14 必反燕○以下楚. 189-20 請卑辭割○. 190-11 王無與之講以取○. 194-19 既已得○矣. 194-20 又必且曰王以求○. 194-22 既已得○. 194-23 身處死亡之○. 199-3 必多割○以深下王. 199-4 則是大王垂拱之割○以爲利重. 199-5 必效城○於王. 199-10 許楚城○. 199-13 敝邑之王欲效城○. 199-14 彌○踵道數千里. 248-12 不如以○請合於齊. 249-9 令郭任以○請講於齊. 249-11 故大亂者可得其○. 252-6 秦非不利有齊而得宋○也. 255-7 歸耕乎周之上○. 258-1 昔周之上○嘗有之. 258-25 周○賤媒. 259-12 上雒之○. 261-15 趙劫之求○. 263-5 欲以復振古○也. 263-21 至於虛北○行其兵. 264-23 齎○百里. 265-13 今宋王射天笞○. 269-19
【剛】 8
號爲○成君. 47-2 築○平. 54-11 使○成君蔡澤事燕三年. 58-3 吾令○成君蔡澤事燕三年. 58-7 殘○平. 90-12 故○平之殘也. 90-16 請○柔而皆用之. 194-18 攻齊得○博以廣陶. 212-22
【缺】 1
乃可○也. 270-1
【氣】 7
少焉○力倦. 11-11 而辭○不悖. 97-18 而士卒無生之○. 100-12 乃厲○循城. 100-16 太后盛○而揖之. 178-22 則上有野戰之○. 198-20 ○矜之隆. 238-11
【特】 9
○以强服之耳. 15-7 且夫蘇秦○窮巷掘門桑户棬樞之士耳. 17-8 吾○以三城從之. 49-4 豈○七士也. 81-3 豈○攫其腓而噬之耳哉. 98-24 豈○百里哉. 124-12 王○爲臣之右手不倦賞臣. 183-13 ○以爲夫人麤糲之費. 237-8 ○以爲神. 287-8
【郵】 1
賜死於杜○. 46-7
【造】 14
石行秦謂大梁○曰. 5-9 秦客卿○謂穰侯曰. 34-11 先生王斗○門而欲見齊宣王. 87-8 楚使新○盩棼冒勃蘇. 113-17 ○外闕. 137-6 趙○諫曰. 151-20 趙○曰. 151-25 以○安陵之城. 217-21 夫○禍而求福. 223-10 遇○父之弟子. 247-5 ○父之弟子曰. 247-6 乃○焉. 274-12 太子日日○問. 275-19 將移兵而○大國之城下. 280-1

【牪】 1
有狂兕○車依輪而至. 106-8
【乘】 146
秦恐公之○其弊也. 2-9 公中慕公之爲己○秦也. 2-10 載以○車駟馬而遣之. 8-10 秦令樗里疾以車百○入周. 10-3 使樗里疾以車百○入周. 10-7 戰車萬○. 15-17 凌萬○. 16-13 革車百○. 17-1 夫戰者萬○之存亡也. 19-6 車百○. 23-10 韓楚○吾弊. 29-24 陶爲萬○. 34-12 爲萬○. 35-1 戰車千○. 38-18 此皆○至盛不及道理也. 45-24 魏桓子驂○. 49-18 已立爲萬○. 51-5 萬○之地未嘗有也. 51-25 而關内二萬○之主注地於齊. 54-1 厭案萬○之國. 54-10 千○之宋也. 54-11 ○夏車. 54-14 借臣車五○. 58-19 乃資車百○. 60-22 乃具革車三十○. 71-18 與革車三十○而納儀於梁. 72-3 千○之君與萬○之相. 78-18 歷險○危. 79-16 於是○其車. 82-10 孟嘗君予車五十○. 83-14 車百○. 83-17 百○. 83-18 以車十○之秦. 84-7 萬○之嚴主也. 84-16 千○也. 84-19 立千○之義而不可陵. 84-19 君之廄馬百○. 85-1 大王據千○之地. 85-24 出必○車. 86-24 夫中山千○之國也. 92-24 而敵萬○之國二. 92-24 向子以輿一○亡. 95-7 夫千○博昌之間. 95-9 萬○之國. 96-20 而牽留萬○者. 99-5 破萬○之燕. 100-4 而令兩萬○之國. 103-6 結駟千○. 106-7 出則陪○. 106-12 乃爲具駟馬○車五百金之楚. 107-13 王不如以十○行之. 108-1 乃以十○行之. 108-2 車千○. 108-23 車千○. 110-2 乃遣使車百○. 111-22 萬○之强國也. 112-6 萬○之君. 113-19 遂出革車千○. 113-20 王欲昭睢之○秦也. 115-16 齊使車五十○. 117-12 許强萬○之齊而不與. 117-17 萬○者. 117-20 以地大爲萬○. 117-20 有萬○之號而無千○之用也. 117-21 許萬○之强齊也而不與. 117-25 王發上柱國子良車五十○. 118-6 遣景鯉車五十○. 118-8 且使萬○之國免其相. 119-24 今君相萬○之楚. 122-17 見君之○. 125-22 三國之兵○晉陽城. 132-23 維陽○軒車蘇秦. 137-3 車千○. 145-1 車不過三百○. 145-9 飾車百○. 146-11 於是乃以車三百○入朝澠池. 148-21 夫以秦將武安君公孫起○七勝之威. 158-5 曰我將因强而○弱. 160-16 今秦萬○之國. 164-7 梁亦萬○之國. 164-7 俱據萬○之國. 164-8 今趙萬○之强國也. 165-1 今君易萬○之强趙. 165-3 ○驥而御之. 166-19 君令胥○獨斷之車. 166-20 此皆能○王之醉昏. 176-23 於是爲長安君約車百○質於齊. 179-21 革車三百○. 184-16 車六百○. 184-19 出而○其車. 186-6 魏王使李從以車百○使於楚. 187-8 李從以車百○使楚. 187-14 犀首又以車三十○使燕趙. 187-14 取○丘. 189-22 而與○之. 190-7 而與○之. 190-8 魏令公孫衍○勝而留於境. 190-10 先以車五十○至衛間齊. 190-21 ○宋之敝. 194-17 ○數鈞. 196-9 臣萬○之魏. 197-5 而持三萬○之國輔之. 198-7 夫舍萬○之事而退. 198-17 王以三○先之. 203-25 重爲之約車百○. 205-18 車三百○. 205-25 車二百○. 206-11 卽王有萬○之國. 211-24 ○北郢. 212-21 且夫魏一萬○之國. 216-21 是亡一萬○之魏. 216-24 車千○. 222-23 今已令楚王奉幾瑟以車百○居陽翟. 225-1 遂與公○楚. 232-6 爲公叔具車百○. 232-20 是令得行於萬○之主也. 233-11 ○舟. 233-15 周欲以車百○重而送之. 236-10 以萬○自輔. 240-13 車七百○. 248-5 王以萬○下之. 250-6 而又以其餘兵南面而舉五千○之勁宋. 253-6 夫列在萬○. 256-13 强萬○之國也. 256-18 此所謂强萬○之國也. 256-19 奉子車百○. 258-19 萬○之主. 259-8 十○之家. 259-8 ○夏水而下江. 260-7 ○舟出於巴. 260-7 ○夏水而下漢. 260-8 ○夏水. 260-15 而弱越○其弊以霸. 266-6 夷萬○之强國. 267-25 奉蘇子車五十○. 269-17 使樂○以五萬遇慶秦於代. 272-1 樂間樂○怨不用其計. 273-7 車過五○. 282-1 我萬○之國也. 285-5 中山千○之國也. 285-6 萬○之國. 285-9 公孫弘參○. 286-8 ○勝逐北. 289-19 不遂以時○其振懼而滅之. 289-20
【秝】 1
以供芻○. 120-13
【秫】 1
鯷冠○縫. 150-11
【笄】 2
摩○以自刺也. 251-17 故至今有摩○之山. 251-17
【笔】 1
臣少爲秦刀○. 59-19
【笑】 37
臣竊○之. 18-9 爲天下○. 39-3 爲天下○. 49-21 卒爲三家○. 55-10 則兩國者必爲天下○矣. 55-24 孟嘗君○而受之曰. 82-5 左右皆○之. 82-10 孟嘗君○曰. 82-18 昭王○而曰. 84-9 昭王○而謝之. 84-17 爲天下○者. 92-22 和樂倡優侏儒之○不之. 93-18 仰天而○曰. 106-10 爲天下○. 134-5 豫讓乃○而應之曰. 135-18 美人巧○. 145-19 吾恐天下○之. 149-14 愚者之○. 149-15 雖毆世以○我. 149-16 卒爲天下○. 163-11 魯連○曰. 164-19 鄭同因撫手仰天而○之曰. 165-11 望我而○. 176-5 夫望人而○. 176-6 太后○曰. 179-8 田子方○. 182-12 奚○. 182-13 人大○也. 217-16 夫羞社稷而爲天下○. 222-8 必爲天下○矣. 226-16 智爲楚○. 226-22 田光俛而○曰. 274-19 荆軻顧○武陽. 277-11 倚柱而○. 277-25 主人○之. 283-16 然而不免爲○者. 283-16 卽爲諸侯○. 287-16
【倴】 1
三軍之○有倍於前. 288-16
【借】 14
臣請東○救於齊. 1-5 ○臣車五乘. 58-19 魏文侯○道於趙攻中山. 136-13 君不如○之道. 136-16 ○車者馳之. 142-7 ○衣者被之哉. 142-7 夫所○衣車者. 142-8 願得○師以伐趙. 181-14 文願○兵以救魏. 205-19 夫敢○兵者. 205-20 又西○秦兵. 206-8 韓令冷向○救於秦. 231-22 願大王少假○之. 277-12 ○之. 283-13
【值】 1
○所以爲國者不同耳. 72-9
【倚】 1
直而不○. 183-8
【倒】 2
今將○冠而至. 107-20 ○樹之則生. 197-17
【絛】 3
科○既備. 16-6 ○達輻湊. 185-8 果與鳴○之戰. 263-1
【倄】 15
而公獨○虛信爲茂行. 6-17 西攻○武. 20-6 鄒忌○八尺有餘. 66-5 ○劍拄頤. 100-7 不○攻戰之備. 101-14 方將○其莽廬. 124-23 ○禮無邪. 152-4 若善○之. 182-18 蘇○朱嬰既皆陰在邯鄲. 195-23 因使蘇○游天下之語. 195-24 而果西因蘇○重報. 195-25 或以政教不○上下不輯. 211-21 論不○心. 273-1 使寡人進不得○功. 273-5 秦魏交而不○之日久矣. 282-18
【倏】 1
○忽之間. 124-19
【倶】 24
秦與天下○罷. 13-10 萬端○起. 16-5 猶連雞之不能○止於棲之明矣. 17-21 則此一計而三利○至. 26-13 載與○歸者. 37-14 與齊貌辨○留. 63-12 而儀與之○. 72-12 獸同足者而○行. 80-24 犬兔○罷. 81-7 ○彊而加以親. 91-24 左右○曰無有. 106-20 齊趙必○亡矣. 142-4 而禮與變○. 151-17 賢與變○. 152-15 是○敝也. 157-8 曷爲與人○稱帝王. 163-22 ○據萬乘之國. 164-8 牛馬○死. 191-11 且夫燕秦之○事齊. 249-24 臣以爲廉不與身○達. 258-5 義不與生○立. 258-5 欲與○. 276-18 待吾客與○. 276-22 燕趙果○輔中山而使其王. 286-5
【倡】 2
和樂○優侏儒之笑不之. 93-18 爲士卒○曰. 100-10
【候】 6
因使人告東周之○曰. 8-2 ○得而獻東周. 8-2 韓必爲關中之○. 53-24 而魏亦關内○矣. 54-1 ○問三月. 127-25 ○者來言. 173-13
【倪】 1
王乃逃○侯之館. 281-16
【倫】 1
内臨其○. 280-4
【隼】 1
寡人如射○矣. 260-9
【俯】 2
○噣白粒. 124-17 ○噣鰱鯉. 124-22
【恸】 1
○小節者不能行大威. 97-6
【倍】 54
今王○數險. 29-6 齊與大國救魏而○約. 32-8 魏王○寡人也. 50-2 耕田之利幾○. 56-22 十○. 56-22 珠玉之贏幾○. 56-22 百○. 56-22 立國家之主贏幾○. 56-22 一日○約. 57-2 是不敢○德畔施. 57-16 昭陽請以數○之地易薛. 63-20 未嘗○太山絶清河涉渤海也. 68-19 ○韓魏之地. 69-5 趙必○秦. 73-5 ○秦則齊無患矣. 73-6 則太子且○王之割而使齊奉己. 75-19 太子何不○楚之割地而資齊. 76-1 ○楚之割而延齊. 76-1 必不○於王也. 76-6 是足下○先君盟約而欺孟嘗君也. 79-8 ○約儐秦. 89-19 ○時勢. 90-6 智者不○時而弃利. 96-7 必不敢○盟. 117-4 三晉○之憂也. 141-25 諸侯之地五○於秦. 145-14 十○於秦. 145-14 百○之國者. 146-18 不○其孤. 153-13 卒○秦. 156-19 主人必將○殯柩. 164-4 若與有○約者. 172-1 無○約者. 172-1 ○趙之割. 174-8 是○也. 176-5 乃○李從. 187-18 犀首以○田需周宵. 196-6 王何不○秦而與魏王. 199-9 乃○秦而與魏. 199-11 ○鄴朝歌. 207-5 是○主也. 217-17 父教子○. 217-17 今吾以十○之地. 219-16 魏必○秦. 225-16 假道兩周○韓以攻楚. 229-25 而賈十○. 256-23 因是而○之. 262-14 一旦而馬價十○. 263-13 吾以○攻之. 271-21 三軍之倴有○於前. 288-16 雖○其前. 288-21 亦以十○矣. 288-21 人數○於趙國之衆. 289-8 多○城邑. 289-13

【倦】 12
少焉氣力○. 11-11 文○於事. 82-20 孟賁之○也. 91-19 上○於教. 92-19 ○而歸乎. 159-10 必以○而歸也. 159-12 ○而歸. 159-13 秦○而歸. 160-3 不○而取道多. 166-19 不敢怠○者. 183-13 王特爲臣之右手不○賞臣. 183-13 不待○而至梁. 185-9
【健】 4
此○士也. 7-14 楚客來使者多○. 30-21 其○者來使者. 30-22 而○者不用矣. 30-24
【臭】 1
其似惡聞君王之○也. 123-19
【射】 33
善○. 11-7 去柳葉者百步而○之. 11-7 善○. 11-8 可教○也矣. 11-8 子乃曰可教○. 11-9 子何不代我○之也. 11-9 夫○柳葉者. 11-10 便弓引弩而○之. 93-7 約之矢以○城中. 96-7 昔管仲○桓公中鉤. 97-7 王親引弓而○. 106-9 不知夫○者. 124-23 中○之士問曰. 126-6 使人殺中○之士. 126-7 中○之士使人說王曰. 126-8 ○中其股. 127-3 未至絞纓○股. 127-5 臣少之時好○. 127-15 臣願以○譬之. 127-15 然則○可至此乎. 127-18 然則○可至此乎. 127-19 習馳○. 148-2 今吾將胡服騎○以教百姓. 149-8 而無騎○之備. 150-20 變服騎○. 150-21 今騎○之服. 150-25 以奉騎○. 154-6 皆○六百步之外. 222-2 韓卒超足而○. 222-2 寡人如○隼矣. 260-9 ○其面. 260-20 今宋王○天笞埊. 269-19 故○天笞地. 281-13
【躬】 2
○竊閔然不敏. 37-6 公仲○率其私徒以鬭於秦. 227-7
【息】 27
而不已善○. 11-10 戰攻不○. 16-7 荀○曰. 23-14 荀○曰. 23-16 王迎甘茂於○壤. 29-4 於是與之盟於○壤. 29-19 ○壤在彼. 29-21 甘茂欲○兵. 30-12 王申○衆二年. 52-6 宣王大○. 63-23 是助王○其民者也. 88-10 顧而大○曰. 113-7 王乃大○曰. 114-7 故猶未○. 127-21 先生大○矣. 128-1 功大而○民. 146-19 察乎○民之爲用者伯. 146-25 寡人案兵○民. 147-1 都平君喟然大○曰. 155-23 老臣賤○舒祺. 179-4 故荀○以馬與璧假道於虞. 208-23 仰天太○曰. 222-16 韓○士民以待其豐. 239-24 先趨而後○. 255-18 樊將軍仰天太○流涕曰. 276-6 昭王既○民繕兵. 288-14 今寡人○民以養士. 288-15
【烏】 12
非效鳥集○飛. 1-17 於是乃摩燕○集闕. 16-25 秦○能與齊縣衡韓魏. 35-25 ○獲之力而死. 37-23 猶○獲之與嬰兒也. 223-3 夫戰孟賁○獲之士. 223-3 謂之○. 236-18 此○不爲○. 236-20 此食○喙之類也. 249-19 今夫○獲舉千鈞之重. 258-17 ○獲之力而死. 262-19
【倨】 4
何前○而後卑也. 17-14 又○. 44-11 辭○而幣薄者. 270-13 今魏之辭○而幣薄. 270-13
【師】 77
秦興○臨周而求九鼎. 1-4 發○五萬人. 1-8 士卒○徒. 1-19 前相工○藉恐客之傷己也. 4-4 周文君免士工○藉. 4-7 名○數百萬. 18-23 名○數百萬. 21-8 欲興○伐秦. 27-5 已一說而立爲太○. 37-13 少出○. 38-23 臣意王之計欲少出○. 38-24 秦王○君. 43-10 白起率數萬之○. 46-3 嘗無○傅所教學. 57-20 夫項橐生七歲而爲孔子○. 58-10 更立衛姬嬰兒郊○. 63-19 身退○. 67-21 而出銳○以戍梁絳安邑. 68-10 齊非急以銳○合三晉. 68-11 秦破馬服君之○. 81-11 而治可爲管商之○. 84-14 攻戰之道非○者. 93-15 燕人興○而襲齊墟. 99-18 王收而與之百萬之○. 101-25 興○襲秦. 111-5 後事之○. 134-18 韓乃西○以禁秦國. 139-1 韓出銳○以佐秦. 139-18 出銳○以戍韓梁西邊. 143-8 齊魏各出銳○以佐之. 145-25 齊出銳○以佐之. 146-2 燕出銳○以佐之. 146-3 韓魏出銳○以佐之. 146-4 燕出銳○以佐之. 146-5 告齊使興○度清河. 148-12 屬於○傅. 148-18 儒者一○而禮異. 150-14 具帶黃金○比. 153-15 魏令公子咎以銳○居安邑. 156-22 大敗秦○. 156-23 大敗趙○. 158-6 談語而不稱○. 176-5 言而不稱○. 176-6 左○觸讋願見太后. 178-22 左○公曰. 179-4 左○公曰. 179-10 左○公曰. 179-14 願得借○以伐趙. 181-14 文侯謂覩○贊曰. 181-20 子入而問其賢良之士而○事之. 182-2 楚○必進矣. 193-13 無忌將發十萬之○. 217-21 鄧○宛馮龍淵大阿. 222-4 爲之儆四境之內選○. 226-6 乃儆四境之內選○. 226-12 楚因以起○言救韓. 226-18 興○與韓氏戰於岸門. 226-21 秦○不下殽. 231-3 秦○不下殽. 231-5 公仲柄得秦○. 231-16 而秦○不下殽. 231-16 果下○於殽以救韓. 231-19 不若及齊○未入. 234-14 齊○果入. 234-16 使山東皆以銳○戍韓梁之西邊. 240-24 不敢妄興○以征伐. 251-24 久○則兵弊. 253-8 河北不○. 253-13 帝者與○處. 255-17 於是昭王爲隗築宮而○之. 256-6 齊○怪之. 271-9 楚○乃還. 271-10 弊邑之○過大國之郊. 279-24 帥○而歸. 280-7 而徵○於宋. 280-9 今徵○於弊邑. 280-10 寡人既以興○矣. 288-25
【徒】 36
士卒師○. 1-19 夫○處而致利. 16-9 聞戰頓足○裼. 18-18 王若負人○之衆. 52-13 人○之衆. 53-19 郢之登○. 79-24 郢之登○也. 79-25 郢之登○不欲行. 80-16 ○步而處農畝. 86-2 ○百人. 88-20 則是非○示人以難也. 93-9 田單免冠○跣肉袒而進. 99-8 王○不好色耳. 120-7 非○然也. 129-1 君非○不達於兵也. 155-8 而○以三萬行於天下. 155-15 使司○執范座. 173-20 廝○十萬. 184-18 惠子非○行其說也. 194-10 奉陽君孟嘗君韓呡周𠑊周韓餘爲○從而下之. 195-19 王能使臣爲魏之司○. 201-16 因任之以爲魏之司○. 201-17 亦免冠○跣. 219-21 ○以有先生也. 220-3 而廝○負養在其中矣. 222-22 秦人捐甲○裎以趨敵. 223-1 公仲躬率其私○以鬭於秦. 227-7 今公○令收之. 227-20 ○幸而養老母. 237-9 政○以老母. 237-17 ○以親在. 237-20 遂謝車騎人○. 238-1 則○隸之人至矣. 255-21 疋夫○步之士. 259-8 非○不愛子也. 265-11 ○欲以離我於中山. 286-1
【徑】 6
寡人將寄○於梁. 1-11 寡人將寄○於楚. 1-13 燕者必○於趙. 58-5 ○亢父之險. 69-6 慮○而易見也. 152-1 莫○於結趙矣. 267-13
【徐】 28
○爲之東. 5-1 中期○行而去. 56-3 楚威王戰勝於○州. 62-3 王戰勝於○州也. 62-4 我孰與城北○公美. 66-6 ○公何能及公也. 66-6 城北○公. 66-7 吾孰與○公美. 66-8 ○公何能及君也. 66-8 吾與○公孰美. 66-9 ○公不若君之美也. 66-10 ○公來. 66-11 臣誠知不如○公美. 66-14 皆以美於○公. 66-15 先生○之. 87-10 而○子不肖. 98-22 然而使公孫子與○子鬭. 98-22 ○子之狗. 98-22 其飛○而鳴悲. 127-20 飛○者. 127-20 善韓○以爲上交. 170-12 入而○趨. 178-23 ○州之役. 190-6 大敗齊於○州. 197-9 疾視而○叱之. 234-1 得趙人○夫人之匕首. 276-15 ○其攻而留其日. 280-15 外黃○子曰. 281-3
【殷】 14
昔周之伐○. 1-18 民○富. 15-17 無益於○楚. 38-5 不能存○. 45-6 大臣父兄○衆富樂. 69-15 昔伊尹去夏入○. 126-17 ○王而夏亡. 126-17 以正○紂之事. 148-5 夏○之衰也. 152-10 ○紂之國. 183-1 燕國○富. 256-8 未如○紂之亂也. 272-16 富術謂○順且曰. 282-25 ○順且以君令相公期. 283-5
【般】 4
公輸○爲楚設機. 279-9 往見公輸○. 279-9 公輸○曰. 279-10 公輸○服焉. 279-13
【舫】 2
○船載卒. 110-17 一○載五十人. 110-17
【途】 6
達○於中國. 35-1 又斬范中行之○. 46-16 循軼之○也. 65-13 臨淄之○. 68-23 則是圍塞天下士而不利說○也. 76-25 辟人於○. 218-13
【殺】 127
臣能○之. 7-24 東周立○昌他. 8-2 ○犀武. 11-5 ○犀武. 11-12 其上不能○也. 18-14 願王○之. 24-9 費人有與曾子同名族者而○人. 29-13 曾參○人. 29-13 吾子不○人. 29-14 曾參○人. 29-14 曾參○人. 29-15 破軍○將. 39-1 制○生之威之謂王. 39-24 遂弗○而善遇之. 44-4 故君子○身以成名. 45-3 遂以○身亡國. 45-23 勾踐終棓而○之. 46-11 則○景鯉. 50-14 而○李牧. 51-14 ○智伯瑶於鑿臺之上. 52-21 必○之矣. 56-5 絞而○之. 58-17 若○武安君. 60-1 人臣不得自○宮中. 60-10 紂聞讒而○其忠臣. 61-10 其父○之而埋馬棧之下. 67-7 覆軍○將得八城. 72-15 覆軍○將. 72-16 破軍○將得八城. 72-23 吾爲王○太子. 75-6 君其○之. 78-25 ○晉鄙. 81-12 君滿意○之乎. 85-8 何爲至今不○乎. 88-15 則不能遠○矣. 90-8 ○牛而觴士. 92-8 ○其君. 92-20 ○其將. 92-24 ○其太子. 94-10 ○之東閭. 95-5 ○之. 95-5 於是○閔王於鼓里. 95-15 ○閔王. 95-24 刺而○之. 96-1 ○騎劫. 96-3 ○身亡聊城. 96-10 以爲○身絕世. 97-20 淖齒○閔王. 98-1 王不亟○此九子者以謝安平君. 99-24 王乃○九子而逐其家. 99-25 齊閔王之遇○. 100-24 然則且有子○其父. 105-16 將欲○之. 116-4 臣請○之. 116-20 使人○中射之士. 126-7 臣食之而王○臣. 126-9 王○無罪之臣. 126-9 王乃不○. 126-10 ○之. 126-25 遂○之. 127-3 百日而○之. 127-4 夫劫○死亡之主也. 127-6 欲○春申君以滅口. 129-10 秉權而○君以滅口. 129-19 臣請爲君剬其胸○之. 129-20 而後不免○之. 130-8 不如令○之. 133-15 不○則遂親之. 133-17 夜期○守堤之吏. 134-1 左右欲○之. 135-11 今君○主父而族之. 137-13 魏○呂遼而衛兵. 141-24 有謀故○使之趙. 142-25 湯武之所以放○而爭也. 144-17 婦人爲之自○於房中者二八. 158-25 君無覆軍○將之功. 161-7 魏○呂遺. 167-1 於是與○呂遺何以異. 167-1 請○范座於魏. 173-19 請○范座於魏. 173-20 而未○也. 173-21 請○座之身. 173-22 夫○無罪范座. 173-23 而魏王輕爲之○無罪之座. 174-4 王聽趙○座之後. 174-7 覆軍○將之所取割地於敵國者也. 174-16 趙能○此二人. 177-14 若不能○. 177-15 ○秦將桓齮. 180-1 ○趙軍. 180-5 將○董慶. 186-15 今○董慶. 186-17 ○犀武. 190-

10 ○之亡之. 192-16 吾爲子○之亡之. 192-17 ○之不爲讎者也. 194-19 ○太子申. 196-19 ○子之. 202-8 信陵君○晉鄙. 217-4 今君○晉鄙. 217-8 公叔將○幾瑟也. 234-23 不如無○幾瑟. 234-25 公叔且○幾瑟也. 235-3 今公○之. 235-4 公不如勿○. 235-5 今○人之相. 237-24 所○者數十人. 238-6 亦自○於屍下. 238-14 不○一人. 240-10 不見覆軍○將之憂. 248-8 進之則○主父. 251-3 ○王噲子之. 255-3 則○吾主父. 259-4 與○吾父逐吾主母者. 259-4 秦之所○三晉之民數百萬. 261-15 燕王欲○之. 271-12 燕王所爲將○我者. 271-12 燕王必當○子. 271-14 欲自○以激荊軻. 275-1 因而刺○之. 275-15 ○人. 276-17 ○太子丹. 278-7 吾欲藉子○王. 279-10 吾義固不○王. 279-11 義不○王而攻國. 279-12 是不○少而○衆. 279-12

【釜】 5

遇奪○鬲於涂. 44-6 沃燋○. 73-21 懸○而炊. 132-24 軍也縣○而炊. 175-3 左孟門而右漳○. 183-1

【豺】 1

譬如使○狼逐羣羊也. 22-9

【豹】 6

趙○對曰. 140-8 趙○出. 140-16 趙○平原君. 177-14 趙○平原君. 177-16 西門○爲鄴令. 181-24 西門○曰. 182-1

【奚】 44

臣○憂焉. 43-3 傲尙○生. 43-11 ○以遽言叱也. 58-11 百里○. 61-15 ○以薛爲. 62-23 ○暇從以難之. 84-5 ○如. 84-12 吾聞北方之畏昭○恤也. 103-22 而專屬之昭○恤. 104-5 故北方之畏○恤也. 104-5 昭○恤與彭城君議於王前. 104-8 昭○恤謂楚王曰. 104-11 昭○恤不知也. 104-14 江尹欲惡昭○恤於楚王. 104-23 昭○恤曰. 104-24 江尹因得山陽君與之共惡昭○恤. 104-24 魏氏惡昭○恤於楚王. 105-2 江乙惡昭○恤. 105-7 昭○恤取魏之寶器. 105-9 故昭○恤常惡臣之見王. 105-10 江乙欲惡昭○恤於楚. 105-13 客因爲之謂昭○恤曰. 106-23 昭○恤曰. 106-24 昭○恤已而悔之. 107-1 ○恤得事公. 107-1 公何爲以故與○恤. 107-1 ○擇有功之無功爲知哉. 141-21 距此○難哉. 155-17 子以爲○如. 161-23 ○虧於王之國. 166-2 國○無人甚哉. 174-14 國○無人甚也. 174-17 且君○不將奢也. 174-17 然則君○求安平君而爲將乎. 174-19 則○以趙之强爲. 174-25 ○笑. 182-13 ○足以霸王矣. 183-4 將○爲北面. 215-20 此我將○聽乎. 221-20 ○敢有請. 237-2 又○爲挾之以恨魏王乎. 244-5 ○如. 257-25 ○以知之. 282-22 子○爲者也. 288-4

【倉】 18

周相呂○見客於周君. 4-4 相呂○. 4-7 ○廩空. 10-16 困○空虛. 18-11 困○虛. 19-1 困○虛. 20-23 士○又輔之. 57-9 士○用事. 57-10 趙王之臣有韓○者. 60-1 韓○果惡之. 60-4 使韓○數之曰. 60-4 以示韓○. 60-8 韓○曰. 60-9 視○廩. 132-15 ○廩實矣. 132-16 府庫○廩虛. 175-2 朱○謂王曰. 197-13 ○鷹擊於殿上. 219-24

【飢】 6

吾收之以○. 10-16 秦○而宛亡. 13-12 寡人憂民之○也. 98-10 乃布令求百姓之○寒者. 98-15 人之○所以不食鳥喙者. 249-17 前年國虛民○. 288-14

【蚠】 2

燕封宋人榮○爲高陽君. 174-11 固不能當榮○. 174-23

【脆】 1

可旦夕得甘○以養親. 237-5

【眞】 3

此○可以說當世之君矣. 16-23 ○大王之相已. 108-18 君○其人也. 221-21

【狹】 1

地○而好敵大. 90-20

【狸】 3

則騏驥不如狐○. 79-16 明日又使燕攻陽城及○. 264-7 今燕又攻陽城及○. 264-8

【狼】 11

虎○之國也. 10-7 譬如使豺○逐羣羊也. 22-9 則○顧. 69-7 虎○之國也. 109-12 以外交强虎○之秦. 109-14 虎○之國. 109-20 請蔡皐○之地. 132-7 且秦虎○之國也. 160-11 外交强虎○之秦. 184-11 有虎○之心. 206-16 夫趙王之○戾無親. 251-19

【胷】 3

今臣之○不足以當椹質. 36-13 固已見於○中矣. 145-12 遠者達○. 222-3

【卿】 63

取○相之尊者乎. 16-23 請使客○張儀. 17-24 與之上○. 31-12 今秦與之上○. 31-14 賜之上○. 31-17 秦客○造謂穰侯曰. 34-11 願委之○. 43-12 拜爲客○. 46-24 今吾自請張○相燕. 58-7 ○之功. 58-12 ○明知功之不如武安君歟. 58-13 ○明知爲不如文信侯專歟. 58-15 今文信侯自請○相燕. 58-17 而○不肯行. 58-18 臣不知○所死之處矣. 58-18 ○不遠趙. 59-11 願○之更計. 59-19 以爲上○. 60-24 趙以爲上○. 126-15 虞○謂春申君曰. 130-6 天下之○相人臣. 144-3 今○之所言者. 150-17 出遇虞○曰. 157-22 虞○入. 157-23 虞○曰. 157-24 虞○曰. 157-24 虞○聞之. 159-8 虞○曰. 159-8 虞○曰. 159-10 虞○曰. 159-12 王又以虞○之言告樓緩. 159-15 虞○能盡知秦力之所至乎. 159-15 虞○曰. 159-23 王又以虞○言告之. 160-14 虞○得其一. 160-14 虞○聞之. 160-20 因發虞○東見齊王. 160-25 虞○未反. 161-2 虞○爲平原君請益地. 161-5 趙王召樓昌與虞○曰. 161-14 虞○曰. 161-17 虞○曰. 161-19 趙王召虞○曰. 161-22 虞○曰. 161-24 固且爲書而厚寄○. 173-8 虞○請趙王曰. 173-16 虞○曰. 173-17 臣請爲○刺之. 175-18 則○必爲相矣. 175-19 ○因以德建信君矣. 175-19 秦三以虞○爲言. 175-23 晉用六○而國分. 223-19 而嚴仲子乃諸侯之○相也. 237-14 客○爲韓謂秦王曰. 244-9 吾請拜子爲上○. 258-19 又不予○也. 262-24 而使臣爲亞○. 267-8 唯荊○留意焉. 275-17 於是尊荊軻爲上○. 275-19 荊○未有行意. 275-22 乃請荊○曰. 275-23 荊○曰. 275-24 荊○豈無意哉. 276-20

【逢】 4

因退爲○澤之遇. 54-14 使我○疾風淋雨. 137-10 汝○疾風淋雨. 137-11 太子跪而○迎. 274-13

【桀】 15

而有○紂之亂. 22-9 不當○紂不王. 34-16 則○紂之後將存. 54-9 向者遇○紂. 56-4 趙之豪○. 57-21 ○聽讒而誅其良將. 61-10 小國英○之士. 80-8 ○紂以天下亡. 124-11 夫夏○之國. 182-24 王不聞湯之伐○乎. 211-10 得密須氏而湯之服○矣. 211-11 行雖如○紂. 241-1 湯之伐○. 252-6 伊尹再逃湯而之○. 262-25 再逃○而之湯. 262-25

【留】 60

○其行. 7-17 周君○之十四日. 8-10 故○之十四日以待命也. 8-12 願大王少○意. 15-19 當屯○之道. 21-23 王必不○臣. 24-20 處女相語以爲然而○之. 31-5 王若不○. 31-15 則久○臣無爲也. 36-11 王不如○之以市地. 50-14 更不與不如景鯉○. 50-15 秦王乃○景鯉. 50-16 今大王○臣. 50-18 魏氏將出兵而攻○方與銍胡陵碭蕭相. 53-13 令之○於酸棗. 56-14 以太子之○酸棗而不之秦. 56-17 不顧一子以○計. 57-15 乃○止. 57-20 與齊貌辨俱○. 63-12 臣請爲○楚. 65-20 臣固願大王之少○計. 69-11 君何不○楚太子. 75-3 我○太子. 75-4 今君○太子者. 75-14 臣觀薛公之○太子者. 75-18 楚王請割地以○太子. 75-24 夫勸○太子者蘇秦也. 76-12 夫使薛公○太子者蘇秦也. 76-17 而牽○萬乘者. 99-5 秦王○之. 117-2 曾不肯○. 119-16 淹○以觀之. 124-5 ○五月. 124-6 秦○趙王而后許之媾. 162-3 ○天下之兵於成皐. 169-20 今趙○天下之甲於成皐. 170-1 因○之. 178-12 秦必○之. 178-14 今君○之. 178-14 故君不如遣春平侯而○平都侯. 178-15 魏令公孫衍乘勝而○於境. 190-10 先王必欲少○而扶社稷安黔首也. 194-7 秦必○君. 215-4 秦必○君. 215-5 宣王謂摎○曰. 223-17 兵罷而○於成皐. 224-12 公○儀之使者. 225-6 恐○. 233-5 ○馮君以善韓臣. 233-5 秦必○太子而合楚. 236-8 大怒於周之○成陽君也. 245-2 ○之數月. 252-5 唯君之○意焉. 268-14 二人卒○趙. 273-7 願先生○意也. 274-14 願先生○意也. 274-22 唯荊卿○意焉. 275-17 而爲○待. 276-19 僕所以○者. 276-22 徐其攻而○其日. 280-15

【芻】 2

○牧薪采莫敢闚東門. 54-11 以供○秣. 120-13

【託】 10

寡人○國於子. 31-21 外○於不可知之國. 57-1 ○於東海之上. 70-4 厚矣王之○儀於秦王也. 71-21 何以○儀也. 71-22 是乃王之○儀也. 71-23 此臣之所謂○儀也. 72-5 ○東海之上. 111-21 願及未塡溝壑而○之. 179-7 長安君何以自○於趙. 179-19

【記】 2

春秋○臣弑君者以百數. 4-12 後孟嘗君出○. 82-16

【訑】 2

寡人甚不喜○者言也. 259-12 唯○者耳. 259-16

【凌】 5

○萬乘. 16-13 ○齊晉. 45-23 而○清風. 124-22 非曾深○於韓也. 138-5 同舟而○波. 268-25

【凍】 1

解○而耕. 51-3

【衰】 12

物盛則○. 45-20 臣豈以郢威王爲政○謀亂以至於此哉. 54-23 騏驥之○也. 91-19 君王卒幸四子者不○. 124-5 太子○弱. 129-15 夏殷之○也. 152-10 色老而○. 166-17 而逐○惡之色. 166-18 日食飲得無○乎. 178-25 而臣○. 179-4 子長色○. 188-11 至其○也. 274-15

【畝】 4

而操銚鎒與農夫居壠○之中. 79-18 徒步而處農○. 86-2 故舜起農○.

86-5 席隴○而廕庇桑. 176-7
【高】 91
又能爲君得○都. 10-13 公何不以○都與周. 10-19 何爲與○都. 10-21 與之○都. 10-21 是公以弊○都得完周也. 10-22 不徵甲與粟於周而與○都. 10-23 毛羽不豐滿者不可以○飛. 15-21 張子必○子. 21-19 ○陵涇陽佐之. 40-8 出○陵. 40-11 ○會相與飲. 42-6 君之門下無不居○尊位. 57-4 王之春秋○. 57-6 王年○矣. 57-9 ○其知. 57-18 雖有○世之名. 61-19 軍重踵○宛. 65-16 志○而揚. 68-24 ○躍而不敢進. 69-8 ○義也. 73-22 今何舉足之○. 80-12 未得○枕而臥也. 83-13 君姑○枕爲樂矣. 83-24 今夫士之○者. 86-2 雖○. 86-17 聞先生○議. 88-17 名○天下. 97-12 ○主之節行. 110-13 昔者葉公子○. 113-2 葉公子○. 113-4 葉公子○是也. 113-5 齊王好○人以名. 115-5 飄搖乎○翔. 124-22 南游乎○陂. 125-3 與之馳騁乎○蔡之中. 125-4 引而○飛. 127-22 使得爲君○鳴屈於梁乎. 128-15 今楚王之春秋○矣. 130-6 其○至丈餘. 132-18 其行○. 133-12 爵○而祿輕. 136-24 先生之計大而規○. 137-20 反溫枳○平於魏. 139-2 君之春秋○矣. 139-12 莫不○賢大王之行義. 144-4 則○臺. 145-18 功業○世者. 146-18 夫有○世之功者. 149-7 不足以○世. 152-16 明其○. 153-12 以逆主爲○. 153-22 齊國之○士也. 162-19 足下卑用事者而○商賈乎. 167-8 必爲王○矣. 170-19 下軹道南陽○. 172-20 燕封宋人榮盆爲○陽君. 174-11 趙王因割濟東三城令盧○唐平原陵地城邑市五十七. 174-11 左○. 182-12 城非不○也. 183-3 則大王○枕而臥. 185-24 公子○在楚. 197-14 魏氏之名族不○於我. 198-25 後世必有以○臺陂池亡其國者. 200-10 然而秦之葉陽昆陽與舞陽○陵鄰. 207-14 安陵人縮○. 217-12 君其遣縮○. 217-13 請使道使者至縞○之所. 217-14 縮○曰. 217-15 君之幸○也. 217-15 將使○攻管也. 217-16 願君之生束縮○而致之. 217-20 今縮○謹解大位. 217-24 縮○聞之曰. 218-2 信陵君聞縮○死. 218-5 夫楚欲置公子○. 233-1 聞足下義甚○. 237-7 是其軼賁育而○成荆矣. 238-12 三者天下之○行. 250-12 竊聞王義甚○甚順. 252-11 又○於所聞東周. 252-12 今涇陽君若○陵君先於燕趙. 257-6 信如尾生○. 257-24 信如尾生○. 258-3 ○商之戰. 261-14 有○世之心. 267-6 恐其適足以傷於○而薄於行也. 272-18 成君之○. 272-18 ○漸離擊筑. 276-25 其後荆軻客○漸離以擊筑見秦皇帝. 278-9 食○麗也. 283-1 羣臣盡以爲君輕國而好○麗. 283-2
【亳】 1
湯目○. 126-12
【郭】 53
兵至梁○. 19-16 臣恐王之如○君. 23-13 夫晉獻公欲伐○. 23-14 因而伐○. 23-16 因以宜陽之○爲墓. 30-9 平原津令○遺勞而問. 59-23 靖○君將城薛. 62-18 靖○君謂謁者. 62-18 靖○君因見之. 62-19 靖○君謂齊王曰. 63-3 今與靖○君. 63-4 靖○君善齊貌辨. 63-7 士尉以証靖○君. 63-8 靖○君不聽. 63-8 靖○君大怒曰. 63-9 靖○君之交. 63-11 靖○君曰. 63-13 靖○君不能止. 63-14 靖○君之所聽愛夫. 63-16 辨謂靖○君曰. 63-17 靖○君泣而曰. 63-19 靖○君曰. 63-21 靖○君之於寡人一至此乎. 63-23 客肯爲寡人來靖○君乎. 63-24 靖○君衣威王之衣. 64-1 宣王自迎靖○君於郊. 64-1 靖○君至. 64-2 靖○君辭. 64-3 靖○君辭不得. 64-3 靖○君可謂能自知人矣. 64-5 東○逡者. 81-6 韓子盧逐東○逡. 81-6 世無東○俊盧氏之狗. 87-20 墮中牟之○. 90-12 其百姓罷而城○露. 93-5 而城○露於境. 93-5 齊負○之民有孤狐咺者. 95-3 五里之○. 99-20 七里之○. 100-4 行城○. 132-15 吾城○之完. 132-15 後○門. 137-9 齊人戎○宋突謂仇郝曰. 175-7 燕○之法. 176-20 乃多與趙王寵臣○開等金. 180-1 壞城○. 193-18 齊令宋○之秦. 194-14 秦王謂宋○曰. 194-16 遠薄梁○. 244-11 令○任以垐請講於齊. 249-11 故往見○隗先生曰. 255-14 ○隗先生對曰. 255-17 ○隗先生曰. 255-24
【席】 22
掃室布○. 31-3 願爲足下掃室布○. 31-6 臥不便○. 43-7 計不下○. 46-15 陽泉君避○. 57-8 折之衽○之上. 93-17 寢不安○. 93-25 謀約不下○. 94-13 折衝○上者也. 94-16 貂勃避○稽首曰. 99-12 是目攣女不敝○. 105-25 臣入則編○. 106-11 寡人臥不安○. 109-22 ○卷常山之險. 110-4 藉○無所得. 137-9 天子下○. 163-10 ○隴畝而廕庇桑. 176-7 避○擇言曰. 200-3 而得爲王拂枕○. 218-12 跪而拂○. 274-13 太子避○而請曰. 274-14 太子避○頓首曰. 275-5
【庫】 7
今天下之府○不盈. 18-11 令○具車. 58-18 臣願以足下之府○財物. 78-20 案府○. 132-15 府○足用. 132-15 精兵非有富韓勁魏之○也. 147-10 府○倉廩虛. 175-2
【准】 1
若乃其眉目○頞權衡. 287-9
【座】 12
而違者范○也. 173-18 請殺范○於魏. 173-19 范○死. 173-19 請殺范○於魏. 173-20 使司徒執范○. 173-20 范○獻書魏王曰. 173-22 請殺○之身. 173-22 夫殺無罪范○. 173-23 ○薄故也. 173-23 而魏王輕爲之殺無罪之○. 174-4 ○雖不肖. 174-4 王聽趙殺○之後. 174-7
【病】 47
以○其所種. 3-4 及王○. 6-24 是楚○也. 10-17 此告楚○也. 10-18 公不若稱○不出也. 11-14 士民○. 19-1 士民潞○於內. 19-23 士民○. 20-23 稱○不朝. 27-2 ○. 27-18 誠○乎. 27-19 武王示之○. 28-20 君之○. 28-20 太后○將死. 33-5 良醫知○人之死生. 36-21 人之○心腹. 39-14 則○必甚矣. 40-21 應侯因謝○. 46-25 乃謝○歸相印. 47-2 繾○鈎. 60-6 謝○强辭. 64-3 寡人自取○耳. 86-22 及君王后○且卒. 101-10 謁○不聽. 121-20 聞王○. 126-25 考烈王○. 129-11 士卒○羸. 132-25 士大夫○. 132-25 吾固聞叔之○也. 150-8 子謁○而辭. 152-20 ○死. 158-25 老臣○足. 178-23 魏公叔痤○. 183-21 公叔○. 183-21 民必甚○之. 193-20 何不稱○. 197-13 僞○者乎而見之. 204-10 ○甚奈何. 204-11 楚國不大○矣. 226-9 今韓已○矣. 231-4 張翠稱○. 231-11 先生○而來. 231-12 故欲○之以固交也. 240-21 樗里子知蒲之○也. 282-11 衛嗣君○. 282-25 又○. 290-2 君雖○. 290-7
【疸】 2
衛靈公近雍○彌子瑕. 166-8 因廢雍○彌子瑕. 166-13
【疾】 77
○定所從出. 1-22 而○支之. 10-1 秦令樗里○以車百乘入周. 10-3 使樗里○以車百乘入周. 10-7 名曰衛○. 10-9 ○且不起. 15-8 張儀之殘樗里○也. 22-21 重樗里○而使之者. 22-22 樗里○出走. 22-25 樗里○公孫衍二人者. 29-10 樗里○公孫衍二人在. 29-20 公孫衍樗里○挫我於內. 30-7 公內攻於樗里○公孫衍. 30-12 是樗里○公孫衍無事也. 30-15 此除○不盡也. 34-21 君悉燕兵而○僭之. 34-23 則○到. 35-15 不如一人持而走○. 40-21 三國○攻楚. 48-9 今力田○作. 56-23 其爲人○賢妬功臣. 60-2 趣甚○. 60-11 ○如錐矢. 68-18 ○興兵救之. 78-3 ○入諫. 80-19 天下之○犬也. 81-6 孟嘗君怪其○也. 83-2 來何○也. 83-3 戰非甚○也. 90-24 不趨而○. 91-24 甘茂與樗里○. 115-6 使王見○於民. 119-6 爲樗里○卜交也. 125-16 反問○. 126-25 夫癘雖癕腫胞○. 127-5 今王○甚. 129-14 ○而不起. 129-15 韓魏之君視疵端而趨○. 131-16 使我逢○風淋雨. 137-10 汝逢○風淋雨. 137-11 心腹之○. 139-19 且以置公孫赫樗里○. 141-15 不佞寢○. 150-2 辨之○. 163-21 君唯釋虛僞○. 167-2 曾不能○走. 178-23 道稱○而毋行. 188-6 ○攻薔. 193-13 今有○. 197-14 樗里○怒. 199-13 爲○謂楚王曰. 199-14 外臣○使臣謁之. 199-14 以○攻魏. 199-16 所以爲腹心之○者. 208-25 秦○攻楚. 209-10 臣意秦王與樗里○之欲之也. 209-12 樓子與楚王必○矣. 209-25 翟强與齊王必○矣. 210-1 子何不○及三國方堅也. 212-14 其救韓必○. 225-12 故樗里○大說杜聊. 225-22 ○視而徐叱之. 234-1 其使之必○. 234-4 其事秦必○. 235-24 史○爲韓使楚. 236-14 今公○攻魏之運. 243-7 珉爲○矣. 244-10 公孫郝嘗○齊韓而不加貴. 244-18 公孫郝樗里○請無攻韓. 244-21 願公雖○. 245-13 今王信田伐與条去○之言. 264-23 必爲有竊○矣. 279-16 胡衍謂樗里○曰. 282-4 樗里○曰. 282-8 樗里○曰. 282-10 耕田○作. 288-20 武安君稱○不行. 289-1
【疲】 2
然則吾中立而割窮齊與○燕也. 73-12 妾困不○也. 231-7
【脊】 4
絶楚魏之○. 52-9 折天下之○. 110-4 難夫毋○之厚. 155-11 是示天下要斷山東之○也. 211-6
【效】 45
非○惐壺醬甀耳. 1-16 非○鳥集烏飛. 1-17 遽○煑棗. 2-12 韓氏果亦○重寶. 2-12 而吾得無○也. 11-20 臣請奏其○. 15-20 ○勝於戰場. 16-9 ○上洛於秦. 50-6 臣○愚計. 59-22 魏○河外. 69-25 至今未○. 106-4 其○鄢郢漢中必緩矣. 112-13 秦恐且因景鯉蘇厲而○地於楚. 115-10 臣請○其說. 118-6 請○上黨之地以爲和. 139-22 太守其○之. 139-25 必○縣狐氏. 141-13 夫割地○實. 144-16 韓弱則○宜陽. 144-19 宜陽○則上郡絶. 144-19 而○之於一時之用也. 146-15 請○地於魏而聽薛公. 157-15 故欲○地於魏而聽薛公. 157-16 臣固且有○於君. 158-15 必○鼓. 175-9 齊請○地. 175-12 故○地. 175-13 齊必不○地矣. 175-14 夫事秦必割地○質. 184-20 必○城垐於王. 199-10 敝邑之王欲○城垐. 199-14 臣請○之. 199-15 敝邑之吏○城者. 201-8 而魏○絳安邑. 203-5 衛○尤憚. 203-6 而王○其上. 203-24 臣○便計於王. 206-5 韓必○之. 208-8 所○者庸必得幸乎. 218-18 必○先王之器以止王. 246-7 ○河間以事秦. 251-21 而後相○. 262-17 羣臣○忠. 265-13 固願○之. 281-4 因○金三百鎰焉. 282-12
【唐】 34
於是○睢載音樂. 42-5 ○睢行. 42-10 文信侯因請張○相燕. 58-4 張

〇辭曰. 58-5 趙人得〇者. 58-5 甘羅見張〇曰. 58-12 〇曰. 58-12 〇曰. 58-18 請爲張〇先報趙. 58-20 聞張〇之相燕與. 58-22 張〇相燕者. 58-23 右天〇. 65-15 趙可取〇曲逆. 73-12 蒙穀給鬭於宮〇之上. 113-24 〇且見春申君曰. 122-14 秦以三軍强弩坐羊〇之上. 138-18 三百里通於燕之〇曲吾. 138-20 趙王因割濟東三城令盧高〇平原陵地城邑市五十七. 174-11 禽〇明. 178-8 魏人有〇且者. 216-17 〇且見秦王. 216-18 〇且對曰. 216-20 〇且之說也. 217-2 〇且謂信陵君曰. 217-4 安陵君因使〇且使於秦. 219-13 秦王謂〇且曰. 219-14 〇且對曰. 219-17 謂〇且曰. 219-19 〇且對曰. 219-19 〇且曰. 219-20 〇且曰. 219-22 〇客謂公仲曰. 243-18 士〇客於諸公. 243-23 韓侈在〇. 244-1

【凋】 1

爲其〇榮也. 36-20

【慭】 3

〇君之所使之. 179-21 若〇睢奮擊. 255-20 〇荆軻所欲. 275-20

【剖】 3

〇符於天下. 40-3 〇地謝前過以事秦. 148-20 〇傴之背. 281-15

【部】 1

阸於州〇. 128-13

【旁】 1

臣請令楚築萬家之都於雍氏之〇. 236-3

【旄】 11

王抽旃〇而抑兕首. 106-9 〇不知人. 113-15 謂張〇曰. 116-21 張〇果令人要靳尚刺之. 116-24 張〇果大重. 116-25 魏王問張〇曰. 212-4 張〇對曰. 212-4 張〇曰. 212-6 張〇曰. 212-6 張〇曰. 212-7 張〇曰. 212-9

【旅】 6

羈〇也. 2-5 今臣羇〇之臣也. 29-10 我羇〇而得相秦者. 30-6 羇〇之臣也. 37-17 王舉臣於羇〇之中. 43-25 臣羈〇也. 136-24

【旃】 1

王抽〇旄而抑兕首. 106-9

【欬】 1

教子〇謂李兌曰. 157-16

【畜】 5

而卑〇韓也. 55-3 周是列縣〇我也. 112-6 〇張子以爲用. 116-15 願臣〇而朝. 197-2 臣恐侍御者之不察先王之所以〇幸臣之理. 267-1

【羞】 10

竊爲大王〇之. 68-25 先生不〇. 82-21 是以君王無〇亟問. 86-13 然臣〇而不學也. 122-14 意者〇法文王乎. 194-8 夫〇社稷而爲天下笑. 222-8 臣竊爲大王〇之. 222-14 寡人〇與中山並爲王. 284-7 〇與寡人並爲王. 284-9 齊〇與中山之爲王甚矣. 285-1

【恙】 6

歲亦無〇耶. 88-3 民亦無〇耶. 88-4 王亦無〇耶. 88-4 無〇耶. 88-7 葉陽子無〇乎. 88-9 北宮之女嬰兒子無〇耶. 88-11

【瓶】 1

挈〇之知. 139-25

【刱】 1

大夫種爲越王墾草〇邑. 46-9

【勸】 1

無勞〇之苦. 81-8

【粉】 1

〇白墨黑. 120-8

【料】 13

三之〇天下過矣. 49-15 以上客〇之. 59-25 夫不深〇秦之不奈我何也. 69-9 而〇兵之能. 90-22 寡人自〇. 109-21 不〇敵而輕戰. 110-12 然則君〇臣孰與舜. 128-3 是故明主外〇其敵國之强弱. 145-10 〇諸侯之卒. 145-14 臣竊〇之. 184-10 〇大王之卒. 222-21 諸侯不〇兵之弱. 223-4 臣〇趙國守備. 288-21

【益】 79

今又攻秦以〇之. 9-7 則地廣而〇重. 9-7 齊得東國而〇强. 9-14 必勸楚王〇兵守雍氏. 10-18 秦〇强富厚. 22-19 於是出私金以〇公賞. 30-9 妾自以有〇於處女. 31-5 請〇甲四萬. 32-11 秦且〇趙甲四萬人以伐齊. 32-13 必不〇趙甲四萬人以伐齊. 32-15 必不〇趙甲四萬人以伐齊矣. 33-2 則行而〇利其道. 36-11 無〇於殷楚. 38-5 〇一言. 62-19 猶之無〇也. 62-24 可以〇割於楚. 75-8 可以忠太子而使楚〇入地. 75-9 可以〇入地. 75-22 故曰可以〇割於楚. 75-22 〇割地而獻之. 76-2 故曰可以使楚〇入地也. 76-2 其士多死而兵〇弱. 93-4 〇封安平君以夜邑萬户. 99-25 不知所〇. 112-21 不知所〇. 113-10 必分公之兵以〇之. 115-16 不如〇昭雎之兵. 115-23 子〇賤而日疏矣. 116-12 於王何〇. 119-23 齊人飾身修行得爲〇. 122-14 恐春申君語泄而〇驕. 129-9 諸吏皆〇爵三級. 140-22 通有補民〇主之業. 149-4 雖割何〇. 159-25 以〇愈强之秦. 160-10 虞卿爲平原君請〇地. 161-5 將〇之地. 161-7 欲求〇地. 161-10 無〇也. 161-16 今齊湣王已〇弱. 162-8 收河間何〇也. 167-3 少〇耆食. 179-2 公叔何可無〇乎. 183-17 夫虧楚而〇魏. 186-3 臣恐魏交之〇疑也. 198-13 臣又恐趙之〇勁也. 198-13 則王之使人入魏無〇也. 198-16 臣故恐魏交之〇疑也. 198-18 臣故恐趙之〇勁也. 198-21 於王何〇. 205-12 今大王與秦伐韓而〇近秦. 206-22 後得又〇大. 218-11 明年又〇求割地. 222-10 因不罪而〇其列. 229-8 請〇具車騎壯士. 237-23 雖善事之無〇也. 241-2 其跡秦乃始〇明. 243-3 故桓公負婦人而名〇尊. 249-21 則齊不〇於營丘. 250-21 亢義〇國. 251-6 禹授〇而以啓爲吏. 254-5 傳之〇也. 254-6 啓與支黨攻〇而奪之天下. 254-6 是禹名傳天下於〇. 254-7 是〇一齊也. 256-18 是〇二齊也. 256-20 厚者不毁人以自〇也. 272-8 義者不虧人以自〇. 272-20 〇發兵詣趙. 278-5 而貴不〇爲王. 281-5 勿〇損也. 282-25 中山雖〇廢王. 284-12 是奪五國而〇負海也. 284-20 求〇軍糧以滅趙. 288-15 使得耕稼以〇蓄積. 289-21 養孤長幼以〇其衆. 289-21 繕治兵甲以〇其强. 289-22 增城浚池以〇其固. 289-22 復〇發軍. 290-3

【兼】 24

何不合周最〇相. 6-8 〇有吞周之意. 10-7 韓〇兩上黨以臨趙. 13-3 天下不足〇而有也. 18-24 天下可〇而有也. 21-9 則是一舉而〇兩虎也. 27-25 而欲〇誅范雎. 43-24 山東之建國可〇與. 51-7 夫魏氏〇邯鄲. 64-10 〇二周之地. 81-16 〇魏之河南. 81-18 恐秦〇天下而臣其君. 81-20 而趙氏〇中山. 91-2 吞〇二國. 92-21 而襄王〇戎取代. 150-23 〇有是兩者. 155-12 又〇無燕秦. 176-1 儀〇相秦魏. 189-10 今主君〇此四者. 200-13 聶政陽堅刺相〇君. 242-3 〇此三行以事王. 257-25 嬴則〇欺舅與母. 261-10 將與齊〇鄮臣. 264-17 秦〇天下. 278-8

【浦】 2

還爲越王禽於三江之〇. 52-19 亦聞於遂〇. 113-21

【酒】 34

賜其舍人巵〇. 72-19 先成者飲〇. 72-20 引〇且飲之. 72-21 遂飲其〇. 72-23 終亡其〇. 72-23 先君好〇. 87-17 王亦好〇. 87-18 乃賜單牛〇. 98-12 故爲〇而召貂勃. 98-19 〇酣. 99-11 遺子以〇食. 152-20 平原君乃置〇. 164-18 〇酣. 164-19 飲〇樂. 182-8 今日飲〇樂. 182-8 魏文侯與田子方飲〇而稱樂. 182-12 〇酣. 200-2 帝女令儀狄作〇而美. 200-3 絶旨〇. 200-4 後世必有以〇亡其國者. 200-4 儀狄之〇也. 200-11 於是嚴遂乃具〇. 237-2 吾已爲藥〇以待之矣. 251-2 妻使妾奉巵〇進之. 251-3 妾知其藥〇也. 251-3 乃陽僵棄〇. 251-4 故妾一僵而棄〇. 251-4 適不幸而有類妾之棄〇也. 251-6 卽〇酣樂. 251-15 於是〇酣樂進取熱歠. 251-15 吾已爲藥〇而待其來矣. 259-2 於是因令其妾酌藥〇而進之. 259-3 故爲美〇. 259-6 〇三日. 271-19

【涇】 14

南帶〇渭. 38-17 聞秦之有太后穰侯〇陽華陽. 39-23 〇陽華陽擊斷無諱. 39-25 高陵〇陽佐之. 40-8 走〇陽於關外. 40-11 猶大王之有葉陽〇陽君也. 177-16 未嘗不分於葉陽〇陽君. 177-18 葉陽君〇陽君之車馬衣服. 177-19 無乃傷葉陽君〇陽君之心乎. 177-21 齊請以宋地封〇陽君. 186-21 齊秦合而〇陽君有宋地. 186-25 齊請以宋封〇陽君. 255-6 〇陽君有宋地. 255-9 今〇陽君若高陵君先於燕趙. 257-6

【涉】 18

大武遠宅不〇. 52-23 未嘗倍太山絶清河〇渤海也. 68-19 悉趙〇河關. 70-1 有老人〇菑而寒. 98-4 未〇疆. 118-15 必以路〇端氏賂趙. 141-14 〇孟之讎然者何也. 141-17 秦甲〇河踰漳. 144-22 趙〇河漳. 146-1 趙〇河漳. 146-2 趙〇河漳博關. 146-3 齊〇渤海. 146-4 齊〇渤海. 146-5 茹肝〇血之仇耶. 174-22 道〇而谷. 207-6 今〇魏境. 229-20 〇易水. 248-14 鍥朝〇之脛. 281-15

【消】 3

獻則謂公孫〇曰. 56-7 卽趙自〇爍矣. 172-21 不知吾精已〇亡矣. 274-16

【涓】 8

禽龐〇. 65-11 故使蘇〇之楚. 102-7 其使〇來. 102-9 是王之聽〇也. 102-10 且夫〇來之辭. 102-11 王不如令人以〇來之辭謾固於齊. 102-12 〇人言於君曰. 255-25 〇人對曰. 256-2

【海】 34

少〇之上. 1-12 制〇內. 16-13 利盡西〇. 22-11 富國足家强主威蓋〇內. 45-18 滿〇內矣. 53-6 東負〇. 53-16 是王之地一任兩〇. 54-3 〇大魚. 62-20 舉齊屬之〇. 68-8 北有渤〇. 68-17 未嘗倍太山絶清河涉渤〇也. 68-19 負〇之國也. 69-17 託於東〇之上. 70-4 〇內之狡兔也. 81-6 利制〇內不爲厚. 93-19 東有夏州〇陽. 108-22 託東〇之上. 111-21 游於江〇. 124-21 東流至〇. 137-12 德行非施於〇內也. 138-2 齊必致〇隅魚鹽之地. 144-14 齊涉渤〇. 146-4 齊涉渤〇. 146-5 四〇之內. 155-16 則連有赴東〇而死矣. 163-2 則橫行四

○. 164-25 秦王受負○内之國. 172-7 東有淮潁沂黄煑棗○鹽無疎. 184-6 而臣○内之民. 208-6 四○之内. 218-13 臣○内之王者. 275-8 負○不與焉. 284-19 而憂在負○. 284-20 是奪五國而益負○也. 284-20

【涂】 2

遇奪釜鬲於○. 44-6 假○於鄒. 164-3

【浮】 6

下水而○. 110-17 負雞次之典以○於江. 113-25 魏武侯與諸大夫○於西河. 182-17 輕舟○於汶. 260-7 ○輕舟. 260-15 賜之鴟夷而○之江. 268-5

【流】 22

血○至足. 16-22 以○魏氏. 20-12 淇水竭而洹水不○. 21-2 澤○千世. 44-18 ○血成川. 46-5 ○亡爲臣妾. 53-5 ○子而去. 77-17 下通其○. 86-16 管燕連然○涕曰. 88-24 故業與三王爭○. 97-22 襄王○揜於城陽. 124-6 飲茹谿○. 125-3 白汗交○. 128-10 東○至海. 137-12 屏○言之迹. 145-22 故聖與俗○. 152-14 ○血千里. 219-20 ○血五步. 220-1 膝下行○涕. 275-3 樊將軍仰天太息○涕曰. 276-6 周○無所不通. 287-7 ○血漂鹵. 289-5

【涕】 10

管燕連然流○曰. 88-24 皆爲○泣. 136-10 馮亭垂○而勉曰. 140-23 龍陽君得十餘魚而○下. 218-8 然則何爲○出. 218-9 臣安能無○出乎. 218-15 膝下行流○. 275-3 樊將軍仰天太息流○曰. 276-6 爲變徵之聲士皆垂淚○泣. 276-25 ○泣相哀. 288-20

【淚】 1

爲變徵之聲士皆垂○涕泣. 276-25

【浚】 1

增城○池以益其固. 289-22

【悖】 11

計有一二者難○也. 28-3 秦王○然而怒. 51-5 而辭氣不○. 97-18 先生老○乎. 124-3 建信君○然曰. 167-8 不亦○乎. 183-24 此非公叔之○也. 184-2 惠王之○也. 184-2 ○者之患. 184-2 固以不○者爲○. 184-2

【悟】 5

訾然使趙王○而知文也. 142-10 來將○之. 188-2 秦王喟然愁○. 217-1 故吳王夫差不○先論之可以立功. 268-6 山東之主遂不○. 269-2

【悍】 9

齊王令司馬○以賂進周最於周. 13-17 左尚謂司馬○曰. 13-18 令人微告○. 13-20 ○請令王進之以地. 13-20 恒思有○少年. 40-16 ○人也. 56-4 ○哉. 123-20 繒恃齊以○越. 211-16 ○而自用也. 218-2

【悁】 1

然而心忿○含怒之日久矣. 148-4

【悔】 15

後雖○之. 34-23 無憾○. 45-4 講亦○. 49-2 不講亦○. 49-2 此講之○也. 49-4 此又不講之○也. 49-5 鈞吾○也. 49-6 寧亡三城而○. 49-6 無危咸陽而○也. 49-6 昭奚恤已而○之. 107-1 而○其過行. 149-4 王必○之矣. 226-20 燕王○. 266-16 故沉子胥而不○. 268-7 疑其有改○. 276-19

【悅】 24

齊王大○. 1-8 楚王乃○. 10-10 周君大○曰. 10-13 趙王大○. 16-25 不○而合於楚. 32-2 魏制和必○. 32-3 太后必○公. 56-10 王后○其狀. 57-18 秦必○. 59-13 秦王大○. 60-24 宣王不○. 66-1 王○之. 66-1 楚王大○. 76-7 睹貌而相○者. 78-25 孟嘗君有舍人而弗○. 79-15 宣王不○. 85-16 宣王默然不○. 85-23 女爲○己者容. 135-9 辛垣衍怏然不○曰. 163-17 趙王大○. 266-10 衛君大○. 281-18 中山王○而見之曰. 287-1 大○曰. 287-10 中山王作色不○. 287-15

【害】 58

君若欲○之. 3-3 地形利○. 18-24 以視利○. 21-6 地形利○. 21-9 人必○之. 23-3 能○王者之國者. 23-18 而無伐楚之○. 28-2 除萬世之○. 34-19 除○莫如盡. 34-20 除君之○. 34-22 ○則舍之. 36-21 多之則○於秦. 38-24 則天下莫能○. 39-7 爲秦○者莫大於韓. 39-15 能專利○之謂王. 39-24 使私不○公. 44-24 臣恐其○於東周. 56-18 則秦不能○齊. 69-8 韓却周○也. 74-1 而來○相報者. 79-21 又且○人者也. 93-9 以爲亡南陽之○. 96-14 ○必深矣. 104-15 秦之所○於天下莫如楚. 109-1 言其利而不言其○. 110-14 秦可以少割而收○也. 116-1 且秦之所畏○於天下者. 145-2 秦必不敢出兵於函谷關以○山東矣. 146-7 弱受其○. 157-25 是魏求○. 158-1 梁未睹秦稱帝之○故也. 163-6 使梁睹秦稱帝之○. 163-7 秦稱帝之○將奈何. 163-7 ○七尺之軀者. 167-16 願王之熟慮無齊之利○也. 169-16 決利○之備. 183-10 夫齊不以無魏者以○有魏者. 216-3 謂申不○於韓曰. 221-9 申不○始合於韓王. 221-12 則○於趙. 232-16 則○於楚. 232-16 而○於韓矣. 233-7 二人相○也. 236-22 利○之相似者. 239-4 其利○之相似. 239-4 申不○. 241-5 申不○與昭釐侯執珪而見梁君. 241-6 申不○之計事. 241-7 申不○慮事而言之. 241-10 而王之諸臣忠莫如申不○也. 241-12 秦之不能○燕亦明矣. 248-13 將欲以除○取信於齊也. 256-16 無○也. 265-7 而又○於足下之義. 266-25 以○趙國. 280-11 ○秦以善魏. 282-8 明○父以求法. 288-11 臣見其○. 290-2

【寇】 1

司○布爲周最謂周君曰. 12-2

【家】 75

管仲故爲三歸之○. 4-11 非國○之美也. 4-13 歸至○. 16-18 善我國○使諸侯. 17-23 ○有不宜之財. 23-3 有○貧而無燭者. 31-2 ○貧無燭者將去矣. 31-3 獨不足以厚國○乎. 36-18 臣聞善厚○者. 36-19 竭入太后之○. 41-7 ○之福也. 45-6 國○滅亂. 45-7 富國足○强主威蓋海内. 45-18 私○之富過於三子. 45-19 國○大危. 54-16 卒爲三○笑. 55-10 立國○之主贏幾倍. 56-22 破吾○. 63-9 五○之兵. 68-18 ○敦而富. 68-24 無以爲○. 82-12 沉於國○之事. 82-20 視吾○所寡有者. 82-23 君云視吾○所寡有者. 83-4 君○所寡有者以義耳. 83-5 今君之○富於二公. 84-24 寡人有罪國○. 88-1 下不治其○. 88-14 死者破○而葬. 92-12 ○雜總. 92-17 逃太史之○爲溉園. 95-16 王乃殺九子而逐其○. 99-25 爲莒大史○庸夫. 100-24 効萬○之都. 111-17 不習國○之長計. 111-21 而不以國○爲事. 125-4 而不以天下國○爲事. 125-10 於是使吏盡滅春申君之○. 130-1 夫三○雖愚. 131-11 使使者致萬○之邑一於知伯. 132-1 因使人致萬○之邑一於知伯. 132-5 破趙則封二子者各萬○之縣一. 133-20 又封二子者各萬○之縣一. 133-21 此先聖之所以集國○. 134-15 左司馬見使於國○. 134-20 ○貧親老. 137-4 賜○六金. 140-23 夫刑名之○. 147-13 ○聽於親. 149-19 即之公叔成○. 150-8 子用私道者○必亂. 153-20 無過三千○者. 155-17 萬○之邑相望也. 155-21 國○爲虚戾. 176-19 乃與之萬○之邑一. 181-10 破公○而成私門. 184-23 重○而已. 188-12 以公相則國○安. 188-24 國○之大事也. 221-14 臣請令楚築萬○之都於雍氏之旁. 236-3 ○貧. 237-5 此其○萬金. 246-6 必盡其○以事王. 246-7 臣鄰○有遠爲吏者. 251-1 十乘之○. 259-8 之男○曰女美. 259-13 之女○曰男富. 259-13 王棄國○. 265-17 猶○之有垣墻. 272-14 出語隣○. 272-15 秦王購之金千斤邑萬○. 275-25 邑萬○. 276-5 七十○. 287-23 以軍中爲○. 289-14 咸顧其○. 289-16

【宵】 4

晝吟○哭. 113-14 魏文子田需周○相善. 196-4 犀首以倍田需周○. 196-6 夫○行者能無爲姦. 247-1

【宮】 43

齊桓公○中七市. 4-11 ○他謂周君曰. 13-12 清○除道. 17-12 而憚○之奇存. 23-16 教之惡○之奇. 23-17 ○之奇以諫而不聽. 23-17 ○中虚無人. 37-8 居深○之中. 38-9 人臣不得自殺○中. 60-10 ○婦左右. 66-16 君○中積珍寶. 83-4 後○十妃. 85-2 王○已充矣. 87-21 北○之女嬰兒子無恙耶. 88-11 下○糅羅紈. 89-1 故身廣公○. 94-9 必充後○矣. 109-9 蒙穀給鬭於○唐之上. 113-24 遂入大○. 113-25 又簡擇○中佳翫麗好翫習音者. 116-8 ○室臥具. 123-12 公○之垣. 132-17 公○之室. 132-20 入○塗廁. 135-10 ○室小而帑不衆. 136-24 今擊之鉅○. 136-25 美○室. 145-18 寡人○居. 148-18 築帝○. 184-14 築帝○. 186-11 ○之奇諫而不聽. 208-24 周肖謂○他曰. 216-2 ○他曰. 216-3 築帝○. 222-8 則鴻臺之○. 223-8 築帝○. 223-15 ○他爲燕使魏. 252-5 將軍市被圍公○. 254-15 於是昭王爲隗築○而師之. 256-6 燒其○室宗廟. 256-10 伍子胥○之奇不用. 266-3 願足下過太子於○. 274-23 見燕使者咸陽○. 277-9

【容】 11

小國不足亦以○賊. 8-13 形○枯槁. 16-17 見者無不變色易○者. 37-8 行不取苟○. 44-24 女爲悅己者○. 135-9 自刑以變其○. 135-14 世以鮑焦無從○而死者. 162-25 未如商○箕子之累也. 272-16 太子○之. 274-2 ○貌顔色. 287-6 其○貌顔色. 287-8

【宰】 1

故謂大○曰. 225-5

【案】 18

○兵而勿出. 2-16 乃○兵告於秦曰. 32-6 今又○兵. 32-10 舉左○齊. 54-10 舉右○魏. 54-10 厭○萬乘之國. 54-10 ○圖籍. 71-17 ○圖籍. 72-3 有而○兵而後起. 91-21 ○府庫. 132-15 且以繩墨○規矩刻鏤我. 141-7 秦禍○攘於趙矣. 143-5 臣竊以天下地圖○之. 145-14 寡人○兵息民. 147-1 臣請○兵無攻. 148-16 中山○此言於齊曰. 175-9 惠施欲以魏合於齊楚以○兵. 188-15 乃○其行. 205-1

【袒】 4

○右. 96-1 田單免冠徒跣肉○而進. 99-8 而禹○入裸國. 149-12 樊於期偏○扼腕而進曰. 276-11

【袖】 4

出之○中. 60-7 臣左手把其○. 276-9 因左手把秦王之○. 277-14 絶

○.277-15

【被】 30

器械○具.1-19 ○髮而爲狂.37-21 ○髮而爲狂.38-4 國一日○攻.70-2 ○於宗廟之祟.83-21 無不○繡衣而食菽粟者.85-1 魏王身○甲底劍.90-11 ○圍於趙.96-20 ○王衣以聽事.108-18 ○山帶河.110-1 吾○堅執鋭.113-12 ○磻礌.124-24 秦○其勞.140-11 借衣者○之哉.142-7 ○兄弟之衣.142-9 必○庶人之恐.149-7 ○髮文身.150-10 未嘗不爲王先○矢石也.170-8 後○山.183-2 不○其禍.184-12 百姓無○兵之患.205-13 ○堅甲.222-6 ○甲冒冑以會戰.223-1 夫燕之所以不犯寇○兵者.248-9 將軍市○太子平謀.254-11 將軍市○圍公宮.254-15 將軍市○及百姓乃反攻太子平.254-15 將軍市○死已殉.254-16 ○髮自漆爲厲.262-16 ○八創.277-25

【祥】 7

而聖人所謂吉○善事與.44-19 鬼神狐○無所食.53-4 寡人不○.83-21 將以爲楚國袄○乎.124-3 非敢以爲國袄○也.124-4 見○而不爲○.281-16

【冥】 3

而以○○決事哉.145-13 皆出於○山棠谿墨陽合伯膊.222-3

【書】 55

馮旦使人操金與○.7-24 間遺昌他○曰.7-25 ○策稠濁.16-6 說秦王○十上而說不行.16-16 負○擔橐.16-17 乃夜發○.16-21 讀○欲睡.16-22 周○有言.23-14 周○有言.23-16 文侯示之謗○一篋.29-9 蘇代爲齊獻○穰侯曰.32-12 ○云.34-19 獻○昭王曰.36-8 臣不敢載之於○.36-23 ○上.37-2 爲尚○.59-5 上○諫寡人者.66-18 因○門版曰.80-18 封○謝孟嘗君曰.83-20 ○未發.88-3 魯連乃○.96-7 請○之.101-11 使使臣獻○大王之從車下風.111-19 孫子爲○謝曰.126-21 負○擔橐.137-5 蘇秦爲齊上○說趙王曰.138-1 弊邑秦王使臣敢獻○於大王御史.147-23 詩○禮樂之所用也.150-5 以○爲御者.152-15 ○云.153-14 爲齊獻○趙王.169-3 固且爲○而厚寄卿.173-8 范座獻○魏王曰.173-22 又遺其後相信陵君○曰.174-3 趙王以咫尺之○來.174-3 獻○秦王曰.177-7 則受○幣.177-11 周○曰.181-7 周○曰.185-1 周○曰.202-19 故春秋○之.208-24 獻○秦王曰.211-3 是故秦王使使臣獻○大王御史.223-14 尚靳歸○報韓王.231-11 蘇代乃遺燕昭王○曰.256-13 燕昭王善其○.257-20 蘇代自齊獻○於燕王曰.264-14 故獻御○而行.264-14 望諸君乃使人獻○報燕王曰.266-24 故敢以○對.267-3 故敢以○報.268-14 或獻○燕王.268-16 燕王以○且謝焉.272-2 敬以○謁之.273-6 司馬憙即奏○中山王曰.286-25

【展】 3

因令人謂相國御○子庯夫空曰.7-13 ○轉不可約.139-17 ○其臂.269-20

【弱】 127

西周○矣.2-23 秦不大○.9-14 以東○齊燕.20-12 齊必○.26-12 齊○則必爲王役矣.26-12 則是北○齊.26-12 故楚之土壤士民非削○.27-11 其需○者來使.30-23 然則需○者用.30-24 非秦○而魏强也.41-12 帥○韓魏以攻秦.49-13 韓魏雖○.49-21 魏○.50-4 秦王欲見頓○.50-23 頓○曰.50-23 頓○曰.51-6 楚遂削○.51-17 父子老○係虜.53-4 與强趙攻○燕.58-25 地削兵○.59-18 是其所以○也.62-15 是趙破而魏○也.64-14 魏破韓○.64-24 使彼罷弊於先○守於主.65-12 使彼罷弊先○守於主.65-14 適足以强秦而自○也.67-25 而遞相罷○.68-1 秦强而趙○也.69-24 不○兵.72-24 兵○而好敵强.90-19 兵○而憎下人也.90-19 夫○小之殃.91-5 則强○大小之禍.91-18 其士多死而兵益○.93-4 素用强兵而○之.93-10 齊固○.100-20 是以○宋干强楚也.103-6 鄭魏之○.107-7 楚日○新城圍之.107-7 楚强則秦○.109-2 楚○則秦强.109-2 聚羣○而攻至强也.110-11 夫以○攻强.110-11 夫恃○國之救.110-22 魯○而齊强.126-18 故弒賢長而立幼○.126-23 太子衰○.129-15 軟○人也.129-22 雖强大不能得之於小○.140-11 而小○顧能得之强大乎.140-12 以趙之○而據之建信君.141-17 三晉合而秦○.142-13 兵○也.142-16 ○而不能相壹.142-16 則秦必○韓魏.144-18 則齊必○楚魏.144-19 魏○則割河外.144-19 韓○則效宜陽.144-19 楚○則無援.144-20 燕固○國.145-2 是故明主外料其敵國之强○.145-10 敵○者.149-6 失經則○.154-3 是損君而○國也.154-4 凡强○之舉事.157-25 ○受其害.157-25 是使○趙爲强秦之所以攻.158-9 而使强燕爲○趙之所以守.158-10 而○越之所以霸.158-11 自○以强秦.160-5 而○者不能自守.160-9 是强秦而○趙也.160-10 而割愈○之趙.160-10 曰我將因强而乘○.160-16 是不亦大示天下○乎.160-21 今齊湣王已益○.162-8 固危扶○.173-2 是王輕强秦而重○燕也.175-24 且夫秦之所欲○莫如楚.186-1 而能○楚者莫若魏.186-1 非能○於趙也.205-21 今夫韓氏以一女子承一○主.206-23 其兵○.211-9 試之○密須氏以爲武教.211-10 不先以○爲武教.211-12 則○矣.213-17 皆曰王○也.215-15 王不○二周.215-15 王亦知○之召攻乎.215-16 而魏之○也甚.218-25 以攻不服之○國.223-3 諸侯不料兵之○.223-4 莫如○楚.223-11 而能○楚者莫如韓.223-11 韓氏之兵非削○也.226-22 則秦○.228-12 而君用之○.229-23 則韓最○矣.239-20 夫○魏之兵.241-9 今之韓○於始之韓.241-10 而燕○國也.249-2 蘇秦能抱○燕而孤於天下哉.249-3 今燕雖○小.249-18 今使○燕爲鴈行.249-18 而事○燕之危主乎.250-17 而燕處○焉.253-2 雖强而國○也.256-15 而揆其兵之强○.258-12 不揆其兵之强○.258-13 臣請爲王○之.263-20 則是兵○而計疑也.263-22 將而應○燕.263-23 而○越乘其弊以霸.266-6 是使○趙居强吳之處.266-8 而使强秦處○越之所以霸也.266-9 不量輕○.267-10 則不如合○.268-18 將柰何合○而不能如一.268-18 今山東合○而不能如一.268-21 今山東三國○而不能敵秦.268-23 燕小○.275-11 ○趙以强梁.280-13 ○也.282-7 臣聞○趙强中山.287-1 願聞○趙强中山之說.287-2 其國虚○.289-7 況以彊擊○.289-9

【陸】 5

有陰平○則梁門不啓.89-21 魏攻平○.96-13 皆○斷馬牛.222-5 ○攻則擊河内.260-17 封○之戰.261-14

【陵】 97

中○三晉.19-12 中○三晉.19-19 楚兵大敗於杜○.27-10 高○涇陽佐之.40-8 出高○.40-11 再戰燒夷○.46-3 秦白起拔楚西○.51-16 或拔鄢郢夷○.51-16 既勝齊人於艾○.52-19 魏氏將出兵而攻留方與銍胡○碭蕭相.53-13 許鄢○嬰城.53-25 上蔡召○不往來也.53-25 勝齊於艾○.55-10 一日山○崩.57-6 王一日山○崩.57-9 故不如南攻襄○以弊魏.64-13 乃起兵南攻襄○.64-14 大破之桂○.64-15 大破之馬○.64-24 立千乘之義而不可○.84-19 於○子仲尚存乎.88-13 馬○之難.103-16 江乙說於安○君曰.105-20 安○君曰.106-2 安○君曰.106-5 安○君泣數行而進曰.106-11 乃封壇爲安○君.106-13 安○君可謂知時矣.106-15 則從竟○已東.110-19 輦從鄢○君與壽○君.124-2 北○乎巫山.125-3 輦從鄢○君與壽○君.125-8 於是乃以執珪而授之爲陽○君.125-13 乃使延○王將車騎先之晉陽.132-13 信○君發兵至邯鄲城下.161-4 又遺其後相信○君書曰.174-3 信○君曰.174-8 趙王因割濟東三城令盧高唐平原○地城邑市五十七.174-11 馮忌爲廬○君謂趙王曰.175-22 王之逐廬○君.175-22 今燕一以廬○君爲言.175-24 然則王逐廬○君.175-25 一旦山○崩.179-19 南有鴻溝陳汝南有許鄢昆陽邵○舞陽新郪.184-5 許鄢○危.189-23 齊魏戰於馬○.196-19 ○十仞之城.202-24 而右上蔡召○.207-8 乃惡安○氏於秦.207-13 然而秦之葉陽昆陽與舞陽高○鄰.207-14 隨安○氏而欲亡之.207-15 且夫憎韓不受安○氏可也.207-17 安○必易.208-14 謂樓子於鄢○曰.209-4 得許鄢○以廣陶.212-22 許鄢○必議.212-24 信○君殺晉鄙.217-4 唐且謂信○君曰.217-4 信○君曰.217-6 信○君曰.217-10 安○人縮高.217-12 信○君使人謂安○君曰.217-12 安○君曰.217-13 安○.217-14 復信○君之命.217-15 使者以報信○君.217-19 信○君大怒.217-19 遣大使之安○曰.217-19 安○之地.217-19 以造安○之城.217-21 安○君曰.217-22 信○君爲人.218-2 信○君聞縮高死.218-5 使使者謝安○君曰.218-5 秦王使人謂安○君曰.219-11 寡人欲以五百里之地易安○.219-11 安○君其許寡人.219-11 安○君曰.219-12 安○君因使唐且使於秦.219-13 寡人以五百里之地易安○.219-14 安○君不聽寡人.219-14 安○君受地於先生而守之.219-17 而安○以五十里之地存者.220-3 不能愛其許鄢○與梧.230-1 襄○之役.232-25 今涇陽君若高○君先於燕趙.257-6 殘均○.261-3 遇敗於馬○.261-8 柰何以見○之怨.273-24 而燕國見○之耻除矣.276-10 乃使五校大夫王○將而伐趙.288-25 ○戰失利.289-1 東至竟○.289-3 更使王齕代王○伐趙.290-4

【陬】 1

有雀生鷇於城之○.281-11

【陳】 94

使○臣思將以救周.1-8 主君令○封之楚.3-9 ○蔡亡於楚.13-13 ○篋數十.16-21 東伏於○.19-10 而使○莊相蜀.22-18 田莘之爲○軫說秦惠王曰.23-13 用兵與○軫之智.23-19 張儀又惡○軫於秦王.23-23 王謂○軫曰.24-1 ○軫曰.24-1 ○軫去楚之秦.24-8 ○軫爲王臣.24-8 王召○軫告之曰.24-11 ○軫果安之.24-22 ○軫後見.26-16 ○軫對曰.26-18 ○軫曰.27-5 計失於○軫.27-11 ○軫謂楚王曰.27-13 楚王使○軫之秦.27-15 ○軫曰.27-18 ○軫謂秦王曰.28-14 而所願○者.37-17 願以○臣之陋忠.37-18 北幷○蔡.46-8 保于○城.51-17 請爲○侯臣.54-16 使○毛釋劍掫.54-19 ○軫合三晉而東謂齊王曰.67-23 ○軫爲齊王使.72-15 ○軫曰.72-17 ○軫曰.72-18 ○其勢.78-4 美人充下○.83-5 ○蔡好詐.91-16 則鄒魯○蔡.94-5 齊孫室子○舉直言.95-5 使曹子之足不離○.97-13 秦使○馳誘齊王内之.102-3 齊王不聽即墨大夫而聽○馳.102-3 ○軫謂楚王曰.107-25 ○軫謂王曰.108-3 ○卒盡矣.110-23 無昭雎○軫.112-1 爲儀謂楚王逐昭雎○軫.112-2 韓求相工○籍而周不聽.112-5 今儀曰

逐君與○軫而王聽之. 112-7 ○軫. 112-10 ○軫曰. 119-21 ○軫告楚之魏. 121-25 左爽謂○軫曰. 122-1 ○軫曰. 122-2 楚王謂○軫曰. 122-5 ○軫對曰. 122-7 ○軫先知之也. 122-11 秦果舉鄢郢巫上蔡○之地. 124-6 皆願奉教○忠於前之日久矣. 144-4 臣得○忠於前矣. 145-23 愚者○意而知者論焉. 151-7 南有鴻溝○汝南有許鄢昆陽邵陵舞陽新郪. 184-5 從○至梁. 185-9 ○軫爲秦使於齊. 187-4 犀首謝○軫. 187-4 ○軫曰. 187-4 ○軫曰. 187-6 ○軫曰. 187-7 ○軫曰. 187-8 張儀惡○軫於魏王曰. 187-22 左華謂○軫曰. 187-23○軫曰. 187-25 張儀欲窮○軫. 188-2 其子○應止其公之行. 188-3 今臣願大王○臣之愚意. 198-11 以與楚兵決於○郊. 207-9 ○軫謂秦王曰. 224-7 召○軫而告之. 226-4 ○軫曰. 226-4 此必○軫之謀也. 226-18 過聽於○軫. 226-22 彼將禮○其辭而緩其言. 234-2 ○蔡亡於楚. 244-13 ○四辟去. 244-21 冷向謂○軫曰. 245-19 ○翠合齊燕. 265-4 ○公不能爲人之國. 265-5 ○翠欲見太后. 265-7 ○翠曰. 265-7 ○翠曰. 265-11 大呂○於元英. 267-19 故使使者○愚意. 272-3 恐懼不敢自○. 277-7 皆○殿下. 277-19 未可豫○也. 287-4

【孫】 108

公○衍欲窮張儀. 28-6 李讎謂公○衍曰. 28-6 召公○顯於韓. 28-7 公○衍謂義渠君曰. 28-10 此乃公○衍之所謂也. 28-17 樗里疾公○衍二人者. 29-10 樗里疾公○衍二人在. 29-20 公○衍樗里疾挫我於內. 30-7 公內攻於樗里疾公○衍. 30-12 是樗里疾公○衍無事也. 30-15 秦王愛公○衍. 31-19 非王之子○也. 40-10 非王子○也. 41-3 夫公○鞅事孝公. 44-21 獻則謂公○消曰. 56-7 公○閈曰. 62-10 公○閈爲謂楚王曰. 62-13 公○閈謂鄒忌曰. 65-2 鄒忌以告公○閈. 65-6 公○閈乃使人操十金而往卜於市. 65-6 ○子謂田忌曰. 65-11 ○子曰. 65-12 見孟嘗君門人公○戍曰. 79-25 公○曰. 80-3 公○戍曰. 80-5 公○戍曰. 80-6 公○戍趨而去. 80-11 公○戍曰. 80-12 公○戍曰. 80-14 公○戍曰. 80-17 公○弘謂孟嘗君曰. 84-3 公○弘敬諾. 84-7 公○弘見. 84-8 公○弘對曰. 84-8 公○弘對曰. 84-11 公○弘曰. 84-12 公○弘曰. 84-18 公○弘可謂不侵矣. 84-19 齊○室子陳舉直言. 95-5 王○賈年十五. 95-21 王○賈乃入市中. 95-24 是○臏吳起之兵也. 96-23 且今使公○子賢. 98-21 然而使公○子與徐子鬭. 98-22 猶時攫公○子之腓而噬之也. 98-22 若公○郝者可. 108-16 夫公○郝之於秦王. 108-17 子之子○必爲楚太子矣. 116-15 公○郝甘茂貴. 120-23 公○郝善韓. 120-24 不知夫公子王○. 124-18 今○子. 126-13 於是使人謝○子. 126-15 ○子去之趙. 126-15 今○子. 126-19 於是使人請○子於趙. 126-20 ○子爲書謝曰. 126-21 公○鞅. 130-9 晉畢陽之○豫讓. 135-6 令公○起王齮以兵遇趙於長平. 141-2 且以置公○赫樗里疾. 141-15 使王○緤告公子成曰. 149-18 夫以秦將武安君公○起乘七勝之威. 158-5 公○龍聞之. 161-7 齊乃令公○衍說李兌以攻宋而定封焉. 170-25 臣爲足下使公○衍說奉陽君曰. 171-6 有子○相繼爲王也哉. 179-13 趙主之子○侯者. 179-14 遠者及其子○. 179-16 豈人主之子○則必不善哉. 179-16 痤有御庶子公○鞅. 183-22 公○鞅聞之. 184-1 魏令公○衍乘勝而留於境. 190-10 告公○衍. 190-20 公○衍曰. 190-20 魏使公○衍來. 190-24 使公○子勞寡人. 190-25 魏令公○衍請和於秦. 191-4 公○衍爲魏將. 191-8 而○子善用兵. 196-15 ○臣謂魏王曰. 204-17 楊達謂公○顯曰. 225-10 不如公○郝. 227-10 公○郝黨於韓. 227-12 是與公○郝甘茂同道也. 227-13 韓氏先以國從公○郝. 227-16 公○郝欲以韓取齊. 227-25 是以公○郝甘茂之無事也. 228-1 善公○郝以難甘茂. 228-5 秦王以公○郝爲黨於公而弗之聽. 228-8 今王聽公○郝以韓秦之兵應齊而攻魏. 228-12 臣以公○郝爲不忠. 228-14 則信公○郝於齊. 228-18 公○郝黨於齊而不肯言. 228-22 秦爲發使公○昧入韓. 231-22 不得議公○郝. 244-14 公○郝之貴. 244-15 公○郝嘗疾齊韓而不加貴. 244-18 齊韓嘗因公○郝而不受. 244-19 公○郝樗里疾請無攻韓. 244-21 公○綦爲人請御史於王. 246-12 叔父負床之○. 258-21 外○之難. 263-6 公○氏必不血食矣. 283-4 公○弘陰知之. 286-7 公○弘參乘. 286-8 中山君大疑公○弘. 286-12 公○弘走出. 286-12

【蚩】 1

黃帝伐涿鹿而禽○尤. 16-1

【祟】 2

周之祭地爲○. 6-25 被於宗廟之○. 83-21

【陰】 78

必○勁之. 6-11 爲公畫○計. 8-4 君不如令弊邑○合於秦而君無攻. 9-8 君不如使周最○合於趙以備秦. 13-14 得太公○符之謀. 16-21 天下○燕陽魏. 18-8 齊秦之交○合. 27-1 君長有齊○. 62-23 我因○結韓之親. 64-21 乃○告韓使者而遣之. 64-22 及之睪黍梁父之○. 80-25 有○平陸則梁門不啓. 89-21 ○結諸侯之雄俊豪英. 99-7 ○謀有吞天下之心也. 111-3 卽○與燕王謀破齊共分其地. 111-12 而○使人以請聽秦. 121-17 ○養死士. 129-9 而○養死士之日久矣. 129-18 知伯因○結韓魏. 132-7 陽親而○疏. 132-10 張孟談於是○見韓魏之君曰. 133-4 二君卽與張孟談○約三軍. 133-8 ○使人請趙王曰. 140-4 ○陽而已矣. 144-13 ○陽不同道. 154-7 不知○陽之宜. 154-9 公不若○辭樓子曰. 156-3 止於蕩○. 162-6 而○構於秦. 169-21 而○鬻之於秦. 170-2 抱○成. 170-3 以便取○. 170-5 曰有秦○. 170-12 願王之○重趙. 170-17 莫如於○. 171-8 縣○以甘之. 171-12 魏冉必妬君之有○也. 171-20 則○不可得已矣. 171-21 ○必得矣. 171-23 得○而搆. 171-23 而君終不得○. 172-9 而君又不得○. 172-12 而君必不得○. 172-16 而君終身不得○. 172-22 而君有終身不得○. 173-1 何暇言○. 173-3 則○必得矣. 173-4 而收齊魏以成取○. 173-5 ○移而授天下傳. 176-8 左天門之○. 182-24 此儀之所以與秦王○相結也. 189-4 何不陽與齊而○結於楚. 190-6 則○勸而弗敢圖也. 195-6 蘇脩朱嬰既皆○在邯鄲. 195-23 ○必亡. 203-1 又爲○啓兩機. 203-6 抱葛薜○成以爲趙養邑. 208-18 王不如○侯人說成陽君曰. 215-3 恐齊以楚遇爲有○於秦魏也. 229-2 齊又畏楚之有○於秦魏也. 229-5 而○善楚. 232-4 楚○得秦之不用也. 232-5 是有○於韓也. 234-21 必○事之. 235-5 必○事伯嬰. 235-5 嚴遂○交於聶政. 237-1 而○告厨人曰. 251-14 王何不○出使. 269-15 公孫弘○知之. 286-7 ○簡難之. 286-14 獨不可語○簡之美乎. 286-15 ○簡之德公. 286-17 可以爲○簡. 286-20 ○姬與江姬爭爲后. 286-23 司馬憙謂○姬公曰. 286-23 ○姬公稽首曰. 286-25 未嘗見人如中山○姬者也. 287-7 臣聞其乃欲請所謂○姬者. 287-14

【陶】 13

秦封君以○. 34-11 ○爲萬乘. 34-12 ○爲鄰恤. 34-13 故攻齊之於○也. 34-13 南與○爲鄰. 35-1 則利歸於○. 40-4 利盡歸於○. 41-7 長爲○朱. 46-13 富比○衞. 97-3 東至○衞之郊. 207-22 君攻楚得宛穰以廣○. 212-22 攻齊得剛博以廣○. 212-22 得許鄢陵以廣○. 212-22

【陪】 1

出則○乘. 106-12

【姬】 11

更立衞○嬰兒郊師. 63-19 彼又將使其子女讒妾爲諸侯妃○. 164-11 王何不遣紀○乎. 176-15 紀○婦人也. 176-16 陰○與江○爭爲后. 286-23 司馬憙謂陰○公曰. 286-23 陰○公稽首曰. 286-25 未嘗見人如中山陰○者也. 287-7 非諸侯之○也. 287-10 臣聞其乃欲請所謂陰○者. 287-14

【挐】 3

緤錯○薄也. 283-2 而○薄輔之. 283-4 緤錯○薄之族皆逐也. 283-6

【恕】 1

竊自○. 178-24

【脅】 1

威○韓魏趙氏. 273-23

【通】 40

不○其使. 10-22 故蘇秦相於趙而關不○. 17-3 寡人欲車○三川. 28-25 則成睪之路不○. 39-17 格道不○. 54-19 无爲客○. 62-18 下○其流. 86-16 ○都小縣置社. 92-9 鄉里不○也. 97-9 韓之上地不○. 110-8 ○侯執珪死者七十餘人. 111-4 天下關閉不○. 120-14 莊公○之. 127-1 三百里○於燕之唐曲吾. 138-20 中絕不令相○. 140-10 水○糧. 140-13 河外割則道不○. 144-20 ○質刑白馬以盟之. 145-25 ○有補民益主之業. 149-4 先王之○誼也. 149-20 乃國未○於王胡服. 153-8 啓關○敝. 159-20 燕之○谷要塞. 174-18 三反不得○. 177-2 吾往賀而獨不得○. 177-4 使者三往不得○者. 177-5 而使不得○. 177-9 諸侯四○. 185-8 魏氏閉關而不○. 186-20 ○韓之上黨於共莫. 208-10 使道已○. 208-11 魏之所以爲王○天下者. 216-11 齊無○於天下矣. 216-12 蔡邵之道不○矣. 246-22 志意不相○. 268-24 ○使於魏. 271-8 未爲○計也. 272-15 齊閉關不○中山之使. 285-5 寡人所以閉關不○使者. 285-19 周流無所不○. 287-7

【能】 410

天下不○傷齊. 6-19 然後○多得鳥矣. 7-5 故○得欲矣. 7-7 臣○殺之. 7-24 魏不○支. 9-23 周君豈○無愛國哉. 10-9 代○爲君令韓不徵甲與粟於周. 10-13 又○爲君得高都. 10-13 子苟○. 10-14 今圍雍氏五月不○拔. 10-17 我不○教子支左屈右. 11-10 楚不○守方城之外. 11-24 安○道二周之間. 11-24 臣○爲君取之. 12-16 而臣爲不○使矣. 14-3 臣固疑大王之不○用也. 16-1 其勢不○. 16-11 王固不○行也. 16-15 安有說人主不○出其金玉錦繡. 16-22 天下莫之○伉. 17-10 猶連雞之不○俱止於棲之明矣. 17-21 不○死. 18-13 罪其百姓不○死也. 18-14 其上不○殺也. 18-14 上非○盡其民力. 20-2 韓亡則荊魏不○獨立. 20-10 荊魏不○獨立. 20-11 不○拔也. 20-18 非○厚勝之也. 20-21 王不○禁. 22-16 魏不○守. 23-9 ○害王者之國者. 23-18 儀不○與從事. 24-8 吾○聽子言. 24-11 大王苟○閉關絕齊. 26-11 不○親國事也. 27-16 ○有國者寡也. 28-3 則慈母不○信也. 29-17 五月而不○拔也. 29-20 秦王安○制晉楚哉. 32-20 而不○支秦. 34-7 聖人不○爲時. 34-15 誠○亡齊. 34-24 觀三國之所求於秦而不○得者. 35-10 觀張儀與澤之所不○得於薛公者也. 35-11 不○

與齊縣衡矣. 35-21 秦烏○與齊縣衡韓魏. 35-25 亦○翕其心乎. 36-5 有○者不得不官. 36-9 ○治衆者其官大. 36-9 故不○者不敢當其職焉. 36-10 ○者亦不得蔽隱. 36-10 弗○改已. 36-22 形弗○有也. 39-2 則天下莫○害. 39-7 寡人不○親. 39-11 ○專利害之謂王. 39-24 故十攻而弗○勝也. 41-14 散不○三千金. 42-10 君○爲之下乎. 42-17 竭智○. 44-22 盡○而不離. 45-2 不○存殷. 45-6 不○存吳. 45-7 吳起爲楚悼罷無○. 46-7 此所謂信而不○詘. 46-12 往而不○反者也. 46-13 楚○應而共攻秦. 48-6 今以無○之如耳魏齊. 49-13 不○過智伯. 49-21 王○使臣無拜. 50-23 恐不○給也. 51-10 王可謂○矣. 52-3 王若○持功守威. 52-10 爲帝若未○. 53-18 故○服世. 55-4 故○從鄰. 55-4 ○始而不○終也. 55-13 王若○爲此尾. 55-16 王若不○爲此尾. 55-17 而未○復戰也. 55-22 汝安○行之也. 58-9 力不○自存. 59-19 趙王不○將. 59-21 不○及地. 60-6 臂短不○及. 60-12 不○用也. 60-16 網不○止. 62-22 鉤不○牽. 62-22 靖郭君不○止. 63-14 靖郭君可謂○自知人矣. 64-5 ○自知人. 64-5 徐公何○及公也. 66-6 徐公何○及君也. 66-8 ○面刺寡人之過者. 66-18 ○謗議於市朝. 66-19 臣非不○更葬先妾也. 67-9 ○危山東者. 68-1 天下不○當. 68-25 千人不○過也. 69-6 則秦不○害齊. 69-8 不○相去. 71-16 梁齊之兵連於城下不○去. 72-1 吾○爲之足. 72-22 子安○爲之足. 72-22 故臣○去太子. 76-5 以○得天下之士而有齊權也. 76-23 車軼之所○至. 78-17 ○爲君決疑應卒. 78-20 一軍不○當. 79-17 今使人而不○. 79-20 教人而不○. 79-20 足下○使僕無行. 80-2 聞君於齊○振達貧窮. 80-7 有○揚文之名. 80-18 不○以重於天下者何也. 81-23 貧乏不○自存. 82-3 客何○. 82-5 客無○也. 82-5 ○爲文收責於薛者乎. 82-16 ○. 82-17 客果有○也. 82-19 ○致其如此者五人. 84-15 有○得齊王頭者. 85-21 自古及今而○虛成名於天下者. 86-13 焉○有四焉. 87-16 爲○之也. 87-24 而○事成者寡矣. 90-6 則不○割劌矣. 90-7 則不○遠殺矣. 90-8 而料兵之○. 90-22 而○從諸侯者寡矣. 92-6 而○從諸侯寡矣. 92-16 期數而○拔城者爲亟耳. 92-18 故三下城而○勝敵者寡矣. 92-19 即臣見公之不○得也. 96-17 ○以見於天下矣. 96-23 恂小節者不○行大威. 97-6 惡小恥者不○立榮名. 97-7 遺公子糾而不○死. 97-8 非不○行小節. 97-19 出不○行. 98-4 且王不○守先王之社稷. 99-18 城陽天下莫之○止. 99-21 不○下也. 100-3 攻狄不○. 100-7 先生謂單不○下狄. 100-9 趙不○聽. 104-12 而力不○. 104-23 赫不○得趙. 107-25 是不○得趙也. 108-3 計王之功所以○如此者. 108-14 天下莫○當也. 108-25 大王誠○聽臣. 109-6 大王誠○聽臣之愚計. 109-7 大王誠○聽臣. 111-16 今君○用楚之衆. 112-11 焉○有之耶. 114-7 馮而○立. 114-10 式而○起. 114-10 楚不○獨守. 117-24 楚亦不○獨守. 117-25 雖然楚不○獨守也. 118-4 殆○自免也. 122-6 夫梟棊之所以○爲者. 122-18 唯大君○之. 123-5 寡人不○用先生之言. 124-8 今富摯○. 125-21 臣之○不及舜. 128-5 負轅不○上. 128-10 其堅則箘簬之勁不○過也. 132-18 三月不○拔. 132-23 吾不○守矣. 132-25 亡不○存. 133-1 危不○安. 133-1 是皆○移其君之計. 133-19 約兩主勢○制臣. 134-10 無令臣○制主. 134-11 臣主之權均之○美. 134-17 魏攻中山而不○取. 136-13 必不○越趙而有中山矣. 136-14 君○聽蘇公之計乎. 137-17 不○. 137-17 君即不○. 137-17 吾君不○用也. 137-20 其地不○千里. 139-17 韓不○有. 139-24 若不○卒. 140-2 韓不○守上黨. 140-4 韓不○守上黨. 140-7 雖强大不○得之於小弱. 140-11 而小弱顧○得之强大乎. 140-12 韓不○守上黨. 140-17 民○相集者. 140-23 爲主守地而不○死. 140-24 趙聞韓不○守上黨. 141-1 建信者安○以無功惡秦哉. 141-18 不○以無功惡秦. 141-19 然山東不○易其路. 142-15 弱而不○相壹. 142-16 大王誠○聽臣. 144-14 韓魏不○支秦. 145-5 臣有以知天下之不○爲從以逆秦也. 147-2 而趙奢鮑接之○也. 147-18 欲反覆齊國而不○. 148-8 不○趨走. 150-2 知者不○一. 150-15 賢聖不○同. 150-15 其怨未○報也. 150-25 ○與聞遷. 151-18 ○與時化. 151-19 子○行是. 153-13 君焉○乎. 155-16 ○具數十萬之兵. 155-18 故○有之. 156-18 其社稷之不○恤. 156-18 安○收恤藺離石祁乎. 156-18 不○散齊魏之交. 157-6 三國不○和我. 157-11 無秦不○傷趙. 157-18 無齊不○得趙. 157-19 此非人臣之所○知也. 158-23 王以其力尚○進. 159-11 秦以其力攻其所不○取. 159-12 王又以其力之所不○攻以資之. 159-13 虞卿○盡知秦力之所至乎. 159-15 子○必來年秦之不復攻我乎. 159-18 樓緩又不○必秦之不復攻也. 159-24 又割其力之所不○取而媾也. 159-25 不○取六城. 160-2 趙雖不○守. 160-2 而弱者不○自守. 160-9 佩趙國相印不辭無○. 161-10 今又内圍邯鄲而不○去. 162-13 先生惡○使梁助之耶. 163-6 先生又惡○使秦王烹醢梁王. 163-18 君安○少趙人. 164-23 君安○憎趙人. 164-23 而不○合遠. 164-24 而不○自舉. 164-25 四十餘年而秦不○得所欲. 165-2 王之行○如許由乎. 165-12 王○重王之國若此尺帛. 165-23 一物不○蔽也. 166-11 厚任萺以事○. 166-22 今君不○與文信侯相伉以權. 167-12 而○令王坐而天下致名寶. 169-3 羣臣必多以臣爲不○者. 169-4 以臣爲不○者非他. 169-5 王○亡燕. 169-8 ○亡韓魏. 169-8 ○攻秦. 169-8 ○孤秦. 169-8 臣之○也. 169-11 則位尊而○卑者也. 169-16 今王○以百里之地. 173-18 勢不○守. 174-6 然今○守魏者. 174-6 固不○當榮盆. 174-23 城大無○過百雉者. 175-4 此皆○乘王之醉昏. 176-23 是○得之乎内. 176-24 趙○殺此二人. 177-14 若不○殺. 177-15 有母弟不○教誨. 177-23 曾不○疾走. 178-23 老婦不○. 179-2 猶不○恃無功之尊. 179-22 臣不○爲也. 183-9 不揜○士之迹. 183-17 爲弗○聽. 183-23 誠○振其威也. 184-17 大王誠○聽臣. 185-2 而○弱楚者莫若魏. 186-1 不○得事焉. 187-7 然而臣○半衍之割. 190-12 敗後必莫○以魏合於秦者矣. 191-5 而不○成其功. 191-11 魏不○支. 193-13 大梁不○守. 193-14 而焉○免國於患. 195-9 其智○而任用之也. 198-14 令人之相行所不○. 198-18 堯舜之所求而不○得也. 199-5 王○使臣爲魏之司徒. 201-16 則臣○使魏獻之. 201-16 以其○忍難而重出地也. 202-9 攻而不○拔. 202-25 臣○得之於應侯. 204-12 可謂不○用勝矣. 204-18 ○解魏患. 205-4 寡人不○. 205-19 非○彊於魏之兵. 205-21 非○弱於趙也. 205-21 秦攻魏未○克之也. 206-6 外安○支强秦魏之兵. 206-24 王○又封其子問陽姑衣乎. 208-18 而不○拔. 209-14 公終自以爲不○守也. 209-17 子○以汾北與我乎. 209-24 子○以汾北與我乎. 209-25 何故不○有地於河東乎. 210-2 天下必○救. 211-9 夜行者○無爲姦. 213-1 不○禁狗使無吠已也. 213-1 故臣○無議君於王. 213-2 不○禁人議臣於君也. 213-2 荆齊不○獨從. 213-17 王○令韓出垣雍之割乎. 214-5 不○. 214-5 將皆務事諸侯之○令於王之上者. 214-10 安○歸寧乎. 215-11 不○必使其民. 217-14 臣安○無涕出乎. 218-15 ○棄之弗○用之. 218-23 ○死之弗○棄之. 218-23 王又○死而弗○棄之. 219-1 今王○用臣之計. 219-1 必不○事秦. 222-16 而○弱楚者莫如韓. 223-11 非以韓○强於楚也. 223-12 不○傷秦. 224-12 不○傷秦. 224-16 縱韓爲不○聽我. 226-7 爲○聽我絶和於秦. 226-9 其知○公也. 227-10 而弗○得也. 228-5 齊魏不○相聽. 228-17 不○愛其許鄢陵與梧. 230-1 公不○救也. 232-7 而不患楚之○揚河外也. 233-9 幾瑟之○爲亂也. 235-3 韓大夫不○必其不入也. 235-6 必不○爲亂矣. 235-8 而弗○禁也. 236-20 終莫○就. 237-23 多人不○無生得失. 237-25 非獨政之○. 238-15 然則山東非○從親. 241-2 强國○王. 242-14 强國不○王. 242-15 諸侯不○買. 243-1 韓不○獨立. 243-21 秦勢○詘之. 244-10 則諸侯不敢因羣臣以爲○矣. 244-19 魏安○與小國立之. 246-16 夫宵行者○無爲姦. 247-1 而不○令狗無吠己. 247-1 ○無議君於王. 247-2 而不○令人毋議臣於君. 247-2 而不○取千里. 247-7 秦計固不○守也. 248-12 秦之不○害燕亦明矣. 248-13 豈○東無齊西無趙哉. 249-3 蘇秦○抱弱燕而孤於天下哉. 249-3 王○聽臣. 249-23 子○以燕敵齊. 252-25 獨戰則不○. 253-2 王誠○毋愛寵子母弟以爲質. 253-14 不○. 255-2 三年不○得. 255-25 天下必以王爲○市馬. 256-3 於是不○期年. 256-3 而燕猶不○支也. 256-20 不○爲事者. 258-13 而乃以與無○之臣. 258-21 竭其○. 258-24 不○攻也. 260-20 王苟○破宋有之. 260-21 母不○制. 261-13 舅不○約. 261-13 陳公不○爲人之國. 265-5 不○奉承先王之教. 266-24 ○當之者處之. 267-5 故察○而授官者. 267-5 所以○循法令. 268-2 王而不○自恃. 268-16 將柰何合弱而不○如一. 268-18 不相得則不○行. 268-20 今山東合弱而不○如一. 268-21 三人不○行. 268-22 今山東三國弱而不○敵秦. 268-23 因○勝秦矣. 268-23 不○相救助如一. 269-1 人之所○爲也. 269-1 山東不○堅爲此. 269-9 即雖五燕不○當. 269-14 不○奉順君意. 272-2 室不○相和. 272-14 所以不○反勝秦者. 273-17 不○爲謀. 274-5 恐不○須臾. 274-7 趙不○支秦. 275-11 誠○得樊將軍首. 276-1 太子○聽臣乎. 281-3 而弗○復取者. 282-6 今臣○使釋蒲勿攻. 282-12 安○急於事人. 282-21 非子莫○吾救. 284-10 力言不○及也. 287-8 口不○無道爾. 287-11 君所將之不○半之. 289-4 是以○有功也. 289-16 以是之故○立功. 289-19 未○行. 290-2 吾不○滅趙乎. 290-3

【逯】 2

東郭○者. 81-6 韓子盧逐東郭○. 81-6

【務】 28

○廣其地. 22-6 ○富其民. 22-7 ○博其德. 22-7 而○敗公之事也. 35-9 使若卞隨○光申屠狄. 61-18 且夫救趙之○. 73-21 不○爲此. 73-23 而○愛粟. 73-23 必藉於權而○興於時. 90-5 必且○不利太子. 118-21 是故横人日夜○以秦權恐猲諸侯. 145-20 錯質○明主之長. 149-2 彼必○以齊事王. 196-6 好用兵而甚○名. 197-7 皆將○以其國事魏. 198-6 以存韓爲○. 208-7 將皆○事諸侯之能令於王之上者. 214-10 必○善韓以備秦. 239-14 願公之加○也. 240-5 必且○以楚合於齊. 245-20 楚之齊者先○以楚合於齊. 245-22 明主者○聞其過. 252-15 則王何不○使知士以若此言說秦. 257-17 ○正利. 257-18 其後必○以勝報王矣. 264-9 必爲趙魏廢其王而○附焉. 284-13 則民○名不存本. 287-24 備秦爲○. 288-23

【桑】 7

且夫蘇秦特窮巷掘門○户棬樞之士耳. 17-8 趙人聞之至枝○. 54-18

○輪蓬篋贏勝. 137-4 席隴畝而廕庇○. 176-7 有所謂○雍者. 176-21 所謂○雍者. 176-22 ○林之菀. 223-8

【純】 3

綿繡千○. 17-1 名實○粹. 44-18 錦繡千○. 146-11

【納】 16

周不○. 4-16 齊以陽武賜弊邑而○順子. 32-6 ○之梁. 71-18 與革車三十乘而○儀於梁. 72-3 且王嘗用滑於越而○句章. 108-12 王不如舉惠子而○之於宋. 121-10 請爲子勿○也. 121-10 乃奉惠子而○之宋. 121-12 ○地釋事以去權尊. 134-22 ○于筦鍵. 164-1 不果○. 164-2 不果○. 164-7 魏王因不○張儀. 188-12 次弗○於君. 245-9 盡○其地. 275-9 愼勿○也. 282-2

【紛】 5

○彊欲敗之. 56-12 爲人排患釋難解○亂而無所取也. 164-20 可大○己. 262-5 不以今時大○之. 262-14 今臣逃而○齊趙. 263-2

【彗】 1

○星襲月. 219-23

【責】 22

歸其劍而○之金. 12-3 先絶齊後○地. 26-21 而○欺於秦. 27-8 楚王以其言○漢中於馮章. 30-1 秦○賂於魏. 50-1 能爲文收○於薛者乎. 82-16 乃有意欲爲收○於薛乎. 82-21 ○畢收. 82-22 起矯命以○賜諸民. 82-24 ○畢收乎. 83-3 以○賜諸民. 83-7 而○士以所重事君. 89-2 雖復○之宋. 100-21 吾請爲君○而歸之. 162-16 君因言王而重○之. 166-21 重○之. 166-22 而○文信侯少禮. 167-13 王無以○秦. 201-22 臣爲王○約於秦. 201-23 王敢○垣雍之割乎. 214-4 操右契而爲公○德於秦魏之主. 239-11 ○之曰. 289-2

【理】 17

其實同○. 5-22 卽天下之○也. 5-23 不可勝○. 16-5 明言章○. 16-7 鄭人謂玉未○者璞. 41-20 成○萬物. 44-16 此皆乘至盛不及道○也. 45-24 ○有固然. 85-9 ○之固然者. 85-10 ○之固然者. 85-11 察於地形之○者. 91-23 百姓○襜蔽. 92-17 告以○則不可. 165-17 客謂公子○之傳曰. 196-13 今齊楚之○. 209-5 臣恐侍御者之不察先王之所以畜幸臣之○. 267-1 自然之○. 289-20

【琅】 1

東有○邪. 68-16

【規】 3

齊無天下之○. 96-17 段○謂韓王曰. 221-3 段○曰. 221-4

【掫】 1

使陳毛釋劍○. 54-19

【掩】 14

無忠臣以○蓋之也. 4-10 以○桓公. 4-12 威不○於山東. 51-6 而○於母. 51-6 請○足下之短者. 78-18 臣聞明主不○人之義. 136-5 豈○於衆人之言. 145-12 求其好○人之美而楊人之醜者而絫驗之. 182-3 近者○心. 222-3 寡人望有非則君○蓋之. 272-5 以故○人之邪者. 272-9 世有○寡人之邪. 272-10 則○邪救過. 272-11 所以合好○惡也. 272-14

【排】 2

爲人○患釋難解紛亂而無所取也. 164-20 欲○其逆鱗哉. 273-25

【焉】 117

則無加○矣. 2-8 而王無人○. 6-13 又費財○. 7-6 而陽豎與○. 8-10 周君懼○. 10-8 何患○. 10-12 少○氣力倦. 11-11 九鼎存○. 13-2 吾欲使武安子起往喻意○. 17-22 而王不爭○. 22-4 有頃○. 29-14 寡人數窮○. 30-21 ○更得賢相. 31-21 子○聞之. 31-22 故不能者不敢當其職○. 36-10 奔育之勇○而死. 37-24 ○得不聽. 39-19 然則權○得不傾. 40-1 而令○得從王出乎. 40-2 臣奚憂○. 43-3 此則君何居○. 46-21 王何不召公子池而問○. 49-1 王召公子池而問○. 49-2 秦王召羣臣賓客六十人而問○. 60-19 尙○之. 61-9 四國之王尙○用賈之身. 61-9 則螻蟻得意○. 62-22 公往必得死○. 63-13 先君之廟在○. 78-3 則累世不得一○. 80-25 君子○可侮哉. 86-22 制則破○. 86-25 推選則祿○. 87-1 ○敢直言正諫. 87-12 今王有四○. 87-15 ○能有四○. 87-16 權藉不在○. 90-9 而王不知戒○. 95-14 與私○. 101-1 王召江乙而問○. 104-8 得趙而王無加○. 108-1 甘茂事之順○. 108-9 兩者大王何居○. 109-17 未見勝○. 109-22 ○能有之耶. 114-7 齊王恐○. 118-16 吾欲先據之目加德○. 122-6 汗明憱○曰. 128-1 而寡人弗與○. 132-10 唯輔氏存○. 134-6 信忠在己而衆服○. 134-14 亦其猜○. 140-1 有兩木○. 141-6 私心固竊疑○. 148-19 知者哀○. 149-14 賢者戚○. 149-15 請服○. 150-1 農夫勞而君子養○. 151-7 愚者陳意而知者論○. 151-7 而愚者制○. 151-16 不肖者拘○. 151-16 而臣無一○. 153-6 逆主罪莫大○. 153-21 行私莫大○. 153-22 君○能乎. 155-16 而國圍攻○. 155-20 ○有子死而不哭者乎. 159-1 以解其怨而取封○. 169-21 然後王擇○. 170-23 齊乃令公孫衍說李兌以攻宋而定封○. 170-25 足下何愛○. 171-14 韓魏○免西合. 173-1 必起中山與勝○. 173-3 而有一○. 173-24 安平君必處一○. 174-24 公將○之. 182-9 不能得事○. 187-7 寡人亦以事因○. 187-19 子盍少委○. 189-14 而○能免國於患. 195-9 國得安○. 199-1 身取尊○. 199-1 而君後擇○. 203-5 苟有利○. 206-17 功莫大○. 206-19 王欲○而收齊趙攻荆. 213-22 欲○而收荆趙攻齊. 213-22 降城亡子不得與○. 217-24 交臂而服○. 222-8 以幾瑟之存○. 224-25 以其少有利○. 231-8 獨不可使妾少有利○. 231-9 韓王及相皆在○. 238-3 而獨厚取德○. 239-22 而許異終身相○. 242-5 雖終身相之○. 242-6 而許異獨取相○者. 242-11 汙武王之義而不臣○. 250-15 而燕處弱○. 253-2 臣必勉之而求死○. 262-18 王何疑○. 262-20 ○有離人子母者. 265-5 老婦欲得志○. 265-5 唯君之留意○. 268-14 此○可以舍. 271-5 燕王以書且謝○. 272-2 乃造○. 274-12 唯荆卿留意○. 275-17 公輸般服○. 279-13 而圍一城○. 280-16 因效金三百鎰○. 282-12 必爲趙魏廢其王而務附○. 284-13 負海不與○. 284-19 而寡人不與聞○. 285-19 大夫司馬子期在○. 288-2 夫勝一臣之嚴○. 290-13

【赦】 6

不○. 60-9 死不○. 85-21 王因○其罪. 201-23 有常不○. 217-23 國雖大○. 217-24 境吏恐而○之. 271-16

【推】 7

中期○琴對曰. 49-15 無把銚○耨之勢. 51-2 ○選則祿焉. 87-1 臣請爲王○其怨於趙. 170-16 遂○南之威而遠之. 200-7 欲○以爲鋒. 289-17 臣○體以下死士. 289-22

【授】 8

讓賢者○之. 46-19 韓必○首. 53-22 於是乃以執珪而○之爲陽陵君. 125-13 ○吏大夫. 135-3 陰移而○天下傳. 176-8 禹○益而以啓爲吏. 254-5 功多者○之. 267-4 故察能而○官者. 267-5

【教】 89

可○射也矣. 11-8 子乃曰可○射. 11-9 我不能○子支左屈右. 11-10 兵法之○. 15-19 政○不順者不可以煩大臣. 15-22 今先生儼然不遠千里而庭○之. 15-22 皆惛於○. 16-14 ○之惡宮之奇. 23-17 先生何以幸○寡人. 37-9 先生不幸○寡人乎. 37-11 願先生悉以○寡人. 38-16 欲○之者. 43-20 ○民耕戰. 46-1 嘗無師傅所○學. 57-20 而悉○以國事. 59-11 臣之父未○而死. 67-9 夫不得父之○而更葬母. 67-10 今主君以趙王之○詔之. 69-12 今大客幸而○之. 70-5 ○人而不能. 79-20 豈非世之立○首也哉. 79-21 子○文無受象牀. 80-11 上倦於○. 92-19 乃王之○澤也. 98-17 今上客幸○以明制. 111-22 公不聞老萊子之○孔子事君乎. 125-20 其餘政○猶存. 132-13 ○順慈愛. 138-2 皆願奉○陳忠於前之日久矣. 144-4 是以賢君靜而有道民便事之○. 149-2 今吾將胡服騎射以○百姓. 149-8 今寡人作○易服. 149-20 賢聖之所○也. 150-4 變古之○. 150-6 中國同俗而○離. 150-14 ○之道也. 151-8 先聖之所以○. 151-11 變古之○. 151-12 五伯不同○而政. 151-15 知者作○. 151-15 承○而動. 151-18 聖人不易民而○. 151-25 因民而○者. 152-1 非所以○民而成禮也. 152-2 非所以○民而成禮者也. 152-4 宓戲神農○而不誅. 152-6 便事之謂○. 152-13 ○少以學. 152-24 恭於○而不快. 153-5 更不用侵辱○. 153-24 ○不便於事. 154-9 ○子欬謂李兌曰. 157-16 獨無以○之乎. 158-15 公子之所以○之者厚矣. 158-18 何以○之. 165-8 親嘗○以兵. 165-10 寡人請奉○. 165-19 請奉○. 176-11 有母弟不能○誨. 177-23 此吳起餘○也. 183-9 未嘗得聞明○. 185-5 綦母恢○之語曰. 191-4 試之弱密須氏以爲武○. 211-10 不先以弱爲武○. 211-12 或以政○不脩上下不輯. 211-21 無忌謹受○. 217-10 父○子倍. 217-17 子嘗○寡人循功勞. 221-20 今主君以楚王之○詔之. 222-17 客幸而○之. 223-15 錡宣之○韓王取秦. 232-20 ○陽向說秦王曰. 233-5 ○公仲謂魏王曰. 235-17 今主君幸○詔之. 248-19 今大客幸而○之. 252-2 不能奉承先王之○. 266-24 臣自以爲奉令承○. 267-8 夫齊霸國之餘○也. 267-11 自以爲奉令承○. 267-22 施及萌隸皆可以○於後世. 268-2 數奉○於君子矣. 268-13 望有過則君○誨之. 272-5 復以○寡人. 273-4 敬奉○. 274-12 幸而○之曰. 274-22 謹奉○. 274-23 乃今得聞○. 276-12 ○化喻於民. 283-10 ○送母. 283-14

【掠】 3

侵○吾地. 150-24 以○於郊野. 289-14 ○其郊野. 290-1

【捽】 1

若○一人. 113-8

【接】 15

箕子○輿. 38-4 使臣得同行於箕子○輿. 38-5 肘足○於車上. 49-20 三世而不○地於齊. 52-1 韓魏父子兄弟○踵而死於秦者. 53-2 秦不○刃而得趙之半. 59-12 故使工人爲木材以○手. 60-7 以與秦○界也. 69-1 西與秦○境. 109-19 ○境壤界. 111-16 韓與秦○境壤界. 139-16 而趙奢鮑○之能也. 147-18 馮忌○手免首. 176-3 因與○意而遣之. 178-16 今王何不使可以信者○收燕趙. 257-6

【執】 20

公爵爲○圭. 2-8 敬○賓主之禮. 37-6 梁王身抱質○璧. 54-16 爵爲

上○珪. 72-17 人有以其狗爲有○而愛之. 105-7 通侯○珪死者七十餘人. 111-4 吾被堅○銳. 113-12 封之○圭. 114-3 於是乃以○珪而授之爲陽陵君. 125-13 ○問塗者. 135-10 夷維子○策而從. 163-23 使司徒○范座. 173-20 今大王令人○事於魏. 198-12 ○法以下至於長輓者. 219-3 申不害與昭釐侯○珪而見梁君. 241-6 我○珪於魏. 241-7 身○禽而隨諸御. 241-21 魏爲燕○代. 255-6 ○政任事之臣. 268-2 諸郎中○兵. 277-19

【探】 1

○前跌後. 222-25

【掃】 2

○室布席. 31-3 願爲足下○室布席. 31-6

【据】 1

○慢驕奢. 86-9

【堀】 1

○穴窮巷. 128-13

【掘】 2

且夫蘇秦特窮巷○門桑户棬樞之士耳. 17-8 削株○根. 19-8

【基】 4

楚有養由○者. 11-7 養由○曰. 11-8 必以下爲○. 86-17 成而封侯之○. 186-7

【聊】 11

民無所○. 16-6 百姓不○生. 53-5 燕將攻下○城. 96-5 遂保守○城. 96-5 而○城不下. 96-6 殺身亡○城. 96-10 與○城共據朞年之弊. 96-17 齊必決之於○城. 96-18 今公又以弊○之民. 96-21 王○聽臣. 161-19 故槫里疾大說杜○. 225-22

【菁】 1

董之繁○以問夏侯公. 78-9

【著】 6

召門吏爲汗先生○客籍. 128-7 ○之盤盂. 138-25 故微之爲○者强. 146-24 姓名未○而受三公. 176-9 始可○於春秋. 263-2 故○於春秋. 267-24

【萊】 2

昔者○莒好謀. 91-16 公不聞老○子之教孔子事君乎. 125-20

【黃】 39

○帝伐涿鹿而禽蚩尤. 16-1 ○金百斤盡. 16-16 ○金萬溢. 17-2 ○金萬溢爲用. 17-7 楚人有○歇者. 51-19 小○濟陽嬰城. 52-8 爲○池之遇. 55-10 取○棘. 55-15 ○金千斤. 83-17 遣太傅賫○金千斤. 83-20 隊○城. 90-16 ○城之墜也. 90-17 ○金橫帶. 100-14 願得目身試○泉. 106-12 ○金珠璣犀象出於楚. 120-6 ○雀因是以. 124-16 ○鵠因是以. 124-21 夫○鵠其小者也. 125-2 或謂○齊曰. 125-20 ○金百鎰. 137-23 ○金千鎰. 146-11 ○帝堯舜誅而不怒. 152-7 具帶○金師比. 153-15 驪牛之○也似虎. 182-5 東有淮潁沂○煑棗海鹽無疎. 184-6 ○帝戰於涿鹿之野. 195-16 ○帝之所難也. 195-17 仲子奉○金百鎰. 237-3 ○金千鎰. 263-15 而賜夏無且○金二百鎰. 278-3 犀首伐○. 279-24 今○城將下矣. 280-1 ○金三百鎰. 280-2 是勝○城. 280-3 是勝○城. 280-4 是不勝○城. 280-5 果勝○城. 280-6 過宋外○. 281-3 外○徐子曰. 281-3

【菽】 1

無不被繡衣而食○粟者. 85-1

【萌】 2

智者見於未○. 149-13 施及○隸皆可以教於後世. 268-2

【萺】 6

○之所以事王者. 166-16 君令○乘獨斷之車. 166-20 則○之事有不言者矣. 166-21 ○之軸今折矣. 166-21 厚任○以事能. 166-22 未期年而○亡走矣. 166-22

【莽】 1

方將脩其○盧. 124-23

【萆】 1

遽於○下. 190-4

【菍】 1

使趙○及顏冣代將. 180-2

【菟】 1

見○而顧犬. 124-10

【菹】 1

其姊不避○醢之誅. 238-17

【菀】 1

桑林之○. 223-8

【乾】 1

今韓梁之目未嘗○. 68-5

【械】 3

器○被具. 1-19 衣服器○. 152-8 不知器○之利. 154-8

【梗】 8

有土偶人與桃○相與語. 77-13 桃○謂土偶人曰. 77-13 東國之桃○也. 77-16 今求柴葫桔○於沮澤. 80-25 土○與木○鬬曰. 137-10 臣竊以爲土○勝也. 137-12 而封於○陽. 240-1

【梧】 5

南有洞庭蒼○. 108-22 樓○約秦魏. 214-8 不能愛其許鄢陵與○. 230-1 乃見○下先生. 282-16 ○下先生曰. 282-17

【梏】 1

束縛桎○. 97-8

【麥】 2

今其民皆種○. 3-3 非○而豆. 222-19

【梓】 1

荆有長松文○楩柟豫樟. 279-19

【梯】 1

聞公爲雲○. 279-11

【救】 156

臣請東借○於齊. 1-5 使陳臣思將以○周. 1-8 臨山而○之. 2-4 韓○西周. 2-15 公不如○齊. 4-24 臣請爲○之. 6-20 必○韓魏而攻楚. 11-24 周君之魏求○. 12-14 張儀欲假秦兵以○魏. 21-17 周自知不○. 21-25 僅以○亡者. 27-11 或謂○之便. 27-17 或謂○之不便. 27-17 王起兵○之. 28-1 有○齊之利. 28-2 齊與大國○魏而倍約. 32-8 太后○過不贍. 33-8 恐秦之○也. 48-5 必不○也. 48-9 外恐諸侯之○. 59-13 趙求○於齊. 64-8 ○趙孰與勿○. 64-8 不如勿○. 64-9 弗○. 64-9 夫○邯鄲. 64-12 韓氏請○於齊. 64-17 早○之. 64-17 孰與晚○之便. 64-17 晚○之. 64-18 不如早○之. 64-18 而我○之. 64-20 吾將○之. 71-4 楚趙必○之. 71-5 楚趙果遽起兵而○韓. 71-7 齊楚○之. 73-15 齊楚○趙. 73-15 且夫○趙之務. 73-21 夫○趙. 73-22 義○亡趙. 73-22 齊安得○天下乎. 74-4 疾興兵○之. 78-3 卒魏兵以○邯鄲之圍. 81-12 是齊入於魏而○邯鄲之功也. 81-13 楚人○趙而伐魏. 90-14 燕○不至. 96-17 ○百姓之死. 97-24 王不如無○趙. 104-11 今不○趙. 104-15 而有楚之不○己也. 104-17 而見楚○之不足畏也. 104-19 楚因使景舍起兵○趙. 104-21 而楚恃諸侯之○. 110-21 夫恃弱國之○. 110-22 且求○. 113-18 臣請西索○於秦. 118-1 臣請索○於秦. 118-4 西索○於秦. 118-8 又遣景鯉西索○於秦. 118-10 子何以○之. 121-21 必將○我. 126-3 知伯軍○水而亂. 134-2 燕趙○之. 136-19 齊王欲求○宜陽. 141-13 怒韓梁之不○己. 142-24 臨懷而不○. 147-16 夫攻而不○. 147-17 我其以三萬○是者乎哉. 155-21 趙奢將○之. 156-22 廉頗○幾. 156-23 王無以○矣. 159-14 平原君使人請○於魏. 161-4 必不○王. 162-1 秦知天下不○王. 162-1 魏安釐王使將軍晉鄙○趙. 162-5 適會魏公子無忌奪晉鄙軍以○趙擊秦. 164-17 以○李子之死也. 170-1 君桉○魏. 172-24 ○與秦爭戰也. 172-25 君不○也. 172-25 趙氏求○於齊. 178-19 而魏弗○. 186-14 秦欲○齊. 190-2 信韓廣魏○趙. 190-3 則國○亡不可得也已. 202-16 譬猶抱薪而○火也. 204-22 有諸侯之○. 205-17 文願借兵以○魏. 205-19 今趙不○魏. 205-23 願大王之○之. 206-2 夫行數千里而○人者. 206-3 而燕不○魏. 206-7 以○皮氏. 209-5 是弗○矣. 209-21 其首○. 211-5 其尾○. 211-5 首尾皆○. 211-5 是山東首尾皆○中身之時也. 211-7 天下必能○. 211-9 魏王發兵○之. 213-5 王若○之. 213-7 若不因○韓. 213-8 遂○之. 213-9 魏使人求○於秦. 216-15 秦○不出. 216-16 魏來求○數矣. 216-19 大王已知魏之急而○不至者. 216-20 大王之○不至. 216-23 王雖欲○之. 216-23 ○邯鄲. 217-4 ○邯鄲. 217-8 其○韓必疾. 225-12 言○韓. 226-6 使信王之○已也. 226-7 韓得楚○. 226-10 言○韓. 226-12 以虛名○我者. 226-16 楚因以起師言○韓. 226-18 楚○不至. 226-21 齊王言○魏以勁之. 228-17 韓令使者求○於秦. 231-3 則不足以○韓. 231-9 夫○韓之危. 231-9 果下師於殽以○韓. 231-19 韓令冷向借○於秦. 231-22 子以秦爲將○韓乎. 231-22 今也其將揚言○韓. 232-4 公不能○也. 232-7 以○解. 236-23 山東無以○亡. 240-24 秦不○. 245-12 臣請令發兵○韓. 245-17 其○趙必緩矣. 246-23 趙弗○. 249-9 趙必○我. 249-10 若不吾○. 249-10 遂出兵○燕. 249-11 恐齊○之. 260-19 恐天下○之. 260-23 易於○患. 266-3 至其相○助如一也. 268-25 不能相○助如一. 269-1 燕使太子請○於楚. 271-3 楚王使景陽將而○之. 271-3 於是遂不○燕. 271-6 ○人之過者. 272-9 ○寡人之過. 272-10 則掩邪○過. 272-11 起兵而○燕. 273-19 宋使臧子索○於荆. 279-3 許○甚勸. 279-3 索○而得. 279-4 夫○於小宋而惡於大齊. 279-4 楚王言○宋. 280-23 非子莫能吾○. 284-10 外○必至. 290-1

【殺】 2

楚疑於秦之未必○己也. 48-7 天下五合六聚而不敢○也. 52-9

【斬】 11

大王○臣以徇於國. 21-14 北○太行之道則上黨之兵不下. 39-18 又○范中行之途. 46-16 ○其頭. 129-25 ○李牧. 180-4 ○紂於牧之野. 184-17 當敵卽○堅. 222-5 謹○樊於期頭. 277-7 左右既前○荆軻. 278-2 ○社稷而焚滅之. 281-13 ○首二十四萬. 289-6

【軟】 1
○弱人也. 129-22
【專】 19
願君之○志於攻齊. 35-1 能○利害之謂王. 39-24 孰與文信侯○. 58-15 應侯不如文信侯○. 58-15 卿明知爲不如文信侯○歟. 58-15 韓自以○有齊國. 64-23 故○兵一志以逆秦. 81-20 而宋越○用其兵. 91-3 而○屬之昭奚恤. 104-5 ○淫逸侈靡. 124-3 皆言主前○據. 138-6 ○權擅勢. 148-17 ○君之勢以蔽左右. 166-8 ○委之子矣. 183-5 ○心并力. 185-3 夫○諸之刺王僚也. 219-23 於是燕王○任子之. 255-2 發梁焚舟以○民. 289-13 ○軍并銳. 289-18
【曹】 12
○沫之奮三尺之劍. 79-17 使○沫釋其三尺之劍. 79-17 ○沫爲魯君將. 97-13 使○子之足不離陳. 97-13 ○子以敗軍禽將. 97-14 ○子以爲遭. 97-16 ○子以一劍之任. 97-17 王賁韓他之○. 172-11 國破○屈. 172-23 昔○恃齊而輕晉. 211-15 齊伐釐莒而晉人亡○. 211-15 若○沫之與齊桓公. 275-14
【副】 1
乃令秦武陽爲○. 276-18
【區】 2
今君有○○之薛. 83-6
【啎】 1
樓○約秦魏. 56-12
【堅】 34
夫人生手足○强. 44-13 ○箭利金. 90-7 故定計而○守之. 96-14 則必○守. 104-12 凡天下所信約從親○者蘇秦. 111-12 吾被○執銳. 113-12 示之其齒之○也. 125-21 其○則箘簬之勁不能過也. 132-18 願君○塞兩耳. 137-17 三晉相親相○. 143-8 秦見三晉之大合而○也. 143-10 秦見三晉之○也. 143-14 臣之所以○三晉以攻秦者. 171-1 下親其上而守○. 171-3 則願五國復○約. 171-24 五國復○而賓之. 172-2 若復不○約而講. 172-3 秦○燕趙之交. 172-17 秦○三晉之交攻齊. 172-22 一天下約爲兄弟刑白馬以盟於洹水之上以相○也. 185-16 不敢○戰. 186-2 其次○約而詳講. 195-2 下有○守之心. 198-21 子何不疾及三國方○也. 212-14 當敵卽斬○. 222-5 被○甲. 222-6 合而相○如一者. 241-3 聶政陽○刺相兼君. 242-3 公疇○. 245-4 秦見三晉之○也. 269-6 山東不能○爲此. 269-9 劍○. 277-17 必以○我. 279-5 我○而齊弊. 279-5
【鄄】 1
而在阿○之間者百數. 101-22
【脣】 4
齒之有○也. 73-20 ○亡則齒寒. 73-20 臣聞○亡則齒寒. 133-4 ○揭者其齒寒. 231-5
【戚】 8
富貴則親○畏懼. 17-16 貴○父兄皆可以受封侯. 144-15 封侯貴○. 144-17 賢者○焉. 149-15 因貴○者名不累. 149-25 是親○受封. 161-10 不顧親○兄弟. 206-17 此於其親○兄弟若此. 206-20
【帶】 23
南○涇渭. 38-17 ○以河曲之利. 53-23 ○甲數十萬. 68-17 ○甲三十六萬. 93-23 黃金橫○. 100-14 ○甲數百萬. 101-21 ○甲百萬. 104-4 ○甲百萬. 108-23 被山○河. 110-1 冠○不相及. 113-15 ○甲數十萬. 145-1 具○黃金師比. 153-15 ○甲百萬. 165-2 前○河. 183-1 受冠○. 184-14 受冠○. 186-12 ○劍而緩之. 214-24 受冠○. 216-21 ○甲數十萬. 222-1 ○利劍. 222-6 受冠○. 222-8 秦○甲百餘萬. 222-23 ○甲數十萬. 248-5
【厠】 2
入宮塗○. 135-10 襄子如○. 135-10
【奢】 16
必以驕○爲行. 86-9 据慢驕○. 86-9 閭姝子○. 127-9 趙○鮑佞將. 147-15 而趙○鮑接之能也. 147-18 相都平君田單問趙○曰. 155-3 趙○將救之. 156-22 粱肉不與驕○期. 158-17 而驕○至. 158-17 驕○不與死亡期. 158-17 且君奚不將○也. 174-17 ○嘗抵罪居燕. 174-18 燕以○爲上谷守. 174-18 ○習知之. 174-19○已舉燕矣. 174-19 其於○不然. 174-23
【爽】 1
左○謂陳軫曰. 122-1
【盛】 13
夫本末更○. 9-8 而君之祿位貴○. 45-19 物○則衰. 45-20 此皆乘至○不及道理也. 45-24 今王三使○橋守事於韓. 52-1 此用兵之○也. 92-21 太后○氣而揖之. 178-22 宗族○. 237-22 五霸迭○. 250-20 臣聞騏驥○壯之時. 274-14 今太子聞光壯○之時. 274-15 今太子聞光壯○之時. 274-21 乃遂收○樊於期之首. 276-13
【雪】 6
天大雨○. 193-18 ○甚如此而喪行. 193-19 而○甚. 194-6 故使○甚. 194-7 以○先王之耻. 255-15 若先王之報怨○耻. 267-25
【頃】 14
莅政有○. 15-9 有○焉. 29-14 ○之. 29-15 ○襄王二十年. 51-16 ○之間. 67-1 ○間. 67-5 居有○. 82-7 居有○. 82-9 後有○. 82-11 居○之. 135-22 ○間有鵲止於屋上者. 236-17 有○而後言曰. 275-4 ○之未發. 276-19 居○之. 286-11
【鹵】 1
流血漂○. 289-5
【虛】 36
則公之國○矣. 4-24 而公獨脩○信爲茂行. 6-17 ○實有時. 9-8 困倉空○. 18-11 困倉○. 19-1 困倉○. 20-23 宮中○無人. 37-8 齊附而韓魏可○也. 39-10 拔燕酸棗○桃人. 52-4 是以羣臣莫敢以○願望於上. 61-20 是故恫疑○猲. 69-7 梁王○上位. 83-16 夕則○. 85-11 ○願不至. 86-11 自古及今而能○成名於天下者. 86-13 則此○中之計也. 92-10 飾辯○辭. 110-13 臣爲王引弓○發而下鳥. 127-17 更羸以○發而下之. 127-19 而齊爲○戾. 147-8 魏秦必○矣. 157-18 社稷爲○戾. 166-3 君唯釋○僞疾. 167-2 ○國於燕趙之前. 170-7 府庫倉廩○. 175-2 國家爲○戾. 176-19 其實空○. 186-2 ○頓丘危. 189-22 以○名救我者. 226-16 恃楚之○名. 226-16 是王抱○質也. 235-19 是王以○辭附秦. 249-25 魏無○頓丘. 260-17 至於○北埊行其兵. 264-23 前年國○民飢. 288-14 其國○弱. 289-7
【處】 67
必無○矣. 4-1 必不○矣. 5-22 張於多鳥○. 7-4 請謂王聽東方之○. 7-19 而○之三晉之西. 9-14 夫徙○而致利. 16-9 種樹不○者. 23-2 昔者曾子○費. 29-13 君聞夫江上之○女乎. 31-1 夫江上之○女. 31-2 ○女相與語. 31-2 謂○女曰. 31-3 何妨於○女. 31-4 妾自以有益於○女. 31-5 ○女相語以爲然而留之. 31-5 命而○之. 31-17 ○人骨肉之間. 37-18 ○必然之勢. 37-25 中國之○. 39-7 是我王果○三分之一也. 41-9 我與其○而待之見攻. 56-18 ○於冐城. 56-25 臣不知卿所死之○矣. 58-18 薛公使魏○之趙. 73-8 不相與○. 79-21 各死其○. 81-7 仁義皆來役○. 85-25 徒步而○農畝. 86-2 齊有○士曰鍾離子. 88-7 而魏王○之. 94-10 失王之○. 95-21 女不知其○. 95-23 願公熟計而審○一也. 97-5 ○之共松栢之間. 102-4 ○尊位. 105-20 小不如○室. 108-9 鹿裘以○. 112-24 更羸與魏王○京臺之下. 127-16 今君○無妄之世. 129-12 城中巢居而○. 132-24 是吾○三不義也. 140-24 愁居懾○. 148-2 ○梁之官. 164-12 韓岷○於趙. 170-11 安平君必○一焉. 174-24 夫令人之君○所不安. 198-18 國○削危之形. 199-2 身○死亡之埊. 199-3 今○期年乃欲割. 204-18 茲公之○重也. 212-14 令昭獻轉而與之○. 225-1 則不如其○小國. 245-3 今臣○郎中. 247-2 寡人蠻夷辟○. 252-1 今臣聞王居○不安. 252-20 而燕○弱焉. 253-2 帝者與師○. 255-17 王者與友○. 255-17 霸者與臣○. 255-17 亡國與役○. 255-18 臣且○無爲之事. 258-1 且夫○女無媒. 259-14 臣之所重○重夘也. 264-17 是使弱趙居强吳之○. 266-8 而使强秦○弱越之所以霸也. 266-9 能當之者○之. 267-5 隣民之所○也. 269-21
【雀】 4
○立不轉. 113-14 黃○因是以. 124-16 夫○其小者也. 124-21 有○生鷇於城之隰. 281-11
【堂】 5
比之○上. 93-15 謀成於○上. 94-14 此臣之所謂比之○上. 94-15 視膳於○下. 164-1 鼓鐸之音聞於北○. 167-20
【常】 57
則子○重矣. 4-2 是周○不失重國之交也. 7-20 ○欲坐而致之. 16-10 ○以國情輸楚. 24-8 而○以國輸楚王. 24-19 故○先至. 31-3 子○宣言代我相秦. 44-11 天之○數也. 45-20 聖人之○道也. 45-21 ○以王人爲意也. 91-5 ○以謀人爲利也. 91-5 貂勃○惡田單. 98-19 故○見譽於朝. 98-20 以爲非○人. 100-25 憐而○竊衣食之. 100-25 後將○急矣. 103-5 ○以急求所欲. 103-6 故昭奚恤○惡臣之見王. 105-10 席卷○山之險. 110-4 昭○入見. 117-19 昭○曰. 117-20 ○請守之. 117-22 昭○出. 117-23 ○見寡人曰. 118-3 ○請守之. 118-3 遣昭○爲大司馬. 118-7 遣昭○之明日. 118-8 立昭○爲大司馬. 118-9 昭○應齊使曰. 118-11 今○守之何如. 118-13 是○矯也. 118-14 伐昭○. 118-15 今魯句注禁○山而守. 138-20 ○苦出辭斷絕人之交. 144-11 西有○山. 145-1 燕守○山之北. 146-1 則趙守○山. 146-4 夫制國有○. 149-21 自○山以至代上黨. 150-19 衣服有○. 151-10 ○民溺於習俗. 151-13 所以齊○民. 152-14 兵有○經. 154-2 右○山. 165-1 苦成○謂建信君曰. 166-25 吾○欲悉起兵而攻之. 196-20 維命不于○. 202-19 是以天幸自爲○也. 202-21 先日公子○約兩王之交矣. 206-1 有○不赦. 217-23 西有宜陽○阪之塞. 221-24 ○仗趙而畔楚. 230-7 獻○山之尾五城. 252-3 然而○獨欲有復收之之志若此也. 265-25 ○痛於骨髓. 276-6 則公○用宋矣. 280-21 ○莊談謂趙襄子曰. 284-3

【眦】 1
夫賢者以感忿睚○之意. 237-16
【晨】 1
○而求見. 83-2
【敗】 109
○三國. 6-5 三國不○. 6-6 則將與宋○三國. 6-7 後有攻周之○. 9-21 ○韓魏. 11-5 犀武○於伊闕. 12-14 犀武○. 14-1 從者○. 20-13 楚兵大○於杜陵. 27-10 戰必○. 28-1 ○. 28-1 大○秦人於李帛之下. 28-18 而與不知者○之. 28-23 若有○之者. 35-6 而務○公之事也. 35-9 聖主明於成○之事. 36-21 戰○. 40-4 大○楚軍. 48-3 楚○於南陽. 49-25 而不知干隧之○也. 52-17 而大○申縛. 54-18 齊戰○不勝. 54-19 紛彊欲○之. 56-12 ○秦而利魏. 56-13 言章子之○者. 67-2 秦軍大○. 67-5 犀首欲○. 72-9 則君無○矣. 75-16 事○而好鞠之. 90-19 事○而好長詐. 90-20 ○趙氏. 92-24 則戰攻之○. 93-2 則不免爲○軍禽將. 97-14 曹子以○軍禽將. 97-14 五國之事必可○也. 103-13 與吳人戰於濁水而大○之. 113-21 公事必○. 115-11 恐其○己也. 116-19 秦○楚漢中. 117-2 秦恐齊之○東國. 126-2 大○知伯軍而禽知伯. 134-3 四國疑而謀○. 135-4 而勝○存亡之機節. 145-11 是故事無○業而惡不章. 146-14 故裂地以○於齊. 147-19 秦○於闕與. 156-22 大○秦師. 156-23 大○趙師. 158-6 趙以亡○之餘衆. 158-6 今七○之禍未復. 158-9 軍果大○. 162-2 爲冠而○之. 166-2 魏○楚於陘山. 178-8 主父欲○之. 178-9 魏之和卒○. 178-10 將欲○之. 181-7 大○之. 186-14 大○之. 186-16 張儀欲○之. 189-19 事○爲趙驅. 189-24 伐齊之事遂○. 190-4 楚戰勝齊○. 190-7 秦○東周. 190-10 而欲○之. 190-16 臣請○之. 190-20 遇事遂○. 191-2 ○後必莫能以魏合於秦者矣. 191-5 梁君田侯恐其至而戰○也. 192-10 大○趙氏. 192-10 田需從中○君. 192-13 臣又說齊王而往○之. 195-24 太子必○. 196-17 ○. 196-17 大○齊於徐州. 197-9 秦○魏於華. 202-6 秦○魏於華. 203-11 魏不以○之上割. 204-17 則茂事○矣. 225-12 則樓緩必○矣. 225-15 樓鼻必○矣. 225-15 甘茂必○矣. 225-16 楚必○之. 225-17 須秦必○. 225-17 韓氏大○. 226-21 而易必○矣. 232-18 越人大○. 241-20 吳人大○. 241-22 大○趙魏於華陽之下. 245-17 吾難○其法. 246-13 因○而爲功. 249-21 因○而爲功者也. 249-22 因○成功者也. 250-1 齊兵○. 256-9 皆國之大○也. 256-15 因○而成功者也. 256-22 齊人紫○素也. 256-23 因○而爲功者也. 256-24 因○而爲功乎. 256-25 則齊軍可○. 258-18 順而無○. 259-15 遇○於馬陵. 261-8 ○之. 263-8 是○王之兵. 264-1 齊軍○. 264-3 今軍○亡二萬人. 264-5 蘇子先○王之兵. 264-9 卒○燕軍. 266-16 燕人大○. 272-1 魏軍既○. 289-19
【眼】 1
因自皮面抉○. 238-6
【野】 18
沃○千里. 15-17 衛無東○. 54-11 封衛之東○. 81-18 下則鄙○監門閭里. 86-3 出於○鄙. 86-5 士生乎鄙○. 87-1 ○火之起也若雲蜺. 106-7 故楚南察瀨胡而○江東. 108-14 而○戰不足用也. 155-22 時宿於○. 165-15 故攻城○戰. 170-8 斬紂於牧之○. 184-17 黃帝戰於涿鹿之○. 195-16 則上有○戰之氣. 198-20 遺衛君○馬四百. 281-18 ○馬四. 281-20 以掠於郊○. 289-14 掠其郊○. 290-1
【啞】 1
又吞炭爲○. 135-15
【閈】 6
公孫○曰. 62-10 ○說楚王. 62-11 公孫○爲謂楚王曰. 62-13 公孫○謂鄒忌曰. 65-2 鄒忌以告公孫○. 65-6 公孫○乃使人操十金而往卜於市. 65-6
【閉】 10
大王苟能○關絕齊. 26-11 今反○而不敢窺兵於山東者. 38-20 使邊境早○晚開. 57-23 天下關○不通. 120-14 魏氏○關而不通. 186-20 欲使五國約○秦關者. 195-22 趙王因令○關絕秦. 201-9 城門不○. 254-19 齊○關不通中山之使. 285-5 寡人所以○關不通使者. 285-19
【問】 74
○其巷而不知也. 4-16 君使人○之曰. 4-17 ○王曰. 24-22 寡人因○曰. 24-24 故使人○之. 27-18 王○其故. 29-5 所以王三○而不對者是也. 37-19 請○親魏奈何. 39-11 不○金之所之. 42-9 王何不召公子池而○焉. 49-1 王召公子池而○焉. 49-2 平原津令郭遺勞而○. 59-23 秦王召羣臣賓客六十人而○焉. 60-19 王召姚賈而○曰. 61-6 而復○其妾曰. 66-8 ○之客曰. 66-9 起而○. 72-16 董之繁菁以○夏侯公. 78-9 或以○孟嘗君曰. 78-23 孟嘗君○. 82-13 ○門下諸客. 82-16 是以君王無羞亟○. 86-13 齊王使使者○趙威后. 88-3 威后○使者曰. 88-3 今不○王. 88-5 而先○歲與民. 88-5 故有○舍本而○末者耶. 88-6 乃進而○之曰. 88-7 王之○臣也卒. 89-7 襄王呼而○之曰. 98-7 ○魯仲子曰. 100-8 荆宣王○羣臣曰. 103-22 王召江乙而○焉. 104-8 楚王○於范環曰. 108-5 威王○於莫敖子華曰. 112-16 君王將何○者也. 112-19 秦王身○之. 113-16 請追而○傅. 117-9 中射之士○曰. 126-6 臣○謁者. 126-8 反○疾. 126-25 候○三月. 127-25 明願有○君而恐固. 128-2 春申君○狀. 128-19 執○塗者. 135-10 使人○之. 135-23 ○其故. 141-6 故寡人○子以璧. 152-20 相都平君田單○趙奢曰. 155-3 何足○. 165-9 請○王之所以報齊者可乎. 170-11 王○其故. 176-4 敢○就功成名. 182-1 子入而○其賢良之士而師事之. 182-2 惠王往○之. 183-21 ○張子. 190-1 臣請○文之爲魏. 192-21 王能又封其子○陽姑衣乎. 208-18 魏王○張旄曰. 212-4 秦王不○者. 212-23 王○申子曰. 221-13 楚王○曰. 236-14 請○楚人謂此鳥何. 236-17 聶政○曰. 237-1 燕王○之曰. 253-23 燕王噲○曰. 255-1 敢○以國報讎者奈何. 255-16 先○而後嘿. 255-19 燕王弔死○生. 256-7 王乃召昌國君樂間而○曰. 271-20 太子日日造○. 275-19 敢○攻宋何義也. 279-12 ○. 283-13
【晦】 2
日○而歸食. 112-25 蔽○先王. 148-17
【晚】 11
何君見之○也. 44-13 使邊境早閉○開. 57-23 孰與○救之便. 64-17 ○救之. 64-18 而○承魏之弊. 64-21 未○. 84-6 ○食以當肉. 87-2 女朝出而○來. 95-21 未爲○也. 124-10 臣恐王事秦之○. 282-20 蚤○之時失也. 283-16
【啄】 2
俛○蚊虻而食之. 124-13 而鷸○其肉. 270-5
【異】 53
願以○日. 15-23 此無○故. 19-2 見秦質子○人. 56-21 秦子○人質於趙. 56-25 子○人賢材也. 57-10 是子○人無國而有國. 57-12 子○人. 57-14 若使子○人歸而得立. 57-15 雖有子○人. 57-17 ○人至. 57-18 無○故. 58-24 ○人而同辭. 67-3 ○貴於此者何也. 72-17 ○日. 99-8 無以○於驅羣羊而攻猛虎也. 110-5 臣非○. 113-17 不知○兮. 127-9 ○日者. 127-16 且物固有勢○而患同者. 138-14 又有勢同而患○者. 138-14 曰言所以○. 144-13 ○敏技藝之所試也. 150-5 是以鄉○而用變. 150-12 事○而禮易. 150-13 儒者一師而禮○. 150-14 窮鄉多○. 150-16 ○於己而不非者. 150-16 古今○利. 154-7 言者○. 159-5 於是與殺呂遺何以○. 167-1 齊無大○. 171-11 婦人○甚. 179-8 無以○於三軍之衆. 184-10 不得待○日矣. 187-5 無○也. 190-2 ○日者. 207-19 ○日者. 208-1 何以○於牛後乎. 222-14 無以○於墮千鈞之重. 223-4 公何以○之. 227-14 許○蹴哀侯而殪之. 242-3 則許○爲之先也. 242-4 而許○終身相焉. 242-5 而韓氏之尊許○也. 242-5 而許○獨取相焉者. 242-11 此桓公許○之類也. 242-14 知其君不知○君. 244-9 知其國不知○國. 244-9 且○日也. 253-12 物固有勢○而患同者. 269-7 苟與人之○. 272-23 供太牢○物. 275-20 與死之心○. 283-1
【距】 11
○全齊之兵. 96-22 不至十日而○扞關. 110-18 楚令昭睢將以○秦. 115-20 ○沙丘. 138-15 ○於扞關. 138-16 明不○人. 151-24 ○此奚難哉. 155-17 豨子少府時力○來. 222-1 ○國都矣. 248-15 外敵不可○. 253-17 而與秦相○五十餘年矣. 273-16
【趾】 2
苟來舉玉○而見寡人. 142-23 王苟舉○以見寡人. 285-20
【跌】 1
探前○後. 222-25
【略】 1
進兵北○地. 275-23
【圉】 4
王非戰國守○之具. 165-18 治列子○寇之言. 236-14 正可以○盜乎. 236-16 以正○盜. 236-16
【蛉】 2
王獨不見夫蜻○乎. 124-13 蜻○其小者也. 124-16
【蛇】 6
請畫地爲○. 72-20 一人○先成. 72-21 右手畫○. 72-21 一人之○成. 72-22 ○固無足. 72-22 爲○足者. 72-23
【累】 31
周君謂趙○曰. 2-2 如○王之交於天下. 6-20 則王亦無齊之○也. 6-21 此國○也. 23-3 其居秦○世重矣. 31-8 ○碁是也. 51-24 而有○世之怨矣. 53-2 衛危於○卵. 54-12 君危於○卵. 57-6 皆以國事○君. 80-8 則○世不得一焉. 80-25 而立○世之功. 97-21 危於○卵. 137-13 必負遺俗之○. 149-7 因貴戚者名不○. 149-25 係○吾民. 150-24 失而○. 152-24 以從政爲○. 153-22 ○世以前. 158-17 許由無天下之○. 165-13 此君之○也. 174-8 亦無齊○矣. 216-12 臣故知入齊之有趙○也. 262-4 臣雖爲之○燕. 262-23 故臣雖爲之不○燕. 262-25 而君有失厚之○. 272-13 未如商容箕子之○也. 272-16 ○往事之美. 272-21 柳下惠不以三黜自○. 272-24 議不○物. 273-1 怨而○之.

273-2
【鄂】 3
鬼侯之○侯文王. 163-19 ○侯爭之急. 163-20 故脯○侯. 163-21
【國】 931
不若歸之大○. 1-6 夫存危○. 1-7 周賴大○之義. 1-10 不識大○何
塗之從而致之齊. 1-11 不敢欺大○. 1-22 官爲柱○. 2-8 故天子之○
也. 2-16 蘇子亦得兩○之金也. 3-6 周君將令相○往. 3-8 相○將不
欲. 3-8 而主君令相○往. 3-11 必以○合於所與粟之○. 3-22 ○人不
說也. 4-7 ○必有誹譽. 4-9 ○人非之. 4-11 非○家之美也. 4-13 則
公之○虛矣. 4-24 ○大傷. 5-4 復○且身危. 5-7 齊王誰與爲其○. 5
-18 敗三○. 6-5 三○不敗. 6-6 則將與宋敗三○. 6-7 則賣趙宋於三
○. 6-7 魏王以○與先生. 6-16 君之○小. 7-2 因令人謂相○御展子
廧夫空曰. 7-13 居中不便於相○. 7-14 相○令之爲太子. 7-14 三○
隘秦. 7-17 有人謂相○曰. 7-17 秦欲知三○之情. 7-18 是周常不失
重○之交也. 7-20 小○不足亦以容賊. 8-13 欲王令楚割東○以與齊
也. 9-11 而以楚之東○自免也. 9-13 齊得東○而益强. 9-14 而使三
○無攻秦. 9-15 虎狼之○也. 10-7 周君豈能無愛○哉. 10-9 恐一日
之亡○. 10-9 寡人請以○聽. 10-14 蘇代遂往見韓相○公中曰. 10-14
若四○弗惡. 11-25 而設以○爲王扞秦. 12-17 臣見其必以○事秦
也. 12-18 爲王之○計者. 13-7 實不足以利○. 13-8 此皆恃援○而輕
近敵也. 13-13 ○恐傷矣. 13-14 三○攻秦反. 13-22 楚宋不利秦之德
三○也. 13-22 大臣太重者○危. 15-10 大王之○. 15-15 天下之雄○
也. 15-18 詘敵○. 16-13 山東之○. 17-8 善我○家使諸侯. 17-23 晉
○危. 18-1 五戰之○也. 19-6 今荆人收亡○. 19-14 令魏氏收亡○.
19-20 用一○之兵. 19-22 而欲以成兩○之功. 19-22 中央之○也.
20-1 彼固亡○之形也. 20-2 乃取欺於亡○. 20-16 破紂之○. 21-3 智
伯帥三○之衆. 21-4 何○可降. 21-6 得兩○之衆. 21-7 以攻智伯之
○. 21-7 秦○號令賞罰. 21-8 大王斬臣以徇於○. 21-14 西辟之○.
22-1 欲富○者. 22-6 西辟之○也. 22-8 足以廣○也. 22-10 故拔一
○. 22-11 韓周之與○也. 22-14 則必將二○并力合謀. 22-15 將以爲
○交也. 22-22 彼必以○事楚王. 22-24 此○累也. 23-3 能害王者之
○者. 23-18 故驕張儀以五○. 23-20 然則是軫自爲而不爲○也. 23-
24 常以○情輸楚. 24-8 而常以○輸楚王. 24-19 而大○與之懽. 26-
10 秦又何重孤○. 26-20 則兩○兵必至矣. 26-22 楚○不尙全事. 27
-7 不能親○事也. 27-16 能有○者寡也. 28-3 起樗里子於○. 28-7
中○無事於秦. 28-11 則秦且燒焫獲君之○. 28-11 中○爲有事於秦.
28-12 而事君之○也. 28-12 五○伐秦. 28-14 使此知秦○之政也.
28-23 則君一舉而亡○矣. 28-23 ○必危矣. 29-25 寡人託○於子. 31
-21 ○恐傷矣. 32-2 齊與大○救魏而倍約. 32-8 大○不義. 32-9 大
○裁之. 32-11 罷○也. 32-18 長小○. 34-12 何不使人謂燕相○曰.
34-15 伐讎○之齊. 34-18 達途於中○. 35-1 載主契○以與王約. 35
-5 夫楚王之以其○依冉也. 35-7 公不如反公○. 35-9 觀三○之所求
於秦而不能得者. 35-10 請以號三○以自信也. 35-10 齊有東○之地.
35-23 五○罷成睪. 36-3 獨不足以厚○家乎. 36-18 取之於○. 36-19
善厚○者. 36-19 卒興吳○. 38-2 夫秦○僻遠. 38-12 大王之○.
38-17 是穰侯爲○謀不忠. 38-21 今見與○之不可親. 38-25 越人之○
而攻. 38-25 中○之處. 39-7 必親中○而以爲天下樞. 39-8 魏多變之
○也. 39-11 則其○斷而爲三. 39-19 夫擅○之謂王. 39-24 四貴備而
○不危者. 39-25 善爲○者. 40-2 征敵伐○. 40-3 ○弊. 40-4 大其都
者危其○. 40-5 且臣將恐後世之有秦○者. 40-9 今○者. 40-19 今秦
○. 40-22 ○必裂矣. 40-24 都大者危其○. 40-25 有非相○之人者乎.
41-1 ○無事. 41-1 ○有事. 41-2 恐萬世之後有○者. 41-3 操大○之
勢. 41-6 ○之幣帛. 41-7 古之所謂危主滅○之道必從此起. 41-7 三
貴竭○以自安. 41-8 君亡○. 42-24 而況於秦○乎. 43-10 必有伯主
强○. 44-25 ○之福也. 45-5 ○家滅亂. 45-7 富○足家强主威蓋海內.
45-18 畔者九○. 45-22 遂以殺身亡○. 45-23 兵休而○富. 46-2 壹
楚○之俗. 46-8 後三○謀攻楚. 48-4 今三○之兵且去楚. 48-6 而今
三○之辭去. 48-8 是楚與三○謀出秦兵矣. 48-8 三○疾攻楚. 48-9
於是三○并力攻楚. 48-12 三○攻秦. 48-23 三○之兵深矣. 48-23 免
於○患. 48-24 三○雖去. 49-3 三○且去. 49-4 三○入函谷. 49-4 卒
使公子池以三城講於三○. 49-7 吾不知水之可亡人之○也. 49-19 身
死○亡. 49-21 以秦與楚爲昆弟○. 50-18 齊魏有何重於孤○也. 50-
19 山東戰○有六. 51-6 山東之建○可兼與. 51-7 寡人之○貧. 51-10
四○必從. 51-14 今大○之地半天下. 51-24 此二○者. 52-17 楚○.
52-23 鄰○. 52-23 而實欺大○也. 53-1 本○殘. 53-3 四○必應悉起
應王. 53-12 王破楚於以肥韓魏於中○而勁齊. 53-15 天下之○. 53-
17 此四○者. 54-5 或爲六○說秦王曰. 54-8 厭案萬乘之○. 54-10
二○. 54-10 ○家大危. 54-16 雍天下之○. 55-14 四○之兵敵. 55-21
則兩○者必爲天下笑矣. 55-24 ○與還者也. 56-13 以秦彊折節而
下與○. 56-18 立○家之主贏幾倍. 56-22 今建○立君. 56-24 子傒有
承○之業. 56-25 外託於不可知之○. 57-1 可以有秦○. 57-2 子傒有
承○之業. 57-9 是子異人無○而有○. 57-12 今大王反○. 57-22 ○
孰與之治. 59-8 然則大王之○. 59-10 大王之○亡. 59-10 而悉教以
○事. 59-11 趙守半○以自存. 59-14 今○危亡. 60-2 趙去司空馬而
○亡. 60-16 ○亡者. 60-16 四○爲一. 60-19 四○爲一. 60-20 賈願
出使四○. 60-21 四○之交未必合也. 61-2 ○之寶. 61-3 賈不歸四○.
61-9 四○之王尙焉用賈之身. 61-9 至身死○亡. 61-11 盼子有功於
○. 62-4 則○可重. 64-22 韓自以專有齊○. 64-23 齊○之美麗者也.
66-7 足下豈如令衆而合二○之後哉. 67-17 今齊楚燕趙韓梁六○之
遞甚也. 67-24 而兩歸其○於秦. 68-1 此所謂四塞之○也. 68-17 而
有强○之實. 69-10 天下强○無過齊者. 69-15 負海之○也. 69-17 ○
以危. 69-21 而○破矣. 69-24 爲昆弟之○. 69-25 ○一日被攻. 70-2
韓齊爲與○. 71-3 吾與○也. 71-3 子噲與子之○. 71-4 三十日而舉
燕○. 71-8 是王內自罷而伐與○. 72-4 不用臣言以危○. 72-8 值所
以爲○者不同耳. 72-9 是必與衍鬻吾○矣. 72-12 官爲上柱○. 72-17
兩○之權. 73-13 則爲○計者過矣. 73-23 以市其下東○. 75-4 與
我下東○. 75-6 吾將與三○共立之. 75-6 然則下東○必可得也. 75-
7 可以令楚王亟入下東○. 75-8 以市下東○也. 75-14 非亟得下東○
者. 75-14 使亟入下東○之地. 75-16 以市下東○也. 75-18 今王不亟
入下東○. 75-19 因獻下東○. 75-20 請以○因. 76-7 東○之桃梗也.
77-16 今秦四塞之○. 77-18 孟嘗君出行○. 79-24 小○所以皆致相
印於君者. 80-6 小○英桀之士. 80-8 皆以○事累君. 80-8 所未至之
○. 80-9 ○子曰. 81-11 魏之柱○也. 81-14 趙之柱○也. 81-14 楚之
柱○也. 81-14 故三○欲與秦壤界. 81-14 福三○之君. 81-16 疏中○.
81-17 三○之與秦壤界而患急. 81-20 則權重於中○. 81-22 沉於○
家之事. 82-20 孟嘗君就○於薛. 83-10 姑反○統萬人乎. 83-22 大○
也. 84-19 諸侯萬○. 86-4 守齊○. 87-16 寡人憂○愛民. 87-22 王斗
曰王之憂○愛民. 87-22 寡人有罪○家. 88-1 齊○大治. 88-1 何以王
齊○. 88-13 有淮北則楚之東○危. 89-20 則○重而名尊. 89-22 衞○
城割平. 90-10 此亡○之形也. 90-10 然二○勸行之者. 90-18 今世之
爲○者不然矣. 90-18 ○罷而好衆怨. 90-19 臣聞善爲○者. 90-22 此
十○者. 91-3 是以大○危. 91-6 小○滅也. 91-6 大○之計. 91-6 大
○行此. 91-8 小○之情. 91-9 小○道此. 91-12 而卒身死○亡. 91-15
○之殘也. 92-6 滅其○. 92-21 吞兼二○. 92-21 然而智伯卒身死
○亡. 92-22 夫中山千乘之○也. 92-24 而敵萬乘之○二. 92-24 然而
○遂亡. 92-25 一○得而保之. 93-4 則非○之利也. 93-4 夫罷士露○.
93-10 甲兵不出於軍而敵○勝. 93-12 則其○無宿憂也. 93-20 則其
○無宿憂矣. 93-22 跣行按兵於○. 94-11 使昌○君將而擊之. 95-6
淖齒亂齊○. 95-24 則楚○之形危. 96-15 彼燕○大亂. 96-18 萬乘之
○. 96-20 ○弊旣多. 96-21 矯○革俗於天下. 97-2 據齊○之政. 97-
11 光照鄰○. 97-12 故解齊○之圍. 97-24 齊○之衆. 98-2 將欲以取
我○乎. 98-6 今○已定. 99-2 王惡得此亡○之言乎. 99-12 惡得此亡
○之言乎. 99-18 今○已定. 99-23 ○危矣. 99-25 齊○復强. 100-21
秦○可亡. 102-1 而令兩萬乘之○. 103-6 ○必危矣. 103-7 五○約目
伐齊. 103-9 五○目破齊秦. 103-9 韓氏輔○也. 103-11 五○之事必
可敗也. 103-13 王苟無目五○用兵. 103-16 請悉楚○之衆也. 103-17
則五○之事困也. 103-19 山陽君無功於楚○. 104-24 一○之衆.
105-21 今君擅楚○之勢. 105-25 如是必長得重於楚○. 106-3 楚之撑
○. 107-6 而太子有楚秦以爭○. 107-16 以爲○也. 107-18 目與公叔
爭○而得之. 107-18 非楚○之利也. 108-11 楚○之大利也. 108-18
天下之强○也. 108-21 臣請令山東之○. 109-6 虎狼之○也. 109-12
寡人之○. 109-19 虎狼之○. 109-20 故謀未發而○已危矣. 109-21
存危○. 109-24 兵敵四○. 110-1 凡天下强○. 110-7 兩○敵侔交爭.
110-7 ○貧而驟舉兵. 110-12 夫恃弱○之救. 110-22 固形親之○也.
111-16 長爲昆弟之○. 111-18 楚○僻陋. 111-21 不習○家之長計.
111-21 敬以○從. 111-22 萬乘之强○也. 112-6 而財於柱○. 113-2
寧楚○之事. 113-2 楚○亡之月至矣. 113-7 楚○社稷其庶幾乎. 113
-25 多與存○相若. 114-2 四○伐楚. 115-20 三○惡楚之强也. 115-
21 而以利三○也. 115-23 三○可定也. 116-2 王因與三○攻之. 117
-4 上柱○子良入見. 117-15 是去戰○之半也. 117-21 王發上柱○子
良車五十乘. 118-6 是以○危. 119-7 楚○之食貴於玉. 119-17 且使
萬乘之○免其相. 119-24 王無求於晉○乎. 120-6 寡人無求於晉○.
120-7 僻陋之○也. 120-9 未嘗見中○之女如此其美也. 120-9 妾聞
將軍之晉○. 120-12 五○伐秦. 121-15 禦中○之難. 122-17 是以○
權輕於鴻毛. 123-8 不顧○政. 124-3 將以爲楚○祆祥乎. 124-3 非敢
以爲○祆祥也. 124-4 楚○必亡矣. 124-5 今楚○雖小. 124-11 而不
以○家爲事. 125-4 而不以天下○家爲事. 125-10 隨而攻東○. 126-
1 不若令屈署以新東○爲和於齊以動秦. 126-1 秦恐齊之敗東○. 126
-2 遽令屈署以東○爲和於齊. 126-3 毋與齊東○. 126-4 ○未嘗不
榮也. 126-19 則大臣主斷○私以禁誅於己也. 126-23 莊公請與分○.
127-1 楚○封盡可得. 129-5 而○人頗有知之者. 129-10 雖名爲相○.
129-13 因而代立當○. 129-15 因而有楚○. 129-16 李園不治○. 129
-17 又將請地於他○. 131-24 他○不聽. 131-24 三○之兵乘晉陽城.
132-23 今知伯帥二○之君伐趙. 133-5 ○亡地分. 134-5 前○地君之

御有之曰. 134-9 任○者權重. 134-14 此先聖之所以集○家. 134-15
持○之道也. 134-16 左司馬見使於○家. 134-20 君其負劒而御臣以
之○. 135-2 四○疑而謀敗. 135-4 知伯以○士遇臣. 136-2 臣故○士
報之. 136-2 趙○之士聞之. 136-10 秦戰而勝三○. 136-19 三○而勝
秦. 136-20 三○之力. 136-20 計者不如構三○攻秦. 136-21 ○有大
事. 136-25 非數痛加於秦○. 138-4 欲鄰○聞而觀之也. 138-8 聲德
於與○. 138-11 魏滅晉○. 138-13 則地與○都邦屬而壤挈者七百里.
138-17 今從於彊秦○之伐齊. 138-23 五○之王. 138-24 參分趙○壤
地. 138-25 五○之兵有日矣. 139-1 韓乃西師以禁秦○. 139-1 冷向
謂强○曰. 141-12 謂皮相○曰. 141-17 或謂皮相○曰. 141-24 而歸
其○於秦. 142-19 必與楚爲兄弟之○. 142-23 ○之舉此. 143-6 伐人
之○. 144-11 山東之建○. 144-24 北有燕○. 145-2 燕固弱○. 145-
2 傅之○都而止矣. 145-5 是故明主外料其敵○之强弱. 145-10 六○
并力爲一. 145-15 六○從親. 145-24 五○共伐之. 146-6 六○從親以
擯秦. 146-6 莅○之日淺. 146-9 寡人敬以○從. 146-10 百倍之○者.
146-18 然而四輪之○也. 146-21 非○之長利也. 146-22 戰勝而○危
者. 146-23 ○富而用民. 147-5 三○從之. 147-15 不識三○之憎秦而
愛懷邪. 147-16 是以三○之兵困. 147-18 欲反覆齊○而不能. 148-8
今楚與秦爲昆弟之○. 148-9 四○爲一以攻趙. 148-13 不得與○謀.
148-18 非○之長利也. 148-19 而禹袒入裸○. 149-12○聽於君. 149
-19 夫制○有常. 149-21 事利○者行無邪. 149-24 中○者. 150-3
離中○. 150-7 所以利其民而厚其○也. 150-10 大吳之○也. 150-12
中○同俗而教離. 150-14 今吾○東有河薄洛之水. 150-18 而叔也順
中○之俗以逆簡襄之意. 151-1 而忘○事之耻. 151-2 ○之祿也. 151
-9 以私誣○. 151-20 賤○者族宗. 151-21 是以莅○者不襲奇辟之服.
152-3 中○不近蠻夷之行. 152-3 故禮世不必一其道便○不必法古.
152-8 乃○未通於王胡服. 153-8 其○之祿也. 153-13 臣用私義者○
必危. 153-20 ○有固籍. 154-2 是損君而弱○也. 154-4 今以三萬之
衆而應强○之兵. 155-10 分爲萬○. 155-16 今取古之爲萬○者. 155
-18 分以爲戰○七. 155-18 而○圍攻焉. 155-20 是二○親也. 156-10
而近於大○. 156-17 趙必爲天下重○. 157-7 我與三○攻秦. 157-
8 我約三○而告之秦. 157-8 三○欲伐秦之果也. 157-9 三○必絶之.
157-11 三○不能和我. 157-11 而以餘兵與三○攻秦. 157-13 吾○尚
利. 160-4 且秦虎狼之○也. 160-11 一舉結三○之親. 160-25 而解二
○患者. 161-6 趙○豪傑之士. 161-8 而君爲相○者以親故. 161-8 佩
趙○相印不辭無能. 161-10 一解○患. 161-10 而○人計功也. 161-10
東○有魯連先生. 162-18 齊○之高士也. 162-19 弃禮義而上首功
之○也. 163-1 今秦萬乘之○. 164-7 梁亦萬乘之○. 164-7 俱據萬乘
之○. 164-8 說張相○曰. 164-23 今趙萬乘之强○也. 165-1 今有强
貪之○. 165-17 王非戰○守圉之具. 165-18 鄰○得志矣. 165-19 王
能重王之○若此尺帛. 165-23 則王之○大治矣. 165-24 豈敢輕○若
此. 165-25 奚虧於王之○. 166-2 令之内治○事. 166-20 今有○. 167
-17 李兌約五○以伐秦. 169-20 五○伐趙. 169-24 虛○於燕趙之前.
170-7 五○事趙. 170-18 其○必有亂. 171-4 他○莫可. 171-7 與○
何敢望也. 171-15 五○伐秦無功. 171-18 五○據宋. 171-22 則願五
○復堅約. 171-24 以四○攻之. 172-1 五○復堅而賓之. 172-2 臣恐
與○之大亂也. 172-3 秦王受負海内之○. 172-7 以據中○. 172-8 ○
燥於秦. 172-21 ○破曹屈. 172-23 ○在謀之中. 173-1 敵戰之○也.
174-3 夫○内無用臣. 174-6 ○奚無人甚哉. 174-14 此夫子與敵○戰.
174-15 覆軍殺將之所取割地於敵○者也. 174-16○奚無人甚也. 174
-17 兩○交以習之. 175-2 夫盡兩○之兵. 175-3 三○攻秦. 175-7
四○將假道於衛. 175-9 田駟謂柱○韓向曰. 175-17 建信君有○事.
176-15 何補於○. 176-17 無補於○. 176-17 何危於○. 176-17 無危
於○. 176-17 皆無危補於○. 176-18 ○家爲虛戾. 176-19 吾所使趙
○者. 177-10 固願承大○之意也. 177-12 以惡大○. 177-24 以稱大
○. 177-24 而不及今令有功於○. 179-19 鄰○必恐. 181-4 鄰○懼而
相親. 181-6 待輕敵之○. 181-6 而獨以吾○爲知氏質乎. 181-9 二○
不得兵. 181-16 此晉○之所以强也. 182-18 危○之道也. 182-19 夫
夏桀之○. 182-24 殷紂之○. 183-1 願王以○事聽之也. 183-22 而謂
寡人必以○事聽鞅. 183-24 大王之○. 184-11 卒有○患. 184-12 天
下之强○也. 184-13 故兵未用而○已虧矣. 184-21 六○從親. 185-3
敬以○從. 185-5 則大王之○欲求無危不可得也. 185-21 秦韓爲一○.
185-22 ○必無憂矣. 185-24 内嫁禍安○. 186-4 約一○而反. 186-6
令四○屬以事. 187-19 以公相則○家安. 188-24 魏必事秦以持其○.
189-3 齊畏三○之合也. 189-19 二○恃王. 190-6 從客談三○之相怨.
190-23 王與三○約外魏. 190-24 是王謀三○也也. 190-24 三○之不
相信齊王之遇. 191-1 王之○必傷矣. 191-11 請○出五萬人. 192-3
其○易危. 192-4 將用王之○. 192-24 王之○雖滲樂而從之可也. 193
-1 請令王讓先生以○. 193-7 五○伐秦. 194-14 六○也. 194-16 與
○無相離也. 195-3 ○不可爲也已. 195-3 則先鬻與○而以自解也.
195-7 則爲劫於與○而不得已者. 195-8 而焉能免○於患. 195-9 免○
於患者. 195-10 是免○於患者之計也. 195-13 齊讎○也. 195-15 合
讎○以伐婚姻. 195-15 欲使五○約閉秦關者. 195-22 ○雖小. 196-20
○無守戰之備. 196-23 皆將務以其○事魏. 198-6 而持三萬乘之○
輔之. 198-7 ○安而名尊. 198-23 ○危而權輕. 198-23 ○得安焉. 199
-1 ○處削危之形. 199-2 後世必有以酒亡其○者. 200-4 後世必有
以味亡其○者. 200-6 後世必有以色亡其○者. 200-8 後世必有以高
臺陂池亡其○者. 200-10 足以亡其○. 200-13 召相○而命之曰. 201
-5 相○曰. 201-6 ○有事. 202-3 破故○. 202-8 而燕○復歸. 202-9
燕趙之所以○全兵勁. 202-9 夫秦貪戾之○而無親. 202-11 盡晉○.
202-12 則○救亡不可得也已. 202-16 且君之嘗割晉○取地也. 203-
5 今秦不可知之○也. 203-20 王命召相○. 204-4 齊之與○也. 205-
6 夫伐與○. 205-7 且夫王無伐與○之誹. 205-13 則○可存也. 205-
17 此○之利也. 206-3 今魏王出○門而望見軍. 206-4 以○之半與秦.
206-7 以四○攻燕. 206-9 而再奪之○. 206-20 而又況於仇讎之敵○
也. 206-20 秦非無事之○也. 207-2 則南○必危矣. 207-16 南○雖無
危. 207-16 則魏○豈得安哉. 207-16 夫不患秦之不愛南○非也. 207
-17 晉○之去梁也. 207-19 五入○中. 207-21 而○繼以圍. 207-22
晉○之去大梁也尚千里. 207-24 足以富○. 208-12 今○莫强於趙.
208-25 彼翟子之所惡於○者. 209-5 ○之大利也. 209-17○可富. 211
-10 今秦○與山東爲讎. 211-11 ○必大憂. 211-12 此五○所以亡者.
211-19 非獨此五○爲然而已也. 211-19 天下之亡○皆然矣. 211-20
夫○之所以不可恃者多. 211-20 或有諸侯鄰○之虞. 211-21 臣以此
知○之不可必恃也. 211-23 卽王有萬乘之○. 211-24 子何不疾及三
○方堅也. 212-14 夫秦强○也. 213-5 ○危矣. 213-15 魏委○於王.
214-15 故委○於趙也. 214-15 恃王○之大. 215-23 大○欲急兵. 216
-13 秦魏爲與○. 216-15 且夫魏一萬乘之○. 216-21 存趙○. 217-
4 存趙○. 217-9 小○也. 217-14 ○雖大赦. 217-24 必爲○禍. 218-
2 而○患不解. 218-24 虧地不足以傷○. 219-2 王以○贊嫪毐. 219-
5 王以○贊嫪氏. 219-6 ○家之大事也. 221-14 子皆○之辯士也. 221
-14 以攻不服之弱○. 223-3 則王之○分矣. 223-9 晉用六卿而○分.
223-19 則王之○必危矣. 223-22 ○形不便故馳. 224-7 五○約而攻
秦. 224-12 五○罷. 224-13 王約五○而西伐秦. 224-16 五○重王.
224-18 公以八百金請伐人之與○. 224-24 與○不可恃. 225-25 楚○
必伐矣. 226-6 楚○不大病矣. 226-9 而免楚○之患也. 226-11 願大
○遂肆意於秦. 226-13 且楚韓非兄弟之○也. 226-17 公仲收○復事
秦. 227-5 而公獨與王主斷於○者. 227-11 韓氏先以○從公孫郝. 227
-16 而後委○於甘茂. 227-16 聽者聽○. 228-4 臣恐○之以此爲患
也. 228-6 大○有意. 229-21 南委○於楚. 230-5 今四○錮之. 230-7
秦重○知王也. 231-13 公叔且以○南合於楚. 231-17 是楚以三○謀
秦也. 231-18 韓固其與○也. 232-2 以公不如亟以○合於齊楚. 232-
10 秦必委○於公以解伐. 232-11 而楚魏皆德公之○矣. 232-25 韓公
叔與幾瑟爭○. 234-7 以與公叔爭○. 234-8 以爲○也. 234-9 以與公
叔爭○. 234-9 韓公叔與幾瑟爭○. 234-14 戰之於○中必分. 234-15
尙何足以圖○之全爲. 234-16 則公叔伯嬰必以○事公矣. 235-15 正
亦可爲○乎. 236-15 楚○多盜. 236-16 今王之○有柱○令尹司馬典
令. 236-19 相又○君之親. 237-24 語泄則韓舉○而與仲子爲讎也.
238-1 今公○. 239-4 則兩○德公. 239-15 則兩○爭事公. 239-16 便
於○. 239-18 此君○長民之大患也. 239-20 是其於○也. 240-1 中○
白頭游敖之士. 240-13 韓與魏敵侔之○也. 241-5 遂殘吳○而禽夫差.
241-23 今强○將有帝王之舋. 242-13 而以○先者. 242-13 夫先與强
○之利. 242-14 强○能王. 242-14 强○不能王. 242-15 然則强○事
成. 242-16 强○之事不成. 242-16 今與强○. 242-17 强○之事成則
有福. 242-17 然則先與强○者. 242-18 大○也. 242-24 小○也. 242
-24 或謂韓相○曰. 243-13 吾欲以○輔韓珉而相之可乎. 243-22 珉
必以○保楚. 243-23 知其○不知異○. 244-9 欲以四○西首也. 244-
12 大臣爲諸侯輕○也. 244-14 則爲大臣不敢爲諸侯輕○矣. 244-18
臣故願公仲之○以侍於王. 244-23 所入之○. 245-3 則不如其處小○.
245-3 韓相○謂田苓曰. 245-12 齊以四○敵秦. 245-20 大○惡有天
子. 246-16 而小○利之. 246-16 王與大○弗聽. 246-16 魏安能與小
○立之. 246-16 ○形有之而存. 246-19 而相○見臣不釋塞者. 247-9
距○都矣. 248-15 則○必無患矣. 248-17 寡人○小. 248-18 强○也.
248-19 敬以○從. 248-19 而燕弱○也. 249-2 且燕亡○之餘也. 249
-4 亢義益○. 251-6 王之援○也. 252-16 今王奉仇讎以伐援○. 252
-16 我讎○也. 252-24 直患○弊. 252-24 則寡人奉○而委之於子矣.
252-25 凡天下之戰○七. 253-2 且苟所附之○重. 253-3 而亡○之臣
貪於財. 253-14 不如以○讓子之. 254-1 今王以○讓相子之. 254-3
燕王因舉○屬子之. 254-3 今王言屬○子之. 254-8 ○事皆决子之.
254-10 燕○大亂. 254-11 寡人之○小. 254-14 ○構難數月. 254-16
齊因孤○之亂. 255-14 然得賢士與共○. 255-15 敢問以○報讎者柰
何. 255-16 亡○與役處. 255-18 王誠博選○中之賢者. 255-22 燕○
殷富. 256-8 讎强而○弱也. 256-15 皆○之大敗也. 256-15 强萬乘之
○也. 256-18 此所謂强萬乘之○也. 256-19 不憚以一○都爲功. 257
-3 是○伐也. 257-14 名卑而○危. 257-15 名尊而○寧. 257-15 先量

其○之大小.258-12 不先量其○之大小.258-13 故齊雖强○也.258-17 楚得枳而○亡.260-3 齊得宋而○亡.260-4 五日而○舉.260-12 魏棄與○而合於秦.261-4 晉○之亂.261-16 陳公不能爲人之○.265-5 王棄○家.265-17 昌○君樂毅爲燕昭王合五○之兵而攻齊.266-13 先王舉○而委將軍.266-18 夫齊霸○之餘教也.267-11 四○攻之.267-14 長驅至○.267-17 使之得比乎小○諸侯.267-22 夷萬乘之强○.267-25 事强可以令○安長久.268-16 今山東三○弱而不能敵秦.268-23 索二○.268-23 之○者可長存.269-4 ○必危矣.269-5 今韓梁趙三○以合矣.269-6 中○膏腴之地.269-21 頓齊○.269-25 三○懼.271-7 魏失其與○.271-10 王乃召昌○君樂間而問曰.271-20 四達之○也.271-21 故君捐○而去.272-2 ○人莫不知.272-6 ○之有封疆.272-13 寧於故○爾.272-23 ○人未知.272-25 ○小而地無所取.273-17 見秦且滅六○.273-21 願圖○事於先生.274-12 光不敢以乏○事也.274-16 ○大事也.274-19 燕○莫不知.274-21 ○之大事也.274-25 今計舉○不足以當秦.275-12 此○之大事.275-18 可以解燕○之患.276-7 而燕○見陵之恥除矣.276-1 燕○有勇士秦武陽.276-17 願舉○爲内臣.277-6 五歲而卒滅燕○.278-8 義不殺王而攻○.279-12 弊邑之師過大○之郊.279-24 將移兵而造大○之城下.280-1 以害趙○.280-11 罵○老諫曰.281-14 而○人大駭.281-15 大○大懼.281-19 此小○之禮也.281-21 而大○致之.281-21 羣臣盡以爲君輕○而好高麗.283-2 必無與君言○事者.283-3 縲錯主斷於○.283-3 願與大○伐之.284-8 恐亡其○.284-9 而三○伐之.284-12 彼患亡其○.284-17 是君廢其王而亡其○.284-17 今五○相與王也.284-19 是奪五○而益負海也.284-20 致中山而塞四○.284-21 四○寒心.284-21 是君臨中山而失四○也.284-22 豈若令大○先與之王.285-2 我萬乘之○也.285-5 中山千乘之○也.285-6 萬乘之○.285-9 大者危○.285-10 招大○之威.286-9 趙强○也.287-15 鄰○不與也.287-18 吾以一杯羊羹亡○.288-7 前年○虛民飢.288-14 臣料趙○守備.288-21 其○內實.288-23 大破二○之軍.289-5 其○虛弱.289-7 人數倍於趙○之衆.289-8 是時楚王恃其○大.289-11 圍其○都.289-25 臣聞明主愛其○.290-14 破○不可復完.290-14

【患】 153

周君○之.1-4 周君又○之.1-9 弊邑固竊爲大王○之.1-15 東周○之.3-1 周之君○之.3-21 周君○之.6-23 君勿○也.6-23 周君○之.8-11 西無秦○.9-7 而薛世世無○.9-14 周君○之.10-12 何○焉.10-12 周君○之.11-22 臣爲王有○也.12-17 是上黨每○而贏四十金.12-23 惠王○之.26-3 而○必至也.26-18 是西生秦○.26-22 王勿○也.30-22 亦必無○矣.32-24 魏子○之.33-6 世世無○.35-1 必無○矣.35-6 然而臣有○也.35-6 夫楚王之以其臣請挈領然而臣有○也.35-7 此臣之甚○也.35-8 死不足以爲臣○.37-21 臣何○乎.37-25 死亡之○.38-10 正亂批○折難.45-17 免於國○.48-24 使無復後○.52-11 臣恐有後○.52-14 而易○於後也.52-18 臣恐韓魏之卑辭慮○.52-25 而無後○.53-17 而有後○.55-17 樓子○之.56-14 必無危亡之○矣.57-8 卒不免秦○.59-18 必無今日之○也.63-20 此齊貌辨之所以外生樂○趣難者也.64-6 齊王○之.67-13 此臣之所以爲山東之○.68-1 王勿○.71-19 倍秦則齊無○矣.73-6 趙魏亦不免與秦爲○矣.74-2 三國之與秦壤界而○急.81-20 齊不與秦壤界而○緩.81-21 何○無士.87-22 而○之所從生者微.89-7 而滅二子○也.92-22 不嗇於戰攻之○也.93-1 ○至則趨之.93-22 大夫何○.105-5 ○至而後憂之.109-5 卒有秦○.109-14 而韓魏迫於秦○.109-20 此臣之所以爲大王之○也.110-22 則魏無○矣.116-23 解齊○.118-17 則方城無○.121-3 舊○有成.123-4 自以爲無○.124-14 自以爲無○.124-17 自以爲無○.124-23 春申君○之.128-17 然則韓可以免於○難.132-1 且物固有勢異而○同者.138-14 又有勢同而○異者.138-14 趙○又起.142-1 請言外○.144-9 此臣之所以爲大王○也.144-23 此臣之所以爲大王○也.145-7 卒有秦○.145-19 今臣有○於世.147-12 此臣之所○也.147-14 而解二國○者.161-6 一解國○.161-10 爲人排○釋難解紛亂而無所取也.164-20 何○不得收河間.167-3 三晉皆有秦○.169-23 則君無○矣.171-23 悖者之○.184-2 卒有國○.184-12 後有大○.185-2 則必無强秦之○.185-3 此臣之所以爲大王○也.185-22 無楚韓之○.185-24 而百姓無○.188-24 魏無韓○.193-14 而焉能免國於○.195-9 免國於○者.195-10 是免國於○者之計也.195-13 犀首○之.196-4 今所○者.196-5 終爲齊○者.197-7 主○於中.199-3 魏王○之.201-3 王所○者上地也.201-18 則上地無憂○.201-19 子○寡人入而不出邪.203-17 能解魏○.205-4 百姓無被兵之○.205-13 夫不○秦之不愛南國非也.207-17 臣爲公○之.209-9 比於○.211-22 是王獨受秦○也.211-24 豈可使吾君有魏○也.218-3 而國○不解.218-24 解○而怨報.219-2 是公無○.224-1 而免楚國之○也.226-11 臣恐國之以此爲○也.228-6 王之大○也.228-23 亦甚○之.230-8 而不○楚之能揚河外也.233-9 毋秦○而得楚.233-12 周最○之.233-19 太子無○.234-24 太子外無幾瑟之○.234-25 太子無○.235-4 景鯉○之.236-7 此君國長民之大○也.239-20 吾固○韓之難知.240-11 不成則無○.242-17 韓辰○之.244-5 必爲公○.245-5 夫不憂百里之○.248-16 則國必無○矣.248-17 而與死同○也.249-17 而南無齊趙之○.251-25 直○國弊.252-24 秦王必○之.257-2 此臣之所大○.261-17 王勿○也.262-3 死不足以爲臣○.262-15 然而臣有○也.262-17 是臣之○也.262-18 使除○無至.266-2 易於救○.266-3 是故謀者皆從事於除○之道.266-4 而先使除○無至者.266-4 物固有勢異而○同者.269-7 使世世無○.269-15 臣切爲王○之.273-18 太子丹○之.273-22 可以解燕國之○.276-7 衞客○之.282-16 彼○亡其國.284-17 藍諸君○之.285-8 公何○於齊.285-8 柰何吾弗○也.285-11

【唾】 1

老婦必○其面.178-21

【唯】 34

○儀之所甚願爲臣者.26-7 ○儀之甚憎者.26-8 ○王可也.28-2 ○○.37-9 ○○.37-10 ○始與終.55-8 ○令尹耳.72-18 ○恐失抎之.87-16 ○莒卽墨不下.96-3 ○大君能之.123-5 ○公弗受也.125-17 ○輔氏存焉.134-6 ○便是從.139-18 ○王才之.140-6 ○大王有意督過之也.148-2 方今○秦雄天下.162-9 君○釋虛僞疾.167-2 ○得大封.171-10 是其○惠公乎.193-24 ○已之曾安.195-12 ○先生也.205-5 ○其母知之而已.239-3 ○智者知之而已.239-4 甚○寐忘之.240-20 則○太子所以令之.254-14 ○獨莒卽墨.256-11 ○媒而已矣.259-15 ○詘者耳.259-16 ○君之留意焉.268-14 ○君圖之.273-6 ○荆卿留意焉.275-17 ○大王命之.277-8

【啗】 1

膳○使之嗛於口.177-18

【啜】 1

樂羊坐於幕下而○之.181-20

【剬】 1

夫○楚者王也.76-9

【崐】 1

而○山之玉不出也.138-22

【崔】 4

齊○杼之妻美.126-25 ○杼帥其君黨而攻.127-1 ○杼不許.127-2 ○杼不許.127-2

【帷】 1

連袵成○.68-23

【崢】 1

上○山.113-13

【崩】 11

一日山陵○.57-6 王一日山陵○.57-9 旦暮且○.129-14 楚王○.129-18 君王○.129-20 楚考烈王○.129-24 周烈王○.163-9 天○地坼.163-10 一旦山陵○.179-19 夫使士卒不○.183-8 楚王登强臺而望○山.200-8

【崇】 4

文王伐○.16-2 有○其爵.112-20 故彼○其爵.113-5 將使段干○割地而講.204-15

【過】 157

君之謀○矣.3-2 不○一月必拔之.10-16 有一人○曰.11-8 ○兩周.11-13 路○洛陽.17-12 ○聽於張儀.27-11 計失而聽○.28-3 臣不得復○矣.28-10 太后救○不贍.33-8 周人懷璞○鄭賈曰.41-21 亦不○此矣.42-17 不○父子之親.43-21 是王○舉顯於天下.44-2 而無○舉之名.44-3 不○秦孝越王楚悼.45-17 不○商君吳起大夫種.45-18 私家之富○於三子.45-19 三之料天下○矣.49-15 不能○智伯.49-21 不○半年.60-1 ○頤豕視.63-18 錯擊摩車而相○.65-14 能面刺寡人之○者.66-18 君之謀○矣.67-15 千人不能○也.69-6 是羣臣之計○也.69-9 天下强國無○齊者.69-15 無○齊者.69-16 王之謀○矣.71-4 而齊燕之計○矣.73-18 則爲國計者○矣.73-23 ○於淄上.77-13 還反○薛.77-22 諫而止君之○.80-15 止文之○.80-19 其用者○也.81-24 ○其友曰.82-11 王聞之○.87-12 然嫁○畢矣.88-20 而富○畢也.88-21 君臣○計.96-19 然而管子并三行之○.97-10 ○菑水.98-4 梁氏不敢○宋伐齊.100-20 王○舉而已.105-22 無○此者.109-16 竊以爲大王之計○矣.110-6 計無○於此者矣.111-7 大臣播王之○於百姓.119-6 皆不○百里以有天下.126-12 先生○矣.128-3 其堅則箘簬之勁不能○也.132-18 遇知○轅門之外.133-10 知○入見知伯曰.133-11 知○出見二主.133-14 知○曰.133-17 知○曰.133-18 知○見君之不用也.133-22 臣遇知○於轅門之外.133-24 夫不聽知○.134-5 豫讓伏所當○橋下.135-22 ○矣.136-13 秦必○周韓而有梁.136-20 其辯○君.137-16 其博○君.137-16 秦乃者○柱山.141-5 湯武之卒不○三千人.145-9 車不○三百乘.145-9 故○任之事.146-24 臣以田單如耳爲大○也.147-2 豈獨田單如耳爲大○哉.147-3 天下之主亦盡○矣.147-3 唯大王有意督

〇之也. 148-2 剖地謝前〇以事秦. 148-20 忠無〇罪. 151-9 且循法無〇. 152-4 〇番吾. 152-19 臣以失令〇期. 153-24 所用者不〇三萬. 155-6 無〇三百丈者. 155-16 無〇三千家者. 155-17 魏〇矣. 157-24 王亦〇矣. 157-24 魏〇. 158-1 王亦〇矣. 158-1 〇而遂正於天下. 163-2 公子魏牟〇趙. 165-21 〇趙已安邑矣. 172-15 而惡臣者〇文張. 173-10 君〇矣. 174-21 城大無能〇百雉者. 175-4 以〇章子之路. 175-9 君〇矣. 179-10 罪無〇此者. 184-12 此其〇越王勾踐武王遠矣. 184-19 卒不〇三十萬人. 185-7 不〇百里. 185-9 〇魏. 187-4 是魏計〇也. 188-25 不〇五月而趙破. 192-4 而悔其〇行. 199-4 而議臣者〇於三人矣. 199-23 利不〇鄰. 201-7 無〇堯舜. 203-13 今母賢不〇堯舜. 203-14 母大不〇天地. 203-14 王之使者大〇矣. 207-13 〇二周而攻王者. 215-16 北人之大〇也. 218-23 此重〇也. 219-1 無〇此者矣. 222-9 悉之不〇三十萬. 222-21 見卒不〇二十萬而已矣. 222-22 無〇於此者矣. 223-7 〇聽於陳軫. 226-22 而公〇楚以攻韓. 227-23 舉韓傀之〇. 236-22 非慮〇而議失也. 241-7 豈不爲〇謀哉. 242-7 豈不爲〇謀而不知尊哉. 242-10 以爲成而〇南陽之道. 244-12 無〇燕矣. 248-8 〇代上谷. 248-12 計無〇於此者. 248-16 明主者務聞其〇. 252-15 臣請謁王之〇. 252-15 王自慮此則計〇. 252-17 蘇代〇魏. 255-6 則不〇養其親其. 258-3 則不〇不欺人耳. 258-3 則不〇不竊人之財耳. 258-4 王〇舉. 264-4 此寡人之〇也. 264-5 此非兵之〇. 264-8 〇魏. 266-2 將軍〇聽. 266-22 先王〇舉. 267-7 〇易水. 270-4 望有〇則君教誨之. 272-5 救人之〇者. 272-9 救寡人之〇. 272-10 則掩邪救〇. 272-11 余且慝心以成而〇. 273-4 退不得改〇. 273-5 使者〇趙. 273-9 願足下〇太子於宮. 274-23 願足下急〇太子. 275-1 〇衞. 279-24 弊邑之師〇大國之郊. 279-24 遂不敢〇衞. 280-7 〇宋外黃. 281-3 則富不〇有魏. 281-5 車〇五乘. 282-1 夫人於事己者〇急. 282-21 於事人者〇緩. 282-21 〇矣. 284-12 固已〇絶人矣. 287-9

【移】 13

分〇華陽. 41-7 衆口所〇. 43-22 日中則〇. 45-20 〇兵而攻齊. 72-15 其〇兵寡人必矣. 132-11 是皆能〇其君之計. 133-19 秦禍安〇於梁矣. 143-4 則從事可〇於趙. 173-19 陰〇而授天下傳. 176-8 請〇天下之事於公. 187-7 未卒而〇兵於梁. 213-15 將〇兵而造大國之城下. 280-1 趙王意〇. 287-10

【動】 25

是以兵〇而地廣. 46-1 然後危〇燕趙. 54-5 〇於顔色. 63-23 則五兵不〇而諸侯從. 93-11 天下震〇驚駭. 97-18 則鄢郢〇矣. 109-4 魏則從風而〇. 110-9 不若令屈署以新東國爲和於齊以〇秦. 126-1 二主色〇而意變. 133-14 心〇. 135-10 昨日我談粗而君〇. 137-19 今日精而君不〇. 137-19 夫秦下軹道則南陽〇. 144-21 不敢〇搖. 148-2 〇有明古先世之功. 149-3 承教而〇. 151-18 知者不變俗而〇. 151-25 據俗而〇者. 152-1 事秦則楚韓必不敢〇. 185-23 今王〇欲成霸王. 215-23 王之〇愈數. 215-24 而〇千里之權者. 221-5 犬不〇. 234-1 而趙不敢妄〇矣. 251-24 天下莫不振〇. 266-19

【符】 9

得太公陰〇之謀. 16-21 南有〇離之塞. 35-24 剖〇於天下. 40-3 而〇布天下. 41-6 豈非道之〇. 44-19 扮之請焚天下之秦〇者. 195-21 次傳焚〇之約者. 195-22 盡焚天下之秦〇. 257-1 具〇節. 267-15

【笞】 7

主父大怒而〇之. 251-4 然不免於〇. 251-5 縛其妾而〇之. 259-6 故妾所以〇者. 259-7 今宋王射天〇坔. 269-19 故射天〇地. 281-13 無〇服. 283-14

【敏】 4

躬竊閔然不〇. 37-6 寡人不〇. 69-12 異〇技藝之所試也. 150-5 鄙人不〇. 252-11

【偃】 1

犀角〇月. 287-9

【偪】 1

則天下皆〇秦以事王. 170-22

【偵】 1

復塗〇謂君曰. 166-9

【側】 5

妻〇目而視. 17-13 以同言郢威王於〇紂之閒. 54-22 王不如舍需於〇. 193-1 王厝需於〇以稽之. 193-4 果厝需於〇. 193-5

【偶】 5

有土〇人與桃梗相與語. 77-13 桃梗謂土〇人曰. 77-13 土〇曰. 77-15 三人〇行. 107-5 〇有金千斤. 120-12

【傀】 9

聶政之刺韓〇也. 219-23 韓〇相韓. 236-22 舉韓〇之過. 236-22 韓〇以之叱之於朝. 236-23 游求人可以報韓〇者. 236-24 臣之仇韓相〇. 237-21 〇又韓君之季父也. 237-22 上階刺韓〇. 238-4 韓〇走而抱哀侯. 238-4

【候】 2

〇者言章子以齊入秦. 66-25 〇者復言章子以齊兵降秦. 67-1

【偷】 2

〇取一旦之功而不顧其後. 184-23 以爲雖〇充腹. 249-17

【貨】 1

君何不買信〇哉. 12-7

【售】 3

賣僕妾〇乎閭巷者. 24-4 弊而不〇. 259-15 〇而不弊者. 259-15

【進】 70

公〇兵. 2-9 景翠果〇兵. 2-12 所以〇兵者. 9-11 〇兵而攻周. 9-18 齊王令司馬悍以賂〇周最於周. 13-17 悍請令王〇之以地. 13-20 楚懼而不〇. 29-25 公不如〇兵攻宜陽. 30-14 使臣得〇謀如伍子胥. 38-3 〇退盈縮變化. 45-21 而韓楚之兵不敢〇. 55-15 客趨而〇曰. 62-20 旦暮〇食. 63-10 田忌不〇. 65-4 今首之所〇仕者. 66-3 羣臣〇諫. 66-20 時時而間〇. 66-20 無可〇者. 66-21 高躍而不敢〇. 69-8 辯知並〇. 85-25 乃〇而問之曰. 88-7 田單免冠徒跣肉袒而〇. 99-8 楚〇兵大梁. 105-9 安陵君泣數行而〇曰. 106-11 秦〇兵而攻. 115-23 必〇賢人以輔之. 119-4 人臣莫難於無妬而〇賢. 119-8 至於無妬而〇賢. 119-10 必知其無妬而〇賢也. 119-11 亦必無妬而〇賢. 119-11 夫〇賢之難者. 119-12 〇之左右. 120-13 僞舉罔而〇之. 122-9 僞舉罔而〇者必衆矣. 122-10 求婦人宜子者〇之. 128-17 欲〇之楚王. 128-18 於是園乃〇其女弟. 128-21 誠以君之重而〇妾於楚王. 129-4 是以不先〇. 150-2 趙文〇諫曰. 151-7 〇退之謂節. 152-13 牛贊〇諫曰. 154-2 王以其力尚能〇. 159-11 不〇. 162-6 楚師必〇矣. 193-13 〇之禹. 200-4 和調五味而〇之. 200-6 欲〇美人. 218-18 二人各〇議於王以事. 221-15 仲子固〇. 237-4 故直〇百金者. 237-7 〇齊宋之兵至首坦. 244-10 非〇取之道也. 250-20 而謀〇取之道. 250-23 僕者〇取之臣也. 250-24 妻使妾奉卮酒〇之. 251-3 〇之則殺主父. 251-3 〇熱歠. 251-15 於是酒酣樂〇取熱歠. 251-15 厨人〇斟羹. 251-15 今臣爲〇取者也. 258-4 非〇取之術也. 258-5 於是因令其妾酌藥酒而〇之. 259-3 燕兵在晉而不〇. 263-21 使寡人〇不得脩功. 273-5 間〇車騎美女. 275-20 〇兵北略地. 275-23 樊於期偏袒扼腕而〇曰. 276-11 以次〇至陛下. 277-10 秦復〇兵攻之. 278-7

【倚】 9

北〇河. 53-16 〇柱彈其劍. 82-7 則吾〇門而望. 95-22 則吾〇閭而望. 95-22 〇秦攻齊. 144-10 〇齊攻秦. 144-10 臣請發張〇使謂趙王曰. 201-3 張〇因謂趙王曰. 201-8 〇柱而笑. 277-25

【偏】 7

有〇守新城而居民苦矣. 110-24 不〇於死. 123-6 不〇於生. 123-6 則交有所〇者也. 169-6 臣故欲王之〇劫天下. 170-19 臣又〇事三晉之吏. 195-19 樊於期〇袒扼腕而進曰. 276-11

【梟】 2

王獨不見夫博者之用〇邪. 204-25 何用智之不若〇也. 205-1

【鳥】 13

非效〇集烏飛. 1-17 張於無〇之所. 7-4 張於多〇處. 7-4 則又駭〇矣. 7-4 必張於有〇無〇之際. 7-5 然後能多得〇矣. 7-5 夫〇同翼者而聚居. 80-24 仰見飛〇. 127-16 臣爲王引弓虚發而下〇. 127-17 集於〇卵之上. 223-4 請問楚人謂此〇何. 236-17 人之飢所以不食〇喙者. 249-17

【既】 29

科條〇備. 16-6 蜀〇屬. 22-19 〇勝齊人於艾陵. 52-19 王〇無重世之德於韓魏. 53-1 法令〇明. 110-3 李園〇入其女弟爲王后. 129-9 張孟談〇固趙宗. 134-8 名〇成矣. 136-4 秦〇解邯鄲之圍. 159-8 今王〇受先王之傳. 165-13 樂羊〇罷中山. 181-22 〇爲寡人勝强敵矣. 183-16 〇以與人. 183-19 〇已得坔矣. 194-20 〇已得坔. 194-23 奉陽君韓餘爲〇和矣. 195-23 蘇脩朱嬰〇皆陰在邯鄲. 195-23 〇葬. 237-13 父母〇殁矣. 238-12 燕王噲〇立. 253-20 〇已. 276-13 〇祖. 276-25 〇至秦. 277-4 軻〇取圖奉之. 277-13 左右〇前斬荆軻. 278-2 昭王〇息民繕兵. 288-14 寡人〇以興師矣. 288-25 〇無良臣. 289-12 魏軍〇敗. 289-19

【兜】 1

堯伐驩〇. 16-2

【假】 15

秦〇道於周以伐韓. 3-14 周恐〇之而惡於韓. 3-14 不〇而惡於秦. 3-14 張儀欲〇秦兵以救魏. 21-17 秦〇道韓魏以攻齊. 66-24 〇涂於鄒. 164-3 四國將〇道於衞. 175-9 故荀息以馬與璧〇道於虞. 208-23 卒〇晉道. 208-24 〇之得幸. 218-19 〇道兩周倍韓以攻楚. 229-25 故〇節於魏王. 267-6 〇寡人五年. 269-16 請〇王十年. 269-16 願大王少〇借之. 277-12

【偉】 1

辯言〇服. 16-7

【術】 15
此危亡之○也. 110-12 ○視伐楚. 115-15 無法○以知姦. 126-23 此自盡之○也. 160-1 亦有○乎. 182-1 而羣臣之知○也. 188-18 而羣臣之知○也. 188-20 非用知之○也. 218-20 又亡其行子之○. 221-19 皆自覆之○. 250-19 去自覆之○. 250-22 非進取之○也. 258-5 臣有百戰百勝之○. 281-3 此臣之百戰百勝之○也. 281-6 富○謂殷順且曰. 282-25
【徙】 5
王○東北. 51-17 ○兩周之疆. 55-14 乃令○. 271-5 ○之牖下. 283-15 東○而不敢西向. 289-4
【得】 546
○九鼎. 1-7 ○君臣父子相保也. 1-10 夫梁之君臣欲○九鼎. 1-12 楚之君臣欲○九鼎. 1-14 ○九鼎. 1-18 景翠○城於秦. 2-13 楚韓欲○寶. 2-22 蘇子亦○兩國之金也. 3-6 是○地於韓而聽於秦也. 3-18 彼前○罪而後○解. 3-23 故大臣○譽. 4-13 不○不聽秦. 5-5 秦○天下. 5-21 則終日無所○矣. 7-4 然後能多○鳥矣. 7-5 故能○欲矣. 7-7 候○而獻東周. 8-2 秦○無破. 9-13 齊○東國而益强. 9-14 今秦攻周而○之. 9-19 秦欲待周之○. 9-20 秦若攻周而不○. 9-21 又能爲君○高都. 10-13 是公以弊高都○完周也. 10-22 一攻而不○. 11-13 吾○將爲楚王屬怒於周. 11-16 不如令太子將軍正迎吾○於境. 11-17 令天下皆知君之重吾○也. 11-18 周君所以事吾○者器. 11-19 而吾○無效也. 11-20 周君○以爲辭於父兄百姓. 12-21 周君○溫囿. 12-22 韓○二縣. 13-2 左尚以此○事. 13-20 彼○相. 14-3 ○太公陰符之謀. 16-21 而天下○之. 18-10 地尊不可○. 20-16 ○兩國之衆. 21-7 張子○志於魏. 21-18 ○其地不足以爲利. 22-3 ○其財. 22-10 是以弊邑之王不○事令. 26-10 而儀不○爲臣也. 26-11 不穀○商於之田. 26-15 而○商於之地六百里. 26-17 臣見商於之地不可○. 26-18 今地未可○而齊先絕. 26-20 安○六百里. 27-4 臣不○復過矣. 28-10 我羇旅而○相秦者. 30-6 宜陽未○. 30-12 ○擅用强秦之衆. 31-16 王○賢相. 31-21 焉更○賢相. 31-21 秦○安邑. 32-24 文請以所○封君. 34-6 不○爲天子. 34-16 不遭時不○帝王. 34-17 不可○也已. 34-23 觀三國之所求於秦而不能○者. 35-10 觀張儀與澤之所不能○於薛公者也. 35-11 有功者不○不賞. 36-8 有能者不○不官. 36-9 能者亦不○蔽隱. 36-10 則諸侯不○擅厚矣. 36-20 寡人乃○以身受命. 37-5 使臣○進謀如伍子胥. 38-3 使臣○同行於箕子接輿. 38-5 寡人○受命於先生. 38-14 膚寸之地無○者. 39-2 ○寸則王之寸. 39-5 ○尺亦王之尺也. 39-5 焉○不聽. 39-19 然則權焉○不傾. 40-1 而令焉○從王出乎. 40-2 齊公○管仲. 40-13 今吾○子. 40-13 ○無危乎. 40-20 然則令何○從王出. 41-8 權何○毋分. 41-9 穰侯十攻魏而不○傷者. 41-11 言可○也. 41-18 於是其謀者固未可○予也. 42-7 其可○與者. 42-8 固不○之矣. 42-18 則秦所○不一幾何. 42-20 臣請○其情. 43-8 今傲勢○秦爲王將. 43-10 萬物各○其所. 44-17 蔡澤○少間. 45-11 秦之欲○矣. 46-17 雖藍田豈難○哉. 48-6 則不用兵而○地. 50-14 而地不可○也. 50-17 弗○私也. 51-12 不爲○地. 53-11 無○地之實也. 53-11 齊魏○地葆利. 53-17 謀則不○. 54-19 故曰先○齊宋者伐秦. 55-22 秦先○齊宋. 55-23 楚先○齊. 55-23 不○煖衣餘食. 56-23 而願一○歸. 57-11 若使子異人歸而○立. 57-15 ○知名者不少. 57-21 趙人○唐者. 58-5 ○上谷三十六縣. 59-1 秦不接刃而○趙之半. 59-12 實○山東以敵秦. 59-17 人臣不○自殺宮中. 60-10 人主豈○其用哉. 61-18 則螻蟻○意焉. 62-22 公往必○死焉. 63-13 不○已而受. 64-3 靖郭君辭不○. 64-3 利可○. 64-22 則將軍不○入於齊矣. 65-17 而○封. 65-23 章子之母啓○罪其父. 67-6 臣之母啓○罪臣之父. 67-9 夫不○父之教而更葬母. 67-10 秦○絳安邑以東下河. 68-7 車不○方軌. 69-6 馬不○並行. 69-6 不可○也. 70-2 韓自以○交於齊. 71-7 覆軍殺將○八城. 72-15 破軍殺將○八城. 72-23 齊安○救天下乎. 74-4 然則下東國必可○也. 75-7 非亟○下東國者. 75-14 楚○成. 75-16 今已○地而求不止者. 76-4 然則是王去讎而○齊交也. 76-6 以能○天下之士而有齊權也. 76-23 雖○則薄矣. 78-4 我無分寸之功而○此. 78-11 君所以○爲長者. 78-12 豈○持言也. 78-13 大官未可○. 79-2 願○獻之. 80-2 諫而○聽. 80-15 私○寶於外者. 80-19 則累世不○一焉. 80-25 不○不事齊也. 81-21 故秦○齊. 81-21 趙魏楚○齊. 81-22 故秦趙魏○齊者重. 81-22 僅○免其死耳. 83-12 未○高枕而臥也. 83-13 君恐不○爲臣. 84-5 ○志不慚爲人主. 84-13 不○志不肯爲人臣. 84-13 陽○子養. 84-23 皆○其死. 84-24 文不○是二人故也. 84-25 使文○二人者. 84-25 豈獨不○盡. 84-25 君○無有所怨齊士大夫. 85-7 有能○齊王頭者. 85-21 ○貴士之力也. 86-5 非○失之策與. 86-6 安可○而有乎哉. 86-7 未○其實. 86-8 非不○尊遂也. 87-1 斶願○歸. 87-2 願○賜歸. 87-4 固願○士以治之. 87-22 管燕○罪齊王. 88-23 士何其易○而難用也. 88-25 士三食不○饜. 88-25 而士不○以爲緣. 89-1 非士易○而難用也. 89-2 非○人力. 90-7 不○弦機之利. 90-7 衛○是藉也. 90-12 趙○是藉也. 90-15 一國○而保之. 93-4 求之則不○. 95-12 何○無誅乎. 95-14 不若○濟北之利. 96-14 卽臣見公之不能○也. 96-17 單何以○罪於先生. 98-20 若乃○去不肖者. 98-23 王惡○此亡國之言乎. 99-12 然則周文王○呂尚以爲太公. 99-15 齊桓公○管夷吾以爲仲父. 99-15 今王○安平君而獨曰單. 99-16 惡○此亡國之言乎. 99-18 王乃○反. 99-23 漢中可○也. 102-13 淮泗之間亦可○也. 102-14 齊以急○宋. 103-4 ○狐. 103-23 江尹因○山陽君與之共惡昭奚恤. 104-24 臣之○罪無日矣. 105-5 遂不○入言. 105-9 如是必長○重於楚國. 106-3 未○間也. 106-6 願○目身試黃泉. 106-12 又何如○此樂而樂之. 106-13 ○無遂乎. 106-19 故其宅不○. 106-24 奚恤○事公. 107-1 謂而不○. 107-2 城渾○之. 107-14 臣爲太子○新城陽人. 107-18 且與公叔爭國而○之. 107-18 赫不能○趙. 107-25 ○賞無功也. 107-25 ○趙而王無加焉. 108-1 是不能○趙也. 108-3 社稷豈○無危哉. 110-10 有所更○乎. 111-25 有所更○乎. 112-1 無所更○. 112-1 七日不○告. 113-14 ○罪一士. 113-19 五官○法. 114-2 皆可○而致之. 114-12 張子○出. 116-14 不○歸. 117-8 寡人之○求反. 117-15 三日乃○見乎王. 119-15 謁者難○見如鬼. 119-17 王難○見如天帝. 119-18 而儀言○美人. 120-18 韓魏欲○秦. 120-25 楚○其利. 121-19 請和不○. 121-21 而○復楚. 122-2 麋因○矣. 122-9 齊人飾身修行○爲益. 122-14 所求者不○. 122-17 而後○見. 127-25 使○爲君高鳴屈於梁乎. 128-15 可○見乎. 128-21 君又安○長有寵乎. 129-1 楚國封盡可○. 129-5 而君○其所欲矣. 133-21 則吾所○者少. 133-22 子之○近而行所欲. 135-17 而○地者. 136-15 而示之不○已. 136-17 藉席無所○. 137-9 蘇秦○以爲用. 137-23 秦豈○愛趙而憎韓哉. 138-7 必以王爲○. 139-6 雖强大不能○之於小弱. 140-11 而小弱顧能○之强大乎. 140-12 今不用兵而○城七十. 140-15 今坐而○城. 140-18 三日不○見. 141-5 秦王欲○宜陽. 141-14 文信不○志. 141-25 大王不○任事. 144-5 大王乃今然後○與士民相親. 144-6 擇交而○則民安. 144-8 擇交不○則民終身不○安. 144-9 而民不○安. 144-9 而民不○安. 144-10 而民不○安. 144-10 秦欲已○行於山東. 144-22 誠○其道也. 145-10 臣○陳忠於前矣. 145-23 未嘗○聞社稷之長計. 146-9 求○而反靜. 146-19 今雖○邯鄲. 146-21 父不○於子. 146-24 君不○於臣. 146-24 豈可○哉. 148-11 不○與國謀. 148-18 使民不○耕作. 155-4 無齊不能○趙. 157-19 僕○聞此. 158-18 使臣○爲王計之. 159-7 ○無割其內而媾乎. 159-17 ○無更割其內而媾. 159-24 秦兵不敝而多○地. 160-9 虞卿○其一. 160-14 ○王五城. 160-23 楚魏欲○王之重寶. 161-20 王必不○媾. 161-24 則媾不可○成也. 162-1 趙卒不○媾. 162-2 不○入於魯. 164-2 生則不○事養. 164-6 死則不○飯含. 164-6 梁王安○晏然而已乎. 164-12 而將軍又何以○故寵乎. 164-12 四十餘年而秦不能○所欲. 165-2 而慕思不可○之小梁. 165-3 鄭國○志矣. 165-19 何患不○收河間. 167-3 人有置係蹄者而○虎. 167-15 今王無齊獨安○無重天下. 169-13 王之事趙也何○矣. 170-2 ○二都. 170-9 非以爲齊○利秦之毀也. 171-2 不可復○已. 171-8 ○大齊. 171-9 唯○大封. 171-10 若足下不○志於宋. 171-14 則陰不可○已矣. 171-21 陰必○矣. 171-23 ○陰而搆. 171-23 若不○已而必搆. 171-24 願○趙. 171-24 而君終不○陰. 172-9 而君又不○陰. 172-12 秦○安邑之饒. 172-15 而君必不○陰. 172-16 而君終身不○陰. 172-22 而君有終身不○陰. 173-1 則陰必○矣. 173-4 而○百里之地. 173-23 百里之地不可○. 173-24 ○罪於趙. 174-5 外雖○地. 174-6 今○强趙之兵. 175-1 ○三城也. 175-4 而三公不○也. 176-10 未○相馬之工也. 176-14 是能○之乎內. 176-24 三反不○通. 177-2 ○寧邑. 177-3 吾往賀而獨不○通. 177-4 使者三往不○通者. 177-5 而使不○通. 177-9 願○請之. 177-10 韓魏欲○之. 178-3 是韓魏之欲○. 178-4 不○見久矣. 178-24 日食飲○無衰乎. 178-25 願令○補黑衣之數. 179-4 願○借師以伐趙. 181-14 二國不○兵. 181-16 然而可○并者. 183-3 未嘗○聞明教. 185-5 則大王之國欲求無危不可○也. 185-21 雖欲事秦而不可○也. 186-5 惡○無眩哉. 186-9 夫秦非不利有齊而○宋埊也. 186-22 不○待異日矣. 187-5 不能○事焉. 187-7 公○行. 187-11 恐後天下○魏. 187-15 不○於王. 188-10 而儀固○魏矣. 189-3 欲○埊. 189-14 王之所○者. 189-23 乃○見. 190-22 犀首田盼欲○齊魏之兵以伐趙. 192-3 犀首田盼遂○齊魏之兵. 192-9 ○毋嫌於欲亟葬乎. 194-6 而與王爭○者. 194-17 旣已○埊矣. 194-20 旣已○埊. 194-23 則爲劫於與國而不○已者. 195-8 王欲○齊. 196-5 王者○度. 196-21 而○朝禮. 197-4 國○安焉. 199-1 非○計也. 199-3 堯舜之所求而不能○也. 199-5 果不○見. 199-24 晉文公○南之威. 200-7 今不用兵而○鄴. 201-7 則國救亡不可○也已. 202-16 而○以少割爲和. 203-3 則君○所欲矣. 203-4 何求而不○. 203-7 臣能○之於應侯. 204-12 可○聞乎. 205-20 可○乎. 206-4 大變可○聞乎. 206-6 君○燕趙之兵甚衆且亟矣. 206-13 王欲○故地. 206-25 ○垣雍. 207-12 則魏國豈○安哉. 207-16 楚魏疑而韓不可○而約也. 208-2 如此則士民不勞而故地○. 208-8 魏○韓以爲縣. 208-13 是公外○齊楚以爲用. 210-2 內○樓廙翟强以爲佐. 210-2 ○密須氏而湯之服桀矣. 211-11 君攻楚○宛穰以廣陶.

212-22 攻齊○剛博以廣陶. 212-22 ○許鄢陵以廣陶. 212-22 所欲必○矣. 214-21 夫○寧者. 215-11 不可○而知也. 217-7 降城亡子不○與焉. 217-24 龍陽君○十餘魚而涕下. 218-8 臣爲王之所○魚也. 218-10 臣之始○魚也. 218-11 後○又益大. 218-11 今臣直欲棄臣前之所○矣. 218-11 而○爲王拂枕席. 218-12 聞臣之○幸於王也. 218-13 臣亦猶曩臣之前所○魚也. 218-14 所效者庸必○幸乎. 218-18 假之○幸. 218-19 不可○也. 223-11 且王求百金於三川而不可○. 224-9 ○之. 225-11 今又○韓之名都一而具甲. 226-4 今已○之矣. 226-5 韓○楚救. 226-10 皆不○親於事矣. 227-11 武遂終不可○已. 227-20 公求而○之. 227-22 公求而弗○. 227-22 而弗能○也. 228-5 公仲柄○秦師. 231-16 楚陰○秦之不用也. 232-5 公欲○武遂於秦. 233-9 是令○行於萬乘之主也. 233-11 韓○武遂以恨秦. 233-11 毋秦患而○楚. 233-12 今周最固○事足下. 234-2 而以不○已之故來使. 234-2 世子○新城陽人. 234-9 而○全. 234-9 内○父兄. 235-3 而外○秦楚也. 235-4 幾瑟○入而德公. 236-5 吾○爲役之日淺. 237-2 可旦夕○甘脆以養親. 237-5 多人不能無生○失. 237-25 生○失則語泄. 237-25 ○以其道爲之. 239-5 不○其道. 239-6 齊怒於不○魏. 239-14 欲○梁以臨韓. 240-21 魏君必○志於韓. 241-7 今日鄭君不可○而爲也. 242-6 今日天子不可○而爲也. 242-9 秦反○其金與韓之美人. 243-1 韓已○武隧. 243-20 今韓之父兄○衆者毋相. 243-21 不○議公孫郝. 244-14 不○議甘戊. 244-15 則大臣不○事近臣矣. 244-16 各○其位. 244-17 可○而知也. 244-17 則諸侯之情僞可○而知也. 244-20 其次恐不○也. 246-11 雖○燕城. 248-12 不○不事. 249-10 燕無故而○十城. 249-24 利○十城. 250-10 足下安○使之之齊. 250-14 所謂以忠信○罪於君者也. 250-24 此以忠信○罪者也. 251-5 今乃○罪. 251-7 故大亂者可○其埊. 252-6 小亂者可○其實. 252-7 此其君之欲○也. 253-7 而欲○燕權. 254-25 秦非不利有齊而○宋埊也. 255-7 然○賢士與共國. 255-15 三年不能○. 255-25 三月○千里馬. 256-1 苟○窮齊. 257-3 夫實○所利. 257-12 名○所願. 257-12 不○. 258-21 而○罪者乎. 258-24 楚○枳而國亡. 260-3 齊○宋而國亡. 260-4 齊楚不○以有枳宋事秦者. 260-4 寡人如自○之. 260-21 已○安邑. 260-21 已○宜陽少曲. 261-1 趙○講於魏. 261-6 已○講於趙. 261-9 燕○甲首二萬人. 264-3 ○首三萬. 264-11 上可以○用於齊. 264-19 次可以○信於下. 264-19 臣苟○見. 265-2 老婦欲○志焉. 265-5 賴○先王鴈鶩之餘食. 265-8 而以身○察於燕. 267-7 使之○比乎小國諸侯. 267-22 不相○則不能行. 268-2 寡人○其志矣. 269-16 與其○百里於燕. 269-22 不如○十里於宋. 269-22 漁者○而并禽之. 270-7 吾○趙矣. 270-11 吾○趙矣. 270-11 ○天下者也. 270-13 ○趙. 270-14 楚軍欲還不可○也. 271-7 境吏○丑. 271-12 王欲○之. 271-13 夫欲○之君. 271-15 難○於君矣. 272-12 君雖不○意乎. 272-16 而君不○厚. 272-19 而君不○榮. 272-20 使寡人進不○脩功. 273-5 退不○改過. 273-5 願因先生○願交於荆軻. 274-17 使○至前. 275-6 愚以爲誠○天下之勇士. 275-12 必○所願矣. 275-13 誠○劫秦王. 275-14 諸侯○合從. 275-16 豈可○哉. 275-24 臣願○謁之. 275-24 誠能○樊將軍首. 276-1 臣乃○有以報太子. 276-2 願○將軍之首以獻秦. 276-8 乃今○聞教. 276-12 ○趙人徐夫人之匕首. 276-15 而○奉守先王之宗廟. 277-6 不○持尺兵. 277-19 非有詔不○上. 277-20 必○約契以報太子也. 278-1 索救而○. 279-4 不○矣. 281-7 恐不○矣. 281-8 卒不○魏. 281-9 遂○而死. 281-16 樗里子亦○三百金而歸. 282-13 三年不○見. 282-16 事王三年不○見. 282-22 所求中山未必○. 285-16 孤何○無廢. 285-23 固無請人之妻不○而怨人者也. 286-19 雖欲○請之. 287-18 以一壺飡○士二人. 288-8 趙人之死者不○收. 288-20 傷者不○療. 288-20 故起所以○引兵深入. 289-13 是以臣○設疑兵. 289-18 使○耕稼以益蓄積. 289-21 必無所○. 290-1 ○免於罪. 290-9

【從】 248

不識大國何塗之○而致之齊. 1-11 寡人終何塗之○而致之齊. 1-15 何塗之○而出. 1-20 疾定所○出. 1-22 約○連横. 16-4 約○散横. 17-2 一人用而天下○. 17-6 ○風而服. 17-8 ○以欺秦. 17-20 收餘韓成○. 18-8 ○者敗. 20-13 臣以天下之○. 20-22 言所以舉破天下之○. 21-10 一舉而天下之○不破. 21-12 故臣願○事於易. 22-8 儀不能與○事. 24-8 昭陽將不與臣○事矣. 24-20 ○某至某. 27-3 廣○六里. 27-3 韓氏○之. 27-10 天下何○圖秦. 31-11 秦卒有他事而○齊. 34-22 天下之○君也, 34-24 必事趙○公. 35-15 而令焉得○王出乎. 40-2 古之所謂危主滅國之道必○此起. 41-7 然則令何得○王出. 41-8 合○相聚於趙. 42-2 破横散○. 46-8 客新有○山東來者蔡澤. 46-22 吾特以三城○之. 49-4 ○秦王與魏王遇於境. 50-8 郎韓魏○. 51-9 韓魏○. 51-9 非○即横也. 51-11 ○成. 51-11 四國必○. 51-14 此○生民以來. 51-25 以絶○親之要. 52-1 ○而伐齊. 52-18 ○而伐趙. 52-20 ○此觀之. 52-23 天下之士相○謀曰. 54-12 天下皆○. 54-15 故能○鄰. 55-4 則○事可成. 59-16 臣請大王約○. 59-16 ○事成. 59-16 上客○趙來. 59-23 客○外來. 66-9 蘇秦爲趙合○. 68-16 敬奉社稷以○. 69-13 ○人說大王者. 69-17 夫○人朋黨比周. 69-20 莫不以○爲可. 69-20 不如○合於趙. 73-5 願君以此○衞君遊. 79-3 孟嘗君爲○. 84-3 奚暇○以難之. 84-5 君○以難之. 84-6 則凶○之. 86-9 寡人請○. 87-10 而患之所○生者微. 89-7 是以聖人○事. 90-4 然後○於天下. 90-22 身○諸侯之君. 91-15 而能○諸侯者寡矣. 92-6 而能○諸侯寡矣. 92-16 則五兵不動而諸侯○. 93-11 彼明君之○事也. 93-13 又○十二諸侯朝天子. 93-24 今大王之所○十二諸侯. 94-4 則趙必○矣. 94-6 則韓必○矣. 94-7 而○天下之志. 94-7 ○七星之旟. 94-9 市人○者四百人. 96-1 貂勃○楚來. 99-11 是○齊而攻楚. 103-5 願君必請○死. 106-2 蘇秦爲趙合○. 108-21 莫如○親以孤秦. 109-3 大王不○親. 109-3 故○合則楚王. 109-10 故○親. 109-16 寡人謹奉社稷以○. 109-24 張儀爲秦破○連横. 110-1 且夫爲○者. 110-4 魏則○風而動. 110-9 且夫約○者. 110-11 夫○人者. 110-13 則○竟陵已東. 110-19 凡天下所信約○親堅者蘇秦. 111-12 使使臣獻書大王之○車下風. 111-19 敬以國○. 111-22 自○先君文王以至不穀之身. 112-16 以懽○之. 116-9 韓亦不○. 121-3 今子○楚爲和. 121-18 臣聞○者欲合天下以朝大王. 123-3 輦○鄢陵君與壽陵君. 124-2 輦○鄢陵君與壽陵君. 125-8 天下合○. 127-14 鴈○東方來. 127-18 知伯○韓魏兵以攻趙. 131-3 夫○韓魏之兵而攻趙. 131-6 君因○之. 132-14 子○事. 134-21 非○易也. 135-19 今○於彊秦國之伐齊. 138-23 唯便是○. 139-18 以○爲有功也. 141-17 齊不○. 141-18 建信君知○之無功. 141-18 建信春申○. 141-20 齊不○. 142-2 秦○楚魏攻齊. 142-3 蘇秦○燕之趙. 144-3 始合○. 144-3 六國○親. 145-24 六國○親以擯秦. 146-6 寡人敬以國○. 146-10 則雖○而不止矣. 146-23 則天下必爲○. 147-1 臣有以知天下之不能爲○以逆秦也. 147-2 臣以○一不可成也. 147-11 三國○之. 147-15 楚有四人起而○之. 147-16 秦人去而不○. 147-16 去而不○. 147-17 不識○之一成惡存也. 147-20 凡大王之所信以爲○者. 148-7 以爲一○不事秦. 148-19 ○政有經. 149-21 今寡人恐叔逆○政之經. 149-23 以○政爲累. 153-22 魏使人因平原君請○於趙. 157-22 爲入必語○. 157-22 今者平原君爲魏請○. 157-23 今魏求○. 158-1 樓緩新○秦來. 158-22 故○母言之. 159-4 ○婦言之. 159-4 今臣新○秦來. 159-5 秦必疑天下合○也. 161-20 世以鮑焦無○容而死者. 162-25 燕則吾請以○矣. 163-5 十人而○一人者. 163-14 夷維子執策而○. 163-23 欲○而帝之. 164-9 則後之人無○見也. 166-12 天下合○. 166-25 ○而有功乎. 167-3 ○而無功乎. 167-3 爲孝成王○事於外者. 168-2 趙○親以合於秦. 170-19 夫魏爲○主. 173-17 則○事可移於趙. 173-19 趙使趙莊合○. 175-12 齊畏○人之合也. 175-13 翟章○梁來. 175-17 若不○吾言. 177-11 勿使○政. 177-23 不敢○. 181-15 不敢○. 181-16 不○此也. 182-22 且君親○臣而勝降城. 183-2 ○是觀之. 183-3 蘇子爲趙合○. 184-5 六國○親. 185-3 敬以國○. 185-5 ○鄭至梁. 185-9 ○陳至梁. 185-9 且夫諸侯之爲○者. 185-15 合○者. 185-15 則○道絶. 185-20 ○道絶. 185-21 且夫○人多奮辭而寡可信. 186-6 莫不日夜搤腕瞋目切齒以言○之便. 186-8 魏王使李○以車百乘使於楚. 187-8 李○以車百乘使楚. 187-14 李○約寡人. 187-17 乃倍李○. 187-18 ○客談三國之相怨. 190-23 悉起兵○之. 192-10 田需○中敗君. 192-13 王之國雖滲樂而○之可也. 193-1 奉陽君孟嘗君韓呡周㝡周韓餘爲徒○而下之. 195-19 代也○楚來. 198-1 今以兵○. 202-3 ○是以散. 203-4 臣今○. 204-8 以○田文. 206-11 ○林軍以至于今. 207-20 ○之不成矣. 208-2 是故臣願以○事乎王. 208-6 且割而○天下乎. 212-5 韓且割而○天下. 212-5 韓且割而○其所强. 212-7 且割而○其所不强. 212-8 韓將割而○其所强. 212-8 然而兹公爲○. 212-13 ○則兹公重. 212-13 不○則兹公輕. 212-13 魏王且○. 212-21 山東之○. 213-13 合天下之○. 213-15 荆齊不能獨○. 213-17 王胡不爲○. 213-25 天下孰不棄呂氏而○嫪氏. 219-8 天下必合呂氏而○嫪氏. 219-8 果○成臯始. 221-7 大成午○趙來. 221-9 申子請仕其○兄官. 221-18 蘇秦爲楚合○說韓王曰. 221-23 敬奉社稷以○. 222-17 而聽○人之甘言好辭. 223-5 楚王爲○長. 224-12 韓氏先以國○公孫郝. 227-16 其○於王者. 229-17 不如以百金○之. 236-11 是爲魏○也. 239-7 一○一横. 240-11 然則山東非能○親. 241-2 ○是觀之. 243-2 是○臣不事大臣也. 244-15 不可無而○者. 246-20 ○則韓輕. 246-22 則無○輕矣. 246-22 蘇秦將爲○. 248-3 是故願大王與趙○親. 248-17 合○以安燕. 248-19 敬以國○. 248-19 則大王號令天下皆○. 249-25 武安君○齊來. 250-8 張儀爲秦破○連横. 251-11 先○隗始. 256-4 而王獨弗○也. 257-14 而王○之. 257-14 燕反約諸侯○親. 261-19 或○或不. 261-20 而天下由此宗蘇氏之○約. 261-20 是故謀者皆○事於除患之道. 266-4 莫敢合○. 275-12 諸侯得合○. 275-16 弊邑不○. 280-10 請必○公之言而還. 281-6 中山果絶齊而○趙魏. 285-3

【衒】 1

舍媒而自○. 259-14

【船】 3

方○積粟. 110-16 舫○載卒. 110-17 魏王與龍陽君共○而釣. 218-8

【釣】 4

身爲漁父而○於渭陽之濱耳. 37-12 無○罟鐔蒙須之便. 155-13 而爲此○罟鐔蒙須之便. 155-14 魏王與龍陽君共船而○. 218-8

【悉】 34

秦○塞外之兵. 12-18 臣願○言所聞. 18-8 ○其士民. 18-11 ○其士民. 20-3 乃復○卒乃攻邯鄲. 20-18 因○起兵. 29-22 君○燕兵而疾僭之. 34-23 願先生○以教寡人. 38-16 而○韓魏之兵則不義矣. 38-24 ○忠而不解. 45-1 四國必應○起應王. 53-12 而○教以國事. 59-11 請爲大王○趙兵以遇. 59-21 ○趙涉河關. 70-1 ○來合券. 82-24 中山○起而迎燕趙. 92-23 我○兵目臨之. 103-12 請○楚國之衆也. 103-17 大王○起兵以攻宋. 111-10 大夫○屬. 113-11 大夫○屬. 113-18 大夫○屬. 113-23 餘豈○無君乎. 114-4 必○起而擊楚. 115-22 ○五尺至六十. 118-12 臣請○發守以應秦. 140-2 ○起兵從之. 192-10 吾常欲○起兵而攻之. 196-20 王又欲○起而攻齊. 196-23 臣聞魏氏○其百縣勝兵. 202-22 魏王○韓魏之兵. 206-8 ○之不過三十萬. 222-21 已○起之矣. 226-13 使○反諸侯之侵地. 275-14

【欲】 494

○興兵臨周而求九鼎. 1-6 夫梁之君臣○得九鼎. 1-12 楚之君臣○得九鼎. 1-14 西周○和於楚韓. 2-19 西周之○入寶. 2-20 楚韓○得寶. 2-22 東周○爲稻. 3-1 君若○害之. 3-3 相國將不○. 3-8 ○决霸王之名. 5-9 ○取秦. 5-14 ○深取秦也. 5-20 君若○因最之事. 6-2 ○秦趙之相賣乎. 6-8 杜赫○重景翠於周. 7-2 故能得○矣. 7-7 孰○立也. 7-12 公若○爲太子. 7-13 王類○令若爲之. 7-13 秦○知三國之情. 7-18 嘗○東周與楚惡. 8-5 ○王令楚割東國以與齊也. 9-11 必○之. 9-13 秦○待周之得. 9-20 昔智伯○伐厹由. 10-4 君雖不○與也. 11-25 秦○攻周. 13-7 是天下○罷秦. 13-9 何○置. 13-19 又秦重而○相者. 14-2 ○傳商君. 15-8 常○坐而致之. 16-10 今○并天下. 16-13 讀書○睡. 16-22 皆○决蘇秦之策. 17-4 ○以一人之智. 17-19 吾○使武安子起往喻意焉. 17-22 向○以齊事王. 18-1 而○以成兩國之功. 19-22 張儀○假秦兵以救魏. 21-17 司馬錯○伐蜀. 21-21 ○富國者. 22-6 ○强兵者. 22-6 ○王者. 22-7 而攻天下之所不○. 22-13 王○窮儀於秦乎. 22-23 張儀○以漢中與楚. 23-2 夫晉獻公○伐郭. 23-14 又○伐虞. 23-16 且軫○去秦而之楚. 23-25 吾聞子○去秦而之楚. 24-1 天下○以爲子. 24-3 天下○以爲臣. 24-3 子○何之. 24-11 則○其許我也. 24-18 則○其爲我詈人也. 24-18 天下皆○以爲臣. 24-25 天下皆○以爲子. 25-1 秦○伐齊. 26-3 吾○伐齊. 26-4 弊邑○伐之. 26-9 ○興師伐秦. 27-5 公孫衍○窮張儀. 28-6 寡人○車通三川. 28-25 甘茂○息兵. 30-12 ○去之. 31-3 ○以解伐. 32-7 且○合齊而受其地. 32-10 文聞秦王○以呂禮收齊. 34-3 君○成之. 34-15 秦王○爲成陽君求相韓魏. 36-3 臣意王之計○少出師. 38-24 豈齊不○地哉. 39-2 王若○霸. 39-8 寡人○親魏. 39-11 寡人○收韓. 39-15 ○買朴乎. 41-22 ○之. 41-22 而○攻秦. 42-2 以己○富貴耳. 42-3 雖○無爲之下. 42-17 傲○死. 43-9 ○教之者. 43-20 而○兼誅范雎. 43-24 應侯知蔡澤之○困己以說. 44-21 或○分大投. 46-14 或○分功. 46-14 秦之○得矣. 46-17 呡○以齊秦劫魏而困薛公. 48-18 佐○定其弟. 48-19 寡人○割河東而講. 48-23 秦王○見頓弱. 50-23 今聞大王○伐楚. 51-21 而○以力臣天下之主. 52-14 紛彊○敗之. 56-12 王后○取而子之. 57-14 使秦而○屠趙. 57-15 文信侯○攻趙以廣河間. 58-3 ○與燕共伐趙. 58-4 應侯○伐趙. 58-16 ○攻趙而廣河間也. 58-24 ○逐嬰子於齊. 62-3 令其○封公也又甚於齊. 62-11 ○爲大事. 65-8 齊恐田忌○以楚權復於齊. 65-19○有求於我也. 66-13 臣之客○有求於臣. 66-15 雖○言. 66-21 ○以正天下而立功名. 67-23 必○反之. 68-5 今秦○攻梁絳安邑. 68-7 秦雖○深入. 69-7 而○西面事秦. 69-9 雖○事秦. 70-2 犀首○敗. 72-9 ○攻齊. 72-24 王○秦趙之解乎. 73-5 齊○奉太子而立之. 75-18 薛公○知王所○立. 77-6 蘇秦○止之. 77-9 其○有君也. 78-19 小官公又弗○. 79-3 衛君甚○約天下之兵以攻齊. 79-5 ○逐之. 79-15 不○行. 79-25 郢之登徒不○行. 80-16 齊○伐魏. 81-5 故三國○與秦壤界. 81-14 乃有意○爲收責於薛乎. 82-21 而○媿之以辭. 84-7 而因○難寡人. 84-10 ○客之必諭寡人之志也. 84-18 ○爲監門閭里. 86-7 先生王斗造門而○見齊宣王. 87-8 此皆非趙魏之○也. 90-17 ○可成也. 90-23 誠○以伯王也爲志. 92-5 地可廣而○可成. 93-17 ○與我誅者. 96-1 ○使後車分衣. 98-5 將○以取我國乎. 98-6 ○傷安平君. 99-1 且其志○爲不善. 99-6 其志○有爲也. 99-8 莫不揮泣奮臂而○戰. 100-13 ○立之. 101-1 不○爲秦. 101-24 其後秦○取齊. 102-7 秦王○楚. 102-8 不若其○齊之甚也. 102-8 王○收齊以攻秦. 102-13 王即○以秦攻齊. 102-13 常以急求所○. 103-6 江尹○惡昭奚恤於楚王. 104-23 ○入言之. 105-8 江乙○惡昭奚恤於楚. 105-13 寡人○置相於秦. 108-6 王若○置相於秦乎. 108-16 今乃○西面而事秦. 108-25 横人皆○割諸侯之地以事秦. 109-13 今君○一天下. 109-23 而○經營天下. 111-14 所○貴富者魏也. 112-9 ○爲攻於魏. 112-9 食之可○. 114-10 王○昭雎之乘秦也. 115-16 楚王○擊秦. 115-20 昭侯不○. 115-20 將○殺之. 116-4 秦王○出之. 116-7 ○因張儀内之楚王. 116-10 又○奪之東地五百里. 118-16 節身之嗜○. 119-8 故○歸. 120-3 韓魏○得秦. 120-25 魏○和. 121-15 ○復之. 122-3 吾○先據之目加德焉. 122-6 所○者不成. 122-17 臣聞從者○合天下以朝大王. 123-3 ○自刃於廟. 127-2 僕○將臨武君. 127-15 汗明○復談. 128-1 ○進之楚王. 128-18 ○殺春申君以滅口. 129-10 楚君雖○攻燕. 130-13 韓康子○勿與. 131-22 魏宣子○勿與. 132-3 ○以城下. 133-1 而君得其所○矣. 133-21 此貪○無厭也. 134-5 ○以刺襄子. 135-10 ○爲知伯報讎. 135-11 左右○殺之. 135-11 子之得近而行所○. 135-17 ○亡韓吞兩周之地. 138-8 ○鄰國聞而觀之也. 138-8 奉陽君不○. 139-12 其民皆不○爲秦. 140-4 其吏民不○爲秦. 140-7 ○嫁其禍也. 140-11 齊王○求救宜陽. 141-13 韓○有宜陽. 141-14 秦王○得宜陽. 141-14 秦之○伐韓梁. 142-21 而○攻燕. 143-1 秦○已得行於山東. 144-22 皆○割諸侯之地以與秦成. 145-17 ○以窮秦折韓. 147-4 ○以窮秦折韓. 147-11 ○反覆齊國而不能. 148-8 求○無危. 148-11 今吾○繼襄主之業. 149-5 非以養○而樂志也. 149-12○以論德而要功也. 149-12 亦○叔之服之也. 149-18 非以養○而樂志也. 149-22 敢道世俗之間今○繼簡襄之意. 151-4 故寡人○子之胡服以傅王乎. 152-25 ○子之厚愛之. 153-11 趙○存之. 156-8 富丁○以趙合齊魏. 156-25 樓緩○以趙合秦楚. 156-25 齊不○伐秦. 157-3 三國○伐秦之果也. 157-9 ○和我. 157-10 故○效地於魏而聽薛公. 157-16 吾○北伐上黨. 158-4 而○以罷趙攻强燕. 158-9 ○求益地. 161-10 ○破王之軍乎. 161-18 楚魏○得王之重寶. 161-20 其意○求爲帝. 162-9 聞魏將○令趙尊秦爲帝. 162-11 ○以助趙也. 163-3 百日而○舍之死. 163-22 閔王○入弔. 164-3 然且○行天子之禮於鄒魯之臣. 164-7 ○從而帝之. 164-9 於是平原君○封魯仲連. 164-18 四十餘年而秦不能得所○. 165-2 ○宗廟之安. 165-14 必有大臣○衡者耳. 167-21 王○知其人. 167-21 ○用王之兵. 169-5 則○以天下之重恐王. 169-7 則○用王之兵成其私者也. 169-15 則○輕王以天下之重. 169-15 齊○攻宋. 169-19 又○與秦攻魏. 169-21 其○事王也甚循. 170-14 臣故○王之偏劫天下. 170-19 齊因○與趙. 170-25 ○以使攻宋也. 171-2 臣是以○足下之速歸休士民也. 171-3 趙○搆於秦. 171-18 秦弗○. 171-19 强秦襲趙之○. 174-7 ○伐齊. 175-12 ○言而不敢. 176-3 今外臣交淺而○深談可乎. 176-10 而求所○於王者也. 176-23 韓魏○得之. 178-3 是韓魏之○得. 178-4 主父○敗之. 178-9 老臣今者殊不○食. 179-1 李牧司馬尚○與秦反趙. 180-2 重○無厭. 181-5 將○敗之. 181-7 將○取之. 181-7 而○臣事秦. 184-20 而○恃詐僞反覆蘇秦之餘謀. 185-17 則大王之國○求無危不可得也. 185-21 且夫秦之所○弱莫如楚. 186-1 雖○事秦而不可得也. 186-5 ○走而之韓. 186-20 犀首必○寡人. 187-18 寡人○之. 187-18 張儀○窮陳軫. 188-2 夫魏○絶楚齊. 188-4 ○公之去也. 188-5 ○以絶齊楚也. 188-6 ○勿内. 188-10 張儀○以魏合於秦韓而攻齊楚. 188-15 惠施○以魏合於齊楚以案兵. 188-15 齊楚怒而○攻魏. 188-23 若○復攻. 189-4 張儀○并相秦魏. 189-8 ○得埊. 189-14 張儀○敗之. 189-19 秦○救齊. 190-2 韓○攻南陽. 190-2 秦韓合而○攻南陽. 190-2 而○敗之. 190-16 犀首田盼○得齊魏之兵以伐趙. 192-3 梁君與田侯不○. 192-3 固已不○矣. 192-6 ○以爲王廣土取尊名. 192-13 犀首○窮之. 193-7 先君必○一見羣臣百姓也夫. 194-3 得毋嫌於○亟葬乎. 194-6 先王必○少留而扶社稷安黔首也. 194-7 齊○伐宋. 194-14 ○講於秦. 194-15 ○使五國約閉秦關者. 195-22 ○罪犀首. 196-4 王○得齊. 196-5 吾常○悉起兵而攻之. 196-20 王又○悉起而攻齊. 196-23 王若○報齊乎. 196-24 王○見之. 197-12 而○去子者衆. 197-20 吾○太子之自相也. 197-24 而○丞相之璽. 198-6 信安君不○往. 198-10 大王○完魏之交. 198-22 ○與之復攻魏. 199-13 ○與魏攻楚. 199-13 敝邑之王○效城埊. 199-14 王之所○於魏者. 201-15 秦之所○於魏者. 201-18 有意○以下大王之兵東擊齊也. 202-1 王若○講. 202-16 必○之. 203-4 則君得所○矣. 203-4 今處期年乃○割. 204-18 且夫○璽者. 204-19 ○地者. 204-19 夫○璽者制地. 204-20 而○地者制璽. 204-20 且夫姦臣固皆○以地事秦. 204-21 ○食則食. 204-25 ○握則握. 204-25 齊○伐魏. 205-4 齊○伐魏. 205-4 雖○行數千里而助人. 206-4 王○得故地. 206-25 秦之○許之久矣. 207-14 隨安陵氏而○亡之. 207-15 晉人○亡虞而伐虢. 208-22 其人皆○合齊秦外楚以輕公. 209-6 齊王故○伐楚. 209-7 臣意秦王與樗里疾之○之也. 209-12 ○講攻於齊王兵之辭也. 209-20 翟强○合齊秦外楚. 209-22 樓庳○合秦楚外齊. 209-23 吾○與秦攻韓. 212-4 ○獨以魏支秦者. 212-12 魏王不○. 212-18 王○焉而收齊趙攻荆. 213-22 ○焉而收荆趙攻齊. 213-22 ○王之東長之待之也. 213-22 芮宋○絶秦趙之交. 214-14 所○必得矣. 214-21 成陽君○以韓魏聽秦. 215-3 故○先構. 215-10 魏王○攻邯鄲. 215-18 我○之楚. 215-20 今王動○成霸王. 215-23 舉○信於天下. 215-23 ○傷張儀於魏. 216-7 大國○急兵. 216-13 齊楚約而○攻魏. 216-15 王雖○救之. 216-23 今臣直○棄臣

前之所得矣. 218-11 ○進美人. 218-18 寡人○以五百里之地易安陵. 219-11 然未知王之所○也. 221-12 乃○西面事秦. 222-7 雖○無亡. 223-10 秦之所○. 223-11 吾○兩用公仲公叔. 223-18 今秦之心○伐楚. 226-1 秦之○伐我久矣. 226-4 秦○伐楚. 226-18 吾甚○韓合. 227-19 甘茂○以魏取齊. 227-24 公孫郝○以韓取齊. 227-25 王○. 228-18 王○. 228-19 今秦○踰兵於澠隘之塞. 229-24 夫楚○置公子高. 233-1 公○得武遂於秦. 233-9 周最固不○來使. 233-23 周最不○來. 233-24 而○德於韓擾. 234-4 今楚○善齊甚. 234-19 固○事之. 234-24 楚王○復之甚. 236-2 周○以車百乘重而送之. 236-10 子○安用我乎. 237-1 仲子所○報仇者爲誰. 237-20 必將○置其所愛信者. 239-8 必○善韓以塞魏. 239-14 皆積智○離秦韓之交. 240-14 皆不○韓秦之合者何也. 240-15 秦王○出事於梁. 240-19 而○攻絳安邑. 240-19 秦之○伐韓. 240-20 因○與秦. 240-20 秦之○攻梁也. 240-21 ○得梁以臨韓. 240-21 故○病之以固交也. 240-21 因○中立. 240-22 秦之○并天下而王之也. 240-25 韓陽役於三川而○歸. 242-20 吾○以國輔韓珉而相之可乎. 243-22 ○以四國西首也. 244-12 與○有求於齊者. 245-6 秦王誠必○伐齊乎. 245-21 ○并代. 251-12 ○其亂也. 252-6 其弟蘇代○繼之. 252-10 不○聞其善. 252-15 非所敢○伐也. 252-18 而○報之二年矣. 252-23 故寡人之所○伐也. 252-24 此其君之○得也. 253-7 蘇代○以激燕王以厚任子之也. 253-24○因厲. 254-23 而○得燕權. 254-25 ○將以報讎. 255-13 今王誠○致士. 256-4 將○以除害取信於齊也. 256-16 今王若○轉禍而爲福. 256-24 燕○報仇於齊. 257-21 燕王○往. 260-3 秦○攻安邑. 260-19 秦○攻齊. 260-23 秦○攻魏. 261-3 出爲之以成所○. 262-4 以成所○. 262-20 又不○王. 262-25 ○賣之. 263-11 今臣○以駿馬見於王. 263-14 ○以復振古埊也. 263-21 吾○用所善. 264-25 王苟○用之. 264-25 王○醳臣剸任所善. 265-1 老婦○得志焉. 265-5 陳翠○見太后. 265-7 然而常獨○有復收之之志若此也. 265-25 而○以齊爲事. 267-10 王若○攻之. 267-12 楚軍○還不可得也. 271-7 燕王○殺之. 271-12 王○得之. 271-13 夫○得之君. 271-15 本○以爲明寡人之薄. 272-19 ○排其逆鱗哉. 273-25 ○自殺以激荊軻. 275-1 ○以成大事之謀. 275-4 而○不可足也. 275-8 恣荊軻所○. 275-20 則雖○長侍足下. 275-24 ○與俱. 276-18 乃○以生劫之. 278-1 ○獻之秦. 278-7 吾○藉子殺王. 279-10 鄰有弊輿而○竊之. 279-14 鄰有短褐而○竊之. 279-15 鄰有糟糠而○竊之. 279-16 太子雖○還. 281-7 而○滿其意者衆. 281-7 太子雖○還. 281-7 ○霸之亟成. 281-13 智伯○伐衛. 281-18 智伯○襲衛. 281-25 魏文侯○殘中山. 284-3 而○伐寡人. 284-9 臣聞君○廢中山之王. 284-11 同○者相憎. 284-19 此是○皆在爲王. 284-19 齊○伐河東. 284-24 是○用其兵也. 285-2 ○割平邑以賂燕趙. 285-6 公○之乎. 285-12 此所○也. 285-12 其實○廢中山之王也. 285-14 齊之○割平邑以賂我者. 286-1 非○廢中山之王也. 286-1 徒○以離我於中山. 286-1 ○成之. 286-24 卽○請之. 287-11 臣聞其乃○請所謂陰姬者. 287-14 雖○得請之. 287-18 主父○伐中山. 287-21 復○伐趙. 288-14 王○使武安君. 289-1 必○滅之矣. 289-8 不○先用其衆. 289-17 ○推以爲鋒. 289-17 必○快心於趙. 290-12

【貪】 15

則其民足○也. 19-11 諸侯不以爲○. 22-11 以爲○而不知足. 82-13 此○欲無厭也. 134-5 秦之○. 139-13 此非必○邯鄲. 162-9 今有强○之國. 165-17 夫秦人○. 171-7 秦王○. 171-21 夫秦○戾之國而無親. 202-11 ○戾好利而無信. 206-17 而亡國之臣○於財. 253-14 今秦有○饕之心. 275-7 秦王○其贄. 275-13 燕趙好位而○地. 285-10

【貧】 16

○窮則父母不子. 17-15 今王之地小民○. 22-7 有家○而無燭者. 31-2 家○無燭者將去矣. 31-3 寡人之國○. 51-10 聞君於齊能振達○窮. 80-7 ○乏不能自存. 82-3 ○賤則去之. 85-10 國○而驟舉兵. 110-12 ○其身. 112-19 ○其身. 113-1 ○. 120-2 家○親老. 137-4 周○且微. 163-8 家○. 237-5 人民○富. 287-3

【脯】 2

故○鄂侯. 163-21 卒就○醢之地也. 163-23

【脰】 2

有斷○決腹. 112-20 故斷○決腹. 113-9

【脛】 1

鍥朝涉之○. 281-15

【魚】 24

北有甘○之口. 35-24 海大○. 62-20 君不聞大○乎. 62-21 獻○鹽之地三百於秦也. 70-5 則不若○鼈. 79-16 食無○. 82-8 謂昭○曰. 123-22 昭○曰. 123-22 食湘波之○. 125-4 齊必致海隅○鹽之地. 144-14 齊獻○鹽之地. 148-10 昭○謂蘇代曰. 197-22 昭○曰. 197-23 昭○曰. 197-24 昭○曰. 198-1 昭○甚憂. 198-1 龍陽君得十餘○而涕下. 218-8 臣爲王之所得○也. 218-10 臣之始得○也. 218-11 臣亦猶曩臣之前所得○也. 218-14 比目之○. 268-20 是山東之知不如○也. 268-21 江漢○鼈黿鼉爲天下饒. 279-18 宋所謂無雉兔鮒○者也. 279-19

【象】 11

獻○牀. 79-24 直送○牀. 80-1 ○牀之直千金. 80-1 君豈受楚○牀哉. 80-4 今君到楚而受○牀. 80-9 子教文無受○牀. 80-11 輸○牀. 80-16 子○爲楚謂宋王曰. 103-3 黄金珠璣犀○出於楚. 120-6 白骨疑○. 182-5 鑄諸侯之○. 269-20

【逸】 1

專淫○侈靡. 124-3

【猜】 1

亦其○焉. 140-1

【猛】 3

無以異於驅羣羊而攻○虎也. 110-5 今大王不與○虎而與羣羊. 110-5 犬○不可叱. 233-25

【祭】 10

趙取周之○地. 6-23 因告以○地事. 6-24 周之○地爲祟. 6-25 以奉○祀. 32-9 ○器必出. 71-17 ○器必出. 72-3 願請先王之○器. 83-23 ○祀時享. 138-2 奉祠○之日淺. 148-19 ○祀必祝之. 179-12

【許】 80

主君令○公之楚. 3-10 今王○成三萬人與温囿. 12-20 魏王因使孟卯致温囿於周君而○之成也. 12-24 少者○之. 24-15 則欲其○我也. 24-18 不如○楚漢中以懽之. 29-25 果使馮章○楚漢中. 30-1 寡人固無地而○楚王. 30-3 魏○秦以上洛. 49-25 魏○寡人以地. 50-2 秦王○之. 50-24 ○鄢陵嬰城. 53-25 乃○韓使者而遣之. 71-6 儀○諾. 72-10 因以上黨二十四縣○秦王. 73-4 ○成以先人之寶劍. 80-16 秦王○諾. 94-4 宋○之. 103-3 以東地五百里○齊. 117-16 ○强萬乘之齊而不與. 117-17 ○萬乘之强齊也而不與. 117-25 崔杼不○. 127-2 崔杼不○. 127-2 乃○之. 134-22 趙侯將不○. 136-13 君不如○之. 136-15 ○之大勸. 136-15 秦留趙王而后○之媾. 162-3 辛垣衍○諾. 162-21 王之行能如○由乎. 165-12 ○由無天下之累. 165-13 魏王○諾. 173-20 南有鴻溝陳汝南有○鄢昆陽邵陵舞陽新郪. 184-5 王○之. 187-12 楚○魏六城. 189-19 ○鄢陵危. 189-23 犀首○諾. 192-18 亦○由也. 193-8 秦王○之. 194-15 田嬰○諾. 197-4 ○楚城埊. 199-13 請○魏. 201-7 ○綰爲我祝曰. 203-18 而○綰之首. 203-21 吾已○秦矣. 204-24 今君劫於羣臣而○秦. 204-25 趙王○諾. 205-24 燕王尚未○也. 206-4 秦之欲○之久矣. 207-14 以東臨○. 207-16 得○鄢陵以廣陶. 212-22 ○鄢陵必議. 212-24 秦○吾以垣雍. 213-25 安陵君其○寡人. 219-11 昭侯不○也. 221-18 以質○地. 225-15 甘茂○公仲以武遂. 227-19 不能愛其○鄢陵與梧. 230-1 必不○也. 234-3 則鄭王必○之矣. 234-4 王果不○韓擾. 234-5 政身未敢○人也. 237-10 前所以不○仲子者. 237-19 ○異蹴哀侯而殪之. 242-3 則○異爲之先也. 242-4 而○異終身相焉. 242-5 而韓氏之尊○異也. 242-5 而○異獨取相焉者. 242-11 此桓公○異之類也. 242-14 以其讓天下於○由. 254-2 燕王○諾. 265-4 趙若○. 267-14 然後○諾. 275-19 ○救甚勸. 279-3 ○之以百金. 282-17 與之遇而○之王. 284-15 與之遇而○之王. 284-20 果召中山君而○之王. 284-24 與之遇而○之王. 285-2 趙魏○諾. 285-3

【訢】 2

周○謂王曰. 203-11 周○對曰. 203-18

【設】 15

而○以國爲王扞秦. 12-17 令軍○舍速東. 13-24 張樂○飲. 17-12 ○利於前. 52-18 請爲大王○秦趙之戰. 59-6 ○爲不宦. 88-17 ○爲不嫁. 88-19 今先生○爲不宦. 88-20 終身不敢○兵以攻秦折韓也. 147-19 ○北面於南方. 164-4 兵衛○. 237-22 齊器○於寧臺. 267-19 ○九賓. 277-9 公輸般爲楚○機. 279-9 是以臣得○疑兵. 289-18

【訪】 2

○議之行. 152-25 旦日贊羣臣而○之. 167-21

【毫】 1

○毛不拔. 185-1

【孰】 54

○欲立也. 7-12 ○視寡人曰. 24-23 ○利. 33-1 其可願○與閔夭周公哉. 45-13 ○與秦孝公楚悼王越王乎. 45-15 ○與以禍終哉. 46-20 ○與始强對曰. 49-10 ○與孟嘗芒卯之賢. 49-11 ○與武安君. 58-12 ○與文信侯專. 58-15 而親觀其○勝. 59-6 趙○與秦大. 59-7 民○與之衆. 59-7 金錢粟○與之富. 59-7 國○與之治. 59-8 相○與之賢. 59-8 將○與之武. 59-9 律令○與之明. 59-9 救趙○與勿救. 64-8 ○與晚救之便. 64-17 我○與城北徐公美. 66-6 吾○與徐公美. 66-8 吾與徐公○美. 66-9 ○視之. 66-11 子以齊楚爲○勝哉. 67-16 子○而與我赴諸侯乎. 88-23 ○與伐宋之利也. 89-15 左右○可. 99-3 王上者○與周文王. 99-12 下者○與齊桓公. 99-13 ○可. 108-6 子○誰也. 113-16 ○與堯也. 128-2 然則君料臣○與舜. 128-3 ○與其臨不測之罪乎. 129-5 其於王○便也. 130-21 而今諸侯○謀我. 135-1 ○與坐

而割地. 160-5 天下○敢不致尊名於王. 169-9 天下○敢不致地於王. 169-10 ○敢辭之. 169-11 ○與其爲齊也. 192-21○與其爲韓也. 192-22 魏再明○. 195-5 且無梁○與無河内急. 203-22 無梁○與無身急. 203-22 天下○不棄呂氏而從嫪氏. 219-8 於秦○利. 228-10 於秦○强. 228-11 其於王○便也. 229-15 ○與伐人之利. 231-19 天下○敢不聽. 257-9 ○不逃. 263-3 ○若勝天下之威大耶. 290-13

【京】 6
臣請○. 62-19 天下爲秦相○. 68-2 然吾將使秦王○醢梁王. 163-16 先生又惡能使秦王○醢梁王. 163-18 中山之君○其子而遺之羹. 181-19 中山君○之. 288-10

【庶】 10
故衆○成彊. 4-13 有五○子. 7-9 少○子甘羅曰. 58-6 社稷其爲○幾乎. 113-9 楚國社稷其○幾乎. 113-25 必被○人之恐. 149-7 痤有御○子公孫鞅. 183-22 中○子强謂太子曰. 234-14 順○孽者. 268-2 厚遺秦王寵臣中○子蒙嘉. 277-4

【庚】 1
糗粮漕○. 185-11

【疵】 12
齊貌辨之爲人也多○. 63-7 郄○謂知伯曰. 131-4 郄○曰. 131-6 郄○言君之且反也. 131-10 是○爲趙計矣. 131-13 郄○謂知伯曰. 131-14 君又何以○言告韓魏之君爲. 131-15 韓魏之君視○端而趨疾. 131-16 郄○知其言之不聽. 131-18 使李○觀之. 287-21 李○曰. 287-21 李○曰. 287-24

【飡】 3
不取素○. 250-15 君下壺○餌之. 288-5 以一壺○得士二人. 288-8

【廊】 3
式於○廟之内. 17-6 謀不出○廟. 46-15 ○廟之上. 219-4

【康】 9
韓○子御. 49-18 魏桓子肘韓○子. 49-20 ○子履魏桓子. 49-20 韓○子欲勿與. 131-22 ○子曰. 132-1 ○子之謀臣曰段規. 133-19 司馬○三反之郢矣. 232-7 宋○王之時. 281-11 ○王大喜. 281-12

【庸】 16
南取上○. 29-7 ○芮爲魏子說太后曰. 33-6 然而身死於○夫. 45-24 棘津之讎不○. 61-13 勿○稱也以爲天下. 89-9 爲莒大史家○夫. 100-24 奉以上○六縣爲湯沐邑. 116-9 請無○有爲也. 144-8 始以先生爲○人. 164-14 臣願王之曰聞魏而無○見惡也. 170-15 而無○致兵. 171-11 是○說也. 176-7 所效者○必得幸乎. 218-18 ○必爲我用乎. 218-19 此○夫之怒也. 219-22 張儀使人致上○之地. 225-7

【鹿】 7
黄帝伐涿○而禽蚩尤. 16-1 ○裘以處. 112-24 而至鉅○之界三百里. 138-16 黄帝戰於涿○之野. 195-16 麋○盡. 207-22 ○毛壽謂燕王曰. 254-1 犀兕麋○盈之. 279-18

【章】 36
文○不成者不可以誅罰. 15-21 明言○理. 16-7 馮○謂秦王曰. 29-24 果使馮○許楚漢中. 30-1 楚王以其言責漢中於馮○. 30-1 馮○謂秦王曰. 30-2 令田○以陽武合於趙. 32-5 功○萬里之外. 45-18 齊威王使○子將而應之. 66-24 ○子爲變其徽○. 66-25 候者言○子以齊入秦. 66-25 候者復言○子以齊兵降秦. 67-1 言○子之敗者. 67-2 ○子之母啓得罪其父. 67-6 吾使者○子將也. 67-7 孟嘗君奉夏侯○以四馬百人之食. 78-7 夏侯○每言未嘗不毀孟嘗君也. 78-8 見於華○南門. 89-5 ○子走. 100-19 其子法○變姓名. 100-24 奇法○之狀貌. 100-25 法○乃自言於莒. 101-1 共立法○爲襄王. 101-2 且王嘗用滑於越而納句○. 108-12 則諸侯莫不南面而朝於○臺之下矣. 108-25 ○聞之. 114-11 是故事無敗業而惡不○. 146-14 以過○子之路. 175-9 翟○從梁來. 175-17 翟○辭不受. 175-17 任○曰. 181-3 任○曰. 181-4 王因令○子將五都之兵. 254-19 楚不出疏○. 258-8 昔者楚取○武. 258-10

【竟】 10
○内之利. 41-7 ○爲守備. 94-1 臣入○. 106-17 則從○陵已東. 110-19 未出○. 126-24 勿使出○. 183-23 而○逐之. 206-19 聶政○不肯受. 237-11 ○破齊. 257-22 東至○陵. 289-3

【産】 3
是君以合齊與强楚吏○子. 6-1 ○以忿强秦. 6-18 段○謂新城君曰. 247-1

【商】 32
封之於○. 15-4 號曰○君. 15-4 ○君治秦. 15-4 欲傳○君. 15-8 ○君告歸. 15-9 今秦婦人嬰兒皆言○君之法. 15-11 是○君反爲主. 15-11 且夫○君. 15-12 ○君歸還. 15-12 臣請使秦王獻○於之地. 26-11 而私○於之地以爲利也, 26-13 不穀得○於之田. 26-15 而得○於之地六百里. 26-17 臣見○於之地不可得. 26-18 若秦之○君. 44-20 ○君吳起大夫種. 45-11 ○君吳起大夫種. 45-13 ○君吳起大夫種不若也. 45-14 不過○君吳起大夫種. 45-18 夫○君爲孝公平權衡正度量調輕重. 45-25 則○君白公吳起大夫種是也. 46-18 ○人是也. 51-1 而治可爲管○之師. 84-14 秦孝公封○君. 130-8 是○賈之人也. 164-21 不如○賈. 167-8 足下卑用事者而高○賈乎. 167-8 夫良○不與人爭買賣之賈. 167-9 尊虞○以爲大客. 170-13 高○之戰. 261-14 未如○容箕子之累也. 272-16 ○敵爲資. 287-3

【旌】 2
○旗蔽日. 106-7 心摇摇如懸○. 109-23

【族】 12
費人有與曾子同名○者而殺人. 29-13 ○類離散. 53-5 滅亡無○之時. 86-7 宗○離心. 95-5 夷三○. 130-3 今君殺主父而○之. 137-13 賤國者○宗. 151-21 魏氏之名○不高於我. 198-25 有敢言美人者○. 218-16 宗○盛. 237-22 父母宗○. 276-5 緤錯挐薄之○皆逐也. 283-6

【旋】 1
死不○踵. 289-15

【望】 39
臣昧死○見大王. 21-10 ○見足下而入之. 37-1 卽使文王疏呂○而弗與深言. 37-15 雖周呂○之功. 42-16 相○於境. 53-4 引領西○. 57-11 皆西面而○. 57-22 太公○. 61-12 是以羣臣莫敢以虚願○於上. 61-20 ○之而泣. 64-2 ○拜之謁. 78-4 無德而○其福者約. 86-10 則吾倚門而○. 95-22 則吾倚閭而○. 95-22 太公○封於齊. 130-10 非所○也. 136-7 非寡人所○於子. 151-3 萬家之邑相○也. 155-21 與國何敢○也. 171-15 故魏之免相○也. 174-5 ○我而笑. 176-5 夫○人而笑. 176-6 故願○見太后. 178-25 楚王登强臺而○崩山. 200-8 今魏王出國門而○見軍. 206-4 利出燕南門而○見軍乎. 206-9 冠蓋相○. 216-15 冠蓋相○也. 231-3 冠蓋相○. 245-12 冠蓋相○. 245-15 ○諸相中山也使趙. 263-4 ○諸攻關而出逃. 263-5 將多○於臣. 264-15 趙封以爲○諸君. 266-15 ○諸君乃使人獻書報燕王曰. 266-24 寡人○有非則君掩蓋之. 272-5 ○有過則君教誨之. 272-5 非君心所○之. 272-10 不○之乎君也. 273-3

【率】 34
以告顔○. 1-4 顔○曰. 1-4 顔○至齊. 1-5 顔○曰. 1-9 顔○至齊. 1-10 顔○曰. 1-12 顔○曰. 1-15 顔○曰. 1-22 ○土之濱. 4-19 又禁天下之○. 5-17 ○以朝天子. 34-12 白起○數萬之師. 46-3 ○四方士. 46-10 是皆○民而出於孝情者也. 88-12 此○民而出於無用者. 88-15 萬物之○也. 90-5 大王收○天下以儐秦. 147-24 ○騎入胡. 154-15 ○天下諸侯而朝周. 163-8 請今○諸侯受命邯鄲城下. 177-15 顔○見公仲. 226-25 顔○謂公仲之謁者曰. 226-25 公仲必以○爲陽也. 226-25 故不見○也. 227-1 ○曰好士. 227-1 ○曰散施. 227-2○曰好義. 227-2 ○且正言之而已矣. 227-2 公仲躬○其私徒以鬬於秦. 227-7 必○天下以攻寡人者三. 260-24 ○天下之兵以伐齊. 269-25 皆○其精兵東保於遼東. 278-6 君前○數萬之衆入楚. 289-3 韓魏相○. 289-4

【牽】 6
鉤不能○. 62-22 而○留萬乘者. 99-5 ○其說. 186-8 子纆○長. 247-7 故纆○於事. 247-7 是纆○長也. 247-9

【着】 1
兵○晉陽三年矣. 133-15

【粗】 1
昨日我談○而君動. 137-19

【粒】 1
俯噣白○. 124-17

【敝】 35
名與天壤相○也. 97-22 ○卒七千. 99-20 是目變女不○席. 105-25 故○邑秦王. 111-19 子必以衣冠之○. 120-2 是○楚也. 130-20 ○楚見强魏也. 130-21 ○邑之王. 140-21 而尚相鬬兩○. 142-19 夫慮收亡齊罷楚○魏與不可知之趙. 147-3 是罷齊○秦也. 157-7 是俱○也. 157-8 收破軍之○守. 158-7 而强秦以休兵承趙之○. 158-10 啓關通○. 159-20 秦兵不○而多得地. 160-9 秦趙之○而瓜分之. 160-18 臣請要其○. 168-2 車甲羽毛裂○. 175-2 終身不○. 175-19 ○邑寡君亦竊嘉之. 177-8 ○邑之君. 177-21 ○邑之君. 177-23 故○邑趙王使使臣獻愚計. 185-3 其○不足以應秦. 189-4 兵罷○. 193-15 乘宋之○. 194-17 ○邑之王欲效城塞. 199-14 ○邑之吏效城者. 201-8 ○邑所以事大王者. 201-10 ○邑有寶璧二雙. 205-5 使仇敵制其餘○. 205-7 故○邑收之. 214-16 ○邑之事王. 216-12 爲○邑. 223-13

【焫】 1
則秦且燒○獲君之國. 28-11

【清】 15
○宮除道. 17-12 濟○河濁. 19-4 西有○河. 68-16 未嘗倍太山絶○河涉渤海也. 68-19 而爲先王立○廟. 78-1 ○廟必危. 78-2 ○靜貞正以自虞. 87-3 而凌○風. 124-22 折○風而抎矣. 124-25 反三公什○於趙. 139-2 東有○河. 145-2 告齊使興師度○河. 148-12 夫飄於○

風.164-25 吾聞齊有○濟濁河.253-9 雖有○濟濁河.253-11

【渚】 1

四日而至五○.260-8

【淇】 3

左飲於○谷.21-2 ○水竭而洹水不流.21-2 據衛取○則齊必入朝.144-21

【淋】 2

使我逢疾風○雨.137-10 汝逢疾風○雨.137-11

【淹】 2

○留以觀之.124-5 ○乎大沼.124-21

【涿】 2

黃帝伐○鹿而禽蚩尤.16-1 黃帝戰於○鹿之野.195-16

【渠】 9

義○君之魏.28-10 公孫衍謂義○君曰.28-10 義○君曰.28-11 義○君曰.28-13 義○君者.28-14 遺義○君.28-16 義○君致羣臣而謀曰.28-17 今者義○之事急.37-5 今義○之事已.37-5

【淺】 13

其○者又不足聽也.36-23 營○謂秦王曰.50-1 莅國之日○.146-9 奉祠祭之日○.148-19 司馬○爲富丁謂主父曰.157-2 交○而言深.176-5 交○而言深.176-7 使夫交○者不可以深談.176-9 今外臣交○而欲深談可乎.176-10 計○而怨深.223-10 吾得爲役之日○.237-2 臣之所以待之至○鮮矣.237-14 怨不期深○.288-7

【淖】 10

○齒管齊之權.40-6 此亦○齒李兌之類已.40-8 ○齒數之曰.95-9 ○齒曰.95-12 ○齒亂齊國.95-24 與之誅○齒.96-1 ○齒殺閔王.98-1 齊以○君之亂秦.102-7 ○齒用齊.127-4 令○滑惠施之趙.156-12

【混】 1

○一諸侯.111-15

【淮】 10

有○北則楚之東國危.89-20 ○泗之間亦可得也.102-14 與○北之地也.125-14 東有○潁沂黃煑棗海鹽無疎.184-6 殘楚○北.256-14 足下以宋加○北.256-18 而歸楚之○北.257-10 歸楚之○北.257-11 且又○北宋地.267-13 取○北之地.281-12

【淫】 4

專○逸侈靡.124-3 且服奇者志○.152-2 且服奇而志○.152-11 不如止○用.243-3

【淬】 1

使工以藥○之.276-16

【深】 56

欲○取秦也.5-20 則伐齊○矣.5-21 然刻○寡恩.15-7 秦衆盡怨之○矣.30-15 秦之○讎也.32-15 秦之○讎.32-16 其讎君必○.34-5 其讎君必○矣.34-22 其言○也.37-14 卽使文王疏呂望而弗與○言.37-15 居○宮之中.38-9 三國之兵○矣.48-23 秦雖欲○入.69-7 夫不○料秦之不奈我何也.69-9 其割趙必○矣.104-12 害必○矣.104-15 且魏令兵以○割趙.104-16 而無目○自結於王.106-1 不可與○謀.109-20 吾將○入吳軍.113-8 踰○谿.113-13 必○攻楚以勁秦.115-22 今燕之罪大而趙怒○.130-11 子獨何爲報讎之○也.136-1 非曾○凌於韓也.138-5 臣願大王○與左右羣臣卒計而重謀.139-9 齊怒○.139-14 懼則可以不戰而○取割.139-20 割必○矣.143-6 秦之○讎也.160-23 齊之怒○.171-9 交淺而言○.176-5 交淺而言○.176-7 使夫交淺者不可以○談.176-9 今外臣交淺而欲○談可乎.176-10 則爲之計○遠.179-11 而不敢○入者.186-16 願王之○計之也.195-1 必多割埊以○下王.199-4 ○於骨髓.219-6 臣請○惟而苦思之.221-14 計淺而怨○.223-10 是秦韓之怨○.233-12 必周君而○怨我矣.233-21 軹○井里聶政.236-25 然是○知政也.237-16 此吾弟軹○井里聶政也.238-14 而○與强秦爲仇.249-18 我有○怨積怒於齊.252-23 秦之○讎也.260-5 ○結趙以勁之.262-22 我有積怨○怒於齊.267-10 其智○.274-10 可謂○矣.276-4 怨不期○淺.288-7 故起所以得引兵○入.289-13

【梁】 172

寡人將寄徑於○.1-11 夫○之君臣欲得九鼎.1-12 鼎入○.1-13 石行秦謂大○造曰.5-9 今攻○.11-6 ○必破.11-6 踐韓而以攻○.11-13 見○囿而樂之也.12-15 兵至○郭.19-16 圍○數旬.19-17 則○可拔.19-17 拔○.19-17 ○有懸黎.36-17 縣之廟○.40-6 ○人有東門吳者.42-25 乃與卽爲○餘子同也.43-4 杜大○之門.52-4 ○氏寒心.53-24 ○王身抱質執璧.54-16 天下乃釋○.54-16 ○君伐楚勝齊.55-11 昭衍爲周之○.56-15 昭衍見○王.56-15 ○王曰.56-15 且○監門子.61-3 嘗盜於○.61-3 ○之大盜.61-4 ○之大盜.61-12 南○之難.64-17 係○太子申.65-11 今齊楚燕趙韓○六國之遞甚也.67-24 今韓○之目未嘗乾.68-5 非齊親而韓○疏也.68-6 齊遠秦而韓○近.68-6 今秦欲攻○絳安邑.68-7 南面而孤楚韓○.68-8 而出銳師以戍○絳安邑.68-10 秦必不敢攻○.68-11 故儀願乞不肖身而之○.71-15 齊○之兵連於城下.71-16 納之○.71-18 ○王大恐.71-19 故儀願乞不肖身而之○.72-1 齊必舉兵伐○.72-1 ○齊之兵連於城下不能去.72-1 與革車三十乘而納儀於○.72-3 犀首以○爲齊戰於承匡而不勝.72-7 張儀謂○王.72-7 ○王因相儀.72-8 儀以秦○之齊合橫親.72-8 及之睪黍○父之陰.80-25 西遊於○.83-14 ○王虛上位.83-16 ○使三反.83-19 食○肉.85-2 有陰平陸則○門不啓.89-21 出○門.90-14 ○氏不敢過宋伐齊.100-20 故爲○山陽君請封於楚.104-23 楚進兵大○.105-9 而楚以上○應之.107-7 新城上○相去五百里.107-9 上○亦不知也.107-9 縣於其廟○.127-4 使得爲君高鳴屈於○乎.128-15 秦韓圍○.136-19 秦必過周韓而有○.136-20 亡其北陽而○危.141-24 有○而伐趙.142-14 有趙而伐○.142-14 秦之欲伐韓○.142-21 必爲楚攻韓○.142-24 怒韓○之不救己.142-24 秦禍安移於○矣.143-4 ○不待伐矣.143-4 秦與○爲上交.143-5 以强秦之有韓○楚.143-6 出銳師以戍韓○西邊.143-8 趙王因起兵南戍韓○之西邊.143-13 ○客辛垣衍安在.162-16 吾將使○及燕助之.163-4 若乃○.163-5 則吾乃○人也.163-6 先生惡能使○助之耶.163-6 ○未睹秦稱帝之害故也.163-6 使○睹秦稱帝之害.163-7 然○之比於秦若僕耶.163-15 然吾將使秦王烹醢○王.163-16 先生又惡能使秦王烹醢○王.163-18 ○亦萬乘之國.164-7 處○之官.164-12 ○王安得晏然而已乎.164-12 而慕思不可得之小○.165-3 入○.173-13 翟章從○來.175-17 因索蔡皐○於趙.181-10 從鄭至○.185-9 從陳至○.185-9 不待倦而至○.185-9 犀首謂○王曰.190-6 季子爲衍謂○王曰.191-8 ○君與田侯不欲.192-3 田侯○君見其危.192-8 ○君田侯恐其至而戰敗也.192-10 犀首見○君曰.192-13 楚王攻○南.193-12 大○不能守.193-14 請爲君北見○王.197-24 君其爲○王.197-25 ○王.198-3 ○王.198-4 遂北見○王.198-8 今邯鄲去大○也遠於市.199-22 ○王魏嬰觴諸侯於范臺.200-2 ○王稱善相屬.200-13 走芒卯而圍大○.202-6 戰勝乎三○.202-7 此非但攻○也.202-13 以攻大○.202-21 以止戍大○.202-22 願之及楚趙之兵未任於大○也.203-2 乃罷○圍.203-9 且無○孰與無河內急.203-22 ○急.203-22 無○孰與無身急.203-22 與大○鄰.206-25 背大○.207-8 而水大○.207-13 大○必亡矣.207-13 晉國之去○也.207-19 又長驅○北.207-22 晉國之去大○也尙千里.207-24 去大○百里.208-1 則衛大○.208-13 昔竊聞大王之謀出事於○.211-3 ○者.211-4 今○王.211-5 秦攻○者.211-6 穰侯攻大○.212-21 以大○之未亡也.212-23 今日大○亡.212-23 而韓魏壤○.213-5 必魏之○也.213-8 未卒而移兵於○.213-15 季○聞之.215-18 楚威王攻○.232-1 與楚攻○.232-1 於是以太子扁昭揚○王皆德公矣.233-2 秦王欲出事於○.240-19 秦之欲攻○也.240-21 欲得○以臨韓.240-21 恐○之不聽也.240-21 ○必怒於韓之不與己.240-22 不如急發重使之趙○.240-23 使山東皆以銳師戍韓○之西邊.240-24 申不害與昭釐侯執珪而見○君.241-6 今秦有○君之心矣.241-11 遠薄○郭.244-11 抱○柱而死.250-17 魏無大○.260-16 水攻則滅大○.260-18 之卒者出士以戍韓○之西邊.269-4 今韓○趙三國以合矣.269-6 約戍韓○之西邊.269-9 ○王伐邯鄲.280-9 夫○兵勁而權重.280-9 若扶○伐趙.280-10 夫宋之不足如○也.280-13 弱趙以强○.280-13 ○王甚說.280-16 德施於○而無怨於趙.280-17 發○焚舟以專民.289-13

【淄】 11

臨○之中七萬户.68-19 而臨○之卒.68-20 臨○甚富而實.68-21 臨○之途.68-23 臨○卽墨非王之有也.70-2 過於○上.77-13 ○水至.77-15 ○水至.77-17 齊取○鼠.81-11 而馳乎○澠之間.100-14 燕兵獨追北入至臨○.256-10

【情】 17

秦欲知三國之○.7-18 盡輸西周之○於東周.7-23 令弊邑以君之○謂秦王曰.9-10 常以國○輸楚.24-8 請謁事○.28-10 此其○也.43-7 臣請得其○.43-8 示○素.44-22 人之○也.79-1 是皆率民而出於孝○者也.88-12 小國之○.91-9 其○也.123-13 是故不敢匿意隱○.148-14 不盡於馬之○.152-15 虎之○.167-16 人之○.173-16 則諸侯之○僞可得而知也.244-20

【惜】 3

○矣.49-3 ○矣.49-5 爲君○之.131-14

【悼】 4

吳起事○王.44-23 孰與秦孝公楚○王越王乎.45-15 不過秦孝越王楚○.45-17 吳起爲楚○罷無能.46-7

【惕】 1

史○謂公叔曰.232-14

【惟】 5

曷○其同.127-11 ○寐亡之.142-21 臣請深○而苦思之.221-14 追○先王.273-4 然○願大王覽臣愚計.290-9

【惛】 1

心○然. 274-7
【惋】 1
王必○之. 26-22
【寇】 1
治列子圉○之言. 236-14
【冣】 2
使趙蔥及顏○代將. 180-2 虜趙王遷及其將顏○. 180-5
【寅】 1
○然. 173-10
【寄】 11
寡人將○徑於梁. 1-11 寡人將○徑於楚. 1-13 則○地必多矣. 32-3 願○食門下. 82-4 ○怨而誅不直. 91-22 微用兵而○於義. 91-22 ○宿人田中. 137-9 固且爲書而厚○卿. 173-8 公因○汾北以予秦而爲和. 209-11 此乃韓之○地也. 227-21 而○質於齊. 256-13
【宿】 11
○昔而死. 40-7 則其國無○憂也. 93-20 則其國無○憂矣. 93-22 ○夕而死. 127-5 寄○人田中. 137-9 時○於野. 165-15 不出○夕. 165-16 田盼○將也. 196-15 爲一○之行. 245-13 義不離親一夕○於外. 250-14 決○胥之口. 260-17
【密】 3
今又以何陽姑○封其子. 170-4 試之弱○須氏以爲武教. 211-10 得○須氏而湯之服桀矣. 211-11
【啓】 14
秦○關而聽楚使. 31-25 夏育太史○叱呼駭三軍. 45-23 章子之母○得罪其父. 67-6 臣之母○得罪臣之父. 67-9 有陰平陸則梁門不○. 89-21 ○胡翟之鄕. 149-5 ○關通敝. 159-20 ○地二十二縣. 202-4 又爲陰○兩機. 203-6 周○以東周善於秦. 240-2 禹授益而以○爲吏. 254-5 而以○爲不足任天下. 254-5 ○與支黨攻益而奪之天下. 254-6 其實令○自取之. 254-7
【裂】 1
車甲羽毛○敝. 175-2
【視】 31
○之不可離. 6-8 妻側目而○. 17-13 以○利害. 21-6 孰○寡人曰. 24-23 ○之. 41-22 過頤豕○. 63-18 孰○之. 66-1 窺鏡而自○. 66-11 明日○美珥所在. 77-7 ○吾家所寡有者. 82-23 君云○吾家所寡有者. 83-4 壹瞑而萬世不○. 112-21 壹瞑而萬世不○. 113-9 術○伐楚. 115-15 明日○善珥所在. 123-24 韓魏之君○疵端而趨疾. 131-16 ○倉廩. 132-15 其○有疑臣之心. 133-25 吾○居北圍城之中者. 162-22 今吾○先生之玉貌. 162-23 ○膳於堂下. 164-1 王○楚王. 203-25 申子微○王之所說以言於王. 221-16 ○次弟. 221-20 以○齊於有秦魏. 229-7 疾○而徐叱之. 234-1 ○之曰. 238-11 眄○指使. 255-20 願子還而○之. 263-12 伯樂乃還而○之. 263-13 人不敢與忤○. 276-17
【祲】 1
休○降於天. 219-25
【晝】 6
夜行而○伏. 38-1 ○吟宵哭. 113-14 ○游乎茂樹. 124-19 故○游乎江河. 124-25 武靈王平○間居. 148-23 ○以車騎. 271-8
【逮】 2
今寡人不○. 156-18 不知吾形已不○也. 274-22
【敢】 190
不○欺大國. 1-22 秦○絕塞而伐韓者. 3-16 寡人不○弗受. 3-18 趙不○戰. 6-12 必不○不聽. 9-22 秦必不○越河而攻南陽. 12-12 臣○言往昔. 19-3 不○反於秦矣. 21-18 天下莫○不聽. 22-1 軫安○之楚也. 24-9 故不○妄賀. 26-19 ○再拜賀. 31-21 ○告下吏. 32-7 故不能者不○當其職焉. 36-10 豈○以疑事嘗試於王乎. 36-14 臣不○載之於書. 36-23 非○然也. 37-12 臣非有所畏而不○言也. 37-19 然臣弗○畏也. 37-20 臣弗○畏也. 38-11 今反閉而不○窺兵於山東者. 38-20 莫○不聽. 40-3 不○爲非. 41-5 因曰毋○思也. 43-18 不○攻秦者. 46-6 秦愈不○出. 48-10 秦遂不○出兵. 48-13 楚燕之兵云翔不○校. 52-5 天下五合六聚而不○救也. 52-9 芻牧薪采莫○闚東門. 54-11 而使天下之士不○言. 55-14 而世主不○交陽侯之塞. 55-15 而韓楚之兵不○進. 55-15 是不○倍德畔施. 57-16 臣不○言. 60-9 是以羣臣莫○以虛願望於上. 61-20 鄙臣不○以死爲戲. 62-20 故不○. 67-10 秦必不○攻梁. 68-11 高躍而不○進. 69-8 齊之所以○多割地者. 76-4 固不○言人事也. 77-11 莫○入諫. 80-14 未○. 80-18 寡人不○以先王之臣爲臣. 83-9 猶未○以有難也. 84-9 不○以爲言. 85-13 有○去柳下季壟五十步而樵采者. 85-20 莫○不服. 86-1 焉○直言正諫. 87-12 天下不○不聽. 89-22 不○歸. 96-5 魏不○東面. 96-15 梁氏不○過宋伐齊. 100-20 子無○食我也. 103-24 觀百獸之見我而○不走乎. 104-2 臣不○言其後. 104-9 臣請不○復見矣. 106-5 不○忘先生之言. 106-5 又何新城陽人之○求. 107-19 又安○言地. 107-20 天下莫○目兵南鄉. 113-4 而燕趙魏不○不聽. 116-1 必不○倍盟. 117-4 非○以爲國祆祥也. 124-4 ○布腹心. 136-7 荆○言之主. 136-23 臣恐其後事王者之不○自必也. 139-5 無○盡忠於前者. 144-6 臣故○獻其愚. 144-7 然而秦不○舉兵甲而伐趙者. 145-3 秦必不○出兵於函谷關以害山東矣. 146-7 終身不○設兵以攻秦折韓也. 147-19 弊邑秦王使臣○獻書於大王御史. 147-23 秦兵不○出函谷關十五年矣. 147-24 不○動搖. 148-2 是故不○匿意隱情. 148-14 臣固○竭其愚忠. 150-3 ○道世俗之間今欲繼簡襄之意. 151-4 臣○不聽今. 151-5 非賤臣所○任也. 153-2 臣○不聽令乎. 153-9 臣○不聽令乎. 154-14 豈有○曰. 155-21 非寡人之所○知. 156-19 故不○對. 159-6 此非臣之所○任也. 159-18 此非臣之所○任也. 159-22 勝也何○言事. 162-12 勝也何○言事. 162-14 故不○入於鄒. 164-6 不○復言帝秦. 164-15 安○不對乎. 165-10 豈○輕國若此. 165-25 天下孰○不致尊名於王. 169-9 天下孰○不致地於王. 169-10 孰○辭之. 169-11 天下有○謀王者乎. 170-6 皆且無○與趙治. 170-18 而不○相私也. 170-22 與國何○望也. 171-15 欲言而不○. 176-3 不○寧居. 177-8 豈○有難. 177-12 無所○疑. 177-13 畏懼不○不行. 177-21 不○從. 181-15 不○從. 181-16 ○問就功成名. 182-1 不○怠倦者. 183-13 不○不聽. 185-22 事秦則楚韓必不○動. 185-23 不○堅戰. 186-2 而不○深入者. 186-16 何○惡事. 187-7 又安○釋卒不我予乎. 192-8 令毋○入子之事. 192-17 二人者必不○有外心矣. 193-3 羣臣皆不○言. 193-23 不○顯也. 195-6 則陰勸而弗○圖也. 195-6 是以未○. 199-15 夫○借兵者. 205-20 秦又不○. 207-6 秦又不○也. 207-9 韓必不○反魏. 208-13 而魏王不○據也. 209-9 則燕不○不事秦. 213-17 王○責垣雍之割乎. 214-4 不○. 214-4 秦韓不○合. 215-6 因無○傷張子. 216-8 ○再拜辭. 217-17 雖死終不○行. 218-1 ○再拜釋罪. 218-6 臣無○不安也. 218-9 有○言美人者族. 218-16 弗○易. 219-13 雖千里不○易也. 219-18 魏不○戰. 228-13 齊不○戰. 228-15 甘茂薄而不○謁也. 228-22 臣安○來. 231-14 故○捍楚. 231-16 魏氏不○不聽. 231-18 又何新城陽人○索. 234-10 又安○言地. 234-11 必不○輔伯嬰以爲亂. 235-6 魏氏不○東. 235-12 韓不○離楚也. 235-18 勇○士也. 236-25 奚○有請. 237-2 義不○當仲子之賜. 237-6 豈○以有求邪. 237-8 政身未○許人也. 237-10 而不○爲楚計. 243-20 則爲大臣不○爲諸侯輕國矣. 244-18 則諸侯不○因羣臣以爲能矣. 244-19 燕趙不○不聽. 245-20 則燕趙不○不聽. 245-23 莫○自必也. 251-7 不○取也. 251-8 不○妄興師以征伐. 251-24 而趙不○妄動矣. 251-24 非所○欲伐也. 252-18 寡人不○隱也. 252-23 子之必不○受. 254-3 而蘇代厲遂不○入燕. 255-3 ○問以國報讎者柰何. 255-16 天下孰○不聽. 257-9 燕破則趙不○不聽. 263-23 寡人豈○一日而忘將軍之功哉. 266-19 故不○爲辭說. 267-1 故○以書對. 267-3 義之所不○出也. 268-11 故○以書報. 268-14 ○端其願. 272-3 光不○以乏國事也. 274-16 莫○合從. 275-12 人不○與忤視. 276-17 不○興兵以拒大王. 277-5 恐懼不○自陳. 277-7 ○問攻宋何義也. 279-12 ○請其罪. 280-1 必不○來. 280-3 亦不○來. 280-3 彼安○攻衛以重其不勝之罪哉. 280-6 遂不○過衛. 280-7 是非臣所○議. 287-12 東徙而不○西向. 289-4
【尉】 7
秦之右將有○對曰. 30-5 至○內史及王左右. 41-1 士○以証靖郭君. 63-8 士○辭而去. 63-8 亡一都○. 161-14 ○復死. 161-15 使爲持節○. 217-13
【屠】 8
誅○四十餘萬之衆. 46-4 使秦而欲○趙. 57-15 朝歌之廢○. 61-13 使若卞隨務光申○狄. 61-18 避仇隱於○者之間. 236-25 客游以爲狗○. 237-5 鼓刀以○. 237-14 自○出腸. 238-7
【張】 212
譬之如○羅者. 7-3 ○於無鳥之所. 7-4 ○於多鳥處. 7-4 必○於有鳥無鳥之際. 7-5 薛公必破秦以○韓魏. 9-10 ○樂設飲. 17-12 請使客卿○儀. 17-24 ○儀說秦王曰. 18-6 ○軍數千百萬. 18-12 而使○孟談. 21-6 ○儀欲假秦兵以救魏. 21-17 ○子不反秦. 21-18 ○子得志於魏. 21-18 ○子不去秦. 21-19 ○子必高子. 21-19 司馬錯與○儀爭論於秦惠王前. 21-21 ○儀曰. 21-21 ○儀之殘樗里疾也. 22-21 ○子謂秦王曰. 22-21 ○儀欲以漢中與楚. 23-2 ○儀謂秦王曰. 23-8 故驕○儀以五國. 23-20 ○儀果來辭. 23-20 ○儀又惡陳軫於秦王. 23-23 ○儀謂秦王曰. 24-8 ○儀入. 24-22 謂○儀曰. 26-4 ○儀曰. 26-4 ○儀南見楚王曰. 26-6 且必受欺於○儀. 26-21 受欺於○儀. 26-22 ○儀反. 27-1 ○儀至. 27-2 ○子以寡人不絕齊乎. 27-2 ○儀知楚絕齊也. 27-3 過聽於○儀. 27-11 公孫衍欲窮○儀. 28-6 皆○儀之讎也. 28-7 則諸侯必見○儀之無秦矣. 28-8 臣聞○儀西并巴蜀之地. 29-7 天下不以爲多○儀. 29-7 辛○陽毋澤說魏王薛公公叔也. 35-5 是令○儀之言爲禹. 35-9 觀○儀與澤之所不能得於薛公者也. 35-11 以○儀爲言. 41-15 ○儀之力多. 41-16 ○儀之力少. 41-17 則王逐○儀. 41-17 而更與不如○儀者市. 41-17 文信侯因請○唐相燕. 58-4 ○唐

辭曰. 58-5 今吾自請○卿相燕. 58-7 甘羅見○唐曰. 58-12 請爲○唐先報趙. 58-20 聞○唐之相燕與. 58-22 ○唐相燕者. 58-23 ○丑謂楚王曰. 62-3 ○丏對曰. 64-18 ○丏曰. 67-13 ○儀爲秦連横齊王曰. 69-15 ○儀以秦魏伐韓. 71-3 ○儀事秦惠王. 71-10 左右惡○儀. 71-10 ○儀聞之. 71-12 今齊王甚憎○儀. 71-14 ○儀曰. 71-19 王甚憎○儀. 71-21 ○儀謂梁王. 72-7 明日○子行. 72-11 ○儀之好譖. 108-10 ○儀爲秦破從連横. 110-1 ○儀相秦. 111-25 ○儀曰. 112-2 楚懷王拘○儀. 116-4 拘○儀. 116-4 ○儀者. 116-7 欲因○儀内之楚王. 116-10 出○子. 116-14 ○子得出. 116-14 畜○子以爲用. 116-15 鄭傢遽說楚王出○子. 116-16 楚王將出○子. 116-19 謂○旄曰. 116-21 以○儀之知. 116-21 ○旄果令人要靳尙刺之. 116-24 ○旄果大重. 116-25 楚王逐○儀於魏. 119-21 王何逐○子. 119-21○儀之楚. 120-2 ○儀曰. 120-2 ○子見楚王. 120-5 ○子曰. 120-5 ○子曰. 120-6 ○子曰. 120-7 ○子曰. 120-8 令人謂○子曰. 120-12 ○子辭楚王曰. 120-14 ○子中飲. 120-15 ○子再拜而請曰. 120-17 楚王令昭雎之秦重○儀. 120-21 武王逐○儀. 120-21 ○儀逐惠施於魏. 121-5 ○儀也. 121-6 而惡王之交於○儀. 121-7 今之不善○儀也. 121-8 而謂○儀曰. 121-10 ○儀惡之於魏王曰. 121-25 麋知獵者○罔. 122-8 趙襄子召○孟談而告之曰. 132-9 ○孟談曰. 132-11 召○孟談曰. 132-15 ○孟談曰. 132-16 ○孟談曰. 132-19 襄子謂○孟談曰. 132-25 ○孟談曰. 133-1 ○孟談於是陰見韓魏之君曰. 133-4 ○孟談曰. 133-7 二君卽與○孟談陰約三軍. 133-8 ○孟談以報襄子. 133-9 ○孟談因朝知伯而出. 133-10 臣遇○孟談於轅門之外. 133-12 ○孟談聞之. 133-24 使○孟談見韓魏之君曰. 134-1 ○孟談旣固趙宗. 134-8 ○子談對曰. 134-15 ○孟談曰. 134-20 ○孟談便厚以便名. 134-22 襄子往見○孟談而告之曰. 134-24 ○孟談曰. 135-2 ○孟談乃行. 135-3 ○儀爲秦連横. 147-23 說○相國曰. 164-23 文○善宋. 173-9 而惡臣者過文○. 173-10 ○懃貴. 175-14 ○儀爲秦連横. 185-7 ○儀惡陳軫於魏王曰. 187-22 ○儀欲窮陳軫. 188-2 ○儀走之魏. 188-10 ○丑諫於王. 188-10 ○丑退. 188-11 魏王因不納○儀. 188-12 ○儀欲以魏合於秦韓而攻齊楚. 188-15 人多爲○子於王所. 188-16 ○子儀以秦相魏. 188-23 雍沮謂○子曰. 188-23 ○子曰. 188-25 王亦聞○儀之約秦王乎. 189-1 ○儀欲幷相秦魏. 189-8 魏王將相○儀. 189-12 ○儀以合秦魏矣. 189-12 且魏王所以貴○子者. 189-13 ○儀欲敗之. 189-19 ○儀告公仲. 190-1 問○子. 190-1 ○子曰. 190-1 謂○儀曰. 193-7 ○儀說. 193-9 於是出而爲之○於朝. 194-4 ○丑曰. 197-4 吾恐○儀薛公犀首之有一人相魏者. 197-22 吾恐○儀薛公犀首有一人相魏者. 198-2 必不相○儀. 198-3 ○儀相魏. 198-3 臣請發○倚使謂趙王曰. 201-3 ○倚因謂趙王曰. 201-8 以○子之强. 209-8 魏王問○旄曰. 212-4 ○旄對曰. 212-4 ○旄曰. 212-6 ○旄曰. 212-6 ○旄曰. 212-7 ○旄曰. 212-9 欲傷○儀於魏. 216-7 ○子聞之. 216-7 因無敢傷○子. 216-8 ○儀爲秦連横說韓王曰. 222-19 魏兩用犀首○儀而西河之外亡. 223-20 ○儀謂齊王曰. 223-24 與之逐○儀於魏. 223-24 鄭彊之走○儀於秦. 225-5 ○儀使人致上庸之地. 225-7 ○儀走. 225-8 王不如因○儀爲和於秦. 226-1 韓王遣○翠. 231-11 ○翠稱病. 231-11 ○翠至. 231-11 ○翠曰. 231-12 ○翠曰. 231-14 秦王必祖○儀之故謀. 232-1 ○儀謂楚王曰. 232-1 先身而後○儀. 232-9 ○丑之合齊楚講於魏也. 243-7 ○丑因謂齊楚曰. 243-10 ○儀之貴. 244-14 ○登請費緤曰. 246-5 ○儀爲秦破從連横. 251-11 持臣非○孟談也. 262-5 使臣也如○孟談也. 262-5 ○儀逃於楚. 263-4 燭之武○孟談受大賞. 266-3 ○丑爲質於燕. 271-12 召○登而告之曰. 284-8 ○登曰. 284-15 ○丑曰. 284-18 且○登之爲人也. 284-22 ○登因謂趙魏曰. 284-24 ○登謂藍諸君曰. 285-8 ○登曰. 285-11 ○登曰. 285-18 ○登曰. 285-24 遣○登往. 286-4

【隋】 1

寶珍○珠. 127-8

【將】 383

使陳臣思○以救周. 1-8 齊○求九鼎. 1-9 寡人○寄徑於梁. 1-11 寡人○寄徑於楚. 1-13 周君○令相國往. 3-8 相國○不欲. 3-8 主君○令誰往周君曰. 3-11 ○以疑周於秦. 3-17 ○以觀秦之應趙宋. 6-5 ○興趙宋合於東方以孤秦. 6-6 亦○觀韓魏之於齊也. 6-6 則○與宋敗三國. 6-7 ○恐齊趙之合也. 6-11 今君○施於大人. 7-5 秦攻魏○犀武軍於伊闕. 9-18 吾得○爲楚王屬怒於周. 11-16 不如令太子○軍正迎吾得於境. 11-17 楚必○自取之矣. 11-25 ○死. 12-4 ○以使攻魏之南陽. 12-10 ○以爲辭於秦而不往. 12-12 蘇秦始○連横說秦惠王曰. 15-15 ○說楚王. 17-12 ○西南以與秦爲難. 18-9 帥天下○甲百萬. 21-1 武王○素甲三千領. 21-3 則必○二國幷力合謀. 22-15 ○以爲國交也. 22-22 昭陽○不與臣從事矣. 24-20 楚因使一○軍受地於秦. 27-1 誠思則○吳吟. 27-20 今軫○爲王吳吟. 27-20 管莊子○刺之. 27-22 ○使耳不聰. 28-21 魏文侯令樂羊○. 29-8 王○聽之. 29-21 秦之右○有尉對曰. 30-5 家貧無燭者○去矣. 31-3 太后病○死. 33-5 且復○. 35-14 若○弗行. 36-11 ○賤而不足聽耶. 36-25 破軍殺○. 39-1 且臣○恐後世之有秦國者. 40-9 今王○攻韓圍陘. 41-14 今傲勢得秦爲王○. 43-10 ○兵. 43-11 ○見昭王. 44-7 卒爲秦禽○. 44-23 入其○相. 51-13 於是白起又○兵來伐. 51-18 王○藉路於仇讎之韓魏乎. 53-7 魏氏○出兵而攻留方與銍胡陵碭蕭相. 53-13 則桀紂之後○存. 54-9 吾○還其委質. 54-12 ○孰與之武. 59-9 趙王不能○. 59-21 趙○武安君. 60-1 ○軍戰勝. 60-4 王觴○軍. 60-5 ○軍爲壽於前而捍匕首. 60-5 賜○軍死. 60-9 縮劍○自誅. 60-10 右舉劍○自誅. 60-11 ○以攻秦. 60-19 ○以圖秦. 60-20 桀聽讒而誅其良○. 61-10 齊○封田嬰於薛. 62-10 ○伐齊. 62-10 又○在楚. 62-11 靖郭君○城薛. 62-18 田忌爲○. 65-2 田忌爲齊○. 65-11 ○軍可以爲大事乎. 65-11 ○軍無解兵而入齊. 65-12 則○軍不得入於齊矣. 65-17 齊威王使章子○而應之. 66-24 王何不發○而擊之. 67-3 吾使者章子○也. 67-7 必更葬○軍之母. 67-8 楚○伐齊. 67-13 今齊○近矣. 68-7 ○無奈我何. 69-18 吾○救之. 71-4 覆軍殺○得八城. 72-15 覆軍殺○. 72-16 破軍殺○得八城. 72-23 則○退兵. 73-16 吾○與三國共立之. 75-6 孟嘗君○入秦. 77-9 則子漂漂者○何如耳. 77-17 ○何以待君. 80-9 髡○復見之. 81-2 謝○休士也. 81-9 以故相爲上○軍. 83-16 今雖干○莫邪. 90-7 ○不釋甲. 92-18 殺其○. 92-24 雖有闔閭吳起之○. 93-16 爲死士置○. 94-1 而魏○以禽於齊矣. 94-14 禽○户内. 94-15 使昌國君○而擊之. 95-6 齊使向子○而應之. 95-6 燕○攻下聊城. 96-5 燕○懼誅. 96-5 遺燕○曰. 96-7 曹沬爲魯君○. 97-13 則不免爲敗軍禽○. 97-14 曹子以敗軍禽○. 97-14 燕○曰. 97-23 ○欲以取我國乎. 98-6 楚王使○軍○萬人而佐齊. 99-2 田單○攻狄. 100-3 ○軍攻狄. 100-3 ○軍之在卽墨. 100-9 ○軍有死之心. 100-12 當今○軍東有夜邑之奉. 100-13 ○法齊之急也. 103-4 後○常急矣. 103-5 ○罪之. 107-17 今○倒冠而至. 107-20 ○知以武. 110-3 君王○何問者也. 112-19 ○何謂也. 112-23 吾○深入吳軍. 113-8 楚令昭雎○以距秦. 115-20 ○欲殺之. 116-4 楚王○出張子. 116-19 妾聞○軍之晉國. 120-12 ○收韓魏輕儀而伐楚. 121-1 楚○入之秦而使行和. 121-15 吾○使人因魏而和. 121-19 ○以爲楚國祅祥乎. 124-3 方○調鈆膠絲. 124-15 ○加己乎十仞之上. 124-18 方○脩其莽盧. 124-23 ○加己乎百仞之上. 124-24 必○救我. 126-3 君有○乎. 127-14 僕欲○臨武君. 127-15 不可爲拒秦之○也. 127-23 卽百歲後○更立兄弟. 128-25 不爲兵○. 129-18 ○道何哉. 130-14 城今且○拔矣. 131-11 又○請地於他國. 131-24 ○以伐趙. 132-8 乃使延陵王○車騎先之晉陽. 132-13 財食○盡. 132-24 趙○亡矣. 133-5 二主殆○有變. 133-11 襄子○卒犯其前. 134-3 自○軍以上. 134-11 而○其頭以爲飲器. 135-8 亦○以愧天下後世人臣懷二心者. 135-20 趙侯○不許. 136-13 彼○知矣利之也. 136-15 ○以取信於百姓也. 136-25 吾○伐之. 139-19 虎○卽禽. 142-17 五伯之所以覆軍禽○而求也. 144-16 令天下之○相. 145-24 ○以逆秦. 147-1 ○武而兵强. 147-6 而○非有田單司馬之慮也. 147-10 趙奢鮑佞○. 147-15 田單○齊之良. 147-19 今秦發三○軍. 148-12 方○約車趨行. 148-20 今吾○胡服騎射以教百姓. 149-8 且○以朝. 149-18 吾非不說○軍之兵法也. 155-3 獨○軍之用衆. 155-4 今○軍必負十萬二十萬之衆乃用之. 155-6 君○以此何之. 155-23 趙奢○救之. 156-22 夫以秦○武安君公孫起乘七勝之威. 158-5 公子○行矣. 158-15 王○予之乎. 160-7 曰我○因强而乘弱. 160-16 天下○因秦之怒. 160-18 ○益之地. 161-7 君無覆軍殺○之功. 161-7 魏安釐王使○軍晉鄙救趙. 162-5 魏王使客○軍新垣衍間入邯鄲. 162-6 聞魏○欲令趙尊秦爲帝. 162-11 事○奈何矣. 162-12 魏王使○軍辛垣衍令趙帝秦. 162-13 勝請爲紹介而見之於○軍. 162-18 所爲見○軍者. 163-3 吾○使梁及燕助之. 163-4 秦稱帝之害○奈何. 163-7 然吾○使秦王烹醢梁王. 163-16 齊閔王○之魯. 163-23 子○何以待吾君. 163-23 吾○以十太牢待子之君. 163-24 ○之薛. 164-3 主人必○倍殯柩. 164-4 吾○伏劍而死. 164-5 彼○奪其所謂不肖. 164-10 彼又○使其子女讒妾爲諸侯妃姬. 164-11 而○軍又何以得故寵乎. 164-12 秦○聞之. 164-15 其○何以當之. 165-18 齊○攻宋. 170-25 楚與魏韓○應之. 171-18 ○何以天下爲. 172-6 樓緩○使. 173-7 則君○何以止之. 174-8 使○而攻趙. 174-11 而以求安平君而○之. 174-13 君致安平君而○之. 174-14 覆軍殺○之所取割地於敵國者也. 174-16 而求安平君而○之. 174-17 且君奚不○奢也. 174-17 然則君奚求安平君而爲○乎. 174-19 ○軍釋之矣. 174-20 ○軍無言已. 174-21 以杜燕○. 175-1 四國○假道於衞. 175-9 吾固○逐之. 175-25 必○待工. 176-19 ○使王逐之. 178-4 殺秦○桓齮. 180-1 使趙葱及顏冣代○. 180-2 虜趙王遷及其○顏冣. 180-5 ○欲敗之. 181-7 ○欲取之. 181-7 樂羊爲魏○而攻中山. 181-19 文侯○出. 182-8 公○焉之. 182-9 魏公叔痤爲魏○. 183-7 ○柰社稷何. 183-22 ○成斧柯. 185-2 ○柰之何. 185-2 ○殺董慶. 186-15 以魏爲○内之於齊而擊其後. 186-16 來○悟之. 188-2 ○行. 188-3 魏○迎之. 188-10 魏王○相張儀. 189-12 齊王○見燕趙楚之相於衞. 190-19 公孫衍爲魏○. 191-8 今王以衍爲可使○. 191-10 臣○侍. 192-15 衍○右韓而左魏. 192-23 文○右齊而左魏. 192-23 ○用王之國. 192

-24 ○測交也. 196-9 ○測交也. 196-11 ○太子申而攻齊. 196-13 田肦宿○也. 196-15 自○而伐齊. 197-9 楚○內而立之. 197-14 皆○務以其國事魏. 198-6 ○以塞趙也. 198-13 彼○傷其前事. 199-4 芒卯幷○秦魏之兵. 202-4 ○盡行之乎. 203-15 ○有所不行乎. 203-15 樓公○入矣. 204-8 ○使叚干崇割地而講. 204-15 秦○伐魏. 205-16 恐天下之○有變也. 206-6 魏○與秦攻韓. 206-16 魏王○封其子. 208-17 韓○割而從其所强. 212-8 横者○圖子以合於秦. 212-15 ○令秦王遇於境. 214-8 ○皆務事諸侯之能令於王之上者. 214-10 ○奚爲北面. 215-20 吾○仕之以五大夫. 217-13 ○使高攻管也. 217-16 無忌○發十萬之師. 217-21 臣亦○棄矣. 218-15 與臣而○四矣. 219-25 ○分其地. 221-3 此我○奚聽乎. 221-20 ○西講於秦. 226-2 弊邑○以楚殉韓. 226-14 ○以合齊秦而絕齊於楚也. 229-3 子以秦爲○救韓乎. 231-22 今也其○揚言救韓. 232-4 彼○禮陳其辭而緩其言. 234-2 ○罪之. 234-8 公叔○殺幾瑟也. 234-23 楚○收秦而復之. 235-22 公必○矣. 236-4 政○爲知己者用. 237-18 必○欲置其所愛信者. 239-8 韓計○安出矣. 240-19 猶○亡之也. 241-1 猶○亡之也. 241-1 猶○亡之也. 241-2 今○攻其心乎. 241-24 我○爲爾求火也. 242-1 今强國○有帝王之舋. 242-13 ○聽之矣. 244-5 則○變矣. 245-16 蘇秦○爲從. 248-3 不見覆軍殺○之憂. 248-8 獲二○. 253-6 ○軍市被太子平謀. 254-11 ○攻子之. 254-11 ○廢私而立公飭君臣之義. 254-13 ○軍市被圍公宮. 254-15 ○軍市被及百姓乃反攻太子平. 254-15 ○軍市被死已殉. 254-16 王因令章子○五都之兵. 254-19 欲○以報讎. 255-13 寡人○誰朝而可. 255-24 於是遂以樂毅爲上○軍. 256-8 ○欲以除害取信於齊也. 256-16 王何不令蘇子○而應燕乎. 263-22 ○而應弱燕. 263-23 願子爲寡人爲之○. 263-25 蘇子遂○. 264-3 遂○以與燕戰於陽城. 264-10 固知○有口事. 264-14 燕大夫○不信臣. 264-15 ○輕臣. 264-15 ○多望於臣. 264-15 ○歸罪於臣. 264-16 ○曰善爲齊謀. 264-16 ○與齊兼鄮臣. 264-17 ○令燕王之弟爲質於齊. 265-4 趙○伐之. 266-2 楚使○軍之燕. 266-2 而强秦○以兵承王之西. 266-8 而使騎劫代之○. 266-15 先王舉國而委○軍. 266-18 ○軍爲燕破齊. 266-18 寡人豈敢一日而忘○軍之功哉. 266-19 寡人之使騎劫代○軍者. 266-20 爲○軍久暴露於外. 266-21 故召○軍且休計事. 266-21 ○軍過聽. 266-22 ○軍自爲計則可矣. 266-22 而亦何以報先王之所以遇○軍之意乎. 266-23 ○柰何合弱而不能如一. 268-18 楚王使景陽○而救之. 271-3 燕王所爲○殺我者. 271-12 樊○軍亡秦之燕. 274-2 又况聞樊○軍之在乎. 274-3 願太子急遣樊○軍入匈奴以滅口. 274-5 夫樊○軍困窮於天下. 274-8 王翦○數十萬之衆臨漳鄴. 275-10 彼大○擅兵於外. 275-15 秦○王翦破趙. 275-22 夫今樊○軍. 275-25 誠能得樊○軍首. 276-1 樊○軍以窮困來歸丹. 276-2 秦之遇○軍. 276-4 今聞購○軍之首. 276-5 ○柰何. 276-5 樊○軍仰天太息流涕曰. 276-6 而報○軍之仇者. 276-7 願得○軍之首以獻秦. 276-8 然則○軍之仇報. 276-10 ○軍豈有意乎. 276-11 秦○李信追擊燕王. 278-6 ○以攻宋. 279-9 ○以攻宋. 279-11 今黄城○下矣. 280-1 ○移兵而造大國之城下. 280-1 魏太子自○. 281-3 今太子自○攻齊. 281-4 ○出而還. 281-8 且秦王亦○觀公之事. 282-8 ○何以用之. 283-11 ○失火. 283-15 ○與趙魏伐之. 284-11 爲○奈何. 287-17 樂羊爲魏○. 288-10 乃使五校大夫王陵○而伐趙. 288-25 君所○之不能半之. 289-4 願使君○. 289-8 ○帥爲父母. 289-15 彊爲寡人臥而○之. 290-7 ○加重於君. 290-8 不忍爲辱軍之○. 290-15

【階】 1

上○刺韓傀. 238-4

【陽】 291

秦攻宜○. 2-2 宜○必拔也. 2-2 宜○城方八里. 2-3 攻宜○而有功. 2-5 秦王不聽羣臣父兄之義而攻宜○. 2-5 宜○不拔. 2-6 不如背秦援宜○. 2-9 秦拔宜○. 2-12 昭獻在○翟. 3-8 若其王在○翟. 3-11 而○竪與焉. 8-10 而○竪與之. 8-12 將以使攻魏之南○. 12-10 秦必不敢越河而攻南○. 12-12 以攻南○. 12-19 且魏有南○鄭地三川而包二周. 13-3 路過洛○. 17-12 天下陰燕○魏. 18-8 東○河外不戰而已反爲齊矣. 20-8 以攻趙襄主於晉○. 21-4 魏絕南○. 21-24 秦攻新城宜○. 21-24 而昭○賢相也. 24-19 昭○將不與臣從事矣. 24-20 宜○. 29-5 上黨南○積之久矣. 29-5 果攻宜○. 29-20 遂拔宜○. 29-22 宜○之役. 29-24 不拔宜○. 29-24 而拔宜○. 30-1 甘茂攻宜○. 30-5 我以宜○餌王. 30-6 今攻宜○而不拔. 30-7 因以宜○之郭爲墓. 30-9 宜○拔. 30-10 宜○未得. 30-12 公不如進兵攻宜○. 30-14 宜○拔. 30-14 宜○之役. 30-17 令田章以○武合於趙. 32-5 齊以○武賜弊邑而納順子. 32-6 辛張○毋澤說魏王薛公公叔也. 35-5 秦王欲爲成○君求相韓魏. 36-3 成○君以王之故. 36-4 且收成○君. 36-6 身爲漁父而釣於渭○之濱耳. 37-12 舉兵而攻滎○. 39-17 一舉而攻滎○. 39-18 聞秦之有太后穰侯涇○華○. 39-23 涇○華○擊斷無諱. 39-25 高陵涇○佐之. 40-8 走涇○於關外. 40-11 華○用之. 40-22 分移華○. 41-7 以實宜○. 46-16 咸○必危. 49-4 無危咸○而悔也. 49-6 帥韓魏以圍趙襄子於晉○. 49-17 決晉水以灌晉○. 49-17 絳水利以灌平○. 49-19 尚賢在晉○之下也. 49-22 楚敗於南○. 49-25 小黄濟○嬰城. 52-8 攻晉○之城. 52-20 必攻○右壤. 53-9 隨○右壤此皆廣川大水. 53-10 戰勝宜○. 55-6 圍逼晉○. 55-9 今王破宜○. 55-14 而世主不敢交○侯之塞. 55-15 濮○人呂不韋賈於邯鄲. 56-21 乃說秦王后弟○泉君曰. 57-4 ○泉君避席. 57-8 ○泉君曰. 57-12 王后爲華○太后. 57-25 去咸○七里. 58-17 南○之弊幽. 61-14 昭○請以數倍之地易薛. 63-20 至闈○晉之道. 69-5 韓獻宜○. 69-25 昭○爲楚伐魏. 72-15 見昭○. 72-16 昭○曰. 72-17 昭○以爲然. 73-1 晉○者. 81-14 伐趙取晉○. 81-15 絕趙之東○. 81-18 ○得子養. 84-23 葉○子無恙乎. 88-9 夫有宋則衛之○城危. 89-20 又西圍晉○. 92-21 西圍定○. 93-24 且楚攻南○. 96-13 以爲亡南○之害. 96-14 且弃南○. 96-15 王走而之城○之山中. 99-19 閔城○而王. 99-21 城○天下莫之能止. 99-21 而迎王與后於城○山中. 99-22 昭○謂楚王曰. 103-9 故爲梁山○君請封於楚. 104-23 山○君無功於楚國. 104-24 江尹因得山○君與之共惡昭奚恤. 104-24 宜○之大也. 107-7 蒲反平○相去百里. 107-8 矯曰新城○人予太子. 107-16 臣爲太子得新城○人. 107-18 又何新城○人之敢求. 107-19 東有夏州海○. 108-22 北有汾陘之塞郇○. 108-23 據宜○. 110-8 秦下兵攻衛○晉. 111-9 杜赫謂昭○曰. 121-16 杜赫謂昭○曰. 121-20 秦伐宜○. 122-5 宜○果拔. 122-11 襄王流揜於城○. 124-6 於是乃以執珪而授之爲○陵君. 125-13 圍晉○而水之. 131-3 ○親而陰疏. 132-10 世治晉○. 132-12 君其定居晉○. 132-13 乃使延陵王將車騎先之晉○. 132-13 臣聞董子之治晉○也. 132-16 臣聞董子之治晉○也. 132-19 三國之兵乘晉○城. 132-23 圍晉○三年. 132-24 遣入晉○. 133-9 兵着晉○三年矣. 133-15 晉○之政. 134-19 晉畢○之孫豫讓. 135-6 謂山○君曰. 136-19 雒○乘軒車蘇秦. 137-3 奉○君不欲. 139-12 客謂奉○君曰. 139-12 一軍臨熒○. 139-20 使○城君入謝於秦. 139-22 令韓○告上黨之守靳黈曰. 139-23 使○言之太守. 139-24 韓○趨以報王. 140-2 甘茂爲秦約魏以攻韓宜○. 141-12 齊王欲求救宜○. 141-13 韓欲有宜○. 141-14 秦王欲得宜○. 141-14 亡其北○而梁危. 141-24 奉○君妬. 144-4 今奉○君捐館舍. 144-6 陰○而已矣. 144-13 韓弱則效宜○. 144-19 宜○效則上郡絕. 144-19 夫秦下軹道則南○動. 144-21 則韓軍宜○. 146-5 奉○君相. 148-17 且昔者簡主不塞晉○. 150-22 王破原○. 154-2 今王破原○. 154-3 陰○不同道. 154-7 不知陰○之宜. 154-9 平原君謂平○君曰. 158-14 平○君曰. 158-19 與平○君爲媾. 161-22 寡人使平○君媾秦. 161-23 今又以何○姑密封其子. 170-4 臣爲足下使公孫衍說奉○君曰. 171-6 以奉○君甚食之. 171-10 以觀奉○君之應足下也. 171-11 臣以爲足下見奉○君矣. 171-19 臣謂奉○君曰. 171-20 內成○君於韓. 172-10 下軹道南○高. 172-20 奉○君曰. 173-5 燕封宋人榮盆爲高○君. 174-11 猶大王之有葉○涇○君也. 177-16 未嘗不分於葉○涇○君. 177-18 葉○君涇○君之車馬衣服. 177-19 無乃傷葉○君涇○君之心乎. 177-21 因圍晉○. 181-11 而右天谿之○. 182-24 南有鴻溝陳汝南有許鄢昆○邵陵舞○新郪. 184-5 劫衛取晉○. 185-19 齊請以宋地封涇○君. 186-21 齊秦合而涇○君有宋地. 186-25 王以其間約南○. 189-8 魏攻南○. 189-13 則韓之南○舉矣. 189-14 楚破南○九夷. 189-22 韓欲攻南○. 190-2 秦韓合而欲攻南○. 190-2 何不○與齊而陰結於楚. 190-6 聞周魏令竇屢以割魏於奉○君. 190-14 夫周君竇屢奉○君之與穰侯. 190-15 奉○君也. 190-16 奉○君孟嘗君韓呡周目周韓餘爲徒從而下之. 195-19 奉○君韓餘爲旣和矣. 195-23 然而秦之葉○昆○與舞○高陵鄰. 207-14 秦繞舞○之北. 207-15 葉○君約魏. 208-17 王能又封其子問○姑衣乎. 208-18 成○君欲以韓魏聽秦. 215-3 王不如陰侯人說成○君曰. 215-3 成○君必不入秦. 215-6 魏王與龍○君共船而釣. 218-8 龍○君得十餘魚而涕下. 218-8 西有宜○常阪之塞. 221-24 皆出於冥山棠谿墨○合伯膊. 222-3 秦必求宜○成皋. 222-9 秦下甲據宜○. 223-7 東取成皋宜○. 223-7 効宜○. 223-15 韓使人馳南○之地. 224-6 韓因割南○之地. 224-6 今已令楚王奉幾瑟以車百乘居○翟. 225-1 宜○之役. 225-10 秦圍宜○. 225-14 以成○資翟强於齊. 225-17 宜○必不拔矣. 225-17 公仲以宜○之故. 225-20 公仲必以率爲○也. 226-25 中封小令尹以桂○. 227-6 反宜○之民. 227-19 今公取宜○以爲功. 227-25 爲韓取南○. 228-18 教○向說秦王曰. 233-5 而輕○侯之波. 233-15 是塞漏舟而輕○侯之波也. 233-16 矯以新城○人合世子. 234-7 世子得新城○人. 234-9 又何新城○人敢索. 234-10 遂西至濮○. 237-19 而封於梗○. 240-1 與新城○晉同也. 240-7 聶政○堅刺相兼君. 242-3 韓○役於三川而欲歸. 242-20 以爲成而過南○之道. 244-12 茂且攻宜○. 244-22 大怒於周之留成○君也. 245-2 成○君爲秦去韓. 245-4 或謂山○君曰. 245-8 秦封君以山○. 245-8 山○君因使之楚. 245-10 趙魏攻華○. 245-12 大敗趙魏於華○之下. 245-17 奉○君李兌甚不取於蘇秦. 248-22 李兌因爲蘇秦謂奉○君曰. 248-22 奉○君曰. 249-1 奉○君曰. 249-7 餓而死於首○之山. 250-16 乃○僵棄酒. 251-4 齊請以宋封涇○君. 255-6 涇○君有宋地. 255-9 今涇○君若高陵君先於燕趙. 257-6 我起乎宜○而觸

平○. 260-11 道南○封冀. 260-15 魏無濟○. 260-17 已得宜○少曲. 261-1 則以南○委於楚曰. 261-3 蘇代爲奉○君說燕於趙以伐齊. 261-23 奉○君不聽. 261-23 人告奉○君曰. 261-25 奉○君告朱讙與趙足曰. 262-8 奉○君之怒甚矣. 262-13 而小人奉○君也. 262-13 奉○君告朱讙曰. 262-23 ○虎之難. 263-3 以守○城. 264-4 明日又使燕攻○城及狸. 264-7 今燕又攻○城及狸. 264-8 遂將以與燕戰於○城. 264-10 楚王使景○將而救之. 271-3 景○怒曰. 271-4 景○乃開西和門. 271-8 北下曲○爲燕. 273-16 燕國有勇士秦武○. 276-17 乃令秦武○爲副. 276-18 丹請先遣秦武○. 276-20 見燕使者咸○宮. 277-9 而秦武○奉地圖匣. 277-10 秦武○色變振恐. 277-10 荆軻顧笑武○. 277-11 取武○所持圖. 277-13

【隅】 1

齊必致海○魚鹽之地. 144-14

【隗】 7

故往見郭○先生曰. 255-14 郭○先生對曰. 255-17 郭○先生曰. 255-24 先從○始. 256-4 ○且見事. 256-4 況賢於○者乎. 256-5 於是昭王爲○築宮而師之. 256-6

【隆】 3

當秦之○. 17-7 雖○薛之城到於天. 62-24 氣矜之○. 238-11

【隊】 1

○黃城. 90-16

【婢】 1

而母○也. 163-11

【婚】 3

合讎國以伐○姻. 195-15 與其相子之爲○. 253-20 燕相子之與蘇代○. 254-25

【婦】 32

今秦○人嬰兒皆言商君之法. 15-11 出○嫁鄉曲者. 24-4 良○也. 24-4 出○嫁於鄉里者. 25-2 善○也. 25-2 夫信○貞. 45-5 宮○左右. 66-16 今秦楚嫁子取○. 69-24 老○已亡矣. 101-11 ○人所以事夫者. 123-13 求○人宜子者進之. 128-17 ○人爲之自殺於房中者二八. 158-25 而○人爲死者十六人. 159-2 而於○人厚. 159-3 從○言之. 159-4 必不免爲妬○也. 159-4 紀姬○人也. 176-16 老○必唾其面. 178-21 老○恃輦而行. 178-25 老○不能. 179-2 甚於○人. 179-8 ○人異甚. 179-8 老○不聞也. 179-16 王亦聞老妾事其主○者乎. 188-11 若老妾之事其主○者. 188-12 秦惠王以其女爲燕太子○. 249-13 故桓公負○人而名益尊. 249-21 老○欲得志焉. 265-5 老○不知長者之計. 265-19 衛人迎新○. 283-13 ○上車. 283-13 新○謂僕曰. 283-14

【習】 25

穰侯智而○於事. 32-14 穰侯智而○於事. 33-2 親○之故. 43-25 不○於誦. 57-20 ○秦事. 59-5 ○趙事. 59-6 誰○計會. 82-16 不○國家之長計. 111-21 ○於三晉之事. 112-10 又簡擇宮中佳翫麗好翫○音者. 116-8 願王召所便○而觴之. 120-16 ○諸侯事. 122-5 ○馳射. 148-2 常民溺於○俗. 151-13 且○其兵者輕其敵. 154-4 奢○知之. 174-19 兩國交以○之. 175-2 不○於兵. 196-15 夫魏王之愛○魏信也. 198-14 魏必舍所愛○而用所畏惡. 198-16 近○之人. 218-17 而近○之人相與怨. 218-19 今王之愛○公也. 227-10 ○於戰攻. 267-12 其民皆○於兵. 271-21

【參】 15

曾○殺人. 29-13 曾○殺人. 29-14 曾○殺人. 29-15 夫以曾○之賢. 29-16 臣之義不○拜. 50-23 曾○孝其親. 61-7 因與之○坐於衛君之前. 72-10 ○分趙國壤地. 138-25 以備其○胡樓煩秦韓之邊. 150-21 是○行也. 213-12 孝如曾○. 250-12 且夫孝如曾○. 250-14 孝如曾○孝己. 257-24 孝如曾○孝己. 258-2 公孫弘○乘. 286-8

【貫】 6

則同心於○之者. 93-8 巖下有○珠者. 98-7 ○珠者復見王曰. 98-14 禍與福相○. 123-5 白虹○日. 219-24 ○頤奮戟者. 222-24

【鄉】 13

出婦嫁○曲者. 24-4 出婦嫁於○里者. 25-2 ○里不通也. 97-9 天下莫敢目兵南○. 113-4 ○也. 130-17 必○之以兵. 132-1 啓胡翟之○. 149-5 是以聖人觀其○而順宜. 150-9 是以○異而用變. 150-12 窮○多異. 150-16 夫○邑老者而先受坐之士. 182-2 天下之西○而馳秦. 208-15 秦韓并兵南○. 226-5

【組】 2

妻自○甲絣. 252-21 束○三百緄. 280-2

【細】 2

臣以韓之○也. 43-11 乃今聞○人之行. 86-23

【終】 57

寡人○何塗之從而致之齊. 1-15 則○日無所得矣. 7-4 是故兵○身暴靈於外. 19-23 ○身勿出. 31-11 ○身不復見. 38-3 ○身闇惑. 38-9 ○其年而不夭傷. 44-17 與天下○. 44-18 勾踐○棓而殺之. 46-11 孰與以禍○哉. 46-20 ○以齊奉事王矣. 48-21 鮮克有○. 52-15 ○之難也. 52-15 鮮克有○. 55-8 唯始與○. 55-8 能始而不能○也. 55-13 ○亡其酒. 72-23 則○身不辱也. 87-6 ○戰比勝. 93-3 使管仲○窮抑. 97-9 而成○身之名. 97-21 ○身不覩. 101-3 而王○已不知者. 105-17 而無所○薄. 109-23 ○身無相攻擊. 111-18 臣請爲君○言之. 128-5 ○日談而去. 137-18 擇交不得則民○身不得安. 144-9 今用兵○身不休. 146-20 ○身不敢設兵以攻秦折韓也. 147-19 ○不肯受. 164-18 ○身不復見. 164-21 而君○不得陰. 172-9 而君○身不得陰. 172-22 而君有○身不得陰. 173-1 ○身不敝. 175-19 是臣○無成功也. 192-14 ○爲齊患者. 197-7 公○自以爲不能守也. 209-17 雖死○不敢行. 218-1 願○守之. 219-13 武遂○不可得已. 227-20 太子必○身重公矣. 235-1 老母今以天年○. 237-18 ○莫能就. 237-23 若夫安韓魏而○身相. 239-13 秦魏不○相聽者也. 239-13 而許異○身相焉. 242-5 雖○身相之焉. 242-6 吾○以子受命於天矣. 253-16 皆○歸齊. 255-4 以爲人之○也. 265-13 則公子○身不封矣. 265-18 不必善○. 268-4 王名○不成. 269-21 丹○不迫於强秦. 274-8 ○已不顧. 277-3

【絃】 1

未絕一○. 17-5

【紵】 2

皆衣縞○. 85-2 解○衣以羃之. 128-11

【紹】 7

王立周○爲傅. 152-19 周○曰. 153-2 周○曰. 153-3 周○曰. 153-4 周○曰. 153-8 遂賜周○胡服衣冠. 153-15 勝請爲○介而見之於將軍. 162-18

【紿】 1

○騎劫. 95-18

【巢】 2

城中○居而處. 132-24 有覆○毀卵. 177-20

【貳】 3

故釋帝而○之以伐宋之事. 89-21 故微韓以○之. 138-10 任賢勿○. 153-14

【琴】 2

中期推○對曰. 49-15 其民無不吹竽鼓瑟擊筑彈○鬬雞走犬六博蹹踘者. 68-21

【髡】 19

淳于○爲齊使於荆. 77-21 謂淳于○曰. 77-23 淳于○曰. 77-24 淳于○一日而見七人於宣王. 80-21 淳于○曰. 80-24 今○賢者之疇也. 81-1 王求士於○. 81-2 ○將復見之. 81-2 淳于○謂齊王曰. 81-5 魏使人謂淳于○曰. 205-4 淳于○曰. 205-5 淳于○言不伐魏者. 205-9 王以謂淳于○曰. 205-10 淳于○曰. 205-11 魏雖刺○. 205-12 魏雖封○. 205-12 ○有璧馬之寶. 205-14 先說淳于○曰. 263-10 淳于○曰. 263-15

【堯】 26

○伐驩兜. 16-2 不遇○也. 34-16 雖○舜禹湯復生. 36-22 ○亦有所不及矣. 79-19 是以○有九佐. 86-12 ○舜禹湯周文王是也. 86-15 夫○傳舜. 86-20 跖之狗吠○. 98-21 非貴跖而賤○也. 98-21 孰與○也. 128-2 臣何足以當○. 128-3 君之賢實不如○. 128-5 夫以賢舜事聖○. 128-5 是君聖於○而臣賢於舜也. 128-6 ○無三夫之分. 145-8 黃帝○舜誅而不怒. 152-7 昔者○見舜於草茅之中. 176-7 王爲○舜矣. 193-8 ○舜之所求而不能得也. 199-5 無過○舜. 203-13 ○舜名. 203-13 今母賢不過○舜. 203-14 雖○舜之智. 251-8 人謂○賢者. 254-1 是王與○同行也. 254-3 ○舜之賢而死. 262-19

【揕】 2

而右手○抗其匈. 276-9 而右手持匕首○抗之. 277-14

【堞】 1

盡○中爲戰具. 93-25

【揀】 1

撓○而不辟者. 183-9

【項】 1

夫○櫜生七歲而爲孔子師. 58-10

【越】 55

○人請買之千金. 12-4 秦必不敢○河而攻南陽. 12-12 吳不亡○. 34-20 ○故亡吳. 34-20 吳亡於○. 34-21 富擅○隸. 35-25 大王○韓魏而攻强齊. 38-23 ○人之國而攻. 38-25 ○之大夫種. 44-20 大夫種事○王. 45-1 孰與秦孝公楚悼王○王乎. 45-15 不過秦孝○王楚悼. 45-17 又○韓魏攻强趙. 46-4 南攻楊○. 46-8 大夫種爲○王墾草刱邑. 46-9 吳之信○也. 52-18 還爲○王禽於三江之浦. 52-19 此正吳信○也. 52-25 吳王夫差棲○於會稽. 55-10 而宋○專用其兵. 91-3 强襲郢而棲○. 91-14 莒恃○而滅. 91-17 且王嘗用滑於○而納句章. 108-12 ○亂. 108-13 ○亂而楚治也. 108-15 今王以用之於○矣. 108-15 東有○纍. 121-21 若○趙魏而鬬兵於燕. 130-19 必不能○趙而有

中山矣. 136-14 ○漳河. 137-5 甌○之民也. 150-11 是吳○無俊民也. 152-13 而弱○之所以霸. 158-11 臣聞○王勾踐以散卒三千. 184-16 此其過○王勾踐武王遠矣. 184-19 夫○山踰河. 207-3 繒恃齊以悍○. 211-16 齊和子亂而○人亡繒. 211-16 若夫○趙魏而鬭兵於燕. 229-13 吳與○戰. 241-19 ○人大敗. 241-20 吳人入○而户撫之. 241-20 ○王使大夫種行成於吳. 241-20 其後○與吳戰. 241-22 反以○事吳之禮事○. 241-23 ○人不聽也. 241-23 宜使如○. 241-24 夫攻形不如○. 241-25 段干○人謂新城君曰. 247-5 ○王勾踐棲於會稽. 256-23 而弱○乘其弊以霸. 266-6 而使强秦處弱○之所以霸也. 266-9 胡與○人. 268-24 智又不如胡○之人矣. 269-1

【超】 2

○然避世. 46-13 韓卒○足而射. 222-2

【賁】 10

孟○之倦也. 91-19 非賢於騏驥孟○也. 91-20 虎○之士百餘萬. 110-2 ○諸懷錐刃而天下爲勇. 122-16 内無孟○之威. 165-16 王○韓他之曹. 172-11 猶孟○之與怯夫也. 223-2 夫戰孟○烏獲之士. 223-3 是其軼○育而高成荆矣. 238-12 孟○之勇而死. 262-19

【堤】 1

夜期殺守○之吏. 134-1

【提】 5

可懷挾○挈以至齊者. 1-17 今○一匕首入不測之强秦. 276-22 以其所奉藥囊○軻. 277-21 乃引其匕首○秦王. 277-24 乃以藥囊○軻也. 278-4

【場】 2

效勝於戰○. 16-9 故戰○也. 185-12

【揚】 13

楚王○言與秦遇. 50-6 志高而○. 68-24 志之○也. 80-12 有能○文之名. 80-18 是故成其道德而○功名於後世者. 86-14 且人有好○人之善者. 105-14 有人好○人之惡者. 105-15 因○言曰. 190-14 今也其將○言救韓. 232-4 於是以太子扁昭○梁王皆德公矣. 233-2 而不患楚之能○河外也. 233-9 夫愛身不○弟之名. 238-13 以○其名也. 238-17

【揖】 3

則○應侯. 44-10 宜召田單而○之於庭. 98-14 太后盛氣而○之. 178-22

【博】 16

務○其德. 22-7 請與叢○. 40-17 君獨不觀○者乎. 46-14 游學○聞. 51-19 夫以王壤土之○. 53-19 其民無不吹竽鼓瑟擊筑彈琴鬭雞走犬六○蹹踘者. 68-21 夫千乘○昌之間. 95-9 嬴○之間. 95-10 其○過君. 137-16 趙涉河漳○關. 146-3 ○論而技藝之. 146-13 德○而地廣. 147-5 王獨不見夫○者之用梟邪. 204-25 攻齊得剛○以廣陶. 212-22 王誠○選國中之賢者. 255-22 願王○事秦. 282-18

【揭】 2

○其劍. 82-11 脣○者其齒寒. 231-5

【喜】 42

東周大○. 7-23 秦王太后必○. 11-2 趙王○. 32-6 乃使其舍人馮○之楚. 71-20 臣有大○三. 80-13 臣一○. 80-15 臣二○. 80-15 臣三○. 80-16 以○其爲名者. 86-8 是故無其實而○其名者削. 86-10 臣聞用兵而○先天下者憂. 90-3 約結而○主怨者孤. 90-4 强大而○先天下之禍也. 91-16 燕王必○. 96-25 齊必○. 115-5 楚王○. 122-3 擇其所○而爲之. 123-12 又甚○之兮. 127-10 衆人○之. 138-4 趙王○. 140-6 秦必○. 162-10 兵固天下之狙○也. 165-11 寡人不○. 165-12 秦王乃○. 177-24 魏王○. 199-10 趙王○. 201-5 齊必○. 214-12 亦非君之所○也. 217-17 臣甚○. 218-11 秦王必○. 223-13 房○謂韓王曰. 246-15 秦王必○. 251-24 寡人甚不○訑者言也. 259-12 燕王○使栗腹以百金爲趙孝成王壽. 271-19 秦王必○而善見臣. 276-9 大○. 277-9 燕王○太子丹等. 278-6 而虜燕王○. 278-8 康王大○. 281-12 中山必○而絶趙魏. 284-15 司馬○曰. 287-15 秦人歡○. 288-18

【彭】 2

昭奚恤與○城君議於王前. 104-8 左○蠡之波. 182-22

【揣】 3

簡練以爲○摩. 16-21 朞年○摩成. 16-23 君之所○也. 273-5

【插】 1

立則丈○. 100-10

【煑】 2

遽效○棗. 2-12 東有淮潁沂黄○棗海鹽無疎. 184-6

【揜】 6

恢先君以○方城之外. 113-3 則必○子鼻. 123-17 因○其鼻. 123-17 則○其鼻. 123-18 襄王流○於城陽. 124-6 不○能士之迹. 183-17

【援】 12

不如背秦○宜陽. 2-9 此皆恃○國而輕近敵也. 13-13 臣無諸侯之○. 43-25 ○也. 52-23 秦人○魏以拒楚. 55-21 楚人○韓以拒秦. 55-21 乃○枹鼓之. 100-16 目爲趙○. 104-18 楚弱則無○. 144-20 是西有强秦之○. 251-24 王之○國也. 252-16 今王奉仇讎以伐○國. 252-16

【捊】 1

楚之○國. 107-6

【裁】 4

大王○其罪. 18-8 大國○之. 32-11 ○少爲多. 123-4 ○如嬰兒. 252-1

【達】 18

○途於中國. 35-1 今王見其○而收之. 36-4 ○而報之. 36-6 此皆平原四○. 53-14 聞君於齊能振○貧窮. 80-7 ○子收餘卒. 95-7 聲○於天. 128-12 臣愚不○於王之議. 151-4 ○於禮之變. 151-18 不○於事之變. 152-16 知慮不躁○於變. 153-4 身行寬惠○於禮. 153-4 君非徒不○於兵也. 155-8 條○輻湊. 185-8 遠者○胷. 222-3 楊○謂公孫顯曰. 225-10 臣以爲廉不與身俱○. 258-5 四○之國也. 271-21

【報】 73

使者反○楚王. 27-5 ○惠王之恥. 34-18 若○父子之仇. 34-24 達而○之. 36-6 穰侯出使不○. 39-25 蒙傲以○於昭王. 43-12 請爲張唐先○趙. 58-20 與之爲交以○秦. 60-24 畢○. 77-25 而來害相○者. 79-21 還○孟嘗君曰. 83-24 使者復還○. 87-9 歸○燕王. 96-25 昭雎歸○楚王. 112-3 夫○○之反. 123-5 臣有辭以○樗里子矣. 125-17 張孟談以○襄子. 133-9 吾其○知氏之讎矣. 135-9 欲爲知伯○讎. 135-11 而其臣至爲○讎. 135-13 是爲先知○後知. 135-18 而子不爲○讎. 135-25 子獨何爲○讎之深也. 136-1 臣故衆人○之. 136-2 臣故國士○之. 136-2 而可以○知伯矣. 136-9 韓陽趨以○王. 140-2 使者○王. 150-8 其怨未能○也. 150-25 遠可以○中山之怨. 151-1 請問王之所以○齊者可乎. 170-11 秦王使使者○曰. 177-10 今使臣受大王之令以還○. 177-21 是太子之讎○矣. 190-8 而果西因蘇脩重○. 195-25 王若欲○齊乎. 196-24 乃使人○於齊. 197-2 大王且何以○魏. 201-8 使者以○信陵君. 217-19 解患而怨○. 219-2 則王之怨○矣. 219-9 且王以使人○於秦矣. 226-19 尚靳歸書○韓王. 231-11 必以韓權○讎於魏. 235-20 游求人可以○韓傀者. 236-24 仲子所欲○仇者爲誰. 237-20 思念○齊. 252-20 而欲○之二年矣. 252-23 臣自○其内. 253-17 齊使代○燕. 255-1 欲將以○讎. 255-13 不足以○. 255-15 敢問以國○讎者柰何. 255-16 反以○君. 256-1 燕欲○仇於齊. 257-21 而○其父之讐. 263-2 而○於閔王曰. 264-4 其後必務以勝○王矣. 264-9 ○先王之讐. 266-19 而亦何以○先王之所以遇將軍之意乎. 266-23 望諸君乃使人獻書○燕王曰. 266-24 若先王之○怨雪耻. 267-25 故敢以書○. 268-14 反○曰. 271-19 不○. 273-7 丹所○. 274-19 臣乃得有以○太子. 276-2 而○將軍之仇者. 276-7 然則將軍之仇○. 276-10 必得約契以○太子也. 278-1 爲燕○仇. 278-9 歸○中山王曰. 287-13

【揮】 2

○汗成雨. 68-24 莫不○泣奮臂而欲戰. 100-13

【壹】 6

○楚國之俗. 46-8 ○毁魏氏之威. 52-13 ○發而殪. 106-9 ○瞑而萬世不視. 112-21 ○瞑而萬世不視. 113-9 弱而不能相○. 142-16

【壺】 3

非效怴○醬甀耳. 1-16 君下○飡餌之. 288-5 以一○飡得士二人. 288-8

【握】 3

禍必○. 86-11 欲○則○. 204-25

【揆】 2

而○其兵之强弱. 258-12 不○其兵之强弱. 258-13

【惡】 131

周恐假之而○於韓. 3-14 不假而○於秦. 3-14 昭翦與東周○. 8-4 嘗欲東周與楚○. 8-5 吾又恐東周之賊己而以輕西周○之於楚. 8-7 交○. 11-3 韓魏必○之. 11-23 若四國弗○. 11-25 秦周之交必○. 14-2 且○臣於秦. 14-2 不○周於秦矣. 14-4 交○於秦. 14-6 ○有不戰者乎. 16-3 燕趙○齊秦之合. 18-2 王何○向之攻宋乎. 18-3 ○名也. 22-13 教之○宮之奇. 23-17 必○是二人. 23-20 張儀又○陳軫於秦王. 23-23 王不○於魏. 32-3 而罰所○. 36-12 果○王稽杜摯以反. 43-23 人或○之. 47-2 則○出兵. 53-7 内○趙之守. 59-13 韓倉果○之. 60-4 不○齊大何也. 62-14 雖○於後王. 63-21 左右○張儀. 71-10 可以○蘇秦於薛公. 75-10 故曰可使人○蘇秦於薛公也. 76-16 今人○蘇秦於薛公. 76-19 齊衛之交○. 79-5 左右皆○之. 82-12 ○其示人以難也. 93-8 ○小恥者不能立榮名. 97-7 襄王○之. 98-6 貂勃常○田單. 98-19 王○得此亡國之言乎. 99-12 ○得此亡國之言乎. 99-18 好利而○難. 103-11 ○難. 103-11 江尹欲○昭奚恤於楚王. 104-23 江尹因得山陽君與之共○昭奚恤. 104-24 魏氏○昭奚恤於楚王. 105-2 江乙○昭奚恤. 105-7 狗○之. 105-8 故昭奚恤常○臣之見王.

105-10 江乙欲○昭奚恤於楚. 105-13 有人好揚人之○者. 105-15 以王好聞人之美而○聞人之○也. 105-17 不言人之○. 106-18 死之可○. 114-10 交○於齊. 115-6 齊魏之交○. 115-6 而魏秦之交必○. 115-7 三國○楚之强也. 115-21 秦王○與楚相弊而令天下. 115-24 臣願無聽羣臣之相○也. 119-7 而○王之交於張儀. 121-7 張儀○之於魏王曰. 121-25 ○子之鼻. 123-16 雖○必言之. 123-19 其似○聞君王之臭也. 123-19 而賢主○之. 138-4 而怨毒積○. 138-5 建信者安能以無功○秦哉. 141-18 不能以無功○秦. 141-19 則無功而○秦. 141-20 ○三晉之大合也. 142-22 是故事無敗業而○不章. 146-14 故民不○其尊. 146-17 不識從之一成○存也. 147-20 ○變服之名. 151-2 慮無○擾. 151-9 先生○能使梁助之耶. 163-6 先生又○能使秦王烹醢梁王. 163-18 紂以爲○. 163-20 而逐衰○之色. 166-18 而獨以趙○秦. 166-25 臣願王之曰聞魏而無庸見○也. 170-15 ○公子牟夷. 173-9 而○臣者過文張. 173-10 買馬而○. 176-17 然則買馬善而若○. 176-18 以○大國. 177-24 王翦○之. 180-1 政○故也. 183-3 ○得無眩哉. 186-9 公○事乎. 187-6 何敢○事. 187-7 張儀○陳軫於魏王曰. 187-22 齊楚○儀. 189-2 其畏○嚴尊秦也. 198-15 魏必舍所愛習而用所畏○. 198-16 秦趙大○. 201-9 乃○安陵氏於秦. 207-13 聽使者之○也. 207-15 彼翟子之所○於國者. 209-5 楚○魏之事王也. 209-7 齊王○之. 209-9 則交○於秦. 214-9 楚人○其緩而急之. 214-24 今以臣凶○. 218-12 韓地險○. 222-19 天下○之. 225-12 臣甚○其事. 232-7 楚趙○之. 232-17 非好卑而○尊也. 241-6 諸侯○魏必事韓. 241-8 爲○於秦也. 243-15 而善平原君乃所以○於秦也. 243-15 父兄○珉. 243-22 西周○之. 246-7 大國○有天子. 246-16 人有○蘇秦於燕王者. 250-6 乃入齊○趙. 261-24 其言○矣. 262-3 臣死而齊大○於趙. 262-4 ○交分於臣也. 262-17 交絶不出○聲. 268-12 不○卑名以事强. 268-16 所以合好掩○也. 272-14 怨○未見而明棄之. 272-15 雖任○名. 272-19 ○往而不黜乎. 272-23 不顧先王以明而○. 273-4 夫救於小宋而○於大齊. 279-4 ○以王吏之攻宋. 279-21 夫在中者○臨. 280-4

【棊】 2

夫梟○之所以能爲者. 122-18 以散○佐之也. 122-18

【朞】 6

○年之後. 15-6 ○年揣摩成. 16-23 居○年. 79-2 後○年. 83-9 與聊城共據○年之弊. 96-17 ○年不解. 96-22

【期】 56

豈不辯智之○與. 44-16 中○推琴對曰. 49-15 秦王與中○爭論. 56-3 中○徐行而去. 56-3 或爲中○說秦王曰. 56-3 中○適遇明君故也. 56-4 爲○與我約矣. 56-16 ○年而亡. 60-1 ○年之後. 66-20 ○數而能拔城者爲亟耳. 92-18 故失○. 128-19 故失○. 128-20 與之○曰. 133-8 夜○殺守堤之吏. 134-1 信可以遠○. 152-23 臣以失令過○. 153-24 所以昭後而○遠也. 154-11 夫貴不與富○. 158-16 富不與粱肉○. 158-16 粱肉不與驕奢○. 158-17 驕奢不與死亡○. 158-17 未○年而背亡走矣. 166-22 文侯與虞人○獵. 182-8 吾與虞人○獵. 182-9 豈可不一會○哉. 182-9 旬五之○. 187-10 犀首○齊王至之曰. 190-21 請弛○更日. 193-20 因弛○而更爲日. 194-7 敬弛○. 194-9 ○於啗宋而已矣. 194-20 支○曰. 203-25 王謂支○曰. 204-1 支○曰. 204-2 支○說於長信侯曰. 204-4 支○曰. 204-5 支○曰. 204-6 支○曰. 204-8 支○隨其後. 204-10 支○先入謂王曰. 204-10 今處○年乃欲割. 204-18 不實爲○. 212-14 ○而不來. 250-17 於是不能○年. 256-3 ○於成事而已. 264-21 乃遂私見樊於○曰. 276-4 樊於○乃前曰. 276-8 樊於○偏袒扼腕而進曰. 276-11 乃遂收盛樊於○之首. 276-13 謹斬樊於○頭. 277-7 荆軻奉樊於○頭函. 277-9 殷順且以君令相公○. 283-5 大夫司馬子○在焉. 288-2 司馬子○怒而走於楚. 288-2 與不○衆少. 288-6 怨不○深淺. 288-7

【欺】 40

不敢○大國. 1-22 蘇秦○寡人. 17-19 從以○秦. 17-20 乃取○於亡國. 20-16 且必受○於張儀. 26-21 受○於張儀. 26-22 而責○於秦. 27-8 是王○魏. 29-11 百○秦. 32-16 ○舊交. 44-23 不○舊故. 45-15 而實○大國也. 53-1 燕不○秦也. 58-22 秦不○燕也. 58-23 秦燕不相○. 58-23 燕秦所以不相○者. 58-23 是○死父也. 67-10 夫爲人子而不○死父. 67-11 豈爲人臣○生君哉. 67-11 以臣○君. 79-6 是足下倍先君盟約而○孟嘗君也. 79-8 是○王也. 120-18 是○儀也. 121-6 而明人之○王. 126-10 必不○也. 133-13 是○之也. 140-3 數○弄寡人. 177-14 則齊必不○秦. 186-24 ○之不爲逆者. 194-18 不然必○. 202-17 今不行者○之矣. 204-2 是○我也. 214-16 百相○也. 219-7 是○秦也. 226-19 曾不○之也. 251-8 則齊不○秦. 255-8 則不過不○人耳. 258-3 四○寡人. 260-24 嬴則兼○舅與母. 261-10 齊田單○詐騎劫. 266-15

【葉】 16

謀之於○庭之中. 1-14 九年而取宛○以北以强韓魏. 9-5 去柳○者百步而射之. 11-7 夫射柳○者. 11-10 ○陽子無恙乎. 88-9 昔者○公子高. 113-2 ○公子高. 113-4 ○公子高是也. 113-5 猶大王之有○陽涇陽君也. 177-16 未嘗不分於○陽涇陽君. 177-18 ○陽君涇陽君之車馬衣服. 177-19 無乃傷○陽君涇陽君之心乎. 177-21 然而秦之○陽昆陽與舞陽高陵鄰. 207-14 ○陽君約魏. 208-17 則以○蔡委於魏. 261-8 以○蔡. 261-11

【葫】 1

今求柴○桔梗於沮澤. 80-25

【散】 24

約從○橫. 17-2 聚○民. 19-14 聚○民. 19-20 ○不能三千金. 42-10 破橫○從. 46-8 族類離○. 53-5 百姓離○. 113-12 百姓離○. 113-18 百姓離○. 113-23 以○棊佐之也. 122-18 夫一梟之不如不勝五○. 122-19 而令臣等爲○乎. 122-20 今王破卒○兵. 154-5 不能○齊魏之交. 157-6 天下○而事秦. 171-20 且天下○而事秦. 172-5 臣聞越王勾踐以○卒三千. 184-16 從是以○. 203-4 率曰○施. 227-2 今天下○而事秦. 239-19 稽積○. 253-5 ○游士. 269-15 民○. 281-15 各有○心. 289-16

【斮】 2

○之檀衢. 95-4 則○之. 163-11

【葬】 18

爲我○. 33-5 ○於無知之死人哉. 33-8 而恩以相○臣. 44-3 必更○將軍之母. 67-8 臣非不能更○先妾也. 67-9 夫不得父之教而更○母. 67-10 死者破家而○. 92-12 已○. 184-1 ○有日矣. 193-18 且爲棧道而○. 193-18 ○有日矣. 193-25 昔王季歷○於楚山之尾. 194-1 三日而後更○. 194-5 今○有日矣. 194-5 得毋嫌於欲亟○乎. 194-6 又令魏太子未○其先王而因又說文王之義. 194-10 既○. 237-13 秦民之死者厚○. 288-19

【菑】 3

過○水. 98-4 有老人涉○而寒. 98-4 西有○上之虞. 100-14

【募】 1

故寡人願○公叔之義. 149-25

【萬】 213

發師五○人. 1-8 凡一鼎而九○人輓之. 1-19 九九八十一○人. 1-19 材士十○. 2-3 公仲之軍二十○. 2-3 今王許戍三○人與溫囿. 12-20 戰車○乘. 15-17 奮擊百○. 15-17 ○端俱起. 16-5 淩○乘. 16-13 黄金○溢. 17-2 ○民之衆. 17-3 黄金○溢爲用. 17-7 張軍數千百○. 18-12 千可以勝○. 18-22○可以勝天下矣. 18-22 名師數百○. 18-23 夫戰者○乘之存亡也. 19-6 帥天下將甲百○. 21-1 名師數百○. 21-8 取皮氏卒○人. 23-10 請益甲四○. 32-11 秦且益趙甲四○人以伐齊. 32-13 必不益趙甲四○人以伐齊. 32-15 必不益趙甲四○人以伐齊矣. 33-2 陶爲○乘. 34-12 除○世之害. 34-19 爲○乘. 35-1 奮擊百○. 38-18 恐○世之後有國者. 41-3 成理○物. 44-16 ○物各得其所. 44-17 功章○里之外. 45-18 楚地持戟百○. 46-3 白起率數○之師. 46-3 誅屠四十餘○之衆. 46-4 已立爲○乘. 51-5 王資臣○金而遊. 51-8 卽王雖有○金. 51-12 乃資○金. 51-12 ○乘之地未嘗有也. 51-25 而關内二○乘之主注地於齊. 54-1 厭案○乘之國. 54-10 而使君富貴千○歲. 57-7 此○世之計也. 68-10 帶甲數十○. 68-17 臨淄之中七○户. 68-19 三七二十一○. 68-20 固以二十一○矣. 68-21 皆爲一時說而不顧○世之利. 69-16 趙亡卒數十○. 69-23 千乘之君與○乘之相. 78-18 民稱○歲. 83-1 民稱○歲. 83-7 姑反國統○人乎. 83-22 ○乘之嚴主也. 84-16 封○户侯. 85-22 ○石樲. 85-24 求○物不備具. 86-1 諸侯○國. 86-4 子○民乎. 88-13 ○物之率也. 90-5 十○之衆盡. 92-1 而敵○乘之國二. 92-24 雖有百○之軍. 93-15 帶甲三十六○. 93-23 覆其十○之軍. 94-11 栗腹以百○之衆. 96-19 ○乘之國. 96-20 楚王使將軍將○人而佐齊. 99-2 而牽留○乘者. 99-5 益封安平君以夜邑○户. 99-25 破○乘之燕. 100-4 帶甲數百○. 101-21 王收而與之百○之衆. 101-22 王收而與之百○之師. 101-25 而令兩○乘之國. 103-6 帶甲百○. 104-4 寡人○歲千秋之後. 106-10 大王○歲千秋之後. 106-12 帶甲百○. 108-23 騎○匹. 108-24 虎賁之士百餘○. 110-2 騎○疋. 110-2 効○家之都. 111-17 ○乘之强國也. 112-6 壹瞑而○世不視. 112-21 壹瞑而○世不視. 113-9 ○乘之君. 113-19 卒○人. 113-20 楚令昭鼠以十○軍漢中. 115-15 許强○乘之齊而不與. 117-17 ○乘者. 117-20 以地大爲○乘. 117-20 有○乘之號而無千乘之用也. 117-21 許○乘之强齊也而不與. 117-25 三十餘○弊甲鈍兵. 118-12 秦以五十○臨齊右壤. 118-15 且使○乘之國免其相. 119-24 今君相○乘之楚. 122-17 使使者致○家之邑一於知伯. 132-1 因使人致○家之邑一於知伯. 132-5 破趙則封二子者各○家之縣一. 133-20 又封二子者各○家之縣一. 133-21 非布於○民也. 138-2 夫用百○之衆. 140-14 請以三○户之都封太守. 140-22 帶甲數十○. 145-1 騎○匹. 145-1 ○物財用之所聚也. 150-4 所用者不過三○. 155-6 今將軍必負十○二十○之衆乃用之. 155-6 今以三○之衆而應强國之兵. 155-10 君無十餘二十○之衆. 155-14 而徒以三○行於天下. 155-15 分爲○國. 155-16 而以集兵三○. 155-17 今

取古之爲○國者. 155-18 能具數十○之兵. 155-18 齊以二十○之衆攻荆. 155-19 趙以二十○之衆攻中山. 155-20 我其以三○救是者乎哉. 155-21 ○家之邑相望也. 155-21 而索以三○之衆. 155-22 百○之衆折於外. 162-12 今秦○乘之國. 164-7 梁亦○乘之國. 164-7 俱據○乘之國. 164-8 今趙○乘之强國也. 165-1 帶甲百○. 165-2 今君易○乘之强趙. 165-3 ○金之財. 165-15 若○户之都. 173-18 乃與之○家之邑一. 181-10 以賞田百○祿之. 183-8 賜之田二十○. 183-15 巴寧爨襄田各十○. 183-15 故又與田四十○. 183-17 加之百○之上. 183-17 使百四十○. 183-18 武力二十餘○. 184-18 蒼頭二千○. 184-18 奮擊二十○. 184-18 廝徒十○. 184-18 卒不過三十○人. 185-7 不下十○. 185-11 請國出五○人. 192-3 衍請因令王致○户邑於先生. 193-8 覆十○之軍. 196-19 覆十○之軍. 197-5 臣○乘之魏. 197-5 而持三○乘之國輔之. 198-7 夫舍○乘之事而退. 198-17 十○之軍拔邯鄲. 202-7 臣以爲不下三十○. 202-22 以三十○之衆. 202-23 戴三十○之衆. 202-24 爲起兵十○. 205-25 乃爲之起兵八○. 206-11 即王有○乘之國. 211-24 且夫魏一○乘之國. 216-21 是亡一○乘之魏. 216-24 無忌將發十○之師. 217-21 伏屍百○. 219-20 ○人之衆. 221-5 帶甲數十○. 222-1 悉之不過三十○. 222-21 見卒不過二十○而已矣. 222-22 秦帶甲百餘○. 222-23 騎○匹. 222-23 請爲公以五○攻西周. 225-10 數○之衆. 229-20 是令得行於○乘之主也. 233-11 令楚兵十餘○在方城之外. 236-2 臣請令楚築○家之都於雍氏之旁. 236-3 ○於周之時. 240-3 以○乘自輔. 240-13 此○世之計也. 240-25 而信於○人之上也. 241-9 韓氏之士數十○. 242-11 此其家○金. 246-6 ○分之一也. 247-8 於秦亦○分之一也. 247-8 帶甲數十○. 248-5 而數十○之衆. 248-14 王以○乘下之. 250-6 死者數○衆. 254-17 夫列在○乘. 256-13 强○乘之國也. 256-18 此所謂强○乘之國也. 256-19 ○乘之主. 259-8 秦之所殺三晉之民數百○. 261-15 燕得甲首二○人. 264-3 今軍敗亡二○人. 264-5 得首三○. 264-11 夷○乘之强國. 267-25 ○世之善計. 268-17 以事强而不可以爲○世. 268-17 遽起六十○以攻趙. 271-23 令栗腹以四十○攻鄗. 271-23 使慶秦以二十○攻代. 271-24 趙使廉頗以八○遇栗腹於鄗. 271-24 使樂乘以五○遇慶秦於代. 272-1 王翦將數十○之衆臨漳鄴. 275-10 秦王購之金千斤邑○家. 275-25 邑○家. 276-5 則○世無魏. 281-5 我○乘之國也. 285-5 ○乘之國. 285-9 持戟百○. 289-2 君前率數○之衆入楚. 289-3 斬首二十四○. 289-6

【葛】 2

負蒿○薜. 170-3 抱○薜陰成以爲趙養邑. 208-18

【董】 9

○之繁菁以問夏侯公. 78-9 夫○閼安于. 132-11 臣聞○子之治晉陽也. 132-16 臣聞○子之治晉陽也. 132-19 魏以○慶爲質於齊. 186-14 將殺○慶. 186-15 盱夷爲○慶謂田嬰曰. 186-15 今殺○慶. 186-17 不如貴○慶以善魏. 186-18

【葆】 1

齊魏得地○利. 53-17

【敬】 34

甚○. 10-3 ○受命. 17-24 ○執賓主之禮. 37-6 天下懷樂○愛. 44-15 起居不○. 60-6 ○諾. 63-25 齊王○諾. 68-14○奉社稷以從. 69-13 ○聞命. 77-24 公孫弘○諾. 84-7 ○諾. 84-18 ○秦以爲名. 89-23 ○聞命矣. 97-23 ○聞命. 98-25 ○以國從. 111-22 必厚尊○親愛之而忘子. 116-12 ○獻地五百里. 117-11 寡人○以國從. 146-10 ○使臣先以聞於左右. 148-5 臣○循衣服. 153-24 ○諾. 158-19 ○諾. 179-6 ○聞命. 182-15 ○以國從. 185-5 ○弛期. 194-9 ○諾. 216-18 ○奉社稷以從. 222-17 其應秦必不○. 226-10 甘茂約楚趙而反○魏. 244-22 ○以國從. 248-19 ○以書謁之. 273-6 ○諾. 274-11 ○奉教. 274-12 ○諾. 274-18

【葱】 2

龐○與太子質於邯鄲. 199-19 龐○曰. 199-21

【蒯】 2

○丘之植. 267-19 十月而拔燕○城. 278-5

【落】 1

華○而愛渝. 105-24

【戟】 12

迫則杖○相橦. 16-11 楚地持○百萬. 46-3 矛○折. 92-13 不頓一○. 161-5 秦舉安邑而塞女○. 172-19 韓卒之劍○. 222-3 貫頤奮○者. 222-24 持兵○而衞者甚衆. 238-3 矜○砥劍. 258-16 塞女○. 260-14 塞女○. 260-21 持○百萬. 289-2

【朝】 102

告於鄭○. 6-23 鄭○曰. 6-23 鄭○獻之趙太卜. 6-24 四鄰諸侯可○也. 19-13 四隣諸侯可○也. 19-19 ○四隣諸侯之道. 21-11 四隣諸侯不○. 21-13 爭名者於○. 22-3 天下之市○也. 22-4 宣言之於○廷. 26-15 稱病不○. 27-2 率以○天子. 34-12 臣今見王獨立於廟○矣. 40-9 入○. 46-22 齊王入○. 51-14 而○於邯鄲之君乎. 54-12 莫不令○行. 54-13 ○爲天子. 54-14 驅十二諸侯以○天子於孟津. 55-12 而不壽於○生. 57-7 ○歌之廢屠. 61-13 穆公相之而○西戎. 61-16 韓魏之君因田嬰北面而○田侯. 64-24 ○服衣冠窺鏡. 66-5 於是入○見威王曰. 66-14 ○廷之臣. 66-16 能謗議於市○. 66-19 皆○於齊. 66-22 此所謂戰勝於○廷. 66-22 趙入○黽池. 69-25 今子一○而見七士. 80-23 ○則滿. 85-11 非○愛市而夕憎之也. 85-11 胡爲至今不○也. 88-12 一女不○. 88-13 又從十二諸侯○天子. 93-24 有十二諸侯而○天子. 94-2 女○出而晚來. 95-21 今公行一○之忿. 96-9 ○諸侯. 97-16 一○而反之. 97-18 王至○日. 98-14 故常見譽於○. 98-20 勸王○秦. 101-14 齊王建入○於秦. 101-16 臣○夕日事聽命. 105-2 則諸侯莫不南面而○於章臺之下矣. 108-25 緇帛之衣以○. 112-24 未明而立於○. 112-25 ○不謀夕. 112-25 七日而薄秦王之○. 113-14 王明日○羣臣. 117-13 臣聞從者欲合天下以○大王. 123-3 張孟談因○知伯而出. 133-10 據衞取淇則齊必入○. 144-21 於是乃以車三百乘入○黽池. 148-21 且將以○. 149-18 不可以來○. 154-12 而趙王入○. 159-9 率天下諸侯而○周. 163-8 諸侯莫○. 163-9 而齊獨○之. 163-9 故生則○周. 163-12 退而聽○也. 164-2 而身○於邯鄲. 170-3 無入○之辱. 170-7 韓必入○秦. 172-15 寧○人乎. 173-16 寧○於人也. 173-16 人亦寧○人耳. 173-17 何故寧○於人. 173-17 皆○魏. 181-17 於是出而爲之張於○. 194-4 則不如因變服折節而○齊. 196-24 願臣畜而○. 197-2 而得○禮. 197-4 而與之並○齊侯再三. 197-8 三日不聽○. 200-7 魏王且入○於秦. 203-11 尚有可以易入○者乎. 203-16 而以入○爲後. 203-17 倍鄴○歌. 207-5 入○爲臣之日不久. 208-15 ○邯鄲. 208-17 公仲且抑首而不○. 231-17 韓傀以之叱之於○. 236-23 韓與天下○秦. 239-22 莫如○魏. 241-9 燕東有○鮮遼東. 248-3 今趙王已入○黽池. 251-21 而○其門下. 255-22 天下聞王○其賢臣. 255-22 寡人將誰○而可. 255-24 諸侯北面而○. 258-10 諸侯西面而○. 258-10 則諸侯不爲別馬而○矣. 258-11 臣請獻一○之賈. 263-13 乃○服. 277-9 鍥○涉之脛. 281-15 所傾蓋與車而○窮閭隘巷之士者. 287-22 ○賢. 287-24 早○晏退. 288-22

【葭】 2

趙○諫曰. 132-3 魏宣子之謀臣曰趙○. 133-18

【喪】 5

而○地千里. 97-13 三戰之所○. 97-18 雪甚如此而○行. 193-19 而不行先王之○. 193-21 齊宣王因燕○攻之. 249-13

【葵】 1

至○丘之會. 45-22

【植】 2

蒯丘之○. 267-19 ○於汶皇. 267-20

【棼】 4

○冒勃蘇曰. 113-12 ○冒勃蘇對曰. 113-16 楚使新造盩○冒勃蘇. 113-17 ○冒勃蘇是也. 113-22

【焚】 9

而○周之節. 10-22 刳胎○夭. 177-20 扮之請○天下之秦符者. 195-21 次傳○符之約者. 195-22 垂都○. 207-21 盡○天下之秦符. 257-1 斬社稷而○滅之. 281-13 ○其廟. 289-3 發梁○舟以專民. 289-13

【椅】 1

臣恐秦折王之○也. 166-6

【棲】 5

猶連雞之不能俱止於○之明矣. 17-21 吳王夫差○越於會稽. 55-10 强襲郢而○越. 91-14 仰○茂樹. 124-17 越王勾踐○於會稽. 256-23

【棧】 4

○道千里於蜀漢. 46-17 其父殺之而埋馬○之下. 67-7 故爲○道木閣. 99-22 且爲○道而葬. 193-18

【椒】 1

雍門養○亦. 84-23

【椎】 3

十夫楺○. 43-22 君王后引○○破之. 101-8

【棓】 1

勾踐終○而殺之. 46-11

【棬】 1

且夫蘇秦特窮巷掘門桑户○樞之士耳. 17-8

【棺】 1

見○之前和. 194-2

【極】 6

外者○吾兵力. 20-22 ○身毋二. 44-22 君之功○矣. 46-18 兔○於前. 81-7 孤○知燕小力少. 255-14 ○哀. 276-13

【軻】 34

孟○謂齊宣王曰. 254-18 所善荆○. 274-16 願因先生得願交於荆○. 274-17 僂行見荆○. 274-21 荆○曰. 274-23 欲自殺以激荆○. 275-1 ○見太子. 275-3 荆○坐定. 275-5 荆○曰. 275-18 於是尊荆○爲上卿. 275-19 恣荆○所欲. 275-20 荆○知太子不忍. 276-4 ○曰. 276

-7 荆○曰. 276-8 乃爲裝遣荆○. 276-16 荆○有所待. 276-18 荆○怒. 276-21 荆○和而歌. 276-25 於是荆○遂就車而去. 277-3 荆○奉樊於期頭函. 277-9 荆○顧笑武陽. 277-11 秦王謂○曰. 277-13 ○既取圖奉之. 277-13 荆○逐秦王. 277-17 以故荆○逐秦王. 277-20 而卒惶急無以擊○. 277-20 以其所奉藥囊提○. 277-21 遂拔以擊荆○. 277-23 荆○廢. 277-23 秦王復擊○. 277-24 ○自知事不就. 277-25 左右既前斬荆○. 278-2 乃以藥囊提○也. 278-4 其後荆○客高漸離以擊筑見秦皇帝. 278-9

【軸】　2

胥之○今折矣. 166-21 羣輕折○. 186-9

【軹】　4

夫秦下○道則南陽動. 144-21 下○道南陽高. 172-20 ○深井里聶政. 236-25 此吾弟○深井里聶政也. 238-14

【軼】　3

循○之途也. 65-13 車○之所能至. 78-17 是其○賁育而高成荆矣. 238-12

【軫】　73

田莘之爲陳○說秦惠王曰. 23-13 用兵與陳○之智. 23-19 因言○也. 23-21 張儀又惡陳○於秦王. 23-23 ○馳楚秦之間. 23-23 今楚不加善秦而善○. 23-24 然則是○自爲而不爲國也. 23-24 且○欲去秦而之楚. 23-25 王謂陳○曰. 24-1 陳○曰. 24-1 楚亦何以○爲忠乎. 24-5 陳○去楚之秦. 24-8 陳○爲王臣. 24-8 ○安敢之楚也. 24-9 王召陳○告之曰. 24-11 ○曰. 24-13 ○爲人臣. 24-19 ○出. 24-22 陳○果安之. 24-22 夫○天下之辯士也. 24-22 ○必之楚. 24-23 ○曰. 24-24 楚何以○爲. 25-2 ○不之楚. 25-3 陳○後見. 26-16 陳○對曰. 26-18 陳○曰. 27-5 ○曰. 27-6 計失於陳○. 27-11 陳○謂楚王曰. 27-13 楚王使陳○之秦. 27-15 秦王謂○曰. 27-15 陳○曰. 27-18 今○將爲王吳吟. 27-20 陳○謂秦王曰. 28-14 陳○合三晉而東謂齊王曰. 67-23 陳○爲齊王使. 72-15 陳○曰. 72-17 陳○曰. 72-18 陳○謂楚王曰. 107-25 陳○謂王曰. 108-3 無昭睢陳○. 112-1 爲儀謂楚王逐昭睢陳○. 112-2 今儀曰逐君與陳○而王聽之. 112-7 陳○. 112-10 陳○曰. 119-21 陳○告楚之魏. 121-25 ○猶善楚. 121-25 左爽謂陳○曰. 122-1 陳○曰. 122-2 楚王謂陳○曰. 122-5 陳○對曰. 122-7 陳○先知之也. 122-11 陳○爲秦使於齊. 187-4 犀首謝陳○. 187-4 陳○曰. 187-4 ○之所以來者. 187-4 公不見○. 187-5 ○且行. 187-5 陳○曰. 187-6 陳○曰. 187-7 陳○曰. 187-8 張儀惡陳○於魏王曰. 187-22 ○善事楚. 187-22 左華謂陳○曰. 187-23 陳○曰. 187-25 張儀欲窮陳○. 188-2 陳○謂秦王曰. 224-7 召陳○而告之. 226-4 陳○曰. 226-4 此必陳○之謀也. 226-18 過聽於陳○. 226-22 冷向謂陳○曰. 245-19

【惠】　68

○王代後. 15-9 人說○王曰. 15-10 ○王車裂之. 15-13 蘇秦始將連横說秦○王曰. 15-15 秦○王謂寒泉子曰. 17-19 秦○王曰. 17-24 司馬錯與張儀爭論於秦○王前. 21-21 ○王曰. 22-17 田莘之爲陳軫說秦○王曰. 23-13 ○王患之. 26-3 秦○王死. 28-6 報○王之恥. 34-18 張儀事秦○王. 71-10 ○王死. 71-10 謂○王曰. 83-15 故○王之明. 108-10 ○王死. 120-21 儀貴○王而善睢也. 120-23 今○王死. 120-23 張儀逐○施於魏. 121-5 ○子之楚. 121-5 逐○子者. 121-6 ○子爲儀者來. 121-7 ○子必弗行也. 121-7 且宋王之賢○子也. 121-8 王不如舉○子而納之於宋. 121-10 而○子窮人. 121-11 而可以德○子. 121-12 乃奉○子而納之宋. 121-12 使○施之楚. 121-15 公不如無聽○施. 121-17 因謂○施曰. 121-18 ○子反. 121-20 秦○王封冉子. 130-9 ○王死. 130-9 身行寬○達於禮. 153-4 ○主不臣也. 153-21 王之○也. 153-24 趙○文王三十年. 155-3 令淖滑○施之趙. 156-12 ○王往問之. 183-21 ○王之悖也. 184-2 ○施欲以魏合於齊楚以案兵. 188-15 ○子謂王曰. 188-16 魏○王死. 193-18 是其唯○公乎. 193-24 請告○公. 193-24 ○公曰. 193-25 ○公曰. 194-1 ○子非徒行其說也. 194-10 魏王令○施之楚. 196-9 ○施之楚. 196-11 因郊迎○施. 196-11 魏○王起境内衆. 196-13 魏王召○施而告之曰. 196-19 ○施爲韓魏交. 197-12 ○子曰. 197-17 初時○王伐趙. 202-7 大王加○. 219-12 此○王之願也. 228-19 秦○王以其女爲燕太子婦. 249-13 ○王即位. 266-14 蘇代爲燕謂○王曰. 270-4 ○王曰. 270-9 行有失而故○用. 272-12 柳下○吏於魯. 272-22 柳下○曰. 272-23 柳下○不以三黜自累. 272-24

【惑】　12

諸侯亂○. 16-5 ○於語. 16-15 聽無失本末者難○. 28-4 下○姦臣之態. 38-8 終身闇○. 38-9 今遇○或與罪人同心. 44-1 而晉○亂. 45-7 臣竊○王之輕齊易楚. 55-3 上下迷○. 96-19 王○於虞樂. 116-11 熒○諸侯. 148-7 使三軍之士不迷○者. 183-11

【逼】　1

圍○晉陽. 55-9

【粟】　24

○支數年. 2-3 必以國合於所與○之國. 3-22 韓徵甲與○於周. 10-12 代能爲君令韓不徵甲與○於周. 10-13 今公乃徵甲及○於周. 10-17 吾無徵甲與○於周. 10-20 不徵甲與○於周而與高都. 10-23 而有積○之實. 51-2 無積○之實. 51-4 金錢○孰與之富. 59-7 ○如丘山. 68-18 請○於齊. 73-17 而務愛○. 73-23 無不被繡衣而食菽○者. 85-1 ○支十年. 108-24 ○如丘山. 110-2 ○不如者. 110-13 方船積○. 110-16 飯封祿之○. 125-9 ○支十年. 145-1 力田積○. 148-2 ○粮漕庾. 185-11 ○支十年. 248-5 北有棗○之利. 248-6

【棗】　9

邊救衍○. 2-12 拔燕酸○虛桃人. 52-4 令之留於酸○. 56-14 以太子之留酸○而不之秦. 56-17 東有淮潁沂黃衍○海鹽無疎. 184-6 北有河外卷衍燕酸○. 184-8 拔卷衍燕酸○. 185-19 北有○粟之利. 248-6 ○栗之實. 248-7

【棘】　8

取黃○. 55-15 ○津之讎不庸. 61-13 亦襲魏之河北燒○溝. 90-15 ○溝之燒也. 90-17 止於○門之內. 129-24 止○門. 129-25 投之○門外. 129-25 是○齊秦之威而輕韓也. 245-10

【酣】　5

酒○. 99-11 酒○. 164-19 酒○. 200-2 即酒○樂. 251-15 於是酒○樂進取熱歠. 251-15

【厨】　2

而陰告○人曰. 251-14 ○人進斟羹. 251-15

【殖】　2

廣地○穀. 45-18 辟地○穀. 46-10

【殘】　21

張儀之○樗里疾也. 22-21 須○伐亂宋. 35-18 本國○. 53-3 昔智伯瑶○范中行. 55-9 ○三川. 55-14 則汝○矣. 77-15 ○剛平. 90-12 故剛平之○也. 90-16 國之○也. 92-6 ○費已先. 92-6 彼戰者之爲○也. 92-6 民○於内. 93-5 ○伐亂宋. 139-14 ○亂宋. 171-9 足下果○宋. 171-14 而生以○秦. 195-11 遂○吳國而禽夫差. 241-23 ○楚淮北. 256-14 而後○吳霸天下. 256-23 ○均陵. 261-3 魏文侯欲○中山. 284-3

【裂】　16

惠王車○之. 15-13 決○諸侯. 40-3 瓢必○. 40-22 國必○矣. 40-24 今太后使者分○諸侯. 41-5 決○阡陌. 46-1 遂以車○. 46-2 大王○趙之半以賂秦. 59-12 請○地定封. 97-3 車○蘇秦於市. 111-14 故○地以敗於齊. 147-19 自令車○於齊之市. 148-8 此所謂四分五○之道也. 185-14 或外爲交以○其地. 223-22 ○地而爲諸侯. 239-12 故○地而封之. 267-22

【雄】　5

天下之○國也. 15-18 天下駿○弘辯之士也. 44-8 陰結諸侯之○俊豪英. 99-7 方今唯秦○天下. 162-9 足下○飛. 171-25

【雲】　12

楚王游於○夢. 106-7 野火之起也若○蜺. 106-7 逃於○夢之中. 114-1 與之馳騁乎○夢之中. 125-9 楚必致橘柚○夢之地. 144-15 燕守○中. 146-2 西有○中九原. 248-4 踰○中九原. 248-11 秦下甲○中九原. 251-22 而李信出太原○中. 275-10 聞公爲○梯. 279-11 荆有○夢. 279-18

【悲】　6

○夫. 88-24 其飛徐而鳴○. 127-20 鳴○者. 127-21 念○其遠也. 179-11 豈不○哉. 183-24 而竊爲王○. 194-22

【紫】　1

齊人○敗素也. 256-23

【棠】　1

皆出於冥山○谿墨陽合伯膊. 222-3

【掌】　3

抵○而談. 16-25 抵○而談. 137-22 寡人之股○之臣也. 192-15

【最】　54

周○謂石禮曰. 3-25 子因令周○居魏以共之. 4-1 或爲周○謂金投曰. 4-22 秦以周○之齊疑天下. 4-22 周○謂金投曰. 5-3 周○於齊王也而逐之. 5-13 收周○以爲後行. 5-16 外周○. 5-20 逐周○聽祝弗相呂禮者. 5-20 蘇厲爲周○謂蘇秦曰. 5-25 君不如令王聽○. 5-25 君若欲因○之事. 6-2 ○也. 6-3 謂周○曰. 6-5 何不合周○兼相. 6-8 爲周○謂魏王曰. 6-11 王不去周○. 6-13 謂周○曰. 6-16 爲周○謂李兌曰. 9-18 謂周○曰. 11-1 司寇布爲周○謂周君曰. 12-2 君使人告齊王以周○不肯爲太子也. 12-2 今君之使○爲太子. 12-5 臣恐齊王之爲君實立果而讓之於○. 12-6 ○爲多詐. 12-7 奉養無有愛於○也. 12-7 周○謂秦王曰. 13-7 君不如使周○陰合於趙以備秦. 13-14 王何不以地齎周○以爲太子也. 13-17 齊王令司馬悍以賂進周○於周. 13-17 智氏○强. 49-16 周○爲楚王曰. 50-9 趙襄子○怨知伯. 135-7 公不如令主父以地資周○. 157-17 周○以天下辱秦者也. 157-17 此利於趙而便於周○也. 157-19 ○少. 179-4 周○善齊. 216-7 周○

入齊. 216-10 以周○也. 216-11 今周○遁寡人入齊. 216-11 王之交○爲天下上矣. 219-6 ○秦之大急也. 228-21 齊令周○使鄭. 233-19 周○患之. 233-19 周○行至鄭. 233-23 周○固不欲來使. 233-23 周○不欲來. 233-24 今周○固得事足下. 234-2 今周○不來. 234-3 遂重周○. 234-5 則韓○輕矣. 239-19 則韓○弱矣. 239-20 則韓○先危矣. 239-20

【量】 13

天下固○秦之謀臣一矣. 20-17 天下固○秦力二矣. 20-19 天下固○秦力三矣. 20-21 内者○吾謀臣. 20-22 夫商君爲孝公平權衡正度○調輕重. 45-25 而薛亦不○其力. 77-25 薛不○其力. 78-1 故曰薛不○力. 78-2 先○其國之大小. 258-12 不先○其國之大小. 258-13 不○輕弱. 267-10 子胥不蚤見主之不同○. 268-8 君不○百姓之力. 288-15

【鼎】 24

秦興師臨周而求九○. 1-4 欲興兵臨周而求九○. 1-6 得九○. 1-7 齊將求九○. 1-9 願獻九○. 1-11 夫梁之君臣欲得九○. 1-12 ○入梁. 1-13 楚之君臣欲得九○. 1-14 ○必不出. 1-15 夫○者. 1-16 得九○. 1-18 凡一○而九萬人輓之. 1-19 弊邑遷○以待命. 1-22 齊秦恐楚之取九○也. 11-23 九○存焉. 13-2 九○寶器必出. 21-25 據九○. 21-25 周自知失九○. 22-15 以○與楚. 22-16 夕調乎○鼐. 124-25 東收兩周而西遷九○. 148-3 伊尹負○俎而干湯. 176-8 是以九○印甘茂也. 225-11 故○反於歷室. 267-19

【開】 10

○地數千里. 18-25 ○罪於楚魏. 43-24 使馳說之士無所○其口. 46-8 使邊境早閉晚○. 57-23 ○罪於先生. 82-21 ○罪於君. 83-21 必○扃天下之匈. 111-9 乃多與趙王寵臣郭○等金. 180-1 韓獻○罪而交愈固. 249-22 景陽乃○西和門. 271-8

【閑】 1

○於兵甲. 267-12

【閎】 2

○夭事文王. 45-12 其可願孰與○夭周公哉. 45-13

【間】 71

○遺昌他書曰. 7-25 楚請道於二周之○. 11-22 安能道二周之○. 11-24 完河○. 20-5 軫馳楚秦之○. 23-23 與之○有所立. 31-19 願少賜游觀之○. 36-25 有○. 37-10 處人骨肉之○. 37-18 蔡澤得少○. 45-11 ○曰. 57-21 文信侯欲攻趙以廣河○. 58-3 欲攻趙而廣河○也. 58-24 今王齎臣五城以廣河○. 58-24 趙王立割五城以廣河○. 58-25 趙賂以河○十二縣. 59-18 北使燕代之○三年. 61-2 時時而○進. 66-20 頃之○. 67-1 頃○. 67-5 割河○以事秦. 69-25 王以其○伐韓. 71-16 王以其○伐韓. 72-2 有○. 87-14 而王以其○舉宋. 89-19 河山之○亂. 90-12 拔之尊俎之○. 93-16 言於尊俎之○. 94-13 拔城於尊俎之○. 94-16 夫千乘博昌之○. 95-9 嬴博之○. 95-10 而馳乎淄澠之○. 100-14 多受秦○金玉. 101-13 而在阿鄄之○者百數. 101-22 處之共松栢之○. 102-4 淮泗之○亦可得也. 102-14 楚取睢濊之○. 104-21 而魏入吾君臣之○. 105-3 未得○也. 106-6 兩御之○夫卒交. 113-6 飛翔乎天地之○. 124-13 倏忽之○. 124-19 有○. 127-18 園女弟承○說春申君曰. 128-24 河○封不定而齊危. 141-25 割河○以事秦. 148-21 武靈王平晝○居. 148-23 敢道世俗之○今欲繼簡襄之意. 151-4 子言世俗之○. 151-13 魏王使客將軍新垣衍○入邯鄲. 162-6 左河○. 165-2 今收河○. 167-1 何患不得收河○. 167-3 收河○何益也. 167-3 使爲反○. 180-1 王以其○約南陽. 189-8 先以車五十乘至衛○齊. 190-21 蹄○三尋者不可稱數也. 222-25 頃○有鵲止於屋上者. 236-17 避仇隱於屠者之○. 236-25 中○不遠. 237-24 效河○以事秦. 251-21 而河○可取. 258-18 用齊人反○. 266-14 王乃召昌國君樂○而問曰. 271-20 樂○入趙. 272-1 樂○樂乘怨不用其計. 273-7 居之有○. 274-2 以其○諸侯. 275-16 ○進車騎美女. 275-20 皆令妻妾補縫於行伍之○. 289-23

【閒】 4

以同言郢威王於側紂之○. 54-22 以廣河○之地. 58-4 有周韓而○之. 207-20 無周韓以○之. 207-25

【閔】 24

君有○○之心. 4-8 躬竊○然不敏. 37-6 縮○王之筋. 40-6 蘇秦說齊○王曰. 90-3 正議○王. 95-4 ○王不肯與. 95-8 於是殺○王於鼓里. 95-15 事○王. 95-21 殺○王. 95-24○王奔莒. 98-1 淖齒殺○王. 98-1 齊○王之遇殺. 100-24 求○王子. 101-1 擢○王之筋. 127-4 齊○王將之魯. 163-23 ○王欲入弔. 164-3 ○王出走於外. 256-9 ○王出走. 257-22 令人謂○王曰. 263-21 ○王曰. 263-24 而報於○王曰. 264-4 ○王曰. 264-5 又使人謂○王曰. 264-7

【悶】 1

瘨而殫○. 113-15

【遇】 64

楚王與魏王○也. 3-9 楚韓之○也. 3-9 出關○蘇子. 31-1 不○堯也. 34-16 臣聞始時呂尚之○文王也. 37-12 今○惑或與罪人同心. 44-1 遂弗殺而善○之. 44-4 ○奪釜鬲於涂. 44-6 王何不與寡人○. 50-2 楚王揚言與秦○. 50-6 從秦王與魏王○於境. 50-8 魏請無與楚○而合於秦. 50-9 是以鯉與之○也. 50-10 弊邑之於與○善之. 50-10 ○犬獲之. 52-24 因退爲逢澤之○. 54-14 以與申縛○於泗水之上. 54-17 爲黃池之○. 55-10 中期適○明君故也. 56-4 向者○桀紂. 56-4 請爲大王悉趙兵以○. 59-21 ○司空馬門. 60-10 復整其士卒以與王○. 62-7 ○之甚懽. 78-7 齊閔王之○殺. 100-24 ○知過轅門之外. 133-10 臣○張孟談於轅門之外. 133-12 臣○知過於轅門之外. 133-24 范中行氏以衆人○臣. 136-1 知伯以國士○臣. 136-2 令公孫起王齮以兵○趙於長平. 141-2 莫如與秦○於澠池. 148-15 出○虞卿曰. 157-22 受其弊而厚○之. 177-24 且以○卜王. 190-2 王不○秦. 190-3 魏王遂尚○秦. 190-3 三國之不相信齊王之○. 191-1 ○事遂敗. 191-2 以與王○. 191-5 將令秦王○於境. 214-8 ○而無相. 214-9 且○於秦而相秦者. 214-10 是以有雍者與秦○. 214-12 秦魏○. 228-25 鯉與於秦魏之○. 229-1 恐齊以楚○爲有陰於秦魏也. 229-2 臣賀鯉之與於○也. 229-3 秦魏之○也. 229-3 今鯉與於○. 229-4 故鯉之與於○. 229-5 今鯉不與於○. 229-6 甘茂與昭獻○於境. 232-8 ○造父之弟子. 247-5 約與代王○於句注之塞. 251-13 ○敗於馬陵. 261-8 而亦何以報先王之所以○將軍之意乎. 266-23 趙使廉頗以八萬○栗腹於鄗. 271-24 使樂乘以五萬○慶秦於代. 272-1 秦之○將軍. 276-4 與之○而許之王. 284-15 與之○而許之王. 284-20 與之○而許之王. 285-2 以止其○哉. 285-2

【景】 36

○翠以楚之衆. 2-4 君謂○翠曰. 2-8 ○翠果進兵. 2-12 ○翠得城於秦. 2-13 杜赫欲重○翠於周. 7-2 楚使者○鯉在秦. 50-8 楚王因不罪○鯉而德周秦. 50-11 楚王使○鯉如秦. 50-13 ○鯉. 50-13 楚王使○所甚愛. 50-13 則殺○鯉. 50-14 更不與不如○鯉留. 50-15 秦王乃留○鯉. 50-16 ○鯉使人說秦王曰. 50-17 又使○鯉請薛公曰. 76-23 ○舍曰. 104-14 楚因使○舍起兵救趙. 104-21 楚令○翠以六城賂齊. 115-9 昭雎謂○翠曰. 115-10 秦恐且因○鯉蘇厲而效地於楚. 115-10 公不如令王重賂○鯉蘇厲. 115-11 ○鯉入見. 117-23 ○鯉曰. 117-24 ○鯉出. 118-2 遣○鯉車五十乘. 118-8 又遣○鯉西索救於秦. 118-10 而立其弟○公. 127-3 王使○鯉之秦. 229-1 楚王怒○鯉. 229-2 且罪○鯉. 229-2 故王不如無罪○鯉. 229-7 楚令○鯉入韓. 236-7 ○鯉患之. 236-7 楚王使○陽將而救之. 271-3 ○陽怒曰. 271-4 ○陽乃開西和門. 271-8

【跖】 2

○之狗吠堯. 98-21 非貴○而賤堯也. 98-21

【䟓】 1

踕○科頭. 222-24

【貴】 89

西○於秦. 4-2 ○合於秦以伐齊. 6-16 富○則親戚畏懼. 17-16 勢位富○. 17-16 而民爲之者是○奮也. 18-20 ○賤不相信. 20-4 四○備而國不危者. 39-25 三○竭國以自安. 41-8 以己欲富○耳. 42-3 去○妻. 43-18 ○妻已去. 43-20 富○顯榮. 44-16 ○富不驕怠. 45-2 而君之祿位○盛. 45-19 太子門下無○者. 57-5 而使君富○千萬歲. 57-7 晏首○而仕人寡. 66-1 異○於此者何也. 72-17 令尹○矣. 72-18 ○而重之. 77-2 富○則就之. 85-10 王者○乎. 85-19 士○乎. 85-19 士○耳. 85-19 王者不○. 85-19 得○士之力也. 86-5 雖○. 86-17 豈非下人而尊○士與. 86-19 是以明乎士之○也. 86-21 非弗寶○矣. 86-25 無罪以當○. 87-2 豈先賤而後尊○者乎. 88-5 知其○人. 95-17 尊卑○賤. 96-12 非○跖而賤堯也. 98-21 ○甚矣而主斷. 106-20 所欲○富者魏也. 112-9 子內擅楚之○. 116-15 ○且使己賤. 119-12 楚國之食○於玉. 119-17 薪○於桂. 119-17 南后鄭褎○於楚. 120-3 儀○惠王而善睢也. 120-23 公孫郝甘茂○. 120-23 棄所○於讎人. 121-9 楚王之○幸君. 128-24 彼亦各○其故所親. 129-1 楚王○李園. 129-7 則無爲○知士也. 133-2 故○爲列侯者. 134-11 ○戚父兄皆可以受封侯. 144-15 封侯○戚. 144-17 行政在於信○. 149-22 因○戚者名不累. 149-25 夫○不與富期. 158-16 則是弃前○而挑秦禍也. 160-7 趙之○人也. 161-25 所○於天下之士者. 164-19 建信君○於趙. 165-21 雖○已賤矣. 167-10 時○而賣. 167-10 雖賤已○矣. 167-10 張懃○. 175-14 乃召趙莊而○之. 175-15 不如○董慶以善魏. 186-18 且魏王所以○張子者. 189-13 田需○於魏王. 197-17 安○乎. 204-7 王○臣也. 215-1 不如○昭獻以固楚. 224-3 ○其所以○者○. 227-9 是自爲○也. 227-15 何○. 236-15 ○正. 236-15 而西○於秦. 239-11 而君臣上下少長○賤畢呼霸王. 241-25 伎且共○公子. 242-21 美人之賈○. 242-25 張儀之○. 244-14 公孫郝之○. 244-15 ○賤不相事. 244-16 公孫郝嘗疾齊韓而不加○. 244-18 以事○. 249-4 ○重主斷. 253-22 臣○於齊. 264-15 故公子○. 265-16 而○不益爲王. 281-5

【喟】 6

蘇秦○歎曰. 16-19 襄子乃○然嘆泣曰. 136-3 都平君○然大息曰. 155-23 ○然而歎. 163-21 秦王○然愁悟. 217-1 中山君○然而仰歎曰. 288-6

【單】 46

聞齊之内有田○. 39-22 田○以卽墨之城. 95-17 齊田○以卽墨破燕. 96-3 田○攻之歲餘. 96-6 田○守卽墨之城. 98-1 田○之立疑. 98-2 皆以田○爲自立也. 98-3 田○相之. 98-3 田○見其寒. 98-5 ○解裘而衣之. 98-6 田○之施. 98-6 王嘉○之善. 98-9 ○收而食之. 98-10 ○解裘而衣之. 98-10 而○亦憂之. 98-11 ○有是善而王嘉之. 98-11 善○之善. 98-12 乃賜○牛酒. 98-12 宜召田○而揖之於庭. 98-14 田○之愛人. 98-17 貂勃常惡田○. 98-19 ○何以得罪於先生. 98-20 召相○來. 99-8 田○免冠徒跣肉袒而進. 99-8 召相田○而來. 99-11 今王得安平君而獨曰○. 99-16 而王曰○. 99-17 ○. 99-18 王乃曰○. 99-24 田○將攻狄. 100-3 田○曰. 100-4 田○乃懼. 100-8 先生謂○不能下狄. 100-9 田○曰. 100-15 ○有心. 100-15 臣以田○如耳爲大過也. 147-2 豈獨田○如耳爲大過哉. 147-3 而將非有田○司馬之慮也. 147-10 田○將齊之良. 147-19 相都平君田○問趙奢曰. 155-3 非○之所爲也. 155-5 ○聞之. 155-5 此○之所不服也. 155-7 ○不至也. 155-23 齊田○欺詐騎劫. 266-15 北講於○于. 274-6

【喉】 1

天下之咽○. 51-8

【喻】 3

吾欲使武安子起往○意焉. 17-22 内○其百姓. 54-20 教化○於民. 283-10

【嗟】 9

○乎. 17-15 ○嗞乎. 60-14 ○乎. 86-22 ○. 98-17 ○乎子乎. 113-7 ○乎. 135-8 ○乎. 136-3 叱○. 163-11 ○乎. 237-13

【嗞】 1

嗟○乎. 60-14

【喙】 3

人之飢所以不食烏○者. 249-17 此食烏○之類也. 249-19 蚌合而拑其○. 270-5

【買】 17

函冶氏爲齊太公○良劍. 12-3 越人請○之千金. 12-4 君何不○信貨哉. 12-7 欲○朴乎. 41-22 然則不○五雙珥. 123-23 夫良商不與人爭○賣之賈. 167-9 時賤而○. 167-9 臣聞王之使人○馬也. 176-13 ○馬而善. 176-16 ○馬而惡. 176-17 然則○馬善而若惡. 176-18 然而王之○馬也. 176-18 此所謂市怨而○禍者也. 222-12 諸侯不能○. 243-1 故秦○之三千金. 243-1 ○其首五百金. 256-1 死馬且○之五百金. 256-2

【詈】 4

○之. 24-15 長者○汝. 24-17 則欲其爲我○人也. 24-18 乃使勇士往○齊王. 27-2

【黑】 6

○貂之裘弊. 16-16 面目犂○. 16-18 粉白墨○. 120-8 ○貂之裘. 137-23 ○齒雕題. 150-11 願令得補○衣之數. 179-4

【圍】 50

今○雍氏五月不能拔. 10-17 ○梁數旬. 19-17 ○陘. 41-11 今王將攻韓○陘. 41-14 王攻韓○陘. 41-15 又卽○邯鄲乎. 42-14 寡人一城○. 43-6 帥韓魏以○趙襄子於晉陽. 49-17 ○逼晉陽. 55-9 則是○塞天下士而不利說途也. 76-25 ○邯鄲. 81-11 卒魏兵以救邯鄲之○. 81-12 又西○晉陽. 92-21 西○定陽. 93-24 被○於趙. 96-20 故解齊國之○. 97-24 楚目弱新城○之. 107-7 楚王子○聘於鄭. 126-24 ○晉陽而水之. 131-3 因舒軍而○之. 132-23 ○晉陽三年. 132-24 秦韓○梁. 136-19 引水○鄗. 150-24 而國○攻焉. 155-20 ○千丈之城. 155-22 ○邯鄲之城. 158-6 秦旣解邯鄲之○. 159-8 秦○趙之邯鄲. 162-5 秦所以急○趙者. 162-7 會秦○趙. 162-11 今又内○邯鄲而不能去. 162-13 吾視居北○城之中者. 162-22 曷爲久居此○城之中而不去也. 162-24 因○晉陽. 181-11 韓氏因○蕃. 193-12 ○皮氏. 199-8 走芒卯而○大梁. 202-6 乃罷梁○. 203-9 而國繼以○. 207-22 魏之○邯鄲也. 221-12 秦○宜陽. 225-14 楚○雍氏五月. 231-3 今雍氏○. 231-16 楚○雍氏. 231-22 則南○鄾. 246-22 再○燕都而劫大王. 251-20 將軍市被○公宫. 254-15 而○一城焉. 280-16 ○其國都. 289-25 ○邯鄲八九月. 290-4

【旣】 3

國弊○多. 96-21 晉國之○. 261-16 秦○如此其大. 261-16

【無】 747

夫秦之爲○道也. 1-5 猶○與耳. 1-22 秦必○功. 2-4 ○功. 2-5 則○加焉矣. 2-8 ○他種矣. 3-3 秦必○辭而令周弗受. 3-18 必○處矣. 4-1 ○忠臣以掩蓋之也. 4-10 使○多割. 5-4 齊○秦. 5-17 而王○人焉. 6-13 ○因事也. 6-14 ○變. 6-20 則王亦○齊之累也. 6-21 張於○鳥之所. 7-4 則終日○所得矣. 7-4 必張於有鳥○鳥之際. 7-5 小人○可以求. 7-6 而○適立也. 7-9 韓魏南○楚憂. 9-7 西○秦患. 9-7 君不如令弊邑陰合於秦而君○攻. 9-8 又○藉兵乞食. 9-9 君臨函谷而○攻. 9-9 秦得○破. 9-13 而薛世世○患. 9-14 而使三國○攻秦. 9-15 ○備故也. 10-6 周君豈能○愛國哉. 10-9 ○以守城. 10-16 吾○徵甲與粟於周. 10-20 而吾得○效也. 11-20 必○獨知. 12-5 奉養○有愛於最也. 12-7 而王○之扞也. 12-18 公平○私. 15-5 民○所聊. 16-6 不攻○攻相事也. 18-17 此○異故. 19-2 一戰不勝而○齊. 19-6 ○與禍鄰. 19-8 此固已○伯王之道一矣. 19-15 此固已○伯王之道二矣. 19-21 此固已○伯王之道三矣. 19-24 居○幾何. 24-15 寡人遂○奈何也. 24-23 ○大大王. 26-6 亦○大大王. 26-7 亦○先齊王. 26-8 亦○大齊王. 26-8 子其弭口○言. 26-23 ○刺一虎之勞. 27-25 而○伐楚之害. 28-2 聽○失本末者難惑. 28-4 則諸侯必見張儀之○秦矣. 28-8 中國○事於秦. 28-11 居○幾何. 28-14 ○柰秦何矣. 29-25 寡人固○地而許楚王. 30-3 是○伐之日已. 30-8 今公用兵○功. 30-14 是樗里疾公孫衍○事也. 30-15 有家貧而○燭者. 31-2 家貧○燭者將去矣. 31-3 妾以○燭. 31-3 幸○我逐也. 31-6 不爲○行. 32-16 亦必○患矣. 32-24 則韓魏必○上黨哉. 32-25 ○知也. 33-7 明知死者之○知矣. 33-7 葬於○知之死人哉. 33-8 世世○患. 35-1 而○他慮也. 35-2 必○患矣. 35-6 則久留臣○爲也. 36-11 獨不重任臣者後○反覆於王前耶. 36-15 見者○不變色易容者. 37-8 宫中虛○人. 37-8 是周○天子之德. 37-16 而文武○與成其王也. 37-16 ○以餌其口. 38-1 ○益於殷楚. 38-5 ○與照姦. 38-9 事○大小. 38-15 ○疑寡人也. 38-16 膚寸之地○得者. 39-2 涇陽華陽擊斷○諱. 39-25 下乃所謂○王已. 40-1 卒○秦王. 40-8 得○危乎. 40-20 國○事. 41-1 雖欲○爲之下. 42-17 天下○有. 43-1 吾嘗○子. 43-2 ○子之時不憂. 43-2 乃卽與○子時同也. 43-3 臣○諸侯之援. 43-25 而○過舉之名. 44-3 傳之○窮. 44-18 ○憾悔. 45-4 ○明君賢父以聽之. 45-8 吳王夫差○適於天下. 45-22 故秦○敵於天下. 46-2 吳起爲楚悼罷○能. 46-7 廢○用. 46-7 使馳說之士○所開其口. 46-8 ○危咸陽而悔也. 49-6 猶○奈寡人何也. 49-12 今以○能之如耳魏齊. 49-13 其○奈寡人何. 49-13 魏請○與楚遇而合於秦. 50-9 是示天下○楚也. 50-19 王能使臣○拜. 50-23 天下有其實而○其名者. 50-24 有○其實而有其名者. 50-25 有○其名又○其實者. 50-25 有其實而○其名者. 51-1 ○把銚推耨之勢. 51-2 此有其實而○其名者也. 51-2 ○其實而有其名者. 51-3 ○積粟之實. 51-4 此○其實而有其名者也. 51-4 ○其名又○其實者. 51-4 ○孝之名. 51-5 ○孝之實. 51-5 天下未嘗○事也. 51-10 使○復後患. 52-11 非○大功也. 52-17 王旣○重世之德於韓魏. 53-1 鬼神狐祥○所食. 53-4 ○得地之實也. 53-11 而○後患. 53-17 是燕趙○齊楚. 54-4 ○燕趙也. 54-4 衞○東野. 54-11 ○禮於宋. 55-10 三者非○功也. 55-13 ○數. 56-23 今子○母於中. 57-1 君之門下○不居高尊位. 57-4 太子門下○貴者. 57-5 必○危亡之患矣. 57-8 王后○子. 57-9 ○母於内. 57-11 是子異人○國而有國. 57-12 王后○子而有子也. 57-12 ○母於中. 57-14 嘗○師傅所教學. 57-20 大王○一介之使以存之. 57-22 ○異故. 58-24 百舉而○及秦者. 59-10 是臣○以事大王. 59-22 非○賢人. 60-16 則○忠臣矣. 61-11 ○咫尺之功者不賞. 61-20 猶之○益也. 62-24 吾○辭爲之. 63-10 ○幾何. 63-12 聽則○有. 63-17 必○今日之患也. 63-20 將軍○解兵而入齊. 65-12 ○可進者. 66-21 不用有魯與○魯. 67-17 齊○所出其計矣. 68-9 其民○不吹竽鼓瑟擊筑彈琴鬬雞走犬六博蹹踘者. 68-21 今○臣事秦之名. 69-10 天下强國○過齊者. 69-15 ○過齊者. 69-16 將○奈我何. 69-18 出兵函谷而○伐. 71-16 出兵函谷而○伐. 72-2 蛇固○足. 72-22 戰○不勝而不知止者. 72-25 倍秦則齊○患矣. 73-6 趙○以食. 73-17 臣聞謀泄者事○功. 75-13 則君○敗矣. 75-16 齊○辭. 76-5 文○以復侍矣. 77-23 我○分寸之功而得此. 78-11 足下能使僕○行. 80-2 子教文○受象牀. 80-11 ○勞勸之苦. 81-8 公子○忌爲天下循便計. 81-12 客○好也. 82-5 客○能也. 82-5 食○魚. 82-8 出○車. 82-9 ○以爲家. 82-12 ○使乏. 82-14 ○纖介之禍者. 83-25 ○不被繡衣而食菽粟者. 85-1 君得○有所怨齊士大夫. 85-7 而百○不親附. 86-2 滅亡○族之時. 86-7 是故○其實而喜其名者削. 86-10 ○德而望其福者約. 86-10 ○功而受其祿者辱. 86-10 華而○其實德者也. 86-11 ○有. 86-13 是以君王○羞亟問. 86-13 ○形者. 86-15 ○端者. 86-16 ○罪以當貴. 87-2 當今之世○士. 87-19 世○騏驎騄耳. 87-19 世○東郭俊盧氏之狗. 87-20 世○毛嬙西施. 87-21 何患○士. 87-22 非左右便辟○使也. 87-25 歲亦○恙耶. 88-3 民亦○恙耶. 88-4 王亦○恙耶. 88-4 苟○歲. 88-6 苟○民. 88-6 ○恙耶. 88-7 ○糧者亦食. 88-8 ○衣者亦衣. 88-8 葉陽子○恙乎. 88-9 北宫之女嬰兒子○恙耶. 88-11 此率民而出於○用者. 88-15 帝名爲○傷也. 89-9 故○權藉. 90-6 諸侯○成謀. 93-20 則其國○宿憂也. 93-20 使諸侯○成謀. 93-22 則其國○宿憂矣. 93-22 何得○誅乎. 95-14 不顧燕王之○臣. 96-9 後世○稱. 96-10 願公之詳計而○與俗同也. 96-13 齊○南面之心. 96-14 齊○天下之規. 96-17 公○再計. 96-18 民心○所歸. 96-21 士○反北之心. 96-23 後世○稱. 97-15 ○可以分者. 98-5 左

右顧○人. 98-7 君臣○禮. 99-5 而上下○別. 99-6 子○罪於寡人.
99-9 而士卒○生之氣. 100-12 ○死之心. 100-15 女○謀而嫁者. 101
-3 王苟○目五國用兵. 103-16 子○敢食我也. 103-24 王不如○救趙.
104-11 而魏○楚憂. 104-15 山陽君○功於楚國. 104-24 臣之得罪○
日矣. 105-5 君○咫尺之地. 105-20 ○目至此. 105-22 而○目深自結
於王. 106-1 得○遂乎. 106-19 左右俱曰○有. 106-20 得賞○功也.
107-25 得趙而王○加焉. 108-1 是○善也. 108-1 取十官而○罪. 108
-10 則○及已. 109-5 ○過此者. 109-16 而○所終薄. 109-23 雖○
出兵甲. 110-3 ○以異於驅羣羊而攻猛虎也. 110-5 社稷豈得○危哉.
110-10 ○及爲已. 110-14 計○過於此者矣. 111-7 終身○相攻擊.
111-18 臣以爲計○便於此者. 111-18 楚○鄢郢漢中. 111-25 ○有.
112-1 ○昭雎陳軫. 112-1○所更得. 112-1 則楚○謀臣矣. 112-10 ○
所聞之. 112-18 ○一月之積. 112-25 水漿○入口. 113-15 餘豈悉○
君乎. 114-4 至今○冒. 114-5 天下見楚之○秦也. 116-5 德子○已時.
116-14 則魏○患矣. 116-23 有萬乘之號而○千乘之用也. 117-21 臣
願○聽羣臣之相惡也. 119-7 人臣莫難於○妬而進賢. 119-8 至於○
妬而進賢. 119-10 必知其○妬而進賢也. 119-11 亦必○妬而進賢.
119-11 王○以爲臣. 119-22 王○所用臣. 120-5 王○求於晉國乎.
120-6 寡人○求於晉國. 120-7 則方城○患. 121-3 公不如○聽惠施.
121-17 北○晉. 121-22 ○黠於麋. 122-8 ○所冠艾. 123-6 ○使逆命.
123-20 自以爲○患. 124-14 與人○爭也. 124-14 自以爲○患. 124-
17 與人○爭也. 124-18 自以爲○患. 124-23 與人○爭也. 124-23 是
臣○罪. 126-8 王殺○罪之臣. 126-9 ○法術以知姦. 126-23 ○自瘵
也. 127-12 君獨○意湔拔僕也. 128-14 楚考烈王○子. 128-17 卒○
子. 128-17 恐又○寵. 128-18 而王○子. 128-25 世有○妄之福. 129
-11 又有○妄之禍. 129-12 今君處○妄之世. 129-12 以事○妄之主.
129-12 安不有○妄之人乎. 129-12 何謂○妄之福. 129-13 此所謂○
妄之福也. 129-16 何謂○妄之禍. 129-17 此所謂○妄之禍也. 129-19
何謂○妄之人. 129-19 此所謂○妄之人也. 129-21 天下○敵. 130
-16 子云天下○敵. 130-17 而韓魏之君○憙志而有憂色. 131-8 ○矢
奈何. 132-16 則○爲貴知士也. 133-2 此貪欲○厭也. 134-5 ○令臣
能制主. 134-11 ○後. 135-12 子之道甚難而○功. 135-16 大亂君臣
之義者○此矣. 135-18 ○罷車駑馬. 137-4 藉席○所得. 137-9 氾濫
○所止. 137-12 ○聽其談也. 137-18 ○聽談者. 137-21 臣聞聖人甚
禍○故之利. 140-8 何謂○故乎. 140-9 ○有謂臣爲鐵鉆者乎. 141-9
建信君知從之○功. 141-18 建信者安能以○功惡秦哉. 141-18 不能
以○功惡秦. 141-19 則○功而惡秦. 141-20 奚擇有功之○功爲知哉.
141-21 韓南○楚. 143-2 北○趙. 143-3 ○敢盡忠於前者. 144-6 莫
若安民○事. 144-8 請○庸有爲也. 144-8 願大王慎○出於口也. 144
-11 楚弱則○援. 144-20 ○有名山大川之限. 145-4 秦○韓魏之隔.
145-6 堯○三夫之分. 145-8 舜○咫尺之地. 145-8 禹○百人之聚.
145-8 是故官○乏事而力不困. 146-14 是故事○敗業而惡不章. 146-
14 ○已之求. 146-24 求欲○危. 148-11 臣請案兵○攻. 148-16 可以
○盡百姓之勞. 149-6 疑事○功. 149-10 疑行○名. 149-10 事利國者
行○邪. 149-24 而○舟檝之用. 150-18 而○騎射之備. 150-20 臣○
隱忠. 151-8 君○蔽言. 151-8 慮○惡擾. 151-9 忠○過罪. 151-9 修
法○愆. 151-11 循法○私. 151-18 ○遁其死. 151-23 上○蔽言. 151
-23 且循法○過. 152-4 脩禮○邪. 152-4 是鄒魯○奇行也. 152-12
是吳越○俊民也. 152-13 而臣○一焉. 153-6 ○所見醜. 153-11 去邪
○疑. 153-14 名曰○窮之門. 154-10 ○脾之薄. 155-12 ○鈎罕鐔蒙
須之便. 155-13 君○十餘二十萬之衆. 155-14 ○過三百丈者. 155-
16 ○過三千家者. 155-17 請○急秦王. 156-4 今○約而攻齊. 156-8
齊○而西. 157-6 ○秦不能傷趙. 157-18 ○齊不能得趙. 157-19 獨○
以教之乎. 158-15 王○以救矣. 159-14 得○割其内而媾乎. 159-17
得○更割其内而媾. 159-24 不如○媾. 160-1 則○地而給之. 160-8
○禮義之心. 160-11 其求○已. 160-11 給○已之求. 160-12 其勢必
○趙矣. 160-12 君○覆軍殺將之功. 161-7 夫君封以東武城不讓○功.
161-9 佩趙國相印不辭○能. 161-10 ○益也. 161-16 魯連見辛垣衍
而○言. 162-22 世以鮑焦○從容而死者. 162-25 其○足怪. 163-12
且秦○已而帝. 164-9 適會魏公子○忌奪晉鄙軍以救趙擊秦. 164-17
爲人排患釋難解紛亂而○所取也. 164-20 許由○天下之累. 165-13
内○孟賁之威. 165-16 外○弓弩之禦. 165-16 王若○兵. 165-18 王
○怒. 165-25 ○說則死. 166-11 則後之人○從見也. 166-12 從而○
功乎. 167-3 甚○禮. 167-6 甚矣其○禮也. 167-7 而居○幾何. 167-
24 ○幾何. 167-25 ○自疑於中者. 168-3 ○齊. 169-12 以○齊之故
重王. 169-12 燕魏自以○齊故重王. 169-13 今王○齊獨安得○重天
下. 169-13 故勸王○齊者. 169-14 願王之熟慮○齊之利害也. 169-
16 ○功. 169-20 而趙○爲王行也. 170-4 ○入朝之辱. 170-7 ○割地
之費. 170-7 臣願王之曰聞魏而○庸見惡也. 170-15 而○使秦之見王
之重趙也. 170-17 皆且○敢與趙治. 170-18 齊○大異. 171-11 而○
庸致兵. 171-11 五國伐秦○功. 171-18 君○搆. 171-21 則君○患矣.
171-23 齊王必○召呡也使臣守約. 171-25 ○倍約者. 172-1 定○罪
之君. 173-2 故曰君必○講. 173-4 夫殺○罪范座. 173-23 而魏王輕
爲之殺○罪之座. 174-4 夫國内○用臣. 174-6 國奚○人甚哉. 174-14
國奚○人甚也. 174-17 將軍○言已. 174-21 ○明此者矣. 175-3 城
大○能過百雉者. 175-4 ○燕秦也. 175-23 又兼○燕秦. 176-1 ○補
於國. 176-17 ○危於國. 176-17 皆○危補於國. 176-18 使若○罪.
177-9 願大王○絶其歡. 177-9 ○所敢疑. 177-13 ○非大王之服御者.
177-19 ○乃傷葉陽君涇陽君之心乎. 177-21 日食飲得○衰乎. 178-
25 ○有. 179-15 位尊而○功. 179-17 奉厚而○勞. 179-17 猶不能恃
○功之尊. 179-22 ○勞之奉. 179-22 ○故索地. 181-4 ○故索地. 181
-4 重欲○厭. 181-5 公叔何可○益乎. 183-17 聖人○積. 183-18 東
有淮潁沂黄煑棗海鹽○疎. 184-6 曾○所芻牧牛馬之地. 184-9 ○以
異於三軍之衆. 184-10 罪○過此者. 184-12 則必○强秦之患. 185-3
○有名山大川之阻. 185-8 則大王之國欲求○危不可得也. 185-21 ○
楚韓之患. 185-24 國必○憂矣. 185-24 惡得○眩哉. 186-9 是示楚○
魏也. 186-17 夫齊秦不合天下○憂. 187-1 何爲飲食而○事. 187-6
○事必來. 187-6 曰○事必來. 187-10 今臣○事. 187-10 ○久. 187-
10 王必○辭以止公. 187-11 子果○之魏而見寡人也. 188-7 而百姓
○患. 188-24 ○異也. 190-2 寡人○與之語也. 191-1 ○多割. 191-4
是臣終○成功也. 192-14 内之○若羣臣何也. 192-16 王且○所聞之
矣. 192-24 魏○韓患. 193-14 ○功而還. 194-14 王○與之講以取埊.
194-19 與國○相離也. 195-3 必○與講. 195-4 使秦皆○百怨百利.
195-11 國○守戰之備. 196-23 則○生楊矣. 197-18 則王之使人入魏
○益也. 198-16 夫市之○虎明矣. 199-22 可○戒與. 200-13 則上地
○憂患. 201-19 王○以責秦. 201-22 ○以利事王者矣. 202-2 而宋中
山可○爲也. 202-11 夫秦貪戾之國而○親. 202-11 願王之必○講也.
202-16 臣願君之熟計而○行危也. 203-7 ○過堯舜. 203-13 ○大天
地. 203-13 且○梁孰與○河内急. 203-22 ○梁孰與○身急. 203-22
臣使長信侯請○内王. 204-2 君○爲魏計. 204-6 願王○憂. 204-13
其勢必○魏矣. 204-21 而秦之求○窮. 204-22 且夫王○伐與國之誹.
205-13 魏○見亡之危. 205-13 百姓○被兵之患. 205-13 貪戾好利而
○信. 206-17 兩弟○罪. 206-19 秦非○事之國也. 207-2 非魏○攻矣.
207-10 南國雖○危. 207-16 又況於使秦○韓而有鄭地. 207-25 ○河
山以蘭之. 207-25 ○周韓以閒之. 207-25 則皆知秦之○窮也. 208-5
然而○與强秦鄰之禍. 208-9 而趙○爲王有也. 208-18 ○公矣. 209-
6 ○所用之. 209-16 公○以爲罪. 209-16 夜行者能○爲姦. 213-1 不
能禁狗使○吠己也. 213-1 故臣能○議君於王. 213-2 願大王○攻魏.
213-12 ○精於此者矣. 213-15 秦趙久相持於長平之下而○決. 214-
2 則○趙. 214-3 則○秦. 214-3 遇而○相. 214-9 是○齊也. 214-11
子言○秦. 214-16 ○蔽於秦者. 214-25 王○聽. 215-9 夫齊不以○魏
者以害有魏者. 216-3 因○敢傷張子. 216-8 齊○通於天下矣. 216-12
亦○齊累矣. 216-12 是大王籌筴之臣○任矣. 216-21 竊以爲大王
籌筴之臣○任矣. 216-24 ○忌謹受教. 217-10 ○忌將發十萬之師.
217-21 ○爲人臣之義矣. 218-3 ○忌小人也. 218-6 臣○敢不安也.
218-9 臣安能○涕出乎. 218-15 天下○敵. 218-25 寡人○所用之. 221
-4 ○不畢具. 222-6 ○過此者矣. 222-9 卽○地以給之. 222-10 而
秦之求○已. 222-11 而逆○已之求. 222-12 ○爲牛後. 222-13 ○二
歲之所食. 222-21 ○以異於墮千鈞之重. 223-4 必○幸矣. 223-4 ○
過於此者矣. 223-7 雖欲○亡. 223-10 計○便於此者也. 223-13 是公
○患. 224-1 臣恐山東之○以馳割事王者矣. 224-8 公仲○行. 227-2
則○禍矣. 227-16 是以公孫郝甘茂之○事也. 228-1 齊○以信魏之合
己於秦而攻於楚也. 229-4 故王不如○罪景鯉. 229-7 向也子曰天下
○道. 229-10 ○見王矣. 229-20 而○所入矣. 230-7 是○韓也. 231-
17 公○辭以後反. 232-15 ○柰何也. 233-21 犬遂○噬人之心. 234-
1 來使者○交於公. 234-4 太子○患. 234-24 太子外○幾瑟之患. 234
-25 不如○殺幾瑟. 234-25 太子○患. 235-4 秦楚若○韓. 235-5 伯
嬰外○秦楚之權. 235-7 内○父兄之衆. 235-8 多人不能○生得失.
237-25 今死而○名. 238-12 兄弟○有. 238-13 願公之○疑也. 239-
16 韓之重於兩周也○計. 240-2 ○事而割安邑. 240-10 山東○以救亡.
240-24 雖善事之○益也. 241-2 名尊○所立. 241-17 制令○所行.
241-17 韓氏之衆○不聽令者. 242-4 ○他. 242-12○不任事於周室也.
242-12 亦○他也. 242-13 使之○伐我. 242-16 不成則○患. 242-17
非金○以也. 242-25 使善扁鵲而○癃腫也. 243-14 公孫郝樗里疾請
○攻韓. 244-21 ○幾於王之明者. 244-23 而○自左右也. 244-24 公
○見王矣. 245-17 ○之而亡者. 246-20 不可○而從者. 246-20 則○
從輕矣. 246-22 可以○疊. 246-24 夫宵行者能○爲姦. 247-1 而不能
令狗○吠己. 247-1 能○議君於王. 247-2 夫安樂○事. 248-7 ○過燕
矣. 248-8 計○過於此者. 248-16 則國必○患矣. 248-17 豈能東○齊
西○趙哉. 249-3 燕○故而得十城. 249-24 見足下身○咫尺之功. 250
-9 夫趙王之狼戾○親. 251-19 而南○齊趙之患. 251-25 ○以諫者.
252-17 夫○謀人之心. 252-19 有所附則○不重. 253-2 而吏○非太
子人者. 254-8 天下○變. 255-10 又○尺寸之功. 256-17 臣且處○爲
之事. 258-1 而乃以與○能之臣. 258-21 願足下之○制於羣臣也. 259

-10 且夫處女○媒. 259-14 順而○敗. 259-15 魏○大梁. 260-16 魏○濟陽. 260-17 魏○虛頓丘. 260-17 宋王○道. 260-19 有齊○秦. 260-24 ○齊有秦. 261-1 見之知○厲. 262-11 吾○齊矣. 262-12 殆○燕矣. 262-24 子○以爲罪. 264-6 苟○死. 264-20 女○不爲也. 264-20 ○害也. 265-7 公子○攻不當封. 265-14 使除患○至. 266-2 而先使除患○至者. 266-4 可以幸○罪矣. 267-9 可以幸○罪矣. 267-23 使世世○患. 269-15 舉○道. 269-19 此天下之○道不義. 269-20 燕○以決之. 270-12 ○與共擊楚. 271-10 ○所取之. 272-13 願君○以寡人不肖. 272-21 故遠近○議. 272-24 今以寡人○罪. 273-3 ○妨於趙之伐燕也. 273-13 夫燕○道. 273-15 國小而地○所取. 273-17 左右○人. 274-13 丹所請田先生○言者. 275-4 固請○讓. 275-19 今行而○信. 275-24 ○可柰何. 276-13 人○不立死者. 276-16 荆卿豈○意哉. 276-20 而卒惶急○以擊軻. 277-20 是時侍醫夏○且. 277-21 而賜夏○且黄金二百鎰. 278-3 ○且愛我. 278-4 宋所謂○雉兔鮒魚者也. 279-19 宋○長木. 279-20 請○攻宋. 279-21 曾○一介之使以存之乎. 280-1 德施於梁而○怨於趙. 280-17 則公○事. 280-20 則萬世○魏. 281-5 爲○顔之冠. 281-14 ○功之賞. 281-20○力之禮. 281-20 ○有佗計. 282-19 必○與君言國事者. 283-3 ○乃不可乎. 283-9 治○小. 283-10 亂○大. 283-10 民○廉耻. 283-11 ○答服. 283-14 必○趙矣. 284-4 孤何得○廢. 285-23 因言告燕趙而○往. 285-25 卽公○内難矣. 286-16 ○所窮矣. 286-17 固○請人之妻不得而怨人者也. 286-19 則恐○身. 286-24 殊○佳麗好美者. 287-6 周流○所不通. 287-7 口不能○道爾. 287-11 願王○泄也. 287-12 世○請后者. 287-18 趙王亦○請言也. 287-18 旣○良臣. 289-12 又○守備. 289-13 必○所得. 290-1 兵出○功. 290-1 臣知行雖○功. 290-9 雖不行○罪. 290-9 誅滅○道. 290-10

【短】 10

斷長續○. 18-23 今秦地斷長續○. 21-8 身大臂○. 60-6 臂○不能及. 60-12 請掩足下之○者. 78-18 之其所○. 79-19 絶長續○. 124-12 老臣以媪爲長安君計○也. 179-20 鄰有○褐而欲竊之. 279-15 此猶錦繡之與○褐也. 279-20

【規】 4

段○諫曰. 131-22 康子之謀臣曰段○. 133-19 先生之計大而○高. 137-20 且以繩墨案○矩刻鏤我. 141-7

【智】 52

昔○伯欲伐厹由. 10-4 欲以一人之○. 17-19 弗知而言爲不○. 18-6 ○伯帥三國之衆. 21-4 反○伯之約. 21-6 以攻○伯之國. 21-7 楚○横君之善用兵. 23-19 用兵與陳軫之○. 23-19 寡人自以爲○矣. 26-17 穰侯○而習於事. 32-14 何晉楚之○而齊秦之愚. 32-24 穰侯○而習於事. 33-2 是天下之王不如鄭賈之○也. 41-24 豈不辯○之期與. 44-16 竭○能. 44-22 ○氏最强. 49-16 ○伯出行水. 49-18 ○伯曰. 49-18 而○氏分矣. 49-20 不能過○伯. 49-21 ○氏見伐趙之利. 52-16 ○氏信韓魏. 52-20 殺○伯瑶於鑿臺之上. 52-21 昔○伯瑶殘范中行. 55-9 以王爲吳○之事也. 55-17 何秦之○而山東之愚耶. 68-3 昔○伯瑶攻范中行氏. 92-20 然而○伯卒身死國亡. 92-22 ○者不倍時而弃利. 96-7 謂子○則否. 135-16 ○者見於未萌. 149-13 ○不若耶. 163-14 其○能而任用之也. 198-14 何用○之不若梟也. 205-1 是受○伯之禍也. 207-5 是○困於秦. 214-19 三晉已破○氏. 221-3 ○爲楚笑. 226-22 唯○者知之而已. 239-4 皆積○欲離秦韓之交. 240-14 則晉楚○而韓秦愚也. 240-16 雖堯舜之○. 251-8 齊趙必有爲○伯者矣. 262-6 ○固不如車士矣. 268-24 ○又不如胡越之人矣. 269-1 ○不輕怨. 272-4 ○不簡功. 273-1 其○深. 274-10 ○伯欲伐衞. 281-18 ○伯果起兵而襲衞. 281-22 ○伯欲襲衞. 281-25○伯聞之. 282-2

【甀】 1

非效忯壺醬○耳. 1-16

【稍】 4

○○誅滅. 86-7 ○○蠶食之. 145-5

【黍】 1

及之睪○梁父之陰. 80-25

【犂】 1

面目○黑. 16-18

【喬】 1

而有○松之壽. 46-20

【等】 5

臣○之罪免矣. 106-19 臣○少也. 122-17 而令臣○爲散乎. 122-20 乃多與趙王寵臣郭開○金. 180-1 燕王喜太子丹○. 278-6

【筑】 4

其民無不吹竽鼓瑟擊○彈琴鬬雞走犬六博蹹踘者. 68-21 高漸離擊○. 276-25 其後荆軻客高漸離以擊○見秦皇帝. 278-9 而以○擊秦皇帝. 278-9

【策】 8

書○稠濁. 16-6 皆欲决蘇秦之○. 17-4 數○占兆. 21-5 以順王與儀之○. 24-14 非得失之○與. 86-6 此兩○者. 109-17 此三○者. 144-20 夷維子執○而從. 163-23

【筋】 3

○骨力勁. 91-20 擢閔王之○. 127-4 未至擢○而餓死也. 127-6

【筆】 1

取○牘受言. 101-11

【傲】 8

以告蒙○曰. 43-6 蒙○曰. 43-7 蒙○乃往見應侯. 43-9 ○欲死. 43-9 今○勢得秦爲王將. 43-10 ○尚奚生. 43-11 應侯拜蒙○曰. 43-12 蒙○以報於昭王. 43-12

【備】 32

所以○者稱此. 1-20 不如○兩周辯知之士. 5-10 無○故也. 10-6 君不如使周最陰合於趙以○秦. 13-14 科條既○. 16-6 三資者○. 22-7 四貴○而國不危者. 39-25 求萬物不○具. 86-1 言要道已○矣. 87-3 王駟已○矣. 87-20 竟爲守○. 94-1 不脩攻戰之○. 101-14 ○守以具. 132-21 而無騎射之○. 150-20 以○其參胡樓煩秦韓之邊. 150-21 近可以○上黨之形. 151-1 故發兵自○. 168-1 謹○其所憎. 176-25 決利害之○. 183-10 國無守戰之○. 196-23 善韓以○之. 227-15 今公言善韓以○楚. 227-17 ○不具者死. 229-18 不若聽而○於其反也. 230-6 親供養○. 237-6 然仲子卒○賓主之禮而去. 237-11 必務善韓以○秦. 239-14 所以○趙也. 253-12 所以○燕也. 253-13 臣料趙國守○. 288-21 ○秦爲務. 288-23 又無守○. 289-13

【傅】 23

黥劓其○. 15-6 不離保○之手. 38-9 嘗無師○所教學. 57-20 遣太○賫黄金千斤. 83-20 臣有○. 117-8 請追而問○. 117-9 ○慎子曰. 117-9 ○之國都而止矣. 145-5 屬於師○. 148-18 王立周紹爲○. 152-19 立○以行. 152-24 故寡人欲子之胡服以○王乎. 152-25 立○之道六. 153-3 ○之才. 153-6 ○命僕官. 153-6 以○王子也. 153-15 謂其太○鞫武曰. 273-22 願太○幸而圖之. 273-23 太○曰. 273-25 太○鞫武諫曰. 274-2 太○之計. 274-7 願太○更慮之. 274-9 願因太○交於田先生. 274-11

【貸】 1

不○而見足矣. 91-13

【順】 40

政教不○者不可以煩大臣. 15-22 以逆攻○者亡. 18-11 以○王與儀之策. 24-14 而以○子爲質. 32-5 齊以陽武賜弊邑而納○子. 32-6 ○民之意. 90-22 甘茂事之○焉. 108-9 教○慈愛. 138-2 不○主命. 140-25 知者功大而辭○. 146-17 世有○我者. 149-15 是以聖人觀其鄉而○宜. 150-9 而叔也○中國之俗以逆簡襄之意. 151-1 以○先王之志. 151-5 所以成官而○政也. 151-14 各○其宜. 152-8 ○其意. 153-12 子道○而不拂. 153-19 不如以○齊. 157-2 今我不○齊伐秦. 157-2 今我○而齊不西. 157-5 且我○齊. 157-6 今我○而齊魏果西. 157-7 使○也甘之. 170-21 故王不如○天下. 214-20 逆秦而○楚. 223-10 魏○謂市丘君曰. 224-12 魏○南見楚王曰. 224-16 魏○曰. 224-17 公不若○之. 232-15 竊聞王義甚高甚○. 252-11 ○而無敗. 259-15 吾所恃者○也. 262-10 ○始與蘇子爲讐. 262-11 以○左右之心. 266-24 ○庶孽者. 268-2 不能奉○君意. 272-2 以○適其意. 275-21 富術謂殷○且曰. 282-25 殷○且以君令相公期. 283-5

【傒】 3

子○有承國之業. 56-25 子○有承國之業. 57-9 子○立. 57-10

【傑】 1

趙國豪○之士. 161-8

【集】 6

非效鳥○烏飛. 1-17 於是乃摩燕烏○闕. 16-25 此先聖之所以○國家. 134-15 民能相○者. 140-23 而以○兵三萬. 155-17 ○於鳥卵之上. 223-4

【焦】 6

而請内○黎牛狐之城. 156-14 不予○黎牛狐. 156-16 世以鮑○無從容而死者. 162-25 衣○不申. 215-18 廉如鮑○史鰌. 257-25 廉如鮑○史鰌. 258-4

【傍】 1

○有大叢. 137-9

【皐】 17

取成○. 110-9 請蔡○狼之地. 132-7 韓守成○. 146-3 一軍軍於成○. 148-13 留天下之兵於成○. 169-20 今趙留天下之甲於成○. 170-1 罷於成○. 171-18 因索蔡○梁於趙. 181-10 分地必取成○. 221-3 成○. 221-4 果取成○. 221-6 果從成○始. 221-7 韓北有鞏洛成○之固. 221-23 秦必求宜陽成○. 222-9 東取成○宜陽. 223-7 夫塞成○. 223-8 兵罷而留於成○. 224-12

【衆】 116

景翠以楚之○. 2-4 故○庶成彊. 4-13 則○必多傷矣. 9-20 與周之○. 12-19 士民之○. 15-18 萬民之○. 17-3 趙固負其○. 17-20 智伯帥

三國之〇. 21-4 得兩國之〇. 21-7 弊兵勞〇不足以成名. 22-2 繕兵不傷〇. 22-10 秦死傷者〇. 30-12 秦〇盡怨之深矣. 30-15 得擅用强秦之〇. 31-16 能治〇者其官大. 36-9 〇口所移. 43-22 誅屠四十餘萬之〇. 46-4 臣之見人甚〇. 46-23 王申息〇二年. 52-6 王若負人徒之〇. 52-13 人徒之〇. 53-19 一舉〇而注地於楚. 53-19 人〇不足以爲强. 54-8 人〇者强. 54-9 民孰與之〇. 59-7 仕人〇. 66-1 足下豈如令〇而合二國之後哉. 67-17 而君以魯〇合戰勝後. 67-20 大臣父兄殷〇富樂. 69-15 地廣人〇. 69-18 則士不亦〇乎. 80-23 弊其〇. 81-8 國罷而好〇怨. 90-19 則事以〇强適罷寡也. 91-7 〇事而不反. 91-24 十萬之〇盡. 92-1 其與必〇. 94-2 栗腹以百萬之〇. 96-19 齊國之〇. 98-2 王收而與之百萬之〇. 101-22 請悉楚國之〇也. 103-17 一國之〇. 105-21 今君能用楚之〇. 112-11 則楚〇不用矣. 112-11 僞舉罔而進者必〇矣. 122-10 甚〇. 128-17 權重而〇服. 134-12 臣願捐功名去權勢以離〇. 134-12 信忠在己而〇服焉. 134-14 范中行氏以〇人遇臣. 136-1 臣故〇人報之. 136-2 宮室小而帑不〇. 136-24 〇人喜之. 138-4 夫用百萬之〇. 140-14 内度其士卒之〇寡賢與不肖. 145-10 豈掩於〇人之言. 145-12 不謀於〇. 149-11 拘於俗之〇. 151-17 獨將軍之用〇. 155-4 用〇者. 155-4 今將軍必負十萬二十萬之〇乃用之. 155-6 今以三萬之〇而應强國之兵. 155-10 君無十餘二十萬之〇. 155-14 人雖〇. 155-17 齊以二十萬之〇攻荆. 155-19 趙以二十萬之〇攻中山. 155-20 而索以三萬之〇. 155-22 趙以亡敗之餘〇. 158-6 百萬之〇折於外. 162-12 令〇人不知. 162-25 〇人廣坐之中. 165-4 人民非不〇也. 183-3 人民之〇. 184-10 無以異於三軍之〇. 184-10 豈其士卒〇哉. 184-17 其卒雖〇. 186-2 〇口鑠金. 186-9 魏惠王起境内〇. 196-13 故以十人之〇. 197-19 而欲去子者〇. 197-20 以三十萬之〇. 202-23 戴三十萬之〇. 202-24 以因趙之〇. 206-8 君得燕趙之兵甚〇且亟矣. 206-13 萬人之〇. 221-5 戎兵之〇. 222-25 數萬之〇. 229-20 使者來者〇矣. 231-6 兵不〇. 231-9 内無父兄之〇. 235-8 而行游諸侯〇矣. 237-7 持兵戟而衛者甚〇. 238-3 韓氏之〇無不聽令者. 242-4 今韓之父兄得〇者毋相. 243-21 而數十萬之〇. 248-14 太子因數黨聚〇. 254-15 死者數萬〇. 254-17 以因北地之〇以伐燕. 254-19 不制於〇人. 259-8 吾必不聽〇口與讒言. 264-18 燕趙之〇. 269-13 弊其〇. 269-15 燕趙之〇. 269-18 以弊大〇. 270-8 王翦將數十萬之〇臨漳鄴. 275-10 是不殺少而殺〇. 279-12 而欲滿其意者〇. 281-7 與不期〇少. 288-6 君前率數萬之〇入楚. 289-3 興兵甚〇. 289-4 人數倍於趙國之〇. 289-8 君嘗以寡擊〇. 289-9 以〇擊寡乎. 289-9 不欲先用其〇. 289-17 養孤長幼以益其〇. 289-21 死傷者〇. 290-4

【遁】 8

〇逃來奔. 43-25 豫讓〇逃山中. 135-8 無〇其死. 151-23 今周最〇寡人入齊. 216-11 故〇逃奔趙. 266-25 齊王逃〇走莒. 267-18 乃夜〇. 271-10 中山必〇燕趙. 285-21

【御】 30

因令人謂相國〇展子廧夫空曰. 7-13 韓楚必相〇也. 30-18 臣是以知其〇也. 30-19 〇於諸侯. 40-4 韓康子〇. 49-18 令長子〇. 63-10 兩〇之間夫卒交. 113-6 莫敖大心撫其〇之手. 113-7 前國地君之〇有之曰. 134-9 君其負劍而〇臣以之國. 135-2 弊邑秦王使臣敢獻書於大王〇史. 147-23 以書爲〇者. 152-15 〇道之以行義. 153-11 乘驥而〇之. 166-19 〇獨斷之勢. 166-20 無非大王之服〇者. 177-19 痤有〇庶子公孫鞅. 183-22 吾〇者善. 215-22 是故秦王使使臣獻書大王〇史. 223-14 身執禽而隨諸〇. 241-21 安邑之〇史死. 246-11 公孫綦爲人請〇史於王. 246-12 故獻〇書而行. 264-14 臣恐侍〇者之不察先王之所以畜幸臣之理. 267-1 恐侍〇者之親左右之說. 268-13 其〇曰. 279-4 坐〇以待中之議. 280-5 其〇曰. 281-8 〇曰. 283-13 司馬憙〇. 286-8

【復】 154

東周必〇種稻. 3-4 種稻而〇奪之. 3-4 〇國且身危. 5-7 臣請以三十金〇取之. 6-23 莫如令秦魏〇戰. 9-19 必〇攻魏. 9-23 乃〇悉卒乃攻邯鄲. 20-18 〇聽於秦. 23-8 即〇之楚. 24-9 臣不得〇過矣. 28-10 〇使甘茂攻之. 29-22 呂禮〇用. 34-9 且〇將. 35-14 兵休〇起. 36-1 雖堯舜禹湯〇生. 36-22 秦王〇請. 37-10 終身不〇見. 38-3 今令人〇載五十金隨公. 42-9 蔡澤〇曰. 44-16 〇曰. 44-21 魏懼而〇之. 48-20 然後〇之. 52-7 使無〇後患. 52-11 而未能〇戰也. 55-22 有何面目〇見寡人. 61-7 乃可〇使姚賈而誅韓非. 61-22 〇整其士卒以與王遇. 62-7 齊恐田忌欲以楚權〇於齊. 65-19 恐田忌之以楚權〇於齊也. 65-21 若〇於齊. 65-23 而〇問其妾曰. 66-8 倈者〇言章子以齊兵降秦. 67-1 〇爲兄弟約. 68-10 緩必〇與燕戰. 73-11 土則〇西岸耳. 77-15 文無以〇侍矣. 77-23 髡將〇見之. 81-2 〇彈其鋏. 82-9 〇彈其劍鋏. 82-12 於是馮諼不〇歌. 82-14 請爲君〇鑿二窟. 83-13 孟嘗君逐於齊而〇反. 85-6 使者〇還報. 87-9〇振. 95-7 遂以〇齊. 95-18 〇齊墟. 98-2 貫珠者〇見王曰. 98-14 〇齊墟. 100-5 齊國〇强. 100-21 雖〇責之宋. 100-21 江乙〇見曰. 106-4 臣請不敢〇見矣. 106-5 請〇鄢郢漢中. 112-2 王墳墓〇羣臣歸社稷也. 117-15 請與而〇攻之. 117-18 與而〇攻之. 118-3 東地〇全. 118-17 太子〇請善於蘇子. 118-22 王不如〇雎. 121-2 而得〇楚. 122-2 欲〇之. 122-3 汗明欲〇談. 128-1 勿〇言已. 129-22 好利而鷙〇. 131-23 勿〇言也. 133-2 子慎勿〇言. 133-17 〇來. 135-1 乃〇歸土. 137-11 明日〇來見兌也. 137-14 明日〇見. 137-18 先生明日〇來. 137-21 今攻楚休而〇之. 142-22 今七敗之禍未〇. 158-9 來年秦〇攻王. 159-14 令秦來年〇攻王. 159-17 子能必來年秦之不〇攻我乎. 159-18 來年秦〇攻王. 159-24 樓緩又不能必秦之不〇攻也. 159-24 來年〇攻. 159-25 來年秦〇求割地. 160-6 勿〇計也. 160-19 尉〇死. 161-15 已而〇歸帝. 162-8 不敢〇言帝秦. 164-15 終身不〇見. 164-21 〇塗偵謂君曰. 166-9 告者〇至. 167-25 使臣與〇丑曰. 169-3 若〇攻之. 171-4 不可〇得已. 171-8 則願五國〇堅約. 171-24 五國〇堅而賓之. 172-2 若〇不堅約而講. 172-3 齊秦非〇合也. 172-3 〇合衍交兩王. 172-10 死不〇見於王矣. 173-8 故臣死不〇見於王矣. 173-11 而死者不可〇生也. 173-25 趙强則齊不〇霸矣. 174-25 有〇言令長安君爲質者. 178-21 故王不如〇東蘇秦. 186-25 〇相魏. 187-20 〇諫於王曰. 188-11 若欲〇攻. 189-4 子勿〇言. 193-22 王雖〇與之攻魏可也. 199-11 欲與之〇攻魏. 199-13 而〇固秦楚之交. 199-16 而邯鄲〇歸. 202-8 而燕國〇歸. 202-9 地未畢入而兵〇出矣. 202-12 秦挾楚趙之兵以〇攻. 202-15 臣以爲雖湯武〇生. 202-23 則是〇閼與之事也. 207-4 趙必〇鬭. 213-21 魏氏〇全. 217-2 〇信陵君之命. 217-15 公仲收國〇事秦. 227-5 〇攻韓. 227-7 願有〇於公. 227-9 願公之〇求中立於秦也. 228-7 先生毋〇言也. 231-15 〇叱之. 234-1 楚將收秦而〇之. 235-22 楚又收秦而〇之. 235-23 楚王欲〇之甚. 236-2 以〇幾瑟也. 236-8 約〇爲兄弟. 240-24 亦因請〇之. 246-3 且〇天子. 246-15 而齊宣王〇用蘇代. 253-21 〇善待之. 257-21 蘇代〇重於燕. 261-19 解而〇合. 262-14 欲以〇振古埊也. 263-21 王〇使蘇子應之. 264-9 乃〇使蘇子. 264-10 寡人有時〇合和也. 265-24 然而常獨欲有〇收之之志若此也. 265-25 〇收七十城以〇齊. 266-16 〇以教寡人. 273-4 必不〇受於秦矣. 273-18 乃〇請之曰. 276-20 壯士一去兮不〇還. 277-1 〇爲忼慨羽聲. 277-2 秦王〇擊軻. 277-24 秦〇進兵攻之. 278-7 而弗能〇取者. 282-6 是中山〇立也. 284-4 〇欲伐趙. 288-14 〇益發軍. 290-3 破國不可〇完. 290-14 死卒不可〇生. 290-14

【徨】 1

以臨彷〇. 200-9

【循】 28

〇軼之途也. 65-13 公子無忌爲天下〇便計. 81-12 〇撫其心. 99-6 乃厲氣〇城. 100-16 〇江而下. 110-16 而尹澤〇之. 132-12 秦必怒而〇攻楚. 143-9 〇法無私. 151-18 今王易初不〇俗. 152-1 且〇法無過. 152-4 何禮之〇. 152-6 而〇禮未足多也. 152-11 故〇法之功. 152-16 〇計之事. 152-24 臣敬〇衣服. 153-24 今重甲〇兵. 154-11 臣以齊〇事王. 169-8 其欲事王也甚〇. 170-14 〇有燕以臨之. 171-12 臣〇燕觀趙. 171-15 今王〇楚趙而講. 202-14 子嘗教寡人〇功勞. 221-20 客何方所〇. 236-14 此必令其言如〇環. 261-12 故齊趙之合苟可〇也. 262-15 臣死而齊趙不〇. 262-17 臣以韓魏〇自齊. 262-21 所以能〇法令. 268-2

【徧】 4

天下〇隨而伏. 20-13 券〇合. 82-24 且天下〇用兵矣. 91-2 儀行天下〇矣. 120-17

【須】 15

大王拱手以〇. 20-13 〇殘伐亂宋. 35-18 則亡天下可蹈足而〇也. 91-22 〇以決事. 111-20 無釣罕鐔蒙〇之便. 155-13 而爲此釣罕鐔蒙〇之便. 155-14 魏之亡可立而〇也. 185-22 左白台而右閭〇. 200-11 〇賈爲魏謂穰侯曰. 202-6 試之弱密〇氏以爲武教. 211-10 得密〇氏而湯之服桀矣. 211-11 而聽〇臾之說. 223-6 〇以決事. 223-14 〇秦必敗. 225-17 恐不能〇臾. 274-7

【舒】 2

因〇軍而圍之. 132-23 老臣賤息〇祺. 179-4

【鉅】 8

長城〇坊. 19-5 臣以爲王〇速忘矣. 108-16 腹擊爲室而〇. 136-23 何故爲室之〇也. 136-23 今擊之〇宮. 136-25 而至〇鹿之界三百里. 138-16 有長城〇防. 253-9 雖有長城〇防. 253-12

【鈍】 2

三十餘萬弊甲〇兵. 118-12 今宣君有微甲〇兵. 148-4

【鈐】 1

方將調〇膠絲. 124-15

【鈞】 14

譬猶以千〇之弩潰癰也. 32-18 〇吾悔也. 49-6 故其費與死傷者〇. 92-12 若曰勝千〇則不然者. 130-18 夫千〇非馬之任也. 130-19 世〇爲之謂文信侯曰. 178-12 〇二子者. 196-9 乘數〇. 196-9 〇二子

者. 196-11 〇之出地. 209-10 無以異於墮千〇之重. 223-4 若曰勝千〇則不然者. 229-12 夫千〇. 229-12 今夫烏獲舉千〇之重. 258-17

【鈎】 1

緱病〇. 60-6

【弒】 8

春秋記臣〇君者以百數. 4-12 臣〇其主者. 105-16 此爲劫〇死亡之主言也. 126-22 故〇賢長而立幼弱. 126-23 而求〇之. 135-20 子〇父. 217-23 臣〇君. 217-23 簡公用田成監止而簡公〇. 223-19

【翕】 1

亦能〇其心乎. 36-5

【骰】 8

自〇塞谿谷. 31-8 昔歲〇下之事. 139-16 爲齊兵困於〇塞之上. 147-7 秦師不下〇. 231-3 秦師不下〇. 231-5 而秦師不下〇. 231-16 果下師於〇以救韓. 231-19 則秦不出〇塞. 258-7

【番】 4

戰於〇吾之下. 69-23 據〇吾. 144-23 據〇吾. 148-5 過〇吾. 152-19

【禽】 35

黃帝伐涿鹿而〇蚩尤. 16-1 〇其身. 21-3 〇其身. 21-7 君〇馬服乎. 42-13 〇馬服之軍. 42-16 卒爲秦〇將. 44-23 以〇勁吳. 46-11 還爲越王〇於三江之浦. 52-19 遂與句踐〇. 55-11 〇龐涓. 65-11 〇之户內. 93-16 而魏將以〇於齊矣. 94-14 〇將户內. 94-15 則不免爲敗軍〇將. 97-14 曹子以敗軍〇將. 97-14 〇其司馬. 99-20 大敗知伯軍而〇知伯. 134-3 虎將卽〇. 142-17 〇不知虎之卽己也. 142-17 故使〇知虎之卽己. 142-18 知不如〇遠矣. 142-20 五伯之所以覆軍〇將而求也. 144-16 〇唐明. 178-8 楚王〇趙宋. 178-10 〇樂祚. 183-7 〇夫差於干遂. 184-16 不勝必〇. 196-16 則必爲楚〇矣. 197-1 而〇太子申. 197-5 若〇獸耳. 206-18 兵爲秦〇. 226-22 〇困覆車. 227-5 身執〇而隨諸御. 241-21 遂殘吳國而〇夫差. 241-23 漁者得而并〇之. 270-7

【爲】 1610

夫秦之〇無道也. 1-5 弊邑固竊〇大王患之. 1-15 臣竊〇大王私憂之. 1-21 子以〇何如. 2-2 子〇寡人謀. 2-7 公爵〇執圭. 2-8 官〇柱國. 2-8 公中慕公之〇已乘秦也. 2-10 〇東周謂韓王曰. 2-15 令之〇己求地於東周也. 2-20 是我〇楚韓取寶以德之也. 2-23 東周欲〇稻. 3-1 不若一〇下水. 3-3 蘇厲〇之謂周君曰. 3-8 〇周謂楚王曰. 3-21 宋君奪民時以〇臺. 4-9 子罕釋相〇司空. 4-10 管仲故〇三歸之家. 4-11 而又〇客哉. 4-19 或〇周最謂金投曰. 4-22 徐〇之東. 5-1 〇君爭於秦. 5-11 收周最以〇後行. 5-16 齊王誰與〇其國. 5-18 蘇厲〇周最謂蘇秦曰. 5-25 〇周最謂魏王曰. 6-11 而公獨脩虛信〇茂行. 6-17 請〇王入齊. 6-19 臣請〇救之. 6-20 且臣〇齊奴也. 6-20 王〇臣賜厚矣. 6-21 周之祭地〇祟. 6-25 不必且〇大人者. 7-7 而〇之請太子. 7-10 公若欲〇太子. 7-13 王類欲令若〇之. 7-13 相國令之〇太子. 7-14 〇公畫陰計. 8-4 嚴氏〇賊. 8-10 寡人知嚴氏之〇賊. 8-12 薛公以齊〇韓魏攻楚. 9-4 韓慶〇西周謂薛公曰. 9-5 君以齊〇韓魏攻楚. 9-5 竊〇君危之. 9-8 秦王出楚王以〇和. 9-12 〇周最謂李兌曰. 9-18 代能〇君令韓不徵甲與粟於周. 10-13 又能〇君得高都. 10-13 何〇與高都. 10-21 因以應〇太后養地. 11-1 周君必以〇公功. 11-2 吾得將〇楚王屬怒於周. 11-16 司寇布〇周最謂周君曰. 12-2 君使人告齊王以周最不肯〇太子也. 12-2 臣〇君不取也. 12-2 函冶氏〇齊太公買良劍. 12-3 今君之使最〇太子. 12-5 臣恐齊王之〇君實立果而讓之於最. 12-6 君〇多巧. 12-7 最〇多詐. 12-7 或〇周君謂魏王曰. 12-10 將以〇辭於秦而不往. 12-12 臣能〇君取之. 12-16 臣〇王有患也. 12-17 而設以國〇王扞秦. 12-17 周君得以〇辭於父兄百姓. 12-21 而利溫囿以〇樂. 12-21 所以〇之者. 13-2 〇王之國計者. 13-7 王何不以地齎周最以〇太子也. 13-17 〇西周謂魏王曰. 13-22 而臣〇不能使矣. 14-3 孝公以〇相. 15-4 是商君反〇主. 15-11 大王更〇臣也. 15-11 天下〇一. 16-4 嫂不〇炊. 16-19 妻不以我〇夫. 16-19 嫂不以我〇叔. 16-20 父母不以我〇子. 16-20 簡練以〇揣摩. 16-21 封〇武安君. 17-1 黃金萬溢〇用. 17-7 向以王之明〇先知之. 18-3 弗知而言〇不智. 18-6 知而不言〇不忠. 18-6 〇人臣不忠當死. 18-7 將西南以與秦〇難. 18-9 而民〇之者是貴奮也. 18-20 足以〇限. 19-5 足以〇塞. 19-5 而謀臣不〇. 19-13 令帥天下西面以與秦〇難. 19-14 而謀臣不〇. 19-20 代上黨不戰而已〇秦矣. 20-8 東陽河外不戰而已反〇齊矣. 20-8 中呼池以北不戰而已〇燕矣. 20-9 而謀臣不〇. 20-15 與趙氏〇和. 20-15 昔者紂〇天子. 21-1 以與周武〇難. 21-2 以主〇謀不忠者. 21-14 得其地不足以〇利. 22-3 而天下不以〇暴. 22-11 諸侯不以〇貪. 22-11 蜀主更號〇侯. 22-18 因令楚王〇之請相於秦. 22-21 將以〇國交也. 22-22 楚王因〇請相於秦. 22-22 楚王以〇然. 22-23 故〇請相也. 22-24 漢中南邊〇楚利. 23-3 王割漢中以〇和楚. 23-4 田莘之〇陳軫說秦惠王曰. 23-13 今秦自以〇王. 23-18 然則是軫自〇而不〇國也. 23-24 天下欲以〇子. 24-3 天下欲以〇臣. 24-3 楚亦何以軫〇忠乎. 24-5 陳軫〇王臣. 24-8 請〇子車約. 24-11 儀以子〇之楚. 24-12 汝何〇取長者. 24-17 今〇我妻. 24-18 則欲其〇我詈人也. 24-18 軫〇人臣. 24-19 天下皆欲以〇臣. 24-25 天下皆欲以〇子. 25-1 楚何以軫〇. 25-2 王以〇然. 25-3 子〇寡人慮之. 26-4 王其〇臣約車并幣. 26-5 唯儀之所甚願〇臣者. 26-7 而儀不得〇臣也. 26-11 齊弱則必〇王役矣. 26-12 而私商於之地以〇利也, 26-13 寡人自以〇智矣. 26-17 秦計必弗〇也. 26-21 子獨不可以忠〇子主計. 27-17 以其餘〇寡人乎. 27-17 今軫將〇王吳吟. 27-20 中國〇有事於秦. 28-12 盡以〇子功. 29-4 名〇縣. 29-6 天下不以〇多張儀. 29-7 臣恐王〇臣之投杼也. 29-18 因以宜陽之郭〇墓. 30-9 而外與韓侈〇怨. 30-13 不〇韓氏先戰. 30-17 〇之柰何. 30-22 何〇去我. 31-5 處女相語以〇然而留之. 31-5 願〇足下掃室布席. 31-6 願〇王臣. 31-15 〇楚和於秦. 31-25 楚魏〇一. 32-2 而以順子〇質. 32-5 蘇代〇齊獻書穰侯曰. 32-12 不〇不信. 32-16 不〇無行. 32-16 則晉楚〇制於秦. 32-21 齊舉兵而〇之頓劍. 32-22 〇我葬. 33-5 必以魏子〇殉. 33-5 庸芮〇魏子說太后曰. 33-6 以死者〇有知乎. 33-6 何〇空以生所愛. 33-7 薛公〇魏謂魏冉曰. 34-3 是君破齊以〇功. 34-8 操晉以〇重也. 34-8 陶〇萬乘. 34-12 陶〇鄰恤. 34-13 聖人不能〇時. 34-15 不得〇天子. 34-16 〇萬乘. 35-1 南與陶〇鄰. 35-1 是令張儀之言〇禹. 35-9 德楚而觀薛公之〇公也. 35-9 〇君慮封. 35-17 秦王欲〇成陽君求相韓魏. 36-3 秦太后〇魏冉謂秦王曰. 36-4 恐不〇王用. 36-6 使以臣之言〇可. 36-10 則久留臣無〇也. 36-11 雖以臣〇賤而輕辱臣. 36-14 而〇天下名器. 36-18 〇其凋榮也. 36-20 身〇漁父而釣於渭陽之濱耳. 37-12 已一說而立〇太師. 37-13 卒擅天下而身立〇帝王. 37-15 死不足以〇臣患. 37-21 亡不足以〇臣憂. 37-21 漆身而〇厲. 37-21 被髮而〇狂. 37-21 不足以〇臣恥. 37-21 闔廬〇霸. 38-3 漆身而〇厲. 38-4 被髮而〇狂. 38-4 是穰侯〇國謀不忠. 38-21 〇天下笑. 39-3 必親中國而以〇天下樞. 39-8 〇秦害者莫大於韓. 39-15 〇之柰何. 39-16 則其國斷而〇三. 39-19 〇此四者. 40-1 善〇國者. 40-2 時以〇仲父. 40-13 亦以〇父. 40-13 乃左手〇叢投. 40-18 右手自〇投. 40-18 不稱瓢〇器. 40-23 已稱瓢〇器. 40-23 臣竊〇王恐. 41-2 臣聞古之善〇政也. 41-4 不敢〇非. 41-5 人臣之所樂〇死也. 41-13 以張儀〇言. 41-15 武安君〇三公. 42-14 武安君所以〇秦戰勝攻取者七十餘城. 42-15 武安君〇三公. 42-17 君能〇之下乎. 42-17 雖欲無〇之下. 42-17 上黨之民皆返〇趙. 42-19 不樂〇秦民之日固久矣. 42-19 因以〇武安功. 42-21 臣亦嘗〇子. 43-3 〇子時不憂. 43-3 乃與卽〇梁餘子同也. 43-4 臣何〇憂. 43-5 秦王以〇不然. 43-6 今傲勢得秦〇王將. 43-10 以其〇汝南虜也. 43-13 而〇諸侯所議也. 44-2 願以〇君王. 44-15 何〇不可. 44-21 卒〇秦禽將. 44-23 何〇不可哉. 45-4 故天下以其君父〇戮辱. 45-8 其〇人臣. 45-11 君之〇主. 45-17 竊〇君危之. 45-19 夫商君〇孝公平權衡正度量調輕重. 45-25 吳起〇楚悼罷無能. 46-7 大夫種〇越王墾草刱邑. 46-9 長〇陶朱. 46-13 長〇應侯. 46-20 乃延入坐〇上客. 46-21 拜〇客卿. 46-24 遂拜〇秦相. 47-1 號〇剛成君. 47-2 〇秦使於燕. 47-4 秦〇知之. 48-9 何不取〇妻. 48-16 臣請〇王因呡與佐也. 48-19 〇天下笑. 49-21 周最〇楚王曰. 50-9 以秦與楚〇昆弟國. 50-18 已立〇萬乘. 51-5 臣竊〇大王不取也. 51-6 〇秦所輕. 51-18 襄王以〇辯. 51-19 還〇越王禽於三江之浦. 52-19 臣〇大王慮而不取. 52-22 流亡〇臣妾. 53-5 不〇得地. 53-11 齊南以泗〇境. 53-16 〇帝若未能. 53-18 於以禁王之〇帝有餘. 53-18 臣〇王慮. 53-22 秦楚合而〇一. 53-22 韓必〇關中之候. 53-24 或〇六國說秦王曰. 54-8 土廣不足以〇安. 54-8 人衆不足以〇强. 54-8 因退〇逢澤之遇. 54-14 朝〇天子. 54-14 請〇陳侯臣. 54-16 於是夫積薄而〇厚. 54-21 聚少而〇多. 54-21 臣豈以郢威王〇政衰謀亂以至於此哉. 54-23 郢〇强. 54-23 臣竊〇大王慮之而不取也. 55-7 卒〇三家笑. 55-10 〇黃池之遇. 55-10 王若能〇此尾. 55-16 王若不能〇此尾. 55-17 以王〇吳智之事也. 55-17 齊宋在繩墨之外以〇權. 55-22 則兩國者必〇天下笑矣. 55-24 或〇中期說秦王曰. 56-3 所以不〇相者. 56-7 魏太子〇質. 56-12 太子〇糞矣. 56-13 昭衍〇周之梁. 56-15 〇期與我約矣. 56-16 身〇糞土. 57-2 吾〇子使秦. 57-2 是自〇德講. 57-16 王以〇然. 57-23 立以〇太子. 57-24 以不韋〇相. 57-25 王后〇華陽太后. 57-25 夫項橐生七歲而〇孔子師. 58-10 卿明知〇不如文信侯專歟. 58-15 請〇張唐先報趙. 58-20 趙以〇守相. 59-3 〇尙書. 59-5 請〇大王設秦趙之戰. 59-6 臣少〇秦刀筆. 59-19 未嘗〇兵首. 59-20 請〇大王悉趙兵以遇. 59-21 司空馬言其〇趙王計而弗用. 59-24 其〇人疾賢妒功臣. 60-2 將軍〇壽於前而捍匕首. 60-5 故使工人〇木材以接手. 60-7 必〇言之曰. 60-14 又以〇司空馬逐於秦. 60-15 四國〇一. 60-19 四國〇一. 60-20 〇之奈何. 60-21 與之〇交以報秦. 60-24 以〇上卿. 60-24 天下願以〇子. 61-7 天下願以〇臣. 61-8 天下願以〇妃. 61-8 察其〇己用. 61-19 百姓〇之用. 62-5 大臣與百姓弗〇用. 62-6 公孫閈〇謂楚王曰. 62-13 旡〇客通. 62-18 鄙臣不敢以死〇戲. 62-20 奚以薛〇. 62-23 齊貌辨之

○人也多疵. 63-7 吾無辭○之. 63-10 王之方○太子之時. 63-17 若
聽辨而○之. 63-19 此○一. 63-20 此○二. 63-23 客肯○寡人來靖郭
君乎. 63-24 故人非之不○沮. 64-5 成侯鄒忌○齊相. 65-2 田忌○將.
65-2 公何不○王謀伐魏. 65-3 鄒忌以○然. 65-4 欲○大事. 65-8 因
令人捕○人卜者. 65-8 田忌○齊將. 65-11 將軍可以○大事乎. 65-11
臣請○留楚. 65-20 忌聞以○有一子之孝. 66-2 自以○不如. 66-11
章子○變其徽章. 66-25 曷○擊之. 67-4 夫○人子而不欺死父. 67
-11 豈○人臣欺生君哉. 67-11 乃○齊見魯君. 67-13 子以齊楚○孰
勝哉. 67-16 齊○勝. 67-19 此其○德也亦大矣. 67-20 魯君以○然.
67-21 以○後世也. 67-24 此臣之所以○山東之患. 68-1 天下○秦相
割. 68-2 天下○秦相烹. 68-2 復○兄弟約. 68-10 蘇秦○趙合從. 68
-16 竊○大王羞之. 68-25 是故韓魏之所以重與秦戰而輕○之臣也.
69-3 張儀○秦連橫齊王曰. 69-15 然而○大王計者. 69-16 皆○一時
說而不顧萬世之利. 69-16 莫不以從○可. 69-20 ○昆弟之國. 69-25
韓齊○與國. 71-3 ○社稷計者. 71-13 ○王計者. 71-23 秦王以○然.
72-3 犀首以梁○齊戰於承匡而不勝. 72-7 值所以○國者不同耳. 72
-9 衞君○告儀. 72-10 ○儀千秋之祝. 72-11 昭陽○楚伐魏. 72-15
陳軫○齊王使. 72-15 官○上柱國. 72-17 爵○上執珪. 72-17 臣竊○
公譬可也. 72-19 請畫地○蛇. 72-20 吾能○之足. 72-22 子安能○之
足. 72-22 ○蛇足者. 72-23 公以是○名居足矣. 72-24 猶○蛇足也.
73-1 昭陽以○然. 73-1 然則是君自○燕東兵. 73-10○燕取地也. 73
-10 故○君計者. 73-10 不務○此. 73-23 則○國計者過矣. 73-23
周韓○割. 74-1 趙魏亦不免與秦○患矣. 74-2 吾○王殺太子. 75-6
可以○楚王走太子. 75-9 可以○蘇秦請封於楚. 75-10 ○之柰何. 75
-15 臣請○君之楚. 75-16 王因馳強齊而○交. 76-6 故曰可以○楚王
使太子亟去也. 76-7 蘇秦非誠以○君也. 76-13 臣竊○君疑之. 76-15
以其○齊薄而○楚厚也. 76-20 因封蘇秦○武貞君. 76-21 故曰可
以○蘇秦請封於楚也. 76-22 則是身與楚○讎也. 77-2 故曰可以○蘇
秦說薛公以善蘇秦. 77-3 勸王立○夫人. 77-7 挺子以○人. 77-14 刻
削子以○人. 77-16 淳于髡○齊使於荊. 77-21 而○先王立清廟. 78-
1 然吾毀之以○之也. 78-11 君所以得○長者. 78-12 吾以身○孟嘗
君. 78-12 能○君決疑應卒. 78-20 此臣之所○君取矣. 78-21 ○君舍
人而内與夫人相愛. 78-24 願君勿以齊○心. 79-9 孟嘗君可語善○事
矣. 79-12 轉禍○功. 79-13 公子無忌○天下循便計. 81-12 ○之駕.
82-10 無以○家. 82-12 以○貪而不知足. 82-13 能○文收責於薛者
乎. 82-16 乃有意欲○收責於薛乎. 82-21 竊以○君市義. 83-5 乃臣
所以○君市義也. 83-7 寡人不敢以先王之臣○臣. 83-9 先生所○文
市義者. 83-11 請○君復鑿二窟. 83-13 以故相○上將軍. 83-16 寡人
不足○也. 83-22 君姑高枕○樂矣. 83-24 孟嘗君○相數十年. 83-25
孟嘗君○從. 84-3 君恐不得○臣. 84-5 得志不慙○人主. 84-13 不得
志不肯○人臣. 84-13 而治可○管商之師. 84-14 客胡○若此. 84-17
而士未有○君盡游者也. 84-24 不敢以○言. 85-13 夫斶前○慕勢. 85
-17 王前○趨士. 85-18 與使斶○趨勢. 85-18 不如使王○趨士. 85
-18 而○天子. 86-5 欲○監門閭里. 86-7 以喜其○名者. 86-8 必以
驕奢○行. 86-9 必以賤○本. 86-17 必以下○基. 86-17 願請受○弟
子. 86-23 斗趨見王○好勢. 87-9 王趨見斗○好士. 87-9 立○大伯.
87-15 王使人○冠. 87-24 ○能之也. 87-24 是其○人也. 88-8 是其
○人. 88-10 胡○至今不朝也. 88-12 是其○人也. 88-14 何○至今不
殺乎. 88-15 設○不宦. 88-17 而願○役. 88-17 設○不嫁. 88-19 今
先生設○不宦. 88-20 而士不得以○緣. 89-1 子以○何如. 89-6 勿庸
稱也以○天下. 89-9 帝名○無傷也. 89-9 齊秦立○兩帝. 89-13 王以
天下○尊秦乎. 89-13 夫約然與秦○帝. 89-16 敬秦以○名. 89-23 今
世之○國者不然矣. 90-18 臣聞善○國者. 90-22 故約不○人主怨. 90
-22 伐不○人挫強. 90-23 以其○韓魏主怨也. 91-1 皆以相敵○意.
91-3 常以王人○意也. 91-5 常以謀人○利也. 91-5 伯王不○而立矣.
91-9 昔吳王夫差以強大○天下先. 91-14 ○天下戮者. 91-15 誠欲以
伯王也○志. 92-5 彼戰者之○殘也. 92-6 期數而能拔城者○亟耳. 92
-18 ○天下笑者. 92-22 天下稱○善. 93-3 而多與天下○仇. 93-10
曠日遠而○利長者. 93-14 故名配天地不○尊. 93-18 利制海内不○
厚. 93-19 故夫善○王業者. 93-19 盡堞中○戰具. 93-25 竟○守備.
94-1 ○死士置將. 94-1 司馬穰苴○政者也. 95-5 逃太史之家○溉園.
95-16 立之以○王. 95-18 君王后以○后. 95-19 以○亡南陽之害. 96
-14 計必○之. 96-16 ○天下戮. 96-20 故○公計者. 96-25 不免○
辱人賤行矣. 97-10 ○五伯首. 97-12 曹沫○魯君將. 97-13 則不免○
敗軍禽將. 97-14 曹子以○遭. 97-16 以○殺身絕世. 97-20 襄王○太
子徵. 98-2 皆以田單○自立也. 98-3 女以○何若. 98-8 王不如因以
○己善. 98-9 故○酒而召貂勃. 98-19 而○賢者狗. 98-24 且其志欲
○不善. 99-6 其志欲有○也. 99-8 子○子之臣禮. 99-9 吾○吾之王
禮而已矣. 99-10 然則周文王得呂尚以○太公. 99-15 齊桓公得管夷
吾以○仲父. 99-15 ○人臣之功者. 99-17 以○不可. 99-22 故○棧道
木閣. 99-22 且嬰兒之計不○此. 99-24 ○士卒倡曰. 100-10 因以○
辭而攻之. 100-21 ○莒大史家庸夫. 100-24 以○非常人. 100-25 共
立法章○襄王. 101-2 以太史氏女○王后. 101-2 子建立○齊王. 101
-5 皆○變辭. 101-14 所○立王者. 101-16 ○社稷耶. 101-16 ○王立
王耶. 101-16 ○社稷. 101-17 ○社稷立王. 101-17 則以○可可○謀.
101-20 不欲○秦. 101-24 ○大王不取也. 102-2 先是齊○之歌曰.
102-4 適○固驅以合齊秦也. 102-10 子象○楚謂宋王曰. 103-3 子曰
我○不信. 104-2 吾○子先行. 104-2 虎曰○然. 104-3 曰○畏狐也.
104-4 曰○趙援. 104-18 故○梁山陽君請封於楚. 104-23 是其○人
也近苦矣. 105-4 夫苟不難○之外. 105-4 豈忘○之内乎. 105-4 人有
以其狗○有執而愛之. 105-7 竊○君危之. 106-1 曰身○殉. 106-2 臣
所○君道. 106-4 乃封壇○安陵君. 106-13 江乙○魏使於楚. 106-17
客因○之謂昭奚恤曰. 106-23 公何○以故與奚恤. 107-1 故楚王何不
曰新城○主郡也. 107-10 乃○具駟馬乘車五百金之楚. 107-13 楚王
果以新城○主郡. 107-14 鄭申○楚使於韓. 107-16 以○國也. 107-18
臣○太子得新城陽人. 107-18 臣以○王鉅速忘矣. 108-16 蘇秦○
趙合從. 108-21 故○王至計. 109-2 ○之其未有也. 109-5 臣竊○大
王不取也. 109-11 夫○人臣而割其主之地. 109-14 張儀○秦破從連
横. 110-1 四塞以○固. 110-2 且夫○從者. 110-4 竊以○大王之計過
矣. 110-6 無及○已. 110-14 此臣之所以○大王之患也. 110-22 臣竊
○大王危之. 111-1 封○武安君而相燕. 111-12 請以秦女○大王箕帚
之妾. 111-17 以○湯沐之邑. 111-18 長○昆弟之國. 111-18 臣以○
計無便於此者. 111-18 ○儀謂楚王逐昭雎陳軫. 112-2 欲○攻於魏.
112-9 請○王使齊交不絕. 112-12 亦有不○爵勸. 112-17 不○祿勉.
112-17 亦有不○爵勸. 112-22 不○祿勉. 112-23 社稷其○庶幾乎.
113-9 故不○爵勸. 114-6 不○祿勉. 114-6 ○甘茂謂楚王曰. 115-3
今○其行人請魏之相. 115-5 太子○質. 115-9 請○公令辛戎謂王曰.
115-17 桓臧○昭雎謂楚王曰. 115-21 靳尚○儀謂楚王曰. 116-4 奉
以上庸六縣○湯沐邑. 116-9 秦女依強秦以○重. 116-10 挾寶地以○
資. 116-11 勢○王妻以臨于楚. 116-11 ○之奈何. 116-13 畜張子以
○用. 116-15 子之子孫必○楚太子矣. 116-15 游騰○楚謂秦王曰.
117-2 楚襄王○太子之時. 117-7 所以○身也. 117-9 即位○王. 117-
12 ○之奈何. 117-13 ○之奈何. 117-16 ○之奈何. 117-19 以地大○
萬乘. 117-20 ○之奈何. 117-23 遣昭常○大司馬. 118-7 立昭常○大
司馬. 118-9 蘇子必且○太子入矣. 118-21 好傷賢以○資. 119-5 ○
主死易. 119-9 ○主辱易. 119-9 ○臣不忠不信. 119-21 王無以○臣.
119-22 王勿與○約. 119-22 子待我○子見楚王. 120-3 以○神. 120
-9 寡人之獨何○不好色也. 120-10 吾固以○天下莫若是兩人也. 120
-19 桓臧○雎謂楚王曰. 120-22 臣○王弗取也. 121-6 惠子○儀者
來. 121-7 今○事之故. 121-9 臣以○大王輕矣. 121-9 且○事耶. 121
-9 請○子勿納也. 121-10 此不失○儀之實. 121-12 凡○伐秦者楚
也. 121-16 凡○攻秦者魏也. 121-18 今子從楚○和. 121-18 魏○子
先戰. 121-20 ○求地甚力. 121-25 公不如目儀之言○資. 122-2 ○其
必免. 122-6 齊人飾身修行得○益. 122-14 賁諸懷錐刃而天下○勇.
122-16 夫梟棊之所以能○者. 122-18 今君何不○天下梟. 122-20 而
令臣等○散乎. 122-20 夫因詘○信. 123-3 攝禍○福. 123-4 裁少○
多. 123-4 生與亡○鄰. 123-5 擇其所喜而○之. 123-12 擇其所善而
○之. 123-12 鄭褏知王以己○不妬也. 123-16 子○見王. 123-17 將
以○楚國祅祥乎. 124-3 非敢以○國祅祥也. 124-4 ○之奈何. 124-8
未○晚也. 124-10 未○遲也. 124-11 自以○無患. 124-14 而下○螻
蟻食也. 124-16 自以○無患. 124-17 以其類○招. 124-19 自以○無
患. 124-23 而不以國家○事. 125-4 而不以天下國家○事. 125-10 於
是乃以執珪而授之○陽陵君. 125-13 ○樗里疾卜交也. 125-16 楚太
子横○質於齊. 125-25 不若令屈署以新東國○和於齊以動秦. 126-1
遽令屈署以東國○和於齊. 126-3 臣竊曰○不便於君. 126-14 趙以○
上卿. 126-15 孫子○書謝曰. 126-21 此○劫弑死亡之主言也. 126-22
因○賦曰. 127-8 以瞽○明. 127-10 以聾○聰. 127-10 以是○非.
127-11 以吉○凶. 127-11 臣○王引弓虛發而下鳥. 127-17 嘗○秦孽.
127-23 不可○拒秦之將也. 127-23 臣請○君終言之. 128-5 召門吏
○汗先生著客籍. 128-7 使得○君高鳴屈於梁乎. 128-15 李園求事春
申君○舍人. 128-19 則是君之子○王也. 129-5 立○太子. 129-7 以
李園女弟立○王后. 129-7 李園既入其女弟○王后. 129-9 子○太子.
129-9 雖名○相國. 129-13 不○兵將. 129-18 君先仕臣○郎中. 129
-20 臣請○君劃其胸殺之. 129-20 遂立○楚幽王也. 130-2 嫪毐亦○
亂於秦. 130-3 ○主君慮封者. 130-7 ○其遠王室矣. 130-11 今○馬
多力則有矣. 130-18 非楚之任而楚○之. 130-20 而○危難不可成之
事. 131-12 是疵○趙計矣. 131-13 ○君惜之. 131-14 君又何以疵言
告韓魏之君○. 131-15 夫知伯之○人也. 131-22 夫知伯之○人. 132
-9 皆以鍊銅○柱質. 132-20 則無○貴知士也. 133-2 亡則二君○之
次矣. 133-5 夫知伯○人也. 133-6 ○之奈何. 133-7 更其姓○輔氏.
133-23 ○天下笑. 134-5 故貴○列侯者. 134-11 不○近大夫. 134-11
子何○然. 134-15 ○之奈何. 135-2 而將其頭以○飲器. 135-8 士
○知己者死. 135-8 女○悅己者容. 135-9 ○刑人. 135-9 欲○知伯報
讎. 135-11 而其臣至○報讎. 135-13 豫讓又漆身○厲. 135-13 ○乞

人而往乞. 135-14 又吞炭○啞. 135-15 是○先知報後知. 135-18 ○故君賊新君. 135-18 凡吾所謂○此者. 135-19 吾所○難. 135-20 而子不○報讎. 135-25 子獨何○報讎之深也. 136-1 豫子之○知伯. 136-3 子自○計. 136-5 皆○涕泣. 136-10 腹擊○室而鉅. 136-23 何故○室之鉅也. 136-23 擊必不○用. 136-25 臣竊以○土梗勝也. 137-12 蘇秦得以○用. 137-23 蘇秦○齊上書說趙王曰. 138-1 以秦○愛趙而憎韓. 138-6 故以韓○餌. 138-8 故出質以○信. 138-10 夫韓事趙宜正○上交. 139-3 必以王○得. 139-6 韓○中軍. 139-16 請效上黨之地以○和. 139-22 其民皆不欲○秦. 140-4 而願○趙. 140-5 其吏民不欲○秦. 140-7 而皆願○趙. 140-7 故自以○坐受上黨也. 140-10 何故不○. 140-15 ○主守地而不能死. 140-24 蘇秦○趙王使於秦. 141-5 無有謂臣○鐵鉆者乎. 141-9 甘茂○秦約魏以攻韓宜陽. 141-12 以從○有功也. 141-17 奚擇有功之無功○知哉. 141-21 孟嘗君擇舍人以○武城吏. 142-6 文以○不可. 142-9 是臣所○山東之憂也. 142-17 必與楚○兄弟之國. 142-23 必○楚攻韓梁. 142-24 秦楚○一. 143-2 秦與韓○上交. 143-3 秦與梁○上交. 143-5 臣之所○來. 143-7 事有可急○者. 143-7 ○大王計. 144-7 請無庸有○也. 144-8 齊秦○兩敵. 144-9 是臣之所以○大王願也. 144-18 此臣之所以○大王患也. 144-23 此臣之所以○大王患也. 145-7 立○天子. 145-9 六國幷力○一. 145-15 故竊○大王計. 145-23 乃封蘇秦○武安君. 146-10 蘇子○謂秦王曰. 146-13 故微之○著者强. 146-24 察乎息民之○用者伯. 146-25 明乎輕之○重者王. 146-25 則天下必○從. 147-1 臣有以知天下之不能○從以逆秦也. 147-2 臣以田單如耳○大過也. 147-2 豈獨田單如耳○大過哉. 147-3 臣以○至愚也. 147-4 ○齊兵困於殽塞之上. 147-7 而齊○虛戾. 147-8 臣以○至誤. 147-11 乃使有白馬之○也. 147-13 張儀○秦連橫. 147-23 凡大王之所信以○從者. 148-7 以是○非. 148-8 以非○是. 148-8 今楚與秦○昆弟之國. 148-9 而韓魏稱○東蕃之臣. 148-9 四國○一以攻趙. 148-13 臣切○大王計. 148-15 以○一從不事秦. 148-19 ○人臣者. 149-3 而利民○本. 149-21 而令行○上. 149-21 故○己者不待人. 151-19 以書○御者. 152-15 王立周紹○傅. 152-19 當子○子之時. 152-19 ○辨足以道人. 152-22 寡人以王子○子任. 153-11 不立私以○名. 153-19 反親以○行. 153-20 以從政○累. 153-22 以逆主○高. 153-22 以○騎邑. 154-2 以○騎邑. 154-3 非單之所○也. 155-5 則折○三. 155-10 則碎○百. 155-10 而○此釣罕鐔蒙須之便. 155-14 分○萬國. 155-16 今取古之○萬國者. 155-18 分以○戰國七. 155-18 趙以公子部○質於秦. 156-14 實○此事也. 156-19 司馬淺○富丁謂主父曰. 157-2 必以趙○辭. 157-3 趙必○天下重國. 157-7 ○入必語從. 157-22 今者平原君○魏請從. 157-23 是使弱趙○强秦之所以攻. 158-9 而使强燕○弱趙之所以守. 158-10 婦人○之自殺於房中者二八. 158-25 而婦人○死者十六人. 159-2 之○賢母也. 159-4 必不免○妬婦也. 159-4 則恐王以臣之○秦也. 159-6 使臣得○王計之. 159-7 今臣○足下解負親之攻. 159-20 樓子之○秦也. 160-20 又割地○和. 160-21 虞卿○平原君請益地. 161-5 而君○相國者以親故. 161-8 ○君計者. 161-11 不如發重使而○媾. 161-16 以○不媾者軍必破. 161-17 則媾乃可○也. 161-21 與平陽君○媾. 161-22 子以○奚如. 161-23 楚魏以趙○媾. 161-25 前與齊湣王爭强○帝. 162-7 其意欲求○帝. 162-9 趙誠發使尊秦昭王○帝. 162-9 聞魏將欲令趙尊秦○帝. 162-11 始吾以君○天下之賢公子也. 162-14 吾請○君責而歸之. 162-16 勝請○紹介而見之於將軍. 162-18 曷○久居此圍城之中而不去也. 162-24 則○一身. 163-1 彼則肆然而○帝. 163-2 吾不忍○之民也. 163-3 所○見將軍者. 163-3 昔齊威王嘗○仁義矣. 163-8 卒○天下笑. 163-11 紂以○惡. 163-20 曷○與人俱稱帝王. 163-22 彼又將使其子女讒妾○諸侯妃姬. 164-11 始以先生○庸人. 164-14 吾乃今日而知先生○天下之士也. 164-14 ○郤軍五十里. 164-16 起前以千金○魯連壽. 164-19 ○人排患釋難解紛亂而無所取也. 164-20 仲連不忍○也. 164-21 臣竊○君不取也. 165-4 且令工以○冠. 165-22 願聞所以○天下. 165-23 請○王說之. 166-1 何不令前郎中以○冠. 166-1 郎中不知○冠. 166-2 ○冠而敗之. 166-2 今○天下之工. 166-3 社稷○虛戾. 166-3 臣以○今世用事者. 167-8 臣竊○君不取也. 167-13 以○代郡守. 167-24 恐其以擊燕○名. 168-1 ○孝成王從事於外者. 168-2 ○齊獻書趙王. 169-3 羣臣必多以臣○不能者. 169-4 以臣○不能者非他. 169-5 臣以○齊致尊名於王. 169-9 臣以齊○王求名於燕及韓魏. 169-10 臣○足下謂魏王曰. 169-23 ○趙也. 169-24 以○趙蔽. 170-4 而趙無○王行也. 170-4 齊○王之故. 170-7 未嘗不○王先被矢石也. 170-8 今王又挾故薛公以○相. 170-12 善韓徐以○上交. 170-12 尊虞商以○大客. 170-13 臣請○王推其怨於趙. 170-16 必○王高矣. 170-19 非以○齊得利秦之毀也. 171-2 而宋置太子以○王. 171-2 臣○足下使公孫衍說奉陽君曰. 171-6 ○君慮封. 171-7 臣以○足下見奉陽君矣. 171-19 將何以天下○. 172-6 魏○上交. 172-15 秦按○義. 173-2 固且○書而厚寄卿. 173-8 夫魏○從主. 173-17 臣竊○大王美之. 173-24 則主必○天下咲矣. 173-25 臣竊以○與其以死人市. 174-1 而魏王輕○之殺無罪之座. 174-4 燕封宋人榮蚠○高陽君. 174-11 燕以奢○上谷守. 174-18 然則君奚求安平君而○將乎. 174-19 則奚以趙之强○. 174-25 齊明○謂趙王曰. 175-12 臣請○卿刺之. 175-18 則卿必○相矣. 175-19 以○交. 175-19 馮忌○廬陵君謂趙王曰. 175-22 ○燕也. 175-22 秦三以虞卿○言. 175-23 今燕一以廬陵君○言. 175-24 吾非○燕也. 175-25 又不○燕也. 176-1 臣竊○大王不取也. 176-1 國家○虛戾. 176-19 則大臣○之枉法於外矣. 176-24 ○之奈何. 177-4 舉茅○姚賈謂趙王曰. 178-2 世鈞○之謂文信侯曰. 178-12 必以長安君○質. 178-19 有復言令長安君○質者. 178-21 老臣竊以○媼之愛燕后賢於長安君. 179-8 則○之計深遠. 179-11 持其踵○之泣. 179-11 有子孫相繼○王也哉. 179-13 至於趙之○趙. 179-14 老臣以媼○長安君計短也. 179-20 故以○其愛不若燕后. 179-20 於是○長安君約車百乘質於齊. 179-21 使○反間. 180-1 而獨以吾國○知氏質乎. 181-9 樂羊○魏將而攻中山. 181-19 西門豹○鄴令. 181-24 ○政不善. 182-24 然○政不善. 182-25 然○政不善. 183-2 魏公叔痤○魏將. 183-7 臣不能○也. 183-9 王特○臣之右手不倦賞臣. 183-13 旣○寡人勝强敵矣. 183-16 盡以○人. 183-18 ○弗能聽. 183-23 固以不悖者○悖. 184-2 蘇子○趙合從. 184-5 臣竊○大王媿之. 184-14 夫○人臣. 184-22 張儀○秦連橫. 185-7 且夫諸侯之○從者. 185-15 一天下約○兄弟刑白馬以盟於洹水之上以相堅也. 185-16 秦韓○一國. 185-22 此臣之所以○大王患也. 185-22 ○大王計. 185-23 魏以董慶○質於齊. 186-14 盱夷○董慶謂田嬰曰. 186-15 以魏○將內之於齊而擊其後. 186-16 齊使蘇厲○之謂魏王曰. 186-21 陳軫○秦使於齊. 187-4 何○飲食而無事. 187-6 急約車○行具. 187-12 以○不可. 187-19 ○求壤地也. 187-22 公不如儀之言○資. 187-24 應○知. 188-4 人多○張子於王所. 188-16 而王之羣臣皆以○可. 188-17 以○衍功. 189-15 公叔以○信. 189-16 犀首以○功. 189-16 而道塗宋衞○制. 189-23 事敗○趙驅. 189-24 ○竇屢謂魏王曰. 190-11 王○約車. 190-20 公孫衍○魏將. 191-8 季子○衍謂梁王曰. 191-8 今王以衍○可使將. 191-10 欲以○王廣土取尊名. 192-13 ○子之不便也. 192-15 今吾○子外之. 192-17 吾○子殺之亡之. 192-17 蘇代○田需說魏王曰. 192-21 臣請問文之○魏. 192-21 孰與其○齊也. 192-21 不如其○齊也. 192-22 衍之○魏. 192-22 孰與其○韓也. 192-22 不如其○韓也. 192-22 以稽二人者之所○. 193-2 二人者之所○之. 193-3 臣以○身利而便於事. 193-4 王○堯舜矣. 193-8 成恢○犀首謂韓王曰. 193-12 且○棧道而葬. 193-18 ○人子. 193-20 於是出而○之張於朝. 194-4 太子○及日之故. 194-6 因弛期而更○日. 194-7 若此而弗○. 194-8 請○王毋禁楚之伐魏也. 194-17 欺之不○逆者. 194-18 殺之不○讎者也. 194-19 而竊○王悲. 194-22 故○王計. 195-2 國不可○也已. 195-3 是故又○足下傷秦者. 195-5 則○劫於與國而不得已者. 195-8 而以秦○上交以自重也. 195-9 鬻王以○資者也. 195-9 臣○之苦矣. 195-15 奉陽君孟嘗君韓呡周㠯周韓餘○徒從而下之. 195-19 奉陽君韓餘○旣和矣. 195-23 而以齊○上交. 195-25 然而所以○之者. 196-1 ○足下也. 196-2 不成則○王矣. 196-14 必○王也. 196-17 則必○楚禽矣. 197-1 且楚王之○人也. 197-6 終○齊患者. 197-7 惠施○韓魏交. 197-12 令太子鳴○質於齊. 197-12 請○君北見梁王. 197-24 君其○梁王. 197-25 是三人皆以太子○非固相也. 198-5 蘇代○說秦王曰. 198-10 以此○親. 198-18 上所以○其主者忠矣. 198-24 下所以自○者厚矣. 198-24 今我講難於秦兵○招質. 199-1 則是大王垂拱之割地以○利重. 199-5 ○魏謂楚王曰. 199-8 ○疾謂楚王曰. 199-14 而○魏太子之尚在楚也. 199-15 寡人自○知. 199-23 ○完鄴也. 201-10 王之士未有○之中者也. 201-14 王能使臣○魏之司徒. 201-16 因任之以○魏之司徒. 201-17 臣○王責約於秦. 201-23 須賈○魏謂穰侯曰. 202-6 臣以○燕趙可法. 202-10 而宋中山可無○也. 202-11 天幸○多矣. 202-20 是以天幸自○常也. 202-21 臣以○不下三十萬. 202-22 臣以○雖湯武復生. 202-23 臣以○自天下之始分以至于今. 202-25 而得以少割○和. 203-3 又○陰啓兩機. 203-6 何○而不成. 203-7 願子之且以名母○後也. 203-16 而以入朝○後. 203-17 許綰○我祝曰. 203-18 請以一鼠首○女殉者. 203-20 臣必不○也. 203-20 臣竊○王不取也. 203-21 楚魏○一. 204-1 王何以臣○. 204-4 寧以○秦邪. 204-6 吾以○魏也. 204-6 君無○魏計. 204-6 君其自○計. 204-6 君其先自○計. 204-7 後○魏計. 204-7 ○王弗取也. 205-7 然則先生之○寡人計之何如. 205-11 子○寡人謀. 205-16 重○之約車百乘. 205-18 以其西○趙蔽也. 205-23 是趙與强秦○界也. 205-23 ○起兵十萬. 205-25 乃○之起兵八萬. 206-11 王以○不破乎. 206-24 王以○安乎. 206-25 王以○利乎. 207-1 秦必不○也. 207-4 秦又弗○也. 207-8 而請○天下鴈行頓刃. 208-3 以存韓○務. 208-7 魏得韓以○縣. 208-13 入朝○臣之日不久. 208-15 抱葛薜陰成以○趙養邑. 208-18 而趙無○王有也. 208-18 臣○王不取也. 208-19 所以○腹心之疾者. 208-25 虞之○也. 209-2 必令魏以地聽秦而○和. 209-8 臣○公患之. 209-9 以○和於秦也. 209-10 公因寄汾北以予秦而○和. 209-11 公必○相矣. 209-12

臣請○公說之. 209-13 公無以○罪. 209-16 公終自以○不能守也. 209-17 而使翟强○和也. 209-21 必○合於齊外於楚. 209-25 是公外得齊楚以○用. 210-2 內得樓廧翟强以○佐. 210-2 臣竊○大王計. 211-8 試之弱密須氏以○武教. 211-10 今秦國與山東○讎. 211-11 不先以弱○武教. 211-12 非獨此五國○然而已也. 211-19 而以一人之心○命也. 212-1 臣以此○不完. 212-1 慮久以天下○可一者. 212-11 然而茲公○從. 212-13 不實○期. 212-14 ○君計者. 212-24 夜行者能無○姦. 213-1 秦韓○一. 213-9 ○之柰何. 213-10 昭忌乃○之見秦王曰. 213-11 不以挾私○政. 213-11 以○秦之求索. 213-15 故○王計者. 213-16 王胡不○從. 213-25 臣以垣雍○空割也. 214-1 ○魏謂楚王曰. 214-19 以王○易制也. 215-16 將奚○北面. 215-20 子○肖謂齊王曰. 216-2 肖願○外臣. 216-2 因使其人○見者嗇夫聞見者. 216-8 魏王○之謂秦王曰. 216-10 魏之所以○王通天下者. 216-11 秦魏○與國. 216-15 以○秦之强足以○與也. 216-22 竊以○大王籌筴之臣無任矣. 216-24 其子○管守. 217-12 使○持節尉. 217-13 信陵君○人. 218-2 必○國禍. 218-2 無○人臣之義矣. 218-3 然則何○涕出. 218-9 臣○王之所得魚也. 218-10 而得○王拂枕席. 218-12 庸必○我用乎. 218-19 以○嫪毐功. 219-5 王之交最○天下上矣. 219-6 今由嫪氏善秦而交○天下上. 219-7 以君○長者. 219-15 夫○人臣者. 221-15 蘇秦○楚合從說韓王曰. 221-23 夫羞社稷而○天下笑. 222-8 寧○雞口. 222-13 無○牛後. 222-13 臣竊○大王羞之. 222-14 張儀○秦連横說韓王曰. 222-19 ○除守徼亭鄣塞. 222-22 故○大王計. 223-11 ○敝邑. 223-13 或外○交以裂其地. 223-22 竊○王弗取也. 224-10 楚王○從長. 224-12 臣請○君止天下之攻市丘. 224-14 必疑公叔○楚也. 225-3 請○公以五萬攻西周. 225-10 韓○一. 225-16 杜赫○公仲謂秦王曰. 225-21 王不如因張儀○和於秦. 226-1 ○之儆四境之內選師. 226-6 縱韓○不能聽我. 226-7 必不○鴈行以來. 226-8 ○能聽我絕和於秦. 226-9 必○天下笑矣. 226-16 兵○秦禽. 226-22 智○楚笑. 226-22 公仲必以率○陽也. 226-25 自以○必可以封. 227-6 子○我謁之. 227-8 是自○貴也. 227-15 公何不以秦○韓求潁川於楚. 227-21 今公取宜陽以○功. 227-25 臣恐國之以此○患也. 228-6 秦王以公孫郝○黨於公而弗之聽. 228-8 甘茂不善於公而弗○公言. 228-9 行願之○秦王臣也公. 228-10 臣請○公謂秦王曰. 228-10 臣以公孫郝○不忠. 228-14 臣以甘茂○不忠. 228-16 ○韓取南陽. 228-18 臣以○令韓以中立以勁齊. 228-21 恐齊以楚遇○有陰於秦魏也. 229-2 ○謂楚王曰. 229-3 而楚○之. 229-14 臣○王之楚. 229-18 子○我反. 229-19 人皆以楚○强. 229-23 蘇代○楚王曰. 230-5 此方其○尾生之時也. 230-8 居○隱蔽. 231-4 出○鴈行. 231-4 楚韓○一. 231-17 秦○發使公孫昧入韓. 231-22 子以秦○將救韓乎. 231-22 公仲○韓魏易地. 232-14 ○公叔具車百乘. 232-20 王何不試以襄子○質於韓. 232-22 請○子起兵以之魏. 233-2 而令人○公求武遂於秦. 233-10 發重使○韓求武遂於秦. 233-10 以○公也. 233-24 亦以○公也. 233-24 鄭王必以齊王○不急. 234-3 鄭强○楚王使於韓. 234-7 以○國也. 234-9 尙何足以圖國之全○. 234-16 王○我逐幾瑟以窮之. 234-20 宋赫○謂公叔曰. 235-3 幾瑟之能○亂也. 235-3 必不敢輔伯嬰以○亂. 235-6 必不能○亂矣. 235-8 公何不○韓求質子於楚. 235-10 則公叔伯嬰必知秦楚之不以幾瑟○事也. 235-11 而○之請太子. 235-18 韓咎立○君而未定也. 236-10 因也以○戒. 236-12 史疾○韓使楚. 236-14 正亦可○國乎. 236-15 此烏不○烏. 236-20 鵲不○鵲也. 236-20 吾得○役之日淺. 237-2 前○聶政母壽. 237-3 客游以○狗屠. 237-5 因○聶政語曰. 237-6 特以○夫人麤糲之費. 237-8 而嚴仲子舉百金○親壽. 237-15 政將○知己者用. 237-18 仲子所欲報仇者○誰. 237-20 以○羽翼. 237-23 語泄則韓舉國而與仲子○讎也. 238-1 此○我故也. 238-13 得以其道○之. 239-5 是○魏從也. 239-7 今公與安成君○秦魏之和. 239-9 成固○福. 239-9 不成亦○福. 239-10 是韓○秦魏之門戶也. 239-10 操右契而○公責德於秦魏之主. 239-11 裂地而○諸侯. 239-12 所謂成○福. 239-16 不成亦○福者也. 239-16 今公以韓○天下先合於秦. 240-4 秦必以公○諸侯. 240-4 蘇秦○韓說秦王曰. 240-8 所以○王也. 240-9 必○山東大禍矣. 240-20 必折○秦用. 240-23 約復○兄弟. 240-24 非○此也. 240-24 不可以○存. 241-2 而王與諸臣不事○尊秦以定韓者. 241-11 臣竊以○王之明○不如昭釐侯. 241-12 有○名者. 241-19 有○實者. 241-19 ○名者攻其心. 241-19 ○實者攻其形. 241-19 請男○臣. 241-21 女○妾. 241-21 亦請男○臣. 241-22 女○妾. 241-23 臣竊以○猶之井中而謂曰. 242-1 我將○爾求火也. 242-1 立以○鄭君. 242-4 則許異○之先也. 242-4 是故哀侯○君. 242-5 今日鄭君不可得而○也. 242-6 然而吾弗○云者. 242-7 豈不○過謀哉. 242-7 今日天子不可得而○也. 242-9 雖○桓公吾弗○云者. 242-10 豈不○過謀而不知尊哉. 242-10 皆戴哀侯以○君. 242-11 則我必○之霸. 242-15 足强○之說韓王曰. 242-20 以是○金以事秦. 243-4 故善○計者. 243-5 以○不然. 243-10 ○有臀腫也. 243-13 則人莫之○之也. 243-14 ○惡於秦也. 243-15 而不敢○楚計. 243-20 公必○魏罪韓侈. 244-3 又奚○挾之以恨魏王乎. 244-5 客卿○韓謂秦王曰. 244-9 珉○疾矣. 244-10 以○成而過南陽之道. 244-12 大臣○諸侯輕國也. 244-14 則○大臣不敢○諸侯輕國矣. 244-18 則諸侯不敢因羣臣以○能矣. 244-19 外內不相○. 244-20 公以二人者○賢人也. 245-3 成陽君○秦去韓. 245-4 必○公患. 245-5 ○一宿之行. 245-13 是何以○公之王使乎. 245-14 向請○公說秦王. 245-23 周成恢○之謂魏王曰. 245-25 王何不○之先言. 246-1 成恢因○謂韓王曰. 246-1 以○三川之守. 246-6 韓王必○之. 246-8 輸人○之謂安令曰. 246-11 公孫綦○人請御史於王. 246-12 魏王○九里之盟. 246-15 趙敖○謂建信侯曰. 246-19 夫宵行者能無○姦. 247-1 蘇秦將○從. 248-3 以趙之○蔽於南也. 248-9 天下○一. 248-17 李兌因○蘇秦謂奉陽君曰. 248-22 臣竊○君不取也. 248-24 故○君計. 249-5 秦惠王以其女○燕太子婦. 249-13 武安君蘇秦○燕說齊王. 249-14 以○雖偷充腹. 249-17 而深與强秦○仇. 249-18 今使弱燕○鴈行. 249-18 轉禍而○福. 249-21 因敗而○功. 249-21 此皆轉禍而○福. 249-22 因敗而○功者也. 249-22 所謂轉禍○福. 250-1 願○兄弟而請罪於秦. 250-3 今臣○足下使. 250-9 所以自○也. 250-19 非所以○人也. 250-19 君以自覆○可乎. 250-21 臣鄰家有遠○吏者. 251-1 吾已○藥酒以待之矣. 251-2 張儀○秦破從連横. 251-11 昔趙王以其姊○代王妻. 251-11 乃令工人作○金斗. 251-13 且以趙王○可親邪. 251-19 宮他○燕使魏. 252-5 猶○之也. 252-8 王何○不見. 252-8 可以○固. 253-9 足以○塞. 253-9 何足以○固. 253-11 何足以○塞. 253-12 王誠能毋愛寵子母弟以○質. 253-14 與其相子之○婚. 253-20 蘇代○齊使於燕. 253-23 禹授益而以啓○吏. 254-5 而以啓○不足任天下. 254-5 顧○臣. 254-10 是○燕昭王. 254-21 燕質子○謝乃已. 254-23 遂委質○臣. 254-24 魏○燕執代. 255-6 天下必以王○能市馬. 256-3 於是昭王○隗築宮而師之. 256-6 於是遂以樂毅○上將軍. 256-8 失所○矣. 256-17 轉禍而○福. 256-22 此皆轉禍而○福. 256-24 因敗而○功者也. 256-24 今王若欲轉禍而○福. 256-24 因敗而○功乎. 256-25 今○齊下. 257-3 不憚以一國都○功. 257-3 燕趙破宋肥齊尊齊而○之下者. 257-4 弗利而勢○之者. 257-5 因以○質. 257-7 秦○西帝. 257-8 趙○中帝. 257-8 燕○北帝. 257-8 立○三帝而以令諸侯. 257-8 知者不○也. 257-16 足下以○足. 258-1 臣且處無○之事. 258-1 今臣○進取者也. 258-4 臣以○廉不與身俱達. 258-5 以自憂○足. 258-7 何○煩大王之廷耶. 258-9 則諸侯不○別馬而朝矣. 258-11 善○事者. 258-12 不能○事者. 258-13 吾請拜子○上卿. 258-19 子以此○寡人東游於齊. 258-19 安有○人臣盡其力. 258-24 臣請○王譬. 258-24 吾已○藥酒而待其來矣. 259-2 ○子之遠行來之. 259-5 故○美酒. 259-6 今臣○足下使於齊. 259-7 ○其兩譽也. 259-13 不自○取妻. 259-14 楚王○是之故. 260-10 韓氏以○然. 260-12 魏氏以○然. 260-18 ○木人以寫寡人. 260-20 因以破宋○齊罪. 260-21 因以破齊○天下罪. 261-2 因以塞鄳隘○楚罪. 261-5 魏不○割. 261-9 困則使太后穰侯○和. 261-9 蘇代○奉陽君說燕於趙以伐齊. 261-23 韓○謂臣曰. 261-24 出○之以成所欲. 262-4 齊趙必有○智伯者矣. 262-6 今以燕○上交. 262-10 順始與蘇子○讎. 262-11 死不足以○臣患. 262-15 逃不足以○臣耻. 262-16 ○諸侯. 262-16 不足以○臣榮. 262-16 被髮自漆○厲. 262-16 不足以○臣辱. 262-17 臣以○不若逃而去之. 262-21 而○之取秦. 262-22 臣雖○之累燕. 262-23 故臣雖○之不累燕. 262-25 而以湯○天子. 263-1 三晉稱以○士. 263-6 逃不足以○辱矣. 263-7 蘇代○燕說齊. 263-10 莫○臣先後者. 263-14 足下有意○臣伯樂乎. 263-14 以○馬食. 263-15 臣請○王弱之. 263-20 願子○寡人○之將. 263-25 子無以○罪. 264-6 是以天幸自○功也. 264-8 將曰善○齊謀. 264-16 女無不○也. 264-20 則臣請○王事之. 265-1 將令燕王之弟○質於齊. 265-4 陳公不能○人之國. 265-5 憂公子之且○質於齊也. 265-9 以○人之終也. 265-13 今王之以公子○質也. 265-14 且以○公子功而封之也. 265-15 乃命公子束車制衣○行具. 265-19 ○其饑也. 266-6 亦○其饑也. 266-7 昌國君樂毅○燕昭王合五國之兵而攻齊. 266-13 趙封以○望諸君. 266-15 將軍○燕破齊. 266-18 ○將軍久暴露於外. 266-21 將軍自○計則可矣. 266-22 故不敢○辭說. 267-1 而使臣○亞卿. 267-8 臣自以○奉令承教. 267-8 而欲以齊○事. 267-10 先王以○愜其志. 267-21 以臣○不頓命. 267-21 自以○奉令承教. 267-22 以幸○利者. 268-10 以事强而不可以○萬世. 268-17 此臣之所○山東苦也. 268-18 人之所能○也. 269-1 此臣之所○山東苦也. 269-2 不急○此. 269-5 臣竊○王計. 269-9 山東不能堅○此. 269-9 王何○弗○. 269-23 蘇代○燕謂惠王曰. 270-4 臣恐强秦之○漁父也. 270-8 以○燕楚與魏謀之. 271-9 張丑○質於燕. 271-12 燕王所○將殺我者. 271-12 燕王喜使栗腹以百金○趙孝成王壽. 271-19 左右皆以○趙可伐. 271-23 於○君擇之也. 272-13 未○通計也. 272-15 本欲以○明寡人之薄. 272-19 不以去○心. 272-24 秦趙○一. 273-10 ○秦也. 273-11 趙王以○然而遣之. 273-13 南鄰○秦. 273-15 北下曲陽○燕. 273-16 臣切○王患之. 273-18 秦王以○然. 273-18 足○寒心. 274-3 不能○謀. 274-5 却行○

道. 274-13 夫○行使人疑之. 274-25 愚以○誠得天下之勇士. 275-12 於是尊荊軻○上卿. 275-19 皆○戮沒. 276-5 ○之柰何. 276-8 乃○裝遣荊軻. 276-16 乃令秦武陽○副. 276-18 而○留待. 276-19 ○變徵之聲士皆垂淚涕泣. 276-25 又前而○歌曰. 277-1 復○忼慨羽聲. 277-2 嘉○先言於秦王曰. 277-4 願舉國○内臣. 277-6 前○謝曰. 277-11 卒惶急不知所○. 277-22 ○燕報仇. 278-9 公輸般○楚設機. 279-9 聞公○雲梯. 279-11 此○何若人也. 279-16 必○有竊疾矣. 279-16 江漢魚鼈黿鼉○天下饒. 279-18 ○與此同類也. 279-21 必不○也. 280-5 宋與楚○兄弟. 280-23 蘇秦○宋謂齊相曰. 280-24 而貴不益○王. 281-5 ○無顏之冠. 281-14 見祥而不○祥. 281-16 反○禍. 281-16 太子顏○君子也. 281-25 以○秦乎. 282-4 以○魏乎. 282-4 ○魏則善. 282-5 ○秦則不賴矣. 282-5 衛所以○衛者. 282-5 臣請○公入戒蒲守. 282-9 羣臣盡以○君輕國而好高麗. 283-2 足以○治. 283-10 然而不免○笑者. 283-16 公何不請公子傾以○正妻. 284-4 寡人羞與中山並○王. 284-7 羞與寡人並○王. 284-9 君○臣多車重幣. 284-10 必○趙魏廢其王而務附焉. 284-13 是君○趙魏驅羊也. 284-13 中山急而○君難其王. 284-16 ○君廢王事齊. 284-17 賢於○趙魏驅羊也. 284-18 此是欲皆在○王. 284-19 且張登之○人也. 284-22 難信以○利. 284-23 齊羞與中山之○王甚矣. 285-1 中山與燕趙○王. 285-5 請以公○齊王而登試而說公. 285-12 然則王之○費且危. 285-15 ○中山之獨與燕趙○王. 285-19 ○己求相中山. 286-7 ○人臣. 286-8 以○己求相. 286-9 ○司馬憙求相. 286-11 公因勸君立之以○正妻. 286-16 然則立以○妻. 286-18 可以○司馬憙. 286-20 可以○陰簡. 286-20 陰姬與江姬爭○后. 286-23 商敵○資. 287-3 天下善○音. 287-5 特以○神. 287-8 卽○諸侯笑. 287-16 ○將奈何. 287-17 王立○后. 287-17 中山王遂立以○后. 287-18 子奚○者也. 288-4 樂羊○魏將. 288-10 備秦○務. 288-23 以軍中○家. 289-14 將帥○父母. 289-15 欲推以○鋒. 289-17 彊○寡人臥而將之. 290-7 何必以趙○先乎. 290-11 此所謂○一臣屈而勝天下也. 290-11 此亦所謂勝一臣而○天下屈者也. 290-12 不忍○辱軍之將. 290-15

【舜】 25

○伐三苗. 16-2 ○雖賢. 34-16 故以○湯武之賢. 34-17 雖堯○禹湯復生. 36-22 故○起農畝. 86-5 ○有七友. 86-12 堯○禹湯周文王是也. 86-15 夫堯傳○. 86-20 ○傳禹. 86-20 然則君料臣孰與○. 128-3 先生卽○也. 128-4 臣之能不及○. 128-5 夫以賢○事聖堯. 128-5 是君聖於堯而臣賢於○也. 128-6 ○無咫尺之地. 145-8 昔○舞有苗. 149-12 黃帝堯○誅而不怒. 152-7 昔者堯見○於草茅之中. 176-7 王爲堯○矣. 193-8 堯○之所求而不能得也. 199-5 無過堯○. 203-13 堯○名. 203-13 今母賢不過堯○. 203-14 雖堯○之智. 251-8 堯○之賢而死. 262-19

【貂】 11

黑○之裘弊. 16-16 ○勃常惡田單. 98-19 故爲酒而召○勃. 98-19 ○勃曰. 98-20 ○勃可. 99-3 ○勃使楚. 99-3 ○勃從楚來. 99-11 ○勃避席稽首曰. 99-12 ○勃曰. 99-13 ○勃曰. 99-14 黑○之裘. 137-23

【創】 1

被八○. 277-25

【飯】 3

○封祿之粟. 125-9 死則不得○含. 164-6 大抵豆○藿羹. 222-20

【飲】 27

張樂設○. 17-12 左○於淇谷. 21-2 右○於洹水. 21-2 高會相與○. 42-6 數人○之不足. 72-20 一人○之有餘. 72-20 先成者○酒. 72-20 引酒且○之. 72-21 遂○其酒. 72-23 ○食. 84-23 馬○於大河. 90-15 輸○食而待死士. 92-7 張子中○. 120-15 仰承甘露而○之. 124-14 ○茹谿流. 125-3 與其使者○. 128-20 而將其頭以爲○器. 135-8 日食○得無衰乎. 178-25 ○酒樂. 182-8 今日○酒樂. 182-8 魏文侯與田子方○酒而稱樂. 182-12 何爲○食而無事. 187-6 禹○而甘之. 200-4 與代王○. 251-14 食○不甘. 252-20 吾以此○吾主父. 259-3 ○食餔餽. 288-19

【飭】 1

將廢私而立公飭君臣之義. 254-13

【腊】 1

周人謂鼠未○者朴. 41-20

【腓】 2

猶時攫公孫子之○而噬之也. 98-22 豈特攫其○而噬之耳哉. 98-24

【腴】 4

支分方城膏○之地以薄鄭. 36-1 膏○之地也. 53-14 而封之以膏○之地. 179-18 中國膏○之地. 269-21

【脾】 1

無○之薄. 155-12

【勝】 201

戰而○. 2-8 不○. 2-9 戰○. 5-4 不○. 5-4 前有○魏之勞. 9-21 不可○理. 16-5 效○於戰場. 16-9 是故兵○於外. 16-12 一可以○十. 18-21 十可以○百. 18-21 百可以○千. 18-22 千可以○萬. 18-22 萬可以○天下矣. 18-22 是知秦戰未嘗不○. 18-25 戰○攻取. 19-4 一戰不○而無齊. 19-6 非能厚○之也. 20-21 魏戰○. 23-8 不○. 23-9 犀首戰○威王. 23-10 而後制晉楚之○. 32-18 戰○. 35-14 不○. 35-15 戰○. 39-1 戰○攻取. 40-4 吾○叢. 40-17 不○叢. 40-17 ○叢. 40-18 戰○攻取. 41-6 故十攻而弗能○也. 41-14 武安君所以爲秦戰○攻取者七十餘城. 42-15 魏戰○. 49-25 今戰○. 50-2 是魏○楚而亡地於秦也. 50-3 既○齊人於艾陵. 52-19 ○有日矣. 52-20 齊戰敗不○. 54-19 王兵○而不驕. 55-3 ○而不驕. 55-4 戰○宜陽. 55-6 ○齊於艾陵. 55-10 梁君伐楚○齊. 55-11 不○. 56-3 武安君戰○攻取. 58-12 而親觀其孰○. 59-6 將軍戰○. 60-4 而○於城濮. 61-16 楚威王戰○於徐州. 62-3 王戰○於徐州也. 62-4 故王○之也. 62-7 五戰五不○. 64-23 ○. 65-3 戰不○. 65-4 田忌三戰三○. 65-6 吾三戰三○. 65-7 此所謂戰○於朝廷. 66-22 言齊兵大○. 67-5 君不與○者而與不○者. 67-15 子以齊楚爲孰○哉. 67-16 楚大○齊. 67-18 齊爲○. 67-19 而君以魯衆合戰○後. 67-20 而戰○存亡之機決矣. 69-2 韓魏戰而○秦. 69-2 戰而不○. 69-3 齊與魯三戰而魯三○. 69-20 雖有○名而有亡之實. 69-21 再戰而再○秦. 69-22 再戰而再○秦. 69-23 雖有○秦之名. 69-24 犀首以梁爲齊戰於承匡而不○. 72-7 再拜賀戰○. 72-16 戰無不○而不知止者. 72-25 戰而○. 73-11 戰而不○. 73-12 ○嘗曰. 78-19 女子○之. 91-19 燕不○. 92-1 故三下城而能○敵者寡矣. 92-19 再戰北○. 92-25 終戰比○. 93-3 臣聞戰大○者. 93-4 今窮戰比○. 93-8 甲兵不出於軍而敵國○. 93-12 所以不○者也. 100-15 後后○相齊. 101-13 齊戰○楚. 103-5 不○. 103-6 太子不○. 107-20 未見○焉. 109-22 且大王嘗與吳人五戰三○而亡之. 110-23 楚人不○. 111-4 昭雎○秦於重丘. 115-15 雎戰○. 115-21 秦王怒於戰不○. 115-22 戰不○秦. 115-23 夫一梟之不如不○五散. 122-19 若曰○千鈞則不然者. 130-18 今約○趙而三分其地. 131-7 夫○趙而三分其地. 131-11 秦戰而○三國. 136-19 三國而○秦. 136-20 臣竊以爲土梗○也. 137-12 王召趙○趙禹而告之曰. 140-17 乃使趙○往受地. 140-19 趙○至曰. 140-21 使使者臣○. 140-21 使臣○謂曰. 140-22 而○敗存亡之機節. 145-11 戰○而國危者. 146-23 夫以秦將武安君公孫起乘七○之威. 158-5 趙不○. 161-14 軍戰不○. 161-15 天下之賀戰○者皆在秦矣. 161-24 ○也何敢言事. 162-12 ○也何敢言事. 162-14 ○請召而見之於先生. 162-17 ○請爲紹介而見之於將軍. 162-18 ○已泄之矣. 162-20 寧力不○. 163-14 賭其一戰而○. 164-8 必起中山與○焉. 173-3 秦起中山與○. 173-3 且君親從臣而○降城. 183-2 既爲寡人○强敵矣. 183-16 ○楚必矣. 186-3 魏戰而○. 189-2 若不○魏. 189-3 齊戰○楚. 190-7 楚戰○齊敗. 190-7 魏令公孫衍乘○而留於境. 190-10 戰而不○. 193-14 若戰而○. 193-15 戰必不○. 196-15 不○必禽. 196-16 齊大○魏. 196-19 今戰不○. 196-23 戰不○魏. 197-4 此可以大○也. 197-5 今戰○魏. 197-5 然而不○一人者. 197-19 秦楚○魏. 199-8 戰○乎三梁. 202-7 戰○睪子. 202-12 夫戰○睪子. 202-19 臣聞魏氏悉其百縣○兵. 202-22 魏不○秦. 204-15 可謂善用不○矣. 204-17 而秦不以○之上割. 204-17 可謂不能用○矣. 204-18 而以與趙兵決○於邯鄲之郊. 207-5 其變不可○數也. 211-20 秦戰○趙. 214-4 秦戰不○趙. 214-4 以嫪毐○矣. 219-6 至不可○計也. 222-24 若曰○千鈞則不然者. 229-12 公戰○楚. 232-6 公戰不○楚. 232-6 戰未必○. 233-1 若戰而不○. 234-10 必曰廉潔○任. 236-20 穆公一○於韓原而霸西州. 241-14 晉文公一○於城濮而定天下. 241-15 此以一○立尊令. 241-15 大○以千數. 241-16 小○以百數. 241-16 戰○. 243-9 戰不○. 243-9 秦再○而趙三○. 248-10 燕再戰不○. 249-9 不○而還. 253-22 齊大○燕. 254-20 戰不○. 264-1 日者齊不○於晉下. 264-7 其後必務以○報王矣. 264-9 燕人大○. 264-11 伐齊未必○也. 266-6 伐之未必○. 266-7 而驟○之遺事也. 267-11 大○之. 267-17 因能○秦矣. 268-23 所以不能反○秦者. 273-17 是○黃城. 280-3 不○. 280-3 是○黃城. 280-4 是不○黃城. 280-5 彼安敢攻衛以重其不○之罪哉. 280-6 果○黃城. 280-6 臣有百戰百○之術. 281-3 大○并莒. 281-5 若戰不○. 281-5 此臣之百戰百○之術也. 281-6 取○如神. 289-9 乘○逐北. 289-19 此所謂爲一臣屈而○天下也. 290-11 此亦所謂○一臣而爲天下屈者也. 290-12 夫○一臣之嚴焉. 290-13 孰若○天下之威大耶. 290-13

【腕】 2

莫不日夜搤○瞋目切齒以言從之便. 186-8 樊於期偏袒扼○而進曰. 276-11

【猲】 2

是故恫疑虛○. 69-7 是故橫人日夜務以秦權恐○諸侯. 145-20

【猴】 1

猿獮○錯木據水. 79-16

【猶】 62

○無與耳. 1-22 ○連雞之不能俱止於棲之明矣. 17-21 譬○以千鈞之弩潰癰也. 32-18 天下之王尚○尊之. 41-24 ○無柰寡人何也. 49-12

此○兩虎相鬭而駑犬受其弊. 51-22 ○之無益也. 62-24 ○齊之於魯也. 69-22 ○爲虵足也. 73-1 ○未敢以有難也. 84-9 ○可乎. 84-11 ○時攫公孫子之腓而噬之也. 98-22 ○百獸之畏虎也. 104-5 此○一卒也. 113-12 軫○善楚. 121-25 ○不聽也. 122-2 ○以數千里. 124-12 其餘政教○存. 132-13 ○不予也. 159-17 平原君○豫未有所決. 162-10 文信○且知之也. 167-2 ○大王之有葉陽涇陽君也. 177-16 ○不能恃無功之尊. 179-22 ○不聽也. 187-24 ○不測之淵也. 203-20 ○鼠首也. 203-21 譬○抱薪而救火也. 204-22○弗聽. 208-3 ○晉人之與楚人也. 214-23 ○至楚而北行也. 215-24 亦○魏也. 217-19 臣亦○曩臣之前所得魚也. 218-14 ○之如是也. 219-4 ○孟賁之與怯夫也. 223-2 ○烏獲之與嬰兒也. 223-3 其實○有約也. 232-8 其實○之不失秦也. 232-11 ○將亡之也. 241-1 ○將亡之也. 241-1 ○將亡之也. 241-2 臣竊以爲○之井中而謂曰. 242-1 ○其尊哀侯也. 242-6 ○其尊襄王也. 242-9 ○之厚德我也. 242-17 王○攻之也. 244-21 王○校之也. 244-23 ○郡縣也. 251-23 ○爲之也. 252-8 安○取哉. 253-7 而燕○不能支也. 256-20 ○釋弊躧. 257-12 臣○生也. 262-4 ○剗刭者也. 264-19 ○鞭筴也. 269-14 ○鞭筴也. 269-18 ○家之有垣墻. 272-14 ○且黜乎. 272-23 此○文軒之與弊輿也. 279-17 此○粱肉之與糟糠也. 279-19 此○錦繡之與短褐也. 279-20 ○且聽也. 284-12 ○勾踐困於會稽之時也. 289-24

【然】 322

灘○止於齊者. 1-18 ○而所以不可者. 4-5 ○後能多得鳥矣. 7-5 ○吾使者已行矣. 10-19 ○則柰何. 12-19 ○刻深寡恩. 15-7 今先生儼○不遠千里而庭教之. 15-22 ○後可建大功. 16-12 寡人忿○. 17-22 雖○. 18-7 ○而甲兵頓. 19-1 ○則是一舉而伯王之名可成也. 19-12 ○則是一舉而伯王之名可成也. 19-19 ○則是邯鄲不守. 20-5 ○則是舉趙則韓必亡. 20-10 何以知其○也. 20-25 不○. 22-6 楚王以爲○. 22-23 ○則是軫自爲而不爲國也. 23-24 ○. 24-1 王以爲○. 25-3 ○願王勿攻也. 29-3 ○則需弱者用. 30-24 處女相語以爲○而留之. 31-5 ○則柰何. 31-10 ○而臣有患也. 35-6 夫楚王之以其臣請挈領○而臣有患也. 35-7 明主則不○. 36-12 ○則聖王之所棄者. 36-18 躬竊閔○不敏. 37-6 非敢○也. 37-12 ○臣弗敢畏也. 37-20 處必○之勢. 37-25 所以○者. 39-4 ○則權焉得不傾. 40-1 ○則令何得從王出. 41-8 ○降其主父沙丘而臣之. 41-23 ○. 42-13 ○. 42-14 秦王以爲不○. 43-6 不○. 43-17 ○. 44-12 ○. 44-14 ○. 44-16 ○. 44-19 ○則君之主. 45-15 ○而身死於庸夫. 45-24 超○避世. 46-13 甚○. 49-14 所以○者. 50-18 秦王悖○而怒. 51-5 ○後復之. 52-7 何以知其○也. 52-16 ○後危動燕趙. 54-5 何以知其○. 55-9 何以知其○也. 55-20 ○. 57-12 王以爲○. 57-23 ○則大王之國. 59-10 ○. 61-22 鄒忌以爲○. 65-4 ○後背太山. 65-15 不○. 65-17 ○則子何以弔寡人. 67-17 魯君以爲○. 67-21 今秦之伐天下不○. 68-4 今秦攻齊則不○. 69-5 ○而爲大王計者. 69-16 ○後王可以多割地. 71-13 雖○. 71-21 ○後王可以多割地. 71-24 秦王以爲○. 72-3 昭陽以爲○. 73-1 ○則是君自爲燕東兵. 73-10 ○則吾中立而割窮齊與疲燕也. 73-12 ○則是我抱空質而行不義於天下也. 75-5 不○. 75-5 不○. 75-6 ○則下東國必可得也. 75-7○則是王去讎而得齊交也. 76-6 不○. 77-15 ○吾毀之以爲之也. 78-11 ○. 80-5 不○. 80-24 ○. 85-8 理有固○. 85-9 理之固○者. 85-10 理之固○者. 85-11 王忿○作色曰. 85-18 宣王默○不悅. 85-23 不○. 86-4 ○夫璞不完. 86-25 ○而形神不全. 87-2 宣王忿○作色. 87-12 不○. 88-5 ○嫁過畢矣. 88-20 不宦則○矣. 88-21 左右嘿○莫對. 88-24 管燕連○流涕曰. 88-24 夫約○與秦爲帝. 89-16 何以知其○也. 90-9 ○二國勸行之者. 90-18 今世之爲國者不○矣. 90-18 ○後從於天下. 90-22 ○而天下獨歸咎於齊者. 91-1 何以知其○也. 91-14 何以知其○也. 91-25 ○而甚於相趨者. 92-2 何以知其○也. 92-20 ○而智伯卒身死國亡. 92-22 ○而國遂亡. 92-25 ○則天下仇之必矣. 93-9 何以知其○. 93-20 何以知其○矣. 93-23 ○後圖齊楚. 94-8 ○後天下乃舍之. 94-11 ○而管子并三行之過. 97-10 ○而使公孫子與徐子鬭. 98-22 ○. 99-13 ○. 99-14 ○則周文王得呂尙以爲太公. 99-15 ○而計之於道. 99-21 不○. 99-25 ○則奈何. 103-10 虎目爲○. 104-3 不○. 104-14 ○則且有子殺其父. 105-16 不○. 105-22 ○則奈何. 106-2 ○則白公之亂. 106-18 ○而不死. 107-20 ○而不可相秦. 108-11 ○而不避. 114-11 雖○. 117-24 雖○楚不能獨守也. 118-4 王怫○作色曰. 118-5 而王且見其誠○也. 118-6 不○. 118-16 ○臣羞而不學也. 122-14 雖○. 123-16 ○則不買五雙珥. 123-23 臣誠見其必○者也. 124-4 雖○. 126-21 ○則射可至此乎. 127-18 ○則射可至此乎. 127-19 ○則君料臣孰與舜. 128-3 不○. 128-4 非徒○也. 129-1 春申君大○之. 129-6 ○而不免奪死者. 130-10 若曰勝千鈞則不○者. 130-18 ○則韓可以免於患難. 132-1 ○則其錯兵於魏必矣. 132-5 我知其○. 133-6 不○. 133-12 襄子恨○曰. 134-13 子何爲○. 134-15 愴○有決色. 134-18 謂子有志則○矣. 135-16 襄子乃喟○嘆泣曰. 136-3 ○願請君之衣而擊之. 136-7 雖○. 137-21 ○則韓義王以天下就之. 139-7 吾所苦夫鐵鉆○. 141-8 涉孟之讎○者何也. 141-17 皆○使趙王悟而知文也. 142-10 ○山東不能易其路. 142-15 雖○. 144-4 大王乃今○後得與士民相親. 144-6 ○而秦不敢舉兵甲而伐趙者. 145-3 ○則韓魏. 145-4 則不○. 145-4 ○而四輪之國也. 146-21 ○而心忿悄含怒之日久矣. 148-4 ○後德且見也. 149-23 ○則反古未可非. 152-11 雖○. 153-9 都平君喟○太息曰. 155-23 不○. 157-8 ○. 157-24 雖○. 158-24 不○. 160-14 不○. 160-18 吾乃今○后知君非天下之賢公子也. 162-15 彼則肆○而爲帝. 163-2 威王勃○怒曰. 163-11 彼天子固○. 163-12 ○梁之比於秦若僕耶. 163-15 ○. 163-16 ○吾將使秦王烹醢梁王. 163-16 辛垣衍怏○不悅曰. 163-17 喟○而歎. 163-21 ○后天子南面弔也. 164-5 ○且欲行天子之禮於鄒魯之臣. 164-7 梁王安得晏○而已乎. 164-12 雖○. 165-9 ○. 165-14 君忿○作色曰. 166-10 若竈則不○. 166-12 建信君悖○曰. 167-8 不○. 167-9 ○而不以環寸之蹯. 167-16 非○. 169-6 非○. 169-6 非○. 169-7 非○. 169-15 非○. 169-15 非○. 169-16 人比○而後如賢不. 170-5 ○後王擇焉. 170-23 寅○. 173-10 雖○. 173-24 ○今能守魏者. 174-6 ○則君奚求安平君而爲將乎. 174-19 其於奢不○. 174-23 雖○. 174-24 ○則王逐盧陵君. 175-25 不○. 176-6 ○則買馬善而若惡. 176-18 ○而王之買馬也. 176-18 ○而王不待工. 176-20 ○. 179-13 武侯忿○曰. 182-20 ○爲政不善. 182-25 ○爲政不善. 183-2 ○而可得幷者. 183-3 使民昭○信之於後者. 183-12 ○而廬田廡舍. 184-9 ○橫人謀王. 184-11 ○其所以不受者. 186-22 ○則柰何. 188-25 ○而臣能半衍之割. 190-12 ○. 193-25 雖○. 195-13 ○而所以爲之者. 196-1 不○. 197-14 ○使十人樹楊. 197-18 ○而不勝一人者. 197-19 ○則相者以誰而君便之也. 197-23 ○則魏信之事主也. 198-23 ○而三人言而成虎. 199-22 雖○. 201-22 雖○. 202-2 秦王懼○曰. 202-2 不○必欺. 202-17 知者不○. 202-21 雖○. 204-24 ○則先生之爲寡人計之何如. 205-11 ○而趙之地不歲危. 205-22 ○而秦之葉陽昆陽與舞陽高陵鄰. 207-14 ○而無與强秦鄰之禍. 208-9 非獨此五國爲○而已也. 211-19 天下之亡國皆○矣. 211-20 ○而玆公爲從. 212-13 不○. 212-15 丈人芒○乃遠至此. 216-19 秦王喟○愁悟. 217-1 卒○見趙王. 217-9 ○則何爲涕出. 218-9 雖○. 219-12 秦王怫○怒. 219-18 不○. 221-4 ○未知王之所欲也. 221-12 韓王忿○作色. 222-16 其地勢○也. 223-12 ○則王之輕重必明矣. 224-20 不○. 225-11 ○則柰何. 227-20 若曰勝千鈞則不○者. 229-12 其於鞅也不○. 229-24 今則不○. 230-1 ○則柰何. 232-9 ○至齊. 237-7 ○仲子卒備賓主之禮而去. 237-11 ○是深知政也. 237-16 而政獨安可嘿○而止乎. 237-17 ○則山東非能從親. 241-2 ○而春秋用兵者. 241-17 ○而吾弗爲云者. 242-7 ○則雖尊襄王. 242-8 ○則强國事成. 242-16 ○則先與强國者. 242-18 ○而見親秦. 242-24 以爲不○. 243-10 大王知其所以○乎. 248-8 ○則柰何. 249-20 ○不免於笞. 251-5 雖○. 254-14 ○得賢士與共國. 255-15 ○則足下之事齊也. 256-16 雖○. 256-22 ○而王何不使布衣之人. 257-4 必如刺心○. 257-16 ○而周之俗. 259-14 韓氏以爲○. 260-12 魏氏以爲○. 260-18 雖○. 262-3 ○而臣有患也. 262-17 在必○之物. 262-20 ○而常獨欲有復收之之志若此也. 265-25 ○而山東不知相索. 268-23 雖○. 272-7 ○則不內蓋寡人. 272-17 非○也. 272-18 趙王以爲○而遣之. 273-13 秦王以爲○. 273-18 ○則何由. 273-25 ○後乃可圖也. 274-6 心惛○. 274-7 雖○. 274-16 ○後許諾. 275-19 ○則將軍之仇報. 276-10 ○. 280-13 ○而不免爲笑者. 283-16 ○. 285-15 ○則王之爲費且危. 285-15 ○則子之道柰何. 285-18 ○則立以爲妻. 286-18 不○. 287-24 中山君喟○而仰歎曰. 288-6 自○之理. 289-20 ○惟願大王覽臣愚計. 290-9

【貿】 2

○首之讎也. 115-7 ○首之仇也. 190-15

【鄒】 22

○子曰. 64-9 成侯○忌爲齊相. 65-2 公孫閈謂○忌曰. 65-2 ○忌以爲然. 65-4 ○忌以告公孫閈. 65-6 ○忌代之相. 65-19 ○忌所以不善楚者. 65-21 ○忌以齊厚事楚. 65-22 ○忌事宣王. 66-1 ○忌謂宣王曰. 66-2 ○忌脩八尺有餘. 66-5 則○魯陳蔡. 94-5 是○魯無奇行也. 152-12 假涂於○. 164-3 ○君死. 164-3 夷維子謂○之孤曰. 164-3 ○之羣臣曰. 164-5 故不敢入於○. 164-6 ○魯之臣. 164-6 然且欲行天子之禮於○魯之臣. 164-7 是使三晉之大臣不如○魯之僕妾也. 164-9 ○衍自齊往. 256-6

【証】 1

士尉以○靖郭君. 63-8

【詐】 11

最爲多○. 12-7 大王以○破之. 19-16 大王以○破之. 20-3 事敗而好長○. 90-20 陳蔡好○. 91-16 此皆內長○. 91-17 夫以一○僞反覆之蘇秦. 111-14 獵者知其○. 122-9 今諸侯明知此多○. 122-10 而欲恃○僞反覆蘇秦之餘謀. 185-17 齊田單欺○騎劫. 266-15

【詘】 7

○敵國. 16-13 此所謂信而不能○. 46-12 ○令韓魏. 53-20 夫因○爲

信.123-3 於魏王聽此言也甚○.170-14 秦勢能○之.244-10 ○指而事之.255-18

【詔】 14

○令天下.19-4 今主君以趙王之教○之.69-12 太守有○.140-21 而適聞使者之明○.148-20 在大王○之.185-4 今主君以趙王之○○之.185-5 受○襄王以守此地也.217-22 是使我負襄王○而廢大府之憲也.217-25 今主君以楚王之教○之.222-17 今主君幸教○之.248-19 餘令○後嗣之遺義.268-1 非有○不得上.277-20○王翦軍以伐燕.278-5

【馮】 37

○旦曰.7-24 ○旦使人操金與書.7-24 ○章謂秦王曰.29-24 果使○章許楚漢中.30-1 楚王以其言責漢中於○章.30-1 ○章謂秦王曰.30-2 乃使其舍人○喜之楚.71-20 齊人有○諼者.82-3 ○公有親乎.82-13 於是○諼不復歌.82-14 ○諼署曰.82-17 ○諼曰.82-21 ○諼曰.83-3 孟嘗君顧謂○諼.83-11 ○諼曰.83-12 ○諼先驅誡孟嘗君曰.83-17 ○諼誡孟嘗君曰.83-22 ○諼之計也.83-25 ○而能立.114-10 ○郝謂楚王曰.121-6 乃使○亭代靳黈.140-3 ○亭守三十日.140-4 今○亭令使者以與寡人.140-7 ○亭垂涕而勉曰.140-23 平原君請○忌曰.158-4 ○忌對曰.158-5 ○忌爲廬陵君謂趙王曰.175-22 ○忌請見趙王.176-3 ○忌接手免首.176-3 ○忌曰.176-10 於是○忌乃談.176-11 鄧師宛○龍淵大阿.222-4 公叔使○君於秦.233-5 留○君以善韓臣.233-5 主君不如善○君.233-6 ○君廣王而不聽公叔.233-6 ○几據杖.255-19

【就】 18

孟嘗君○國於薛.83-10 三窟已○.83-24 富貴則○之.85-10 以○天下.89-19 先生○舍.119-18 去而○知伯.135-6 先生○舍.137-14 然則韓義王以天下○之.139-7 故去○之變.150-15 卒○脯醢之地也.163-23 必○子之功.182-1 敢問○功成名.182-1 必○易與利.207-2 ○易與利.207-3 終莫能○.237-23 夫去尊寧而○卑危.257-15 於是荊軻遂○車而去.277-3 軻自知事不○.277-25

【鄗】 5

武王自○.126-12 引水圍○.150-24 卽○幾不守.150-25 令栗腹以四十萬攻○.271-23 趙使廉頗以八萬遇栗腹於○.271-24

【敎】 1

家○而富.68-24

【痤】 6

魏公叔○爲魏將.183-7 公叔○反走.183-8 魏公叔○病.183-21 公叔○對曰.183-22 ○有御庶子公孫鞅.183-22 公叔○死.184-1

【痛】 4

不待○而服矣.54-5 故瘡○也.127-20 非數○加於秦國.138-4 常○於骨髓.276-6

【童】 1

不知夫五尺○子.124-14

【遊】 8

王獨不聞吳人之○楚者乎.27-18 王資臣萬金而○.51-8 使東○韓魏.51-13 北○於燕趙.51-13 願君以此從衛君○.79-3 西○於梁.83-14 是以外賓客○談之士.144-5 是故天下之○士.186-7

【棄】 46

○甲兵怒.20-19 忠且見○.24-5 忠尚見○.25-2 故子○寡人事楚王.27-16 ○逐於秦而出關.31-6 然則聖王之所○者.36-18 此天所以幸先王而不○其孤也.38-14 少○捐在外.57-19 不肖則○之.79-20 使人有○逐.79-21 亦捐燕○世.97-3 ○所貴於讎人.121-9 不○美利於前.131-12 是變籍而○經也.154-3 吾聞信不○功.154-12 則魏必圖秦而○儀.189-15 則前功必○矣.203-1 今臣直欲○臣前之所得矣.218-11 臣亦將○矣.218-15 ○之不如用之之易也.218-22 死之不如○之之易也.218-22 能○之弗能用之.218-23 能死之弗能○之.218-23 是王○之.218-24 王又能死而弗能○之.219-1 天下孰不○呂氏而從嫪氏.219-8 則○前功而後更受其禍.222-10 韓立公子咎而○幾瑟.235-19 是太子反○之.236-8 今足下幸而不○.237-23 是○强仇而立厚交也.249-24 乃陽僵○酒.251-4 故妾一僵而○酒.251-4 適不幸而有類妾之○酒也.251-6 則燕趙之○齊也.257-12 魏○與國而合於秦.261-4 王○國家.265-17 會先王○羣臣.266-20 及至○羣臣之日.268-1 君微出明怨以○寡人.272-7 輕○寡人以快心.272-11 怨惡未見而明○之.272-15 ○大功者.273-1 輟而○之.273-2 而○所哀憐之交置之匈奴.274-8 此天所以哀燕不○其孤也.275-6

【善】 294

○.3-5 ○.3-12 民非子罕而○其君.4-10 ○.8-7 ○.9-15 ○.10-19 ○.10-23 交○.11-2 ○射.11-7 左右皆曰○.11-8 ○射.11-8 人皆○.11-9 而不已○息.11-10 公不知○.12-3 交○於秦.14-5 不○於公且誅矣.14-6 ○我國家使諸侯.17-23 親魏○楚.21-23 ○.22-17 楚智橫君之○用兵.23-19 今楚不加○秦而○軫.23-24○.24-6 ○婦也.25-2 遂○待之.25-3 楚之交○.26-3 吾事○矣.26-23 ○.28-15 ○.30-1 ○.31-6 ○.31-12 ○.31-17 ○齊以安之.32-24 ○.33-10 臣聞○厚家者.36-19 ○厚國者.36-19 ○.39-20 ○爲國者.40-2 臣聞古之○爲政也.41-4 遂弗殺而○遇之.44-4 而聖人所謂吉祥○事與.44-19 於是應侯稱○.45-10 ○.46-21 ○.48-12 ○.50-5 弊邑之於與遇○之.50-10 ○.51-12 不如○楚.51-22 今王中道而信韓魏之○王也.52-24 莫若○楚.53-22 王一○楚.54-1 太后不○公也.56-8 嬰子不○.62-5 ○.62-15 ○.63-1 靖郭君○齊貌辨.63-7 大不○於宣王.63-11 ○.64-11 ○.64-14 ○.64-22 鄒忌所以不○楚者.65-21 ○.66-17 ○.71-6 ○.71-18 ○.72-5 可以使人說薛公以○蘇子.75-11 ○.75-15 ○.75-17 ○.76-1 君因不○蘇秦.76-24 夫不○君者且奉蘇秦.76-25 今蘇秦○於楚王.77-1 薛公因○蘇秦.77-3 故曰可以爲蘇秦說薛公以○蘇秦.77-3 ○說者.78-4 孟嘗君可語○爲事矣.79-12 ○.79-22 甚○.80-12 ○.80-17 ○.84-6 寡人○孟嘗君.84-18 臣聞○爲國者.90-22 今世之所謂○用兵者.93-3 天下稱爲○.93-3 中者則○.93-7 故夫○爲王業者.93-19 ○事之.95-17 王不如因以爲己○.98-9 王嘉單之○.98-9 單有是○而王嘉之.98-11 ○單之○.98-12 亦王之○已.98-12 ○.98-12 且其志欲爲不○.99-6 ○.101-11 ○.103-15 二人之言皆○也.104-8 且人有好揚人之○者.105-14 ○.105-18 江乙可謂○謀.106-15 不蔽人之○.106-17 ○.107-21 是無○也.108-1 ○.108-2 魏秦之交必○.115-4 儀事王不○.116-20 ○.118-9 太子不如○蘇子.118-21 太子復請○於蘇子.118-22 事之以○言.119-3 用民之所○.119-28 儀貴惠王而○睢也.120-23 甘茂○魏.120-24 公孫郝○韓.120-4 二人固不○睢也.120-24 必○二人者.121-1 今之不○張儀也.121-8 ○.121-12 ○.121-18 ○.121-22 軫猶○楚.121-25 儀○於魏王.122-1 ○.122-3 而○君之業.122-15 擇其所○而爲之.123-12 令其一○而獻之王.123-24 明日視○珥所在.123-24 人皆以謂公不○於富摯.125-20 而公重不相○也.125-22 而公不○也.125-23 ○.126-3 ○.126-15 ○.126-20 ○.128-7 僕又○之.129-22 ○.132-1 ○.132-21 而○事襄子.135-17 ○.137-1 ○.139-20 則有功而○秦.141-21 公於求○也.150-16 ○.156-11 ○哉.158-12 相○也.159-19 秦雖○攻.160-1 秦○韓魏而攻趙者.160-5 强者○攻.160-9 ○.160-25 ○.161-7 ○.165-4 未嘗不言趙俗之○者也.165-5 ○.166-13 ○韓徐以爲上交.170-12 諸○太子者.171-3 ○.173-5 文張○宋.173-9 ○.173-20 ○.174-8 ○.175-14 甚○趙王.175-17 甚○.176-10 買馬而○.176-16 然則買馬○而若惡.176-18 ○.178-16 豈人主之子孫則必不○哉.179-16 ○.181-10 ○.182-14 若○脩之.182-18 爲政不○.182-24 然爲政不○.182-25 然爲政不○.183-2 ○.183-5 ○.183-14 此○事也.186-4 不如貴董慶以○魏.186-18 軫○事楚.187-22 儀○於魏王.187-23 ○.187-25 郢中不○公者.188-5 ○.189-6 與其相田繻不○.191-8 ○.192-9 ○.193-5 甚○.194-8 秦○魏不可知也已.195-1 魏文子田需周宵相○.196-4 ○.196-6 而孫子○用兵.196-15 ○.197-2 子必○左右.197-17 秦甚○之.199-1 ○.199-11 梁王稱○相屬.200-13 ○.201-16 ○.201-20 ○.203-9 可謂○用不勝矣.204-17 ○.204-24 ○.205-1 ○.205-7 而又怒其不己○也.209-7 ○.214-6 吾御者○.215-22 此數者愈○.215-22 周最○齊.216-7 翟强○楚.216-7 今由嫪氏○秦而交爲天下上.219-7 甚○.219-12 ○.221-6 ○.224-15 ○.226-2 ○韓以備之.227-15 今公言○韓以備楚.227-17 此○事也.227-24 ○公孫郝以難甘茂.228-5 甘茂不○於公而弗爲公言.228-9 齊楚之交○秦.228-25 且以○齊而絕齊乎楚.229-1 ○.231-19 而陰○楚.232-4 留馮君以○韓臣.233-5 主君不如○馮君.233-6 ○.234-5 ○.234-11 楚○之.234-19 今楚欲○齊甚.234-19 若韓隨魏以○秦.239-7 秦已○韓.239-8 必欲○韓以塞魏.239-14 必務○韓以備秦.239-14 周佼以西周○於秦.240-1 周啓以東周○於秦.240-2 今公以韓○秦.240-2 未有一人言○韓者也.240-14 未有一人言○秦者也.240-15 ○.240-17 雖○事之無益也.241-2 豈可不謂○謀哉.242-14 故○爲計者.243-5 人之所以○扁鵲者.243-13 使○扁鵲而無臂腫也.243-14 今君以所事○平原君者.243-14 而○平原君乃所以惡於秦也.243-15 其形乃可以○楚.243-20 勢必不○楚.243-22 楚王○之.245-4 且明公之不○於天下.245-5 天下之不○公者.245-5 ○.246-3 交○楚魏也.246-20 秦見君之交反○於楚魏也.246-21 而君甚不○蘇秦.249-3 ○蘇秦則取.249-5 不○亦取之.249-5 ○.249-7 ○.249-10 不欲聞其○.252-15 齊○待之.255-4 宋○待之.255-11 燕昭王○其書.257-20 復○待之.257-21 ○爲事者.258-12 ○.258-19 ○矣.259-16 ○.263-24 ○.264-10 齊有不○.264-16 將曰○爲齊謀.264-16 吾欲用所○.264-25 王欲醳臣剸任所○.265-1 ○.267-15 臣聞○作者.268-4 不必○成.268-4 ○始者.268-4 不必○終.268-4 萬世之○計.268-17 ○.269-23 ○.270-9 所○荊軻.274-16 光與子相○.274-21 則大○矣.275-14 秦王必喜而○見臣.276-9○哉.279-21 ○.280-15 爲魏則○.282-5 害秦以○魏.282-8 ○.282-10 君必○子.282-25 ○.283-5 ○以微計薦中山之君久矣.284-23 ○.286-3 天下○

爲音. 287-5

【翔】 4

楚燕之兵云○不敢校. 52-5 飛○乎天地之間. 124-13 飄搖乎高○. 124-22 而鳳皇不○. 177-20

【普】 1

○天之下. 4-18

【尊】 73

取卿相之○者乎. 16-23 以季子之位○而多金. 17-15 地○不可得. 20-16 功多者其爵○. 36-9○其臣者卑其主. 40-6 天下之王尚猶○之. 41-24 大臣之○者也. 56-7 君之門下無不居高○位. 57-4 名可○矣. 64-22 豈非下人而○貴士與. 86-19 非不得○遂也. 87-1 豈先賤而後○貴者乎. 88-5 王以天下爲○秦乎. 89-13 且○齊乎. 89-14 ○秦. 89-14 而天下獨○秦而輕齊. 89-17 則國重而名○. 89-22 此所謂以卑易○者也. 89-23 拔之○俎之間. 93-16 故名配天地不爲○. 93-18 言於○俎之間. 94-13 拔城於○俎之間. 94-16 ○卑貴賤. 96-12 處○位. 105-20 必厚○敬親愛之而忘子. 116-12 其君未嘗不○. 126-18 今臣之名顯而身○. 134-12 功大者身○. 134-14 納地釋事以去權○. 134-22 故○主廣地强兵之計. 145-22 故民不惡其○. 146-17 趙誠發使○秦昭王爲帝. 162-9 聞魏將欲令趙○秦爲帝. 162-11 臣以爲齊致○名於王. 169-9 天下孰敢不致○名於王. 169-9 則位○而能卑者也. 169-16 ○虞商以爲大客. 170-13 位○而無功. 179-17 今媪○長安君之位. 179-18 猶不能恃無功之○. 179-22 以安社稷○主强兵顯名也. 185-15 欲以爲王廣土取○名. 192-13 其畏惡嚴○秦也. 198-15 不如用魏信而○之以名. 198-22 國安而名○. 198-23 身取○焉. 199-1 今主君之○. 200-11 主可○. 211-10 以廣地○名. 215-24 卑體以○秦. 219-5 則主○而身安. 239-5 是韓重而主○矣. 239-11 此主○而身安矣. 239-13 非好卑而惡○也. 241-6 而王與諸臣不事爲○秦以定韓者. 241-11 此以一勝立○令. 241-15 名○無所立. 241-17 非以求主○成名於天下也. 241-18 而韓氏之○許異也. 242-5 猶其○哀侯也. 242-6 然則雖○襄王. 242-8 九合之○桓公也. 242-9 猶其○襄王也. 242-9 豈不爲過謀而不知○哉. 242-10 故桓公負婦人而名益○. 249-21 ○之於廷. 250-7 則莫如遥伯齊而厚○之. 256-25 燕趙破宋肥齊○齊而爲之下者. 257-4 名○而國寧. 257-15 夫去○寧而就卑危. 257-15 ○上交. 257-18 今君厚受位於先王以成○. 272-11 於是○荆軻爲上卿. 275-19

【道】 145

夫秦之爲無○也. 1-5 秦假○於周以伐韓. 3-14 是何計之○也. 5-7 ○周. 8-10 楚請○於二周之間. 11-22 除○屬之於河. 11-23 安能○二周之間. 11-24 西周恐魏之藉○也. 13-22 ○不拾遺. 15-6 ○德不厚者不可以使民. 15-22 忽於至○. 16-14 炫熿於○. 17-8 清宫除○. 17-12 此固已無伯王之○一矣. 19-15 此固已無伯王之○二矣. 19-21 此固已無伯王之○三矣. 19-24 苟慎其○. 20-25 朝四隣諸侯之○. 21-11 當屯留之○. 21-23 行○之人皆知之. 24-2 行○之人皆知之. 24-25 ○遠. 28-10 甘茂之吏○而聞之. 31-20 失韓魏之○也. 36-6 則行而益利其○. 36-11 北斬太行之○則上黨之兵不下. 39-18 使者直○而行. 41-5 古之所謂危主滅國之○必從此起. 41-7 行○施德於天下. 44-15 豈非○之符. 44-19 聖人之常○也. 45-21 此皆乘至盛不及○理也. 45-24 棧○千里於蜀漢. 46-17 今王中○而信韓魏之善王也. 52-24 燕人聞之至格○. 54-18 格○不通. 54-19 此用二忌之○也. 65-24 秦假○韓魏以攻齊. 66-24 伐不○者. 68-4 至闈陽晉之○. 69-5 迎君○中. 83-10 德厚之○. 86-4 是故成其○德而揚功名於後世者. 86-14 言要○已備矣. 87-3 小國○此. 91-12 則是路君之○也. 92-8 攻戰之○非師者. 93-15 則王之○也. 93-21 然而計之於○. 99-21 故爲棧○木閣. 99-22 臣所爲君○. 106-4 故攻有○. 112-9 乃請子良南○楚. 118-17 所○攻燕. 130-13 將○何哉. 130-14 持國之○也. 134-16 子之○甚難而無功. 135-16 魏文侯借○於趙攻中山. 136-13 君不如借之○. 136-16 口○天下之事. 137-6 河外割則○不通. 144-20 夫秦下軹○則南陽動. 144-21 誠得其○也. 145-10 韓絶食○. 146-1 魏塞午○. 146-3 用兵之○也. 146-20 一軍塞午○. 148-12 君之○也. 149-2 是以賢君靜而有○民便事之教. 149-2 易古之○. 150-7 敢○世俗之間今欲繼簡襄之意. 151-4 教之○也. 151-8 古之○也. 151-10 易古之○. 151-12 聖人之○也. 151-17 故禮世不必一其○便國不必法古. 152-8 踐石以上者皆○子之孝. 152-19 爲辨足以○人. 152-22 立傅之○六. 153-3 御○之以行義. 153-11 子○順而不拂. 153-19 子用私○者家必亂. 153-20 陰陽不同○. 154-7 仁義○德. 154-12 此坐而自破之○也. 155-5 而與秦易○也. 160-25 不倦而取○多. 166-19 下軹○南陽高. 172-20 四國將假○於衛. 175-9 危國之○也. 182-19 此所謂四分五裂之○也. 185-14 則從○絶. 185-20 從○絶. 185-21 ○稱疾而毋行. 188-6 非所以窮儀之○也. 189-5 而○塗宋衛爲制. 189-23 中○而不可. 192-24 且爲棧○而葬. 193-18 意雖○死. 204-12 則○里近而輸又易矣. 206-10 若○河內. 207-4 ○涉而谷. 207-6 若○河外. 207-8 使○已通. 208-11 故荀息以馬與璧假○於虞. 208-23 卒假晉○. 208-24 中○而反. 215-18 請使○使者至縞高之所. 217-14 而廢子之○乎. 221-19 令戰車滿○路. 226-7 是與公孫郝甘茂同○也. 227-13 向也子曰天下無○. 229-10 假○兩周倍韓以攻楚. 229-25 請○於南鄭藍田以入攻楚. 231-23 得以其○爲之. 239-5 不得其○. 239-6 以爲成而過南陽之○. 244-12 豈如○韓反之哉. 246-2 蔡邵之○不通矣. 246-22 彌坔踵○數千里. 248-12 非進取之○也. 250-20 而謀進取之○. 250-23 此古服○致士之法也. 255-21 自完之○也. 258-5 半○而立. 259-3 ○南陽封冀. 260-15 宋王無○. 260-19 與齊王謀○取秦以謀趙者. 262-1 是故謀者皆從事於除患之○. 266-4 以天之○. 267-16 舉無○. 269-19 此天下之無○不義. 269-20 仁者之○也. 272-9 夫燕無○. 273-15 ○太子曰. 274-12 却行爲○. 274-13 願有所○. 275-6 取○. 276-25 王如用臣之○. 285-16 子之○柰何. 285-17 然則子之○柰何. 285-18 事何可豫○者. 286-25 口不能無○爾. 287-11 不好○德. 287-13 誅滅無○. 290-10

【遂】 137

○下水. 3-5 周君○不免. 4-14 王○伐之. 6-20 公不如○見秦王曰. 7-18 蘇代○往見韓相國公中曰. 10-14 昔者神農伐補○. 16-1 ○定蜀. 22-18 ○去. 23-15 ○破之. 23-16 ○亡. 23-17 ○取之. 23-18 寡人○無奈何也. 24-23 ○善待之. 25-3 ○舉兵伐秦. 27-10 ○拔宜陽. 29-22 王○亡臣. 30-2 ○弗歸. 40-19 ○弗殺而善遇之. 44-4 ○以殺身亡國. 45-23 ○以車裂. 46-2 應侯○稱篤. 46-25 ○拜爲秦相. 47-1 ○發重使之楚. 48-12 秦○不敢出兵. 48-13 楚○削弱. 51-17 ○與句踐禽. 55-11 田忌○走. 65-9 ○與秦戰. 71-7 ○不聽. 72-13 ○飲其酒. 72-23 則且○攻之. 73-16 非不得尊○也. 87-1 然而國○亡. 92-25 ○以復齊. 95-18 ○保守聊城. 96-5 ○攻狄. 100-5 ○入秦. 102-4 故○與之行. 104-3 ○不得入言. 105-9 得無○乎. 106-19 ○南交於楚. 107-14 ○亡漢中. 111-5 ○出革車千乘. 113-20 亦聞於○浦. 113-21 ○入大宮. 113-25 ○自弃於磨山之中. 114-4 ○以冠纓絞王. 126-25 ○殺之. 127-3 ○生子男. 129-7 即○南面稱孤. 129-16 ○立爲楚幽王也. 130-2 ○戰. 132-23 我謀未○而知. 133-7 不殺則○親之. 133-17 ○去不見. 133-23 ○伏劍而死. 136-10 王其○行之. 149-13 王○胡服. 149-18 ○賜周紹胡服衣冠. 153-15 至○胡服. 154-14 平原君○見辛垣衍曰. 162-17 過而○正於天下. 163-2 ○辭平原君而去. 164-21 樓子○行. 173-11 ○滅趙. 180-5 知氏○亡. 181-12 禽夫差於干○. 184-16 犀首○主天下之事. 187-20 齊○伐趙. 189-22 魏王○尚遇秦. 190-3 伐齊之事○敗. 190-4 遇事○敗. 191-2 ○勸兩君聽犀首. 192-9 犀首田盼○得齊魏之兵. 192-9 ○内魏王. 197-8 ○北見梁王. 198-8 ○踈儀狄. 200-4 ○推南之威而遠之. 200-7 ○盟强臺而弗登. 200-10 ○救之. 213-9 ○絶趙也. 214-17 ○伐齊. 214-20 ○約車而遣之. 216-18 秦歸武○於韓. 225-20 秦王固疑甘茂之以武○解於公仲也. 225-20 願大國○肆意於秦. 226-13 ○絶和於秦. 226-20 甘茂許公仲以武○. 227-19 武○終不可得已. 227-20 ○與公乘楚. 232-6 公欲得武○於秦. 233-9 而令人爲公求武○於秦. 233-10 發重使爲韓求武○於秦. 233-10 韓得武○以恨秦. 233-11 犬○無噬人之心. 234-1 ○重周最. 234-5 嚴○重於君. 236-22 嚴○政議直指. 236-22 嚴○拔劍趨之. 236-23 於是嚴○懼誅. 236-23 嚴○陰交於聶政. 237-1 嚴○曰. 237-2 於是嚴○乃具酒. 237-2 ○西至濮陽. 237-19 ○謝車騎人徒. 238-1 ○中哀侯. 238-5 ○以死. 238-7 ○殘吳國而禽夫差. 241-23 ○出兵救燕. 249-11 ○委質爲臣. 254-24 而蘇代厲○不敢入燕. 255-3 於是○以樂毅爲上將軍. 256-8 蘇子○將. 264-3 ○將以與燕戰於陽城. 264-10 ○入見太后曰. 265-8 ○捐燕而歸趙. 266-22 山東之主○不悟. 269-2 ○與兵伐宋. 269-23 宋○舉. 269-24 齊○北矣. 270-14 於是○不救燕. 271-6 ○自剄而死. 275-2 乃○私見樊於期曰. 276-4 ○自刎. 276-12 乃○收盛樊於期之首. 276-13 ○發. 276-23 於是荆軻○就車而去. 277-3 ○拔以擊荆軻. 277-23 ○不敢過衛. 280-7 宋人因○舉兵入趙境. 280-16 不如○行. 281-8 ○行. 281-9 ○得而死. 281-16 事○定. 285-11 事○定. 286-5 中山王○立以爲后. 287-18 不○以時乘其振懼而滅之. 289-20

【曾】 25

昔者○子處費. 29-13 費人有與○子同名族者而殺人. 29-13 人告○子母曰. 29-13 ○參殺人. 29-13 ○子之母曰. 29-14 ○參殺人. 29-14 ○參殺人. 29-15 夫以○參之賢. 29-16 今臣之賢不及○子. 29-17 而王之信臣又未若○子之母也. 29-17 ○參孝其親. 61-7 秦○不出力. 68-2 秦○不出薪. 68-3 ○不若死士之壟也. 85-22 ○不肯留. 119-16 非○深凌於韓也. 138-5 ○不能疾走. 178-23 ○無所蒭牧牛馬之地. 184-9 唯己之○安. 195-12 孝如○參. 250-12 且夫孝如○參. 250-14 ○不欺之也. 251-8 孝如○參孝己. 257-24 孝如○參孝己. 258-2 ○無一介之使以存之乎. 280-1

【勞】 29

前有勝魏之○. 9-21 弊兵○衆不足以成名. 22-2 無刺一虎之○. 27-25 ○大者其祿厚. 36-9 平原津令郭遺○而問. 59-23 無○勌之苦. 81-8 在○天下而自佚. 93-19 ○亂在天下. 93-21 寡人憂○百姓. 98-

11 口○之. 98-15 不費馬汗之○. 110-18 有○其身. 112-21 故○其身. 113-21 心之憂○. 127-7 秦被其○. 140-11 可以無盡百姓之○. 149-6 農夫○而君子養焉. 151-7 不○而成功. 152-1 奉厚而無○. 179-17 無○之奉. 179-22 使公孫子○寡人. 190-25 而以民○與官費用之故. 193-21 如此則士民不○而故地得. 208-8 子嘗教寡人循功○. 221-20 數戰則民○. 253-8 民○而實費. 256-14 夫民○而實費. 256-17 西○於宋. 258-18 ○者相饗. 288-19

【溱】 3
條達輻○. 185-8 輻○以事其上. 244-17 士爭○燕. 256-7

【湛】 2
尾○胕潰. 128-9 物之○者. 188-3

【湖】 1
左江而右○. 200-9

【湘】 1
食○波之魚. 125-4

【渤】 4
北有○海. 68-17 未嘗倍太山絶清河涉○海也. 68-19 齊涉○海. 146-4 齊涉○海. 146-5

【減】 1
○食主父. 40-7

【測】 7
孰與其臨不○之罪乎. 129-5 將○交也. 196-9 將○交也. 196-11 入不○之淵而必出. 203-19 猶不○之淵也. 203-20 臨不○之罪. 268-10 今提一匕首入不○之强秦. 276-22

【湯】 25
○伐有夏. 16-2 ○武雖賢. 34-16 故以舜○武之賢. 34-17 雖堯舜禹○復生. 36-22 及○之時. 86-5 ○有三輔. 86-12 堯舜禹○周文王是也. 86-15 此○武之舉也. 89-22 以爲○沐之邑. 111-18 奉以上庸六縣爲○沐邑. 116-9 臣聞昔○武以百里昌. 124-11 ○日亳. 126-12 韓魏皆可使致封地○沐之邑. 144-15 ○武之所以放殺而爭也. 144-17 ○武之卒不過三千人. 145-9 伊尹負鼎俎而干○. 176-8 而○伐之. 183-1 臣以爲雖○武復生. 202-23 王不聞○之伐桀乎. 211-10 得密須氏而○之服桀矣. 211-11 ○之伐桀. 252-6 禹○之知而死. 262-19 伊尹再逃○而之桀. 262-25 再逃桀而之○. 262-25 而以○爲天子. 263-1

【温】 8
○人之周. 4-16 ○囿不下此. 12-15 今王許成三萬人與○囿. 12-20 而利○囿以爲樂. 12-21 臣嘗聞○囿之利. 12-22 周君得○囿. 12-22 魏王因使孟卯致○囿於周君而許之成也. 12-24 反○枳高平於魏. 139-2

【渭】 2
身爲漁父而釣於○陽之濱耳. 37-12 南帶涇○. 38-17

【滑】 6
且王嘗用○於越而納句章. 108-12 齊明說卓○以伐秦. 125-16 ○不聽也. 125-16 齊明謂卓○曰. 125-16 卓○因重之. 125-18 令淖○惠施之趙. 156-12

【淵】 3
入不測之○而必出. 203-19 猶不測之○也. 203-20 鄧師宛馮龍○大阿. 222-4

【渝】 1
華落而愛○. 105-24

【盜】 9
此所謂藉賊兵而齎○食者也. 39-4 嘗○於梁. 61-3 梁之大○. 61-4 梁之大○. 61-12 文公用中山○. 61-16 楚國多○. 236-16 正可以圉○乎. 236-16 以正圉○. 236-16 今○賊公行. 236-20

【湻】 13
○于髡爲齊使於荆. 77-21 謂○于髡曰. 77-23 ○于髡曰. 77-24 ○于髡一日而見七人於宣王. 80-21 ○于髡曰. 80-24 ○于髡謂齊王曰. 81-5 魏使人謂○于髡曰. 205-4 ○于髡曰. 205-5 ○于髡言不伐魏者. 205-9 王以謂○于髡曰. 205-10 ○于髡曰. 205-11 先說○于髡曰. 263-10 ○于髡曰. 263-15

【渡】 3
○平原. 59-23 願○河踰漳. 148-4 秦兵旦暮○易水. 275-23

【游】 29
○騰謂楚王曰. 10-4 願少賜○觀之間. 36-25 ○學博聞. 51-19 子與文○久矣. 79-2 而士未有爲君盡○者也. 84-24 且願先生與寡人○. 86-23 交○攘臂而議於世. 97-1 東○於齊乎. 97-3 楚王○於雲夢. 106-7 今日之○也. 106-10 南○於楚. 107-5 ○騰爲楚謂秦王曰. 117-2 晝○乎茂樹. 124-19 ○於江海. 124-21 故晝○乎江河. 124-25 南○乎高陂. 125-3 公子牟○於秦. 158-14 此時魯仲連適○趙. 162-11 因使蘇脩○天下之語. 195-24 王○人而合其鬭. 196-25 ○已奪矣. 206-7 ○騰謂公仲曰. 225-14 王因取其○之舟上擊之. 229-18 ○求人可以報韓傀者. 236-24 客○以爲狗屠. 237-5 而行○諸侯衆矣. 237-7 中國白頭○敖之士. 240-13 子以此爲寡人東○於齊. 258-19 散○士. 269-15

【湔】 3
臣請以臣之血○其衽. 78-17 臣輒以頸血○足下衿. 79-10 君獨無意○拔僕也. 128-14

【滋】 1
樹德莫如○. 34-19

【渾】 3
城○出周. 107-5 城○說其令曰. 107-6 城○得之. 107-14

【湣】 2
前與齊○王爭强爲帝. 162-7 今齊○王已益弱. 162-8

【愜】 1
先王以爲○其志. 267-21

【惰】 1
則耕者○而戰士懦. 287-24

【愕】 1
羣臣驚○. 277-18

【惴】 2
安平君以○○之即墨. 99-19

【惶】 2
而卒○急無以擊軻. 277-20 卒○急不知所爲. 277-22

【愧】 2
不中則○. 93-7 亦將以○天下後世人臣懷二心者. 135-20

【慨】 1
復爲忼○羽聲. 277-2

【惛】 1
皆○於教. 16-14

【割】 135
使無多○. 5-4 ○地者. 6-3 欲王令楚○東國以與齊也. 9-11 必○地以交於王矣. 18-2 王○漢中以爲和楚. 23-4 齊○地以實晉楚. 32-22 幾○地而韓不盡. 41-16 故不如因而○之. 42-21 寡人欲○河東而講. 48-23 ○河東. 48-24 王○河東而講. 49-3 聞齊魏皆且○地以事秦. 50-18 王又○濮磨之北屬之燕. 52-8 趙王立○五城以廣河間. 58-25 今又○趙之半以强秦. 59-18 天下爲秦相○. 68-2 ○河間以事秦. 69-25 然後王可以多○地. 71-13 然後王可以多○地. 71-24 然則吾中立而○窮齊與疲燕也. 73-12 周韓爲○. 74-1 及韓却周○之. 74-1 可以益○於楚. 75-8 則太子且倍王之○而使齊奉己. 75-19 楚之勢可多○也. 75-21 故曰可以益○於楚. 75-22 楚王請○地以留太子. 75-24 太子何不倍楚之○地而資齊. 76-1 倍楚之○而延齊. 76-1 益○地而獻之. 76-2 齊之所以敢多○地者. 76-4 故多○楚以滅迹也. 76-14 ○地固約者又蘇秦也. 76-18 則不能○劇矣. 90-7 衞國城○平. 90-10 交○而不相憎. 91-24 其○趙必深矣. 104-12 且魏令兵以深○趙. 104-16 横人皆欲○諸侯之地以事秦. 109-13 夫爲人臣而○其主之地. 109-14 以求○地. 109-15 則諸侯○地以事楚. 109-16 則楚○地以事秦. 109-16 秦可以少○而收害也. 116-1 懼則可以不戰而深取○. 139-20 不待○而成. 142-3 ○挈馬兔而西走. 143-3 ○挈馬兔而西走. 143-5 ○必深矣. 143-6 即多○. 143-11 夫○地效實. 144-16 魏弱則○河外. 144-19 河外○則道不通. 144-20 皆欲○諸侯之地以與秦成. 145-17 以求○地. 145-21 ○河間以事秦. 148-21 ○六縣而講. 159-9 得無○其内而媾乎. 159-17 誠聽子○矣. 159-18 得無更○其内而媾. 159-24 雖○何益. 159-25 又○其力之所不能取而媾也. 159-25 孰與坐而○地. 160-5 來年秦復求○地. 160-6 而○愈弱之趙. 160-10 故不若亟○地求和. 160-17 又○地爲和. 160-21 而地可多○. 168-2 無○地之費. 170-7 ○河東. 170-9 倍趙之○. 174-8 趙王因○濟東三城令盧高唐平原陵地城邑市五十七. 174-11 乃○濟東三令城市邑五十七以與齊. 174-14 覆軍殺將之所取○地於敵國者也. 174-16 必厚○趙以事君. 178-16 夫事秦必○地效質. 184-20 ○其主之埊以求外交. 184-22 外挾彊秦之勢以内劫其主以求○埊. 184-23 必○地以賂王. 189-3 請卑辭○埊. 190-11 然而臣能半衍之○. 190-12 聞周魏令竇屢以○魏於奉陽君. 190-14 制○者. 190-16 必以少○請合於王. 190-17 無多○. 191-4 必多○埊以深下王. 199-4 則是大王垂拱之○埊以爲利重. 199-5 遽○五城以合於魏而支秦. 201-11 趙氏不○. 202-8 燕不○. 202-8 宋中山數伐數○. 202-10 ○八縣. 202-12 且劫王以多○也. 202-14 必少○而有質. 202-17 而○八縣. 202-20 可以少○收也. 203-1 亟以少○收. 203-3 而得以少○爲和. 203-3 且君之嘗○晉國取地也. 203-5 將使叚干崇○地而講. 204-15 魏不以敗之上○. 204-17 而秦不以勝之上○. 204-17 今處期年乃欲○. 204-18 王因使之○地. 204-19 魏王折節○地. 206-7 ○地請講於魏. 206-13 且○而從天下乎. 212-5 韓且○而從天下. 212-5 韓且○而從其所强. 212-7 且○而從其所不强. 212-8 韓將○而從其所强. 212-8 臣以垣雍爲空○也. 214-1 王敢責垣雍之○乎. 214-4 王能令韓出垣雍之○乎.

214-5 垣雍空○也. 214-5 而以多○於韓矣. 215-4 宜○二寧以求構. 215-10 魏急則且○地而約齊楚. 216-23 今王○地以賂秦. 219-4 明年又益求○地. 222-10 韓因○南陽之地. 224-6 交不親故○. 224-7 今○矣而交不親. 224-8 臣恐山東之無以馳○事王者矣. 224-8 不求○地而合於魏. 228-15 ○以予秦. 230-2 是公擇布而○也. 239-15 無事而○安邑. 240-10 大王○十城乃郤以謝. 251-20 魏不爲○. 261-9 欲○平邑以賂燕趙. 285-6 不憚○地以賂燕趙. 285-9 王之所以不憚○地以賂燕趙. 285-14 夫○地以賂燕趙. 285-15 齊之欲○平邑以賂我者. 286-1

【寒】 14

秦惠王謂○泉子曰. 17-19 ○泉子曰. 17-23 梁氏○心. 53-24 脣亡則齒○. 73-20 今燕王方○心獨立. 96-20 有老人涉菑而○. 98-4 田單見其○. 98-5 寡人憂民之○也. 98-10 乃布令求百姓之飢○者. 98-15 臣聞脣亡則齒○. 133-4 脣揭者其齒○. 231-5 足爲○心. 274-3 風蕭蕭兮易水○. 277-1 四國○心. 284-21

【富】 49

所以○東周也. 3-3 民殷○. 15-17 ○貴則親戚畏懼. 17-16 勢位○貴. 17-16 欲○國者. 22-6 務○其民. 22-7 足以○民. 22-10 秦益强○厚. 22-19 ○擅越隸. 35-25 以己欲○貴耳. 42-3 ○貴顯榮. 44-16 貴○不驕怠. 45-2 ○國足家强主威蓋海內. 45-18 私家之○過於三子. 45-19 兵休而國○. 46-2 而使君○貴千萬歲. 57-7 金錢粟孰與之○. 59-7 臨淄甚○而實. 68-21 家敦而○. 68-24 大臣父兄殷衆○樂. 69-15 ○而兵强. 83-16 今君之家○於二公. 84-24 ○貴則就之. 85-10 而○過畢也. 88-21 士聞戰則輸私財而○軍市. 92-7 ○比陶衞. 97-3 所欲貴○者魏也. 112-9 人皆以謂公不善於○摯. 125-20 今○摯能. 125-21 王愛○摯. 125-23 國○而用民. 147-5 後○韓威魏. 147-6 今○非有齊威宣之餘也. 147-9 精兵非有○韓勁魏之庫也. 147-10 ○丁欲以趙合齊魏. 156-25 ○丁恐主父之聽樓緩而合秦楚也. 156-25 司馬淺爲○丁謂主父曰. 157-2 魏因○丁且合於秦. 157-15 夫貴不與○期. 158-16 而○至. 158-16 ○不與梁肉期. 158-16 楚雖有○大之名. 186-1 足以○國. 208-12 國可○. 211-10 燕國殷○. 256-8 之女家曰男○. 259-13 則○不過有魏. 281-5 ○術謂殷順且曰. 282-25 人民貧○. 287-3

【寢】 1

○而思之曰. 66-12

【窘】 2

若自在隘○之中. 78-5 秦楚挾韓以○魏. 235-12

【寐】 3

寢不○. 54-17 惟○亡之. 142-21 甚唯○忘之. 240-20

【運】 2

今公疾攻魏之○. 243-7 攻○而取之易矣. 243-9

【遍】 3

而議寡人者○天下. 272-25 秦地○天下. 273-23 羊羹不○. 288-2

【補】 13

昔者神農伐○遂. 16-1 可以少有○於秦. 37-25 漆身可以○所賢之主. 38-5 願聞先生有以○之闕者. 78-15 ○不足. 88-10 振窮○不足. 99-7 亡羊而○牢. 124-10 通有○民益主之業. 149-4 何○於國. 176-17 無○於國. 176-17 皆無危○於國. 176-18 願令得○黑衣之數. 179-4 皆令妻妾○縫於行伍之間. 289-23

【裎】 1

秦人捐甲徒○以趨敵. 223-1

【祺】 1

老臣賤息舒○. 179-4

【禍】 70

無與○隣. 19-8 ○乃不存. 19-8 而○歸社稷. 40-5 不辭○凶. 45-1 ○至於此. 46-12 孰與以○終哉. 46-20 而不知榆次之○也. 52-16 轉○爲功. 79-13 無纖介之○者. 83-25 ○必握. 86-11 且夫强大之○. 91-5 則檳○朽腐而不用. 91-11 强大而喜先天下之○也. 91-16 則强弱大小之○. 91-18 不顧其○. 109-15 卒有楚○. 110-14 而忘强秦之○. 110-22 定白公之○. 113-2 攝○爲福. 123-4 ○與福相貫. 123-5 而積○重於丘山. 123-9 ○且及身. 129-2 又有無妄之○. 129-12 何謂無妄之○. 129-17 此所謂無妄之○也. 129-19 則其○必至. 133-7 而○及於趙. 138-14 臣恐其○出於是矣. 138-24 臣聞聖人甚○無故之利. 140-8 欲嫁其○也. 140-11 食未飽而○已及矣. 143-1 秦○安移於梁矣. 143-4 秦○案攘於趙矣. 143-5 是秦○不離楚也. 143-9 是秦○不離楚也. 143-11 ○中於趙矣. 145-6 而燕非有長平之○也. 158-8 今七敗之○未復. 158-9 則是弃前貴而挑秦○也. 160-7 而○在於所愛. 176-25 此其近者○及身. 179-16 不被其○. 184-12 内嫁○安國. 186-4 而今負强秦之○也. 207-1 是受智伯之○也. 207-5 而○若是矣. 207-25 ○必百此矣. 208-1 然而無與强秦鄰之○. 208-9 不用子之計而○至. 213-10 必爲國○. 218-2 我見有○. 218-19 則棄前功而後更受其○. 222-10 此所謂市怨而買○者也. 222-12 夫造○而求福. 223-10 轉○而說秦. 223-13 夫輕强秦之○. 226-19 則無○矣. 227-16 必爲山東大○矣. 240-20 轉○而爲福. 249-21 此皆轉○而爲福. 249-22 所謂轉○爲福. 250-1 而世負其○矣. 256-18 其○必大矣. 256-21 轉○而爲福. 256-22 此皆轉○而爲福. 256-24 今王若欲轉○而爲福. 256-24 恐其○至. 273-22 ○必不振矣. 274-4 則○至燕. 275-11 反爲○. 281-16

【祿】 17

厚其○以迎之. 31-11 勞大者其○厚. 36-9 而君之○位貴盛. 45-19 無功而受其○者辱. 86-10 推選則○焉. 87-1 受厚○. 105-21 不爲○勉. 112-17 豐其○. 112-20 不爲○勉. 112-23 豐其○. 113-5 不爲○勉. 114-6 飯封○之粟. 125-9 爵高而○輕. 136-24 國之○也. 151-9 其國之○也. 153-13 以賞田百萬○之. 183-8 不以○私其親. 267-4

【尋】 1

蹄間三○者不可稱數也. 222-25

【晝】 4

爲公○陰計. 8-4 昭王新說蔡澤計○. 47-1 請○地爲蛇. 72-20 右手○蛇. 72-21

【犀】 60

○首戰勝威王. 23-10 王且相○首. 31-22 ○首告臣. 31-22 王怒於○首之泄也. 31-23 ○首以梁爲齊戰於承匡而不勝. 72-7 ○首欲敗. 72-9 ○首跪行. 72-11 ○首送之至於齊壃. 72-11 獻雞駭之○夜光之璧於秦王. 111-22 黃金珠璣○象出於楚. 120-6 駕○首而驂馬服. 166-4 求見○首. 187-4 ○首謝陳軫. 187-4 ○首乃見之. 187-5 ○首曰. 187-7 ○首曰. 187-8 ○首曰. 187-12 ○首又以車三十乘使燕趙. 187-14 以事屬○首. 187-15 ○首受齊事. 187-16 亦以事屬○首. 187-17 今燕齊趙皆以事因○首. 187-17 ○首必欲寡人. 187-18 而以事因○首. 187-18 所以不使○首者. 187-19 ○首遂主天下之事. 187-20 ○首弗利. 189-12 ○首以爲功. 189-16 ○首謂梁王曰. 190-6 殺○武. 190-10 ○首期齊王至之曰. 190-21 ○首田盼欲得齊魏之兵以伐趙. 192-3 ○首曰. 192-3 ○首曰. 192-6 遂勸兩君聽○首. 192-9 ○首田盼遂得齊魏之兵. 192-9 ○首見梁君曰. 192-13 ○首許諾. 192-18 史舉非○首於王. 193-7 ○首欲窮之. 193-7 因令史舉數見○首. 193-9 成恢爲○首謂韓王曰. 193-12 而以告○首. 193-23 ○首曰. 193-23 欲罪○首. 196-4 ○首患之. 196-4 ○首以倍田需周宵. 196-6 令○首之齊. 196-9 魏王令○首之齊. 196-10 吾恐張儀薛公○首之有一人相魏者. 197-22 吾恐張儀薛公○首有一人相魏者. 198-2 ○首相魏. 198-4 魏兩用○首張儀而西河之外亡. 223-20 魏因相○首. 223-25 因○首屬行而攻趙. 261-7 ○兕麋鹿盈之. 279-18 ○首伐黃. 279-24 ○首雖愚. 280-5 ○首立五王. 284-7 ○角偃月. 287-9

【强】 264

韓○與周地. 3-17 以王之○而怒周. 3-22 公負令秦與○齊戰. 5-3 是君以合齊與○楚吏產子. 6-1 產以忿○秦. 6-18 九年而取宛葉以北以○韓魏. 9-5 齊得東國而益○. 9-14 ○弩在後. 10-9 罰不諱○大. 15-5 兵革大○. 15-6 特以○服之耳. 15-7 義○於內. 16-12 以抑○秦. 17-2 地廣而兵○. 19-4 東以○齊燕. 19-11 東以○齊燕. 19-18 秦兵之○. 20-15 欲○兵者. 22-6 秦益○富厚. 22-19 得擅用○秦之衆. 31-16 齊破晉○. 34-6 秦王畏晉之○也. 34-6 德○齊. 35-18 大王越韓魏而攻○齊. 38-23 臣○者危其主. 40-25 ○徵兵. 41-6 非秦弱而魏○也. 41-12 夫人生手足堅○. 44-13 必有伯主○國. 44-25 富國足家○主威蓋海內. 45-18 又越韓魏攻○趙. 46-4 孰與始○對曰. 49-10 帥○韓魏之兵以伐秦. 49-12 智氏最○. 49-16 今秦之○. 49-21 天下莫○於秦楚. 51-21 材兵甲之○. 52-13 而忘毀楚之○魏也. 52-21 韓魏之○足以校於秦矣. 53-16 莫○於齊. 53-17 兵革之○. 53-19 人衆不足以爲○. 54-8 人衆者○. 54-9 趙氏亦嘗○矣. 54-9 曰趙○何若. 54-10 郢爲○. 54-23 與○趙攻弱燕. 58-25 秦銜賂以自○. 59-14 今又割趙之半以○秦. 59-18 謝病○辭. 64-3 夫子之○. 67-8 適足以○秦而自弱也. 67-25 ○秦也. 68-1 不憂○秦. 68-1 夫以大王之賢與齊之○. 68-24 而有○國之實. 69-10 天下○國無過齊者. 69-15 必謂齊西有○趙. 69-17 兵○士勇. 69-18 秦○而趙弱也. 69-24 威却○秦兵. 73-22 周韓西有○秦. 73-25 王因馳○齊而爲交. 76-6 豈用○力哉. 78-5 臣恐○秦大楚承其後. 81-9 富而兵○. 83-16 衞非○於趙也. 90-13 兵弱而好敵○. 90-19 伐不爲人挫○. 90-23 伐而好挫○也. 91-4 且夫○大之禍. 91-5 則事以衆○適罷寡也. 91-7 昔吳王夫差以○大爲天下先. 91-14 ○襲郢而棲越. 91-14 ○大而喜先天下之禍也. 91-16 則○弱大小之禍. 91-18 素用○兵而弱之. 93-10 其○而拔邯鄲. 93-23 齊國復○. 100-21 是以弱宋干○楚也. 103-6 而目○魏. 104-11 魏○. 104-12 楚之○敵也. 107-6 天下之○國也. 108-21 夫以楚之○與大王之賢. 108-24 楚○則秦弱. 109-2 楚弱則秦○. 109-2 以外交○虎狼之秦. 109-14 夫外挾○秦之威. 109-15 凡天下○國. 110-7 聚羣弱而攻至○也. 110-11 夫以弱攻○. 110-11 而忘○秦之禍. 110-22 而逆○秦之心. 110-25 萬乘之○國也. 112-6 赴○敵而死. 113-12 魏相翟○死. 115-3 三國惡楚之○也. 115-21 秦女依○秦以爲

重. 116-10 許○萬乘之齊而不與. 117-17 許萬乘之○齊也而不與. 117-25 魯弱而齊○. 126-18 夫楚亦○大矣. 130-16 今謂楚○大則有矣. 130-19 敝楚見○魏也. 130-21 則是魏内自○. 132-4 秦以三軍○弩坐羊唐之上. 138-18 德○齊. 139-14 雖○大不能得之於小弱. 140-11 而小弱顧能得之○大乎. 140-12 冷向謂○國曰. 141-12 則是○畢矣. 141-20 三晉離而秦○. 142-13 以秦之○. 143-4 以○秦之有韓梁楚. 143-6 莫如趙○. 144-24 是故明主外料其敵國之○弱. 145-10 故尊主廣地○兵之計. 145-22 故微之爲著者○. 146-24 將武而兵○. 147-6 先時中山負齊之○兵. 150-24 今以三萬之衆而應○國之兵. 155-10 以河東之地○齊. 156-10 凡○弱之擧事. 157-25 ○受其利. 157-25 而欲以罷趙攻○燕. 158-9 是使弱趙爲○秦之所以攻. 158-9 而使○燕爲弱趙之所以守. 158-10 而○秦以休兵承趙之敝. 158-10 此乃○吳之所以亡. 158-11 自弱以○秦. 160-5 ○者善攻. 160-9 是○秦而弱趙也. 160-10 以益愈○之秦. 160-10 曰我將因○而乘弱. 160-16 前與齊湣王爭○爲帝. 162-7 今趙萬乘之○國也. 165-1 嘗抑○齊. 165-2 今君易萬乘之○趙. 165-3 今有○貪之國. 165-17 乃輦建信以與○秦角逐. 166-5 ○秦襲趙之欲. 174-7 則奚以趙之○爲. 174-25 趙○則齊不復霸矣. 174-25 今得○趙之兵. 175-1 是王輕○秦而重弱燕也. 175-24 以秦之○. 177-3 大臣○諫. 178-20 乃自○步. 179-1 魏於是乎始○. 182-10 此晉國之所以○也. 182-18 既爲寡人勝○敵矣. 183-16 秦果日以○. 184-1 外交○虎狼之秦. 184-11 夫挾○秦之勢. 184-12 天下之○國也. 184-13 則必無○秦之患. 185-3 以安社稷尊主○兵顯名也. 185-15 服宋之○者. 194-16 以魏之○. 198-7 楚王登○臺而望崩山. 200-8 遂盟○臺而弗登. 200-10 ○臺之樂也. 200-12 是趙與○秦爲界也. 205-23 外安能支○秦魏之兵. 206-24 而今負○秦之禍也. 207-1 絶韓之上黨而攻○趙. 207-3 然而無與○秦鄰之禍. 208-9 今國莫○於趙. 208-25 以張子之○. 209-8 樓廪翟○也. 209-19 而使翟○爲和也. 209-21 翟○欲合齊秦外楚. 209-22 以輕翟○. 209-23 翟○與齊王必疾矣. 210-1 内得樓廪翟○以爲佐. 210-2 山東尚○. 211-8 兵可○. 211-10 今王恃楚之○. 211-23 韓○秦乎. 212-7 ○魏乎. 212-7 ○秦. 212-7 韓且割而從其所○. 212-7 且割而從其所不○. 212-8 韓將割而從其所○. 212-8 夫秦○國也. 213-5 秦必輕王之○矣. 214-11 管鼻之令翟○與秦事. 214-23 鼻之與○. 214-23 ○之入. 214-25 ○. 214-25 翟○善楚. 216-7 以爲秦之○足以爲與也. 216-22 而○二敵之齊楚也. 216-24 今秦之○也. 218-25 天下之○弓勁弩. 222-1 挾○韓之兵. 222-14 聽吾計則可以○霸天下. 223-5 非以韓能○於楚也. 223-12 以成陽資翟○於齊. 225-17 輕絶○秦之敵. 226-16 夫輕○秦之禍. 226-19 今秦楚爭○. 227-13 秦楚爭○. 227-23 於秦孰○. 228-11 則秦○. 228-12 今謂楚○大則有矣. 229-13 ○楚弊楚. 229-15 人皆以楚爲○. 229-23 臣竊○之. 233-23 臣之○之也. 233-24 鄭○爲楚王使於韓. 234-7 中庶子○謂太子曰. 234-14 以韓之○. 240-9 而今之秦○於始之秦. 241-11 今秦數世○矣. 241-16 今○國將有帝王之亹. 242-13 夫先與○國之利. 242-14 ○國能王. 242-14 ○國不能王. 242-15 然則○國事成. 242-16 ○國之事不成. 242-16 今與○國. 242-17 ○國之事成則有福. 242-17 然則先與○國者. 242-18 足○爲之說韓王曰. 242-20 秦之○. 244-10 以○秦而有晉楚. 245-22 西迫○秦. 248-18 ○國也. 248-19○秦之少婿也. 249-18 而深與○秦爲仇. 249-18 而○秦制其後. 249-19 是棄○仇而立厚交也. 249-24 是西有○秦之援. 251-24 饑○而國弱也. 256-15 ○萬乘之國也. 256-18 此所謂○萬乘之國也. 256-19 夫一齊之○. 256-20 而摻其兵之○弱. 258-12 不摻其兵之○弱. 258-13 故齊雖○國也. 258-17 ○弩在前. 260-15 而○秦將以兵承王之西. 266-8 是使弱趙居○吳之處. 266-8 而使○秦處弱越之所以霸也. 266-9 夷萬乘之○國. 267-25 不惡卑名以事○. 268-16 事○可以令國安長久. 268-16 以事○而不可以爲萬世. 268-17 因其○而○之. 270-1 臣恐○秦之爲漁父也. 270-8 丹終不迫於○秦. 274-8 今提一匕首入不測之○秦. 276-22 弱趙以○梁. 280-13 魏必○. 282-7 魏○之日. 282-7 齊○. 285-8 是○敵也. 285-16 臣聞弱趙○中山. 287-1 願聞弱趙○中山之說. 287-2 趙○國也. 287-15 繕治兵甲以益其○. 289-22

【費】 28

又○財焉. 7-6 不○斗糧. 17-4 昔者曾子處○. 29-13 ○人有與曾子同名族者而殺人. 29-13 大○也. 48-24 則兵不○. 90-23 而都縣之○也. 92-6 殘○已先. 92-6 軍出○. 92-11 故其○與死傷者鈞. 92-12 故民之所○也. 92-13 天下有此再○者. 92-16 攻城之○. 92-17 少長○賤. 93-8 不○馬汗之勞. 110-18 不如所失之○也. 154-6 無割地之○. 170-7 官○又恐不給. 193-20 而以民勞與官○用之故. 193-21 以償兵○. 224-13 必攻市丘以償兵○. 224-18 日○千金. 231-9 特以爲夫人麤糲之○. 237-8 張登請○緤曰. 246-5 ○緤. 246-6 民勞而實○. 256-14 夫民勞而實○. 256-17 然則王之爲○且危. 285-15

【踈】 1

東有淮穎沂黄煑棗海鹽無○. 184-6

【琉】 8

交○也. 37-13 卽使文王○呂望而弗與深言. 37-15 交○於王. 37-17 ○於計矣. 39-1 非齊親而韓梁○也. 68-6 ○中國. 81-17 而交○於魏也. 214-19 而不察○遠之行也. 268-13

【違】 3

韓必聽秦○齊. 157-4 ○齊而親. 157-5 而○者范座也. 173-18

【隔】 1

秦無韓魏之○. 145-6

【隕】 1

故瘡○也. 127-22

【隘】 11

三國○秦. 7-17 若自在○窘之中. 78-5 齊王○之. 117-7 夫○楚太子弗出. 118-15 行三十里而攻危○之塞. 207-6 今秦欲踰兵於澠○之塞. 229-24 塞鄳○. 261-4 因以塞鄳○爲楚罪. 261-5 以塞鄳○. 261-12 是以○之. 285-20 所傾蓋與車而朝窮閭○巷之士者. 287-22

【媒】 5

莫知○兮. 127-10 周埊賤○. 259-12 且夫處女無○. 259-14 舍○而自衒. 259-14 唯○而已矣. 259-15

【媪】 4

老臣竊以爲○之愛燕后賢於長安君. 179-8 ○之送燕后也. 179-11 今○尊長安君之位. 179-18 老臣以○爲長安君計短也. 179-20

【嫂】 5

○不爲炊. 16-19 ○不以我爲叔. 16-20 ○蛇行匍伏. 17-13 ○. 17-14 ○曰. 17-14

【媿】 3

而欲○之以辭. 84-7 不○下學. 86-14 臣竊爲大王○之. 184-14

【婿】 1

强秦之少○也. 249-18

【賀】 22

羣臣聞見者畢○. 26-16 獨不○. 26-16 諸士大夫皆○. 26-17 子獨不○. 26-18 故不敢妄○. 26-19 敢再拜○. 31-21 再拜○戰勝. 72-16 天下之○戰者. 160-16 天下之○戰勝者皆在秦矣. 161-24 諸侯皆○. 177-2 趙王使往○. 177-2 諸侯皆○. 177-3 吾往○而獨不得通. 177-4 諸侯皆○. 177-8 臣○鯉之與於遇也. 229-3 公不如令秦王○伯嬰之立也. 235-24 再拜而○. 249-14 使人○秦王. 273-9 燕王使使者○千金. 273-14 子何○. 273-15 公不如令楚○君之孝. 280-20 羣臣皆○. 281-19

【辝】 1

則再拜而○去也. 87-4

【登】 21

郢之○徒. 79-24 郢之○徒也. 79-25 郢之○徒不欲行. 80-16 農夫○. 138-3 楚王○强臺而望崩山. 200-8 遂盟强臺而弗○. 200-10 或以年穀不○. 211-22 張○請費緤曰. 246-5 ○丘東嚮而歎. 258-16 召張○而告之曰. 284-8 ○對曰. 284-10 張○曰. 284-15 且張○之爲人也. 284-22 張○因謂趙魏曰. 284-24 張○謂藍諸君曰. 285-8 張○曰. 285-11 請以公爲齊王而○試而說公. 285-12 ○曰. 285-14 張○曰. 285-18 張○曰. 285-24 遣張○往. 286-4

【發】 62

○師五萬人. 1-8 ○重使使之楚. 3-16 百○百中. 11-7 百○百中. 11-10 一○不中. 11-11 乃夜○書. 16-21 可○使告楚曰. 48-5 遂○重使之楚. 48-12 王何不○將而擊之. 67-3 不待○於遠縣. 68-20 書未○. 88-3 壹○而殪. 106-9 故謀未○而國已危矣. 109-21 其君好○者. 114-11 王○上柱國子良車五十乘. 118-6 ○子良之明日. 118-7 於是使人○騶. 124-7 不知夫子○方受命乎宣王. 125-5 臣爲王引弓虛○而下鳥. 127-17 更羸以虛○而下之. 127-19 君○而用之. 132-18 於是○而試之. 132-18 請○而用之. 132-20 ○五百. 134-8 使秦○令素服而聽. 139-1 臣請悉○守以應秦. 140-2 今○兵已取之矣. 141-1 毋○屋室. 142-10 今秦○三將軍. 148-12 因○虞卿東見齊王. 160-25 信陵君○兵至邯鄲城下. 161-4 不如○重使而爲媾. 161-16 ○使出重寶以附楚魏. 161-19 ○鄭朱入秦. 161-22 趙誠○使尊秦昭王爲帝. 162-9 故○兵自備. 168-1 臣願足下之大○攻宋之擧. 171-11 臣請○張倚使謂趙王曰. 201-3 魏王○兵救之. 213-5 遽○兵. 217-1 無忌將○十萬之師. 217-21 懷怒未○. 219-25 百○不暇止. 222-2 ○信臣. 226-7 ○信臣. 226-12 秦爲○使公孫昧入韓. 231-22 ○兵臨方城. 232-18 ○重使爲韓求武遂於秦. 233-10 不如急○重使之趙梁. 240-23 臣請令○兵救韓. 245-17 ○興號令. 248-13 謀未○而聞於外. 252-20 今寡人○兵應之. 263-24 頃之未○. 276-19 遂○. 276-23 ○圖. 277-14 益○兵詣趙. 278-5 王○重使. 285-18 今王○軍. 288-21 是以寡人大○軍. 289-7 ○梁焚舟以專民. 289-13 復益○軍. 290-3

【粲】 3

求其好掩人之美而楊人之醜者而○驗之. 182-3 守亭障者○列. 185-11 今王信田伐與○去疾之言. 264-23

【結】 32
言語相○. 16-4 夫三晉相○. 32-15 宋有○緣. 36-17 則怨○於百姓. 40-4 而外○交諸侯以圖. 50-20 不足以○秦. 57-17 我因陰○韓之親. 64-21 約○而喜主怨者孤. 90-4 陰○諸侯之雄俊豪英. 99-7 而無目深自○於王. 106-1 ○駟千乘. 106-7 外○秦之交. 116-15 後不可以約○諸侯. 117-18 知伯因陰○韓魏. 132-7 面相見而身相○也. 148-15 一舉○三國之親. 160-25 乃○秦連楚宋之交. 178-9 此儀之所以與秦王陰相○也. 189-4 何不陽與齊而陰○於楚. 190-6 夫難搆而兵○. 192-8 與之約○. 192-18 ○怨於外. 199-3 則怨○於韓. 235-13 秦久與天下○怨構難. 239-23 伏軾○靷西馳者. 240-14 伏軾○靷東馳者. 240-15 乃使使與蘇秦○交. 249-7 秦五世以○諸侯. 257-3 深○趙以勁之. 262-22 論行而○交者. 267-5 莫徑於○趙矣. 267-13 ○親燕魏. 288-23

【紝】 1
妻不下○. 16-18

【給】 9
恐不能○也. 51-10 孟嘗君使人○其食用. 82-14 蒙穀○鬭於宮唐之上. 113-24 糧食輓賃不可○也. 155-5 則無地而○之. 160-8 ○無已之求. 160-12 官費又恐不○. 193-20 卽無地以○之. 222-10 ○貢職如郡縣. 277-6

【絳】 6
○水利以灌平陽. 49-19 今秦欲攻梁○安邑. 68-7 秦得○安邑以東下河. 68-7 而出銳師以戍梁○安邑. 68-10 而魏效○安邑. 203-5 而欲攻○安邑. 240-19

【絶】 107
秦敢○塞而伐韓者. 3-16 是公之知困而交○於周也. 7-11 而兩上黨○矣. 12-19 是公之知困而交○於周也. 13-19 資用乏○. 16-16 未○一絃. 17-5 則荊趙之志○. 19-17 荊趙之志○. 19-18 魏○南陽. 21-24 大王苟能閉關○齊. 26-11 今地未可得而齊先○. 26-20 且先出地○齊. 26-21 先○齊後責地. 26-21 北○齊交. 26-22 楚王使人○齊. 26-23 又重○之. 26-24 張子以寡人不○齊乎. 27-2 張儀知楚○齊也. 27-3 王今已○齊. 27-8 楚○齊. 27-13 稱之而毋○. 44-18 主雖亡○. 45-2 以○秦於楚. 49-25 寡人○其西. 50-5 以○從親之要. 52-1 ○楚魏之脊. 52-9 要○天下也. 54-4 平際○. 54-19 必○其謀. 60-22 ○其謀. 60-23 未嘗倍太山○清河涉渤海也. 68-19 有存亡繼○之義. 80-7 ○趙之東陽. 81-18 鐶弦○. 92-14 故鍾皷竽瑟之音不○. 93-17 以爲殺身○世. 97-20 約○之後. 103-14 財盡而交○. 105-24 則北地○. 110-20 外○其交. 112-9 請爲王使齊交不○. 112-12 齊交不○. 112-12 不避○江河. 122-15 夫秦捐德○命之日久矣. 123-7 是知困而交○於后也. 123-23 ○長續短. 124-12 中○不令相通. 140-10 常苦出辭斷○人之交. 144-11 宜陽效則上郡○. 144-19 明王○疑去讒. 145-22 韓○食道. 146-1 則楚○其後. 146-2 則楚○其後. 146-2 ○五俓之險. 154-15 韓魏必○齊. 157-5 ○齊則皆事我. 157-5 三國必○之. 157-11 韓之太原○. 172-20 ○韓. 172-20 存亡繼○. 173-2 乃○和於秦. 173-5 願大王無○其歡. 177-9 是空○趙. 178-14 緜緜不○. 185-1 則從道○. 185-20 從道○. 185-21 夫魏欲○楚齊. 188-4 欲以○齊楚也. 188-6 ○旨酒. 200-4 使寡人○秦. 201-6 趙王因令閉關○秦. 201-9 ○韓之上黨而攻强趙. 207-3 ○漳滏之水. 207-5 怨顔已○之矣. 209-22 芮宋欲○秦趙之交. 214-14 遂○趙也. 214-17 斷○韓之上地. 223-7 ○上地. 223-9 是○上交而固私府也. 224-10 爲能聽我○和於秦. 226-9 輕○强秦之敵. 226-16 遂○和於秦. 226-20 且以善齊而○齊乎楚. 229-1 將以合齊秦而○齊於楚也. 229-3 魏之○齊於楚明矣. 229-6 韓○於楚. 235-24 此皆○地形. 244-13 寡人地○兵遠. 260-20 寡人固與韓且○矣. 261-3 令齊○於趙. 261-24 齊已○於趙. 261-24 令齊趙○. 262-5 卒○齊於趙. 263-8 交○不出惡聲. 268-12 ○交於齊. 269-25 子腸亦且寸○. 271-16 仁不輕○. 272-4 仁不輕○. 273-1 輕○厚利者. 273-2 ○袖. 277-15 必○於宋而事齊. 280-25 中山必喜而○趙魏. 284-15 中山果○齊而從趙魏. 285-3 怒○之. 285-22 王亦○之. 285-22 固已過○人矣. 287-9 以○趙王之意. 287-17

【絞】 3
○而殺之. 58-17 遂以冠纓○王. 126-25 未至○纓射股. 127-5

【統】 2
天下繼其○. 44-17 姑反國○萬人乎. 83-22

【絣】 1
妻自組甲○. 252-21

【絲】 3
方將調鈆膠○. 124-15 繫己以朱○而見之也. 125-5 褘布與○. 127-8

【幾】 51
居無○何. 24-15 居無○何. 28-14 ○割地而韓不盡. 41-16 則秦所得不一○何. 42-20 耕田之利○倍. 56-22 珠玉之贏○倍. 56-22 立國家之主贏○倍. 56-22 無○何. 63-12 以○何人. 66-3 大小○何. 84-8 社稷其爲庶○乎. 113-9 楚國社稷其庶○乎. 113-25 魏之○相者. 115-3 卽鄗○不守. 150-25 反攻魏○. 156-22 廉頗救○. 156-23 而居無○何. 167-24 無○何. 167-25 年○何矣. 179-6 以○瑟之存焉. 224-25 今已令楚王奉○瑟以車百乘居陽翟. 225-1 而○瑟. 225-2 韓公叔與○瑟爭國. 234-7 韓公叔與○瑟爭國. 234-14 齊逐○瑟. 234-19 王爲我逐○瑟以窮之. 234-20 而○瑟走也. 234-20 公叔將殺○瑟也. 234-23 畏○瑟也. 234-23 今○瑟死. 234-23 太子外無○瑟之患. 234-25 不如無殺○瑟. 234-25 公叔且殺○瑟也. 235-3 ○瑟之能爲亂也. 235-3 伯嬰亦○瑟也. 235-5 秦楚挾○瑟以塞伯嬰. 235-7 公叔伯嬰恐秦楚之内○瑟也. 235-10 則公叔伯嬰必知秦楚之不以○瑟爲事也. 235-11 胡衍之出○瑟於楚也. 235-17 韓立公子咎而棄○瑟. 235-19 王不如亟歸○瑟. 235-19 ○瑟入. 235-20 ○瑟亡之楚. 235-22 廢公叔而相○瑟者楚也. 235-22 今○瑟亡之楚. 235-23 ○瑟入鄭之日. 235-23 ○瑟亡在楚. 236-2 公因以楚韓之兵奉○瑟而内之鄭. 236-4 ○瑟得入而德公. 236-5 以復○瑟也. 236-8 無○於王之明者. 244-23

【惷】 1
寡人○愚. 186-11

【瑟】 34
其民無不吹竽鼓○擊筑彈琴鬬雞走犬六博蹹踘者. 68-21 故鍾皷竽○之音不絶. 93-17 聽竽○之音. 145-18 以幾○之存焉. 224-25 今已令楚王奉幾○以車百乘居陽翟. 225-1 而幾○. 225-2 韓公叔與幾○爭國. 234-7 韓公叔與幾○爭國. 234-14 齊逐幾○. 234-19 王爲我逐幾○以窮之. 234-20 而幾○走也. 234-20 公叔將殺幾○也. 234-23 畏幾○也. 234-23 今幾○死. 234-23 太子外無幾○之患. 234-25 不如無殺幾○. 234-25 公叔且殺幾○也. 235-3 幾○之能爲亂也. 235-3 伯嬰亦幾○也. 235-5 秦楚挾幾○以塞伯嬰. 235-7 公叔伯嬰恐秦楚之内幾○也. 235-10 則公叔伯嬰必知秦楚之不以幾○爲事也. 235-21 胡衍之出幾○於楚也. 235-17 韓立公子咎而棄幾○. 235-19 王不如亟歸幾○. 235-19 幾○入. 235-20 幾○亡之楚. 235-22 廢公叔而相幾○者楚也. 235-22 今幾○亡之楚. 235-23 幾○入鄭之日. 235-23 幾○亡在楚. 236-2 公因以楚韓之兵奉幾○而内之鄭. 236-4 幾○得入而德公. 236-5 以復幾○也. 236-8

【瑕】 2
衞靈公近雍疸彌子○. 166-8 因廢雍疸彌子○. 166-13

【搆】 5
趙欲○於秦. 171-18 君無○. 171-21 得陰而○. 171-23 若不得已而必○. 171-24 夫難○而兵結. 192-8

【肆】 2
彼則○然而爲帝. 163-2 願大國遂○意於秦. 226-13

【填】 2
○黽塞之内. 125-11 願及未○溝壑而託之. 179-7

【載】 15
○以乘車駟馬而遣之. 8-10 ○以廣車. 10-5 ○主契國以與王約. 35-5 臣不敢○之於書. 36-23 ○與俱歸者. 37-14 伍子胥橐○而出昭關. 38-1 於是唐雎○音樂. 42-5 今令人復○五十金隨公. 42-9 則郄車而○耳. 81-1 ○券契而行. 82-22 舫船○卒. 110-17 一舫○五十人. 110-17 不足以○大名. 123-6 ○百金. 190-20 鄭彊○八百金入秦. 224-23

【搏】 2
此所謂兩虎相○者也. 111-6 而乃以手共○之. 277-21

【馳】 25
古者使車轂擊○. 16-4 軫○楚秦之間. 23-23 譬若○韓盧而逐蹇兔也. 38-19 使○說之士無所開其口. 46-8 王因○强齊而爲交. 76-6 而○乎淄澠之間. 100-14 秦使陳○誘齊王内之. 102-3 齊王不聽卽墨大夫而聽陳○. 102-3 與之○騁乎高蔡之中. 125-4 與之○騁乎雲夢之中. 125-9 借車者○之. 142-7 夫○親友之車. 142-8 而○於封内. 147-20 習○射. 148-2 馬○人趨. 185-9 天下之西鄉而○秦. 208-15 韓使人○南陽之地. 224-6 秦已○. 224-6 國形不便故○. 224-7 ○矣而兵不止. 224-8 臣恐山東之無以○割事王者矣. 224-8 伏軾結靷西○者. 240-14 伏軾結靷東○者. 240-15 一日而○千里. 274-15 ○往. 276-13

【鄢】 23
南亡○郢漢中. 42-15 一戰舉○郢. 46-3 或拔○郢夷陵. 51-16 許○陵嬰城. 53-25 ○郢者. 81-14 伐楚取○郢矣. 81-15 ○郢大夫. 101-24 則○郢動矣. 109-4 楚無○郢漢中. 111-25 請復○郢漢中. 112-2 其效○郢漢中必緩矣. 112-13 輦從○陵君與壽陵君. 124-2 秦果舉○郢巫上蔡陳之地. 124-6 輩從○陵君與壽陵君. 125-8 南有鴻溝陳汝南有許○昆陽邵陵舞陽新鄴. 184-5 許○陵危. 189-23 謂樓子於○陵曰. 209-4 秦果南攻藍田○郢. 211-12 得許○陵以廣陶. 212-22 許○陵必議. 212-24 不能愛其許○陵與梧. 230-1 則南圍○. 246-22 拔○

郢.289-3
【趍】 2
寡人使卷甲而○之.161-15 臣之○固不與足下合者.250-23
【損】 5
○不急之官.46-7 是○君而弱國也.154-4 於王何○.205-13 况傷人以自○乎.272-21 勿益○也.282-25
【遠】 60
今先生儼然不○千里而庭教之.15-22 去王業○矣.22-4 道○.28-10 夫秦國僻○.38-12 王不如○交而近攻.39-5 今舍此而○攻.39-5 大武○宅不涉.52-23 卿不○趙.59-11 又弗如○甚.66-11 齊○秦而韓梁近.68-6 不待發於○縣.68-20 而○怨者時也.90-4 則不能○殺矣.90-8 則○矣.90-21 曠日○而爲利長者.93-14 ○之.105-16 相去○矣.109-17 今先生乃不○千里而臨寡人.119-16 莫如○楚.130-8 爲其○王室矣.130-11 知不如禽○矣.142-20 秦人○迹不服.147-8 秦雖辟○.148-4 ○方之所觀赴也.150-5 而襲○方之服.150-6 ○近之服.150-15 ○可以報中山之怨.151-1 而襲○方之服.151-12 非所以觀○而論始也.151-14 信可以○期.152-23 ○近易用.154-7 所以昭後而期○也.154-11 曠○於趙.156-17 而不能合○.164-24 則爲之計深○.179-11 念悲其○也.179-11 ○者及其子孫.179-16 此其過越王勾踐武王○矣.184-19 疏於度而○於計.196-22 今邯鄲去大梁也○於市.199-22 遂推南之威而○之.200-7 攘地必○矣.201-19 所行者甚○.207-7 而離楚愈○耳.215-22 而離王愈○耳.215-24 丈人芒然乃○至此.216-19 ○者達胷.222-3 不○千里.237-14 中間不○.237-24 ○薄梁郭.244-11 臣鄰家有○爲吏者.251-1 豈○千里哉.256-5 爲子之○行來之.259-5 不亦○乎.260-10 寡人地絶兵○.260-20 故吳王○迹至於郢.268-5 而不察疏○之行也.268-13 故○近無議.272-24 宜在○者.273-3 其人居○未來.276-19
【鼓】 8
請明日○之而不可下.30-8 明日○之.30-9 其民無不吹竽○瑟擊筑彈琴鬬雞走犬六博蹹踘者.68-21 乃援枹○之.100-16 ○翅奮翼.124-17 ○鐸之音聞於北堂.167-20 必效○.175-9 ○刀以屠.237-14
【勢】 53
地○形便.15-18 其○不能.16-11 ○位富貴.17-16 處必然之○.37-25 ○者.40-20 操大國之○.41-6 今傲○得秦爲王將.43-10 白起之○也.46-6 無把銚推耨之○.51-2 楚之○可多割也.75-21 陳其○.78-4 是以天下之○.81-21 齊有此○.81-23 夫斶前爲慕○.85-17 與使斶爲趨○.85-18 斗趨見王爲好○.87-9 而時○者.90-5 倍時○.90-6 横秦之○合.96-15 豈不以據○也哉.99-5 ○必危宋.103-6 今君擅楚國之○.105-25 此其○不兩立.109-2 其○不兩立.110-7 此其○不相及也.110-21 ○爲王妻以臨于楚.116-11 儀據楚○.121-2 君籍之目百里○.126-13 其○可見也.131-13 約兩主○能制臣.134-10 臣願捐功名去權○以離衆.134-12 且物固有○異而患同者.138-14 又有○同而患異者.138-14 專權擅○.148-17 故○與俗化.151-17 又不明其時○.155-8 其○必無趙矣.160-12 專君之○以蔽左右.166-8 御獨斷之○.166-20 ○不能守.174-6 夫挾强秦之○.184-12 外挾彊秦之○以内劫其主以求割塋.184-23 魏之塋○.185-11 其○必無魏矣.204-21 其地○然也.223-12 此其○不可以多人.237-25 ○必不善楚.243-22 秦○能詘之.244-10 此乃亡之之○也.253-18 弗利而○爲之者.257-5 非○不成.259-16 物固有○異而患同者.269-7 皆計利形○.289-20
【摇】 4
心○○如懸旌.109-23 飄○乎高翔.124-22 不敢動○.148-2
【搶】 1
以頭○地爾.219-22
【搤】 1
莫不日夜○腕瞋目切齒以言從之便.186-8
【聖】 37
○人不能爲時.34-15 然則○王之所棄者.36-18 ○主明於成敗之事.36-21 五帝之○而死.37-22 耳目聰明○知.44-14 而○人所謂吉祥善事與.44-19 主○臣賢.45-5 孔子不足○.45-9 ○人之常道也.45-21 百世而一○.80-22 至○人明學.86-16 是以○人從事.90-4 蔡○侯之事因是以.125-2 蔡○侯之事其小者也.125-7 不審君之○.128-2 夫以賢舜事○堯.128-5 是君○於堯而臣賢於舜也.128-6 此先○之所以集國家.134-15 臣聞○人甚禍無故之利.140-8 ○主之制也.146-19 賢○之所教也.150-4 是以○人觀其鄉而順宜.150-9 是故○人苟可以利其民.150-13 賢○不能同.150-15 先○之所以教.151-11 ○人之道也.151-17 先○之明刑.151-22 ○人不易民而教.151-25 ○人之興也.152-10 是以○人利身之謂服.152-13 故○與俗流.152-14 吾乃今日聞○人之言也.183-5 ○人無積.183-18○人之計也.242-18 ○人之制事也.249-21 ○王之事也.257-19 臣聞賢○之君.267-4
【聘】 3
往○孟嘗君.83-17 楚王子圍○於鄭.126-24 ○入乎.128-20
【碁】 1
累○是也.51-24
【斟】 1
厨人進○羹.251-15
【蓋】 16
無忠臣以掩○之也.4-10 ○可忽乎哉.17-16 楚之相秦者屈○.31-25 富國足家强主威○海内.45-18 昭○曰.126-1 一○呼侶.141-6 一○哭.141-6 一○曰.141-7 冠○相望.216-15 冠○相望也.231-3 則○觀公仲之攻也.243-10 冠○相望.245-12 冠○相望.245-15 寡人望有非則君掩○之.272-5 然則不内○寡人.272-17 所傾○與車而朝窮閭隘巷之士者.287-22
【靳】 10
○尚爲儀謂楚王曰.116-4 ○尚謂楚王曰.116-19 ○尚之仇也.116-21 君不如使人微要○尚而刺之.116-22 張旄果令人要○尚刺之.116-24 令韓陽告上黨之守○黰曰.139-23 ○黰曰.139-25 乃使馮亭代○黰.140-3 韓又令尚○使秦.231-4 尚○歸書報韓王.231-11
【靷】 2
伏軾結○西馳者.240-14 伏軾結○東馳者.240-15
【蓐】 1
○螻蟻.106-13
【蕃】 1
韓氏因圍○.193-12
【墓】 5
不顧其先君之丘○.6-17 因以宜陽之郭爲○.30-9 燒先王之○.51-17 王墳○復羣臣歸社稷也.117-15 欒水齧其○.194-2
【幕】 3
舉袂成○.68-23 樂羊坐於○下而啜之.181-20 甲盾鞮鍪鐵○革抉.222-5
【夢】 12
楚王游於雲○.106-7 逃於雲○之中.114-1 與之馳騁乎雲○之中.125-9 楚必致橘柚雲○之地.144-15 昔日臣○見君.166-9 子何○.166-9 ○見竈君.166-9 吾聞○見人君者.166-10 ○見日.166-10 今子曰○見竈君而言君也.166-10 是以○見竈君.166-13 荆有雲○.279-18
【蒼】 2
南有洞庭○梧.108-22 ○頭二千萬.184-18
【蓬】 2
必生○蒿.57-10 桑輪○篋羸幐.137-4
【蒭】 4
齊秦合而立負○.48-17 負○立.48-17 負○必以魏殁世事秦.48-20 曾無所○牧牛馬之地.184-9
【蒿】 3
必生蓬○.57-10 皆以狄○苫楚廥之.132-17 負○葛蕲.170-3
【蓄】 6
○積饒多.15-17 ○積索.19-1 ○積索.20-23 收八百歲之○積.268-1 ○積糧食.288-16 使得耕稼以益○積.289-21
【蒲】 15
坐行○服.38-2 又取○衍首垣.52-7 ○反平陽相去百里.107-8 秦攻衞之○.282-4 公之伐○.282-4 以有○也.282-5 今○入於魏.282-5 公釋○勿攻.282-9 臣請爲公入戒○守.282-9 胡衍因入○.282-11 樗里子知○之病也.282-11 吾必取○.282-11 今臣能使釋○勿攻.282-12 ○守再拜.282-12 胡衍取金於○.282-13
【蒙】 17
以告○傲曰.43-6 ○傲曰.43-7 ○傲乃往見應侯.43-9 應侯拜○傲曰.43-12 ○傲以報於昭王.43-12 ○怨咎.44-22 ○穀給鬬於宮唐之上.113-24 ○穀獻典.114-2 此○穀之功.114-2 ○穀怒曰.114-3 ○穀是也.114-6 ○霜露.137-5 無釣罕鐔○須之便.155-13 而爲此釣罕鐔○須之便.155-14 民非○愚也.226-22 厚遺秦王寵臣中庶子○嘉.277-4 ○大名.280-4
【蔆】 1
仰嚙○衡.124-22
【椹】 1
今臣之胷不足以當○質.36-13
【禁】 17
又○天下之率.5-17 君不如○秦之攻周.9-19 今君○之.9-21 而又有○暴正亂之名.22-12 王不能○.22-16 於以○王之爲帝有餘.53-18 則大臣主斷國私以○誅於己也.126-23 今魯句注○常山而守.138-20 韓乃西師以○秦國.139-1 秦令起賈○之.169-19 而秦楚○之.170-25 而秦○之.194-14 請爲王毋○楚之伐魏也.194-17 不能○狗使無吠己也.213-1 不能○人議臣於君也.213-2 韓必起兵以○之.236-3 而弗能○也.236-20

【楚】 1097

寡人將寄徑於○. 1-13 ○之君臣欲得九鼎. 1-14 若入○. 1-14 景翠以○之衆. 2-4 西周欲和於○韓. 2-19 臣恐西周之與○. 2-19 不如謂○韓曰. 2-20 西周之寶不入○韓. 2-21 ○韓欲得寶. 2-22 是我爲○韓取寶以德之也. 2-23 ○王與魏王遇也. 3-9 主君令陳封之○. 3-9 ○韓之遇也. 3-9 主君令許公之○. 3-10 發重使使之○. 3-16 ○攻雍氏. 3-21 ○王怒周. 3-21 爲周謂○王曰. 3-21 制齊○三晉之命. 5-6 是君以合齊與強○吏產子. 6-1 司馬翦謂○王曰. 7-9 翦今○王資之以地. 7-12 嘗欲東周與○惡. 8-5 吾又恐東周之賊己而以輕西周惡之於○. 8-7 薛公以齊爲韓魏攻○. 9-4 君以齊爲韓魏攻○. 9-5 韓魏南無○憂. 9-7 欲王令○割東國以與齊也. 9-11 秦王出○王以爲和. 9-12 而以○之東國自免也. 9-13 ○王出. 9-13 ○王怒. 10-3 游騰謂○王曰. 10-4 號言伐○. 10-6 ○王乃悅. 10-10 公不聞○計乎. 10-15 昭應謂○王曰. 10-15 是○病也. 10-17 ○王始不信昭應之計矣. 10-17 此告○病也. 10-18 必勸○王益兵守雍氏. 10-18 ○卒不拔雍氏而去. 10-23 ○有養由基者. 11-7 ○兵在山南. 11-16 吾得將爲○王屬怒於周. 11-16 因泄之○. 11-18 必名曰謀○. 11-19 ○請道於二周之間. 11-22 齊秦恐○之取九鼎也. 11-23 必救韓魏而攻○. 11-24 ○不能守方城之外. 11-24 ○必將自取之矣. 11-25 樊餘謂○王曰. 13-1 則○方城之外危. 13-3 ○趙皆輕. 13-4 ○王恐. 13-5 陳蔡亡於○. 13-13 ○宋不利秦之德三國也. 13-22 將說○王. 17-12 親魏善○. 21-23 ○臨南鄭. 21-24 侵○魏之地. 21-25 而求解乎○魏. 22-16 以鼎與○. 22-16 重而使之○. 22-21 因令○王爲之請相於秦. 22-21 今身在○. 22-22 ○王因爲請相於秦. 22-22 ○王以爲然. 22-23 彼必以國事○王. 22-24 張儀欲以漢中與○. 23-2 漢中南邊爲○利. 23-3 王割漢中以爲和○. 23-4 ○必畔天下而與王. 23-5 王今以漢中與○. 23-5 王何以市○也. 23-6 ○攻魏. 23-8 ○也. 23-18 ○智橫君之善用兵. 23-19 軫馳○秦之間. 23-23 今○不加善秦而善軫. 23-24 且軫欲去秦而之○. 23-25 吾聞子欲去秦而之○. 24-1 ○亦何以軫爲忠乎. 24-5 吾不之○. 24-5 陳軫去○之秦. 24-8 常以國情輸○. 24-8 卽復之○. 24-9 軫安敢之○也. 24-9 臣願之○. 24-12 儀以子爲之○. 24-12 吾又自知子之○. 24-12 子非○. 24-13 必故之○. 24-13 而明臣之○與不也. 24-14 ○人有兩妻者. 24-14 今○王明主也. 24-19 而常以國輸○王. 24-19 以此明臣之○與不. 24-20 軫必之○. 24-23 子必之○也. 24-24 ○何以軫爲. 25-2 軫不之○. 25-3 齊助○攻秦. 26-3 ○之交善. 26-3 ○方懽. 26-4 張儀南見○王曰. 26-6 ○王大說. 26-15 ○王曰. 26-16 是○孤也. 26-20 ○王不聽. 26-23 ○王使人絶齊. 26-23 ○因使一將軍受地於秦. 27-1 ○王曰. 27-2 張儀知○絶齊也. 27-3 使者反報○王. 27-5 ○王大怒. 27-5 ○國不尚全事. 27-7 ○王不聽. 27-10 ○兵大敗於杜陵. 27-10 故○之土壤士民非削弱. 27-11 ○絶齊. 27-13 齊舉兵伐○. 27-13 陳軫謂○王曰. 27-13 ○王使陳軫之秦. 27-15 故子棄寡人事○王. 27-16 今齊○相伐. 27-16 王獨不聞吳人之遊○者乎. 27-18 ○王甚愛之. 27-18 齊○今戰. 28-1 而無伐○之害. 28-2 韓○乘吾弊. 29-24 不如許○漢中以懽之. 29-25 ○懽而不進. 29-25 果使馮章許○漢中. 30-1 ○王以其言責漢中於馮章. 30-1 固謂○王曰. 30-2 寡人固無地而許○王. 30-3 ○畔秦而合於韓. 30-17 ○雖合韓. 30-17 韓亦恐戰而○有變其後. 30-18 韓○必相御也. 30-18 ○言與韓. 30-18 ○客來使者多健. 30-21 甘茂約秦魏而攻○. 31-25 ○之相秦者屈蓋. 31-25 爲○和於秦. 31-25 秦啓關而聽○使. 31-25 怵於○而不使魏制和. 32-1 ○必曰. 32-1 不悅而合於○. 32-2 ○魏爲一. 32-2 而後制晉○之勝. 32-18 秦王安能制晉○哉. 32-20 則晉○不信. 32-20 則晉○爲制於秦. 32-21 則必不走於秦且走晉○. 32-21 齊割地以實晉○. 32-22 則晉○安. 32-22 是晉○以秦破齊. 32-23 何晉○之智而齊秦之愚. 32-24 夫○王之以其臣請挈領然而臣有患也. 35-7 夫○王之以其國依冉也. 35-7 今公東而因言於○. 35-8 德○而觀薛公之爲公也. 35-9 ○破秦. 35-21 ○苞九夷. 35-23 ○有和璞. 36-17 無益於殷○. 38-5 齊人伐○. 39-1 以其伐○而肥韓魏也. 39-4 以威○趙. 39-8 趙彊則○附. 39-9 ○彊則趙附. 39-9 ○趙附則齊必懼. 39-9 南地入○魏. 42-20 開罪於○魏. 43-24 ○之吳起. 44-20 孰與秦孝公○悼王越王乎. 45-15 不過秦孝越王○悼. 45-17 ○地持戟百萬. 46-3 以與○戰. 46-3 趙○懾服. 46-5 吳起爲○悼罷無能. 46-7 壹○國之俗. 46-8 秦取○漢中. 48-3 大敗○軍. 48-3 韓魏聞○之困. 48-3 ○王引歸. 48-4 後三國謀攻○. 48-4 可發使告○曰. 48-5 今三國之兵且去○. 48-6 ○能應而共攻秦. 48-6 況於○之故地. 48-7 ○疑於秦之未必救己也. 48-7 則○之應之也必勸. 48-8 是○與三國謀出秦兵矣. 48-8 三國疾攻○. 48-9 ○必走秦以急. 48-9 則是我離秦而攻○也. 48-10 遂發重使之○. 48-12○之應之果勸. 48-12 於是三國幷力攻○. 48-12 ○果告急於秦. 48-13○魏戰於陘山. 49-25 以絶秦於○. 49-25 ○敗於南陽. 49-25 王何不謂○王曰. 50-1 魏畏秦○之合. 50-3 是魏勝○而亡地於秦也. 50-3 秦之○者多資矣. 50-4 以是告○. 50-6 ○王揚言與秦遇. 50-6 ○使者景鯉在秦. 50-8 ○怒秦合. 50-8 周最爲○王曰. 50-9 魏請無與○遇而合於秦. 50-9 ○王因不罪景鯉而德周秦. 50-11 ○王使景鯉如秦. 50-13 ○王使景所甚愛. 50-13 ○王聽. 50-14 ○王不聽. 50-14 以秦與○爲昆弟國. 50-18 是示天下無○也. 50-19 ○知秦之孤. 50-20 卽○王. 51-11 ○王. 51-12 秦白起拔○西陵. 51-16 ○遂削弱. 51-17 ○人有黃歇者. 51-19 天下莫強於秦○. 51-21 今聞大王欲伐○. 51-21 不如善○. 51-22 ○燕之兵云翔不敢校. 52-5 絶○魏之脊. 52-9 今王妬○之不毀也. 52-21 而忘毀○之強魏也. 52-21 ○國. 52-23 今王之攻○. 53-6 是王攻○之日. 53-7 是王有毀○之名. 53-11 且王攻○之日. 53-12 秦○之構而不離. 53-12 王破○於以肥韓魏於中國而勁齊. 53-15 一舉衆而注地於○. 53-19 莫若善○. 53-22 秦○合而爲一. 53-22 王一善○. 54-1 是燕趙無齊○. 54-4 持齊○. 54-5 臣竊惑王之輕齊易○. 55-3 不恤○交. 55-6 梁君伐○勝齊. 55-11 而韓○之兵不敢進. 55-15 非○受兵. 55-20 秦人援魏以拒○. 55-21 ○人援韓以拒秦. 55-21 則○孤而受兵也. 55-23 ○先得齊. 55-23 今亡於○. 56-8 公何不以秦○之重. 56-9 ○必便之矣. 56-9 是辛戎有秦○之重. 56-9 不韋使○服而見. 57-18 吾○人也. 57-19 乃變其名曰○. 57-19 寡人子莫若○. 57-24 子○立. 57-25 ○威王戰勝於徐州. 62-3 張丑謂○王曰. 62-3 ○王因弗逐. 62-8 ○王聞之. 62-10 又將在○. 62-11 閒說○王. 62-11 公孫閈爲謂○王曰. 62-13 魯宋事○而齊不事者. 62-13 ○王曰. 62-15 吾豈可以先王之廟與○乎. 63-22 田忌亡齊而之○. 65-19 齊恐田忌欲以○權復於齊. 65-19 臣請爲留○. 65-20 謂○王曰. 65-21 鄒忌所以不善○者. 65-21 恐田忌之以○權復於齊也. 65-21 鄒忌以齊厚事○. 65-22 必以齊事○. 65-23 ○果封之於江南. 65-24 ○將伐齊. 67-13 子以齊○爲孰勝哉. 67-16 ○之權敵也. 67-17 ○大勝齊. 67-18 今齊○燕趙韓梁六國之遞甚也. 67-24 南面而孤○韓梁. 68-8 必南攻○. 68-12 ○秦構難. 68-12 今秦○嫁子取婦. 69-24 ○趙必救之. 71-5 ○趙果遽起兵而救韓. 71-7 乃使其舍人馮喜之○. 71-20 齊○之事已畢. 71-20 昭陽爲○伐魏. 72-15 ○之法. 72-16 ○有祠者. 72-19 今君相○而攻魏. 72-23 齊○救之. 73-15 齊○救趙. 73-15 則明日及齊○矣. 73-21 ○王死. 75-3 君何不留○太子. 75-3 可以令○王亟入下東國. 75-8 可以益割於○. 75-8 可以忠太子而使○益入地. 75-9 可以爲○王走太子. 75-9 可以爲蘇秦請封於○. 75-10 則○之計變. 75-14 臣請爲君之○. 75-16 ○得成. 75-16 謂○王曰. 75-18 ○王曰. 75-19 故曰可以使○亟入地也. 75-20 ○之勢可多割也. 75-21 使○王聞之. 75-22 故曰可以益割於○. 75-22 ○王請割地以留太子. 75-24 太子何不倍○之割地而資齊. 76-1 倍○之割而延齊. 76-1 ○王聞之恐. 76-2 故曰可以使○益入地也. 76-2 謂○王曰. 76-4 ○王大悅. 76-7 故曰可以爲○王使太子亟去也. 76-7 夫剬○者王也. 76-9 而○功見矣. 76-10 ○交成. 76-10 且以便○也. 76-13 故多割○以滅迹也. 76-14 又使人謂○王曰. 76-17 奉王而代立○太子者. 76-18 以其爲齊薄而爲○厚也. 76-20 ○王曰. 76-21 故曰可以爲蘇秦請封於○也. 76-22 今蘇秦善於○王. 77-1 則是身與○爲讎也. 77-2 是君有○也. 77-3 至○. 79-24 君豈受○象牀哉. 80-4 今君到○而受象牀. 80-9 臣恐強秦大○承其後. 81-9 ○之柱國也. 81-14 伐○取鄢郢矣. 81-15 韓魏趙○之志. 81-19 趙魏○得齊. 81-22 有淮北則○之東國危. 89-20 燕○以形服. 89-22 ○人救趙而伐魏. 90-14 齊之與韓魏伐秦○也. 90-24 秦○戰韓魏不休. 91-2 南伐○. 94-7 大王有伐齊○心. 94-7 然後圖齊○. 94-8 於是齊○怒. 94-10 且○攻南陽. 96-13 則○國之形危. 96-15 今○魏交退. 96-16 威信吳○. 97-19 ○王使將軍將萬人而佐齊. 99-2 何不使使者謝於○王. 99-2 貂勃使○. 99-3 ○王受而觴之. 99-4 貂勃從○來. 99-11 使收○故地. 101-25 故使蘇涓之○. 102-7 齊明謂○王曰. 102-8 秦王欲○. 102-8 以示齊之有○. 102-9 齊見○. 102-9 非○之利也. 102-11 齊○構難. 103-3 子象爲○謂宋王曰. 103-3 ○以緩失宋. 103-4 是從齊而攻○. 103-5 齊戰勝○. 103-5 是以弱宋干強○也. 103-6 昭陽謂○王曰. 103-9 必南圖○. 103-10 ○王曰. 103-15 請悉○國之衆也. 103-17 而○果弗與地. 103-19 昭奚恤謂○王曰. 104-11 恐○之攻其後. 104-14 而魏無○憂. 104-15 是○魏共趙也. 104-15 而有○之不救己也. 104-17 必與魏合而目謀○. 104-17 趙恃○勁. 104-18 而見○救之不足畏也. 104-19 而齊秦應○. 104-20 ○因使景舍起兵救趙. 104-21 ○取睢濊之間. 104-21 江尹欲惡昭奚恤於○王. 104-23 故爲梁山陽君請封於○. 104-23 ○王曰. 104-24 山陽君無功於○國. 104-24 魏氏惡昭奚恤於○王. 105-2 ○王告昭子. 105-2 謂○王曰. 105-7 ○進兵大梁. 105-9 江乙欲惡昭奚恤於○. 105-13 謂○王曰. 105-13 今君擅○國之勢. 105-25 如是必長得重於○國. 106-3 ○王游於雲夢. 106-7 江乙爲魏使於○. 106-17 謂○王曰. 106-17 聞○之俗. 106-17 ○王曰. 106-19 州侯相○. 106-20 南游於○. 107-5 ○之搏國. 107-6 ○之強敵也. 107-6 而○以上梁應之. 107-7 ○目弱新城圍之. 107-7 故○王何不目新城爲主郡也. 107-10 乃爲具駟馬乘車五百金之○. 107-13 遂南交於○. 107-14 ○王果以新城爲主郡. 107-14 而太子有○秦以爭國. 107-16 鄭申爲○使於韓. 107-16 ○王怒. 107-17 必懸命於○. 107-19 ○王曰. 107-20 ○杜赫說○王以取趙. 107-23 陳軫謂○王曰.

107-25 ○王問於范環曰. 108-5 非○國之利也. 108-11 故○南察瀨
胡而野江東. 108-14 越亂而○治也. 108-15 ○國之大利也. 108-18
說○威王曰. 108-21 ○. 108-21 ○地西有黔中巫郡. 108-22 夫以○
之强與大王之賢. 108-24 秦之所害於天下莫如○. 109-1 ○强則秦弱.
109-2 ○弱則秦强. 109-2 故從合則○王. 109-10 則諸侯割地以事○.
109-16 則○割地以事秦. 109-16 ○王曰. 109-19 以○當秦. 109-21
說○王曰. 110-1 非秦而○. 110-7 非○而秦. 110-7 秦攻○之西. 110
-9 卒有○禍. 110-14 秦兵之攻○也. 110-20 而○恃諸侯之救. 110
-21 ○嘗與秦構難. 111-3 ○人不勝. 111-4 ○王大怒. 111-5 夫秦○
相弊. 111-6 今秦之與○也. 111-16 臣請秦太子入質於○. 111-16 ○
太子入質於秦. 111-17 ○王曰. 111-21 ○國僻陋. 111-21 ○無鄢郢
漢中. 111-25 爲儀謂○王逐昭睢陳軫. 112-2 昭睢歸報○王. 112-3
○王說之. 112-3 ○王不察於爭名者也. 112-4 今○. 112-6 是○自行
不如周. 112-7 必南伐○. 112-9 則○無謀臣矣. 112-10 今君能用○
之衆. 112-11 則○衆不用矣. 112-11 寧○國之事. 113-2 昔者吳與○
戰於栢舉. 113-6 ○國亡之月至矣. 113-7 昔吳與○戰於栢舉. 113-
11 ○使新造盩棼冒勃蘇. 113-17 吳與○人戰於柏舉. 113-17 吳與○
戰於柏舉. 113-23 ○國社稷其庶幾乎. 113-25 ○七約食. 114-9 爲甘
茂謂○王曰. 115-3 則○輕矣. 115-4 必爭事○. 115-6 又交重○也.
115-7 齊秦約攻○. 115-9 ○令景翠以六城賂齊. 115-9 秦恐且因景
鯉蘇厲而效地於○. 115-10 必不求地而合於○. 115-12 術視伐○.
115-15 ○令昭鼠以十萬軍漢中. 115-15 四國伐○. 115-20○令昭睢
將以距秦. 115-20 ○王欲擊秦. 115-20 桓臧爲昭睢謂○王曰. 115-
21 三國惡○之强也. 115-21 恐秦之變而聽○也. 115-21 必深攻○以
勁秦. 115-22 必悉起而擊○. 115-22 秦王惡與○相弊而令天下. 115
-24 秦○之合. 116-1 ○懷王拘張儀. 116-4 靳尙爲儀謂○王曰. 116
-4 天下見○之無秦也. 116-5 ○必輕矣. 116-5 今○拘之. 116-7 欲
因張儀內之○王. 116-10 ○王必愛. 116-10 勢爲王妻以臨于○. 116
-11 子內擅○之貴. 116-15 子之子孫必爲○太子矣. 116-15 鄭褏遽
說○王出張子. 116-16 ○王將出張子. 116-19 靳尙謂○王曰. 116-
19 ○小臣. 116-21 而有秦○之用. 116-21 ○王必大怒儀也. 116-22
○秦相難. 116-23 ○王大怒. 116-24 秦○爭事魏. 116-25 秦敗○漢
中. 117-2 ○王入秦. 117-2 游騰爲○謂秦王曰. 117-2 王挾○王. 117
-2 而與天下攻○. 117-3 ○王畏. 117-4 ○襄王爲太子之時. 117-7
齊王歸○太子. 117-11 來取東地於○. 117-12 ○王告愼子曰. 117-
12 ○不能獨守. 117-24 ○亦不能獨守. 117-25 雖然○不能獨守也.
118-4 夫隘○太子弗出. 118-15 乃請子良南道○. 118-17 秦栖○王.
118-19 今○王歸. 118-19 蘇子謂○王曰. 119-3 蘇秦之○. 119-15
○王曰. 119-15 ○國之食貴於玉. 119-17 ○王逐張儀於魏. 119-21
張儀之○. 120-2 子待我爲子見○王. 120-3 南后鄭褏貴於○. 120-3
張子見○王. 120-5 ○王不說. 120-5 ○王曰. 120-6 黃金珠璣犀象出
於○. 120-6 ○王曰. 120-9 ○. 120-9 張子辭○王曰. 120-14 ○王令
昭睢之秦重張儀. 120-21 ○王因收昭睢以取齊. 120-21 桓臧爲睢謂
○王曰. 120-22 儀有秦而睢以○重之. 120-25 今儀困秦而睢收○.
120-25 將收韓魏輕儀而伐○. 121-1 儀據○勢. 121-2 惠子之○. 121
-5 ○王受之. 121-5 馮郝謂○王曰. 121-6 ○王曰. 121-12 使惠施之
○. 121-15 ○將入之秦而使行和. 121-15 凡爲伐秦者○也. 121-16
是明○之伐而信魏之和也. 121-16 今子從○爲和. 121-18 ○得其利.
121-19 是○孤也. 121-22 陳軫告○之魏. 121-25 軫猶善○. 121-25
而得復○. 122-2 因使人以儀之言聞於○. 122-3 ○王喜. 122-3 ○王
謂陳軫曰. 122-5 ○王聽之. 122-11 今君相萬乘之○. 122-17 或謂○
王曰. 123-3 魏王遺○王美人. 123-11 ○王說之. 123-11 ○王后死.
123-22 莊辛謂○襄王曰. 124-2 將以爲○國袄祥乎. 124-3 ○國必亡
矣. 124-5 今○國雖小. 124-11 明說○大夫以伐秦. 125-17 ○太子橫
爲質於齊. 125-25 ○王死. 125-25 令辛戎告○曰. 126-4 ○王子圍聘
於鄭. 126-24 趙使魏加見○春申君曰. 127-14 ○考烈王無子. 128-
17 欲進之○王. 128-18 ○王之貴幸君. 128-24 今君相○王二十餘年.
128-24 卽○王更立. 128-25 誠以君之重而進妾於○王. 129-4 ○國
封盡可得. 129-5 而言之○王. 129-6 ○王召入. 129-6 ○王貴李園.
129-7 春申君相○二十五年. 129-11 君相○二十餘年矣. 129-13 實
○王也. 129-14 因而有○國. 129-16 ○王崩. 129-18 ○考烈王崩.
129-24 遂立爲○幽王也. 130-2 今○王之春秋高矣. 130-6 莫如遠○.
130-8 魏齊新怨○. 130-13 ○君雖欲攻燕. 130-13 夫○亦强大矣.
130-16 今謂○强大則有矣. 130-19 則豈○之任也我. 130-20 非○之
任而○爲之. 130-20 是敝○也. 130-20 敝○見强魏也. 130-21 皆以
狄蒿苫○廧之. 132-17 其妻之○. 135-4 ○人久伐而中山亡. 138-15
衛○正. 139-13 日者秦○戰於藍田. 139-17 因轉與○. 139-18 以○
趙分齊. 141-19 秦從○魏攻齊. 142-3 有○而伐韓. 142-15 有韓而伐
○. 142-15 是何○之知. 142-16 今南攻○者. 142-22 今攻○休而復
之. 142-22 今謂○王. 142-23 必與○爲兄弟之國. 142-23 必爲○攻
韓梁. 142-24 反○之故地. 142-24 ○王美秦之語. 142-24 ○王入秦.
143-2 秦○爲一. 143-2 韓南無○. 143-2 有○韓之用. 143-4 以强秦
之有韓梁○. 143-6 及○王之未入也. 143-8 ○王聞之. 143-8 秦必怒
而循攻○. 143-9 是秦禍不離○也. 143-9 若○王入. 143-10 必不出
○王. 143-10 是秦禍不離○也. 143-11 果不出○王卬. 143-14 ○必
致橘柚雲夢之地. 144-15 則齊必弱○魏. 144-19 ○弱則無援. 144-
20 莫如一韓魏齊○燕趙. 145-23 秦攻○. 145-25 則○絕其後. 146-2
則○絕其後. 146-2 ○軍武關. 146-4 ○軍武關. 146-5 夫慮收亡齊罷
○敝魏與不可知之趙. 147-3 以南伐○. 147-6 是則伐○攻秦. 147-9
收破齊罷○弊魏不可知之趙. 147-11 ○有四人起而從之. 147-16 今
○與秦爲昆弟之國. 148-9 ○魏憎之. 156-12 樓緩欲以趙合秦○. 156
-25 富丁恐主父之聽樓緩而合秦○也. 156-25 秦○必合而攻韓魏.
157-2 發使出重寶以附○魏. 161-19 ○魏欲得王之重寶. 161-20 趙
使入○魏. 161-20 ○魏以趙爲媾. 161-25 齊○則固助之矣. 163-5 以
天下劫○. 170-22 而秦○禁之. 170-25 燕○辟. 171-8 ○與魏韓將應
之. 171-18 則○必攻宋. 171-22 以伐齊收○. 172-17 秦因收○而攻
魏. 172-19 魏敗○於陘山. 178-8 ○王懼. 178-8 乃結秦連○宋之交.
178-9 ○王禽趙宋. 178-10 不下於○. 184-11 南與○境. 185-10 魏
南與○而不與齊. 185-12 不親於○. 185-13 則○攻其南. 185-13 事
秦則○韓必不敢動. 185-23 無○韓之患. 185-24 且夫秦之所欲弱莫
如○. 186-1 而能弱○者莫若魏. 186-1 ○雖有富大之名. 186-1 勝○
必矣. 186-3 夫虧○而益魏. 186-3 攻○而適秦. 186-3 齊魏約而伐○.
186-14 ○攻齊. 186-14 ○攻齊. 186-16 是示○無魏也. 186-17 魏怒
合於○. 186-17 而疑之於○也. 186-18 魏王使李從以車百乘使於○.
187-8 李從以車百乘使○. 187-14 ○王聞之. 187-17 軫善事○. 187
-22 而反於○王. 187-24 因使人先言於○王. 187-25 夫魏欲絕○齊.
188-4 欲以絕齊○也. 188-6 張儀欲以魏合於秦韓而攻齊○. 188-15
惠施欲以魏合於齊○以案兵. 188-15 以魏合於秦韓而攻齊○. 188-
17 齊○怒而欲攻魏. 188-23 齊○攻魏. 188-25 請令齊○解攻. 189-1
雍沮謂齊○之君曰. 189-1 齊○惡儀. 189-2 是齊○之兵折. 189-2 齊
○之王曰. 189-6 公何不以○佐儀求相之於魏. 189-9 必南走○. 189
-10 則公亦必并相○韓也. 189-10 ○許魏六城. 189-19 必反燕埊以
下○. 189-20 ○趙必聽之. 189-20 是王失謀於○趙. 189-21 ○破南
陽九夷. 189-22 尺○人. 190-4 何不陽與齊而陰結於○. 190-6 齊○
必戰. 190-7 齊戰勝○. 190-7 ○戰勝齊敗. 190-7 齊王將見燕趙○之
相於衛. 190-19 ○王攻梁南. 193-12 ○師必進矣. 193-13 交臂而聽
○. 193-13 必與○戰. 193-14 昔王季歷葬於○山之尾. 194-1 ○魏也.
194-17 請爲王毋禁○之伐魏也. 194-17 秦嘗用此於○矣. 194-25 魏
王令惠施之○. 196-9 ○王聞之. 196-10 施因令人先之○. 196-10 惠
施之○. 196-11 ○王聞之. 196-11 ○王必怒矣. 196-25 則○必伐齊.
196-25 以休○而伐罷齊. 197-1 則必爲○禽矣. 197-1 是王以○毀齊
也. 197-1 與魏和而下○. 197-4 而卑秦○. 197-6 且○王之爲人也.
197-6 必○也. 197-7 ○王怒. 197-9 公子高在○. 197-14 ○將內而
立之. 197-14 代也從○來. 198-1 秦○攻魏. 199-8 爲魏謂○王曰.
199-8 秦○勝魏. 199-8 秦恐失○. 199-10 ○王曰. 199-11 魏內太子
於○. 199-11 許○城埊. 199-13 欲與魏攻○. 199-13 恐魏之以太子
在○不肯也. 199-13 爲疾謂○王曰. 199-14 而爲魏太子之尙在○也.
199-15 而復固秦○之交. 199-16 ○王曰. 199-16 秦因合魏以攻○.
199-17 ○王登强臺而望崩山. 200-8 今王循○趙而講. 202-14 ○趙
怒而與王爭事秦. 202-15 秦挾○趙之兵以復攻. 202-15 夫輕信○趙
之兵. 202-24 願之及○趙之兵未任於大梁也. 203-2 ○趙怒於魏之先
己講也. 203-4 王視○王. 203-25 ○王入秦. 203-25 ○王不入. 203-
25 ○魏爲一. 204-1 ○. 205-6 必不伐○與趙矣. 207-3 伐○. 207-6
以與○兵決於陳郊. 207-9 秦必不伐○與趙矣. 207-9 ○魏疑而韓不
可得而約也. 208-2 則○趙必與之攻矣. 208-4 王速受○趙之約. 208
-6 ○趙○大破. 208-14 魏太子在○. 209-4 公必且待齊○之合也.
209-4 今齊○之理. 209-5 其人皆欲合齊秦外○以輕公. 209-6○惡魏
之事王也. 209-7 齊王故欲伐○. 209-7 外○以輕公. 209-9 豈若由○
乎. 209-10 秦疾攻○. 209-10 ○還兵. 209-10 秦○重公. 209-12 齊
○也. 209-19 ○王怒於魏之不用樓子. 209-21 翟强欲合齊秦外○.
209-22 樓庳欲合秦○外齊. 209-23 請合於○外齊. 209-24 樓子與○
王必疾矣. 209-25 必爲合於齊外於○. 209-25 是公外得齊○以爲用.
210-2 齊魏伐○而趙亡中山. 211-18 今王恃○之强. 211-23 魏秦伐
○. 212-18 王不與秦攻○. 212-18 ○且與秦攻王. 212-18 王不如令
秦○戰. 212-19 君攻○得宛穰以廣陶. 212-22 爲魏謂○王曰. 214-
19 ○魏有怨. 214-20 猶晉人之與○人也. 214-23 晉人見○人之急.
214-24 ○人惡其緩而急之. 214-24 我欲之○. 215-20 君之○. 215-
20 此非○之路也. 215-21 此非○之路也. 215-22 而離○愈遠耳. 215
-22 猶至○而北行也. 215-24 翟强善○. 216-7 齊○約而欲攻魏. 216
-15 今齊○之兵已在魏郊矣. 216-22 魏急則且割地而約齊○. 216-
23 而强二敵之齊○也. 216-24 齊○聞之. 217-1 蘇秦爲○合從說韓
王曰. 221-23 今主君以○王之教詔之. 222-17 逆秦而順○. 223-10
莫如弱○. 223-11 而能弱○者莫如韓. 223-11 非以韓能强於○也.
223-12 今王西面而事秦以攻○. 223-12 夫攻○而私其地. 223-13 ○

昭獻相韓. 224-3 不如貴昭獻以固○. 224-3 秦必曰○韓合矣. 224-4 ○王爲從長. 224-12 魏順南見○王曰. 224-16 ○王曰. 224-17 故○王卜交而市丘存. 224-20 公叔之攻○也. 224-25 故言先○也. 224-25 今已令○王奉幾瑟以車百乘居陽翟. 225-1 必疑公叔爲○也. 225-3 必之○矣. 225-5 ○必敗之. 225-17 今秦之心欲伐○. 226-1 與之伐○. 226-2 ○王聞之大恐. 226-4 ○國必伐矣. 226-6 ○國不大病矣. 226-9 韓得○救. 226-10 而免○國之患也. 226-11 ○王大說. 226-12 弊邑將以○殉韓. 226-14 ○也. 226-16 恃○之虛名. 226-16 且○韓非兄弟之國也. 226-17 秦欲伐○. 226-18 ○因以起師言救韓. 226-18 而信○之謀臣. 226-20 ○救不至. 226-21 智爲○笑. 226-22 今公與○解. 227-6 秦○合. 227-7 吾合秦○. 227-8 今秦○爭强. 227-13 而公黨於○. 227-13 人皆言○之多變也. 227-14 今公言善韓以備○. 227-17 公何不以秦爲韓求潁川於○. 227-21 是令行於○而以其地德韓也. 227-22 是韓○之怨不解. 227-23 秦○爭强. 227-23 而公過○以攻韓. 227-23 收○韓以安之. 227-25 ○趙皆公之讎也. 228-6 齊○之交善秦. 228-25 且以善齊而絶齊乎○. 229-1 ○王怒景鯉. 229-2 恐齊以○遇爲有陰於秦魏也. 229-2 爲謂○王曰. 229-3 將以合齊秦而絶齊於○也. 229-3 齊無以信魏之合己於秦而攻於○也. 229-4 齊又畏○之有陰於秦魏也. 229-5 必重○. 229-5 魏之絶齊於○明矣. 229-6 齊○信之. 229-6 齊必重○. 229-7 今謂○强大則有矣. 229-13 則豈○之任也哉. 229-13 且非○之任. 229-14 而○爲之. 229-14 是弊○也. 229-14 强○弊○. 229-15 臣爲王之○. 229-18 人皆以○爲强. 229-23 假道兩周倍韓以攻○. 229-25 秦○鬬之日也已. 230-2 南委國於○. 230-5 ○王弗聽. 230-5 蘇代爲○王曰. 230-5 常仗趙而畔○. 230-7 ○圍雍氏五月. 231-3 韓急則折而入於○矣. 231-14 故敢捍○. 231-16 公叔且以國南合於○. 231-17 ○韓爲一. 231-17 是○以三國謀秦也. 231-18 ○圍雍氏. 231-22 請道於南鄭藍田以入攻○. 231-23 ○威王攻梁. 232-1 張儀謂○王曰. 232-1 與○攻梁. 232-1 魏折而入於○. 232-2 ○與魏大戰. 232-3 而陰善○. 232-4 必輕與○戰. 232-5 ○陰得秦之不用也. 232-5 公戰勝○. 232-6 遂與公乘○. 232-6 公戰不勝○. 232-6 以公不如亟以國合於齊○. 232-10 則害於○. 232-16 公不如告○趙. 232-17 ○趙惡之. 232-17 ○聞之. 232-17 言之○. 232-20 而○魏皆德公之國矣. 232-25 夫○欲置公子高. 233-1 而不患○之能揚河外也. 233-9 公不如令人恐○王. 233-9 謂○王曰. 233-10 毋秦患而得○. 233-12 ○之縣而已. 233-12 而交○也. 233-13 鄭强爲○王使於韓. 234-7 ○怒. 234-8 必縣命於○. 234-10 ○王曰. 234-11 ○善之. 234-19 今○欲善齊甚. 234-19 公何不令齊王謂○王. 234-19 ○聽. 234-20 是齊○合. 234-20 ○王不聽. 234-21 而外得秦○也. 235-4 秦○若無韓. 235-5 秦○挾幾瑟以塞伯嬰. 235-7 伯嬰外無秦○之權. 235-7 公叔伯嬰恐秦○之内幾瑟也. 235-10 公何不爲韓求質子於○. 235-10 ○王聽而入質子於韓. 235-11 則公叔伯嬰必知秦○之不以幾瑟爲事也. 235-11 必以韓合於秦○矣. 235-12 秦○挾韓以窘魏. 235-12 公又令秦求質子於○. 235-13 ○不聽. 235-13 韓挾齊魏以盻○. 235-13 ○王必重公矣. 235-14 公挾秦○之重. 235-14 胡衍之出幾瑟於○也. 235-17 太子在○. 235-17 韓不敢離○也. 235-18 因令人謂○王曰. 235-19 幾瑟亡之○. 235-22 ○將收秦而復之. 235-22 廢公叔而相幾瑟者○也. 235-22 今幾瑟亡之○. 235-23 ○又收秦而復之. 235-23 ○之縣邑. 235-24 韓絶於○. 235-24 齊○後至者先亡. 235-25 幾瑟亡在○. 236-2 ○王欲復之甚. 236-2 令○兵十餘萬在方城之外. 236-2 臣請令○築萬家之都於雍氏之旁. 236-3 公因以○韓之兵奉幾瑟而内之鄭. 236-4 必以韓○奉公矣. 236-5 ○令景鯉入韓. 236-7 秦必留太子而合○. 236-8 史疾爲韓使○. 236-14 ○王問曰. 236-14 ○國多盜. 236-16 請問○人謂此鳥何. 236-17 晉○齊衛聞之曰. 238-15 ○魏必恐. 240-9 則晉○智而韓秦愚也. 240-16 晉○合. 240-16 必圖晉○. 240-17 張丑之合齊○講於魏也. 243-7 則必以地和於齊○. 243-8 張丑因謂齊○曰. 243-10 齊○恐. 243-11 而恐○之怒也. 243-18 其形乃可以善○. 243-20 而不敢爲○計. 243-20 勢必不善○. 243-22 珉必以國保○. 243-23 ○之事. 243-24 陳蔡亡於○. 244-13 甘茂約○趙而反敬魏. 244-22 ○王善之. 245-4 二人者必入秦○. 245-4 今○攻齊取莒. 245-9 山陽君因使之○. 245-10 秦招○而伐齊. 245-19 ○之齊者知西不合於秦. 245-19 必且務以○合於齊. 245-20 齊○合. 245-20 不如先收於○之齊者. 245-21 ○之齊者先務以○合於齊. 245-22 則○必卽秦矣. 245-22 以强秦而有晉○. 245-22 交善○魏也. 246-20 秦見君之交反善於○魏也. 246-21 足下不踰○境. 250-21 ○魏者. 252-16 南附○則○重. 253-3 南攻○五年. 253-4 與○三晉攻秦. 253-22 與秦○三晉合謀以伐齊. 256-9 殘○淮北. 256-14 而歸○之淮北. 257-10 歸○之淮北. 257-11 ○不出疏章. 258-8 昔者○取章武. 258-10 南罷於○. 258-18 ○得枳而國亡. 260-3 齊○不得以有枳宋事秦者. 260-4 正告○曰. 260-6 ○王爲是之故. 260-10 重○. 261-3 則以南陽委於○曰. 261-3 苟利於○. 261-4 因以塞鄳隘爲○罪. 261-5 適○者曰. 261-11 伍子胥逃○而之吳. 263-1 張儀逃於○. 263-4 ○使將軍之燕. 266-2 ○魏之所同願也. 267-14 約○魏宋盡力. 267-14 必南伐○. 269-7 趙見秦之伐○也. 269-7 今久伐○. 269-8 齊南破○. 269-13 齊南破○. 269-18 燕使太子請救於○. 271-3 ○王使景陽將而救之. 271-3 ○軍欲還不可得也. 271-7 以爲燕○與魏謀之. 271-9 無與共擊○. 271-10 ○師乃還. 271-10 南連齊○. 274-6 又舉兵南伐○. 275-9 公輸般爲○設機. 279-9 墨子見○王曰. 279-14 公不如令○賀君之孝. 280-20 宋與○爲兄弟. 280-23 ○王言救宋. 280-23 宋因賣○重以求講於齊. 280-23 以明宋之賣○重於齊也. 280-25 ○怒. 280-25 齊○合. 280-25 司馬子期怒而走於○. 288-2 說○王伐中山. 288-3 連好齊○. 288-23 ○. 289-2 君前率數萬之衆入○. 289-3 ○人震恐. 289-3 是時○王恃其國大. 289-11 ○人自戰其地. 289-16

【楊】 8

南攻○越. 46-8 求其好掩人之美而○人之醜者而參驗之. 182-3 今夫○. 197-17 然使十人樹○. 197-18 則無生○矣. 197-18 ○達謂公孫顯曰. 225-10 何肯○燕秦之威於齊而取大功乎哉. 250-18 ○寡人之辱. 272-20

【楩】 1

荆有長松文梓○柟豫樟. 279-19

【槐】 1

彼來則置之○谷. 31-11

【榆】 4

而不知○次之禍也. 52-16 至於○中千五百里. 138-16 至○中. 154-16 伐○關而韓氏亡鄭. 211-17

【畣】 3

不○於戰攻之患也. 93-1 因使其人爲見者○夫聞見者. 216-8 仲○於財. 227-1

【楺】 1

十夫○椎. 43-22

【裘】 7

黑貂之○弊. 16-16 衣○與之同之. 84-23 單解○而衣之. 98-6 單解○而衣之. 98-10 鹿○以處. 112-24 黑貂之○. 137-23 燕必致氈○狗馬之地. 144-14

【軾】 4

伏○撙銜. 17-9 伏○結靷西馳者. 240-14 伏○結靷東馳者. 240-15 司馬憙頓首於○曰. 286-10

【剸】 1

王欲醳臣○任所善. 265-1

【竪】 2

而陽○與焉. 8-10 而陽○與之. 8-12

【甄】 1

宋衞乃當阿○耳. 35-24

【賈】 35

周人懷璞過鄭○曰. 41-21 鄭○曰. 41-22 是天下之王不如鄭○之智也. 41-24 濮陽人呂不韋○於邯鄲. 56-21 姚○對曰. 60-21 ○願出使四國. 60-21 姚○辭行. 60-23 ○封千户. 60-24 ○以珍珠重寶. 61-1 是○以王之權. 61-2 王召姚○而問曰. 61-6 今○忠王而王不知也. 61-8 ○不歸四國. 61-9 使○不忠於君. 61-9 四國之王尚焉用○之身. 61-9 姚○曰. 61-12 其鄙人之○人也. 61-14 乃可復使姚○而誅韓非. 61-22 因而○利之. 83-7 王孫○年十五. 95-21 王孫○乃入市中. 95-24 是商○之人也. 164-21 不如商○. 167-8 足下卑用事者而高商○乎. 167-8 夫良商不與人爭買賣之○. 167-9 秦令起○禁之. 169-19 趙使姚○約韓魏. 178-2 舉茅爲姚○謂趙王曰. 178-2 ○也. 178-3 須○爲魏謂穰侯曰. 202-6 令姚○讓魏王. 216-10 美人之○貴. 242-25 而○十倍. 256-23 龍○之戰. 261-13 臣請獻一朝之○. 263-13

【感】 3

使人宣言以○怒應侯曰. 44-8 除○忿之耻. 97-21 夫賢者以○忿睚眦之意. 237-16

【碎】 1

則○爲百. 155-10

【電】 1

戰如雷○. 68-18

【雷】 3

沸聲若○. 46-5 戰如○電. 68-18 兕虎嗥之聲若○霆. 106-8

【頓】 25

聞戰○足徒裼. 18-18 然而甲兵○. 19-1 内者吾甲兵○. 20-23 齊舉兵而爲之○劍. 32-22 秦王欲見○弱. 50-23 ○弱曰. 50-23 於是○子曰. 50-24 ○子曰. 51-1 ○弱曰. 51-6 ○子曰. 51-7 ○子曰. 51-10 ○子之說也. 51-14 以○其兵. 81-8 不○一戟. 161-5 虛○丘危. 189-22 而請爲天下鴈行○刃. 208-3 ○首塗中. 250-3 魏無虛○丘. 260-17 以臣爲不○命. 267-21 ○齊兵. 269-15 ○齊國. 269-25 太子避席○首曰. 275-5 太子前○首. 275-19 司馬憙○首於軾曰. 286-10 武安君○首曰. 290-8

【督】　3
唯大王有意○過之也. 148-2　與燕○亢之地圖獻秦王. 276-1　及獻燕之○亢之地圖. 277-7
【歲】　36
○八十金. 12-22　○百二十金. 12-23　而使君富貴千萬○. 57-7　夫項橐生七○而爲孔子師. 58-10　今臣生十二○於茲矣. 58-10　至○八月. 77-14　民稱萬○. 83-1　民稱萬○. 83-7　○亦無恙耶. 88-3　而先問○與民. 88-5　苟無○. 88-6　田單攻之○餘. 96-6　寡人萬○千秋之後. 106-10　大王萬○千秋之後. 106-12　在半○之外. 110-21　卽百○後將更立兄弟. 128-25　是○. 130-3　昔○殽下之事. 139-16　攻戰踰年歷○. 140-14　數○. 155-19　是使王○以六城事秦也. 160-6　居○餘. 163-9　齊甲未嘗不○至於王之境也. 170-10　曠日持久數○. 175-1　十五○矣. 179-6　然而趙之地不○危. 205-22　而民不○死. 205-22　而魏之地○危. 205-22　而民○死者. 205-22　地亦且○危. 205-24　民亦且○死矣. 205-24　吾○不熟二年矣. 206-2　一○不收. 222-20　無二○之所食. 222-21　收八百○之蓄積. 268-1　五○而卒滅燕國. 278-8
【訾】　3
○天下之主. 78-16　○養千鍾. 88-20　○然使趙王悟而知文也. 142-10
【虞】　45
又欲伐○. 23-16　因而伐○. 23-18　○之乞人. 61-15　清靜貞正以自○. 87-3　西有菑上之○. 100-14　王惑於○樂. 116-11　○卿謂春申君曰. 130-6　出遇○卿曰. 157-22　○卿入. 157-23　○卿曰. 157-24　○卿曰. 157-24　○卿聞之. 159-8　○卿曰. 159-8　○卿曰. 159-10○卿曰. 159-12　王又以○卿之言告樓緩. 159-15　○卿能盡知秦力之所至乎. 159-15　○卿曰. 159-23　王又以○卿言告之. 160-14　○卿得其一. 160-14　○卿聞之. 160-20　因發○卿東見齊王. 160-25　○卿未反. 161-2　○卿爲平原君請益地. 161-5　趙王召樓昌與○卿曰. 161-14　○卿曰. 161-17　○卿曰. 161-19　趙王召○卿曰. 161-22　○卿曰. 161-24　尊○商以爲大客. 170-13　○卿請趙王曰. 173-16　○卿曰. 173-17　秦三以○卿爲言. 175-23　文侯與○人期獵. 182-8　吾與○人期獵. 182-9　晉人欲亡○而伐虢. 208-22　亡○之始也. 208-23　故荀息以馬與璧假道於○. 208-23　反而取○. 208-24　以罪○公. 208-24　魏之○也. 209-1　○之爲也. 209-2　或有諸侯鄰國之○. 211-21　不○君之明罪之也. 272-5　不○君之明罪之也. 272-6
【虜】　10
以其爲汝南○也. 43-13　○魏公子卬. 44-23　父子老弱係○. 53-4　民必死○. 68-5　○使其民. 163-2　○趙王遷及其將顏冣. 180-5　右挾生○. 223-2　今秦已○韓王. 275-9　○趙王. 275-22　而○燕王喜. 278-8
【業】　32
伯王之○. 20-16　此王○也. 22-1　去王○遠矣. 22-4　霸王之○可致. 38-20　守其○. 44-17　使秦○帝. 46-5　驕忿非伯主之○也. 55-6　子傒有承國之○. 56-25　子傒有承國之○. 57-9　此王○也. 71-17　是王○也. 72-3　何以至今不○也. 88-9　何以至今不○也. 88-11　此二士弗○. 88-12　士民不知而王○至矣. 93-13　故夫善爲王○者. 93-19　則王○見矣. 94-8　功○可明矣. 97-1　故○與三王爭流. 97-22　今釋霸王之○. 109-10　而善君之○. 122-15　如是則伯○成矣. 146-8　是故事無敗○而惡不章. 146-14　而世不妬其○. 146-17　功○高世者. 146-18　通有補民益主之○. 149-4　今吾欲繼襄主之○. 149-5　則霸王之○具矣. 182-19　是伯王之○. 182-21　此王○也. 235-25　此霸王之○矣. 250-1　故前○不忘. 272-24
【當】　83
今夕有姦人○入者矣. 8-2　此眞可以說○世之君矣. 16-23　○此之時. 17-3　○秦之隆. 17-7　爲人臣不忠○死. 18-7　言不審亦○死. 18-7　所○未嘗不破也. 18-25　○是之時. 19-10　○是時. 20-4　且夫趙○亡不亡. 20-17　秦○伯不伯. 20-17　○屯留之道. 21-23　不○桀紂不王. 34-16　宋衛乃○阿甄耳. 35-24　故不能者不敢○其職焉. 36-10　今臣之胷不足以○椹質. 36-13　以○諸侯. 38-19　○是時. 54-12　○死. 60-5　○是時. 64-5　必一而○十. 65-15　十而○百. 65-15　百而○千. 65-15　天下不能○. 68-25　兵出而相○. 69-1　一軍不能○. 79-17　使吏召諸民○償者. 82-24　○今之世. 86-6　晩食以○肉. 87-2　安步以○車. 87-2　無罪以○貴. 87-2　○今之世無士. 87-19　○是時. 94-12　人有○闕而哭者. 95-11　人有○闕而哭者. 95-14　○是時也. 99-21　○此之時. 100-12　○今將軍東有夜邑之奉. 100-13　不○封. 104-24○門而噬之. 105-8　不○服罪. 106-24　天下莫能○也. 108-25　以楚○秦. 109-21　○此之時也. 113-3　○是之時. 120-3　臣何足以○堯. 128-3　因而代立○國. 129-15　旦暮○拔之而饗其利. 133-16　襄子○出. 135-22　豫讓伏所○過橋下. 135-22　非○於鬼神也. 138-3　○今之時. 144-24　不待兩軍相○. 145-11　○世輔俗. 151-10　○子爲子之時. 152-19　故兵不○於用. 154-9　○是時. 164-3　其將何以○之. 165-18　秦○時適其鋒. 166-5　固不能○榮盆. 174-23　公叔○之矣. 183-19　是使儀之計○於秦也. 189-5　臣何足以○之. 195-13　忠不必○. 198-11　○必不忠. 198-11　○敵卽斬堅. 222-5　一人○百. 222-7　非以○韓也. 227-8　義不敢○仲子之賜. 237-6　而又況於○世之賢主乎. 259-9　何足以○之. 263-25　公子無攻不○封. 265-14　○此之時也. 265-24　能○之者處之. 267-5　卽雖五燕不能○. 269-14　臣聞○世之舉王. 269-19　燕王必○殺子. 271-14　是以委肉○餓虎之蹊. 274-4　今計舉國不足以○秦. 275-12　而論功賞羣臣及○坐者. 278-2　其於○厄. 288-7　○今之時. 288-24　○此之時. 289-14
【睹】　3
○貌而相悅者. 78-25　梁未○秦稱帝之害故也. 163-6　使梁○秦稱帝之害. 163-7
【睚】　1
夫賢者以感忿○眦之意. 237-16
【睡】　1
讀書欲○. 16-22
【睢】　18
范○至秦. 37-4　謂范○曰. 37-4　范○辭讓. 37-6　是日見范○. 37-8　范○曰. 37-9　范○曰. 37-10　范○謝曰. 37-12　范○再拜. 38-16　范○曰. 38-17　○曰. 38-23　范○曰. 39-12　范○曰. 39-17　范○曰. 39-22　昭王謂范○曰. 40-13　范○謂秦昭王曰. 41-11　而欲兼誅范○. 43-24　范○曰. 43-24　楚取○濊之間. 104-21
【睢】　24
於是唐○載音樂. 42-5　唐○行. 42-10　謂昭○曰. 111-25　無昭○陳軫. 112-1　爲儀謂楚王逐昭○陳軫. 112-2　昭○歸報楚王. 112-3　有人謂昭○曰. 112-4　是昭○之言不信也. 112-13　昭○謂景翠曰. 115-10　昭○勝秦於重丘. 115-15　王欲昭○之乘秦也. 115-16　楚令昭○將以距秦. 115-20　桓臧爲昭○謂楚王曰. 115-21　○戰勝. 115-21　不如益昭○之兵. 115-23　楚王令昭○之秦重張儀. 120-21　楚王因收昭○以取齊. 120-21　桓臧爲○謂楚王曰. 120-22　儀貴惠王而善○也. 120-23　二人固不善○也. 120-24　儀有秦而○以楚重之. 120-25　今儀困秦而○收楚. 120-25　王不如復○. 121-2　若恣○奮擊. 255-20
【賊】　11
西周必令○○公. 8-6　吾又恐東周之○己而以輕西周惡之於楚. 8-7　嚴氏爲○. 8-10　寡人知嚴氏之爲○. 8-12　小國不足亦以容○. 8-13　此所謂藉○兵而齎盜食者也. 39-4　爲故君○新君. 135-18　其○在於內. 176-25　則曰來効○也. 236-12　今盜○公行. 236-20
【賂】　23
齊王令司馬悍以○進周最於周. 13-17　王不如因而○之一名都. 27-6　王不如○之以撫其心. 28-15　削地而○之. 39-12　秦責○於魏. 50-1　大王裂趙之半以○秦. 59-12　秦銜○以自強. 59-14　趙○以河間十二縣. 59-18　辭讓而重○至矣. 93-12　我厚○之目利. 103-12　楚令景翠以六城○齊. 115-9　公不如令王重○景鯉蘇厲. 115-11　多○諸侯以王之地. 119-6　必以路涉端氏○趙. 141-14　王以五城○齊. 160-22　必割地以○王. 189-3　今王割地以○秦. 219-4　○之以一名都. 226-1　欲割平邑以○燕趙. 285-6　不憚割地以○燕趙. 285-9　王之所以不憚割地以○燕趙. 285-14　夫割地以○燕趙. 285-15　齊之欲割平邑以○我者. 286-1
【嗜】　1
節身之○欲. 119-8
【鄙】　21
東○之賤人也. 43-24　其○人之賈人也. 61-14　○臣不敢以死爲戲. 62-20　殺晉○. 81-12　下則○野監門閭里. 86-3　出於野○. 86-5　士生乎○野. 87-1　臣聞○語曰. 124-10　沈洿○俗之日久矣. 128-13　○語豈不曰. 142-7　魏安釐王使將軍晉○救趙. 162-5　適會魏公子無忌奪晉○軍以救趙擊秦. 164-17　臣南方草○之人也. 165-9　臣願以○心意公. 209-16　信陵君殺晉○. 217-4　今君殺晉○. 217-8　臣聞○語曰. 222-12　臣東周之○人也. 250-8　臣東周之○人也. 252-10　○人不敏. 252-11　北蠻夷之○人. 277-11
【黽】　3
趙入朝○池. 69-25　塡○塞之內. 125-11　而投己乎○塞之外. 125-11
【愚】　38
何晉楚之智而齊秦之○. 32-24　臣○而不闔於王心耶. 36-23　寡人○不肖. 38-12　臣效○計. 59-22　何秦之智而山東之○耶. 68-3　儀有○計. 71-12　而性懧○. 82-20　寡人○陋. 87-16　大王誠能聽臣之○計. 109-7　使臣効○計. 109-18　夫三家雖○. 131-11　山東之○也. 142-17　臣故敢獻其○. 144-7　効○忠. 144-7　臣以爲至○. 147-4　○者闇於成事. 149-13　○者之笑. 149-15　臣固敢竭其○忠. 150-3　此○知之所明也. 150-23　臣○不達於王之議. 151-4　○者陳意而知者論焉. 151-7　臣雖○. 151-9　而○者制焉. 151-16　臣雖○. 151-22　使安平君○. 174-23　故敝邑趙王使使臣獻○計. 185-3　寡人惷○. 186-11　今臣願大王陳臣之○意. 198-11　民非蒙○也. 226-22　則晉楚智而韓秦○也. 240-16　而○臣知之. 258-14　是以○臣知之. 258-17　故使使者陳○意. 272-3　此寡人之○意也. 273-6　○以爲誠得天下之勇士. 275-12　犀首

雖○. 280-5 然惟願大王覽臣○計. 290-9 大王若不察臣○計. 290-12

【盟】 15

請與子○. 29-19 於是與之○於息壤. 29-19 ○曰. 79-7 是足下倍先君○約而欺孟嘗君也. 79-8 王不如與之○而歸之. 117-3 必不敢倍○. 117-4 背信○之約. 131-12 不固信○. 139-18 通質刑白馬以○之. 145-25 一天下約爲兄弟刑白馬以○於洹水之上以相堅也. 185-16 遂○强臺而弗登. 200-10 魏歃○於秦. 205-23 與成而不○. 241-22 魏王爲九里之○. 246-15 使使○於周室. 257-1

【歇】 1

楚人有黃○者. 51-19

【暉】 2

謀之○臺之下. 1-12 故日月○於外. 176-24

【暇】 4

何○乃私魏醜夫乎. 33-9 奚○從以難之. 84-5 何○言陰. 173-3 百發不○止. 222-2

【號】 15

○言伐楚. 10-6 ○曰商君. 15-4 今秦出○令而行賞罰. 18-17 秦之○令賞罰. 18-23 ○令不治. 20-2 秦國○令賞罰. 21-8 蜀主更○爲侯. 22-18 請以○三國以自信也. 35-10 ○爲剛成君. 47-2 ○曰文信侯. 57-25 則名○不攘而至. 91-8 有萬乘之○而無千乘之用也. 117-21 ○令以定. 132-21 發興○令. 248-13 則大王○令天下皆從. 249-25

【照】 6

或謂○翦曰. 8-4 ○翦曰. 8-4 ○翦曰. 8-7 何愛餘明之○四壁者. 31-4 無與○姦. 38-9 光○鄰國. 97-12

【跣】 4

衛君○行. 90-10 ○行按兵於國. 94-11 田單免冠徒○肉袒而進. 99-8 亦免冠徒○. 219-21

【跪】 7

四拜自○而謝. 17-13 秦王○而請曰. 37-9 犀首○行. 72-11 長○而謝之曰. 220-2 太子○而逢迎. 274-13 ○而拂席. 274-13 太子再拜而○. 275-3

【路】 13

○過洛陽. 17-12 則成睪之○不通. 39-17 相隨於○. 53-4 王將藉○於仇讎之韓魏乎. 53-7 王若不藉○於仇讎之韓魏. 53-8 此言末○之難. 55-19 則是○君之道也. 92-8 必以○涉端氏賂趙. 141-14 然山東不能易其○. 142-15 以過章子之○. 175-9 此非楚之○也. 215-21 此非楚之○也. 215-22 令戰車滿道○. 226-7

【園】 18

逃太史之家爲溉○. 95-16 趙人李○. 128-18 李○求事春申君爲舍人. 128-19 於是○乃進其女弟. 128-21 ○乃與其女弟謀. 128-22 ○女弟承間說春申君曰. 128-24 乃出○女弟謹舍. 129-6 以李○女弟立爲王后. 129-7 楚王貴李○. 129-7 李○用事. 129-7 李○既入其女弟爲王后. 129-9 李○不治國. 129-17 李○必先入. 129-18 李○先入. 129-20 李○. 129-22 李○果先入. 129-24 ○死士夾刺春申君. 129-25 而李○女弟. 130-1

【遣】 40

載以乘車駟馬而○之. 8-10 是以○之也. 8-14 趙未之○. 57-14 趙厚送○之. 57-16 趙乃○之. 57-17 乃陰告韓使者而○之. 64-22 乃許韓使者而○之. 71-6 因○之. 75-17 ○使者. 83-17 ○太傅賫黃金千斤. 83-20 乃○使車百乘. 111-22 ○昭常爲大司馬. 118-7 ○昭常之明日. 118-8 ○景鯉車五十乘. 118-8 乃○子良北獻地於齊. 118-9 ○子良之明日. 118-9 又○景鯉西索救於秦. 118-10 齊王○使求臣女弟. 128-20 知伯○之. 131-18 ○入晉陽. 133-9 而○之曰. 142-6 何故至今不○. 176-14 王何不○建信君乎. 176-14 王何不○紀姬乎. 176-15 故君不如○春平侯而留平都侯. 178-15 因與接意而○之. 178-16 遂約車而○之. 216-18 君其○縮高. 217-13 ○大使之安陵曰. 217-19 因○之. 224-15 韓王○張翠. 231-11 因見燕客而○之. 252-8 君○之. 255-25 趙王以爲然而○之. 273-13 願太子急○樊將軍入匈奴以滅口. 274-5 乃爲裝○荆軻. 276-16 丹請先○秦武陽. 276-20 中山之君○之齊. 284-11 ○張登往. 286-4 中山王○之. 287-4

【豊】 1

年穀○盈. 138-3

【農】 9

昔者神○伐補遂. 16-1 ○夫是也. 51-3 而操銚鎒與○夫居壠畝之中. 79-18 則不若○夫. 79-19 徒步而處○畝. 86-2 故舜起○畝. 86-5 ○夫登. 138-3 ○夫勞而君子養焉. 151-7 宓戲神○教而不誅. 152-6

【嗣】 6

今之○主. 16-14 ○立不忘先德. 149-1 餘令詔後○之遺義. 268-1 衛○君病. 282-25 ○君死. 283-5 衛○君時. 283-8

【鳴】 1

仰而○. 128-11

【啗】 1

期於○宋而已矣. 194-20

【嗛】 2

膳啗使之○於口. 177-18 齊桓公夜半不○. 200-5

【署】 3

馮諼○曰. 82-17 不若令屈○以新東國爲和於齊以動秦. 126-1 遽令屈○以東國爲和於齊. 126-3

【睪】 6

五國罷成○. 36-3 則成○之路不通. 39-17 及之○黍梁父之陰. 80-25 盧○在其北. 182-25 戰勝○子. 202-12 夫戰勝○子. 202-19

【置】 22

何欲○. 13-19 ○宗廟. 19-14 ○宗廟. 19-21 彼來則○之槐谷. 31-11 王非○兩令尹也. 72-18 通都小縣○社. 92-9 爲死士○將. 94-1 寡人欲○相於秦. 108-6 王若欲○相於秦乎. 108-16 先生○之. 129-21 ○死士. 129-24 且以○公孫赫樗里疾. 141-15 平原君乃○酒. 164-18 人有○係蹄者而得虎. 167-15 而宋○太子以爲王. 171-2 秦必○相. 214-9 盡○其身妾之上. 231-8 夫楚欲○公子高. 233-1 其任官○吏. 236-19 必將欲○其所愛信者. 239-8 因遽○之. 246-13 而棄所哀憐之交○之匈奴. 274-8

【罪】 118

彼前得○而後得解. 3-23 必有○矣. 11-3 王必○之. 11-20 是皆秦之○也. 16-20 大王裁其○. 18-8 ○其百姓不能死也. 18-14 誅周主之○. 21-24 今齊王之○. 26-9 若於除宋○. 35-17 刑必斷於有○. 36-13 開○於楚魏. 43-24 今遇惑或與○人同心. 44-1 王必不失臣之○. 44-3 皆負重○. 44-7 楚王因不○景鯉而德周秦. 50-11 委南聽○. 54-20 秦王因不○. 56-5 君之○至死. 57-4 恐懼死○於前. 60-6 章子之母啓得○其父. 67-6 臣之母啓得○臣之父. 67-9 開○於先生. 82-21 開○於君. 83-21 無○以當貴. 87-2 寡人有○國家. 88-1 管燕得○齊王. 88-23 今夫鵠的非咎○於人也. 93-6 單何以得○於先生. 98-20 退而請死○. 99-9 子無○於寡人. 99-9 臣之得○無日矣. 105-5 臣等之○免矣. 106-19 以卜其○. 106-23 不當服○. 106-24 將○之. 107-17 乃不○也. 107-21 取十官而無○. 108-10 乃佯有○. 111-13 得○一士. 113-19 儀有死○於大王. 120-17 是臣無○. 126-8 而○在謁者也. 126-9 王殺無○之臣. 126-9 孰與其臨不測之○乎. 129-5 今燕之○大而趙怒深. 130-11 今乃以抵○取伐. 139-4 宋○重. 139-14 忠無過○. 151-9 臣下之大○也. 151-22 臣之○也. 153-6 逆主○莫大焉. 153-21 故寡人恐親犯刑戮之○. 153-22 宋之○重. 171-9 定無○之君. 173-2 夫殺無○范座. 173-23 而魏王輕爲之殺無○之座. 174-4 得○於趙. 174-5 奢嘗抵○居燕. 174-18 已而請其○. 176-4 公之客獨有三○. 176-4 使若無○. 177-9 若使有○. 177-10 而王之忠臣有○也. 178-5 ○無過此者. 184-12 欲○犀首. 196-4 自使有要領之○. 198-12 使者之○也. 201-11 臣有死○. 201-22 王因赦其○. 201-23 兩弟無○. 206-19 以○虞公. 208-24 公無以爲○. 209-16 敢再拜釋○. 218-6 申子乃辟舍請○. 221-21 而誅齊魏之○. 228-1 且○景鯉. 229-2 故王不如無○景鯉. 229-7 因不○而益其列. 229-8 將○之. 234-8 乃弗○. 234-11 公必爲魏○韓侈. 244-3 必解子之○. 246-8 韓獻開○而交愈固. 249-22 願爲兄弟而請○於秦. 250-3 所謂以忠信得○於君者也. 250-24 又何○之有也. 250-25 此以忠信得○者也. 251-5 今乃得○. 251-7 見○於左右. 258-22 而得○者乎. 258-24 因以破宋爲齊○. 260-21 因以破齊爲天下○. 261-2 因以塞鄳隘爲楚○. 261-5 臣有斧質之○. 264-5 子無以爲○. 264-6 將歸○於臣. 264-16 恐抵斧質之○. 266-25 自負以不肖之○. 267-1 今王使使者數之○. 267-1 可以幸無○矣. 267-9 可以幸無○矣. 267-23 臨不測之○. 268-10 不虞君之明○之也. 272-5 不虞君之明○之也. 272-6 且寡人之○. 272-6 寡人必有○矣. 272-7 今使寡人任不肖之○. 272-12 今寡人之○. 272-25 今以寡人無○. 273-3 宋何○之有. 279-12 敢請其○. 280-1 恐不免於○矣. 280-6 彼安敢攻衛以重其不勝之○哉. 280-6 非有大○而亡. 282-1 臣抵○. 286-11 得免於○. 290-9 雖不行無○. 290-9 以致臣○. 290-12

【蜀】 19

西有巴○漢中之利. 15-15 司馬錯欲伐○. 21-21 今夫○. 22-1 夫○. 22-8 不如伐○之完也. 22-17 卒起兵伐○. 22-18 遂定○. 22-18 ○主更號爲侯. 22-18 而使陳莊相○. 22-18 ○既屬. 22-19 臣聞張儀西幷巴○之地. 29-7 右隴○. 38-17 南幷○漢. 46-4 棧道千里於○漢. 46-17 秦有舉巴○幷漢中之心. 109-19 秦西有巴○. 110-16 西舉巴○. 148-3 ○地之甲. 260-6 今齊王召○子使不伐宋. 261-25

【雉】 2

城大無能過百○者. 175-4 宋所謂無○兔鮒魚者也. 279-19

【歃】 1

魏○盟於秦. 205-23

【稙】 1

○表. 271-4

【稠】 1
書策○濁. 16-6
【愁】 5
上下相○. 16-6 ○其志. 112-22 ○其思. 113-21 ○居懾處. 148-2 秦王喟然○悟. 217-1
【筴】 4
是大王籌○之臣無任矣. 216-21 竊以爲大王籌○之臣無任矣. 216-24 猶鞭○也. 269-14 猶鞭○也. 269-18
【筋】 1
縮閔王之○. 40-6
【筦】 1
納于○鍵. 164-1
【節】 20
而焚周之○. 10-22 秦三世積○於韓魏. 35-21 忠之○也. 45-3 以秦彊折○而下與國. 56-18 此用兵之上○也. 92-25 恤小○者不能行大威. 97-6 非不能行小○. 97-19 高主之○行. 110-13 ○身之嗜欲. 119-8 而勝敗存亡之機○. 145-11 窮有弟長辭讓之○. 149-4 進退之謂○. 152-13 必窮三○. 195-10 則不如因變服折○而朝齊. 196-24 魏王折○割地. 206-7 使爲持○尉. 217-13 故假○於魏王. 267-6 具符○. 267-15 非○俠士也. 275-1 主折○以下其臣. 289-22
【與】 781
○秦. 1-6 猶無○耳. 1-22 東周○西周戰. 2-15 東周○西周爭. 2-19 臣恐西周之○楚. 2-19 楚王○魏王遇也. 3-9 公何不○周地. 3-16 韓強○周地. 3-17 必以國合於所○粟之國. 3-22 公負令秦○強齊戰. 5-3 弗○禮重矣. 5-14 齊王誰○爲其國. 5-18 ○之齊伐趙. 5-22 是君以合齊○強楚吏産子. 6-1 則將○宋敗三國. 6-7 秦知趙之難○齊戰也. 6-11 合○收齊. 6-13 魏王以國○先生. 6-16 不○伐齊者. 6-18 馮旦使人操金○書. 7-24 昭翦○東周惡. 8-4 嘗欲東周○楚惡. 8-5 而陽豎○焉. 8-10 而陽豎○之. 8-12 又○韓魏攻秦. 9-4 欲王令楚割東國以○齊也. 9-11 而秦未○魏講也. 9-22 韓徵甲○粟於周. 10-12 代能爲君令韓不徵甲○粟於周. 10-13 公何不以高都○周. 10-19 吾無徵甲○粟於周. 10-20 何爲○高都. 10-21 ○之高都. 10-21 何不○也. 10-22 不徵甲○粟於周而○高都. 10-23 君雖不欲○也. 11-25 ○周之衆. 12-19 今王許戍三萬人○溫囿. 12-20 秦○天下俱罷. 13-10 父母不○言. 16-19 將西南以○秦爲難. 18-9 言賞則不○. 18-15 夫斷死○斷生也不同. 18-20 以此○天下. 18-24 無○禍隣. 19-8 秦○荆人戰. 19-8 ○荆人和. 19-13 令帥天下西面以○秦爲難. 19-14 ○魏氏和. 19-20 ○趙氏爲和. 20-15 大王又并軍而致○戰. 20-20 以○周武爲難. 21-2 以此○天下. 21-9 司馬錯○張儀爭論於秦惠王前. 21-21 韓周之○國也. 22-14 以鼎○楚. 22-16 以地○魏. 22-16 張儀欲以漢中○楚. 23-2 楚必畔天下而○王. 23-5 王今以漢中○楚. 23-5 不如○魏以勁之. 23-8 以○魏. 23-10 用兵○陳軫之智. 23-19 儀不能○從事. 24-8 以順王○儀之策. 24-14 而明臣之楚○不也. 24-14 昭陽將不○臣從事矣. 24-20 以此明臣之楚○不. 24-20 而大國○之懽. 26-10 ○之伐齊. 27-7 秦○齊合. 27-10 寡人○子故也. 27-15 臣不知其思○不思. 27-19 王不聞夫管○之說乎. 27-20 管○止之曰. 27-23 君○知之者謀之. 28-22 而○不知者敗之. 28-23 費人有○曾子同名族者而殺人. 29-13 ○母之信也. 29-16 請○子盟. 29-19 於是○之盟於息壤. 29-19 而外○韓侈爲怨. 30-13 楚言○韓. 30-18 ○寡人爭辭. 30-21 處女相○語. 31-2 ○之上卿. 31-12 今秦○之上卿. 31-14 ○之間有所立. 31-19 趙且○秦伐齊. 32-5 齊○大國救魏而倍約. 32-8 夫取三晉之腸胃○出兵而懼其不反也. 32-25 南○陶爲鄰. 35-1 載主契國以○王約. 35-5 觀張儀○澤之所不能得於薛公者也. 35-11 不能○齊縣衡矣. 35-21 而齊之德新加○. 35-22 秦烏能○齊縣衡韓魏. 35-25 載○俱歸者. 37-14 即使文王疏呂望而弗○深言. 37-15 而文武無○成其王也. 37-16 無○照姦. 38-9 今見○國之不可親. 38-25 亦聞恒思有神叢○. 40-16 請○叢博. 40-17 ○樂死者鬬. 41-14 而更○不如張儀者市. 41-17 毋相○鬬者. 42-5 高會相○飲. 42-6 其可得○者. 42-8 ○之昆弟矣. 42-8 公○秦計功者. 42-9 大相○鬬矣. 42-11 乃卽○無子時同也. 43-3 乃○卽爲梁餘子同也. 43-4 吾○王也. 43-17 天下皆聞臣之身○王之舉也. 44-1 今遇惑或○罪人同心. 44-1 豈非士之所願○. 44-14 豈不辯智之期○. 44-16 ○天下終. 44-18 而聖人所謂吉祥善事○. 44-19 其可願孰○閎夭周公哉. 45-13 孰○秦孝公楚悼王越王乎. 45-15 以○楚戰 46-3 孰○以禍終哉. 46-20 ○語. 46-23 是楚○三國謀出秦兵矣. 48-8 臣請爲王因岷○佐也. 48-19 孰○始強對曰. 49-10 孰○孟嘗芒卯之賢. 49-11 魏不○. 50-1 王何不○寡人遇. 50-2 必○秦地矣. 50-3 楚王揚言○秦遇. 50-6 從秦王○魏王遇於境. 50-8 魏請無○楚遇而合於秦. 50-9 是以鯉○之遇也. 50-10 弊邑之於○遇善之. 50-10 更不○不如景鯉留. 50-15 以秦○楚爲昆弟國. 50-18 不○地. 50-20 山東之建國可兼○. 51-7 魏氏將出兵而攻留方○銍胡陵碭蕭相. 53-13 以○申縛遇於泗水之上. 54-17 唯始○終. 55-8 遂○句踐禽. 55-11 秦王○中期爭論. 56-3 國○還者也. 56-13 爲期○我約矣. 56-16 魏不○我約. 56-17 我○其處而待之見攻. 56-18 以秦彊折節而下○國. 56-18 欲○燕共伐趙. 58-4 孰○武安君. 58-12 孰○文信侯專. 58-15 聞燕太子丹之入秦○. 58-21 聞張唐之相燕○. 58-22 ○強趙攻弱燕. 58-25 ○秦什一. 59-1 ○司空馬之趙. 59-3 趙孰○秦大. 59-7 民孰○之衆. 59-7 金錢粟孰○之富. 59-7 國孰○之治. 59-8 相孰○之賢. 59-8 將孰○之武. 59-9 律令孰○之明. 59-9 ○之爲交以報秦. 60-24 ○同知社稷之計. 61-4 知其可○立功. 61-17 大臣○百姓弗爲用. 62-6 復整其士卒以○王遇. 62-7 封之成○不. 62-11 今○靖郭君. 63-4 ○齊貌辨俱留. 63-12 吾豈可以先王之廟○楚乎. 63-22 救趙孰○勿救. 64-8 孰○晚救之便. 64-17 我孰○城北徐公美. 66-6 吾孰○徐公美. 66-8 ○坐談. 66-9 吾○徐公孰美. 66-9 ○秦交和而舍. 66-24 君不○勝者而○不勝者. 67-15 不用有魯○無魯. 67-17 三晉怒齊不○己也. 68-12 夫以大王之賢○齊之強. 68-24 以○秦接界也. 69-1 是故韓魏之所以重○秦戰而輕爲之臣也. 69-3 齊○魯三戰而魯三勝. 69-20 今趙之○秦也. 69-22 韓齊爲○國. 71-3 吾○國也. 71-3 子噲○子之國. 71-4 諸侯弗○. 71-5 遂○秦戰. 71-7 因○秦王約曰. 71-23 ○革車三十乘而納儀於梁. 72-3 是王内自罷而伐○國. 72-4 因○之參坐於衛君之前. 72-10 而儀○之俱. 72-12 是必○衍鬻吾國矣. 72-12 而○之伐齊. 73-3 而身○趙戰矣. 73-9 緩必復○燕戰. 73-11 然則吾中立而割窮齊○疲燕也. 73-12 趙魏亦不免○秦爲患矣. 74-2 ○我下東國. 75-6 吾將○三國共立之. 75-6 世○少有. 76-24 則是身○楚爲讎也. 77-2 有土偶人○桃梗相○語. 77-13 千乘之君○萬乘之相. 78-18 孟嘗君舍人有○君之夫人相愛者. 78-23 爲君舍人而内○夫人相愛. 78-24 子○文游久矣. 79-2 衛君○文布衣交. 79-3 而操銚鎒○農夫居壠畝之中. 79-18 不相○處. 79-21 故三國欲○秦壤界. 81-14 三國之○秦壤界而患急. 81-20 齊不○秦壤界而患緩. 81-21 寡人直○客論耳. 84-17 衣裘○之同之. 84-23 色○馬取於今之世. 85-3 ○使罔爲趨勢. 85-18 非得失之策○. 86-6 是其賤之本○. 86-18 豈非下人而尊貴士○. 86-19 且顏先生○寡人游. 86-23 ○入. 87-10 而先問歲○民. 88-5 子孰而○我赴諸侯乎. 88-23 君不肯以所輕○士. 89-2 孰○伐宋之利也. 89-15 夫約然○秦爲帝. 89-16 齊之○韓魏伐秦楚也. 90-24 夫後起之藉○多而兵勁. 91-7 今天下之相○也不並滅. 91-21 夫胡之○齊非素親也. 92-1 故其費○死傷者鈞. 92-12 而多○天下爲仇. 93-10 其○必衆. 94-2 故曰衛鞅之始○秦王計也. 94-13 ○燕戰. 95-8 閔王不肯○. 95-8 欲○我誅者. 96-1 ○之誅淖齒. 96-1 願公之詳計而無○俗同也. 96-13 ○聊城共據朞年之弊. 96-17 ○齊久存. 97-4 退而○魯君計也. 97-15 故業○三王爭流. 97-22 名○天壤相敝也. 97-22 聞丈夫之相□○語. 98-16 然而使公孫子○徐子鬬. 98-22 相○語於王曰. 99-1 九人之屬相○語於王曰. 99-4 且安平君之○王也. 99-5 王上者孰○周文王. 99-12 下者孰○齊桓公. 99-13 而迎王○后於城陽山中. 99-22 ○私焉. 101-1 ○諸侯信. 101-5 卽墨大夫○雍門司馬諫而聽之. 101-19 王收而○之百萬之衆. 101-22 王收而○之百萬之師. 101-25 約○五百里之地. 102-3 雖勿○地可. 103-14 而楚果弗○地. 103-19 故遂○之行. 104-3 昭奚恤○彭城君議於王前. 104-8 必○魏合而目謀楚. 104-17 必○魏戰. 104-18 江尹因得山陽君○之共惡昭奚恤. 104-24 誰○樂此矣. 106-11 公何爲以故○奚恤. 107-1 目○公叔爭國而得之. 107-18 少○之同衣. 108-17 長○之同車. 108-18 夫以楚之強○大王之賢. 108-24 西○秦接境. 109-19 不可○深謀. 109-20 内○羣臣謀. 109-22 夫虎之○羊. 110-5 今大王不○猛虎而○羣羊. 110-5 而大王不○秦. 110-8 勿○挑戰. 110-13 勿○持久. 110-13 ○三月之糧. 110-17 且大王嘗○吳人五戰三勝而亡之. 110-23 楚嘗○秦構難. 111-3 卽陰○燕王謀破齊共分其地. 111-12 今秦之○楚也. 111-16 今儀曰逐君○陳軫而王聽之. 112-7 昔者吳○楚戰於柏舉. 113-6 以○大心者也. 113-8 昔吳○楚戰於柏舉. 113-11 吳○楚人戰於柏舉. 113-17 屬之子滿○子虎. 113-20 ○吳人戰於濁水而大敗之. 113-21 吳○楚戰於柏舉. 113-23 多○存國相若. 114-2 故王不如○齊約. 115-4 甘茂○樗里疾. 115-6 鯉○厲且以收地取秦. 115-11 是公○約也. 115-13 是王○秦相罷. 115-22 秦王惡○楚相弊而令天下. 115-24 而○天下攻楚. 117-3 不○天下共攻之. 117-3 王不如○之盟而歸之. 117-3 王因○三國攻之. 117-4 王不可不○也. 117-17 許強萬乘之齊而不○. 117-17 請○而復攻之. 117-18 ○之信. 117-18 臣故曰○之. 117-18 不可○也. 117-20 臣故曰勿○. 117-21 不可○也. 117-24 許萬乘之強齊也而不○. 117-25 不可不○也. 118-2 ○而復攻之. 118-3 不可○也. 118-3 不可○也. 118-4 且○死生. 118-11 王勿○爲約. 119-22 以○秦爭. 121-2 而王親○約. 121-6 禍○福相貫. 123-5 生○亡爲鄰. 123-5 輦從鄢陵君○壽陵君. 124-2 ○人無爭也. 124-14 ○人無爭也. 124-18 ○人無爭也. 124-23 ○之馳騁乎高蔡之中. 125-4 輦從鄢陵君○壽陵君. 125-8 ○之馳騁乎雲夢之中. 125-9 ○淮北之地也. 125-14 因○韓魏之兵. 125-25 毋○齊東國. 126-4 吾○子出兵矣. 126-4 莊公請○分國. 127-1 禕布○絲. 127-8 更羸○魏王處京臺之下. 127-16 孰○堯也. 128-2 然則君料臣孰

〇舜. 128-3 〇其使者飲. 128-20 園乃〇其女弟謀. 128-22 孰〇其臨
不測之罪乎. 129-5 韓康子欲勿〇. 131-22 來請地不〇. 131-23 君其
〇之. 131-24 〇之彼狃. 131-24 魏宣子欲勿〇. 132-3 韓〇之. 132-
4 魏弗〇. 132-4 不如〇之. 132-5 趙襄子弗〇. 132-7 而寡人弗〇焉.
132-10 二君卽〇張孟談陰約三軍. 133-8 〇之期曰. 133-8 吾〇二主
約譴矣. 133-13 君其〇二君約. 133-20 乃使使者持衣〇豫讓. 136-8
土梗〇木梗鬬曰. 137-10 臣竊觀君〇蘇公談也. 137-16 聲德於〇國.
138-11 則地〇國都邦屬而壤挈者七百里. 138-17 臣願大王深〇左右
羣臣卒計而重謀. 139-9 以〇諸侯攻秦. 139-16 韓〇秦接境壤界. 139
-16 因轉〇楚. 139-18 雖王〇子. 140-1 今不〇. 140-3 且以〇秦.
140-4 且以〇秦. 140-7 今馮亭令使者以〇寡人. 140-7 不可〇戰.
140-13 今其守以〇寡人. 140-17 而以〇人. 140-24 以〇齊韓秦市.
141-13 必〇楚爲兄弟之國. 142-23 秦〇韓爲上交. 143-3 秦〇梁爲上
交. 143-5 〇燕之怒. 143-6 大王乃今然後得〇士民相親. 144-6 大王
〇秦. 144-18 〇齊. 144-18 內度其士卒之衆寡賢〇不肖. 145-10 夫
破人之〇破於人也. 145-16 臣人之〇臣於人也. 145-16 皆欲割諸侯
之地以〇秦成. 145-17 〇秦成. 145-18 而不〇其憂. 145-19 相〇會
於洹水之上. 145-25 夫慮收亡齊罷楚敝魏〇不可知之趙. 147-3 今楚
〇秦爲昆弟之國. 148-9 夫斷右臂而求〇人鬬. 148-11 莫如〇秦遇於
澠池. 148-15 不得〇國謀. 148-18 〇齊中山同之. 150-18 不足〇論
心. 151-16 不足〇致意. 151-17 故勢〇俗化. 151-17 而禮〇變俱.
151-17 能〇聞遷. 151-18 能〇時化. 151-19 故聖〇俗流. 152-14 賢
〇變俱. 152-15 寡人〇子. 153-14 昔者先君襄主〇代交地. 154-10
有先王之明〇先臣之力. 156-17 攻閼〇. 156-21 秦敗於閼〇. 156-
22 我〇三國攻秦. 157-8 而以餘兵〇三國攻秦. 157-13 而〇馬服之子
戰於長平之下. 158-5 夫貴不〇富期. 158-16 富不〇粱肉期. 158-16
粱肉不〇驕奢期. 158-17 驕奢不〇死亡期. 158-17 趙王〇樓緩計之
曰. 158-22 〇秦城何如. 158-23 不〇何如. 158-23 而言勿〇. 159-6
言〇之. 159-6 孰〇坐而割地. 160-5 不〇. 160-7 〇之. 160-8 王必
勿〇. 160-12 而〇秦易道也. 160-25 〇之謀秦. 161-1 趙王召樓昌〇
虞卿曰. 161-14 〇平陽君爲媾. 161-22 秦王〇應侯必顯重以示天下.
161-25 前〇齊湣王爭强爲帝. 162-7 曷爲〇人俱稱帝王. 163-22 而
〇其所愛. 164-11 乃〇幼艾. 166-4 以〇秦角逐. 166-5 乃輦建信以
〇强秦角逐. 166-5 於是〇殺呂遺何以異. 167-1 夫良商不〇人爭買
賣之賈. 167-9 今君不能〇文信侯相伉以權. 167-12 使臣〇復丑曰.
169-3 又欲〇秦攻魏. 169-21 臣必見燕〇韓魏亦且重趙也. 170-18
皆且無敢〇趙治. 170-18 王使臣以韓魏〇燕劫趙. 170-20 齊因欲〇
趙. 170-25 〇國何敢望也. 171-15 楚〇魏韓將應之. 171-18 〇韓氏
大吏東免. 171-25 若〇有倍約者. 172-1 今韓魏〇齊相疑也. 172-2
臣恐〇國之大亂也. 172-3 後合〇踦重者. 172-4 〇韓呡而攻魏. 172
-17 救〇秦爭戰也. 172-25 必起中山〇勝焉. 173-3 秦起中山〇勝.
173-3 寡人〇子有誓言矣. 173-11 吾已〇樓子有言矣. 173-13 臣竊
以爲〇其以死人市. 174-1 命以〇齊. 174-13 乃割濟東三令城市邑五
十七以〇齊. 174-14 此夫子〇敵國戰. 174-15 今君以此〇齊. 174-
17 又不肯〇燕人戰. 174-24 而〇建信君. 176-20 勿使〇政事. 177-
24 故相〇謀曰. 178-13 因〇接意而遣之. 178-16 乃多〇趙王寵臣郭
開等金. 180-1 李牧司馬尙欲〇秦反趙. 180-2 必姑〇之. 181-7 君不
如〇之. 181-7 乃〇之萬家之邑一. 181-10 趙弗〇. 181-11 寡人〇趙
兄弟. 181-14 寡人〇韓兄弟. 181-15 文侯〇虞人期獵. 182-8 吾〇虞
人期獵. 182-9 魏文侯〇田子方飮酒而稱樂. 182-12 魏武侯〇諸大夫
浮於西河. 182-17 而〇韓趙戰澮北. 183-7 故又〇田四十萬. 183-17
旣以〇人. 183-19 南〇楚境. 185-10 西〇韓境. 185-10 北〇趙境.
185-10 東〇齊境. 185-10 魏南〇楚而不〇齊. 185-12 東〇齊而不〇
趙. 185-12 不信齊王〇蘇秦也. 186-23 臣〇燕趙故矣. 187-9 此儀之
所以〇秦王陰相結也. 189-4 〇之伐齊而存燕. 189-19 而不〇魏六城.
189-20 何不陽〇齊而陰結於楚. 190-6 而〇乘之. 190-7 而〇乘之.
190-8 〇魏戰於伊闕. 190-10 王不若〇竇屢關內侯. 190-13 夫周君
竇屢奉陽君之〇穰侯. 190-15 而和於東周〇魏也. 190-17 王〇臣百
金. 190-20 王〇三國約外魏. 190-24 今久〇之談. 190-24 寡人無〇
之語也. 191-1 以〇王遇. 191-5 〇其相田繻不善. 191-8 梁君〇田侯
不欲. 192-3 〇之約結. 192-18 孰〇其爲齊也. 192-21 孰〇其爲韓也.
192-22 利於魏〇不利於魏. 193-4 必〇楚戰. 193-14 而以民勞〇官
費用之故. 193-21 而〇王爭得者. 194-17 王無〇之講以取埊. 194-
19 〇國無相離也. 195-3 必無〇講. 195-4 則先鬻〇國而以自解也.
195-7 則爲劫於〇國而不得已者. 195-8 則明不〇秦. 195-11 而後〇
齊戰. 196-23 〇魏和而下楚. 197-4 而〇之並朝齊侯再三. 197-8 王
何不倍秦而〇魏王. 199-9 王雖復〇之攻魏可也. 199-11 乃倍秦而〇
魏. 199-11 欲〇之復攻魏. 199-13 欲〇魏攻楚. 199-13 龐葱〇太子
質於邯鄲. 199-19 可無戒〇. 200-13 楚趙怒而〇王爭事秦. 202-15
且無梁孰〇無河內急. 203-22 無梁孰〇無身急. 203-22 齊之〇國也.
205-6 夫伐〇國. 205-7 且夫王無伐〇國之誹. 205-13 是趙〇强秦爲
界也. 205-23 以國之半〇秦. 206-7 魏將〇秦攻韓. 206-16 秦〇戎翟
同俗. 206-16 今大王〇秦伐韓而益近秦. 206-22 〇大梁鄰. 206-25
必就易〇利. 207-2 就易〇利. 207-3 必不伐楚〇趙矣. 207-3 則是復
閼〇之事也. 207-4 而以〇趙兵決勝於邯鄲之郊. 207-5 以〇楚兵決
於陳郊. 207-9 秦必不伐楚〇趙矣. 207-9 又不攻衞〇齊矣. 207-9 然
而秦之葉陽昆陽〇舞陽高陵鄰. 207-14 則楚趙必〇之攻矣. 208-4 其
攻多於〇秦共伐韓. 208-8 然而無〇强秦鄰之禍. 208-9 故荀息以馬
〇璧假道於虞. 208-23 臣意秦王〇樗里疾之欲之也. 209-12 而以〇
魏. 209-17 故以〇魏. 209-17 子能以汾北〇我乎. 209-24 樓子〇楚
王必疾矣. 209-25 子能以汾北〇我乎. 209-25 翟强〇齊王必疾矣.
210-1 今秦國〇山東爲讎. 211-11 吾欲〇秦攻韓. 212-4 〇所不怨乎.
212-8 〇其所怨乎. 212-8 〇其所不怨. 212-9 王不〇秦攻楚. 212-
18 楚且〇秦攻王. 212-18 是以有雍者〇秦遇. 214-12 〇魏便地. 214
-20 管鼻之令翟强〇秦事. 214-23 鼻之〇强. 214-23 猶晉人之〇楚
人也. 214-23 秦魏爲〇國. 216-15 以爲秦之强足以爲〇也. 216-22
降城亡子不得〇焉. 217-24 魏王〇龍陽君共船而釣. 218-8 而近習之
人相〇怨. 218-19 〇嫪氏乎. 219-3 〇呂氏乎. 219-3 輕寡人〇. 219
-16 〇臣而將四矣. 219-25 吾誰〇而可. 221-13 〇大王之賢. 222-7
〇之. 222-10 不〇. 222-10 夫秦卒之〇山東之卒也. 223-2 猶孟賁之
〇怯夫也. 223-2 猶烏獲之〇嬰兒也. 223-3 〇之逐張儀於魏. 223-
24 公以八百金請伐人之〇國. 224-24 令昭獻轉而〇之處. 225-1 公何
不〇趙藺離石祁. 225-14 〇國不可恃. 225-25 〇之伐楚. 226-2 興師
〇韓氏戰於岸門. 226-21 今公〇楚解. 227-6 而公獨〇王主斷於國者.
227-11 是〇公孫郝甘茂同道也. 227-13 公不如〇王謀其變也. 227-
15 公何不因行願以〇秦王語. 228-9 齊魏合〇離. 228-10 齊魏別〇
合. 228-11 鯉〇於秦魏之遇. 229-1 臣賀鯉之〇於遇也. 229-3 今鯉
〇於遇. 229-4 故鯉之〇於遇. 229-5 今鯉不〇於遇. 229-6 不能愛其
許鄢陵〇梧. 230-1 孰〇伐人之利. 231-19 〇楚攻梁. 232-1 韓固其
〇國也. 232-2 楚〇魏大戰. 232-3 必輕〇楚戰. 232-5 必易〇公相支
也. 232-5 遂〇公乘楚. 232-6 甘茂〇昭獻遇於境. 232-8 以〇太子爭.
233-7 公叔之〇周君交也. 233-19 韓公叔〇幾瑟爭國. 234-7 以〇公
叔爭國. 234-8 臣之矯〇之. 234-8 以〇公叔爭國. 234-9 韓公叔〇幾
瑟爭國. 234-14 韓〇衞. 237-24 語泄則韓舉國而〇仲子爲讎. 238
-1 今公〇安成君爲秦魏之和. 239-9 韓〇天下朝秦. 239-22 秦久〇
天下結怨構難. 239-23 〇新城陽晉同也. 240-7 韓珉〇我交. 240-7
因欲〇秦. 240-20 梁必怒於韓之不〇己. 240-22 不〇古同. 240-25
韓〇魏敵侔之國也. 241-5 申不害〇昭釐侯執珪而見梁君. 241-6 而
王〇諸臣不事爲尊秦以定韓者. 241-11 吳〇越戰. 241-19 〇成而不
盟. 241-22 其後越〇吳戰. 241-22 夫先〇强國之利. 242-14 今〇强
國. 242-17 然則先〇强國者. 242-18 秦反得其金〇韓之美人. 243-1
韓亡美人〇金. 243-2 韓已〇魏矣. 243-10 又〇約事. 244-3 〇欲有
求於齊者. 245-6 是緤以三川〇西周戒也. 246-7 王〇大國弗聽. 246
-16 魏安能〇小國立之. 246-16 是故願大王〇趙從親. 248-17 乃使
使〇蘇秦結交. 249-7 而〇死同患也. 249-17 而深〇强秦爲仇. 249-
18 示天下〇小人羣也. 250-7 臣之趍固不〇足下合者. 250-23 約〇
代王遇於句注之塞. 251-13 〇代王飮. 251-14 北〇燕戰. 253-5 天時
不〇. 253-11 內寇不〇. 253-17 〇其相子之爲婚. 253-20 而蘇代〇
子之交. 253-20 〇楚三晉攻秦. 253-22 是王〇堯同行也. 254-3 啓〇
支黨攻益而奪之天下. 254-6 燕相子之〇蘇代婚. 254-25 不信齊王〇
蘇子也. 255-7 然得賢士〇共國. 255-15 帝者〇師處. 255-17 王者〇
友處. 255-17 覇者〇臣處. 255-17 亡國〇役處. 255-18 〇百姓同其
甘苦. 256-7 〇秦楚三晉合謀以伐齊. 256-9 〇謀伐齊. 257-21 臣以
爲廉不〇身俱達. 258-5 義不〇生俱立. 258-5 足下以愛之故〇. 258
-20 則何不〇愛子〇諸舅. 258-20 而乃以〇無能之臣. 258-21 〇殺
吾父逐吾主母者. 259-4 齊王四〇寡人約. 260-23 寡人固〇韓且絶矣.
261-3 魏棄〇國而合於秦. 261-4 贏則兼欺舅〇母. 261-10 〇齊王謀
道取秦以謀趙者. 262-1 奉陽君告朱讙〇趙足曰. 262-8 順始〇蘇子
爲讐. 262-11 果〇鳴條之戰. 263-1 果〇伯舉之戰. 263-1 人莫〇言.
263-12 而〇燕人戰於晉下. 264-3 遂將以〇燕戰於陽城. 264-10 將
〇齊兼鄮臣. 264-17 吾必不聽衆口〇讒言. 264-18 〇之言曰. 264-
20 燕王不〇齊謀趙. 264-22 則〇趙謀齊. 264-22 今王信田伐〇參去
疾之言. 264-23 且太后〇王幸而在. 265-16 故非及太后〇王封公子.
265-17 燕昭王且〇天下伐齊. 265-22 寡人且〇天下伐齊. 265-22 以
〇寡人有郄. 266-22 胡〇越人. 268-24 今山東之相〇也. 268-25 〇
其得百里於燕. 269-22 遂〇兵伐宋. 269-23 取之以〇宋. 271-6 以爲
燕楚〇魏謀之. 271-9 魏失其〇國. 271-10 無〇共擊楚. 271-10 不可
〇戰. 271-21 苟〇人之異. 272-23 而〇秦相距五十餘年矣. 273-16
可〇之謀也. 274-10 光〇子相善. 274-21 若曹沫之〇齊桓公. 275-
14 〇燕督亢之地圖獻秦王. 276-1 人不敢〇忤視. 276-17 欲〇俱. 276
-18 待吾客〇俱. 276-22 此猶文軒之〇弊輿也. 279-17 此猶粱肉之
〇糟糠也. 279-19 此猶錦繡之〇短褐也. 279-20 爲〇此同類也. 279
-21 宋〇楚爲兄弟. 280-23 不如〇之. 280-24 〇北同. 281-8 〇齊人
戰而死. 281-9 〇死之心異. 283-1 必無〇君言國事者. 283-3 〇之相

印.283-5 不○.283-8 寡人羞○中山並爲王.284-7 願○大國伐之.
284-8 羞○寡人並爲王.284-9 將○趙魏伐之.284-11 ○之遇而許之
王.284-15 今五國相○王也.284-19 負海不○焉.284-19 ○之遇而
許之王.284-20 必先○之王而故親之.284-22 齊羞○中山之爲王甚
矣.285-1 ○之遇而許之王.285-2 豈若令大國先○之王.285-2 果○
中山王而親之.285-3 中山○燕趙爲王.285-5 耻○中山侔名.285-9
爲中山之獨○燕趙爲王.285-19 而寡人不○聞焉.285-19 ○王相見.
285-22 君○之.286-16 君弗○趙.286-16 君弗○.286-17 君弗○趙.
286-18 陰姬○江姬爭爲后.286-23 王如不○.287-16 ○之.287-16
鄰國不○也.287-18 所傾蓋○車而朝窮閭隘巷之士者.287-22 ○不
期衆少.288-6 而○戰之於伊闕.289-5

【僅】 8

○以救亡者.27-11 邯鄲○存.69-23 ○得免其死耳.83-12 莫如○靜
而寡信諸侯.91-9 ○靜.91-10 趙○存哉.146-21 韓魏之所以○存者.
147-8 ○以身免.267-18

【傳】 17

欲○商君.15-8 ○之無窮.44-18 ○賣以五羊之皮.61-15 是故易○
不云乎.86-8 夫堯○舜.86-20 舜○禹.86-20 車舍人不休○.90-9
○名後世.97-19 子南方之○士也.165-8 今王既受先王之○.165-
13 陰移而授天下○.176-8 則天下不○.176-9 次○焚符之約者.195
-22 客謂公子理之○曰.196-13 令鼻之入秦之○舍.214-24 ○之益
也.254-6 是禹名○天下於益.254-7

【傴】 1

剖○之背.281-15

【毀】 17

好○人.4-5 則不○.13-15 行義不固○譽.44-24 壹○魏氏之威.52
-13 今王妬楚之不○也.52-21 而忘○楚之強魏也.52-21 是王有○
楚之名.53-11 夏侯章每言未嘗不○孟嘗君也.78-8 然吾○之以爲之
也.78-11 以吾○之者也.78-12 非以爲齊得利秦之○也.171-2 有覆
巢○卵.177-20 是王以楚○齊也.197-1 趙不以○構矣.213-21 名成
而不○.267-24 離○辱之非.268-10 厚者不○人以自益也.272-8

【舅】 5

王之○也.129-17 穰侯○也.206-19 則何不與愛子與諸○.258-20
贏則兼欺○與母.261-10 ○不能約.261-13

【鼠】 8

周人謂○未腊者朴.41-20 乃○也.41-23 齊取淄○.81-11 楚令昭○
以十萬軍漢中.115-15 蘇厲謂宛公昭○曰.115-16 請以一○首爲女
殉者.203-20 猶○首也.203-21 而殉王以○首.203-21

【牒】 1

孟嘗君乃取所怨五百○削去之.85-12

【傾】 4

○耳而聽.17-13 然則權焉得不○.40-1 公何不請公子○以爲正妻.
284-4 所○蓋與車而朝窮閭隘巷之士者.287-22

【僂】 1

○行見荊軻.274-21

【賃】 1

糧食輓○不可給也.155-5

【傷】 55

前相工師藉恐客之○己也.4-4 非自○於民也.4-12 國大○.5-4 天
下不能○齊.6-19 則衆必多○矣.9-20 國恐○矣.13-14 天下莫不○.
21-4 繕兵不○衆.22-10 則○本.23-3 不○一人.26-17 固必大○.
27-8 大者必○.27-24 子待○虎而刺之.27-24 秦死○者衆.30-12
國恐○矣.32-2 足以○秦.36-1 則不足以○齊.38-23 披其枝者○其
心.40-5 枝之披者○其心.40-24 穰侯十攻魏而不得○者.41-11 終
其年而不夭○.44-17 ○此若髮漂.80-1 帝名爲無○也.89-9 尸死扶
○.92-11 則○主心矣.92-11 夷○者空財而共藥.92-12 故其費與死
○者鈞.92-12 ○弩.92-14 欲○安平君.99-1 則○行矣.117-3 好○
賢以爲資.119-5 於王何○.119-22 無秦不能○趙.157-18 無乃○葉
陽君涇陽君之心乎.177-21 王之國必○矣.191-11 是故又爲足下○
秦者.195-5 見天下之○秦也.195-7 彼將○其前事.199-4 於王何○
乎.205-14 兵不○.214-21 欲○張儀於魏.216-7 因無敢○張子.216
-8 虧地不足以○國.219-2 不能○秦.224-12 不能○秦.224-16 ○
臣於王者.250-10 兵○於離石.261-8 以○先王之明.266-25 恐其適
足以○於高而薄於行也.272-18 况○人以自損乎.272-21 而○長者
之意.276-3 其於○心.288-7 ○者厚養.288-19 ○者不得療.288-
20 死○者衆.290-4

【傶】 4

又謂王之幸夫人鄭○曰.116-5 鄭○曰.116-6 鄭○曰.116-12 鄭○
遽說楚王出張子.116-16

【勉】 1

魏○謂建信君曰.167-15

【斂】 2

大史○女.100-25 太史○曰.101-2

【僇】 1

死○.134-20

【遞】 2

今齊楚燕趙韓梁六國之○甚也.67-24 而○相罷弱.68-1

【微】 20

○告翦.7-12 令人○告悍.13-20 是○子不足仁.45-9 而患之所從生
者○.89-7 ○用兵而寄於義.91-22 君不如使人○要靳尚而刺之.116
-22 引○繳.124-25 故○韓以貳之.138-10 故○之爲著者強.146-
24 今宣君有○甲鈍兵.148-4 ○諫而不譁.153-18 且○君之命命之
也.158-15 周貨且○.163-8 ○獨趙.179-15 乃○謂趙卓韓鼂曰.221
-14 申子○視王之所說以言於王.221-16 君○出明怨以棄寡人.272
-7 ○太子言.275-24 善以○計薦中山之君久矣.284-23 ○白起.
290-3

【悳】 1

修法無○.151-11

【鉞】 1

要不足以待斧○.36-13

【鉆】 2

吾所苦夫鐵○然.141-8 無有謂臣爲鐵○者乎.141-9

【鉏】 1

竊釋○耨而干大王.252-11

【鉤】 3

弓撥矢○.11-11 ○不能牽.62-22 昔管仲射桓公中○.97-7

【愈】 15

兵甲○起.16-7 秦○不敢出.48-10 以益○強之秦.160-10 而割○弱
之趙.160-10 是○疑天下.160-21 己○有.183-19 己○多.183-19
此數者○善.215-22 而離楚○遠耳.215-22 王之動○數.215-24 而
離王○遠耳.215-24 ○怪其厚.237-4 韓獻開罪而交○固.249-22 而
忌燕也○甚矣.256-16 乃○自信.281-12

【會】 15

高○相與飲.42-6 至葵丘之○.45-22 吳王夫差棲越於○稽.55-10
誰習計○.82-16 相與○於洹水之上.145-25 ○秦圍趙.162-11 適○
魏公子無忌奪晉鄙軍以救趙擊秦.164-17 豈可不一○期哉.182-9 被
甲冒冑以○戰.223-1 韓適有東孟之○.238-3 保於○稽之上.241-
20 東孟之○.242-3 越王勾踐棲於○稽.256-23 ○先王棄羣臣.266-
20 猶勾踐困於○稽之時也.289-24

【遥】 1

則莫如○伯齊而厚尊之.256-25

【愛】 99

皆○之.7-9 周君豈能無○國哉.10-9 奉養無有○於最也.12-7 孝己
○其親.24-2 孝己○其親.25-1 楚王甚○之.27-18 何○餘明之照四
壁者.31-4 秦王○公孫衍.31-19 秦宣太后○魏醜夫.33-5 何爲空以
生所○.33-7 人主賞所○.36-12 人主所甚○也.41-13 攻人主之所
○.41-13 公之○子也.43-1 賣○妾.43-18 ○妾已賣.43-20 天下懷
樂敬○.44-15 吾○三城而不講.49-5 楚王使景所甚○.50-13 靖郭
君之所聽○夫.63-16 ○則有之.63-17 而務○粟.73-23 孟嘗君舍人
有與君之夫人相○者.78-23 爲君舍人而內與夫人相○.78-24 君召
○夫人者而謂之曰.79-2 不拊○子其民.83-6 非朝○市而夕憎之也.
85-11 寡人憂國○民.87-22 王斗曰王之憂國○民.87-22 不若王○
尺縠也.87-23 臣故曰不如○尺縠也.87-25 釋帝則天下○齊乎.89-
14 且○秦乎.89-15 ○齊而憎秦.89-15 則天下○齊而憎秦.89-18
田單之○人.98-17 人有以其狗爲有執而○之.105-7 華落而○渝.
105-24 秦王有○女而美.116-8 楚王必○.116-10 必厚尊敬親○之而
忘子.116-12 ○地不送死父.117-10 ○之以心.119-3 ○之以心.119
-4 是故退王之所○.119-7 甚○新人.123-11 ○之甚於王.123-13
其○之甚於寡人.123-14 王○子美矣.123-16 王○富摯.125-23 忠
臣不○死以成名.136-6 教順慈○.138-2 以秦爲○趙而憎韓.138-6
秦豈得○趙而憎韓哉.138-7 不○名寶.141-14 不識三國之憎秦而○
懷邪.147-16 忘其憎懷而○秦邪.147-17 欲子之厚○之.153-11 ○
王而不攻乎.159-11 而與其所○.164-11 而令趙人○君乎.164-23
非不○其蹯也.167-16 足下何○焉.171-14 行逐○弟.176-1 及夫人
優○孺子也.176-23 而禍在於所○.176-25 趙王之所甚○也.178-
13 竊○憐之.179-4 丈夫亦○憐其少子乎.179-7 老臣竊以爲媼之○
燕后賢於長安君.179-8 父母之○子.179-10 故以爲其○不若燕后.
179-20 魏王甚○之.187-23 夫魏王之○習魏信也.198-14 魏必舍所
○習而用所畏惡.198-16 秦必令其所○信者用趙.198-20 夫不患秦
之不○南國非也.207-17 韓必德魏○魏重魏畏魏.208-12 今王之○
習公也.227-10 不能○其許鄢陵與梧.230-1 不可○妾之軀.238-10
夫○身不揚弟之名.238-13 必將欲置其所○信者.239-8 吾○宋.240
-7 而攻我甚所○.240-8 王誠能毋○寵子母弟以爲質.253-14 足下
以○之故與.258-20 則何不與○子與諸舅.258-20 其妻○人.259-1

其所○者曰. 259-1 人主之○子也. 265-11 非徒不○子也. 265-11 又不○丈夫子獨甚. 265-11 臣是以知人主之不○丈夫子獨甚也. 265-15 不以官隨其○. 267-4 無且○我. 278-4 甚○而有寵. 282-1 臣聞明主○其國. 290-14 忠臣○其名. 290-14

【貉】 1
北有胡○代馬之用. 15-16

【亂】 58
諸侯○惑. 16-5 ○於治. 16-14 以○攻治者亡. 18-10 而有桀紂之○. 22-9 而又有禁暴正○之名. 22-12 以○其政. 23-15 須殘伐○宋. 35-18 四治政不○不逆. 41-4 而晉惑○. 45-7 國家滅○. 45-7 正○批患折難. 45-17 臣豈以郢威王爲政衰謀○以至於此哉. 54-23 斗生於○世. 87-12 事○君. 87-12 河山之間○. 90-12 ○天下而自安. 93-20 勞○在天下. 93-21 淖齒○齊國. 95-24 彼燕國大○. 96-18 齊以淖君之○秦. 102-7 然則白公之○. 106-18 越○. 108-13 越○而楚治也. 108-15 臣聞治之其未○. 109-4 百姓昏○. 114-1 嫪毐亦爲○於秦. 130-3 踐○燕. 130-12 知伯軍救水而○. 134-2 大○君臣之義者無此矣. 135-18 殘伐○宋. 139-14 俗辟者○民. 152-3 治○以知. 152-23 子用私道者家必○. 153-20 變籍則○. 154-3 ○寡人之事. 154-13 爲人排患釋難解紛○而無所取也. 164-20 其國必有○. 171-4 殘○宋. 171-9 臣恐與國之大○也. 172-3 是○也. 176-6 內有大○. 206-24 齊和子○而越人亡繒. 211-16 幾瑟之能爲○也. 235-3 必不敢輔伯嬰以爲○. 235-6 必不能爲○矣. 235-8 左右大○. 238-5 以其○也. 252-6 欲其○也. 252-6 故大○者可得其埊. 252-6 小○者可得其寶. 252-7 燕國大○. 254-11 燕大○. 255-3 齊因孤國之○. 255-14 子之之○. 257-20 必誅暴正○. 269-19 未如殷紂之○也. 272-16 而內有大○. 275-15 ○無大. 283-10

【飾】 7
○辯虛辭. 110-13 齊人○身修行得爲益. 122-14 ○車百乘. 146-11 ○車騎. 148-1 此○說也. 159-8 此○說也. 160-12 比周以相○也. 223-5

【飽】 3
食不○. 54-17 食未○而禍已及矣. 143-1 桓公食之而○. 200-6

【腸】 6
即趙羊○以上危. 13-4 踰羊○. 20-6 夫取三晉之○胃與出兵而懼其不反也. 32-25 自屠出○. 238-7 刳子腹及子之○矣. 271-15 子○亦且寸絕. 271-16

【腫】 3
夫癰雖癰○胞疾. 127-5 爲有臂○也. 243-13 使善扁鵲而無臂○也. 243-14

【腹】 17
人之病心○. 39-14 天下之胷○. 51-8 刳○折頤. 53-3 栗○以百萬之衆. 96-19 有斷脰決○. 112-20 故斷脰決○. 113-9 敢布○心. 136-7 ○擊爲室而鉅. 136-23 謂○子曰. 136-23 ○擊曰. 136-23 心○之疾. 139-19 所以爲○心之疾者. 208-25 以爲雖偷充○. 249-17 刳子○及子之腸矣. 271-15 燕王喜使栗○以百金爲趙孝成王壽. 271-19 令栗○以四十萬攻鄗. 271-23 趙使廉頗以八萬遇栗○於鄗. 271-24

【胥】 1
勝○曰. 78-19

【滕】 1
桑輪蓬篋嬴○. 137-4

【腦】 1
代王○塗地. 251-16

【猿】 1
○獮猴錯木據水. 79-16

【解】 52
臣請東○之. 1-9 故王不如速○周恐. 3-23 彼前得罪而後得○. 3-23 而求○乎楚魏. 22-16 王不如以地東○於齊. 27-13 欲以○伐. 32-7 悉忠而不○. 45-1 卒支○. 46-9 ○凍而耕. 51-3 將軍無○兵而入齊. 65-12 ○如風雨. 68-18 君必○衍. 72-10 ○軍而去. 73-1 王欲秦趙之○乎. 73-5 可以使蘇子自○於薛公. 75-12 太子乃○衣免服. 95-16 朞年不○. 96-22 故○齊國之圍. 97-24 單○裘而衣之. 98-6 單○裘而衣之. 98-10 而○此環不. 101-8 羣臣不知○. 101-8 謹以○矣. 101-9 ○齊患. 118-17 ○紵衣以羃之. 128-11 而○於攻趙也. 131-13 於是秦王○兵不出於境. 147-21 秦既○邯鄲之圍. 159-8 今臣爲足下○負親之攻. 159-20 而○二國患者. 161-6 一○國患. 161-10 爲人排患釋難○紛亂而無所取也. 164-20 以○其怨而取封焉. 169-21 太后之色少○. 179-2 請令齊楚○攻. 189-1 乃遽○攻於魏. 189-6 則先鬻與國而以自○也. 195-7 能○魏患. 205-4 夫○攻者. 213-7 今縮高謹○大位. 217-24 而國患不○. 218-24 ○患而怨報. 219-2 秦王固疑甘茂之以武遂○於公仲也. 225-20 今公與楚○. 227-6 是韓楚之怨不○. 227-23 秦必委國於公以○伐. 232-11 不可○矣. 232-21 以救○. 236-23 必○子之罪. 246-8 ○而復合. 262-14 可以○燕國之患. 276-7 故兵退難○. 280-17

【奄】 1
○中而少親. 133-6

【試】 19
大王○聽其說. 21-12 臣請○之. 26-5 豈敢以疑事嘗○於王乎. 36-14 君其○臣. 58-11 願得目身○黄泉. 106-12 於是發而○之. 132-18 臣○計之. 135-3 異敏技藝之所○也. 150-5 肉○則斷牛馬. 155-9 金○則截盤匜. 155-9 ○言公之私. 158-24 而臣竊怪王之不○見臣. 169-4 大王可○使之. 177-6 ○之弱密須氏以爲武教. 211-10 王何不○以襄子爲質於韓. 232-22 公何不○奉公子咎. 235-18 君○論之. 272-3 以○人. 276-16 請以公爲齊王而登○而說公. 285-12

【詿】 1
○誤人主者. 223-6

【詩】 11
臣少而誦○. 4-18 ○曰. 4-18 ○曰. 40-5 ○云. 52-15 ○云. 52-23 ○云. 52-23 ○云. 55-8 ○云. 55-19 ○曰. 127-11 ○書禮樂之所用也. 150-5 ○云. 152-23

【誠】 43
今王○聽之. 22-24 ○病乎. 27-19 ○思則將吳吟. 27-20 ○能亡齊. 34-24 百人○輿瓢. 40-22 王后○請而立之. 57-11 臣○知不如徐公美. 66-14 蘇秦非○以爲君也. 76-13 ○說君之義. 80-8 ○欲以伯王也爲志. 92-5 果○何如. 103-22 ○有之乎. 106-18 ○有之. 106-18 ○如是. 106-19 茂○賢者也. 108-11 大王○能聽臣. 109-6 大王○能聽臣之愚計. 109-7 大王○能聽臣. 111-16 若君王○好賢. 114-12 而王且見其○然也. 118-6 臣○見其必然者也. 124-4 兄弟○立. 129-2 ○以君之重而進妾於楚王. 129-4 大王○能聽臣. 144-14 ○得其道也. 145-10 ○知秦力之不至. 159-16 ○聽子割矣. 159-18 趙○發使尊秦昭王爲帝. 162-9 ○不忍其求也. 163-12 ○能振其威也. 184-17 大王○能聽臣. 185-2 若○不便. 205-12 秦王○必欲伐齊乎. 245-21 ○有之乎. 253-10 王○能毋愛寵子母弟以爲質. 253-14 王○博選國中之賢者. 255-22 今王○欲致士. 256-4 愚以爲○得天下之勇士. 275-12 ○得劫秦王. 275-14 ○能得樊將軍首. 276-1 燕王○振畏慕大王之威. 277-5 秦兵○去. 282-13 ○如君言. 286-25

【誅】 34
不善於公且○矣. 14-6 文章不成者不可以○罰. 15-21 ○周主之罪. 21-24 挾君之讎以○於燕. 34-23 而明日伏○於後. 37-20 顯逆○. 43-11 而欲兼○范睢. 43-24 而王明○之. 44-2 ○屠四十餘萬之衆. 46-4 懼○. 47-2 縮劍將自○. 60-10 右舉劍將自○. 60-11 桀聽讒而○其良將. 61-10 乃可復使姚賈而○韓非. 61-22 曲撓而○. 65-4 稍稍○滅. 86-7 寄怨而○不直. 91-22 何得無○乎. 95-14 欲與我○者. 96-1 與之○淖齒. 96-1 燕將懼○. 96-5 則大臣主斷國私以禁○於己也. 126-23 臣故伏○. 136-7 宓戲神農教而不○. 152-6 黄帝堯舜○而不怒. 152-7 則王必怒而○建信君. 175-18 而○齊魏之罪. 228-1 於是嚴遂懼○. 236-23 其姊不避菹醢之○. 238-17 秦必起兵以○不服. 239-23 必○暴正亂. 269-19 不免於○. 290-9 ○滅無道. 290-10 臣寧伏受重○而死. 290-14

【詬】 1
皆有○醜. 61-17

【誂】 3
人○其長者. 24-15 ○其少者. 24-15 客謂○者曰. 24-16

【詣】 1
益發兵○趙. 278-5

【諍】 2
有兩虎○人而鬬者. 27-21 今兩虎○人而鬬. 27-23

【詳】 3
而○事下吏. 53-17 願公之○計而無與俗同也. 96-13 其次堅約而○講. 195-2

【裹】 1
必表○河而東攻齊. 68-7

【瘁】 1
民憔○. 253-5

【廉】 15
必有伯夷之○. 46-20 慕君之○也. 80-9 目苛○聞於世. 108-9 彼有○其爵. 112-19 故彼○其爵. 113-1 ○頗救幾. 156-23 必曰○潔勝任. 236-20 ○如伯夷. 250-11 ○如伯夷. 250-15 ○如此者. 250-16 ○如鮑焦史鰌. 257-25 ○如鮑焦史鰌. 258-4 臣以爲○不與身俱達. 258-5 趙使○頗以八萬遇栗腹於鄗. 271-24 民無○耻. 283-11

【膺】 1
席隴畝而○庇桑. 176-7

【資】 38
箕今楚王○之以地. 7-12 ○用乏絕. 16-16 三○者備. 22-7 秦之楚者多○矣. 50-4 王○臣萬金而遊. 51-8 乃○萬金. 51-12 是王以兵○於

仇讎之韓魏. 53-8 ○而相之於周乎. 56-9 乃○車百乘. 60-22 太子何不倍楚之割地而○齊. 76-1 此大○也. 89-11 以○說士. 97-2 以○固於齊. 102-9 此霸王之○也. 108-24 ○之金玉寶器. 116-9 挾寶地以爲○. 116-11 好傷賢以爲○. 119-5 乃○之以珠玉. 120-11 公不如目儀之言爲○. 122-2 吾請○先生厚用. 137-21 公不如令主父以地○周最. 157-17 王又以其力之所不能攻以○之. 159-13 臣又願足下有地効於襄安君以○臣也. 171-13 足下以此○臣也. 171-15 公不如儀之言爲○. 187-24 鬻王以爲○者也. 195-9 是取子之○. 212-15 而以○子之讎也. 212-15 令齊○我於魏. 216-2 齊必○公矣. 216-4 王不如○韓朋. 223-24 君○臣. 224-14 以成陽○翟强於齊. 225-17 王之大○也. 229-5 而○之以秦. 233-6 則君多○. 249-6 持千金之○幣物. 277-4 商敵爲○. 287-3

【靖】 24

○郭君將城薛. 62-18 ○郭君謂謁者. 62-18 ○郭君因見之. 62-19 ○郭君謂齊王曰. 63-3 今與○郭君. 63-4 ○郭君善齊貌辨. 63-7 士尉以証○郭君. 63-8 ○郭君不聽. 63-8 ○郭君大怒曰. 63-9 ○郭君之交. 63-11 ○郭君曰. 63-13 ○郭君不能止. 63-14 ○郭君之所聽愛夫. 63-16 辨謂○郭君曰. 63-17 ○郭君泣而曰. 63-19 ○郭君曰. 63-21 ○郭君之於寡人一至此乎. 63-23 客肯爲寡人來○郭君乎. 63-24 ○郭君衣威王之衣. 64-1 宣王自迎○郭君於郊. 64-1 ○郭君至. 64-2 ○郭君辭. 64-3 ○郭君辭不得. 64-3 ○郭君可謂能自知人矣. 64-5

【新】 43

秦攻○城宜陽. 21-24 而齊之德○加與. 35-22 客○有從山東來者蔡澤. 46-22 昭王○說蔡澤計畫. 47-1 君因謂其○王曰. 75-6 至於○城. 107-5 楚目弱○城圍之. 107-7 ○城上梁相去五百里. 107-9 故楚王何不目○城爲主郡也. 107-10 ○城公大說. 107-13 楚王果以○城爲主郡. 107-14 矯目○城陽人予太子. 107-16 臣爲太子得○城陽人. 107-18 又何○城陽人之敢求. 107-19 有偏守○城而居民苦矣. 110-24 楚使○造盩棼冒勃蘇. 113-17 夫人鄭褏知王之說○人也. 123-11 甚愛○人. 123-11 今鄭褏知寡人之說○人也. 123-14 因謂○人曰. 123-16 ○人見王. 123-17 夫○人見寡人. 123-18 不若令屈署以○東國爲和於齊以動秦. 126-1 魏齊○怨楚. 130-13 爲故君賊○君. 135-18 樓緩○從秦來. 158-22 今臣○從秦來. 159-5 魏王使客將軍○垣衍間入邯鄲. 162-6 不如盡歸中山之○埊. 175-8 趙太后○用事. 178-19 南有鴻溝陳汝南有許鄢昆陽邵陵舞陽○郪. 184-5 ○觀也. 189-23 白珪謂○城君曰. 213-1 矯以○城陽人合世子. 234-7 世子得○城陽人. 234-9 又何○城陽人敢索. 234-10 謂○城君曰. 235-10 與○城陽晉同也. 240-7 段産謂○城君曰. 247-1 段干越人謂○城君曰. 247-5 寡人○卽位. 266-20 衛人迎○婦. 283-13 ○婦謂僕曰. 283-14

【鄣】 1

爲除守徼亭○塞. 222-22

【意】 75

兼有呑周之○. 10-7 願大王少留○. 15-19 吾欲使武安子起往喻○焉. 17-22 ○亦思乎. 27-19 ○者. 36-23 臣○王之計欲少出師. 38-24 有爭○也. 42-5 則螻蟻得○焉. 62-22 乃有○欲爲收責於薛乎. 82-21 ○者秦王帝王之主也. 84-4 ○者秦王不肖之主也. 84-5 君滿○殺之乎. 85-8 順民之○. 90-22 皆以相敵爲○. 91-3 常以王人爲○也. 91-5 ○者. 97-3 稱寡人之○. 98-11 君獨無○湔拔僕也. 128-14 二主色動而○變. 133-14 今上客有○存天下. 146-10 ○者. 146-22 唯大王有○督過之也. 148-2 是故不敢匿○隱情. 148-14 今胡服之○. 149-22 而叔也順中國之俗以逆簡襄之○. 151-1 敢道世俗之間今欲繼簡襄之○. 151-4 愚者陳○而知者論焉. 151-7 不足與致○. 151-17 竭○不諱. 151-23 忠可以寫○. 152-22 順其○. 153-12 竭○盡力. 153-18 其○欲求爲帝. 162-9 臣故○大王不好也. 165-11 固願承大國之○也. 177-12 因與接○而遣之. 178-16 今乃有○西面而事秦. 184-14 ○者羞法文王乎. 194-8 今臣願大王陳臣之愚○. 198-11 有○欲以下大王之兵東擊齊也. 202-1 ○雖道死. 204-12 臣○秦王與樗里疾之欲之也. 209-12 臣願以鄙心○公. 209-16 故不錯○也. 219-16 不○也. 221-5 願大國遂肆○於秦. 226-13 大國有○. 229-21 以○厚之. 237-1 夫賢者以感忿睚眦之○. 237-16 非弟○也. 238-11 何○寡人如是之權也. 244-6 百姓離○. 254-17 足下有○爲臣伯樂乎. 263-14 而亦何以報先王之所以遇將軍之○乎. 266-23 唯君之留○焉. 268-14 志○不相通. 268-24 不能奉順君○. 272-2 故使使者陳愚○. 272-3 君雖不得○乎. 272-16 ○君曰. 273-4 此寡人之愚○也. 273-6 願先生留○也. 274-14 願先生留○也. 274-22 其○不饜. 275-9 唯荆卿留○焉. 275-17 以順適其○. 275-21 荆卿未有行○. 275-22 而傷長者之○. 276-3 將軍豈有○乎. 276-11 荆卿豈無○哉. 276-20 卒起不○. 277-18 而欲滿其○者衆. 281-7 趙王○移. 287-10 以絶趙王之○. 287-17 觸魏之不○. 289-19

【雍】 30

楚攻○氏. 3-21 ○氏之役. 10-12 今圍○氏五月不能拔. 10-17 必勸楚王益兵守○氏. 10-18 ○氏必拔. 10-19 楚卒不拔○氏而去. 10-23 ○天下之國. 55-14 使輕車銳騎衝○門. 65-16 ○門養椒亦. 84-23 ○門司馬前曰. 101-16 卽墨大夫與○門司馬諫而聽之. 101-19 衛靈公近○疸彌子瑕. 166-8 因廢○疸彌子瑕. 166-13 有所謂桑○者. 176-21 所謂桑○者. 176-22 ○沮謂張子曰. 188-23 ○沮曰. 188-25 ○沮謂齊楚之君曰. 189-1 得垣○. 207-12 秦許吾以垣○. 213-25 臣以垣○爲空割也. 214-1 故以垣○餌王也. 214-3 王敢責垣○之割乎. 214-4 王能令韓出垣○之割乎. 214-5 垣○空割也. 214-5 是以有○者與秦遇. 214-12 楚圍○氏五月. 231-3 今○氏圍. 231-16 楚圍○氏. 231-22 臣請令楚築萬家之都於○氏之旁. 236-3

【義】 108

周賴大國之○. 1-10 秦王不聽羣臣父兄之○而攻宜陽. 2-5 行○約信. 16-8 ○强於內. 16-12 又有不○之名. 22-13 ○渠君之魏. 28-10 公孫衍謂○渠君曰. 28-10 ○渠君曰. 28-11 ○渠君曰. 28-13 ○渠君者. 28-14 遺○渠君. 28-16 ○渠君致羣臣而謀曰. 28-17 大國不○. 32-9 今者○渠之事急. 37-5 今○渠之事已. 37-5 而悉韓魏之兵則不○矣. 38-24 質仁秉○. 44-15 行○不固毁譽. 44-24 ○之至. 45-3 ○之所在. 45-3 臣之○不參拜. 50-23 省攻伐之心而肥仁○之誡. 52-11 高○也. 73-22 ○救亡趙. 73-22 然則是我抱空質而行不○於天下也. 75-5 亦甚不○矣. 78-25 有存亡繼絶之○. 80-7 誠說君之○. 80-8 君家所寡有者以○耳. 83-5 竊以爲君市○. 83-5 市○柰何. 83-6 乃臣所以爲君市○也. 83-7 先生所爲文市○者. 83-11 ○不臣乎天子. 84-12 說○聽行. 84-15 立千乘之○而不可陵. 84-19 仁○皆來役處. 85-25 莫若後起而重伐不○. 91-6 立○者伯. 91-13 微用兵而寄於○. 91-22 歸之於○. 99-22 ○也. 117-5 不○. 117-10 負不○於天下. 117-25 不○. 118-16 竊慕大君之○. 122-15 勇者○之. 123-4 廢正適而立不○. 126-24 彼○士也. 135-12 大亂君臣之○者無此矣. 135-18 以明君臣之○. 135-19 臣聞明主不掩人之○. 136-5 於是襄子○之. 136-8 然則韓○王以天下就之. 139-7 人懷吾○. 140-9 是吾處三不○也. 140-24 不○一也. 140-24 不○二也. 140-25 不○三也. 140-25 莫不高賢大王之行○. 144-4 肥○侍坐. 148-23 肥○曰. 149-10 故寡人願募公叔之○. 149-25 仁○之所施也. 150-5 蠻夷之所○行也. 150-6 ○之經也. 152-24 御道之以行○. 153-11 臣用私○者國必危. 153-20 仁○道德. 154-12 無禮○之心. 160-11 弃禮○而上首功之國也. 163-1 昔齊威王嘗爲仁○矣. 163-8 說以○則不聽. 165-17 秦按爲○. 173-2 子○聞之曰. 179-22 不○也. 193-21 此文王之○也. 194-5 此文王之○也. 194-8 又令魏太子未葬其先王而因又說文王之○. 194-10 說文王之○以示天下. 194-11 是齊抱空質而行不○也. 197-15 不識禮○德行. 206-17 以全父子之○. 217-25 無爲人臣之○矣. 218-3 率曰好○. 227-2 ○不敢當仲子之賜. 237-6 聞足下○甚高. 237-7 ○不離親一夕宿於外. 250-14 汙武王之○而不臣焉. 250-15 亢○益國. 251-6 竊聞王○甚高甚順. 252-11 寡人聞太子之○. 254-13 將廢私而立公飭君臣之○. 254-13 ○不與生俱立. 258-5 仁○者. 258-5 非行○也. 260-5 而又害於足下之○. 266-25 餘令詔後嗣之遺○. 268-1 ○之所不敢出也. 268-11 攻不○. 269-19 此天下之無道不○. 269-20 名則○. 269-22 苟可以明君之○. 272-18 ○者不虧人以自益. 272-20 吾○固不殺王. 279-11 ○不殺王而攻國. 279-12 敢問攻宋何○也. 279-12 不好仁○. 287-14

【粮】 5

不如易餘○於宋. 100-19 是以餘○收宋也. 100-20 水通○. 140-13 粟○漕庾. 185-11 ○不多. 231-9

【煎】 1

易牙乃○敖燔炙. 200-5

【遡】 1

告○於魏. 90-10

【慈】 5

則○母不能信也. 29-17 父○子孝. 45-5 ○仁任忠. 45-15 教順○愛. 138-2 ○父不子. 153-21

【煩】 9

政教不順者不可以○大臣. 15-22 未○一兵. 17-4 不穀不○一兵. 26-16 胡人襲燕樓○數縣. 92-1 西有樓○秦韓之邊. 150-19 以備其參胡樓○秦韓之邊. 150-21 以○有司. 153-7 北有林胡樓○. 248-3 何爲○大王之廷耶. 258-9

【煬】 2

前之人○. 166-12 今臣疑人之有○於君者也. 166-12

【熳】 1

蹈○炭. 18-19

【煖】 1

不得○衣餘食. 56-23

【溝】 5

亦襲魏之河北燒棘○. 90-15 棘○之燒也. 90-17 盡於○壘. 175-2 願及未塡○壑而託之. 179-7 南有鴻○陳汝南有許鄢昆陽邵陵舞陽新郪. 184-5

【滅】 44
前功盡○.11-14 大者宗廟○覆.38-10 古之所謂危主○國之道必從此起.41-7 國家○亂.45-7 ○破范中行.49-16 故多割楚以○迹也.76-14 稍稍誅○.86-7 ○亡無族之時.86-7 小國○也.91-6 莒恃越而○.91-17 今天下之相與也不並○.91-21 ○其國.92-21 而○二子患也.92-22 勇士不怯死而○名.96-8 功廢名○.96-10 功廢名○.97-15 欲殺春申君以○口.129-10 秉權而殺君以○口.129-19 於是使吏盡○春申君之家.130-1 ○之.131-21 知氏盡○.134-6 ○鬚去眉.135-13 知伯○范中行氏.135-24 魏○晉國.138-13 今魏恥未○.142-1 不易禮而○.152-11 遂○趙.180-5 且秦○韓亡魏.219-15 夫韓魏○亡.220-2 ○吾弟之名.238-11 水攻則○大梁.260-18 水皆至○表.271-5 水皆○表.271-6 見秦且○六國.273-21 願太子急遣樊將軍入匈奴以○口.274-5 五歲而卒○燕國.278-8 於是○滕伐薛.281-12 斬社稷而焚○之.281-13 ○竈.283-15 求益軍糧以○趙.288-15 必欲○之矣.289-8 不遂以時乘其振懼而○之.289-20 吾不能○趙乎.290-3 誅○無道.290-10
【塗】 10
不識大國何○之從而致之齊.1-11 寡人終何○之從而致之齊.1-15 何○之從而出.1-20 乃稱簡之○以告襄子曰.134-9 入宮○厠.135-10 執問○者.135-10 復○偵謂君曰.166-9 而道○宋衛爲制.189-23 頓首○中.250-3 代王腦○地.251-16
【滏】 2
前漳○.165-1 絶漳○之水.207-5
【溜】 1
石○之地也.221-4
【溢】 2
黄金萬○.17-2 黄金萬○爲用.17-7
【溺】 5
○於辭.16-15 其狗嘗○井.105-7 其鄰人見狗之○井也.105-8 常民○於習俗.151-13 勿令○苦於學.153-12
【粱】 5
富不與○肉期.158-16 而○肉至.158-16 ○肉不與驕奢期.158-17 舍其○肉.279-15 此猶○肉之與糟糠也.279-19
【慎】 13
日○一日.20-25 苟○其道.20-25 傅○子曰.117-9 楚王告○子曰.117-12 ○子曰.117-13 ○子入.118-2 王以三大夫計告○子曰.118-2 ○子對曰.118-5 ○子曰.118-6 ○大臣父兄.119-8 子○勿復言.133-17 願大王○無出於口也.144-11 ○勿納也.282-2
【慄】 4
戰○而却.20-19 戰戰○○.20-25 身體戰○.125-12
【愴】 1
○然有決色.134-18
【慊】 1
苟可○齊貌辨者.63-9
【塞】 53
秦敢絶○而伐韓者.3-16 今公又以秦兵出○.11-13 秦悉○外之兵.12-18 足以爲○.19-5 ○轘轅緱氏之口.21-23 自殽○谿谷.31-8 南有符離之○.35-24 ○私門之請.46-7 ○太行之口.46-16 而世主不敢交陽侯之○.55-15 宣王因以晏首壅○之.66-3 此所謂四○之國也.68-17 則是圍○天下士而不利說途也.76-25 今秦四○之國.77-18 事不○天下之心.91-8 北有汾陘之○郇陽.108-23 四○以爲固.110-2 下○以東.113-20 填黽○之內.125-11 而投己乎黽○之外.125-11 願君堅○兩耳.137-17 乃我請君○兩耳.137-20○朋黨之門.145-22 魏○午道.146-3 爲齊兵困於殽○之上.147-7 一軍○午道.148-12 且昔者簡主不○晉陽.150-22 秦舉安邑而○女戟.172-19 燕之通谷要○.174-18 是有其半○也.188-20 將以○趙也.198-13 行三十里而攻危隘之○.207-6 西有宜陽常阪之○.221-24 爲除守徼亭鄣○.222-22 夫○成皐.223-8 今秦欲踰兵於澠隘之○.229-24 ○三川而守之.232-6 舟漏而弗○.233-15 ○漏舟.233-15 是○漏舟而輕陽侯之波也.233-16 秦楚挾幾瑟以○伯嬰.235-7 必欲善韓以○魏.239-14 而相國見臣不釋○者.247-9 約與代王遇於句注之○.251-13 足以爲○.253-9 何足以爲○.253-12 則秦不出殽○.258-7 ○女戟.260-14 ○女戟.260-21 ○鄳隘.261-4 因以○鄳隘爲楚罪.261-5 以○鄳隘.261-12 致中山而○四國.284-21
【窟】 5
狡兔有三○.83-12 今君有一○.83-13 請爲君復鑿二○.83-13 三○已就.83-24 身○穴.92-17
【裸】 1
而禹袒入○國.149-12
【裼】 1
聞戰頓足徒○.18-18
【福】 26
天下之○也.45-5 國之○也.45-5 家之○也.45-6 ○三國之君.81-16 無德而望其○者約.86-10 則不祠而○矣.91-12 播禍爲○.123-4 禍與○相貫.123-5 世有無妄之○.129-11 何謂無妄之○.129-13 此所謂無妄之○也.129-16 此魏之○也.213-7 未見有○.218-19 夫造禍而求○.223-10 成固爲○.239-9 不成亦爲○.239-10 所謂成爲○.239-16 不成亦爲○者也.239-16 强國之事成則有○.242-17 轉禍而爲○.249-21 此皆轉禍而爲○.249-22 所謂轉禍爲○.250-1 是足下之○也.250-11 轉禍而爲○.256-22 此皆轉禍而爲○.256-24 今王若欲轉禍而爲○.256-24
【羣】 63
秦王不聽○臣父兄之義而攻宜陽.2-5 明○臣據故主.6-18 譬如使豺狼逐○羊也.22-9 ○臣聞見者畢賀.26-16 義渠君致○臣而謀曰.28-17 秦王召○臣賓客六十人而問焉.60-19 ○臣莫對.60-21 非所以厲○臣也.61-5 是以○臣莫敢以虚願望於上.61-20 ○臣吏民.66-18 ○臣進諫.66-20 是○臣之計過也.69-9 以制○臣.97-2 君王后以示○臣.101-8 ○臣不知解.101-8 ○臣之可用者某.101-10 荆宣王問○臣曰.103-22 ○臣莫對.103-23 内與○臣謀.109-22 無以異於驅○羊而攻猛虎也.110-5 今大王不與猛虎而與○羊.110-5 聚○弱而攻至强也.110-11 王明日朝○臣.117-13 王墳墓復○臣歸社稷也.117-15 臣願無聽○臣之相惡也.119-7 久失○也.127-21 臣願大王深與左右○臣卒計而重謀.139-9 先王弃○臣.148-18 鄒之○臣曰.164-5 旦日贊○臣而訪之.167-21 ○臣必多以臣爲不能者.169-4 凡○臣之言事秦者.184-21 ○輕折軸.186-9 而王之○臣皆以爲可.188-17 而○臣之知術也.188-18 而○臣之知術也.188-20 内之無若○臣何也.192-16 ○臣多諫太子者.193-19 ○臣皆不敢言.193-23 先君必欲一見○臣百姓也夫.194-3 是○臣之私而王不知也.204-18 今君劫於○臣而許秦.204-25 ○臣知之.206-23 ○臣或内樹其黨以擅其主.223-21 ○臣比周以蔽其上.244-13 則○臣之賢不肖.244-17 則諸侯不敢因○臣以爲能矣.244-19 ○臣之知.244-23 示天下與小人○也.250-7 觀王之○臣下吏.252-13 願足下之無制於○臣也.259-10 ○臣效忠.265-13 會先王棄○臣.266-20 而立之乎○臣之上.267-8 及至棄○臣之日.268-1 ○臣怪之.277-11 ○臣驚愕.277-18 ○臣侍殿上者.277-18 而論功賞○臣及當坐者.278-2 ○臣皆賀.281-19 ○臣盡以爲君輕國而好高麗.283-2 ○臣諫曰.283-9 而○臣相妬以功.289-11
【殿】 3
倉鷹擊於○上.219-24 羣臣侍○上者.277-18 皆陳○下.277-19
【辟】 27
西○之國.22-1 西○之國也.22-8 再○千里.39-1 ○地殖穀.46-10 不使左右便○而使工者何也.87-24 非左右便○無使也.87-25 臣請○於趙.124-5 秦雖○遠.148-4 忠不○危.151-24 俗○者亂民.152-3 是以莅國者不襲奇○之服.152-3 俗○而民易.152-12 ○地千里.154-16 諸侯○舍.163-25 因○.165-22 燕楚○.171-8 便○左右之近者.176-22 撓揀而不○者.183-9 今乃劫於○臣之說.184-20 素服縞素○舍.218-5 ○人於途.218-13 申子乃○舍請罪.221-21 是外舉不○讎也.227-18 嚴仲子○人.237-6 則可以○其兵.242-15 陳四○去.244-21 寡人蠻夷○處.252-1
【裝】 2
於是約車治○.82-22 乃爲○遣荆軻.276-16
【際】 2
必張於有鳥無鳥之○.7-5 平○絶.54-19
【障】 1
守亭○者参列.185-11
【媾】 18
得無割其内而○乎.159-17 樓緩言不○.159-23 得無更割其内而○.159-24 今○.159-24 又割其力之所不能取而○也.159-25 不如無○.160-1 不如發重使而爲○.161-16 夫言○者.161-17 以爲不○者軍必破.161-17 而制○者在秦.161-17 則○乃可爲也.161-21 與平陽君爲○.161-22 寡人使平陽君○秦.161-23 王必不得○.161-24 楚魏以趙爲○.161-25 則○不可得成也.162-1 趙卒不得○.162-2 秦留趙王而后許之○.162-3
【嫫】 1
○母求之.127-10
【嫌】 1
得毋○於欲亟葬乎.194-6
【嫁】 15
以○之齊也.12-7 出婦○鄉曲者.24-4 出婦○於鄉里者.25-2 今秦楚○子取婦.69-24 至老不○.88-11 設爲不○.88-19 不○則不○.88-19 然○過畢矣.88-20 女無謀而○者.101-3 欲○其禍也.140-11 内○禍安國.186-4 老且不○.259-14 太后○女諸侯.265-12 四面出○.288-22
【勠】 1

○力同憂. 288-20

【預】 1

於是太子○求天下之利匕首. 276-15

【經】 8

而欲○營天下. 111-14 從政有○. 149-21 今寡人恐叔逆從政之○. 149-23 政之○也. 151-7 義之○也. 152-24 兵有常○. 154-2 失○則弱. 154-3 是變籍而棄○也. 154-3

【瑱】 1

徹其環○. 88-11

【瑶】 3

殺智伯○於鑿臺之上. 52-21 昔智伯○殘范中行. 55-9 昔智伯○攻范中行氏. 92-20

【懸】 1

余且○心以成而過. 273-4

【摶】 1

指○關. 70-1

【趙】 951

周君謂○累曰. 2-2 而又知○之難子齊人戰. 4-22 上黨長子○之有已. 4-24 君弗如急北兵趨○以秦魏. 5-15 則○恐伐. 5-21 秦以○攻. 5-22 與之齊伐○. 5-22 以地合於魏○. 5-25 將以觀秦之應○宋. 6-5 將興○宋合於東方以孤秦. 6-6 則賣○宋於三國. 6-7 欲秦○之相賣乎. 6-8 則秦○必相賣以合於王也. 6-9 秦知○之難與齊戰也. 6-11 將恐齊○之合也. 6-11 ○不敢戰. 6-12 秦○爭齊. 6-12 ○取周之祭地. 6-23 鄭朝獻之○太卜. 6-24 ○乃還之. 6-25 ○之上計. 9-19 而全○令其止. 9-22 重亦盡在○. 10-1 攻○. 11-5 而北攻○. 11-12 韓兼兩上黨以臨○. 13-3 卽○羊腸以上危. 13-4 楚○皆輕. 13-4 因○以止易也. 13-5 君不如使周最陰合於○以備秦. 13-14 見說○王於華屋之下. 16-25 ○王大悅. 16-25 故蘇秦相於○而關不通. 17-3 使○大重. 17-8 ○固負其衆. 17-20 燕○惡齊秦之合. 18-2 則荆○之志絶. 19-17 荆○之志絶. 19-18 則○危. 19-18 ○危而荆孤. 19-18 ○氏. 20-1 ○氏上下不相親也. 20-4 然則是舉○則韓必亡. 20-10 與○氏爲和. 20-15 且夫○當亡不亡. 20-17 以攻○襄主於晉陽. 21-4 舉○亡韓. 21-11 ○不舉. 21-12 以因于齊○. 22-16 ○且與秦伐齊. 32-5 令田章以陽武合於○. 32-5 ○王喜. 32-6 秦王使公子他之○. 32-8 謂○王曰. 32-8 秦且益○甲四萬人以伐齊. 32-13 必不益○甲四萬人以伐齊. 32-15 今破齊以肥○. 32-16 ○. 32-16 必不益○甲四萬人以伐齊矣. 33-2 齊○合. 34-22 必事○從公. 35-15 ○獨擅之. 39-6 以威楚○. 39-8 ○彊則楚附. 39-9 楚彊則○附. 39-9 楚○附則齊必懼. 39-9 李兌用○. 40-7 合從相聚於○. 42-2 ○亡. 42-14 ○亡. 42-17 上黨之民皆返爲○. 42-19 今攻○. 42-19 蔡澤見逐於○. 44-6 又越韓魏攻强○. 46-4 ○楚懾服. 46-5 帥韓魏以圍○襄子於晉陽. 49-17 北遊於燕○. 51-13 智氏見伐○之利. 52-16 從而伐○. 52-20 是燕○無齊楚. 54-4 無燕○也. 54-4 然後危動燕○. 54-5 ○氏亦嘗强矣. 54-9 曰○强何若. 54-10 ○人聞之至枝桑. 54-18 西說○. 54-20 今王廣德魏○. 55-5 制○韓之兵. 55-12 秦子異人質於○. 56-25 弃在於○. 57-10 王后乃請○而歸之. 57-13 ○未之遣. 57-14 不韋說○曰. 57-14 使秦而欲屠○. 57-15 ○厚送遣之. 57-16 ○乃遣之. 57-17 陛下嘗軔車於○矣. 57-21 ○之豪桀. 57-21 文信侯欲攻○以廣河間. 58-3 欲與燕共伐○. 58-4 燕者必徑於○. 58-5 ○人得唐者. 58-5 應侯欲伐○. 58-16 請爲張唐先報○. 58-20 見○王. 58-21 ○王郊迎. 58-21 謂○王曰. 58-21 則伐○. 58-23 欲攻○而廣河間也. 58-24 與强○攻弱燕. 58-25 ○王立割五城以廣河間. 58-25 ○攻燕. 58-25 與司空馬之○. 59-3 ○以爲守相. 59-3 秦下甲而攻○. 59-3 司空馬說○王曰. 59-5 習○事. 59-6 請爲大王設秦○之戰. 59-6 ○孰與秦大. 59-7 ○王曰. 59-11 卿不遠○. 59-11 大王裂○之半以賂秦. 59-12 秦不接刃而得○之半. 59-12 内惡○之守. 59-13○守半國以自存. 59-14 亡○自危. 59-15 則是大王名亡○之半. 59-16 ○王曰. 59-17 前日秦下甲攻○. 59-17 ○賂以河間十二縣. 59-18 今又割○之半以强秦. 59-18 請爲大王悉○兵以遇. 59-21 ○王不能將. 59-21 司空馬去○. 59-23 秦兵下○. 59-23 上客從○來. 59-23 ○事何如. 59-24 司空馬言其爲○王計而弗用. 59-24 ○必亡. 59-25 ○何時亡. 59-25 ○將武安君. 60-1 ○王之臣有韓倉者. 60-1 以曲合於○王. 60-2 五月○亡. 60-13 去○. 60-15 ○去司空馬而國亡. 60-16 臣於○而逐. 61-4 ○之逐臣. 61-4 ○之逐臣. 61-12 ○求救於齊. 64-8 救○孰與勿救. 64-8 是○不拔而魏全也. 64-12 是○破而魏弱也. 64-14 燕○韓魏聞之. 66-21 今齊楚燕○韓梁六國之遞甚也. 67-24 北向而孤燕○. 68-9 蘇秦爲○合從. 68-16 今主君以○王之教詔之. 69-12 必謂齊西有强○. 69-17 今○之與秦也. 69-22 秦○戰於河漳之上. 69-22 ○亡卒數十萬. 69-23 秦强而○弱也. 69-24 ○入朝黽池. 69-25 悉○涉河關. 70-1 楚○必救之. 71-5 楚○果遽起兵而救韓. 71-7 秦攻○. 73-3 ○令樓緩以五城求講於秦. 73-3 ○足之齊. 73-4 王欲秦○之解乎. 73-5 不如從合於○. 73-5 ○必倍秦. 73-5 秦使魏冉之○. 73-8 薛公使魏處之○. 73-8 而身與○戰矣. 73-9 ○可取唐曲逆. 73-12 命懸於○. 73-12 秦攻○長平. 73-15 齊楚救○. 73-15 ○無以食. 73-17 且○之於燕齊. 73-19 今日亡○. 73-20 且夫救○之務. 73-21 夫救○. 73-22 義救亡○. 73-22 東有○魏. 73-25 ○魏不伐. 74-1 ○魏亦不免與秦爲患矣. 74-2 今齊秦伐○魏. 74-2 則亦不果於○魏之應秦而伐周韓. 74-3 令齊入於秦而伐○魏. 74-3 ○魏亡之後. 74-4 ○之柱國也. 81-14 伐○取晉陽. 81-15 今又刦○魏. 81-17 絶○之東陽. 81-18 則○魏亦危矣. 81-18 ○魏危. 81-19 韓魏○楚之志. 81-19 ○魏楚得齊. 81-22 故秦○魏得齊者重. 81-22 齊王使使者問○威后. 88-3 約伐○. 89-15 伐○不如伐宋之利. 89-18 有濟西則○之河東危. 89-20 昔者○氏襲衞. 90-9 挑○索戰. 90-11 衞非强於○也. 90-13 ○氏懼. 90-14 楚人救○而伐魏. 90-14 ○得是藉也. 90-15 此皆非○魏之欲也. 90-17 而○氏兼中山. 91-2 中山悉起而迎燕○. 92-23 敗○氏. 92-24 則○必從矣. 94-6 被圍於○. 96-20 齊之反○魏之後. 103-19 王不如無救○. 104-11 其割○必深矣. 104-12 ○不能聽. 104-12 夫魏之攻○也. 104-14 今不救○. 104-15 ○有亡形. 104-15 是楚魏共○也. 104-15 且魏令兵以深割○. 104-16 ○見亡形. 104-17 目爲○援. 104-18 ○恃楚勁. 104-18 魏怒於○之勁. 104-19 必不釋○. 104-19 ○魏相弊. 104-19 楚因使景舍起兵救○. 104-21 楚杜赫說楚王以取○. 107-23 赫不能得○. 107-25 得○而王無加焉. 108-1 是不能得○也. 108-3 蘇秦爲○合從. 108-21 則韓魏齊燕○衞之妙音美人. 109-8 ○代良馬橐他. 109-9 故弊邑○王. 109-17 而燕○魏不敢不聽. 116-1 臣請辟於○. 124-5 之○. 124-6 徵莊辛於○. 124-7 孫子去之○. 126-15 ○以爲上卿. 126-15 於是使人請孫子於○. 126-20 李兌用○. 127-3 ○使魏加見楚春申君曰. 127-14 ○人李園. 128-18 今燕之罪大而○怒深. 130-11 故君不如北兵以德○. 130-12 若越○魏而鬭兵於燕. 130-19 知伯從韓魏兵以攻○. 131-3 夫從韓魏之兵而攻○. 131-6 ○亡. 131-6 今約勝○而三分其地. 131-7 夫勝○而三分其地. 131-11 是疵爲○計矣. 131-13 而解於攻○也. 131-13 知伯帥○韓魏而伐范中行氏. 131-21 ○葭諫曰. 132-3 又使人之○. 132-6 ○襄子弗與. 132-7 將以伐○. 132-8 ○襄子召張孟談而告之曰. 132-9 今知伯帥二國之君伐○. 133-5 ○將亡矣. 133-5 破○三分其地. 133-13 魏宣子之謀臣曰○葭. 133-18 破○則封二子者各萬家之縣一. 133-20 破○而三分其地. 133-21 張孟談既固○宗. 134-8 韓魏齊燕負親以謀○. 134-24 ○氏分則多十城. 134-25 ○襄子最怨知伯. 135-7 ○襄子曰. 135-12 於是○襄子面數豫讓曰. 135-23 ○國之士聞之. 136-10 魏文侯借道於○攻中山. 136-13 ○侯將不許. 136-13 ○利曰. 136-13 罷則○重. 136-14 必不能越○而有中山矣. 136-14 ○也. 136-15 燕○救之. 136-19 ○收天下. 138-1 蘇秦爲齊上書說○王曰. 138-1 以秦爲愛○而憎韓. 138-6 秦豈得愛○而憎韓哉. 138-7 故出兵以佯示○魏. 138-9 而禍及於○. 138-14 嘗合横而謀伐○. 138-25 參分○國壤地. 138-25 反三公什清於○. 139-2 夫韓事○宜正爲上交. 139-3 陰使人請○王曰. 140-4 而願爲○. 140-5○王喜. 140-6 而皆願爲○. 140-7 ○豹對曰. 140-8 且夫韓之所以内○者. 140-10 而○受其利. 140-11 ○豹出. 140-16 王召○勝○禹而告之曰. 140-17 乃使○勝往受地. 140-19 ○勝至曰. 140-21 ○聞韓不能守上黨. 141-1 ○起兵取上黨. 141-2 令公孫起王齮以兵遇○於長平. 141-2 蘇秦爲○王使於秦. 141-5 謂○王曰. 141-5 又北之○. 141-12 不如令○拘甘茂. 141-12 必以路涉端氏賂○. 141-14 以○之弱而據之建信君. 141-17 以楚○分齊. 141-19 ○患又起. 142-1 獨吞○. 142-4 齊○必俱亡矣. 142-4 ○王封孟嘗君以武城. 142-6 今○王不知文不肖. 142-9 訾然使○王悟而知文也. 142-10 謂○王曰. 142-13 秦之有燕而伐○. 142-14 有○而伐燕. 142-14 有梁而伐○. 142-14 有○而伐梁. 142-14 有謀故殺使之○. 142-25 以燕餌○. 143-1 北無○. 143-3 秦禍案攘於○矣. 143-5 ○王因起兵南戍韓梁之西邊. 143-13 蘇秦從燕之○. 144-3 說○王曰. 144-3 劫韓包周則○自銷鑠. 144-21 則必舉甲而向○. 144-22 莫如○强. 144-24 ○地方二千里. 144-24 莫如○. 145-3 然而秦不敢舉兵甲而伐○者. 145-3 ○之南蔽也. 145-4 禍中於○矣. 145-6 莫如一韓魏齊楚燕○. 145-23 ○涉河漳. 146-1 ○涉河漳. 146-2 ○涉河漳博關. 146-3 則○守常山. 146-4 秦攻○. 146-5 ○王曰. 146-9 秦攻○. 146-13 ○怒必於其己邑. 146-20 ○僅存哉. 146-21 夫慮收亡齊罷楚敝魏與不可知之○. 147-3 收破齊罷楚弊魏不可知之○. 147-11 ○奢鮑佞將. 147-15 而○奢鮑接之能也. 147-18 說○王曰. 147-23 此斷○之右臂也. 148-10 四國爲一以攻○. 148-13 破○而四分其地. 148-14 ○王曰. 148-17 ○文進諫曰. 151-7 ○文曰. 151-10 ○造諫曰. 151-20 ○造曰. 151-25 ○燕後胡服. 153-18 ○燕再拜稽首曰. 153-23 ○惠文王三十年. 155-3 相都平君田單問○奢曰. 155-3 ○以二十萬之衆攻中山. 155-20 ○使机郝之秦. 156-2 秦王見○之相魏冉之不急也. 156-4 ○欲存之. 156-8 樂毅謂○王曰. 156-8 齊必讎○. 156-8 ○有河北. 156-9 燕○必不爭矣. 156-9 以燕以○輔之. 156-10 令淖滑惠施之○. 156-12 秦攻○. 156-14 ○以公子部爲質於秦. 156-14 以易藺離石祁於○. 156-15 ○背

秦. 156-15 ○王乃令鄭朱對曰. 156-16 曠遠於○. 156-17 令衛胡易伐○. 156-21 ○奢將救之. 156-22 富丁欲以○合齊魏. 156-25 樓緩欲以○合秦楚. 156-25 必以○爲辭. 157-3 則伐秦者○也. 157-3 韓魏必怨○. 157-4 兵必歸於○矣. 157-5 ○必爲天下重國. 157-7 ○恐. 157-15 ○畏橫之合也. 157-16 無秦不能傷○. 157-18 無齊不能得○. 157-19 此利於○而便於周最也. 157-19 魏使人因平原君請從於○. 157-22 ○王不聽. 157-22 大敗○師. 158-6 ○以亡敗之餘衆. 158-6 ○守而不可拔者. 158-7 今○非有七克之威也. 158-8 而欲以罷○攻强燕. 158-9 是使弱○爲强秦之所以攻. 158-9 而使强燕爲弱○之所以守. 158-10 而强秦以休兵承○之敝. 158-10 秦攻○於長平. 158-21 因使人索六城於○而講. 158-21 ○計未定. 158-22○王與樓緩計之曰. 158-22 而○王入朝. 159-9 使○郝約事於秦. 159-9 秦之攻○也. 159-10 ○雖不能守. 160-2 秦善韓魏而攻○者. 160-5 是强秦而弱○也. 160-10 而割愈弱之○. 160-10 其勢必無○矣. 160-12 夫秦○構難. 160-15 今○兵困於秦. 160-16 秦○之敝而瓜分之. 160-18 ○且亡. 160-18 夫○兵困於秦. 160-20 ○王曰. 160-25 秦之使者已在○矣. 161-2 秦攻○. 161-4 謂○王曰. 161-5 ○王曰. 161-7 ○國豪傑之士. 161-8 佩○國相印不辭無能. 161-10 秦○戰於長平. 161-14 ○不勝. 161-14 ○王召樓昌與虞卿曰. 161-14 必且破○軍. 161-19 ○使入楚魏. 161-20 ○王不聽. 161-22 ○王召虞卿曰. 161-22 ○之貴人也. 161-25 楚魏以○爲媾. 161-25 ○卒不得媾. 162-2 秦留○王而后許之媾. 162-3 秦圍○之邯鄲. 162-5 魏安釐王使將軍晉鄙救○. 162-5 因平原君謂○王曰. 162-7 秦所以急圍○者. 162-7 ○誠發使尊秦昭王爲帝. 162-9 此時魯仲連適游○. 162-11 會秦圍○. 162-11 聞魏將欲令○尊秦爲帝. 162-11 魏王使將軍辛垣衍令○帝秦. 162-13 欲以助○也. 163-3 則必助○矣. 163-7 適會魏公子無忌奪晉鄙軍以救○擊秦. 164-17 君安能少○人. 164-23 而令○人多君. 164-23 君安能憎○人. 164-23 而令○人愛君乎. 164-23 今○萬乘之强國也. 165-1 ○之於天下也不輕. 165-3 今君易萬乘之强○. 165-3 未嘗不言○人之長者也. 165-5 未嘗不言○俗之善者也. 165-5 鄭同北見○王. 165-8 ○王曰. 165-8 ○王曰. 165-10 ○王曰. 165-19 建信君貴於○. 165-21 公子魏牟過○. 165-21 ○王迎之. 165-21 ○王曰. 165-22 ○王不說. 165-24 而獨以○惡秦. 166-25 秦攻○. 167-20 夫秦之攻○. 167-20 而以兵襲○. 168-1 爲齊獻書○王. 169-3 齊乃捄○以伐宋. 169-19 屬怨於○. 169-20 爲○也. 169-24 五國伐○. 169-24 ○必亡矣. 169-24 今○留天下之甲於成皋. 170-1 王之事○也何得矣. 170-2 以爲○蔽. 170-4 而○無爲王行也. 170-4 如王若用所以事○之半收齊. 170-6 虛國於燕○之前. 170-7 韓岷處於○. 170-11 其怨於○. 170-15 臣請爲王推其怨於○. 170-16 願王之陰重○. 170-17 而無使秦之見王之重○也. 170-17 秦見之且亦重○. 170-17 齊秦交重○. 170-18 臣必見燕與韓魏亦且重○也. 170-18 皆且無敢與○治. 170-18 五國事○. 170-18 ○從親以合於秦. 170-19 王使臣以韓魏與燕劫○. 170-20 以○劫韓魏. 170-21 齊因欲與○. 170-25 ○不聽. 170-25 臣循燕觀○. 171-15 ○欲搆於秦. 171-18 燕○助之. 171-22 願得○. 171-24 皆非○之利也. 172-5 皆不利○矣. 172-7 不利於○. 172-9 不利於○. 172-12 秦王受齊受○. 172-13 齊○應之. 172-14 過○已安邑矣. 172-15 不利於○. 172-16 秦堅燕○之交. 172-17 而燕○應之. 172-18 燕○伐齊. 172-18 卽○自消爍矣. 172-21 非○之利也. 172-22 而○宋同命. 173-3 謂○王曰. 173-7 虞卿請○王曰. 173-16 ○王曰. 173-17 則從事可移於○. 173-19 ○王曰. 173-19 臣聞○王以百里之地. 173-22 夫○魏. 174-3 ○王以咫尺之書來. 174-3 得罪於○. 174-5 王聽○殺座之後. 174-7 强秦襲○之欲. 174-7 倍○之割. 174-8 使將而攻○. 174-11 ○王因割濟東三城令盧高唐平原陵地城邑市五十七. 174-11 則奚以○之强爲. 174-25 ○强則齊不復霸矣. 174-25 今得强○之兵. 175-1 ○攻中山. 175-7 ○使○莊合從. 175-12 ○因賤○莊. 175-12 齊明爲謂○王曰. 175-12 今聞○莊賤. 175-13 ○王曰. 175-14 乃召○莊而貴之. 175-15 甚善○王. 175-17 ○王三延之以相. 175-17 馮忌爲廬陵君謂○王曰. 175-22 馮忌請見○王. 176-3 ○王曰. 176-10 客見○王曰. 176-13 ○王未之應也. 176-20 ○王使往賀. 177-2 ○王憂之. 177-3 以制齊○. 177-3 吾所使○國者. 177-10 ○豹平原君. 177-14 ○能殺此二人. 177-14 ○豹平原君. 177-16 ○使姚賈約韓魏. 178-2 舉茅爲姚賈謂○王曰. 178-2 楚王禽○宋. 178-10 ○王之所甚愛也. 178-13 是空絶○. 178-14 春平侯者言行於○王. 178-15 必厚割○以事君. 178-16○太后新用事. 178-19 ○氏求救於齊. 178-19 至於○之爲○. 179-14 ○主之子孫侯者. 179-14 微獨○. 179-15 長安君何以自託於○. 179-19 秦使王翦攻○. 179-25 ○使李牧司馬尚禦之. 179-25 乃多與○王寵臣郭開等金. 180-1 李牧司馬尚欲與秦反○. 180-2 ○王疑之. 180-2 使○葱及顏冣代將. 180-2 大破○. 180-5 殺○軍. 180-5 虜○王遷及其將顏冣. 180-5 遂滅○. 180-5 因索蔡皐梁於○. 181-10 ○弗與. 181-11 ○氏應之於內. 181-11 韓○相難. 181-14 願得借師以伐○. 181-14 寡人與○兄弟. 181-14 ○又索兵以攻韓. 181-15 而與韓○戰澮北. 183-7 蘇子爲○合從. 184-5 故敝邑○王使使臣獻愚計. 185-3 今主君以○王之詔詔之. 185-5 北與○境. 185-10 東與齊而不與○. 185-12 則○攻其北. 185-13 則○不南. 185-20 ○不南. 185-20 臣與燕○故矣. 187-9 臣急使燕○. 187-11 即明言使燕○. 187-12 犀首又以車三十乘使燕○. 187-14 燕○聞之. 187-16 今燕齊○皆以事因犀首. 187-17 史厭謂○獻曰. 189-9 楚○必聽之. 189-20 是王失謀於楚○. 189-21 齊遂伐○. 189-22 事敗爲○驅. 189-24 信韓廣魏救○. 190-3 而令○. 190-13 齊王將見燕○楚之相於衛. 190-19 犀首田盼欲得齊魏之兵以伐○. 192-3 不過五月而○破. 192-4 公今言破○大易. 192-5 是○不伐. 192-7 大敗○氏. 192-10 王固先屬怨於○. 196-22 ○氏醜之. 197-9 ○應之. 197-9 將以塞○也. 198-13 臣又恐○之益勁也. 198-13 則○之謀者必曰. 198-19 秦必令其所愛信者用○. 198-20 是○存而我亡也. 198-20 ○安而我危也. 198-20 臣故恐○之益勁也. 198-21 而使○小心乎. 198-22 ○之用事者必曰. 198-25 秦○約而伐魏. 201-3 臣請發張倚使謂○王曰. 201-3 ○王喜. 201-5 張倚因謂○王曰. 201-8 ○王因令閉關絶秦. 201-9 秦○大惡. 201-9 芒卯應○使曰. 201-10 ○王恐魏承秦之怒. 201-11 初時惠王伐○. 202-7 ○氏不割. 202-8 燕○之所以國全兵勁. 202-9 臣以爲燕○可法. 202-10 今王循楚○而講. 202-14 楚○怒而與王爭事秦. 202-15 秦挾楚○之兵以復攻. 202-15 夫輕信楚○之兵. 202-24 願之及楚○之兵未任於大梁也. 203-2 楚○怒於魏之先已講也. 203-4 孟嘗君之○. 205-19 謂○王曰. 205-19 ○王曰. 205-19 夫○之兵. 205-21 非能弱於○也. 205-21 然而○之地不歲危. 205-22 以其西爲○蔽也. 205-23 今○不救魏. 205-23 是○與强秦爲界也. 205-23 ○王許諾. 205-24 以因○之衆. 206-8 君得燕○之兵甚衆且亟矣. 206-13 因歸燕○之兵. 206-14 必不伐楚與○矣. 207-3 絶韓之上黨而攻强○. 207-3 而以與○兵決勝於邯鄲之郊. 207-5 秦必不伐楚與○矣. 207-9 投質於○. 208-3 則楚○必與之攻矣. 208-4 王速受楚○之約. 208-6 楚○楚大破. 208-14 抱葛薛陰成以爲○養邑. 208-18 而○無爲王有也. 208-18 秦使○攻魏. 208-22 魏謂○王曰. 208-22 亡○之始也. 208-22 今國莫强於○. 208-25 ○也. 209-1 ○之號也. 209-1 ○者. 209-1 中山恃齊魏以輕○. 211-18 齊魏伐楚而○亡中山. 211-18 不如齊○. 213-16 秦已制○. 213-16 秦○構難而戰. 213-20 不如齊○而構之秦. 213-20 王不構○. 213-20 ○不以毀構矣. 213-21 ○必復鬭. 213-21 是并制秦○之事也. 213-21 王欲焉而收齊○攻荊. 213-22 欲焉而收荊○攻齊. 213-22 秦○久相持於長平之下而無決. 214-2 則無○. 214-3 合於○. 214-3 秦戰勝○. 214-4 秦戰不勝○. 214-4 芮宋欲絶秦○之交. 214-14 故委國於○也. 214-15 遂絶○也. 214-17 則趣○而已. 216-13 存○國. 217-4 ○王自郊迎. 217-4 存○國. 217-9 今○王自郊迎. 217-9 卒然見○王. 217-9 大成午從○來. 221-9 子以韓重我於○. 221-9 請以○重子於韓. 221-9 而我有兩○也. 221-10 乃微謂○卓韓鼂曰. 221-14 公何不與○藺離石祁. 225-14 收韓○之兵以臨魏. 225-15 楚○皆公之讎也. 228-6 若夫越○魏而鬭兵於燕. 229-13 常仗○而畔楚. 230-7 則害於○. 232-16 公不如告楚○. 232-17 楚○惡之. 232-17 ○聞之. 232-17 不如急發重使之○梁. 240-23 甘茂約楚○而反敬魏. 244-22 ○魏攻華陽. 245-12 大敗○魏於華陽之下. 245-17 燕○不敢不聽. 245-20 則燕○不敢不聽. 245-23 ○敖爲謂建信侯曰. 246-19 其救○必緩矣. 246-23 ○必亡矣. 246-23 以○之爲蔽於南也. 248-9 秦○五戰. 248-10 秦再勝而○三勝. 248-10 秦○相弊. 248-10 今○之攻燕也. 248-13 ○之攻燕也. 248-15 是故願大王與○從親. 248-17 南近齊○. 248-18 齊○. 248-19 於是齎蘇秦車馬金帛以至○. 248-19 齊燕離則○重. 248-23 齊燕合則○輕. 248-23 非○之利也. 248-23 西不如○. 249-2 豈能東無齊西無○哉. 249-3 則○重矣. 249-6 ○弗救. 249-9 ○必救我. 249-10 ○聞之. 249-11 莫如○. 251-11 昔○王以其姊爲代王妻. 251-11 夫○王之狼戾無親. 251-19 且以○王爲可親邪. 251-19 ○興兵而攻燕. 251-20 今○王已入朝澠池. 251-21 驅○而攻燕. 251-23 且今時○之於秦. 251-23 而○不敢妄動矣. 251-24 而南無齊○之患. 251-25 夫齊○者. 252-16 寡人之於齊○也. 252-18 所以備○也. 253-12 劇辛自○往. 256-7 燕○破宋肥齊尊齊而爲之下者. 257-4 燕○非利之也. 257-5 今王何不使可以信者接收燕○. 257-6 今涇陽君若高陵君先於燕○. 257-6 則燕○信秦矣. 257-7 ○爲中帝. 257-8 則燕○伐之. 257-9 燕○之所同利也. 257-11 燕○之所同願也. 257-11 則燕○之棄齊也. 257-12 今王之不收燕○. 257-13 王不收燕○. 257-15 王收燕○. 257-15 重燕○. 261-6 以濟西委於○. 261-6 ○得講於魏. 261-6 因犀首屬行而攻○. 261-7 已得講於○. 261-9 適○者曰. 261-11 ○莊之戰. 261-14 而燕○之秦者. 261-17 蘇代爲奉陽君說燕於○以伐齊. 261-23 乃入齊惡○. 261-24 令齊絶於○. 261-24 齊已絶於○. 261-24 使齊不信○者. 261-25 與齊王謀道取秦以謀○者. 262-1 令齊守○之質子以甲者. 262-2 果以守○之質子以甲. 262-3 臣故知入齊之有○累也. 262-4 臣死而齊大惡於○. 262-4 令齊○絶. 262-5 齊○必有爲智伯者矣. 262-6 奉陽君告朱讙與○足曰. 262-8 如齊王王之不信○. 262-13 故齊○之合苟可

循也. 262-15 臣死而齊○不循. 262-17 深結○以勁之. 262-22 今臣逃而紛齊○. 263-2 望諸相中山也使○. 263-4 ○刦之求埊. 263-5 卒絕齊於○. 263-8 ○合於燕以攻齊. 263-8 臣聞離齊○. 263-19 齊○已孤矣. 263-19 燕破則○不敢不聽. 263-23 是王破燕而服○也. 263-23 齊○之交. 264-22 燕王不與齊謀○. 264-22 則與○謀齊. 264-22 ○將伐之. 266-2 見○恢. 266-2 ○恢曰. 266-2 公聽吾言而說○王曰. 266-5 是使弱○居强吳之處. 266-8 使者乃以說○王. 266-10 ○王大悅. 266-10 樂毅奔○. 266-15 ○封以爲望諸君. 266-15 懼○用樂毅承燕之弊以伐燕. 266-16 遂捐燕而歸○. 266-22 故遁逃奔○. 266-25 莫徑於結○矣. 267-13 ○若許. 267-14 南使臣於○. 267-15 今韓梁○三國以合矣. 269-6 ○見秦之伐楚也. 269-7 燕○之衆. 269-13 燕○之衆. 269-18 ○且伐燕. 270-4 今○且伐燕. 270-7 燕○久相支. 270-7 吾得○矣. 270-11 吾得○矣. 270-11 得○. 270-14 燕王喜使栗腹以百金爲○孝成王壽. 271-19 ○民其壯者皆死於長平. 271-19 ○. 271-21 左右皆以爲○可伐. 271-23 遽起六十萬以攻○. 271-23 ○使廉頗以八萬遇栗腹於鄗. 271-24 樂間入○. 272-1 二人卒留○. 273-7 秦幷○. 273-9 使者過○. 273-9 ○王繫之. 273-9 秦○爲一. 273-10 玆之所以受命於○者. 273-10 而○繫之. 273-11 是秦○有郄. 273-11 秦○有郄. 273-12 無妨於○之伐燕也. 273-13 ○王以爲然而遣之. 273-13 燕王竊聞秦幷○. 273-14 吾使○有之. 273-15 臣聞全○之時. 273-15 ○廣三百里. 273-16 今王使○北幷燕. 273-17 燕○同力. 273-17 威脅韓魏○氏. 273-23 北臨○. 275-9○不能支秦. 275-11 秦將王翦破○. 275-22 虜○王. 275-22 得○人徐夫人之匕首. 276-15 益發兵詣○. 278-5 宋君使使者請於○王曰. 280-9 若扶梁伐○. 280-10 以害○國. 280-11 ○王曰. 280-13 弱○以强梁. 280-13 ○王曰. 280-15 宋人因遂舉兵入○境. 280-16 ○王亦說曰. 280-17 德施於梁而無怨於○. 280-17 常莊談謂○襄子曰. 284-3 必無○矣. 284-4 齊謂○魏曰. 284-7 齊謂○魏曰. 284-9 將與○魏伐之. 284-11 必爲○魏廢其王而務附焉. 284-13 是君爲○魏驅羊也. 284-13 中山必喜而絕○魏. 284-15 ○魏怒而攻中山. 284-16 賢於爲○魏驅羊也. 284-18 張登因謂○魏曰. 284-24 ○魏許諾. 285-3 中山果絕齊而從○魏. 285-3 中山與燕○爲王. 285-5 欲割平邑以賂燕○. 285-6 不憚割地以賂燕○. 285-9 燕○好位而貪地. 285-10 請令燕○固輔中山而成其王. 285-11 王之所以不憚割地以賂燕○. 285-14 夫割地以賂燕○. 285-15 爲中山之獨與燕○爲王. 285-19 中山恐燕○之不己據也. 285-20 中山必遁燕○. 285-21 燕○聞之. 285-22 因言告燕○而無往. 285-25 以積厚於燕○. 285-25 燕○必曰. 286-1 燕○必不受也. 286-2 中山因告燕○而不往. 286-4 燕○果俱輔中山而使其王. 286-5 司馬憙使○. 286-7 ○使來. 286-11 ○使者來屬耳. 286-15 ○必請之. 286-16 君弗與○. 286-16 果令○請. 286-17 君弗與○. 286-18 ○王必大怒. 286-18 可以令○勿請也. 286-21 臣聞弱○强中山. 287-1 願聞弱○强中山之說. 287-2 臣願之○. 287-3 見○王曰. 287-5 臣聞○. 287-5 ○王意移. 287-10 ○王非賢王也. 287-13○强國也. 287-15 以絕○王之意. 287-17 ○王亦無請言也. 287-18 復欲伐○. 288-14 求益軍糧以滅○. 288-15 ○軍大破. 288-18 ○人畏懼. 288-19 ○人之死者不得收. 288-20 臣料○國守備. 288-21 ○自長平已來. 288-22 ○未可伐也. 288-24 乃使五校大夫王陵將而伐○. 288-25 今○卒之死於長平者已十七八. 289-7 人數倍於○國之衆. 289-8 今秦破○軍於長平. 289-20 ○必固守. 289-25 吾不能滅○乎. 290-3 更使王齕代王陵伐○. 290-4 ○王出輕銳以寇其後. 290-5 釋○養民. 290-10 何必以○爲先乎. 290-11 必欲快心於○. 290-12

【墟】 3

復齊○. 98-2 燕人興師而襲齊○. 99-18 復齊○. 100-5

【嘉】 7

王○單之善. 98-9 單有是善而王○之. 98-11 ○其行. 98-13 敝邑寡君亦竊○之. 177-8 厚遺秦王寵臣中庶子蒙○. 277-4 ○爲先言於秦王曰. 277-4 用代王○計. 278-7

【皷】 4

三○之而卒不上. 30-5 故鍾○竽瑟之音不絕. 93-17 於是殺閔王於○里. 95-15 見敵之可也○之. 183-13

【臺】 16

謀之暉○之下. 1-12 宋君奪民時以爲○. 4-9 殺智伯瑤於鑿○之上. 52-21 則諸侯莫不南面而朝於章○之下矣. 108-25 更嬴與魏王處京○之下. 127-16 則高○. 145-18 梁王魏嬰觴諸侯於范○. 200-2 楚王登强○而望崩山. 200-8 遂盟强○而弗登. 200-10 後世必有以高○陂池亡其國者. 200-10 前夾林而後蘭○. 200-12 强○之樂也. 200-12 而○已燔. 206-7 文○墮. 207-21 則鴻○之宮. 223-8 齊器設於寧○. 267-19

【赫】 11

仇○之相宋. 6-5 杜○欲重景翠於周. 7-2 杜○曰. 65-19 楚杜○說楚王以取趙. 107-23 ○不能得趙. 107-25 杜○怒而不行. 108-3 杜○謂昭陽曰. 121-16 杜○謂昭陽曰. 121-20 且以置公孫○樗里疾. 141-15 杜○爲公仲謂秦王曰. 225-21 宋○爲謂公叔曰. 235-3

【截】 1

金試則○盤匜. 155-9

【誓】 1

寡人與子有○言矣. 173-11

【境】 42

不如令太子將軍正迎吾得於○. 11-17 不式於四○之外. 17-7 從秦王與魏王遇於○. 50-8 相望於○. 53-4 齊南以泗爲○. 53-16 使邊○早閉晚開. 57-23 四○之內. 66-17 四○不守. 69-3 譚拾子迎之於○. 85-6 而城郭露於○. 93-5 令於○內. 93-25 西與秦接○. 109-19 接○壤界. 111-16 韓與秦接○壤界. 139-16 於是秦王解兵不出於○. 147-21 東有燕東胡之○. 150-19 城○封之. 154-10 臨王之○. 165-17 齊甲未嘗不歲至於王之○也. 170-10 南與楚○. 185-10 西與韓○. 185-10 北與趙○. 185-10 東與齊○. 185-10 魏令公孫衍乘勝而留於○. 190-10 兵未出○. 192-10 魏惠王起○內衆. 196-13 將令秦王遇於○. 214-8 於是布令於四○之內曰. 218-16 秦自四○之內. 219-3 爲之儆四○之內選師. 226-6 乃儆四○之內選師. 226-12 今涉魏○. 229-20 甘茂與昭獻遇於○. 232-8 足下不踰楚○. 250-21 走且出○. 271-12 ○吏得丑. 271-12 ○吏恐而赦之. 271-16 宋人因遂舉兵入趙○. 280-16 衛君以其言告邊○. 281-21 至○而反曰. 281-22 使人迎之於○. 282-1 臣來至○. 287-5

【壽】 19

王令向○輔行. 29-2 謂向○. 29-3 向○歸以告王. 29-4 生命○長. 44-17 而有喬松之○. 46-20 而不○於朝生. 57-7 將軍爲○於前而捍匕首. 60-5 窮年沒○. 97-10 輦從鄢陵君與○陵君. 124-2 輦從鄢陵君與○陵君. 125-8 起前以千金爲魯連○. 164-19 韓公仲謂向○曰. 227-5 向○曰. 227-8 向○曰. 227-19 前爲聶政母○. 237-3 而嚴仲子舉百金爲親○. 237-15 鹿毛○謂燕王曰. 254-1 代厲皆以○死. 261-20 燕王喜使栗腹以百金爲趙孝成王○. 271-19

【摎】 1

宣王謂○留曰. 223-17

【綦】 6

○母恢謂周君曰. 12-15 ○毋恢曰. 12-19 魏求相○母恢而周不聽. 112-5 ○母恢教之語曰. 191-4 ○毋恢曰. 236-11 公孫○爲人請御史於王. 246-12

【聚】 16

彼且攻王之○以利秦. 13-23 ○散民. 19-14 ○散民. 19-20 齊秦相○以臨三晉. 34-4 合從相○於趙. 42-2 相○而攻秦者. 42-3 天下五合六○而不敢救也. 52-9 ○少而爲多. 54-21 夫鳥同翼者而○居. 80-24 莒中及齊亡臣相○. 101-1 ○羣弱而攻至强也. 110-11 禹無百人之○. 145-8 萬物財用之所○也. 150-4 故寡人且○舟檝之用. 150-20 天下之兵未○. 174-19 太子因數黨○衆. 254-15

【鞅】 12

衛○亡魏入秦. 15-4 夫公孫○事孝公. 44-21 衛○謀於秦王曰. 94-1 衛○見魏王曰. 94-4 魏王說於衛○之言也. 94-8 故曰衛○之始與秦王計也. 94-13 公孫○. 130-9 痤有御庶子公孫○. 183-22 而謂寡人必以國事聽○. 183-24 公孫○聞之. 184-1 觀○謂春申曰. 229-23 其於○也不然. 229-24

【慕】 7

公中○公之爲己乘秦也. 2-10 ○君之廉也. 80-9 夫鬬前爲○勢. 85-17 竊○大君之義. 122-15 下至韓○王以天下收之. 139-8 而○思不可得之小梁. 165-3 燕王誠振畏○大王之威. 277-5

【暮】 13

旦○進食. 63-10 ○. 66-12 乃約車而○去. 76-11 女○出而不還. 95-22 旦○且崩. 129-14 旦○當拔之而饗其利. 133-16 今○不擊. 133-25 今日臣之來也○. 137-8 魏且旦○亡矣. 230-1 旦○出令矣. 265-23 ○舍. 271-4 ○以燭見. 271-8 秦兵旦○渡易水. 275-23

【蔡】 39

桓公伐○也. 10-6 其實襲○. 10-6 以○厹由戒之. 10-8 魏攻○而鄭亡. 13-12 陳○亡於楚. 13-13 ○澤見逐於趙. 44-6 燕客○澤. 44-8 使人召○澤. 44-10 ○澤入. 44-10 ○澤曰. 44-12 ○澤曰. 44-15 ○澤復曰. 44-16 應侯知○澤之欲困己以說. 44-21 ○澤曰. 45-4 ○澤得少間. 45-11 ○澤曰. 45-14 ○澤曰. 45-16 北幷陳○. 46-8 客新有從山東來者○澤. 46-22 昭王新說○澤計畫. 47-1 ○澤相秦王數月. 47-2 上○召陵不往來也. 53-25 使剛成君○澤事燕三年. 58-3 吾令剛成君○澤事燕三年. 58-7 陳○好詐. 91-16 ○恃晉而亡. 91-17 則鄒魯陳○. 94-5 上○之監門也. 108-8 秦果舉鄢郢巫上○陳之地. 124-6 ○聖侯之事因是以. 125-2 與之馳騁乎高○之中. 125-4 ○聖侯之事其小者也. 125-7 請○皋狼之地. 132-7 因索○皋梁於趙. 181-10 而右上○召陵. 207-8 陳○亡於楚. 244-13 ○邵之道不通矣. 246-22 則以葉○委於魏. 261-8 以葉○. 261-11

【蔽】 19

能者亦不得○隱. 36-10 讒不○忠. 44-24 王之○甚矣. 66-17 隱○也. 73-19 百姓理襜○. 92-17 旌旗○日. 106-7 不○人之善. 106-17 趙之南○也. 145-4 ○晦先王. 148-17 君無○言. 151-8 上無○言. 151-23 專君之勢以○左右. 166-8 一物不能○也. 166-11 以爲趙○. 170-4 以其西爲趙○也. 205-23 無○於秦者. 214-25 居爲隱○. 231-4 羣臣比周以○其上. 244-13 以趙之爲○於南也. 248-9

【蔆】 1

至於○水. 38-1

【熙】 2

建信君輕韓○. 246-19 今君之輕韓○者. 246-20

【構】 22

秦楚之○而不離. 53-12 楚秦○難. 68-12 齊楚○難. 103-3 楚嘗與秦○難. 111-3 秦○兵而戰. 116-24 計者不如○三國攻秦. 136-21 憂大者不計而○. 142-2 秦魏之○. 142-3 以未○中山也. 157-9 夫秦趙○難. 160-15 而陰○於秦. 169-21 秦趙○難而戰. 213-20 不如齊趙而○之秦. 213-20 王不○趙. 213-20 趙不以毁○矣. 213-21 而○之秦. 213-21 吾請先天下○. 215-8 故欲先○. 215-10 宜割二寧以求○. 215-10 吳慶恐魏王之○於秦也. 215-13 秦久與天下結怨○難. 239-23 國○難數月. 254-16

【槁】 1

形容枯○. 16-17

【輒】 1

臣○以頸血湔足下衿. 79-10

【輔】 24

王令向壽○行. 29-2 其○外布. 41-4 周公○成王也. 45-12 士倉又○之. 57-9 湯有三○. 86-12 上○孤主. 97-1 韓氏○國也. 103-11 必進賢人以○之. 119-4 更其姓爲○氏. 133-23 唯○氏存焉. 134-6 吾聞○主者名顯. 134-13 以○公叔之議. 149-24 當世○俗. 151-10 以燕以趙○之. 156-10 必姑○之. 181-7 而持三萬乘之國○之. 198-7 而內收諸大夫以自○也. 234-25 必不敢○伯嬰以爲亂. 235-6 ○之以宋. 240-9 以萬乘自○. 240-13 吾欲以國○韓珉而相之可乎. 243-22 而挐薄○之. 283-4 請令燕趙固○中山而成其王. 285-11 燕趙果俱○中山而使其王. 286-5

【輕】 117

秦必○君. 5-15 ○忘其薛. 6-17 大人○君. 7-6 以秦之○也. 7-17 秦之○重. 7-18 吾又恐東周之賊己而以○西周惡之於楚. 8-7 齊必○矣. 9-7 楚趙皆○. 13-4 宛恃秦而○晉. 13-12 鄭恃魏而○韓. 13-12 此皆恃援國而○近敵也. 13-13 今君恃韓魏而○秦. 13-14 且○秦也. 14-4 其民○而難用. 20-1 ○諸侯. 22-19 則秦且○使重幣. 28-12 君必○矣. 34-3 公又○. 35-15 雖以臣爲賤而○辱臣. 36-14 ○起相牙者. 42-5 且君擅主○下之日久矣. 43-21 ○諸侯. 45-23 夫商君爲孝公平權衡正度量調○重. 45-25 臣見王之權○天下. 50-17 爲秦所○. 51-18 臣竊惑王之○齊易楚. 55-3 而○失齊. 55-5 使○車銳騎衝雍門. 65-16 是故韓魏之所以重與秦戰而○爲之臣也. 69-3 失齊者○. 81-23 且財者君之所○. 89-1 君不肯以所○與士. 89-2 而天下獨尊秦而○齊. 89-17 權不○. 90-23 不料敵而○戰. 110-12 則楚○矣. 115-4 楚必○矣. 116-5 將收韓魏○儀而伐楚. 121-1 臣以爲大王○矣. 121-9 是以國權○於鴻毛. 123-8 爵高而祿○. 136-24 不以○敵. 146-16 功大而權○者. 146-23 明乎○之爲重者王. 146-25 且習其兵者○其敵. 154-4 是○齊也. 157-19 至○也. 164-24 趙之於天下也不○. 165-3 豈敢○國若此. 165-25 天下必盡○王也. 169-12 則欲○王以天下之重. 169-15 而魏王○爲之殺無罪之座. 174-4 是王○强秦而重弱燕也. 175-24 憍而○敵. 181-5 待○敵之國. 181-6 多言而○走. 186-2 羣○折軸. 186-9 夫○用其兵者. 192-4 又必謂王曰使王○齊. 194-24 國危而權○. 198-23 夫○信楚趙之兵. 202-24 其人皆欲合齊秦外楚以○公. 209-6 外楚以○公. 209-9 天下且以此○秦. 209-15 以○樓庳. 209-22 以○翟强. 209-23 昔曹恃齊而○晉. 211-15 鄭恃魏以○韓. 211-16 原恃秦翟以○晉. 211-17 中山恃齊魏以○趙. 211-18 不從則茲公○. 212-13 秦必○王之强矣. 214-11 是示齊○也. 216-3 ○寡人與. 219-16 天下且以是○王而重秦. 224-16 然則王之○重必明矣. 224-20 必○秦. 226-10 ○秦. 226-10 ○絕强秦之敵. 226-16 夫○强秦之禍. 226-19 則秦○. 228-12 是秦○也. 228-14 是秦○也. 228-16 必○王. 229-7 必○與楚戰. 232-5 且示天下○公. 232-15 而○陽侯之波. 233-15 今公自以辯於薛公而○秦. 233-16 是塞漏舟而○陽侯之波也. 233-16 必○公. 234-24 公必○矣. 234-25 必○公. 235-4 則韓○矣. 239-7 則韓最○矣. 239-19 大臣爲諸侯○國也. 244-14 則爲大臣不敢爲諸侯○國矣. 244-18 是棘齊秦之威而○韓也. 245-10 建信君○韓熙. 246-19 今君之○韓熙者. 246-20 從則韓○. 246-22 則無從○矣. 246-22 齊燕合則趙○. 248-23 彼且德燕而○亡宋. 253-15 士卒樂佚○戰. 256-8 名卑而權○. 256-14 ○舟浮於汶. 260-7 浮○舟. 260-15 將○臣. 264-15 不量○弱. 267-10 ○卒銳兵. 267-17 仁不○絕. 272-4 智不○怨. 272-4 ○棄寡人以快心. 272-11 仁不○絕. 273-1 ○絕厚利者. 273-2 羣臣盡以爲君○國而好高麗. 283-2 趙王出○銳以冠其後. 290-5

【輓】 3

凡一鼎而九萬人○之. 1-19 糧食○賃不可給也. 155-5 執法以下至於長○者. 219-3

【匱】 1

糧食○. 132-25

【歌】 10

朝○之廢屠. 61-13 ○曰. 82-7 ○曰. 82-9 ○曰. 82-12 於是馮諼不復○. 82-14 乃○夫長鋏歸來者也. 82-18 先是齊爲之○曰. 102-4 倍鄴朝○. 207-5 荆軻和而○. 276-25 又前而爲○曰. 277-1

【遭】 3

不○時不得帝王. 34-17 曹子以爲○. 97-16 伯樂○之. 128-11

【監】 7

且梁○門子. 61-3 取世○門子. 61-4 王曰子○門子. 61-12 下則鄙野○門閭里. 86-3 欲爲○門閭里. 86-7 上蔡之○門也. 108-8 簡公用田成○止而簡公弒. 223-19

【酺】 1

完者內○而華樂. 92-12

【酸】 6

拔燕○棗虛桃人. 52-4 令之留於○棗. 56-14 以太子之留○棗而不之秦. 56-17 夕調乎○鹹. 124-19 北有河外卷衍燕○棗. 184-8 拔卷衍燕○棗. 185-19

【厮】 3

○養士之所竊. 92-15 而○徒負養在其中矣. 222-22 則○役之人至. 255-20

【厲】 22

蘇○爲之謂周君曰. 3-8 蘇○爲周最謂蘇秦曰. 5-25 蘇○謂周君曰. 11-5 綴甲○兵. 16-9 漆身而爲○. 37-21 漆身而爲○. 38-4 非所以○羣臣也. 61-5 乃○氣循城. 100-16 練士○兵. 109-7 秦恐且因景鯉蘇○而效地於楚. 115-10 鯉與○且以收地取秦. 115-11 公不如令王重賂景鯉蘇○. 115-11 蘇○謂宛公昭鼠曰. 115-16 豫讓又漆身爲○. 135-13 繕甲○兵. 148-1 齊使蘇○爲之謂魏王曰. 186-21 蘇秦弟○因燕質子而求見齊王. 254-23 欲囚○. 254-23 而蘇代○遂不敢入燕. 255-3 代○皆以壽死. 261-20 見之知無○. 262-11 被髮自漆爲○. 262-16

【厭】 6

○案萬乘之國. 54-10 說五而○之. 63-4 此貪欲無○也. 134-5 重欲無○. 181-5 史○謂趙獻曰. 189-9 夫秦何○之有哉. 202-13

【碭】 1

魏氏將出兵而攻留方與銍胡陵○蕭相. 53-13

【碣】 1

南有○石鴈門之饒. 248-6

【爾】 4

以頭搶地○. 219-22 我將爲○求火也. 242-1 寧於故國○. 272-23 口不能無道○. 287-11

【奪】 19

種稻而復○之. 3-4 宋君○民時以爲臺. 4-9 ○君地. 43-11 遇○釜鬲於涂. 44-6 秦王必相之而○君位. 44-9 ○其卮曰. 72-22 又欲○之東地五百里. 118-16 因○而食之. 126-7 而後王○之. 130-9 然而不免○死者. 130-10 彼將○其所謂不肖. 164-10 ○其所憎. 164-11 適會魏公子無忌○晉鄙軍以救趙擊秦. 164-17 游已○矣. 206-7 而再○之國. 206-20 啓與支黨攻益而○之天下. 254-6 我且言子之○我珠而吞之. 271-14 則君不○太后之事矣. 280-21 是○五國而益負海也. 284-20

【臧】 6

桓○爲昭睢謂楚王曰. 115-21 桓○爲睢謂楚王曰. 120-22 宋使○子索救於荆. 279-3 ○子憂而反. 279-3 ○子曰. 279-4 ○子乃歸. 279-6

【需】 19

其○弱者來使. 30-23 然則○弱者用. 30-24 田○對曰. 88-25 田○從中敗君. 192-13 ○亡. 192-14 ○侍. 192-15 ○. 192-15 蘇代爲田○說魏王曰. 192-21 王不如舍○於側. 193-1 ○非吾人也. 193-2 ○必挫我於王. 193-2 王厝○於側以稽之. 193-4 果厝○於側. 193-5 魏文子田○周宵相善. 196-4 犀首以倍田○周宵. 196-6 田○貴於魏王. 197-17 田○死. 197-22 田○死. 197-22 田○死. 198-2

【霆】 1

兕虎嗥之聲若雷○. 106-8

【蜚】 1

用兵如刺○繡. 261-13

【對】 163

○曰. 1-13 ○曰. 2-2 ○曰. 2-4 ○曰. 2-8 客卽○曰. 4-16 ○曰. 4-

18 ○曰. 12-16 ○曰. 21-23 ○曰. 24-12 陳軫○曰. 26-18 ○曰. 26-19 ○曰. 28-11 而寡人死不朽乎甘茂○曰. 28-25 ○曰. 29-5 甘茂○曰. 29-21 秦之右將有尉○曰. 30-5 甘茂○曰. 30-22 ○曰. 31-22 ○曰. 31-22 所以王三問而不○者是也. 37-19 ○曰. 44-12 ○曰. 48-24 ○曰. 49-2 ○曰. 49-3 孰與始强○曰. 49-10 ○曰. 49-11 中期推琴○曰. 49-15 羣臣莫○. 60-21 姚賈○曰. 60-21 ○曰. 61-6 ○曰. 61-7 ○曰. 62-21 齊貌辨○曰. 63-25 張丐○曰. 64-18 ○曰. 67-8 ○曰. 67-16 ○曰. 71-22 ○曰. 75-16 ○曰. 77-25 ○曰. 78-1 ○曰. 82-13 公孫弘○曰. 84-8 公孫弘○曰. 84-11 ○曰. 85-1 燭○曰. 85-17 ○曰. 85-19 燭○曰. 86-4 王斗○曰. 87-11 ○曰. 88-18 ○曰. 88-19 左右嘿然莫○. 88-24 田需○曰. 88-25 ○曰. 89-6 ○曰. 89-16 ○曰. 98-8 ○曰. 98-9 ○曰. 103-11 羣臣莫○. 103-23 江一○曰. 103-23 ○曰. 107-17 ○曰. 108-6 范環○曰. 108-7 莫敖子華○曰. 112-17 莫敖子華○曰. 112-19 莫敖子華○曰. 112-24 棼冒勃蘇○曰. 113-16 莫敖子華○曰. 114-9 慎子○曰. 118-5 ○曰. 119-17 陳軫○曰. 122-7 莊辛○曰. 124-10 ○曰. 127-20 ○曰. 128-20 ○曰. 128-21 ○曰. 130-14 ○曰. 130-14 ○曰. 130-17 ○曰. 131-16 ○曰. 133-12 張子談○曰. 134-15 ○曰. 134-20 蘇秦○曰. 137-7 趙豹○曰. 140-8 ○曰. 140-9 二人○曰. 140-18 ○曰. 141-6 皆○曰. 142-7 應○而不怨. 153-19 趙王乃令鄭朱○曰. 156-16 馮忌○曰. 158-5 故不敢○. 159-6 樓緩○曰. 159-18 安敢不○乎. 165-10 ○曰. 166-11 ○曰. 175-23 ○曰. 176-4 ○曰. 176-14 ○曰. 176-16 ○曰. 176-18 諒毅○曰. 177-11 ○曰. 179-6 ○曰. 179-8 ○曰. 179-8 贊○曰. 181-21 吳起○曰. 182-19 吳起○曰. 182-21 公叔痤○曰. 183-22 ○曰. 190-13 ○曰. 196-21 ○曰. 198-1 周訢○曰. 203-18 ○曰. 204-24 ○曰. 209-16 張旄○曰. 212-4 唐且○曰. 216-20 ○曰. 217-6 ○曰. 218-9 ○曰. 218-11 唐且○曰. 219-17 唐且○曰. 219-19 ○曰. 221-13 ○曰. 223-18 ○曰. 227-9 ○曰. 227-19 ○曰. 227-21 ○曰. 227-24 ○曰. 228-8 ○曰. 229-11 ○曰. 231-23 ○曰. 232-1 ○曰. 232-9 ○曰. 233-25 ○曰. 234-15 ○曰. 240-11 田苓○曰. 245-14 ○曰. 249-2 ○曰. 249-17 ○曰. 249-21 ○曰. 251-1 ○曰. 252-6 ○曰. 252-15 ○曰. 253-2 ○曰. 253-11 ○曰. 253-23 ○曰. 253-24 郭隗先生○曰. 255-17 涓人○曰. 256-2 ○曰. 257-25 ○曰. 258-2 ○曰. 258-7 ○曰. 258-16 ○曰. 258-20 ○曰. 258-24 蘇代○曰. 259-12 ○曰. 263-25 ○曰. 265-12 故敢以書○. 267-3 臣○曰. 267-11 ○曰. 271-21 武○曰. 273-23 登○曰. 284-10 ○曰. 287-22 二人○曰. 288-4

【嘗】 154

○欲東周與楚惡. 8-5 臣○聞溫囿之利. 12-22 生未○見寇也. 18-18 是知秦戰未○不勝. 18-25 攻未○不取. 18-25 所當未○不破也. 18-25 豈敢以疑事○試於王乎. 36-14 疑則少○之. 36-22 臣未○聞指大於臂. 40-20 秦○攻韓邢. 42-18 吾○無子. 43-2 臣亦○爲子. 43-3 孰與孟○芒卯之賢. 49-11 以孟○芒卯之賢. 49-12 天下未○無事也. 51-10 萬乘之地未○有也. 51-25 趙氏亦○强矣. 54-9 ○無師傅所教學. 57-20 陛下○軔車於趙矣. 57-21 未○爲兵首. 59-20 ○盜於梁. 61-3 孟○君又竊以諫. 63-8 今韓梁之目未○乾. 68-5 未○倍太山絶清河涉渤海也. 68-19 未○聞社稷之長利. 70-4 孟○君將入秦. 77-9 孟○曰. 77-10 孟○君見之. 77-12 謂孟○君曰. 77-12 孟○君乃止. 77-19 孟○君在薛. 77-21 而孟○令人體貌而親郊迎之. 77-22 孟○君奉夏侯章以四馬百人之食. 78-7 夏侯章每言未○不毀孟○君也. 78-8 或以告孟○君. 78-8 孟○君曰. 78-9 孟○君重非諸侯也. 78-10 吾以身爲孟○君. 78-12 孟○君讌坐. 78-15 孟○君舍人有與君之夫人相愛者. 78-23 或以問孟○君曰. 78-23 孟○君不知臣不肖. 79-6 是足下倍先君盟約而欺孟○君也. 79-8 孟○君可語善爲事矣. 79-12 孟○君有舍人而弗悅. 79-15 魯連謂孟○君曰. 79-15 孟○君曰. 79-22 孟○君出行國. 79-24 見孟○君門人公孫戍曰. 79-25 入見孟○君曰. 80-4 孟○君曰. 80-4 孟○君曰. 80-5 孟○君曰. 80-10 孟○君曰. 80-13 孟○君曰. 80-17 使人屬孟○君. 82-4 孟○君曰. 82-4 孟○君笑而受之曰. 82-5 孟○君曰. 82-8 孟○君曰. 82-10 孟○君客我. 82-11 孟○君問. 82-13 孟○君使人給其食用. 82-14 後孟○君出記. 82-16 孟○君怪之. 82-17 孟○君笑曰. 82-18 未○見也. 82-19 孟○君曰. 82-23 孟○君怪其疾也. 83-2 孟○君曰. 83-5 孟○君不說. 83-8 齊王謂孟○君曰. 83-9 孟○君就國於薛. 83-10 孟○君顧謂馮諼. 83-11 孟○君予車五十乘. 83-14 齊放其大臣孟○君於諸侯. 83-15 往聘孟○君. 83-17 馮諼先驅誡孟○君曰. 83-17 孟○君固辭不往也. 83-19 封書謝孟○君曰. 83-20 馮諼誡孟○君曰. 83-22 還報孟○君曰. 83-24 孟○君爲相數十年. 83-25 孟○君爲從. 84-3 公孫弘謂孟○君曰. 84-3 孟○君曰. 84-6 今孟○君之地方百里. 84-10 孟○君好人. 84-11 孟○君之好人也. 84-12 寡人善孟○君. 84-18 孟○. 84-19 魯仲連謂孟○. 84-22 孟○君逐於齊而復反. 85-6 謂孟○君曰. 85-6 孟○君曰. 85-7 孟○君曰. 85-8 孟○君曰. 85-9 孟○君乃取所怨五百牒削去之. 85-12 秦始皇○使使者遺君王后玉連環. 101-7 其狗○溺井. 105-7 且王○用滑於越而納句章. 108-12 且大王○與吳人五戰三勝而亡之. 110-23 楚○與秦構難. 111-3 未○見中國之女如此其美也. 120-9 未○見人如此其美也. 120-18 其君未○不尊. 126-18 國未○不榮也. 126-19 ○爲秦孽. 127-23 子不○事范中行氏乎. 135-24 ○合横而謀伐趙. 138-25 趙王封孟○君以武城. 142-6 孟○君擇舍人以爲武城吏. 142-6 孟○君曰. 142-8 未○得聞社稷之長計. 146-9 昔齊威王○爲仁義矣. 163-8 ○抑强齊. 165-2 未○不言趙人之長者也. 165-5 未○不言趙俗之善者也. 165-5 親○教以兵. 165-10 臣亦○以兵說魏昭王. 165-12 且王○濟於漳. 170-3 未○不爲王先被矢石也. 170-8 齊甲未○不歲至於王之境也. 170-10 ○以魏之故. 174-5 奢○抵罪居燕. 174-18 未○不分於葉陽涇陽君. 177-18 未○得聞明教. 185-5 秦○用此於楚矣. 194-25 又○用此於韓矣. 195-1 奉陽君孟○君韓呡周㝵周韓餘爲徒從而下之. 195-19 未○有之也. 202-25 且君之○割晉國取地也. 203-5 夜見孟○君. 205-16 孟○君曰. 205-17 孟○君之趙. 205-19 孟○君曰. 205-20 孟○君曰. 205-20 王○身濟漳. 208-17 公亦○聞天子之怒乎. 219-19 臣未○聞也. 219-20 大王○聞布衣之怒乎. 219-21 子○教寡人循功勞. 221-20 二十餘年未○見攻. 229-24 未○不以周襄王之命. 242-7 公孫郝○疾齊韓而不加貴. 244-18 齊韓○因公孫郝而不受. 244-19 先人○有德蘇氏. 257-20 昔周之上埊○有之. 258-25 未○謀燕. 264-22 未○見天子. 277-12 未○見人如中山陰姬者也. 287-7 ○餓且死. 288-4 君○以寡擊衆. 289-9

【裳】 1

必褰○而趨王. 218-14

【嘆】 1

襄子乃喟然○泣曰. 136-3

【闈】 1

至中○. 80-11

【聞】 351

公不○楚計乎. 10-15 昭應○此. 10-18 秦○之必大怒. 10-21 周君○之. 12-11 臣嘗○溫囿之利. 12-22 寡人○之. 15-21 父母○之. 17-12 臣○之. 18-6 臣願悉言所○. 18-8 臣○. 18-8 臣○之曰. 18-10 ○戰頓足徒裼. 18-18 且臣○之曰. 19-8 且臣○之. 20-25 請○其說. 21-22 臣○. 22-3 臣○之. 22-6 臣○其言曰. 22-23 吾○子欲去秦而之楚. 24-1 羣臣○見者畢賀. 26-16 臣○六百里. 27-4 不○六里. 27-4 王獨不○吳人之遊楚者乎. 27-18 王不○夫管與之說乎. 27-20 願○之. 28-11 謹○令. 28-13 臣○張儀西并巴蜀之地. 29-7 君○夫江上之處女乎. 31-1 不○. 31-2 甘茂之吏道而○之. 31-20 子焉○之. 31-22 臣○往來之者言曰. 32-12 文○秦王欲以呂禮收齊. 34-3 公○東方之語乎. 35-4 弗○也. 35-4 臣○明主莅正. 36-8 臣○周有砥厄. 36-17 臣○善厚家者. 36-19 臣○始時呂尙之遇文王也. 37-12 願○所失計. 38-22 ○齊之內有田單. 39-22 不○其王. 39-22 ○秦之有太后穰侯涇陽華陽. 39-23 不○其有王. 39-23 臣○. 40-2 亦○恒思有神叢與. 40-16 臣未嘗○指大於臂. 40-20 臣○之也. 40-24 臣必○見王獨立於庭也. 41-2 臣○古之善爲政也. 41-4 天下莫不○. 43-10 ○三人成虎. 43-22 天下皆○臣之身與王之舉也. 44-1 ○應侯任鄭安平王稽. 44-7 應侯○之. 44-10 請○其說. 44-12 韓魏○楚之困. 48-3 魏王○之恐. 50-6 ○齊魏皆且割地以事秦. 50-18 游學博○. 51-19 今○大王欲伐楚. 51-21 臣○之. 51-23 臣○. 52-25 齊太公○之. 54-15 郢威王○之. 54-16 趙人○之至枝桑. 54-18 燕人○之至格道. 54-18 臣○. 55-3 何○. 56-15 ○秦且伐魏. 56-16 請○其說. 57-8 ○燕太子丹之入秦與. 58-21 ○之. 58-21 ○張唐之相燕與. 58-22 ○之. 58-22 吾○子以寡人財交於諸侯. 61-6 紂○讒而殺其忠臣. 61-10 楚王○之. 62-10 君不○大魚乎. 62-21 宣王○之. 63-15 忌○以爲有一子之孝. 66-2 ○寡人之耳者. 66-19 燕趙韓魏○之. 66-21 臣○之. 69-20 未嘗○社稷之長利. 70-4 張儀○之. 71-12 齊王○之. 72-12 臣○謀泄者事無功. 75-13 使楚王○之. 75-22 楚王○之恐. 76-2 吾所未○者. 77-10 敬○命. 77-24 願○先生有以補之闕者. 78-15 且臣○齊衞先君. 79-6 齊人○之曰. 79-12 ○君於齊能振達貧窮. 80-7 寡人○之. 80-22 齊其○之矣. 83-18 齊王○之. 83-19 昭王○之. 84-7 燭○古大禹之時. 86-4 及今○君子之言. 86-22 乃今○細人之行. 86-23 ○先生直言正諫不諱. 87-11 王○之過. 87-12 ○先生高議. 88-17 子何○之. 88-18 臣○之鄰人之女. 88-18 臣○用兵而喜先天下者憂. 90-3 臣○善爲國者. 90-22 士○戰則輸私財而富軍市. 92-7 臣○戰大勝者. 93-4 臣之所○. 93-15 去之則○其聲. 95-12 吾○之. 96-7 公○之乎. 96-20 且吾○. 97-6 敬○命矣. 97-23 女○吾言乎. 98-8 ○之. 98-8 ○丈夫之相□與語. 98-16 安平君○之. 98-19 敬○命. 98-25 請○其說. 100-9 ○若言. 100-12 吾○北方之畏昭奚恤也. 103-22 以王好○人之美而惡○人之惡也. 105-17 寡人願兩○之. 105-18 君子○之曰. 106-15 ○楚之俗. 106-17 目苛廉○於世. 108-9 臣○治之其未亂. 109-4 臣○之. 110-12 臣○之. 110-24 寡人○之. 111-22 儀○之. 112-13 無所○之. 112-18 秦王○而走之. 113-15 寡人○

之.113-19 亦○於遂浦.113-21 章○之.114-11 寡人○先生.119-16 若○古人.119-16 願○其說.119-17 寡人○命矣.119-19 南后鄭褏○之大恐.120-12 妾○將軍之晉國.120-12 天下莫不○也.121-8 因使人以儀之言○於楚.122-3 寡人○韓侈巧士也.122-5 臣○之.122-15 臣○從者欲合天下以朝大王.123-3 其似惡○君王之臭也.123-19 臣○鄙語曰.124-10 臣○昔湯武以百里昌.124-11 襄王○之.125-12 公不○老萊子之教孔子事君乎.125-20 秦王○之懼.126-4 ○王病.126-25 ○弦音.127-22 君亦○驥乎.128-8○其不宜子.128-18 臣○之春秋.130-6 臣○董子之治晉陽也.132-16 臣○董子之治晉陽也.132-19 臣○之.133-1 臣○脣亡則齒寒.133-4 張孟談○之.133-24 吾○輔主者名顯.134-13 ○往古.134-16 臣○明主不掩人之義.136-5 趙國之士○之.136-10 臣○古之賢君.138-2 臣竊外○大臣及下吏之議.138-6 欲鄰國○而觀之也.138-8 臣○聖人甚禍無故之利.140-8 趙○韓不能守上黨.141-1 楚王○之.143-8 臣○.145-8 臣○.145-22 未嘗得○社稷之長計.146-9 臣○明王之於其民也.146-13 臣○懷重寶者.146-16 臣○之.146-18 敬使臣先以○於左右.148-5 先以○於左右.148-14 而適○使者之明詔.148-20 臣○之.149-10 且寡人○之.149-24 臣固○王之胡服也.150-2 臣○之.150-3 吾固○叔之病也.150-8 學者沉於所○.151-13 能與○遷.151-18 臣○之.151-25 吾○信不棄功.154-12 單○之.155-5 僕得○此.158-18 王亦○夫公甫文伯母乎.158-24 其母○之.159-1 虞卿○之.159-8 樓緩○之.160-14 虞卿○之.160-20 樓緩○之.161-2 公孫龍○之.161-7 ○魏將欲令趙尊秦爲帝.162-11 吾○魯連先生.162-19 文王○之.163-21 秦將○之.164-15 願○所以爲天下.165-23 吾○夢見人君者.166-10 鼓鐸之音○於北堂.167-20 臣願王之曰○魏而無庸見惡也.170-15 王不○公子牟夷之於宋乎.173-9 臣○趙王以百里之地.173-22 齊○此.175-9 今○趙莊賤.175-13 臣○王之使人買馬也.176-13 未之○也.176-22 大王以孝治○於天下.177-17 臣○之.177-20 沒死以○.179-6 老婦不○也.179-16 子義○之曰.179-22 臣○之.182-13 敬○命.182-15 吾乃今日○聖人之言也.183-5 公孫鞅○之.184-1 臣○越王勾踐以散卒三千.184-16 今竊○大王之卒.184-17 未嘗得○明教.185-5 臣○積羽沉舟.186-9 諸侯客○之.187-14 齊王○之.187-15 燕趙○之.187-16 楚王○之.187-17 王亦○老妾事其主婦者乎.188-11 王亦○張儀之約秦王乎.189-1 ○周魏令竇屢以割魏於奉陽君.190-14 魏王○寡人來.190-25 王且無所○之矣.192-24 王○之而弗任也.193-9 臣○此言.194-22 楚王○之.196-10 楚王○之.196-11 臣○之.196-21 臣○之.198-10 臣○明王不胥中而行.201-14 臣○魏氏大臣父兄皆謂魏王曰.202-6 是臣之所○於魏也.202-17 臣○魏氏悉其百縣勝兵.202-22 ○先生受魏之璧馬.205-10 魏王○之.205-16 可得○乎.205-20 大變可得○乎.206-6 昔竊○大王之謀出事於梁.211-3 王不○湯之伐桀乎.211-10 臣○明主之聽也.213-11 季梁○之.215-18 張子○之.216-7 因使其人爲見者嗇夫○見者.216-8 齊楚○之.217-1 臣○之曰.217-5 縮高○之曰.218-2 信陵君○縮高死.218-5 ○臣之得幸於王也.218-13 公亦嘗○天子之怒乎.219-19 臣未嘗○也.219-20 大王嘗○布衣之怒乎.219-21 臣○一里之厚.221-4 臣○鄙語曰.222-12 公仲○之.223-25 秦王○之.225-3 楚王○之大恐.226-4 春申君○之.229-19 秦使○之.229-20 臣○之.231-5 趙○之.232-17 楚○之.232-17 請○其說.233-25 ○足下義甚高.237-7 政姊○之.238-10 晉楚齊衞○之曰.238-15 西周○之.246-8 趙○之.249-11 其姊○之.251-17 天下莫不○.251-18 竊○王義甚高甚順.252-11 所○於邯鄲者.252-12 又高於所○東周.252-12 臣○之.252-15 明主者務○其過.252-15 不欲○其善.252-15 謀未發而○於外.252-20 今臣○王居處不安.252-20 子○之.252-23 且臣○之.253-8 吾○齊有清濟濁河.253-9 寡人○太子之義.254-13 天下○王朝其賢臣.255-22 臣○古之君人.255-24 臣○知者之舉事也.256-22 秦王○若說也.257-16 臣○之.258-11 臣○之曰.259-8 謹○命矣.263-16 臣○離齊趙.263-19 太后○之大怒曰.265-4 燕昭王○之.266-10 臣○賢聖之君.267-4 臣○賢明之君.267-24 臣○善作者.268-4 臣○古之君子.268-12 臣○當世之舉王.269-19 燕王○之.269-25 臣○辭卑而幣重者.270-13 天下莫不○.272-7 燕王○之.273-9 燕王竊○秦并趙.273-14 臣○全趙之時.273-15 又況○樊將軍之在乎.274-3 臣○騏驥盛壯之時.274-14 今太子○光壯盛之時.274-15 今太子○光壯盛之時.274-21 光○長者之行.274-24 今○購將軍之首.276-5 乃今得○教.276-12 太子○之.276-12 使使以○大王.277-8 秦王○之.277-9 墨子○之.279-9 吾自宋○子.279-10○公爲雲梯.279-11 願○之.281-4 齊○而伐之.281-15 智伯○之.282-2 臣○秦出兵.282-17 中山○之.284-8 臣○君欲廢中山之王.284-11 臣○之.284-18 願○其說.285-13 而寡人不與○焉.285-19 燕趙○之.285-22 臣○弱趙强中山.287-1 願○弱趙强中山之說.287-2 臣○趙.287-5 臣○其乃欲請所謂陰姬者.287-14 天下莫不○.289-7 王○之怒.290-6 臣○明主愛其國.290-14

【閭】 16

女○七百.4-11 賣僕妾售乎○巷者.24-4 守○嫗曰.43-19 不卑於守○嫗.43-21 下則鄙野監門○里.86-3 欲爲監門○里.86-7 雖有闔○吳起之將.93-16 殺之東○.95-5 則吾倚○而望.95-22 乃使人聽於○里.98-16 立於衢○.120-8 ○姝子奢.127-9 左白台而右○須.200-11 雖至於門○之下.219-4 昔者五子胥說聽乎闔○.268-4 所傾蓋與車而朝窮○隘巷之士者.287-22

【閣】 1

故爲棧道木○.99-22

【跬】 1

○跔科頭.222-24

【踈】 1

良臣斥○.289-12

【䟽】 9

子益賤而日○矣.116-12 陽親而陰○.132-10 ○於度而遠於計.196-22 遂○儀狄.200-4 韓甚○秦.242-24 韓甚○秦.243-2 其○秦乃始益明.243-3 而韓之○秦不明.243-4 楚不出○章.258-8

【跼】 1

則亡天下可○足而須也.91-22

【跽】 2

秦王○曰.37-11 秦王○曰.38-12

【蜻】 2

王獨不見夫○蛉乎.124-13 ○蛉其小者也.124-16

【蜺】 1

野火之起也若雲○.106-7

【鄲】 61

然則是邯○不守.20-5 拔邯○.20-5 乃復悉卒乃攻邯○.20-18 邯○人誰來取者.42-7 又卽圍邯○乎.42-14 秦攻邯○.43-16 而朝於邯○之君乎.54-12 於是天下有稱伐邯○者.54-13 魏伐邯○.54-14 濮陽人呂不韋賈於邯○.56-21 邯○之難.64-8 夫魏氏兼邯○.64-10 軍於邯○之郊.64-11 夫救邯○.64-12 邯○拔而承魏之弊.64-13 邯○拔.64-15 邯○僅存.69-23 圍邯○.81-11 齊魏亦佐秦伐邯○.81-11 卒魏兵以救邯○之圍.81-12 是齊入於魏而救邯○之功也.81-13 邯○之中騖.90-11 其强而拔邯○.93-23 邯○之難.104-11 邯○拔.104-21 邯○之難.105-9 卽地去邯○二十里.138-18 則兵必戰於邯○之下矣.144-23 今雖得邯○.146-21 迎戰邯○之下.148-5 軍於邯○之東.148-12 圍邯○之城.158-6 而秦罷於邯○之下.158-7 秦旣解邯○之圍.159-8 信陵君發兵至邯○城下.161-4 秦圍趙之邯○.162-5 魏王使客將軍新垣衍間入邯○.162-6 此非必貪邯○.162-9 今又內圍邯○而不能去.162-13 以居邯○.166-20 而身朝於邯○.170-3 請今率諸侯受命邯○城下.177-15 蘇脩朱嬰旣皆陰在邯○.195-23 龐葱與太子質於邯○.199-19 今邯○去大梁也遠於市.199-22 十萬之軍拔邯○.202-7 而邯○復歸.202-8 而以與趙兵決勝於邯○之郊.207-5 朝邯○.208-17 秦罷邯○.215-13 秦人去邯○.215-16 魏王欲攻邯○.215-18 而攻邯○.215-24 救邯○.217-4 救邯○.217-8 魏之圍邯○也.221-12 秦舉兵破邯○.246-23 至於邯○.252-11 所聞於邯○者.252-12 梁王伐邯○.280-9 圍邯○八九月.290-4

【鳴】 6

○呼上天.127-11 其飛徐而○悲.127-20 ○悲者.127-21 使得爲君高○屈於梁乎.128-15 令太子○爲質於齊.197-12 果與○條之戰.263-1

【慁】 1

此天以寡人○先生.38-13

【罰】 12

○不諱强大.15-5 文章不成者不可以誅○.15-21 言○則不行.18-15 賞○不行.18-15 今秦出號令而行賞○.18-17 秦之號令賞○.18-23 賞○不信.20-2 秦國號令賞○.21-8 而○所惡.36-12 信賞○以致治.44-22 又嚴之以刑○.146-22 縣賞○於前.183-12

【圖】 48

願大王○之.1-7 願大王○之.15-12 按○籍.21-25 天下何從○秦.31-11 則難○也.31-16 而外結交諸侯以○.50-20 而天下可○也.51-9 將以○秦.60-20 案○籍.71-17 案○籍.72-3 太子其○之.76-10 然後○齊楚.94-8 公其○之.97-22 不早○.98-7 必南○楚.103-10 君若弗○.134-18 臣竊觀其○之也.138-11 先事成慮而熟○之也.139-10 不可不熟○也.139-13 王自○之.140-14 臣竊以天下地○案之.145-14 臣願大王○之.150-7 故臣願王之○之.151-12 臣願王之○之.152-5 何秦之○.160-19 願公之熟○之也.167-18 君何釋以天下○知氏.181-8 則魏必○秦而棄儀.189-15 則陰勸而弗敢○也.195-6 横者將○子以合於秦.212-15 彊請西○儀於秦.225-6 尙何足以○國之全爲.234-16 必○晉楚.240-17 則必舉天下而○之.267-12 舉天下而○之.267-12 唯君○之.273-6 願太傅幸而○之.273-23 ○之.274-1 然後乃可○也.274-6 願○國事於先生.274-12 與燕督

亢之地○獻秦王. 276-1 及獻燕之督亢之地○. 277-7 而秦武陽奉地○匣. 277-10 取武陽所持○. 277-13 軻既取○奉之. 277-13 發○. 277-14 ○窮而匕首見. 277-14 君其○之. 281-21

【舞】 6

冠○以其劍. 60-23 冠○其劍. 64-1 昔舜○有苗. 149-12 南有鴻溝陳汝南有許鄢昆陽邵陵○陽新郪. 184-5 然而秦之葉陽昆陽與○陽高陵鄰. 207-14 秦繞○陽之北. 207-15

【種】 16

今其民皆○麥. 3-3 無他○矣. 3-3 以病其所○. 3-4 東周必復○稻. 3-4 ○稻而復奪之. 3-4 ○樹不處者. 23-2 越之大夫○. 44-20 大夫○事越王. 45-1 商君吳起大夫○. 45-11 商君吳起大夫○. 45-13 商君吳起大夫○不若也. 45-14 不過商君吳起大夫○. 45-18 大夫○爲越王墾草刱邑. 46-9 則商君白公吳起大夫○是也. 46-18 非吾○也. 101-3 越王使大夫○行成於吳. 241-20

【稱】 62

所以備者○此. 1-20 公不若○病不出也. 11-14 ○帝而治. 15-19 繁○文辭. 16-7 ○病不朝. 27-2 不○瓢爲器. 40-23 已○瓢爲器. 40-23 ○之而毋絕. 44-18 於是應侯○善. 45-10 世世○孤. 46-20 應侯遂○篤. 46-25 於是天下有○伐邯鄲者. 54-13 ○夏王. 54-14 民○萬歲. 83-1 民○萬歲. 83-7 乃○匹夫. 86-2 南面○寡者. 86-6 是以侯王○孤寡不穀. 86-18 而世世○曰明主. 86-20 勿庸○也以爲天下. 89-9 秦○之. 89-9 王亦○之. 89-9 秦○之. 89-10 王因勿○. 89-10 天下○爲善. 93-3 後世無○. 96-10 世世○孤寡. 97-4 後世無○. 97-15 ○寡人之意. 98-11 夫舍南面之○制. 102-1 西施衣褐而天下○美. 122-16 即遂南面○孤. 129-16 乃○簡之塗以告襄子曰. 134-9 天下莫不○君之賢. 136-6 而韓魏○爲東蕃之臣. 148-9 梁未睹秦○帝之害故也. 163-6 使梁睹秦○帝之害. 163-7 秦○帝之害將奈何. 163-7 曷爲與人俱○帝王. 163-22 交有○王之名. 164-8 談語而不○師. 176-5 言而不○師. 176-6 以○大國. 177-24 魏文侯與田子方飲酒而○樂. 182-12 ○曰. 182-17 ○東藩. 184-14 請○東藩. 186-11 道○疾而毋行. 188-6 何不○病. 197-13 梁王○善相屬. 200-13 ○東藩. 216-21 ○東藩. 222-7 蹄間三尋者不可○數也. 222-25 ○東藩. 223-15 張翠○病. 231-11 未有大功可以○者. 237-15 三晉○以爲士. 263-6 故○於後世. 267-25 故古之人○之. 268-20 古今○之. 288-11 武安君○疾不行. 289-1 韓魏以故至今○東藩. 289-6

【箕】 6

○子接輿. 38-4 使臣得同行於○子接輿. 38-5 大冠若○. 100-7 請以秦女爲大王○箒之妾. 111-17 未如商容○子之累也. 272-16 ○踞以罵曰. 277-25

【箘】 1

其堅則○簬之勁不能過也. 132-18

【箠】 1

此固大王之所以鞭○使也. 94-5

【管】 27

○仲故爲三歸之家. 4-11 王不聞夫○與之說乎. 27-20 ○莊子將刺之. 27-22 ○與止之曰. 27-23 淖齒○齊之權. 40-6 齊公得○仲. 40-13 ○仲不足大也. 45-10 ○仲. 61-14 而治可爲○商之師. 84-14 ○燕得罪齊王. 88-23 ○燕連然流涕曰. 88-24 昔○仲射桓公中鉤. 97-7 使○仲終窮抑. 97-9 然而○子幷三行之過. 97-10 齊桓公得○夷吾以爲仲父. 99-15 ○仲去魯入齊. 126-17 秦攻韓之○. 213-5 必韓之○也. 213-7 秦果釋○而攻魏. 213-10 今攻韓之○. 213-14 ○鼻之令翟強與秦事. 214-23 魏攻○而不下. 217-12 其子爲○守. 217-12 將使高攻○也. 217-16 今吾攻○而不下. 217-20 ○仲逃於魯. 263-3 雖有○晏. 274-5

【箒】 1

請以秦女爲大王箕○之妾. 111-17

【儆】 4

乃○公仲之行. 226-2 爲之○四境之內選師. 226-6 乃○四境之內選師. 226-12 王○四彊之內. 229-17

【僚】 1

夫專諸之刺王○也. 219-23

【僭】 1

君悉燕兵而疾○之. 34-23

【僕】 25

賣○妾售乎閭巷者. 24-4 良○妾也. 24-4 故賣○妾不出里巷而取者. 25-1 良○妾也. 25-1 足下能使○無行. 80-2 ○欲將臨武君. 127-15 ○已知先生. 128-1 今○之不肖. 128-13 君獨無意湔拔○也. 128-14 ○又善之. 129-22 傅命○官. 153-6 ○得聞此. 158-18 先生獨未見夫○乎. 163-14 然梁之比於秦若○耶. 163-15 是使三晉之大臣不如鄒魯之○妾也. 164-9 文信侯之於○也. 167-6 ○官之丞相. 167-7 文信侯之於○也. 167-7 ○已言之○主矣. 174-20 ○主幸以聽○也. 174-20 ○者進取之臣也. 250-24 ○所以留者. 276-22 新婦謂○曰. 283-14

【僑】 2

而憚舟之○存. 23-14 舟之○諫而不聽. 23-15

【僞】 9

民多○態. 16-6 蘇秦○謂王曰. 31-13 夫以一詐○反覆之蘇秦. 111-14 ○舉罔而進之. 122-9 ○舉罔而進者必衆矣. 122-10 君唯釋虛○疾. 167-2 而欲恃詐○反覆蘇秦之餘謀. 185-17 ○病者乎而見之. 204-10 則諸侯之情○可得而知也. 244-20

【鼻】 9

惡子之○. 123-16 則必揜子○. 123-17 因揜其○. 123-17 則揜其○. 123-18 管○之令翟强與秦事. 214-23 ○之與强. 214-23 令○之入秦之傳舍. 214-24 樓○必敗矣. 225-15 彈其○. 269-20

【銜】 3

伏軾撙○. 17-9 秦○賂以自强. 59-14 ○劍徵之於柱以自刺. 60-12

【銍】 1

魏氏將出兵而攻留方與○胡陵碭蕭相. 53-13

【銅】 3

吾○少若何. 132-19 皆以鍊○爲柱質. 132-20 則有餘○矣. 132-21

【銛】 2

矢非不○. 90-8 ○戈在後. 260-16

【銚】 2

無把○推耨之勢. 51-2 而操○鎒與農夫居壟畝之中. 79-18

【貌】 18

靖郭君善齊○辨. 63-7 齊○辨之爲人也多疵. 63-7 苟可慊齊○辨者. 63-9 與齊○辨俱留. 63-12 齊○辨辭而行. 63-12 齊○辨曰. 63-14 齊○辨行至齊. 63-15 齊○辨見宣王. 63-15 齊○辨曰. 63-16 齊○辨對曰. 63-25 此齊○辨之所以外生樂患趣難者也. 64-6 而孟嘗令人體○而親郊迎之. 77-22 睹○而相悅者. 78-25 奇法章之狀○. 100-25 狀○不似吾夫. 135-14 今吾視先生之玉○. 162-23 容○顏色. 287-6 其容○顏色. 287-8

【餌】 7

甘○也. 27-23 我以宜陽○王. 30-6 無以○其口. 38-1 故以韓爲○. 138-8 以燕○趙. 143-1 故以垣雍○王也. 214-3 君下壺飡○之. 288-5

【領】 6

不用一○甲. 20-7 武王將素甲三千○. 21-3 臣請挈○. 35-6 夫楚王之以其臣請挈○然而臣有患也. 35-7 引○西望. 57-11 自使有要○之罪. 198-12

【膊】 1

皆出於冥山棠谿墨陽合伯○. 222-3

【鳳】 1

而○皇不翔. 177-20

【疑】 72

秦必○. 3-16 將以○周於秦. 3-17 秦以周最之齊○天下. 4-22 臣固○大王之不能用也. 16-1 而三人○之. 29-17 ○臣者不適三人. 29-18 豈敢以○事嘗試於王乎. 36-14 ○則少嘗之. 36-22 無○寡人也. 38-16 楚○於秦之未必救己也. 48-7 王因○於太子. 56-14 秦○於王之約. 56-16 是故恫○虛猲. 69-7 臣竊爲君○之. 76-15 能爲君決○應卒. 78-20 田單之立○. 98-2 使君○二主之心. 131-13 其視有○臣之心. 133-25 四國○而謀敗. 135-4 恐天下○己. 138-10 三晉之心○矣. 142-2 心○者事秦急. 142-2 明王絕○去讒. 145-22 私心固竊○焉. 148-19 ○事無功. 149-10 ○行無名. 149-10 寡人非○胡服也. 149-14 不知而不○. 150-16 去邪無○. 153-14 以○天下. 160-17 是愈○天下. 160-21 秦必○天下合從也. 161-20 今臣○人之有煬於君者也. 166-12 無自○於中者. 168-3 王以此○齊. 170-12 王固可以反○齊乎. 170-13 今韓魏與齊相○也. 172-2 無所敢○. 177-13 趙王○之. 180-2 文侯賞其功而○其心. 181-22 白骨○象. 182-5 而○之於楚也. 186-18 秦必○齊而不聽也. 187-1 公可以居其中而○之. 187-9 恐其伐秦之○也. 195-20 臣恐魏交之益○也. 198-13 臣故恐魏交之益○也. 198-18 寡人○之矣. 199-20 今魏方○. 203-1 魏方○. 203-3 楚魏○而韓不可得而約也. 208-2 公不如令秦王○公叔. 224-24 必○公叔爲楚也. 225-3 秦王固○甘茂之以武遂解於公仲也. 225-20 而且○秦魏於齊. 229-8 願公之無○也. 239-16 以○燕齊. 249-5 燕齊○. 249-6 齊王○蘇秦. 249-6 而令人○之. 252-19 秦必○而不信蘇子矣. 255-9 王何○焉. 262-20 其○至於此. 262-24 則是兵弱而計○也. 263-22 ○樂毅. 266-14 不使人○之. 274-24 是太子○光也. 274-25 夫爲行使人○之. 274-25 則君臣相○. 275-15 ○其有改悔. 276-19 中山君大○公孫弘. 286-12 是以臣得設○兵. 289-18

【獄】 1

郢人有○三年不決者. 106-22

【雒】 2

○陽乘軒車蘇秦. 137-3 上○之塞. 261-15

【誠】 4
省攻伐之心而肥仁義之○. 52-11 馮諼先驅○孟嘗君曰. 83-17 馮諼○孟嘗君曰. 83-22 ○建曰. 101-10
【誣】 1
以私○國. 151-20
【語】 42
正○之曰. 8-11 言○相結. 16-4 惑於○. 16-15 樂羊反而○功. 29-9 處女相與○. 31-2 處女相○以爲然而留之. 31-5 公聞東方之○乎. 35-4 ○曰. 36-11 ○之至者. 36-22 ○曰. 45-20 與○. 46-23 有土偶人與桃梗相與○. 77-13 孟嘗君可○善爲事矣. 79-12 莫不來○. 86-1 ○曰. 91-19 聞丈夫之相□與○. 98-16 相與○於王曰. 99-1 九人之屬相與○於王曰. 99-4 臣聞鄙○曰. 124-10 此不恭之○也. 126-21 恐春申君○泄而益驕. 129-9 鄙○豈不曰. 142-7 楚王美秦之○. 142-24 ○曰. 146-23 爲入必○從. 157-22 ○曰. 160-9 談○而不稱師. 176-5 寡人無與之○也. 191-1 綦母恢教之○曰. 191-4 因使蘇脩游天下之○. 195-24 以此○告之. 198-8 臣聞鄙○曰. 222-12 公何不因行願以與秦王○. 228-9 ○曰. 233-20 因爲聶政○曰. 237-6 生得失則○泄. 237-25 ○泄則韓舉國而與仲子爲讎也. 238-1 言○不相知. 268-24 ○曰. 272-4 出○隣家. 272-15 ○曰. 272-25 獨不可○陰簡之美乎. 286-15
【誤】 4
臣以爲至○. 147-11 ○. 218-15 詿○人主者. 223-6 左右○寡人. 266-20
【誘】 1
秦使陳馳○齊王內之. 102-3
【誨】 2
有母弟不能教○. 177-23 望有過則君教○之. 272-5
【說】 207
國人不○也. 4-7 人○惠王曰. 15-10 蘇秦始將連橫○秦惠王曰. 15-15 ○秦王書十上而○不行. 16-16 安有○人主不能出其金玉錦繡. 16-22 此眞可以○當世之君矣. 16-23 見○趙王於華屋之下. 16-25 廷○諸侯之王. 17-10 將○楚王. 17-12 張儀○秦王曰. 18-6 大王試聽其○. 21-12 請聞其○. 21-22 田莘之爲陳軫○秦惠王曰. 23-13 弊邑之王所○甚者. 26-6 楚王大○. 26-15 王不聞夫管與之○乎. 27-20 乃西○秦王曰. 31-8 庸芮爲魏子○太后曰. 33-6 辛張陽毋澤○魏王薛公公叔也. 35-5 秦王○之. 37-2 因謝王稽○. 37-2 已一○而立爲太師. 37-13 是臣○之行也. 38-4 請聞其○. 44-12 應侯知蔡澤之欲困己以○. 44-21 使馳○之士無所開其口. 46-8 大○之. 46-23 昭王新○蔡澤計畫. 47-1 或○薛公. 48-5 景鯉使人○秦王曰. 50-17 頓子之○也. 51-14 ○昭王曰. 51-20 臣請言其○. 51-23 或爲六國○秦王曰. 54-8 西○趙. 54-20 北○燕. 54-20 或爲中期○秦王曰. 56-3 故往○之曰. 56-25 乃○秦王后弟陽泉君曰. 57-4 ○有可以一切. 57-7 請聞其○. 57-8 入○王后. 57-12 不韋○趙曰. 57-14 司空馬○趙王曰. 59-5 閈○楚王. 62-11 ○五而厭之. 63-4 門人弗○. 63-8 王之不○嬰甚. 63-13 不相○. 65-2 乃○王而使田忌伐魏. 65-4 ○齊宣王曰. 68-16 皆爲一時○而不顧萬世之利. 69-16 從人○大王者. 69-17 大王覽其○. 69-18 可以使人○薛公以善蘇子. 75-11 則是圍塞天下士而不利○途也. 76-25 故曰可以爲蘇秦○薛公以善蘇秦. 77-3 善○者. 78-4 誠○君之義. 80-8 孟嘗君不○. 83-8 ○義聽行. 84-15 有○乎. 85-19 不○. 87-13 宣王○曰. 87-15 使者不○. 88-4 蘇秦○齊閔王曰. 90-3 魏王○於衛鞅之言也. 94-8 以資○士. 97-2 仲連之○也. 97-24 請聞其○. 100-9 宋王必○. 100-20 江乙○於安陵君曰. 105-20 王大○. 106-13 有○色. 107-2 城渾○其令曰. 107-6 新城公大○. 107-13 楚杜赫○楚王以取趙. 107-23 ○楚威王曰. 108-21 ○楚王曰. 110-1 楚王○之. 112-3 鄭俠遽○楚王出張子. 116-16 臣請效其○. 118-6 願聞其○. 119-17 楚王不○. 120-5 魏王不○. 121-20 公雖百○之. 122-1 楚王○之. 123-11 夫人鄭褎知王之○新人也. 123-11 今鄭褎知寡人之○新人也. 123-14 齊明○卓滑以伐秦. 125-16 明○楚大夫以伐秦. 125-17 皆受明之○也. 125-17 中射之士使人○王曰. 126-8 客○春申君曰. 126-12 客又○春申君曰. 126-17 春申君大○之. 127-25 園女弟承間○春申君曰. 128-24 知伯○. 132-2 知伯○. 132-6 入○知伯曰. 133-14 始事范中行氏而不○. 135-6 蘇秦○李兌曰. 137-3 蘇秦爲齊上書○趙王曰. 138-1 且夫○士之計. 138-13○趙王曰. 144-3 ○趙王曰. 147-23 吾非不○將軍之兵法也. 155-3 此飾○也. 159-8 此飾○也. 160-12 而天下皆○. 160-15 ○張相國曰. 164-23 臣亦嘗以兵○魏昭王. 165-12 ○以義則不聽. 165-17 趙王不○. 165-24 請爲王○之. 166-1 有○則可. 166-11 無○則死. 166-11 成王○之. 167-24 魏王不○. 169-23 齊乃令公孫衍○李兌以攻宋而定封焉. 170-25 臣爲足下使公孫衍○奉陽君曰. 171-6 是庸○也. 176-7 知伯大○. 181-10 子之言有○乎. 182-20 魏王○. 183-7 ○魏王曰. 184-5 今乃劫於辟臣之○. 184-20 ○魏王曰. 185-7 ○一諸侯之王. 186-6 以○人主. 186-8 牽其○. 186-8 公雖百○之. 187-23 蘇代爲田需○魏王曰. 192-21 張儀○. 193-9 惠子非徒行其○也. 194-10 又令魏太子未葬其先王而因又○文王之義. 194-10 ○文王之義以示天下. 194-11 臣又○齊王而往敗之. 195-24 臣請○嬰子曰. 197-13 代請○君. 197-25 蘇代爲○秦王曰. 198-10 支期○於長信侯曰. 204-4 是薪火之○也. 204-23 入○齊王曰. 205-6 魏王大○. 206-13 臣請爲公○之. 209-13 其○何也. 212-13 平都君○魏王曰. 213-25 王不如陰侯人○成陽君曰. 215-3 老臣請出西○秦. 216-17 唐且之○也. 217-2 秦王不○. 219-13 申子微視王之所○以言於王. 221-16 王大○之. 221-16 蘇秦爲楚合從○韓王曰. 221-23 張儀爲秦連橫○韓王曰. 222-19 而聽須臾之○. 223-6 轉禍而○秦. 223-13 故樗里疾大○杜聊. 225-22 楚王大○. 226-12 韓王大○. 226-15 公何不令人○昭子曰. 233-1 教陽向○秦王曰. 233-5 請聞其○. 233-25 蘇秦爲韓○秦王曰. 240-8 此其○何也. 240-11 足强爲之○韓王曰. 242-20 故客有○韓者曰. 243-3 公仲○. 243-23 秦王○之. 244-1 向請爲公○秦王. 245-23 北○燕文侯曰. 248-3 武安君蘇秦爲燕○齊王. 249-14 齊王大○. 250-3 且臣之○齊. 251-7 使之○齊者. 251-8 魏王○. 252-8 以窮齊之○○秦. 257-4 秦王聞若○也. 257-16 則王何不務使知士以若此言○秦. 257-17 皆以爭事秦○其主. 261-17 蘇代爲奉陽君○燕於趙以伐齊. 261-23 齊王使公王曰命○曰. 262-8 蘇代爲燕○齊. 263-10 先○淯于髡曰. 263-10 齊王大○蘇子. 263-16 公聽吾言而○趙王曰. 266-5 使者乃以○趙王. 266-10 故不敢爲辭○. 267-1 昔者五子胥○聽乎闔閭. 268-4 恐侍御者之親左右之○. 268-13 燕王○. 269-17 不可○以利. 271-16 秦王必○見臣. 276-2 荆王大○. 279-3 而荆王○甚. 279-5 梁王甚○. 280-16 趙王亦○曰. 280-17 子聽吾言也以○君. 282-25 請以公爲齊王而登試而○公. 285-12 願聞其○. 285-13 以此○齊王. 285-23 願聞弱趙强中山之○. 287-2 ○楚王伐中山. 288-3 其○何也. 288-16
【誦】 5
臣少而○詩. 4-18 伏而○之. 16-21 王使子○. 57-19 不習於○. 57-20 ○足下之長. 78-18
【裹】 1
是以杜口○足. 38-7
【豪】 3
趙之○桀. 57-21 陰結諸侯之雄俊○英. 99-7 趙國○傑之士. 161-8
【膏】 4
支分方城○腴之地以薄鄭. 36-1 ○腴之地也. 53-14 而封之以○腴之地. 179-18 中國○腴之地. 269-21
【廣】 42
則地○而益重. 9-7 載以○車. 10-5 安坐而○地. 16-9 地○而兵强. 19-4 務○其地. 22-6 足以○國也. 22-10 ○從六里. 27-3 ○地殖穀. 45-18 是以兵動而地○. 46-1 隨陽右壤此皆○川大水. 53-10 土○不足以爲安. 54-8 若土○者安. 54-8 今王○德魏趙. 55-5 文信侯欲攻趙以○河間. 58-3 以○河間之地. 58-4 欲攻趙而○河間也. 58-24 今王齎臣五城以○河間. 58-24 趙王立割五城以○河間. 58-25 地○人衆. 69-18 ○鄰敵以自臨. 72-4 地可○. 90-23 地可○而欲可成. 93-17 故身○公宮. 94-9 ○封疆. 134-8 故尊主○地强兵之計. 145-22 地○而不耕. 146-22 德博而地○. 147-5 衆人○坐之中. 165-4 大王○地寧邑. 177-7 則塗○矣. 187-2 信韓○魏救趙. 190-3 欲以爲王○土取尊名. 192-13 地可○大. 211-9 君攻楚得宛穰以○陶. 212-22 攻齊得剛博以○陶. 212-22 得許鄢陵以○陶. 212-22 以○地尊名. 215-24 請○於君. 219-16 馮君○王而不聽公叔. 233-6 因其○而○之. 270-1 趙○三百里. 273-16
【腐】 1
則擯禍朽○而不用. 91-11
【廐】 4
○具馬. 58-19 狗馬實外○. 83-4 君之○馬百乘. 85-1 必實於外○. 109-10
【廄】 1
君之駿馬盈外○. 57-5
【褎】 10
南后鄭○貴於楚. 120-3 南后鄭○聞之大恐. 120-12 鄭○亦以金五百斤. 120-13 乃召南后鄭○而觴之. 120-16 夫人鄭○知王之說新人也. 123-11 今鄭○知寡人之說新人也. 123-14 鄭○知王以己爲不妬也. 123-16 王謂鄭○曰. 123-18 鄭○曰. 123-18 鄭○曰. 123-19
【塵】 3
願承下○. 118-12 觸○埃. 137-5 頭○不去. 215-18
【剸】 1
臣請爲君○其胸殺之. 129-20
【竭】 15
淇水○而洹水不流. 21-2 ○入太后之家. 41-7 三貴○國以自安. 41-8 ○智能. 44-22 臣固敢○其愚忠. 150-3 願○其忠. 151-9 隱忠不○. 151-20 ○意不諱. 151-23 隱中不○. 153-6 ○意盡力. 153-18 臣雖

盡力○知. 173-7 臣盡力○知. 192-13 稿積○盡. 211-22 其民力○也. 253-7 ○其能. 258-24

【端】 6

持二○. 2-21 萬○俱起. 16-5 無○者. 86-16 韓魏之君視疵○而趨疾. 131-16 必以路涉○氏賂趙. 141-14 敢○其願. 272-3

【適】 27

而無○立也. 7-9 何○乎. 24-6 疑臣者不○三人. 29-18 吳王夫差無○於天下. 45-22 中期○遇明君故也. 56-4 ○足以强秦而自弱也. 67-25 則事以衆强○罷寡也. 91-7 ○爲固驅以合齊秦也. 102-10 廢正○而立不義. 126-24 而○聞使者之明詔. 148-20 此時魯仲連○游趙. 162-11 ○會魏公子無忌奪晉鄙軍以救趙擊秦. 164-17 秦當時○其鋒. 166-5 攻楚而○秦. 186-3 韓○有東孟之會. 238-3 而非公○束之. 239-6 而公○束之. 239-10 ○足以自令亟亡也. 241-2○不幸而有類妾之棄酒也. 251-6 ○燕者曰. 261-10 ○趙者曰. 261-11 ○魏者曰. 261-11 ○楚者曰. 261-11 ○齊者曰. 261-12 而未有○予也. 270-12 恐其○足以傷於高而薄於行也. 272-18 以順○其意. 275-21

【齊】 1272

臣請東借救於○. 1-5 顔率至○. 1-5 謂○王曰. 1-5 ○王大悅. 1-8 ○將求九鼎. 1-9 顔率至○. 1-10 謂○王曰. 1-10 不識大國何塗之從而致之○. 1-11 ○王曰. 1-11 ○王曰. 1-13 寡人終何塗之從而致之○. 1-15 可懷挾提挈以至○者. 1-17 灕然止於○者. 1-18 ○王曰. 1-21 ○王乃止. 1-23 ○明謂東周君曰. 2-19 子何不以秦攻○. 3-25 臣請令○相子. 3-25 子以○事秦. 3-25 子東重於○. 4-2 秦○合. 4-2 ○桓公宮中七市. 4-11 秦以周最之○疑天下. 4-22 而又知趙之難子○人戰. 4-22 恐○韓之合. 4-23 秦○合. 4-23 公不如救○. 4-24 公負令秦與强○戰. 5-3 秦且收○而封之. 5-4 制○楚三晉之命. 5-6 周最於○王也而逐之. 5-13 秦○合. 5-14 有周○. 5-15 且反○王之信. 5-16 ○無秦. 5-17 ○王誰與爲其國. 5-18 ○聽祝弗. 5-20 謂○王曰. 5-20 則伐○深矣. 5-21 夫○合. 5-21 與之○伐趙. 5-22 故必怒合於○. 6-1 是君以合○與强楚吏産子. 6-1 則合○者. 6-2 亦將觀韓魏之於○也. 6-6 秦知趙之難與○戰也. 6-11 將恐○趙之合也. 6-11 先合於○. 6-12 秦趙爭○. 6-12 合與收○. 6-13 而以兵之急則伐○. 6-13 貴合於秦以伐○. 6-16 不與伐○者. 6-18 請爲王入○. 6-19 天下不能傷○. 6-19 且臣爲○奴也. 6-20 臣入○. 6-21 則王亦無○之累也. 6-21 ○重故有周. 7-20 而已取○. 7-20 薛公以○爲韓魏攻楚. 9-4 君以○爲韓魏攻楚. 9-5 ○必輕矣. 9-7 欲王令楚割東國以與○也. 9-11 必德○. 9-14 ○得東國而益强. 9-14 三晉必重○. 9-15 ○秦恐楚之取九鼎也. 11-23 君使人告○王以周最不肯爲太子也. 12-2 函冶氏爲○太公買良劍. 12-3 臣恐○王之爲君實立果而讓之於最. 12-6 以嫁之○也. 12-7 必東合於○. 13-8 而合天下於○. 13-9 郝莒亡於○. 13-13 謂○王曰. 13-17 ○王令司馬悍以賂進周最於周. 13-17 ○桓任戰而伯天下. 16-3 向欲以○事王. 18-1 燕趙惡○秦之合. 18-2 ○必重於王. 18-2 且以恐○而重王. 18-3 連荆固○. 18-8 昔者○南破荆. 19-3 ○. 19-6 一戰不勝而無○. 19-6 東以强○燕. 19-11 東以强○燕. 19-18 東陽河外不戰而已反爲○矣. 20-8 以東弱○燕. 20-12 親○燕. 21-11 ○燕不親. 21-13 ○. 22-14 以因于○趙. 22-16 ○助楚攻秦. 26-3 秦欲伐○. 26-3 ○. 26-3 吾欲伐○. 26-4 ○. 26-4 亦無先○王. 26-8 亦無大○王. 26-8 今○王之罪. 26-9 大王苟能閉關絶○. 26-11 ○必弱. 26-12 ○弱則必爲王役矣. 26-12 則是北弱○. 26-12 以王有○也. 26-19 今地未可得而○先絶. 26-20 且先出地絶○. 26-21 先絶○後責地. 26-21 北絶○交. 26-22 楚王使人絶○. 26-23 秦使人使○. 27-1 ○秦之交陰合. 27-1 張子以寡人不絶○乎. 27-2 乃使勇士往詈○王. 27-2 張儀知楚絶○也. 27-3 與之伐○. 27-7 是我亡於秦而取償於○也. 27-7 王今已絶○. 27-8 是吾合○秦之交也. 27-8 秦與○合. 27-10 楚絶○. 27-13 ○舉兵伐楚. 27-13 王不如以地東解於○. 27-13 今○楚相伐. 27-16 ○楚今戰. 28-1 有救○之利. 28-2 且之○. 31-1 請重公於○. 31-7 彼若以○約韓魏. 31-9 以相迎之○. 31-12 ○王曰. 31-16 趙且與秦伐○. 32-5 ○懼. 32-5 ○以陽武賜弊邑而納順子. 32-6 ○與大國救魏而倍約. 32-8 且欲合○而受其地. 32-10 蘇代爲○獻書穰侯曰. 32-12 秦且益趙甲四萬人以伐○. 32-13 必不益趙甲四萬人以伐○. 32-15 今破○以肥趙. 32-16 破○弊晉. 32-17 夫○. 32-18 ○恐. 32-21 ○割地以實晉楚. 32-22 ○舉兵而爲之頓劍. 32-22 是晉楚以秦破○. 32-23 以○破秦. 32-23 何晉楚之智而○秦之愚. 32-24 善○以安之. 32-24 必不益趙甲四萬人以伐○矣. 33-2 文聞秦王欲以呂禮收○. 34-3 ○秦相聚以臨三晉. 34-4 是君收○以重呂禮也. 34-4 ○免於天下之兵. 34-4 君不如勸秦王令弊邑卒攻○之事. 34-5 ○破. 34-6 ○破晉强. 34-6 ○予晉弊邑. 34-7 是君破○以爲功. 34-8 破○定封. 34-8 若○不破. 34-9 攻○之事成. 34-11 攻○不成. 34-13 故攻○之於陶也. 34-13 令攻○. 34-17 伐讎國之○. 34-18 ○不亡燕. 34-20 燕故亡○. 34-20 ○亡於燕. 34-21 秦卒有他事而從○. 34-22 ○趙合. 34-22 誠能亡○. 34-24 願君之專志於攻○. 35-1 重○怒. 35-17 德强○. 35-18 不能與○縣衡矣. 35-21 而○之德新加與. 35-22 ○秦交爭. 35-22 ○有東國之地. 35-23 秦烏能與○縣衡韓魏. 35-25 不必待○. 36-1 窮而居於○. 36-4 大王越韓魏而攻强○. 38-23 則不足以傷○. 38-23 ○人伐楚. 39-1 豈○不欲地哉. 39-2 諸侯見○之罷露. 39-3 楚趙附則○必懼. 39-9 ○附而韓魏可虛也. 39-10 聞○之內有田單. 39-22 淖齒管○之權. 40-6 ○公得管仲. 40-13 東地入○. 42-20 ○桓公九合諸侯. 45-21 淩○晉. 45-23 薛公入魏而出○女. 48-16 以○秦劫魏. 48-16 ○秦合而立負蒭. 48-17 氓欲以○秦劫魏而困薛公. 48-18 ○女入魏而怨薛公. 48-20 終以○奉事王矣. 48-21 今之如耳魏○. 49-11 今以無能之如耳魏○. 49-13 故○不合也. 50-11 聞○魏皆且割地以事秦. 50-18 ○魏有何重於孤國也. 50-19 ○王入朝. 51-14 三世而不接地於○. 52-1 斷○秦之要. 52-8 吳見伐○之便. 52-17 從而伐○. 52-18 既勝○人於艾陵. 52-19 ○人南面. 53-14 王破楚於以肥韓魏於中國而勁○. 53-15 ○南以泗爲境. 53-16 莫强於○. 53-17 ○魏得地葆利. 53-17 歸帝重於○. 53-20 而關內二萬乘之主注地於○. 54-1 ○之右壤可拱手而取也. 54-2 是燕趙無○楚. 54-4 持○楚. 54-5 舉左案○. 54-10 ○太公聞之. 54-15 ○戰敗不勝. 54-19 而天下乃○釋. 54-20 臣竊惑王之輕○易楚. 55-3 而輕失○. 55-5 勝○於艾陵. 55-10 梁君伐楚勝○. 55-11 ○宋在繩墨之外以爲權. 55-22 故曰先得○宋者伐秦. 55-22 秦先得○宋. 55-23 楚先得○. 55-23 ○之逐夫. 61-12 欲逐嬰子於○. 62-3 ○將封田嬰於薛. 62-10 將伐○. 62-10 ○王有輟志. 62-10 非在○也. 62-11 令其欲封公也又甚於○. 62-11 魯宋事楚而○不事者. 62-13 ○大而魯宋小. 62-13 不惡○大何也. 62-14 夫○削地而封田嬰. 62-14 ○人有請者曰. 62-18 今夫○. 62-23 君長有○陰. 62-23 夫○. 62-24 靖郭君謂○王曰. 63-3 靖郭君善○貌辨. 63-7 ○貌辨之爲人也多疵. 63-7 苟可慊○貌辨者. 63-9 與○貌辨俱留. 63-12 ○貌辨辭而行. 63-12 ○貌辨曰. 63-14 ○貌辨行至○. 63-15 ○貌辨見宣王. 63-15 ○貌辨曰. 63-16 ○貌辨對曰. 63-25 此○貌辨之所以外生樂患趣難者也. 64-6 趙求救於○. 64-8 其於○何利哉. 64-10 ○因承魏之弊. 64-15 韓氏請救於○. 64-17 必東愬於○. 64-21 韓自以專有○國. 64-23 東愬於○. 64-23 ○因起兵擊魏. 64-23 成侯鄒忌爲○相. 65-2 田忌爲○將. 65-11 將軍無解兵而入○. 65-12 則○君可正. 65-16 則將軍不得入於○矣. 65-17 果不入○. 65-17 田忌亡○而之楚. 65-19 ○恐田忌欲以楚權復於○. 65-19 恐田忌之以楚權復於○也. 65-21 以示田忌之不返○也. 65-22 鄒忌以○厚事楚. 65-22 若復於○. 65-23 必以○事楚. 65-23 ○國之美麗者也. 66-7 今○地方千里. 66-15 皆朝於○. 66-22 秦假道韓魏以攻○. 66-24 ○威王使章子將而應之. 66-24 候者言章子以○入秦. 66-25 候者復言章子以○兵降秦. 67-1 言○兵大勝. 67-5 於是秦王拜西藩之臣而謝於○. 67-5 楚將伐○. 67-13 ○王患之. 67-13 乃爲○見魯君. 67-13 ○王懼乎. 67-14 子以○楚爲孰勝哉. 67-16 ○. 67-17 楚大勝○. 67-18 ○爲勝. 67-19 陳軫合三晉而東謂○王曰. 67-23 今○楚燕趙韓梁六國之遞甚也. 67-24 而○民獨不也. 68-6 非○親而韓梁疏也. 68-6 ○遠秦而韓梁近. 68-6 今○將近矣. 68-7 必表裏河而東攻○. 68-7 舉○屬之海. 68-8 ○無所出其計矣. 68-9 ○非急以銳師合三晉. 68-11 三晉怒○不與己也. 68-12 必東攻○. 68-12 此臣之所謂○必有大憂. 68-12 ○王敬諾. 68-14 說○宣王曰. 68-16 ○南有太山. 68-16 ○地方二千里. 68-17 ○車之良. 68-18 夫以大王之賢與○之强. 68-24 今秦攻○則不然. 69-5 則秦不能害○. 69-8 ○王曰. 69-12 張儀爲秦連横○王曰. 69-15 天下强國無過○者. 69-15 無過○者. 69-16 必謂○西有强趙. 69-17 ○與魯三戰而魯三勝. 69-20 ○大而魯小. 69-21 猶○之於魯也. 69-22 秦驅韓魏攻○之南地. 70-1 ○王曰. 70-4 ○僻陋隱居. 70-4 韓○爲與國. 71-3 ○王曰. 71-3 韓自以得交於○. 71-7 ○因起兵攻燕. 71-7 ○讓又至. 71-11 今○王甚憎張儀. 71-14 ○必舉兵而伐之. 71-15 ○梁之兵連於城下. 71-16 ○果舉兵伐之. 71-19 請令罷○兵. 71-20 藉使之○. 71-20 ○楚之事已畢. 71-20 因謂○王. 71-20 ○王曰. 71-21 ○王甚憎儀. 71-24 ○必舉兵伐梁. 72-1 梁○之兵連於城下不能去. 72-1 犀首以梁爲○戰於承匡而不勝. 72-7 儀以秦梁之○合横親. 72-8 犀首送之至於○壃. 72-11 ○王聞之. 72-12 移兵而攻○. 72-15 陳軫爲○王使. 72-15 欲攻○. 72-24 ○畏公甚. 72-24 而與之伐○. 73-3 ○王恐. 73-3 趙足之○. 73-4 謂○王曰. 73-5 倍秦則○無患矣. 73-6 ○燕戰. 73-8 出兵助燕擊○. 73-8 君助燕擊○. 73-9 ○必急. 73-9 ○必緩. 73-11 然則吾中立而割窮○與疲燕也. 73-12 ○楚救之. 73-15 ○楚救趙. 73-15 請粟於○. 73-17 而○不聽. 73-17 蘇秦謂○王曰. 73-17 而○燕之計過矣. 73-18 且趙之於燕○. 73-19 則明日及○楚矣. 73-21 或謂○王曰. 73-25 今○秦伐趙魏. 74-2 令○入於秦而伐趙魏. 74-3 秦東面而伐○. 74-4 ○安得救天下乎. 74-4 太子在○質. 75-3 ○欲奉太子而立之. 75-18 則太子且倍王之割而使○奉己. 75-19 ○奉太子而立之. 75-24 ○少其地. 75-24 太子何不倍楚之割地而資○. 76-1 ○必奉太子. 76-1 倍楚之割而延○. 76-1 ○之所以敢多割地者. 76-4 ○無辭. 76-5 王因馳强○而爲交. 76-6 ○辭. 76-6 然則是王去讎而

得○交也. 76-6 ○未必信太子之言也. 76-9 以其爲○薄而爲楚厚也. 76-20 以能得天下之士而有○權也. 76-23 ○王夫人死. 77-6 淳于髡爲○使於荆. 77-21 至於○. 77-25 ○王和其顏色曰. 78-2 ○衛之交惡. 79-5 衛君甚欲約天下之兵以攻○. 79-5 且臣聞○衛先君. 79-6 ○衛後世无相攻伐. 79-7 今君約天下之兵以攻○. 79-8 願君勿以○爲心. 79-9 ○人聞之曰. 79-12 聞君於○能振達貧窮. 80-7 ○欲伐魏. 81-5 淳于髡謂○王曰. 81-5 今○魏久相持. 81-8 ○王懼. 81-9 ○魏亦佐秦伐邯鄲. 81-11 ○取淄鼠. 81-11 是○入於魏而救邯鄲之功也. 81-13 則非○之利也. 81-19 ○不與秦壤界而患緩. 81-21 不得不事○也. 81-21 故秦得○. 81-21 趙魏楚得○. 81-22 故秦趙魏得○者重. 81-22 失○者輕. 81-23 ○有此勢. 81-23 ○人有馮諼者. 82-3 長驅到○. 83-2 ○王謂孟嘗君曰. 83-9 ○放其大臣孟嘗君於諸侯. 83-15 ○其聞之矣. 83-18 ○王聞之. 83-19 孟嘗君逐於○而復反. 85-6 君得無有所怨○士大夫. 85-7 ○宣王見顏斶. 85-15 昔者秦攻○. 85-20 有能得○王頭者. 85-21 先生王斗造門而欲見○宣王. 87-8 守○國. 87-16 今王治○. 87-24 ○國大治. 88-1 ○王使使者問趙威后. 88-3 ○有處士曰鍾離子. 88-7 何以王○國. 88-13 ○人見田駢. 88-17 管燕得罪○王. 88-23 蘇秦自燕之○. 89-5 ○王曰. 89-6 蘇秦謂○王曰. 89-13 ○秦立爲兩帝. 89-13 且尊○乎. 89-14 釋帝則天下愛○乎. 89-14 愛○而憎秦. 89-15 而天下獨尊秦而輕○. 89-17 ○釋帝. 89-18 則天下愛○而憎秦. 89-18 蘇秦說○閔王曰. 90-3 ○之與韓魏伐秦楚也. 90-24 然而天下獨歸咎於○者. 91-1 ○燕戰. 91-2 而獨舉心於○者. 91-3 昔者○燕戰於桓之曲. 91-25 夫胡之與○非素親也. 92-1 君臣於○者. 93-1 東伐○. 94-6 大王有伐○楚心. 94-7 然後圖○楚. 94-8 於是○楚怒. 94-10 諸侯奔○. 94-10 ○人伐魏. 94-10 而東次於○. 94-11 而魏將以禽於○矣. 94-14 ○負郭之民有孤狐咺者. 95-3 ○孫室子陳舉直言. 95-5 ○使向子將而應之. 95-6 ○軍破. 95-7 遂以復○. 95-18 生○王建. 95-19 淖齒亂○國. 95-24 燕攻○. 96-3 ○田單以卽墨破燕. 96-3 而威不信於○. 96-10 ○無南面之心. 96-14 ○無天下之規. 96-17 ○必決之於聊城. 96-18 距全○之兵. 96-22 東游於○乎. 97-3 與○久存. 97-4 據○國之政. 97-11 ○桓公有天下. 97-16 故解○國之圍. 97-24 燕攻○. 98-1 ○破. 98-1 復○墟. 98-2 ○以破燕. 98-2 ○國之衆. 98-2 燕之伐○之時. 99-1 楚王使將軍將萬人而佐○. 99-2 下者孰與○桓公. 99-13 ○桓公得管夷吾以爲仲父. 99-15 燕人興師而襲○墟. 99-18 而反千里之○. 99-20 復○墟. 100-5 ○嬰兒謠曰. 100-7 盼子謂○王曰. 100-19 梁氏不敢過宋伐○. 100-20 ○固弱. 100-20 ○國復强. 100-21 ○閔王之遇殺. 100-24 莒中及○亡臣相聚. 101-1 子建立爲○王. 101-5 ○多知. 101-7 後后勝相○. 101-13 ○王建入朝於秦. 101-16 ○王還車而反. 101-18 卽入見○王曰. 101-20 ○地方數千里. 101-21 則○威可立. 102-1 ○王不聽. 102-2 秦使陳馳誘○王內之. 102-3 ○王不聽卽墨大夫而聽陳馳. 102-3 先是○爲之歌曰. 102-4 ○以淖君之亂秦. 102-7 其後秦欲取○. 102-7 令任固之○. 102-8 ○明謂楚王曰. 102-8 不若其欲○之甚也. 102-8 以示○之有楚. 102-9 以資固於○. 102-9 ○見楚. 102-9 適爲固驅以合○秦也. 102-10 ○秦合. 102-10 必非固之所以之○之辭也. 102-11 王不如令人以涓來之辭謾固於○. 102-12 ○秦必不合. 102-12 ○秦不合. 102-13 王欲收○以攻秦. 102-13 王卽欲以秦攻○. 102-13 ○楚構難. 103-3 ○急宋. 103-3 將法○之急也. 103-4 ○以急得宋. 103-4 是從○而攻楚. 103-5 ○戰勝楚. 103-5 五國約目伐○. 103-9 五國目破○秦. 103-9 目廥於○. 103-17○之反趙魏之後. 103-19 而○秦應楚. 104-20 韓公叔有○魏. 107-16 ○魏必伐韓. 107-19 則韓魏○燕趙衛之妙音美人. 109-8 卽陰與燕王謀破○共分其地. 111-12 出走入○. 111-13 ○王因受而相之. 111-13 ○王大怒. 111-14 請爲王使○交不絕. 112-12 ○交不絕. 112-12 故王不如與○約. 115-4 ○王好高人以名. 115-5 ○必喜. 115-5 交惡於○. 115-6 ○魏之交惡. 115-6 ○秦約攻楚. 115-9 楚令景翠以六城賂○. 115-9 公出地以取○. 115-10 若○不求. 115-12 質於○. 117-7 太子辭於○王而歸. 117-7 ○王隘之. 117-7 致命○王曰. 117-10 ○王歸楚太子. 117-11 ○使車五十乘. 117-12 ○使來求東地. 117-13 以東地五百里許○. 117-16 ○令使來求地. 117-16 許强萬乘之○而不與. 117-17 ○使來求東地五百里. 117-19 ○使來求東地五百里. 117-23 許萬乘之强○也而不與. 117-25 而北獻地五百里於○. 118-7 乃遣子良北獻地於○. 118-9 子良至○. 118-11 ○使人以甲受東地. 118-11 昭常應○使曰. 118-11 ○王謂子良曰. 118-13 ○王大興兵. 118-14 秦以五十萬臨○右壤. 118-15 ○王恐焉. 118-16 解○患. 118-17 楚王因收昭睢以取○. 120-21 魏折而入○秦. 121-21 而交未定於○秦. 121-22 ○人飾身修行得爲益. 122-14 ○明說卓滑以伐秦. 125-16 ○明謂卓滑曰. 125-16 或謂黃○曰. 125-20 楚太子橫爲質於○. 125-25 不若令屈署以新東國爲和於○以動秦. 126-1 秦恐○之敗東國. 126-2 遽令屈署以東國爲和於○. 126-3 毋與○東國. 126-4 管仲去魯入○. 126-17 魯弱而○强. 126-18 ○崔杼之妻美. 126-25 淖齒用○. 127-4 ○王遣使求臣女弟. 128-20 太公望封於○. 130-10 非○則魏. 130-13 魏○新怨楚. 130-13 請使於○. 131-18 韓魏○燕負親以謀趙. 134-24 少子之○. 135-4 且以伐○. 138-1 蘇秦爲○上書說趙王曰. 138-1 今從於彊秦國之伐○. 138-23 ○攻宋. 139-12 ○怒深. 139-14 德强○. 139-14 以與○韓秦市. 141-13 ○王欲求救宜陽. 141-13 ○不從. 141-18 以楚趙分○. 141-19 秦分○. 141-20 ○亡魏. 141-20 河間封不定而○危. 141-25 ○不從. 142-2 秦從楚魏攻○. 142-3 ○趙必俱亡矣. 142-4 ○秦爲兩敵. 144-9 倍秦攻○. 144-10 倍○攻秦. 144-10 ○必致海隅魚鹽之地. 144-14 與○. 144-18 則○必弱楚魏. 144-19 據衛取淇則○必入朝. 144-21 莫如一韓魏○楚燕趙. 145-23 ○魏各出銳師以佐之. 145-25 ○出銳師以佐之. 146-2 秦攻○. 146-2 ○涉渤海. 146-4 ○涉渤海. 146-5 夫慮收亡○罷楚敝魏與不可知之趙. 147-3 夫○威宣. 147-5 爲○兵困於殽塞之上. 147-7 而○爲虛戾. 147-8 夫○兵之所以破. 147-8 今富非有○威宣之餘也. 147-9 收破○罷楚弊魏不可知之趙. 147-11 故裂地以敗於○. 147-19 田單將○之良. 147-19 欲反覆○國而不能. 148-8 自令車裂於○之市. 148-8 ○獻魚鹽之地. 148-10 告○使興師度清河. 148-12 與○中山同之. 150-18 先時中山負○之强兵. 150-24 所以○常民. 152-14 卽君之○已. 155-19 ○以二十萬之衆攻荆. 155-19 ○韓相方. 155-20 ○破燕. 156-8 今無約而攻○. 156-8 ○必讎趙. 156-8 不如請以河東易燕地於○. 156-9 ○有河東. 156-9 以河東之地强○. 156-10 必皆事王以伐○. 156-11 是因天下以破○也. 156-11 乃以河東易○. 156-11 請伐○而存燕. 156-12 富丁欲以趙合○魏. 156-25 不如以順○. 157-2 今我不順○伐秦. 157-2 韓魏告急於○. 157-3 ○不欲伐秦. 157-3 ○之兵不西. 157-4 韓必聽秦違○. 157-4 違○而親. 157-5 今我順而○不西. 157-5 韓魏必絕○. 157-5 絕○則皆事我. 157-5 且我順○. 157-6 ○無而西. 157-6 不能散○魏之交. 157-6 今我順而○魏果西. 157-7 是罷○敝秦也. 157-7 ○魏雖勁. 157-18 是輕○也. 157-19 無○不能得趙. 157-19 ○交韓魏. 159-21 王以五城賂○. 160-22 ○. 160-23 ○之聽王. 160-24 是王失於○而取償於秦. 160-24 因發虞卿東見○王. 160-25 前與○湣王爭强爲帝. 162-7 以○故. 162-8 今○湣王已益弱. 162-8 ○國之高士也. 162-19 ○楚則固助之矣. 163-5 昔○威王嘗爲仁義矣. 163-8 而○獨朝之. 163-9 ○後往. 163-10 赴於○曰. 163-10 東藩之臣田嬰○後至. 163-10 ○閔王將之魯. 163-23 嘗抑强○. 165-2 ○人李伯見孝成王. 167-24 ○舉兵擊燕. 168-1 今燕○已合. 168-2 爲○獻書趙王. 169-3 臣以○循事王. 169-8 臣以爲○致尊名於王. 169-9 臣以○致地於王. 169-10 臣以○爲王求名於燕及韓魏. 169-10 ○先重王. 169-11 無○. 169-12 以無○之故重王. 169-12 燕魏自以無○故重王. 169-13 今王無○獨安得無重天下. 169-13 故勸王無○者. 169-14 願王之熟慮無○之利害也. 169-16 ○欲攻宋. 169-19 ○乃捄趙以伐宋. 169-19 之○. 169-23 謂○王曰. 169-23 如王若用所以事趙之半收○. 170-6 王之事○也. 170-6 ○爲王之故. 170-7 ○甲未嘗不歲至於王之境也. 170-10 請問王之所以報○者可乎. 170-11 去○三千里. 170-11 王以此疑○. 170-12 王固可以反疑○乎. 170-13 ○秦交重趙. 170-18 ○將攻宋. 170-25 ○因欲與趙. 170-25 ○乃令公孫衍說李兌以攻宋而定封焉. 170-25 李兌乃謂○王曰. 171-1 非以爲○得利秦之毀也. 171-2 ○之怒深. 171-9 得大○. 171-9 ○無大異. 171-11 蘇代謂○王曰. 171-19 ○必攻宋. 171-22 ○攻宋. 171-22 ○王必無召呡也使臣守約. 171-25 今韓魏與○相疑也. 172-2 ○秦非復合也. 172-3 秦王內韓珉於○. 172-10 秦王受○受趙. 172-13 ○趙應之. 172-14 以伐○收楚. 172-17 燕趙伐○. 172-18 兵分於○. 172-21 秦堅三晉之交攻○. 172-22 而兵東分於○. 172-23 是以攻○之已弊. 172-24 而收○魏以成取陰. 173-5 命以與○. 174-13 乃割濟東三令城市邑五十七以與○. 174-14 今君以此與○. 174-17 以○之於燕也. 174-22 趙强則○不復霸矣. 174-25 ○人戎郭宋突謂仇郝曰. 175-7 中山案此言於○曰. 175-9 ○聞此. 175-9 欲伐○. 175-12 ○請效地. 175-12 ○明爲謂趙王曰. 175-12 ○畏從人之合也. 175-13 ○必不效地矣. 175-14 以制○趙. 177-3 趙氏求救於○. 178-19 ○曰. 178-19 於是爲長安君約車百乘質於○. 179-21 ○兵乃出. 179-21 東與○境. 185-10 魏南與楚而不與○. 185-12 則○攻其東. 185-12 東與○而不與趙. 185-12 ○魏約而伐楚. 186-14 魏以董慶爲質於○. 186-14 楚攻○. 186-14 楚攻○. 186-16 以魏爲將內之於○而擊其後. 186-16 ○必危矣. 186-17 ○使蘇厲爲之謂魏王曰. 186-21 ○請以宋地封涇陽君. 186-21 夫秦非不利有○而得宋埊也. 186-22 不信○王與蘇秦也. 186-23 今秦見○魏之不合也如此其甚也. 186-23 則○必不欺秦. 186-24 而秦信○矣. 186-24 ○秦合而涇陽君有宋地. 186-25 秦必疑○而不聽也. 187-1 夫○秦不合天下無憂. 187-1 伐○成. 187-2 陳軫爲秦使於○. 187-4 ○王聞之. 187-15 犀首受○事. 187-16 今燕○趙皆以事因犀首. 187-17 夫魏欲絕楚○. 188-4 使人謂○王曰. 188-6 欲以絕○楚也. 188-6 ○王曰. 188-7 張儀欲以魏合於秦韓而攻○楚. 188-15 惠施欲以魏合於○楚以案兵. 188-15 以魏合於秦韓而攻○楚. 188-17 ○楚怒而欲攻魏. 188-23 ○楚攻魏. 188-25 請令○楚解攻. 189-1 雍沮謂○楚之君曰. 189-

1 ○楚惡儀. 189-2 是○楚之兵折. 189-2 ○楚之王曰. 189-6 與之伐
○而存燕. 189-19 ○畏三國之合也. 189-19 而樹怨而於○秦也. 189
-21 ○遂伐趙. 189-22 秦欲救○. 190-2 伐○之事遂敗. 190-4 何不
陽與○而陰結於楚. 190-6 ○楚必戰. 190-7 ○戰勝楚. 190-7 楚戰勝
○敗. 190-7 ○王將見燕趙楚之相於衞. 190-19 犀首期○王至之曰.
190-21 先以車五十乘至衞間○. 190-21 以請先見○王. 190-22 謂○
王曰. 190-24 ○王曰. 190-25 三國之不相信○王之遇. 191-1 犀首田
盼欲得○魏之兵以伐趙. 192-3 犀首田盼遂得○魏之兵. 192-9 孰與
其爲○也. 192-21 不如其爲○也. 192-22 文將右○而左魏. 192-23
○欲伐宋. 194-14 ○令宋郭之秦. 194-14 魏王畏○秦之合也. 194-
15 又必謂王曰使王輕○. 194-24 ○魏之交已醜. 194-24 又且收○以
更索於王. 194-25 秦○合. 195-3 ○讎國也. 195-15 而臣以致燕甲而
起○兵矣. 195-17 臣又說○王而往敗之. 195-24 而以○爲上交. 195
-25 ○也. 196-5 嬰子言行於○王. 196-5 王欲得○. 196-5 彼必務以
○事王. 196-6 令犀首之○. 196-9 魏王令犀首之○. 196-10 將太子
申而攻○. 196-13 ○魏戰於馬陵. 196-19 ○大勝魏. 196-19 夫○.
196-20 而後與○戰. 196-23 王又欲悉起而攻○. 196-23 王若欲報○
乎. 196-24 則不如因變服折節而朝○. 196-24 則楚必伐○. 196-25
以休楚而伐罷○. 197-1 是王以楚毀○也. 197-1 乃使人報於○. 197
-2 終爲○患者. 197-7 而與之並朝○侯再三. 197-8 自將而伐○. 197
-9 大敗○於徐州. 197-9 令太子鳴爲質於○. 197-12 是○抱空質而
行不義也. 197-15 必右○而左魏. 198-4 ○桓公夜半不嗛. 200-5 因
請以下兵東擊○. 201-19 有意欲以下大王之兵東擊○也. 202-1 以東
擊○. 202-4 ○人攻燕. 202-8 ○欲伐魏. 205-4 ○欲伐魏. 205-4 入
說○王曰. 205-6 ○之仇敵也. 205-6 ○之與國也. 205-6○王曰. 205
-7 客謂○王曰. 205-9 又不攻衞與○矣. 207-9 衞○甚畏. 208-15
而并○秦. 208-25 公必且待○楚之合也. 209-4 今○楚之理. 209-5
其人皆欲合○秦外楚以輕公. 209-6 公必謂○王曰. 209-6 ○王故欲
伐楚. 209-7 ○王惡之. 209-9 今以○秦之重. 209-9 合親以孤○. 209
-11 ○楚也. 209-19 今○王謂魏王曰. 209-20 欲講攻於○王兵之辭
也. 209-20 翟强欲合○秦外楚. 209-22 樓庳欲合秦楚外○. 209-23
請合於楚外○. 209-24 必爲合於○外於楚. 209-25 翟强與○王必疾
矣. 210-1 是公外得○楚以爲用. 210-2 昔曹恃○而輕晉. 211-15 ○
伐釐莒而晉人亡曹. 211-15 繒恃○以悍越. 211-16 ○和子亂而越人
亡繒. 211-16 中山恃○魏以輕趙. 211-18 ○魏伐楚而趙亡中山. 211
-18 攻○得剛博以廣陶. 212-22 不如○趙. 213-16 荆○不能獨從.
213-17 不如○趙而構之秦. 213-20 王欲焉而收○趙攻荆. 213-22 欲
焉而收荆趙攻○. 213-22 是無○也. 214-11 有○者. 214-11 ○必喜.
214-12 遂伐○. 214-20 子爲肖謂○王曰. 216-2 令○資我於魏. 216
-2 是示○輕也. 216-3 夫○不以無魏者以害有魏者. 216-3 ○必資公
矣. 216-4 是公有○. 216-4 以○有魏也. 216-5 周最善○. 216-7 周
最入○. 216-10 今周最遁寡人入○. 216-11 ○無通於天下矣. 216-
12 亦無○累矣. 216-12○楚約而欲攻魏. 216-15 今○楚之兵已在魏
郊矣. 216-22 魏急則且割地而約○楚. 216-23 而强二敵之○楚也.
216-24○楚聞之. 217-1 張儀謂○王曰. 223-24 因以○魏廢韓朋. 223
-25 必不入於○. 224-1 以成陽資翟强於○. 225-17 甘茂欲以魏取
○. 227-24 公孫郝欲以韓取○. 227-25 而誅○魏之罪. 228- 勸○兵
以勸止魏. 228-5 ○魏合與離. 228-10 ○魏別與合. 228-11 ○魏離.
228-11 ○魏別. 228-12 今王聽公孫郝以韓秦之兵應○而攻魏. 228-
12 歸地而合於○. 228-13 以韓秦之兵據魏而攻○. 228-14 ○不敢戰.
228-15 故王不如令韓中立以攻○. 228-16 ○王言救魏以勁之. 228-
17 ○魏不能相聽. 228-17 則信公孫郝於○. 228-18 以韓秦之兵據魏
以郄○. 228-19 臣以爲令韓以中立以勁○. 228-21 公孫郝黨於○而
不肯言. 228-22 ○楚之交善秦. 228-25 且以善○而絕○乎楚. 229-1
恐○以楚遇爲有陰於秦魏也. 229-2 將以合○秦而絕○於楚也. 229-
3 ○無以信魏之合己於秦而攻於楚也. 229-4 ○又畏楚之有陰於秦魏
也. 229-5 魏之絕○於楚明矣. 229-6 ○楚信之. 229-6 以視○於有秦
魏. 229-7 ○必重楚. 229-7 而且疑秦魏於○. 229-8 仗○而畔秦. 230
-7 以公不如亟以國合於○楚. 232-10 ○令周最使鄭. 233-19 今公
叔怨○. 233-21 ○大夫諸子有犬. 233-25 鄭王必以○王爲不急. 234
-3 不若及○師未入. 234-14 ○師果入. 234-16 ○明謂公叔曰. 234-
19 ○逐幾瑟. 234-19 今楚欲善○甚. 234-19 公何不令○王謂楚王.
234-19 是○楚合. 234-20 是○孤也. 235-12 韓挾○魏以盱楚. 235-
13 ○楚後至者先亡. 235-25 至○. 236-25 ○人或言. 236-25 然至○.
237-7 晉楚○衞聞之曰. 238-15 ○怒於不得魏. 239-14 昔○桓公九
合諸侯. 242-7 張丑之合○楚講於魏也. 243-7 則必以地和於○楚.
243-8 張丑因謂○楚曰. 243-10 ○楚恐. 243-11 進○宋之兵至首坦.
244-10 皆曰以燕亡於○. 244-12 公孫郝嘗疾○韓而不加貴. 244-18
○韓嘗因公孫郝而不受. 244-19 韓珉相○. 245-2 與欲有求於○者.
245-6 以臨○而市公. 245-6 ○封君以莒. 245-8 ○秦非重韓則賢君
之行也. 245-8 今楚攻○取莒. 245-9 上及不交○. 245-9 是棘○秦之
威而輕韓也. 245-10 秦招楚而伐○. 245-19 楚之○者知西不合於秦.
245-19 必且務以楚合於○. 245-20 ○楚合. 245-20 ○以四國敵秦.
245-20 是○不窮也. 245-21 秦王誠必欲伐○乎. 245-21 不如先收於
楚之○者. 245-21 楚之○者先務以楚合於○. 245-22 是○孤矣. 245
-23 南近○趙. 248-18 ○趙. 248-19 ○燕離則趙重. 248-23 ○燕合
則趙輕. 248-23 今君之○. 248-23 何吾合燕於○. 249-1 東不如○.
249-2 豈能東無○西無趙哉. 249-3 是驅燕而使合於○也. 249-4 以
疑燕○. 249-5 燕○疑. 249-6 ○王疑蘇秦. 249-6 不如以埊請合於○.
249-9 令郭任以埊請講於○. 249-11 ○宣王因燕喪攻之. 249-13 武
安君蘇秦爲燕說○王. 249-14 ○王桉戈而卻曰. 249-15 ○王曰. 249
-20 且夫燕秦之俱事○. 249-24 ○王大說. 250-3 武安君從○來. 250
-8 足下安得使之之○. 250-14 何肯楊燕秦之威於○而取大功乎哉.
250-18 則○不益於營丘. 250-21 且臣之說○. 251-7 使之說○者.
251-8 而南無○趙之患. 251-25 夫○趙者. 252-16 寡人之於○趙也.
252-18 思念報○. 252-20 我有深怨積怒於○. 252-23 ○者. 252-24
子能以燕敵○. 252-25 今夫○王. 253-4 吾聞○有清濟濁河. 253-9
則○可亡已. 253-15 蘇秦死於○. 253-20 而○宣王復用蘇代. 253-
21 蘇代爲○使於燕. 253-23 ○宣王何如. 253-23 儲子謂○宣王. 254
-12 孟軻謂○宣王曰. 254-18 ○大勝燕. 254-20 蘇秦弟厲因燕質子
而求見○王. 254-23 ○王怨蘇秦. 254-23 乃使蘇代持質子於○. 254
-25 ○使代報燕. 255-1 ○王其伯也乎. 255-1 ○伐燕. 255-3 皆終歸
○. 255-4 ○善待之. 255-4 ○使人謂魏王曰. 255-6 ○請以宋封涇陽
君. 255-6 秦非不利有○而得宋埊也. 255-7 不信○王與蘇子也. 255
-7 今○魏不和. 255-8 則○不欺秦. 255-8 秦信○. 255-8 ○秦合.
255-8 ○秦不合. 255-10 伐○之形成矣. 255-10 ○因孤國之亂. 255-
14 鄒衍自○往. 256-6 與秦楚三晉合謀以伐○. 256-9 ○兵敗. 256-
9 盡取○寶. 256-10 ○城之不下者. 256-10 ○伐宋. 256-13 而寄質
於○. 256-13 秦○助之伐宋. 256-14 肥大○. 256-15 將欲以除害取
信於○也. 256-16 而○未加信於足下. 256-16 然則足下之事○也.
256-16 而○并之. 256-18 是益一○也. 256-18 而○并之. 256-19 是
益二○也. 256-20 夫一○之强. 256-20 今乃以三○臨燕. 256-20 ○
人紫敗素也. 256-23 則莫如遙伯○而厚尊之. 256-25 今爲○下. 257
-3 苟得窮○. 257-3 以窮○之說說秦. 257-4 燕趙破宋肥○尊○而爲
之下者. 257-4 ○不聽. 257-9 因驅韓魏以攻○. 257-10 則燕趙之棄
○也. 257-12 則○伯必成矣. 257-13 諸侯戴○. 257-13 諸侯戴○.
257-14 秦伐○必矣. 257-18 伐○. 257-18 燕欲報仇於○. 257-21 與
謀伐○. 257-21 竟破○. 257-22 ○不出營丘. 258-7 今王有東嚮伐○
之心. 258-14 故○雖强國也. 258-17 則○軍可敗. 258-18 子以此爲
寡人東游於○. 258-19 今臣爲足下使於○. 259-7 ○得宋而國亡. 260
-4 ○楚不得以有枳宋事秦者. 260-4 恐○救之. 260-19 則以宋委於
○. 260-19 因以破宋爲○罪. 260-21 秦欲攻○. 260-23 則以○委於
天下曰. 260-23 ○王四與寡人約. 260-23 有○無秦. 260-24 無○有
秦. 261-1 因以破○爲天下罪. 261-2 適○者曰. 261-12 蘇代爲奉陽
君說燕於趙以伐○. 261-23 乃入○惡趙. 261-24 令○絕於趙. 261-
24 ○已絕於趙. 261-24 使○不信趙者. 261-25 今○王召蜀子使不伐
宋. 261-25 與○王謀道取秦以謀趙者. 262-1 令○守趙之質子以甲者.
262-2 請告子以請○. 262-2 臣故知入○之有趙累也. 262-4 臣死而
○大惡於趙. 262-4 令○趙絕. 262-5 ○趙必有爲智伯者矣. 262-6 ○
王使公王曰命說曰. 262-8 吾無○矣. 262-12 如○王王之不信趙. 262
-13 故○趙之合苟可循也. 262-15 臣死而○趙不循. 262-17 臣以韓
魏循自○. 262-21 今臣逃而紛○趙. 263-2 卒絕○於趙. 263-8 趙合
於燕以攻○. 263-8 蘇代爲燕說○. 263-10 未見○王. 263-10 ○王大
說蘇子. 263-16 蘇代自○使人謂燕昭王曰. 263-19 臣聞離○趙. 263
-19 ○趙已孤矣. 263-19 王何不出兵以攻○. 263-20 燕乃伐○攻晉.
263-20 燕之攻○也. 263-21 ○軍敗. 264-3 日者○不勝於晉下. 264
-7 ○不幸而燕有天幸也. 264-8 ○君臣不親. 264-11 燕因使樂毅大
起兵伐○. 264-11 蘇代自○獻書於燕王曰. 264-14 臣貴於○. 264-
15 ○有不善. 264-16 天下不攻○. 264-16 將曰善爲○謀. 264-16 天
下攻○. 264-16 將與○兼鄮臣. 264-17 上可以得用於○. 264-19 去
燕之○可也. 264-20 臣受令以任○. 264-21 ○數出兵. 264-21 ○趙
之交. 264-22 燕王不與○謀趙. 264-22 則與趙謀○. 264-22 ○之信
燕也. 264-23 且攻○. 264-24 使○大馬駿而不言燕. 264-24 陳翠合
○燕. 265-4 將令燕王之弟爲質於○. 265-4 憂公子之且爲質於○也.
265-9 燕昭王且與天下伐○. 265-22 而有○人仕於燕者. 265-22 寡
人且與天下伐○. 265-22 子因去而之○. 265-23 且以因子而事○.
265-24 燕○不兩立. 265-25 昔者吳伐○. 266-6 伐○未必勝也. 266-
6 昌國君樂毅爲燕昭王合五國之兵而攻○. 266-13 用○人反間. 266
-14 ○田單欺詐騎劫. 266-15 復收七十城以復○. 266-16 將軍爲燕
破○. 266-18 我有積怨深怒於○. 267-10 而欲以○爲事. 267-10 夫
○霸國之餘教也. 267-11 ○可大破也. 267-15 起兵隨而攻○. 267-
16 奉令擊○. 267-17 ○王逃遁走莒. 267-18 ○器設於寧臺. 267-19
○南破楚. 269-13 使○北面伐燕. 269-14 頓○兵. 269-15 南使於○.
269-17 謂○王曰. 269-18 ○南破楚. 269-18 ○王曰. 269-23 絕交於

○. 269-25 率天下之兵以伐○. 269-25 頓○國. 269-25 ○魏爭燕. 270-11 ○謂燕王曰. 270-11 ○遂北矣. 270-14○韓魏共攻燕. 271-3 ○軍其東. 271-7 ○師怪之. 271-9 ○兵已去. 271-9 南連○楚. 274-6 若曹沫之與○桓公. 275-14 ○攻宋. 279-3 宋小而○大. 279-4 夫救於小宋而惡於大○. 279-4 我堅而○弊. 279-5 ○王果攻. 279-6 ○攻宋. 280-23 宋因賣楚重以求講於○. 280-23 ○不聽. 280-24 蘇秦爲宋謂○相曰. 280-24 以明宋之賣楚重於○也. 280-25 必絶於宋而事○. 280-25 ○楚合. 280-25 今太子自將攻○. 281-4 與○人戰而死. 281-9 ○聞而伐之. 281-15 ○謂趙魏曰. 284-7 ○謂趙魏曰. 284-9 中山之君遣之○. 284-11 非○之利也. 284-13 豈若中山廢其王而事○哉. 284-14 爲君廢王事○. 284-17 ○欲伐河東. 284-24 ○羞與中山之爲王甚矣. 285-1 中山果絶○而從趙魏. 285-3 ○閉關不通中山之使. 285-5 公何患於○. 285-8 ○强. 285-8 請以公爲○王而登試而說公. 285-12 今○之辭云卽佐王. 285-21 以此說○王. 285-23 ○王聽乎. 285-23 ○以是辭來. 285-25 ○之欲割平邑以賂我者. 286-1 連好○楚. 288-23

【旗】 1

旗○蔽日. 106-7

【養】 33

因以應爲太后○地. 11-1 楚有○由基者. 11-7 ○由基曰. 11-8 奉○無有愛於最也. 12-7 厚○死士. 16-9 以千里○. 51-5 卽以天下恭○. 51-12 雍門○椒亦. 84-23 陽得子○. 84-23 是助王○其民也. 88-9 以○父母. 88-12 訾○千鍾. 88-20 厮○士之所竊. 92-15 下○百姓. 97-2 此所謂○仇而奉讎者也. 109-13 陰○死士. 129-9 而陰○死士之日久矣. 129-18 非以○欲而樂志也. 149-12 非以○欲而樂志也. 149-22 農夫勞而君子○焉. 151-7 生則不得事○. 164-6 抱葛薜陰成以爲趙○邑. 208-18 故令魏氏收秦太后之○地秦王於秦. 214-14 而○秦太后以地. 214-16 而厮徒負○在其中矣. 222-22 可旦夕得甘脆以○親. 237-5 親供○備. 237-6 徒幸而○老母. 237-9 則不過○其親其. 258-3 今寡人息民以○士. 288-15 傷者厚○. 288-19 ○孤長幼以益其衆. 289-21 釋趙○民. 290-10

【精】 8

今日○而君不動. 137-19 ○兵非有富韓勁魏之庫也. 147-10 此非兵力之○. 202-20 無○於此者矣. 213-15 兵之○銳. 215-23 以招天下之○兵. 249-19 不知吾○已消亡矣. 274-16 皆率其○兵東保於遼東. 278-6

【粻】 1

周○秦韓. 3-21

【鄰】 27

四○諸侯可朝也. 19-13 陶爲○恤. 34-13 南與陶爲○. 35-1 ○國. 52-23 故能從○. 55-4 廣○敵以自臨. 72-4 臣聞之○人之女. 88-18 臣○人之女. 88-19 則四○不反. 91-10 光照○國. 97-12 其○人見狗之溺井也. 105-8 ○人憚之. 105-9 生與亡爲○. 123-5 欲○國聞而觀之也. 138-8 ○國得志矣. 165-19 ○國必恐. 181-4 ○國懼而相親. 181-6 與大梁○. 206-25 然而秦之葉陽昆陽與舞陽高陵○. 207-14 然而無與强秦○之禍. 208-9 或有諸侯○國之虞. 211-21 臣○家有遠爲吏者. 251-1 南○爲秦. 273-15 ○有弊輿而欲竊之. 279-14 ○有短褐而欲竊之. 279-15 ○有糟糠而欲竊之. 279-16 ○國不與也. 287-18

【粹】 1

名實純○. 44-18

【鄭】 69

告於○朝. 6-23 ○朝曰. 6-23 ○朝獻之趙太卜. 6-24 且魏有南陽○地三川而包二周. 13-3 ○恃魏而輕韓. 13-12 魏攻蔡而○亡. 13-12 楚臨南○. 21-24 支分方城膏腴之地以薄○. 36-1 ○人謂玉未理者璞. 41-20 周人懷璞過○賈曰. 41-21 ○賈曰. 41-22 是天下之王不如○賈之智也. 41-24 聞應侯任○安平王稽. 44-7 王以十成○. 53-24 ○魏者. 107-6 ○魏之弱. 107-7 ○申爲楚使於韓. 107-16 又謂王之幸夫人○褎曰. 116-5 ○褎曰. 116-6 ○褎曰. 116-12 ○褎遽說楚王出張子. 116-16 南后○褎貴於楚. 120-3 彼○周之女. 120-8 南后○褎聞之大恐. 120-12 ○褎亦以金五百斤. 120-13 乃召南后○褎而觴之. 120-16 夫人○褎知王之說新人也. 123-11 今○褎知寡人之說新人也. 123-14 ○褎知王以已爲不妬也. 123-16 王謂○褎曰. 123-18 ○褎曰. 123-18 ○褎曰. 123-19 楚王子圍聘於○. 126-24 足以拔○. 136-20 趙王乃令○朱對曰. 156-16 發○朱入秦. 161-22 秦已內○朱矣. 161-23 ○朱. 161-25 ○同北見趙王. 165-8 ○同曰. 165-9 ○同因撫手仰天而笑之曰. 165-11 從○至梁. 185-9 ○彊出秦曰. 188-4 秦盡有○地. 206-25 秦有○地. 207-12 又況於使秦無韓而有○地. 207-25 ○恃魏以輕韓. 211-16 伐榆關而韓氏亡○. 211-17 則韓必取○矣. 221-6 至韓之取○也. 221-6 ○彊載八百金入秦. 224-23 泠向謂○彊曰. 224-23 ○彊曰. 224-25 ○彊之走張儀於秦. 225-5 請道於南○藍田以入攻楚. 231-23 軍於南○矣. 231-24 齊令周最使○. 233-19 令我使○. 233-20 周最行至○. 233-23 ○王必以齊王爲不急. 234-3 則○王必許之矣. 234-4 ○强爲楚王使於韓. 234-7 ○彊曰. 234-8 幾瑟入○之日. 235-23 公因以楚韓之兵奉幾瑟而內之○. 236-4 謂○王曰. 241-5 立以爲○君. 242-4 今日○君不可得而爲也. 242-6 我離兩周而觸○. 260-12

【惄】 2

必東○於齊. 64-21 東○於齊. 64-23

【弊】 82

○邑固竊爲大王患之. 1-15 ○邑遷鼎以待命. 1-22 秦恐公之乘其○也. 2-9 君不如令○邑陰合於秦而君無攻. 9-8 令○邑以君之情謂秦王曰. 9-10 君令○邑以此忠秦. 9-12 是公以○高都得完周也. 10-22 兵○於周. 13-9 舌○耳聾. 16-8 黑貂之裘○. 16-16 ○兵勞衆不足以成名. 22-2 魏兵罷○. 23-10 ○邑之王所說甚者. 26-6 ○邑之王所甚憎者. 26-7 其於○邑之王甚厚. 26-9 ○邑欲伐之. 26-9 是以○邑之王不得事令. 26-10 韓楚乘吾○. 29-24 齊以陽武賜○邑而納順子. 32-6 以告○邑. 32-9 臣竊必之○邑之王曰. 32-13 破齊○晉. 32-17 故臣竊必之○邑之王曰. 33-1 君不如勸秦王令○邑卒攻齊之事. 34-5 齊予晉○邑. 34-7 國○. 40-4 ○邑之於與遇善之. 50-10 此猶兩虎相鬬而駑犬受其○. 51-22 南陽之○幽. 61-14 故不如南攻襄陵以○魏. 64-13 邯鄲拔而承魏之○. 64-13 齊因承魏之○. 64-15 夫韓魏之兵未○. 64-19 而晚承魏之○. 64-21 使彼罷○於先弱守於主. 65-12 使彼罷○先弱守於主. 65-14 兵罷○. 73-11 ○其衆. 81-8 與聊城共據朞年之○. 96-17 國○僁多. 96-21 今公又以○聊之民. 96-21 是兩○也. 104-12 何目兩○也. 104-16 趙魏相○. 104-19 故○邑趙王. 109-17 而民○者怨於上. 110-25 夫秦楚相○. 111-6 秦王惡與楚相○而令天下. 115-24 三十餘萬○甲鈍兵. 118-12 臣身受命○邑之王. 118-13 收破齊罷楚○魏不可知之趙. 147-11 ○邑秦王使臣敢獻書於大王御史. 147-23 ○邑恐懼懾伏. 148-1 是以攻齊之已○. 172-24 受其○而厚遇之. 177-24 ○邑雖小. 226-13 ○邑將以楚殉韓. 226-14 是○楚也. 229-14 强楚○楚. 229-15 是魏○矣. 241-8 非○邑之所憎也. 243-19 告○邑甚急. 245-15 秦趙相○. 248-10 直患國○. 252-24 士罷○. 253-5 久師則兵○. 253-8 民力窮○. 253-11 封內○矣. 253-13 猶釋○躧. 257-12 ○而不售. 259-15 售而不○者. 259-15 而弱越乘其○以霸. 266-6 懼趙用樂毅承燕之○以伐燕. 266-16 ○其衆. 269-15 以○大衆. 270-8 我堅而齊○. 279-5 鄰有○輿而欲竊之. 279-14 此猶文軒之與○輿也. 279-17 ○邑之師過大國之郊. 279-24 今徼師於○邑. 280-10 ○邑不從. 280-10 願王之有以命○邑. 280-11

【幣】 21

故先使蘇秦以○帛約乎諸侯. 17-20 王其爲臣約車并○. 26-5 則秦且輕使重○. 28-12 懼必卑辭重○以事秦. 39-9 卑辭重○以事之. 39-12 國之○帛. 41-7 府具○. 58-19 請具車馬皮○. 79-3 重○也. 83-18 ○帛矯蠹而不服矣. 91-12 使下臣奉其○物三至王廷. 177-8 則受書○. 177-11 重其○. 226-7 重其○. 226-13 卑身厚○. 255-13 臣聞辭卑而○重者. 270-13 辭倨而○薄者. 270-13 今魏之辭倨而○薄. 270-13 持千金之資○物. 277-4 君爲臣多車重○. 284-10 卑辭重○. 288-22

【榮】 12

爲其凋○也. 36-20 是臣之大○也. 38-6 一舉而攻○陽. 39-18 富貴顯○. 44-16 今死生○辱. 96-12 惡小恥者不能立○名. 97-7 國未嘗不○也. 126-19 燕封宋人○蚠爲高陽君. 174-11 固不能當○蚠. 174-23 決○口. 260-16 不足以爲臣○. 262-16 而君不得○. 272-20

【滎】 1

舉兵而攻○陽. 39-17

【熒】 3

一軍臨○陽. 139-20 ○惑諸侯. 148-7 決○澤. 207-12

【漢】 28

西有巴蜀○中之利. 15-15 張儀欲以○中與楚. 23-2 有○中. 23-2 ○中南邊爲楚利. 23-3 王割○中以爲和楚. 23-4 王今以○中與楚. 23-5 不如許楚○中以懽之. 29-25 果使馮章許楚○中. 30-1 楚王以其言責○中於馮章. 30-1 南亡鄢郢○中. 42-15 南并蜀○. 46-4 棧道千里於蜀○. 46-17 秦取楚○中. 48-3 ○中可得也. 102-13 秦有舉巴蜀并○中之心. 109-19 戰於○中. 111-4 遂亡○中. 111-5 楚無鄢郢○中. 111-25 請復鄢郢○中. 112-2 其效鄢郢○中必緩矣. 112-13 楚令昭鼠以十萬軍○中. 115-15 必出○中. 115-17 秦兵且出○中. 115-18 秦敗楚○中. 117-2 并○中. 148-3 ○中之甲. 260-7 乘夏水而下○. 260-8 江○魚鼈黿鼉爲天下饒. 279-18

【滿】 9

毛羽不豐○者不可以高飛. 15-21 月○則虧. 45-20 ○海內矣. 53-6 君○意殺之乎. 85-8 朝則○. 85-11 屬之子○與子虎. 113-20 地方不○九百里. 222-21 令戰車○道路. 226-7 而欲○其意者衆. 281-7

【漆】 6

○身而爲厲. 37-21 ○身而爲厲. 38-4 ○身可以補所賢之主. 38-5 豫讓又○身爲厲. 135-13 夫膠○. 164-24 被髮自○爲厲. 262-16

【漸】 2
高○離擊筑. 276-25 其後荆軻客高○離以擊筑見秦皇帝. 278-9

【漕】 1
粟粮○庾. 185-11

【漂】 5
則子○○者將何如耳. 77-17 傷此若髮○. 80-1 ○入漳河. 137-12 流血○鹵. 289-5

【漑】 1
逃太史之家爲○園. 95-16

【漁】 3
身爲○父而釣於渭陽之濱耳. 37-12 ○者得而并禽之. 270-7 臣恐强秦之爲○父也. 270-8

【漉】 1
○汁灑地. 128-9

【漳】 15
秦趙戰於河○之上. 69-22 越○河. 137-5 漂入○河. 137-12 秦甲涉河踰○. 144-22 南有河○. 145-1 趙涉河○. 146-1 趙涉河○. 146-2 趙涉河○博關. 146-3 願渡河踰○. 148-4 前○滏. 165-1 且王嘗濟於○. 170-3 左孟門而右○釜. 183-1 絶○滏之水. 207-5 王嘗身濟○. 208-17 王翦將數十萬之衆臨○鄴. 275-10

【漏】 4
宜若奉○甕. 73-21 舟○而弗塞. 233-15 塞○舟. 233-15 是塞○舟而輕陽侯之波也. 233-16

【滲】 1
王之國雖○樂而從之可也. 193-1

【慢】 2
据○驕奢. 86-9 伐其憍○. 290-10

【慴】 1
故振○. 277-12

【寬】 4
○則兩軍相攻. 16-11 君前已○舍臣. 136-6 身行○惠達於禮. 153-4 周必○而反之. 245-25

【賓】 13
敬執○主之禮. 37-6 秦王召羣臣○客六十人而問焉. 60-19 使○客入秦. 101-13 是以外○客遊談之士. 144-5 五國復堅而○之. 172-2 其次○秦. 195-2 天下可令○秦. 195-7 然仲子卒備○主之禮而去. 237-11 其次長○之秦. 257-1 秦挾○客以待破. 257-2 擢之乎○客之中. 267-7 太子及○客知其事者. 276-24 設九○. 277-9

【寡】 304
○人將寄徑於梁. 1-11 ○人將寄徑於楚. 1-13 ○人終何塗之從而致之齊. 1-15 子爲○人謀. 2-7 ○人不敢弗受. 3-18 ○人知嚴氏之爲賊. 8-12 ○人請以國聽. 10-14 周君怨○人乎. 12-16 然刻深○恩. 15-7 ○人聞之. 15-21 蘇秦欺○人. 17-19 ○人忿然. 17-22 ○人聽子. 22-17 孰視○人曰. 24-23 ○人遂無奈何也. 24-23 ○人因問曰. 24-24 子爲○人慮之. 26-4 ○人自以爲智矣. 26-17 張子以○人不絶齊乎. 27-2 ○人與子故也. 27-15 ○人不佞. 27-16 故子棄○人事楚王. 27-16 以其餘爲○人乎. 27-17 能有國者○也. 28-3 ○人欲車通三川. 28-25 而○人死不朽乎甘茂對曰. 28-25 ○人不聽也. 29-19 ○人固無地而許楚王. 30-3 與○人爭辭. 30-21 ○人數窮焉. 30-21 ○人且相子. 31-19 ○人託國於子. 31-21 ○人宜以身受令久矣. 37-4 ○人日自請太后. 37-5 ○人乃得以身受命. 37-5 先生何以幸教○人. 37-9 先生不幸教○人乎. 37-11 ○人愚不肖. 38-12 此天以○人慁先生. 38-13 ○人得受命於先生. 38-14 願先生悉以教○人. 38-16 無疑○人也. 38-16 ○人欲親魏. 39-11 ○人不能親. 39-11 ○人欲收韓. 39-15 ○人一城圍. 43-6 ○人欲割河東而講. 48-23 ○人决講矣. 49-6 猶無奈○人何也. 49-12 其無奈○人何. 49-13 魏許○人以地. 50-2 魏王倍○人也. 50-2 王何不與○人遇. 50-2 是王以魏地德○人. 50-3 ○人絶其西. 50-5 ○人之國貧. 51-10 ○人子莫若楚. 57-24 ○人屈於內. 60-20 吾聞子以○人財交於諸侯. 61-6 有何面目復見○人. 61-7 靖郭君之於○人一至此乎. 63-23 ○人少. 63-24 客肯爲○人來靖郭君乎. 63-24 晏首貴而仕人○. 66-1 能面刺○人之過者. 66-18 上書諫○人者. 66-18 聞○人之耳者. 66-19 此不叛○人明矣. 67-4 然則子何以弔○人. 67-17 ○人不敏. 69-12 ○人甚憎儀. 71-21 ○人聞之. 80-22 視吾家所○有者. 82-23 君云視吾家所○有者. 83-4 君家所○有者以義耳. 83-5 ○人不敢以先王之臣爲臣. 83-9 ○人不祥. 83-21 ○人不足爲也. 83-22 ○人地數千里. 84-9 而因欲難○人. 84-10 ○人直與客論耳. 84-17 ○人善孟嘗君. 84-18 欲客之必諭○人之志也. 84-18 南面稱○者. 86-6 是以侯王稱孤○不穀. 86-18 非夫孤○者. 86-19 ○人自取病耳. 86-22 且顏先生與○人游. 86-23 ○人請從. 87-10 ○人奉先君之宗廟. 87-11 ○人愚陋. 87-16 ○人何好. 87-19 ○人憂國愛民. 87-22 ○人有罪國家. 88-1 哀鰥○. 88-10 而能事成者○矣. 90-6 則事以衆强適罷○也. 91-7 莫如僅靜而○信諸侯. 91-9 ○信諸侯. 91-10 而能從諸侯者○矣. 92-6 而能從諸侯○矣. 92-16 故三下城而能勝敵者○矣. 92-19 世世稱孤○. 97-4 ○人憂民之飢也. 98-10 ○人憂民之寒也. 98-10 ○人憂勞百姓. 98-11 稱○人之意. 98-11 子無罪於○人. 99-9 ○人知之. 105-5 ○人願兩聞之. 105-18 ○人萬歲千秋之後. 106-10 ○人欲置相於秦. 108-6 ○人之國. 109-19 ○人自料. 109-21 ○人臥不安席. 109-22 ○人謹奉社稷以從. 109-24 ○人年幼. 111-21 ○人聞之. 111-22 ○君身出. 113-11 ○君身出. 113-18 ○人聞之. 113-19 ○人之得求反. 117-15 子良見○人曰. 118-2 常見○人曰. 118-3 鯉見○人曰. 118-3 ○人誰用於三子之計. 118-4 ○人聞先生. 119-16 今先生乃不遠千里而臨○人. 119-16 ○人聞命矣. 119-19 ○人無求於晉國. 120-7 ○人之獨何爲不好色也. 120-10 ○人聞韓侈巧士也. 122-5 今鄭褏知○人之說新人也. 123-14 其愛之甚於○人. 123-14 夫新人見○人. 123-18 ○人不能用先生之言. 124-8 而○人弗與焉. 132-10 其移兵○人必矣. 132-11 ○人所親之. 133-13 ○人舍子. 136-4 ○人不舍子. 136-5 今馮亭令使者以與○人. 140-7 今其守以與○人. 140-17 苟來舉玉趾而見○人. 142-23 內度其士卒之衆○賢與不肖. 145-10 ○人年少. 146-9 ○人敬以國從. 146-10 ○人案兵息民. 147-1 ○人宮居. 148-18 ○人年少. 148-19 而世必議○人矣. 149-8 ○人非疑胡服也. 149-14 ○人胡服. 149-18 今○人作教易服. 149-20 今○人恐叔逆從政之經. 149-23 且○人聞之. 149-24 故○人願募公叔之義. 149-25 故○人且聚舟檝之用. 150-20 非○人所望於子. 151-3 ○人始行縣. 152-19 故○人問子以璧. 152-20 故○人以子之知慮. 152-21 故○人欲子之胡服以傅王乎. 152-25 ○人也. 153-3 ○人以王子爲子任. 153-11 以事○人者畢矣. 153-13 ○人與子. 153-14 ○人胡服. 153-21 故○人恐親犯刑戮之罪. 153-22 亂○人之事. 154-13 今○人不逮. 156-18 ○人有不令之臣. 156-19 非○人之所敢知. 156-19 ○人不聽. 157-23 故○人不聽. 157-24 ○人使卷甲而趍之. 161-15 ○人使平陽君媾秦. 161-23 ○人不好兵. 165-10 ○人不喜. 165-12 ○人請奉教. 165-19 幸以臨○人. 165-23 先生不知○人不肖. 165-24 ○人與子有誓言矣. 173-11 敝邑○君亦竊嘉之. 177-8 數欺弄○人. 177-14 親○君之母弟也. 177-16 ○人與趙兄弟. 181-14 ○人與韓兄弟. 181-15 旣爲○人勝强敵矣. 183-16 而謂○人必以國事聽鞅. 183-24 ○人不肖. 185-4 且夫從人多奮辭而○可信. 186-6 ○人惷愚. 186-11 李從約○人. 187-17 犀首必欲○人. 187-18 ○人欲之. 187-18 ○人亦以事因焉. 187-19 子果無之魏而見○人也. 188-7 魏王聞○人來. 190-25 使公孫子勞○人. 190-25 ○人無與之語也. 191-1 ○人之股掌之臣也. 192-15 ○人之讎也. 196-20 ○人疑之矣. 199-20 ○人信之矣. 199-21 ○人自爲知. 199-23 ○人固刑弗有也. 201-4 ○人請以鄴事大王. 201-5 魏王請以鄴事○人. 201-6 使○人絶秦. 201-6 子患○人入而不出邪. 203-17 請殉○人以頭. 203-18 然則先生之爲○人計之何如. 205-11 子爲○人謀. 205-16 ○人願子之行也. 205-18 ○人不能. 205-19 ○人聽子. 206-11 今周最遁○人入齊. 216-11 ○人知魏之急矣. 216-20 ○人欲以五百里之地易安陵. 219-11 安陵君其許○人. 219-11 ○人以五百里之地易安陵. 219-14 安陵君不聽○人. 219-14 而君逆○人者. 219-16 輕○人與. 219-16 ○人諭矣. 220-2 ○人無所用之. 221-4 子嘗教○人循功勞. 221-20 ○人雖死. 222-16 食之○. 223-5 其○力者籍外權. 223-21 何意○人如是之權也. 244-6 ○人國小. 248-18 ○人蠻夷辟處. 252-1 ○人之於齊趙也. 252-18 ○人不敢隱也. 252-23 故○人之所欲伐也. 252-24 則○人奉國而委之於子矣. 252-25 ○人聞太子之義. 254-13 ○人之國小. 254-14 ○人將誰朝而可. 255-24 子以此爲○人東游於齊. 258-19 ○人甚不喜訑者言也. 259-12 ○人積甲宛. 260-8 ○人如射隼矣. 260-9 爲木人以寫○人. 260-20 ○人地絶兵遠. 260-20 ○人如自得之. 260-21 齊王四與○人約. 260-23 四欺○人. 260-24 必率天下以攻○人者三. 260-24 ○人固與韓且絶矣. 261-3 ○人如自有之. 261-4 今○人發兵應之. 263-24 願子爲○人爲之將. 263-25 ○人知子矣. 264-2 此○人之過也. 264-5 ○人且與天下伐齊. 265-22 ○人有時復合和也. 265-24 ○人豈敢一日而忘將軍之功哉. 266-19 ○人新卽位. 266-20 左右誤○人. 266-20 ○人之使騎劫代將軍者. 266-20 以與○人有郄. 266-22 假○人五年. 269-16 ○人得其志矣. 269-16 ○人不佞. 272-2 則○人之不肖明矣. 272-3 ○人望有非則君掩蓋之. 272-5 且○人之罪. 272-6 君微出明怨以棄○人. 272-7 ○人必有罪矣. 272-7 世有掩○人之邪. 272-10 救○人之過. 272-10 輕棄○人以快心. 272-11 今使○人任不肖之罪. 272-12 ○人雖不肖乎. 272-16 然則不內蓋○人. 272-17 本欲以爲明○人之薄. 272-19 楊○人之辱. 272-20 願君無以○人不肖. 272-21 今○人之罪. 272-25 而議○人者遍天下. 272-25 今以○人無罪. 273-3 復以教○人. 273-4 使○人進不得脩功. 273-5 此○人之愚意也. 273-6 則○人不忍也. 280-11 ○人知之矣. 280-13 ○人羞與中山並爲王. 284-7 ○人且王. 284-8 羞與○人並爲王. 284-9 而欲伐○人. 284-9 ○人所以閉關不通使者. 285-19 而○人不與聞焉. 285-19 王苟舉趾以見○人. 285-20 今○人息民以養士. 288-15 ○人旣以興師

矣. 288-25 是以○人大發軍. 289-7 君嘗以○擊衆. 289-9 以衆擊○乎. 289-9 彊爲○人臥而將之. 290-7 ○人之願. 290-8 ○人恨君. 290-8

【察】 36

不可不○也. 7-3 願王○之. 61-3 ○其爲己用. 61-19 願大王之○也. 68-3 而不○其至實. 69-18 ○於地形之理者. 91-23 故明主○相. 92-5 則○相不事. 93-11 彼明君○相者. 93-11 願王之○之. 99-8 武王之○. 108-10 故楚南○瀨胡而野江東. 108-14 楚王不○於爭名者也. 112-4 而王不知○. 112-12 故明主之○其臣也. 119-10 不可不審○也. 126-21 ○五味之和. 145-18 臣願王○臣之所謁. 146-15 ○乎息民之爲用者伯. 146-25 願大王之熟○之也. 184-24 不可不○也. 188-3 願王○之. 191-11 願大王○之. 198-12 臣願大王○之. 199-6 願王○之矣. 199-23 願公之○也. 233-17 今韓不○. 240-20 王不○. 240-22 願君○之也. 247-2 臣恐侍御者之不○先王之所以畜幸臣之理. 267-1 故○能而授官者. 267-5 而以身得○於燕. 267-7 而不○疏遠之行也. 268-13 不可不○也. 281-20 大王若不○臣愚計. 290-12 願大王○之. 290-15

【寧】 29

○亡三城而悔. 49-6 其○於太山四維. 57-7 ○楚國之事. 113-2 ○力不勝. 163-14 ○朝人乎. 173-16 ○朝於人也. 173-16 人亦○朝人耳. 173-17 何故○朝於人. 173-17 取○邑. 177-2 得○邑. 177-3 大王廣地○邑. 177-7 不敢○居. 177-8 巴○爨襄之力也. 183-11 巴○爨襄田各十萬. 183-15 ○以爲秦邪. 204-6 秦拔○邑. 215-8 王歸○邑. 215-8 夫亡○者. 215-10 宜割二○以求構. 215-10 夫得○者. 215-11 安能歸○乎. 215-11 取○邑. 215-13 ○爲雞口. 222-13 名尊而國○. 257-15 夫去尊○而就卑危. 257-15 ○佯躓而覆之. 259-5 齊器設於○臺. 267-19 ○於故國爾. 272-23 臣○伏受重誅而死. 290-14

【寢】 3

○不寐. 54-17 ○不安席. 93-25 不佞○疾. 150-2

【實】 68

其○同理. 5-22 虛○有時. 9-8 其○襲蔡. 10-6 而○因之也. 10-9 臣恐齊王之爲君○立果而讓之於最. 12-6 ○不足以利國. 13-8 是我一舉而名○兩附. 22-11 其○郡也. 29-6 齊割地以○晉楚. 32-22 木○繁者披其枝. 40-5 木○繁者枝必披. 40-24 不知其○也. 41-25 名○純粹. 44-18 以○宜陽. 46-16 天下有其○而無其名者. 50-24 有無其○而有其名者. 50-25 有無其名又無其○者. 50-25 有其○而無其名者. 51-1 而有積粟之○. 51-2 此有其○而無其名者也. 51-2 無其○而有其名者. 51-3 無積粟之○. 51-4 此無其○而有其名者也. 51-4 無其名又無其○者. 51-4 無孝之○. 51-5 而○欺大國也. 53-1 無得地之○也. 53-11 ○得山東以敵秦. 59-17 臨淄甚富而○. 68-21 而有強國之○. 69-10 而不察其至○. 69-18 雖有勝名而有亡之○. 69-21 狗馬○外廐. 83-4 未得其○. 86-8 是故無其○而喜其名者削. 86-10 華而無其○德者也. 86-11 二者顯名厚○也. 97-5 其○畏王之甲兵也. 104-5 必○於外廐. 109-10 此不失爲儀之○. 121-12 君之賢○不如堯. 128-5 ○楚王也. 129-14 倉廩○矣. 132-16 而○伐空韓. 138-11 夫割地效○. 144-16 已如白馬○馬. 147-13 ○爲此事也. 156-19 其○空虛. 186-2 土地之○不厚於我. 198-25 名醜而○危. 205-7 非秦○首伐之也. 209-7 不○爲期. 212-14 夫以○告我者. 226-15 非必聽○也. 228-4 其○猶有約也. 232-8 其○猶之不失秦也. 232-11 有爲○者. 241-19 爲○者攻其形. 241-19 棗栗之○. 248-7 ○不失天下. 254-2 其○令啓自取之. 254-7 民勞而○費. 256-14 夫民勞而○費. 256-17 夫○得所利. 257-12 ○則利. 269-23 故名有所加而○有所歸. 280-18 其○欲廢中山之王也. 285-14 其國內○. 288-23

【褐】 3

西施衣○而天下稱美. 122-16 鄰有短○而欲竊之. 279-15 此猶錦繡之與短○也. 279-20

【褘】 1

○布與絲. 127-8

【盡】 105

內自○計. 1-6 亦必○其寶. 2-11 西周之寶可○矣. 2-17 秦○韓魏之上黨大原. 5-5 ○君子重寶珠玉以事諸侯. 7-2 ○輸西周之情於東周. 7-23 重亦○在趙. 10-1 前功○矣. 11-11 前功○滅. 11-14 ○包二周. 13-2 黃金百斤○. 16-16 謀臣皆不○其忠也. 19-2 上非能○其民力. 20-2 利○西海. 22-11 ○以爲子功. 29-4 秦衆○怨之深矣. 30-15 地形險易○知之. 31-9 除害莫如○. 34-20 此除疾不○也. 34-21 天下見臣○忠而身蹶也. 38-7 利○歸於陶. 41-7 幾割地而韓不○. 41-16 金○者功多矣. 42-9 ○公不還私. 44-22 ○能而不離. 45-2 ○忠致功. 45-11 故宋必○. 53-14 而珍珠重寶○於內. 61-2 吾已○知之矣. 77-10 而士未有爲君○游者也. 84-24 豈獨不得○. 84-25 ○忠直言者斶也. 87-3 十萬之衆○. 92-1 ○堞中爲戰具. 93-25 財○而交絕. 105-24 ○城守矣. 110-19 陳卒○矣. 110-23 ○王之有已. 111-11 六十而○相靡也. 125-21 是兩○也. 125-22 楚國封○可得. 129-5 於是使吏○滅春申君之家. 130-1 財食將○. 132-24 城力○. 132-25 知氏○滅. 134-6 兌○知之矣. 137-7 今燕○韓之河南. 138-15 秦○韓魏之上黨. 138-17 無敢○忠於前者. 144-6 力○之民. 146-19 力○不罷. 146-20 天下之主亦○過矣. 147-3 可以無○百姓之勞. 149-6 願○其忠. 151-22 不○於馬之情. 152-15 竭意○力. 153-18 虞卿能○知秦力之所至乎. 159-15 此自○之術也. 160-1 卽坐而地○矣. 160-6 而王之地有○. 160-11 以有○之地. 160-12 則必○在於秦矣. 160-17 故天下○重王. 169-11 天下必○輕王也. 169-12 ○効之於王. 170-9 臣雖○力竭知. 173-7 ○於溝壘. 175-2 夫○兩國之兵. 175-3 不如○歸中山之新埊. 175-8 ○一盃. 181-20 ○以爲人. 183-18 臣○力竭知. 192-13 ○晉國. 202-12 ○故宋. 203-6 將○行之乎. 203-15 薪不○. 204-22 今王之地有○. 204-22 秦○有鄭地. 206-25 邊城○拔. 207-21 麋鹿○. 207-22 非○亡天下之兵. 208-5 稽積竭○. 211-22 ○忠而已矣. 221-15 且夫大王之地有○. 222-11 夫以有○之地. 222-11 ○置其身妾之上. 231-8 必○其家以事王. 246-7 雖○寶地. 252-7 ○以役矣. 253-13 ○取齊寶. 256-10 ○焚天下之秦符. 257-1 安有爲人臣○其力. 258-24 二日而莫不○繇. 260-12 ○郡縣之以屬燕. 266-13 約楚魏宋○力. 267-14 ○收入燕. 267-18 恐君之未○厚也. 272-7 未○厚也. 272-15 非○天下之地. 275-8 ○納其地. 275-9 ○收其地. 275-22 日以○矣. 276-20 髮○上指冠. 277-2 ○失其度. 277-18 羣臣○以爲君輕國而好高麗. 283-2

【屢】 5

爲竇○謂魏王曰. 190-11 王不若與竇○關內侯. 190-13 聞周魏令竇○以割魏於奉陽君. 190-14 夫周君竇○奉陽君之與穰侯. 190-15 竇○也. 190-16

【墮】 9

夫攻城○邑. 17-23 攻城○邑. 58-13 衞八門土而二門○矣. 90-10 ○中牟之郭. 90-12 中牟之○也. 90-16 不○食. 167-25 文臺○. 207-21 無以異於○千鈞之重. 223-4 ○先王之名者. 268-10

【隨】 31

因○入以兵. 10-5 以○其後. 17-2 ○荆以兵. 19-10 天下徧○而伏. 20-13 而王○之矣. 22-7 今令人復載五十金○公. 42-9 相○於路. 53-4 ○陽右壤此皆廣川大水. 53-10 若○此計而行之. 55-24 使若卞○務光申屠狄. 61-18 以亡○其後. 69-3 亡○其後. 69-21 若○踵而至也. 80-23 子○我後. 104-2 臣請○之. 116-19 ○而攻東國. 126-1 是人不○. 159-2 今有人操○侯之珠. 165-14 而○以亡. 202-10 支期○其後. 204-10 ○安陵氏而欲亡之. 207-15 若韓○魏以善秦. 239-7 天下○之. 239-21 身執禽而○諸御. 241-21 此一何慶弔相○之速也. 249-15 東下○. 260-8 不以官○其愛. 267-4 起兵○而攻齊. 267-16 ○先王舉而有之於濟上. 267-16 以○使者. 280-3 有二人挈戈而○其後者. 288-3

【隣】 7

四○諸侯不服. 19-1 無與禍○. 19-8 四○諸侯可朝也. 19-19 朝四○諸侯之道. 21-11 四○諸侯不朝. 21-13 ○民之所處也. 269-21 出語○家. 272-15

【墜】 2

黃城之○也. 90-17 ○於公子之手. 124-19

【隧】 5

而不知干○之敗也. 52-17 死於干○. 55-11 公仲使韓珉之秦求武○. 243-18 且以求武○也. 243-19 韓已得武○. 243-20

【嫗】 2

守閭○曰. 43-19 不卑於守閭○. 43-21

【嫪】 10

○毐亦爲亂於秦. 130-3 與○氏乎. 219-3 以爲○毐功. 219-5 以因○毐. 219-5 王以國贊○毐. 219-5 以○毐勝矣. 219-6 王以國贊○氏. 219-6 今由○氏善秦而交爲天下上. 219-7 天下孰不棄呂氏而從○氏. 219-8 天下必合呂氏而從○氏. 219-8

【鼐】 1

夕調乎鼎○. 124-25

【頗】 3

而國人○有知之者. 129-10 廉○救幾. 156-23 趙使廉○以八萬遇栗腹於鄗. 271-24

【翟】 23

昭獻在陽○. 3-8 若其王在陽○. 3-11 是墨○之守也. 96-22 外懷戎○天下之賢士. 99-7 魏相○強死. 115-3 啓胡○之鄉. 149-5 ○章從梁來. 175-17 ○章辭不受. 175-17 秦與戎○同俗. 206-16 彼○子之所惡於國者. 209-5 樓廩○強也. 209-19 而使○強爲和也. 209-21 ○強欲合齊秦外楚. 209-22 以輕○強. 209-23 又謂○子. 209-25 ○強與齊王必疾矣. 210-1 內得樓廩○強以爲佐. 210-2 原恃秦○以輕晉. 211-17 秦○年穀大凶而晉人亡原. 211-18 管鼻之令○強與秦事. 214-23 ○強善楚. 216-7 今已令楚王奉幾瑟以車百乘居陽○. 225-1 以成陽資○強於齊. 225-17

【翠】 16
景○以楚之衆. 2-4 君謂景○曰. 2-8 景○果進兵. 2-12 景○得城於秦. 2-13 杜赫欲重景○於周. 7-2 楚令景○以六城賂齊. 115-9 昭雎謂景○曰. 115-10 韓王遣張○. 231-11 張○稱病. 231-11 張○至. 231-11 張○曰. 231-12 張○曰. 231-14 陳○合齊燕. 265-4 陳○欲見太后. 265-7 陳○曰. 265-7 陳○曰. 265-11
【態】 2
民多僞○. 16-6 下惑姦臣之○. 38-8
【鄧】 2
乃南襲至○. 48-4 ○師宛馮龍淵大阿. 222-4
【替】 1
田○曰. 78-17
【綺】 1
曳○縠. 89-1
【緄】 1
束組三百○. 280-2
【網】 1
○不能止. 62-22
【維】 5
其寧於太山四○. 57-7 夷○子執策而從. 163-23 ○子曰. 163-24 夷○子謂鄒之孤曰. 164-3 ○命不于常. 202-19
【綿】 1
○繡千純. 17-1
【綸】 2
段干○曰. 64-9 段干○曰. 64-11
【綰】 2
許○爲我祝曰. 203-18 而許○之首. 203-21
【綴】 1
○甲厲兵. 16-9
【綠】 1
宋有結○. 36-17
【緇】 1
○帛之衣以朝. 112-24
【慧】 1
公之不○也. 192-6
【奭】 1
邵公○封於燕. 130-10
【輦】 3
○從鄢陵君與壽陵君. 124-2 乃○建信以與强秦角逐. 166-5 老婦恃○而行. 178-25
【髮】 6
被○而爲狂. 37-21 被○而爲狂. 38-4 傷此若○漂. 80-1 被○文身. 150-10 被○自漆爲厲. 262-16 ○盡上指冠. 277-2
【撓】 4
曲○而誅. 65-4 ○揀而不辟者. 183-9 秦○之以講. 208-3 秦王色○. 220-2
【墳】 1
王○墓復羣臣歸社稷也. 117-15
【駟】 7
載以乘車○馬而遣之. 8-10 文車二○. 83-20 王○已備矣. 87-20 結○千乘. 106-7 乃爲具○馬乘車五百金之楚. 107-13 田○謂柱國韓向曰. 175-17 文馬二○. 205-5
【駒】 1
此代馬胡○不東. 138-22
【趣】 4
卽且○我攻西周. 2-22 ○甚疾. 60-11 此齊貌辨之所以外生樂患○難者也. 64-6 則○趙而已. 216-13
【撲】 1
歸反○. 87-6
【賣】 21
則○趙宋於三國. 6-7 欲秦趙之相○乎. 6-8 則秦趙必相○以合於王也. 6-9 折而不○. 12-4 ○僕妾售乎閭巷者. 24-4 故○僕妾不出里巷而取者. 25-1 ○愛妾. 43-18 愛妾已○. 43-20 傳○以五羊之皮. 61-15 ○妻子不足償之. 80-2 則天下不○. 91-10 外不○. 91-11 ○主之地而食之. 140-25 夫良商不與人爭買○之賈. 167-9 時貴而○. 167-10 自○於秦. 212-14 故○美人. 242-25 人有○駿馬者. 263-10 欲○之. 263-11 宋因○楚重以求講於齊. 280-23 以明宋之○楚重於齊也. 280-25
【撫】 7
王不如賂之以○其心. 28-15 循○其心. 99-6 ○委而服. 105-21 莫敖大心○其御之手. 113-7 鄭同因○手仰天而笑之曰. 165-11 吳人入越而户○之. 241-20 ○其恐懼. 290-10
【覩】 4
終身不○. 101-3 不以不○之故. 101-4 文侯謂○師贊曰. 181-20 未○其利. 290-2
【摯】 2
果惡王稽杜○以反. 43-23 其○諂也固矣. 218-17
【熱】 2
進○歠. 251-15 於是酒酣樂進取○歠. 251-15
【播】 1
大臣○王之過於百姓. 119-6
【鞏】 1
韓北有○洛成皋之固. 221-23
【摰】 4
人皆以謂公不善於富○. 125-20 今富○能. 125-21 王愛富○. 125-23 虎○之士. 222-24
【摶】 1
伏軾○銜. 17-9
【增】 2
○積成山. 4-14 ○城浚池以益其固. 289-22
【轂】 17
不○得商於之田. 26-15 不○不煩一兵. 26-16 廣地殖○. 45-18 辟地殖○. 46-10 是以侯王稱孤寡不○. 86-18 收○之. 98-15 蒙○給闘於宮唐之上. 113-24 蒙○獻典. 114-2 此蒙○之功. 114-2 蒙○怒曰. 114-3 ○非人臣. 114-3 蒙○是也. 114-6 年○豊盈. 138-3 秦翟年○大凶而晉人亡原. 211-18 或以年○不登. 211-22 五○所生. 222-19 易○川以歸. 228-18
【撥】 1
弓○矢鉤. 11-11
【搽】 1
○其室. 277-16
【聰】 3
將使耳不○. 28-21 以聾爲○. 127-10 ○明叡知之所居也. 150-3
【歎】 4
蘇秦喟○曰. 16-19 喟然而○. 163-21 登丘東嚮而○. 258-16 中山君喟然而仰○曰. 288-6
【賁】 1
坐而織○. 100-10
【蕃】 1
而韓魏稱爲東○之臣. 148-9
【蕩】 2
○而失水. 62-22 止於○陰. 162-6
【横】 39
則令不○行於周矣. 13-10 蘇秦始將連○說秦惠王曰. 15-15 約從連○. 16-4 約從散○. 17-2 ○歷天下. 17-9 楚智○君之善用兵. 23-19 破○散從. 46-8 非從卽○也. 51-11 ○成. 51-11 張儀爲秦連○齊王曰. 69-15 儀以秦梁之齊合○親. 72-8 ○秦之勢合. 96-15 黃金○帶. 100-14 ○成則秦帝. 109-10 ○人皆欲割諸侯之地以事秦. 109-13 ○合. 109-16 張儀爲秦破從連○. 110-1 ○親之不合也. 120-22 不足以○世. 123-7 今夫○人嚂口利機. 123-7 楚太子○爲質於齊. 125-25 薛公歸太子○. 125-25 嘗合○而謀伐趙. 138-25 夫○人者. 145-17 是故○人日夜務以秦權恐猲諸侯. 145-20 以兵○行於中十四年. 147-19 張儀爲秦連○. 147-23 趙畏○之合也. 157-16 則○行四海. 164-25 先言○者. 167-22 建信君果先言○. 167-22 然○人謀王. 184-11 張儀爲秦連○. 185-7 ○樹之則生. 197-17 ○者將圖子以合於秦. 212-15 張儀爲秦連○說韓王曰. 222-19 一從一○. 240-11 ○則韓重. 246-22 張儀爲秦破從連○. 251-11
【樞】 3
且夫蘇秦特窮巷掘門桑户棬○之士耳. 17-8 而天下之○也. 39-8 必親中國而以爲天下○. 39-8
【樗】 27
秦令○里疾以車百乘入周. 10-3 使○里疾以車百乘入周. 10-7 張儀之殘○里疾也. 22-21 重○里疾而使之者. 22-22 ○里疾出走. 22-25 起○里子於國. 28-7 ○里疾公孫衍二人者. 29-10 ○里疾公孫衍二人在. 29-20 公孫衍○里疾挫我於內. 30-7 公内攻於○里疾公孫衍. 30-12 是○里疾公孫衍無事也. 30-15 甘茂與○里疾. 115-6 爲○里疾卜交也. 125-16 臣有辭以報○里子矣. 125-17 且以置公孫赫○里疾. 141-15 ○里疾怒. 199-13 臣意秦王與○里疾之欲之也. 209-12 乃請○里子曰. 209-14 ○里子曰. 209-15 ○里子曰. 209-18 故○里疾大說杜聊. 225-22 公孫郝○里疾請無攻韓. 244-21 胡衍謂○里疾曰. 282-4 ○里疾曰. 282-8 ○里疾曰. 282-10 ○里子知蒲之病也. 282-11 ○里子亦得三百金而歸. 282-13
【樓】 51
秦王謂○緩曰. 48-23 ○許約秦魏. 56-12 ○子患之. 56-14 ○子告之.

56-15 趙令○緩以五城求講於秦. 73-3 ○子恐. 73-4 胡人襲燕○煩數縣. 92-1 西有○煩秦韓之邊. 150-19 以備其參胡○煩秦韓之邊. 150-21 ○緩必怨公. 156-3 公不若陰辭○子曰. 156-3○緩欲以趙合秦楚. 156-25 富丁恐主父之聽○緩而合秦楚也. 156-25 ○緩坐魏三月. 157-6 ○緩新從秦來. 158-22 趙王與○緩計之曰. 158-22 ○緩辭讓曰. 158-23 ○緩曰. 158-24 王以○緩言告之. 159-8 王又以虞卿之言告○緩. 159-15 ○緩曰. 159-15 ○緩對曰. 159-18 王以○緩之言告. 159-23 ○緩言不媾. 159-23 ○緩又不能必秦之不復攻也. 159-24 今○緩曰. 160-5 ○緩聞之. 160-14 ○緩曰. 160-14○子之爲秦也. 160-20 ○緩聞之. 161-2 趙王召○昌與虞卿曰. 161-14 ○昌曰. 161-16 ○緩將使. 173-7 ○子曰. 173-8 ○子遂行. 173-11 吾已與○子有言矣. 173-13 ○緩相秦. 178-10 ○公將入矣. 204-8 謂○子於鄢陵曰. 209-4 ○廙翟强也. 209-19 楚王怒於魏之不用○子. 209-21 以輕○廙. 209-22 ○廙欲合秦楚外齊. 209-23 使人謂○子曰. 209-24 ○子與楚王必疾矣. 209-25 內得○廙翟强以爲佐. 210-2 ○緩謂魏王曰. 212-18 ○梧約秦魏. 214-8 則○緩必敗矣. 225-15 ○鼻必敗矣. 225-15 北有林胡○煩. 248-3

【樊】 15
○餘謂楚王曰. 13-1 ○將軍亡秦之燕. 274-2 又況聞○將軍之在乎. 274-3 願太子急遣○將軍入匈奴以滅口. 274-5 夫○將軍困窮於天下. 274-8 夫今○將軍. 275-25 誠能得○將軍首. 276-1 ○將軍以窮困來歸丹. 276-2 乃遂私見○於期曰. 276-4 ○將軍仰天太息流涕曰. 276-6 ○於期乃前曰. 276-8 ○於期偏袒扼腕而進曰. 276-11 乃遂收盛○於期之首. 276-13 謹斬○於期頭. 277-7 荊軻奉○於期頭函. 277-9

【賫】 1
遣太傅○黃金千斤. 83-20

【樟】 1
荆有長松文梓楩柟豫○. 279-19

【慙】 4
應侯內○. 44-7 得志不○爲人主. 84-13 ○耻而不見. 97-10 應侯○而退. 290-3

【輪】 3
有狂兕牂車依○而至. 106-8 桑○蓬篋羸幐. 137-4 然而四○之國也. 146-21

【輟】 5
齊王有○志. 62-10 乃○城薛. 63-1 必○. 136-16 ○也. 273-2 ○而棄之. 273-2

【甌】 1
○越之民也. 150-11

【敺】 1
○韓魏而軍於河外. 148-13

【毆】 1
雖○世以笑我. 149-16

【豎】 2
令吏逐公疇○. 245-2 ○子也. 276-22

【賢】 121
以大王之○. 15-18 明主○君. 16-10 ○於兄弟. 17-5 夫○人在而天下服. 17-5 而昭陽○相也. 24-19 蠻夷之○君. 28-14 而○先王. 29-8 夫以曾參之○. 29-16 今臣之○不及曾子. 29-17 ○人. 31-8 ○人也. 31-14 彼以甘茂之○. 31-16 王得○相. 31-21 焉更得○相. 31-21 舜雖○. 34-16 湯武雖○. 34-16 故以舜湯武之○. 34-17 五伯之○而死. 37-23 漆身可以補所○之主. 38-5 ○於生也. 38-11 今平原君自以○. 41-23 主聖臣○. 45-5 無明君○父以聽之. 45-8 讓○者授之. 46-19 孰與孟嘗芒卯之○. 49-11 以孟嘗芒卯之○. 49-12 尙○在晉陽之下也. 49-22 子異人○材也. 57-10 相孰與之○. 59-8 其爲人疾○妬功臣. 60-2 非無○人. 60-16 夫以大王之○與齊之强. 68-24 今髠○者之疇也. 81-1 非○於騏驥孟賁也. 91-20 且今使公孫子○. 98-21 而爲○者狗. 98-24 外懷戎翟天下之○士. 99-7 君王后○. 101-4 此謂慮○也. 104-9 茂誠○者也. 108-11 秦之有○相也. 108-11 天下之○王也. 108-21 夫以楚之强與大王之○. 108-24 天下之○主也. 112-7 若君王誠好○. 114-12 必進○人以輔之. 119-4 好傷○以爲資. 119-5 人臣莫難於無妬而進○. 119-8 至於無妬而進○. 119-10 必知其無妬而進○也. 119-11 ○之事其主也. 119-11 亦必無妬而進○. 119-11 夫進○之難者. 119-12 ○者用且使己廢. 119-12 且宋王之○惠子也. 121-8 天下○人也. 126-13 夫○者之所在. 126-18 天下○人也. 126-19 故弑○長而立幼弱. 126-23 君之○實不如堯. 128-5 夫以○舜事聖堯. 128-5 是君聖於堯而臣○於舜也. 128-6 ○人之行. 134-23 此天下之○人也. 135-13 天下莫不稱君之○. 136-6 臣聞古之○君. 138-2 而○主惡之. 138-4 莫不高○大王之行義. 144-4 內度其士卒之衆寡○與不肖. 145-10 是以○者任重而行恭. 146-16 世之○主也. 147-5 是以○君靜而有道民便事之教. 149-2 ○者戚焉. 149-15 ○聖之所教也. 150-4 ○聖不能同. 150-15 ○者議俗. 151-16 非所以論○者也. 152-14 ○與變俱. 152-15 任○勿貳. 153-14 故○人觀時. 154-7 ○人也. 159-2 之爲○母也. 159-4 始吾以君爲天下之○公子也. 162-14 吾乃今然后知君非天下之○公子也. 162-15 而予其所謂○. 164-11 人比然而後如○不. 170-5 以明王之○. 178-5 老臣竊以爲媼之愛燕后○於長安君. 179-8 子入而問其○良之士而師事之. 182-2 又不遺○者之後. 183-16 以公叔之○. 183-24 天下之○主也. 184-13 吾所○者. 203-13 今母○不過堯舜. 203-14 王○而有聲者相之. 208-25 與大王之○. 222-7 夫以大王之○. 222-14 夫○者以感忿睚眦之意. 237-16 弟至○. 238-10 一世之○士也. 241-5 則羣臣之○不肖. 244-17 公以二人者爲○人也. 245-3 齊秦非重韓則○君之行也. 245-8 人謂堯○者. 254-1 以招○者. 255-13 然得○士與共國. 255-15 王誠博選國中之○者. 255-22 天下聞王朝其○臣. 255-22 況○於隗者乎. 256-5 而又況於當世之○主乎. 259-9 今○之兩之. 262-11 堯舜之○而死. 262-19 夫以蘇子之○. 263-22 臣聞○聖之君. 267-4 臣聞○明之君. 267-24 衞有○人. 281-22 ○於爲趙魏驅羊也. 284-18 君臣○不肖. 287-3 趙王非○王也. 287-13 是○君也. 287-23 朝○. 287-24

【遷】 5
弊邑○鼎以待命. 1-22 中阪○延. 128-10 東收兩周而西○九鼎. 148-3 能與聞○. 151-18 虜趙王○及其將顏取. 180-5

【醉】 1
此皆能乘王之○昏. 176-23

【憂】 92
大王勿○. 1-4 大王勿○. 1-9 臣竊爲大王私○之. 1-21 韓魏南無楚○. 9-7 而○大王. 10-10 而不○民氓. 20-3 固多○乎. 23-4 亡不足以爲臣○. 37-21 臣何○乎. 38-4 王勿○也. 42-2 其○乎. 42-24 臣不○. 42-25 其子死而不○. 42-25 今子死不○. 43-1 無子之時不○. 43-2 臣奚○焉. 43-3 爲子時不○. 43-3 臣何爲○. 43-5 今應侯亡地而言不○. 43-7 秦社稷之○也. 53-6 兵出之日而王○其不反也. 53-8 不○强秦. 68-1 必有後○. 68-11 此臣之所謂齊必有大○. 68-12 夫子弗○. 77-23 憤於○. 82-20 寡人○國愛民. 87-22 王斗曰王之○國愛民. 87-22 臣聞用兵而喜先天下者○. 90-3 形同○而兵趨利也. 91-25 何則形同○而兵趨利也. 92-3 而○一主. 92-21 則其國無宿○也. 93-20 則其國無宿○矣. 93-22 寡人○民之飢也. 98-10 寡人○民之寒也. 98-10 寡人○勞百姓. 98-11 而單亦○之. 98-11 而魏無楚○. 104-15 患至而後○之. 109-5 以○社稷者乎. 112-17 以○社稷者. 112-20 以○社稷者. 112-20 以○社稷者. 112-21 以○社稷者. 112-22 以○社稷者. 112-23 以○社稷者. 113-1 以○社稷者. 113-5 以○社稷者. 113-10 以○社稷者. 113-22 以○社稷者. 114-6 心之○勞. 127-7 而韓魏之君無憙志而有○色. 131-8 三晉倍之○也. 141-25 文信侯之○大矣. 142-1 ○大者不計而構. 142-2 是臣所爲山東之○也. 142-17 而不與其○. 145-19 窮而不○. 152-25 趙王○之. 177-3 國必無○矣. 185-24 夫齊秦不合天下無○. 187-1 昭魚甚○. 198-1 君何○. 198-1 勿○也. 198-3 王勿○也. 201-3 則上地無○患. 201-19 王勿○也. 204-2 願王無○. 204-13 而以○死. 206-19 臣見秦之必大○可立而待也. 211-8 國必大○. 211-12 不見覆軍殺將之○. 248-8 夫不○百里之患. 248-16 其私之者○之. 251-2 公勿○也. 251-2 自○不足乎. 258-7 以自○爲足. 258-7 皆以不自○故也. 258-8 若自○而足. 258-9 勿○也. 259-2 ○公子之且爲質於齊也. 265-9 主必大○. 269-5 臧子○而反. 279-3 有○色何也. 279-4 此王之所○也. 279-5 南文子有○色. 281-19 而子有○色何. 281-19 同○者相親. 284-19 而○在負海. 284-20 勠力同○. 288-20 君臣○懼. 288-22

【鴈】 8
○從東方來. 127-18 而請爲天下○行頓刃. 208-3 水擊鵠○. 222-5 必不爲○行以來. 226-8 出爲○行. 231-4 南有碣石○門之饒. 248-6 今使弱燕爲○行. 249-18 賴得先王○鶩之餘食. 265-8

【遼】 3
魏殺呂○而衞兵. 141-24 燕東有朝鮮○東. 248-3 皆率其精兵東保於○東. 278-6

【震】 2
天下○動驚駭. 97-18 楚人○恐. 289-3

【輩】 1
○從鄢陵君與壽陵君. 125-8

【劌】 1
則不能割○矣. 90-7

【齒】 17
淖○管齊之權. 40-6 此亦淖○李兌之類已. 40-8 ○之有脣也. 73-20 脣亡則○寒. 73-20 淖○數之曰. 95-9 淖○曰. 95-12 淖○亂齊國. 95-24 與之誅淖○. 96-1 淖○殺閔王. 98-1 示之其○之堅也. 125-21 淖○用齊. 127-4 夫驥之○至矣. 128-8 臣聞脣亡則○寒. 133-4 黑○雕題. 150-11 莫不日夜搤腕瞋目切○以言從之便. 186-8 脣揭者其○

寒.231-5 此臣日夜切○拊心也.276-11

【劇】 1

○辛自趙往.256-7

【膚】 1

○寸之地無得者.39-2

【慮】 40

願大王有以○之也.20-24 子爲寡人○之.26-4 而無他○也.35-2 爲君○封.35-17 臣爲大王○而不取.52-22 臣恐韓魏之卑辭○患.52-25 臣爲王○.53-22 臣竊爲大王○之而不取也.55-7 願王熟○之.68-9 願王之熟○之也.89-24 此謂○賢也.104-9 危則○安.130-6 爲主君○封者.130-7 先事成○而熟圖之也.139-10 願王熟○之也.142-20 夫○收亡齊罷楚敝魏與不可知之趙.147-3 而將非有田單司馬之○也.147-10 乃且願變心易○.148-20 王○世事之變.148-23 有獨知之○者.149-7 今王卽定負遺俗之○.149-10 ○無惡擾.151-9 ○徑而易見也.152-1 故寡人以子之知○.152-21 知○不躁達於變.153-4 願王之熟○無齊之利害也.169-16 爲君○封.171-7 前○不定.185-2 願君之以是○事也.202-17 ○久以天下爲可一者.212-11 困於思○.218-6 願王熟○之也.240-23 非○過而議失也.241-7 申不害○事而言之.241-10 王自○此則計過.252-17 ○曰.259-3 願大王之熟○之也.269-2 願太傅更○之.274-9 願足下更○之.276-3 積○并心.288-23

【鄴】 11

西門豹爲○令.181-24 夫○.201-4 寡人請以○事大王.201-5 魏王請以○事寡人.201-6 利不過○.201-7 今不用兵而得○.201-7 已在○矣.201-8 爲完○也.201-10 今郊○者.201-10 倍○朝歌.207-5 王翦將數十萬之衆臨漳○.275-10

【賞】 25

○不私親近.15-5 言○則不與.18-15 ○罰不行.18-15 今秦出號令而行○罰.18-17 秦之號令○罰.18-23 ○罰不信.20-2 秦國號令○罰.21-8 於是出私金以益公○.30-9 有功者不得不○.36-8 人主○所愛.36-12 ○必加於有功.36-12 信○罰以致治.44-22 無咫尺之功者不○.61-20 受上○.66-18 受中○.66-19 受下○.66-19 得○無功也.107-25 文侯○其功而疑其心.181-22 以○田百萬祿之.183-8 縣○罰於前.183-12 王特爲臣之右手不倦○臣.183-13 ○韓王以近河外.190-1 燭之武張孟談受大○.266-3 而論功○羣臣及當坐者.278-2 無功之○.281-20

【瞋】 2

莫不日夜搤腕○目切齒以言從之便.186-8 士皆○目.277-2

【暴】 12

是故兵終身○靈於外.19-23 而天下不以爲○.22-11 而又有禁○正亂之名.22-12 ○背而耨.51-3 ○骨草澤.53-4 蹠穿膝○.113-14 此其○於戾定矣.197-6 ○也.260-5 秦之行○於天下.260-6 爲將軍久○露於外.266-21 必誅○正亂.269-19 夫秦王之○.274-3

【賦】 4

厚○斂諸臣百姓.119-5 因爲○曰.127-8 出入者○之.208-11 共有其○.208-12

【賭】 1

○其一戰而勝.164-8

【賤】 36

貴○不相信.20-4 雖以臣爲○而輕辱臣.36-14 將○而不足聽耶.36-25 軍吏雖○.43-21 東鄙之○人也.43-24 左右以君○之也.82-6 貧○則去之.85-10 士之○也.86-3 必以○爲本.86-17 是其○之本與.86-18 人之困○下位也.86-19 豈先○而後尊貴者乎.88-5 少長貴○.93-8 尊卑貴○.96-12 不免爲辱人○行矣.97-10 非貴跖而○堯也.98-21 子亦自知且○於王乎.116-6 子益○而日疏矣.116-12 貴且使己○.119-12 故明德在於論○.149-21 ○之類也.151-21 ○國者族宗.151-21 非○臣所敢任也.153-2 施及○臣.153-23 時○而買.167-9 雖貴已○矣.167-10 雖○已貴矣.167-10 趙因○趙莊.175-12 今聞趙莊○.175-13 老臣○息舒祺.179-4 如臣之○也.203-19 而君臣上下少長貴○畢呼霸王.241-25 貴○不相事.244-16 周埊○媒.259-12 臣○.264-15 公子○於布衣.265-17

【賜】 30

王爲臣○厚矣.6-21 幸以○妾.31-4 茂德王之○.31-14 ○之上卿.31-17 齊以陽武○弊邑而納順子.32-6 而○之二社之地.32-9 願少○游觀之間.36-25 君何不○軍吏乎.43-16 不如○軍吏而禮之.43-23 臣願請藥○死.44-3 ○死於杜郵.46-7 ○將軍死.60-9 武安君北面再拜○死.60-9 是天下以燕○我也.71-5 ○其舍人卮酒.72-19 起矯命以責○諸民.82-24 以責○諸民.83-7 ○金千鎰.85-22 願得○歸.87-4 乃○單牛酒.98-12 王○諸前.99-11 願王○之觴.120-14 ○家六金.140-23 乃○胡服.151-6 ○胡服.153-10 遂○周紹胡服衣冠.153-15 ○之田二十萬.183-15 義不敢當仲子之○.237-6 ○之鴟夷而浮之江.268-5 而○夏無且黃金二百鎰.278-3

【瞑】 2

壹○而萬世不視.112-21 壹○而萬世不視.113-9

【噴】 1

驥於是俛而○.128-11

【嘻】 3

○.89-6 ○.163-17 ○.194-3

【鄳】 3

塞○隘.261-4 因以塞○隘爲楚罪.261-5 以塞○隘.261-12

【數】 113

子之○來者.1-21 粟支○年.2-3 春秋記臣弑君者以百○.4-12 陳篋○十.16-21 張軍○千百萬.18-12 方○千里.18-23 名師○百萬.18-23 開地○千里.18-25 圍梁○旬.19-17 ○策占兆.21-5 方○千里.21-8 名師○百萬.21-8 今王倍○險.29-6 寡人○窮焉.30-21 藉君天下○年矣.34-11 天之常○也.45-20 白起率○萬之師.46-3 後○日.46-22 蔡澤相秦王○月.47-2 ○伐有功.56-7 無○.56-23 不知其○.58-13 不知其○.58-13 使韓倉○之曰.60-4 不可不日聽也而○覽.63-3 ○年.63-11 昭陽請以○倍之地易薛.63-20 ○月之後.66-20 使者○相往來.66-25 帶甲○十萬.68-17 趙亡卒○十萬.69-23 ○人飲之不足.72-20 止者千○而弗聽.77-9 門下百○.80-14 孟嘗君爲相○十年.83-25 寡人地○千里.84-9 胡人襲燕樓煩○縣.92-1 期○而能拔城者爲亟耳.92-18 淖齒○之曰.95-9 方○百里.95-9 後○日.98-14 ○日不反.99-4 齊地方○千里.101-21 帶甲○百萬.101-21 而在阿鄄之間者百○.101-22 而在城南下者百○.101-24 安陵君泣○行而進曰.106-11 有億兆之○.109-17 里○雖多.110-18 不至○月而宋可舉.111-10 死者以千○.119-9 事王者以千○.119-10 至○.122-9 猶以○千里.124-12 休○年.131-21 於是趙襄子面○豫讓曰.135-23 非○痛加於秦國.138-4 帶甲○十萬.145-1 能具○十萬之兵.155-18 ○歲.155-19 曠日持久○歲.175-1 ○欺弄寡人.177-14 願令得補黑衣之○.179-4 李牧○破走秦軍.179-25 ○令人召臣也.187-9 因令史舉○見犀首.193-9 乘○鈞.196-9 地入○月.201-21 地已入○月.201-21 宋中山○伐○割.202-10 此言幸之不可○也.202-19 今又行○千里而以助魏.206-2 夫行○千里而救人者.206-3 雖欲行○千里而助人.206-4 利行○千里而助人乎.206-9 大縣○百.207-23 名都○十.207-24 其變不可勝○也.211-20 此○者愈善.215-22 王之動愈○.215-24 魏來求救○矣.216-19 今王亡地○百里.218-24 亡城○十.218-24 帶甲○十萬.222-1 蹄間三尋者不可稱○也.222-25 ○萬之衆.229-20 公仲○不信於諸侯.230-5 所殺者○十人.238-6 今秦○世强矣.241-16 大勝以千○.241-16 小勝以百○.241-16 韓氏之士○十萬.242-11 帶甲○十萬.248-5 彌埊踵道○千里.248-12 而○十萬之衆.248-14 何肯步行○千里.250-16 留之○月.252-5 曰有大○矣.252-21 曰有大○矣.252-22 ○戰則民勞.253-8 太子因○黨聚衆.254-15 國構難○月.254-16 死者○萬衆.254-17 秦之所殺三晉之民○百萬.261-15 齊○出兵.264-21 今王使使者○之罪.267-1 ○奉教於君子矣.268-13 王翦將○十萬之衆臨漳鄴.275-10 ○困於兵.275-11 君前率○萬之衆入楚.289-3 人○倍於趙國之衆.289-8 秦○不利.290-5

【踦】 2

必有○重者矣.172-4 後合與○重者.172-4

【踐】 9

○韓而以攻梁.11-13 勾○終棓而殺之.46-11 遂與句○禽.55-11 ○亂燕.130-12 ○石以上者皆道子之孝.152-19 臣聞越王勾○以散卒三千.184-16 此其過越王勾○武王遠矣.184-19 越王勾○棲於會稽.256-23 猶勾○困於會稽之時也.289-24

【踘】 1

其民無不吹竽鼓瑟擊筑彈琴鬭雞走犬六博蹹○者.68-21

【踞】 1

箕○以罵曰.277-25

【遺】 32

間○昌他書曰.7-25 ○之大鍾.10-5 道不拾○.15-6 乃○之女樂.23-15 乃○之美男.23-17 ○義渠君.28-16 澤可以○世.56-24 平原津令郭○勞而問.59-23 ○燕將曰.96-7 ○公子糾而不能死.97-8 秦始皇嘗使使者○君王后玉連環.101-7 魏王○楚王美人.123-11 必負○俗之累.149-7 今王卽定負○俗之慮.149-10 ○子以酒食.152-20 知不○時.154-12 出於○○之門.154-15 不○餘力矣.159-12 秦不○餘力矣.161-19 魏殺呂○.167-1 於是與殺呂○何以異.167-1 又○其後相信陵君書曰.174-3 中山之君烹其子而○之羹.181-19 又不○賢者之後.183-16 子之因○蘇代百金.253-25 蘇代乃○燕昭王書曰.256-13 而以臣○燕也.264-1 而驟勝之○事也.267-11 餘令詔後嗣之○義.268-1 厚○秦王寵臣中庶子蒙嘉.277-4 ○衛君野馬四百.281-18

【嘿】 3

左右○然莫對.88-24 而政獨安可○然而止乎.237-17 先問而後○.

255-19

【嗥】 1

兕虎○之聲若雷霆. 106-8

【罵】 2

箕踞以○曰. 277-25 ○國老諫曰. 281-14

【罷】 59

而秦兵○. 1-8 韓氏○於兵. 10-15 是天下欲○秦. 13-9 秦與天下俱○. 13-10 又交○却. 20-21 魏兵○弊. 23-10 ○國也. 32-18 五國○成罣. 36-3 諸侯見齊之○露. 39-3 吳起爲楚悼○無能. 46-7 王○之. 57-20 使彼○弊於先弱守於主. 65-12 使彼○弊先弱守於主. 65-14 而遞相○弱. 68-1 請令○齊兵. 71-20 是王内自○而伐與國. 72-4 兵○弊. 73-11 拙則○之. 79-20 犬兔俱○. 81-7 國○而好衆怨. 90-19 則事以衆强適○寡也. 91-7 ○馬. 92-14 中○於刀金. 92-18 其百姓○而城郭露. 93-5 夫○士露國. 93-10 不如○兵休士. 96-25 因○兵到讀而去. 97-23 是王與秦相○. 115-22 則魏必○. 136-14 ○則趙重. 136-14 無○車駑馬. 137-4 而相闘兩○. 142-18 力盡不○. 146-20 夫慮收亡齊○楚敝魏與不可知之趙. 147-3 收破齊○楚弊魏不可知之趙. 147-11 五年乃○. 155-19 是○齊敝秦也. 157-7 而秦○於邯鄲之下. 158-7 而欲以○趙攻强燕. 158-9 兵必○. 160-3 我以五城收天下以攻○秦. 160-3 秦兵○. 161-4 ○兵去. 162-10 五里而○. 166-19 ○於成皋. 171-18 樂羊既○中山. 181-22 身自○之. 182-10 兵○敝. 193-15 以休楚而伐○齊. 197-1 後太子○質. 199-24 秦兵必○. 203-1 乃○梁圍. 203-9 秦○邯鄲. 215-13 兵○而留於成皋. 224-12 五國○. 224-13 天下○. 224-17 士○弊. 253-5 南○於楚. 258-18 乃○兵. 271-7

【墨】 21

齊宋在繩○之外以爲權. 55-22 臨淄即○非王之有也. 70-2 田單以即○之城. 95-17 唯莒即○不下. 96-3 齊田單以即○破燕. 96-3 是○翟之守也. 96-22 田單守即○之城. 98-1 安平君以惴惴之即○. 99-19 將軍之在即○. 100-9 即○大夫與雍門司馬諫而聽之. 101-19 齊王不聽即○大夫而聽陳馳. 102-3 粉白○黑. 120-8 ○○之化. 123-5 且以繩○案規矩刻鏤我. 141-7 皆出於冥山棠谿○陽合伯膊. 222-3 唯獨莒即○. 256-11 ○子聞之. 279-9 ○子曰. 279-11 ○子見楚王曰. 279-14 ○子曰. 279-17

【稽】 19

樂羊再拜○首曰. 29-9 范子因王○入秦. 36-8 因謝王○說. 37-2 莊謂王○曰. 43-16 王○曰. 43-16 王○不聽. 43-23 果惡王○杜摯以反. 43-23 聞應侯任鄭安平王○. 44-7 吳王夫差棲越於會○. 55-10 貂勃避席○首曰. 99-12 公子成再拜○首曰. 151-4 趙燕再拜○首曰. 153-23 牛贊再拜○首曰. 154-14 以○二人者之所爲. 193-2 王厝需於側以○之. 193-4 保於會○之上. 241-20 越王勾踐棲於會○. 256-23 陰姬公○首曰. 286-25 猶勾踐困於會○之時也. 289-24

【稷】 59

而禍歸社○. 40-5 則社○必危. 50-20 入其社○之臣於秦. 51-9 社○壞. 53-3 秦社○之憂也. 53-6 與同知社○之計. 61-4 故可以存社○者. 61-19 敬奉社○以從. 69-13 未嘗聞社○之長利. 70-4 請奉社○以事秦. 70-5 爲社○計者. 71-13 守社○. 87-11 而社○已安矣. 99-2 且王不能守先王之社○. 99-18 爲社○耶. 101-16 爲社○. 101-17 爲社○立王. 101-17 王何以去社○而入秦. 101-17 委社○宗廟. 109-7 寡人謹奉社○以從. 109-24 社○豈得無危哉. 110-10 以憂社○者乎. 112-17 以憂社○者. 112-20 以憂社○者. 112-20 以憂社○者. 112-21 以憂社○者. 112-22 以憂社○者. 112-23 以憂社○者. 113-1 以憂社○者. 113-5 社○其爲庶幾乎. 113-9 以憂社○者. 113-10 社○其危. 113-19 以憂社○者. 113-22 楚國社○其庶幾乎. 113-25 社○之臣. 114-3 苟社○血食. 114-4 以憂社○者. 114-6 王墳墓復羣臣歸社○也. 117-15 安社○乎. 134-15 安社○. 134-21 韓危社○以事王. 139-6 未嘗得聞社○之長計. 146-9 非社○之神靈. 150-25 其社○之不能恤. 156-18 社○之血食乎. 165-14 使奉社○. 165-25 社○爲虚戾. 166-3 而社○不血食. 176-19 將柰社○何. 183-22 以安社○尊主强兵顯名也. 185-15 先王必欲少留而扶社○安黔首也. 194-7 社○必危矣. 217-20 夫羞社○而爲天下笑. 222-8 敬奉社○以從. 222-17 夫不顧社○之長利. 223-6 請奉社○西面而事秦. 252-2 則恐危社○. 280-10 斬社○而焚滅之. 281-13 即社○危矣. 287-16

【剹】 1

至○也. 164-24

【稻】 3

東周欲爲○. 3-1 東周必復種○. 3-4 種○而復奪之. 3-4

【黎】 3

梁有懸○. 36-17 而請内焦○牛狐之城. 156-14 不予焦○牛狐. 156-16

【稸】 2

○積竭盡. 211-22 ○積散. 253-5

【稼】 1

使得耕○以益蓄積. 289-21

【篋】 3

陳○數十. 16-21 文侯示之謗書一○. 29-9 桑輪蓬○羸幐. 137-4

【箭】 1

堅○利金. 90-7

【篇】 1

憲之上○曰. 217-23

【僵】 4

頭顱○仆. 53-4 乃陽○棄酒. 251-4 故妾一○而棄酒. 251-4 於是因佯○而仆之. 259-5

【價】 1

一旦而馬○十倍. 263-13

【牖】 3

故拘之於○里之車. 163-21 文王之拘於○里. 167-10 徙之○下. 283-15

【億】 1

有○兆之數. 109-17

【儀】 183

請使客卿張○. 17-24 張○說秦王曰. 18-6 張○欲假秦兵以救魏. 21-17 司馬錯與張○爭論於秦惠王前. 21-21 張○曰. 21-21 張○之殘樗里疾也. 22-21 王欲窮○於秦乎. 22-23 張○欲以漢中與楚. 23-2 張○謂秦王曰. 23-8 王用○言. 23-10 故驕張○以五國. 23-20 張○果來辭. 23-20 張○又惡陳軫於秦王. 23-23 ○之言果信也. 24-2 非獨○知之也. 24-2 張○謂秦王曰. 24-8 ○不能與從事. 24-8 ○以子爲之楚. 24-12 以順王與○之策. 24-14 張○入. 24-22 則○之言果信矣. 24-24 非獨○之言也. 24-24 謂張○曰. 26-4 張○曰. 26-4 張○南見楚王曰. 26-6 唯○之所甚願爲臣者. 26-7 唯○之甚憎者. 26-8 而○不得爲臣也. 26-11 且必受欺於張○. 26-21 受欺於張○. 26-22 張○反. 27-1 張○至. 27-2 張○知楚絶齊也. 27-3 ○曰. 27-4 ○固以小人. 27-4 過聽於張○. 27-11 公孫衍欲窮張○. 28-6 皆張○之讎也. 28-7 則諸侯必見張○之無秦矣. 28-8 臣聞張○西并巴蜀之地. 29-7 天下不以爲多張○. 29-7 是令張○之言爲禹. 35-9 觀張○與澤之所不能得於薛公者也. 35-11 以張○爲言. 41-15 張○之力多. 41-16 張○之力少. 41-17 則王逐張○. 41-17 而更與不如張○者市. 41-17 張○爲秦連横齊王曰. 69-15 張○以秦魏伐韓. 71-3 張○事秦惠王. 71-10 左右惡張○. 71-10 ○事先王不忠言未已. 71-10 張○聞之. 71-12 ○有愚計. 71-12 今齊王甚憎張○. 71-14 ○之所在. 71-14 故○願乞不肖身而之梁. 71-15 張○曰. 71-19 王甚憎張○. 71-21 厚矣王之託○於秦王也. 71-21 寡人甚憎○. 71-21 ○之所在. 71-22 何以託○也. 71-22 是乃王之託○也. 71-23 ○之出秦. 71-23 齊王甚憎○. 71-24 ○之所在. 71-24 故○願乞不肖身而之梁. 72-1 與革車三十乘而納○於梁. 72-3 而信○於秦王也. 72-5 此臣之所謂託○也. 72-5 張○謂梁王. 72-7 梁王因相○. 72-8 ○以秦梁之齊合横親. 72-8 衍非有怨於○也. 72-9 衞君爲告○. 72-10 ○許諾. 72-10 爲○千秋之祝. 72-11 怒於○. 72-12 而○與之俱. 72-12 張○之好譖. 108-10 張○爲秦破從連横. 110-1 張○相秦. 111-25 張○曰. 112-2 爲○謂楚王逐昭雎陳軫. 112-2 今○曰逐君與陳軫而王聽之. 112-7 而○重於韓魏之王也. 112-8 且○之所行. 112-8 ○聞之. 112-13 楚懷王拘張○. 116-4 靳尚爲○謂楚王曰. 116-4 拘張○. 116-4 張○者. 116-7 欲因張○内之楚王. 116-10 ○事王不善. 116-20 以張○之知. 116-21 楚王必大怒○也. 116-22 彼○窮. 116-23 楚王逐張○於魏. 119-21 張○之楚. 120-2 張○曰. 120-2 ○有死罪於大王. 120-17 ○行天下徧矣. 120-17 而○言得美人. 120-18 楚王令昭雎之秦重張○. 120-21 武王逐張○. 120-21 ○貴惠王而善雎也. 120-23 ○走. 120-23 韓魏之重○. 120-24 ○有秦而雎以楚重之. 120-25 今○困秦而雎收楚. 120-25 將收韓魏輕○而伐楚. 121-1 而重○於韓魏. 121-2 ○據楚勢. 121-2 張○逐惠施於魏. 121-5 張○也. 121-6 是欺○也. 121-6 惠子爲○者來. 121-7 而惡王之交於張○. 121-7 今之不善張○也. 121-8 而謂張○曰. 121-10 ○必德王. 121-11 此不失爲○之實. 121-12 張○惡之於魏王曰. 121-25 ○善於魏王. 122-1 公不如目○之言爲資. 122-2 因使人以○之言聞於楚. 122-3 張○爲秦連横. 147-23 張○爲秦連横. 185-7 張○惡陳軫於魏王曰. 187-22 ○善於魏王. 187-23 公不如○之言爲資. 187-24 張○欲窮陳軫. 188-2 張○走之魏. 188-10 魏王因不納張○. 188-12 張○欲以魏合於秦韓而攻齊楚. 188-15 張子○以秦相魏. 188-23 王亦聞張○之約秦王乎. 189-1 王若相○於魏. 189-2 齊楚惡○. 189-2 而○固得魏矣. 189-3 此○之所以與秦王陰相結也. 189-4 今○相魏而攻之. 189-5 是使○之計當於秦也. 189-5 非所以窮○之道也. 189-5 張○欲并相秦魏. 189-8 ○請以秦攻三川. 189-8 公何不以楚佐○求相之於魏. 189-9 ○兼相秦魏. 189-10 魏王將相張○. 189-12 張○以合秦魏矣. 189-12 則魏必圖秦而棄○. 189-15 張○欲敗之. 189-19 張○告公仲. 190-1 謂張○曰.

193-7 張○說. 193-9 吾恐張○薛公犀首之有一人相魏者. 197-22 吾恐張○薛公犀首有一人相魏者. 198-2 必不相張○. 198-3 張○相魏. 198-3 帝女令○狄作酒而美. 200-3 遂疏○狄. 200-4 ○狄之酒也. 200-11 欲傷張○於魏. 216-7 張○爲秦連橫說韓王曰. 222-19 魏兩用犀首張○而西河之外亡. 223-20 張○謂齊王曰. 223-24 與之逐張○於魏. 223-24 鄭彊之走張○於秦. 225-5 曰○之使者. 225-5 公留○之使者. 225-6 彊請西圖○於秦. 225-6 張○使人致上庸之地. 225-7 張○走. 225-8 王不如因張○爲和於秦. 226-1 秦王必祖張○之故謀. 232-1 張○謂楚王曰. 232-1 先身而後張○. 232-9 是公之所以外者○而已. 232-11 張○之貴. 244-14 張○爲秦破從連橫. 251-11 張○逃於楚. 263-4

【梟】 3

夫○棊之所以能爲者. 122-18 夫一○之不如不勝五散. 122-19 今君何不爲天下○. 122-20

【繇】 2

○○不絕. 185-1

【樂】 74

見梁囿而○之也. 12-15 而利溫囿以爲○. 12-21 張○設飲. 17-12 乃遺之女○. 23-15 魏文侯令○羊將. 29-8 ○羊反而語功. 29-9 ○羊再拜稽首曰. 29-9 人臣之所○爲死也. 41-13 與○死者鬭. 41-14 於是唐雎載音○. 42-5 不○爲秦民之日固久矣. 42-19 天下懷○敬愛. 44-15 故天下○伐之也. 54-23 此齊貌辨之所以外生○患趣難者也. 64-6 大臣父兄殷衆富○. 69-15 君姑高枕爲○矣. 83-24 此皆幸○其名. 86-11 完者內酺而華○. 92-12 則非王之○也. 93-6 和○倡優侏儒之笑不之. 93-18 有生之○. 100-15 ○矣. 106-10 誰與○此矣. 106-11 又何如得此○而○之. 106-13 士卒安難○死. 110-3 王惑於虞○. 116-11 伯○遭之. 128-11 彼見伯○之知己也. 128-12 民不○後也. 146-18 非以養欲而○志也. 149-12 狂夫之○. 149-14 非以養欲而○志也. 149-22 詩書禮○之所用也. 150-5 ○毅謂趙王曰. 156-8 我分兵而孤○中山. 157-12 ○羊爲魏將而攻中山. 181-19 ○羊坐於幕下而啜之. 181-20 ○羊以我之故. 181-21 ○羊既罷中山. 181-22 飲酒○. 182-8 今日飲酒○. 182-8 雖○. 182-9 魏文侯與田子方飲酒而稱○. 182-12 君明則○官. 182-13 不明則○音. 182-14 禽○祚. 183-7 王之國雖滲○而從之可也. 193-1 其○忘死. 200-10 強臺之○也. 200-12 夫安○無事. 248-7 即酒酣○. 251-15 於是酒酣○進取熱歠. 251-15 ○毅自魏往. 256-6 士卒○佚輕戰. 256-8 於是遂以○毅爲上將軍. 256-8 往見伯○曰. 263-11 伯○乃還而視之. 263-13 足下有意爲臣伯○乎. 263-14 燕因使○毅大起兵伐齊. 264-11 昌國君○毅爲燕昭王合五國之兵而攻齊. 266-13 疑○毅. 266-14 ○毅奔趙. 266-15 懼趙用○毅承燕之弊以伐燕. 266-16 燕王乃使人讓○毅. 266-18 王乃召昌國君○間而問曰. 271-20 使○乘以五萬遇慶秦於代. 272-1 ○間入趙. 272-1 ○間○乘怨不用其計. 273-7 ○羊爲魏將. 288-10 作羹致於○羊. 288-10 ○羊食之. 288-11 ○羊食子以自信. 288-11

【僻】 5

夫秦國○遠. 38-12 齊○陋隱居. 70-4 楚國○陋. 111-21 ○陋之國也. 120-9 而親信窮○之人. 237-17

【質】 72

斧○在後. 18-13 而以順子爲○. 32-5 今臣之胷不足以當椹○. 36-13 ○仁秉義. 44-15 三年而燕使太子丹入○於秦. 47-4 吾將還其委○. 54-12 梁王身抱○執璧. 54-16 魏太子爲○. 56-12 見秦○子異人. 56-21 秦子異人○於趙. 56-25 是抱空○也. 57-15 而燕太子○於秦. 58-3 而燕太子已入○矣. 58-7 太子在齊○. 75-3 然則是我抱空○而行不義於天下也. 75-5 變則是君抱空○而負名於天下也. 75-15 不相○而固. 91-23 而用兵又非約○而謀燕也. 92-2 臣請秦太子入○於楚. 111-16 楚太子入○於秦. 111-17 太子爲○. 115-9 ○於齊. 117-7 楚太子橫爲○於齊. 125-25 皆以鍊銅爲柱○. 132-20 且夫委○而事人. 135-19 反委○事知伯. 135-25 故出○以爲信. 138-10 通○刑白馬以盟之. 145-25 錯○務明主之長. 149-2 ○之石上而擊之. 155-10 趙以公子部爲○於秦. 156-14 必以長安君爲○. 178-19 有復言令長安君爲○者. 178-21 於是爲長安君約車百乘○於齊. 179-21 而獨以吾國爲知氏○乎. 181-9 夫事秦必割地效○. 184-20 魏以董慶爲○於齊. 186-14 令太子鳴爲○於齊. 197-12 是齊抱空○而行不義也. 197-15 今我講難於秦兵爲招○. 199-1 王出魏○. 199-15 龐葱與太子○於邯鄲. 199-19 後太子罷○. 199-24 必少割而有○. 202-17 投○於趙. 208-3 而挾韓魏之○. 208-7 是魏重○韓以其上黨也. 208-11 以是○秦. 211-24 故君不如安行求○於秦. 215-5 而王以是○秦. 218-25 以○許地. 225-15 王何不試以襄子爲○於韓. 232-22 公何不爲韓求○子於楚. 235-10 楚王聽而入○子於韓. 235-11 公又令秦求○子於楚. 235-13 是王抱虛○也. 235-19 王誠能毋愛寵子母弟以爲○. 253-14 蘇秦弟厲因燕○子而求見齊王. 254-23 燕○子爲謝乃已. 254-23 遂委○爲臣. 254-24 乃使蘇代持○子於齊. 254-25 而寄○於齊. 256-13 因以爲○. 257-7 令齊守趙之○子以甲者. 262-2 果以守趙之○子以甲. 262-3 臣有斧○之罪. 264-5 將令燕王之弟爲○於齊. 265-4 憂公子之且爲○於齊也. 265-9 今王之以公子爲○也. 265-14 恐抵斧○之罪. 266-25 張丑爲○於燕. 271-12 燕太子丹○於秦. 273-21

【德】 83

而○東周. 2-13 可以○東周. 2-16 是我爲楚韓取寶以○之也. 2-23 必○齊. 9-14 楚宋不利秦之○三國也. 13-22 道○不厚者不可以使民. 15-22 務博其○. 22-7 西○於秦. 26-13 茂○王之賜. 31-14 必不○王. 31-15 樹○莫如滋. 34-19 ○楚而觀薛公之爲公也. 35-9 ○强齊. 35-18 而齊之○新加與. 35-22 是周無天子之○. 37-16 行道施○於天下. 44-15 是王以魏地○寡人. 50-3 楚王因不罪景鯉而○周秦. 50-11 王既無重世之○於韓魏. 53-1 今王廣○魏趙. 55-5 是不敢倍○畔施. 57-16 是自爲○講. 57-16 必○王. 65-23 此其爲○也亦大矣. 67-20 其見恩○亦其大也. 67-20 ○厚之道. 86-4 無○而望其福者約. 86-10 華而無其實○者也. 86-11 是故成其道○而揚功名於後世者. 86-14 而不以○魏王. 94-12 布○於民. 99-7 ○子無已時. 116-14 儀必○王. 121-11 又必○王. 121-11 而可以○惠子. 121-12 吾欲先據之目加○焉. 122-6 夫秦捐○絕命之日久矣. 123-7 故君不如北兵以○趙. 130-12 ○行非施於海內也. 138-2 聲○於與國. 138-11 ○强齊. 139-14 ○博而地廣. 147-5 嗣立不忘先○. 149-1 夫論至○者. 149-11 欲以論○而要功也. 149-12 故明○在於論賤. 149-21 然後○且見也. 149-23 仁義道○. 154-12 魏冉固○公矣. 156-6 卿因以○建信君矣. 175-19 事成則樹○. 196-14 公不如歸太子以○之. 197-14 不識禮義○行. 206-17 非所施厚積○也. 206-18 韓必○魏愛魏重魏畏魏. 208-12 人之有○於我也. 217-7 吾有○於人也. 217-8 此大○也. 217-9 未見有○. 218-20 太后之○王也. 219-6 韓必○王也. 226-8 是令行於楚而以其地○韓也. 227-22 因以出襄子而○太子. 232-22 而楚魏皆○公之國矣. 232-25 於是以太子扁昭揚梁王皆○公矣. 233-2 而欲○於韓擾. 234-4 以積○於韓. 235-15 而○王矣. 235-20 幾瑟得入而○公. 236-5 操右契而爲公責○於秦魏之主. 239-11 則兩國○公. 239-15 秦之○韓也厚矣. 239-21 而獨厚取○焉. 239-22 猶之厚○我也. 242-17 秦必○王. 249-24 燕亦○王. 249-24 彼且○燕而輕亡宋. 253-15 先人嘗有○蘇氏. 257-20 ○施於梁而無怨於趙. 280-17 以○衛君. 282-9 又以○衛君也. 282-14 陰簡之○公. 286-17 不好道○. 287-13

【徵】 12

韓○甲與粟於周. 10-12 代能爲君令韓不○甲與粟於周. 10-13 今公乃○甲及粟於周. 10-17 吾無○甲與粟於周. 10-20 不○甲與粟於周而與高都. 10-23 强○兵. 41-6 銜劍○之於柱以自刺. 60-12 襄王爲太子○. 98-2 ○莊辛於趙. 124-7 爲變○之聲士皆垂淚涕泣. 276-25 而○師於宋. 280-9 今○師於弊邑. 280-10

【衝】 6

使輕車銳騎○雍門. 65-16 舉○櫓. 92-17 ○櫓不施而邊城降. 93-12 百尺之○. 93-16 ○櫓未施. 94-14 折○席上者也. 94-16

【徹】 1

○其環瑱. 88-11

【盤】 2

著之○盂. 138-25 金試則截○匜. 155-9

【鋏】 6

長○歸來乎. 82-8 復彈其○. 82-9 長○歸來乎. 82-9 復彈其劍○. 82-12 長○歸來乎. 82-12 乃歌夫長○歸來者也. 82-18

【銷】 1

劫韓包周則趙自○鑠. 144-21

【銳】 19

使輕車○騎衝雍門. 65-16 而出○師以戍梁絳安邑. 68-10 齊非急以○師合三晉. 68-11 ○兵來則拒之. 93-21 吾被堅執○. 113-12 韓出○師以佐秦. 139-18 出○師以戍韓梁西邊. 143-8 齊魏各出○師以佐之. 145-25 齊出○師以佐之. 146-2 燕出○師以佐之. 146-3 韓魏出○師以佐之. 146-4 燕出○師以佐之. 146-5 魏令公子咎以○師居安邑. 156-22 兵之精○. 215-23 使山東皆以○師戍韓梁之西邊. 240-24 輕卒○兵. 267-17 魏恃韓之○. 289-17 專軍并○. 289-18 趙王出輕○以寇其後. 290-5

【鋒】 3

而○不入. 155-12 秦當時適其○. 166-5 欲推以爲○. 289-17

【劍】 34

函冶氏爲齊太公買良○. 12-3 歸其○而責之金. 12-3 齊舉兵而爲之頓○. 32-22 使陳毛釋○掫. 54-19 縮○將自誅. 60-10 右舉○將自誅. 60-11 銜○徵之於柱以自刺. 60-12 冠舞以其○. 60-23 曹沫之奮三尺之○. 79-17 使曹沫釋其三尺之○. 79-17 先人有寶○. 80-2 重之寶○一. 80-13 許戍以先人之寶○. 80-16 倚柱彈其○. 82-7 揭其○. 82-11 復彈其○鋏. 82-12 服○一. 83-20 而○非不利也. 90-8 魏王身被甲底○. 90-11 曹子以一○之任. 97-17 偹○拄頤. 100-7 豫讓拔○三躍. 136-8 遂伏○而死. 136-10 夫吳干之○. 155-8 且夫吳干之

○材. 155-11 吾將伏○而死. 164-5 帶○而緩之. 214-24 韓卒之○戟. 222-3 帶利○. 222-6 攘臂按○. 222-16 嚴遂拔○趨之. 236-23 矜戟砥○. 258-16 王負○. 277-23 王負○. 277-23

【號】 4
晉人欲亡虞而伐○. 208-22 伐○者. 208-23 晉人伐○. 208-24 趙之○也. 209-1

【餝】 1
文士並○. 16-5

【餔】 1
飲食○餽. 288-19

【餓】 7
百日而○死. 40-7 ○而死. 102-4 ○主父於沙丘. 127-4 未至擢筋而○死也. 127-6 ○而死於首陽之山. 250-16 是以委肉當○虎之蹊. 274-4 嘗○且死. 288-4

【餘】 72
樊○謂楚王曰. 13-1 收○韓成從. 18-8 以其○爲寡人乎. 27-17 而不○怨於秦. 30-18 何愛○明之照四壁者. 31-4 武安君所以爲秦戰勝攻取者七十○城. 42-15 乃與卽爲梁○子同也. 43-4 誅屠四十○萬之衆. 46-4 七十○城. 46-6 秦十○年. 47-3 於以禁王之爲帝有○. 53-18 不得煖衣○食. 56-23 鄒忌脩八尺有○. 66-5 其○兵足以待天下. 67-19 一人飲之有○. 72-20 而君鵝鶩有○食. 88-25 亦收○甲而北面. 90-12 達子收○卒. 95-7 破亡○卒. 95-17 取七十○城. 96-3 田單攻之歲○. 96-6 破亡○卒. 100-4 不如易○粮於宋. 100-19 是以○粮收宋也. 100-20 以故建立四十有○年不受兵. 101-5 虎賁之士百○萬. 110-2 至郢三千○里. 110-16 一日行三百○里. 110-17 通侯執珪死者七十○人. 111-4 ○豈悉無君乎. 114-4 三十○萬弊甲鈍兵. 118-12 行千○里來. 122-15 今君相楚王二十○年. 128-24 君相楚二十○年矣. 129-13 其○政教猶存. 132-13 其高至丈○. 132-18 則有○銅矣. 132-21 攘地千○里. 142-23 今富非有齊威宣之○也. 147-9 君無十○二十萬之衆. 155-14 而以○兵與三國攻秦. 157-13 因以其○兵. 158-6 趙以亡敗之○衆. 158-6 不遺○力矣. 159-12 秦不遺○力矣. 161-19 居歲○. 163-9 四十○年而秦不能得所欲. 165-2 令士大夫○子之力. 175-1 此吳起○教也. 183-9 武力二十○萬. 184-18 二百○里. 185-9 而欲恃詐僞反覆蘇秦之○謀. 185-17 奉陽君孟嘗君韓呡周昌周韓○爲徒從而下之. 195-19 奉陽君韓○爲旣和矣. 195-23 使仇敵制其○敝. 205-7 千里有○. 207-19 今公之力有○守之. 209-18 年九十○. 216-17 龍陽君得十○魚而涕下. 218-8 秦帶甲百○萬. 222-23 旬有○. 225-2 二十○年未嘗見攻. 229-24 令楚兵十○萬在方城之外. 236-2 地方二千○里. 248-4 且燕亡國之○也. 249-4 而又以其○兵南面而舉五千乘之勁宋. 253-6 蘇子收其○兵. 264-3 賴得先王鴈鶩之○食. 265-8 下七十○城. 266-13 夫齊霸國之○ 也. 267-11 ○令詔後嗣之遺義. 268-1 而與秦相距五十○年矣. 273-16

【膝】 3
蹠穿○暴. 113-14 蹄申○折. 128-9 ○下行流涕. 275-3

【膓】 2
决羊○之險. 46-16 起兵臨羊○. 232-17

【滕】 1
於是滅○伐薛. 281-12

【膠】 4
方將調鈆○絲. 124-15 夫○漆. 164-24 以○東委於燕. 261-6 以○東. 261-11

【魯】 64
○之免囚. 61-15 ○宋事楚而齊不事者. 62-13 齊大而○宋小. 62-13 王獨利○宋之小. 62-14 ○親之. 67-13 臣請令○中立. 67-13 乃爲齊見○君. 67-13 ○君曰. 67-14 ○君曰. 67-15 ○君曰. 67-16 不用有○與無○. 67-17 而君以○衆合戰勝後. 67-20 ○君以爲然. 67-21 齊與○三戰而○三勝. 69-20 齊大而○小. 69-21 猶齊之於○也. 69-22 ○連謂孟嘗君曰. 79-15 ○仲連謂孟嘗. 84-22 則鄒○陳蔡. 94-5 ○連乃書. 96-7 曹沫爲○君將. 97-13 退而與○君計也. 97-15 往見○仲子. 100-3 問○仲子曰. 100-8 ○仲子曰. 100-9 管仲去○入齊. 126-17 ○弱而齊强. 126-18 今○句注禁常山而守. 138-20 是鄒○無奇行也. 152-12 公甫文伯官於○. 158-25 逐於○. 159-2 此時○仲連適游趙. 162-11 ○連曰. 162-14 東國有○連先生. 162-18 吾聞○連先生. 162-19 吾不願見○連先生也. 162-20 ○連見辛垣衍而無言. 162-22 ○連曰. 162-25 ○連曰. 163-4 ○連曰. 163-6 ○仲連曰. 163-8 ○仲連曰. 163-15 ○仲連曰. 163-16 ○仲連曰. 163-19 齊閔王將之○. 163-23 謂○人曰. 163-23 ○人曰. 163-24 ○人投其籥. 164-2 不得入於○. 164-2 鄒○之臣. 164-6 然且欲行天子之禮於鄒○之臣. 164-7 是使三晉之大臣不如鄒○之僕妾也. 164-9 於是平原君欲封○仲連. 164-18 ○仲連辭讓者三. 164-18 起前以千金爲○連壽. 164-19 ○連笑曰. 164-19 因以○侯之車迎之. 188-7 請○君舉觴○君興. 200-2 加之以○衛. 256-19 管仲逃於○. 263-3 柳下惠吏於○. 272-22

【鄧】 1
將與齊兼○臣. 264-17

【請】 347
臣○東借救於齊. 1-5 臣○東解之. 1-9 臣○使西周下水可乎. 3-1 臣○令齊相子. 3-25 ○爲王入齊. 6-19 臣○爲救之. 6-20 臣○以三十金復取之. 6-23 而爲之○太子. 7-10 ○謂王聽東方之處. 7-19 寡人○以國聽. 10-14 楚○道於二周之間. 11-22 越人○買之千金. 12-4 悍○令王進之以地. 13-20 臣○奏其效. 15-20 ○使武安子. 17-23 ○使客卿張儀. 17-24 ○聞其說. 21-22 臣○謁其故. 22-14 因令楚王爲之○相於秦. 22-21 楚王因爲○相於秦. 22-22 臣○助王. 22-23 故爲○相也. 22-24 ○秦王曰. 23-2 ○爲子車約. 24-11 臣○試之. 26-5 臣○使秦王獻商於之地. 26-11 ○謁事情. 28-10 扁鵲○除. 28-20 ○之魏. 29-1 ○與子盟. 29-19 ○明日鼓之而不可下. 30-8 ○重公於齊. 31-7 ○益甲四萬. 32-11 文○以所得封君. 34-6 臣○挈領. 35-6 夫楚王之以其臣○挈領然而臣有患也. 35-7 ○以號三國以自信也. 35-10 而公○之以自重也. 35-12 寡人日自○太后. 37-5 秦王跪而○曰. 37-9 秦王復○. 37-10 ○問親魏柰何. 39-11 邢丘拔而魏○附. 39-13 ○與叢博. 40-17 ○令廢之. 42-3 臣○得其情. 43-8 臣願○藥賜死. 44-3 ○聞其說. 44-12 塞私門之○. 46-7 ○歸相印. 46-25 臣○爲王因呡與佐也. 48-19 魏○無與楚遇而合於秦. 50-9 臣○言其說. 51-23 ○爲陳侯臣. 54-16 必來○子. 57-3 ○聞其說. 57-8 王后誠○而立之. 57-11 王后乃○趙而歸之. 57-13 文信侯因○張唐相燕. 58-4 今吾自○張卿相燕. 58-7 今文信侯自○卿相燕. 58-17 ○因孺子而行. 58-18 ○爲張唐先報趙. 58-20 ○歸燕太子. 58-25 ○爲大王設秦趙之戰. 59-6 臣○大王約從. 59-16 ○爲大王悉趙兵以遇. 59-21 願自○. 59-22 緤○以出示. 60-7 齊人有○者曰. 62-18 臣○三言而已矣. 62-19 臣○烹. 62-19 ○見宣王. 63-12 ○必行. 63-14 昭陽○以數倍之地易薛. 63-20 因○相之. 64-2 韓氏○救於齊. 64-17 臣○爲留楚. 65-20 有司○曰. 67-2 臣○令魯中立. 67-13 ○奉社稷以事秦. 70-5 ○令罷齊兵. 71-20 ○畫地爲蛇. 72-20 ○粟於齊. 73-17 可以○行. 75-8 可以爲蘇秦○封於楚. 75-10 臣○爲君之楚. 75-16 ○告太子其故. 75-21 楚王○割地以留太子. 75-24 ○以國因. 76-7 蘇秦使人○薛公曰. 76-12 故曰可以爲蘇秦○封於楚也. 76-22 又使景鯉○薛公曰. 76-23 顛蹶之○. 78-4 臣○以臣之血湔其衽. 78-17 ○掩足下之短者. 78-18 ○具車馬皮幣. 79-3 ○而見之. 82-19 ○爲君復鑿二窟. 83-13 願○先王之祭器. 83-23 願因○公往矣. 84-6 ○以市論. 85-11 願○受爲弟子. 86-23 寡人○從. 87-10 則臣○必北魏矣. 94-3 ○裂地定封. 97-3 退而○死罪. 99-9 ○聞其說. 100-9 ○書之. 101-11 宋○中立. 103-3 ○効列城五. 103-17 ○悉楚國之衆也. 103-17 故爲梁山陽君○封於楚. 104-23 願君必○從死. 106-2 臣○不敢復見矣. 106-5 故令○其宅. 106-22 臣○令山東之國. 109-6 臣○秦太子入質於楚. 111-16 ○以秦女爲大王箕箒之妾. 111-17 ○復鄢郢漢中. 112-2 ○爲王使齊交不絕. 112-12 今爲其行人○魏之相. 115-5 ○爲公令辛戎謂王曰. 115-17 臣○隨之. 116-19 臣○殺之. 116-20 ○追而問傅. 117-9 ○與而復攻之. 117-18 常○守之. 117-22 臣○西索救於秦. 118-1 常○守之. 118-3 臣○索救於秦. 118-4 臣○效其說. 118-6 乃○子良南道楚. 118-17 太子復○善於蘇子. 118-22 臣○北見晉君. 120-5 再拜而○曰. 120-15 張子再拜而○曰. 120-17 ○爲子勿納也. 121-10 而陰使人以○聽秦. 121-17 ○和不得. 121-21 公何以不○立后也. 123-22 因○立之. 123-24 臣○辟於趙. 124-5 於是使人○孫子於趙. 126-20 莊公○與分國. 127-1 臣○爲君終言之. 128-5 臣○爲君剸其胸殺之. 129-20 ○令魏王可. 130-14 臣○到魏. 130-15 ○使於齊. 131-18 使人○地於韓. 131-22 來○地不與. 131-23 又將○地於他國. 131-24 又使人○地於魏. 132-2 彼○地於韓. 132-3 ○地於魏. 132-4 ○蔡皋狼之地. 132-7 ○發而用之. 132-20 臣○見韓魏之君. 133-2 然願○君之衣而擊之. 136-7 乃我○君塞兩耳. 137-20 吾○資先生厚用. 137-21 ○效上黨之地以爲和. 139-22 臣○悉發守以應秦. 140-2 陰使人○趙王曰. 140-4 ○以三萬户之都封太守. 140-22 ○無庸有爲也. 144-8 ○言外患. 144-9 ○屏左右. 144-13 臣○案兵無攻. 148-16 ○服焉. 150-1 自○之曰. 150-8 王○更論. 153-7 ○相魏冉. 156-2 ○無急秦王. 156-4 不如○以河東易燕地於齊. 156-9 ○伐齊而存燕. 156-12 而○内焦黎牛狐之城. 156-14 令公子繒○地. 156-16 ○效地於魏而聽薛公. 157-15 而○相之於魏. 157-17 魏使人因平原君○從於趙. 157-22 今者平原君爲魏○從. 157-23 平原君○馮忌曰. 158-4 平原君使人○救於魏. 161-4 虞卿爲平原君○益地. 161-5 吾○爲君責而歸之. 162-16 勝○召而見之於先生. 162-17 勝○爲紹介而見之於將軍. 162-18 燕則吾○以從矣. 163-5 吾○去. 164-15 寡人○奉教. 165-19 ○爲王說之. 166-1 臣○要其敝. 168-2 ○問王之所以報齊者可乎. 170-11 臣○爲王推其怨於趙. 170-16 虞卿○趙王曰. 173-16 ○殺范座於魏. 173-19 ○殺范座於魏. 173-20 ○殺座之身. 173-22 齊○效地. 175-12 臣○爲卿刺之. 175-

18 馮忌○見趙王. 176-3 已而○其罪. 176-4 ○奉教. 176-11 願得○之. 177-10 ○奉而西行之. 177-12 ○今率諸侯受命邯鄲城下. 177-15 ○黜之. 177-24 ○稱東藩. 186-11 齊○以宋地封涇陽君. 186-21 ○移天下之事於公. 187-7 ○謁而往. 187-10 ○封子. 188-7 ○令齊楚解攻. 189-1 儀○以秦攻三川. 189-8 ○卑辭割埊. 190-11 必以少割○合於王. 190-17 臣○敗之. 190-20 以○先見齊王. 190-22 魏令公孫衍○和於秦. 191-4 ○國出五萬人. 192-3 臣○亡. 192-15 臣○問文之爲魏. 192-21 ○令王讓先生以國. 193-7 衍○因令王致萬户邑於先生. 193-8 ○弛期更日. 193-20 ○告惠公. 193-24 ○合而以伐宋. 194-15 ○爲王毋禁楚之伐魏也. 194-17 ○剛柔而皆用之. 194-18 扮之○焚天下之秦符者. 195-21 兵○伐魏. 195-25 臣○說嬰子曰. 197-13 ○爲君北見梁王. 197-24 代○說君. 197-25 臣○效之. 199-15 ○魯君舉觴魯君興. 200-2 臣○發張倚使謂趙王曰. 201-3 寡人○以鄴事大王. 201-5 魏王○以鄴事寡人. 201-6 ○許魏. 201-7 因○以下兵東擊齊. 201-19 ○殉寡人以頭. 203-18 ○以一鼠首爲女殉者. 203-20 臣使長信侯○無内王. 204-2 ○致之先生. 205-5 文○行矣. 206-5 割地○講於魏. 206-13 而○爲天下鴈行頓刃. 208-3 臣○爲公說之. 209-13 乃○樗里子曰. 209-14 ○合於楚外齊. 209-24 吾○先天下構. 215-8 臣○以魏聽. 216-4 老臣○出西說秦. 216-17 ○使道使者至縞高之所. 217-14 ○廣於君. 219-16 ○以趙重子於韓. 221-9 臣○深惟而苦思之. 221-14 申子○仕其從兄官. 221-18 申子乃辟舍○罪. 221-21 ○比郡縣. 223-15 臣○爲君止天下之攻市丘. 224-14 ○以伐韓. 224-23 公以八百金○伐人之與國. 224-24 彊○西圖儀於秦. 225-6 故因而○秦王曰. 225-6 ○爲公以五萬攻西周. 225-10 臣○爲公謂秦王曰. 228-10 ○道於南鄭藍田以入攻楚. 231-23 ○毋用兵. 232-25 ○爲子起兵以之魏. 233-2 ○令公叔必重公. 233-22○聞其說. 233-25 客有○叱之者. 234-1 而爲之○太子. 235-18 臣○令楚築萬家之都於雍氏之旁. 236-3 ○問楚人謂此鳥何. 236-17 奚敢有○. 237-2 ○益具車騎壯士. 237-23 ○以決事. 240-17 ○男爲臣. 241-21 亦○男爲臣. 241-22 ○攻魏. 244-1 公孫郝樗里疾○無攻韓. 244-21 臣○令發兵救韓. 245-17 向○爲公說秦王. 245-23 亦因○復之. 246-3 張登○費緤曰. 246-5 ○令公子年謂韓王曰. 246-5 公孫綦爲人○御史於王. 246-12 不如以埊○合於齊. 249-9 令郭任以埊○講於齊. 249-11 願爲兄弟而○罪於秦. 250-3 ○奉社稷西面而事秦. 252-2 臣○謁王之過. 252-15 齊○以宋封涇陽君. 255-6 ○求之. 255-25 吾○拜子爲上卿. 258-19 臣○爲王譬. 258-24 臣○行矣. 259-10 ○告子以○齊. 262-2 臣○獻一朝之賈. 263-13 臣○獻白璧一雙. 263-15 臣○爲王弱之. 263-20 ○自歸於吏以戮. 264-5 則臣○爲王事之. 265-1 則臣○歸醳事. 265-2 ○假王十年. 269-16 燕使太子○救於楚. 271-3 ○入. 273-25 ○西約三晉. 274-6 太子避席而○曰. 274-14 丹所○田先生無言者. 275-4 固○無讓. 275-19 乃○荆卿曰. 275-23 乃復○之曰. 276-20 丹○先遣秦武陽. 276-20 ○辭決矣. 276-23 ○見之王. 279-13 ○無攻宋. 279-21 敢○其罪. 280-1 宋君使使者○於趙王曰. 280-9 臣○受邊城. 280-14 ○必從公之言而還. 281-6 太子上車○還. 281-8 臣○爲公入戒蒲守. 282-9 ○厚子於衞君. 282-13 乃○以左氏. 283-8 公何不○公子傾以爲正妻. 284-4 臣○見田嬰. 284-10 ○令燕趙固輔中山而成其王. 285-11○以公爲齊王而登試而說公. 285-12 ○亦佐君. 285-20 趙必○之. 286-16 果令趙○. 286-17 固無○人之妻不得而怨人者也. 286-19 可以令趙勿○也. 286-21 吾願○之. 287-10 卽欲○之. 287-11 臣聞其乃欲○所謂陰姬者. 287-14 其○之必矣. 287-16 世無○后者. 287-18 雖欲得○之. 287-18 趙王亦無○言也. 287-18

【諸】 196

盡君子重實珠玉以事○侯. 7-2 ○侯畏懼. 15-6 可以并○侯. 15-19 ○侯亂惑. 16-5 臣○侯. 16-13 ○侯相親. 17-5 廷說○侯之王. 17-10 故先使蘇秦以幣帛約乎○侯. 17-20 ○侯不可一. 17-21 善我國家使○侯. 17-23 四隣○侯不服. 19-1 四鄰○侯可朝也. 19-13 四隣○侯可朝也. 19-19 朝四隣○侯之道. 21-11 四隣○侯不朝. 21-13 ○侯不以爲貪. 22-11 輕○侯. 22-19 ○士大夫皆賀. 26-17 則○侯必見張儀之無秦矣. 28-8 取之於○侯. 36-19 則○侯不得擅厚矣. 36-20 以當○侯. 38-19 ○侯見齊之罷露. 39-3 決裂○侯. 40-3 御於○侯. 40-4 今太后使者分裂○侯. 41-5 伐○侯. 41-6 臣無○侯之援. 43-25 而爲○侯所議也. 44-2 齊桓公九合○侯. 45-21 輕○侯. 45-23 立威○侯. 46-2 坐制○侯. 46-15 而外結交○侯以圖. 50-20 臨天下○侯. 54-23 驅十二○侯以朝天子於孟津. 55-12 則臣恐○侯之君. 55-17 ○侯皆致秦邑. 58-1 外恐○侯之救. 59-13 ○侯必懼. 59-15 平原令見○公. 60-14 外自交於○侯. 61-3 吾聞子以寡人財交於○侯. 61-6 有○. 61-6 ○侯弗與. 71-5 孟嘗君重非○侯也. 78-10 問門下○客. 82-16 使吏召○民當償者. 82-24 起矯命以責賜○民. 82-24 以責賜○民. 83-7 齊放其大臣孟嘗君於○侯. 83-15 ○侯先迎之者. 83-16 不友乎○侯. 84-13 ○侯萬國. 86-4 ○侯三千. 86-5 九合○侯. 87-14 中不索交○侯. 88-14 子孰而與我赴○侯乎. 88-23 莫如僅靜而寡信○侯. 91-9 寡信○侯. 91-10 身從○侯之君. 91-15 外信○侯之殃也. 91-17 明於○侯之故. 91-23 後起則○侯可趨役也. 92-4 而能從○侯者寡矣. 92-6 而能從○侯寡矣. 92-16 則五兵不動而○侯從. 93-11 兵後起則○侯可趨役也. 93-14 ○侯可同日而致也. 93-18 ○侯無成謀. 93-20 使○侯無成謀. 93-22 又從十二○侯朝天子. 93-24 有十二○侯而朝天子. 94-2 今大王之所從十二○侯. 94-4 ○侯奔齊. 94-10 九合○侯. 97-12 朝○侯. 97-16 陰結○侯之雄俊豪英. 99-7 王賜○前. 99-11 與○侯信. 101-5 則○侯莫不南面而朝於章臺之下矣. 108-25 橫人皆欲割○侯之地以事秦. 109-13 則○侯割地以事楚. 109-16 安○侯. 109-24 而楚恃○侯之救. 110-21 且夫秦之所以不出甲於函谷關十五年以攻○侯者. 111-2 則泗上十二○侯. 111-11 混一○侯. 111-15 名不挫於○侯. 113-3 不若奔○侯. 113-13 後不可以約結○侯. 117-18 厚賦斂○臣百姓. 119-5 多賂○侯以王之地. 119-6 習○侯事. 122-5 今○侯明知此多詐. 122-10 賁○懷錐刃而天下爲勇. 122-16 五子皆相○侯. 129-14 而今○侯孰謀我. 135-1 以與○侯攻秦. 139-16 ○吏皆益爵三級. 140-22 以王○侯. 145-9 ○侯之地五倍於秦. 145-14 料○侯之卒. 145-14 皆欲割○侯之地以與秦成. 145-17 是故横人日夜務以秦權恐猲○侯. 145-20 ○侯有先背約者. 146-6 安○侯. 146-10 以約○侯. 146-11 ○侯休. 147-21 熒惑○侯. 148-7 以攘○胡. 150-23 率天下○侯而朝周. 163-8 ○侯莫朝. 163-9 ○侯皆弔. 163-9 ○侯辟舍. 163-25 則且變易○侯之大臣. 164-10 彼又將使其子女讒妾爲○侯妃姬. 164-11 外刺○侯. 166-21 ○善太子者. 171-3 ○侯皆賀. 177-2 ○侯皆賀. 177-3 ○侯皆賀. 177-8 請今率○侯受命邯鄲城下. 177-15 ○侯有在者乎. 179-15 魏武侯與○大夫浮於西河. 182-17 ○侯四通. 185-8 且夫○侯之爲從者. 185-15 說一○侯之王. 186-6 ○侯客聞之. 187-14 梁王魏嬰觴○侯於范臺. 200-2 而地不并乎○侯者. 202-9 有○. 205-10 有○侯之救. 205-17 或有○侯鄰國之虞. 211-21 將皆務事○侯之能令於王之上者. 214-10 夫專○之刺王僚也. 219-23 ○侯不料兵之弱. 223-4 公仲數不信於○侯. 230-5 ○侯錮之. 230-5 齊大夫○子有犬. 233-25 而内收○大夫以自輔也. 234-25 而行游○侯衆矣. 237-7 而嚴仲子乃○侯之卿相也. 237-14 裂地而爲○侯. 239-12 秦必以公爲○侯. 240-4 ○侯惡魏必事韓. 241-8 而王與○臣不事爲尊秦以定韓者. 241-11 而王之○臣忠莫如申不害也. 241-12 身執禽而隨○御. 241-21 昔齊桓公九合○侯. 242-7 ○侯之君. 242-12 王於是召○公子役於三川者而歸之. 242-21 ○侯不能買. 243-1 士唐客於○公. 243-23 大臣爲○侯輕國也. 244-14 則爲大臣不敢爲○侯輕國矣. 244-18 則○侯不敢因羣臣以爲能矣. 244-19 則○侯之情僞可得而知也. 244-20 而包十二○侯. 253-7 秦五世以結○侯. 257-3 立爲三帝而以令○侯. 257-8 ○侯戴齊. 257-13 ○侯戴齊. 257-14 ○侯北面而朝. 258-10 ○侯西面而朝. 258-10 則○侯不爲別馬而朝矣. 258-11 則何不與愛子與○舅. 258-20 燕反約○侯從親. 261-19 名顯○侯. 261-21 爲○侯. 262-16 望○相中山也使趙. 263-4 望○攻關而出逃. 263-5 太后嫁女○侯. 265-12 趙封以爲望○君. 266-15 望○君乃使人獻書報燕王曰. 266-24 使之得比乎小國○侯. 267-22 鑄○侯之象. 269-20 ○侯服秦. 275-12 使悉反○侯之侵地. 275-14 以其間○侯. 275-16 ○侯得合從. 275-16 比○侯之列. 277-6 ○郎中執兵. 277-19 藍○君患之. 285-8 張登謂藍○君曰. 285-8 藍○君曰. 285-8 藍○君曰. 285-12 藍○君曰. 285-13 藍○君曰. 285-18 藍○君曰. 285-23 藍○君曰. 286-2 非○侯之姬也. 287-10 卽爲○侯笑. 287-16 ○侯生心. 290-1 以○侯之變. 290-10 以令○侯. 290-11

【諾】 52

敬○. 63-25 齊王敬○. 68-14 儀許○. 72-10 ○. 80-3 ○. 80-10 ○. 82-6 ○. 83-8 公孫弘敬○. 84-7 敬○. 84-18 秦王許○. 94-4 ○. 104-24 ○. 120-6 ○. 120-15 ○. 120-16 ○. 124-7 ○. 132-5 ○. 132-13 ○. 133-3 ○. 134-1 ○. 135-3 吾始已○於應侯矣. 140-3 敬○. 158-19 ○. 159-7 ○. 160-13 辛垣衍許○. 162-21 魏王許○. 173-20 ○. 177-23 敬○. 179-6 ○. 179-20 ○. 187-12 犀首許○. 192-18 ○. 193-25 田嬰許○. 197-4 ○. 199-16 吾始已○於應侯矣. 204-1 吾始已○於應侯矣. 204-11 ○. 205-6 趙王許○. 205-24 敬○. 216-18 ○. 229-8 ○. 243-10 ○. 246-1 燕王許○. 265-4 敬○. 274-11 敬○. 274-18 ○. 274-20 然後許○. 275-19 ○. 281-6 ○. 282-17 ○. 282-19 ○. 284-18 趙魏許○. 285-3

【誹】 5

國必有○譽. 4-9 忠臣令○在己. 4-9 大○天下. 61-17 雖有外○者不聽. 61-19 且夫王無伐與國之○. 205-13

【諔】 1

出○門也. 60-11

【諛】 2

沉於諂○之臣. 83-21 諂○用事. 289-11

【誰】 17

主君將令○往周君曰. 3-11 齊王○與爲其國. 5-18 且○怨王. 12-17

邯鄲人○來取者. 42-7 ○習計會. 82-16 此○也. 82-17 ○有厚於安平君者哉. 99-17 ○與樂此矣. 106-11 子孰○也. 113-16 寡人○用於三子之計. 118-4 其○不食. 181-22 然則相者以○而君便之也. 197-23 吾○與而可. 221-13 仲子所欲報仇者爲○. 237-20 久之莫知○子. 238-8 寡人將○朝而可. 255-24 ○馬也. 283-13

【論】 26

以此○之. 16-15 司馬錯與張儀爭○於秦惠王前. 21-21 公不○兵. 30-6 以君臣○之. 45-13 秦王與中期爭○. 56-3 寡人直與客○耳. 84-17 博○而技藝之. 146-13 臣之○也. 149-2 夫○至德者. 149-11 欲以○德而要功也. 149-12 故明德在於○賤. 149-21 愚者陳意而知者○焉. 151-7 非所以觀遠而○始也. 151-14 不足與○心. 151-16 非所以○賢者也. 152-14 王失○矣. 153-2 ○臣莫若君. 153-2 王請更○. 153-7 且王之○秦也. 161-18 願足下之○臣之計也. 195-14 王之○臣. 258-21 ○行而結交者. 267-5 故吳王夫差不悟先○之可以立功. 268-6 君試○之. 272-3 ○不脩心. 273-1 而○功賞羣臣及當坐者. 278-2

【調】 6

夫商君爲孝公平權衡正度量○輕重. 45-25 方將○鈆膠絲. 124-15 夕○乎酸鹹. 124-19 夕○乎鼎鼐. 124-25 和○五味而進之. 200-6 易牙之○也. 200-11

【諂】 2

沉於○諛之臣. 83-21 ○諛用事. 289-11

【諒】 5

曰○毅者. 177-5 ○毅親受命而往. 177-7 ○毅對曰. 177-11 ○毅曰. 177-16 ○毅曰. 177-23

【談】 45

抵掌而○. 16-25 而使張孟○. 21-6 與坐○. 66-9 ○卒. 119-15 ○卒. 127-25 汗明欲復○. 128-1 趙襄子召張孟○而告之曰. 132-9 張孟○曰. 132-11 召張孟○曰. 132-15 張孟○曰. 132-16 張孟○曰. 132-19 襄子謂張孟○曰. 132-25 張孟○曰. 133-1 張孟○於是陰見韓魏之君曰. 133-4 張孟○曰. 133-7 二君即與張孟○陰約三軍. 133-8 張孟○以報襄子. 133-9 張孟○因朝知伯而出. 133-10 臣遇張孟○於轅門之外. 133-12 張孟○聞之. 133-24 使張孟○見韓魏之君曰. 134-1 張孟○旣固趙宗. 134-8 張子○對曰. 134-15 張孟○曰. 134-20 張孟○便厚以便名. 134-22 襄子往見張孟○而告之曰. 134-24 張孟○曰. 135-2 張孟○乃行. 135-3 臣竊觀君與蘇公○也. 137-16 無聽其○也. 137-18 終日○而去. 137-18 昨日我○粗而君動. 137-19 無聽○者. 137-21 抵掌而○. 137-22 是以外賓客遊○之士. 144-5 ○語而不稱師. 176-5 使夫交淺者不可以深○. 176-9 今外臣交淺而欲深○可乎. 176-10 於是馮忌乃○. 176-11 從客○三國之相怨. 190-23 今久與之○. 190-24 持臣非張孟○也. 262-5 使臣也如張孟○也. 262-5 燭之武張孟○受大賞. 266-3 常莊○謂趙襄子曰. 284-3

【誼】 1

先王之通○也. 149-20

【熟】 33

秦王明而○於計. 32-14 秦王明而○於計. 33-2 願王○慮之. 68-9 是故願大王○計之. 70-3 願王之○慮之也. 89-24 願公○計而審處一也. 97-5 是故願大王之○計之也. 110-14 是故願大王○計之也. 111-7 先事成慮而○圖之也. 139-10 不可不○圖也. 139-13 願王○慮之也. 142-20 願王之○計之也急. 143-11 不可不○計也. 144-20 願大王之○計之也. 145-21 願公之○圖之也. 167-18 願王之○慮無齊之利害也. 169-16 願大王之○察之也. 184-24 故願大王之○計之也. 186-10 臣願君之○計而無行危也. 203-7 吾歲不○二年矣. 206-2 願王之○計之也. 209-2 願大王之○計之也. 211-4 願王之○計之也. 212-1 是故願大王之○計之也. 222-9 願公之○計之也. 227-8 願王之○計之也. 228-23 願大王之○計之. 231-5 願王○慮之也. 240-23 願君之○計之也. 243-15 是故願大王之○計之也. 251-25 願王之○計之也. 266-9 願大王之○慮之也. 269-2 故願王之○計之也. 270-8

【廝】 1

○徒十萬. 184-18

【廟】 30

式於廊○之內. 17-6 置宗○. 19-14 置宗○. 19-21 大者宗○滅覆. 38-10 而存先王之○也. 38-13 縣之○梁. 40-6 臣今見王獨立於○朝矣. 40-9 謀不出廊○. 46-15 宗○隳. 53-3 且先王之○在薛. 63-22 吾豈可以先王之○與楚乎. 63-22 而爲先王立清○. 78-1 清○必危. 78-2 先君之○在焉. 78-3 被於宗○之祟. 83-21 願君顧先王之宗○. 83-22 立宗○於薛. 83-23 ○成. 83-23 寡人奉先君之宗○. 87-11 宗○亡矣. 100-10 委社稷宗○. 109-7 欲自刃於○. 127-2 縣於其○梁. 127-4 舍臣於○. 135-3 欲宗○之安. 165-14 廊○之上. 219-4 此秦所以○祠而求也. 226-5 燒其宮室宗○. 256-10 而得奉守先王之宗○. 277-6 焚其○. 289-3

【摩】 7

簡練以爲揣○. 16-21 朞年揣○成. 16-23 於是乃○燕烏集闕. 16-25 錯擊○車而相過. 65-14 人肩○. 68-23 ○笄以自刺也. 251-17 故至今有○笄之山. 251-17

【廡】 1

然而廬田○舍. 184-9

【瘨】 1

○而殫悶. 113-15

【瘡】 3

故○痛也. 127-20 故○未息. 127-21 故○隕也. 127-22

【慶】 14

韓○爲西周謂薛公曰. 9-5 因令韓○入秦. 9-15 荆○之斷. 165-16 魏以董○爲質於齊. 186-14 將殺董○. 186-15 盱夷爲董○謂田嬰曰. 186-15 今殺董○. 186-17 不如貴董○以善魏. 186-18 吳○恐魏王之構於秦也. 215-13 要離之刺○忌也. 219-24 此一何○弔相隨之速也. 249-15 今王又使○令臣曰. 264-25 使○秦以二十萬攻代. 271-24 使樂乘以五萬遇○秦於代. 272-1

【廢】 39

乃○文任武. 16-8 於是乃○太后. 40-11 請令○之. 42-3 ○無用. 46-7 朝歌之○屠. 61-13 不若○太子. 63-18 犬○於後. 81-7 功○名滅. 96-10 功○名滅. 97-15 賢者用且使己○. 119-12 ○正適而立不義. 126-24 而呂不韋○. 130-4 因○雍疸彌子瑕. 166-13 ○司馬尙. 180-4 則秦魏之交可○矣. 189-15 是使我負襄王詔而○大府之憲也. 217-25 而○子之道乎. 221-19 而○子之謁乎. 221-20 因以齊魏○韓朋. 223-25 韓○昭獻. 224-3 立韓擾而○公叔. 233-19 立韓擾而○公叔. 233-20 ○公叔而相幾瑟者楚也. 235-22 將○私而立公飭君臣之義. 254-13 功立而不○. 267-24 荆軻○. 277-23 以○其王. 284-8 臣聞君欲○中山之王. 284-11 中山雖益○王. 284-12 必爲趙魏○其王而務附焉. 284-13 豈若中山○其王而事齊哉. 284-14 爲君○王事齊. 284-17 是君○其王而亡其國. 284-17 次者○王. 285-10 其實欲○中山之王也. 285-14 中山可○也. 285-17 孤何得無○. 285-23 此所以○之. 285-23 非欲○中山之王也. 286-1

【毅】 14

樂○謂趙王曰. 156-8 曰諒○者. 177-5 諒○親受命而往. 177-7 諒○對曰. 177-11 諒○曰. 177-16 諒○曰. 177-23 樂○自魏往. 256-6 於是遂以樂○爲上將軍. 256-8 燕因使樂○大起兵伐齊. 264-11 昌國君樂○爲燕昭王合五國之兵而攻齊. 266-13 疑樂○. 266-14 樂○奔趙. 266-15 懼趙用樂○承燕之弊以伐燕. 266-16 燕王乃使人讓樂○. 266-18

【敵】 55

則是勁王之○也. 3-22 此皆恃援國而輕近○也. 13-13 詘○國. 16-13 征○伐國. 40-3 破○軍. 44-23 故秦無○於天下. 46-2 ○也. 52-23 ○不可易. 52-25 四國之兵○. 55-21 實得山東以○秦. 59-17 楚之權○也. 67-17 廣鄰○以自臨. 72-4 則足以○秦. 81-22 兵弱而好○強. 90-19 地狹而好○大. 90-20 皆以相○爲意. 91-3 故三下城而能勝○者寡矣. 92-19 而○萬乘之國二. 92-24 甲兵不出於軍而○國勝. 93-12 故以一秦而○大魏. 94-3 楚之強○也. 107-6 兵○四國. 110-1 兩國○侔交爭. 110-7 不料○而輕戰. 110-12 赴強○而死. 113-12 天下無○. 130-16 子云天下無○. 130-17 齊秦爲兩○. 144-9 是故明主外料其○國之強弱. 145-10 不以輕○. 146-16 ○弱者. 149-6 且習其兵者輕其○. 154-4 ○戰之國也. 174-3 此夫子與○國戰. 174-15 覆軍殺將之所取割地於○國者也. 174-16 慲而輕○. 181-5 待輕○之國. 181-6 見○之可也鼓之. 183-13 旣爲寡人勝強○矣. 183-16 齊之仇○也. 205-6 使仇○制其餘敝. 205-7 而又況於仇讎之○國也. 206-20 天下爭○於秦. 213-17 而強二○之齊楚也. 216-24 天下無○. 218-25 當○即斬堅. 222-5 秦人捐甲徒裎以趨○. 223-1 輕絕強秦之○. 226-16 韓與魏○侔之國也. 241-5 齊以四國○秦. 245-20 子能以燕○齊. 252-25 外○不可距. 253-17 今山東三國弱而不能○秦. 268-23 是強○也. 285-16 商○爲資. 287-3

【羹】 6

中山之君烹其子而遺之○. 181-19 大抵豆飯藿○. 222-20 厨人進斟○. 251-15 羊○不遍. 288-2 吾以一杯羊○亡國. 288-7 作○致於樂羊. 288-10

【糅】 1

下宮○羅紈. 89-1

【翦】 14

司馬○謂楚王曰. 7-9 左成謂司馬○曰. 7-10 微告○. 7-12 ○今楚王資之以地. 7-12 昭○與東周惡. 8-4 或謂照○曰. 8-4 照○曰. 8-4 照○曰. 8-7 秦使王○攻趙. 179-25 王○惡之. 180-1 王○因急擊. 180-4 王○將數十萬之衆臨漳鄴. 275-10 秦將王○破趙. 275-22 詔王○軍以伐燕. 278-5

【熿】 1

炫○於道. 17-8

【潔】 2
必曰廉○勝任. 236-20 不○其名. 268-12
【潛】 2
於是○行而出. 21-6 於是贏糧○行. 113-13
【潰】 4
譬猶以千鈞之弩○癕也. 32-18 尾湛胕○. 128-9 則足下擊○而决天下矣. 171-15 韓軍自○. 289-19
【憒】 1
○於憂. 82-20
【憚】 8
而○舟之僑存. 23-14 而○宮之奇存. 23-16 王之威亦○矣. 52-10 鄭人○之. 105-9 衛效尤○. 203-6 不○以一國都爲功. 257-3 不○割地以賂燕趙. 285-9 王之所以不○割地以賂燕趙. 285-14
【憍】 3
知伯必○. 181-5 ○而輕敵. 181-5 伐其○慢. 290-10
【憔】 1
民○瘁. 253-5
【憱】 1
汗明○焉曰. 128-1
【憧】 2
今王○○. 166-5
【憐】 8
而秦人不○. 15-13 ○其臣子. 45-9 ○而常竊衣食之. 100-25 癘人○王. 126-21 癘雖○王可也. 127-8 竊愛○之. 179-4 丈夫亦愛○其少子乎. 179-7 而棄所哀○之交置之匈奴. 274-8
【憎】 27
西周甚○東周. 8-5 弊邑之王所甚○者. 26-7 唯儀之甚○者. 26-8 今齊王甚○張儀. 71-14 王甚○張儀. 71-21 寡人甚○儀. 71-21 齊王甚○儀. 71-24 非朝愛市而夕○之也. 85-11 愛齊而○秦. 89-15 則天下愛齊而○秦. 89-18 而後使天下○之. 89-23 兵弱而○下人也. 90-19 交割而不相○. 91-24 以秦爲愛趙而○韓. 138-6 秦豈得愛趙而○韓哉. 138-7 不識三國之○秦而愛懷邪. 147-16 忘其○懷而愛秦邪. 147-17 天下○之. 156-10 楚魏○之. 156-12 奪其所○. 164-11 君安能○趙人. 164-23 謹備其所○. 176-25 且夫○韓不受安陵氏可也. 207-17 人之○我也. 217-6 吾○人也. 217-7 非弊邑之所○也. 243-19 同欲者相○. 284-19
【寫】 4
忠可以○意. 152-22 希○見建信君. 167-6 希○曰. 167-7 爲木人以○寡人. 260-20
【審】 5
言不○亦當死. 18-7 願公熟計而○處一也. 97-5 不可不○察也. 126-21 不○君之聖. 128-2 今君○於聲. 182-14
【窮】 55
君必施於今之○士. 7-6 且夫蘇秦特○巷掘門桑户棬樞之士耳. 17-8 貧○則父母不子. 17-15 王欲○儀於秦乎. 22-23 公孫衍欲○張儀. 28-6 而公中以韓○我於外. 30-7 公必○矣. 30-14 寡人數○焉. 30-21 子必大○矣. 34-9 必○公. 35-14 ○而居於齊. 36-4 ○而不收. 36-5 若夫○辱之事. 38-10 軍吏○. 43-23 傳之無○. 44-18 然則吾中立而割○齊與疲燕也. 73-12 聞君於齊能振達貧○. 80-7 振困○. 88-10 用兵○者亡. 91-13 今○戰比勝. 93-8 使管仲終○抑. 97-9 ○年沒壽. 97-10 振○補不足. 99-7 君必○矣. 116-22 彼儀○. 116-23 而惠子○人. 121-11 堀穴○巷. 128-13 恃韓未○. 138-13 欲以○秦折韓. 147-4 欲以○秦折韓. 147-11 ○有弟長辭讓之節. 149-4 ○鄉多異. 150-16 ○而不憂. 152-25 名曰無○之門. 154-10 而○臣也. 169-4 張儀欲○陳軫. 188-2 非所以○儀之道也. 189-5 其身易○. 192-5 犀首欲○之. 193-7 必○三節. 195-10 安○乎. 204-7 而秦之求無○. 204-22 則皆知秦之無○也. 208-5 議則君必○. 212-24 王爲我逐幾瑟以○之. 234-20 而親信○僻之人. 237-17 是齊不○也. 245-21 民力○弊. 253-11 苟得○齊. 257-3 以○齊之說說秦. 257-4 夫樊將軍困○於天下. 274-8 樊將軍以○困來歸丹. 276-2 圖○而匕首見. 277-14 無所○矣. 286-17 所傾蓋與車而朝○閭隘巷之士者. 287-22
【頞】 1
若乃其眉目准○權衡. 287-9
【慰】 2
○秦心. 160-17 而何○秦心哉. 160-21
【遲】 3
未爲○也. 124-11 太子○之. 276-19 今太子○之. 276-22
【履】 2
贏縢○蹻. 16-17 康子○魏桓子. 49-20
【彈】 7
其民無不吹竽鼓瑟擊筑○琴鬬雞走犬六博蹹踘者. 68-21 倚柱○其劍. 82-7 復○其鋏. 82-9 復○其劍鋏. 82-12 左挾○. 124-18 此○丸之地. 159-16 ○其鼻. 269-20
【選】 7
其良士○卒必殪. 67-18 其良士○卒必殪. 67-19 推○則祿焉. 87-1 ○子莫若父. 153-2 爲之儆四境之内○師. 226-6 乃儆四境之内○師. 226-12 王誠博○國中之賢者. 255-22
【漿】 1
水○無入口. 113-15
【險】 19
今王倍數○. 29-6 地形○易盡知之. 31-9 决羊腸之○. 46-16 王襟以山東之○. 53-23 徑亢父之○. 69-6 百人守○. 69-6 歷○乘危. 79-16 席卷常山之○. 110-4 不可以踰○. 154-12 絶五俓之○. 154-15 河山之○. 182-17 河山之○. 182-21 恃此○也. 182-23 有此○也. 182-25 有此○也. 183-2 地形○阻. 183-4 前脉形埊之○阻. 183-10 韓地○惡. 222-19 觀其地形○阻. 287-3
【駑】 6
此猶兩虎相鬬而○犬受其弊. 51-22 ○馬先之. 91-19 夫○馬女子. 91-20 無罷車○馬. 137-4 ○馬先之. 274-15 臣○下. 275-18
【駕】 6
一日晏○. 57-17 爲之○. 82-10 ○犀首而驂馬服. 166-4 ○而見太子曰. 193-25 方北面而持其○. 215-19 王良之弟子○. 247-5
【翫】 2
又簡擇宮中佳○麗好○習音者. 116-8
【戮】 6
故天下以其君父爲○辱. 45-8 爲天下○者. 91-15 爲天下○. 96-20 故寡人恐親犯刑○之罪. 153-22 請自歸於吏以○. 264-5 皆爲○沒. 276-5
【豫】 19
晉畢陽之孫○讓. 135-6 ○讓遁逃山中. 135-8 則○讓也. 135-11 ○讓又漆身爲厲. 135-13 ○讓乃笑而應之曰. 135-18 ○讓伏所當過橋下. 135-22 此必○讓也. 135-23 果○讓. 135-23 於是趙襄子面數○讓曰. 135-23 ○讓曰. 136-1 ○子. 136-3 ○子之爲知伯. 136-3 ○讓曰. 136-5 乃使使者持衣與○讓. 136-8 ○讓拔劍三躍. 136-8 平原君猶○未有所决. 162-10 荆有長松文梓楩柟○樟. 279-19 事何可○道者. 286-25 未可○陳也. 287-4
【緤】 8
使王孫○告公子成曰. 149-18 使○謁之叔. 150-1 張登請費○曰. 246-5 費○. 246-6 是○以三川與西周戒也. 246-7 ○錯挐薄也. 283-2 ○錯主斷於國. 283-3 ○錯挐薄之族皆逐也. 283-6
【練】 2
簡○以爲揣摩. 16-21 ○士厲兵. 109-7
【緱】 1
塞轘轅○氏之口. 21-23
【縵】 39
秦王謂樓○曰. 48-23 趙令樓○以五城求講於秦. 73-3 齊必○. 73-11 ○必復與燕戰. 73-11 齊不與秦壤界而患○. 81-21 楚以○失宋. 103-4 其效鄢郢漢中必○矣. 112-13 樓○必怨公. 156-3 樓○欲以趙合秦楚. 156-25 富丁恐主父之聽樓○而合秦楚也. 156-25 樓○坐魏三月. 157-6 樓○新從秦來. 158-22 趙王與樓○計之曰. 158-22 樓○辭讓曰. 158-23 樓○曰. 158-24 王以樓○言告之. 159-8 王又以虞卿之言告樓○. 159-15 樓○曰. 159-15 樓○對曰. 159-18 王以樓○之言告. 159-23 樓○言不媾. 159-23 樓○又不能必秦之不復攻也. 159-24 今樓○曰. 160-5 樓○聞之. 160-14 樓○曰. 160-14 樓○聞之. 161-2 樓○將使. 173-7 樓○相秦. 178-10 樓○謂魏王曰. 212-18 帶劍而○之. 214-24 楚人惡其○而急之. 214-24 則樓○必敗矣. 225-15 韓之急○莫不知. 231-13 彼將禮陳其辭而○其言. 234-2 魏○則必戰. 243-8 其救趙必○矣. 246-23 於事人者過○. 282-21 今王○於事己者. 282-21 臣以是知王○也. 282-22
【總】 1
家雜○. 92-17
【編】 1
臣入則○席. 106-11
【緣】 1
而士不得以爲○. 89-1
【槈】 3
無把銚推○之勢. 51-2 暴背而○. 51-3 竊釋鉏○而干大王. 252-11
【璞】 4
楚有和○. 36-17 鄭人謂玉未理者○. 41-20 周人懷○過鄭賈曰. 41-21 然夫○不完. 86-25
【靜】 5
清○貞正以自虞. 87-3 莫如僅○而寡信諸侯. 91-9 僅○. 91-10 求得而反○. 146-19 是以賢君○而有道民便事之教. 149-2
【璣】 1

黄金珠○犀象出於楚. 120-6

【禒】 1

施及萌○皆可以教於後世. 268-2

【墻】 1

猶家之有垣○. 272-14

【壃】 1

犀首送之至於齊○. 72-11

【駭】 5

則又○鳥矣. 7-4 夏育太史啓叱呼○三軍. 45-23 天下震動驚○. 97-18 獻雞○之犀夜光之璧於秦王. 111-22 而國人大○. 281-15

【據】 34

明羣臣○故主. 6-18 ○其地. 21-3 ○九鼎. 21-25 而莫之○也. 34-13 猿獮猴錯木○水. 79-16 大王○千乘之地. 85-24 與聊城共○春年之弊. 96-17 ○齊國之政. 97-11 豈不以○勢也哉. 99-5 ○宜陽. 110-8 儀○楚勢. 121-2 吾欲先○之目加德焉. 122-6 王勿○也. 122-7 王勿○也. 122-10 ○本議制斷君命. 129-18 皆言主前專○. 138-6 以趙之弱而○之建信君. 141-17 ○衞取淇則齊必入朝. 144-21 ○番吾. 144-23 ○番吾. 148-5 ○俗而動者. 152-1 俱○萬乘之國. 164-8 秦必○宋. 171-20 五國○宋. 171-22 以○中國. 172-8 以○魏而求安邑. 172-13 而魏王不敢○也. 209-9 秦下甲○宜陽. 223-7○公於魏. 224-1 以韓秦之兵○魏而攻齊. 228-14 以韓秦之兵○魏以郄齊. 228-19 馮几○杖. 255-19 吾恐其不吾○也. 285-10 中山恐燕趙之不己○也. 285-20

【操】 10

馮旦使人○金與書. 7-24 ○晉以爲重也. 34-8 穰侯使者○王之重. 40-3 ○大國之勢. 41-6 公孫閈乃使人○十金而往卜於市. 65-6 而○銚鎒與農夫居壠畝之中. 79-18 謁者○以入. 126-6 ○其刃而刺. 155-14 今有人○隨侯之珠. 165-14 ○右契而爲公責德於秦魏之主. 239-11

【憙】 15

而韓魏之君無○志而有憂色. 131-8 司馬○使趙. 286-7 司馬○御. 286-8 司馬○頓首於軾曰. 286-10 爲司馬○求相. 286-11 司馬○三相中山. 286-14 田簡謂司馬○曰. 286-14 司馬○曰. 286-18 可以爲司馬○. 286-20 司馬○謂陰姬公曰. 286-23 司馬○即奏書中山王曰. 286-25 司馬○曰. 287-2 司馬○曰. 287-11 司馬○辭去. 287-13 司馬○曰. 287-17

【擇】 14

又簡○宮中佳翫麗好翫習音者. 116-8 ○其所喜而爲之. 123-12 ○其所善而爲之. 123-12 奚○有功之無功爲知哉. 141-21 孟嘗君○舍人以爲武城吏. 142-6 在於○交. 144-8 ○交而得則民安. 144-8 ○交不得則民終身不得安. 144-9 然後王○焉. 170-23 更○日. 194-9 避席○言曰. 200-3 而君後○焉. 203-5 是公○布而割也. 239-15 於爲君○之也. 272-13

【擔】 2

負書○橐. 16-17 負書○橐. 137-5

【壇】 2

劫桓公於○位之上. 97-17 乃封○爲安陵君. 106-13

【擅】 15

得○用强秦之衆. 31-16 富○越隸. 35-25 則諸侯不得○厚矣. 36-20 卒○天下而身立爲帝王. 37-15 趙獨○之. 39-6 夫○國之謂王. 39-24 今太后○行不顧. 39-24 且君○主輕下之日久矣. 43-21 而○其功. 81-8 今君○楚國之勢. 105-25 子内○楚之貴. 116-15 專權○勢. 148-17 五年以○呼沲. 175-7 羣臣或内樹其黨以○其主. 223-21 彼大將○兵於外. 275-15

【擁】 2

昔者魏王○土千里. 93-23 右○嬖女. 125-4

【穀】 1

自從先君文王以至不○之身. 112-16

【縠】 3

不若王愛尺○也. 87-23 臣故曰不如愛尺○也. 87-25 曳綺○. 89-1

【薔】 4

疾攻○. 193-13 故王不如釋○. 193-14 而又況存○乎. 193-15 大王之攻○易矣. 193-16

【燕】 512

於是乃摩○烏集闕. 16-25 ○趙惡齊秦之合. 18-2 天下陰○陽魏. 18-8 北破○. 19-4 東以强齊○. 19-11 東以强齊○. 19-18 中呼池以北不戰而已爲○矣. 20-9 以東弱齊○. 20-12 親齊○. 21-11 齊○不親. 21-13 何不使人謂○相國曰. 34-15 此○之長利. 34-19 齊不亡○. 34-20 ○故亡齊. 34-20 齊亡於○. 34-21 挾君之讎以誅於○. 34-23 君悉○兵而疾僭之. 34-23 北地入○. 42-20 ○客蔡澤. 44-8 爲秦使於○. 47-4 三年而○使太子丹入質於秦. 47-4 北遊於○趙. 51-13 成橋以北入○. 52-2 拔○酸棗虛桃人. 52-4 楚○之兵云翔不敢校. 52-5 王又割濮磨之北屬之○. 52-8 是○趙無齊楚. 54-4 無○趙也. 54-4 然後危動○趙. 54-5 ○人聞之至格道. 54-18 北說○. 54-20 使剛成君蔡澤事○三年. 58-3 而○太子質於秦. 58-3 文信侯因請張唐相○. 58-4 欲與○共伐趙. 58-4 ○者必徑於趙. 58-5 吾令剛成君蔡澤事○三年. 58-7 而○太子已入質矣. 58-7 今吾自請張卿相○. 58-7 今文信侯自請卿相○. 58-17 聞○太子丹之入秦與. 58-21 聞張唐之相○與. 58-22 ○太子入秦者. 58-22 ○不欺秦也. 58-22 張唐相○者. 58-23 秦不欺○也. 58-23 秦○不相欺. 58-23 ○秦所以不相欺者. 58-23 請歸○太子. 58-25 與强趙攻弱○. 58-25 歸○太子. 58-25 趙攻○. 58-25 北使○代之間三年. 61-2 ○趙韓魏聞之. 66-21 今齊楚○趙韓梁六國之遞甚也. 67-24 北向而孤○趙. 68-9 是天下以○賜我也. 71-5 齊因起兵攻○. 71-7 三十日而舉○國. 71-8 齊○戰. 73-8 出兵助○擊齊. 73-8 君助○擊齊. 73-9 急必以地和於○. 73-9 然則是君自爲○東兵. 73-10 爲○取地也. 73-10 緩必復與○戰. 73-11 然則吾中立而割窮齊與疲○也. 73-12 而齊○之計過矣. 73-18 且趙之於○齊. 73-19 管○得罪齊王. 88-23 管○連然流涕曰. 88-24 蘇秦自○之齊. 89-5 ○楚以形服. 89-22 齊○戰. 91-2 昔者齊○戰於桓之曲. 91-25 ○不勝. 92-1 胡人襲○樓煩數縣. 92-1 而用兵又非約質而謀○也. 92-2 中山悉起而迎○趙. 92-23 克○軍. 92-24 大王不若北取○. 94-6 以故○舉兵. 95-6 與○戰. 95-8 破○兵. 95-17 ○攻齊. 96-3 齊田單以即墨破○. 96-3 ○將攻下聊城. 96-5 ○將懼誅. 96-5 遺○將曰. 96-7 不顧○王之無臣. 96-9 ○救不至. 96-17 彼○國大亂. 96-18 今○王方寒心獨立. 96-20 歸報○王. 96-25 ○王必喜. 96-25 亦捐○棄世. 97-3 ○將曰. 97-23 ○攻齊. 98-1 破○兵. 98-1 齊以破○. 98-2 ○之伐齊之時. 99-1 ○人興師而襲齊墟. 99-18 破萬乘之○. 100-4 此所以破○也. 100-13 則韓魏齊○趙衞之妙音美人. 109-8 封爲武安君而相○. 111-12 即陰與○王謀破齊共分其地. 111-12 而○趙魏不敢不聽. 116-1 邵公奭封於○. 130-10 今○之罪大而趙怒深. 130-11 踐亂○. 130-12 所道攻○. 130-13 楚君雖欲攻○. 130-13 乃且攻○. 130-16 子云乃且攻○者. 130-17 若越趙魏而闘兵於○. 130-19 韓魏齊○負親以謀趙. 134-24 ○趙救之. 136-19 今○盡韓之河南. 138-15 三百里通於○之唐曲吾. 138-20 秦之有○而伐趙. 142-14 有趙而伐○. 142-14 以○餌趙. 143-1 而欲攻○. 143-1 攻○. 143-1 與○之怒. 143-6 蘇秦從○之趙. 144-3○必致氈裘狗馬之地. 144-14 北有○國. 145-2 ○固弱國. 145-2 莫如一韓魏齊楚○趙. 145-23 ○守常山之北. 146-1 ○守雲中. 146-2 ○出銳師以佐之. 146-3 秦攻○. 146-4 ○出銳師以佐之. 146-5 東有○東胡之境. 150-19 趙○後胡服. 153-18 趙○再拜稽首曰. 153-23 齊破○. 156-8 不如請以河東易○地於齊. 156-9 ○趙必不爭矣. 156-9 以○以趙輔之. 156-10 請伐齊而存○. 156-12 出兵攻○. 158-4 而○非有長平之禍也. 158-8 而欲以罷趙攻强○. 158-9 而使强○爲弱趙之所以守. 158-10 故臣未見○之可攻也. 158-11 吾將使梁及○助之. 163-4 ○則吾請以從矣. 163-5 齊舉兵擊○. 168-1 恐其以擊○爲名. 168-1 今○齊已合. 168-2 王能亡○. 169-8 臣以齊爲王求名於○及韓魏. 169-10 ○魏自以無齊故重王. 169-13 虛國於○趙之前. 170-7 臣必見○與韓魏亦且重趙也. 170-18 王使臣以韓魏與○劫趙. 170-20 ○楚辟. 171-8 循有○以臨之. 171-12 臣循○觀趙. 171-15 ○趙助之. 171-22 秦堅○趙之交. 172-17 而○趙應之. 172-18 ○趙伐齊. 172-18 ○封宋人榮盆爲高陽君. 174-11 奢嘗抵罪居○. 174-18 ○以奢爲上谷守. 174-18 ○之通谷要塞. 174-18 奢已舉○矣. 174-19 以齊之於○也. 174-22 又不肯與○人戰. 174-24 以杜○將. 175-1 爲○也. 175-22 無○秦也. 175-23 今○一以廬陵君爲言. 175-24 是王輕强秦而重弱○也. 175-24 吾非爲○也. 175-25 又不爲○也. 176-1 又兼無○秦. 176-1 ○郭之法. 176-20 老臣竊以爲媪之愛○后賢於長安君. 179-8 媪之送○后也. 179-11 故以爲其愛不若○后. 179-20 北有河外卷衍○酸棗. 184-8 拔卷衍○酸棗. 185-19 臣與○趙故矣. 187-9 臣急使○趙. 187-11 即明言使○趙. 187-12 犀首又以車三十乘使○趙. 187-14 ○趙聞之. 187-16 今○齊趙皆以事因犀首. 187-17 與之伐齊而存○. 189-19 必反○埊以下楚. 189-20 齊王將見○趙楚之相於衞. 190-19 ○. 195-15 以○伐秦. 195-17 而臣以致○甲而起齊兵矣. 195-17 齊人攻○. 202-8 ○不割. 202-8 而○國復歸. 202-9 ○趙之所以國全兵勁. 202-9 臣以爲○趙可法. 202-10 又北見○王曰. 206-1 ○王曰. 206-2 ○王尚未許也. 206-4 而○不救魏. 206-7 以四國攻○. 206-9 利出○南門而望見軍乎. 206-9 ○王曰. 206-10 君得○趙之兵甚衆且亟矣. 206-13 因歸○趙之兵. 206-14 則○不敢不事秦. 213-17 今也子曰乃且攻○者. 229-10 若夫越趙魏而闘兵於○. 229-13 皆曰以○亡於齊. 244-12 ○趙不敢不聽. 245-20 則○趙不敢不聽. 245-23 北說○文侯曰. 248-3 ○東有朝鮮遼東. 248-3 無過○矣. 248-8 夫○之所以不犯寇被兵者. 248-9 而王以全○制其後. 248-11 此○之所以不犯難也. 248-11 且夫秦之攻○也. 248-11 雖得○城. 248-12 秦之不能害○亦明矣. 248-13 今趙之攻○也. 248-13 秦之攻○也. 248-15 趙之攻○也. 248-15 ○王曰. 248-18 合從以安○. 248-19 蘇秦在○. 248-22

齊○離則趙重. 248-23 齊○合則趙輕. 248-23 何吾合○於齊. 249-1 夫制於○者蘇子也. 249-2 而○弱國也. 249-2 蘇秦能抱弱○而孤於天下哉. 249-3 是驅○而使合於齊也. 249-4 且○亡國之餘也. 249-4 以疑○齊. 249-5 ○齊疑. 249-6 ○再戰不勝. 249-9 遂出兵救○. 249-11 ○文公時. 249-13 秦惠王以其女爲○太子婦. 249-13 齊宣王因○喪攻之. 249-13 武安君蘇秦爲○說齊王. 249-14 今○雖弱小. 249-18 今使弱○爲鴈行. 249-18 莫如歸○之十城. 249-23 秦知王以己之故歸○城也. 249-23 ○無故而得十城. 249-24 ○亦德王. 249-24 且夫○秦之俱事齊. 249-24 乃歸○城. 250-3 人有惡蘇秦於○王者. 250-6 而○王不館也. 250-8 謂○王曰. 250-8 功存危○. 250-10 ○王曰. 250-13 而事弱○之危主乎. 250-17 何肯楊○秦之威於齊而取大功乎哉. 250-18 ○王曰. 250-25 謂○王曰. 251-11 趙興兵而攻○. 251-20 再圍○都而劫大王. 251-20 驅趙而攻○. 251-23○王曰. 252-1 宮他爲○使魏. 252-5 不聽○使何也. 252-5 今○客之言曰. 252-7 因見○客而遣之. 252-8 乃北見○王噲曰. 252-10 乃至○廷. 252-12 非所以利○也. 252-17 子能以○敵齊. 252-25 而○處弱焉. 253-2 北與○戰. 253-5 所以備○也. 253-13 彼且德○而輕亡宋. 253-15 ○王噲旣立. 253-20 蘇秦之在○也. 253-20 ○噲三年. 253-22 子之相○. 253-22 蘇代爲齊使於○. 253-23 ○王問之曰. 253-23 ○王曰. 253-24 蘇代欲以激○王以厚任子之也. 253-24 於是○王大信子之. 253-25 鹿毛壽謂○王曰. 254-1 ○王因舉國屬子之. 254-3 ○國大亂. 254-11 破○必矣. 254-12 ○人恫怨. 254-17 今伐○. 254-18 以因北地之衆以伐○. 254-19 ○王噲死. 254-20 齊大勝○. 254-20 ○人立公子平. 254-20 是爲○昭王. 254-21 蘇秦弟厲因○質子而求見齊王. 254-23 ○質子爲謝乃已. 254-23 ○相子之與蘇代婚. 254-25 而欲得○權. 254-25 齊使代報○. 255-1 ○王噲問曰. 255-1 於是○王專任子之. 255-2 ○大亂. 255-3 齊伐○. 255-3 ○立昭王. 255-3 而蘇代厲遂不敢入○. 255-3 魏爲○執代. 255-6 ○昭王收破○後卽位. 255-13 而襲破○. 255-14 孤極知○小力少. 255-14 天下之士必趨於○矣. 255-22 士爭湊○. 256-7 ○王弔死問生. 256-7 ○國殷富. 256-8 ○兵獨追北入至臨淄. 256-10 蘇代乃遺○昭王書曰. 256-13 而忌○也愈甚矣. 256-16 而○猶不能支也. 256-20 今乃以三齊臨○. 256-20 ○趙破宋肥齊尊齊而爲之下者. 257-4 ○趙非利之也. 257-5 今王何不使可以信者接收○趙. 257-6 今涇陽君若高陵君先於○趙. 257-6 則○趙信秦矣. 257-7 ○爲北帝. 257-8 則○趙伐之. 257-9 ○趙之所同利也. 257-11 ○趙之所同願也. 257-11 則○趙之棄齊也. 257-12 今王之不收○趙. 257-13 王不收○趙. 257-15 王收○趙. 257-15 ○昭王善其書. 257-20 而蘇氏去○. 257-20 ○欲報仇於齊. 257-21 蘇代謂○昭王曰. 257-24 曩者使○毋去周室之上. 258-10 ○王曰. 258-19 ○王謂蘇代曰. 259-12 秦召○王. 260-3 ○王欲往. 260-3 蘇代約○王曰. 260-3 重○趙. 261-6 以膠東委於○. 261-6 適○者曰. 261-10 而○趙之秦者. 261-17 ○昭王不行. 261-19 蘇代復重於○. 261-19 ○反約諸侯從親. 261-19 蘇代爲奉陽君說○於趙以伐齊. 261-23 因之○. 261-24 令不合○. 262-9 今以○爲上交. 262-10 臣雖爲之累○. 262-23 蘇子怒於○王之不以吾故弗予相. 262-23 殆無○矣. 262-24 故臣雖爲之不累○. 262-25 趙合於○以攻齊. 263-8 蘇代爲○說齊. 263-10 蘇代自齊使人謂○昭王曰. 263-19 ○乃伐齊攻晉. 263-20 ○之攻齊也. 263-21 ○兵在晉而不進. 263-21 王何不令蘇子將而應○乎. 263-22 將而應弱○. 263-23 ○破必矣. 263-23 ○破則趙不敢不聽. 263-23 是王破○而服趙也. 263-23 ○兵在晉. 263-24 而以臣遺○也. 264-1 而與○人戰於晉下. 264-3○得甲首二萬人. 264-3 令臣應○. 264-4 明日又使○攻陽城及狸. 264-7 齊不幸而○有天幸也. 264-8 今○又攻陽城及狸. 264-8 遂將以與○戰於陽城. 264-10 ○人大勝. 264-11 ○因使樂毅大起兵伐齊. 264-11 蘇代自齊獻書於○王曰. 264-14 ○大夫將不信臣. 264-15 去○之齊可也. 264-20 未嘗謀○. 264-22 ○王不與齊謀趙. 264-22 齊之信○也. 264-23 使齊大馬駿而不言○. 264-24 陳翠合齊○. 265-4 將令○王之弟爲質於齊. 265-4 ○王許諾. 265-4 ○昭王且與天下伐齊. 265-22 而有齊人仕於○者. 265-22 ○齊不兩立. 265-25 ○饑. 266-2 楚使將軍之○. 266-2 今王之伐○也. 266-7 ○昭王聞之. 266-10 昌國君樂毅爲○昭王合五國之兵而攻齊. 266-13 盡郡縣之以屬○. 266-13 而○昭王死. 266-14 卒敗○軍. 266-16 ○王悔. 266-16 懼趙用樂毅承○之弊以伐○. 266-16 ○王乃使人讓樂毅. 266-18 將軍爲○破齊. 266-18 遂捐○而歸趙. 266-22 望諸君乃使人獻書報○王曰. 266-24 而以身得察於○. 267-7 盡收入○. 267-18 或獻書○王. 268-16 此○之上計也. 269-5 必北攻○. 269-7 ○必亡. 269-8 ○果以兵南合三晉也. 269-11 客謂○王曰. 269-13 ○趙之衆. 269-13 使齊北面伐○. 269-14 卽雖五○不能當. 269-14 ○王曰. 269-16 ○王說. 269-17 ○趙之衆. 269-18 與其得百里於○. 269-22 ○王聞之. 269-25 趙且伐○. 270-4 蘇代爲○謂惠王曰. 270-4 今趙且伐○. 270-7 ○趙久相支. 270-7 齊魏爭○. 270-11 齊謂○王曰. 270-11 魏亦謂○王曰. 270-11 ○無以決之. 270-12 蘇子謂○相曰. 270-12 ○因合於魏. 270-14 齊韓魏共攻○. 271-3 ○使太子請救於楚. 271-3 於是遂不救○. 271-6 以爲○楚與魏謀之. 271-9 張丑爲質於○. 271-12 ○王欲殺之. 271-12 ○王所爲將殺我者. 271-12 而○王不我信. 271-14 ○王必當殺子. 271-14 ○王喜使栗腹以百金爲趙孝成王壽. 271-19 ○人大敗. 272-1 ○王以書且謝焉. 272-2 北向迎○. 273-9 ○王聞之. 273-9 而○不受命矣. 273-12 無妨於趙之伐○也. 273-13 ○王竊聞秦并趙. 273-14 ○王使使者賀千金. 273-14 夫○無道. 273-15 北下曲陽爲○. 273-16 今王使趙北并○. 273-17 ○趙同力. 273-17 起兵而救○. 273-19 ○太子丹質於秦. 273-21 ○秦不兩立. 273-22 樊將軍亡秦之○. 274-2 而積怨於○. 274-3 ○有田光先生者. 274-10 ○秦不兩立. 274-14 ○國莫不知. 274-21 ○秦不兩立. 274-22 此天所以哀○不棄其孤也. 275-6 則禍至○. 275-11 ○小弱. 275-11 至○南界. 275-23 與○督亢之地圖獻秦王. 276-1 可以解○國之患. 276-7 而○國見陵之耻除矣. 276-10 ○國有勇士秦武陽. 276-17 ○王誠振畏慕大王之威. 277-5 及獻○之督亢之地圖. 277-7 ○王拜送于庭. 277-8 見○使者咸陽宮. 277-9 於是秦大怒○. 278-5 詔王翦軍以伐○. 278-5 十月而拔○薊城. 278-5 ○王喜太子丹等. 278-6 秦將李信追擊○王. 278-6 五歲而卒滅○國. 278-8 而虜○王喜. 278-8 爲○報仇. 278-9 中山與○趙爲王. 285-5 欲割平邑以賂○趙. 285-6 不憚割地以賂○趙. 285-9 ○趙好位而貪地. 285-10 請令○趙固輔中山而成其王. 285-11 王之所以不憚割地以賂○趙. 285-14 夫割地以賂○趙. 285-15 爲中山之獨與○趙爲王. 285-19 中山恐○趙之不己據也. 285-20 中山必遁○趙. 285-21 ○趙聞之. 285-22 因言告○趙而無往. 285-25 以積厚於○趙. 285-25 ○趙必曰. 286-1 ○趙必不受也. 286-2 中山因告○趙而不往. 286-4 ○趙果俱輔中山而使其王. 286-5 結親○魏. 288-23

【薨】 2

威王○. 63-11 懷王○. 117-7

【薛】 74

謂○公曰. 5-13 ○公故主. 6-16 輕忘其○. 6-17 公不如謂魏王○公曰. 6-19 ○公以齊爲韓魏攻楚. 9-4 韓慶爲西周謂○公曰. 9-5 ○公必破秦以張韓魏. 9-10 而○世世無患. 9-14 ○公曰. 9-15 ○公爲魏謂魏冉曰. 34-3 辛張陽毋澤說魏王○公公叔也. 35-5 德楚而觀○公之爲公也. 35-9 觀張儀與澤之所不能得於○公者也. 35-11 或說○公. 48-5 ○公曰. 48-12 ○公入魏而出齊女. 48-16 呡欲以齊秦劫魏而困○公. 48-18 齊女入魏而怨○公. 48-20 齊將封田嬰於○. 62-10 靖郭君將城○. 62-18 奚以○爲. 62-23 雖隆○之城到於天. 62-24 乃輟城○. 63-1 辭而之○. 63-12 至於○. 63-20 昭陽請以數倍之地易○. 63-20 受○於先王. 63-21 且先王之廟在○. 63-22 ○公使魏處之趙. 73-8 蘇秦謂○公曰. 75-3 ○公曰. 75-4 可以惡蘇秦於○公. 75-10 可以使人說○公以善蘇子. 75-11 可以使蘇子自解於○公. 75-12 蘇秦謂○公曰. 75-13 ○公曰. 75-15 ○公曰. 75-17 臣觀○公之留太子者. 75-18 謂○公曰. 75-21 ○公曰. 75-21 蘇秦使人請○公曰. 76-12 ○公大怒於蘇秦. 76-15 故曰可使人惡蘇秦於○公也. 76-16 夫使○公留太子者蘇秦也. 76-17 今人惡蘇秦於○公. 76-19 又使景鯉請○公曰. 76-23 ○公因善蘇秦. 77-3 故曰可以爲蘇秦說○公以善蘇秦. 77-3 ○公欲知王所欲立. 77-6 孟嘗君在○. 77-21 還反過○. 77-22 荆人攻○. 77-23 而○亦不量其力. 77-25 ○不量其力. 78-1 故曰○不量力. 78-2 能爲文收責於○者乎. 82-16 乃有意欲爲收責於○乎. 82-21 驅而之○. 82-24 今君有區區之○. 83-6 孟嘗君就國於○. 83-10 立宗廟於○. 83-23 ○公之地. 84-8 ○公歸太子橫. 125-25 請效地於魏而聽○公. 157-15 故欲效地於魏而聽○公. 157-16 將之○. 164-3 今王又挾故○公以爲相. 170-12 令昭應奉太子以委和於○公. 178-8 吾恐張儀○公犀首之有一人相魏者. 197-22 吾恐張儀○公犀首有一人相魏者. 198-2 ○公相魏. 198-4 今公自以辯於○公而輕秦. 233-16 ○公釋戴逃出於關. 263-6 於是滅滕伐○. 281-12

【薦】 1

善以微計○中山之君久矣. 284-23

【薪】 6

芻牧○采莫敢闚東門. 54-11 秦曾不出○. 68-3 ○貴於桂. 119-17 譬猶抱○而救火也. 204-22 ○不盡. 204-22 是○火之說也. 204-23

【薄】 28

支分方城膏腴之地以○鄭. 36-1 於是夫積○而爲厚. 54-21 以其爲齊○而爲楚厚也. 76-20 雖得則○矣. 78-4 而無所終○. 109-23 王必○之. 112-14 身獲於表○. 113-2 七日而○秦王之朝. 113-14 中山之地○. 139-13 今吾國東有河○洛之水. 150-18 以守河○洛之水. 150-20 ○之柱上而擊之. 155-9 是○柱擊石之類也. 155-11 無脾之○. 155-12 其於長者○. 159-3 中山之地○. 171-8 座○故也. 173-23 甘茂○而不敢謁也. 228-22 事今○. 237-2 遠○梁郭. 244-11 辭倨而幣○者. 270-13 今魏之辭倨而幣○. 270-13 且世有○於故厚施. 272-12 恐其適足以傷於高而○於行也. 272-18 本欲以爲明寡人之○. 272-19 緤錯挐○也. 283-2 而挐○輔之. 283-4 緤錯挐○之族皆逐也. 283

-6
【蕭】 3
魏氏將出兵而攻留方與銍胡陵碭○相. 53-13 風○○兮易水寒. 277-1
【頤】 4
刳腹折○. 53-3 過○豕視. 63-18 俯劍拄○. 100-7 貫○奮戟者. 222-24
【薜】 2
負蒿葛○. 170-3 抱葛○陰成以爲趙養邑. 208-18
【樹】 16
種○不處者. 23-2 ○德莫如滋. 34-19 仰棲茂○. 124-17 晝游乎茂○. 124-19 毋伐○木. 142-10 而○怨而於齊秦也. 189-21 事成則○德. 196-14 橫○之則生. 197-17 倒○之則生. 197-17 折而○之又生. 197-18 然使十人○楊. 197-18 ○易生之物. 197-19 ○之難而去之易也. 197-19 今子雖自○於王. 197-20 其多力者內○其黨. 223-21 羣臣或內○其黨以擅其主. 223-21
【檝】 2
而無舟○之用. 150-18 故寡人且聚舟○之用. 150-20
【橋】 4
今王三使盛○守事於韓. 52-1 成○以北入燕. 52-2 豫讓伏所當過○下. 135-22 襄子至○而馬驚. 135-22
【樵】 1
有敢去柳下季壟五十步而○采者. 85-20
【橦】 1
迫則杖戟相○. 16-11
【橘】 1
楚必致○柚雲夢之地. 144-15
【機】 10
存亡之○. 28-3 存亡之○也. 34-13 而戰勝存亡之○決矣. 69-2 不得弦○之利. 90-7 譬之衛矢而魏弦○也. 90-13 今夫橫人嚂口利○. 123-7 而勝敗存亡之○節. 145-11 又爲陰啓兩○. 203-6 而秦之爭○也. 240-3 公輸般爲楚設○. 279-9
【輻】 2
條達○湊. 185-8 ○湊以事其上. 244-17
【輯】 1
或以政教不脩上下不○. 211-21
【輸】 12
盡○西周之情於東周. 7-23 常以國情○楚. 24-8 而常以國○楚王. 24-19 ○象牀. 80-16 士聞戰則○私財而富軍市. 92-7 ○飲食而待死士. 92-7 則道里近而○又易矣. 206-10 ○人爲之謂安令曰. 246-11 公○般爲楚設機. 279-9 往見公○般. 279-9 公○般曰. 279-10 公○般服焉. 279-13
【整】 1
復○其士卒以與王遇. 62-7
【賴】 4
周○大國之義. 1-10 妾○天而有男. 129-4 ○得先王鴈鶩之餘食. 265-8 爲秦則不○矣. 282-5
【橐】 4
負書擔○. 16-17 伍子胥○載而出昭關. 38-1 趙代良馬○他. 109-9 負書擔○. 137-5
【翮】 1
奮其六○. 124-22
【頭】 15
○顱僵仆. 53-4 有能得齊王○者. 85-21 生王之○. 85-22 斬其○. 129-25 而將其○以爲飲器. 135-8 卒斷紂之○而縣於太白者. 167-11 蒼○二千萬. 184-18 請殉寡人以○. 203-18 ○塵不去. 215-18 以○搶地爾. 219-22 跿跔科○. 222-24 左挈人○. 223-2 中國白○游敖之士. 240-13 謹斬樊於期○. 277-7 荊軻奉樊於期○函. 277-9
【瓢】 5
百人輿○而趨. 40-21 百人誠輿○. 40-22 ○必裂. 40-22 不稱○爲器. 40-23 已稱○爲器. 40-23
【醎】 1
夕調乎酸○. 124-19
【醜】 9
秦宣太后愛魏○夫. 33-5 何暇乃私魏○夫乎. 33-9 皆有詬○. 61-17 無所見○. 153-11 求其好掩人之美而楊人之○者而条驗之. 182-3 齊魏之交已○. 194-24 又身自○於秦. 195-21 趙氏○之. 197-9 名○而實危. 205-7
【歷】 5
橫○天下. 17-9 ○險乘危. 79-16 攻戰踰年○歲. 140-14 昔王季○葬於楚山之尾. 194-1 故鼎反於○室. 267-19
【奮】 11
○擊百萬. 15-17 而民爲之者是貴○也. 18-20 ○擊百萬. 38-18 曹沬之○三尺之劍. 79-17 莫不揮泣○臂而欲戰. 100-13 鼓翅○翼. 124-17 ○其六翮. 124-22 ○擊二十萬. 184-18 且夫從人多○辭而寡可信. 186-6 貫頤○戟者. 222-24 若恣睢○擊. 255-20
【殪】 4
其良士選卒必○. 67-18 其良士選卒必○. 67-19 壹發而○. 106-9 許異蹴哀侯而○之. 242-3
【殫】 1
殯而○悶. 113-15
【頸】 2
臣輒以○血湔足下衿. 79-10 刎○而死. 218-4
【冀】 3
○其利. 199-4 ○太子之用事也. 234-24 道南陽封○. 260-15
【叡】 1
聰明○知之所居也. 150-3
【遽】 15
○效煑棗. 2-12 ○和東周. 8-7 奚以○言叱也. 58-11 楚趙果○起兵而救韓. 71-7 ○迎太子於莒. 95-18 鄭傢○說楚王出張子. 116-16 ○令屈署以東國爲和於齊. 126-3 ○言之王而出之. 174-9 乃○解攻於魏. 189-6 ○於革下. 190-4 ○割五城以合於魏而支秦. 201-11 ○發兵. 217-1 公仲○起而見之. 227-3 因○置之. 246-13 ○起六十萬以攻趙. 271-23
【盧】 6
譬若馳韓○而逐蹇兔也. 38-19 韓子○者. 81-5 韓子○逐東郭逡. 81-6 世無東郭俊○氏之狗. 87-20 方將脩其莽○. 124-23 趙王因割濟東三城令○高唐平原陵地城邑市五十七. 174-11
【縣】 50
韓得二○. 13-2 魏亡二○. 13-2 多於二○. 13-2 代三十六○. 20-6 上黨十七○. 20-6 大○也. 29-5 名爲○. 29-6 不能與齊○衡矣. 35-21 權○宋衛. 35-24 秦烏能與齊○衡韓魏. 35-25 ○之廟梁. 40-6 秦之○也已. 48-18 食藍田十二○. 57-25 得上谷三十六○. 59-1 趙賂以河間十二○. 59-18 不待發於遠○. 68-20 因以上黨二十四○許秦王. 73-4 胡人襲燕樓煩數○. 92-1 而都○之費也. 92-6 通都小○置社. 92-9 周是列○畜我也. 112-6 奉以上庸六○爲湯沐邑. 116-9 ○於其廟梁. 127-4 破趙則封二子者各萬家之○一. 133-20 又封二子者各萬家之○一. 133-21 千户封○令. 140-22 必效○狐氏. 141-13 寡人始行○. 152-19 割六○而講. 159-9 卒斷紂之頭而○於太白者. 167-11 ○陰以甘之. 171-12 軍也○釜而炊. 175-3 ○賞罰於前. 183-12 事成功○宋衛. 189-24 啓地二十二○. 202-4 割八○. 202-12 而割八○. 202-20 臣聞魏氏悉其百○勝兵. 202-22 大○數百. 207-23 韓是魏之○也. 208-13 魏得韓以爲○. 208-13 請比郡○. 223-15 日行一○. 231-11 楚之○而已. 233-12 必○命於楚. 234-10 楚之○邑. 235-24 ○購之千金. 238-8 猶郡○也. 251-23 盡郡○之以屬燕. 266-13 給貢職如郡○. 277-6
【閼】 4
夫董○安于. 132-11 攻○與. 156-21 秦敗於○與. 156-22 則是復○與之事也. 207-4
【踵】 7
躡其○. 49-20 韓魏父子兄弟接○而死於秦者. 53-2 軍重○高宛. 65-16 若隨○而至也. 80-23 持其○爲之泣. 179-11 彌坔○道數千里. 248-12 死不旋○. 289-15
【踰】 14
○羊腸. 20-6 投杼○牆而走. 29-16 ○深谿. 113-13 ○於外牆. 127-2 攻戰○年歷歲. 140-14 用兵○年. 140-18 秦甲涉河○漳. 144-22 願渡河○漳. 148-4 不可以○險. 154-12 ○九限之固. 154-15 夫越山○河. 207-3 今秦欲○兵於澠隘之塞. 229-24 ○雲中九原. 248-11 足下不○楚境. 250-21
【蹄】 3
○申膝折. 128-9 人有置係○者而得虎. 167-15 ○間三尋者不可稱數也. 222-25
【器】 22
○械被具. 1-19 多名○重寶. 2-16 周君所以事吾得者○. 11-19 九鼎寶○必出. 21-25 而爲天下名○. 36-18 不稱瓢爲○. 40-23 已稱瓢爲○. 40-23 祭○必出. 71-17 祭○必出. 72-3 願請先王之祭○. 83-23 昭奚恤取魏之寶○. 105-9 資之金玉寶○. 116-9 而將其頭以爲飲○. 135-8 不失守○. 140-1 衣服○械. 152-8 功不什者不易○. 154-5 不知○械之利. 154-8 而挾重○多也. 179-17 多予之重○. 179-19 必效先王之○以止王. 246-7 車甲珍○. 267-18 齊○設於寧臺. 267-19
【戰】 253
○而勝. 2-8 東周與西周○. 2-15 而又知趙之難子齊人○. 4-22 公負令秦與强齊○. 5-3 ○勝. 5-4 而聽天下之○. 5-4 秦知趙之難與齊○也. 6-11 趙不敢○. 6-12 莫如令秦魏復○. 9-19 是君存周而○秦魏

也. 10-1 ○車萬乘. 15-17 齊桓任○而伯天下. 16-3 惡有不○者乎. 16-3 ○攻不息. 16-7 效勝於○場. 16-9 故以○續之. 16-11 未○一士. 17-5 聞○頓足徒裼. 18-18 是知秦○未嘗不勝. 18-25 ○勝攻取. 19-4 五○之國也. 19-6 一○不勝而無齊. 19-6 夫○者萬乘之存亡也. 19-6 秦與荆人○. 19-8 代上黨不○而已爲秦矣. 20-8 東陽河外不○而已反爲齊矣. 20-8 中呼池以北不○而已爲燕矣. 20-9 ○慄而却. 20-19 大王又并軍而致與○. 20-20 ○○慄慄. 20-25○一日. 21-3 魏○勝. 23-8 犀首○勝威王. 23-10 齊楚今○. 28-1 ○必敗. 28-1 不爲韓氏先○. 30-17 韓亦恐○而楚有變其後. 30-18 臣○. 35-5 ○勝. 35-14 ○車千乘. 38-18 ○勝. 39-1 ○勝攻取. 40-4 ○敗. 40-4○勝攻取. 41-6 武安君所以爲秦○勝攻取者七十餘城. 42-15 教民耕○. 46-1 以與楚○. 46-3 一○舉鄢郢. 46-3 再○燒夷陵. 46-3 再○於藍田. 48-3 楚魏○於陘山. 49-25 魏○勝. 49-25 今○勝. 50-2 山東○國有六. 51-6 齊○敗不勝. 54-19 ○勝宜陽. 55-6 而未能復○也. 55-22 武安君○勝攻取. 58-12 請爲大王設秦趙之○. 59-6 將軍○勝. 60-4 楚威王○勝於徐州. 62-3 王○勝於徐州也. 62-4 五○五不勝. 64-23 ○不勝. 65-4 ○而不死. 65-4 田忌三○三勝. 65-6 吾三○三勝. 65-7 此所謂○勝於朝廷. 66-22 而君以魯衆合○勝後. 67-20 ○如雷電. 68-18 而○勝存亡之機決矣. 69-2 韓魏○而勝秦. 69-2 ○而不勝. 69-3 是故韓魏之所以重與秦○而輕爲之臣也. 69-3 齊與魯三○而魯三勝. 69-20 秦趙○於河漳之上. 69-22 再○而再勝秦. 69-22 ○於番吾之下. 69-23 再○而再勝秦. 69-23 四○之後. 69-23 遂與秦○. 71-7 犀首以梁爲齊○於承匡而不勝. 72-7 再拜賀○勝. 72-16 ○無不勝而不知止者. 72-25 齊燕○. 73-8 而身與趙○矣. 73-9 緩必復與燕○. 73-11 ○而勝. 73-11 ○而不勝. 73-12 挑趙索○. 90-11 ○於州西. 90-14 ○非甚疾也. 90-24 齊燕○. 91-2 秦楚○韓魏不休. 91-2 昔者齊燕○於桓之曲. 91-25 則○攻非所先. 92-5 ○者. 92-6 彼○者之爲殘也. 92-6 士聞○則輸私財而富軍市. 92-7 夫○之明日. 92-10 彼○攻者. 92-20 兵先○攻. 92-22 南○於長子. 92-23 北○於中山. 92-24 再○北勝. 92-25 不嗇於○攻之患也. 93-1 則○攻之敗. 93-2 終○比勝. 93-3 臣聞○大勝者. 93-4 今窮⊙比勝. 93-8 故明君之攻○也. 93-12 攻○之道非師者. 93-15 盡堞中爲○具. 93-25 與燕○. 95-8 三○三北. 97-13 三○之所喪. 97-18 莫不揮泣奮臂而欲○. 100-13 不脩攻○之備. 101-14 齊○勝楚. 103-5 必與魏○. 104-18 不料敵而輕○. 110-12 勿與挑○. 110-13 且大王嘗與吳人五○三勝而亡之. 110-23 ○於漢中. 111-4 ○於藍田. 111-5 昔者吳與楚○於栢舉. 113-6 昔吳與楚○於栢舉. 113-11 三○入郢. 113-11 吳與楚人○於柏舉. 113-17 三○入郢. 113-17 與吳人○於濁水而大敗之. 113-21 吳與楚○於柏舉. 113-23 三○入郢. 113-23 睢○勝. 115-21 秦王怒於○不勝. 115-22 ○不勝秦. 115-23 令之示秦必○. 115-24 秦構兵而○. 116-24 是去○國之半也. 117-21 則願待○. 118-16 魏爲子先○. 121-20 身體○慄. 125-12 遂○. 132-23 秦○而勝三國. 136-19 日者秦楚○於藍田. 139-17 秦○不利. 139-18 懼則可以不○而深取割. 139-20 不可與○. 140-13 攻○踰年歷歲. 140-14 則兵必○於邯鄲之下矣. 144-23 ○勝而國危者. 146-23 迎○邯鄲之下. 148-5 願以甲子之日合○. 148-5 分以爲○國七. 155-18 而野○不足用也. 155-22 而與馬服之子○於長平之下. 158-5 天下之賀○者. 160-16 秦趙○於長平. 161-14 軍○不勝. 161-15 天下之賀○勝者皆在秦矣. 161-24 賭其一○而勝. 164-8 王非○國守圉之具. 165-18 故攻城野○. 170-8 救與秦爭○也. 172-25 敵○之國也. 174-3 此夫子與敵國○. 174-15 又不肯與燕人○. 174-24 而與韓趙○澮北. 183-7 故○場也. 185-12 不敢堅○. 186-2 魏○而勝. 189-2 齊楚必○. 190-7 齊○勝楚. 190-7 楚○勝齊敗. 190-7 與魏○於伊闕. 190-10 梁君田侯恐其至而○敗也. 192-10 必與楚○. 193-14 ○而不勝. 193-14 若○而勝. 193-15 黃帝○於涿鹿之野. 195-16 ○必不勝. 196-15 齊魏○於馬陵. 196-19 而後與齊○. 196-23 今○不勝. 196-23 國無守○之備. 196-23 ○不勝魏. 197-4 今○勝魏. 197-5 則上有野○之氣. 198-20 ○勝乎三梁. 202-7 ○勝睪子. 202-12 夫○勝睪子. 202-19 華軍之○. 204-15 王不如令秦楚○. 212-19 秦趙構難而○. 213-20 秦○勝趙. 214-4 秦○不勝趙. 214-4 不○而地已削矣. 222-12 被甲冒胄以會○. 223-1 夫○孟賁烏獲之士. 223-3 秦韓○於濁澤. 225-25 令○車滿道路. 226-7 興師與韓氏○於岸門. 226-21 魏不敢○. 228-13 齊不敢○. 228-15 楚與魏大○. 232-3 必輕與楚○. 232-5 公○勝楚. 232-6 公○不勝楚. 232-6 ○未必勝. 233-1 子有辭以毋○. 233-2 若○而不勝. 234-10 ○之於國中必分. 234-15 吳與越○. 241-19 其後越與吳○. 241-22 魏緩則必○. 243-8 ○勝. 243-9 ○不勝. 243-9 秦趙五○. 248-10 ○於千里之外. 248-15 ○於百里之內. 248-16 燕再○不勝. 249-9 凡天下之○國七. 253-2 獨○則不能. 253-2 北與燕○. 253-5 數○則民勞. 253-8 士卒不○. 254-19 士卒樂佚輕○. 256-8 龍賈之○. 261-13 岸門之○. 261-14 封陸之○. 261-14 高商之○. 261-14 趙莊之○. 261-14 果與鳴條之○. 263-1 果與伯舉之○. 263-1 ○不勝. 264-1 而與燕人○於晉下. 264-3 遂將以與燕○於陽城. 264-10 習於○攻. 267-12 大○一. 269-25 小○再. 269-25 不可與○. 271-21 臣有百○百勝之術. 281-3 若○不勝. 281-5 此臣之百○百勝之術也. 281-6 彼利太子之○攻. 281-7 與齊人○而死. 281-9 則耕者惰而○士懦. 287-24 陵○失利. 289-1 而與○之於伊闕. 289-5 楚人自○其地. 289-16 伊闕之○. 289-17 挑其軍○. 289-25

【噣】 2

俯○白粒. 124-17 俯○鰱鯉. 124-22

【噬】 5

猶時攫公孫子之腓而○之也. 98-22 豈特攫其腓而○之耳哉. 98-24 當門而○之. 105-8 叱之必○人. 233-25 犬遂無○人之心. 234-1

【噲】 9

子○與子之國. 71-4 ○子謂文公曰. 249-9 乃北見燕王○曰. 252-10 燕王○既立. 253-20 燕○三年. 253-22 而○老不聽政. 254-10 燕王○死. 254-20 燕王○問曰. 255-1 殺王○子之. 255-3

【還】 31

趙乃○之. 6-25 商君歸○. 15-12 盡公不○私. 44-22 ○爲越王禽於三江之浦. 52-19 吾將○其委質. 54-12 國與○者也. 56-13 全兵而○. 67-8 ○反過薛. 77-22 ○報孟嘗君曰. 83-24 使者復○報. 87-9 女暮出而不○. 95-22 齊王○車而反. 101-18 因○走而冒人. 122-8 ○謁. 128-19 今使臣受大王之令以○報. 177-21 無功而○. 194-14 楚○兵. 209-10 而○之者魏也. 246-2 不勝而○. 253-22 願子○而視之. 263-12 伯樂乃○而視之. 263-13 楚軍欲○不可得也. 271-7 楚師乃○. 271-10 壯士一去兮不復○. 277-1 秦王○柱而走. 277-17 秦王之方○柱走. 277-22 請必從公之言而○. 281-6 太子雖欲○. 281-7 太子雖欲○. 281-7 太子上車請○. 281-8 將出而○. 281-8

【默】 1

宣王○然不悅. 85-23

【黔】 5

南有巫山○中之限. 15-16 楚地西有○中巫郡. 108-22 一軍下○中. 109-4 ○中巫郡非王之有已. 110-19 先王必欲少留而扶社稷安○首也. 194-7

【積】 32

增○成山. 4-14 蓄○饒多. 15-17 蓄○索. 19-1 蓄○索. 20-23 上黨南陽○之久矣. 29-5 先王○怒之日久矣. 33-8 秦三世○節於韓魏. 35-21 而有○粟之實. 51-2 無○粟之實. 51-4 於是夫○薄而爲厚. 54-21 君宮中○珍寶. 83-4 方船○粟. 110-16 無一月之○. 112-25 而○禍重於丘山. 123-9 而怨毒○惡. 138-5 力田○粟. 148-2 聖人無○. 183-18 臣聞○羽沉舟. 186-9 非所施厚○德也. 206-18 稸○竭盡. 211-22 以○德於韓. 235-15 皆○智欲離秦韓之交. 240-14 我有深怨○怒於齊. 252-23 稸○散. 253-5 寡人○甲宛. 260-8 我有○怨深怒於齊. 267-10 收八百歲之蓄○. 268-1 而○怨於燕. 274-3 以○厚於燕趙. 285-25 蓄○糧食. 288-16 ○慮并心. 288-23 使得耕稼以益蓄○. 289-21

【穆】 2

○公相之而朝西戎. 61-16 ○公一勝於韓原而霸西州. 241-14

【勳】 1

而享往古之○. 149-6

【篤】 1

應侯遂稱○. 46-25

【築】 7

○剛平. 54-11 ○帝宮. 184-14 ○帝宮. 186-11 ○帝宮. 222-8 ○帝宮. 223-15 臣請令楚○萬家之都於雍氏之旁. 236-3 於是昭王爲隗○宮而師之. 256-6

【篡】 1

○也. 97-8

【舉】 140

則荆可○. 19-10 ○荆. 19-10 然則是一○而伯王之名可成也. 19-12 則魏可○. 19-17 ○魏. 19-17 然則是一○而伯王之名可成也. 19-19 然則是○趙則韓必亡. 20-10 則是一○而壞韓. 20-11 一○而三晉亡. 20-13 言所以○破天下之從. 21-10 ○趙亡韓. 21-11 一○而天下之從不破. 21-12 趙不○. 21-12 是我一○而名實兩附. 22-11 遂○兵伐秦. 27-10 齊○兵伐楚. 27-13 則是一○而兼兩虎也. 27-25 則君一○而亡國矣. 28-23 齊○兵而爲之頓劍. 32-22 ○兵而伐之. 39-3 ○兵而伐之. 39-12 於是○兵而攻邢丘. 39-13 ○兵而攻滎陽. 39-17 一○而攻滎陽. 39-18 王○臣於羈旅之中. 43-25 天下皆聞臣之身與王之○也. 44-1 是王過○顯於天下. 44-2 而無過○之名. 44-3 一戰○鄢郢. 46-3 王又○甲兵而攻魏. 52-3 ○河內. 52-4 泗北必○. 53-14 一○衆而注地於楚. 53-19 ○左案齊. 54-10 ○右案魏. 54-10 ○兵伐魏. 54-15 百○而無及秦者. 59-10 右○劍將自誅. 60-11 ○齊屬之海. 68-8 ○袂成幕. 68-23 三十日而○燕國. 71-8 必○兵而伐之. 71-14 齊必○兵而伐之. 71-15 齊果○兵伐之. 71-19 必○兵伐之. 71-22 必○兵伐之. 71-24 齊必○兵伐梁. 72-1 今何○足之高. 80-12 ○韓氏

取其地.81-17 於是○士五人任官.88-1 而王以其間○宋.89-19 此湯武之○也.89-22 而獨○心於齊者.91-3 ○衝櫓.92-17 齊孫室子陳○直言.95-5 以故燕○兵.95-6 ○□□□□曰.98-16 王過○而已.105-22 夫史○.108-8 秦有○巴蜀并漢中之心.109-19 國貧而驟○兵.110-12 秦○甲出之武關.110-20 不至數月而宋可○.111-10 ○宋而東指.111-11 昔者吳與楚戰於栢○.113-6 昔吳與楚戰於栢○.113-11 吳與楚人戰於柏○.113-17 吳與楚戰於柏○.113-23 王不如○惠子而納之於宋.121-10 偽○罔而進之.122-9 偽○罔而進者必衆矣.122-10 公○而私取利.123-8 秦果○鄢郢巫上蔡陳之地.124-6 苟來○玉趾而見寡人.142-23 國之○此.143-6 則必○甲而向趙.144-22 然而秦不敢○兵甲而伐趙者.145-3 西○巴蜀.148-3 是我一○而兩取地於秦中山也.157-13 凡強弱之○事.157-25 一○結三國之親.160-25 而不能自○.164-25 齊○兵擊燕.168-1 此亦○宋之時也.171-4 臣願足下之大發攻宋之○.171-11 天下爭秦有六○.172-7 是秦之一○也.172-9 是秦之一○也.172-11 是秦之一○也.172-14 是秦之一○也.172-16 是秦之一○也.172-18 秦○安邑而塞女戟.172-19 是秦之一○也.172-24 奢已○燕矣.174-19 ○錯非也.176-19 ○茅爲姚賈謂趙王曰.178-2 則韓之南陽○矣.189-14○事於世.192-24 吾○事而不利於魏.193-2 史○非犀首於王.193-7 因令史○數見犀首.193-9 史○不辭而去.193-9 而王獨○宋.194-18 請魯君○觴魯君興.200-2 而志必○之.202-25 ○欲信於天下.215-23 是外○不辟讎也.227-18 ○韓傀之過.236-22 而嚴仲子○百金爲親壽.237-15 語泄則韓○國而與仲子爲讎也.238-1 今有一○而可以忠於主.239-18 韓必○矣.240-23 秦○兵破邯鄲.246-23 而又以其餘兵南面而○五千乘之勁宋.253-6 燕王因○國屬子之.254-3 臣聞知者之○事也.256-22 今夫烏獲○千鈞之重.258-17 五日而國○.260-12 我○安邑.260-14 果與伯○之戰.263-1 且○大事者.263-3 故○大事.263-7 王其改○.263-25 王過○.264-4 先王○國而委將軍.266-18 先王之○錯.267-6 先王過○.267-7 則必○天下而圖之.267-12 ○天下而圖之.267-12 隨先王○而有之於濟上.267-16 臣聞當世之○王.269-19 ○無道.269-19 宋遂○.269-24 此一○而兩失也.272-20 又○兵南伐楚.275-9 今計○國不足以當秦.275-12 願○國爲内臣.277-6 宋人因遂○兵入趙境.280-16 王苟○趾以見寡人.285-20 ○士.287-24

【興】 23

秦○師臨周而求九鼎.1-4 欲○兵臨周而求九鼎.1-6 兔○馬逝.1-17 將○趙宋合於東方以孤秦.6-6 欲○師伐秦.27-5 卒○吳國.38-2 疾○兵救之.78-3 必藉於權而務○於時.90-5 燕人○師而襲齊墟.99-18 ○師襲秦.111-5 齊王大○兵.118-14 今王令韓○兵以上黨入和於秦.139-24 告齊使○師度清河.148-12 聖人之○也.152-10 請魯君舉觴魯君○.200-2 ○師與韓氏戰於岸門.226-21 發○號令.248-13 且夫三王代○.250-20 趙○兵而攻燕.251-20 不敢妄○師以征伐.251-24 不敢○兵以拒大王.277-5 寡人既以○師矣.288-25 ○兵甚衆.289-4

【學】 19

游○博聞.51-19 嘗無師傅所教○.57-20 不媿下○.86-14 至聖人明○.86-16 然臣羞而不○也.122-14 畔○者.150-7 曲○多辨.150-16 ○者沉於所聞.151-13 知○之人.151-18 法古之○.152-16 教少以○.152-24 勿令溺苦於○.153-12 宋人有○者.203-11 子○三年.203-12 子之於○者.203-14 子之於○也.203-15 非所謂○於子者也.221-18 北面而受○.255-18 臣以所○者觀之.267-6

【儒】 2

和樂倡優侏○之笑不之.93-18 ○者一師而禮異.150-14

【儐】 3

倍約○秦.89-19 以○畔秦.145-24 大王收率天下以○秦.147-24

【劓】 2

黥○其傅.15-6 令○之.123-20

【徼】 1

爲除守○亭鄣塞.222-22

【衡】 7

不能與齊縣○矣.35-21 秦烏能與齊縣○韓魏.35-25 夫商君爲孝公平權○正度量調輕重.45-25 仰嚙蔆○.124-22 必有大臣欲○者耳.167-21 而○山在其北.182-23 若乃其眉目准頞權○.287-9

【衞】 91

名曰○疾.10-9 ○鞅亡魏入秦.15-4 權縣宋○.35-24 宋○乃當阿甄耳.35-24 ○無東野.54-11 ○危於累卵.54-12 更立○姬嬰兒郊師.63-19 謂○君曰.72-9 ○君爲告儀.72-10 因與之參坐於○君之前.72-10 ○君與文布衣交.79-3 願君以此從○君遊.79-3 於○甚重.79-4 齊○之交惡.79-5 ○君甚欲約天下之兵以攻齊.79-5 是人謂○君曰.79-5 且臣聞齊○先君.79-6 齊○後世无相攻伐.79-7 ○君乃止.79-11 封○之東野.81-18 夫有宋則○之陽城危.89-20 昔者趙氏襲○.90-9 ○國城割平.90-10 ○八門土而二門墮矣.90-10 ○君跣行.90-10 ○得是藉也.90-12 ○非強於趙也.90-13 譬之○矢而魏弦機也.90-13 ○明於時權之藉也.90-18 ○鞅謀於秦王曰.94-1 ○鞅見魏王曰.94-4 非宋○也.94-5 魏王說於○鞅之言也.94-8 故曰○鞅之始與秦王計也.94-13 富比陶○.97-3 則韓魏齊燕趙○之妙音美人.109-8 秦下兵攻○陽晉.111-9 ○楚正.139-13 魏殺呂遼而○兵.141-24 據○取淇則齊必入朝.144-21 令○胡易伐趙.156-21 ○靈公近雍疸彌子瑕.166-8 四國將假道於○.175-9 以○王官.179-5 劫○取晉陽.185-19 而道塗宋○爲制.189-23 事成功縣宋○.189-24 齊王將見燕趙楚之相於○.190-19 先以車五十乘至○間齊.190-21 ○效尤憚.203-6 又不攻○與齊矣.207-9 東至陶○之郊.207-22 則○大梁.208-13 ○齊甚畏.208-15 兵○設.237-22 韓與○.237-24 持兵戟而○者甚衆.238-3 晉楚齊○聞之曰.238-15 加之以魯○.256-19 孔子逃於○.263-4 過○.279-24 使人謂○君曰.279-24 ○君懼.280-2 彼安敢攻○以重其不勝之罪哉.280-6 遂不敢過○.280-7 智伯欲伐○.281-18 遺○君野馬四百.281-18 ○君大悅.281-18 ○君曰.281-19 ○君以其言告邊境.281-21 智伯果起兵而襲○.281-22 ○有賢人.281-22 智伯欲襲○.281-25 使奔○.281-25 秦攻○之蒲.282-4 ○所以爲○者.282-5 ○必折於魏.282-6 今幷○於魏.282-7 以德○君.282-9 請厚子於○君.282-13 以自重於○.282-13 又以德○君也.282-14 ○使客事魏.282-16 ○客患之.282-16 ○客曰.282-22 魏王趨見○客.282-23 ○嗣君病.282-25 ○嗣君時.283-8 ○贖之百金.283-8 ○人迎新婦.283-13

【錯】 16

襄主○龜.21-5 司馬○與張儀爭論於秦惠王前.21-21 司馬○欲伐蜀.21-21 司馬○曰.22-6 相○如繡.39-14 其○之勿言也.79-1 猿獼猴○木據水.79-16 然則其○兵於魏必矣.132-5 ○質務明主之長.149-2 ○臂左衽.150-11 舉○非也.176-19 故不○意也.219-16 先王之舉○.267-6 緤○挐薄也.283-2 緤○主斷於國.283-3 緤○挐薄之族皆逐也.283-6

【錡】 1

○宣之教韓王取秦.232-20

【錢】 2

金○粟孰與之富.59-7 尚有爭○財.185-17

【錮】 2

諸侯○之.230-5 今四國○之.230-7

【錐】 3

引○自刺其股.16-22 疾如○矢.68-18 賁諸懷○刃而天下爲勇.122-16

【錦】 4

安有說人主不能出其金玉○繡.16-22 ○繡千純.146-11 舍其○繡.279-15 此猶○繡之與短褐也.279-20

【鍵】 1

納于筦○.164-1

【劒】 7

冠舞其○.64-1 君其負○而御臣以之國.135-2 挺○而起.220-1 獨行仗○至韓.238-1 拔○.277-16 ○長.277-16 ○堅.277-17

【檠】 1

大夫種爲越王○草刱邑.46-9

【館】 3

今奉陽君捐○舍.144-6 而燕王不○也.250-8 王乃逃倪侯之○.281-16

【頴】 2

東有淮○沂黄煑棗海鹽無疎.184-6 公何不以秦爲韓求○川於楚.227-21

【膳】 2

視○於堂下.164-1 ○啗使之嗛於口.177-18

【縢】 1

羸○履蹻.16-17

【雕】 1

黑齒○題.150-11

【鴟】 1

賜之○夷而浮之江.268-5

【鮒】 1

宋所謂無雉兔○魚者也.279-19

【鮑】 5

趙奢○佞將.147-15 而趙奢○接之能也.147-18 世以○焦無從容而死者.162-25 廉如○焦史鰌.257-25 廉如○焦史鰌.258-4

【獲】 10

則秦且燒焫○君之國.28-11 烏○之力而死.37-23 遇犬○之.52-24 身○於表薄.113-2 臣恐其攻○之利.154-6 猶烏○之與嬰兒也.223-3 夫戰孟賁烏○之士.223-3 ○二將.253-6 今夫烏○舉千鈞之重.258-17 烏○之力而死.262-19

【獨】 85

而公○脩虛信爲茂行. 6-17 必無○知. 12-5 ○知之契也. 12-5 韓亡則荆魏不能○立. 20-10 荆魏不能○立. 20-11 非○儀知之也. 24-2 非○儀之言也. 24-24 ○不賀. 26-16 子○不賀. 26-18 子○不可以忠爲子主計. 27-17 王○不聞吳人之遊楚者乎. 27-18 ○不重任臣者後無反覆於王前耶. 36-15 ○不足以厚國家乎. 36-18 ○恐臣死之後. 38-7 趙○擅之. 39-6 臣今見王○立於廟朝矣. 40-9 臣必聞見王○立於庭也. 41-2 臣願王之毋○攻其地. 41-15 君○不觀博者乎. 46-14 而王使之○攻. 53-15 王○利魯宋之小. 62-14 吾○謂先王何乎. 63-22 而齊民○不也. 68-6 ○鬼事耳. 77-10 臣○入諫. 80-15 豈○不得盡. 84-25 衈孤○. 88-10 而天下○尊秦而輕齊. 89-17 然而天下○歸咎於齊者. 91-1 而○舉心於齊者. 91-3 今燕王方寒心○立. 96-20 今王得安平君而○曰單. 99-16 楚不能○守. 117-24 楚亦不能○守. 117-25 雖然楚不能○守也. 118-4 寡人之○何爲不好色也. 120-10 王○不見夫蜻蛉乎. 124-13 君○無意湔拔僕也. 128-14 子○何爲報讎之深也. 136-1 ○吞趙. 142-4 豈○田單如耳爲大過哉. 147-3○制官事. 148-17 有○知之慮者. 149-7 子○弗服. 153-21 ○將軍之用衆. 155-4 ○無以教之乎. 158-15 今秦釋韓魏而○攻王. 159-19 至來年而王○不取於秦. 159-21 而齊○朝之. 163-9 先生○未見夫僕乎. 163-14 君令冐乘○斷之車. 166-20 御○斷之勢. 166-20 而○以趙惡秦. 166-25 今王無齊○安得無重天下. 169-13 公之客○有三罪. 176-4 吾往賀而○不得通. 177-4 微○趙. 179-15 而○以吾國爲知氏質乎. 181-9 王○不見夫服牛驂驥乎. 191-9 而王○舉宋. 194-18 王○不見夫博者之用梟邪. 204-25 非○此五國爲然而已也. 211-19 是王○受秦患也. 211-24 欲○以魏支秦者. 212-12 荆齊不能○從. 213-17 而公○與王主斷於國者. 227-11 ○向子之言是. 231-6 ○不可使妾少有利焉. 231-9 而政○安可嘿然而止乎. 237-17 ○行仗劍至韓. 238-1 非○政之能. 238-15 而○厚取德焉. 239-22 而許異○取相焉者. 242-11 而桓公○取霸者. 242-12 韓不能○立. 243-21 ○戰則不能. 253-2 燕兵○追北入至臨淄. 256-10 唯○莒卽墨. 256-11 而王○弗從也. 257-14 又不愛丈夫子○甚. 265-11 臣是以知人主之不愛丈夫子○甚也. 265-15 然而常○欲有復收之之志若此也. 265-25 且非○於此也. 274-7 爲中山之○與燕趙爲王. 285-19 ○不可語陰簡之美乎. 286-15

【謀】 124

○之暉臺之下. 1-12 ○之於葉庭之中. 1-14 子爲寡人○. 2-7 君之○過矣. 3-2 必名曰○楚. 11-19 ○主也. 12-17 得太公陰符之○. 16-21 ○臣之權. 17-4 ○臣皆不盡其忠也. 19-2 而○臣不爲. 19-13 而○臣不爲. 19-20 而○臣不爲. 20-15 是○臣之拙也. 20-16 天下固量秦之○臣一矣. 20-17 內者量吾○臣. 20-22 以主爲○不忠者. 21-14 則必將二國并力合○. 22-15 義渠君致羣臣而○曰. 28-17 君與知之者○之. 28-22 反以○秦. 31-9 秦之○者必曰. 32-17 使臣得進○如伍子胥. 38-3 是穰侯爲國○不忠. 38-21 於是其○者固未可得予也. 42-7 ○不出廊廟. 46-15 後三國○攻楚. 48-4 是楚與三國○出秦兵矣. 48-8 天下之士相從○曰. 54-12 ○則不得. 54-19 臣豈以郢威王爲政衰○亂以至於此哉. 54-23 必絕其○. 60-22 絕其○. 60-23 田侯召大臣而○曰. 64-8 田侯召大臣而○曰. 64-17 公何不爲王○伐魏. 65-3 則是君之○也. 65-3 君之○過矣. 67-15 王之○過矣. 71-4 臣聞○泄者事無功. 75-13 常以○人爲利也. 91-5 此夫差平居而○王. 91-15 昔者萊莒好○. 91-16 而用兵又非約質而○燕也. 92-2 諸侯無成○. 93-20 使諸侯無成○. 93-22 以西○秦. 93-25 衞鞅○於秦王曰. 94-1 ○約不下席. 94-13 ○成於堂上. 94-14 女無○而嫁者. 101-3 則以爲可可爲○. 101-20 必與魏合而目○楚. 104-17 江乙可謂善○. 106-15 不可與深○. 109-20 故○未發而國已危矣. 109-21 內與羣臣○. 109-22 陰○有吞天下之心也. 111-3 卽陰與燕王○破齊共分其地. 111-12 內逐其○臣. 112-10 則楚無○臣矣. 112-10 朝不○夕. 112-25 園乃與其女弟○. 128-22 我○未遂而知. 133-7○出二君之口. 133-7 魏宣子之○臣曰趙葭. 133-18 康子之○臣曰段規. 133-19 韓魏齊燕負親以○趙. 134-24 而今諸侯孰○我. 135-1 四國疑而○敗. 135-4 議秦以○計. 138-11 嘗合橫而○伐趙. 138-25 臣願大王深與左右羣臣卒計而重○. 139-9 有○故殺使之趙. 142-25 故夫○人之主. 144-11 不得與國○. 148-18 不○於衆. 149-11 與之○秦. 161-1 天下有敢○王者乎. 170-6 國在○之中. 173-1 故相與○曰. 178-13 故○而入之秦. 178-14 然橫人○王. 184-11 而欲恃詐僞反覆蘇秦之餘○. 185-17 是王失○於楚趙. 189-21 恐其○伐魏也. 190-19 是王○三國也也. 190-24 而二士之○困也. 192-7 則趙之○者必曰. 198-19 子爲寡人○. 205-16 昔竊聞大王之○出事於梁. 211-3 ○恐不出於計矣. 211-3 又非素約而○伐秦矣. 226-17 此必陳軫之○也. 226-18 而信楚之○臣. 226-20 公不如與王○其變也. 227-15 是楚以三國○秦也. 231-18 秦王必祖張儀之故○. 232-1 則韓必○矣. 239-7 豈不爲過○哉. 242-7 豈不爲過○而不知尊哉. 242-10 豈可不謂善○哉. 242-14 而○進取之道. 250-23 ○不足以決事. 252-2 夫無○人之心. 252-19 有○人之心. 252-19 ○未發而聞於外. 252-20 將軍市被太子平○. 254-11 與秦楚三晉合○以伐齊. 256-9 與○伐齊. 257-21 知者不及○. 260-9 與齊王○道取秦以○趙者. 262-1 將曰善爲齊○. 264-16 未嘗○燕. 264-22 燕王不與齊○趙. 264-22 則與趙○齊. 264-22 是故○者皆從事於除患之道. 266-4 不○於父兄. 267-8 以爲燕楚與魏○之. 271-9 不能爲○. 274-5 可與之○也. 274-10 欲以成大事之○. 275-4 先知吾○也. 281-22 不○而信. 289-15

【諫】 30

舟之僑○而不聽. 23-15 宮之奇以○而不聽. 23-17 客多以○. 62-18 孟嘗君又竊以○. 63-8 上書○寡人者. 66-18 羣臣進○. 66-20 莫敢入○. 80-14 臣獨入○. 80-15 ○而得聽. 80-15 ○而止君之過. 80-15 疾入○. 80-19 聞先生直言正○不諱. 87-11 焉敢直言正○. 87-12 卽墨大夫與雍門司馬○而聽之. 101-19 段規○曰. 131-22 趙葭○曰. 132-3 趙文進○曰. 151-7 趙造○曰. 151-20 微○而不譁. 153-18 牛贊進○曰. 154-2 大臣强○. 178-20 張丑○於王. 188-10 復○於王曰. 188-11 羣臣多○太子者. 193-19 而莫以此○. 206-23 宮之奇○而不聽. 208-24 無以○者. 252-17 太傅鞫武○曰. 274-2 罵國老○曰. 281-14 羣臣○曰. 283-9

【謁】 32

臣請○其故. 22-14 請○事情. 28-10 靖郭君謂○者. 62-18 使太子○之君. 75-22 望拜之○. 78-4 宣王使○者延入. 87-8 ○者難得見如鬼. 119-17 ○病不聽. 121-20 因令人○和於魏. 121-23 ○者操以入. 126-6 臣問○者. 126-8 ○者曰可食. 126-8 而罪在○者也. 126-9 已而○歸. 128-19 還○. 128-19 臣願王察臣之所○. 146-15 使緤○之叔. 150-1 子○病而辭. 152-20 請○而往. 187-10 ○魏王. 187-12 外臣疾使臣○之. 199-14 聽子之○. 221-19 而廢子之○乎. 221-20 故使使臣再拜○秦王. 225-7 顏率謂公仲之○者曰. 226-25 公仲之○者以告公仲. 227-3 子爲我○之. 227-8 甘茂薄而不敢○也. 228-22 韓○急於秦. 245-12 臣請○王之過. 252-15 敬以書○之. 273-6 臣願得○之. 275-24

【謂】 560

○齊王曰. 1-5 ○齊王曰. 1-10 周君○趙累曰. 2-2 君○景翠曰. 2-8 爲東周○韓王曰. 2-15 齊明○東周君曰. 2-19 不如○楚韓曰. 2-20 蘇子○東周君曰. 3-1 蘇厲爲之○周君曰. 3-8 史黶○周君曰. 3-15 君何不令人○韓公叔曰. 3-15 又○秦王曰. 3-17 爲周○楚王曰. 3-21 周最○石禮曰. 3-25 因令人○周君曰. 4-5 ○周文君曰. 4-9 而自○非客何也. 4-18 或爲周最○金投曰. 4-22 周最○金投曰. 5-3 石行秦○大梁造曰. 5-9 ○周君曰. 5-10 ○薛公曰. 5-13 ○齊王曰. 5-20 蘇厲爲周最○蘇秦曰. 5-25 ○周最曰. 6-5 公何不令人○韓魏之王曰. 6-7 爲周最○魏王曰. 6-11 ○周最曰. 6-16 公不如○魏王薛公曰. 6-19 ○周君曰. 7-2 司馬翦○楚王曰. 7-9 左成○司馬翦曰. 7-10 不如○周君曰. 7-11 因令人○相國御展子廧夫空曰. 7-13 有人○相國曰. 7-17 請○王聽東方之處. 7-19 或○照翦曰. 8-4 客○周君曰. 8-11 韓慶爲西周○薛公曰. 9-5 令弊邑以君之情○秦王曰. 9-10 爲周最○李兌曰. 9-18 游騰○楚王曰. 10-4 昭應○楚王曰. 10-15 ○周最曰. 11-1 蘇厲○周君曰. 11-5 ○白起曰. 11-7 或○周君曰. 11-17 蘇秦○周君曰. 11-22 司寇布爲周最○周君曰. 12-2 或爲周君○魏王曰. 12-10 綦母恢○周君曰. 12-15 樊餘○楚王曰. 13-1 周最○秦王曰. 13-7 宮他○周君曰. 13-12 ○齊王曰. 13-17 左尙○司馬悍曰. 13-18 公不如○周君曰. 13-19 爲西周○魏王曰. 13-22 或○周足曰. 14-1 何不○周君曰. 14-1 此所○天府. 15-18 秦惠王○寒泉子曰. 17-19 泠向○秦王曰. 18-1 其此之○乎. 18-10 左成○甘茂曰. 21-17 此臣所○危. 22-17 張子○秦王曰. 22-21 甘茂○王曰. 23-4 張儀○秦王曰. 23-8 王○陳軫曰. 24-1 張儀○秦王曰. 24-8 客○誂者曰. 24-16 ○張儀曰. 26-4 陳軫○楚王曰. 27-13 秦王○軫曰. 27-15 或○救之便. 27-17 或○救之不便. 27-17 李讎○公孫衍曰. 28-6 公孫衍○義渠君曰. 28-10 陳軫○秦王曰. 28-14 此乃公孫衍之所○也. 28-17 秦武王○甘茂曰. 28-25 ○向壽. 29-3 馮章○秦王曰. 29-24 馮章○秦王曰. 30-2 固○楚王曰. 30-2 左成○甘茂曰. 30-12 秦王○甘茂曰. 30-21 ○處女曰. 31-3 蘇秦僞○王曰. 31-13 因自○之曰. 31-19 甘茂○秦王曰. 32-1 ○趙王曰. 32-8 薛公爲魏○魏冉曰. 34-3 秦客卿造○穰侯曰. 34-11 何不使人○燕相國曰. 34-15 魏○魏冉曰. 35-4 ○魏冉曰. 35-14 ○穰侯曰. 35-17 ○魏冉曰. 35-21 秦太后爲魏冉○秦王曰. 36-4 ○范睢曰. 37-4 此所○藉賊兵而齎盜食者也. 39-4 夫擅國之○王. 39-24 能專利害之○王. 39-24 制殺生之威之○王. 39-24 下乃所○無王已. 40-1 昭王○范睢曰. 40-13 應侯○昭王曰. 40-16 古之所○危主滅國之道必從此起. 41-7 范睢○秦昭王曰. 41-11 鄭人○玉未理者璞. 41-20 周人○鼠未腊者朴. 41-20 ○. 42-6 ○應侯曰. 42-13 秦昭王○應侯曰. 42-24 何○也. 43-9 莊○王稽曰. 43-16 而聖人所○吉祥善事與. 44-19 此所○信而不能詘. 46-12 韓春○秦王曰. 48-16 秦王○樓緩曰. 48-23 秦昭王○左右曰. 49-10 營淺○秦王曰. 50-1 王何不○楚王曰. 50-1 客○秦王曰. 50-13 王可○能矣.

52-3 ○秦王曰. 55-3 獻則○公孫消曰. 56-7 ○太后曰. 56-13 歸而
○父曰. 56-21 甘羅○文信侯曰. 58-19 ○趙王曰. 58-21 張丑○楚王
曰. 62-3 公孫閈爲○楚王曰. 62-13 靖郭君○謁者. 62-18 靖郭君○
齊王曰. 63-3 辨○靖郭君曰. 63-17 吾獨○先王何乎. 63-22 靖郭君
可○能自知人矣. 64-5 公孫閈○鄒忌曰. 65-2 孫子○田忌曰. 65-11
○楚王曰. 65-21 鄒忌○宣王曰. 66-2 ○其妻曰. 66-5 此所○戰勝於
朝廷. 66-22 陳軫合三晉而東○齊王曰. 67-23 此臣之所○齊必有大
憂. 68-12 此所○四塞之國也. 68-17 必○齊西有强趙. 69-17 ○武王
曰. 71-12 因○齊王. 71-20 此臣之所○託儀也. 72-5 張儀○梁王.
72-7 ○衛君曰. 72-9 舍人相○曰. 72-20 ○齊王曰. 73-5 ○李向曰.
73-9 蘇秦○齊王曰. 73-17 或○齊王曰. 73-25 蘇秦○薛公曰. 75-3
君因○其新王曰. 75-6 蘇秦○薛公曰. 75-13 ○楚王曰. 75-18 ○薛
公曰. 75-21 ○太子曰. 75-24 ○楚王曰. 76-4 ○太子曰. 76-9 又使
人○楚王曰. 76-17 ○孟嘗君曰. 77-12 桃梗○土偶人曰. 77-13 ○淳
于髡曰. 77-23 何○也. 78-1 ○三先生曰. 78-15 君召愛夫人者而○
之曰. 79-2 是人○衛君曰. 79-5 魯連○孟嘗君曰. 79-15 則○之不肖.
79-20 則○之拙. 79-20 何○也. 80-14 淳于髡○齊王曰. 81-5 齊王
○孟嘗君曰. 83-9 孟嘗君顧○馮諼. 83-11 ○惠王曰. 83-15 公孫弘
○孟嘗君曰. 84-3 公孫弘可○不侵矣. 84-19 可○足使矣. 84-20 魯
仲連○孟嘗. 84-22 ○孟嘗君曰. 85-6 而侯王以自○. 86-19 何○也.
87-23 何○也. 88-19 ○其左右曰. 88-23 蘇秦○齊王曰. 89-13 此所
○以卑易尊者也. 89-23 何○也. 92-22 今世之所○善用兵者. 93-3
此臣之所○比之堂上. 94-15 先生○單不能下狄. 100-9 盼子○齊王
曰. 100-19 齊明○楚王曰. 102-8 子象爲楚○宋王曰. 103-3 昭陽○
楚王曰. 103-9 此○慮賢也. 104-9 昭奚恤○楚王曰. 104-11 ○楚王
曰. 105-7 ○楚王曰. 105-13 江乙可○善謀. 106-15 安陵君可○知時
矣. 106-15 ○楚王曰. 106-17 客因爲之○昭奚恤曰. 106-23 因○客
曰. 107-1 ○而不得. 107-2 陳軫○楚王曰. 107-25 陳軫○王曰. 108
-3 此所○養仇而奉讎者也. 109-13 此所○兩虎相搏者也. 111-6 ○
昭雎曰. 111-25 爲儀○楚王逐昭雎陳軫. 112-2 有人○昭雎曰. 112-
4 此所○內攻之者也. 112-11 將何○也. 112-23 今此之○也. 113-
19 爲甘茂○楚王曰. 115-3 昭雎○景翠曰. 115-10 蘇厲○宛公昭鼠曰.
115-16 請爲公令辛戎○王曰. 115-17 桓臧爲昭雎○楚王曰. 115-21
靳尙爲儀○楚王曰. 116-4 又○王之幸夫人鄭袖曰. 116-5 靳尙○楚
王曰. 116-19 ○張旄曰. 116-21 游騰爲楚○秦王曰. 117-2 何○也.
118-5 齊王○子良曰. 118-13 女阿○蘇子曰. 118-19 公不如令人○
太子曰. 118-20 蘇子乃令人○太子. 118-22 蘇子○楚王曰. 119-3 令
人○張子曰. 120-12 桓臧爲雎○楚王曰. 120-22 馮郝○楚王曰. 121
-6 而○張儀曰. 121-10 杜赫○昭陽曰. 121-16 因○惠施曰. 121-18
杜赫○昭陽曰. 121-20 左爽○陳軫曰. 122-1 楚王○陳軫曰. 122-5
或○楚王曰. 123-3 因○新人曰. 123-16 王○鄭褏曰. 123-18 ○昭魚
曰. 123-22 莊辛○楚襄王曰. 124-2 齊明○卓滑曰. 125-16 或○黃齊
曰. 125-20 人皆以○公不善於富摯. 125-20 更羸○魏王曰. 127-17
朱英○春申君曰. 129-11 何○無妄之福. 129-13 此所○無妄之福也.
129-16 何○無妄之禍. 129-17 此所○無妄之禍也. 129-19 何○無妄
之人. 129-19 此所○無妄之人也. 129-21 虞卿○春申君曰. 130-6 迺
○魏王曰. 130-16 今○楚强大則有矣. 130-19 郄疵○知伯曰. 131-4
郄疵○知伯曰. 131-14 襄子○張孟談曰. 132-25 臣之所○. 134-16
使人○之曰. 134-19 其友○之曰. 135-15 ○子有志則然矣. 135-16
○子智則否. 135-16 凡吾所○爲此者. 135-19 ○山陽君曰. 136-19
○腹子曰. 136-23 李兌舍人○李兌曰. 137-16 蘇秦○舍人曰. 137-
18 客○奉陽君曰. 139-12 秦王○公子他曰. 139-16 何○無故乎. 140
-9 可○有故乎. 140-12 使臣勝○曰. 140-22 ○韓王曰. 141-1○趙
王曰. 141-5 無有○臣爲鐵鉆者乎. 141-9 冷向○强國曰. 141-12 ○
皮相國曰. 141-17 或○皮相國曰. 141-24 ○趙王曰. 142-13 今○楚
王. 142-23 蘇子爲○秦王曰. 146-13 是以聖人利身之○服. 152-13
便事之○教. 152-13 進退之○節. 152-13 宋突○机郝曰. 156-2 樂毅
○趙王曰. 156-8 司馬淺爲富丁○主父曰. 157-2 教子欬○李兌曰.
157-16 平原君○平陽君曰. 158-14 何○也. 159-10 ○趙王曰. 161-5
因平原君○趙王曰. 162-7 ○魯人曰. 163-23 夷維子○鄒之孤曰. 164
-3 彼將奪其所○不肖. 164-10 而予其所○賢. 164-11 復塗偵○君
曰. 166-9 或○建信. 166-16 苦成常○建信君曰. 166-25 魏魀○建信
君曰. 167-15 ○齊王曰. 169-23 臣爲足下○魏王曰. 169-23 李兌乃
○齊王曰. 171-1 蘇代○齊王曰. 171-19 臣○奉陽君曰. 171-20 ○趙
王曰. 173-7 馬服君○平原君曰. 174-13 齊人戎郭宋突○仇郝曰. 175
-7 齊明爲○趙王曰. 175-12 田駟○柱國韓向曰. 175-17 馮忌爲廬
陵君○趙王曰. 175-22 有所○桑雍者. 176-21 所○桑雍者. 176-22
○左右曰. 177-3 舉茅爲姚賈○趙王曰. 178-2 世鈞爲之○文信侯曰.
178-12 太后明○左右. 178-20 文侯○覩師贊曰. 181-20 出而○左右
曰. 183-23 而○寡人必以國事聽鞅. 183-24 此所○四分五裂之道也.
185-14 旰夷爲董慶○田嬰曰. 186-15 齊使蘇厲爲之○魏王曰. 186-
21 公○魏王曰. 187-9 左華○陳軫曰. 187-23 使人○齊王曰. 188-6
惠子○王曰. 188-16 ○可者○不可者正半. 188-16 所○劫主者. 188
-21 雍沮○張子曰. 188-23 雍沮○齊楚之君曰. 189-1 故○魏王曰.
189-8 史厭○趙獻曰. 189-9 故令人○韓公叔曰. 189-12 ○魏王曰.
189-19 犀首○梁王曰. 190-6 爲竇屢○魏王曰. 190-11 ○齊王曰.
190-24 季子爲衍○梁王曰. 191-8 毋○天下何. 192-16○張儀曰. 193
-7 成恢爲犀首○韓王曰. 193-12 ○魏王曰. 194-16 秦王○宋郭曰.
194-16 又必○王曰使王輕齊. 194-24 ○魏王曰. 196-5 客○公子理
之傳曰. 196-13 此非臣之所○也. 196-24 朱倉○王曰. 197-13 昭魚
○蘇代曰. 197-22 爲魏○楚王曰. 199-8 爲疾○楚王曰. 199-14 ○魏
王曰. 199-19 臣請發張倚使○趙王曰. 201-3 張倚因○趙王曰. 201-
8 芒卯○秦王曰. 201-14 ○魏王曰. 201-18 魏王○芒卯曰. 201-21
○秦王曰. 201-24 須賈爲魏○穰侯曰. 202-6 臣聞魏氏大臣父兄皆○
魏王曰. 202-6 周訢○王曰. 203-11 今人有○臣曰. 203-19 王○支期
曰. 204-1 支期先入○王曰. 204-10 孫臣○魏王曰. 204-17 可○善用
不勝矣. 204-17 可○不能用勝矣. 204-18 魏使人○淳于髡曰. 205-4
客○齊王曰. 205-9 王以○淳于髡曰. 205-10 ○趙王曰. 205-19 朱己
○魏王曰. 206-16 ○魏王曰. 208-17 魏○趙王曰. 208-22 ○樓子於
鄢陵曰. 209-4 公必○齊王曰. 209-6 今齊王○魏王曰. 209-20 使人
○樓子曰. 209-24 又○翟子. 209-25 ○魏王曰. 211-15 客○司馬食
其曰. 212-11 ○兹公不知此兩者. 212-12 樓緩○魏王曰. 212-18 ○
穰侯曰. 212-21 白珪○新城君曰. 213-1 ○昭忌曰. 213-10 ○魏王曰.
213-20 何○也. 214-1 ○魏王曰. 214-8 芮宋○秦王曰. 214-15 李郝
○臣曰. 214-16 爲魏○楚王曰. 214-19 ○魏王曰. 214-23 白圭○魏
王曰. 215-3 魏王令之○秦王曰. 215-8 ○魏王曰. 215-14 周肖○宮
他曰. 216-2 子爲肖○齊王曰. 216-2 魏王爲之○秦王曰. 216-10 ○
魏王曰. 216-17 唐且○信陵君曰. 217-4 何○也. 217-6 信陵君使人
○安陵君曰. 217-12 何○也. 218-10 或○魏王曰. 218-22 秦王使人
○安陵君曰. 219-11 秦王○唐且曰. 219-14 ○唐且曰. 219-19 段規
○韓王曰. 221-3 ○申不害於韓曰. 221-9 乃微○趙卓韓鼂曰. 221-
14 非所○學於子者也. 221-18 此所○市怨而買禍者也. 222-12 宣王
○摎留曰. 223-17 張儀○齊王曰. 223-24 昭獻令人○公叔曰. 224-3
陳軫○秦王曰. 224-7 魏順○市丘君曰. 224-12 冷向○鄭彊曰. 224-
23 故○大宰曰. 225-5 楊達○公孫顯曰. 225-10 游騰○公仲曰. 225
-14 杜赫爲公仲○秦王曰. 225-21 公仲明○韓王曰. 225-25 ○韓王
曰. 226-13 顏率○公仲之謁者曰. 226-25 韓公仲○向壽曰. 227-5 或
○公仲曰. 228-4 臣請爲公○秦王曰. 228-10 爲○楚王曰. 229-3 今
○馬多力則有矣. 229-11 今○楚强大則有矣. 229-13 或○魏王. 229
-17 ○使者曰. 229-19 秦王○魏王曰. 229-21 觀鞅○春申曰. 229-
23 ○秦王曰. 231-4 宣太后○尙子曰. 231-6 張儀○楚王曰. 232-1 史
惕○公叔曰. 232-14 因令公仲○秦王曰. 232-20 畢長○公叔曰. 232
-25 ○公叔曰. 233-9 ○楚王曰. 233-10 ○公叔曰. 233-15 中庶子强
○太子曰. 234-14 齊明○公叔曰. 234-19 公何不令齊王○楚王. 234
-19 ○公叔曰. 234-23 宋赫爲○公叔曰. 235-3 ○新城君曰. 235-10
教公仲○魏王曰. 235-17 因令人○楚王曰. 235-19 ○芊戌曰. 235-
22 冷向○韓咎曰. 236-2 冷向○伯嬰曰. 236-7 請問楚人○此鳥何.
236-17 ○之鵲. 236-18 ○之烏. 236-18 或○韓公仲曰. 239-3 所○成
爲福. 239-16 或○公仲曰. 239-18 或○韓王曰. 240-19 ○鄭王曰.
241-5 臣竊以爲猶之井中而○曰. 242-1 豈可不○善謀哉. 242-14 ○
韓公仲曰. 243-7 張丑因○齊楚曰. 243-10 或○韓相國曰. 243-13 唐
客○公仲曰. 243-18 韓傀○秦王曰. 244-2 魏之使者○後相韓辰曰.
244-2 客卿爲韓○秦王曰. 244-9 ○韓珉曰. 245-3 或○山陽君曰.
245-8 韓相國○田苓曰. 245-12 冷向○陳軫曰. 245-19 周成恢爲之○
魏王曰. 245-25 成恢因爲○韓王曰. 246-1 請令公子年○韓王曰. 246
-5 輸人爲之○安令曰. 246-11 房喜○韓王曰. 246-15 趙敖爲○建
信侯曰. 246-19 段産○新城君曰. 247-1 段干越人○新城君曰. 247-
5 此所○天府也. 248-7 李兌因爲蘇秦○奉陽君曰. 248-22 噲子○文
公曰. 249-9 所○轉禍爲福. 250-1 ○燕王曰. 250-8 所○以忠信得罪
於君者也. 250-24 ○燕王曰. 251-11 客○魏王曰. 252-5 子之所○天
下之明主者. 252-14 鹿毛壽○燕王曰. 254-1 人○堯賢者. 254-1 儲
子○齊宣王. 254-12 王因令人○太子平曰. 254-12 孟軻○齊宣王曰.
254-18 齊使人○魏王曰. 255-6 此所○强萬乘之國也. 256-19 ○秦
王曰. 257-4 蘇代○燕昭王曰. 257-24 燕王○蘇代曰. 259-12 ○昭王
曰. 261-24 韓爲○臣曰. 261-24 蘇代自齊使人○燕昭王曰. 263-19
令人○閔王曰. 263-21 乃○蘇子曰. 263-24 又使人○閔王曰. 264-7
王○臣曰. 264-18 昭王召而○之曰. 265-22 客○燕王曰. 269-13 ○
齊王曰. 269-18 蘇代爲燕○惠王曰. 270-4 蚌亦○鷸曰. 270-6 齊○
燕王曰. 270-11 魏亦○燕王曰. 270-11 蘇子○燕相曰. 270-12 或○
之曰. 272-22 ○其太傅鞫武曰. 273-22 可○深矣. 276-4 秦王○軻曰.
277-13 ○之曰. 279-10 宋所○無雉兔鮒魚者也. 279-19 使人○衛君
曰. 279-24 ○大尹曰. 280-20 蘇秦爲宋○齊相曰. 280-24 胡衍○樗
里疾曰. 282-4 ○其守曰. 282-11 富術○殷順且曰. 282-25 子○君.
283-3 新婦○僕曰. 283-14 常莊談○趙襄子曰. 284-3 齊○趙魏曰.

284-7 齊○趙魏曰. 284-9 張登因○趙魏曰. 284-24 張登○藍諸君曰. 285-8 田簡○司馬憙曰. 286-14 田簡自○取使. 286-20 司馬憙○陰姬公曰. 286-23 臣聞其乃欲請所○陰姬者. 287-14 中山君顧○二人. 288-4 此所○爲一臣屈而勝天下也. 290-11 此亦所○勝一臣而爲天下屈者也. 290-12

【論】 4
欲客之必○寡人之志也. 84-18 請以市○. 85-11 寡人○矣. 220-2 恐忠信不○於左右也. 259-7

【諼】 10
齊人有馮○者. 82-3 於是馮○不復歌. 82-14 馮○署曰. 82-17 馮○曰. 82-21 馮○曰. 83-3 孟嘗君顧謂馮○. 83-11 馮○曰. 83-12 馮○先驅誡孟嘗君曰. 83-17 馮○誡孟嘗君曰. 83-22 馮○之計也. 83-25

【諺】 5
○曰. 125-22 ○曰. 152-15 ○曰. 227-9 故先王聽○言於市. 228-4 ○曰. 272-8

【諱】 5
罰不○强大. 15-5 涇陽華陽擊斷無○. 39-25 聞先生直言正諫不○. 87-11 竭意不○. 151-23 即不可○. 183-21

【磨】 2
王又割濮○之北屬之燕. 52-8 遂自弃於○山之中. 114-4

【廧】 4
因令人謂相國御展子○夫空曰. 7-13 豈有毛○西施哉. 85-3 目○於齊. 103-17 皆以狄蒿苦楚○之. 132-17

【廩】 4
倉○空. 10-16 視倉○. 132-15 倉○實矣. 132-16 府庫倉○虛. 175-2

【瘵】 1
無自○也. 127-12

【親】 131
賞不私○近. 15-5 左右太○者身危. 15-10 天下不○. 16-8 諸侯相○. 17-5 富貴則○戚畏懼. 17-16 趙氏上下不相○也. 20-4 ○齊燕. 21-11 齊燕不○. 21-13 ○魏善楚. 21-23 孝己愛其○. 24-2 孝己愛其○. 25-1 不能○國事也. 27-16 今見與國之不可○. 38-25 君臣之不○. 39-3 必○中國而以爲天下樞. 39-8 寡人欲○魏. 39-11 寡人不能○. 39-11 請問○魏奈何. 39-11 不過父子之○. 43-21 ○習之故. 43-25 主固○忠臣. 45-16 以絶從○之要. 52-1 太后之所○也. 56-8 而○觀其孰勝. 59-6 其交甚○. 60-2 曾參孝其○. 61-7 我因陰結韓之○. 64-21 魯○之. 67-13 非齊○而韓梁疏也. 68-6 儀以秦梁之齊合橫○. 72-8 ○. 73-16 不○. 73-16 而君不蚤○. 77-2 故君不如因而○之. 77-2 而孟嘗令人體貌而○郊迎之. 77-22 馮公有○乎. 82-13 而百無不○附. 86-2 不約○. 91-23 俱彊而加以○. 91-24 夫胡之與齊非素○也. 92-1 大臣不○. 95-6 ○王之所見也. 103-16 骨肉之○. 105-20 王○引弓而射. 106-9 ○也. 108-17 莫如從○以孤秦. 109-3 大王不從○. 109-3 故從○. 109-16 不可○也. 109-20 凡天下所信約從○堅者蘇秦. 111-12 固形○之國也. 111-16 必厚尊敬○愛之而忘子. 116-12 孝子之於○也. 119-3 橫○之不合也. 120-22 而王○與約. 121-6 此孝子之所以事○. 123-14 彼亦各貴其故所○. 129-1 ○姻也. 130-10 陽○而陰疏. 132-10 龜中而少○. 133-6 寡人所○之. 133-13 不殺則遂○之. 133-17 ○之奈何. 133-18 而耕負○之丘. 134-22 韓魏齊燕負○以謀趙. 134-24 家貧○老. 137-4 非○友. 142-8 夫馳○友之車. 142-8 三晉相○相堅. 143-8 大王乃今然後得與士民相○. 144-6 六國從○. 145-24 六國從○以擯秦. 146-6 家聽於○. 149-19 子不反○. 149-19 反○以爲行. 153-20 故寡人恐○犯刑戮之罪. 153-22 是二國○也. 156-10 違齊而○. 157-5 今臣爲足下解負○之攻. 159-20 一舉結三國之○. 160-25 而君爲相國者以○故. 161-8 是○戚受封. 161-10 ○嘗教以兵. 165-10 趙從○以合於秦. 170-19 下○其上而守堅. 171-3 合負○之交. 172-8 三疆三○. 172-13 諒毅○受命而往. 177-7 ○寡君之母弟也. 177-16 骨肉之○也. 179-22 鄰國懼而相○. 181-6 以相○之兵. 181-6 且君○從臣而勝降城. 183-2 六國從○. 185-3 不○於楚. 185-13 夫○昆弟. 185-16 以此爲○. 198-18 夫秦貪戾之國而無○. 202-11 不顧○戚兄弟. 206-17 此於其○戚兄弟若此. 206-20 合○以孤齊. 209-11 交不○故割. 224-7 今割矣而交不○. 224-8 皆不得○於事矣. 227-11 秦挾韓○魏. 235-25 可旦夕得甘脆以養○. 237-5 ○供養備. 237-6 而嚴仲子舉百金爲○壽. 237-15 而○信窮僻之人. 237-17 徒以○在. 237-20 今○不幸. 237-20 相又國君之○. 237-24 然則山東非能從○. 241-2 然而見○秦. 242-24 是故願大王與趙從○. 248-17 義不離○一夕宿於外. 250-14 大王之所○. 251-11 夫趙王之狼戾無○. 251-19 且以趙王爲可○邪. 251-19 則不過養其○其. 258-3 燕反約諸侯從○. 261-19 齊君臣不○. 264-11 不以祿私其○. 267-4 恐侍御者之○左右之說. 268-13 則秦未可○也. 275-25 同憂者相○. 284-19 必先與之王而故○之. 284-22 果與中山王而○之. 285-3 而己○之也. 286-2 結○燕魏. 288-23 不約而○. 289-15

【辨】 19
靖郭君善齊貌○. 63-7 齊貌○之爲人也多疵. 63-7 苟可慊齊貌○者. 63-9 與齊貌○俱留. 63-12 齊貌○辭而行. 63-12 齊貌○曰. 63-14 齊貌○行至齊. 63-15 齊貌○見宣王. 63-15 齊貌○曰. 63-16 ○謂靖郭君曰. 63-17 若聽○而爲之. 63-19 ○又曰. 63-21 又不肯聽○. 63-23 齊貌○對曰. 63-25 此齊貌○之所以外生樂患趣難者也. 64-6 曲學多○. 150-16 爲○足以道人. 152-22 ○之疾. 163-21 ○士也. 177-6

【龍】 5
公孫○聞之. 161-7 魏王與○陽君共船而釣. 218-8 ○陽君得十餘魚而涕下. 218-8 鄧師宛馮○淵大阿. 222-4 ○賈之戰. 261-13

【嬴】 1
○博之間. 95-10

【壅】 1
宣王因以晏首○塞之. 66-3

【燒】 8
則秦且○焫獲君之國. 28-11 再戰○夷陵. 46-3 ○先王之墓. 51-17 因○其券. 83-1 因○其券. 83-7 亦襲魏之河北○棘溝. 90-15 棘溝之○也. 90-17 ○其宮室宗廟. 256-10

【燋】 1
沃○釜. 73-21

【燔】 2
易牙乃煎敖○炙. 200-5 而臺已○. 206-7

【燧】 1
而取火於○也. 81-2

【營】 10
○淺謂秦王曰. 50-1 可○也. 103-11 其心必○. 103-12 彼懼吾兵而○我利. 103-13 而欲經○天下. 111-14 則齊不益於○丘. 250-21 齊不出○丘. 258-7 使左右司馬各○壁地. 271-4 女所○者. 271-4 所○者. 271-5

【濊】 1
楚取睢○之間. 104-21

【澠】 7
而馳乎淄○之間. 100-14 軍於○池. 148-4 一軍軍於○池. 148-13 莫如與秦遇於○池. 148-15 於是乃以車三百乘入朝○池. 148-21 今秦欲踰兵於○隘之塞. 229-24 今趙王已入朝○池. 251-21

【潞】 1
士民○病於內. 19-23

【澤】 31
辛張陽毋○說魏王薛公公叔也. 35-5 觀張儀與○之所不能得於薛公者也. 35-11 蔡○見逐於趙. 44-6 燕客蔡○. 44-8 使人召蔡○. 44-10 蔡○入. 44-10 蔡○曰. 44-12 蔡○曰. 44-15 蔡○復曰. 44-16 ○流千世. 44-18 ○曰. 44-19 應侯知蔡○之欲困己以說. 44-21 蔡○曰. 45-4 蔡○得少間. 45-11 蔡○曰. 45-14 蔡○曰. 45-16 客新有從山東來者蔡○. 46-22 昭王新說蔡○計畫. 47-1 蔡○相秦王數月. 47-2 暴骨草○. 53-4 因退爲逢○之遇. 54-14 ○可以遺世. 56-24 使剛成君蔡○事燕三年. 58-3 吾令剛成君蔡○事燕三年. 58-7 今求柴葫桔梗於沮○. 80-25 乃王之教○也. 98-17 今山○之獸. 122-8 而尹○循之. 132-12 決熒○. 207-12 秦韓戰於濁○. 225-25 則王○布. 233-7

【濁】 6
書策稠○. 16-6 濟清河○. 19-4 與吳人戰於○水而大敗之. 113-21 秦韓戰於○澤. 225-25 吾聞齊有清濟○河. 253-9 雖有清濟○河. 253-11

【激】 2
蘇代欲以○燕王以厚任子之也. 253-24 欲自殺以○荆軻. 275-1

【澮】 1
而與韓趙戰○北. 183-7

【澹】 1
未○下兵也. 202-3

【憾】 1
無○悔. 45-4

【憲】 3
手受大府之○. 217-23 ○之上篇曰. 217-23 是使我負襄王詔而廢大府之○也. 217-25

【褰】 1
必○裳而趨王. 218-14

【窺】 5
今反閉而不敢○兵於山東者. 38-20 朝服衣冠○鏡. 66-5 ○鏡而自視. 66-11 不○於邊城之外. 250-22 ○以重利. 275-13

【壁】 2
何愛餘明之照四○者. 31-4 使左右司馬各營○地. 271-4

【避】　13
超然○世. 46-13 陽泉君○席. 57-8 貂勃○席稽首曰. 99-12 寵臣不○軒. 105-25 然而不○. 114-11 不○絶江河. 122-15 不○其死. 134-21 吾謹○之耳. 135-12 ○席擇言曰. 200-3○仇隱於屠者之間. 236-25 其姉不○菹醢之誅. 238-17 太子○席而請曰. 274-14 太子○席頓首曰. 275-5
【嬖】　2
是目○女不敝席. 105-25 右擁○女. 125-4
【彊】　21
故衆庶成○. 4-13 趙○則楚附. 39-9 楚○則趙附. 39-9 昭王○起應侯. 46-25 紛○欲敗之. 56-12 以秦○折節而下與國. 56-18 俱○而加以親. 91-24 今從於○秦國之伐齊. 138-23 秦之○. 169-12 外挾○秦之勢以内劫其主以求割塞. 184-23 鄭○出秦曰. 188-4 非能○於魏之兵. 205-21 鄭○載八百金入秦. 224-23 泠向謂鄭○曰. 224-23 鄭○曰. 224-25 鄭○之走張儀於秦. 225-5 ○請西圖儀於秦. 225-6 王儆四○之内. 229-17 況以○擊弱. 289-9 ○起之. 290-7 ○爲寡人臥而將之. 290-7
【隱】　10
能者亦不得蔽○. 36-10 齊僻陋○居. 70-4 ○蔽也. 73-19 是故不敢匿意○情. 148-14 臣無○忠. 151-8 ○忠不竭. 151-20○中不竭. 153-6 居爲○蔽. 231-4 避仇○於屠者之間. 236-25 寡人不敢○也. 252-23
【嬙】　1
世無毛○西施. 87-21
【縳】　4
以與申○遇於泗水之上. 54-17 而大敗申○. 54-18 束○桎梏. 97-8 ○其妾而笞之. 259-6
【縫】　2
鯷冠秫○. 150-11 皆令妻妾補○於行伍之間. 289-23
【縞】　4
皆衣○紵. 85-2 請使道使者至○高之所. 217-14 素服○素辟舍. 218-5 天下○素. 220-1
【環】　11
○山者三. 81-6 徹其○瑱. 88-11 秦始皇嘗使使者遺君王后玉連○. 101-7 而解此○不. 101-8 楚王問於范○曰. 108-5 范○對曰. 108-7 使兵○之. 136-5 持丘之○. 165-15 然而不以○寸之蹯. 167-16 非○寸之蹯也. 167-17 此必令其言如循○. 261-12
【贅】　1
○子死. 100-19
【黿】　1
江漢魚鼈○鼉爲天下饒. 279-18
【騁】　2
與之馳○乎高蔡之中. 125-4 與之馳○乎雲夢之中. 125-9
【駿】　5
天下○雄弘辯之士也. 44-8 君之○馬盈外廄. 57-5 人有賣○馬者. 263-10 臣有○馬. 263-11 今臣欲以○馬見於王. 263-14
【趨】　34
君弗如急北兵○趙以秦魏. 5-15 百人輿瓢而○. 40-21 客○而進曰. 62-20 公孫戍○而去. 80-11 王前爲○士. 85-18 與使斶爲○勢. 85-18 不如使王爲○士. 85-18 斗○見王爲好勢. 87-9 王○見斗爲好士. 87-9 宣王因○而迎之於門. 87-10 不○而疾. 91-24 形同憂而兵○利也. 91-25 然而甚於相○者. 92-2 何則形同憂而兵○利也. 92-3 後起則諸侯可○役也. 92-4 兵後起則諸侯可○役也. 93-14 患至則○之. 93-22 ○而出. 131-14 韓魏之君視疵端而○疾. 131-16 韓陽○以報王. 140-2 方將約車○行. 148-20 不能○走. 150-2 入而徐○. 178-23 馬馳人○. 185-9 必褰裳而○王. 218-14 秦人捐甲徒裎以○敵. 223-1 嚴遂拔劍○之. 236-23 先○而後息. 255-18 人○已○. 255-19 天下之士必○於燕矣. 255-22 ○出. 274-18 客○出. 282-20 魏王○見衛客. 282-23
【戴】　7
百姓不○. 71-5 而○方府之金. 125-9 ○三十萬之衆. 202-24 皆○哀侯以爲君. 242-11 諸侯○齊. 257-13 諸侯○齊. 257-14 薛公釋○逃出於關. 263-6
【擯】　2
則○禍朽腐而不用. 91-11 六國從親以○秦. 146-6
【轂】　2
古者使車○擊馳. 16-4 轉○連騎. 17-7
【聲】　19
而○畏天下. 13-8 天下以○畏秦. 13-8 沸○若雷. 46-5 ○威天下. 65-7 去之則聞其○. 95-12 兕虎嘷之○若雷霆. 106-8 王身出玉○. 117-17 王身出玉○. 117-24 ○達於天. 128-12 若出金石○者. 128-12 先出○於天下. 138-8 ○德於與國. 138-11 鍾○不比乎. 182-12 今君審於○. 182-14 王賢而有○者相之. 208-25 交絶不出惡○. 268-12 爲變徵之○士皆垂淚涕泣. 276-25 復爲忼慨羽○. 277-2 而好○色. 287-14
【擢】　3
○閔王之筋. 127-4 未至○筋而餓死也. 127-6 ○之乎賓客之中. 267-7
【藉】　24
前相工師○恐客之傷己也. 4-4 周文君免士工師○. 4-7 而○兵乞食於西周. 9-4 又無○兵乞食. 9-9 而使不○兵乞食於西周. 9-16 西周恐魏之○道也. 13-22 ○君天下數年矣. 34-11 此所謂○賊兵而齎盜食者也. 39-4 王將○路於仇讎之韓魏乎. 53-7 王若不○路於仇讎之韓魏. 53-8 ○使之齊. 71-20 夫後起者○也. 90-4 必○於權而務興於時. 90-5 夫權○者. 90-5 故無權○. 90-6 權○不在焉. 90-9 衛得是○也. 90-12 ○力魏而有河東之地. 90-13 趙得是○也. 90-15 衛明於時權之○也. 90-18 夫後起之○與多而兵勁. 91-7 後起之○也. 91-21 ○席無所得. 137-9 吾欲○子殺王. 279-10
【聰】　1
耳目○明聖知. 44-14
【懃】　1
張○貴. 175-14
【鞠】　1
事敗而好○之. 90-19
【藍】　15
再戰於○田. 48-3 雖○田豈難得哉. 48-6 食○田十二縣. 57-25 戰於○田. 111-5 日者秦楚戰於○田. 139-17 秦果南攻○田鄢郢. 211-12 請道於南鄭○田以入攻楚. 231-23 ○諸君患之. 285-8 張登謂○諸君曰. 285-8 ○諸君曰. 285-8 ○諸君曰. 285-12 ○諸君曰. 285-13 ○諸君曰. 285-18 ○諸君曰. 285-23 ○諸君曰. 286-2
【藏】　3
兵革不○. 16-4 君之府○珍珠寶玉. 57-5 ○怒以待之. 63-15
【舊】　3
欺○交. 44-23 不欺○故. 45-15 ○患有成. 123-4
【韓】　805
○氏果亦效重寶. 2-12 受寶於○. 2-13 ○救西周. 2-15 爲東周謂○王曰. 2-15 西周欲和於楚○. 2-19 ○寶. 2-20 不如謂楚○曰. 2-20 西周之寶不入楚○. 2-21 楚○欲得寶. 2-22 是我爲楚○取寶以德之也. 2-23 楚○之遇也. 3-9 令向公之○. 3-10 秦假道於周以伐○. 3-14 周恐假之而惡於○. 3-14 君何不令人謂○公叔曰. 3-15 秦敢絶塞而伐○者. 3-16 是○不伐也. 3-17 ○强與周地. 3-17 是得地於○而聽於秦也. 3-18 周粻秦○. 3-21 恐齊○之合. 4-23 因佐秦而伐○魏. 4-24 南取地於○. 4-25 秦盡○魏之上黨大原. 5-5 亦將觀○魏之於齊也. 6-6 公何不令人謂○魏之王曰. 6-7 ○使人讓周. 8-11 薛公以齊爲○魏攻楚. 9-4 又與○魏攻秦. 9-4 ○慶爲西周謂薛公曰. 9-5 君以齊爲○魏攻楚. 9-5 九年而取宛葉以北以强○魏. 9-5 ○魏南無楚憂. 9-7 薛公必破秦以張○魏. 9-10 因令○慶入秦. 9-15 ○徵甲與粟於周. 10-12 代能爲君令○不徵甲與粟於周. 10-13 蘇代遂往見○相國公中曰. 10-14 ○氏罷於兵. 10-15 則周必折而入於○. 10-21 敗○魏. 11-5 今公破○魏. 11-11 踐○而以攻梁. 11-13 以臨○魏. 11-22 ○魏必惡之. 11-23 必救○魏而攻楚. 11-24 ○魏易地. 13-1 ○魏之易地. 13-1 ○得二縣. 13-2 ○兼兩上黨以臨趙. 13-3 鄭恃魏而輕○. 13-12 今君恃○魏而輕秦. 13-14 收餘○成從. 18-8 中使○魏之君. 19-4 以爭○之上黨. 20-3 然則是舉趙則○必亡. 20-10 ○亡則荊魏不能獨立. 20-10 則是一舉而壞○. 20-11 舉趙亡○. 21-11 ○不亡. 21-12 不如伐○. 21-21 今攻○劫天子. 22-12 ○周之與國也. 22-14 ○自知亡三川. 22-15 ○氏從之. 27-10 召公孫顯於○. 28-7 約伐○. 29-1 挾○而議. 29-11 ○楚乘吾弊. 29-24 ○必孤. 29-25 而公中以○窮我於外. 30-7 而外與○侈爲怨. 30-13 楚畔秦而合於○. 30-17 楚雖合○. 30-17 不爲○氏先戰. 30-17 ○亦恐戰而楚有變其後. 30-18 ○楚必相御也. 30-18 楚言與○. 30-18 彼若以齊約○魏. 31-9 則○魏必無上黨哉. 32-25 秦三世積節於○魏. 35-21 ○魏東聽. 35-23 秦烏能與齊縣衡○魏. 35-25 秦王欲爲成陽君求相○魏. 36-3 ○魏弗聽. 36-3 失○魏之道也. 36-6 譬若馳○盧而逐蹇兔也. 38-19 大王越○魏而攻强齊. 38-23 而悉○魏之兵則不義矣. 38-24 以其伐楚而肥○魏也. 39-4 今○魏. 39-7 齊附而○魏可虛也. 39-10 秦○之地形. 39-14 秦之有○. 39-14 爲秦害者莫大於○. 39-15 王不如收○. 39-15 寡人欲收○. 39-15 魏○見必亡. 39-19 ○聽而霸事可成也. 39-19 秦攻○. 41-11 今王將攻○圍陘. 41-14 王攻○圍陘. 41-15 幾割地而○不盡. 41-16 則王之所求於○者. 41-18 秦嘗攻○邢. 42-18 應侯失○之汝南. 42-24 臣以○之細也. 43-11 應侯每言○事者. 43-13 而入○魏. 44-6 又越○魏攻强趙. 46-4 ○魏聞楚之困. 48-3 ○春謂秦王曰. 48-16 今日○魏. 49-10 帥强○魏之兵以伐秦. 49-12 帥弱○魏以攻秦. 49-13 帥○魏以圍趙襄子於晉陽. 49-17 ○康子御. 49-18 魏

桓子肘○康子. 49-20 ○魏雖弱. 49-21 ○. 51-7 聽之○魏. 51-9 卽
○魏從. 51-9 ○魏從. 51-9 使東遊○魏. 51-13 今王三使盛橋守事於
○. 52-1 智氏信○魏. 52-20 ○魏反之. 52-20 今王中道而信○魏之
善王也. 52-24 臣恐○魏之卑辭慮患. 52-25 王旣無重世之德於○魏.
53-1 ○魏父子兄弟接踵而死於秦者. 53-2 ○魏之不亡. 53-6 王將藉
路於仇讎之○魏乎. 53-7 是王以兵資於仇讎之○魏. 53-8 王若不藉
路於仇讎之○魏. 53-8 王破楚於以肥○魏於中國而勁齊. 53-15 ○魏
之强足以校於秦矣. 53-16 詘令○魏. 53-20 臨以○. 53-22 ○必授首.
53-22 ○必爲關中之候. 53-24 而卑畜○也. 55-3 制趙○之兵. 55-
12 而○楚之兵不敢進. 55-15 楚人援○以拒秦. 55-21 則○氏鑠. 55-
23 ○氏鑠. 55-23 趙王之臣有○倉者. 60-1 ○倉果惡之. 60-4 使○
倉數之曰. 60-4 以示○倉. 60-8 ○倉曰. 60-9 ○非知之. 61-1 乃可
復使姚賈而誅○非. 61-22 ○氏請救於齊. 64-17○且折而入於魏. 64
-18 夫○魏之兵未弊. 64-19 我代○而受魏之兵. 64-20 顧反聽命於
○也. 64-20 且夫魏有破○之志. 64-20 ○見且亡. 64-21 我因陰結○
之親. 64-21 乃陰告○使者而遣之. 64-22 ○自以專有齊國. 64-23 魏
破○弱. 64-24 ○魏之君因田嬰北面而朝田侯. 64-24 燕趙○魏聞之.
66-21 秦假道○魏以攻齊. 66-24 今齊楚燕趙○梁六國之遞甚也. 67
-24 今○梁之目未嘗乾. 68-5 非齊親而○梁疏也. 68-6 齊遠秦而○
梁近. 68-6 南面而孤楚○梁. 68-8 且夫○魏之所以畏秦者. 69-1 ○
魏戰而勝秦. 69-2 是故○魏之所以重與秦戰而輕爲之臣也. 69-3 倍
○魏之地. 69-5 恐○魏之議其後也. 69-7 南有○魏. 69-17 ○獻宜陽.
69-25 秦驅○魏攻齊之南地. 70-1 ○齊爲與國. 71-3 張儀以秦魏伐
○. 71-3 ○. 71-3 秦伐○. 71-5 乃許○使者而遣之. 71-6 ○自以得
交於齊. 71-7 楚趙果遽起兵而救○. 71-7 王以其間伐○. 71-16 王以
其間伐○. 72-2 周○西有强秦. 73-25 秦伐周○之西. 73-25 周○爲
割. 74-1 ○却周害也. 74-1 及○却周割之. 74-1 則亦不果於趙魏之
應秦而伐周○. 74-3 ○子盧者. 81-5 ○子盧逐東郭逡. 81-6 舉○氏
取其地. 81-17 ○魏趙楚之志. 81-19 齊之與○魏伐秦楚也. 90-24 分
地又非多○魏也. 91-1 以其爲○魏主怨也. 91-1 秦楚戰○魏不休. 91
-2 則○必從矣. 94-7 ○氏輔國也. 103-11 乃命大公事之○. 103-
15 ○公叔有齊魏. 107-16 鄭申爲楚使於○. 107-16 齊魏必伐○. 107
-19 ○氏急. 107-19 則○魏齊燕趙衞之妙音美人. 109-8 而○魏迫於
秦患. 109-20 ○之上地不通. 110-8 ○必入臣於秦. 110-9 ○入臣.
110-9 ○魏攻其北. 110-10 而○魏以全制其後. 111-6○求相工陳籍
而周不聽. 112-5 而儀重於○魏之王也. 112-8 公孫郝善○. 120-24
必以秦合○魏. 120-24 ○魏之重儀. 120-24 ○魏欲得秦. 120-25 將
收○魏輕儀而伐楚. 121-1 而重儀於○魏. 121-2 ○亦不從. 121-3 寡
人聞○侈巧士也. 122-5 以○侈之知. 122-7 ○侈之知. 122-11 因與
○魏之兵. 125-25 知伯從○魏兵以攻趙. 131-3○魏之君必反矣. 131
-5 夫從○魏之兵而攻趙. 131-6 難必及○魏矣. 131-7 而○魏之君
無憙志而有憂色. 131-8 知伯以告○魏之君曰. 131-10 ○魏之君曰.
131-11 君又何以疵言告○魏之君爲. 131-15 ○魏之君視疵端而趨疾.
131-16 ○魏之君果反矣. 131-18 知伯帥趙○魏而伐范中行氏. 131-
21 使人請地於○. 131-22 ○康子欲勿與. 131-22 必加兵於○矣. 131
-23 然則○可以免於患難. 132-1 彼請地於○. 132-3 ○與之. 132-
4 知伯因陰結○魏. 132-7 三使○魏. 132-10 臣請見○魏之君. 133-
2 張孟談於是陰見○魏之君曰. 133-4 使張孟談見○魏之君曰. 134-
1 ○魏翼而擊之. 134-3 ○魏齊燕負親以謀趙. 134-24 長子之○. 135
-4 秦○圍梁. 136-19 秦必過周○而有梁. 136-20 非曾深淩於○也.
138-5 以秦爲愛趙而憎○. 138-6 秦豈得愛趙而憎○哉. 138-7 欲亡
○吞兩周之地. 138-8 故以○爲餌. 138-8 故微○以貳之. 138-10 而
實伐空○. 138-11 皆曰○亡三川. 138-13 恃○未窮. 138-13 今燕盡
○之河南. 138-15 秦盡○魏之上黨. 138-17 ○乃西師以禁秦國. 139
-1 夫○事趙宜正爲上交. 139-3 ○危社稷以事王. 139-6 然則○義王
以天下就之. 139-7 下至○慕王以天下收之. 139-8 ○魏危. 139-13
○爲中軍. 139-16 ○與秦接境壤界. 139-16 ○出銳師以佐秦. 139-
18 ○之在我. 139-18 王出兵○. 139-19 ○必懼. 139-19 ○恐. 139-
22 令○陽告上黨之守靳黈曰. 139-23 秦起二軍以臨○. 139-23○不
能有. 139-24 今王令○興兵以上黨入和於秦. 139-24 ○陽趨以報王.
140-2 ○不能守上黨. 140-4 ○不能守上黨. 140-7 秦蠶食○氏之地.
140-10 且夫○之所以內趙者. 140-10 ○不能守上黨. 140-17 辭封而
入○. 140-25 謂○王曰. 141-1 趙聞○不能守上黨. 141-1 ○告秦曰.
141-2 甘茂爲秦約魏以攻○宜陽. 141-12 以與齊○秦市. 141-13 ○
欲有宜陽. 141-14 有楚而伐○. 142-15 有○而伐楚. 142-15 秦之欲
伐○梁. 142-21 必爲楚攻○梁. 142-24 怒○梁之不救己. 142-24 東
面而攻○. 143-2 ○南無楚. 143-2 ○不待伐. 143-3 秦與○爲上交.
143-3 有楚○之用. 143-4 以强秦之有○梁楚. 143-6 出銳師以戍○
梁西邊. 143-8 趙王因起兵南戍○梁之西邊. 143-13 ○魏皆可使致封
地湯沐之邑. 144-15 則秦必弱○魏. 144-18 ○弱則效宜陽. 144-19
劫○包周則趙自銷鑠. 144-21 畏○魏之議其後也. 145-3 然則○魏.
145-4 秦之攻○魏也. 145-4 ○魏不能支秦. 145-5 ○魏臣於秦. 145
-6 秦無○魏之隔. 145-6 莫如一○魏齊楚燕趙. 145-23 ○絶食道.
146-1 秦攻○魏. 146-1 ○守成皋. 146-3 ○魏出銳師以佐之. 146-4
則○軍宜陽. 146-5 欲以窮秦折○. 147-4 後富○威魏. 147-6 ○魏之
所以僅存者. 147-8 精兵非有富○勁魏之庫也. 147-10 欲以窮秦折○.
147-11 終身不敢設兵以攻秦折○也. 147-19 而○魏稱爲東蕃之臣.
148-9 毆○魏而軍於河外. 148-13 西有樓煩秦○之邊. 150-19 以備
其參胡樓煩秦○之邊. 150-21 齊○相方. 155-20 秦楚必合而攻○魏.
157-2 ○魏告急於齊. 157-3 ○魏必怨趙. 157-4 ○必聽秦違齊. 157
-4 ○魏必絶齊. 157-5 今秦釋○魏而獨攻王. 159-19 王之所以事秦
必不如○魏也. 159-20 齊交○魏. 159-21 必在○魏之後也. 159-22
秦善○魏而攻趙者. 160-5 必王之事秦不如○魏也. 160-5 能亡○魏.
169-8 臣以齊爲王求名於燕及○魏. 169-10 ○呡處於趙. 170-11 善
○徐以爲上交. 170-12 臣必見燕與○魏亦且重趙也. 170-18 王使臣
以○魏與燕劫趙. 170-20 以趙劫○魏. 170-21 ○魏危. 171-7 楚與魏
○將應之. 171-18 與○氏大吏東免. 171-25 今○魏與齊相疑也. 172
-2 秦王內○珉於齊. 172-10 內成陽君於○. 172-10 王賁○他之曹.
172-11 ○必入朝秦. 172-15 與○呡而攻魏. 172-17○之太原絶. 172
-20 絶○. 172-20 ○魏焉免西合. 173-1 田駟謂柱國○向曰. 175-
17 趙使姚賈約○魏. 178-2 ○魏以友之. 178-2 ○魏欲得之. 178-3 是
○魏之欲得. 178-4 而折○魏招之. 178-5 ○魏反於外. 181-11 ○趙
相難. 181-14 ○索兵於魏曰. 181-14 趙又索兵以攻○. 181-15 寡人
與○兄弟. 181-15 而與○趙戰澮北. 183-7 西與○境. 185-10 不合於
○. 185-13 則○攻其西. 185-13 秦挾○而攻魏. 185-21 ○劫於秦.
185-22 秦○爲一國. 185-22 事秦則楚○必不敢動. 185-23 無楚○之
患. 185-24 欲走而之○. 186-20 張儀欲以魏合於秦○而攻齊楚. 188
-15 以魏合於秦○而攻齊楚. 188-17 ○氏亡. 189-9 ○恐亡. 189-9
則公亦必幷相楚○也. 189-10 故令人謂○公叔曰. 189-12 ○氏必亡.
189-13 則○之南陽舉矣. 189-14 收○而相衍. 189-15 賞○王以近河
外. 190-1 ○欲攻南陽. 190-2 秦○合而欲攻南陽. 190-2 ○之卜也決
矣. 190-3 信○廣魏救趙. 190-3 身相於○. 192-19 孰與其爲○也.
192-22 不如其爲○也. 192-22 衍將右○而左魏. 192-23 ○氏因圍蕃.
193-12 成恢爲犀首謂○王曰. 193-12 ○氏必危. 193-13 魏無○患.
193-14 又嘗用此於○矣. 195-1 奉陽君孟嘗君○呡周㠯周○餘爲徒
從而下之. 195-19 奉陽君○餘爲旣和矣. 195-23 惠施爲○魏交. 197
-12 必右○而左魏. 198-4 魏信以○魏事秦. 198-25 魏王悉○魏之兵.
206-8 魏將與秦攻○. 206-16 今大王與秦伐○而益近秦. 206-22 今
夫○氏以一女子承一弱主. 206-23 ○亡. 206-24 ○亡之後. 207-2 絶
○之上黨而攻强趙. 207-3 ○亡之後. 207-10 且夫憎○不受安陵氏可
也. 207-17 有周○而間之. 207-20 又況於使秦無○而有鄭地. 207-
25 無周○以間之. 207-25 楚魏疑而○不可得而約也. 208-2 今○受兵
三年矣. 208-2 ○知亡. 208-3 而挾○魏之質. 208-7 以存○爲務. 208
-7 因求故地於○. 208-7 ○必效之. 208-8 其攻多於與秦共伐○.
208-8 夫存○安魏而利天下. 208-10 通○之上黨於共莫. 208-10 是魏
重質○以其上黨也. 208-11 ○必德魏愛魏重魏畏魏. 208-12 ○必不
敢反魏. 208-13 ○是魏之縣也. 208-13 魏得○以爲縣. 208-13 今不
存○. 208-14 有秦○之重. 209-8 於以攻○魏. 209-15 鄭恃魏以輕○.
211-16 伐榆關而○氏亡鄭. 211-17 吾欲與秦攻○. 212-4 ○且坐而
胥亡乎. 212-4 ○且割而從天下. 212-5 ○怨魏乎. 212-6 ○强秦乎.
212-7 ○且割而從其所强. 212-7 ○將割而從其所强. 212-8 攻○之
事. 212-9 秦攻○之管. 213-5 而○魏壤梁. 213-5 非於○也必魏也.
213-6 今幸而於○. 213-7 必○之管也. 213-7 若不因救○. 213-8 ○
怨魏. 213-8 秦○爲一. 213-9 今攻○之管. 213-14 王能令○出垣雍
之割乎. 214-5 成陽君欲以○魏聽秦. 215-3 而以多割於○矣. 215-4
○不聽. 215-5 而伐○矣. 215-5 秦○不敢合. 215-6 且秦滅○亡魏.
219-15 聶政之刺○傀也. 219-23 夫○魏滅亡. 220-2 段規謂○王曰.
221-3 ○王曰. 221-3 則○必取鄭矣. 221-6 至○之取鄭也. 221-6 謂
申不害於○曰. 221-9 子以○重我於趙. 221-9 請以趙重子於○. 221
-9 是子有兩○. 221-10 申不害始合於○王. 221-12 乃微謂趙卓○鼂
曰. 221-14 蘇秦爲楚合從說○王曰. 221-23 ○北有鞏洛成皋之固.
221-23 皆自○出. 222-1 ○卒超足而射. 222-2 ○卒之劍戟. 222-3 以
○卒之勇. 222-6 夫以○之勁. 222-7 挾强○之兵. 222-14 ○王忿然
作色. 222-16 張儀爲秦連横說○王曰. 222-19 ○地險惡. 222-19 斷
絶○之上地. 223-7 而能弱楚者莫如○. 223-11 非以○能强於楚也.
223-12 ○王曰. 223-15 王不如資○朋. 223-24 因以齊魏廢○朋. 223
-25 楚昭獻相○. 224-3 秦且攻○. 224-3 ○廢昭獻. 224-3 秦必曰
楚○合矣. 224-4 ○使人馳南陽之地. 224-6 ○因割南陽之地. 224-6
求千金於○. 224-9 今王攻○. 224-10 請以伐○. 224-23 其救○必疾.
225-12 收○趙之兵以臨魏. 225-15 ○爲一. 225-16 秦歸武遂於○.
225-20 秦○戰於濁澤. 225-25 ○氏急. 225-25 公仲明謂○王曰. 225
-25 ○王曰. 226-2 今又得○之名都一而具甲. 226-4 秦○幷兵南鄉.
226-5 言救○. 226-6 縱○爲不能聽我. 226-7 ○必德王也. 226-8 是
秦○不和. 226-9 以厚怨於○. 226-10 ○得楚救. 226-10 是我困秦○

之兵. 226-11 言救○. 226-12 謂○王曰. 226-13 弊邑將以楚殉○.
226-14 ○王大說. 226-15 且楚○非兄弟之國也. 226-17 楚因以起師
言救○. 226-18 ○王弗聽. 226-20 興師與○氏戰於岸門. 226-21 ○
氏大敗. 226-21 ○氏之兵非削弱也. 226-22 失計於○明也. 226-23
○公仲謂向壽曰. 227-5 公破○. 227-5 復攻○. 227-7 ○必亡. 227-
7 非以當○也. 227-8 秦○之交可合也. 227-9 公孫郝黨於○. 227-
12 善○以備之. 227-15 ○氏先以國從公孫郝. 227-16 是○. 227-17
今公言善○以備楚. 227-17 吾甚欲○合. 227-19 公何不以秦爲○求
潁川於楚. 227-21 此乃○之寄地也. 227-21 是令行於楚而以其地德
○也. 227-22 是○楚之怨不解. 227-23 而公過楚以攻○. 227-23 公
孫郝欲以○取齊. 227-25 收楚○以安之. 227-25 今王聽公孫郝以○
秦之兵應齊而攻魏. 228-12 以○秦之兵據魏而攻齊. 228-14 故王不
如令○中立以攻齊. 228-16 爲○取南陽. 228-18 以○秦之兵據魏以
郄齊. 228-19 臣以爲令○以中立以勁齊. 228-21 ○公仲相. 228-25
假道兩周倍○以攻楚. 229-25 ○令使者求救於秦. 231-3 ○又令尙靳
使秦. 231-4 ○之於秦也. 231-4 今○已病矣. 231-4 今佐○. 231-8
則不足以救○. 231-9 夫救○之危. 231-9 尙靳歸書報○王. 231-11
○王遣張翠. 231-11 ○急矣. 231-12 ○未急也. 231-12 ○之急緩莫
不知. 231-13 ○急則折而入於楚矣. 231-14 是無○也. 231-17 楚○
爲一. 231-17 果下師於殽以救○. 231-19 ○令冷向借救於秦. 231-
22 秦爲發使公孫昧入○. 231-22 子以秦爲將救○乎. 231-22 ○固其
與國也. 232-2 今也其將揚言救○. 232-4 公必先○而後秦. 232-9 公
仲爲○魏易地. 232-14 夫○地易於上. 232-16 錡宣之教○王取秦.
232-20 ○王之心. 232-21 王何不試以襄子爲質於○. 232-22 令○王
知王之不取三川也. 232-22 留馮君以善○臣. 233-5 而害於○矣. 233
-7 發重使爲○求武遂於秦. 233-10○得武遂以恨秦. 233-11 ○. 233
-12 是秦○之怨深. 233-12 立○擾而廢公叔. 233-19 立○擾而廢
公叔. 233-20 而欲德於○擾. 234-4 王果不許○擾. 234-5 ○公叔與
幾瑟爭國. 234-7 鄭强爲楚王使於○. 234-7 魏必急○氏. 234-9 ○氏
急. 234-10 ○公叔與幾瑟爭國. 234-14 是有陰於○也. 234-21 ○大
夫見王老. 234-24 ○大夫知王之老而太子定. 235-4 秦楚若無○. 235
-5 ○大夫不能必其不入也. 235-6 公何不爲○求質子於楚. 235-10
楚王聽而入質子於○. 235-11 必以○合於秦楚矣. 235-12 秦楚挾○
以窘魏. 235-12 則怨結於○. 235-13 ○挾齊魏以眄楚. 235-13 以積
德於○. 235-15 ○不敢離楚也. 235-18 ○立公子咎而棄幾瑟. 235-
19 必以○權報讎於魏. 235-20 ○. 235-23○絶於楚. 235-24 秦挾○
親魏. 235-25 冷向謂○咎曰. 236-2 ○必起兵以禁之. 236-3 公因以
楚○之兵奉幾瑟而内之鄭. 236-4 必以○楚奉公矣. 236-5 楚令景鯉
入○. 236-7 ○且内伯嬰於秦. 236-7 ○咎立爲君而未定也. 236-10
恐○咎入○之不立也. 236-11 ○咎立. 236-12 史疾爲○使楚. 236-
44 ○傀相○. 236-22 擧○傀之過. 236-22 ○傀以之叱之於朝. 236-
23 游求人可以報○傀者. 236-24 臣之仇○相傀. 237-21 傀又○君之
季父也. 237-22 ○與衛. 237-24 語泄則○擧國而與仲子爲讎也. 238
-1 獨行仗劍至○. 238-1 ○適有東孟之會. 238-3 ○王及相皆在焉.
238-3 上階刺○傀. 238-4 ○傀走而抱哀侯. 238-4 ○取聶政屍於市.
238-7 乃之○. 238-11 或謂○公仲曰. 239-3 則○必謀矣. 239-7 若
○隨魏以善秦. 239-7 則○輕矣. 239-7 秦已善○. 239-8 令用事於○
以完之. 239-8 是○爲秦魏之門户也. 239-10 是○重而主尊矣. 239-
11 若夫安○魏而終身相. 239-13 必欲善○以塞魏. 239-14 必務善○
以備秦. 239-14 則○最輕矣. 239-19 則○最弱矣. 239-20 則○最先
危矣. 239-20 今公以○先合於秦. 239-20 是○以天下事秦. 239-21
秦之德○也厚矣. 239-21 ○與天下朝秦. 239-22 ○息士民以待其釁.
239-24 今公以○善秦. 240-2 ○之重於兩周也無計. 240-2 今公以○
爲天下先合於秦. 240-4 ○人攻宋. 240-7 ○珉與我交. 240-7 蘇秦爲
○說秦王曰. 240-8 ○珉之攻宋. 240-8 以○之强. 240-9 此○珉之所
以禱於秦也. 240-10 吾固患○之難知. 240-11 天下固令○可知也.
240-12 ○故已攻宋矣. 240-12 皆積智欲離秦○之交. 240-14 未有一
人言善○者也. 240-14 皆不欲○秦之合者何也. 240-15 則晉楚智而
○秦愚也. 240-16 必何○秦. 240-16 ○秦合. 240-16 或謂○王曰.
240-19 ○計將安出矣. 240-19 秦之欲伐○. 240-20 今○不察. 240-
20 欲得梁以臨○. 240-21 梁必怒於○之不與己. 240-22 ○必擧矣.
240-23 使山東皆以銳師戍○梁之西邊. 240-24 ○與魏敵侔之國也.
241-5 魏君必得志於○. 241-7 諸侯惡魏必事○. 241-8 而重○之權.
241-9 今之○弱於始之○. 241-10 而王與諸臣不事爲尊秦以定○者.
241-11 穆公一勝於○原而霸西州. 241-14○氏之衆無不聽令者. 242
-4 而○氏之尊許異也. 242-5 ○氏之士數十萬. 242-11 ○陽役於三
川而欲歸. 242-20 足强爲之說○王曰. 242-20 ○. 242-24 ○甚疏秦.
242-24 ○因以其金事秦. 243-1 秦反得其金與○之美人. 243-1 ○之
美人因言於秦曰. 243-2 ○甚疏秦. 243-2 ○亡美人與金. 243-2 故客
有說○者曰. 243-3 而○之疏秦不明. 243-4 謂○公仲曰. 243-7 ○已
與魏矣. 243-10 而不告○. 243-11 或謂○相國曰. 243-13 公仲使○
珉之秦求武隧. 243-18 ○之事秦也. 243-19 ○已得武隧. 243-20 今
○之父兄得衆者毋相. 243-21 ○不能獨立. 243-21 吾欲以國輔○珉
而相之可乎. 243-22 而使之主○. 243-23 ○相公仲珉使○侈之秦.
244-1 ○侈在唐. 244-1○侈謂秦王曰. 244-2 魏之使者謂後相○辰曰.
244-2 公必爲魏罪○侈. 244-3 ○辰曰. 244-3 秦之仕○侈也. 244-4
○侈之秦. 244-4 ○辰患之. 244-5 今王不召○侈. 244-5 ○侈且伏於
山中矣. 244-5 召○侈而仕之. 244-7 客卿爲○謂秦王曰. 244-9 ○珉
之議. 244-9 公孫郝嘗疾齊○而不加貴. 244-18 齊○嘗因公孫郝而不
受. 244-19 公孫郝樗里疾請無攻. 244-21 ○珉相齊. 245-2 謂○珉
曰. 245-3 成陽君爲秦去○. 245-4 齊秦非重○則賢君之行也. 245-8
是棘齊秦之威而輕○也. 245-10 ○謁急於秦. 245-12 ○相國謂田苓
曰. 245-12 ○急乎. 245-13 彼○急. 245-16 臣請令發兵救○. 245-
17 ○氏逐向晉於周. 245-25 成恢因爲謂○王曰. 246-1 逐向晉者○也.
246-2 豈如道○反之哉. 246-2 而○王失之也. 246-3 ○王曰. 246-3
請令公子年謂○王曰. 246-5 ○王必爲之. 246-8 房喜謂○王曰. 246
-15 建信君輕○熙. 246-19 ○也. 246-20 今君之輕○熙者. 246-20
其收○必重矣. 246-21 從則○輕. 246-22 横則○重. 246-22 故君收
○. 246-23 ○獻開罪而交愈固. 249-22 中附○魏則○魏重. 253-3 ○
魏不聽. 257-8 因驅○魏以攻齊. 257-10 秦正告○曰. 260-11 ○氏以
爲然. 260-12 ○氏太原卷. 260-14 寡人固與○且絶矣. 261-3 ○爲謂
臣曰. 261-24 必不反○珉. 262-9 臣以○魏循自齊. 262-21 之卒者出
士以戍○梁之西邊. 269-4 今○梁趙三國以合矣. 269-6 秦久伐○.
269-8 約成○梁之西邊. 269-9 用○魏之兵. 269-13 用○魏之兵. 269
-18 齊○魏共攻燕. 271-3 威脅○魏趙氏. 273-23 今秦已虜○王. 275
-9 ○魏相率. 289-4 ○魏以故至今稱東藩. 289-6 ○孤顧魏. 289-17
魏恃○之銳. 289-17 以待○陣. 289-18 ○軍自潰. 289-19

【隸】 2

富擅越○. 35-25 則徒○之人至矣. 255-21

【檀】 1

斮之○衢. 95-4

【轅】 7

塞轘○緱氏之口. 21-23 令折○而炊之. 92-7 負○不能上. 128-10 遇
知過○門之外. 133-10 臣遇張孟談於○門之外. 133-12 臣遇知過於
○門之外. 133-24 前有軒○. 145-19

【擊】 63

奮○百萬. 15-17 古者使車轂○馳. 16-4 以天下○之. 32-18 奮○百
萬. 38-18 涇陽華陽○斷無諱. 39-25 齊因起兵○魏. 64-23 錯○摩車
而相過. 65-14 王何不發將而○之. 67-3 曷爲○之. 67-4 其民無不吹
竽鼓瑟○筑彈琴鬬雞走犬六博蹹踘者. 68-21 車轂○. 68-23 出兵助
燕○齊. 73-8 君助燕○齊. 73-9 使昌國君將而○之. 95-6 終身無相
攻○. 111-18 楚王欲○秦. 115-20 必悉起而○楚. 115-22 今暮不○.
133-25 韓魏翼而○之. 134-3 然願請君之衣而○之. 136-7 呼天○之
曰. 136-9 腹○爲室而鉅. 136-23 腹○曰. 136-23 ○必不爲用. 136-
25 今○之鉅宮. 136-25 薄之柱上而○之. 155-9 質之石上而○之.
155-10 是薄柱○石之類也. 155-11 并力而西○秦也. 160-23 適會魏
公子無忌奪晉鄙軍以救趙○秦. 164-17 齊擧兵○燕. 168-1 恐其以○
燕爲名. 168-1 則足下○潰而决天下矣. 171-15 王翦因急○. 180-4
奮○二十萬. 184-18 以魏爲將内之於齊而○其後. 186-16 因請以下
兵東○齊. 201-19 有意欲以下大王之兵東○齊也. 202-1 以東○齊.
202-4 ○其尾. 211-4 ○其首. 211-5 ○其中身. 211-5 倉鷹○於殿上.
219-24 水○鵠鴈. 222-5 王因取其游之舟上○之. 229-18 急○公叔.
234-14 令之可以○人. 251-13 即因反斗○之. 251-15 因反斗而○之.
251-16 若恣睢奮○. 255-20 陸攻則○河内. 260-17 奉令○齊. 267-
17 無與共○楚. 271-10 高漸離○筑. 276-25 而卒惶急無以○軻. 277
-20 遂拔以○荆軻. 277-23 秦王復○軻. 277-24 秦將李信追○燕王.
278-6 其後荆軻客高漸離以○筑見秦皇帝. 278-9 而以筑○秦皇帝.
278-9 君嘗以寡○衆. 289-9 况以彊○弱. 289-9 以衆○寡乎. 289-9

【臨】 54

秦興師○周而求九鼎. 1-4 欲興兵○周而求九鼎. 1-6 ○山而救之. 2
-4 君○函谷而無攻. 9-9 以○韓魏. 11-22 韓兼兩上黨以○趙. 13-3
楚○南鄭. 21-24 以○二周之郊. 21-24 齊秦相聚以○三晉. 34-4 以
○仁平兵. 52-7 ○以韓. 53-22 ○天下諸侯. 54-23 ○淄之中七萬户.
68-19 而○淄之卒. 68-20 ○淄甚富而實. 68-21 ○淄之途. 68-23 ○
淄卽墨非王之有也. 70-2 以○周. 71-17 以○周. 72-3 廣鄰敵以自○.
72-4 子○百姓. 99-23 即○晉之關可以入矣. 101-23 我悉兵目○之.
103-12 勢爲王妻以○于楚. 116-11 秦以五十萬○齊右壤. 118-15 今
先生乃不遠千里而○寡人. 119-16 僕欲將○武君. 127-15 今○武君.
127-23 孰與其○不測之罪乎. 129-5 一軍○熒陽. 139-20 一軍○太
行. 139-21 秦起二軍以○韓. 139-23 ○懷而不救. 147-16 ○王之境.
165-17 幸以○寡人. 165-23 循有燕以○之. 171-12 以○彷徨. 200-
9 而以之○河内. 207-11 以東○許. 207-16 收韓趙之兵以○魏. 225
-15 起兵○羊腸. 232-17 發兵○方城. 232-18 必以兵○魏. 233-1 欲
得梁以○韓. 240-21 以○齊而市公. 245-6 燕兵獨追北入至○淄. 256

-10 今乃以三齊○燕. 256-20 ○不測之罪. 268-10 兵以○易水. 273-21 北○趙. 275-9 王翦將數十萬之衆○漳鄴. 275-10 內○其倫. 280-4 夫在中者惡○. 280-4 是君○中山而失四國也. 284-22

【醯】 5
然吾將使秦王烹○梁王. 163-16 先生又惡能使秦王烹○梁王. 163-18 ○鬼侯. 163-20 卒就脯○之地也. 163-23 其姊不避菹○之誅. 238-17

【翳】 1
君○釀. 92-9

【壓】 2
刑馬○羊. 79-7 以重力相○. 223-3

【磻】 1
被礛○. 124-24

【霜】 1
蒙○露. 137-5

【鳌】 1
魏安○王使將軍晉鄙救趙. 162-5

【蟄】 1
願及未填溝○而託之. 179-7

【戲】 2
鄙臣不敢以死爲○. 62-20 宓○神農教而不誅. 152-6

【虧】 7
月滿則○. 45-20 奚○於王之國. 166-2 故兵未用而國已○矣. 184-21 夫○楚而益魏. 186-3 ○地不足以傷國. 219-2 義者不○人以自益. 272-20 地不○而兵不用. 285-17

【購】 3
縣○之千金. 238-8 秦王○之金千斤邑萬家. 275-25 今聞○將軍之首. 276-5

【嬰】 45
今秦婦人○兒皆言商君之法. 15-11 小黄濟陽○城. 52-8 許鄢陵○城. 53-25 欲逐○子於齊. 62-3 ○子恐. 62-3 ○子不善. 62-5 今○子逐. 62-7 齊將封田○於薛. 62-10 ○子曰. 62-12 夫齊削地而封田○. 62-14 王之不說○甚. 63-13 更立衛姬○兒郊師. 63-19 韓魏之君因田○北面而朝田侯. 64-24 北宮之女○兒子無恙耶. 88-11 且○兒之計不爲此. 99-24 齊○兒謠曰. 100-7 東藩之臣田○齊後至. 163-10 田○怒. 186-15 盱夷爲董慶謂田○曰. 186-15 於是東見田○. 192-18 蘇脩朱○既皆陰在邯鄲. 195-23 ○子言行於齊王. 196-5 田○許諾. 197-4 田○不聽. 197-8 臣請說○子曰. 197-13 梁王魏○觴諸侯於范臺. 200-2 猶烏獲之與○兒也. 223-3 必陰事伯○. 235-5 伯○亦幾瑟也. 235-5 伯○恐. 235-6 必不敢輔伯○以爲亂. 235-6 秦楚挾幾瑟以塞伯○. 235-7 伯○外無秦楚之權. 235-7 公叔伯○恐秦楚之內幾瑟也. 235-10 則公叔伯○必知秦楚之不以幾瑟爲事也. 235-11 則公叔伯○必以國事公矣. 235-15 公不如令秦王賀伯○之立也. 235-24 韓且內伯○於秦. 236-7 冷向謂伯○曰. 236-7 裁如○兒. 252-1 臣請見田○. 284-10 見○子曰. 284-11 田○曰. 284-15 田○曰. 284-18 田○不聽. 284-24

【闌】 1
夫牛○之事. 103-15

【闇】 2
終身○惑. 38-9 愚者○於成事. 149-13

【闔】 1
至○陽晉之道. 69-5

【嚂】 1
今夫橫人○口利機. 123-7

【蹈】 1
○煨炭. 18-19

【蹊】 1
是以委肉當餓虎之○. 274-4

【螻】 3
則○蟻得意焉. 62-22 蓐○蟻. 106-13 而下爲○蟻食也. 124-16

【雖】 166
君○不欲與也. 11-25 ○古五帝三王五伯. 16-10 ○然. 18-7 楚○合韓. 30-17 舜○賢. 34-16 湯武○賢. 34-16 後○悔之. 34-23 ○以臣爲賤而輕辱臣. 36-14 ○堯舜禹湯復生. 36-22 ○周呂望之功. 42-16 ○欲無爲之下. 42-17 今君○幸於王. 43-20 軍吏○賤. 43-21 主○亡絕. 45-2 身○死. 45-4 ○藍田豈難得哉. 48-6 三國○去. 49-3 韓魏○弱. 49-21 即王○有萬金. 51-12 王○有之. 53-10 ○有子異人. 57-17 ○有外誹者不聽. 61-19 ○有高世之名. 61-19 ○隆薛之城到於天. 62-24 ○惡於後王. 63-21 ○欲言. 66-21 秦○欲深入. 69-7 ○有百秦. 69-18 ○有勝名而有亡之實. 69-21 ○有勝秦之名. 69-24 ○欲事秦. 70-2 ○然. 71-21 ○得則薄矣. 78-4 ○貴. 86-17 ○高. 86-17 今○干將莫邪. 90-7 ○若有功也. 92-11 ○有百萬之軍. 93-15 ○有闔閭吳起之將. 93-16 ○復責之宋. 100-21 ○勿與地可. 103-14 ○無出兵甲. 110-3 里數○多. 110-18 ○然. 117-24 ○然楚不能獨守也. 118-4 公○百說之. 122-1 ○然. 123-16 ○惡必言之. 123-19 今楚國○小. 124-11 ○然. 126-21 夫癘○癰腫胞疾. 127-5 癘○憐王可也. 127-8 ○兄弟不如. 128-24 ○名爲相國. 129-13 楚君○欲攻燕. 130-13 夫三家○愚. 131-11 ○死不恨. 136-7 ○不足以攻秦. 136-20 主○信臣. 136-24 ○然. 137-21 ○王與子. 140-1 ○强大不能得之於小弱. 140-11 ○然. 144-4 今○得邯鄲. 146-21 則○從而不止矣. 146-23 秦○辟遠. 148-4 ○毆世以笑我. 149-16 臣○愚. 151-9 臣○愚. 151-22 ○然. 153-9 城○大. 155-16 人○衆. 155-17 ○少出兵可也. 157-11 齊魏○勁. 157-18 秦魏○勁. 157-19 ○然. 158-24 ○割何益. 159-25 秦○善攻. 160-1 趙○不能守. 160-2 ○然. 165-9 ○貴已賤矣. 167-10 ○賤已貴矣. 167-10 秦○有變. 171-23 臣○盡力竭知. 173-7 ○然. 173-24 座○不肖. 174-4 外○得地. 174-6 ○然. 174-24 ○少. 179-7 ○樂. 182-9 埊名○小. 184-8 楚○有富大之名. 186-1 其卒○衆. 186-2 ○欲事秦而不可得也. 186-5 公○百說之. 187-23 王之國○滲樂而從之可也. 193-1 ○然. 195-13 國○小. 196-20 今子○自樹於王. 197-20 王○復與之攻魏可也. 199-11 ○然. 201-22 ○然. 202-2 臣以爲○湯武復生. 202-23 意○道死. 204-12 ○然. 204-24 魏○刺髡. 205-12 魏○封髡. 205-12 ○欲行數千里而助人. 206-4 南國○無危. 207-16 馬○良. 215-21 用○多. 215-21 王○欲救之. 216-23 國○大赦. 217-24 ○死終不敢行. 218-1 ○至於門閭之下. 219-4 ○然. 219-12 ○千里不敢易也. 219-18 寡人○死. 222-16○欲無亡. 223-10 兵○至. 226-9 弊邑○小. 226-13 我○不受. 237-16 事之○如子之事父. 240-25 行○如伯夷. 241-1 行○如桀紂. 241-1 ○善事之無益也. 241-2 ○終身相之焉. 242-6 然則○尊襄王. 242-8 ○爲桓公吾弗爲云者. 242-10 願公○疾. 245-13 今臣○不肖. 247-8 民○不由田作. 248-6 ○得燕城. 248-12 以爲○偷充腹. 249-17 今燕○弱小. 249-18 ○堯舜之智. 251-8 ○大男子. 252-1 ○盡寶地. 252-7 ○有清濟濁河. 253-11 ○有長城鉅防. 253-12 ○然. 254-14 ○然. 256-22 故齊○强國也. 258-17 ○然. 262-3 臣○爲之累燕. 262-23 故臣○爲之不累燕. 262-25 臣○不佞. 268-12 即○五燕不能當. 269-14 ○然. 272-7 寡人○不肖乎. 272-16 君○不得意乎. 272-16 ○任惡名. 272-19 ○有管晏. 274-5 ○然. 274-16 則○欲長侍足下. 275-24 犀首○愚. 280-5 太子○欲還. 281-7 太子○欲還. 281-7 ○有十左氏. 283-11 中山○益廢王. 284-12 ○百平邑. 286-2 ○欲得請之. 287-18 ○倍其前. 288-21 君○病. 290-7 臣知行○無功. 290-9 ○不行無罪. 290-9

【黜】 5
請○之. 177-24 三○而不去. 272-22 惡往而不○乎. 272-23 猶且○乎. 272-23 柳下惠不以三○自累. 272-24

【髀】 1
先王以其○加妾之身. 231-7

【矯】 9
起○命以責賜諸民. 82-24 臣竊○君命. 83-7 幣帛○蠹而不服矣. 91-12 ○國革俗於天下. 97-2 ○目新城陽人予太子. 107-16 臣○予之. 107-17 是常○也. 118-14 ○以新城陽人合世子. 234-7 臣之○與之. 234-8

【魏】 1145
楚王與○王遇也. 3-9 令向公之○. 3-9 子因令周最居○以共之. 4-1 因佐秦而伐韓○. 4-24 ○因以因. 4-25 秦盡韓○之上黨大原. 5-5 君弗如急北兵趨趙以秦○. 5-15 以地合於○趙. 5-25 亦將觀韓○之於齊也. 6-6 公何不令人謂韓○之王曰. 6-7 爲周最謂○王曰. 6-11 ○王以國與先生. 6-16 公不如謂○王薛公曰. 6-19 薛公以齊爲韓○攻楚. 9-4 又與韓○攻秦. 9-4 君以齊爲韓○攻楚. 9-5 九年而取宛葉以北以强韓○. 9-5 韓○南無楚憂. 9-7 薛公必破秦以張韓○. 9-10 秦攻○將犀武軍於伊闕. 9-18 莫如令秦○復戰. 9-19 必不攻○. 9-20 前有勝○之勞. 9-21 又必不攻○. 9-21 而秦未與○講也. 9-22 必復攻○. 9-23 ○不能支. 9-23 若○不講. 10-1 是君存周而戰秦○也. 10-1 敗韓○. 11-5 今公破韓○. 11-11 以臨韓○. 11-22 韓○必惡之. 11-23 必救韓○而攻楚. 11-24 或爲周君謂○王曰. 12-10 將以使攻○之南陽. 12-10 周君之○求救. 12-14 ○王以上黨之急辭之. 12-14 反見○王. 12-16 ○王曰. 12-19 ○王因使孟卯致溫囿於周君而許之成也. 12-24 韓○易地. 13-1 韓○之易地. 13-1 ○亡二縣. 13-2 且○有南陽鄭地三川而包二周. 13-3 鄭恃○而輕韓. 13-12 ○攻蔡而鄭亡. 13-12 今君恃韓○而輕秦. 13-14 西周恐○之藉道也. 13-22 爲西周謂○王曰. 13-22 ○王懼. 13-24 衛鞅亡○入秦. 15-4 天下陰燕陽○. 18-8 中使韓○之君. 19-4 則○可舉. 19-17 舉○. 19-17 與○氏和. 19-20 令○氏收亡國. 19-20 韓亡則荆○不能獨立. 20-10 荆○不能獨立. 20-11 盡○. 20-11 以流○氏. 20-12 臣荆○. 21-11 荆○不臣. 21-13 張儀欲假秦兵以救○. 21-17 ○不反秦兵. 21-17 ○若反秦兵. 21-18 張子得志於○. 21-18 親○善楚. 21-23 ○絕南陽. 21-24 侵楚

○之地.21-25 而求解乎楚○.22-16 以地與○.22-16 楚攻○.23-8 不如與○以勁之.23-8 ○戰勝.23-8 ○不能守.23-9 以與○.23-10 ○兵罷弊.23-10 不如召甘茂於○.28-6 義渠君之○.28-10 請之○.29-1 甘茂至○.29-3 ○聽臣矣.29-3 ○文侯令樂羊將.29-8 是王欺○.29-11 彼若以齊約韓○.31-9 甘茂約秦○而攻楚.31-25 怵於楚而不使○制和.32-1 秦嚻○.32-2 楚○爲一.32-2 王不如使○制和.32-3 ○制和必悅.32-3 王不惡於○.32-3 齊與大國救○而倍約.32-8 則韓○必無上黨哉.32-25 秦宣太后愛○醜夫.33-5 必以○子爲殉.33-5 ○子患之.33-6 庸芮爲○子說太后曰.33-6 何暇乃私○醜夫乎.33-9 薛公爲○謂○冉曰.34-3 ○謂○冉曰.35-4 辛張陽毋澤說○王薛公公叔也.35-5 謂○冉曰.35-14 謂○冉曰.35-21 秦三世積節於韓○.35-21 韓○東聽.35-23 秦烏能與齊縣衡韓○.35-25 秦王欲爲成陽君求相韓○.36-3 韓○弗聽.36-3 秦太后爲○冉謂秦王曰.36-4 失韓○之道也.36-6 大王越韓○而攻强齊.38-23 而悉韓○之兵則不義矣.38-24 以其伐楚而肥韓○也.39-4 今韓○.39-7 齊附而韓○可虛也.39-10 寡人欲親○.39-11 ○多變之國也.39-11 請問親○柰何.39-11 邢丘拔而○請附.39-13 ○韓見必亡.39-19 穰侯十攻○而不得傷者.41-11 非秦弱而○强也.41-12 南地入楚○.42-20 開罪於楚○.43-24 而入韓○.44-6 虜○公子卬.44-23 又越韓○攻强趙.46-4 韓○聞楚之困.48-3 薛公入○而出齊女.48-16 以齊秦劫○.48-16 則○.48-18 呡欲以齊秦劫○而困薛公.48-18 ○懼而復之.48-20 負蒭必以○殁世事秦.48-20 齊女入○而怨薛公.48-20 今日韓○.49-10 今之如耳○齊.49-11 帥强韓○之兵以伐秦.49-12 今以無能之如耳○齊.49-13 帥弱韓○以攻秦.49-13 帥韓○以圍趙襄子於晉陽.49-17 ○桓子驂乘.49-18 ○桓子肘韓康子.49-20 康子履○桓子.49-20 韓○雖弱.49-21 楚○戰於陘山.49-25 ○許秦以上洛.49-25 ○戰勝.49-25 秦責賂於○.50-1 ○不與.50-1 ○許寡人以地.50-2 ○王倍寡人也.50-2 ○畏秦楚之合.50-3 是○勝楚而亡地於秦也.50-3 是王以○地德寡人.50-3 ○弱.50-4 ○必危.50-5 ○王聞之恐.50-6 從秦王與○王遇於境.50-8 ○請無與楚遇而合於秦.50-9 聞齊○皆且割地以事秦.50-18 齊○有何重於孤國也.50-19 ○.51-8 聽之韓○.51-9 即韓○從.51-9 韓○從.51-9 使東遊韓○.51-13 王又舉甲兵而攻○.52-3 而○氏服矣.52-8 絶楚○之脊.52-9 壹毁○氏之威.52-13 智氏信韓○.52-20 韓○反之.52-20 而忘毁楚之强○也.52-21 今王中道而信韓○之善王也.52-24 臣恐韓○之卑辭慮患.52-25 王既無重世之德於韓○.53-1 韓○父子兄弟接踵而死於秦者.53-2 韓○之不亡.53-6 王將藉路於仇讎之韓○乎.53-7 是王以兵資於仇讎之韓○.53-8 王若不藉路於仇讎之韓○.53-8 ○氏將出兵而攻留方與銍胡陵碭蕭相.53-13 王破楚於以肥韓○於中國而勁齊.53-15 韓○之强足以校於秦矣.53-16 齊○得地葆利.53-17 詘令韓○.53-20 而○亦關内候矣.54-1 舉右案○.54-10 ○伐邯鄲.54-14 舉兵伐○.54-15 今王廣德○趙.55-5 秦人援○以拒楚.55-21 則○氏鑠.55-24 ○氏鑠.55-24 樓許約秦○.56-12 ○太子爲質.56-12 敗秦而利○.56-13 ○必負之.56-13 聞秦且伐○.56-16○不與我約.56-17 夫○氏兼邯鄲.64-10 是趙不拔而○全也.64-12 故不如南攻襄陵以弊○.64-13 邯鄲拔而承○之弊.64-13 是趙破而○弱也.64-14 齊因承○之弊.64-15 韓且折而入於○.64-18 夫韓○之兵未弊.64-19 我代韓而受○之兵.64-20 且夫○有破韓之志.64-20 而晚承○之弊.64-21 齊因起兵擊○.64-23 ○破韓弱.64-24 韓○之君因田嬰北面而朝田侯.64-24 公何不爲王謀伐○.65-3 乃說王而使田忌伐○.65-4 燕趙韓○聞之.66-21 秦假道韓○以攻齊.66-24 秦伐○.67-23 且夫韓○之所以畏秦者.69-1 韓○戰而勝秦.69-2 是故韓○之所以重與秦戰而輕爲之臣也.69-3 倍韓○之地.69-5 恐韓○之議其後也.69-7 南有韓○.69-17 ○效河外.69-25 秦驅韓○攻齊之南地.70-1 張儀以秦○伐韓.71-3 昭陽爲楚伐○.72-15 今君相楚而攻○.72-23 秦使○冉之趙.73-8 薛公使○處之趙.73-8 東有趙○.73-25 趙○不伐.74-1 趙○亦不免與秦爲患矣.74-2 今齊秦伐趙○.74-2 則亦不果於趙○之應秦而伐周韓.74-3 令齊入於秦而伐趙○.74-3 趙○亡之後.74-4 若○文侯之有田子方段干木也.78-20 齊欲伐○.81-5 今齊○久相持.81-8 齊○亦佐秦伐邯鄲.81-11 ○取伊是.81-12 卒○兵以救邯鄲之圍.81-12 是齊入於○而救邯鄲之功也.81-13 ○之柱國也.81-14 秦伐○取安邑.81-15 今又刦趙○.81-17 兼○之河南.81-18 則趙○亦危矣.81-18 趙○危.81-19 韓○趙楚之志.81-19 趙○楚得齊.81-22 故秦趙○得齊者重.81-22 秦使○冉致帝.89-6 告遡於○.90-10 ○王身被甲底劍.90-11 譬之衞矢而○弦機也.90-13 藉力○而有河東之地.90-13 楚人救趙而伐○.90-14 亦襲○之河北燒棘溝.90-15 此皆非趙○之欲也.90-17 齊之與韓○伐秦楚也.90-24 分地又非多韓○也.91-1 以其爲韓○主怨也.91-1 秦楚戰韓○不休.91-2 昔者○王擁土千里.93-23 以待○氏.94-1 夫○氏其功大.94-2 故以一秦而敵大○.94-3 王何不使臣見○王.94-3 則臣請必北○矣.94-3 衞鞅見○王曰.94-4 ○王說於衞鞅之言也.94-8 而○王處之.94-10 齊人伐○.94-10 ○王大恐.94-11 而不以德○王.94-12 而○將以禽於齊矣.94-14 ○攻平陸.96-13 ○不敢東面.96-15 今楚○交退.96-16 齊之反趙○之後.103-19 而目强○.104-11 ○强.104-12 夫○之攻趙也.104-14 而○無楚憂.104-15 是楚○共趙也.104-15 且○令兵以深割趙.104-16 必與○合而目謀楚.104-17 必與○戰.104-18 ○怒於趙之勁.104-19 趙○相弊.104-19 則○可破也.104-20 ○氏惡昭奚恤於楚王.105-2 而○入吾君臣之間.105-3 臣非畏○也.105-3 昭奚恤取○之寶器.105-9 目居○知之.105-10 江乙爲○使於楚.106-17 鄭○者.107-6 鄭○之弱.107-7 韓公叔有齊○.107-16 齊○必伐韓.107-19 則韓○齊燕趙衞之妙音美人.109-8 而韓○迫於秦患.109-20 ○則從風而動.110-9 韓○攻其北.110-10 而韓○以全制其後.111-6 ○求相綦母恢而周不聽.112-5 而儀重於韓○之王也.112-8 所欲貴富者○也.112-9 欲爲攻於○.112-9 ○相翟强死.115-3 ○之幾相者.115-3 勁也相○.115-3 ○秦之交必善.115-4 秦○之交完.115-4 相甘茂於○.115-5 今爲其行人請○之相.115-5 ○氏不聽.115-6 齊○之交惡.115-6 ○氏聽.115-6 而○秦之交必惡.115-7 而燕趙○不敢不聽.116-1 則○無患矣.116-23 秦楚爭事○.116-25 楚王逐張儀於○.119-21 且○臣不忠不信.119-22 甘茂善○.120-24 必以秦合韓○.120-24 韓○之重儀.120-24 韓○欲得秦.120-25 將收韓○輕儀而伐楚.121-1 而重儀於韓○.121-2 挾○重.121-2 ○不合秦.121-2 張儀逐惠施於○.121-5 ○欲和.121-15 今施以○來.121-16 是明楚之伐而信○之和也.121-16 凡爲攻秦者○也.121-18 ○受其怨.121-19 吾將使人因○而和.121-19 ○王不說.121-20 ○爲子先戰.121-20 ○折而入齊秦.121-21 因令人謁和於○.121-23 陳軫告楚之○.121-25 張儀惡之於○王曰.121-25 儀善於○王.122-1 ○王甚信之.122-1 ○王遺楚王美人.123-11 因與韓○之兵.125-25 趙使○加見楚春申君曰.127-14 ○加曰.127-15 更羸與○王處京臺之下.127-16 更羸謂○王曰.127-17 ○王曰.127-17 ○王曰.127-19 非齊則○.130-13 ○齊新怨楚.130-13 請令○王可.130-14 臣請到○.130-15 迺謂○王曰.130-16 ○王曰.130-17 若越趙○而鬭兵於燕.130-19 敝楚見强○也.130-21 知伯從韓○兵以攻趙.131-3 韓○之君必反矣.131-5 夫從韓○之兵而攻趙.131-6 難必及韓○矣.131-7 而韓○之君無憙志而有憂色.131-8 知伯以告韓○之君曰.131-10 韓○之君曰.131-11 君又何以疵言告韓○之君爲.131-15 韓○之君視疵端而趨疾.131-16 韓○之君果反矣.131-18 知伯帥趙韓○而伐范中行氏.131-21 又使人請地於○.132-2 ○宣子欲勿與.132-3 請地於○.132-4 ○弗與.132-4 則是○内自强.132-4 然則其錯兵於○必矣.132-5 知伯因陰結韓○.132-7 三使韓○.132-10 臣請見韓○之君.133-2 張孟談於是陰見韓○之君曰.133-4 ○宣子之謀臣曰趙葭.133-18 使張孟談見韓○之君曰.134-1 韓○翼而擊之.134-3 韓○齊燕負親以謀趙.134-24 次子之○.135-4 ○文侯借道於趙攻中山.136-13 ○攻中山而不能取.136-13 則○必罷.136-14 ○拔中山.136-14 ○也.136-15 故出兵以佯示趙○.138-9 ○滅晉國.138-13 秦盡韓○之上黨.138-17 反溫枳高平於○.139-2 韓○危.139-13 甘茂爲秦約○以攻韓宜陽.141-12 則且出兵助秦攻○.141-19 齊亡○.141-20 ○殺呂遼而衞兵.141-24 今○恥未滅.142-1 秦○之構.142-3 秦從楚○攻齊.142-3 韓○皆可使致封地湯沐之邑.144-15 則秦必弱韓○.144-18 則齊必弱楚○.144-19 ○弱則割河外.144-19 畏韓○之議其後也.145-3 然則韓○.145-4 秦之攻韓○也.145-4 韓○不能支秦.145-5 韓○臣於秦.145-6 秦無韓○之隔.145-6 莫如一韓○齊楚燕趙.145-23 齊○各出鋭師以佐之.145-25 秦攻韓○.146-1 ○塞午道.146-3 韓○出鋭師以佐之.146-4 ○軍河外.146-5 夫慮收亡齊罷楚敝○與不可知之趙.147-3 後富韓威○.147-6 韓○之所以僅存者.147-8 精兵非有富韓勁○之庫也.147-10 收破齊罷楚弊○不可知之趙.147-11 而韓○稱爲東蕃之臣.148-9 毆韓○而軍於河外.148-13 請相○冉.156-2 秦王見趙之相○冉之不急也.156-4 ○冉固德公矣.156-6 楚○憎之.156-12 ○令公子咎以鋭師居安邑.156-22 反攻○幾.156-22 富丁欲以趙合齊○.156-25 秦楚必合而攻韓○.157-2 韓○告急於齊.157-3 韓○必怨趙.157-4 韓○必絶齊.157-5 樓緩坐○三月.157-6 不能散齊○之交.157-6 今我順而齊○果西.157-7 ○因富丁且合於秦.157-15 請效地於○而聽薛公.157-15 故欲效地於○而聽薛公.157-16 而請相之於○.157-17 今相○.157-18 ○秦必虛矣.157-18 齊○雖勁.157-18 ○王聽.157-19 秦○雖勁.157-19 ○使人因平原君請從於趙.157-22 今者平原君爲○請從.157-23 ○過矣.157-24 今○求從.158-1 是○求害.158-1 ○過.158-1 今秦釋韓○而獨攻王.159-19 王之所以事秦必不如韓○也.159-20 齊交韓○.159-21 必在韓○之後也.159-22 秦善韓○而攻趙者.160-5 必王之事秦不如韓○也.160-5 平原君使人請救於○.161-4 發使出重寶以附楚○.161-19 楚○欲得王之重寶.161-20 趙使入楚○.161-20 楚○以趙爲媾.161-25 ○安釐王使將軍晉鄙救趙.162-5 ○王使客將軍新垣衍間入邯鄲.162-6 聞○將欲令趙尊秦爲帝.162-11 ○王使將軍辛垣衍令趙帝秦.162-13 適會○公子無忌奪晉鄙軍以救趙擊秦.164-17 臣亦嘗以兵說○昭王.

165-12 公子○牟過趙. 165-21 ○牟曰. 165-23 ○牟曰. 165-25 ○牟
曰. 166-2 ○殺呂遺. 167-1 ○魀謂建信君曰. 167-15 能亡韓○. 169
-8 臣以齊爲王求名於燕及韓○. 169-10 燕○自以無齊故重王. 169-
13 又欲與秦攻○. 169-21 ○王不說. 169-23 臣爲足下謂○王曰. 169
-23 則令秦攻○以成其私封. 170-2 秦攻○. 170-9 於○王聽此言也
甚詘. 170-14 臣願王之曰聞○而無庸見惡也. 170-15 臣必見燕與韓
○亦且重趙也. 170-18 王使臣以韓○與燕劫趙. 170-20 以趙劫韓○.
170-21 韓○危. 171-7 楚與○韓將應之. 171-18 ○冉必妬君之有陰
也. 171-20 ○冉妬. 171-21 ○必攻宋. 171-22 今韓○與齊相疑也.
172-2 相○懷於○. 172-10 以據○而求安邑. 172-13○不待伐. 172-
14 ○爲上交. 172-15 與韓呡而攻○. 172-17 秦因收楚而攻○. 172-
19 ○必破矣. 172-19 伐○. 172-20 秦桉兵攻○. 172-23 君桉救○.
172-24 韓○焉免西合. 173-1 而收齊○以成取陰. 173-5 夫○爲從主.
173-17 請殺范座於○. 173-19 請殺范座於○. 173-20○王許諾. 173
-20 范座獻書○王曰. 173-22 夫趙○. 174-3 而○王輕爲之殺無罪
之座. 174-4 故○之免相望也. 174-5 嘗以○之故. 174-5 然今能守○
者. 174-6 秦攻○. 177-2 趙使姚賈約韓○. 178-2 韓○以友之. 178-
2 韓○欲得之. 178-3 是韓○之欲得. 178-4 而折韓○招之. 178-5 ○
敗楚於陘山. 178-8 ○之和卒敗. 178-10 知伯索地於○桓子. 181-3
○桓子弗予. 181-3 韓○反於外. 181-11 韓索兵於○曰. 181-14○文
侯曰. 181-14 皆朝○. 181-17 樂羊爲○將而攻中山. 181-19 而辭乎
○文侯. 181-24 ○於是乎始強. 182-10 ○文侯與田子方飲酒而稱樂.
182-12 ○武侯與諸大夫浮於西河. 182-17 ○公叔痤爲○將. 183-7
○王說. 183-7 ○公叔痤病. 183-21 ○日以削. 184-2 說○王曰. 184
-5 且○. 184-13 ○王曰. 185-4 說○王曰. 185-7 ○地方不至千里.
185-7 ○之埊勢. 185-11 ○南與楚而不與齊. 185-12 則○不北. 185
-20 ○不北. 185-20 秦挾韓而攻○. 185-21 ○之亡可立而須也. 185
-22 而能弱楚者莫若○. 186-1 ○之兵南面而伐. 186-2 夫虧楚而益
○. 186-3 ○王曰. 186-11 齊○約而伐楚. 186-14 ○以董慶爲質於齊.
186-14 而○弗救. 186-14 以○爲將內之於齊而擊其後. 186-16 是示
楚無○也. 186-17 ○怒合於楚. 186-17 不如貴董慶以善○. 186-18
蘇秦拘於○. 186-20 ○氏閉關而不通. 186-20 齊使蘇厲爲之謂○王
曰. 186-21 今秦見齊○之不合也如此其甚也. 186-23 則非○之利也.
186-25 過○. 187-4 ○王使李從以車百乘使於楚. 187-8 公謂○王曰.
187-9 謁○王. 187-12 恐後天下得○. 187-15 ○王止其行使. 187-
16 ○王曰. 187-18 復相○. 187-20 張儀惡陳軫於○王曰. 187-22 儀
善於○王. 187-23 ○王甚愛之. 187-23 令○王召而相之. 188-2 夫○
欲絕楚齊. 188-4 ○之所以迎我者. 188-6 子果無之○而見寡人也.
188-7 張儀走之○. 188-10 ○將迎之. 188-10○王因不納張儀. 188-
12 張儀欲以○合於秦韓而攻齊楚. 188-15 惠施欲以○合於齊楚以案
兵. 188-15 以○合於秦韓而攻齊楚. 188-17 張子儀以秦相○. 188-
23 齊楚怒而欲攻○. 188-23 ○之所以相公者. 188-24 今公相而○受
兵. 188-24 是○計過也. 188-25 齊楚攻○. 188-25 王若相儀於○.
189-2 必攻○. 189-2 ○戰而勝. 189-2 而儀固得○矣. 189-3 若不勝
○. 189-3 ○必事秦以持其國. 189-3 今儀相○而攻之. 189-5 乃遽解
攻於○. 189-6 張儀欲并相秦○. 189-8 故謂○王曰. 189-8 公何不以
楚佐儀求相之於○. 189-9 儀兼相秦○. 189-10 ○王將相張儀. 189-
12 張儀以合秦○矣. 189-12 ○攻南陽. 189-13 且○王所以貴張子者.
189-13 則秦○之交可廢矣. 189-15 則○必圖秦而棄儀. 189-15 果相
○. 189-16 楚許○六城. 189-19 謂○王曰. 189-19 而不與○六城.
189-20 ○王弗聽也. 189-24 ○王懼. 190-1 ○王遂尚遇秦. 190-3 信
韓廣○救趙. 190-3 與○戰於伊闕. 190-10 ○令公孫衍乘勝而留於境.
190-10 爲竇屢謂○王曰. 190-11 聞周○令竇屢以割○於奉陽君. 190
-14 而和於東周與○也. 190-17 約外○. 190-19 ○王懼. 190-19 恐
其謀伐○也. 190-19 王與三國約外○. 190-24 ○使公孫衍來. 190-
24 ○王聞寡人來. 190-25 ○令公孫衍請和於秦. 191-4 敗後必莫能以
○合於秦者矣. 191-5 公孫衍爲○將. 191-8 犀首田盼欲得齊○之兵
以伐趙. 192-3 犀首田盼遂得齊○之兵. 192-9 召文子而相之○. 192
-18 蘇代爲田需說○王曰. 192-21 臣請問文之爲○. 192-21 衍之爲
○. 192-22 衍將右韓而左○. 192-23 文將右齊而左○. 192-23 吾舉
事而不利於○. 193-2 利於○與不利於○. 193-4 ○不能支. 193-13
○無韓患. 193-14 ○惠王死. 193-18 又令○太子未葬其先王而因又
說文王之義. 194-10 ○王畏齊秦之合也. 194-15 謂○王曰. 194-16
楚○也. 194-17 請爲王毋禁楚之伐○也. 194-17 齊○之交已醜. 194
-24 秦善○不可知也已. 195-1 秦權重○. 195-5 ○再明孰. 195-5 兵
請伐○. 195-25 ○文子田需周宵相善. 196-4 謂○王曰. 196-5 ○王
令惠施之楚. 196-9 ○王令犀首之齊. 196-10 ○惠王起境內衆. 196-
13 齊○戰於馬陵. 196-19 齊大勝○. 196-19 ○王召惠施而告之曰.
196-19 ○王曰. 197-2 戰不勝○. 197-4 與○和而下楚. 197-4 今戰
勝○. 197-5 臣萬乘之○. 197-5 遂內○王. 197-8 惠施爲韓○交. 197
-12 ○王之年長矣. 197-13 田需貴於○王. 197-17 吾恐張儀薛公犀
首之有一人相○者. 197-22 吾恐張儀薛公犀首有一人相○者. 198-2
張儀相○. 198-3 必右秦而左○. 198-3 薛公相○. 198-4 必右齊而左
○. 198-4 犀首相○. 198-4 必右韓而左○. 198-4 皆將務以其國事○.
198-6 以○之強. 198-7 ○必安矣. 198-7 秦召○相信安君. 198-10
今大王令人執事於○. 198-12 臣恐○交之益疑也. 198-13 夫○王之
愛習○信也. 198-14 今王之使人入○而不用. 198-15 則王之使人入
○無益也. 198-16 ○必舍所愛習而用所畏惡. 198-16 此○王之所以
不安也. 198-16 此○信之所難行也. 198-17 臣故恐○交之益疑也.
198-18 且○信舍事. 198-19 大王欲完○之交. 198-22 不如用○信而
尊之以名. 198-22 ○信事王. 198-22 然則○信之事主也. 198-23 ○
氏之名族不高於我. 198-25 ○信以韓○事秦. 198-25 秦楚攻○. 199
-8 爲○謂楚王曰. 199-8 秦楚勝○. 199-8 ○王之恐也見亡矣. 199-
8 王何不倍秦而與○王. 199-9 ○王喜. 199-10 王雖復與之攻○可也.
199-11 乃倍秦而與○. 199-11 ○內太子於楚. 199-11 欲與之復攻○.
199-13 欲與○攻楚. 199-13 恐○之以太子在楚不肯也. 199-13 而爲
○太子之尚在楚也. 199-15 王出○質. 199-15 以疾攻○. 199-16 乃
出○太子. 199-16 秦因合○以攻楚. 199-17 謂○王曰. 199-19 梁王
○嬰觴諸侯於范臺. 200-2 秦趙約而伐○. 201-3 ○王患之. 201-3 今
大王收秦而攻○. 201-5 ○王請以鄴事寡人. 201-6 收秦攻○. 201-7
請許○. 201-7 大王且何以報○. 201-8 趙王恐○承秦之怒. 201-11
遽割五城以合於○而支秦. 201-11 王之所欲於○者. 201-15 王能使
臣爲○之司徒. 201-16 則臣能使○獻之. 201-16 因任之以爲○之司
徒. 201-17 謂○王曰. 201-18 秦之所欲於○者. 201-18 ○王曰. 201
-20 ○王謂芒卯曰. 201-21 ○之所以獻長羊王屋洛林之地者. 201-
24 芒卯并將秦○之兵. 202-4 秦敗○於華. 202-6 須賈爲○謂穰侯曰.
202-6 臣聞○氏大臣父兄皆謂○王曰. 202-6 鼍食○. 202-11 是臣之
所聞於○也. 202-17 臣聞○氏悉其百縣勝兵. 202-22 今○方疑. 203
-1 ○方疑. 203-3 楚趙怒於○之先己講也. 203-4 而○效絳安邑. 203
-5 秦敗○於華. 203-11 ○王且入朝於秦. 203-11 ○王曰. 203-17
楚○爲一. 204-1 吾以爲○也. 204-6 君無爲○計. 204-6 後爲○計.
204-7 ○不勝秦. 204-15 孫臣謂○王曰. 204-17 ○不以敗之上割.
204-17 其勢必無○矣. 204-21 ○王曰. 204-24 ○王曰. 205-1 齊欲伐
○. 205-4 ○使人謂淯于髡曰. 205-4 齊欲伐○. 205-4 能解○患. 205
-4 ○. 205-6 乃不伐○. 205-8 淯于髡言不伐○者. 205-9 受○之璧
馬也. 205-9 聞先生受○之璧馬. 205-10 伐○之事不便. 205-11 ○雖
刺髡. 205-12 ○雖封髡. 205-12 ○無見亡之危. 205-13 秦將伐○.
205-16 ○王聞之. 205-16 秦且攻○. 205-16 文願借兵以救○. 205-
19 非能彊於○之兵. 205-21 ○之兵. 205-21 而○之地歲危. 205-22
今趙不救○. 205-23 ○歃盟於秦. 205-23 今秦且攻○. 206-1 今又行
數千里而以助○. 206-2 今○王出國門而望見軍. 206-4 秦攻○未能
克之也. 206-6 而燕不救○. 206-7 ○王折節割地. 206-7 秦已去○.
206-8 ○王悉韓○之兵. 206-8 ○王大說. 206-13 割地請講於○. 206
-13 ○將與秦攻韓. 206-16 朱己謂○王曰. 206-16 外安能支強秦○
之兵. 206-24 非○無攻矣. 207-10 則○國豈得安哉. 207-16 秦十攻
○. 207-21 楚○疑而韓不可得而約也. 208-2 而挾韓○之質. 208-7
夫存韓安○而利天下. 208-10 是○重質韓以其上黨也. 208-11 韓必
德○愛○重○畏○. 208-12 韓必不敢反○. 208-13 韓是○之縣也.
208-13 ○得韓以爲縣. 208-13 葉陽君約○. 208-17 ○王將封其子.
208-17 謂○王曰. 208-17 ○王乃止. 208-20 秦使趙攻○. 208-22 ○
謂趙王曰. 208-22 攻○者. 208-22 ○者. 209-1 ○之虞也. 209-1 聽
秦而攻○者. 209-2 ○太子在楚. 209-4 ○之受兵. 209-6 楚惡○之事
王也. 209-7 故勸秦攻○. 209-7 必令○以地聽秦而爲和. 209-8 而○
王不敢據也. 209-9 ○王必懼. 209-11 於以攻韓○. 209-15 吾已合○
矣. 209-15 而以與○. 209-17 故以與○. 209-17 ○王之所恃者. 209
-19 今齊王謂○王曰. 209-20 楚王怒於○之不用樓子. 209-21 ○王
之懼也見亡. 209-22 公不如按○之和. 209-23 謂○王曰. 211-15 鄭
恃○以輕韓. 211-16 中山恃齊○以輕趙. 211-18 齊○伐楚而趙亡中
山. 211-18 ○王問張旄曰. 212-4 韓怨○乎. 212-6 怨○. 212-6 強○
乎. 212-7 欲獨以○支秦者. 212-12 是又不知○者也. 212-12 ○秦伐
楚. 212-18 ○王不欲. 212-18 樓緩謂○王曰. 212-18 ○王且從. 212
-21 ○王發兵救之. 213-5 而韓○壤梁. 213-5 非於韓也必○也. 213
-6 此○之福也. 213-7 必○之梁也. 213-8 ○王不聽. 213-8 韓怨○.
213-8 則○危. 213-9 秦果釋管而攻○. 213-10 ○王大恐. 213-10 願
大王無攻○. 213-12 謂○王曰. 213-20 必重○. 213-21 平都君說○
王曰. 213-25 ○王曰. 213-25 ○王曰. 214-1 ○王曰. 214-5 樓梧約
秦○. 214-8 謂○王曰. 214-8 故令○氏收秦太后之養地秦王於秦.
214-14 ○委國於王. 214-15 爲○謂楚王曰. 214-19 索攻○於秦. 214
-19 而交疏於○也. 214-19 楚○有怨. 214-20 與○便地. 214-20 謂
○王曰. 214-23 成陽君欲以韓○聽秦. 215-3 ○王弗利. 215-3 白圭
謂○王曰. 215-3 ○王令之謂秦王曰. 215-8 ○○王曰. 215-9 ○王見
天下之不足恃也. 215-10 攻○. 215-13 吳慶恐○王之構於秦也. 215
-13 謂○王曰. 215-14 ○王欲攻邯鄲. 215-18 令齊資我於○. 216-2
夫齊不以無○者以害有○者. 216-3 故公不如示有○. 216-3 王之所

求於○者. 216-4 臣請以○聽. 216-4 以齊有○也. 216-5 欲傷張儀於○. 216-7 令姚賈讓○王. 216-10 ○王爲之謂秦王曰. 216-10 ○之所以爲王通天下者. 216-11 秦○爲與國. 216-15 齊楚約而欲攻○. 216-15 ○使人求救於秦. 216-15 ○人有唐且者. 216-17 謂○王曰. 216-17 ○王曰. 216-18 ○來求救數矣. 216-19 寡人知○之急矣. 216-20 大王已知○之急而救不至者. 216-20 且夫○一萬乘之國. 216-21 今齊楚之兵已在○郊矣. 216-22 ○急則且割地而約齊楚. 216-23 是亡一萬乘之○. 216-24 日夜赴○. 217-1 ○氏復全. 217-2 ○攻管而不下. 217-12 亦猶○也. 217-19 豈可使吾君有○患也. 218-3○王與龍陽君共船而釣. 218-8 ○王曰. 218-15 秦攻○急. 218-22 或謂○王曰. 218-22 而○之弱也甚. 218-25 秦○百相交也. 219-7 且秦滅韓亡○. 219-15 夫韓○滅亡. 220-2 ○之圍邯鄲也. 221-12 ○兩用犀首張儀而西河之外亡. 223-20 與之逐張儀於○. 223-24 ○因相犀首. 223-25 因以齊○廢韓朋. 223-25 據公於○. 224-1○順謂市丘君曰. 224-12 ○順南見楚王曰. 224-16 ○順曰. 224-17 收韓趙之兵以臨○. 225-15 ○必倍秦. 225-16 秦失○. 225-17 而甘茂黨於○. 227-12 甘茂欲以○取齊. 227-24 而誅齊○之罪. 228-1 勸齊兵以勸止○. 228-5 齊○合與離. 228-10 齊○別與合. 228-11 齊○離. 228-11 齊○別. 228-12 今王聽公孫郝以韓秦之兵應齊而攻○. 228-12○不敢戰. 228-13 以韓秦之兵據○而攻齊. 228-14 不求割地而合於○. 228-15 齊王言救○以勁之. 228-17 齊○不能相聽. 228-17 則信甘茂於○. 228-19 以韓秦之兵據○以郄齊. 228-19 秦○遇. 228-25 鯉與於秦○之遇. 229-1 恐齊以楚遇爲有陰於秦○也. 229-2 秦○之遇也. 229-3 齊無以信○之合己於秦而攻於楚也. 229-4 齊又畏楚之有陰於秦○也. 229-5 ○之絶齊於楚明矣. 229-6 以視齊於有秦○. 229-7 而且疑秦○於齊. 229-8 若夫越趙○而鬬兵於燕. 229-13 或謂○王. 229-17 今涉○境. 229-20 秦王謂○王曰. 229-21 ○且旦暮亡矣. 230-1 ○氏不敢不聽. 231-18 ○折而入於楚. 232-2 故不如出兵以勁○. 232-2 ○氏勁. 232-3 楚與○大戰. 232-3 公仲爲韓○易地. 232-14 ○地易於下. 232-16 而楚○皆德公之國矣. 232-25 必以兵臨○. 233-1 請爲子起兵以之○. 233-2 ○必急韓氏. 234-9 秦楚挾韓以窘○. 235-12 ○氏不敢東. 235-12 韓挾齊○以盱楚. 235-13 教公仲謂○王曰. 235-17 必以韓權報讎於○. 235-20 秦挾韓親○. 235-25 今秦○之和成. 239-6 若韓隨○以善秦. 239-7 是爲○從也. 239-7 今公與安成君爲秦○之和. 239-9 秦○之和成. 239-10 是韓爲秦○之門户也. 239-10 安成君東重於○. 239-11 操右契而爲公責德於秦○之主. 239-11 若夫安韓○而終身相. 239-13 秦○不終相聽者也. 239-13 齊怒於不得○. 239-14 必欲善韓以塞○. 239-14 ○不聽秦. 239-14 秦○和. 239-15 楚○必恐. 240-9 韓與○敵侔之國也. 241-5 我執珪於○. 241-7 ○君必得志於韓. 241-7 是○弊矣. 241-8 諸侯惡○必事韓. 241-8 夫弱○之兵. 241-9 莫如朝○. 241-9 張丑之合齊楚講於○也. 243-7 今公疾攻○之運. 243-7 ○急. 243-8 ○緩則必戰. 243-8 則○且内之. 243-9 韓已與○矣. 243-10 因講於○. 243-11 請攻○. 244-1 ○之使者謂後相韓辰曰. 244-2 公必爲○罪韓侈. 244-3 又奚爲挾之以恨○王乎. 244-5 所以不及○者. 244-11 ○亡於秦. 244-13 甘茂約楚趙而反敬○. 244-22 趙○攻華陽. 245-12 大敗趙○於華陽之下. 245-17 周成恢爲之謂○王曰. 245-25 ○王曰. 246-1 而還之者○也. 246-2 是○有向晉於周. 246-3 ○王爲九里之盟. 246-15 ○安能與小國立之. 246-16 ○也. 246-20 交善楚○也. 246-20 秦見君之交反善於楚○也. 246-21 ○急. 246-23 宮他爲燕使○. 252-5 ○不聽. 252-5 客謂○王曰. 252-5 ○王說. 252-8 楚○者. 252-16 中附韓○則韓○重. 253-3 蘇代過○. 255-6 ○爲燕執代. 255-6 齊使人謂○王曰. 255-6 今齊○不和. 255-8 非○之利也. 255-9 樂毅自○往. 256-6 韓○不聽. 257-8 因驅韓○以攻齊. 257-10 秦正告○曰. 260-14 ○無大梁. 260-16 ○無濟陽. 260-17 ○無虚頓丘. 260-17 ○氏以爲然. 260-18 秦欲攻○. 261-3 ○棄與國而合於秦. 261-4 趙得講於○. 261-6 而重○. 261-8 則以葉蔡委於○. 261-8 則劫○. 261-9 ○不爲割. 261-9 適○者曰. 261-11 臣以韓○循自齊. 262-21 過○. 266-2 故假節於○王. 267-6 楚○之所同願也. 267-14 約楚○宋盡力. 267-14 用韓○之兵. 269-13 用韓○之兵. 269-18 齊○爭燕. 270-11 ○亦謂燕王曰. 270-11 今○之辭倨而幣薄. 270-13 燕因合於○. 270-14 齊韓○共攻燕. 271-3 而攻○雝丘. 271-6 ○軍其西. 271-7 通使於○. 271-8 以爲燕楚與○謀之. 271-9 ○失其與國. 271-10 威脅韓○趙氏. 273-23 ○太子自將. 281-3 則富不過有○. 281-5 則萬世無○. 281-5 卒不得○. 281-9 以爲○乎. 282-4 爲○則善. 282-5 今蒲入於○. 282-5 衛必折於○. 282-6 ○亡西河之外. 282-6 今并衛於○. 282-7 ○必強. 282-7 ○強之日. 282-7 害秦以善○. 282-8 衛使客事○. 282-16 乃見○王曰. 282-17 秦○交而不脩之日久矣. 282-18 ○王曰. 282-19 ○王趨見衛客. 282-23 胥靡逃之○. 283-8 ○文侯欲殘中山. 284-3 ○并中山. 284-3 齊謂趙○曰. 284-7 齊謂趙○曰. 284-9 將與趙○伐之. 284-11 必爲趙○廢其王而務附焉. 284-13 是君爲趙○驅羊也. 284-13 中山必喜而絶趙○. 284-15 趙○怒而攻中山. 284-16 賢於爲趙○驅羊也. 284-18 張登因謂趙○曰. 284-24 趙○許諾. 285-3 中山果絶齊而從趙○. 285-3 樂羊爲○將. 288-10 結親燕○. 288-23 韓○相率. 289-4 韓○以故至今稱東藩. 289-6 韓孤顧○. 289-17 ○恃韓之銳. 289-17 觸○之不意. 289-19 ○軍既敗. 289-19

【繁】 5

○稱文辭. 16-7 木實○者披其枝. 40-5 木實○者枝必披. 40-24 董之○菁以問夏侯公. 78-9 其自纂○也完矣. 218-17

【興】 7

箕子接○. 38-4 使臣得同行於箕子接○. 38-5 百人○瓢而趨. 40-21 百人誠○瓢. 40-22 向子以○一乘亡. 95-7 鄰有弊○而欲竊之. 279-14 此猶文軒之與弊○也. 279-17

【歟】 2

卿明知功之不如武安君○. 58-13 卿明知爲不如文信侯專○. 58-15

【優】 2

和樂倡○侏儒之笑不之. 93-18 及夫人○愛孺子也. 176-23

【償】 12

是我亡於秦而取○於齊也. 27-7 賣妻子不足○之. 80-2 使吏召諸民當○者. 82-24 十年之田而不○也. 92-13 十年之田而不○也. 92-16 求所以○者. 95-8 不○. 100-21 而取○於秦也. 160-4 是王失於齊而取○於秦. 160-24 以○兵費. 224-13 必攻市丘以○兵費. 224-18 其○破秦必矣. 275-16

【儲】 1

○子謂齊宣王. 254-12

【軀】 1

襄主錯○. 21-5

【㒥】 17

齊宣王見顔○. 85-15 ○前. 85-15 ○亦曰. 85-15 ○. 85-16 王曰○前. 85-16 ○對曰. 85-17 夫○前爲慕勢. 85-17 與使○爲趨勢. 85-18 ○曰. 85-20 ○來. 85-24 ○來. 85-24 ○對曰. 86-4 ○聞古大禹之時. 86-4 顔○辭去曰. 86-25 ○願得歸. 87-2 盡忠直言者○也. 87-3 ○知足矣. 87-6

【徽】 1

章子爲變其○章. 66-25

【禦】 3

○中國之難. 122-17 外無弓弩之○. 165-16 趙使李牧司馬尚○之. 179-25

【鍥】 1

○朝涉之脛. 281-15

【鍊】 1

皆以○銅爲柱質. 132-20

【鍾】 6

遺之大○. 10-5 齊有處士曰○離子. 88-7 訾養千○. 88-20 故○皷竽瑟之音不絶. 93-17 ○聲不比乎. 182-12 王○侍王. 182-18

【斂】 2

見君莫不○衽而拜. 105-21 厚賦○諸臣百姓. 119-5

【爵】 16

公○爲執圭. 2-8 功多者其○尊. 36-9 其官○何也. 72-16 ○爲上執珪. 72-17 ○且後歸. 73-1 亦有不爲○勸. 112-17 彼有廉其○. 112-19 有崇其○. 112-20 亦有不爲○勸. 112-22 故彼廉其○. 113-1 故彼崇其○. 113-5 故不爲○勸. 114-6 ○高而祿輕. 136-24 諸吏皆益○三級. 140-22 ○五大夫. 167-7 今臣○至人君. 218-12

【繇】 1

二日而莫不盡○. 260-12

【谿】 7

自殽塞○谷. 31-8 山林○谷不食之地. 53-10 踰深○. 113-13 飲茹○流. 125-3 而右天○之陽. 182-24 ○子少府時力距來. 222-1 皆出於冥山棠○墨陽合伯膊. 222-3

【餽】 1

飲食餔○. 288-19

【㕙】 1

躍躍○兔. 52-24

【鮮】 4

○克有終. 52-15 ○克有終. 55-8 臣之所以待之至淺○矣. 237-14 燕東有朝○遼東. 248-3

【獮】 1

猿○猴錯木據水. 79-16

【講】 48

而秦未與魏○也. 9-22 必因君而○. 9-23 若魏不○. 10-1 西○於秦. 27-13 寡人欲割河東而○. 48-23 ○亦悔. 49-2 不○亦悔. 49-2 王割河東而○. 49-3 此○之悔也. 49-4 王不○. 49-4 吾愛三城而不○. 49-5 此又不○之悔也. 49-5 寡人决○矣. 49-6 卒使公子池以三城○於三國. 49-7 是自爲德○. 57-16 趙令樓緩以五城求○於秦. 73-3 因

使人以十城求○於秦. 73-3　因使人索六城於趙而○. 158-21　割六縣而○. 159-9　已○. 170-2　若復不堅約而○. 172-3　故曰君必無○. 173-4　已乃知文侯以○於己也. 181-16　以○於秦. 190-11　而令秦○於王. 190-12　欲○於秦. 194-15　王無與之○以取埊. 194-19　其次堅約而詳○. 195-2　必無與○. 195-4　天下共○. 195-24　今我○難於秦兵爲招質. 199-1　今王循楚趙而○. 202-14　願王之必無○也. 202-16　王若欲○. 202-16　楚趙怒於魏之先己○也. 203-4　將使段干崇割地而○. 204-15　割地請○於魏. 206-13　秦撓之以○. 208-3　欲○攻於齊王兵之辭也. 209-20　將西○於秦. 226-2　張丑之合齊楚○於魏也. 243-7　因○於魏. 243-11　是其○我. 244-22　令郭任以埊請○於齊. 249-11　趙得○於魏. 261-6　已得○於趙. 261-9　北○於單于. 274-6　宋因賣楚重以求○於齊. 280-23

【譁】　1

微諫而不○. 153-18

【謝】　36

四拜自跪而○. 17-13　因○王稽說. 37-2　范雎○曰. 37-12　因○不取. 41-23　應侯因○病. 46-25　乃○病歸相印. 47-2　○病强辭. 64-3　於是秦王拜西藩之臣而○於齊. 67-5　○將休士也. 81-9　○曰. 82-19　封書○孟嘗君曰. 83-20　昭王笑而○之. 84-17　宣王○曰. 88-1　何不使使者○於楚王. 99-2　王不亟殺此九子者以○安平君. 99-24　上車弗○而去. 100-5　○秦使曰. 101-9　於是使人○孫子. 126-15　孫子爲書○曰. 126-21　使陽城君入○於秦. 139-22　剖地○前過以事秦. 148-20　再拜○曰. 164-14　至而自○. 178-23　犀首○陳軫. 187-4　使使者○安陵君曰. 218-5　長跪而○之曰. 220-2　固○嚴仲子. 237-4　而聶政○曰. 237-5　遂○車騎人徒. 238-1　卑辭以○秦. 249-23　以金千斤○其後. 250-3　大王割十城乃卻以○. 251-20　燕質子爲○乃已. 254-23　且○之曰. 266-18　燕王以書且○焉. 272-2　前爲○曰. 277-11

【謠】　2

齊嬰兒○曰. 100-7　觀人民要○俗. 287-6

【謟】　1

其摯○也固矣. 218-17

【謗】　2

文侯示之○書一篋. 29-9　能○議於市朝. 66-19

【襄】　66

以攻趙○主於晉陽. 21-4　○主錯龜. 21-5　以成○子之功. 21-7　昭王孝文王莊○王. 47-3　帥韓魏以圍趙○子於晉陽. 49-17　頃○王二十年. 51-16　○王以爲辯. 51-19　故不如南攻○陵以弊魏. 64-13　乃起兵南攻○陵. 64-14　○王即位. 95-18　○王爲太子徵. 98-2　○王立. 98-3　○王惡之. 98-6　○王呼而問之曰. 98-7　共立法章爲○王. 101-2　○王立. 101-2　○王卒. 101-5　楚○王爲太子之時. 117-7　莊辛謂楚○王曰. 124-2　○王曰. 124-3　○王流揜於城陽. 124-6　○王曰. 124-8　○王聞之. 125-12　趙○子弗與. 132-7　趙○子召張孟談而告之曰. 132-9　○子謂張孟談曰. 132-25　○子曰. 133-3　張孟談以報○子. 133-9　○子再拜之. 133-9　入見○子曰. 133-24　○子曰. 134-1　○子將卒犯其前. 134-3　乃稱簡之塗以告○子曰. 134-9　○子恨然曰. 134-13　○子去之. 134-19　○子往見張孟談而告之曰. 134-24　趙○子最怨知伯. 135-7　欲以刺○子. 135-10　○子如廁. 135-10　趙○子曰. 135-12　而善事○子. 135-17　○子必近幸子. 135-17　○子當出. 135-22　○子至橋而馬驚. 135-22　○子曰. 135-23　於是趙○子面數豫讓曰. 135-23　○子乃喟然嘆泣曰. 136-3　於是○子義之. 136-8　念簡○之迹. 149-1　今吾欲繼○主之業. 149-5　而○王兼戎取代. 150-23　而叔也順中國之俗以逆簡○之意. 151-1　敢道世俗之間今欲繼簡○之意. 151-4　昔者先君○主與代交地. 154-10　臣又願足下有地効於○安君以資臣也. 171-13　巴寧爨○之力也. 183-11　巴寧爨○田各十萬. 183-15　受詔○王以守此地也. 217-22　是使我負○王詔而廢大府之憲也. 217-25　王何不試以○子爲質於韓. 232-22　因以出○子而德太子. 232-22　○陵之役. 232-25　未嘗不以周○王之命. 242-7　然則雖尊○王. 242-8　猶其尊○王也. 242-9　常莊談謂趙○子曰. 284-3

【氈】　1

燕必致○裘狗馬之地. 144-14

【應】　89

將以觀秦之○趙宋. 6-5　昭○謂楚王曰. 10-15　楚王始不信昭○之計矣. 10-17　昭○聞此. 10-18　因以○爲太后養地. 11-1　○侯謂昭王曰. 40-16　○侯曰. 41-20　秦相○侯曰. 42-2　謂○侯曰. 42-13　○侯失韓之汝南. 42-24　秦昭王謂○侯曰. 42-24　○侯曰. 42-25　今○侯亡地而言不憂. 43-7　蒙傲乃往見○侯. 43-9　○侯曰. 43-9　○侯拜蒙傲曰. 43-12　○侯每言韓事者. 43-13　聞○侯任鄭安平王稽. 44-7　○侯內慙. 44-7　使人宣言以感怒○侯曰. 44-8　○侯聞之. 44-10　則揖○侯. 44-10　○侯固不快. 44-10　○侯因讓之曰. 44-11　○侯曰. 44-12　○侯曰. 44-14　○侯曰. 44-16　○侯曰. 44-19　○侯知蔡澤之欲困己以說. 44-21　於是○侯稱善. 45-10　○侯曰. 45-14　○侯曰. 45-16　長爲○侯. 46-20　○侯曰. 46-21　○侯因謝病. 46-25　昭王彊起○侯. 46-25　○侯遂稱篤. 46-25　楚能○而共攻秦. 48-6　則楚之○之也必勸. 48-8　楚之○之果勸. 48-12　四國必○悉起○王. 53-12　○侯之用秦也. 58-14　○侯不如文信侯專. 58-15　○侯欲伐趙. 58-16　齊威王使章子將而○之. 66-24　威王不○. 67-1　威王不○. 67-2　則亦不果於趙魏之○秦而伐周韓. 74-3　能爲君決疑○卒. 78-20　齊使向子將而○之. 95-6　而齊秦○楚. 104-20　而楚以上梁○之. 107-7　昭常○齊使曰. 118-11　豫讓乃笑而○之曰. 135-18　臣請悉發守以○秦. 140-2　吾始已諾於○侯矣. 140-3　○對而不怨. 153-19　今以三萬之衆而○强國之兵. 155-10　而辭○侯. 158-14　○侯曰. 158-14　○侯曰. 158-18　秦王與○侯必顯重以示天下. 161-25　孝成王不○. 167-25　以觀奉陽君之○足下也. 171-11　楚與魏韓將○之. 171-18　齊趙○之. 172-14　而燕趙○之. 172-18　趙王未之○也. 176-20　令昭○奉太子以委和於薛公. 178-8　趙氏○之於內. 181-11　王弗○. 183-23　其子陳○止其公之行. 188-3　○爲知. 188-4　其敝不足以○秦. 189-4　趙○之. 197-9　芒卯○趙使曰. 201-10　吾始已諾於○侯矣. 204-1　吾始已諾於○侯矣. 204-11　臣能得之於○侯. 204-12　其○秦必不敬. 226-10　今王聽公孫郝以韓秦之兵○齊而攻魏. 228-12　王何不令蘇子將而○燕乎. 263-22　將而○弱燕. 263-23　今寡人發兵○之. 263-24　令臣○燕. 264-4　王復使蘇子○之. 264-9　王乃使○侯往見武安君. 289-1　○侯慙而退. 290-3

【庳】　4

樓○翟强也. 209-19　以輕樓○. 209-22　樓○欲合秦楚外齊. 209-23　內得樓○翟强以爲佐. 210-2

【癘】　4

○人憐王. 126-21　夫○雖癰腫胞疾. 127-5　必甚於○矣. 127-7　○雖憐王可也. 127-8

【療】　1

傷者不得○. 288-20

【麋】　5

無黠於○. 122-8　○知獵者張罔. 122-8　○因得矣. 122-9　○鹿盡. 207-22　犀兕○鹿盈之. 279-18

【臃】　2

爲有○腫也. 243-13　使善扁鵲而無○腫也. 243-14

【糟】　3

民不饜○糠. 222-21　鄰有○糠而欲竊之. 279-16　此猶梁肉之與○糠也. 279-19

【糞】　2

太子爲○矣. 56-13　身爲○土. 57-2

【糠】　3

民不饜糟○. 222-21　鄰有糟○而欲竊之. 279-16　此猶梁肉之與糟○也. 279-19

【燥】　1

國○於秦. 172-21

【燭】　6

有家貧而無○者. 31-2　家貧無○者將去矣. 31-3　妾以無○. 31-3　并○天下者也. 166-11　○之武張孟談受大賞. 266-3　暮以○見. 271-8

【鴻】　4

是以國權輕於○毛. 123-8　○毛. 164-24　南有○溝陳汝南有許鄢昆陽邵陵舞陽新郪. 184-5　則○臺之宮. 223-8

【濫】　1

氾○無所止. 137-12

【濡】　3

狐○其尾. 52-15　右○其口. 113-16　血○縷. 276-16

【濮】　6

王又割○磨之北屬之燕. 52-8　○陽人呂不韋賈於邯鄲. 56-21　而勝於城○. 61-16　○上之事. 100-19　遂西至○陽. 237-19　晉文公一勝於城○而定天下. 241-15

【濟】　22

○清河濁. 19-4　以○天下. 34-3　小黃○陽嬰城. 52-8　河○之士. 55-17　左○. 65-15　有○西則趙之河東危. 89-20　不若得○北之利. 96-14　存○北. 96-16　且王嘗○於漳. 170-3　趙王因割○東三城令盧高唐平原陵地城邑市五十七. 174-11　乃割○東三令城市邑五十七以與齊. 174-14　王嘗身○漳. 208-17　吾聞齊有清○濁河. 253-9　雖有清○濁河. 253-11　○西不役. 253-12　今○西河北. 253-13　魏無○陽. 260-17　以○西委於趙. 261-6　以○西. 261-11　隨先王舉而有之於○上. 267-16　○上之軍. 267-17　如同舟而○. 268-25

【濱】　2

率土之○. 4-19　身爲漁父而釣於渭陽之○耳. 37-12

【懦】　2

某○子內某士. 43-19　則耕者惰而戰士○. 287-24

【懧】　1

而性○愚. 82-20

【蹇】　1

譬若馳韓盧而逐○兔也. 38-19
【禮】 50
周最謂石○曰. 3-25 相呂○者. 5-14 弗與○重矣. 5-14 逐周最聽祝弗相呂○者. 5-20 今王何以○之. 31-15 文聞秦王欲以呂○收齊. 34-3 ○必并相之. 34-4 是君收齊以重呂○也. 34-4 呂○復用. 34-9 敬執賓主之○. 37-6 不如賜軍吏而○之. 43-23 無○於宋. 55-10 君臣無○. 99-5 子爲子之臣○. 99-9 吾爲吾之王○而已矣. 99-10 失人子之○也. 101-4 多失○於王兄弟. 129-2 詩書○樂之所用也. 150-5 ○者. 150-9 因其事而制○. 150-10 ○服不同. 150-12 事異而○易. 150-13 不同其○. 150-14 儒者一師而○異. 150-14 ○之制也. 151-10 而○與變俱. 151-17 達於○之變. 151-18 非所以教民而成○也. 152-2 非所以教民而成○者也. 152-4 脩○無邪. 152-4 何○之循. 152-6 因事而制○. 152-8 故○世不必一其道便國不必法古. 152-8 不易○而滅. 152-11 而循○未足多也. 152-11 身行寬惠達於○. 153-4 無○義之心. 160-11 弃○義而上首功之國也. 163-1 子安取○而來待吾君. 163-25 然且欲行天子之○於鄒魯之臣. 164-7 甚無○. 167-6 甚矣其無○也. 167-7 而責文信侯少○. 167-13 而得朝○. 197-4 不識○義德行. 206-17 彼將○陳其辭而緩其言. 234-2 然仲子卒備賓主之○而去. 237-11 反以越事吳之○事越. 241-23 無力之○. 281-20 此小國之○也. 281-21
【臂】 14
臣未嘗聞指大於○. 40-20 ○大於股. 40-21 身大○短. 60-6 ○短不能及. 60-12 交游攘○而議於世. 97-1 莫不揮泣奮○而欲戰. 100-13 此斷趙之右○也. 148-10 夫斷右○而求與人鬭. 148-11 錯○左衽. 150-11 交○而聽楚. 193-13 交○而服焉. 222-8 今大王西面交○而臣事秦. 222-13 攘○按劍. 222-16 展其○. 269-20
【彌】 4
衛靈公近雍疸○子瑕. 166-8 因廢雍疸○子瑕. 166-13 ○埊踵道數千里. 248-12 曠日○久. 274-7
【孺】 3
請因○子而行. 58-18 有七○子皆近. 77-6 及夫人優愛○子也. 176-23
【隰】 1
宗廟○. 53-3
【牆】 2
投杼踰○而走. 29-16 踰於外○. 127-2
【翼】 6
毋○而飛. 43-22 夫鳥同○者而聚居. 80-24 六足四○. 124-13 鼓翅奮○. 124-17 韓魏○而擊之. 134-3 以爲羽○. 237-23
【鍪】 1
甲盾鞮○鐵幕革抉. 222-5
【嚮】 2
今王有東○伐齊之心. 258-14 登丘東○而歎. 258-16
【縛】 2
而用申○. 62-5 申○者. 62-6
【縷】 1
血濡○. 276-16
【縱】 2
今大王○有其人. 1-20 ○韓爲不能聽我. 226-7
【縮】 11
○閔王之筋. 40-6 進退盈○變化. 45-21 ○劍將自誅. 60-10 其○甲則可. 118-16 安陵人○高. 217-12 君其遣○高. 217-13 ○高曰. 217-15 願君之生束○高而致之. 217-20 今○高謹解大位. 217-24 ○高聞之曰. 218-2 信陵君聞○高死. 218-5
【繆】 1
不亦○乎. 39-6
【盩】 5
齊伐○莒而晉人亡曹. 211-15 昭○侯. 241-5 申不害與昭○侯執珪而見梁君. 241-6 昭○侯聽而行之. 241-10 臣竊以爲王之明爲不如昭○侯. 241-12
【騏】 7
則○驥不如狐狸. 79-16 豈有○麟騄耳哉. 85-2 世無○驎騄耳. 87-19 ○驥之衰也. 91-19 非賢於○驥孟賁也. 91-20 而○驎不至. 177-20 臣聞○驥盛壯之時. 274-14
【騎】 30
車○之用. 15-18 轉轂連○. 17-7 車○之多. 38-18 使輕車銳○衝雍門. 65-16 給○劫. 95-18 殺○劫. 96-3 ○萬匹. 108-24 ○萬疋. 110-2 乃使延陵王將車○先之晉陽. 132-13 ○萬匹. 145-1 飾車○. 148-1 今吾將胡服○射以教百姓. 149-8 而無○射之備. 150-20 變服○射. 150-21 今○射之服. 150-25 以爲○邑. 154-2 以爲○邑. 154-3 以奉○射. 154-6 率○入胡. 154-15 ○五千疋. 184-19 ○萬匹. 222-23 枉車○而交臣. 237-14 請益具車○壯士. 237-23 遂謝車○人徒. 238-1 ○六千疋. 248-5 而使○劫代之將. 266-15 齊田單欺詐○劫. 266-15 寡人之使○劫代將軍者. 266-20 晝以車○. 271-8 間進車○美女. 275-20
【騣】 1
使齊大馬○而不言燕. 264-24
【駢】 3
齊人見田○. 88-17 田○曰. 88-18 田○曰. 88-18
【騄】 2
豈有騏麟○耳哉. 85-2 世無騏驎○耳. 87-19
【擾】 5
慮無惡○. 151-9 立韓○而廢公叔. 233-19 立韓○而廢公叔. 233-20 而欲德於韓○. 234-4 王果不許韓○. 234-5
【謇】 1
以○爲明. 127-10
【贊】 2
不如重其○. 31-10 秦王貪其○. 275-13
【聲】 1
車○擊. 68-23
【聶】 20
○政之刺韓傀也. 219-23 軹深井里○政. 236-25 嚴遂陰交於○政. 237-1 ○政問曰. 237-1 觴○政母前. 237-3 前爲○政母壽. 237-3 ○政驚. 237-4 而○政謝曰. 237-5 因爲○政語曰. 237-6 ○政曰. 237-9 ○政竟不肯受. 237-11 ○政母死. 237-13 ○政曰. 237-13 ○政直入. 238-4 ○政刺之. 238-5 ○政大呼. 238-6 韓取○政屍於市. 238-7 此吾弟軹深井里○政也. 238-14 ○政之所以名施於後世者. 238-16 ○政陽堅刺相兼君. 242-3
【職】 7
故不能者不敢當其○焉. 36-10 使○事. 44-1 民之○也. 151-11 民之○也. 151-18 使事有○. 162-20 百官持○. 265-13 給貢○如郡縣. 277-6
【藝】 2
博論而技○之. 146-13 異敏技○之所試也. 150-5
【鞮】 1
甲盾○鍪鐵幕革抉. 222-5
【鞭】 3
此固大王之所以○箠使也. 94-5 猶○筴也. 269-14 猶○筴也. 269-18
【鞫】 4
謂其太傅○武曰. 273-22 太傅○武諫曰. 274-2 ○武曰. 274-9 ○武曰. 274-11
【繭】 2
足重○. 137-5 百舍重○. 279-9
【藥】 12
臣願請○賜死. 44-3 夷傷者空財而共○. 92-12 有不獻死之○於荊王者. 126-6 且客獻不死之○. 126-9 是死○也. 126-9 吾已爲○酒以待之矣. 251-2 妾知其○酒也. 251-3 吾已爲○酒而待其來矣. 259-2 於是因令其妾酌○酒而進之. 259-3 使工以○淬之. 276-16 以其所奉○囊提軻. 277-21 乃以○囊提軻也. 278-4
【藩】 8
於是秦王拜西○之臣而謝於齊. 67-5 東○之臣田嬰齊後至. 163-10 稱東○. 184-14 請稱東○. 186-11 稱東○. 216-21 稱東○. 222-7 稱東○. 223-15 韓魏以故至今稱東○. 289-6
【轉】 13
○轂連騎. 17-7 ○禍爲功. 79-13 雀立不○. 113-14 展○不可約. 139-17 因○與楚. 139-18 ○禍而說秦. 223-13 令昭獻○而與之處. 225-1 ○禍而爲福. 249-21 此皆○禍而爲福. 249-22 所謂○禍爲福. 250-1 ○禍而爲福. 256-22 此皆○禍而爲福. 256-24 今王若欲○禍而爲福. 256-24
【覆】 27
反○東山之君. 17-19 計聽知○逆者. 28-2 獨不重任臣者後無反○於王前耶. 36-15 大者宗廟滅○. 38-10 ○軍殺將得八城. 72-15 ○軍殺將. 72-16 ○其十萬之軍. 94-11 夫以一詐僞反○之蘇秦. 111-14 五伯之所以○軍禽將而求也. 144-16 欲反○齊國而不能. 148-8 君無○軍殺將之功. 161-7 ○軍殺將之所取割地於敵國者也. 174-16 有○巢毀卵. 177-20 而欲恃詐僞反○蘇秦之餘謀. 185-17 ○十萬之軍. 196-19 ○十萬之軍. 197-5 禽困○車. 227-5 則舟○矣. 233-16 不見○軍殺將之憂. 248-8 皆自○之術. 250-19 皆不自○也. 250-20 君以自○爲可乎. 250-21 去自○之術. 250-22 足下皆自○之君也. 250-23 ○三軍. 253-6 寧佯躓而○之. 259-5 三○宋. 269-24
【醫】 3
○扁鵲見秦武王. 28-20 良○知病人之死生. 36-21 是時侍○夏無且. 277-21

【殯】 1
主人必將倍〇柩. 164-4
【豐】 3
毛羽不〇滿者不可以高飛. 15-21 〇其祿. 112-20 〇其祿. 113-5
【齕】 1
更使王〇代王陵伐趙. 290-4
【叢】 14
亦聞恒思有神〇與. 40-16 請與〇博. 40-17 吾勝〇. 40-17 〇籍我神三日. 40-17 不勝〇. 40-17 〇困我. 40-18 乃左手爲〇投. 40-18 勝〇. 40-18 〇籍其神. 40-18 〇往求之. 40-19 五日而〇枯. 40-19 七日而〇亡. 40-19 王之〇. 40-19 傍有大〇. 137-9
【題】 1
黑齒雕〇. 150-11
【黿】 1
乃微謂趙卓韓〇曰. 221-14
【闔】 5
臣愚而不〇於王心耶. 36-23 〇廬爲霸. 38-3 雖有〇閭吳起之將. 93-16 〇城陽而王. 99-21 昔者五子胥說聽乎〇閭. 268-4
【闕】 10
秦攻魏將犀武軍於伊〇. 9-18 犀武敗於伊〇. 12-14 於是乃摩燕烏集〇. 16-25 願聞先生有以補之〇者. 78-15 人有當〇而哭者. 95-11 人有當〇而哭者. 95-14 造外〇. 137-6 與魏戰於伊〇. 190-10 而與戰之於伊〇. 289-5 伊〇之戰. 289-17
【曠】 5
〇日遠而爲利長者. 93-14 〇日持久. 155-19 〇遠於趙. 156-17 〇日持久數歲. 175-1 〇日彌久. 274-7
【嚙】 1
仰〇蔆衡. 124-22
【蹠】 2
〇穿膝暴. 113-14 〇勁弩. 222-6
【壘】 2
下〇枯丘. 100-7 盡於溝〇. 175-2
【蟲】 1
戾〇. 27-23
【羃】 1
解紵衣以〇之. 128-11
【黠】 1
無〇於麋. 122-8
【鵠】 4
今夫〇的非咎罪於人也. 93-6 黃〇因是以. 124-21 夫黃〇其小者也. 125-2 水擊〇鴈. 222-5
【鵝】 1
而君〇鶩有餘食. 88-25
【簡】 6
陰〇難之. 286-14 田〇謂司馬憙曰. 286-14 獨不可語陰〇之美乎. 286-15 陰〇之德公. 286-17 田〇自謂取使. 286-20 可以爲陰〇. 286-20
【簡】 12
〇練以爲揣摩. 16-21 又〇擇宮中佳翫麗好翫習音者. 116-8 〇主之才臣也. 132-11 乃稱〇之塗以告襄子曰. 134-9 念〇襄之迹. 149-1 且昔者〇主不塞晉陽. 150-22 而叔也順中國之俗以逆〇襄之意. 151-1 敢道世俗之間今欲繼〇襄之意. 151-4 故事有〇而功成者. 164-25 〇公用田成監止而〇公弒. 223-19 智不〇功. 273-1
【雙】 5
白璧百〇. 17-1 然則不買五〇珥. 123-23 白璧百〇. 146-11 敝邑有寶璧二〇. 205-5 臣請獻白璧一〇. 263-15
【軀】 3
害七尺之〇者. 167-16 非直七尺〇也. 167-17 不可愛妾之〇. 238-10
【邊】 16
漢中南〇爲楚利. 23-3 使〇境早閉晚開. 57-23 衝櫓不施而〇城降. 93-12 今〇邑之所恃者. 107-10 〇邑甚利之. 107-11 出銳師以戍韓梁西〇. 143-8 趙王因起兵南戍韓梁之西〇. 143-13 西有樓煩秦韓之〇. 150-19 以備其參胡樓煩秦韓之〇. 150-21 〇城盡拔. 207-21 使山東皆以銳師戍韓梁之西〇. 240-24 不窺於〇城之外. 250-22 之卒者出士以戍韓梁之西〇. 269-4 約戍韓梁之西〇. 269-9 臣請受〇城. 280-14 衛君以其言告〇境. 281-21
【歸】 114
不若〇之大國. 1-6 管仲故爲三〇之家. 4-11 〇其劍而責之金. 12-3 商君告〇. 15-9 商君〇還. 15-12 去秦而〇. 16-17 狀有〇色. 16-18 〇至家. 16-18 子〇告王曰. 29-3 向壽〇以告王. 29-4 載與俱〇者. 37-14 則利〇於陶. 40-4 而禍〇社稷. 40-5 遂弗〇. 40-19 利盡〇於陶. 41-7 君何不以此時〇相印. 46-19 請〇相印. 46-25 乃謝病〇相印. 47-2 楚王引〇. 48-4 〇帝重於齊. 53-20 〇而謂父曰. 56-21 求〇. 57-2 而願一得〇. 57-11 王后乃請趙而〇之. 57-13 若使子異人〇而得立. 57-15 請〇燕太子. 58-25 〇燕太子. 58-25 賈不〇四國. 61-9 而兩〇其國於秦. 68-1 爵且後〇. 73-1 〇於君矣. 73-13 長鋏〇來乎. 82-8 長鋏〇來乎. 82-9 長鋏〇來乎. 82-12 乃歌夫長鋏〇來者也. 82-18 𣪘願得〇. 87-2 願得賜〇. 87-4 〇反撲. 87-6 然而天下獨〇咎於齊者. 91-1 女尙何〇. 95-23 不敢〇. 96-5 民心無所〇. 96-21 〇報燕王. 96-25 〇之於義. 99-22 〇於何黨矣. 100-11 昭睢〇報楚王. 112-3 日晦而〇食. 112-25 王不如與之盟而〇之. 117-3 太子辭於齊王而〇. 117-7 乃〇子. 117-8 不得〇. 117-8 齊王〇楚太子. 117-11 太子〇. 117-12 王墳墓復羣臣〇社稷也. 117-15 今楚王〇. 118-19 舍人怒而〇. 120-2 故欲〇. 120-3 子〇. 121-19 薛公〇太子橫. 125-25 已而謁〇. 128-19 乃復〇土. 137-11 謹使可全而〇之. 142-11 而〇其死於虎. 142-18 而〇其國於秦. 142-19 五年乃〇. 155-20 兵必〇於趙矣. 157-5 引兵而〇. 158-21 倦而〇乎. 159-10 必以倦而〇也. 159-12 倦而〇. 159-13 秦倦而〇. 160-3 已而復〇帝. 162-8 吾請爲君責而〇之. 162-16 臣是以欲足下之速〇休士民也. 171-3 乃引其兵而〇. 175-3 不如盡〇中山之新埊. 175-8 則使者〇矣. 177-11 公不如〇太子以德之. 197-14 而邯鄲復〇. 202-8 而燕國復〇. 202-9 因〇燕趙之兵. 206-14 王〇寧邑. 215-8 安能〇寧乎. 215-11 秦〇武遂於韓. 225-20 〇地而合於齊. 228-13 易穀川以〇. 228-18 尙靳〇書報韓王. 231-11 秦取西河之外以〇. 232-3 易三川而〇. 232-6 王不如亟〇幾瑟. 235-19 韓陽役於三川而欲〇. 242-20 王於是召諸公子役於三川者而〇之. 242-21 莫如〇燕之十城. 249-23 秦知王以己之故〇燕城也. 249-23 乃〇燕城. 250-3 其夫且〇. 251-1 皆終〇齊. 255-4 而〇楚之淮北. 257-10 〇楚之淮北. 257-11 〇耕乎周之上埊. 258-1 其丈夫官三年不〇. 258-25 請自〇於吏以戮. 264-5 將〇罪於臣. 264-16 則臣請〇醳事. 265-2 遂捐燕而〇趙. 266-22 亡〇. 273-21 〇身於丹. 274-8 樊將軍以窮困來〇丹. 276-2 臧子乃〇. 279-6 〇. 280-6 帥師而〇. 280-7 故名有所加而實有所〇. 280-18 樗里子亦得三百金而〇. 282-13 〇報中山王曰. 287-13
【鎒】 1
而操銚〇與農夫居壠畝之中. 79-18
【鎰】 8
賜金千〇. 85-22 黃金百〇. 137-23 黃金千〇. 146-11 仲子奉黃金百〇. 237-3 黃金千〇. 263-15 而賜夏無且黃金二百〇. 278-3 黃金三百〇. 280-2 因效金三百〇焉. 282-12
【鍩】 1
〇擊摩車而相過. 65-14
【雞】 5
猶連〇之不能俱止於棲之明矣. 17-21 其民無不吹竽鼓瑟擊筑彈琴鬬〇走犬六博蹹踘者. 68-21 獻〇駭之犀夜光之璧於秦王. 111-22 負〇次之典以浮於江. 113-25 寧爲〇口. 222-13
【臏】 1
是孫〇吳起之兵也. 96-23
【鯉】 31
楚使者景〇在秦. 50-8 是以〇與之遇也. 50-10 楚王因不罪景〇而德周秦. 50-11 楚王使景〇如秦. 50-13 景〇. 50-13 則殺景〇. 50-14 更不與不如景〇留. 50-15 秦王乃留景〇. 50-16 景〇使人說秦王曰. 50-17 又使景〇請薛公曰. 76-23 秦恐且因景〇蘇厲而效地於楚. 115-10 〇與厲且以收地取秦. 115-11 公不如令王重賂景〇蘇厲. 115-11 景〇入見. 117-23 景〇曰. 117-24 景〇出. 118-2 〇見寡人曰. 118-3 遣景〇車五十乘. 118-8 又遣景〇西索救於秦. 118-10 俯噣鱔〇. 124-22 王使景〇之秦. 229-1 〇與於秦魏之遇. 229-1 楚王怒景〇. 229-2 且罪景〇. 229-2 臣賀〇之與於遇也. 229-3 今〇與於遇. 229-4 故〇之與於遇. 229-5 今〇不與於遇. 229-6 故王不如無罪景〇. 229-7 楚令景〇入韓. 236-7 景〇患之. 236-7
【觴】 10
王〇將軍. 60-5 殺牛而〇士. 92-8 楚王受而〇之. 99-4 願王賜之〇. 120-14 乃〇之. 120-15 願王召所便習而〇之. 120-16 乃召南后鄭褏而〇之. 120-16 梁王魏嬰〇諸侯於范臺. 200-2 請魯君舉〇魯君興. 200-2 〇聶政母前. 237-3
【獵】 4
麋知〇者張罔. 122-8 〇者知其詐. 122-9 文侯與虞人期〇. 182-8 吾與虞人期〇. 182-9
【謹】 20
〇聞令. 28-13 〇受命. 75-20 〇受命. 76-10 〇受命. 76-21 君王后事秦〇. 101-5 〇以解矣. 101-9 〇受令. 106-3 寡人〇奉社稷以從. 109-24 乃出園女弟〇舍. 129-6 吾與二主約〇矣. 133-13 吾〇避之耳. 135-12 〇使可全而歸之. 142-11 〇受令. 161-11 而〇司時. 167-9 〇備其所憎. 176-25 無忌〇受教. 217-10 今縮高〇解大位. 217-

24 ○聞命矣. 263-16 ○奉教. 274-23 ○斬樊於期頭. 277-7
【謾】 1
王不如令人以涓來之辭○固於齊. 102-12
【謬】 1
君之所行天下者甚○. 283-3
【𤻣】 2
譬猶以千鈞之弩潰○也. 32-18 夫癘雖○腫胞疾. 127-5
【雜】 3
○民之所居也. 20-1 以○秦軍. 66-25 家○總. 92-17
【離】 59
視之不可○. 6-8 取藺○石祁者. 11-5 取藺○石祁者. 11-12 南有符○之塞. 35-24 不○保傅之手. 38-9 主○困辱. 45-1 盡能而不○. 45-2 則是我○秦而攻楚也. 48-10 首身分○. 53-3 族類○散. 53-5 秦楚之構而不○. 53-12 齊有處士曰鍾○子. 88-7 宗族○心. 95-5 使曹子之足不○陳. 97-13 百姓○散. 113-12 百姓○散. 113-18 百姓○散. 113-23 而○二主之交. 131-14 臣願捐功名去權勢以○衆. 134-12 三晉○而秦强. 142-13 而○三晉. 143-1 是秦禍不○楚也. 143-9 是秦禍不○楚也. 143-11 ○中國. 150-7 中國同俗而教○. 150-14 藺○石祁拔. 156-14 以易藺○石祁於趙. 156-15 夫藺○石祁之地. 156-17 安能收恤藺○石祁乎. 156-18 與國無相○也. 195-3 ○王. 198-23 時合時○. 213-13 其○也. 213-14 而○楚愈遠耳. 215-22 而○王愈遠耳. 215-24 要○之刺慶忌也. 219-24 公何不與趙藺○石祁. 225-14 齊魏合與○. 228-10 齊魏○. 228-11 久○兵史. 228-17 韓不敢○楚也. 235-18 天下合而○秦. 239-19 合○之相續. 239-20 皆積智欲○秦韓之交. 240-14 齊燕○則趙重. 248-23 義不○親一夕宿於外. 250-14 ○老母而事足下. 250-22 百姓○意. 254-17 我○兩周而觸鄭. 260-12 兵傷於○石. 261-8 臣聞○齊趙. 263-19 百姓○心. 264-11 一合一○. 264-22 焉有○人子母者. 265-5 ○毀辱之非. 268-10 高漸○擊筑. 276-25 其後荆軻客高漸○以擊筑見秦皇帝. 278-9 徒欲以○我於中山. 286-1 百姓心○. 289-12
【顔】 25
以告○率. 1-4 ○率曰. 1-4 ○率至齊. 1-5 ○率曰. 1-9 ○率至齊. 1-10 ○率曰. 1-12 ○率曰. 1-15 ○率曰. 1-22 動於○色. 63-23 齊王和其○色曰. 78-2 齊宣王見○斶. 85-15 且○先生與寡人游. 86-23 ○斶辭去曰. 86-25 ○色不變. 97-18 ○色變作. 125-12 形於○色. 165-24 使趙葱及○㝡代將. 180-2 虜趙王遷及其將○㝡. 180-5 怨○已絕之矣. 209-22 ○率見公仲. 226-25 ○率謂公仲之謁者曰. 226-25 爲無○之冠. 281-14 太子○爲君子也. 281-25 容貌○色. 287-6 其容貌○色. 287-8
【糧】 9
不費斗○. 17-4 有○者亦食. 88-8 無○者亦食. 88-8 與三月之○. 110-17 於是嬴○潛行. 113-13 ○食匱. 132-25 ○食輓賃不可給也. 155-5 求益軍○以滅趙. 288-15 蓄積○食. 288-16
【濺】 1
血○君襟矣. 204-8
【襟】 2
王○以山東之險. 53-23 血濺君○矣. 204-8
【襘】 1
百姓理○蔽. 92-17
【禱】 2
中人○祝. 92-9 此韓珉之所以○於秦也. 240-10
【璧】 14
白○百雙. 17-1 梁王身抱質執○. 54-16 獻雞駭之犀夜光之○於秦王. 111-22 和氏之○. 137-23 白○百雙. 146-11 故寡人問子以○. 152-20 敝邑有寶○二雙. 205-5 受魏之○馬也. 205-9 聞先生受魏之○馬. 205-10 髡有○馬之寶. 205-14 故荀息以馬與○假道於虞. 208-23 臣請獻白○一雙. 263-15 白○一. 281-18 百○一. 281-20
【醬】 1
非效惐壺○甀耳. 1-16
【隴】 2
右○蜀. 38-17 席○畝而廕庇桑. 176-7
【繞】 1
秦○舞陽之北. 207-15
【繓】 2
○病鈎. 60-6 ○請以出示. 60-7
【織】 4
○自若. 29-14 其母尚○自若也. 29-15 坐而○蕢. 100-10 ○而衣之. 258-2
【繕】 4
○兵不傷衆. 22-10 ○甲厲兵. 148-1 昭王既息民○兵. 288-14 ○治兵甲以益其强. 289-22
【繒】 4
冶其○繳. 124-24 令公子○請地. 156-16 ○恃齊以悍越. 211-16 齊和子亂而越人亡○. 211-16
【斷】 36
○死於前者比是也. 18-19 夫○死與○生也不同. 18-20 ○長續短. 18-23 今秦地○長續短. 21-8 刑必○於有罪. 36-13 則其國○而爲三. 39-19 涇陽華陽擊○無諱. 39-25 ○齊秦之要. 52-8 士○於兵. 92-19 ○右壤. 96-16 貴甚矣而主○. 106-20 有○脰決腹. 112-20 故○脰決腹. 113-9 則大臣主○國私以禁誅於己也. 126-23 據本議制○君命. 129-18 常苦出辭○絕人之交. 144-11 物不○也. 146-23 此○趙之右臂也. 148-10 夫○右臂而求與人鬭. 148-11 肉試則○牛馬. 155-9 而刃不○. 155-12 則未入而手○. 155-14 王以此○之. 160-19 荆慶之○. 165-16 君令葺乘獨○之車. 166-20 御獨○之勢. 166-20 卒○紂之頭而縣於太白者. 167-11 是示天下要○山東之脊也. 211-6 皆陸○馬牛. 222-5 ○絕韓之上地. 223-7 而公獨與王主○於國者. 227-11 貴重主○. 253-22 一日而○太行. 260-11 ○其左股. 277-23 縱錯主○於國. 283-3
【雔】 1
而攻魏○丘. 271-6
【黿】 1
臼竈生○. 131-8
【壞】 4
則是一舉而○韓. 20-11 社稷○. 53-3 ○沮. 137-11 ○城郭. 193-18
【壠】 1
而操銚鎒與農夫居○畝之中. 79-18
【難】 96
而又知趙之○子齊人戰. 4-22 秦知趙之○與齊戰也. 6-11 周君○往. 12-10 將西南以與秦爲○. 18-9 令帥天下西面以與秦爲○. 19-14 其民輕而○用. 20-1 豈其○矣. 20-23 以與周武爲○. 21-2 計有一二者○悖也. 28-3 聽無失本末者○惑. 28-4 ○矣. 29-6 則○圖也. 31-16 正亂批患折○. 45-17 雖藍田豈○得哉. 48-6 終之○也. 52-15 此言末路之○. 55-19 武安君○之. 58-17 此齊貌辨之所以外生樂患趣○者也. 64-6 邯鄲之○. 64-8 南梁之○. 64-17 楚秦構○. 68-12 權之○. 73-8 奚暇從以○之. 84-5 君從以○之. 84-6 猶未敢以有○也. 84-9 而因欲○寡人. 84-10 士何其易得而○用也. 88-25 非士易得而○用也. 89-2 惡其示人以○也. 93-8 則是非徒示人以○也. 93-9 齊楚構○. 103-3 好利而惡○. 103-11 惡○. 103-11 馬陵之○. 103-16 邯鄲之○. 104-11 夫苟不○爲之外. 105-4 邯鄲之○. 105-9 昧之○. 108-13 士卒安○樂死. 110-3 危○在三月之内. 110-21 楚嘗與秦構○. 111-3 楚秦相○. 116-23 人臣莫○於無妬而進賢. 119-8 夫進賢之○者. 119-12 故人○之. 119-12 謁者○得見如鬼. 119-17 王○得見如天帝. 119-18 禦中國之○. 122-17 長沙之○. 125-25 ○必及韓魏矣. 131-7 而爲危○不可成之事. 131-12 然則韓可以免於患○. 132-1 子之道甚○而無功. 135-16 吾所爲○. 135-20 客有○者. 147-12 危足以持○. 152-22 服○以勇. 152-23 便其用者易其○. 154-4 ○夫毋脊之厚. 155-11 距此奚○哉. 155-17 以攻○而守者易也. 158-8 夫秦趙構○. 160-15 爲人排患釋○解紛亂而無所取也. 164-20 豈敢有○. 177-12 韓趙相○. 181-14 今公又言有○以懼之. 192-6 夫○搆而兵結. 192-8 ○以行. 194-6 黄帝之所○也. 195-17 樹之○而去之易也. 197-19 此魏信之所○行也. 198-17 則○久矣. 198-18 今我講○於秦兵爲招質. 199-1 以其能忍○而重出地也. 202-9 而所攻者甚○. 207-8 秦趙構○而戰. 213-20 甚○. 227-20 善公孫郝以○甘茂. 228-5 秦久與天下結怨構○. 239-23 吾固患韓之○知. 240-11 吾○敗其法. 246-13 而○千里之行. 247-8 此燕之所以不犯○也. 248-11 權之○. 249-9 國構○數月. 254-16 桓公之○. 263-3 陽虎之○. 263-3 外孫之○. 263-6 ○得於君矣. 272-12 不○受也. 272-19 故兵退○解. 280-17 中山急而爲君○其王. 284-16 ○信以爲利. 284-23 首○也. 285-16 陰簡○之. 286-14 即公無内○矣. 286-16
【鵲】 10
醫扁○見秦武王. 28-20 扁○請除. 28-20 君以告扁○. 28-21 扁○怒而投其石. 28-22 頃間有○止於屋上者. 236-17 謂之○. 236-18 ○不爲○也. 236-20 人之所以善扁○者. 243-13 使善扁○而無膂腫也. 243-14
【雚】 1
大抵豆飯○羹. 222-20
【藺】 8
取○離石祁者. 11-5 取○離石祁者. 11-12 ○離石祁拔. 156-14 以易○離石祁於趙. 156-15 夫○離石祁之地. 156-17 安能收恤○離石祁乎. 156-18 公何不與趙○離石祁. 225-14 致○石. 261-1
【勸】 26
必○楚王益兵守雍氏. 10-18 ○周君入秦者. 11-3 故○王攻周. 13-9 君不如○秦王令弊邑卒攻齊之事. 34-5 則楚之應之也必○. 48-8 楚之應之果○. 48-12 王后○立之. 57-23 夫○留太子者蘇秦也. 76-12

今○太子者又蘇秦也. 76-14 ○王立爲夫人. 77-7 然二國○行之者. 90-18 ○王朝秦. 101-14 亦有不爲爵○. 112-17 亦有不爲爵○. 112-22 故不爲爵○. 114-6 許之大○. 136-15 故○王無齊者. 169-14 必○王多公之車. 188-5 遂○兩君聽犀首. 192-9 則陰○而弗敢圖也. 195-6 臣非不知秦○之重也. 196-1 故○秦攻魏. 209-7 ○齊兵以○止魏. 228-5 許救甚○. 279-3 公因○君立之以爲正妻. 286-16

【孽】 3

此○也. 127-19 嘗爲秦○. 127-23 順庶○者. 268-2

【蘇】 191

○子謂東周君曰. 3-1 ○子亦得兩國之金也. 3-6 ○厲爲之謂周君曰. 3-8 ○厲爲周最謂○秦曰. 5-25 告○代. 10-12 ○代曰. 10-12 ○代遂往見韓相國公中曰. 10-14 ○厲謂周君曰. 11-5 ○秦謂周君曰. 11-22 ○秦始將連橫說秦惠王曰. 15-15 ○秦曰. 16-1 ○秦喟歎曰. 16-19 故○秦相於趙而關不通. 17-3 皆欲決○秦之策. 17-4 且夫○秦特窮巷掘門桑戶棬樞之士耳. 17-8 ○秦曰. 17-14 ○秦曰. 17-15 ○秦欺寡人. 17-19 故先使○秦以幣帛約乎諸侯. 17-20 出關遇○子. 31-1 ○子曰. 31-2 ○子曰. 31-6 ○代曰. 31-10 ○秦僞謂王曰. 31-13 ○代爲齊獻書穰侯曰. 32-12 ○秦爲趙合從. 68-16○秦謂齊王曰. 73-17 ○秦謂薛公曰. 75-3 ○秦曰. 75-5 ○秦之事. 75-8 可以惡○秦於薛公. 75-10 可以爲○秦請封於楚. 75-10 可以使人說薛公以善○子. 75-11 可以使○子自解於薛公. 75-12 ○秦謂薛公曰. 75-13 ○秦使人請薛公曰. 76-12 夫勸留太子者○秦也. 76-12 ○秦非誠以爲君也. 76-13 ○秦恐君之知之. 76-13 今勸太子者又○秦也. 76-14 薛公大怒於○秦. 76-15 故曰可使人惡○秦於薛公也. 76-16 夫使薛公留太子者○秦也. 76-17 又○秦也. 76-18 割地固約者又○秦也. 76-18 忠王而走太子者又○秦也. 76-19 今人惡○秦於薛公. 76-19 因封○秦爲武貞君. 76-21 故曰可以爲○秦請封於楚也. 76-22 今○秦天下之辯士也. 76-24 君因不善○秦. 76-24 夫不善君者且奉○秦. 76-25 今○秦善於楚王. 77-1 薛公因善○秦. 77-3 故曰可以爲○秦說薛公以善○秦. 77-3 ○秦欲止之. 77-9 ○秦曰. 77-11 ○秦自燕之齊. 89-5 ○秦謂齊王曰. 89-13 ○秦說齊閔王曰. 90-3 故使○涓之楚. 102-7 ○秦爲趙合從. 108-21 凡天下所信約從親堅者○秦. 111-12 車裂○秦於市. 111-14 夫以一詐僞反覆之○秦. 111-14 棼冒勃○曰. 113-12 勃○乃○. 113-16 棼冒勃○對曰. 113-16 楚使新造盩棼冒勃○. 113-17 棼冒勃○是也. 113-22 秦恐且因景鯉○厲而效地於楚. 115-10 公不如令王重賂景鯉○厲. 115-11 ○厲謂宛公昭鼠曰. 115-16 女阿謂○子曰. 118-19 ○子知太子之怨己也. 118-20 太子不如善○子. 118-21 ○子必且爲太子入矣. 118-21 ○子乃令人謂太子. 118-22 太子復請善於○子. 118-22 ○子謂楚王曰. 119-3 ○秦之楚. 119-15 ○秦說李兌曰. 137-3 雒陽乘軒車○秦. 137-3 ○秦對曰. 137-7 ○秦曰. 137-8 ○秦出. 137-14 臣竊觀君與○公談也. 137-16 君能聽○公之計乎. 137-17 舍人出送○君. 137-18 ○秦謂舍人曰. 137-18 李兌送○秦明月之珠. 137-22 ○秦得以爲用. 137-23 ○秦爲齊上書說趙王曰. 138-1 ○秦爲趙王使於秦. 141-5 ○秦從燕之趙. 144-3 乃封○秦爲武安君. 146-10 ○子爲謂秦王曰. 146-13 ○子曰. 147-2 恃○秦之計. 148-7 ○代謂齊王曰. 171-19 ○子爲趙合從. 184-5 而欲恃詐僞反覆○秦之餘謀. 185-17 ○秦拘於魏. 186-20 齊使○厲爲之謂魏王曰. 186-21 不信齊王與○秦也. 186-23 故王不如復東○秦. 186-25 ○代爲田需說魏王曰. 192-21 而○代曰. 192-23 ○脩朱嬰既皆陰在邯鄲. 195-23 因使○脩游天下之語. 195-24 而果西因○脩重報. 195-25 昭魚謂○代曰. 197-22 ○代爲說秦王曰. 198-10 ○秦爲楚合從說韓王曰. 221-23 ○代爲楚王曰. 230-5 ○秦爲韓說秦王曰. 240-8 ○秦將爲從. 248-3 於是齎○秦車馬金帛以至趙. 248-19 奉陽君李兌甚不取於○秦. 248-22 ○秦在燕. 248-22 李兌因爲○秦謂奉陽君曰. 248-22 夫制於燕者○子也. 249-2 而君甚不善○秦. 249-3 ○秦能抱弱燕而孤於天下哉. 249-3 善○秦則取. 249-5 齊王疑○秦. 249-6 乃使使與○秦結交. 249-7 武安君○秦爲燕說齊王. 249-14 人有惡○秦於燕王者. 250-6 ○秦曰. 250-14 ○秦死. 252-10 其弟○代欲繼之. 252-10 ○秦死於齊. 253-20 ○秦之在燕也. 253-20 而○代與子之交. 253-20 及○秦死. 253-21 而齊宣王復用○代. 253-21 ○代爲齊使於燕. 253-23 ○代欲以激燕王以厚任子之也. 253-24 子之因遺○代百金. 253-25 ○秦弟厲因燕質子而求見齊王. 254-23 齊王怨○秦. 254-23 燕相子之與○代婚. 254-25 乃使○代持質子於齊. 254-25 而○代厲遂不敢入燕. 255-3 ○代過魏. 255-6 不信齊王與○子也. 255-7 故王不如東○子. 255-9 秦必疑而不信○子矣. 255-9 於是出○代之宋. 255-10 ○代乃遺燕昭王書曰. 256-13 先人嘗有德○氏. 257-20 而○氏去燕. 257-20 非○氏莫可. 257-21 乃召○氏. 257-21 ○代謂燕昭王曰. 257-24 燕王謂○代曰. 259-12 ○代對曰. 259-12 ○代約燕王曰. 260-3 ○代復重於燕. 261-19 如○秦時. 261-19 而天下由此宗○氏之從約. 261-20 ○代爲奉陽君說燕於趙以伐齊. 261-23 ○子也. 261-25 ○子也. 262-1 ○子也. 262-2 又○子也. 262-2 必不任○子以事. 262-9 順始與○子爲讎. 262-11 ○子怒於燕王之不以吾故弗予相. 262-23 ○代爲燕說齊. 263-10 齊王大說○子. 263-16 ○代自齊使人謂燕昭王曰. 263-19 王何不令○子將而應燕乎. 263-22 夫以○子之賢. 263-22 乃謂○子曰. 263-24 ○子遂將. 264-3 ○子收其餘兵. 264-3 王復使○子應之. 264-9 ○子先敗王之兵. 264-9 乃復使○子. 264-10 ○子固辭. 264-10 ○代自齊獻書於燕王曰. 264-14 ○子曰. 269-16 奉○子車五十乘. 269-17 ○代爲燕謂惠王曰. 270-4 ○子謂燕相曰. 270-12 ○秦爲宋謂齊相曰. 280-24

【顛】 1

○蹶之請. 78-4

【攀】 1

下車○而哭之. 128-11

【櫓】 3

舉衝○. 92-17 衝○不施而邊城降. 93-12 衝○未施. 94-14

【繫】 3

○己以朱絲而見之也. 125-5 趙王○之. 273-9 而趙○之. 273-11

【橐】 1

夫項○生七歲而爲孔子師. 58-10

【霸】 13

而○者知計. 196-21 穆公一勝於韓原而○西州. 241-14 小之不○. 241-17 而君臣上下少長貴賤畢呼○王. 241-25 桓公亦定○矣. 242-8 而桓公獨取○者. 242-12 則我必爲之○. 242-15 則我立帝而○. 242-16 此○王之業矣. 250-1 五○迭盛. 250-20 必不○. 253-23 ○者與臣處. 255-17 而後殘吳○天下. 256-23

【麗】 9

身體昳○. 66-5 齊國之美○者也. 66-7 妻子衣服○都. 86-24 又簡擇宮中佳翫○好翫習音者. 116-8 食高○也. 283-1 羣臣盡以爲君輕國而好高○. 283-2 佳○人之所出也. 287-5 殊無佳○好美者. 287-6 臣竊見其佳○. 287-11

【礛】 1

被○磻. 124-24

【願】 253

○大王圖之. 1-7 ○獻九鼎. 1-11 臣○免而行. 14-3 ○大王圖之. 15-12 ○大王少留意. 15-19 ○以異日. 15-23 臣○悉言所聞. 18-8 ○大王有以慮之也. 20-24 故臣○從事於易. 22-8 ○王勿聽也. 23-20 ○王逐之. 24-9 ○王殺之. 24-9 臣○之楚. 24-12 唯儀之所甚○爲臣者. 26-7 ○聞之. 28-11 然○王勿攻也. 29-3 ○爲足下掃室布席. 31-6 ○爲王臣. 31-15 ○君之專志於攻齊. 35-1 ○少賜游觀之間. 36-25 而所○陳者. 37-17 ○以陳臣之陋忠. 37-18 此臣之所大○也. 37-25 ○先生悉以教寡人. 38-16 ○聞所失計. 38-22 臣○王之毋獨攻其地. 41-15 ○委之卿. 43-12 臣○請藥賜死. 44-3 豈非士之所○與. 44-14 ○以爲君王. 44-15 其卒亦可○矣. 44-20 則可○矣. 45-12 其可○孰與閎夭周公哉. 45-13 ○王之勿易也. 49-23 ○往事之. 56-24 而○一得歸. 57-11 ○於因計. 59-12 ○卿之更計. 59-19 ○自請. 59-22 ○公入明之. 60-8 賈○出使四國. 60-21 ○王察之. 61-3 天下○以爲子. 61-7 天下○以爲臣. 61-8 天下○以爲妃. 61-8 是以羣臣莫敢以虛○望於上. 61-20 ○委之於子. 62-12 ○勿止. 62-15 ○大王之察也. 68-3 ○王熟慮之. 68-9 臣固○大王之少留計. 69-11 是故○大王熟計之. 70-3 ○効之王. 71-12 故儀○乞不肖身而之梁. 71-15 故儀○乞不肖身而之梁. 72-1 ○王之知之. 76-20 ○聞先生有以補之闕者. 78-15 臣○以足下之府庫財物. 78-20 ○君以此從衛君遊. 79-3 ○君勿以齊爲心. 79-9 ○得獻之. 80-2 臣○君勿受. 80-5 臣戍○君勿受. 80-10 ○寄食門下. 82-4 ○之. 82-21 ○君顧先王之宗廟. 83-22 ○請先王之祭器. 83-23 ○因請公往矣. 84-6 ○君勿怨. 85-12 虛○不至. 86-11 ○請受爲弟子. 86-23 斶○得歸. 87-2 ○得賜歸. 87-4 固○得士以治之. 87-22 而○爲役. 88-17 故臣○王明釋帝. 89-18 ○王之熟慮之也. 89-24 ○公之詳計而無與俗同也. 96-13 ○公熟計而審處一也. 97-5 ○王之察之. 99-8 ○王勿忘也. 105-14 寡人○兩聞之. 105-18 ○君必請從死. 106-2 ○得目身試黃泉. 106-12 臣○之. 106-24 故○大王之早計之. 109-5 是故○大王之熟計之也. 110-14 是故○大王熟計之也. 111-7 ○委之於公. 116-13 ○承下塵. 118-12 則○待戰. 118-16 臣○無聽羣臣之相惡也. 119-7 ○聞其說. 119-17 ○王賜之觴. 120-14 ○王召所便習而觴之. 120-16 臣○大王聽之也. 123-3 臣○以射譬之. 127-15 明○有問君而恐固. 128-2 臣○捐功名去權勢以離衆. 134-12 然○請君之衣而擊之. 136-7 ○見於前. 137-6 ○君堅塞兩耳. 137-17 臣○大王深與左右羣臣卒計而重謀. 139-9 而○爲趙. 140-5 ○拜內之於王. 140-5 而皆○爲趙. 140-7 ○大夫之往也. 142-10 ○王熟慮之也. 142-20 ○王之熟計之也急. 143-11 皆○奉教陳忠於前之日久矣. 144-4 ○大王愼無出於口也. 144-11 是臣之所以爲大王○也. 144-18 ○大王之熟計之也. 145-21 臣○王察臣之所謁. 146-15 ○渡河踰漳. 148-4 ○以甲子之日合戰. 148-5 ○大王之定計. 148-16 乃且○變心易慮. 148-20 故寡人○募公叔之義. 149-25 臣○大王圖之. 150-7 ○竭其忠. 151-9 故臣○王之圖之. 151

-12 ○盡其忠. 151-22 臣○王之圖之. 152-5 ○君之亦勿忘也. 158-19 吾不○見魯連先生也. 162-20 ○聞所以爲天下. 165-23 ○公之熟圖之也. 167-18 ○王之熟慮無齊之利害也. 169-16 臣○王之曰聞魏而無庸見惡也. 170-15 ○王之陰重趙. 170-17 臣○足下之大發攻宋之舉. 171-11 臣又○足下有地効於襄安君以資臣也. 171-13 則○五國復堅約. 171-24 ○得趙. 171-24 臣○君之蚤計也. 172-6 ○大王無絶其歡. 177-9 ○得請之. 177-10 固○承大國之意也. 177-12 左師觸讋○見太后. 178-22 故○望見太后. 178-25 ○令得補黑衣之數. 179-4 ○及未填溝壑而託之. 179-7 ○得借師以伐趙. 181-14 ○王以國事聽之也. 183-22 ○大王之熟察之也. 184-24 故○大王之熟計之也. 186-10 ○王察之. 191-11 ○太子更日. 194-6 ○王之深計之也. 195-1 ○足下之論臣之計也. 195-14 ○臣畜而朝. 197-2 今臣○大王陳臣之愚意. 198-11 ○大王察之. 198-12 臣○大王察之. 199-6 ○王察之矣. 199-23 ○王之必無講也. 202-16 ○君之以是慮事也. 202-17 ○之及楚趙之兵未任於大梁也. 203-2 臣○君之熟計而無行危也. 203-7 ○子之有以易名母也. 203-15 ○子之且以名母爲後也. 203-16 ○王之有以易之. 203-17 ○王無憂. 204-13 寡人○子之行也. 205-18 文○借兵以救魏. 205-19○大王之救之. 206-2 是故臣○以從事乎王. 208-6 ○王之熟計之也. 209-2 臣○以鄙心意公. 209-16 ○大王之熟計之也. 211-4 ○王之熟計之也. 212-1 ○大王無攻魏. 213-12 肖○爲外臣. 216-2 臣○君之忘之也. 217-9 ○君之生束縮高而致之. 217-20 ○終守之. 219-13 是故○大王之熟計之也. 222-9 明也○因茂以事王. 225-21 ○大國遂肆意於秦. 226-13 ○公之熟計之也. 227-8 ○有復於公. 227-9 ○公之聽臣言也. 228-4 ○公之復求中立於秦也. 228-7 公何不因行○以與秦王語. 228-9 行○之爲秦王臣也公. 228-10 此惠王之○也. 228-19 此武王之○也. 228-20○王之熟計之也. 228-23 ○大王之熟計之. 231-5 ○公之察也. 233-17○公之無疑也. 239-16 ○公之行之也. 239-18 ○公之加務也. 240-5○王熟慮之也. 240-23 ○君之熟計之也. 243-15 臣○有言. 243-20 臣故○公仲之國以侍於王. 244-23 ○公雖疾. 245-13 ○君察之也. 247-2 是故○大王與趙從親. 248-17 ○爲兄弟而請罪於秦. 250-3 是故○大王之熟計之也. 251-25 孤之○也. 255-15 燕趙之所同○也. 257-11 名得所○. 257-12 ○足下之無制於羣臣也. 259-10 ○子還而視之. 263-12 ○子爲寡人爲之將. 263-25 則盈○. 265-2 今王○封公子. 265-13 ○王之熟計之也. 266-9 楚魏之所同○也. 267-14 ○大王之熟慮之也. 269-2 故○王之熟計之也. 270-8 敢端其○. 272-3 ○君無以寡人不肖. 272-21 ○君捐怨. 273-3 ○太傅幸而圖之. 273-23 ○太子急遣樊將軍入匈奴以滅口. 274-5 ○太傅更慮之. 274-9 ○因太傅交於田先生. 274-11 ○圖國事於先生. 274-12 ○先生留意也. 274-14 ○因先生得○交於荆軻. 274-17 ○先生勿泄也. 274-19 ○先生留意也. 274-22 ○足下過太子於宮. 274-23 ○先生勿泄也. 274-25 ○足下急過太子. 275-1 ○有所道. 275-6 必得所○矣. 275-13 此丹之上○. 275-17 臣○得謁之. 275-24 ○足下更慮之. 276-3 ○得將軍之首以獻秦. 276-8 ○舉國爲内臣. 277-6 ○大王少假借之. 277-12 ○王之有以命弊邑. 280-11 ○聞之. 281-4 固○效之. 281-4 ○王博事秦. 282-18 ○與大國伐之. 284-8 ○聞其說. 285-13 ○聞弱趙强中山之說. 287-2 臣○之趙. 287-3 吾○請之. 287-10 ○王無泄也. 287-12 ○使君將. 289-8 寡人之○. 290-8 然惟○大王覽臣愚計. 290-9 ○大王察之. 290-15

【壓】 6
而欲丞相之○. 198-6 且夫欲○者. 204-19 而王因使之受○. 204-20 夫欲○者制地. 204-20 而欲地者制○. 204-20 其言曰收○. 232-8

【闕】 4
以○周室. 28-25 芻牧薪采莫敢○東門. 54-11 東○於周室甚. 142-21 以東○周室. 240-20

【曝】 1
蚌方出○. 270-4

【闐】 1
北至乎○. 207-23

【闔】 38
故蘇秦相於趙而○不通. 17-3 大王苟能閉○絶齊. 26-11 出○遇蘇子. 31-1 棄逐於秦而出○. 31-6 秦啓○而聽楚使. 31-25 伍子胥橐載而出昭○. 38-1 左○阪. 38-18 走涇陽於○外. 40-11 韓必爲○中之候. 53-24 而魏亦○内候矣. 54-1 而○内二萬乘之主注地於齊. 54-1 悉趙涉河○. 70-1 指摶○. 70-1 即臨晉之○可以入矣. 101-23 即武○可以入矣. 101-25 一軍出武○. 109-3 不至十日而距扞○. 110-18 扞○驚. 110-19 秦舉甲出之武○. 110-20 且夫秦之所以不出甲於函谷○十五年以攻諸侯者. 111-2 天下○閉不通. 120-14 距於扞○. 138-16 趙涉河漳博○. 146-3 楚軍武○. 146-4 楚軍武○. 146-5 秦必不敢出兵於函谷○以害山東矣. 146-7 秦兵不敢出函谷○十五年矣. 147-24 啓○通敝. 159-20 魏氏閉○而不通. 186-20 王不若與竇屢○内侯. 190-13 欲使五國約閉秦○者. 195-22 趙王因令閉○絶秦. 201-9 因而○之. 208-11 伐榆○而韓氏亡鄭. 211-17 望諸攻○而出逃. 263-5 薛公釋戴逃出於○. 263-6 齊閉○不通中山之使. 285-5 寡人所以閉○不通使者. 285-19

【疇】 6
田○荒. 19-1 田○荒. 20-23 夫物各有○. 81-1 今髡賢者之○也. 81-1 令吏逐公○豎. 245-2 公○堅. 245-4

【蹶】 2
天下見臣盡忠而身○也. 38-7 顛○之請. 78-4

【蹻】 1
贏滕履○. 16-17

【蹌】 1
其民無不吹竽鼓瑟擊筑彈琴鬬雞走犬六博○踘者. 68-21

【蹯】 4
決○而去. 167-15 非不愛其○也. 167-16 然而不以環寸之○. 167-16 非環寸之○也. 167-17

【蹴】 1
許異○哀侯而殪之. 242-3

【蟻】 3
則螻○得意焉. 62-22 蓐螻○. 106-13 而下爲螻○食也. 124-16

【嚴】 24
○氏爲賊. 8-10 寡人知○氏之爲賊. 8-12 足下上畏太后之○. 38-8 萬乘之○主也. 84-16 主○以明. 110-3 令○政行. 140-13 又○之以刑罰. 146-22 威○不足以易於位. 153-4 其畏惡○尊秦也. 198-15 ○遂重於君. 236-22 ○遂政議直指. 236-22 ○遂拔劍趨之. 236-23 於是○遂懼誅. 236-23 ○遂陰交於聶政. 237-1 ○遂曰. 237-2 於是○遂乃具酒. 237-2 固謝○仲子. 237-4 ○仲子辟人. 237-6 ○仲子固讓. 237-10 而○仲子乃諸侯之卿相也. 237-14 而○仲子舉百金爲親壽. 237-15 見○仲子曰. 237-19 ○仲子具告曰. 237-21 夫勝一臣之○焉. 290-13

【獸】 9
○同足者而俱行. 80-24 虎求百○而食之. 103-23 天帝使我長百○. 104-1 觀百○之見我而敢不走乎. 104-2 ○見之皆走. 104-3 虎不知○畏己而走也. 104-3 猶百○之畏虎也. 104-5 今山澤之○. 122-8 若禽○耳. 206-18

【羅】 9
譬之如張○者. 7-3 少庶子甘○曰. 58-6 甘○曰. 58-8 甘○曰. 58-10 甘○見張唐曰. 58-12 甘○曰. 58-13 甘○曰. 58-16 甘○謂文信侯曰. 58-19 下宮糅○紈. 89-1

【贊】 7
牛○進諫曰. 154-2 牛○再拜稽首曰. 154-14 旦日○羣臣而訪之. 167-21 文侯謂覩師○曰. 181-20 ○對曰. 181-21 王以國○嫪毐. 219-5 王以國○嫪氏. 219-6

【簵】 1
其堅則箘○之勁不能過也. 132-18

【牘】 1
取筆○受言. 101-11

【鏤】 1
且以繩墨案規矩刻○我. 141-7

【鏡】 2
朝服衣冠窺○. 66-5 窺○而自視. 66-11

【辭】 98
秦必無○而令周弗受. 3-18 將以爲○於秦而不往. 12-12 魏王以上黨之急○之. 12-14 周君得以爲○於父兄百姓. 12-21 ○不受. 15-8 繁稱文○. 16-7 溺於○. 16-15 張儀果來○. 23-20 與寡人爭○. 30-21 甘茂○不往. 31-13 范睢○讓. 37-6 懼必卑○重幣以事秦. 39-9 卑○重幣以事之. 39-12 不○禍凶. 45-1 而今三國之○去. 48-8 臣恐韓魏之卑○慮患. 52-25 張唐○曰. 58-5 姚賈○行. 60-23 士尉○而去. 63-8 吾無○爲之. 63-10 ○而之薛. 63-12 齊貌辨○而行. 63-12 靖郭君○. 64-3 謝病强○. 64-3 靖郭君○不得. 64-3 亦驗其○於王前. 65-8 異人而同○. 67-3 齊無○. 76-5 齊○. 76-6 ○曰. 82-22 孟嘗君固○不往也. 83-19 而欲媿之以○. 84-7 顏斶○去曰. 86-25 田子○. 88-21 ○讓而重賂至矣. 93-12 而○氣不悖. 97-18 因以爲○而攻之. 100-21 皆爲變○. 101-14 且夫涓來之○. 102-11 必非固之所以之齊之○也. 102-11 王不如令人以涓來之○謾固於齊. 102-12 客○而去. 107-1 飾辯虛○. 110-13 太子○於齊王而歸. 117-7 ○而行. 119-15 張子○楚王曰. 120-14 臣有○以報樗里子矣. 125-17 君何○之. 126-19 ○封而入韓. 140-25 常苦出○斷絶人之交. 144-11 知者功大而○順. 146-17 窮有弟長○讓之節. 149-4 子謁病而○. 152-20 公不若陰○樓子曰. 156-3 必以趙爲○. 157-3 而王○利也. 158-1 而○應侯. 158-14 樓緩○讓曰. 158-23 不待○之畢也. 160-24 佩趙國相印不○無能. 161-10 魯仲連○讓者三. 164-18 遂○平原君而去. 164-21 孰敢○之. 169-11 ○行. 173-7 翟章○不受. 175-17 而○乎魏文侯. 181

-24 再拜○曰. 183-8 且夫從人多奮○而寡可信. 186-6 人主覽其○. 186-8 王必無○以止公. 187-11 請卑○割埊. 190-11 史舉不○而去. 193-9 於是○行. 199-24 欲講攻於齊王兵之○也. 209-20 敢再拜○. 217-17 此○反. 218-2 而聽從人之甘言好○. 223-5 公無○以後反. 232-15 子有○以毋戰. 233-2 彼將禮陳其○而緩其言. 234-2 ○. 238-1 吳人果聽其○. 241-21 卑○以謝秦. 249-23 是王以虛○附秦. 249-25 ○孤竹之君. 250-16 蘇子固○. 264-10 故不敢爲○說. 267-1 故受命而不○. 267-9 故受命而弗○. 267-23 臣聞○卑而幣重者. 270-13 ○倨而幣薄者. 270-13 今魏之○倨而幣薄. 270-13 請○決矣. 276-23 今齊之○云卽佐王. 285-21 齊以是○來. 285-25 果以是○來. 286-4 司馬憙○去. 287-13 卑○重幣. 288-22

【鯵】 1

俯噣○鯉. 124-22

【譆】 1

○. 78-3

【譚】 3

○拾子迎之於境. 85-6 ○拾子曰. 85-8 ○拾子曰. 85-10

【譖】 1

張儀之好○. 108-10

【識】 8

不○大國何塗之從而致之齊. 1-11 其妻不○. 135-14 不○三國之憎秦而愛懷邪. 147-16 不○從之一成惡存也. 147-20 不○禮義德行. 206-17 而王弗○也. 206-22 不○也. 213-13 不○坐而待伐. 231-19

【靡】 9

○不有初. 52-15 ○不有初. 55-8 而百姓○於外. 60-20 專淫逸侈○. 124-3 六十而盡相○也. 125-21 必外○於天下矣. 241-8 冒○逃之魏. 283-8 贖一冒○. 283-9 以○其財. 288-19

【廬】 7

闔○爲霸. 38-3 馮忌爲○陵君謂趙王曰. 175-22 王之逐○陵君. 175-22 今燕一以○陵君爲言. 175-24 然則王逐○陵君. 175-25 ○睪在其北. 182-25 然而○田廡舍. 184-9

【龐】 3

禽○涓. 65-11 ○葱與太子質於邯鄲. 199-19 ○葱曰. 199-21

【壟】 2

有敢去柳下季○五十步而樵采者. 85-20 曾不若死士之○也. 85-22

【羸】 10

○縢履蹻. 16-17 更○與魏王處京臺之下. 127-16 更○謂魏王曰. 127-17 更○曰. 127-18 更○以虛發而下之. 127-19 更○曰. 127-19 士卒病○. 132-25 桑輪蓬篋○勝. 137-4 民○而不休. 146-22 ○則兼欺舅與母. 261-10

【旟】 1

從七星之○. 94-9

【甕】 1

宜若奉漏○. 73-21

【類】 14

王○欲令若爲之. 7-13 此亦淖齒李兌之○已. 40-8 族○離散. 53-5 刻而○. 63-9 以其○爲招. 124-19 其音何○吾夫之甚也. 135-15 賤之○也. 151-21 是薄柱擊石之○也. 155-11 夫物多相○而非也. 182-4 武夫○玉. 182-5 此桓公許異之○也. 242-14 此食烏喙之○也. 249-19 適不幸而有○妾之棄酒也. 251-6 爲與此同○也. 279-21

【爍】 1

卽趙自消○矣. 172-21

【瀨】 1

故楚南察○胡而野江東. 108-14

【懷】 19

可○挾提挈以至齊者. 1-17 出其父母○衽之中. 18-18 周人○璞過鄭賈曰. 41-21 天下○樂敬愛. 44-15 外○戎翟天下之賢士. 99-7 楚○王拘張儀. 116-4 ○王薨. 117-7 賁諸○錐刃而天下爲勇. 122-16 是○二心以事君也. 135-20 亦將以愧天下後世人臣○二心者. 135-20 人○吾義. 140-9 臣聞○重寶者. 146-16 秦人下兵攻○. 147-15 臨○而不救. 147-16 不識三國之憎秦而愛○邪. 147-16 忘其憎○而愛秦邪. 147-17 相魏○於魏. 172-10 秦故有○地刑丘之城垝津. 207-11 ○怒未發. 219-25

【寵】 10

秦之○子也. 57-14 ○臣不避軒. 105-25 恐又無○. 128-18 君又安得長有○乎. 129-1 知伯○之. 135-7 而將軍又何以得故○乎. 164-12 乃多與趙王○臣郭開等金. 180-1 王誠能毋愛○子母弟以爲質. 253-14 厚遺秦王○臣中庶子蒙嘉. 277-4 甚愛而有○. 282-1

【疆】 6

徙兩周之○. 55-14 未涉○. 118-15 廣封○. 134-8 三○三親. 172-13 鄭○曰. 234-8 國之有封○. 272-13

【鶩】 1

邯鄲之中○. 90-11

【歠】 2

進熱○. 251-15 於是酒酣樂進取熱○. 251-15

【繩】 2

齊宋在○墨之外以爲權. 55-22 且以○墨案規矩刻鏤我. 141-7

【縵】 2

○○柰何. 185-1

【繳】 2

治其繒○. 124-24 引微○. 124-25

【繡】 9

安有說人主不能出其金玉錦○. 16-22 綿○千純. 17-1 因以文○千匹. 28-15 相錯如○. 39-14 無不被○衣而食菽粟者. 85-1 錦○千純. 146-11 用兵如刺蜚○. 261-13 舍其錦○. 279-15 此猶錦○之與短褐也. 279-20

【騶】 1

於是使人發○. 124-7

【壤】 23

故楚之土○士民非削弱. 27-11 王迎甘茂於息○. 29-4 於是與之盟於息○. 29-19 息○在彼. 29-21 必攻陽右○. 53-9 隨陽右○此皆廣川大水. 53-10 夫以王○土之博. 53-19 齊之右○可拱手而取也. 54-2 ○地兩分. 54-15 故三國欲與秦○界. 81-14 三國之與秦○界而患急. 81-20 齊不與秦○界而患緩. 81-21 斷右○. 96-16 ○削主困. 96-20 名與天○相敝也. 97-22 接境○界. 111-16 秦以五十萬臨齊右○. 118-15 則地與國都邦屬而○挈者七百里. 138-17 參分趙國○地. 138-25 韓與秦接境○界. 139-16 ○地不削. 165-14 爲求○埊也. 187-22 而韓魏○梁. 213-5

【攘】 9

○地千里. 44-23 則名號不○而至. 91-8 交游○臂而議於世. 97-1 ○地千餘里. 142-23 秦禍案○於趙矣. 143-5 十年○地. 147-8 以○諸胡. 150-23 ○地必遠矣. 201-19 ○臂按劍. 222-16

【黈】 3

令韓陽告上黨之守靳○曰. 139-23 靳○曰. 139-25 乃使馮亭代靳○. 140-3

【藺】 3

前夾林而後○臺. 200-12 河山以○之. 207-19 無河山以○之. 207-25

【轘】 1

塞○轅緱氏之口. 21-23

【飄】 2

○搖乎高翔. 124-22 夫○於清風. 164-25

【醳】 2

王欲○臣剸任所善. 265-1 則臣請歸○事. 265-2

【獻】 65

願○九鼎. 1-11 昭○在陽翟. 3-8 今昭○非人主也. 3-10 鄭朝○之趙太卜. 6-24 候得而○東周. 8-2 果○西河之外. 23-11 夫晉○公欲伐郭. 23-14 臣請使秦王○商於之地. 26-11 蘇代爲齊○書穰侯曰. 32-12 ○書昭王曰. 36-8 ○則謂公孫消曰. 56-7 韓○宜陽. 69-25 ○魚鹽之地三百於秦也. 70-5 因○下東國. 75-20 益割地而○之. 76-2 乃○七珥. 77-7 ○象牀. 79-24 願得○之. 80-2 奉四時之○. 109-6 使使臣○書大王之從車下風. 111-19 ○雞駭之犀夜光之璧於秦王. 111-22 蒙穀○典. 114-2 ○之地. 117-9 ○之便. 117-10 敬○地五百里. 117-11 皆令○其計. 117-14 而北○地五百里於齊. 118-7 乃遣子良北○地於齊. 118-9 大夫來○地. 118-13 令其一善而○之王. 123-24 有不○死之藥於荆王者. 126-6 且客○不死之藥. 126-9 臣故敢○其愚. 144-7 弊邑秦王使臣敢○書於大王御史. 147-23 齊○魚鹽之地. 148-10 爲齊○書趙王. 169-3 范座○書魏王曰. 173-22 ○書秦王曰. 177-7 故敝邑趙王使使臣○愚計. 185-3 史厭謂趙○曰. 189-9 則臣能使魏○之. 201-16 王○之秦. 201-19 因○之秦. 201-20 魏之所以○長羊王屋洛林之地者. 201-24 ○書秦王曰. 211-3 是故秦王使使臣○書大王御史. 223-14 楚昭○相韓. 224-3 韓廢昭○. 224-3 昭○令人謂公叔曰. 224-3 不如貴昭○以固楚. 224-3 令昭○轉而與之處. 225-1 而昭○. 225-2 甘茂與昭○遇於境. 232-8 韓○開罪而交愈固. 249-22 ○常山之尾五城. 252-3 臣請○一朝之賈. 263-13 臣請○白璧一雙. 263-15 蘇代自齊○書於燕王曰. 264-14 故○御書而行. 264-14 望諸君乃使人○書報燕王曰. 266-24 或○書燕王. 268-16 與燕督亢之地圖○秦王. 276-1 願得將軍之首以○秦. 276-8 及○燕之督亢之地圖. 277-7 欲○之秦. 278-7

【黨】 49

上○長子趙之有已. 4-24 秦盡韓魏之上○大原. 5-5 魏王以上○之急辭之. 12-14 而兩上○絶矣. 12-19 是上○每患而贏四十金. 12-23 韓兼兩上○以臨趙. 13-3 以爭韓之上○. 20-3 降代上○. 20-6 上○十七縣. 20-6 代上○不戰而已爲秦矣. 20-8 上○南陽積之久矣. 29-5

則韓魏必無上○哉. 32-25 北斬太行之道則上○之兵不下. 39-18 困於上○. 42-18 上○之民皆返爲趙. 42-19 則上○. 48-17 夫從人朋○比周. 69-20 因以上○二十四縣許秦王. 73-4 歸於何○矣. 100-11 崔杼帥其君○而攻. 127-1 秦盡韓魏之上○. 138-17 且秦以三軍攻王之上○而危其北. 138-19 請效上○之地以爲和. 139-22 令韓陽告上○之守靳黈曰. 139-23 今王令韓興兵以上○入和於秦. 139-24 韓不能守上○. 140-4 韓不能守上○. 140-7 故自以爲坐受上○也. 140-10 韓不能守上○. 140-17 趙聞韓不能守上○. 141-1 趙起兵取上○. 141-2 塞朋○之門. 145-22 失其○而孤居. 148-11 自常山以至代上○. 150-19 以及上○. 150-22 近可以備上○之形. 151-1 吾欲北伐上○. 158-4 絶韓之上○而攻强趙. 207-3 通韓之上○於共莫. 208-10 是魏重質韓以其上○也. 208-11 其多力者内樹其○. 223-21 羣臣或内樹其○以擅其主. 223-21 公孫郝○於韓. 227-12 而甘茂○於魏. 227-12 而公○於楚. 227-13 秦王以公孫郝爲○於公而弗之聽. 228-8 公孫郝○於齊而不肯言. 228-22 啓與支○攻益而奪之天下. 254-6 太子因數○聚衆. 254-15

【懸】 5

梁有○黎. 36-17 命○於趙. 73-12 必○命於楚. 107-19 心搖搖如○旌. 109-23 ○釜而炊. 132-24

【贍】 1

太后救過不○. 33-8

【躁】 1

知慮不○達於變. 153-4

【黥】 1

○劓其傅. 15-6

【籍】 17

按圖○. 21-25 叢○我神三日. 40-17 叢○其神. 40-18 ○人以此. 40-20 案圖○. 71-17 案圖○. 72-3 天子受○. 87-15 韓求相工陳○而周不聽. 112-5 君○之目百里勢. 126-13 召門吏爲汗先生著客○. 128-7 國有固○. 154-2 變○則亂. 154-3 是變○而棄經也. 154-3 子知官府之○. 154-8 今子以官府之○. 154-13 其寡力者○外權. 223-21 呴○叱咄. 255-21

【籌】 2

是大王○筴之臣無任矣. 216-21 竊以爲大王○筴之臣無任矣. 216-24

【纂】 1

其自○繁也完矣. 218-17

【譽】 8

國必有誹○. 4-9 ○在上. 4-9 皆大臣見○者也. 4-13 故大臣得○. 4-13 不如○秦王之孝也. 11-1 行義不固毀○. 44-24 故常見○於朝. 98-20 爲其兩○也. 259-13

【豐】 3

韓息士民以待其○. 239-24 今强國將有帝王之○. 242-13 可以無○. 246-24

【覺】 5

居二年而○. 111-13 ○. 130-3 恐天下之驚○. 138-9 至旦不○. 200-6 彼已○. 225-2

【鐔】 2

無釣罕○蒙須之便. 155-13 而爲此釣罕○蒙須之便. 155-14

【鐘】 1

而建千石○. 85-24

【釋】 37

子罕○相爲司空. 4-10 天下乃○梁. 54-16 使陳毛○劍掫. 54-19 而天下乃齊○. 54-20 使曹沫○其三尺之劍. 79-17 ○帝則天下愛齊乎. 89-14 齊○帝. 89-18 故臣願王明○帝. 89-18 故○帝而貳之以伐宋之事. 89-21 將不○甲. 92-18 必不○趙. 104-19 今○霸王之業. 109-10 子○之. 120-19 君○此計. 133-2 子○之. 133-13 納地○事以去權尊. 134-22 卒○之. 135-13 今王○此. 150-6 今君○此. 151-12 子其○之. 151-19 今秦○韓魏而獨攻王. 159-19 爲人排患○難解紛亂而無所取也. 164-20 君唯○虛僞疾. 167-2 將軍○之矣. 174-20 君何○以天下圖知氏. 181-8 又安敢○卒不我予乎. 192-8 故王不如○薔. 193-14 秦果○管而攻魏. 213-10 敢再拜○罪. 218-6 而相國見臣不○塞者. 247-9 竊○鉏耨而干大王. 252-11 猶○弊躧. 257-12 薛公○戴逃出於關. 263-6 公○蒲勿攻. 282-9 今臣能使○蒲勿攻. 282-12 畏而○之. 289-21 ○趙養民. 290-10

【饒】 5

蓄積○多. 15-17 是我以王因○中山而取地也. 157-10 秦得安邑之○. 172-15 南有碣石鴈門之○. 248-6 江漢魚鼈黿鼉爲天下○. 279-18

【饋】 1

孝成王方○. 167-25

【饑】 4

令以○故. 190-1 燕○. 266-2 爲其○也. 266-6 亦爲其○也. 266-7

【騰】 4

游○謂楚王曰. 10-4 ○山者五. 81-7 游○爲楚謂秦王曰. 117-2 游○謂公仲曰. 225-14

【鯷】 1

○冠秫縫. 150-11

【鰌】 2

廉如鮑焦史○. 257-25 廉如鮑焦史○. 258-4

【觸】 5

○塵埃. 137-5 左師○讋願見太后. 178-22 我起乎宜陽而○平陽. 260-11 我離兩周而○鄭. 260-12 ○魏之不意. 289-19

【譴】 1

太卜○之曰. 6-25

【議】 38

挾韓而○. 29-11 而爲諸侯所○也. 44-2 能謗○於市朝. 66-19 恐韓魏之○其後也. 69-7 聞先生高○. 88-17 正○閔王. 95-4 交游攘臂而○於世. 97-1 昭奚恤與彭城君○於王前. 104-8 據本○制斷君命. 129-18 臣竊外聞大臣及下吏之○. 138-6 ○秦以謀計. 138-11 畏韓魏之○其後也. 145-3 而世必○寡人矣. 149-8 殆毋顧天下之○矣. 149-11 吾恐天下○之也. 149-20 以輔公叔之○. 149-24 臣愚不達於王之○. 151-4 賢者○俗. 151-16 訪○之行. 152-25 而○臣者過於三人矣. 199-23 許鄢陵必○. 212-24 ○則君必窮. 212-24 故臣能無○君於王. 213-2 不能禁人○臣於君也. 213-2 二人各進○於王以事. 221-15 嚴遂政○直指. 236-22 非慮過而○失也. 241-7 韓珉之○. 244-9 不得○公孫郝. 244-14 不得○甘戊. 244-15 能無○君於王. 247-2 而不能令人毋○臣於君. 247-2 故遠近無○. 272-24 而○寡人者遍天下. 272-25 ○不累物. 273-1 ○其事. 280-4 坐御以待中之○. 280-5 是非臣所敢○. 287-12

【贏】 4

是上黨每患而○四十金. 12-23 珠玉之○幾倍. 56-22 立國家之主○幾倍. 56-22 於是○糧潛行. 113-13

【糲】 1

特以爲夫人鱻○之費. 237-8

【灌】 6

决水○之. 21-5 決晉水以○晉陽. 49-17 汾水利以○安邑. 49-19 絳水利以○平陽. 49-19 決晉水而○之. 132-23 而決水○知伯軍. 134-2

【懽】 7

楚方○. 26-4 而大國與之○. 26-10 不如許楚漢中以○之. 29-25 楚○而不進. 29-25 遇之甚○. 78-7 以○從之. 116-9 大國大○. 281-19

【寶】 46

厚○也. 1-7 必以○事公. 2-10 亦必盡其○. 2-11 韓氏果亦效重○. 2-12 受○於韓. 2-13 多名器重○. 2-16 西周之○可盡矣. 2-17 韓○. 2-20 西周之欲入○. 2-20 西周之○不入楚韓. 2-21 楚韓欲得○. 2-22 西周○出. 2-22 是我爲楚韓取○以德之也. 2-23 公東收○於秦. 4-25 盡君子重○珠玉以事諸侯. 7-2 九鼎○器必出. 21-25 此四○者. 36-17 君之府藏珍珠○玉. 57-5 買以珍珠重○. 61-1 而珍珠重○盡於內. 61-2 國之○. 61-3 先人有○劍. 80-2 重之○劍一. 80-13 許戍以先人之○劍. 80-16 私得○於外者. 80-19 君宮中積珍○. 83-4 非弗○貴矣. 86-25 昭奚恤取魏之○器. 105-9 資之金玉○器. 116-9 挾○地以爲資. 116-11 ○珍隋珠. 127-8 此三○者. 138-23 不愛名○. 141-14 臣聞懷重○者. 146-16 發使出重○以附楚魏. 161-19 楚魏欲得王之重○. 161-20 而能令王坐而天下致名○. 169-3 敝邑有○璧二雙. 205-5 兕有璧馬之○. 205-14 東周○之. 246-6 小亂者可得其○. 252-7 雖盡○地. 252-7 ○珠玉帛以事其左右. 253-15 盡取齊○. 256-10 珠玉財○. 267-18 人有言我有○珠也. 271-13

【賨】 5

爲○屢謂魏王曰. 190-11 王不若與○屢關內侯. 190-13 聞周魏令○屢以割魏於奉陽君. 190-14 夫周君○屢奉陽君之與穰侯. 190-15 ○屢也. 190-16

【譬】 12

○之如張羅者. 7-3 ○如使豺狼逐羣羊也. 22-9 ○猶以千鈞之弩潰癰也. 32-18 ○若馳韓盧而逐蹇兔也. 38-19 臣竊爲公○可也. 72-19 ○若虎口. 77-18 ○若挹水於河. 81-2 ○之衛矢而魏弦機也. 90-13 臣願以射○之. 127-15 ○猶抱薪而救火也. 204-22 臣請爲王○. 258-24 又○如車士之引車也. 268-22

【鶩】 2

而君鵝○有餘食. 88-25 賴得先王鴈○之餘食. 265-8

【饗】 3

旦暮當拔之而○其利. 133-16 中山君○都士. 288-2 勞者相○. 288-19

【繻】 1

與其相田○不善. 191-8
【繼】 9
天下○其統. 44-17 有存亡○絶之義. 80-7 今吾欲○襄主之業. 149-5 敢道世俗之間今欲○簡襄之意. 151-4 存亡○絶. 173-2 有子孫相○爲王也哉. 179-13 其○有在者乎. 179-15 而國○以圍. 207-22 其弟蘇代欲○之. 252-10
【鬻】 1
欒水○其墓. 194-2
【攝】 3
○禍爲福. 123-4 右○丸. 124-18 ○衽抱几. 164-1
【驅】 17
○十二諸侯以朝天子於孟津. 55-12 秦○韓魏攻齊之南地. 70-1 ○而之薛. 82-24 長○到齊. 83-2 馮諼先○誡孟嘗君曰. 83-17 適爲固○以合齊秦也. 102-10 無以異於○羣羊而攻猛虎也. 110-5 前而○己也. 122-8 公子乃○後車. 165-22 事敗爲趙○. 189-24 又長○梁北. 207-22 是○燕而使合於齊也. 249-4 ○趙而攻燕. 251-23 因○韓魏以攻齊. 257-10 長○至國. 267-17 是君爲趙魏○羊也. 284-13 賢於爲趙魏○羊也. 284-18
【驂】 2
魏桓子○乘. 49-18 駕犀首而○馬服. 166-4
【攜】 1
民扶老○幼. 83-10
【歡】 2
願大王無絶其○. 177-9 秦人○喜. 288-18
【權】 53
謀臣之○. 17-4 ○縣宋衛. 35-24 然則○焉得不傾. 40-1 而外重其○. 40-2 淖齒管齊之○. 40-6 ○何得毋分. 41-9 夫商君爲孝公平○衡正度量調輕重. 45-25 臣見王之○輕天下. 50-17 齊宋在繩墨之外以爲○. 55-22 是賈以王之○. 61-2 齊恐田忌欲以楚○復於齊. 65-19 恐田忌之以楚○復於齊也. 65-21 楚之○敵也. 67-17 ○之難. 73-8 兩國之○. 73-13 以太子○王也. 76-5 以能得天下之士而有齊○也. 76-23 則○重於中國. 81-22 必藉於○而務興於時. 90-5 夫○藉者. 90-5 故無○藉. 90-6 ○藉不在焉. 90-9 衛明於時○之藉也. 90-18 ○不輕. 90-23 是以國○輕於鴻毛. 123-8 秉○而殺君以滅口. 129-19 ○重而衆服. 134-12 臣願捐功名去○勢以離衆. 134-12 任國者○重. 134-14 臣主之○均之能美. 134-17 納地釋事以去○尊. 134-22 是故横人日夜務以秦○恐猲諸侯. 145-20 功大而○輕者. 146-23 專○擅勢. 148-17 ○甲兵之用. 148-23 ○使其士. 163-2 今君不能與文信侯相伉以○. 167-12 ○也. 167-17 秦○重魏. 195-5 國危而○輕. 198-23 而動千里之○者. 221-5 其寡力者籍外○. 223-21 伯嬰外無秦楚之○. 235-7 必以韓○報讎於魏. 235-20 而重韓之○. 241-9 何意寡人如是之○也. 244-6 其以○立. 249-4 ○之難. 249-9 而欲得燕○. 254-25 名卑而○輕. 256-14 且事非○不立. 259-16 夫梁兵勁而○重. 280-9 若乃其眉目准頞○衡. 287-9
【覽】 4
不可不日聽也而數○. 63-3 大王○其說. 69-18 人主○其辭. 186-8 然惟願大王○臣愚計. 290-9
【霸】 19
欲决○王之名. 5-9 闔廬爲○. 38-3 ○王之業可致. 38-20 王若欲○. 39-8 韓聽而○事可成也. 39-19 成○功. 46-11 此○王之資也. 108-24 今釋○王之業. 109-10 而弱越之所以○. 158-11 趙强則齊不復○矣. 174-25 則○王之業具矣. 182-19 奚足以○王矣. 183-4 今王動欲成○王. 215-23 聽吾計則可以强○天下. 223-5 而弱越乘其弊以○. 266-6 而使强秦處弱越之所以○也. 266-9 夫齊○國之餘教也. 267-11 必○天下. 281-12 欲○之亟成. 281-13
【露】 8
諸侯見齊之罷○. 39-3 其百姓罷而城郭○. 93-5 而城郭○於境. 93-5 夫罷士○國. 93-10 仰承甘○而飲之. 124-14 蒙霜○. 137-5 甘○降. 138-3 爲將軍久暴○於外. 266-21
【鬭】 1
且自天地之○. 99-16
【曩】 2
臣亦猶○臣之前所得魚也. 218-14 ○者使燕毋去周室之上. 258-10
【躍】 4
○○毚兔. 52-24 高○而不敢進. 69-8 豫讓拔劍三○. 136-8
【纍】 1
東有越○. 121-21
【髓】 2
深於骨○. 219-6 常痛於骨○. 276-6
【儼】 1
今先生○然不遠千里而庭教之. 15-22
【鐵】 3
吾所苦夫○鉆然. 141-8 無有謂臣爲○鉆者乎. 141-9 甲盾鞮鍪○幕革抉. 222-5
【鐸】 1
鼓○之音聞於北堂. 167-20
【鐶】 1
○弦絶. 92-14
【鰥】 1
哀○寡. 88-10
【辯】 16
○士也. 4-5 不如備兩周○知之士. 5-10 君不如令○知之士. 5-10 ○言偉服. 16-7 沈於○. 16-15 夫軫天下之○士也. 24-22 天下駿雄弘○之士也. 44-8 豈不○智之期與. 44-16 其人○士. 46-22 襄王以爲○. 51-19 今蘇秦天下之○士也. 76-24 ○知並進. 85-25 飾○虚辭. 110-13 其○過君. 137-16 子皆國之○士也. 221-14 今公自以○於薛公而輕秦. 233-16
【齎】 5
王何不以地○周最以爲太子也. 13-17 此所謂藉賊兵而○盜食者也. 39-4 今王○臣五城以廣河間. 58-24 於是○蘇秦車馬金帛以至趙. 248-19 ○壍百里. 265-13
【灘】 1
○然止於齊者. 1-18
【懾】 3
趙楚○服. 46-5 弊邑恐懼○伏. 148-1 愁居○處. 148-2
【懼】 51
秦○. 2-12 周君○焉. 10-8 魏王○. 13-24 諸侯畏○. 15-6 富貴則親戚畏○. 17-16 其母○. 29-16 秦王○. 30-17 齊○. 32-5 夫取三晉之腸胃與出兵而○其不反也. 32-25 楚趙附則齊必○. 39-9 ○必卑辭重幣以事秦. 39-9 秦王○. 40-11 ○誅. 47-2 魏○而復之. 48-20 諸侯必○. 59-15 ○而相捄. 59-15 恐○死罪於前. 60-6 齊王○乎. 67-14 齊王○. 81-9 君臣恐○. 83-19 趙氏○. 90-14 燕將○誅. 96-5 田單乃○. 100-8 可○也. 103-12 其心必○我. 103-13 彼○吾兵而營我利. 103-13 臣大○. 105-3 太子○. 126-1 秦王聞之○. 126-4 韓必○. 139-19 ○則可以不戰而深取割. 139-20 弊邑恐○懾伏. 148-1 畏○不敢不行. 177-21 楚王○. 178-8 天下必○. 181-5 鄰國○而相親. 181-6 魏王○. 190-1 魏王○. 190-19 今公又言有難以○之. 192-6 魏王必○. 209-11 魏王之○也見亡. 209-22 於是嚴遂○誅. 236-23 ○趙用樂毅承燕之弊以伐燕. 266-16 三國○. 271-7 太子丹恐○. 275-23 恐○不敢自陳. 277-7 衛君○. 280-2 趙人畏○. 288-19 君臣憂○. 288-22 不遂以時乘其振○而滅之. 289-20 撫其恐○. 290-10
【竈】 6
臼○生鼃. 131-8 夢見○君. 166-9 今子曰夢見○君而言君也. 166-10 若○則不然. 166-12 是以夢見○君. 166-13 滅○. 283-15
【顧】 35
不○其先君之丘墓. 6-17 ○爭於戎狄. 22-4 今太后擅行不○. 39-24 不○一子以留計. 57-15 ○反聽命於韓也. 64-20 則狼○. 69-7 皆爲一時說而不○萬世之利. 69-16 孟嘗君○謂馮諼. 83-11 願君○先王之宗廟. 83-22 不○燕王之無臣. 96-9 計不○後. 97-14 左右○無人. 98-7 不○其禍. 109-15 ○而大息曰. 113-7 秦王○令不起. 113-18 不○國政. 124-3 見菟而○犬. 124-10 而小弱○能得之强大乎. 140-12 殆毋○天下之議矣. 149-11 胡服不○世. 152-2 ○反至坐. 165-21 偷取一旦之功而不○其後. 184-23 不○親戚兄弟. 206-17 夫不○社稷之長利. 223-6 ○爲臣. 254-10 去而○之. 263-12 去而○之. 263-13 ○反命. 267-16 不○先王以明而惡. 273-4 ○計不知所出耳. 276-6 終已不○. 277-3 荆軻○笑武陽. 277-11 中山君○謂二人. 288-4 咸○其家. 289-16 韓孤○魏. 289-17
【屬】 32
吾得將爲楚王○怒於周. 11-16 除道○之於河. 11-23 而○其子曰. 12-4 蜀既○. 22-19 王又割濮磨之北○之燕. 52-8 舉齊○之海. 68-8 使人○孟嘗君. 82-4 王有所幸臣九人之○. 99-1 九人之○曰. 99-3 九人之○相與語於王曰. 99-4 而專○之昭奚恤. 104-5 大夫悉○. 113-11 大夫悉○. 113-18 ○之子滿與子虎. 113-20 大夫悉○. 113-23 則地與國都邦○而壤挈者七百里. 138-17 ○之讎柞. 138-25 ○於師傅. 148-18 姧之○也. 151-20 ○怨於趙. 169-20 以事○犀首. 187-15 亦以事○犀首. 187-17 令四國○以事. 187-19 王固先○怨於趙. 196-22 梁王稱善相○. 200-13 燕王因舉國○子之. 254-3 今王言○國子之. 254-8 是名○子之. 254-8 因犀首○行而攻趙. 261-7 盡郡縣之以○燕. 266-13 趙使者來○耳. 286-15 至於平原君之○. 289-23
【蠡】 2
范○知之. 46-13 左彭○之波. 182-22
【續】 5
故以戰○之. 16-11 斷長○短. 18-23 今秦地斷長○短. 21-8 絶長○短. 124-12 合離之相○. 239-20

【纆】 3
子○牽長. 247-7 故○牽於事. 247-7 是○牽長也. 247-9
【纏】 1
○之以布. 60-8
【鬚】 1
滅○去眉. 135-13
【驕】 16
故○張儀以五國. 23-20 貴富不○怠. 45-2 有○矜之色. 45-22 王兵勝而不○. 55-3 勝而不○. 55-4 ○也. 55-6 ○忿非伯主之業也. 55-6 今大王皆有○色. 55-19 必以○奢爲行. 86-9 据慢○奢. 86-9 恐春申君語泄而益○. 129-9 粱肉不與○奢期. 158-17 而○奢至. 158-17 ○奢不與死亡期. 158-17 以○知伯. 181-8 夫○主必不好計. 253-14
【驎】 2
世無騏○騄耳. 87-19 而騏○不至. 177-20
【驂】 4
王獨不見夫服牛○驥乎. 191-9 是服牛○驥也. 191-10 ○馬. 283-13 拊○. 283-14
【鷙】 1
好利而○復. 131-23
【聽】 278
秦王不○羣臣父兄之義而攻宜陽. 2-5 是得地於韓而○於秦也. 3-18 而○天下之戰. 5-4 不得不○秦. 5-5 ○祝弗. 5-13 齊○祝弗. 5-20 逐周最○祝弗相呂禮者. 5-20 君不如令王○最. 5-25 周君不○. 7-11 請謂王○東方之處. 7-19 必不敢不○. 9-22 寡人請以國○. 10-14 周不○. 13-19 傾耳而○. 17-13 大王試○其說. 21-12 天下莫敢不○. 22-1 寡人○子. 22-17 今王誠○之. 22-24 復○於秦. 23-8 舟之僑諫而不○. 23-15 宮之奇以諫而不○. 23-17 願王勿○也. 23-20 王怒而不○. 23-21 王何不○乎. 23-25 吾能○子言. 24-11 楚王不○. 26-23 楚王不○. 27-10 過○於張儀. 27-11 計○知覆逆者. 28-2 ○者. 28-3 計失而○過. 28-3 ○無失本末者難惑. 28-4 魏○臣矣. 29-3 王必○之. 29-11 寡人不○也. 29-19 王將○之. 29-21 則王勿○其事. 30-23 則王必○之. 30-23 秦啓關而○楚使. 31-25 天下必○. 34-12 韓魏東○. 35-23 韓魏弗○. 36-3 其淺者又不足○也. 36-23 將賤而不足○耶. 36-25 不○. 39-16 焉得不○. 39-19 韓○而霸事可成也. 39-19 莫敢不○. 40-3 秦王弗○也. 43-13 王稽不○. 43-23 無明君賢父以○之. 45-8 楚王○. 50-14 楚王不○. 50-14 ○之韓魏. 51-9 委南○罪. 54-20 今子○吾計事. 57-2 衆○讒而誅其良將. 61-10 今王○讒. 61-11 不○其非. 61-18 雖有外誹者不○. 61-19 不可不日○也而數覽. 63-3 靖郭君不○. 63-8 靖郭君之所○愛夫. 63-16 ○則無有. 63-17 若○辨而爲之. 63-19 必○之. 63-21 又不肯○辨. 63-23 三日而○. 64-4 願反○命於韓也. 64-20 田忌不○. 65-17 不如○之. 71-4 遂不○. 72-13 而齊不○. 73-17 不如○之以却秦兵. 73-18 不○則秦兵不却. 73-18 必○王. 76-6 止者千數而弗○. 77-9 君○臣則可. 79-9 不○臣. 79-9 諫而得○. 80-15 說義○行. 84-15 今不○. 89-8 ○之. 89-8 不如○之以卒秦. 89-8 天下○之. 89-9 而天下不○. 89-10 天下不敢不○. 89-22 乃使人○於閭里. 98-16 即墨大夫與雍門司馬諫而○之. 101-19 齊王不○. 102-2 齊王不○即墨大夫而○陳馳. 102-3 是王之○涓也. 102-10 趙不能○. 104-12 臣朝夕日事○命. 105-2 被王衣以○事. 108-18 大王誠能○臣. 109-6 大王誠能○臣之愚計. 109-7 大王誠能○臣. 111-16 韓求相工陳籍而周不○. 112-5 魏求相綦毋恢而周不○. 112-5 今儀曰逐君與陳軫而王○之. 112-7 魏氏不○. 115-6 魏氏○. 115-6 恐秦之變而○楚也. 115-21 而燕趙魏不敢不○. 116-1 臣願無○羣臣之相惡也. 119-7 逐而○則可. 119-23 若不○. 119-23 公不如無○惠施. 121-17 而陰使人以請○秦. 121-17 謁病不○. 121-20 猶不○也. 122-2 楚王○之. 122-11 臣願大王○之也. 123-3 王不○. 123-23 滑不○也. 125-16 今君○讒臣之言. 131-14 郄疵知其言之不○. 131-18 他國不○. 131-24 言之不○. 133-23 夫不○知過. 134-5 君○臣計則生. 137-13 不○臣計則死. 137-14 君能○蘇公之計乎. 137-17 無○其談也. 137-18 無○談者. 137-21 使秦發令素服而○. 139-1 大王誠能○臣. 144-14 ○竽瑟之音. 145-18 多○而時用之. 146-14 家○於親. 149-19 國○於君. 149-19 臣敢不○今. 151-5 臣敢不○令乎. 153-9 臣敢不○令乎. 154-14 秦不○. 156-3 且不○公言也. 156-5 富丁恐主父之○樓緩而合秦楚也. 156-25 韓必○秦違齊. 157-4 必○我. 157-10 中山○之. 157-10 中山不○. 157-11 請效地於魏而○薛公. 157-15 故欲效地於魏而○薛公. 157-16 魏王○. 157-19 趙王不○. 157-22 寡人不○. 157-23 故寡人不○. 157-24 而王不○. 158-1 誠○子割矣. 159-18 今坐而○秦. 160-9 齊之○王. 160-24 王聊○臣. 161-19 趙王不○. 161-22 退而○朝也. 164-2 說以義則不○. 165-17 於魏王○此言也甚詘. 170-14 趙不○. 170-25 而王弗○. 173-13 王○趙殺座之後. 174-7 僕主幸以○僕也. 174-20 小大皆○吾言. 177-11 願王以國事○之也. 183-22 爲弗能○. 183-23 而謂寡人必以國事○鞅. 183-24 大王誠能○臣. 185-2 不敢不○. 185-22 大王不○臣. 186-4 秦必疑齊而不○也. 187-1 猶不○也. 187-24 楚趙必○之. 189-20 魏王弗○也. 189-24 臣不知衍之所以○於秦之少多. 190-11 而○秦矣. 190-15 而○相之計. 191-10 遂勸兩君○犀首. 192-9 王又○之. 192-14 交臂而○楚. 193-13 王其○臣也. 195-3 王○公子. 196-16 不○公子. 196-17 田嬰不○. 197-8 三日不○朝. 200-7 王必勿○也. 202-14 王尚未○也. 203-25 寡人○子. 206-11 ○使者之惡也. 207-15 猶弗○. 208-3 宮之奇諫而不○. 208-24 ○秦而攻魏者. 209-2 必令魏以地○秦而爲和. 209-8 魏王不○. 213-8 臣聞明主之○也. 213-11 ○臣也. 213-12 不○之. 214-9 ○之. 214-9 秦必不○王矣. 214-19 成陽君欲以韓魏○秦. 215-3 韓不○. 215-5 王無○. 215-9 臣請以魏○. 216-4 安陵君不○寡人. 219-14 ○子之謁. 221-19 此我將奚○乎. 221-20 而○從人之甘言好辭. 223-5 ○吾計則可以强霸天下. 223-5 而○須臾之說. 223-6 且○王之言而不攻市丘. 224-19 秦必不○公. 224-24 王○臣. 226-6 縱韓爲不能○我. 226-7 爲能○我絶和於秦. 226-9 韓王弗○. 226-20 過○於陳軫. 226-22 ○者○國. 228-4 非必○實也. 228-4 故先王○諺言於市. 228-4 願公之○臣言也. 228-4 秦王以公孫郝爲黨於公而弗之○. 228-8 今王○公孫郝以韓秦之兵應齊而攻魏. 228-12 今王○甘茂. 228-14 齊魏不能相○. 228-17 楚王弗○. 230-5 不若○而備於其反也. 230-6 魏氏不敢不○. 231-18 公叔爭之而不○. 232-14 馮君廣王而不○公叔. 233-6 秦王○. 233-11 秦不○. 233-12 太子弗○. 234-16 楚○. 234-20 楚王不○. 234-21 楚王○而入質子於韓. 235-11 楚不○. 235-13 秦魏不終相○者也. 239-13 魏不○秦. 239-14 秦令而不○. 239-23 恐梁之不○也. 240-21 昭釐侯○而行之. 241-10 吳人果○其辭. 241-21 越人不○也. 241-23 韓氏之衆無不○令者. 242-4 將○之矣. 244-5 燕趙不敢不○. 245-20 則燕趙不敢不○. 245-23 勿○之也. 246-15 王與大國弗○. 246-16 王能○臣. 249-23 足下不○臣者. 250-10 魏不○. 252-5 不○燕使何也. 252-5 事苟可○. 252-7 ○其所使. 253-25 而噲老不○政. 254-10 韓魏不○. 257-8 齊不○. 257-9 天下孰敢不○. 257-9 天下服○. 257-9 奉陽君不○. 261-23 燕破則趙不敢不○. 263-23 王不○. 264-10 吾必不○衆口與讒言. 264-18 太后弗○. 265-15 爭之而不○. 265-23 公○吾言而說趙王曰. 266-5 將軍過○. 266-22 昔者五子胥說○乎闔閭. 268-4 而君不肯○. 272-3 齊不○. 280-24 太子能○臣乎. 281-3 子○吾言也以說君. 282-25 猶且○也. 284-12 田嬰不○. 284-24 齊王○乎. 285-23 是則必○矣. 285-23 不○臣計. 290-6
【驚】 8
天下震動○駭. 97-18 扞關○. 110-19 而○心未至也. 127-21 襄子至橋而馬○. 135-22 恐天下之○覺. 138-9 聶政○. 237-4 秦王○. 277-15 羣臣○愕. 277-18
【囊】 2
以其所奉藥○提軻. 277-21 乃以藥○提軻也. 278-4
【贖】 4
且削地而以自○於王. 41-16 而○平都侯. 178-16 衛○之百金. 283-8 ○一胥靡. 283-9
【饕】 1
今秦有貪○之心. 275-7
【躓】 1
寧佯○而覆之. 259-5
【羈】 4
今臣○旅之臣也. 29-10 我○旅而得相秦者. 30-6 ○旅之臣也. 37-17 王舉臣於○旅之中. 43-25
【巖】 1
○下有貫珠者. 98-7
【體】 8
身○昳麗. 66-5 而孟嘗令人○貌而親郊迎之. 77-22 身○戰慄. 125-12 衣服使之便於○. 177-17 而恐太后玉○之有所郄也. 178-24 卑○不足以苦身. 219-2 卑○以尊秦. 219-5 臣推○以下死士. 289-22
【穰】 30
前者○侯之治秦也. 19-22 蘇代爲齊獻書○侯曰. 32-12 ○侯智而習於事. 32-14 ○侯智而習於事. 33-2 秦客卿造謂○侯曰. 34-11 謂○侯曰. 35-17 是○侯爲國謀不忠. 38-21 聞秦之有太后○侯涇陽華陽. 39-23 ○侯出使不報. 39-25 ○侯使者操王之重. 40-3 太后○侯用事. 40-7 逐○侯. 40-11 ○侯用之. 40-23 ○侯十攻魏而不得傷者. 41-11 司馬○苴爲政者也. 95-5 不知夫○侯方受命乎秦王. 125-10 夫周君竇屢奉陽君之與○侯. 190-15 太后恐其不因○侯也. 190-16 須賈爲魏謂○侯曰. 202-6 ○侯曰. 203-9 ○侯舅也. 206-19 ○侯攻大梁. 212-21 謂○侯曰. 212-21 君攻楚得宛○以廣陶. 212-22 東有宛○洧水. 221-24 田苓見○侯. 245-13 ○侯曰. 245-13 ○侯怒曰. 245-14 ○侯曰. 245-16 困則使太后○侯爲和. 261-9
【籠】 1
則臣亦之周負○耳. 258-9

【鑄】 1
○諸侯之象. 269-20
【臞】 3
何○也. 265-8 不宜○. 265-9 ○者. 265-9
【讀】 2
○書欲睡. 16-22 因罷兵到○而去. 97-23
【孿】 2
夫○子之相似者. 239-3 正如○子之相似也. 239-5
【聾】 3
舌弊耳○. 16-8 以○爲聰. 127-10 臣恐君之○於官也. 182-14
【襲】 23
其實○蔡. 10-6 ○郢. 19-9 因起兵○秦. 28-17 乃南○至鄧. 48-4 昔者趙氏○衛. 90-9 亦○魏之河北燒棘溝. 90-15 强○郢而棲越. 91-14 胡人○燕樓煩數縣. 92-1 燕人興師而○齊墟. 99-18 秦人一夜而○之. 107-8 秦人一夜而○之. 107-9 興師○秦. 111-5 而○遠方之服. 150-6 而○遠方之服. 151-12 是以莅國者不○奇辟之服. 152-3 帝王不相○. 152-6 不相○而王. 152-10 而以兵○趙. 168-1 强秦○趙之欲. 174-7 彗星○月. 219-23 而○破燕. 255-14 智伯果起兵而○衛. 281-22 智伯欲○衛. 281-25
【灑】 1
漉汁○地. 128-9
【竊】 72
弊邑固○爲大王患之. 1-15 臣○爲大王私憂之. 1-21 ○爲君危之. 9-8 臣○笑之. 18-9 臣○必之弊邑之王曰. 32-13 故臣○必之弊邑之王曰. 33-1 躬○閔然不敏. 37-6 臣○爲王恐. 41-2 ○爲君危之. 45-19 臣○爲大王不取也. 51-6 臣○惑王之輕齊易楚. 55-3 臣○爲大王慮之而不取也. 55-7 孟嘗君又○以諫. 63-8 臣○度之. 68-20 ○爲大王羞之. 68-25 臣○爲公譬可也. 72-19 臣○爲君疑之. 76-15 臣○計. 83-4 ○以爲君市義. 83-5 臣○矯君命. 83-7 斶養士之所○. 92-15 憐而常○衣食之. 100-25 ○爲君危之. 106-1 臣○爲大王不取也. 109-11 ○以爲大王之計過矣. 110-6 臣○爲大王危之. 111-1 ○慕大君之義. 122-15 臣○且爲不便於君. 126-14 臣○以爲土梗勝也. 137-12 臣○觀君與蘇公談也. 137-16 臣○外聞大臣及下吏之議. 138-6 臣○以事觀之. 138-7 臣○觀其圖之也. 138-11 臣○以天下地圖案之. 145-14 故○爲大王計. 145-23 私心固○疑焉. 148-19 臣○爲君不取也. 165-4 臣○爲君不取也. 167-13 而臣○怪王之不試見臣. 169-4 臣○爲大王美之. 173-24 臣○以爲與其以死人市. 174-1 臣○爲大王不取也. 176-1 敝邑寡君亦○嘉之. 177-8 ○自恕. 178-24 ○愛憐之. 179-4 老臣○以爲媼之愛燕后賢於長安君. 179-8 臣○料之. 184-10 臣○爲大王媿之. 184-14 今○聞大王之卒. 184-17 而○爲王悲. 194-22 臣○爲王不取也. 203-21 昔○聞大王之謀出事於梁. 211-3 臣○爲大王計. 211-8 ○以爲大王籌筴之臣無任矣. 216-24 臣○爲大王羞之. 222-14 ○爲王弗取也. 224-10 臣○强之. 233-23 臣○以爲王之明爲不如昭釐侯. 241-12 臣○以爲猶之井中而謂曰. 242-1 臣○爲君不取也. 248-24 ○聞王義甚高甚順. 252-11 ○釋鉏耨而干大王. 252-11 臣○負其志. 252-12 則不過不○人之財耳. 258-4 臣○爲王計. 269-9 燕王○聞秦并趙. 273-14 光○不自外. 274-23 鄰有弊輿而欲○之. 279-14 鄰有短褐而欲○之. 279-15 鄰有糟糠而欲○之. 279-16 必爲有○疾矣. 279-16 臣○見其佳麗. 287-11
【鬻】 7
秦○魏. 32-2 是必與衍○吾國矣. 72-12 而陰○之於秦. 170-2 恃○耳. 179-1 則先○與國而以自解也. 195-7 ○王以爲資者也. 195-9 令足下○之以合於秦. 195-12
【驗】 2
亦○其辭於王前. 65-8 求其好掩人之美而楊人之醜者而參○之. 182-3
【攫】 2
猶時○公孫子之腓而噬之也. 98-22 豈特○其腓而噬之耳哉. 98-24
【饜】 3
士三食不得○. 88-25 民不○糟糠. 222-21 其意不○. 275-9
【齮】 2
令公孫起王○以兵遇趙於長平. 141-2 殺秦將桓○. 180-1
【顯】 16
召公孫○於韓. 28-7 ○名於天下. 41-23 ○逆誅. 43-11 是王過舉○於天下. 44-2 富貴○榮. 44-16 ○名也. 73-22 ○使也. 83-18 二者○名厚實也. 97-5 今臣之名○而身尊. 134-12 吾聞輔主者名○. 134-13 秦王與應侯必○重以示天下. 161-25 以安社稷尊主强兵○名也. 185-15 不敢○也. 195-6 楊達謂公孫○曰. 225-10 ○臣於廷. 250-9 名○諸侯. 261-21
【籥】 1
魯人投其○. 164-2
【讐】 4
秦之深○也. 260-5 順始與蘇子爲○. 262-11 而報其父之○. 263-2 報先王之○. 266-19
【讎】 51
固大王仇○也. 15-12 李○謂公孫衍曰. 28-6 皆張儀之○也. 28-7 秦之深○也. 32-15 秦之深○. 32-16 其○君必深. 34-5 伐○國之齊. 34-18 其○君必深矣. 34-22 挾君之○以誅於燕. 34-23 王將藉路於仇○之韓魏乎. 53-7 是王以兵資於仇○之韓魏. 53-8 王若不藉路於仇○之韓魏. 53-8 棘津之○不庸. 61-13 衍也吾○. 72-12 然則是王去○而得齊交也. 76-6 則是身與楚爲○也. 77-2 天下之仇○也. 109-12 此所謂養仇而奉○者也. 109-13 貿首之○也. 115-7 棄所貴於○人. 121-9 吾其報知氏之○矣. 135-9 欲爲知伯報○. 135-11 而其臣至爲報○. 135-13 而子不爲報○. 135-25 子獨何爲報○之深也. 136-1 屬之○柞. 138-25 涉孟之○然者何也. 141-17 齊必○趙. 156-8 秦之深○也. 160-23 是太子之○報矣. 190-8 殺之不爲○者也. 194-19 齊○國也. 195-15 合○國以伐婚姻. 195-15 寡人之○也. 196-20 而又況於仇○之敵國也. 206-20 今秦國與山東爲○. 211-11 而以資子之○也. 212-15 公叔之○也. 225-2 公之○也. 227-17 是外舉不辟○也. 227-18 楚趙皆公之○也. 228-6 必以韓權報○於魏. 235-20 語泄則韓舉國而與仲子爲○也. 238-1 西周○之. 246-6 王之仇○也. 252-16 今王奉仇○以伐援國. 252-16 我○國也. 252-24 欲將以報○. 255-13 敢問以國報○者柰何. 255-16 ○强而國弱也. 256-15 破宋肥○. 256-17
【鑠】 6
則韓氏○. 55-23 韓氏○. 55-23 則魏氏○. 55-24 魏氏○. 55-24 劫韓包周則趙自銷○. 144-21 衆口○金. 186-9
【鱗】 1
欲排其逆○哉. 273-25
【讌】 1
孟嘗君○坐. 78-15
【欒】 2
○水齧其墓. 194-2 故使○水見之. 194-4
【變】 66
而有○. 6-19 無○. 6-20 天下有○. 23-4 卽天下有○. 23-6 韓亦恐戰而楚有○其後. 30-18 見者無不○色易容者. 37-8 魏多○之國也. 39-11 天下有○. 39-15 進退盈縮○化. 45-21 乃○其名曰楚. 57-19 章子爲○其徽章. 66-25 東方有大○. 71-13 東方有大○. 71-24 則楚之計○. 75-14 ○則是君抱空質而負名於天下也. 75-15 顔色不○. 97-18 其子法章○姓名. 100-24 皆爲○辭. 101-14 恐秦之○而聽楚也. 115-21 顔色○作. 125-12 而待事之○. 132-1 二主殆將有○. 133-11 二主色動而意○. 133-14 如是則二主之心可不○. 133-20 乃○姓名. 135-9 自刑以○其容. 135-14 ○其音. 135-15 乃且願○心易慮. 148-20 王慮世事之○. 148-23 ○古之教. 150-6 是以鄉異而用○. 150-12 故去就之○. 150-15 ○服騎射. 150-21 惡○服之名. 151-2 ○古之教. 151-12 而禮與○俱. 151-17 達於禮之○. 151-18 知者不○俗而動. 151-25 賢與○俱. 152-15 不達於事之○. 152-16 知慮不躁達於○. 153-4 重利不足以○其心. 153-5 ○籍則亂. 154-3 是○籍而棄經也. 154-3 今民便其用而王○之. 154-4 故利不百者不○俗. 154-5 何俗之不可○. 154-10 則人心○矣. 159-5 則且○易諸侯之大臣. 164-10 秦雖有○. 171-23 則不如因○服折節而朝齊. 196-24 恐天下之將有○也. 206-6 大○可得聞乎. 206-6 其○不可勝數也. 211-20 卽春申君有○. 211-24 秦恐王之○也. 214-3 交不○. 214-21 人皆言楚之多○也. 227-14 公不如與王謀其○也. 227-15 則將○矣. 245-16 天下無○. 255-10 秦有○. 257-7 今其言○有甚於其父. 262-10 爲○徵之聲士皆垂淚涕泣. 276-25 秦武陽色○振恐. 277-10 以諸侯之○. 290-10
【麟】 1
豈有騏○騄耳哉. 85-2
【讋】 1
左師觸○願見太后. 178-22
【懼】 1
秦王○然曰. 202-2
【鷸】 4
而○啄其肉. 270-5 ○曰. 270-5 蚌亦謂○曰. 270-6 卽有死○. 270-6
【纓】 2
遂以冠○絞王. 126-25 未至絞○射股. 127-5
【纖】 1
無○介之禍者. 83-25
【驟】 2
國貧而○舉兵. 110-12 而○勝之遺事也. 267-11
【觀】 51
將以○秦之應趙宋. 6-5 亦將○韓魏之於齊也. 6-6 由此○之. 16-3

故由此○之. 19-6 由是○之. 20-22 德楚而○薛公之爲公也. 35-9 ○三國之所求於秦而不能得者. 35-10 ○張儀與澤之所不能得於薛公者也. 35-11 願少賜游○之間. 36-25 君獨不○博者乎. 46-14 從此○之. 52-23 以臣之心○之. 55-20 而親○其孰勝. 59-6 由此○之. 66-17 臣○薛公之留太子者. 75-18 君不以使人先○秦王. 84-3 由是○之. 85-22 由此○之. 86-6 由此○之. 91-17 由此○之. 92-3 由此○之. 93-1 ○百獸之見我而敢不走乎. 104-2 淹留以○之. 124-5 由此○之. 127-7 臣○成事. 134-16 臣竊○君與蘇公談也. 137-16 臣竊以事○之. 138-7 欲鄰國聞而○之也. 138-8 臣竊○其圖之也. 138-11 遠方之所○赴也. 150-5 是以聖人○其鄉而順宜. 150-9 非所以○遠而論始也. 151-14 ○時而制法. 152-7 故賢人○時. 154-7 而不○於時. 154-8 由是○之. 165-3 以○奉陽君之應足下也. 171-11 臣循燕○趙. 171-15 從是○之. 183-3 新○也. 189-23 以臣之○之. 208-4 由是○之. 218-17 ○鞅謂春申曰. 229-23 從是○之. 243-2 則蓋○公仲之攻也. 243-10 ○王之羣臣下吏. 252-13 臣以所學者○之. 267-6 且秦王亦將○公之事. 282-8 ○其地形險阻. 287-3 ○人民要謡俗. 287-6 使李疵○之. 287-21

【蠹】 4
○魏. 20-11 ○. 23-2 若木之有○. 39-14 幣帛矯○而不服矣. 91-12

【鹽】 5
獻魚○之地三百於秦也. 70-5 服○車而上大行. 128-8 齊必致海隅魚○之地. 144-14 齊獻魚○之地. 148-10 東有淮潁沂黃煑棗海○無踈. 184-6

【醸】 1
君翳○. 92-9

【靈】 7
是故兵終身暴○於外. 19-23 若太后之神○. 33-7 昔者先君○王好小要. 114-9 武○王平晝間居. 148-23 非社稷之神○. 150-25 衛○公近雍疸彌子瑕. 166-8 先王之○. 267-16

【蠶】 3
秦○食韓氏之地. 140-10 稍稍○食之. 145-5 ○食魏. 202-11

【鬭】 17
有兩虎諍人而○者. 27-21 今兩虎諍人而○. 27-23 與樂死者○. 41-14 毋相與○者. 42-5 大相與○矣. 42-11 此猶兩虎相○而駑犬受其弊. 51-22 其民無不吹竽鼓瑟擊筑彈琴○雞走犬六博蹹踘者. 68-21 然而使公孫子與徐子○. 98-22 若越趙魏而○兵於燕. 130-19 而相○兩罷. 142-18 決不相○矣. 142-18 而尚相○兩敝. 142-19 趙必復○. 213-21 公仲躬率其私徒以○於秦. 227-7 若夫越趙魏而○兵於燕. 229-13 秦楚○之日也已. 230-2 莫有○志. 289-16

【羈】 3
○旅也. 2-5 臣○旅也. 136-24 而武王○於玉門. 167-11

【衢】 2
蔪之櫝○. 95-4 立於○閭. 120-8

【讙】 2
奉陽君告朱○與趙足曰. 262-8 奉陽君告朱○曰. 262-23

【讒】 10
○不蔽忠. 44-24 桀聽○而誅其良將. 61-10 紂聞○而殺其忠臣. 61-10 今王聽○. 61-11 人或○之. 96-5 今君聽○臣之言. 131-14 明王絶疑去○. 145-22 彼又將使其子女○妾爲諸侯妃姬. 164-11 而○言先至. 199-24 吾必不聽衆口與○言. 264-18

【讓】 37
韓使人○周. 8-11 ○周. 10-3 臣恐齊王之爲君實立果而○之於最. 12-6 范睢辭○. 37-6 應侯因○之曰. 44-11 ○賢者授之. 46-19 齊○又至. 71-11 辭○而重賂至矣. 93-12 晉畢陽之孫豫○. 135-6 豫○遁逃山中. 135-8 則豫○也. 135-11 豫○又漆身爲厲. 135-13 豫○乃笑而應之曰. 135-18 豫○伏所當過橋下. 135-22 此必豫○也. 135-23 果豫○. 135-23 於是趙襄子面數豫○曰. 135-23 豫○曰. 136-1 豫○曰. 136-5 乃使使者持衣與豫○. 136-8 豫○拔劍三躍. 136-8 窮有弟長辭○之節. 149-4 王令○之曰. 153-18 臣行○而不爭. 153-20 樓緩辭○曰. 158-23 夫君封以東武城不○無功. 161-9 魯仲連辭○者三. 164-18 請令王○先生以國. 193-7 令姚賈○魏王. 216-10 嚴仲子固○. 237-10 不如以國○子之. 254-1 以其○天下於許由. 254-2 有○天下之名. 254-2 今王以國○相子之. 254-3 已而○位. 255-2 燕王乃使人○樂毅. 266-18 固請無○. 275-19

【鷹】 1
倉○擊於殿上. 219-24

【鼈】 2
則不若魚○. 79-16 江漢魚○黿鼉爲天下饒. 279-18

【鬭】 6
蒙穀給○於宮唐之上. 113-24 舍○奔郢曰. 113-24 土梗與木梗○曰. 137-10 夫斷右臂而求與人○. 148-11 夫不○一卒. 161-5 王游人而合其○. 196-25

【顱】 1
頭○僵仆. 53-4

【躡】 1
○其踵. 49-20

【鼉】 1
江漢魚鼈黿○爲天下饒. 279-18

【鸇】 1
有雀生○於城之陬. 281-11

【蠻】 5
○夷之賢君. 28-14 ○夷之所義行也. 150-6 中國不近○夷之行. 152-3 寡人○夷辟處. 252-1 北○夷之鄙人. 277-11

【驥】 11
則騏○不如狐狸. 79-16 騏○之衰也. 91-19 非賢於騏○孟賁也. 91-20 君亦聞○乎. 128-8 夫○之齒至矣. 128-8 ○於是俛而噴. 128-11 並○而走者. 166-19 乘○而御之. 166-19 王獨不見夫服牛驂○乎. 191-9 是服牛驂○也. 191-10 臣聞騏○盛壯之時. 274-14

【黶】 1
史○謂周君曰. 3-15

【躧】 1
猶釋弊○. 257-12

【驩】 2
堯伐○兜. 16-2 以交足下之○. 237-8

【鑿】 2
殺智伯瑶於○臺之上. 52-21 請爲君復○二窟. 83-13

【驪】 1
○牛之黃也似虎. 182-5

【爨】 2
巴寧○襄之力也. 183-11 巴寧○襄田各十萬. 183-15

【麤】 1
特以爲夫人○糲之費. 237-8

人名索引

【工師藉】2
前相○恐客之傷己也. 4-4 周文君免士○. 4-7
【工陳籍】1
韓求相○而周不聽. 112-5
【士倉】2
○又輔之. 57-9 ○用事. 57-10
【士尉】2
○以証靖郭君. 63-8 ○辭而去. 63-8
【大夫種】1
越王使○行成於吳. 241-20
【大公事】1
乃命○之韓. 103-15
【大心】3
莫敖○撫其御之手. 113-7 以與○者也. 113-8 莫敖○是也. 113-10
【大史敫】1
○女. 100-25
【大成午】1
○從趙來. 221-9
【大禹】1
YGiven閒古○之時. 86-4
【山陽君】6
故爲梁○請封於楚. 104-23 ○無功於楚國. 104-24 江尹因得○與之共惡昭奚恤. 104-24 謂○曰. 136-19 或謂○曰. 245-8 ○因使之楚. 245-10
【子】2
王使○誦. 57-19 ○曰. 57-19
【子之】26
子噲與○國. 71-4 殺○. 202-8 與其相○爲婚. 253-20 而蘇代與○交. 253-20 ○相燕. 253-22 蘇代欲以激燕王以厚任○也. 253-24 於是燕王大信○. 253-25 ○因遺蘇代百金. 253-25 不如以國讓○. 254-1 今王以國讓相○. 254-3 ○必不敢受. 254-3 燕王因舉國屬○. 254-3 ○大重. 254-4 今王言屬國○. 254-8 是名屬○. 254-8 王因收印自三百石吏而効之○. 254-8 ○南面行王事. 254-9 國事皆决○. 254-10 ○三年. 254-11 將攻○. 254-11 攻○. 254-15 ○亡. 254-20 燕相○與蘇代婚. 254-25 於是燕王專任○. 255-2 殺王噲○. 255-3 ○之亂. 257-20
【子文】2
昔令尹○. 112-24 令尹○是也. 113-1
【子方】1
○曰. 182-13
【子仲】1
於陵○尚存乎. 88-13
【子良】13
○之逐臣. 61-13 上柱國○入見. 117-15 ○曰. 117-17 ○出. 117-19 ○見寡人曰. 118-2 王發上柱國○車五十乘. 118-6 發○之明日. 118-7 乃遣○北獻地於齊. 118-9 遣○之明日. 118-9 ○至齊. 118-11 齊王謂○曰. 118-13 ○曰. 118-13 乃請○南道楚. 118-17
【子罕】2
○釋相爲司空. 4-10 民非○而善其君. 4-10
【子虎】1
屬之子滿與○. 113-20
【子胥】2
故沉○而不悔. 268-7 ○不蚤見主之不同量. 268-8
【子胥】4
○忠乎其君. 24-3 昔者○忠其君. 24-25 ○知. 45-6 ○忠於君. 61-8
【子華】5
威王問於莫敖○曰. 112-16 莫敖○對曰. 112-17 莫敖○對曰. 112-19 莫敖○對曰. 112-24 莫敖○對曰. 114-9
【子奢】1
閭姝○. 127-9
【子異人】5
○賢材也. 57-10 是○無國而有國. 57-12 ○. 57-14 若使○歸而得立. 57-15 雖有○. 57-17
【子象】1
○爲楚謂宋王曰. 103-3
【子傒】3
○有承國之業. 56-25 ○有承國之業. 57-9 ○立. 57-10
【子發】1
不知夫○方受命乎宣王. 125-5
【子楚】1
○立. 57-25
【子義】1
○聞之曰. 179-22
【子滿】1
屬之○與子虎. 113-20
【子噲】1
○與子之國. 71-4
【女阿】1
○謂蘇子曰. 118-19
【王子圍】1
楚○聘於鄭. 126-24
【王斗】8
先生○造門而欲見齊宣王. 87-8 ○曰. 87-9 ○對曰. 87-11 ○曰. 87-14 ○曰. 87-17 ○曰. 87-19 ○曰王之憂國愛民. 87-22 ○曰. 87-23
【王良】2
○之弟子駕. 247-5 ○弟子曰. 247-6
【王季歷】1
昔○葬於楚山之尾. 194-1
【王陵】2
乃使五校大夫○將而伐趙. 288-25 更使王齕代○伐趙. 290-4
【王孫賈】2
○年十五. 95-21 ○乃入市中. 95-24
【王孫緤】1
使○告公子成曰. 149-18
【王賁】1
○韓他之曹. 172-11
【王僚】1
夫專諸之刺○也. 219-23
【王稽】7
范子因○入秦. 36-8 因謝○說. 37-2 莊謂○曰. 43-16 ○曰. 43-16 ○不聽. 43-23 果惡○杜摯以反. 43-23 聞應侯任鄭安平○. 44-7
【王翦】6
秦使○攻趙. 179-25 ○惡之. 180-1 ○因急擊. 180-4 ○將數十萬之衆臨漳鄴. 275-10 秦將○破趙. 275-22 詔○軍以伐燕. 278-5
【王噲】1
殺○子之. 255-3
【王鍾】1
○侍王. 182-18
【王齕】1
更使○代王陵伐趙. 290-4
【王齮】1
令公孫起○以兵遇趙於長平. 141-2
【夫差】4
此○平居而謀王. 91-15 禽○於干遂. 184-16 遂殘吳國而禽○. 241-23 ○弗是也. 268-5
【五子胥】1
昔者○說聽乎闔閭. 268-4
【市丘君】2
魏順謂○曰. 224-12 ○曰. 224-14
【支期】9
○曰. 203-25 王謂○曰. 204-1 ○曰. 204-2 ○說於長信侯曰. 204-4 ○曰. 204-5 ○曰. 204-6 ○曰. 204-8 ○隨其後. 204-10 ○先入謂王曰. 204-10
【不韋】4
○曰. 57-8 ○說趙曰. 57-14 ○使楚服而見. 57-18 以○爲相. 57-25
【太子】1
於是以○扁昭揚梁王皆德公矣. 233-2
【太子丹】8
三年而燕使○入質於秦. 47-4 聞燕○之入秦與. 58-21 燕○質於秦. 273-21 ○患之. 273-22 ○曰. 274-6 ○恐懼. 275-23 燕王喜○等. 278-6 殺○. 278-7
【太子平】3
將軍市被○謀. 254-11 王因令人謂○曰. 254-12 將軍市被及百姓乃反攻○. 254-15
【太子申】4
係梁○. 65-11 將○而攻齊. 196-13 殺○. 196-19 而禽○. 197-5
【太子鳴】1
令○爲質於齊. 197-12
【太子橫】2
楚○爲質於齊. 125-25 薛公歸○. 125-25
【太子顏】1
○爲君子也. 281-25
【太公】2

得○陰符之謀. 16-21 然則周文王得呂尙以爲○. 99-15
【太公望】2
○. 61-12 ○封於齊. 130-10
【太史氏】2
○女. 95-16 以○女爲王后. 101-2
【太史敫】1
○曰. 101-2
【比干】1
故○忠. 45-6
【中山王】7
司馬憙卽奏書○曰. 286-25 ○悅而見之曰. 287-1 ○遣之. 287-4 歸報○曰. 287-13 ○作色不悅. 287-15 ○曰. 287-16 ○遂立以爲后. 287-18
【中山君】9
果召○而許之王. 284-24 使告○曰. 285-18 ○出. 286-8 ○大疑公孫弘. 286-12 ○饗都士. 288-2 ○亡. 288-3 ○顧謂二人. 288-4 ○喟然而仰歎曰. 288-6 ○烹之. 288-10
【中行】4
又斬范○之途. 46-16 滅破范○. 49-16 昔智伯瑶殘范○. 55-9 昔智伯瑶攻范○氏. 92-20
【中行氏】6
知伯帥趙韓魏而伐范○. 131-21 始事范○而不說. 135-6 子不嘗事范○乎. 135-24 知伯滅范○. 135-24 臣事范○. 136-1 范○以衆人遇臣. 136-1
【中期】5
○推琴對曰. 49-15 秦王與○爭論. 56-3 ○徐行而去. 56-3 或爲○說秦王曰. 56-3 ○適遇明君故也. 56-4
【牛贊】2
○進諫曰. 154-2 ○再拜稽首曰. 154-14
【毛廧】1
豈有○西施哉. 85-3
【毛嬙】1
世無○西施. 87-21
【仇郝】2
齊人戎郭宋突謂○曰. 175-7 令○相宋. 178-9
【仇赫】1
○之相宋. 6-5
【公子卬】1
虜魏○. 44-23
【公子平】1
燕人立○. 254-20
【公子他】3
秦王使○之趙. 32-8 秦王謂○曰. 139-16 ○曰. 139-19
【公子成】3
使王孫緤告○曰. 149-18 ○再拜曰. 150-2 ○再拜稽首曰. 151-4
【公子年】1
請令○謂韓王曰. 246-5
【公子延】1
至○. 261-7
【公子池】3
王何不召○而問焉. 49-1 王召○而問焉. 49-2 卒使○以三城講於三國. 49-7
【公子牟】1
○游於秦. 158-14
【公子牟夷】3
王不聞○之於宋乎. 173-9 惡○. 173-9 今臣之於王非宋之於○也. 173-10
【公子咎】4
何不封○. 7-10 魏令○以銳師居安邑. 156-22 公何不試奉○. 235-18 韓立○而棄幾瑟. 235-19
【公子糾】1
遺○而不能死. 97-8
【公子部】1
趙以○爲質於秦. 156-14
【公子勁】1
○也. 115-3
【公子高】2
○在楚. 197-14 夫楚欲置○. 233-1
【公子理】1
客謂○之傳曰. 196-13
【公子無忌】2
○爲天下循便計. 81-12 適會魏○奪晉鄙軍以救趙擊秦. 164-17
【公子傾】1
公何不請○以爲正妻. 284-4
【公子魏牟】1
○過趙. 165-21
【公子繒】1
令○請地. 156-16
【公王曰】1
齊王使○命說曰. 262-8
【公中】6
○慕公之爲己乘秦也. 2-10 蘇代遂往見韓相國○曰. 10-14 ○曰. 10-19 ○怒曰. 10-20 ○曰. 10-23 而○以韓窮我於外. 30-7
【公仲】49
○之軍二十萬. 2-3 見○曰. 103-15 張儀告○. 190-1 吾欲兩用○公叔. 223-18 ○聞之. 223-25 游騰謂○曰. 225-14 ○以宜陽之故. 225-20 秦王固疑甘茂之以武遂解於○也. 225-20 杜赫爲○謂秦王曰. 225-21 乃儆○之行. 226-2 乃止○. 226-15 ○曰. 226-15 顏率見○. 226-25 ○不見. 226-25 顏率謂○之謁者曰. 226-25 ○必以率爲陽也. 226-25 ○好內. 227-1 ○無行. 227-2 ○之謁者以告○. 227-3 ○遽起而見之. 227-3 辱○. 227-5 ○收國復事秦. 227-5 ○躬率其私徒以鬭於秦. 227-7 ○曰. 227-9 甘茂許○以武遂. 227-19 或謂○曰. 228-4 ○曰. 228-8 ○數不信於諸侯. 230-5 ○柄得秦師. 231-16 ○且抑首而不朝. 231-17 ○曰. 231-22 ○曰. 231-24 ○恐曰. 232-9 ○爲韓魏易地. 232-14 因令○謂秦王曰. 232-20 教○謂魏王曰. 235-17 或謂○曰. 239-18 謂韓○曰. 243-7 ○曰. 243-9 則蓋觀○之攻也. 243-10 ○不攻. 243-11 ○使韓珉之秦求武隧. 243-18 唐客謂○曰. 243-18 ○說. 243-23 以重○也. 244-4 今○死. 244-4 彼○者. 244-10 臣故願○之國以侍於王. 244-23
【公仲明】1
○謂韓王曰. 225-25
【公仲侈】1
而臣受○之怨也. 29-12
【公仲珉】2
韓相○使韓侈之秦. 244-1 ○死. 244-2
【公甫文伯】2
王亦聞夫○母乎. 158-24 ○官於魯. 158-25
【公叔】46
辛張陽毋澤說魏王薛公○也. 35-5 日與○爭國而得之. 107-18 ○豈非長者哉. 183-16 ○何可無益乎. 183-17 ○當之矣. 183-19 ○病. 183-21 以○之賢. 183-24 此非○之悖也. 184-2 ○以爲信. 189-16 吾欲兩用公仲○. 223-18 而相○以伐秦. 223-25 昭獻令人謂○曰. 224-3 公不如令秦王疑○. 224-24 ○之攻楚也. 224-25 ○之讎也. 225-2 ○之人也. 225-2 必疑○爲楚也. 225-3 ○且以國南合於楚. 231-17○爭之而不聽. 232-14 史惕謂○曰. 232-14 爲○具車百乘. 232-20 畢長謂○曰. 232-25 ○使馮君於秦. 233-5 馮君廣王而不聽○. 233-6 謂○曰. 233-9 謂○曰. 233-15 立韓擾而廢○. 233-19 ○之與周君交也. 233-19 立韓擾而廢○. 233-20 今○怨齊. 233-21 請令○必重公. 233-22 ○大怒. 233-23 ○曰. 233-25 ○曰. 234-5 以與○爭國. 234-8 以與○爭國. 234-9 急擊○. 234-14 齊明謂○曰. 234-19 ○將殺幾瑟也. 234-23 謂○曰. 234-23 ○且殺幾瑟也. 235-3 宋赫爲謂○曰. 235-3 ○伯嬰恐秦楚之內幾瑟也. 235-10 則○伯嬰必知秦楚之不以幾瑟爲事也. 235-11 則○伯嬰必以國事公矣. 235-15 廢○而相幾瑟者楚也. 235-22
【公叔成】1
卽之○家. 150-8
【公叔痤】5
魏○爲魏將. 183-7 ○反走. 183-8 魏○病. 183-21 ○對曰. 183-22 ○死. 184-1
【公孫】1
○曰. 80-3
【公孫子】4
且今使○賢. 98-21 然而使○與徐子鬭. 98-22 猶時攫○之腓而噬之也. 98-22 使○勞寡人. 190-25
【公孫氏】1
○必不血食矣. 283-4
【公孫弘】12
○謂孟嘗君曰. 84-3 ○敬諾. 84-7 ○見. 84-8 ○對曰. 84-8 ○對曰. 84-11 ○曰. 84-12 ○曰. 84-18○可謂不侵矣. 84-19 ○陰知之. 286-7 ○參乘. 286-8 中山君大疑○. 286-12 ○走出. 286-12
【公孫戍】7
見孟嘗君門人○曰. 79-25 ○曰. 80-5 ○曰. 80-6 ○趨而去. 80-11 ○曰. 80-12 ○曰. 80-14 ○曰. 80-17
【公孫郝】21

若○者可. 108-16 夫○之於秦王. 108-17 ○甘茂貴. 120-23 ○善韓. 120-24 不如○. 227-10 ○黨於韓. 227-12 是與○甘茂同道也. 227-13 韓氏先以國從○. 227-16 ○欲以韓取齊. 227-25 是以○甘茂之無事也. 228-1 善○以難甘茂. 228-5 秦王以○爲黨於公而弗之聽. 228-8 今王聽○以韓秦之兵應齊而攻魏. 228-12 臣以○爲不忠. 228-14 則信○於齊. 228-18 ○黨於齊而不肯言. 228-22 不得議○. 244-14 ○之貴. 244-15 ○嘗疾齊韓而不加貴. 244-18 齊韓嘗因○而不受. 244-19 ○樗里疾請無攻韓. 244-21

【公孫昧】 1
秦爲發使○入韓. 231-22

【公孫衍】 18
○欲窮張儀. 28-6 李讎謂○曰. 28-6 ○謂義渠君曰. 28-10 此乃○之所謂也. 28-17 樗里疾○二人者. 29-10 樗里疾○二人在. 29-20 ○樗里疾挫我於內. 30-7 公內攻於樗里疾○. 30-12 是樗里疾○無事也. 30-15 秦王愛○. 31-19 齊乃令○說李兌以攻宋而定封焉. 170-25 臣爲足下使○說奉陽君曰. 171-6 魏令○乘勝而留於境. 190-10 告○. 190-20 ○曰. 190-20 魏使○來. 190-24 魏令○請和於秦. 191-4 ○爲魏將. 191-8

【公孫起】 2
令○王齮以兵遇趙於長平. 141-2 夫以秦將武安君○乘七勝之威. 158-5

【公孫消】 1
獻則謂○曰. 56-7

【公孫閈】 5
○曰. 62-10 ○爲謂楚王曰. 62-13 ○謂鄒忌曰. 65-2 鄒忌以告○. 65-6 ○乃使人操十金而往卜於市. 65-6

【公孫赫】 1
且以置○樗里疾. 141-15

【公孫綦】 1
○爲人請御史於王. 246-12

【公孫鞅】 4
夫○事孝公. 44-21 ○. 130-9 痤有御庶子○. 183-22 ○聞之. 184-1

【公孫龍】 1
○聞之. 161-7

【公孫顯】 2
召○於韓. 28-7 楊達謂○曰. 225-10

【公期】 1
殷順且以君令相○. 283-5

【公輸般】 4
○爲楚設機. 279-9 往見○. 279-9 ○曰. 279-10 ○服焉. 279-13

【公疇堅】 1
○. 245-4

【公疇豎】 1
令吏逐○. 245-2

【丹】 13
使○也甘之. 170-20 歸身於○. 274-8 ○終不迫於强秦. 274-8 是○命固卒之時也. 274-9 ○所報. 274-19 ○所請田先生無言者. 275-4 豈○之心哉. 275-5 田先生不知○不肖. 275-6 ○之私計. 275-12 此○之上願. 275-17 樊將軍以窮困來歸○. 276-2 ○不忍以己之私. 276-3 ○請先遣秦武陽. 276-20

【勾踐】 2
○終棓而殺之. 46-11 猶○困於會稽之時也. 289-24

【卞隨】 1
使若○務光申屠狄. 61-18

【文】 25
○聞秦王欲以呂禮收齊. 34-3 ○請以所得封君. 34-6 而○武無與成其王也. 37-16 ○無以復侍矣. 77-23 ○有以事夏侯公矣. 78-9 子與○游久矣. 79-2 衛君與○布衣交. 79-3 子教○無受象牀. 80-11 有能揚○之名. 80-18 止○之過. 80-19 能爲○收責於薛者乎. 82-16 ○倦於事. 82-20 先生所爲○市義者. 83-11 ○不得是二人故也. 84-25 使○得二人者. 84-25 ○甚不取也. 142-8 ○以爲不可. 142-9 今趙王不知○不肖. 142-9 嘗然使趙王悟而知○也. 142-10 臣請問○之爲魏. 192-21 ○將右齊而左魏. 192-23 ○願借兵以救魏. 205-19 此○之所以忠於大王也. 205-24 ○請行矣. 206-5 此○武之時. 254-18

【文子】 4
召○而相之魏. 192-18 則胡不召○而相之. 196-5 因召○而相之. 196-6 ○曰. 281-20

【文王】 17
○伐崇. 16-2 臣聞始時呂尚之遇○也. 37-12 故○果收功於呂尚. 37-14 卽使○疏呂望而弗與深言. 37-15 閎夭事○. 45-12 先帝○莊王. 51-25 ○用之而王. 61-13 自從先君○以至不穀之身. 112-16 鬼侯之鄂侯○. 163-19 ○聞之. 163-21 ○之拘於牖里. 167-10 ○曰. 194-3 此○之義也. 194-5 此○之義也. 194-8 意者羞法○乎. 194-8 又令魏太子未葬其先王而因又說○之義. 194-10 說○之義以示天下. 194-11

【文公】 4
○用中山盜. 61-16 噲子謂○曰. 249-9 ○曰. 249-10 ○卒. 249-13

【文信】 2
○不得志. 141-25 ○猶且知之也. 167-2

【文信君】 1
○叱去曰. 58-8

【文信侯】 19
號曰○. 57-25 ○欲攻趙以廣河間. 58-3 ○因請張唐相燕. 58-4 ○去而不快. 58-6 ○曰. 58-7 孰與○專. 58-15 應侯不如○專. 58-15 卿明知爲不如○專歟. 58-15 今○自請卿相燕. 58-17 甘羅謂○曰. 58-19 ○出走. 59-3 ○相秦. 59-5 ○之憂大矣. 142-1 ○之於僕也. 167-6 ○之於僕也. 167-7 今君不能與○相伉以權. 167-12 而責○少禮. 167-13 世鈞爲之謂○曰. 178-12 ○曰. 178-16

【文侯】 13
○示之謗書一篋. 29-9 ○曰. 181-15 已乃知○以講於己也. 181-16 ○謂覩師贊曰. 181-20 ○賞其功而疑其心. 181-22 ○曰. 181-24 ○曰. 182-2 ○與虞人期獵. 182-8 ○將出. 182-8 ○曰. 182-9 ○曰. 182-12 ○曰. 182-13 ○曰. 182-14

【文張】 2
○善宋. 173-9 而惡臣者過○. 173-10

【斗】 3
○趨見王爲好勢. 87-9 王趨見○爲好士. 87-9 ○生於亂世. 87-12

【尹澤】 1
而○循之. 132-12

【丑】 2
境吏得○. 271-12 ○曰. 271-12

【巴寧】 2
○爨襄之力也. 183-11 ○爨襄田各十萬. 183-15

【孔子】 5
○不足聖. 45-9 夫項橐生七歲而爲○師. 58-10 公不聞老萊子之教○事君乎. 125-20 ○. 159-2 ○逃於衛. 263-4

【毋澤】 1
辛張陽○說魏王薛公公叔也. 35-5

【去疾】 1
今王信田伐與條○之言. 264-23

【甘戊】 1
不得議○. 244-15

【甘茂】 64
○. 2-4 左成謂○曰. 21-17 ○謂王曰. 23-4 不如召○於魏. 28-6 秦武王謂○曰. 28-25 而寡人死不朽乎○對曰. 28-25 ○至魏. 29-3 王迎○於息壤. 29-4 ○至. 29-5 召○而告之. 29-21 ○對曰. 29-21 復使○攻之. 29-22 ○攻宜陽. 30-5 ○曰. 30-6 ○欲息兵. 30-12 左成謂○曰. 30-12 ○曰. 30-17 秦王謂○曰. 30-21 ○對曰. 30-22 ○亡秦. 31-1 ○. 31-8 ○辭不往. 31-13 ○. 31-14 彼以○之賢. 31-16 ○相秦. 31-19 ○之吏道而聞之. 31-20 以告○. 31-20 ○因入見王曰. 31-20 ○約秦魏而攻楚. 31-25 ○謂秦王曰. 32-1 吾相○可乎. 108-6 ○事之順焉. 108-9 ○事之. 108-10 爲○謂楚王曰. 115-3 相○於魏. 115-5 ○與樗里疾. 115-6 公孫郝○貴. 120-23 ○善魏. 120-24 ○爲秦約魏以攻韓宜陽. 141-12 不如令趙拘○. 141-12 是以九鼎印○也. 225-11 ○必敗矣. 225-16 仇○. 225-20 秦王固疑○之以武遂解於公仲也. 225-20 秦王大怒於○. 225-22 不如○. 227-11 而○黨於魏. 227-12 是與公孫郝○同道也. 227-13 而後委國於○. 227-16 ○許公仲以武遂. 227-19 ○欲以魏取齊. 227-24 是以公孫郝○之無事也. 228-1 善公孫郝以難○. 228-5 ○不善於公而弗爲公言. 228-9 今王聽○. 228-14 臣以○爲不忠. 228-16 則信○於魏. 228-19 ○薄而不敢謁也. 228-22 ○曰. 231-12 ○曰. 231-12 ○曰. 231-15 ○入言秦王曰. 231-16 ○與昭獻遇於境. 232-8 ○約楚趙而反敬魏. 244-22

【甘羅】 7
少庶子○曰. 58-6 ○曰. 58-8 ○曰. 58-10 ○見張唐曰. 58-12 ○曰. 58-13 ○曰. 58-16 ○謂文信侯曰. 58-19

【世鈞】 1
○爲之謂文信侯曰. 178-12

【左成】 3
○謂司馬翦曰. 7-10 ○謂甘茂曰. 21-17 ○謂甘茂曰. 30-12

【左尙】 2
○謂司馬悍曰. 13-18 ○以此得事. 13-20

【左華】 1
○謂陳軫曰. 187-23

【左師公】3
○曰. 179-4 ○曰. 179-10 ○曰. 179-14
【左爽】1
○謂陳軫曰. 122-1
【石行秦】1
○謂大梁造曰. 5-9
【石禮】1
周最謂○曰. 3-25
【布】1
司寇○爲周最謂周君曰. 12-2
【平都君】3
○說魏王曰. 213-25 ○曰. 214-1 ○曰. 214-2
【平都侯】2
故君不如遣春平侯而留○. 178-15 而贖○. 178-16
【平原令】2
○曰. 59-25 ○見諸公. 60-14
【平原君】31
今○自以賢. 41-23 召○而告之曰. 140-6 魏使人因○請從於趙. 157-22 今者○爲魏請從. 157-23 ○請馮忌曰. 158-4 ○曰. 158-11 ○謂平陽君曰. 158-14 ○使人請救於魏. 161-4 虞卿爲○請益地. 161-5 ○之力也. 161-6 見○曰. 161-7 ○曰. 161-11 因○謂趙王曰. 162-7 ○猶豫未有所決. 162-10 乃見○曰. 162-11 ○曰. 162-12 ○曰. 162-16 ○遂見辛垣衍曰. 162-17 ○曰. 162-20 皆有求於○者也. 162-23 非有求於○者. 162-23 於是○欲封魯仲連. 164-18 ○乃置酒. 164-18 遂辭○而去. 164-21 馬服君謂○曰. 174-13 ○曰. 174-20 趙豹○. 177-14 趙豹○. 177-16 今君以所事善○者. 243-14 而善○乃所以惡於秦也. 243-15 至於○之屬. 289-23
【平原津】1
○令郭遺勞而問. 59-23
【平陽君】4
平原君謂○曰. 158-14 ○曰. 158-19 與○爲媾. 161-22 寡人使○媾秦. 161-23
【北宮】1
○之女嬰兒子無恙耶. 88-11
【申子】5
王問○曰. 221-13 ○微視王之所說以言於王. 221-16 ○請仕其從兄官. 221-18 ○有怨色. 221-18 ○乃辟舍請罪. 221-21
【申不害】7
謂○於韓曰. 221-9 ○始合於韓王. 221-12 ○. 241-5 ○與昭釐侯執珪而見梁君. 241-6 ○之計事. 241-7 ○慮事而言之. 241-10 而王之諸臣忠莫如○也. 241-12
【申生】1
○孝. 45-7
【申屠狄】1
使若卞隨務光○. 61-18
【申縛】2
以與○遇於泗水之上. 54-17 而大敗○. 54-18
【申縛】2
而用○. 62-5 ○者. 62-6
【田子】1
○辭. 88-21
【田子方】3
若魏文侯之有○段干木也. 78-20 魏文侯與○飲酒而稱樂. 182-12 ○笑. 182-12
【田文】4
○曰. 206-3 ○曰. 206-5 以從○. 206-11 而封○. 206-14
【田臣思】2
○曰. 64-19 ○曰. 71-4
【田成】1
簡公用○監止而簡公弑. 223-19
【田光】8
燕有○先生者. 274-10 出見○. 274-11 ○曰. 274-12 ○曰. 274-14 ○曰. 274-18 ○俛而笑曰. 274-19 ○曰. 274-24 言○已死. 275-3
【田先生】5
願因太傅交於○. 274-11 ○坐定. 274-13 丹所請○無言者. 275-4 今○以死明不泄言. 275-5 ○不知丹不肖. 275-6
【田伐】1
今王信○與絫去疾之言. 264-23
【田忌】16
○爲將. 65-2 ○不進. 65-4 乃說王而使○伐魏. 65-4 ○三戰三勝. 65-6 我○之人也. 65-7 ○遂走. 65-9 ○爲齊將. 65-11 孫子謂○曰. 65-11 ○曰. 65-12 ○不聽. 65-17 ○亡齊而之楚. 65-19 齊恐○欲以楚權復於齊. 65-19 恐○之以楚權復於齊也. 65-21 王不如封○於江南. 65-21 以示○之不返齊也. 65-22 ○亡人也. 65-23
【田苓】4
韓相國謂○曰. 245-12 ○見穰侯. 245-13 ○對曰. 245-14 ○曰. 245-16
【田肦】1
○宿將也. 196-15
【田盼】4
犀首○欲得齊魏之兵以伐趙. 192-3 ○曰. 192-4 ○曰. 192-9 犀首○遂得齊魏之兵. 192-9
【田侯】10
○召大臣而謀曰. 64-8 ○曰. 64-10 ○曰. 64-11 ○曰. 64-14 ○召大臣而謀曰. 64-17 ○曰. 64-22 韓魏之君因田嬰北面而朝○. 64-24 梁君與○不欲. 192-3 ○梁君見其危. 192-8 梁君○恐其至而戰敗也. 192-10
【田莘】1
○之爲陳軫說秦惠王曰. 23-13
【田章】1
令○以陽武合於趙. 32-5
【田單】25
聞齊之內有○. 39-22 ○以即墨之城. 95-17 齊○以即墨破燕. 96-3 ○攻之歲餘. 96-6 ○守即墨之城. 98-1 ○之立疑. 98-2 皆以○爲自立也. 98-3 ○相之. 98-3 ○見其寒. 98-5 ○之施. 98-6 宜召○而揖之於庭. 98-14 ○之愛人. 98-17 貂勃常惡○. 98-19 ○免冠徒跣肉袒而進. 99-8 召相○而來. 99-11 ○將攻狄. 100-3 ○曰. 100-4 ○乃懼. 100-8 ○曰. 100-15 臣以○如耳爲大過也. 147-2 豈獨○如耳爲大過哉. 147-3 而將非有○司馬之慮也. 147-10 ○將齊之良. 147-19 相都平君○問趙奢曰. 155-3 齊○欺詐騎劫. 266-15
【田需】9
○對曰. 88-25 ○從中敗君. 192-13 蘇代爲○說魏王曰. 192-21 魏文子○周宵相善. 196-4 犀首以倍○周宵. 196-6 ○貴於魏王. 197-17 ○死. 197-22 ○死. 197-22 ○死. 198-2
【田瞀】1
○曰. 78-17
【田駟】1
○謂柱國韓向曰. 175-17
【田嬰】12
齊將封○於薛. 62-10 夫齊削地而封○. 62-14 韓魏之君因○北面而朝田侯. 64-24 ○怒. 186-15 旰夷爲董慶謂○曰. 186-15 於是東見○. 192-18 ○許諾. 197-4 ○不聽. 197-8 臣請見○. 284-10 ○曰. 284-15 ○曰. 284-18 ○不聽. 284-24
【田嬰齊】1
東藩之臣○後至. 163-10
【田駢】3
齊人見○. 88-17 ○曰. 88-18 ○曰. 88-18
【田簡】2
○謂司馬憙曰. 286-14 ○自謂取使. 286-20
【田繻】1
與其相○不善. 191-8
【由】1
○必不受. 254-2
【史舍】2
○曰. 233-21 ○入見曰. 233-23
【史疾】1
○爲韓使楚. 236-14
【史惕】1
○謂公叔曰. 232-14
【史厭】1
○謂趙獻曰. 189-9
【史舉】4
夫○. 108-8 ○非犀首於王. 193-7 因令○數見犀首. 193-9 ○不辭而去. 193-9
【史鰌】2
廉如鮑焦○. 257-25 廉如鮑焦○. 258-4
【史黶】1
○謂周君曰. 3-15
【冉】1
夫楚王之以其國依○也. 35-7
【冉子】2
秦惠王封○. 130-9 ○. 130-9
【代】13
○能爲君令韓不徵甲與粟於周. 10-13 ○曰. 10-19 ○曰. 10-21 ○曰.

197-23 ○曰. 197-24 ○曰. 197-25 ○請說君. 197-25 ○也從楚來. 198-1 ○曰. 198-1 ○曰. 198-2 ○曰. 198-5 齊使○報燕. 255-1 ○厲皆以壽死. 261-20
【代王】4
昔趙王以其姊爲○妻. 251-11 約與○遇於句注之塞. 251-13 與○飲. 251-14 ○腦塗地. 251-16
【代王嘉】1
用○計. 278-7
【白公】3
則商君○吳起大夫種是也. 46-18 然則○之亂. 106-18 定○之禍. 113-2
【白台】1
左○而右閭須. 200-11
【白圭】1
○謂魏王曰. 215-3
【白珪】2
○謂新城君曰. 213-1 ○逃於秦. 263-4
【白起】8
皆○. 11-6 謂○曰. 11-7 ○者. 35-14 ○率數萬之師. 46-3 ○之勢也. 46-6 秦○拔楚西陵. 51-16 於是○又將兵來伐. 51-18 微○. 290-3
【句踐】1
遂與○禽. 55-11
【卯】1
○不知也. 201-11
【主父】12
減食○. 40-7 然降其○沙丘而臣之. 41-23 餓○於沙丘. 127-4 今君殺○而族之. 137-13 富丁恐○之聽樓緩而合秦楚也. 156-25 司馬淺爲富丁謂○曰. 157-2 ○曰. 157-8 公不如令○以地資周最. 157-17 ○欲敗之. 178-9 ○欲伐中山. 287-21 ○曰. 287-22 ○曰. 287-23
【市被】4
將軍○太子平謀. 254-11 將軍○圍公宮. 254-15 將軍○及百姓乃反攻太子平. 254-15 將軍○死已殉. 254-16
【司空狗】1
而立○. 166-14
【司空馬】12
與○之趙. 59-3 ○說趙王曰. 59-5 ○曰. 59-10 ○曰. 59-12 ○曰. 59-19○曰. 59-22 ○去趙. 59-23○言其爲趙王計而弗用. 59-24 ○曰. 60-1 ○. 60-14 又以爲○逐於秦. 60-15 趙去○而國亡. 60-16
【司馬】1
而將非有田單○之慮也. 147-10
【司馬子期】2
大夫○在焉. 288-2 ○怒而走於楚. 288-2
【司馬尚】3
趙使李牧○禦之. 179-25 李牧○欲與秦反趙. 180-2 廢○. 180-4
【司馬食其】1
客謂○曰. 212-11
【司馬悍】2
齊王令○以賂進周最於周. 13-17 左尚謂○曰. 13-18
【司馬康】1
○三反之郢矣. 232-7
【司馬淺】1
○爲富丁謂主父曰. 157-2
【司馬喜】1
○曰. 287-15
【司馬翦】2
○謂楚王曰. 7-9 左成謂○曰. 7-10
【司馬憙】14
○使趙. 286-7 ○御. 286-8 ○頓首於軾曰. 286-10 爲○求相. 286-11○三相中山. 286-14 田簡謂○曰. 286-14 ○曰. 286-18 可以爲○. 286-20 ○謂陰姬公曰. 286-23 ○即奏書中山王曰. 286-25 ○曰. 287-2 ○曰. 287-11 ○辭去. 287-13 ○曰. 287-17
【司馬錯】3
○與張儀爭論於秦惠王前. 21-21 ○欲伐蜀. 21-21 ○曰. 22-6
【司馬穰苴】1
○爲政者也. 95-5
【弗】2
○與禮重矣. 5-14 ○必走. 5-18
【弘】1
○曰. 286-8
【加】1
○曰. 127-16
【皮相國】2
謂○曰. 141-17 或謂○曰. 141-24
【戎郭】1
齊人○宋突謂仇郝曰. 175-7
【考烈王】3
楚○無子. 128-17 ○病. 129-11 楚○崩. 129-24
【老萊子】1
公不聞○之教孔子事君乎. 125-20
【共工】1
禹伐○. 16-2
【共太子】1
周○死. 7-9
【芊戎】1
謂○曰. 235-22
【芒卯】11
孰與孟嘗○之賢. 49-11 以孟嘗○之賢. 49-12 ○曰. 201-3 ○應趙使曰. 201-10 ○謂秦王曰. 201-14 魏王謂○曰. 201-21 ○曰. 201-22 ○并將秦魏之兵. 202-4 走○而圍大梁. 202-6 今又走○. 202-13 今又走○. 202-21
【机郝】2
趙使○之秦. 156-2 宋突謂○曰. 156-2
【西門豹】2
○爲鄴令. 181-24 ○曰. 182-1
【西周君】1
○曰. 3-5
【西施】3
豈有毛廧○哉. 85-3 世無毛嬙○. 87-21 ○衣褐而天下稱美. 122-16
【百里奚】1
○. 61-15
【成】2
臣○願君勿受. 80-10 許○以先人之寶劍. 80-16
【列子圉寇】1
治○之言. 236-14
【成王】2
周公輔○也. 45-12 ○說之. 167-24
【成荆】1
是其軼賁育而高○矣. 238-12
【成侯】3
○鄒忌爲齊相. 65-2 而○可走. 65-16 吾先君○. 217-22
【成恢】2
○爲犀首謂韓王曰. 193-12 ○因爲謂韓王曰. 246-1
【成陽君】9
秦王欲爲○求相韓魏. 36-3 ○以王之故. 36-4 且收○. 36-6 內○於韓. 172-10 ○欲以韓魏聽秦. 215-3 王不如陰侯人說○曰. 215-3 ○必不入秦. 215-6 大怒於周之留○也. 245-2 ○爲秦去韓. 245-4
【成橋】1
○以北入燕. 52-2
【夷維子】2
○執策而從. 163-23 ○謂鄒之孤曰. 164-3
【光】9
今太子聞○壯盛之時. 274-15 ○不敢以乏國事也. 274-16 ○與子相善. 274-21 今太子聞○壯盛之時. 274-21 ○竊不自外. 274-23 ○聞長者之行. 274-24 今太子約○曰. 274-24 是太子疑○也. 274-25 言○已死. 275-2
【朱己】1
○謂魏王曰. 206-16
【朱英】2
○謂春申君曰. 129-11 ○恐. 129-22
【朱倉】1
○謂王曰. 197-13
【朱嬰】1
蘇脩○既皆陰在邯鄲. 195-23
【朱讙】2
奉陽君告○與趙足曰. 262-8 奉陽君告○曰. 262-23
【伍子胥】4
○橐載而出昭關. 38-1 使臣得進謀如○. 38-3 ○逃楚而之吳. 263-1 ○宮之奇不用. 266-3
【延陵王】1
乃使○將車騎先之晉陽. 132-13
【仲】1
○嗇於財. 227-1
【仲子】8
○曰. 100-3 ○奉黃金百鎰. 237-3 ○固進. 237-4 義不敢當○之賜.

237-6 然○卒備賓主之禮而去. 237-11 前所以不許○者. 237-19 ○所欲報仇者爲誰. 237-20 語泄則韓舉國而與○爲讎也. 238-1

【仲父】2

時以爲○. 40-13 齊桓公得管夷吾以爲○. 99-15

【仲連】2

○之說也. 97-24 ○不忍爲也. 164-21

【任固】1

令○之齊. 102-8

【任章】2

○曰. 181-3 ○曰. 181-4

【伊尹】4

昔○去夏入殷. 126-17 如○周公. 129-15 ○負鼎俎而干湯. 176-8 ○再逃湯而之桀. 262-25

【向】6

○欲以齊事王. 18-1 則○之攻宋也. 18-3 王何惡○之攻宋乎. 18-3 ○以王之明爲先知之. 18-3 ○曰. 245-21 ○請爲公說秦王. 245-23

【向子】4

齊使○將而應之. 95-6 ○以輿一乘亡. 95-7 ○曰. 227-20 ○曰. 227-24

【向公】2

令○之魏. 3-9 令○之韓. 3-10

【向晉】4

韓氏逐○於周. 245-25 是王有○於周也. 246-1 逐○者韓也. 246-2 是魏有○於周. 246-3

【向壽】6

王令○輔行. 29-2 謂○. 29-3 ○歸以告王. 29-4 韓公仲謂○曰. 227-5 ○曰. 227-8 ○曰. 227-19

【后勝】1

後○相齊. 101-13

【行願】2

公何不因○以與秦王語. 228-9 ○之爲秦王臣也公. 228-10

【舟之僑】2

而憚○存. 23-14 ○諫而不聽. 23-15

【州侯】3

○相楚. 106-20 君王左○. 124-2 左○. 125-7

【汗先生】1

召門吏爲○著客籍. 128-7

【汗明】6

○見春申君. 127-25 ○欲復談. 128-1 ○憱焉曰. 128-1 ○曰. 128-3 ○曰. 128-4 ○曰. 128-8

【江一】1

○對曰. 103-23

【江乙】13

王召○而問焉. 104-8 ○曰. 104-8 ○惡昭奚恤. 105-7 ○欲惡昭奚恤於楚. 105-13 ○曰. 105-15 ○曰. 105-16 ○說於安陵君曰. 105-20 ○曰. 105-24 ○復見曰. 106-4 ○可謂善謀. 106-15 ○爲魏使於楚. 106-17 ○曰. 106-18 ○曰. 106-19

【江尹】2

○欲惡昭奚恤於楚王. 104-23 ○因得山陽君與之共惡昭奚恤. 104-24

【江姬】1

陰姬與○爭爲后. 286-23

【安平君】20

○. 98-19 ○聞之. 98-19 ○曰. 98-24 欲傷○. 99-1 且○之與王也. 99-5 今王得○而獨曰單. 99-16 誰有厚於○者哉. 99-17 ○以惴惴之即墨. 99-19 ○之功也. 99-20 王不亟殺此九子者以謝○. 99-24 益封○以夜邑萬户. 99-25 而以求○而將之. 174-13 君致○而將之. 174-14 而求○而將之. 174-17 然則君奚求○而爲將乎. 174-19 君之所以求○者. 174-21 使○愚. 174-23 使○知. 174-23 ○必處一焉. 174-24 使○知. 174-25

【安成君】2

今公與○爲秦魏之和. 239-9 ○東重於魏. 239-11

【安陵氏】3

乃惡○於秦. 207-13 隨○而欲亡之. 207-15 且夫憎韓不受○可也. 207-17

【安陵君】16

江乙說於○曰. 105-20 ○曰. 106-2 ○曰. 106-5 ○泣數行而進曰. 106-11 乃封壇爲○. 106-13 ○可謂知時矣. 106-15 信陵君使人謂○曰. 217-12 ○曰. 217-13 ○曰. 217-22 使使者謝○曰. 218-5 秦王使人謂○曰. 219-11 ○其許寡人. 219-11 ○曰. 219-12 ○因使唐且使於秦. 219-13 ○不聽寡人. 219-14 ○受地於先生而守之. 219-17

【如耳】4

今之○魏齊. 49-11 今以無能之○魏齊. 49-13 臣以田單○爲大過也. 147-2 豈獨田單○爲大過哉. 147-3

【孝己】4

○愛其親. 24-2 ○愛其親. 25-1 孝如曾參○. 257-24 孝如曾參○. 258-2

【孝公】7

○以爲相. 15-4 ○行之八年. 15-8 ○已死. 15-9 夫公孫鞅事○. 44-21 夫商君爲○平權衡正度量調輕重. 45-25 ○死. 130-8 ○受而用之. 184-1

【孝文王】1

昭王○莊襄王. 47-3

【孝成王】5

齊人李伯見○. 167-24 ○方饋. 167-25 ○不應. 167-25 爲○從事於外者. 168-2 燕王喜使栗腹以百金爲趙○壽. 271-19

【芮宋】2

○欲絶秦趙之交. 214-14 ○謂秦王曰. 214-15

【杜聊】1

故樗里疾大說○. 225-22

【杜赫】7

○欲重景翠於周. 7-2 ○曰. 65-19 楚○說楚王以取趙. 107-23 ○怒而不行. 108-3 ○謂昭陽曰. 121-16 ○謂昭陽曰. 121-20 ○爲公仲謂秦王曰. 225-21

【杜摯】1

果惡王稽○以反. 43-23

【李子】1

以救○之死也. 170-1

【李向】1

謂○曰. 73-9

【李伯】1

齊人○見孝成王. 167-24

【李兑】20

爲周最謂○曰. 9-18 ○用趙. 40-7 此亦淖齒○之類已. 40-8 ○用趙. 127-3 蘇秦說○曰. 137-3 ○曰. 137-6 ○見之. 137-8 ○曰. 137-14 ○舍人謂○曰. 137-16 ○曰. 137-17 ○送蘇秦明月之珠. 137-22 教子欬謂○曰. 157-16 ○約五國以伐秦. 169-20 秦逐○. 169-24 ○必死. 170-1 齊乃令公孫衍說○以攻宋而定封焉. 170-25 ○乃謂齊王曰. 171-1 奉陽君○甚不取於蘇秦. 248-22 ○因爲蘇秦謂奉陽君曰. 248-22

【李牧】5

而殺○. 51-14 趙使○司馬尚禦之. 179-25 ○數破走秦軍. 179-25 ○司馬尚欲與秦反趙. 180-2 斬○. 180-4

【李帛】1

大敗秦人於○之下. 28-18

【李郝】1

○謂臣曰. 214-16

【李信】2

而○出太原雲中. 275-10 秦將○追擊燕王. 278-6

【李從】4

魏王使○以車百乘使於楚. 187-8 ○以車百乘使楚. 187-14 ○約寡人. 187-17 乃倍○. 187-18

【李疵】3

使○觀之. 287-21 ○曰. 287-21 ○曰. 287-24

【李園】12

趙人○. 128-18 ○求事春申君爲舍人. 128-19 以○女弟立爲王后. 129-7 楚王貴○. 129-7 ○用事. 129-7 ○既入其女弟爲王后. 129-9 ○不治國. 129-17 ○必先入. 129-18 ○先入. 129-20 ○. 129-22 ○果先入. 129-24 而○女弟. 130-1

【李讎】1

○謂公孫衍曰. 28-6

【更羸】5

○與魏王處京臺之下. 127-16 ○謂魏王曰. 127-17 ○曰. 127-18 ○以虛發而下之. 127-19 ○曰. 127-19

【吾得】5

○將爲楚王屬怒於周. 11-16 不如令太子將軍正迎○於境. 11-17 令天下皆知君之重○也. 11-18 周君所以事○者器. 11-19 而○無效也. 11-20

【肖】2

子爲○謂齊王曰. 216-2 ○願爲外臣. 216-2

【旰夷】1

○爲董慶謂田嬰曰. 186-15

【足强】1

○爲之說韓王曰. 242-20

【呂不韋】 2
濮陽人○賈於邯鄲. 56-21 而○廢. 130-4
【呂氏】 3
與○乎. 219-3 天下孰不棄○而從嫪氏. 219-8 天下必合○而從嫪氏. 219-8
【呂尙】 3
臣聞始時○之遇文王也. 37-12 故文王果收功於○. 37-14 然則周文王得○以爲太公. 99-15
【呂倉】 2
周相○見客於周君. 4-4 相○. 4-7
【呂望】 2
卽使文王疏○而弗與深言. 37-15 雖周○之功. 42-16
【呂遼】 1
魏殺○而衛兵. 141-24
【呂遺】 2
魏殺○. 167-1 於是與殺○何以異. 167-1
【呂禮】 5
相○者. 5-14 逐周最聽祝弗相○者. 5-20 文聞秦王欲以○收齊. 34-3 是君收齊以重○也. 34-4 ○復用. 34-9
【吳】 1
以王爲○智之事也. 55-17
【吳王】 1
故○遠迹至於郢. 268-5
【吳王夫差】 4
○無適於天下. 45-22 ○棲越於會稽. 55-10 昔○以强大爲天下先. 91-14 故○不悟先論之可以立功. 268-6
【吳起】 14
楚之○. 44-20 ○事悼王. 44-23 商君○大夫種. 45-11 商君○大夫種. 45-13 商君○大夫種不若也. 45-14 不過商君○大夫種. 45-18 ○爲楚悼罷無能. 46-7 則商君白公○大夫種是也. 46-18 雖有闔閭○之將. 93-16 是孫臏○之兵也. 96-23 ○對曰. 182-19 ○對曰. 182-21 此○餘教也. 183-9 於是索○之後. 183-15
【吳慶】 1
○恐魏王之構於秦也. 215-13
【佐】 2
○欲定其弟. 48-19 臣請爲王因呡與○也. 48-19
【伯夷】 4
必有○之廉. 46-20 行雖如○. 241-1 廉如○. 250-11 廉如○. 250-15
【伯樂】 5
○遭之. 128-11 彼見○之知己也. 128-12 往見○曰. 263-11 ○乃還而視之. 263-13 足下有意爲臣○乎. 263-14
【伯嬰】 12
必陰事○. 235-5 ○亦幾瑟也. 235-5 ○恐. 235-6 必不敢輔○以爲亂. 235-6 秦楚挾幾瑟以塞○. 235-7 ○外無秦楚之權. 235-7 公叔○恐秦楚之内幾瑟也. 235-10 則公叔○必知秦楚之不以幾瑟爲事也. 235-11 則公叔○必以國事公矣. 235-15 公不如令秦王賀○之立也. 235-24 韓且内○於秦. 236-7 冷向謂○曰. 236-7
【希卑】 1
○曰. 167-20
【希寫】 2
○見建信君. 167-6 ○曰. 167-7
【兌】 2
○盡知之矣. 137-7 明日復來見○也. 137-14
【冷向】 5
○謂强國曰. 141-12 韓令○借救於秦. 231-22 ○謂韓咎曰. 236-2 ○謂伯嬰曰. 236-7 ○謂陳軫曰. 245-19
【辛】 1
○張陽毋澤說魏王薛公公叔也. 35-5
【辛戎】 4
○者. 56-8 是○有秦楚之重. 56-9 請爲公令○謂王曰. 115-17 令○告楚曰. 126-4
【辛垣衍】 14
魏王使將軍○令趙帝秦. 162-13 梁客○安在. 162-16 平原君遂見○曰. 162-17 ○曰. 162-19 ○許諾. 162-21 魯連見○而無言. 162-22 ○曰. 162-22 ○曰. 163-4 ○曰. 163-5 ○曰. 163-7 ○曰. 163-14 ○曰. 163-16 ○快然不悅曰. 163-17 ○起. 164-14
【宋王】 5
○必說. 100-20 子象爲楚謂○曰. 103-3 且○之賢惠子也. 121-8 ○無道. 260-19 今○射天笞埊. 269-19
【宋君】 2
○奪民時以爲臺. 4-9 ○使使者請於趙王曰. 280-9
【宋突】 2
○謂机郝曰. 156-2 齊人戎郭○謂仇郝曰. 175-7
【宋郭】 1
秦王謂○曰. 194-16
【宋康王】 1
○之時. 281-11
【宋赫】 1
○爲謂公叔曰. 235-3
【君王后】 11
○. 95-16 ○以爲后. 95-19 ○賢. 101-4 ○事秦謹. 101-5 秦始皇嘗使使者遺○玉連環. 101-7 ○以示羣臣. 101-8 ○引椎椎破之. 101-8 及○病且卒. 101-10 ○曰. 101-11 ○曰. 101-11 ○死. 101-13
【尾生】 3
此方其爲○之時也. 230-8 使臣信如○. 250-11 信如○. 250-17
【尾生高】 2
信如○. 257-24 信如○. 258-3
【忌】 3
此用二○之道也. 65-24 ○聞以爲有一子之孝. 66-2 ○不自信. 66-7
【邵公奭】 1
○封於燕. 130-10
【奉陽君】 27
○不欲. 139-12 客謂○曰. 139-12 ○妬. 144-4 今○捐館舍. 144-6 ○相. 148-17 臣爲足下使公孫衍說○曰. 171-6 以○甚食之. 171-10 以觀○之應足下也. 171-11 臣以爲足下見○矣. 171-19 臣謂○曰. 171-20 ○曰. 173-5 聞周魏令竇屢以割魏於○. 190-14 夫周君竇屢○之與穰侯. 190-15 ○也. 190-16 ○孟嘗君韓呡周己周韓餘爲徒從而下之. 195-19 ○韓餘爲旣和矣. 195-23 ○李兌甚不取於蘇秦. 248-22 李兌因爲蘇秦謂○曰. 248-22 ○曰. 249-1 ○曰. 249-7 蘇代爲○說燕於趙以伐齊. 261-23 ○不聽. 261-23 人告○曰. 261-25 ○告朱讙與趙足曰. 262-8 ○之怒甚矣. 262-13 而小人○也. 262-13 ○告朱讙曰. 262-23
【武】 10
湯○雖賢. 34-16 故以舜湯○之賢. 34-17 而文○無與成其王也. 37-16 此湯○之舉也. 89-22 臣聞昔湯○以百里昌. 124-11 湯○之所以放殺而爭也. 144-17 湯○之卒不過三千人. 145-9 臣以爲雖湯○復生. 202-23 此文○之時. 254-18 ○對曰. 273-23
【武王】 16
○伐紂. 16-3 ○將素甲三千領. 21-3 ○示之病. 28-20 ○立. 71-10 謂○曰. 71-12 ○之察. 108-10 ○逐張儀. 120-21 ○立. 120-23 ○目鄗. 126-12 而○羈於玉門. 167-11 是○之功也. 167-12 而○伐之. 183-2○卒三千人. 184-16 此其過越王勾踐○遠矣. 184-19 此○之願也. 228-20 汙○之義而不臣焉. 250-15
【武安】 1
因以爲○功. 42-21
【武安子】 2
吾欲使○起往喻意焉. 17-22 請使○. 17-23
【武安君】 31
封爲○. 17-1 ○爲三公. 42-14 ○所以爲秦戰勝攻取者七十餘城. 42-15 ○爲三公. 42-17 孰與○. 58-12 ○戰勝攻取. 58-12 臣之功不如○也. 58-13 卿明知功之不如○歟. 58-13 ○難之. 58-17 趙將○. 60-1 若殺○. 60-1 ○必死. 60-3 ○至. 60-4 ○曰. 60-6 ○北面再拜賜死. 60-9 ○死. 60-13 封爲○而相燕. 111-12 乃封蘇秦爲○. 146-10 夫以秦將○公孫起乘七勝之威. 158-5 ○蘇秦爲燕說齊王. 249-14 ○. 250-6 ○從齊來. 250-8 ○曰. 288-14 ○曰. 288-18 王欲使○. 289-1 ○稱疾不行. 289-1 王乃使應侯往見○. 289-1 ○曰. 289-11 ○曰. 290-5 因見○. 290-6 ○頓首曰. 290-8
【武貞君】 1
因封蘇秦爲○. 76-21
【武侯】 2
○忿然曰. 182-20 ○曰. 183-5
【武陽】 2
荆軻顧笑○. 277-11 取○所持圖. 277-13
【武靈王】 1
○平晝間居. 148-23
【長安君】 8
必以○爲質. 178-19 有復言令○爲質者. 178-21 老臣竊以爲媪之愛燕后賢於○. 179-8 不若○之甚. 179-10 今媪尊○之位. 179-18 ○何以自託於趙. 179-19 老臣以媪爲○計短也. 179-20 於是爲○約車百乘質於齊. 179-21
【長信侯】 8
臣使○請無内王. 204-2 支期說於○曰. 204-4 ○曰. 204-4 ○曰. 204-5 ○曰. 204-7 ○行. 204-10 ○入見王. 204-11 ○曰. 204-12

【苦成常】 1
○謂建信君曰. 166-25
【茂】 6
○德王之賜. 31-14 ○誠賢者也. 108-11 且拘○也. 141-15 則○事敗矣. 225-12 明也願因○以事王. 225-21 ○且攻宜陽. 244-22
【范】 10
又斬○中行之途. 46-16 滅破○中行. 49-16 昔智伯瑶殘○中行. 55-9 昔智伯瑶攻○中行氏. 92-20 知伯帥趙韓魏而伐○中行氏. 131-21 始事○中行氏而不說. 135-6 子不嘗事○中行氏乎. 135-24 知伯滅○中行氏. 135-24 臣事○中行氏. 136-1 ○中行氏以衆人遇臣. 136-1
【范子】 1
○因王稽入秦. 36-8
【范座】 7
而違者○也. 173-18 請殺○於魏. 173-19 ○死. 173-19 請殺○於魏. 173-20 使司徒執○. 173-20 ○獻書魏王曰. 173-22 夫殺無罪○. 173-23
【范睢】 16
○至秦. 37-4 謂○曰. 37-4 ○辭讓. 37-6 是日見○. 37-8 ○曰. 37-9 ○曰. 37-10 ○謝曰. 37-12 ○再拜. 38-16 ○曰. 38-17 ○曰. 39-12 ○曰. 39-17 ○曰. 39-22 昭王謂○曰. 40-13 ○謂秦昭王曰. 41-11 而欲兼誅○. 43-24 ○曰. 43-24
【范環】 2
楚王問於○曰. 108-5 ○對曰. 108-7
【范蠡】 1
○知之. 46-13
【松】 1
而有喬○之壽. 46-20
【東門吳】 2
梁人有○者. 42-25 ○曰. 43-2
【東周君】 2
齊明謂○曰. 2-19 蘇子謂○曰. 3-1
【奔】 1
○育之勇焉而死. 37-24
【卓滑】 3
齊明說○以伐秦. 125-16 齊明謂○曰. 125-16 ○因重之. 125-18
【尚】 1
○曰. 116-7
【尚子】 3
獨○之言是. 231-6 召○入. 231-6 宣太后謂○曰. 231-6
【尚靳】 2
韓又令○使秦. 231-4 ○歸書報韓王. 231-11
【果】 1
臣恐齊王之爲君實立○而讓之於最. 12-6
【昌他】 4
○亡西周. 7-23 間遺○書曰. 7-25 告○. 8-1 東周立殺○. 8-2
【昌國君】 3
使○將而擊之. 95-6 ○樂毅爲燕昭王合五國之兵而攻齊. 266-13 王乃召○樂間而問曰. 271-20
【明】 4
○之來也. 125-16 ○說楚大夫以伐秦. 125-17 皆受○之說也. 125-17○願有問君而恐固. 128-2
【易王】 1
○立. 249-13
【易牙】 2
○乃煎敖燔炙. 200-5 ○之調也. 200-11
【固】 5
以資○於齊. 102-9 必受○. 102-10 適爲○驅以合齊秦也. 102-10 必非○之所以之齊之辭也. 102-11 王不如令人以涓來之辭謾○於齊. 102-12
【呡】 4
○欲以齊秦劫魏而困薛公. 48-18 臣請爲王因○與佐也. 48-19 使○也甘之. 170-22 齊王必無召○也使臣守約. 171-25
【冒靡】 2
○逃之魏. 283-8 贖一○. 283-9
【知氏】 8
○盡滅. 134-6 昔者○之地. 134-25 及三晉分○. 135-7 吾其報○之讎矣. 135-9 ○之命不長矣. 181-6 君何釋以天下圖○. 181-8 而獨以吾國爲○質乎. 181-9 ○遂亡. 181-12
【知伯】 46
○從韓魏兵以攻趙. 131-3 郄疵謂○曰. 131-4 ○曰. 131-5 ○以告韓魏之君曰. 131-10 郄疵謂○曰. 131-14 ○曰. 131-15 ○遣之. 131-18○帥趙韓魏而伐范中行氏. 131-21 夫○之爲人也. 131-22 使使者致萬家之邑一於○. 132-1 ○說. 132-2 而外怒○也. 132-4 因使人致萬家之邑一於○. 132-5 ○說. 132-6 ○因陰結韓魏. 132-7 夫○之爲人. 132-9 今○帥二國之君伐趙. 133-5 夫○爲人也. 133-6 張孟談因朝○而出. 133-10 知過入見○曰. 133-11 ○曰. 133-12 入說○曰. 133-14○曰. 133-15 ○曰. 133-17 ○曰. 133-21 入見○. 133-25 而決水灌○軍. 134-2 ○軍救水而亂. 134-2 大敗○軍而禽○. 134-3 ○身死. 134-5 去而就○. 135-6 ○寵之. 135-7 趙襄子最怨○. 135-7 欲爲○報讎. 135-11 且○已死. 135-12 ○滅范中行氏. 135-24 反委質事○. 135-25 ○已死. 135-25 ○以國士遇臣. 136-2 豫子之爲○. 136-3 而可以報○矣. 136-9 ○索地於魏桓子. 181-3 ○必憍. 181-5 以驕○. 181-8 ○大說. 181-10
【知過】 8
遇○轅門之外. 133-10 ○入見知伯曰. 133-11 ○出見二主. 133-14 ○曰. 133-17 ○曰. 133-18 ○見君之不用也. 133-22 臣遇○於轅門之外. 133-24 夫不聽○. 134-5
【和】 1
楚有○璞. 36-17
【和氏】 1
○之璧. 137-23
【季子】 1
○爲衍謂梁王曰. 191-8
【季梁】 1
○聞之. 215-18
【金投】 2
或爲周最謂○曰. 4-22 周最謂○曰. 5-3
【郄疵】 5
○謂知伯曰. 131-4 ○曰. 131-6 ○言君之且反也. 131-10 ○謂知伯曰. 131-14 ○知其言之不聽. 131-18
【肥義】 2
○侍坐. 148-23 ○曰. 149-10
【服子】 2
客有見人於○者. 176-4 ○曰. 176-4
【周】 1
奉陽君孟嘗君韓呡○㕀○韓餘爲徒從而下之. 195-19
【周公】 3
○輔成王也. 45-12 其可願孰與閎夭○哉. 45-13 如伊尹○. 129-15
【周公旦】 2
則○也. 2-5 周成王任○. 86-20
【周文王】 3
堯舜禹湯○是也. 86-15 王上者孰與○. 99-12 然則○得呂尚以爲太公. 99-15
【周文君】 2
○免士工師藉. 4-7 謂○曰. 4-9
【周㕀】 1
奉陽君孟嘗君韓呡○周韓餘爲徒從而下之. 195-19
【周成王】 1
○任周公旦. 86-20
【周成恢】 1
○爲之謂魏王曰. 245-25
【周肖】 1
○謂宮他曰. 216-2
【周足】 2
周使○之秦. 14-1 或謂○曰. 14-1
【周君】 54
○患之. 1-4 ○又患之. 1-9 ○謂趙累曰. 2-2 ○將令相國往. 3-8 蘇厲爲之謂○曰. 3-8 主君將令誰往○曰. 3-11 史黶謂○曰. 3-15 周相呂倉見客於○. 4-4 因令人謂○曰. 4-5 ○遂不免. 4-14 謂○曰. 5-10 ○患之. 6-23 ○予之. 6-24 謂○曰. 7-2 ○不聽. 7-11 不如謂○曰. 7-11 ○留之十四日. 8-10 ○患之. 8-11 客謂○曰. 8-11 ○迎之以卒. 10-3 ○懼焉. 10-8 ○豈能無愛國哉. 10-9 ○患之. 10-12 ○大悅曰. 10-13 ○之秦. 11-1 ○必以爲公功. 11-2 勸○入秦者. 11-3 蘇厲謂○曰. 11-5 或謂○曰. 11-17 ○所以事吾得者器. 11-19 ○患之. 11-22 蘇秦謂○曰. 11-22 司寇布爲周最謂○曰. 12-2 秦召○. 12-10 ○難往. 12-10 或爲○謂魏王曰. 12-10 秦召○. 12-10 ○聞之. 12-11 ○不入秦. 12-12 ○之魏求救. 12-14 ○反. 12-15 綦母恢謂○曰. 12-15 ○怨寡人乎. 12-16 ○. 12-17 ○形不小利. 12-20 ○得以爲辭於父兄百姓. 12-21 ○得溫囿. 12-22 魏王因使孟卯致溫囿於○而許之戍也. 12-24 宮他謂○曰. 13-12 公不如謂○曰. 13-19 何不謂○曰. 14-1 夫○竇屢奉陽君之與穰侯. 190-15 公叔之與○交也. 233-19 必○而深怨我矣. 233-21
【周武】 1
以與○爲難. 21-2

【周佼】1
○以西周善於秦. 240-1
【周烈王】1
○崩. 163-9
【周宵】2
魏文子田需○相善. 196-4 犀首以倍田需○. 196-6
【周訢】2
○謂王曰. 203-11 ○對曰. 203-18
【周啓】1
○以東周善於秦. 240-2
【周紹】6
王立○爲傅. 152-19 ○曰. 153-2 ○曰. 153-3 ○曰. 153-4 ○曰. 153-8 遂賜○胡服衣冠. 153-15
【周最】39
○謂石禮曰. 3-25 子因令○居魏以共之. 4-1 或爲○謂金投曰. 4-22 秦以○之齊疑天下. 4-22 ○謂金投曰. 5-3 ○於齊王也而逐之. 5-13 收○以爲後行. 5-16 外○. 5-20 逐○聽祝弗相呂禮者. 5-20 蘇厲爲○謂蘇秦曰. 5-25 謂○曰. 6-5 何不合○兼相. 6-8 爲○謂魏王曰. 6-11 王不去○. 6-13 謂○曰. 6-16 爲○謂李兑曰. 9-18 謂○曰. 11-1 司寇布爲○謂周君曰. 12-2 君使人告齊王以○不肯爲太子也. 12-2 ○謂秦王曰. 13-7 君不如使○陰合於趙以備秦. 13-14 王何不以地齎○以爲太子也. 13-17 齊王令司馬悍以賂進○於周. 13-17 ○爲楚王曰. 50-9 公不如令主父以地資○. 157-17 ○以天下辱秦者也. 157-17 此利於趙而便於○也. 157-19 ○善齊. 216-7 ○入齊. 216-10 以○也. 216-11 今○遁寡人入齊. 216-11 齊令○使鄭. 233-19 ○患之. 233-19 ○行至鄭. 233-23 ○固不欲來使. 233-23 ○不欲來. 233-24 今○固得事足下. 234-2 今○不來. 234-3 遂重○. 234-5
【周襄王】1
未嘗不以○之命. 242-7
【郊師】1
更立衛姬嬰兒○. 63-19
【育】2
奔○之勇焉而死. 37-24 是其軼賁○而高成荆矣. 238-12
【法章】4
其子○變姓名. 100-24 奇○之狀貌. 100-25 ○乃自言於莒. 101-1 共立○爲襄王. 101-2
【泠向】2
○謂秦王曰. 18-1 ○謂鄭彊曰. 224-23
【空】1
因令人謂相國御展子廧夫○曰. 7-13
【宛公】1
蘇厲謂○昭鼠曰. 115-16
【宓戲】1
○神農教而不誅. 152-6
【房喜】1
○謂韓王曰. 246-15
【建】7
生子○. 101-2 子○立爲齊王. 101-5 以故○立四十有餘年不受兵. 101-5 誡○曰. 101-10 ○曰. 101-10 齊王○入朝於秦. 101-16 住○共者. 102-5
【建信】4
○者安能以無功惡秦哉. 141-18 ○春申從. 141-20 乃輦○以與強秦角逐. 166-5 或謂○. 166-16
【建信君】19
以趙之弱而據之○. 141-17 ○知從之無功. 141-18 ○貴於趙. 165-21○曰. 166-18 ○再拜受命. 166-22 苦成常謂○曰. 166-25 希寫見○. 167-6 ○曰. 167-6 ○悖然曰. 167-8 魏魀謂○曰. 167-15 ○果先言橫. 167-22 則王必怒而誅○. 175-18 ○死. 175-18 ○不死. 175-19 卿因以德○矣. 175-19 王何不遣○乎. 176-14 ○有國事. 176-15 而與○. 176-20 ○輕韓熙. 246-19
【建信侯】1
趙敖爲謂○曰. 246-19
【屈蓋】1
楚之相秦者○. 31-25
【屈署】2
不若令○以新東國爲和於齊以動秦. 126-1 遽令○以東國爲和於齊. 126-3
【孟卯】1
魏王因使○致温囿於周君而許之戍也. 12-24
【孟賁】6
○之倦也. 91-19 非賢於騏驥○也. 91-20 内無○之威. 165-16 猶○之與怯夫也. 223-2 夫戰○烏獲之士. 223-3 ○之勇而死. 262-19
【孟軻】1
○謂齊宣王曰. 254-18
【孟嘗】6
孰與○芒卯之賢. 49-11 以○芒卯之賢. 49-12 ○曰. 77-10 而○令人體貌而親郊迎之. 77-22 ○. 84-19 魯仲連謂○. 84-22
【孟嘗君】78
○又竊以諫. 63-8 ○將入秦. 77-9 ○見之. 77-12 謂○曰. 77-12 ○乃止. 77-19 ○在薛. 77-21 ○奉夏侯章以四馬百人之食. 78-7 夏侯章每言未嘗不毁○也. 78-8 或以告○. 78-8 ○曰. 78-9 ○重非諸侯也. 78-10 吾以身爲○. 78-12 ○讌坐. 78-15 ○舍人有與君之夫人相愛者. 78-23 或以問○曰. 78-23 ○不知臣不肖. 79-6 是足下倍先君盟約而欺○也. 79-8 ○可語善爲事矣. 79-12 ○有舍人而弗悦. 79-15 魯連謂○曰. 79-15 ○曰. 79-22 ○出行國. 79-24 見○門人公孫戍曰. 79-25 入見○曰. 80-4 ○曰. 80-4 ○曰. 80-5 ○曰. 80-10 ○曰. 80-13 ○曰. 80-17 使人屬○. 82-4 ○曰. 82-4 ○笑而受之曰. 82-5 ○曰. 82-8 ○曰. 82-10 ○客我. 82-11 ○問. 82-13 ○使人給其食用. 82-14 後○出記. 82-16 ○怪之. 82-17 ○笑曰. 82-18 ○曰. 82-23 ○怪其疾也. 83-2 ○曰. 83-5 ○不說. 83-8 齊王謂○曰. 83-9 ○就國於薛. 83-10 ○顧謂馮諼. 83-11 ○予車五十乘. 83-14 齊放其大臣○於諸侯. 83-15 往聘○. 83-17 馮諼先驅誡○曰. 83-17 ○固辭不往也. 83-19 封書謝○曰. 83-20 馮諼誡○曰. 83-22 還報○曰. 83-24 ○爲相數十年. 83-25 ○爲從. 84-3 公孫弘謂○曰. 84-3 ○曰. 84-6 今○之地方百里. 84-10 ○好人. 84-11 ○之好人也. 84-12 寡人善○. 84-18 ○逐於齊而復反. 85-6 譚○曰. 85-6 ○曰. 85-7 ○曰. 85-8 ○曰. 85-9 ○乃取所怨五百牒削去之. 85-12 趙王封○以武城. 142-6 ○擇舍人以爲武城吏. 142-6 ○曰. 142-8 奉陽君○韓呡周㠯周韓餘爲徒從而下之. 195-19 夜見○. 205-16 ○曰. 205-17 ○之趙. 205-19 ○曰. 205-20 ○曰. 205-20
【孤狐咺】1
齊負郭之民有○者. 95-3
【函冶氏】1
○爲齊太公買良劍. 12-3
【始皇帝】1
卒事○. 47-3
【春平侯】5
秦召○. 178-12 ○者. 178-13 ○入秦. 178-14 故君不如遣○而留平都侯. 178-15 ○者言行於趙王. 178-15
【春申】2
建信○從. 141-20 觀鞅謂○曰. 229-23
【春申君】37
唐且見○曰. 122-14 客說○曰. 126-12 ○曰. 126-15 客又說○曰. 126-17○又曰. 126-19 趙使魏加見楚○曰. 127-14 ○曰. 127-16 汗明見○. 127-25 ○大說之. 127-25 ○曰. 128-1 ○曰. 128-3 ○曰. 128-4○曰. 128-7 ○患之. 128-17 李園求事○爲舍人. 128-19 ○問狀. 128-19 ○曰. 128-20 ○曰. 128-21 即幸於○. 128-22 園女弟承間說○曰. 128-24 ○大然之. 129-6 恐○語泄而益驕. 129-9 欲殺○以滅口. 129-10 ○相楚二十五年. 129-11 朱英謂○曰. 129-11 ○曰. 129-13 ○曰. 129-17 ○曰. 129-19 ○曰. 129-21 ○後入. 129-25 園死士夾刺○. 129-25 於是使吏盡滅○之家. 130-1 初幸○有身. 130-1 虞卿謂○曰. 130-6 而信○之言. 211-23 即○有變. 211-24 ○聞之. 229-19
【珉】3
父兄惡○. 243-22 ○必以國保楚. 243-23 ○爲疾矣. 244-10
【城渾】3
○出周. 107-5 ○說其令曰. 107-6 ○得之. 107-14
【政】10
○身未敢許人也. 237-10 ○乃市井之人. 237-13 然是深知○也. 237-16 而○獨安可嘿然而止乎. 237-17 且前日要○. 237-17 ○徒以老母. 237-17 ○將爲知己者用. 237-18 ○曰. 237-24 ○姊聞之. 238-10 非獨○之能. 238-15
【荆王】5
○亡奔走. 19-9 有不獻死之藥於○者. 126-6 ○大說. 279-3 而○說甚. 279-5 而○不至. 279-6
【荆宣王】1
○問羣臣曰. 103-22
【荆卿】5
唯○留意焉. 275-17 ○未有行意. 275-22 乃請○曰. 275-23 ○曰. 275-24 ○豈無意哉. 276-20
【荆敢】1
○言之主. 136-23
【荆軻】24
所善○. 274-16 願因先生得願交於○. 274-17 僂行見○. 274-21 ○

曰. 274-23 欲自殺以激○. 275-1 ○坐定. 275-5 ○曰. 275-18 於是尊○爲上卿. 275-19 恣○所欲. 275-20 ○知太子不忍. 276-4 ○曰. 276-8 乃爲裝遣○. 276-16 ○有所待. 276-18 ○怒. 276-21 ○和而歌. 276-25 於是○遂就車而去. 277-3 ○奉樊於期頭函. 277-9 ○顧笑武陽. 277-11 ○逐秦王. 277-17 以故○逐秦王. 277-20 遂拔以擊○. 277-23 ○廢. 277-23 左右既前斬○. 278-2 其後○客高漸離以擊筑見秦皇帝. 278-9

【荆慶】 1

○之斷. 165-16

【荀息】 3

○曰. 23-14 ○曰. 23-16 故○以馬與璧假道於虞. 208-23

【胡易】 1

令衛○伐趙. 156-21

【胡衍】 5

○之出幾瑟於楚也. 235-17 ○謂樗里疾曰. 282-4 ○曰. 282-9 ○因入蒲. 282-11 ○取金於蒲. 282-13

【南之威】 2

晉文公得○. 200-7 遂推○而遠之. 200-7

【南文子】 3

○止之曰. 280-3 ○有憂色. 281-19 ○曰. 281-25

【南后】 3

○鄭褎貴於楚. 120-3 ○鄭褎聞之大恐. 120-12 乃召○鄭褎而觴之. 120-16

【南威】 1

○之美也. 200-12

【柳下季】 1

有敢去○壟五十步而樵采者. 85-20

【柳下惠】 3

○吏於魯. 272-22 ○曰. 272-23 ○不以三黜自累. 272-24

【勃蘇】 1

○乃蘇. 113-16

【要離】 1

○之刺慶忌也. 219-24

【威王】 9

犀首戰勝○. 23-10 ○薨. 63-11 靖郭君衣○之衣. 64-1 於是入朝見○曰. 66-14 ○不應. 67-1 ○不應. 67-2 ○問於莫敖子華曰. 112-16 ○勃然怒曰. 163-11 ○怒. 232-3

【威后】 3

○問使者曰. 88-3 臣奉使使○. 88-4 ○曰. 88-5

【勁】 1

○也相魏. 115-3

【昧】 1

○之難. 108-13

【郢威王】 3

○聞之. 54-16 以同言○於側紂之閒. 54-22 臣豈以○爲政衰謀亂以至於此哉. 54-23

【盼子】 4

○不用也. 62-4 ○有功於國. 62-4 ○必用. 62-7 ○謂齊王曰. 100-19

【昭子】 5

楚王告○. 105-2 ○曰. 105-2 ○曰. 121-18 ○曰. 121-22 公何不令人說○曰. 233-1

【昭王】 24

成○之功. 34-18 獻書○曰. 36-8 ○謂范睢曰. 40-13 應侯謂○曰. 40-16 蒙傲以報於○. 43-12 將見. 44-7 ○彊起應侯. 46-25 ○新說蔡澤計畫. 47-1 ○孝文王莊襄王. 47-3 說○曰. 51-20 ○聞之. 84-7 ○曰. 84-8 ○笑而曰. 84-9 ○曰. 84-12 ○笑而謝之. 84-17 ○. 84-19 ○反郢. 114-1 ○亦曰. 165-12 燕立○. 255-3 ○曰. 255-24 於是○爲隗築宮而師之. 256-6 謂○曰. 261-24 ○召而謂之曰. 265-22 ○既息民繕兵. 288-14

【昭忌】 4

○曰. 213-5 謂○曰. 213-10 ○乃爲之見秦王曰. 213-11 ○曰. 213-12

【昭侯】 3

○不欲. 115-20 ○不許也. 221-18 ○曰. 221-18

【昭衍】 2

○爲周之梁. 56-15 ○見梁王. 56-15

【昭奚恤】 16

吾聞北方之畏○也. 103-22 而專屬之○. 104-5 ○與彭城君議於王前. 104-8 ○謂楚王曰. 104-11 ○不知也. 104-14 江尹欲惡○於楚王. 104-23○曰. 104-24 江尹因得山陽君與之共惡○. 104-24 魏氏惡○於楚王. 105-2 江乙惡○. 105-7 ○取魏之寶器. 105-9 故○常惡臣之見王. 105-10 江乙欲惡○於楚. 105-13 客因爲之謂○曰. 106-23 ○曰. 106-24 ○已而悔之. 107-1

【昭常】 8

○入見. 117-19 ○曰. 117-20 ○出. 117-23 遣○爲大司馬. 118-7 遣○之明日. 118-8 立○爲大司馬. 118-9 ○應齊使曰. 118-11 伐○. 118-15

【昭魚】 7

謂○曰. 123-22 ○曰. 123-22 ○謂蘇代曰. 197-22 ○曰. 197-23 ○曰. 197-24 ○曰. 198-1 ○甚憂. 198-1

【昭陽】 10

而○賢相也. 24-19 ○將不與臣從事矣. 24-20 ○請以數倍之地易薛. 63-20 ○爲楚伐魏. 72-15 見○. 72-16 ○曰. 72-17 ○以爲然. 73-1 ○謂楚王曰. 103-9 杜赫謂○曰. 121-16 杜赫謂○曰. 121-20

【昭揚】 1

於是以太子扁○梁王皆德公矣. 233-2

【昭蓋】 1

○曰. 126-1

【昭睢】 14

謂○曰. 111-25 無○陳軫. 112-1 爲儀謂楚王逐○陳軫. 112-2 ○歸報楚王. 112-3 有人謂○曰. 112-4 是○之言不信也. 112-13 ○謂景翠曰. 115-10 ○勝秦於重丘. 115-15 王欲○之乘秦也. 115-16 楚令○將以距秦. 115-20 桓臧爲○謂楚王曰. 115-21 不如益○之兵. 115-23 楚王令○之秦重張儀. 120-21 楚王因收○以取齊. 120-21

【昭鼠】 2

楚令○以十萬軍漢中. 115-15 蘇厲謂宛公○曰. 115-16

【昭翦】 1

○與東周惡. 8-4

【昭應】 4

○謂楚王曰. 10-15 楚王始不信○之計矣. 10-17 ○聞此. 10-18 令○奉太子以委和於薛公. 178-8

【昭釐侯】 4

○. 241-5 申不害與○執珪而見梁君. 241-6 ○聽而行之. 241-10 臣竊以爲王之明爲不如○. 241-12

【昭獻】 9

○在陽翟. 3-8 今○非人主也. 3-10 楚○相韓. 224-3 韓廢○. 224-3 ○令人謂公叔曰. 224-3 不如貴○以固楚. 224-3 令○轉而與之處. 225-1 而○. 225-2 甘茂與○遇於境. 232-8

【段干木】 1

若魏文侯之有田子方○也. 78-20

【段干越人】 1

○謂新城君曰. 247-5

【段干綸】 2

○曰. 64-9 ○曰. 64-11

【段規】 2

○謂韓王曰. 221-3 ○曰. 221-4

【段産】 1

○謂新城君曰. 247-1

【段規】 2

○諫曰. 131-22 康子之謀臣曰○. 133-19

【信安君】 2

秦召魏相○. 198-10 ○不欲往. 198-10

【信陵君】 13

○發兵至邯鄲城下. 161-4 又遺其後相○書曰. 174-3 ○曰. 174-8 ○殺晉鄙. 217-4 唐且謂○曰. 217-4 ○曰. 217-6 ○曰. 217-10 ○使人謂安陵君曰. 217-12 復○之命. 217-15 使者以報○. 217-19 ○大怒. 217-19 ○爲人. 218-2 ○聞縮高死. 218-5

【鬼侯】 3

○之鄂侯文王. 163-19 ○有子而好. 163-20 醢○. 163-20

【禹】 15

○伐共工. 16-2 是令張儀之言爲○. 35-9 雖堯舜○湯復生. 36-22 ○有五丞. 86-12 堯舜○湯周文王是也. 86-15 舜傳○. 86-20 ○無百人之聚. 145-8 而○袒入裸國. 149-12 而○放逐之. 182-24 ○攻三苗. 195-16 進之○. 200-4 ○飲而甘之. 200-4 ○授益而以啓爲吏. 254-5 是○名傳天下於益. 254-7 ○湯之知而死. 262-19

【衍】 16

○非有怨於儀也. 72-9 君必解○. 72-10 ○也吾讎. 72-12 是必與○鬻吾國矣. 72-12 ○. 162-20 復合○交兩王. 172-10 ○不肖. 187-7 以爲○功. 189-15 收韓而相○. 189-15 臣不知○之所以聽於秦之少多. 190-11 然而臣能半○之割. 190-12 季子爲○謂梁王曰. 191-8 今王以○爲可使將. 191-10 ○之爲魏. 192-22 ○將右韓而左魏. 192-23○請因令王致萬户邑於先生. 193-8

【負蒭】 3

齊秦合而立○. 48-17 ○立. 48-17 ○必以魏歿世事秦. 48-20
【哀侯】 6
韓傀走而抱○. 238-4 遂中○. 238-5 許異蹴○而殪之. 242-3 是故○爲君. 242-5 猶其尊○也. 242-6 皆戴○以爲君. 242-11
【施】 1
今○以魏來. 121-16
【首】 1
今○之所進仕者. 66-3
【宣】 2
夫齊威○. 147-5 今富非有齊威○之餘也. 147-9
【宣子】 1
○曰. 132-5
【宣王】 24
○立. 63-11 大不善於○. 63-11 請見○. 63-12 ○聞之. 63-15 齊貌辨見○. 63-15 ○大息. 63-23 ○自迎靖郭君於郊. 64-1 鄒忌事○. 66-1○不悅. 66-1 鄒忌謂○曰. 66-2 ○因以晏首壅塞之. 66-3 淯于髡一日而見七人於○. 80-21 ○不悅. 85-16 ○默然不悅. 85-23 ○曰. 86-22 ○使謁者延入. 87-8 ○因趨而迎之於門. 87-10 ○忿然作色. 87-12 ○說曰. 87-15 ○曰. 87-19 ○謝曰. 88-1 不知夫子發方受命乎○. 125-5 ○用之. 147-6 ○謂摎留曰. 223-17
【宣太后】 3
秦○愛魏醜夫. 33-5 ○曰. 231-6 ○謂尚子曰. 231-6
【扁鵲】 6
醫○見秦武王. 28-20 ○請除. 28-20 君以告○. 28-21 ○怒而投其石. 28-22 人之所以善○者. 243-13 使善○而無臂腫也. 243-14
【神農】 2
昔者○伐補遂. 16-1 宓戲○教而不誅. 152-6
【祝弗】 4
聽○. 5-13 齊聽○. 5-20 逐周最聽○相呂禮者. 5-20 故用○. 5-23
【叚干子】 1
○也. 204-19
【叚干崇】 1
將使○割地而講. 204-15
【犀武】 5
秦攻魏將○軍於伊闕. 9-18 殺○. 11-5 殺○. 11-12 ○敗於伊闕. 12-14 ○敗. 14-1
【姚賈】 8
○對曰. 60-21 ○辭行. 60-23 王召○而問曰. 61-6 ○曰. 61-12 乃可復使○而誅韓非. 61-22 趙使○約韓魏. 178-2 舉茅爲○謂趙王曰. 178-2 令○讓魏王. 216-10
【紂】 15
武王伐○. 16-3 昔者○爲天子. 21-1 破○之國. 21-3 而有桀○之亂. 22-9 不當桀○不王. 34-16 則桀○之後將存. 54-9 向者遇桀○. 56-4 ○聞讒而殺其忠臣. 61-10 桀○以天下亡. 124-11 ○之三公也. 163-20 故入之於○. 163-20○以爲惡. 163-20 卒斷○之頭而縣於太白者. 167-11 斬○於牧之野. 184-17 行雖如桀○. 241-1
【紀姬】 2
王何不遣○乎. 176-15 ○婦人也. 176-16
【秦王】 249
○不聽羣臣父兄之義而攻宜陽. 2-5 ○耻之. 2-6 又謂○曰. 3-17 公不如遂見○曰. 7-18 令弊邑以君之情謂○曰. 9-10 ○出楚王以爲和. 9-12 不如譽○之孝也. 11-1 ○太后必喜. 11-2 周最謂○曰. 13-7 ○曰. 15-21 說○書十上而說不行. 16-16 泠向謂○曰. 18-1 張儀說○曰. 18-6 張子謂○曰. 22-21 ○大怒. 22-24 請○曰. 23-2 張儀謂○曰. 23-8 張儀又惡陳軫於○. 23-23 ○曰. 24-6 張儀謂○曰. 24-8 臣請使○獻商於之地. 26-11 ○謂軫曰. 27-15 陳軫謂○曰. 28-14 ○曰. 28-15 馮章謂○曰. 29-24 馮章謂○曰. 30-2 ○懼. 30-17 ○謂甘茂曰. 30-21 乃西說○曰. 31-8 ○曰. 31-10 ○曰. 31-12 ○愛公孫衍. 31-19 甘茂謂○曰. 32-1 ○使公子他之趙. 32-8 ○明而熟於計. 32-14 ○安能制晉楚哉. 32-20 ○明而熟於計. 33-2 文聞○欲以呂禮收齊. 34-3 君不如勸○令弊邑卒攻齊之事. 34-5 ○畏晉之强也. 34-6 ○欲爲成陽君求相韓魏. 36-3 秦太后爲魏冉謂○曰. 36-4 ○說之. 37-2○屏左右. 37-8 ○跪而請曰. 37-9 ○復請. 37-10 ○跽曰. 37-11○跽曰. 38-12 ○亦再拜. 38-16 卒無○. 40-8 ○懼. 40-11 ○王矣. 42-14 ○王. 42-17 ○以爲不然. 43-6 ○師君. 43-10 ○弗聽也. 43-13 ○大怒. 43-24 彼一見○. 44-8 ○必相之而奪君位. 44-9 蔡澤相○數月. 47-2 韓春謂○曰. 48-16 ○謂樓緩曰. 48-23 營淺謂○曰. 50-1○曰. 50-5 從○與魏王遇於境. 50-8 客謂○曰. 50-13 ○乃留景鯉. 50-16 景鯉使人說○曰. 50-17 ○乃出之. 50-21 ○欲見頓弱. 50-23 ○許之. 50-24 ○悖然而怒. 51-5 ○曰. 51-7 ○曰. 51-10 ○曰. 51-12 或爲六國說○曰. 54-8 謂○曰. 55-3 ○與中期爭論. 56-3 ○大怒. 56-3 或爲中期說○曰. 56-3 ○因不罪. 56-5 ○之計曰. 56-17 ○老矣. 57-17 ○召羣臣賓客六十人而問焉. 60-19 ○大悅. 60-24 ○曰. 61-22 於是○拜西藩之臣而謝於齊. 67-5 厚矣王之託儀於○也. 71-21 因與○約曰. 71-23 ○以爲然. 72-3 而信儀於○也. 72-5 因以上黨二十四縣許○. 73-4 君不以使人先觀○. 84-3 意者○帝王之主也. 84-4 意者○不肖之主也. 84-5 ○恐之. 93-25 衛鞅謀於○曰. 94-1 ○許諾. 94-4 ○垂拱受西河之外. 94-12 故曰衛鞅之始與○計也. 94-13 ○欲楚. 102-8 夫公孫郝之於○. 108-17 故敝邑○. 111-19 獻雞駭之犀夜光之璧於○. 111-22 七日而薄○之朝. 113-14 ○聞而走之. 113-15 ○身問之. 113-16 ○顧令不起. 113-18 ○怒於戰不勝. 115-22○惡與楚相弊而令天下. 115-24 ○必怒. 116-4 ○之忠信有功臣也. 116-7 ○欲出之. 116-7 ○有愛女而美. 116-8 ○留之. 117-2 游騰爲楚謂○曰. 117-2 不知夫穰侯方受命乎○. 125-10 ○聞之懼. 126-4 ○謂公子他曰. 139-16 ○怒. 141-2 ○欲得宜陽. 141-14 蘇子爲謂○曰. 146-13 ○曰. 147-1 於是○解兵不出於境. 147-21 弊邑○使臣敢獻書於大王御史. 147-23 請無急○. 156-4 ○見趙之相魏冉之不急也. 156-4 ○怒. 156-16 ○大怒. 156-21 ○與應侯必顯重以示天下. 161-25 然吾將使○烹醢梁王. 163-16 先生又惡能使○烹醢梁王. 163-18 ○怒. 169-20 ○貪. 171-21 ○受負海内之國. 172-7 ○内韓珉於齊. 172-10 ○受齊受趙. 172-13 獻書○曰. 177-7 ○使使者報曰. 177-10 於是○乃見使者. 177-14 ○曰. 177-23 ○乃喜. 177-24 王亦聞張儀之約○乎. 189-1 此儀之所以與○陰相結也. 189-4 ○許之. 194-15○謂宋郭曰. 194-16 蘇代爲說○曰. 198-10 芒卯謂○曰. 201-14 ○曰. 201-16 謂○曰. 201-24 ○懼然曰. 202-2 ○大恐. 206-13 臣意○與樗里疾之欲之也. 209-12 獻書○曰. 211-3 ○不問者. 212-23 昭忌乃爲之見○曰. 213-11 ○曰. 213-12 ○曰. 213-13 ○乃止. 213-18 將令○遇於境. 214-8 故令魏氏收秦太后之養地○於秦. 214-14 芮宋謂○曰. 214-15 ○怒. 214-17 魏王令之謂○曰. 215-8 ○怒. 216-10 魏王爲之謂○曰. 216-10 唐且見○. 216-18 ○曰. 216-19 ○喟然愁悟. 217-1 ○使人謂安陵君曰. 219-11 ○不說. 219-13 ○謂唐且曰. 219-14 ○怫然怒. 219-18 ○曰. 219-20 ○曰. 219-21 ○色撓. 220-2 ○必喜. 223-13 是故○使使臣獻書大王御史. 223-14 陳軫謂○曰. 224-7 公不如令○疑公叔. 224-24 ○聞之. 225-3 故因而請○曰. 225-6 故使使臣再拜謁○. 225-7 ○怒. 225-7 ○固疑甘茂之以武遂解於公仲也. 225-20 杜赫爲公仲謂○曰. 225-21 ○大怒於甘茂. 225-22○以公孫郝爲黨於公而弗之聽. 228-8 公何不因行願以與○語. 228-9 行願之爲○臣也公. 228-10 臣請爲公謂○曰. 228-10 ○必曰. 228-11 以告○. 229-20 ○謂魏王曰. 229-21 謂○曰. 231-4 甘茂入言○曰. 231-16 ○曰. 231-19 ○之言曰. 231-23 ○必祖張儀之故謀. 232-1 因令公仲謂○曰. 232-20 ○必取我. 232-21 教陽向說○曰. 233-5○聽. 233-11 公不如令○賀伯嬰之立也. 235-24 ○大怒曰. 240-7 蘇秦爲韓說○曰. 240-8 ○曰. 240-11 ○曰. 240-17 ○欲出事於梁. 240-19 ○說之. 244-1 韓侈謂○曰. 244-2 ○仕之. 244-3 ○曰. 244-6 客卿爲韓謂○曰. 244-9 ○必外向. 245-19 ○誠必欲伐齊乎. 245-21 向請爲公說○. 245-23 ○必喜. 251-24 ○必患之. 257-2 ○之志. 257-3 謂○曰. 257-4 以不信○也. 257-6 ○聞若說也. 257-16 使人賀○. 273-9 使者見○曰. 273-14 ○曰. 273-14 ○以爲然. 273-18 夫○之暴. 274-3 ○貪其贄. 275-13 誠得劫○. 275-14 ○購之金千斤邑萬家. 275-25 與燕督亢之地圖獻○. 276-1 ○必說見臣. 276-2 ○必喜而善見臣. 276-9 厚遺○寵臣中庶子蒙嘉. 277-4 嘉爲先言於○曰. 277-4 ○聞之. 277-9 ○謂軻曰. 277-13 因左手把○之袖. 277-14○驚. 277-15 荆軻逐○. 277-17 ○還柱而走. 277-17 以故荆軻逐○. 277-20 ○之方還柱走. 277-22 乃引其匕首提○. 277-24 ○復擊軻. 277-24 ○目眩良久. 278-2 且○亦將觀公之事. 282-8 ○必怨公. 282-8
【秦王后】 1
乃說○弟陽泉君曰. 57-4
【秦太后】 3
○爲魏冉謂秦王曰. 36-4 故令魏氏收○之養地秦王於秦. 214-14 而養○以地. 214-16
【秦孝】 1
不過○越王楚悼. 45-17
【秦孝公】 2
孰與○楚悼王越王乎. 45-15 ○封商君. 130-8
【秦武王】 2
醫扁鵲見○. 28-20 ○謂甘茂曰. 28-25
【秦武陽】 5
燕國有勇士○. 276-17 乃令○爲副. 276-18 丹請先遣○. 276-20 而○奉地圖匣. 277-10 ○色變振恐. 277-10
【秦始皇】 2
○嘗使使者遺君王后玉連環. 101-7 ○立九年矣. 130-3
【秦昭王】 6
范睢謂○曰. 41-11 ○謂應侯曰. 42-24 言於○曰. 46-22 ○召見. 46

-23 ○謂左右曰.49-10 趙誠發使尊○爲帝.162-9
【秦皇帝】2
其後荆軻客高漸離以擊筑見○.278-9 而以筑擊○.278-9
【秦惠王】9
蘇秦始將連横說○曰.15-15 ○謂寒泉子曰.17-19 ○曰.17-24 司馬錯與張儀爭論於○前.21-21 田莘之爲陳軫說○曰.23-13 ○死.28-6 張儀事○.71-10 ○封冉子.130-9 ○以其女爲燕太子婦.249-13
【馬服】7
君禽○乎.42-13 禽○之軍.42-16 北阬○.46-4 ○曰.155-8 而與○之子戰於長平之下.158-5 駕犀首而驂○.166-4 果如○之言也.175-5
【馬服君】3
秦破○之師.81-11 ○謂平原君曰.174-13 ○曰.174-21
【起】2
吾欲使武安子○往喻意焉.17-22 故○所以得引兵深入.289-13
【起賈】1
秦令○禁之.169-19
【都平君】2
相○田單問趙奢曰.155-3 ○喟然大息曰.155-23
【華】1
如○不足知之矣.112-18
【華陽】4
聞秦之有太后穰侯涇陽○.39-23 涇陽○擊斷無諱.39-25 ○用之.40-22 分移○.41-7
【華陽太后】1
王后爲○.57-25
【莊】2
○謂王稽曰.43-16 ○曰.43-17
【莊王】1
先帝文王○.51-25
【莊公】3
○通之.127-1 ○請與分國.127-1 ○走出.127-2
【莊辛】7
○謂楚襄王曰.124-2 ○曰.124-4 ○去.124-6 徵○於趙.124-7 ○曰.124-7 ○至.124-8 ○對曰.124-10
【莊襄王】1
昭王孝文王○.47-3
【桓子】1
○曰.181-4
【桓公】14
以掩○.4-12 ○伐蔡也.10-6 ○用之而伯.61-15 昔先君○所好者.87-14 昔管仲射○中鉤.97-7 劫○於壇位之上.97-17 ○食之而飽.200-6 ○亦定霸矣.242-8 九合之尊○也.242-9 雖爲○吾弗爲云者.242-10 而○獨取霸者.242-12 此○許異之類也.242-14 故○負婦人而名益尊.249-21 ○之難.263-3
【桓臧】2
○爲昭睢謂楚王曰.115-21 ○爲睢謂楚王曰.120-22
【桓齮】1
殺秦將○.180-1
【連】1
則○有赴東海而死矣.163-2
【栗腹】4
○以百萬之衆.96-19 燕王喜使○以百金爲趙孝成王壽.271-19 令○以四十萬攻鄗.271-23 趙使廉頗以八萬遇○於鄗.271-24
【夏育】1
○太史啓叱呼駭三軍.45-23
【夏侯】2
右○.124-2 右○.125-8
【夏侯公】3
文有以事○矣.78-9 董之繁菁以問○.78-9 ○曰.78-10
【夏侯章】2
孟嘗君奉○以四馬百人之食.78-7 ○每言未嘗不毁孟嘗君也.78-8
【夏桀】1
夫○之國.182-24
【夏無且】2
是時侍醫○.277-21 而賜○黄金二百鎰.278-3
【晉文公】2
○得南之威.200-7 ○一勝於城濮而定天下.241-15
【晉君】1
臣請北見○.120-5
【晉鄙】5
殺○.81-12 魏安釐王使將軍○救趙.162-5 適會魏公子無忌奪○軍以救趙擊秦.164-17 信陵君殺○.217-4 今君殺○.217-8
【晉獻公】1
夫○欲伐郭.23-14
【畢長】1
○謂公叔曰.232-25
【畢陽】1
晉○之孫豫讓.135-6
【晏】1
雖有管○.274-5
【晏首】2
○貴而仕人寡.66-1 宣王因以○壅塞之.66-3
【剛成君】3
號爲○.47-2 使○蔡澤事燕三年.58-3 吾令○蔡澤事燕三年.58-7
【造】1
秦客卿○謂穰侯曰.34-11
【造父】2
遇○之弟子.247-5 ○之弟子曰.247-6
【倪侯】1
王乃逃○之館.281-16
【烏獲】5
○之力而死.37-23 猶○之與嬰兒也.223-3 夫戰孟賁○之士.223-3 今夫○舉千鈞之重.258-17 ○之力而死.262-19
【徐子】4
而○不肖.98-22 然而使公孫子與○鬬.98-22 ○之狗.98-22 外黄○曰.281-3
【徐夫人】1
得趙人○之匕首.276-15
【徐公】10
我孰與城北○美.66-6 ○何能及公也.66-6 城北○.66-7 吾孰與○美.66-8 ○何能及君也.66-8 吾與○孰美.66-9 ○不若君之美也.66-10 ○來.66-11 臣誠知不如○美.66-14 皆以美於○.66-15
【徐爲】1
○之東.5-1
【殷紂】3
以正○之事.148-5 ○之國.183-1 未如○之亂也.272-16
【殷順且】2
富術謂○曰.282-25 ○以君令相公期.283-5
【奚恤】3
故北方之畏○也.104-5 ○得事公.107-1 公何爲以故與○.107-1
【桀】12
而有○紂之亂.22-9 不當○紂不王.34-16 則○紂之後將存.54-9 向者遇○紂.56-4 ○聽讒而誅其良將.61-10 ○紂以天下亡.124-11 王不聞湯之伐○乎.211-10 得密須氏而湯之服○矣.211-11 行雖如○紂.241-1 湯之伐○.252-6 伊尹再逃湯而之○.262-25 再逃○而之湯.262-25
【高】2
君之幸○也.217-15 將使○攻管也.217-16
【高陵】2
○涇陽佐之.40-8 出○.40-11
【高陵君】1
今涇陽君若○先於燕趙.257-6
【高陽君】1
燕封宋人榮蚠爲○.174-11
【高漸離】2
○擊筑.276-25 其後荆軻客○以擊筑見秦皇帝.278-9
【郭任】1
令○以垐請講於齊.249-11
【郭君】1
臣恐王之如○.23-13
【郭隗】3
故往見○先生曰.255-14 ○先生對曰.255-17 ○先生曰.255-24
【郭開】1
乃多與趙王寵臣○等金.180-1
【郭遺】1
平原津令○勞而問.59-23
【座】5
請殺○之身.173-22 ○薄故也.173-23 而魏王輕爲之殺無罪之○.174-4○雖不肖.174-4 王聽趙殺○之後.174-7
【疾】4
名曰衛○.10-9 爲○謂楚王曰.199-14 外臣○使臣謁之.199-14 以○攻魏.199-16
【唐】3

趙人得○者. 58-5 ○曰. 58-1 2 ○曰. 58-18
【唐且】 13
○見春申君曰. 122-14 魏人有○者. 216-17 ○見秦王. 216-18 ○對曰. 216-20 ○之說也. 217-2 ○謂信陵君曰. 217-4 安陵君因使○使於秦. 219-13 秦王謂○曰. 219-14 ○對曰. 219-17 謂○曰. 219-19 ○對曰. 219-19 ○曰. 219-20 ○曰. 219-22
【唐明】 1
禽○. 178-8
【唐客】 2
○謂公仲曰. 243-18 士○於諸公. 243-23
【唐睢】 2
於是○載音樂. 42-5 ○行. 42-10
【益】 4
禹授○而以啓爲吏. 254-5 傳之○也. 254-6 啓與支黨攻○而奪之天下. 254-6 是禹名傳天下於○. 254-7
【涇陽】 4
聞秦之有太后穰侯○華陽. 39-23 ○華陽擊斷無諱. 39-25 高陵○佐之. 40-8 走○於關外. 40-11
【涇陽君】 9
猶大王之有葉陽○也. 177-16 未嘗不分於葉陽○. 177-18 葉陽君○之車馬衣服. 177-19 無乃傷葉陽君○之心乎. 177-21 齊請以宋地封○. 186-21 齊秦合而○有宋地. 186-25 齊請以宋封○. 255-6 ○有宋地. 255-9 今○若高陵君先於燕趙. 257-6
【涉孟】 1
○之讎然者何也. 141-17
【涓】 4
其使○來. 102-9 是王之聽○也. 102-10 且夫○來之辭. 102-11 王不如令人以○來之辭謾固於齊. 102-12
【悍】 2
令人微告○. 13-20 ○請令王進之以地. 13-20
【宮之奇】 5
而憚○存. 23-16 教之惡○. 23-17 ○以諫而不聽. 23-17 ○諫而不聽. 208-24 伍子胥○不用. 266-3
【宮他】 4
○謂周君曰. 13-12 周肖謂○曰. 216-2 ○曰. 216-3 ○爲燕使魏. 252-5
【展子】 1
因令人謂相國御○廧夫空曰. 7-13
【陵】 1
○戰失利. 289-1
【陳毛】 1
使○釋劍掫. 54-19
【陳公】 1
○不能爲人之國. 265-5
【陳臣思】 1
使○將以救周. 1-8
【陳封】 1
主君令○之楚. 3-9
【陳侯】 1
請爲○臣. 54-16
【陳莊】 1
而使○相蜀. 22-18
【陳軫】 50
田莘之爲○說秦惠王曰. 23-13 用兵與○之智. 23-19 張儀又惡○於秦王. 23-23 王謂○曰. 24-1 ○曰. 24-1 ○去楚之秦. 24-8 ○爲王臣. 24-8 王召○告之曰. 24-11 ○果安之. 24-22 ○後見. 26-16 ○對曰. 26-18 ○曰. 27-5 計失於○. 27-11 ○謂楚王曰. 27-13 楚王使○之秦. 27-15 ○曰. 27-18 ○謂秦王曰. 28-14 ○合三晉而東謂齊王曰. 67-23 ○爲齊王使. 72-15 ○曰. 72-17 ○曰. 72-18○謂楚王曰. 107-25 ○謂王曰. 108-3 無昭睢○. 112-1 爲儀謂楚王逐昭睢○. 112-2 今儀曰逐君與○而王聽之. 112-7 ○. 112-10 ○曰. 119-21 ○告楚之魏. 121-25 左爽謂○曰. 122-1 ○曰. 122-2 楚王謂○曰. 122-5 ○對曰. 122-7 ○先知之也. 122-11 ○爲秦使於齊. 187-4 犀首謝○. 187-4○曰. 187-4 ○曰. 187-6 ○曰. 187-7 ○曰. 187-8 張儀惡○於魏王曰. 187-22 左華謂○曰. 187-23 ○曰. 187-25 張儀欲窮○. 188-2 ○謂秦王曰. 224-7 召○而告之. 226-4 ○曰. 226-4 此必○之謀也. 226-18 過聽於○. 226-22 冷向謂○曰. 245-19
【陳馳】 2
秦使○誘齊王内之. 102-3 齊王不聽卽墨大夫而聽○. 102-3
【陳翠】 4
○合齊燕. 265-4 ○欲見太后. 265-7 ○曰. 265-7 ○曰. 265-11
【陳舉】 1
齊孫室子○直言. 95-5
【陳應】 1
其子○止其公之行. 188-3
【孫子】 9
○謂田忌曰. 65-11 ○曰. 65-12 今○. 126-13 於是使人謝○. 126-15○去之趙. 126-15 今○. 126-19 於是使人請○於趙. 126-20 ○爲書謝曰. 126-21 而○善用兵. 196-15
【孫臣】 1
○謂魏王曰. 204-17
【孫臏】 1
是○吳起之兵也. 96-23
【蚩尤】 1
黄帝伐涿鹿而禽○. 16-1
【陰姬】 3
○與江姬爭爲后. 286-23 未嘗見人如中山○者也. 287-7 臣聞其乃欲請所謂○者. 287-14
【陰姬公】 2
司馬憙謂○曰. 286-23 ○稽首曰. 286-25
【陰簡】 4
○難之. 286-14 獨不可語○之美乎. 286-15 ○之德公. 286-17 可以爲○. 286-20
【陶朱】 1
長爲○. 46-13
【挈薄】 3
緤錯○也. 283-2 而○輔之. 283-4 緤錯○之族皆逐也. 283-6
【務光】 1
使若卞隨○申屠狄. 61-18
【紛彊】 1
○欲敗之. 56-12
【教子欬】 1
○謂李兌曰. 157-16
【接輿】 2
箕子○. 38-4 使臣得同行於箕子○. 38-5
【黄帝】 4
○伐涿鹿而禽蚩尤. 16-1 ○堯舜誅而不怒. 152-7 ○戰於涿鹿之野. 195-16 ○之所難也. 195-17
【黄歇】 1
楚人有○者. 51-19
【黄齊】 1
或謂○曰. 125-20
【胥】 6
○之所以事王者. 166-16 君令○乘獨斷之車. 166-20 則○之事有不言者矣. 166-21 ○之軸今折矣. 166-21 厚任○以事能. 166-22 未期年而○亡走矣. 166-22
【梧下先生】 2
乃見○. 282-16 ○曰. 282-17
【專諸】 1
夫○之刺王僚也. 219-23
【曹子】 4
使○之足不離陳. 97-13 ○以敗軍禽將. 97-14 ○以爲遭. 97-16 ○以一劍之任. 97-17
【曹沫】 1
○之奮三尺之劍. 79-17
【曹沫】 3
使○釋其三尺之劍. 79-17 ○爲魯君將. 97-13 若○之與齊桓公. 275-14
【奢】 6
且君奚不將○也. 174-17 ○嘗抵罪居燕. 174-18 燕以○爲上谷守. 174-18○習知之. 174-19 ○已舉燕矣. 174-19 其於○不然. 174-23
【盛橋】 1
今王三使○守事於韓. 52-1
【頃襄王】 1
○二十年. 51-16
【常】 5
○請守之. 117-22 ○見寡人曰. 118-3 ○請守之. 118-3 今○守之何如. 118-13 是○矯也. 118-14
【常莊談】 1
○謂趙襄子曰. 284-3
【閈】 1
○說楚王. 62-11
【異人】 3
見秦質子○. 56-21 秦子○質於趙. 56-25 ○至. 57-18

【鄂侯】3
鬼侯之○文王. 163-19 ○爭之急. 163-20 故脯○. 163-21
【國子】1
○曰. 81-11
【國地君】1
前○之御有之曰. 134-9
【崔杼】4
齊○之妻美. 126-25 ○帥其君黨而攻. 127-1 ○不許. 127-2 ○不許. 127-2
【傀】2
臣之仇韓相○. 237-21 ○又韓君之季父也. 237-22
【術視】1
○伐楚. 115-15
【許公】1
主君令○之楚. 3-10
【許由】4
王之行能如○乎. 165-12 ○無天下之累. 165-13 亦○也. 193-8 以其讓天下於○. 254-2
【許異】6
○蹴哀侯而殪之. 242-3 則○爲之先也. 242-4 而○終身相焉. 242-5 而韓氏之尊○也. 242-5 而○獨取相焉者. 242-11 此桓公○之類也. 242-14
【許綰】2
○爲我祝曰. 203-18 而○之首. 203-21
【疵】3
是○爲趙計矣. 131-13 君又何以○言告韓魏之君爲. 131-15 韓魏之君視○端而趨疾. 131-16
【康子】3
○履魏桓子. 49-20 ○曰. 132-1 ○之謀臣曰段規. 133-19
【康王】1
○大喜. 281-12
【庸芮】1
○爲魏子說太后曰. 33-6
【鹿毛壽】1
○謂燕王曰. 254-1
【章】1
○聞之. 114-11
【章子】10
齊威王使○將而應之. 66-24 ○爲變其徽章. 66-25 候者言○以齊入秦. 66-25 候者復言○以齊兵降秦. 67-1 言○之敗者. 67-2 ○之母啓得罪其父. 67-6 吾使者○將也. 67-7 ○走. 100-19 以過○之路. 175-9 王因令○將五都之兵. 254-19
【商】1
而治可爲管○之師. 84-14
【商君】16
號曰○. 15-4 ○治秦. 15-4 欲傳○. 15-8 ○告歸. 15-9 今秦婦人嬰兒皆言○之法. 15-11 是○反爲主. 15-11 且夫○. 15-12 ○歸還. 15-12 若秦之○. 44-20 ○吳起大夫種. 45-11 ○吳起大夫種. 45-13 ○吳起大夫種不若也. 45-14 不過○吳起大夫種. 45-18 夫○爲孝公平權衡正度量調輕重. 45-25 則○白公吳起大夫種是也. 46-18 秦孝公封○. 130-8
【商容】1
未如○箕子之累也. 272-16
【望諸】2
○相中山也使趙. 263-4 ○攻關而出逃. 263-5
【望諸君】2
趙封以爲○. 266-15 ○乃使人獻書報燕王曰. 266-24
【率】6
公仲必以○爲陽也. 226-25 故不見○也. 227-1 ○曰好士. 227-1 ○曰散施. 227-2 ○曰好義. 227-2 ○且正言之而已矣. 227-2
【淖君】1
齊以○之亂秦. 102-7
【淖滑】1
令○惠施之趙. 156-12
【淖齒】8
○管齊之權. 40-6 此亦○李兌之類已. 40-8 ○數之曰. 95-9 ○曰. 95-12○亂齊國. 95-24 與之誅○. 96-1 ○殺閔王. 98-1 ○用齊. 127-4
【梁王】23
○身抱質執璧. 54-16 昭衍見○. 56-15 ○曰. 56-15 ○大恐. 71-19 張儀謂○. 72-7 ○因相儀. 72-8 ○虛上位. 83-16 然吾將使秦王烹醢○. 163-16 先生又惡能使秦王烹醢○. 163-18 ○安得晏然而已乎. 164-12 犀首謂○曰. 190-6 季子爲衍謂○曰. 191-8 請爲君北見○. 197-24 君其爲○. 197-25 ○. 198-3 ○. 198-4 遂北見○. 198-8 ○魏嬰觴諸侯於范臺. 200-2 ○稱善相屬. 200-13 今○. 211-5 於是以太子扁昭揚○皆德公矣. 233-2 ○伐邯鄲. 280-9 ○甚說. 280-16
【梁氏】2
○寒心. 53-24 ○不敢過宋伐齊. 100-20
【梁君】7
○伐楚勝齊. 55-11 ○與田侯不欲. 192-3 田侯○見其危. 192-8 ○田侯恐其至而戰敗也. 192-10 犀首見○曰. 192-13 申不害與昭釐侯執珪而見○. 241-6 今秦有○之心矣. 241-11
【悼王】1
吳起事○. 44-23
【啓】7
夏育太史○叱呼駭三軍. 45-23 章子之母○得罪其父. 67-6 臣之母○得罪臣之父. 67-9 禹授益而以○爲吏. 254-5 而以○爲不足任天下. 254-5 ○與支黨攻益而奪之天下. 254-6 其實令○自取之. 254-7
【張子】31
○不反秦. 21-18 ○得志於魏. 21-18 ○不去秦. 21-19 ○必高子. 21-19 ○謂秦王曰. 22-21 ○以寡人不絕齊乎. 27-2 明日○行. 72-11 出○. 116-14 ○得出. 116-14 畜○以爲用. 116-15 鄭傒遽說楚王出○. 116-16 楚王將出○. 116-19 王何逐○. 119-21 ○見楚王. 120-5 ○曰. 120-5 ○曰. 120-6 ○曰. 120-7 ○曰. 120-8 令人謂○曰. 120-12 ○辭楚王曰. 120-14 ○中飲. 120-15 ○再拜而請曰. 120-17 人多爲○於王所. 188-16 雍沮謂○曰. 188-23 ○曰. 188-25 且魏王所以貴○者. 189-13 問○. 190-1 ○曰. 190-1 以○之强. 209-8 ○聞之. 216-7 因無敢傷○. 216-8
【張子儀】1
○以秦相魏. 188-23
【張子談】1
○對曰. 134-15
【張丐】1
○曰. 67-13
【張丏】1
○對曰. 64-18
【張丑】8
○謂楚王曰. 62-3 ○諫於王. 188-10 ○退. 188-11 ○曰. 197-4 ○之合齊楚講於魏也. 243-7 ○因謂齊楚曰. 243-10 ○爲質於燕. 271-12 ○曰. 284-18
【張孟談】25
而使○. 21-6 趙襄子召○而告之曰. 132-9 ○曰. 132-11 召○曰. 132-15 ○曰. 132-16 ○曰. 132-19 襄子謂○曰. 132-25 ○曰. 133-1 ○於是陰見韓魏之君曰. 133-4 ○曰. 133-7 二君卽與○陰約三軍. 133-8○以報襄子. 133-9 ○因朝知伯而出. 133-10 臣遇○於轅門之外. 133-12 ○聞之. 133-24 使○見韓魏之君曰. 134-1 ○旣固趙宗. 134-8 ○曰. 134-20 ○便厚以便名. 134-22 襄子往見○而告之曰. 134-24○曰. 135-2 ○乃行. 135-3 持臣非○也. 262-5 使臣也如○也. 262-5 燭之武○受大賞. 266-3
【張相國】1
說○曰. 164-23
【張卿】1
今吾自請○相燕. 58-7
【張唐】6
文信侯因請○相燕. 58-4 ○辭曰. 58-5 甘羅見○曰. 58-12 請爲○先報趙. 58-20 聞○之相燕與. 58-22 ○相燕者. 58-23
【張旄】9
謂○曰. 116-21 ○果令人要靳尙刺之. 116-24 ○果大重. 116-25 魏王問○曰. 212-4 ○對曰. 212-4 ○曰. 212-6 ○曰. 212-6 ○曰. 212-7 ○曰. 212-9
【張倚】2
臣請發○使謂趙王曰. 201-3 ○因謂趙王曰. 201-8
【張陽】1
辛○毋澤說魏王薛公公叔也. 35-5
【張登】10
○請費緤曰. 246-5 召○而告之曰. 284-8 ○曰. 284-15 且○之爲人也. 284-22 ○因謂趙魏曰. 284-24 ○謂藍諸君曰. 285-8 ○曰. 285-11 ○曰. 285-18 ○曰. 285-24 遣○往. 286-4
【張翠】5
韓王遣○. 231-11 ○稱病. 231-11 ○至. 231-11 ○曰. 231-12 ○曰. 231-14
【張儀】97
請使客卿○. 17-24 ○說秦王曰. 18-6 ○欲假秦兵以救魏. 21-17 司馬錯與○爭論於秦惠王前. 21-21 ○曰. 21-21 ○之殘樗里疾也. 22-

21 ○欲以漢中與楚. 23-2 ○謂秦王曰. 23-8 故驕○以五國. 23-20 ○果來辭. 23-20 ○又惡陳軫於秦王. 23-23 ○謂秦王曰. 24-8 ○入. 24-22 謂○曰. 26-4 ○曰. 26-4 ○南見楚王曰. 26-6 且必受欺於○. 26-21 受欺於○. 26-22 ○反. 27-1 ○至. 27-2 ○知楚絶齊也. 27-3 過聽於○. 27-11 公孫衍欲窮○. 28-6 皆○之讎也. 28-7 則諸侯必見○之無秦矣. 28-8 臣聞○西并巴蜀之地. 29-7 天下不以爲多○. 29-7 是令○之言爲禹. 35-9 覩○與澤之所不能得於薛公者也. 35-11 以○爲言. 41-15 ○之力多. 41-16 ○之力少. 41-17 則王逐○. 41-17 而更與不如○者市. 41-17 ○爲秦連横齊王曰. 69-15 ○以秦魏伐韓. 71-3 ○事秦惠王. 71-10 左右惡○. 71-10 ○聞之. 71-12 今齊王甚憎○. 71-14 ○曰. 71-19 王甚憎○. 71-21 ○謂梁王. 72-7 ○之好譖. 108-10 ○爲秦破從連横. 110-1 ○相秦. 111-25 ○曰. 112-2 楚懷王拘○. 116-4 拘○. 116-4 ○者. 116-7 欲因○内之楚王. 116-10 以○之知. 116-21 楚王逐○於魏. 119-21 ○之楚. 120-2 ○曰. 120-2 楚王令昭雎之秦重○. 120-21 武王逐○. 120-21 ○逐惠施於魏. 121-5 ○也. 121-6 而惡王之交於○. 121-7 今之不善○也. 121-8 而謂○曰. 121-10 ○惡之於魏王曰. 121-25 ○爲秦連横. 147-23 ○爲秦連横. 185-7 ○惡陳軫於魏王曰. 187-22 ○欲窮陳軫. 188-2○走之魏. 188-10 魏王因不納○. 188-12 ○欲以魏合於秦韓而攻齊楚. 188-15 王亦聞○之約秦王乎. 189-1 ○欲幷相秦魏. 189-8 魏王將相○. 189-12 ○以合秦魏矣. 189-12 ○欲敗之. 189-19 ○告公仲. 190-1 謂○曰. 193-7 ○說. 193-9 吾恐○薛公犀首之有一人相魏者. 197-22 吾恐○薛公犀首有一人相魏者. 198-2 必不相○. 198-3 ○相魏. 198-3 欲傷○於魏. 216-7 ○爲秦連横說韓王曰. 222-19 魏兩用犀首○而西河之外亡. 223-20 ○謂齊王曰. 223-24 與之逐○於魏. 223-24 鄭彊之走○於秦. 225-5 ○使人致上庸之地. 225-7 ○走. 225-8 王不如因○爲和於秦. 226-1 秦王必祖○之故謀. 232-1 ○謂楚王曰. 232-1 先身而後○. 232-9 ○之貴. 244-14 ○爲秦破從連横. 251-11 ○逃於楚. 263-4

【張樂】 1
○設飲. 17-12

【張懃】 1
○貴. 175-14

【陽】 1
使○言之太守. 139-24

【陽向】 1
教○說秦王曰. 233-5

【陽虎】 1
○之難. 263-3

【陽城君】 1
使○入謝於秦. 139-22

【陽泉君】 3
乃說秦王后弟○曰. 57-4 ○避席. 57-8 ○曰. 57-12

【陽侯】 2
而輕○之波. 233-15 是塞漏舟而輕○之波也. 233-16

【陽陵君】 1
於是乃以執珪而授之爲○. 125-13

【陽堅】 1
聶政○刺相兼君. 242-3

【陽得子】 1
○養. 84-23

【陽豎】 2
而○與焉. 8-10 而○與之. 8-12

【隗】 4
先從○始. 256-4 ○且見事. 256-4 況賢於○者乎. 256-5 於是昭王爲○築宮而師之. 256-6

【髡】 6
今○賢者之疇也. 81-1 王求士於○. 81-2 ○將復見之. 81-2 魏雖刺○. 205-12 魏雖封○. 205-12 ○有璧馬之寶. 205-14

【堯】 26
○伐驩兜. 16-2 不遇○也. 34-16 雖○舜禹湯復生. 36-22 ○亦有所不及矣. 79-19 是以○有九佐. 86-12 ○舜禹湯周文王是也. 86-15 夫○傳舜. 86-20 跖之狗吠○. 98-21 非貴跖而賤○也. 98-21 孰與○也. 128-2 臣何足以當○. 128-3 君之賢實不如○. 128-5 夫以賢舜事聖○. 128-5 是君聖於○而臣賢於舜也. 128-6 ○無三夫之分. 145-8 黄帝○舜誅而不怒. 152-7 昔者○見舜於草茅之中. 176-7 王爲○舜矣. 193-8 ○舜之所求而不能得也. 199-5 無過○舜. 203-13○舜名. 203-13 今母賢不過○舜. 203-14 雖○舜之智. 251-8 人謂○賢者. 254-1 是王與○同行也. 254-3 ○舜之賢而死. 262-19

【項橐】 1
夫○生七歲而爲孔子師. 58-10

【越王】 6
大夫種事○. 45-1 孰與秦孝公楚悼王○乎. 45-15 不過秦孝○楚悼. 45-17 大夫種爲○墾草刱邑. 46-9 還爲○禽於三江之浦. 52-19 ○使大夫種行成於吳. 241-20

【越王勾踐】 3
臣聞○以散卒三千. 184-16 此其過○武王遠矣. 184-19 ○棲於會稽. 256-23

【賁】 2
○諸懷錐刃而天下爲勇. 122-16 是其軼○育而高成荆矣. 238-12

【彭城君】 1
昭奚恤與○議於王前. 104-8

【達子】 1
○收餘卒. 95-7

【葉公子高】 3
昔者○. 113-2 ○. 113-4 ○是也. 113-5

【葉陽】 2
猶大王之有○涇陽君也. 177-16 未嘗不分於○涇陽君. 177-18

【葉陽子】 1
○無恙乎. 88-9

【葉陽君】 3
○涇陽君之車馬衣服. 177-19 無乃傷○涇陽君之心乎. 177-21 ○約魏. 208-17

【董子】 2
臣聞○之治晉陽也. 132-16 臣聞○之治晉陽也. 132-19

【董慶】 5
魏以○爲質於齊. 186-14 將殺○. 186-15 盱夷爲○謂田嬰曰. 186-15 今殺○. 186-17 不如貴○以善魏. 186-18

【董閼安于】 1
夫○. 132-11

【棼冒勃蘇】 4
○曰. 113-12 ○對曰. 113-16 楚使新造盩○. 113-17 ○是也. 113-22

【椒亦】 1
雍門養○. 84-23

【軻】 9
○見太子. 275-3 ○曰. 276-7 秦王謂○曰. 277-13 ○既取圖奉之. 277-13 而卒惶急無以擊○. 277-20 以其所奉藥囊提○. 277-21 秦王復擊○. 277-24 ○自知事不就. 277-25 乃以藥囊提○也. 278-4

【軫】 23
因言○也. 23-21 ○馳楚秦之間. 23-23 今楚不加善秦而善○. 23-24 然則是○自爲而不爲國也. 23-24 且○欲去秦而之楚. 23-25 楚亦何以○爲忠乎. 24-5 ○安敢之楚也. 24-9 ○曰. 24-13 ○爲人臣. 24-19○出. 24-22 夫○天下之辯士也. 24-22 ○必之楚. 24-23 ○曰. 24-24 楚何以○爲. 25-2 ○不之楚. 25-3 ○曰. 27-6 秦王謂○曰. 27-15 今○將爲王吳吟. 27-20 ○猶善楚. 121-25 ○之所以來者. 187-4 公不見○. 187-5 ○且行. 187-5 ○善事楚. 187-22

【惠子】 13
○之楚. 121-5 逐○者. 121-6 ○爲儀者來. 121-7 ○必弗行也. 121-7 且宋王之賢○也. 121-8 王不如舉○而納之於宋. 121-10 而○窮人. 121-11 而可以德○. 121-12 乃奉○而納之宋. 121-12 ○反. 121-20 ○謂王曰. 188-16 ○非徒行其說也. 194-10 ○曰. 197-17

【惠王】 20
○代後. 15-9 人說○曰. 15-10 ○車裂之. 15-13 ○曰. 22-17 ○患之. 26-3 報○之恥. 34-18 ○死. 71-10 謂○曰. 83-15 故○之明. 108-10 ○死. 120-21 儀貴○而善雎也. 120-23 今○死. 120-23 ○死. 130-9 ○往問之. 183-21 ○之悖也. 184-2 初時○伐趙. 202-7 此○之願也. 228-19 ○即位. 266-14 蘇代爲燕謂○曰. 270-4 ○曰. 270-9

【惠公】 4
是其唯○乎. 193-24 請告○. 193-24 ○曰. 193-25 ○曰. 194-1

【惠施】 11
張儀逐○於魏. 121-5 使○之楚. 121-15 公不如無聽○. 121-17 因謂○曰. 121-18 令淖滑○之趙. 156-12 ○欲以魏合於齊楚以案兵. 188-15 魏王令○之楚. 196-9 ○之楚. 196-11 因郊迎○. 196-11 魏王召○而告之曰. 196-19 ○爲韓魏交. 197-12

【最】 7
君不如令王聽○. 5-25 君若欲因○之事. 6-2 ○也. 6-3 今君之使○爲太子. 12-5 臣恐齊王之爲君實立果而讓之於○. 12-6 ○爲多詐. 12-7 奉養無有愛於○也. 12-7

【閎夭】 2
○事文王. 45-12 其可願孰與○周公哉. 45-13

【閔王】 18
縮○之筋. 40-6 正議○. 95-4 ○不肯與. 95-8 於是殺○於鼓里. 95-15 事○. 95-21 殺○. 95-24 ○奔莒. 98-1 淖齒殺○. 98-1 求○子.

101-1 擢○之筋. 127-4 ○欲入弔. 164-3 ○出走於外. 256-9 ○出走. 257-22 令人謂○曰. 263-21 ○曰. 263-24 而報於○曰. 264-4 ○曰. 264-5 又使人謂○曰. 264-7
【景公】 1
而立其弟○. 127-3
【景舍】 2
○曰. 104-14 楚因使○起兵救趙. 104-21
【景陽】 3
楚王使○將而救之. 271-3 ○怒曰. 271-4 ○乃開西和門. 271-8
【景翠】 7
○以楚之衆. 2-4 君謂○曰. 2-8 ○果進兵. 2-12 ○得城於秦. 2-13 杜赫欲重○於周. 7-2 楚令○以六城賂齊. 115-9 昭雎謂○曰. 115-10
【景鯉】 22
楚使者○在秦. 50-8 楚王因不罪○而德周秦. 50-11 楚王使○如秦. 50-13 ○. 50-13 則殺○. 50-14 更不與不如○留. 50-15 秦王乃留○. 50-16 ○使人說秦王曰. 50-17 又使○請薛公曰. 76-23 秦恐且因○蘇厲而效地於楚. 115-10 公不如令王重賂○蘇厲. 115-11 ○入見. 117-23○曰. 117-24 ○出. 118-2 遣○車五十乘. 118-8 又遣○西索救於秦. 118-10 王使○之秦. 229-1 楚王怒○. 229-2 且罪○. 229-2 故王不如無罪○. 229-7 楚令○入韓. 236-7 ○患之. 236-7
【跖】 2
○之狗吠堯. 98-21 非貴○而賤堯也. 98-21
【單】 20
○解裘而衣之. 98-6 王嘉○之善. 98-9 ○收而食之. 98-10 ○解裘而衣之. 98-10 而○亦憂之. 98-11 ○有是善而王嘉之. 98-11 善○之善. 98-12 乃賜○牛酒. 98-12 ○何以得罪於先生. 98-20 召相○來. 99-8 今王得安平君而獨曰○. 99-16 而王曰○. 99-17 ○. 99-18 王乃曰○. 99-24 先生謂○不能下狄. 100-9 ○有心. 100-15 非○之所爲也. 155-5 ○聞之. 155-5 此○之所不服也. 155-7 ○不至也. 155-23
【無且】 1
○愛我. 278-4
【無忌】 3
○謹受教. 217-10 ○將發十萬之師. 217-21 ○小人也. 218-6
【智】 1
以王爲吳○之事也. 55-17
【智氏】 5
○最强. 49-16 而○分矣. 49-20 ○見伐趙之利. 52-16 ○信韓魏. 52-20 三晉已破○. 221-3
【智伯】 14
昔○欲伐厹由. 10-4 ○帥三國之衆. 21-4 反○之約. 21-6 以攻○之國. 21-7 ○出行水. 49-18 ○曰. 49-18 不能過○. 49-21 然而○卒身死國亡. 92-22 是受○之禍也. 207-5 齊趙必有爲○者矣. 262-6 ○欲伐衛. 281-18 ○果起兵而襲衛. 281-22 ○欲襲衛. 281-25 ○聞之. 282-2
【智伯瑶】 3
殺○於鑿臺之上. 52-21 昔○殘范中行. 55-9 昔○攻范中行氏. 92-20
【喬】 1
而有○松之壽. 46-20
【傲】 3
○欲死. 43-9 今○勢得秦爲王將. 43-10 ○尚奚生. 43-11
【順】 3
使○也甘之. 170-21 吾所恃者○也. 262-10 ○始與蘇子爲讎. 262-11
【順子】 2
而以○爲質. 32-5 齊以陽武賜弊邑而納○. 32-6
【復丑】 1
使臣與○曰. 169-3
【復塗偵】 1
○謂君曰. 166-9
【須賈】 1
○爲魏謂穰侯曰. 202-6
【舒祺】 1
老臣賤息○. 179-4
【舜】 25
○伐三苗. 16-2 ○雖賢. 34-16 故以○湯武之賢. 34-17 雖堯○禹湯復生. 36-22 故○起農畝. 86-5 ○有七友. 86-12 堯○禹湯周文王是也. 86-15 夫堯傳○. 86-20 ○傳禹. 86-20 然則君料臣孰與○. 128-3 先生即○也. 128-4 臣之能不及○. 128-5 夫以賢○事聖堯. 128-5 是君聖於堯而臣賢於○也. 128-6 ○無咫尺之地. 145-8 昔○舞有苗. 149-12 黃帝堯○誅而不怒. 152-7 昔者堯見○於草茅之中. 176-7 王爲堯○矣. 193-8 堯○之所求而不能得也. 199-5 無過堯○. 203-13 堯○名. 203-13 今母賢不過堯○. 203-14 雖堯○之智. 251-8 堯○之賢而死. 262-19
【貂勃】 9
○常惡田單. 98-19 故爲酒而召○. 98-19 ○曰. 98-20 ○可. 99-3 ○使楚. 99-3 ○從楚來. 99-11 ○避席稽首曰. 99-12 ○曰. 99-13 ○曰. 99-14
【勝】 7
使使者臣○. 140-21 使臣○謂曰. 140-22 ○也何敢言事. 162-12 ○也何敢言事. 162-14 ○請召而見之於先生. 162-17 ○請爲紹介而見之於將軍. 162-18 ○已泄之矣. 162-20
【勝胥】 1
○曰. 78-19
【鄒子】 1
○曰. 64-9
【鄒君】 1
○死. 164-3
【鄒忌】 10
成侯○爲齊相. 65-2 公孫閈謂○曰. 65-2 ○以爲然. 65-4 ○以告公孫閈. 65-6 ○代之相. 65-19 ○所以不善楚者. 65-21 ○以齊厚事楚. 65-22 ○事宣王. 66-1 ○謂宣王曰. 66-2 ○脩八尺有餘. 66-5
【鄒衍】 1
○自齊往. 256-6
【馮公】 1
○有親乎. 82-13
【馮且】 2
○曰. 7-24 ○使人操金與書. 7-24
【馮君】 4
公叔使○於秦. 233-5 留○以善韓臣. 233-5 主君不如善○. 233-6 ○廣王而不聽公叔. 233-6
【馮忌】 7
平原君請○曰. 158-4 ○對曰. 158-5 ○爲廬陵君謂趙王曰. 175-22 ○請見趙王. 176-3 ○接手免首. 176-3 ○曰. 176-10 於是○乃談. 176-11
【馮郝】 1
○謂楚王曰. 121-6
【馮亭】 4
乃使○代靳黈. 140-3 ○守三十日. 140-4 今○令使者以與寡人. 140-7 ○垂涕而勉曰. 140-23
【馮章】 4
○謂秦王曰. 29-24 果使○許楚漢中. 30-1 楚王以其言責漢中於○. 30-1 ○謂秦王曰. 30-2
【馮喜】 1
乃使其舍人○之楚. 71-20
【馮諼】 10
齊人有○者. 82-3 於是○不復歌. 82-14 ○署曰. 82-17 ○曰. 82-21 ○曰. 83-3 孟嘗君顧謂○. 83-11 ○曰. 83-12 ○先驅誡孟嘗君曰. 83-17 ○誡孟嘗君曰. 83-22 ○之計也. 83-25
【痤】 1
○有御庶子公孫鞅. 183-22
【曾子】 6
昔者○處費. 29-13 費人有與○同名族者而殺人. 29-13 人告○母曰. 29-13 ○之母曰. 29-14 今臣之賢不及○. 29-17 而王之信臣又未若○之母也. 29-17
【曾參】 9
○殺人. 29-13 ○殺人. 29-14 ○殺人. 29-15 夫以○之賢. 29-16 ○孝其親. 61-7 孝如○. 250-12 且夫孝如○. 250-14 孝如○孝己. 257-24 孝如○孝己. 258-2
【湯】 22
○伐有夏. 16-2 ○武雖賢. 34-16 故以舜○武之賢. 34-17 雖堯舜禹○復生. 36-22 及○之時. 86-5 ○有三輔. 86-12 堯舜禹○周文王是也. 86-15 此○武之舉也. 89-22 臣聞昔○武以百里昌. 124-11 ○且亳. 126-12 ○武之所以放殺而爭也. 144-17 ○武之卒不過三千人. 145-9 伊尹負鼎俎而干○. 176-8 而○伐之. 183-1 臣以爲雖○武復生. 202-23 王不聞○之伐桀乎. 211-10 得密須氏而○之服桀矣. 211-11 ○之伐桀. 252-6 禹○之知而死. 262-19 伊尹再逃○而之桀. 262-25 再逃桀而之○. 262-25 而以○爲天子. 263-1
【滑】 1
○不聽也. 125-16
【湻于髡】 13
○爲齊使於荆. 77-21 謂○曰. 77-23 ○曰. 77-24 ○一日而見七人於宣王. 80-21 ○曰. 80-24 ○謂齊王曰. 81-5 魏使人謂○曰. 205-4 ○

曰. 205-5 ○言不伐魏者. 205-9 王以謂○曰. 205-10 ○曰. 205-11 先說○曰. 263-10 ○曰. 263-15
【游騰】 3
○謂楚王曰. 10-4 ○爲楚謂秦王曰. 117-2 ○謂公仲曰. 225-14
【寒泉子】 2
秦惠王謂○曰. 17-19 ○曰. 17-23
【富丁】 4
○欲以趙合齊魏. 156-25 ○恐主父之聽樓緩而合秦楚也. 156-25 司馬淺爲○謂主父曰. 157-2 魏因○且合於秦. 157-15
【富術】 1
○謂殷順且曰. 282-25
【富摯】 3
人皆以謂公不善於○. 125-20 今○能. 125-21 王愛○. 125-23
【犀武】 1
殺○. 190-10
【犀首】 55
○戰勝威王. 23-10 王且相○. 31-22 ○告臣. 31-22 王怒於○之泄也. 31-23 ○以梁爲齊戰於承匡而不勝. 72-7 ○欲敗. 72-9 ○跪行. 72-11 ○送之至於齊壃. 72-11 駕○而驂馬服. 166-4 求見○. 187-4 ○謝陳軫. 187-4 ○乃見之. 187-5 ○曰. 187-7 ○曰. 187-8 ○曰. 187-12 ○又以車三十乘使燕趙. 187-14 以事屬○. 187-15 ○受齊事. 187-16 亦以事屬○. 187-17 今燕齊趙皆以事因○. 187-17 ○必欲寡人. 187-18 而以事因○. 187-18 所以不使○者. 187-19 ○遂主天下之事. 187-20 ○弗利. 189-12 ○以爲功. 189-16 ○謂梁王曰. 190-6 ○期齊王至之曰. 190-21 ○田盼欲得齊魏之兵以伐趙. 192-3 ○曰. 192-3 ○曰. 192-6 遂勸兩君聽○. 192-9 ○田盼遂得齊魏之兵. 192-9 ○見梁君曰. 192-13 ○許諾. 192-18 史舉非○於王. 193-7 ○欲窮之. 193-7 因令史舉數見○. 193-9 成恢爲○謂韓王曰. 193-12 而以告○. 193-23 ○曰. 193-23 欲罪○. 196-4 ○患之. 196-4 ○以倍田需周宵. 196-6 令○之齊. 196-9 魏王令○之齊. 196-10 吾恐張儀薛公○之有一人相魏者. 197-22 吾恐張儀薛公○有一人相魏者. 198-2 ○相魏. 198-4 魏兩用○張儀而西河之外亡. 223-20 魏因相○. 223-25 因○屬行而攻趙. 261-7 ○伐黃. 279-24 ○雖愚. 280-5 ○立五王. 284-7
【强】 4
鼻之與○. 214-23 ○之入. 214-25 ○. 214-25 中庶子○謂太子曰. 234-14
【强國】 1
冷向謂○曰. 141-12
【費緤】 2
張登請○曰. 246-5 ○. 246-6
【登】 3
○對曰. 284-10 請以公爲齊王而○試而說公. 285-12 ○曰. 285-14
【登徒】 3
郢之○. 79-24 郢之○也. 79-25 郢之○不欲行. 80-16
【条】 1
今王信田伐與○去疾之言. 264-23
【幾瑟】 31
以○之存焉. 224-25 今已令楚王奉○以車百乘居陽翟. 225-1 而○. 225-2 韓公叔與○爭國. 234-7 韓公叔與○爭國. 234-14 齊逐○. 234-19 王爲我逐○以窮之. 234-20 而○走也. 234-20 公叔將殺○也. 234-23 畏○也. 234-23 今○死. 234-23 太子外無○之患. 234-25 不如無殺○. 234-25 公叔且殺○也. 235-3 ○之能爲亂也. 235-3 伯嬰亦○也. 235-5 秦楚挾○以塞伯嬰. 235-7 公叔伯嬰恐秦楚之內○也. 235-10 則公叔伯嬰必知秦楚之不以○爲事也. 235-11 胡衍之出○於楚也. 235-17 韓立公子咎而棄○. 235-19 王不如亟歸○. 235-19 ○入. 235-20 ○亡之楚. 235-22 廢公叔而相○者楚也. 235-22 今○亡之楚. 235-23 ○入鄭之日. 235-23 ○亡在楚. 236-2 公因以楚韓之兵奉○而內之鄭. 236-4 ○得入而德公. 236-5 以復○也. 236-8
【鄢陵君】 2
輦從○與壽陵君. 124-2 輦從○與壽陵君. 125-8
【靳尚】 5
○爲儀謂楚王曰. 116-4 ○謂楚王曰. 116-19 ○之仇也. 116-21 君不如使人微要○而刺之. 116-22 張旄果令人要○刺之. 116-24
【靳黈】 3
令韓陽告上黨之守○曰. 139-23 ○曰. 139-25 乃使馮亭代○. 140-3
【蒙傲】 5
以告○曰. 43-6 ○曰. 43-7 ○乃往見應侯. 43-9 應侯拜○曰. 43-12 ○以報於昭王. 43-12
【蒙嘉】 1
厚遺秦王寵臣中庶子○. 277-4
【蒙穀】 5
○給鬭於宮唐之上. 113-24 ○獻典. 114-2 此○之功. 114-2 ○怒曰. 114-3 ○是也. 114-6
【楚】 2
乃變其名曰○. 57-19 寡人子莫若○. 57-24
【楚王】 214
○與魏王遇也. 3-9 ○怒周. 3-21 爲周謂○曰. 3-21 司馬翦謂○曰. 7-9 翦今○資之以地. 7-12 秦王出○以爲和. 9-12 ○出. 9-13 ○怒. 10-3 游騰謂○曰. 10-4 ○乃悅. 10-10 昭應謂○曰. 10-15 ○始不信昭應之計矣. 10-17 必勸○益兵守雍氏. 10-18 吾得將爲○屬怒於周. 11-16 樊餘謂○曰. 13-1 ○恐. 13-5 將說○. 17-12 因令○爲之請相於秦. 22-21 ○因爲請相於秦. 22-22 ○以爲然. 22-23 彼必以國事○. 22-24 今○明主也. 24-19 而常以國輸○. 24-19 張儀南見○曰. 26-6 ○大說. 26-15 ○曰. 26-16 ○不聽. 26-23 ○使人絶齊. 26-23 ○曰. 27-2 使者反報○. 27-5 ○大怒. 27-5 ○不聽. 27-10 陳軫謂○曰. 27-13 ○使陳軫之秦. 27-15 故子棄寡人事. 27-16 ○甚愛之. 27-18 ○以其言責漢中於馮章. 30-1 固謂○曰. 30-2 寡人固無地而許○. 30-3 夫○之以其臣請挈領然而臣有患也. 35-7 夫○之以其國依冉也. 35-7 ○引歸. 48-4 王何不謂○曰. 50-1 ○揚言與秦遇. 50-6 周最爲○曰. 50-9 ○因不罪景鯉而德周秦. 50-11 ○使景鯉如秦. 50-13 ○使景所甚愛. 50-13 ○聽. 50-14 ○不聽. 50-14 張丑謂○曰. 62-3 ○因弗逐. 62-8 ○聞之. 62-10 閈說○. 62-11 公孫閈爲謂○曰. 62-13 ○曰. 62-15 謂○曰. 65-21 ○死. 75-3 可以令○亟入下東國. 75-8 可以爲○走太子. 75-9 謂○曰. 75-18 ○曰. 75-19 使○聞之. 75-22 ○請割地以留太子. 75-24 ○聞之恐. 76-2 謂○曰. 76-4 ○大悅. 76-7 故曰可以爲○使太子亟去也. 76-7 又使人謂○曰. 76-17 ○曰. 76-21 今蘇秦善於○. 77-1 ○使將軍將萬人而佐齊. 99-2 何不使使者謝於○. 99-2 ○受而觴之. 99-4 齊明謂○曰. 102-8 昭陽謂○曰. 103-9 ○曰. 103-15 昭奚恤謂○曰. 104-11 江尹欲惡昭奚恤於○. 104-23 ○曰. 104-24 魏氏惡昭奚恤於○. 105-2 ○告昭子. 105-2 謂○曰. 105-7 謂○曰. 105-13 ○游於雲夢. 106-7 謂○曰. 106-17 ○曰. 106-19 故○何不目新城爲主郡也. 107-10 ○果以新城爲主郡. 107-14 ○怒. 107-17 ○曰. 107-20 楚杜赫說○以取趙. 107-23 陳軫謂○曰. 107-25 ○問於范環曰. 108-5 ○曰. 109-19 說○曰. 110-1 ○大怒. 111-5 ○曰. 111-21 爲儀謂○逐昭雎陳軫. 112-2 昭雎歸報○. 112-3○說之. 112-3 ○不察於爭名者也. 112-4 爲甘茂謂○曰. 115-3 ○欲擊秦. 115-20 桓臧爲昭雎謂○曰. 115-21 靳尚爲儀謂○曰. 116-4 欲因張儀內之○. 116-10 ○必愛. 116-10 鄭褏遽說○出張子. 116-16 ○將出張子. 116-19 靳尚謂○曰. 116-19 ○必大怒儀也. 116-22 ○大怒. 116-24 ○入秦. 117-2 王挾○. 117-2 ○畏. 117-4 ○告慎子曰. 117-12 秦栖○. 118-19 今○歸. 118-19 蘇子謂○曰. 119-3 ○曰. 119-15 ○逐張儀於魏. 119-21 子待我爲子見○. 120-3 張子見○. 120-5 ○不說. 120-5 ○曰. 120-6 ○曰. 120-9 張子辭○曰. 120-14 ○令昭雎之秦重張儀. 120-21 ○因收昭雎以取齊. 120-21 桓臧爲雎謂○曰. 120-22 ○受之. 121-5 馮郝謂○曰. 121-6 ○曰. 121-12 ○喜. 122-3 ○謂陳軫曰. 122-5 ○聽之. 122-11 或謂○曰. 123-3 魏王遺○美人. 123-11 ○說之. 123-11 ○后死. 123-22 ○死. 125-25 欲進之○. 128-18 ○之貴幸君. 128-24 今君相○二十餘年. 128-24 即○更立. 128-25 誠以君之重而進妾於○. 129-4 而言之○. 129-6 ○召入. 129-6 ○貴李園. 129-7 實○也. 129-14 ○崩. 129-18 今○之春秋高矣. 130-6 今謂○. 142-23 ○美秦之語. 142-24 ○入秦. 143-2 及○之未入也. 143-8 ○聞之. 143-8 若○入. 143-10 必不出○. 143-10 果不出○卬. 143-14 ○懼. 178-8 ○禽趙宋. 178-10 ○聞之. 187-17 而反於○. 187-24 因使人先言於○. 187-25 ○攻梁南. 193-12○聞之. 196-10 ○聞之. 196-11 ○必怒矣. 196-25 且○之爲人也. 197-6 ○怒. 197-9 爲魏謂○曰. 199-8 ○曰. 199-11 爲疾謂○曰. 199-14 ○曰. 199-16 ○登强臺而望崩山. 200-8 王視○. 203-25 ○入秦. 203-25 ○不入. 203-25 ○怒於魏之不用樓子. 209-21 樓子與○必疾矣. 209-25 爲魏謂○曰. 214-19 今主君以○之教詔之. 222-17 ○爲從長. 224-12 魏順南見○曰. 224-16 ○曰. 224-17 故○卜交而市丘存. 224-20 今已令○奉幾瑟以車百乘居陽翟. 225-1 ○聞之大恐. 226-4 ○大說. 226-12 ○怒景鯉. 229-2 爲謂○曰. 229-3 ○弗聽. 230-5 蘇代爲○曰. 230-5 張儀謂○曰. 232-1 公不如令人恐○. 233-9 謂○曰. 233-10 鄭强爲○使於韓. 234-7 ○曰. 234-11 公何不令齊王謂○. 234-19 ○不聽. 234-21 ○聽而入質子於韓. 235-11 ○必重公矣. 235-14 因令人謂○曰. 235-19 ○欲復之甚. 236-2 ○問曰. 236-14 ○善之. 245-4 ○爲是之故. 260-10 ○使景陽將而救之. 271-3 墨子見○曰. 279-14 ○言救宋. 280-23 說○伐中山. 288-3 是時○恃其國大. 289-11
【楚威王】 3
○戰勝於徐州. 62-3 說○曰. 108-21 ○攻梁. 232-1
【楚幽王】 1
遂立爲○也. 130-2

【楚悼】2
不過秦孝越王〇.45-17 吳起爲〇罷無能.46-7
【楚悼王】1
孰與秦孝公〇越王乎.45-15
【楚襄王】2
〇爲太子之時.117-7 莊辛謂〇曰.124-2
【楚懷王】1
〇拘張儀.116-4
【楊達】1
〇謂公孫顯曰.225-10
【賈】9
〇願出使四國.60-21 〇封千户.60-24 〇以珍珠重寶.61-1 是〇以王之權.61-2 今〇忠王而王不知也.61-8 〇不歸四國.61-9 使〇不忠於君.61-9 四國之王尚焉用〇之身.61-9 〇也.178-3
【頓子】5
於是〇曰.50-24 〇曰.51-1 〇曰.51-7 〇曰.51-10 〇之說也.51-14
【頓弱】3
秦王欲見〇.50-23 〇曰.50-23 〇曰.51-6
【虞公】1
以罪〇.208-24
【虞卿】26
〇謂春申君曰.130-6 出遇〇曰.157-22 〇入.157-23 〇曰.157-24 〇曰.157-24 〇聞之.159-8 〇曰.159-8 〇曰.159-10 〇曰.159-12 王又以〇之言告樓緩.159-15 〇能盡知秦力之所至乎.159-15 〇曰.159-23 王又以〇言告之.160-14 〇得其一.160-14 〇聞之.160-20 因發〇東見齊王.160-25 〇未反.161-2〇爲平原君請益地.161-5 趙王召樓昌與〇曰.161-14 〇曰.161-17 〇曰.161-19 趙王召〇曰.161-22 〇曰.161-24 〇請趙王曰.173-16 〇曰.173-17 秦三以〇爲言.175-23
【虞商】1
尊〇以爲大客.170-13
【睢】1
〇曰.38-23
【睢】7
〇戰勝.115-21 桓臧爲〇謂楚王曰.120-22 儀貴惠王而善〇也.120-23 二人固不善〇也.120-24 儀有秦而〇以楚重之.120-25 今儀困秦而〇收楚.120-25 王不如復〇.121-2
【照翦】3
或謂〇曰.8-4 〇曰.8-4 〇曰.8-7
【園】5
於是〇乃進其女弟.128-21 〇乃與其女弟謀.128-22 〇女弟承間說春申君曰.128-24 乃出〇女弟謹舍.129-6 〇死士夾刺春申君.129-25
【嗣君】1
〇死.283-5
【罣子】2
戰勝〇.202-12 夫戰勝〇.202-19
【蜀子】1
今齊王召〇使不伐宋.261-25
【蜀主】1
〇更號爲侯.22-18
【微子】1
是〇不足仁.45-9
【腹子】1
謂〇曰.136-23
【腹擊】2
〇爲室而鉅.136-23 〇曰.136-23
【廉頗】2
〇救幾.156-23 趙使〇以八萬遇栗腹於鄗.271-24
【靖郭君】24
〇將城薛.62-18 〇謂謁者.62-18 〇因見之.62-19 〇謂齊王曰.63-3 今與〇.63-4 〇善齊貌辨.63-7 士尉以証〇.63-8 〇不聽.63-8 〇大怒曰.63-9 〇之交.63-11 〇曰.63-13 〇不能止.63-14 〇之所聽愛夫.63-16 辨謂〇曰.63-17 〇泣而曰.63-19 〇曰.63-21 〇之於寡人一至此乎.63-23 客肯爲寡人來〇乎.63-24〇衣威王之衣.64-1 宣王自迎〇於郊.64-1 〇至.64-2 〇辭.64-3 〇辭不得.64-3 〇可謂能自知人矣.64-5
【新垣衍】1
魏王使客將軍〇間入邯鄲.162-6
【新城公】1
〇大說.107-13
【新城君】4
白珪謂〇曰.213-1 謂〇曰.235-10 段産謂〇曰.247-1 段干越人謂〇曰.247-5
【雍沮】3
〇謂張子曰.188-23 〇曰.188-25 〇謂齊楚之君曰.189-1
【雍疸】2
衛靈公近〇彌子瑕.166-8 因廢〇彌子瑕.166-13
【義渠君】7
〇之魏.28-10 公孫衍謂〇曰.28-10 〇曰.28-11 〇曰.28-13 〇者.28-14 遺〇.28-16 〇致羣臣而謀曰.28-17
【慎子】7
傅〇曰.117-9 楚王告〇曰.117-12 〇曰.117-13 〇入.118-2 王以三大夫計告〇曰.118-2 〇對曰.118-5 〇曰.118-6
【嫫母】1
〇求之.127-10
【趙王】110
見說〇於華屋之下.16-25 〇大悅.16-25 〇喜.32-6 謂〇曰.32-8 見〇.58-21 〇郊迎.58-21 謂〇曰.58-21 〇立割五城以廣河間.58-25 司空馬說〇曰.59-5 〇曰.59-11 〇曰.59-17 〇不能將.59-21 司空馬言其爲〇計而弗用.59-24 〇之臣有韓倉者.60-1 以曲合於〇.60-2 今主君以〇之教詔之.69-12 故弊邑〇.109-17 蘇秦爲齊上書說〇曰.138-1 陰使人請〇曰.140-4 〇喜.140-6 蘇秦爲〇使於秦.141-5 謂〇曰.141-5 〇封孟嘗君以武城.142-6 今〇不知文不肖.142-9 嘗然使〇悟而知文也.142-10 謂〇曰.142-13 〇因起兵南戍韓梁之西邊.143-13 說〇曰.144-3 〇曰.146-9 說〇曰.147-23 〇曰.148-17 樂毅謂〇曰.156-8 〇乃令鄭朱對曰.156-16〇不聽.157-22 〇與樓緩計之曰.158-22 而〇入朝.159-9 〇曰.160-25 謂〇曰.161-5 〇曰.161-7 〇召樓昌與虞卿曰.161-14 〇不聽.161-22 〇召虞卿曰.161-22 秦留〇而后許之媾.162-3 因平原君謂〇曰.162-7 鄭同北見〇.165-8 〇曰.165-8 〇曰.165-10 〇曰.165-19 〇迎之.165-21 〇曰.165-22 〇不說.165-24 爲齊獻書〇.169-3 謂〇曰.173-7 虞卿請〇曰.173-16 〇曰.173-17 〇曰.173-19 臣聞〇以百里之地.173-22 〇以咫尺之書來.174-3 〇因割濟東三城令盧高唐平原陵地城邑市五十七.174-11 齊明爲謂〇曰.175-12 〇曰.175-14 甚善〇.175-17 〇三延之以相.175-17 馮忌爲廬陵君謂〇曰.175-22 馮忌請見〇.176-3 〇曰.176-10 客見〇曰.176-13 〇未之應也.176-20 〇使往賀.177-2 〇憂之.177-3 舉茅爲姚賈謂〇曰.178-2 〇之所甚愛也.178-13 春平侯者言行於〇.178-15 乃多與〇寵臣郭開等金.180-1 〇疑之.180-2 故敝邑〇使使臣獻愚計.185-3 今主君以〇之詔詔之.185-5 臣請發張倚使謂〇曰.201-3 〇喜.201-5 張倚因謂〇曰.201-8 〇因令閉關絶秦.201-9 〇恐魏承秦之怒.201-11 謂〇曰.205-19 〇曰.205-19 〇許諾.205-24 魏謂〇曰.208-22 〇自郊迎.217-4 今〇自郊迎.217-9 卒然見〇.217-9 昔〇以其姊爲代王妻.251-11 夫〇之狼戾無親.251-19 且以〇爲可親邪.251-19 今〇已入朝澠池.251-21 公聽吾言而說〇曰.266-5 使者乃以說〇.266-10 〇大悅.266-10 〇繫之.273-9 〇以爲然而遣之.273-13 虜〇.275-22 宋君使使者請於〇曰.280-9 〇曰.280-13 〇曰.280-15 〇亦說曰.280-17 〇必大怒.286-18 見〇曰.287-5 〇意移.287-10 〇非賢王也.287-13 以絶〇之意.287-17 〇亦無請言也.287-18 〇出輕銳以寇其後.290-5
【趙王遷】1
虜〇及其將顔㝡.180-5
【趙太后】1
〇新用事.178-19
【趙氏】15
〇.20-1 〇上下不相親也.20-4 與〇爲和.20-15 〇亦嘗强矣.54-9 昔者〇襲衛.90-9 〇懼.90-14 而〇兼中山.91-2 敗〇.92-24 〇分則多十城.134-25 〇求救於齊.178-19 〇應之於內.181-11 大敗〇.192-10 〇醜之.197-9 〇不割.202-8 威脅韓魏.273-23
【趙文】2
〇進諫曰.151-7 〇曰.151-10
【趙主】1
〇之子孫侯者.179-14
【趙足】2
〇之齊.73-4 奉陽君告朱讙與〇曰.262-8
【趙利】1
〇曰.136-13
【趙卓】1
乃微謂〇韓鼂曰.221-14
【趙郝】1
使〇約事於秦.159-9
【趙威后】1

齊王使使者問○. 88-3
【趙禹】 1
王召趙勝○而告之曰. 140-17
【趙侯】 1
○將不許. 136-13
【趙恢】 2
見○. 266-2 ○曰. 266-2
【趙敖】 1
○爲謂建信侯曰. 246-19
【趙莊】 5
趙使○合從. 175-12 趙因賤○. 175-12 今聞○賤. 175-13 乃召○而貴之. 175-15 ○之戰. 261-14
【趙造】 2
○諫曰. 151-20 ○曰. 151-25
【趙豹】 4
○對曰. 140-8 ○出. 140-16 ○平原君. 177-14 ○平原君. 177-16
【趙葱】 1
使○及顏冣代將. 180-2
【趙奢】 4
○鮑佞將. 147-15 而○鮑接之能也. 147-18 相都平君田單問○曰. 155-3 ○將救之. 156-22
【趙累】 1
周君謂○曰. 2-2
【趙葭】 2
○諫曰. 132-3 魏宣子之謀臣曰○. 133-18
【趙惠文王】 1
○三十年. 155-3
【趙勝】 3
王召○趙禹而告之曰. 140-17 乃使○往受地. 140-19 ○至曰. 140-21
【趙燕】 2
○後胡服. 153-18 ○再拜稽首曰. 153-23
【趙襄子】 7
帥韓魏以圍○於晉陽. 49-17 ○弗與. 132-7 ○召張孟談而告之曰. 132-9 ○最怨知伯. 135-7 ○曰. 135-12 於是○面數豫讓曰. 135-23 常莊談謂○曰. 284-3
【趙襄主】 1
以攻○於晉陽. 21-4
【趙獻】 1
史厭謂○曰. 189-9
【嘉】 1
○爲先言於秦王曰. 277-4
【赫】 1
○不能得趙. 107-25
【壽陵君】 2
輦從鄢陵君與○. 124-2 輩從鄢陵君與○. 125-8
【摎留】 1
宣王謂○曰. 223-17
【綦毋恢】 2
○曰. 12-19 ○曰. 236-11
【綦母恢】 3
○謂周君曰. 12-15 魏求相○而周不聽. 112-5 ○教之語曰. 191-4
【鞅】 2
而謂寡人必以國事聽○. 183-24 其於○也不然. 229-24
【蔡聖侯】 2
○之事因是以. 125-2 ○之事其小者也. 125-7
【蔡澤】 17
○見逐於趙. 44-6 燕客○. 44-8 使人召○. 44-10 ○入. 44-10 ○曰. 44-12 ○曰. 44-15 ○復曰. 44-16 應侯知○之欲困己以說. 44-21 ○曰. 45-4 ○得少間. 45-11 ○曰. 45-14 ○曰. 45-16 客新有從山東來者○. 46-22 昭王新說○計畫. 47-1 ○相秦王數月. 47-2 使剛成君○事燕三年. 58-3 吾令剛成君○事燕三年. 58-7
【輔氏】 2
更其姓爲○. 133-23 唯○存焉. 134-6
【監止】 1
簡公用田成○而簡公弒. 223-19
【厲】 5
鯉與○且以收地取秦. 115-11 蘇秦弟○因燕質子而求見齊王. 254-23 欲因○. 254-23 而蘇代○遂不敢入燕. 255-3 代○皆以壽死. 261-20
【臧子】 4
宋使○索救於荆. 279-3 ○憂而反. 279-3 ○曰. 279-4 ○乃歸. 279-6
【需】 8
○亡. 192-14 ○侍. 192-15 ○. 192-15 王不如舍○於側. 193-1 ○非吾人也. 193-2 ○必挫我於王. 193-2 王厝○於側以稽之. 193-4 果厝○於側. 193-5
【閭須】 1
左白台而右○. 200-11
【種】 8
越之大夫○. 44-20 大夫○事越王. 45-1 商君吳起大夫○. 45-11 商君吳起大夫○. 45-13 商君吳起大夫○不若也. 45-14 不過商君吳起大夫○. 45-18 大夫○爲越王墾草剏邑. 46-9 則商君白公吳起大夫○是也. 46-18
【箕子】 3
○接輿. 38-4 使臣得同行於○接輿. 38-5 未如商容○之累也. 272-16
【管】 2
而治可爲○商之師. 84-14 雖有○晏. 274-5
【管子】 1
然而○并三行之過. 97-10
【管夷吾】 1
齊桓公得○以爲仲父. 99-15
【管仲】 8
○故爲三歸之家. 4-11 齊公得○. 40-13 ○不足大也. 45-10 ○. 61-14 昔○射桓公中鉤. 97-7 使○終窮抑. 97-9 ○去魯入齊. 126-17 ○逃於魯. 263-3
【管莊子】 1
○將刺之. 27-22
【管與】 2
王不聞夫○之說乎. 27-20 ○止之曰. 27-23
【管鼻】 1
○之令翟强與秦事. 214-23
【管燕】 2
○得罪齊王. 88-23 ○連然流涕曰. 88-24
【鼻】 2
○之與强. 214-23 令○之入秦之傳舍. 214-24
【說】 1
齊王使公王曰命○曰. 262-8
【齊王】 127
謂○曰. 1-5 ○大悅. 1-8 謂○曰. 1-10 ○曰. 1-11 ○曰. 1-13 ○曰. 1-21 ○乃止. 1-23 周最於○也而逐之. 5-13 且反○之信. 5-16 ○誰與爲其國. 5-18 謂○曰. 5-20 君使人告○以周最不肯爲太子也. 12-2 臣恐○之爲君實立果而讓之於最. 12-6 謂○曰. 13-17 ○令司馬悍以賂進周最於周. 13-17 亦無先○. 26-8 亦無大○. 26-8 今○之罪. 26-9 乃使勇士往詈○. 27-2 ○曰. 31-16 ○入朝. 51-14 ○有輟志. 62-10 靖郭君謂○曰. 63-3 ○患之. 67-13 ○懼乎. 67-14 陳軫合三晉而東謂○曰. 67-23 ○敬諾. 68-14 ○曰. 69-12 張儀爲秦連横○曰. 69-15 ○曰. 70-4 ○曰. 71-3 今○甚憎張儀. 71-14 因謂○. 71-20 ○曰. 71-21 ○甚憎儀. 71-24 ○聞之. 72-12 陳軫爲○使. 72-15 ○恐. 73-3 謂○曰. 73-5 蘇秦謂○曰. 73-17 或謂○曰. 73-25 ○夫人死. 77-6 ○和其顏色曰. 78-2 淳于髡謂○曰. 81-5 ○懼. 81-9 ○謂孟嘗君曰. 83-9 ○聞之. 83-19 有能得○頭者. 85-21 ○使使者問趙威后. 88-3 管燕得罪○. 88-23 ○曰. 89-6 蘇秦謂○曰. 89-13 盼子謂○曰. 100-19 子建立爲○. 101-5 ○建入朝於秦. 101-16 ○還車而反. 101-18 即入見○曰. 101-20 ○不聽. 102-2 秦使陳馳誘○內之. 102-3 ○不聽即墨大夫而聽陳馳. 102-3 ○因受而相之. 111-13 ○大怒. 111-14 ○好高人以名. 115-5 太子辭於○而歸. 117-7 ○隘之. 117-7 致命○曰. 117-10 ○歸楚太子. 117-11 ○謂子良曰. 118-13 ○大興兵. 118-14 ○恐焉. 118-16 ○遣使求臣女弟. 128-20 ○欲求救宜陽. 141-13 因發虞卿東見○. 160-25 謂○曰. 169-23 李兌乃謂○曰. 171-1 蘇代謂○曰. 171-19 ○必無召呡也使臣守約. 171-25 不信○與蘇秦也. 186-23 ○聞之. 187-15 使人謂○曰. 188-6 ○曰. 188-7 ○將見燕趙楚之相於衛. 190-19 犀首期○至之曰. 190-21 以請先見○. 190-22 謂○曰. 190-24 ○曰. 190-25 三國之不相信○之遇. 191-1 臣又說○而往敗之. 195-24 嬰子言行於○. 196-5 入說○曰. 205-6○曰. 205-7 客謂○曰. 205-9 公必謂○曰. 209-6 ○故欲伐楚. 209-7 ○惡之. 209-9 今○謂魏王曰. 209-20 欲講攻於○兵之辭也. 209-20 翟强與○必疾矣. 210-1 子爲肖謂○曰. 216-2 張儀謂○曰. 223-24 ○言救魏以勁之. 228-17 鄭王必以○爲不急. 234-3 公何不令○謂楚王. 234-19 ○疑蘇秦. 249-6 武安君蘇秦爲燕說○. 249-14 ○桉戈而卻曰. 249-15 ○曰. 249-20 ○大說. 250-3 今夫○. 253-4 蘇秦弟厲因燕質子而求見○. 254-23 ○怨蘇秦. 254-23 ○其伯也乎. 255-1 不信○與蘇子也. 255-7 ○四與寡人約. 260-23 今○召蜀子使

不伐宋. 261-25 與○謀道取秦以謀趙者. 262-1 ○使公王曰命說曰. 262-8 如○王之不信趙. 262-13 未見○. 263-10 ○大說蘇子. 263-16○逃遁走莒. 267-18 謂○曰. 269-18 ○曰. 269-23 ○果攻. 279-6 請以公爲○而登試而說公. 285-12 以此說○. 285-23 ○聽乎. 285-23
【齊王建】1
生○. 95-19
【齊太公】2
函冶氏爲○買良劍. 12-3 ○聞之. 54-15
【齊公】1
○得管仲. 40-13
【齊君】1
則○可正. 65-16
【齊明】6
○謂東周君曰. 2-19 ○謂楚王曰. 102-8 ○說卓滑以伐秦. 125-16 ○謂卓滑曰. 125-16 ○爲謂趙王曰. 175-12 ○謂公叔曰. 234-19
【齊和子】1
○亂而越人亡繒. 211-16
【齊威】2
夫○宣. 147-5 今富非有○宣之餘也. 147-9
【齊威王】2
○使章子將而應之. 66-24 昔○嘗爲仁義矣. 163-8
【齊侯】1
而與之並朝○再三. 197-8
【齊宣王】8
說○曰. 68-16 ○見顔斶. 85-15 先生王斗造門而欲見○. 87-8 ○因燕喪攻之. 249-13 而○復用蘇代. 253-21 ○何如. 253-23 儲子謂○. 254-12 孟軻謂○曰. 254-18
【齊桓】1
○任戰而伯天下. 16-3
【齊桓公】8
○宮中七市. 4-11 ○九合諸侯. 45-21 ○有天下. 97-16 下者孰與○. 99-13 ○得管夷吾以爲仲父. 99-15 ○夜半不嗛. 200-5 昔○九合諸侯. 242-7 若曹沫之與○. 275-14
【齊閔王】3
蘇秦說○曰. 90-3 ○之遇殺. 100-24 ○將之魯. 163-23
【齊滑王】2
前與○爭强爲帝. 162-7 今○已益弱. 162-8
【齊貌辨】11
靖郭君善○. 63-7 ○之爲人也多疵. 63-7 苟可慊○者. 63-9 與○俱留. 63-12 ○辭而行. 63-12 ○曰. 63-14 ○行至齊. 63-15 ○見宣王. 63-15 ○曰. 63-16 ○對曰. 63-25 此○之所以外生樂患趣難者也. 64-6
【養由基】2
楚有○者. 11-7 ○曰. 11-8
【鄭王】3
○必以齊王爲不急. 234-3 則○必許之矣. 234-4 謂○曰. 241-5
【鄭申】1
○爲楚使於韓. 107-16
【鄭同】3
○北見趙王. 165-8 ○曰. 165-9 ○因撫手仰天而笑之曰. 165-11
【鄭朱】4
趙王乃令○對曰. 156-16 發○入秦. 161-22 秦已内○矣. 161-23 ○. 161-25
【鄭安平】1
聞應侯任○王稽. 44-7
【鄭君】2
立以爲○. 242-4 今日○不可得而爲也. 242-6
【鄭朝】3
告於○. 6-23 ○曰. 6-23 ○獻之趙太卜. 6-24
【鄭强】1
○爲楚王使於韓. 234-7
【鄭褎】4
又謂王之幸夫人○曰. 116-5 ○曰. 116-6 ○曰. 116-12 ○遽說楚王出張子. 116-16
【鄭褏】10
南后○貴於楚. 120-3 南后○聞之大恐. 120-12○亦以金五百斤. 120-13 乃召南后○而觴之. 120-16 夫人○知王之說新人也. 123-11 今○知寡人之說新人也. 123-14 ○知王以己爲不妬也. 123-16 王謂○曰. 123-18 ○曰. 123-18 ○曰. 123-19
【鄭彊】5
○出秦曰. 188-4 ○載八百金入秦. 224-23 泠向謂○曰. 224-23 ○曰. 224-25 ○之走張儀於秦. 225-5
【鄭疆】1
○曰. 234-8
【榮盆】2
燕封宋人○爲高陽君. 174-11 固不能當○. 174-23
【隨侯】1
今有人操○之珠. 165-14
【嫪氏】5
與○乎. 219-3 王以國贊○. 219-6 今由○善秦而交爲天下上. 219-7 天下孰不棄呂氏而從○. 219-8 天下必合呂氏而從○. 219-8
【嫪毐】4
以爲○功. 219-5 以因○. 219-5 王以國贊○. 219-5 以○勝矣. 219-6
【嫪毐】1
○亦爲亂於秦. 130-3
【翟子】2
彼○之所惡於國者. 209-5 又謂○. 209-25
【翟章】2
○從梁來. 175-17 ○辭不受. 175-17
【翟强】10
魏相○死. 115-3 樓廪○也. 209-19 而使○爲和也. 209-21 ○欲合齊秦外楚. 209-22 以輕○. 209-23 ○與齊王必疾矣. 210-1 内得樓廪○以爲佐. 210-2 管鼻之令○與秦事. 214-23 ○善楚. 216-7 以成陽資○於齊. 225-17
【維子】1
○曰. 163-24
【覩師贊】1
文侯謂○曰. 181-20
【穀】1
○非人臣. 114-3
【横君】1
楚智○之善用兵. 23-19
【樗里子】7
起○於國. 28-7 臣有辭以報○矣. 125-17 乃請○曰. 209-14 ○曰. 209-15 ○曰. 209-18○知蒲之病也. 282-11 ○亦得三百金而歸. 282-13
【樗里疾】20
秦令○以車百乘入周. 10-3 使○以車百乘入周. 10-7 張儀之殘○也. 22-21 重○而使之者. 22-22 ○出走. 22-25 ○公孫衍二人者. 29-10 ○公孫衍二人在. 29-20 公孫衍○挫我於内. 30-7 公内攻於○公孫衍. 30-12 是○公孫衍無事也. 30-15 甘茂與○. 115-6 爲○卜交也. 125-16 且以置公孫赫○. 141-15 ○怒. 199-13 臣意秦王與○之欲之也. 209-12 故○大說杜聊. 225-22 公孫郝○請無攻韓. 244-21 胡衍謂○曰. 282-4 ○曰. 282-8 ○曰. 282-10
【樓子】12
○患之. 56-14 ○告之. 56-15 ○恐. 73-4 公不若陰辭○曰. 156-3 ○之爲秦也. 160-20 ○曰. 173-8 ○遂行. 173-11 吾已與○有言矣. 173-13 謂○於鄢陵曰. 209-4 楚王怒於魏之不用○. 209-21 使人謂○曰. 209-24 ○與楚王必疾矣. 209-25
【樓公】1
○將入矣. 204-8
【樓昌】2
趙王召○與虞卿曰. 161-14 ○曰. 161-16
【樓梧】1
○約秦魏. 214-8
【樓許】1
○約秦魏. 56-12
【樓鼻】1
○必敗矣. 225-15
【樓緩】25
秦王謂○曰. 48-23 趙令○以五城求講於秦. 73-3 ○必怨公. 156-3 ○欲以趙合秦楚. 156-25 富丁恐主父之聽○而合秦楚也. 156-25 ○坐魏三月. 157-6 ○新從秦來. 158-22 趙王與○計之曰. 158-22 ○辭讓曰. 158-23 ○曰. 158-24 王以○言告之. 159-8 王又以虞卿之言告○. 159-15 ○曰. 159-15 ○對曰. 159-18 王以○之言告. 159-23 ○言不媾. 159-23 ○又不能必秦之不復攻也. 159-24 今○曰. 160-5 ○聞之. 160-14 ○曰. 160-14 ○聞之. 161-2 ○將使. 173-7 ○相秦. 178-10 ○謂魏王曰. 212-18 則○必敗矣. 225-15
【樓廪】4
○翟强也. 209-19 以輕○. 209-22 ○欲合秦楚外齊. 209-23 内得○翟强以爲佐. 210-2
【樊於期】6

乃遂私見○曰.276-4 ○乃前曰.276-8 ○偏袒扼腕而進曰.276-11 乃遂收盛○之首.276-13 謹斬○頭.277-7 荆軻奉○頭函.277-9
【樊將軍】 8
○亡秦之燕.274-2 又況聞○之在乎.274-3 願太子急遣○入匈奴以滅口.274-5 夫○困窮於天下.274-8 夫今○.275-25 誠能得○首.276-1 ○以窮困來歸丹.276-2 ○仰天太息流涕曰.276-6
【樊餘】 1
○謂楚王曰.13-1
【劇辛】 1
○自趙往.256-7
【墨子】 4
○聞之.279-9 ○曰.279-11 ○見楚王曰.279-14 ○曰.279-17
【墨翟】 1
是○之守也.96-22
【儀】 82
王欲窮○於秦乎.22-23 王用○言.23-10 ○之言果信也.24-2 非獨○知之也.24-2 ○不能與從事.24-8 ○以子爲之楚.24-12 以順王與○之策.24-14 則○之言果信矣.24-24 非獨○之言也.24-24 唯○之所甚願爲臣者.26-7 唯○之甚憎者.26-8 而○不得爲臣也.26-11 ○曰.27-4 ○固以小人.27-4 ○事先王不忠言未已.71-10 ○有愚計.71-12 ○之所在.71-14 故○願乞不肖身而之梁.71-15 厚矣王之託○於秦王也.71-21 寡人甚憎○.71-21 ○之所在.71-22 何以託○也.71-22 是乃王之託○也.71-23 ○之出秦.71-23 齊王甚憎○.71-24 ○之所在.71-24 故○願乞不肖身而之梁.72-1 與革車三十乘而納○於梁.72-3 而信○於秦王也.72-5 此臣之所謂託○也.72-5 梁王因相○.72-8 ○以秦梁之齊合横親.72-8 衍非有怨於○也.72-9 衞君爲告○.72-10 ○許諾.72-10 爲○千秋之祝.72-11 怒於○.72-12 而○與之俱.72-12 爲○謂楚王逐昭雎陳軫.112-2 今○曰逐君與陳軫而王聽之.112-7 而○重於韓魏之王也.112-8 且○之所行.112-8 ○聞之.112-13 靳尙爲○謂楚王曰.116-4 ○事王不善.116-20 楚王必大怒○也.116-22 彼○窮.116-23 ○有死罪於大王.120-17 ○行天下徧矣.120-17 而○言得美人.120-18○貴惠王而善雎也.120-23 ○走.120-23 韓魏之重○.120-24 ○有秦而雎以楚重之.120-25 今○困秦而雎收楚.120-25 將收韓魏輕○而伐楚.121-1 而重○於韓魏.121-2 ○據楚勢.121-2 是欺○也.121-6 惠子爲○者來.121-7 ○必德王.121-11 此不失爲○之實.121-12 ○善於魏王.122-1 公不如目○之言爲資.122-2 因使人以○之言聞於楚.122-3 ○善於魏王.187-23 公不如○之言爲資.187-24 王若相○於魏.189-2 齊楚惡○.189-2 而○固得魏矣.189-3 此○之所以與秦王陰相結也.189-4 今○相魏而攻之.189-5 是使○之計當於秦也.189-5 非所以窮○之道也.189-5 ○請以秦攻三川.189-8 公何不以楚佐○求相之於魏.189-9 ○兼相秦魏.189-10 則魏必圖秦而棄○.189-15 曰○之使者.225-5 公留○之使者.225-6 彊請西圖○於秦.225-6 是公之所以外者○而已.232-11
【儀狄】 3
帝女令○作酒而美.200-3 遂疏○.200-4 ○之酒也.200-11
【樂羊】 11
魏文侯令○將.29-8 ○反而語功.29-9 ○再拜稽首曰.29-9 ○爲魏將而攻中山.181-19 ○坐於幕下而啜之.181-20 ○以我之故.181-21○既罷中山.181-22 ○爲魏將.288-10 作羹致於○.288-10 ○食之.288-11 ○食子以自信.288-11
【樂祚】 1
禽○.183-7
【樂乘】 2
使○以五萬遇慶秦於代.272-1 樂間○怨不用其計.273-7
【樂間】 3
王乃召昌國君○而問曰.271-20 ○入趙.272-1 ○樂乘怨不用其計.273-7
【樂毅】 9
○謂趙王曰.156-8 ○自魏往.256-6 於是遂以○爲上將軍.256-8 燕因使○大起兵伐齊.264-11 昌國君○爲燕昭王合五國之兵而攻齊.266-13 疑○.266-14 ○奔趙.266-15 懼趙用○承燕之弊以伐燕.266-16 燕王乃使人讓○.266-18
【魯仲子】 3
往見○.100-3 問○曰.100-8 ○曰.100-9
【魯仲連】 8
○謂孟嘗.84-22 此時○適游趙.162-11 ○曰.163-8 ○曰.163-15 ○曰.163-16 ○曰.163-19 於是平原君欲封○.164-18 ○辭讓者三.164-18
【魯君】 9
乃爲齊見○.67-13 ○曰.67-14 ○曰.67-15 ○曰.67-16 ○以爲然.67-21 曹沫爲○將.97-13 退而與○計也.97-15 請○擧觴○興.200-2
【魯侯】 1
因以○之車迎之.188-7
【魯連】 12
○謂孟嘗君曰.79-15 ○乃書.96-7 ○曰.162-14 東國有○先生.162-18 吾聞○先生.162-19 吾不願見○先生也.162-20 ○見辛垣衍而無言.162-22 ○曰.162-25 ○曰.163-4 ○曰.163-6 起前以千金爲○壽.164-19 ○笑曰.164-19
【諸】 1
賁○懷錐刃而天下爲勇.122-16
【諒毅】 5
曰○者.177-5 ○親受命而往.177-7 ○對曰.177-11 ○曰.177-16 ○曰.177-23
【慶】 1
今王又使○令臣曰.264-25
【慶忌】 1
要離之刺○也.219-24
【慶秦】 2
使○以二十萬攻代.271-24 使樂乘以五萬遇○於代.272-1
【翦】 2
微告○.7-12 ○今楚王資之以地.7-12
【豫子】 2
○.136-3 ○之爲知伯.136-3
【豫讓】 13
晉畢陽之孫○.135-6 ○遁逃山中.135-8 則○也.135-11 ○又漆身爲厲.135-13 ○乃笑而應之曰.135-18 ○伏所當過橋下.135-22 此必○也.135-23 果○.135-23 於是趙襄子面數○曰.135-23 ○曰.136-1○曰.136-5 乃使使者持衣與○.136-8 ○拔劍三躍.136-8
【緤】 2
使○謁之叔.150-1 是○以三川與西周戒也.246-7
【緤錯】 3
○挐薄也.283-2 ○主斷於國.283-3 ○挐薄之族皆逐也.283-6
【壇】 1
乃封○爲安陵君.106-13
【燕王】 56
不顧○之無臣.96-9 今○方寒心獨立.96-20 歸報○.96-25 ○必喜.96-25 卽陰與○謀破齊共分其地.111-12 又北見○曰.206-1 ○曰.206-2 ○尙未許也.206-4 ○曰.206-10 ○曰.248-18 人有惡蘇秦於○者.250-6 而○不館也.250-8 謂○曰.250-8 ○曰.250-13 ○曰.250-25 謂○曰.251-11 ○曰.252-1 ○問之曰.253-23○曰.253-24 蘇代欲以激○以厚任子之也.253-24 於是○大信子之.253-25 鹿毛壽謂○曰.254-1 ○因舉國屬子之.254-3 於是○專任子之.255-2 ○弔死問生.256-7 ○曰.258-19 ○謂蘇代曰.259-12 秦召○.260-3 ○欲往.260-3 蘇代約○曰.260-3 蘇子怒於○之不以吾故弗予相.262-23 蘇代自齊獻書於○曰.264-14 ○不與齊謀趙.264-22 將令○之弟爲質於齊.265-4 ○許諾.265-4 ○悔.266-16 ○乃使人讓樂毅.266-18 望諸君乃使人獻書報○曰.266-24 或獻書○.268-16 客謂○曰.269-13 ○曰.269-16 ○說.269-17 ○聞之.269-25 齊謂○曰.270-11 魏亦謂○曰.270-11 ○欲殺之.271-12 ○所爲將殺我者.271-12 而○不我信.271-14 ○必當殺子.271-14 ○以書且謝焉.272-2 ○聞之.273-9 ○竊聞秦并趙.273-14 ○使使者賀千金.273-14 ○誠振畏慕大王之威.277-5 ○拜送于庭.277-8 秦將李信追擊○.278-6
【燕王喜】 3
○使栗腹以百金爲趙孝成王壽.271-19 ○太子丹等.278-6 而虜○.278-8
【燕王噲】 4
乃北見○曰.252-10 ○既立.253-20 ○死.254-20 ○問曰.255-1
【燕太子】 6
而○質於秦.58-3 而○已入質矣.58-7 ○入秦者.58-22 請歸○.58-25 歸○.58-25 秦惠王以其女爲○婦.249-13
【燕文公】 1
○時.249-13
【燕文侯】 1
北說○曰.248-3
【燕后】 3
老臣竊以爲媼之愛○賢於長安君.179-8 媼之送○也.179-11 故以爲其愛不若○.179-20
【燕昭王】 11
是爲○.254-21 ○收破燕後卽位.255-13 蘇代乃遺○書曰.256-13 ○善其書.257-20 蘇代謂○曰.257-24 ○不行.261-19 蘇代自齊使人謂○曰.263-19 ○且與天下伐齊.265-22 ○聞之.266-10 昌國君樂毅爲○合五國之兵而攻齊.266-13 而○死.266-14

【燕郭】 1
○之法. 176-20
【燕噲】 1
○三年. 253-22
【薛】 1
輕忘其○. 6-17
【薛公】 48
謂○曰. 5-13 ○故主. 6-16 公不如謂魏王○曰. 6-19 ○以齊爲韓魏攻楚. 9-4 韓慶爲西周謂○曰. 9-5 ○必破秦以張韓魏. 9-10 ○曰. 9-15 ○爲魏謂魏冉曰. 34-3 辛張陽毋澤說魏王○公叔也. 35-5 德楚而觀○之爲公也. 35-9 觀張儀與澤之所不能得於○者也. 35-11 或說○. 48-5 ○曰. 48-12 ○入魏而出齊女. 48-16 呡欲以齊秦劫魏而困○. 48-18 齊女入魏而怨○. 48-20 ○使魏處之趙. 73-8 蘇秦謂○曰. 75-3 ○曰. 75-4 可以惡蘇秦於○. 75-10 可以使人說○以善蘇子. 75-11 可以使蘇子自解於○. 75-12 蘇秦謂○曰. 75-13 ○曰. 75-15 ○曰. 75-17 臣觀○之留太子者. 75-18 謂○曰. 75-21 ○曰. 75-21 蘇秦使人請○曰. 76-12 ○大怒於蘇秦. 76-15 故曰可使人惡蘇秦於○也. 76-16 夫使○留太子者蘇秦也. 76-17 今人惡蘇秦於○. 76-19 又使景鯉請○曰. 76-23 ○因善蘇秦. 77-3 故曰可以爲蘇秦說○以善蘇秦. 77-3 ○欲知王所欲立. 77-6 ○之地. 84-8○歸太子橫. 125-25 請效地於魏而聽○. 157-15 故欲效地於魏而聽○. 157-16 今王又挾故○以爲相. 170-12 令昭應奉太子以委和於○. 178-8 吾恐張儀○犀首之有一人相魏者. 197-22 吾恐張儀○犀首有一人相魏者. 198-2 ○相魏. 198-4 今公自以辯於○而輕秦. 233-16 ○釋戴逃出於關. 263-6
【噲】 1
而○老不聽政. 254-10
【噲子】 1
○謂文公曰. 249-9
【穆公】 2
○相之而朝西戎. 61-16 ○一勝於韓原而霸西州. 241-14
【舉茅】 1
○爲姚賈謂趙王曰. 178-2
【衛君】 18
謂○曰. 72-9 ○爲告儀. 72-10 因與之參坐於○之前. 72-10 ○與文布衣交. 79-3 願君以此從○遊. 79-3 ○甚欲約天下之兵以攻齊. 79-5 是人謂○曰. 79-5 ○乃止. 79-11 ○跣行. 90-10 使人謂○曰. 279-24 ○懼. 280-2 遺○野馬四百. 281-18 ○大悅. 281-18 ○曰. 281-19 ○以其言告邊境. 281-21 以德○. 282-9 請厚子於○. 282-13 又以德○也. 282-14
【衛姬】 1
更立○嬰兒郊師. 63-19
【衛嗣君】 2
○病. 282-25 ○時. 283-8
【衛鞅】 5
○亡魏入秦. 15-4 ○謀於秦王曰. 94-1 ○見魏王曰. 94-4 魏王說於○之言也. 94-8 故曰○之始與秦王計也. 94-13
【衛靈公】 1
○近雍疸彌子瑕. 166-8
【錡宣】 1
○之教韓王取秦. 232-20
【鮑佞】 1
趙奢○將. 147-15
【鮑接】 1
而趙奢○之能也. 147-18
【鮑焦】 3
世以○無從容而死者. 162-25 廉如○史鰌. 257-25 廉如○史鰌. 258-4
【辨】 4
○謂靖郭君曰. 63-17 若聽○而爲之. 63-19 ○又曰. 63-21 又不肯聽○. 63-23
【龍陽君】 2
魏王與○共船而釣. 218-8 ○得十餘魚而涕下. 218-8
【龍賈】 1
○之戰. 261-13
【營淺】 1
○謂秦王曰. 50-1
【澤】 2
觀張儀與○之所不能得於薛公者也. 35-11 ○曰. 44-19
【彊】 1
○請西圖儀於秦. 225-6
【縞高】 1
請使道使者至○之所. 217-14
【贅子】 1
○死. 100-19
【藍諸君】 8
○患之. 285-8 張登謂○曰. 285-8 ○曰. 285-8 ○曰. 285-12 ○曰. 285-13 ○曰. 285-18 ○曰. 285-23 ○曰. 286-2
【韓子】 2
○盧者. 81-5 ○盧逐東郭逡. 81-6
【韓王】 31
爲東周謂○曰. 2-15 謂○曰. 141-1 賞○以近河外. 190-1 成恢爲犀首謂○曰. 193-12 段規謂○曰. 221-3 ○曰. 221-3 申不害始合於○. 221-12 蘇秦爲楚合從說○曰. 221-23 ○忿然作色. 222-16 張儀爲秦連橫說○曰. 222-19 ○曰. 223-15 公仲明謂○曰. 225-25 ○曰. 226-2 謂○曰. 226-13 ○大說. 226-15 ○弗聽. 226-20 尚靳歸書報○. 231-11 ○遣張翠. 231-11 錡宣之教○取秦. 232-20 ○之心. 232-21 令○知王之不取三川也. 232-22 ○及相皆在焉. 238-3 或謂○曰. 240-19 足强爲之說○曰. 242-20 成恢因爲謂○曰. 246-1 而○失之也. 246-3 ○曰. 246-3 請令公子年謂○曰. 246-5 ○必爲之. 246-8 房喜謂○曰. 246-15 今秦已虜○. 275-9
【韓公仲】 3
○謂向壽曰. 227-5 ○相. 228-25 或謂○曰. 239-3
【韓公叔】 5
君何不令人謂○曰. 3-15 ○有齊魏. 107-16 故令人謂○曰. 189-12 ○與幾瑟爭國. 234-7 ○與幾瑟爭國. 234-14
【韓氏】 31
○果亦效重寶. 2-12 ○罷於兵. 10-15 ○從之. 27-10 不爲○先戰. 30-17 則○鑠. 55-23 ○鑠. 55-23 ○請救於齊. 64-17 舉○取其地. 81-17○輔國也. 103-11 ○急. 107-19 秦蠶食○之地. 140-10 與○大吏東免. 171-25 ○亡. 189-9 ○必亡. 189-13 ○因圍蕃. 193-12 ○必危. 193-13 今夫○以一女子承一弱主. 206-23 伐榆關而○亡鄭. 211-17 ○急. 225-25 興師與○戰於岸門. 226-21 ○大敗. 226-21 ○之兵非削弱也. 226-22 ○先以國從公孫郝. 227-16 魏必急○. 234-9 ○急. 234-10 ○之衆無不聽令者. 242-4 而○之尊許異也. 242-5 ○之士數十萬. 242-11 ○逐向晉於周. 245-25 ○以爲然. 260-12 ○太原卷. 260-14
【韓他】 1
王賁○之曹. 172-11
【韓臣】 1
留馮君以善○. 233-5
【韓向】 1
田駟謂柱國○曰. 175-17
【韓辰】 3
魏之使者謂後相○曰. 244-2 ○曰. 244-3 ○患之. 244-5
【韓君】 1
傀又○之季父也. 237-22
【韓非】 2
○知之. 61-1 乃可復使姚賈而誅○. 61-22
【韓明】 1
失計於○也. 226-23
【韓呡】 3
○處於趙. 170-11 與○而攻魏. 172-17 奉陽君孟嘗君○周已周韓餘爲徒從而下之. 195-19
【韓侈】 13
而外與○爲怨. 30-13 寡人聞○巧士也. 122-5 以○之知. 122-7 ○之知. 122-11 韓相公仲珉使○之秦. 244-1 ○在唐. 244-1 ○謂秦王曰. 244-2 公必爲魏罪○. 244-3 秦之仕○也. 244-4 ○之秦. 244-4 今王不召○. 244-5 ○且伏於山中矣. 244-5 召○而仕之. 244-7
【韓朋】 2
王不如資○. 223-24 因以齊魏廢○. 223-25
【韓咎】 4
冷向謂○曰. 236-2 ○立爲君而未定也. 236-10 恐○入韓之不立也. 236-11 ○立. 236-12
【韓春】 1
○謂秦王曰. 48-16
【韓珉】 10
秦王內○於齊. 172-10 ○與我交. 240-7 ○之攻宋. 240-8 此○之所以禱於秦也. 240-10 公仲使○之秦求武隧. 243-18 吾欲以國輔○而相之可乎. 243-22 ○之議. 244-9 ○相齊. 245-2 謂○曰. 245-3 必不反○. 262-9
【韓徐】 1
善○以爲上交. 170-12
【韓倉】 5

趙王之臣有○者. 60-1 ○果惡之. 60-4 使○數之曰. 60-4 以示○. 60-8 ○曰. 60-9

【韓傀】 7

聶政之刺○也. 219-23 ○相韓. 236-22 舉○之過. 236-22 ○以之叱之於朝. 236-23 游求人可以報○者. 236-24 上階刺○. 238-4 ○走而抱哀侯. 238-4

【韓康子】 3

○御. 49-18 魏桓子肘○. 49-20 ○欲勿與. 131-22

【韓陽】 3

令○告上黨之守靳黈曰. 139-23 ○趨以報王. 140-2 ○役於三川而欲歸. 242-20

【韓爲】 1

○謂臣曰. 261-24

【韓熙】 2

建信君輕○. 246-19 今君之輕○者. 246-20

【韓餘】 2

奉陽君孟嘗君韓呡周㝵周○爲徒從而下之. 195-19 奉陽君○爲旣和矣. 195-23

【韓慶】 2

○爲西周謂薛公曰. 9-5 因令○入秦. 9-15

【韓擾】 4

立○而廢公叔. 233-19 立○而廢公叔. 233-20 而欲德於○. 234-4 王果不許○. 234-5

【韓鼂】 1

乃微謂趙卓○曰. 221-14

【韓獻】 1

○開罪而交愈固. 249-22

【擊】 2

○必不爲用. 136-25 今○之鉅宮. 136-25

【臨武君】 2

僕欲將○. 127-15 今○. 127-23

【嬰】 1

王之不說○甚. 63-13

【嬰子】 8

欲逐○於齊. 62-3 ○恐. 62-3 ○不善. 62-5 今○逐. 62-7 ○曰. 62-12 ○言行於齊王. 196-5 臣請說○曰. 197-13 見○曰. 284-11

【嬰兒子】 1

北宮之女○無恙耶. 88-11

【魏子】 3

必以○爲殉. 33-5 ○患之. 33-6 庸芮爲○說太后曰. 33-6

【魏王】 156

楚王與○遇也. 3-9 爲周最謂○曰. 6-11 ○以國與先生. 6-16 公不如謂○薛公曰. 6-19 或爲周君謂○曰. 12-10○以上黨之急辭之. 12-14 反見○. 12-16 ○曰. 12-19 ○因使孟卯致溫囿於周君而許之成也. 12-24 爲西周謂○曰. 13-22 ○懼. 13-24 辛張陽毋澤說○薛公公叔也. 35-5 ○倍寡人也. 50-2 ○聞之恐. 50-6 從秦王與○遇於境. 50-8 ○身被甲底劍. 90-11 昔者○擁土千里. 93-23 王何不使臣見○. 94-3 衛鞅見○曰. 94-4 ○說於衛鞅之言也. 94-8 而○處之. 94-10 ○大恐. 94-11 而不以德○. 94-12 ○不說. 121-20 張儀惡之於○曰. 121-25 儀善於○. 122-1 ○甚信之. 122-1 ○遺楚王美人. 123-11 更羸與○處京臺之下. 127-16 更羸謂○曰. 127-17 ○曰. 127-17 ○曰. 127-19 請令○可. 130-14 迺謂○曰. 130-16 ○曰. 130-17○聽. 157-19 ○使客將軍新垣衍間入邯鄲. 162-6 ○使將軍辛垣衍令趙帝秦. 162-13 ○不說. 169-23 臣爲足下謂○曰. 169-23 於○聽此言也甚詘. 170-14 ○許諾. 173-20 范座獻書○曰. 173-22 而○輕爲之殺無罪之座. 174-4 ○說. 183-7 說○曰. 184-5 ○曰. 185-4 說○曰. 185-7 ○曰. 186-11 齊使蘇厲爲之謂○曰. 186-21 ○使李從以車百乘使於楚. 187-8 公謂○曰. 187-9 謁○. 187-12 ○止其行使. 187-16○曰. 187-18 張儀惡陳軫於○曰. 187-22 儀善於○. 187-23 ○甚愛之. 187-23 令○召而相之. 188-2 ○因不納張儀. 188-12 故謂○曰. 189-8 ○將相張儀. 189-12 且○所以貴張子者. 189-13 謂○曰. 189-19 ○弗聽也. 189-24 ○懼. 190-1 ○遂尙遇秦. 190-3 爲竇屢謂○曰. 190-11○懼. 190-19 ○聞寡人來. 190-25 蘇代爲田需說○曰. 192-21 ○畏齊秦之合也. 194-15 謂○曰. 194-16 謂○曰. 196-5 ○令惠施之楚. 196-9 ○令犀首之齊. 196-10 ○召惠施而告之曰. 196-19 ○曰. 197-2 遂内○. 197-8 ○之年長矣. 197-13 田需貴於○. 197-17 夫○之愛習魏信也. 198-14 此○之所以不安也. 198-16 ○之恐也見亡矣. 199-8 王何不倍秦而與○. 199-9 ○喜. 199-10 謂○曰. 199-19 ○患之. 201-3 ○請以鄴事寡人. 201-6 謂○曰. 201-18 ○曰. 201-20 ○謂芒卯曰. 201-21 臣聞魏氏大臣父兄皆謂○曰. 202-6 ○且入朝於秦. 203-11 ○曰. 203-17 孫臣謂○曰. 204-17 ○曰. 204-24 ○曰. 205-1 ○聞之. 205-16 今○出國門而望見軍. 206-4 ○折節割地. 206-7 ○悉韓魏之兵. 206-8 ○大說. 206-13 朱己謂○曰. 206-16 ○將封其子. 208-17 謂○曰. 208-17 ○乃止. 208-20 而○不敢據也. 209-9 ○必懼. 209-11 ○之所恃者. 209-19 今齊王謂○曰. 209-20 ○之懼也見亡. 209-22 謂○曰. 211-15 ○問張旄曰. 212-4 ○不欲. 212-18 樓緩謂○曰. 212-18 ○且從. 212-21 ○發兵救之. 213-5 ○不聽. 213-8 ○大恐. 213-10 謂○曰. 213-20 平都君說○曰. 213-25 ○曰. 213-25 ○曰. 214-1 ○曰. 214-5 謂○曰. 214-8 謂○曰. 214-23 ○弗利. 215-3 白圭謂○曰. 215-3 ○令之謂秦王曰. 215-8 魏○曰. 215-9 ○見天下之不足恃也. 215-10 吳慶恐○之構於秦也. 215-13 謂○曰. 215-14○欲攻邯鄲. 215-18 令姚賈讓○. 216-10 ○爲之謂秦王曰. 216-10 謂○曰. 216-17 ○曰. 216-18 ○與龍陽君共船而釣. 218-8 ○曰. 218-15 或謂○曰. 218-22 或謂○. 229-17 秦王謂○曰. 229-21 教公仲謂○曰. 235-17 又奚爲挾之以恨○乎. 244-5 周成恢爲之謂○曰. 245-25 ○曰. 246-1 ○爲九里之盟. 246-15 客謂○曰. 252-5 ○說. 252-8 齊使人謂○曰. 255-6 故假節於○. 267-6 乃見○曰. 282-17 ○曰. 282-19 ○趨見衛客. 282-23

【魏太子】 6

○爲質. 56-12 又令○未葬其先王而因又說文王之義. 194-10 而爲○之尙在楚也. 199-15 乃出○. 199-16 ○在楚. 209-4 ○自將. 281-3

【魏氏】 24

與○和. 19-20 令○收亡國. 19-20 以流○. 20-12 而○服矣. 52-8 壹毀○之威. 52-13 ○將出兵而攻留方與銍胡陵碭蕭相. 53-13 則○鑠. 55-24 ○鑠. 55-24 夫○兼邯鄲. 64-10 以待○. 94-1 夫○其功大. 94-2○惡昭奚恤於楚王. 105-2 ○不聽. 115-6 ○聽. 115-6 ○閉關而不通. 186-20 ○之名族不高於我. 198-25 臣聞○大臣父兄皆謂魏王曰. 202-6 臣聞○悉其百縣勝兵. 202-22 故令○收秦太后之養地秦王於秦. 214-14 ○復全. 217-2 ○不敢不聽. 231-18 ○勁. 232-3 ○不敢東. 235-12 ○以爲然. 260-18

【魏文子】 1

○田需周宵相善. 196-4

【魏文侯】 7

○令樂羊將. 29-8 若○之有田子方段干木也. 78-20 ○借道於趙攻中山. 136-13 ○曰. 181-14 而辭乎○. 181-24 ○與田子方飲酒而稱樂. 182-12 ○欲殘中山. 284-3

【魏冉】 12

薛公爲魏謂○曰. 34-3 魏謂○曰. 35-4 謂○曰. 35-14 謂○曰. 35-21 秦太后爲○謂秦王曰. 36-4 秦使○之趙. 73-8 秦使○致帝. 89-6 請相○. 156-2 秦王見趙之相○之不急也. 156-4 ○固德公矣. 156-6 ○必妬君之有陰也. 171-20 ○妬. 171-21

【魏加】 2

趙使○見楚春申君曰. 127-14 ○曰. 127-15

【魏安釐王】 1

○使將軍晉鄙救趙. 162-5

【魏牟】 3

○曰. 165-23 ○曰. 165-25 ○曰. 166-2

【魏君】 1

○必得志於韓. 241-7

【魏武侯】 1

○與諸大夫浮於西河. 182-17

【魏昭王】 1

臣亦嘗以兵說○. 165-12

【魏信】 7

夫魏王之愛習○也. 198-14 此○之所難行也. 198-17 且○舍事. 198-19 不如用○而尊之以名. 198-22 ○事王. 198-22 然則○之事主也. 198-23 ○以韓魏事秦. 198-25

【魏宣子】 2

○欲勿與. 132-3 ○之謀臣曰趙葭. 133-18

【魏桓子】 5

○驂乘. 49-18 ○肘韓康子. 49-20 康子履○. 49-20 知伯索地於○. 181-3 ○弗予. 181-3

【魏惠王】 2

○死. 193-18 ○起境内衆. 196-13

【魏順】 3

○謂市丘君曰. 224-12 ○南見楚王曰. 224-16 ○曰. 224-17

【魏魀】 1

○謂建信君曰. 167-15

【魏齊】 2

今之如耳○. 49-11 今以無能之如耳○. 49-13

【魏醜夫】 2

秦宣太后愛○. 33-5 何暇乃私○乎. 33-9

【魏嬰】 1

梁王○觴諸侯於范臺. 200-2

【魏懷】 1
相○於魏. 172-10
【繁菁】 1
董之○以問夏侯公. 78-9
【儲子】 1
○謂齊宣王. 254-12
【斶】 15
○前. 85-15 ○亦曰. 85-15 ○. 85-16 王曰○前. 85-16 ○對曰. 85-17 夫○前爲慕勢. 85-17 與使○爲趨勢. 85-18 ○曰. 85-20 ○來. 85-24 ○來. 85-24 ○對曰. 86-4 ○聞古大禹之時. 86-4 ○願得歸. 87-2 盡忠直言者○也. 87-3 ○知足矣. 87-6
【鍾離子】 1
齊有處士曰○. 88-7
【襄】 3
念簡○之迹. 149-1 而叔也順中國之俗以逆簡○之意. 151-1 敢道世俗之間今欲繼簡○之意. 151-4
【襄子】 23
以成○之功. 21-7 ○謂張孟談曰. 132-25 ○曰. 133-3 張孟談以報○. 133-9 ○再拜之. 133-9 入見○曰. 133-24 ○曰. 134-1 ○將卒犯其前. 134-3 乃稱簡之塗以告○曰. 134-9 ○恨然曰. 134-13 ○去之. 134-19○往見張孟談而告之曰. 134-24 欲以刺○. 135-10 ○如廁. 135-10 而善事○. 135-17 ○必近幸子. 135-17 ○當出. 135-22 ○至橋而馬驚. 135-22 ○曰. 135-23 ○乃喟然嘆泣曰. 136-3 於是○義之. 136-8 王何不試以○爲質於韓. 232-22 因以出○而德太子. 232-22
【襄王】 18
○以爲辯. 51-19 ○卽位. 95-18 ○爲太子徵. 98-2 ○立. 98-3 ○惡之. 98-6 ○呼而問之曰. 98-7 共立法章爲○. 101-2 ○立. 101-2 ○卒. 101-5 ○曰. 124-3 ○流揜於城陽. 124-6 ○曰. 124-8 ○聞之. 125-12 而○兼戎取代. 150-23 受詔○以守此地也. 217-22 是使我負○詔而廢大府之憲也. 217-25 然則雖尊○. 242-8 猶其尊○也. 242-9
【襄主】 3
○錯龜. 21-5 今吾欲繼○之業. 149-5 昔者先君○與代交地. 154-10
【襄安君】 1
臣又願足下有地効於○以資臣也. 171-13
【應】 1
○爲知. 188-4
【應侯】 45
○謂昭王曰. 40-16 ○曰. 41-20 秦相○曰. 42-2 謂○曰. 42-13 ○失韓之汝南. 42-24 秦昭王謂○曰. 42-24 ○曰. 42-25 今○亡地而言不憂. 43-7 蒙傲乃往見○. 43-9 ○曰. 43-9 ○拜蒙傲曰. 43-12 ○每言韓事者. 43-13 聞○任鄭安平王稽. 44-7 ○內慙. 44-7 使人宣言以感怒○曰. 44-8 ○聞之. 44-10 則揖○. 44-10 ○固不快. 44-10 ○因讓之曰. 44-11 ○曰. 44-12 ○曰. 44-14 ○曰. 44-16 ○曰. 44-19 ○知蔡澤之欲困己以說. 44-21 於是○稱善. 45-10 ○曰. 45-14 ○曰. 45-16 長爲○. 46-20 ○曰. 46-21 ○因謝病. 46-25 昭王彊起○. 46-25 ○遂稱篤. 46-25 ○之用秦也. 58-14 ○不如文信侯專. 58-15 ○欲伐趙. 58-16 吾始已諾於○矣. 140-3 而辭○. 158-14 ○曰. 158-14 ○曰. 158-18 秦王與○必顯重以示天下. 161-25 吾始已諾於○矣. 204-1 吾始已諾於○矣. 204-11 臣能得之於○. 204-12 王乃使○往見武安君. 289-1 ○慙而退. 290-3
【燭之武】 1
○張孟談受大賞. 266-3
【禮】 2
弗與○重矣. 5-14 ○必并相之. 34-4
【彌子瑕】 2
衛靈公近雍疸○. 166-8 因廢雍疸○. 166-13
【縮高】 7
安陵人○. 217-12 君其遣○. 217-13 ○曰. 217-15 願君之生束○而致之. 217-20 今○謹解大位. 217-24 ○聞之曰. 218-2 信陵君聞○死. 218-5
【騎劫】 5
紿○. 95-18 殺○. 96-3 而使○代之將. 266-15 齊田單欺詐○. 266-15 寡人之使○代將軍者. 266-20
【聶政】 20
○之刺韓傀也. 219-23 軹深井里○. 236-25 嚴遂陰交於○. 237-1 ○問曰. 237-1 觴○母前. 237-3 前爲○母壽. 237-3 ○驚. 237-4 而○謝曰. 237-5 因爲○語曰. 237-6 ○曰. 237-9 ○竟不肯受. 237-11 ○母死. 237-13 ○曰. 237-13 ○直入. 238-4 ○刺之. 238-5 ○大呼. 238-6 韓取○屍於市. 238-7 此吾弟軹深井里○也. 238-14○之所以名施於後世者. 238-16 ○陽堅刺相兼君. 242-3
【鞫武】 4
謂其太傅○曰. 273-22 太傅○諫曰. 274-2 ○曰. 274-9 ○曰. 274-11
【闔閭】 1
雖有○吳起之將. 93-16
【闔廬】 1
○爲霸. 38-3
【簡】 3
念○襄之迹. 149-1 而叔也順中國之俗以逆○襄之意. 151-1 敢道世俗之間今欲繼○襄之意. 151-4
【簡之塗】 1
乃稱○以告襄子曰. 134-9
【簡公】 2
○用田成監止而○弑. 223-19
【簡主】 2
○之才臣也. 132-11 且昔者○不塞晉陽. 150-22
【鯉】 8
是以○與之遇也. 50-10 ○與厲且以收地取秦. 115-11 ○見寡人曰. 118-3 ○與於秦魏之遇. 229-1 臣賀○之與於遇也. 229-3 今○與於遇. 229-4 故○之與於遇. 229-5 今○不與於遇. 229-6
【顏先生】 1
且○與寡人游. 86-23
【顏率】 10
以告○. 1-4 ○曰. 1-4 ○至齊. 1-5 ○曰. 1-9 ○至齊. 1-10 ○曰. 1-12 ○曰. 1-15 ○曰. 1-22 ○見公仲. 226-25 ○謂公仲之謁者曰. 226-25
【顏冣】 2
使趙葱及○代將. 180-2 虜趙王遷及其將○. 180-5
【顏斶】 2
齊宣王見○. 85-15 ○辭去曰. 86-25
【緤】 2
○病鈎. 60-6 ○請以出示. 60-7
【蘇】 1
勃○乃○. 113-16
【蘇子】 41
○謂東周君曰. 3-1 ○亦得兩國之金也. 3-6 出關遇○. 31-1 ○曰. 31-2○曰. 31-6 可以使人說薛公以善○. 75-11 可以使○自解於薛公. 75-12 女阿謂○曰. 118-19 ○知太子之怨己也. 118-20 太子不如善○. 118-21 ○必且爲太子入矣. 118-21 ○乃令人謂太子. 118-22 太子復請善於○. 118-22 ○謂楚王曰. 119-3 ○爲謂秦王曰. 146-13 ○曰. 147-2 ○爲趙合從. 184-5 夫制於燕者○也. 249-2 不信齊王與○也. 255-7 故王不如東○. 255-9 秦必疑而不信○矣. 255-9 ○也. 261-25 ○也. 262-1 ○也. 262-2 又○也. 262-2 必不任○以事. 262-9 順始與○爲讎. 262-11 ○怒於燕王之不以吾故弗予相. 262-23 齊王大說○. 263-16 王何不令○將而應燕乎. 263-22 夫以○之賢. 263-22 乃謂○曰. 263-24 ○遂將. 264-3 ○收其餘兵. 264-3 王復使○應之. 264-9 ○先敗王之兵. 264-9 乃復使○. 264-10 ○固辭. 264-10 ○曰. 269-16 奉○車五十乘. 269-17 ○謂燕相曰. 270-12
【蘇公】 2
臣竊觀君與○談也. 137-16 君能聽○之計乎. 137-17
【蘇氏】 5
先人嘗有德○. 257-20 而○去燕. 257-20 非○莫可. 257-21 乃召○. 257-21 而天下由此宗○之從約. 261-20
【蘇代】 33
告○. 10-12 ○曰. 10-12 ○遂往見韓相國公中曰. 10-14 ○曰. 31-10 ○爲齊獻書穰侯曰. 32-12 ○謂齊王曰. 171-19 ○爲田需說魏王曰. 192-21 而○曰. 192-23 昭魚謂○曰. 197-22 ○爲說秦王曰. 198-10 ○爲楚王曰. 230-5 其弟○欲繼之. 252-10 而○與子之交. 253-20 而齊宣王復用○. 253-21 ○爲齊使於燕. 253-23 ○欲以激燕王以厚任子之也. 253-24 子之因遺○百金. 253-25 燕相子之與○婚. 254-25 乃使○持質子於齊. 254-25 而○厲遂不敢入燕. 255-3 ○過魏. 255-6 於是出○之宋. 255-10 ○乃遺燕昭王書曰. 256-13 ○謂燕昭王曰. 257-24 燕王謂○曰. 259-12 ○對曰. 259-12 ○約燕王曰. 260-3 ○復重於燕. 261-19 ○爲奉陽君說燕於趙以伐齊. 261-23 ○爲燕說齊. 263-10 ○自齊使人謂燕昭王曰. 263-19 ○自齊獻書於燕王曰. 264-14 ○爲燕謂惠王曰. 270-4
【蘇君】 1
舍人出送○. 137-18
【蘇秦】 92
蘇厲爲周最謂○曰. 5-25 ○謂周君曰. 11-22 ○始將連橫說秦惠王曰. 15-15 ○曰. 16-1 ○喟歎曰. 16-19 故○相於趙而關不通. 17-3 皆欲決○之策. 17-4 且夫○特窮巷掘門桑户棬樞之士耳. 17-8 ○曰. 17-14 ○曰. 17-15 ○欺寡人. 17-19 故先使○以幣帛約乎諸侯. 17-20

○僞謂王曰. 31-13 ○爲趙合從. 68-16 ○謂齊王曰. 73-17 ○謂薛公曰. 75-3 ○曰. 75-5 ○之事. 75-8 可以惡○於薛公. 75-10 可以爲○請封於楚. 75-10 ○謂薛公曰. 75-13 ○使人請薛公曰. 76-12 夫勸留太子者○也. 76-12 ○非誠以爲君也. 76-13 ○恐君之知之. 76-13 今勸太子者又○也. 76-14 薛公大怒於○. 76-15 故曰可使人惡○於薛公也. 76-16 夫使薛公留太子者○也. 76-17 又○也. 76-18 割地固約者又○也. 76-18 忠王而走太子者又○也. 76-19 今人惡○於薛公. 76-19 因封○爲武貞君. 76-21 故曰可以爲○請封於楚也. 76-22 今○天下之辯士也. 76-24 君因不善○. 76-24 夫不善君者且奉○. 76-25 今○善於楚王. 77-1 薛公因善○. 77-3 故曰可以爲○說薛公以善○. 77-3 ○欲止之. 77-9 ○曰. 77-11 ○自燕之齊. 89-5 ○謂齊王曰. 89-13○說齊閔王曰. 90-3○爲趙合從. 108-21 凡天下所信約從親堅者○. 111-12 車裂○於市. 111-14 夫以一詐僞反覆之○. 111-14 ○之楚. 119-15 ○說李兌曰. 137-3 雒陽乘軒車○. 137-3 ○對曰. 137-7 ○曰. 137-8 ○出. 137-14 ○謂舍人曰. 137-18 李兌送○明月之珠. 137-22 ○得以爲用. 137-23 ○爲齊上書說趙王曰. 138-1 ○爲趙王使於秦. 141-5 ○從燕之趙. 144-3 乃封○爲武安君. 146-10 恃○之計. 148-7 而欲恃詐僞反覆○之餘謀. 185-17 ○拘於魏. 186-20 不信齊王與○也. 186-23 故王不如復東○. 186-25 ○爲楚合從說韓王曰. 221-23 ○爲韓說秦王曰. 240-8 ○將爲從. 248-3 於是齎○車馬金帛以至趙. 248-19 奉陽君李兌甚不取於○. 248-22 ○在燕. 248-22 李兌因爲○謂奉陽君曰. 248-22 而君甚不善○. 249-3○能抱弱燕而孤於天下哉. 249-3 善○則取. 249-5 齊王疑○. 249-6 乃使使與○結交. 249-7 武安君○爲燕說齊王. 249-14 人有惡○於燕王者. 250-6 ○曰. 250-14 ○死. 252-10 ○死於齊. 253-20 ○之在燕也. 253-20 及○死. 253-21 ○弟厲因燕質子而求見齊王. 254-23 齊王怨○. 254-23 如○時. 261-19 ○爲宋謂齊相曰. 280-24

【蘇脩】 3

○朱嬰既皆陰在邯鄲. 195-23 因使○游天下之語. 195-24 而果西因○重報. 195-25

【蘇涓】 1

故使○之楚. 102-7

【蘇厲】 7

○爲之謂周君曰. 3-8 ○爲周最謂蘇秦曰. 5-25 ○謂周君曰. 11-5 秦恐且因景鯉○而效地於楚. 115-10 公不如令王重賂景鯉○. 115-11 ○謂宛公昭鼠曰. 115-16 齊使○爲之謂魏王曰. 186-21

【嚴氏】 2

○爲賊. 8-10 寡人知○之爲賊. 8-12

【嚴仲子】 7

固謝○. 237-4 ○辟人. 237-6 ○固讓. 237-10 而○乃諸侯之卿相也. 237-14 而○舉百金爲親壽. 237-15 見○曰. 237-19 ○具告曰. 237-21

【嚴遂】 7

○重於君. 236-22 ○政議直指. 236-22 ○拔劍趨之. 236-23 於是○懼誅. 236-23 ○陰交於聶政. 237-1 ○曰. 237-2 於是○乃具酒. 237-2

【贊】 1

○對曰. 181-21

【譚拾子】 3

○迎之於境. 85-6 ○曰. 85-8 ○曰. 85-10

【盧陵君】 4

馮忌爲○謂趙王曰. 175-22 王之逐○. 175-22 今燕一以○爲言. 175-24 然則王逐○. 175-25

【龐涓】 1

禽○. 65-11

【龐葱】 2

○與太子質於邯鄲. 199-19 ○曰. 199-21

【懷王】 1

○薨. 117-7

【獻則】 1

○謂公孫消曰. 56-7

【觸讋】 1

左師○願見太后. 178-22

【竇屢】 5

爲○謂魏王曰. 190-11 王不若與○關內侯. 190-13 聞周魏令○以割魏於奉陽君. 190-14 夫周君○奉陽君之與穰侯. 190-15 ○也. 190-16

【穰侯】 27

前者○之治秦也. 19-22 蘇代爲齊獻書○曰. 32-12 ○智而習於事. 32-14○智而習於事. 33-2 秦客卿造謂○曰. 34-11 謂○曰. 35-17 是○爲國謀不忠. 38-21 聞秦之有太后○涇陽華陽. 39-23 ○出使不報. 39-25 ○使者操王之重. 40-3 太后○用事. 40-7 逐○. 40-11 ○用之. 40-23 ○十攻魏而不得傷者. 41-11 不知夫○方受命乎秦王. 125-10 夫周君竇屢奉陽君之與○. 190-15 太后恐其不因○也. 190-16 須賈爲魏謂○曰. 202-6 ○曰. 203-9 ○舅也. 206-19 ○攻大梁. 212-21 謂○曰. 212-21 田苓見○. 245-13 ○曰. 245-13 ○怒曰. 245-14 ○曰. 245-16 困則使太后○爲和. 261-9

【觀鞅】 1

○謂春申曰. 229-23

【靈王】 1

昔者先君○好小要. 114-9

【驩兜】 1

堯伐○. 16-2

【爨襄】 2

巴寧○之力也. 183-11 巴寧○田各十萬. 183-15

地 名 索 引

【二周】 10
楚請道於○之間.11-22 安能道○之間.11-24 盡包○.13-2 且魏有南陽鄭地三川而包○.13-3 以臨○之郊.21-24 兼○之地.81-16 包○.172-21 則○必危.208-14 王不弱○.215-15 過○而攻王者.215-16
【九夷】 2
楚苞○.35-23 楚破南陽○.189-22
【九里】 1
魏王爲○之盟.246-15
【九原】 3
西有雲中○.248-4 踰雲中○.248-11 秦下甲雲中○.251-22
【三川】 26
且魏有南陽鄭地○而包二周.13-3 下兵○.21-23 今○周室.22-4 韓自知亡○.22-15 寡人欲車通○.28-25 利施○.46-15 殘○.55-14 入○.71-16 入○.72-2 皆曰韓亡○.138-13 儀請以秦攻○.189-8 秦攻○.189-13 且王求百金於○而不可得.224-9 出兵於○以待公.231-24 易○而歸.232-6 塞○而守之.232-6 易○.232-20 ○之言曰.232-21 令韓王知王之不取○也.232-22 韓陽役於○而欲歸.242-20 ○服矣.242-20 王於是召諸公子役於○者而歸之.242-21 以爲○之守.246-6 是緤以○與西周戒也.246-7 秦出兵於○.246-22 ○.261-16
【三公】 1
反○什清於趙.139-2
【三苗】 3
舜伐○.16-2 ○之居.182-22 禹攻○.195-16
【三晉】 50
制齊楚○之命.5-6 而處之○之西.9-14 ○必重齊.9-15 中陵○.19-12 中陵○.19-19 一舉而○亡.20-13 夫○相結.32-15 ○百背秦.32-16 夫取○之腸胃與出兵而懼其不反也.32-25 齊秦相聚以臨○.34-4 陳軫合○而東謂齊王曰.67-23 今○已合矣.68-10 齊非急以銳師合○.68-11 ○合.68-11 ○怒齊不與己也.68-12 不如急以兵合於○.68-13 果以兵合於○.68-14 夫○大夫.101-21 使收○之故地.101-23 習於○之事.112-10 及○分知氏.135-7 ○倍之憂也.141-25 ○之心疑矣.142-2 ○合而秦弱.142-13 ○離而秦强.142-13 惡○之大合也.142-22 而離○.143-1 ○相親相堅.143-8 便於○.143-9 秦見○之大合而堅也.143-10 有利於○.143-11 秦見○之堅也.143-14 昔者○之交於秦.159-19 是使○之大臣不如鄒魯之僕妾也.164-9 ○皆有秦患.169-23 以○劫秦.170-21 臣之所以堅○以攻秦者.171-1 而求利於○.172-8 秦堅○之交攻齊.172-22 臣又偏事○之吏.195-19 ○已破智氏.221-3 與楚○攻秦.253-22 與秦楚○合謀以伐齊.256-9 秦之所殺○之民數百萬.261-15 ○之半.261-16 ○稱以爲士.263-6 秦見○之堅也.269-6 不如以兵南合○.269-9 燕果以兵南合○也.269-11 請西約○.274-6
【三梁】 1
戰勝乎○.202-7
【干】 2
夫吳○之劍.155-8 且夫吳○之劍材.155-11
【干遂】 1
禽夫差於○.184-16
【干隧】 2
而不知○之敗也.52-17 死於○.55-11
【下東國】 10
以市其○.75-4 與我○.75-6 然則○必可得也.75-7 可以令楚王亟入○.75-8 以市○也.75-14 非亟得○者.75-14 使亟入○之地.75-16 以市○也.75-18 今王不亟入○.75-19 因獻○.75-20
【大行】 1
服鹽車而上○.128-8
【大吳】 1
○之國也.150-12
【大原】 1
秦盡韓魏之上黨○.5-5
【大梁】 20
杜○之門.52-4 楚進兵○.105-9 ○不能守.193-14 今邯鄲去○也遠於市.199-22 走芒卯而圍○.202-6 以攻○.202-21 以止戍○.202-22 願之及楚趙之兵未任於○也.203-2 與○鄰.206-25 背○.207-8 而水○.207-13 ○必亡矣.207-13 晉國之去○也尚千里.207-24 去○百里.208-1 則衛○.208-13 穰侯攻○.212-21 以○之未亡也.212-23 今日○亡.212-23 魏無○.260-16 水攻則滅○.260-18
【上谷】 3
得○三十六縣.59-1 燕以奢爲○守.174-18 過代○.248-12
【上洛】 2
魏許秦以○.49-25 效○於秦.50-6
【上郡】 1
宜陽效則○絶.144-19
【上埊】 2
歸耕乎周之○.258-1 昔周之○嘗有之.258-25
【上庸】 3
南取○.29-7 奉以○六縣爲湯沐邑.116-9 張儀使人致○之地.225-7
【上梁】 3
而楚以○應之.107-7 新城○相去五百里.107-9 ○亦不知也.107-9
【上蔡】 4
○召陵不往來也.53-25 ○之監門也.108-8 秦果舉鄢郢巫○陳之地.124-6 而右○召陵.207-8
【上雒】 1
○之埊.261-15
【上黨】 34
○長子趙之有已.4-24 秦盡韓魏之○大原.5-5 魏王以○之急辭之.12-14 而兩○絶矣.12-19 是○每患而贏四十金.12-23 韓兼兩○以臨趙.13-3 以爭韓之○.20-3 降代○.20-6 代○不戰而已爲秦矣.20-8○南陽積之久矣.29-5 則韓魏必無○哉.32-25 北斬太行之道則○之兵不下.39-18 困於○.42-18 ○之民皆返爲趙.42-19 則○.48-17 因以○二十四縣許秦王.73-4 秦盡韓魏之○.138-17 且秦以三軍攻王之○而危其北.138-19 請效○之地以爲和.139-22 令韓陽告○之守靳黈曰.139-23 今王令韓興兵以○入和於秦.139-24 韓不能守○.140-4 韓不能守○.140-7 故自以爲坐受○也.140-10 韓不能守○.140-17 趙聞韓不能守○.141-1 趙起兵取○.141-2 自常山以至代○.150-19 以及○.150-22 近可以備○之形.151-1 吾欲北伐○.158-4 絶韓之○而攻强趙.207-3 通韓之○於共莫.208-10 是魏重質韓以其○也.208-11
【小黃】 1
○濟陽嬰城.52-8
【山】 1
河○之間亂.90-12
【山北】 1
○河外河内.207-23
【山東】 48
○之國.17-8 今反閉而不敢窺兵於○者.38-20 臣居○.39-22 客新有從○來者蔡澤.46-22 ○戰國有六.51-6 威不掩於○.51-6 ○之建國可兼與.51-7 王襟以○之險.53-23 ○必恐.59-15 實得○以敵秦.59-17 非○之上計也.67-25 能危○者.68-1 此臣之所以爲○之患.68-1 何秦之智而○之愚耶.68-3 臣請令○之國.109-6 然○不能易其路.142-15 ○之愚也.142-17 是臣所爲○之憂也.142-17 今○之主不知秦之即己也.142-19 秦欲已得行於○.144-22 ○之建國.144-24 秦必不敢出兵於函谷關以害○矣.146-7 行於天下○.147-25 後○之士.202-2 ○之要也.211-4 是示天下要斷○之脊也.211-6 是○首尾皆救中身之時也.211-7 ○見亡必恐.211-7 ○尚强.211-8 今秦國與○爲讎.211-11 ○之從.213-13 ○之卒.223-1 夫秦卒之與○之卒也.223-2 臣恐○之無以馳割事王者矣.224-8 必爲○大禍矣.240-20 使○皆以銳師戍韓梁之西邊.240-24 ○無以救亡.240-24 然則○非能從親.241-2 此臣之所爲○苦也.268-18 今○合弱而不能如一.268-21 是○之知不如魚也.268-21 今○三國弱而不能敵秦.268-23 然而○不知相索.268-23 今○之相與也.268-25 ○之主遂不悟.269-2 此臣之所爲○苦也.269-2 ○相合.269-4 ○不能堅爲此.269-9
【山陽】 1
秦封君以○.245-8
【千乘】 1
夫○博昌之間.95-9
【之城】 1
秦故有懷地刑丘○垝津.207-11
【女戟】 3
秦舉安邑而塞○.172-19 塞○.260-14 塞○.260-21
【王屋】 3
長羊○洛林之地也.201-15 長羊○洛林之地也.201-18 魏之所以獻長羊○洛林之地者.201-24
【天門】 1
左○之陰.182-24
【天唐】 1
右○.65-15
【天谿】 1
而右○之陽.182-24
【元英】 1
大呂陳於○.267-19
【五都】 1

取洞庭○江南. 19-9
【五渚】 1
四日而至○. 260-8
【太山】 4
其寧於○四維. 57-7 然後背○. 65-15 齊南有○. 68-16 未嘗倍○絕清河涉渤海也. 68-19
【太行】 4
北斬○之道則上黨之兵不下. 39-18 塞○之口. 46-16 一軍臨○. 139-21 一日而斷○. 260-11
【太原】 3
韓之○絕. 172-20 韓氏○卷. 260-14 而李信出○雲中. 275-10
【屯留】 1
當○之道. 21-23
【少曲】 2
我起乎○. 260-11 已得宜陽○. 261-1
【少海】 1
○之上. 1-12
【中山】 100
攻○. 29-8 ○之地. 39-6 文公用○盜. 61-16 而趙氏兼○. 91-2 ○悉起而迎燕趙. 92-23 北戰於○. 92-24 夫○千乘之國也. 92-24 魏文侯借道於趙攻○. 136-13 魏攻○而不能取. 136-13 魏拔○. 136-14 必不能越趙而有○矣. 136-14 楚人久伐而○亡. 138-15 ○之地薄. 139-13 胡地○吾必有之. 149-16 與齊○同之. 150-18 先時○負齊之強兵. 150-24 遠可以報○之怨. 151-1 趙以二十萬之衆攻○. 155-20 以未構○也. 157-9 ○聽之. 157-10 是我以王因饒○而取地也. 157-10 ○不聽. 157-11 是○孤也. 157-11 我分兵而孤樂○. 157-12 ○必亡. 157-12 我已亡○. 157-12 是我一舉而兩取地於秦○也. 157-13 ○之地薄. 171-8 必起○與勝焉. 173-3 秦起○與勝. 173-3 趙攻○. 175-7 不如盡歸○之新埊. 175-8 ○案此言於齊曰. 175-9 樂羊爲魏將而攻○. 181-19 其子在○. 181-19 ○之君烹其子而遺之羹. 181-19 樂羊既罷○. 181-22 宋○數伐數割. 202-10 而宋○可無爲也. 202-11 ○恃齊魏以輕趙. 211-18 齊魏伐楚而趙亡○. 211-18 望諸相○也使趙. 263-4 故○亡. 269-8 魏文侯欲殘○. 284-3 魏并○. 284-3 因封之○. 284-4 是○復立也. 284-4 而○後持. 284-7 寡人羞與○並爲王. 284-7 ○聞之. 284-8○之君遣之齊. 284-11 臣聞君欲廢○之王. 284-11 以○之小. 284-12 ○雖益廢王. 284-12 且○恐. 284-12 豈若○廢其王而事齊哉. 284-14 今君召○. 284-15○必喜而絕趙魏. 284-15 趙魏怒而攻○. 284-16 ○急而爲君難其王. 284-16 則○必恐. 284-16 今召○. 284-20 致○而塞四國. 284-21 是君臨○而失四國也. 284-22 善以微計薦○之君久矣. 284-23 齊羞與○之爲王甚矣. 285-1 今召○. 285-1 果與○王而親之. 285-3 ○果絕齊而從趙魏. 285-3 ○與燕趙爲王. 285-5 齊閉關不通○之使. 285-5 ○千乘之國也. 285-6 出兵以攻○. 285-7 耻與○侔名. 285-9 出兵以攻○. 285-9 請令燕趙固輔○而成其王. 285-11 出兵以攻○者. 285-14 其實欲廢○之王也. 285-14 出兵以攻○. 285-16 所求○未必得. 285-16 ○可廢也. 285-17 爲○之獨與燕趙爲王. 285-19 ○恐燕趙之不己據也. 285-20 ○必遁燕趙. 285-21 是○孤. 285-22 非欲廢○之王也. 286-1 徒欲以離我於○. 286-1 ○因告燕趙而不往. 286-4 燕趙果俱輔○而使其王. 286-5 爲己求相○. 286-7 司馬憙三相○. 286-14 臣聞弱趙強○. 287-1 願聞弱趙強○之說. 287-2 未嘗見人如○陰姬者也. 287-7 主父欲伐○. 287-21 ○之君. 287-22 說楚王伐○. 288-3 ○有事. 288-5 攻○. 288-10 其子時在○. 288-10
【中牟】 3
墮○之郭. 90-12 ○之墮也. 90-16 後以○反. 173-13
【中呼池】 1
○以北不戰而已爲燕矣. 20-9
【午道】 2
魏塞○. 146-3 一軍塞○. 148-12
【牛田】 1
且秦以○. 140-12
【牛狐】 2
而請內焦黎○之城. 156-14 不予焦黎○. 156-16
【牛闌】 1
夫○之事. 103-15
【仁】 1
以臨○平兵. 52-7
【什清】 1
反三公○於趙. 139-2
【厹由】 3
昔智伯欲伐○. 10-4 ○卒亡. 10-6 以蔡○戒之. 10-8
【六晉】 1
昔者○之時. 49-16
【文山】 1
○在其南. 182-23
【文臺】 1
○墮. 207-21
【亢父】 1
徑○之險. 69-6
【方城】 9
楚不能守○之外. 11-24 則楚○之外危. 13-3 支分○膏腴之地以薄鄭. 36-1 恢先君以揜○之外. 113-3 ○必危. 121-1 則○無患. 121-3 必取○之外. 190-7 發兵臨○. 232-18 令楚兵十餘萬在○之外. 236-2
【方與】 1
魏氏將出兵而攻留○銍胡陵碭蕭相. 53-13
【巴】 3
西有○蜀漢中之利. 15-15 臣聞張儀西并○蜀之地. 29-7 乘舟出於○. 260-7
【巴蜀】 3
秦有舉○并漢中之心. 109-19 秦西有○. 110-16 西舉○. 148-3
【玉門】 1
而武王羈於○. 167-11
【甘泉】 1
北有○谷口. 38-17
【甘魚】 1
北有○之口. 35-24
【艾陵】 2
既勝齊人於○. 52-19 勝齊於○. 55-10
【左氏】 2
乃請以○. 283-8 雖有十○. 283-11
【石】 1
致藺○. 261-1
【平邑】 3
欲割○以賂燕趙. 285-6 齊之欲割○以賂我者. 286-1 雖百○. 286-2
【平兵】 1
以臨仁○. 52-7
【平原】 3
渡○. 59-23 趙王因割濟東三城令盧高唐○陵地城邑市五十七. 174-11 而封於○. 240-2
【平陸】 2
有陰○則梁門不啓. 89-21 魏攻○. 96-13
【平陽】 3
絳水利以灌○. 49-19 蒲反○相去百里. 107-8 我起乎宜陽而觸○. 260-11
【平際】 1
○絕. 54-19
【北夷】 1
○方七百里. 256-19
【北郢】 1
乘○. 212-21
【北陽】 1
亡其○而梁危. 141-24
【代】 15
降○上黨. 20-6 ○三十六縣. 20-6 ○上黨不戰而已爲秦矣. 20-8 北使燕○之間三年. 61-2 趙○良馬橐他. 109-9 此○馬胡駒不東. 138-22 自常山以至○上黨. 150-19 而襄王兼戎取○. 150-23 昔者先君襄主與○交地. 154-10 北有○. 165-2 過○上谷. 248-12 欲并○. 251-12 魏爲燕執○. 255-6 使慶秦以二十萬攻○. 271-24 使樂乘以五萬遇慶秦於○. 272-1
【代郡】 1
以爲○守. 167-24
【代馬】 1
北有胡貉○之用. 15-16
【白馬】 3
決○之口. 20-12 守○之津. 148-4 決○之口. 260-16
【令盧】 1
趙王因割濟東三城○高唐平原陵地城邑市五十七. 174-11
【句注】 3
則○之西. 138-19 今魯○禁常山而守. 138-20 約與代王遇於○之塞. 251-13
【句章】 1
且王嘗用滑於越而納○. 108-12
【外黃】 2
過宋○. 281-3 ○徐子曰. 281-3
【主】 3

使彼罷弊於先弱守於○. 65-12 ○者. 65-13 使彼罷弊先弱守於○. 65-14

【市丘】 7
必攻○. 224-13 臣請爲君止天下之攻○. 224-14 必攻○以償兵費. 224-18 王令之勿攻○. 224-18 且聽王之言而不攻○. 224-19 且反王之言而攻○. 224-19 故楚王卜交而○存. 224-20

【召陵】 2
上蔡○不往來也. 53-25 而右上蔡○. 207-8

【皮氏】 7
取○卒萬人. 23-10 圍○. 199-8 以救○. 209-5 攻○. 209-14 且有○. 209-15 有○. 209-16 於是攻○. 232-3

【刑丘】 1
秦故有懷地○之城垝津. 207-11

【邢】 1
秦嘗攻韓○. 42-18

【邢丘】 2
於是舉兵而攻○. 39-13 ○拔而魏請附. 39-13

【戎】 3
外懷○翟天下之賢士. 99-7 而襄王兼○取代. 150-23 秦與○翟同俗. 206-16

【扞關】 3
不至十日而距○. 110-18 ○驚. 110-19 距於○. 138-16

【共】 4
處之○松柏之間. 102-4 住建○者. 102-5 河内之○汲莫不危矣. 207-12 通韓之上黨於○莫. 208-10

【西山】 1
秦取○. 258-10

【西戎】 2
穆公相之而朝○. 61-16 而○之兵不至. 195-16

【西和門】 1
景陽乃開○. 271-8

【西周】 37
東周與○戰. 2-15 韓救○. 2-15 ○者. 2-15 ○之寶可盡矣. 2-17 東周與○爭. 2-19 ○欲和於楚韓. 2-19 臣恐○之與楚. 2-19 ○之欲入寶. 2-20 今東周之兵不急○. 2-21 ○之寶不入楚韓. 2-21 即且趣我攻○. 2-22 ○寶出. 2-22 ○弱矣. 2-23 ○不下水. 3-1 臣請使○下水可乎. 3-1 乃往見○之君曰. 3-2 則東周之民可令一仰○. 3-5 昌他亡○. 7-23 盡輸○之情於東周. 7-23 ○大怒. 7-24 ○甚憎東周. 8-5 ○必令賊賊公. 8-6 以○之於王也. 8-6 吾又恐東周之賊己而以輕○惡之於楚. 8-7 而藉兵乞食於○. 9-4 韓慶爲○謂薛公曰. 9-5 而使不藉兵乞食於○. 9-16 ○弗利. 13-1 ○恐魏之藉道也. 13-22 爲○謂魏王曰. 13-22 請爲公以五萬攻○. 225-10 秦攻○. 225-11 周佼以○善於秦. 240-1 ○讎之. 246-6 是緤以三川與○戒也. 246-7 ○惡之. 246-7 ○聞之. 246-8

【西河】 12
必入○之外. 23-9 果獻○之外. 23-11 北取○之外. 29-7 秦王垂拱受○之外. 94-12 而○之外入於秦矣. 94-14 魏武侯與諸大夫浮於○. 182-17 ○之政. 183-5 魏兩用犀首張儀而○之外亡. 223-20 秦取○之外以歸. 232-3 ○之外. 261-15 魏亡○之外. 282-6 ○之外必危. 282-7

【西陵】 1
秦白起拔楚○. 51-16

【有苗】 1
昔舜舞○. 149-12

【有夏】 1
湯伐○. 16-2

【成】 1
抱陰○. 170-3

【成陽】 1
以○資翟强於齊. 225-17

【成皐】 15
取○. 110-9 韓守○. 146-3 一軍軍於○. 148-13 留天下之兵於○. 169-20 今趙留天下之甲於○. 170-1 罷於○. 171-18 分地必取○. 221-3 ○. 221-4 果取○. 221-6 果從○始. 221-7 韓北有鞏洛○之固. 221-23 秦必求宜陽○. 222-9 東取○宜陽. 223-7 夫塞○. 223-8 兵罷而留於○. 224-12

【成睪】 2
五國罷○. 36-3 則○之路不通. 39-17

【夷陵】 2
再戰燒○. 46-3 或拔鄢郢○. 51-16

【曲】 1
趙可取唐○逆. 73-12

【曲吾】 1
三百里通於燕之唐○. 138-20

【曲沃】 1
取○. 26-3

【曲陽】 1
北下○爲燕. 273-16

【伊】 1
○洛出其南. 182-25

【伊是】 1
魏取○. 81-12

【伊闕】 5
秦攻魏將犀武軍於○. 9-18 犀武敗於○. 12-14 與魏戰於○. 190-10 而與戰之於○. 289-5 ○之戰. 289-17

【合伯膊】 1
皆出於冥山棠谿墨陽○. 222-3

【匈奴】 2
願太子急遣樊將軍入○以滅口. 274-5 而棄所哀憐之交置之○. 274-8

【羊唐】 1
秦以三軍强弩坐○之上. 138-18

【羊腸】 2
即趙○以上危. 13-4 踰○. 20-6

【羊膓】 2
决○之險. 46-16 起兵臨○. 232-17

【州西】 1
戰於○. 90-14

【江】 3
奈何以保相印○東之封乎. 129-2 乘夏水而下○. 260-7 ○漢魚鼈黿鼉爲天下饒. 279-18

【江東】 1
故楚南察瀨胡而野○. 108-14

【江南】 4
取洞庭五都○. 19-9 王不如封田忌於○. 65-21 楚果封之於○. 65-24 非○泗上也. 107-10

【汲】 1
河内之共○莫不危矣. 207-12

【汝】 3
應侯失韓之○南. 42-24 今亡○南. 43-4 以其爲○南虜也. 43-13

【汝南】 1
南有鴻溝陳○有許鄢昆陽邵陵舞陽新郪. 184-5

【安】 1
輸人爲之謂○令曰. 246-11

【安邑】 24
○王之有也. 18-2 秦得○. 32-24 秦有○. 32-25 汾水利以灌○. 49-19 今秦欲攻梁絳○. 68-7 秦得絳○以東下河. 68-7 而出銳師以戍梁絳○. 68-10 ○者. 81-13 秦伐魏取○. 81-15 ○不知. 107-9 魏令公子咎以銳師居○. 156-22 以據魏而求○. 172-13 抱○而信秦. 172-14 秦得○之饒. 172-15 過趙已○矣. 172-15 秦舉○而塞女戟. 172-19 取○. 172-24 而魏效絳○. 203-5 無事而割○. 240-10 而欲攻絳○. 240-19 ○之御史死. 246-11 我舉○. 260-14 秦欲攻. 260-19 已得○. 260-21

【安陵】 9
○必易. 208-14 ○人縮高. 217-12 ○. 217-14 遣大使之○曰. 217-19 ○之地. 217-19 以造○之城. 217-21 寡人欲以五百里之地易○. 219-11 寡人以五百里之地易○. 219-14 而○以五十里之地存者. 220-3

【祁】 7
取藺離石○者. 11-5 取藺離石○者. 11-12 藺離石○拔. 156-14 以易藺離石○於趙. 156-15 夫藺離石○之地. 156-17 安能收恤藺離石○乎. 156-18 公何不與趙藺離石○. 225-14

【阪】 1
左關○. 38-18

【扶柳】 1
取○. 175-7

【均陵】 1
殘○. 261-3

【邯鄲】 61
然則是○不守. 20-5 拔○. 20-5 乃復悉卒乃攻○. 20-18 ○人誰來取者. 42-7 又即圍○乎. 42-14 秦攻○. 43-16 而朝於○之君乎. 54-12 於是天下有稱伐○者. 54-13 魏伐○. 54-14 濮陽人呂不韋賈於○. 56-21 ○之難. 64-8 夫魏氏兼○. 64-10 軍於○之郊. 64-11 夫救○. 64-12 ○拔而承魏之弊. 64-13 ○拔. 64-15 ○僅存. 69-23 圍○. 81

-11 齊魏亦佐秦伐○.81-11 卒魏兵以救○之圍.81-12 是齊入於魏而救○之功也.81-13 ○之中蠹.90-11 其强而拔○.93-23 ○之難.104-11 ○拔.104-21 ○之難.105-9 卽地去○二十里.138-18 則兵必戰於○之下矣.144-23 今雖得○.146-21 迎戰○之下.148-5 軍於○之東.148-12 圍○之城.158-6 而秦罷於○之下.158-7 秦旣解○之圍.159-8 信陵君發兵至○城下.161-4 秦圍趙之○.162-5 魏王使客將軍新垣衍間入○.162-6 此非必貪○.162-9 今又內圍○而不能去.162-13 以居○.166-20 而身朝於○.170-3 請今率諸侯受命○城下.177-15 蘇脩朱嬰旣皆陰在○.195-23 龐葱與太子質於○.199-19 今○去大梁也遠於市.199-22 十萬之軍拔○.202-7 而○復歸.202-8 而以與趙兵決勝於○之郊.207-5 朝○.208-17 秦罷○.215-13 秦人去○.215-16 魏王欲攻○.215-18 而攻○.215-24 救○.217-4 救○.217-8 魏之圍○也.221-12 秦舉兵破○.246-23 至於○.252-11 所聞於○者.252-12 梁王伐○.280-9 圍○八九月.290-4

【杜郵】1

賜死於○.46-7

【杜陵】1

楚兵大敗於○.27-10

【巫】1

秦果舉鄢郢○上蔡陳之地.124-6

【巫山】2

南有○黔中之限.15-16 北陵乎○.125-3

【巫郡】2

楚地西有黔中○.108-22 黔中○非王之有已.110-19

【李下】1

并於○.20-20

【夾林】1

前○而後蘭臺.200-12

【吳】39

王獨不聞○人之遊楚者乎.27-18 誠思則將○吟.27-20 今軫將爲王○吟.27-20 ○不亡越.34-20 越故亡○.34-20 ○亡於越.34-21 乞食於○市.38-2 不能存○.45-7 以禽勁○.46-11 ○見伐齊之便.52-17 ○之信越也.52-18 此正○信越也.52-25 南使荆○.61-1 威信○楚.97-19 且大王嘗與○人五戰三勝而亡之.110-23 昔者○與楚戰於柏舉.113-6 吾將深入○軍.113-8 昔○與楚戰於柏舉.113-11 ○與楚人戰於柏舉.113-17 與○人戰於濁水而大敗之.113-21 ○與楚戰於柏舉.113-23 是○越無俊民也.152-13 夫○干之劍.155-8 且夫○干之劍材.155-11 此乃强○之所以亡.158-11 ○與越戰.241-19 ○人入越而户撫之.241-20 越王使大夫種行成於○.241-20 ○人果聽其辭.241-21 其後越與○戰.241-22 ○人大敗.241-22 反以越事○之禮事越.241-23 遂殘○國而禽夫差.241-23 宜使如○.241-24 而攻心不如○.241-25 而後殘○覇天下.256-23 伍子胥逃楚而之○.263-1 昔者○伐齊.266-6 是使弱趙居强○之處.266-8

【吳國】1

卒興○.38-2

【何陽】1

今又以○姑密封其子.170-4

【伯舉】1

果與○之戰.263-1

【彷徨】1

以臨○.200-9

【谷口】1

北有甘泉○.38-17

【狄】8

田單將攻○.100-3 將軍攻○.100-3 攻○而不下.100-5 遂攻○.100-5 攻○不能.100-7 先生謂單不能下○.100-9 ○人乃下.100-17 計胡○之利乎.149-1

【沛】1

內○.189-23

【沙丘】3

然降其主父○而臣之.41-23 餓主父於○.127-4 距○.138-15

【沂】1

東有淮潁○黃煑棗海鹽無疏.184-6

【汾水】1

○利以灌安邑.49-19

【汾北】3

公因寄○以予秦而爲和.209-11 子能以○與我乎.209-24 子能以○與我乎.209-25

【汾陘】1

北有○之塞郇陽.108-23

【汶】2

輕舟浮於○.260-7 植於○皇.267-20

【汶山】1

起於○.110-16

【宋】168

仇赫之相○.6-5 將以觀秦之應趙○.6-5 將興趙○合於東方以孤秦.6-6 則將與○敗三國.6-7 則賣趙○於三國.6-7 楚○不利秦之德三國也.13-22 使攻○也.18-1 ○破.18-1 則向之攻○也.18-3 王何惡向之攻○乎.18-3 中破○.19-3 若於除○罪.35-17 須殘伐亂○.35-18 權縣○衛.35-24 ○衛乃當阿甄耳.35-24 ○有結綠.36-17 故○必盡.53-14 千乘之○也.54-11 無禮於○.55-10 齊○在繩墨之外以爲權.55-22 故曰先得齊○者伐秦.55-22 秦先得齊○.55-23 魯○事楚而齊不事者.62-13 齊大而魯○小.62-13 王獨利魯○之小.62-14 孰與伐○之利也.89-15 伐趙不如伐○之利.89-18 而王以其間舉○.89-19 夫有○則衛之陽城危.89-20 故釋帝而貳之以伐○之事.89-21 而○越專用其兵.91-3 非○衛也.94-5 不如易餘粮於○.100-19 梁氏不敢過○伐齊.100-20 是以餘粮收○也.100-20 雖復責之○.100-21○請中立.103-3 齊急○.103-3 ○許之.103-3 楚以緩失○.103-4 齊以急得○.103-4 勢必危○.103-6 是以弱○干强楚也.103-6 大王悉起兵以攻○.111-10 不至數月而○可舉.111-10 舉○而東指.111-11 王不如舉惠子而納之於○.121-10 乃奉惠子而納之○.121-12 齊攻○.139-12 ○罪重.139-14 殘伐亂○.139-14 齊欲攻○.169-19 齊乃捄趙以伐○.169-19 齊將攻○.170-25 齊乃令公孫衍說李兌以攻○而定封焉.170-25 欲以使攻○也.171-2 而○置太子以爲王.171-2 此亦舉○之時也.171-4 莫若於○.171-7 ○之罪重.171-9 殘亂○.171-9 臣願足下之大發攻○之舉.171-11 足下果殘○.171-14 若足下不得志於○.171-14 秦必據○.171-20 齊必攻○.171-22 齊攻○.171-22 則楚必攻○.171-22 魏必攻○.171-22 五國據○.171-22 而趙○同命.173-3 王不聞公子牟夷之於○乎.173-9 文張善○.173-9 今臣之於王非○之於公子牟夷也.173-10 燕封○人榮盆爲高陽君.174-11 乃結秦連楚○之交.178-9 令仇郝相○.178-9 楚王禽趙○.178-10 齊請以○地封涇陽君.186-21 夫秦非不利有齊而得○埊也.186-22 齊秦合而涇陽君有○地.186-25 公至○.188-5 而道塗○衛爲制.189-23 事成功縣○衛.189-24 齊欲伐○.194-14 齊令○郭之秦.194-14 請合而以伐○.194-15 分○之城.194-16 服○之强者.194-16 乘○之敝.194-17 而王獨舉○.194-18 王之伐○也.194-18 如○者.194-18 期於啗○而已矣.194-20 ○中山數伐數割.202-10 而○中山可無爲也.202-11 盡故○.203-6 ○人有學者.203-11 韓人攻○.240-7 吾愛○.240-7 韓珉之攻○.240-8 輔之以○.240-9 韓故已攻○矣.240-12 則○地不安矣.240-13 進齊○之兵至首坦.244-10 而又以其餘兵南面而舉五千乘之勁○.253-6 彼且德燕而輕亡○.253-15 齊請以○封涇陽君.255-6 秦非不利有齊而得○埊也.255-7 涇陽君有○地.255-9 於是出蘇代之○.255-10○善待之.255-11 齊伐○.256-13 ○急.256-13 秦齊助之伐○.256-14 破○.256-14 破○肥讎.256-17 足下以○加淮北.256-18 燕趙破○肥齊尊齊而爲之下者.257-4 必反○地.257-10 夫反○地.257-11 西勞於○.258-18 齊得○而國亡.260-4 齊楚不得以有枳○事秦者.260-4 則以○委於齊.260-19 王苟能破○有之.260-21 因以破○爲齊罪.260-21 以○.261-12 今齊王召蜀子使不伐○.261-25 且又淮北○地.267-13 約楚魏○盡力.267-14 且夫○.269-21 不如得十里於○.269-22 遂與兵伐○.269-23 三覆○.269-24 ○遂舉.269-24 取之以與○.271-6 齊攻○.279-3 ○使臧子索救於荆.279-3 ○小而齊大.279-4 夫救於小○而惡於大齊.279-4 拔○五城.279-6 將以攻○.279-9 吾自○聞子.279-10 將以攻○.279-11 ○何罪之有.279-12 敢問攻○何義也.279-12 ○方五百里.279-17 ○所謂無雉兔鮒魚者也.279-19 ○無長木.279-20 惡以王吏之攻○.279-21 請無攻○.279-21 而徵師於○.280-9 夫○之不足如梁也.280-13 ○必不利也.280-14 ○人因遂舉兵入趙境.280-16 ○人助我攻矣.280-16 ○人止於此矣.280-17 則公常用○矣.280-21○與楚爲兄弟.280-23 齊攻○.280-23 楚王言救○.280-23 ○因賣楚重以求講於齊.280-23 蘇秦爲○謂齊相曰.280-24 以明○之賣楚重於齊也.280-25 必絕於○而事齊.280-25 則攻○易矣.281-1 過○外黃.281-3

【阿】2

宋衛乃當○甄耳.35-24 而在○鄄之間者百數.101-22

【邵】1

蔡○之道不通矣.246-22

【邵陵】1

南有鴻溝陳汝南有許鄢昆陽○舞陽新郪.184-5

【武安】3

拔○.20-4 居○.42-6 行至○.42-10

【武城】3

趙王封孟嘗君以○.142-6 孟嘗君擇舍人以爲○吏.142-6 而封之以○.142-9

【武遂】8

秦歸○於韓.225-20 秦王固疑甘茂之以○解於公仲也.225-20 甘茂許公仲以○.227-19 ○終不可得已.227-20 公欲得○於秦.233-9 而令人爲公求○於秦.233-10 發重使爲韓求○於秦.233-10 韓得○以恨秦.233-11
【武隧】3
公仲使韓珉之秦求○.243-18 且以求○也.243-19 韓已得○.243-20
【武關】5
卽○可以入矣.101-25 一軍出○.109-3 秦舉甲出之○.110-20 楚軍○.146-4 楚軍○.146-5
【長子】2
上黨○趙之有已.4-24 南戰於○.92-23
【長平】14
軍於○之下.20-3 秦攻趙○.73-15 令公孫起王齮以兵遇趙於○.141-2 而與馬服之子戰於○之下.158-5 而燕非有○之禍也.158-8 秦攻趙於○.158-21 秦趙戰於○.161-14 ○之役.213-25 秦趙久相持於○之下而無決.214-2 趙民其壯者皆死於○.271-19 ○之事.288-18 趙自○已來.288-22 今趙卒之死於○者已十七八.289-7 今秦破趙軍於○.289-20
【長羊】3
○王屋洛林之地也.201-15 ○王屋洛林之地也.201-18 魏之所以獻○王屋洛林之地者.201-24
【長沙】1
○之難.125-25
【長城】5
○鉅坊.19-5 西有○之界.184-7 則易水○非王之有也.251-23 有○鉅防.253-9 雖有○鉅防.253-12
【范臺】1
梁王魏嬰觴諸侯於○.200-2
【林】1
從○軍以至于今.207-20
【林中】2
軍舍○.90-15 兵困於○.261-6
【林胡】1
北有○樓煩.248-3
【枝桑】1
趙人聞之至○.54-18
【東夷】1
而○之民不起.195-16
【東武城】2
而封以○.161-8 夫君封以○不讓無功.161-9
【東周】34
而德○.2-13 ○與西周戰.2-15 爲○謂韓王曰.2-15 可以德○.2-16 ○與西周爭.2-19 令之爲己求地於○也.2-20 今○之兵不急西周.2-21 ○欲爲稻.3-1 ○患之.3-1 所以富○也.3-3 ○必復種稻.3-4 則○之民可令一仰西周.3-5 信○也.3-16 之○.7-23 盡輸西周之情於○.7-23 ○大喜.7-23 因使人告○之候曰.8-2 候得而獻○.8-2 ○立殺昌他.8-2 昭翦與○惡.8-4 西周甚憎○.8-5 嘗欲○與楚惡.8-5 因宣言○也.8-6 吾又恐○之賊己而以輕西周惡之於楚.8-7 遽和○.8-7 在○.56-8 臣恐其害於○.56-18 秦敗○.190-10 而和於○與魏也.190-17 周啓以○善於秦.240-2 ○寶之.246-6 臣○之鄙人也.250-8 臣○之鄙人也.252-10 又高於所聞○.252-12
【東孟】2
韓適有○之會.238-3 ○之會.242-3
【東垣】1
軍於○矣.248-14
【東胡】1
東有燕○之境.150-19
【東國】9
欲王令楚割○以與齊也.9-11 而以楚之○自免也.9-13 齊得○而益强.9-14 有淮北則楚之○危.89-20 隨而攻○.126-1 不若令屈署以新○爲和於齊以動秦.126-1 秦恐齊之敗○.126-2 遽令屈署以○爲和於齊.126-3 毋與齊○.126-4
【東陽】2
○河外不戰而已反爲齊矣.20-8 絶趙之○.81-18
【東閭】1
殺之○.95-5
【兩周】9
不如備○辯知之士.5-10 過○.11-13 徙○之疆.55-14 欲亡韓呑○之地.138-8 東收○而西遷九鼎.148-3 假道○倍韓以攻楚.229-25 韓之重於○也無計.240-2 我離○而觸鄭.260-12 包○.260-15
【昆陽】2
南有鴻溝陳汝南有許鄢○邵陵舞陽新郪.184-5 然而秦之葉陽○與舞陽高陵鄰.207-14
【易水】9
南有呼沱○.248-4 涉○.248-14 則○長城非王之有也.251-23 過○.270-4 兵以臨○.273-21 則○以北.273-24 秦兵旦暮渡○.275-23 至○上.276-24 風蕭蕭兮○寒.277-1
【呼沲】1
五年以擅○.175-7
【呼沱】2
南有○易水.248-4 度○.248-14
【岸門】2
興師與韓氏戰於○.226-21 ○之戰.261-14
【郱】1
○莒亡於齊.13-13
【垂沙】1
○之事.119-9
【垂都】1
○焚.207-21
【牧】1
斬紂於○之野.184-17
【肴】1
東有○函之固.15-16
【周】125
秦興師臨○而求九鼎.1-4 欲興兵臨○而求九鼎.1-6 ○之君臣.1-6 使陳臣思將以救○.1-8 ○賴大國之義.1-10 昔○之伐殷.1-18 秦假道於○以伐韓.3-14 ○恐假之而惡於韓.3-14 公何不與○地.3-16 不信○.3-17 韓强與○地.3-17 將以疑○於秦.3-17 秦必無辭而令○弗受.3-18 ○粻秦韓.3-21 楚王怒○.3-21 ○之君患之.3-21 爲○謂楚王曰.3-21 以王之强而怒○.3-22 ○恐.3-22 故王不如速解○恐.3-23 ○相呂倉見客於○君.4-4 溫人之○.4-16 ○不納.4-16 子非○人.4-17 今○君天下.4-19 趙取○之祭地.6-23 ○之祭地爲祟.6-25 杜赫欲重景翠於○.7-2 ○共太子死.7-9 是公之知困而交絶於○也.7-11 ○令其相之秦.7-17 是公重○.7-19 重○以取秦也.7-20 齊重故有○.7-20 是○常不失重國之交也.7-20 道○.8-10 韓使人讓○.8-11 進兵而攻○.9-18 君不如禁秦之攻○.9-19 今秦攻○而得之.9-19 秦欲待○之得.9-20 秦若攻○而不得.9-21 後有攻○之敗.9-21 是君却秦而定○也.9-22 秦去○.9-23 是君存○而戰秦魏也.10-1 秦令樗里疾以車百乘入○.10-3 讓○.10-3 兼有呑○之意.10-7 使樗里疾以車百乘入○.10-7 韓徵甲與粟於○.10-12 代能爲君令韓不徵甲與粟於○.10-13 今公乃徵甲及粟於○.10-17 公何不以高都與○.10-19 吾無徵甲與粟於○.10-20 則○必折而入於韓.10-21 而焚○之節.10-22 是公以弊高都得完○也.10-22 不徵甲與粟於○而與高都.10-23 破則○危.11-6 吾得將爲楚王屬怒於○.11-16 與○之衆.12-19 ○必亡矣.13-1 秦欲攻○.13-7 不攻○.13-7 攻○.13-8 兵弊於○.13-9 故勸王攻○.13-9 則令不横行於○矣.13-10 齊王令司馬悍以賂進○最於○.13-17 ○不聽.13-19 是公之知困而交絶於○也.13-19 ○使○足之秦.14-1 秦○之交必惡.14-2 不惡○於秦矣.14-4 誅○主之罪.21-24 ○自知不救.21-25 ○.22-14 韓○之與國也.22-14 ○自知失九鼎.22-15 臣聞○有砥厄.36-17 是○無天子之德.37-16 ○人謂鼠未腊者朴.41-20 ○人懷璞過鄭賈曰.41-21 雖○呂望之功.42-16 楚王因不罪景鯉而德○秦.50-11 資而相之於○乎.56-9 昭衍爲○之梁.56-15 以臨○.71-17 以臨○.72-3 ○韓西有强秦.73-25 秦伐○韓之西.73-25 ○韓爲割.74-1 韓却○害也.74-1 及韓却○割之.74-1 則亦不果於趙魏之應秦而伐○韓.74-3 城渾出○.107-5 韓求相工陳籍而○不聽.112-5 魏求相綦母恢而○不聽.112-5 ○是列縣畜我也.112-6 是楚自行不如○.112-7 彼鄭○之女.120-8 秦必過○韓而有梁.136-20 劫韓包○則趙自銷鑠.144-21 率天下諸侯而朝○.163-8 ○貧且微.163-8 ○怒.163-10 故生則朝○.163-12 聞○魏令竇屢以割魏於奉陽君.190-14 有○韓而閒之.207-20 無○韓以閒之.207-25 其弟在○.236-10 ○欲以車百乘重而送之.236-10 萬於○之時.240-3 大怒於○之留成陽君也.245-2 韓氏逐向晉於○.245-25 ○必寬而反之.245-25 是王有向晉於○也.246-1 是魏有向晉於○.246-3 且臣有老母於○.250-22 歸耕乎○之上埊.258-1 則臣亦之○負籠耳.258-9 昔○之上埊嘗有之.258-25 ○埊賤媒.259-12 然而○之俗.259-14
【周室】8
今三川○.22-4 以闚○.28-25 東收○.47-1 東闚於○甚.142-21 以東闚○.240-20 無不任事於○也.242-12 使使盟於○.257-1 曩者使燕毋去○之上.258-10
【郇陽】1
北有汾陘之塞○.108-23
【狐氏】1

必效縣○. 141-13
【夜】 1
益封安平君以○邑萬户. 99-25
【夜邑】 1
當今將軍東有○之奉. 100-13
【於陵】 1
○子仲尚存乎. 88-13
【卷】 2
北有河外○衍燕酸棗. 184-8　拔○衍燕酸棗. 185-19
【河】 29
除道屬之於○. 11-23　濟清○濁. 19-4　封君於○南. 34-24　寡人欲割○東而講. 48-23　割○東. 48-24　王割○東而講. 49-3　北倚○. 53-16　○濟之士. 55-17　秦得絳安邑以東下○. 68-7　必表裏○而東攻齊. 68-7　○山之間亂. 90-12　馬飲於大○. 90-15　亦襲魏之○北燒棘溝. 90-15　越漳○. 137-5　漂入漳○. 137-12　今燕盡韓之○南. 138-15　秦甲涉○踰漳. 144-22　南有○漳. 145-1　趙涉○漳. 146-1　趙涉○漳. 146-2　趙涉○漳博關. 146-3　願渡○踰漳. 148-4　今吾國東有○薄洛之水. 150-18　以守○薄洛之水. 150-20　秦乃在○西. 207-19　秦乃在○西. 207-24　吾聞齊有清濟濁○. 253-9　雖有清濟濁○. 253-11　今濟西○北. 253-13
【河内】 8
舉○. 52-4　且無梁孰與無○急. 203-22　○. 203-23　若道○. 207-4　而以之臨○. 207-11　○之共汲莫不危矣. 207-12　山北河外○. 207-23　陸攻則擊○. 260-17
【河北】 3
趙有○. 156-9　○不師. 253-13　○之地. 267-16
【河外】 13
魏效○. 69-25　魏弱則割○. 144-19　○割則道不通. 144-20　魏軍○. 146-5　敺韓魏而軍於○. 148-13　北有○卷衍燕酸棗. 184-8　秦下兵攻○. 185-19　効○. 186-12　賞韓王以近○. 190-1　若道○. 207-8　山北○河内. 207-23　○必安矣. 208-13　而不患楚之能揚○也. 233-9
【河東】 10
有濟西則趙之○危. 89-20　藉力魏而有○之地. 90-13　下○. 110-9　不如請以○易燕地於齊. 156-9　齊有○. 156-9　以○之地强齊. 156-10　乃以○易齊. 156-11　割○. 170-9　何故不能有地於○乎. 210-2　齊欲伐○. 284-24
【河南】 2
王何不出於○. 12-11　兼魏之○. 81-18
【河間】 15
完○. 20-5　文信侯欲攻趙以廣○. 58-3　欲攻趙而廣○也. 58-24　今王齎臣五城以廣○. 58-24　趙王立割五城以廣○. 58-25　趙賂以○十二縣. 59-18　割○以事秦. 69-25　○封不定而齊危. 141-25　割○以事秦. 148-21　左○. 165-2　今收○. 167-1　何患不得收○. 167-3　收○何益也. 167-3　效○以事秦. 251-21　而○可取. 258-18
【河閒】 1
以廣○之地. 58-4
【河漳】 1
秦趙戰於○之上. 69-22
【河關】 1
悉趙涉○. 70-1
【泗】 4
○北必舉. 53-14　齊南以○爲境. 53-16　淮○之間亦可得也. 102-14　則○上十二諸侯. 111-11
【泗上】 1
非江南○也. 107-10
【泗水】 1
以與申縛遇於○之上. 54-17
【定陽】 1
西圍○. 93-24
【宜陽】 53
秦攻○. 2-2　○必拔也. 2-2　○城方八里. 2-3　攻○而有功. 2-5　秦王不聽羣臣父兄之義而攻○. 2-5　○不拔. 2-6　不如背秦援○. 2-9　秦拔○. 2-12　秦攻新城○. 21-24　○. 29-5　果攻○. 29-20　遂拔○. 29-22　○之役. 29-24　不拔○. 29-24　而拔○. 30-1　甘茂攻○. 30-5　我以○餌王. 30-6　今攻○而不拔. 30-7　因以○之郭爲墓. 30-9　○拔. 30-10　○未得. 30-12　公不如進兵攻○. 30-14　○拔. 30-14　○之役. 30-17　以實○. 46-16　戰勝○. 55-6　今王破○. 55-14　韓獻○. 69-25　○之大也. 107-7　據○. 110-8　秦伐○. 122-5　○果拔. 122-11　甘茂爲秦約魏以攻韓○. 141-12　齊王欲求救○. 141-13　韓欲有○. 141-14　秦王欲得○. 141-14　韓弱則效○. 144-19　○效則上郡絶. 144-19　則韓軍○. 146-5　西有○常阪之塞. 221-24　秦必求○成皋. 222-9　秦下甲據○. 223-7　東取成皋○. 223-7　効○. 223-15　○之役. 225-10　秦圍○. 225-14　○必不拔矣. 225-17　公仲以○之故. 225-20　反○之民. 227-19　今公取○以爲功. 227-25　茂且攻○. 244-22　我起乎○而觸平陽. 260-11　已得○少曲. 261-1
【宛】 6
九年而取○葉以北以强韓魏. 9-5　○恃秦而輕晉. 13-12　秦飢而○亡. 13-12　君攻楚得○穰以廣陶. 212-22　東有○穰洧水. 221-24　寡人積甲○. 260-8
【承匡】 1
犀首以梁爲齊戰於○而不勝. 72-7
【孟門】 1
左○而右漳釜. 183-1
【孟津】 1
驅十二諸侯以朝天子於○. 55-12
【孤竹】 1
辭○之君. 250-16
【函】 1
東有肴○之固. 15-16
【函谷】 6
君臨○而無攻. 9-9　入○. 48-23　三國入○. 49-4　出兵○而無伐. 71-16　出兵○而無伐. 72-2　王乃待天下之攻○. 260-9
【函谷關】 3
且夫秦之所以不出甲於○十五年以攻諸侯者. 111-2　秦必不敢出兵於○以害山東矣. 146-7　秦兵不敢出○十五年矣. 147-24
【姑衣】 1
王能又封其子問陽○乎. 208-18
【姑密】 1
今又以何陽○封其子. 170-4
【封】 1
道南陽○冀. 260-15
【封陸】 1
○之戰. 261-14
【垣雍】 7
得○. 207-12　秦許吾以○. 213-25　臣以○爲空割也. 214-1　故以○餌王也. 214-3　王敢責○之割乎. 214-4　王能令韓出○之割乎. 214-5　○空割也. 214-5
【城陽】 5
王走而之○之山中. 99-19　闔○而王. 99-21　○天下莫之能止. 99-21　而迎王與后於○山中. 99-22　襄王流揜於○. 124-6
【城濮】 2
而勝於○. 61-16　晉文公一勝於○而定天下. 241-15
【垝津】 1
秦故有懷地刑丘之城○. 207-11
【荆】 34
連○固齊. 18-8　昔者齊南破○. 19-3　秦與○人戰. 19-8　大破○. 19-9　隨○以兵. 19-10　則○可舉. 19-10　舉○. 19-10　與○人和. 19-13　今○人收亡國. 19-14　則○趙之志絶. 19-17　○趙之志絶. 19-18　趙危而○孤. 19-18　韓亡則○魏不能獨立. 20-10　○魏不能獨立. 20-11　挾○. 20-11　臣○魏. 21-11　○魏不臣. 21-13　南使○吳. 61-1　○人攻之. 77-21　淳于髡爲齊使於○. 77-21　○人攻薛. 77-23　何見於○. 77-25　○甚固. 77-25　○固而攻之. 78-2　而○亦甚固. 78-2　齊以二十萬之衆攻○. 155-19　○齊不能獨從. 213-17　王欲焉而收齊趙攻○. 213-22　欲焉而收○趙攻齊. 213-22　宋使臧子索救於○. 279-3○之利也. 279-6　○之地方五千里. 279-17　○有雲夢. 279-18　○有長松文梓楩柟豫樟. 279-19
【莒】 16
郗○亡於齊. 13-13　昔者萊○好謀. 91-16　○恃越而滅. 91-17　王奔○. 95-9　遽迎太子於○. 95-18　唯○卽墨不下. 96-3　閔王奔○. 98-1　爲○大史家庸夫. 100-24　○中及齊亡臣相聚. 101-1　法章乃自言於○. 101-1　齊伐釐○而晉人亡曹. 211-15　齊封君以○. 245-8　今楚攻齊取○. 245-9　唯獨○卽墨. 256-11　齊王逃遁走○. 267-18　大勝并○. 281-5
【胡】 8
○人襲燕樓煩數縣. 92-1　夫○之與齊非素親也. 92-1　計○狄之利乎. 149-1　啓○翟之鄉. 149-5　以攘諸○. 150-23　率騎入○. 154-15　○與越人. 268-24　智又不如○越之人矣. 269-1
【胡陵】 1
魏氏將出兵而攻留方與銍○碭蕭相. 53-13
【胡貉】 1
北有○代馬之用. 15-16
【茹谿】 1
飲○流. 125-3
【南國】 3

則○必危矣. 207-16 ○雖無危. 207-16 夫不患秦之不愛○非也. 207-17
【南梁】 1
○之難. 64-17
【南陽】 25
將以使攻魏之○. 12-10 秦必不敢越河而攻○. 12-12 以攻○. 12-19 且魏有○鄭地三川而包二周. 13-3 魏絶○. 21-24 上黨○積之久矣. 29-5 楚敗於○. 49-25 ○之弊幽. 61-14 且楚攻○. 96-13 以爲亡○之害. 96-14 且弃○. 96-15 夫秦下軹道則○動. 144-21 下軹道○高. 172-20 王以其間約○. 189-8 魏攻○. 189-13 則韓之○舉矣. 189-14 楚破○九夷. 189-22 韓欲攻○. 190-2 秦韓合而欲攻○. 190-2 韓使人馳○之地. 224-6 韓因割○之地. 224-6 爲韓取○. 228-18 以爲成而過○之道. 244-12 道○封冀. 260-15 則以○委於楚曰. 261-3
【南鄭】 3
楚臨○. 21-24 請道於○藍田以入攻楚. 231-23 軍於○矣. 231-24
【相】 1
魏氏將出兵而攻留方與銍胡陵碭蕭○. 53-13
【枳】 4
反温○高平於魏. 139-2 楚得○而國亡. 260-3 齊楚不得以有○宋事秦者. 260-4 我下○. 260-14
【柏舉】 2
吳與楚人戰於○. 113-17 吳與楚戰於○. 113-23
【柱山】 1
秦乃者過○. 141-5
【咸陽】 3
○必危. 49-4 無危○而悔也. 49-6 去○七里. 58-17
【咸陽宮】 1
見燕使者○. 277-9
【郢】 32
襲○. 19-9 南亡鄢○漢中. 42-15 一戰舉鄢○. 46-3 或拔鄢○夷陵. 51-16 ○爲强. 54-23 ○中立王. 75-4 ○中立王. 75-5 ○之登徒. 79-24 ○之登徒也. 79-25 ○之登徒不欲行. 80-16 强襲○而棲越. 91-14 鄢○大夫. 101-24 ○人有獄三年不決者. 106-22 ○人某氏之宅. 106-23 ○人某氏. 106-24 則鄢○動矣. 109-4 至○三千餘里. 110-16 楚無鄢○漢中. 111-25 請復鄢○漢中. 112-2 其效鄢○漢中必緩矣. 112-13 三戰入○. 113-11 三戰入○. 113-17 三戰入○. 113-23 舍鬬奔○曰. 113-24 昭王反○. 114-1 秦果舉鄢○巫上蔡陳之地. 124-6 ○中不善公者. 188-5 秦果南攻藍田鄢○. 211-12 司馬康三反之○矣. 232-7 五日而至○. 260-7 故吳王遠迹至於○. 268-5 拔鄢○. 289-3
【郢都】 1
○必危矣. 124-3
【昭關】 1
伍子胥橐載而出○. 38-1
【重丘】 1
昭雎勝秦於○. 115-15
【即墨】 10
臨淄○非王之有也. 70-2 田單以○之城. 95-17 唯莒○不下. 96-3 齊田單以○破燕. 96-3 田單守○之城. 98-1 安平君以惴惴之○. 99-19 將軍之在○. 100-9 ○大夫與雍門司馬諫而聽之. 101-19 齊王不聽○大夫而聽陳馳. 102-3 唯獨莒○. 256-11
【衍】 3
又取蒲○首垣. 52-7 北有河外卷○燕酸棗. 184-8 拔卷○燕酸棗. 185-19
【負親】 1
而耕○之丘. 134-22
【首坦】 1
進齊宋之兵至○. 244-10
【首垣】 1
又取蒲衍○. 52-7
【首陽】 1
餓而死於○之山. 250-16
【洹水】 4
右飲於○. 21-2 淇水竭而○不流. 21-2 相與會於○之上. 145-25 一天下約爲兄弟刑白馬以盟於○之上以相堅也. 185-16
【洧水】 1
東有宛穰○. 221-24
【洞庭】 3
取○五都江南. 19-9 南有○蒼梧. 108-22 右有○之水. 182-22
【洛】 2
伊○出其南. 182-25 韓北有鞏○成皋之固. 221-23
【洛林】 3
長羊王屋○之地也. 201-15 長羊王屋○之地也. 201-18 魏之所以獻長羊王屋○之地者. 201-24
【洛陽】 1
路過○. 17-12
【恒思】 2
亦聞○有神叢與. 40-16 ○有悍少年. 40-16
【房城】 1
處於○. 56-25
【陘】 6
圍○. 41-11 今王將攻韓圍○. 41-14 王攻韓圍○. 41-15 秦攻○. 224-6 又攻○. 224-6 又攻○. 224-7
【陘山】 4
○之事. 32-5 楚魏戰於○. 49-25 魏敗楚於○. 178-8 南有○. 221-24
【秦】 1689
○興師臨周而求九鼎. 1-4 夫○之爲無道也. 1-5 與○. 1-6 而○兵罷. 1-8 ○攻宜陽. 2-2 ○必無功. 2-4 則削迹於○. 2-5 不如背○援宜陽. 2-9 ○恐公之乘其弊也. 2-9 公中慕公之爲己乘○也. 2-10 ○拔宜陽. 2-12 ○懼. 2-12 景翠得城於○. 2-13 ○假道於周以伐韓. 3-14 不假而惡於○. 3-14 ○敢絶塞而伐韓者. 3-16 ○必疑. 3-16 將以疑周於○. 3-17 ○必無辭而令周弗受. 3-18 是得地於韓而聽於○也. 3-18 周粻○韓. 3-21 子何不以○攻齊. 3-25 子以齊事○. 3-25 西貴於○. 4-2 ○齊合. 4-2 ○以周最之齊疑天下. 4-22 必先合於○. 4-23 ○齊合. 4-23 因佐○而伐韓魏. 4-24 公東收實於○. 4-25 公負令○與强齊戰. 5-3 ○且收齊而封之. 5-4 不得不聽○. 5-5 ○盡韓魏之上黨大原. 5-5 西止○之有已. 5-5 ○地. 5-6 爲君爭於○. 5-11 欲取○. 5-14 ○齊合. 5-14 ○必輕君. 5-15 君弗如急北兵趨趙以○魏. 5-15 齊無○. 5-17 欲深取○也. 5-20 ○得天下. 5-21 故急兵以示○. 5-22 ○以趙攻. 5-22 將以觀○之應趙宋. 6-5 將興趙宋合於東方以孤○. 6-6 欲○趙之相賣乎. 6-8 則○趙必相賣以合於王也. 6-9 ○知趙之難與齊戰也. 6-11 恐○不己收也. 6-12 ○趙爭齊. 6-12 貴合於○以伐齊. 6-16 産以忿强○. 6-18 三國隘○. 7-17 周令其相之○. 7-17 以○之輕也. 7-17 ○之輕重. 7-18 ○欲知三國之情. 7-18 ○必重公. 7-19 重周以取○也. 7-20 又與韓魏攻○. 9-4 今又攻○以益之. 9-7 西無○患. 9-7 君不如令弊邑陰合於○而君無攻. 9-8 薛公必破○以張韓魏. 9-10 君令弊邑以此忠○. 9-12 ○得無破. 9-13 ○不大弱. 9-14 因令韓慶入○. 9-15 而使三國無攻○. 9-15 ○攻魏將犀武軍於伊闕. 9-18 君不如禁○之攻周. 9-19 莫如令○魏復戰. 9-19 今○攻周而得之. 9-19 ○欲待周之得. 9-20 ○若攻周而不得. 9-21 而○未與魏講也. 9-22 是君却○而定周也. 9-22 ○去周. 9-23 是君存周而戰○魏也. 10-1 ○令樗里疾以車百乘入周. 10-3 以其重○客. 10-4 今○者. 10-7 ○聞之必大怒. 10-21 周君之○. 11-1 是公有○也. 11-2 勸周君入○者. 11-3 今公又以○兵出塞. 11-13 齊○恐楚之取九鼎也. 11-23 ○召周君. 12-10 ○召周君. 12-10 將以爲辭於○而不往. 12-12 周君不入○. 12-12 ○必不敢越河而攻南陽. 12-12 而設以國爲王扞○. 12-17 臣見其必以國事○也. 12-18 ○悉塞外之兵. 12-18 事○而好小利. 12-20 必不合於○. 12-22 ○欲攻周. 13-7 天下以聲畏○. 13-8 則○孤而不王矣. 13-9 是天下欲罷○. 13-9 ○與天下俱罷. 13-10 宛恃○而輕晉. 13-12 ○飢而宛亡. 13-12 今君恃韓魏而輕○. 13-14 君不如使周最陰合於趙以備○. 13-14 三國攻○反. 13-22 楚宋不利○之德三國也. 13-22 彼且攻王之聚以利○. 13-23 周使周足之○. 14-1 臣之○. 14-2 ○周之交必惡. 14-2 又○重而欲相者. 14-2 且惡臣於○. 14-2 不惡周於○矣. 14-4 君重○. 14-4 且輕○也. 14-4 交善於○. 14-5 交惡於○. 14-6 衛鞅亡魏入○. 15-4 商君治○. 15-4 今○婦人嬰兒皆言商君之法. 15-11 而○人不憐. 15-13 去○而歸. 16-17 是皆○之罪也. 16-20 以抑强○. 17-2 當○之隆. 17-7 從以欺○. 17-20 燕趙惡齊○之合. 18-2 將西南以與○爲難. 18-9 今○出號令而行賞罰. 18-17 今○地形. 18-23 ○之號令賞罰. 18-23 是知○戰未嘗不勝. 18-25 西服○. 19-3 ○與荆人戰. 19-8 令帥天下西面以與○爲難. 19-14 前者穰侯之治○也. 19-22 皆○之有也. 20-7 代上黨不戰而已爲○矣. 20-8 ○兵之强. 20-15 ○當伯不伯. 20-17 天下固量○之謀臣一矣. 20-17 天下固量○力二矣. 20-19 天下固量○力三矣. 20-21 今○地斷長續短. 21-8 ○國號令賞罰. 21-8 張儀欲假○兵以救魏. 21-17 魏不反○兵. 21-17 張子不反○. 21-18 魏若反○兵. 21-18 不敢反於○矣. 21-18 張子不去○. 21-19 ○攻新城宜陽. 21-24 以○攻之. 22-9 ○益强富厚. 22-19 因令楚王爲之請相於○. 22-21 楚王因爲請相於○. 22-22 王欲窮儀於○乎. 22-23 復聽於○. 23-8 恐畏○. 23-11 今○自以爲王. 23-18 軫馳楚○之間. 23-23 今楚不加善○而善軫. 23-24 且軫欲去○而之楚. 23-25 吾聞子欲去○而之楚. 24-1 陳軫去楚之○. 24-8 齊助楚攻○. 26-3 ○欲伐齊. 26-3 西德於○. 26-13 夫○所以重王者. 26-19 ○又何重孤國. 26-20 ○計必弗爲也. 26-21 是西生○患. 26-22 ○使人使齊. 27-1 齊○之交陰合. 27-1 楚因使一將軍受地於○. 27-1 欲興師伐○. 27-5 伐○非

計也. 27-6 是我亡於○而取償於齊也. 27-7 而責欺於○. 27-8 是吾合齊○之交也. 27-8 遂舉兵伐○. 27-10 ○與齊合. 27-10 西講於○. 27-13 楚王使陳軫之○. 27-15 子○人也. 27-15 則諸侯必見張儀之無○矣. 28-8 中國無事於○. 28-11 則○且燒焫獲君之國. 28-11 中國爲有事於○. 28-12 則○且輕使重幣. 28-12 五國伐○. 28-14 因起兵襲○. 28-17 大敗○人於李帛之下. 28-18 無柰○何矣. 29-25 ○之右將有尉對曰. 30-5 我羇旅而得相○者. 30-6 ○死傷者衆. 30-12 ○衆盡怨之深矣. 30-15 楚畔○而合於韓. 30-17 而不餘怨於○. 30-18 甘茂亡○. 31-1 棄逐於○而出關. 31-6 其居○累世重矣. 31-8 反以謀○. 31-9 是非○之利也. 31-9 天下何從圖○. 31-11 今○與之上卿. 31-14 得擅用强○之衆. 31-16 甘茂相○. 31-19 甘茂約○魏而攻楚. 31-25 楚之相○者屈蓋. 31-25 爲楚和於○. 31-25 ○啓關而聽楚使. 31-25 ○嚮魏. 32-2 趙且與○伐齊. 32-5 乃案兵告於○曰. 32-6 ○且益趙甲四萬人以伐齊. 32-13 ○之深讎也. 32-15 三晉百背○. 32-16 百欺○. 32-16 ○之深讎. 32-16 不利於○. 32-17 ○之謀者必曰. 32-17 ○少出兵. 32-20 則晉楚爲制於○. 32-21 則必不走於○且走晉楚. 32-21 則○反受兵. 32-23 是晉楚以○破齊. 32-23 以齊破○. 32-23 何晉楚之智而齊○之愚. 32-24 ○得安邑. 32-24 ○有安邑. 32-25○宣太后愛魏醜夫. 33-5 齊○相聚以臨三晉. 34-4 而不能支○. 34-7 晉必重君以事○. 34-7 而○晉皆重君. 34-9 ○客卿造謂穰侯曰. 34-11 ○封君以陶. 34-11 ○卒有他事而從齊. 34-22 觀三國之所求於○而不能得者. 35-10 楚破○. 35-21 ○三世積節於韓魏. 35-21 齊○交爭. 35-22 則○伐矣. 35-23 ○烏能與齊縣衡韓魏. 35-25 足以傷○. 36-1 范子因王稽入○. 36-8 范睢至○. 37-4 可以少有補於○. 37-25 莫肯卽○耳. 38-8 臣死而○治. 38-11 以○卒之勇. 38-18 多之則害於○. 38-24 懼必卑辭重幣以事○. 39-9 ○韓之地形. 39-14 ○之有韓. 39-14 爲○害者莫大於韓. 39-15 聞○之有太后穰侯涇陽華陽. 39-23 今○. 40-7 ○攻韓. 41-11 非○弱而魏强也. 41-12 而欲攻○. 42-2 ○相應侯曰. 42-2 ○於天下之士非有怨也. 42-3 相聚而攻○者. 42-3 公與○計功者. 42-9 武安君所以爲○戰勝攻取者七十餘城. 42-15 ○嘗攻韓邢. 42-18 不樂爲○民之日固久矣. 42-19 則○所得不一幾何. 42-20 今傲勢得○爲王將. 43-10 ○攻邯鄲. 43-16 乃西入○. 44-7 子常宣言代我相○. 44-11 若○之商君. 44-20 卒爲○禽將. 44-23 故○無敵於天下. 46-2 使○業帝. 46-5 不敢攻○者. 46-6 今君相○. 46-15 使天下皆畏○. 46-17 ○之欲得矣. 46-17 此亦○之分功之時也. 46-18 遂拜爲○相. 47-1 ○十餘年. 47-3 爲○使於燕. 47-4 三年而燕使太子丹入質於○. 47-4 ○取楚漢中. 48-3 恐○之救也. 48-5 楚能應而共攻○. 48-6 楚疑於○之未必救己也. 48-7 是楚與三國謀出○兵矣. 48-8 ○爲知之. 48-9 楚必走○以急. 48-9 ○愈不敢出. 48-10 則是我離○而攻楚也. 48-10 楚果告急於○. 48-13 ○遂不敢出兵. 48-13 以齊○劫魏. 48-16 ○之有也. 48-17 齊○合而立負蒭. 48-17 其母在○. 48-18 ○之縣也已. 48-18 哏欲以齊○劫魏而困薛公. 48-18 負蒭必以魏殁世事○. 48-20 三國攻○. 48-23 帥强韓魏之兵以伐○. 49-12 帥弱韓魏以攻○. 49-13 今○之强. 49-21 魏許○以上洛. 49-25 以絶○於楚. 49-25 ○責賂於魏. 50-1 魏畏○楚之合. 50-3 必與○地矣. 50-3 是魏勝楚而亡地於○也. 50-3 ○之楚者多資矣. 50-4 楚王揚言與○遇. 50-6 效上洛於○. 50-6 楚使者景鯉在○. 50-8 楚怒○合. 50-8 魏請無與楚遇而合於○. 50-9 楚王因不罪景鯉而德周○. 50-11 楚王使景鯉如○. 50-13 聞齊魏皆且割地以事○. 50-18 以○與楚爲昆弟國. 50-18 楚知○之孤. 50-20 入其社稷之臣於○. 51-9 則○帝. 51-11 ○帝. 51-11 ○白起拔楚西陵. 51-16 爲○所輕. 51-18 故使於○. 51-19 天下莫强於○楚. 51-21 斷齊○之要. 52-8 韓魏父子兄弟接踵而死於○者. 53-2 ○社稷之憂也. 53-6 ○楚之構而不離. 53-12 韓魏之强足以校於○矣. 53-16 ○楚合而爲一. 53-22 身布冠而拘於○. 55-13 必○也. 55-20 ○人援魏以拒楚. 55-21 楚人援韓以拒○. 55-21 故曰先得齊宋者伐○. 55-22 ○先得齊宋. 55-23 則○孤而受兵矣. 55-24 公何不以○楚之重. 56-9 是辛戎有○楚之重. 56-9 樓啎約○魏. 56-12 敗○而利魏. 56-13 負○之日. 56-13 聞○且伐魏. 56-16 ○疑於王之約. 56-16 以太子之留酸棗而不之○. 56-17 以○彊折節而下與國. 56-18 見○質子異人. 56-21 ○子異人質於趙. 56-25 吾爲子使○. 57-2 ○之寵子也. 57-14 使○而欲屠趙. 57-15 不足以結○. 57-17 諸侯皆致○邑. 58-1 而燕太子質於○. 58-3 應侯之用○也. 58-14 聞燕太子丹之入○與. 58-21 燕太子入○者. 58-22 燕不欺○也. 58-22 ○不欺燕也. 58-23 ○燕不相欺. 58-23 燕○所以不相欺者. 58-23 與○什一. 59-1 ○下甲而攻趙. 59-3 文信侯相○. 59-5 習○事. 59-5 請爲大王設○趙之戰. 59-6 趙孰與○大. 59-7 百舉而無及○者. 59-10 大王裂趙之半以賂○. 59-12 ○不接刃而得趙之半. 59-12 ○必悅. 59-13 ○必受之. 59-13 ○受地而郄兵. 59-13 ○銜賂以自强. 59-14 實得山東以敵○. 59-17 ○不足亡. 59-17 前日○下甲攻趙. 59-17 卒不免○患. 59-18 今又割趙之半以强○. 59-18 臣少爲○刀笔. 59-19 ○兵下趙. 59-23 又以爲司空馬逐於○. 60-15 將以攻○. 60-19 將以圖○. 60-20 與之爲交以報○. 60-24 ○假道韓魏以攻齊. 66-24 與○交和而舍. 66-24 以雜○軍. 66-25 候者言章子以齊入○. 66-25 候者復言章子以齊兵降○. 67-1 ○軍大敗. 67-5 ○伐魏. 67-23 適足以强○而自弱也. 67-25 强○也. 68-1 不憂强○. 68-1 而兩歸其國於○. 68-1 天下爲○相割. 68-2 ○曾不出力. 68-2 天下爲○相烹. 68-2 ○曾不出薪. 68-3 何○之智而山東之愚耶. 68-3 今○之伐天下不然. 68-4 齊遠○而韓梁近. 68-6 今○欲攻梁絳安邑. 68-7 ○得絳安邑以東下河. 68-7 ○必不敢攻梁. 68-11 楚○構難. 68-12 今乃西面事○. 68-25 且夫韓魏之所以畏○者. 69-1 以與○接界也. 69-1 韓魏戰而勝○. 69-2 是故韓魏之所以重與○戰而輕爲之臣也. 69-3 今○攻齊則不然. 69-5○雖欲深入. 69-7 則○不能害齊. 69-8 夫不深料○之不奈我何也. 69-9 而欲西面事○. 69-9 今無臣事○之名. 69-10 張儀爲○連横齊王曰. 69-15 雖有百○. 69-18 今趙之與○也. 69-22 ○趙戰於河漳之上. 69-22 再戰而再勝○. 69-22 再戰而再勝○. 69-23 雖有勝○之名. 69-24 ○强而趙弱也. 69-24 今○楚嫁子取婦. 69-24 割河間以事○. 69-25 大王不事○. 70-1 ○驅韓魏攻齊之南地. 70-1 雖欲事○. 70-2 請奉社稷以事○. 70-5 獻魚鹽之地三百於○也. 70-5 張儀以○魏伐韓. 71-3 ○伐之. 71-3 ○伐韓. 71-5 遂與○戰. 71-7 儀之出○. 71-23 儀以○梁之齊合横親. 72-8 ○攻趙. 73-3 趙令樓緩以五城求講於○. 73-3 因使人以十城求講於○. 73-3 王欲○趙之解乎. 73-5 趙必倍○. 73-5 倍○則齊無患矣. 73-6 ○使魏冉之趙. 73-8 ○攻趙長平. 73-15 ○計曰. 73-15 不如聽之以却○兵. 73-18 不聽則○兵不却. 73-18 是○之計中. 73-18 却○兵. 73-22 威却强○兵. 73-22 周韓西有强○. 73-25 ○伐周韓之西. 73-25 趙魏亦不免與○爲患矣. 74-2 今齊○伐趙魏. 74-2 則亦不果於趙魏之應○而伐周韓. 74-3 令齊入於○而伐趙魏. 74-3○東面而伐齊. 74-4 孟嘗君將入○. 77-9 今○四塞之國. 77-18 臣恐强○大楚承其後. 81-9 ○破馬服君之師. 81-11 齊魏亦佐○伐邯鄲. 81-11 使○弗有而失天下. 81-13 故三國欲與○壤界. 81-14 ○伐魏取安邑. 81-15 恐○兼天下而臣其君. 81-20 故專兵一志以逆○. 81-20 三國之與○壤界而患急. 81-20 齊不與○壤界而患緩. 81-21 故○得齊. 81-21 則足以敵○. 81-22 故○趙魏得齊者重. 81-22 以車十乘之○. 84-7 昔者○攻齊. 85-20 ○使魏冉致帝. 89-6 是恨○也. 89-8 不如聽之以卒○. 89-8 ○稱之. 89-9 ○稱之. 89-10 齊○立爲兩帝. 89-13 王以天下爲尊○乎. 89-13 尊○. 89-14 且愛○乎. 89-15 愛齊而憎○. 89-15 夫約然與○爲帝. 89-16 而天下獨尊○而輕齊. 89-17 則天下愛齊而憎○. 89-18 倍約儐○. 89-19 敬○以爲名. 89-23 齊之與韓魏伐○楚也. 90-24 ○楚戰韓魏不休. 91-2 以西謀○. 93-25 故以一○而敵大魏. 94-3 西取○. 94-7 而西河之外入於○矣. 94-14 今○人下兵. 96-15 横○之勢合. 96-15 君王后事○謹. 101-5 謝○使曰. 101-9 多受○間金玉. 101-13 使賓客入○. 101-13 勸王朝○. 101-14 齊王建入朝於○. 101-16 王何以去社稷而入○. 101-17 皆不便○. 101-22 不欲爲○. 101-24 乃西面而事○. 102-2 ○使陳馳誘齊王内之. 102-3 遂入○. 102-4 齊以淖君之亂○. 102-7 其後○欲取齊. 102-7 適爲固驅以合齊○也. 102-10 齊○合. 102-10 齊○必不合. 102-12 齊○不合. 102-13 王欲收齊以攻○. 102-13 王卽欲以○攻齊. 102-13 五國目破齊○. 103-9 而齊○應楚. 104-20 而○. 107-6 ○人一夜而襲之. 107-8 ○人一夜而襲之. 107-9 而太子有楚○以爭國. 107-16 寡人欲置相於○. 108-6 然而不可相○. 108-11 ○之有賢相也. 108-11 而忘之於○. 108-16 王若欲置相於○乎. 108-16 今乃欲西面而事○. 108-25 ○之所害於天下莫如楚. 109-1 楚强則○弱. 109-2 楚弱則○强. 109-2 莫如從親以孤○. 109-3 ○必起兩軍. 109-3 横成則○帝. 109-10 夫○. 109-12 ○. 109-12 横人皆欲割諸侯之地以事○. 109-13 以外交强虎狼之○. 109-14 卒有○患. 109-14 夫外挾强○之威. 109-15 則楚割地以事○. 109-16 西與○接境. 109-19 ○有舉巴蜀并漢中之心. 109-19 ○. 109-19 而韓魏迫於○患. 109-20 恐反人以入於○. 109-20 以楚當○. 109-21 張儀爲○破從連横. 110-1 ○地半天下. 110-1 非○而楚. 110-7 非楚而○. 110-7 而大王不與○. 110-8 ○下甲兵. 110-8 韓必入臣於○. 110-9 ○攻楚之西. 110-9 ○西有巴蜀. 110-16 ○舉甲出之武關. 110-20 ○兵之攻楚也. 110-20 而忘强○之禍. 110-22 而逆强○之心. 110-25 且夫○之所以不出甲於函谷關十五年以攻諸侯者. 111-2 楚嘗與○構難. 111-3 興師襲○. 111-5 夫○楚相弊. 111-6 ○下兵攻衞陽晉. 111-9 今○之與楚也. 111-16 臣請○太子入質於楚. 111-16 楚太子入質於○. 111-17 請以○女爲大王箕箒之妾. 111-17 張儀相○. 111-25 有功名者○也. 112-8 魏○之交必善. 115-4 ○魏之交完. 115-4 而魏○之交必惡. 115-7 齊○約攻楚. 115-9 ○恐且因景鯉蘇厲而效地於楚. 115-10 鯉與厲且以收地取○. 115-11 使入○. 115-12 ○恐. 115-12 昭睢勝○於重丘. 115-15 王欲昭睢之乘○也. 115-16○知公兵之分也. 115-17 ○兵且出漢中. 115-18 楚令昭睢將以距○. 115-20 楚王欲擊○. 115-20 恐○之變而聽楚也. 115-21 必深攻楚以勁○. 115-22 是王與○相罷. 115-22 戰不勝○. 115-23 ○進兵而攻. 115-23 令之示○必戰. 115-24 ○可以少割而收害也. 116-1 ○楚之合. 116-1 天下見楚

之無○也. 116-5 ○女依强○以爲重. 116-10 ○女必不來. 116-14 而
○必重子. 116-14 外結○之交. 116-15 而有○楚之用. 116-21 楚○
相難. 116-23 ○構兵而戰. 116-24 ○楚爭事魏. 116-25 ○敗楚漢中.
117-2 楚王入○. 117-2 臣請西索救於○. 118-1 臣請索救於○. 118
-4 西索救於○. 118-8 又遣景鯉西索救於○. 118-10 ○以五十萬臨
齊右壤. 118-15 西使○. 118-17 ○栖楚王. 118-19 楚王令昭雎之○
重張儀. 120-21 必以○合韓魏. 120-24 儀有○而雎以楚重之. 120-25
今儀困○而雎收楚. 120-25 韓魏欲得○. 120-25 以與○爭. 121-2
魏不合○. 121-2 五國伐○. 121-15 楚將入之○而使行和. 121-15 凡
爲伐○者楚也. 121-16 而公入之○. 121-16 而陰使人以請聽○. 121
-17 凡爲攻○者魏也. 121-18 魏折而入齊○. 121-21 而交未定於齊
○. 121-22 ○伐宜陽. 122-5 夫○捐德絶命之日久矣. 123-7 ○果舉
鄢郢巫上蔡陳之地. 124-6 齊明說卓滑以伐○. 125-16 明說楚大夫以
伐○. 125-17 不若令屈署以新東國爲和於齊以動○. 126-1 ○恐齊之
敗東國. 126-2 嘗爲○孽. 127-23 不可爲拒○之將也. 127-23 嫪毐亦
爲亂於○. 130-3 ○韓圍梁. 136-19 ○戰而勝三國. 136-19 ○必過周
韓而有梁. 136-20 三國而勝○. 136-20 雖不足以攻○. 136-20 計者
不如構三國攻○. 136-21 西入於○. 137-24 以○爲愛趙而憎韓. 138
-6 ○豈得愛趙而憎韓哉. 138-7 議○以謀計. 138-11 ○盡韓魏之上
黨. 138-17 ○以三軍强弩坐羊唐之上. 138-18 且○以三軍攻王之上
黨而危其北. 138-19 今從於彊○國之伐齊. 138-23 使○發令素服而
聽. 139-1 ○之貪. 139-13 以與諸侯攻○. 139-16 韓與○接境壤界.
139-16 日者○楚戰於藍田. 139-17 韓出銳師以佐○. 139-18 ○戰不
利. 139-18 使陽城君入謝於○. 139-22 ○起二軍以臨韓. 139-23 今
王令韓興兵以上黨入和於○. 139-24 臣請悉發守以應○. 140-2 且以
與○. 140-4 其民皆不欲爲○. 140-4 且以與○. 140-7 其吏民不欲爲
○. 140-7 ○蠶食韓氏之地. 140-10 ○被其勞. 140-11 且○以牛田.
140-12 主内之○. 140-24 韓告○曰. 141-2 蘇○爲趙王使於○. 141
-5 ○乃者過柱山. 141-5 今臣使於○. 141-9 甘茂爲○約魏以攻韓宜
陽. 141-12 以與齊韓○市. 141-13 建信者安能以無功惡○哉. 141-18
不能以無功惡○. 141-19 則且出兵助○攻魏. 141-19 則無功而惡
○. 141-20 ○分齊. 141-20 則有功而善○. 141-21 心疑者事○急.
142-2○魏之構. 142-3 ○從楚魏攻齊. 142-3 三晉合而○弱. 142-13
三晉離而○强. 142-13 ○之有燕而伐趙. 142-14 今山東之主不知○
之卽己也. 142-19 而歸其國於○. 142-19 ○之欲伐韓梁. 142-21 楚
王美○之語. 142-24 必入於○. 142-25 今王美○之言. 143-1 楚王入
○. 143-2 ○楚爲一. 143-2 ○與韓爲上交. 143-3 ○禍安移於梁矣.
143-4 以○之强. 143-4 ○與梁爲上交. 143-5 ○禍案攘於趙矣. 143
-5 以强○之有韓梁楚. 143-6 必不入○. 143-9○必怒而循攻楚. 143
-9 是○禍不離楚也. 143-9 ○見三晉之大合而堅也. 143-10 是○禍
不離楚也. 143-11 ○見三晉之堅也. 143-14 齊○爲兩敵. 144-9 倚○
攻齊. 144-10 倚齊攻○. 144-10 大王與○. 144-18 則○必弱韓魏.
144-18 夫○下軹道則南陽動. 144-21 ○欲已得行於山東. 144-22 ○
甲涉河踰漳. 144-22 且○之所畏害於天下者. 145-2 然而○不敢舉兵
甲而伐趙者. 145-3 ○之攻韓魏也. 145-4 韓魏不能支○. 145-5 韓魏
臣於○. 145-6 ○無韓魏之隔. 145-6 諸侯之地五倍於○. 145-14 十
倍於○. 145-14 西面而攻○. 145-15 ○破必矣. 145-15 今見破於○.
145-15 見臣於○. 145-16 皆欲割諸侯之地以與○成. 145-17 與○成.
145-18 卒有○患. 145-19 是故横人日夜務以○權恐猲諸侯. 145-20
以儐畔○. 145-24 ○攻楚. 145-25 ○攻韓魏. 146-1 ○攻齊. 146-2
○攻燕. 146-4 ○攻趙. 146-5 六國從親以擯○. 146-6 ○必不敢出兵
於函谷關以害山東矣. 146-7 ○攻趙. 146-13 將以逆○. 147-1 臣有
以知天下之不能爲從以逆○也. 147-2 欲以窮○折韓. 147-4 西攻○.
147-7 ○人遠迹不服. 147-8 是則伐楚攻○. 147-9 欲以窮○折韓.
147-11○人下兵攻懷. 147-15 ○人去而不從. 147-16 不識三國之憎
○而愛懷邪. 147-16 忘其憎懷而愛○邪. 147-17 終身不敢設兵以攻
○折韓也. 147-19 張儀爲○連横. 147-23 大王收率天下以儐○. 147
-24 ○兵不敢出函谷關十五年矣. 147-24 今○以大王之力. 148-3 ○
雖辟遠. 148-4 今楚與○爲昆弟之國. 148-9 今○發三將軍. 148-12
莫如與○遇於澠池. 148-15 以爲一從不事○. 148-19 剖地謝前過以
事○. 148-20 割河間以事○. 148-21 西有樓煩○韓之邊. 150-19 以
備其參胡樓煩○韓之邊. 150-21 趙使机郝之○. 156-2 ○不聽. 156-
3 ○攻趙. 156-14 趙以公子部爲質於○. 156-14 趙背○. 156-15 卒
倍○. 156-19 以挾○. 156-22○敗於閼與. 156-22 大敗○師. 156-23
樓緩欲以趙合○楚. 156-25 富丁恐主父之聽樓緩而合○楚也. 156
-25 今我不順齊伐○. 157-2 ○楚必合而攻韓魏. 157-2 齊不欲伐○.
157-3 則伐○者趙也. 157-3 韓必聽○違齊. 157-4 是罷齊敝○也.
157-7 我與三國攻○. 157-8 我約三國而告之○. 157-8 三國欲伐○之
果也. 157-9 而以餘兵與三國攻○. 157-13 是我一舉而兩取地於○中
山也. 157-13 魏因富丁且合於○. 157-15 周最以天下辱○者也. 157
-17 魏○必虛矣. 157-18 無○不能傷趙. 157-18 ○魏雖勁. 157-19
夫以○將武安君公孫起乘七勝之威. 158-5 而○罷於邯鄲之下. 158-
7 是使弱趙爲强○之所以攻. 158-9 而强○以休兵承趙之敝. 158-10
公子牟游於○. 158-14 ○攻趙於長平. 158-21 樓緩新從○來. 158-22
與○城何如. 158-23 今臣新從○來. 159-5 則恐王以臣之爲○也.
159-6 ○旣解邯鄲之圍. 159-8 使趙郝約事於○. 159-9 ○之攻趙也.
159-10 ○之攻我也. 159-11 ○以其力攻其所不能取. 159-12 是助○
自攻也. 159-14 來年○復攻王. 159-14 虞卿能盡知○力之所至乎.
159-15 誠知○力之不至. 159-16 令○來年復攻王. 159-17 子能必來
年○之不復攻我乎. 159-18 昔者三晉之交於○. 159-19 今○釋韓魏
而獨攻王. 159-19 王之所以事○必不如韓魏也. 159-20 至來年而王
獨不取於○. 159-21 王之所以事○者. 159-21 來年○復攻王. 159-24
樓緩又不能必○之不復攻也. 159-24 ○雖善攻. 160-1 ○倦而歸.
160-3 我以五城收天下以攻罷○. 160-3 而取償於○也. 160-4 自弱
以强○. 160-5 ○善韓魏而攻趙者. 160-5 必王之事○不如韓魏也.
160-5 是使王歲以六城事○也. 160-6 來年○復求割地. 160-6 則是弃
前貴而挑○禍也. 160-7 今坐而聽○. 160-9 ○兵不敝而多得地. 160
-9 是强○而弱趙也. 160-10 以益愈强之○. 160-10 且○虎狼之國也.
160-11 夫○趙構難. 160-15 今趙兵困於○. 160-16 則必盡在於○矣.
160-17 慰○心. 160-17 天下將因○之怒. 160-18 ○趙之敝而瓜分之.
160-18 何○之圖. 160-19 樓子之爲○也. 160-20 夫趙兵困於○. 160
-20 而何慰○心哉. 160-21 ○索六城於王. 160-22 ○之深讎也. 160
-23 并力而西擊○也. 160-23 是王失於齊而取償於○. 160-24 而與
○易道也. 160-25 與之謀○. 161-1 ○之使者已在趙矣. 161-2 ○攻
趙. 161-4 ○兵罷. 161-4 ○趙戰於長平. 161-14 而制媾者在○. 161
-17 且王之論○也. 161-18 ○不遺餘力矣. 161-19 ○必疑天下合從
也. 161-20 發鄭朱入○. 161-22 ○内之. 161-22 寡人使平陽君媾○.
161-23 ○已内鄭朱矣. 161-23 天下之賀戰勝者皆在○矣. 161-24 而
入於○. 161-25 ○知天下不救王. 162-1 王入○. 162-3 ○留趙王而
后許之媾. 162-3 ○圍趙之邯鄲. 162-5 畏○. 162-5 ○所以急圍趙者.
162-7 方今唯○雄天下. 162-9 ○必喜. 162-10 會○圍趙. 162-11 聞
魏將欲令趙尊○爲帝. 162-11 魏王使將軍辛垣衍令趙帝○. 162-13
彼○者. 163-1 梁未睹○稱帝之害故也. 163-6 使梁睹○稱帝之害.
163-7○稱帝之害將奈何. 163-7 然梁之比於○若僕耶. 163-15 今○
萬乘之國. 164-7 且○無已而帝. 164-9 不敢復言帝○. 164-15 ○將
聞之. 164-15 適會魏公子無忌奪晉鄙軍以救趙擊○. 164-17 ○軍引
而去. 164-17 四十餘年而○不能得所欲. 165-2 以與○角逐. 166-5
○當時適其鋒. 166-5 乃輦建信以與强○角逐. 166-5 臣恐○折王之
椅也. 166-6 而獨以趙惡○. 166-25 ○使人來仕. 167-6 ○攻趙. 167
-20 夫○之攻趙. 167-20 能攻○. 169-8 能孤○. 169-8 ○之彊. 169
-12 ○令起賈禁之. 169-19 李兌約五國以伐○. 169-20 而陰構於○.
169-21 又欲與○攻魏. 169-21 三晉皆有○患. 169-23 今之攻○也.
169-24 ○逐李兌. 169-24 今之伐○也. 170-1 而陰鬻之於○. 170-2
則令○攻魏以成其私封. 170-2 而乃令○攻王. 170-5 ○攻魏. 170-9
曰有○陰. 170-12 而無使○之見王之重趙也. 170-17 ○見之且亦重
趙. 170-17 齊○交重趙. 170-18 趙從親以合於○. 170-19 以三晉劫
○. 170-21 則天下皆偪○以事王. 170-22 而○楚禁之. 170-25 臣之
所以堅三晉以攻○者. 171-1 非以爲齊得利○之毁也. 171-2 夫○人
貪. 171-7 五國伐○無功. 171-18 趙欲搆於○. 171-18 ○弗欲. 171-
19 天下散而事○. 171-20 ○必據宋. 171-20 ○雖有變. 171-23 而○
侵約. 172-2 齊○非復合也. 172-3 且天下散而事○. 172-5 是○制天
下也. 172-5 ○制天下. 172-5 天下爭○有六舉. 172-7 天下爭○. 172
-7 是○之一舉也. 172-9 ○行是計. 172-9 天下爭○. 172-9 是○之
一舉也. 172-11 ○行是計也. 172-12 天下爭○. 172-13 是○之一舉
也. 172-14 ○行是計. 172-14 抱安邑而信○. 172-14 ○得安邑之饒.
172-15 韓必入朝○. 172-15 是○之一舉也. 172-16 ○行是計. 172-
16 天下爭○. 172-17 ○堅燕趙之交. 172-17 是○之一舉也. 172-18
○行是計. 172-18 ○因收楚而攻魏. 172-19 ○舉安邑而塞女戟. 172
-19 國燥於○. 172-21 天下爭○. 172-22○堅三晉之交攻齊. 172-22
○桉兵攻魏. 172-23 是○之一舉也. 172-24 ○行是計也. 172-24
救與○爭戰也. 172-25 天下爭○. 173-2 ○按爲義. 173-2 ○起中山
與勝. 173-3 乃絶和於○. 173-5 强○襲趙之欲. 174-7 三國攻○. 175
-7 無燕○也. 175-23 ○三以虞卿爲言. 175-23 是王輕强○而重弱
燕也. 175-24 又兼無燕○. 176-1 ○攻魏. 177-2 以○之强. 177-3 至
○. 177-7 乃結○連楚宋之交. 178-9 樓緩相○. 178-10 ○召春平侯.
178-12 春平侯入○. 178-14 ○必留之. 178-14 故謀而入之○. 178-
14 ○急攻之. 178-19 ○使王翦攻趙. 179-25 李牧數破走○軍. 179-
25 殺○將桓齮. 180-1 李牧司馬尚欲與○反趙. 180-2 以多取封於○.
180-2 西之○. 184-1 ○果日以强. 184-1 外交强虎狼之○. 184-11
夫挾强○之勢. 184-12 今乃有意西面而事○. 184-14 而欲臣事○.
184-20 夫事○必割地效質. 184-20 凡羣臣之言事○者. 184-21 外挾
彊○之勢以内劫其主以求割埊. 184-23 則必無强○之患. 185-3 張儀
爲○連横. 185-7 大王不事○. 185-19 ○下兵攻河外. 185-19 ○挾韓
而攻魏. 185-21 韓劫於○. 185-22 ○韓爲一國. 185-22 莫如事○.

185-23 事○則楚韓必不敢動. 185-23 且夫○之所欲弱莫如楚. 186-1 攻楚而適○. 186-3 ○甲出而東. 186-4 雖欲事○而不可得也. 186-5 而○不受也. 186-21 夫○非不利有齊而得宋埊也. 186-22 今○見齊魏之不合也如此其甚也. 186-23 則齊必不欺○. 186-24 而○信齊矣. 186-24 齊○合而涇陽君有宋地. 186-25 ○必疑齊而不聽也. 187-1 夫齊○不合天下無憂. 187-1 陳軫爲○使於齊. 187-4 鄭彊出○曰. 188-4 張儀欲以魏合於○韓而攻齊楚. 188-15 以魏合於○韓而攻齊楚. 188-17 張子儀以○相魏. 188-23 魏必事○以持其國. 189-3 其敝不足以應○. 189-4 是使儀之計當於○也. 189-5 張儀欲幷相○魏. 189-8 儀請以○攻三川. 189-8 儀兼相○魏. 189-10 張儀以合○魏矣. 189-12○攻三川. 189-13 則○魏之交可廢矣. 189-15 則魏必圖○而棄儀. 189-15 而樹怨而於齊○也. 189-21 ○欲救齊. 190-2 ○韓合而欲攻南陽. 190-2 王不遇○. 190-3 魏王遂尙遇○. 190-3 ○敗東周. 190-10 以講於○. 190-11 臣不知衍之所以聽於○之少多. 190-11 而令○講於王. 190-12 而聽○矣. 190-15 魏令公孫衍請和於○. 191-4 固有○重和. 191-5 敗後必莫能以魏合於○者矣. 191-5 五國伐○. 194-14 而○禁之. 194-14 齊令宋郭之○. 194-14 魏王畏齊○之合也. 194-15 欲講於○. 194-15 ○必且用此於王矣. 194-22 ○嘗用此於楚矣. 194-25 ○善魏不可知也已. 195-1 太上伐○. 195-2 其次賓○. 195-2○齊合. 195-3 ○權重魏. 195-5 是故又爲足下傷○者. 195-5 天下可令伐○. 195-6 見天下之傷○也. 195-7 天下可令賓○. 195-7 而以○爲上交以自重也. 195-9 則明不與○. 195-11 而生以殘○. 195-11 使○皆無百怨百利. 195-11 令足下鬻之以合於○. 195-12 ○. 195-15 以燕伐○. 195-17 恐其伐○之疑也. 195-20 又身自醜於○. 195-21 扮之請焚天下之○符者. 195-21 欲使五國約閉○關者. 195-22 臣非不知○勸之重也. 196-1 而卑○楚. 197-6 必右○而左魏. 198-3 ○召魏相信安君. 198-10 其畏惡嚴尊○也. 198-15 舍於○. 198-19 ○必令其所愛信者用趙. 198-20 魏信以韓魏事○. 198-25 ○甚善之. 199-1 今我講難於○兵爲招質. 199-1 ○楚攻魏. 199-8 ○楚勝魏. 199-8 必舍於○. 199-9 王何不倍○而與魏王. 199-9 ○恐失楚. 199-10 乃倍○而與魏. 199-11 ○恐. 199-13 而復固○楚之交. 199-16 ○因合魏以攻楚. 199-17 ○趙約而伐魏. 201-3 今大王收○而攻魏. 201-5 使寡人絶○. 201-6 收○攻魏. 201-7 趙王因令閉關絶○. 201-9 ○趙大惡. 201-9 趙王恐魏承○之怒. 201-11 遽割五城以合於魏而支○. 201-11 ○之所欲於魏者. 201-18 王獻之○. 201-19 因獻之○. 201-20 而○兵不下. 201-21 而○兵不下. 201-21 則契折於○. 201-22 王無以責○. 201-22 臣爲王責約於○. 201-23 乃之○. 201-24 而○兵不可下. 202-1 ○兵下. 202-4 芒卯幷將○魏之兵. 202-4 ○敗魏於華. 202-6 夫○貪戾之國而無親. 202-11 夫○何厭之有哉. 202-13 楚趙怒而與王爭事○. 202-15 ○必受之. 202-15 ○挾楚趙之兵以復攻. 202-15 ○兵必罷. 203-1 必爭事○. 203-4 ○兵已令. 203-6 ○敗魏於華. 203-11 魏王且入朝於○. 203-11 今王之事○. 203-16 今○不可知之國也. 203-20 内王於不可知之○. 203-21 ○未索其下. 203-23 楚王入○. 203-25 尙足以捍○. 204-1 吾内王於○者. 204-5 寧以爲○邪. 204-6 魏不勝○. 204-15 而○不以勝之上割. 204-17 ○也. 204-20 且夫姦臣固皆欲以地事○. 204-21 以地事○. 204-21 而○之求無窮. 204-22 吾已許○矣. 204-24 今君劫於羣臣而許○. 204-25 ○將伐魏. 205-16 ○且攻魏. 205-16 魏敵盟於○. 205-23 是趙與强○爲界也. 205-23 今○且攻魏. 206-1○攻魏未能克之也. 206-6 以國之半與○. 206-7 ○必去矣. 206-8 ○已去魏. 206-8 又西借○兵. 206-8 魏將與○攻韓. 206-16 ○與戎翟同俗. 206-16 今大王與○伐韓而益近○. 206-22 外安能支强○魏之兵. 206-24 ○盡有鄭地. 206-25 而今負强○之禍也. 207-1 ○非無事之國也. 207-2 ○必不爲也. 207-4 ○又不敢. 207-6 ○又弗爲也. 207-8 ○又不敢也. 207-9 ○必不伐楚與趙矣. 207-9 ○故有懷地刑丘之城垝津. 207-11 ○有鄭地. 207-12 乃惡安陵氏於○. 207-13 ○之欲許之久矣. 207-14 然而○之葉陽昆陽與舞陽高陵鄰. 207-14 ○繞舞陽之北. 207-15 夫不患○之不愛南國非也. 207-17 ○乃在河西. 207-19 ○十攻魏. 207-21 所亡乎○者. 207-23 ○乃在河西. 207-24 又況於使○無韓而有鄭地. 207-25 ○撓之以講. 208-3 則皆知○之無窮也. 208-5 其攻多於與○共伐韓. 208-8 然而無與强○鄰之禍. 208-9 天下之西鄉而馳○. 208-15 ○使趙攻魏. 208-22 而幷齊○. 208-25 聽○而攻魏者. 209-2 其人皆欲合齊○外楚以輕公. 209-6 非○實首伐之也. 209-7 故勸○攻魏. 209-7 必令魏以地聽○而爲和. 209-8 有○韓之重. 209-8 今以齊○之重. 209-9 以爲和於○也. 209-10 ○疾攻楚. 209-10 公因寄汾北以予○而爲和. 209-11 ○楚重公. 209-12 天下且以此輕○. 209-15 翟强欲合齊○外楚. 209-22 樓庳欲合○楚外齊. 209-23 ○攻梁者. 211-6 臣見○之必大憂可立而待也. 211-8 ○果南攻藍田鄢郢. 211-12 原恃○翟以輕晉. 211-17 ○翟年穀大凶而晉人亡原. 211-18 以是質○. 211-24 是王獨受○患也. 211-24 吾欲與○攻韓. 212-4 怨○乎. 212-6 韓强○乎. 212-7 强○. 212-7 欲獨以魏支○者. 212-12 自賣於○. 212-14 ○必受子. 212-15 横者將圖子以合於○. 212-15 魏○伐楚. 212-18 王不與○攻楚. 212-18 楚且與○攻王. 212-18 王不如令○楚戰. 212-19 ○攻韓之管. 213-5 夫○强國也. 213-5 西合於○. 213-9 ○韓爲一. 213-9 ○果釋管而攻魏. 213-10 以爲○之求索. 213-15 ○已制趙. 213-16 則燕不敢不事○. 213-17 天下爭敵於○. 213-17 ○趙構難而戰. 213-20 不如齊趙而構之○. 213-20 而構之○. 213-21 是幷制○趙之事也. 213-21 ○許吾以垣雍. 213-25 ○趙久相持於長平之下而無決. 214-2 天下合於○. 214-3 則無○. 214-3 ○恐王之變也. 214-3 ○戰勝趙. 214-4 ○戰不勝趙. 214-4 樓梧約○魏. 214-8 ○必置相. 214-9 則交惡於○. 214-9 且遇於○而相○者. 214-10 ○必輕王之强矣. 214-11 是以有雍者與○遇. 214-12 ○必重王矣. 214-12 芮宋欲絶○趙之交. 214-14 故令魏氏收○太后之養地○王於○. 214-14 子言無○. 214-16 索攻魏於○. 214-19 ○必不聽王矣. 214-19 是智困於○. 214-19 則○重矣. 214-20 管鼻之令翟强與○事. 214-23 令鼻之入○之傳舍. 214-24 無蔽於○者. 214-25 而○若此其甚. 215-1 成陽君欲以韓魏聽○. 215-3 君入○. 215-4 ○必留君. 215-4 ○必留君. 215-5 故君不如安行求質於○. 215-5 成陽君必不入○. 215-6 ○韓不敢合. 215-6 ○拔寧邑. 215-8 ○罷邯鄲. 215-13 吳慶恐魏王之構於○也. 215-13 ○之攻王也. 215-14 王不近○. 215-15 ○之所去. 215-15 ○人去邯鄲. 215-16 ○魏爲與國. 216-15 魏使人求救於○. 216-15 ○救不出. 216-16 老臣請出西說○. 216-17 以爲○之强足以爲與也. 216-22 破○人. 217-4 破○人. 217-8 則○兵及我. 217-20 ○攻魏急. 218-22 今○之强也. 218-25 而王以是質○. 218-25 ○自四境之内. 219-3 今王割地以賂○. 219-4 卑體以尊○. 219-5 ○魏百相交也. 219-7 今由嫪氏善○而交爲天下上. 219-7 安陵君因使唐且使於○. 219-13 且○滅韓亡魏. 219-15 乃欲西面事○. 222-7 大王事○. 222-9 ○必求宜陽成臯. 222-9 而○之求無已. 222-11 今大王西面交臂而臣事○. 222-13 必不能事○. 222-16 張儀爲○連横說韓王曰. 222-19○帶甲百餘萬. 222-23 ○馬之良. 222-25 ○人捐甲徒裎以趨敵. 223-1 夫○卒之與山東之卒也. 223-2 大王不事○. 223-7 ○下甲據宜陽. 223-7 先事○則安矣. 223-9 不事○則危矣. 223-9 逆○而順楚. 223-10 莫如事○. 223-11 ○之所欲. 223-11 今王西面而事○以攻楚. 223-12 轉禍而說○. 223-13 而相公叔以伐○. 223-25 ○且攻韓. 224-3 ○必曰楚韓合矣. 224-4 ○攻陘. 224-6 ○已馳. 224-6 ○受地. 224-7 五國約而攻○. 224-12 不能傷○. 224-12 王約五國而西伐○. 224-16 不能傷○. 224-16 天下且以是輕王而重○. 224-16 鄭彊載八百金入○. 224-23 ○必不聽公. 224-24 鄭彊之走張儀於○. 225-5 彊請西圖儀於○. 225-6○攻西周. 225-11 ○圍宜陽. 225-14 魏必倍○. 225-16 須○必敗. 225-17 ○失魏. 225-17○歸武遂於韓. 225-20 ○韓戰於濁澤. 225-25 今○之心欲伐楚. 226-1 王不如因張儀爲和於○. 226-1 將西講於○. 226-2 ○之欲伐我久矣. 226-4 ○韓幷兵南鄉. 226-5 此○所以廟祠而求也. 226-5 是○韓不和. 226-9 爲能聽我絶和於○. 226-9 ○必大怒. 226-10 必輕○. 226-10 輕○. 226-10 其應○必不敬. 226-10 是我困○韓之兵. 226-11 願大國遂肆意於○. 226-13 ○也. 226-16 輕絶强○之敵. 226-16 又非素約而謀伐○矣. 226-17 ○欲伐楚. 226-18 且王以使人報於○矣. 226-19 是欺○也. 226-19 夫輕强○之禍. 226-19 遂絶和於○. 226-20 ○果大怒. 226-20 兵爲○禽. 226-22 公仲收國復事○. 227-5○楚合. 227-7 公仲躬率其私徒以鬭於○. 227-7 吾合○楚. 227-8 ○韓之交可合也. 227-9 今○楚爭强. 227-13 公何不以○爲韓求潁川於楚. 227-21 而交走○也. 227-23 ○楚爭强. 227-23 此利於○. 227-24 公求中立於○. 228-5 願公之復求中立於○也. 228-7 於○孰利. 228-10 於○孰强. 228-11 則○重. 228-11 則○輕. 228-12 則○强. 228-12 則○弱. 228-12 今王聽公孫郝以韓○之兵應齊而攻魏. 228-12 是○輕也. 228-14 以韓○之兵據魏而攻齊. 228-14 是○輕也. 228-16 以韓○之兵據魏以郄齊. 228-19 最○之大急也. 228-21 齊楚之交善○. 228-25 ○魏遇. 228-25 王使景鯉之○. 229-1 鯉與於○魏之遇. 229-1 恐齊以楚遇爲有陰於○魏也. 229-2 ○魏之遇也. 229-3 將以合齊○而絶齊於楚也. 229-3 齊無以信魏之合己於○而攻於楚也. 229-4 齊又畏楚之有陰於○魏也. 229-5 以視齊於有○魏. 229-7 而且疑○魏於齊. 229-8○使聞之. 229-20 今○欲踰兵於澠隘之塞. 229-24 割以予○. 230-2 ○楚鬭之日也已. 230-2 仗齊而畔○. 230-7 韓令使者求救於○. 231-3 ○師不下殽. 231-3 韓又令尙靳使○. 231-4 韓之於○也. 231-4 ○師不下殽. 231-5 ○重國知王也. 231-13 公仲柄得○師. 231-16 而○師不下殽. 231-16 是楚以三國謀○也. 231-18 如此則伐○之形成矣. 231-18 韓令冷向借救於○. 231-22 ○爲發使公孫昧入韓. 231-22 子以○爲將救韓乎. 231-22 是○孤也. 232-2 ○取西河之外以歸. 232-3 公恃○而勁. 232-5 楚陰得○之不用也. 232-5 公必先韓而後○. 232-9 ○必委國於公以解伐. 232-11 其實猶之不失○也. 232-11 錡宣之教韓王取○. 232-20 公叔使馮君於○. 233-5 而資之以○. 233-6 公欲得武遂於○. 233-9 而令人爲公求武遂於○. 233-10 發重使爲韓求武遂於○. 233-10 韓得武遂以恨○. 233-11 毋○患而得楚. 233-12 ○不聽. 233-12 是○韓之怨深. 233-12

今公自以辯於薛公而輕○. 233-16 而外得○楚也. 235-4 ○楚若無韓. 235-5 ○楚挾幾瑟以塞伯嬰. 235-7 伯嬰外無○楚之權. 235-7 公叔伯嬰恐○楚之内幾瑟也. 235-10 則公叔伯嬰必知○楚之不以幾瑟爲事也. 235-11 必以韓合於○楚矣. 235-12 ○楚挾韓以窘魏. 235-12 公又令○求質子於楚. 235-13 公挾○楚之重. 235-14 楚將收○而復之. 235-22 楚又收○而復之. 235-23 其事○必疾. 235-24 ○挾韓親魏. 235-25 韓且内伯嬰於○. 236-7 太子入○. 236-7 ○必留太子而合楚. 236-8 今○魏之和成. 239-6 若韓隨魏以善○. 239-7 ○已善韓. 239-8 今公與安成君爲○魏之和. 239-9 ○魏之和成. 239-10 是韓爲○魏之門户也. 239-10 而西貴於○. 239-11 操右契而爲公責德於○魏之主. 239-11 ○魏不終相聽者也. 239-13 魏不聽○. 239-14 必務善韓以備○. 239-14 ○魏和. 239-15 今天下散而事○. 239-19 天下合而離○. 239-19 今公以韓先合於○. 239-20 是韓以天下事○. 239-21 ○之德韓也厚矣. 239-21 韓與天下朝○. 239-22 天下不合○. 239-23○令而不聽. 239-23 ○必起兵以誅不服. 239-23 ○久與天下結怨構難. 239-23 周佼以西周善於○. 240-1 周啓以東周善於○. 240-2 今公以韓善○. 240-2 而○之爭機也. 240-3 今公以韓爲天下先合於○. 240-4 ○必以公爲諸侯. 240-4 必西面事○. 240-9 此韓珉之所以禱於○也. 240-10 其西面事○. 240-12 不西事○. 240-13 皆積智欲離○韓之交. 240-14 未有一人言善○者也. 240-15 皆不欲韓○之合者何也. 240-15 則晉楚智而韓○愚也. 240-16 必伺韓○. 240-16 韓○合. 240-16 ○之欲伐韓. 240-20 因欲與○. 240-20 ○之欲攻梁也. 240-21 必折爲○用. 240-23 ○之欲并天下而王之也. 240-25 而今之○强於始之○. 241-11 今○有梁君之心矣. 241-11 而王與諸臣不事爲尊○以定韓者. 241-11 今○數世强矣. 241-16 ○. 242-24 韓甚疏○. 242-24 然而見親○. 242-24 故○買之三千金. 243-1 韓因以其金事○. 243-1 ○反得其金與韓之美人. 243-1 韓之美人因言於○曰. 243-2 韓甚疏○. 243-2 其疏○乃始益明. 243-3 以是爲金以事○. 243-4 而韓之疏○不明. 243-4 爲惡於○也. 243-15 而善平原君乃所以惡於○也. 243-15 公仲使韓珉之○求武隧. 243-18 韓之事○也. 243-19 韓相公仲珉使韓侈之○. 244-1 ○之仕韓侈也. 244-4 韓侈之○. 244-4 ○必弗入. 244-4 ○勢能詘之. 244-10○之强. 244-10 魏亡於○. 244-13 成陽君爲○去韓. 245-4 二人者必入○楚. 245-4 ○封君以山陽. 245-8 齊○非重韓則賢君之行也. 245-8 是棘齊○之威而輕韓也. 245-10 韓謁急於○. 245-12 ○不救. 245-12 ○招楚而伐齊. 245-19 楚之齊者知西不合於○. 245-19 齊以四國敵○. 245-20 則楚必即○矣. 245-22 以强○而有晉楚. 245-22 ○見君之交反善於楚魏也. 246-21 ○出兵於三川. 246-22 ○舉兵破邯鄲. 246-23 於○亦萬分之一也. 247-8 ○趙五戰. 248-10 ○再勝而趙三勝. 248-10 ○趙相弊. 248-10 且夫○之攻燕也. 248-11○計固不能守也. 248-12 ○之不能害燕亦明矣. 248-13 ○之攻燕也. 248-15 西迫强○. 248-18 强○之少婿也. 249-18 而深與强○爲仇. 249-18 而强○制其後. 249-19 卑辭以謝○. 249-23 ○知王以己之故歸燕城也. 249-23 ○必德王. 249-24 且夫燕○之俱事齊. 249-24 是王以虚辭附○. 249-25 願爲兄弟而請罪於○. 250-3 何肯楊燕○之威於齊而取大功乎哉. 250-18 張儀爲○破從連横. 251-11 效河間以事○. 251-21 大王不事○. 251-22 ○下甲雲中九原. 251-22 且今時趙之於○. 251-23 今大王事○. 251-24 是西有强○之援. 251-24 請奉社稷西面而事○. 252-2 西附○則○重. 253-3 西困○三年. 253-5 與楚三晉攻○. 253-22 ○不受. 255-7 ○非不利有齊而得宋埊也. 255-7 則齊不欺○. 255-8 ○信齊. 255-8 齊○合. 255-8 ○必疑而不信蘇子矣. 255-9 齊○不合. 255-10 與○楚三晉合謀以伐齊. 256-9 ○齊助之伐宋. 256-14 盡焚天下之○符. 257-1 夫上計破○. 257-1 其次長賓之○. 257-1 ○挾賓客以待破. 257-2 ○五世以結諸侯. 257-3 以窮齊之說說○. 257-4 ○有變. 257-7 則燕趙信○矣. 257-7 ○爲西帝. 257-8 則○伐之. 257-9 則王何不務使知士以若此言說○. 257-17 ○伐齊必矣. 257-18 夫取○. 257-18 則○不出殽塞. 258-7 ○取西山. 258-10○召燕王. 260-3 齊楚不得以有枳宋事○者. 260-4 ○之深讐也. 260-5 ○取天下. 260-5 ○之行暴於天下. 260-6 十七年事○. 260-10○正告韓曰. 260-11 故事○. 260-13 ○正告魏曰. 260-14 故事○. 260-18 ○欲攻安邑. 260-19 ○欲攻齊. 260-23 有齊無○. 260-24 無齊有○. 261-1 ○欲攻魏. 261-3 魏棄與國而合於○. 261-4 ○之所殺三晉之民數百萬. 261-15 皆死○之孤也. 261-15 ○禍如此其大. 261-16 而燕趙之○者. 261-17 皆以爭事○說其主. 261-17 與齊王謀道取○以謀趙者. 262-1 而爲之取○. 262-22 白珪逃於○. 263-4 而强○將以兵承王之西. 266-8 而使强○處弱越之所以霸也. 266-9 今山東三國弱而不能敵○. 268-23 因能勝○矣. 268-23 ○之兵至. 268-25○見三晉之堅也. 269-6 趙見○之伐楚也. 269-7 ○久伐韓. 269-8 西屈○. 269-13 西屈○. 269-18 臣恐强○之爲漁父也. 270-8 ○并趙. 273-9 ○趙爲一. 273-10 爲○也. 273-11 今臣使○. 273-11 是○趙有郄. 273-11 ○趙有郄. 273-12 且臣之使○. 273-12 燕王竊聞○并趙. 273-14 南鄰爲○. 273-15 而與○相距五十餘年矣. 273-16 所以不能反勝○者. 273-17 必不復受於○矣. 273-18 燕太子丹質於○. 273-21 見○且滅六國. 273-21 燕○不兩立. 273-22 ○地遍天下. 273-23 樊將軍亡○之燕. 274-2 丹終不迫於强○. 274-8 燕○不兩立. 274-14 燕○不兩立. 274-22 今○有貪饕之心. 275-7 今○已虜韓王. 275-9 趙不能支○. 275-11 今計舉國不足以當○. 275-12 諸侯服○. 275-12 使於○. 275-13 其償破○必矣. 275-16 ○將王翦破趙. 275-22 ○兵旦暮渡易水. 275-23 則○未可親也. 275-25 ○之遇將軍. 276-4 願得將軍之首以獻○. 276-8 今提一匕首入不測之强○. 276-22 既至○. 277-4 而○法. 277-18 於是○大怒燕. 278-5 ○將李信追擊燕王. 278-6 欲獻之○. 278-7 ○復進兵攻之. 278-7 ○兼天下. 278-8 ○攻衞之蒲. 282-4 以爲○乎. 282-4 爲○則不賴矣. 282-5 害○以善魏. 282-8 ○兵誠去. 282-13 臣聞○出兵. 282-17 ○魏交而不脩之日久矣. 282-18 願王博事○. 282-18 臣恐王事○之晚. 282-20 ○軍大尅. 288-18 ○人歡喜. 288-18 ○民之死者厚葬. 288-19 備○爲務. 288-23 ○中士卒. 289-14 今○破趙軍於長平. 289-20 ○數不利. 290-5

【秦國】 10

使此知○之政也. 28-23 夫○僻遠. 38-12 且臣將恐後世之有○者. 40-9 今○. 40-22 而況於○乎. 43-10 可以有○. 57-2 ○可亡. 102-1 非數痛加於○. 138-4 韓乃西師以禁○. 139-1 今○與山東爲讎. 211-11

【馬陵】 4

大破之○. 64-24 ○之難. 103-16 齊魏戰於○. 196-19 遇敗於○. 261-8

【華】 4

天下有比志而軍○下. 19-16 秦敗魏於○. 202-6 秦敗魏於○. 203-11 ○軍之戰. 204-15

【華章】 1

見於○南門. 89-5

【華陽】 2

趙魏攻○. 245-12 大敗趙魏於○之下. 245-17

【莫】 1

通韓之上黨於共○. 208-10

【桂陵】 1

大破之○. 64-15

【桂陽】 1

中封小令尹以○. 227-6

【桓】 1

昔者齊燕戰於○之曲. 91-25

【栢舉】 2

昔者吳與楚戰於○. 113-6 昔吳與楚戰於○. 113-11

【桃人】 1

拔燕酸棗虚○. 52-4

【格道】 2

燕人聞之至○. 54-18 ○不通. 54-19

【軒車】 1

雒陽乘○蘇秦. 137-3

【夏】 3

昔伊尹去○入殷. 126-17 殷王而○亡. 126-17 ○殷之衰也. 152-10

【夏州】 1

東有○海陽. 108-22

【原】 2

○恃秦翟以輕晉. 211-17 秦翟年穀大凶而晉人亡○. 211-18

【原陽】 2

王破○. 154-2 今王破○. 154-3

【晉】 43

宛恃秦而輕○. 13-12 破齊弊○. 32-17 而後制○楚之勝. 32-18 秦王安能制○楚哉. 32-20 則○楚不信. 32-20 則○楚爲制於秦. 32-21 則必不走於秦且走○楚. 32-21 齊割地以實○楚. 32-22 則○楚安. 32-22 是○楚以秦破齊. 32-23 何○楚之智而齊秦之愚. 32-24 齊破○强. 34-6 秦王畏○之强也. 34-6 必重君以取○. 34-7 齊予○弊邑. 34-7 ○必重君以事秦. 34-7 操○以爲重也. 34-8 而秦○皆重君. 34-9 而○惑亂. 45-7 淩齊○. 45-23 蔡恃○而亡. 91-17 北無○. 121-22 ○畢陽之孫豫讓. 135-6 ○人欲亡虞而伐虢. 208-22 卒假○道. 208-24 ○人伐虢. 208-24 昔曹恃齊而輕○. 211-15 齊伐釐莒而○人亡曹. 211-15 原恃秦翟以輕○. 211-17 秦翟年穀大凶而○人亡原. 211-18 猶○人之與楚人也. 214-23 ○人見楚人之急. 214-24 ○用六卿而國分. 223-19 ○楚齊衞聞之曰. 238-15 則○楚智而韓秦愚也. 240-16 ○楚合. 240-16 必圖○楚. 240-17 以强秦而有○楚. 245-22 燕乃伐齊攻○. 263-20 燕兵在○而不進. 263-21 燕兵在○. 263-24 而與燕人戰於○下. 264-3 日者齊不勝於○下. 264-7

【晉水】 2

決○以灌晉陽. 49-17 決○而灌之. 132-23

【晉國】 11
○危. 18-1 王無求於○乎. 120-6 寡人無求於○. 120-7 妾聞將軍之○. 120-12 魏滅○. 138-13 此○之所以强也. 182-18 盡○. 202-12 且君之嘗割○取地也. 203-5 ○之去梁也. 207-19 ○之去大梁也尙千里. 207-24 ○之亂. 261-16
【晉陽】 23
以攻趙襄主於○. 21-4 帥韓魏以圍趙襄子於○. 49-17 決晉水以灌○. 49-17 尙賢在○之下也. 49-22 攻○之城. 52-20 圍逼○. 55-9 ○者. 81-14 伐趙取○. 81-15 又西圍○. 92-21 圍○而水之. 131-3 世治○. 132-12 君其定居○. 132-13 乃使延陵王將車騎先之○. 132-13 臣聞董子之治○也. 132-16 臣聞董子之治○也. 132-19 三國之兵乘○城. 132-23 圍○三年. 132-24 遣入○. 133-9 兵着○三年矣. 133-15 ○之政. 134-19 且昔者簡主不塞○. 150-22 因圍○. 181-11 劫衛取○. 185-19
【剛】 1
攻齊得○博以廣陶. 212-22
【剛平】 3
築○. 54-11 殘○. 90-12 故○之殘也. 90-16
【乘丘】 1
取○. 189-22
【脩武】 1
西攻○. 20-6
【息壤】 3
王迎甘茂於○. 29-4 於是與之盟於○. 29-19 ○在彼. 29-21
【徐州】 4
楚威王戰勝於○. 62-3 王戰勝於○也. 62-4 ○之役. 190-6 大敗齊於○. 197-9
【殷】 6
昔周之伐○. 1-18 無益於○楚. 38-5 不能存○. 45-6 昔伊尹去夏入○. 126-17 ○王而夏亡. 126-17 夏○之衰也. 152-10
【釜】 1
左孟門而右漳○. 183-1
【狸】 2
明日又使燕攻陽城及○. 264-7 今燕又攻陽城及○. 264-8
【逢澤】 1
因退爲○之遇. 54-14
【留】 1
魏氏將出兵而攻○方與銍胡陵碭蕭相. 53-13
【高平】 1
反温枳○於魏. 139-2
【高陂】 1
南游乎○. 125-3
【高宛】 1
軍重踵○. 65-16
【高都】 6
又能爲君得○. 10-13 公何不以○與周. 10-19 何爲與○. 10-21 與之○. 10-21 是公以弊○得完周也. 10-22 不徵甲與粟於周而與○. 10-23
【高唐】 1
趙王因割濟東三城令盧○平原陵地城邑市五十七. 174-11
【高陵】 1
然而秦之葉陽昆陽與舞陽○鄰. 207-14
【高商】 1
○之戰. 261-14
【高蔡】 1
與之馳騁乎○之中. 125-4
【亳】 1
湯目○. 126-12
【郭】 2
夫晉獻公欲伐○. 23-14 因而伐○. 23-16
【唐】 3
趙可取○曲逆. 73-12 三百里通於燕之○曲吾. 138-20 韓侈在○. 244-1
【涇】 1
南帶○渭. 38-17
【涉而谷】 1
道○. 207-6
【海陽】 1
東有夏州○. 108-22
【海鹽】 1
東有淮潁沂黃煑棗○無疎. 184-6
【宮唐】 1
蒙穀給鬬於○之上. 113-24
【冥山】 1
皆出於○棠谿墨陽合伯膊. 222-3
【陳】 10
○蔡亡於楚. 13-13 東伏於○. 19-10 北并○蔡. 46-8 ○蔡好詐. 91-16 則鄒魯○蔡. 94-5 秦果舉鄢郢巫上蔡○之地. 124-6 南有鴻溝○汝南有許鄢昆陽邵陵舞陽新郪. 184-5 從○至梁. 185-9 以與楚兵決於○郊. 207-9 ○蔡亡於楚. 244-13
【陳城】 1
保于○. 51-17
【陰】 19
有○平陸則梁門不啓. 89-21 抱○成. 170-3 以便取○. 170-5 莫如於○. 171-8 縣○以甘之. 171-12 魏冉必妬君之有○也. 171-20 則○不可得已矣. 171-21 ○必得矣. 171-23 得○而構. 171-23 而君終不得○. 172-9 而君又不得○. 172-12 而君必不得○. 172-16 而君終身不得○. 172-22 而君有終身不得○. 173-1 何暇言○. 173-3 則○必得矣. 173-4 而收齊魏以成取○. 173-5 ○必亡. 203-1 又爲○啓兩機. 203-6
【陰成】 1
抱葛薜○以爲趙養邑. 208-18
【陶】 12
秦封君以○. 34-11 ○爲萬乘. 34-12 ○爲鄰恤. 34-13 故攻齊之於○也. 34-13 南與○爲鄰. 35-1 則利歸於○. 40-4 利盡歸於○. 41-7 富比○衛. 97-3 東至○衛之郊. 207-22 君攻楚得宛穰以廣○. 212-22 攻齊得剛博以廣○. 212-22 得許鄢陵以廣○. 212-22
【桑林】 1
○之菀. 223-8
【琅邪】 1
東有○. 68-16
【聊】 1
今公又以弊○之民. 96-21
【聊城】 6
燕將攻下○. 96-5 遂保守○. 96-5 而○不下. 96-6 殺身亡○. 96-10 與○共據朞年之弊. 96-17 齊必決之於○. 96-18
【萊】 1
昔者○莒好謀. 91-16
【黃】 2
東有淮潁沂○煑棗海鹽無疎. 184-6 犀首伐○. 279-24
【黃池】 1
爲○之遇. 55-10
【黃城】 7
隊○. 90-16 ○之墜也. 90-17 今○將下矣. 280-1 是勝○. 280-3 是勝○. 280-4 是不勝○. 280-5 果勝○. 280-6
【黃棘】 1
取○. 55-15
【革下】 1
遽於○. 190-4
【梗陽】 1
而封於○. 240-1
【梧】 1
不能愛其許鄢陵與○. 230-1
【曹】 2
昔○恃齊而輕晉. 211-15 齊伐釐莒而晉人亡○. 211-15
【鄄】 1
而在阿○之間者百數. 101-22
【虛】 3
拔燕酸棗○桃人. 52-4 ○頓丘危. 189-22 魏無○頓丘. 260-17
【常山】 8
席卷○之險. 110-4 今魯句注禁○而守. 138-20 西有○. 145-1 燕守○之北. 146-1 則趙守○. 146-4 自○以至代上黨. 150-19 右○. 165-1 獻○之尾五城. 252-3
【常阪】 1
西有宜陽○之塞. 221-24
【閭陽】 1
王能又封其子○姑衣乎. 208-18
【岷山】 1
而○之玉不出也. 138-22
【崩山】 1
楚王登强臺而望○. 200-8
【崇】 1
文王伐○. 16-2
【符離】 1

南有○之塞. 35-24
【許】 7
○鄢陵嬰城. 53-25 南有鴻溝陳汝南有○鄢昆陽邵陵舞陽新郪. 184-5 ○鄢陵危. 189-23 以東臨○. 207-16 得○鄢陵以廣陶. 212-22 ○鄢陵必議. 212-24 不能愛其○鄢陵與梧. 230-1
【章武】 1
昔者楚取○. 258-10
【章臺】 1
則諸侯莫不南面而朝於○之下矣. 108-25
【竟陵】 2
則從○已東. 110-19 東至○. 289-3
【商】 1
封之於○. 15-4
【商於】 5
臣請使秦王獻○之地. 26-11 而私○之地以爲利也, 26-13 不穀得○之田. 26-15 而得○之地六百里. 26-17 臣見○之地不可得. 26-18
【清河】 4
西有○. 68-16 未嘗倍太山絶○涉渤海也. 68-19 東有○. 145-2 告齊使興師度○. 148-12
【淇】 1
據衛取○則齊必入朝. 144-21
【淇水】 1
○竭而洹水不流. 21-2
【淇谷】 1
左飲於○. 21-2
【涿鹿】 2
黄帝伐○而禽蚩尤. 16-1 黄帝戰於○之野. 195-16
【淮】 2
○泗之間亦可得也. 102-14 東有○潁沂黄煑棗海鹽無疎. 184-6
【淮北】 8
有○則楚之東國危. 89-20 與○之地也. 125-14 殘楚○. 256-14 足下以宋加○. 256-18 而歸楚之○. 257-10 歸楚之○. 257-11 且又○宋地. 267-13 取○之地. 281-12
【深井里】 2
軹○聶政. 236-25 此吾弟軹○聶政也. 238-14
【梁】 108
寡人將寄徑於○. 1-11 夫○之君臣欲得九鼎. 1-12 鼎入○. 1-13 今攻○. 11-6 ○必破. 11-6 踐韓而以攻○. 11-13 兵至○郭. 19-16 圍○數旬. 19-17 則○可拔. 19-17 拔○. 19-17 ○有懸黎. 36-17 縣之廟○. 40-6 ○人有東門吳者. 42-25 乃與即爲○餘子同也. 43-4 天下乃釋○. 54-16 昭衍爲周之○. 56-15 且○監門子. 61-3 嘗盜於○. 61-3 ○之大盜. 61-4 ○之大盜. 61-12 係○太子申. 65-11 今齊楚燕趙韓○六國之遞甚也. 67-24 今韓○之目未嘗乾. 68-5 非齊親而韓○疏也. 68-6 齊遠秦而韓○近. 68-6 今秦欲攻○絳安邑. 68-7 南面而孤楚韓○. 68-8 而出銳師以戍○絳安邑. 68-10 秦必不敢攻○. 68-11 故儀願乞不肖身而之○. 71-15 齊○之兵連於城下. 71-16 納之○. 71-18 故儀願乞不肖身而之○. 72-1 齊必舉兵伐○. 72-1 ○齊之兵連於城下不能去. 72-1 與革車三十乘而納儀於○. 72-3 犀首以○爲齊戰於承匡而不勝. 72-7 儀以秦○之齊合横親. 72-8 西遊於○. 83-14 ○使三反. 83-19 有陰平陸則○門不啓. 89-21 出○門. 90-14 故爲○山陽君請封於楚. 104-23 縣於其廟○. 127-4 使得爲君高鳴屈於○乎. 128-15 秦韓圍○. 136-19 秦必過周韓而有○. 136-20 亡其北陽而○危. 141-24 有○而伐趙. 142-14 有趙而伐○. 142-14 秦之欲伐韓○. 142-21 必爲楚攻韓○. 142-24 怒韓○之不救己. 142-24 秦禍安移於○矣. 143-4 ○不待伐矣. 143-4 秦與○爲上交. 143-5 以强秦之有韓○楚. 143-6 出銳師以戍韓○西邊. 143-8 趙王因起兵南戍韓○之西邊. 143-13 ○客辛垣衍安在. 162-16 吾將使○及燕助之. 163-4 若乃○. 163-5 則吾乃○人也. 163-6 先生惡能使○助之耶. 163-6 ○未睹秦稱帝之害故也. 163-6 使○睹秦稱帝之害. 163-7 然○之比於秦若僕耶. 163-15 ○亦萬乘之國. 164-7 處○之官. 164-12 而慕思不可得之小○. 165-3 入○. 173-13 翟章從○來. 175-17 從鄭至○. 185-9 從陳至○. 185-9 不待倦而至○. 185-9 楚王攻○南. 193-12 此非但攻○也. 202-13 乃罷○圍. 203-9 且無○孰與無河内急. 203-22○急. 203-22 無○孰與無身急. 203-22 晉國之去○也. 207-19 又長驅○北. 207-22 昔竊聞大王之謀出事於○. 211-3 ○者. 211-4 秦攻○者. 211-6 而韓魏壤○. 213-5 必魏之○也. 213-8 未卒而移兵於○. 213-15 楚威王攻○. 232-1 與楚攻○. 232-1 秦王欲出事於○. 240-19 秦之欲攻○也. 240-21 欲得○以臨韓. 240-21 恐○之不聽也. 240-21 ○必怒於韓之不與己. 240-22 不如急發重使之趙○. 240-23 使山東皆以銳師戍韓○之西邊. 240-24 遠薄○郭. 244-11 之卒者出士以戍韓○之西邊. 269-4 今韓○趙三國以合矣. 269-6 約戍韓○之西邊. 269-9 夫○兵勁而權重. 280-9 若扶○伐趙. 280-10 夫宋之不足如○也. 280-13 弱趙以强○. 280-13 德施於○而無怨於趙. 280-17 發○焚舟以專民. 289-13
【梁父】 1
及之罣黍○之陰. 80-25
【梁囿】 1
見○而樂之也. 12-15
【淄】 2
過於○上. 77-13 而馳乎○澠之間. 100-14
【淄水】 2
○至. 77-15 ○至. 77-17
【淄鼠】 1
齊取○. 81-11
【宿胥】 1
決○之口. 260-17
【密須氏】 2
試之弱○以爲武教. 211-10 得○而湯之服桀矣. 211-11
【隋】 1
寶珍○珠. 127-8
【陽】 1
必攻○右壤. 53-9
【陽人】 6
矯目新城○予太子. 107-16 臣爲太子得新城○. 107-18 又何新城○之敢求. 107-19 矯以新城○合世子. 234-7 世子得新城○. 234-9 又何新城○敢索. 234-10
【陽武】 2
令田章以○合於趙. 32-5 齊以○賜弊邑而納順子. 32-6
【陽城】 5
夫有宋則衛之○危. 89-20 以守○. 264-4 明日又使燕攻○及狸. 264-7 今燕又攻○及狸. 264-8 遂將以與燕戰於○. 264-10
【陽侯】 1
而世主不敢交○之塞. 55-15
【陽晉】 3
至闈○之道. 69-5 秦下兵攻衛○. 111-9 與新城○同也. 240-7
【陽翟】 3
昭獻在○. 3-8 若其王在○. 3-11 今已令楚王奉幾瑟以車百乘居○. 225-1
【参胡】 1
以備其○樓煩秦韓之邊. 150-21
【越】 34
○人請買之千金. 12-4 吳不亡○. 34-20 ○故亡吳. 34-20 吳亡於○. 34-21 富擅○隸. 35-25 ○之大夫種. 44-20 吳之信○也. 52-18 此正吳信○也. 52-25 吳王夫差棲○於會稽. 55-10 而宋○專用其兵. 91-3 强襲郢而棲○. 91-14 莒恃○而滅. 91-17 且王嘗用滑於○而納句章. 108-12 ○亂. 108-13 ○亂而楚治也. 108-15 今王以用之於○矣. 108-15 東有○纍. 121-21 是吳○無俊民也. 152-13 而弱○之所以霸. 158-11 繒恃齊以悍○. 211-16 齊和子亂而○人亡繒. 211-16 吳與○戰. 241-19 ○人大敗. 241-20 吳人入○而户撫之. 241-20 其後○與吳戰. 241-22 反以○事吳之禮事. 241-23 ○人不聽也. 241-23 宜使如○. 241-24 夫攻形不如○. 241-25 而弱○乘其弊以霸. 266-6 而使强秦處弱○之所以霸也. 266-9 胡與○人. 268-24 智又不如胡○之人矣. 269-1
【博】 2
嬴○之間. 95-10 攻齊得剛○以廣陶. 212-22
【博昌】 1
夫千乘○之間. 95-9
【博關】 1
趙涉河漳○. 146-3
【彭蠡】 1
左○之波. 182-22
【賁棗】 1
東有淮潁沂黄○海鹽無疎. 184-6
【葉】 3
九年而取宛○以北以强韓魏. 9-5 則以○蔡委於魏. 261-8 以○蔡. 261-11
【葉庭】 1
謀之於○之中. 1-14
【葉陽】 1
然而秦之○昆陽與舞陽高陵鄰. 207-14
【蕃】 1
有老人涉○而寒. 98-4
【蕃上】 1
西有○之虞. 100-14

【蕾水】 1
過〇. 98-4
【葛】 1
負蒿〇薛. 170-3
【葛薛】 1
抱〇陰成以爲趙養邑. 208-18
【蒯丘】 1
〇之植. 267-19
【蒯城】 1
十月而拔燕〇. 278-5
【朝歌】 2
〇之廢屠. 61-13 倍鄴〇. 207-5
【朝鮮】 1
燕東有〇遼東. 248-3
【葵丘】 1
至〇之會. 45-22
【軹】 2
〇深井里聶政. 236-25 此吾弟〇深井里聶政也. 238-14
【軹道】 2
夫秦下〇則南陽動. 144-21 下〇南陽高. 172-20
【棘津】 1
〇之讎不庸. 61-13
【棘溝】 2
亦襲魏之河北燒〇. 90-15 〇之燒也. 90-17
【雲中】 5
燕守〇. 146-2 西有〇九原. 248-4 踰〇九原. 248-11 秦下甲〇九原. 251-22 而李信出太原〇. 275-10
【雲夢】 5
楚王游於〇. 106-7 逃於〇之中. 114-1 與之馳騁乎〇之中. 125-9 楚必致橘柚〇之地. 144-15 荊有〇. 279-18
【棠谿】 1
皆出於冥山〇墨陽合伯膞. 222-3
【無疎】 1
東有淮潁沂黄煑棗海鹽〇. 184-6
【焦】 2
而請内〇黎牛狐之城. 156-14 不予〇黎牛狐. 156-16
【皋狼】 1
請蔡〇之地. 132-7
【皋梁】 1
因索蔡〇於趙. 181-10
【鉅防】 2
有長城〇. 253-9 雖有長城〇. 253-12
【鉅坊】 1
長城〇. 19-5
【鉅鹿】 1
而至〇之界三百里. 138-16
【殽】 5
昔歲〇下之事. 139-16 秦師不下〇. 231-3 秦師不下〇. 231-5 而秦師不下〇. 231-16 果下師於〇以救韓. 231-19
【殽塞】 3
自〇谿谷. 31-8 爲齊兵困於〇之上. 147-7 則秦不出〇. 258-7
【番吾】 4
戰於〇之下. 69-23 據〇. 144-23 據〇. 148-5 過〇. 152-19
【勝】 2
必起中山與〇焉. 173-3 秦起中山與〇. 173-3
【鄒】 9
則〇魯陳蔡. 94-5 是〇魯無奇行也. 152-12 假涂於〇. 164-3 夷維子謂〇之孤曰. 164-3 〇之羣臣曰. 164-5 故不敢入於〇. 164-6 〇魯之臣. 164-6 然且欲行天子之禮於〇魯之臣. 164-7 是使三晉之大臣不如〇魯之僕妾也. 164-9
【鄗】 5
武王目〇. 126-12 引水圍〇. 150-24 即〇幾不守. 150-25 令栗腹以四十萬攻〇. 271-23 趙使廉頗以八萬遇栗腹於〇. 271-24
【遂浦】 1
亦聞於〇. 113-21
【湘】 1
食〇波之魚. 125-4
【渤海】 4
北有〇. 68-17 未嘗倍太山絶清河涉〇也. 68-19 齊涉〇. 146-4 齊涉〇. 146-5
【温】 2
〇人之周. 4-16 反〇枳高平於魏. 139-2
【温囿】 6
〇不下此. 12-15 今王許戍三萬人與〇. 12-20 而利〇以爲樂. 12-21 臣嘗聞〇之利. 12-22 周君得〇. 12-22 魏王因使孟卯致〇於周君而許之戍也. 12-24
【渭】 1
南帶涇〇. 38-17
【渭陽】 1
身爲漁父而釣於〇之濱耳. 37-12
【滑】 1
且王嘗用〇於越而納句章. 108-12
【運】 2
今公疾攻魏之〇. 243-7 攻〇而取之易矣. 243-9
【補遂】 1
昔者神農伐〇. 16-1
【强臺】 3
楚王登〇而望崩山. 200-8 遂盟〇而弗登. 200-10 〇之樂也. 200-12
【费】 2
昔者曾子處〇. 29-13 〇人有與曾子同名族者而殺人. 29-13
【絳】 5
今秦欲攻梁〇安邑. 68-7 秦得〇安邑以東下河. 68-7 而出銳師以戍梁〇安邑. 68-10 而魏效〇安邑. 203-5 而欲攻〇安邑. 240-19
【絳水】 1
〇利以灌平陽. 49-19
【幾】 2
反攻魏〇. 156-22 廉頗救〇. 156-23
【鄢】 13
南亡〇郢漢中. 42-15 一戰舉〇郢. 46-3 或拔〇郢夷陵. 51-16 〇郢大夫. 101-24 則〇郢動矣. 109-4 楚無〇郢漢中. 111-25 請復〇郢漢中. 112-2 其效〇郢漢中必緩矣. 112-13 秦果舉〇郢巫上蔡陳之地. 124-6 南有鴻溝陳汝南有許〇昆陽邵陵舞陽新郪. 184-5 秦果南攻藍田〇郢. 211-12 則南圍〇. 246-22 拔〇郢. 289-3
【鄢郢】 2
〇者. 81-14 伐楚取〇矣. 81-15
【鄢陵】 6
許〇嬰城. 53-25 許〇危. 189-23 謂樓子於〇曰. 209-4 得許〇以廣陶. 212-22 許〇必議. 212-24 不能愛其許〇與梧. 230-1
【鼓】 1
必效〇. 175-9
【蓄】 1
韓氏因圍〇. 193-12
【蒼梧】 1
南有洞庭〇. 108-22
【蒲】 13
又取〇衍首垣. 52-7 秦攻衞之〇. 282-4 公之伐〇. 282-4 以有〇也. 282-5 今〇入於魏. 282-5 公釋〇勿攻. 282-9 臣請爲公入戒〇守. 282-9 胡衍因入〇. 282-11 樗里子知〇之病也. 282-11 吾必取〇. 282-11 今臣能使釋〇勿攻. 282-12 〇守再拜. 282-12 胡衍取金於〇. 282-13
【蒲反】 1
〇平陽相去百里. 107-8
【楚】 843
寡人將寄徑於〇. 1-13 〇之君臣欲得九鼎. 1-14 若入〇. 1-14 景翠以〇之衆. 2-4 西周欲和於〇韓. 2-19 臣恐西周之與〇. 2-19 不如謂〇韓曰. 2-20 西周之寶不入〇韓. 2-21 〇韓欲得寶. 2-22 是我爲〇韓取寶以德之也. 2-23 主君令陳封之〇. 3-9 〇韓之遇也. 3-9 主君令許公之〇. 3-10 發重使使之〇. 3-16 〇攻雍氏. 3-21 制齊〇三晉之命. 5-6 是君以合齊與强〇吏産子. 6-1 嘗欲東周與〇惡. 8-5 吾又恐東周之賊己而以輕西周惡之於〇. 8-7 薛公以齊爲韓魏攻〇. 9-4 君以齊爲韓魏攻〇. 9-5 韓魏南無〇憂. 9-7 欲王令〇割東國以與齊也. 9-11 而以〇之東國自免也. 9-13 號言伐〇. 10-6 公不聞〇計乎. 10-15 是〇病也. 10-17 此告〇病也. 10-18 〇卒不拔雍氏而去. 10-23 〇有養由基者. 11-7 〇兵在山南. 11-16 因泄之〇. 11-18 必名曰謀〇. 11-19 〇請道於二周之間. 11-22 齊秦恐〇之取九鼎也. 11-23 必救韓魏而攻〇. 11-24 〇不能守方城之外. 11-24 〇必將自取之矣. 11-25 則〇方城之外危. 13-3 〇趙皆輕. 13-4 陳蔡亡於〇. 13-13 〇宋不利秦之德三國也. 13-22 親魏善〇. 21-23 〇臨南鄭. 21-24 侵〇魏之地. 21-25 而求解乎〇魏. 22-16 以鼎與〇. 22-16 重而使之〇. 22-21 今身在〇. 22-22 張儀欲以漢中與〇. 23-2 漢中南邊爲〇利. 23-3 王割漢中以爲和〇. 23-4 〇必畔天下而與王. 23-5 王今以漢中與〇. 23-5 王何以市〇也. 23-6 〇攻魏. 23-8 〇也. 23-18 〇智横君之善用兵. 23-19 軫馳〇秦之間. 23-23 今〇不加善秦而善軫. 23-24 且軫欲去秦而之〇. 23-25 吾聞子欲去秦而之〇. 24-1 〇亦何以軫爲

忠乎. 24-5 吾不之○. 24-5 陳軫去○之秦. 24-8 常以國情輸○. 24-8 卽復之○. 24-9 軫安敢之○也. 24-9 臣願之○. 24-12 儀以子爲之○. 24-12 吾又自知子之○. 24-12 子非○. 24-13 必故之○. 24-13 而明臣之○與不也. 24-14 ○人有兩妻者. 24-14 以此明臣之○與不. 24-20 軫必之○. 24-23 子必之○也. 24-24 ○何以軫爲. 25-2 軫不之○. 25-3 齊助○攻秦. 26-3 ○之交善. 26-3 ○方懽. 26-4 是○孤也. 26-20 ○因使一將軍受地於秦. 27-1 張儀知○絶齊也. 27-3 ○兵大敗於杜陵. 27-10 故○之土壤士民非削弱. 27-11 ○絶齊. 27-13 齊舉兵伐○. 27-13 今齊○相伐. 27-16 王獨不聞吳人之遊○者乎. 27-18 齊○今戰. 28-1 而無伐○之害. 28-2 韓○乘吾弊. 29-24 不如許○漢中以懽之. 29-25 ○懽而不進. 29-25 果使馮章許○漢中. 30-1 ○畔秦而合於韓. 30-17 ○雖合韓. 30-17 韓亦恐戰而○有變其後. 30-18 韓○必相御也. 30-18 ○言與韓. 30-18 ○客來使者多健. 30-21 甘茂約秦魏而攻○. 31-25 ○之相秦者屈蓋. 31-25 爲○和於秦. 31-25 秦啓關而聽○使. 31-25 怵於○而不使魏制和. 32-1 ○必曰. 32-1 不悅而合於○. 32-2 ○魏爲一. 32-2 而後制晉○之勝. 32-18 秦王安能制晉○哉. 32-20 則晉○不信. 32-20 則晉○爲制於秦. 32-21 則必不走於秦且走晉○. 32-21 齊割地以實晉○. 32-22 則晉○安. 32-22 是晉○以秦破齊. 32-23 何晉○之智而齊秦之愚. 32-24 今公東而因言於○. 35-8 德○而觀薛公之爲公也. 35-9 ○破秦. 35-21 ○苞九夷. 35-23 ○有和璞. 36-17 無益於殷○. 38-5 齊人伐○. 39-1 以其伐○而肥韓魏也. 39-4 以威○趙. 39-8 趙彊則○附. 39-9 ○彊則趙附. 39-9 ○趙附則齊必懼. 39-9 南地入○魏. 42-20 開罪於○魏. 43-24 ○之吳起. 44-20 ○地持戟百萬. 46-3 以與○戰. 46-3 趙○懾服. 46-5 秦取○漢中. 48-3 大敗○軍. 48-3 韓魏聞○之困. 48-3 後三國謀攻○. 48-4 可發使告○曰. 48-5 今三國之兵且去○. 48-6 ○能應而共攻秦. 48-6 況於○之故地. 48-7 ○疑於秦之未必救己也. 48-7 則○之應之也必勸. 48-8 是○與三國謀出秦兵矣. 48-8 三國疾攻○. 48-9 ○必走秦以急. 48-9 則是我離秦而攻○也. 48-10 遂發重使之○. 48-12 ○之應之果勸. 48-12 於是三國并力攻○. 48-12 ○果告急於秦. 48-13 ○魏戰於陘山. 49-25 以絶秦於○. 49-25 ○敗於南陽. 49-25 魏畏秦○之合. 50-3 是魏勝○而亡地於秦也. 50-3 秦之○者多資矣. 50-4 以是告○. 50-6 ○使者景鯉在秦. 50-8 ○怒秦合. 50-8 魏請無與○遇而合於秦. 50-9 以秦與○爲昆弟國. 50-18 是示天下無○也. 50-19 ○知秦之孤. 50-20 卽○王. 51-11 ○王. 51-12 秦白起拔○西陵. 51-16 ○遂削弱. 51-17 ○人有黃歇者. 51-19 天下莫强於秦○. 51-21 今聞大王欲伐○. 51-21 不如善○. 51-22 ○燕之兵云翔不敢校. 52-5 絶○魏之脊. 52-9 今王妬○之不毀也. 52-21 而忘毀○之强魏也. 52-21 今王之攻○. 53-6 是王攻○之日. 53-7 是王有毀○之名. 53-11 且王攻○之日. 53-12 秦○之構而不離. 53-12 王破○於以肥韓魏於中國而勁齊. 53-15 一舉衆而注地於○. 53-19 莫若善○. 53-22 秦○合而爲一. 53-22 王一善○. 54-1 是燕趙無齊○. 54-4 持齊○. 54-5 臣竊惑王之輕齊易○. 55-3 不恤○交. 55-6 梁君伐○勝齊. 55-11 而韓○之兵不敢進. 55-15 非○受兵. 55-20 秦人援魏以拒○. 55-21 ○人援韓以拒秦. 55-21 則○孤而受兵也. 55-23 ○先得齊. 55-23 今亡於○. 56-8 公何不以秦○之重. 56-9 ○必便之矣. 56-9 是辛戎有秦○之重. 56-9 不韋使○服而見. 57-18 吾○人也. 57-19 又將在○. 62-11 魯宋事○而齊不事者. 62-13 吾豈可以先王之廟與○乎. 63-22 田忌亡齊而之○. 65-19 齊恐田忌欲以○權復於齊. 65-19 臣請爲留○. 65-20 鄒忌所以不善○者. 65-21 恐田忌之以○權復於齊也. 65-21 鄒忌以齊厚事○. 65-22 必以齊事○. 65-23 ○果封之於江南. 65-24 ○將伐齊. 67-13 子以齊○爲孰勝哉. 67-16 ○之權敵也. 67-17 ○大勝齊. 67-18 今齊○燕趙韓梁六國之遞甚也. 67-24 南面而孤○韓梁. 68-8 必南攻○. 68-12 ○秦構難. 68-12 今秦○嫁子取婦. 69-24 ○趙必救之. 71-5 ○趙果遽起兵而救韓. 71-7 乃使其舍人馮喜之○. 71-20 齊○之事已畢. 71-20 昭陽爲○伐魏. 72-15 ○之法. 72-16 ○有祠者. 72-19 今君相○而攻魏. 72-23 齊○救之. 73-15 齊○救趙. 73-15 則明日及齊○矣. 73-21 君何不留○太子. 75-3 可以益割於○. 75-8 可以忠太子而使○益入地. 75-9 可以爲蘇秦請封於○. 75-10 則○之計變. 75-14 臣請爲君之○. 75-16 ○得成. 75-16 故曰可以使○亟入地也. 75-20 ○之勢可多割也. 75-21 故曰可以益割於○. 75-22 太子何不倍○之割地而資齊. 76-1 倍○之割而延齊. 76-1 故曰可以使○益入地也. 76-2 夫剬○者王也. 76-9 而○功見矣. 76-10 ○交成. 76-10 且以便○也. 76-13 故多割○以滅迹也. 76-14 奉王而代立○太子者. 76-18 以其爲齊薄而爲○厚也. 76-20 故曰可以爲蘇秦請封於○也. 76-22 則是身與○爲讎也. 77-2 是君有○也. 77-3 至○. 79-24 君豈受○象牀哉. 80-4 今君到○而受象牀. 80-9 臣恐强秦大○承其後. 81-9 ○之柱國也. 81-14 伐○取鄢郢矣. 81-15 韓魏趙○之志. 81-19 趙魏○得齊. 81-22 有淮北則○之東國危. 89-20 燕○以形服. 89-22 ○人救趙而伐魏. 90-14 齊之與韓魏伐秦○也. 90-24 秦○戰韓魏不休. 91-2 南伐○. 94-7 大王有伐齊○心. 94-7 然後圖齊○. 94-8 於是齊○怒. 94-10 且○攻南陽. 96-13 今○魏交退. 96-16 威信吳○. 97-19 貂勃使○. 99-3 貂勃從○來. 99-11 使收○故地. 101-25 故使蘇涓之○. 102-7 秦王欲○. 102-8 以示齊之有○. 102-9 齊見○. 102-9 非○之利也. 102-11 齊○構難. 103-3 子象爲○謂宋王曰. 103-3 ○以緩失宋. 103-4 是從齊而攻○. 103-5 齊戰勝○. 103-5 是以弱宋干强○也. 103-6 必南圖○. 103-10 而○果弗與地. 103-19 恐○之攻其後. 104-14 而魏無○憂. 104-15 是○魏共趙也. 104-15 而有○之不救己也. 104-17 必與魏合而目謀○. 104-17 趙恃○勁. 104-18 而見○救之不足畏也. 104-19 而齊秦應○. 104-20 ○因使景舍起兵救趙. 104-21 ○取睢濊之間. 104-21 故爲梁山陽君請封於○. 104-23 ○進兵大梁. 105-9 江乙欲惡昭奚恤於○. 105-13 江乙爲魏使於○. 106-17 聞○之俗. 106-17 州侯相○. 106-20 南游於○. 107-5 ○之捋國. 107-6 ○之强敵也. 107-6 而○以上梁應之. 107-7 ○目弱新城圍之. 107-7 乃爲具駟馬乘車五百金之○. 107-13 遂南交於○. 107-14 而太子有○秦以爭國. 107-16 鄭申爲○使於韓. 107-16 必懸命於○. 107-19 ○杜赫說○王以取趙. 107-23 故○南察瀨胡而野江東. 108-14 越亂而○治也. 108-15 ○. 108-21 ○地西有黔中巫郡. 108-22 夫以○之强與大王之賢. 108-24 秦之所害於天下莫如○. 109-1 ○强則秦弱. 109-2 ○弱則秦强. 109-2 故從合則○王. 109-10 則諸侯割地以事○. 109-16 則○割地以事秦. 109-16 以○當秦. 109-21 非秦而○. 110-7 非○而秦. 110-7 秦攻○之西. 110-9 卒有○禍. 110-14 秦兵之攻○也. 110-20 而○恃諸侯之救. 110-21 ○嘗與秦構難. 111-3 ○人不勝. 111-4 夫秦○相弊. 111-6 今秦之與○也. 111-16 臣請秦太子入質於○. 111-16 ○太子入質於秦. 111-17 ○無鄢郢漢中. 111-25 今○. 112-6 是○自行不如周. 112-7 必南伐○. 112-9 則○無謀臣矣. 112-10 今君能用○之衆. 112-11 則○衆不用矣. 112-11 昔者吳與○戰於栢舉. 113-6 昔吳與○戰於栢舉. 113-11 ○使新造盩棼冒勃蘇. 113-17 吳與○人戰於柏舉. 113-17 吳與○戰於柏舉. 113-23 ○七約食. 114-9 則○輕矣. 115-4 必爭事○. 115-6 又交重○也. 115-7 齊秦約攻○. 115-9 ○令景翠以六城賂齊. 115-9 秦恐且因景鯉蘇厲而效地於○. 115-10 必不求地而合於○. 115-12 術視伐○. 115-15 ○令昭鼠以十萬軍漢中. 115-15 四國伐○. 115-20 ○令昭睢將以距秦. 115-20 三國惡○之强也. 115-21 恐秦之變而聽○也. 115-21 必深攻○以勁秦. 115-22 必悉起而擊○. 115-22 秦王惡與○相弊而令天下. 115-24 秦○之合. 116-1 天下見○之無秦也. 116-5 ○必輕矣. 116-5 今○拘之. 116-7 勢爲王妻以臨于○. 116-11 子內擅○之貴. 116-15 子之子孫必爲○太子矣. 116-15○小臣. 116-21 而有秦○之用. 116-21 ○秦相難. 116-23 秦○爭事魏. 116-25 秦敗○漢中. 117-2 游騰爲○謂秦王曰. 117-2 而與天下攻○. 117-3 齊王歸○太子. 117-11 來取東地於○. 117-12 ○不能獨守. 117-24 ○亦不能獨守. 117-25 雖然○不能獨守也. 118-4 夫隘○太子弗出. 118-15 乃請子良南道○. 118-17 蘇秦之○. 119-15 張儀之○. 120-2 南后鄭褎貴於○. 120-3 黃金珠璣犀象出於○. 120-6○. 120-9 儀有秦而睢以○重之. 120-25 今儀困秦而睢收○. 120-25 將收韓魏輕儀而伐○. 121-1 儀據○勢. 121-2 惠子之○. 121-5 使惠施之○. 121-15 ○將入之秦而使行和. 121-15 凡爲伐秦者○也. 121-16 是明○之伐而信魏之和也. 121-16 今子從○爲和. 121-18 ○得其利. 121-19 是○孤也. 121-22 陳軫告○之魏. 121-25 軫猶善○. 121-25 而得復○. 122-2 因使人以儀之言聞於○. 122-3 今君相萬乘之○. 122-17 明說○大夫以伐秦. 125-17 ○太子橫爲質於齊. 125-25 令辛戎告○曰. 126-4 ○王子圍聘於鄭. 126-24 趙使魏加見○春申君曰. 127-14 ○考烈王無子. 128-17 春申君相○二十五年. 129-11 君相○二十餘年矣. 129-13 ○考烈王崩. 129-24 莫如遠○. 130-8 魏齊新怨○. 130-13○君雖欲攻燕. 130-13 夫○亦强大矣. 130-16 今謂○强大則有矣. 130-19 則豈○之任也我. 130-20 非○之任而○爲之. 130-20 是敝○也. 130-20 敝○見强魏也. 130-21 其妻之○. 135-4 ○人久伐而中山亡. 138-15 衛○正. 139-13 日者秦○戰於藍田. 139-17 因轉與○. 139-18 以○趙分齊. 141-19 秦從○魏攻齊. 142-3 有○而伐韓. 142-15 有韓而伐○. 142-15 是何○之知. 142-16 今南攻○者. 142-22 今攻○休而復之. 142-22 必與○爲兄弟之國. 142-23 必爲○攻韓梁. 142-24 反○之故地. 142-24 秦○爲一. 143-2 韓南無○. 143-2 有○韓之用. 143-4 以强秦之有韓梁○. 143-6 秦必怒而循攻○. 143-9 是秦禍不離○也. 143-9 是秦禍不離○也. 143-11 ○必致橘柚雲夢之地. 144-15 則齊必弱○魏. 144-19 ○弱則無援. 144-20 莫如一韓魏齊○燕趙. 145-23 秦攻○. 145-25 則○絶其後. 146-2 則○絶其後. 146-2 ○軍武關. 146-4 ○軍武關. 146-5 夫慮收亡齊罷○敝魏與不可知之趙. 147-3 以南伐○. 147-6 是則伐○攻秦. 147-9 收破齊罷○弊魏不可知之趙. 147-11 ○有四人起而從之. 147-16 今○與秦爲昆弟之國. 148-9 ○魏憎之. 156-12 樓緩欲以趙合秦○. 156-25 富丁恐主父之聽樓緩而合秦○也. 156-25 秦○必合而攻韓魏. 157-2 發使出重寶以附○魏. 161-19 ○魏欲得王之重寶. 161-20 趙使入○魏. 161-20 ○魏以趙爲嫌. 161-25 齊○則固助之矣. 163-5 以天下劫○. 170-22 而秦○禁之. 170-25 燕○辟. 171-8 ○與

魏韓將應之. 171-18 則○必攻宋. 171-22 以伐齊收○. 172-17 秦因收○而攻魏. 172-19 魏敗○於陘山. 178-8 乃結秦連○宋之交. 178-9 不下於○. 184-11 南與○境. 185-10 魏南與○而不與齊. 185-12 不親於○. 185-13 則○攻其南. 185-13 事秦則○韓必不敢動. 185-23 無○韓之患. 185-24 且夫秦之所欲弱莫如○. 186-1 而能弱○者莫若魏. 186-1 ○雖有富大之名. 186-1 勝○必矣. 186-3 夫虧○而益魏. 186-3 攻○而適秦. 186-3 齊魏約而伐○. 186-14 ○攻齊. 186-14 ○攻齊. 186-16 是示○無魏也. 186-17 魏怒合於○. 186-17 而疑之於○也. 186-18 魏王使李從以車百乘使於○. 187-8 李從以車百乘使○. 187-14 軫善事○. 187-22 夫魏欲絶○齊. 188-4 欲以絶齊○也. 188-6 張儀欲以魏合於秦韓而攻齊○. 188-15 惠施欲以魏合於齊○以案兵. 188-15 以魏合於秦韓而攻齊○. 188-17 齊○怒而欲攻魏. 188-23 齊○攻魏. 188-25 請令齊○解攻. 189-1 雍沮謂齊○之君曰. 189-1 齊○惡儀. 189-2 是齊○之兵折. 189-2 齊○之王曰. 189-6 公何不以○佐儀求相之於魏. 189-9 必南走○. 189-10 則公亦必并相○韓也. 189-10 ○許魏六城. 189-19 必反燕埊以下○. 189-20 ○趙必聽之. 189-20 是王失謀於○趙. 189-21○破南陽九夷. 189-22 尺○人. 190-4 何不陽與齊而陰結於○. 190-6 齊○必戰. 190-7 齊戰勝○. 190-7 ○戰勝齊敗. 190-7 齊王將見燕趙○之相於衞. 190-19 ○師必進矣. 193-13 交臂而聽○. 193-13 必與○戰. 193-14 ○魏也. 194-17 請爲王毋禁○之伐魏也. 194-17 秦嘗用此於○矣. 194-25 魏王令惠施之○. 196-9 施因令人先之○. 196-10 惠施之○. 196-11 則○必伐齊. 196-25 以休○而伐罷齊. 197-1 則必爲○禽矣. 197-1 是王以○毀齊也. 197-1 與魏和而下○. 197-4 而卑秦○. 197-6 必○也. 197-7 公子高在○. 197-14 ○將内而立之. 197-14 代也從○來. 198-1 秦○攻魏. 199-8 秦○勝魏. 199-8 秦恐失○. 199-10 魏内太子於○. 199-11 許○城埊. 199-13 欲與魏攻○. 199-13 恐魏之以太子在○不肯也. 199-13 而爲魏太子之尚在○也. 199-15 而復固秦○之交. 199-16 秦因合魏以攻○. 199-17 今王循○趙而講. 202-14 ○趙怒而與王爭事秦. 202-15 秦挾○趙之兵以復攻. 202-15 夫輕信○趙之兵. 202-24 願之及○趙之兵未任於大梁也. 203-2 ○趙怒於魏之先己講也. 203-4 ○魏爲一. 204-1 ○. 205-6 必不伐○與趙矣. 207-3 伐○. 207-6 以與○兵決於陳郊. 207-9 秦必不伐○與趙矣. 207-9 ○魏疑而韓不可得而約也. 208-2 則○趙必與之攻矣. 208-4 王速受○趙之約. 208-6 ○趙○大破. 208-14 魏太子在○. 209-4 公必且待齊○之合也. 209-4 今齊○之理. 209-5 其人皆欲合齊秦外○以輕公. 209-6 ○惡魏之事王也. 209-7 齊王故欲伐○. 209-7 外○以輕公. 209-9 豈若由○乎. 209-10 秦疾攻○. 209-10 ○還兵. 209-10 秦○重公. 209-12 齊○也. 209-19 翟强欲合齊秦外○. 209-22 樓廩欲合秦○外齊. 209-23 請合於○外齊. 209-24 必爲合於齊外於○. 209-25 是公外得齊○以爲用. 210-2 齊魏伐○而趙亡中山. 211-18 今王恃○之强. 211-23 魏秦伐○. 212-18 王不與秦攻○. 212-18 ○且與秦攻王. 212-18 王不如令秦○戰. 212-19 君攻○得宛穰以廣陶. 212-22 ○魏有怨. 214-20 猶晉人之與○人也. 214-23 晉人見○人之急. 214-24○人惡其緩而急之. 214-24 我欲之○. 215-20 君之○. 215-20 此非○之路也. 215-21 此非○之路也. 215-22 而離○愈遠耳. 215-22 猶至○而北行也. 215-24 翟强善○. 216-7 齊○約而欲攻魏. 216-15 今齊○之兵已在魏郊矣. 216-22 魏急則且割地而約齊○. 216-23 而强二敵之齊○也. 216-24 齊○聞之. 217-1 蘇秦爲○合從說韓王曰. 221-23 逆秦而順○. 223-10 莫如弱○. 223-11 而能弱○者莫如韓. 223-11 非以韓能强於○也. 223-12 今王西面而事秦以攻○. 223-12 夫攻○而私其地. 223-13 ○昭獻相韓. 224-3 不如貴昭獻以固○. 224-3 秦必曰○韓合矣. 224-4 公叔之攻○也. 224-25 故言先○也. 224-25 必疑公叔爲○也. 225-3 必之○矣. 225-5 ○必敗之. 225-17 今秦之心欲伐○. 226-1 與之伐○. 226-2 韓得○救. 226-10 弊邑將以○殉韓. 226-14○也. 226-16 恃○之虚名. 226-16 且○韓非兄弟之國也. 226-17 秦欲伐○. 226-18 ○因以起師言救韓. 226-18 而信○之謀臣. 226-20○救不至. 226-21 智爲○笑. 226-22 今公與○解. 227-6 秦○合. 227-7 吾合秦○. 227-8 今秦○爭强. 227-13 而公黨於○. 227-13 人皆言○之多變也. 227-14 今公言善韓以備○. 227-17 公何不以秦爲韓求潁川於○. 227-21 是令行於○而以其地德韓也. 227-22 是韓○之怨不解. 227-23 秦○爭强. 227-23 而公過○以攻韓. 227-23 收○韓以安之. 227-25 ○趙皆公之讎也. 228-6 齊○之交善秦. 228-25 且以善齊而絶齊乎○. 229-1 恐齊以○遇爲有陰於秦魏也. 229-2 將以合齊秦而絶齊於○也. 229-3 齊無以信魏之合己於秦而攻於○也. 229-4 齊又畏○之有陰於秦魏也. 229-5 必重○. 229-5 魏之絶齊於○明矣. 229-6 齊○信之. 229-6 齊必重○. 229-7 今謂○强大則有矣. 229-13 則豈○之任也哉. 229-13 且非○之任. 229-14 而○爲之. 229-14 是弊○也. 229-14 强○弊○. 229-15 臣爲王之○. 229-18 人皆以○爲强. 229-23 假道兩周倍韓以攻○. 229-25 秦○鬭之日也已. 230-2 南委國於○. 230-5 常仗趙而畔○. 230-7 ○圍雍氏五月. 231-3 韓急則折而入於○矣. 231-14 故敢捍○. 231-16 公叔且以國南合於○. 231-17 ○韓爲一. 231-17 是○以三國謀秦也. 231-18 ○圍雍氏. 231-22 請道於南鄭藍田以入攻○. 231-23 與○攻梁. 232-1 魏折而入於○. 232-2 ○與魏大戰. 232-3 而陰善○. 232-4 必輕與○戰. 232-5 ○陰得秦之不用也. 232-5 公戰勝○. 232-6 遂與公乘○. 232-6 公戰不勝○. 232-6 以公不如亟以國合於齊○. 232-10 則害於○. 232-16 公不如告○趙. 232-17 ○趙惡之. 232-17 ○聞之. 232-17 言之○. 232-20 而○魏皆德公之國矣. 232-25 夫○欲置公子高. 233-1 而不患○之能揚河外也. 233-9 毋秦患而得○. 233-12 ○之縣而已. 233-12 而交○也. 233-13 ○怒. 234-8 必縣命於○. 234-10 ○善之. 234-19 今○欲善齊甚. 234-19 ○聽. 234-20 是齊○合. 234-20 而外得秦○也. 235-4 秦○若無韓. 235-5 秦○挾幾瑟以塞伯嬰. 235-7 伯嬰外無秦○之權. 235-7 公叔伯嬰恐秦○之内幾瑟也. 235-10 公何不爲韓求質子於○. 235-10 則公叔伯嬰必知秦○之不以幾瑟爲事也. 235-11 必以韓合於秦○矣. 235-12 秦○挾韓以窘魏. 235-12 公又令秦求質子於○. 235-13 ○不聽. 235-13 韓挾齊魏以盼○. 235-13 公挾秦○之重. 235-14 胡衍之出幾瑟於○也. 235-17 太子在○. 235-17 韓不敢離○也. 235-18 幾瑟亡之○. 235-22 ○將收秦而復之. 235-22 廢公叔而相幾瑟者○也. 235-22 今幾瑟亡之○. 235-23 ○又收秦而復之. 235-23 ○之縣邑. 235-24 韓絶於○. 235-24 齊○後至者先亡. 235-25 幾瑟亡在○. 236-2 令○兵十餘萬在方城之外. 236-2 臣請令○築萬家之都於雍氏之旁. 236-3 公因以○韓之兵奉幾瑟而内之鄭. 236-4 必以韓○奉公矣. 236-5 ○令景鯉入韓. 236-7 秦必留太子而合○. 236-8 史疾爲韓使○. 236-14 請問○人謂此鳥何. 236-17 晉○齊衞聞之曰. 238-15 ○魏必恐. 240-9 則晉○智而韓秦愚也. 240-16 晉○合. 240-16 必圖晉○. 240-17 張丑之合齊○講於魏也. 243-7 則必以地和於齊○. 243-8 張丑因謂齊○曰. 243-10 齊○恐. 243-11 而恐○之怒也. 243-18 其形乃可以善○. 243-20 而不敢爲○計. 243-20 勢必不善○. 243-22 珉必以國保○. 243-23 ○之事. 243-24 陳蔡亡於○. 244-13 甘茂約○趙而反敬魏. 244-22 二人者必入秦○. 245-4 今○攻齊取莒. 245-9 山陽君因使之○. 245-10 秦招○而伐齊. 245-19 ○之齊者知西不合於秦. 245-19 必且務以○合於齊. 245-20 齊○合. 245-20 不如先收於○之齊者. 245-21 ○之齊者先務以○合於齊. 245-22 則○必卽秦矣. 245-22 以强秦而有晉○. 245-22 交善○魏也. 246-20 秦見君之交反善於○魏也. 246-21 足下不踰○境. 250-21○魏者. 252-16 南附○則○重. 253-3 南攻○五年. 253-4 與○三晉攻秦. 253-22 與秦○三晉合謀以伐齊. 256-9 殘○淮北. 256-14 而歸○之淮北. 257-10 歸○之淮北. 257-11 ○不出疏章. 258-8 昔者○取章武. 258-10 南罷於○. 258-18 ○得枳而國亡. 260-3 齊○不得以有枳宋事秦者. 260-4 正告○曰. 260-6 重○. 261-3 則以南陽委於○曰. 261-3 苟利於○. 261-4 因以塞鄳隘爲○罪. 261-5 適○者曰. 261-11 伍子胥逃○而之吳. 263-1 張儀逃於○. 263-4 ○使將軍之燕. 266-2 ○魏之所同願也. 267-14 約○魏宋盡力. 267-14 必南伐○. 269-7 趙見秦之伐○也. 269-7 今久伐○. 269-8 齊南破○. 269-13 齊南破○. 269-18 燕使太子請救於○. 271-3 ○軍欲還不可得也. 271-7 以爲燕○與魏謀之. 271-9 無與共擊○. 271-10○師乃還. 271-10 南連齊○. 274-6 又舉兵南伐○. 275-9 公輸般爲○設機. 279-9 公不如令○賀君之孝. 280-20 宋與○爲兄弟. 280-23 宋因賣○重以求講於齊. 280-23 以明宋之賣○重於齊也. 280-25 ○怒. 280-25 齊○合. 280-25 司馬子期怒而走於○. 288-2 連好齊○. 288-23 ○. 289-2 君前率數萬之衆入○. 289-3 ○人震恐. 289-3 ○人自戰其地. 289-16

【楚山】 1

昔王季歷葬於○之尾. 194-1

【楚國】 24

○不尙全事. 27-7 壹○之俗. 46-8 ○. 52-23 則○之形危. 96-15 請悉○之衆也. 103-17 山陽君無功於○. 104-24 今君擅○之勢. 105-25 如是必長得重於○. 106-3 非○之利也. 108-11 ○之大利也. 108-18 ○僻陋. 111-21 寧○之事. 113-2 ○亡之月至矣. 113-7 ○社稷其庶幾乎. 113-25 ○之食貴於玉. 119-17 將以爲○祅祥乎. 124-3 ○必亡矣. 124-5 今○雖小. 124-11○封盡可得. 129-5 因而有○. 129-16 ○必伐矣. 226-6 ○不大病矣. 226-9 而免○之患也. 226-11 ○多盜. 236-16

【楊越】 1

南攻○. 46-8

【槐谷】 1

彼來則置之○. 31-11

【榆中】 2

至於○千五百里. 138-16 至○. 154-16

【榆次】 1

而不知○之禍也. 52-16

【榆關】 1

伐○而韓氏亡鄭. 211-17

【甄】 1
宋衞乃當阿○耳. 35-24
【頓丘】 2
虛○危. 189-22 魏無虛○. 260-17
【督亢】 2
與燕○之地圖獻秦王. 276-1 及獻燕之○之地圖. 277-7
【虞】 9
又欲伐○. 23-16 因而伐○. 23-18 ○之乞人. 61-15 晉人欲亡○而伐虢. 208-22 亡○之始也. 208-23 故荀息以馬與璧假道於○. 208-23 反而取○. 208-24 魏之○也. 209-1 ○之爲也. 209-2
【睢】 1
楚取○濊之間. 104-21
【鄙人】 1
其○之賈人也. 61-14
【黽池】 1
趙入朝○. 69-25
【黽塞】 2
塡○之內. 125-11 而投己乎○之外. 125-11
【暉臺】 1
謀之○之下. 1-12
【路涉】 1
必以○端氏賂趙. 141-14
【睪】 1
廬○在其北. 182-25
【睪黍】 1
及之○梁父之陰. 80-25
【蜀】 14
西有巴○漢中之利. 15-15 司馬錯欲伐○. 21-21 今夫○. 22-1 夫○. 22-8 不如伐○之完也. 22-17 卒起兵伐○. 22-18 遂定○. 22-18 而使陳莊相○. 22-18 ○既屬. 22-19 臣聞張儀西并巴○之地. 29-7 右隴○. 38-17 南并○漢. 46-4 棧道千里於○漢. 46-17 ○地之甲. 260-6
【會稽】 4
吳王夫差棲越於○. 55-10 保於○之上. 241-20 越王勾踐棲於○. 256-23 猶勾踐困於○之時也. 289-24
【新城】 13
秦攻○宜陽. 21-24 至於○. 107-5 楚目弱○圍之. 107-7 ○上梁相去五百里. 107-9 故楚王何不目○爲主郡也. 107-10 楚王果以○爲主郡. 107-14 矯目○陽人予太子. 107-16 臣爲太子得○陽人. 107-18 又何○陽人之敢求. 107-19 矯以○陽人合世子. 234-7 世子得○陽人. 234-9 又何○陽人敢索. 234-10 與○陽晉同也. 240-7
【新鄭】 1
南有鴻溝陳汝南有許鄢昆陽邵陵舞陽○. 184-5
【新觀】 1
○也. 189-23
【雍氏】 10
楚攻○. 3-21 ○之役. 10-12 今圍○五月不能拔. 10-17 必勸楚王益兵守○. 10-18 ○必拔. 10-19 楚卒不拔○而去. 10-23 楚圍○五月. 231-3 今○圍. 231-16 楚圍○. 231-22 臣請令楚築萬家之都於○之旁. 236-3
【雍門】 4
使輕車銳騎衝○. 65-16 ○養椒亦. 84-23 ○司馬前曰. 101-16 即墨大夫與○司馬諫而聽之. 101-19
【義渠】 2
今者○之事急. 37-5 今○之事已. 37-5
【滏】 2
前漳○. 165-1 絕漳○之水. 207-5
【裸國】 1
而禹袒入○. 149-12
【搏關】 1
指○. 70-1
【趙】 766
而又知○之難子齊人戰. 4-22 上黨長子○之有已. 4-24 君弗如急北兵趨○以秦魏. 5-15 則○恐伐. 5-21 秦以○攻. 5-22 與之齊伐○. 5-22 以地合於魏. 5-25 將以觀秦之應○宋. 6-5 將興○宋合於東方以孤秦. 6-6 則賣○宋於三國. 6-7 欲秦○之相賣乎. 6-8 則秦○必相賣以合於王也. 6-9 秦知○之難與齊戰也. 6-11 將恐齊○之合也. 6-11 ○不敢戰. 6-12 秦○爭齊. 6-12 ○取周之祭地. 6-23 鄭朝獻之○太卜. 6-24 ○乃還之. 6-25 ○之上計. 9-19 而全○令其止. 9-22 重亦盡在○. 10-1 攻○. 11-5 而北攻○. 11-12 韓兼兩上黨以臨○. 13-3 卽○羊腸以上危. 13-4 楚○皆輕. 13-4 因○以止易也. 13-5 君不如使周最陰合於○以備秦. 13-14 故蘇秦相於○而關不通. 17-3 使○大重. 17-8 ○固負其衆. 17-20 燕○惡齊秦之合. 18-2 則荆○之志絕. 19-17 荆○之志絕. 19-18 則○危. 19-18 ○危而荆孤. 19-18 然則是舉○則韓必亡. 20-10 且夫○當亡不亡. 20-17 舉○亡韓. 21-11 ○不舉. 21-12 以因于齊○. 22-16 ○且與秦伐齊. 32-5 令田章以陽武合於○. 32-5 秦王使公子他之○. 32-8 秦且益○甲四萬人以伐齊. 32-13 必不益○甲四萬人以伐齊. 32-15 今破齊以肥○. 32-16 ○. 32-16 必不益○甲四萬人以伐齊矣. 33-2 齊○合. 34-22 必事○從公. 35-15 ○獨擅之. 39-6 以威楚○. 39-8 ○彊則楚附. 39-9 楚彊則○附. 39-9 楚○附則齊必懼. 39-9 李兌用○. 40-7 合從相聚於○. 42-2 ○亡. 42-14 ○亡. 42-17 上黨之民皆返爲○. 42-19 今攻○. 42-19 蔡澤見逐於○. 44-6 又越韓魏攻强○. 46-4 ○楚懾服. 46-5 北遊於燕○. 51-13 智氏見伐○之利. 52-16 從而伐○. 52-20 是燕○無齊楚. 54-4 無燕○也. 54-4 然後危動燕○. 54-5 曰○强何若. 54-10 ○人聞之至枝桑. 54-18 西說○. 54-20 今王廣德魏○. 55-5 制○韓之兵. 55-12 秦子異人質於○. 56-25 弃在於○. 57-10 王后乃請○而歸之. 57-13 ○未之遣. 57-14 不韋說○曰. 57-14 使秦而欲屠○. 57-15 ○厚送遣之. 57-16 ○乃遣之. 57-17 陛下嘗軔車於○矣. 57-21 ○之豪桀. 57-21 文信侯欲攻○以廣河間. 58-3 欲與燕共伐○. 58-4 燕者必徑於○. 58-5 ○人得唐者. 58-5 應侯欲伐○. 58-16 請爲張唐先報○. 58-20 則伐○. 58-23 欲攻○而廣河間也. 58-24 與强○攻弱燕. 58-25 ○攻燕. 58-25 與司空馬之○. 59-3 ○以爲守相. 59-3 秦下甲而攻○. 59-3 習○事. 59-6 請爲大王設秦○之戰. 59-6○孰與秦大. 59-7 卿不遠○. 59-11 大王裂○之半以賂秦. 59-12 秦不接刃而得○之半. 59-12 内惡○之守. 59-13 ○守半國以自存. 59-14 亡○自危. 59-15 則是大王名亡○之半. 59-16 前日秦下甲攻○. 59-17 ○賂以河間十二縣. 59-18 今又割○之半以强秦. 59-18 請爲大王悉○兵以遇. 59-21 司空馬去○. 59-23 秦兵下○. 59-23 上客從○來. 59-23 ○事何如. 59-24 ○必亡. 59-25 ○何時亡. 59-25 ○將武安君. 60-1 五月○亡. 60-13 去○. 60-15 ○去司空馬而國亡. 60-16 臣於○而逐. 61-4 ○之逐臣. 61-4 ○之逐臣. 61-12 ○求救於齊. 64-8 救○孰與勿救. 64-8 是○不拔而魏全也. 64-12 是○破而魏弱也. 64-14 燕○韓魏聞之. 66-21 今齊楚燕○韓梁六國之遞甚也. 67-24 北向而孤燕○. 68-9 蘇秦爲○合從. 68-16 必謂齊西有强○. 69-17 今○之與秦也. 69-22 秦○戰於河漳之上. 69-22 ○亡卒數十萬. 69-23 秦强而○弱也. 69-24 ○入朝黽池. 69-25 悉○涉河關. 70-1 楚○必救之. 71-5 楚○果遽起兵而救韓. 71-7 秦攻○. 73-3 ○令樓緩以五城求講於秦. 73-3 王欲秦○之解乎. 73-5 不如從合於○. 73-5 ○必倍秦. 73-5 秦使魏冉之○. 73-8 薛公使魏處之○. 73-8 而身與○戰矣. 73-9 ○可取唐曲逆. 73-12 命懸於○. 73-12 秦攻○長平. 73-15 齊楚救○. 73-15 ○無以食. 73-17 且○之於燕齊. 73-19 今日亡○. 73-20 且夫救○之務. 73-21 夫救○. 73-22 義救亡○. 73-22 東有○魏. 73-25 ○魏不伐. 74-1 ○魏亦不免與秦爲患矣. 74-2 今齊秦伐○魏. 74-2 則亦不果於○魏之應秦而伐周韓. 74-3 令齊入於秦而伐○魏. 74-3 ○魏亡之後. 74-4 ○之柱國也. 81-14 伐○取晉陽. 81-15 今又刦○魏. 81-17 絕○之東陽. 81-18 則○魏亦危矣. 81-18 ○魏危. 81-19 韓魏○楚之志. 81-19 ○魏楚得齊. 81-22 故秦○魏得齊者重. 81-22 約伐○. 89-15 伐○不如伐宋之利. 89-18 有濟西則○之河東危. 89-20 挑○索戰. 90-11 衞非强於○也. 90-13 楚人救○而伐魏. 90-14 ○得是藉也. 90-15 此皆非○魏之欲也. 90-17 中山悉起而迎燕○. 92-23 則○必從矣. 94-6 被圍於○. 96-20 齊之反○魏之後. 103-19 王不如無救○. 104-11 其割○必深矣. 104-12 ○不能聽. 104-12 夫魏之攻○也. 104-14 今不救○. 104-15 ○有亡形. 104-15 是楚魏共○也. 104-15 且魏令兵以深割○. 104-16 ○見亡形. 104-17 目爲○援. 104-18 ○恃楚勁. 104-18 魏怒於○之勁. 104-19 必不釋○. 104-19 ○魏相弊. 104-19 楚因使景舍起兵救○. 104-21 楚杜赫說楚王以取○. 107-23 赫不能得○. 107-25 得○而王無加焉. 108-1 是不能得○也. 108-3 蘇秦爲○合從. 108-21 則韓魏齊燕○衞之妙音美人. 109-8 ○代良馬橐他. 109-9 而燕○魏不敢不聽. 116-1 臣請辟於○. 124-5 之○. 124-6 徵莊辛於○. 124-7 孫子去之○. 126-15 ○以爲上卿. 126-15 於是使人請孫子於○. 126-20 李兌用○. 127-3 ○使魏加見楚春申君曰. 127-14 ○人李園. 128-18 今燕之罪大而○怒深. 130-11 故君不如北兵以德○. 130-12 若越○魏而鬬兵於燕. 130-19 知伯從韓魏兵以攻○. 131-3 夫從韓魏之兵而攻○. 131-6 ○亡. 131-6 今約勝○而三分其地. 131-7 夫勝○而三分其地. 131-11 是疵爲○計矣. 131-13 而解於攻○也. 131-13 知伯帥○韓魏而伐范中行氏. 131-21 又使人之○. 132-6 將以伐○. 132-8 今知伯帥二國之君伐○. 133-5 ○將亡矣. 133-5 破○三分其地. 133-13 破○則封二子者各萬家之縣一. 133-20 破○而三分其地. 133-21 張孟談既固○宗. 134-8 韓魏齊燕負親以謀○. 134-24 魏文侯借道於○攻中山. 136-13 罷則○重. 136-14 必不能越○而有中山矣. 136-14 ○也. 136-15 燕○救之. 136-19 ○收天下. 138-1 以秦爲愛○而憎韓. 138-6 秦豈得愛○而憎韓哉. 138-7 故出兵以佯示○魏. 138-9 而禍及於○. 138-14 嘗

合横而謀伐○. 138-25 反三公什清於○. 139-2 夫韓事○宜正爲上交.
139-3 而願爲○. 140-5 而皆願爲○. 140-7 且夫韓之所以內○者.
140-10 而○受其利. 140-11 ○聞韓不能守上黨. 141-1 ○起兵取上黨.
141-2 令公孫起王齮以兵遇○於長平. 141-2 又北之○. 141-12 不如
令○拘甘茂. 141-12 必以路涉端氏賂○. 141-14 以○之弱而據之建
信君. 141-17 以楚○分齊. 141-19 ○患又起. 142-1 獨吞○. 142-4
齊○必俱亡矣. 142-4 秦之有燕而伐○. 142-14 有○而伐燕. 142-14
有梁而伐○. 142-14 有○而伐梁. 142-14 有謀故殺使之○. 142-25
以燕餌○. 143-1 北無○. 143-3 秦禍案攘於○矣. 143-5 蘇秦從燕之
○. 144-3 劫韓包周則○自銷鑠. 144-21 則必舉甲而向○. 144-22 莫
如○强. 144-24 ○地方二千里. 144-24 莫如○. 145-3 然而秦不敢舉
兵甲而伐○者. 145-3 ○之南蔽也. 145-4 禍中於○矣. 145-6 莫如一
韓魏齊楚燕○. 145-23 ○涉河漳. 146-1 ○涉河漳. 146-2 ○涉河漳
博關. 146-3 則○守常山. 146-4 秦攻○. 146-5 秦攻○. 146-13 ○怒
必於其己邑. 146-20 ○僅存哉. 146-21 夫慮收亡齊罷楚敝魏與不可
知之○. 147-3 收破齊罷楚弊魏不可知之○. 147-11 此斷○之右臂也.
148-10 四國爲一以攻○. 148-13 破○而四分其地. 148-14 ○以二十
萬之衆攻中山. 155-20 ○使机郝之秦. 156-2 秦王見○之相魏冉之不
急也. 156-4 ○欲存之. 156-8 齊必讎○. 156-8 ○有河北. 156-9 燕
○必不爭矣. 156-9 以燕以○輔之. 156-10 令淖滑惠施之○. 156-12
秦攻○. 156-14 ○以公子部爲質於秦. 156-14 以易藺離石祁於○.
156-15○背秦. 156-15 曠遠於○. 156-17 令衛胡易伐○. 156-21 富
丁欲以○合齊魏. 156-25 樓緩欲以○合秦楚. 156-25 必以○爲辭.
157-3 則伐秦者○也. 157-3 韓魏必怨○. 157-4 兵必歸於○矣. 157-
5 ○必爲天下重國. 157-7 ○恐. 157-15 ○畏横之合也. 157-16 無秦
不能傷○. 157-18 無齊不能得○. 157-19 此利於○而便於周最也.
157-19 魏使人因平原君請從於○. 157-22 大敗○師. 158-6 ○以亡敗
之餘衆. 158-6 ○守而不可拔者. 158-7 今○非有七克之威也. 158-8
而欲以罷○攻强燕. 158-9 是使弱○爲强秦之所以攻. 158-9 而使强
燕爲弱○之所以守. 158-10 而强秦以休兵承○之敝. 158-10 秦攻○
於長平. 158-21 因使人索六城於○而講. 158-21 ○計未定. 158-22
秦之攻○也. 159-10 ○雖不能守. 160-2 秦善韓魏而攻○者. 160-5
是强秦而弱○也. 160-10 而割愈弱之○. 160-10 其勢必無○矣. 160
-12 夫秦○構難. 160-15 今○兵困於秦. 160-16 秦○之敝而瓜分之.
160-18 ○且亡. 160-18 夫○兵困於秦. 160-20 秦之使者已在○矣.
161-2 秦攻○. 161-4 秦○戰於長平. 161-14 ○不勝. 161-14 必且破
○軍. 161-19 ○使入楚魏. 161-20 ○之貴人也. 161-25 楚魏以○爲
媾. 161-25 ○卒不得媾. 162-2 秦圍○之邯鄲. 162-5 魏安釐王使將
軍晉鄙救○. 162-5 秦所以急圍○者. 162-7 ○誠發使尊秦昭王爲帝.
162-9 此時魯仲連適游○. 162-11 會秦圍○. 162-11 聞魏將欲令○
尊秦爲帝. 162-11 魏王使將軍辛垣衍令○帝秦. 162-13 欲以助○也.
163-3 則必助○矣. 163-7 適會魏公子無忌奪晉鄙軍以救○擊秦. 164
-17 君安能少○人. 164-23 而令○人多君. 164-23 君安能憎○人.
164-23 而令○人愛君乎. 164-23 今○萬乘之强國也. 165-1 ○之於
天下也不輕. 165-3 今君易萬乘之强○. 165-3 未嘗不言○人之長者
也. 165-5 未嘗不言○俗之善者也. 165-5 建信君貴於○. 165-21 公
子魏牟過○. 165-21 而獨以○惡秦. 166-25 秦攻○. 167-20 夫秦之
攻○. 167-20 而以兵襲○. 168-1 齊乃捄○以伐宋. 169-19 屬怨於○.
169-20 爲○也. 169-24 五國伐○. 169-24 ○必亡矣. 169-24 今○留
天下之甲於成臯. 170-1 王之事○也何得矣. 170-2 以爲○蔽. 170-4
而○無爲王行也. 170-4 如王若用所以事○之半收齊. 170-6 虛國於
燕○之前. 170-7 韓氓處於○. 170-11 其怨於○. 170-15 臣請爲王推
其怨於○. 170-16 願王之陰重○. 170-17 而無使秦之見王之重○也.
170-17 秦見之且亦重○. 170-17 齊秦交重○. 170-18 臣必見燕與韓
魏亦且重○也. 170-18 皆且無敢與○治. 170-18 五國事○. 170-18
○從親以合於秦. 170-19 王使臣以韓魏與燕劫○. 170-20 以○劫韓
魏. 170-21 齊因欲與○. 170-25○不聽. 170-25 臣循燕觀○. 171-15
○欲搆於秦. 171-18 燕○助之. 171-22 願得○. 171-24 皆非○之
利也. 172-5 皆不利○矣. 172-7 不利於○. 172-9 不利於○. 172-12
秦王受齊受○. 172-13 齊○應之. 172-14 過○已安邑矣. 172-15 不
利於○. 172-16 秦堅燕○之交. 172-17 而燕○應之. 172-18 燕○伐
齊. 172-18 卽○自消爍矣. 172-21 非○之利也. 172-22 而○宋同命.
173-3 則從事可移於○. 173-19 夫○魏. 174-3 得罪於○. 174-5 王
聽○殺座之後. 174-7 强秦襲○之欲. 174-7 倍○之割. 174-8 使將而
攻○. 174-11 則奚以○之强爲. 174-25 ○强則齊不復霸矣. 174-25
今得强○之兵. 175-1 ○攻中山. 175-7 ○使○莊合從. 175-12 ○因
賤○莊. 175-12 以制齊○. 177-3 ○能殺此二人. 177-14 ○使姚賈約
韓魏. 178-2 楚王禽○宋. 178-10 是空絶○. 178-14 必厚割○以事君.
178-16 至於○之爲○. 179-14 微獨○. 179-15 長安君何以自託於○.
179-19 秦使王翦攻○. 179-25 ○使李牧司馬尙禦之. 179-25 李牧司
馬尙欲與秦反○. 180-2 大破○. 180-5 殺○軍. 180-5 遂滅○. 180-
5 因索蔡臯梁於○. 181-10 ○弗與. 181-11 韓○相難. 181-14 願得
借師以伐○. 181-14 寡人與○兄弟. 181-14○又索兵以攻韓. 181-15
而與韓○戰澮北. 183-7 蘇子爲○合從. 184-5 北與○境. 185-10
東與齊而不與○. 185-12 則○攻其北. 185-13 則○不南. 185-20 ○
不南. 185-20 臣與燕○故矣. 187-9 臣急使燕○. 187-11 卽明言使燕
○. 187-12 犀首又以車三十乘使燕○. 187-14 燕○聞之. 187-16 今
燕齊○皆以事因犀首. 187-17 楚○必聽之. 189-20 是王失謀於楚○.
189-21 齊遂伐○. 189-22 事敗爲○驅. 189-24 信韓廣魏救○. 190-
3 而令○. 190-13 齊王將見燕○楚之相於衞. 190-19 犀首田盼欲得
齊魏之兵以伐○. 192-3 不過五月而○破. 192-4 公今言破○大易.
192-5 是○不伐. 192-7 王固先屬怨於○. 196-22○應之. 197-9 將以
塞○也. 198-13 臣又恐○之益勁也. 198-13 則○之謀者必曰. 198-19
秦必令其所愛信者用○. 198-20 是○存而我亡也. 198-20 ○安而
我危也. 198-20 臣故恐○之益勁也. 198-21 而使○小心乎. 198-22
○之用事者必曰. 198-25 秦○約而伐魏. 201-3 秦○大惡. 201-9 芒
卯應○使曰. 201-10 初時惠王伐○. 202-7 燕○之所以國全兵勁. 202
-9 臣以爲燕○可法. 202-10 今王循楚○而講. 202-14 楚○怒而與
王爭事秦. 202-15 秦挾楚○之兵以復攻. 202-15 夫輕信楚○之兵.
202-24 願之及楚○之兵未任於大梁也. 203-2 楚○怒於魏之先己講也.
203-4 孟嘗君之○. 205-19 夫○之兵. 205-21 非能弱於○也. 205-21
然而○之地不歲危. 205-22 以其西爲○蔽也. 205-23 今○不救魏.
205-23 是○與强秦爲界也. 205-23 以因○之衆. 206-8 君得燕○之
兵甚衆且亟矣. 206-13 因歸燕○之兵. 206-14 必不伐楚與○矣. 207
-3 絶韓之上黨而攻强○. 207-3 而以與○兵決勝於邯鄲之郊. 207-5
秦必不伐楚與○矣. 207-9 投質於○. 208-3 則楚○必與之攻矣. 208
-4 王速受楚○之約. 208-6 楚○楚大破. 208-14 抱葛薜陰成以爲○
養邑. 208-18 而○無爲王有也. 208-18 秦使○攻魏. 208-22 亡○之
始也. 208-22 今國莫强於○. 208-25 ○也. 209-1 ○之號也. 209-1
○者. 209-1 中山恃齊魏以輕○. 211-18 齊魏伐楚而○亡中山. 211-
18 不如齊○. 213-16 秦已制○. 213-16 秦○構難而戰. 213-20 不如
齊○而構之秦. 213-20 王不構○. 213-20 ○不以毀構矣. 213-21 ○
必復鬬. 213-21 是幷制秦○之事也. 213-21 王欲焉而收齊○攻荆.
213-22 欲焉而收荆○攻齊. 213-22 秦○久相持於長平之下而無決.
214-2 則無○. 214-3 合於○. 214-3 秦戰勝○. 214-4 秦戰不勝○.
214-4 芮宋欲絶秦○之交. 214-14 故委國於○也. 214-15 遂絶○也.
214-17 則趣○而已. 216-13 大成午從○來. 221-9 子以韓重我於○.
221-9 請以○重子於韓. 221-9 而我有兩○也. 221-10 公何不與○藺
離石祁. 225-14 收韓○之兵以臨魏. 225-15 楚○皆公之讎也. 228-6
若夫越○魏而關兵於燕. 229-13 常仗○而畔楚. 230-7 則害於○. 232
-16 公不如告楚○. 232-17 楚○惡之. 232-17 ○聞之. 232-17 不如
急發重使之○梁. 240-23 甘茂約楚○而反敬魏. 244-22 ○魏攻華陽.
245-12 大敗○魏於華陽之下. 245-17 燕○不敢不聽. 245-20 則燕○
不敢不聽. 245-23 其救○必緩矣. 246-23 ○必亡矣. 246-23 以○之
爲蔽於南也. 248-9 秦○五戰. 248-10 秦再勝而○三勝. 248-10 秦○
相弊. 248-10 今○之攻燕也. 248-13 ○之攻燕也. 248-15 是故願大
王與○從親. 248-17 南近齊○. 248-18 齊○. 248-19 於是齎蘇秦車
馬金帛以至○. 248-19 齊燕離則○重. 248-23 齊燕合則○輕. 248-23
非○之利也. 248-23 西不如○. 249-2 豈能東無齊西無○哉. 249-
3 則○重矣. 249-6 ○弗救. 249-9 ○必救我. 249-10○聞之. 249-11
莫如○. 251-11 ○興兵而攻燕. 251-20 驅○而攻燕. 251-23 且今
時○之於秦. 251-23 而○不敢妄動矣. 251-24 而南無齊○之患. 251
-25 夫齊○者. 252-16 寡人之於齊○也. 252-18 所以備○也. 253-12
劇辛自○往. 256-7 燕○破宋肥齊尊齊而爲之下者. 257-4 燕○非
利之也. 257-5 今王何不使可以信者接收燕○. 257-6 今涇陽君若高
陵君先於燕○. 257-6 則燕○信秦矣. 257-7 ○爲中帝. 257-8 則燕○
伐之. 257-9 燕○之所同利也. 257-11 燕○之所同願也. 257-11 則燕
○之棄齊也. 257-12 今王之不收燕○. 257-13 王不收燕○. 257-15
王收燕○. 257-15 重燕○. 261-6 以濟西委於○. 261-6 ○得講於魏.
261-6 因犀首屬行而攻○. 261-7 已得講於○. 261-9 適○者曰. 261
-11 而燕○之秦者. 261-17 蘇代爲奉陽君說燕於○以伐齊. 261-23
乃入齊惡○. 261-24 令齊絶於○. 261-24 齊已絶於○. 261-24 使齊
不信○者. 261-25 與齊王謀道取秦以謀○者. 262-1 令齊守○之質子
以甲者. 262-2 果以守○之質子以甲. 262-3 臣故知入齊之有○累也.
262-4 臣死而齊大惡於○. 262-4 令齊○絶. 262-5 齊○必有爲智伯
者矣. 262-6 如齊王王之不信○. 262-13 故齊○之合苟可循也. 262-
15 臣死而齊○不循. 262-17 深結○以勁之. 262-22 今臣逃而紛齊○.
263-2 望諸相中山也使○. 263-4 ○劫之求埊. 263-5 卒絶齊於○.
263-8○合於燕以攻齊. 263-8 臣聞離齊○. 263-19 齊○已孤矣. 263
-19 燕破則○不敢不聽. 263-23 是王破燕而服○也. 263-23 齊○之
交. 264-22 燕王不與齊謀○. 264-22 則與○謀齊. 264-22 ○將伐之.
266-2 是使弱○居强吳之處. 266-8 樂毅奔○. 266-15 ○封以爲望諸
君. 266-15 懼○用樂毅承燕之弊以伐燕. 266-16 遂捐燕而歸○. 266
-22 故遁逃奔○. 266-25 莫徑於結○矣. 267-13 ○若許. 267-14 南

使臣於○. 267-15 今韓梁○三國以合矣. 269-6 ○見秦之伐楚也. 269-7 燕○之衆. 269-13 燕○之衆. 269-18 ○且伐燕. 270-4 今○且伐燕. 270-7 燕○久相支. 270-7 吾得○矣. 270-11 吾得○矣. 270-11 得○. 270-14 燕王喜使栗腹以百金爲○孝成王壽. 271-19 ○民其壯者皆死於長平. 271-19 ○. 271-21 左右皆以爲○可伐. 271-23 遽起六十萬以攻○. 271-23 ○使廉頗以八萬遇栗腹於鄗. 271-24 樂間入○. 272-1 二人卒留○. 273-7 秦并○. 273-9 使者過○. 273-9 秦○爲一. 273-10 玆之所以受命於○者. 273-10 而○繫之. 273-11 是秦○有郄. 273-11 秦○有郄. 273-12 無妨於○之伐燕也. 273-13 燕王竊聞秦并○. 273-14 吾使○有之. 273-15 臣聞全○之時. 273-15 ○廣三百里. 273-16 今王使○北并燕. 273-17 燕○同力. 273-17 北臨○. 275-9 ○不能支秦. 275-11 秦將王翦破○. 275-22 得○人徐夫人之匕首. 276-15 益發兵詣○. 278-5 若扶梁伐○. 280-10 弱○以强梁. 280-13 宋人因遂舉兵入○境. 280-16 德施於梁而無怨於○. 280-17 必無○矣. 284-4 齊謂○魏曰. 284-7 齊謂○魏曰. 284-9 將與○魏伐之. 284-11 必爲○魏廢其王而務附焉. 284-13 是君爲○魏驅羊也. 284-13 中山必喜而絶○魏. 284-15 ○魏怒而攻中山. 284-16 賢於爲○魏驅羊也. 284-18 張登因謂○魏曰. 284-24 ○魏許諾. 285-3 中山果絶齊而從○魏. 285-3 中山與燕○爲王. 285-5 欲割平邑以賂燕○. 285-6 不憚割地以賂燕○. 285-9 燕○好位而貪地. 285-10 請令燕○固輔中山而成其王. 285-11 王之所以不憚割地以賂燕○. 285-14 夫割地以賂燕○. 285-15 爲中山之獨與燕○爲王. 285-19 中山恐燕○之不己據也. 285-20 中山必遁燕○. 285-21 燕○聞之. 285-22 因言告燕○而無往. 285-25 以積厚於燕○. 285-25 燕○必曰. 286-1 燕○必不受也. 286-2 中山因告燕○而不往. 286-4 燕○果俱輔中山而使其王. 286-5 司馬憙使○. 286-7 ○使來. 286-11 ○使者來屬耳. 286-15 ○必請之. 286-16 君弗與○. 286-16 果令○請. 286-17 君弗與○. 286-18 可以令○勿請也. 286-21 臣聞弱○强中山. 287-1 願聞弱○强中山之說. 287-2 臣願之○. 287-3 臣聞○. 287-5 ○强國也. 287-15 復欲伐○. 288-14 求益軍糧以滅○. 288-15 ○軍大破. 288-18 ○人畏懼. 288-19 ○人之死者不得收. 288-20 ○自長平已來. 288-22 ○未可伐也. 288-24 乃使五校大夫王陵將而伐○. 288-25 今○卒之死於長平者已十七八. 289-7 今秦破○軍於長平. 289-20 ○必固守. 289-25 吾不能滅○乎. 290-3 更使王齕代王陵伐○. 290-4 釋○養民. 290-10 何必以○爲先乎. 290-11 必欲快心於○. 290-12

【趙國】 10

○之士聞之. 136-10 參分○壤地. 138-25 ○豪傑之士. 161-8 佩○相印不辭無能. 161-10 吾所使○者. 177-10 存○. 217-4 存○. 217-9 以害○. 280-11 臣料○守備. 288-21 人數倍於○之衆. 289-8

【皷里】 1

於是殺閔王於○. 95-15

【蔡】 15

桓公伐○也. 10-6 其實襲○. 10-6 以○厹由戒之. 10-8 魏攻○而鄭亡. 13-12 陳○亡於楚. 13-13 北并陳○. 46-8 陳○好詐. 91-16 ○恃晉而亡. 91-17 則鄒魯陳○. 94-5 請○皐狼之地. 132-7 因索○皐梁於趙. 181-10 陳○亡於楚. 244-13 ○邵之道不通矣. 246-22 則以葉○委於魏. 261-8 以葉○. 261-11

【淩水】 1

至於○. 38-1

【酸棗】 5

拔燕○虛桃人. 52-4 令之留於○. 56-14 以太子之留○而不之秦. 56-17 北有河外卷衍燕○. 184-8 拔卷衍燕○. 185-19

【碭】 1

魏氏將出兵而攻留方與銍胡陵○蕭相. 53-13

【碣石】 1

南有○鴈門之饒. 248-6

【疏章】 1

楚不出○. 258-8

【鳴條】 1

果與○之戰. 263-1

【舞陽】 3

南有鴻溝陳汝南有許鄢昆陽邵陵○新郪. 184-5 然而秦之葉陽昆陽與○高陵鄰. 207-14 秦繞○之北. 207-15

【管】 8

秦攻韓之○. 213-5 必韓之○也. 213-7 秦果釋○而攻魏. 213-10 今攻韓之○. 213-14 魏攻○而不下. 217-12 其子爲○守. 217-12 將使高攻○也. 217-16 今吾攻○而不下. 217-20

【銍】 1

魏氏將出兵而攻留方與○胡陵碭蕭相. 53-13

【維陽】 1

○乘軒車蘇秦. 137-3

【端氏】 1

必以路涉○賂趙. 141-14

【齊】 1077

臣請東借救於○. 1-5 顏率至○. 1-5 ○將求九鼎. 1-9 顏率至○. 1-10 不識大國何塗之從而致之○. 1-11 寡人終何塗之從而致之○. 1-15 可懷挾提挈以至○者. 1-17 灕然止於○者. 1-18 子何不以秦攻○. 3-25 臣請令○相子. 3-25 子以○事秦. 3-25 子東重於○. 4-2 秦○合. 4-2 秦以周最之○疑天下. 4-22 而又知趙之難子○人戰. 4-22 恐○韓之合. 4-23 秦○合. 4-23 公不如救○. 4-24 公負令秦與强○戰. 5-3 秦且收○而封之. 5-4 制○楚三晉之命. 5-6 秦○合. 5-14 有周○. 5-15 ○無秦. 5-17 ○聽祝弗. 5-20 則伐○深矣. 5-21 夫○合. 5-21 與之○伐趙. 5-22 故必怒合於○. 6-1 是君以合○與强楚吏産子. 6-1 則合○者. 6-2 亦將觀韓魏之於○也. 6-6 秦知趙之難與○戰也. 6-11 將恐○趙之合也. 6-11 先合於○. 6-12 秦趙爭○. 6-12 合與收○. 6-13 而以兵之急則伐○. 6-13 貴合於秦以伐○. 6-16 不與伐○者. 6-18 請爲王入○. 6-19 天下不能傷○. 6-19 且臣爲○奴也. 6-20 臣入○. 6-21 則王亦無○之累也. 6-21 ○重故有周. 7-20 而已取○. 7-20 薛公以○爲韓魏攻楚. 9-4 君以○爲韓魏攻楚. 9-5 ○必輕矣. 9-7 欲王令楚割東國以與○也. 9-11 必德○. 9-14 ○得東國而益强. 9-14 三晉必重○. 9-15 ○秦恐楚之取九鼎也. 11-23 以嫁之○也. 12-7 必東合於○. 13-8 而合天下於○. 13-9 邾莒亡於○. 13-13 向欲以○事王. 18-1 燕趙惡○秦之合. 18-2 ○必重於王. 18-2 且以恐○而重王. 18-3 連荆固○. 18-8 昔者○南破荆. 19-3 ○. 19-6 一戰不勝而無○. 19-6 東以强○燕. 19-11 東以强○燕. 19-18 東陽河外不戰而已反爲○矣. 20-8 以東弱○燕. 20-12 親○燕. 21-11 ○燕不親. 21-13 ○. 22-14 以因于○趙. 22-16 ○助楚攻秦. 26-3 秦欲伐○. 26-3 ○. 26-3 吾欲伐○. 26-4 ○. 26-4 大王苟能閉關絶○. 26-11 ○必弱. 26-12 ○弱則必爲王役矣. 26-12 則是北弱○. 26-12 以王有○也. 26-19 今地未可得而○先絶. 26-20 且先出地絶○. 26-21 先絶○後責地. 26-21 北絶○交. 26-22 楚王使人絶○. 26-23 秦使人使○. 27-1 ○秦之交陰合. 27-1 張子以寡人不絶○乎. 27-2 張儀知楚絶○也. 27-3 與之伐○. 27-7 是我亡於秦而取償於○也. 27-7 王今已絶○. 27-8 是吾合○秦之交也. 27-8 秦與○合. 27-10 楚絶○. 27-13 ○舉兵伐楚. 27-13 王不如以地東解於○. 27-13 今○楚相伐. 27-16 ○楚今戰. 28-1 有救○之利. 28-2 且之○. 31-1 請重公於○. 31-7 彼若以○約韓魏. 31-9 以相迎之○. 31-12 趙且與秦伐○. 32-5 ○懼. 32-5 ○以陽武賜弊邑而納順子. 32-6 ○與大國救魏而倍約. 32-8 且欲合○而受其地. 32-10 蘇代爲○獻書穰侯曰. 32-12 秦且益趙甲四萬人以伐○. 32-13 必不益趙甲四萬人以伐○. 32-15 今破○以肥趙. 32-16 破○弊晉. 32-17 夫○. 32-18 ○恐. 32-21 ○割地以實晉楚. 32-22 ○舉兵而爲之頓劍. 32-22 是晉楚以秦破○. 32-23 以○破秦. 32-23 何晉楚之智而○秦之愚. 32-24 善○以安之. 32-24 必不益趙甲四萬人以伐○矣. 33-2 文聞秦王欲以呂禮收○. 34-3 ○秦相聚以臨三晉. 34-4 是君收○以重呂禮也. 34-4 ○免於天下之兵. 34-4 君不如勸秦王令弊邑卒攻○之事. 34-5 ○破. 34-6 ○破晉强. 34-6 ○予晉弊邑. 34-7 是君破○以爲功. 34-8 破○定封. 34-8 若○不破. 34-9 攻○之事成. 34-11 攻○不成. 34-13 故攻○之於陶也. 34-13 令攻○. 34-17 伐讎國之○. 34-18 ○不亡燕. 34-20 燕故亡○. 34-20 ○亡於燕. 34-21 秦卒有他事而從○. 34-22 ○趙合. 34-22 誠能亡○. 34-24 願君之專志於攻○. 35-1 重○怒. 35-17 德强○. 35-18 不能與○縣衡矣. 35-21 而○之德新加與. 35-22 ○秦交爭. 35-22 ○有東國之地. 35-23 秦烏能與○縣衡韓魏. 35-25 不必待○. 36-1 窮而居於○. 36-4 大王越韓魏而攻强○. 38-23 則不足以傷○. 38-23 ○人伐楚. 39-1 豈○不欲地哉. 39-2 諸侯見○之罷露. 39-3 楚趙附則○必懼. 39-9 ○附而韓魏可虛也. 39-10 聞○之內有田單. 39-22 淖齒管○之權. 40-6 東地入○. 42-20 凌○晉. 45-23 薛公入魏而出○女. 48-16 以○秦劫魏. 48-16 ○秦合而立負蒭. 48-17 呡欲以○秦劫魏而困薛公. 48-18 ○女入魏而怨薛公. 48-20 終以○奉事王矣. 48-21 故○不合也. 50-11 聞○魏皆且割地以事秦. 50-18 ○魏有何重於孤國也. 50-19 三世而不接地於○. 52-1 斷○秦之要. 52-8 吳見伐○之便. 52-17 從而伐○. 52-18 既勝○人於艾陵. 52-19 ○人南面. 53-14 王破楚於以肥韓魏於中國而勁○. 53-15 ○南以泗爲境. 53-16 莫强於○. 53-17 ○魏得地葆利. 53-17 歸帝重於○. 53-20 而關內二萬乘之主注地於○. 54-1 ○之右壤可拱手而取也. 54-2 是燕趙無○楚. 54-4 持○楚. 54-5 舉左案○. 54-10 ○戰敗不勝. 54-19 而天下乃○釋. 54-20 臣竊惑王之輕○易楚. 55-3 而輕失○. 55-5 勝○於艾陵. 55-10 梁君伐楚勝○. 55-11 ○宋在繩墨之外以爲權. 55-22 故曰先得○宋者伐秦. 55-22 秦先得○宋. 55-23 楚先得○. 55-23 ○之逐夫. 61-12 欲逐嬰子於○. 62-3 ○將封田嬰於薛. 62-10 將伐○. 62-10 非在○也. 62-11 令其欲封公也又甚於○. 62-11 魯宋事楚而○不事者. 62-13 ○大而魯宋小. 62-13 不惡○大何也. 62-14 夫○削地而封田嬰. 62-14 ○人有請者曰. 62-18 今夫○. 62-23 君長有○陰. 62-23 夫○. 62-24 ○貌辨行至○. 63-15 趙求救於○. 64-8 其於○何利

哉.64-10 ○因承魏之弊.64-15 韓氏請救於○.64-17 必東愬於○.
64-21 東愬於○.64-23 ○因起兵擊魏.64-23 成侯鄒忌爲○相.65-
2 田忌爲○將.65-11 將軍無解兵而入○.65-12 則將軍不得入於○
矣.65-17 果不入○.65-17 田忌亡○而之楚.65-19 ○恐田忌欲以楚
權復於○.65-19 恐田忌之以楚權復於○也.65-21 以示田忌之不返
○也.65-22 鄒忌以○厚事楚.65-22 若復於○.65-23 必以○事楚.
65-23 今○地方千里.66-15 皆朝於○.66-22 秦假道韓魏以攻○.
66-24 偨者言章子以○入秦.66-25 偨者復言章子以○兵降秦.67-1
言○兵大勝.67-5 於是秦王拜西藩之臣而謝於○.67-5 楚將伐○.
67-13 乃爲○見魯君.67-13 子以○楚爲孰勝哉.67-16 ○.67-17 楚
大勝○.67-18 ○爲勝.67-19 今○楚燕趙韓梁六國之遞甚也.67-24
而○民獨不也.68-6 非○親而韓梁疏也.68-6 ○遠秦而韓梁近.68-
6 今○將近矣.68-7 必表裏河而東攻○.68-7 舉○屬之海.68-8 ○
無所出其計矣.68-9 ○非急以銳師合三晉.68-11 三晉怒○不與己也.
68-12 必東攻○.68-12 此臣之所謂○必有大憂.68-12 ○南有太山.
68-16 ○地方二千里.68-17 ○車之良.68-18 夫以大王之賢與○之
强.68-24 今秦攻○則不然.69-5 則秦不能害○.69-8 天下强國無過
○者.69-15 無過○者.69-16 必謂○西有强趙.69-17 ○與魯三戰而
魯三勝.69-20 ○大而魯小.69-21 猶○之於魯也.69-22 秦驅韓魏攻
○之南地.70-1 ○僻陋隱居.70-4 韓○爲與國.71-3 韓自以得交於
○.71-7 ○因起兵攻燕.71-7 ○讓又至.71-11 ○必舉兵而伐之.71
-15 ○梁之兵連於城下.71-16○果舉兵伐之.71-19 請令罷○兵.71
-20 藉使之○.71-20 ○楚之事已畢.71-20 ○必舉兵伐梁.72-1 梁
○之兵連於城下不能去.72-1 犀首以梁爲○戰於承匡而不勝.72-7
儀以秦梁之○合横親.72-8 犀首送之至於○壃.72-11 移兵而攻○.
72-15 欲攻○.72-24 ○畏公甚.72-24 而與之伐○.73-3 趙足之○.
73-4 倍秦則○無患矣.73-6 ○燕戰.73-8 出兵助燕擊○.73-8 君助
燕擊○.73-9 ○必急.73-9 ○必緩.73-11 然則吾中立而割窮○與疲
燕也.73-12 ○楚救之.73-15 ○楚救趙.73-15 請粟於○.73-17 而
○不聽.73-17 而○燕之計過矣.73-18 且趙之於燕○.73-19 則明日
及○楚矣.73-21 今○秦伐趙魏.74-2 令○入於秦而伐趙魏.74-3 秦
東面而伐○.74-4 ○安得救天下乎.74-4 太子在○質.75-3 ○欲奉
太子而立之.75-18 則太子且倍王之割而使○奉己.75-19 ○奉太子
而立之.75-24 ○少其地.75-24 太子何不倍楚之割地而資○.76-1
○必奉太子.76-1 倍楚之割而延○.76-1 ○之所以敢多割地者.76-
4 ○無辭.76-5 王因馳强○而爲交.76-6 ○辭.76-6 然則是王去讎
而得○交也.76-6 ○未必信太子之言也.76-9 以其爲○薄而爲楚厚
也.76-20 以能得天下之士而有○權也.76-23 淳于髡爲○使於荆.
77-21 至於○.77-25 ○衞之交惡.79-5 衞君甚欲約天下之兵以攻○.
79-5 且臣聞○衞先君.79-6 ○衞後世无相攻伐.79-7 今君約天下之
兵以攻○.79-8 願君勿以○爲心.79-9 ○人聞之曰.79-12 聞君於○
能振達貧窮.80-7 ○欲伐魏.81-5 今○魏久相持.81-8 ○魏亦佐秦
伐邯鄲.81-11 ○取淄鼠.81-11 是○入於魏而救邯鄲之功也.81-13
則非○之利也.81-19○不與秦壤界而患緩.81-21 不得不事○也.81
-21 故秦得○.81-21 趙魏楚得○.81-22 故秦趙魏得○者重.81-22
失○者輕.81-23 ○有此勢.81-23 ○人有馮諼者.82-3 長驅到○.
83-2 ○放其大臣孟嘗君於諸侯.83-15 ○其聞之矣.83-18 孟嘗君逐
於○而復反.85-6 君得無有所怨○士大夫.85-7 昔者秦攻○.85-20
今王治○.87-24 ○國大治.88-1 ○有處士曰鍾離子.88-7 ○人見田
駢.88-17 蘇秦自燕之○.89-5 ○秦立爲兩帝.89-13 且尊○乎.89-
14 釋帝則天下愛○乎.89-14 愛○而憎秦.89-15 而天下獨尊秦而輕
○.89-17 ○釋帝.89-18 則天下愛○而憎秦.89-18 ○之與韓魏伐秦
楚也.90-24 然而天下獨歸咎於○者.91-1 ○燕戰.91-2 而獨舉心於
○者.91-3 昔者○燕戰於桓之曲.91-25 夫胡之與○非素親也.92-1
君臣於○者.93-1 東伐○.94-6 大王有伐○楚心.94-7 然後圖○楚.
94-8 於是○楚怒.94-10 諸侯奔○.94-10 ○人伐魏.94-10 而東次
於○.94-11 而魏將以禽於○矣.94-14 ○負郭之民有孤狐咺者.95-
3 ○孫室子陳舉直言.95-5 ○使向子將而應之.95-6 ○軍破.95-7
遂以復○.95-18 燕攻○.96-3 ○田單以卽墨破燕.96-3 而威不信於
○.96-10 ○無南面之心.96-14 ○無天下之規.96-17 ○必決之於聊
城.96-18 距全○之兵.96-22 東游於○乎.97-3 與○久存.97-4 燕
攻○.98-1 ○破.98-1 復○墟.98-2 ○以破燕.98-2 燕之伐○之時.
99-1 楚王使將軍將萬人而佐○.99-2 燕人興師而襲○墟.99-18 而
反千里之○.99-20 復○墟.100-5 ○嬰兒謠曰.100-7 梁氏不敢過宋
伐○.100-20 ○固弱.100-20 莒中及○亡臣相聚.101-1○多知.101
-7 後后勝相○.101-13 ○地方數千里.101-21 則○威可立.102-1
先是○爲之歌曰.102-4 ○以淖君之亂秦.102-7 其後秦欲取○.102
-7 令任固之○.102-8 不若其欲○之甚也.102-8 以示○之有楚.102
-9 以資固於○.102-9 ○見楚.102-9 適爲固驅以合○秦也.102-10
○秦合.102-10 必非固之所以之○之辭也.102-11 王不如令人以
涓來之辭謾固於○.102-12 ○秦必不合.102-12 ○秦不合.102-13
王欲收○以攻秦.102-13 王卽欲以秦攻○.102-13 ○楚構難.103-3
○急宋.103-3 將法○之急也.103-4 ○以急得宋.103-4 是從○而攻
楚.103-5 ○戰勝楚.103-5 五國約目伐○.103-9 五國目破○秦.103
-9 目廧於○.103-17 ○之反趙魏之後.103-19 而○秦應楚.104-20
韓公叔有○魏.107-16 ○魏必伐韓.107-19 則韓魏○燕趙衞之妙
音美人.109-8 卽陰與燕王謀破○共分其地.111-12 出走入○.111-
13 請爲王使○交不絶.112-12 ○交不絶.112-12 故王不如與○約.
115-4 ○必喜.115-5 交惡於○.115-6 ○魏之交惡.115-6 ○秦約攻
楚.115-9 楚令景翠以六城賂○.115-9 公出地以取○.115-10 若○
不求.115-12 質於○.117-7 ○使車五十乘.117-12 ○使來求東地.
117-13 以東地五百里許○.117-16 ○令使來求地.117-16 許强萬乘
之○而不與.117-17 ○使來求東地五百里.117-19 ○使來求東地五
百里.117-23 許萬乘之强○也而不與.117-25 而北獻地五百里於○.
118-7 乃遣子良北獻地於○.118-9 子良至○.118-11 ○使人以甲受
東地.118-11 昭常應○使曰.118-11 秦以五十萬臨○右壤.118-15
解○患.118-17 楚王因收昭睢以取○.120-21 魏折而入○秦.121-21
而交未定於○秦.121-22 ○人飾身修行得爲益.122-14 楚太子横
爲質於○.125-25 不若令屈署以新東國爲和於○以動秦.126-1 秦恐
○之敗東國.126-2 遽令屈署以東國爲和於○.126-3 毋與○東國.
126-4 管仲去魯入○.126-17 魯弱而○强.126-18○崔杼之妻美.126
-25 淖齒用○.127-4 太公望封於○.130-10 非○則魏.130-13 魏
○新怨楚.130-13 請使於○.131-18 韓魏○燕負親以謀趙.134-24
少子之○.135-4 且以伐○.138-1 蘇秦爲○上書說趙王曰.138-1 今
從於彊秦國之伐○.138-23 ○攻宋.139-12 ○怒深.139-14 德强○.
139-14 以與○韓秦市.141-13 ○不從.141-18 以楚趙分○.141-19
秦分○.141-20 ○亡魏.141-20 河間封不定而○危.141-25 ○不從.
142-2 秦從楚魏攻○.142-3 ○趙必俱亡矣.142-4 ○秦爲兩敵.144
-9 倚秦攻○.144-10 倚○攻秦.144-10 ○必致海隅魚鹽之地.144-
14 與○.144-18 則○必弱楚魏.144-19 據衞取淇則○必入朝.144-
21 莫如一韓魏○楚燕趙.145-23 ○魏各出銳師以佐之.145-25 ○出
銳師以佐之.146-2 秦攻○.146-2 ○涉渤海.146-4 ○涉渤海.146-
5 夫慮收亡○罷楚敝魏與不可知之趙.147-3 爲○兵困於殽塞之上.
147-7 而○爲虛戾.147-8 夫○兵之所以破.147-8 收破○罷楚弊魏
不可知之趙.147-11 故裂地以敗於○.147-19 田單將○之良.147-19
自令車裂於○之市.148-8 ○獻魚鹽之地.148-10 告○使興師度清
河.148-12 與○中山同之.150-18 先時中山負○之强兵.150-24 卽
君之○已.155-19 ○以二十萬之衆攻荆.155-19 ○韓相方.155-20
○破燕.156-8 今無約而攻○.156-8 ○必讎趙.156-8 不如請以河東
易燕地於○.156-9 ○有河東.156-9 以河東之地强○.156-10 必皆
事王以伐○.156-11 是因天下以破○也.156-11 乃以河東易○.156
-11 請伐○而存燕.156-12 富丁欲以趙合○魏.156-25 不如以順○.
157-2 今我不順○伐秦.157-2 韓魏告急於○.157-3 ○不欲伐秦.
157-3○之兵不西.157-4 韓必聽秦違○.157-4 違○而親.157-5 今
我順而○不西.157-5 韓魏必絶○.157-5 絶○則皆事我.157-5 且我
順○.157-6 ○無而西.157-6 不能散○魏之交.157-6 今我順而○魏
果西.157-7 是罷○敝秦也.157-7 ○魏雖勁.157-18 是輕○也.157
-19 無○不能得趙.157-19 ○交韓魏.159-21 王以五城賂○.160-22
○.160-23 ○之聽王.160-24 是王失於○而取償於秦.160-24 以
○故.162-8 ○楚則固助之矣.163-5 而○獨朝之.163-9○後往.163
-10 赴於○曰.163-10 嘗抑强○.165-2 ○人李伯見孝成王.167-24
○舉兵擊燕.168-1 今燕○已合.168-2 爲○獻書趙王.169-3 臣以
○循事王.169-8 臣以爲○致尊名於王.169-9 臣以○致地於王.169
-10 臣以○爲王求名於燕及韓魏.169-10 ○先重王.169-11 無○.
169-12 以無○之故重王.169-12 燕魏自以無○故重王.169-13 今王
無○獨安得無重天下.169-13 故勸王無○者.169-14 願王之熟慮無
○之利害也.169-16 ○欲攻宋.169-19 ○乃捄趙以伐宋.169-19 之
○.169-23 如王若用所以事趙之半收○.170-6 王之事○也.170-6
○爲王之故.170-7 ○甲未嘗不歲至於王之境也.170-10 請問王之所
以報○者可乎.170-11 去○三千里.170-11 王以此疑○.170-12 王
固可以反疑○乎.170-13 ○秦交重趙.170-18 ○將攻宋.170-25 ○
因欲與趙.170-25 ○乃令公孫衍說李兌以攻宋而定封焉.170-25 非
以爲○得利秦之毀也.171-2 ○之怒深.171-9 得大○.171-9 ○無大
異.171-11 ○必攻宋.171-22 ○攻宋.171-22 今韓魏與○相疑也.
172-2○秦非復合也.172-3 秦王内韓珉於○.172-10 秦王受○受趙.
172-13 ○趙應之.172-14 以伐○收楚.172-17 燕趙伐○.172-18 兵
分於○.172-21 秦堅三晉之交攻○.172-22 而兵東分於○.172-23
是以攻○之已弊.172-24 而收○魏以成取陰.173-5 命以與○.174-
13 乃割濟東三令城市邑五十七以與○.174-14 今君以此與○.174-
17 以○之於燕也.174-22 趙强則○不復霸矣.174-25 ○人戎郭宋突
謂仇郝曰.175-7 中山案此言於○曰.175-9 ○聞此.175-9 欲伐○.
175-12 ○請效地.175-12 ○畏從人之合也.175-13 ○必不效地矣.
175-14 以制○趙.177-3 趙氏求救於○.178-19 ○曰.178-19 於是
爲長安君約車百乘質於○.179-21 ○兵乃出.179-21 東與○境.185

-10 魏南與楚而不與○. 185-12 則○攻其東. 185-12 東與○而不與
趙. 185-12 ○魏約而伐楚. 186-14 魏以董慶爲質於○. 186-14 楚攻
○. 186-14 楚攻○. 186-16 以魏爲將內之於○而擊其後. 186-16 ○
必危矣. 186-17 ○使蘇厲爲之謂魏王曰. 186-21 ○請以宋地封涇陽
君. 186-21 夫秦非不利有○而得宋埊也. 186-22 今秦見○魏之不合
也如此其甚也. 186-23 則○必不欺秦. 186-24 而秦信○矣. 186-24
○秦合而涇陽君有宋地. 186-25 秦必疑○而不聽也. 187-1 夫○秦不
合天下無憂. 187-1 伐○成. 187-2 陳軫爲秦使於○. 187-4 犀首受○
事. 187-16 今燕○趙皆以事因犀首. 187-17 夫魏欲絕楚○. 188-4 欲
以絕○楚也. 188-6 張儀欲以魏合於秦韓而攻○楚. 188-15 惠施欲以
魏合於○楚以案兵. 188-15 以魏合於秦韓而攻○楚. 188-17 ○楚怒
而欲攻魏. 188-23 ○楚攻魏. 188-25 請令○楚解攻. 189-1 雍沮謂○
楚之君曰. 189-1 ○楚惡儀. 189-2 是○楚之兵折. 189-2 ○楚之王曰.
189-6 與之伐○而存燕. 189-19 ○畏三國之合也. 189-19 而樹怨而
於○秦也. 189-21 ○遂伐趙. 189-22 秦欲救○. 190-2 伐○之事遂敗.
190-4 何不陽與○而陰結於楚. 190-6 ○楚必戰. 190-7 ○戰勝楚.
190-7 楚戰勝○敗. 190-7 先以車五十乘至衛間○. 190-21 犀首田盼
欲得○魏之兵以伐趙. 192-3 犀首田盼遂得○魏之兵. 192-9 孰與其
爲○也. 192-21 不如其爲○也. 192-22 文將右○而左魏. 192-23 ○
欲伐宋. 194-14 ○令宋郭之秦. 194-14 魏王畏○秦之合也. 194-15
又必謂王曰使王輕○. 194-24 ○魏之交已醜. 194-24 又且收○以更
索於王. 194-25 秦○合. 195-3 ○讎國也. 195-15 而臣以致燕甲而起
○兵矣. 195-17 而以○爲上交. 195-25 ○也. 196-5 王欲得○. 196-
5 彼必務以○事王. 196-6 令犀首之○. 196-9 魏王令犀首之○. 196
-10 將太子申而攻○. 196-13 ○魏戰於馬陵. 196-19 ○大勝魏. 196
-19 夫○. 196-20 而後與○戰. 196-23 王又欲悉起而攻○. 196-23
王若欲報○乎. 196-24 則不如因變服折節而朝○. 196-24 則楚必伐
○. 196-25 以休楚而伐罷○. 197-1 是王以楚毀○也. 197-1 乃使人
報於○. 197-2 終爲○患者. 197-7 自將而伐○. 197-9 大敗○於徐州.
197-9 令太子鳴爲質於○. 197-12 是○抱空質而行不義也. 197-15
必右○而左魏. 198-4 因請以下兵東擊○. 201-19 有意欲以下大王之
兵東擊○也. 202-1 以東擊○. 202-4 ○人攻燕. 202-8○欲伐魏. 205
-4 ○欲伐魏. 205-4 ○之仇敵也. 205-6 ○之與國也. 205-6 又不攻
衛與○矣. 207-9 衛○甚畏. 208-15 而并○秦. 208-25 公必且待○楚
之合也. 209-4 今○楚之理. 209-5 其人皆欲合○秦外楚以輕公. 209
-6 今以○秦之重. 209-9 合親以孤○. 209-11 ○楚也. 209-19 翟强
欲合○秦外楚. 209-22 樓庳欲合秦楚外○. 209-23 請合於楚外○.
209-24 必爲合於○外於楚. 209-25 是公外得○楚以爲用. 210-2 昔曹
恃○而輕晉. 211-15 ○伐釐莒而晉人亡曹. 211-15 繒恃○以悍越.
211-16 中山恃○魏以輕趙. 211-18○魏伐楚而趙亡中山. 211-18 攻
○得剛博以廣陶. 212-22 荊○不能獨從. 213-17 不如○趙而構之秦.
213-20 王欲焉而收○趙攻荊. 213-22 欲焉而收荊趙攻○. 213-22 是
無○也. 214-11 有○者. 214-11 ○必喜. 214-12 遂伐○. 214-20 令
○資我於魏. 216-2 是示○輕也. 216-3 夫○不以無魏者以害有魏者.
216-3 ○必資公矣. 216-4 是公有○. 216-4 以○有魏也. 216-5 周最
善○. 216-7 周最入○. 216-10 今周最遁寡人入○. 216-11 ○無通於
天下矣. 216-12 亦無○累矣. 216-12 ○楚約而欲攻魏. 216-15 今○
楚之兵已在魏郊矣. 216-22 魏急則且割地而約○楚. 216-23 而强二
敵之○楚也. 216-24 ○楚聞之. 217-1 因以○魏廢韓朋. 223-25 必不
入於○. 224-1 以成陽資翟强於○. 225-17 甘茂欲以魏取○. 227-24
公孫郝欲以韓取○. 227-25 而誅○魏之罪. 228-1 勸○兵以勸止魏.
228-5 ○魏合與離. 228-10 ○魏別與合. 228-11 ○魏離. 228-11 ○
魏別. 228-12 今王聽公孫郝以韓秦之兵應○而攻魏. 228-12 歸地而
合於○. 228-13 以韓秦之兵據魏而攻○. 228-14 ○不敢戰. 228-15
故王不如令韓中立以攻○. 228-16 ○魏不能相聽. 228-17 則信公孫
郝於○. 228-18 以韓秦之兵據魏以郄○. 228-19 臣以爲令韓以中立
以勁○. 228-21 公孫郝黨於○而不肯言. 228-22 ○楚之交善秦. 228
-25 且以善○而絕○乎楚. 229-1 恐○以楚遇爲有陰於秦魏也. 229-
2 將以合○秦而絕○於楚也. 229-3 ○無以信魏之合己於秦而攻於楚
也. 229-4 ○又畏楚之有陰於秦魏也. 229-5 魏之絕○於楚明矣. 229
-6 ○楚信之. 229-6 以視○於有秦魏. 229-7 ○必重楚. 229-7 而且
疑秦魏於○. 229-8 仗○而畔秦. 230-7 以公不如亟以國合於○楚.
232-10○令周最使鄭. 233-19 今公叔怨○. 233-21 ○大夫諸子有犬.
233-25 不若及○師未入. 234-14 ○師果入. 234-16 ○逐幾瑟. 234-
19 今楚欲善○甚. 234-19 是○楚合. 234-20 是○孤也. 235-12 韓挾
○魏以眄楚. 235-13 ○楚後至者先亡. 235-25 至○. 236-25 ○人或
言. 236-25 然至○. 237-7 晉楚○衛聞之曰. 238-15 ○怒於不得魏.
239-14 張丑之合○楚講於魏也. 243-7 則必以地和於○楚. 243-8 張
丑因謂○楚曰. 243-10 ○楚恐. 243-11 進○宋之兵至首坦. 244-10
皆曰以燕亡於○. 244-12 公孫郝嘗疾○韓而不加貴. 244-18 ○韓嘗
因公孫郝而不受. 244-19 韓珉相○. 245-2 與欲有求於○者. 245-6
以臨○而市公. 245-6 ○封君以莒. 245-8 ○秦非重韓則賢君之行也.
245-8 今楚攻○取莒. 245-9 上及不交○. 245-9 是棘○秦之威而輕
韓也. 245-10 秦招楚而伐○. 245-19 楚之○者知西不合於秦. 245-19
必且務以楚合於○. 245-20 ○楚合. 245-20 ○以四國敵秦. 245-20
是○不窮也. 245-21 秦王誠必欲伐○乎. 245-21 不如先收於楚之
○者. 245-21 楚之○者先務以楚合於○. 245-22 是○孤矣. 245-23
南近○趙. 248-18 ○趙. 248-19 ○燕離則趙重. 248-23 ○燕合則趙
輕. 248-23 今君之○. 248-23 何吾合燕於○. 249-1 東不如○. 249-
2 豈能東無○西無趙哉. 249-3 是驅燕而使合於○也. 249-4 以疑燕
○. 249-5 燕○疑. 249-6 不如以埊請合於○. 249-9 令郭任以埊請講
於○. 249-11 且夫燕秦之俱事○. 249-24 武安君從○來. 250-8 足下
安得使之之○. 250-14 何肯楊燕秦之威於○而取大功乎哉. 250-18
則○不益於營丘. 250-21 且臣之說○. 251-7 使之說○者. 251-8 而
南無○趙之患. 251-25 夫○趙者. 252-16 寡人之於○趙也. 252-18
思念報○. 252-20 我有深怨積怒於○. 252-23 ○者. 252-24 子能以
燕敵○. 252-25 吾聞○有清濟濁河. 253-9 則○可亡已. 253-15 蘇秦
死於○. 253-20 蘇代爲○使於燕. 253-23 ○大勝燕. 254-20 乃使蘇
代持質子於○. 254-25 ○使代報燕. 255-1 ○伐燕. 255-3 皆終歸○.
255-4 ○善待之. 255-4 ○使人謂魏王曰. 255-6 ○請以宋封涇陽君.
255-6 秦非不利有○而得宋埊也. 255-7 今○魏不和. 255-8 則○不
欺秦. 255-8 秦信○. 255-8 ○秦合. 255-8 ○秦不合. 255-10 伐○之
形成矣. 255-10 ○因孤國之亂. 255-14 鄒衍自○往. 256-6 與秦楚三
晉合謀以伐○. 256-9 ○兵敗. 256-9 盡取○寶. 256-10 ○城之不下
者. 256-10 ○伐宋. 256-13 而寄質於○. 256-13 秦○助之伐宋. 256
-14 肥大○. 256-15 將欲以除害取信於○也. 256-16 而○未加信於
足下. 256-16 然則足下之事○也. 256-16 而○幷之. 256-18 是益一
○也. 256-18 而○幷之. 256-19 是益二○也. 256-20 夫一○之强.
256-20 今乃以三○臨燕. 256-20 ○人紫敗素也. 256-23 則莫如遙伯
○而厚尊之. 256-25 今爲○下. 257-3 苟得窮○. 257-3 以窮○之說
說秦. 257-4 燕趙破宋肥○尊○而爲之下者. 257-4 ○不聽. 257-9 因
驅韓魏以攻○. 257-10 則燕趙之棄○也. 257-12 則○伯必成矣. 257
-13 諸侯戴○. 257-13 諸侯戴○. 257-14 秦伐○必矣. 257-18 伐○.
257-18 燕欲報仇於○. 257-21 與謀伐○. 257-21 竟破○. 257-22 ○
不出營丘. 258-7 今王有東嚮伐○之心. 258-14 故○雖强國也. 258-
17 則○軍可敗. 258-18 子以此爲寡人東游於○. 258-19 今臣爲足下
使於○. 259-7 ○得宋而國亡. 260-4 ○楚不得以有枳宋事秦者. 260
-4 恐○救之. 260-19 則以宋委於○. 260-19 因以破宋爲○罪. 260-
21 秦欲攻○. 260-23 則以○委於天下曰. 260-23 有○無秦. 260-24
無○有秦. 261-1 因以破○爲天下罪. 261-2 適○者曰. 261-12 蘇代
爲奉陽君說燕於趙以伐○. 261-23 乃入○惡趙. 261-24 令○絕於趙.
261-24 ○已絕於趙. 261-24 使○不信趙者. 261-25 令○守趙之質子
以甲者. 262-2 請告子以請○. 262-2 臣故知入○之有趙累也. 262-4
臣死而○大惡於趙. 262-4 令○趙絕. 262-5 ○趙必有爲智伯者矣.
262-6 吾無○矣. 262-12 故○趙之合苟可循也. 262-15 臣死而○趙不
循. 262-17 臣以韓魏循自○. 262-21 今臣逃而紛○趙. 263-2 卒絕○
於趙. 263-8 趙合於燕以攻○. 263-8 蘇代爲燕說○. 263-10 蘇代自
○使人謂燕昭王曰. 263-19 臣聞離○趙. 263-19○趙已孤矣. 263-19
王何不出兵以攻○. 263-20 燕乃伐○攻晉. 263-20 燕之攻○也.
263-21○軍敗. 264-3 日者○不勝於晉下. 264-7 ○不幸而燕有天幸
也. 264-8 ○君臣不親. 264-11 燕因使樂毅大起兵伐○. 264-11 蘇代
自○獻書於燕王曰. 264-14 臣貴於○. 264-15 ○有不善. 264-16 天
下不攻○. 264-16 將曰善爲○謀. 264-16 天下攻○. 264-16 將與○
兼鄮臣. 264-17 上可以得用於○. 264-19 去燕之○可也. 264-20 臣
受令以任○. 264-21 ○數出兵. 264-21 ○趙之交. 264-22 燕王不與
○謀趙. 264-22 則與趙謀○. 264-22 ○之信燕也. 264-23 且攻○.
264-24 使○大馬駭而不言燕. 264-24 陳翠合○燕. 265-4 將令燕王之
弟爲質於○. 265-4 憂公子之且爲質於○也. 265-9 燕昭王且與天下
伐○. 265-22 而有○人仕於燕者. 265-22 寡人且與天下伐○. 265-22
子因去而之○. 265-23 且以因子而事○. 265-24 燕○不兩立. 265
-25 昔者吳伐○. 266-6 伐○未必勝也. 266-6 昌國君樂毅爲燕昭王
合五國之兵而攻○. 266-13 用○人反間. 266-14 ○田單欺詐騎劫.
266-15 復收七十城以復○. 266-16 將軍爲燕破○. 266-18 我有積怨
深怒於○. 267-10 而欲以○爲事. 267-10 夫○霸國之餘教也. 267-11
○可大破也. 267-15 起兵隨而攻○. 267-16 奉令擊○. 267-17 ○
器設於寧臺. 267-19 ○南破楚. 269-13 使○北面伐燕. 269-14 頓○
兵. 269-15 南使於○. 269-17 ○南破楚. 269-18 絕交於○. 269-25
率天下之兵以伐○. 269-25 ○魏爭燕. 270-11 ○謂燕王曰. 270-11
○遂北矣. 270-14 ○韓魏共攻燕. 271-3 ○軍其東. 271-7 ○師怪之.
271-9 ○兵已去. 271-9 南連○楚. 274-6 ○攻宋. 279-3 宋小而○大.
279-4 夫救於小宋而惡於大○. 279-4 我堅而○弊. 279-5 ○攻宋.
280-23 宋因賣楚重以求講於○. 280-23 ○不聽. 280-24 蘇秦爲宋謂
○相曰. 280-24 以明宋之賣楚重於○也. 280-25 必絕於宋而事○.
280-25○楚合. 280-25 今太子自將攻○. 281-4 與○人戰而死. 281-

9 ○聞而伐之. 281-15 ○謂趙魏曰. 284-7 ○謂趙魏曰. 284-9 中山之君遣之○. 284-11 非○之利也. 284-13 豈若中山廢其王而事○哉. 284-14 爲君廢王事○. 284-17 ○欲伐河東. 284-24 ○羞與中山之爲王甚矣. 285-1 中山果絶○而從趙魏. 285-3 ○閉關不通中山之使. 285-5 公何患於○. 285-8 ○强. 285-8 今○之辭云卽佐王. 285-21 ○以是辭來. 285-25 ○之欲割平邑以賂我者. 286-1 連好○楚. 288-23

【齊國】 12
韓自以專有○. 64-23 ○之美麗者也. 66-7 守○. 87-16 何以王○. 88-13 淖齒亂○. 95-24 據○之政. 97-11 故解○之圍. 97-24 ○之衆. 98-2 ○復强. 100-21 欲反覆○而不能. 148-8 ○之高士也. 162-19 頓○. 269-25

【鄭】 28
且魏有南陽○地三川而包二周. 13-3 ○恃魏而輕韓. 13-12 魏攻蔡而○亡. 13-12 支分方城膏腴之地以薄○. 36-1 ○人謂玉未理者璞. 41-20 周人懷璞過○賈曰. 41-21 ○賈曰. 41-22 是天下之王不如○賈之智也. 41-24 王以十成○. 53-24 ○魏者. 107-6 ○魏之弱. 107-7 彼○周之女. 120-8 楚王子圍聘於○. 126-24 足以拔○. 136-20 從○至梁. 185-9 秦盡有○地. 206-25 秦有○地. 207-12 又況於使秦無韓而有○地. 207-25○恃魏以輕韓. 211-16 伐楡關而韓氏亡○. 211-17 則韓必取○矣. 221-6 至韓之取○也. 221-6 齊令周最使○. 233-19 令我使○. 233-20 周最行至○. 233-23 幾瑟入○之日. 235-23 公因以楚韓之兵奉幾瑟而內之○. 236-4 我離兩周而觴○. 260-12

【滎口】 1
決○. 260-16

【榮陽】 1
一舉而攻○. 39-18

【滎陽】 1
舉兵而攻○. 39-17

【熒陽】 1
一軍臨○. 139-20

【熒澤】 1
決○. 207-12

【漢】 4
南幷蜀○. 46-4 棧道千里於蜀○. 46-17 乘夏水而下○. 260-8 江○魚鼈黿鼉爲天下饒. 279-18

【漢中】 24
西有巴蜀○之利. 15-15 張儀欲以○與楚. 23-2 有○. 23-2 ○南邊爲楚利. 23-3 王割○以爲和楚. 23-4 王今以○與楚. 23-5 不如許楚○以懽之. 29-25 果使馮章許楚○. 30-1 楚王以其言責○於馮章. 30-1 南亡鄢郢○. 42-15 秦取楚○. 48-3 ○可得也. 102-13 秦有舉巴蜀幷○之心. 109-19 戰於○. 111-4 遂亡○. 111-5 楚無鄢郢○. 111-25 請復鄢郢○. 112-2 其效鄢郢○必緩矣. 112-13 楚令昭鼠以十萬軍○. 115-15 必出○. 115-17 秦兵且出○. 115-18 秦敗楚○. 117-2 幷○. 148-3 ○之甲. 260-7

【漳】 14
越○河. 137-5 漂入○河. 137-12 秦甲涉河踰○. 144-22 南有河○. 145-1 趙涉河○. 146-1 趙涉河○. 146-2 趙涉河○博關. 146-3 願渡河踰○. 148-4 前○滏. 165-1 且王嘗濟於○. 170-3 左孟門而右○釜. 183-1 絶○滏之水. 207-5 王嘗身濟○. 208-17 王翦將數十萬之衆臨○鄴. 275-10

【寧】 4
夫亡○者. 215-10 宜割二○以求構. 215-10 夫得○者. 215-11 安能歸○乎. 215-11

【寧邑】 6
取○. 177-2 得○. 177-3 大王廣地○. 177-7 秦拔○. 215-8 王歸○. 215-8 取○. 215-13

【寧臺】 1
齊器設於○. 267-19

【隨】 1
東下○. 260-8

【隨陽】 1
○右壤此皆廣川大水. 53-10

【翟】 5
外懷戎○天下之賢士. 99-7 啓胡○之鄉. 149-5 秦與戎○同俗. 206-16 原恃秦○以輕晉. 211-17 秦○年穀大凶而晉人亡原. 211-18

【鄧】 1
乃南襲至○. 48-4

【鞏】 1
韓北有○洛成皐之固. 221-23

【穀川】 1
易○以歸. 228-18

【蕩陰】 1
止於○. 162-6

【樓煩】 4
胡人襲燕○數縣. 92-1 西有○秦韓之邊. 150-19 以備其參胡○秦韓之邊. 150-21 北有林胡○. 248-3

【甌越】 1
○之民也. 150-11

【鴈門】 1
南有碣石○之饒. 248-6

【遼東】 2
燕東有朝鮮○. 248-3 皆率其精兵東保於○. 278-6

【鄴】 11
西門豹爲○令. 181-24 夫○. 201-4 寡人請以○事大王. 201-5 魏王請以○事寡人. 201-6 利不過○. 201-7 今不用兵而得○. 201-7 已在○矣. 201-8 爲完○也. 201-10 今郊○者. 201-10 倍○朝歌. 207-5 王翦將數十萬之衆臨漳○. 275-10

【鄗隘】 3
塞○. 261-4 因以塞○爲楚罪. 261-5 以塞○. 261-12

【遺遺】 1
出於○之門. 154-15

【墨陽】 1
皆出於冥山棠谿○合伯膊. 222-3

【黎】 2
而請內焦○牛狐之城. 156-14 不予焦○牛狐. 156-16

【牖里】 2
故拘之於○之車. 163-21 文王之拘於○. 167-10

【虢】 4
晉人欲亡虞而伐○. 208-22 伐○者. 208-23 晉人伐○. 208-24 趙之○也. 209-1

【滕】 1
於是滅○伐薛. 281-12

【膠東】 2
以○委於燕. 261-6 以○. 261-11

【魯】 30
○之免囚. 61-15 ○宋事楚而齊不事者. 62-13 齊大而○宋小. 62-13 王獨利○宋之小. 62-14 ○親之. 67-13 臣請令○中立. 67-13 不用有○與無○. 67-17 而君以○衆合戰勝後. 67-20 齊與○三戰而○三勝. 69-20 齊大而○小. 69-21 猶齊之於○也. 69-22 則鄒○陳蔡. 94-5 管仲去○入齊. 126-17 ○弱而齊强. 126-18 是鄒○無奇行也. 152-12 公甫文伯官於○. 158-25 逐於○. 159-2 齊閔王將之○. 163-23 謂○人曰. 163-23 ○人曰. 163-24 ○人投其籥. 164-2 不得入於○. 164-2 鄒○之臣. 164-6 然且欲行天子之禮於鄒○之臣. 164-7 是使三晉之大臣不如鄒○之僕妾也. 164-9 加之以○衞. 256-19 管仲逃於○. 263-3 柳下惠吏於○. 272-22

【摩笄】 1
故至今有○之山. 251-17

【緱氏】 1
塞轘轅○之口. 21-23

【嗇】 4
疾攻○. 193-13 故王不如釋○. 193-14 而又況存○乎. 193-15 大王之攻○易矣. 193-16

【燕】 409
○趙惡齊秦之合. 18-2 天下陰○陽魏. 18-8 北破○. 19-4 東以强齊○. 19-11 東以强齊○. 19-18 中呼池以北不戰而已爲○矣. 20-9 以東弱齊○. 20-12 親齊○. 21-11 齊○不親. 21-13 何不使人謂○相國曰. 34-15 此○之長利. 34-19 齊不亡○. 34-20 ○故亡齊. 34-20 齊亡於○. 34-21 挾君之讎以誅於○. 34-23 君悉○兵而疾僭之. 34-23 北地入○. 42-20 ○客蔡澤. 44-8 爲秦使於○. 47-4 三年而○使太子丹入質於秦. 47-4 北遊於○趙. 51-13 成橋以北入○. 52-2 拔○酸棗虛桃人. 52-4 楚○之兵云翔不敢校. 52-5 王又割濮磨之北屬之○. 52-8 是○趙無齊楚. 54-4 無○趙也. 54-4 然後危動○趙. 54-5 ○人聞之至格道. 54-18 北說○. 54-20 使剛成君蔡澤事○三年. 58-3 文信侯因請張唐相○. 58-4 欲與○共伐趙. 58-4 ○者必徑於趙. 58-5 吾令剛成君蔡澤事○三年. 58-7 今吾自請張卿相○. 58-7 今文信侯自請卿相○. 58-17 聞○太子丹之入秦與. 58-21 聞張唐之相○與. 58-22○不欺秦也. 58-22 張唐相○者. 58-23 秦不欺○也. 58-23 秦○不相欺. 58-23 ○秦所以不相欺者. 58-23 與强趙攻弱○. 58-25 趙攻○. 58-25 北使○代之間三年. 61-2 ○趙韓魏聞之. 66-21 今齊楚○趙韓梁六國之遞甚也. 67-24 北向而孤○趙. 68-9 是天下以○賜我也. 71-5 齊因起兵攻○. 71-7 齊○戰. 73-8 出兵助○擊齊. 73-8 君助○擊齊. 73-9 急必以地和於○. 73-9 然則是君自爲○東兵. 73-10 爲○取地也. 73-10 緩必復與○戰. 73-11 然則吾中立而割窮齊與疲○也. 73-12 而齊○之計過矣. 73-18 且趙之於○齊. 73-19 蘇秦自○

之齊. 89-5 ○楚以形服. 89-22 齊○戰. 91-2 昔者齊○戰於桓之曲. 91-25 ○不勝. 92-1 胡人襲○樓煩數縣. 92-1 而用兵又非約質而謀○也. 92-2 中山悉起而迎○趙. 92-23 克○軍. 92-24 大王不若北取○. 94-6 以故○舉兵. 95-6 與○戰. 95-8 破○兵. 95-17 ○攻齊. 96-3 齊田單以即墨破○. 96-3 ○將攻下聊城. 96-5 ○將懼誅. 96-5 遺○將曰. 96-7 ○救不至. 96-17 亦捐○棄世. 97-3 ○將曰. 97-23 ○攻齊. 98-1 破○兵. 98-1 齊以破○. 98-2 ○之伐齊之時. 99-1 ○人興師而襲齊墟. 99-18 破萬乘之○. 100-4 此所以破○也. 100-13 則韓魏齊○趙衞之妙音美人. 109-8 封爲武安君而相○. 111-12 而○趙魏不敢不聽. 116-1 邵公奭封於○. 130-10 今○之罪大而趙怒深. 130-11 踐亂○. 130-12 所道攻○. 130-13 楚君雖欲攻○. 130-13 乃且攻○. 130-16 子云乃且攻○者. 130-17 若越趙魏而鬬兵於○. 130-19 韓魏齊○負親以謀趙. 134-24 ○趙救之. 136-19 今○盡韓之河南. 138-15 三百里通於○之唐曲吾. 138-20 秦之有○而伐趙. 142-14 有趙而伐○. 142-14 以○餌趙. 143-1 而欲攻○. 143-1 攻○. 143-1 與○之怒. 143-6 蘇秦從○之趙. 144-3 ○必致氈裘狗馬之地. 144-14 ○固弱國. 145-2 莫如一韓魏齊楚○趙. 145-23 ○守常山之北. 146-1 ○守雲中. 146-2 ○出銳師以佐之. 146-3 秦攻○. 146-4 ○出銳師以佐之. 146-5 東有○東胡之境. 150-19 齊破○. 156-8 不如請以河東易○地於齊. 156-9 ○趙必不爭矣. 156-9 以○以趙輔之. 156-10 請伐齊而存○. 156-12 出兵攻○. 158-4 而○非有長平之禍也. 158-8 而欲以罷趙攻强○. 158-9 而使强○爲弱趙之所以守. 158-10 故臣未見○之可攻也. 158-11 吾將使梁及○助之. 163-4 ○則吾請以從矣. 163-5 齊舉兵擊○. 168-1 恐其以擊○爲名. 168-1 今○齊已合. 168-2 王能亡○. 169-8 臣以齊爲王求名於○及韓魏. 169-10 ○魏自以無齊故重王. 169-13 虛國於○趙之前. 170-7 臣必見○與韓魏亦且重趙也. 170-18 王使臣以韓魏與○劫趙. 170-20 ○楚辟. 171-8 循有○以臨之. 171-12 臣循○觀趙. 171-15 ○趙助之. 171-22 秦堅○趙之交. 172-17 而○趙應之. 172-18 ○趙伐齊. 172-18 ○封宋人榮盆爲高陽君. 174-11 奢嘗抵罪居○. 174-18 ○以奢爲上谷守. 174-18 ○之通谷要塞. 174-18 奢已舉○矣. 174-19 以齊之於○也. 174-22 又不肯與○人戰. 174-24 以杜○將. 175-1 爲○也. 175-22 無○秦也. 175-23 今○一以廬陵君爲言. 175-24 是王輕强秦而重弱○也. 175-24 吾非爲○也. 175-25 又不爲○也. 176-1 又兼無○秦. 176-1 北有河外卷衍○酸棗. 184-8 拔卷衍○酸棗. 185-19 臣與○趙故矣. 187-9 臣急使○趙. 187-11 即明言使○趙. 187-12 犀首又以車三十乘使○趙. 187-14 ○趙聞之. 187-16 今○齊趙皆以事因犀首. 187-17 與之伐齊而存○. 189-19 必反○埊以下楚. 189-20 齊王將見○趙楚之相於衞. 190-19 ○. 195-15 以○伐秦. 195-17 而臣以致○甲而起齊兵矣. 195-17 齊人攻○. 202-8 ○不割. 202-8 ○趙之所以國全兵勁. 202-9 臣以爲○趙可法. 202-10 而○不救魏. 206-7 以四國攻○. 206-9 利出○南門而望見軍乎. 206-9 君得○趙之兵甚衆且亟矣. 206-13 因歸○趙之兵. 206-14 則○不敢不事秦. 213-17 今也子曰乃且攻○者. 229-10 若夫越趙魏而鬬兵於○. 229-13 皆曰以○亡於齊. 244-12 ○趙不敢不聽. 245-20 則○趙不敢不聽. 245-23 ○東有朝鮮遼東. 248-3 無過○矣. 248-8 夫○之所以不犯寇被兵者. 248-9 而王以全○制其後. 248-11 此○之所以不犯難也. 248-11 且夫秦之攻○也. 248-11 雖得○城. 248-12 秦之不能害○亦明矣. 248-13 今趙之攻○也. 248-13 秦之攻○也. 248-15 趙之攻○也. 248-15 合從以安○. 248-19 蘇秦在○. 248-22 齊○離則趙重. 248-23 齊○合則趙輕. 248-23 何吾合○於齊. 249-1 夫制於○者蘇子也. 249-2 而○弱國也. 249-2 蘇秦能抱弱○而孤於天下哉. 249-3 是驅○而使合於齊也. 249-4 且○亡國之餘也. 249-4 以疑○齊. 249-5 ○齊疑. 249-6 ○再戰不勝. 249-9 遂出兵救○. 249-11 齊宣王因○喪攻之. 249-13 武安君蘇秦爲○說齊王. 249-14 今○雖弱小. 249-18 今使弱○爲鴈行. 249-18 莫如歸○之十城. 249-23 秦知王以己之故歸○城也. 249-23 ○無故而得十城. 249-24 ○亦德王. 249-24 且夫○秦之俱事齊. 249-24 乃歸○城. 250-3 功存危○. 250-10 而事弱○之危主乎. 250-17 何肯楊○秦之威於齊而取大功乎哉. 250-18 趙興兵而攻○. 251-20 再圍○都而劫大王. 251-20 驅趙而攻○. 251-23 宮他爲○使魏. 252-5 不聽○使何也. 252-5 今○客之言曰. 252-7 因見○客而遣之. 252-8 乃至○廷. 252-12 非所以利○也. 252-17 子能以○敵齊. 252-25 而○處弱焉. 253-2 北與○戰. 253-5 所以備○也. 253-13 彼且德○而輕亡宋. 253-15 蘇秦之在○也. 253-20 子之相○. 253-22 蘇代爲齊使於○. 253-23 破○必矣. 254-12 ○人恫怨. 254-17 今伐○. 254-18 以因北地之衆以伐○. 254-19 齊大勝○. 254-20 ○人立公子平. 254-20 蘇秦弟厲因○質子而求見齊王. 254-23○質子爲謝乃已. 254-23 ○相子之與蘇代婚. 254-25 而欲得○權. 254-25 齊使代報○. 255-1○大亂. 255-3 齊伐○. 255-3 ○立昭王. 255-3 而蘇代厲遂不敢入○. 255-3 魏爲○執代. 255-6 ○昭王收破○後即位. 255-13 而襲破○. 255-14 孤極知○小力少. 255-14 天下之士必趨於○矣. 255-22 士爭湊○. 256-7 ○兵獨追北入至臨淄. 256-10 而忌○也愈甚矣. 256-16 而○猶不能支也. 256-20 今乃以三齊臨○. 256-20 ○趙破宋肥齊尊齊而爲之下者. 257-4 ○趙非利之也. 257-5 今王何不使可以信者接收○趙. 257-6 今涇陽君若高陵君先於○趙. 257-6 則○趙信秦矣. 257-7 ○爲北帝. 257-8 則○趙伐之. 257-9 ○趙之所同利也. 257-11 ○趙之所同願也. 257-11 則○趙之棄齊也. 257-12 今王之不收○趙. 257-13 王不收○趙. 257-15 王收○趙. 257-15 而蘇氏去○. 257-20 ○欲報仇於齊. 257-21 曩者使○毋去周室之上. 258-10 重○趙. 261-6 以膠東委於○. 261-6 適○者曰. 261-10 而○趙之秦者. 261-17 蘇代復重於○. 261-19 ○反約諸侯從親. 261-19 蘇代爲奉陽君說○於趙以伐齊. 261-23 因之○. 261-24 令不合○. 262-9 今以○爲上交. 262-10 臣雖爲之累○. 262-23 殆無○矣. 262-24 故臣雖爲之不累○. 262-25 趙合於○以攻齊. 263-8 蘇代爲○說齊. 263-10 ○乃伐齊攻晉. 263-20 ○之攻齊也. 263-21 ○兵在晉而不進. 263-21 王何不令蘇子將而應○乎. 263-22 將而應弱○. 263-23 ○破必矣. 263-23○破則趙不敢不聽. 263-23 是王破○而服趙也. 263-23 ○兵在晉. 263-24 而以臣遺○也. 264-1 而與○人戰於晉下. 264-3 ○得甲首二萬人. 264-3 令臣應○. 264-4 明日又使○攻陽城及狸. 264-7 齊不幸而○有天幸也. 264-8 今○又攻陽城及狸. 264-8 遂將以與○戰於陽城. 264-10 ○人大勝. 264-11○因使樂毅大起兵伐齊. 264-11 ○大夫將不信臣. 264-15 去○之齊可也. 264-20 未嘗謀○. 264-22 齊之信○也. 264-23 使齊大馬駭而不言○. 264-24 陳翠合齊○. 265-4 而有齊人仕於○者. 265-22 ○齊不兩立. 265-25○饑. 266-2 楚使將軍之○. 266-2 今王之伐○也. 266-7 盡郡縣之以屬○. 266-13 卒敗○軍. 266-16 懼趙用樂毅承○之弊以伐○. 266-16 將軍爲○破齊. 266-18 遂捐○而歸趙. 266-22 而以身得察於○. 267-7 盡收入○. 267-18 此○之上計也. 269-5 必北攻○. 269-7 ○必亡. 269-8 ○果以兵南合三晉也. 269-11 ○趙之衆. 269-13 使齊北面伐○. 269-14 即雖五○不能當. 269-14 ○趙之衆. 269-18 與其得百里於○. 269-22 趙且伐○. 270-4 蘇代爲○謂惠王曰. 270-4 今趙且伐○. 270-7 ○趙久相支. 270-7 齊魏爭○. 270-11 ○無以決之. 270-12 蘇子謂○相曰. 270-12 ○因合於魏. 270-14 齊韓魏共攻○. 271-3 ○使太子請救於楚. 271-3 於是遂不救○. 271-6 以爲○楚與魏謀之. 271-9 張丑爲質於○. 271-12 ○人大敗. 272-1 北向迎○. 273-9 而○不受命矣. 273-12 無妨於趙之伐○也. 273-13 夫○無道. 273-15 北下曲陽爲○. 273-16 今王使趙北并○. 273-17 ○趙同力. 273-17 起兵而救○. 273-19 ○太子丹質於秦. 273-21 ○秦不兩立. 273-22 樊將軍亡秦之○. 274-2 而積怨於○. 274-3 ○有田光先生者. 274-10○秦不兩立. 274-14 ○秦不兩立. 274-22 此天所以哀○不棄其孤也. 275-6 則禍至○. 275-11 ○小弱. 275-11 至○南界. 275-23 與○督亢之地圖獻秦王. 276-1 及獻○之督亢之地圖. 277-7 見○使者咸陽宮. 277-9 於是秦大怒○. 278-5 詔王翦軍以伐○. 278-5 十月而拔○薊城. 278-5 爲○報仇. 278-9 中山與○趙爲王. 285-5 欲割平邑以賂○趙. 285-6 不憚割地以賂○趙. 285-9 ○趙好位而貪地. 285-10 請令○趙固輔中山而成其王. 285-11 王之所以不憚割地以賂○趙. 285-14 夫割地以賂○趙. 285-15 爲中山之獨與○趙爲王. 285-19 中山恐○趙之不己據也. 285-20 中山必遁○趙. 285-21 ○趙聞之. 285-22 因言告○趙而無往. 285-25 以積厚於○趙. 285-25 ○趙必曰. 286-1 ○趙必不受也. 286-2 中山因告○趙而不往. 286-4 ○趙果俱輔中山而使其王. 286-5 結親○魏. 288-23

【燕烏集闕】 1

於是乃摩○. 16-25

【燕國】 11

三十日而舉○. 71-8 彼○大亂. 96-18 北有○. 145-2 而○復歸. 202-9 ○大亂. 254-11 ○殷富. 256-8 ○莫不知. 274-21 可以解○之患. 276-7 而○見陵之耻除矣. 276-10 ○有勇士秦武陽. 276-17 五歲而卒滅○. 278-8

【薛】 25

而○世世無患. 9-14 齊將封田嬰於○. 62-10 靖郭君將城○. 62-18 奚以○爲. 62-23 雖隆○之城到於天. 62-24 乃輟城○. 63-1 辭而之○. 63-12 至於○. 63-20 昭陽請以數倍之地易○. 63-20 受○於先王. 63-21 且先王之廟在○. 63-22 孟嘗君在○. 77-21 還反過○. 77-22 荆人攻○. 77-23 而○亦不量其力. 77-25 ○不量其力. 78-1 故曰○不量力. 78-2 能爲文收責於○者乎. 82-16 乃有意欲爲收責於○乎. 82-21 驅而之○. 82-24 今君有區區之○. 83-6 孟嘗君就國於○. 83-10 立宗廟於○. 83-23 將之○. 164-3 於是滅滕伐○. 281-12

【薄洛】 2

今吾國東有河○之水. 150-18 以守河○之水. 150-20

【蕭】 1

魏氏將出兵而攻留方與銍胡陵碭○相. 53-13

【薛】 1

負蒿葛○. 170-3

【輸】 1

○人爲之謂安令曰. 246-11

【歷室】 1

故鼎反於○. 267-19

【冀】 1

道南陽封○. 260-15

【閼與】 3

攻○. 156-21 秦敗於○. 156-22 則是復○之事也. 207-4

【黔中】 4

南有巫山○之限. 15-16 楚地西有○巫郡. 108-22 一軍下○. 109-4 ○巫郡非王之有已. 110-19

【衡山】 1

而○在其北. 182-23

【衞】 59

權縣宋○. 35-24 宋○乃當阿甄耳. 35-24 ○無東野. 54-11 ○危於累卵. 54-12 於○甚重. 79-4 齊○之交惡. 79-5 且臣聞齊○先君. 79-6 齊○後世无相攻伐. 79-7 封○之東野. 81-18 夫有宋則○之陽城危. 89-20 昔者趙氏襲○. 90-9 ○八門土而二門墮矣. 90-10 ○得是藉也. 90-12 ○非强於趙也. 90-13 譬之○矢而魏弦機也. 90-13 ○明於時權之藉也. 90-18 非宋○也. 94-5 富比陶○. 97-3 則韓魏齊燕趙○之妙音美人. 109-8 秦下兵攻○陽晉. 111-9 ○楚正. 139-13 魏殺呂遼而○兵. 141-24 據○取淇則齊必入朝. 144-21 令○胡易伐趙. 156-21 四國將假道於○. 175-9 劫○取晉陽. 185-19 而道塗宋○爲制. 189-23 事成功縣宋○. 189-24 齊王將見燕趙楚之相於○. 190-19 先以車五十乘至○間齊. 190-21 ○效尤憚. 203-6 又不攻○與齊矣. 207-9 東至陶○之郊. 207-22 則○大梁. 208-13 ○齊甚畏. 208-15 韓與○. 237-24 晉楚齊○聞之曰. 238-15 加之以魯○. 256-19 孔子逃於○. 263-4 過○. 279-24 彼安敢攻○以重其不勝之罪哉. 280-6 遂不敢過○. 280-7 智伯欲伐○. 281-18 智伯果起兵而襲○. 281-22 ○有賢人. 281-22 智伯欲襲○. 281-25 使奔○. 281-25 秦攻○之蒲. 282-4 ○所以爲○者. 282-5 ○必折於魏. 282-6 今并○於魏. 282-7 以自重於○. 282-13 ○使客事魏. 282-16 ○客患之. 282-16 ○客曰. 282-22 魏王趨見○客. 282-23 ○贖之百金. 283-8 ○人迎新婦. 283-13

【衞國】 1

○城割平. 90-10

【潁】 1

東有淮○沂黃煑棗海鹽無疎. 184-6

【潁川】 1

公何不以秦爲韓求○於楚. 227-21

【磨】 1

王又割濮○之北屬之燕. 52-8

【磨山】 1

遂自弃於○之中. 114-4

【嬴】 1

○博之間. 95-10

【營丘】 2

則齊不益於○. 250-21 齊不出○. 258-7

【濊】 1

楚取睢○之間. 104-21

【澠】 1

而馳乎淄○之間. 100-14

【澠池】 5

軍於○. 148-4 一軍軍於○. 148-13 莫如與秦遇於○. 148-15 於是乃以車三百乘入朝○. 148-21 今趙王已入朝○. 251-21

【澠隘】 1

今秦欲踰兵於○之塞. 229-24

【濁水】 1

與吳人戰於○而大敗之. 113-21

【濁澤】 1

秦韓戰於○. 225-25

【澮】 1

而與韓趙戰○北. 183-7

【藍田】 7

再戰於○. 48-3 雖○豈難得哉. 48-6 食○十二縣. 57-25 戰於○. 111-5 日者秦楚戰於○. 139-17 秦果南攻○鄢郢. 211-12 請道於南鄭○以入攻楚. 231-23

【韓】 657

受寶於○. 2-13 ○救西周. 2-15 西周欲和於楚○. 2-19 ○寶. 2-20 不如謂楚○曰. 2-20 西周之寶不入楚○. 2-21 楚○欲得寶. 2-22 是我爲楚○取寶以德之也. 2-23 楚○之遇也. 3-9 令向公之○. 3-10 秦假道於周以伐○. 3-14 周恐假之而惡於○. 3-14 秦敢絶塞而伐○者. 3-16 是○不伐也. 3-17 ○强與周地. 3-17 是得地於○而聽於秦也. 3-18 周粻秦○. 3-21 恐齊○之合. 4-23 因佐秦而伐○魏. 4-24 南取地於○. 4-25 秦盡○魏之上黨大原. 5-5 亦將觀○魏之於齊也. 6-6 公何不令人謂○魏之王曰. 6-7 ○使人讓周. 8-11 薛公以齊爲○魏攻楚. 9-4 又與○魏攻秦. 9-4 君以齊爲○魏攻楚. 9-5 九年而取宛葉以北以强○魏. 9-5 ○魏南無楚憂. 9-7 薛公必破秦以張○魏. 9-10 ○徵甲與粟於周. 10-12 代能爲君令○不徵甲與粟於周. 10-13 蘇代遂往見○相國公中曰. 10-14 則周必折而入於○. 10-21 敗○魏. 11-5 今公破○魏. 11-11 踐○而以攻梁. 11-13 以臨○魏. 11-22 ○魏必惡之. 11-23 必救○魏而攻楚. 11-24 ○魏易地. 13-1 ○魏之易地. 13-1 ○得二縣. 13-2 ○兼兩上黨以臨趙. 13-3 鄭恃魏而輕○. 13-12 今君恃○魏而輕秦. 13-14 收餘○成從. 18-8 中使○魏之君. 19-4 以爭○之上黨. 20-3 然則是舉趙則○必亡. 20-10 ○亡則荆魏不能獨立. 20-10 則是一舉而壞○. 20-11 舉趙亡○. 21-11 ○不亡. 21-12 不如伐○. 21-21 今攻○劫天子. 22-12 ○周之與國也. 22-14 ○自知亡三川. 22-15 召公孫顯於○. 28-7 約伐○. 29-1 挾○而議. 29-11 ○楚乘吾弊. 29-24 ○必孤. 29-25 而公中以○窮我於外. 30-7 楚畔秦而合於○. 30-17 楚雖合○. 30-17 ○亦恐戰而楚有變其後. 30-18 ○楚必相御也. 30-18 楚言與○. 30-18 彼若以齊約○魏. 31-9 則○魏必無上黨哉. 32-25 秦三世積節於○魏. 35-21 ○魏東聽. 35-23 秦烏能與齊縣衡○魏. 35-25 秦王欲爲成陽君求相○魏. 36-3 ○魏弗聽. 36-3 失○魏之道也. 36-6 譬若馳○盧而逐蹇兔也. 38-19 大王越○魏而攻强齊. 38-23 而悉○魏之兵則不義矣. 38-24 以其伐楚而肥○魏也. 39-4 今○魏. 39-7 齊附而○魏可虛也. 39-10 秦○之地形. 39-14 秦之有○. 39-14 爲秦害者莫大於○. 39-15 王不如收○. 39-15 寡人欲收○. 39-15 魏○見必亡. 39-19 ○聽而霸事可成也. 39-19 秦攻○. 41-11 今王將攻○圍陘. 41-14 王攻○圍陘. 41-15 幾割地而○不盡. 41-16 則王之所求於○者. 41-18 秦嘗攻○邢. 42-18 應侯失○之汝南. 42-24 臣以○之細也. 43-11 應侯每言○事者. 43-13 而入○魏. 44-6 又越○魏攻强趙. 46-4 ○魏聞楚之困. 48-3 今日○魏. 49-10 帥强○魏之兵以伐秦. 49-12 帥弱○魏以攻秦. 49-13 帥○魏以圍趙襄子於晉陽. 49-17 ○魏雖弱. 49-21 ○. 51-7 聽之○魏. 51-9 卽○魏從. 51-9 ○魏從. 51-9 使東遊○魏. 51-13 今王三使盛橋守事於○. 52-1 智氏信○魏. 52-20 ○魏反之. 52-20 今王中道而信○魏之善王也. 52-24 臣恐○魏之卑辭慮患. 52-25 王既無重世之德於○魏. 53-1 ○魏父子兄弟接踵而死於秦者. 53-2 ○魏之不亡. 53-6 王將藉路於仇讎之○魏乎. 53-7 是王以兵資於仇讎之○魏. 53-8 王若不藉路於仇讎之○魏. 53-8 王破楚於以肥○魏於中國而勁齊. 53-15 ○魏之强足以校於秦矣. 53-16 詘令○魏. 53-20 臨以○. 53-22 ○必授首. 53-22 ○必爲關中之候. 53-24 而卑畜○也. 55-3 制趙○之兵. 55-12 而○楚之兵不敢進. 55-15 楚人援○以拒秦. 55-21 ○且折而入於魏. 64-18 夫○魏之兵未弊. 64-19 我代○而受魏之兵. 64-20 顧反聽命於○也. 64-20 且夫魏有破○之志. 64-20 ○見且亡. 64-21 我因陰結○之親. 64-21 乃陰告○使者而遣之. 64-22 ○自以專有齊國. 64-23 魏破○弱. 64-24 ○魏之君因田嬰北面而朝田侯. 64-24 燕趙○魏聞之. 66-21 秦假道○魏以攻齊. 66-24 今齊楚燕趙○梁六國之遞甚也. 67-24 今○梁之目未嘗乾. 68-5 非齊親而○梁疏也. 68-6 齊遠秦而○梁近. 68-6 南面而孤楚○梁. 68-8 且夫○魏之所以畏秦者. 69-1 ○魏戰而勝秦. 69-2 是故○魏之所以重與秦戰而輕爲之臣也. 69-3 倍○魏之地. 69-5 恐○魏之議其後也. 69-7 南有○魏. 69-17 ○獻宜陽. 69-25 秦驅○魏攻齊之南地. 70-1 ○齊爲與國. 71-3 張儀以秦魏伐○. 71-3 ○. 71-3 秦伐○. 71-5 乃許○使者而遣之. 71-6 ○自以得交於齊. 71-7 楚趙果遽起兵而救○. 71-7 王以其間伐○. 71-16 王以其間伐○. 72-2 周○西有强秦. 73-25 秦伐周○之西. 73-25 周○爲割. 74-1 ○却周害也. 74-1 及○却周割之. 74-1 則亦不果於趙魏之應秦而伐周○. 74-3 ○魏趙楚之志. 81-19 齊之與○魏伐秦楚也. 90-24 分地又非多○魏也. 91-1 以其爲○魏主怨也. 91-1 秦楚戰○魏不休. 91-2 則○必從矣. 94-7 乃命大公事之○. 103-15 鄭申爲楚使於○. 107-16 齊魏必伐○. 107-19 則○魏齊燕趙衞之妙音美人. 109-8 而○魏迫於秦患. 109-20 ○之上地不通. 110-8 ○必入臣於秦. 110-9 ○入臣. 110-9 ○魏攻其北. 110-10 而○魏以全制其後. 111-6 ○求相工陳籍而周不聽. 112-5 而儀重於○魏之王也. 112-8 公孫郝善○. 120-24 必以秦合○魏. 120-24 ○魏之重儀. 120-24 ○魏欲得秦. 120-25 將收○魏輕儀而伐楚. 121-1 而重儀於○魏. 121-2 ○亦不從. 121-3 因與○魏之兵. 125-25 知伯從○魏兵以攻趙. 131-3 ○魏之君必反矣. 131-5 夫從○魏之兵而攻趙. 131-6 難必及○魏矣. 131-7 而○魏之君無憙志而有憂色. 131-8 知伯以告○魏之君曰. 131-10 ○魏之君曰. 131-11 君又何以疵言告○魏之君爲. 131-15 ○魏之君視疵端而趨疾. 131-16 ○魏之君果反矣. 131-18 知伯帥趙○魏而伐范中行氏. 131-21 使人請地於○. 131-22 必加兵於○矣. 131-23 然則○可以免於患難. 132-1 彼請地於○. 132-3 ○與之. 132-4 知伯因陰結○魏. 132-7 三使○魏. 132-10 臣請見○魏之君. 133-2 張孟談於是陰見○魏之君曰. 133-4 使張孟談見○魏之君曰. 134-1 ○

魏翼而擊之. 134-3 ○魏齊燕負親以謀趙. 134-24 長子之○. 135-4 秦○圍梁. 136-19 秦必過周○而有梁. 136-20 非曾深凌於○也. 138-5 以秦爲愛趙而憎○. 138-6 秦豈得愛趙而憎○哉. 138-7 欲亡○吞兩周之地. 138-8 故以○爲餌. 138-8 故微○以貳之. 138-10 而實伐空○. 138-11 皆曰○亡三川. 138-13 恃○未窮. 138-13 今燕盡○之河南. 138-15 秦盡○魏之上黨. 138-17 ○乃西師以禁秦國. 139-1 夫○事趙宜正爲上交. 139-3 ○危社稷以事王. 139-6 然則○義王以天下就之. 139-7 下至○慕王以天下收之. 139-8 ○魏危. 139-13 ○爲中軍. 139-16 ○與秦接境壤界. 139-16 ○出銳師以佐秦. 139-18 ○之在我. 139-18 王出兵○. 139-19 ○必懼. 139-19 ○恐. 139-22 秦起二軍以臨○. 139-23 ○不能有. 139-24 今王令○興兵以上黨入和於秦. 139-24 ○不能守上黨. 140-4 ○不能守上黨. 140-7 且夫○之所以內趙者. 140-10 ○不能守上黨. 140-17 辭封而入○. 140-25 趙聞○不能守上黨. 141-1 ○告秦曰. 141-2 甘茂爲秦約魏以攻○宜陽. 141-12 以與齊○秦市. 141-13○欲有宜陽. 141-14 有楚而伐○. 142-15 有○而伐楚. 142-15 秦之欲伐○梁. 142-21 必爲楚攻○梁. 142-24 怒○梁之不救己. 142-24 東面而攻○. 143-2 ○南無楚. 143-2 ○不待伐. 143-3 秦與○爲上交. 143-3 有楚○之用. 143-4 以强秦之有○梁楚. 143-6 出銳師以戍○梁西邊. 143-8 趙王因起兵南戍○梁之西邊. 143-13 ○魏皆可使致封地湯沐之邑. 144-15 則秦必弱○魏. 144-18 ○弱則效宜陽. 144-19 劫○包周則趙自銷鑠. 144-21 畏○魏之議其後也. 145-3 然則○魏. 145-4 秦之攻○魏也. 145-4 ○魏不能支秦. 145-5 ○魏臣於秦. 145-6 秦無○魏之隔. 145-6 莫如一○魏齊楚燕趙. 145-23 ○絕食道. 146-1 秦攻○魏. 146-1 ○守成皋. 146-3 ○魏出銳師以佐之. 146-4 則○軍宜陽. 146-5 欲以窮秦折○. 147-4 後富○威魏. 147-6 ○魏之所以僅存者. 147-8 精兵非有富○勁魏之庫也. 147-10 欲以窮秦折○. 147-11 終身不敢設兵以攻秦折○也. 147-19 而○魏稱爲東蕃之臣. 148-9 毆○魏而軍於河外. 148-13 西有樓煩秦○之邊. 150-19 以備其參胡樓煩秦○之邊. 150-21 齊○相方. 155-20 秦楚必合而攻○魏. 157-2 ○魏告急於齊. 157-3 ○魏必怨趙. 157-4 ○必聽秦違齊. 157-4 ○魏必絕齊. 157-5 今秦釋○魏而獨攻王. 159-19 王之所以事秦必不如○魏也. 159-20 齊交○魏. 159-21 必在○魏之後也. 159-22 秦善○魏而攻趙者. 160-5 必王之事秦不如○魏也. 160-5 能亡○魏. 169-8 臣以齊爲王求名於燕及○魏. 169-10 臣必見燕與○魏亦且重趙也. 170-18 王使臣以○魏與燕劫趙. 170-20 以趙劫○魏. 170-21 ○魏危. 171-7 楚與魏○將應之. 171-18 今○魏與齊相疑也. 172-2 內成陽君於○. 172-10 ○必入朝秦. 172-15 ○之太原絕. 172-20 絕○. 172-20 ○魏焉免西合. 173-1 趙使姚賈約○魏. 178-2 ○魏以友之. 178-2 ○魏欲得之. 178-3 是○魏之欲得. 178-4 而折○魏招之. 178-5 ○魏反於外. 181-11 ○趙相難. 181-14 ○索兵於魏曰. 181-14 趙又索兵以攻○. 181-15 寡人與○兄弟. 181-15 而與○趙戰澮北. 183-7 西與○境. 185-10 不合於○. 185-13 則○攻其西. 185-13 秦挾○而攻魏. 185-21 ○劫於秦. 185-22 秦○爲一國. 185-22 事秦則楚○必不敢動. 185-23 無楚○之患. 185-24 欲走而之○. 186-20 張儀欲以魏合於秦○而攻齊楚. 188-15 以魏合於秦○而攻齊楚. 188-17 ○恐亡. 189-9 則公亦必并相楚○也. 189-10 則○之南陽舉矣. 189-14 收○而相衍. 189-15 ○欲攻南陽. 190-2 秦○合而欲攻南陽. 190-2 ○之卜也決矣. 190-3 信○廣魏救趙. 190-3 身相於○. 192-19 孰與其爲○也. 192-22 不如其爲○也. 192-22 衍將右○而左魏. 192-23 魏無○患. 193-14 又嘗用此於○矣. 195-1 惠施爲○魏交. 197-12 必右○而左魏. 198-4 魏信以○魏事秦. 198-25 魏王悉○魏之兵. 206-8 魏將與秦攻○. 206-16 今大王與秦伐○而益近秦. 206-22 ○亡. 206-24 ○亡之後. 207-2 絕○之上黨而攻强趙. 207-3 ○亡之後. 207-10 且夫憎○不受安陵氏可也. 207-17 有周○而間之. 207-20 又況於使秦無○而有鄭地. 207-25 無周○以間之. 207-25 楚魏疑而○不可得而約也. 208-2 今○受兵三年矣. 208-2 ○知亡. 208-3 而挾○魏之質. 208-7 以存○爲務. 208-7 因求故地於○. 208-7 ○必效之. 208-8 其攻多於與秦共伐○. 208-8 夫存○安魏而利天下. 208-10 通○之上黨於共莫. 208-10 是魏重質○以其上黨也. 208-11 ○必德魏愛魏重魏畏魏. 208-12 ○必不敢反魏. 208-13 ○是魏之縣也. 208-13 魏得○以爲縣. 208-13 今不存○. 208-14 有秦○之重. 209-8 於以攻○魏. 209-15 鄭恃魏以輕○. 211-16 吾欲與秦攻○. 212-4 ○且坐而胥亡乎. 212-4 ○且割而從天下. 212-5 ○怨魏乎. 212-6 ○强秦乎. 212-7 ○且割而從其所强. 212-7 ○將割而從其所强. 212-8 攻○之事. 212-9 秦攻○之管. 213-5 而○魏壞梁. 213-5 非於○也必魏也. 213-6 今幸而於○. 213-7 必○之管也. 213-7 若不因救○. 213-8 ○怨魏. 213-8 秦○爲一. 213-9 今攻○之管. 213-14 王能令○出垣雍之割乎. 214-5 成陽君欲以○魏聽秦. 215-3 而以多割於○矣. 215-4 ○不聽. 215-5 而伐○矣. 215-5 秦○不敢合. 215-6 且秦滅○亡魏. 219-15 夫○魏滅亡. 220-2 則○必取鄭矣. 221-6 至○之取鄭也. 221-6 謂申不害於○曰. 221-9 子以○重我於趙. 221-9 請以趙重子於○. 221-9 是子有兩○. 221-10 ○北有鞏洛成皋之固. 221-23 皆自○出. 222-1 ○卒超足而射. 222-2 ○卒之劍戟. 222-3 以○卒之勇. 222-6 夫以○之勁. 222-7 挾强○之兵. 222-14 ○地險惡. 222-19 斷絕○之上地. 223-7 而能弱楚者莫如○. 223-11 非以○能强於楚也. 223-12 楚昭獻相○. 224-3 秦且攻○. 224-3 ○廢昭獻. 224-3 秦必曰楚○合矣. 224-4 ○使人馳南陽之地. 224-6 ○因割南陽之地. 224-6 求千金於○. 224-9 今王攻○. 224-10 請以伐○. 224-23 其救○必疾. 225-12 收○趙之兵以臨魏. 225-15 ○爲一. 225-16 秦歸武遂於○. 225-20 秦○戰於濁澤. 225-25 今又得○之名都一而具甲. 226-4 秦○并兵南鄉. 226-5 言救○. 226-6 縱○爲不能聽我. 226-7 ○必德王也. 226-8 是秦○不和. 226-9 以厚怨於○. 226-10 ○得楚救. 226-10 是我困秦○之兵. 226-11 言救○. 226-12 弊邑將以楚殉○. 226-14 且楚○非兄弟之國也. 226-17 楚因以起師言救○. 226-18 公破○. 227-5 復攻○. 227-7 ○必亡. 227-7 非以當○也. 227-8 秦○之交可合也. 227-9 公孫郝黨於○. 227-12 善○以備之. 227-15 是○. 227-17 今公言善○以備楚. 227-17 吾甚欲○合. 227-19 公何不以秦爲○求潁川於楚. 227-21 此乃○之寄地也. 227-21 是令行於楚而以其地德○也. 227-22 是○楚之怨不解. 227-23 而公過楚以攻○. 227-23 公孫郝欲以○取齊. 227-25 收楚○以安之. 227-25 今王聽公孫郝以○秦之兵應齊而攻魏. 228-12 以○秦之兵據魏而攻齊. 228-14 故王不如令○中立以攻齊. 228-16 爲○取南陽. 228-18 以○秦之兵據魏以郄齊. 228-19 臣以爲令○以中立以勁齊. 228-21 假道兩周倍○以攻楚. 229-25 ○令使者求救於秦. 231-3 ○又令尙靳使秦. 231-4 ○之於秦也. 231-4 今○已病矣. 231-4 今佐○. 231-8 則不足以救○. 231-9 夫救○之危. 231-9 ○急矣. 231-12 ○未急也. 231-12 ○之急緩莫不知. 231-13 ○急則折而入於楚矣. 231-14 是無○也. 231-17 楚○爲一. 231-17 果下師於殽以救○. 231-19 ○令冷向借救於秦. 231-22 秦爲發使公孫昧入○. 231-22 子以秦爲將救○乎. 231-22 ○固其與國也. 232-2 今也其將揚言救○. 232-4 公必先○而後秦. 232-9 公仲爲○魏易地. 232-14 夫○地易於上. 232-16 王何不試以襄子爲質於○. 232-22 而害於○矣. 233-7 發重使爲○求武遂於秦. 233-10 ○得武遂以恨秦. 233-11 ○. 233-12 是秦○之怨深. 233-12 鄭强爲楚王使於○. 234-7 是有陰於○也. 234-21 ○大夫見王老. 234-24 ○大夫知王之老而太子定. 235-4 秦楚若無○. 235-5 ○大夫不能必其不入也. 235-6 公何不爲○求質子於楚. 235-10 楚王聽而入質子於○. 235-11 必以○合於秦楚矣. 235-12 秦楚挾○以窘魏. 235-12 則怨結於○. 235-13 ○挾齊魏以眄楚. 235-13 以積德於○. 235-15 ○不敢離楚也. 235-18 ○立公子咎而棄幾瑟. 235-19 必以○權報讎於魏. 235-20 ○. 235-23 ○絕於楚. 235-24 秦挾○親魏. 235-25 ○必起兵以禁之. 236-3 公因以楚○之兵奉幾瑟而內之鄭. 236-4 必以○楚奉公矣. 236-5 楚令景鯉入○. 236-7 ○且內伯嬰於秦. 236-7 恐○咎入○之不立也. 236-11 史疾爲○使楚. 236-14 ○傀相○. 236-22 臣之仇○相傀. 237-21 ○與衛. 237-24 語泄則○舉國而與仲子爲讎也. 238-1 獨行仗劍至○. 238-1 ○適有東孟之會. 238-3 ○取聶政屍於市. 238-7 乃之○. 238-11 則○必謀矣. 239-7 若○隨魏以善秦. 239-7 則○輕矣. 239-7 秦已善○. 239-8 令用事於○以完之. 239-8 是○爲秦魏之門戶也. 239-10 是○重而主尊矣. 239-11 若夫安○魏而終身相. 239-13 必欲善○以塞魏. 239-14 必務善○以備秦. 239-14 則○最輕矣. 239-19 則○最弱矣. 239-20 則○最先危矣. 239-20 今公以○先合於秦. 239-20 是○以天下事秦. 239-21 秦之德○也厚矣. 239-21 ○與天下朝秦. 239-22 ○息士民以待其舋. 239-24 今公以○善秦. 240-2 ○之重於兩周也無計. 240-2 今公以○爲天下先合於秦. 240-4 ○人攻宋. 240-7 蘇秦爲○說秦王曰. 240-8 以○之强. 240-9 吾固患○之難知. 240-11 天下固令○可知也. 240-12 ○故已攻宋矣. 240-12 皆積智欲離秦○之交. 240-14 未有一人言善○者也. 240-14 皆不欲○秦之合者何也. 240-15 則晉楚智而○秦愚也. 240-16 必伺○秦. 240-16 ○秦合. 240-16 ○計將安出矣. 240-19 秦之欲伐○. 240-20 今○不察. 240-20 欲得梁以臨○. 240-21 梁必怒於○之不與己. 240-22 ○必舉矣. 240-23 使山東皆以銳師戍○梁之西邊. 240-24 ○與魏敵侔之國也. 241-5 魏君必得志於○. 241-7 諸侯惡魏必事○. 241-8 而重○之權. 241-9 今之○弱於始之○. 241-10 而王與諸臣不事爲尊秦以定○者. 241-11 ○. 242-24 ○甚疏秦. 242-24○因以其金事秦. 243-1 秦反得其金與○之美人. 243-1 ○之美人因言於秦曰. 243-2 ○甚疏秦. 243-2 ○亡美人與金. 243-2 故客有說○者曰. 243-3 而○之疏秦不明. 243-4 謂○公仲曰. 243-7 ○已與魏矣. 243-10 而不告○. 243-11 或謂○相國曰. 243-13○之事秦也. 243-19 ○已得武隧. 243-20 今○之父兄得衆者毋相. 243-21 ○不能獨立. 243-21 而使之主○. 243-23 ○相公仲珉使○侈之秦. 244-1 客卿爲○謂秦王曰. 244-9 公孫郝嘗疾齊○而不加貴. 244-18 齊○嘗因公孫郝而不受. 244-19 公孫郝樗里疾請無攻○. 244-21 成陽君爲秦去○. 245-4 齊秦非重○則賢君之行也. 245-8 是棘齊秦之威而輕○也. 245-10 ○謁急於秦. 245-12 ○相國謂田苓曰. 245-12○急乎. 245-13 彼○急. 245-16 臣請令發兵救○. 245-17 逐

向晉者○也. 246-2 豈如道○反之哉. 246-2 ○也. 246-20 其收○必重矣. 246-21 從則○輕. 246-22 横則○重. 246-22 故君收○. 246-23 中附○魏則○魏重. 253-3 ○魏不聽. 257-8 因驅○魏以攻齊. 257-10 秦正告○曰. 260-11 寡人固與○且絶矣. 261-3 臣以○魏循自齊. 262-21 之卒者出士以戍○梁之西邊. 269-4 今○梁趙三國以合矣. 269-6 秦久伐○. 269-8 約戍○梁之西邊. 269-9 用○魏之兵. 269-13 用○魏之兵. 269-18 齊○魏共攻燕. 271-3 威脅○魏趙氏. 273-23 ○魏相率. 289-4 ○魏以故至今稱東藩. 289-6 ○孤顧魏. 289-17 魏恃○之銳. 289-17 以待○陣. 289-18 ○軍自潰. 289-19

【韓原】 1

穆公一勝於○而覇西州. 241-14

【檀衢】 1

斮之○. 95-4

【臨晉】 1

卽○之關可以入矣. 101-23

【臨淄】 6

○之中七萬户. 68-19 而○之卒. 68-20 ○甚富而實. 68-21 ○之途. 68-23 ○卽墨非王之有也. 70-2 燕兵獨追北入至○. 256-10

【闟】 1

至○陽晉之道. 69-5

【魏】 898

令向公之○. 3-9 子因令周最居○以共之. 4-1 因佐秦而伐韓○. 4-24○因以因. 4-25 秦盡韓○之上黨大原. 5-5 君弗如急北兵趨趙以秦○. 5-15 以地合於○趙. 5-25 亦將觀韓○之於齊也. 6-6 公何不令人謂韓○之王曰. 6-7 薛公以齊爲韓○攻楚. 9-4 又與韓○攻秦. 9-4 君以齊爲韓○攻楚. 9-5 九年而取宛葉以北以强韓○. 9-5 韓○南無楚憂. 9-7 薛公必破秦以張韓○. 9-10 秦攻○將犀武軍於伊闕. 9-18 莫如令秦○復戰. 9-19 必不攻○. 9-20 前有勝○之勞. 9-21 又必不攻○. 9-21 而秦未與○講也. 9-22 必復攻○. 9-23 ○不能支. 9-23 若○不講. 10-1 是君存周而戰秦○也. 10-1 敗韓○. 11-5 今公破韓○. 11-11 以臨韓○. 11-22 韓○必惡之. 11-23 必救韓○而攻楚. 11-24 將以使攻○之南陽. 12-10 周君之○求救. 12-14 韓○易地. 13-1 韓○之易地. 13-1 ○亡二縣. 13-2 且○有南陽鄭地三川而包二周. 13-3 鄭恃○而輕韓. 13-12 ○攻蔡而鄭亡. 13-12 今君恃韓○而輕秦. 13-14 西周恐○之藉道也. 13-22 衛鞅亡○入秦. 15-4 天下陰燕陽○. 18-8 中使韓○之君. 19-4 則○可舉. 19-17 舉○. 19-17 韓亡則荆○不能獨立. 20-10 荆○不能獨立. 20-11 蠹○. 20-11 臣荆○. 21-11 荆○不臣. 21-13 張儀欲假秦兵以救○. 21-17 ○不反秦兵. 21-17 ○若反秦兵. 21-18 張子得志於○. 21-18 親○善楚. 21-23 ○絶南陽. 21-24 侵楚○之地. 21-25 而求解乎楚○. 22-16 以地與○. 22-16 楚攻○. 23-8 不如與○以勁之. 23-8 ○戰勝. 23-8 ○不能守. 23-9 以與○. 23-10 ○兵罷弊. 23-10 不如召甘茂於○. 28-6 義渠君之○. 28-10 請之○. 29-1 甘茂至○. 29-3 ○聽臣矣. 29-3 是王欺○. 29-11 彼若以齊約韓○. 31-9 甘茂約秦○而攻楚. 31-25 怵於楚而不使○制和. 32-1 秦鸞○. 32-2 楚○爲一. 32-2 王不如使○制和. 32-3 ○制和必悅. 32-3 王不惡於○. 32-3 齊與大國救○而倍約. 32-8 則韓○必無上黨哉. 32-25 薛公爲○謂○冉曰. 34-3 ○謂○冉曰. 35-4 秦三世積節於韓○. 35-21 韓○東聽. 35-23 秦烏能與齊縣衡韓○. 35-25 秦王欲爲成陽君求相韓○. 36-3 韓○弗聽. 36-3 失韓○之道也. 36-6 大王越韓○而攻强齊. 38-23 而悉韓○之兵則不義矣. 38-24 以其伐楚而肥韓○也. 39-4 今韓○. 39-7 齊附而韓○可虛也. 39-10 寡人欲親○. 39-11 ○多變之國也. 39-11 請問親○奈何. 39-11 邢丘拔而○請附. 39-13 ○韓見必亡. 39-19 穰侯十攻○而不得傷者. 41-11 非秦弱而○强也. 41-12 南地入楚○. 42-20 開罪於楚○. 43-24 而入韓○. 44-6 虜○公子卬. 44-23 又越韓○攻强趙. 46-4 韓○聞楚之困. 48-3 薛公入○而出齊女. 48-16 以齊秦劫○. 48-16 則○. 48-18 呡欲以齊秦劫○而困薛公. 48-18 ○懼而復之. 48-20 負蒭必以○殁世事秦. 48-20 齊女入○而怨薛公. 48-20 今日韓○. 49-10 帥强韓○之兵以伐秦. 49-12 帥弱韓○以攻秦. 49-13 帥韓○以圍趙襄子於晉陽. 49-17 韓○雖弱. 49-21 楚○戰於陘山. 49-25 ○許秦以上洛. 49-25 ○戰勝. 49-25 秦責賂於○. 50-1 ○不與. 50-1 ○許寡人以地. 50-2 ○畏秦楚之合. 50-3 是○勝楚而亡地於秦也. 50-3 是王以○地德寡人. 50-3 ○弱. 50-4 ○必危. 50-5 ○請無與楚遇而合於秦. 50-9 聞齊○皆且割地以事秦. 50-18 齊○有何重於孤國也. 50-19 ○. 51-8 聽之韓○. 51-9 卽韓○從. 51-9 韓○從. 51-9 使東遊韓○. 51-13 王又舉甲兵而攻○. 52-3 絶楚○之脊. 52-9 智氏信韓○. 52-20 韓○反之. 52-20 而忘毁楚之强○也. 52-21 今王中道而信韓○之善王也. 52-24 臣恐韓○之卑辭慮患. 52-25 王既無重世之德於韓○. 53-1 韓○父子兄弟接踵而死於秦者. 53-2 韓○之不亡. 53-6 王將藉路於仇讎之韓○乎. 53-7 是王以兵資於仇讎之韓○. 53-8 王若不藉路於仇讎之韓○. 53-8 王破楚於以肥韓○於中國而勁齊. 53-15 韓○之强足以校於秦矣. 53-16 齊○得地葆利. 53-17 詘令韓○. 53-20 而○亦關内候矣. 54-1 舉右案○. 54-10 ○伐邯鄲. 54-14 舉兵伐○. 54-15 今王廣德○趙. 55-5 秦人援○以拒楚. 55-21 樓許約秦○. 56-12 敗秦而利○. 56-13 ○必負之. 56-13 聞秦且伐○. 56-16 ○不與我約. 56-17 是趙不拔而○全也. 64-12 故不如南攻襄陵以弊○. 64-13 邯鄲拔而承○之弊. 64-13 是趙破而○弱也. 64-14 齊因承○之弊. 64-15 韓且折而入於○. 64-18 夫韓○之兵未弊. 64-19 我代韓而受○之兵. 64-20 且夫○有破韓之志. 64-20 而晚承○之弊. 64-21 齊因起兵擊○. 64-23 ○破韓弱. 64-24 韓○之君因田嬰北面而朝田侯. 64-24 公何不爲王謀伐○. 65-3 乃說王而使田忌伐○. 65-4 燕趙韓○聞之. 66-21 秦假道韓○以攻齊. 66-24 秦伐○. 67-23 且夫韓○之所以畏秦者. 69-1 韓○戰而勝秦. 69-2 是故韓○之所以重與秦戰而輕爲之臣也. 69-3 倍韓○之地. 69-5 恐韓○之議其後也. 69-7 南有韓○. 69-17 ○效河外. 69-25 秦驅韓○攻齊之南地. 70-1 張儀以秦○伐韓. 71-3 昭陽爲楚伐○. 72-15 今君相楚而攻○. 72-23 薛公使○處之趙. 73-8 東有趙○. 73-25 趙○不伐. 74-1 趙○亦不免與秦爲患矣. 74-2 今齊秦伐趙○. 74-2 則亦不果於趙○之應秦而伐周韓. 74-3 令齊入於秦而伐趙○. 74-3 趙○亡之後. 74-4 齊欲伐○. 81-5 今齊○久相持. 81-8 齊○亦佐秦伐邯鄲. 81-11 ○取伊是. 81-12 卒○兵以救邯鄲之圍. 81-12 是齊入於○而救邯鄲之功也. 81-13○之柱國也. 81-14 秦伐○取安邑. 81-15 今又刦趙○. 81-17 兼○之河南. 81-18 則趙○亦危矣. 81-18 趙○危. 81-19 韓○趙楚之志. 81-19 趙○楚得齊. 81-22 故秦趙○得齊者重. 81-22 告遡於○. 90-10 譬之衛矢而○弦機也. 90-13 藉力○而有河東之地. 90-13 楚人救趙而伐○. 90-14 亦襲○之河北燒棘溝. 90-15 此皆非趙○之欲也. 90-17 齊之與韓○伐秦楚也. 90-24 分地又非多韓○也. 91-1 以其爲韓○主怨也. 91-1 秦楚戰韓○不休. 91-2 故以一秦而敵大○. 94-3 則臣請必北○矣. 94-3 齊人伐○. 94-10 而○將以禽於齊矣. 94-14 ○攻平陸. 96-13 ○不敢東面. 96-15 今楚○交退. 96-16 齊之反趙○之後. 103-19 而日强○. 104-11 ○强. 104-12 夫○之攻趙也. 104-14 而○無楚憂. 104-15 是楚○共趙也. 104-15 且○令兵以深割趙. 104-16 必與○合而目謀楚. 104-17 必與○戰. 104-18 ○怒於趙之勁. 104-19 趙○相弊. 104-19 則○可破也. 104-20 而○入吾君臣之間. 105-3 臣非畏○也. 105-3 昭奚恤取○之寶器. 105-9 目居○知之. 105-10 江乙爲○使於楚. 106-17 鄭○者. 107-6 鄭○之弱. 107-7 韓公叔有齊○. 107-16 齊○必伐韓. 107-19 則韓○齊燕趙衛之妙音美人. 109-8 而韓○迫於秦患. 109-20 ○則從風而動. 110-9 韓○攻其北. 110-10 而韓○以全制其後. 111-6 ○求相綦母恢而周不聽. 112-5 而儀重於韓○之王也. 112-8 所欲貴富者○也. 112-9 欲爲攻於○. 112-9 ○相翟强死. 115-3 ○之幾相者. 115-3 勁也相○. 115-3 ○秦之交必善. 115-4 秦○之交完. 115-4 相甘茂於○. 115-5 今爲其行人請○之相. 115-5 齊○之交惡. 115-6 而○秦之交必惡. 115-7 而燕趙○不敢不聽. 116-1 則○無患矣. 116-23 秦楚爭事○. 116-25 楚王逐張儀於○. 119-21 且○臣不忠不信. 119-22 甘茂善○. 120-24 必以秦合韓○. 120-24 韓○之重儀. 120-24 韓○欲得秦. 120-25 將收韓○輕儀而伐楚. 121-1 而重儀於韓○. 121-2 挾○重. 121-2 ○不合秦. 121-2 張儀逐惠施於○. 121-5 ○欲和. 121-15 今施以○來. 121-16 是明楚之伐而信○之和也. 121-16 凡爲攻秦者○也. 121-18 ○受其怨. 121-19 吾將使人因○而和. 121-19 ○爲子先戰. 121-20 ○折而入齊秦. 121-21 因令人謁和於○. 121-23 陳軫告楚之○. 121-25 因與韓○之兵. 125-25 非齊則○. 130-13 ○齊新怨楚. 130-13 臣請到○. 130-15 若越趙○而鬭兵於燕. 130-19 敝楚見强○也. 130-21 知伯從韓○兵以攻趙. 131-3 韓○之君必反矣. 131-5 夫從韓○之兵而攻趙. 131-6 難必及韓○矣. 131-7 而韓○之君無憙志而有憂色. 131-8 知伯以告韓○之君曰. 131-10 韓○之君曰. 131-11 君又何以疵言告韓○之君爲. 131-15 韓○之君視疵端而趨疾. 131-16 韓○之君果反矣. 131-18 知伯帥趙韓○而伐范中行氏. 131-21 又使人請地於○. 132-2 請地於○. 132-4 ○弗與. 132-4 則是○内自强. 132-4 然則其錯兵於○必矣. 132-5 知伯因陰結韓○. 132-7 三使韓○. 132-10 臣請見韓○之君. 133-2 張孟談於是陰見韓○之君曰. 133-4 使張孟談見韓○之君曰. 134-1 韓○翼而擊之. 134-3 韓○齊燕負親以謀趙. 134-24 次子之○. 135-4○攻中山而不能取. 136-13 則○必罷. 136-14 ○拔中山. 136-14 ○也. 136-15 故出兵以佯示趙○. 138-9 ○滅晉國. 138-13 秦盡韓○之上黨. 138-17 反温枳高平於○. 139-2 韓○危. 139-13 甘茂爲秦約○以攻韓宜陽. 141-12 則且出兵助秦攻○. 141-19 齊亡○. 141-20 ○殺呂遼而衛兵. 141-24 今○恥未滅. 142-1 秦○之構. 142-3 秦從楚○攻齊. 142-3 韓○皆可使致封地湯沐之邑. 144-15 則秦必弱韓○. 144-18 則齊必弱楚○. 144-19 ○弱則割河外. 144-19 畏韓○之議其後也. 145-3 然則韓○. 145-4 秦之攻韓○也. 145-4 韓○不能支秦. 145-5 韓○臣於秦. 145-6 秦無韓○之隔. 145-6 莫如一韓○齊楚燕趙. 145-23 齊○各出銳師以佐之. 145-25 秦攻韓○. 146-1 ○塞午道. 146-3 韓○出銳師以佐之. 146-4 ○軍河外. 146-5 夫慮收亡齊罷楚敝○與不可知之趙. 147-3 後富韓威○. 147-6 韓○之所以僅存

者. 147-8 精兵非有富韓勁○之庫也. 147-10 收破齊罷楚弊○不可知之趙. 147-11 而韓○稱爲東蕃之臣. 148-9 毆韓○而軍於河外. 148-13 楚○憎之. 156-12 ○令公子咎以銳師居安邑. 156-22 反攻○幾. 156-22 富丁欲以趙合齊○. 156-25 秦楚必合而攻韓○. 157-2 韓○告急於齊. 157-3 韓○必怨趙. 157-4 韓○必絕齊. 157-5 樓緩坐○三月. 157-6 不能散齊○之交. 157-6 今我順而齊○果西. 157-7 ○因富丁且合於秦. 157-15 請效地於○而聽薛公. 157-15 故欲效地於○而聽薛公. 157-16 而請相之於○. 157-17 今相○. 157-18 ○秦必虛矣. 157-18 齊○雖勁. 157-18 秦○雖勁. 157-19 ○使人因平原君請從於趙. 157-22 今者平原君爲○請從. 157-23 ○過矣. 157-24 今○求從. 158-1 是○求害. 158-1 ○過. 158-1 今秦釋韓○而獨攻王. 159-19 王之所以事秦必不如韓○也. 159-20 齊交韓○. 159-21 必在韓○之後也. 159-22 秦善韓○而攻趙者. 160-5 必王之事秦不如韓○也. 160-5 平原君使人請救於○. 161-4 發使出重寶以附楚○. 161-19 楚○欲得王之重寶. 161-20 趙使入楚○. 161-20 楚○以趙爲媾. 161-25 聞○將欲令趙尊秦爲帝. 162-11 適會○公子無忌奪晉鄙軍以救趙擊秦. 164-17 ○殺呂遺. 167-1 能亡韓○. 169-8 臣以齊爲王求名於燕及韓○. 169-10 燕○自以無齊故重王. 169-13 又欲與秦攻○. 169-21 則令秦攻○以成其私封. 170-2 秦攻○. 170-9 臣願王之曰聞○而無庸見惡也. 170-15 臣必見燕與韓○亦且重趙也. 170-18 王使臣以韓○與燕劫趙. 170-20 以趙劫韓○. 170-21 韓○危. 171-7 楚與○韓將應之. 171-18 ○必攻宋. 171-22 今韓○與齊相疑也. 172-2 相○懷於○. 172-10 以據○而求安邑. 172-13 ○不待伐. 172-14 ○爲上交. 172-15 與韓氓而攻○. 172-17 秦因收楚而攻○. 172-19 ○必破矣. 172-19 伐○. 172-20 秦桉兵攻○. 172-23 君桉救○. 172-24 韓○焉免西合. 173-1 而收齊○以成取陰. 173-5 夫○爲從主. 173-17 請殺范座於○. 173-19 請殺范座於○. 173-20 夫趙○. 174-3 故○之免相望也. 174-5 嘗以○之故. 174-5 然今能守○者. 174-6 秦攻○. 177-2 趙使姚賈約韓○. 178-2 韓○以友之. 178-2 韓○欲得之. 178-3 是韓○之欲得. 178-4 而折韓○招之. 178-5 ○敗趙於陘山. 178-8 ○之和卒敗. 178-10 韓○反於外. 181-11 韓索兵於○曰. 181-14 皆朝○. 181-17 樂羊爲○將而攻中山. 181-19 ○於是乎始强. 182-10 ○公叔痤爲○將. 183-7 ○公叔痤病. 183-21 ○日以削. 184-2 且○. 184-13 ○地方不至千里. 185-7 ○之埊勢. 185-11 ○南與楚而不與齊. 185-12 則○不北. 185-20 ○不北. 185-20 秦挾韓而攻○. 185-21 ○之亡可立而須也. 185-22 而能弱楚者莫若○. 186-1 ○之兵南面而伐. 186-2 夫虧楚而益○. 186-3 齊○約而伐楚. 186-14 ○以董慶爲質於齊. 186-14 而○弗救. 186-14 以○爲將內之於齊而擊其後. 186-16 是示楚無○也. 186-17 ○怒合於楚. 186-17 不如貴董慶以善○. 186-18 蘇秦拘於○. 186-20 今秦見齊○之不合也如此其甚也. 186-23 則非○之利也. 186-25 過○. 187-4 恐後天下得○. 187-15 復相○. 187-20 夫○欲絕楚齊. 188-4 ○之所以迎我者. 188-6 子果無之○而見寡人也. 188-7 張儀走之○. 188-10 ○將迎之. 188-10 張儀欲以○合於秦韓而攻齊楚. 188-15 惠施欲以○合於齊楚以案兵. 188-15 以○合於秦韓而攻齊楚. 188-17 張子儀以秦相○. 188-23 齊楚怒而欲攻○. 188-23 ○之所以相公者. 188-24 今公相而○受兵. 188-24 是○計過也. 188-25 齊楚攻○. 188-25 王若相儀於○. 189-2 必攻○. 189-2 ○戰而勝. 189-2 而儀固得○矣. 189-3 若不勝○. 189-3 ○必事秦以持其國. 189-3 今儀相○而攻之. 189-5 乃遽解攻於○. 189-6 張儀欲幷相秦○. 189-8 公何不以楚佐儀求相之於○. 189-9 儀兼相秦○. 189-10 張儀以合秦○矣. 189-12 ○攻南陽. 189-13 則秦○之交可廢矣. 189-15 則○必圖秦而棄儀. 189-15 果相○. 189-16 楚許○六城. 189-19 而不與○六城. 189-20 信韓廣○救趙. 190-3 與○戰於伊闕. 190-10 ○令公孫衍乘勝而留於境. 190-10 聞周○令竇屢以割○於奉陽君. 190-14 而和於東周與○也. 190-17 約外○. 190-19 恐其謀伐○也. 190-19 王與三國約外○. 190-24 ○使公孫衍來. 190-24 ○令公孫衍請和於秦. 191-4 敗後必莫能以○合於秦者矣. 191-5 公孫衍爲○將. 191-8 犀首田盼欲得齊○之兵以伐趙. 192-3 犀首田盼遂得齊○之兵. 192-9 召文子而相之○. 192-18 臣請問文之爲○. 192-21 衍之爲○. 192-22 衍將右韓而左○. 192-23 文將右齊而左○. 192-23 吾舉事而不利於○. 193-2 利於○與不利於○. 193-4 ○不能支. 193-13 ○無韓患. 193-14 楚○也. 194-17 請爲王毋禁楚之伐○也. 194-17 齊○之交已醜. 194-24 秦善○不可知也已. 195-1 秦權重○. 195-5 ○再明孰. 195-5 兵請伐○. 195-25 齊○戰於馬陵. 196-19 齊大勝○. 196-19 戰不勝○. 197-4 與○和而下楚. 197-4 今戰勝○. 197-5 臣萬乘之○. 197-5 惠施爲韓○交. 197-12 吾恐張儀薛公犀首之有一人相○者. 197-22 吾恐張儀薛公犀首有一人相○者. 198-2 張儀相○. 198-3 必右秦而左○. 198-3 薛公相○. 198-4 必右齊而左○. 198-4 犀首相○. 198-4 必右韓而左○. 198-4 皆將務以其國事○. 198-6 以○之强. 198-7 ○必安矣. 198-7 秦召○相信安君. 198-10 今大王令人執事於○. 198-12 臣恐○交之益疑也. 198-13 今王之使人入○而不用. 198-15 則王之使人入○無益也. 198-16 ○必舍所愛習而用所畏惡. 198-16 臣故恐○交之益疑也. 198-18 大王欲完○之交. 198-22 ○信以韓○事秦. 198-25 秦楚攻○. 199-8 爲○謂楚王曰. 199-8 秦楚勝○. 199-8 王雖復與之攻○可也. 199-11 乃倍秦而與○. 199-11 ○內太子於楚. 199-11 欲與之復攻○. 199-13 欲與○攻楚. 199-13 恐○之以太子在楚不肯也. 199-13 王出○質. 199-15 以疾攻○. 199-16 秦因合○以攻楚. 199-17 秦趙約而伐○. 201-3 今大王收秦而攻○. 201-5 收秦攻○. 201-7 請許○. 201-7 大王且何以報○. 201-8 趙王恐○承秦之怒. 201-11 遽割五城以合於○而支秦. 201-11 王之所欲於○者. 201-15 王能使臣爲○之司徒. 201-16 則臣能使○獻之. 201-16 因任之以爲○之司徒. 201-17 秦之所欲於○者. 201-18 ○之所以獻長羊王屋洛林之地者. 201-24 芒卯并將秦○之兵. 202-4 秦敗○於華. 202-6 須賈爲○謂穰侯曰. 202-6 蠶食○. 202-11 是臣之所聞於○也. 202-17 今○方疑. 203-1 ○方疑. 203-3 楚趙怒於○之先己講也. 203-4 而○效絳安邑. 203-5 秦敗○於華. 203-11 楚○爲一. 204-1 吾以爲○也. 204-6 君無爲○計. 204-6 後爲○計. 204-7 ○不勝秦. 204-15 ○不以敗之上割. 204-17 其勢必無○矣. 204-21 齊欲伐○. 205-4 ○使人謂淳于髡曰. 205-4 齊欲伐○. 205-4 能解○患. 205-4 ○. 205-6 乃不伐○. 205-8 淳于髡言不伐○者. 205-9 受○之璧馬也. 205-9 聞先生受○之璧馬. 205-10 伐○之事不便. 205-11 ○雖刺髡. 205-12 ○雖封髡. 205-12 ○無見亡之危. 205-13 秦將伐○. 205-16 秦且攻○. 205-16 文願借兵以救○. 205-19 非能彊於○之兵. 205-21 ○之兵. 205-21 而○之地歲危. 205-22 今趙不救○. 205-23 ○歃盟於秦. 205-23 今秦且攻○. 206-1 今又行數千里而以助○. 206-2 秦攻○未能克之也. 206-6 而燕不救○. 206-7 秦已去○. 206-8 ○王悉韓○之兵. 206-8 割地請講於○. 206-13 ○將與秦攻韓. 206-16 外安能支强秦○之兵. 206-24 非○無攻矣. 207-10 秦十攻○. 207-21 楚○疑而韓不可得而約也. 208-2 而挾韓○之質. 208-7 夫存韓安○而利天下. 208-10 是○重質韓以其上黨也. 208-11 韓必德○愛○重○畏○. 208-12 韓必不敢反○. 208-13 韓是○之縣也. 208-13 ○得韓以爲縣. 208-13 葉陽君約○. 208-17 秦使趙攻○. 208-22 ○謂趙王曰. 208-22 攻○者. 208-22 ○者. 209-1 ○之虞也. 209-1 聽秦而攻○者. 209-2 ○之受兵. 209-6 楚惡○之事王也. 209-7 故勸秦攻○. 209-7 必令○以地聽秦而爲和. 209-8 於以攻韓○. 209-15 吾已合○矣. 209-15 而以與○. 209-17 故以與○. 209-17 楚王怒於○之不用樓子. 209-21 公不如按○之和. 209-23 鄭恃○以輕韓. 211-16 中山恃齊○以輕趙. 211-18 齊○伐楚而趙亡中山. 211-18 韓怨○乎. 212-6 怨○. 212-6 强○乎. 212-7 欲獨以○支秦者. 212-12 是又不知○者也. 212-12 ○秦伐楚. 212-18 而韓○壤梁. 213-5 非於韓也必○也. 213-6 此○之福也. 213-7 必○之梁也. 213-8 韓怨○. 213-8 則○危. 213-9 秦果釋管而攻○. 213-10 願大王無攻○. 213-12 必重○. 213-21 樓梧約秦○. 214-8 ○委國於王. 214-15 爲○謂楚王曰. 214-19 索攻○於秦. 214-19 而交疏於○也. 214-19 楚○有怨. 214-20 與○便地. 214-20 成陽君欲以韓○聽秦. 215-3 攻○. 215-13 令齊資我於○. 216-2 夫齊不以無○者以害有○者. 216-3 故公不如示有○. 216-3 王之所求於○者. 216-4 臣請以○聽. 216-4 以齊有○也. 216-5 欲傷張儀於○. 216-7 ○之所以爲王通天下者. 216-11 秦○爲與國. 216-15 齊楚約而欲攻○. 216-15 ○使人求救於秦. 216-15 ○人有唐且者. 216-17 ○來求救數矣. 216-19 寡人知○之急矣. 216-20 大王已知○之急而救不至者. 216-20 且夫○一萬乘之國. 216-21 今齊楚之兵已在○郊矣. 216-22 ○急則且割地而約齊楚. 216-23 是亡一萬乘之○. 216-24 日夜赴○. 217-1 ○攻管而不下. 217-12 亦猶○也. 217-19 豈可使吾君有○患也. 218-3 秦攻○急. 218-22 而○之弱也甚. 218-25 秦○百相交也. 219-7 且秦滅韓亡○. 219-15 夫韓○滅亡. 220-2 ○之圍邯鄲也. 221-12 ○兩用犀首張儀而西河之外亡. 223-20 與之逐張儀於○. 223-24 ○因相犀首. 223-25 因以齊○廢韓朋. 223-25 據公於○. 224-1 收韓趙之兵以臨○. 225-15 ○必倍秦. 225-16 秦失○. 225-17 而甘茂黨於○. 227-12 甘茂欲以○取齊. 227-24 而誅齊○之罪. 228-1 勸齊兵以勸止○. 228-5 齊○合與離. 228-10 齊○別與合. 228-11 齊○離. 228-11 齊○別. 228-12 今王聽公孫郝以韓秦之兵應齊而攻○. 228-12 ○不敢戰. 228-13 以韓秦之兵據○而攻齊. 228-14 不求割地而合於○. 228-15 齊王言救○以勁之. 228-17 齊○不能相聽. 228-17 則信甘茂於○. 228-19 以韓秦之兵據○以郄齊. 228-19 秦○遇. 228-25 鯉與於秦○之遇. 229-1 恐齊以楚遇爲有陰於秦○也. 229-2 秦○之遇也. 229-3 齊無以信○之合己於秦而攻於楚也. 229-4 齊又畏楚之有陰於秦○也. 229-5 ○之絕齊於楚明矣. 229-6 以視齊於有秦○. 229-7 而且疑秦○於齊. 229-8 若夫越趙○而鬬兵於燕. 229-13 今涉○境. 229-20 ○且旦暮亡矣. 230-1 ○折而入於楚. 232-2 故不如出兵以勁○. 232-2 楚與○大戰. 232-3 公仲爲韓○易地. 232-14 ○地易於下. 232-16 而楚○皆德公之國矣. 232-25 必以兵臨○. 233-1 請爲子起兵以之○. 233-2 ○必急韓氏. 234-9 秦楚挾韓以窘○. 235-12 韓挾齊○以眄楚. 235-13 必以韓權報讎於○. 235-20 秦挾韓親○. 235-25 今秦○之和

成. 239-6 若韓隨○以善秦. 239-7 是爲○從也. 239-7 今公與安成君爲秦○之和. 239-9 秦○之和成. 239-10 是韓爲秦○之門户也. 239-10 安成君東重於○. 239-11 操右契而爲公責德於秦○之主. 239-11 若夫安韓○而終身相. 239-13 秦○不終相聽者也. 239-13 齊怒於不得○. 239-14 必欲善韓以塞○. 239-14 ○不聽秦. 239-14 秦○和. 239-15 楚○必恐. 240-9 韓與○敵侔之國也. 241-5 我執珪於○. 241-7 是○弊矣. 241-8 諸侯惡○必事韓. 241-8 夫弱○之兵. 241-9 莫如朝○. 241-9 張丑之合齊楚講於○也. 243-7 今公疾攻○之運. 243-7 ○急. 243-8 ○緩則必戰. 243-8 則○且内之. 243-9 韓已與○矣. 243-10 因講於○. 243-11 請攻○. 244-1 ○之使者謂後相韓辰曰. 244-2 公必爲○罪韓侈. 244-3 所以不及○者. 244-11 ○亡於秦. 244-13 甘茂約楚趙而反敬○. 244-22 趙○攻華陽. 245-12 大敗趙○於華陽之下. 245-17 而還之者○也. 246-2 是○有向晉於周. 246-3 ○安能與小國立之. 246-16 ○也. 246-20 交善楚○也. 246-20 秦見君之交反善於楚○也. 246-21 ○急. 246-23 宮他爲燕使○. 252-5 ○不聽. 252-5 楚○者. 252-16 中附韓○則韓○重. 253-3 蘇代過○. 255-6 ○爲燕執代. 255-6 今齊○不和. 255-8 非○之利也. 255-9 樂毅自○往. 256-6 韓○不聽. 257-8 因驅韓○以攻齊. 257-10 秦正告○曰. 260-14 ○無大梁. 260-16 ○無濟陽. 260-17○無虚頓丘. 260-17 秦欲攻○. 261-3 ○棄與國而合於秦. 261-4 趙得講於○. 261-6 而重○. 261-8 則以葉蔡委於○. 261-8 則劫○. 261-9 ○不爲割. 261-9 適○者曰. 261-11 臣以韓○循自齊. 262-21 過○. 266-2 楚○之所同願也. 267-14 約楚○宋盡力. 267-14 用韓○之兵. 269-13 用韓○之兵. 269-18 齊○爭燕. 270-11 ○亦謂燕王曰. 270-11 今○之辭倨而幣薄. 270-13 燕因合於○. 270-14 齊韓○共攻燕. 271-3 而攻○雝丘. 271-6 ○軍其西. 271-7 通使於○. 271-8 以爲燕楚與○謀之. 271-9 ○失其與國. 271-10 威脅韓○趙氏. 273-23 則富不過有○. 281-5 則萬世無○. 281-5 卒不得○. 281-9 以爲○乎. 282-4 爲○則善. 282-5 今蒲入於○. 282-5 衛必折於○. 282-6 ○亡西河之外. 282-6 今并衛於○. 282-7 ○必强. 282-7○强之日. 282-7 害秦以善○. 282-8 衛使客事○. 282-16 秦○交而不脩之日久矣. 282-18 胥靡逃之○. 283-8 ○幷中山. 284-3 齊謂趙○曰. 284-7 齊謂趙○曰. 284-9 將與趙○伐之. 284-11 必爲趙○廢其王而務附焉. 284-13 是君爲趙○驅羊也. 284-13 中山必喜而絶趙○. 284-15 趙○怒而攻中山. 284-16 賢於爲趙○驅羊也. 284-18 張登因謂趙○曰. 284-24 趙○許諾. 285-3 中山果絶齊而從趙○. 285-3 樂羊爲○將. 288-10 結親燕○. 288-23 韓○相率. 289-4 韓○以故至今稱東藩. 289-6 韓孤顧○. 289-17 ○恃韓之鋭. 289-17 觸○之不意. 289-19 ○軍既敗. 289-19

【魏國】 1

則○豈得安哉. 207-16

【谿谷】 1

自殽塞○. 31-8

【襄陵】 3

故不如南攻○以弊魏. 64-13 乃起兵南攻○. 64-14 ○之役. 232-25

【應】 1

因以○爲太后養地. 11-1

【鴻溝】 1

南有○陳汝南有許鄢昆陽邵陵舞陽新郪. 184-5

【鴻臺】 1

則○之宮. 223-8

【濮】 1

王又割○磨之北屬之燕. 52-8

【濮上】 1

○之事. 100-19

【濮陽】 2

○人呂不韋賈於邯鄲. 56-21 遂西至○. 237-19

【濟】 9

○清河濁. 19-4 河○之士. 55-17 左○. 65-15 趙王因割○東三城令盧高唐平原陵地城邑市五十七. 174-11 乃割○東三令城市邑五十七以與齊. 174-14 吾聞齊有清○濁河. 253-9 雖有清○濁河. 253-11 ○西不役. 253-12 今○西河北. 253-13

【濟上】 2

隨先王舉而有之於○. 267-16 ○之軍. 267-17

【濟北】 2

不若得○之利. 96-14 存○. 96-16

【濟西】 3

有○則趙之河東危. 89-20 以○委於趙. 261-6 以○. 261-11

【濟陽】 2

小黄○嬰城. 52-8 魏無○. 260-17

【鳌】 1

齊伐○莒而晉人亡曹. 211-15

【離石】 8

取藺○祁者. 11-5 取藺○祁者. 11-12 藺○祁拔. 156-14 以易藺○祁於趙. 156-15 夫藺○祁之地. 156-17 安能收恤藺○祁乎. 156-18 公何不與趙藺○祁. 225-14 兵傷於○. 261-8

【隴】 1

右○蜀. 38-17

【繒】 2

○恃齊以悍越. 211-16 齊和子亂而越人亡○. 211-16

【雝丘】 1

而攻魏○. 271-6

【藺】 8

取○離石祁者. 11-5 取○離石祁者. 11-12 ○離石祁拔. 156-14 以易○離石祁於趙. 156-15 夫○離石祁之地. 156-17 安能收恤○離石祁乎. 156-18 公何不與趙○離石祁. 225-14 致○石. 261-1

【闞】 1

北至乎○. 207-23

【闗】 1

左○阪. 38-18

【盧】 1

○睪在其北. 182-25

【瀨胡】 1

故楚南察○而野江東. 108-14

【懷】 5

秦人下兵攻○. 147-15 臨○而不救. 147-16 不識三國之憎秦而愛○邪. 147-16 忘其憎○而愛秦邪. 147-17 秦故有○地刑丘之城垝津. 207-11

【蘭臺】 1

前夾林而後○. 200-12

【轘轅】 1

塞○緱氏之口. 21-23

【黨】 1

上○十七縣. 20-6

【權】 2

○之難. 73-8 ○之難. 249-9

【穰】 2

君攻楚得宛○以廣陶. 212-22 東有宛○洧水. 221-24

【鑿臺】 1

殺智伯瑶於○之上. 52-21

戰　國　策

（閱讀本）

李　波　整理

黄周星

（六首[illegible]）

目 録

說明 ……………………………………………………1
戰國策卷一　東周……………………………………………1
戰國策卷二　西周……………………………………………9
戰國策卷三　秦一 …………………………………………15
戰國策卷四　秦二 …………………………………………26
戰國策卷五　秦三 …………………………………………34
戰國策卷六　秦四 …………………………………………48
戰國策卷七　秦五 …………………………………………55
戰國策卷八　齊一 …………………………………………62
戰國策卷九　齊二 …………………………………………71
戰國策卷十　齊三 …………………………………………75
戰國策卷十一　齊四 ………………………………………82
戰國策卷十二　齊五 ………………………………………90
戰國策卷十三　齊六 ………………………………………95
戰國策卷十四　楚一……………………………………… 103
戰國策卷十五　楚二……………………………………… 115
戰國策卷十六　楚三……………………………………… 119
戰國策卷十七　楚四……………………………………… 123
戰國策卷十八　趙一……………………………………… 131

戰國策卷十九　趙二……144
戰國策卷二十　趙三……155
戰國策卷二十一　趙四……169
戰國策卷二十二　魏一……181
戰國策卷二十三　魏二……192
戰國策卷二十四　魏三……201
戰國策卷二十五　魏四……211
戰國策卷二十六　韓一……221
戰國策卷二十七　韓二……231
戰國策卷二十八　韓三……239
戰國策卷二十九　燕一……248
戰國策卷三十　燕二……260
戰國策卷三十一　燕三……271
戰國策卷三十二　宋衞……279
戰國策卷三十三　中山……284

説　　明

《戰國策》曾有《國策》、《國事》、《事語》、《短長》、《長書》等不同名稱，主要記載當時各國策士謀臣提出的政治主張和鬬争策略，反映了戰國時期各國、各集團之間的尖鋭複雜的矛盾鬬爭，語言生動流暢，史料價值珍貴。

西漢時，劉向作了整理，删去重複，編訂爲三十三卷，定名爲《戰國策》。東漢高誘曾爲之作注，流傳到北宋，正文和注解都有散失，曾鞏作了校補。南宋時，在曾鞏校補本的基礎上，又出現了兩種新本子，即姚宏的續注本和鮑彪重定次序的新注本。元代吴師道在鮑彪本的基礎上，又作了補正。

這部書的體例是按戰國時期十二國依次記載，每國之中又含若干小篇。其中東周一卷、西周一卷、秦五卷、齊六卷、楚四卷、趙四卷、魏四卷、韓三卷、燕三卷，宋衛合爲一卷、中山一卷。

《戰國策索引》是依據經整理的《戰國策》閲讀本編纂成的。製作《戰國策》閲讀本所依據的底本和參照本如下：

底本：

《戰國策》影印本，《四部備要》史部，上海中華書局，據士禮居黄氏覆剡川姚氏本校勘。前有漢左都水使者光禄大夫劉向《新雕重校戰國策目録説明》，正文後附有曾鞏重校《戰國策》序錄、李文叔書《戰國策》後、王覺題《戰國策》、孫元忠書閣本《戰國策》後、孫元忠記劉原父語、剡川姚宏伯聲父題記，以及黄丕烈《重刻剡川姚氏本戰國策札記序》各一篇，并附有《重刻剡川姚氏本戰國策札記》上、中、下三卷。無斷句。

參照本：

1.《戰國策》十卷，《四部叢刊》刻本影印。扉頁有“上海涵芬樓借江南圖書館臧元至正十五年刊本景印原書版匡高營造尺六寸七分寬四寸九分”印一方。正文前有劉向、曾鞏序，及浚儀陳祖仁《戰國策校注序》。正文後有吴師道識。無斷句。

2.《戰國策校注》十卷，《四庫全書》影印本。書前有《四庫全書》總纂官紀昀等人的提要，據提要，該書爲元吴師道“取剡川姚宏之注與鮑彪注叅校而雜引諸書考証之”，“每條之下凡增其所闕者謂之補”。正文前有劉向、曾鞏、縉雲鮑彪、金華吴師道序。卷後有李文叔書戰國策後序、王覚題戰國策、孫元忠書閣本戰國策後、孫元忠記劉元父語、姚宏題、吴師道爲識、姚寛書、吴師道爲識、宋耿延禧書各一篇。無斷句。

3.《戰國策》三十三卷，《四庫全書》影印本。書前有《四庫全書》總纂官紀昀等人的提要，據提要，“此爲毛晉汲古閣影宋鈔本”，尚有曾鞏戰國策原序、王覚題戰國策、姚宏題各一篇。無斷句。

4. 廣東梅縣圖書館藏刻本高誘注三十三卷本《戰國策》，刊刻時間不詳。正文前有曾鞏序、孫元忠書閣本戰國策後、李文叔書戰國策後、王覚題戰國策，且有顧廣圻、錢大昕序各一篇。書後有剡川姚宏札記。

5. 南開大學出版社 1993 年張清常、王延棟《戰國策箋注》中吳師道所補者。

6.《戰國策》四卷本，《叢書集成》初編鉛排本，上海商務印書館，民國二十六年月版。卷前有説明，此書爲景宋本，正文前有癸亥仲冬錢大昕序。前三卷爲正文，第四卷爲札記。有斷句。

7.《戰國策》鉛排本，上海古籍出版社 1998 年 3 月第一版，第一次印刷。有標点。

《戰國策》閱讀本全文録入上海中華書局《四部備要》的《戰國策》正文部分，並斷句標點，且標注參照本與底本的相異之處。閱讀本力圖真實地反映底本和參照本的原貌，將參照本與底本的不同之處（即異文）放置方括號内，並標注出處版本的標號，標號爲參照本的序列號。注本所引的重要異字異句，亦作異文處理。

閱讀本的斷句，主要依據上海中華書局《四部備要》的《戰國策》底本；標點則主要參考上海古籍出版社的鉛排本《戰國策》。

閱讀本中注意區分不同版本中的不同用字和異體字形，避諱字不予標出。刻本或影印本中無法辨認的漫漶字用“口”占位。

爲表明異文的語言環境，兩個有效斷句標點（不包括頓號“、”）之間的異文全句在方括號中引出，並放在句終的標點之前，沒有文字的方括號表示某參照本無此段異文；標點後方括號中的引文表示某參照本多出此段異文。

本書後附有《戰國縱横家書》整理版及索引。《戰國縱横家書》衹有 1976 年馬王堆漢墓帛書整理小組整理的 1973 年長沙馬王堆漢墓出土的帛書二十七篇，書名及篇名爲當时整理小組所命。無異文參考。

戰國策卷一　東周[戰國策東周卷第二][1][戰國策校注卷二東周][2]

秦興師臨周而求九鼎

秦興師臨周而求九鼎，周君患之，以告顔率。顔率曰：“大王勿憂，臣請東借救於齊。”顔率至齊，謂齊王曰：“夫秦之爲無道也[夫秦之於無道也][1]，欲興兵臨周而求九鼎，周之君臣，内自盡計[内自畫計][2,3,4]，與秦，不若歸之大國。夫存危國，美名也；得九鼎，厚寶也[厚實也][6]。願大王圖之。”齊王大悦[齊王大][1][齊王大説][4]，發師五萬人，使陳臣思將以救周，而秦兵罷。

齊將求九鼎，周君又患之。顔率曰：“大王勿憂，臣請東解之。”顔率至齊，謂齊王曰：“周賴大國之義[周頼大國之義][1,7]，得君臣父子相保也，願獻九鼎，不識大國何塗之從而致之齊？”齊王曰：“寡人將寄徑於梁。”顔率曰：“不可。夫梁之君臣欲得九鼎，謀之暉臺之下，少海之上[沙海之上][1,5]，其日久矣。鼎入梁，必不出。”齊王曰：“寡人將寄徑於楚。”對曰：“不可。楚之君臣欲得九鼎，謀之於葉庭之中，其日久矣。若入楚，鼎必不出。”王曰：“寡人終何塗之從而致之齊？”顔率曰：“弊邑固竊爲大王患之[敝邑固竊爲大王患之][1]。夫鼎者，非效醯壺醬甀耳[非效壺醯醬瓿耳][1][非效醯壺醬耳瓿][4]，可懷挾提挈以至齊者；非效鳥集烏飛，兔興馬逝[兔興鳧逝][3,4]，灕然止於齊者[灕然可至於齊者][4]。昔周之伐殷[昔周之代殷][1]，得九鼎[凡得九鼎][4]，凡一鼎而九萬人輓之[而鼎九萬人輓之][4]，九九八十一萬人，士卒師徒，器械被具[械器被具][1]，所以備者稱此[所已備者稱此][1]。今大王縱有其人，何塗之從而出？臣竊爲大王私憂之[臣切爲大王私憂之][1]。”齊王曰：“子之數來者[子之數來][1]，猶無與耳。”顔率曰：“不敢欺大國，疾定所從出，弊邑遷鼎以待命。”齊王乃止。

秦攻宜陽

秦攻宜陽，周君謂趙累曰[周君謂周累曰][1]："子以爲何如？"對曰："宜陽必拔也。"君曰："宜陽城方八里，材士十萬，粟支數年，公仲之軍二十萬，景翠以楚之衆，臨山而救之，秦必無功。"對曰："甘茂[甘戊][4,7]，羈旅也，攻宜陽而有功，則周公旦也；無功，則削迹於秦，秦王不聽羣臣父兄之義而攻宜陽[秦王不聽群臣父兄之議而攻宜陽][1]，宜陽不拔，秦王耻之[秦耻王之][7]。臣故曰拔。"君曰："子爲寡人謀[子曰寡人謀][6]，且奈何[且柰何][1,7]？"對曰："君謂景翠曰：'公爵爲執圭，官爲柱國，戰而勝，則無加焉矣[則無加焉耳][3,4]；不勝，則死。不如背秦援宜陽[不如背之秦秦拔宜陽][7]，公進兵。秦恐公之乘其弊也[秦恐公之乘其敝也][1]，必以寶事公；公中慕公之爲己乘秦也[公仲慕公之爲己乘秦也][1,6]，亦必盡其寶。'"

秦拔宜陽，景翠果進兵。秦懼，遽效煮棗[遽効煑棗][1]，韓氏果亦效重寶[韓氏果亦効重寶][1]。景翠得城於秦，受寶於韓[受寶於韓][1]，而德東周。

東周與西周戰

東周與西周戰，韓救西周。爲東周謂韓王曰[爲東周謪韓王曰][4]："西周者，故天子之國也，多名器重寶[多名器重寶][1]。案兵而勿出[按兵而勿出][1]，可以德東周，西周之寶可盡矣[西周之寶可盡矣][1]。"

東周與西周爭

東周與西周爭，西周欲和於楚、韓。齊明謂東周君曰："臣恐西周之與楚、韓寶[韓寶][1]，令之爲己求地於東周也。不如謂楚、韓曰，西周之欲入寶[西周之欲入寶][1]，持二端。今東周之兵不急西周，西周之寶不入楚、韓[西周之寶不入楚、韓][1]。楚、韓欲得寶[楚、韓欲得寶][4]，即且趣我攻西周。西周寶出[西周寶出][1]，是我爲楚、韓取寶以德之也[是我爲楚、韓取寶以德之也][1]，西周弱矣。"

東周欲爲稻

東周欲爲稻，西周不下水，東周患之。蘇子謂東周君曰：“臣請使西周下水可乎？”乃往見西周之君曰[乃徃見西周之君曰][1]：“君之謀過矣！今不下水，所以富東周也。今其民皆種麥，無他種矣。君若欲害之，不若一爲下水，以病其所種。下水，東周必復種稻；種稻而復奪之。若是，則東周之民可令一仰西周，而受命於君矣。”西周君曰：“善。”遂下水[ ][1]，蘇子亦得兩國之金也。

昭獻在陽翟

昭獻在陽翟，周君將令相國往[周君將令相國徃][1]，相國將不欲。蘇厲爲之謂周君曰：“楚王與魏王遇也，主君令陳封之楚，令向公之魏。楚、韓之遇也，主君令許公之楚[主君令葉公之楚][1,6]，令向公之韓。今昭獻非人主也，而主君令相國往[而主君令相國徃][1]；若其王在陽翟，主君將令誰往[主君將令誰徃][1]？”周君曰[君曰][2,4]：“善。”乃止其行。

秦假道於周以伐韓

秦假道於周以伐韓，周恐假之而惡於韓[周恐假之而畏於韓][7]，不假而惡於秦[不假而畏於秦][7]。史黶謂周君曰[史厭謂周君曰][4]：“君何不令人謂韓公叔曰：‘秦敢絶塞而伐韓者，信東周也。公何不與周地，發重使使之楚，秦必疑，不信周，是韓不伐也。’又謂秦王曰：‘韓强與周地，將以疑周於秦，寡人不敢弗受[寡人不敢受][4]。’秦必無辭而令周弗受，是得地於韓而聽於秦也。”

楚攻雍氏

楚攻雍氏，周粻秦、韓，楚王怒周，周之君患之。爲周謂楚王曰：“以王之强而怒周，周恐，必以國合於所與粟之國，則是勁王之敵也。故王不如速解周恐，彼前得罪而後得解，必厚事王矣。”

周最謂石禮

周最謂石禮曰[周最謂呂禮曰][1,6]：“子何不以秦攻齊？臣請令齊相子，子以齊事秦，必無處矣[必無慮矣][1]。子因令周最居魏以共之[子因令最居魏以共之][1]，是天下制於子也。子東重於齊，西貴於秦，秦、齊合，則子常重矣。”

周相呂倉見客於周君

周相呂倉見客於周君。前相工師藉恐客之傷己也[前相工師籍恐客之傷己也][1]，因令人謂周君曰：“客者，辯士也，然而所以不可者，好毀人。”

周文君免士工師藉

周文君免士工師藉[周文君免工師籍][1, 3, 4, 5] [周文君免工陳籍][6]，相呂倉，國人不說也。君有閔閔之心。

謂周文君曰：“國必有誹譽，忠臣令誹在己，譽在上。宋君奪民時以爲臺，而民非之，無忠臣以掩蓋之也。子罕釋相爲司空，民非子罕而善其君。齊桓公宮中七市[齊桓公宮中女市][1]，女閭七百，國人非之。管仲故爲三歸之家，以掩桓公，非自傷於民也？春秋記臣弑君者以百數，皆大臣見譽者也。故大臣得譽，非國家之美也。故衆庶成彊[故衆庶成強][1][故衆庶成疆][6]，增積成山[增積如山][1]。”周君遂不免。

温人之周

温人之周，周不納。客卽對[周不內，問曰：客耶？對曰][4]曰：“主人也。”問其巷而不知也[問其巷人而不知也][4]，吏因囚之。君使人問之曰：“子非周人，而自謂非客何也？”對曰：“臣少而誦詩，詩曰：‘普天之下，莫非王土；率土之濱[率土之瀕][1]，莫非王臣。’今周君天下，則我天子之臣，而又爲客哉？故曰主人。”君乃使吏出之。

或爲周最謂金投

或爲周最謂金投曰：“秦以周最之齊疑天下，而又知趙之難子齊人戰[而又知趙之難予齊人戰][3, 4]，恐齊、韓之合[恐齊之合][1, 5]，必先合於秦。秦、齊合，則公之國虛矣。公不如救齊，因佐秦而伐韓、魏，上黨、長子趙之有已[上黨、長子趙之有][7]。公東收寶於秦[公東收實於秦][1]，南取地於韓，魏因以因[魏因以困][1,6]，徐爲之東，則有合矣。”

周最謂金投

周最謂金投曰：“公負令秦與强齊戰[公負全秦與强齊戰][2,4][公負合秦與强齊戰][1]，戰勝，秦且收齊而封之，使無多割，而聽天下之戰；不勝，國大傷，不得不聽秦。秦盡韓、魏之上黨大原[秦盡韓、魏之上黨太原][1,7]，西止秦之有已[西土秦之有已][1][而止秦之有已][4]。秦地，天下之半也，制齊、楚、三晉之命，復國且身危[覆國且身危][1]，是何計之道也。”

石行秦謂大梁造

石行秦謂大梁造曰[石行秦謂大良造曰][1][右行楚謂大梁造曰][2,4]：“欲决霸王之名，不如備兩周辯知之士[君不如令辯智之士][1]。”謂周君曰：“君不如令辯知之士，爲君爭於秦。”

謂薛公

謂薛公曰[謂薛君曰][7]：“周最於齊王也而逐之[周最於齊王厚也而逐之][1,4,6]，聽祝弗[聽親弗][4][聽况弗][7]，相呂禮者，欲取秦。秦、齊合[欲取秦也秦、齊合][1,6]，弗與禮重矣[親弗與禮重矣][4]。有周齊[有齊][1,7][有用齊][4]，秦必輕君。君弗如急北兵趨趙以秦、魏[君弗如急北兵趨趙以和秦、魏][1,5]，收周最以爲後行[收周最以厚行][5]，且反齊王之信，又禁天下之率[又禁天下之變][4][以禁天下之率][7]。齊無秦，天下果[天下集][4,7]，弗必走，齊王誰與爲其國？”

齊聽祝弗

齊聽祝弗，外周最。謂齊王曰：“逐周最、聽祝弗、相呂禮者，欲深取秦也[欲取秦也][5]。秦得天下，則伐齊深矣。夫齊合[夫秦齊合][1,6]，則趙恐伐，故急兵以示秦。秦以趙攻，與之齊伐趙，其實同理，必不處矣。故用祝弗，即天下之理也。”

蘇厲爲周最謂蘇秦

蘇厲爲周最謂蘇秦曰[蘇厲爲周最謂蘇子曰][1]：“君不如令王聽最，以地合於魏、趙，故必怒合於齊[必怒合於齊][3][故必恐合於齊][4]，是君以合齊與强楚吏産子[是君全以齊與强楚吏産子][4][是君以合齊與强楚吏産子][7]。君若欲因最之事，則合齊者，君也；割地者，最也。”

謂周最曰仇赫之相宋

謂周最曰：“仇赫之相宋[机郝之相宋][1,7]，將以觀秦之應趙、宋，敗三國。三國不敗，將興趙[將與趙][1]、宋合於東方以孤秦。亦將觀韓、魏之於齊也。不固，則將與宋敗三國，則賣趙、宋於三國[則賣宋於三國][1][則賣趙、宋][4]。公何不令人謂韓、魏之王曰：‘欲秦、趙之相賣乎？何不合周最兼相，視之不可離，則秦、趙必相賣以合於王也。’”

爲周最謂魏王

爲周最謂魏王曰：“秦知趙之難與齊戰也，將恐齊、趙之合也，必陰勁之[必陰助之][4,7]。趙不敢戰，恐秦不己收也，先合於齊。秦、趙爭齊，而王無人焉，不可。王不去周最，合與收齊，而以兵之急則伐齊[而以兵急之急之則伐齊][1]，無因事也[無因事也矣][1]。”

謂周最曰魏王以國與先生

謂周最曰：“魏王以國與先生，貴合於秦以伐齊。薛公故主[薛公口故主][1]，輕忘其薛，不顧其先君之丘墓，而公獨脩虛信爲茂行[而公獨修虛信爲茂行][1][而公獨脩虛信爲物茂行][3]，明羣臣據故主，不與伐齊者[不與伐齊][1]，産以忿强秦，不可。公不如謂魏王、薛公曰：‘請爲王入齊，天下不能傷齊。而有變，臣請爲救之；無變，王遂伐之。且臣爲齊奴也[且秦爲齊奴也][1]，如累王之交於天下，不可。王爲臣賜厚矣，臣入齊，則王亦無齊之累也。’”

趙取周之祭地

趙取周之祭地，周君患之，告於鄭朝。鄭朝曰：“君勿患也，臣請以三十金復取之。”周君予之，鄭朝獻之趙太卜，因告以祭地事。及王病，使卜之。太卜譴之曰：“周之祭地爲祟。”趙乃還之。

杜赫欲重景翠於周

杜赫欲重景翠於周，謂周君曰："君之國小，盡君子重寶珠玉以事諸侯[盡君之重寶珠玉以事諸侯][1][盡君之重寶珠玉以事諸侯][6]，不可不察也。譬之如張羅者，張於無鳥之所[張之於無鳥之所][1]，則終日無所得矣；張於多鳥處，則又駭鳥矣；必張於有鳥無鳥之際，然後能多得鳥矣。今君將施於大人，大人輕君；施於小人，小人無可以求，又費財焉。君必施於今之窮士，不必且爲大人者，故能得欲矣。"

周共太子死

周共太子死，有五庶子，皆愛之，而無適立也。司馬翦謂楚王曰[司馬翦謂王曰][4]："何不封公子咎[何不封公子右][4]，而爲之請太子？"左成謂司馬翦曰[右成謂司馬翦曰][4]："周君不聽，是公之知困而交絕於周也。不如謂周君曰：'孰欲立也？微告翦，翦今楚王資之以地[翦令楚王資之以地][1,7][翦今楚王奉之以地][4]。'"公若欲爲太子，因令人謂相國御展子、廧夫空曰："王類欲令若爲之，此健士也，居中不便於相國[居中不使於相國][2]。"相國令之爲太子。

三國隘秦

三國隘秦，周令其相之秦，以秦之輕也，留其行。有人謂相國曰："秦之輕重，未可知也。秦欲知三國之情[秦欲知亡國之情][2,3,4]，公不如遂見秦王曰：'請謂王聽東方之處[請爲王聽東方之處][1,6]。'秦必重公。是公重周，重周以取秦也[是公重周，以取秦也][1]。齊重故有周，而已取齊，是周常不失重國之交也。"

昌他亡西周

昌他亡西周[宮他亡西周][1]，之東周，盡輸西周之情於東周。東周大喜，西周大怒。馮旦曰[馮睢曰][1,4][馮且曰][7]："臣能殺之。"君予金三十斤。馮旦使人操金與書[馮睢使人操金與書][1,4][馮且使人操金與書][6,7]，間遺昌他書曰[間遺宮他曰][1,6]：“告昌他[告宮他][1]，事可成，勉成之；不可成，亟亡來亡來[亟亡來][4]。事久且泄，自令身死。”因使人告東周之候曰：“今夕有姦人當入者矣。”候得而獻東周，東周立殺昌他[東周立殺宮他][1]。

昭翦與東周惡

昭翦與東周惡，或謂照翦曰[或謂昭翦曰][1,6]：“爲公畫陰計。”照翦曰[昭翦曰][1,7]：“何也？”西周甚憎東周[曰西周甚憎東周][1]，嘗欲東周與楚惡[常欲東周與楚惡][1,5]，西周必令賊賊公，因宣言東周也，以西周之於王也[以惡之於王也][1]。”照翦曰[昭翦曰][1]：“善。吾又恐東周之賊己而以輕西周惡之於楚。”遽和東周。

嚴氏爲賊

嚴氏爲賊，而陽堅與焉[而陽堅與焉][3]。道周，周君留之十四日，載以乘車駟馬而遣之。韓使人讓周，周君患之。客謂周君曰：“正語之曰[客謂周君正語之曰][1][客謂周君曰正語之][5]：‘寡人知嚴氏之爲賊，而陽堅與之，故留之十四日以待命也。小國不足亦以容賊[小國不足以容賊][1,7][小國亦不足以容賊][5]，君之使又不至，是以遣之也。’”

戰國策卷二　西周[戰國策東周卷第二][1][戰國策校注卷二東周][2]

薛公以齊爲韓魏攻楚

薛公以齊爲韓、魏攻楚，又與韓、魏攻秦，而藉兵乞食於西周。韓慶爲西周謂薛公曰：“君以齊爲韓、魏攻楚，九年而取宛、葉以北以强韓、魏[九年取宛、葉以北爲强韓、魏][1][九年取宛、葉以北以强韓、魏][4][而取宛、葉以北以强韓、魏][5]，今又攻秦以益之。韓、魏南無楚憂，西無秦患，則地廣而益重，齊必輕矣。夫本末更盛，虚實有時，竊爲君危之。君不如令弊邑陰合於秦而君無攻[君不如令敝邑陰合爲秦而君無攻][1]，又無藉兵乞食。君臨函谷而無攻，令弊邑以君之情謂秦王曰[令敝邑以君之情謂秦王曰][1]：‘薛公必破秦以張韓、魏[薛公必不破秦以張韓、魏][1,4]，所以進兵者，欲王令楚割東國以與齊也[欲王令楚割東國以與齊而][1,4]。’秦王出楚王以爲和，君令弊邑以此忠秦[君令敝邑以此患秦][1][君令弊邑以此惠秦][4,6]，秦得無破[秦得無攻][1]，而以楚之東國自免也，必欲之。楚王出，必德齊，齊得東國而益强，而薛世世無患。秦不大弱，而處之三晉之西，三晉必重齊。”薛公曰：“善。”因令韓慶入秦，而使三國無攻秦，而使不藉兵乞食於西周[而使不籍兵乞食於西周][4]。

秦攻魏將屖武軍於伊闕

秦攻魏將屖武軍於伊闕[秦攻魏將犀武軍於伊闕][1,3,4]，進兵而攻周。爲周最謂李兑曰：“君不如禁秦之攻周。趙之上計，莫如令秦、魏復戰。今秦攻周而得之，則衆必多傷矣。秦欲待周之得[秦欲持周之得][1,6]，必不攻魏；秦若攻周而不得，前有勝魏之勞，後有攻周之敗，又必不攻魏。今君禁之，而秦未與魏講也，而全趙令其止[攻全趙令其止][3]，必不敢不聽，是君却秦而定周也。秦去周，必復攻魏，魏不能支，必因君而講，則君重矣。若魏不講，而疾支之，是君存周而戰秦、魏也。重亦盡在趙。”

秦令樗里疾以車百乘入周

秦令樗里疾以車百乘入周，周君迎之以卒，甚敬。楚王怒，讓周，以其重秦客。游騰謂楚王曰：“昔智伯欲伐厹由[昔智伯欲伐厹猶][1][昔智伯欲伐夙繇][4][昔智伯欲伐仇猶][2][昔智伯欲伐仇繇][5][昔智伯欲伐仇首][7]，遺之大鍾，載以廣車，因隨入以兵，厹由卒亡，無備故也。桓公伐蔡也，號言伐楚，其實襲蔡。今秦者[今秦][1,6]，虎狼之國也，兼有吞周之意；使樗里疾以車百乘入周，周君懼焉，以蔡、厹由戒之[以蔡、厹由惑之][1][以仇猶、蔡觀焉][6]，故使長兵在前，强弩在後，名曰衛疾，而實囚之也[而實囚之][1,6]。周君豈能無愛國哉？恐一日之亡國[恐一日之亡][2,4]，而憂大王。”楚王乃悅。

雍氏之役

雍氏之役，韓徵甲與粟於周。周君患之，告蘇代。蘇代曰：“何患焉？代能爲君令韓不徵甲與粟於周，又能爲君得高都。”周君大悅曰：“子苟能，寡人請以國聽。”蘇代遂往見韓相國公中曰[蘇代遂往見韓相國公仲曰][1][蘇代遂往見韓相國公曰][5]：“公不聞楚計乎？昭應謂楚王曰：‘韓氏罷於兵，倉廩空，無以守城，吾收之以飢[吾攻之以飢][1]，不過一月必拔之。’今圍雍氏五月不能拔，是楚病也，楚王始不信昭應之計矣；今公乃徵甲及粟於周[今公乃徵甲與粟於周][1]，此告楚病也。昭應聞此，必勸楚王益兵守雍氏，雍氏必拔。”公中曰[公仲曰][1]：“善。然吾使者已行矣。”代曰：“公何不以高都與周。”公中怒曰[公仲怒曰][1]：“吾無徵甲與粟於周，亦已多矣，何爲與高都？”代曰：“與之高都，則周必折而入於韓，秦聞之必大怒，而焚周之節，不通其使，是公以弊高都得完周也[是公以敝高都得完周也][1]，何不與也？”公中曰[公仲曰][1]：“善。”不徵甲與粟於周而與高都，楚卒不拔雍氏而去。

周君之秦

周君之秦。謂周最曰："不如譽秦王之孝也，因以應爲太后養地[因以原爲太后養地][1,5,6]。秦王、太后必喜，是公有秦也。交善，周君必以爲公功；交惡，勸周君入秦者，必有罪矣。"

蘇厲謂周君

蘇厲謂周君曰："敗韓、魏，殺犀武，攻趙，取藺、離石、祁者，皆白起。是攻用兵，又有天命也。今攻梁，梁必破，破則周危，君不若止之。謂白起曰：'楚有養由基者，善射；去柳葉者百步而射之，百發百中。左右皆曰善。有一人過曰：善射，可教射也矣[可教射矣][3,4]。養由基曰：人皆善[人皆曰善][3,4]，子乃曰可教射，子何不代我射之也。客曰，我不能教子支左屈右。夫射柳葉者，百發百中，而不已善息[而不以善息][1,2,4,6]，少焉氣力倦，弓撥矢鉤[弓撥矢拘][1,6]，一發不中，前功盡矣。今公破韓、魏，殺犀武，而北攻趙，取藺、離石、祁者，公也。公之功甚多。今公又以秦兵出塞，過兩周[週兩周][3]，踐韓而以攻梁，一攻而不得，前功盡滅，公不若稱病不出也。'"

楚兵在山南

楚兵在山南，吾得將爲楚王屬怒於周[伍得將爲楚王屬怨於周][1][五得將爲楚王屬怒於周][4][伍得將爲楚王屬怒於周][5]。或謂周君曰："不如令太子將軍正迎吾得於境，而君自郊迎，令天下皆知君之重吾得也[令天下皆知軍之重吾得也][1]。因泄之楚，曰：'周君所以事吾得者器，必名曰謀楚[名曰謀楚][4][必名曰某楚][2,7]。'王必求之，而吾得無效也，王必罪之。"

楚請道於二周之間

楚請道於二周之間[楚請道於兩周之間][1]，以臨韓、魏，周君患之。蘇秦謂周君曰[蘇子謂周君曰][1][蘇秦調周君曰][3]："除道屬之於河，韓、魏必惡之。齊、秦恐楚之取九鼎也，必救韓、魏而攻楚。楚不能守方城之外，安能道二周之間。若四國弗惡，君雖不欲與也，楚必將自取之矣。"

司寇布爲周最謂周君

司寇布爲周最謂周君曰：“君使人告齊王以周最不肯爲太子也，臣爲君不取也。函冶氏爲齊太公買良劍[函冶氏爲齊太公買良劍][1]，公不知善，歸其劍而責之金[歸其劍而責之金][1]。越人請買之千金，折而不賣。將死，而屬其子曰：‘必無獨知。’今君之使最爲太子，獨知之契也，天下未有信之者也。臣恐齊王之爲君實立果而讓之於最[臣恐齊王之謂君實立果而讓之於最][1]，以嫁之齊也[以嫁之於齊][1]。君爲多巧，最爲多詐，君何不買信貨哉？奉養無有愛於最也，使天下見之。”

秦召周君

秦召周君，周君難往。或爲周君謂魏王曰：“秦召周君，將以使攻魏之南陽。王何不出於河南[王何不出兵於河南][1][王何不出兵於南陽][4]？周君聞之，將以爲辭於秦而不往。周君不入秦，秦必不敢越河而攻南陽。”

犀武敗於伊闕

犀武敗於伊闕[犀武敗於伊闕][1]，周君之魏求救，魏王以上黨之急辭之。周君反，見梁囿而樂之也。綦母恢謂周君曰：“温囿不下此，而又近。臣能爲君取之[臣能爲取之][6]。”反見魏王，王曰：“周君怨寡人乎？”對曰：“不怨，且誰怨王[且誰怨乎][1,6]？臣爲王有患也。周君，謀主也。而設以國爲王扞秦，而王無之扞也。臣見其必以國事秦也，秦悉塞外之兵，與周之衆，以攻南陽，而兩上黨絶矣。”魏王曰：“然則柰何？”綦毋恢曰：“周君形不小利[周君形不好小利][1,6]，事秦而好小利。今王許戍三萬人與温囿，周君得以爲辭於父兄百姓，而利温囿以爲樂[而私温囿以爲樂][1,4]，必不合於秦。臣嘗聞温囿之利，歲八十金[計歲八十金][1]，周君得温囿，其以事王者，歲百二十金，是上黨每患而贏四十金[是上黨無患而贏四十金][1,6]。”魏王因使孟卯致温囿於周君而許之戍也[魏王因使孟卯致温囿於周君而許之戍][1]。

韓魏易地

韓、魏易地，西周弗利。樊餘謂楚王曰："周必亡矣。韓、魏之易地，韓得二縣，魏亡二縣。所以爲之者，盡包二周，多於二縣，九鼎存焉。且魏有南陽、鄭地、三川而包二周，則楚方城之外危；韓兼兩上黨以臨趙，即趙羊腸以上危。故易成之曰[故易成之日][1,6]，楚、趙皆輕。"楚王恐，因趙以止易也[因趙兵以止易][1]。

秦欲攻周

秦欲攻周，周最謂秦王曰："爲王之國計者[爲國之計者][1][爲王計者][4]，不攻周。攻周，實不足以利國，而聲畏天下。天下以聲畏秦，必東合於齊。兵弊於周，而合天下於齊，則秦孤而不王矣。是天下欲罷秦，故勸王攻周。秦與天下俱罷，則令不橫行於周矣。"

宮他謂周君

宮他謂周君曰："宛恃秦而輕晉，秦飢而宛亡。鄭恃魏而輕韓，魏攻蔡而鄭亡。邾[邾臣][2,4]、莒亡於齊，陳、蔡亡於楚。此皆恃援國而輕近敵也。今君恃韓、魏而輕秦，國恐傷矣。君不如使周最陰合於趙以備秦[君不如使周早陰合於趙以備秦][1]，則不毀。"

謂齊王

謂齊王曰："王何不以地齎周最以爲太子也？"齊王令司馬悍以賂進周最於周[齊王令司馬稈以賂進周最於周][2][齊王令司馬悍以地進周最於周][4]。左尚謂司馬悍曰："周不聽，是公之知困而交絕於周也。公不如謂周君曰：'何欲置？令人微告悍，悍請令王進之以地[悍令王進之以地][1]。'"左尚以此得事。

三國攻秦反

三國攻秦反，西周恐魏之藉道也。爲西周謂魏王曰："楚、宋不利秦之德三國也[楚、宋不利秦之聽三國也][1]，彼且攻王之聚以利秦[彼且攻王之聚以到秦][1]。"魏王懼，令軍設舍速東。

犀武敗

犀武敗，周使周足之秦[周使足之秦][3,4]。或謂周足曰：“何不謂周君曰：‘臣之秦，秦、周之交必惡。主君之臣，又秦重而欲相者，且惡臣於秦，而臣爲不能使矣[而臣不能爲使矣][1]。臣願免而行。君因相之，彼得相，不惡周於秦矣。’君重秦，故使相往[故使相徃][1]，行而免，且輕秦也[是輕秦也][1]，公必不免。公言是而行，交善於秦，且公之成事也[是公之事成也][1][且公之事成也][5]；交惡於秦，不善於公且誅矣[不善於公者且誅矣][1,6]。

戰國策卷三 秦一[戰國策秦卷第三][1][戰國策校注卷三秦][2]

衛鞅亡魏入秦

衛鞅亡魏入秦，孝公以爲相，封之於商[封之於商][4]，號曰商君。商君治秦，法令至行，公平無私，罰不諱强大，賞不私親近，法及太子，黥劓其傅。朞年之後[期年之後][7]，道不拾遺，民不妄取，兵革大强，諸侯畏懼。然刻深寡恩，特以强服之耳。

孝公行之八年[孝公行之十八年][4]，疾且不起，欲傳商君[欲傳商君][4,7]，辭不受。孝公已死，惠王代後，莅政有頃[涖政有頃][1,7]，商君告歸。

人說惠王曰："大臣太重者國危[大臣大重者國危][1]，左右太親者身危。今秦婦人嬰兒皆言商君之法，莫言大王之法。是商君反爲主，大王更爲臣也。且夫商君，固大王仇讎也[固大王之仇讎也][1]，願大王圖之。"商君歸還，惠王車裂之，而秦人不憐。

蘇秦始將連横說秦惠王

蘇秦始將連横說秦惠王曰："大王之國，西有巴、蜀、漢中之利，北有胡貉、代馬之用，南有巫山、黔中之限，東有肴、函之固[東有殽、函之固][1]。田肥美，民殷富，戰車萬乘，奮擊百萬，沃野千里，蓄積饒多，地勢形便，此所謂天府，天下之雄國也。以大王之賢，士民之衆，車騎之用，兵法之教，可以幷諸侯，吞天下，稱帝而治。願大王少留意，臣請奏其效[臣請奏其効][1]。"

秦王曰："寡人聞之，毛羽不豐滿者不可以高飛，文章不成者不可以誅罰，道德不厚者不可以使民，政教不順者不可以煩大臣。今先生儼然不遠千里而庭教之，願以異日。"

蘇秦曰："臣固疑大王之不能用也。昔者神農伐補遂，黃帝伐涿鹿而禽蚩尤，堯伐驩兜[堯伐驩兠][1]，舜伐三苗，禹伐共工，湯伐有夏，文王伐崇，武王伐紂，齊桓任戰而伯天下[齊桓任戰而霸天下][1]。由此觀之，惡有不戰者乎？古者使車轂擊馳，言語相結[言相結][2, 4]，天下爲一；約從連横，兵革不藏；文士並餝[文士並飭][1][文士並飾][4]，諸侯亂惑；萬端俱起，不可勝理；科條既備，民多僞態；書策稠濁，百姓不足；上下相愁，民無所聊；明言章理，兵甲愈起；辯言偉服，戰攻不息；繁稱文辭，天下不治；舌弊耳聾[舌敝耳聾][1]，不見成功；行義約信，天下不親。於是，乃廢文任武，厚養死士，綴甲厲兵，效勝於戰場[効勝於戰場][1]。夫徒處而致利，安坐而廣地，雖古五帝、三王、五伯[五霸][1][雖古五帝、三王][2, 4]，明主賢君，常欲坐而致之，其勢不能，故以戰續之。寬則兩軍相攻，迫則杖戟相橦[迫則杖戟相撞][1]，然後可建大功。是故兵勝於外，義强於内；威立於上，民服於下。今欲幷天下，凌萬乘，詘敵國，制海内，子元元[子元][2, 4]，臣諸侯，非兵不可！今之嗣主，忽於至道，皆惛於教[皆惽於教][1]，亂於治；迷於言，惑於語，沈於辯[沉於辯][1]，溺於辭。以此論之，王固不能行也。"

說秦王書十上而說不行。黑貂之裘弊[黑貂之裘敝][1]，黄金百斤盡，資用乏絶，去秦而歸。羸縢履蹻[羸縢履蹻][1]，負書擔槖[負書擔囊][1]，形容枯槁，面目犂黑[面目黧黑][1]，狀有歸色[狀有愧色][1, 5]。歸至家，妻不下紝[妻不下維][4]，嫂不爲炊[嫂不爲炊][1]，父母不與言。蘇秦喟歎曰[蘇秦喟然歎曰][1, 6]："妻不以我爲夫，嫂不以我爲叔[嫂不以我與叔][1]，父母不以我爲子，是皆秦之罪也。"乃夜發書，陳篋數十，得太公陰符之謀，伏而誦之，簡練以爲揣摩[簡練以爲揣摩][7]。讀書欲睡，引錐自刺其股，血流至足。曰："安有說人主不能出其金玉錦繡，取卿相之尊者乎？"朞年揣摩成[期年揣摩成][7]，曰："此真可以說當世之君矣！"

於是乃摩燕烏集闕，見說趙王於華屋之下，抵掌而談。趙王大悦[趙王大說][1]，封爲武安君。受相印，革車百乘，綿繡千純，白璧百雙[白壁百雙][7]，黄金萬溢[黄金萬鎰][1]，以隨其後，約從散横，以抑强秦。

故蘇秦相於趙而關不通。當此之時，天下之大，萬民之衆，王侯之威，謀臣之權，皆欲决蘇秦之策[皆欲決蘇秦之策][1]。不費斗糧[不費斗粮][1]，未煩一兵，未戰一士，未絶一絃，未折一矢，諸侯相親，賢於兄弟。夫賢人在而天下服，一人用而天下從。故曰：式於政，不式於勇；式於廊廟之内，不式於四境之外。當秦之隆，黄金萬溢爲用[黄金萬鎰爲用][1]，轉轂連騎，炫熿於道，山東之國，從風而服，使趙大重。且夫蘇秦特窮巷掘門、桑户棬樞之士耳[桑户捲樞之士耳][6]，伏軾撙銜[伏軾樽銜][1]，横歷天下，廷說諸侯之王[庭說諸侯之主][1][廷說諸侯之士][6]，杜左右之口，天下莫之能伉[天下莫之伉][1][天下莫之能抗][2,4]。

將說楚王，路過洛陽，父母聞之，清宫除道，張樂設飲，郊迎三十里。妻側目而視，傾耳而聽[側耳而聽][1]；嫂虵行匍伏[嫂蛇行匍伏][1]，四拜自跪而謝。蘇秦曰："嫂，何前倨而後卑也[嫂，何前倨而後卑也][1]？"嫂曰[嫂曰][1]："以季子之位尊而多金[以季子位尊而多金][1]。"蘇秦曰："嗟乎！貧窮則父母不子，富貴則親戚畏懼。人生世上，勢位富貴[勢位富厚][1]，蓋可忽乎哉[盖可以忽乎哉][1]！"

秦惠王謂寒泉子

秦惠王謂寒泉子曰："蘇秦欺寡人，欲以一人之智，反覆東山之君[反覆山東之君][1,5]，從以欺秦。趙固負其衆，故先使蘇秦以幣帛約乎諸侯。諸侯不可一，猶連雞之不能俱止於棲之明矣[猶連雞之不能俱止於棲亦明矣][1,6][猶連鷄不能俱止於棲之明矣][7]。寡人忿然，含怒日久，吾欲使武安子起往喻意焉[吾欲使武安子起往喻意焉][1]。"寒泉子曰："不可。夫攻城墮邑，請使武安子。善我國家使諸侯，請使客卿張儀。"秦惠王曰："敬受命[受命][7]。"

泠向謂秦王

泠向謂秦王曰："向欲以齊事王，使攻宋也[故攻宋也][4]。宋破，晉國危，安邑王之有也。燕、趙惡齊、秦之合，必割地以交於王矣。齊必重於王，則向之攻宋也，且以恐齊而重王。王何惡向之攻宋乎？向以王之明爲先知之，故不言。"

張儀說秦王

張儀說秦王曰[說秦王曰][1][韩非說秦王曰][5]："臣聞之，弗知而言爲不智，知而不言爲不忠。爲人臣不忠當死，言不審亦當死[言不當亦當死][1,5]。雖然，臣願悉言所聞，大王裁其罪。臣聞，天下陰燕陽魏，連荆固齊，收餘韓成從，將西南以與秦爲難[將西南面以與秦爲難][5]。臣竊笑之。世有三亡[世有二亡][5]，而天下得之，其此之謂乎！臣聞之曰，'以亂攻治者亡，以邪攻正者亡，以逆攻順者亡[　][5]。'今天下之府庫不盈，囷倉空虚，悉其士民，張軍數千百萬[張軍聲數千百萬][3][其頓首戴羽爲將軍斷死於前不至千人皆以言死][5]，白刃在前，斧質在後，而皆去走，不能死[怯而却走，不能死也][1][而皆去走，不能死也][4][而却走，不能死也][6][而皆去之不能死][7]，罪其百姓不能死也[非其百姓不能死也][1,5][　][2,4]，其上不能殺也[　][1][上不能故也][4][其上不殺也][5]。言賞則不與，言罰則不行，賞罰不行，故民不死也。

"今秦出號令而行賞罰，不攻無攻相事也[不攻耳無相攻事也][1][有功無攻相事][3,4][又攻無攻相事也][6]。出其父母懷衽之中，生未嘗見寇也[生未嘗見寇也][7]，聞戰頓足徒裼，犯白刃，蹈煨炭[蹈鑪炭][5]，斷死於前者比是也[斷死於前者比比是也][1][斷死於前者皆是也][4]。夫斷死與斷生也不同，而民爲之者是貴奮也[而民爲之者是貴奮死也][4]。一可以勝十[一可以合十][1][一可以對十][4]，十可以勝百[十可以合百][1][十可以對百][4]，百可以勝千[百可以合千][1][百可以對千][4]，千可以勝萬[千可以合萬][1][千可以對萬][4]，萬可以勝天下矣。今秦地形，斷長續短，方數千里，名師數百萬，秦之號令賞罰，地形利害，天下莫如也。以此與天下，天下不足兼而有也。是知秦戰未嘗不勝，攻未嘗不取，所當未嘗不破也。開地數千里，此甚大功也。然而甲兵頓，士民病，蓄積索，田疇荒，囷倉虚，四隣諸侯不服，伯王之名不成，此無異故，謀臣皆不盡其忠也。

“臣敢言往昔[臣敢言之往者][4]。昔者齊南破荆，中破宋[東破宋][4]，西服秦，北破燕，中使韓、魏之君，地廣而兵强，戰勝攻取，詔令天下，濟清河濁[齊之清濟濁河][4][齊清濟濁河][4]，足以爲限，長城、鉅坊[鉅防][1,2,4]，足以爲塞。齊，五戰之國也，一戰不勝而無齊。故由此觀之，夫戰者萬乘之存亡也。

“且臣聞之曰：‘削株掘根，無與禍隣，禍乃不存。’秦與荆人戰，大破荆，襲郢，取洞庭、五都[五湖][4][五渚][4]、江南。荆王亡奔走[荆王亡走][1][荆王亡命走][3][荆王君臣亡走][4]，東伏於陳。當是之時，隨荆以兵，則荆可舉。舉荆，則其民足貪也，地足利也。東以强齊、燕[東以强齊燕秦][2,4][東以弱齊、燕][4][東以强於齊、燕也][4]，中陵三晉[中以陵三晉][2]。然則是一舉而伯王之名可成也[然則是一舉而霸王之名可成也][1]，四隣諸侯可朝也。而謀臣不爲，引軍而退，與荆人和。今荆人收亡國[令荆人收亡國][1,4,6]，聚散民，立社主，置宗廟，令帥天下西面以與秦爲難，此固已無伯王之道一矣[此固已無霸王之道一矣][1][此固已失伯王之道一矣][4]。天下有比志而軍華下，大王以詐破之[大王以詔破之][4]，兵至梁郭[兵至梁都][1]，圍梁數旬，則梁可拔。拔梁，則魏可舉。舉魏，則荆、趙之志絶。荆、趙之志絶，則趙危。趙危而荆孤。東以强齊、燕[東以弱齊、燕][5]，中陵三晉，然則是一舉而伯王之名可成也[然則是一舉而霸王之名可成也][1]，四隣諸侯可朝也。而謀臣不爲，引軍而退，與魏氏和，令魏氏收亡國，聚散民，立社主，置宗廟，此固已無伯王之道二矣[此固已失伯王之道二矣][4][此固已無霸王之道二矣][1]。前者穰侯之治秦也，用一國之兵，而欲以成兩國之功[而欲以成兩之功][2,4]。是故兵終身暴靈於外[是故兵終身暴露於外][1,4,6]，士民潞病於内[士民疲病於内][4]，伯王之名不成[霸王之名不成][1]，此固已無伯王之道三矣[此固已無霸王之道三矣][1][此固已失伯王之道三矣][4]。

“趙氏，中央之國也，雜民之所居也。其民輕而難用[其民輕而難用也][1,4]，號令不治，賞罰不信，地形不便，上非能盡其民力。彼固亡國之形也，而不憂民氓，悉其士民，軍於長平之下，以爭韓之上黨，大王以詐破之[大王以詔破之][1][大王以詐破之兵][2]，拔武安。當是時，趙氏上下不相親也，貴賤不相信，然則是邯鄲不守，拔邯鄲，完河間[筦山東河間][4]，引軍而去，西攻脩武[西攻脩武也][4]，踰羊腸，降代、上黨[踰華絳、上黨][4]。代三十六縣，上黨十七縣[代四十六縣，上黨七十縣][4]，不用一領甲，不苦一民，皆秦之有也。代、上黨不戰而已爲秦矣[代、上黨不戰而已反爲秦矣][3]，東陽河外不戰而已反爲齊矣，中呼池以北不戰而已爲燕矣[中呼沱以北不戰而已爲燕矣][1][中山呼池以北不戰而已爲燕矣][2] [中呼沲以北不戰而已爲燕矣][4]。然則是舉趙則韓必亡，韓亡則荆[韓亡則][1]、魏不能獨立。荆、魏不能獨立[　　][1]，則是一舉而壞韓，蠹魏，挾荆[蠹魏、拔荆][4][蠹魏、狭荆][6]，以東弱齊、燕[東以弱齊、强燕][4]，决白馬之口，以流魏氏[以沃魏氏][4]。一舉而三晉亡，從者敗。大王拱手以須，天下徧隨而伏[天下編隨而伏][1][天下徧隨而須之][4][天下徧隨而敗也][5] [天下編隨而服矣][6]，伯王之名可成也[霸王之名可成也][1]。而謀臣不爲，引軍而退，與趙氏爲和。以大王之明，秦兵之强，伯王之業[霸王之業][1][伯王業也][2]，地尊不可得[地曾不可得][5]，乃取欺於亡國，是謀臣之拙也。且夫趙當亡不亡，秦當伯不伯，天下固量秦之謀臣一矣。乃復悉卒乃攻邯鄲[乃復悉以攻邯鄲][1,6] [乃復以悉攻邯鄲][4] [乃復悉士卒乃攻邯鄲][5]，不能拔也，棄甲兵怒[棄甲負弩][5]，戰慄而却[戰竦而郤天下][5]，天下固量秦力二矣[天下固量秦之力二矣][4]。軍乃引退，并於李下[并於孚下][5]，大王又并軍而致與戰[大王又并軍而至與戰][4,6]，非能厚勝之也，又交罷却，天下固量秦力三矣[天下固量秦之力三矣][4]。内者量吾謀臣，外者極吾兵力。由是觀之，臣以天下之從，豈其難矣。内者吾甲兵頓，士民病，蓄積索，田疇荒，囷倉虚[囷倉虚也][4]；外者天下比志甚固。願大王有以慮之也。

“且臣聞之，戰戰慄慄，日慎一日。苟慎其道，天下可有也。何以知其然也？昔者紂爲天子[昔者紂爲天下][5]，帥天下將甲百萬[帥天下將百萬][1][將帥天下甲兵百萬][6]，左飲於淇谷，右飲於洹水，淇水竭而洹水不流，以與周武爲難。武王將素甲三千領，戰一日，破紂之國，禽其身，據其地，而有其民，天下莫不傷[天下莫傷][2][天下莫不莫傷][5]。智伯帥三國之衆，以攻趙襄主於晉陽，決水灌之，三年[三月][5]，城且拔矣。襄主錯龜[襄主鑽龜][5]，數策占兆，以視利害，何國可降，而使張孟談。於是潛行而出，反智伯之約，得兩國之衆，以攻智伯之國，禽其身，以成襄子之功[以成襄主之功][1,6][以復襄主之初][4]。今秦地斷長續短，方數千里，名師數百萬，秦國號令賞罰，地形利害，天下莫如也。以此與天下，天下可兼而有也。

"臣昧死望見大王[臣願望見大王][2]，言所以舉破天下之從[言所以破天下之從][4]，舉趙亡韓，臣荆、魏，親齊、燕，以成伯王之名[以成霸王之名][1]，朝四隣諸侯之道。大王試聽其說，一舉而天下之從不破，趙不舉，韓不亡，荆、魏不臣，齊、燕不親，伯王之名不成[霸王之名不成][1]，四隣諸侯不朝，大王斬臣以徇於國，以主爲謀不忠者[以主不忠於國者][1][以主謀不忠者][3][以爲爲王謀不忠者][5][以爲王謀不忠者][6]。"

張儀欲假秦兵以救魏

張儀欲假秦兵以救魏。左成謂甘茂曰："子不予之[不如予之][1,6]。魏不反秦兵，張子不反秦。魏若反秦兵，張子得志於魏，不敢反於秦矣。張子不去秦，張子必高子。"

司馬錯與張儀爭論於秦惠王前

司馬錯與張儀爭論於秦惠王前。司馬錯欲伐蜀，張儀曰："不如伐韓。"王曰："請聞其說[請問其說][2,3,4]。"

對曰："親魏善楚，下兵三川，塞轘轅、緱氏之口，當屯留之道，魏絶南陽，楚臨南鄭，秦攻新城、宜陽，以臨二周之郊，誅周主之罪，侵楚、魏之地。周自知不救，九鼎寶器必出。據九鼎，按圖籍[桉圖籍][7]，挾天子以令天下，天下莫敢不聽，此王業也[此不世之業也][4]。今夫蜀，西辟之國，而戎狄之長也[而戎狄之倫也][4] [而戎狄之倫也][6]，弊兵勞衆不足以成名[敝名勞衆不足以成名][1,4]，得其地不足以爲利。臣聞：‘爭名者於朝，爭利者於市。’今三川、周室，天下之市朝也，而王不爭焉，顧爭於戎狄，去王業遠矣[去王遠矣][2,4]。”

司馬錯曰：“不然。臣聞之，欲富國者[欲國富者][2,4]，務廣其地，欲强兵者，務富其民，欲王者，務博其德。三資者備，而王隨之矣。今王之地小民貧，故臣願從事於易。夫蜀，西辟之國也，而戎狄之長也，而有桀、紂之亂。以秦攻之，譬如使豺狼逐羣羊也[避如使豺狼逐羣羊也][1]。取其地，足以廣國也；得其財，足以富民；繕兵不傷衆，而彼已服矣。故拔一國，而天下不以爲暴；利盡西海[利盡四海][1]，諸侯不以爲貪。是我一舉而名實兩附，而又有禁暴正亂之名。今攻韓劫天子[今攻韓刼天子][1]，劫天子，惡名也，而未必利也，又有不義之名，而攻天下之所不欲，危[攻天下之所不欲，危矣][4,5]！臣請謁其故：周，天下之宗室也；齊[　　][1]，韓、周之與國也[齊、韓之與國也][4]。周自知失九鼎，韓自知亡三川，則必將二國幷力合謀，以因于齊、趙，而求解乎楚、魏。以鼎與楚，以地與魏，王不能禁。此臣所謂‘危’，不如伐蜀之完也。”惠王曰：“善！寡人聽子。”

卒起兵伐蜀，十月取之，遂定蜀。蜀主更號爲侯，而使陳莊相蜀[而使陳叔相蜀][4]。蜀既屬，秦益强富厚，輕諸侯。

張儀之殘樗里疾也

張儀之殘樗里疾也，重而使之楚。因令楚王爲之請相於秦。張子謂秦王曰：“重樗里疾而使之者，將以爲國交也。今身在楚，楚王因爲請相於秦。臣聞其言曰：‘王欲窮儀於秦乎？臣請助王。’楚王以爲然，故爲請相也。今王誠聽之，彼必以國事楚王[彼必以國事楚矣][2,4]。”秦王大怒，樗里疾出走。

張儀欲以漢中與楚

張儀欲以漢中與楚，請秦王曰[謂秦王曰][5]：“有漢中，蠹。種樹不處者，人必害之；家有不宜之財，則傷本[則傷今][1,6]。漢中南邊爲楚利，此國累也。”甘茂謂王曰：“地大者，固多憂乎！天下有變[天下有变][1]，王割漢中以爲和楚[王割漢中以楚和][1,4]，楚必畔天下而與王。王今以漢中與楚，卽天下有變[即天下有变][1]，王何以市楚也？”

楚攻魏

楚攻魏。張儀謂秦王曰：“不如與魏以勁之，魏戰勝，復聽於秦[魏戰勝，德於秦][2,4]，必入西河之外；不勝，魏不能守，王必取之。”

王用儀言，取皮氏卒萬人，車百乘，以與魏。犀首戰勝威王，魏兵罷弊[魏兵罷敝][1]，恐畏秦，果獻西河之外。

田莘之爲陳軫說秦惠王

田莘之爲陳軫說秦惠王曰[田華之爲陳軫說秦惠王曰][1]：“臣恐王之如郭君。夫晉獻公欲伐郭，而憚舟之僑存。荀息曰：‘周書有言，美女破舌。’乃遺之女樂，以亂其政。舟之僑諫而不聽[舟之僑諫而不聽][1]，遂去[遂去也][4]。因而伐郭，遂破之。又欲伐虞，而憚宮之奇存。荀息曰：‘周書有言，美男破老。’乃遺之美男，教之惡宮之奇。宮之奇以諫而不聽，遂亡。因而伐虞，遂取之。今秦自以爲王，能害王者之國者[能害王之國者][4]，楚也。楚智橫君之善用兵[楚知橫門君之善用兵][1,4][楚智橫門君之善用兵][6]，用兵與陳軫之智[與陳軫之智][1,2,4]，故驕張儀以五國。來，必惡是二人。願王勿聽也。”張儀果來辭，因言軫也，王怒而不聽。

張儀又惡陳軫於秦王

張儀又惡陳軫於秦王，曰：“軫馳楚、秦之間[軫馳秦楚之間][1,6][軫馳楚之間][2,4][馳走秦、楚之間][4]，今楚不加善秦而善軫[今遂不加善秦而善軫][1]，然則是軫自爲而不爲國也。且軫欲去秦而之楚，王何不聽乎？”

王謂陳軫曰："吾聞子欲去秦而之楚，信乎？"陳軫曰："然。"王曰："儀之言果信也。"曰："非獨儀知之也，行道之人皆知之。曰：'孝己愛其親，天下欲以爲子；子胥忠乎其君[子胥忠其君][2,4]，天下欲以爲臣。賣僕妾售乎閭巷者，良僕妾也；出婦嫁鄉曲者，良婦也。'吾不忠於君，楚亦何以軫爲忠乎[楚亦何以軫於忠乎][1][楚亦何以軫爲忠][2,4]？忠且見棄，吾不之楚，何適乎？"秦王曰："善。"乃必之也[乃止之][1][乃止之也][6]。

陳軫去楚之秦

陳軫去楚之秦。張儀謂秦王曰："陳軫爲王臣，常以國情輸楚。儀不能與從事，願王逐之。即復之楚，願王殺之。"王曰："軫安敢之楚也。"

王召陳軫告之曰："吾能聽子言[吾能聽子][1]，子欲何之[子欲何適][3]？請爲子車約[請爲子約車][1,5,6]。"對曰："臣願之楚。"王曰："儀以子爲之楚，吾又自知子之楚。子非楚，且安之也[宜安之也][1]！"軫曰："臣出，必故之楚，以順王與儀之策，而明臣之楚與不也[而明臣之楚與否也][1]。楚人有兩妻者，人誂其長者[人挑其長者][4,5]，詈之[長者詈之][1,4]；誂其少者，少者許之。居無幾何，有兩妻者死。客謂誂者曰：'汝取長者乎？少者乎[少者乎曰][4]？''取長者。'客曰：'長者詈汝，少者和汝，汝何爲取長者？'曰：'居彼人之所，則欲其許我也。今爲我妻，則欲其爲我詈人也[則欲其爲詈人也][1]。'今楚王明主也，而昭陽賢相也。軫爲人臣，而常以國輸楚王[而常以國情輸楚][1,5][而常以國輸楚][2]，王必不留臣[楚王必不留臣][1,5]，昭陽將不與臣從事矣。以此明臣之楚與不。"

軫出，張儀入，問王曰："陳軫果安之？"王曰："夫軫天下之辯士也，孰視寡人曰[熟視寡人曰][1]：'軫必之楚。'寡人遂無奈何也[寡人遂無柰何也][7]。寡人因問曰：'子必之楚也，則儀之言果信矣！'軫曰：'非獨儀之言也[非獨儀之言][1]，行道之人皆知之。昔者子胥忠其君，天下皆欲以爲臣；

孝己愛其親，天下皆欲以爲子。故賣僕妾不出里巷而取者，良僕妾也；出婦嫁於鄉里者，善婦也。臣不忠於王，楚何以軫爲？忠尚見棄[忠且見棄][1,5]，軫不之楚，而何之乎？'”王以爲然，遂善待之。

戰國策卷四　秦二

齊助楚攻秦

齊助楚攻秦，取曲沃。其後，秦欲伐齊，齊、楚之交善，惠王患之，謂張儀曰："吾欲伐齊，齊、楚方懽，子爲寡人慮之,柰何？"張儀曰："王其爲臣約車并幣，臣請試之。"

張儀南見楚王曰："弊邑之王所說甚者[敝邑之王所說甚者][1]，無大大王；唯儀之所甚願爲臣者，亦無大大王。弊邑之王所甚憎者[敝邑之王所甚憎者][1]，亦無先齊王[無大齊王][1,6][無先齊王][5]；唯儀之甚憎者[唯儀之所甚憎者][1,4,6]，亦無大齊王[亦無先齊王][6]。今齊王之罪，其於弊邑之王甚厚[其於敝邑之王甚厚][1]，弊邑欲伐之[敝邑欲伐之][1]，而大國與之懽，是以弊邑之王不得事令[是以敝邑之王不得事令][1]，而儀不得爲臣也。大王苟能閉關絶齊，臣請使秦王獻商於之地，方六百里。若此，齊必弱，齊弱則必爲王役矣[齊弱則必爲王没矣][1]。則是北弱齊，西德於秦，而私商於之地以爲利也[而私商於之地以爲己利][3]，則此一計而三利俱至。"

楚王大說，宣言之於朝廷，曰："不穀得商於之田[不穀得商於之地][1]，方六百里。"羣臣聞見者畢賀，陳軫後見，獨不賀。楚王曰："不穀不煩一兵，不傷一人，而得商於之地六百里，寡人自以爲智矣！諸士大夫皆賀，子獨不賀，何也？"陳軫對曰："臣見商於之地不可得，而患必至也，故不敢妄賀。"王曰："何也？"對曰："夫秦所以重王者，以王有齊也。今地未可得而齊先絶，是楚孤也，秦又何重孤國[夫秦有何重孤國][2,3,4]？且先出地絶齊，秦計必弗爲也。先絶齊後責地，且必受欺於張儀。受欺於張儀，王必惋之。是西生秦患，北絶齊交，則兩國兵必至矣。"楚王不聽，曰："吾事善矣！子其弭口無言，以待吾事。"楚王使人絶齊，使者未來，又重絶之。

張儀反，秦使人使齊，齊、秦之交陰合。楚因使一將軍受地於秦。張儀至，稱病不朝。楚王曰：“張子以寡人不絕齊乎？”乃使勇士往詈齊王。張儀知楚絕齊也，乃出見使者曰：“從某至某，廣從六里[廣袤六里][3]。”使者曰：“臣聞六百里，不聞六里。”儀曰：“儀固以小人，安得六百里？”使者反報楚王，楚王大怒，欲興師伐秦[欲與師伐秦][1]。陳軫曰：“臣可以言乎？”王曰：“可矣。”軫曰：“伐秦非計也，王不如因而賂之一名都[王不如賂之一名都][1][王不如因賂之一名都][6]，與之伐齊，是我亡於秦而取償於齊也。楚國不尚全事。王今已絕齊，而責欺於秦，是吾合齊、秦之交也，固必大傷[國必大傷][1, 3, 4]。”

楚王不聽，遂舉兵伐秦。秦與齊合，韓氏從之。楚兵大敗於杜陵。故楚之土壤士民非削弱，僅以救亡者，計失於陳軫，過聽於張儀。

楚絕齊齊舉兵伐楚

楚絕齊，齊舉兵伐楚。陳軫謂楚王曰：“王不如以地東解於齊，西講於秦。”

楚王使陳軫之秦[王使陳軫之秦][1]，秦王謂軫曰：“子秦人也，寡人與子故也，寡人不佞，不能親國事也，故子棄寡人事楚王。今齊、楚相伐，或謂救之便，或謂救之不便，子獨不可以忠爲子主計，以其餘爲寡人乎？”陳軫曰：“王獨不聞吳人之遊楚者乎？楚王甚愛之，病，故使人問之，曰：‘誠病乎？意亦思乎？’左右曰：‘臣不知其思與不思[臣又知其思與不思][1]，誠思則將吳吟。’今軫將爲王吳吟。王不聞夫管與之說乎[王不聞夫館豎子與之說乎][1][王不聞夫卞與之說乎][3, 4]？有兩虎諍人而鬬者[有兩虎爭人而鬬][1][有兩虎爭人而鬬者][4, 5, 6]，管莊子將刺之[管莊子將刺之][1][卞莊子將刺之][4][館莊子將刺之][5][辨莊子將刺之][6]，管與止之曰[館豎子止之][4]：‘虎者，戾蟲；人者，甘餌也[甘餌][1]。今兩虎諍人而鬬[今兩虎爭人而鬬][1]，小者必死，大者必傷。子待傷虎而刺之[子待傷虎而刺之][1]，則是一舉而兼兩虎也。無刺一虎之勞[無刺一虎之勞][1]，而有刺兩虎之名[而有刺兩虎之名][1]。'齊、楚今戰，戰必敗。敗[ ][2,4]，王起兵救之，有救齊之利，而無伐楚之害。計聽知覆逆者，唯王可也。計者，事之本也；聽者，存亡之機。計失而聽過，能有國者寡也。故曰：'計有一二者難悖也[計有一二者難悖][1,4]，聽無失本末者難惑。'"

秦惠王死

秦惠王死，公孫衍欲窮張儀。李讎謂公孫衍曰："不如召甘茂於魏，召公孫顯於韓，起樗里子於國。三人者，皆張儀之讎也[皆張子之讎也][1]，公用之，則諸侯必見張儀之無秦矣[則諸侯必見張子之無秦矣][1]！"

義渠君之魏

義渠君之魏，公孫衍謂義渠君曰："道遠，臣不得復過矣，請謁事情。"義渠君曰："願聞之。"對曰："中國無事於秦，則秦且燒焫獲君之國；中國爲有事於秦，則秦且輕使重幣[則秦且輕使重弊][1]，而事君之國也。"義渠君曰："謹聞令。"

居無幾何，五國伐秦。陳軫謂秦王曰："義渠君者[義渠君][1]，蠻夷之賢君，王不如賂之以撫其心。"秦王曰："善。"因以文繡千匹，好女百人，遺義渠君。

義渠君致羣臣而謀曰[義渠君致群臣而謀曰][1]："此乃公孫衍之所謂也。"因起兵襲秦，大敗秦人於李帛之下。

醫扁鵲見秦武王

醫扁鵲見秦武王，武王示之病，扁鵲請除。左右曰："君之病，在耳之前，目之下，除之未必已也，將使耳不聰[將使耳不聽][7]，目不明。"君以告扁鵲。扁鵲怒而投其石[扁鵲怒而投其石曰][1,2]："君與知之者謀之[君與知者謀之][4]，而與不知者敗之。使此知秦國之政也，則君一舉而亡國矣。"

秦武王謂甘茂

秦武王謂甘茂曰："寡人欲車通三川，以闚周室，而寡人死不朽乎

[而寡人死不朽矣][1,4][而寡人死不朽乎][6]？”甘茂對曰：“請之魏，約伐韓[約代韓][6]。”王令向壽輔行。

甘茂至魏，謂向壽：“子歸告王曰：‘魏聽臣矣，然願王勿攻也。’事成，盡以爲子功。”向壽歸以告王，王迎甘茂於息壤。

甘茂至，王問其故。對曰：“宜陽，大縣也，上黨、南陽積之久矣，名爲縣，其實郡也。今王倍數險，行千里而攻之[行數千里而攻之][1]，難矣。臣聞張儀西并巴、蜀之地，北取西河之外，南取上庸，天下不以爲多張儀[天下不以多張儀][1,6][天下不以多张子][2,4]而賢先王。魏文侯令樂羊將，攻中山，三年而拔之[三年而言拔之][4]，樂羊反而語功，文侯示之謗書一篋，樂羊再拜稽首曰：‘此非臣之功，主君之力也。’今臣羇旅之臣也，樗里疾、公孫衍二人者[樗里疾、公孫子][4][樗里疾、公孫奭][5]，挾韓而議，王必聽之，是王欺魏，而臣受公仲侈之怨也[而臣受公仲朋之怨也][1][而臣受公仲馮之怨也][4][而臣受公仲明之怨也][5]。昔者曾子處費，費人有與曾子同名族者而殺人，人告曾子母曰：‘曾參殺人。’曾子之母曰：‘吾子不殺人。’織自若。有頃焉，人又曰：‘曾參殺人。’其母尚織自若也[ ][4]。頃之[ ][4]，一人又告之曰[ ][4]：‘曾參殺人[ ][4]。’其母懼，投杼踰牆而走。夫以曾參之賢，與母之信也，而三人疑之，則慈母不能信也。今臣之賢不及曾子，而王之信臣又未若曾子之母也，疑臣者不適三人，臣恐王爲臣之投杼也[臣恐王之爲臣之投杼也][4]。”王曰：“寡人不聽也，請與子盟。”於是與之盟於息壤。

果攻宜陽，五月而不能拔也。樗里疾、公孫衍二人在[公孫衍二人讒][4]，爭之王，王將聽之，召甘茂而告之。甘茂對曰：“息壤在彼。”王曰：“有之。”因悉起兵，復使甘茂攻之，遂拔宜陽。

宜陽之役

宜陽之役，馮章謂秦王曰：“不拔宜陽，韓、楚乘吾弊[韓、楚乘吾敝][1]，國必危矣！不如許楚漢中以懽之。楚懽而不進，韓必孤，無柰秦何矣[無奈秦何矣][7]！”王曰：“善。”果使馮章許楚漢中，而拔宜陽。楚王以其言責漢中於馮章，馮章謂秦王曰：“王遂亡臣[王逐亡臣][6]，固謂楚王曰[因謂楚王曰][1,6]：‘寡人固無地而許楚王。’”

甘茂攻宜陽

甘茂攻宜陽，三鼓之而卒不上[三鼓之而卒不上][7]。秦之右將有尉對曰：“公不論兵，必大困。”甘茂曰：“我羈旅而得相秦者，我以宜陽餌王。今攻宜陽而不拔，公孫衍[公孫奭][5]、樗里疾挫我於內，而公中以韓窮我於外[而公仲以韓窮我於外][1]，是無伐之日已[是無茂之日已][5]！請明日鼓之而不可下，因以宜陽之郭爲墓。”於是出私金以益公賞[於是出利金以益公賞][6]。明日鼓之，宜陽拔[明日鼓之，而宜陽拔][1]。

宜陽未得

宜陽未得[宜陽未拔][4]，秦死傷者衆，甘茂欲息兵。左成謂甘茂曰：“公內攻於樗里疾、公孫衍[公內攻於樗里疾、公孫衍也][4]，而外與韓侈爲怨[而外與韓朋爲怨][1]，今公用兵無功，公必窮矣。公不如進兵攻宜陽，宜陽拔，則公之功多矣。是樗里疾、公孫衍無事也，秦衆盡怨之深矣。”

宜陽之役

宜陽之役，楚畔秦而合於韓。秦王懼。甘茂曰：“楚雖合韓，不爲韓氏先戰；韓亦恐戰而楚有變其後。韓、楚必相御也。楚言與韓，而不餘怨於秦，臣是以知其御也。”

秦王謂甘茂

秦王謂甘茂曰：“楚客來使者多健[楚客來使者多健][1]，與寡人爭辭，寡人數窮焉，爲之柰何[爲之奈何][7]？”甘茂對曰：“王勿患也！其健者來使者[其健者來使][1][其健者來使][6]，則王勿聽其事；其需弱者來使，則王必聽之。然則需弱者用，而健者不用矣[而健者不用矣][1]！王因而制之。”

甘茂亡秦且之齊

甘茂亡秦，且之齊，出關遇蘇子，曰：“君聞夫江上之處女乎？”蘇子曰：“不聞。”曰：“夫江上之處女，有家貧而無燭者，處女相與語，欲去之。家貧無燭者將去矣，謂處女曰：‘妾以無燭，故常先至，掃室布席，何愛餘明之照四壁者[何愛於餘明之照四壁者][1]？幸以賜妾，何妨於處女？妾自以有益於處女，何爲去我？’處女相語以爲然而留之。今臣不肖，棄逐於秦而出關，願爲足下掃室布席，幸無我逐也。”蘇子曰：“善。請重公於齊。”

乃西說秦王曰：“甘茂，賢人，非恒士也。其居秦累世重矣，自殽塞、谿谷，地形險易盡知之。彼若以齊約韓、魏，反以謀秦，是非秦之利也。”秦王曰：“然則柰何[然則奈何][7]？”蘇代曰：“不如重其贄[不如重贄][2]，厚其祿以迎之。彼來則置之槐谷[彼來則置之鬼谷][4,5]，終身勿出，天下何從圖秦。”秦王曰：“善”。與之上卿，以相迎之齊[相印迎之][4]。

甘茂辭不往[甘茂辭不徃][1]，蘇秦僞謂王曰[蘇子僞爲齊王曰][1][蘇代僞謂齊湣王曰][4][蘇代謂齊湣王曰][6]：“甘茂，賢人也。今秦與之上卿，以相迎之[以相印迎之齊][2]，茂德王之賜，故不往[故不徃][1]，願爲王臣。今王何以禮之？王若不留，必不德王。彼以甘茂之賢，得擅用强秦之衆[得檀用强秦之衆][1]，則難圖也！”齊王曰：“善。”賜之上卿，命而處之。

甘茂相秦

甘茂相秦。秦王愛公孫衍，與之間有所立，因自謂之曰：“寡人且相子。”甘茂之吏道而聞之[甘茂之吏聞之][2][甘茂之吏道穴聞之][4]，以告甘茂。甘茂因入見王曰：“王得賢相，敢再拜賀。”王曰：“寡人託國於子，焉更得賢相？”對曰：“王且相犀首。”王曰：“子焉聞之？”對曰：“犀首告臣。”王怒於犀首之泄也，乃逐之[乃逐][1]。

甘茂約秦魏而攻楚

甘茂約秦、魏而攻楚。楚之相秦者屈蓋，爲楚和於秦，秦啓關而聽楚使。甘茂謂秦王曰："怵於楚而不使魏制和[訹於楚而不使魏制和][1]，楚必曰'秦鬻魏'。不悅而合於楚[魏不說而合於楚][1]，楚、魏爲一，國恐傷矣。王不如使魏制和，魏制和必悅[魏制和必說][1]。王不惡於魏，則寄地必多矣。"

陘山之事

陘山之事，趙且與秦伐齊。齊懼，令田章以陽武合於趙，而以順子爲質。趙王喜，乃案兵告於秦曰："齊以陽武賜弊邑而納順子[齊以陽武賜敝邑而納順子][1]，欲以解伐。敢告下吏。"

秦王使公子他之趙，謂趙王曰："齊與大國救魏而倍約，不可信恃，大國不義[不以爲義][2,3][大國弗義][4]，以告弊邑[以告敝邑][1]，而賜之二社之地，以奉祭祀。今又案兵[今有案兵][2,4]，且欲合齊而受其地，非使臣之所知也。請益甲四萬，大國裁之。"

蘇代爲齊獻書穰侯曰[蘇伐爲齊獻書穰侯曰][1]："臣聞往來之者言曰[臣聞往來者之言曰][1,5][臣聞往來之言者][2,4][臣聞往來者言曰][7]：'秦且益趙甲四萬人以伐齊。'臣竊必之弊邑之王曰[臣竊必之敝邑之王曰][1]：'秦王明而熟於計，穰侯智而習於事，必不益趙甲四萬人以伐齊。'是何也？夫三晉相結，秦之深讎也。三晉百背秦，百欺秦，不爲不信，不爲無行。今破齊以肥趙，趙，秦之深讎[今破齊以肥秦之深讎][2,3]，不利於秦。一也。秦之謀者必曰：'破齊弊晉[破齊敝晉][1]，而後制晉、楚之勝。'夫齊，罷國也，以天下擊之，譬猶以千鈞之弩潰癰也[譬猶以千鈞之弩射潰癰也][2,3][譬猶以千鈞之弩決潰癰][4][譬猶以千鈞之弩潰癰也][7]，秦王安能制晉、楚哉！二也。秦少出兵，則晉、楚不信；多出兵，則晉、楚爲制於秦。齊恐，則必不走於秦且走晉、楚[則不走於秦且走晉、楚][1]。三也。齊割地以實晉、楚，則晉、楚安。齊舉兵而爲之頓劍[齊舉兵而爲之頓劒][1]，則秦反受兵。四也。是晉、楚以秦破齊[是晉、楚以秦伐齊][1]，以齊破秦，何晉、楚之智而齊、秦之愚！五也。秦得安邑，善齊以安之，亦必無患矣。秦有安邑，則韓、魏必無上黨哉[則韓、魏必無上黨矣][2]。夫取三晉之腸胃與出兵而懼其不反也，孰利？故臣竊必之弊邑之王曰[故臣竊必之敝邑之王曰][1][故臣竊必爲之弊邑之王曰][3,4]：‘秦王明而熟於計，穰侯智而習於事，必不益趙甲四萬人以伐齊矣。’”

秦宣太后愛魏醜夫

秦宣太后愛魏醜夫。太后病將死，出令曰：“爲我葬，必以魏子爲殉。”魏子患之。庸芮爲魏子說太后曰：“以死者爲有知乎？”太后曰：“無知也。”曰：“若太后之神靈，明知死者之無知矣，何爲空以生所愛，葬於無知之死人哉！若死者有知，先王積怒之日久矣，太后救過不贍，何暇乃私魏醜夫乎[何暇及私魏醜夫乎][2,3,4][何暇私魏醜夫乎][5]？”太后曰：“善。”乃止。

戰國策卷五　秦三

薛公爲魏謂魏冉

薛公爲魏謂魏冉曰：“文聞秦王欲以呂禮收齊，以濟天下，君必輕矣。齊、秦相聚以臨三晉，禮必并相之，是君收齊以重呂禮也。齊免於天下之兵，其讎君必深。君不如勸秦王令弊邑卒攻齊之事[君不如勸秦王令敝邑卒攻齊之事][1]。齊破，文請以所得封君。齊破晉强，秦王畏晉之强也，必重君以取晉。齊予晉弊邑[齊與晉敝邑][1]，而不能支秦，晉必重君以事秦。是君破齊以爲功[是破齊以爲功][4]，操晉以爲重也[採晉以爲重也][1][挾晉以爲重也][6]。破齊定封，而秦、晉皆重君；若齊不破，呂禮復用，子必大窮矣。”

秦客卿造謂穰侯

秦客卿造謂穰侯曰：“秦封君以陶，藉君天下數年矣。攻齊之事成，陶爲萬乘，長小國，率以朝天子[以朝天子][1]，天下必聽，五伯之事也[五霸之事也][1]；攻齊不成，陶爲鄰恤，而莫之據也。故攻齊之於陶也，存亡之機也。

“君欲成之，何不使人謂燕相國曰：‘聖人不能爲時，時至而弗失[時至弗失][1]。舜雖賢，不遇堯也，不得爲天子；湯、武雖賢，不當桀、紂不王。故以舜、湯、武之賢，不遭時不得帝王。令攻齊[今攻齊][1]，此君之大時也已。因天下之力，伐讎國之齊，報惠王之恥[報惠王之耻][1]，成昭王之功，除萬世之害，此燕之長利，而君之大名也。書云[詩云][1,6]：“樹德莫如滋，除害莫如盡。”吳不亡越，越故亡吳；齊不亡燕，燕故亡齊。齊亡於燕，吳亡於越，此除疾不盡也。以非此時也[非以此時也][1]，成君之功，除君之害，秦卒有他事而從齊，齊、趙合[齊秦合][1]，其讎君必深矣。挾君之讎以誅於燕，後雖悔之，不可得也已。君悉燕兵而疾僭之[君悉燕兵而疾攻之][1,6][君悉燕兵而疾僣之][7]，天下之從君也，若報父子之仇。誠能亡齊，封君於河南，爲萬乘，達途於中國，南與陶爲鄰，世世無患。願君之專志於攻齊，而無他慮也[而毋他慮也][4]。’”

魏謂魏冉

魏謂魏冉曰[爲魏謂魏冉曰][1][魏文謂魏冉曰][3,4]：“公聞東方之語乎？”曰：“弗聞也。”曰：“辛、張陽、毋澤說魏王、薛公、公叔也，曰：‘臣戰，載主契國以與王約，必無患矣。若有敗之者，臣請挈領。然而臣有患也。夫楚王之以其臣請挈領然而臣有患也[ ][1,4]。夫楚王之以其國依冉也，而事臣之主，此臣之甚患也[此臣之所甚患也][1]。’今公東而因言於楚，是令張儀之言爲禹[是令張之言爲禹][4]，而務敗公之事也。公不如反公國，德楚而觀薛公之爲公也。觀三國之所求於秦而不能得者，請以號三國以自信也。觀張儀與澤之所不能得於薛公者也[觀張儀與澤之所不能得於薛公者][1,5][觀張與澤之所不能得於薛公者也][4]，而公請之以自重也。”

謂魏冉曰和不成

謂魏冉曰：“和不成，兵必出。白起者，且復將[復將][1]。戰勝，必窮公；不勝，必事趙從公。公又輕，公不若毋多，則疾到[則疾封][4]。”

謂穰侯

謂穰侯曰：“爲君慮封，若於除宋罪[苦於除宋罪][1][莫若於陶宋罪][6]，重齊怒，須殘伐亂宋[宋之罪重齊之怒深殘亂宋][1][宋罪重齊怒深殘伐亂宋][4]，德强齊，定身封。此亦百世之時也已[此亦百世之一時已][1][此亦百世之一時也已][6]！”

謂魏冉曰楚破秦

謂魏冉曰：“楚破秦，不能與齊縣衡矣[秦不能與齊縣衡矣][1,5]。秦三世積節於韓、魏，而齊之德新加與[而齊之德新加焉][4]。齊、秦交爭[秦交爭韓魏][1,6]，韓、魏東聽，則秦伐矣。齊有東國之地，方千里。楚苞九夷，又方千里，南有符離之塞，北有甘魚之口。權縣宋、衛[權懸宋、衛][1]，宋、衛乃當阿、甄耳，利有千里者二，富擅越隸，秦烏能與齊縣衡韓、魏[秦烏能與齊懸衡韓][1]，支分方城膏腴之地以薄鄭？兵休復起，足以傷秦，不必待齊。”

五國罷成睪

五國罷成睪[五國罷成皐][1,5,6]，秦王欲爲成陽君求相韓、魏，韓、魏弗聽。秦太后爲魏冉謂秦王曰：“成陽君以王之故，窮而居於齊，今王見其達而收之，亦能翕其心乎？”王曰：“未也。”太后曰：“窮而不收，達而報之，恐不爲王用；且收成陽君，失韓、魏之道也。”

范子因王稽入秦

范子因王稽入秦，獻書昭王曰：“臣聞明主莅正[臣聞明主莅政][4]，有功者不得不賞，有能者不得不官；勞大者其祿厚，功多者其爵尊，能治衆者其官大。故不能者不敢當其職焉，能者亦不得蔽隱。使以臣之言爲可，則行而益利其道；若將弗行，則久留臣無爲也[則久留臣無謂也][1]。語曰：‘人主賞所愛[庸主賞所愛][4,5]，而罰所惡。明主則不然，賞必加於有功，刑必斷於有罪。’今臣之胷不足以當椹質[今臣之胸不足以當椹質][7]，要不足以待斧鉞，豈敢以疑事嘗試於王乎[豈敢以疑事甞試於王乎][1]？雖以臣爲賤而輕辱臣，獨不重任臣者後無反覆於王前耶[獨不重任臣者後無反覆於前者耶][1][獨不重任臣者之無反覆於王耶][4]！

“臣聞周有砥厄，宋有結綠，梁有懸黎，楚有和璞。此四寶者，工之所失也，而爲天下名器。然則聖王之所棄者，獨不足以厚國家乎？

“臣聞善厚家者，取之於國；善厚國者，取之於諸侯。天下有明主，則諸侯不得擅厚矣。是何故也[是何也][1,6]？爲其凋榮也[爲其凋弊也][2,3,4][爲其割榮也][4]。良醫知病人之死生，聖主明於成敗之事，利則行之，害則舍之，疑則少嘗之[疑則少甞之][1]，雖堯、舜、禹、湯復生，弗能改已！語之至者，臣不敢載之於書；其淺者又不足聽也。意者，臣愚而不闔於王心耶[臣愚而不概於王心耶][1] [臣愚而不關於王心耶][4]？已其言臣者[亡其言臣者][1,3,4][仰其言臣者][2][以其言臣者][7]，將賤而不足聽耶！非若是也，則臣之志，願少賜游觀之間，望見足下而入之。”

書上，秦王說之，因謝王稽說[因謝王稽][4,5]，使人持車召之。

范雎至秦

范雎至秦，王庭迎，謂范雎曰[范雎曰][1][謂范雎][5]：“寡人宜以身受令久矣。今者義渠之事急，寡人日自請太后。今義渠之事已，寡人乃得以身受命[寡人乃以身受命][1][寡人乃得受命][4]。躬竊閔然不敏，敬執賓主之禮。”范雎辭讓。

是日見范雎，見者無不變色易容者。秦王屏左右，宮中虛無人，秦王跪而請曰[王跪而進曰][1][王跪而請][7]：“先生何以幸教寡人？”范雎曰：“唯唯。”有間，秦王復請，范雎曰：“唯唯。”若是者三。

秦王跽曰：“先生不幸教寡人乎？”

范雎謝曰：“非敢然也。臣聞始時呂尚之遇文王也，身爲漁父而釣於渭陽之濱耳[身爲漁父而釣於渭陽之濱耳][1]。若是者，交疏也[交疏也][1]。已一說而立爲太師[已而立爲太師][3]，載與俱歸者[載與俱南歸者][1]，其言深也。故文王果收功於呂尚，卒擅天下而身立爲帝王。即使文王疏呂望而弗與深言[即使文王疏呂望而弗與深言][1][即使文王疏呂尚而弗與深言][4,6]，是周無天子之德，而文、武無與成其王也。今臣，羈旅之臣也[羇旅之臣也][7]，交疏於王[交疏於王][1]，而所願陳者，皆匡君之之事[皆匡君臣之事][1,4]，處人骨肉之間，願以陳臣之陋忠，而未知王心也，所以王三問而不對者是也。臣非有所畏而不敢言也，知今日言之於前，而明日伏誅於後，然臣弗敢畏也。大王信行臣之言，死不足以爲臣患，亡不足以爲臣憂，漆身而爲厲，被髮而爲狂，不足以爲臣恥[不足以爲臣耻][1,7]。五帝之聖而死[五帝之聖焉而死][4]，三王之仁而死[三王之仁焉而死][4]，五伯之賢而死[五霸之賢而死][1][五伯之賢焉而死][4]，烏獲之力而死[烏獲之力焉而死][4]，奔、育之勇焉而死[奔、育之勇而死][1]。死者，人之所必不免也[人之所必不免][1]。處必然之勢，可以少有補於秦，此臣之所大願也，臣何患乎？

伍子胥橐載而出昭關，夜行而晝伏，至於蔆水，無以餌其口[至於菱夫無以餌其口][1][至於陵水無以餌其口][4][至於溧水無以餌其口][5]，坐行蒲服，乞食於吳市，卒興吳國，闔廬爲霸[闔閭爲霸][1]。使臣得進謀如伍子胥，加之以幽囚，終身不復見[不復見][1]，是臣說之行也，臣何憂乎？箕子、接輿，漆身而爲厲，被髮而爲狂，無益於殷、楚。使臣得同行於箕子、接輿，漆身可以補所賢之主[可以補所賢之主][4]，是臣之大榮也，臣又何恥乎[臣又何耻乎][1,7]？臣之所恐者，獨恐臣死之後，天下見臣盡忠而身蹶也[天下見臣盡忠而身蹷也][1]，是以杜口裹足，莫肯即秦耳[莫肯鄉秦耳][4,5]。足下上畏太后之嚴，下惑姦臣之態[下惑奸臣之態][1]；居深宮之中，不離保傅之手；終身闇惑，無與照姦[無與照奸][1]；大者宗廟滅覆，小者身以孤危。此臣之所恐耳！若夫窮辱之事，死亡之患，臣弗敢畏也。臣死而秦治，賢於生也。”

秦王跽曰[秦王跪曰][1]：“先生是何言也！夫秦國僻遠，寡人愚不肖，先生乃幸至此，此天以寡人慁先生[此天以寡人授先生][4]，而存先王之廟也。寡人得受命於先生，此天所以幸先王而不棄其孤也[此天所以幸先生而不棄其孤也][6]。先生柰何而言若此[先生奈何而言若此][7]！事無大小，上及太后，下至大臣，願先生悉以教寡人，無疑寡人也。”范雎再拜，秦王亦再拜。

范雎曰：“大王之國，北有甘泉、谷口，南帶涇、渭，右隴、蜀，左關、阪[坂][1]；戰車千乘，奮擊百萬[奮擊百萬馳][2]。以秦卒之勇，車騎之多，以當諸侯，譬若馳韓盧而逐蹇兔也[譬若施韓盧而逐駑兔也][1,5][譬若韓盧而逐蹇兔也][4]，霸王之業可致。今反閉而不敢窺兵於山東者[今反閉關而不敢窺兵於山東者][1,4,5]，是穰侯爲國謀不忠，而大王之計有所失也。”

王曰：“願聞所失計。”

雎曰：“大王越韓、魏而攻强齊，非計也。少出師，則不足以傷齊，多之則害於秦。臣意王之計欲少出師[臣意王之以欲少出師][2][臣計王之少出師][3,4]，而悉韓、魏之兵則不義矣。今見與國之不可親[今見與國之可親][4]，越人之國而攻,可乎？疏於計矣[疏於計矣][1]！昔者，齊人伐楚，戰勝，破軍殺將，再辟千里，膚寸之地無得者[膚寸之地無得也][4]，豈齊不欲地哉，形弗能有也。諸侯見齊之罷露，君臣之不親，舉兵而伐之，主辱軍破[王辱軍破][1]，爲天下笑。所以然者，以其伐楚而肥韓、魏也。此所謂藉賊兵而齎盜食者也。王不如遠交而近攻，得寸則王之寸，得尺亦王之尺也。今舍此而遠攻,不亦繆乎？且昔者，中山之地[山中之地][1][中山之國][4]，方五百里，趙獨擅之，功成、名立、利附，則天下莫能害[焉天下莫能害][1,4]。今韓 、魏，中國之處，而天下之樞也。王若欲霸，必親中國而以爲天下樞，以威楚、趙。趙彊則楚附，楚彊則趙附。楚、趙附則齊必懼，懼必卑辭重幣以事秦，齊附而韓、魏可虛也。”

王曰:“寡人欲親魏,魏多變之國也,寡人不能親。請問親魏柰何？”范雎曰:“卑辭重幣以事之。不可，削地而賂之。不可，舉兵而伐之。”於是舉兵而攻邢丘，邢丘拔而魏請附。

曰:“秦、韓之地形，相錯如繡。秦之有韓，若木之有蠹，人之病心腹。天下有變，爲秦害者莫大於韓。王不如收韓[ ][1]。”王曰:“寡人欲收韓，不聽[寡人欲收韓韓不聽][1,2,4]，爲之柰何[爲之奈何][7]？”

范雎曰:“舉兵而攻滎陽[舉兵而攻滎陽][1]，則成睪之路不通[則成皋之路不通][1]；北斬太行之道則上黨之兵不下；一舉而攻滎陽[一舉而攻宜陽][1][一舉而攻滎陽][6]，則其國斷而爲三。魏、韓見必亡[韓見必亡][1,5][夫韓見必亡][6]，焉得不聽？韓聽而霸事可成也。”王曰:“善。”

范雎曰臣居山東[ ][7]

范雎曰:“臣居山東，聞齊之内有田單[聞齊之内有田文][4][聞齊之有田單][4]，不聞其王[不聞其有王][1,4,6]。聞秦之有太后、穰侯、涇陽、華陽，不聞其有王。夫擅國之謂王，能專利害之謂王，制殺生之威之謂王。今太后擅行不顧，穰侯出使不報，涇陽、華陽擊斷無諱[涇陽、華陽擊斷無諱高陵進退不請][3]，四貴備而國不危者，未之有也。爲此四者，下乃所謂無王已。然則權焉得不傾，而令焉得從王出乎？臣聞：‘善爲國者，内固其威，而外重其權。’穰侯使者操王之重，決裂諸侯，剖符於天下，征敵伐國，莫敢不聽。戰勝攻取，則利歸於陶；國弊[國敝][1]，御於諸侯；戰敗，則怨結於百姓，而禍歸社稷。詩曰：‘木實繁者披其枝，披其枝者傷其心。大其都者危其國，尊其臣者卑其主。’淖齒管齊之權，縮閔王之筋，縣之廟梁[懸之廟梁][1]，宿昔而死。李兌用趙，減食主父，百日而餓死。今秦，太后、穰侯用事，高陵、涇陽佐之[高陵、涇陽、華陽佐之][3,4]，卒無秦王，此亦淖齒、李兌之類已[李兌之類也][1,6]。臣今見王獨立於廟朝矣，且臣將恐後世之有秦國者，非王之子孫也。”

秦王懼，於是乃廢太后，逐穰侯，出高陵，走涇陽於關外[走涇陽、華陽於關外][3][逐穰侯、高陵、華陽、涇陽君於關外][4]。

昭王謂范雎曰：“昔者，齊公得管仲，時以爲仲父。今吾得子，亦以爲父。”

應侯謂昭王

應侯謂昭王曰：“亦聞恒思有神叢與[亦聞恆思有神叢與][7]？恒思有悍少年[恆思有悍少年][7]，請與叢博，曰：‘吾勝叢，叢籍我神三日[叢藉我神三日][1]；不勝叢，叢困我。’乃左手爲叢投，右手自爲投，勝叢，叢籍其神[叢藉其神][1]。三日，叢往求之，遂弗歸。五日而叢枯，七日而叢亡。今國者，王之叢；勢者，王之神。籍人以此[藉人以此][1]，得無危乎？臣未嘗聞指大於臂[臣未嘗聞指大於臂][1]，臂大於股，若有此，則病必甚矣。百人輿瓢而趨，不如一人持而走疾[不如一人持而走][2,3,4]。百人誠輿瓢，瓢必裂。今秦國，華陽用之，穰侯用之，太后用之，王亦用之。不稱瓢爲器，則已；已稱瓢爲器[稱瓢爲器][1]，國必裂矣。臣聞之也[臣聞之][1]：‘木實繁者枝必披，枝之披者傷其心。都大者危其國，臣强者危其主。’其令邑中自斗食以上[且今邑中自斗食以上][1]，至尉、内史及王左右，有非相國之人者乎？國無事，則已；國有事，臣必聞見王獨立於庭也[臣必見王獨立於庭也][1,6]。臣竊爲王恐，恐萬世之後有國者，非王子孫也。

“臣聞古之善爲政也[臣聞古之善爲政者][1]，其威内扶，其輔外布，四治政不亂不逆[而治政不亂不逆][1,5,6]，使者直道而行，不敢爲非。今太后使者分裂諸侯，而符布天下，操大國之勢，强徵兵[徵强兵][1]，伐諸侯。戰勝攻取，利盡歸於陶；國之幣帛，竭入太后之家；竟内之利，分移華陽。古之所謂‘危主滅國之道’必從此起。三貴竭國以自安，然則令何得從王出，權何得毋分，是我王果處三分之一也[是王果處三分之一也][1,2]。”

秦攻韓圍陘

秦攻韓，圍陘。范睢謂秦昭王曰：“有攻人者，有攻地者。穰侯十攻魏而不得傷者[穰侯十攻魏而不能傷者][4]，非秦弱而魏强也，其所攻者，地也。地者，人主所甚愛也。人主者，人臣之所樂爲死也。攻人主之所愛，與樂死者鬬[與樂死者鬭][7]，故十攻而弗能勝也[故十攻而弗勝也][1]。今王將攻韓圍陘，臣願王之毋獨攻其地，而攻其人也。王攻韓圍陘，以張儀爲言。張儀之力多，且削地而以自贖於王[且割地而以自贖於王][1][且削地以自贖於王][2,4]，幾割地而韓不盡；張儀之力少，則王逐張儀，而更與不如張儀者市[而更與不如儀者市][1,5]。則王之所求於韓者，言可得也[盡可得也][1,6]。”

應侯曰鄭人謂玉未理者璞

應侯曰：“鄭人謂玉未理者璞[鄭人謂王未理者璞][1][鄭人謂玉未理者樸][6]，周人謂鼠未腊者朴[周人謂鼠未腊者樸][6]。周人懷璞過鄭賈曰[周人懷朴過鄭賈曰][1,5][周人懷樸過鄭賈曰][6]：‘欲買朴乎？’鄭賈曰：‘欲之。’出其朴，視之[　][1][出其璞視之][6]，乃鼠也。因謝不取。今平原君自以賢，顯名於天下，然降其主父沙丘而臣之。天下之王尚猶尊之，是天下之王不如鄭賈之智也[天下之王不如鄭賈之智][1]，眩於名，不知其實也。”

天下之士合從相聚於趙

天下之士，合從相聚於趙，而欲攻秦。秦相應侯曰："王勿憂也，請令廢之。秦於天下之士非有怨也，相聚而攻秦者，以己欲富貴耳[以己有富貴耳][1]。王見大王之狗，臥者臥[卧者卧][1]，起者起，行者行，止者止，毋相與鬭者；投之一骨，輕起相牙者，何則？有爭意也。"於是唐雎載音樂[於是使唐雎載音樂][1]，予之五十金[予之五千金][1,6]，居武安，高會相與飲，謂："邯鄲人誰來取者？"於是其謀者固未可得予也[於是其謀者固未可得予也][1]，其可得與者[其可得予者][1]，與之昆弟矣。

"公與秦計功者，不問金之所之，金盡者功多矣。今令人復載五十金隨公[今令人復載五千金隨公][1]。"唐雎行，行至武安[唐雎行至武安][1]，散不能三千金，天下之士，大相與鬭矣。

謂應侯曰君禽馬服

謂應侯曰："君禽馬服乎[君禽馬服君乎][1,6][武安君禽馬服子乎][4]？"曰："然。""又即圍邯鄲乎？"曰："然。""趙亡[曰趙亡][1]，秦王王矣，武安君爲三公。武安君所以爲秦戰勝攻取者七十餘城[武安君所爲秦戰勝攻取者七十餘城][4]，南亡鄢、郢、漢中，禽馬服之軍，不亡一甲，雖周呂望之功[雖周召呂望之功][2,4]，亦不過此矣。趙亡，秦王王，武安君爲三公，君能爲之下乎？雖欲無爲之下，固不得之矣。秦嘗攻韓邢[秦嘗攻韓陘][1][秦嘗攻韓][2][秦嘗攻韓邢丘][4,6]，困於上黨，上黨之民皆返爲趙。天下之民，不樂爲秦民之日固久矣。今攻趙，北地入燕，東地入齊，南地入楚、魏，則秦所得不一幾何[則秦所得不能幾何][1,6][則秦所得無幾何][2][則秦所得民亡幾何][4]。故不如因而割之，因以爲武安功[因武安功][4]。"

應侯失韓之汝南

應侯失韓之汝南。秦昭王謂應侯曰："君亡國[君亡汝南國][4]，其憂乎？"應侯曰："臣不憂。"王曰："何也？"曰："梁人有東門吳者，其子死而不憂，其相室曰：‘公之愛子也[公子愛子][1]，天下無有，今子死不憂[今子死而不憂][1]，何也？’東門吳曰：‘吾嘗無子[吾甞無子][1]，無子之時不憂；今子死，乃卽與無子時同也。臣奚憂焉？’臣亦嘗爲子[臣亦甞爲子][1]，爲子時不憂；今亡汝南，乃與卽爲梁餘子同也[乃卽與爲梁餘子同也][1,5][乃與梁餘子同也][2]。臣何爲憂？”

秦王以爲不然，以告蒙傲曰[以告蒙驁曰][5,6]：“今也，寡人一城圍，食不甘味，臥不便席，今應侯亡地而言不憂，此其情也[此其情何也][4]？”蒙傲曰：“臣請得其情。”

蒙傲乃往見應侯[乃徃見應侯][1]，曰：“傲欲死。”應侯曰：“何謂也？”曰：“秦王師君，天下莫不聞，而况於秦國乎！今傲勢得秦爲王將[今傲勢得秦王爲將][1,5][今傲勢得秦王將][4]，將兵，臣以韓之細也，顯逆誅，奪君地，傲尚奚生？不若死。”應侯拜蒙傲曰：“願委之卿。”蒙傲以報於昭王。

自是之後，應侯每言韓事者，秦王弗聽也，以其爲汝南虜也[以其爲汝南也][4]。

秦攻邯鄲

秦攻邯鄲，十七月不下。莊謂王稽曰：“君何不賜軍吏乎？”王稽曰：“吾與王也，不用人言。”莊曰：“不然。父之於子也，令有必行者，必不行者。曰‘去貴妻，賣愛妾’，此令必行者也；因曰‘毋敢思也’，此令必不行者也。守閭嫗曰，‘其夕[某夕][1]，某懦子内某士’[某孺子内某士][2,3]。貴妻已去，愛妾已賣，而心不有。欲教之者，人心固有。今君雖幸於王，不過父子之親；軍吏雖賤，不卑於守閭嫗。且君擅主輕下之日久矣。聞‘三人成虎，十夫楺椎[十夫揉椎][1,6]。衆口所移，毋翼而飛。’故曰，不如賜軍吏而禮之。”王稽不聽。軍吏窮，果惡王稽、杜摯以反[杜摰以反][7]。

秦王大怒，而欲兼誅范睢。范睢曰：“臣，東鄙之賤人也，開罪於楚、魏[開罪於魏][1,5,6]，遁逃來奔。臣無諸侯之援，親習之故，王舉臣於羈旅之中，使職事，天下皆聞臣之身與王之舉也。今遇惑或與罪人同心[令愚惑與罪人同心][1][今愚惑與罪人同心][5,6]，而王明誅之，是王過舉顯於天下，而爲諸侯所議也。臣願請藥賜死，而恩以相葬臣，王必不失臣之罪，而無過舉之名。”王曰：“有之。”遂弗殺而善遇之。

蔡澤見逐於趙

蔡澤見逐於趙，而入韓、魏，遇奪釜鬲於涂[遇奪釜於涂][2][遇奪釜鬲於塗][7]。聞應侯任鄭安平、王稽，皆負重罪，應侯内慙，乃西入秦。將見昭王，使人宣言以感怒應侯曰：“燕客蔡澤，天下駿雄弘辯之士也。彼一見秦王，秦王必相之而奪君位。”

應侯聞之，使人召蔡澤。蔡澤入，則揖應侯，應侯固不快；及見之，又倨。應侯因讓之曰：“子常宣言代我相秦[子嘗宣言代我相秦][1][子常宣言欲代我相秦][4]，豈有此乎？”對曰：“然。”應侯曰：“請聞其說。”蔡澤曰：“吁！何君見之晚也[君何見之晚也][1,2,4]。夫四時之序，成功者去。夫人生手足堅强，耳目聰明聖知[耳目聰明聖知][1]，豈非士之所願與？”應侯曰：“然。”蔡澤曰：“質仁秉義，行道施德於天下，天下懷樂敬愛，願以爲君王，豈不辯智之期與？”應侯曰：“然。”蔡澤復曰：“富貴顯榮，成理萬物，萬物各得其所；生命壽長，終其年而不夭傷；天下繼其統，守其業，傳之無窮；名實純粹，澤流千世，稱之而毋絶，與天下終[　][1][與天地終始][4]。豈非道之符，而聖人所謂吉祥善事與？”應侯曰：“然。”澤曰：“若秦之商君，楚之吳起，越之大夫種，其卒亦可願矣[其卒亦可願與][1][其卒亦可願歟][4]。”應侯知蔡澤之欲困己以說，復曰：“何爲不可？夫公孫鞅事孝公，極身毋二，盡公不還私，信賞罰以致治，竭智能，示情素，蒙怨咎，欺舊交，虜魏公子卬，卒爲秦禽將，破敵軍，攘地千里。吳起事悼王，使私不害公，讒不蔽忠，言不取苟合，行不取苟容，行義不固毀譽[行義不顧毀譽][1,3][行義不困毀譽][4][行義不避難][7]，必有伯主强國[必欲霸主强國][1][然爲伯主强國][4][必欲伯主强國][6]，不辭禍凶。大夫種事越王，主離困辱[王離困辱][1]，悉忠而不解，主雖亡絶[王雖亡絶][1]，盡能而不離，多功而不矜，貴富不驕怠[富貴不驕怠][1,4]。若此三子者，義之至，忠之節也。故君子殺身以成名，義之所在，身雖死，無憾悔[身雖無，咸無悔][2]，何爲不可哉[何爲而不可哉][1]？”蔡澤曰：“主聖臣賢，天下之福也；君明臣忠，國之福也；父慈子孝，夫信婦貞，家之福也。故比干忠[故比干忠而][4]，不能存殷；子胥知[子胥智][1][子胥知而][4]，不能存吳；申生孝，而晉惑亂[而晉國亂][4]。是有忠臣孝子，國家滅亂，何也？無明君賢父以聽之。故天下以其君父爲戮辱[故天下以其君父爲戮辱而][3]，憐其臣子。夫待死而後可以立忠成名，是微子不足仁，孔子不足聖，管仲不足大也。”於是應侯稱善。

蔡澤得少間，因曰：“商君、吳起、大夫種，其爲人臣，盡忠致功[盡忠致力][1]，則可願矣。閎夭事文王，周公輔成王也，豈不亦忠乎[豈不亦忠聖乎][4]？以君臣論之[以聖論之][1]，商君、吳起、大夫種，其可願孰與閎夭、周公哉？”應侯曰：“商君、吳起、大夫種不若也[吳起與大夫種不若也][4]。”蔡澤曰：“然則君之主，慈仁任忠，不欺舊故，孰與秦孝公、楚悼王、越王乎[孰與秦孝、楚悼、越王乎][1]？”應侯曰：“未知何如也。”蔡澤曰：“主固親忠臣，不過秦孝、越王、楚悼。君之爲主[君之令主][3]，正亂、批患、折難，廣地殖穀，富國、足家、强主、威蓋海内，功章萬里之外，不過商君、吳起、大夫種。而君之祿位貴盛，私家之富過於三子，而身不退，竊爲君危之。語曰：‘日中則移，月滿則虧。’物盛則衰，天之常數也；進退、盈縮、變化，聖人之常道也。昔者，齊桓公九合諸侯[齊桓公][1]，一匡天下，至葵丘之會，有驕矜之色，畔者九國。吳王夫差無適於天下[吳王夫差無敵於天下][1]，輕諸侯，凌齊、晉[陵齊、晉][1,4,6]，遂以殺身亡國。夏育、太史啓叱呼駭三軍[太史噭叱呼駭三軍][3][太史激叱呼駭三軍][4]，然而身死於庸夫。此皆乘至盛不及道理也[此皆乘至盛不近道理也][1][此皆乘至盛不返道理也][4]。夫商君爲孝公平權衡、正度量、調輕重，決裂阡陌，教民耕戰，是以兵動而地廣，兵休而國富，故秦無敵於天下，立威諸侯。功已成[功已成矣][1,4]，遂以車裂。楚地持戟百萬，白起率數萬之師，以與楚戰，一戰舉鄢、郢，再戰燒夷陵，南幷蜀、漢，又越韓、魏攻强趙，北阬馬服[北坑馬服][7]，誅屠四十餘萬之衆，流血成川，沸聲若雷，使秦業帝。自是之後，趙、楚懾服，不敢攻秦者，白起之勢也。身所服者，七十餘城。功已成矣，賜死於杜郵。吳起爲楚悼罷無能，廢無用，損不急之官，塞私門之請，壹楚國之俗，南攻楊越[南攻揚越][1]，北幷陳、蔡，破横散從，使馳說之士無所開其口。功已成矣，卒支解。大夫種爲越王墾草刱邑[大夫種爲越王墾草仞邑][2,4][大夫種爲越王墾草入邑][3]，辟地殖穀，率四方士，上下之力[率四方之士專上下之力][1,4]，以禽勁吳，成霸功。勾踐終棓而殺之[勾踐終掊而殺之][1][勾踐終負而殺之][4]。此四子者，成功而不去[功成而不去][1,4]，禍至於此。此所謂信而不能詘[此所謂信而不能屈][1]，往而不能反者也[徃而不能反者也][1]。范蠡知之，超然避世，長爲陶朱。君獨不觀博者乎？或欲分大投[或欲大投][1,4]，或欲分功。此皆君之所明知也。今君相秦，計不下席，謀不出廊廟，坐制諸侯，利施三川，以實宜陽，决羊腸之險[以决羊腸之險][1][決羊腸之險][7]，塞太行之口，又斬范、中行之途，棧道千里於蜀、漢[棧道千里通於蜀、漢][1,4]，使天下皆畏秦。秦之欲得矣，君之功極矣。此亦秦之分功之時也！如是不退[如時不退][1,4]，則商君、白公、吳起、大夫種是也。君何不以此時歸相印，讓賢者授之，必有伯夷之廉，長爲應侯，世世稱孤，而有喬、松之壽。孰與以禍終哉！此則君何居焉？”應侯曰：“善。”乃延入坐爲上客。

後數日，入朝，言於秦昭王曰：“客新有從山東來者蔡澤，其人辯士。臣之見人甚衆。莫有及者，臣不如也。”秦昭王召見，與語，大說之，拜爲客卿。

應侯因謝病，請歸相印。昭王彊起應侯[昭王强起應侯][1]，應侯遂稱篤，因免相。昭王新說蔡澤計畫，遂拜爲秦相，東收周室。

蔡澤相秦王數月，人或惡之，懼誅，乃謝病歸相印，號爲剛成君。秦十餘年[居秦十餘年][1,4]，昭王[事昭王][1,4]、孝文王、莊襄王，卒事始皇帝，爲秦使於燕，三年而燕使太子丹入質於秦。

戰國策卷六　秦四

秦取楚漢中

秦取楚漢中[ ][1]，再戰於藍田[ ][1]，大敗楚軍[ ][1]。韓、魏聞楚之困[ ][1]，乃南襲至鄧[ ][1]，楚王引歸[ ][1]。後三國謀攻楚[ ][1]，恐秦之救也[ ][1]，或說薛公[ ][1]：“可發使告楚曰[ ][1]：‘今三國之兵且去楚[ ][1]，楚能應而共攻秦[ ][1]，雖[ ][1]藍田豈難得哉！況於楚之故地？’楚疑於秦之未必殺己也[楚疑於秦之未必救己也][1, 2, 3, 4, 5, 6, 7]，而今三國之辭去[而今三國之辭云][1, 5]，則楚之應之也必勸，是楚與三國謀出秦兵矣。秦爲知之，必不救也[必不肯救之][4]。三國疾攻楚，楚必走秦以急[楚必走秦以告急][4]；秦愈不敢出，則是我離秦而攻楚也，兵必有功。”

薛公曰：“善。”遂發重使之楚，楚之應之果勸。於是三國幷力攻楚[於是三國併力攻楚][1]，楚果告急於秦，秦遂不敢出兵，大臣有功[大有功][1][大勝有功][3]。

薛公入魏而出齊女

薛公入魏而出齊女。韓春謂秦王曰：“何不取爲妻[王何不取爲妻][1]，以齊、秦劫魏[以齊、秦刦魏][1]，則上黨，秦之有也。齊、秦合而立負蒭，負蒭立，其母在秦，則魏，秦之縣也已。呡欲以齊[珉欲以齊][1, 5, 6]、秦劫魏而困薛公[珉欲以齊秦而困薛公][1][欲以齊秦劫魏而困薛公][5]。佐欲定其弟，臣請爲王因呡與佐也[爲王因珉與佐也][1]。魏懼而復之，負蒭必以魏歿世事秦。齊女入魏而怨薛公。終以齊奉事王矣。”

三國攻秦入函谷

三國攻秦，入函谷。秦王謂樓緩曰：“三國之兵深矣，寡人欲割河東而講。”對曰：“割河東，大費也；免於國患[勉於國患][1]，大利也。此父兄之任也。王何不召公子池而問焉[王何不召公子他而問焉][1]？”

王召公子池而問焉[王召公子他而問之][1]，對曰：“講亦悔，不講亦悔。”王曰：“何也？”對曰：“王割河東而講，三國雖去，王必曰：‘惜矣！三國且去，吾特以三城從之。’此講之悔也。王不講，三國入函谷，咸陽必危，王又曰：‘惜矣！吾愛三城而不講。’此又不講之悔也。”王曰：“鈞吾悔也，寧亡三城而悔，無危咸陽而悔也。寡人决講矣[寡人決講矣][7]。”卒使公子池以三城講於三國[卒使公子他以三城講於三國][1]，之兵乃退[三國之兵乃退][1,5]。

秦昭王謂左右

秦昭王謂左右曰：“今日韓、魏，孰與始强？”對曰：“弗如也。”王曰：“今之如耳、魏齊，孰與孟嘗[孰如孟][6]、芒卯之賢[芒卯之贒][6]？”對曰：“弗如也。”王曰：“以孟嘗、芒卯之賢，帥强韓、魏之兵以伐秦，猶無奈寡人何也！今以無能之如耳、魏齊，帥弱韓、魏以攻秦，其無奈寡人何，亦明矣！”左右皆曰[　　][1][左右對曰][4]：“甚然[　　][1][左右皆曰然][4]。”

中期推琴對曰 [中期憑琴對曰][1][申旗伏琴對曰][2][中旗推琴對曰][3,5][中期推瑟對曰][4]：“三之料天下過矣[王之料天下過矣][1,6]。昔者六晉之時，智氏最强，滅破范、中行，帥韓[又帥韓][1,3][而從韓][4]、魏以圍趙襄子於晉陽，決晉水以灌晉陽，城不沈者三板耳。智伯出行水，韓康子御，魏桓子驂乘。智伯曰：“始，吾不知水之可亡人之國也，乃今知之。汾水利以灌安邑，絳水利以灌平陽。魏桓子肘韓康子，康子履魏桓子，躡其踵。肘足接於車上，而智氏分矣。身死國亡，爲天下笑。今秦之强，不能過智伯；韓、魏雖弱，尚賢在晉陽之下也[尚賢其在晉陽之下也][1,4][未至如其在晉陽之下也][7]。此乃方其用肘足時也，願王之勿易也。

楚魏戰於陘山

楚、魏戰於陘山。魏許秦以上洛，以絶秦於楚。魏戰勝，楚敗於南陽。秦責賂於魏，魏不與。營淺謂秦王曰[管淺謂秦王曰][1,3]：“王何不謂楚王曰，‘魏許寡人以地，今戰勝，魏王倍寡人也[魏王背寡人也][1]。王何不與寡人遇。魏畏秦、楚之合，必與秦地矣。是魏勝楚而亡地於秦也；是王以魏地德寡人[是王以地德寡人][1][以魏地德寡人][4]，秦之楚者多資矣。魏弱，若不出地，則王攻其南，寡人絶其西[寡人攻其西][1]，魏必危。’”秦王曰：“善。”以是告楚，楚王揚言與秦遇，魏王聞之恐，效上洛於秦[効上洛於秦][1]。

楚使者景鯉在秦

楚使者景鯉在秦，從秦王與魏王遇於境。楚怒秦合[　　][1][楚怒秦令][1,5]，周最爲楚王曰[　　][1][周冣爲楚王曰][5][周㝡爲楚王曰][6,7]：“魏請無與楚遇而合於秦[　　][1][魏請無與楚遇而令於秦][5]，是以鯉與之遇也。弊邑之於與遇善之[敝邑之於與遇善之][1]，故齊不合也。”楚王因不罪景鯉而德周、秦。

楚王使景鯉如秦

楚王使景鯉如秦。客謂秦王曰：“景鯉，楚王使景所甚愛[楚王所甚愛][1,4]，王不如留之以市地。楚王聽，則不用兵而得地；楚王不聽，則殺景鯉，更不與不如景鯉留[更與不如景鯉者][1,5][更不與不如景鯉者][2,3][更與不如景鯉留][6]，是便計也。”秦王乃留景鯉。

景鯉使人説秦王曰：“臣見王之權輕天下，而地不可得也。臣之來使也，聞齊、魏皆且割地以事秦。所以然者，以秦與楚爲昆弟國。今大王留臣[則秦與楚絶][4]，是示天下無楚也，齊、魏有何重於孤國也[齊、魏又何重於孤國也][1]。楚知秦之孤，不與地，而外結交諸侯以圖[而外結交以圖][1]，則社稷必危，不如出臣。”秦王乃出之。

秦王欲見頓弱

秦王欲見頓弱，頓弱曰：“臣之義不參拜，王能使臣無拜，卽可矣[則可矣][1]。不，卽不見也。”秦王許之。於是頓子曰：“天下有其實而無其名者[天下有有其實而無其名者][1,4,5]，有無其實而有其名者，有無其名又無其實者。王知之乎？”王曰：“弗知。”頓子曰：“有其實而無其名者，商人是也[商人是也][1]。無把銚推耨之勢[無把銚推耨之勞][1]，而有積粟之實，此有其實而無其名者也。無其實而有其名者，農夫是也。解凍而耕，暴背而耨，無積粟之實，此無其實而有其名者也。無其名又無其實者，王乃是也。已立爲萬乘，無孝之名；以千里養，無孝之實。”秦王悖然而怒。

頓弱曰：“山東戰國有六，威不掩於山東，而掩於母，臣竊爲大王不取也。”秦王曰：“山東之建國可兼與[山東之戰國可兼與][1]？”頓子曰：“韓，天下之咽喉；魏，天下之胷腹[天下之胸腹][1,7]。王資臣萬金而遊[王資臣萬金而遊][1]，聽之韓、魏，入其社稷之臣於秦，即韓、魏從。韓、魏從[ ][1]，而天下可圖也。”秦王曰：“寡人之國貧，恐不能給也。”頓子曰：“天下未嘗無事也，非從即横也。横成，則秦帝，從成，即楚王[則楚王][1]。秦帝，即以天下恭養；楚王，即王雖有萬金，弗得私也。”秦王曰：“善。”乃資萬金，使東遊韓、魏[使東遊韓、魏][1]，入其將相。北遊於燕、趙[北遊燕、趙][1]，而殺李牧。齊王入朝[齊入朝][1]，四國必從[四國畢從][1,5,6]，頓子之說也。

頃襄王二十年

頃襄王二十年[ ][1]，秦白起拔楚西陵[ ][1]，或拔鄢、郢、夷陵[ ][1]，燒先王之墓[ ][1]。王徙東北[ ][1]，保于陳城[ ][1]。楚遂削弱[ ][1]，爲秦所輕[ ][1]。於是白起又將兵來伐[ ][1]。

楚人有黄歇者[ ][1]，游學博聞[ ][1]，襄王以爲辯[ ][1]，故使於秦[ ][1]。說昭王曰[ ][1]：

“天下莫强於秦、楚[ ][1] [天下莫彊於秦、楚][2]，今聞大王欲伐楚[ ][1]，此猶兩虎相鬭而駑犬受其弊[ ][1][此猶兩虎相鬭而駑犬受其敝][1]，不如善楚[ ][1]。臣請言其說[ ][1]。臣聞之[ ][1][說秦王曰][1]：‘物至而反，冬夏是也。致至而危，累碁是也[累棊是也][1]。’今大國之地半天下，有二垂，此從生民以來，萬乘之地未嘗有也[萬乘之地未嘗有也][1]。先帝文王、莊王[武王][1,5]，王之身，三世而不接地於齊，以絶從親之要。今王三使盛橋守事於韓[今王使成橋守事於韓][1,6][今王使盛橋守事於韓][4]，成橋以北入燕[成橋已北入燕][1][盛橋以其地入秦][4]。是王不用甲，不伸威，而出百里之地，王可謂能矣。王又舉甲兵而攻魏，杜大梁之門[社大梁之門][1]，舉河内，拔燕、酸棗、虚、桃人[桃仁][4][桃入][7]，楚、燕之兵云翔不敢校[楚、燕之兵雲翔而不敢校][1][邢魏之兵云翔不敢校][2][楚魏之兵云翔不敢校][4][荆魏之兵云翔不敢校][7]，王之功亦多矣。王申息衆二年[王休甲息衆二年][1,4]，然後復之，又取蒲、衍、首垣[首恆][1]，以臨仁、平兵[平丘][1,5,6]，小黄、濟陽嬰城，而魏氏服矣。王又割濮、磨之北屬之燕，斷齊、秦之要，絶楚、魏之脊。天下五合、六聚而不敢殺也[天下五合、六聚而不敢救也][1,2,3,4,5,6,7]，王之威亦憚矣[王之威亦單矣][4,5]。王若能持功守威[王若能持功守成][5]，省攻伐之心而肥仁義之誠[省攻伐之心而肥仁義之誠][4][省攻伐之心而肥仁義之地][5,6]，使無復後患，三王不足四，五伯不足六也[五霸不足六也][1]。

“王若負人徒之衆，材兵甲之强[恃甲兵之强][1][兵甲之强][4][仗兵革之强][6]，壹毁魏氏之威[一毁魏氏之威][1][乘毁魏氏之威][4,5]，而欲以力臣天下之主，臣恐有後患。詩云：‘靡不有初，鮮克有終。’易曰：‘狐濡其尾。’此言始之易，終之難也。何以知其然也？智氏見伐趙之利，而不知榆次之禍也[而不知榆次之禍][4]；吴見伐齊之便，而不知干隧之敗也[而不知干隧之敗][4]。此二國者，非無大功也，設利於前[没利於前][1,2,4]，而易患於後也。吴之信越也，從而伐齊，既勝齊人於艾陵[遂攻齊人於艾陵][1]，還爲越王禽於三江之浦[還爲越王殺於三江之浦涯][4]。智氏信韓、魏，從而伐趙，攻晉陽之城，勝有日矣，韓、魏反之，殺智伯瑶於鑿臺之上。今王妬楚之不毁也[今王姤楚之不毁也][3]，而忘毁楚之强魏也[而忘毁楚之强韓魏也][4,5]。臣爲大王慮而不取[臣爲大王慮而不取也][5,6]。詩云：‘大武遠宅不涉。’從此觀之，楚國，援也；鄰國，敵也。詩云：‘他人有心，予忖度之。躍躍毚兔，遇犬獲之。’今王中道而信韓、魏之善王也，此正吴信越也。臣聞，敵不可易，時不可失。臣恐韓[正恐韓][6]、魏之卑辭慮患，而實欺大國也。此何也[　][1,4]？王既無重世之德於韓、魏，而有累世之怨矣[而有累世之怨焉夫][1,4]。韓、魏父子兄弟接踵而死於秦者，百世矣[累世矣][4][將十世矣][5]。本國殘，社稷壞，宗廟隳，刳腹折頤，首身分離，暴骨草澤，頭顱僵仆，相望於境；父子老弱係虜，相隨於路；鬼神狐祥無所食[鬼神潢洋無所食][4][鬼神狐傷無所食][7]，百姓不聊生，族類離散，流亡爲臣妾，滿海内矣。韓、魏之不亡，秦社稷之憂也。今王之攻楚，不亦失乎！是王攻楚之日[且王攻楚之日][1,6]，則惡出兵？王將藉路於仇讎之韓、魏乎！兵出之日而王憂其不反也，是王以兵資於仇讎之韓、魏。王若不藉路於仇讎之韓、魏[　][1]，必攻陽、右壤[必攻隨陽、右壤][1,4][必攻水、右壤][6]。隨陽[　][1]、右壤[　][1]此皆廣川大水，山林谿谷不食之地，王雖有之，不爲得地。是王有毀楚之名，無得地之實也。

“且王攻楚之日，四國必應悉起應王[四國必悉起應王][1,4]。秦、楚之構而不離[秦、楚之兵搆而不離][1,4,5]，魏氏將出兵而攻留、方與、銍、胡陵、碭、蕭、相，故宋必盡。齊人南面，泗北必舉。此皆平原四達，膏腴之地也，而王使之獨攻。王破楚於以肥韓[王破楚以肥韓][2,4]、魏於中國而勁齊，韓、魏之强足以校於秦矣。齊南以泗爲境[而齊南以泗爲境][1]，東負海，北倚河[北倚河][7]，而無後患，天下之國，莫强於齊。齊、魏得地葆利，而詳事下吏[而詳事不吏][1]，一年之後，爲帝若未能，於以禁王之爲帝有餘[於以禁王之爲帝有餘矣][2]。夫以王壤土之博[夫以王壤土之博][1,7]，人徒之衆，兵革之强，一舉衆[　][1]而注地於楚[一舉衆樹怨於楚][4,5][一舉事而注地於楚][7]，詘令韓、魏，歸帝重於齊，是王失計也。

“臣爲王慮，莫若善楚。秦、楚合而爲一，臨以韓[以臨韓][1,2,6]，韓必授首[韓必受首][1][韓必拱手][4][韓必斂手][4]。王襟以山東之險[王施以山東之險][2]，帶以河曲之利，韓必爲關中之候。若是，王以十成鄭[王以十萬成鄭][1,5,6][王以十伐鄭][4]，梁氏寒心，許、鄢陵嬰城，上蔡、召陵不往來也[上蔡、召陵不徃來也][1][而上蔡、召陵不往來也][4,5]。如此，而魏亦關内候矣[而魏亦關内侯矣][6]。王一善楚，而關内二萬乘之主注地於齊[而關内二萬乘之主注地於秦][1,5][而關内二萬乘之主注入地於齊][4]，齊之右壤可拱手而取也。是王之地一任兩海[是王之地一注兩海][1][是王之地一桎兩海][6][是王之地一經兩海][4,5]，要絶天下也。是燕、趙無齊、楚，無燕、趙也[齊、楚無燕、趙也][1,4,5]。然後危動燕、趙，持齊、楚[直搖齊、楚][4,5]，此四國者，不待痛而服矣。”

或爲六國說秦王

或爲六國說秦王曰：“土廣不足以爲安，人衆不足以爲强。若土廣者安，人衆者强，則桀、紂之後將存。昔者，趙氏亦嘗强矣[趙氏嘗亦强矣][3]。曰趙强何若[曰趙强若何][1]？舉左案齊，舉右案魏，厭案萬乘之國，二國，千乘之宋也。築剛平，衛無東野，芻牧薪采莫敢闚東門[芻牧薪採莫敢闚東門][1]。當是時，衛危於累卵，天下之士相從謀曰：‘吾將還其委質，而朝於邯鄲之君乎！’於是天下有稱伐邯鄲者，莫不令朝行[莫不夕令朝行][1][莫夕令朝行][6]。魏伐邯鄲，因退爲逢澤之遇，乘夏車，稱夏王，朝爲天子[一朝爲天子][1,6][朝天子][5]，天下皆從。齊太公聞之[齊宣王聞之][1]，舉兵伐魏，壤地兩分[　][1]，國家大危[　][1]。梁王身抱質執璧，請爲陳侯臣，天下乃釋梁。郢威王聞之，寢不寐，食不飽，帥天下百姓，以與申縛遇於泗水之上[以與申縛遇於泗水之上][1,6]，而大敗申縛[而大敗申縛][1,6]。趙人聞之至枝桑，燕人聞之至格道。格道不通，平際絶[平絶][4]。齊戰敗不勝，謀則不得，使陳毛釋劍掫[使陳毛釋劍掫][1]，委南聽罪，西說趙，北說燕，内喻其百姓，而天下乃齊釋。於是夫積薄而爲厚[於是天下積薄而爲厚][1,6][於是夫積薄而厚][2,3]，聚少而爲多[聚少而多][2,3]，以同言郢威王於側紂之閒[以同言郢威王於側牖之間][4][以同言郢威王於側紂之間][7]。臣豈以郢威王爲政衰謀亂以至於此哉？郢爲强，臨天下諸侯，故天下樂伐之也！”

戰國策卷七　秦五

謂秦王

謂秦王曰："臣竊惑王之輕齊易楚，而卑畜韓也。臣聞，王兵勝而不驕，伯主約而不忿[霸主約而不忿][1]。勝而不驕，故能服世；約而不忿，故能從鄰[服世從鄰][4]。今王廣德魏、趙[今王失德魏、趙][2][今王得德魏、趙][3]，而輕失齊，驕也；戰勝宜陽，不恤楚交，忿也。驕忿非伯主之業也[驕忿非霸王之業也][1]。臣竊爲大王慮之而不取也[臣竊爲大臣慮之而不取也][1]。

"詩云：'靡不有初，鮮克有終。'故先王之所重者，唯始與終[唯終與始][1]。何以知其然[何以知其然也][1]？昔智伯瑶殘范、中行，圍逼晉陽[圍晉陽][1]，卒爲三家笑；吳王夫差棲越於會稽，勝齊於艾陵，爲黄池之遇，無禮於宋，遂與句踐禽[遂爲句踐禽][1, 2, 5]，死於干隧[死][1][死於干隊][4][死於干遂][5]；梁君伐楚勝齊，制趙、韓之兵[制韓趙之兵][1]，驅十二諸侯以朝天子於孟津，後子死，身布冠而拘於秦。三者非無功也，能始而不能終也。

今王破宜陽，殘三川，而使天下之士不敢言；雍天下之國，徙兩周之疆，而世主不敢交陽侯之塞[而世主不敢窺陽侯之塞][1]，取黄棘，而韓、楚之兵不敢進。王若能爲此尾，則三王不足四，五伯不足六[五霸不足六][1]。王若不能爲此尾，而有後患，則臣恐諸侯之君，河、濟之士，以王爲吳、智之事也。

"詩云：'行百里者半於九十。'此言末路之難。今大王皆有驕色，以臣之心觀之，天下之事，依世主之心，非楚受兵，必秦也。何以知其然也？秦人援魏以拒楚，楚人援韓以拒秦[楚人援韓以拒秦王][1]，四國之兵敵，而未能復戰也。齊、宋在繩墨之外以爲權，故曰先得齊、宋者伐秦。秦先得齊、宋，則韓氏鑠；韓氏鑠，則楚孤而受兵也。楚先得齊[楚先得之][1]，則魏氏鑠；魏氏鑠，則秦孤而受兵矣。若隨此計而行之，則兩國者必爲天下笑矣。”

秦王與中期爭論

秦王與中期爭論，不勝。秦王大怒，中期徐行而去。或爲中期說秦王曰[或與中期說秦王曰][1]：“悍人也[中期悍人也][5]。中期適遇明君故也，向者遇桀、紂，必殺之矣[必誅殺之矣][4]。”秦王因不罪。

獻則謂公孫消

獻則謂公孫消曰：“公，大臣之尊者也，數伐有功，所以不爲相者，太后不善公也。辛戎者[芊戎者][1,5]，太后之所親也。今亡於楚，在東周。公何不以秦、楚之重，資而相之於周乎？楚必便之矣。是辛戎有秦、楚之重[是芊，戎有秦、楚之重][1]，太后必悦公[太后必說公][1]，公相必矣。

樓啎約秦魏

樓啎約秦、魏[樓牾約秦、魏][1][樓梧約秦、魏][4]，魏太子爲質，紛彊欲敗之。謂太后曰：“國與還者也，敗秦而利魏，魏必負之。負秦之日，太子爲糞矣。”太后坐王而泣[太后坐而王泣][6]。王因疑於太子，令之留於酸棗。樓子患之。昭衍爲周之梁，樓子告之。昭衍見梁王，梁王曰：“何聞？”曰：“聞秦且伐魏。”王曰：“爲期與我約矣[爲其與我約矣][3]。”曰：“秦疑於王之約，以太子之留酸棗而不之秦。秦王之計曰：‘魏不與我約，必攻我；我與其處而待之見攻，不如先伐之。’以秦彊折節而下與國，臣恐其害於東周。”

濮陽人呂不韋賈於邯鄲

濮陽人呂不韋賈於邯鄲。見秦質子異人，歸而謂父曰[歸而謂父母曰][3]：“耕田之利幾倍？”曰：“十倍。”“珠玉之贏幾倍？”曰：“百倍。”“立國家之主贏幾倍？”曰：“無數。”曰：“今力田疾作，不得煖衣餘食；今建國立君，澤可以遺世。願往事之[願徃事之][1]。”

秦子異人質於趙，處於㕁城[處於聊城][6]，故往說之曰[故徃說之曰][1]：“子傒有承國之業[子傒有承國之業][6]，又有母在中。今子無母於中，外託於不可知之國，一日倍約，身爲糞土。今子聽吾計事，求歸，可以有秦國。吾爲子使秦，必來請子。”

乃說秦王后弟陽泉君曰：“君之罪至死，君知之乎？君之門下無不居高尊位，太子門下無貴者。君之府藏珍珠寶玉，君之駿馬盈外廄[君之駿馬盈外廐][7]，美女充後庭。王之春秋高，一日山陵崩，太子用事，君危於累卵，而不壽於朝生。說有可以一切而使君富貴千萬歲，其寧於太山四維[寧於太山四維][1]，必無危亡之患矣。”陽泉君避席，請聞其說。不韋曰：“王年高矣，王后無子，子傒有承國之業，士倉又輔之。王一日山陵崩，子傒立，士倉用事，王后之門，必生蓬蒿。子異人賢材也，弃在於趙，無母於内，引領西望[引領四望][6]，而願一得歸。王后誠請而立之，是子異人無國而有國，王后無子而有子也。”陽泉君曰：“然。”入說王后，王后乃請趙而歸之。

趙未之遣，不韋說趙曰：“子異人，秦之寵子也，無母於中，王后欲取而子之。使秦而欲屠趙，不顧一子以留計，是抱空質也。若使子異人歸而得立，趙厚送遣之，是不敢倍德畔施，是自爲德講[是自爲德媾][5][是自爲誠講][3]。秦王老矣，一日晏駕，雖有子異人，不足以結秦。”趙乃遣之。

異人至，不韋使楚服而見。王后悅其狀[王后說其狀][1]，高其知[高其智][1]，曰：“吾楚人也。”而自子之，乃變其名曰楚。王使子誦，子曰：“少棄捐在外，嘗無師傅所教學[甞無師傅所教學][1]，不習於誦。”王罷之，乃留止[乃留請][3]。間曰：“陛下嘗軔車於趙矣[陛下甞軔車於趙矣][1]，趙之豪桀，得知名者不少。今大王反國，皆西面而望。大王無一介之使以存之，臣恐其皆有怨心。使邊境早閉晚開。”王以爲然，奇其計。王后勸立之。王乃召相，令之曰：“寡人子莫若楚。”立以爲太子。

子楚立，以不韋爲相，號曰文信侯，食藍田十二縣。王后爲華陽太后，諸侯皆致秦邑。

文信侯欲攻趙以廣河間

文信侯欲攻趙以廣河間，使剛成君蔡澤事燕三年，而燕太子質於秦。文信侯因請張唐相燕[文信侯因請張唐往相燕][3]，欲與燕共伐趙[ ][1]，以廣河間之地[ ][1][以廣河間之地][7]。張唐辭曰："燕者必徑於趙，趙人得唐者，受百里之地。"文信侯去而不快。少庶子甘羅曰："君侯何不快甚也？"文信侯曰："吾令剛成君蔡澤事燕三年，而燕太子已入質矣。今吾自請張卿相燕，而不肯行。"甘羅曰："臣行之[臣請行之][4]。"文信君叱去曰[文信侯叱去曰][1][文信君叱曰去][3][文信侯叱曰去][6]："我自行之而不肯，汝安能行之也？"甘羅曰："夫項槖生七歲而爲孔子師[夫項槖生七歲而爲孔子師][1,4,6]，今臣生十二歲於兹矣！君其試臣，奚以遽言叱也？"

甘羅見張唐曰："卿之功，孰與武安君？"唐曰："武安君戰勝攻取，不知其數；攻城墮邑，不知其數。臣之功不如武安君也。"甘羅曰："卿明知功之不如武安君歟[卿明知功之不如武安君與][1]？"曰："知之。""應侯之用秦也，孰與文信侯專？"曰："應侯不如文信侯專。"曰："卿明知爲不如文信侯專歟[卿明知爲不如文信侯專與][1]？"曰："知之。"甘羅曰："應侯欲伐趙，武安君難之，去咸陽七里，絞而殺之。今文信侯自請卿相燕，而卿不肯行，臣不知卿所死之處矣！"唐曰："請因孺子而行！"令庫具車，廄具馬，府具幣，行有日矣[行有田矣][1]。甘羅謂文信侯曰："借臣車五乘，請爲張唐先報趙。"

見趙王，趙王郊迎。謂趙王曰："聞燕太子丹之入秦與？"曰："聞之。""聞張唐之相燕與？"曰："聞之。""燕太子入秦者，燕不欺秦也；張唐相燕者，秦不欺燕也。秦、燕不相欺，則伐趙，危矣。燕、秦所以不相欺者，無異故，欲攻趙而廣河間也。今王齎臣五城以廣河間，請歸燕太子，與强趙攻弱燕。"趙王立割五城以廣河間，歸燕太子。趙攻燕[與趙攻燕][1]，得上谷三十六縣，與秦什一。

文信侯出走

文信侯出走，與司空馬之趙[司空馬之趙][5,6]，趙以爲守相。秦下甲而攻趙。

司空馬說趙王曰："文信侯相秦，臣事之，爲尚書，習秦事。今大王使守小官[今大王使臣小官][4]，習趙事。請爲大王設秦、趙之戰，而親觀其孰勝。趙孰與秦大？"曰："不如。""民孰與之衆？"曰："不如。""金錢粟孰與之富？"曰："弗如。""國孰與之治？"曰："不如。""相孰與之賢？"曰："不如。""將孰與之武？"曰："不如。""律令孰與之明？"曰："不如。"司空馬曰："然則大王之國，百舉而無及秦者，大王之國亡。"趙王曰："卿不遠趙，而悉教以國事[而惠教以國事][1][而悉敵以國事][6]，願於因計。"司空馬曰："大王裂趙之半以賂秦，秦不接刃而得趙之半，秦必悅[秦必說][1]。內惡趙之守，外恐諸侯之救，秦必受之[秦必受地][4]。秦受地而郄兵[秦受地而却兵][1][秦受地而郗兵][2][秦受地而卻兵][4]，趙守半國以自存。秦銜賂以自强[秦銜賂以自強][1]，山東必恐；亡趙自危，諸侯必懼。懼而相捄[懼而相救][7]，則從事可成[則從事有成][1]。臣請大王約從[臣請爲大王約從][1]。從事成，則是大王名亡趙之半，實得山東以敵秦，秦不足亡。"趙王曰："前日秦下甲攻趙，趙賂以河間十二縣，地削兵弱，卒不免秦患。今又割趙之半以强秦，力不能自存，因以亡矣。願卿之更計[願卿更計][1]。"司空馬曰："臣少爲秦刀笔[臣少爲秦奉筆][4][臣少爲秦刀筆][7]，以官長而守小官[以官長而守小吏][1]，未嘗爲兵首[未嘗爲兵百][1]，請爲大王悉趙兵以遇。"趙王不能將[趙王不能用司馬爲將][4]。司空馬曰："臣效愚計[臣効愚計][1]，大王不用，是臣無以事大王，願自請。"

司空馬去趙，渡平原。平原津令郭遺勞而問："秦兵下趙，上客從趙來，趙事何如？"司空馬言其爲趙王計而弗用[司空馬言其爲趙王計而勿用][1][司空馬言其爲趙王計而弗勝][4]，趙必亡。平原令曰："以上客料之，趙何時亡？"

司空馬曰："趙將武安君，期年而亡；若殺武安君，不過半年。趙王之臣有韓倉者，以曲合於趙王，其交甚親，其爲人疾賢妬功臣。今國危亡，王必用其言，武安君必死。"

韓倉果惡之，王使人代[王令人代][1]。武安君至，使韓倉數之曰："將軍戰勝，王觴將軍。將軍爲壽於前而捍匕首[將軍爲壽於前而捭匕首][2,6]，當死。"武安君曰："縪病鈎[縪病鉤][1]，身大臂短，不能及地，起居不敬，恐懼死罪於前，故使工人爲木材以接手。上若不信，縪請以出示。"出之袖中，以示韓倉，狀如振捆[狀如振梱][1,4][狀如振橱][3][狀如振捆][6]，纏之以布。"願公入明之。"韓倉曰："受命於王，賜將軍死，不赦。臣不敢言。"武安君北面再拜賜死，縮劍將自誅[摍劍將自誅][1]，乃曰："人臣不得自殺宮中。"遇司空馬門[過司馬門][1,2,5]，趣甚疾[趨甚疾][1]，出諔門也[出訮門也][1][出諺門也][2,6]。右舉劍將自誅[右舉劍將自誅][1][右舉劍將自殺][4]，臂短不能及，銜劍徵之於柱以自刺[銜劍徵之於柱以自刺][1]。武安君死。五月趙亡。

平原令見諸公，必爲言之曰[必爲之言曰][1]："嗟嗞乎[嗟乎][2][嗟兹乎][6]，司空馬！"又以爲司空馬逐於秦[又以謂司空馬逐於秦][1]，非不知也[非不智也][1]；去趙，非不肖也。趙去司空馬而國亡[趙去司空馬而亡國][1]。國亡者，非無賢人，不能用也。

四國爲一

四國爲一，將以攻秦。秦王召羣臣賓客六十人而問焉[秦王召群臣賔客六十人而問焉][1]，曰："四國爲一，將以圖秦，寡人屈於內，而百姓靡於外，爲之奈何[爲之柰何][1]？"羣臣莫對[群臣莫對][1]。姚賈對曰[桃賈對曰][2,3]："賈願出使四國，必絶其謀，而安其兵[而案其兵][1]。"乃資車百乘，金千斤，衣以其衣，冠舞以其劍[舞以其劍][1][冠帶以其劍][2][冠舞其劍][6]。姚賈辭行，絶其謀，止其兵，與之爲交以報秦。秦王大悅[秦王大說][1]。賈封千户[封賈千户][2]，以爲上卿。

韓非知之[韓非短之][4]，曰："賈以珍珠重寶，南使荆、吴[南使荆、齊][1]，北使燕、代之間三年，四國之交未必合也，而珍珠重寶盡於內。是賈以王之權，國之寶[　　][1]，外自交於諸侯，願王察之。且梁監門子，嘗盜於梁[嘗盜於梁][1]，臣於趙而逐。取世監門子，梁之大盜，趙之逐臣，與同知社稷之計，非所以厲羣臣也[非所以厲群臣也][1]。"

王召姚賈而問曰："吾聞子以寡人財交於諸侯，有諸？"對曰："有[有之][2]。"王曰："有何面目復見寡人？"對曰："曾參孝其親，天下願以爲子；子胥忠於君，天下願以爲臣；貞女工巧，天下願以爲妃。今賈忠王而王不知也。賈不歸四國，尚焉之？使賈不忠於君，四國之王尚焉用賈之身？桀聽讒而誅其良將，紂聞讒而殺其忠臣[紂聽讒而殺其忠臣][1]，至身死國亡。今王聽讒，則無忠臣矣。"

王曰"子監門子，梁之大盜，趙之逐臣。"姚賈曰："太公望，齊之逐夫，朝歌之廢屠，子良之逐臣，棘津之讎不庸，文王用之而王。管仲，其鄙人之賈人也[其鄙人之賈也][4][其鄙之賈人也][5]，南陽之弊幽[南陽之敝幽][1]，魯之免囚，桓公用之而伯[桓公用之而霸][1]。百里奚，虞之乞人，傳賣以五羊之皮，穆公相之而朝西戎。文公用中山盜，而勝於城濮。此四士者，皆有詬醜，大誹天下[大誹於天下][3]，明主用之，知其可與立功[知其可與立功也][1]。使若卞隨、務光、申屠狄，人主豈得其用哉！故明主不取其汙，不聽其非，察其爲己用。故可以存社稷者，雖有外誹者不聽；雖有高世之名，無咫尺之功者不賞。是以羣臣莫敢以虚願望於上[是以群臣莫敢以虚願望於上][1]。"

秦王曰："然。"乃可復使姚賈而誅韓非[乃復使姚賈而誅韓非][1,2,4]。

戰國策卷八　齊一

楚威王戰勝於徐州

楚威王戰勝於徐州[楚威王戰勝於徐州][1]，欲逐嬰子於齊。嬰子恐，張丑謂楚王曰："王戰勝於徐州也[王戰勝於徐州也][1]，盼子不用也。盼子有功於國[盼子有功於國而][4]，百姓爲之用。嬰子不善，而用申縛[而用申縛][1][而用申紀][4]。申縛者[申縛者][1]，大臣與百姓弗爲用[大臣弗與百姓弗爲用][1] [大臣不附與百姓弗爲用][4]，故王勝之也。今嬰子逐[今王逐嬰子矣][3] [今嬰逐子][4]，盼子必用。復整其士卒以與王遇，必不便於王也。"楚王因弗逐。

齊將封田嬰於薛

齊將封田嬰於薛。楚王聞之，大怒，將伐齊。齊王有輟志。公孫閈曰："封之成與不，非在齊也，又將在楚。閈說楚王，令其欲封公也又甚於齊。"嬰子曰："願委之於子。"

公孫閈爲謂楚王曰[公孫閈謂楚王曰][2]："魯、宋事楚而齊不事者，齊大而魯、宋小。王獨利魯、宋之小，不惡齊大何也[不惡齊太何也][1]？夫齊削地而封田嬰[夫齊之削地而封田嬰][1]，是其所以弱也。願勿止。"楚王曰[楚王][6]："善。"因不止。

靖郭君將城薛

靖郭君將城薛，客多以諫。靖郭君謂謁者，无爲客通[無爲客通][1]。齊人有請者曰："臣請三言而已矣！益一言，臣請烹。"靖郭君因見之。客趨而進曰："海大魚。"因反走。君曰："客有於此。"　客曰："鄙臣不敢以死爲戲[鄙臣不敢以死爲熙][4]。"君曰："亡[ ][1,4]，更言之。"對曰："君不聞大魚乎？網不能止，鉤不能牽[鈎不能牽][7]，蕩而失水，則螻蟻得意焉。今夫齊，亦君之水也。君長有齊陰[君長齊][1][君長有齊][4,5] [君已有齊][6]，奚以薛爲？夫齊[君失齊][4]，雖隆薛之城到於天[無齊雖隆薛之城到於天][4]，猶之無益也。"君曰：

“善。”乃輟城薛。

靖郭君謂齊王

靖郭君謂齊王曰：“五官之計，不可不日聽也而數覽[不可不日聽而數覽也][5]。”王曰：“說五而厭之[說吾而厭之][1][王曰日說五官吾厭之][4]。”今與靖郭君[令與靖郭君][4]。

靖郭君善齊貌辨

靖郭君善齊貌辨[靖郭君善齊昆辨][4,6]。齊貌辨之爲人也多疵[齊貌辨之爲人也多訾][4]，門人弗說。士尉以証靖郭君，靖郭君不聽，士尉辭而去。孟嘗君又竊以諫[孟嘗君又竊以諫][1]，靖郭君大怒曰：“剗而類，破吾家。苟可慊齊貌辨者，吾無辭爲之。”於是舍之上舍，令長子御[令長子御之][1]，旦暮進食。

數年，威王薨[宣王薨][1]，宣王立[閔王立][1]。靖郭君之交，大不善於宣王[大不善於閔王][1]，辭而之薛，與齊貌辨俱留。無幾何，齊貌辨辭而行，請見宣王[請見閔王][1]。靖郭君曰：“王之不說嬰甚，公往必得死焉[公往必得死焉][1]。”齊貌辨曰：“固不求生也，請必行。”靖郭君不能止。

齊貌辨行至齊，宣王聞之[閔王聞之][1]，藏怒以待之。齊貌辨見宣王[齊貌辨見閔王][1]，王曰[曰][1,4,6]：“子[子曰][1][曰子][5]，靖郭君之所聽愛夫！”齊貌辨曰：“愛則有之，聽則無有。王之方爲太子之時，辨謂靖郭君曰：‘太子相不仁，過頤豕視[過顱涿視][4]，若是者信反[若是者背反][4][若是者倍反][6]。不若廢太子，更立衛姬嬰兒郊師。’靖郭君泣而曰：‘不可，吾不忍也。’若聽辨而爲之，必無今日之患也。此爲一。至於薛，昭陽請以數倍之地易薛，辨又曰：‘必聽之。’靖郭君曰：‘受薛於先王，雖惡於後王[雖][2]，吾獨謂先王何乎[吾獨謂先王何][1]！且先王之廟在薛，吾豈可以先王之廟與楚乎！’又不肯聽辨。此爲二。”宣王大息[閔王太息][1]，動於顏色，曰：“靖郭君之於寡人一至此乎！寡人少，殊不知此。客肯爲寡人來靖郭君乎？”齊貌辨對曰：“敬諾。”

靖郭君衣威王之衣[靖郭君衣宣王之衣][1]，冠舞其劍[冠带其劍][2][冠舞其劍][7]，宣王自迎靖郭君於郊[閔王自迎靖郭君於郊][1]，望之而泣。靖郭君至，因請相之。靖郭君辭，不得已而受[不得已而受之][1]。七日，謝病强辭。靖郭君辭[　][1,4]不得[　][4]，三日而聽。

當是時，靖郭君可謂能自知人矣！能自知人，故人非之不爲沮。此齊貌辨之所以外生樂患趣難者也。

邯鄲之難

邯鄲之難，趙求救於齊。田侯召大臣而謀曰："救趙孰與勿救？"鄒子曰："不如勿救。"段干綸曰[段干萌曰][4][段干朋曰][4]："弗救[勿救][1]，則我不利。"田侯曰："何哉？"夫魏氏兼邯鄲[對曰夫魏氏兼邯鄲][1,4]，其於齊何利哉[其於齊何哉][4]！"田侯曰："善。"乃起兵，曰[甲][1,6]："軍於邯鄲之郊。"段干綸曰："臣之求利且不利者，非此也。夫救邯鄲，軍於其郊，是趙不拔而魏全也。故不如南攻襄陵以弊魏[故不如南攻襄陵以敝魏][1]。邯鄲拔而承魏之弊[邯鄲拔而承魏之敝][1]，是趙破而魏弱也。"田侯曰："善。"乃起兵南攻襄陵。七月，邯鄲拔。齊因承魏之弊[齊因承魏之敝][1]，大破之桂陵。

南梁之難

南梁之難，韓氏請救於齊。田侯召大臣而謀曰："早救之，孰與晚救之便？"張丐對曰[張丏對曰][7]："晚救之，韓且折而入於魏，不如早救之。"田臣思曰[田期思曰][4][田臣思曰][6]："不可。夫韓、魏之兵未弊[魏之兵未敝][1]，而我救之，我代韓而受魏之兵，顧反聽命於韓也。且夫魏有破韓之志，韓見且亡，必東愬於齊。我因陰結韓之親，而晚承魏之弊[而晚承魏之敝][1]，則國可重，利可得，名可尊矣。"田侯曰："善。"乃陰告韓使者而遣之。

韓自以專有齊國[韓自以有齊國][1]，五戰五不勝，東愬於齊，齊因起兵擊魏，大破之馬陵。魏破韓弱，韓、魏之君因田嬰[韓、魏之君因][2]北面而朝田侯。

成侯鄒忌爲齊相

成侯鄒忌爲齊相，田忌爲將，不相說。公孫閈謂鄒忌曰[公孫闬謂鄒忌曰][1][公孫閎謂鄒忌曰][4]：“公何不爲王謀伐魏？勝，則是君之謀也，君可以有功；戰不勝，田忌不進，戰而不死，曲撓而誅。”鄒忌以爲然，乃說王而使田忌伐魏。

田忌三戰三勝，鄒忌以告公孫閈，公孫閈乃使人操十金而往卜於市[公孫閈乃使人操十金而徃卜於市][1]，曰：“我田忌之人也，吾三戰三勝，聲威天下，欲爲大事，亦吉否？”卜者出，因令人捕爲人卜者，亦驗其辭於王前[驗其辭於王前][4]。田忌遂走。

田忌爲齊將

田忌爲齊將，係梁太子申，禽龐涓。孫子謂田忌曰：“將軍可以爲大事乎？”田忌曰：“奈何[柰何][1,7]？孫子曰：“將軍無解兵而入齊。使彼罷弊於先弱守於主[使彼罷敝於先弱守於主][1][使彼罷弊於老弱守於主][3]。主者，循軼之途也，鎋擊摩車而相過。使彼罷弊先弱守於主[使彼罷敝先弱守於主][1][使彼罷弊老弱守於主][3]，必一而當十，十而當百，百而當千。然後背太山，左濟，右天唐，軍重踵高宛，使輕車銳騎衝雍門。若是，則齊君可正，而成侯可走。不然，則將軍不得入於齊矣。”田忌不聽，果不入齊。

田忌亡齊而之楚

田忌亡齊而之楚，鄒忌代之相。齊恐田忌欲以楚權復於齊，杜赫曰：“臣請爲留楚[臣請爲君留之楚][4]。”

謂楚王曰：“鄒忌所以不善楚者，恐田忌之以楚權復於齊也。王不如封田忌於江南，以示田忌之不返齊也[以示忌之不返齊也][1]，鄒忌以齊厚事楚[鄒忌必以齊厚事楚][1]。田忌亡人也，而得封，必德王。若復於齊，必以齊事楚。此用二忌之道也。”楚果封之於江南。

鄒忌事宣王

鄒忌事宣王，仕人衆，宣王不悦[宣王不說][1]。晏首貴而仕人寡，王悦之[王說之][1]。鄒忌謂宣王曰：“忌聞以爲有一子之孝，不如有五子之孝。今首之所進仕者，以幾何人[亦幾何人矣][4]？”宣王因以晏首壅塞之。

鄒忌脩八尺有餘

鄒忌脩八尺有餘，身體昳麗[而形貌昳麗][1]。朝服衣冠窺鏡，謂其妻曰：“我孰與城北徐公美？”其妻曰：“君美甚，徐公何能及公也[徐公何能及君也][1][徐公何能及也][4]！”城北徐公[城北齊公][6]，齊國之美麗者也。忌不自信[不自信][4]，而復問其妾曰[而問其妾曰][4]：“吾孰與徐公美？”妾曰：“徐公何能及君也！”旦日，客從外來，與坐談，問之客曰[問之][1][問之曰][4]：“吾與徐公孰美？”客曰：“徐公不若君之美也[徐公不若君][4]！”

明日，徐公來。孰視之，自以爲不如；窺鏡而自視，又弗如遠甚[弗如遠甚][4]。暮，寢而思之曰[寢而思之曰][1,2,3,4,5,6,7]：“吾妻之美我者，私我也；妾之美我者，畏我也；客之美我者，欲有求於我也。”

於是入朝見威王曰[入朝見王曰][4]：“臣誠知不如徐公美[臣知情不如徐公美][4]，臣之妻私臣，臣之妾畏臣，臣之客欲有求於臣，皆以美於徐公。今齊地方千里，百二十城，宮婦左右，莫不私王；朝廷之臣，莫不畏王；四境之内，莫不有求於王。由此觀之，王之蔽甚矣！”王曰：“善。”乃下令：“羣臣吏民，能面刺寡人之過者[面刺寡人之過者][4]，受上賞；上書諫寡人者，受中賞；能謗議於市朝[能謗議於市朝][1]，聞寡人之耳者，受下賞。”

令初下，羣臣進諫[羣臣進][4]，門庭若市。數月之後，時時而間進；期年之後[朞年之後][1,6][暮年之後][4]，雖欲言，無可進者。燕、趙、韓、魏聞之，皆朝於齊。此所謂戰勝於朝廷。

秦假道韓魏以攻齊

秦假道韓、魏以攻齊，齊威王使章子將而應之。與秦交和而舍，使者數相往來，章子爲變其徽章，以雜秦軍。候者言章子以齊入秦[候者言章子以齊入秦][7]，威王不應。頃之間[頃間][1]，候者復言章子以齊兵降秦[候者復言章子以齊兵降秦][7]，威王不應。而此者三。有司請曰：“言章子之敗者[言章子敗者][6]，異人而同辭[異人而同辤][1]。王何不發將而擊之[王何不廢將而擊之][1][辭王何不發將而擊之][6]？”王曰：“此不叛寡人明矣，曷爲擊之[曷爲而擊之][1]！”

頃間，言齊兵大勝，秦軍大敗[秦兵大敗][1]，於是秦王拜西藩之臣而謝於齊[於是秦王稱西藩之臣而謝於齊][1]。左右曰：“何以知之？”曰：“章子之母啓得罪其父，其父殺之而埋馬棧之下。吾使者章子將也[吾使章子將也][1][吾之使者章子將也][4]，勉之曰：‘夫子之强，全兵而還，必更葬將軍之母。’對曰：‘臣非不能更葬先妾也。臣之母啓得罪臣之父。臣之父未教而死[臣之父未葬而死][2][臣之父未赦而死][4]。夫不得父之教而更葬母，是欺死父也。故不敢。’夫爲人子而不欺死父，豈爲人臣欺生君哉？”

楚將伐齊

楚將伐齊，魯親之，齊王患之。張丐曰：“臣請令魯中立。”乃爲齊見魯君。魯君曰：“齊王懼乎？”曰：“非臣所知也。臣來弔足下。”魯君曰：“何弔[何弔乎][1]？”曰：“君之謀過矣。君不與勝者而與不勝者，何故也？”魯君曰：“子以齊、楚爲孰勝哉？”對曰：“鬼且不知也。”“然則子何以弔寡人？”曰：“齊，楚之權敵也，不用有魯與無魯。足下豈如令衆而合二國之後哉[足下豈如全衆而合二國之後哉][1,4]！楚大勝齊，其良士選卒必殪，其餘兵足以待天下；齊爲勝，其良士選卒必殪[其良士選卒亦殪][1,7]。而君以魯衆合戰勝後，此其爲德也亦大矣，其見恩德亦其大也[其見恩德也亦甚大矣][1][其見恩德亦甚大也][3]。”魯君以爲然，身退師[乃退師][1,6]。

秦伐魏

秦伐魏，陳軫合三晉而東謂齊王曰：“古之王者之伐也，欲以正天下而立功名，以爲後世也。今齊、楚、燕、趙、韓、梁六國之遞甚也，不立以立功名[不足以立功名][1,7]，適足以强秦而自弱也，非山東之上計也。

能危山東者，强秦也。不憂强秦，而遞相罷弱，而兩歸其國於秦，此臣之所以爲山東之患。天下爲秦相割，秦曾不出力[秦曾不出刀][5,6]；天下爲秦相烹，秦曾不出薪。何秦之智而山東之愚耶？ 願大王之察也。

“古之五帝、三王、五伯之伐也[五霸之伐也][1]，伐不道者。今秦之伐天下不然，必欲反之，主必死辱，民必死虜。今韓、梁之目未嘗乾，而齊民獨不也，非齊親而韓、梁疏也[非齊親而韓、梁疏也][1]，齊遠秦而韓、梁近。今齊將近矣！今秦欲攻梁絳、安邑，秦得絳、安邑以東下河，必表裏河而東攻齊[必表裏河山而東攻齊][1]，舉齊屬之海，南面而孤楚、韓、梁，北向而孤燕、趙，齊無所出其計矣。願王熟慮之。”

“今三晉已合矣，復爲兄弟約，而出鋭師以戍梁絳、安邑，此萬世之計也。齊非急以鋭師合三晉，必有後憂。三晉合，秦必不敢攻梁，必南攻楚。楚、秦構難[楚、秦搆難][1]，三晉怒齊不與己也，必東攻齊。此臣之所謂齊必有大憂，不如急以兵合於三晉。”

齊王敬諾，果以兵合於三晉。

蘇秦爲趙合從說齊宣王

蘇秦爲趙合從，說齊宣王曰：“齊南有太山，東有琅邪，西有清河，北有渤海，此所謂四塞之國也。齊地方二千里[齊地方三千餘里][4]，帶甲數十萬，粟如丘山。齊車之良，五家之兵，疾如錐矢，戰如雷電，解如風雨。卽有軍役，未嘗倍太山、絶清河、涉渤海也。臨淄之中七萬户，臣竊度之，下户三男子[户三男子][4]，三七二十一萬，不待發於遠縣，而臨淄之卒，固以二十一萬矣[固已二十一萬矣][1,4,6]。臨淄甚富而實，其民無不吹竽、鼓瑟[皷瑟][1]、擊筑、彈琴、鬭雞[鬪雞][1]、走犬、六博、蹹踘者[蹹鞠者][1][蹋鞠者][4]；臨淄之途，車轚擊[車轂擊][1,3]，人肩摩，連衽成帷[連衽成幃][1]，舉袂成幕，揮汗成雨；志高而揚，家敦而富[家殷人足，志高氣揚][4]。夫以大王之賢與齊之强，天下不能當。今乃西面事秦，竊爲大王羞之。

"且夫韓、魏之所以畏秦者[且夫韓、魏所畏秦者][1]，以與秦接界也。兵出而相當[兵出而相攻][2]，不至十日，而戰勝存亡之機決矣。韓、魏戰而勝秦，則兵半折，四境不守；戰而不勝，以亡隨其後。是故韓、魏之所以重與秦戰而輕爲之臣也[是後韓、魏之重與秦戰而輕爲之臣也][1]。"

今秦攻齊則不然，倍韓、魏之地，至闈陽晉之道[至衞陽晉之道][1][過衞陽晉之道][4]，徑亢父之險，車不得方軌，馬不得並行，百人守險，千人不能過也。秦雖欲深入，則狼顧，恐韓、魏之議其後也。是故恫疑虛猲[是故恫疑虛喝][1,4]，高躍而不敢進[驕矜而不敢進][4]，則秦不能害齊，亦已明矣[亦明矣][1,4]。夫不深料秦之不奈我何也[夫不料秦之不奈我何也][1]，而欲西面事秦，是羣臣之計過也[是羣臣之計過][1][是羣臣之過計也][6]。今無臣事秦之名[今臣無事秦之名][1,6]，而有强國之實，臣固願大王之少留計[臣故願大王之少留計][1][臣是故願大王之少留計][6]。

齊王曰："寡人不敏[僻遠守海，窮道東境之國也，未嘗得聞餘教][4,5]，今主君[今足下][4][今君][5]以趙王之教詔之[以趙王之詔告之][1][以趙王之詔詔之][4]，敬奉社稷以從。"

張儀爲秦連横齊王

張儀爲秦連横齊王曰[張儀爲秦連横說齊王曰][1,5]："天下强國無過齊者，大臣父兄殷衆富樂，無過齊者。然而爲大王計者，皆爲一時說而不顧萬世之利。從人說大王者，必謂齊西有强趙，南有韓、魏，負海之國也，地廣人衆，兵强士勇，雖有百秦，將無奈我何！大王覽其說，而不察其至實。

"夫從人朋黨比周，莫不以從爲可。臣聞之，齊與魯三戰而魯三勝，國以危，亡隨其後，雖有勝名而有亡之實，是何故也？齊大而魯小。今趙之與秦也，猶齊之於魯也。秦、趙戰於河漳之上，再戰而再勝秦；戰於番吾之下，再戰而再勝秦。四戰之後，趙亡卒數十萬，邯鄲僅存。雖有勝秦之名，而國破矣！是何故也？秦强而趙弱也。今秦、楚嫁子取婦，爲昆弟之國；韓獻宜陽，魏效河外，趙入朝黽池，割河間以事秦。大王不事秦，秦驅韓、魏攻齊之南地，悉趙涉河關，指摶關[指博關][1,3,4]，臨淄、卽墨非王之有也。國一日被攻，雖欲事秦，不可得也。是故願大王熟計之。”

齊王曰：“齊僻陋隱居，託於東海之上，未嘗聞社稷之長利[未嘗聞社稷之長利][1]。今大客幸而教之，請奉社稷以事秦。”獻魚鹽之地三百於秦也[獻魚鹽之地三百於秦][1][獻魚鹽之地三百里於秦也][3,5]。

戰國策卷九　齊二

韓齊爲與國

韓、齊爲與國。張儀以秦、魏伐韓。齊王曰："韓，吾與國也。秦伐之，吾將救之。"田臣思曰："王之謀過矣，不如聽之。子噲與子之國，百姓不戴，諸侯弗與。秦伐韓，楚、趙必救之，是天下以燕賜我也[是天以燕賜我也][2,4,5]。"王曰："善。"乃許韓使者而遣之[乃許韓使者而還之][1]。

韓自以得交於齊，遂與秦戰。楚、趙果遽起兵而救韓，齊因起兵攻燕，三十日而舉燕國[五十日而舉燕國][4]。

張儀事秦惠王

張儀事秦惠王。惠王死，武王立。左右惡張儀，曰："儀事先王不忠"言未已，齊讓又至。

張儀聞之[張儀][1][張儀懼誅，乃因][4]，謂武王曰："儀有愚計，願効之王[願效之王][1]。"王曰："柰何[奈何][7]？"曰："爲社稷計者，東方有大變，然後王可以多割地。今齊王甚憎張儀[今齊王甚憎儀][1,4]，儀之所在，必舉兵而伐之[必舉兵伐之][1,4]。故儀願乞不肖身而之梁，齊必舉兵而伐之[齊必舉兵伐之][1][齊必舉兵而伐梁][4]。齊、梁之兵連於城下，不能相去，王以其間伐韓，入三川，出兵函谷而無伐，以臨周，祭器必出，挾天子，案圖籍，此王業也。"王曰："善。"乃具革車三十乘，納之梁。

齊果舉兵伐之。梁王大恐[魏襄王大恐][2][哀王大恐][4]。張儀曰："王勿患，請令罷齊兵。"乃使其舍人馮喜之楚，藉使之齊。齊、楚之事已畢，因謂齊王："王甚憎張儀，雖然，厚矣王之託儀於秦王也。"齊王曰："寡人甚憎儀[寡人甚憎張儀][1]，儀之所在，必舉兵伐之，何以託儀也？"對曰："是乃王之託儀也。儀之出秦，因與秦王約曰[固與秦王約曰][2]：'爲王計者，東方有大變，然後王可以多割地。齊王甚憎儀，儀之所在，必舉兵伐之。故儀願乞不肖身而之梁[故儀願乞不肖之身而之梁][1,4]，齊必舉兵伐梁。梁、齊之兵連於城下不能去，王以其間伐韓，入三川，出兵函谷而無伐，以臨周，祭器必出，挾天子，案圖籍，是王業也。’秦王以爲然，與革車三十乘而納儀於梁。而果伐之，是王內自罷而伐與國，廣鄰敵以自臨，而信儀於秦王也。此臣之所謂託儀也。”王曰：“善。”乃止。

犀首以梁爲齊戰於承匡而不勝

犀首以梁爲齊戰於承匡而不勝[犀首以梁與齊戰於承匡而不勝][1]。張儀謂梁王不用臣言以危國。梁王因相儀[魏王因相儀][2,3][梁王困相儀][4]，儀以秦、梁之齊合橫親。犀首欲敗，謂衞君曰：“衍非有怨於儀也[衍非有怨於儀][1]，值所以爲國者不同耳。君必解衍。”衞君爲告儀，儀許諾，因與之參坐於衞君之前。犀首跪行，爲儀千秋之祝。明日張子行，犀首送之至於齊墭[犀首送之至於齊疆][7]。齊王聞之，怒於儀，曰：“衍也吾讎，而儀與之俱，是必與衍鬻吾國矣[是必與儀鬻吾國矣][1]。”遂不聽[遂不聽也][4]。

昭陽爲楚伐魏

昭陽爲楚伐魏，覆軍殺將得八城，移兵而攻齊。陳軫爲齊王使[陳軫爲齊王][1]，見昭陽，再拜賀戰勝，起而問：“楚之法，覆軍殺將，其官爵何也？”昭陽曰：“官爲上柱國，爵爲上執珪。”陳軫曰：“異貴於此者何也？”曰：“唯令尹耳。”陳軫曰：“令尹貴矣！王非置兩令尹也[主非置兩令尹也][1]，臣竊爲公譬可也[臣竊爲公譬可乎][2]。楚有祠者，賜其舍人卮酒。舍人相謂曰：‘數人飲之不足，一人飲之有餘。請畫地爲蛇，先成者飲酒。’一人蛇先成，引酒且飲之[引酒且飲][1]，乃左手持卮，右手畫蛇，曰：‘吾能爲之足。’未成，一人之蛇成，奪其卮曰：‘蛇固無足，子安能爲之足？’遂飲其酒。爲蛇足者，終亡其酒。今君相楚而攻魏，破軍殺將得八城，不弱兵，欲攻齊，齊畏公甚，公以是爲名居足矣[公以是爲名亦足矣][1][公以是爲名足矣][4]，官之上非可重也。戰無不勝而不知止者，身且死，爵且後歸，猶爲蚰足也[猶爲蛇足也][1,7]。”昭陽以爲然，解軍而去。

秦攻趙

秦攻趙，趙令樓緩以五城求講於秦，而與之伐齊。齊王恐，因使人以十城求講於秦。樓子恐，因以上黨二十四縣許秦王。趙足之齊，謂齊王曰：“王欲秦、趙之解乎？不如從合於趙，　趙必倍秦[趙必背秦][1]。倍秦則齊無患矣[背秦則齊無患矣][1]。”

權之難齊燕戰

權之難，齊、燕戰。秦使魏冉之趙，出兵助燕擊齊。薛公使魏處之趙，謂李向曰：“君助燕擊齊，齊必急。急必以地和於燕，而身與趙戰矣。然則是君自爲燕東兵[然則是君自爲燕東兵][1,6]，爲燕取地也。故爲君計者，不如按兵勿出。齊必緩，緩必復與燕戰。戰而勝，兵罷弊[兵罷敝][1]，趙可取唐、曲逆；戰而不勝，命懸於趙。然則吾中立而割窮齊與疲燕也，兩國之權，歸於君矣[懸於君矣][1]。”

秦攻趙長平

秦攻趙長平[秦攻趙][4][秦破趙長平][6]，齊、楚救之。秦計曰：“齊、楚救趙[齊救趙][4]，親，則將退兵；不親，則且遂攻之。”

趙無以食，請粟於齊，而齊不聽。蘇秦謂齊王曰[蘇子謂齊王曰][1][周子謂齊王曰][4]：“不如聽之以却秦兵，不聽則秦兵不却，是秦之計中，而齊、燕之計過矣[而齊楚之計過矣][1,4,6]。且趙之於燕、齊[且趙之於齊楚][1,4,6]，隱蔽也[隱蔽][4]，齒之有脣也[猶齒之有唇也][1][猶齒之有脣也][4]，脣亡則齒寒[唇亡則齒寒][1]。今日亡趙，則明日及齊、楚矣。且夫救趙之務，宜若奉漏壅[宜若奉漏壅][7]，沃燋釜[沃焦釜][7]。夫救趙，高義也；却秦兵[却秦][2]，顯名也。義救亡趙，威却强秦兵，不務爲此，而務愛粟，則爲國計者過矣。”

或謂齊王

或謂齊王曰：“周、韓西有强秦，東有趙、魏[東北有趙魏][1]。秦伐周、韓之西，趙、魏不伐，周、韓爲割，韓却周害也。及韓却周割之〔及韓却周害之後〕[1]，趙、魏亦不免與秦爲患矣。今齊、秦伐趙、魏〔今齊應秦伐趙、魏〕[1]，則亦不果於趙、魏之應秦而伐周、韓。令齊入於秦而伐趙、魏〔今齊入於秦而伐趙、魏〕[5]，趙、魏亡之後，秦東面而伐齊，齊安得救天下乎〔齊安得救於天下乎〕[1]！”

戰國策卷十　齊三

楚王死

楚王死，太子在齊質。蘇秦謂薛公曰[蘇子謂薛公曰][1][蘇秦謂薛公曰曰][6]：“君何不留楚太子，以市其下東國。”薛公曰：“不可。我留太子，郢中立王，然則是我抱空質而行不義於天下也。”蘇秦曰[蘇子曰][1]：“不然。郢中立王，君因謂其新王曰：‘與我下東國，吾爲王殺太子。不然，吾將與三國共立之。’然則下東國必可得也。”

蘇秦之事[蘇子之事][1]，可以請行；可以令楚王亟入下東國；可以益割於楚；可以忠太子而使楚益入地；可以爲楚王走太子；可以忠太子使之亟去[可以忠太子使亟去][4]；可以惡蘇秦於薛公[可以惡蘇子於薛公][1]；可以爲蘇秦請封於楚[可以爲蘇子請封於楚][1]；可以使人說薛公以善蘇子[可以使薛公以善蘇子][4]；可以使蘇子自解於薛公。

蘇秦謂薛公曰[蘇子謂薛公曰][1]：“臣聞謀泄者事無功，計不決者名不成。今君留太子者[今君留楚太子者][1]，以市下東國也。非亟得下東國者，則楚之計變，變則是君抱空質而負名於天下也。”薛公曰：“善。爲之柰何[爲之奈何][7]？”對曰：“臣請爲君之楚，使亟入下東國之地。楚得成，則君無敗矣。”薛公曰：“善。”因遣之[因遣之故曰可以請行也][1]。

謂楚王曰：“齊欲奉太子而立之。臣觀薛公之留太子者，以市下東國也。今王不亟入下東國，則太子且倍王之割而使齊奉己。”楚王曰：“謹受命。”因獻下東國。故曰可以使楚亟入地也。

謂薛公曰：“楚之勢可多割也。”薛公曰：“柰何[奈何][7]?”“請告太子其故，使太子謁之君，以忠太子，使楚王聞之，可以益入地。”故曰可以益割於楚。

謂太子曰：“齊奉太子而立之，楚王請割地以留太子，齊少其地。

太子何不倍楚之割地而資齊，齊必奉太子。”太子曰：“善。”倍楚之割而延齊。楚王聞之恐，益割地而獻之，尚恐事不成。故曰可以使楚益入地也。

謂楚王曰：“齊之所以敢多割地者[齊之所以多割地者][1]，挾太子也。今已得地而求不止者，以太子權王也。故臣能去太子。太子去，齊無辭，必不倍於王也。王因馳强齊而爲交，齊辭[而爲交於齊齊辭][4]，必聽王。然則是王去讎而得齊交也。”楚王大悅，曰[楚王大說曰][1]：“請以國因。”故曰可以爲楚王使太子亟去也。

謂太子曰：“夫剬楚者王也，以空名市者太子也，齊未必信太子之言也，而楚功見矣。楚交成，太子必危矣。太子其圖之。”太子曰：“謹受命。”乃約車而暮去。故曰可以使太子急去也。

蘇秦使人請薛公曰[蘇子使人請薛公曰][1]：“夫勸留太子者蘇秦也[夫勸留太子者蘇子也][1]。蘇秦非誠以爲君也[蘇子非誠以爲君也][1]，且以便楚也。蘇秦恐君之知之[蘇子恐君之知之][1]，故多割楚以滅迹也[故多割楚以滅跡也][1]。今勸太子者又蘇秦也[今勸太子去者又蘇子也][1,5]，而君弗知，臣竊爲君疑之。”薛公大怒於蘇秦[薛公大怒於蘇子][1]。故曰可使人惡蘇秦於薛公也[故曰可以使人惡蘇子於薛公也][1]。

又使人謂楚王曰：“夫使薛公留太子者蘇秦也[夫使薛公留太子者蘇子也][1]，奉王而代立楚太子者又蘇秦也[又蘇子也][1]，割地固約者又蘇秦也[割地因約者又蘇子也][1]，忠王而走太子者又蘇秦也[忠王而走太子者又蘇子也][1]。今人惡蘇秦於薛公[今人惡蘇子於薛公][1]，以其爲齊薄而爲楚厚也[之以其爲齊薄而爲楚厚也][1]。願王之知之[願王知之][2]。”楚王曰：“謹受命。”因封蘇秦爲武貞君[因封蘇子爲武貞君][1]。故曰可以爲蘇秦請封於楚也[故曰可以爲蘇子請封於楚也][1]。

又使景鯉請薛公曰：“君之所以重於天下者，以能得天下之士而有齊權也。今蘇秦天下之辯士也[今蘇子天下之辯士也][1]，世與少有。君因不善蘇秦[君因不善蘇子][1][君固不善蘇子][2]，則是圍塞天下士而不利說途也。夫不善君者且奉蘇秦[夫不善君者且奉蘇子][1]，而於君之事殆矣。今蘇秦善於楚王[今蘇子善於楚王][1]，而君不蚤親，則是身與楚爲讎也。故君不如因而親之，貴而重之，是君有楚也。”薛公因善蘇秦[薛公因善蘇子][1]。故曰可以爲蘇秦說薛公以善蘇秦[故曰可以爲蘇子說薛公以善蘇子][1]。

齊王夫人死

齊王夫人死，有七孺子皆近[有七孺子者皆近][1][中有十孺子，皆貴於王][4]。薛公欲知王所欲立，乃獻七珥，美其一，明日視美珥所在，勸王立爲夫人。

孟嘗君將入秦

孟嘗君將入秦[孟嘗將入秦][4]，止者千數而弗聽。蘇秦欲止之[蘇代欲止之][1,5,6]，孟嘗曰[孟嘗君曰][1]：“人事者，吾已盡知之矣，吾所未聞者，獨鬼事耳。”蘇秦曰[蘇代曰][1]：“臣之來也，固不敢言人事也，固且以鬼事見君。”

孟嘗君見之[孟嘗君見之][1]。謂孟嘗君曰[謂孟嘗君曰][1]：“今者臣來[今臣來][1][臣之來也][4,6]，過於淄上，有土偶人與桃梗相與語。桃梗謂土偶人曰：‘子，西岸之土也，挻子以爲人[埏子以爲人][2,4][持子以爲人][3][梃子以爲人][6]，至歲八月，降雨下，淄水至，則汝殘矣。’土偶曰：“不然。吾西岸之土也，土則復西岸耳[吾殘則復西岸耳][4]。今子，東國之桃梗也，刻削子以爲人，降雨下，淄水至，流子而去，則子漂漂者將何如耳[則子漂漂者將如何耳][1][則子漂漂者將何如矣][4]。”今秦四塞之國，譬若虎口[譬如虎口][1]，而君入之，則臣不知君所出矣。”孟嘗君乃止[孟嘗君乃止][1]。

孟嘗君在薛

孟嘗君在薛[孟嘗君在薛][1]，荆人攻之。淳于髡爲齊使於荆[淳于髡爲齊使於荆][1,7]，還反過薛。而孟嘗令人體貌而親郊迎之[孟嘗君令人體貌而郊迎之][1][而孟嘗君令人禮貌而親郊迎之][4]。謂淳于髡曰[謂淳于髡曰][1,7]：“荆人攻薛，夫子弗憂，文無以復侍矣。”淳于髡曰[淳于髡曰][1,7]：“敬聞命[敬聞命矣][4]。”

至於齊，畢報。王曰：“何見於荆？”對曰：“荆甚固，而薛亦不量其力。”王曰：“何謂也？”對曰：“薛不量其力，而爲先王立清廟。荆固而攻之，清廟必危。故曰薛不量力，而荆亦甚固。”齊王和其顏色曰：“譆！先君之廟在焉！疾興兵救之。”

顛蹶之請，望拜之謁，雖得則薄矣。善說者，陳其勢，言其方，人之急也，若自在隘窘之中，豈用强力哉！

孟嘗君奉夏侯章以四馬百人之食

孟嘗君奉夏侯章以四馬百人之食[孟嘗君奉夏侯章以四馬百人之食][1]，遇之甚懽。夏侯章每言未嘗不毁孟嘗君也[夏侯章每言不嘗不毁之也][1]。或以告孟嘗君[或以告孟嘗君][1]，孟嘗君曰[孟嘗君曰][1]：“文有以事夏侯公矣，勿言，董之。”繁菁以問夏侯公[繁菁以問夏侯公][1][繁青以問夏侯公][3]，夏侯公曰：“孟嘗君重非諸侯也[孟嘗君重非諸侯也][1]，而奉我四馬百人之食。我無分寸之功而得此，然吾毁之以爲之也。君所以得爲長者，以吾毁之者也[以吾毁之也][1]。吾以身爲孟嘗君[吾以身爲孟嘗君][1]，豈得持言也[豈得待言也][1][豈特言也哉][2]。”

孟嘗君讌坐

孟嘗君讌坐[孟嘗君燕坐][5]，謂三先生曰：“願聞先生有以補之闕者[願聞先生有以補文闕者也][1][願聞先生以補之闕者][2]。”一人曰：“訾天下之主，有侵君者，臣請以臣之血湔其衽[臣輕以臣之血湔其衽][2,3]。”田瞀曰[田盤曰][4]：“車軼之所能至[車軼之所能至者][5]，請掩足下之短者[請掩足下之短][1]，誦足下之長；千乘之君與萬乘之相，其欲有君也[其欲又君也][4]，如使而弗及也。”勝瞀曰[滕臀曰][1][勝盤曰][4]：“臣願以足下之府庫財物，收天下之士，能爲君决疑應卒，若魏文侯之有田子方、段干木也。此臣之所爲君取矣。”

孟嘗君舍人有與君之夫人相愛者

孟嘗君舍人有與君之夫人相愛者[孟嘗君舍人有與君之夫人相愛者][1]。或以問孟嘗君曰[或以問孟嘗君曰][1][或以聞孟嘗君曰][3]：“爲君舍人而内與夫人相愛[爲君舍人而内與夫人相愛者][1]，亦甚不義矣，君其殺之。”君曰：“睹貌而相悦者[睹貌而相說者][1]，人之情也，其錯之勿言也。”

居朞年，君召愛夫人者而謂之曰：“子與文游久矣，大官未可得，小官公又弗欲。衞君與文布衣交，請具車馬皮幣，願君以此從衞君遊。”於衞甚重[游舍人於衞甚重][1]。

齊、衞之交惡，衞君甚欲約天下之兵以攻齊。是人謂衞君曰[是人謂君曰][1]：“孟嘗君不知臣不肖[孟嘗君不知臣不肖][1]，以臣欺君。且臣聞齊、衞先君，刑馬壓羊，盟曰：‘齊、衞後世无相攻伐[齊、衞後世無相攻伐][1,7]，有相攻伐者，令其命如此。’今君約天下之兵以攻齊，是足下倍先君盟約而欺孟嘗君也[是足下背先君盟約而欺孟嘗君也][1]。願君勿以齊爲心。君聽臣則可；不聽臣，若臣不肖也[不聽臣者臣不肖也][5]，臣輒以頸血湔足下衿[輒以頸血湔足下衿][1]。”衞君乃止。

齊人聞之曰：“孟嘗君可語善爲事矣[孟嘗君可語善爲事矣][1][孟嘗君可謂善爲事矣][2,3]，轉禍爲功。”

孟嘗君有舍人而弗悦

孟嘗君有舍人而弗悦[孟嘗君有舍人而弗說][1]，欲逐之。魯連謂孟嘗君曰[魯連謂孟嘗君曰][1]：“猿獮猴錯木據水，則不若魚鼈[則不若魚鼈處][1]；歷險乘危，則騏驥不如狐狸。曹沫之奮三尺之劍[曹沫奮三尺之劍][1]，一軍不能當；使曹沫釋其三尺之劍[使曹沫釋其三尺之劍][1]，而操銚鎒與農夫居壠畝之中[而操銚鎒與農人居壠畝之中][1]，則不若農夫。故物舍其所長，之其所短，堯亦有所不及矣。今使人而不能，則謂之不肖；教人而不能，則謂之拙。拙則罷之，不肖則棄之，使人有棄逐，不相與處，而來害相報者，豈非世之立教首也哉！”孟嘗君曰[孟嘗君曰][1]：“善。”乃弗逐。

孟嘗君出行國

孟嘗君出行國[孟嘗君出行國][1]，至楚，獻象牀[獻象床][1,7]。郢之登徒，直使送之，不欲行。見孟嘗君門人公孫戍曰[見孟嘗君門人公孫戍曰][1]：“臣，郢之登徒也，直送象牀[直送象床][1,7]。象牀之直千金[象床之直千金][1,7]，傷此若髮漂，賣妻子不足償之。足下能使僕無行，先人有寶劍[先人有寶劒][1]，願得獻之。”公孫曰[公孫戍曰][1]：“諾。”

入見孟嘗君曰[入見孟嘗君曰][1]：“君豈受楚象牀哉[君豈受楚象床哉][1,7]？”孟嘗君曰[孟嘗君曰][1]：“然。”公孫戍曰[公孫戍曰][1]：“臣願君勿受。”孟嘗君曰[孟嘗君曰][1]：“何哉？”公孫戍曰[公孫戍曰][1]：“小國所以皆致相印於君者[五國所以皆致相印於君者][4][大國所以皆致相印於君者][5]，聞君於齊能振達貧窮，有存亡繼絕之義。小國英桀之士[小國英傑之士][1]，皆以國事累君，誠說君之義[說君之義][1]，慕君之廉也。今君到楚而受象牀[今君到楚而受象床][1,7]，所未至之國，將何以待君？臣戍願君勿受[臣戍願君勿受][1]。”孟嘗君曰[孟嘗君曰][1]：“諾。”

公孫戍趨而去[公孫戍趨而去][1]。未出，至中閨，君召而返之，曰：“子教文無受象牀[子教文無受象床][1,7]，甚善。今何舉足之高，志之揚也？”公孫戍曰[公孫戍曰][1]：“臣有大喜三，重之寶劍一[重之寶劒一][1]。”孟嘗君曰[孟嘗君曰][1]：“何謂也？”公孫戍曰[公孫戍曰][1]：“門下百數，莫敢入諫[莫敢入諫][1]，臣獨入諫[臣獨入諫][1]，臣一喜；諫而得聽[諫而得聽][1]，臣二喜；諫而止君之過[諫而止君之過][1]，臣三喜。輸象牀[輸象床][1,7]，郢之登徒不欲行，許戍以先人之寶劍[許戍以先人之寶劒][1]。”孟嘗君曰[孟嘗君曰][1]：“善。受之乎？”公孫戍曰[公孫戍曰][1]：“未敢。”曰：“急受之。”因書門版曰：“有能揚文之名，止文之過，私得寶於外者，疾入諫[疾入諫][1]。”

淳于髡一日而見七人於宣王

淳于髡一日而見七人於宣王[淳于髡一日而見七人於宣王][1,7][淳于髡一日而見七士於宣王][4]。王曰：“子來，寡人聞之，千里而一士，是比肩而立；百世而一聖，若隨踵而至也[若隨踵而主也][2][若隨踵而生也][3]。今子一朝而見七士，則士不亦衆乎？”淳于髡曰[淳于髡曰][1,7]：“不然。夫鳥同翼者而聚居，獸同足者而俱行。今求柴葫、桔梗於沮澤，則累世不得一焉。及之睪黍[及之臯黍][5]

［及之睾黍］[7]、梁父之陰，則郄車而載耳。夫物各有疇，今髡賢者之疇也。王求士於髡，譬若挹水於河［若挹水於河］[1]，而取火於燧也。髡將復見之，豈特七士也。”

齊欲伐魏淳于髡謂齊王

齊欲伐魏。淳于髡謂齊王曰［淳于髡爲齊王曰］[1]［淳于髡謂齊王曰］[7]：“韓子盧者，天下之疾犬也。東郭逡者，海内之狡兔也。韓子盧逐東郭逡，環山者三，騰山者五，兔極於前，犬廢於後，犬兔俱罷，各死其處。田父見之，無勞勧之苦，而擅其功。今齊、魏久相持，以頓其兵，弊其衆［敝其衆］[1]，臣恐强秦大楚承其後，有田父之功。”齊王懼，謝將休士也［謝將休士］[1]。

國子曰秦破馬服君之師

國子曰：“秦破馬服君之師，圍邯鄲。齊、魏亦佐秦伐邯鄲，齊取淄鼠，魏取伊是［魏取伊氏］[1,6]。公子無忌爲天下循便計，殺晉鄙，率魏兵以救邯鄲之圍，使秦弗有而失天下。是齊入於魏而救邯鄲之功也。安邑者，魏之柱國也；晉陽者，趙之柱國也；鄢郢者，楚之柱國也。故三國欲與秦壤界［故三國與秦壤界］[1,6]，秦伐魏取安邑，伐趙取晉陽，伐楚取鄢郢矣。福三國之君［覆三國之軍］[1]［逼三國之君］[2]［覆三國之君］[3]［偪三國之君］[5]，兼二周之地，舉韓氏取其地，且天下之半。今又刦趙、魏［今又刼趙魏］[7]，疏中國［踈中國］[1]，封衛之東野［封衛之東野］[4,6]，兼魏之河南［兼魏之河内］[1]，絶趙之東陽，則趙、魏亦危矣［趙、魏亦已危矣］[4]。趙、魏危，則非齊之利也。韓、魏、趙、楚之志，恐秦兼天下而臣其君，故專兵一志以逆秦。三國之與秦壤界而患急，齊不與秦壤界而患緩。是以天下之勢，不得不事齊也。故秦得齊，則權重於中國；趙、魏、楚得齊，則足以敵秦。故秦、趙、魏得齊者重［故秦楚趙魏得齊者重］[1,5]，失齊者輕。齊有此勢，不能以重於天下者何也？其用者過也。

戰國策卷十一　齊四

齊人有馮諼者

齊人有馮諼者[齊人有馮煖者][1][齊人有馮驩者][4][齊人有馮喧者][5]，貧乏不能自存，使人屬孟嘗君[使人屬孟嘗君][1]，願寄食門下。孟嘗君曰[孟嘗君曰][1]：“客何好？”曰：“客無好也。”曰：“客何能？”曰：“客無能也。”孟嘗君笑而受之曰[孟嘗君笑而受之曰][1]：“諾。”左右以君賤之也，食以草具。

居有頃，倚柱彈其劍[倚柱彈其劒][1][倚柱彈劒][4][倚鋏柱彈其劒][5][倚柱彈其劒][7]，歌曰：“長鋏歸來乎！食無魚。”左右以告。孟嘗君曰[孟嘗君曰][1]：“食之，比門下之客[比門下之魚客][4]。”居有頃，復彈其鋏，歌曰：“長鋏歸來乎！出無車。”左右皆笑之，以告。孟嘗君曰[孟嘗君曰][1]：“爲之駕，比門下之車客。”於是乘其車，揭其劍[揭其劒][1]，過其友曰：“孟嘗君客我[孟嘗君客我][1]。”後有頃，復彈其劍鋏[復彈其劒鋏][1]，歌曰：“長鋏歸來乎！無以爲家。”左右皆惡之，以爲貪而不知足。孟嘗君問[孟嘗君問][1]：“馮公有親乎？”對曰：“有老母。”孟嘗君使人給其食用[孟嘗君使人給其食用][1]，無使乏。於是馮諼不復歌[於是馮煖不復歌][1][於是馮驩不復歌][4][於是馮喧不復歌][5]。

後孟嘗君出記[後孟嘗君出記][1]，問門下諸客：“誰習計會，能爲文收責於薛者乎？”馮諼署曰[馮煖署曰][1]：“能。”孟嘗君怪之[孟嘗君怪之][1]，曰：“此誰也？”左右曰：“乃歌夫長鋏歸來者也[乃歌夫長劒歸來者也][1]。”孟嘗君笑曰[孟嘗君笑曰][1]：“客果有能也，吾負之，未嘗見也[未嘗見也][1]。”請而見之，謝曰：“文倦於事[文倦於是][1,5]，憒於憂，而性懧愚[而性懧愚][1]，沉於國家之事，開罪於先生。先生不羞，乃有意欲爲收責於薛乎？”馮諼曰[馮煖曰][1]：“願之。”於是約車治裝，載券契而行，辭曰：“責畢收，以何市而反？”孟嘗君曰[孟嘗君曰][1]：“視吾家所寡有者。”

驅而之薛，使吏召諸民當償者，悉來合券。券徧合，起矯命以責賜諸民[赴矯命以責賜諸民][1]，因燒其券，民稱萬歲。

長驅到齊，晨而求見。孟嘗君怪其疾也[孟嘗君怪其疾也][1]，衣冠而見之，曰：“責畢收乎？來何疾也！”曰：“收畢矣。”“以何市而反？”馮諼曰[馮煖曰][1]：“君云‘視吾家所寡有者’。臣竊計，君宮中積珍寶，狗馬實外廄，美人充下陳。君家所寡有者以義耳！竊以爲君市義。”孟嘗君曰[孟嘗君曰][1]：“市義奈何[市義奈何][1]？”曰：“今君有區區之薛，不拊愛子其民，因而賈利之。臣竊矯君命，以責賜諸民，因燒其券，民稱萬歲。乃臣所以爲君市義也。”孟嘗君不說[孟嘗君乃說][1]，曰：“諾，先生休矣！”

後朞年[後期年][7]，齊王謂孟嘗君曰[齊王謂孟嘗君曰][1]：“寡人不敢以先王之臣爲臣。”孟嘗君就國於薛[孟嘗君就國於薛][1]，未至百里，民扶老攜幼，迎君道中[迎君道中正日][1]。孟嘗君顧謂馮諼[孟嘗君顧謂馮煖][1][顧謂馮諼曰][2]：“先生所爲文市義者，乃今日見之。”馮諼曰[馮煖曰][1]：“狡兔有三窟，僅得免其死耳[今得免其死耳][1]。今君有一窟[今有一窟][1]，未得高枕而臥也[未得高枕而卧也][1]。請爲君復鑿二窟。”孟嘗君予車五十乘[孟嘗君予車五十乘][1]，金五百斤，西遊於梁，謂惠王曰[謂梁王曰][1][謂秦王曰][4]：“齊放其大臣孟嘗君於諸侯[齊放其大臣孟嘗君於諸侯][1]，諸侯先迎之者，富而兵强。”於是，梁王虛上位，以故相爲上將軍，遣使者，黃金千斤，車百乘，往聘孟嘗君[往聘孟嘗君][1]。馮諼先驅誡孟嘗君曰[馮煖先驅誡孟嘗君曰][1]：“千金，重幣也；百乘，顯使也。齊其聞之矣。”梁使三反，孟嘗君固辭不往也[孟嘗君固辭不往也][1]。齊王聞之，君臣恐懼，遣太傅賫黃金千斤[遣太傅齎黃金千斤][1]，文車二駟，服劍一[服劒一][1]，封書謝孟嘗君曰[封書一謝孟嘗君曰][1]：“寡人不祥，被於宗廟之祟，沉於諂諛之臣，開罪於君，寡人不足爲也。願君顧先王之宗廟，姑反國統萬人乎？”馮諼誡孟嘗君曰[馮煖誡孟嘗君曰][1]：“願請先王之祭器，立宗廟於薛。”廟成，還報孟嘗君曰[還報孟嘗君曰][1]：“三窟已就，君姑高枕爲樂矣[君高枕爲樂矣][3,4]。”

孟嘗君爲相數十年[孟嘗君爲相數十年][1]，無纖介之禍者，馮諼之計也[馮煖之計也][1]。

孟嘗君爲從

孟嘗君爲從[孟嘗君爲從][1]。公孫弘謂孟嘗君曰[公孫弘謂孟嘗君曰][1]：“君不以使人先觀秦王[君不如使人先觀秦王][1,6][君何不使人先觀秦王][2][君不若使人先觀秦王][4]？意者秦王帝王之主也，君恐不得爲臣，奚暇從以難之？意者秦王不肖之主也，君從以難之，未晚。”孟嘗君曰[孟嘗君曰][1]：“善，願因請公往矣。”

公孫弘敬諾，以車十乘之秦。昭王聞之，而欲媿之以辭[而欲愧之以辭][1][而欲醜之以辭][4]。公孫弘見，昭王曰：“薛公之地，大小幾何？”公孫弘對曰：“百里。”昭王笑而曰：“寡人地數千里，猶未敢以有難也[由未敢以有難也][1]。今孟嘗君之地方百里[今孟嘗君之地方百里][1]，而因欲難寡人[而因欲以難寡人][1]，猶可乎[由可乎][1]？”公孫弘對曰：“孟嘗君好人[孟嘗君好人][1]，大王不好人。”昭王曰：“孟嘗君之好人也[孟嘗君之好人也][1]，奚如？”公孫弘曰：“義不臣乎天子[義不恧乎天子][2,3]，不友乎諸侯，得志不慙爲人主[得志不慚爲人主][7]，不得志不肯爲人臣，如此者三人；而治可爲管、商之師[能治可爲管、商之師][4][治可爲管、商之師][5]，說義聽行，能致其如此者五人[能致其主霸王如此者五人][1,6][其能致主霸王如此者五人][4]；萬乘之嚴主也，辱其使者，退而自刎，必以其血洿其衣，如臣者十人。”昭王笑而謝之，曰：“客胡爲若此，寡人直與客論耳！寡人善孟嘗君[寡人善孟嘗君][1]，欲客之必諭寡人之志也！”公孫弘曰：“敬諾。”

公孫弘可謂不侵矣。昭王，大國也。孟嘗[孟嘗][1]，千乘也。立千乘之義而不可陵，可謂足使矣。

魯仲連謂孟嘗

魯仲連謂孟嘗[魯仲連謂孟嘗君曰][1,4]：“君好士也[君好士未也][1,6][謂孟嘗君曰好士也][4][謂孟嘗好士也][5]！雍門養椒亦[雍門子養椒亦][1]，陽得子養，飲食，衣裘與之同之[衣裘與之同][1]，皆得其死。今君之家富於二公，而士未有爲君盡游者也。”君曰：“文不得是二人故也，使文得二人者[使文得二人][1]，豈獨不得盡[文豈獨不得盡][1]？”對曰：“君之廄馬百乘[君之厩馬百乘][7]，無不被繡衣而食菽粟者，豈有騏麟[豈有麒麟][1][豈有騏驥][6]騄耳哉？後宫十妃，皆衣縞紵[皆縞紵][1]，食粱肉，豈有毛廧、西施哉？色與馬取於今之世，士何必待古哉？故曰君之好士未也。”

孟嘗君逐於齊而復反

孟嘗君逐於齊而復反[孟嘗君逐於齊而復反][1]。譚拾子迎之於境，謂孟嘗君曰[謂孟嘗君曰][1]：“君得無有所怨齊士大夫[君得無有所怨於齊士大夫][1]？”孟嘗君曰[孟嘗君曰][1]：“有。”“君滿意殺之乎？”孟嘗君曰[孟嘗君曰][1]：“然。”譚拾子曰：“事有必至，理有固然，君知之乎？”孟嘗君曰[孟嘗君曰][1]：“不知。”譚拾子曰：“事之必至者，死也；理之固然者，富貴則就之，貧賤則去之。此事之必至，理之固然者。請以市諭。市，朝則滿，夕則虚，非朝愛市而夕憎之也，求存故往，亡故去。願君勿怨。”孟嘗君乃取所怨五百牒削去之[孟嘗君乃取所怨五百牒削去之][1]，不敢以爲言。”

齊宣王見顔斶

齊宣王見顔斶[齊宣王見王蠋][2][齊宣王見顔歜][6]，曰：“斶前！”斶亦曰：“王前！”宣王不悅[宣王不說][1]。左右曰：“王，人君也。斶，人臣也。王曰‘斶前’，亦曰‘王前’[斶亦曰‘王前’][1,6]，可乎？”斶對曰：“夫斶前爲慕勢，王前爲趨士。與使斶爲趨勢[與使斶爲慕勢][1]，不如使王爲趨士。”王忿然作色曰：“王者貴乎？士貴乎？”對曰：“士貴耳，王者不貴。”王曰：“有説乎？”斶曰：“有。昔者秦攻齊，令曰[令][1]：‘有敢去柳下季壟五十步而樵采者[有敢去柳下季壟五十步而樵採者][1]，死不赦。’令曰：‘有能得齊王頭者，封萬户侯，賜金千鎰。’由是觀之，生王之頭，曾不若死士之壟也。”宣王默然不悅。

左右皆曰：“斶來，斶來！大王據千乘之地，而建千石鐘，萬石簴[萬石簴][1,6]，天下之士[天下仁義之士][5]仁義皆來役處[皆爲役處][1][皆來役處][5]；辯知並進，莫不來語；東西南北，莫敢不服。求萬物不備具[莫敢無不來服萬物無不備具][1,6]，而百無不親附[而百姓無不親附][1,6]。今夫士之高者，乃稱匹夫，徒步而處農畝，下則鄙野、監門、閭里，士之賤也，亦甚矣！”

斶對曰：“不然。斶聞古大禹之時，諸侯萬國。何則？德厚之道，得貴士之力也。故舜起農畝，出於野鄙，而爲天子。及湯之時，諸侯三千。當今之世，南面稱寡者，乃二十四。由此觀之，非得失之策與？稍稍誅滅，滅亡無族之時[稍稍誅滅之時][4]，欲爲監門、閭里，安可得而有乎哉[安可得而有也哉][1]？是故易傳不云乎：‘居上位，未得其實，以喜其爲名者[而喜其爲名者][1,5]，必以驕奢爲行。据慢驕奢，則凶從之[則凶必從之][1][則凶從之][7]。是故無其實而喜其名者削，無德而望其福者約，無功而受其祿者辱，禍必握[禍必渥][4]。’故曰：‘矜功不立，虛願不至。’此皆幸樂其名，華而無其實德者也[而無其實德者也][1]。是以堯有九佐，舜有七友，禹有五丞，湯有三輔，自古及今而能虛成名於天下者，無有。是以君王無羞亟問，不媿下學[不愧下學][1]；是故成其道德而揚功名於後世者[是故能成其道德而揚功名於後世者][2,3]，堯、舜、禹、湯、周文王是也。故曰：‘無形者，形之君也[無刑者刑之君也][1,4]。無端者，事之本也。’夫上見其原，下通其流，至聖人明學[至聖明學][1,6]，何不吉之有哉！老子曰：‘雖貴，必以賤爲本；雖高，必以下爲基。是以侯王稱孤寡不穀，是其賤之本與[是其賤之本歟][4][是其賤之本非歟][5]？’非夫孤寡者[夫孤寡者][3]，人之困賤下位也，而侯王以自謂，豈非下人而尊貴士與？夫堯傳舜，舜傳禹[舜傳禹][1,7]，周成王任周公旦，而世世稱曰明主，是以明乎士之貴也。”

宣王曰：“嗟乎！君子焉可侮哉，寡人自取病耳！及今聞君子之言，乃今聞細人之行，願請受爲弟子[願請爲弟子][2]。且顏先生與寡人游[且顏先生與寡人遊][1]，食必太牢，出必乘車，妻子衣服麗都。”

顏斶辭去曰：“夫玉生於山，制則破焉[制取則破焉][3]，非弗寶貴矣，然夫璞不完[然大璞不完][1]。士生乎鄙野，推選則祿焉，非不得尊遂也[非不尊遂也][1]，然而形神不全。斶願得歸，晚食以當肉，安步以當車，無罪以當貴，清靜貞正以自虞[清淨貞正以自虞][1]。制言者王也，盡忠直言者斶也。言要道已備矣，願得賜歸，安行而反臣之邑屋[安行反臣之邑屋][1]。”則再拜而辭去也[則再拜辭去][1][則再拜而辭去也][7]。

斶知足矣[君子曰斶知足矣][1]。歸反撲[歸真反璞][1]，則終身不辱也[則終身不辱][1]。

先生王斗造門而欲見齊宣王

先生王斗造門而欲見齊宣王[先生王升造門而欲見齊宣王][4, 5, 6]，宣王使謁者延入。王斗曰：“斗趨見王爲好勢，王趨見斗爲好士，於王何如？”使者復還報。王曰：“先生徐之，寡人請從。”宣王因趨而迎之於門，與入，曰：“寡人奉先君之宗廟，守社稷，聞先生直言正諫不諱。”王斗對曰：“王聞之過。斗生於亂世，事亂君，焉敢直言正諫。”宣王忿然作色，不說。

有間，王斗曰：“昔先君桓公所好者[昔先君桓公所好者五][1, 5, 6]，九合諸侯，一匡天下，天子受籍[天子授籍][1, 5]，立爲大伯[立爲太伯][1]。今王有四焉。”宣王說，曰：“寡人愚陋，守齊國，唯恐失抎之[唯恐夫抎之][1, 3, 4]，焉能有四焉？”王斗曰：“否[　][1]。先君好馬，王亦好馬。先君好狗，王亦好狗。先君好酒，王亦好酒。先君好色，王亦好色。先君好士，是王不好士[而王不好士][1][王不好士][2]”。宣王曰：“當今之世無士，寡人何好？”王斗曰：“世無騏驎騄耳，王駟已備矣[王之駟已備矣][1]。世無東郭俊[世無東郭逡][5]、盧氏之狗，王之走狗已具矣。世無毛嬙、西施，王宮已充矣[王宮已充矣][7]。王亦不好士也，何患無士？”王曰：“寡人憂國愛民，固願得士以治之。”王斗曰：“王之憂國愛民，不若王愛尺縠也。”王曰：“何謂也？”王斗曰：“王使人爲冠，不使左右便辟而使工者何也？爲能之也[爲能之][2, 3, 4]。今王治齊，非左右便辟無使也，臣故曰不如愛尺縠也。”

宣王謝曰："寡人有罪國家。"於是舉士五人任官，齊國大治。

齊王使使者問趙威后

齊王使使者問趙威后。書未發，威后問使者曰："歲亦無恙耶[歲亦無恙邪][1]？民亦無恙耶？王亦無恙耶？"使者不說，曰："臣奉使使威后，今不問王，而先問歲與民，豈先賤而後尊貴者乎？"威后曰："不然。苟無歲，何以有民[何有民][1]？苟無民，何以有君[何有君][1]？故有問舍本而問末者耶[故有舍本而問末者耶][4]？"乃進而問之曰："齊有處士曰鍾離子，無恙耶？是其爲人也，有糧者亦食，無糧者亦食；有衣者亦衣，無衣者亦衣。是助王養其民也[是助王養其民者也][1,6]，何以至今不業也？葉陽子無恙乎？是其爲人，哀鰥寡，卹孤獨[邺孤獨][1]，振困窮，補不足。是助王息其民者也，何以至今不業也？北宮之女嬰兒子無恙耶？徹其環瑱，至老不嫁，以養父母。是皆率民而出於孝情者也，胡爲至今不朝也？此二士弗業[此二士不業][6]，一女不朝[一女弗朝][4]，何以王齊國，子萬民乎？於陵子仲尚存乎？是其爲人也，上不臣於王，下不治其家，中不索交諸侯。此率民而出於無用者，何爲至今不殺乎？"

齊人見田駢

齊人見田駢，曰："聞先生高議[聞先生高義][5][聞先生高誼][6]，設爲不宦，而願爲役。"田駢曰："子何聞之？"對曰："臣聞之鄰人之女。"田駢曰："何謂也？"對曰："臣鄰人之女，設爲不嫁，行年三十而有七子，不嫁則不嫁，然嫁過畢矣。今先生設爲不宦，訾養千鍾[訾養千鐘][6]，徒百人，不宦則然矣，而富過畢也[而富過畢矣][1]"。田子辭。

管燕得罪齊王

管燕得罪齊王[燕相得罪齊王][4]，謂其左右曰："子孰而與我赴諸侯乎[子孰與我赴諸侯乎][4]？"左右嘿然莫對[左右默然莫對][1]。管燕連然流涕曰："悲夫！士何其易得而難用也！"田需對曰："士三食不得饜，而君鵝鶩有餘食；

下宮糅羅紈，曳綺縠，而士不得以爲緣。且財者君之所輕，死者士之所重，君不肯以所輕與士［君不肯以所輕與亡］[6]，而責士以所重事君，非士易得而難用也。”

蘇秦自燕之齊

蘇秦自燕之齊［蘇子自燕之齊］[1]［蘇代自燕之齊］[4]，見於華章南門［見於章華南門］[1]［見於章華東門］[4]。齊王曰：“嘻！子之來也。秦使魏冉致帝，子以爲何如？”對曰：“王之問臣也卒，而患之所從生者微［而而患之所從往者微］[1]［而患之所從來者微］[4]。今不聽，是恨秦也；聽之，是恨天下也。不如聽之以卒秦［不如聽之以爲秦］[1]，勿庸稱也以爲天下。秦稱之，天下聽之，王亦稱之，先後之事，帝名爲無傷也。秦稱之，而天下不聽，王因勿稱，其於以收天下［於以收天下］[1]［以收天下］[4]，此大資也。”

蘇秦謂齊王

蘇秦謂齊王曰［蘇子謂齊王曰］[1]［　　］[4]［蘇代謂齊王曰］[5]：“齊、秦立爲兩帝，王以天下爲尊秦乎？且尊齊乎？”王曰：“尊秦。”“釋帝則天下愛齊乎？且愛秦乎？”王曰：“愛齊而憎秦。”“兩帝立，約伐趙，孰與伐宋之利也［孰與伐宋之利也對曰伐宋利］[1]［王曰，不如伐宋］[2]［孰與伐宋之利也王曰，伐桀宋利］[4]？”對曰：“夫約然與秦爲帝［夫約鈞與秦爲帝］[1]［夫約鈞然與秦爲帝］[2]［夫約與秦爲帝］[4]，而天下獨尊秦而輕齊；齊釋帝，則天下愛齊而憎秦；伐趙不如伐宋之利。故臣願王明釋帝，以就天下；倍約儐秦［倍約擯秦］[1]［倍約賓秦］[4]，勿使爭重；而王以其間舉宋。夫有宋則衞之陽城危［夫有宋則衞之陽地危］[4]；有淮北則楚之東國危；有濟西則趙之河東危；有陰［有陶］[5,6]、平陸則梁門不啓。故釋帝而貳之以伐宋之事，則國重而名尊，燕、楚以形服［燕、楚以刑服］[1]，天下不敢不聽，此湯、武之舉也。敬秦以爲名，而後使天下憎之，此所謂以卑易尊者也！願王之熟慮之也！”

戰國策卷十二　齊五

蘇秦說齊閔王

蘇秦說齊閔王曰[蘇子說齊閔王曰][1,6][說齊閔王曰][4]："臣聞用兵而喜先天下者憂，約結而喜主怨者孤。夫後起者藉也，而遠怨者時也。是以聖人從事，必藉於權而務興於時。夫權藉者，萬物之率也；而時勢者，百事之長也。故無權藉[故無權籍][7]，倍時勢，而能事成者寡矣。

"今雖干將、莫邪，非得人力，則不能割劌矣。堅箭利金，不得弦機之利，則不能遠殺矣。矢非不銛，而劍非不利也[而劒非不利也][1]，何則？權藉不在焉。何以知其然也？昔者趙氏襲衛，車舍人不休傳[車舍人不休傳][7]，衛國城割平，衛八門土而二門墮矣，此亡國之形也。衛君跣行，告遡於魏。魏王身被甲底劍[魏王身被甲底劒][1][魏王身被甲砥劍][4]，挑趙索戰。邯鄲之中騖，河、山之間亂。衛得是藉也，亦收餘甲而北面，殘剛平，墮中牟之郭。衛非强於趙也[衛非有强於趙也][4]，譬之衛矢而魏弦機也，藉力魏而有河東之地[藉力於魏而有河東之地][3]。趙氏懼，楚人救趙而伐魏，戰於州西，出梁門[出於梁門][4]，軍舍林中，馬飲於大河。趙得是藉也，亦襲魏之河北燒棘溝[亦襲魏之河北燒棘蒲][1,4]，隊黄城[墜黄城][7]。故剛平之殘也，中牟之墮也，黄城之墜也[黄城之隊也][1]，棘溝之燒也[棘蒲之燒也][1][溝棘之燒也][6]，此皆非趙、魏之欲也。然二國勸行之者，何也？衛明於時權之藉也。今世之爲國者不然矣。兵弱而好敵强，國罷而好衆怨，事敗而好鞠之，兵弱而憎下人也[兵弱而憎下人][1,3]，地狹而好敵大，事敗而好長詐。行此六者而求伯[行此六者而求霸][1]，則遠矣。

"臣聞善爲國者，順民之意，而料兵之能，然後從於天下。故約不爲人主怨，伐不爲人挫强。如此，則兵不費，權不輕，地可廣，欲可成也。昔者，齊之與韓、魏伐秦、楚也[齊之與韓、魏伐楚也][1]，戰非甚疾也，分地又非多韓、魏也，然而天下獨歸咎於齊者，何也？以其爲韓、魏主怨也。且天下徧用兵矣，齊、燕戰，而趙氏兼中山，秦、楚戰韓、魏不休，而宋、越專用其兵。此十國者，皆以相敵爲意，而獨舉心於齊者，何也？約而好主怨，伐而好挫强也。

"且夫强大之禍，常以王人爲意也；夫弱小之殃[弱小之殃][4]，常以謀人爲利也。是以大國危，小國滅也。大國之計，莫若後起而重伐不義。夫後起之藉與多而兵勁，則事以衆强適罷寡也[則是以衆强敵罷寡也][1][則是以衆强適罷寡也][2]，兵必立也。事不塞天下之心，則利必附矣。大國行此，則名號不攘而至，伯王不爲而立矣[霸王不爲而立矣][1]。小國之情，莫如僅靜而寡信諸侯[莫如謹靜而寡信諸侯][1]。僅靜[謹靜][1]，則四鄰不反；寡信諸侯，則天下不賣。外不賣，内不反，則擯禍朽腐而不用[則稸積朽腐而不用][1, 5][則檳禍朽腐而不用][7]，幣帛矯蠹而不服矣[幣帛矯蠹][1][幣帛燆蠹而不服矣][4][幣帛槁蠹而不服矣][6]。小國道此，則不祠而福矣，不貸而見足矣。故曰：祖仁者王，立義者伯[立義者霸][1]，用兵窮者亡。何以知其然也？昔吳王夫差以强大爲天下先，强襲郢而棲越[襲郢而棲越][1, 3]，身從諸侯之君，而卒身死國亡，爲天下戮者，何也？此夫差平居而謀王，强大而喜先天下之禍也。昔者萊、莒好謀，陳、蔡好詐，莒恃越而滅，蔡恃晉而亡，此皆内長詐，外信諸侯之殃也。由此觀之，則强弱大小之禍，可見於前事矣。

"語曰：'騏驥之衰也[麒驥之衰也][6, 7]，駑馬先之；孟賁之倦也，女子勝之。'夫駑馬、女子，筋骨力勁[筋力骨勁][1]，非賢於騏驥、孟賁也。何則？後起之藉也。今天下之相與也不並滅，有而案兵而後起[有能案兵而後起][1]，寄怨而誅不直，微用兵而寄於義，則亡天下可蹻足而須也[則霸天下可蹻足而須也][6]。明於諸侯之故，察於地形之理者，不約親，不相質而固，不趨而疾，衆事而不反，交割而不相憎，俱彊而加以親[俱強而加以親][1]。何則？形同憂而兵趨利也。何以知其然也？昔者齊、燕戰於桓之曲[昔者燕、齊戰於桓之曲][1]，燕不勝，十萬之衆盡。胡人襲燕樓煩數縣，取其牛馬。夫胡之與齊非素親也，而用兵又非約質而謀燕也，然而甚於相趨者，何也？何則形同憂而兵趨利也[則形同憂而兵趨利也][1]。由此觀之。約於同形則利長，後起則諸侯可趨役也。

“故明主察相，誠欲以伯王也爲志[誠欲以霸王爲志][1,2]，則戰攻非所先。戰者，國之殘也，而都縣之費也。殘費已先，而能從諸侯者寡矣。彼戰者之爲殘也，士聞戰則輸私財而富軍市，輸飲食而待死士，令折轅而炊之[令析骸而炊之][3]，殺牛而觴士，則是路君之道也[則是路窘君之道也][1][則是露君之道也][6,7] [則是潞君之道也][4][則是路軍之道也][5]。中人禱祝，君翳釀，通都小縣置社，有市之邑莫不止事而奉王[有市之邑莫不正事而奉王][1]，則此虛中之計也。夫戰之明日，尸死扶傷[屍死扶傷][1]，雖若有功也，軍出費，中哭泣，則傷主心矣。死者破家而葬，夷傷者空財而共藥，完者内酺而華樂，故其費與死傷者鈞。故民之所費也，十年之田而不償也。軍之所出，矛戟折，鐶弦絶[鐶鉉絶][1]，傷弩，破車，罷馬，亡矢之大半[亡矢之太半][1]。甲兵之具，官之所私出也[宮之所私出也][1]，士大夫之所匿，廝養士之所竊[廝養士之所竊][7]，十年之田而不償也。天下有此再費者，而能從諸侯寡矣[而能從諸侯者寡矣][1]。攻城之費，百姓理襜蔽，舉衝櫓，家雜總[家雜總][1,7]，身窟穴[身掘穴][4][身屈穴][6]，中罷於刀金，而士困於土功，將不釋甲，期數而能拔城者爲亟耳[朞數而能拔城者爲亟耳][1]。上倦於教，士斷於兵，故三下城而能勝敵者寡矣。故曰：彼戰攻者，非所先也。何以知其然也？昔智伯瑶攻范、中行氏，殺其君，滅其國，又西圍晉陽，吞兼二國[吞併二國][1]，而憂一主，此用兵之盛也。然而智伯卒身死國亡，爲天下笑者，何謂也？兵先戰攻，而滅二子患也[而滅二子之患也][1,6]。日者[昔者][1,4]，中山悉起而迎燕、趙，南戰於長子，敗趙氏；北戰於中山，克燕軍，殺其將。夫中山千乘之國也，而敵萬乘之國二[而攻萬乘之國二][1]，再戰北勝[再戰比勝][1,4]，此用兵之上節也。然而國遂亡，君臣於齊者[君恧於齊者][2,3,4]，何也？不嗇於戰攻之患也。由此觀之，則戰攻之敗，可見於前事[可見於前事矣][1,6]。

“今世之所謂善用兵者，終戰比勝，而守不可拔，天下稱爲善，一國得而保之，則非國之利也。臣聞戰大勝者，其士多死而兵益弱；守而不可拔者，其百姓罷而城郭露。夫士死於外，民殘於内，而城郭露於境，則非王之樂也。今夫鵠的非咎罪於人也[今夫鵠的非喜罪於人也][2][今夫鵠的非柩罪於先王][4][今夫鵠杓非柩罪於人也][6]，便弓引弩而射之，中者則善[中者則喜][2]，不中則愧，少長貴賤，則同心於貫之者，何也？惡其示人以難也。今窮戰比勝，而守必不拔，則是非徒示人以難也，又且害人者也，然則天下仇之必矣。夫罷士露國，而多與天下爲仇，則明君不居也；素用强兵而弱之，則察相不事[則察相不事也][5]。彼明君察相者，則五兵不動而諸侯從，辭讓而重賂至矣。故明君之攻戰也，甲兵不出於軍而敵國勝，衝櫓不施而邊城降，士民不知而王業至矣。彼明君之從事也，用財少，曠日遠而爲利長者[曠日遠而利長者][1]。故曰：兵後起則諸侯可趨役也。

“臣之所聞，攻戰之道非師者，雖有百萬之軍，比之堂上[北之堂上][5]；雖有闔閭、吴起之將，禽之户内；千丈之城，拔之尊俎之間；百尺之衝，折之衽席之上[折之席上][4]。故鍾皷竽瑟之音不絶，地可廣而欲可成；和樂倡優侏儒之笑不之[和樂倡優侏儒之笑不乏][1,6]，諸侯可同日而致也。故名配天地不爲尊，利制海内不爲厚。故夫善爲王業者，在勞天下而自佚[在勞天下而自逸][1]，亂天下而自安，諸侯無成謀，則其國無宿憂也。何以知其然[何以知其然也][1]？佚治在我[治在我][4]，勞亂在天下，則王之道也。鋭兵來則拒之[鋭兵來而拒之][4]，患至則趨之[患至而移之][4]，使諸侯無成謀，則其國無宿憂矣。何以知其然矣[何以知其然也][1,5,6]？昔者魏王擁土千里，帶甲三十六萬，其强而拔邯鄲[恃其强而拔邯鄲][1][恃其强能拔邯鄲][6]，西圍定陽，又從十二諸侯朝天子，以西謀秦。秦王恐之，寢不安席，食不甘味，令於境内，盡堞中爲戰具，竟爲守備[競爲守備][1][境爲守備][5]，爲死士置將，以待魏氏。衛鞅謀於秦王曰：‘夫魏氏其功大，而令行於天下，有十二諸侯而朝天子，其與必衆。故以一秦而敵大魏，恐不如。王何不使臣見魏王，則臣請必北魏矣。’秦王許諾。衛鞅見魏王曰：‘大王之功大矣，令行於天下矣。今大王之所從十二諸侯，非宋、衛也，則鄒、魯、陳、蔡，此固大王之所以鞭箠使也，不足以王天下。大王不若北取燕，東伐齊，則趙必從矣；西取秦，南伐楚，則韓必從矣。大王有伐齊、楚心，而從天下之志，則王業見矣。大王不如先行王服，然後圖齊、楚。’魏王說於衛鞅之言也，故身廣公宮，制丹衣柱，建九斿，從七星之旟。此天子之位也，而魏王處之。於是齊、楚怒，諸侯奔齊，齊人伐魏，殺其太子，覆其十萬之軍。魏王大恐，跣行按兵於國，而東次於齊，然後天下乃舍之。當是時，秦王垂拱受西河之外[秦王垂拱而受西河之外][1]，而不以德魏王。故曰衛鞅之始與秦王計也[故衛鞅之始與秦王計也][1,4]，謀約不下席，言於尊俎之間，謀成於堂上，而魏將以禽於齊矣[而魏將已禽於齊矣][1,4]；衝櫓未施，而西河之外入於秦矣[而西河之外已入於秦矣][1]。此臣之所謂比之堂上，禽將户内，拔城於尊俎之間，折衝席上者也。

戰國策卷十三　齊六

齊負郭之民有孤狐咺者

齊負郭之民有孤狐咺者[齊負郭之民有狐咺者][2][齊負郭之民有孤狐援者][3][齊負郭之民有孤狐爰者][4][齊負郭之民有孤狐喧者][6]，正議閔王，斮之檀衢[斮之擅衢][1]，百姓不附。齊孫室子陳舉直言，殺之東閭，宗族離心。司馬穰苴爲政者也，殺之，大臣不親。以故燕舉兵，使昌國君將而擊之。齊使向子將而應之[齊使觸子將而應之][4]。齊軍破，向子以輿一乘亡[向子輿一乘亡][1]。達子收餘卒，復振，與燕戰，求所以償者[求所以賞者][1,4,6]，閔王不肯與，軍破走。

王奔莒，淖齒數之曰："夫千乘、博昌之間[慱昌之間][1]，方數百里，雨血沾衣[雨血霑衣][1]，王知之乎？"王曰："不知[知之][4]。""嬴、博之間，地坼至泉[地圻至泉][1]，王知之乎？"王曰："不知[知之][4]。"人有當闕而哭者，求之則不得，去之則聞其聲，王知之乎？"王曰："不知[知之][4]。"淖齒曰："天雨血沾衣者[天雨血霑衣者][1]，天以告也；地坼至泉者，地以告也；人有當闕而哭者，人以告也。天地人皆以告矣，而王不知戒焉，何得無誅乎？"於是殺閔王於鼓里[於是殺閔王於鼓里][1]。

太子乃解衣免服，逃太史之家爲溉園。君王后，太史氏女[太史后氏女][1]，知其貴人，善事之。田單以卽墨之城[田單以卽墨之城][1]，破亡餘卒，破燕兵，紿騎劫[紿騎刼][1]，遂以復齊，遽迎太子於莒，立之以爲王。襄王卽位[襄王卽位立][1][襄王立位][4]，君王后以爲后[立君王后以爲后][1,4]，生齊王建。

王孫賈年十五

王孫賈年十五，事閔王。王出走，失王之處。其母曰："女朝出而晚來，則吾倚門而望[則吾倚門而望][7]；女暮出而不還，則吾倚閭而望[則吾倚間而望][7]。女今事王，王出走，女不知其處，女尚何歸？"

王孫賈乃入市中[王孫賈乃反入市中][4]，曰："淖齒亂齊國，殺閔王[殺王][1]，欲與我誅者，袒右！”市人從者四百人，與之誅淖齒，刺而殺之。

燕攻齊取七十餘城

燕攻齊，取七十餘城，唯莒、卽墨不下。齊田單以卽墨破燕，殺騎劫[殺騎刧][1]。

初，燕將攻下聊城，人或讒之。燕將懼誅，遂保守聊城，不敢歸。田單攻之歲餘，士卒多死，而聊城不下。

魯連乃書[魯連乃爲書][1,4,6]，約之矢以射城中，遺燕將曰：“吾聞之，智者不倍時而弃利[智者不倍時而棄利][1,7]，勇士不怯死而滅名[勇士不却死而滅名][4,6]，忠臣不先身而後君。今公行一朝之忿[今公行一朝亡忿][4]，不顧燕王之無臣，非忠也；殺身亡聊城，而威不信於齊，非勇也；功廢名滅，後世無稱，非知也。故知者不再計[　　][4]，勇士不怯死[勇士不再刧][2][　　　　][4][此三者世主不臣說士不載][5][三者，世主不臣，說士不載，故智者不再計，勇士不怯死][6]。今死生榮辱，尊卑貴賤，此其一時也。願公之詳計而無與俗同也。且楚攻南陽，魏攻平陸，齊無南面之心，以爲亡南陽之害，不若得濟北之利，故定計而堅守之。今秦人下兵，魏不敢東面，橫秦之勢合，則楚國之形危。且弃南陽[且棄南陽][1,7][且齊棄南陽][4]，斷右壤，存濟北，計必爲之。今楚、魏交退，燕救不至，齊無天下之規，與聊城共據朞年之弊[與聊城共據朞年之敝][1]，卽臣見公之不能得也[卽臣見公之不能待也][2,4]。齊必決之於聊城，公無再計。彼燕國大亂，君臣過計，上下迷惑，栗腹以百萬之衆[栗腹以十萬之衆][1,4]，五折於外，萬乘之國，被圍於趙，壤削主困，爲天下戮，公聞之乎？今燕王方寒心獨立，大臣不足恃，國弊旣多[國敝旣多][1]，民心無所歸。今公又以弊聊之民[今公又以聊城之民][1][今公又以敝聊之民][5,6]，距全齊之兵，朞年不解，是墨翟之守也；食人炊骨，士無反北之心，是孫臏、吳起之兵也。能以見於天下矣[能已見於天下矣][1][能見於天下矣][4]！

“故爲公計者[故爲公計][1]，不如罷兵休士，全車甲，歸報燕王，燕王必喜。士民見公，如見父母，交游攘臂而議於世，功業可明矣。上輔孤主，以制羣臣；下養百姓，以資說士。矯國革俗於天下，功名可立也。意者[ ][3]，亦捐燕棄世，東游於齊乎？請裂地定封，富比陶、衛，世世稱孤寡[世世稱寡][1][世世稱孤][3][世世稱孤寡人][4]，與齊久存[左齊據右][2]，此亦一計也。二者顯名厚實也，願公熟計而審處一也[願公熟計而審處一焉][4]。

"且吾聞，傚小節者不能行大威[效小節者不能行大威][1][傚小節者不能行大威][7]，惡小恥者不能立榮名[惡小耻者不能立榮名][1]。昔管仲射桓公中鉤[昔管仲射桓公中鉤][1]，篡也；遺公子糾而不能死，怯也；束縛桎梏[束縛桎梏][6][束縛桎梏][7]，辱身也。此三行者，鄉里不通也，世主不臣也。使管仲終窮抑，幽囚而不出，慙耻而不見[慚恥而不見][7]，窮年沒壽，不免爲辱人賤行矣。然而管子并三行之過[然管子并三行之過][1][然而管子棄三行之過][3][然而管子并兼三行之過][4]，據齊國之政，一匡天下，九合諸侯，爲五伯首[爲五霸首][1]，名高天下，光照鄰國。曹沫爲魯君將，三戰三北[三戰三比][1]，而喪地千里。使曹子之足不離陳，計不顧後，出必死而不生，則不免爲敗軍禽將。曹子以敗軍禽將，非勇也；功廢名滅，後世無稱，非知也。故去三北之恥[故去三北之耻][1]，退而與魯君計也，曹子以爲遭[退而與魯君計以爲遭][3][ ][4]。齊桓公有天下，朝諸侯[朝天下會諸侯][4]。曹子以一劍之任[曹子以一劒之任][1]，劫桓公於壇位之上[刼桓公於壇位之上][1]，顏色不變，而辭氣不悖。三戰之所喪，一朝而反之，天下震動驚駭[天下震動諸侯驚駭][4]，威信吳、楚，傳名後世。若此二公者，非不能行小節，死小耻也[死小恥也][7]，以爲殺身絕世，功名不立，非知也[非智也][1]。故去忿恚之心，而成終身之名；除感忿之耻[除感忿之恥][7]，而立累世之功。故業與三王爭流，名與天壤相敝也。公其圖之！"

燕將曰："敬聞命矣！"因罷兵到讀而去[因罷兵至倒韣而去][1][因罷兵到櫝而去][6]。故解齊國之圍，救百姓之死，仲連之說也。

燕攻齊齊破

燕攻齊，齊破。閔王奔莒，淖齒殺閔王。田單守卽墨之城，破燕兵，復齊墟。襄王爲太子徵，齊以破燕[齊已破燕][1]，田單之立疑，齊國之衆，皆以田單爲自立也。襄王立，田單相之。

過菑水[過菑水][1,7]，有老人涉菑而寒[有老人涉菑而寒][1,7][有老人涉菑水而寒][3]，出不能行，坐於沙中。田單見其寒，欲使後車分衣[欲使後車分之衣][4]，無可以分者，單解裘而衣之。襄王惡之，曰："田單之施，將欲以取我國乎？不早圖[不早圖之][1]，恐後之。"左右顧無人，巖下有貫珠者[聲下有貫珠者][4]，襄王呼而問之曰："女聞吾言乎？"對曰："聞之。"王曰："女以爲何若？"對曰："王不如因以爲己善。王嘉單之善[王曰：奈何？曰嘉單之善][2]，下令曰：'寡人憂民之飢也[寡人憂民之饑也][7]，單收而食之；寡人憂民之寒也，單解裘而衣之；寡人憂勞百姓，而單亦憂之，稱寡人之意。'單有是善而王嘉之，善單之善，亦王之善已[亦王之善也][6]。"王曰："善！"乃賜單牛酒，嘉其行。

後數日，貫珠者復見王曰："王至朝日，宜召田單而揖之於庭[宜召田單而揖之於庭][1]，口勞之。乃布令求百姓之飢寒者[乃布令求百姓之饑寒者][7]，收穀之[收穀之][1]。"乃使人聽於閭里，聞丈夫之相□與語，舉□□□□曰[聞丈夫之相□舉與語][1] [聞丈夫之相與語曰][4]："田單之愛人！嗟，乃王之教澤也！"

貂勃常惡田單

貂勃常惡田單，曰："安平君，小人也。"安平君聞之，故爲酒而召貂勃，曰："單何以得罪於先生，故常見譽於朝[故常見惡於朝][3]？"貂勃曰："跖之狗吠堯，非貴跖而賤堯也，狗固吠非其主也。且今使公孫子賢，而徐子不肖，然而使公孫子與徐子鬬，徐子之狗，猶時攫公孫子之腓而噬之也[由將攫公孫子之腓而噬之也][1][猶時攫公孫子之肥而噬之也][2,4]。若乃得去不肖者，而爲賢者狗，豈特攫其腓而噬之耳哉[豈特攫其肥而噬之耳哉][2,4]？"安平君曰："敬聞命。"明日，任之於王。

王有所幸臣九人之屬，欲傷安平君，相與語於王曰：“燕之伐齊之時，楚王使將軍將萬人而佐齊。今國已定，而社稷已安矣，何不使使者謝於楚王？”王曰：“左右孰可？”九人之屬曰：“貂勃可。”貂勃使楚。楚王受而觴之，數日不反。九人之屬相與語於王曰：“夫一人身[夫一人之身][4]，而牵留萬乘者，豈不以據勢也哉？且安平君之與王也，君臣無禮，而上下無別，且其志欲爲不善。内牧百姓[内收百姓][1]，循撫其心，振窮補不足，布德於民；外懷戎翟、天下之賢士，陰結諸侯之雄俊豪英。其志欲有爲也。願王之察之。”異日，而王曰：“召相單來。”田單免冠徒跣肉袒而進，退而請死罪。五日，而王曰：“子無罪於寡人，子爲子之臣禮，吾爲吾之王禮而已矣。”

貂勃從楚來，王賜諸前[王觴賜諸前][5]，酒酣，王曰：“召相田單而來。”貂勃避席稽首曰：“王惡得此亡國之言乎？王上者孰與周文王？”王曰：“吾不若也。”貂勃曰：“然，臣固知王不若也。下者孰與齊桓公？”王曰：“吾不若也。”貂勃曰[　　][1]：“然[　][1]，臣固知王不若也[　　][1]。然則周文王得呂尚以爲太公[然則周文王得呂望以爲太公][1]，齊桓公得管夷吾以爲仲父[桓公得管夷吾以爲仲父][1]，今王得安平君而獨曰‘單’。且自天地之闢，民人之治[民人之始][3]，爲人臣之功者，誰有厚於安平君者哉？而王曰‘單，單’。惡得此亡國之言乎？且王不能守先王之社稷[且王不能守乎王之社稷][1]，燕人興師而襲齊墟，王走而之城陽之山中。安平君以惴惴之即墨，三里之城，五里之郭，敝卒七千，禽其司馬，而反千里之齊，安平君之功也。當是時也，闔城陽而王[舍城陽而王][4]，城陽[　][5]、天下莫之能止。然而計之於道，歸之於義，以爲不可，故爲棧道木閣，而迎王與后於城陽山中[而迎王與后於城陽中山][1]，王乃得反，子臨百姓。今國已定，民已安矣，王乃曰‘單’。且嬰兒之計不爲此[單且嬰兒之計不爲此][1,6]。王不亟殺此九子者以謝安平君，不然，國危矣！”王乃殺九子而逐其家，益封安平君以夜邑萬户[益封安平君以劇邑萬户][1,4]。

田單將攻狄

田單將攻狄[田單將攻翟][6]，往見魯仲子。仲子曰：“將軍攻狄，不能下也。”田單曰：“臣以五里之城，七里之郭，破亡餘卒，破萬乘之燕，復齊墟。攻狄而不下，何也？”上車弗謝而去。遂攻狄，三月而不克之也。

齊嬰兒謠曰：“大冠若箕，脩劍拄頤[脩劒拄頤][1]，攻狄不能，下壘枯丘[攻狄不能下壘於梧丘][3][攻狄不能壘枯骨成丘][4][攻狄不下壘於枯丘][6]。”田單乃懼，問魯仲子曰：“先生謂單不能下狄，請聞其説。”魯仲子曰：“將軍之在卽墨，坐而織蕢，立則丈插[立則杖插][1]，爲士卒倡曰：‘可往矣[何往矣][6]！宗廟亡矣[　][4]！云曰尚矣[亡日尚矣][1][去日尚矣][3][　][4][云白尚矣][6]！歸於何黨矣[　][4][宗廟亡矣，魂魄喪矣，歸於黨矣][4]！’當此之時，將軍有死之心，而士卒無生之氣，聞若言，莫不揮泣奮臂而欲戰，此所以破燕也。當今將軍東有夜邑之奉[當今將軍東有掖邑之奉][4]，西有菑上之虞[西有菑上之虞][1,7]，黄金横帶，而馳乎淄[而馳騁淄][4]、澠之間，有生之樂，無死之心，所以不勝者也。”田單曰：“單有心，先生志之矣。”明日，乃厲氣循城[乃厲氣脩城][4]，立於矢石之所，乃援枹鼓之[及援枹鼓之][2]，狄人乃下。

濮上之事

濮上之事，贅子死，章子走，盼子謂齊王曰：“不如易餘粮於宋[不如易餘糧於宋][1,7]，宋王必説，梁氏不敢過宋伐齊。齊固弱，是以餘粮收宋也[是以餘糧收宋也][1,7]。齊國復强，雖復責之宋[雖復責之宋不][2]，可；不償，因以爲辭而攻之[因以爲辭攻之][1]，亦可。”

齊閔王之遇殺

齊閔王之遇殺，其子法章變姓名，爲莒大史家庸夫[爲莒太史家庸夫][1,7]。大史敫女[太史徼女][1,2,7]，奇法章之狀貌，以爲非常人，憐而常竊衣食之，與私焉[與之私焉][3]。莒中及齊亡臣相聚，求閔王子，欲立之。法章乃自言於莒。共立法章爲襄王。襄王立，以太史氏女爲王后，生子建。太史敫曰："女無謀而嫁者[女無媒而嫁者][1,4]，非吾種也，汙吾世矣。"終身不覩[終身不覩君王后][2]。君王后賢，不以不覩之故，失人子之禮也。

襄王卒，子建立爲齊王。君王后事秦謹，與諸侯信，以故建立四十有餘年不受兵[以故建立十有餘年不受兵][1]。

秦始皇嘗使使者遺君王后玉連環[秦昭王嘗遺使者遺君王后玉連環][1]，曰："齊多知，而解此環不[能解此環不][4]？"君王后以示羣臣，羣臣不知解。君王后引椎椎破之[君王后引錐椎破之][1]，謝秦使曰："謹以解矣。"

及君王后病且卒，誡建曰："羣臣之可用者某[群臣之可用者某][1]。"建曰："請書之。"君王后曰："善。"取筆牘受言。君王后曰："老婦已亡矣[老婦已忘矣][1,4,6]！"

君王后死，後后勝相齊，多受秦間金玉，使賓客入秦[使賔客入秦][1]，皆爲變辭，勸王朝秦，不脩攻戰之備[不修攻戰之備][1]。

齊王建入朝於秦

齊王建入朝於秦，雍門司馬前曰："所爲立王者，爲社稷耶？爲王立王耶？"王曰："爲社稷。"司馬曰："爲社稷立王，王何以去社稷而入秦？"齊王還車而反。

卽墨大夫與雍門司馬諫而聽之[卽墨大夫聞雍門司馬諫而聽之][1,4][卽墨大夫以雍門司馬諫而聽之][6]，則以爲可可爲謀[則以爲可爲謀][1][則以爲可以爲謀][4][則以爲可與爲謀][6]，卽入見齊王曰："齊地方數千里，帶甲數百萬[帶甲數十萬][1][帶甲數數萬][4]。夫三晉大夫，皆不便秦，而在阿、鄄之間者百數[而在阿、鄄之間者數數][4]，王收而與之百萬之衆[王收而與之十萬之衆][1][王收而與之數萬之衆][4]，使收三晉之故地，卽臨晉之關可以入矣；鄢、郢大夫，不欲爲秦，而在城南下者百數[而在城南下者數數][4]，王收而與之百萬之師[王收而與之十萬之師][1][王收而與之數萬之師][4]，使收楚故地，卽武關可以入矣。如此，則齊威可立，秦國可亡。夫舍南面之稱制[矣舍南面之稱制][1][舍南面之稱制][6]，乃西面而事秦，爲大王不取也。”齊王不聽。

秦使陳馳誘齊王内之，約與五百里之地。齊王不聽卽墨大夫而聽陳馳，遂入秦。處之共松栢之間[處之共松柏之間][7]，餓而死。先是齊爲之歌曰：“松邪[松耶][4]！栢邪[柏耶][4][柏邪][7]！住建共者，客耶！”

齊以淖君之亂秦

齊以淖君之亂秦[齊以淖君之亂事秦][1][齊以淖君之亂讎秦][4]。其後秦欲取齊，故使蘇涓之楚，令任固之齊[合任固之齊][2,3,4]。齊明謂楚王曰：“秦王欲楚，不若其欲齊之甚也。其使涓來，以示齊之有楚，以資固於齊。齊見楚[齊有楚][4]，必受固。是王之聽涓也[是楚之聽涓也][1]，適爲固驅以合齊、秦也。齊、秦合，非楚之利也。且夫涓來之辭[且夫涓來][1]，必非固之所以之齊之辭也。王不如令人以涓來之辭謾固於齊[王不如令人以涓之辭謾固於齊][1]，齊、秦必不合。齊、秦不合，則王重矣。王欲收齊以攻秦，漢中可得也。王卽欲以秦攻齊，淮、泗之間亦可得也。”

戰國策卷十四　楚一

齊楚構難

齊、楚構難，宋請中立。齊急宋[齊急請宋][5]，宋許之。子象爲楚謂宋王曰[子象爲楚謂王曰][1][子象爲楚謂楚王曰][2]：“楚以緩失宋，將法齊之急也。齊以急得宋，後將常急矣。是從齊而攻楚[是從齊而攻楚之][1]，未必利也。齊戰勝楚，勢必危宋；不勝，是以弱宋干强楚也。而令兩萬乘之國，常以急求所欲，國必危矣。”

五國約目伐齊

五國約目伐齊[五國約以伐秦][1,7][五國約秦以伐齊][2]。昭陽謂楚王曰：“五國目破齊秦[五國已破秦][1][五國以破齊秦][7]，必南圖楚。”王曰：“然則奈何[然則柰何][1]？”對曰：“韓氏輔國也[韓氏轉國也][2,4]，好利而惡難。好利，可營也；惡難，可懼也。我厚賂之目利[我厚賂之以利][1,7]，其心必營。我悉兵目臨之[我悉兵以臨之][1,7]，其心必懼我[其心必懼][1]。彼懼吾兵而營我利，五國之事必可敗也。約絶之後，雖勿與地可。”

楚王曰：“善。”乃命大公事之韓[乃命太公事之韓][4]，見公仲曰：“夫牛闌之事，馬陵之難，親王之所見也[親主之所見也][1][王之所親見也][5]。王苟無目五國用兵[王苟無以五國用兵][1,7]，請効列城五，請悉楚國之衆也[請悉楚國之衆][1]，目廧於齊[以叜於齊][1][以圖於齊][6]。”

齊之反趙、魏之後[齊人反趙、魏之後][1]，而楚果弗與地，則五國之事困也。

荆宣王問羣臣

荆宣王問羣臣曰[宣王問羣臣曰][2]：“吾聞北方之畏昭奚恤也，果誠何如？”羣臣莫對。江一對曰[江乙對曰][1,6]：“虎求百獸而食之，得狐。狐曰：‘子無敢食我也[子無敢噉我也][3][人臣見畏者君威也，君不用而威矣][4][食我，故人臣而見畏者，是見君之威也，君不用，則威亡矣］[6]。天帝使我長百獸，今子食我，是逆天帝命也。子目我爲不信［子以我爲不信］[1,7]，吾爲子先行，子隨我後，觀百獸之見我而敢不走乎？’虎目爲然［虎以爲然］[1,7]，故遂與之行。獸見之皆走。虎不知獸畏己而走也，目爲畏狐也［以爲畏狐也］[1,7]。今王之地方五千里，帶甲百萬，而專屬之昭奚恤；故北方之畏奚恤也，其實畏王之甲兵也，猶百獸之畏虎也。”

昭奚恤與彭城君議於王前

昭奚恤與彭城君議於王前，王召江乙而問焉。江乙曰：“二人之言皆善也，臣不敢言其後，此謂慮賢也［言其後此謂慮賢也］[4]。”

邯鄲之難昭奚恤謂楚王

邯鄲之難，昭奚恤謂楚王曰：“王不如無救趙［里不如無救趙］[1]，而目强魏［而以强魏］[1,7]。魏强，其割趙必深矣。趙不能聽，則必堅守，是兩弊也［是兩敝也］[1]。”

景舍曰：“不然。昭奚恤不知也。夫魏之攻趙也，恐楚之攻其後［恐楚之攻其後也］[1]。今不救趙，趙有亡形，而魏無楚憂，是楚、魏共趙也，害必深矣！何目兩弊也［何以兩敝也］[1]［何以兩弊也］[7]？且魏令兵以深割趙［且魏令兵以割趙］[1]，趙見亡形，而有楚之不救己也［而知楚之不救己也］[2]，必與魏合而目謀楚［必與魏合而以謀楚］[1,7]。故王不如少出兵，目爲趙援［以爲趙援］[1,7]。趙恃楚勁，必與魏戰。魏怒於趙之勁，而見楚救之不足畏也，必不釋趙。趙、魏相弊［趙、魏相敝］[1]，而齊、秦應楚，則魏可破也。”

楚因使景舍起兵救趙。邯鄲拔，楚取睢、濊之間。

江尹欲惡昭奚恤於楚王

江尹欲惡昭奚恤於楚王，而力不能［而力不能之］[3]，故爲梁山陽君請封於楚。楚王曰：“諾。”昭奚恤曰：“山陽君無功於楚國，不當封。”江尹因得山陽君與之共惡昭奚恤。

魏氏惡昭奚恤於楚王

魏氏惡昭奚恤於楚王，楚王告昭子。昭子曰：“臣朝夕目事聽命[臣朝夕以事聽命][1,7]，而魏入吾君臣之間，臣大懼。臣非畏魏也！夫泄吾君臣之交，而天下信之，是其爲人也近苦矣。夫苟不難爲之外，豈忘爲之內乎？臣之得罪無日矣。”王曰：“寡人知之，大夫何患？”

江乙惡昭奚恤

江乙惡昭奚恤，謂楚王曰：“人有以其狗爲有執而愛之。其狗嘗溺井[其狗嘗溺井][1]。其鄰人見狗之溺井也，欲入言之。狗惡之，當門而噬之。鄰人憚之，遂不得入言。邯鄲之難，楚進兵大梁，取矣[拔矣][3]。昭奚恤取魏之寶器[昭奚恤取魏之寶器][1]，目居魏知之[臣居魏知之][1][以臣居魏知之][3]，故昭奚恤常惡臣之見王[故昭奚常惡臣之見王][1]。”

江乙欲惡昭奚恤於楚

江乙欲惡昭奚恤於楚，謂楚王曰：“下比周，則上危；下分爭，則上安。王亦知之乎？願王勿忘也。且人有好揚人之善者，於王何如？”王曰：“此君子也，近之。”江乙曰：“有人好揚人之惡者，於王何如？”王曰：“此小人也，遠之。”江乙曰：“然則且有子殺其父，臣弑其主者，而王終已不知者[而王終己不知者][2,3]，何也？以王好聞人之美而惡聞人之惡也。”王曰：“善。寡人願兩聞之。”

江乙說於安陵君

江乙說於安陵君曰：“君無咫尺之地[君無咫尺之功][1]，骨肉之親，處尊位，受厚祿，一國之衆，見君莫不斂衽而拜[見君莫不斂衽而拜][1]，撫委而服，何以也？”曰：“王過舉而已[王過舉以色][1][王過舉而己][3][王過舉而色][4]。不然，無目至此[無以至此][1,7]。”

江乙曰：“以財交者，財盡而交絶；目色交者[以色交者][1,7]，華落而愛渝。是目嬖女不敝席[是以嬖色不敝席][1][是以嬖女不敝席][7]，寵臣不避軒。今君擅楚國之勢，而無目深自結於王[而無以自結於王][1][而無以深自結於王][7]，竊爲君危之。”安陵君曰：“然則奈何？”“願君必請從死[江乙曰願君必請從死][3]，目身爲殉[以身爲殉][1,7]，如是必長得重於楚國。”曰：“謹受令。”

三年而弗言。江乙復見曰：“臣所爲君道，至今未效[至今未効][1][至今未有效][2,3,4]。君不用臣之計，臣請不敢復見矣。”安陵君曰：“不敢忘先生之言，未得間也。”

於是，楚王游於雲夢，結駟千乘，旌旗蔽日[旌旗蔽天][1]，野火之起也若雲蜺，兕虎嗥之聲若雷霆[兕虎嗥之聲若雷霆][6]，有狂兕牂車依輪而至[有狂兕䍧車依輪而至][1][有狂兕䍧車衣輪而至][6]，王親引弓而射，壹發而殪[一發而殪][1]。王抽旃旄而抑兕首，仰天而笑曰：“樂矣，今日之游也。寡人萬歲千秋之後，誰與樂此矣？”安陵君泣數行而進曰[安陵君泣數行下而進曰][1]：“臣入則編席，出則陪乘，大王萬歲千秋之後，願得目身試黃泉[願得以身試黃泉][1][願得以身式黃泉][2,3,4,7]，蓐螻蟻，又何如得此樂而樂之。”王大說，乃封壇爲安陵君[乃封壇爲安陵纏][3][乃封壇爲安陵繵][4][乃封壇爲安陵纒][6]。

君子聞之曰：“江乙可謂善謀，安陵君可謂知時矣。”

江乙爲魏使於楚

江乙爲魏使於楚，謂楚王曰：“臣入竟[臣入境][1]，聞楚之俗，不蔽人之善，不言人之惡，誠有之乎？”王曰：“誠有之。”江乙曰：“然則白公之亂，得無遂乎？誠如是，臣等之罪免矣。”楚王曰：“何也？”江乙曰：“州侯相楚，貴甚矣而主斷，左右俱曰‘無有’，如出一口矣。”

郢人有獄三年不決者

郢人有獄三年不決者[郢人有獄三年不决者][1,7]，故令請其宅[故令人請其宅][1]，以卜其罪。客因爲之謂昭奚恤曰[客因請之昭奚恤曰][1,2][客因謂昭奚恤曰][4]：“郢人某氏之宅，臣願之。”昭奚恤曰：“郢人某氏，不當服罪，故其宅不得[故其宅不可得][4]。”

客辭而去。昭奚恤已而悔之，因謂客曰："奚恤得事公，公何爲以故與奚恤？"客曰："非用故也。"曰："謂而不得[請而不得][1,2,4]，有説色，非故如何也[非如何也][1]？"

城渾出周

城渾出周，三人偶行[二人偶行][1]，南游於楚，至於新城。

城渾説其令曰："鄭、魏者，楚之耎國[楚之奭國][1,7]；而秦，楚之强敵也。鄭、魏之弱，而楚以上梁應之；宜陽之大也，楚目弱新城圍之[楚以弱新城圖之][1][楚以弱新城圍之][7]。蒲反、平陽相去百里[蒲坂平陽相去百里][1]，秦人一夜而襲之，安邑不知；新城、上梁相去五百里，秦人一夜而襲之，上梁亦不知也。今邊邑之所恃者，非江南泗上也。故楚王何不目新城爲主郡也[故王何不以新城爲主郡也][1][則楚王何不以新城爲主郡也][2][故楚王何不以新城爲主郡也][7]，邊邑甚利之。"

新城公大説，乃爲具駟馬乘車五百金之楚[乃爲王具駟馬乘車五百金之楚][1]。城渾得之[盡城渾得之][1]，遂南交於楚，楚王果以新城爲主郡[楚果以新城爲主郡][3,4]。

韓公叔有齊魏

韓公叔有齊、魏，而太子有楚、秦以爭國。鄭申爲楚使於韓，矯目新城[矯以新城][1,7]、陽人予太子。楚王怒，將罪之。對曰："臣矯予之，以爲國也。臣爲太子得新城、陽人，目與公叔爭國而得之[以與公叔爭國而得之][1,7]。齊、魏必伐韓。韓氏急，必懸命於楚，又何新城、陽人之敢求？太子不勝，然而不死[幸而不死][1]，今將倒冠而至，又安敢言地？"楚王曰："善。"乃不罪也。

楚杜赫説楚王以取趙

楚杜赫説楚王以取趙。王且予之五大夫[王曰與之五大夫][1][王且與之五大夫][5]，而令私行。

陳軫謂楚王曰："赫不能得趙，五大夫不可收也，得賞無功也[是賞無功也]^{1,4}。得趙而王無加焉，是無善也。王不如以十乘行之，事成[ ][1]，予之五大夫[ ][1]。”王曰[ ][1]：“善[ ][1]。”乃以十乘行之[ ][1]。

杜赫怒而不行。陳軫謂王曰：“是不能得趙也。”

楚王問於范環

楚王問於范環曰[楚王問於干象曰][3] [楚王問於范蠉曰][4][楚王問於范蜎曰][5][楚王問於范蝝曰][6]：“寡人欲置相於秦，孰可？”對曰：“臣不足以知之。”王曰：“吾相甘茂可乎[吾欲相甘茂可乎][4]？”范環對曰：“不可。”王曰：“何也？”曰：“夫史舉，上蔡之監門也[下蔡之監門也][4]。大不如事君[大不知事君][1][大不事君][4][大不爲事君][6]，小不如處室[小不知處室][1,4]，目苛廉聞於世[以苛廉聞於世][1,7]，甘茂事之順焉。故惠王之明，武王之察，張儀之好譖，甘茂事之，取十官而無罪，茂誠賢者也，然而不可相秦。秦之有賢相也，非楚國之利也。且王嘗用滑於越而納句章[且王嘗用召滑於越而納句章][1][且王嘗用卓滑於越而納句章][3][且王嘗用昭滑於越而納句章][4][且王嘗用邵滑於越而納句章][6] [且王嘗用淖滑於越而納句章][7]，昧之難，越亂，故楚南察瀨胡而野江東[故楚南察瀨湖而野江東][1,5][故楚南塞厲門而野江東][4]。計王之功所以能如此者，越亂而楚治也。今王以用之於越矣[今王已用之於越矣][1]，而忘之於秦，臣以爲王鉅速忘矣。王若欲置相於秦乎？若公孫郝者可[若向壽者可][1] [若公子赫者可][4][不如相共立][6]。夫公孫郝之於秦王，親也。少與之同衣，長與之同車，被王衣以聽事，真大王之相已[真大王之相巳][1]。王相之，楚國之大利也。”

蘇秦爲趙合從説楚威王

蘇秦爲趙合從，説楚威王曰：“楚，天下之强國也。大王，天下之賢王也。楚地西有黔中、巫郡，東有夏州、海陽，南有洞庭、蒼梧，北有汾陘之塞 [北有汾陸之塞][4][北有陘塞][6]、郇陽。地方五千里，帶甲百萬，車千乘，騎萬匹[騎萬疋][1]，粟支十年，此霸王之資也。夫以楚之强與大王之賢[夫以楚之强大王之賢][1]，天下莫能當也。今乃欲西面而事秦，則諸侯莫不南面而朝於章臺之下矣[則諸侯莫不西面而朝於章臺之下矣][1,4]。秦之所害於天下莫如楚，楚强則秦弱，楚弱則秦强，此其勢不兩立。故爲王至計[故爲大王計][1,4]，莫如從親以孤秦。大王不從親，秦必起兩軍：一軍出武關[一軍出武関][1]；一軍下黔中。若此，則鄢、郢動矣。臣聞治之其未亂[臣聞之治之其未亂][1]，爲之其未有也；患至而後憂之，則無及已[則無及矣][1]。故願大王之早計之。

“大王誠能聽臣，臣請令山東之國，奉四時之獻，以承大王之明制[以奉大王之明制][4]，委社稷宗廟，練士厲兵，在大王之所用之。大王誠能聽臣之愚計，則韓、魏、齊、燕、趙、衞之妙音美人[則韓、魏、齊、燕、趙、之妙音美人][1]，必充後宮矣。趙、代良馬橐他[趙、代良馬橐駝][1] [燕、代良馬橐他][4][趙、代良馬橐駞][6]，必實於外廄。故從合則楚王，横成則秦帝。今釋霸王之業，而有事人之名，臣竊爲大王不取也[竊爲大王不取也][1]。

“夫秦，虎狼之國也，有吞天下之心。秦，天下之仇讎也[天下之仇讐也][1]，横人皆欲割諸侯之地以事秦，此所謂養仇而奉讎者也[此所謂養仇而奉讐者也][1]。夫爲人臣而割其主之地，以外交强虎狼之秦，以侵天下，卒有秦患，不顧其禍。夫外挾强秦之威，以内劫其主[以内刼其主][1]，以求割地，大逆不忠，無過此者。故從親，則諸侯割地以事楚；横合，則楚割地以事秦。此兩策者，相去遠矣，有億兆之數。兩者大王何居焉？故弊邑趙王[故敝邑趙王][1]，使臣効愚計[使臣效愚計][1]，奉明約，在大王命之。”

楚王曰：“寡人之國，西與秦接境，秦有舉巴蜀、并漢中之心。秦，虎狼之國，不可親也。而韓、魏迫於秦患，不可與深謀，恐反人以入於秦[與深謀恐反人以入於秦][1,2,4]，故謀未發而國已危矣。寡人自料，以楚當秦，未見勝焉。内與羣臣謀，不足恃也。寡人臥不安席[寡人卧不安席][1]，食不甘味，心摇摇如懸旌，而無所終薄。今君欲一天下[今主君欲一天下][3][令君欲一天下][6]，安諸侯，存危國[存亡國][6]，寡人謹奉社稷以從。”

張儀爲秦破從連横説楚王

張儀爲秦破從連横，說楚王曰：“秦地半天下，兵敵四國，被山帶河，四塞以爲固[以爲固][1]。虎賁之士百餘萬，車千乘，騎萬疋[騎萬匹][1]，粟如丘山。法令既明，士卒安難樂死。主嚴以明，將知以武[將智以武][1]。雖無出兵甲，席卷常山之險，折天下之脊，天下後服者先亡。且夫爲從者，無以異於驅羣羊而攻猛虎也。夫虎之與羊，不格明矣。今大王不與猛虎而與羣羊，竊以爲大王之計過矣。

“凡天下强國，非秦而楚，非楚而秦。兩國敵侔交爭，其勢不兩立。而大王不與秦，秦下甲兵，據宜陽，韓之上地不通[韓之上黨地不通][4]；下河東，取成皋，韓必入臣於秦，韓入臣[韓入臣秦][4]，魏則從風而動。秦攻楚之西，韓、魏攻其北，社稷豈得無危哉？

“且夫約從者，聚羣弱而攻至强也[聚群弱而攻至强也][1]。夫以弱攻强，不料敵而輕戰，國貧而驟舉兵，此危亡之術也。臣聞之，兵不如者，勿與挑戰；粟不如者，勿與持久。夫從人者，飾辯虚辭，高主之節行，言其利而不言其害，卒有楚禍[卒有秦禍][3,4]，無及爲已，是故願大王之熟計之也。

“秦西有巴蜀，方船積粟，起於汶山，循江而下，至郢三千餘里。舫船載卒[方舡載卒][2]，一舫載五十人，與三月之糧，下水而浮，一日行三百餘里；里數雖多，不費馬汗之勞[不費汗馬之勞][1,4,6]，不至十日而距扞關；扞關驚，則從竟陵已東[則從竟陵以東][1][則從境已東][4]，盡城守矣，黔中、巫郡非王之有已。秦舉甲出之武關，南面而攻，則北地絶。秦兵之攻楚也，危難在三月之内。而楚恃諸侯之救，在半歲之外，此其勢不相及也。夫恃弱國之救，而忘强秦之禍，此臣之所以爲大王之患也[此臣所以爲大王之患也][1,4]。且大王嘗與吴人五戰三勝而亡之[且大王甞與吴人五戰三勝而亡之][1]，陳卒盡矣[陣卒盡矣][3]；有偏守新城而居民苦矣[偏守新城而居民苦矣][4]。臣聞之，攻大者易危，而民弊者怨於上[而民敝者怨於上][1]。夫守易危之功，而逆强秦之心，臣竊爲大王危之。

“且夫秦之所以不出甲於函谷關十五年以攻諸侯者[且夫秦之所以不出甲於函谷關十五年以攻齊趙][4]，陰謀有吞天下之心也[陰有吞天下之心也][4]。楚嘗與秦構難[楚甞與秦搆難][1][楚嘗與秦角難][4]，戰於漢中。楚人不勝，通侯、執珪死者七十餘人，遂亡漢中。楚王大怒，興師襲秦[ ][1][興兵襲秦][4]，戰於藍田[與秦戰於藍田][1]，又郤[又却][1]。此所謂兩虎相搏者也。夫秦、楚相弊[夫秦、楚相敝][1]，而韓、魏以全制其後，計無過於此者矣[計無危於此者矣][4]，是故願大王熟計之也。

“秦下兵攻衛、陽晉，必開扃天下之匈[必關扃天下之匈][1,3][必大關天下之匈][4][必扃天下之匈][5] [晉必大關][6]，大王悉起兵以攻宋[大王悉起以攻宋][2,3,4]，不至數月而宋可舉。舉宋而東指，則泗上十二諸侯，盡王之有已。

“凡天下所信約從親堅者蘇秦，封爲武安君而相燕，即陰與燕王謀破齊共分其地。乃佯有罪，出走入齊[出奔入齊][1]，齊王因受而相之。居二年而覺，齊王大怒，車裂蘇秦於市。夫以一詐僞反覆之蘇秦，而欲經營天下，混一諸侯，其不可成也亦明矣。

“今秦之與楚也，接境壤界，固形親之國也。大王誠能聽臣，臣請秦太子入質於楚，楚太子入質於秦，請以秦女爲大王箕箒之妾，効萬家之都，以爲湯沐之邑，長爲昆弟之國，終身無相攻擊。臣以爲計無便於此者[臣以謂計無便於此者][1]。故敝邑秦王，使使臣獻書大王之從車下風[使使臣獻書之從車下風][1]，須以決事[須以决事][1]。”

楚王曰：“楚國僻陋，託東海之上。寡人年幼，不習國家之長計。今上客幸教以明制，寡人聞之，敬以國從。”乃遣使車百乘，獻雞駭之犀、夜光之璧於秦王。

張儀相秦

張儀相秦，謂昭雎曰：“楚無鄢、郢、漢中，有所更得乎？”曰：

“無有。”曰：“無昭睢[無昭過][1,6]、陳軫，有所更得乎？”曰：“無所更得。”張儀曰：“爲儀謂楚王逐昭睢、陳軫[爲儀謂楚王逐昭過、陳軫][1,6]，請復鄢、郢、漢中。”昭睢歸報楚王，楚王說之。

有人謂昭睢曰[有人謂昭過曰][1,6]：“甚矣，楚王不察於爭名者也[楚王不察於名者也][1]。韓求相工陳籍而周不聽[韓求相工師籍而周不聽][4]；魏求相綦母恢而周不聽，何以也？周是列縣畜我也[周曰是列縣畜我也][1,4]。今楚，萬乘之强國也；大王，天下之賢主也[天下之賢王也][1]。今儀曰逐君與陳軫而王聽之，是楚自行不如周[是楚自待不如周][1,5,6]，而儀重於韓、魏之王也。且儀之所行，有功名者秦也，所欲貴富者魏也。欲爲攻於魏，必南伐楚。故攻有道，外絕其交，内逐其謀臣。陳軫，夏人也，習於三晉之事，故逐之，則楚無謀臣矣。今君能用楚之衆，故亦逐之，則楚衆不用矣。此所謂内攻之者也，而王不知察。今君何不見臣於王，請爲王使齊交不絕。齊交不絕[ ][1]，儀聞之，其效鄢、郢、漢中必緩矣[其効鄢、郢、漢中必緩矣][1]。是昭睢之言不信也，王必薄之。”

威王問於莫敖子華

威王問於莫敖子華曰：“自從先君文王以至不穀之身[自從先君文王以至不穀之身][1,7]，亦有不爲爵勸，不爲祿勉，以憂社稷者乎？”莫敖子華對曰：“如華不足知之矣[如華不足以知之矣][1][如章不足知之矣][4]。”王曰：“不於大夫，無所聞之？”莫敖子華對曰：“君王將何問者也？彼有廉其爵，貧其身，以憂社稷者；有崇其爵，豐其祿，以憂社稷者；有斷脰決腹[有斷脰決腹][1][有斷頭決腹][6]，壹瞑而萬世不視[一瞑而萬世不視][1]，不知所益，以憂社稷者；有勞其身[ ][1]，愁其志[ ][1]，以憂社稷者[ ][1]；亦有不爲爵勸[亦不爲爵勸][1]，不爲祿勉，以憂社稷者。”王曰：“大夫此言，將何謂也？”

莫敖子華對曰：“昔令尹子文，緇帛之衣以朝[緇布之衣以朝][6]，鹿裘以處；未明而立於朝，日晦而歸食；朝不謀夕，無一月之積[無一日之積][1,6]。

故彼廉其爵，貧其身，以憂社稷者，令尹子文是也。”

“昔者葉公子高，身獲於表薄，而財於柱國；定白公之禍，寧楚國之事；恢先君以揜方城之外，四封不侵[四封不廉][1]，名不挫於諸侯。當此之時也，天下莫敢目兵南鄉[天下莫敢以兵南鄉][1,7]。葉公子高，食田六百畛。故彼崇其爵，豐其祿，以憂社稷者，葉公子高是也。”

“昔者吴與楚戰於栢舉[昔吴與楚戰於柏舉][1,7]，兩御之間夫卒交[兩軍之間夫卒交][1,6]。莫敖大心撫其御之手，顧而大息曰：“嗟乎子乎[嗟乎予乎][4]，楚國亡之月至矣[楚國亡之日至矣][1,4]！吾將深入吴軍，若扑一人，若捽一人，以與大心者也，社稷其爲庶幾乎[社稷其庶幾乎][1]？”故斷脰決腹[故斷頭決腹][1]，壹瞑而萬世不視[一瞑而萬世不視][1]，不知所益，以憂社稷者，莫敖大心是也。

“昔吴與楚戰於栢舉[昔吴與楚戰於柏舉][1,7]，三戰入郢。寡君身出，大夫悉屬，百姓離散。棼冒勃蘇曰：‘吾被堅執鋭，赴强敵而死，此猶一卒也，不若奔諸侯。’於是贏糧潛行[於是贏糧潜行][1]，上崢山，踰深谿[踰深溪][1]，蹠穿膝暴，七日而薄秦王之朝。雀立不轉，晝吟宵哭，七日不得告，水漿無入口，瘨而殫悶，旄不知人。秦王聞而走之，冠帶不相及，左奉其首，右濡其口，勃蘇乃蘇。秦王身問之：‘子孰誰也？’棼冒勃蘇對曰：‘臣非異，楚使新造盩棼冒勃蘇。吴與楚人戰於柏舉，三戰入郢，寡君身出，大夫悉屬，百姓離散。使下臣來告亡，且求救。’秦王顧令不起[秦王顧令之起][1,6]：‘寡人聞之，萬乘之君，得罪一士，社稷其危，今此之謂也。’遂出革車千乘，卒萬人，屬之子滿與子虎[屬之子蒲與子虎][4]，下塞以東，與吴人戰於濁水而大敗之，亦聞於遂浦。故勞其身，愁其思，以憂社稷者，棼冒勃蘇是也。

“吴與楚戰於柏舉，三戰入郢。君王身出，大夫悉屬，百姓離散。蒙穀給鬬於宫唐之上[蒙穀結鬬於宫唐之上][1,6][蒙穀給闘於宫唐之上][7]，舍鬬奔郢曰[舍闘奔郢曰][7]：‘若有孤，楚國社稷其庶幾乎？’遂入大宫[遂入宫][3]，負雞次之典以浮於江［負離次之典以浮於江］[4]，逃於雲夢之中。昭王反郢，五官失法，百姓昏亂；蒙穀獻典，五官得法，而百姓大治。此蒙穀之功，多與存國相若［多與存田相若］[6]，封之執圭，田六百畛。蒙穀怒曰：'穀非人臣，社稷之臣，苟社稷血食，餘豈悉無君乎［餘豈患無君乎］[1]［余豈患無君乎］[4,5]？遂自弃於磨山之中［遂自棄於磨山之中］[1,7]［遂自棄於歷山之中］[4]［遂自棄於磨城之中］[5]，至今無冒［至今無位］[4]。故不爲爵勸，不爲祿勉，以憂社稷者，蒙穀是也。"

王乃大息曰［王乃太息曰］[1]："此古之人也。今之人，焉能有之耶［焉能有之邪］[1]？"

莫敖子華對曰："昔者先君靈王好小要［昔者先君靈王好小腰］[1]，楚七約食［楚士約食］[1,2,3,4,5,6,7]，馮而能立，式而能起。食之可欲，忍而不入；死之可惡，然而不避［就而不避］[4]。章聞之［華聞之］[1,5]，其君好發者，其臣抉拾［其臣决拾］[1]。君王直不好，若君王誠好賢，此五臣者，皆可得而致之。"

戰國策卷十五　楚二

魏相翟强死

魏相翟强死。爲甘茂謂楚王曰：“魏之幾相者，公子勁也。勁也相魏[勁相魏][2]，魏、秦之交必善。秦、魏之交完，則楚輕矣。故王不如與齊約，相甘茂於魏。齊王好高人以名，今爲其行人請魏之相，齊必喜[齊王必喜][1]。魏氏不聽，交惡於齊；齊、魏之交惡，必爭事楚。魏氏聽，甘茂與樗里疾，貿首之讎也；而魏、秦之交必惡，又交重楚也。”

齊秦約攻楚

齊、秦約攻楚，楚令景翠以六城賂齊[楚令景翠以六城賂齊以][4]，太子爲質。昭睢謂景翠曰：“秦恐且因景鯉、蘇厲而效地於楚。公出地以取齊[公出地以牧齊][3][公出地以收齊][4]，鯉與厲且以收地取秦，公事必敗。公不如令王重賂景鯉、蘇厲，使入秦，秦恐[秦齊恐][4][齊恐][5]，必不求地而合於楚。若齊不求，是公與約也。”

術視伐楚

術視伐楚，楚令昭鼠以十萬軍漢中。昭睢勝秦於重丘[昭睢勝秦於重兵][4]，蘇厲謂宛公昭鼠曰：“王欲昭睢之乘秦也[王欲昭睢之乘秦][1]，必分公之兵以益之。秦知公兵之分也，必出漢中。請爲公令辛戎謂王曰[請爲公令芈戎謂王曰][1, 5]：‘秦兵且出漢中。’則公之兵全矣。”

四國伐楚

四國伐楚，楚令昭睢將以距秦。楚王欲擊秦，昭侯不欲[昭睢不欲][1]。桓臧爲昭睢謂楚王曰：“睢戰勝[睢戰勝秦][4]，三國惡楚之强也，恐秦之變而聽楚也，必深攻楚以勁秦。秦王怒於戰不勝，必悉起而擊楚，是王與秦相罷，而以利三國也[而利三國也][4]。戰不勝秦，秦進兵而攻。不如益昭睢之兵，令之示秦必戰。秦王惡與楚相弊而令天下[秦王惡與楚相敝而令天下利][1,6]，秦可以少割而收害也[秦可以少割而收也][5,6]。秦、楚之合，而燕、趙、魏不敢不聽，三國可定也。”

楚懷王拘張儀

楚懷王拘張儀，將欲殺之。靳尚爲儀謂楚王曰：“拘張儀，秦王必怒。天下見楚之無秦也，楚必輕矣。”又謂王之幸夫人鄭傁曰[又謂王之幸夫人鄭褎曰][1][又謂王之幸夫人鄭袖曰][7]：“子亦自知且賤於王乎？”鄭傁曰[鄭褎曰][1][鄭袖曰][7]：“何也？”尚曰：“張儀者，秦王之忠信有功臣也。今楚拘之，秦王欲出之。秦王有愛女而美，又簡擇宮中佳翫麗好翫習音者[又簡擇宮中佳麗好翫習音者][1][又簡擇宮中佳翫麗好翫習音者][7]，以懽從之；資之金玉寶器，奉以上庸六縣爲湯沐邑，欲因張儀內之楚王。楚王必愛，秦女依强秦以爲重[秦女資强秦以爲重][1]，挾寶地以爲資，勢爲王妻以臨于楚[勢必爲王妻以臨于楚][1]。王惑於虞樂，必厚尊敬親愛之而忘子，子益賤而日踈矣[子益賤而日疏矣][7]。”鄭傁曰[鄭褎曰][1][鄭袖曰][7]：“願委之於公，爲之奈何[爲之柰何][1]？”曰：“子何不急言王，出張子。張子得出，德子無已時，秦女必不來，而秦必重子。子內擅楚之貴，外結秦之交，畜張子以爲用，子之子孫必爲楚太子矣，此非布衣之利也。”鄭傁遽說楚王出張子[鄭褎遽說楚王出張子][1][鄭袖遽說楚王出張子][7]。

楚王將出張子

楚王將出張子，恐其敗己也[恐其欺己也][4]。靳尚謂楚王曰：“臣請隨之。儀事王不善，臣請殺之。”

楚小臣，靳尚之仇也，謂張旄曰：“以張儀之知，而有秦、楚之用，君必窮矣。君不如使人微要靳尚而刺之[君不如使人微要靳尚而殺之][1]，楚王必大怒儀也。彼儀窮，則子重矣。楚、秦相難，則魏無患矣。”

張旄果令人要靳尚刺之[張旄果令人要靳尚刺之][1]。楚王大怒，秦構兵而戰[秦楚搆兵而戰][1]。秦、楚爭事魏，張旄果大重。

秦敗楚漢中

秦敗楚漢中。楚王入秦，秦王留之。游騰爲楚謂秦王曰：“王挾楚王，而與天下攻楚，則傷行矣。不與天下共攻之，則失利矣。王不如與之盟而歸之。楚王畏，必不敢倍盟[必不敢背盟][1]。王因與三國攻之[王背盟因與三國攻之][1,5]，義也。”

楚襄王爲太子之時

楚襄王爲太子之時，質於齊。懷王薨，太子辭於齊王而歸。齊王隘之：“予我東地五百里，乃歸子。子不予我，不得歸。”太子曰：“臣有傅，請追而問傅[請退而問傅][1,6]。”傅慎子曰[傅慎子曰][1]：“獻之地，所以爲身也。愛地不送死父，不義。臣故曰，獻之便[獻之使][4]。”太子入，致命齊王曰：“敬獻地五百里。”齊王歸楚太子。

太子歸，卽位爲王。齊使車五十乘，來取東地於楚。楚王告慎子曰：“齊使來求東地，爲之奈何[爲之柰何][1]？”慎子曰：“王明日朝羣臣，皆令獻其計。”

上柱國子良入見。王曰：“寡人之得求反，王墳墓[主墳墓][1,6]、復羣臣、歸社稷也，以東地五百里許齊。齊令使來求地[齊今使來求地][4]，爲之奈何？”子良曰：“王不可不與也。王身出玉聲，許强萬乘之齊而不與，則不信，後不可以約結諸侯。請與而復攻之。與之信，攻之武。臣故曰與之。”

子良出，昭常入見。王曰：“齊使來求東地五百里，爲之奈何[爲之柰何][1]？”昭常曰：“不可與也。萬乘者，以地大爲萬乘。今去東地五百里，是去戰國之半也，有萬乘之號而無千乘之用也，不可。臣故曰勿與。常請守之。”

昭常出，景鯉入見。王曰：“齊使來求東地五百里，爲之奈何[爲之柰何][1]？”景鯉曰：“不可與也。雖然，楚不能獨守。王身出玉聲[ ][3]，許萬乘之强齊也而不與[ ][3]，負不義於天下[ ][3]。楚亦不能獨守

[　　][3]。臣請西索救於秦。”

景鯉出，慎子入。王以三大夫計告慎子曰：“子良見寡人曰：‘不可不與也，與而復攻之。’常見寡人曰：‘不可與也，常請守之。’鯉見寡人曰：‘不可與也，雖然楚不能獨守也，臣請索救於秦。’寡人誰用於三子之計？”慎子對曰：“王皆用之。”王怫然作色曰：“何謂也？”慎子曰：“臣請效其説[臣請効其説][1]，而王且見其誠然也。王發上柱國子良車五十乘，而北獻地五百里於齊。發子良之明日，遣昭常爲大司馬，令往守東地[令徃守東地][1]。遣昭常之明日，遣景鯉車五十乘，西索救於秦。”王曰：“善。”乃遣子良北獻地於齊。遣子良之明日，立昭常爲大司馬，使守東地。又遣景鯉西索救於秦。

子良至齊，齊使人以甲受東地。昭常應齊使曰：“我典主東地，且與死生。悉五尺至六十，三十餘萬弊甲鈍兵[三十餘萬敝甲鈍兵][1]，願承下塵。”齊王謂子良曰：“大夫來獻地，今常守之何如？”子良曰：“臣身受命弊邑之王[臣身受命敝邑之王][1]，是常矯也。王攻之。”齊王大興兵，攻東地，伐昭常。未涉疆，秦以五十萬臨齊右壤。曰：“夫隘楚太子弗出，不仁；又欲奪之東地五百里，不義。其縮甲則可，不然，則願待戰。”齊王恐焉。乃請子良南道楚，西使秦，解齊患。士卒不用，東地復全。

女阿謂蘇子

女阿謂蘇子曰：“秦栖楚王[秦西楚王][4]，危太子者，公也。今楚王歸，太子南，公必危。公不如令人謂太子曰：‘蘇子知太子之怨己也[蘇子知太子之怨敝已也][1]，必且務不利太子。太子不如善蘇子，蘇子必且爲太子入矣。’”蘇子乃令人謂太子。太子復請善於蘇子。

戰國策卷十六　楚三

蘇子謂楚王

蘇子謂楚王曰："仁人之於民也，愛之以心，事之以善言。孝子之於親也，愛之以心，事之以財。忠臣之於君也，必進賢人以輔之。今王之大臣父兄[今大王之大臣父兄][1]，好傷賢以爲資，厚賦斂諸臣百姓[厚賦斂諸臣百姓][1]，使王見疾於民，非忠臣也。大臣播王之過於百姓，多賂諸侯以王之地，是故退王之所愛，亦非忠臣也，是以國危。臣願無聽羣臣之相惡也，慎大臣父兄；用民之所善，節身之嗜欲，以百姓[以與百姓][1,6]。人臣莫難於無妬而進賢。爲主死易，垂沙之事，死者以千數。爲主辱易，自令尹以下，事王者以千數。至於無妬而進賢，未見一人也。故明主之察其臣也，必知其無妬而進賢也。賢之事其主也[賢臣之事其主也][1]，亦必無妬而進賢。夫進賢之難者，賢者用且使己廢，貴且使己賤，故人難之。"

蘇秦之楚

蘇秦之楚，三日乃得見乎王[三年乃得見宣王][5]。談卒，辭而行。楚王曰[王曰][1]："寡人聞先生，若聞古人。今先生乃不遠千里而臨寡人，曾不肯留[曾不肯留][1]，願聞其說。"對曰："楚國之食貴於玉，薪貴於桂，謁者難得見如鬼，王難得見如天帝。今令臣食玉炊桂，因鬼見帝。"王曰："先生就舍，寡人聞命矣。"

楚王逐張儀於魏

楚王逐張儀於魏。陳軫曰："王何逐張子？"曰："爲臣不忠不信。"曰："不忠，王無以爲臣；不信，王勿與爲約。且魏臣不忠不信，於王何傷？忠且信，於王何益？逐而聽則可，若不聽，是王令困也[是王令困也][1]。且使萬乘之國免其相，是城下之事也。"

張儀之楚貧

張儀之楚，貧。舍人怒而歸[舍人怒而欲歸][1]。張儀曰："子必以衣冠之敝，故欲歸。子待我爲子見楚王[待我爲子見楚王][1]。"當是之時，南后、鄭褎貴於楚。

張子見楚王，楚王不說。張子曰："王無所用臣，臣請北見晉君。"楚王曰："諾。"張子曰："王無求於晉國乎？"王曰："黄金珠璣犀象出於楚，寡人無求於晉國。"張子曰："王徒不好色耳？"王曰："何也？"張子曰："彼鄭、周之女，粉白墨黑[粉白黛黑][4]，立於衢閭，非知而見之者，以爲神。"楚王曰："楚，僻陋之國也，未嘗見中國之女如此其美也[未嘗見中國之女如此其美也][1]。寡人之獨何爲不好色也[寡人見之獨何爲不好色也][1,5,6]？"乃資之以珠玉。

南后、鄭褎聞之大恐。令人謂張子曰："妾聞將軍之晉國，偶有金千斤，進之左右，以供芻秣。"鄭褎亦以金五百斤。

張子辭楚王曰："天下關閉不通[天下閉關不通][1]，未知見日也，願王賜之觴。"王曰："諾。"乃觴之。張子中飲[中飲][1]，再拜而請曰："非有他人於此也，願王召所便習而觴之。"王曰："諾。"乃召南后、鄭褎而觴之。張子再拜而請曰："儀有死罪於大王。"王曰："何也？"曰："儀行天下徧矣，未嘗見人如此其美也[未嘗見人如此其美][1]。而儀言得美人，是欺王也。"王曰："子釋之。吾固以爲天下莫若是兩人也。"

楚王令昭雎之秦重張儀

楚王令昭雎之秦重張儀。未至，惠王死。武王逐張儀。楚王因收昭雎以取齊[王因收昭雎以取齊][1]。桓臧爲雎謂楚王曰："横親之不合也[從親之不合也][1]，儀貴惠王而善雎也。今惠王死，武王立，儀走，公孫郝、甘茂貴。甘茂善魏，公孫郝善韓。二人固不善雎也，必以秦合韓、魏。韓、魏之重儀，儀有秦而雎以楚重之。今儀困秦而雎收楚，韓、魏欲得秦，必善二人者。將收韓、魏輕儀而伐楚[二人者將收韓、魏輕儀而伐楚][1,4]，方城必危。王不如復雎，而重儀於韓、魏。儀據楚勢，挾魏重，以與秦爭。魏不合秦，韓亦不從[王亦不從][1,2,3,4]，則方城無患。”

張儀逐惠施於魏

張儀逐惠施於魏。惠子之楚，楚王受之。

馮郝謂楚王曰：“逐惠子者，張儀也。而王親與約，是欺儀也，臣爲王弗取也。惠子爲儀者來[惠子爲儀來者][1,6]，而惡王之交於張儀，惠子必弗行也。且宋王之賢惠子也，天下莫不聞也。今之不善張儀也，天下莫不知也。今爲事之故，棄所貴於讎人，臣以爲大王輕矣。且爲事耶[且爲事邪][1]？王不如舉惠子而納之於宋，而謂張儀曰：‘請爲子勿納也[謂爲子勿納也][1]。’儀必德王[今必德王][1][儀必君王][5]。而惠子窮人，而王奉之，又必德王。此不失爲儀之實，而可以德惠子。”楚王曰[王曰][1]：“善。”乃奉惠子而納之宋[奉惠子而納之宋][6]。

五國伐秦魏欲和

五國伐秦。魏欲和，使惠施之楚。楚將入之秦而使行和。

杜赫謂昭陽曰：“凡爲伐秦者楚也。今施以魏來，而公入之秦，是明楚之伐而信魏之和也。公不如無聽惠施，而陰使人以請聽秦[而陰使人以請德秦][2]。”昭子曰：“善。”因謂惠施曰：“凡爲攻秦者魏也，今子從楚爲和，楚得其利[楚將其利][1]，魏受其怨。子歸，吾將使人因魏而和。”

惠子反，魏王不說。杜赫謂昭陽曰：“魏爲子先戰，折兵之半，謁病不聽，請和不得，魏折而入齊、秦，子何以救之？東有越纍[東有越累][1]，北無晉，而交未定於齊、秦，是楚孤也。不如速和。”昭子曰：“善。”因令人謁和於魏。

陳軫告楚之魏

陳軫告楚之魏[陳軫去楚之魏][1,5,6]。張儀惡之於魏王曰：“軫猶善楚，爲求地甚力。”左爽謂陳軫曰：“儀善於魏王，魏王甚信之，公雖百說之，猶不聽也。公不如目儀之言爲資[公不如以儀之言爲資][1,7]，而得復楚。”陳軫曰：“善。”因使人以儀之言聞於楚。楚王喜，欲復之[果欲復之][2]。

秦伐宜陽

秦伐宜陽。楚王謂陳軫曰：“寡人聞韓侈巧士也[寡人聞韓朋巧士也][1]，習諸侯事，殆能自免也。爲其必免，吾欲先據之目加德焉[吾欲先據之以加德焉][1,7]。”陳軫對曰：“舍之，王勿據也。以韓侈之知[以韓朋之知][1]，於此因矣。今山澤之獸，無黠於麋。麋知獵者張罔[麋知獵者張網][1]，前而驅己也，因還走而冒人，至數。獵者知其詐，僞舉罔而進之[僞舉網而進之][1]，麋因得矣。今諸侯明知此多詐，僞舉罔而進者必衆矣[僞舉網而進者必衆矣][1]。舍之，王勿據也。韓侈之知[韓朋之知][1]，於此困矣。”楚王聽之，宜陽果拔。陳軫先知之也。

唐且見春申君

唐且見春申君曰[唐雎見春申君曰][1]：“齊人飾身修行得爲益，然臣羞而不學也。不避絶江河，行千餘里來，竊慕大君之義，而善君之業。臣聞之，賁、諸懷錐刃而天下爲勇[賁、諸懷錐刃而天下謂勇][5]，西施衣褐而天下稱美。今君相萬乘之楚，禦中國之難，所欲者不成，所求者不得，臣等少也。夫梟棊之所以能爲者[夫梟棊之所以爲能者][1][夫梟之所以能爲者][4]，以散棊佐之也。夫一梟之不如不勝五散[夫一梟之不勝五散][2][一梟之不勝不如五散][5]，亦明矣。今君何不爲天下梟[今君何不爲天下梟][1,7]，而令臣等爲散乎？”

戰國策卷十七　楚四

或謂楚王

或謂楚王曰："臣聞從者欲合天下以朝大王，臣願大王聽之也。夫因詘爲信，舊患有成[奮患有成][1,6]，勇者義之。攝禍爲福，裁少爲多，知者官之。夫報報之反，墨墨之化，唯大君能之。禍與福相貫，生與亡爲鄰，不偏於死，不偏於生，不足以載大名[不足以戴大名][1,6]。無所寇艾[無所寇艾][7]，不足以横世。夫秦捐德絶命之日久矣，而天下不知。今夫横人嚂口利機，上干主心，下牟百姓，公舉而私取利，是以國權輕於鴻毛，而積禍重於丘山。"

魏王遺楚王美人

魏王遺楚王美人，楚王説之。夫人鄭褎知王之説新人也，甚愛新人。衣服玩好，擇其所喜而爲之；宫室臥具，擇其所善而爲之[擇其所喜而爲之][4]。愛之甚於王。王曰："婦人所以事夫者，色也；而妒者，其情也。今鄭褎知寡人之説新人也，其愛之甚於寡人，此孝子之所以事親，忠臣之所以事君也。"

鄭褎知王以己爲不妒也，因謂新人曰："王愛子美矣。雖然，惡子之鼻。子爲見王，則必揜子鼻[則必掩子鼻][7]。"新人見王，因揜其鼻[因掩其鼻][7]。王謂鄭褎曰："夫新人見寡人，則揜其鼻[則掩其鼻][7]，何也？"鄭褎曰："妾知也。"王曰："雖惡必言之。"鄭褎曰："其似惡聞君王之臭也[其似惡聞王之臭也][1,4]。"王曰："悍哉！"令劓之，無使逆命。

楚王后死

楚王后死，未立后也。謂昭魚曰："公何以不請立后也？"昭魚曰："王不聽，是知困而交絶於后也[是智困而交絶立后也][1]。""然則不買五雙珥[然則何不買五雙珥][5]，令其一善而獻之王，明日視善珥所在，因請立之。"

莊辛謂楚襄王

莊辛謂楚襄王曰：“君王左州侯，右夏侯，輦從鄢陵君與壽陵君，專淫逸侈靡，不顧國政，郢都必危矣。”襄王曰：“先生老悖乎？將以爲楚國袄祥乎？”莊辛曰：“臣誠見其必然者也，非敢以爲國袄祥也。君王卒幸四子者不衰，楚國必亡矣。臣請辟於趙[臣請避於趙][1]，淹留以觀之。”莊辛去，之趙，留五月，秦果舉鄢、郢、巫、上蔡、陳之地，襄王流揜於城陽[襄王流揜於成陽][1]。於是使人發騶，徵莊辛於趙。莊辛曰：“諾。”莊辛至，襄王曰：“寡人不能用先生之言，今事至於此，爲之奈何[爲之柰何][1]？”

莊辛對曰：“臣聞鄙語曰：‘見菟而顧犬[見兔而顧犬][1,7]，未爲晚也；亡羊而補牢，未爲遲也。’臣聞昔湯、武以百里昌，桀、紂以天下亡。今楚國雖小，絶長續短，猶以數千里，豈特百里哉？

“王獨不見夫蜻蛉乎？六足四翼，飛翔乎天地之間，俛啄蚊虻而食之[俛啄蚉宝而食之][1,7]，仰承甘露而飲之，自以爲無患，與人無爭也。不知夫五尺童子，方將調鈆膠絲[方將調飴膠絲][1,5,6][方將調鈆膠絲竿][4][方將調飴繆絲][6]，加己乎四仞之上，而下爲螻蟻食也。蜻蛉其小者也[　　][1]，黄雀因是以。俯噣白粒[俯啄白粒][4][俯囑白粒][5]，仰棲茂樹[仰栖茂樹][1]，鼓翅奮翼，自以爲無患，與人無爭也。不知夫公子王孫，左挾彈，右攝丸，將加己乎十仞之上，以其類爲招[以其頸爲的][4,5]。晝游乎茂樹，夕調乎酸醎，倏忽之間[　　][4]，墜於公子之手[　　][4]。

“夫雀其小者也[夫黄雀其小者也][4]，黄鵠因是以。游於江海，淹乎大沼，俯噣鰱鯉[俯噣鱔鯉][1][俯噣鰋鯉][4]，仰嚙蔆衡，奮其六翮，而凌清風，飄摇乎高翔，自以爲無患，與人無爭也。不知夫射者，方將脩其莽盧[方將脩其碆盧][1,6]，冶其繒繳[冶其矰繳][1,4,6]，將加己乎百仞之上。被礛磻[彼劉磻][1][揚微波][4][彼礛磻][7]，引微繳，折清風而抎矣。故晝游乎江河[故晝游江河][4]，夕調乎鼎鼐[夕調鼎鼐][4]。

“夫黄鵠其小者也，蔡聖侯之事因是以[蔡靈侯之事因是以][1,5][蔡聖侯因是己][3][蔡侯之事因是以][4]。南游乎高陂，北陵乎巫山，飲茹谿流[飲茹溪流][1][飲茹溪之流][4]，食湘波之魚，左抱幼妾，右擁嬖女，與之馳騁乎高蔡之中，而不以國家爲事。不知夫子發方受命乎宣王[不知夫子發方受命乎靈王][1,5]，繫己以朱絲而見之也[繫己朱絲而見之也][2,3,4]。

“蔡聖侯之事其小者也[蔡靈侯之事其小者也][1]，君王之事因是以。左州侯，右夏侯，輦從鄢陵君與壽陵君[輦從鄢陵君與壽陵君][1,6][從鄢陵君與壽陵君][4][輦從新安君與壽陵君][5]，飯封祿之粟，而戴方府之金[而載方府之金][1,6]，與之馳騁乎雲夢之中，而不以天下國家爲事。不知夫穰侯方受命乎秦王[而不知夫穰侯方受命乎秦王][1]，填黽塞之内，而投己乎黽塞之外。”

襄王聞之，顔色變作，身體戰慄[身體悼栗，曰謹受命。乃封庄辛爲成陵君而用計焉。與舉淮北之地十二諸侯][4]。於是乃以執珪而授之爲陽陵君[於是乃以執珪而授之封之爲陽陵君][3][於是乃執珪而授之爲陽陵君][4]，與淮北之地也[與淮北之地][1][而與謀秦，復取淮北之地][4]。

齊明說卓滑以伐秦

齊明說卓滑以伐秦，滑不聽也。齊明謂卓滑曰：“明之來也，爲樗里疾卜交也。明說楚大夫以伐秦，皆受明之說也，唯公弗受也，臣有辭以報樗里子矣。”卓滑因重之。

或謂黄齊

或謂黄齊曰：“人皆以謂公不善於富摯。公不聞老萊子之教孔子事君乎？示之其齒之堅也[示之其齒曰齒之堅也][4]，六十而盡相靡也。今富摯能，而公重不相善也，是兩盡也。諺曰：‘見君之乘，下之；見杖，起之。’今也，王愛富摯，而公不善也，是不臣也。”

長沙之難

長沙之難，楚太子横爲質於齊。楚王死，薛公歸太子横，因與韓、魏之兵，隨而攻東國。太子懼。昭蓋曰：“不若令屈署以新東國爲和於齊以動秦[不若令屈署以東國爲和於齊以動秦][1]。秦恐齊之敗東國，而令行於天下也[而令行杸天下也][1]，必將救我。”太子曰：“善。”遽令屈署以東國爲和於齊。秦王聞之懼，令辛戎告楚曰[令羋戎告楚曰][1,5]：“毋與齊東國，吾與子出兵矣。”

有不獻死之藥於荆王者

有不獻死之藥於荆王者[有獻不死之藥於荆王者][1,7]，謁者操以入。中射之士問曰：“可食乎？”曰：“可。”因奪而食之。王怒，使人殺中射之士。中射之士使人說王曰：“臣問謁者，謁者曰可食，臣故食之。是臣無罪，而罪在謁者也。且客獻不死之藥，臣食之而王殺臣，是死藥也。王殺無罪之臣，而明人之欺王。”王乃不殺。

客說春申君

客說春申君曰：“湯目亳[湯以亳][7]，武王目鄗[武王以鎬][1][武王以鄗][7]，皆不過百里以有天下。今孫子[今荀子][5]，天下賢人也，君籍之目百里勢[君藉之以里之勢][1]·[君籍之以百里之勢][4][君籍之以百里勢][7]，臣竊目爲不便於君[臣竊以爲不便於君][7]。何如？”春申君曰：“善。”於是使人謝孫子。孫子去之趙，趙以爲上卿[趙以爲上客][4]。

客又說春申君曰：“昔伊尹去夏入殷[昔伊去夏入殷][1]，殷王而夏亡。管仲去魯入齊，魯弱而齊强。夫賢者之所在，其君未嘗不尊[其君未甞不尊][1]，國未嘗不榮也[國未甞不榮也][1]。今孫子，天下賢人也。君何辭之？”春申君又曰：“善。”於是使人請孫子於趙。

孫子爲書謝曰：“癘人憐王，此不恭之語也。雖然[雖然古無虛諺][4]，不可不審察也。此爲劫弒死亡之主言也[此爲刼弒死亡之主言也][1]。夫人主年少而矜材，無法術以知姦[無法術以知奸][7]，則大臣主斷國私以禁誅於己也，故弒賢長而立幼弱，廢正適而立不義。春秋戒之曰：‘楚王子圍聘於鄭，未出竟，聞王病，反問疾，遂以冠纓絞王，殺之，因自立也。齊崔杼之妻美，莊公通之。崔杼帥其君黨而攻[崔杼帥其君黨而攻莊公][1]。莊公請與分國[而攻公公入室請與之分國][4]，崔杼不許；欲自刃於廟，崔杼不許。莊公走出，踰於外牆，射中其股，遂殺之，而立其弟景公。’近代所見：李兌用趙，餓主父於沙丘，百日而殺之；淖齒用齊，擢閔王之筋，縣於其廟梁[懸於其廟梁][1]，宿夕而死。夫癘雖癕腫胞疾[夫厲雖癕腫胞疾][7]，上比前世，未至絞纓射股[未至絞頸射股][4][未至纓絞射股][6]；下比近代，未至擢筋而餓死也。夫劫殺死亡之主也[夫刧殺死亡之主也][1]，心之憂勞，形之困苦，必甚於癘矣。由此觀之，癘雖憐王可也。”因爲賦曰：“寶珍隋珠，不知佩兮[不知佴兮][1]。褘布與絲[褘衣與絲][1][襍布與絲][3][褘布與錦][4][褘布與緜][6]，不知異兮。閭姝子奢[閭娵子奢][3][閭娵子都][4]，莫知媒兮。嫫母求之，又甚喜之兮。以瞽爲明；以聾爲聰[以聾爲聰][7]，以是爲非，以吉爲凶。嗚呼上天，曷惟其同！”詩曰：“上天甚神[上天甚蹈][4]，無自瘵也[無自瘵焉][4]。”

天下合從

天下合從[天下舍從][3]。趙使魏加見楚春申君曰：“君有將乎？”曰：“有矣，僕欲將臨武君。”魏加曰：“臣少之時好射，臣願以射譬之，可乎？”春申君曰：“可。”加曰：“異日者，更羸與魏王處京臺之下，仰見飛鳥。更羸謂魏王曰：‘臣爲王引弓虛發而下鳥[臣爲君引弓虛發而下鳥][1]。’魏王曰：‘然則射可至此乎？’更羸曰：‘可。’有間，鴈從東方來[雁從東方來][7]，更羸以虛發而下之。魏王曰：‘然則射可至此乎？’更羸曰：‘此孽也。’王曰：‘先生何以知之？’對曰：‘其飛徐而鳴悲。飛徐者，故瘡痛也；鳴悲者[悲鳴者][6]，久失羣也，故瘡未息，而驚心未至也[而驚心未去也][1,6][而驚心未忘也][4]。聞弦音，引而高飛[聞弦者音烈而高飛][1][聞弦音烈而高飛][4]，故瘡隕也[故瘡烈而損也][4]。’今臨武君，嘗爲秦孽[甞爲秦孽][1]。不可爲拒秦之將也。”

汗明見春申君

汗明見春申君，候問三月[候間三月][4]，而後得見。談卒，春申君大說之。汗明欲復談，春申君曰：“僕已知先生，先生大息矣。”汗明憱焉曰[汗明蹵焉曰][1][汗明慨焉曰][2][汗明蹴焉曰][5]：“明願有問君而恐固。不審君之聖，孰與堯也？”春申君曰：“先生過矣，臣何足以當堯？”汗明曰：“然則君料臣孰與舜？”春申君曰：“先生卽舜也[先生卽舜也][1]。”汗明曰：“不然，臣請爲君終言之。君之賢實不如堯，臣之能不及舜。夫以賢舜事聖堯，三年而後乃相知也。今君一時而知臣[今君一旦而知臣][1]，是君聖於堯而臣賢於舜也。”春申君曰：“善。”召門吏爲汗先生著客籍，五日一見。

汗明曰：“君亦聞驥乎？夫驥之齒至矣，服鹽車而上大行[服檻車而上太行][1][服鹽車而上太行][7]。蹄申膝折，尾湛胕潰[尾湛肤潰][1]，漉汁灑地[漉汙灑地][1][漉汁汗灑地][5]，白汗交流，中阪遷延[外阪遷延][1,4]，負轅不能上[負棘而不能上][1][負棘不能上][6]。伯樂遭之，下車攀而哭之，解紵衣以冪之。驥於是俛而噴，仰而鳴，聲達於天，若出金石聲者[若出金石者][5]，何也？彼見伯樂之知己也。今僕之不肖，阨於州部，堀穴窮巷[陪堀穴窮巷][2,3,4]，沈洿鄙俗之日久矣[沉洿鄙俗之日久矣][1]，君獨無意湔拔僕也[君獨無意湔祓僕][1][君獨無意湔祓僕也][1][君獨無意湔拂僕也][4]，使得爲君高鳴屈於梁乎[蔴拂使其長鳴屈於梁乎][4][使得爲君長鳴屈於梁乎][5]？”

楚考烈王無子

楚考烈王無子，春申君患之，求婦人宜子者進之，甚衆，卒無子。

趙人李園，持其女弟，欲進之楚王，聞其不宜子，恐又無寵[恐久無寵][3]。李園求事春申君爲舍人。已而謁歸，故失期。還謁，春申君問狀。對曰：“齊王遣使求臣女弟，與其使者飲，故失期。”春申君曰：“聘入乎？”對曰：“未也。”春申君曰：“可得見乎？”曰：“可。”於是園乃進其女弟[於是園進其女弟][4]，卽幸於春申君。知其有身[知有身][4]，園乃與其女弟謀。

園女弟承間說春申君曰：“楚王之貴幸君，雖兄弟不如。今君相楚王二十餘年[今君相楚二十餘年][4]，而王無子，卽百歲後將更立兄弟。卽楚王更立，彼亦各貴其故所親[彼亦各貴其所親][1]，君又安得長有寵乎？非徒然也，君用事久，多失禮於王兄弟，兄弟誠立[王兄弟誠立][5]，禍且及身，奈何以保相印[何以保相印][4]、江東之封乎？今妾自知有身矣，而人莫知。妾之幸君未久，誠以君之重而進妾於楚王，王必幸妾。妾賴天而有男[妾賴天而有男][1]，則是君之子爲王也，楚國封盡可得[楚國封可得][4]，孰與其臨不測之罪乎？”春申君大然之。乃出園女弟謹舍，而言之楚王。楚王召入，幸之。遂生子男，立爲太子，以李園女弟立爲王后。楚王貴李園，李園用事。

李園既入其女弟爲王后，子爲太子，恐春申君語泄而益驕，陰養死士，欲殺春申君以滅口，而國人頗有知之者。

春申君相楚二十五年，考烈王病。朱英謂春申君曰：“世有無妄之福，又有無妄之禍。今君處無妄之世，以事無妄之主，安不有無妄之人乎？”春申君曰：“何謂無妄之福？”曰：“君相楚二十餘年矣，雖名爲相國，實楚王也[實如楚王也][4]。五子皆相諸侯。今王疾甚，旦暮且崩，太子衰弱，疾而不起，而君相少主，因而代立當國，如伊尹、周公。王長而反政，不，即遂南面稱孤，因而有楚國。此所謂無妄之福也。”春申君曰：“何謂無妄之禍？”曰：“李園不治國[李園不治國而][2,4]，王之舅也。不爲兵將，而陰養死士之日久矣。楚王崩，李園必先入，據本議制斷君命，秉權而殺君以滅口。此所謂無妄之禍也。”春申君曰：“何謂無妄之人？”曰：“君先仕臣爲郎中，君王崩，李園先入，臣請爲君剸其脑殺之[臣請爲君剸其胸殺之][7]。此所謂無妄之人也。”春申君曰：“先生置之，勿復言已[勿復言也][1]。李園，軟弱人也，僕又善之，又何至此？”朱英恐，乃亡去。

後十七日，楚考烈王崩[考烈王崩][1]，李園果先入，置死士，止於棘門之內。春申君後入，止棘門。園死士夾刺春申君，斬其頭，投之棘門外。於是使吏盡滅春申君之家。而李園女弟，初幸春申君有身，而入之王所生子者，遂立爲楚幽王也。

是歲，秦始皇立九年矣。嫪毐亦爲亂於秦[嫪毐亦爲亂於秦][1,7]。覺，夷三族，而呂不韋廢。

虞卿謂春申君

虞卿謂春申君曰："臣聞之春秋[臣聞之][1]，於安思危，危則慮安。今楚王之春秋高矣[楚王春秋高矣][1]，而君之封地，不可不早定也。爲主君慮封者，莫如遠楚。秦孝公封商君[秦孝公封商君][1]，孝公死，而後不免殺之[而後王不免殺之][1]。秦惠王封冉子，惠王死，而後王奪之。公孫鞅，功臣也。冉子，親姻也。然而不免奪死者，封近故也。太公望封於齊，邵公奭封於燕[邵公鄭封於燕][1]，爲其遠王室矣。今燕之罪大而趙怨深[今燕之罪大而趙怨深][1]，故君不如北兵以德趙，踐亂燕，以定身封，此百代之一時也。"

君曰："所道攻燕，非齊則魏。魏、齊新怨楚，楚君雖欲攻燕[楚軍雖欲攻燕][1]，將道何哉？"對曰："請令魏王可。"君曰："何如？"對曰："臣請到魏，而使所以信之。"

迺謂魏王曰[迺謂魏王曰][1,7]："夫楚亦强大矣，天下無敵，乃且攻燕。"魏王曰："鄉也，子云天下無敵；今也，子云乃且攻燕者，何也？"對曰："今爲馬多力則有矣[今謂馬多力則有矣][1,4]，若曰勝千鈞則不然者，何也？夫千鈞非馬之任也。今謂楚强大則有矣，若越趙、魏而鬭兵於燕[若越趙、魏而鬭兵於燕][1]，則豈楚之任也我[則豈楚之任也哉][1,4,6]？非楚之任而楚爲之，是敝楚也。敝楚見强魏也[敝楚是强魏也][1][强楚敝楚][4]，其於王孰便也？"

戰國策卷十八　趙一

知伯從韓魏兵以攻趙

知伯從韓、魏兵以攻趙[智伯從韓、魏兵以攻趙][1]，圍晉陽而水之，城下不沉者三板[城之不沈者三板][1][城之不沉者三板][5]。郄疵謂知伯曰[郄疵謂智伯曰][1][絺疵謂知伯曰][4][郗疵謂知伯曰][7]：“韓、魏之君必反矣。”知伯曰[智伯曰][1]：“何以知之？”郄疵曰：“以其人事知之。夫從韓、魏之兵而攻趙[矣從韓、魏之君而攻趙][1]，趙亡，難必及韓、魏矣。今約勝趙而三分其地[今約而三分其地][2,3,4]。今城不沒者三板，臼竈生鼃，人馬相食，城降有日，而韓、魏之君無憙志而有憂色[而韓、魏之君無喜志而有憂色][1]，是非反如何也？”

明日，知伯以告韓、魏之君曰[智伯以告韓、魏之君曰][1]：“郄疵言君之且反也。”韓、魏之君曰：“夫勝趙而三分其地，城今且將拔矣。夫三家雖愚[夫二家雖愚][1,2,4][夫三家雖愚必][5]，不棄美利於前，背信盟之約，而爲危難不可成之事，其勢可見也。是疵爲趙計矣，使君疑二主之心，而解於攻趙也。今君聽讒臣之言，而離二主之交，爲君惜之。”趨而出[趍而出][1]。郄疵謂知伯曰[郄疵謂智伯曰][1]：“君又何以疵言告韓、魏之君爲？”知伯曰[智伯曰][1]：“子安知之？”對曰：“韓、魏之君視疵端而趨疾[韓、魏之君視疵端而趍疾][1]。”

郄疵知其言之不聽，請使於齊，知伯遣之[智伯遣之][1]。韓、魏之君果反矣。

知伯帥趙韓魏而伐范中行氏

知伯帥趙、韓、魏而伐范中行氏[智伯帥趙韓魏而伐范中行氏][1]，滅之。休數年，使人請地於韓。韓康子欲勿與，段規諫曰[段規諫曰][1]：“不可。夫知伯之爲人也[夫智伯之爲人也][1]，好利而鷙復[好利而鷙愎][2,4]，來請地不與，必加兵於韓矣。君其與之。與之彼狃[彼狃][1]，又將請地於他國，他國不聽，必鄉之以兵；然則韓可以免於患難，而待事之變。”康子曰：“善。”使使者致萬家之邑一於知伯[使使者致萬家之邑一於智伯][1]。知伯說[智伯說][1]，又使人請地於魏，魏宣子欲勿與[魏桓子欲勿與][1,4]。趙葭諫曰[趙葭諫曰][1]：“彼請地於韓，韓與之。請地於魏，魏弗與，則是魏内自强，而外怒知伯也[而外怒智伯也][1]。然則其錯兵於魏必矣！不如與之。”宣子曰[桓子曰][1]：“諾。”因使人致萬家之邑一於知伯[因使人致萬家之邑一於智伯][1]。知伯說[智伯說][1]，又使人之趙，請蔡、皐狼之地[請藺、皐狼之地][1]，趙襄子弗與。知伯因陰結韓、魏[智伯陰結韓、魏][1]，將以伐趙。

趙襄子召張孟談而告之曰[襄子召張孟談而告之曰][3,4]：“夫知伯之爲人[夫智伯之爲人][1]，陽親而陰踈[陽親而陰疎][1][陽親而陰疏][7]，三使韓、魏，而寡人弗與焉，其移兵寡人必矣。今吾安居而可？”張孟談曰：“夫董閼安于，簡主之才臣也[簡子之才臣也][1][簡主之才臣也][7]，世治晉陽，而尹澤循之[而君澤循之][1][而尹澤修之][3,4][而尹鐸循之][5]，其餘政教猶存，君其定居晉陽。”君曰：“諾。”乃使延陵王將車騎先之晉陽[乃使延陵君將車騎先之晉陽][1,6][乃使延陵生將車騎先之晉陽][4]，君因從之。至，行城郭，案府庫，視倉廩，召張孟談曰：“吾城郭之完，府庫足用，倉廩實矣，無矢奈何[無矢柰何][1]？”張孟談曰：“臣聞董子之治晉陽也，公宮之垣，皆以狄蒿苦楚廧之[皆以荻蒿苦楚廧之][1][皆以荻蒿楛楚牆之，有楛高至于丈][4]，其高至丈餘，君發而用之。”於是發而試之，其堅則箘簬之勁不能過也。君曰：“足矣[矢足矣][1][吾箭已足矣][4]，吾銅少若何？”張孟談曰：“臣聞董子之治晉陽也，公宮之室，皆以鍊銅爲柱質[皆以鍊銅爲柱質][1]，請發而用之，則有餘銅矣。”君曰：“善。”號令以定[號令已定][1]，備守以具[備守已具][1]。

三國之兵乘晉陽城，遂戰。三月不能拔，因舒軍而圍之，決晉水而灌之[決晉水而灌之][1]。圍晉陽三年，城中巢居而處，懸釜而炊，財食將盡，士卒病羸。襄子謂張孟談曰：“糧食匱，城力盡[財力盡][1,4]，士大夫病，吾不能守矣。欲以城下，何如？”張孟談曰：“臣聞之，亡不能存，危不能安，則無爲貴知士也。君釋此計，勿復言也。臣請見韓、魏之君。”襄子曰：“諾。”

張孟談於是陰見韓、魏之君曰：“臣聞脣亡則齒寒[臣聞脣亡則齒寒][1]，今知伯帥二國之君伐趙[今智伯帥二國之君伐趙][1]，趙將亡矣，亡則二君爲之次矣。”二君曰：“我知其然。夫知伯爲人也[夫智伯爲人也][1]，麁中而少親[麤中而少親][1,4]，我謀未遂而知，則其禍必至，爲之奈何？”張孟談曰：“謀出二君之口，入臣之耳，人莫之知也。”二君卽與張孟談陰約三軍，與之期曰[與之期日][1,4]，夜，遣入晉陽。張孟談以報襄子，襄子再拜之。

張孟談因朝知伯而出[張孟談因朝智伯而出][1]，遇知過轅門之外[遇智果轅門之外][1,4,5]。知過入見知伯曰[智過入見智伯曰][1]：“二主殆將有變。”君曰：“何如？”對曰：“臣遇張孟談於轅門之外，其志矜，其行高。”知伯曰[智伯曰][1]：“不然。吾與二主約謹矣，破趙三分其地，寡人所親之，必不欺也。子釋之，勿出於口。”知過出見二主[智過出見二主][1]，入說知伯曰[入說智伯曰][1]：“二主色動而意變，必背君，不如令殺之。”知伯曰[智伯曰][1]：“兵着晉陽三年矣[兵箸晉陽三年矣][7]，旦暮當拔之而饗其利[旦暮當拔而饗其利][1]，乃有他心？不可，子慎勿復言。”知過曰[智過曰][1]：“不殺則遂親之。”知伯曰[智伯曰][1]：“親之奈何[親之柰何][1]？”知過曰[智過曰][1]：“魏宣子之謀臣曰趙葭[魏桓宣子之謀臣曰趙葭][1,6]，康子之謀臣曰段規[韓康子之謀臣曰段規][1,4]，是皆能移其君之計。君其與二君約，破趙則封二子者各萬家之縣一，如是則二主之心可不變，而君得其所欲矣。”知伯曰[智伯曰][1]：“破趙而三分其地，又封二子者各萬家之縣一，則吾所得者少，不可。”知過見君之不用也[智過見君之不用也][1]，言之不聽，出，更其姓爲輔氏，遂去不見。

張孟談聞之，入見襄子曰：“臣遇知過於轅門之外[臣遇智過於轅門之外][1]，其視有疑臣之心，入見知伯[入見智伯][1]，出更其姓。今暮不擊，必後之矣。”

襄子曰：“諾。”使張孟談見韓、魏之君曰[使張孟談見韓、魏之君日][1]：“夜期殺守堤之吏[至於期日之夜期殺守堤之吏][4]，而決水灌知伯軍[而決水灌智伯軍][1]。”知伯軍救水而亂[智伯軍救水而亂][1]，韓、魏翼而擊之，襄子將卒犯其前，大敗知伯軍而禽知伯[大敗智伯軍而禽智伯][1]。

知伯身死[智伯身死][1]，國亡地分，爲天下笑，此貪欲無厭也。夫不聽知過[夫不聽智過][1]，亦所以亡也。知氏盡滅[智氏盡滅][1]，唯輔氏存焉。

張孟談既固趙宗

張孟談既固趙宗[張孟同既固趙宗][4]，廣封疆[廟封疆][1]，發五百[發五霸][1][發五伯][5]，乃稱簡之塗以告襄子曰[乃稱簡之塗以告襄子曰][1,7]：“昔者，前國地君之御有之曰：‘五百之所以致天下者[五霸之所以致天下者][1]，約兩主勢能制臣[約主勢能制臣][1,6]，無令臣能制主。故貴爲列侯者，不令在相位，自將軍以上，不爲近大夫。’今臣之名顯而身尊[令臣之名顯而身尊][1]，權重而衆服，臣願捐功名去權勢以離衆[臣願損功名去權勢以離衆][1]。”襄子恨然曰：“何哉？吾聞輔主者名顯，功大者身尊，任國者權重，信忠在己而衆服焉[信忠在巳而衆服焉][1]。此先聖之所以集國家，安社稷乎[安社稷也][2]！子何爲然？”張子談對曰：“君之所言，成功之美也。臣之所謂，持國之道也。臣觀成事，聞往古[聞徃古][1]，天下之美同，臣主之權均之能美[臣主之權均而能美][2] [臣主之權均耳能美][4]，未之有也。前事之不忘，後事之師。君若弗圖，則臣力不足。”愴然有決色[愴然有決色][1]。襄子去之。臥三日，使人謂之曰：“晉陽之政，臣下不使者何如[臣下不使者如何][6]？”對曰：“死僇。”張孟談曰：“左司馬見使於國家，安社稷，不避其死，以成其忠，君其行之。”君曰：“子從事。”乃許之。張孟談便厚以便名，納地釋事以去權尊，而耕於負親之丘。故曰，賢人之行，明主之政也。

耕三年，韓、魏、齊、燕負親以謀趙[韓、魏、齊、楚負親以謀趙][1]，襄子往見張孟談而告之曰[襄子徃見張孟談而告之曰][1]：“昔者知氏之地[昔者智氏之地][1]，趙氏分則多十城，復來[而今諸侯復來][5]，而今諸侯孰謀我[而今諸侯謀我][1,6][而今諸侯孰爲我謀][5]，爲之奈何[爲之柰何][1]？”張孟談曰：“君其負劍而御臣以之國[君其負劍而御臣以之國][7]，舍臣於廟，授吏大夫，臣試計之。”君曰：“諾。”張孟談乃行，其妻之楚，長子之韓，次子之魏，少子之齊。四國疑而謀敗。

晉畢陽之孫豫讓

晉畢陽之孫豫讓，始事范、中行氏而不說，去而就知伯[去而就智伯][1]，知伯寵之[智伯寵之][1]。及三晉分知氏[及三晉分智氏][1]，趙襄子最怨知伯[趙襄子最怨智伯][1]，而將其頭以爲飲器。豫讓遁逃山中，曰：“嗟乎！士爲知己者死，女爲悅己者容。吾其報知氏之讎矣[吾其報智氏之讎矣][1]。”乃變姓名，爲刑人，入宮塗廁，欲以刺襄子[欲以刺襄子][1]。襄子如廁，心動，執問塗者，則豫讓也。刃其扞[刃其扜][3]，曰：“欲爲知伯報讎[欲爲智伯報讎][1]！”左右欲殺之。趙襄子曰：“彼義士也，吾謹避之耳。且知伯已死[且智伯已死][1]，無後，而其臣至爲報讎，此天下之賢人也。”卒釋之。豫讓又漆身爲厲，滅鬚去眉，自刑以變其容，爲乞人而往乞[爲乞人而徃乞][1]，其妻不識，曰：“狀貌不似吾夫，其音何類吾夫之甚也。”又吞炭爲啞，變其音。其友謂之曰：“子之道甚難而無功，謂子有志則然矣，謂子智則否。以子之才，而善事襄子，襄子必近幸子；子之得近而行所欲，此甚易而功必成。”豫讓乃笑而應之曰：“是爲先知報後知，爲故君賊新君，大亂君臣之義者無此矣。凡吾所謂爲此者，以明君臣之義，非從易也。且夫委質而事人，而求弒之，是懷二心以事君也。吾所爲難，亦將以愧天下後世人臣懷二心者。”

居頃之，襄子當出，豫讓伏所當過橋下[豫讓伏以過橋下][1]。襄子至橋而馬驚。襄子曰：“此必豫讓也。”使人問之，果豫讓。於是趙襄子面數豫讓曰：“子不嘗事范中行氏乎[子不甞事范中行氏乎][1]？知伯滅范中行氏[智伯滅范中行氏][1]，而子不爲報讎，反委質事知伯[反委質事智伯][1]。知伯已死[智伯已死][1]，子獨何爲報讎之深也？”豫讓曰：“臣事范中行氏，范中行氏以衆人遇臣，臣故衆人報之；知伯以國士遇臣[智伯以國士遇臣][1]，臣故國士報之。”襄子乃喟然嘆泣曰[襄子乃喟然歎泣曰][1, 2, 3, 4, 5, 6, 7]：“嗟乎，豫子[嗟乎，豫][1]！豫子之爲知伯[之爲智伯][1][子之爲智伯][2, 4]，名既成矣，寡人舍子，亦以足矣[亦已足矣][1, 4]。子自爲計，寡人不舍子。”使兵環之。豫讓曰：“臣聞明主不掩人之義，忠臣不愛死以成名。君前已寬舍臣[君前以寬舍臣][6]，天下莫不稱君之賢。今日之事，臣故伏誅，然願請君之衣而擊之，雖死不恨。非所望也，敢布腹心。”於是襄子義之，乃使使者持衣與豫讓[乃使使者者持衣與豫讓][6]。豫讓拔劍三躍[豫讓拔劍三躍][1]，呼天擊之曰[呼天而擊之][2][擊之曰][4]：“而可以報知伯矣[而可以報智伯矣][1]。”遂伏劍而死[遂伏劍而死][1]。死之日，趙國之士聞之，皆爲涕泣。

魏文侯借道於趙攻中山

魏文侯借道於趙攻中山。趙侯將不許。趙利曰：“過矣。魏攻中山而不能取，則魏必罷，罷則趙重。魏拔中山，必不能越趙而有中山矣。是用兵者，魏也；而得地者，趙也。君不如許之，許之大勸，彼將知矣利之也[彼將知趙利之也][1][彼將知利之也][2][彼將知君利之也][4]，必輟。君不如借之道，而示之不得已。”

秦韓圍梁

秦、韓圍梁[秦、圍梁][1]，燕、趙救之。謂山陽君曰：“秦戰而勝三國，秦必過周、韓而有梁。三國而勝秦，三國之力，雖不足以攻秦，足以拔鄭。計者不如構三國攻秦[計者不如搆三國攻秦][1]。”

腹擊爲室而鉅

腹擊爲室而鉅，荆敢言之主。謂腹子曰：“何故爲室之鉅也？”腹擊曰：“臣羈旅也，爵高而祿輕，宮室小而帑不衆。主雖信臣，百姓皆曰：‘國有大事，擊必不爲用。’今擊之鉅宮[今擊之鉅室][3]，將以取信於百姓也。”主君曰：“善。”

蘇秦説李兑

蘇秦説李兑曰［蘇子説李兑曰］[1,6]：“雒陽乘軒車蘇秦［雒陽乘軒車蘇某］[1]［雒陽乘軒里蘇秦］[4]［雒陽乘軒車蘇子］[6]，家貧親老，無罷車駑馬，桑輪蓬篋羸幐［桑輪蓬篋贏幐］[1]，負書擔橐［負書擔囊］[1]，觸塵埃，蒙霜露，越漳、河［越河漳］[1]，足重繭，日百而舍，造外闕，願見於前，口道天下之事。”李兑曰：“先生以鬼之言見我則可，若以人之事［若以人事］[1]，兑盡知之矣。”蘇秦對曰［蘇子對曰］[1,6]：“臣固以鬼之言見君，非以人之言也。”李兑見之。蘇秦曰［蘇子曰］[1,6]：“今日臣之來也暮，後郭門，藉席無所得，寄宿人田中。傍有大叢，夜半，土梗與木梗鬬曰［土梗與木梗闘曰］[7]：‘汝不如我，我者乃土也［我乃土也］[3]。使我逢疾風淋雨，壞沮［壞阻］[1]，乃復歸土。今汝非木之根，則木之枝耳。汝逢疾風淋雨，漂入漳、河，東流至海，氾濫無所止。’臣竊以爲土梗勝也。今君殺主父而族之，君之立於天下，危於累卵。君聽臣計則生，不聽臣計則死。”李兑曰：“先生就舍，明日復來見兑也。”蘇秦出［蘇子出］[1]。

李兑舍人謂李兑曰：“臣竊觀君與蘇公談也，其辯過君，其博過君，君能聽蘇公之計乎？”李兑曰：“不能。”舍人曰：“君卽不能，願君堅塞兩耳，無聽其談也。”明日復見，終日談而去。舍人出送蘇君，蘇秦謂舍人曰［蘇子謂舍人曰］[1,6]：“昨日我談粗而君動，今日精而君不動，何也？”舍人曰：“先生之計大而規高［先生之計大而規高］[1]，吾君不能用也。乃我請君塞兩耳［乃我請君堅塞兩耳］[1]，無聽談者。雖然，先生明日復來，吾請資先生厚用。”明日來，抵掌而談。李兑送蘇秦明月之珠［李兑送蘇子明月之珠］[1]［李兑送蘇子明日之珠］[6]，和氏之璧，黑貂之裘，黄金百鎰。蘇秦得以爲用［蘇子得以爲用］[1,6]，西入於秦。

趙收天下且以伐齊

趙收天下，且以伐齊。蘇秦爲齊上書說趙王曰[蘇厲爲齊上書說趙王曰][1,4]：“臣聞古之賢君，德行非施於海内也，教順慈愛，非布於萬民也，祭祀時享，非當於鬼神也。甘露降，風雨時至[風雨時][1][時雨至][4]，農夫登，年穀豐盈[年穀豐盈][1]，衆人喜之[衆人善之][1,4]，而賢主惡之。今足下功力，非數痛加於秦國，而怨毒積惡，非曾深凌於韓也[非曾深凌於韓也][1][非素深於韓、齊也][3][非增深凌於韓也][5]。臣竊外聞大臣及下吏之議，皆言主前專據，以秦爲愛趙而憎韓[以秦爲愛趙而憎齊][4]。臣竊以事觀之，秦豈得愛趙而憎韓哉[秦豈得愛趙而憎齊哉][4]？欲亡韓吞兩周之地，故以韓爲餌[故以齊爲餌][4]，先出聲於天下，欲鄰國聞而觀之也。恐其事不成，故出兵以佯示趙、魏。恐天下之驚覺，故微韓以貳之[故微伐韓以貳之][1,6][徵兵於韓以威之][4]。恐天下疑己，故出質以爲信。聲德於與國，而實伐空韓。臣竊觀其圖之也，議秦以謀計[議以爲秦計謀][4]，必出於是。

“且夫說士之計，皆曰韓亡三川，魏滅晉國，恃韓未窮[是韓未窮][1,6][市朝未變，而禍已及矣][4]，而禍及於趙。且物固有勢異而患同者，又有勢同而患異者。昔者，楚人久伐而中山亡。今燕盡韓之河南[燕盡齊之北地][4]，距沙丘，而至鉅鹿之界三百里；距於扞關，至於榆中千五百里[至於榆中五百里][1][秦之上郡，近扞關，至於榆中，千五百里][4]。秦盡韓、魏之上黨，則地與國都邦屬而壤挈者七百里。秦以三軍强弩坐羊唐之上[秦以三軍強弩坐羊腸之上][1]，卽地去邯鄲二十里。且秦以三軍攻王之上黨而危其北，則句注之西，非王之有也。今魯句注禁常山而守[今踰句注禁常山而守][1,6][踰句注，斬常山而守之][4]，三百里通於燕之唐、曲吾[三百里通於唐、曲吾][1][三百里通於燕之唐、曲逆][2][三百里通於燕之唐、曲][3][三百里通於燕][4][三百里通於燕之唐、曲遇][6]，此代馬胡駒不東[此代馬胡犬不東][4]，而崐山之玉不出也。此三寶者，又非王之有也。今從於彊秦國之伐齊[今從於強秦與之伐齊][1][王久伐齊，從彊秦攻韓][4][今從於彊秦與之伐齊][6]，臣恐其禍出於是矣。昔者[　][1]，五國之王，嘗合横而謀伐趙，參分趙國壤地[三分趙國壤地][1]，著之盤盂，屬之讎柞。五國之兵有日矣，韓乃西師以禁秦國[齊乃西師以禁秦國][1]，使秦發令素服而聽，反温、枳[反温、軹][1][反温、根柔][4]、高平於魏，反三公、什清於趙[反巠分、先俞於趙][3][反王公、什清於趙][4]，此王之明知也。夫韓事趙宜正爲上交[夫齊事趙宜爲上交][1][夫韓事趙宜爲上交][4][夫齊韓事趙宜爲上交][6]；今乃以抵罪取伐[今乃以邸罪取伐][1]，臣恐其後事王者之不敢自必也[臣恐其後事王不敢自必也][1]。今王收天下[今王收齊天下][1][今王毋與天下攻齊，天下必以王爲義][6]，必以王爲得。韓危社稷以事王[齊危社稷以事王][1][韓抱社稷以事王][3][齊抱社稷以厚事王][4]，天下必重王。然則韓義王以天下就之[然則齊義王以天下就之][1]，下至韓慕王以天下收之[下至齊慕王以天下收之][1][王以天下善秦，秦暴，王以天下禁止][4]，是一世之命，制於王已。臣願大王深與左右羣臣卒計而重謀[臣願大王深與左右群臣卒計而重謀][1]，先事成慮而熟圖之也。"

齊攻宋奉陽君不欲

齊攻宋，奉陽君不欲。客謂奉陽君曰："君之春秋高矣，而封地不定，不可不熟圖也。秦之貪，韓、魏危，衛、楚正[燕、楚僻][1]，中山之地薄，宋罪重，齊怒深，殘伐亂宋，定身封，德强齊，此百代之一時也。"

秦王謂公子他

秦王謂公子他曰："昔歲殽下之事，韓爲中軍，以與諸侯攻秦。韓與秦接境壤界，其地不能千里，展轉不可約。日者秦、楚戰於藍田，韓出鋭師以佐秦，秦戰不利，因轉與楚，不固信盟，唯便是從。韓之在我，心腹之疾。吾將伐之，何如？" 公子他曰："王出兵韓，韓必懼，懼則可以不戰而深取割。"王曰："善。"乃起兵，一軍臨熒陽[一軍臨滎陽][1][一軍臨滎陽][2]，一軍臨太行。

韓恐，使陽城君入謝於秦[使成陽君入謝於秦][1]，請效上黨之地以爲和[請効上黨之地以爲和][1]。令韓陽告上黨之守靳𪏆曰[令韓陽告上黨之守靳黈曰][1,6]："秦起二軍以臨韓，韓不能有[韓不能支][1,6]。今王令韓興兵以上黨入和於秦，使陽言之太守，太守其效之[太守其効之][1]。" 靳𪏆曰："人有言：挈瓶之知[挈瓶之智][1]，不失守器。王則有令，而臣太守[而臣失守][6]，雖王與子，亦其猜焉[其亦猜焉][1]。臣請悉發守以應秦，若不能卒，則死之。”韓陽趨以報王，王曰：“吾始已諾於應侯矣，今不與，是欺之也。” 乃使馮亭代靳黈。

馮亭守三十日，陰使人請趙王曰：“韓不能守上黨，且以與秦，其民皆不欲爲秦，而願爲趙。今有城市之邑七十[今有城市之邑十七][4]，願拜内之於王，唯王才之[惟王才之][1]。”趙王喜，召平原君而告之曰[召平陽君而告之曰][1,4,5]：“韓不能守上黨，且以與秦，其吏民不欲爲秦，而皆願爲趙。今馮亭令使者以與寡人[令馮亭令使者以與寡人][6]，何如？”趙豹對曰：“臣聞聖人甚禍無故之利[聖人甚禍無故之利][1,4]。”王曰：“人懷吾義，何謂無故乎？”對曰：“秦蠶食韓氏之地，中絶不令相通，故自以爲坐受上黨也。且夫韓之所以内趙者，欲嫁其禍也。秦被其勞，而趙受其利，雖强大不能得之於小弱，而小弱顧能得之强大乎？今王取之，可謂有故乎？且秦以牛田[且秦以牛甲][2,4]，水通粮[水通糧][7]，其死士皆列之於上地，令嚴政行，不可與戰。王自圖之！”王大怒曰：“夫用百萬之衆，攻戰踰年歷歲[攻齊踰年歷歲][2,3,4]，未見一城也。今不用兵而得城七十[今不用兵而得城十七][1]，何故不爲？”趙豹出。

王召趙勝、趙禹而告之曰：“韓不能守上黨，今其守以與寡人，有城市之邑七十[有城市之邑十七][1]。”二人對曰：“用兵踰年，未見一城，今坐而得城[今坐而得城七十][1][今坐而得城十七][4]，此大利也。”乃使趙勝往受地[乃使趙勝徃受地][1]。

趙勝至曰[勝至曰][1]：“敝邑之王，使使者臣勝，太守有詔[告太守有詔][1,6]，使臣勝謂曰：‘請以三萬户之都封太守，千户封縣令，諸吏皆益爵三級，民能相集者，賜家六金。’”馮亭垂涕而勉曰[馮亭垂涕而免曰][1][馮亭垂涕而俛曰][6]：“是吾處三不義也：爲主守地而不能死，而以與人，不義一也；主内之秦，不順主命，不義二也；賣主之地而食之，不義三也。”辭封而入韓，謂韓王曰：“趙聞韓不能守上黨，今發兵已取之矣。”

韓告秦曰：“趙起兵取上黨。”秦王怒，令公孫起、王齮以兵遇趙於長平[王齕以兵遇趙於長平][2] [王騎以兵遇趙於長平][4]。

蘇秦爲趙王使於秦

蘇秦爲趙王使於秦，反，三日不得見。謂趙王曰：“秦乃者過柱山，有兩木焉。一蓋呼侶[一盖呼侶][1]，一蓋哭[一盖哭][1]。問其故[秦問其故][4]，對曰：‘吾已大矣，年已長矣，吾苦夫匠人，且以繩墨案規矩刻鏤我。一蓋曰[一盖曰][1]：‘此非吾所苦也，是故吾事也。吾所苦夫鐵鉆然[吾所苦夫鐵銛然][1]，自入而出夫人者。’今臣使於秦，而三日不見，無有謂臣爲鐵鉆者乎[無有爲臣爲鐵銛者乎][1][無有爲臣爲鐵鉆者乎][2,4]？”

甘茂爲秦約魏以攻韓宜陽

甘茂爲秦約魏以攻韓宜陽，又北之趙，冷向謂强國曰：“不如令趙拘甘茂，勿出，以與齊、韓、秦市。齊王欲求救宜陽，必效縣狐氏。韓欲有宜陽[韓欲存宜陽][1]，必以路涉、端氏賂趙。秦王欲得宜陽，不愛名寶，且拘茂也，且以置公孫赫、樗里疾。”

謂皮相國

謂皮相國曰：“以趙之弱而據之建信君，涉孟之讎然者何也？以從爲有功也。齊不從，建信君知從之無功。建信者安能以無功惡秦哉[建信君安能以無功惡秦哉][4]？不能以無功惡秦，則且出兵助秦攻魏，以楚、趙分齊，則是强畢矣。建信、春申從，則無功而惡秦。秦分齊[秦合齊][1]，齊亡魏[分齊亡魏][5]，則有功而善秦。故兩君者，奚擇有功之無功爲知哉[奚擇有功之與無功爲知哉][1][奚擇有功之無功之爲知哉][5]？”

或謂皮相國

或謂皮相國曰[謂皮相國曰][1]：“魏殺呂遼而衛兵，亡其北陽而梁危[亡其比陽而梁危][1,4]，河間封不定而齊危[河間封不定而趙危][1]，文信不得志，三晉倍之憂也。今魏恥未滅[今魏耻未滅][1]，趙患又起，文信侯之憂大矣[文信之憂大矣][1]。齊不從，三晉之心疑矣。憂大者不計而構[憂大者不計而講][1] [憂大者不計而搆][2]，心疑者事秦急。秦、魏之構[秦、魏之講][1]，不待割而成。秦從楚、魏攻齊，獨吞趙，齊、趙必俱亡矣。”

趙王封孟嘗君以武城

趙王封孟嘗君以武城。孟嘗君擇舍人以爲武城吏，而遣之曰[之遣之曰][6]：“鄙語豈不曰，借車者馳之，借衣者被之哉？”皆對曰：“有之。”孟嘗君曰：“文甚不取也。夫所借衣車者，非親友，則兄弟也。夫馳親友之車，被兄弟之衣，文以爲不可。今趙王不知文不肖，而封之以武城，願大夫之往也[願大夫之徃也][1]，毋伐樹木，毋發屋室[毋廢屋室][4]，訾然使趙王悟而知文也[訾然使趙王悟而知文][1]。謹使可全而歸之[僅使可全而歸之][4]。”

謂趙王曰三晉合而秦弱

謂趙王曰：“三晉合而秦弱，三晉離而秦强，此天下之所明也[此天下之所明知也][5]。秦之有燕而伐趙，有趙而伐燕；有梁而伐趙，有趙而伐梁；有楚而伐韓，有韓而伐楚；此天下之所明見也[而天下之所明見也][6]。然山東不能易其路，兵弱也。弱而不能相壹[弱而不能相一][1]，是何楚之知[是何秦之智][1][是何秦之知][5,6]，山東之愚也。是臣所爲山東之憂也。虎將卽禽，禽不知虎之卽己也，而相鬬兩罷，而歸其死於虎。故使禽知虎之卽己，决不相鬬矣[決不相鬬矣][7]。今山東之主不知秦之卽己也，而尚相鬬兩敝，而歸其國於秦，知不如禽遠矣[智不如禽遠矣][1]。願王熟慮之也。

“今事有可急者，秦之欲伐韓、梁，東闚於周室甚，惟寐亡之[惟寐忘之][1,6]。今南攻楚者，惡三晉之大合也[惡三晉之相合也][1]。今攻楚休而復之，已五年矣，攘地千餘里，今謂楚王：‘苟來舉玉趾而見寡人，必與楚爲兄弟之國，必爲楚攻韓、梁，反楚之故地。’楚王美秦之語，怒韓、梁之不救己，必入於秦。有謀故殺使之趙[秦有謀故發使之趙][1,6][有謀故發使之趙][2]，以燕餌趙，而離三晉。今王美秦之言，而欲攻燕，攻燕，食未飽而禍已及矣。楚王入秦，秦、楚爲一，東面而攻韓[東面而攻韓][1]。韓南無楚，北無趙，韓不待伐，割挈馬兔而西走[割挈馬兔而西走][3, 4]。秦與韓爲上交，秦禍安移於梁矣[秦禍案移於梁矣][4]。以秦之强，有楚、韓之用，梁不待伐矣[梁不待伐][1, 4]，割挈馬兔而西走[割挈馬兔而西走][3, 4]，秦與梁爲上交，秦禍案攘於趙矣[秦禍案環中趙矣][1]。以强秦之有韓、梁、楚，與燕之怒，割必深矣。國之舉此，臣之所爲來。臣故曰：事有可急爲者。

“及楚王之未入也，三晉相親相堅，出鋭師以戍韓、梁西邊，楚王聞之，必不入秦，秦必怒而循攻楚，是秦禍不離楚也，便於三晉。若楚王入[若楚王入秦][1]，秦見三晉之大合而堅也[秦見大晉之大合而堅也][1]，必不出楚王，即多割，是秦禍不離楚也，有利於三晉。願王之熟計之也急[願王之熟計之也][4]！”

趙王因起兵南戍韓、梁之西邊[趙王因起兵南伐山戍翟韓、梁之惡邊][1][趙王因起兵南伐山戎戍韓、梁之西邊][4]。秦見三晉之堅也，果不出楚王卬[果不出楚王][1, 5][果不出楚王印][2]，而多求地。

戰國策卷十九　趙二

蘇秦從燕之趙

蘇秦從燕之趙，始合從，說趙王曰：“天下之卿相人臣，乃至布衣之士，莫不高賢大王之行義，皆願奉教陳忠於前之日久矣。雖然，奉陽君妬，大王不得任事，是以外賓客遊談之士[是以外賔客遊談之士][1][是以外客遊談之士][2,4]，無敢盡忠於前者。今奉陽君捐館舍，大王乃今然後得與士民相親，臣故敢獻其愚[臣故敢進其愚][1]，効愚[　][1]忠[進其愚慮][4][效愚忠][1,7]。爲大王計，莫若安民無事，請無庸有爲也。安民之本，在於擇交。擇交而得則民安，擇交不得則民終身不得安。請言外患：齊、秦爲兩敵，而民不得安；倚秦攻齊[倚秦攻齊][7]，而民不得安；倚齊攻秦[倚齊攻秦][1]，而民不得安。故夫謀人之主，伐人之國，常苦出辭斷絶人之交，願大王慎無出於口也。

“請屏左右，曰言所以異[白言所以異][1,6][請別白黑所以異][4]，陰陽而已矣。大王誠能聽臣，燕必致氈裘狗馬之地[燕必致氊裘狗馬之地][1,7]，齊必致海隅魚鹽之地，楚必致橘柚雲夢之地，韓、魏皆可使致封地湯沐之邑，貴戚父兄皆可以受封侯。夫割地效實，五伯之所以覆軍禽將而求也[五霸之所以覆軍禽將而求也][1]；封侯貴戚，湯、武之所以放殺而爭也。今大王垂拱而兩有之，是臣之所以爲大王願也。大王與秦，則秦必弱韓、魏；與齊，則齊必弱楚、魏。魏弱則割河外，韓弱則效宜陽[韓弱則効宜陽][1]。宜陽效則上郡絶[宜陽効則上郡絶][1]，河外割則道不通。楚弱則無援。此三策者，不可不熟計也。夫秦下軹道則南陽動，劫韓包周則趙自銷鑠，據衛取淇則齊必入朝。秦欲已得行於山東[秦欲已得於山東][2,4]，則必舉甲而向趙。秦甲涉河踰漳，據番吾，則兵必戰於邯鄲之下矣。此臣之所以爲大王患也。

“當今之時，山東之建國，莫如趙强，趙地方二千里[趙地方三千里][1]，帶甲數十萬，車千乘，騎萬匹，粟支十年；西有常山，南有河、漳，東有清河，北有燕國。燕固弱國，不足畏也。且秦之所畏害於天下者，莫如趙。然而秦不敢舉兵甲而伐趙者，何也？畏韓、魏之議其後也。然則韓、魏，趙之南蔽也。秦之攻韓、魏也，則不然。無有名山大川之限，稍稍蠶食之，傅之國都而止矣。韓、魏不能支秦[韓、魏不支秦][2,4]，必入臣。韓、魏臣於秦[於秦][1,4]，秦無韓、魏之隔，禍中於趙矣[禍必中於趙矣][1,4]。此臣之所以爲大王患也。

“臣聞，堯無三夫之分，舜無咫尺之地，以有天下。禹無百人之聚，以王諸侯。湯、武之卒不過三千人，車不過三百乘，立爲天子[而爲天子][1]。誠得其道也。是故明主外料其敵國之强弱[是故明主外料敵國之強弱][4]，内度其士卒之衆寡、賢與不肖，不待兩軍相當，而勝敗存亡之機節[而勝敗存亡之機][4]，固已見於胷中矣[固已見於胸中矣][7]，豈掩於衆人之言[豈闇於衆人之言][2,4]，而以冥冥决事哉[而以寞寞决事哉][1]！

“臣竊以天下地圖案之。諸侯之地五倍於秦，料諸侯之卒，十倍於秦。六國并力爲一，西面而攻秦，秦破必矣[破必矣][1]。今見破於秦[　][1][今][3,4,6]，西面而事之，見臣於秦。夫破人之與破於人也，臣人之與臣於人也，豈可同日而言之哉！夫横人者，皆欲割諸侯之地以與秦成。與秦成，則高臺[則高臺榭][1,4]，美宫室，聽竽瑟之音[聽竽笙琴瑟之音][1]，察五味之和，前有軒轅，後有長庭[後有長姣][4]，美人巧笑，卒有秦患，而不與其憂。是故横人日夜務以秦權恐猲諸侯[是故横人日夜務以秦權恐喝諸侯][1][是故横人日夜務以秦坐恐愒諸侯][4]，以求割地。願大王之熟計之也。

“臣聞，明王絶疑去讒，屏流言之迹，塞朋黨之門，故尊主廣地强兵之計，臣得陳忠於前矣。故竊爲大王計，莫如一韓、魏、齊、楚、燕、趙，六國從親[六國從國][6]，以儐畔秦[以擯畔秦][1][以畔秦][4]。令天下之將相，相與會於洹水之上，通質刑白馬以盟之。約曰：秦攻楚，齊、魏各出鋭師以佐之，韓絶食道，趙涉河、漳，燕守常山之北。秦攻韓、魏，則楚絶其後，齊出鋭師以佐之，趙涉河、漳，燕守雲中。秦攻齊，則楚絶其後，韓守成皋，魏塞午道，趙涉河、漳、博關[博関][1]，燕出鋭師以佐之。秦攻燕，則趙守常山，楚軍武關，齊涉渤海，韓、魏出鋭師以佐之。秦攻趙，則韓軍宜陽，楚軍武關，魏軍河外，齊涉渤海，燕出鋭師以佐之。諸侯有先背約者，五國共伐之。六國從親以擯秦[六國從親以擯秦][1][六國從親以儐秦][2][六國從親以賓秦][6]，秦必不敢出兵於函谷關以害山東矣！如是則伯業成矣[如是則霸業成矣][1]！”

趙王曰：“寡人年少，莅國之日淺，未嘗得聞社稷之長計[未嘗得聞社稷之長計][1]。今上客有意存天下，安諸侯，寡人敬以國從。”乃封蘇秦爲武安君，飾車百乘，黄金千鎰，白璧百雙，錦繡千純，以約諸侯。

秦攻趙蘇子爲謂秦王

秦攻趙，蘇子爲謂秦王曰[蘇子謂秦王曰][1,4]：“臣聞明王之於其民也，博論而技藝之，是故官無乏事而力不困；於其言也，多聽而時用之，是故事無敗業而惡不章。臣願王察臣之所謁，而效之於一時之用也[而効之於一時之用也][1]。臣聞懷重寶者，不以夜行；任大功者，不以輕敵。是以賢者任重而行恭，知者功大而辭順。故民不惡其尊，而世不妬其業[而世不姤其業][1]。臣聞之：百倍之國者，民不樂後也；功業高世者，人主不再行也；力盡之民，仁者不用也；求得而反靜，聖主之制也[聖王之制也][1]；功大而息民，用兵之道也。今用兵終身不休，力盡不罷，趙怒必於其己邑[怒趙必於其己邑][1,5]，趙僅存哉！然而四輪之國也[然而四輪之國也][4,6]，今雖得邯鄲，非國之長利也。意者，地廣而不耕，民羸而不休，又嚴之以刑罰，則雖從而不止矣。語曰：‘戰勝而國危者，物不斷也。功大而權輕者，地不入也。’故過任之事，父不得於子；無已之求，君不得於臣。故微之爲著者强，察乎息民之爲用者伯，明乎輕之爲重者王。”

秦王曰："寡人案兵息民，則天下必爲從，將以逆秦。"

蘇子曰："臣有以知天下之不能爲從以逆秦也。臣以田單、如耳爲大過也。豈獨田單、如耳爲大過哉？天下之主亦盡過矣！夫慮收亡齊[夫慮收破齊][3]、罷楚、敝魏與不可知之趙，欲以窮秦折韓，臣以爲至愚也。夫齊威、宣[夫齊威、宣者][1]，世之賢主也，德博而地廣，國富而用民[國富而民用][1,5]，將武而兵强。宣王用之，後富韓威魏[後破韓威魏][1][後逼韓威魏][5]，以南伐楚，西攻秦，爲齊兵困於殽塞之上[秦爲齊兵困於殽函之上][1][秦爲齊兵困於殽塞之上][5]，十年攘地，秦人遠迹不服，而齊爲虚戾。夫齊兵之所以破，韓、魏之所以僅存者，何也？是則伐楚攻秦，而後受其殃也。今富非有齊威、宣之餘也，精兵非有富韓勁魏之庫也，而將非有田單、司馬之慮也。收破齊、罷楚、弊魏、不可知之趙，欲以窮秦折韓，臣以爲至誤。臣以從一不可成也[臣以爲從一不可成也][1]。客有難者，今臣有患於世[今人有患於世][1]。夫刑名之家，皆曰'白馬非馬'也。已如白馬實馬，乃使有白馬之爲也。此臣之所患也。

"昔者，秦人下兵攻懷，服其人，三國從之。趙奢、鮑佞將[趙奢、鮑接將][4]，楚有四人起而從之。臨懷而不救，秦人去而不從。不識三國之憎秦而愛懷邪？忘其憎懷而愛秦邪[亡其憎懷而愛秦邪][1]？夫攻而不救，去而不從，是以三國之兵困[是以知三國之兵困][1]，而趙奢、鮑接之能也[而趙奢、鮑佞之能也][7]。故裂地以敗於齊。田單將齊之良，以兵橫行於中十四年，終身不敢設兵以攻秦折韓也，而馳於封内，不識從之一成惡存也。"

於是秦王解兵不出於境，諸侯休，天下安，二十九年不相攻。

張儀爲秦連横説趙王

張儀爲秦連横，説趙王曰："弊邑秦王使臣敢獻書於大王御史[敝邑秦王使臣敢獻書於大王御史][1]。大王收率天下以儐秦[大王收率天下以擯秦][1]，秦兵不敢出函谷關十五年矣[秦兵不敢去函谷關十五年矣][1]。大王之威，行於天下山東[行於山東][4][行於天下][4]。弊邑恐懼懾伏[敝邑恐懼懾伏][1]，繕甲厲兵[綴甲厲兵][4]，飾車騎，習馳射，力田積粟，守四封之内[守四封][2,3,4]，愁居懾處，不敢動搖，唯大王有意督過之也。今秦以大王之力，西舉巴蜀，并漢中，東收兩周而西遷九鼎，守白馬之津。秦雖辟遠，然而心忿悁含怒之日久矣[然心忿悁含怒之日久矣][2,3,4]。今宣君有微甲鈍兵[今寡君有敝甲鈍兵][1,5]，軍於澠池，願渡河踰漳，據番吾，迎戰邯鄲之下。願以甲子之日合戰，以正殷紂之事。敬使臣先以聞於左右。

“凡大王之所信以爲從者，恃蘇秦之計。熒惑諸侯[秦熒惑諸侯][1][蘇秦熒惑諸侯][4]，以是爲非，以非爲是，欲反覆齊國而不能，自令車裂於齊之市。夫天下之不可一亦明矣。今楚與秦爲昆弟之國，而韓、魏稱爲東蕃之臣[而韓、魏稱於東藩][1][而韓、魏稱爲東藩之臣][4,5]，齊獻魚鹽之地，此斷趙之右臂也。夫斷右臂而求與人鬭[夫斷右臂而求與人鬬][7]，失其黨而孤居，求欲無危，豈可得哉？今秦發三將軍，一軍塞午道，告齊使興師度清河，軍於邯鄲之東；一軍軍於成皋，敺韓、魏而軍於河外；一軍軍於澠池。約曰，四國爲一以攻趙，破趙而四分其地。是故不敢匿意隱情，先以聞於左右。臣切爲大王計[臣竊爲大王計][1,4]，莫如與秦遇於澠池，面相見而身相結也。臣請案兵無攻，願大王之定計。”

趙王曰：“先王之時，奉陽君相，專權擅勢，蔽晦先王，獨制官事。寡人宫居，屬於師傅，不得與國謀。先王弃羣臣[先王弃群臣][1][先王棄羣臣][7]，寡人年少，奉祠祭之日淺，私心固竊疑焉，以爲一從不事秦，非國之長利也。乃且願變心易慮，剖地謝前過以事秦。方將約車趨行，而適聞使者之明詔。”於是乃以車三百乘入朝澠池[於是乃以車二百乘入朝澠池][1]，割河間以事秦。

武靈王平晝間居

武靈王平晝間居，肥義侍坐，曰：“王慮世事之變，權甲兵之用，念簡[念簡][7]、襄之迹，計胡、狄之利乎[計胡、狄之利][1]？”王曰：“嗣立不忘先德，君之道也；錯質務明主之長，臣之論也。是以賢君靜而有道民便事之教[是以賢君靜有道民便事之教][4]，動有明古先世之功[動而有明古先世之功][1]。爲人臣者，窮有弟長辭讓之節，通有補民益主之業。此兩者，君臣之分也。今吾欲繼襄主之業[今吾欲繼襄王之業][1]，啓胡、翟之鄉，而卒世不見也。敵弱者，用力少而功多，可以無盡百姓之勞，而享往古之勳[而享徃古之勳][1]。夫有高世之功者，必負遺俗之累；有獨知之慮者[有獨智之慮者][1]，必被庶人之恐[必被庶人之怨][2][任驁民之怨][4]。今吾將胡服騎射以教百姓，而世必議寡人矣[而世必議寡人柰何][3]。”

肥義曰：“臣聞之，疑事無功，疑行無名。今王卽定負遺俗之慮，殆毋顧天下之議矣。夫論至德者，不和於俗[不和扵俗][1]；成大功者，不謀於衆。昔舜舞有苗，而禹袒入裸國，非以養欲而樂志也，欲以論德而要功也。愚者闇於成事[愚者昧於成事][1]，智者見於未萌，王其遂行之。”王曰：“寡人非疑胡服也，吾恐天下笑之。狂夫之樂，知者哀焉[智者哀焉][1]；愚者之笑，賢者戚焉。世有順我者，則胡服之功未可知也[則胡服之攻未可知也][1]。雖毆世以笑我[雖歐世以笑我][1][雖敺世以笑我][7]，胡地中山吾必有之[胡服中山吾必有之][1][胡地中山我必有之][4]。”

王遂胡服。使王孫緤告公子成曰：“寡人胡服，且將以朝，亦欲叔之服之也。家聽於親，國聽於君，古今之公行也；子不反親，臣不逆主，先王之通誼也。今寡人作教易服，而叔不服，吾恐天下議之也。夫制國有常，而利民爲本；從政有經，而令行爲上。故明德在於論賤，行政在於信貴。今胡服之意，非以養欲而樂志也。事有所出[事有所止][3,5]，功有所止[功有所出][3,5]。事成功立，然後德且見也[然後德可見也][1]。今寡人恐叔逆從政之經[今寡人恐逆從政之經][5]，以輔公叔之議。且寡人聞之，事利國者行無邪，因貴戚者名不累。故寡人願募公叔之義[故寡人願慕公叔之義][1,4]，以成胡服之功。使緤謁之叔，請服焉。”

公子成再拜曰：“臣固聞王之胡服也，不佞寢疾，不能趨走，是以不先進。王今命之，臣固敢竭其愚忠。臣聞之，中國者，聰明叡知之所居也[聰明叡知之所居也][7]，萬物財用之所聚也[萬物財貨之所聚也][1]，賢聖之所教也，仁義之所施也，詩書禮樂之所用也，異敏技藝之所試也，遠方之所觀赴也，蠻夷之所義行也。今王釋此，而襲遠方之服，變古之教，易古之道，逆人之心，畔學者，離中國，臣願大王圖之。”

使者報王。王曰：“吾固聞叔之病也。”卽之公叔成家，自請之曰：“夫服者，所以便用也；禮者，所以便事也。是以聖人觀其鄉而順宜，因其事而制禮，所以利其民而厚其國也。被髮文身[祝髮文身][2, 3, 4][翦髮文身][6]，錯臂左衽[左衽][2, 4][右臂左衽][3][拃面左衽][6]，甌越之民也[林越之民也][4]。黑齒雕題，鯷冠秫縫[鮭冠黎緤][3] [却冠秫絀][4]，大吳之國也。禮服不同，其便一也。是以鄉異而用變，事異而禮易。是故聖人苟可以利其民，不一其用；果可以便其事，不同其禮。儒者一師而禮異，中國同俗而教離，又況山谷之便乎[又況山谷之士乎][4]？故去就之變，知者不能一[智者不能一][1]；遠近之服，賢聖不能同。窮鄉多異，曲學多辨，不知而不疑，異於己而不非者，公於求善也。今卿之所言者[今叔之所言者][4][今鄉之所言者][6]，俗也。吾之所言者，所以制俗也。今吾國東有河、薄洛之水，與齊、中山同之，而無舟檝之用。自常山以至代、上黨，東有燕、東胡之境，西有樓煩、秦、韓之邊，而無騎射之備。故寡人且聚舟檝之用，求水居之民，以守河、薄洛之水；變服騎射，以備其參胡[以備燕參胡][1, 4][以備燕參胡][5][以備燕、三胡、秦、韓之邊][6]、樓煩、秦、韓之邊。且昔者簡主不塞晉陽[且昔者簡主不塞晉陽][7]，以及上黨，而襄王兼戎取代[而襄主兼戎取代][1, 4, 6]，以攘諸胡，此愚知之所明也[此愚智之所明也][1]。先時中山負齊之强兵，侵掠吾地，係累吾民，引水圍鄗，非社稷之神靈，卽鄗幾不守。先王忿之，其怨未能報也。今騎射之服，近可以備上黨之形，遠可以報中山之怨。而叔也順中國之俗以逆簡、襄之意[而叔也順中國之俗以逆簡、襄之意][7]，惡變服之名，而忘國事之耻[而忘國事之恥][7]，非寡人所望於子！”

公子成再拜稽首曰：“臣愚不達於王之議，敢道世俗之間[敢道世俗之聞][1, 4, 6]。今欲繼簡、襄之意[今欲繼簡、襄之意][7]，以順先王之志，臣敢不聽令[臣敢不聽令][1][臣敢不聽命][4]。”再拜。乃賜胡服。

趙文進諫曰：“農夫勞而君子養焉[農夫勞力而君子養焉][1]，政之經也；愚者陳意而知者論焉[愚者陳意而智者論焉][1]，教之道也。臣無隱忠，君無蔽言，國之祿也。臣雖愚，願竭其忠。”王曰：“慮無惡擾[慮無變擾][1]，忠無過罪，子其言乎。”趙文曰：“當世輔俗，古之道也。衣服有常，禮之制也。修法無愆[脩法無愆][1][循法無愆][2][循禮無愆][4]，民之職也。三者，先聖之所以教。今君釋此，而襲遠方之服[而襲遠方之俗][1]，變古之教，易古之道，故臣願王之圖之。”王曰：“子言世俗之間[卿言世俗之間][1]。常民溺於習俗，學者沉於所聞[學者沈於所聞][1]。此兩者，所以成官而順政也，非所以觀遠而論始也。且夫三代不同服而王，五伯不同教而政[五霸不同教而政][1]。知者作教[智者作教][1]，而愚者制焉。賢者議俗，不肖者拘焉。夫制於服之民，不足與論心；拘於俗之衆，不足與致意。故勢與俗化，而禮與變俱，聖人之道也。承教而動，循法無私，民之職也。知學之人，能與聞遷；達於禮之變[達禮之變][4]，能與時化。故爲己者不待人，制今者不法古，子其釋之。”

趙造諫曰[趙造諫曰][1]：“隱忠不竭，姧之屬也[姦之屬也][1][奸之屬也][7]。以私誣國，賤之類也[賊之類也][2]。犯姦者身死，賤國者族宗[賊國者族宗][2]。反此兩者[有此兩者][1][此兩者][2]，先聖之明刑[先王之明刑][1]，臣下之大罪也。臣雖愚，願盡其忠，無遁其死。”王曰：“竭意不諱[竭意不讓][1]，忠也。上無蔽言，明也。忠不辟危，明不距人。子其言乎。”

趙造曰：“臣聞之，聖人不易民而教，知者不變俗而動[智者不變俗而動][1]。

因民而教者，不勞而成功；據俗而動者，慮徑而易見也。今王易初不循俗，胡服不顧世，非所以教民而成禮也。且服奇者志淫[且服奇者志滛][1]，俗辟者亂民。是以莅國者不襲奇辟之服[是以涖國者不襲奇辟之服][1]，中國不近蠻夷之行，非所以教民而成禮者也。且循法無過，脩禮無邪[循禮無邪][4]，臣願王之圖之。”

王曰：“古今不同俗，何古之法？帝王不相襲，何禮之循？宓戲[伏羲][1][虙戲][4]、神農教而不誅，黃帝、堯、舜誅而不怒。及至三王，觀時而制法，因事而制禮，法度制令，各順其宜；衣服器械，各便其用。故禮世不必一其道[故禮世不一其道][1][後世不一其道][2][故理世不必一道][3][禮也不必一道][4][故治世不必一其道][6]，便國不必法古。聖人之興也。不相襲而王。夏、殷之衰也，不易禮而滅。然則反古未可非，而循禮未足多也。且服奇而志淫[且服奇而志滛][1]，是鄒、魯無奇行也[是鄒、魯無奇行][3,4][是鄒、魯無衺行也][6]；俗辟而民易，是吳、越無俊民也。是以聖人利身之謂服，便事之謂教，進退之謂節[進退之節][5]，衣服之制[衣服之謂制][1]，所以齊常民，非所以論賢者也。故聖與俗流，賢與變俱。諺曰：‘以書爲御者，不盡於馬之情[不盡馬之情][1]。以古制今者，不達於事之變[不達事之變][1,4]。’故循法之功，不足以高世；法古之學，不足以制今。子其勿反也。”

王立周紹爲傅

王立周紹爲傅，曰：“寡人始行縣，過番吾，當子爲子之時，踐石以上者皆道子之孝。故寡人問子以璧，遺子以酒食，而求見子。子謁病而辭[子謂病而辭][1]。人有言子者曰：‘父之孝子，君之忠臣也。’故寡人以子之知慮[故寡人以子之智慮][1]，爲辨足以道人，危足以持難，忠可以寫意，信可以遠期。詩云[諺云][1]：‘服難以勇，治亂以知[治亂以智][1]，事之計也。立傅以行，教少以學，義之經也。循計之事，失而累[佚而不累][1][失而不累][6]；訪議之行，窮而不憂。’故寡人欲子之胡服以傅王乎[故寡人欲子之胡服以傅王子][1,5,6]。”

周紹曰：“王失論矣，非賤臣所敢任也。”王曰：“選子莫若父，論臣莫若君。君，寡人也。”周紹曰：“立傅之道六。”王曰：“六者何也？”周紹曰：“知慮不躁達於變[智慮不躁達於變][1]，身行寬惠達於禮，威嚴不足以易於位，重利不足以變其心，恭於教而不快，和於下而不危。六者，傅之才，而臣無一焉。隱中不竭[隱中不謁][1][隱忠不謁][4]，臣之罪也。傅命僕官，以煩有司，吏之耻也[吏之恥也][1,7]。王請更論。”

王曰：“知此六者，所以使子。”周紹曰：“乃國未通於王胡服[乃國未通於王之胡服][1]。雖然，臣，王之臣也，而王重命之，臣敢不聽令乎？”再拜，賜胡服。

王曰：“寡人以王子爲子任，欲子之厚愛之，無所見醜。御道之以行義，勿令溺苦於學。事君者，順其意，不逆其志。事先者，明其高，不倍其孤。故有臣可命，其國之祿也。子能行是，以事寡人者畢矣[所以事寡人者畢矣][1]。書云：‘去邪無疑[去邪勿疑][1]，任賢勿貳。’寡人與子，不用人矣。”遂賜周紹胡服衣冠，具帶黃金師比[貝帶黃金師比][5][且帶黃金師比][6]，以傅王子也[以傅王子][1]。

趙燕後胡服

趙燕後胡服，王令讓之曰：“事主之行，竭意盡力，微諫而不譁[微諫而不譁][1]，應對而不怨，不逆上以自伐，不立私以爲名。子道順而不拂，臣行讓而不爭。子用私道者家必亂，臣用私義者國必危。反親以爲行，慈父不子；逆主以自成，惠主不臣也。寡人胡服，子獨弗服，逆主罪莫大焉。以從政爲累，以逆主爲高，行私莫大焉。故寡人恐親犯刑戮之罪，以明有司之法。”趙燕再拜稽首曰：“前吏命胡服，施及賤臣，臣以失令過期，更不用侵辱教[吏不用侵辱教][4]，王之惠也。臣敬循衣服[臣敬修衣服][4]，以待今日[以待令日][1][以待令甲][6]。”

王破原陽以爲騎邑

王破原陽，以爲騎邑。牛贊進諫曰[牛贊進諫曰][1]：“國有固籍，兵有常經。變籍則亂，失經則弱。今王破原陽，以爲騎邑，是變籍而棄經也。且習其兵者輕其敵，便其用者易其難。今民便其用而王變之，是損君而弱國也[是捐君而弱國也][4]。故利不百者不變俗，功不什者不易器。今王破卒散兵，以奉騎射，臣恐其攻獲之利，不如所失之費也。”

王曰：“古今異利，遠近易用。陰陽不同道，四時不一宜。故賢人觀時，而不觀於時；制兵，而不制於兵。子知官府之籍，不知器械之利；知兵甲之用，不知陰陽之宜。故兵不當於用，何兵之不可易？教不便於事，何俗之不可變？昔者先君襄主與代交地，城境封之，名曰無窮之門，所以昭後而期遠也[所以詔後而期遠也][1]。今重甲循兵[今重甲修兵][4]，不可以踰險；仁義道德，不可以來朝。吾聞信不棄功，知不遺時[智不遺時][1]。今子以官府之籍[令子以官府之籍][6]，亂寡人之事，非子所知[非子所智][1]。”

牛贊再拜稽首曰[牛贊再拜稽首曰][1]：“臣敢不聽令乎？”至遂胡服[王遂胡服][1,2,4]，率騎入胡，出於遺遺之門，踰九限之固，絶五徑之險[絶五徑之險][1][絶五陘之險][6]，至榆中[至胡中][1,5]，辟地千里。

戰國策卷二十　趙三

趙惠文王三十年

趙惠文王三十年，相都平君田單問趙奢曰[相平都君田單問趙奢曰][1]：“吾非不說將軍之兵法也，所以不服者，獨將軍之用衆。用衆者，使民不得耕作，糧食輓賃不可給也。此坐而自破之道也，非單之所爲也。單聞之，帝王之兵，所用者不過三萬，而天下服矣。今將軍必負十萬、二十萬之衆乃用之，此單之所不服也。”

馬服曰[馬服君曰][1]：“君非徒不達於兵也，又不明其時勢。夫吳干之劍[夫吳干之劒][1][吳干將之劍][4]，肉試則斷牛馬，金試則截盤匜；薄之柱上而擊之，則折爲三，質之石上而擊之，則碎爲百。今以三萬之衆而應强國之兵，是薄柱擊石之類也[是薄柱擊石之謂也][1]。且夫吳干之劍材[且夫吳干之劒材][1]，難夫毋脊之厚[難夫無脊之厚][1]，而鋒不入；無脾之薄，而刃不斷。兼有是兩者[兼有是二者][1]，無釣罕鐔蒙須之便[無鈎罕鐔蒙須之便][1][無釣罕鐔蒙頃之便][3][無鈎罕鐔蒙須之便][6]，操其刃而刺[操其刃而刺][1]，則未入而手斷。君無十餘、二十萬之衆，而爲此釣罕鐔蒙須之便[而爲此鈎罕鐔蒙須之便][1][而爲此釣罕鐔蒙頃之便][3]，而徒以三萬行於天下，君焉能乎？且古者，四海之内，分爲萬國。城雖大，無過三百丈者[無過三丈者][4]；人雖衆，無過三千家者。而以集兵三萬，距此奚難哉[距比奚難哉][1]！今取古之爲萬國者，分以爲戰國七，能具數十萬之兵[不能具數十萬之兵][1]，曠日持久，數歲，即君之齊已。齊以二十萬之衆攻荆，五年乃罷。趙以二十萬之衆攻中山，五年乃歸。今者，齊、韓相方，而國圍攻焉，豈有敢曰，我其以三萬救是者乎哉？今千丈之城，萬家之邑相望也，而索以三萬之衆，圍千丈之城，不存其一角，而野戰不足用也，君將以此何之？”都平君喟然大息曰[平都君喟然太息曰][1][都平君喟然太息曰][7]：“單不至也！”

趙使机郝之秦

趙使机郝之秦[趙使仇赫之秦][1][趙使杌郝之秦][4][趙使仇液之秦][6]，請相魏冉。宋突謂机郝曰[宋突謂仇赫曰][1][宋交謂机郝曰][3][宋公謂机郝曰][4]：“秦不聽，樓緩必怨公。公不若陰辭樓子曰[公不若陰辭樓子][1]：‘請無急秦王。’秦王見趙之相魏冉之不急也[秦王見趙之相魏冉之不急][1]，且不聽公言也，是事而不成[是事而不成以德樓子事成][1,4]，魏冉固德公矣。”

齊破燕趙欲存之

齊破燕，趙欲存之。樂毅謂趙王曰：“今無約而攻齊，齊必讎趙。不如請以河東易燕地於齊。趙有河北，齊有河東，燕、趙必不爭矣。是二國親也。以河東之地强齊，以燕以趙輔之[以燕趙輔之][2]，天下憎之，必皆事王以伐齊。是因天下以破齊也。”王曰：“善。”乃以河東易齊，楚、魏憎之，令淖滑、惠施之趙，請伐齊而存燕。

秦攻趙藺離石祁拔

秦攻趙，藺、離石、祁拔。趙以公子部爲質於秦，而請内焦[而請内應][4]、黎、牛狐之城，以易藺、離石、祁於趙[以易藺、離石、祁於秦][1,6]。趙背秦，不予焦[不予應][4]、黎、牛狐。秦王怒，令公子繒請地。趙王乃令鄭朱對曰：“夫藺、離石、祁之地，曠遠於趙，而近於大國。有先王之明與先臣之力，故能有之。今寡人不逮，其社稷之不能恤，安能收恤藺、離石、祁乎？寡人有不令之臣，實爲此事也，非寡人之所敢知。”卒倍秦[卒背秦][1]。

秦王大怒，令衞胡易伐趙[令衞胡伐趙][1] [中更胡傷伐趙][4] [令衞胡易伐趙][6]，攻閼與。趙奢將救之。魏令公子咎以鋭師居安邑，以挾秦。秦敗於閼與，反攻魏幾。廉頗救幾，大敗秦師。

富丁欲以趙合齊魏

富丁欲以趙合齊、魏，樓緩欲以趙合秦、楚。富丁恐主父之聽樓緩而合秦、楚也。

司馬淺爲富丁謂主父曰："不如以順齊。今我不順齊伐秦，秦、楚必合而攻韓、魏。韓、魏告急於齊，齊不欲伐秦，必以趙爲辭，則伐秦者趙也[則不伐秦者趙也][1,5]，韓、魏必怨趙。齊之兵不西，韓必聽秦違齊，違齊而親，兵必歸於趙矣。今我順而齊不西，韓、魏必絶齊，絶齊則皆事我。且我順齊，齊無而西[齊無不西][1,6]。日者，樓緩坐魏三月，不能散齊、魏之交。今我順而齊、魏果西，是罷齊敝秦也，趙必爲天下重國。"主父曰："我與三國攻秦，是俱敝也。"曰："不然。我約三國而告之秦[我約三國而告之][1]，以未構中山也[以未講中山也][1]。三國欲伐秦之果也，必聽我，欲和我。中山聽之，是我以王因饒中山而取地也[是我以三國饒中山而取地也][1]。中山不聽，三國必絶之，是中山孤也。三國不能和我，雖少出兵可也。我分兵而孤樂中山[我分兵而孤中山][1,5]，中山必亡[中山必之][1]。我已亡中山，而以餘兵與三國攻秦，是我一舉而兩取地於秦、中山也。"

魏因富丁且合於秦

魏因富丁且合於秦，趙恐，請效地於魏而聽薛公[請効地於魏而聽薛公][1]。教子欬謂李兑曰："趙畏横之合也，故欲效地於魏而聽薛公[故欲効地於魏而聽薛公][1]。公不如令主父以地資周最，而請相之於魏。周最以天下辱秦者也[周最以天下厚秦者也][1]，今相魏，魏、秦必虚矣。齊、魏雖勁，無秦不能傷趙。魏王聽，是輕齊也。秦、魏雖勁，無齊不能得趙。此利於趙而便於周最也。"

魏使人因平原君請從於趙

魏使人因平原君請從於趙。三言之，趙王不聽。出遇虞卿曰："爲入必語從。"虞卿入，王曰："今者平原君爲魏請從，寡人不聽。其於子何如？"虞卿曰："魏過矣。"王曰："然，故寡人不聽。"虞卿曰："王亦過矣。"王曰："何也？"曰："凡强弱之舉事，强受其利，弱受其害。

今魏求從，而王不聽，是魏求害，而王辭利也。臣故曰，魏過，王亦過矣[王亦過][1]。”

平原君請馮忌

平原君請馮忌曰[平原君謂馮忌曰][1,2]：“吾欲北伐上黨，出兵攻燕，何如？”馮忌對曰：“不可。夫以秦將武安君公孫起乘七勝之威，而與馬服之子戰於長平之下，大敗趙師，因以其餘兵，圍邯鄲之城。趙以亡敗之餘衆，收破軍之敝守，而秦罷於邯鄲之下，趙守而不可拔者[趙守而不可拔然者][1,6]，以攻難而守者易也[攻難而守者易也][1]。今趙非有七克之威也，而燕非有長平之禍也。今七敗之禍未復，而欲以罷趙攻强燕，是使弱趙爲强秦之所以攻，而使强燕爲弱趙之所以守。而强秦以休兵承趙之敝，此乃强吳之所以亡，而弱越之所以霸。故臣未見燕之可攻也。”平原君曰：“善哉！”

平原君謂平陽君

平原君謂平陽君曰：“公子牟游於秦，且東，而辭應侯。應侯曰：‘公子將行矣，獨無以教之乎？’曰：‘且微君之命命之也，臣固且有效於君[臣故且有効於君][1]。夫貴不與富期，而富至；富不與粱肉期，而粱肉至；粱肉不與驕奢期，而驕奢至；驕奢不與死亡期，而死亡至。累世以前，坐此者多矣。’應侯曰：‘公子之所以教之者厚矣。’僕得聞此，不忘於心。願君之亦勿忘也。”平陽君曰：“敬諾。”

秦攻趙於長平

秦攻趙於長平。大破之，引兵而歸。因使人索六城於趙而講[因使人索六城於趙而媾][1][因使人索六城於趙而構][2]。趙計未定。樓緩新從秦來，趙王與樓緩計之曰：“與秦城何如？不與何如？”樓緩辭讓曰：“此非人臣之所能知也[此非臣之所能知也][1,4]。”王曰：“雖然，試言公之私。”樓緩曰：“王亦聞夫公甫文伯母乎？公甫文伯官於魯，病死。婦人爲之自殺於房中者二八[婦人爲之自殺於房中者二人][4]。其母聞之，不肯哭也。相室曰：‘焉有子死而不哭者乎？’其母曰：“孔子，賢人也，逐於魯，是人不隨。今死，而婦人爲死者十六人[而婦人爲死者二人][4]。若是者，其於長者薄，而於婦人厚？’故從母言之，之爲賢母也[爲賢母也][1][是爲賢母][4]；從婦言之[從妻言之][4]，必不免爲妬婦也[是必不免爲妒妻][4]。故其言一也，言者異，則人心變矣。今臣新從秦來，而言勿與，則非計也；言與之，則恐王以臣之爲秦也。故不敢對。使臣得爲王計之，不如予之。”王曰：“諾。”

虞卿聞之，入見王，王以樓緩言告之，虞卿曰：“此飾說也。”秦既解邯鄲之圍[ ][1]，而趙王入朝[ ][1]，使趙郝約事於秦[ ][1]，割六縣而講[割六縣而媾][1][ ][1]。王曰：“何謂也？”虞卿曰：“秦之攻趙也，倦而歸乎？王以其力尚能進[亡其力尚能進][2,4]，愛王而不攻乎？”王曰：“秦之攻我也[秦之伐我也][6]，不遺餘力矣，必以倦而歸也。”虞卿曰：“秦以其力攻其所不能取，倦而歸。王又以其力之所不能攻以資之[王又以其力之所不能攻而資之][1]，是助秦自攻也。來年秦復攻王，王無以救矣。”

王又以虞卿之言告樓緩[王又以虞卿之言告趙郝][4]。樓緩曰：“虞卿能盡知秦力之所至乎？誠知秦力之不至[誠不知秦力所不至][1,6][誠知秦力所不至][4]，此彈丸之地，猶不予也，令秦來年復攻王，得無割其内而媾乎[得無割其内而講乎][1]？”王曰：“誠聽子割矣，子能必來年秦之不復攻我乎？”樓緩對曰：“此非臣之所敢任也。昔者三晉之交於秦，相善也。今秦釋韓、魏而獨攻王，王之所以事秦必不如韓、魏也。今臣爲足下解負親之攻，啓關通敝[啓關通弊][1,6][啓關通幣][4,5]，齊交韓、魏。至來年而王獨不取於秦，王之所以事秦者，必在韓、魏之後也。此非臣之所敢任也。”

王以樓緩之言告。虞卿曰：“樓緩言不媾[樓緩言不講][1][虞卿樓緩言不媾][4]，來年秦復攻王，得無更割其内而媾[得無更割其内亦講][1]。今媾[今講][1]，樓緩又不能必秦之不復攻也，雖割何益？來年復攻，又割其力之所不能取而媾也[又割其力之所不能取而講也][1]，此自盡之術也。不如無媾[不如無講][1]。秦雖善攻，不能取六城；趙雖不能守，而不至失六城[亦不至失六城][1][亦不失六城][4][而終不失六城][6]。秦倦而歸，兵必罷。我以五城收天下以攻罷秦[我以六城收天下以攻罷秦][1,4][我以五縣收天下以攻罷秦][6]，是我失之於天下，而取償於秦也。吾國尚利，孰與坐而割地，自弱以强秦？今樓緩曰：'秦善韓、魏而攻趙者，必王之事秦不如韓、魏也。'是使王歲以六城事秦也，卽坐而地盡矣。來年秦復求割地，王將予之乎？不與[不予][1]，則是弃前貴而挑秦禍也[則是弃前資而挑秦禍也][1,5,6][則是弃前功而挑秦禍也][4][則是棄前資而挑秦禍也][7]；與之，則無地而給之。語曰：'强者善攻，而弱者不能自守。'今坐而聽秦，秦兵不敝而多得地，是强秦而弱趙也。以益愈强之秦[以益强之秦][1,4]，而割愈弱之趙，其計固不止矣。且秦虎狼之國也，無禮義之心。其求無已，而王之地有盡。以有盡之地，給無已之求，其勢必無趙矣。故曰：此飾說也。王必勿與。"王曰："諾。"

樓緩聞之，入見於王，王又以虞卿言告之。樓緩曰："不然，虞卿得其一，未知其二也。夫秦、趙構難[夫秦、趙搆難][1]，而天下皆說，何也？曰'我將因强而乘弱。'今趙兵困於秦，天下之賀戰者[天下之賀戰勝者][1,4]，則必盡在於秦矣[則必在於秦矣][1]。故不若亟割地求和，以疑天下，慰秦心。不然，天下將因秦之怒，秦趙之敝而瓜分之[乘趙之敝而瓜分之][1,4]。趙且亡，何秦之圖？王以此斷之，勿復計也。"

虞卿聞之，又入見王曰："危矣，樓子之爲秦也！夫趙兵困於秦，又割地爲和，是愈疑天下，而何慰秦心哉！是不亦大示天下弱乎[不亦大示天下弱乎][1]？且臣曰勿予者，非固勿予而已也。秦索六城於王，王以五城賂齊[王以六城賂齊][1]。齊，秦之深讎也，得王五城[得王六城][1]，并力而西擊秦也[并力而西擊秦][2]，齊之聽王，不待辭之畢也。是王失於齊而取償於秦[　　][4]，一舉結三國之親，而與秦易道也。"趙王曰："善。"因發虞卿東見齊王，與之謀秦。

虞卿未反，秦之使者已在趙矣。樓緩聞之，逃去。

秦攻趙平原君使人請救於魏

秦攻趙，平原君使人請救於魏。信陵君發兵至邯鄲城下，秦兵罷。虞卿爲平原君請益地，謂趙王曰：“夫不鬭一卒[夫不閗一卒][7]，不頓一戟，而解二國患者，平原君之力也[平原君之力][1]。用人之力，而忘人之功，不可。”趙王曰：“善。”將益之地。公孫龍聞之，見平原君曰：“君無覆軍殺將之功，而封以東武城。趙國豪傑之士，多在君之右，而君爲相國者以親故[而君爲相國者以親也故][1][而君爲相國者以親戚故也][4]。夫君封以東武城不讓無功，佩趙國相印不辭無能，一解國患，欲求益地，是親戚受封，而國人計功也。爲君計者，不如勿受便。”平原君曰：“謹受令。”乃不受封。

秦趙戰於長平

秦、趙戰於長平，趙不勝[趙][1]，亡一都尉。趙王召樓昌與虞卿曰：“軍戰不勝，尉復死[尉係死][1,4]，寡人使卷甲而趍之[寡人使卷甲而趨之][1]，何如？”樓昌曰：“無益也，不如發重使而爲媾[不如發重使而爲講][1][不如發重使而爲構][4]。”虞卿曰：“夫言媾者[夫言講者][1]，以爲不媾者軍必破[以爲不講者軍必破][1]，而制媾者在秦[而制講者在秦][1]。且王之論秦也，欲破王之軍乎？其不邪？”王曰：“秦不遺餘力矣，必且破趙軍。”虞卿曰：“王聊聽臣，發使出重寶以附楚、魏。楚、魏欲得王之重寶，必入吾使。趙使入楚、魏，秦必疑天下合從也，且必恐。如此，則媾乃可爲也[則講乃可爲也][1]。”

趙王不聽，與平陽君爲媾[與平陽君爲講][1]，發鄭朱入秦，秦内之。趙王召虞卿曰：“寡人使平陽君媾秦[寡人使平陽君講秦][1]，秦已内鄭朱矣，子以爲奚如？”虞卿曰：“王必不得媾，軍必破矣，天下之賀戰勝者皆在秦矣。鄭朱，趙之貴人也，而入於秦，秦王與應侯必顯重以示天下。楚、魏以趙爲媾[楚、魏以趙爲講][1]，必不救王。秦知天下不救王[天下不救王][4]，則媾不可得成也[則講不可得成也][1][則媾不可得也][4]。”趙卒不得媾[趙卒不得講][1]，軍果大敗。王入秦，秦留趙王而后許之媾[秦留趙王而后許之講][1]。

秦圍趙之邯鄲

秦圍趙之邯鄲。魏安釐王使將軍晉鄙救趙[魏安釐王使將軍晉鄙救趙][7]。畏秦，止於蕩陰[止於湯陰][2,4]，不進。魏王使客將軍新垣衍間入邯鄲[魏王使客將軍辛垣衍間入邯鄲][1]，因平原君謂趙王曰：“秦所以急圍趙者，前與齊湣王爭强爲帝[前與齊閔王爭强爲帝][1,4]，已而復歸帝，以齊故。今齊湣王已益弱[今齊益弱][1]。方今唯秦雄天下，此非必貪邯鄲，其意欲求爲帝。趙誠發使尊秦昭王爲帝，秦必喜，罷兵去。”平原君猶豫未有所決[平原君猶豫未有所決][1]。

此時魯仲連適游趙，會秦圍趙。聞魏將欲令趙尊秦爲帝，乃見平原君曰：“事將奈何矣？”平原君曰：“勝也何敢言事？百萬之衆折於外，今又内圍邯鄲而不能去[今又内圍邯鄲而不去][1]。魏王使將軍辛垣衍令趙帝秦[魏王使客將軍辛垣衍令趙帝秦][1,4]。今其人在是，勝也何敢言事？”魯連曰：“始吾以君爲天下之賢公子也，吾乃今然后知君非天下之賢公子也[吾乃今然後知君非天下之賢公子也][1]。梁客辛垣衍安在？吾請爲君責而歸之。”平原君曰：“勝請召而見之於先生[勝請爲召而見之於先生][1,2][請爲紹介見之於先生][4]。”平原君遂見辛垣衍曰：“東國有魯連先生[東國有魯連先生者][4]，其人在此，勝請爲紹介而見之於將軍[請爲紹交之於將軍][2,4]。”辛垣衍曰：“吾聞魯連先生，齊國之高士也。衍，人臣也，使事有職，吾不願見魯連先生也。”平原君曰：“勝已泄之矣。”辛垣衍許諾。

魯連見辛垣衍而無言。辛垣衍曰：“吾視居北圍城之中者[吾視居此圍城之中者][1,4,6]，皆有求於平原君者也[皆有求於平原者也][1]。今吾視先生之玉貌，非有求於平原君者，曷爲久居此圍城之中而不去也[曷爲久居若圍城之中而不去也][1]？”魯連曰：“世以鮑焦無從容而死者，皆非也。令衆人不知[今衆人不知][7]，則爲一身。彼秦者[彼秦][1]，弃禮義而上首功之國也[棄禮義上首功之國也][1]，權使其士，虜使其民；彼則肆然而爲帝，過而遂正於天下，則連有赴東海而死矣[則連有赴東海而死耳][1,4]。吾不忍爲之民也！所爲見將軍者，欲以助趙也。”辛垣衍曰：“先生助之奈何？”魯連曰：“吾將使梁及燕助之。齊、楚則固助之矣[齊、楚固助之矣][1]。”辛垣衍曰：“燕則吾請以從矣。若乃梁，則吾乃梁人也，先生惡能使梁助之耶？”魯連曰：“梁未睹秦稱帝之害故也，使梁睹秦稱帝之害，則必助趙矣。”辛垣衍曰：“秦稱帝之害將奈何？”魯仲連曰：“昔齊威王嘗爲仁義矣，率天下諸侯而朝周。周貧且微，諸侯莫朝，而齊獨朝之。居歲餘，周烈王崩，諸侯皆弔，齊後往[齊後往][1]。周怒，赴於齊曰：‘天崩地拆[天崩地坼][1]，天子下席，東藩之臣田嬰齊後至，則斮之。’威王勃然怒曰：‘叱嗟，而母婢也。’卒爲天下笑。故生則朝周，死則叱之，誠不忍其求也。彼天子固然，其無足怪。”

辛垣衍曰：“先生獨未見夫僕乎？十人而從一人者，寧力不勝，智不若耶[智不若邪][1]？畏之也。”魯仲連曰：“然梁之比於秦若僕耶[然梁之比於秦若僕邪][1]？”辛垣衍曰：“然。”魯仲連曰：“然吾將使秦王烹醢梁王[然則吾將使秦王烹醢梁王][1][吾將使秦王烹醢梁王][4]。”辛垣衍怏然不悦曰[辛垣衍怏然不說曰][1]：“嘻，亦太甚矣，先生之言也！先生又惡能使秦王烹醢梁王？”

魯仲連曰：“固也，待吾言之。昔者，鬼侯之鄂侯[鬼侯鄂侯][1,4]、文王，紂之三公也。鬼侯有子而好，故入之於紂，紂以爲惡，醢鬼侯。鄂侯爭之急，辨之疾，故脯鄂侯。文王聞之，喟然而歎，故拘之於牖里之車[故拘之於牖里之庫][1,6]，百日而欲舍之死[百日而欲令之死][1,4]。曷爲與人俱稱帝王，卒就脯醢之地也？齊閔王將之魯，夷維子執策而從，謂魯人曰：‘子將何以待吾君？’魯人曰：‘吾將以十太牢待子之君。’維子曰[夷維子曰][1,4]：‘子安取禮而來待吾君？彼吾君者，天子也。天子巡狩，諸侯辟舍，納于筦鍵[納筦鍵][1,4,5][納於筦鍵][7]，攝衽抱几，視膳於堂下[親膳於堂下][1]，天子已食，退而聽朝也[而聽退朝也][1][乃退而聽朝也][5]。’魯人投其籥，不果納。不得入於魯，將之薛，假涂於鄒[假塗於鄒][7]。當是時，鄒君死，閔王欲入弔。夷維子謂鄒之孤曰：‘天子弔，主人必將倍殯柩[主人必將倍殯柩][1]，設北面於南方，然后天子南面弔也。’鄒之羣臣曰：‘必若此，吾將伏劍而死[吾將伏劍而死][1]。’故不敢入於鄒。鄒、魯之臣，生則不得事養，死則不得飯含，然且欲行天子之禮於鄒、魯之臣，不果納。今秦萬乘之國，梁亦萬乘之國。俱據萬乘之國[　　][1]，交有稱王之名，睹其一戰而勝[睹其一戰而勝][1,4,6]，欲從而帝之，是使三晉之大臣不如鄒、魯之僕妾也。且秦無已而帝[且秦無而帝][1,5]，則且變易諸侯之大臣。彼將奪其所謂不肖[彼將奪其所不肖][4]，而予其所謂賢[而予其所賢][4]；奪其所憎，而與其所愛。彼又將使其子女讒妾爲諸侯妃姬，處梁之官[處梁之宮][1,7]，梁王安得晏然而已乎？而將軍又何以得故寵乎？”

於是，辛垣衍起，再拜謝曰：“始以先生爲庸人，吾乃今日而知先生爲天下之士也[吾乃今日知先生爲天下之士也][3]。吾請去，不敢復言帝秦。”秦將聞之，爲郤軍五十里[爲却軍五十里][1]。

適會魏公子無忌奪晉鄙軍以救趙擊秦[適會公子無忌奪晉鄙軍以救趙擊秦][1]，秦軍引而去。於是平原君欲封魯仲連。魯仲連辭讓者三，終不肯受。平原君乃置酒，酒酣，起前以千金爲魯連壽。魯連笑曰：“所貴於天下之士者[此貴於天下之士者][1]，爲人排患、釋難、解紛亂而無所取也。卽有所取者，是商賈之人也，仲連不忍爲也。”遂辭平原君而去，終身不復見。

說張相國

說張相國曰：“君安能少趙人，而令趙人多君？君安能憎趙人，而令趙人愛君乎？夫膠漆，至黐也[至黏也][1]，而不能合遠；鴻毛，至輕也，而不能自舉。夫飄於清風[夫颺於清風][7]，則橫行四海。故事有簡而功成者[故事有簡而功成者][7]，因也。今趙萬乘之强國也，前漳、滏[前漳、釜][4,6]，右常山，左河間，北有代[比有代][1]，帶甲百萬，嘗抑强齊[嘗抑强秦][1]，四十餘年而秦不能得所欲。由是觀之，趙之於天下也不輕。今君易萬乘之强趙，而慕思不可得之小梁，臣竊爲君不取也。”君曰：“善。”自是之後，衆人廣坐之中，未嘗不言趙人之長者也[未嘗不言趙人之長者也][1]，未嘗不言趙俗之善者也[未嘗不言趙俗之善者也][1]。

鄭同北見趙王

鄭同北見趙王。趙王曰：“子南方之傳士也[子南方之博士也][1,4]，何以教之？”鄭同曰：“臣南方草鄙之人也，何足問[何足間][6]？雖然，王致之於前，安敢不對乎？臣少之時，親嘗教以兵。”趙王曰：“寡人不好兵。”鄭同因撫手仰天而笑之曰：“兵固天下之狙喜也，臣故意大王不好也[臣固意大王不好也][4]。臣亦嘗以兵說魏昭王。昭王亦曰：‘寡人不喜。’臣曰：‘王之行能如許由乎？許由無天下之累，故不受也[故不愛也][1]。今王既受先王之傳，欲宗廟之安，壤地不削，社稷之血食乎？’王曰：‘然。’今有人操隨侯之珠[今有人操隋侯之珠][1]，持丘之環，萬金之財，時宿於野[特宿於野][4,6]，内無孟賁之威，荆慶之斷，外無弓弩之禦，不出宿夕，人必危之矣。今有强貪之國，臨王之境，索王之地，告以理則不可，說以義則不聽。王非戰國守圉之具[王非戰國守圄之具][1]，其將何以當之[其何以當之][1]？王若無兵，鄰國得志矣。”趙王曰：“寡人請奉教。”

建信君貴於趙

建信君貴於趙。公子魏牟過趙，趙王迎之，顧反至坐，前有尺帛，且令工以爲冠[且令工人以爲冠][1]。工見客來也，因辟[因避][1]。趙王曰：“公子乃驅後車，幸以臨寡人，願聞所以爲天下。”魏牟曰：“王能重王之國若此尺帛，則王之國大治矣。”趙王不說，形於顔色，曰：“先生不知寡人不肖[先王不知寡人不肖][1,4]，使奉社稷，豈敢輕國若此？”魏牟曰：“王無怒，請爲王說之。”曰：“王有此尺帛，何不令前郎中以爲冠？”王曰：“郎中不知爲冠。”魏牟曰：“爲冠而敗之，奚虧於王之國？而王必待工而后乃使之[而王必待工而後乃使之][1]。今爲天下之工，或非也，社稷爲虛戾，先王不血食，而王不以予工，乃與幼艾。且王之先帝，駕犀首而驂馬服，以與秦角逐。秦當時適其鋒[秦當時避其鋒][1,5]。今王憧憧，乃輦建信以與强秦角逐，臣恐秦折王之椅也[臣恐秦折王之輢也][1,6]。”

衞靈公近雍疸彌子瑕

衞靈公近雍疸、彌子瑕[衞靈公近癰疽、彌子瑕][1,5]。二人者，專君之勢以蔽左右。復塗偵謂君曰：“昔日臣夢見君。”君曰：“子何夢？”曰：“夢見竈君。”君忿然作色曰：“吾聞夢見人君者，夢見日。今子曰夢見竈君而言君也，有說則可，無說則死。”對曰：“日，并燭天下者也，一物不能蔽也。若竈則不然，前之人煬，則後之人無從見也。今臣疑人之有煬於君者也，是以夢見竈君。”君曰：“善。”於是，因廢雍疸、彌子瑕，而立司空狗。

或謂建信

或謂建信[或謂建信君][1,5]：“君之所以事王者，色也。葺之所以事王者[葺之所以事王者][1][葺之所以事王者][3][揖之所以事王者][4]，知也[智也][1]。色老而衰，知老而多[智老而多][1]。以日多之知[以日多之智][1]，而逐衰惡之色，君必困矣。”建信君曰：“奈何？”曰：“並驥而走者，五里而罷；乘驥而御之，不倦而取道多。君令葺乘獨斷之車，御獨斷之勢，以居邯鄲；令之內治國事，外刺諸侯，則葺之事有不言者矣。君因言王而重責之，葺之軸今折矣。”建信君再拜受命，入言於王，厚任葺以事能[厚任葺以事而][1]，重責之，未期年而葺亡走矣。

苦成常謂建信君

苦成常謂建信君曰[晉成常謂建信君曰][1]：“天下合從[天下公從][1]，而獨以趙惡秦，何也？魏殺呂遺[魏殺呂遼][1,5,6]，而天下交之，今收河間，於是與殺呂遺何以異[是與殺呂遺何以異][4]？君唯釋虛僞疾[君唯飾虛僞侯][1]，文信猶且知之也[文信侯猶且知之也][6]。從而有功乎，何患不得收河間？從而無功乎，收河間何益也？”

希寫見建信君

希寫見建信君。建信君曰：“文信侯之於僕也，甚無禮。秦使人來仕，僕官之丞相，爵五大夫。文信侯之於僕也，甚矣其無禮也。”希寫曰：“臣以爲今世用事者，不如商賈。”建信君悖然曰：“足下卑用事者而高商賈乎？”曰：“不然。夫良商不與人爭買賣之賈，而謹司時。時賤而買，雖貴已賤矣；時貴而賣，雖賤已貴矣。昔者，文王之拘於牖里[文王拘於牖里][1]，而武王羈於玉門，卒斷紂之頭而縣於太白者[卒斬紂之頭而懸於太白者][1]，是武王之功也。今君不能與文信侯相伉以權[今君不能與文信侯相抗以權][1]，而責文信侯少禮，臣竊爲君不取也。”

魏魀謂建信君

魏魀謂建信君曰[魏尬謂建信君曰][1]：“人有置係蹄者而得虎，虎怒，決蹯而去[決蹯而去][1]。虎之情，非不愛其蹯也。然而不以環寸之蹯，害七尺之軀者，權也。今有國，非直七尺軀也。而君之身於王，非環寸之蹯也。願公之熟圖之也。”

秦攻趙

秦攻趙，鼓鐸之音聞於北堂[皷鐸之音聞於北堂][1]。希卑曰：“夫秦之攻趙，不宜急如此。此召兵也。必有大臣欲衡者耳。王欲知其人，旦日贊羣臣而訪之[旦日贊羣臣而訪之][1]，先言横者，則其人也。”建信君果先言横。

齊人李伯見孝成王

齊人李伯見孝成王。成王説之，以爲代郡守。而居無幾何，人告之反。孝成王方饋，不墮食。無幾何，告者復至，孝成王不應。已，乃使使者言："齊舉兵擊燕，恐其以擊燕爲名，而以兵襲趙，故發兵自備。今燕、齊已合，臣請要其敝，而地可多割。"自是之後，爲孝成王從事於外者，無自疑於中者。

戰國策卷二十一　趙四

爲齊獻書趙王

爲齊獻書趙王，使臣與復丑[　　][1,3]曰：“臣一見，而能令王坐而天下致名寶[而能令王坐而天下致名實][1]。而臣竊怪王之不試見臣，而窮臣也。羣臣必多以臣爲不能者，故王重見臣也。以臣爲不能者非他，欲用王之兵，成其私者也[者也][1]。非然[　][1]，則交有所偏者也；非然，則知不足者也[則智不足者也][1]；非然，則欲以天下之重恐王，而取行於王者也[而取行者也][1]。臣以齊循事王[臣以齊脩事王][3]，王能亡燕，能亡韓、魏，能攻秦，能孤秦。臣以爲齊致尊名於王[臣以齊致尊名於王][1]，天下孰敢不致尊名於王？臣以齊致地於王，天下孰敢不致地於王？臣以齊爲王求名於燕及韓、魏，孰敢辭之？臣之能也，其前可見已。齊先重王，故天下盡重王[故天下盡王][1]；無齊[重王無齊][1]，天下必盡輕王也。秦之彊[秦之強][1]，以無齊之故重王[以無齊故重王][1]，燕、魏自以無齊故重王[燕、韓、魏自以無齊故重王][1]。今王無齊獨安得無重天下[今王無齊獨安能無重天下][1]？故勸王無齊者，非知不足也[非智不足][1]，則不忠者也。非然，則欲用王之兵成其私者也；非然，則欲輕王以天下之重，取行於王者也；非然，則位尊而能卑者也。願王之熟慮無齊之利害也。”

齊欲攻宋

齊欲攻宋，秦令起賈禁之。齊乃捄趙以伐宋[齊乃援趙以伐宋][1][齊乃收趙以伐宋][4,5]。秦王怒，屬怨於趙。李兌約五國以伐秦，無功，留天下之兵於成皐，而陰構於秦[而陰講於秦][1,3][而陰搆於秦][2]。又欲與秦攻魏，以解其怨而取封焉。

魏王不說。之齊[之齊人][1]，謂齊王曰：“臣爲足下謂魏王曰：‘三晉皆有秦患。今之攻秦也，爲趙也。五國伐趙，趙必亡矣。秦逐李兌[齊逐李兌][1]，李兌必死。今之伐秦也，以救李子之死也。今趙留天下之甲於成皋，而陰鬻之於秦，已講，則令秦攻魏以成其私封，王之事趙也何得矣？且王嘗濟於漳，而身朝於邯鄲，抱陰、成，負蒿、葛、薜[負蒿、葛、薜][1][負蒿、葛、孼][1,5]，以爲趙蔽[爲趙蔽][1]，而趙無爲王行也。今又以何陽[今又以河陽][1,6]、姑密封其子，而乃令秦攻王，以便取陰。人比然而後如賢不[人比然而後知賢不][1]，如王若用所以事趙之半收齊，天下有敢謀王者乎？王之事齊也，無入朝之辱，無割地之費。齊爲王之故，虚國於燕、趙之前，用兵於二千里之外，故攻城野戰，未嘗不爲王先被矢石也[未嘗不爲王先被矢石也][1]。得二都，割河東，盡効之於王[盡效之於王][7]。自是之後，秦攻魏，齊甲未嘗不歲至於王之境也[齊未嘗不歲至於王之境也][1][齊甲不嘗不歲至於王之境也][2,3]。請問王之所以報齊者可乎？韓呡處於趙[韓珉處於趙][1][韓岷處於楚][2]，去齊三千里，王以此疑齊，曰有秦陰。今王又挾故薛公以爲相，善韓徐以爲上交，尊虞商以爲大客[尊虞商以爲一客][2]，王固可以反疑齊乎[王顧可以反疑於齊乎][1]？’於魏王聽此言也甚詘[魏王聽此言也甚詘][1][於是魏王聽此言也甚詘][5,6]，其欲事王也甚循[其欲事王也甚脩][3]。其怨於趙[甚怨於趙][6]。臣願王之曰聞魏而無庸見惡也[臣願王之亟聞魏而無庸見惡也][1][臣願王之重聞魏而無庸見惡也][4]，臣請爲王推其怨於趙，願王之陰重趙[願王之陰曰趙][1]，而無使秦之見王之重趙也。秦見之且亦重趙。齊、秦交重趙，臣必見燕與韓、魏亦且重趙也，皆且無敢與趙治。五國事趙[三國事趙][1]，趙從親以合於秦，必爲王高矣。臣故欲王之偏劫天下[臣故欲王之偏劫天下][1]，而皆私甘之也。王使臣以韓、魏與燕劫趙，使丹也甘之；以趙劫韓、魏，使臣也甘之[使甘也甘之][4]；以三晉劫秦，使順也甘之；以天下劫楚，使呡也甘之[使岷也甘之][1]。則天下皆偪秦以事王，而不敢相私也。交定，然後王擇焉[而後王擇焉][1]。”

齊將攻宋

齊將攻宋，而秦、楚禁之[而秦、陰禁之][4]。齊因欲與趙，趙不聽。齊乃令公孫衍說李兑以攻宋而定封焉。李兑乃謂齊王曰："臣之所以堅三晉以攻秦者，非以爲齊得利秦之毀也，欲以使攻宋也。而宋置太子以爲王，下親其上而守堅，臣是以欲足下之速歸休士民也。今太子走，諸善太子者，皆有死心。若復攻之，其國必有亂，而太子在外，此亦舉宋之時也[此亦舉宋之時也已][1]。

"臣爲足下使公孫衍說奉陽君曰：'君之身老矣，封不可不早定也[封不可不可早定也][1]。爲君慮封，莫若於宋，他國莫可。夫秦人貪，韓、魏危，燕、楚辟[燕、楚僻][1]，中山之地薄，莫如於陰。失今之時，不可復得已。宋之罪重，齊之怒深，殘亂宋，得大齊[德大齊][1]，定身封，此百代之一時也。'以奉陽君甚食之[已奉陽君甚貪之][1][以奉陽君甚貪之][5]，唯得大封[雖得大封][3]，齊無大異。臣願足下之大發攻宋之舉，而無庸致兵，姑待已耕[ ][1]，以觀奉陽君之應足下也。縣陰以甘之，循有燕以臨之，而臣待忠之封，事必大成。臣又願足下有地効於襄安君以資臣也[臣又願足下有地效於襄安君以資臣也][7]。足下果殘宋，此兩地之時也，足下何愛焉？若足下不得志於宋，與國何敢望也。足下以此資臣也，臣循燕觀趙，則足下擊潰而決天下矣。"

五國伐秦無功

五國伐秦無功，罷於成皋。趙欲搆於秦[趙欲講於秦][1]，楚與魏、韓將應之，秦弗欲[齊弗欲][1]。蘇代謂齊王曰："臣以爲足下見奉陽君矣[臣已爲足下見奉陽君矣][1]。臣謂奉陽君曰：'天下散而事秦[天下散而爭秦][1]，秦必據宋，魏冉必妬君之有陰也。秦王貪，魏冉妬，則陰不可得已矣。君無搆[君無講][1]，齊必攻宋。齊攻宋，則楚必攻宋，魏必攻宋，燕、趙助之。五國據宋，不至一二月，陰必得矣。得陰而搆[得陰而講][1]，秦雖有變，則君無患矣[君無患矣][1]。若不得已而必搆[若不得已而必講][1]，則願五國復堅約。願得趙[五國願得趙][1]，足下雄飛，與韓氏大吏東免[與韓氏大吏東勉][1]，齊王必無召哯也[齊王必無名珉也][1]。使臣守約，若與有倍約者[若與國有倍約者][1,6]，以四國攻之。無倍約者，而秦侵約，五國復堅而賓之[五國復堅而儐之][1][五國復堅而擯之][5]。今韓、魏與齊相疑也，若復不堅約而講[若復不約而講][3]，臣恐與國之大亂也。齊、秦非復合也，必有踦重者矣[必有觭重者矣][1]。後合與踦重者[後合與觭重者][1][復合與踦重者][5,6]，皆非趙之利也。且天下散而事秦，是秦制天下也。秦制天下，將何以天下爲？臣願君之蚤計也。

"'天下爭秦有六舉[天下事秦有六舉][4]，皆不利趙矣。天下爭秦，秦王受負海内之國[秦王受負海之國][1]，合負親之交，以據中國，而求利於三晉，是秦之一舉也。秦行是計，不利於趙，而君終不得陰，一矣。天下爭秦，秦王内韓珉於齊[秦王内韓呡於齊][1]，内成陽君於韓，相魏懷於魏，復合衍交兩王[復合術交兩王][2]，王賁、韓他之曹[王賁、韓佗之楚][1]，皆起而行事，是秦之一舉也。秦行是計也，不利於趙，而君又不得陰[而君不得陰][1]，二矣。天下爭秦，秦王受齊受趙，三疆三親[三強三親][1][三彊三親][6]，以據魏而求安邑，是秦之一舉也。秦行是計，齊、趙應之，魏不待伐，抱安邑而信秦[抱安邑而倍秦][1]，秦得安邑之饒[得安邑之饒][2]，魏爲上交，韓必入朝秦，過趙已安邑矣，是秦之一舉也[　][1,4]。秦行是計，不利於趙，而君必不得陰，三矣。天下爭秦，秦堅燕、趙之交，以伐齊收楚，與韓呡而攻魏[與韓珉而攻魏][1]，是秦之一舉也。秦行是計，而燕、趙應之。燕、趙伐齊，兵始用，秦因收楚而攻魏，不至一二月，魏必破矣。秦舉安邑而塞女戟，韓之太原絶[韓之太原之絶][6]，下軹道[下迟道][1]、南陽、高[南陽、而][1,6]，伐魏，絶韓，包二周，即趙自消爍矣[即趙自消矣][2]。國燥於秦[國爍於秦][4]，兵分於齊[兵孤於齊][4]，非趙之利也。而君終身不得陰，四矣。天下爭秦，秦堅三晉之交攻齊，國破曹屈[國破財屈][1,5,6]，而兵東分於齊，秦桉兵攻魏[秦按兵攻魏][1]，取安邑，是秦之一舉也。秦行是計也，君桉救魏[君按救魏][1]，是以攻齊之已弊[是以攻齊之已敝][1]，救與秦爭戰也[救之而與秦爭戰也][1,6][與秦爭戰也][4]；君不救也，韓、魏焉免西合？國在謀之中，而君有終身不得陰[而君又終身不得陰][2]，五矣。天下爭秦[天下事秦][4]，秦按爲義[秦案爲義][1]，存亡繼絶，固危扶弱，定無罪之君，必起中山與勝焉。秦起中山與勝，而趙、宋同命，何暇言陰？六矣。故曰君必無講，則陰必得矣。’

“奉陽君曰：‘善。’乃絶和於秦，而收齊、魏以成取陰。”

樓緩將使

樓緩將使，伏事，辭行，謂趙王曰：“臣雖盡力竭知[臣雖盡力竭智][1]，死不復見於王矣。”王曰：“是何言也？固且爲書而厚寄卿。”樓子曰：“王不聞公子牟夷之於宋乎？非肉不食。文張善宋[文張善客][1]，惡公子牟夷，寅然[宋然之][1]。今臣之於王非宋之於公子牟夷也，而惡臣者過文張。故臣死不復見於王矣。”王曰：“子勉行矣，寡人與子有誓言矣。”樓子遂行。

後以中牟反，入梁。候者來言，而王弗聽，曰：“吾已與樓子有言矣。”

虞卿請趙王

虞卿請趙王曰[虞卿謂趙王曰][1,4]：“人之情，寧朝人乎？寧朝於人也[寧朝於人乎][3]？”趙王曰：“人亦寧朝人耳，何故寧朝於人？”虞卿曰：“夫魏爲從主，而違者范座也[而違者范痤也][1]。今王能以百里之地，若萬户之都，請殺范座於魏[請殺范痤於魏][1]。范座死[范痤死][1]，則從事可移於趙。”趙王曰：“善。”乃使人以百里之地，請殺范座於魏[請殺范痤於魏][1]。魏王許諾，使司徒執范座[使司徒執范痤][1][使司空執范痤][2,3]，而未殺也。

范座獻書魏王曰[范痤獻書魏王曰][1]：“臣聞趙王以百里之地，請殺座之身[請殺痤之身][1]。夫殺無罪范座[夫殺無罪范痤][1]，座薄故也[薄故也][1,2,5]；而得百里之地，大利也。臣竊爲大王美之。雖然，而有一焉，百里之地不可得，而死者不可復生也，則主必爲天下咲矣[則王必爲天下笑矣][1,6][則主必爲天下笑矣][7]！

臣竊以爲與其以死人市，不若以生人市使也[不若以生人市便也][1][不若以生人市也][4]。”

又遺其後相信陵君書曰：“夫趙、魏，敵戰之國也。趙王以咫尺之書來，而魏王輕爲之殺無罪之座[而魏王輕爲之殺無罪之痤][1]，座雖不肖[痤雖不肖][1]，故魏之免相望也[故魏之免相也][1][故魏之免室也][2]。嘗以魏之故[甞以魏之故][1]，得罪於趙。夫國内無用臣[夫國無用臣][1][國内無用][4]，外雖得地，勢不能守。然今能守魏者，莫如君矣。王聽趙殺座之後[王聽趙殺痤之後][1]，强秦襲趙之欲[強秦襲趙之俗][2]，倍趙之割，則君將何以止之？此君之累也。”信陵君曰：“善。”遽言之王而出之。

燕封宋人榮蚠爲高陽君

燕封宋人榮蚠爲高陽君[燕封宋人榮蚠高陽君][1]，使將而攻趙。趙王因割濟東三城令盧[王因割濟東三城合盧][1]、高唐、平原陵地城邑市五十七[平原陵地城市邑五十七][1][平原地城邑市五十七][4]，命以與齊，而以求安平君而將之。馬服君謂平原君曰：“國奚無人甚哉！君致安平君而將之，乃割濟東三令城市邑五十七以與齊[乃割濟東三城合城市邑五十七以與齊][1][乃割濟東三城市邑五十七以與齊][4]，此夫子與敵國戰[此夫予與敵國戰][1][此與敵國戰][4]，覆軍殺將之所取、割地於敵國者也。今君以此與齊，而求安平君而將之，國奚無人甚也[國奚無人甚哉][1]！且君奚不將奢也？奢嘗抵罪居燕[奢甞抵罪居燕][1]，燕以奢爲上谷守，燕之通谷要塞，奢習知之。百日之内，天下之兵未聚，奢已舉燕矣。然則君奚求安平君而爲將乎？”平原君曰：“將軍釋之矣，僕已言之僕主矣。僕主幸以聽僕也[僕主幸已聽僕也][1]。將軍無言已。”馬服君曰：“君過矣！君之所以求安平君者，以齊之於燕也，茹肝涉血之仇耶[茹肝涉血之仇邪][1][茹肝涉血之仇耶][7]。其於奢不然[其於奢也不然][1]。使安平君愚，固不能當榮蚠；使安平君知[使安平君智][1]，又不肯與燕人戰。此兩言者，安平君必處一焉。雖然，兩者有一也[然者有一也][2,3]。使安平君知[使安平君智][1]，則奚以趙之强爲？趙强則齊不復霸矣。今得强趙之兵，以杜燕將，曠日持久數歲，令士大夫餘子之力，盡於溝壘，車甲羽毛裂敝，府庫倉廩虛，兩國交以習之[兩國交敝之][2,3]，乃引其兵而歸。夫盡兩國之兵，無明此者矣。”夏[是][1,6][ ][4]，軍也縣釜而炊[軍也懸釜而炊][1][ ][4]。得三城也[得三城][1][己而得三城][4]，城大無能過百雉者。果如馬服之言也。

三國攻秦趙攻中山

三國攻秦，趙攻中山，取扶柳，五年以擅呼沲[五年以擅呼沱][1]。齊人戎郭、宋突謂仇郝曰[宋突謂仇赫曰][1]：“不如盡歸中山之新埊[不如盡歸中山之新地][1]。中山案此言於齊曰，四國將假道於衞，以過章子之路。齊聞此，必效鼓[必効鼓][1][必放鼓][2,3]。”

趙使趙莊合從

趙使趙莊合從，欲伐齊。齊請效地[齊請効地][1]，趙因賤趙莊。齊明爲謂趙王曰[齊明謂趙王曰][2]：“齊畏從人之合也[齊畏從之合也][2]，故效地[故効地][1]。今聞趙莊賤，張懃貴[張漢貴][2]，齊必不效地矣[齊必不効地矣][1]。”趙王曰：“善。”乃召趙莊而貴之[乃召趙庀而貴之][2]。

翟章從梁來

翟章從梁來，甚善趙王。趙王三延之以相，翟章辭不受。田駟謂柱國韓向曰：“臣請爲卿刺之。客若死，則王必怒而誅建信君。建信君死，則卿必爲相矣。建信君不死，以爲交，終身不敝，卿因以德建信君矣。”

馮忌爲廬陵君謂趙王

馮忌爲廬陵君謂趙王曰[馮忠爲廬陵君謂趙王曰][4]：“王之逐廬陵君，爲燕也。”王曰：“吾所以重者，無燕、秦也。”對曰：“秦三以虞卿爲言[秦王以虞卿爲言][1]，而王不逐也。今燕一以廬陵君爲言，而王逐之。是王輕强秦而重弱燕也。”王曰：“吾非爲燕也，吾固將逐之。”“然則王逐廬陵君，又不爲燕也。行逐愛弟，又兼無燕、秦，臣竊爲大王不取也。”

馮忌請見趙王

馮忌請見趙王，行人見之。馮忌接手免首[馮忌接手俛首][1,6]，欲言而不敢。王問其故，對曰：“客有見人於服子者，已而請其罪。服子曰：‘公之客獨有三罪：望我而笑，是狎也；談語而不稱師，是倍也；交淺而言深，是亂也。’客曰：‘不然。夫望人而笑，是和也；言而不稱師[言是不稱師][1]，是庸說也；交淺而言深，是忠也。昔者堯見舜於草茅之中，席隴畝而廕庇桑，陰移而授天下傳[陰移而受天下傳][1][陰移而授天下][2]。伊尹負鼎俎而干湯，姓名未著而受三公。使夫交淺者不可以深談，則天下不傳，而三公不得也。’”趙王曰[　　][1]：“甚善[　　][4]。”馮忌曰[　　][4]：“今外臣交淺而欲深談可乎？”王曰：“請奉教。”於是馮忌乃談。

客見趙王

客見趙王曰：“臣聞王之使人買馬也，有之乎？”王曰：“有之。”“何故至今不遣？”王曰：“未得相馬之工也[未得買馬之工也][1]。”對曰：“王何不遣建信君乎？”王曰：“建信君有國事，又不知相馬。”曰：“王何不遣紀姬乎？”王曰：“紀姬婦人也，不知相馬。”對曰：“買馬而善，何補於國？”王曰：“無補於國。”“買馬而惡，何危於國？”王曰：“無危於國。”對曰：“然則買馬善而若惡，皆無危補於國。然而王之買馬也，必將待工。今治天下[今將天下][1]，舉錯非也，國家爲虚戾，而社稷不血食，然而王不待工，而與建信君，何也？”趙王未之應也。客曰：“燕郭之法[燕法之法][2][郭偃之淫][3]，有所謂桑雍者[有所謂柔雍者][2,3]，王知之乎？”王曰：“未之聞也。”“所謂桑雍者[所謂柔癰者][2]，便辟左右之近者[便辟左右之人][1]，及夫人優愛孺子也。此皆能乘王之醉昏[此皆能乘王之醉昬][1,7]，而求所欲於王者也。是能得之乎内[是能得之於内][1]，則大臣爲之枉法於外矣。故日月暉於外，其賊在於内；謹備其所憎，而禍在於所愛。”

秦攻魏取寧邑

秦攻魏，取寧邑，諸侯皆賀。趙王使往賀[趙王使賀][1]，三反不得通。趙王憂之，謂左右曰：“以秦之强，得寧邑，以制齊、趙。諸侯皆賀，吾往賀而獨不得通[吾徃賀而獨不得通][1]，此必加兵我，爲之奈何[爲之柰何][1]？”左右曰：“使者三往不得通者[使者三徃不得通者][1]，必所使者非其人也。曰諒毅者，辨士也，大王可試使之。”

諒毅親受命而往[諒毅親受命而徃][1][諒毅受命而往][4]。至秦，獻書秦王曰：“大王廣地寧邑，諸侯皆賀，敝邑寡君亦竊嘉之，不敢寧居，使下臣奉其幣物三至王廷，而使不得通。使若無罪，願大王無絶其歡[願大王無絶其懽][1]；若使有罪[若使者有罪][1]，願得請之。”秦王使使者報曰：“吾所使趙國者，小大皆聽吾言，則受書幣。若不從吾言，則使者歸矣。”諒毅對曰：“下臣之來，固願承大國之意也，豈敢有難？大王若有以令之，請奉而西行之[請奉而行之][1,5]，無所敢疑。”

於是秦王乃見使者，曰：“趙豹、平原君，數欺弄寡人。趙能殺此二人，則可。若不能殺，請今率諸侯受命邯鄲城下[請令率諸侯受命邯鄲城下][1]。”諒毅曰：“趙豹、平原君，親寡君之母弟也[親寡君母弟也][6]，猶大王之有葉陽、涇陽君也[猶大王之有華陽、涇陽君也][4]。大王以孝治聞於天下，衣服使之便於體[衣服之便於體][1,2]，膳啗使之嗛於口[膳啗之嗛於口][1,2]，未嘗不分於葉陽[未嘗不分於葉陽][1]、涇陽君。葉陽君、涇陽君之車馬衣服，無非大王之服御者。臣聞之：‘有覆巢毁卵[有覆巢毁夘][1]，而鳳皇不翔；刳胎焚夭，而騏驎不至[而麒麟不至][1]。’今使臣受大王之令以還報，敝邑之君，畏懼不敢不行，無乃傷葉陽君、涇陽君之心乎？”

秦王曰：“諾。勿使從政。”諒毅曰：“敝邑之君，有母弟不能教誨，以惡大國，請黜之，勿使與政事，以稱大國。”秦王乃喜，受其弊而厚遇之[受幣而厚遇之][1]。

趙使姚賈約韓魏

趙使姚賈約韓、魏，韓、魏以友之[韓、魏友之][1][韓、魏以反之][2]。舉茅爲姚賈謂趙王曰[茅舉爲姚賈謂趙王曰][1,6]："賈也，王之忠臣也。韓、魏欲得之，故友之[故反之][2]，將使王逐之，而己因受之。今王逐之，是韓、魏之欲得，而王之忠臣有罪也。故王不如勿逐，以明王之賢，而折韓、魏招之[而折韓、魏之招][1,3]。"

魏敗楚於陘山

魏敗楚於陘山，禽唐明。楚王懼，令昭應奉太子以委和於薛公。主父欲敗之，乃結秦連楚、宋之交[乃結秦連、宋之交][3]，令仇郝相宋[令仇赫相宋][1,5]，樓緩相秦。楚王禽趙、宋[楚王合趙、宋][1,6]，魏之和卒敗[齊之和卒敗][1]。

秦召春平侯

秦召春平侯，因留之。世鈞爲之謂文信侯曰[泄鈞爲之謂文信侯曰][1,6][世鈞爲之請文信侯曰][4]："春平侯者，趙王之所甚愛也，而郎中甚妬之，故相與謀曰：'春平侯入秦，秦必留之。'故謀而入之秦。今君留之，是空絶趙，而郎中之計中也。故君不如遣春平侯而留平都侯。春平侯者言行於趙王，必厚割趙以事君，而贖平都侯。"文信侯曰："善。"因與接意而遣之。

趙太后新用事

趙太后新用事，秦急攻之。趙氏求救於齊。齊曰："必以長安君爲質[必以趙安君爲質][6]，兵乃出。"太后不肯，大臣强諫[大臣強諫][1]。太后明謂左右："有復言令長安君爲質者，老婦必唾其面。"

左師觸讋願見太后[左師觸龍願見太后][3,6][左師觸龍言願見太后][4]。太后盛氣而揖之[盛氣而揖之][1]。入而徐趨[入徐趨][4]，至而自謝，曰："老臣病足，曾不能疾走，不得見久矣。竊自恕，而恐太后玉體之有所郄也[恐太后玉體之有所郄也][1]，故願望見太后。"太后曰[曰][1]："老婦恃輦而行。"曰："日食飲得無衰乎？"

曰：“恃鬻耳[恃粥耳][4]。”曰：“老臣今者殊不欲食，乃自强步，日三四里，少益耆食[少益嗜食][1]，和於身也[和於身][1]。”太后曰[曰][1]：“老婦不能。”太后之色少解。

左師公曰：“老臣賤息舒祺，最少，不肖。而臣衰，竊愛憐之。願令得補黑衣之數[願令補黑衣之數][1][願得補黑衣之缺][2][願得補黑衣之數][4]，以衞王官[以衞王宮][1,4]，沒死以聞[昧死以聞][4]。”太后曰：“敬諾。年幾何矣？”對曰：“十五歲矣。雖少，願及未填溝壑而託之。”太后曰：“丈夫亦愛憐其少子乎？”對曰：“甚於婦人。”太后笑曰[太后曰][1]：“婦人異甚。”對曰：“老臣竊以爲媪之愛燕后賢於長安君[老臣竊以爲媪之愛燕后賢於長安君][3][老臣竊以爲太后之愛燕后賢於長安君][4]。”曰：“君過矣，不若長安君之甚。”左師公曰：“父母之愛子，則爲之計深遠。媪之送燕后也，持其踵爲之泣，念悲其遠也[而泣之甚][2]，亦哀之矣。已行，非弗思也，祭祀必祝之，祝曰[甚曰][6]：‘必勿使反。’豈非計久長，有子孫相繼爲王也哉[爲子孫相繼爲王也哉][3]？”太后曰：“然。”左師公曰：“今三世以前，至於趙之爲趙，趙主之子孫侯者[趙王之子孫侯者][1]，其繼有在者乎？”曰：“無有。”曰：“微獨趙，諸侯有在者乎？”曰：“老婦不聞也。”“此其近者禍及身，遠者及其子孫。豈人主之子孫則必不善哉[豈人主之子侯則必不善哉][1,4]？位尊而無功，奉厚而無勞，而挾重器多也。今媪尊長安君之位[今媪尊長安之位][1]，而封之以膏腴之地[而封以膏腴之地][1]，多予之重器，而不及今令有功於國。一旦山陵崩，長安君何以自託於趙？老臣以媪爲長安君計短也，故以爲其愛不若燕后。”太后曰：“諾。恣君之所使之。”於是爲長安君約車百乘質於齊，齊兵乃出。

子義聞之曰：“人主之子也，骨肉之親也，猶不能恃無功之尊，無勞之奉，而守金玉之重也[以守金玉之重也][1]，而況人臣乎[而況人臣乎][1]？”

秦使王翦攻趙

秦使王翦攻趙，趙使李牧、司馬尚禦之[司馬尚御之][1]。李牧數破走秦軍，殺秦將桓齮。王翦惡之，乃多與趙王寵臣郭開等金，使爲反間，曰："李牧、司馬尚欲與秦反趙，以多取封於秦。"趙王疑之，使趙荵及顏冣代將[使趙葱及顏聚代將][1][使趙荵及顏最代將][2] [使趙大忩及顏冣代將][3][使趙忽及顏冣代將][4][使趙荵及顏聚代將][6]，斬李牧，廢司馬尚。後三月[後五月][1,5]，王翦因急擊，大破趙。殺趙軍[殺趙葱][4]，虜趙王遷及其將顏冣，遂滅趙。

戰國策卷二十二　　魏一

知伯索地於魏桓子

知伯索地於魏桓子[智伯索地於魏桓子][1]，魏桓子弗予。任章曰：“何故弗予？”桓子曰：“無故索地，故弗予。”任章曰：“無故索地，鄰國必恐；重欲無厭，天下必懼。君予之地，知伯必憍[智伯必驕][1,4]。憍而輕敵[彼驕而輕敵][1]，鄰國懼而相親。以相親之兵，待輕敵之國，知氏之命不長矣[智氏之命不長矣][1]！周書曰：‘將欲敗之，必姑輔之；將欲取之，必姑與之。’君不如與之，以驕知伯[以驕智伯][1]。君何釋以天下圖知氏[君何釋以天下圖智氏][1]，而獨以吾國爲知氏質乎[而獨以吾國爲智氏資乎][1][而獨以吾國爲知氏質乎][6]？”君曰：“善。”乃與之萬家之邑一。知伯大説[智伯大説][1]。因索蔡、皐梁於趙[因索蔡、皐狼於趙][1,4]，趙弗與，因圍晉陽。韓、魏反於外，趙氏應之於内，知氏遂亡[智氏遂亡][1]。

韓趙相難

韓、趙相難。韓索兵於魏曰：“願得借師以伐趙。”魏文侯曰：“寡人與趙兄弟，不敢從。”趙又索兵以攻韓，文侯曰：“寡人與韓兄弟，不敢從。”二國不得兵，怒而反。已乃知文侯以講於己也[已乃知文侯已講於己也][1]，皆朝魏。

樂羊爲魏將而攻中山

樂羊爲魏將而攻中山。其子在中山，中山之君烹其子而遺之羹，樂羊坐於幕下而啜之，盡一盃[盡一杯][1]。文侯謂覩師贊曰[文侯謂堵師贊曰][4]：“樂羊以我之故，食其子之肉。”贊對曰：“其子之肉尚食之[其子食之][4]，其誰不食[且誰不食][4]！”樂羊既罷中山，文侯賞其功而疑其心。

西門豹爲鄴令

西門豹爲鄴令，而辭乎魏文侯。文侯曰：“子往矣[子徃矣][1][子往子往矣][4]，必就子之功，而成子之名。”西門豹曰：“敢問就功成名，亦有術乎？”文侯曰：“有之。夫鄉邑老者而先受坐之士[矣鄉邑老者而先受坐之士][1]，子入而問其賢良之士而師事之，求其好掩人之美而楊人之醜者而粂驗之[求其好掩人之美而揚人之醜者而參驗之][1,7][求其好掩人之美而楊人之醜而參驗之][2,3]。夫物多相類而非也，幽莠之幼也似禾，驪牛之黄也似虎[黧牛之黄也似虎][1]，白骨疑象，武夫類玉，此皆似之而非者也。”

文侯與虞人期獵

文侯與虞人期獵。是日，飲酒樂，天雨。文侯將出，左右曰：“今日飲酒樂，天又雨，公將焉之？”文侯曰：“吾與虞人期獵，雖樂，豈可不一會期哉[豈可無一會期哉][3]！”乃往[乃徃][1]，身自罷之。魏於是乎始强。

魏文侯與田子方飲酒而稱樂

魏文侯與田子方飲酒而稱樂。文侯曰：“鍾聲不比乎，左高。”田子方笑。文侯曰：“奚笑？” 子方曰：“臣聞之，君明則樂官[君明樂官][4]，不明則樂音[不明樂音][4]。今君審於聲，臣恐君之聾於官也。”文侯曰：“善，敬聞命。”

魏武侯與諸大夫浮於西河

魏武侯與諸大夫浮於西河，稱曰：“河山之險，豈不亦信固哉[不亦信固哉][1]！”王鍾侍王[王鍾侍坐][1][王錯侍王][4]，曰：“此晉國之所以强也。若善脩之，則霸王之業具矣。”吳起對曰：“吾君之言，危國之道也；而子又附之，是危也[是重危也][1,6]。”武侯忿然曰：“子之言有説乎？”

吳起對曰：“河山之險，信不足保也[不足保也][4]；是伯王之業[是霸王之業][1][伯王之業][4]，不從此也。昔者，三苗之居，左彭蠡之波[左有彭蠡之波][1]，右有洞庭之水[右洞庭之水][4]，文山在其南[汶山在其南][1]，而衡山在其北。恃此險也，爲政不善，而禹放逐之。夫夏桀之國[夏桀之國][1]，左天門之陰，而右天谿之陽，廬[盧][1,3]、睪在其北，伊、洛出其南。有此險也，然爲政不善，而湯伐之。殷紂之國，左孟門而右漳、釜[左孟門而右漳、滏][1]，前帶河，後被山。有此險也，然爲政不善，而武王伐之。且君親從臣而勝降城，城非不高也[城非不高][1]，人民非不衆也，然而可得并者，政惡故也。從是觀之，地形險阻，奚足以霸王矣！”

武侯曰：“善。吾乃今日聞聖人之言也！”西河之政，專委之子矣。”

魏公叔痤爲魏將

魏公叔痤爲魏將，而與韓、趙戰澮北，禽樂祚。魏王說，迎郊[郊迎][1]，以賞田百萬祿之。公叔痤反走，再拜辭曰：“夫使士卒不崩，直而不倚，撓揀而不辟者[棟撓而不避者][1][撓揀不辟者][4][棟撓而不辟者][6]，此吴起餘教也，臣不能爲也。前脉形埊之險阻[前脉地形之險阻][1][前脉埊形之險阻][6][前脈形埊之險阻][7]，决利害之備[决利害之偹][1][决利害之備][7]，使三軍之士不迷惑者，巴寧、爨襄之力也[已寧、爨襄之力也][4]。縣賞罰於前，使民昭然信之於後者，王之明法也。見敵之可也鼓之[見敵之可擊鼓之][1]，不敢怠倦者，臣也。王特爲臣之右手不倦賞臣，何也[可也][1]？若以臣之有功，臣何力之有乎？”王曰：“善。”於是索吴起之後，賜之田二十萬。巴寧、爨襄田各十萬[已寧、爨襄田各十萬][4]。

王曰：“公叔豈非長者哉！既爲寡人勝强敵矣，又不遺賢者之後，不揜能士之迹[不能掩士之迹][1]，公叔何可無益乎？”故又與田四十萬，加之百萬之上，使百四十萬。故老子曰：“聖人無積，盡以爲人[既以爲人][2]，己愈有；既以與人，己愈多。”公叔當之矣。

魏公叔痤病

魏公叔痤病，惠王往問之[惠王徃問之][1]。曰：“公叔病，即不可諱，將柰社稷何[將奈社稷何][1]？”公叔痤對曰：“痤有御庶子公孫鞅，願王以國事聽之也。爲弗能聽，勿使出竟[勿使出境][1]。”王弗應，出而謂左右曰：“豈不悲哉！以公叔之賢[以公孫之賢][1]，而謂寡人必以國事聽鞅，不亦悖乎！”

公叔痤死，公孫鞅聞之，已葬[出奔][2]，西之秦，孝公受而用之。秦果日以强，魏日以削。此非公叔之悖也，惠王之悖也。悖者之患，固以不悖者爲悖。

蘇子爲趙合從

蘇子爲趙合從，說魏王曰：“大王之埊[大王之地][1]，南有鴻溝、陳、汝南、有許[許][6]、鄢、昆陽、邵陵、舞陽、新郪；東有淮、潁[潁][3,4][穎][6,7]、沂、黄、煑棗[煮棗][1]、海鹽[　][1,4]、無踈[無胥][3,4][無踈][1,6,7]；西有長城之界；北有河外、卷、衍、燕[　][3,4]、酸棗，埊方千里[地方千里][1]。埊名雖小[名雖小][1]，然而廬田廡舍[田舍廬廡][3]，曾無所蒭牧牛馬之地[曾無所芻牧牛馬之地][1,7]。人民之衆，車馬之多，日夜行不休已，無以異於三軍之衆。臣竊料之，太王之國，不下於楚。然横人謀王[然横人訹王][1,4,6]，外交强虎狼之秦，以侵天下，卒有國患，不被其禍。夫挾强秦之勢，以内劫其主，罪無過此者[　][2,3,4]。且魏，天下之强國也；大王，天下之賢主也[天下之賢王也][4,6]。今乃有意西面而事秦，稱東藩，築帝宫，受冠帶，祠春秋，臣竊爲大王媿之[臣竊爲大王愧之][1]。

“臣聞越王勾踐以散卒三千，禽夫差於干遂；武王卒三千人，革車三百乘，斬紂於牧之野。豈其士卒衆哉？誠能振其威也。今竊聞大王之卒，武力二十餘萬，蒼頭二千萬[蒼頭二十萬][1,4,6]，奮擊二十萬，廝徒十萬，車六百乘[車六百][2,3]，騎五千疋[騎五千][2,3]。此其過越王勾踐、武王遠矣！今乃劫於辟臣之說[今乃劫於群臣之說][1][今乃劫於羣臣之說][4,6]，而欲臣事秦。夫事秦必割地效質[夫事秦必割地效實][2]，故兵未用而國已虧矣。凡羣臣之言事秦者[凡群臣之言事秦者][1]，皆姦臣，非忠臣也。夫爲人臣，割其主之埊以求外交[割其主之地以外交][1]，偷取一旦之功而不顧其後，破公家而成私門，外挾彊秦之勢以内劫其主以求割埊[外挾强秦之勢以内地刼其主以求割地][1]，願大王之熟察之也。

“周書曰：‘緜緜不絕，縵縵柰何[蔓蔓若何][1,4][蔓蔓奈何][3][縵縵柰何][7]；毫毛不拔，將成斧柯。’前慮不定，後有大患，將柰之何[將奈之何][1]？大王誠能聽臣，六國從親，專心并力，則必無强秦之患。故敝邑趙王使使臣獻愚計[故弊邑趙王使使臣獻愚計][1]，奉明約，在大王詔之。”魏王曰：“寡人不肖，未嘗得聞明教[未甞得聞明教][1]。今主君以趙王之詔詔之，敬以國從。”

張儀爲秦連横說魏王

張儀爲秦連横，說魏王曰：“魏地方不至千里，卒不過三十萬人。埊四平[地四平][1]，諸侯四通，條達輻湊[條達輻凑][7]，無有名山大川之阻[無有名山大川之限][1]。從鄭至梁，不過百里；從陳至梁，二百餘里。馬馳人趨，不待倦而至梁。南與楚境，西與韓境，北與趙境，東與齊境，卒戍四方，守亭障者叅列[守亭障者參列][1,7]。粟粮漕庾[粟糧漕庾][1,7][粟糧糟庾][6]，不下十萬。魏之埊勢，故戰場也。魏南與楚而不與齊，則齊攻其東；東與齊而不與趙，則趙攻其北；不合於韓，則韓攻其西；不親於楚[不合於楚][2]，則楚攻其南。此所謂四分五裂之道也。

“且夫諸侯之爲從者，以安社稷、尊主、强兵、顯名也。合從者，一天下、約爲兄弟、刑白馬以盟於洹水之上以相堅也。夫親昆弟[夫親兄弟][6]，同父母，尚有爭錢財。而欲恃詐僞反覆蘇秦之餘謀，其不可以成亦明矣。

“大王不事秦，秦下兵攻河外，拔卷、衍、燕[點][3]、酸棗，劫衞取晉陽[刼衞取晉陽][1][刼衞取陽晉][4]，則趙不南；趙不南，則魏不北；魏不北，則從道絕；從道絕[ ][1]，則大王之國欲求無危不可得也。秦挾韓而攻魏，韓劫於秦[韓刼於秦][1]，不敢不聽。秦、韓爲一國，魏之亡可立而須也，此臣之所以爲大王患也[此臣之所爲大王患也][1,4]。爲大王計，莫如事秦，事秦則楚、韓必不敢動；無楚、韓之患，則大王高枕而臥[則大王高枕而卧][1]，國必無憂矣。

“且夫秦之所欲弱莫如楚，而能弱楚者莫若魏。楚雖有富大之名，其實空虛；其卒雖衆，多言而輕走[多然而輕走][1,4]，易北，不敢堅戰。魏之兵南面而伐[患魏之兵南面而伐][1][悉之兵南面而伐][4]，勝楚必矣。夫虧楚而益魏，攻楚而適秦，内嫁禍安國，此善事也。大王不聽臣，秦甲出而東[秦甲出而東伐][1,4]，雖欲事秦而不可得也。

“且夫從人多奮辭而寡可信，說一諸侯之王，出而乘其車；約一國而反，成而封侯之基[約一國而成反而取封侯之基][1,6][而成封侯之基][4]。是故天下之遊士，莫不日夜搤腕瞋目切齒以言從之便，以說人主。人主覽其辭，牽其說，惡得無眩哉？臣聞積羽沉舟，羣輕折軸[群輕折軸][1]，衆口鑠金[衆口鑠金，積毀銷骨][2][積毀銷金，積讒磨骨][4]，故願大王之熟計之也。”

魏王曰：“寡人惷愚[寡人惷][2,3][寡人蠢愚][7]，前計失之。請稱東藩，築帝宮，受冠帶，祠春秋，効河外[效河外][1,7]。”

齊魏約而伐楚

齊、魏約而伐楚，魏以董慶爲質於齊。楚攻齊，大敗之，而魏弗救。田嬰怒，將殺董慶。旰夷爲董慶謂田嬰曰[旰夷謂田嬰曰][1][干夷爲董慶謂田嬰曰][2][吁夷爲董慶謂田嬰曰][5,6]：“楚攻齊，大敗之，而不敢深入者，以魏爲將内之於齊而擊其後。今殺董慶，是示楚無魏也。魏怒合於楚，齊必危矣。不如貴董慶以善魏[不如舍董慶以善魏][4]，而疑之於楚也。”

蘇秦拘於魏

蘇秦拘於魏[蘇代拘於魏][1,4,6]，欲走而之韓[欲走而之齊][1][欲走而之齊韓][6]，魏氏閉關而不通。齊使蘇厲爲之謂魏王曰：“齊請以宋地封涇陽君，而秦不受也。夫秦非不利有齊而得宋埊也[夫秦非不利有齊而得宋地][1]，然其所以不受者，不信齊王與蘇秦也[不信齊王與蘇代也][1,6][不信齊王與蘇子也][4]。今秦見齊、魏之不合也如此其甚也[今秦見齊、魏之不合如此其甚也][1,4]，則齊必不欺秦，而秦信齊矣。齊、秦合而涇陽君有宋地，則非魏之利也。故王不如復東蘇秦[故王不如復東蘇代][1]，秦必疑齊而不聽也。夫齊、秦不合，天下無憂[夫齊、秦不合天下無變][5,6]，伐齊成，則埊廣矣[則地廣矣][1]。”

陳軫爲秦使於齊

陳軫爲秦使於齊，過魏，求見犀首。犀首謝陳軫。陳軫曰：“軫之所以來者，事也。公不見軫，軫且行，不得待異日矣。”犀首乃見之。陳軫曰：“公惡事乎？何爲飲食而無事？無事必來[ ][1][公何好飲食也？犀首曰無事也][6]。”犀首曰：“衍不肖，不能得事焉，何敢惡事？”陳軫曰：“請移天下之事於公。”犀首曰：“柰何？”陳軫曰：“魏王使李從以車百乘使於楚，公可以居其中而疑之。公謂魏王曰：‘臣與燕、趙故矣，數令人召臣也，曰無事必來。今臣無事，請謁而往[請謁而徃][1]。無久，旬、五之期。’王必無辭以止公[王必無辤以止公][1]。公得行，因自言於廷曰：“臣急使燕、趙，急約車爲行具。”犀首曰：“諾。”謁魏王，王許之，卽明言使燕、趙。

諸侯客聞之，皆使人告其王曰：“李從以車百乘使楚，犀首又以車三十乘使燕、趙[犀首又以車三千乘使燕、趙][6]。”齊王聞之，恐後天下得魏，以事屬犀首，犀首受齊事。魏王止其行使[魏王止其使][1][魏王止其行][6]。燕、趙聞之，亦以事屬犀首。楚王聞之，曰：“李從約寡人，今燕、齊、趙皆以事因犀首，犀首必欲寡人，寡人欲之。”乃倍李從，而以事因犀首。魏王曰：“所以不使犀首者，以爲不可。令四國屬以事[今四國屬以事][1,6]，寡人亦以事因焉。”犀首遂主天下之事，復相魏。

張儀惡陳軫於魏王

張儀惡陳軫於魏王曰：“軫善事楚，爲求壤埊也[爲求壤地也][1]，甚力之[甚力][1,4,6]。”左華謂陳軫曰[左爽謂陳軫曰][4]：“儀善於魏王，魏王甚愛之。公雖百說之，猶不聽也。公不如儀之言爲資[公不如以儀之言爲資][1,5,6]，而反於楚王。”陳軫曰：“善。”因使人先言於楚王[因使人先言於楚][1]。

張儀欲窮陳軫

張儀欲窮陳軫，令魏王召而相之[今魏王召而相之][6]，來將悟之[來將倍之][1][來將梏之][3][來將圄之][6]。將行，其子陳應止其公之行，曰：“物之湛者，不可不察也。鄭彊出秦曰[鄭彊出秦日][1]，應爲知[應爲智][1][應爲之][3]。夫魏欲絶楚、齊，必重迎公。郢中不善公者，欲公之去也，必勸王多公之車。公至宋，道稱疾而毋行，使人謂齊王曰：‘魏之所以迎我者，欲以絶齊、楚也。’”

齊王曰：“子果無之魏而見寡人也[子東無之魏而見寡人也][1,6]，請封子。”因以魯侯之車迎之。

張儀走之魏

張儀走之魏，魏將迎之。張丑諫於王[張丑諫於王][1]，欲勿内，不得於王。張丑退，復諫於王曰[復諫於王曰][1]：“王亦聞老妾事其主婦者乎？子長色衰，重家而已[重嫁而已][1,4,6]。今臣之事王，若老妾之事其主婦者。”魏王因不納張儀。

張儀欲以魏合以於秦韓而攻齊楚

張儀欲以魏合於秦、韓而攻齊、楚。惠施欲以魏合於齊、楚以案兵。人多爲張子於王所。惠子謂王曰：“小事也，謂可者謂不可者正半，況大事乎[況大事乎][1]？以魏合於秦、韓而攻齊、楚，大事也，而王之羣臣皆以爲可[而王之群臣皆以爲可][1]。不知是其可也，如是其明耶？而羣臣之知術也[亡群臣之知術也][1][亡羣臣之知術也][6]，如是其同耶？是其可也，未如是其明也，而羣臣之知術也[而群臣之智術也][1]，又非皆同也，是有其半塞也[是其有半塞也][1]。所謂劫主者[所謂劫王者][1]，失其半者也。”

張子儀以秦相魏

張子儀以秦相魏[張儀以秦相魏][1,2]，齊、楚怒而欲攻魏。雍沮謂張子曰：“魏之所以相公者，以公相則國家安，而百姓無患。今公相而魏受兵，是魏計過也。齊、楚攻魏，公必危矣。”張子曰：“然則柰何？”雍沮曰："請令齊、楚解攻。"雍沮謂齊、楚之君曰："王亦聞張儀之約秦王乎？曰：'王若相儀於魏，齊、楚惡儀，必攻魏。魏戰而勝，是齊、楚之兵折，而儀固得魏矣；若不勝魏[若不勝][1]，魏必事秦以持其國，必割地以賂王。若欲復攻，其敝不足以應秦[其弊不足以應秦][1]。'此儀之所以與秦王陰相結也。今儀相魏而攻之，是使儀之計當於秦也，非所以窮儀之道也。"齊、楚之王曰："善。"乃遽解攻於魏[乃遂解攻於魏][1]。

張儀欲幷相秦魏

張儀欲幷相秦、魏，故謂魏王曰："儀請以秦攻三川，王以其間約南陽，韓氏亡。"史厭謂趙獻曰："公何不以楚佐儀求相之於魏，韓恐亡，必南走楚。儀兼相秦、魏，則公亦必幷相楚、韓也。"

魏王將相張儀

魏王將相張儀，犀首弗利，故令人謂韓公叔曰："張儀以合秦、魏矣[張儀已合秦、魏矣][1,4,6]。其言曰：'魏攻南陽，秦攻三川，韓氏必亡。'且魏王所以貴張子者，欲得埊[欲得地也][1,4]，則韓之南陽舉矣，子盍少委焉，以爲衍功，則秦、魏之交可廢矣。如此，則魏必圖秦而棄儀，收韓而相衍。"公叔以爲信[公叔以爲然][1][公叔以爲便][3,6]，因而委之，犀首以爲功，果相魏。

楚許魏六城

楚許魏六城，與之伐齊而存燕。張儀欲敗之，謂魏王曰："齊畏三國之合也，必反燕埊以下楚[必反燕地以下楚][1]，楚、趙必聽之[楚必聽之][1]，而不與魏六城。是王失謀於楚、趙[是王失謀於楚][1]，而樹怨而於齊、秦也[而樹怨於齊、秦也][1,6]。齊遂伐趙，取乘丘，收侵地，虚、頓丘危。楚破南陽九夷[楚破南陽九夷][1]，内沛，許、鄢陵危。王之所得者，新觀也。而道塗宋[而道涂宋][1]、衛爲制，事敗爲趙驅，事成功縣宋、衛。"魏王弗聽也。

張儀告公仲

張儀告公仲，令以饑故，賞韓王以近河外。魏王懼，問張子。張子曰："秦欲救齊，韓欲攻南陽，秦、韓合而欲攻南陽，無異也。且以遇卜王，王不遇秦，韓之卜也決矣[韓之卜也決矣][1]。"魏王遂尚遇秦，信韓、廣魏、救趙。尺楚人[斥楚人][1]，遽於革下[遽於革下][1][遽於華下][5]。伐齊之事遂敗。

徐州之役

徐州之役[徐州之役][1]，犀首謂梁王曰："何不陽與齊而陰結於楚？二國恃王，齊、楚必戰[齊必戰][1]。齊戰勝楚，而與乘之，必取方城之外；楚戰勝齊敗[楚戰勝齊][1,4]，而與乘之，是太子之讎報矣。"

秦敗東周

秦敗東周，與魏戰於伊闕，殺犀武。魏令公孫衍乘勝而留於境，請卑辭割埊[請卑辭割地][1]，以講於秦。爲竇屢謂魏王曰："臣不知衍之所以聽於秦之少多，然而臣能半衍之割，而令秦講於王。"王曰："柰何[奈何][1,7]？"對曰："王不若與竇屢關内侯，而令趙[而令之趙][1,6]。王重其行而厚奉之。因揚言曰：'聞周、魏令竇屢以割魏於奉陽君[聞周、魏令竇屢已割魏於奉陽君][1]，而聽秦矣。'夫周君、竇屢、奉陽君之與穰侯，貿首之仇也。今行和者，竇屢也；制割者，奉陽君也。太后恐其不因穰侯也，而欲敗之，必以少割請合於王，而和於東周與魏也。"

齊王將見燕趙楚之相於衛

齊王將見燕、趙、楚之相於衛，約外魏。魏王懼，恐其謀伐魏也，告公孫衍。公孫衍曰："王與臣百金，臣請敗之。"王爲約車，載百金[齎百金][4]。犀首期齊王至之曰[犀首期齊王至之日][1,6]，先以車五十乘至衛間齊[先以五十乘至衛間齊][1]，行以百金[行人以百金][1,6]，以請先見齊王，乃得見。因久坐安，從客談三國之相怨[從客談二國之相怨][1]。

謂齊王曰："王與三國約外魏，魏使公孫衍來，今久與之談，是王謀三國也也[是王謀三國也][1,4][是王謀三國也已][6]。"齊王曰："魏王聞寡人來，使公孫子勞寡人，寡人無與之語也。”三國之不相信齊王之遇[三國之相不信齊王之遇][1,5,6]，遇事遂敗。

魏令公孫衍請和於秦

魏令公孫衍請和於秦[魏令公孫衍請和拎秦][1]，綦母恢教之語曰：“無多割。曰[ ][1]，和成，固有秦重和[固有秦重][4,6]，以與王遇；和不成，敗後必莫能以魏合於秦者矣。”

公孫衍爲魏將

公孫衍爲魏將，與其相田繻不善[與其相田需不善][1,5]。季子爲衍謂梁王曰：“王獨不見夫服牛驂驥乎[獨不見夫服牛驂驥乎][1][王獨不見夫服牛驂驥乎][7]？不可以行百步。今王以衍爲可使將，故用之也；而聽相之計，是服牛驂驥也[是服牛驂驥之道][4][是服牛驂驥也][7]。牛馬俱死，而不能成其功，王之國必傷矣！願王察之。”

戰國策卷二十三　魏二

犀首田盼欲得齊魏之兵伐趙

犀首、田盼欲得齊、魏之兵以伐趙，梁君與田侯不欲。犀首曰：“請國出五萬人，不過五月而趙破。”田盼曰：“夫輕用其兵者，其國易危；易用其計者，其身易窮。公今言破趙大易[公今言破趙太易][1]，恐有後咎。”犀首曰：“公之不慧也。夫二君者，固已不欲矣。今公又言有難以懼之[今公又言難以懼之][1]，是趙不伐，而二士之謀困也[而二君之謀困也][4]。且公直言易，而事已去矣。夫難搆而兵結[夫搆難而兵結][1]，田侯、梁君見其危，又安敢釋卒不我予乎？”田盼曰：“善。”遂勸兩君聽犀首。犀首、田盼遂得齊、魏之兵。兵未出境，梁君、田侯恐其至而戰敗也，悉起兵從之，大敗趙氏。

犀首見梁君

犀首見梁君曰：“臣盡力竭知[臣盡力竭智][1]，欲以爲王廣土取尊名，田需從中敗君[田繻從中敗之][4][田需從中敗臣][1,6]，王又聽之，是臣終無成功也。需亡，臣將侍；需侍，臣請亡。”王曰：“需，寡人之股掌之臣也。爲子之不便也，殺之亡之，毋謂天下何[外之毋謂天下何][4,6]，内之無若羣臣何也[内之無若群臣何也][1]！今吾爲子外之，令毋敢入子之事。入子之事者，吾爲子殺之亡之，胡如？”犀首許諾。於是東見田嬰，與之約結；召文子而相之魏，身相於韓。

蘇代爲田需說魏王

蘇代爲田需說魏王曰：“臣請問文之爲魏，孰與其爲齊也？”王曰：“不如其爲齊也。”衍之爲魏，孰與其爲韓也？”王曰：“不如其爲韓也。”而蘇代曰[蘇代曰][1]：“衍將右韓而左魏，文將右齊而左魏。二人者，將用王之國，舉事於世，中道而不可，王且無所聞之矣[且王無所聞之矣][1]。王之國雖滲樂而從之可也[王之國雖滲樂而後之可也][3]。王不如舍需於側，以稽二人者之所爲。二人者曰：'需非吾人也，吾舉事而不利於魏，需必挫我於王。'二人者必不敢有外心矣。二人者之所爲之[二人者之所爲][2]，利於魏與不利於魏，王厝需於側以稽之，臣以爲身利而便於事[臣以爲身利而國便於事][1][臣以爲而便於事][2][臣以爲身利便於事][4]。"王曰："善[然][6]。"果厝需於側。

史舉非犀首於王

史舉非犀首於王。犀首欲窮之，謂張儀曰："請令王讓先生以國，王爲堯、舜矣；而先生弗受，亦許由也。衍請因令王致萬户邑於先生[衍因令王致萬户邑於先生][1]。"張儀說，因令史舉數見犀首。王聞之而弗任也，史舉不辭而去。

楚王攻梁南

楚王攻梁南，韓氏因圍嶹[韓氏因圍黄][1][韓氏因圍薔][4,6]。成恢爲犀首謂韓王曰："疾攻薔[疾攻黄][1]，楚師必進矣。魏不能支，交臂而聽楚，韓氏必危，故王不如釋薔[故王不如釋黄][1]。魏無韓患，必與楚戰，戰而不勝，大梁不能守，而又況存薔乎[而又況存黄乎][1][而又況存薔乎][7]？若戰而勝[若戰勝][1]，兵罷敝，大王之攻薔易矣[大王之攻黄易矣][1]。"

魏惠王死

魏惠王死，葬有日矣。天大雨雪，至於牛目，壞城郭，且爲棧道而葬。羣臣多諫太子者[群臣多諫太子者][1]，曰："雪甚如此而喪行[雪甚如此而儠行][1]，民必甚病之。官費又恐不給，請弛期更日。"太子曰："爲人子，而以民勞與官費用之故，而不行先王之喪[而不行先王之䘮][1]，不義也[不義][4]。子勿復言。"

羣臣皆不敢言[群臣皆不敢言][1]，而以告犀首。犀首曰："吾未有以言之也，是其唯惠公乎[是其唯薛公乎][4][是其唯惠子乎][6]！請告惠公[請告惠子][4]。"

惠公曰[惠子曰][4]："諾。"駕而見太子曰："葬有日矣。"太子曰："然。"

惠公曰："昔王季歷葬於楚山之尾[昔王季歷葬於楚山之尾][1][昔王季歷葬於滑山之尾][2] [昔王季歷葬於渦山之尾][3] [昔王季歷葬於楚山尾][4]，欒水齧其墓[欒水齧其墓][4]，見棺之前和[見棺之前秎][4][見棺之前脉][5]。文王曰：'嘻！先君必欲一見羣臣百姓也夫[一見群臣百姓也夫][1]，故使欒水見之。'於是出而爲之張於朝[於是出而爲之張朝][1,6][於是出而爲之張帳以朝][4,5]，百姓皆見之，三日而後更葬。此文王之義也。今葬有日矣，而雪甚，及牛目，難以行，太子爲及日之故，得毋嫌於欲亟葬乎？願太子更日。先王必欲少留而扶社稷、安黔首也，故使雪甚。因弛期而更爲日，此文王之義也。若此而弗爲，意者羞法文王乎？"太子曰："甚善。敬弛期，更擇日。"

惠子非徒行其說也，又令魏太子未葬其先王而因又說文王之義[又令魏太子未葬其先王而又因說文王之義][1][又令魏太子未葬其先王而因有說文王之義][4]。說文王之義以示天下，豈小功也哉！

五國伐秦無功而還

五國伐秦，無功而還。其後，齊欲伐宋，而秦禁之。齊令宋郭之秦，請合而以伐宋。秦王許之。魏王畏齊、秦之合也，欲講於秦。

謂魏王曰："秦王謂宋郭曰：'分宋之城，服宋之强者，六國也。乘宋之敝，而與王爭得者，楚、魏也。請爲王毋禁楚之伐魏也[請爲王無禁楚之伐魏也][1]，而王獨舉宋。王之伐宋也，請剛柔而皆用之。如宋者，欺之不爲逆者[欺之不爲逆][1]，殺之不爲讎者也[殺之而無讎者也][3]。王無與之講以取埊[王無與之講以取地][1]，既已得埊矣[既已得地][1]，又以力攻之，期於啗宋而已矣[期於啗宋而已矣][1,7]。'

"臣聞此言，而竊爲王悲[而竊爲王患][1]，秦必且用此於王矣。又必且曰王以求埊[又必且刧王必求地][1][又必且因王以求埊][6]，既已得埊[既已得地][1]，又且以力攻王。又必謂王曰使王輕齊[又必謂王使王輕齊][1][又必講王因使王輕齊][6]，齊、魏之交已醜，又且收齊以更索於王[又且收齊以東索於王][1]。秦嘗用此於楚矣[秦嘗用此於楚矣][1]，又嘗用此於韓矣[又甞用此於韓矣][1]，願王之深計之也。秦善魏不可知也已。故爲王計[故爲王說][1]，太上伐秦，其次賓秦[其次賔秦][1]，其次堅約而詳講，與國無相離也[與國無相讎也][1,6]。秦、齊合，國不可爲也已。王其聽臣也，必無與講。

“秦權重魏，魏再明孰[魏冉明熟][1][魏再明熟][5][秦權重，魏冉明][6]，是故又爲足下傷秦者[是故有謂足下傷秦者][1]，不敢顯也。天下可令伐秦，則陰勸而弗敢圖也。見天下之傷秦也，則先鬻與國而以自解也。天下可令賓秦[天下可令賔秦][1]，則爲劫於與國而不得已者[則爲刼於與國而不得己者][1]。天下不可，則先去，而以秦爲上交以自重也。如是人者，鬻王以爲資者也，而焉能免國於患？免國於患[　　][2,3]者，必窮三節，而行其上。上不可，則行其中；中不可，則行其下；下不可，則明不與秦。而生以殘秦[兩生以殘秦][4]，使秦皆無百怨百利，唯已之曾安[惟己之曾安][1]。令足下鬻之以合於秦[無令天下鬻之以合於秦][1][今足下鬻之以合於秦][6]，是免國於患者之計也。臣何足以當之？雖然，願足下之論臣之計也。

“燕，齊讎國也；秦，兄弟之交也。合讎國以伐婚姻，臣爲之苦矣。黃帝戰於涿鹿之野，而西戎之兵不至；禹攻三苗，而東夷之民不起[而東夷之民不赴][1,6]。以燕伐秦[以燕齊伐秦][1]，黃帝之所難也，而臣以致燕甲而起齊兵矣。

“臣又偏事三晉之吏[臣又徧事三晉之吏][1]，奉陽君、孟嘗君[孟甞君][1]、韓呡[韓珉][1]、周㝡[周最][6]、周[　][5]、韓餘爲徒從而下之[徒爲從而下之][6]，恐其伐秦之疑也。又身自醜於秦。扮之請焚天下之秦符者[初之請焚天下之秦符者][6]，臣也；次傳焚符之約者，臣也；欲使五國約閉秦關者[次使五國約閉秦關者][1][欲伐五國約閉秦關者][6]，臣也。奉陽君、韓餘爲既和矣，蘇脩、朱嬰既皆陰在邯鄲[蘇脩、朱嬰皆陰在邯鄲][1]，臣又說齊王而往敗之[臣又說齊王而徃敗之][1]。天下共講，因使蘇脩游天下之語，而以齊爲上交，兵請伐魏，臣又爭之以死。而果西因蘇脩重報。臣非不知秦勸之重也[臣非不知秦權之重也][1,5]，然而所以爲之者，爲足下也。”

魏文子田需周宵相善

魏文子[文子][1]、田需[曰需][6]、周宵相善[周霄相善][1]，欲罪犀首。犀首患之，謂魏王曰：“今所患者，齊也。嬰子言行於齊王，王欲得齊，則胡不召文子而相之？彼必務以齊事王。”王曰：“善。”因召文子而相之。犀首以倍田需、周宵。

魏王令惠施之楚

魏王令惠施之楚，令犀首之齊。鈞二子者，乘數鈞，將測交也。楚王聞之[　　][1]，施因令人先之楚[施因令之先之楚][1]，言曰：“魏王令犀首之齊，惠施之楚，鈞二子者，將測交也。”楚王聞之，因郊迎惠施。

魏惠王起境内衆

魏惠王起境内衆，將太子申而攻齊。客謂公子理之傳曰[客謂公子理之傅曰][1,6]：“何不令公子泣王太后，止太子之行？事成則樹德，不成則爲王矣。太子年少，不習於兵。田朌宿將也[田盼宿將也][1,6]，而孫子善用兵。戰必不勝，不勝必禽。公子爭之於王，王聽公子，公子不封[公子必封][1,6]；不聽公子，太子必敗；敗，公子必立；立，必爲王也。”

齊魏戰於馬陵

齊、魏戰於馬陵，齊大勝魏，殺太子申，覆十萬之軍。魏王召惠施而告之曰：“夫齊，寡人之讎也，怨之至死不忘。國雖小，吾常欲悉起兵而攻之，何如。”對曰：“不可。臣聞之，王者得度，而覇者知計[而霸者知計][1]。今王所以告臣者，踈於度而遠於計[疏於度而遠於計][7]。王固先屬怨於趙，而後與齊戰。今戰不勝，國無守戰之備，王又欲悉起而攻齊，此非臣之所謂也。王若欲報齊乎，則不如因變服折節而朝齊[則不如固變服折節而朝齊][1]，楚王必怒矣。王游人而合其鬭[王游人而合其鬭][7]，則楚必伐齊[則楚必伐齊][1]。以休楚而伐罷齊[休楚而伐罷齊][1]，則必爲楚禽矣[則必爲楚禽矣][1]。是王以楚毁齊也[是王以楚毁齊也][1]。”魏王曰：“善。”乃使人報於齊，願臣畜而朝。

田嬰許諾。張丑曰：“不可。戰不勝魏，而得朝禮，與魏和而下楚[與魏和而下楚][1]，此可以大勝也。今戰勝魏，覆十萬之軍，而禽太子申；臣萬乘之魏，而卑秦、楚[而甲秦、楚][1]，此其暴於戾定矣[此其暴戾定矣][1]。且楚王之爲人也[且楚王之爲人也][1]，好用兵而甚務名，終爲齊患者，必楚也[必楚也][1]。”田嬰不聽，遂内魏王，而與之並朝齊侯再三。

趙氏醜之。楚王怒[楚王怒][1]，自將而伐齊，趙應之，大敗齊於徐州[大敗齊於徐州][1]。

惠施爲韓魏交

惠施爲韓、魏交[惠施爲齊、魏交][1][惠施謂韓、魏交][6]，令太子鳴爲質於齊。王欲見之，朱倉謂王曰：“何不稱病？臣請説嬰子曰：‘魏王之年長矣，今有疾，公不如歸太子以德之。不然，公子高在楚，楚將内而立之。是齊抱空質而行不義也。’”

田需貴於魏王

田需貴於魏王，惠子曰：“子必善左右。今夫楊，横樹之則生，倒樹之則生[側樹之則生][2,5]，折而樹之又生。然使十人樹楊，一人拔之，則無生楊矣。故以十人之衆，樹易生之物，然而不勝一人者，何也？樹之難而去之易也。今子雖自樹於王，而欲去子者衆，則子必危矣[子必危矣][2]。”

田需死

田需死。昭魚謂蘇代曰：“田需死，吾恐張儀、薛公、犀首之有一人相魏者。”代曰：“然則相者以誰而君便之也[然則相誰而君便之也][4]？”昭魚曰：“吾欲太子之自相也。”代曰：“請爲君北見梁王，必相之矣。”昭魚曰：“柰何[奈何][7]？”代曰：“君其爲梁王[若其爲梁王][1,6]，代請説君。”

昭魚曰："柰何[奈何][7]？"對曰："代也從楚來，昭魚甚憂。代曰：'君何憂？'曰：'田需死，吾恐張儀、薛公、犀首有一人相魏者。'代曰：'勿憂也。梁王，長主也，必不相張儀。張儀相魏，必右秦而左魏。薛公相魏，必右齊而左魏。犀首相魏，必右韓而左魏。梁王，長主也，必不使相也[必不使相也王曰然則寡人孰相][1,4]。'代曰：'莫如太子之自相。是三人皆以太子爲非固相也[是三人不以太子爲非固相也][1,5]，皆將務以其國事魏，而欲丞相之璽。以魏之强，而持三萬乘之國輔之[而三萬乘之國輔之][4]，魏必安矣。故曰，不如太子之自相也。'"遂北見梁王，以此語告之，太子果自相。

秦召魏相信安君

秦召魏相信安君，信安君不欲往。蘇代爲說秦王曰："臣聞之，忠不必當[忠不必黨][1,4]，當必不忠[黨必不忠][1]。今臣願大王陳臣之愚意[今臣願爲大王陳臣之愚意][1]，恐其不忠於下吏，自使有要領之罪。願大王察之。今大王令人執事於魏，以完其交，臣恐魏交之益疑也。將以塞趙也，臣又恐趙之益勁也。夫魏王之愛習魏信也，甚矣；其智能而任用之也，厚矣；其畏惡嚴尊秦也，明矣。今王之使人入魏而不用[令王之使人入魏而不用][3]，則王之使人入魏無益也。若用，魏必舍所愛習而用所畏惡，此魏王之所以不安也[此魏王之所不安也][1]。夫舍萬乘之事而退，此魏信之所難行也。夫令人之君處所不安，令人之相行所不能，以此爲親，則難久矣。臣故恐魏交之益疑也。且魏信舍事，則趙之謀者必曰[則魏之謀者必曰][1]："舍於秦，秦必令其所愛信者用趙。"是趙存而我亡也，趙安而我危也。則上有野戰之氣，下有堅守之心，臣故恐趙之益勁也。

"大王欲完魏之交，而使趙小心乎？不如用魏信而尊之以名。魏信事王，國安而名尊；離王，國危而權輕。然則魏信之事主也[然則魏信之事王也][1,6]，上所以爲其主者忠矣，下所以自爲者厚矣，彼其事王必完矣。趙之用事者必曰：'魏氏之名族不高於我，土地之實不厚於我。魏信以韓[魏信以][1,5][魏信以輔][6]、魏事秦，秦甚善之，國得安焉，身取尊焉。今我講難於秦兵爲招質[今我搆難於秦兵爲招質][1,5,6][今我構難於秦兵爲招質][2]，國處削危之形，非得計也。結怨於外，主患於中[生患於中][1]，身處死亡之埊，非完事也。’彼將傷其前事，而悔其過行[而悔過其行][1]；冀其利，必多割埊以深下王。則是大王垂拱之割埊以爲利重[則是大王垂拱多割埊以爲利重][1,4]，堯、舜之所求而不能得也。臣願大王察之。”

秦楚攻魏圍皮氏

秦、楚攻魏[秦、楚攻][1]，圍皮氏。爲魏謂楚王曰：“秦、楚勝魏，魏王之恐也見亡矣[魏王之恐見亡也][1][魏王之懼也見亡][6]，必舍於秦[必合於秦][1,4]，王何不倍秦而與魏王？魏王喜，必内太子，秦恐失楚，必效城埊於王[必攻城埊於王][6]，王雖復與之攻魏可也。”楚王曰：“善。”乃倍秦而與魏。魏内太子於楚。

秦恐，許楚城埊，欲與之復攻魏。樗里疾怒，欲與魏攻楚，恐魏之以太子在楚不肯也。爲疾謂楚王曰：“外臣疾使臣謁之，曰：‘敝邑之王欲效城埊，而爲魏太子之尚在楚也，是以未敢。王出魏質，臣請效之[太子請效之][3]，而復固秦、楚之交，以疾攻魏。’楚王曰：“諾。”乃出魏太子。秦因合魏以攻楚。

龐葱與太子質於邯鄲

龐葱與太子質於邯鄲[龐恭與太子質於邯鄲][4]，謂魏王曰：“今一人言市有虎，王信之乎？”王曰：“否。”二人言市有虎，王信之乎？”王曰：“寡人疑之矣。”三人言市有虎，王信之乎？”王曰：“寡人信之矣。”龐葱曰：“夫市之無虎明矣，然而三人言而成虎。今邯鄲去大梁也遠於市，而議臣者過於三人矣。願王察之矣[願王察之也][1]。”王曰：“寡人自爲知。”於是辭行，而讒言先至。後太子罷質，果不得見[於是辭行，而讒言先至，後果不得見龐君][2][於是辭行，而讒言先至，後果不得見魏君矣][3]。

梁王魏嬰觴諸侯於范臺

梁王魏嬰觴諸侯於范臺[梁王魏罃觴諸侯於范臺][4]。酒酣，請魯君舉觴[請魯君舉觚][4]。魯君興，避席擇言曰：“昔者，帝女令儀狄作酒而美[帝女儀狄作酒而美][4]，進之禹，禹飲而甘之，遂疏儀狄[遂疏儀狄][7]，絶旨酒，曰：‘後世必有以酒亡其國者。’齊桓公夜半不嗛，易牙乃煎敖燔炙[易牙乃煎熬燔炙][1,5,6]，和調五味而進之，桓公食之而飽，至旦不覺，曰：‘後世必有以味亡其國者。’晉文公得南之威，三日不聽朝，遂推南之威而遠之[遂推南威而遠之][4]，曰：‘後世必有以色亡其國者。’楚王登强臺而望崩山[楚王登荊臺而望崇山][4][楚王登强臺南望料山][4][楚王登强臺南望獵山][4]，左江而右湖，以臨彷徨[以臨方皇][4][以臨方湟][4][下臨方淮][4][下臨方淮][5]，其樂忘死，遂盟强臺而弗登，曰：‘後世必有以高臺陂池亡其國者。’今主君之尊，儀狄之酒也；主君之味，易牙之調也；左白台而右閭須，南威之美也；前夾林而後蘭臺，强臺之樂也。有一於此，足以亡其國。今主君兼此四者，可無戒與！”梁王稱善相屬。

戰國策卷二十四　魏三

秦趙約而伐魏

秦、趙約而伐魏[秦約趙而伐魏][1]，魏王患之。芒卯曰：“王勿憂也。臣請發張倚使謂趙王曰[臣請發張倚使謂趙王曰][7]，‘夫鄴，寡人固刑弗有也[寡人固形弗有也][1,4,5]。今大王收秦而攻魏，寡人請以鄴事大王。’趙王喜[王喜][4]，召相國而命之曰：“魏王請以鄴事寡人[魏王請以國事寡人][2,3]，使寡人絶秦。”相國曰：“收秦攻魏，利不過鄴。今不用兵而得鄴，請許魏。”

張倚因謂趙王曰[張倚因謂趙王曰][7]：“敝邑之吏效城者，已在鄴矣。大王且何以報魏？”趙王因令閉關絶秦。秦、趙大惡。

芒卯應趙使曰：“敝邑所以事大王者，爲完鄴也。今郊鄴者[今効鄴者][1,6][今效鄴者][4]，使者之罪也，卯不知也。”趙王恐魏承秦之怒，遽割五城以合於魏而支秦。

芒卯謂秦王

芒卯謂秦王曰：“王之士未有爲之中者也。臣聞明王不　中而行[臣聞明王不咠中而行][1][臣聞明王不背中而行][6]。王之所欲於魏者，長羊[長平][1]、王屋、洛林之地也。王能使臣爲魏之司徒，則臣能使魏獻之。”秦王曰：“善。”因任之以爲魏之司徒[因任以爲魏之司徒][1]。

謂魏王曰：“王所患者上地也。秦之所欲於魏者，長羊[長平][1]、王屋、洛林之地也。王獻之秦，則上地無憂患。因請以下兵東擊齊，攘地必遠矣[攘地必不遠矣][1]。”魏王曰：“善。”因獻之秦。

地入數月，而秦兵不下。魏王謂芒卯曰：“地已入數月，而秦兵不下，何也？”芒卯曰：“臣有死罪。雖然，臣死，則契折於秦，王無以責秦。王因赦其罪，臣爲王責約於秦。”

乃之秦，謂秦王曰：“魏之所以獻長羊[長平][1]、王屋、洛林之地者，有意欲以下大王之兵東擊齊也[欲以下大王之兵東擊齊也][1]。今地已入，而秦兵不可下，臣則死人也。雖然，後山東之士，無以利事王者矣。”秦王懼然曰[秦王懼然曰][1]：“國有事，未澹下兵也[未贍下兵也][1]，今以兵從。”後十日，秦兵下。芒卯并將秦、魏之兵，以東擊齊，啓地二十二縣。

秦敗魏於華走芒卯而圍大梁

秦敗魏於華，走芒卯而圍大梁。須賈爲魏謂穰侯曰：“臣聞魏氏大臣父兄皆謂魏王曰：‘初時惠王伐趙[幼時惠王伐趙][6]，戰勝乎三梁，十萬之軍拔邯鄲，趙氏不割，而邯鄲復歸。齊人攻燕，殺子之，破故國，燕不割，而燕國復歸。燕、趙之所以國全兵勁，而地不并乎諸侯者，以其能忍難而重出地也。宋、中山數伐數割，而隨以亡。臣以爲燕、趙可法[以爲燕、趙可法][3]，而宋、中山可無爲也。夫秦貪戾之國而無親，蠶食魏，盡晉國，戰勝睪子[戰勝暴子][4][戰勝睾子][7]，割八縣，地未畢入而兵復出矣。夫秦何厭之有哉！今又走芒卯，入北地[入北宅][4,6]，此非但攻梁也，且劫王以多割也，王必勿聽也。今王循楚、趙而講[今王有楚、趙而去王講][4][今王徇楚、趙而講][5]，楚、趙怒而與王爭事秦，秦必受之。秦挾楚、趙之兵以復攻，則國救亡不可得也已[則國救亡不可得已][1]。願王之必無講也。王若欲講，必少割而有質；不然必欺。’是臣之所聞於魏也，願君之以是慮事也。

“周書曰：‘維命不于常。’此言幸之不可數也。夫戰勝睪子[夫戰勝睾子][7]，而割八縣，此非兵力之精，非計之工也[非計之功也][1]，天幸爲多矣。今又走芒卯，入北地，以攻大梁，是以天幸自爲常也。知者不然。

“臣聞魏氏悉其百縣勝兵[臣聞魏氏悉其百姓勝兵][3]，以止戍大梁，臣以爲不下三十萬。以三十萬之衆，守十仞之城，臣以爲雖湯、武復生，弗易攻也。夫輕信楚、趙之兵，陵十仞之城，戴三十萬之衆[戰三十萬之衆][4]，而志必舉之，臣以爲自天下之始分以至于今，未嘗有之也。攻而不能拔，秦兵必罷，陰必亡[陶邑必亡][4]，則前功必棄矣。今魏方疑，可以少割收也。願之及楚、趙之兵未任於大梁也[願君之及楚、趙之兵未任於大梁也][1,6][願君逮楚、趙之兵未任於大梁也][4]，亟以少割收[亟以少割收魏][1]。魏方疑，而得以少割爲和，必欲之，則君得所欲矣。楚、趙怒於魏之先己講也，必爭事秦。從是以散，而君後擇焉。且君之嘗割晉國取地也，何必以兵哉？夫兵不用，而魏效絳、安邑，又爲陰啓兩機，盡故宋，衛效尤憚[衛效憚尤][1]。秦兵已令[秦兵已合][1]，而君制之，何求而不得？何爲而不成？臣願君之熟計而無行危也。”

穰侯曰：“善。”乃罷梁圍。

秦敗魏於華魏王且入朝於秦

秦敗魏於華，魏王且入朝於秦。周訢謂王曰[周訴謂王曰][1]：“宋人有學者，三年反而名其母。其母曰：‘子學三年，反而名我者，何也？’其子曰：‘吾所賢者，無過堯、舜，堯、舜名。吾所大者，無大天地，天地名。今母賢不過堯、舜，母大不過天地，是以名母也。’其母曰：‘子之於學者，將盡行之乎？願子之有以易名母也。子之於學也，將有所不行乎[將有所不行也][1]？願子之且以名母爲後也。’今王之事秦，尚有可以易入朝者乎？願王之有以易之，而以入朝爲後。”魏王曰：“子患寡人入而不出邪？許綰爲我祝曰：‘入而不出，請殉寡人以頭。’”周訢對曰[周訴對曰][1]：“如臣之賤也，今人有謂臣曰，入不測之淵而必出，不出，請以一鼠首爲女殉者，臣必不爲也。今秦不可知之國也，猶不測之淵也；而許綰之首，猶鼠首也。内王於不可知之秦，而殉王以鼠首，臣竊爲王不取也。且無梁孰與無河内急？”王曰：“梁急。”“無梁孰與無身急？”王曰：“身急。”曰：“以三者，身，上也；河内，其下也。秦未索其下，而王效其上，可乎？”

王尚未聽也。支期曰：“王視楚王。楚王入秦，王以三乘先之；楚王不入，楚、魏爲一，尚足以捍秦。”王乃止。王謂支期曰：“吾始已諾於應侯矣，今不行者欺之矣。”支期曰：“王勿憂也。臣使長信侯請無内王，王待臣也。”

支期說於長信侯曰：“王命召相國。”長信侯曰：“王何以臣爲？”支期曰：“臣不知也，王急召君。”長信侯曰：“吾内王於秦者，寧以爲秦邪？吾以爲魏也。”支期曰：“君無爲魏計，君其自爲計。且安死乎？安生乎？安窮乎？安貴乎？君其先自爲計，後爲魏計。”長信侯曰：“樓公將入矣，臣今從。”支期曰：“王急召君，君不行，血濺君襟矣！”

長信侯行，支期隨其後。且見王，支期先入謂王曰：“僞病者乎而見之，臣已恐之矣。”長信侯入見王，王曰：“病甚奈何！吾始已諾於應侯矣，意雖道死[意雖死][2][雖欲道死][3]，行乎？”長信侯曰：“王毋行矣！臣能得之於應侯[臣能得之於應侯矣][1][且能得之於應侯][2]，願王無憂。”

華軍之戰

華軍之戰[華陽之戰][1][華陽軍之戰][4]，魏不勝秦。明年，將使段干崇割地而講[將使段干崇割地而講][1,7]。

孫臣謂魏王曰：“魏不以敗之上割，可謂善用不勝矣；而秦不以勝之上割，可謂不能用勝矣[可謂不善用勝矣][1]。今處期年乃欲割，是羣臣之私而王不知也。且夫欲璽者，段干子也[段干子也][1,7]，王因使之割地；欲地者，秦也，而王因使之受璽[而王因使之授璽][1]。夫欲璽者制地，而欲地者制璽，其勢必無魏矣。且夫姦臣固皆欲以地事秦[且夫奸人固皆欲以地事秦][1]。以地事秦，譬猶抱薪而救火也。薪不盡，則火不止。今王之地有盡，而秦之求無窮[而秦求之無窮][1]，是薪火之說也。”

魏王曰：“善。雖然，吾已許秦矣[吾以許秦矣][1]，不可以革也。”對曰：“王獨不見夫博者之用梟邪？欲食則食，欲握則握。今君劫於羣臣而許秦，因曰不可革，何用智之不若梟也？”魏王曰[魏曰][6]：“善。”乃案其行。

齊欲伐魏

齊欲伐魏，魏使人謂淳于髡曰[魏使人謂淳于髡曰][7]：“齊欲伐魏，能解魏患，唯先生也。敝邑有寶璧二雙，文馬二駟，請致之先生。”淳于髡曰[淳于髡曰][7]：“諾。”入說齊王曰：“楚，齊之仇敵也；魏，齊之與國也。夫伐與國，使仇敵制其餘敝，名醜而實危，爲王弗取也。”齊王曰：“善。”乃不伐魏。

客謂齊王曰：“淳于髡言不伐魏者[淳于髡言不伐魏者][7]，受魏之璧、馬也。”王以謂淳于髡曰[王以謂淳于髡曰][7]：“聞先生受魏之璧、馬，有諸？”曰：“有之。”“然則先生之爲寡人計之何如？”淳于髡曰[淳于髡曰][7]：“伐魏之事不便[伐魏之事便][5]，魏雖刺髡，於王何益？若誠不便[若誠便][2]，魏雖封髡[雖封髡][3]，於王何損？且夫王無伐與國之誹，魏無見亡之危，百姓無被兵之患，髡有璧、馬之寶，於王何傷乎？”

秦將伐魏

秦將伐魏。魏王聞之，夜見孟嘗君，告之曰：“秦且攻魏，子爲寡人謀，柰何[奈何][7]？”孟嘗君曰：“有諸侯之救，則國可存也。”王曰：“寡人願子之行也。”重爲之約車百乘。

孟嘗君之趙，謂趙王曰：“文願借兵以救魏。”趙王曰：“寡人不能。”孟嘗君曰：“夫敢借兵者，以忠王也。”王曰：“可得聞乎？”孟嘗君曰：“夫趙之兵，非能彊於魏之兵[非彊於魏之兵][3]，魏之兵，非能弱於趙也[非弱於趙也][3]。然而趙之地不歲危，而民不歲死。而魏之地歲危，而民歲死者，何也？以其西爲趙蔽也。今趙不救魏，魏歃盟於秦，是趙與强秦爲界也，地亦且歲危，民亦且歲死矣。此文之所以忠於大王也。”趙王許諾，爲起兵十萬，車三百乘。

又北見燕王曰：“先日公子常約兩王之交矣[先日公子常約兩主之交矣][1]。今秦且攻魏，願大王之救之。”燕王曰：“吾歲不熟二年矣，今又行數千里而以助魏，且奈何？”田文曰：“夫行數千里而救人者，此國之利也。今魏王出國門而望見軍，雖欲行數千里而助人，可得乎？”燕王尚未許也。田文曰：“臣效便計於王，王不用臣之忠計，文請行矣[臣請行矣][6]。恐天下之將有變也。”王曰：“大變可得聞乎？”曰：“秦攻魏未能克之也，而臺已燔，游已奪矣。而燕不救魏，魏王折節割地，以國之半與秦，秦必去矣。秦已去魏，魏王悉韓、魏之兵，又西借秦兵，以因趙之衆[以因之趙衆][6]，以四國攻燕，王且何利？利行數千里而助人乎？利出燕南門而望見軍乎？則道里近而輸又易矣，王何利[王何利入乎][3]？”燕王曰：“子行矣，寡人聽子。”乃爲之起兵八萬，車二百乘[車三百乘][1]，以從田文[以田文][4]。

魏王大說，曰：“君得燕、趙之兵甚衆且亟矣。”秦王大恐，割地請講於魏。因歸燕、趙之兵，而封田文。

魏將與秦攻韓

魏將與秦攻韓，朱己謂魏王曰[無忌謂魏王曰][4]：“秦與戎、翟同俗，有虎狼之心，貪戾好利而無信，不識禮義德行。苟有利焉，不顧親戚兄弟，若禽獸耳。此天下之所同知也，非所施厚積德也[非所施惠積德也][2]。故太后母也，而以憂死；穰侯舅也，功莫大焉，而竟逐之；兩弟無罪，而再奪之國。此於其親戚兄弟若此，而又況於仇讎之敵國也[而又況於仇讎之敵國乎][4]。

“今大王與秦伐韓而益近秦，臣甚或之[臣甚惑之][1,4]，而王弗識也，則不明矣。羣臣知之，而莫以此諫，則不忠矣。今夫韓氏以一女子承一弱主，内有大亂，外安能支强秦、魏之兵，王以爲不破乎？韓亡，秦盡有鄭地[秦有鄭地][1,4]，與大梁鄰，王以爲安乎？王欲得故地[欲得故地][1,4]，而今負强秦之禍也，王以爲利乎？

“秦非無事之國也，韓亡之後，必且便事；便事[更事][4]，必就易與利；就易與利，必不伐楚與趙矣。是何也？夫越山踰河，絶韓之上黨而攻强趙[絶上黨而攻强趙][4]，則是復閼與之事也，秦必不爲也。若道河内，倍鄴、朝歌，絶漳、滏之水，而以與趙兵決勝於邯鄲之郊，是受智伯之禍也，秦又不敢。伐楚，道涉而谷[道涉山谷][1,6][道涉谷][4]，行三十里而攻危隘之塞[行三十里而攻危隘之國][2][行三千里而攻冥阸之塞][4][行三十里而攻黽隘之塞][6]，所行者甚遠，而所攻者甚難，秦又弗爲也。若道河外，背大梁，而右上蔡、召陵，以與楚兵決於陳郊，秦又不敢也。故曰，秦必不伐楚與趙矣，又不攻衛與齊矣。韓亡之後，兵出之日，非魏無攻矣。

“秦故有懷地刑丘[秦故有懷地邢丘][1][秦故有懷矛][4]、之城[安城][4]、垝津，而以之臨河内，河内之共、汲莫不危矣。秦有鄭地，得垣雍，決熒澤[決滎澤][1]，而水大梁，大梁必亡矣。王之使者大過矣。乃惡安陵氏於秦[王之使者出，過而惡安陵氏於秦][4]，秦之欲許之久矣[秦之欲誅之久矣][4]。然而秦之葉陽、昆陽與舞陽、高陵鄰，聽使者之惡也，隨安陵氏而欲亡之。秦繞舞陽之北[秦繞武陽之北][4]，以東臨許，則南國必危矣。南國雖無危，則魏國豈得安哉[則無害][4]？且夫憎韓不受安陵氏可也[且夫憎韓不愛安陵氏可也][4]，夫不患秦之不愛南國非也。

“異日者，秦乃在河西，晉國之去梁也，千里有餘，河山以蘭之[有河山以闌之][1]，有周、韓而閒之[有周、韓而間之][1,7]。從林軍以至于今[從橫軍以至于今][1][從林鄉軍以至于今][4]，秦十攻魏，五入國中，邊城盡抜[邊城盡拔][1,7]。文臺墮，垂都焚，林木伐，麋鹿盡，而國繼以圍。又長驅梁北，東至陶、衛之郊，北至乎闞，所亡乎秦者，山北、河外、河内[山南、山北、河外、河内][4]，大縣數百，名都數十[大縣數十，名都數百][4]。秦乃在河西，晉國之去大梁也尚千里，而禍若是矣。又況於使秦無韓而有鄭地，無河山以蘭之[無河山以闌之][1]，無周、韓以閒之[無周、韓以間之][1,7]，去大梁百里，禍必百此矣[禍必由此矣][4]。異日者，從之不成矣[從之不成也][1,2,5]，楚、魏疑而韓不可得而約也。今韓受兵三年矣，秦撓之以講，韓知亡[韓識亡][4]，猶弗聽，投質於趙，而請爲天下鴈行頓刃。以臣之觀之[以臣之愚觀之][1]，則楚、趙必與之攻矣。此何也？則皆知秦之無窮也[則皆知秦欲之無窮也][1][則皆知秦之欲無窮也][4]，非盡亡天下之兵，而臣海内之民，必不休矣。是故臣願以從事乎王[是故臣願以從事王][1]，王速受楚、趙之約，而挾韓、魏之質[而挾韓之質][1,5][趙挾韓之質][4]，以存韓爲務，因求故地於韓，韓必效之。如此則士民不勞而故地得，其攻多於與秦共伐韓，然而無與强秦鄰之禍。

“夫存韓安魏而利天下，此亦王之大時已[此亦王之天時已][4]。通韓之上黨於共、莫，使道已通，因而關之，出入者賦之，是魏重質韓以其上黨也。共有其賦[今有其賦][4]，足以富國，韓必德魏、愛魏、重魏、畏魏，韓必不敢反魏。韓是魏之縣也。魏得韓以爲縣，則衛、大梁，河外必安矣。今不存韓，則二周必危，安陵必易。楚、趙楚大破[楚、趙大破][1,4,6]，衛、齊甚畏，天下之西鄉而馳秦，入朝爲臣之日不久[入朝爲臣之日不久矣][1,4]。”

葉陽君約魏

葉陽君約魏，魏王將封其子，謂魏王曰：“王嘗身濟漳，朝邯鄲，抱葛、薜[孽][1,5][薛][3]、陰、成以爲趙養邑，而趙無爲王有也。王能又封其子問陽姑衣乎[王能又封其子河陽姑密乎][1,5,6][王能又封其子問陽茹衣乎][3]？臣爲王不取也。”魏王乃止。

秦使趙攻魏

秦使趙攻魏，魏謂趙王曰：“攻魏者，亡趙之始也。昔者[昔也][3]，晉人欲亡虞而伐虢，伐虢者，亡虞之始也。故荀息以馬與璧假道於虞，宫之奇諫而不聽，卒假晉道。晉人伐虢，反而取虞。故春秋書之，以罪虞公。今國莫强於趙，而并齊、秦[而并秦][1]，王賢而有聲者相之，所以爲腹心之疾者［所以爲心腹之疾者］[1]，趙也。魏者，趙之號也；趙者，魏之虞也。聽秦而攻魏者，虞之爲也。願王之熟計之也。”

魏太子在楚

魏太子在楚。謂樓子於鄢陵曰［爲樓子於鄢陵曰］[1]：“公必且待齊、楚之合也，以救皮氏。今齊、楚之理，必不合矣。彼翟子之所惡於國者，無公矣。其人皆欲合齊、秦外楚以輕公，公必謂齊王曰：‘魏之受兵，非秦實首伐之也，楚惡魏之事王也，故勸秦攻魏。’齊王故欲伐楚，而又怒其不己善也，必令魏以地聽秦而爲和。以張子之强，有秦、韓之重，齊王惡之，而魏王不敢據也。今以齊、秦之重，外楚以輕公，臣爲公患之。鈞之出地，以爲和於秦也，豈若由楚乎？秦疾攻楚，楚還兵［還兵］[1]，魏王必懼，公因寄汾北以予秦而爲和［公因割汾北以予秦而爲和］[1]，合親以孤齊，秦、楚重公，公必爲相矣。臣意秦王與樗里疾之欲之也，臣請爲公說之。”

乃請樗里子曰［乃謂樗里子曰］[1]：“攻皮氏，此王之首事也，而不能拔，天下且以此輕秦。且有皮氏，於以攻韓、魏，利也。”樗里子曰：“吾已合魏矣，無所用之。”對曰：“臣願以鄙心意公，公無以爲罪。有皮氏，國之大利也［國之所大利也］[1]，而以與魏，公終自以爲不能守也，故以與魏。今公之力有餘守之［今攻之力有餘守之］[3]，何故而弗有也？”樗里子曰：“柰何［奈何］[7]？”曰：“魏王之所恃者，齊、楚也；所用者，樓廙［鼻］[4]［瘼］[6]、翟强也。今齊王謂魏王曰：‘欲講攻於齊王兵之辭也［欲講攻於齊主兵之辭也］[1]［欲搆攻於齊王兵之辭也］[5]，是弗救矣［是弗救也］[1]。’楚王怒於魏之不用樓子，而使翟强爲和也，怨顔已絶之矣。魏王之懼也見亡，翟强欲合齊、秦外楚，以輕樓廙；樓廙欲合秦、楚外齊，以輕翟强。公不如按魏之和［公不如按親之和］[3]，使人謂樓子曰：‘子能以汾北與我乎？請合於楚外齊，以重公也，此吾事也。’樓子與楚王必疾矣。又謂翟子：‘子能以汾北與我乎？必爲合於齊外於楚[必爲合於齊外楚][1][必不合於齊外於楚][6]，以重公也。’翟强與齊王必疾矣。是公外得齊、楚以爲用，内得樓廪、翟强以爲佐，何故不能有地於河東乎？”

戰國策卷二十五　魏四

獻書秦王

獻書秦王曰："昔竊聞大王之謀出事於梁[臣竊聞大王之謀出事於梁][1]，謀恐不出於計矣，願大王之熟計之也。梁者，山東之要也。有虵於此，擊其尾，其首救；擊其首，其尾救；擊其中身，首尾皆救[首尾俱救][1]。今梁王[今梁者][1]，天下之中身也[天下之脊也][1]。秦攻梁者[夫秦攻梁者][1]，是示天下要斷山東之脊也，是山東首尾皆救中身之時也。山東見亡必恐，恐必大合，山東尚强，臣見秦之必大憂可立而待也。臣竊爲大王計，不如南出。事於南方，其兵弱，天下必能救[天下不必能救][1][天下不能救][5]，地可廣大[地可廣][3]，國可富，兵可强，主可尊。王不聞湯之伐桀乎？試之弱密須氏以爲武教，得密須氏而湯之服桀矣[得密須氏而湯知服桀矣][1,6]。今秦國與山東爲讎[今秦欲與山東爲讎][1,6]，不先以弱爲武教，兵必大挫，國必大憂。"秦果南攻藍田、鄢、郢。

八年謂魏王

八年[十八年][1]，謂魏王曰："昔曹恃齊而輕晉，齊伐釐、莒而晉人亡曹。繒恃齊以悍越[繒恃齊而輕越][1][繒恃齊而捍越][4]，齊和子亂而越人亡繒。鄭恃魏以輕韓，伐榆關而韓氏亡鄭[魏伐榆關而韓氏亡鄭][1,5,6]。原恃秦、翟以輕晉，秦、翟年穀大凶而晉人亡原。中山恃齊、魏以輕趙，齊、魏伐楚而趙亡中山。此五國所以亡者，皆其所恃也[皆有所恃也][1,6]。非獨此五國爲然而已也，天下之亡國皆然矣。夫國之所以不可恃者多，其變不可勝數也。或以政教不脩、上下不輯，而不可恃者；或有諸侯鄰國之虞，而不可恃者；或以年穀不登，稸積竭盡[畜積竭盡][1]，而不可恃者；或化於利，比於患。臣以此知國之不可必恃也。今王恃楚之强，而信春申君之言，以是質秦[以是賓秦][1]，而久不可知。卽春申君有變，是王獨受秦患也。卽王有萬乘之國，而以一人之心爲命也。臣以此爲不完，願王之熟計之也。”

魏王問張旄

魏王問張旄曰：“吾欲與秦攻韓，何如？”張旄對曰：“韓且坐而胥亡乎[韓且坐而咠亡乎][1][韓且坐而胥亡乎][4]？且割而從天下乎？”王曰：“韓且割而從天下。”張旄曰：“韓怨魏乎？怨秦乎？”王曰：“怨魏。”張旄曰：“韓强秦乎？强魏乎？”王曰：“强秦。”張旄曰：“韓且割而從其所强，與所不怨乎？且割而從其所不强，與其所怨乎？”王曰：“韓將割而從其所强，與其所不怨。”張旄曰：“攻韓之事，王自知矣。”

客謂司馬食其

客謂司馬食其曰：“慮久以天下爲可一者[慮以天下爲可一者][2]，是不知天下者也。欲獨以魏支秦者，是又不知魏者也。謂茲公不知此兩者，又不知茲公者也。然而茲公爲從，其說何也？從則茲公重，不從則茲公輕，茲公之處重也，不實爲期[不以實爲期][4]。子何不疾及三國方堅也，自賣於秦，秦必受子。不然，横者將圖子以合於秦，是取子之資，而以資子之讎也。”

魏秦伐楚

魏、秦伐楚，魏王不欲。樓緩謂魏王曰：“王不與秦攻楚，楚且與秦攻王。王不如令秦、楚戰[王不知令秦、楚戰][1]，王交制之也[王交制之][1]。”

穰侯攻大梁

穰侯攻大梁，乘北郢[乘郢北][1][入北宅，遂圍大梁][4]，魏王且從。謂穰侯曰：“君攻楚得宛、穰以廣陶，攻齊得剛、博以廣陶，得許、鄢陵以廣陶[攻魏得許、鄢陵以廣陶][5]，秦王不問者，何也？以大梁之未亡也。今日大梁亡，許、鄢陵必議，議則君必窮。爲君計者，勿攻便。”

白珪謂新城君

白珪謂新城君曰[白圭謂新城君曰][2]：“夜行者能無爲姦[夜行者能不爲姦][2]，不能禁狗使無吠己也。故臣能無議君於王，不能禁人議臣於君也[不能禁人議於君也][1]。”

秦攻韓之管

秦攻韓之管，魏王發兵救之。昭忌曰：“夫秦强國也，而韓、魏壤梁[而韓、魏壤秦][1,2]，不出攻則已，若出攻，非於韓也必魏也[非於韓也必於魏也][1]。今幸而於韓[今幸而歸於韓][3]，此魏之福也。王若救之，夫解攻者，必韓之管也；致攻者，必魏之梁也。”魏王不聽，曰：“若不因救韓[若不救韓][2]，韓怨魏，西合於秦，秦、韓爲一，則魏危。”遂救之。

秦果釋管而攻魏。魏王大恐，謂昭忌曰：“不用子之計而禍至，爲之柰何[爲之奈何][7]？”昭忌乃爲之見秦王曰：“臣聞明主之聽也，不以挾私爲政，是參行也。願大王無攻魏，聽臣也。”秦王曰：“何也？”昭忌曰：“山東之從，時合時離，何也哉[何也][1]？”秦王曰：“不識也。”曰：“天下之合也[天下之合][1]，以王之不必也；其離也，以王之必也。今攻韓之管，國危矣，未卒而移兵於梁，合天下之從，無精於此者矣。以爲秦之求索，必不可支也。故爲王計者，不如齊趙[不如制趙][1]。秦已制趙，則燕不敢不事秦，荆、齊不能獨從[荆、濟不能獨從][1]。天下爭敵於秦，則弱矣。”秦王乃止。

秦趙構難而戰

秦、趙構難而戰。謂魏王曰：“不如齊[不如收][1]、趙而構之秦。王不構趙，趙不以毁構矣；而構之秦，趙必復鬭，必重魏[鬭必重魏][1]；是并制秦、趙之事也。王欲焉而收齊、趙攻荆，欲焉而收荆、趙攻齊，欲王之東長之待之也[欲王之東長之也待之也][1][欲王之東長之侍之也][3]。”

長平之役

長平之役，平都君說魏王曰：“王胡不爲從？”魏王曰：“秦許吾以垣雍。”平都君曰：“臣以垣雍爲空割也。”魏王曰：“何謂也？”平都君曰：“秦、趙久相持於長平之下而無决[秦、趙久相持於長平之下而大無决][4]。天下合於秦，則無趙；合於趙，則無秦。秦恐王之變也，故以垣雍餌王也。秦戰勝趙，王敢責垣雍之割乎？王曰：‘不敢’。秦戰不勝趙，王能令韓出垣雍之割乎？王曰：‘不能’。臣故曰，垣雍空割也。”魏王曰：“善。”

樓梧約秦魏

樓梧約秦、魏[樓部約秦魏][4][樓牾約秦魏][5]，將令秦王遇於境。謂魏王曰：“遇而無相，秦必置相。不聽之[不聽][4]，則交惡於秦；聽之，則後王之臣，將皆務事諸侯之能令於王之上者[將皆務事諸侯之能令於王上者][1]。且遇於秦而相秦者，是無齊也，秦必輕王之强矣。有齊者，不若相之[王不若相之][1]，齊必喜，是以有雍者與秦遇[是以有齊者與秦遇][1,6]，秦必重王矣。”

芮宋欲絶秦趙之交

芮宋欲絶秦、趙之交，故令魏氏收秦太后之養地秦王於秦[故令魏氏收秦太后之養地秦王怒][1,6]。芮宋謂秦王曰：“魏委國於王，而王不受，故委國於趙也。李郝謂臣曰：‘子言無秦，而養秦太后以地，是欺我也，故敝邑收之。”秦王怒，遂絶趙也[遂絶趙][1]。

爲魏謂楚王

爲魏謂楚王曰：“索攻魏於秦，秦必不聽王矣，是智困於秦，而交疏於魏也。楚、魏有怨，則秦重矣。故王不如順天下，遂伐齊，與魏便地，兵不傷，交不變，所欲必得矣。”

管鼻之令翟强與秦事

管鼻之令翟强與秦事，謂魏王曰：“鼻之與强，猶晉人之與楚人也。晉人見楚人之急，帶劍而緩之；楚人惡其緩而急之。令鼻之入秦之傳舍[令鼻之入秦之傳舍][1]，舍不足以舍之。强之入，無蔽於秦者[無蘇於秦者][1]。强，王貴臣也，而秦若此其甚，安可？”

成陽君欲以韓魏聽秦

成陽君欲以韓、魏聽秦，魏王弗利。白圭謂魏王曰[白珪謂魏王曰][1]：“王不如陰侯人說成陽君曰[王不如陰使人說成陽君曰][1,4]：‘君入秦，秦必留君，而以多割於韓矣。韓不聽，秦必留君，而伐韓矣。故君不如安行求質於秦。’成陽君必不入秦，秦、韓不敢合[秦、韓不合][1]，則王重矣。”

秦拔寧邑

秦拔寧邑，魏王令之謂秦王曰[魏王令人謂秦王曰][1]：“王歸寧邑，吾請先天下構[吾請先天下搆][1][吾請先天下講][2]。”魏魏王曰[魏冉曰][1,5][魏魏冉曰][6]：“王無聽。魏王見天下之不足恃也，故欲先構[故欲先搆][1][故欲先講][2]。夫亡寧者，宜割二寧以求構[宜割二寧以求搆][1][宜割二寧以求講][2]；夫得寧者，安能歸寧乎？”

秦罷邯鄲

秦罷邯鄲，攻魏，取寧邑。吳慶恐魏王之構於秦也[吳慶恐魏王之搆於秦也][1][吳慶恐魏王之講於秦也][2]，謂魏王曰：“秦之攻王也[秦攻王也][3]，王知其故乎？天下皆曰王近也。王不近秦，秦之所去。皆曰王弱也。王不弱二周，秦人去邯鄲，過二周而攻王者，以王爲易制也。王亦知弱之召攻乎？”

魏王欲攻邯鄲

魏王欲攻邯鄲，季梁聞之，中道而反，衣焦不申[衣焦不信][4]，頭塵不去[頭塵不浴][4]，往見王曰：“今者臣來[今之臣來][6]，見人於大行，方北面而持其駕，告臣曰：‘我欲之楚。’臣曰：‘君之楚，將奚爲北面？’曰：‘吾馬良。’臣曰：‘馬雖良，此非楚之路也。’曰：‘吾用多。’臣曰：‘用雖多，此非楚之路也。’曰：‘吾御者善。’‘此數者愈善，而離楚愈遠耳。’今王動欲成霸王[今王動欲成覇王][7]，舉欲信於天下。恃王國之大，兵之精銳，而攻邯鄲，以廣地尊名，王之動愈數，而離王愈遠耳，猶至楚而北行也。”

周肖謂宮他

周肖謂宮他曰：“子爲肖謂齊王曰，肖願爲外臣。令齊資我於魏。”宮他曰：“不可，是示齊輕也。夫齊不以無魏者以害有魏者，故公不如示有魏。公曰：‘王之所求於魏者，臣請以魏聽。’齊必資公矣，是公有齊，以齊有魏也。”

周最善齊

周最善齊[周㝡善齊][7]，翟强善楚。二子者，欲傷張儀於魏。張子聞之，因使其人爲見者嗇夫聞見者[因使其人爲見者嗇夫間見者][1]，因無敢傷張子。

周最入齊

周最入齊[周㝡入齊][7]，秦王怒，令姚賈讓魏王。魏王爲之謂秦王曰：“魏之所以爲王通天下者，以周最也[以周㝡也][7]。今周最遁寡人入齊[今周㝡遁寡人入齊][7]，齊無通於天下矣[齊無通端於天下矣][4]。敝邑之事王，亦無齊累矣。大國欲急兵，則趣趙而已。”

秦魏爲與國

秦、魏爲與國。齊、楚約而欲攻魏，魏使人求救於秦，冠蓋相望，秦救不出。

魏人有唐且者[魏人有唐雎者][1, 4, 5, 6]，年九十餘，謂魏王曰：“老臣請出西説秦，令兵先臣出可乎？”魏王曰：“敬諾。”遂約車而遣之。唐且見秦王[唐雎見秦王][1, 4, 5, 6]，秦王曰：“丈人芒然乃遠至此，甚苦矣。魏來求救數矣，寡人知魏之急矣。”唐且對曰[唐雎對曰][1, 4, 5, 6]：“大王已知魏之急而救不至者，是大王籌筴之臣無任矣。且夫魏一萬乘之國，稱東藩，受冠帶，祠春秋者，以爲秦之强足以爲與也。今齊、楚之兵已在魏郊矣，大王之救不至，魏急則且割地而約齊、楚，王雖欲救之，豈有及哉？是亡一萬乘之魏，而强二敵之齊、楚也[而强二敵之齊、强也][6]。竊以爲大王籌筴之臣無任矣。”

秦王喟然愁悟，遽發兵[遂發兵][4]，日夜赴魏。齊、楚聞之，乃引兵而去。魏氏復全，唐且之說也[唐睢之說也][1, 4, 5, 6]。

信陵君殺晉鄙

信陵君殺晉鄙，救邯鄲，破秦人，存趙國，趙王自郊迎。唐且謂信陵君曰[唐睢謂信陵君曰][1]："臣聞之曰，事有不可知者，有不可不知者；有不可忘者，有不可不忘者。"信陵君曰："何謂也？"對曰："人之憎我也，不可不知也；吾憎人也，不可得而知也。人之有德於我也，不可忘也；吾有德於人也，不可不忘也。今君殺晉鄙，救邯鄲，破秦人，存趙國，此大德也。今趙王自郊迎，卒然見趙王，臣願君之忘之也。"信陵君曰："無忌謹受教。"

魏攻管而不下

魏攻管而不下。安陵人縮高，其子爲管守。信陵君使人謂安陵君曰："君其遣縮高[其遣縮高][4]，吾將仕之以五大夫，使爲持節尉。"安陵君曰："安陵，小國也，不能必使其民。使者自往，請使道使者至縞高之所[請使道使者至縮高之所][1, 6][請使道使吏者至縞高之所][4]，復信陵君之命。"縮高曰："君之幸高也，將使高攻管也。夫以父攻子守[夫父攻子守][4]，人大笑也[人之所大笑也][4]。是臣而下，是倍主也[見背王也][1]。父教子倍，亦非君之所喜也。敢再拜辭。"

使者以報信陵君，信陵君大怒，遣大使之安陵曰："安陵之地，亦猶魏也。今吾攻管而不下，則秦兵及我，社稷必危矣。願君之生束縮高而致之。若君弗致也[若君弗致][1]，無忌將發十萬之師，以造安陵之城[以告安陵之城][1]。"安陵君曰："吾先君成侯，受詔襄王以守此地也[受詔襄主以守此地也][4]，手受大府之憲。憲之上篇曰：'子弒父，臣弒君，有常不赦[有常刑不赦][1]。國雖大赦，降城亡子不得與焉。'今縮高謹解大位[今縮高謹雖辭大位][1][今縮高解大位][4]，以全父子之義，而君曰'必生致之'，是使我負襄王詔而廢大府之憲也[是使我負襄王之詔而廢大府之憲也][1]，雖死終不敢行。”

縮高聞之曰：“信陵君爲人，悍而自用也。此辭反，必爲國禍。吾已全已[吾已全己][4]，無爲人臣之義矣[無違人臣之義矣][1][己之爲人臣之義矣][4]，豈可使吾君有魏患也。”乃之使者之舍，刎頸而死。

信陵君聞縮高死，素服縞素辟舍[服縞素辟舍][1,5]，使使者謝安陵君曰：“無忌，小人也，困於思慮，失言於君，敢再拜釋罪。”

魏王與龍陽君共船而釣

魏王與龍陽君共船而釣，龍陽君得十餘魚而涕下。王曰：“有所不安乎？如是，何不相告也？”對曰：“臣無敢不安也。”王曰：“然則何爲涕出？”曰：“臣爲王之所得魚也[臣爲臣之所得魚也][1]。”王曰：“何謂也？”對曰：“臣之始得魚也，臣甚喜，後得又益大，今臣直欲棄臣前之所得矣。今以臣凶惡[今以臣之凶惡][1]，而得爲王拂枕席。今臣爵至人君，走人於庭，辟人於途[避人於途][1,5]。四海之内[四海之内其][4]，美人亦甚多矣，聞臣之得幸於王也，必褰裳而趨王[必褰裳而趨大王][1]。臣亦猶曩臣之前所得魚也，臣亦將棄矣，臣安能無涕出乎？”魏王曰：“誤！有是心也，何不相告也？”於是布令於四境之内曰：“有敢言美人者族。”

由是觀之，近習之人，其摯諂也固矣[其摯諂也固矣][7]，其自纂繁也完矣[其自羃繫也完矣][1,6][其自纂繫也完矣][5]。今由千里之外，欲進美人，所效者庸必得幸乎？假之得幸，庸必爲我用乎？而近習之人相與怨，我見有禍，未見有福；見有怨，未見有德，非用知之術也。

秦攻魏急

秦攻魏急。或謂魏王曰：“棄之不如用之之易也，死之不如棄之之易也。能棄之弗能用之[能棄之弗能用][4]，能死之弗能棄之[能死之弗能棄][4]，北人之大過也[此人之大過也][7]。今王亡地數百里，亡城數十，而國患不解，是王棄之，非用之也。今秦之强也，天下無敵，而魏之弱也甚，而王以是質秦[而王以是賓秦][1]，王又能死而弗能棄之[王又能死而弗能棄也][4]，此重過也。今王能用臣之計，虧地不足以傷國，卑體不足以苦身，解患而怨報。

"秦自四境之内，執法以下至於長輓者，故畢曰：'與嫪氏乎？與呂氏乎？'雖至於門閭之下，廊廟之上，猶之如是也。今王割地以賂秦[今王割地王賂秦][6]，以爲嫪毐功；卑體以尊秦，以因嫪毐。王以國贊嫪毐，以嫪毐勝矣。王以國贊嫪氏[王以國贊嫪毐][1]，太后之德王也，深於骨髓，王之交最爲天下上矣。秦、魏百相交也，百相欺也。今由嫪氏善秦而交爲天下上，天下孰不棄呂氏而從嫪氏？天下必合呂氏而從嫪氏[天下必舍呂氏而從嫪氏][1,4]，則王之怨報矣。"

秦王使人謂安陵君

秦王使人謂安陵君曰："寡人欲以五百里之地易安陵，安陵君其許寡人？"安陵君曰："大王加惠，以大易小，甚善。雖然，受地於先生[受地於先王][1]，願終守之，弗敢易。"秦王不說。安陵君因使唐且使於秦[安陵君因使唐雎使於秦][1,4]。秦王謂唐且曰："寡人以五百里之地易安陵，安陵君不聽寡人，何也？且秦滅韓亡魏，而君以五十里之地存者，以君爲長者，故不錯意也。今吾以十倍之地，請廣於君，而君逆寡人者，輕寡人與？"唐且對曰[唐雎對曰][1,4]："否，非若是也。安陵君受地於先生而守之[安陵君受地於先王而守之][1]，雖千里不敢易也，豈直五百里哉？"秦王怫然怒，謂唐且曰[謂唐雎曰][1,4]："公亦嘗聞天子之怒乎？"唐且對曰[唐雎對曰][1,4]："臣未嘗聞也。"秦王曰："天子之怒，伏屍百萬，流血千里。"唐且曰[唐雎曰][1,4]："大王嘗聞布衣之怒乎？"秦王曰："布衣之怒，亦免冠徒跣，以頭搶地爾[以頭搶地耳][1][以頭頓地耳][4][以頭顙地爾][4]。"唐且曰[唐雎曰][1,6]："此庸夫之怒也，非士之怒也。夫專諸之刺王僚也，彗星襲月；聶政之刺韓傀也，白虹貫日；要離之刺慶忌也，倉鷹擊於殿上。此三子者[此三子][1,4]，皆布衣之士也，懷怒未發，休祲降於天[休烈隆於天][2,3]，與臣而將四矣。若士必怒，伏屍二人，流血五步，天下縞素，今日是也。”挺劍而起[挺劍而起][1,7]。秦王色撓，長跪而謝之曰：“先生坐[先王坐][1]，何至於此，寡人諭矣。夫韓、魏滅亡，而安陵以五十里之地存者，徒以有先生也[徒以有先王也][1]。”

戰國策卷二十六　韓一

三晉已破智氏

三晉已破智氏，將分其地。段規謂韓王曰："分地必取成皋。"韓王曰："成皋，石溜之地也，寡人無所用之。"段規曰："不然，臣聞一里之厚，而動千里之權者，地利也。萬人之衆，而破三軍者，不意也。王用臣言。則韓必取鄭矣。"王曰："善。"果取成皋。至韓之取鄭也，果從成皋始[果從成皋始大][1]。

大成午從趙來

大成午從趙來[成午從趙來][1]，謂申不害於韓曰："子以韓重我於趙，請以趙重子於韓，是子有兩韓，而我有兩趙也[而子有兩趙也][6]。"

魏之圍邯鄲

魏之圍邯鄲也，申不害始合於韓王，然未知王之所欲也，恐言而未必中於王也。王問申子曰："吾誰與而可？"對曰："此安危之要，國家之大事也。臣請深惟而苦思之。"乃微謂趙卓、韓鼂曰："子皆國之辯士也，夫爲人臣者，言可必用，盡忠而已矣。"二人各進議於王以事[二人因各進議於王以事][1]。申子微視王之所說以言於王，王大說之。

申子請仕其從兄官

申子請仕其從兄官，昭侯不許也。申子有怨色。昭侯曰："非所謂學於子者也[非所學於子者也][2]。聽子之謁，而廢子之道乎？又亡其行子之術，而廢子之謁乎[而廢子之請乎][1]？子嘗教寡人循功勞，視次弟。今有所求，此我將奚聽乎？"申子乃辟舍請罪，曰："君真其人也！"

蘇秦爲楚合從說韓王

蘇秦爲楚合從說韓王曰[蘇秦爲趙合從說韓王曰][1,5]："韓北有鞏、洛、成皋之固，西有宜陽、常阪之塞[商阪之塞][4]，東有宛、穰、洧水，南有陘山，地方千里，帶甲數十萬。天下之强弓勁弩，皆自韓出。谿子、少府時力、距來，皆射六百步之外。韓卒超足而射[韓卒跕足而射][2][韓卒帖足而射][4]，百發不暇止，遠者達胷[遠者達胸][1,7]，近者掩心。韓卒之劍戟，皆出於冥山、棠谿、墨陽、合伯膊[合伯][1,2][合膊][3,5,6][合相][4]。鄧師、宛馮、龍淵、大阿，皆陸斷馬牛，水擊鵠鴈[水擊鵠雁][6]，當敵卽斬堅。甲、盾、鞮、鍪、鐵幕、革抉、吠芮[吷芮][1,4]，無不畢具。以韓卒之勇，被堅甲，蹠勁弩，帶利劍，一人當百，不足言也。夫以韓之勁，與大王之賢，乃欲西面事秦，稱東藩，築帝宮，受冠帶，祠春秋，交臂而服焉。夫羞社稷而爲天下笑，無過此者矣。是故願大王之熟計之也。大王事秦，秦必求宜陽、成皋。今茲効之[今茲效之][7]，明年又益求割地。與之，卽無地以給之；不與，則棄前功而後更受其禍。且夫大王之地有盡，而秦之求無已。夫以有盡之地，而逆無已之求，此所謂市怨而買禍者也，不戰而地已削矣。臣聞鄙語曰：‘寧爲雞口[寧爲鷄口][7]，無爲牛後。’今大王西面交臂而臣事秦，何以異於牛後乎？夫以大王之賢，挾强韓之兵，而有牛後之名，臣竊爲大王羞之。”

韓王忿然作色，攘臂按劍，仰天太息曰：“寡人雖死，必不能事秦。今主君以楚王之教詔之[今主君以趙王之教詔之][5]，敬奉社稷以從。”

張儀爲秦連横說韓王

張儀爲秦連横說韓王曰：“韓地險惡，山居，五穀所生，非麥而豆[非菽而麥][4]；民之所食，大抵豆飯藿羹[大抵飯菽藿羹][3][大抵菽飯藿羹][4]；一歲不收，民不饜糟糠；地方不滿九百里，無二歲之所食。料大王之卒，悉之不過三十萬，而斯徒負養在其中矣[而廝徒負養在其中矣][7]，爲除守徼亭鄣塞，見卒不過二十萬而已矣[見卒不過二十萬而已][1]。秦帶甲百餘萬，車千乘，騎萬匹，虎摯之士[虎鷙之士][1][虎賁之士][4]，跿跔科頭，貫頤奮戟者，至不可勝計也。秦馬之良，戎兵之衆，探前趹後[探前蹶後][1]，蹄間三尋者[蹄間三尋騰者][3,4][蹄間三尋][6]，不可稱數也。山東之卒，被甲冒冑以會戰，秦人捐甲徒裎以趨敵，左挈人頭，右挾生虜。夫秦卒之與山東之卒也。猶孟賁之與怯夫也；以重力相壓，猶烏獲之與嬰兒也。夫戰孟賁、烏獲之士，以攻不服之弱國，無以異於墮千鈞之重，集於鳥卵之上，必無幸矣。諸侯不料兵之弱，食之寡，而聽從人之甘言好辭，比周以相飾也，皆言曰：‘聽吾計則可以强霸天下。’夫不顧社稷之長利，而聽須臾之說，詿誤人主者，無過於此者矣。大王不事秦，秦下甲據宜陽，斷絶韓之上地；東取成臯、宜陽，則鴻臺之宮，桑林之菀[樂林之菀][3][栗林之菀][4]，非王之有已。夫塞成臯，絶上地，則王之國分矣。先事秦則安矣，不事秦則危矣[不成秦則危矣][1]。夫造禍而求福，計淺而怨深，逆秦而順楚[逆秦而順趙][1]，雖欲無亡，不可得也。故爲大王計，莫如事秦。秦之所欲，莫如弱楚，而能弱楚者莫如韓。非以韓能强於楚也，其地勢然也。今王西面而事秦以攻楚，爲敝邑[敝邑][1,3][　　][4]，秦王必喜。夫攻楚而私其地，轉禍而說秦，計無便於此者也。是故秦王使使臣獻書大王御史，須以決事。”

韓王曰：“客幸而教之，請比郡縣，築帝宮，祠春秋，稱東藩，效宜陽[效宜陽][7]。”

宣王謂摎留

宣王謂摎留曰[韓王謂摎留曰][4]：“吾欲兩用公仲、公叔，其可乎？”對曰：“不可。晉用六卿而國分，簡公用田成、監止而簡公弑[簡公用田成、監止而簡公弑][1,7][闞止而簡公弑][4]，魏兩用犀首[魏用犀首][2]、張儀而西河之外亡。今王兩用之，其多力者内樹其黨，其寡力者籍外權。羣臣或内樹其黨以擅其主[羣臣或内樹其黨以驕其主][4]，或外爲交以裂其地，則王之國必危矣。”

張儀謂齊王

張儀謂齊王曰[謂張儀臣謂齊王曰][1][張儀謂秦王曰][6]：“王不如資韓朋，與之逐張儀於魏。魏因相犀首，因以齊、魏廢韓朋，而相公叔以伐秦。公仲聞之，必不入於齊。據公於魏，是公無患。”

楚昭獻相韓

楚昭獻相韓。秦且攻韓，韓廢昭獻。昭獻令人謂公叔曰：“不如貴昭獻以固楚[不如貴獻以固楚][4]，秦必曰楚、韓合矣。”

秦攻陘

秦攻陘，韓使人馳南陽之地[使人馳南陽之地][3]。秦已馳，又攻陘，韓因割南陽之地。秦受地，又攻陘。陳軫謂秦王曰：“國形不便故馳，交不親故割。今割矣而交不親，馳矣而兵不止，臣恐山東之無以馳割事王者矣[臣恐山東之無以割地事王者矣][6]。且王求百金於三川而不可得，求千金於韓，一旦而具。今王攻韓，是絶上交而固私府也，竊爲王弗取也[竊爲王不取也][1]。”

五國約而攻秦

五國約而攻秦，楚王爲從長，不能傷秦，兵罷而留於成皋。魏順謂市丘君曰[魏順謂沛丘君曰][1,4]：“五國罷，必攻市丘[必攻沛丘][1][必攻貝][2]，以償兵費。君資臣[若資臣][1]，臣請爲君止天下之攻市丘[臣請爲君止天下之攻沛丘][1]。”市丘君曰[沛丘君曰][1]：“善。”因遣之。

魏順南見楚王曰：“王約五國而西伐秦，不能傷秦，天下且以是輕王而重秦，故王胡不卜交乎？”楚王曰：“柰何？”魏順曰：“天下罷，必攻市丘以償兵費[必攻沛丘以償兵費][1]。王令之勿攻市丘[王令之勿攻沛丘][1]。五國重王[四國重王][1,4]，且聽王之言而不攻市丘[且聽王之言而不攻沛丘][1]；不重王，且反王之言而攻市丘[且反王之言而攻沛丘][1]。然則王之輕重必明矣。”故楚王卜交而市丘存[故楚王卜交而沛丘存][1]。

鄭彊載八百金入秦

鄭彊載八百金入秦[鄭彊以八百金入秦][1]，請以伐韓[以伐韓][1]。泠向謂鄭彊曰[泠向謂鄭彊曰][1,6]：“公以八百金請伐人之與國，秦必不聽公。公不如令秦王疑公叔。”鄭彊曰：“何如？”曰：“公叔之攻楚也，以幾瑟之存焉，故言先楚也[故言伐楚也][1,6]。今已令楚王奉幾瑟以車百乘居陽翟，令昭獻轉而與之處，旬有餘，彼已覺[彼已角][1]。而幾瑟，公叔之讎也；而昭獻，公叔之人也。秦王聞之，必疑公叔爲楚也。”

鄭彊之走張儀於秦

鄭彊之走張儀於秦，曰儀之使者，必之楚矣。故謂大宰曰[故謂太宰曰][1][故爲大宰曰][6]：“公留儀之使者，彊請西圖儀於秦。”故因而請秦王曰[故因西請秦王曰][1,4]：“張儀使人致上庸之地，故使使臣再拜謁秦王。”秦王怒，張儀走。

宜陽之役

宜陽之役，楊達謂公孫顯曰[楊侹謂公孫顯曰][1]：“請爲公以五萬攻西周，得之，是以九鼎印甘茂也[是以九鼎市甘茂也][1][是以九鼎卯甘茂也][2,4]。不然，秦攻西周，天下惡之，其救韓必疾，則茂事敗矣。”

秦圍宜陽

秦圍宜陽，游騰謂公仲曰：“公何不與趙藺[公何不與趙蘭][6]、離石、祁，以質許地，則樓緩必敗矣。收韓、趙之兵以臨魏[收韓、趙之地以臨魏][1]，樓鼻必敗矣[樓廩必敗矣][1]。韓爲一[韓趙爲一][1,4]，魏必倍秦，甘茂必敗矣[甘戊必敗矣][4]。以成陽資翟强於齊，楚必敗之[楚必敗矣][1]。須秦必敗，秦失魏，宜陽必不拔矣。”

公仲以宜陽之故

公仲以宜陽之故，仇甘茂。其後，秦歸武遂於韓，已而，秦王固疑甘茂之以武遂解於公仲也。杜赫爲公仲謂秦王曰[杜聊爲公仲謂秦王曰][1]：“明也願因茂以事王[朋也願因茂以事王][1,5]。”秦王大怒於甘茂，故樗里疾大説杜聊。

秦韓戰於濁澤

秦、韓戰於濁澤，韓氏急。公仲明謂韓王曰[公仲朋謂韓王曰][1,5,6]：“與國不可恃。今秦之心欲伐楚，王不如因張儀爲和於秦，賂之以一名都，與之伐楚。此以一易二之計也。”韓王曰：“善。”乃儆公仲之行，將西講於秦。

楚王聞之大恐，召陳軫而告之。陳軫曰：“秦之欲伐我久矣，今又得韓之名都一而具甲，秦、韓并兵南鄉，此秦所以廟祠而求也。今已得之矣，楚國必伐矣[楚國必伐][1]。王聽臣，爲之儆四境之内選師，言救韓，令戰車滿道路；發信臣，多其車，重其幣，使信王之救己也。縱韓爲不能聽我[使信王之救己韓爲不能聽我][1][韓爲不能聽我][4]，韓必德王也[韓之德王也][1]，必不爲鴈行以來。是秦、韓不和，兵雖至，楚國不大病矣。爲能聽我絶和於秦，秦必大怒，以厚怨於韓。韓得楚救，必輕秦。輕秦，其應秦必不敬。是我困秦、韓之兵[是我因秦、韓之兵][1,4]，而免楚國之患也。”

楚王大說，乃儆四境之内選師，言救韓，發信臣，多其車[多車][1]，重其幣[幣][1]。謂韓王曰：“弊邑雖小，已悉起之矣。願大國遂肆意於秦，弊邑將以楚殉韓。”

韓王大說，乃止公仲。公仲曰：“不可，夫以實告我者[夫以實困我者][4]，秦也；以虚名救我者，楚也。恃楚之虚名，輕絶强秦之敵，必爲天下笑矣。且楚、韓非兄弟之國也，又非素約而謀伐秦矣[又非素約而謀伐秦也][2,4]。秦欲伐楚，楚因以起師言救韓[楚以起師言救韓][1][已有伐形因發兵][4]，此必陳軫之謀也。且王以使人報於秦矣[且王已使人報於秦矣][1,4]，今弗行，是欺秦也。夫輕强秦之禍，而信楚之謀臣，王必悔之矣。”韓王弗聽，遂絶和於秦。秦果大怒，興師與韓氏戰於岸門，楚救不至，韓氏大敗。

韓氏之兵非削弱也，民非蒙愚也，兵爲秦禽，智爲楚笑，過聽於陳軫，失計於韓明也[失計於韓朋也][1,5]。

顔率見公仲

顔率見公仲，公仲不見。顔率謂公仲之謁者曰：“公仲必以率爲陽也［公仲必以率爲傷也］[2,4]，故不見率也。公仲好内，率曰好士；仲嗇於財［公仲嗇於財］[1]，率曰散施；公仲無行，率曰好義。自今以來，率且正言之而已矣。”公仲之謁者以告公仲，公仲遽起而見之。

韓公仲謂向壽

韓公仲謂向壽曰［爲公仲謂向壽曰］[1]：“禽困覆車。公破韓，辱公仲，公仲收國復事秦，自以爲必可以封。今公與楚解，中封小令尹以桂陽［中封小令尹以杜陽］[4]。秦、楚合，復攻韓，韓必亡。公仲躬率其私徒以鬬於秦，願公之熟計之也。”向壽曰：“吾合秦、楚，非以當韓也，子爲我謁之。”

公仲曰：“秦、韓之交可合也。”對曰：“願有復於公。諺曰：‘貴其所以貴者貴。’今王之愛習公也，不如公孫郝［不如公孫赫］[1]［不如公孫奭］[4]；其知能公也，不如甘茂。今二人者，皆不得親於事矣，而公獨與王主斷於國者，彼有以失之也。公孫郝黨於韓［公孫赫黨於韓］[1]，而甘茂黨於魏［而甘戊黨於魏］[7]，故王不信也。今秦、楚爭强，而公黨於楚，是與公孫郝［是與公孫赫］[1]、甘茂同道也［甘茂、公孫郝同道也］[6]。公何以異之？人皆言楚之多變也［人皆言楚之若變也］[4]，而公必之，是自爲貴也。公不如與王謀其變也，善韓以備之，若此，則無禍矣。韓氏先以國從公孫郝［韓氏先以國從公孫赫］[1]，而後委國於甘茂，是韓，公之讎也。今公言善韓以備楚［今公言善韓以待楚］[1]［今公善韓以備楚］[4]，是外舉不辟讎也。”

向壽曰：“吾甚欲韓合。”對曰：“甘茂許公仲以武遂，反宜陽之民，今公徒令收之［今公徒收之］[1,4]，甚難。”向子曰：“然則柰何？武遂終不可得已。”對曰：“公何不以秦爲韓求潁川於楚［公何不以秦爲韓求穎川於楚］[7]，此乃韓之寄地也。公求而得之，是令行於楚而以其地德韓也。公求而弗得，是韓、楚之怨不解，而交走秦也。秦、楚爭强，而公過楚以攻韓［而公過楚以收韓］[4]，此利於秦。”向子曰：“奈何？”對曰：“此善事也。甘茂欲以魏取齊，公孫郝欲以韓取齊［公孫赫欲以韓取齊］[1]，今公取宜陽以爲功，收楚、韓以安之，而誅齊、魏之罪，是以公孫郝、甘茂之無事也[是公孫赫、甘茂無事也][1][是以公孫郝、甘茂無事也][4]。”

或謂公仲曰聽者聽國

或謂公仲曰：“聽者聽國，非必聽實也。故先王聽諺言於市，願公之聽臣言也。公求中立於秦，而弗能得也，善公孫郝以難甘茂，勸齊兵以勸止魏[歡齊兵以勸止魏][1]，楚、趙皆公之讎也。臣恐國之以此爲患也，願公之復求中立於秦也。”

公仲曰：“奈何？”對曰：“秦王以公孫郝爲黨於公而弗之聽[秦王以公孫赫爲黨於公而弗之聽][1]，甘茂不善於公而弗爲公言，公何不因行願以與秦王語？行願之爲秦王臣也公，臣請爲公謂秦王曰：‘齊、魏合與離，於秦孰利？齊、魏別與合，於秦孰强？’秦王必曰：‘齊、魏離，則秦重；合，則秦輕。齊、魏別，則秦强；合，則秦弱。’臣卽曰：‘今王聽公孫郝以韓[今王聽公孫赫以韓][1]、秦之兵應齊而攻魏，魏不敢戰，歸地而合於齊，是秦輕也，臣以公孫郝爲不忠[臣以公孫赫爲不忠][1]。今王聽甘茂，以韓、秦之兵據魏而攻齊，齊不敢戰，不求割地而合於魏[亦求割地而合於魏][1,5,6]，是秦輕也，臣以甘茂爲不忠。故王不如令韓中立以攻齊[故不如令韓中立以攻齊][1]，齊王言救魏以勁之[王言救魏以勁之][1,5]，齊、魏不能相聽，久離兵史[必離兵交][1,6]。王欲，則信公孫郝於齊[則信公孫赫於齊][1]，爲韓取南陽，易穀川以歸，此惠王之願也。王欲，則信甘茂於魏，以韓、秦之兵據魏以郄齊[以韓、秦之兵據魏以拒齊][1][以韓、秦之兵據魏以欲齊][3][以韓、秦之兵據魏以郤齊][4]，此武王之願也。臣以爲令韓以中立以勁齊[臣以爲令韓以中立以攻齊][1,5][臣以爲令韓中立以勁齊][2]，最秦之大急也。公孫郝黨於齊而不肯言[公孫赫黨於齊而不肯言][1]，甘茂薄而不敢謁也，此二人，王之大患也。願王之熟計之也。’”

韓公仲相

韓公仲相[　　][1]。齊、楚之交善秦[齊、楚之交善][1]。秦、魏遇[秦與、魏遇][1]，且以善齊而絶齊乎楚。王使景鯉之秦[楚王使景鯉之秦][1]，鯉與於秦、魏之遇。楚王怒景鯉，恐齊以楚遇爲有陰於秦、魏也，且罪景鯉。

爲謂楚王曰："臣賀鯉之與於遇也。秦、魏之遇也，將以合齊、秦而絶齊於楚也[秦而絶和於楚也][2]。今鯉與於遇，齊無以信魏之合己於秦而攻於楚也，齊又畏楚之有陰於秦、魏也，必重楚。故鯉之與於遇，王之大資也。今鯉不與於遇，魏之絶齊於楚明矣[魏之絶齊於楚信明矣][1]。齊、楚信之[齊信之][1]，必輕王，故王不如無罪景鯉，以視齊於有秦、魏，齊必重楚，而且疑秦、魏於齊。"王曰："諾。"因不罪而益其列。

王曰向也子曰天子無道

王曰[ ][1]："向也子曰[ ][1]'天下無道'[ ][1]，今也子曰[ ][1]'乃且攻燕'者[ ][1]，何也[ ][1]？"對曰[ ][1]："今謂馬多力則有矣[ ][1]，若曰勝千鈞則不然者[ ][1]，何也[ ][1]？夫千鈞[ ][1]，非馬之任也[ ][1]。今謂楚强大則有矣[ ][1]，若夫越趙、魏而鬬兵於燕[ ][1]，則豈楚之任也哉[ ][1]？且非楚之任[ ][1]，而楚爲之[ ][1]，是弊楚也[ ][1]。强楚、弊楚[ ][1]，其於王孰便也[ ][1]？"

或謂魏王王儆四彊之内

或謂魏王："王儆四彊之内[王警四疆之内][1][王四彊之内][4]，其從於王者，十日之内，備不具者死。王因取其游之舟上擊之[王因取其游之舟上繫之][1]。臣爲王之楚，王胥臣反[王胥臣之反][1]，乃行。"春申君聞之，謂使者曰："子爲我反，無見王矣。十日之内，數萬之衆，今涉魏境。"秦使聞之，以告秦王。秦王謂魏王曰[秦王謂魏主曰][6]："大國有意，必來以是而足矣。"

觀鞅謂春申

觀鞅謂春申曰[魏鞅謂春申曰][1,4][觀英謂春申曰][6]："人皆以楚爲强，而君用之弱[而君用之弱也][1]，其於鞅也不然。先君者，二十餘年未嘗見攻。今秦欲踰兵於澠隘之塞[今秦欲踰兵於鄳隘之塞][1,5][今秦欲踰兵於黽隘之塞][4]，不使[不便][4]；假道兩周倍韓以攻楚，不可。今則不然，魏且旦暮亡矣，不能愛其許、鄢陵與梧，割以予秦，去百六十里[相去百六十里][1]。臣之所見者，秦、楚鬬之日也已[秦、楚鬬之日近已][1][秦、楚之日鬬也][4]。”

公仲數不信於諸侯

公仲數不信於諸侯，諸侯錮之[錮之][1]。南委國於楚，楚王弗聽。蘇代爲楚王曰[蘇代爲謂楚王曰][1,2]：“不若聽而備於其反也。明之反也[朋之反也][1]，常仗趙而畔楚[常杖趙而畔楚][1]，仗齊而畔秦[杖齊而畔秦][1]。今四國錮之，而無所入矣，亦甚患之。此方其爲尾生之時也。”

戰國策卷二十七　韓二

楚圍雍氏五月

楚圍雍氏五月。韓令使者求救於秦，冠蓋相望也，秦師不下殽。韓又令尚靳使秦，謂秦王曰："韓之於秦也，居爲隱蔽，出爲鴈行。今韓已病矣，秦師不下殽。臣聞之，脣揭者其齒寒，願大王之熟計之。"宣太后曰："使者來者衆矣，獨尚子之言是。"召尚子入。宣太后謂尚子曰："妾事先王也[妾事先王日][1]，先王以其髀加妾之身，妾困不疲也[妾困不支也][1,2,4]；盡置其身妾之上，而妾弗重也，何也？以其少有利焉。今佐韓，兵不衆，粮不多，則不足以救韓。夫救韓之危，日費千金，獨不可使妾少有利焉。"

尚靳歸書報韓王，韓王遣張翠。張翠稱病，日行一縣。張翠至，甘茂曰："韓急矣，先生病而來。"張翠曰："韓未急也，且急矣。"甘茂曰："秦重國知王也[秦重國智王也][1][秦重國之王也][4]，韓之急緩莫不知[韓之緩急莫不知][1]。今先生言不急，可乎？"張翠曰："韓急則折而入於楚矣，臣安敢來？"甘茂曰："先生毋復言也。"

甘茂入言秦王曰："公仲柄得秦師，故敢捍楚。今雍氏圍，而秦師不下殽，是無韓也。公仲且抑首而不朝，公叔且以國南合於楚。楚、韓爲一，魏氏不敢不聽，是楚以三國謀秦也。如此則伐秦之形成矣。不識坐而待伐[不識坐而待我][6]，孰與伐人之利？"秦王曰："善。"果下師於殽以救韓。

楚圍雍氏韓令冷向借救於秦

楚圍雍氏，韓令冷向借救於秦，秦爲發使公孫昧入韓。公仲曰："子以秦爲將救韓乎？其不乎？"對曰："秦王之言曰，請道於南鄭、藍田以入攻楚，出兵於三川以待公，殆不合，軍於南鄭矣。"公仲曰："柰何？”對曰：“秦王必祖張儀之故謀。楚威王攻梁，張儀謂楚王曰：‘與楚攻梁，魏折而入於楚。韓固其與國也[韓固其與也][1]，是秦孤也。故不如出兵以劲魏。’於是攻皮氏。魏氏勁，威王怒，楚與魏大戰，秦取西河之外以歸。今也其將揚言救韓[今也其將陽言救韓][1][今也其狀陽言救韓][4]，而陰善楚，公恃秦而勁[公待秦而勁][1,4]，必輕與楚戰。楚陰得秦之不用也，必易與公相支也。公戰勝楚，遂與公乘楚，易三川而歸。公戰不勝楚，塞三川而守之[楚塞三川而守之][1,4]，公不能救也。臣甚惡其事。司馬康三反之郢矣[司馬庚三反之郢矣][3][司馬唐三反之郢矣][4]，甘茂與昭獻遇於境，其言曰收璽，其實猶有約也。”公仲恐曰：“然則柰何？”對曰：“公必先韓而後秦，先身而後張儀。以公不如亟以國合於齊、楚[臣以公不如亟以國合於齊、楚][1][公不如亟以國合於齊、楚][2,4]，秦必委國於公以解伐。是公之所以外者儀而已，其實猶之不失秦也。”

公仲爲韓魏易地

公仲爲韓、魏易地，公叔爭之而不聽，且亡。史惕謂公叔曰：“公亡，則易必可成矣。公無辭以後反[公無辭以復反][1,2,4]，且示天下輕公，公不若順之。夫韓地易於上，則害於趙；魏地易於下[魏易於下][1]，則害於楚。公不如告楚、趙。楚、趙惡之。趙聞之，起兵臨羊腸[起兵臨羊膓][1,7]，楚聞之，發兵臨方城，而易必敗矣。”

錡宣之教韓王取秦

錡宣之教韓王取秦，曰：“爲公叔具車百乘，言之楚，易三川。因令公仲謂秦王曰：‘三川之言曰，秦王必取我。韓王之心，不可解矣。王何不試以襄子爲質於韓，令韓王知王之不取三川也。’因以出襄子而德太子。”

襄陵之役

襄陵之役，畢長謂公叔曰：“請毋用兵，而楚、魏皆德公之國矣。

夫楚欲置公子高[夫楚欲置公子咎][1,6]，必以兵臨魏。公何不令人説昭子曰：‘戰未必勝，請爲子起兵以之魏。’子有辭以毋戰，於是以太子扁[於是太子興][1]、昭揚[昭陽][1,5]、梁王皆德公矣。”

公叔使馮君於秦

公叔使馮君於秦，恐留，教陽向説秦王曰：“留馮君以善韓臣[留馮君以善韓辰][2,3,4]，非上知也。主君不如善馮君，而資之以秦。馮君廣王而不聽公叔，以與太子爭，則王澤布，而害於韓矣[而善於韓矣][5]。”

謂公叔曰公欲得武遂於秦

謂公叔曰：“公欲得武遂於秦，而不患楚之能揚河外也。公不如令人恐楚王，而令人爲公求武遂於秦。謂楚王曰：‘發重使爲韓求武遂於秦。秦王聽，是令得行於萬乘之主也。韓得武遂以恨秦[韓得武遂以限秦][1,5]，毋秦患而得楚[無秦患而德楚][1,5]。韓，楚之縣而已。秦不聽，是秦、韓之怨深，而交楚也[而交事楚也][1,6]。’”

謂公叔曰乘舟

謂公叔曰：“乘舟，舟漏而弗塞，則舟沉矣。塞漏舟，而輕陽侯之波，則舟覆矣。今公自以辯於薛公而輕秦[今公自以爲辨於薛公而輕秦][1]，是塞漏舟而輕陽侯之波也，願公之察也。”

齊令周最使鄭

齊令周最使鄭，立韓擾而廢公叔。周最患之，曰：“公叔之與周君交也，令我使鄭[今我使鄭][1]，立韓擾而廢公叔。語曰：‘怒於室者色於市。’今公叔怨齊，無柰何也，必周君而深怨我矣[必絶周君而深怨我矣][1,6]。”史舍曰：“公行矣，請令公叔必重公。”

周最行至鄭，公叔大怒。史舍入見曰：“周最固不欲來使，臣竊强之。周最不欲來，以爲公也；臣之强之也[使臣之强之也][1]，亦以爲公也。”公叔曰：“請聞其説。”對曰：“齊大夫諸子有犬，犬猛不可叱，叱之必噬人。客有請叱之者，疾視而徐叱之，犬不動；復叱之，犬遂無噬人之心。今周最固得事足下，而以不得已之故來使，彼將禮陳其辭而緩其言，鄭王必以齊王爲不急，必不許也。今周最不來，他人必來。來使者無交於公，而欲德於韓擾，其使之必疾，言之必急，則鄭王必許之矣。”公叔曰：“善。”遂重周最。王果不許韓擾。

韓公叔與幾瑟爭國

韓公叔與幾瑟爭國。鄭强爲楚王使於韓，矯以新城、陽人合世子[陽人命世子][1]，以與公叔爭國。楚怒，將罪之。鄭疆曰[鄭强曰][7]：“臣之矯與之，以爲國也。臣曰，世子得新城、陽人，以與公叔爭國，而得全，魏必急韓氏；韓氏急，必縣命於楚，又何新城、陽人敢索？若戰而不勝，走而不死[幸而不死][1]，今且以至，又安敢言地？”楚王曰：“善。”乃弗罪。

韓公叔與幾瑟爭國

韓公叔與幾瑟爭國。中庶子强謂太子曰：“不若及齊師未入，急擊公叔。”太子曰：“不可。戰之於國中必分[戰之於國中國必分][1]。”對曰：“事不成，身必危，尚何足以圖國之全爲[尚何足以圖尚之全爲][3]？”太子弗聽，齊師果入，太子出走。

齊明謂公叔

齊明謂公叔曰：“齊逐幾瑟，楚善之。今楚欲善齊甚，公何不令齊王謂楚王：‘王爲我逐幾瑟以窮之。’楚聽，是齊、楚合，而幾瑟走也；楚王不聽，是有陰於韓也。”

公叔將殺幾瑟

公叔將殺幾瑟也。謂公叔曰：“太子之重公也，畏幾瑟也。今幾瑟死，太子無患，必輕公。韓大夫見王老，冀太子之用事也，固欲事之。太子外無幾瑟之患，而内收諸大夫以自輔也，公必輕矣。不如無殺幾瑟，以恐太子，太子必終身重公矣。”

公叔且殺幾瑟

公叔且殺幾瑟也，宋赫爲謂公叔曰：“幾瑟之能爲亂也，内得父兄，而外得秦、楚也。今公殺之，太子無患，必輕公。韓大夫知王之老而太子定，必陰事之。秦、楚若無韓，必陰事伯嬰。伯嬰亦幾瑟也。公不如勿殺。伯嬰恐，必保於公[必陰保於公][1]。韓大夫不能必其不入也，必不敢輔伯嬰以爲亂。秦、楚挾幾瑟以塞伯嬰，伯嬰外無秦、楚之權，内無父兄之衆，必不能爲亂矣。此便於公。”

謂新城君

謂新城君曰：“公叔、伯嬰恐秦、楚之内幾瑟也，公何不爲韓求質子於楚？楚王聽而入質子於韓，則公叔、伯嬰必知秦、楚之不以幾瑟爲事也，必以韓合於秦、楚矣。秦、楚挾韓以窘魏，魏氏不敢東，是齊孤也。公又令秦求質子於楚，楚不聽，則怨結於韓。韓挾齊、魏以盻楚[韓挾齊、魏以眄楚][1][韓挾齊、魏以盼楚][6][韓挾齊、魏以眄楚][7]，楚王必重公矣。公挾秦、楚之重，以積德於韓，則公叔、伯嬰必以國事公矣。”

胡衍之出幾瑟於楚

胡衍之出幾瑟於楚也，教公仲謂魏王曰[公仲謂魏王曰][1]：“太子在楚，韓不敢離楚也。公何不試奉公子咎[王何不試奉公子咎][1]，而爲之請太子？”因令人謂楚王曰：‘韓立公子咎而棄幾瑟，是王抱虚質也。王不如亟歸幾瑟。幾瑟入，必以韓權報讎於魏，而德王矣。’”

幾瑟亡之楚

幾瑟亡之楚，楚將收秦而復之。謂芊戎曰[謂羋戎曰][7]：“廢公叔而相幾瑟者楚也。今幾瑟亡之楚，楚又收秦而復之，幾瑟入鄭之日，韓，楚之縣邑[楚之縣已][1, 5, 6]。公不如令秦王賀伯嬰之立也。韓絶於楚，其事秦必疾，秦挾韓親魏，齊、楚後至者先亡。此王業也。”

冷向謂韓咎

冷向謂韓咎曰[蘇代謂韓咎曰][4]：“幾瑟亡在楚，楚王欲復之甚，令楚兵十餘萬在方城之外。臣請令楚築萬家之都於雍氏之旁，韓必起兵以禁之，公必將矣。公因以楚、韓之兵奉幾瑟而內之鄭[公因以楚、韓之兵奉幾瑟而內之][1]，幾瑟得入而德公，必以韓、楚奉公矣。”

楚令景鯉入韓

楚令景鯉入韓，韓且內伯嬰於秦，景鯉患之。冷向謂伯嬰曰：“太子入秦，秦必留太子而合楚，以復幾瑟也，是太子反棄之。”

韓咎立爲君而未定

韓咎立爲君而未定也，其弟在周，周欲以車百乘重而送之[周欲立車百乘而送之][1]，恐韓咎入韓之不立也。綦毋恢曰[綦母恢曰][1,7]：“不如以百金從之，韓咎立，因也以爲戒[因以爲戒][1][曰也以爲戒][2]；不立，則曰來効賊也。”

史疾爲韓使楚

史疾爲韓使楚，楚王問曰：“客何方所循？”曰：“治列子圉寇之言。”曰：“何貴？”曰：“貴正。”王曰：“正亦可爲國乎？”曰：“可。”王曰：“楚國多盜，正可以圉盜乎？”曰：“可。”曰：“以正圉盜，奈何？”頃間有鵲止於屋上者[頃聞有鵲止於屋上者][3]，曰：“請問楚人謂此鳥何[請問楚人謂之何][1]？”王曰：“謂之鵲。”曰[　][1]：“謂之烏，可乎？”曰：“不可。”曰：“今王之國有柱國、令尹、司馬、典令，其任官置吏，必曰廉潔勝任。今盜賊公行，而弗能禁也，此烏不爲烏，鵲不爲鵲也。”

韓傀相韓

韓傀相韓，嚴遂重於君，二人相害也。嚴遂政議直指，舉韓傀之過。韓傀以之叱之於朝。嚴遂拔劍趨之[嚴遂拔劍趨之][1]，以救解[以救解][1]。於是嚴遂懼誅，亡去，游求人可以報韓傀者。

至齊，齊人或言：“軹深井里聶政，勇敢士也，避仇隱於屠者之間。”

嚴遂陰交於聶政，以意厚之。聶政問曰[聶政問之曰][1]："子欲安用我乎？"嚴遂曰："吾得爲役之日淺，事今薄，奚敢有請？"於是嚴遂乃具酒，觴聶政母前[自觴聶政母前][1][自暢聶政母前][4][賜聶政母前][6]。仲子奉黄金百鎰，前爲聶政母壽。聶政驚，愈怪其厚[愈恠其厚][1,7]，固謝嚴仲子[因謝嚴仲子][1]。仲子固進，而聶政謝曰："臣有老母，家貧，客游以爲狗屠，可旦夕得甘脆以養親。親供養備，義不敢當仲子之賜。"嚴仲子辟人，因爲聶政語曰："臣有仇，而行游諸侯衆矣。然至齊，聞足下義甚高。故直進百金者，特以爲夫人麤糲之費[特以丈人麤糲之費][1,6]，以交足下之驩[以反足下之讙][1]，豈敢以有求邪？"聶政曰："臣所以降志辱身，居市井者[居市井屠者][1]，徒幸而養老母[幸以養老母][1][徒幸以養老母][6]。老母在[老母在前][1]，政身未敢以許人也。"嚴仲子固讓，聶政竟不肯受。然仲子卒備賓主之禮而去[然仲子卒備賔主之禮而去][1]。

久之，聶政母死，即葬，除服。聶政曰："嗟乎！政乃市井之人，鼓刀以屠，而嚴仲子乃諸侯之卿相也，不遠千里，枉車騎而交臣，臣之所以待之至淺鮮矣[臣之所以待之者至淺矣][1]，未有大功可以稱者，而嚴仲子舉百金爲親壽，我雖不受[我義不受][1]，然是深知政也。夫賢者以感忿睚眦之意，而親信窮僻之人，而政獨安可嘿然而止乎？且前日要政，政徒以老母。老母今以天年終，政將爲知己者用。"

遂西至濮陽，見嚴仲子曰："前所以不許仲子者[前日所以不許仲子者][1]，徒以親在。今親不幸[今親不幸而死][1][今不幸而母以天年終][4]，仲子所欲報仇者爲誰[仲子所欲報仇者請得從事焉][1,4]？"嚴仲子具告曰："臣之仇韓相傀[臣之仇韓相韓傀][1][臣之仇韓相俠傀][4]。傀又韓君之季父也，宗族盛[宗族盛多居處][1,4]，兵衛設[兵衛甚設][1,4]，臣使人刺之，終莫能就。今足下幸而不棄，請益具車騎壯士，以爲羽翼。"政曰："韓與衛[韓與衛相去][1]，中間不遠，今殺人之相，相又國君之親，此其勢不可以多人。多人不能無生得失，生得失則語泄[生得失無生情][4]，語泄則韓舉國而與仲子爲讎也，豈不殆哉！”遂謝車騎人徒，辭，獨行仗劍至韓[獨行仗劍至韓][7]。

韓適有東孟之會，韓王及相皆在焉，持兵戟而衛者甚衆[持兵戟而衛侍者甚衆][1,4]。聶政直入，上階刺韓傀[上階刺殺韓傀][1][上階刺殺俠傀][4]。韓傀走而抱哀侯[韓傀走而抱列侯][1,6]，聶政刺之，遂中哀侯[兼中列侯][1,6][兼中哀侯][7]，左右大亂。聶政大呼，所殺者數十人[所擊殺者數十人][1]。因自皮面抉眼[因自面皮抉眼屠腸][1][因自披其面抉眼][2][因自皮面决眼][4]，自屠出腸[　　][1]，遂以死。韓取聶政屍於市[韓取聶政屍暴於市][1,4][韓暴其屍於市][4]，縣購之千金。久之莫知誰子[久之莫知誰][1][久之莫知爲誰][4]。

政姊聞之[政姊嫈聞之][1,2][政榮聞之][4][政姊聞之][7]，曰：“弟至賢[吾弟至賢][1]，不可愛妾之軀，滅吾弟之名，非弟意也。”乃之韓。視之曰：“勇哉！氣矜之隆。是其軼賁、育而高成荆矣[是其軼賁、育高成荆矣][1]。今死而無名，父母即殁矣，兄弟無有，此爲我故也。夫愛身不揚弟之名，吾不忍也。”乃抱屍而哭之曰：“此吾弟軹深井里聶政也。”亦自殺於屍下。

晉、楚、齊、衛聞之曰：“非獨政之能[非獨聶政之能][1]，乃其姊者[乃其姊者][7]，亦烈女也[非獨聶政之勇，乃其姊者烈女也][2][非獨政能也，乃其姊亦烈女也][4]。”聶政之所以名施於後世者，其姊不避菹醢之誅[其姊不避菹酢之誅][1][其姊不避菹醢之誅][7]，以揚其名也。”

戰國策卷二十八　韓三

或謂韓公仲

或謂韓公仲曰[或謂韓公中曰][3]："夫孿子之相似者，唯其母知之而已[惟其母知之而已][1]；利害之相似者[夫利害之相似者][1]，唯智者知之而已。今公國，其利害之相似，正如孿子之相似也。得以其道爲之[得其道爲之][1]，則主尊而身安；不得其道，則主卑而身危。今秦、魏之和成，而非公適束之[而非公適兩束之][1,6]，則韓必謀矣。若韓隨魏以善秦，是爲魏從也，則韓輕矣[則韓輕][1]，主卑矣。秦已善韓，必將欲置其所愛信者[必將置其所愛信者][1]，令用事於韓以完之，是公危矣。今公與安成君爲秦、魏之和，成固爲福，不成亦爲福。秦、魏之和成，而公適束之[而公適兩束之][1,6]，是韓爲秦、魏之門户也，是韓重而主尊矣。安成君東重於魏，而西貴於秦，操右契而爲公責德於秦、魏之主[操右契而爲公責德於秦、魏之王][1]，裂地而爲諸侯，公之事也。若夫安韓、魏而終身相，公之下服，此主尊而身安矣。秦、魏不終相聽者也。齊怒於不得魏，必欲善韓以塞魏；魏不聽秦，必務善韓以備秦，是公擇布而割也[是公擇豨而割之][4]。秦、魏和，則兩國德公；不和，則兩國爭事公。所謂成爲福，不成亦爲福者也。願公之無疑也。"

或謂公仲曰

或謂公仲曰："今有一舉而可以忠於主，便於國，利於身，願公之行之也。今天下散而事秦，則韓最輕矣；天下合而離秦[今天下合而離秦][1]，則韓最弱矣；合離之相續，則韓最先危矣。此君國長民之大患也。今公以韓先合於秦，天下隨之，是韓以天下事秦[是韓以天下予秦][4]，秦之德韓也厚矣。韓與天下朝秦，而獨厚取德焉，公行之計，是其於主也至忠矣。天下不合秦，秦令而不聽，秦必起兵以誅不服。秦久與天下結怨構難[秦久與天下結怨搆難][1]，而兵不决，韓息士民以待其釁[韓息士民以待其亹][7]，公行之計，是其於國也，大便也。昔者，周佼以西周善於秦，而封於梗陽；周啓以東周善於秦，而封於平原。今公以韓善秦，韓之重於兩周也無計[韓之重於兩周也無先計][1][韓之重於兩周也无計][6]，而秦之爭機也，萬於周之時。今公以韓爲天下先合於秦，秦必以公爲諸侯，以明示天下，公行之計，是其於身大利也。願公之加務也。”

韓人攻宋

韓人攻宋，秦王大怒曰：“吾愛宋，與新城、陽晉同也。韓珉與我交，而攻我甚所愛，何也？”蘇秦爲韓說秦王曰[蘇代爲韓說秦王曰][1, 5]：“韓珉之攻宋，所以爲王也。以韓之强，輔之以宋，楚、魏必恐。恐，必西面事秦。王不折一兵，不殺一人，無事而割安邑，此韓珉之所以禱於秦也。”秦王曰：“吾固患韓之難知，一從一横，此其說何也？”對曰：“天下固令韓可知也[天下固令韓可知矣][1]。韓故已攻宋矣[韓固已攻宋矣][1]，其西面事秦[其西事秦][1]，以萬乘自輔；不西事秦，則宋地不安矣。中國白頭游敖之士，皆積智欲離秦、韓之交。伏軾結靷西馳者，未有一人言善韓者也；伏軾結靷東馳者，未有一人言善秦者也。皆不欲韓、秦之合者何也？則晉、楚智而韓、秦愚也。晉、楚合，必伺韓、秦；韓、秦合，必圖晉、楚。請以決事。”秦王曰：“善。”

或謂韓王

或謂韓王曰：“秦王欲出事於梁，而欲攻絳、安邑，韓計將安出矣？秦之欲伐韓，以東闚周室，甚唯寐忘之。今韓不察，因欲與秦，必爲山東大禍矣。秦之欲攻梁也，欲得梁以臨韓，恐梁之不聽也，故欲病之以固交也[故欲痛之以固交也][1, 2, 3]。王不察，因欲中立，梁必怒於韓之不與己，必折爲秦用，韓必舉矣。願王熟慮之也。不如急發重使之趙、梁，約復爲兄弟，使山東皆以鋭師戍韓、梁之西邊，非爲此也，山東無以救亡，此萬世之計也。秦之欲幷天下而王之也，不與古同。事之雖如子之事父，猶將亡之也。行雖如伯夷，猶將亡之也。行雖如桀、紂，猶將亡之也。雖善事之無益也。不可以爲存，適足以自令亟亡也。然則山東非能從親，合而相堅如一者，必皆亡矣。”

謂鄭王

謂鄭王曰：“昭釐侯，一世之明君也；申不害，一世之賢士也。韓與魏敵侔之國也，申不害與昭釐侯執珪而見梁君，非好卑而惡尊也，非慮過而議失也。申不害之計事，曰：‘我執珪於魏，魏君必得志於韓，必外靡於天下矣，是魏弊矣。諸侯惡魏必事韓，是我免於一人之下[是我俛於一人之下][1]，而信於萬人之上也。夫弱魏之兵，而重韓之權，莫如朝魏。’昭釐侯聽而行之，明君也；申不害慮事而言之，忠臣也。今之韓弱於始之韓，而今之秦强於始之秦。今秦有梁君之心矣，而王與諸臣不事爲尊秦以定韓者，臣竊以爲王之明爲不如昭釐侯，而王之諸臣忠莫如申不害也。

“昔者，穆公一勝於韓原而霸西州[秦穆公一勝於韓原而霸西州][1][穆公一勝於韓原而霸西州][7]，晉文公一勝於城濮而定天下[晉文公一勝於城濮而定天子][1]，此以一勝立尊令，成功名於天下。今秦數世强矣，大勝以千數[大勝以十數][1,6]，小勝以百數，大之不王，小之不霸[小之不霸][7]，名尊無所立，制令無所行，然而春秋用兵者，非以求主尊成名於天下也[非以求主尊成王於天下也][1]。昔先王之攻，有爲名者，有爲實者。爲名者攻其心，爲實者攻其形。昔者，吳與越戰，越人大敗，保於會稽之上。吳人入越而户撫之。越王使大夫種行成於吳，請男爲臣，女爲妾，身執禽而隨諸御。吳人果聽其辭，與成而不盟，此攻其心者也。其後越與吳戰，吳人大敗，亦請男爲臣[亦謂男爲臣][1]，女爲妾，反以越事吳之禮事越。越人不聽也，遂殘吳國而禽夫差，此攻其形者也。今將攻其心乎，宜使如吳；攻其形乎，宜使如越。夫攻形不如越，而攻心不如吳，而君臣、上下、少長、貴賤、畢呼霸王[畢呼霸王][7]，臣竊以爲猶之井中而謂曰：‘我將爲爾求火也。’”

東孟之會

“東孟之會，聶政、陽堅刺相兼君。許異蹴哀侯而殪之[許異蹷列侯而殪之][1][許異蹴列侯而殪之][5]，立以爲鄭君。韓氏之衆無不聽令者，則許異爲之先也。是故哀侯爲君[是故列侯爲君][1]，而許異終身相焉。而韓氏之尊許異也，猶其尊哀侯也。今日鄭君不可得而爲也[今曰鄭君不可得而爲也][4]，雖終身相之焉，然而吾弗爲云者，豈不爲過謀哉！昔齊桓公九合諸侯，未嘗不以周襄王之命[未甞不以周襄王之命][1]。然則雖尊襄王，桓公亦定霸矣[桓公亦定霸矣][7]。九合之尊桓公也[九合諸侯之尊桓公也][1]，猶其尊襄王也。今日天子不可得而爲也，雖爲桓公吾弗爲云者[雖爲桓公然而吾弗爲云者][1]，豈不爲過謀而不知尊哉！韓氏之士數十萬，皆戴哀侯以爲君[皆戴列侯以爲君][1]，而許異獨取相焉者，無他[無他也][1]；諸侯之君，無不任事於周室也，而桓公獨取霸者[而桓公獨取霸者][7]，亦無他也。今强國將有帝王之舋[今强國將有帝王之亹][7]，而以國先者，此桓公、許異之類也。豈可不謂善謀哉？夫先與强國之利，强國能王，則我必爲之霸[則我必爲之霸][7]；强國不能王，則可以辟其兵[則可以避其兵][1,4]，使之無伐我。然則强國事成，則我立帝而霸[則我立帝而霸][7]，强國之事不成，猶之厚德我也。今與强國，强國之事成則有福[之事成則有福][2,3]，不成則無患，然則先與强國者，聖人之計也。”

韓陽役於三川而欲歸

韓陽役於三川而欲歸[韓陽役於三川而欲歸][1,7]，足强爲之說韓王曰：“三川服矣，王亦知之乎？役且共貴公子[役且共貴公子][1,7]。”王於是召諸公子役於三川者而歸之[王於是召諸公子役於三川者而歸之][1,7]。

秦大國

秦，大國也。韓，小國也。韓甚䟽秦[韓甚疏秦][7]。然而見親秦[而見親秦][1]，計之[韓計之][1,4][韓之計][5]，非金無以也[非金無已也][3]，故賣美人。美人之賈貴，諸侯不能買，故秦買之三千金。韓因以其金事秦，秦反得其金與韓之美人。韓之美人因言於秦曰："韓甚跡秦[韓甚疏秦][7]。"從是觀之，韓亡[韓之][1]美人與金，其跡秦乃始益明[其疏秦乃始益明][7]。故客有說韓者曰："不如止淫用，以是爲金以事秦，是金必行，而韓之跡秦不明[而韓之疏秦不明][7]。美人知内行者也，故善爲計者，不見内行。"

張丑之合齊楚講於魏

張丑之合齊、楚講於魏也，謂韓公仲曰："今公疾攻魏之運[今公疾攻魏之鄆][1]，魏急，則必以地和於齊、楚，故公不如勿攻也。魏緩則必戰。戰勝，攻運而取之易矣[攻鄆而取之易矣][1]。戰不勝，則魏且内之。"公仲曰："諾。"張丑因謂齊、楚曰："韓已與魏矣。以爲不然，則蓋觀公仲之攻也[則盍觀公仲之攻也][1,4]。"公仲不攻，齊、楚恐，因講於魏，而不告韓。

或謂韓相國

或謂韓相國曰[謂韓相國曰][1]："人之所以善扁鵲者，爲有臃腫也[爲有臃腫也][1,7]；使善扁鵲而無臃腫也[使善扁鵲而無臃腫也][1,7]，則人莫之爲之也。今君以所事善平原君者，爲惡於秦也；而善平原君乃所以惡於秦也。願君之熟計之也[願公之熟計之也][1]。"

公仲使韓珉之秦求武隧

公仲使韓珉之秦求武隧[公仲使韓珉之秦求武遂][1,6]，而恐楚之怒也。唐客謂公仲曰："韓之事秦也，且以求武隧也[且以求武遂也][1,6]，非弊邑之所憎也[非敝邑之所憎也][1]。韓已得武隧[韓已得武遂][1,6]，其形乃可以善楚。臣願有言，而不敢爲楚計。今韓之父兄得衆者毋相[今韓之父兄得衆者每相][1]，韓不能獨立，勢必不善楚[勢必善楚][1]。王曰：'吾欲以國輔韓珉而相之可乎？父兄惡珉，珉必以國保楚。'"公仲說，士唐客於諸公[仕唐客於諸公][1,4]，而使之主韓、楚之事。

韓相公仲珉使韓侈之秦

韓相公仲珉使韓侈之秦[韓相公仲使韓侈之秦][1,6]，請攻魏，秦王說之。韓侈在唐，公仲珉死[公仲死][1]。韓侈謂秦王曰：“魏之使者謂後相韓辰曰：‘公必爲魏罪韓侈。’韓辰曰：‘不可。秦王仕之，又與約事。’使者曰：‘秦之仕韓侈也，以重公仲也。今公仲死，韓侈之秦，秦必弗入。入[　　][1]，又奚爲挾之以恨魏王乎？’韓辰患之，將聽之矣。今王不召韓侈，韓侈且伏於山中矣。”秦王曰：“何意寡人如是之權也！令安伏[今安伏][6]？”召韓侈而仕之。

客卿爲韓謂秦王

客卿爲韓謂秦王曰：“韓珉之議，知其君不知異君，知其國不知異國。彼公仲者，秦勢能詘之。秦之强[以秦之强][1]，首之者，珉爲疾矣。進齊、宋之兵至首坦[宋之兵至首垣][1,3,5]，遠薄梁郭，所以不及魏者[所以不反魏者][1]，以爲成而過南陽之道[以爲成而過南陽之道][2]，欲以四國西首也。所以不者，皆曰以燕亡於齊[皆曰燕亡於齊][1]，魏亡於秦，陳、蔡亡於楚，此皆絶地形，羣臣比周以蔽其上，大臣爲諸侯輕國也。今王位正，張儀之貴，不得議公孫郝[不得議公孫赫]「，是從臣不事大臣也；公孫郝之貴[公孫赫之貴][1]，不得議甘戊[不得議甘茂][1,6]，則大臣不得事近臣矣[則大臣不得事近臣也][2]。貴賤不相事，各得其位，輻湊以事其上，則羣臣之賢不肖，可得而知也。王之明一也。公孫郝嘗疾齊[公孫赫嘗疾齊][1]、韓而不加貴，則爲大臣不敢爲諸侯輕國矣。齊、韓嘗因公孫郝而不受[齊、韓嘗因公孫赫而不受][1]，則諸侯不敢因羣臣以爲能矣[則諸侯不敢因群臣以爲能矣][1]。外内不相爲，則諸侯之情僞可得而知也。王之明二也。公孫郝[公孫赫][1]、樗里疾請無攻韓，陳四辟去[陳而辟去][5]，王猶攻之也。甘茂約楚、趙而反敬魏[趙而攻敬魏][1]，是其講我[是且搆我][1]，茂且攻宜陽，王猶校之也。羣臣之知[群臣之知][1]，無幾於王之明者，臣故願公仲之國以侍於王[臣故願公仲之以國待於王][1,5][臣故願公仲之國以待於王][6]，而無自左右也。”

韓珉相齊

韓珉相齊，令吏逐公疇豎，大怒於周之留成陽君也[又怒於周之留成陽君][1]。謂韓珉曰：“公以二人者爲賢人也，所入之國，因用之乎？則不如其處小國。何也？成陽君爲秦去韓，公疇豎，楚王善之。今公因逐之，二人者必入秦、楚，必爲公患。且明公之不善於天下。天下之不善公者，與欲有求於齊者，且收之，以臨齊而市公。”

或謂山陽君

或謂山陽君曰[謂山陽君曰][1]：“秦封君以山陽，齊封君以莒。齊、秦非重韓則賢君之行也。今楚攻齊取莒，上及不交齊[上不交齊][1]，次弗納於君，是棘齊、秦之威而輕韓也。”山陽君因使之楚。

趙魏攻華陽

趙、魏攻華陽，韓謁急於秦。冠蓋相望[冠盖相望][1]，秦不救。韓相國謂田苓曰：“事急，願公雖疾，爲一宿之行。”田苓見穰侯，穰侯曰：“韓急乎？何故使公來？”田苓對曰：“未急也。”穰侯怒曰：“是何以爲公之王使乎[是何以爲公之主使乎][1,6]？冠蓋相望[冠盖相望][1]，告弊邑甚急[告敝邑甚急][1]，公曰未急[公言未急][1]，何也？”田苓曰：“彼韓急，則將變矣。”穰侯曰：“公無見王矣，臣請令發兵救韓。”八日中，大敗趙、魏於華陽之下。

秦招楚而伐齊

秦招楚而伐齊，冷向謂陳軫曰：“秦王必外向。楚之齊者知西不合於秦，必且務以楚合於齊。齊、楚合，燕、趙不敢不聽。齊以四國敵秦[齊以四敵秦][2,3,4]，是齊不窮也。”向曰：“秦王誠必欲伐齊乎？不如先收於楚之齊者，楚之齊者先務以楚合於齊，則楚必卽秦矣。以强秦而有晉、楚[以强秦而有楚][1]，則燕、趙不敢不聽，是齊孤矣。向請爲公說秦王。”

韓氏逐向晉於周

韓氏逐向晉於周，周成恢爲之謂魏王曰[周使成恢爲之謂魏王曰][1,7]：“周必寬而反之，王何不爲之先言，是王有向晉於周也。”魏王曰：“諾。”成恢因爲謂韓王曰：“逐向晉者韓也，而還之者魏也，豈如道韓反之哉！是魏有向晉於周，而韓王失之也。”韓王曰：“善。”亦因請復之。

張登請費緤

張登請費緤曰[張登謂費緤曰][1]：“請令公子年謂韓王曰[請令公子牟謂韓王曰][1,6]：‘費緤，西周讎之，東周寶之。此其家萬金，王何不召之，以爲三川之守。是緤以三川與西周戒也，必盡其家以事王。西周惡之，必效先王之器以止王。’韓王必爲之。西周聞之，必解子之罪，以止子之事。”

安邑之御史死

安邑之御史死，其次恐不得也。輸人爲之謂安令曰[輸人爲之謂安邑令曰][1,4,5][輸人爲之安令曰][2,3,4]：“公孫綦爲人請御史於王，王曰：‘彼固有次乎[彼固有次][1]？吾難敗其法[吾難敗之][1]。’”因遽置之。

魏王爲九里之盟

魏王爲九里之盟[魏王爲九重之盟][1]，且復天子。房喜謂韓王曰：“勿聽之也，大國惡有天子，而小國利之。王與大國弗聽，魏安能與小國立之。”

建信君輕韓熙

建信君輕韓熙，趙敖爲謂建信侯曰[趙敖爲謂建信君曰][1]：“國形有之而存，無之而亡者，魏也。不可無而從者，韓也。今君之輕韓熙者，交善楚、魏也。秦見君之交反善於楚、魏也[秦見君之交之善於楚、魏也][5]，其收韓必重矣。從則韓輕，横則韓重，則無從輕矣。秦出兵於三川，則南圍鄢，蔡、邵之道不通矣。魏急，其救趙必緩矣。秦舉兵破邯鄲，趙必亡矣。故君收韓。可以無亹[可以無亹][1,7]。”

段產謂新城君

段産謂新城君曰：“夫宵行者能無爲奸[夫宵行者能無爲姦][7]，而不能令狗無吠己。今臣處郎中，能無議君於王，而不能令人毋議臣於君。願君察之也。”

段干越人謂新城君

段干越人謂新城君曰：“王良之弟子駕，云取千里馬[云取千里][4]，遇造父之弟子。造父之弟子曰：‘馬不千里。’王良弟子曰：‘馬，千里之馬也；服，千里之服也。而不能取千里，何也？’曰：‘子纆牽長。故纆牽於事，萬分之一也，而難千里之行[而維千里之行][3]。’今臣雖不肖，於秦亦萬分之一也，而相國見臣不釋塞者，是纆牽長也。”

戰國策卷二十九　燕一

蘇秦將爲從北說燕文侯

蘇秦將爲從，北說燕文侯曰：“燕東有朝鮮、遼東，北有林胡、樓煩，西有雲中、九原，南有呼沱、易水[南有呼沲、易水][1]。地方二千餘里[地方二千里][1]，帶甲數十萬，車七百乘，騎六千疋[騎六千匹][1]，粟支十年[粟支二年][1][粟支數年][6]。南有碣石、鴈門之饒，北有棗粟之利[北有棗栗之利][1,6]，民雖不由田作[民雖不田作][1]，棗栗之實，足食於民矣[足食扵民矣][1]。此所謂天府也。夫安樂無事，不見覆軍殺將之憂，無過燕矣。大王知其所以然乎[夫王知其所以然乎][1]？夫燕之所以不犯冦被兵者[夫燕之所以不犯寇被兵者][7]，以趙之爲蔽於南也[以趙之爲蔽於其南也][1]。秦、趙五戰，秦再勝而趙三勝。秦、趙相弊[秦、趙相敝][1]，而王以全燕制其後，此燕之所以不犯難也。且夫秦之攻燕也，踰雲中、九原，過代、上谷，彌埊踵道數千里[彌地踵道數千里][1]，雖得燕城，秦計固不能守也。秦之不能害燕亦明矣。今趙之攻燕也，發興號令[發號出令][1,6]，不至十日，而數十萬之衆，軍於東垣矣。度呼沱[度呼沲][1]，涉易水，不至四五日，距國都矣[而距國都矣][1]。故曰，秦之攻燕也，戰於千里之外；趙之攻燕也，戰於百里之內。夫不憂百里之患，而重千里之外，計無過於此者。是故願大王與趙從親，天下爲一，則國必無患矣。”

燕王曰：“寡人國小，西迫强秦，南近齊、趙[促近齊、趙][1][南近齊、魏][4]。齊、趙，强國也[强國][1]，今主君幸教詔之，合從以安燕，敬以國從。”於是齎蘇秦車馬金帛以至趙。

奉陽君李兌甚不取於蘇秦

奉陽君李兌甚不取於蘇秦[奉陽君甚不取於蘇秦][1]。蘇秦在燕，李兌因爲蘇秦謂奉陽君曰：“齊、燕離則趙重，齊、燕合則趙輕。今君之齊，非趙之利也。臣竊爲君不取也。”

奉陽君曰："何吾合燕於齊？"

對曰："夫制於燕者蘇子也。而燕弱國也，東不如齊，西不如趙，豈能東無齊、西無趙哉？而君甚不善蘇秦，蘇秦能抱弱燕而孤於天下哉？是驅燕而使合於齊也。且燕亡國之餘也，其以權立，以重外，以事貴。故爲君計，善蘇秦則取[善蘇秦則取之][1]，不善亦取之，以疑燕、齊。燕、齊疑，則趙重矣。齊王疑蘇秦，則君多資。"

奉陽君曰："善。"乃使使與蘇秦結交。

權之難燕再戰不勝

權之難，燕再戰不勝，趙弗救。噲子謂文公曰："不如以埊請合於齊[不如以地請合於齊][1]，趙必救我。若不吾救，不得不事。"文公曰："善。"令郭任以埊請講於齊[令郭任以地請講於齊][1]。趙聞之[趙齊趙聞之][3]，遂出兵救燕。

燕文公時

燕文公時，秦惠王以其女爲燕太子婦。文公卒，易王立。齊宣王因燕喪攻之[齊宣王因燕喪攻之][1]，取十城。武安君蘇秦爲燕説齊王，再拜而賀，因仰而弔。齊王桉戈而卻曰[齊王按戈而却曰][1]："此一何慶弔相隨之速也？"

對曰：人之飢所以不食烏喙者，以爲雖偷充腹，而與死同患也。今燕雖弱小，强秦之少婿也。王利其十城，而深與强秦爲仇。今使弱燕爲鴈行，而强秦制其後，以招天下之精兵，此食烏喙之類也。"

齊王曰："然則柰何[然則柰何乎][1]？"

對曰："聖人之制事也，轉禍而爲福，因敗而爲功。故桓公負婦人而名益尊，韓獻開罪而交愈固，此皆轉禍而爲福，因敗而爲功者也。王能聽臣，莫如歸燕之十城，卑辭以謝秦。秦知王以己之故歸燕城也，秦必德王。燕無故而得十城，燕亦德王。是棄强仇而立厚交也。且夫燕、秦之俱事齊，則大王號令天下皆從。是王以虛辭附秦，而以十城取天下也。此霸王之業矣[此霸王之業][1][此霸王之業矣][7]。所謂轉禍爲福，因敗成功者也。”

齊王大說，乃歸燕城。以金千斤謝其後，頓首塗中，願爲兄弟而請罪於秦。

人有惡蘇秦於燕王者

人有惡蘇秦於燕王者，曰：“武安君，天下不信人也。王以萬乘下之，尊之於廷，示天下與小人羣也[示天下與小人群也][1]。”

武安君從齊來，而燕王不館也[而燕王不官也][4]。謂燕王曰：“臣東周之鄙人也，見足下身無咫尺之功，而足下迎臣於郊，顯臣於廷。今臣爲足下使，利得十城，功存危燕，足下不聽臣者，人必有言臣不信，傷臣於王者。臣之不信[且臣之不信][1]，是足下之福也。使臣信如尾生，廉如伯夷，孝如曾參，三者天下之高行[三者天下之高行也][1]，而以事足下，不可乎[可乎][1]？”燕王曰：“可。”曰：“有此，臣亦不事足下矣。”

蘇秦曰[　　][1]：“且夫孝如曾參，義不離親一夕宿於外，足下安得使之之齊？廉如伯夷，不取素飡[不取素飧][1]，汙武王之義而不臣焉[汙武王之義而不臣][1]，辭孤竹之君，餓而死於首陽之山。廉如此者，何肯步行數千里，而事弱燕之危主乎？信如尾生，期而不來，抱梁柱而死[信如尾生，與女子期於梁下，女子不來，水至不去，抱柱而死][4]。信至如此，何肯楊燕[何肯揚燕][1,6]、秦之威於齊而取大功乎哉？且夫信行者，所以自爲也，非所以爲人也，皆自覆之術，非進取之道也。且夫三王代興，五霸迭盛[五霸迭盛][1,7]，皆不自覆也。君以自覆爲可乎？則齊不益於營丘，足下不踰楚境[足下不踰境][1]，不窺於邊城之外。且臣有老母於周，離老母而事足下，去自覆之術，而謀進取之道，臣之趍固不與足下合者[臣之趣固不與足下合者][1,7]。足下皆自覆之君也，僕者進取之臣也，所謂以忠信得罪於君者也。”

燕王曰：“夫忠信，又何罪之有也[何罪之有也][1]？”

對曰："足下不知也。臣鄰家有遠爲吏者，其妻私人。其夫且歸，其私之者憂之。其妻曰：'公勿憂也，吾已爲藥酒以待之矣。'後二日，夫至。妻使妾奉卮酒進之。妾知其藥酒也[妾知其爲藥酒也][1]，進之則殺主父，言之則逐主母，乃陽僵棄酒。主父大怒而笞之。故妾一僵而棄酒[妾之棄酒][1]，上以活主父，下以存主母也。忠至如此，然不免於笞，此以忠信得罪者也。臣之事，適不幸而有類妾之棄酒也。且臣之事足下，亢義益國，今乃得罪，臣恐天下後事足下者，莫敢自必也。且臣之說齊，曾不欺之也。使之說齊者[使說齊者][1]，莫如臣之言也，雖堯、舜之智，不敢取也。"

張儀爲秦破從連横

張儀爲秦破從連横，謂燕王曰："大王之所親，莫如趙。昔趙王以其姊爲代王妻[昔趙主以其姊爲代王妻][1][昔趙襄子以其姊爲代王妻][4][昔趙王以其姊爲代王妻][7]，欲并代，約與代王遇於句注之塞。乃令工人作爲金斗，長其尾，令之可以擊人[今之可以擊人][1]。與代王飲，而陰告厨人曰[而陰告厨人曰][1][而陰告廚人曰][7]：'卽酒酣樂，進熱歠，卽因反斗擊之。'於是酒酣樂進取熱歠。厨人進斟羹[廚人進斟羹][7]，因反斗而擊之[因反斗而擊][1]，代王腦塗地[代王殺之王腦塗地][1][以擊代王殺之王腦塗地][6]。其姊聞之[其姊聞之][1,7]，摩笄以自刺也[摩笄以自刺也][1]。故至今有摩笄之山，天下莫不聞。

"夫趙王之狼戾無親，大王之所明見知也。且以趙王爲可親邪？趙興兵而攻燕，再圍燕都而劫大王[再圍燕都而刼大王][1,7]，大王割十城乃卻以謝[大王割十城乃却以謝][1][大王割十城乃郤以謝][7]。今趙王已入朝澠池[趙王已入朝黽池][1]，效河間以事秦[効河間以事秦][1]。大王不事秦[今大王不事秦][1,4,6]。秦下甲雲中、九原，驅趙而攻燕，則易水、長城非王之有也。且今時趙之於秦，猶郡縣也，不敢妄興師以征伐。今大王事秦，秦王必喜，而趙不敢妄動矣。是西有强秦之援，而南無齊、趙之患，是故願大王之熟計之也。"

燕王曰：“寡人蠻夷辟處[寡人蠻夷僻處][1]，雖大男子，裁如嬰兒，言不足以求正，謀不足以決事。今大客幸而教之[今上客幸而教之][1]，請奉社稷西面而事秦，獻常山之尾五城。”

宮他爲燕使魏

宮他爲燕使魏，魏不聽，留之數月，客謂魏王曰：“不聽燕使何也？”曰：“以其亂也。”對曰：“湯之伐桀，欲其亂也。故大亂者可得其埊[故大亂者可得其地][1]，小亂者可得其寶。今燕客之言曰：‘事苟可聽，雖盡寶、地，猶爲之也。’王何爲不見？”魏王說，因見燕客而遣之。

蘇秦死

蘇秦死，其弟蘇代欲繼之，乃北見燕王噲曰：“臣東周之鄙人也，竊聞王義甚高甚順，鄙人不敏，竊釋鉏耨而干大王[竊釋鋤耨而干大王][1]。至於邯鄲，所聞於邯鄲者，又高於所聞東周。臣竊負其志，乃至燕廷，觀王之羣臣下吏[觀王之群臣下吏][1]，大王天下之明主也。”

王曰：“子之所謂天下之明主者，何如者也？”

對曰：“臣聞之，明主者務聞其過，不欲聞其善。臣請謁王之過。夫齊、趙者，王之仇讎也；楚、魏者，王之援國也。今王奉仇讎以伐援國，非所以利燕也。王自慮此則計過。無以諫者[無以諫者][1]，非忠臣也。”

王曰：“寡人之於齊、趙也，非所敢欲伐也。”

曰：“夫無謀人之心，而令人疑之，殆；有謀人之心，而令人知之，拙；謀未發而聞於外，則危。今臣聞王居處不安，食飲不甘，思念報齊[思齊報齊][1]，身自削甲扎[身自削甲札][1]，曰有大數矣[　　][1,6]，妻自組甲絣，曰有大數矣，有之乎？”

王曰：“子聞之，寡人不敢隱也。我有深怨積怒於齊，而欲報之二年矣。齊者，我讎國也，故寡人之所欲伐也[故寡人之所欲報也][1]。直患國弊[直患國敝][1]，力不足矣。子能以燕敵齊[子能以燕報齊][1][子能以燕伐齊][4]，則寡人奉國而委之於子矣[寡人奉國而委之於子矣][1]。”

對曰：“凡天下之戰國七，而燕處弱焉。獨戰則不能，有所附則無不重，南附楚則楚重。西附秦則秦重，中附韓、魏則韓、魏重。且苟所附之國重，此必使王重矣。今夫齊王，長主也，而自用也。南攻楚五年，稸積散。西困秦三年，民憔瘁[民憔悴][1]，士罷弊[士罷敝][1]。北與燕戰，覆三軍，獲二將。而又以其餘兵南面而舉五千乘之勁宋[而又以其餘兵南面西舉五千乘之勁宋][1]，而包十二諸侯。此其君之欲得也，其民力竭也，安猶取哉？且臣聞之，數戰則民勞，久師則兵弊[久師則兵敝][1]。”

王曰：“吾聞齊有清濟、濁河，可以爲固；有長城、鉅防，足以爲塞。誠有之乎？”

對曰：“天時不與，雖有清濟、濁河，何足以爲固？民力窮弊[民力窮敝][1]，雖有長城、鉅防，何足以爲塞？且異日也，濟西不役，所以備趙也；河北不師，所以備燕也。今濟西、河北，盡以役矣，封內弊矣[封內敝矣][1]。夫驕主必不好計，而亡國之臣貪於財。王誠能毋愛寵子、母弟以爲質，寶珠玉帛以事其左右，彼且德燕而輕亡宋，則齊可亡已。”

王曰：“吾終以子受命於天矣！”

曰：“內冦不與[內寇不與][7]，外敵不可距[外敵不可拒][1]。王自治其外，臣自報其內，此乃亡之之勢也。”

燕王噲既立

燕王噲既立，蘇秦死於齊。蘇秦之在燕也，與其相子之爲婚，而蘇代與子之交。及蘇秦死，而齊宣王復用蘇代[而齊閔王復用蘇代][1]。

燕噲三年，與楚、三晉攻秦，不勝而還。子之相燕，貴重主斷。蘇代爲齊使於燕，燕王問之曰：“齊宣王何如[齊王何如][1]？”對曰：“必不霸[必不霸][1,7]。”燕王曰：“何也？”對曰：“不信其臣。”蘇代欲以激燕王以厚任子之也。於是燕王大信子之。子之因遺蘇代百金，聽其所使。

鹿毛壽謂燕王曰[厝毛壽謂燕王曰][2][潘壽謂燕王曰][4]："不如以國讓子之。人謂堯賢者。以其讓天下於許由，由必不受。有讓天下之名，實不失天下。今王以國讓相子之，子之必不敢受，是王與堯同行也。"燕王因舉國屬子之，子之大重。

或曰："禹授益而以啓爲吏[禹授益而以啓人爲吏][1,6]，及老，而以啓爲不足任天下，傳之益也。啓與支黨攻益而奪之天下[啓與友黨攻益而奪之天下][1,4][啓與交黨攻益而奪之天下][4]，是禹名傳天下於益[是禹名傳天下於益也][1]，其實令啓自取之。今王言屬國子之，而吏無非太子人者，是名屬子之，而太子用事。"王因收印自三百石吏而效之子之[王因收印自三百里石吏而効之子之][1]。子之南面行王事，而噲老不聽政，顧爲臣，國事皆決子之。

子之三年，燕國大亂，百姓恫怨。將軍市被、太子平謀，將攻子之。儲子謂齊宣王[儲子謂齊閔王][1]："因而仆之，破燕必矣。"王因令人謂太子平曰："寡人聞太子之義，將廢私而立公，飭君臣之義[飭君臣之義][7]，正父子之位。寡人之國小，不足先後。雖然，則唯太子所以令之。"

太子因數黨聚衆，將軍市被圍公宮，攻子之，不克；將軍市被及百姓乃反攻太子平。將軍市被死已殉[將軍市被死以殉][1]，國構難數月[國搆難數月][1]，死者數萬衆，燕人恫怨[燕人恫恐][1,4]，百姓離意。

孟軻謂齊宣王曰[孟軻謂齊閔王曰][1]："今伐燕，此文、武之時，不可失也。"王因令章子將五都之兵，以因北地之衆以伐燕。士卒不戰，城門不閉，燕王噲死。齊大勝燕，子之亡。二年[二年而][1,4]，燕人立公子平[燕人立太子平][1,4,5]，是爲燕昭王。

初蘇秦弟厲因燕質子而求見齊王

初，蘇秦弟厲因燕質子而求見齊王。齊王怨蘇秦，欲囚厲，燕質子爲謝乃已，遂委質爲臣。

燕相子之與蘇代婚，而欲得燕權，乃使蘇代持質子於齊[乃使蘇代侍質子於齊][1,4,6]。齊使代報燕，燕王噲問曰："齊王其伯也乎[齊王其霸乎][1]？"曰："不能。"曰："何也？"曰："不信其臣。"於是燕王專任子之，已而讓位，燕大亂。齊伐燕，殺王噲、子之。燕立昭王。而蘇代、厲遂不敢入燕，皆終歸齊，齊善待之。

蘇代過魏

蘇代過魏，魏爲燕執代。齊使人謂魏王曰："齊請以宋封涇陽君，秦不受。秦非不利有齊而得宋埊也[秦非不利有齊而得宋地也][1]，不信齊王與蘇子也。今齊、魏不和，如此其甚，則齊不欺秦。秦信齊，齊、秦合，涇陽君有宋地，非魏之利也。故王不如東蘇子，秦必疑而不信蘇子矣。齊、秦不合，天下無變，伐齊之形成矣。"於是出蘇代之宋[於是出蘇代代之宋][1,4][於是出蘇伐之宋][7]，宋善待之。

燕昭王收破燕後卽位

燕昭王收破燕後卽位，卑身厚幣，以招賢者，欲將以報讎[欲將報讎][1]。故往見郭隗先生曰[故徃見郭隗先生曰][1]："齊因孤國之亂，而襲破燕。孤極知燕小力少[孤極知燕小力][1]，不足以報。然得賢士與共國，以雪先王之耻，孤之願也。敢問以國報讎者柰何[敢問以國報讎者奈何][1]？"

郭隗先生對曰："帝者與師處，王者與友處，霸者與臣處[霸者與臣處][1,7]，亡國與役處。詘指而事之，北面而受學，則百己者至。先趨而後息，先問而後嘿，則什己者至[則十己者至][1]。人趨己趨[人趨][1]，則若己者至。馮几據杖，眄視指使，則厮役之人至[則厮役之人至][1][則廝役之人至][7]。若恣睢奮擊[若恣睢奮擊][7]，响籍叱咄，則徒隸之人至矣[則徒隸之人至矣][1]。此古服道致士之法也。王誠博選國中之賢者，而朝其門下，天下聞王朝其賢臣，天下之士必趨於燕矣。

昭王曰："寡人將誰朝而可？"郭隗先生曰："臣聞古之君人，有以千金求千里馬者，三年不能得。涓人言於君曰：'請求之。'君遣之。

三月得千里馬，馬已死，買其首五百金，反以報君。君大怒曰：‘所求者生馬，安事死馬而捐五百金？’涓人對曰：‘死馬且買之五百金，況生馬乎[況生馬乎][1]？天下必以王爲能市馬，馬今至矣。’於是不能期年，千里之馬至者三[千里馬之至者三][1]。今王誠欲致士，先從隗始。隗且見事，況賢於隗者乎[況賢於隗者乎][1]？豈遠千里哉？”

於是昭王爲隗築宮而師之。樂毅自魏往[樂毅自魏往][1]，鄒衍自齊往[鄒衍自齊往][1]，劇辛自趙往[劇辛自趙往][1]，士爭湊燕。燕王弔死問生，與百姓同其甘苦[於百姓同其甘苦][3,4]。二十八年，燕國殷富[國殷富][1]，士卒樂佚輕戰。於是遂以樂毅爲上將軍，與秦、楚、三晉合謀以伐齊。齊兵敗，閔王出走於外。燕兵獨追北入至臨淄，盡取齊寶，燒其宮室宗廟。齊城之不下者，唯獨莒、卽墨。

齊伐宋宋急

齊伐宋，宋急。蘇代乃遺燕昭王書曰：“夫列在萬乘，而寄質於齊，名卑而權輕。秦[奉][1][奉萬乘助齊][4]、齊助之伐宋，民勞而實費。破宋，殘楚淮北，肥大齊，讎強而國弱也。此三者，皆國之大敗也，而足下行之，將欲以除害取信於齊也。而齊未加信於足下，而忌燕也愈甚矣。然則足下之事齊也，失所爲矣。夫民勞而實費，又無尺寸之功，破宋肥讎，而世負其禍矣。足下以宋加淮北，強萬乘之國也，而齊并之，是益一齊也。北夷方七百里，加之以魯、衞，此所謂強萬乘之國也，而齊并之，是益二齊也。夫一齊之強，而燕猶不能支也，今乃以三齊臨燕，其禍必大矣。

“雖然，臣聞知者之舉事也[臣聞智者之舉事也][1]，轉禍而爲福，因敗而成功者也。齊人紫敗素也，而賈十倍。越王勾踐棲於會稽，而後殘吳霸天下[而後殘吳霸天下][1,7]。此皆轉禍而爲福，因敗而爲功者也。今王若欲轉禍而爲福，因敗而爲功乎？則莫如遥伯齊而厚尊之[則莫如遥霸齊而厚尊之][1]，使使盟於周室[使之盟於周室][1]，盡焚天下之秦符，約曰：‘夫上計破秦，其次長賓之秦[其次長賓客秦][1]。’秦挾賓客以待破[秦挾賓客以待破][1]，秦王必患之。秦五世以結諸侯，今爲齊下，秦王之志，苟得窮齊，不憚以一國都爲功。然而王何不使布衣之人，以窮齊之說說秦，謂秦王曰：‘燕、趙破宋肥齊尊齊而爲之下者，燕、趙非利之也。弗利而勢爲之者，何也？以不信秦王也。今王何不使可以信者接收燕、趙。今涇陽君若高陵君先於燕、趙[令涇陽君若高陵君先於燕、趙][1,4,6]，秦有變，因以爲質，則燕、趙信秦矣。秦爲西帝，趙爲中帝，燕爲北帝，立爲三帝而以令諸侯。韓、魏不聽，則秦伐之，齊不聽，則燕、趙伐之。天下孰敢不聽？天下服聽[天下服德][4]，因驅韓[因馳韓][4]、魏以攻齊，曰，必反宋地，而歸楚之淮北。夫反宋地，歸楚之淮北[而歸楚之淮北][1]，燕、趙之所同利也。並立三帝，燕、趙之所同願也。夫實得所利，名得所願，則燕、趙之棄齊也，猶釋弊躧[猶釋敝躧][1]。今王之不收燕、趙，則齊伯必成矣[則齊霸必成矣][1]。諸侯戴齊，而王獨弗從也，是國伐也[是國代也][3]。諸侯戴齊，而王從之，是名卑也。王不收燕、趙，名卑而國危；王收燕、趙，名尊而國寧。夫去尊寧而就卑危，知者不爲也[智者不爲也][1]。’秦王聞若說也，必如刺心然[必如刺心然][1]，則王何不務使知士以若此言說秦[則王何不務使智士以若言說秦][1][則王何不務使知士以若言說秦][2]？秦伐齊必矣。夫取秦，上交也；伐齊，正利也。尊上交，務正利，聖王之事也。”

燕昭王善其書，曰：“先人嘗有德蘇氏，子之之亂，而蘇氏去燕。燕欲報仇於齊[燕欲報讎仇於齊][1]，非蘇氏莫可。”乃召蘇氏，復善待之。與謀伐齊，竟破齊，閔王出走。

蘇代謂燕昭王

蘇代謂燕昭王曰：“今有人於此，孝如曾參、孝己，信如尾生高，廉如鮑焦、史鰌，兼此三行以事王，奚如？”王曰：“如是足矣。”對曰：“足下以爲足，則臣不事足下矣。臣且處無爲之事，歸耕乎周之上埊[歸耕乎周之上地][1]，耕而食之，織而衣之。”王曰：“何故也？”對曰：“孝如曾參、孝己，則不過養其親其[則不過養其親耳][1,6]。信如尾生高，則不過不欺人耳。廉如鮑焦、史鰌，則不過不竊人之財耳。今臣爲進取者也。臣以爲廉不與身俱達，義不與生俱立。仁義者，自完之道也，非進取之術也。”

王曰：“自憂不足乎？”對曰：“以自憂爲足，則秦不出殽塞，齊不出營丘，楚不出蹠章[楚不出疏章][7]。三王代位，五伯改政，皆以不自憂故也。若自憂而足，則臣亦之周負籠耳，何爲煩大王之廷耶[何爲煩大王之廷邪][1]？昔者楚取章武，諸侯北面而朝。秦取西山，諸侯西面而朝。曩者使燕毋去周室之上，則諸侯不爲別馬而朝矣[則諸侯不爲別駕而朝矣][1]。臣聞之，善爲事者，先量其國之大小，而揆其兵之强弱，故功可成，而名可立也。不能爲事者[不能其事者][3]，不先量其國之大小，不揆其兵之强弱，故功不可成而名不可立也。今王有東嚮伐齊之心[今主有東嚮伐齊之心][1]，而愚臣知之。

王曰：“子何以知之？”對曰：“矜戟砥劍[矜戟砥劒][1]，登丘東嚮而歎，是以愚臣知之。今夫烏獲舉千鈞之重，行年八十，而求扶持。故齊雖强國也，西勞於宋，南罷於楚，則齊軍可敗，而河間可取。”

燕王曰：“善。吾請拜子爲上卿，奉子車百乘，子以此爲寡人東游於齊，何如？”對曰：“足下以愛之故與，則何不與愛子與諸舅[何不與愛子與諸舅][1]、叔父、負床之孫，不得，而乃以與無能之臣，何也？王之論臣，何如人哉？今臣之所以事足下者，忠信也。恐以忠信之故，見罪於左右。”

王曰：“安有爲人臣盡其力，竭其能，而得罪者乎？”對曰：“臣請爲王譬。昔周之上埊嘗有之[昔周之上地嘗有之][1]。其丈夫官三年不歸[其丈夫宦三年不歸][1,6]，其妻愛人。其所愛者曰：‘子之丈夫來，則且柰何乎[則且奈何乎][1]？’其妻曰：‘勿憂也，吾已爲藥酒而待其來矣。’已而其丈夫果來，於是因令其妾酌藥酒而進之。其妾知之，半道而立，慮曰：‘吾以此飲吾主父，則殺吾主父；以此事告吾主父，則逐吾主母。與殺吾父[與殺吾主父][1,5]、逐吾主母者，寧佯躓而覆之。’於是因佯僵而仆之。其妻曰：‘爲子之遠行來之，故爲美酒，今妾奉而仆之。’其丈夫不知，縛其妾而笞之。故妾所以笞者，忠信也。今臣爲足下使於齊，恐忠信不諭於左右也。臣聞之曰：萬乘之主，不制於人臣。十乘之家，不制於衆人。疋夫徒步之士[匹夫徒步之士][1]，不制於妻妾。而又況於當世之賢主乎[而又況於當世之賢主乎][1]？臣請行矣，願足下之無制於羣臣也[願足下之無制於群臣也][1]。

燕王謂蘇代

燕王謂蘇代曰：“寡人甚不喜訑者言也。”蘇代對曰：“周埊賤媒[周地賤媒][1]，爲其兩譽也[謂其兩譽也][6]。之男家曰‘女美’，之女家曰‘男富[男美][1]’。然而周之俗，不自爲取妻。且夫處女無媒，老且不嫁；舍媒而自衒，弊而不售[敝而不售][1]。順而無敗，售而不弊者[售而不敝者][1]，唯媒而已矣。且事非權不立，非勢不成。夫使人坐受成事者，唯訑者耳。”王曰：“善矣。”

戰國策卷三十　燕二

秦召燕王

秦召燕王[秦石燕王][1]，燕王欲往[燕王欲徃][1]。蘇代約燕王曰："楚得枳而國亡，齊得宋而國亡，齊、楚不得以有枳、宋事秦者，何也？是則有功者，秦之深讐也[秦之深讎也][1,7]。秦取天下，非行義也，暴也。

"秦之行暴於天下[秦之行暴天下][1]，正告楚曰[正告天下告楚曰][1]：'蜀地之甲，輕舟浮於汶，乘夏水而下江，五日而至郢。漢中之甲，乘舟出於巴[輕舟出於巴][1]，乘夏水而下漢[乘夏水下漢][1]，四日而至五渚。寡人積甲宛，東下隨，知者不及謀[智者不及謀][1]，勇者不及怒，寡人如射隼矣。王乃待天下之攻函谷，不亦遠乎？'楚王爲是之故，十七年事秦。

"秦正告韓曰：'我起乎少曲，一日而斷太行。我起乎宜陽而觸平陽，二日而莫不盡繇。我離兩周而觸鄭，五日而國舉。'韓氏以爲然，故事秦。

"秦正告魏曰：'我舉安邑，塞女戟，韓氏、太原卷。我下枳[下軹道][1,4]，道南陽、封、冀，包兩周[兼包兩周][1]，乘夏水，浮輕舟，强弩在前，銛戈在後[銛戟在後][1][錟戈在後][4]，決榮口[决滎口][1][滎陽之口][4]，魏無大梁；決白馬之口[决白馬之口][7]，魏無濟陽；決宿胥之口[决宿胥之口][7]，魏無虛、頓丘。陸攻則擊河内，水攻則滅大梁。'魏氏以爲然，故事秦。

"秦欲攻安邑，恐齊救之[恐齊據之][1]，則以宋委於齊，曰：'宋王無道，爲木人以寫寡人[爲木人以象寡人][1]，射其面。寡人地絶兵遠，不能攻也。王苟能破宋有之，寡人如自得之。'已得安邑，塞女戟，因以破宋爲齊罪。

"秦欲攻齊[秦欲攻韓][1]，恐天下救之，則以齊委於天下曰：'齊王四與寡人約[齊人四與寡人約][1]，四欺寡人，必率天下以攻寡人者三。有齊無秦，無齊有秦，必伐之[必代之][2]，必亡之！’已得宜陽、少曲，致藺、石[離石][1][君][2,3,4]，因以破齊爲天下罪。

“秦欲攻魏，重楚，則以南陽委於楚曰：‘寡人固與韓且絶矣！殘均陵，塞鄳隘[塞黽隘][1]，苟利於楚，寡人如自有之。’魏棄與國而合於秦，因以塞鄳隘爲楚罪[因以塞黽隘爲楚罪][1]。

“兵困於林中，重燕、趙，以膠東委於燕，以濟西委於趙。趙得講於魏[已得講於魏][1]，至公子延[質公子延][1,5]，因犀首屬行而攻趙[因犀首攻趙][1]。兵傷於離石[兵傷於譙石][4]，遇敗於馬陵[遇敗於陽馬][3,4]，而重魏，則以葉、蔡委於魏[則以南陽委於魏][3]。已得講於趙，則劫魏[則刼魏][7]，魏不爲割。困則使太后、穰侯爲和，嬴則兼欺舅與母[羸則兼欺舅與母][1][羸則兼欺舅與母][6]。適燕者曰：‘以膠東。’適趙者曰：‘以濟西。’適魏者曰：‘以葉、蔡。’適楚者曰：‘以塞鄳隘[以塞鄳阸][1,6]。’適齊者曰：‘以宋。’此必令其言如循環[必令其言如循環][1]，用兵如刺蜚繡[用兵如刺蜚][1,6]，母不能制[母不能知][1]，舅不能約。龍賈之戰，岸門之戰，封陸之戰[封陵之戰][1,3][　　][4]，高商之戰[　][4]，趙莊之戰，秦之所殺三晉之民數百萬。今其生者，皆死秦之孤也。西河之外，上雒之埊[上雒之地][4]、三川，晉國之旤[晉國之禍][7]，三晉之半。秦旤如此其大[秦禍如此其大][7]，而燕、趙之秦者，皆以爭事秦説其主[皆以爭事秦議其主][4]，此臣之所大患。”

燕昭王不行，蘇代復重於燕。燕反約諸侯從親[燕反約從親][1]，如蘇秦時，或從或不[或從或否][1,6]，而天下由此宗蘇氏之從約。代、厲皆以壽死，名顯諸侯。

蘇代爲奉陽君説燕於趙以伐齊

蘇代爲奉陽君説燕於趙以伐齊[蘇代謂奉陽君説燕於趙以伐齊][1]，奉陽君不聽。乃入齊惡趙，令齊絶於趙。齊已絶於趙，因之燕，謂昭王曰：“韓爲謂臣曰：‘人告奉陽君曰：使齊不信趙者，蘇子也；今齊王召蜀子使不伐宋[令齊王召蜀子使不伐宋者][1]，蘇子也；與齊王謀道取秦以謀趙者[與齊王謀遁取秦以謀趙者][1]，蘇子也；令齊守趙之質子以甲者，又蘇子也。請告子以請齊，果以守趙之質子以甲，吾必守子以甲。’其言惡矣。雖然，王勿患也。臣故知入齊之有趙累也。出爲之以成所欲，臣死而齊大惡於趙，臣猶生也。令齊、趙絶[今齊、趙絶][1]，可大紛已。持臣非張孟談也，使臣也如張孟談也，齊、趙必有爲智伯者矣。

奉陽君告朱讙與趙足

“奉陽君告朱讙與趙足曰：‘齊王使公王曰命說曰[齊王使公玉曰命說曰][1]：“必不反韓珉”，今召之矣。“必不任蘇子以事”，今封而相之。“令不合燕[必不合燕][1][今不合燕][6]”，今以燕爲上交。吾所恃者順也，今其言變有甚於其父。順始與蘇子爲讐[順始與蘇子爲讎][1,7]，見之知無厲[見之如無厲][1]，今賢之兩之[今贊之兩之][1]，已矣，吾無齊矣！’

“奉陽君之怒甚矣，如齊王王之不信趙[如齊之不信趙][1,5]，而小人奉陽君也，因是而倍之。不以今時大紛之，解而復合，則後不可柰何也[則後不可奈何也][1]。故齊、趙之合苟可循也[故齊、趙之合苟可脩也][4]，死不足以爲臣患，逃不足以爲臣耻[逃不足以爲臣恥][7]，爲諸侯不足以爲臣榮，被髮自漆爲厲不足以爲臣辱。然而臣有患也，臣死而齊、趙不循，惡交分於臣也，而後相效[而後相効][1]，是臣之患也。若臣死而必相攻也，臣必勉之而求死焉。堯、舜之賢而死，禹、湯之知而死[禹、湯之智而死][1]，孟賁之勇而死，烏獲之力而死，生之物固有不死者乎？在必然之物，以成所欲，王何疑焉？

“臣以爲不若逃而去之[臣以不若逃而去之][1]。臣以韓、魏循自齊[臣以韓、魏循日齊][4]，而爲之取秦，深結趙以勁之[深結趙以勸之][1]，如是則近於相攻[知是則近於相攻也][1]，臣雖爲之累燕[臣雖爲之不累燕][1]？奉陽君告朱讙曰：‘蘇子怒於燕王之不以吾故弗予相[弗子相][1]，又不予卿也，殆無燕矣。’其疑至於此，故臣雖爲之不累燕，又不欲王。伊尹再逃湯而之桀[伊尹][1,4]，再逃桀而之湯，果與鳴條之戰，而以湯爲天子，伍子胥逃楚而之吴，果與伯舉之戰[果與柏舉之戰][1]，而報其父之讐[而報其父之讎][1,7]。今臣逃而紛齊、趙，始可著於春秋。且舉大事者[且舉大事][1]，孰不逃？桓公之難，管仲逃於魯；陽虎之難[陽貨之難][6]，孔子逃於衞；張儀逃於楚；白珪逃於秦[白圭逃於秦][1]；望諸相中山也使趙，趙劫之求埊[趙劫之求地][1]，望諸攻關而出逃[望諸攻關而出][1]；外孫之難，薛公釋戴逃出於關[薛公釋載逃出於關][1]，三晉稱以爲士[三晉稱以爲好士][1]。故舉大事，逃不足以爲辱矣。”

卒絶齊於趙，趙合於燕以攻齊，敗之。

蘇代爲燕説齊

蘇代爲燕説齊，未見齊王，先説湻于髡曰[先説淳于髡曰][1,7]：“人有賣駿馬者，比三旦立市，人莫之知。往見伯樂曰[徃見伯樂曰][1]：‘臣有駿馬，欲賣之，比三旦立於市，人莫與言，願子還而視之[子還而視之][1]，去而顧之，臣請獻一朝之賈[臣請獻一朝之費][1,5]。’伯樂乃還而視之，去而顧之，一旦而馬價十倍。今臣欲以駿馬見於王[今臣之欲以駿馬見於王][1]，莫爲臣先後者，足下有意爲臣伯樂乎？臣請獻白璧一雙，黄金千鎰，以爲馬食。”湻于髡曰[淳于髡曰][1,7]：“謹聞命矣。”入言之王而見之[乃入言之王而見之][1]，齊王大説蘇子。

蘇代自齊使人謂燕昭王

蘇代自齊使人謂燕昭王曰：“臣聞離齊、趙[臣間離齊、趙][1,5]，齊、趙已孤矣，王何不出兵以攻齊？臣請爲王弱之[臣請王弱之][7]。”燕乃伐齊攻晉。

令人謂閔王曰：“燕之攻齊也，欲以復振古埊也[欲以復振故地也][1]。燕兵在晉而不進，則是兵弱而計疑也。王何不令蘇子將而應燕乎？夫以蘇子之賢，將而應弱燕，燕破必矣。燕破則趙不敢不聽，是王破燕而服趙也。”閔王曰：“善。”乃謂蘇子曰：“燕兵在晉，今寡人發兵應之，願子爲寡人爲之將。”對曰：“臣之於兵，何足以當之，王其改舉。王使臣也，是敗王之兵，而以臣遺燕也。戰不勝，不可振也。”王曰：“行，寡人知子矣。”

蘇子遂將，而與燕人戰於晉下，齊軍敗。燕得甲首二萬人。蘇子收其餘兵[蘇子以其餘兵][1]，以守陽城，而報於閔王曰：“王過舉，令臣應燕。今軍敗亡二萬人，臣有斧質之罪，請自歸於吏以戮。”閔王曰：“此寡人之過也，子無以爲罪。”

明日又使燕攻陽城及狸。又使人謂閔王曰：“日者齊不勝於晉下，此非兵之過，齊不幸而燕有天幸也。今燕又攻陽城及狸，是以天幸自爲功也。王復使蘇子應之，蘇子先敗王之兵，其後必務以勝報王矣。”王曰：“善。”乃復使蘇子，蘇子固辭，王不聽。遂將以與燕戰於陽城。燕人大勝，得首三萬。齊君臣不親，百姓離心。燕因使樂毅大起兵伐齊，破之。

蘇代自齊獻書於燕王

蘇代自齊獻書於燕王曰：“臣之行也，固知將有口事，故獻御書而行，曰：‘臣貴於齊，燕大夫將不信臣；臣賤，將輕臣；臣用，將多望於臣；齊有不善，將歸罪於臣；天下不攻齊，將曰善爲齊謀；天下攻齊，將與齊兼鄮臣[將與齊兼貿臣][1][將與齊兼鄮臣][7]。臣之所重處重夘也[臣之所重處重留也][1][臣之所重處重卵也][4][臣之所重處重卯也][7]。’王謂臣曰：‘吾必不聽衆口與讒言，吾信汝也，猶剗刭者也[猶列眉也][1,5]。上可以得用於齊，次可以得信於下，苟無死，女無不爲也，以女自信可也。’與之言曰：‘去燕之齊可也，期於成事而已[其於成事而已][1,5]。’臣受令以任齊，及五年。齊數出兵，未嘗謀燕[未嘗謀燕][1]。齊、趙之交，一合一離，燕王不與齊謀趙[燕與齊謀趙][1]，則與趙謀齊。齊之信燕也，至於虛北埊行其兵[至於虛北地行其兵][1]。今王信田伐與糸[今王信田伐與參][1,7]、去疾之言，且攻齊，使齊大馬駭而不言燕[使齊犬馬而不言燕][1][使齊犬馬駭而不言燕][7]。今王又使慶令臣曰：‘吾欲用所善。’王苟欲用之[王苟欲用所善王欲用之][1]，則臣請爲王事之。王欲醳臣剸任所善[王欲醳臣專任所善][1]，則臣請歸醳事。臣苟得見，則盈願。”

陳翠合齊燕

陳翠合齊、燕，將令燕王之弟爲質於齊，燕王許諾。太后聞之大怒曰：“陳公不能爲人之國，亦則已矣[則亦已矣][1]，焉有離人子母者，老婦欲得志焉。”

陳翠欲見太后，王曰：“太后方怒子，子其待之。”陳翠曰：“無害也。”遂入見太后曰：“何臞也？”太后曰：“賴得先王鴈鶩之餘食[賴得先王鴈鶩之餘食][1][賴得先生鴈鶩之餘食][6]，不宜臞[不宜臞者][1]。臞者，憂公子之且爲質於齊也。”

陳翠曰：“人主之愛子也，不如布衣之甚也。非徒不愛子也，又不愛丈夫子獨甚。”太后曰：“何也？”對曰：“太后嫁女諸侯，奉以千金，齎埊百里[齎地百里][1]，以爲人之終也。今王願封公子，百官持職，羣臣效忠[群臣効忠][1]，曰：‘公子無攻不當封[公子無功不當封][1]。’今王之以公子爲質也，且以爲公子功而封之也[且以爲公子功也][1]。太后弗聽[而太后弗聽][1]，臣是以知人主之不愛丈夫子獨甚也。且太后與王幸而在，故公子貴；太后千秋之後，王棄國家，而太子卽位，公子賤於布衣。故非及太后與王封公子，則公子終身不封矣！”

太后曰：“老婦不知長者之計。”乃命公子束車制衣爲行具[乃命公子乘車制衣爲行具][1]。

燕昭王且與天下伐齊

燕昭王且與天下伐齊，而有齊人仕於燕者，昭王召而謂之曰：“寡人且與天下伐齊，旦暮出令矣。子必爭之，爭之而不聽，子因去而之齊。寡人有時復合和也[寡人有時復合][1]，且以因子而事齊。”當此之時也，燕、齊不兩立，然而常獨欲有復收之之志若此也。

燕饑趙將伐之

燕饑，趙將伐之。楚使將軍之燕，過魏，見趙恢。趙恢曰：“使除患無至，易於救患。伍子胥、宮之奇不用，燭之武、張孟談受大賞。是故謀者皆從事於除患之道[是故謀者皆從事於除患之遺者][1]，而先使除患無至者[而無使除患無至者][1]。今予以百金送公也[今與以百金送公也][1]，不如以言。公聽吾言而說趙王曰：‘昔者吳伐齊，爲其饑也，伐齊未必勝也，而弱越乘其弊以霸[而弱越乘其敝以霸][1]。今王之伐燕也，亦爲其饑也，伐之未必勝，而强秦將以兵承王之西[而强秦將以兵乘王之西][1][而强秦將以兵承王之北][2,3]，是使弱趙居强吳之處，而使强秦處弱越之所以霸也。願王之熟計之也。’”

使者乃以說趙王，趙王大悦[趙王大說][1]，乃止。燕昭王聞之，乃封之以地。

昌國君樂毅爲燕昭王合五國之兵而攻齊

昌國君樂毅爲燕昭王合五國之兵而攻齊，下七十餘城，盡郡縣之以屬燕。三城未下，而燕昭王死。惠王卽位，用齊人反間，疑樂毅，而使騎劫代之將。樂毅奔趙，趙封以爲望諸君。齊田單欺詐騎劫[齊曰單詐騎劫][1][齊田單詐騎劫][6]，卒敗燕軍，復收七十城以復齊。燕王悔，懼趙用樂毅承燕之弊以伐燕[懼趙用樂毅乘燕之敝以伐燕][1][懼趙用樂毅乘燕之弊以伐燕][6]。

燕王乃使人讓樂毅，且謝之曰：“先王舉國而委將軍，將軍爲燕破齊，報先王之讐[報先王之讎][1,7]，天下莫不振動，寡人豈敢一日而忘將軍之功哉！會先王棄羣臣[會先王棄群臣][1]，寡人新卽位，左右誤寡人。寡人之使騎劫代將軍者[寡人之使騎劫代將軍][1,4]，爲將軍久暴露於外，故召將軍且休計事。將軍過聽，以與寡人有郄[以與寡人有隙][1,4]，遂捐燕而歸趙。將軍自爲計則可矣，而亦何以報先王之所以遇將軍之意乎？”

望諸君乃使人獻書報燕王曰：“臣不佞，不能奉承先王之教，以順左右之心，恐抵斧質之罪，以傷先王之明，而又害於足下之義，故遁逃奔趙。自負以不肖之罪，故不敢爲辭說。今王使使者數之罪，臣恐侍御者之不察先王之所以畜幸臣之理，而又不白於臣之所以事先王之心，故敢以書對。

“臣聞賢聖之君，不以祿私其親，功多者授之；不以官隨其愛，能當之者處之[能當者處之][1]。故察能而授官者，成功之君也；論行而結交者，立名之士也。臣以所學者觀之，先王之舉錯，有高世之心，故假節於魏王，而以身得察於燕。先王過舉，擢之乎賓客之中[擢之乎賔客之中][1]，而立之乎羣臣之上[而立之乎群臣之上][1]，不謀於父兄，而使臣爲亞卿。臣自以爲奉令承教，可以幸無罪矣，故受命而不辭。

“先王命之曰：‘我有積怨深怒於齊，不量輕弱，而欲以齊爲事。’臣對曰：‘夫齊霸國之餘教也[夭齊霸國之餘教][1][夫齊霸國之餘教][4]，而驟勝之遺事也，閑於兵甲，習於戰攻。王若欲攻之，則必舉天下而圖之。舉天下而圖之，莫徑於結趙矣[莫勁於結趙矣][1][莫若於結趙][3][莫若徑結趙][4]。且又淮北、宋地，楚、魏之所同願也。趙若許，約楚、魏[約楚、趙][1]，宋盡力，四國攻之，齊可大破也。’先王曰：‘善。’臣乃口受令，具符節，南使臣於趙。顧反命，起兵隨而攻齊。以天之道，先王之靈，河北之地，隨先王舉而有之於濟上。濟上之軍，奉令擊齊，大勝之。輕卒銳兵，長驅至國[長驅至齊][4]。齊王逃遁走莒，僅以身免。珠玉財寶[珠玉財寳][1]，車甲珍器，盡收入燕。大呂陳於元英，故鼎反於歷室[故鼎反乎曆室][1]，齊器設於寧臺。薊丘之植[薊丘之植][1,7]，植於汶皇[植於汶篁][1,4]。自五伯以來，功未有及先王者也。先王以爲愜其志[先王以爲順于其志][1][先王以爲快其志][2][先王以爲慊于志][4]，以臣爲不頓命，故裂地而封之，使之得比乎小國諸侯。臣不佞，自以爲奉令承教，可以幸無罪矣，故受命而弗辭。

“臣聞賢明之君，功立而不廢，故著於春秋；蚤知之士，名成而不毀，故稱於後世。若先王之報怨雪耻[若先王之報怨雪恥][7]，夷萬乘之强國，收八百歲之蓄積，及至棄羣臣之日［及至棄群臣之日］[1]，餘令詔後嗣之遺義［遺令詔後嗣之餘義］[1]，執政任事之臣，所以能循法令，順庶孽者，施及萌隸［施及萌隷］[1]［施及萌隸］[7]，皆可以教於後世。

“臣聞善作者，不必善成；善始者，不必善終。昔者五子胥説聽乎闔閭［昔者伍子胥説聽乎闔閭］[1,4,6]，故吳王遠迹至於郢。夫差弗是也，賜之鴟夷而浮之江。故吳王夫差不悟先論之可以立功［故吳王夫差不悞先論之可以立功］[1]［故吳王夫差不計先論之可以立功］[3]［故吳王夫差不寤先論之可以立功］[4]，故沉子胥而不悔［故沉子胥而弗悔］[1]［故沉子胥而不悔］[7]。子胥不蚤見主之不同量［子胥不蚤見主之不同量］[1,7]，故入江而不改［故入江也不化］[4]［故入江而不化］[6]。夫免身全功，以明先王之迹者，臣之上計也。離毁辱之非，墮先王之名者，臣之所大恐也。臨不測之罪，以幸爲利者，義之所不敢出也。

“臣聞古之君子，交絶不出惡聲；忠臣之去也，不潔其名。臣雖不佞［臣雖不佞乎］[1]，數奉教於君子矣。恐侍御者之親左右之説，而不察疏遠之行也［而不察踈遠之行也］[1]。故敢以書報，唯君之留意焉［惟君之留意焉］[1]。”

或獻書燕王

或獻書燕王：“王而不能自恃［燕王而不能自恃］[1]，不惡卑名以事强，事强可以令國安長久，萬世之善計［萬世之善計也］[1]。以事强而不可以爲萬世，則不如合弱。將奈何合弱而不能如一［將奈何合弱而不能如一］[1]，此臣之所爲山東苦也［此臣之所以爲山東苦也］[1]。

“比目之魚，不相得則不能行，故古之人稱之［故古人稱之］[1]，以其合兩而如一也。今山東合弱而不能如一，是山東之知不如魚也［是山東之智不如魚也］[1]。又譬如車士之引車也，三人不能行，索二人，五人而車因行矣。今山東三國弱而不能敵秦，索二國，因能勝秦矣。然而山東不知相索［然而山東不知相索者］[1]，智固不如車士矣。胡與越人，言語不相知，志意不相通，同舟而淩波，至其相救助如一也。今山東之相與也，如同舟而濟，秦之兵至，不能相救助如一，智又不如胡、越之人矣。三物者，人之所能爲也，山東之主遂不悟[山東主遂不悟][1]，此臣之所爲山東苦也。願大王之熟慮之也。”

“山東相合，之主者不卑名[之主者不惡卑名][1]，之國者可長存，之卒者出士以戍韓、梁之西邊，此燕之上計也。不急爲此，國必危矣，主必大憂[王必大憂][1]。今韓、梁、趙三國以合矣[今韓、梁、趙三國已合矣][1]，秦見三晉之堅也，必南伐楚。趙見秦之伐楚也，必北攻燕[必攻燕][1]。物固有勢異而患同者。秦久伐韓[秦之伐韓][1]，故中山亡；今久伐楚[今秦之伐楚][1]，燕必亡。臣竊爲王計，不如以兵南合三晉，約戍韓、梁之西邊。山東不能堅爲此，此必皆亡。”

燕果以兵南合三晉也。

客謂燕王

客謂燕王曰：“齊南破楚，西屈秦，用韓、魏之兵，燕、趙之衆，猶鞭筴也。使齊北面伐燕[使齊北面伐燕][1]，卽雖五燕不能當[卽雖五燕弗能當][1]。王何不陰出使[王何不陰出使][1]，散游士，頓齊兵，弊其衆[敝其衆][1]，使世世無患。”燕王曰：“假寡人五年，寡人得其志矣。”蘇子曰：“請假王十年。”燕王說，奉蘇子車五十乘[奉蘇子車十五乘][1]，南使於齊。

謂齊王曰：“齊南破楚，西屈秦，用韓、魏之兵，燕、趙之衆，猶鞭筴也。臣聞當世之舉王，必誅暴正亂，舉無道，攻不義。今宋王射天笞埊[今宋王射天笞地][1]，鑄諸侯之象，使侍屏匽，展其臂，彈其鼻，此天下之無道不義，而王不伐，王名終不成。且夫宋，中國膏腴之地，隣民之所處也[鄰民之所處也][1]，與其得百里於燕，不如得十里於宋。伐之，名則義，實則利，王何爲弗爲？”齊王曰：“善。”遂與兵伐宋[遂興兵伐宋][1]，三覆宋，宋遂舉。

燕王聞之，絶交於齊，率天下之兵以伐齊，大戰一，小戰再，頓齊國，成其名。故曰：因其强而强之，乃可折也；因其廣而廣之，乃可缺也。

趙且伐燕

趙且伐燕，蘇代爲燕謂惠王曰："今者臣來，過易水，蚌方出曝，而鷸啄其肉，蚌合而拑其喙[蚌合而箝其喙][1][蚌合而拑其啄][6]。鷸曰：'今日不雨，明日不雨，卽有死蚌。'蚌亦謂鷸曰：'今日不出，明日不出，卽有死鷸。'兩者不肯相舍，漁者得而幷禽之[漁者得而幷擒之][1]。今趙且伐燕，燕、趙久相支[燕、趙久相攻][1]，以弊大衆[以敝大衆][1]，臣恐强秦之爲漁父也。故願王之熟計之也[願王熟計也][1]。"惠王曰："善。"乃止。

齊魏爭燕

齊、魏爭燕。齊謂燕王曰："吾得趙矣。"魏亦謂燕王曰："吾得趙矣。"燕無以決之[燕無以決之][1]，而未有適予也。蘇子謂燕相曰[蘇代謂燕相曰][1,3,4]："臣聞辭卑而幣重者，失天下者也；辭倨而幣薄者，得天下者也。今魏之辭倨而幣薄。"燕因合於魏，得趙[魏得燕][1]，齊遂北矣。

戰國策卷三十一　燕三

齊韓魏共攻燕

齊、韓、魏共攻燕，燕使太子請救於楚，楚王使景陽將而救之。暮舍，使左右司馬各營壁地，已，稙表[植表][1,6]。景陽怒曰："女所營者，水皆至滅表，此焉可以舍！"乃令徙。明日大雨，山水大出，所營者，水皆滅表[水皆滅其表][1]。軍吏乃服。於是遂不救燕，而攻魏雝丘，取之以與宋。三國懼，乃罷兵。魏軍其西，齊軍其東，楚軍欲還不可得也。景陽乃開西和門，晝以車騎[晝以軍騎][4]，暮以燭見[暮以燭][1]，通使於魏[見使於魏][4]。齊師怪之[齊師惟之][1]，以爲燕、楚與魏謀之，乃引兵而去。齊兵已去，魏失其與國，無與共擊楚，乃夜遁。楚師乃還。

張丑爲質於燕

張丑爲質於燕，燕王欲殺之，走且出境，境吏得丑。丑曰："燕王所爲將殺我者，人有言我有寶珠也[人有言我有寶珠也][1]，王欲得之。今我已亡之矣，而燕王不我信，今子且致我，我且言子之奪我珠而吞之，燕王必當殺子，刳子腹及子之腸矣[刳子腹及子之腸矣][1][刳子腹反子之腸矣][4]。夫欲得之君，不可說以利。吾要且死，子腸亦且寸絶[子腸亦且寸絶][1]。"境吏恐而赦之。

燕王喜使栗腹以百金爲趙孝成王壽

燕王喜使栗腹以百金爲趙孝成王壽，酒三日，反報曰："趙民其壯者皆死於長平，其孤未壯，可伐也。"王乃召昌國君樂閒而問曰："何如？"對曰："趙，四達之國也，其民皆習於兵，不可與戰。"王曰："吾以倍攻之，可乎？"曰："不可。"曰："以三，可乎？"曰："不可。"王大怒。左右皆以爲趙可伐，遽起六十萬以攻趙。令栗腹以四十萬攻鄗，使慶秦以二十萬攻代[使慶奉以二十萬攻代][2][使卿秦以二十萬攻代][4]，趙使廉頗以八萬遇栗腹於鄗，使樂乘以五萬遇慶秦於代。燕人大敗。樂間入趙。

燕王以書且謝焉，曰：“寡人不佞，不能奉順君意，故君捐國而去，則寡人之不肖明矣。敢端其願，而君不肯聽，故使使者陳愚意，君試論之。語曰：‘仁不輕絶，智不輕怨。’君之於先王也，世之所明知也。寡人望有非則君掩蓋之[寡人望有非則君掩盖之][1]，不虞君之明罪之也；望有過則君教誨之，不虞君之明罪之也[不虞君之明棄之也][1]。且寡人之罪，國人莫不知，天下莫不聞，君微出明怨以棄寡人，寡人必有罪矣。雖然，恐君之未盡厚也。諺曰：‘厚者不毀人以自益也，仁者不危人以要名。’以故掩人之邪者[故掩人之邪者][1]，厚人之行也；救人之過者，仁者之道也。世有掩寡人之邪，救寡人之過，非君心所望之[非君恐望之][1][非君孰所望之][2][非君惡所望之][4]？今君厚受位於先王以成尊，輕棄寡人以快心，則掩邪救過，難得於君矣。且世有薄於故厚施[且世有薄而故厚施][1]，行有失而故惠用。今使寡人任不肖之罪，而君有失厚之累，於爲君擇之也，無所取之。國之有封疆，猶家之有垣墻[家之有垣牆][1][猶家之有垣牆][7]，所以合好掩惡也。室不能相和，出語隣家[出語鄰家][1]，未爲通計也。怨惡未見而明棄之，未盡厚也[未爲盡厚也][1,4]。寡人雖不肖乎，未如殷紂之亂也；君雖不得意乎，未如商容、箕子之累也。然則不内蓋寡人[然則不内盖寡人][1][然則不内盡寡人][4]，而明怨於外，恐其適足以傷於高而薄於行也，非然也。苟可以明君之義，成君之高，雖任惡名，不難受也。本欲以爲明寡人之薄，而君不得厚；楊寡人之辱[揚寡人之辱][7]，而君不得榮，此一舉而兩失也。義者不虧人以自益，况傷人以自損乎！願君無以寡人不肖[君無以寡人不肖][1]，累往事之美[累往事之美][1]。昔者，柳下惠吏於魯，三黜而不去。或謂之曰：‘可以去。’柳下惠曰：‘苟與人之異，惡往而不黜乎[惡往而不黜乎][1]？猶且黜乎，寧於故國爾。’柳下惠不以三黜自累，故前業不忘；不以去爲心，故遠近無議。今寡人之罪，國人未知，而議寡人者遍天下[而議寡人者徧天下][1]。語曰：

‘論不脩心[　　][4]，議不累物[　　][4]，仁不輕絶，智不簡功。’棄大功者[簡棄大功者][1][簡功棄大者][4]，輟也[仇也][4]；輕絶厚利者，怨也。輟而棄之，怨而累之，宜在遠者，不望之乎君也。今以寡人無罪，君豈怨之乎？願君捐怨，追惟先王，復以教寡人！意君曰，余且慝心以成而過，不顧先王以明而惡，使寡人進不得脩功，退不得改過，君之所揣也[君之所剬也][3]，唯君圖之！此寡人之愚意也，敬以書謁之。”

樂間、樂乘怨不用其計[樂間、乘怨不用其計][1]，二人卒留趙，不報。

秦幷趙北向迎燕

秦幷趙，北向迎燕。燕王聞之，使人賀秦王。使者過趙，趙王繫之。使者曰：“秦、趙爲一，而天下服矣。兹之所以受命於趙者[燕之所以受命於趙者][1]，爲秦也。今臣使秦，而趙繫之，是秦、趙有郄[是秦、趙有隙][1][是秦、趙有功][3]。秦、趙有郄[秦、趙有隙][1]，天下必不服，而燕不受命矣。且臣之使秦，無妨於趙之伐燕也。”趙王以爲然而遣之。

使者見秦王曰：“燕王竊聞秦幷趙，燕王使使者賀千金。”秦王曰：“夫燕無道，吾使趙有之，子何賀？”使者曰：“臣聞全趙之時，南鄰爲秦[南隣爲秦][1]，北下曲陽爲燕，趙廣三百里，而與秦相距五十餘年矣，所以不能反勝秦者，國小而地無所取。今王使趙北幷燕，燕、趙同力，必不復受於秦矣[必不復受命於秦矣][1]。臣切爲王患之[臣竊爲王患之][1,6]。”秦王以爲然，起兵而救燕[起兵而攻燕][3]。

燕太子丹質於秦

燕太子丹質於秦，亡歸。見秦且滅六國，兵以臨易水[兵已臨易水][1][兵以臨易未][6]，恐其禍至。太子丹患之，謂其太傅鞫武曰[謂其太傅鞠武曰][1,4]：“燕、秦不兩立，願太傅幸而圖之。”武對曰：“秦地遍天下，威脅韓、魏、趙氏，則易水以北[則易人以北][6]，未有所定也。柰何以見陵之怨[奈何以見陵之怨][1]，欲排其逆鱗哉[欲批其逆鱗哉][1,4]？”太子曰：“然則何由？”太傅曰：“請入，圖之。”

居之有間，樊將軍亡秦之燕，太子容之[太子客之][1][太子舍之][4]。太傅鞫武諫曰[太傅鞫武諫曰][1]：“不可。夫秦王之暴，而積怨於燕，足爲寒心，又況聞樊將軍之在乎！是以委肉當餓虎之蹊[是謂委肉當餓虎之蹊][1,4]，禍必不振矣！雖有管、晏，不能爲謀[不能爲之謀也][1,4]。願太子急遣樊將軍入匈奴以滅口。請西約三晉，南連齊、楚，北講於單于，然後乃可圖也。”太子丹曰：“太傅之計，曠日彌久，心惛然[心惽然][1]，恐不能須臾。且非獨於此也。夫樊將軍困窮於天下，歸身於丹，丹終不迫於强秦，而棄所哀憐之交置之匈奴，是丹命固卒之時也。願太傅更慮之。”鞫武曰[鞫武曰][1]：“燕有田光先生者，其智深，其勇沉[而慮沉][1]，可與之謀也。”太子曰：“願因太傅交於田先生，可乎？”鞫武曰[鞫武曰][1]：“敬諾。”出見田光，道太子曰[道太子][1,4]：“願圖國事於先生。”田光曰：“敬奉教。”乃造焉。

太子跪而逢迎，却行爲道，跪而拂席。田先生坐定，左右無人，太子避席而請曰：“燕、秦不兩立，願先生留意也。”田光曰：“臣聞騏驥盛壯之時，一日而馳千里。至其衰也，駑馬先之。今太子聞光壯盛之時，不知吾精已消亡矣。雖然，光不敢以乏國事也。所善荆軻，可使也。”太子曰：“願因先生得願交於荆軻[願因先生得交荆軻][1][願因先生得結交於荆軻][4]，可乎？”田光曰：“敬諾。”即起[則起][1]，趨出[即趨出][4]。太子送之至門，曰[戒曰][1,4]：“丹所報，先生所言者，國大事也，願先生勿泄也。”田光俛而笑曰：“諾。”

僂行見荆軻，曰：“光與子相善，燕國莫不知。今太子聞光壯盛之時，不知吾形已不逮也，幸而教之曰：‘燕、秦不兩立，願先生留意也。’光竊不自外，言足下於太子，願足下過太子於宫。”荆軻曰：“謹奉教。”田光曰：“光聞長者之行[光聞長者爲行][1,4]，不使人疑之，今太子約光曰：‘所言者，國之大事也[國大事也][1]，願先生勿泄也。’是太子疑光也。夫爲行使人疑之[夫爲行而使人疑之][1]，非節俠士也。”欲自殺以激荆軻，曰：“願足下急過太子，言光已死，明不言也。”遂自刭而死。

軻見太子，言田光已死，明不言也[致光之言][1]。太子再拜而跪，膝下行流涕，有頃而後言曰：“丹所請田先生無言者[丹所請田先生不言者][1]，欲以成大事之謀，今田先生以死明不泄言，豈丹之心哉？”荆軻坐定，太子避席頓首曰：“田先生不知丹不肖，使得至前，願有所道，此天所以哀燕不棄其孤也[此天之所以哀燕而不棄其孤也][1][此天所以哀燕而不棄其孤也][4]。今秦有貪饕之心[今秦有貪利之心][1,4]，而欲不可足也。非盡天下之地，臣海内之王者[牢天下之王][4]，其意不饜。今秦已虜韓王，盡納其地，又舉兵南伐楚，北臨趙。王翦將數十萬之衆臨漳、鄴[王翦數十萬之衆臨漳、鄴][1]，而李信出太原、雲中。趙不能支秦[趙不支秦][1]，必入臣。入臣，則禍至燕。燕小弱，數困於兵，今計舉國不足以當秦。諸侯服秦，莫敢合從。丹之私計，愚以爲誠得天下之勇士，使於秦，窺以重利[闚以重利][1]，秦王貪其贄，必得所願矣。誠得劫秦王，使悉反諸侯之侵地，若曹沫之與齊桓公，則大善矣；則不可，因而刺殺之[因而剌殺之][1]。彼大將擅兵於外，而内有大亂，則君臣相疑。以其間諸侯，諸侯得合從[得合從][1]，其償破秦必矣[其償秦必矣][1,6][其破秦必矣][4]。此丹之上願，而不知所以委命[不知所以委命][1]，唯荆卿留意焉[唯卿留意焉][3]。”久之，荆軻曰：“此國之大事[此國之大事也][1,4]，臣駑下，恐不足任使。”太子前頓首，固請無讓，然後許諾。於是尊荆軻爲上卿，舍上舍，太子日日造問[太子日造門下][1,4]，供太牢異物[供太牢具異物][1,4]，間進車騎美女，恣荆軻所欲，以順適其意。

久之，荆卿未有行意。秦將王翦破趙，虜趙王[虜趙王遷][1]，盡收其地，進兵北略地，至燕南界。太子丹恐懼，乃請荆卿曰：“秦兵旦暮渡易水，則雖欲長侍足下，豈可得哉？”荆卿曰：“微太子言，臣願得謁之。今行而無信，則秦未可親也。夫今樊將軍[夫樊將軍][1]，秦王購之金千斤[秦王懸金千斤][3,4]，邑萬家。誠能得樊將軍首[誠得樊將軍首][1]，與燕督亢之地圖獻秦王，秦王必說見臣，臣乃得有以報太子。”太子曰：“樊將軍以窮困來歸丹，丹不忍以己之私，而傷長者之意，願足下更慮之。”

荊軻知太子不忍，乃遂私見樊於期曰：“秦之遇將軍，可謂深矣。父母宗族，皆爲戮没。今聞購將軍之首，金千斤，邑萬家，將柰何[將柰何][1]？”樊將軍仰天太息流涕曰：“吾每念，常痛於骨髓，顧計不知所出耳。”軻曰：“今有一言，可以解燕國之患，而報將軍之仇者，何如？”樊於期乃前曰：“爲之柰何[奈何][1]？”荊軻曰[軻曰][1]：“願得將軍之首以獻秦[願得將軍之首以獻秦王][1]，秦王必喜而善見臣，臣左手把其袖，而右手揕抗其胷[右手揕其䠞][1][右手揕抗其胸][4][而右手揕抗其胸][7]，然則將軍之仇報，而燕國見陵之耻除矣。將軍豈有意乎？”樊於期偏袒扼腕而進曰：“此臣日夜切齒拊心也[此臣之日夜切齒腐心][1][此臣之日夜切齒腐心也][6]，乃今得聞教。”遂自刎。太子聞之，馳往[馳徃][1]，伏屍而哭，極哀。既已，無可柰何[無可奈何][1]，乃遂收盛樊於期之首[乃遂盛樊於期之首][1,4]，函封之。

於是太子預求天下之利匕首，得趙人徐夫人之匕首，取之百金，使工以藥淬之，以試人，血濡縷，人無不立死者。乃爲裝遣荊軻[乃爲裝道荊軻][1]。燕國有勇士秦武陽，年十二[年十三][1,4][年十一][6]，殺人，人不敢與忤視[人不敢悟視][1][人不敢牾視][2][人不敢忤視][4]。乃令秦武陽爲副。荊軻有所待，欲與俱，其人居遠未來，而爲留待。頃之未發[頃之不發][3]。太子遲之，疑其有改悔[疑其改悔][1,4]，乃復請之曰：“日以盡矣[日已盡矣][1,6]，荊卿豈無意哉？丹請先遣秦武陽。”荊軻怒，叱太子曰：“今日往而不反者[今日徃而不反者][1]，豎子也！今提一匕首入不測之强秦，僕所以留者，待吾客與俱。今太子遲之，請辭決矣[請辭決矣][1]！”遂發。

太子及賓客知其事者[太子賔客知其事者][1]，皆白衣冠以送之。至易水上，既祖，取道。高漸離擊筑，荊軻和而歌[荊軻和歌][3]，爲變徵之聲[爲濮上之聲][4]，士皆垂淚涕泣[士皆垂泪涕泣][7]。又前而爲歌曰："風蕭蕭兮易水寒，壯士一去兮不復還！"復爲忼慨羽聲[復爲羽聲忼慷][1,4][後爲忼慨羽聲][3]，士皆瞋目，髮盡上指冠[髮盡上衝冠][1]。於是荊軻遂就車而去，終已不顧。

既至秦，持千金之資幣物，厚遺秦王寵臣中庶子蒙嘉。嘉爲先言於秦王曰："燕王誠振畏慕大王之威[燕王誠振怖大王之威][1,4]，不敢興兵以拒大王[不敢興兵以逆軍吏][1,4]，願舉國爲內臣，比諸侯之列，給貢職如郡縣，而得奉守先王之宗廟。恐懼不敢自陳，謹斬樊於期頭，及獻燕之督亢之地圖，函封，燕王拜送于庭，使使以聞大王。唯大王命之。"

秦王聞之，大喜。乃朝服，設九賓[設九賔][1]，見燕使者咸陽宮。荊軻奉樊於期頭函，而秦武陽奉地圖匣，以次進至陛下[以次進至陛][1,4]。秦武陽色變振恐，羣臣怪之[群臣恠之][1]。荊軻顧笑武陽，前爲謝曰："北蠻夷之鄙人，未嘗見天子[未甞見天子][1]，故振慴，願大王少假借之，使畢使於前[使得畢使於前][1,4]。"秦王謂軻曰[秦王謂軻][1]："起[　][4]，取武陽所持圖。"軻既取圖奉之[軻既取圖奉之秦王][1,4]，發圖，圖窮而匕首見。因左手把秦王之袖，而右手持匕首揕抗之[而右手持匕首揕之][1,4]。未至身，秦王驚，自引而起，絶袖[袖絶][1,4]。拔劒[拔劍][7]，劒長[劍長][7]，摻其室[摻其室][1,7]。時怨急[時惶急][1,4][時恐急][3]，劒堅[堅][3][劍堅][7]，故不可立拔。荊軻逐秦王，秦王還柱而走[秦王環柱而走][1,4]。羣臣驚愕[群臣驚愕][1]，卒起不意，盡失其度。而秦法，羣臣侍殿上者[群臣侍殿上者][1]，不得持尺兵[不得持尺寸之兵][1,4]。諸郎中執兵，皆陳殿下[皆陳於殿下][1,4]，非有詔不得上。方急時，不及召下兵，以故荊軻逐秦王，而卒惶急無以擊軻，而乃以手共搏之。是時侍醫夏無且，以其所奉藥囊提軻[以其所奉藥囊提荊軻][1,4]。秦王之方還柱走[秦王方環柱走][1,4]，卒惶急不知所爲，左右乃曰："王負劍[王負劒][1]！王負劍[王負劒][1]！"遂拔以擊荊軻，斷其左股。荊軻廢，乃引其匕首提秦王[乃引其匕首以提擿秦王][1][乃引其匕首秦王][5]，不中，中柱。秦王復擊軻，被八創[軻被八創][1,4]。軻自知事不就，倚柱而笑[倚柱而笑][7]，箕踞以罵曰[箕倨以罵曰][6]："事所以不成者，乃欲以生劫之，必得約契以報太子也。"左右既前斬荆軻，秦王目眩良久。而論功賞羣臣及當坐者[已而論功賞群臣及當坐者][1][已而論功賞羣臣及當坐者][6]，各有差。而賜夏無且黄金二百鎰，曰："無且愛我，乃以藥囊提軻也[乃以藥囊提荆軻也][1,4]。"

於是，秦大怒燕，益發兵詣趙，詔王翦軍以伐燕。十月而拔燕薊城[十月而拔燕薊城][1,7]。燕王喜、太子丹等，皆率其精兵東保於遼東。秦將李信追擊燕王，王急，用代王嘉計，殺太子丹，欲獻之秦。秦復進兵攻之。五歲而卒滅燕國，而虜燕王喜。秦兼天下。

其後荆軻客高漸離以擊筑見秦皇帝，而以筑擊秦皇帝，爲燕報仇，不中而死。

戰國策卷三十二　宋衞

齊攻宋宋使臧子索救於荆

齊攻宋，宋使臧子索救於荆。荆王大說，許救甚勸。臧子憂而反。其御曰："索救而得，有憂色何也？"臧子曰："宋小而齊大。夫救於小宋而惡於大齊，此王之所憂也；而荆王說甚，必以堅我。我堅而齊弊[我堅而齊敝][1]，荆之利也。"臧子乃歸。齊王果攻[齊王果][1]，拔宋五城，而荆王不至。

公輸般爲楚設機

公輸般爲楚設機，將以攻宋。墨子聞之，百舍重繭，往見公輸般[往見公輸般][1]，謂之曰："吾自宋聞子。吾欲藉子殺王[吾欲藉子殺㞷][4]。"公輸般曰："吾義固不殺王[吾義固不殺㞷][4]。"墨子曰："聞公爲雲梯，將以攻宋。宋何罪之有？義不殺王而攻國[義不殺㞷而攻國][4]，是不殺少而殺衆。敢問攻宋何義也？"公輸般服焉，請見之王。

墨子見楚王曰："今有人於此，舍其文軒，鄰有弊輿而欲竊之[鄰有敝輿而欲竊之][1]；舍其錦繡，鄰有短褐而欲竊之[鄰有裋褐而欲竊之][1,4]；舍其粱肉[舍其粱肉][7]，鄰有糟糠而欲竊之。此爲何若人也？"王曰："必爲有竊疾矣。"

墨子曰："荆之地方五千里，宋方五百里，此猶文軒之與弊輿也[此猶文軒之與敝輿也][1]。荆有雲夢，犀兕麋鹿盈之，江、漢魚鱉黿鼉爲天下饒，宋所謂無雉兔鮒魚者也，此猶粱肉之與糟糠也[此猶粱肉之與糟糠也][7]。荆有長松、文梓、楩、枏[柟][1]、豫樟[豫章][1,5]，宋無長木，此猶錦繡之與短褐也。惡以王吏之攻宋[臣以王吏之攻宋][1,6]，爲與此同類也。"王曰："善哉！請無攻宋。"

犀首伐黄

犀首伐黄，過衞，使人謂衞君曰："弊邑之師過大國之郊[敝邑之師過大國之郊][1]，曾無一介之使以存之乎？敢請其罪。今黃城將下矣，已，將移兵而造大國之城下[將移兵造大國之城下][1]。”衛君懼，束組三百緄，黃金三百鎰，以隨使者。南文子止之曰：“是勝黃城，必不敢來；不勝，亦不敢來。是勝黃城，則功大名美，内臨其倫。夫在中者惡臨，議其事。蒙大名，挾成功，坐御以待中之議，犀首雖愚，必不爲也。是不勝黃城，破心而走，歸，恐不免於罪矣！彼安敢攻衛以重其不勝之罪哉？”果勝黃城，帥師而歸，遂不敢過衛。

梁王伐邯鄲

梁王伐邯鄲，而徵師於宋。宋君使使者請於趙王曰：“夫梁兵勁而權重，今徵師於弊邑[今徵師於敝邑][1]，弊邑不從[敝邑不從][1]，則恐危社稷；若扶梁伐趙，以害趙國，則寡人不忍也。願王之有以命弊邑[願王之有以命敝邑][1]。”

趙王曰：“然。夫宋之不足如梁也[夫宋之不如梁也][1]，寡人知之矣。弱趙以强梁，宋必不利也。則吾何以告子而可乎？”使者曰：“臣[雚][3,4]請受邊城，徐其攻而留其日，以待下吏之有城而已。”趙王曰：“善”。

宋人因遂舉兵入趙境，而圍一城焉。梁王甚說，曰：“宋人助我攻矣。”趙王亦說曰[趙王亦曰][1]：“宋人止於此矣。”故兵退難解，德施於梁而無怨於趙。故名有所加而實有所歸。

謂大尹

謂大尹曰：“君日長矣，自知政，則公無事。公不如令楚賀君之孝，則君不奪太后之事矣，則公常用宋矣。”

宋與楚爲兄弟

宋與楚爲兄弟。齊攻宋，楚王言救宋。宋因賣楚重以求講於齊[宋因賣楚重以求講於齊][1]，齊不聽。蘇秦爲宋謂齊相曰：“不如與之[不如與之和也][4]，以明宋之賣楚重於齊也[以明宋之資楚重於齊也][1]。楚怒，必絶於宋而事齊，齊、楚合，則攻宋易矣。”

魏太子自將過宋外黄

魏太子自將，過宋外黄。外黄徐子曰：“臣有百戰百勝之術，太子能聽臣乎？”太子曰：“願聞之。”客曰：“固願效之。今太子自將攻齊，大勝并莒，則富不過有魏，而貴不益爲王。若戰不勝，則萬世無魏。此臣之百戰百勝之術也。”太子曰：“諾。請必從公之言而還。”客曰：“太子雖欲還，不得矣。彼利太子之戰攻，而欲滿其意者衆，太子雖欲還，恐不得矣。”太子上車請還。其御曰：“將出而還，與北同，不如遂行。”遂行[ ][6]。與齊人戰而死，卒不得魏。

宋康王之時

宋康王之時[宋王之時][1]，有雀生䲴於城之陬。使史占之，曰：“小而生巨，必霸天下。”康王大喜[王大喜][1]。於是滅滕伐薛，取淮北之地，乃愈自信，欲霸之亟成[欲霸之速成][1]，故射天笞地，斬社稷而焚滅之，曰：“威服天下鬼神。”罵國老諫曰[罵國老諫臣][1, 6][罵國老之諫者][4]，爲無顔之冠，以示勇。剖傴之背，鍥朝涉之脛，而國人大駭。齊聞而伐之，民散，城不守。王乃逃倪侯之館，遂得而死[遂得病而死][4]。見祥而不爲祥，反爲禍。

智伯欲伐衛

智伯欲伐衛，遺衛君野馬四百，白璧一[璧一][1]。衛君大悅[衛君大說][1]，羣臣皆賀[群臣皆賀][1]，南文子有憂色。衛君曰：“大國大懽，而子有憂色何？”文子曰：“無功之賞，無力之禮，不可不察也。野馬四，百璧一[璧一][1][白璧][5]，此小國之禮也[此小國之禮][1]，而大國致之，君其圖之。”衛君以其言告邊境。智伯果起兵而襲衛，至境而反曰：“衛有賢人，先知吾謀也。”

智伯欲襲衛

智伯欲襲衛，乃佯亡其太子，使奔衛。南文子曰：“太子顔爲君子也，甚愛而有寵，非有大罪而亡，必有故。”使人迎之於境，曰：“車過五乘，慎勿納也。”智伯聞之，乃止。

秦攻衛之蒲

秦攻衛之蒲。胡衍謂樗里疾曰：“公之伐蒲，以爲秦乎？以爲魏乎？爲魏則善，爲秦則不賴矣[爲秦則不賴矣][1]。衛所以爲衛者，以有蒲也。今蒲入於魏[今蒲入於秦][4]，衛必折於魏[衛必折而入於魏][4]。魏亡西河之外，而弗能復取者[而弗能取者][1]，弱也。今幷衛於魏，魏必强。魏强之日，西河之外必危。且秦王亦將觀公之事。害秦以善魏[害秦以害魏][1]，秦王必怨公。”樗里疾曰：“柰何？”胡衍曰：“公釋蒲勿攻，臣請爲公入戒蒲守，以德衛君。”樗里疾曰：“善。”

胡衍因入蒲，謂其守曰：“樗里子知蒲之病也，其言曰：‘吾必取蒲。’今臣能使釋蒲勿攻。”蒲守再拜，因效金三百鎰焉[因効金三百溢焉][1]，曰：“秦兵誠去，請厚子於衛君。”胡衍取金於蒲，以自重於衛。樗里子亦得三百金而歸，又以德衛君也。

衛使客事魏

衛使客事魏，三年不得見。衛客患之，乃見梧下先生[乃見梧丘先生][4]，許之以百金。梧下先生曰：“諾。”乃見魏王曰：“臣聞秦出兵[臣聞秦入兵][1][臣聞秦人兵出][4]，未知其所之。秦、魏交而不脩之日久矣。願王博事秦[願王專事秦][1, 5, 6]，無有佗計[無有他計][1]。”魏王曰：“諾。”

客趨出，至郎門而反曰：“臣恐王事秦之晚。”王曰：“何也？”先生曰：“夫人於事己者過急，於事人者過緩。今王緩於事己者，安能急於事人。”“奚以知之？”“衛客曰，事王三年不得見。臣以是知王緩也[臣是以知王緩也][6]。”魏王趨見衛客。

衛嗣君病

衛嗣君病。富術謂殷順且曰：“子聽吾言也以說君，勿益損也，君必善子。人生之所行，與死之心異。始君之所行於世者，食高麗也；所用者，緤錯、挐薄也。羣臣盡以爲君輕國而好高麗[群臣盡以爲君輕國而好高麗][1]，必無與君言國事者。子謂君：‘君之所行天下者甚謬。緤錯主斷於國，而挐薄輔之，自今以往者[自今以徃者][1]，公孫氏必不血食矣。’”

君曰：“善。”與之相印，曰：“我死，子制之。”嗣君死，殷順且以君令相公期[以君令相公子期][1]。緤錯、挐薄之族皆逐也[緤錯、挐薄之族皆逐之也][1]。

衛嗣君時胥靡逃之魏

衛嗣君時，胥靡逃之魏[胥靡逃之魏][1,7]，衛贖之百金，不與。乃請以左氏。羣臣諫曰[群臣諫曰][1]：“以百金之地，贖一胥靡[贖一胥靡][1,7]，無乃不可乎？”君曰：“治無小，亂無大。教化喻於民，三百之城，足以爲治；民無廉耻[民無廉恥][7]，雖有十左氏，將何以用之？”

衛人迎新婦

衛人迎新婦，婦上車，問：“驂馬[驂馬][1,7]，誰馬也？”御曰：“借之。”新婦謂僕曰：“拊驂[拊驂][1,7]，無笞服。”車至門，扶，教送母[教送母曰][1]：“滅竈，將失火。”入室見臼，曰：“徙之牖下，妨往來者[妨徃來者][1]。”主人笑之。此三言者，皆要言也[皆至言也][1]，然而不免爲笑者，蚤晚之時失也。

戰國策卷三十三　中山

魏文侯欲殘中山

魏文侯欲殘中山。常莊談謂趙襄子曰[常莊談謂趙襄桓子曰][1]：“魏幷中山，必無趙矣。公何不請公子傾以爲正妻，因封之中山，是中山復立也。

犀首立五王

犀首立五王，而中山後持。齊謂趙、魏曰：“寡人羞與中山並爲王，願與大國伐之，以廢其王。”中山聞之，大恐。召張登而告之曰：“寡人且王，齊謂趙、魏曰：羞與寡人並爲王，而欲伐寡人。恐亡其國，不在索王。非子莫能吾救。”登對曰：“君爲臣多車重幣，臣請見田嬰。”中山之君遣之齊。見嬰子曰：“臣聞君欲廢中山之王，將與趙、魏伐之，過矣。以中山之小，而三國伐之，中山雖益廢王，猶且聽也。且中山恐，必爲趙、魏廢其王而務附焉。是君爲趙、魏驅羊也，非齊之利也。豈若中山廢其王而事齊哉？”

田嬰曰：“柰何？”張登曰：“今君召中山，與之遇而許之王，中山必喜而絶趙、魏。趙、魏怒而攻中山，中山急而爲君難其王，則中山必恐，爲君廢王事齊。彼患亡其國，是君廢其王而亡其國[是君廢其王而立其國][1]，賢於爲趙、魏驅羊也。”田嬰曰：“諾。”張丑曰：“不可。臣聞之，同欲者相憎，同憂者相親。今五國相與王也，負海不與焉。此是欲皆在爲王，而憂在負海。今召中山，與之遇而許之王，是奪五國而益負海也[是奪四國而益負海也][1]。致中山而塞四國[致中山而塞五國][1]，四國寒心。必先與之王而故親之，是君臨中山而失四國也[是君臨中山而失五國也][1]。且張登之爲人也，善以微計薦中山之君久矣，難信以爲利。”

田嬰不聽。果召中山君而許之王。張登因謂趙、魏曰：“齊欲伐河東。何以知之？齊羞與中山之爲王甚矣[齊羞與中山並爲王甚矣][1]，今召中山，與之遇而許之王，是欲用其兵也。豈若令大國先與之王，以止其遇哉？”趙、魏許諾，果與中山王而親之。中山果絶齊而從趙、魏。

中山與燕趙爲王

中山與燕、趙爲王，齊閉關不通中山之使，其言曰：“我萬乘之國也，中山千乘之國也[中山百乘之國也][1]，何侔名於我？”欲割平邑以賂燕、趙，出兵以攻中山。

藍諸君患之。張登謂藍諸君曰：“公何患於齊？”藍諸君曰：“齊强，萬乘之國，耻與中山侔名，不憚割地以賂燕、趙，出兵以攻中山。燕、趙好位而貪地[燕、趙好倍而貪地][1,4]，吾恐其不吾據也。大者危國，次者廢王，柰何吾弗患也？”張登曰：“請令燕、趙固輔中山而成其王，事遂定。公欲之乎？”藍諸君曰：“此所欲也。”曰：“請以公爲齊王而登試説公[請以公爲齊閔王而登試説公][1]。可，乃行之。”藍諸君曰：“願聞其説。”

登曰：“王之所以不憚割地以賂燕、趙，出兵以攻中山者，其實欲廢中山之王也。王曰：‘然。’然則王之爲費且危。夫割地以賂燕、趙，是强敵也；出兵以攻中山，首難也。王行二者，所求中山未必得。王如用臣之道，地不虧而兵不用，中山可廢也。王必曰：‘子之道柰何？’”藍諸君曰：“然則子之道柰何？”張登曰：“王發重使，使告中山君曰：‘寡人所以閉關不通使者，爲中山之獨與燕、趙爲王，而寡人不與聞焉，是以隘之。王苟舉趾以見寡人[王苟舉玉趾以見寡人][1]，請亦佐君。’中山恐燕、趙之不己據也，今齊之辭云‘即佐王’，中山必遁燕、趙[必遁燕、趙][1]，與王相見。燕、趙聞之，怒絶之[必怒絶之][1]，王亦絶之，是中山孤，孤何得無廢。以此説齊王，齊王聽乎？”藍諸君曰：“是則必聽矣，此所以廢之，何在其所存之矣[何在其所以存之矣][1,6]。”張登曰：“此王所以存者也。齊以是辭來，因言告燕、趙而無往[因言告燕、趙而無往][1]，以積厚於燕、趙。燕、趙必曰：'齊之欲割平邑以賂我者，非欲廢中山之王也；徒欲以離我於中山，而己親之也。'雖百平邑，燕、趙必不受也。”藍諸君曰：“善。”

遣張登往[遣張登往][1]，果以是辭來。中山因告燕、趙而不往[中山因告燕、趙而不往][1]，燕、趙果俱輔中山而使其王，事遂定。

司馬憙使趙

司馬憙使趙[司馬喜使趙][1]，爲己求相中山。公孫弘陰知之[公孫弘陰知之][1]。中山君出，司馬憙御[司馬喜御][1]，公孫弘參乘。弘曰[公孫弘曰][1]：“爲人臣，招大國之威，以爲己求相，於君何如？”君曰：“吾食其肉，不以分人。”司馬憙頓首於軾曰[司馬喜頓首於軾曰][1]：“臣自知死至矣！”君曰：“何也？”“臣抵罪[曰臣抵罪][1]。”君曰：“行，吾知之矣。”居頃之，趙使來，爲司馬憙求相[爲司馬喜求相][1]。中山君大疑公孫弘，公孫弘走出。

司馬憙三相中山

司馬憙三相中山[司馬喜三相中山][1]，陰簡難之[陰簡難之][1]。田簡謂司馬憙曰[田簡謂司馬喜曰][1]：“趙使者來屬耳，獨不可語陰簡之美乎[獨不可語陰簡之美乎][1]？趙必請之，君與之，即公無內難矣。君弗與趙，公因勸君立之以爲正妻。陰簡之德公[陰簡之德公][1]，無所窮矣。”果令趙請[果令趙請之][1,6]，君弗與。司馬憙曰[司馬喜曰][1]：“君弗與趙，趙王必大怒；大怒則君必危矣。然則立以爲妻，固無請人之妻不得而怨人者也。”

田簡自謂取使[田簡自爲取使][1]，可以爲司馬憙[可以爲司馬喜][1]，可以爲陰簡[可以爲陰簡][1]，可以令趙勿請也。

陰姬與江姬爭爲后

陰姬與江姬爭爲后[陰姬與江姬爭爲后][1]。司馬憙謂陰姬公曰[司馬喜謂陰姬公曰][1]：“事成，則有土子民[則有土得民][1]；不成，則恐無身。欲成之，何不見臣乎？”陰姬公稽首曰[陰姬公稽首曰][1]：“誠如君言，事何可豫道者。”司馬憙即奏書中山王曰[司馬喜即奏書中山王曰][1]："臣聞弱趙强中山。"中山王悅而見之曰[中山王說而見之曰][1]："願聞弱趙强中山之說。"司馬憙曰[司馬喜曰][1]："臣願之趙，觀其地形險阻，人民貧富，君臣賢不肖，商敵爲資，未可豫陳也。"中山王遣之。

見趙王曰："臣聞趙，天下善爲音，佳麗人之所出也。今者，臣來至境，入都邑，觀人民謠俗，容貌顏色，殊無佳麗好美者。以臣所行多矣，周流無所不通[周流無所不至][1]，未嘗見人如中山陰姬者也[未嘗見人如中山陰姬者也][1]。不知者，特以爲神，力言不能及也[人言不能及也][1,6]。其容貌顏色，固已過絶人矣。若乃其眉目准頞權衡[若其眉目准頞權衡][1]，犀角偃月，彼乃帝王之后，非諸侯之姬也。"趙王意移，大悅曰[大說曰][1]："吾願請之，何如？"司馬憙曰[司馬喜曰][1]："臣竊見其佳麗，口不能無道爾。即欲請之，是非臣所敢議，願王無泄也。"

司馬憙辭去[司馬喜辭去][1]，歸報中山王曰："趙王非賢王也。不好道德，而好聲色；不好仁義，而好勇力。臣聞其乃欲請所謂陰姬者[臣聞其乃欲請所謂陰姬者][1]。"中山王作色不悅[中山王作色不說][1]。司馬喜曰："趙强國也，其請之必矣。王如不與，即社稷危矣；與之，即爲諸侯笑。"中山王曰："爲將奈何[爲將柰何][1]？"司馬憙曰[司馬喜曰][1]："王立爲后，以絶趙王之意。世無請后者。雖欲得請之，鄰國不與也。"中山王遂立以爲后，趙王亦無請言也。

主父欲伐中山

主父欲伐中山，使李疵觀之。李疵曰："可伐也。君弗攻，恐後天下。"主父曰："何以？"對曰："中山之君，所傾蓋與車而朝窮閭隘巷之士者[所傾盖與車者而朝窮閭隘巷之士者][1]，七十家。"主父曰："是賢君也，安可伐？"李疵曰："不然。舉士，則民務名不存本；朝賢，則耕者惰而戰士懦。若此不亡者，未之有也。"

中山君饗都士大夫

中山君饗都士，大夫司馬子期在焉。羊羹不遍，司馬子期怒而走於楚[司馬子期怒而走於楚][1]，說楚王伐中山，中山君亡。有二人挈戈而隨其後者，中山君顧謂二人："子奚爲者也？"二人對曰："臣有父，嘗餓且死[嘗餓且死][1]，君下壺飡餌之[君下壺飡臣父][1]。臣父且死，曰：'中山有事，汝必死之。'故來死君也。"中山君喟然而仰歎曰[中山君喟然而仰嘆曰][1]："與不期衆少，其於當厄[其於當厄][1]；怨不期深淺，其於傷心[其於傷心][1]，吾以一杯羊羹亡國[吾以一杯羊羹亡國][1,7]，以一壺飡得士二人。"

樂羊爲魏將

樂羊爲魏將，攻中山。其子時在中山，中山君烹之，作羹致於樂羊，樂羊食之[樂食之][1]。古今稱之[古今稱之曰][1]：樂羊食子以自信，明害父以求法。

昭王既息民繕兵

昭王既息民繕兵，復欲伐趙。武安君曰："不可。"王曰："前年國虛民飢，君不量百姓之力，求益軍糧以滅趙[求益軍粮以滅趙][1]。今寡人息民以養士，蓄積糧食[蓄積粮實][1]，三軍之俸有倍於前，而曰'不可'，其說何也？"

武安君曰："長平之事，秦軍大尅[秦軍大克][1]，趙軍大破；秦人歡喜，趙人畏懼。秦民之死者厚葬，傷者厚養，勞者相饗，飲食餔餽，以靡其財；趙人之死者不得收，傷者不得療，涕泣相哀，勠力同憂，耕田疾作，以生其財。今王發軍，雖倍其前，臣料趙國守備，亦以十倍矣。趙自長平已來，君臣憂懼，早朝晏退[早朝晏罷][1]，卑辭重幣，四面出嫁，結親燕、魏，連好齊、楚，積慮并心，備秦爲務。其國內實，其交外成。當今之時，趙未可伐也。"

王曰："寡人既以興師矣。"乃使五校大夫王陵將而伐趙[乃使校大夫王陵將而伐趙][1]。陵戰失利，亡五校。王欲使武安君，武安君稱疾不行。王乃使應侯往見武安君[王乃使應侯往見武安君][1]，責之曰：“楚，地方五千里，持戟百萬。君前率數萬之衆入楚，拔鄢、郢，焚其廟，東至竟陵，楚人震恐，東徙而不敢西向。韓、魏相率，興兵甚衆，君所將之不能半之[君所將之卒不能半之][1,5]，而與戰之於伊闕[而與之戰於伊闕][5]，大破二國之軍，流血漂鹵，斬首二十四萬。韓、魏以故至今稱東藩[韓、魏以故稱東藩][1]。此君之功，天下莫不聞。今趙卒之死於長平者已十七、八，其國虛弱，是以寡人大發軍，人數倍於趙國之衆[人數君於趙國之衆][1]，願使君將，必欲滅之矣。君嘗以寡擊衆[君常以寡擊衆][1]，取勝如神，況以彊擊弱[況以强擊弱][1]，以衆擊寡乎？”

武安君曰：“是時楚王恃其國大，不恤其政，而羣臣相妬以功，諂諛用事[諛諂用事][1]，良臣斥疎[良臣斥疎][1,7]，百姓心離，城池不修，既無良臣，又無守備。故起所以得引兵深入，多倍城邑，發梁焚舟以專民[發梁焚舟專民][1][發梁焚舟心專民][4,6]，以掠於郊野，以足軍食。當此之時，秦中士卒，以軍中爲家，將帥爲父母，不約而親，不謀而信，一心同功[一心同力][1]，死不旋踵。楚人自戰其地，咸顧其家，各有散心，莫有鬬志。是以能有功也。伊闕之戰，韓孤顧魏，不欲先用其衆。魏恃韓之鋭，欲推以爲鋒。二軍爭便之力不同，是以臣得設疑兵，以待韓陣[以持韓陣][1,6]，專軍并鋭，觸魏之不意。魏軍既敗，韓軍自潰，乘勝逐北，以是之故能立功。皆計利形勢，自然之理，何神之有哉！今秦破趙軍於長平，不遂以時乘其振懼而滅之，畏而釋之，使得耕稼以益蓄積，養孤長幼以益其衆，繕治兵甲以益其强，增城浚池以益其固。主折節以下其臣，臣推體以下死士。至於平原君之屬[至於平原之屬][1]，皆令妻妾補縫於行伍之間。臣人一心，上下同力，猶勾踐困於會稽之時也。以合伐之[以今伐之][1,6]，趙必固守。挑其軍戰，必不肯出。圍其國都，必不可尅[必不可克][1]。攻其列城，必未可拔。掠其郊野，必無所得。兵出無功，諸侯生心，外救必至。臣見其害，未覩其利[未睹其利][1]。又病，未能行。"

應侯慙而退，以言於王。王曰："微白起，吾不能滅趙乎？"復益發軍，更使王齕代王陵伐趙。圍邯鄲八、九月，死傷者衆，而弗下。趙王出輕鋭以寇其後[趙王出輕鋭以寇其後][1][趙王出輕鋭以寇其後][7]，秦數不利。武安君曰："不聽臣計，今果何如[今果如何][1][今果如何矣][4]？"王聞之怒，因見武安君，彊起之[强起之][1]，曰："君雖病，彊爲寡人臥而將之[强爲寡人卧而將之][1]。有功，寡人之願，將加重於君。如君不行，寡人恨君。"武安君頓首曰："臣知行雖無功，得免於罪。雖不行無罪，不免於誅。然惟願大王覽臣愚計，釋趙養民，以諸侯之變。撫其恐懼，伐其憍慢，誅滅無道，以令諸侯，天下可定，何必以趙爲先乎？此所謂爲一臣屈而勝天下也。大王若不察臣愚計，必欲快心於趙，以致臣罪，此亦所謂勝一臣而爲天下屈者也。夫勝一臣之嚴焉，孰若勝天下之威大耶[孰若勝天下之威大邪][1]？臣聞明主愛其國，忠臣愛其名。破國不可復完，死卒不可復生。臣寧伏受重誅而死，不忍爲辱軍之將。願大王察之。"王不荅而去[王不答而去][7]。

戰國縱横家書索引

目　録

檢索表

筆畫檢字表 …… 1
部首檢字表 …… 7
漢語拼音檢字表 …… 14
四角號碼檢字表 …… 27
人名檢索表 …… 38
地名檢索表 …… 39

索引正文

單字索引 …… 1
人名索引 …… 39
地名索引 …… 43
戰國縱橫家書(閱讀本) …… 1—24

【一畫】
一 1
【二畫】
二 1
十 1
七 1
八 1
人 1
入 1
九 1
力 1
乃 1
又 1
【三畫】
三 1
工 1
士 1
下 1
大 1
丈 2
上 2
小 2
口 2
山 2
千 2
川 2
久 2
勺 2
凡 2
及 2
亡 2
之 2
己 3
已 3
子 3
也 4
女 4
刃 4
【四畫】
王 4
井 5
天 5
夫 5
廿 5
木 5
五 5
支 5
卅 5
不 5
友 6
尤 6
巨 6
比 6
止 6
少 6
曰 6
日 6
中 6
內 6
水 6
仁 6
什 6
仇 6
反 6
介 7
父 7
今 7
分 7
公 7
月 7
氏 7
勿 7
丹 7
印 7
六 7
文 7
方 7
心 7
尺 7
夬 7
丑 7
以 7
予 8
毋 8
【五畫】
玉 8
未 8
末 8
正 8
功 8
去 8
甘 8
世 9
古 9
可 9
左 9
右 9
布 9
平 9
北 9
且 9
甲 9
申 9
田 9
由 9
史 9
央 9
兄 9
叨 9
四 9
生 9
失 9
禾 9
丘 9
代 9
仞 9
乎 9
令 9
用 9
句 9
卯 9
犯 9
匄 9
外 9
包 9
主 9
市 10
立 10
半 10
它 10
尼 10
必 10
司 10
民 10
弗 10
弘 10
出 10
奴 10
召 10
加 10
皮 10
台 10
母 10
【六畫】
式 10
刑 10
㓝 10
戎 10
老 10
地 10
戋 10
耳 11
共 11
臣 11
吏 11
再 11
西 11
在 11
百 11
有 11
存 12
而 12
列 12
死 12
成 12
夷 12
至 12
此 12
曲 13
同 13
因 13
回 13
肉 13
年 13
先 13

廷 13
休 13
伐 13
延 13
任 13
役 13
自 13
似 13
后 13
行 13
舟 13
全 13
合 13
危 13
旬 13
名 13
多 13
色 13
亦 13
交 13
衣 13
次 13
决 14
羊 14
汲 14
守 14
宅 14
安 14
收 14
如 14
好 14
羽 14
【七畫】
戒 14
走 14
攻 14
赤 14
孝 14
投 14
志 14
劫 14
邯 14
芥 14
芯 14
材 14
李 14
求 14
車 14
更 14
吾 14
步 14
見 14
助 14
里 14
足 14
困 15
呂 15
吳 15
邑 15
告 15
我 15
利 15
私 15
兵 15
何 15
伯 15
位 15
身 15
近 15
余 15
兑 15
坐 15
谷 15
免 15
卵 15
言 15
况 15
辛 15
冶 15
忘 15
弟 15
沙 15
汹 15
快 15
完 15
宋 15
初 16
社 16
祀 16
君 16
尾 16
改 16
忌 16
㫖 16
阿 16
姸 16
忍 16
矣 16
【八畫】
奉 16
武 16
長 16
拔 16
者 16
幸 17
招 17
其 17
耶 17
取 17
苦 17
昔 17
若 17
苟 17
茅 17
林 17
枝 17
來 17
東 17
或 17
事 17
兩 17
雨 18
奈 18
奇 18
戓 18
妻 18
毖 18
非 18
肯 18
虎 18
尚 18
具 18
果 18
昆 18
門 18
明 18
固 18
忠 18
呻 18
岸 18
制 18
并 18
知 18
垂 18
物 18
和 18
竺 18
侍 18
使 18
俫 18
佩 18
佳 18
卑 18
佈 18
往 18
彼 18
所 18
舍 19
金 19
命 19
受 19
爭 19
念 19
股 19
肥 19
服 19
周 19
狗 19
迥 19
咎 19
卒 19
郊 19
於 19
並 19
法 19

河 19
注 19
泣 19
治 19
定 19
宜 19
官 19
戾 19
居 19
屈 19
承 20
孟 20
亟 20
降 20
姤 20
始 20
弩 20
【九畫】
春 20
封 20
持 20
垣 20
城 20
政 20
垝 20
某 20
甚 20
革 20
茓 20
故 20
胡 20
南 20
相 20
柢 20
要 20
迺 20
厚 20
面 20
皆 20
勁 20
昧 20
是 20
郢 20
則 20
昜 21
冒 21
禺 21
星 21
昭 21
畏 21
胃 21
思 21
囿 21
骨 21
拜 21
臿 21
秋 21
重 21
竽 21
便 21
保 21
矮 21
俗 21
信 21
侯 21
後 21
俞 21
食 21
胠 21
負 21
勉 21
怨 21
急 21
計 21
哀 22
音 22
帝 22
施 22
美 22
送 22
前 22
首 22
逆 22
兹 22
洫 22
洛 22
津 22
恃 22
恆 22
宦 22
室 22
客 22
冠 22
軍 22
祝 22
叚 22
屋 22
韋 22
胥 22
除 22
姦 22
怒 22
盈 22
蚤 22
矜 22
紂 22
約 22
【十畫】
泰 22
秦 22
敖 23
素 23
馬 23
振 23
挾 23
起 23
捊 23
都 23
耆 23
捝 23
恐 23
華 23
莫 23
莎 23
桓 23
索 23
連 23
逎 23
辱 23
夏 23
破 23
逐 23
殊 23
致 23
晉 23
時 23
畢 23
眦 23
哭 23
豈 23
鈑 23
氣 23
造 23
乘 23
笑 24
脩 24
俱 24
倗 24
倍 24
躬 24
息 24
師 24
徐 24
殺 24
奚 24
翁 24
狼 24
卿 24
桀 24
留 24
託 24
衰 24
高 24
病 24
疾 24
脊 24
效 24
部 24
畜 24
益 24
兼 24
涑 24
涉 24
海 24
悍 24

悔	24	曹	25	貪	26	喜	27	黑	28
害	24	堅	25	魚	26	煮	27	圍	28
家	24	戚	25	祭	26	報	27	無	28
宵	24	帶	25	許	26	壹	27	短	28
宮	24	爽	25	訏	26	惡	27	智	28
窔	24	盛	25	孰	26	期	27	等	28
容	24	虛	25	疵	26	欺	27	備	28
案	24	虖	25	庸	26	黃	27	順	28
冥	24	處	25	鹿	26	葉	27	皋	28
書	24	常	25	章	26	散	27	衆	28
弱	24	敗	25	竟	26	葬	27	御	28
陵	24	閉	25	商	26	萬	27	復	28
陳	24	問	25	望	26	葆	27	循	28
孫	24	異	25	率	26	蒿	27	御	28
陰	24	距	25	敝	26	敬	27	須	28
陶	24	蛇	25	淺	26	朝	27	鈞	28
通	25	國	25	淮	26	植	27	逾	28
能	25	患	25	深	26	棼	27	禽	28
務	25	唾	26	梁	27	棲	27	爲	28
納	25	唯	26	啓	27	軹	27	舜	29
【十一畫】		唫	26	視	27	軫	27	飲	29
責	25	啗	26	敢	27	惠	28	腴	29
理	25	過	26	尉	27	惑	28	勝	29
規	25	符	26	張	27	棘	28	猶	29
焉	25	笥	26	隋	27	雁	28	然	29
赦	25	偃	26	將	27	殘	28	詔	29
埶	25	進	26	陽	27	雲	28	就	29
堋	25	倂	26	婦	27	紫	28	鄗	29
教	25	鳥	26	參	27	掌	28	啻	29
掊	25	假	26	鄉	27	最	28	棄	29
萃	25	術	26	終	27	間	28	善	29
乾	25	得	26	【十二畫】		遇	28	尊	29
菑	25	從	26	貳	27	貴	28	道	29
梧	25	悉	26	堯	27	單	28	遂	29
救	25	欲	26	越	27	剴	28	曾	29

勞 29
湯 29
溼 29
割 29
富 29
窘 29
補 29
禍 29
强 29
費 29
疎 29
陰 29
發 29
絶 29
幾 29
【十三畫】
載 29
馳 29
鄢 30
遠 30
勢 30
聖 30
勤 30
蓐 30
墓 30
夢 30
蒙 30
禁 30
楚 30
榆 30
剸 30
賈 30
頓 30
歲 30
虞 30
業 30
當 30
睢 30
雎 30
鄙 30
愚 30
路 30
園 30
遣 30
睘 30
罪 30
還 30
蜀 30
筞 30
節 30
與 30
傳 30
毀 30
傰 31
傷 31
微 31
衙 31
會 31
愛 31
腸 31
肆 31
解 31
試 31
詩 31
誠 31
誅 31
諍 31
庳 31
廉 31
資 31
新 31
意 31
義 31
溝 31
溫 31
粱 31
愼 31
塞 31
寘 31
福 31
羣 31
媪 31
經 31
絳 31
【十四畫】
趙 31
臺 32
壽 32
鞅 32
蔓 32
蔡 32
榣 32
輕 32
歌 32
遬 32
監 32
厲 32
厭 32
愿 32
奪 32
叡 32
對 32
嘗 32
聞 32
間 32
鄲 32
舞 32
箸 32
餌 32
疑 32
諫 32
語 32
說 32
膏 32
適 32
齊 32
旗 33
養 33
鄰 33
鄭 33
熒 33
潢 33
漳 33
賓 33
寡 33
察 33
寧 33
實 33
盡 33
暨 33
墮 33
隨 33
翟 33
綸 33
【十五畫】
奭 33
撓 33
駟 33
賣 33
摯 33
撻 33
遯 33
增 33
穀 33
魄 33
槫 33
塹 33
毆 33
豎 33
賢 33
慮 34
鄴 34
暴 34
賦 34
賤 34
賜 34
數 34
[illegible] 34
罷 34
稽 34
稷 34
樂 34
質 34
德 34
徹 34
鋪 34
劍 34
餘 34
魯 34
請 34
諸 34
諎 34
諒 34
廟 34
慶 34

廢 34
翦 34
憐 34
窮 34
緩 34
【十六畫】
靜 34
據 34
操 34
擇 34
燕 34
薛 35
樹 35
橫 35
橋 35
髭 35
縣 35
閻 35
閼 35
踵 35
踰 35
器 35
戰 35
積 35
舉 35
興 35
衡 35
衛 35
獨 35
諜 35
謁 35
謂 35
諭 35
親 35
辨 35
龍 35
澤 35
翯 35
【十七畫】
環 35
趨 35
聲 35
藉 35
韓 35
擊 36
臨 36
闌 36
雖 36
魏 36
輿 36
邈 36
體 36
講 36
謝 36
襄 36
應 36
廦 36
麋 36
襒 36
濕 36
濟 36
禮 36
臂 36
【十八畫】
擯 36
轉 36
齕 36
蟬 36
邊 36
歸 36
亂 36
謹 36
癃 36
離 36
懮 36
竅 36
璧 36
繚 36
斷 36
【十九畫】
類 36
壞 36
難 36
勸 36
蘇 36
警 36
櫋 36
攀 37
璽 37
關 37
贊 37
辭 37
識 37
譔 37
廬 37
繰 37
【二十畫】
壤 37
攘 37
獻 37
黨 37
觸 37
廱 37
縉 37
繼 37
【二十一畫】
權 37
霸 37
纍 37
辯 37
齎 37
灊 37
懼 37
顧 37
屬 37
續 37
【二十二畫】
驕 37
聽 37
穰 37
籠 37
竊 37
鬻 37
【二十三畫】
齮 37
顯 37
讎 37
鑽 37
變 37
【二十四畫】
觀 37
蠶 37

【一部】
一 1
二 1
七 1
三 1
下 1
丈 2
井 5
天 5
夫 5
廿 5
五 5
卅 5
不 5
未 8
末 8
正 8
世 9
吏 11
再 11
百 11
夷 12
求 14
更 14
奉 16
東 17
事 17
兩 17
亟 20
甚 20
焉 25
棘 28
【丨部】
中 6
內 6
且 9
甲 9
申 9
由 9
史 9
央 9
曲 13
果 18
禺 21
畢 23
【丿部】
九 1
千 2
川 2
久 2
及 2
丹 7
失 9
丘 9
乎 9
年 13
我 15
卵 15
幷 18
垂 18
重 21
師 24
舉 35
【丶部】
之 2
半 10
必 10
【乛部】
乃 1
也 4
夬 7
丑 7
予 8
司 10
民 10
弗 10
承 20
【十部】
十 1
古 9
卑 18
南 20
【厂(厂)部】
反 6
后 13
厚 20
雁 28
厲 32
厭 32
厭 32
愿 32
【匚部】
巨 6
【卜部】
上 2
【冂部】
用 9
同 13
周 19
【八部】
八 1
分 7
公 7
共 11
兵 15
兌 15
弟 15
其 17
具 18
並 19
前 22
茲 22
翁 24
兼 24
與 30
養 33
興 35
輿 36
【人(亻入)部】
人 1
入 1
仁 6
什 6
仇 6
介 7
今 7
以 7
代 9
仞 9
令 9
休 13
伐 13
任 13
役 13
似 13
全 13
合 13
何 15
伯 15
位 15
余 15
侍 18
使 18
佩 18
舍 19
命 19
念 19
便 21
保 21
俗 21
信 21
侯 21
俞 21
脩 24
俱 24
倗 24
倍 24
假 26
貪 26
備 28
禽 28
傳 30
傰 31
傷 31
會 31
【勹部】
勺 2
勿 7
句 9
匃 9
包 9
旬 13
【儿部】
先 13
【匕部】

北 9
疑 32
【几部】
凡 2
【亠部】
亡 2
六 7
主 9
市 10
亦 13
交 13
卒 19
哀 22
衰 24
孰 26
商 26
率 26
就 29
棄 29
襄 36
【冫部】
次 13
决 14
况 15
冶 15
【冖部】
冠 22
軍 22
冥 24
【卩(㔾)部】
印 7
卯 9
危 13
卿 24
【刀(刂⺈)部】
刃 4
召 10
刑 10
央 9
免 15
制 18
負 21
剴 28
割 29
剸 30
劍 34
【力部】
力 1
加 10
劫 14
助 14
勁 20
勉 21
勞 29
勢 30
勤 30
勸 36
【又部】
又 1
友 6
受 19
叚 22
【厶部】
台 10
矣 16
能 25
參 27
【廴部】
廷 13
延 13
【干部】
平 9
【工部】
工 1
功 8
左 9
攻 14
【土(士)部】
士 1
去 8
地 10
在 11
志 14
坐 15
幸 17
垣 20
城 20
垝 20
埶 25
堋 25
堅 25
堯 27
喜 27
報 27
壹 27
臺 32
壽 32
墮 33
賣 33
增 33
壐 37
壞 36
壤 37
【卄(艸)部】
芥 14
芯 14
苦 17
若 17
苟 17
茅 17
苟 17
華 23
莫 23
莎 23
萃 25
菑 25
葉 27
葬 27
萬 27
葆 27
葥 27
蓐 30
墓 30
夢 30
蒙 30
蔓 32
蔡 32
薛 35
藉 35
蘇 36
【寸部】
封 20
尉 27
尊 29
對 32
【大部】
大 1
奈 18
奇 18
爽 25
奪 32
奭 33
【尢(兀尣)部】
尤 6
【弋部】
式 10
貳 27
【小(⺌)部】
小 2
少 6
尚 18
縣 35
【口部】
口 2
可 9
右 9
兄 9
吾 14
呂 15
吳 15
告 15
君 16
呻 18
咎 19
唾 26
唯 26
唫 26
啗 26
啓 27
單 28
啻 29
善 29
器 35
【囗部】
四 9

因 13
回 13
困 15
固 18
囿 21
國 25
圍 28
園 30
【山部】
山 2
岸 18
豈 23
【巾部】
布 9
帝 22
帶 25
常 25
【彳部】
行 13
往 18
彼 18
後 21
徐 24
術 26
得 26
從 26
御 28
復 28
循 28
微 31
德 34
德 34
徹 34
衡 35
衛 35
【彡部】
須 28
【夕部】
外 9
名 13
多 13
舞 32
【夂部】
夏 23
【丬(爿)部】
將 27
【广部】
庸 26
廉 31
廟 34
慶 34
廢 34
應 36
廬 37
【门(門)部】
門 18
閉 25
問 25
間 28
聞 32
閒 32
閹 35
闕 35
闌 36
關 37
【宀部】
它 10
守 14
宅 14
安 14
完 15
宋 15
定 19
宜 19
官 19
宦 22
室 22
客 22
害 24
家 24
宵 24
宫 24
容 24
案 24
富 29
塞 31
寘 31
賓 33
寡 33
察 33
寧 33
實 33
【辶(辵)部】
近 15
送 22
逆 22
連 23
逌 23
逐 23
造 23
通 25
過 26
進 26
遇 28
逾 28
道 29
遂 29
遠 30
遺 30
還 30
遨 32
適 32
邈 36
邊 36
【尸部】
尺 7
尾 16
居 19
居 19
屈 19
屋 22
屬 37
【己(已巳)部】
己 3
已 3
改 16
忌 16
【弓部】
弘 10
弩 20
弱 24
張 27
强 29
【子部】
子 3
存 12
孟 20
孫 24
【屮部】
出 10
【女部】
女 4
奴 10
如 14
好 14
妻 18
怨 21
妬 20
始 20
姦 22
婦 27
媚 31
【马(馬)部】
馬 23
馳 29
駟 33
驕 37
【幺部】
幾 29
【王(玉)部】
王 4
玉 8
理 25
望 26
聖 30
環 35
璧 36
璽 37
【无(旡)部】
暨 33
蠶 37
【韦(韋)部】
韋 22
【木部】
木 5

材 14
李 14
林 17
枝 17
來 17
相 20
柢 20
桓 23
桀 24
梧 25
梁 27
植 27
棼 27
棲 27
榆 30
榣 32
榑 33
樂 34
樹 35
橋 35
櫋 36
權 37
【支部】
支 5
【犬(犭)部】
犯 9
狗 19
哭 23
狼 24
猶 29
獨 35
獻 37
【歹(歺)部】
列 12
死 12
殊 23
殘 28
【车(車)部】
車 14
軹 27
軫 27
載 29
輕 32
轉 36
【戈部】
戎 10
成 12
戒 14
或 17
戚 25
戰 35
【比部】
比 6
皆 20
【止部】
止 6
此 12
步 14
武 16
肯 18
歲 30
歸 36
【攴(攵)部】
收 14
政 20
故 20
敖 23
效 24
教 25
救 25
敝 26
敢 27
散 27
敬 27
敺 33
數 34
變 37
【日(冃曰)部】
曰 6
日 6
昔 17
昆 18
明 18
春 20
昧 20
是 20
昜 21
冒 21
星 21
昭 21
晉 23
時 23
曹 25
最 28
智 28
曾 29
嘗 32
暴 34
【贝(貝)部】
則 20
貤 23
責 25
敗 25
貴 28
費 29
資 31
賢 33
賦 34
賤 34
賜 34
質 34
贊 37
【水(氵氺)部】
水 6
汲 14
沙 15
泅 15
法 19
河 19
注 19
泣 19
治 19
泰 22
洫 22
洛 22
津 22
涑 24
涉 24
海 24
淺 26
淮 26
深 26
湯 29
溝 31
溫 31
潢 33
漳 33
澤 35
濕 36
濟 36
【见(見)部】
見 14
規 25
親 35
觀 37
【牛部】
告 15
物 18
【手部】
投 14
拔 16
招 17
拜 21
持 20
振 23
挾 23
挩 23
掊 25
掌 28
摯 33
撓 33
據 34
操 34
擇 34
擊 36
攀 37
攘 37
【气部】
氣 23
【长(镸長)部】
長 16
【斤部】
新 31
斷 36
【爪(爫)部】

爭 19
奚 24
爲 28
舜 29
愛 31
【父部】
父 7
【月部】
月 7
有 11
股 19
肥 19
服 19
胡 20
胠 21
脊 24
期 27
腴 29
勝 29
腸 31
臂 36
【氏部】
氏 7
【欠部】
欺 27
歌 32
【殳部】
殺 24
毁 30
穀 33
穀 33
【文部】
文 7
【方部】
方 7
於 19
施 22
旗 33
【火(灬)部】
煮 27
無 28
然 29
熒 33
燕 34
【户部】
戹 10
所 18
戾 19
【心(忄㣺)部】
心 7
忘 15
忍 16
快 15
忠 18
怨 21
急 21
怒 22
恃 22
恆 22
恐 23
悍 24
悔 24
患 25
惡 27
惠 28
惑 28
愚 30
慎 31
憐 34
懮 36
懼 37
【毋(母)部】
毋 8
母 10
【示(礻)部】
社 16
祀 16
祝 22
祭 26
視 27
禍 29
禁 30
福 31
禮 36
【甘部】
甘 8
邯 14
某 20
【石部】
破 23
【龙(龍)部】
龍 35
【业部】
業 30
【目部】
睢 30
【田部】
田 9
畏 21
胃 21
思 21
留 24
畜 24
異 25
當 30
纍 37
【罒部】
罠 30
罪 30
蜀 30
罷 34
【皿部】
盈 22
益 24
盛 25
監 32
【生部】
生 9
【矢部】
知 18
短 28
【禾部】
禾 9
利 15
私 15
和 18
秋 21
秦 22
乘 23
稽 34
稷 34
積 35
穰 37
【鸟(鳥)部】
鳥 26
【疒部】
病 24
疾 24
疵 26
癰 36
【立部】
立 10
【穴部】
窘 29
窮 34
竅 36
竊 37
【疋(⺪)部】
胥 22
疏 29
楚 30
【皮部】
皮 10
【癶部】
發 29
【矛部】
矜 22
務 25
【老(耂)部】
老 10
孝 14
者 16
耆 23
【耳部】
耳 11
耶 17
取 17
聵 33
聲 35
聽 37
【臣部】
臣 11
臨 36
【覀(襾西)部】
西 11

要 20
賈 30
【而部】
而 12
【页部】
順 28
頓 30
顧 37
顯 37
【至部】
至 12
致 23
【虍(虎)部】
虎 18
虛 25
虜 25
處 25
虞 30
慮 34
【虫部】
蚤 22
蛇 25
蟬 36
【肉部】
肉 13
【竹(⺮)部】
竺 18
竽 21
笑 24
符 26
笥 26
等 28
節 30
箸 32
籠 37
【臼部】
臿 21
【自部】
自 13
息 24
臯 28
【血部】
衆 28
【舟部】
舟 13
【色部】
色 13
【齐(齊)部】
齊 32
齎 37
【衣(衤)部】
衣 13
初 16
補 29
【羊部】
羊 14
美 22
義 31
羣 31
【米部】
粱 31
【聿(⺻ 肀)部】
書 24
肆 31
盡 33
【羽部】
羽 14
翟 33
翦 34
【糸(纟 糹)部】
紂 22
約 22
素 23
索 23
納 25
終 27
紫 28
絶 29
經 31
絳 31
綸 33
緩 34
繚 36
繰 37
繼 37
續 37
【走部】
走 14
起 23
越 27
趙 31
趨 35
【赤部】
赤 14
赦 25
【豆部】
豎 33
【辰部】
辱 23
【里部】
里 14
【足部】
足 14
距 25
路 30
踵 35
踰 35
【邑(阝右)部】
邑 15
郊 19
郢 20
都 23
部 24
鄉 27
鄢 30
鄙 30
鄲 32
鄰 33
鄭 33
鄴 34
【身部】
身 15
躬 24
【采部】
悉 26
【谷部】
谷 15
欲 26
【角部】
解 31
觸 37
【言部】
言 15
計 21
託 24
許 26
詔 29
試 31
詩 31
誠 31
誅 31
諍 31
諫 32
語 32
說 32
請 34
諸 34
諎 34
諒 34
謀 35
謁 35
謂 35
諭 35
講 36
謝 36
謹 36
警 36
識 37
譔 37
【辛部】
辛 15
辨 35
辭 37
辯 37
【青部】
靜 34
【龺部】
乾 25
朝 27
韓 35
【雨部】
雨 18
雲 28
霸 37
【非部】

非 18
【齿(齒)部】
齕 36
齮 37
【隹部】
隹 18
睢 30
雖 36
離 36
難 36
讎 37
【阜(阝左)部】
阿 16
降 20
除 22
陵 24
陳 24
陰 24
陶 24
隋 27
陽 27
隨 33
【金(钅)部】
金 19
鈞 28
鋪 34
鑽 37
【鱼(魚)部】
魚 26
魯 34
【革部】
革 20
鞅 32
【面部】
面 20
【骨部】
骨 21
【鬼部】
魏 36
【食部】
食 21
飲 29
餌 32
餘 34
【音部】
音 22
章 26
竟 26
意 31
【首部】
首 22
【鬲部】
鬻 37
【高部】
高 24
鄗 29
膏 32
【黄部】
黄 27
【鹿部】
鹿 26
麋 36
麛 37
【黑部】
黑 28
黨 37

ā
阿 16
āi
哀 22
ài
愛 31
ān
安 14
陰 24
àn
岸 18
案 24
áng
印 7
áo
敖 23
ǎo
媼 31
ào
敖 23
ba
罷 34
bā
八 1
bá
拔 16
bà
伯 15
罷 34
霸 37
bǎi
百 11
bài
拜 21
敗 25

bǎn
反 6
bàn
半 10
辨 35
bàng
並 19
bāo
包 9
葆 27
bǎo
保 21
葆 27
bào
報 27
暴 34
bēi
卑 18
běi
北 9
bèi
北 9
拔 16
倍 24
備 28
bǐ
比 6
卑 18
彼 18
鄙 30
bì
必 10
服 19
畢 23
閉 25

敝 26
費 29
臂 36
璧 36
biān
邊 36
biǎn
辨 35
biàn
便 21
辨 35
辯 37
變 37
bié
蟞 36
bīn
賓 33
bìn
賓 33
bīng
兵 15
并 18
bìng
并 18
並 19
病 24
bō
發 29
bó
百 11
伯 15
掊 25
暴 34
bǔ
補 29

bù
不 5
布 9
步 14
部 24
cái
在 11
材 14
cài
蔡 32
cān
參 27
cán
殘 28
塹 33
蠶 37
càn
參 27
操 34
cāo
操 34
cáo
曹 25
cēn
參 27
céng
曾 29
增 33
chā
臿 21
chá
察 33
chán
單 28
蟬 36

chàn
塹 33
cháng
長 16
尚 18
常 25
腸 31
嘗 32
cháo
朝 27
chē
車 14
chě
尺 7
chè
宅 14
徹 34
chēn
臣 11
chén
陳 24
chéng
成 12
承 20
城 20
乘 23
盛 25
誠 31
chèng
黨 37
chí
治 19
持 20
馳 29
離 36

chǐ
尺 7
赤 14
chì
赤 14
啻 29
chóng
重 21
chǒng
龍 35
chóu
讎 37
chǒu
丑 7
chū
出 10
初 16
chú
助 14
除 22
畜 24
諸 34
chǔ
楚 30
處 25
chù
處 25
觸 37
chuān
川 2
chuán
傳 30
chuí
垂 18
chūn
春 20
chǔn
春 20
cī
疵 26
cí
子 3
兹 22
辭 37
cǐ
此 12
cì
次 13
賜 34
cōng
從 26
cóng
從 26
cù
取 17
卒 19
戚 25
數 34
趨 35
cuī
衰 24
cuì
萃 25
卒 19
cún
存 12
cuò
昔 17
譜 34
dà
大 1
dài
大 1
代 9
戴 29
帶 25
遝 30
dān
丹 7
單 28
鄲 32
dǎn
單 28
dàn
啗 26
dāng
當 30
dǎng
黨 37
dàng
湯 29
當 30
dǎo
道 29
dào
陶 24
道 29
dé
得 26
德 34
děng
等 28
dí
適 32
翟 33
dǐ
柢 20
dì
地 10
弟 15
帝 22
diàn
田 9
diǎo
鳥 26
diào
趙 31
dié
涉 24
dìng
定 19
dōng
東 17
dū
都 23
dú
頓 30
獨 35
dǔ
竺 18
dù
妬 20
duǎn
短 28
duàn
斷 36
duī
庳 31
duì
兑 15
對 32
dùn
頓 30
duō
多 13
duó
奪 32
duò
隋 27
墮 33
ē
阿 16
è
戹 10
惡 27
閼 35
ér
而 12
ěr
耳 11
餌 32
èr
二 1
貳 27
fā
發 29
fá
伐 13
fǎ
法 19
fān
反 6
fán
凡 2
fǎn

反 6
fàn
反 6
犯 9
fāng
方 7
fáng
方 7
fēi
非 18
féi
肥 19
fěi
非 18
fèi
費 29
廢 34
翯 35
fēn
分 7
棼 27
fén
棼 27
fèn
分 7
fēng
封 20
fèng
奉 16
fōu
不 5
fǒu
不 5
fū
不 5
夫 5
fú
夫 5
弗 10
服 19
符 26
福 31
fǔ
父 7
fù
父 7
服 19
負 21
報 27
婦 27
復 28
富 29
賦 34
gǎi
改 16
gài
匄 9
gān
甘 8
乾 25
gǎn
敢 27
gāo
咎 19
高 24
皐 28
膏 32
橋 35
gào
告 15
膏 32
gē
割 29
歌 32
gé
革 20
假 26
gě
合 13
gēng
更 14
gèng
更 14
恆 22
gōng
工 1
公 7
功 8
共 11
攻 14
宮 24
宮 24
躬 24
gǒng
共 11
gòng
共 11
恐 23
gōu
句 9
溝 31
gǒu
苟 17
狗 19
gòu
句 9
講 36
gū
家 24
gǔ
古 9
谷 15
苦 17
股 19
骨 21
賈 30
穀 33
gù
告 15
固 18
故 20
顧 37
guǎ
寡 33
guān
官 19
矜 22
冠 22
綸 33
關 37
觀 37
guàn
冠 22
關 37
觀 37
guāng
潢 33
guī
規 25
歸 36
guǐ
垝 20
guì
垝 20
貴 28
guō
過 26
guó
國 25
guǒ
果 18
guò
過 26
hǎi
海 24
hài
害 24
hán
邯 14
韓 35
hàn
悍 24
háng
行 13
hàng
行 13
hǎo
好 14
hào
好 14
鄗 29
hē
何 15
阿 16
hé

禾 9
合 13
何 15
和 18
河 19
害 24
齕 36
hè
何 15
和 18
㕡 32
hēi
黑 28
héng
恆 22
衡 35
hóng
弘 10
降 20
hóu
侯 21
越 27
hòu
后 13
厚 20
後 21
hū
乎 9
武 16
虖 25
惡 27
hú
胡 20
hǔ
虎 18

許 26
huā
華 23
huá
華 23
huà
華 23
huái
淮 26
huài
壞 36
huán
桓 23
環 35
huǎn
緩 34
huàn
宦 22
患 25
huáng
潢 33
huǎng
潢 33
huàng
潢 33
huī
睢 30
墮 33
huí
回 13
huǐ
悔 24
huì
惠 28
會 31

壞 36
hún
昆 18
huò
或 17
惑 28
禍 29
㕡 32
jī
其 17
奇 18
居 19
期 27
幾 29
資 31
齊 32
稽 34
積 35
擊 36
齎 37
jí
及 2
汲 14
亟 20
革 20
急 21
疾 24
棘 28
藉 35
jǐ
己 3
脊 24
棘 28
幾 29
濟 36

jì
近 15
忌 16
其 17
計 21
祭 26
棘 28
幾 29
資 31
齊 32
暨 33
稷 34
濟 36
繼 37
jiā
加 10
挾 23
家 24
jiǎ
甲 9
叚 22
夏 23
假 26
賈 30
jià
假 26
賈 30
jiān
姦 22
兼 24
堅 25
淺 26
間 28
監 32
jiǎn

前 22
齊 32
翦 34
jiàn
見 14
間 28
監 32
劍 34
賤 34
jiāng
將 27
jiǎng
講 36
jiàng
將 27
降 20
jiāo
交 13
郊 19
教 25
鄗 29
橋 35
驕 37
jiǎo
橋 35
jiào
教 25
jie
家 24
jiē
皆 20
jié
劫 14
桀 24
節 30

jiě
解 31
jiè
介 7
芥 14
戒 14
解 31
諎 34
藉 35
jīn
今 7
金 19
津 22
矜 22
禁 30
jǐn
盡 33
謹 36
jìn
近 15
晉 23
唫 26
進 26
禁 30
盡 33
jīng
經 31
jǐng
井 5
警 36
jìng
勁 20
竟 26
敬 27
靜 34
jiǒng
窘 29
jiǔ
九 1
久 2
句 9
jiù
咎 19
救 25
就 29
jū
且 9
車 14
居 19
俱 24
睢 30
雎 30
jú
告 15
jǔ
巨 6
去 8
舉 35
jù
巨 6
句 9
足 14
具 18
俱 24
距 25
據 34
懼 37
jué
決 14
屈 19
御 28
絶 29
jūn
旬 13
君 16
軍 22
鈞 28
kǎi
豈 23
kě
可 9
kè
可 9
客 22
kěn
肯 18
kǒng
恐 23
kǒu
口 2
kū
哭 23
kǔ
苦 17
kuā
華 23
kuài
夬 7
快 15
會 31
kuàng
兄 9
kuī
規 25
kuì
歸 36
kūn
昆 18
卵 15
kùn
困 15
kuò
會 31
lái
來 17
lài
來 17
厲 32
lán
闌 36
láng
狼 24
láo
勞 29
lǎo
老 10
lào
勞 29
樂 34
lè
樂 34
léi
纍 37
lěi
纍 37
lí
離 36
lǐ
李 14
里 14
理 25
禮 36
lì
力 1
立 10
吏 11
利 15
戾 19
厲 32
䰛 35
離 36
lián
令 9
連 23
廉 31
憐 34
liáng
梁 27
粱 31
liǎng
兩 17
liàng
兩 17
諒 34
liáo
勞 29
繚 36
liè
列 12
戾 19
lín
林 17
鄰 33
臨 36
lìn

臨 36
lǐng
令 9
陵 24
lìng
令 9
liú
留 24
liǔ
留 24
蔞 32
liù
六 7
lóng
龍 35
籠 37
lǒng
龍 35
籠 37
lóu
蔞 32
lú
慮 34
廬 37
lǔ
魯 34
lù
六 7
谷 15
鹿 26
路 30
慮 34
luǎn
卵 15
lún
綸 33
luǒ
果 18
luò
洛 22
路 30
樂 34
lǚ
呂 15
lǜ
率 26
衛 31
閭 32
慮 34
lüè
衛 31
mǎ
馬 23
mài
賣 33
máng
龍 35
máo
茅 17
mǎo
卯 9
mào
冒 21
méi
麋 36
某 20
měi
美 22
mèi
昧 20
mén
門 18
méng
夢 30
蒙 30
mèng
孟 20
夢 30
mí
麋 36
靡 37
miǎn
免 15
勉 21
miàn
面 20
miǎo
邈 36
miào
廟 34
mín
民 10
míng
名 13
明 18
冥 24
mìng
命 19
mó
莫 23
無 28
mò
末 8
百 11
冒 21
莫 23
móu
毋 8
謀 35
mǒu
某 20
mǔ
母 10
mù
木 5
莫 23
墓 30
ná
南 20
nà
納 25
nǎi
乃 1
迺 20
nài
奈 18
能 25
nán
南 20
難 36
nàn
難 36
náo
撓 33
néng
而 12
能 25
nǐ
疑 32
nì
逆 22
nián
年 13
niàn
廿 5
念 19
niǎo
鳥 26
níng
疑 32
寧 33
nìng
寧 33
nú
奴 10
nǔ
弩 20
nù
怒 22
nuó
難 36
nǚ
女 4
nǜ
女 4
ōu
毆 33
ǒu
禺 21
pān
攀 37
pàn
反 6
半 10
páng

方 7
pǎng
膖 36
páo
包 9
pèi
佩 18
péng
倗 31
pěng
奉 16
pī
皮 10
pí
比 6
皮 10
罷 34
pián
平 9
便 21
辯 37
piàn
辨 35
píng
平 9
pò
破 23
霸 37
póu
掊 25
pǒu
部 24
掊 25
pū
鋪 34

pù
暴 34
鋪 34
qī
七 1
妻 18
期 27
棲 27
欺 27
qí
其 17
奇 18
耆 23
幾 29
齊 32
旗 33
齎 37
qǐ
豈 23
起 23
幾 29
稽 34
qì
妻 18
泣 19
亟 20
氣 23
戚 25
棄 29
器 35
qiān
千 2
qián
前 22
乾 25

qiǎn
淺 26
遣 30
qiāng
將 27
慶 34
qiáng
强 29
qiāo
郜 29
橋 35
qiáo
招 17
橋 35
qiào
竅 36
qiě
且 9
qiè
竊 37
qīn
親 35
qín
秦 22
禽 28
勤 30
qìn
親 35
qīng
卿 24
輕 32
慶 34
qíng
請 34
qǐng

請 34
qìng
請 34
慶 34
qióng
睘 30
窮 34
qiū
丘 9
秋 21
遒 23
qiú
仇 6
求 14
遒 23
qū
去 8
曲 13
取 17
迿 19
屈 19
胠 21
敺 33
趨 35
qú
句 9
懼 37
qǔ
曲 13
取 17
qù
去 8
趨 35
quán
全 13

權 37
quàn
勸 36
quē
屈 19
què
卻 28
qún
羣 31
rán
然 29
rǎn
姌 16
ráng
穰 37
壤 37
攘 37
rǎng
穰 37
壤 37
攘 37
ràng
攘 37
rě
若 17
rén
人 1
仁 6
任 13
rěn
忍 16
rèn
刃 4
仞 9
任 13

réng
𠯆 9
rì
日 6
róng
戎 10
容 24
ròu
肉 13
rú
如 14
rǔ
女 4
辱 23
rù
入 1
蓐 30
ruì
兊 15
ruò
若 17
弱 24
sà
卅 5
殺 24
蔡 32
sāi
思 21
sài
塞 31
sān
三 1
參 27
sǎn
參 27
散 27
sàn
散 27
sāo
繰 37
sè
色 13
塞 31
shā
沙 15
莎 23
殺 24
shà
沙 15
舍 19
shài
殺 24
shān
山 2
shǎn
塹 33
shàn
單 28
善 29
shāng
商 26
湯 29
傷 31
shǎng
上 2
shàng
上 2
尚 18
sháo
勺 2
招 17
shǎo
少 6
shào
少 6
召 10
詔 29
shé
它 10
蛇 25
shě
舍 19
shè
社 16
舍 19
涉 24
赦 25
葉 27
shēn
申 9
身 15
呻 18
信 21
罙 24
深 26
參 27
shén
什 6
shèn
甚 20
罙 24
shēng
生 9
勝 29
聲 35
shèng
乘 23
盛 25
勝 29
聖 30
shī
失 9
施 22
師 24
詩 31
濕 36
shí
十 1
什 6
食 21
時 23
實 33
識 37
shǐ
史 9
使 18
始 20
施 22
shì
士 1
氏 7
世 9
市 10
式 10
事 17
侍 18
舍 19
是 20
室 22
恃 22
耆 23
埶 25
視 27
勢 30
試 31
適 32
奭 33
澤 35
shōu
收 14
shǒu
守 14
首 22
shòu
受 19
壽 32
shū
殊 23
書 24
紓 26
疎 29
shú
孰 26
shǔ
蜀 30
數 34
屬 37
shù
術 26
豎 33
數 34
樹 35
shuāi
衰 24
shuài

率 26
衛 31
shuǎng
爽 25
shuǐ
水 6
shuì
挩 23
說 32
shùn
舜 29
順 28
shuō
說 32
shuò
數 34
sī
司 10
私 15
思 21
sǐ
死 12
sì
四 9
司 10
似 13
祀 16
思 21
食 21
笥 26
駟 33
sǒng
從 26
sòng
宋 15
送 22
sóu
涑 24
sū
蘇 36
sú
俗 21
sù
素 23
涑 24
遬 32
數 34
蘇 36
suī
睢 30
雖 36
suí
隋 27
隨 33
suì
術 26
遂 29
歲 30
sūn
孫 24
suō
莎 23
獻 37
suǒ
所 18
索 23
tà
遝 30
濕 36
tāi
台 10
tái
台 10
能 25
臺 32
tài
大 1
泰 22
能 25
tān
貪 26
tàn
貪 26
tāng
湯 29
tǎng
黨 37
tàng
湯 29
táo
陶 24
tè
貳 27
tì
弟 15
適 32
tiān
天 5
tián
田 9
寘 31
tiáo
脩 24
tīng
聽 37
tíng
廷 13
tōng
通 25
tóng
同 13
重 21
tóu
投 14
tuán
剸 30
tuí
庳 31
tuō
它 10
挩 23
託 24
說 32
tuó
它 10
tuǒ
隋 27
tuò
唾 26
wài
外 9
wān
關 37
wán
完 15
wàn
萬 27
wáng
亡 2
王 4
wǎng
王 4
方 7
往 18
wàng
王 4
忘 15
往 18
望 26
wēi
危 13
畏 21
微 31
wéi
韋 22
唯 26
圍 28
爲 28
魏 36
wěi
尾 16
唯 26
睢 30
wèi
未 8
位 15
畏 21
胃 21
尉 27
爲 28
衛 35
謂 35
魏 36
wēn
溫 31

wén
文 7
聞 32
wěn
吻 20
wèn
文 7
免 15
問 25
聞 32
wēng
翁 24
wěng
翁 24
wǒ
我 15
果 18
wū
惡 27
於 19
屋 22
wú
亡 2
毋 8
吾 14
吳 15
梧 25
無 28
wǔ
五 5
武 16
務 25
舞 32
wù
勿 7
物 18
梧 25
務 25
惡 27
xī
棲 27
西 11
昔 17
奚 24
息 24
悉 26
喜 27
xí
擊 36
xǐ
喜 27
璽 37
xì
氣 23
xiá
甲 9
假 26
xià
假 26
下 1
夏 23
xiān
先 13
xián
賢 33
xiǎn
顯 37
xiàn
見 14
縣 35
獻 37
xiāng
相 20
鄉 27
襄 36
xiáng
降 20
xiǎng
鄉 27
攘 37
xiàng
相 20
鄉 27
xiāo
宵 24
驕 37
xiǎo
小 2
宵 24
xiào
孝 14
笑 24
宵 24
效 24
xié
挾 23
xiè
解 31
謝 36
xīn
心 7
辛 15
新 31
親 35
xìn
信 21
xīng
星 21
興 35
xíng
刑 10
荆 10
行 13
xìng
行 13
幸 17
興 35
xiōng
兄 9
xiū
休 13
脩 24
xū
胥 22
須 28
xú
徐 24
xǔ
休 13
許 26
xù
洫 22
畜 24
續 37
xuān
縣 35
xuē
薛 35
xuè
決 14
xūn
旬 13
循 28
xùn
孫 24
yā
厭 32
yà
御 28
yān
身 15
焉 25
鄢 30
厭 32
燕 34
閹 35
閼 35
yán
延 13
言 15
yǎn
厭 32
yàn
雁 28
厭 32
燕 34
yāng
央 9
鞅 32
yáng
羊 14
昜 21
陽 27
湯 29
yǎng

印 7
養 33
yāo
要 20
yáo
陶 24
堯 27
猶 29
踰 35
yǎo
要 20
yào
樂 34
要 20
yé
耶 17
yě
也 4
冶 15
yè
葉 27
業 30
謁 35
yī
一 1
衣 13
蛇 25
壹 27
意 31
yí
台 10
夷 12
宜 19
施 22
貤 23
焉 25
疑 32
yǐ
已 3
以 7
矣 16
齮 37
yì
失 9
亦 13
衣 13
役 13
邑 15
食 21
施 22
貤 23
益 24
埶 25
異 25
意 31
義 31
肄 31
厭 32
鄴 34
澤 35
yīn
因 13
音 22
陰 24
yín
唫 26
yǐn
飲 29
yìn
陰 24
壹 27
飲 29
yīng
央 9
應 36
yíng
盈 22
熒 33
yǐng
郢 20
yìng
應 36
yōng
禺 21
庸 26
癰 36
yòng
用 9
yōu
懮 36
yóu
尤 6
由 9
猶 29
yǒu
又 1
友 6
有 11
脩 24
懮 36
yòu
又 1
右 9
有 11
囿 21
yú
予 8
吾 14
吳 15
余 15
於 19
俞 21
禺 21
竽 21
魚 26
萮 27
逾 28
腴 29
愚 30
榆 30
虞 30
與 30
餘 34
踰 35
輿 36
yǔ
予 8
羽 14
雨 18
梧 25
萮 27
與 30
語 32
yù
玉 8
谷 15
或 17
雨 18
禺 21
欲 26
訏 26
萮 27
尉 27
逾 28
御 28
遇 28
與 30
語 32
閼 35
諭 35
鬻 37
yuán
垣 20
園 30
yuǎn
遠 30
yuàn
怨 21
愿 32
yuē
曰 6
約 22
yuè
月 7
越 27
說 32
樂 34
yún
雲 28
yùn
怨 21
zāi
菑 25
zǎi
載 29

zài
再 11
在 11
載 29
zàn
蹔 33
贊 37
zàng
葬 27
zǎo
蚤 22
繰 37
zào
造 23
zé
則 20
責 25
諎 34
擇 34
澤 35
zēng
曾 29
增 33
zhǎ
諎 34
zhāi
齊 32
zhái
宅 14
翟 33
zhài
責 25
祭 26
zhàn
戰 35
zhāng
章 26
張 27
漳 33
zhǎng
長 16
掌 28
zhàng
丈 2
長 16
張 27
zhāo
招 17
昭 21
朝 27
zhào
召 10
詔 29
趙 31
zhé
適 32
zhě
者 16
zhēn
振 23
zhěn
振 23
軫 27
zhèn
陳 24
振 23
zhēng
正 8
爭 19
政 20
zhěng
承 20
zhèng
正 8
爭 19
政 20
鄭 33
靜 34
zhī
之 2
支 5
氏 7
枝 17
知 18
智 28
zhí
植 27
zhǐ
止 6
耆 23
視 27
軹 27
zhì
至 12
志 14
制 18
知 18
治 19
致 23
智 28
寘 31
摯 33
質 34
識 37
zhōng
中 6
忠 18
終 27
衆 28
zhǒng
踵 35
zhòng
中 6
重 21
衆 28
zhōu
舟 13
周 19
鬻 37
zhòu
注 19
紂 22
祝 22
zhū
朝 27
誅 31
諸 34
zhú
竺 18
逐 23
zhǔ
主 9
煮 27
屬 37
zhù
助 14
注 19
祝 22
除 22
箸 32
zhuān
剸 30
zhuǎn
轉 36
zhuàn
傳 30
轉 36
譔 37
zhuī
隹 18
zhūn
頓 30
zhuó
勺 2
zī
次 13
玆 22
菑 25
資 31
齊 32
齎 37
zǐ
子 3
紫 28
zì
自 13
事 17
菑 25
zōng
從 26
zǒng
從 26
zòng
從 26
zǒu

走 14
zū
諸 34
zú
足 14
卒 19
zuǎn
纘 37
zuì
最 28
罪 30
zūn
尊 29
zǔn
尊 29
zuǒ
左 9
zuò
左 9
坐 15
諎 34
無讀音字:
𢦏 10
㫖 16
戓 18
倲 18
岂 18
㑳 18
娷 21
鈑 23
𢭏 23
偃 26
倂 26
湼 29
陰 29
䈍 30
㒕 33
遾 33
䝏 34
䰄 35
攢 36
廦 36
顡 36
𧖣 36
澫 37

0010.4
主 9
0010.8
立 10
0011.1
疵 26
0011.4
癱 36
0012.7
病 24
0013.4
疾 24
0021.1
鹿 26
0021.2
盧 37
0021.4
離 36
0021.6
竟 26
0022.3
齊 32
齎 37
0022.7
方 7
市 10
高 24
商 26
庸 26
膏 32
帝 22
廟 34
0023.1
應 36
0023.7
廉 31
0024.1
麝 37
0024.7
廢 34
慶 34
0029.4
麋 36
0033.0
亦 13
0033.1
忘 15
0033.6
意 31
0040.0
文 7
0040.1
辛 15
0040.3
率 26
0040.6
章 26
0040.8
交 13
卒 19
0044.1
辨 35
辯 37
0060.1
言 15
音 22
0060.2
啻 29
0060.3
畜 24
0069.6
諒 34
0070.0
亡 2
0073.2
衣 13
哀 22
衰 24
襄 36
0080.0
六 7
0090.4
棄 29
0121.1
龍 35
0166.1
語 32
0261.4
託 24
0292.1
新 31
0364.0
試 31
0365.0
誠 31
識 37
0391.4
就 29
0441.7
孰 26
0460.0
計 21
謝 36
0461.4
謹 36
0464.1
詩 31
0466.0
諸 34
0466.1
諎 34
0469.4
謀 35
0562.7
請 34
0564.7
講 36
0569.0
誅 31
0662.7
謁 35
謂 35
0691.0
親 35
0710.4
望 26
0722.7
鄗 29
0742.7
郊 19
0762.7
部 24
詡 26
0766.2
詔 29
0768.1
譔 37
0821.2
施 22
0823.3
於 19
0828.1
旗 33
0844.0
效 24
0861.6
說 32
0862.1
論 35
0864.0
許 26
1000.0
一 1
1010.0
二 1
工 1
1010.1
三 1
正 8
1010.3
玉 8
璽 37
1010.4
王 4
至 12
1010.7
五 5
1021.2
死 12
1022.7
而 12
兩 17
雨 18
1023.0
下 1

1024.7
夏 23
1032.7
焉 25
1033.1
惡 27
1040.0
耳 11
1040.4
要 20
1040.9
平 9
1043.0
天 5
1044.7
再 11
1050.6
更 14
1052.7
霸 37
1060.0
百 11
西 11
面 20
1060.1
吾 14
晉 23
1062.0
可 9
1073.1
雲 28
1080.6
賈 30
1090.0
不 5
1111.0
北 9
1111.1
非 18
1113.6
蠶 37
1123.2
張 27
1140.6
廼 20
1220.0
列 12
1223.0
弘 10
水 6
1224.7
發 29
1240.0
刑 10
1240.1
廷 13
延 13
1249.3
孫 24
1314.0
武 16
1325.3
殘 28
1412.7
功 8
勁 20
1413.1
聽 37
1463.4
髭 35
1464.7
破 23
1519.6
疎 29
1529.0
殊 23
1610.4
聖 30
1611.4
理 25
1613.2
環 35
1623.6
强 29
1710.4
亟 20
1710.5
丑 7
1710.7
盂 20
盈 22
1712.0
羽 14
1712.7
耶 17
弱 24
1714.0
取 17
1720.2
予 8
1721.4
翟 33
1722.6
翯 35
1722.7
乃 1
胥 22
務 25
鬻 37
1723.2
承 20
1724.7
及 2
1732.0
刃 4
1732.7
鄢 30
1733.1
忌 16
恐 23
1733.2
忍 16
1740.7
子 3
1750.1
羣 31
1760.2
召 10
1760.7
君 16
1762.0
司 10
1768.2
歌 32
1771.7
己 3
已 3
1780.6
負 21
1814.0
攻 14
政 20
致 23
敢 27
1822.7
矜 22
1874.0
改 16
2010.4
垂 18
重 21
2021.4
隹 18
往 18
讎 37
2021.8
位 15
2022.7
爲 28
2024.1
辭 37
2025.2
舜 29
2026.1
信 21
倍 24
2033.9
悉 26
2040.0
千 2
2040.7
受 19
愛 31
2040.9
乎 9

2043.0
奚 24
2050.7
爭 19
2077.7
舌 21
2090.1
乘 23
2090.4
禾 9
2093.2
穰 37
2108.6
順 28
2110.0
上 2
止 6
2111.0
此 12
2120.1
步 14
2121.0
仁 6
2121.1
能 25
2121.3
偃 26
2121.7
虎 18
2122.0
何 15
2122.1
行 13
術 26
衛 31
衞 35
衡 35
2122.7
肯 18
2123.4
虞 30
2123.6
慮 34
2124.1
處 25
2124.6
便 21
2124.9
虜 25
2125.3
歲 30
2128.6
須 28
2133.1
毖 18
2155.0
拜 21
2160.1
皆 20
2171.0
比 6
2172.7
師 24
2190.3
紫 28
2191.1
經 31
2200.0
川 2
2210.7
亂 36
2210.8
豈 23
2220.0
制 18
2221.4
任 13
2222.7
傰 31
2224.1
岸 18
2224.7
後 21
2226.4
循 28
2240.4
委 21
2240.7
變 37
2245.3
幾 29
2272.1
斷 36
2277.0
山 2
2277.2
出 10
2290.0
利 15
2290.4
樂 34
2291.3
繼 37
2293.0
私 15
2294.7
緩 34
2320.0
外 9
2320.2
參 27
2323.4
獻 37
2324.0
代 9
2325.0
伐 13
2333.3
然 29
2343.0
矣 16
2355.0
我 15
2360.0
台 10
2396.1
稽 34
2420.0
什 6
2421.1
先 13
2421.7
仇 6
2422.7
備 28
2423.1
德 34
2424.1
侍 18
2424.7
彼 18
2429.0
休 13
2441.2
勉 21
2460.1
告 15
2472.1
齮 37
2480.6
贊 37
2490.0
紂 22
2492.7
納 25
2498.6
續 37
2499.6
繚 36
2503.0
失 9
2510.0
生 9
2520.6
使 18
2524.3
傳 30
2529.2
倈 18
2540.7
肆 31
2590.4
桀 24
2598.6
積 35

2600.0
自 13
2620.0
伯 15
2622.7
觸 37
2624.1
得 26
2629.4
保 21
2633.0
息 24
2640.0
卑 18
2640.3
皐 28
2641.3
魏 36
2690.0
和 18
2694.7
稷 34
2699.4
繰 37
2712.7
歸 36
2720.7
多 13
2721.0
佩 18
2721.2
危 13
2721.6
免 15
2722.0
勿 7
仞 9
御 28
御 28
2722.7
偏 18
躬 24
鄉 27
2723.2
衆 28
2723.4
侯 21
2724.0
將 27
2724.7
役 13
假 26
2725.2
解 31
2728.1
俱 24
2732.0
勺 2
2732.7
鳥 26
2733.1
怨 21
2733.6
魚 26
2733.7
急 21
2740.0
身 15
2744.0
舟 13
2748.1
疑 32
2752.0
物 18
2760.0
名 13
2760.3
魯 34
2762.0
句 9
旬 13
2764.0
叡 32
2771.2
包 9
2771.7
色 13
2772.0
匂 9
2780.0
久 2
2790.1
祭 26
2791.7
絶 29
2792.0
約 22
2793.3
終 27
2820.0
似 13
2822.7
傷 31
2824.0
微 31
徹 34
2824.1
倂 26
2824.7
復 28
2826.8
俗 21
2828.1
從 26
2829.4
徐 24
2837.7
縉 37
2860.4
咎 19
2870.0
以 7
2871.7
齕 36
2874.0
收 14
2892.7
綸 33
2998.0
秋 21
3010.4
室 22
塞 31
3010.7
宜 19
3011.4
注 19
淮 26
3011.8
泣 19
3012.3
濟 36
3014.6
漳 33
3020.1
寧 33
3021.1
完 15
3021.7
戹 10
3022.7
宵 24
寡 33
窮 34
3023.2
家 24
3023.4
戾 19
3024.1
庳 31
廦 36
廦 36
3024.8
竅 36
3030.1
進 26
3030.2
適 32
3030.7
之 2
3034.2
守 14
3040.4
安 14
3054.4

窔 24
3060.1
害 24
3060.3
宮 24
3060.4
客 22
3060.6
宮 24
富 29
3060.7
窘 29
3060.8
容 24
3071.1
它 10
3071.4
宅 14
3071.7
宦 22
3077.7
官 19
3080.1
定 19
寘 31
3080.6
實 33
賓 33
3090.1
察 33
3090.4
宋 15
案 24
3092.7
竊 37
3112.0
河 19
3112.1
涉 24
3126.6
福 31
3128.6
顧 37
3130.3
逐 23
3130.6
逎 23
3212.7
湍 37
3222.7
脊 24
3230.2
近 15
3260.0
割 29
3290.4
業 30
3300.0
心 7
必 10
3315.3
淺 26
3316.0
冶 15
治 19
3322.7
補 29
3390.4
梁 27
粱 31
3410.0
對 32
3413.1
法 19
3418.6
潢 33
3421.0
社 16
3430.3
遠 30
3430.6
造 23
3510.7
津 22
3513.0
决 14
3514.7
溝 31
3519.6
涑 24
3521.8
禮 36
3530.0
連 23
3530.7
遣 30
3611.7
溫 31
3612.7
湯 29
3613.3
濕 36
3614.1
澤 35
3621.0
祝 22
視 27
3630.1
邈 36
3630.2
遇 28
邊 36
3630.3
遝 30
3711.0
洫 22
3711.2
浧 29
3714.7
汲 14
3716.4
洛 22
3718.2
次 13
3719.4
深 26
3721.4
冠 22
3721.7
祀 16
3722.0
初 16
3722.7
禍 29
3730.2
通 25
迥 19
過 26
3730.8
選 32
3750.6
軍 22
3780.0
冥 24
3780.6
資 31
3792.7
鄴 34
3815.7
海 24
3830.2
逾 28
3830.3
送 22
遂 29
遯 33
3830.6
道 29
3830.7
逆 22
3912.0
沙 15
4000.0
十 1
4001.1
左 9
4001.7
九 1
4002.7
力 1
4003.0
大 1
4003.4
爽 25
4003.6

奭 33
4004.7
友 6
4010.0
士 1
4010.4
臺 32
4010.8
壹 27
4013.2
壞 36
壤 37
4021.1
堯 27
4021.4
在 11
4022.7
布 9
有 11
肉 13
南 20
4024.7
皮 10
存 12
4033.1
志 14
赤 14
4033.6
煮 27
4034.1
奪 32
4040.0
女 4
4040.1
幸 17
4040.7
支 5
李 14
4044.4
姦 22
4050.6
韋 22
4051.4
難 36
4060.0
古 9
右 9
4060.5
喜 27
4062.1
奇 18
4064.1
壽 32
4071.0
七 1
4073.1
去 8
4080.1
走 14
4080.6
賣 33
4090.0
木 5
4090.1
奈 18
4090.3
索 23
4090.8
來 17
4111.6
垣 20
4146.0
姤 20
4188.6
頬 36
4191.6
桓 23
4196.1
梧 25
4292.7
橋 35
4294.0
柢 20
4301.0
尤 6
4310.0
式 10
4313.2
求 14
4315.0
城 20
4323.2
狼 24
4345.0
戕 10
4346.0
始 20
4355.0
載 29
4380.0
貳 27
4380.5
越 27
4400.0
卅 5
4410.0
封 20
4410.4
墓 30
4411.2
地 10
4411.7
埶 25
4412.7
勤 30
4412.9
莎 23
4420.7
夢 30
4422.0
蔕 27
4422.2
茅 17
4422.7
帶 25
莽 27
萬 27
勸 36
4422.8
芥 14
4423.2
蒙 30
4424.3
蓐 30
4429.4
葆 27
4433.1
燕 34
4439.4
蘇 36
4440.4
蔓 32
4440.7
孝 14
4440.8
萃 25
4442.7
勢 30
4443.0
莫 23
4444.1
葬 27
4445.6
韓 35
4450.2
摯 33
攀 37
4450.4
華 23
4450.6
革 20
4460.0
者 16
4460.1
昔 17
耆 23
4460.3
菑 25
4460.4
若 17
苦 17
4462.7
苟 17
4471.1
老 10

甚 20
4471.2
也 4
4471.7
世 9
4472.7
劫 14
4474.1
薛 35
4477.0
廿 5
甘 8
4480.1
共 11
其 17
楚 30
4490.0
材 14
樹 35
4490.1
禁 30
蔡 32
4490.4
某 20
葉 27
4491.4
權 37
4491.7
植 27
4494.7
枝 17
4496.1
藉 35
4499.0
林 17
4553.0
鞅 32
4594.4
棲 27
4600.0
加 10
4621.0
觀 37
4622.7
獨 35
4640.0
如 14
4641.7
媼 31
4690.0
相 20
4711.2
垝 20
4720.7
弩 20
4721.2
犯 9
4722.0
狗 19
4733.4
怒 22
4740.1
聲 35
4742.0
朝 27
4742.7
婦 27
4744.0
奴 10
4744.7
好 14
報 27
4745.0
娟 16
4745.7
娟 16
4762.0
胡 20
4762.7
都 23
4772.7
邯 14
4780.1
起 23
4780.2
趨 35
4782.0
期 27
4788.2
欺 27
4794.7
殺 24
榖 33
4814.0
救 25
4816.6
增 33
4824.0
敖 23
散 27
4826.1
猶 29
4834.0
赦 25
4841.7
乾 25
4844.0
教 25
4860.1
警 36
4864.0
故 20
敬 27
4892.1
楡 30
4980.2
趙 31
5000.0
丈 2
5000.6
中 6
申 9
史 9
吏 11
車 14
5000.7
事 17
5003.0
夫 5
夬 7
央 9
5003.2
夷 12
攘 37
5006.1
掊 25
5010.7
盡 33
5013.2
泰 22
5033.3
惠 28
5033.6
忠 18
患 25
5040.4
妻 18
5050.3
奉 16
5060.0
由 9
5060.1
書 24
5060.3
春 20
5080.6
責 25
貴 28
5090.0
未 8
末 8
5090.3
素 23
5090.4
秦 22
5090.6
東 17
5101.1
輕 32
5103.2
振 23
據 34
5178.6
頓 30
5200.0

刑 10
5225.7
靜 34
5230.0
剸 30
5252.4
塹 33
5304.7
拔 16
5310.0
或 17
5310.7
盛 25
5311.1
蛇 25
5320.0
成 12
戚 25
5333.0
惑 28
5340.0
戎 10
戒 14
5401.1
撓 33
5403.8
挾 23
5404.1
持 20
5500.0
井 5
5502.7
弗 10
5504.3
轉 36
5560.0
曲 13
5560.6
曹 25
5580.6
費 29
5599.2
棘 28
5601.0
規 25
5604.1
擇 34
5608.0
軹 27
5609.4
採 23
操 34
5615.6
蟬 36
5704.7
投 14
5706.2
招 17
5750.2
擊 36
5801.6
挩 23
5802.2
軫 27
5803.3
撍 33
5844.0
數 34
5908.6
擯 36
6000.0
口 2
6001.4
唯 26
睢 30
6001.5
睢 30
6010.0
日 6
曰 6
6010.4
星 21
里 14
6011.1
罪 30
6011.4
雖 36
6012.7
蜀 30
6013.2
暴 34
6014.7
最 28
6015.3
國 25
6021.0
兄 9
四 9
見 14
6021.1
罷 34
6022.7
囿 21
昜 21
胃 21
6023.2
園 30
6033.0
思 21
6033.1
黑 28
6033.2
愚 30
6040.0
田 9
6042.7
禺 21
6043.0
因 13
吳 15
6050.0
甲 9
6050.4
畢 23
6050.6
圍 28
6060.0
回 13
呂 15
㕣 16
冒 21
6060.3
呂 15
6060.4
固 18
6071.1
昆 18
6071.7
邑 15
6073.2
畏 21
睘 30
6080.1
足 14
是 20
異 25
6080.4
吳 15
6080.7
員 34
6090.3
纍 37
6090.4
困 15
果 18
6111.7
距 25
6138.6
顯 37
6201.4
唾 26
6211.4
踵 35
6280.0
則 20
6299.3
縣 35
6355.0
戰 35
6384.0
賦 34
6385.3
賤 34
6404.1
時 23

6481.2
貤 23
6500.6
呻 18
6509.0
昧 20
6643.0
哭 23
6650.6
單 28
6666.3
器 35
6682.7
賜 34
6702.0
明 18
戜 18
6702.7
叻 9
6706.2
昭 21
6707.7
啗 26
6712.7
郢 20
6716.4
路 30
6752.7
鄲 32
6762.7
鄙 30
6801.9
唫 26
6812.1
踰 35
6884.0
敗 25
7010.3
璧 36
7011.4
睢 30
7011.5
睢 30
7022.7
臂 36
7110.6
暨 33
7121.4
雁 28
7122.0
阿 16
7122.7
厲 32
7123.4
厭 32
7123.9
愿 32
7124.7
厚 20
7132.7
馬 23
7134.3
辱 23
7171.7
巨 6
臣 11
7173.2
長 16
7174.7
歐 33
7210.1
丘 9
7222.1
所 18
7224.7
反 6
7226.1
后 13
7232.7
驕 37
7274.0
氏 7
7280.1
兵 15
7280.6
質 34
7410.4
墮 33
7412.7
助 14
7420.0
尉 27
7422.7
隋 27
7423.1
胠 21
7423.2
隨 33
7424.7
陵 24
7431.2
馳 29
7521.8
體 36
7529.6
陳 24
7622.7
陽 27
腸 31
7630.0
駟 33
7710.0
且 9
7710.4
堅 25
7710.8
豎 33
7713.6
蚤 22
7721.0
凡 2
7721.4
尾 16
屋 22
7721.7
肥 19
7722.0
月 7
用 9
同 13
周 19
陶 24
7722.7
骨 21
脩 24
屬 37
7723.3
隊 35
7723.7
腴 29
7724.7
服 19
股 19
叚 22
閉 25
7725.4
降 20
7726.4
居 19
7727.2
屈 19
7740.0
又 1
7740.1
聞 32
7744.0
丹 7
7750.0
母 10
7750.3
舉 35
7755.0
毌 8
7760.0
問 25
7760.2
留 24
7760.6
閭 32
7760.7
間 28
7771.6
闇 35
7772.0
印 7

卯 9
卵 15
卿 24
7774.7
民 10
7777.2
闢 37
7777.7
門 18
7780.1
具 18
與 30
興 35
輿 36
7780.6
賢 33
7780.7
尺 7
7790.6
闌 36
7810.7
監 32
7823.1
陰 24
7823.7
隂 29
7829.4
除 22
7876.6
臨 36
7922.7
勝 29
8000.0
人 1
入 1
八 1
8010.2
並 19
8010.4
全 13
8010.7
益 24
8010.9
金 19
8012.7
翁 24
翦 34
8020.7
今 7
8021.6
兌 15
8022.0
介 7
俞 21
8022.1
前 22
8022.7
分 7
弟 15
8023.7
兼 24
8025.1
舞 32
8030.7
令 9
8033.1
無 28
8033.2
念 19
8034.6
尊 29
8040.0
父 7
8042.7
禽 28
8043.0
美 22
8044.1
幷 18
并 18
8050.0
年 13
8050.1
羊 14
8055.3
義 31
8060.1
合 13
首 22
8060.4
舍 19
8060.5
善 29
8060.6
曾 29
會 31
8060.8
谷 15
8062.7
命 19
8073.2
公 7
食 21
茲 22
養 33
8080.6
貪 26
8090.4
余 15
8091.7
氣 23
8141.8
短 28
8174.0
餌 32
8274.7
鈑 23
8280.0
劍 34
8312.7
鋪 34
8640.0
知 18
8660.0
智 28
8712.0
鈞 28
8742.7
鄭 33
8768.2
欲 26
8778.2
飲 29
8810.1
竺 18
8810.4
坐 15
8821.1
籠 37
8824.3
符 26
8834.1
等 28
8840.1
竽 21
8843.0
笑 24
8860.4
箸 32
8862.7
笥 26
8872.7
節 30
8879.4
餘 34
8890.4
筞 30
9000.0
小 2
9020.0
少 6
9022.6
尙 18
9022.7
常 25
9033.1
黨 37
9050.0
半 10
9050.2
掌 28
9060.1
嘗 32
9060.6
當 30

9101.7
恆 22
9104.7
懮 36
9404.1
恃 22
9503.0
快 15
9601.4
懼 37
9604.1
悍 24
9722.7
鄰 33
9805.7
悔 24
9824.0
敞 26
9873.2
襒 36
9905.9
憐 34
9942.7
勞 29
9980.9
熒 33

工君奚洫 39
大公望 39
勺氏 39
勺弘 39
勺是 39
勺信 39
子之 39
子義 39
王齮 39
井忌 39
公 39
公中 39
公中倗 39
公玉丹 39
公孫央 39
公孫鞅 39
丹 39
文信侯 39
田代 39
田伐 39
田林 39
田併 39
田賢 39
句淺 39
主君 39
弘 39
召公奭 39
成陽君 39
安陵氏 39
安陵是 39
邯鄲君 39
李終 39
李園 39
辛 39
辛梧 39
宋竅 39
尾星 39
奉陽 39
奉陽君 39
武 39
武安君 39
長安君 39
長馴 39
知伯 39
使孫 39
周納 39
周濕 39
宜信君 39
屈匄 39
孟卯 39
春申君 39
茺 39
相夷 39
昭襄王 39
侯濡 39
韋非 39
紂 39
秦王 39
秦孝王 39
起賈 39
挽 39
桓 39
夏后 39
倗 39
徐 39
徐爲 40
桀 40
高陵君 40
陳臣 40
陳軫 40
乾徐爲 40
乾圚 40
爽 40
盛慶 40
得 40
許翦 40
梁王 40
張庫 40
張義 40
堯 40
惠王 40
須賈 40
舜 40
湯 40
湿子 40
强得 40
蒙敖 40
楚王 40
箕 40
庳 40
義 40
粱王 40
粱氏 40
經陽君 40
趙大后 40
趙王 40
趙氏 40
趙甲 40
趙足 40
蔡烏 40
齊王 40
鄭王 40
增參 40
豎 40
纂子 40
圚 40
慶 40
燕人 40
燕王 40
燕后 40
薛公 40
橋 40
韓山 40
韓王 40
韓氏 40
韓是 40
韓倗 41
韓傰 41
魏王 41
魏氏 41
魏印 41
魏是 41
襄子 41
襄安君 41
襄疵 41
犀皮 41
蟬尤 41
蘇 41
蘇秦 41
蘇脩 41
蘇厲 41
繰去 41
觸龍 41
犀皮 41
縉子 41
穰侯 41

九夷 43
三川 43
三晉 43
三梁 43
下蔡 43
大粱 43
上地 43
上常 43
上黨 43
山 43
山北 43
山南 43
勺 43
王公 43
支臺 43
巨鹿 43
中山 43
平陵 43
北地 43
北宅 43
代 43
召 43
式翟 43
荆丘 43
共 43
成皋 43
曲逆 43
羊腸 43
安邑 43
安陵 43
邯 43
邯鄲 43
邯戰 43
吕遂 43
吳 43
宋 43
阿 43
長安 43
長社 43
茅 43
東國 43
兩周 43
昆陽 43
岸門 43
垂都 43
周 43
河 43
河内 44
河北 44
河外 44
河西 44
河東 44
河間 44
注 44
降 44
垣雍 44
垝津 44
胡 44
南陽 44
郢 44
恆山 44
屋 44
泰行 44
秦 44
華 44
莎丘 44
晉 44
晉國 44
翁是 44
高平 44
脊 44
涉谷 44
冥戹 44
陳 44
陰 44
陶 44
乾 45
符逾 45
進北 45
許 45
章 45
商閹 45
淮北 45
參川 45
貳周 45
越 45
煮棘 45
黄 45
葉 45
朝歌 45
軹 45
雲夢 45
單父 45
圍 45
陰 45
鄢 45
鄢陵 45
墓 45
蒙 45
楚 45
楚國 45
睢陽 45
睢 45
蜀潢 45
會稽 45
溫 45
粱 45
粱西 45
粱南 45
塞 45
趙 45
蔡 46
監 46
鄲 46
舞陽 46
膏腴 46
齊 46
鄭 46
熒陽 46
熒澤 46
漳 46
寧 46
寧陽 46
綸山 46
鄰 46
鋪 46
魯 46
燕 46
燕國 47
燕陽 47
閼輿 47
衞 47
韓 47
魏 47
麇關 47
濟西 47
濟陽 47
壞 47

單字索引

【一】 23

○言毋舍也. 6-2 齊燕爲○. 6-17 齊燕爲○. 6-22 若出○口. 8-3 ○. 8-16 勸之爲○. 10-20 今韓氏以○女子奉○弱主. 12-24 二國爲○. 14-21 ○死生於趙. 14-25 非○舉之事也. 15-6 然則韓○年有餘矣. 15-6 九夷方○百里. 17-8 夫○齊之强. 17-9 是○世之命制於王也. 19-2 公令秦韓之兵不[用而得地][有○大]德. 19-22 此百世○時也. 20-6 洛之以○名縣. 20-16 此以○爲二之計也. 20-16 今或得韓○名縣具甲. 20-18 ○舉而地畢. 22-16 是計○得也. 22-20 卒○萬. 23-6

【二】 11

○者大物也. 4-2 宦○萬甲自食以功宋. 8-8 ○萬甲自食以功秦. 8-8 ○國爲一. 14-21 大凡○千八百七十. 17-4 是益○齊也. 17-9 此以一爲○之計也. 20-16 拔○城. 21-17 故加君○人之上. 21-21 是計○得也. 22-21 今者秦之攻將以行幾○千里. 23-3

【十】 13

臣以車百五○乘入齊. 6-18 王請以百五○乘. 7-9 若不欲請以五[○]乘來. 7-10 五百七○. 12-16 大縣數○. 13-20 八百五○八. 14-8 五百六○三. 15-10 ○五歲矣. 15-23 五百六○九. 16-14 大凡二千八百七○. 17-4 賈○倍. 17-11 以河間○城封秦相文信侯. 21-18 大縣○七. 22-10

【七】 7

守○仞之城. 12-6 陵○刃之城. 12-7 五百○十. 12-16 秦○攻魏. 13-17 大凡二千八百○十. 17-4 則地與王布屬壤芥者○百里. 18-16 大縣十○. 22-10

【八】 7

亦以○月歸兵. 5-11 亦以○月歸兵. 5-12 割○縣. 11-21 割○縣之地. 12-2 ○百五十○. 14-8 大凡二千○百七十. 17-4

【人】 62

愿王之使○反復言臣. 2-6 奉陽君使周納告寡○曰. 2-12 寡○弗信也. 2-13 勺止臣而它○取齊. 3-5 迺免寡○之冠也. 4-13 ○無信則不徹. 4-25 非所以爲○也. 5-1 寡○與子謀功宋. 5-9 寡○恃燕勺也. 5-10 兵率有子循而不知寡○得地於宋. 5-11 王告○. 5-13 它○將非之以敗臣. 6-2 燕○承. 6-15 [寡○之彧功宋也]. 8-10[寡○已舉宋講矣]. 8-10 [俞疾功菑四寡○有聞粱]. 8-11 寡○之所以有講慮者有. 8-14 寡○之所爲功秦者. 8-15 寡○失望. 8-16 [寡○之吵功宋也]. 8-1 7 [寡○已舉宋講矣]. 8-18 [寡○有聞粱]. 8-19 [寡○恐粱氏之棄與國而獨取秦也]. 8-21 寡○之上計. 8-23 最寡○之大下也. 8-23 粱氏不恃寡○. 8-24 樹寡○曰. 8-24 寡○將反貴也. 8-25 寡○無之. 8-25 使○於齊大夫之所而俞語則有之. 8-25 寡○不見使. 9-1 寡○有反貴之慮. 9-2 寡○[入兩使陰成於秦]. 9-2 [寡○恐粱氏之棄與國而獨取秦也]. 9-3 此寡○之約也. 9-7 寡○許之已. 9-9 殺○之母而不爲其子禮. 10-8 毋與它○矣. 10-12 齊○攻燕. 11-17 燕○不割而故國復反. 11-18 古之爲利者養○. 14-15 立重者畜○. 14-15 故古之○患利重之奪. 14-16 甚於婦○. 15-25 婦○異甚. 15-25 剴○主之子侯. 16-7 ○主子也. 16-13 然兄○臣乎. 16-14 侯不使○謂燕相國曰. 16-19 聖○不能爲時. 16-19 衆○喜之. 18-7 子來救[寡]○可也. 19-8 不救寡○. 19-8 寡○弗能枝. 19-9 故加君二○之上. 21-21 天下○無不死者. 22-2 秦○無奈粱何也. 22-14 ○許子兵甚俞. 24-8 [楚]楚○然後舉兵兼承吾國之敝. 24-14 而兼爲楚○禽弋. 24-15 邯鄲君榣於楚○之許己兵而不肯和. 24-16 楚○然後舉兵. 24-17

【入】 16

○秦使. 1-10 臣以車百五十乘○齊. 6-18 身御臣以○. 6-19 而○之秦與宋以謀齊. 7-4 [○兩使陰成於秦]. 8-20 寡人[○兩使陰成於秦]. 9-2 其鄙盡○粱氏矣. 9-9 [天]下將○地與重摯於秦. 9-19 地未畢○而兵復出矣. 11-21 ○北宅. 11-22 ○北宅. 12-3 五○囿中. 13-17 出○賦之是魏重質韓以其上黨也. 14-4 而○朝爲臣不久矣. 14-8 ○而徐趨. 15-15 姦趙○秦. 21-17

【九】 3

伐楚○歲. 6-7 五百六十○. 16-14 ○夷方一百里. 17-8

【力】 4

此非兵○之請也. 12-2 因天下之○. 16-22 今足下功○非數加於秦也. 18-7 今胃馬多○. 20-9

【乃】 18

○不離親. 4-22 ○不延. 4-23 ○不竊. 4-24 事○時爲也. 6-22 [○來諍得]. 8-11 [○來諍得]. 8-18 ○貴固於齊. 8-25 ○罷粱圍. 12-16 秦○在河西. 13-20 兵○出. 15-13 ○自强步. 15-19 兵○出. 16-12 齊○西師以唫强秦. 18-22 ○以柢罪取伐. 18-24 ○胃魏王曰. 20-8 ○警公中倗. 20-17 ○警四竟之內. 20-25 粱兵果六月○出. 22-4

【又】 1

[○況於使]秦無韓. 13-21

【三】 56

臣有○資者以事王. 4-21 ○王代立. 5-2 功秦○年. 6-7 今○晉之敢據薛公與不敢據. 6-21 ○晉必不敢變. 6-22 ○晉有變. 6-22 而臣不能使王得志於○晉. 6-25 王堅○晉亦從王. 8-6 [○]. 8-11 [○]. 8-19 ○晉與燕爲王功秦. 9-17 今王棄○晉而收秦. 9-18 是王破○晉而復臣天下也. 9-19 愿王之完○晉之交. 9-20 今秦王請侍王以○四年. 19-23 ○晉大破. 10-3 莫能合○晉以功秦. 10-14 ○晉之交完於齊. 0-17 ○晉之約散. 10-19 驕敬○晉. 10-20○晉以王爲愛己忠己. 10-21 愿王之毋以此畏○晉也. 10-24 王以和○晉伐秦. 10-25 ○晉相豎也而傷秦. 11-4 ○晉伐秦. 11-5 ○晉必無變. 11-5 ○晉若愿乎. 11-6 ○晉若不愿乎. 11-6 ○晉豈敢爲王驕. 11-7 若○晉相豎也以功秦. 11-7 ○晉必破. 11-9 ○晉必不敢反. 11-9 請毋至○月而王不見王天下之業. 11-10 王舉霸王之業而以臣爲○公. 11-12 戰勝○粱. 11-16 行○千里而攻冥戹之塞. 13-6 今韓受兵○年. 13-23 五百六十○. 15-10 日○四里. 15-20 今○世以前. 16-5 ○王者皆賢矣. 16-21 ○百. 17-4 今以○齊臨燕. 17-9 立○帝以令於天下. 17-20 並立○王. 17-23 距莎丘巨鹿之囿○百里. 18-14 秦以○軍功王之上常而包其北. 18-17 今增注委恆山而守○百里. 18-18 此○葆者. 18-19 倗將榑○國之兵. 19-12 義[將]榑○國之兵. 19-15 名存亡[國][實伐○川]而歸. 19-16 [請與韓地而王以]施○川. 19-18 秦兵[不用而得○川]. 19-19 是計○得也. 22-22 ○年. 24-16

【工】 2

○君奚洫曰. 23-25 ○君奚洫曰. 24-5

【士】 9

臣大息○民. 7-15 ○民句可復用. 7-17 歸息○民而復之. 10-18 此○民不勞而故地盡反矣. 14-2 然則王何不使辯○以若說說秦王曰. 17-16 然則[王]何不使辯○以如說[說]秦. 18-3 且說○之計皆曰. 18-12 ○卒則有爲死. 23-9 則不能自植○卒. 23-12

【下】 78

○. 1-12 天○有謀齊者請功之. 2-15 若以天○焉. 2-19 而俱諍王於天○. 3-23 天○不功齊. 4-4 天○功齊. 4-5 ○. 4-7 臣舉天○使臣之封不塹. 4-11 天○之欲傷燕者與羣臣之欲害臣者將成之. 5-13 足○雖怒於齊. 5-16 天○不能功秦. 5-20 [齊王]甚懼而欲先天○. 5-21 今有鬻天○以取秦. 5-24 如是而薛公徐爲不能以天○爲其所欲. 5-24 則天○故不能謀齊矣. 5-25 王明視天○以有燕. 6-24 欲得燕與天○之師. 7-4 則天○必曰. 7-8 燕不應天○以師. 7-8 請貴重之高賢足○. 7-11 必毋聽天○之惡燕交者. 7-14 則完天○之交. 7-16 天○必無敢東視. 7-18 兄臣能以天○功秦. 7-18 臣以足○之所與臣約者告燕王. 8-4 天○惡燕而王信之. 8-7 爲王何患無天○. 8-12 最寡人之大○也. 8-23 使天○汹汹然. 8-24 其○完交而講. 9-7 與國不先反而天○有功之者. 9-12 是王破三晉而復臣天○也. 9-19 [天]○將入地與重摯於秦. 9-19 臣以爲不利於足不○. 9-20 齊取東國○蔡. 10-4 天○孰能禁之. 10-5 天○之兵皆去秦而與齊諍宋地. 10-23 請毋至三月而王不見王天○之業. 11-10 臣以爲不○卅萬. 12-5 此天○之所試也. 12-20 請爲天[○雁]行頓[刃][楚趙]必疾兵. 13-24 非盡亡天○之兵而臣海內. 13-25 夫存韓安魏而利天○. 14-3 天○西舟而馳秦. 14-8 私心以公爲爲天○伐齊. 14-10 故能制天○. 14-17 以爲○蔡啓. 15-1 天○且功齊. 15-2 周與天○交長. 15-4 天○齊齊不侍夏. 15-5 天○休. 15-6 假君天○數年矣. 16-16 天○必聽. 16-17 不王天○. 16-20 今天○攻齊. 16-21 因天○之力. 16-22 天○之從於君也. 17-2 霸天○. 17-12 今爲齊○. 17-15 爲之○者. 17-17 立三帝以令於天○. 17-20 天○孰敢不聽. 17-21 天○服聽因迿韓魏以伐齊. 17-22 今足○功力非數加於秦也. 18-7 ○吏皆以秦爲夏趙而曾齊. 18-8 故以齊餌天○. 18-10 恐天○之疑己. 18-11 此天○所明知也. 18-23 天○必以王爲義矣. 19-1 天○必重王. 19-2 王以天○就之. 19-2 王以天○之. 19-2 臣愿王與○吏羊計某言而竺慮之也. 19-3 天○必芯王. 21-5 天○人無不死者. 22-2 必破秦於粱○矣. 23-1 天○之見也. 23-4 秦必可破粱○矣. 23-10

【大】 84

齊趙○惡. 1-12 今臣欲以齊○[惡]而去趙. 1-13 齊趙必○惡矣. 1-14 燕事小○之諍. 1-15 死亦○物已. 1-20 故臣使辛謁○之. 1-21 以與勺爲○仇可也. 2-23 燕之○過. 2-25 齊必爲燕○患. 3-9 ○者可以使齊毋謀燕. 3-9 以便王之○事. 3-10 使齊○戒而不信燕. 3-13 臣雖無○功. 3-23 二者○物也. 4-2 燕○夫將不信臣. 4-3 ○. 4-7 毋辱○王之廷. 5-4 子以齊○重秦. 6-16 則○夫之謀齊者○解矣. 7-5 有使蘇[秦]○貴齊貴之之車也. 7-8 若慮○惡則無之. 7-13 燕○惡. 7-14 臣○息士民. 7-15 最寡人之○下也. 8-23 使人於齊○夫之所而俞語則有之. 8-25 ○對也. 9-1 ○上破之. 9-6 齊必取○粱以東. 9-15 三晉○破. 10-3 攻○粱. 11-15 燕趙之所以國○兵强而地兼諸侯者. 11-18 以攻○粱. 12-4 以戎○粱. 12-5 故○后. 12-20 內有○亂. 12-24 與○粱鄰. 12-25 倍○粱. 13-7 ○粱必亡. 13-11 王之使者○過. 13-12○縣數十. 13-20 此亦王之○時已. 14-3 以率○粱. 14-6 楚趙○破. 14-7 秦兩縣齊晉以持○重. 14-14 畏齊○甚也. 15-7 趙○后規用事. 15-12 必[以]○后少子長安君來質. 15-12 ○后不肯. 15-13 ○臣强之. 15-13 ○后明胃左右曰. 15-14 ○后盛氣而胥之. 15-15 故愿

望見○后. 15-17 ○后之色少解. 15-20 ○后曰. 15-23 ○后曰. 16-4 ○后曰. 16-11 此君之○時也. 16-21 而君之○名也. 16-23 ○凡二千八百七十. 17-4 其過必○. 17-9 ○上破秦. 17-14 公令秦韓之兵不[用而得地][有一○]德. 19-22 ○公望封齊. 20-4 今燕之罪○. 20-5 今胃楚强○則有矣. 20-10 ○恐. 20-17 國不○病矣. 20-23 [秦]必○怒. 20-23 愿○國肆意於秦. 21-2 秦因○怒. 21-8 韓是○敗. 21-9 秦○舉兵東面而齎趙. 21-23 ○縣十七. 22-10 令梁中都尉○將. 22-12 梁之羣臣必○過矣. 22-15 國必○危矣. 22-15 此梁楚齊之○福已. 22-23 與楚梁○戰長社. 23-3○臣則有爲守. 23-9 則死王更有○慮. 23-14 則秦之攻梁必○破臣來獻計王弗用臣. 23-20 ○緩救邯鄲. 24-5 ○似有理. 24-10

【丈】 5

○亦愛憐少子乎. 15-24 千○之城. 22-10 以萬○之城. 22-24 [城百]○. 23-6 城萬○. 23-6

【上】 28

事之○. 1-12 請以齊爲○交. 2-15 此其○計也. 2-24 勺毋惡於齊爲○. 3-3 勺氏將悉○黨以功秦. 7-25 寡人之○計. 8-23 大○破之. 9-6 秦取梁之○黨. 10-1 秦取勺之○地. 10-2 秦取乾之○地. 10-2 欲王之縣陶平陵於薛公奉陽君之○以勉之. 11-2 臣聞魏氏悉其百縣勝甲以○. 12-4 夫[越山與河][絶]韓○黨而功强趙. 13-3 通韓○黨於共寧. 14-4 出入賦之是魏重質韓以其○黨也. 14-4 晉之○也. 14-12 秦之○也. 14-14 ○黨寧陽. 15-6 大○破秦. 17-14 ○交也. 18-4 尊○交. 18-4 秦盡韓魏之○黨. 18-15 秦以三軍功王之○常而包其北. 18-17 宜正爲○交. 18-24 秦餘楚爲○交. 21-15 故加君二人之○. 21-21 餘燕爲○交. 21-22 固秦之○計也. 22-16

【小】 8

燕事○大之諍. 1-15 必○割而有質. 11-25 可以○割而收也. 12-9 亟以○割收魏. 12-10 魏方疑而得以○割爲和. 12-10 長○國. 16-17 不穀唯○. 21-2 ○縣有市者卌有餘. 22-10

【口】 6

固知必將有○. 4-2 魚必不聽衆○與造言. 4-6 是故無不以○齊王而得用焉. 4-9 今王以衆○與造言罪臣. 4-9 若出一○. 8-3 楚國之○雖. 24-17

【山】 14

使韓○獻書燕王曰. 1-20 使如中○. 10-18 宋中○數伐數割. 11-19 而宋中○可毋爲也. 11-20 夫[越○與河][絶]韓上黨而功强趙. 13-3 有河○以闌之. 13-16 ○南○北河外河內. 13-19 無[河]○而闌之. 13-21 利擯河○之間. 14-19 ○陵堋. 16-10 中○亡. 18-14 今增注委恆○而守三百里. 18-18 綸○之玉不出. 18-19

【千】 10

行三○里而攻冥戹之塞. 13-6 晉國去梁○里. 13-15 晉國去梁○里而禍若是矣. 13-20 大凡二○八百七十. 17-4 北至於[榆中]者○五百里. 18-15 勝○鈞. 20-9 ○鈞非馬之任也. 20-10 ○丈之城. 22-10 今者秦之攻將以行幾二○里. 23-3 必收地○里. 23-5

【川】 5

韓亡參○. 18-12 名存亡[國][實伐三○]而歸. 19-16 [請與韓地而王以]施三○. 19-18 [○][韓]韓是之兵不用而得地[於楚]. 19-18 秦兵[不用而得三○]. 19-19

【久】 11

恐○而後不可救也. 2-5 必毋使臣○於勺也. 2-6 燕齊之惡也○矣. 3-8 秦之欲許○矣. 13-12 而入朝爲臣不○矣. 14-8 不得見○矣. 15-16 剴非計長○. 16-3 楚○伐. 18-14 今從强秦○伐齊. 18-19 夫秦之欲伐王○矣. 20-18 ○者壽. 22-2

【勺】 62

今齊王使李終之○. 2-2 怒於○之止臣也. 2-3 使○足問之臣. 2-4 齊○之惡日益. 2-5 必毋使臣久於○也. 2-6 欲從韓梁取秦以謹○. 2-10 ○以用薛公徐爲之謀謹齊. 2-11 燕○循善矣. 2-14 使予齊○矣. 2-16 王必○之功齊. 2-19 諸可以惡齊○[者]將之. 2-22 以與○爲大仇可也. 2-23 必善○. 2-23 齊○循善. 2-25 [將]養○而美之齊乎. 2-25 臣以齊善○. 3-2 ○非可與功齊也. 3-2 ○毋惡於齊爲上. 3-3 齊○不惡. 3-3 ○止臣而它人取齊. 3-5 臣止於○而侍其魚肉. 3-5 次可以惡齊○之交. 3-10 齊○之交. 3-11 燕非與齊謀○. 3-12 ○疑燕而不功齊. 3-14 齊○遇於阿. 3-15 公玉丹之○致蒙. 3-19 惡齊○之交. 3-21 齊○皆嘗謀. 3-22 齊○未嘗謀燕. 3-22 臣止於○. 4-12 寡人恃燕○也. 5-10 有慮從○取秦. 5-22 今梁○韓薛公徐爲有辭. 5-22 齊先鬻○以取秦. 5-23 後賣秦以取○而功宋. 5-23 愿王之使○弘急守徐爲. 5-25 欲以取○. 6-9 ○是不得. 6-9 而○氏不得. 6-10 謀取○. 6-11 必○也. 6-13 傷齊者必○. 6-15 ○氏終不可得已. 6-15 ○悍則伐之. 6-17 自○獻書於齊王曰. 7-22 臣之○. 7-22 ○氏將悉上黨以功秦. 7-25 ○氏之慮. 8-2 必爲兩啬以功○. 8-2 [今燕○之兵皆至矣]. 8-11 自○獻書於齊王曰. 8-14 [今燕○之兵皆至矣]. 8-19 今齊○燕循相善也. 9-13 齊○功梁. 9-15 ○必取河內. 9-16 以功○. 10-1 秦取○之上地. 10-2 ○從. 10-2 姢○信. 10-10 反爲王誅○信. 10-10 割○必穾. 21-24

【凡】 1

大○二千八百七十. 17-4

【及】 4

愿○未寘叡谷而託之. 15-24 禍○其身. 16-7 遠者○其孫. 16-7 市朝未罷過○於趙. 18-13

【亡】 31

而國隋以○. 11-19 則國求毋○. 11-24 陶必○. 12-9 王以爲不○乎. 12-25 韓○. 12-25 韓○之後. 13-2 韓○之後. 13-9 大梁必○. 13-11 墮安陵是而○之. 13-13 所○秦者. 13-19 識○不聽. 13-24 非盡○天下之兵而臣海內. 13-25 ○宋得. 14-22 魏○晉國. 14-24 存○之幾也. 16-18 吳不○越. 16-24 越故○吳. 16-24 齊不○燕. 16-24 燕故○齊. 16-24 吳○於越. 16-24 齊○於燕. 16-25 欲以○韓呻兩周. 18-9 韓○參川. 18-12 魏○晉國. 18-12 中山○. 18-14 名存○[國][實伐三川]而歸. 19-16 將以救○. 22-12 ○弗能存. 22-18 以○爲存耶. 22-20 齊楚見○不叚. 23-1 主君何爲○邯鄲以敝魏氏. 24-15

【之】 554

恐趙足臣○所惡也. 1-4 今奉陽[君]○使與封秦也. 1-6 臣聞王○不安. 1-9 臣甚愿○中重齊欲如齊. 1-9 使齊韓梁[燕]約御軍○日無伐齊. 1-10 事○上. 1-12 趙○禾也. 1-13 甚不欲臣○之齊也. 1-14 有不欲臣○之韓梁也. 1-15 燕事小大○諍. 1-15 臣甚患趙○不出臣也. 1-16 愿王○爲臣故. 1-16 臣使慶報○後. 1-20 徐爲○與臣言甚惡. 1-20 臣甚難○. 1-21 故臣使辛謁大○. 1-21 且我夏○. 2-1 臣爲此無敢去○. 2-1 王○賜使使孫與弘來. 2-1 言臣○後. 2-2 奉陽君徐爲○視臣益善. 2-2 有遣臣○語矣. 2-2 今齊王使李終○勺. 2-2 怒於勺○止臣也. 2-3 使勺足問○臣. 2-4 臣○所患. 2-5 齊勺○惡日益. 2-5 齊王○言臣. 2-6 愿王○使人反復言臣. 2-6 以齊○任臣. 2-10 勺以用薛公徐爲○謀謹齊. 2-11 信奉陽君使周納言○曰. 2-13 天下有謀齊者請功○. 2-15 臣○所不功齊. 2-17 王必勺○功齊. 2-19 爲趙擇必趙○不合齊秦以謀燕也. 2-20 諸可以惡齊勺[者]將○. 2-22 奉陽君○所欲. 2-24 燕○大過. 2-25 [將]養勺而美○齊乎. 2-25 惡○齊乎. 3-1 齊趙○惡從已. 3-4 愿王○定慮而羽鑽臣也. 3-4 燕齊○惡也久矣. 3-8 臣處於燕齊○交. 3-8 臣○計曰. 3-9 次可以惡齊勺○交. 3-10 以便王○大事. 3-10 是王○所與臣期也. 3-10 齊勺○交. 3-11 齊○信燕也. 3-12 王信田代繅去[疾]○言功齊. 3-13 王憂○. 3-16 毋齊趙○患. 3-16 除羣臣○聰. 3-17 不○齊危國. 3-18 臣以死○圍. 3-18 治齊燕○交. 3-18 公玉丹○勺致蒙. 3-19 奉陽君受○. 3-20 王憂○. 3-20 故强臣○齊. 3-20 臣○齊. 3-20 惡齊勺○交. 3-21 故王能材○. 3-21 ○後. 3-22 庫○死也. 3-24 王辱○. 3-24 襄安君○不歸哭也. 3-25 王苦○. 3-25 齊王○多不忠也. 4-1 故强臣○齊. 4-2 臣○行也. 4-2 臣○所處者重卵也. 4-5 與言去燕○齊. 4-8 臣恃○詔. 4-9 王○於臣也. 4-10 賤而貴○. 4-10 蓐而顯○. 4-10 王爲臣有○兩. 4-11 臣舉天下使臣○封不塹. 4-11 適免寡人○冠也. 4-13 以振臣○死. 4-13 臣○德王. 4-13 愿爲○. 4-14 王苟有所善而欲用○. 4-15 臣請爲王事○. 4-15 王足○. 4-22 自復○術. 5-1 非進取○道也. 5-1 治官○主. 5-3 自復○術也. 5-3 非進取○路也. 5-3 臣進取○臣也. 5-3 不事無爲○主. 5-4 臣愿辭而○周負籠操臿. 5-4 毋辱大王○廷. 5-4 今有告薛公○使者田林. 5-12 愿王○陰知○而毋有告也. 5-13 天下○欲傷燕者與羣臣○欲害臣者將成○. 5-13 臣請疾○齊觀○而以報. 5-14 燕南方○交完. 5-15 臣將令陳臣許翦以韓梁問○齊. 5-15 請養○以便事. 5-16 臣○苦齊王也. 5-16 欲齊○先變以謀晉國也. 5-19 愿王○使勺弘急守徐爲. 5-25 非是毋有使於薛公徐○所. 6-1 它人將非○以敗臣. 6-2 是則王○明也. 6-12 愿王○察○也. 6-12 臣○以燕事王循也. 6-13 爲○若何. 6-16 請劫○. 6-16 勺悍則伐○. 6-17 事曲當臣○言. 6-19 是則王○教也. 6-19 曩○所與臣前約者善矣. 6-20 今三晉○敢據薛公與不敢據. 6-21 臣未○識. 6-21 雖使據○. 6-21 是故當今○時. 6-22 臣○爲王守燕. 6-23 百它日○節. 6-23 成臣○事者. 6-23 在王○循甘燕也. 6-23 亦甘○. 6-24 亦甘○. 6-24 今南方○事齊者多故矣. 7-3 南方○事齊者. 7-4 欲得燕與天下○師. 7-4 而入○秦與宋以謀齊. 7-4 臣諍○於燕王. 7-4 則大夫○謀齊者大解矣. 7-5 縉子○請. 7-6 [桓]公聽○. 7-6 有使蘇[秦]大貴齊曩○之車也. 7-8 請貴重○高賢足下. 7-11 燕王難於王○不信己也則有○. 7-13 若慮大惡則無○. 7-13 臣必以死諍○. 7-14 必令王先知○. 7-14 必毋聽天下○惡燕交者. 7-14 則完天下○交. 7-16 功宋○事. 7-16 臣必王○無外患也. 7-17 臣必以死必○. 7-17 王欲復功宋而復○. 7-19 不而舍○. 7-19 臣暨從燕○梁矣. 7-22 臣○勺. 7-22 所聞於乾梁○功秦. 7-23 臣○所得於奉陽君者. 7-24 欲王○赦梁王而復見○. 8-1 勺氏○慮. 8-2 愿王○以毋遇喜奉陽君也. 8-3 臣以足下○所與臣約者告燕王. 8-4 齊王終臣○身不謀燕燕. 8-5 終臣○身不謀齊. 8-5 天下惡燕而王信○. 8-7 以燕○事齊也爲盡矣. 8-7 [寡人○或功宋也]. 8-10 [今燕勺○兵皆至矣]. 8-11 燕王甚苦○. 8-11

願王○爲臣甚安燕王○心也. 8-12 寡人○所以有講慮者有. 8-14 寡人○所爲功秦者. 8-15 [寡人○吻功宋也]. 8-17[今燕勺○兵皆至矣]. 8-19 [寡人恐梁氏○棄與國而獨取秦也]. 8-21 [今曰不]女○. 8-22 疾○. 8-23 寡人○上計. 8-23 最寡人○大下也. 8-23 寡人無○. 8-25 使人於齊大夫○所而俞語則有○. 8-25 寡人有反曼○慮. 9-2 必先與君謀○. 9-2 [寡人恐梁氏○棄與國而獨取秦也]. 9-3 大上破○. 9-6 其[次]賓○. 9-6 此寡人○約也. 9-7 韋非以梁王○令. 9-7 寡人許○已. 9-9 與國不先反而天下有功○者. 9-12 必據○. 9-13 必怨○. 9-13 以便王○功宋也. 9-17 願王○完三晉○交. 9-20 秦取粱○上黨. 10-1 秦取勺○上地. 10-2 秦取乾○上地. 10-2 齊取燕○陽地. 10-3 使從親○國. 10-4 天下孰能禁○. 10-5 臣恐楚王○勤豎○死也. 10-7 王不可以不故解○. 10-7 豎○死也. 10-8 非齊○令也. 10-8 涅子○私也. 10-8 殺人○母而不爲其子禮. 10-8 豎○罪固當死. 10-9 王功○. 10-9 以其無禮於王○邊吏也. 10-10 王必毋以豎○私怨敗齊○德. 10-11 前事願王○盡加○於豎也. 10-11 以安無薛公○心. 10-12 臣甚善○. 10-13 皆言王○不信薛公. 10-13 非薛公○信. 10-14 願王○甘○也. 10-14 臣必絶○. 10-16 願王○固爲終事也. 10-16 功秦○事成. 10-16 三晉○交完於齊. 10-17 歸息士民而復○. 10-18 功秦○事敗. 10-18 三晉○約散. 10-19 勸○爲一. 10-20 必破○. 10-20 不然則賓○. 10-21 欲而復○. 10-21 今功秦○兵方始合. 10-22 天下○兵皆去秦而與齊諍宋地. 10-23 願王○毋以此畏三晉也. 10-24 願王○勿聽也. 11-1 然而不欲王○無事與○也. 11-2 欲王○縣陶平陵於薛公奉陽君○上以勉○. 11-2 終事然後予○. 11-3 願王○勿聽也. 11-4 王遂伇○. 11-6 則臣必先智○. 11-8 臣○所以備患者百餘. 11-9 王句爲臣安燕王○心而毋聽傷事者○言. 11-9 請毋至三月而王不見王天下○業. 11-10 臣○出死以要事也. 11-11 王舉霸王○業而以臣爲三公. 11-12 殺子○. 11-17 燕趙○所以國大兵强而地兼諸侯者. 11-18 貪戾○國也. 11-20 夫秦何厭○有戈. 11-21 秦必受○. 11-24 秦挾楚趙○兵以復攻. 11-24 願王○必毋講也. 11-25 此臣○所聞於魏也. 11-25 願君○以氏慮事也. 12-1 此言幸○不可數也. 12-2 割八縣○地. 12-2 此非兵力○請也. 12-2 非計慮○攻也. 12-3 以卅萬○衆. 12-5 守七仞○城. 12-6 夫輕倍楚趙○兵. 12-6 陵七刃○城. 12-7 犯卅萬○衆. 12-7 而志必舉○. 12-7 未○嘗有也. 12-8 願君遝楚趙○兵未至於粱也. 12-9 必欲○. 12-11 楚趙怒於魏○先己也. 12-11 且君○得地也. 12-12 秦兵苟全而君制○. 12-15 願[君]○孰慮○而毋行危也. 12-15 有[虎狼○]心. 12-18 此天下○所試也. 12-20 而諒逐○. 12-21 兩弟無罪而再挩○國. 12-22 此於[親]戚若此而兄仇讎○國乎. 12-22 臣甚惑○. 12-23 外支秦魏○兵. 12-25 王欲得故地而今負强秦○禍. 13-1 秦非無事○國也. 13-1 韓亡○後. 13-2 氏復閼輿○事也. 13-4 絶漳鋪[水][與趙兵决於]邯鄲○鄗. 13-5 氏知伯○過也. 13-5 行三千里而攻冥戹○塞. 13-6 韓亡○後. 13-9 兵出○日. 13-10 王○使者大過. 13-12 秦○欲許久矣. 13-12 聽使者○惡. 13-13 墮安陵是而亡○. 13-13 繚舞陽○北以東臨許. 13-14 有河山以闌○. 13-16 有周韓而間○. 13-16 東至虖陶衛○[郊]北至乎]監. 13-18 無[河]山而闌○. 13-21 無周韓而間○. 13-21 從○不[成也][楚]魏疑而韓不[可得也]. 13-22 皆識秦[○欲無]躬也. 13-25 非盡亡天下○兵而臣海內. 13-25 王偃韓○質以存韓而求故地. 14-1 韓必效○. 14-2 [而]必無與强秦鄰○禍. 14-3 此亦王○大時已. 14-3 使道安成○. 14-4 出入賦○是魏重質韓以其上黨也. 14-4 魏○縣也. 14-6 是以晉國○慮. 14-11 晉○上也. 14-12 秦○上也. 14-14 古○爲利者養人. 14-15 故古○人患利重○奪. 14-16 願御史○孰慮○也. 14-17 以燕王○賢. 14-18 足以俙先王○餌. 14-19 利攢河山○間. 14-19 燕畢○事. 14-20 與○攻齊. 14-24 公○魏已. 15-1 爲傳棼○約. 15-3 非一舉○事也. 15-6 公孫鞅○欺魏卬也. 15-7 公孫鞅○罪也. 15-8 襄子○過也. 15-9 此齊○以母質○時也. 15-9 而武安君○棄禍存身之夬也. 15-9 秦急攻○. 15-12 大臣强○. 15-13 大后盛氣而胥○. 15-15 輿恐玉體○有所隙也. 15-16 大后○色少解. 15-20 竊愛憐○. 15-22 願令得補黑衣○數. 15-22 願及未寘叡谷而託○. 15-24 老臣竊以爲媼○愛燕后賢長安君. 15-25 父母愛子則爲○計深遠. 16-1 媼○送燕后也. 16-2 爲○泣. 16-2 祭祀則祝○曰. 16-3 至於趙○爲趙. 16-5 趙主○子侯者. 16-5 剴人主○子侯. 16-7 今媼尊長安○位. 16-9 而封○膏腴○地. 16-9 多予○重器. 16-9 老臣以媼爲長安君計○短也. 16-10 次君○所使. 16-12 子義聞○曰. 16-13 骨肉○親也. 16-13 猶不能持無功○尊. 16-13 不勞○奉. 16-14 而守金玉○重也. 16-14 攻齊○事成 16-16 五伯○事也. 16-17 陶爲廉監而莫[○]據. 16-17 故攻齊○於陶也. 16-18 存亡○幾也. 16-18 君欲成○. 16-18 此君○大時也. 16-21 因天下○力. 16-22 伐讎國○齊. 16-22 報惠王○聭. 16-22 成昭襄王○功. 16-22 除萬世○害. 16-23 此燕○利也. 16-23 而君○大名也. 16-23 成君○功. 16-25 除萬世○害. 16-25 挾君○讎以於燕. 17-1 後雖悔○. 17-2 君悉燕兵而疾贊○. 17-2 天下○從於君也. 17-2 如報父子○仇. 17-2 願君○剸志於攻齊而毋有它慮也. 17-3 夫以宋加○淮北. 17-7 强萬乘○國也. 17-7 而齊兼○. 17-7 强萬乘○國也. 17-8 而齊兼○. 17-8 夫一齊○强. 17-9 夫知者○[舉]事. 17-10 則莫若招霸齊而尊○. 17-13 其次必長忠○. 17-14 秦王必患○. 17-15 秦王○心苟得窮齊. 17-16 尊○. 17-17 爲○下者. 17-17 燕趙非利○也. 17-17 燕趙○所利也. 17-23 燕趙○所愿也. 17-23 燕趙○棄齊. 17-24 諸侯伐齊而王從○. 17-25 聖王○事也. 18-4 衆人喜○. 18-7 賢君惡○. 18-7 臣竊以事觀○. 18-8 恐事○不誠. 18-10 恐天下○疑己. 18-11 [臣]以秦○計必出於此. 18-11 且說士○計皆曰. 18-12 今燕盡齊○河南. 18-14 距莎丘巨鹿○囿三百里. 18-14 秦盡韓魏○上黨. 18-15 秦以强弩坐羊腸○道 18-16 秦以三軍功王○上常而包其北. 18-17 則注○西. 18-17 非王○有也. 18-17 綸山○玉不出. 18-19 或非王○有也. 18-19 且五國○主嘗合衡謀伐趙. 18-20 箸○飯竿. 18-21 屬○祝譜. 18-21 五國○兵出有日矣. 18-21 夫齊○事趙. 18-24 王以天下就○. 19-2 王以天下○. 19-2 是一世○命制於王也. 19-2 臣愿王與下吏羊計某言而竺慮○也. 19-3 秦韓○兵毋東. 19-9 韓倗○救魏○辭. 19-11 倗將榑三國○兵. 19-12 乘屈匄○敝. 19-13 張義○救魏○辭. 19-13 義且以韓秦○兵東巨齊宋. 19-15 義[將]榑三國○兵. 19-15 乘屈匄○敝. 19-16 [川][韓]韓是○兵不用而得地[於楚]. 19-18 公令秦韓○兵不[用而得地][有一大]德. 19-22 秦韓○王劫於韓倗張義而東兵以服魏. 19-22 臣聞○. 20-1 今楚王○春秋高矣. 20-1 [君○封]地不可不蚤定. 20-2 今燕○罪大. 20-5 趙○怒深. 20-5 便所以言○. 20-8 千鈞非馬○任也. 20-10 幾楚○任戋. 20-11 非楚○任而爲之. 20-11 今秦○心欲伐楚. 20-15 洛○以一名縣. 20-16 與○南伐楚. 20-16 此以一爲二○計也. 20-16 楚王聞○. 20-17 召陳軫而告○. 20-18 夫秦○欲伐王久矣. 20-18 此秦○所廟祀而求也. 20-19 今已得○. 20-19 王聽臣○爲之. 20-20 警四竟○內. 20-20 史信王○救己也. 20-21 韓○德王也. 20-22 是我困秦韓○兵. 20-25 免楚國楚國○患也. 20-25 楚○若. 20-25 乃警四竟○內. 20-25 使○韓. 21-2 已悉起○矣. 21-2 止公中○行. 21-3 [恃]楚○虛名. 21-5 輕絶强秦○適. 21-5 且楚韓非兄弟○國也. 21-6 此必陳軫○謀也. 21-7 夫輕絶强秦而强[信]楚○謀臣. 21-7 王必悔○. 21-8 故韓是○兵非弱也. 21-9 李園憂○. 21-13 以秦○强. 21-14 有粱○勁. 21-14 胡不解君○璽以佩蒙敖王齮也. 21-20 故加君二人○上. 21-21 此非秦○地也. 21-21 言○秦王. 21-22 秦王令受○. 21-22 以秦○强 21-23 有燕○怒. 21-24 不如少案○. 21-25 愿將軍○察○也. 22-2 楚見粱○未出兵也. 22-2 秦王怒於楚○緩也. 22-3 在楚○救粱. 22-7 在粱○計. 22-7 傳恃楚○救. 22-8 粱○東地. 22-9 千丈○城. 22-10 萬家○邑. 22-10 令○堅守. 22-11 皆令從粱王葆○東地單父. 22-12 粱○羣臣皆曰. 22-13 粱○羣臣必大過矣. 22-15 固秦○上計也. 22-16 多○則危. 22-17 所說謀者爲○. 22-18 愿將軍○察也. 22-19 此粱楚齊○大福已. 22-23 以萬丈○城. 22-24 百萬○守. 22-24 五年○食. 22-24 以東地○兵爲齊楚爲前行. 22-25 出○必死. 22-25 臣請爲將軍言秦○可可破○理. 23-2 愿將軍察聽○[也]. 23-2 今者秦○攻將以行幾二千里. 23-3 秦兵○死傷也. 23-4 天下○見也. 23-4 鄢陵○守. 23-6 臣聞○也. 23-7 ○王. 23-12 ○將. 23-12 ○武. 23-13 ○東地. 23-14 ○諸侯. 23-14 ○粱將. 23-15 無以救東地而王不出粱○禍也. 23-15 今王○東地尙方五百餘里. 23-17 則秦[○]攻粱必急. 23-20 則秦○攻粱必大破臣來獻計王弗用臣. 23-20 子○來也. 24-1 非國○利也. 24-6 師今從子○後. 24-6 臣○[不足]侍者以其命也. 24-9 彼非卒然○應也. 24-10 兵○日不肯告臣. 24-11 非楚○利也. 24-13 [楚]楚人然後舉兵兼承吾國○敝. 24-14 邯鄲君榣於楚人○許已兵而不肯和. 24-16 若由是觀○. 24-17 楚國○口雖. 24-17 靡皮已計○矣. 24-19

【己】 7

燕王難於王之不信○也則有之. 7-13 三晉以王爲愛○忠○. 10-21 楚趙怒於魏之先○也. 12-11 恐天下之疑○. 18-11 史信王之救○也. 20-21 邯鄲君榣於楚人之許○兵而不肯和. 24-16

【已】 31

死亦大物○. 1-20 甚善○. 2-2 反不如○. 2-6 齊趙之惡從○. 3-4 期於成事而○. 4-9 而不欲其從○聞也. 5-13 勺氏終不可得○. 6-15 是王收秦○. 8-1 [寡人○舉宋講矣]. 8-10 [寡人○舉宋講矣]. 8-18 [不能辭○]. 8-21 [不能辭○]. 9-3 平陵雖成而○. 9-8 寡人許之○. 9-9 如帶而○. 10-4 秦未至畐而王○盡宋息民矣. 11-5 不可得○. 11-24 從○散而君後擇焉. 12-12 非魏無攻○. 13-10 國先害○. 13-14 此亦王之大時○. 14-3 攻齊○. 14-25 公之魏○. 15-1○行. 16-3 不可得○. 17-2 今○得之. 20-19 ○悉起之矣. 21-2 ○伐刑. 21-6 此粱楚齊之大福○. 22-23 子擇其日歸而○矣. 24-6 靡皮○計之矣. 24-19

【子】 34

皆不任○以事. 2-14 笥毋任○. 2-15 魚與○有謀也. 2-17 殺妻逐○. 4-1 寡人與○謀功宋. 5-9 兵率有○循而不知寡人得地於宋. 5-11 ○以齊大重秦. 6-16 繒○之請. 7-6 摯○. 8-8 涅○之私也. 10-8 殺人之母而不爲其○禮. 10-8 殺○之. 11-17 勝暴○. 11-21 夫戰勝暴○.

12-2 今韓氏以一女〇奉一弱主. 12-24 襄〇之過也. 15-9 必[以]大后少〇長安君來質. 15-12 丈亦愛憐少〇乎. 15-24 父母愛〇則爲之計深遠. 16-1 〇孫相繼爲王也戈. 16-4 趙主之〇侯者. 16-5 剴人主之〇侯. 16-7 〇義聞之曰. 16-13 人主〇也. 16-13 如報父〇之仇. 17-2 〇來救[寡]人可也. 19-8 襄〇殺. 20-3 襄〇親因也. 20-3 其有親戚父母妻〇. 22-12 〇之來也. 24-1 〇擇其日歸而已矣. 24-6 師今從〇之後. 24-6 〇使. 24-8 人許〇兵甚俞. 24-8

【也】 280

恐趙足臣之所惡〇. 1-4 事非臣〇. 1-5 今奉陽[君]之使與封秦〇. 1-6 任秦〇. 1-7 務自樂〇. 1-9 秦毋惡燕粱以自持〇. 1-10 趙之禾〇. 1-13 甚不欲臣之之齊〇. 1-14 有不欲臣之之韓粱〇. 1-15 臣甚患趙之不出臣〇. 1-16 此〇. 1-17 自辭於臣〇. 1-17 怒於勺之止臣〇. 2-3 臣對以弗知〇. 2-4 恐久而後不可救〇. 2-5 必毋使臣久於勺〇. 2-6 故齊[趙]相倍〇. 2-11 寡人弗信〇. 2-13 奉陽[君]丹若得〇. 2-14 魚與子有謀〇. 2-17 爲趙擇必趙之不合齊秦以謀燕〇. 2-20 以惡可[〇]. 2-22 以薛可〇. 2-22 以與勺爲大仇可〇. 2-23 此其上計〇. 2-24 以爲不利國故〇. 3-2 勺非可與功齊〇. 3-2 功不可得而成〇. 3-4 愿王之定慮而羽鑽臣〇. 3-4 燕齊之惡〇久矣. 3-8 是王之所與臣期〇. 3-10 齊之信燕〇. 3-12 以便事〇. 3-15 王不論齊王多不忠〇. 3-24 庫之死〇. 3-24 襄安君之不歸哭〇. 3-25 齊王之多不忠〇. 4-1 何可怨〇. 4-1 二者大物〇. 4-2 臣之行〇. 4-2 臣之所處者重卵〇. 4-5 魚信若迺齕〇. 4-6 若無不爲〇. 4-7 王之於臣〇. 4-10 迺免寡人之冠〇. 4-13 仁義所以自爲〇. 5-1 非所以爲人〇. 5-1 非進取之道〇. 5-1 自復之術〇. 5-3 非進取之路〇. 5-3 臣進取之臣〇. 5-3 寡人恃燕勺〇. 5-10 而不欲其從已聞〇. 5-13 愿王之陰知之而毋有告〇. 5-13 臣之苦齊王〇. 5-16 欲齊之先變以謀晉國〇. 5-19 一言毋舍〇. 6-2 未可解〇. 6-4 薛公相脊〇. 6-7 是則王之明〇. 6-12 愿王之察之〇. 6-12 臣之以燕事王循〇. 6-13 必勺〇. 6-13 是則王之教〇. 6-19 然臣亦見其必可〇. 6-19 猶賔不知變事以功宋〇. 6-20 事乃時爲〇. 6-22 在王之循甘燕〇. 6-23 臣亦不足事〇. 6-25 始〇. 7-2 亦未爲王爲〇. 7-2 是王有慢〇. 7-3 貴循〇. 7-6 非以自爲〇. 7-6 有使蘇[秦]大貴齊賔之之車〇. 7-8 故敢以聞〇. 7-11 燕王難於王之不信己〇則有之. 7-13 毋庸發怒於宋魯〇. 7-15 臣必王之無外患〇. 7-17 疾與秦相萃〇而不解. 7-19 未得遬〇. 7-24 愿王之以毋遇喜奉陽君〇. 8-3 以燕之事齊〇爲盡矣. 8-7 [寡人之彧功宋〇]. 8-10 愿王之爲臣甚安燕王之心〇. 8-12 [寡人之哅功宋〇]. 8-17 [寡人恐粱氏之棄與國而獨取秦〇]. 8-21 最寡人之大下〇. 8-23 寡人將反賔〇. 8-25 大對〇. 9-1 [寡人恐粱氏之棄與國而獨取秦〇]. 9-3 與國毋相離〇. 9-7 此寡人之約〇. 9-7 挩〇敬受令. 9-11 今齊勺燕循相善〇. 9-13 不棄筞而反賔〇. 9-14 以便王之功宋〇. 9-17 反賔〇. 9-18 是王破三晉而復臣天下〇. 9-19 與燕〇. 9-20 臣恐楚王之勤豎之死〇. 10-7 豎之死〇. 10-8 非齊之令〇. 10-8 涅子之私〇. 10-8 以其無禮於王之邊吏〇. 10-10 前事愿王之盡加之於豎〇. 10-11 今爽〇. 10-13 强得〇. 10-13 愿王之甘之〇. 10-14 愿王之固爲終事〇. 10-16 是害功秦〇. 10-23 愿王之毋以此畏三晉〇. 10-24 愿王之勿聽〇. 11-1 然而不欲王之無事與之〇. 11-2 三晉相豎〇而傷秦. 11-4 愿王之勿聽〇. 11-4 若三晉相豎〇以功秦. 11-7 臣之出死以要事〇. 11-11 非獨以爲王〇. 11-11 亦自爲〇. 11-11 以其能忍難而重出地〇. 11-19 而宋中山可毋爲〇. 11-20 貪戾之國〇. 11-20 此非敢粱〇. 11-22 王必勿聽〇. 11-23 愿王之必毋講〇. 11-25 此臣之所聞於魏〇. 11-25 愿君之以氏慮事〇. 12-1 此言幸之不可數〇. 12-2 此非兵力之請〇. 12-2 非計慮之攻〇. 12-3 是以天幸自爲常〇. 12-4 弗易攻〇. 12-6 未之嘗有〇. 12-8 可以小割而收〇. 12-9 愿君遝楚趙之兵未至於粱〇. 12-9 楚趙怒於魏之先己〇. 12-11 且君之得地〇. 12-12 [割]晉國〇. 12-13 愿[君]之孰慮之而毋行危〇. 12-15 此天下之所試〇. 12-20 非[所施]厚積德〇. 12-20 毋〇. 12-21 咎〇. 12-21 秦非無事之國〇. 13-1 是何〇. 13-3 氏復闕輿之事〇. 13-4 秦必弗爲〇. 13-4 氏知伯之過〇. 13-5 秦有弗爲〇. 13-7 可〇. 13-15 非〇. 13-15 從之不[成〇][楚]魏疑而韓不[可得〇]. 13-22 皆識秦[之欲無]躬〇. 13-25 出入賦之是魏重質韓以其上黨〇. 14-4 魏之縣〇. 14-6 晉之上〇. 14-12 秦之上〇. 14-14 是以秦晉皆倲若計以相笥〇. 14-14 愿御史之孰慮之〇. 14-17 猶重秦〇. 14-24 是秦重攻齊〇. 15-3 意齊毀未當於秦心〇. 15-4 非一舉之事〇. 15-6 非是猶不信齊〇. 15-7 畏齊大甚〇. 15-7 公孫鞅之欺魏卬〇. 15-7 公孫鞅之罪〇. 15-8 襄疵弗受〇. 15-8 襄子之過〇. 15-9 此齊之以母質之時〇. 15-9 而武安君之棄禍存身之夬〇. 15-9 輿恐玉體之有所隙〇. 15-16 媪之送燕后〇. 16-2 念其遠〇. 16-2 非弗思〇. 16-3 子孫相繼爲王〇戈. 16-4 而挾重器多〇. 16-8 老臣以媪爲長安君計之短〇. 16-10 故以爲其愛〇不若燕后. 16-11 人主子〇. 16-13 骨肉之親〇. 16-13 而守金玉之重〇. 16-14 五伯之事〇. 16-17 故攻齊之於陶〇. 16-18 存亡之幾〇. 16-18 時至亦弗失〇. 16-19 不王〇. 16-20 此君之大時〇. 16-21 此燕之利〇. 16-23 而君之大名〇. 16-23 餘疾不盡〇. 16-25 非以此時〇. 16-25 天下之從於君〇. 17-2 愿君之剸志於攻齊而毋有它慮〇. 17-3 强萬乘之國〇. 17-7 是益齊〇. 17-8 强萬乘之國〇. 17-8 是益二齊〇. 17-9 敗素〇. 17-11 燕趙非利之〇. 17-17 以不信秦王〇. 17-18 燕趙之所利〇. 17-23 燕趙之所愿〇. 17-23 說沙〇. 17-24 是國伐〇. 17-25 是名卑〇. 18-1 上交〇. 18-4 正利〇. 18-4 聖王之事〇. 18-4 今足下功力非數加於秦〇. 18-7 非王之有〇. 18-17 或非王之有〇. 18-19 臣恐其過出於此〇. 18-20 此天下所明知〇. 18-23 臣恐後事王者不敢自必〇. 18-24 是一世之命制於王〇. 19-2 臣愿王與下吏羊計某言而竺慮之〇. 19-3 子來救[寡]人可〇. 19-8 樽辭〇. 19-9 此公事成〇. 19-10 此王業〇. 19-17 公孫央功臣〇. 20-3 襄子親因〇. 20-3 封近故〇. 20-4 欲遠王室〇. 20-5 此百世一時〇. 20-6 何〇. 20-10 千鈞非馬之任〇. 20-10 是敝楚〇. 20-11 冶國非可持〇. 20-15 此以一爲二之計〇. 20-16 此秦之所廟祀而求〇. 20-19 史信王之救己〇. 20-21 韓之德王〇. 20-22 是[秦]韓不和〇. 20-22 免楚國楚國之患〇. 20-25 夫以實苦我者秦〇. 21-4 以虚名救[我]者楚〇. 21-4 且楚韓非兄弟之國〇. 21-6 有非素謀伐秦〇. 21-6 此必陳軫之謀〇. 21-7 故韓是之兵非弱〇. 21-9 其民非愚蒙〇. 21-10 於臣〇. 21-14 胡不解君之璽以佩蒙敖王齮〇. 21-20 此非秦之地〇. 21-21 愿將軍之察之〇. 22-2 楚見粱之未出兵〇. 22-2 秦王怒於楚之緩〇. 22-3 必有以自恃〇. 22-8 秦人無奈粱何〇. 22-14 固秦之上計〇. 22-16 其危何〇. 22-17 是何〇. 22-17 愿將軍之察〇. 22-19 是計一得〇. 22-20 是計二得〇. 22-21 是計三得〇. 22-22 愿將軍察聽之[〇]. 23-2 秦兵之死傷〇. 23-4 天下之見〇. 23-4 今戰勝不能倍鄢陵而攻粱者少〇. 23-5 臣聞之〇. 23-7 是[何]〇. 23-9 是何〇. 23-12 則以王在粱中〇. 23-12 無以救東地而王不出粱之禍〇. 23-15 [邯]鄲未將令〇. 23-25 子之來〇. 24-1 吾非敢以爲邯鄲賜〇. 24-3 非國之利〇. 24-6 楚兵不足侍〇. 24-7 未將令〇. 24-8 何爲而不足侍[〇]. 24-8 臣之[不足]侍者以其俞〇. 24-9 彼非卒然之應〇. 24-10 非楚之利〇. 24-13 其實未〇. 24-18

【女】 2

[今曰不]〇之. 8-22 今韓氏以一〇子奉一弱主. 12-24

【刃】 2

陵七〇之城. 12-7 請爲天[下雁]行頓[〇][楚趙]必疾兵. 13-24

【王】 303

自趙獻書燕〇曰. 1-4 〇毋夏事. 1-8 臣聞〇之不安. 1-9 胃齊〇. 1-13 愿〇之爲臣故. 1-16 使韓山獻書燕〇曰. 1-20 〇使慶謂臣. 1-21 〇之賜使使孫與弘來. 2-1 今齊〇使李終之勺. 2-2 齊〇之言臣. 2-6 愿〇之使人反復言臣. 2-6 使盛慶獻書於[燕〇曰]. 2-9 今齊〇使宋竅謂臣曰. 2-12 燕〇請毋任蘇秦以事. 2-12 今[齊]〇使宋竅詔臣曰. 2-16 〇必勺之功齊. 2-19 齊〇雖歸臣. 2-21 今〇曰. 2-23 愿〇之定慮而羽鑽臣也. 3-4 自齊獻書於燕〇曰. 3-8 以便〇之大事. 3-10 是〇之所與臣期也. 3-10 〇信田代繰去[疾]之言功齊. 3-13 〇怒而不敢强. 3-14 〇使襄安君東. 3-15 臣豈敢强〇戈. 3-15 〇慢之. 3-16 〇使慶謂臣. 3-17 薛公乾徐爲與〇約功齊. 3-18 〇慢之. 3-20 故〇能材之. 3-21 而俱諍〇於天下. 3-23 〇不論齊〇多不忠也. 3-24 〇辱之. 3-24 〇苦之. 3-25 〇曰. 4-1 齊〇之多不忠也. 4-1 而〇以赦臣. 4-2 〇謂臣曰. 4-6 是故無不以口齊〇而得用焉. 4-9 今〇以衆口與造言罪臣. 4-9 〇之於臣也. 4-10 臣未有以報〇. 4-11 〇爲臣有之兩. 4-11 〇謂乾徐爲. 4-12 臣之德〇. 4-13 可以報〇. 4-14 今〇使慶令臣曰. 4-14 〇苟有所善而欲用之. 4-15 臣請爲〇事之. 4-15 〇若欲剸舍臣而樽任所善. 4-16 謂燕〇曰. 4-19 今日愿藉於〇前. 4-19〇曰. 4-21 臣有三資者以事〇. 4-21 〇曰. 4-21 〇足之. 4-22 臣不事〇矣. 4-22 義不與〇皆立. 4-24 〇曰. 4-24 國無義則不〇. 4-25 三〇代立. 5-2 若以復其掌爲可〇. 5-2 毋辱大〇之廷. 5-4 〇曰. 5-4 自粱獻書於燕〇曰. 5-9 今燕〇與羣臣謀破齊於宋而功齊. 5-10 愿〇之陰知之而毋有告也. 5-13 〇告人. 5-13 〇毋慢. 5-14 臣之苦齊〇也. 5-16 自粱獻書於燕〇曰. 5-19 臣故令遂恐齊〇曰. 5-20 [齊〇]甚懼而欲先天下. 5-21 愿〇之使勺弘急守徐爲. 5-25 齊〇以燕爲必侍其弊而功齊. 6-4 言者以臣賤而邈於〇矣. 6-4 謂齊〇曰. 6-7 身率粱〇與成陽君北面而朝奉陽君於邯鄲. 6-10 〇棄薛公. 6-11 是則〇之明也. 6-12 愿〇之察之也. 6-12 臣之以燕事〇循也. 6-13 是則〇之教也. 6-19 臣保燕而事〇. 6-21 臣之爲〇守燕. 6-23 在〇之循甘燕也. 6-23 〇雖疑燕. 6-24 〇明視天下以有燕. 6-24 而臣不能使〇得志於三晉. 6-25 謂齊〇曰. 7-2 亦未爲〇爲也. 7-2 是〇有慢也. 7-3 臣諍之於燕〇. 7-4 燕〇必弗聽矣. 7-5 臣賢〇於桓[公]. 7-7 臣不敢忘請〇誠重御臣. 7-7 〇請以百五十乘. 7-9 〇以諸侯御臣. 7-10 謂齊〇. 7-13 燕〇難於〇之不信己也則有之. 7-13 必令〇先知之. 7-14 爲〇不能. 7-16 復與粱〇遇. 7-16 臣必〇之無外患也. 7-17 〇欲復功宋而復之. 7-19 〇爲制矣. 7-19 自勺獻書於齊〇曰. 7-22 是〇收秦已. 8-1 欲〇之赦粱〇而復見之. 8-1 愿〇之以毋遇喜奉陽君也. 8-3 臣以足下之所與臣約者告燕〇. 8-4 齊〇終臣之身不謀燕燕. 8-5 燕〇甚兑. 8-5 事卬曲盡從〇. 8-6 〇堅三晉亦從〇. 8-6 〇取秦

楚亦從○. 8-6 然而燕○亦有苦. 8-7 天下惡燕而○信之. 8-7 先爲○絶秦. 8-8 ○猶聽惡燕者. 8-10 燕○甚苦之. 8-11 愿○之爲臣甚安燕○之心也. 8-12 爲○何患無天下. 8-12 自勺獻書於齊○曰. 8-14 將與粱○復遇於圍地. 9-5 韋非以粱○之令. 9-7 ○有使周濕長駟重令挩. 9-10 ○不棄與國而先取秦. 9-14 ○何患於不得所欲. 9-14 ○何患於粱. 9-16 三晉與燕爲○功秦. 9-17 以便○之功宋也. 9-17 ○何不利焉. 9-18 今○棄三晉而收秦. 9-18 是○破三晉而復臣天下也. 9-19 而獨爲秦臣以怨○. 9-20 愿○之完三晉之交. 9-20 秦悔不聽○以先事而後名. 9-23 今秦○請侍○以三四年. 9-23 秦印曲盡聽○. 9-25 謂齊○曰. 10-7 臣恐楚○之勤豎之死也. 10-7 ○不可以不故解之. 10-7 臣使蘇厲告楚○曰. 10-7 ○功之. 10-9 反爲○誅勺信. 10-10 以其無禮於○之邊吏也. 10-10 ○必毋以豎之私怨敗齊之德. 10-11 前事愿○之盡加之於豎也. 10-11 ○尚與臣言. 10-12 皆言○之不信薛公. 10-13 愿○之甘之也. 10-14 薛公必不敢反○. 10-15 ○勿計. 10-16 愿○之固爲終事也. 10-16 是故臣以○令甘薛公. 10-19 三晉以○爲愛己忠己. 10-21 ○有欲得兵以功平陵. 10-22 愿○之毋以此畏三晉也. 10-24 ○以和三晉伐秦. 10-25 則○事遫夬矣. 10-25 愿○之勿聽也. 11-1 臣欲○以平陵予薛公. 11-1 然而不欲○之無事與之也. 11-2 欲○之縣陶平陵於薛公奉陽君之上以勉之. 11-2 則○多資矣. 11-3 必以其餘驕○. 11-4 愿○之勿聽也. 11-4 秦未至𨛭而○已盡宋息民矣. 11-5 臣保燕而循事○. 11-5 ○遂役之. 11-6 ○收秦而齊其後. 11-6 三晉豈敢爲○驕. 11-7 案以負○而取秦. 11-8 ○收燕循楚而啗秦以晉國. 11-8 ○ 句爲臣安燕○之心而毋聽傷事者之言. 11-9 請毋至三月而○不見○天下之業. 11-10 非獨以爲○也. 11-11 ○以不謀燕爲臣賜. 11-12 臣有以德燕○矣. 11-12 ○舉霸○之業而以臣爲三公. 11-12 臣聞魏長吏胃魏○曰. 11-15 惠○伐趙. 11-16 且劫○以多割. 11-23 ○必勿聽也. 11-23 今○循楚趙而講. 11-23 楚趙怒而與○爭秦. 11-23 愿○之必毋講也. 11-25 ○若欲講. 11-25 謂魏○曰. 12-18 今○與秦共伐韓而近秦患. 12-23 而○弗試則不明. 12-23 ○以爲不亡乎. 12-25 ○以爲安乎. 13-1 ○欲得故地而今負强秦之禍. 13-1 ○以爲利乎. 13-1 ○之使者大過. 13-12 是故臣愿以從事○. 14-1 ○係韓之質以存韓而求故地. 14-1 此亦○之大時已. 14-3 以燕○之賢. 14-18 足以偏先○之餌. 14-19 以衛○宮. 15-22 子孫相繼爲○也戋. 16-4 不○也. 16-20 不○天下. 16-20 三○者皆賢矣. 16-21 不曹時不○. 16-21 報惠○之聰. 16-22 成昭襄○之功. 16-22 胃燕○曰. 17-6 今○若欲因過而爲福. 17-12 秦○必患之. 17-15 秦○之心荀得窮齊. 17-16 然則○何不使辯士以若說說秦○曰. 17-16 以不信秦○也. 17-18 然則○何不使可信者棲收燕趙. 17-18 並立三○. 17-23 諸侯贊齊而○弗從. 17-25 諸侯伐齊而○從之. 17-25 秦○聞若說. 18-2 然則[○]何不使辯士以如說[說]秦. 18-3 聖○之事也. 18-4 獻書趙○. 18-6 則地與○布屬壤芥者七百里. 18-16 秦以三軍功○之上常而包其北. 18-17 非○之有也. 18-17 或非○之有也. 18-19 反○公. 18-23 臣恐後事○者不敢自必也. 18-24 今○收齊. 19-1 天下必以○爲義矣. 19-1 齊採社稷事○. 19-1 天下必重○. 19-2 ○以天下就之. 19-2 ○以天下之. 19-2 是一世之命制於○也. 19-2 臣愿○與下吏羊計某言而竺慮之也. 19-3 魏○胃韓倗張義. 19-7 必不胃鄭○曰. 19-12 必[不]胃秦○曰. 19-14 此○業也. 19-17 公令楚[○與韓氏地]. 19-17 [請與韓地而○以]施三川. 19-18 ○欲毋予地. 19-21 秦韓之○劫於韓倗張義而東兵以服魏. 19-22 今楚○之春秋高矣. 20-1 秦孝○死. 20-3 惠○死. 20-3 欲遠○室也. 20-5 請令魏○可. 20-7 乃胃魏○曰. 20-8 其於○孰便. 20-12 公中倗胃韓○曰. 20-14 ○不若因張義而和於秦. 20-15 韓○曰. 20-17 楚○聞之. 20-17 夫秦之欲伐○久矣. 20-18 ○聽臣之爲之. 20-20 史信○之救己也. 20-21 韓之德○也. 20-22 胃韓○曰. 21-2 [韓○]說. 21-3 天下必芯○. 21-5 ○必悔之. 21-8 韓○弗聽. 21-8 唯○可. 21-11 胡不解君之壐以佩蒙敖○齮也. 21-20 秦○以君爲賢. 21-20 言之秦○. 21-22 秦○令受之. 21-22 秦○怒於楚之緩也. 22-3 皆令從粱○葆之東地單父. 22-12 粱○出. 22-14 粱○自守. 22-15 今粱○居東地. 22-16 粱○出粱. 22-19 粱○在單父. 22-24 粱○有出居單父. 23-8 ○在外. 23-9 若粱○不出粱. 23-11 之○. 23-12 則以○在粱中也. 23-12 則死○更有大慮. 23-14 則死○有兩心. 23-15 無以救東地而○不出粱之禍也. 23-15 今○之東地尙方五百餘里. 23-17 若○不. 23-18 是粱無東地憂而○粱中. 23-19 ○出. 23-20 則秦之攻粱必大破臣來獻計○弗用臣. 23-20

【井】 2

將軍不見○忌乎. 21-16 逐○忌. 21-24

【天】 63

○下有謀齊者請功之. 2-15 若以○下焉. 2-19 而俱諍王於○下. 3-23 ○下不功齊. 4-4○下功齊. 4-5 臣舉○下使臣之封不塹. 4-11 ○下之欲傷燕者與羣臣之欲害臣者將成之. 5-13 ○下不能功秦. 5-20 [齊王]甚懼而欲先○下. 5-21 今有鬻○下以取秦. 5-24 如是而薛公徐爲不能以○下爲其所欲. 5-24 則○下故不能謀齊矣. 5-25 王明視○下以有燕. 6-24 欲得燕與○下之師. 7-4 則○下必曰. 7-8 燕不應○下以師. 7-8 必毋聽○下之惡燕交者. 7-14 則完○下之交. 7-16 ○下必無敢東視. 7-18 兄臣能以○下功秦. 7-18 ○下惡燕而王信之. 8-7 爲王何患無○下. 8-12 使○下汹汹然. 8-24 與國不先反而○下有功之者. 9-12 是王破三晉而復臣○下也. 9-19 [○]下將入地與重摯於秦. 9-19 ○下孰能禁之. 10-5 ○下之兵皆去秦而與齊諍宋地. 10-23 請毋至三月而王不見王○下之業. 11-10 夫○幸爲多. 12-3 是以○幸自爲常也. 12-4 臣以爲自○地始分. 12-7 此○下之所試也. 12-20 請爲○[下雁]行頓[刃][楚趙]必疾兵. 13-24 非盡亡○下之兵而臣海內. 13-25 夫存韓安魏而利○下. 14-3 ○下西舟而馳秦. 14-8 私心以公爲爲○下伐齊. 14-10 故能制○下. 14-17 ○下且功齊. 15-2 周與○下交長. 15-4 ○下齊齊不侍夏. 15-5 ○下休. 15-6 假君○下數年矣. 16-16 ○下必聽. 16-17 不王○下. 16-20 今○下攻齊. 16-21 因○下之力. 16-22 ○下之從於君也. 17-2 霸○下. 17-12 立三帝以令於○下. 17-20 ○下孰敢不聽. 17-21 ○下服聽因迿韓魏以伐齊. 17-22 故以齊餌○下. 18-10 恐○下之疑己. 18-11 此○下所明知也. 18-23 ○下必以王爲義矣. 19-1 ○下必重王. 19-2 王以○下就之. 19-2 王以○下之. 19-2 ○下必芯王. 21-5 ○下人無不死者. 22-2 ○下之見也. 23-4

【夫】 23

燕大○將不信臣. 4-3 則大○之謀齊者大解矣. 7-5 使人於齊大○之所而俞語則有之. 8-25 ○秦何厭之有戋. 11-21 ○戰勝暴子. 12-2 ○天幸爲多. 12-3 ○輕倍楚趙之兵. 12-6 ○[越山與河][絶]韓上黨而功强趙. 13-3 ○增韓. 13-14 ○不患秦. 13-15 ○存韓安魏而利天下. 14-3 ○以宋加之淮北. 17-7 ○一齊之强. 17-9 ○知者之[舉]事. 17-10 ○實得所利. 17-24 ○去尊安. 18-2 ○取秦. 18-4 ○齊之事趙. 18-24 若○越趙魏關甲於燕. 20-10 ○秦之欲伐王久矣. 20-18 ○以實苦我者秦也. 21-4 ○輕絶强秦而强[信]楚之謀臣. 21-7 ○頪然見於左耳. 24-18

【廿】 1

則地去邯鄲百○里. 18-16

【木】 1

林○伐. 13-18

【五】 21

○和. 1-10 ○和. 1-12 臣受教任齊交○年. 3-11 ○相蛇政. 5-2 臣以車百○十乘入齊. 6-18 王請以百○十乘. 7-9 若不欲請以○[十]乘來. 7-10 ○百七十. 12-16 ○入囿中. 13-17 八百○十八. 14-8 ○百六十三. 15-10 十○歲矣. 15-23 ○百六十九. 16-14 ○伯之事也. 16-17 秦○世伐諸侯. 17-15 北至於[榆中]者千○百里. 18-15 且○國之主嘗合衡謀伐趙. 18-20 ○國之兵出有日矣. 18-21 尙方○百餘里. 22-9 ○年之食. 22-24 今王之東地尙方○百餘里. 23-17

【支】 3

外○秦魏之兵. 12-25 ○臺隨. 13-17 燕猶弗能○. 17-9

【卅】 4

臣以爲不下○萬. 12-5 以○萬之衆. 12-5 犯○萬之衆. 12-7 小縣有市者○有餘. 22-10

【不】 279

令秦與茶[兌]宋○可信. 1-7 齊必○信趙矣. 1-8 臣聞王之○安. 1-9 ○外燕. 1-12 奉陽君徐爲○信臣. 1-14 甚○欲臣之之齊也. 1-14 有○欲臣之之韓粱也. 1-15 臣甚患趙之○出臣也. 1-16 ○快於心而死. 1-21 ○利於國. 1-21 恐久而後○可救也. 2-5 反○如已. 2-6 以○功宋. 2-10 皆○任子以事. 2-14 臣之所○功齊. 2-17 必○合齊秦以謀燕. 2-20 爲趙擇必趙之○合齊秦以謀燕也. 2-20 臣將○歸. 2-21 臣與○知其故. 2-24 以爲○利國故也. 3-2 齊勺○惡. 3-3 國○可得而安. 3-4 功○可得而成也. 3-4 臣○利於身. 3-6 固知必將○信. 3-8 使齊大戒而○信燕. 3-13 王怒而○敢强. 3-14 勺疑燕而○功齊. 3-14○之齊危國. 3-18 王○諭齊王多○忠也. 3-24 襄安君之○歸哭也. 3-25 齊王之多○忠也. 4-1 ○以其罪. 4-1 燕大夫將○信臣. 4-3 齊有○善. 4-4 天下○功齊. 4-4 魚必○聽衆口與造言. 4-6 若無○爲也. 4-7 是故無○以口齊王而得用焉. 4-9 ○中意. 4-11 臣舉天下使臣之封○塹. 4-11 止某○道. 4-12 臣○事王矣. 4-22 乃○離親. 4-22 ○足而益國. 4-22 乃○延. 4-23 ○足而益國. 4-23 乃○竊. 4-24 ○足以益國. 4-24 臣以信○與仁俱徹. 4-24 義○與王皆立. 4-24 然則仁義○可爲與. 4-25 胡爲○可. 4-25 人無信則○徹. 4-25 國無義則○王. 4-25 皆以○復其掌. 5-2 ○事無爲之主. 5-4 自復○足乎. 5-5 楚將○出睢章. 5-5 秦將○出商閹. 5-6 齊○出呂遂. 5-6 燕將○出屋注. 5-6 晉將○蔚泰行. 5-6 此皆以○復其常爲進者. 5-7 兵率有子循而○知寡人得地於宋. 5-11 ○得地. 5-12 而○欲其從已聞也. 5-13 ○然. 5-16 ○樂生矣. 5-17 天下○能功秦. 5-20 如是而薛公徐爲○能以天下爲其所欲. 5-24 則天下故○能謀齊矣. 5-25 宋○殘. 6-8 進北○得. 6-8 勺是○得. 6-9 而勺氏○得. 6-10 終○敢出塞涑河. 6-14 勺氏終○可得已. 6-15 猶暠○知變事以功宋也. 6-20 ○然. 6-20 今

三晉之敢據薛公與○敢據. 6-21 三晉必○敢變. 6-22 ○疑. 6-24 而臣○能使王得志於三晉. 6-25 臣亦○足事也. 6-25 臣何可以○亟來. 7-3 臣○敢忘請王誠重御臣. 7-7 燕○應天下以師. 7-8 若○欲請以五[十]乘來. 7-10 燕王難於王之○信己也則有之. 7-13 ○能. 7-14 爲王○能. 7-16 疾與秦相萃也而○解. 7-19 ○而舍之. 7-19 ○敢與齊遇. 7-25 其○欲甚. 8-1 若楚遇○必. 8-3 ○爲功. 8-3 齊王終臣之身○謀燕燕. 8-5 終臣之身○謀齊. 8-5[請於粱閉關於宋而○許]. 8-10 數月○逆. 8-16 數月○從. 8-17 [請於粱閉關於宋而○許]. 8-17[○能辭已]. 8-21 [今曰○]女之. 8-22 粱氏○恃寡人. 8-24 寡人○見使. 9-1 [○能辭已]. 9-3 [今曰○]與韋非約曰. 9-4 若楚○遇. 9-5 與國○先反而天下有功之者. 9-12 雖知○利. 9-12 雖知○利. 9-13 王○棄與國而先取秦. 9-14 ○棄筭而反量也. 9-14 王何患於○得所欲. 9-14 秦案○約而應. 9-16 王何○利焉. 9-18 臣以爲○利於足○下. 9-20 秦悔○聽王以先事而後名. 9-23 齊○收秦. 9-24 王○可以○故解之. 10-7 殺人之母而○爲其子禮. 10-8 齊○以爲怨. 10-10 皆言王之○信薛公. 10-13 此○便於事. 10-14 薛公必○敢反王. 10-15 ○然則賓之. 10-21 ○則與齊共講. 10-21 此其爲禍○難矣. 10-23 秦必○敢言救宋. 10-25 然而○欲王之無事與之也. 11-2 三晉若○愿乎. 11-6 三晉必○敢反. 11-9 請毋至三月而王○見王天下之業. 11-10 王以○謀燕爲臣賜. 11-12 臣雖死○丑. 11-13 趙氏○割而邯戰復歸. 11-17 燕人○割而故國復反. 11-18 ○可得已. 11-24 ○然必欺. 11-25 唯命○爲常. 12-1 此言幸之○可數也. 12-2 知者○然. 12-4 臣以爲○下卅萬. 12-5 秦兵○功而魏效降安邑. 12-13 何索而○得. 12-15 奚爲[而○成]. 12-15 ○試禮義德行. 12-19 ○顧親戚弟兄. 12-19 而王弗試則○明. 12-23 羣臣莫以[聞]則○忠. 12-24 王以爲○亡乎. 12-25 必○伐楚與趙矣. 13-3 秦有○敢. 13-6 秦有○敢. 13-8 秦必○伐楚與趙矣. 13-9 有○攻燕與齊矣. 13-9 ○ 愛安陵氏. 13-14 夫○患秦. 13-15 ○愛南國. 13-15 從之○[成也][楚]魏疑而韓○[可得也]. 13-22 識亡○聽. 13-24 必○休. 13-25 此士民○勞而故地盡反矣. 14-2 韓必○敢反魏. 14-5 今○存韓. 14-6 而入朝爲臣○久矣. 14-8 共約而○同慮. 14-10 秦○妬得. 14-12 餘齊○足以爲晉國主矣. 14-12 晉國○敢倍秦伐齊. 14-13 有○敢倍秦收齊. 14-13 地○與秦攘介. 14-20 則秦○能與燕趙爭. 14-22 ○踰强晉. 14-23 秦[齊]○合. 14-24 重楚爲重○在粱西矣. 14-25 ○敢怨魏. 15-1 天下齊齊○侍夏. 15-5 非是猶○信齊也. 15-7 大后○肯. 15-13 曾○能疾走. 15-16 ○得見久矣. 15-16 老臣間者殊○欲食. 15-19 老婦○能. 15-20 ○寄. 15-21 ○若長安君甚. 16-1 則必○善戋. 16-8 而○汲今令有功於國. 16-9 故以爲其愛也○若燕后. 16-11 猶○能持無功之尊. 16-13 ○勞之奉. 16-14 攻齊○成. 16-17 侯○使人謂燕相國曰. 16-19 聖人○能爲時. 16-19 ○王也. 16-20 ○當桀紂. 16-20 ○王天下. 16-20 ○曹時○王. 16-21 吳○亡越. 16-24 齊○亡燕. 16-24 餘疾○盡也. 16-25 ○可得已. 17-2 ○難以國壹棲. 17-16 然則王何○使辯士以若說說秦王曰. 17-16 以○信秦王也. 17-18 然則王何○使可信者棲收燕趙. 17-18 韓魏○聽則秦伐. 17-21 齊○聽則燕趙伐. 17-21 天下孰敢○聽. 17-21 今○收燕趙. 17-25 ○收燕趙. 18-1 然則[王]何○使辯士以如說[說]秦. 18-3 恐事之○誠. 18-10 此代馬胡狗○東. 18-18 綸山之玉○出. 18-19 臣恐後事王者○敢自必也. 18-24 ○成則爲福. 19-6 ○救寡人. 19-8 必○胃鄭王曰. 19-12 必[○]胃秦王曰. 19-14 [川][韓]韓是之兵○用而得地[於楚]. 19-18 秦兵[○用而得三川]. 19-19 魏是○敢○聽. 19-20 公令秦韓之兵○[用而得地][有一大]德. 19-22 [君之封]地○可○蚤定. 20-2 皆○免. 20-4 君○如北兵以德趙. 20-5 則○然者. 20-9 王○若因張義而和於秦. 20-15 韓爲○能聽我. 20-22 必○爲逆以來. 20-22 是[秦]韓○和也. 20-22 國○大病矣. 20-23 其應必○敬矣. 20-24 ○穀唯小. 21-2 ○穀將以楚佳韓. 21-3 ○可. 21-4 楚救○至. 21-9 楚○侍伐. 21-15 將軍○見井忌乎. 21-16 胡○解君之璽以佩蒙敖王齮也. 21-20 ○忠. 21-21 趙○能聽. 21-24 ○如少案之. 21-25 天下人無○死者. 22-2 ○然. 22-7 秦必○倍粱而東. 22-17 秦必○攻粱. 22-19 必○能掊粱黃濟陽陰睢陽而攻單父. 22-21 若秦拔鄢陵而○能東攻單父. 22-22 擊其○意. 22-25 齊楚見亡○叚. 23-1 楚粱○勝. 23-4 今戰勝○能倍鄢陵而攻粱者少也. 23-5 若○休兵. 23-8 若粱王○出粱. 23-11 守必○固. 23-12 則○能自植士卒. 23-12 則如○粱中必亂. 23-13 無以救東地而王○出粱之禍也. 23-15 請使宜信君載先生見○責於臣. 23-16 ○自處危. 23-17 若王○. 23-18 楚兵○足侍也. 24-7 何爲而○足侍[也]. 24-8 臣之[○足]侍者以其俞也. 24-9 兵之日○肯告臣. 24-11 魏必○敝. 24-13 邯鄲君榣於楚人之許已兵而○肯和. 24-16

【友】 1

交以趙爲死○. 14-20

【尤】 1

而率效蟬○. 12-14

【巨】 2

距莎丘○鹿之囿三百里. 18-14 義且以韓秦之兵東○齊宋. 19-15

【比】 1

○燕於趙. 1-7

【止】 6

怒於勺之○臣也. 2-3 勺○臣而它人取齊. 3-5 臣○於勺而侍其魚肉. 3-5 臣○於勺. 4-12 ○某不道. 4-12 ○公中之行. 21-3

【少】 9

必[以]大后○子長安君來質. 15-12 ○益耆食. 15-20 大后之色○解. 15-20 老臣賤息訏旗最○. 15-21 ○. 15-24 丈亦愛憐○子乎. 15-24 不如○案之. 21-25 ○則傷. 22-17 今戰勝不能倍鄢陵而攻粱者○也. 23-5

【曰】 128

自趙獻書燕王○. 1-4 使韓山獻書燕王○. 1-20 使盛慶獻書於[燕王○]. 2-9 今齊王使宋竅謂臣○. 2-12 奉陽君使周納告寡人○. 2-12 信奉陽君使周納言之○. 2-13 ○. 2-15 今[齊]王使宋竅詔臣○. 2-16 今王○. 2-23 自齊獻書於燕王○. 3-8 臣之計○. 3-9 王○. 4-1○. 4-3 將○. 4-5 王謂臣○. 4-6 今王使慶令臣○. 4-14 謂燕王○. 4-19 王○. 4-21 王○. 4-21 王○. 4-24 對○. 4-25 王○. 5-4 對○. 5-5 自粱獻書於燕王○. 5-9 齊使宋竅侯瀛謂臣○. 5-9 自粱獻書於燕王○. 5-19 臣故令遂恐齊王○. 5-20 謂齊王○. 6-7 量謂臣○. 6-13 臣謂量○. 6-16 謂齊王○. 7-2 則天下必○. 7-8 自勺獻書於齊王○. 7-22 自勺獻書於齊王○. 8-14 臣以令告奉陽君○. 8-14 [且君嘗○]. 8-20 [今○不]女之. 8-22 樹寡人○. 8-24 ○. 8-25 [且君嘗○]. 9-2 [今○不]與韋非約. 9-4 ○. 9-10 奉陽君合臣○. 9-11 乾量獻書於齊○. 9-23 謂齊王○. 10-7 臣使蘇厲告楚王○. 10-7 御事者必○. 11-3 須賈說穰侯○. 11-15 臣聞魏長吏胃魏王○. 11-15 周書○. 12-1 君○. 12-16 謂魏王○. 12-18 故○. 13-9 胃起賈○. 14-10 齊○. 15-12 大后明胃左右○. 15-14 至而自[謝]○. 15-15 ○. 15-17 ○. 15-18 ○. 15-18 ○. 15-19 ○. 15-20 左師觸龍○. 15-21 大后○. 15-23 ○. 15-23 ○. 15-24 ○. 15-25 ○. 15-25 ○. 15-25 ○. 16-1 左師觸龍○. 16-1 祭祀則祝之○. 16-3 大后○. 16-4 左師觸龍○. 16-5 ○. 16-6 ○. 16-6 ○. 16-6 ○. 16-7 大后○. 16-11 子義聞之○. 16-13 侯不使人謂燕相國○. 16-19 詩○. 16-23 胃燕王○. 17-6 ○. 17-14 然則王何不使辯士以若說說秦王○. 17-16 先於燕趙○. 17-19○. 17-22 且說士之計皆○. 18-12 胃陳軫○. 19-5 客有言○. 19-7 陳軫○. 19-11 合○. 19-11 必不胃鄭王○. 19-12 必將○. 19-12 必[不]胃秦王○. 19-14 [必將]○. 19-14 胃秦○. 19-17 胃春申君○. 20-1 對○. 20-7 君○. 20-8 ○. 20-8 乃胃魏王○. 20-8 言○. 20-9 公中倗胃韓王○. 20-14 韓王○. 20-17 陳軫○. 20-18 胃韓王○. 21-2 公中○. 21-4 故○. 21-11 ○. 21-18 視文信侯○. 21-19 君○. 21-19 ○. 22-6 田儥○. 22-7 對○. 22-7 田儥○. 22-9 ○. 22-9 田儥[○]. 22-13 粱之羣臣皆○. 22-13 對○. 22-15 田儥○. 23-16 工君奚洫○. 23-25 [麐]麐皮○. 24-3 工君奚洫○. 24-5 復令於邯鄲君○. 24-7 邯鄲君○. 24-8 麐皮○. 24-9

【日】 13

使齊韓粱[燕]約御軍之○無伐齊. 1-10 齊勺之惡○益. 2-5 今○愿藉於王前. 4-19 百它○之節. 6-23 兵出之○. 13-10 異○者秦在河西. 13-15 異○者. 13-22 ○三四里. 15-20 五國之兵出有○矣. 18-21 蔡鳥明○見. 21-19 則使臣赤敢請其○以復於君乎. 24-4 孑擇其○歸而已矣. 24-6 兵之○不肯告臣. 24-11

【中】 21

臣甚愿之○重齊欲如齊. 1-9 ○. 1-12 不○意. 4-11 絶○國而功齊. 6-14 使如○山. 10-18 是故臣在事○. 11-9 宋○山數伐數割. 11-19 而宋○山可毋爲也. 11-20 五入囿○. 13-17 趙爲○帝. 17-20 ○山亡. 18-14 北至於[榆○]者千五百里. 18-15 公○倗胃韓王曰. 20-14 乃警公○倗. 20-17 止公○之行. 21-3 公○曰. 21-4 秦禍案環○粱矣. 21-15 令粱○都尉大將. 22-12 則以王在粱○也. 23-12 則如不粱○必亂. 23-13 是粱無東地憂而王粱○. 23-19

【內】 9

勺必取河○. 9-16 ○有大亂. 12-24 若道河○. 13-4 以臨河○. 13-11 河○共. 13-11 山南山北河外河○. 13-19 非盡亡天下之兵而臣海○. 13-25 警四竟之○. 20-20 乃警四竟之○. 20-25

【水】 1

絶漳鋪[○][與趙兵決於]邯鄲之鄗. 13-5

【仁】 3

臣以信不與○俱徹. 4-24 然則○義不可爲與. 4-25 ○義所以自爲也. 5-1

【什】 1

兵者弗○弗圜. 23-7

【仇】 3

以與勺爲大○可也. 2-23 此於[親]戚若此而兄○讎之國乎. 12-22 如報父子之○. 17-2

【反】 23

〇不如已. 2-6 愿王之使人〇復言臣. 2-6 慮〇乾量. 5-21 寡人將〇量也. 8-25 寡人有〇量之慮. 9-2 與國不先〇而天下有功之者. 9-12 與國有先〇者. 9-13 不棄筞而〇量也. 9-14 粱氏先〇. 9-15 〇量也. 9-18 使量〇. 9-24 〇爲王誅勺信. 10-10 薛公必不敢〇王. 10-15 三晉必不敢〇. 11-9 燕人不割而故國復〇. 11-18 此士民不勞而故地盡〇矣. 14-2 韓必不敢〇魏. 14-5 察於見〇. 14-17 必勿使〇. 16-3 必〇宋. 17-22 〇宋. 17-23 〇溫軹高平於魏. 18-23 〇王公. 18-23

【介】 2

全於〇. 2-18 地不與秦攘〇. 14-20

【父】 9

〇母愛子則爲之計深遠. 16-1 如報〇子之仇. 17-2 其有親戚〇母妻子. 22-12 皆令從粱王葆之東地單〇. 22-12 必不能掊粱黃濟陽陰睢陽而攻單〇. 22-21 若欲出楚地而東攻單〇. 22-22 若秦拔鄢陵而不能東攻單〇. 22-22 粱王在單〇. 22-24 粱王有出居單〇. 23-8

【今】 71

〇奉陽[君]之使與封秦也. 1-6 〇與臣約. 1-10 〇臣欲以齊大[惡]而去趙. 1-13 〇齊王使李終之勺. 2-2 〇齊王使宋竅謂臣曰. 2-12 〇[齊]王使宋竅詔臣曰. 2-16 〇王曰. 2-23 〇齊有過辭. 3-23 〇王以衆口與造言罪臣. 4-9 〇王使慶令臣曰. 4-14 〇日愿藉於王前. 4-19 〇燕王與羣臣謀破齊於宋而功齊. 5-10 〇有告薛公之使者田林. 5-12〇粱勺韓薛公徐爲有辭. 5-22 〇有鬻天下以取秦. 5-24 〇三晉之敢據薛公與不敢據. 6-21 是故當〇之時. 6-22 〇南方之事齊者多故矣. 7-3 [〇燕勺之兵皆至矣]. 8-11 [〇燕勺之兵皆至矣]. 8-19 [〇曰不]女之. 8-22 [〇曰不]與韋非約曰. 9-4 〇齊勺燕循相善也. 9-13〇王棄三晉而收秦. 9-18 〇秦王請侍王以三四年. 9-23 〇爽也. 10-13 〇功秦之兵方始合. 10-22 〇有走孟卯. 11-22〇王循楚趙而講. 11-23 〇有走孟卯. 12-3 以至於〇. 12-8 〇魏方疑. 12-9 〇王與秦共伐韓而近秦患. 12-23 〇韓氏以一女子奉一弱主. 12-24 王欲得故地而〇負強秦之禍. 13-1 從林軍以至於〇. 13-16 〇韓受兵三年. 13-23 〇不存韓. 14-6 魏至〇然者. 15-8 〇事來矣. 15-9 〇三世以前. 16-5 〇媪尊長安之位. 16-9 而不汲〇令有功於國. 16-9 〇天下攻齊. 16-21 〇以三齊臨燕. 17-9 〇王若欲因過而爲福. 17-12 〇爲齊下. 17-15 〇不收燕趙. 17-25 〇收燕趙. 18-1 〇足下功力非數加於秦也. 18-7 〇燕盡齊之河南. 18-14 〇增注委恆山而守三百里. 18-18 〇從強秦久伐齊. 18-19 〇王收齊. 19-1 〇者秦立於門. 19-7 〇楚王之春秋高矣. 20-1 〇燕之罪大. 20-5 〇胃馬多力. 20-9 〇胃楚強大則有矣. 20-10 〇秦之心欲伐楚. 20-15 〇或得韓一名縣具甲. 20-18 〇已得之. 20-19 〇燕獻地. 21-21 〇臣竊爲將軍私計. 21-25 〇粱王居東地. 22-16 〇者秦之攻將以行幾二千里. 23-3 〇戰勝不能倍鄢陵而攻粱者少也. 23-5 〇粱守. 23-6 〇粱守百萬. 23-7 〇王之東地尙方五百餘里. 23-17 師〇從子之後. 24-6

【分】 2

臣以爲自天地始〇. 12-7 疎〇趙壤. 18-21

【公】 49

勺以用薛〇徐爲之謀謹齊. 2-11 所見於薛〇徐爲. 2-18 薛〇乾徐爲與王約功齊. 3-18 〇玉丹之勺致蒙. 3-19 今有告薛〇之使者田林. 5-12 薛〇以告臣. 5-12 薛〇未得所欲於晉國. 5-19 今粱勺韓薛〇徐爲有辭. 5-22 如是而薛〇徐爲不能以天下爲其所欲. 5-24 令田賢急[守]薛〇. 6-1 非是毋有使於薛〇徐之所. 6-1 薛〇相脊也. 6-7 王棄薛〇. 6-11 今三晉之敢據薛〇與不敢據. 6-21 [桓]〇聽之. 7-6 臣賢王於桓[〇]. 7-7 以安無薛〇之心. 10-12 甘薛〇以就事. 10-12 皆言王之不信薛〇. 10-13 薛〇甚懼. 10-13 非薛〇之信. 10-14 臣負齊燕以司薛〇. 10-15 薛〇必不敢反王. 10-15 薛〇有變. 10-15 是故臣以王令甘薛〇. 10-19 夏后堅欲爲先薛〇得平陵. 11-1 臣欲王以平陵予薛〇. 11-1 欲王之縣陶平陵於薛〇奉陽君之上以勉之. 11-2 王舉霸王之業而以臣爲三〇. 11-12 私心以〇爲爲天下伐齊. 14-10 〇之魏已. 15-1 〇孫鞅之欺魏卬也. 15-7 〇孫鞅之罪也. 15-8 反王〇. 18-23 愿有謁於〇. 19-6 利〇. 19-6 此〇事成也. 19-10 〇令楚[王與韓氏地]. 19-17 〇令秦韓之兵不[用而得地][有一大]德. 19-22 〇常操芥而責於[秦][韓][此其善於]〇而[惡張]張義多資矣. 19-23 〇孫鞅殺. 20-3 〇孫央功臣也. 20-3 大〇望封齊. 20-4 召〇奭封於燕. 20-4 〇中倗胃韓王曰. 20-14 乃警〇中倗. 20-17 止〇中之行. 21-3 〇中曰. 21-4

【月】 6

亦以八〇歸兵. 5-11 亦以八〇歸兵. 5-12 數〇不逆. 8-16 數〇不從. 8-17 請毋至三〇而王不見王天下之業. 11-10 粱兵果六〇乃出. 22-4

【氏】 22

而勺〇不得. 6-10 勺〇終不可得已. 6-15 勺〇將悉上黨以功秦. 7-25 勺〇之慮. 8-2 粱〇留齊兵於觀. 8-15 [寡人恐粱〇之棄與國而獨取秦也]. 8-21 粱〇不恃寡人. 8-24 [寡人恐粱〇之棄與國而獨取秦也]. 9-3 其鄙盡入粱〇矣. 9-9 粱〇先反. 9-15 趙〇不割而邯戰復歸. 11-17 蠶食魏〇. 11-21 愿君之以〇慮事也. 12-1 臣聞魏〇悉其百縣勝甲以上. 12-4 今韓〇以一女子奉一弱主. 12-24 〇復闕輿之事也. 13-4 〇知伯之過也. 13-5 不愛安陵〇. 13-14 於〇爲長安君約車百乘. 16-12 公令楚[王與韓〇地]. 19-17 吾國勁而魏〇敝. 24-14 主君何爲亡邯鄲以敝魏〇. 24-15

【勿】 6

王〇計. 10-16 圍而〇舍. 10-17 愿王之〇聽也. 11-1 愿王之〇聽也. 11-4 王必〇聽也. 11-23 必〇使反. 16-3

【丹】 3

故冒趙而欲說〇與得. 1-5 奉陽[君]〇若得也. 2-14 公玉〇之勺致蒙. 3-19

【卬】 4

事〇曲盡從王. 8-6 秦〇曲盡聽王. 9-25 事〇曲盡害. 10-19 公孫鞅之欺魏〇也. 15-7

【六】 3

五百〇十三. 15-10 五百〇十九. 16-14 粱兵果〇月乃出. 22-4

【文】 4

以河間十城封秦相〇信侯. 21-18 〇信侯弗敢受. 21-18 視〇信侯曰. 21-19 〇信侯敬若. 21-22

【方】 11

燕南〇之交完. 5-15 事必南〇強. 6-2 今南〇之事齊者多故矣. 7-3 南〇之事齊者. 7-4 今功秦之兵〇始合. 10-22 今魏〇疑. 12-9 魏〇疑而得以小割爲和. 12-10 以〇河東. 14-21 九夷〇一百里. 17-8 尙〇五百餘里. 22-9 今王之東地尙〇五百餘里. 23-17

【心】 14

不快於〇而死. 1-21 愿王之爲臣甚安燕王之〇也. 8-12 以安無薛公之〇. 10-12 王句爲臣安燕王之〇而毋聽傷事者之言. 11-9 有[虎狼之]〇. 12-18 私〇以公爲爲天下伐齊. 14-10 意齊毀未當於秦〇也. 15-4 秦王之〇苟得窮齊. 17-16 必如諫〇. 18-3 今秦之〇欲伐楚. 20-15 則兩〇. 23-14 則死王有兩〇. 23-15 必其〇與俞許[我]兵. 24-12 且曾聞其音以知其〇. 24-18

【尺】 1

請令楚粱毋敢有〇地於宋. 9-25

【夬】 3

則王事遬〇矣. 10-25 與楚兵〇於陳鄗. 13-8 而武安君之棄禍存身之〇也. 15-9

【丑】 1

臣雖死不〇. 11-13

【以】 286

秦毋惡燕粱〇自持也. 1-10 趙循合齊秦〇謀燕. 1-12 今臣欲〇齊大[惡]而去趙. 1-13 臣對〇弗知也. 2-4 奉陽君盡〇爲臣罪. 2-5 〇齊之任臣. 2-10 〇不功宋. 2-10 欲從韓粱取秦〇謹勺. 2-10 勺〇用薛公徐爲之謀謹齊. 2-11 燕王請毋任蘇秦〇事. 2-12 皆不任子〇事. 2-14 請〇齊爲上交. 2-15 若〇天下焉. 2-19 必不合齊秦〇謀燕. 2-20 爲趙擇必趙之不合齊秦〇謀燕也. 2-20 諸可〇惡齊勺[者]將之. 2-22 〇惡可[也]. 2-22 〇薜可也. 2-22 〇與勺爲大仇可也. 2-23 循[善]齊秦〇定其封. 2-24 次循善齊〇安其國. 2-25 臣〇齊善勺. 3-2 〇爲不利國故也. 3-2 大者可〇使齊毋謀燕. 3-9 次可〇惡齊勺之交. 3-10 〇便王之大事. 3-10 〇便事也. 3-15 臣〇死之圍. 3-18 〇定其封於齊. 3-19 臣〇死任事. 3-21 自〇爲免於罪矣. 3-23 而〇爲臣罪. 3-24 不〇其罪. 4-1 而王〇赦臣. 4-2 可〇得用於齊. 4-7 可〇得信. 4-7 〇奴自信. 4-8 是故無不〇口齊王而得用焉. 4-9 今王〇衆口與造言罪臣. 4-9 臣未有〇報王. 4-11 〇求卿與封. 4-11 〇振臣之死. 4-13 可〇報王. 4-14 臣有三資者〇事王. 4-21 不足〇益國. 4-24 臣〇信不與仁俱徹. 4-24 仁義所〇自爲也. 5-1 非所〇爲人也. 5-1 皆〇不復其掌. 5-2 若〇復其掌爲可王. 5-2 此皆〇不復其常爲進者. 5-7 亦〇八月歸兵. 5-11 亦〇八月歸兵. 5-12 薛公〇告臣. 5-12 臣請疾之齊觀之而〇報. 5-14 臣將令陳臣許翦〇韓粱問之齊. 5-15 請養之〇便事. 5-16 欲齊之先變〇謀晉國也. 5-19 道齊〇取秦. 5-20 齊先鬻勺〇取秦. 5-23 後賣秦〇取勺而功宋. 5-23 今有鬻天下〇取秦. 5-24 如是而薛公徐爲不能〇天下爲其所欲. 5-24 它人將非之〇敗臣. 6-2 齊王〇燕爲必侍其斃而功齊. 6-4 言者〇臣賤而邈於王矣. 6-4 欲〇殘宋. 6-8 〇齊封奉陽君. 6-8 欲〇取勺. 6-9 臣之〇燕事王循也. 6-13 子〇齊大重秦. 6-16 秦將〇燕事齊. 6-17 量〇爲善. 6-18 臣〇車百五十乘入齊. 6-18 身御臣〇入. 6-19 猶量不知變事〇功宋也. 6-20 王明視天下〇有燕. 6-24 燕纍臣〇求摯. 7-2 臣何可〇不亟來. 7-3 而入之秦與宋〇謀齊. 7-4 非〇自爲也. 7-6 燕不應天下〇師. 7-8 王請〇百五十乘. 7-9 王〇諸侯御臣. 7-10 若不欲請〇五[十]乘來. 7-10 故敢〇聞也. 7-11 臣必〇死諍之. 7-14 〇臣所魯甚焉. 7-15 臣必〇死必之. 7-17 臣〇燕重事齊. 7-17 兄臣能〇天下功秦. 7-18 〇雨. 7-23 勺氏將悉上黨〇功秦. 7-25〇爲齊秦復合. 8-2 必爲兩啻〇功勺. 8-2 愿王之〇毋遇喜奉陽君也. 8-3 臣〇足下之所與臣約

者告燕王. 8-4 臣○好處於齊. 8-4 ○燕之事齊也爲盡矣. 8-7 宦二萬甲自食○功宋. 8-8 二萬甲自食○功秦. 8-8 盡○爲齊. 8-9 臣○令告奉陽君曰. 8-14 寡人之所○有講慮者有. 8-14 [是○有溝慮]. 8-22 [是○有講慮]. 9-4 ○約功秦. 9-5 韋非○梁王之令. 9-7 欲○平陵蛇薛. 9-8 ○陰封君. 9-8 臣○[告]奉陽君. 9-9 齊必取大梁○東. 9-15 ○便王之功宋也. 9-17 而獨爲秦臣○怨王. 9-20 臣○爲不利於足下. 9-20 講亦○是. 9-21 疾○是. 9-21 秦悔不聽王○先事而後名. 9-23 今秦王請侍王○三四年. 9-23 盡○爲齊. 10-1 ○功勺. 10-1 王不可○不故解之. 10-7 宋○淮北與齊講. 10-9 齊不○爲怨. 10-10 ○其無禮於王之邊吏也. 10-10 王必毋○豎之私怨敗齊之德. 10-11 ○安無薛公之心. 10-12 甘薛公○就事. 10-12 莫能合三晉○功秦. 10-14 臣負齊燕○司薛公. 10-15 是故臣○王令甘薛公. 10-19 ○疾功秦. 10-20 三晉○王爲愛己忠己. 10-21 王有欲得兵○功平陵. 10-22 愿王之毋○此畏三晉也. 10-24 獨○甘楚. 10-24 王○和三晉伐秦. 10-25 臣欲王○平陵予薛公. 11-1 欲王之縣陶平陵於薛公奉陽君之上○勉之. 11-2 必○其餘驕王. 11-4 若三晉相豎也○功秦. 11-7 案○負王而取秦. 11-8 王收燕循楚而啗秦○晉國. 11-8 臣之所○備患者百餘. 11-9 臣之出死○要事也. 11-11 非獨○爲王也. 11-11 王○不謀燕爲臣賜. 11-12 臣有○德燕王矣. 11-12 王舉霸王之業而○臣爲三公. 11-12 臣有○矜於世矣. 11-13 燕趙之所○國大兵强而地兼諸侯者. 11-18 ○其能忍難而重出地也. 11-19 而國隋○亡. 11-19 臣○爲燕趙可法. 11-20 且劫王○多割. 11-23 秦挾楚趙之兵○復攻. 11-24 愿君之○氏慮事也. 12-1 ○攻大梁. 12-4 是○天幸自爲常也. 12-4 臣聞魏氏悉其百縣勝甲○上. 12-4 ○戍大梁. 12-5 臣○爲不下卅萬. 12-5 ○卅萬之衆. 12-5 臣○爲湯武復生. 12-6 臣○爲自天地始分. 12-7 ○至於今. 12-8 可○小割而收也. 12-9 亟○小割收魏. 12-10 魏方疑而得○小割爲和. 12-10 豈必○兵戈. 12-13 而○懮死. 12-21 羣臣莫○[聞]則不忠. 12-24 今韓氏○一女子奉一弱主. 12-24 王○爲不亡乎. 12-25 王○爲安乎. 13-1 王○爲利乎. 13-1 ○臨河內. 13-11 繚舞陽之北○東臨許. 13-14 有河山○闌之. 13-16 從林軍○至於今. 13-16 而國續○圍. 13-18 秦撓○講. 13-23 是故臣愿○從事王. 14-1 王偃韓之質○存韓而求故地. 14-1 出入賦之是魏重質韓○其上黨也. 14-4 足○富國. 14-5 魏得韓○爲縣. 14-6 ○率大梁. 14-6 私心○公爲爲天下伐齊. 14-10 是○晉國之慮. 14-11 ○重虞秦. 14-11 秦食晉○齊. 14-12 餘齊不足○爲晉國主矣. 14-12 秦兩縣齊晉○持大重. 14-14 是○秦晉皆俠若計○相笱也. 14-14 ○利. 14-15 唯賢者能○重終. 14-17 ○河爲竟. 14-18 ○燕王之賢. 14-18 足○俻先王之餌. 14-19 交○趙爲死友. 14-20 ○方河東. 14-21 兵全○臨齊. 14-22 ○爲下蔡啓. 15-1 請○其母質. 15-8 此齊之○母質之時也. 15-9 必[○]大后少子長安君來質. 15-12 ○衛王宮. 15-22 昧死○聞. 15-22 老臣竊○爲媼之愛燕后賢長安君. 15-25 今三世○前. 16-5 長安君何○自託於趙. 16-10 老臣○媼爲長安君計之短也. 16-10 故○爲其愛也不若燕后. 16-11 秦封君○陶. 16-16 率○朝. 16-17 非○此時也. 16-25 挾君之讎○於燕. 17-1 夫○宋加之淮北. 17-7 加○魯衛. 17-8 今○三齊臨燕. 17-9 秦忠○侍破. 17-15 不難○國壹棲. 17-16 然則王何不使辯士○若說說秦王曰. 17-16 ○不信秦王也. 17-18 因○爲質. 17-20 立三帝○令於天下. 17-20 天下服聽因迫韓魏○伐齊. 17-22 然則[王]何不使辯士○如說[說]秦. 18-3 下吏皆○秦爲夏趙而曾齊. 18-8 臣竊○事觀之. 18-8 欲○亡韓呻兩周. 18-9 故○齊餌天下. 18-10 故出兵○割革趙魏. 18-10 故出摯○爲信. 18-11 [臣]○秦之計必出於此. 18-11 秦○强弩坐羊腸之道. 18-16 秦○三軍功王之上常而包其北. 18-17 齊乃西師○唫强秦. 18-22 乃○柢罪取伐. 18-24 天下必○王爲義矣. 19-1 王○天下就之. 19-2 王○天下之. 19-2 倗○爲魏. 19-12 義○爲魏. 19-14 義且○韓秦之兵東巨齊宋. 19-15 [請與韓地而王○]施三川. 19-18 [伐楚韓○窘]魏. 19-19 秦韓之王劫於韓倗張義而東兵○服魏. 19-22 君不如北兵○德趙. 20-5 ○定身封. 20-6 便所○言之. 20-8 洛之○一名縣. 20-16 此○一爲二之計也. 20-16 必不爲逆○來. 20-22 ○厚怨韓. 20-24 不穀將○楚佳韓. 21-3 夫○實苦我者秦也. 21-4 ○虛名救[我]者楚也. 21-4 ○秦之强. 21-14 ○河間十城封秦相文信侯. 21-18 胡不解君之璽○佩蒙敖王齮也. 21-20 秦王○君爲賢. 21-20 ○秦之强. 21-23 必有○自恃也. 22-8 將○救亡. 22-12 則是非○危爲安. 22-20 ○亡爲存耶. 22-20 則可○轉禍爲福矣. 22-22 ○萬丈之城. 22-24 ○梁餌秦. 22-24 ○東地之兵爲齊楚爲前行. 22-25 今者秦之攻將○行幾二千里. 23-3 則○王在梁中也. 23-12 無○出死救梁. 23-15 無○救東地而王不出梁之禍也. 23-15 然則吾將悉興○救邯[鄲]. 24-2 吾非敢○爲邯鄲賜也. 24-3 吾將○救吾. 24-3 興兵○救敝邑. 24-4 則使臣赤敢請其日○復於君乎. 24-4 臣之[不足]侍者○其俞也. 24-9 我必列地○和於魏. 24-13 主君何爲亡邯鄲○敝魏氏. 24-15 且曾聞其音○知其心. 24-18

【予】 7

爲○趙甲因在梁者. 1-17 使○齊勺矣. 2-16 使毋○蒙而通宋使. 3-21 臣欲王以平陵○薛公. 11-1 終事然後○之. 11-3 多○之重器. 16-9 王欲毋○地. 19-21

【毋】 43

王○夏事. 1-8 秦○惡燕梁以自持也. 1-10 必○使臣久於勺也. 2-6 燕王請○任蘇秦以事. 2-12 笱○任子. 2-15 勺○惡於齊爲上. 3-3 大者可以使齊○謀燕. 3-9 ○齊趙之患. 3-16 使○予蒙而通宋使. 3-21 臣欲○往. 3-25 苟○死. 4-7 可○慙乎. 4-20 ○辱大王之廷. 5-4 愿王之陰知之而○有告也. 5-13 王○懮. 5-14 非是○有使於薛公徐之所. 6-1 ○與奉陽君言事. 6-2 一言○舍也. 6-2 燕○首. 6-3 有慎○非令羣臣衆義功齊. 6-3 必○聽天下之惡燕交者. 7-14 ○庸發怒於宋魯也. 7-15 愿王之以○遇喜奉陽君也. 8-3 與國○相離也. 9-7 請令楚梁○敢有尺地於宋. 9-25 王必○以豎之私怨敗齊之德. 10-11 ○與它人矣. 10-12 愿王之○以此畏三晉也. 10-24 楚雖○伐宋. 10-24 王句爲臣安燕王之心而○聽傷事者之言. 11-9 請○至三月而王不見王天下之業. 11-10 而宋中山可○爲也. 11-20 則國求○亡. 11-24 愿王之必○講也. 11-25 愿[君]之孰慮之而○行危也. 12-15 燕齊○難矣. 14-18 食飲得○衰乎. 15-18 愿君之剸志於攻齊而○有它慮也. 17-3 秦韓之兵○東. 19-9 若何史○東. 19-11 王欲○予地. 19-21 言○攻燕. 21-23 ○庸出兵. 21-25

【玉】 4

公○丹之勺致蒙. 3-19 輿恐○體之有所郄也. 15-16 而守金○之重也. 16-14 綸山之○不出. 18-19

【未】 28

○能免身. 1-16 雖○功齊. 2-9 ○嘗謀燕. 3-11 齊勺○嘗謀燕. 3-22 臣○有以報王. 4-11 ○能. 5-15 ○敢. 5-15 薛公○得所欲於晉國. 5-19 ○可解也. 6-4 臣○之識. 6-21 臣爲是○欲來. 7-2 亦○爲王爲也. 7-2 ○得遬也. 7-24 秦○至𠭯而王已盡宋息民矣. 11-5 地○畢入而兵復出矣. 11-21 ○之嘗有也. 12-8 愿君遝楚趙之兵○至於梁也. 12-9 意齊毀○當於秦心也. 15-4 愿及○寘叡谷而託之. 15-24 市朝○罷過及於趙. 18-13 兵○出. 21-13 秦○得志於楚. 21-25 梁○得志於楚. 22-1 梁兵○出. 22-2 楚見梁之○出兵也. 22-2 [邯]鄲○將令也. 23-25 ○將令也. 24-8 其實○也. 24-18

【末】 1

舉其○. 21-19

【正】 4

○利也. 18-4 務○利. 18-4 宜○爲上交. 18-24 兼爲○乎兩國. 24-17

【功】 79

雖未○齊. 2-9 以不○宋. 2-10 天下有謀齊者請○之. 2-15 臣之所不○齊. 2-17 其○齊益疾. 2-18 王必勺之○齊. 2-19 勺非可與○齊也. 3-2 ○不可得而成也. 3-4 王信田代繰去[疾]之言○齊. 3-13 勺疑燕而不○齊. 3-14 約○秦去帝. 3-16 薛公乾徐爲與王約○齊. 3-18 臣雖無大○. 3-23 天下不○齊. 4-4 天下○齊. 4-5 寡人與子謀○宋. 5-9 今燕王與羣臣謀破齊於宋而○齊. 5-10 齊雖欲○燕. 5-15 天下不能○秦. 5-20 後賣秦以取勺而○宋. 5-23 有慎毋非令羣臣衆義○齊. 6-3 齊王以燕爲必侍其斃而○齊. 6-4 ○秦三年. 6-7 ○宋. 6-12 絶中國而○齊. 6-14 愿則摯而○宋. 6-18 猶量不知變事以○宋也. 6-20○宋之事. 7-16 兄臣能以天下○秦. 7-18 王欲復○宋而復之. 7-19 所聞於乾粱之○秦. 7-23 勺氏將悉上黨以○秦. 7-25 必爲兩啻以○勺. 8-2 不爲○. 8-3 宦二萬甲自食以○宋. 8-8 二萬甲自食以○秦. 8-8 [寡人之彧○宋也]. 8-10 [俞疾○菑四寡人有聞粱]. 8-11 寡人之所爲○秦者. 8-15 而○[宋]. 8-17 [寡人之呖○宋也]. 8-17 [俞疾○菑]. 8-19 ○秦. 8-23 以約○秦. 9-5 收秦等撻明○秦. 9-5 與國不先反而天下有○之者. 9-12 齊勺○粱. 9-15 三晉與燕爲王○秦. 9-17 以便王之○宋也. 9-17 以○勺. 10-1 王○之. 10-9 莫能合三晉以○秦. 10-14 ○秦之事成. 10-16 ○秦之事敗. 10-18 以疾○秦. 10-20 今○秦之兵方始合. 10-22 王有欲得兵以○平陵. 10-22 是害○秦也. 10-23 若三晉相豎也以○秦. 11-7 則前○有必棄矣. 12-9 秦兵不○而魏效降安邑. 12-13 ○莫多焉. 12-21 夫[越山與河][絶]韓上黨而○强趙. 13-3 其○多於與秦共伐韓. 14-2 天下且○齊. 15-2 位尊而無○. 16-8 而不汲今令有○於國. 16-9 猶不能持無○之尊. 16-13 成昭襄王之○. 16-22 成君之○. 16-25 轉敗而爲○. 17-11 轉敗而爲○. 17-12 轉敗而爲○. 17-13 今足下○力非數加於秦也. 18-7 秦以三軍○王之上常而包其北. 18-17 公孫央○臣也. 20-3 我無○. 21-18 我無○. 21-20 君無○. 21-20

【去】 11

今臣欲以齊大[惡]而○趙. 1-13 臣爲此無敢○之. 2-1 王信田代繰○[疾]之言功齊. 3-13 約功秦○帝. 3-16 與言○燕之齊. 4-8 天下之兵皆○秦而與齊諍宋地. 10-23 晉國○粱千里. 13-15 晉國○粱千里而禍若是矣. 13-20 ○粱百里. 13-22 夫○尊安. 18-2 則地○邯鄲百廿里. 18-16

【甘】 9

臣○死. 4-14 在王之循○燕也. 6-23 亦○之. 6-24 亦○之. 6-24 ○

薛公以就事. 10-12 愿王之○之也. 10-14 是故臣以王令○薛公. 10-19 獨以○楚. 10-24 臣聞[○]洛降. 18-6

【世】 9

臣有以矜於○矣. 11-13 今三○以前. 16-5 除萬○之害. 16-23 除萬○之害. 16-25 誠爲鄰○世無患. 17-3 秦五○伐諸侯. 17-15 是一○之命制於王也. 19-2 此百○一時也. 20-6

【古】 2

○之爲利者養人. 14-15 故○之人患利重之奪. 14-16

【可】 49

令秦與茇[兌]宋不○信. 1-7 恐久而後不○救也. 2-5 諸○以惡齊勺[者]將之. 2-22 以惡○[也]. 2-22 以薵○也. 2-22 以與勺爲大仇○也. 2-23 勺非○與功齊也. 3-2 國不○得而安. 3-4 功不○得而成也. 3-4 大者○以使齊毋謀燕. 3-9 次○以惡齊勺之交. 3-10 何○怨也. 4-1 ○以得用於齊. 4-7 ○以得信. 4-7 ○. 4-8 ○. 4-8 ○. 4-9 ○以報王. 4-14 ○毋塹乎. 4-20 ○矣. 4-21 然則仁義不○爲與. 4-25 胡爲不○. 4-25 若以復其掌爲○王. 5-2 未○解也. 6-4 勺氏終不○得已. 6-15 然臣亦見其必○也. 6-19 臣何○以不亟來. 7-3 士民句○復用. 7-17 王不○以不故解之. 10-7 臣以爲燕趙○法. 11-20 而宋中山○毋爲也. 11-20 不○得已. 11-24 此言幸之不○數也. 12-2 ○以小割而收也. 12-9 ○也. 13-15 從之不[成也][楚]魏疑而韓不[○得也]. 13-22 不○得已. 17-2 然則王何不使○信者棲收燕趙. 17-18 子來救[寡]人○也. 19-8 [君之封]地不○不蚤定. 20-2 請令魏王○. 20-7 治國非○持也. 20-15 不○. 21-4 唯王○. 21-11 則○以轉禍爲福矣. 22-22 臣請爲將軍言秦之○可破之理. 23-2 秦必○破粱下矣. 23-10 故蔞和爲○矣. 24-15

【左】 7

大后明胃○右曰. 15-14 ○師觸龍言愿見. 15-15 ○師觸龍曰. 15-21 ○師觸龍曰. 16-1 ○師觸龍曰. 16-5 頪然進其○耳而後其右耳. 24-11 夫頪然見於○耳. 24-18

【右】 3

○蔡召. 13-8 大后明胃左○曰. 15-14 頪然進其左耳而後其○耳. 24-11

【布】 1

則地與王○屬壤芥者七百里. 18-16

【平】 7

欲以○陵蛇薛. 9-8 ○陵雖成而已. 9-8 王有欲得兵以功○陵. 10-22 夏后堅欲爲先薛公得○陵. 11-1 臣欲王以○陵予薛公. 11-1 欲王之縣陶○陵於薛公奉陽君之上以勉之. 11-2 反溫軹高○於魏. 18-23

【北】 22

虚○地[行]其甲. 3-12 取進○. 6-8 進○不得. 6-8 身率粱王與成陽君○面而朝奉陽君於邯鄲. 6-10 宋以淮○與齊講. 10-9 入○宅. 11-22 入○宅. 12-3 繚舞陽之○以東臨許. 13-14 有長毆粱○. 13-18 東至虖陶衛之[郊]○至乎]監. 13-18 山南山○河外河內. 13-19 河○必安矣. 14-6 ○地歸於燕. 14-23 楚割淮○. 15-1 夫以宋加之淮○. 17-7 燕爲○帝. 17-20 歸楚淮○. 17-22 歸楚淮○. 17-23 ○至於[榆中]者千五百里. 18-15 秦以三軍功王之上常而包其○. 18-17 君不如○兵以德趙. 20-5 如○兼邯鄲. 24-1

【且】 17

必○美矣. 1-16 ○我夏之. 2-1 ○告奉陽君. 2-3 [○君嘗曰]. 8-20 [○君嘗曰]. 9-2 ○復故事. 9-25 ○劫王以多割. 11-23 ○君之得地也. 12-12 ○使燕盡陽地. 14-18 天下○功齊. 15-2 ○屬從. 15-2 ○說士之計皆曰. 18-12 ○物固[有勢]異而患同者. 18-13 ○五國之主嘗合衡謀伐趙. 18-20 義○以韓秦之兵東巨齊宋. 19-15 ○楚韓非兄弟之國也. 21-6 ○曾聞其音以知其心. 24-18

【甲】 7

爲予趙○因在粱者. 1-17 虚北地[行]其○. 3-12 宦二萬○自食以功宋. 8-8 二萬○自食以功秦. 8-8 臣聞魏氏悉其百縣勝○以上. 12-4 若夫越趙魏關○於燕. 20-10 今或得韓一名縣具○. 20-18

【申】 1

胃春○君曰. 20-1

【田】 10

使○伐若使使孫疾召臣. 1-17 王信○代繰去[疾]之言功齊. 3-13 今有告薛公之使者○林. 5-12 令○賢急[守]薛公. 6-1 ○雲夢. 10-3 見○併於粱南. 22-6 ○併曰. 22-7 ○併曰. 22-9 ○併[曰]. 22-13 ○併曰. 23-16

【由】 1

若○是觀之. 24-17

【史】 4

愿御○之孰慮之也. 14-17 ○秦廢令. 18-22 若何○毋東. 19-11 ○信王之救己也. 20-21

【央】 1

公孫○功臣也. 20-3

【兄】 5

○臣能以天下功秦. 7-18 不顧親戚弟○. 12-19 此於[親]戚若此而○仇讎之國乎. 12-22 然○人臣乎. 16-14 且楚韓非○弟之國也. 21-6

【叨】 1

[寡人之○功宋也]. 8-17

【四】 7

[俞疾功菑○寡人有聞粱]. 8-11 [○]. 8-19 將與乾粱○遇. 9-4 今秦王請侍王以三○年. 9-23 日三○里. 15-20 警○竟之內. 20-20 乃警○竟之內. 20-25

【生】 5

不樂○矣. 5-17 臣以爲湯武復○. 12-6 一死○於趙. 14-25 盧齊齊而○事於[秦]. 15-4 請使宜信君載先○見不責於臣. 23-16

【失】 3

寡人○望. 8-16 時至亦弗○也. 16-19 ○計韓傰. 21-11

【禾】 3

趙之○也. 1-13 外齊於○. 2-19 ○谷絳盈. 18-6

【丘】 2

秦固有壞茅荆○. 13-10 距莎○巨鹿之囿三百里. 18-14

【代】 3

王信田○繰去[疾]之言功齊. 3-13 三王○立. 5-2 此○馬胡狗不東. 18-18

【仞】 1

守七○之城. 12-6

【乎】 21

[將]養勺而美之齊○. 2-25 惡之齊○. 3-1 可毋塹○. 4-20 足○. 4-21 自復不足○. 5-5 三晉若愿○. 11-6 三晉若不愿○. 11-6 此於[親]戚若此而兄仇讎之國○. 12-22 王以爲不亡○. 12-25 王以爲安○. 13-1 王以爲利○. 13-1 東至虖陶衛之[郊]北至○]監. 13-18 食飲得毋衰○. 15-18 丈亦愛憐少子○. 15-24 其繼有在者○. 16-5 諸侯有在者○. 16-6 然兄人臣○. 16-14 將軍不見井忌○. 21-16 則使臣赤敢請其日以復於君○. 24-4 台○其所後者. 24-12 兼爲正○兩國. 24-17

【令】 30

○秦與茇[兌]宋不可信. 1-7 今王使慶○臣曰. 4-14 臣將○陳臣許翦以韓粱問之齊. 5-15 臣故○遂恐齊王曰. 5-20 ○田賢急[守]薛公. 6-1 有慎毋非○羣臣衆義功齊. 6-3 必○王先知之. 7-14 臣以○告奉陽君曰. 8-14 韋非以粱王之○. 9-7 王有使周濕長駟重○挩. 9-10 挩也敬受○. 9-11 請○楚粱毋敢有尺地於宋. 9-25 非齊之○也. 10-8 是故臣以王○甘薛公. 10-19 有復言○長安君質者. 15-14 愿○得補黑衣之數. 15-22 而不汲今○有功於國. 16-9 立三帝以○於天下. 17-20 史秦廢○. 18-22 公○楚[王與韓氏地]. 19-17 公○秦韓之兵不[用而得地][有一大]德. 19-22 請○魏王可. 20-7 秦王○受之. 21-22 將軍皆○縣急急爲守備. 22-11 ○之堅守. 22-11○粱中都尉大將. 22-12 皆○從粱王葆之東地單父. 22-12 [邯]鄲未將○也. 23-25 復○於邯鄲君曰. 24-7 未將○也. 24-8

【用】 15

勺以○薛公徐爲之謀謹齊. 2-11 無所○. 3-3 臣循○於齊. 3-9 臣○. 4-4 可以得○於齊. 4-7 是故無不以口齊王而得○焉. 4-9 魚欲○所善. 4-15 王苟有所善而欲○之. 4-15 士民句可復○. 7-17 臣得○於燕. 8-5 趙大后規○事. 15-12 [川][韓]韓是之兵不○而得地[於楚]. 19-18 秦兵[不○而得三川]. 19-19 公令秦韓之兵不[○而得地][有一大]德. 19-22 則秦之攻粱必大破臣來獻計王弗○臣. 23-20

【句】 5

○得時見. 4-16 士民○可復用. 7-17 王○爲臣安燕王之心而毋聽傷事者之言. 11-9 是故事○成. 11-13 ○淺棲會稽. 17-11

【卯】 3

走孟○. 11-15 今有走孟○. 11-22 今有走孟○. 12-3

【犯】 1

○卅萬之衆. 12-7

【匄】 3

秦敗屈○. 19-5 乘屈○之敝. 19-13 乘屈○之敝. 19-16

【外】 9

○齊焉. 1-12 不○燕. 1-12 陰○齊謀齊. 1-14 ○齊於禾. 2-19 臣必王之無○患也. 7-17 ○支秦魏之兵. 12-25 若道河○. 13-7 山南山北河○河內. 13-19 王在○. 23-9

【包】 1

秦以三軍功王之上常而○其北. 18-17

【主】 10

治官之○. 5-3 不事無爲之○. 5-4 今韓氏以一女子奉一弱○. 12-24 餘齊不足以爲晉國○矣. 14-12 趙○之子侯者. 16-5 剴人○之子侯. 16-7 人○子也. 16-13 且五國之○嘗合衡謀伐趙. 18-20 ○君若有賜. 24-3 ○君何爲亡邯鄲以敝魏氏. 24-15

【市】 2
○朝未罷過及於趙. 18-13 小縣有○者卅有餘. 22-10
【立】 12
義不與王皆○. 4-24 三王代○. 5-2 ○帝. 6-11 帝○. 6-11 齊秦雖○百帝. 10-4 ○重. 14-15 ○重者畜人. 14-15 重○而爲利者卑. 14-16 利成而○重者輕. 14-16 ○三帝以令於天下. 17-20 並○三王. 17-23 今者秦○於門. 19-7
【半】 1
周必○歲. 15-5
【它】 7
勺止臣而○人取齊. 3-5 ○人將非之以敗臣. 6-2 是無○故. 6-12 百○日之節. 6-23 毋與○人矣. 10-12 秦有○事而從齊. 17-1 愿君之剸志於攻齊而毋有○慮也. 17-3
【㡯】 1
行三千里而攻冥○之塞. 13-6
【必】 152
齊○不信趙矣. 1-8 齊趙○大惡矣. 1-14 ○且美矣. 1-16 ○毋使臣久於勺也. 2-6 事○美者. 2-9 王○勺之功齊. 2-19 ○不合齊秦以謀燕. 2-20 爲趙擇○趙之不合齊秦以謀燕也. 2-20 ○善勺. 2-23 ○容焉. 3-2 ○害於燕. 3-5 固知○將不信. 3-8 齊○爲燕大患. 3-9 固知○將有口. 4-2 魚○不聽衆口與造言. 4-6 事○南方強. 6-2 齊王以燕爲○侍其斃而功齊. 6-4 ○勺也. 6-13 傷齊者○勺. 6-15 乾粱○從. 6-17 然臣亦見其○可也. 6-19 三晉○不敢變. 6-22 燕王○弗聽矣. 7-5 ○將來. 7-6 則天下○曰. 7-8 臣○以死諍之. 7-14 ○令王先知之. 7-14○毋聽天下之惡燕交者. 7-14 臣○王之無外患也. 7-17 臣○以死○之. 7-17 天下○無敢東視. 7-18 ○爲兩啻以功勺. 8-2 若楚遇不○. 8-3 雖○. 8-3 ○先與君謀之. 9-2 ○據之. 9-13 ○怨之. 9-13 齊○取大梁以東. 9-15 勺○取河內. 9-16 王○毋以豎之私怨敗齊之德. 10-11 薛公○不敢反王. 10-15 臣○絕之. 10-16○破之. 10-20 宋○聽. 10-24 秦○不敢言救宋. 10-25 御事者○曰. 11-3 ○以其餘驕王. 11-4 三晉○無變. 11-5 則臣○先智之. 11-8 三晉○破. 11-9 三晉○不敢反. 11-9 王○勿聽也. 11-23 秦○受之. 11-24 愿王之○毋講也. 11-25 ○小割而有質. 11-25 不然○欺. 11-25 而志○舉之. 12-7 秦兵○罷. 12-8 陶○亡. 12-9 則前功有○棄矣. 12-9 ○欲之. 12-11 ○爭事秦. 12-12 豈○以兵戈. 12-13 ○將更事. 13-2 ○就易與利. 13-2 ○不伐楚與趙矣. 13-3 秦○弗爲也. 13-4 秦○不伐楚與趙矣. 13-9 墓○危. 13-11 大梁○亡. 13-11 南國○危. 13-14 [禍]○百此矣. 13-22 請爲天[下雁]行頓[刃][楚趙]○疾兵. 13-24 ○不休. 13-25 韓○效之. 14-2 [而]○無與强秦鄰之禍. 14-3 韓○德魏重魏畏魏. 14-5 韓○不敢反魏. 14-5 河北○安矣. 14-6 貳周安陵○貤. 14-7 實○利郢. 15-2 國○慮. 15-3 周○半歲. 15-5 ○[以]大后少子長安君來質. 15-12 老婦○唾其面. 15-14 ○勿使反. 16-3 則○不善戈. 16-8 天下○聽. 16-17 其讎君○深矣. 17-1 其過○大. 17-9 其次○長忠之. 17-14 秦王○患之. 17-15 ○反宋. 17-22 齊伯○成. 17-25 ○如諫心. 18-3 秦○取. 18-3 齊○伐矣. 18-4 [臣]以秦之計○出於此. 18-11 臣恐後事王者不敢自○也. 18-24 天下○以王爲義矣. 19-1 天下○重王. 19-2 ○不胃鄭王曰. 19-12 ○將曰. 19-12 故地○盡. 19-13 ○[不]胃秦王曰. 19-14 [○將]曰. 19-14 楚國○伐. 20-20 ○不爲逆以來. 20-22 [秦]○大怒. 20-23 ○輕秦. 20-24 其應○不敬矣. 20-24 天下○芯王. 21-5 此○陳軫之謀也. 21-7 王○悔之. 21-8 將軍○逐於粱. 21-16 割勺○窮. 21-24 ○重粱. 22-1 ○重秦. 22-1 走秦○緩. 22-3 怨○深. 22-3 ○有以自恃也. 22-8 則粱○危矣. 22-8 粱之羣臣○大過矣. 22-15 國○大危矣. 22-15 秦○不倍粱而東. 22-17 秦○不攻粱. 22-19 ○歸休兵. 22-20 ○不能掊粱黃濟陽陰睢陽而攻單父. 22-21 出之○死. 22-25 萬○勝. 22-25 將軍○聽臣. 23-1 ○破秦於粱下矣. 23-1 ○收地千里. 23-5 ○歸休兵. 23-8 守○堅. 23-9 秦○可破粱下矣. 23-10 ○攻粱. 23-11 ○急. 23-11 將卒○. 23-12 守○不固. 23-12 ○輕. 23-13 則如不粱中○亂. 23-13 秦○攻粱. 23-19 則秦[之]攻粱○急. 23-20 則秦之攻粱○大破臣來獻計王弗用臣. 23-20 南○城○危. 24-2 楚國○弱. 24-2 ○其心與俞許[我]兵. 24-12 我○列地以和於魏. 24-13 魏○不敝. 24-13
【司】 1
臣負齊燕以○薛公. 10-15
【民】 8
臣大息士○. 7-15 士○句可復用. 7-17 歸息士○而復之. 10-18 秦未至夁而王已盡宋息○矣. 11-5 此士○不勞而故地盡反矣. 14-2 ○勞而實費. 17-7 其○非愚蒙也. 21-10 東地○有爲勉. 23-10
【弗】 27
臣對以○知也. 2-4 寡人○信也. 2-13 燕王必○聽矣. 7-5 ○易攻也. 12-6 攻而○拔. 12-8 而王○試則不明. 12-23 秦必○爲也. 13-4 秦有○爲也. 13-7 襄疵○受也. 15-8 非○思也. 16-3 老婦○聞. 16-6 時至亦○失也. 16-19 燕猶○能支. 17-9 燕趙○利而執爲者. 17-18 諸侯贊齊而王○從. 17-25 知者○爲. 18-2 寡人○能枝. 19-9 韓王○聽. 21-8 文信侯○敢受. 21-18 君○受. 21-21 危○能安. 22-18 亡○能存. 22-18 兵者○什○圍. 23-7 ○百弗軍. 23-7 則秦之攻粱必大破臣來獻計王○用臣. 23-20
【弘】 2
王之賜使使孫與○來. 2-1 愿王之使勺○急守徐爲. 5-25
【出】 35
臣甚患趙之不○臣也. 1-16 齊兵數○. 3-11 楚將不○睢章. 5-5 秦將不○商閹. 5-6 齊不○呂遂. 5-6 燕將不○屋注. 5-6 終不敢○塞涑河. 6-14 若○一口. 8-3 臣之○死以要事也. 11-11 以其能忍難而重○地也. 11-19 地未畢入而兵復○矣. 11-21 兵○之日. 13-10 ○入賦之是魏重質韓以其上黨也. 14-4 兵乃○. 15-13 兵乃○. 16-12 故○兵以割革趙魏. 18-10 故○摯以爲信. 18-11 [臣]以秦之計必○於此. 18-11 綸山之玉不○. 18-19 臣恐其過○於此也. 18-20 五國之兵○有日矣. 18-21 兵未○. 21-13 毋庸○兵. 21-25 粱兵未○. 22-2 楚見粱之未○兵也. 22-2 粱兵果六月乃○. 22-4 粱王○. 22-14 粱王○粱. 22-19 若欲○楚地而東攻單父. 22-22 ○之必死. 22-25 粱王有○居單父. 23-8 若粱王不○粱. 23-11 無以○死救粱. 23-15 無以救東地而王不○粱之禍也. 23-15 王○. 23-20
【奴】 1
以○自信. 4-8
【召】 5
使田伐若使使孫疾○臣. 1-17 齊改葬其後而○臣. 3-25 右蔡○. 13-8 ○公奭封於燕. 20-4 ○陳軫而告之. 20-18
【加】 5
前事愿王之盡○之於豎也. 10-11 夫以宋○之淮北. 17-7 ○以魯衞. 17-8 今足下功力非數○於秦也. 18-7 故○君二人之上. 21-21
【皮】 4
[廱]廱○曰. 24-3 廱○歸. 24-6 廱○曰. 24-9 廱○已計之矣. 24-19
【台】 1
○乎其所後者. 24-12
【母】 6
殺人之○而不爲其子禮. 10-8 ○也. 12-21 請以其○質. 15-8 此齊之以○質之時也. 15-9 父○愛子則爲之計深遠. 16-1 其有親戚父○妻子. 22-12
【式】 1
秦與○翟同俗. 12-18
【刑】 1
已伐○. 21-6
【荆】 1
秦固有壞茅○丘. 13-10
【戎】 1
以○大梁. 12-5
【老】 10
○婦必唾其面. 15-14 ○臣病足. 15-16 竊自○. 15-16 ○婦持連而睘. 15-18 ○臣間者殊不欲食. 15-19 ○婦不能. 15-20 ○臣賤息訏旗最少. 15-21 ○臣竊以爲媼之愛燕后賢長安君. 15-25 ○婦弗聞. 16-6 ○臣以媼爲長安君計之短也. 16-10
【地】 54
虛北○[行]其甲. 3-12 兵率有子循而不知寡人得○於宋. 5-11 不得○. 5-12 使粱乾皆效○. 6-9 將與粱王復遇於圍○. 9-5 [天]下將入○與重摯於秦. 9-19 請令楚粱毋敢有尺○於宋. 9-25 秦取勺之上○. 10-2 秦取乾之上○. 10-2 齊取燕之陽○. 10-3 天下之兵皆去秦而與齊諍宋○. 10-23 燕趙之所以國大兵强而○兼諸侯者. 11-18 以其能忍難而重出○也. 11-19 ○未畢入而兵復出矣. 11-21 割八縣之○. 12-2 臣以爲自天○始分. 12-7 且君之得○也. 12-12 秦有[鄭]○. 12-25 王欲得故○而今負强秦之禍. 13-1 有鄭○. 13-11 有鄭○. 13-21 王偃韓之質以存韓而求故○. 14-1 此士民不勞而故○盡反矣. 14-2 且使燕盡陽○. 14-18 ○不與秦攘介. 14-20 北○歸於燕. 14-23 而封之膏腴之○. 16-9 則○與王布屬壤芥者七百里. 18-16 則○去邯鄲百廿里. 18-16 故○必盡. 19-13 公令楚[王與韓氏○]. 19-17 [請與韓○而王以]施三川. 19-18 [川][韓]韓是之兵不用而得○[於楚]. 19-18 韓欲○而兵案. 19-20 王欲毋予○. 19-21 公令秦韓之兵不[用而得○][有一大]德. 19-22 [君之封]○不可不蚤定. 20-2 今燕獻○. 21-21 此非秦之○也. 21-21 粱之東○. 22-9 皆令從粱王葆之東○單父. 22-12 一舉而○畢. 22-16 今粱王居東○. 22-16 若欲出楚○而東攻單父. 22-22 以東○之兵爲齊楚爲前行. 22-25 必收○千里. 23-5 東○民有爲勉. 23-10 之東○. 23-14 無無○. 23-14 無以救東○而王不出粱之禍也. 23-15 今王之東○尙方五百餘里. 23-17 是粱無東○懮而王粱中. 23-19 我必列○以和於魏. 24-13 得○於趙. 24-13
【戈】 10
臣豈敢强王○. 3-15 乾粱豈能得此於燕○. 8-9 夫秦何厭之有○. 11

-21 豈必以兵○. 12-13 子孫相繼爲王也○. 16-4 則必不善○. 16-8 秦幾夏趙而曾齊○. 18-9 將何道○. 20-7 幾楚之任○. 20-11 而兼爲楚人禽○. 24-15

【耳】 5

若禽守○. 12-19 侍諰諰○. 15-19 頪然進其左○而後其右○. 24-11 夫頪然見於左○. 24-18

【共】 7

不則與齊○講. 10-21 今王與秦○伐韓而近秦患. 12-23 河内○. 13-11 其功多於與秦○伐韓. 14-2 通韓上黨於○寧. 14-4 ○約而不同慮. 14-10 燕趙○相. 14-21

【臣】 238

始○甚惡事. 1-4 恐趙足○之所惡也. 1-4 事非○也. 1-5 ○聞王之不安. 1-9 ○甚愿之中重齊欲如齊. 1-9 今與○約. 1-10 今○欲以齊大[惡]而去趙. 1-13 奉陽君徐爲不信○. 1-14 甚不欲○之之齊也. 1-14 有不欲○之之韓粱也. 1-15 ○甚患趙之不出○也. 1-16 愿王之爲○故. 1-16 使田伐若使使孫疾召○. 1-17 自辭於○也. 1-17 ○使慶報之後. 1-20 徐爲之與○言甚惡. 1-20 ○甚難之. 1-21 故○使辛謁大之. 1-21 王使慶謂○. 1-21 ○爲此無敢去之. 2-1 言○之後. 2-2 奉陽君徐爲之視○益善. 2-2 有遣○之語矣. 2-2 怒於勺之止○也. 2-3 使勺足問之○. 2-4 ○對以弗知也. 2-4 ○之所患. 2-5 奉陽君盡以爲○罪. 2-5 齊王之言○. 2-6 愿王之使人反復言○. 2-6 必毋使○久於勺也. 2-6 以齊之任○. 2-10 今齊王使宋竅謂○曰. 2-12 今[齊]王使宋竅詔○曰. 2-16 ○之所不功齊. 2-17 則○請爲免於齊而歸矣. 2-20 齊王雖歸○. 2-21 ○將不歸. 2-21 ○與不知其故. 2-24 奉陽君怨○. 3-1 ○將何處焉. 3-1 ○以齊善勺. 3-2 愿王之定慮而羽鑽○也. 3-4 勺止○而它人取齊. 3-5 ○止於勺而侍其魚肉. 3-5 ○不利於身. 3-6 ○處於燕齊之交. 3-8 ○之計曰. 3-9 ○循用於齊. 3-9 是王之所與○期也. 3-10 ○受教任齊交五年. 3-11 ○秦拜辭事. 3-14 ○豈敢强王戋. 3-15 ○與於遇. 3-16 除羣○之醜. 3-17 ○請屬事辭爲○於齊. 3-17 王使慶謂○. 3-17 ○以死之圍. 3-18 奉陽君鬻○. 3-19 故强○之齊. 3-20 ○之齊. 3-20 ○以死任事. 3-21 ○雖無大功. 3-23 而以爲○罪. 3-24 ○甚懼. 3-24 齊改葬其後而召○. 3-25 ○欲毋往. 3-25 使齊棄○. 3-25 故强○之齊. 4-2 而王以赦○. 4-2 ○受賜矣. 4-2 ○之行也. 4-2 ○貴於齊. 4-3 燕大夫將不信○. 4-3 ○賤. 4-3 將輕○. 4-4 ○用. 4-4 將多望於○. 4-4 將歸罪於○. 4-4 將與齊兼棄○. 4-5 ○之所處者重卵也. 4-5 王謂○曰. 4-6 ○恃之詔. 4-9 今王以衆口與造言罪○. 4-9 ○甚懼. 4-10 王之於○也. 4-10 ○未有以報王. 4-11 王爲○有之兩. 4-11 ○舉天下使○之封不擊. 4-11 ○止於勺. 4-12 以振○之死. 4-13 ○之德王. 4-13 ○甘死. 4-14 今王使慶令○曰. 4-14 ○請爲王事之. 4-15 王若欲剸舍○而槫任所善. 4-16○請歸擇事. 4-16 叚○孝如增參. 4-19 節有惡○者. 4-20 ○有三資者以事王. 4-21 ○不事王矣. 4-22 ○以信不與仁俱徹. 4-24 ○進取之○也. 5-3 ○愿辭而之周負籠操臿. 5-4 齊使宋竅侯瀶謂○曰. 5-9 今燕王與羣○謀破齊於宋而功齊. 5-10 薛公以告○. 5-12 天下之欲傷燕者與羣○之欲害○者將成之. 5-13 ○請疾之齊觀之而以報. 5-14 ○將令陳○許翦以韓粱問之齊. 5-15 ○之苦齊王也. 5-16 ○故令遂○齊王曰. 5-20 它人將非之以敗○. 6-2 有愼毋非令羣○衆義功齊. 6-3 言者以○賤而邈於王矣. 6-4 ○之以燕事王循也. 6-13 曩謂○曰. 6-13 ○謂曩曰. 6-16 ○以車百五十乘入齊. 6-18 身御○以入. 6-19 事曲當○之言. 6-19 然○亦見其必可也. 6-19 曩之所與○前約者善矣. 6-20 ○未之識. 6-21 ○保燕而事王. 6-21 ○之爲王守燕. 6-23 成○之事者. 6-23 而○不能使王得志於三晉. 6-25 ○亦不足事也. 6-25 燕纍○以求摯. 7-2 ○爲是未欲來. 7-2 ○何可以不亟來. 7-3 ○諍之於燕王. 7-4 ○有來. 7-5 ○爲是. 7-5 ○賢王於桓[公]. 7-7 ○不敢忘請王誠重御○. 7-7 王以諸侯御○. 7-10 ○必以死諍之. 7-14 以○所魯甚焉. 7-15 ○大息士民. 7-15 ○必王之無外患也. 7-17 ○必以死必之. 7-17 ○以燕重事齊. 7-17 兄○能以天下功秦. 7-18 ○暨從燕之粱矣. 7-22 ○之勺. 7-22 ○之所得於奉陽君者. 7-24 奉陽君謂○. 7-25 ○以足下之所與○約者告燕王. 8-4 ○以好處於齊. 8-4 齊王終○之身不謀燕燕. 8-5 ○得用於燕. 8-5 終○之身不謀齊. 8-5 愿王之爲○甚安燕王之心也. 8-12 ○以令告奉陽君曰. 8-14 ○以[告]奉陽君. 9-9 奉陽君合○曰. 9-11 是王破三晉而復○天下也. 9-19 而獨爲秦○以怨王. 9-20 ○以爲不利於足不下. 9-20 ○恐楚王之勤豎之死也. 10-7 ○使蘇厲告楚王曰. 10-7 王尙與○言. 10-12 ○甚善之. 10-13 ○負齊燕以司薛公. 10-15 ○必絶之. 10-16 ○請終事而與. 10-16 是故○以王令甘薛公. 10-19 ○欲王以平陵予薛公. 11-1 ○保燕而循事王. 11-5 則○必先智之. 11-8 是故○在事中. 11-9 ○之所以備患者百餘. 11-9 王句爲○安燕王之心而毋聽傷事者之言. 11-9 ○請死. 11-11 ○之出死以要事也. 11-11 王以不謀燕爲○賜. 11-12 ○有以德燕王矣. 11-12 王舉霸王之業而以○爲三公. 11-12 ○有以矜於世矣. 11-13 ○雖死不丑. 11-13 ○聞魏長吏胃魏王曰. 11-15 ○以爲燕趙可法. 11-20 此○之所聞於魏也. 11-25○聞魏氏悉其百縣勝甲以上. 12-4 ○以爲不下卅萬. 12-5 ○以爲湯武復生. 12-6 ○以爲自天地始分. 12-7 ○甚惑之. 12-23 羣○莫以[聞]則不忠. 12-24 非盡亡天下之兵而○海内. 13-25 是故○愿以從事王. 14-1 而入朝爲○不久矣. 14-8 大○强之. 15-13 老○病足. 15-16 老○間者殊不欲食. 15-19 老○賤息訏旗最少. 15-21 老○竊以爲媪之愛燕后賢長安君. 15-25 老○以媪爲長安君計之短也. 16-10 然兄人○乎. 16-14 ○聞[甘]洛降. 18-6 ○竊以事觀之. 18-8[○]以秦之計必出於此. 18-11 ○恐其過出於此也. 18-20 ○恐後事王者不敢自必也. 18-24 ○愿王與下吏羊計某言而竺慮之也. 19-3 ○聞之. 20-1 公孫央功○也. 20-3 ○至魏. 20-8 王聽○之爲之. 20-20 發信[○][多]其車. 20-21 發信○. 21-1 夫輕絶强秦而强[信]楚之謀○. 21-7 於○也. 21-14 今○竊爲將軍私計. 21-25 粱之羣○皆曰. 22-13 粱之羣○必大過矣. 22-15 將軍必聽○. 23-1 ○請爲將軍言秦之可破之理. 23-2 ○聞之也. 23-7 大○則有爲守. 23-9 請使宜信君載先生見不責於○. 23-16 責於○. 23-18 則秦之攻粱必大破○來獻計王弗用○. 23-20 則使○赤敢請其日以復於君乎. 24-4 ○之[不足]侍者以其俞也. 24-9 彼其應○甚辨. 24-10 兵之日不肯告○. 24-11

【吏】 4

以其無禮於王之邊○也. 10-10 臣聞魏長○胃魏王曰. 11-15 下○皆以秦爲夏趙而曾齊. 18-8 臣愿王與下○羊計某言而竺慮之也. 19-3

【再】 3

[○]. 8-10 [○]. 8-17 兩弟無罪而○挩之國. 12-22

【西】 11

異日者秦在河○. 13-15 秦乃在河○. 13-20 天下○舟而馳秦. 14-8 趙取濟○. 14-21 濟○破於趙. 14-23 重楚爲重不在粱○矣. 14-25 秦爲○帝. 17-20 則注之○. 18-17 齊乃○師以唫强秦. 18-22 將使○講於秦. 20-17 割摯馬免而○走. 21-15

【在】 19

爲予趙甲因○粱者. 1-17 蘇脩○齊. 2-16 ○王之循甘燕也. 6-23 蘇脩○齊矣. 8-24 是故臣○事中. 11-9 異日者秦○河西. 13-15 秦乃○河西. 13-20 利○晉國. 14-11 重○秦. 14-11 重楚爲重不○粱西矣. 14-25 身○於秦. 15-8 其繼有○者乎. 16-5 諸侯有○者乎. 16-6 列○萬乘. 17-6 ○楚之救粱. 22-7 ○粱之計. 22-7 粱王○單父. 22-24 王○外. 23-9 則以王○粱中也. 23-12

【百】 31

臣以車○五十乘入齊. 6-18 ○它日之節. 6-23 王請以○五十乘. 7-9 齊秦雖立○帝. 10-4 臣之所以備患者○餘. 11-9 臣聞魏氏悉其○縣勝甲以上. 12-4 五○七十. 12-16 名部數○. 13-20 去粱○里. 13-22 [禍]必○此矣. 13-22 八○五十八. 14-8 五○六十三. 15-10 於氏爲長安君約車○乘. 16-12 五○六十九. 16-14 三○. 17-4 大凡二千八○七十. 17-4 九夷方一○里. 17-8 距莎丘巨鹿之囿三○里. 18-14 北至於[榆中]者千五○里. 18-15 則地與王布屬壤芥者七○里. 18-16 則地去邯鄲○廿里. 18-16 今增注委恆山而守三○里. 18-18 此○世一時也. 20-6 尙方五○餘里. 22-9 粱守○萬. 22-14 ○萬之守. 22-24 [城○]丈. 23-6 卒○萬. 23-7 弗○弗軍. 23-7 今粱守○萬. 23-7 今王之東地尙方五○餘里. 23-17

【有】 107

○不欲臣之之韓粱也. 1-15 ○遣臣之語矣. 2-2 天下○謀齊者請功之. 2-15 魚與子○謀也. 2-17 今齊○過辭. 3-23 固知必將○口. 4-2 齊○不善. 4-4 臣未○以報王. 4-11 王爲臣○之兩. 4-11 王苟○所善而欲用之. 4-15 節○惡臣者. 4-20 臣○三資者以事王. 4-21 兵率○子循而不知寡人得地於宋. 5-11 今○告薛公之使者田林. 5-12 愿王之陰知之而毋○告也. 5-13 ○慮從勺取秦. 5-22 今粱勺韓薛公徐爲○辭. 5-22 今○鬻天下以取秦. 5-24 非是毋○使於薛公徐之所. 6-1 ○愼毋非令羣臣衆義功齊. 6-3 乾粱○秦患. 6-15 三晉○變. 6-22 王明視天下以○燕. 6-24 是王○慢也. 7-3 臣○來. 7-5 ○使蘇[秦]大貴齊曩之之車也. 7-8 燕王難於王之不信己也則○之. 7-13 然而燕王亦○苦. 8-7 [俞疾功菑四寡人○聞粱]. 8-11 寡人之所以○講慮者○. 8-14 [寡人○聞粱]. 8-19 [是以○溝慮]. 8-22 使人於齊大夫之所而俞語則○之. 8-25 寡人○反曩之慮. 9-2 [是以○講慮]. 9-4 王○使周濕長驅重令挩. 9-10 筴○私義. 9-12 與國不先反而天下○功之者. 9-12 與國○先反者. 9-13 請令楚粱毋敢○尺地於宋. 9-25 薛公○變. 10-15 王○欲得兵以功平陵. 10-22 臣○以德燕王矣. 11-12 臣○以矜於世矣. 11-13 夫秦何厭之○戋. 11-21 今○走孟卯. 11-22 必小割而○質. 11-25 今○走孟卯. 12-3 未之嘗○也. 12-8 則前功○必棄矣. 12-9 ○爲陶啓兩幾. 12-14 ○[虎狼之]心. 12-18 苟○利焉. 12-19 内○大亂. 12-24 秦○[鄭]地. 12-25 秦○不敢. 13-6 秦○弗爲也. 13-7 秦○不敢. 13-8 ○不攻燕與齊矣. 13-9 秦固○壞茅荆丘. 13-10 ○鄭地. 13-11 秦○葉昆陽. 13-13 ○河山以闌之. 13-16 ○周韓而間之. 13-16 ○長毆粱北. 13-18 ○鄭地. 13-21 合○其賦. 14-5 ○不敢倍秦收齊. 14-13 然則韓一年○餘矣. 15-6 秦○慮矣. 15-7 ○復言令長安君質者. 15-14 輿恐玉體之○所郄也. 15-16 其繼○在者乎. 16-5

無○. 16-6 諸侯○在者乎. 16-6 而不汲今令○功於國. 16-9 秦○它事而從齊. 17-1 愿君之剸志於攻齊而毋○它慮也. 17-3 秦○變. 17-19 且物固[○勢]異而患同者. 18-13 非王之○也. 18-17 或非王之○也. 18-19 五國之兵出○日矣. 18-21 愿○謁於公. 19-6 客○言曰. 19-7 齊兵○進. 19-8 公令秦韓之兵不[用而得地][○一大]德. 19-22 則○. 20-9 今胃楚强大則○矣. 20-10 ○非素謀伐秦也. 21-6○粱之勁. 21-14 ○燕之怒. 21-24 是將軍○重矣. 22-3 必○以自恃也. 22-8 小縣○市者卅○餘. 22-10 其○親戚父母妻子. 22-12 粱王○出居單父. 23-8 大臣則○爲守. 23-9 士卒則○爲死. 23-9 東地民○爲勉. 23-10 諸侯○爲救粱. 23-10 則死王更○大慮. 23-14 則死王○兩心. 23-15 主君若○賜. 24-3 大似○理. 24-10

【存】 8

王偃韓之質以○韓而求故地. 14-1 夫○韓安魏而利天下. 14-3 今不○韓. 14-6 而武安君之棄禍○身之夬也. 15-9 ○亡之幾也. 16-18 名○亡[國][實伐三川]而歸. 19-16 亡弗能○. 22-18 以亡爲○耶. 22-20

【而】 216

故冒趙○欲說丹與得. 1-5 今臣欲以齊大[惡]○去趙. 1-13 不快於心○死. 1-21 恐久○後不可救也. 2-5 則臣請爲免於齊○歸矣. 2-20 [將]養勺○美之齊乎. 2-25 國不可得○安. 3-4 功不可得○成也. 3-4 愿王之定慮○羽鑽臣也. 3-4 勺止臣○它人取齊. 3-5 臣止於勺○侍其魚肉. 3-5 使齊大戒○不信燕. 3-13 王怒○不敢强. 3-14 勺疑燕○不功齊. 3-14 使毋予蒙○通宋使. 3-21 ○俱諍王於天下. 3-23 ○以爲臣罪. 3-24 齊改葬其後○召臣. 3-25 ○王以赦臣. 4-2 故獻御書○行. 4-3 期於成事○已. 4-9 是故無不以口齊王○得用焉. 4-9 賤○貴之. 4-10 蓐○顯之. 4-10 王苟有所善○欲用之. 4-15 王若欲剸舍臣○槫任所善. 4-16 不足○益國. 4-22 不足○益國. 4-23 臣愿辭○之周負籠操臿. 5-4 自復○足. 5-5 今燕王與羣臣謀破齊於宋○功齊. 5-10 兵率有子循○不知寡人得地於宋. 5-11 ○不欲其從已聞也. 5-13 愿王之陰知之○毋有告也. 5-13 臣請疾之齊觀之○以報. 5-14 [齊王]甚懼○欲先天下. 5-21 後賣秦以取勺○功宋. 5-23 如是○薛公徐爲不能以天下爲其所欲. 5-24 齊王以燕爲必侍其斃○功齊. 6-4 言者以臣賤○邈於王矣. 6-4 身率粱王與成陽君北面○朝奉陽君於邯鄲. 6-10 ○勺氏不得. 6-10 絶中國○功齊. 6-14 愿則摯○功宋. 6-18 臣保燕○事王. 6-21 ○臣不能使王得志於三晉. 6-25○入之秦與宋以謀齊. 7-4 疾與秦相萃也○不解. 7-19 王欲復功宋○復之. 7-19 不○舍之. 7-19 欲王之赦粱王○復見之. 8-1 然○燕王亦有苦. 8-7 天下惡燕○王信之. 8-7 [請於粱閉關於宋○不許]. 8-10 ○功[宋]. 8-17 [請於粱閉關於宋○不許]. 8-17 [寡人恐粱氏之棄與國○獨取秦也]. 8-21 使人於齊大夫之所○俞語則有之. 8-25 [寡人恐粱氏之棄與國○獨取秦也]. 9-3 其下完交○講. 9-7 平陵雖成○已. 9-8 與國不先反○天下有功之者. 9-12 王不棄與國○先取秦. 9-14 不棄箕○反景也. 9-14 秦案不約○應. 9-16 今王棄三晉○收秦. 9-18 是王破三晉○復臣天下也. 9-19 ○獨爲秦臣以怨王. 9-20 秦悔不聽王以先事○後名. 9-23 ○[攻楚]. 10-3 如帶○已. 10-4 殺人之母○不爲其子禮. 10-8 臣請終事○與. 10-16 講○歸. 10-17 圍○勿舍. 10-17 歸息士民○復之. 10-18 ○靜秦. 10-19 欲○復之. 10-21 天下之兵皆去秦○與齊諍宋地. 10-23 然○不欲王之無事與之也. 11-2 三晉相豎也○傷秦. 11-4 秦未至畜○王已盡宋息民矣. 11-5 臣保燕○循事王. 11-5 王收秦○齊其後. 11-6 案以負王○取秦. 11-8 王收燕循楚○啗秦以晉國. 11-8 王句爲臣安燕王之心○毋聽傷事者之言. 11-9 請毋至三月○王不見王天下之業. 11-10 王舉霸王之業○以臣爲三公. 11-12 趙氏不割○邯戰復歸. 11-17 燕人不割○故國復反. 11-18 燕趙之所以國大兵强○地兼諸侯者. 11-18 以其能忍難○重出地也. 11-19○國隋以亡. 11-19 ○宋中山可毋爲也. 11-20 ○無親. 11-20 地未畢入○兵復出矣. 11-21 今王循楚趙○講. 11-23 楚趙怒○與王爭秦. 11-23 必小割○有質. 11-25 ○志必舉之. 12-7 攻○弗拔. 12-8 可以小割○收也. 12-9 魏方疑○得以小割爲和. 12-10 從已散○君後擇焉. 12-12 秦兵不功○魏效降安邑. 12-13 ○率效蟬尤. 12-14 秦兵苟全○君制之. 12-15 何索○不得. 12-15 奚爲[○不成]. 12-15 愿[君]之孰慮之○毋行危也. 12-15 ○以慢死. 12-21 ○諒逐之. 12-21 兩弟無罪○再挩之國. 12-22 此於[親]戚若此○兄仇讎之國乎. 12-22 今王與秦共伐韓○近秦患. 12-23 ○王弗試則不明. 12-23 王欲得故地○今負强秦之禍. 13-1 夫[越山與河][絶]韓上黨○功强趙. 13-3 行三千里○攻冥戹之塞. 13-6 ○惡安陵是於秦. 13-12 墮安陵是○亡之. 13-13 有周韓○間之. 13-16 ○國續以圍. 13-18 晉國去粱千里○禍若是矣. 13-20 無[河]山○闌之. 13-21 無周韓○間之. 13-21 從之不[成也][楚]魏疑○韓不[可得也]. 13-22 非盡亡天下之兵○臣海内. 13-25 王偃韓之質以存韓○求故地. 14-1 此士民不勞○故地盡反矣. 14-2 [○]必無與强秦鄰之禍. 14-3 夫存韓安魏○利天下. 14-3 天下西舟○馳秦. 14-8 ○入朝爲臣不久矣. 14-8 共約○不同慮. 14-10 重立○爲利者卑. 14-16 利成○立重者輕. 14-16 慮齊齊○生事於[秦]. 15-4 ○武安君之棄禍存身之夬也. 15-9 大后盛氣○胥之. 15-15 入○徐趨. 15-15 至○自[謝]曰. 15-15 老婦持連○睘. 15-18 ○衰. 15-22 愿及未寘叡谷○託之. 15-24 位尊○無功. 16-8 奉厚○無勞. 16-8 ○挾重器多也. 16-8 ○封之膏腴之地. 16-9 ○不汲今令有功於國. 16-9 ○守金玉之重也. 16-14 陶爲廉監○莫[之]據. 16-17 ○君之大名也. 16-23 秦有它事○從齊. 17-1 君悉燕兵○疾贊之. 17-2 愿君之剸志於攻齊○毋有它慮也. 17-3 名卑○權輕. 17-6 民勞○實費. 17-7 ○齊兼之. 17-7 ○齊兼之. 17-8 因過[○爲]福. 17-10 轉敗○爲功. 17-11 轉敗○爲功. 17-12 今王若欲因過○爲福. 17-12 轉敗○爲功. 17-13 則莫若招霸齊○尊之. 17-13 使明周室○棼秦符. 17-13 燕趙弗利○埶爲者. 17-18 諸侯贊齊○王弗從. 17-25 諸侯伐齊○王從之. 17-25 國危○名卑. 18-1 下吏皆以秦爲夏趙○曾齊. 18-8 秦幾夏趙○曾齊戈. 18-9 且物固[有勢]異○患同者. 18-13 秦以三軍功王之上常○包其北. 18-17 今增注委恆山○守三百里. 18-18 疎服○聽. 18-22 臣愿王與下吏羊計某言○竺慮之也. 19-3 交臂○事楚. 19-10 名存亡[國][實伐三川]○歸. 19-16 [請與韓地○王以]施三川. 19-18 [川][韓]韓是之兵不用○得地[於楚]. 19-18 秦兵[不用○得三川]. 19-19 韓欲地○兵案. 19-20 公令秦韓之兵不[用○得地][有一大]德. 19-22 秦韓之王劫於韓倗張義○東兵以服魏. 19-22 公常操芥○責於[秦][韓][此其善於]公○[惡張]張義多資矣. 19-23 非楚之任○爲之. 20-11 王不若因張義○和於秦. 20-15 召陳軫○告之. 20-18 此秦之所廟祀○求也. 20-19 夫輕絶强秦○强[信]楚之謀臣. 21-7 合秦粱○攻楚. 21-13 東面○伐楚. 21-14 割摯馬免○西走. 21-15 爲秦據趙○攻燕. 21-17 秦大舉兵東面○齎趙. 21-23 ○與粱. 22-10 一舉○地畢. 22-16 秦必不倍粱○東. 22-17 ○秦無所關其計矣. 22-18 必不能揺粱黄濟陽陰睢陽○攻單父. 22-21 若欲出楚地○東攻單父. 22-22 若秦拔鄢陵○不能東攻單父. 22-22 今戰勝不能倍鄢陵○攻粱者少也. 23-5 ○攻虚粱. 23-8 無以救東地○王不出粱之禍也. 23-15 是粱無東地憂○王粱中. 23-19 子擇其日歸○已矣. 24-6 何爲○不足侍[也]. 24-8 類然進其左耳○後其右耳. 24-11 吾國勁○魏氏敝. 24-14 ○兼爲楚人禽戈. 24-15 邯鄲君榣於楚人之許已兵○不肯和. 24-16

【列】 2

○在萬乘. 17-6 我必○地以和於魏. 24-13

【死】 29

○亦大物已. 1-20 不快於心而○. 1-21 臣以○之圍. 3-18 臣以○任事. 3-21 庳之○也. 3-24 苟毋○. 4-7 以振臣之○. 4-13 臣甘○. 4-14 臣必以○諍之. 7-14 臣必以○必之. 7-17 臣恐楚王之勤豎之○也. 10-7 豎之○也. 10-8 豎之罪固當○. 10-9 臣請○. 11-11 臣之出○以要事也. 11-11 臣雖○不丑. 11-13 而以慢○. 12-21 交以趙爲○友. 14-20 一○生於趙. 14-25 昧○以聞. 15-22 秦孝王○. 20-3 惠王○. 20-3 天下人無不○者. 22-2 出之必○. 22-25 秦兵之○傷也. 23-4 士卒則有爲○. 23-9 則○王更有大慮. 23-14 則○王有兩心. 23-15 無以出○救粱. 23-15

【成】 24

功不可得而○也. 3-4 期於○事而已. 4-9 天下之欲傷燕者與羣臣之欲害臣者將○之. 5-13 身率粱王與○陽君北面而朝奉陽君於邯鄲. 6-10 ○臣之事者. 6-23 擇齊兵於熒陽○皋. 8-16 [入兩使陰○於秦]. 8-20 寡人[入兩使陰○於秦]. 9-2 平陵雖○而已. 9-8 功秦之事○. 10-16 是故事句○. 11-13 奚爲[而不○]. 12-15 從之不[○也][楚]魏疑而韓不[可得也]. 13-22 使道安○之. 14-4 利○而立重者輕. 14-16 攻齊之事○. 16-16 攻齊不○. 16-17 君欲○之. 16-18 ○昭襄王之功. 16-22 ○君之功. 16-25 齊伯必○. 17-25 ○則爲福. 19-6 不○則爲福. 19-6 此公事○也. 19-10

【夷】 3

廉如相○. 4-20 廉如相○. 4-23 九○方一百里. 17-8

【至】 19

[今燕勺之兵皆○矣]. 8-11 [今燕勺之兵皆○矣]. 8-19 秦未○畜而王已盡宋息民矣. 11-5 請毋○三月而王不見王天下之業. 11-10 以○於今. 12-8 愿君遝楚趙之兵未○於粱也. 12-9 從林軍以○於今. 13-16 東○虖陶衛之[郊]北○乎]監. 13-18 魏○今然者. 15-8 ○而自[謝]曰. 15-15 ○於趙之爲趙. 16-5 時○亦弗失也. 16-19 時雨○. 18-6 北○於[榆中]者千五百里. 18-15 臣○魏. 20-8 [兵雖]○楚. 20-23 楚救不○. 21-9 ○. 23-3

【此】 40

○也. 1-17 臣爲○無敢去之. 2-1 ○其上計也. 2-24 ○皆以不復其常爲進者. 5-7 乾粱豈能得○於燕戈. 8-9 ○寡人之約也. 9-7 ○不便於事. 10-14 ○其爲禍不難矣. 10-23 愿王之毋以○畏三晉也. 10-24 ○非敢粱也. 11-22 ○臣之所聞於魏也. 11-25 ○言幸之不可數也. 12-2 ○非兵力之請也. 12-2 ○天下之所試也. 12-20 ○於[親]戚若○而兄仇讎之國乎. 12-22 [禍]必百○矣. 13-22 ○士民不勞而故地盡反矣. 14-2 ○亦王之大時已. 14-3 ○齊之以母質之時也. 15-9 ○其近者. 16-7 ○君之大時也. 16-21 ○燕之利也. 16-23 非以○時也. 16-

25 ○皆因過爲福. 17-12 [臣]以秦之計必出於○. 18-11 ○代馬胡狗不東. 18-18 ○三葆者. 18-19 臣恐其過出於○也. 18-20 ○天下所明知也. 18-23 ○公事成也. 19-10 ○王業也. 19-17 公常操芥而責於[秦][韓][○其善於]公而[惡張]張義多資矣. 19-23 ○百世一時也. 20-6 ○以一爲二之計也. 20-16 ○秦之所廟祀而求也. 20-19 ○必陳軫之謀也. 21-7 ○非秦之地也. 21-21 ○粱楚齊之大福已. 22-23 彼將重○. 24-1

【曲】 5

事○當臣之言. 6-19 事卬○盡從王. 8-6 秦卬○盡聽王. 9-25 事卬○盡害. 10-19 過燕陽○逆. 18-18

【同】 3

秦與式翟○俗. 12-18 共約而不○慮. 14-10 且物固[有勢]異而患○者. 18-13

【因】 11

爲予趙甲○在粱者. 1-17 ○天下之力. 16-22 ○過[而爲]福. 17-10 此皆○過爲福. 17-12 今王若欲○過而爲福. 17-12 ○以爲質. 17-20 天下服聽○迿韓魏以伐齊. 17-22 襄子親○也. 20-3 王不若○張義而和於秦. 20-15 ○興師言救韓. 21-7 秦○大怒. 21-8

【回】 1

楚○翁是. 19-5

【肉】 2

臣止於勺而侍其魚○. 3-5 骨○之親也. 16-13

【年】 9

臣受教任齊交五○. 3-11 功秦三○. 6-7 今秦王請侍王以三四○. 9-23 今韓受兵三○. 13-23 然則韓一○有餘矣. 15-6 ○幾何矣. 15-23 假君天下數○矣. 16-16 五○之食. 22-24 三○. 24-16

【先】 18

欲齊之○變以謀晉國也. 5-19 [齊王]甚懼而欲○天下. 5-21 齊○鬻勺以取秦. 5-23 必令王○知之. 7-14 ○爲王絶秦. 8-8 必○與君謀之. 9-2 與國不○反而天下有功之者. 9-12 與國有○反者. 9-13 王不棄與國而○取秦. 9-14 粱氏○反. 9-15 秦悔不聽王以○事而後名. 9-23 夏后堅欲爲○薛公得平陵. 11-1 則臣必○智之. 11-8 楚趙怒於魏之○己也. 12-11 國○害已. 13-14 足以俌○王之餌. 14-19 ○於燕趙曰. 17-19 請使宜信君載○生見不責於臣. 23-16

【廷】 1

毋辱大王之○. 5-4

【休】 5

必不○. 13-25 天下○. 15-6 必歸○兵. 22-20 必歸○兵. 23-8 若不○兵. 23-8

【伐】 47

使齊韓粱[燕]約御軍之日無○齊. 1-10 使田○若使使孫疾召臣. 1-17 ○楚九歲. 6-7 ○秦. 6-11 秦○. 6-11 勺悍則○之. 6-17 楚雖毋○宋. 10-24 王以和三晉○秦. 10-25 三晉○秦. 11-5 惠王○趙. 11-16 宋中山數○數割. 11-19 今王與秦共○韓而近秦患. 12-23 必不○楚與趙矣. 13-3 ○楚. 13-6 秦必不○楚與趙矣. 13-9 林木○. 13-18 其功多於與秦共○韓. 14-2 私心以公爲爲天下○齊. 14-10 齊秦相○. 14-11 齊晉相○. 14-11 晉國不敢倍秦○齊. 14-13 ○齊. 14-19 ○齸國之齊. 16-22 奉萬乘助齊○宋. 17-7 秦五世○諸侯. 17-15 韓魏不聽則秦○. 17-21 齊不聽則燕趙○. 17-21 天下服聽因迿韓魏以○齊. 17-22 是國○也. 17-25 諸侯○齊而王從之. 17-25 齊必○矣. 18-4 ○齊. 18-4 實○鄭韓. 18-11 楚久○. 18-14 今從强秦久○齊. 18-19 且五國之主嘗合衡謀○趙. 18-20 乃以柢罪取○. 18-24 名存亡[國][實○三川]而歸. 19-16 [○楚韓以窘]魏. 19-19 今秦之心欲○楚. 20-15 與之南○楚. 20-16 夫秦之欲○王久矣. 20-18 楚國必○. 20-20 有非素謀○秦也. 21-6 已○刑. 21-6 東面而○楚. 21-14 楚不侍○. 21-15

【延】 1

乃不○. 4-23

【任】 11

○秦也. 1-7 以齊之○臣. 2-10 燕王請毋○蘇秦以事. 2-12 皆不○子以事. 2-14 笥毋○子. 2-15 臣受教○齊交五年. 3-11 臣以死○事. 3-21 王若欲剸舍臣而槫○所善. 4-16 千鈞非馬之○也. 20-10 幾楚之○戋. 20-11 非楚之○而爲之. 20-11

【役】 1

王遂○之. 11-6

【自】 33

○趙獻書燕王曰. 1-4 務○樂也. 1-9 秦毋惡燕粱以○持也. 1-10 ○辭於臣也. 1-17 ○齊獻書於燕王曰. 3-8 ○以爲免於罪矣. 3-23 以奴○信. 4-8 仁義所以○爲也. 5-1 ○復之術. 5-1 ○復之術也. 5-3 ○復不足乎. 5-5 ○復而足. 5-5 ○粱獻書於燕王曰. 5-9 ○粱獻書於燕王曰. 5-19 非以○爲也. 7-6 ○勺獻書於齊王曰. 7-22 宦二萬甲○食以功宋. 8-8 二萬甲○食以功秦. 8-8 ○勺獻書於齊王曰. 8-14 亦○爲也. 11-11 是以天幸○爲常也. 12-4 臣以爲○天地始分. 12-7 至而○[謝]曰. 15-15 竊○老. 15-16 乃○强步. 15-19 長安君何以○託於趙. 16-10 臣恐後事王者不敢○必也. 18-24 必有以○恃也. 22-8 無○恃計. 22-8 爲○恃計奈何. 22-9 粱王○守. 22-15 則不能○植士卒. 23-12 不○處危. 23-17

【似】 1

大○有理. 24-10

【后】 15

夏○堅欲爲先薛公得平陵. 11-1 故大○. 12-20 趙大○規用事. 15-12 必[以]大○少子長安君來質. 15-12 大○不肯. 15-13 大○明胃左右曰. 15-14 大○盛氣而胥之. 15-15 故愿望見大○. 15-17 大○之色少解. 15-20 大○曰. 15-23 老臣竊以爲媼之愛燕○賢長安君. 15-25 媼之送燕○也. 16-2 大○曰. 16-4 故以爲其愛也不若燕○. 16-11 大○曰. 16-11

【行】 13

虛北地[○]其甲. 3-12 臣之○也. 4-2 故獻御書而○. 4-3 晉將不萮泰○. 5-6 愿[君]之孰慮之而毋○危也. 12-15 不試禮義德○. 12-19 ○三千里而攻冥戹之塞. 13-6 所○甚遠. 13-7 請爲天[下雁]○頓[刃][楚趙]必疾兵. 13-24 已○. 16-3 止公中之○. 21-3 以東地之兵爲齊楚爲前○. 22-25 今者秦之攻將以○幾二千里. 23-3

【舟】 1

天下西○而馳秦. 14-8

【全】 3

○於介. 2-18 秦兵苟○而君制之. 12-15 兵○以臨齊. 14-22

【合】 15

趙循○齊秦以謀燕. 1-12 必不○齊秦以謀燕. 2-20 爲趙擇必趙之不○齊秦以謀燕也. 2-20 壹○壹離. 3-12 乾粱○. 7-24 以爲齊秦復○. 8-2 奉陽君○臣曰. 9-11 齊秦復○. 9-24 莫能○三晉以功秦. 10-14 今功秦之兵方始○. 10-22 ○有其賦. 14-5 秦[齊]不○. 14-24 且五國之主嘗○衡謀伐趙. 18-20 ○曰. 19-11 ○秦粱而攻楚. 21-13

【危】 17

不之齊○國. 3-18 愿[君]之孰慮之而毋行○也. 12-15 墓必○. 13-11 南國必○. 13-14 國○而名卑. 18-1 取卑○. 18-2 於安思○. 20-1 ○則慮安. 20-1 則粱必○矣. 22-8 顧○. 22-15 國必大○矣. 22-15 其○何也. 22-17 多之則○. 22-17 ○弗能安. 22-18 則是非以○爲安. 22-20 不自處○. 23-17 南必城必○. 24-2

【旬】 1

○余. 19-9

【名】 13

秦悔不聽王以先事而後○. 9-23 ○部數百. 13-20 而君之大○也. 16-23 ○卑而權輕. 17-6 是○卑也. 18-1 國安○尊. 18-1 國危而○卑. 18-1 ○存亡[國][實伐三川]而歸. 19-16 洛之以一○縣. 20-16 今或得韓一○縣具甲. 20-18 ○戰車. 20-20 以虛○救[我]者楚也. 21-4 [恃]楚之虛○. 21-5

【多】 17

王不諭齊王○不忠也. 3-24 齊王之○不忠也. 4-1 將○望於臣. 4-4 今南方之事齊者○故矣. 7-3 爲粱爲○. 8-15 則王○資矣. 11-3 且劫王以○割. 11-23 夫天幸爲○. 12-3 功莫○焉. 12-21 其功○於與秦共伐韓. 14-2 而挾重器○也. 16-8 ○予之重器. 16-9 公常操芥而責於[秦][韓][此其善於]公而[惡張]張義○資矣. 19-23 今胃馬○力. 20-9 發信[臣][○]其車. 20-21 ○車. 21-1 ○之則危. 22-17

【色】 1

大后之○少解. 15-20

【亦】 23

死○大物已. 1-20 ○以八月歸兵. 5-11 ○以八月歸兵. 5-12 然臣○見其必可也. 6-19 ○甘之. 6-24 ○甘之. 6-24 臣○不足事也. 6-25 ○未爲王爲也. 7-2 王堅三晉○從王. 8-6 王取秦楚○從王. 8-6 然而燕王○有苦. 8-7 [雖乾○然]. 8-21 [雖乾○然]. 9-3 講○以是. 9-21 ○利. 10-17 ○利. 10-18 ○利. 10-18 ○自爲也. 11-11 此○王之大時已. 14-3 秦○過矣. 15-5 丈○愛憐少子乎. 15-24 ○哀矣. 16-3 時至○弗失也. 16-19

【交】 22

請以齊爲上○. 2-15 臣處於燕齊之○. 3-8 次可以惡齊勺之○. 3-10 臣受教任齊○五年. 3-11 齊勺之○. 3-11 治齊燕之○. 3-18 惡齊勺之○. 3-21 燕南方之○完. 5-15 必毋聽天下之惡燕○者. 7-14 則完天下之○. 7-16 其下完○而講. 9-7 愿王之完三晉之○. 9-20 三晉之○完於齊. 10-17 ○以趙爲死友. 14-20 周與天下○長. 15-4 上○也. 18-4 尊上○. 18-4 宜正爲上○. 18-24 ○臂而事楚. 19-10 韓南[○楚]. 20-24 秦餘楚爲上○. 21-15 餘燕爲上○. 21-22

【衣】 1

愿令得補黑○之數. 15-22

【次】 6

○循善齊以安其國. 2-25 ○可以惡齊勺之交. 3-10 ○. 4-7 其[○]賓之. 9-6 ○君之所使之. 16-12 其○必長忠之. 17-14

【决】 2
絶漳鋪[水][與趙兵○於]邯鄲之鄗. 13-5 ○熒澤. 13-11

【羊】 2
秦以强弩坐○腸之道. 18-16 臣愿王與下吏○計某言而竺慮之也. 19-3

【汲】 1
而不○今令有功於國. 16-9

【守】 20
愿王之使勺弘急○徐爲. 5-25 令田賢急[○]薛公. 6-1 臣之爲王○燕. 6-23 ○七仞之城. 12-6 若禽○耳. 12-19 而○金玉之重也. 16-14 今增注委恆山而○三百里. 18-18 將軍皆令縣急急爲○備. 22-11 令之堅○. 22-11 善爲○備. 22-13 粱○百萬. 22-14 粱王自○. 22-15 百萬之○. 22-24 鄢陵之○. 23-6 今粱○. 23-6 今粱○百萬. 23-7 ○必堅. 23-9 大臣則有爲○. 23-9 ○必不固. 23-12 彼笱齊○其利矣. 24-10

【宅】 2
入北○. 11-22 入北○. 12-3

【安】 32
臣聞王之不○. 1-9 次循善齊以○其國. 2-25 國不可得而○. 3-4 王使襄○君東. 3-15 襄○君之不歸哭也. 3-25 愿王之爲臣甚○燕王之心也. 8-12 以○無薛公之心. 10-12 王句爲臣○燕王之心而毋聽傷事者之言. 11-9 秦兵不功而魏效降○邑. 12-13 王以爲○乎. 13-1 而惡○陵是於秦. 13-12 墮○陵是而亡之. 13-13 不愛○陵氏. 13-14 夫存韓○魏而利天下. 14-3 使道○成之. 14-4 河北必○矣. 14-6 貳周○陵必貤. 14-7 而武○君之棄禍存身之夬也. 15-9 必[以]大后少子長○君來質. 15-12 有復言令長○君質者. 15-14 老臣竊以爲媪之愛燕后賢長○君. 15-25 不若長○君甚. 16-1 今媪尊長○之位. 16-9 長○君何以自託於趙. 16-10 老臣以媪爲長○君計之短也. 16-10 於氏爲長○君約車百乘. 16-12 國○名尊. 18-1 夫去尊○. 18-2 於○思危. 20-1 危則慮○. 20-1 危弗能○. 22-18 則是非以危爲○. 22-20

【收】 15
是王○秦已. 8-1 ○秦等遂明功秦. 9-5 今王棄三晉而○秦. 9-18 齊不○秦. 9-24 王○秦而齊其後. 11-6 王○燕循楚而啗秦以晉國. 11-8 可以小割而○也. 12-9 亟以小割○魏. 12-10 有不敢倍秦○齊. 14-13 然則王何不使可信者棲○燕趙. 17-18 今不○燕趙. 17-25 今○燕趙. 18-1 不○燕趙. 18-1 今王○齊. 19-1 必○地千里. 23-5

【如】 22
臣甚愿之中重齊欲○齊. 1-9 反不○已. 2-6 叚臣孝○增參. 4-19 信○尾星. 4-19 廉○相夷. 4-20 孝○增參. 4-22 信○尾星. 4-23 廉○相夷. 4-23 ○是而薛公徐爲不能以天下爲其所欲. 5-24 ○帶而已. 10-4 使○中山. 10-18 樹德者莫○茲. 16-23 除怨者莫○盡. 16-24 ○報父子之仇. 17-2 ○經陽君. 17-19 ○高陵君. 17-19 必○諫心. 18-3 然則[王]何不使辯士以○說[說]秦. 18-3 君不○北兵以德趙. 20-5 不○少案之. 21-25 則○不粱中必亂. 23-13 ○北兼邯鄲. 24-1

【好】 2
臣以○處於齊. 8-4 貪戾○利. 12-18

【羽】 1
愿王之定慮而○鑽臣也. 3-4

【戒】 1
使齊大○而不信燕. 3-13

【走】 6
○孟卯. 11-15 今有○孟卯. 11-22 今有○孟卯. 12-3 曾不能疾○. 15-16 割摯馬免而西○. 21-15 ○秦必緩. 22-3

【攻】 42
而[○楚]. 10-3 ○大粱. 11-15 齊人○燕. 11-17 秦挾楚趙之兵以復○. 11-24 非計慮之○也. 12-3 以○大粱. 12-4 弗易○也. 12-6 ○而弗拔. 12-8 行三千里而○冥戹之塞. 13-6 所○甚難. 13-7 有不○燕與齊矣. 13-9 非魏無○已. 13-10 秦七○魏. 13-17 與之○齊. 14-24 ○齊已. 14-25 是秦重○齊也. 15-3 秦急○之. 15-12 ○齊之事成. 16-16 ○齊不成. 16-17 故○齊之於陶也. 16-18 今天下○齊. 16-21 愿君之剸志於○齊而毋有它慮也. 17-3 齊宋○魏. 19-5 所道○燕. 20-6 唯欲○燕. 20-7 合秦粱而○楚. 21-13 爲秦據趙而○燕. 21-17 言毋○燕. 21-23 秦○鄢陵. 22-6 秦必不○粱. 22-19 必不能掊粱黃濟陽陰睢陽而○單父. 22-21 若欲出楚地而東○單父. 22-22 若秦拔鄢陵而不能東○單父. 22-22 欲○粱. 22-23 今者秦之○將以行幾二千里. 23-3 秦○鄢陵. 23-4 今戰勝不能倍鄢陵而○粱者少也. 23-5 而○虛粱. 23-8 必○粱. 23-11 秦必○粱. 23-19 則秦[之]○粱必急. 23-20 則秦之○粱必大破臣來獻計王弗用臣. 23-20

【赤】 1
則使臣○敢請其日以復於君乎. 24-4

【孝】 3
叚臣○如增參. 4-19 ○如增參. 4-22 秦○王死. 20-3

【投】 1
○質於趙. 13-24

【志】 6
而臣不能使王得○於三晉. 6-25 無變○矣. 7-23 而○必舉之. 12-7 愿君之剸○於攻齊而毋有它慮也. 17-3 秦未得○於楚. 21-25 粱未得○於楚. 22-1

【劫】 3
請○之. 6-16 且○王以多割. 11-23 秦韓之王○於韓倗張義而東兵以服魏. 19-22

【邯】 16
身率粱王與成陽君北面而朝奉陽君於○鄲. 6-10 拔○戰. 11-17 趙氏不割而○戰復歸. 11-17 絶漳鋪[水][與趙兵决於]○鄲之鄗. 13-5 則地去○鄲百廿里. 18-16 [○]鄲未將令也. 23-25 如北兼○鄲. 24-1 然則吾將悉興以救○[鄲]. 24-2 吾非敢以爲○鄲賜也. 24-3 大緩救○鄲. 24-5 ○鄲鄲. 24-5 復令於○鄲君曰. 24-7 ○鄲君曰. 24-8 主君何爲亡○鄲以敝魏氏. 24-15 ○鄲君榣於楚人之許己兵而不肯和. 24-16 ○鄲頪. 24-17

【芥】 2
則地與王布屬壤○者七百里. 18-16 公常操○而責於[秦][韓][此其善於]公而[惡張]張義多資矣. 19-23

【芯】 1
天下必○王. 21-5

【材】 1
故王能○之. 3-21

【李】 2
今齊王使○終之勺. 2-2 ○園憂之. 21-13

【求】 6
以○卿與封. 4-11 燕纍臣以○摯. 7-2 則國○毋亡. 11-24 王偃韓之質以存韓而○故地. 14-1 ○救於齊. 15-12 此秦之所廟祀而○也. 20-19

【車】 6
臣以○百五十乘入齊. 6-18 有使蘇[秦]大貴齊景之之○也. 7-8 於氏爲長安君約○百乘. 16-12 名戰○. 20-20 發信[臣][多]其○. 20-21 多○. 21-1

【更】 3
必將○事. 13-2 ○事. 13-2 則死王○有大慮. 23-14

【吾】 9
[○縣免於粱是]. 8-20 [○縣免於粱是]. 9-3 然則○將悉興以救邯[鄲]. 24-2 ○非敢以爲邯鄲賜也. 24-3 ○將以救○. 24-3 所勁○國. 24-14 ○國勁而魏氏敝. 24-14 [楚]楚人然後舉兵兼承○國之敝. 24-14

【步】 1
乃自强○. 15-19

【見】 18
所○於薛公徐爲. 2-18 句得時○. 4-16 然臣亦○其必可也. 6-19 欲王之赦粱王而復○之. 8-1 寡人不○使. 9-1 請毋至三月而王不○王天下之業. 11-10 察於○反. 14-17 左師觸龍言愿○. 15-15 不得○久矣. 15-16 故愿望○大后. 15-17 將軍不○井忌乎. 21-16 蔡鳥明日○. 21-19 楚○粱之未出兵也. 22-2 ○田併於粱南. 22-6 齊楚○亡不叚. 23-1 天下之○也. 23-4 請使宜信君載先生○不責於臣. 23-16 夫頪然○於左耳. 24-18

【助】 1
奉萬乘○齊伐宋. 17-7

【里】 15
行三千○而攻冥戹之塞. 13-6 晉國去粱千○. 13-15 晉國去粱千○而禍若是矣. 13-20 去粱百○. 13-22 日三四○. 15-20 九夷方一百○. 17-8 距莎丘巨鹿之囿三百○. 18-14 北至於[榆中]者千五百○. 18-15 則地與王布屬壤芥者七百○. 18-16 則地去邯鄲百廿○. 18-16 今增注委恆山而守三百○. 18-18 尙方五百餘○. 22-9 今者秦之攻將以行幾二千○. 23-3 必收地千○. 23-5 今王之東地尙方五百餘○. 23-17

【足】 23
恐趙○臣之所惡也. 1-4 使勺○問之臣. 2-4 ○乎. 4-21 ○矣. 4-21 王○之. 4-22 不○而益國. 4-22 不○而益國. 4-23 不○以益國. 4-24 自復不○乎. 5-5 自復而○. 5-5 ○下雖怒於齊. 5-16 臣亦不○事也. 6-25 請貴重之高賢○下. 7-11 臣以○下之所與臣約者告燕王. 8-4 臣以爲不利於○不下. 9-20 ○以富國. 14-5 餘齊不○以爲晉國主矣. 14-12 ○以偏先王之餌. 14-19 老臣病○. 15-16 今○下功力非數加於秦也. 18-7 楚兵不○侍也. 24-7 何爲而不○侍[也]. 24-8 臣之[不○]侍者以其俞也. 24-9

【困】 1
是我○秦韓之兵. 20-25
【呂】 1
齊不出○遂. 5-6
【吳】 4
○不亡越. 16-24 越故亡○. 16-24 ○亡於越. 16-24 其後殘○. 17-12
【邑】 3
秦兵不功而魏效降安○. 12-13 萬家之○. 22-10 興兵以救敝○. 24-4
【告】 12
且○奉陽君. 2-3 奉陽君使周納○寡人曰. 2-12 今有○薛公之使者田林. 5-12 薛公以○臣. 5-12 愿王之陰知之而毋有○也. 5-13 王○人. 5-13 臣以足下之所與臣約者○燕王. 8-4 臣以令○奉陽君曰. 8-14 臣以[○]奉陽君. 9-9 臣使蘇厲○楚王曰. 10-7 召陳軫而○之. 20-18 兵之日不肯○臣. 24-11
【我】 12
若持○其從徐制事. 1-7 且○夏之. 2-1 韓爲不能聽○. 20-22 爲能聽○. 20-23 是○困秦韓之兵. 20-25 夫以實苦○者秦也. 21-4 以虛名救[○]者楚也. 21-4 ○無功. 21-18 ○無功. 21-20 必其心與俞許[○]兵. 24-12 ○必列地以和於魏. 24-13 故俞許○兵者. 24-13
【利】 37
不○於國. 1-21 ○於國. 2-23 以爲不○國故也. 3-2 臣不○於身. 3-6 雖知不○. 9-12 雖知不○. 9-13 王何不○焉. 9-18 臣以爲不○於足不下. 9-20 齊事從橫盡○. 10-17 亦○. 10-17 亦○. 10-18 亦○. 10-18 貪戾好○. 12-18 苟有○焉. 12-19 王以爲○乎. 13-1 必就易與○. 13-2 就易與○. 13-2 夫存韓安魏而○天下. 14-3 ○在晉國. 14-11 古之爲○者養人. 14-15 以○. 14-15 重立而爲○者卑. 14-16 ○成而立重者輕. 14-16 故古之人患○重之奪. 14-16 ○擯河山之間. 14-19 實必○郢. 15-2 此燕之○也. 16-23 燕趙非○之也. 17-17 燕趙弗○而埶爲者. 17-18 燕趙之所○也. 17-23 夫實得所○. 17-24 正○也. 18-4 務正○. 18-4 ○公. 19-6 非國之○也. 24-6 彼笥齊守其○矣. 24-10 非楚之○也. 24-13
【私】 5
筞有○義. 9-12 湼子之○也. 10-8 王必毋以豎之○怨敗齊之德. 10-11 ○心以公爲爲天下伐齊. 14-10 今臣竊爲將軍○計. 21-25
【兵】 75
齊○數出. 3-11 秦受○矣. 3-22 ○率有子循而不知寡人得地於宋. 5-11 亦以八月歸○. 5-11 亦以八月歸○. 5-12 [今燕勺之○皆至矣]. 8-11 粱氏留齊○於觀. 8-15 擇齊○於熒陽成皋. 8-16 [今燕勺之○皆至矣]. 8-19 今功秦之○方始合. 10-22 王有欲得○以功平陵. 10-22 天下之○皆去秦而與齊諍宋地. 10-23 燕趙之所以國大○强而地兼諸侯者. 11-18 地未畢入而○復出矣. 11-21 秦挾楚趙之○以復攻. 11-24 此非○力之請也. 12-2 夫輕倍楚趙之○. 12-6 秦○必罷. 12-8 愿君遝楚趙之○未至於粱也. 12-9 豈必以○戋. 12-13 秦○不功而魏效降安邑. 12-13 秦○苟全而君制之. 12-15 外支秦魏之○. 12-25 絕漳鋪[水][與趙○決於]邯鄲之鄗. 13-5 與楚○夬於陳鄗. 13-8 ○出之日. 13-10 今韓受○三年. 13-23 請爲天[下雁]行頓[刃][楚趙]必疾○. 13-24 非盡亡天下之○而臣海內. 13-25 ○全以臨齊. 14-22 秦○適敝. 15-6 ○乃出. 15-13 ○乃出. 16-12 君悉燕○而疾贊之. 17-2 故出○以割革趙魏. 18-10 五國之○出有日矣. 18-21 齊○有進. 19-8 秦韓之○毋東. 19-9 倗將槫三國之○. 19-12 義且以韓秦之○東巨齊宋. 19-15 義[將]槫三國之○. 19-15 [川][韓]韓是之○不用而得地[於楚]. 19-18 秦○[不用而得三川]. 19-19 韓欲地而○案. 19-20 公令秦韓之○不[用而得地][有一大]德. 19-22 秦韓之王劫於韓倗張義而東○以服魏. 19-22 君不如北○以德趙. 20-5 秦韓并○南鄉楚. 20-19 [○雖]至楚. 20-23 是我困秦韓之○. 20-25 故韓是之○非弱也. 21-9 ○爲秦禽. 21-10 ○未出. 21-13 秦大舉○東面而齎趙. 21-23 毋庸出○. 21-25 粱○未出. 22-2 楚見粱之未出○也. 22-2 粱○果六月乃出. 22-4 必歸休○. 22-20 以東地之○爲齊楚爲前行. 22-25 秦○之死傷也. 23-4 秦○戰勝. 23-5 ○者弗什弗圍. 23-7 必歸休○. 23-8 若不休○. 23-8 興○以救敝邑. 24-4 進○於楚. 24-5 楚○不足侍也. 24-7 人許子○甚俞. 24-8 ○之日不肯告臣. 24-11 必其心與俞許[我]○. 24-12 故俞許我○者. 24-13 [楚]楚人然後舉○兼承吾國之敝. 24-14 邯鄲君榣於楚人之許己○而不肯和. 24-16 楚人然後舉○. 24-17
【何】 30
臣將○處焉. 3-1 ○可怨也. 4-1 爲之若○. 6-16 臣○可以不亟來. 7-3 爲王○患無天下. 8-12 王○患於不得所欲. 9-14 王○患於粱. 9-16 王○不利焉. 9-18 夫秦○厭之有戋. 11-21 ○索而不得. 12-15 是○也. 13-3 年幾○矣. 15-23 長安君○以自託於趙. 16-10 然則王○不使辯士以若說說秦王曰. 17-16 然則王○不使可信者棲收燕趙. 17-18 然則[王]○不使辯士以如說[說]秦. 18-3 若○史毋東. 19-11 ○. 19-19 將○道戋. 20-7 ○. 20-8 ○也. 20-10 粱計將奈○. 22-6 爲自恃計奈○. 22-9 秦人無奈粱○也. 22-14 其危○也. 22-17 是○也. 22-17 是[○]也. 23-9 是○也. 23-12 ○爲而不足侍[也]. 24-8 主君○爲亡邯鄲以敝魏氏. 24-15
【伯】 3
氏知○之過也. 13-5 五○之事也. 16-17 齊○必成. 17-25
【位】 2
○尊而無功. 16-8 今媼尊長安之○. 16-9
【身】 12
未能免○. 1-16 臣不利於○. 3-6 ○率粱王與成陽君北面而朝奉陽君於邯鄲. 6-10 ○斷事. 6-11 ○御臣以入. 6-19 齊王終臣之○不謀燕燕. 8-5 終臣之○不謀齊. 8-5 ○在於秦. 15-8 而武安君之棄禍存○之夬也. 15-9 智於○. 15-20 禍及其○. 16-7 以定○封. 20-6
【近】 5
今王與秦共伐韓而○秦患. 12-23 得雖○越. 15-2 ○慮周. 15-5 此其○者. 16-7 封○故也. 20-4
【余】 1
旬○. 19-9
【兌】 3
令秦與茶[○]宋不可信. 1-7 燕王甚○. 8-5 奉陽君甚○. 9-10
【坐】 1
秦以强弩○羊腸之道. 18-16
【谷】 3
道涉○. 13-6 愿及未寘叡○而託之. 15-24 禾○絳盈. 18-6
【免】 10
知能○國. 1-16 未能○身. 1-16 則臣請爲○於齊而歸矣. 2-20 自以爲○於罪矣. 3-23 迺○寡人之冠也. 4-13 [吾縣○於粱是]. 8-20 [吾縣○於粱是]. 9-3 皆不○. 20-4 ○楚國楚國之患也. 20-25 割摯馬○而西走. 21-15
【卵】 1
臣之所處者重○也. 4-5
【言】 31
徐爲之與臣○甚惡. 1-20 ○臣之後. 2-2 齊王之○臣. 2-6 愿王之使人反復○臣. 2-6 信奉陽君使周納○之曰. 2-13 周納○. 2-14 王信田代繰去[疾]之○功齊. 3-13 魚必不聽衆口與造○. 4-6 與○去燕之齊. 4-8 今王以衆口與造○罪臣. 4-9 ○勸晉國變矣. 5-23 毋與奉陽君○事. 6-2 一○毋舍也. 6-2 ○者以臣賤而邈於王矣. 6-4 事曲當臣之○. 6-19 王尙與臣○. 10-12 皆○王之不信薛公. 10-13 秦必不敢○救宋. 10-25 王句爲臣安燕王之心而毋聽傷事者之○. 11-9 此○幸之不可數也. 12-2 有復○令長安君質者. 15-14 左師觸龍○愿見. 15-15 臣愿王與下吏羊計某○而竺慮之也. 19-3 客有○曰. 19-7 便所以○之. 20-8 ○曰. 20-9 ○救韓. 21-1 因興師○救韓. 21-7 ○之秦王. 21-22 ○毋攻燕. 21-23 臣請爲將軍○秦之可可破之理. 23-2
【況】 1
[又○於使]秦無韓. 13-21
【辛】 3
故臣使○謁大之. 1-21 秦使○梧據粱. 21-13 謂○梧. 21-14
【冶】 1
○國非可持也. 20-15
【忘】 1
臣不敢○請王誠重御臣. 7-7
【弟】 3
不顧親戚○兄. 12-19 兩○無罪而再挩之國. 12-22 且楚韓非兄○之國也. 21-6
【沙】 1
說○也. 17-24
【汹】 2
使天下○汹然. 8-24
【快】 1
不○於心而死. 1-21
【完】 6
燕南方之交○. 5-15 則○天下之交. 7-16 其下○交而講. 9-7 愿王之○三晉之交. 9-20 三晉之交○於齊. 10-17 其爲事甚○. 19-6
【宋】 53
令秦與茶[兌]○不可信. 1-7 相橋於○. 2-3 與○通關. 2-4 以不功○. 2-10 今齊王使○竅謂臣曰. 2-12 今[齊]王使○竅詔臣曰. 2-16 使毋予蒙而通○使. 3-21 齊使○竅侯滿謂臣曰. 5-9 寡人與子謀功○. 5-9 今燕王與羣臣謀破齊於○而功齊. 5-10 兵率有子循而不知寡人得地於○. 5-11 後賣秦以取勺而功○. 5-23 欲以殘○. 6-8 ○不殘. 6-8 功○. 6-12 ○殘. 6-12 ○魯弱. 6-14 愿則摯而功○. 6-18 猶暠不知變事以功○也. 6-20 而入之秦與○以謀齊. 7-4 毋庸發怒於○魯也.

7-15 功○之事. 7-16 王欲復功○而復之. 7-19 宦二萬甲自食以功○. 8-8 [○]. 8-10 [寡人之或功○也]. 8-10 [請於粱閉關於○而不許]. 8-10 [寡人已舉○講矣]. 8-10 而功[○]. 8-17 [寡人之呖功○也]. 8-17 [請於粱閉關於○而不許]. 8-17 [寡人已舉○講矣]. 8-18 以便王之功○也. 9-17 齊取○. 9-25 請令楚粱毋敢有尺地於○. 9-25 ○以淮北與齊講. 10-9 天下之兵皆去秦而與齊諍○地. 10-23 楚雖毋伐○. 10-24 ○必聽. 10-24 秦必不敢言救○. 10-25 弱○服. 10-25 秦未至㕣而王已盡○息民矣. 11-5 ○中山數伐數割. 11-19 而○中山可毋爲也. 11-20 盡故○. 12-14 亡○得. 14-22 奉萬乘助齊伐○. 17-7 夫以○加之淮北. 17-7 燕趙破○肥齊. 17-17 必反○. 17-22 反○. 17-23 齊○攻魏. 19-5 義且以韓秦之兵東巨齊○. 19-15

【初】 1

○時者. 11-16

【社】 2

齊保○稷事王. 19-1 與楚粱大戰長○. 23-3

【祀】 2

祭○則祝之曰. 16-3 此秦之所廟○而求也. 20-19

【君】 83

今奉陽[○]之使與封秦也. 1-6 奉陽○徐爲不信臣. 1-14 奉陽○徐爲之視臣益善. 2-2 且告奉陽○. 2-3 奉陽○甚怒於齊. 2-4 奉陽○盡以爲臣罪. 2-5 奉陽○使周納告寡人曰. 2-12 信奉陽○使周納言之曰. 2-13 奉陽[○]丹若得也. 2-14 奉陽○之所欲. 2-24 奉陽○怨臣. 3-1 王使襄安○東. 3-15 奉陽○讆臣. 3-19 奉陽○受之. 3-20 襄安○之不歸哭也. 3-25 毋與奉陽○言事. 6-2 以齊封奉陽○. 6-8 身率粱王與成陽○北面而朝奉陽○於邯鄲. 6-10 臣之所得於奉陽○者. 7-24 奉陽○謂臣. 7-25 愿王之以毋遇喜奉陽○也. 8-3 臣以令告奉陽○曰. 8-14 [且○嘗曰]. 8-20 必先與○謀之. 9-2 [且○嘗曰]. 9-2 以陰封○. 9-8 臣以[告]奉陽○. 9-9 奉陽○甚兑. 9-10 奉陽○合臣曰. 9-11 欲王之縣陶平陵於薛公奉陽○之上以勉之. 11-2 愿○之以氏慮事也. 12-1 愿○遝楚趙之兵未至於粱也. 12-9 則○得所欲矣. 12-11 從已散而○後擇焉. 12-12 且○之得地也. 12-12 秦兵苟全而○制之. 12-15 愿[○]之孰慮之而毋行危也. 12-15 ○曰. 12-16 而武安○之棄禍存身之夬也. 15-9 必[以]大后少子長安○來質. 15-12 有復言令長安○質者. 15-14 老臣竊以爲媪之愛燕后賢長安○. 15-25 ○過矣. 16-1 不若長安○甚. 16-1 長安○何以自託於趙. 16-10 老臣以媪爲長安○計之短也. 16-10 次○之所使之. 16-12 於氏爲長安○約車百乘. 16-12 奏封○以陶. 16-16 假○天下數年矣. 16-16 ○欲成之. 16-18 此○之大時也. 16-21 而○之大名也. 16-23 成○之功. 16-25 其讎○必深矣. 17-1 挾○之讎以於燕. 17-1 ○悉燕兵而疾贊之. 17-2 天下之從於○也. 17-2 愿○之剸志於攻齊而毋有它慮也. 17-3 如經陽○. 17-19 如高陵○. 17-19 賢○惡之. 18-7 胃春申○曰. 20-1 [○之封]地不可不蚤定. 20-2 爲○慮封. 20-2 ○不如北兵以德趙. 20-5 ○曰. 20-8 ○曰. 21-19 ○無功. 21-20 胡不解○之璽以佩蒙敖王齮也. 21-20 秦王以○爲賢. 21-20 故加○二人之上. 21-21 ○弗受. 21-21 請使宜信○載先生見不責於臣. 23-16 工○奚洫曰. 23-25 主○若有賜. 24-3 則使臣赤敢請其日以復於○乎. 24-4 工○奚洫曰. 24-5 復令於邯鄲○曰. 24-7 邯鄲○曰. 24-8 主○何爲亡邯鄲以敝魏氏. 24-15 邯鄲○榣於楚人之許己兵而不肯和. 24-16

【尾】 2

信如○星. 4-19 信如○星. 4-23

【改】 1

齊○葬其後而召臣. 3-25

【忌】 2

將軍不見井○乎. 21-16 逐井○. 21-24

【㕣】 1

秦未至○而王已盡宋息民矣. 11-5

【阿】 1

齊勺遇於○. 3-15

【娟】 1

○勺信. 10-10

【忍】 1

以其能○難而重出地也. 11-19

【矣】 97

齊必不信趙○. 1-8 齊趙必大惡○. 1-14 必且美○. 1-16 有遣臣之語○. 2-2 燕勺循善○. 2-14 使予齊勺○. 2-16 則臣請爲免於齊而歸○. 2-20 燕齊之惡也久○. 3-8 秦受兵○. 3-22 自以爲免於罪○. 3-23 臣受賜○. 4-2 盈愿○. 4-17 可○. 4-21 足○. 4-21 臣不事王○. 4-22 不樂生○. 5-17 言勸晉國變○. 5-23 則天下故不能謀齊○. 5-25 言者以臣賤而邀於王○. 6-4 鼍之所與臣前約者善○. 6-20 今南方之事齊者多故○. 7-3 燕王必弗聽○. 7-5 則大夫之謀齊者大解○. 7-5 王爲制○. 7-19 臣暨從燕之粱○. 7-22 無變志○. 7-23 以燕之事齊也爲盡○. 8-7 [寡人已舉宋講○]. 8-10 [今燕勺之兵皆至○]. 8-11 [寡人已舉宋講○]. 8-18 [今燕勺之兵皆至○]. 8-19 蘇脩在齊○. 8-24 其鄙盡入粱氏○. 9-9 毋與它人○. 10-12 此其爲禍不難○. 10-23 則王事遬夬○. 10-25 則王多資○. 11-3 秦未至㕣而王已盡宋息民○. 11-5 臣有以德燕王○. 11-12 臣有以矜於世○. 11-13 地未畢入而兵復出○. 11-21 則前功有必棄○. 12-9 則君得所欲○. 12-11 必不伐楚與趙○. 13-3 秦必不伐楚與趙○. 13-9 有不攻燕與齊○. 13-9 秦之欲許久○. 13-12 晉國去粱千里而禍若是○. 13-20[禍]必百此○. 13-22 此士民不勞而故地盡反○. 14-2 河北必安○. 14-6 而入朝爲臣不久○. 14-8 餘齊不足以爲晉國主○. 14-12 燕齊毋難○. 14-18 難聽尊○. 14-21 餘齊弱於晉國○. 14-23 莫尊秦○. 14-24 重楚爲重不在粱西○. 14-25 秦亦過○. 15-5 然則韓一年有餘○. 15-6 秦有慮○. 15-7 今事來○. 15-9 不得見久○. 15-16 年幾何○. 15-23 十五歲○. 15-23 君過○. 16-1 亦哀○. 16-3 假君天下數年○. 16-16 三王者皆賢○. 16-21 其讎君必深○. 17-1 齊必伐○. 18-4 五國之兵出有日○. 18-21 天下必以王爲義○. 19-1 公常操芥而責於[秦][韓][此其善於]公而[惡張]張義多資○. 19-23 今楚王之春秋高○. 20-1 今胃楚强大則有○. 20-10 夫秦之欲伐王久○. 20-18 國不大病○. 20-23 其應必不敬○. 20-24 已悉起之○. 21-2 秦禍案環中粱○. 21-15 秦禍案環歸於趙○. 21-22 是將軍有重○. 22-3 幾拔○. 22-6 則粱必危○. 22-8 粱之羣臣必大過○. 22-15 國必大危○. 22-15 而秦無所關其計○. 22-18 則奚貴於智○. 22-18 則可以轉禍爲福○. 22-22 爲粱賜○. 23-1 必破秦於粱下○. 23-1 秦必可破粱下○. 23-10 子擇其日歸而已○. 24-6 彼笱齊守其利○. 24-10 故蔓和爲可○. 24-15 麐皮已計之○. 24-19

【奉】 29

今○陽[君]之使與封秦也. 1-6 ○陽君徐爲不信臣. 1-14 ○陽君徐爲之視臣益善. 2-2 且告○陽君. 2-3 ○陽君甚怒於齊. 2-4 ○陽君盡以爲臣罪. 2-5 ○陽君使周納告寡人曰. 2-12 信○陽君使周納言之曰. 2-13 ○陽[君]丹若得也. 2-14 ○陽君之所欲. 2-24 ○陽君怨臣. 3-1 ○陽君讆臣. 3-19 ○陽君受之. 3-20 毋與○陽君言事. 6-2 以齊封○陽君. 6-8 身率粱王與成陽君北面而朝○陽君於邯鄲. 6-10 臣之所得於○陽君者. 7-24 ○陽君謂臣. 7-25 愿王之以毋遇喜○陽君也. 8-3 臣以令告○陽君曰. 8-14 臣以[告]○陽君. 9-9 ○陽君甚兑. 9-10 ○陽君合臣曰. 9-11 欲王之縣陶平陵於薛公○陽君之上以勉之. 11-2 今韓氏以一女子○一弱主. 12-24 ○秦. 14-11 ○厚而無勞. 16-18 不勞之○. 16-14 ○萬乘助齊伐宋. 17-7

【武】 4

臣以爲湯○復生. 12-6 而○安君之棄禍存身之夬也. 15-9 湯○雖賢. 16-20 之○. 23-13

【長】 17

王有使周濕○馴重令挩. 9-10 臣聞魏○吏胃魏王曰. 11-15 有○毆粱北. 13-18 周與天下交○. 15-4 必[以]大后少子○安君來質. 15-12 有復言令○安君質者. 15-14 老臣竊以爲媪之愛燕后賢○安君. 15-25 不若○安君甚. 16-1 剸非計○久. 16-3 今媪尊○安之位. 16-9 ○安君何以自託於趙. 16-10 老臣以媪爲○安君計之短也. 16-10 於氏爲○安君約車百乘. 16-12 ○小國. 16-17 其次必○忠之. 17-14 帶○劍. 21-19 與楚粱大戰○社. 23-3

【拔】 10

○邯戰. 11-17 ○故國. 11-17 攻而弗○. 12-8 槫城盡○. 13-17 ○二城. 21-17 幾○矣. 22-6 若秦○鄢陵. 22-20 若秦○鄢陵而不能東攻單父. 22-22 秦○鄢陵. 23-8 秦○鄢陵. 23-11

【者】 85

爲予趙甲因在粱○. 1-17 事必美○. 2-9 天下有謀齊○請功之. 2-15 諸可以惡齊勺[○]將之. 2-22 大○可以使齊毋謀燕. 3-9 二○大物也. 4-2 臣之所處○重卵也. 4-5 甚○. 4-8 節有惡臣○. 4-20 臣有三資○以事王. 4-21 此皆以不復其常爲進○. 5-7 今有告薛公之使○田林. 5-12 天下之欲傷燕○與羣臣之欲害臣○將成之. 5-13 言○以臣賤而邀於王矣. 6-4 傷齊○. 6-13 傷齊○必勺. 6-15 鼍之所與臣前約○善矣. 6-20 成臣之事○. 6-23 今南方之事齊○多故矣. 7-3 南方之事齊○. 7-4 則大夫之謀齊○大解矣. 7-5 必毋聽天下之惡燕交○. 7-14 臣之所得於奉陽君○. 7-24 臣以足下之所與臣約○告燕王. 8-4 王猶聽惡燕○. 8-10 寡人之所以有講慮○有. 8-14 寡人之所爲功秦○. 8-15 與國不先反而天下有功之○. 9-12 與國有先反○. 9-13 御事○必曰. 11-3 臣之所以備患○百餘. 11-9 王句爲臣安燕王之心而毋聽傷事○之言. 11-9 初時○. 11-16 燕趙之所以國大兵强而地兼諸侯○. 11-18 知○不然. 12-4 王之使○大過. 13-12 聽使○之惡. 13-13 異日○秦在河西. 13-15 所亡秦○. 13-19 異日○. 13-22 古之爲利○養人. 14-15 立重○畜人. 14-15 重立而爲利○卑. 14-16 利成而立重○輕. 14-16 唯賢○能以重終. 14-17 爲齊計○. 14-23 魏至今然○. 15-8 有復言令長安君質○. 15-14 老臣間○殊不欲食. 15-19 趙主之子侯○. 16-5 其繼有在○乎. 16-5 諸侯有在○乎. 16-6 此其近○. 16-7 遠○及其孫. 16-7 三王○皆賢矣. 16-21 樹德○莫如兹. 16-23 除

怨○莫如盡. 16-24 夫知○之[舉]事. 17-10 爲之下○. 17-17 燕趙弗利而埶爲○. 17-18 然則王何不使可信○棲收燕趙. 17-18 知○弗爲. 18-2 且物固[有勢]異而患同○. 18-13 昔○. 18-13 北至於[楡中]○千五百里. 18-15 則地與王布屬壤芥○七百里. 18-16 此三葆○. 18-19 臣恐後事王○不敢自必也. 18-24 今○秦立於門. 19-7 則不然○. 20-9 夫以實苦我○秦也. 21-4 以虛名救[我]○楚也. 21-4 知爲楚笑○. 21-10 天下人無不死○. 22-2 久○壽. 22-2 小縣有市○卅有餘. 22-10 譔擇賢○. 22-11 所說謀○爲之. 22-18 今○秦之攻將以行幾二千里. 23-3 今戰勝不能倍鄢陵而攻粱○少也. 23-5 兵○弗什弗圍. 23-7 臣之[不足]侍○以其俞也. 24-9 台乎其所後○. 24-12 故俞許我兵○. 24-13

【幸】 3

此言○之不可數也. 12-2 夫天○爲多. 12-3 是以天○自爲常也. 12-4

【招】 1

則莫若○霸齊而尊之. 17-13

【其】 75

若持我○從徐制事. 1-7 ○功齊益疾. 2-18 臣與不知○故. 2-24 循[善]齊秦以定○封. 2-24 此○上計也. 2-24 次循善齊以安○國. 2-25 臣止於勺而侍○魚肉. 3-5 虛北地[行]○甲. 3-12 以定○封於齊. 3-19 齊改葬○後而召臣. 3-25 不以○罪. 4-1 皆以不復○掌. 5-2 若以復○掌爲可王. 5-2 此皆以不復○常爲進者. 5-7 而不欲○從已聞也. 5-13 如是而薛公徐爲不能以天下爲○所欲. 5-24 齊王以燕爲必侍○褩而功齊. 6-4 然臣亦見○必可也. 6-19 ○不欲甚. 8-1 ○於齊循善. 8-6 ○[次]賓之. 9-6 ○下完交而講. 9-7 ○鄙盡入粱氏矣. 9-9 殺人之母而不爲○子禮. 10-8 以○無禮於王之邊吏也. 10-10 此○爲禍不難矣. 10-23 必以○餘驕王. 11-4 王收秦而齊○後. 11-6 以○能忍難而重出地也. 11-19 臣聞魏氏悉○百縣勝甲以上. 12-4 ○功多於與秦共伐韓. 14-2 出入賦之是魏重質韓以○上黨也. 14-4 合有○賦. 14-5 請以○母質. 15-8 老婦必唾○面. 15-14 攀○踵. 16-2 念○遠也. 16-2 ○繼有在者乎. 16-5 此○近者. 16-7 禍及○身. 16-7 遠者及○孫. 16-7 故以爲○愛也不若燕后. 16-11 ○讎君必深矣. 17-1 ○過必大. 17-9 ○後殘吳. 17-12 ○次必長忠之. 17-14 秦以三軍功王之上常而包○北. 18-17 臣恐○過出於此也. 18-20 ○爲事甚完. 19-6 公常操芥而責於[秦][韓][此○善於]公而[惡張]張義多資矣. 19-23 ○於王孰便. 20-12 發信[臣][多]○車. 20-21 重○敝. 20-21 ○應必不敬矣. 20-24 厚○敝. 21-1 ○民非愚蒙也. 21-10 案○劍. 21-19 舉○末. 21-19○有親戚父母妻子. 22-12 ○危何也. 22-17 而秦無所關○計矣. 22-18 擊○不意. 22-25 ○將請師耶. 24-1 則使臣赤敢請○日以復於君乎. 24-4 子擇○日歸而已矣. 24-6 臣之[不足]侍者以○俞也. 24-9 彼○應臣甚辨. 24-10 彼笥齊守○利矣. 24-10 頪然進○左耳而後○右耳. 24-11 台乎○所後者. 24-12 必○心與俞許[我]兵. 24-12 ○實未也. 24-18 且曾聞○音以知○心. 24-18

【耶】 2

以亡爲存○. 22-20 其將請師○. 24-1

【取】 35

欲從韓粱○秦以謹勺. 2-10 勺止臣而它人○齊. 3-5 非進○之道也. 5-1 非進○之路也. 5-3 臣進○之臣也. 5-3 道齊以○秦. 5-20 慮從楚○秦. 5-21 有慮從勺○秦. 5-22 齊先鬻勺以○秦. 5-23 後賣秦以○勺而功宋. 5-23 今有鬻天下以○秦. 5-24 ○進北. 6-8 欲以○勺. 6-9 謀○勺. 6-11 王○秦楚亦從王. 8-6 [寡人恐粱氏之棄與國而獨○秦也]. 8-21 齊道楚○秦. 8-24 [寡人恐粱氏之棄與國而獨○秦也]. 9-3 王不棄與國而先○秦. 9-14 齊必○大粱以東. 9-15 勺必○河內. 9-16 齊○宋. 9-25 秦○粱之上黨. 10-1 秦○勺之上地. 10-2 齊○河東. 10-2 秦○乾之上地. 10-2 齊○燕之陽地. 10-3 秦○鄢. 10-3 齊○東國下蔡. 10-4 案以負王而○秦. 11-8 趙○濟西. 14-21 ○卑危. 18-2 秦必○. 18-3 夫○秦. 18-4 乃以柢罪○伐. 18-24

【苦】 5

王○之. 3-25 臣之○齊王也. 5-16 然而燕王亦有○. 8-7 燕王甚○之. 8-11 夫以實○我者秦也. 21-4

【昔】 1

○者. 18-13

【若】 48

○持我其從徐制事. 1-7 使田伐○使使孫疾召臣. 1-17 奉陽[君]丹○得也. 2-14 ○以天下焉. 2-19 魚信○迺齕也. 4-6 ○無不爲也. 4-7 王○欲剸舍臣而槫任所善. 4-16 ○以復其掌爲可王. 5-2 爲之○何. 6-16 ○不欲請以五[十]乘來. 7-10 ○慮大惡則無之. 7-13 ○燕. 7-17 ○出一口. 8-3 ○楚遇不必. 8-3 ○與楚遇. 9-4 ○楚不遇. 9-5 三晉○愿乎. 11-6 三晉○不愿乎. 11-6 ○三晉相豎也以功秦. 11-7 王○欲講. 11-25 ○禽守耳. 12-19 此於[親]戚○此而兄仇讎之國乎. 12-22 ○道河內. 13-4○道河外. 13-7 晉國去粱千里而禍○是矣. 13-20 是以秦晉皆倲○計以相笥也. 14-14 敬○. 15-23 不○長安君甚. 16-1 故以爲其愛也不○燕后. 16-11 ○. 16-11 今王○欲因過而爲福. 17-12 則莫○招霸齊而尊之. 17-13 然則王何不使辯士以○說說秦王曰. 17-16 秦王聞○說. 18-2 ○何史毋東. 19-11 莫○遠楚. 20-2 ○夫越趙魏關甲於燕. 20-10 王不○因張義而和於秦. 20-15 楚之○. 20-25 文信侯敬○. 21-22 ○秦拔鄢陵. 22-20 ○欲出楚地而東攻單父. 22-22 ○秦拔鄢陵而不能東攻單父. 22-22 ○不休兵. 23-8 ○粱王不出粱. 23-11 ○王不. 23-18 主君○有賜. 24-3 ○由是觀之. 24-17

【茍】 5

○毋死. 4-7 王○有所善而欲用之. 4-15 秦兵○全而君制之. 12-15 ○有利焉. 12-19 秦王之心○得窮齊. 17-16

【茅】 1

秦固有壞○荆丘. 13-10

【林】 3

今有告薛公之使者田○. 5-12 從○軍以至於今. 13-16 ○木伐. 13-18

【枝】 1

寡人弗能○. 19-9

【來】 14

王之賜使使孫與弘○. 2-1 臣爲是未欲○. 7-2 臣何可以不亟○. 7-3 臣有○. 7-5 必將○. 7-6 若不欲請以五[十]乘○. 7-10 [乃○諍得]. 8-11 [乃○諍得]. 8-18 今事○矣. 15-9 必[以]大后少子長安君○質. 15-12 子○救[寡]人可也. 19-8 必不爲逆以○. 20-22 則秦之攻粱必大破臣○獻計王弗用臣. 23-20 子之○也. 24-1

【東】 28

王使襄安君○. 3-15 天下必無敢○視. 7-18 齊必取大粱以○. 9-15 齊取河○. 10-2 齊取○國下蔡. 10-4 繚舞陽之北以○臨許. 13-14 ○至虖陶衞之[郊]北至乎]監. 13-18 以方河○. 14-21 此代馬胡狗不○. 18-18 秦韓之兵毋○. 19-9 若何史毋○. 19-11 義且以韓秦之兵○巨齊宋. 19-15 [○割於]楚. 19-16 秦韓之王劫於韓倗張義而○兵以服魏. 19-22 ○面而伐楚. 21-14 秦大舉兵○面而齎趙. 21-23 粱之○地. 22-9 皆令從粱王葆之○地單父. 22-12 今粱王居○地. 22-16 秦必不倍粱而○. 22-17 若欲出楚地而○攻單父. 22-22 若秦拔鄢陵而不能○攻單父. 22-22 以○地之兵爲齊楚爲前行. 22-25 ○地民有爲勉. 23-10 之○地. 23-14 無以救○地而王不出粱之禍也. 23-15 今王之○地尙方五百餘里. 23-17 是粱無○地憂而王粱中. 23-19

【或】 2

○非王之有也. 18-19 今○得韓一名縣具甲. 20-18

【事】 86

始臣甚惡○. 1-4 ○非臣也. 1-5 若持我其從徐制○. 1-7 王毋夏○. 1-8 ○之上. 1-12 燕○小大之諍. 1-15 ○必美者. 2-9 燕王請毋任蘇秦以○. 2-12 皆不任子以○. 2-14 以便王之大○. 3-10 臣秦拜辭○. 3-14 以便○也. 3-15 臣請屬○辭爲臣於齊. 3-17 臣以死任○. 3-21 期於成○而已. 4-9 臣請爲王○之. 4-15 臣請歸擇○. 4-16 臣有三資者以○王. 4-21 臣不○王矣. 4-22 不○無爲之主. 5-4 請養之以便○. 5-16 毋與奉陽君言○. 6-2 ○必南方强. 6-2 身斷○. 6-11 臣之以燕○王循也. 6-13 秦將以燕○齊. 6-17 ○曲當臣之言. 6-19 猶覺不知變○以功宋也. 6-20 臣保燕而○王. 6-21 ○乃時爲也. 6-22 成臣之○者. 6-23 臣亦不足○也. 6-25 今南方之○齊者多故矣. 7-3 南方之○齊者. 7-4 功宋之○. 7-16 臣以燕重○齊. 7-17 楚無秦○. 7-25 ○印曲盡從王. 8-6 以燕之○齊也爲盡矣. 8-7 秦悔不聽王以先○而後名. 9-23 且復故○. 9-25 前○愿王之盡加之於豎也. 10-11 甘薛公以就○. 10-12 此不便於○. 10-14 臣請終○而與. 10-16 愿王之固爲終○也. 10-16 功秦之○成. 10-16 齊○從橫盡利. 10-17 功秦之○敗. 10-18 ○印曲盡害. 10-19 則王○遬夬矣. 10-25 然而不欲王之無○與之也. 11-2 終○然後予之. 11-3 御○者必曰. 11-3 臣保燕而循○王. 11-5 是故臣在○中. 11-9 王句爲臣安燕王之心而毋聽傷○者之言. 11-9 臣之出死以要○也. 11-11 是故○句成. 11-13 愿君之以氏慮○也. 12-1 必爭○秦. 12-12 秦非無○之國也. 13-1 必將更○. 13-2 更○. 13-2 氏復闕輿之○也. 13-4 是故臣愿以從○王. 14-1 燕畢之○. 14-20 終齊○. 15-3 廬齊齊而生○於[秦]. 15-4 非一舉之○也. 15-6 今○來矣. 15-9 趙大后規用○. 15-12 攻齊之○成. 16-16 五伯之○也. 16-17 秦有它○而從齊. 17-1 夫知者之[舉]○. 17-10 聖王之○也. 18-4 臣竊以○觀之. 18-8 恐○之不誠. 18-10 夫齊之○趙. 18-24 臣恐後○王者不敢自必也. 18-24 齊探社稷○王. 19-1 其爲○甚完. 19-6 交臂而○楚. 19-10 此公○成也. 19-10 秦韓爭○齊楚. 19-21

【兩】 12

王爲臣有之○. 4-11 必爲○啻以功勺. 8-2 [入○使陰成於秦]. 8-20 寡人[入○使陰成於秦]. 9-2 有爲陶啓○幾. 12-14 ○弟無罪而再挩之國. 12-22 秦○縣齊晉以持大重. 14-14 欲以亡韓呻○周. 18-9 是將軍○重. 22-1 則○心. 23-14 則死王有○心. 23-15 兼爲正乎○國. 24-17

【雨】 2

以○. 7-23 時○至. 18-6

【奈】 3

粱計將○何. 22-6 爲自恃計○何. 22-9 秦人無○粱何也. 22-14

【奇】 1

○質於齊. 17-6

【戒】 1

[寡人之○功宋也]. 8-10

【妻】 2

殺○逐子. 4-1 其有親戚父母○子. 22-12

【忠】 2

其次必長○之. 17-14 秦○以侍破. 17-15

【非】 49

事○臣也. 1-5 勺○可與功齊也. 3-2 燕○與齊謀勺. 3-12 ○所以爲人也. 5-1 ○進取之道也. 5-1 ○進取之路也. 5-3 ○是毋有使於薛公徐之所. 6-1 它人將○之以敗臣. 6-2 ○於齊. 6-2 有慎毋○令羣臣衆義功齊. 6-3 ○以自爲也. 7-6 [今曰不]與韋○約曰. 9-4 韋○以粱王之令. 9-7 ○齊之令也. 10-8 ○薛公之信. 10-14 ○獨以爲王也. 11-11 此○敢粱也. 11-22 此○兵力之請也. 12-2 ○計慮之攻也. 12-3 ○[所施]厚積德也. 12-20 秦○無事之國也. 13-1 ○魏無攻已. 13-10○也. 13-15 ○盡亡天下之兵而臣海內. 13-25 ○一舉之事也. 15-6 ○是猶不信齊也. 15-7 ○弗思也. 16-3 剸○計長久. 16-3 ○適禺堯. 16-20 ○以此時也. 16-25 燕趙○利之也. 17-17 今足下功力○數加於秦也. 18-7 ○深於齊. 18-8 ○王之有也. 18-17 或○王之有也. 18-19 ○齊則魏. 20-6 千鈞○馬之任也. 20-10 ○楚之任而爲之. 20-11 治國○可持也. 20-15 且楚韓○兄弟之國也. 21-6 有○素謀伐秦也. 21-6 故韓是之兵○弱也. 21-9 其民○愚蒙也. 21-10 此○秦之地也. 21-21 則是○以危爲安. 22-20 吾○敢以爲邯鄲賜也. 24-3 ○國之利也. 24-6 彼○卒然之應也. 24-10 ○楚之利也. 24-13

【肯】 3

大后不○. 15-13 兵之日不○告臣. 24-11 邯鄲君榣於楚人之許己兵而不○和. 24-16

【虎】 1

有[○狼之]心. 12-18

【尚】 3

王○與臣言. 10-12 ○方五百餘里. 22-9 今王之東地○方五百餘里. 23-17

【具】 1

今或得韓一名縣○甲. 20-18

【果】 2

齊楚○遇. 8-1 粱兵○六月乃出. 22-4

【昆】 1

秦有葉○陽. 13-13

【門】 2

今者秦立於○. 19-7 與韓是戰於岸○. 21-8

【明】 8

是則王之○也. 6-12 王○視天下以有燕. 6-24 收秦等撨○功秦. 9-5 而王弗試則不○. 12-23 大后○胃左右曰. 15-14 使○周室而棼秦符. 17-13 此天下所○知也. 18-23 蔡鳥○日見. 21-19

【固】 9

○知必將不信. 3-8 ○知必將有口. 4-2 乃爭○於齊. 8-25 豎之罪○當死. 10-9 愿王之○爲終事也. 10-16 秦○有壞茅荆丘. 13-10 且物○[有勢]異而患同者. 18-13 ○秦之上計也. 22-16 守必不○. 23-12

【忠】 5

王不諭齊王多不○也. 3-24 齊王之多不○也. 4-1 三晉以王爲愛己○己. 10-21 羣臣莫以[聞]則不○. 12-24 不○. 21-21

【呻】 1

欲以亡韓○兩周. 18-9

【岸】 1

與韓是戰於○門. 21-8

【制】 6

若持我其從徐○事. 1-7 王爲○矣. 7-19 秦兵苟全而君○之. 12-15 故能○天下. 14-17 是一世之命○於王也. 19-2 [使]秦○和. 19-17

【幷】 1

秦韓○兵南鄉楚. 20-19

【知】 19

○能免國. 1-16 臣對以弗○也. 2-4 臣與不○其故. 2-24 固○必將不信. 3-8 固○必將有口. 4-2 兵率有子循而不○寡人得地於宋. 5-11 愿王之陰○之而毋有告也. 5-13 猶爭不○變事以功宋也. 6-20 必令王先○之. 7-14 雖○不利. 9-12 雖○不利. 9-13 ○者不然. 12-4 氏○伯之過也. 13-5 夫○者之[舉]事. 17-10 ○者弗爲. 18-2 此天下所明○也. 18-23 ○爲楚笑者. 21-10 計聽○順逆. 21-11 且曾聞其音以○其心. 24-18

【垂】 1

○都然. 13-17

【物】 3

死亦大○已. 1-20 二者大○也. 4-2 且○固[有勢]異而患同者. 18-13

【和】 13

五○. 1-10 五○. 1-12 王以○三晉伐秦. 10-25 魏方疑而得以小割爲○. 12-10 [使]秦制○. 19-17 王不若因張義而○於秦. 20-15 是[秦]韓不○也. 20-22 絶○於秦. 20-23 遂絶○於秦. 21-8 ○於魏. 24-7 我必列地以○於魏. 24-13 故蔞○爲可矣. 24-15 邯鄲君榣於楚人之許己兵而不肯○. 24-16

【竺】 2

怨○積怒. 18-7 臣愿王與下吏羊計某言而○慮之也. 19-3

【侍】 10

臣止於勺而○其魚肉. 3-5 齊王以燕爲必○其斃而功齊. 6-4 今秦王請○王以三四年. 9-23 天下齊齊不○夏. 15-5 ○𧪐𧪐耳. 15-19 秦忠以○破. 17-15 楚不○伐. 21-15 楚兵不足○也. 24-7 何爲而不足○[也]. 24-8 臣之[不足]○者以其俞也. 24-9

【使】 69

今奉陽[君]之○與封秦也. 1-6 入秦○. 1-10 ○齊韓粱[燕]約御軍之日無伐齊. 1-10 ○田伐若○使孫疾召臣. 1-17 ○韓山獻書燕王曰. 1-20 臣○慶報之後. 1-20 故臣○辛謁大之. 1-21 王○慶謂臣. 1-21 王之賜○使孫與弘來. 2-1 今齊王○李終之勺. 2-2 ○勺足問之臣. 2-4 愿王之○人反復言臣. 2-6 必毋○臣久於勺也. 2-6 ○盛慶獻書於[燕王曰]. 2-9 今齊王○宋竅謂臣曰. 2-12 奉陽君○周納告寡人曰. 2-12 信奉陽君○周納言之曰. 2-13 ○予齊勺矣. 2-16 今[齊]王○宋竅詔臣曰. 2-16 大者可以○齊毋謀燕. 3-9 ○齊大戒而不信燕. 3-13 王○襄安君東. 3-15 王○慶謂臣. 3-17 ○毋予蒙而通宋○. 3-21 ○齊棄臣. 3-25 臣舉天下○臣之封不塹. 4-11 今王○慶令臣曰. 4-14 齊○宋竅侯瀸謂臣曰. 5-9 今有告薛公之○者田林. 5-12 愿王之○勺弘急守徐爲. 5-25 非是毋有○於薛公徐之所. 6-1 ○粱乾皆效地. 6-9 雖○據之. 6-21 而臣不能○王得志於三晉. 6-25 有○蘇[秦]大貴齊景之之車也. 7-8 [入兩○陰成於秦]. 8-20 ○天下洶洶然. 8-24 ○人於齊大夫之所而俞語則有之. 8-25 寡人不見○. 9-1 寡人[入兩○陰成於秦]. 9-2 王有○周濕長駟重令挩. 9-10 ○景反. 9-24 ○從親之國. 10-4 臣○蘇厲告楚王曰. 10-7 ○如中山. 10-18 王之○者大過. 13-12 聽○者之惡. 13-13 [又況於○]秦無韓. 13-21 ○道安成之. 14-4 且○燕盡陽地. 14-18 必勿○反. 16-3 次君之所○之. 16-12 侯不○人謂燕相國曰. 16-19 ○明周室而棼秦符. 17-13 然則王何不○辯士以若說說秦王曰. 17-16 然則王何不○可信者棲收燕趙. 17-18 然則[王]何不○辯士以如說[說]秦. 18-3 [○]秦制和. 19-17 將○西講於秦. 20-17 ○之韓. 21-2 秦○辛梧據粱. 21-13 燕○蔡鳥股符胠璧. 21-17 請○宜信君載先生見不責於臣. 23-16 則○臣赤敢請其日以復於君乎. 24-4 子○. 24-8

【倲】 1

是以秦晉皆○若計以相笥也. 14-14

【佩】 1

胡不解君之璽以○蒙敖王齮也. 21-20

【隹】 1

不穀將以楚○韓. 21-3

【卑】 6

燕齊甚○. 14-7 重立而爲利者○. 14-16 名○而權輕. 17-6 是名○也. 18-1 國危而名○. 18-1 取○危. 18-2

【俰】 1

足以○先王之餌. 14-19

【往】 1

臣欲毋○. 3-25

【彼】 4

○將重此. 24-1 ○其應臣甚辨. 24-10 ○非卒然之應也. 24-10 ○笥齊守其利矣. 24-10

【所】 48

恐趙足臣之○惡也. 1-4 臣之○患. 2-5 臣之○不功齊. 2-17 ○見於薛公徐爲. 2-18 奉陽君之○欲. 2-24 無○用. 3-3 是王之○與臣期也. 3-10 臣之○處者重卵也. 4-5 魚欲用○善. 4-15 王苟有○善而欲用之. 4-15 王若欲剸舍臣而槫任○善. 4-16 仁義○以自爲也. 5-1 非○以爲人也. 5-1 薛公未得○欲於晉國. 5-19 如是而薛公徐爲不能以天下爲其○欲. 5-24 非是毋有使於薛公徐之○. 6-1 景之○與臣前約者善矣. 6-20 以臣○魯甚焉. 7-15 ○聞於乾粱之功秦. 7-23 臣之○得於奉陽君者. 7-24 臣以足下之○與臣約者告燕王. 8-4 寡人之○以有講慮者有. 8-14 寡人之○爲功秦者. 8-15 使人於齊大夫之○而俞語則有之. 8-25 王何患於不得○欲. 9-14 臣之○以備患者百餘. 11-9

燕趙之○以國大兵强而地兼諸侯者. 11-18 此臣之○聞於魏也. 11-25 則君得○欲矣. 12-11 此天下之○試也. 12-20 非[○施]厚積德也. 12-20 ○行甚遠. 13-7 ○攻甚難. 13-7 ○亡秦者. 13-19 輿恐玉體之有○郄也. 15-16 次君之○使之. 16-12 燕趙之○利也. 17-23 燕趙之○愿也. 17-23 夫實得○利. 17-24 尊得○愿. 17-24 此天下○明知也. 18-23 ○道攻燕. 20-6 便○以言之. 20-8 此秦之○廟祀而求也. 20-19 ○說謀者爲之. 22-18 而秦無○闞其計矣. 22-18 台乎其○後者. 24-12 ○勁吾國. 24-14

【舍】 4

王若欲剸○臣而槫任所善. 4-16 一言毋○也. 6-2 不而○之. 7-19 圍而勿○. 10-17

【金】 1

而守○玉之重也. 16-14

【命】 2

唯○不爲常. 12-1 是一世之○制於王也. 19-2

【受】 12

臣○教任齊交五年. 3-11 奉陽君○之. 3-20 秦○兵矣. 3-22 臣○賜矣. 4-2 挩也敬○令. 9-11 秦焉○晉國. 9-24 秦必○之. 11-24 今韓○兵三年. 13-23 襄疵弗○也. 15-8 文信侯弗敢○. 21-18 君弗○. 12-21 秦王令○之. 21-22

【爭】 4

楚趙怒而與王○秦. 11-23 必○事秦. 12-12 則秦不能與燕趙○. 14-22 秦韓○事齊楚. 19-21

【念】 1

○其遠也. 16-2

【股】 1

燕使蔡鳥○符胠璧. 21-17

【肥】 1

燕趙破宋○齊. 17-17

【服】 4

弱宋○. 10-25 天下○聽因迿韓魏以伐齊. 17-22 疎○而聽. 18-22 秦韓之王劫於韓倗張義而東兵以○魏. 19-22

【周】 14

奉陽君使○納告寡人曰. 2-12 信奉陽君使○納言之曰. 2-13 ○納言. 2-14 臣愿辭而之○負籠操臿. 5-4 王有使○濕長驅重令挩. 9-10 ○書曰. 12-1 有○韓而間之. 13-16 無○韓而間之. 13-21 貳○安陵必貤. 14-7 ○與天下交長. 15-4 近慮○. 15-5 ○必半歲. 15-5 使明○室而棼秦符. 17-13 欲以亡韓呻兩○. 18-9

【狗】 1

此代馬胡○不東. 18-18

【迿】 1

天下服聽因○韓魏以伐齊. 17-22

【咎】 1

○也. 12-21

【卒】 6

○一萬. 23-6 ○百萬. 23-7 士○則有爲死. 23-9 將○必. 23-12 則不能自植士○. 23-12 彼非○然之應也. 24-10

【郊】 1

東至虖陶衛之[○]北至乎]監. 13-18

【於】 178

比燕○趙. 1-7 自辭○臣也. 1-17 不快○心而死. 1-21 不利○國. 1-21 怒○勺之止臣也. 2-3 相橋○宋. 2-3 奉陽君甚怒○齊. 2-4 必毋使臣久○勺也. 2-6 使盛慶獻書○[燕王曰]. 2-9 全○介. 2-18 所見○薛公徐爲. 2-18 外齊○禾. 2-19 則臣請爲免○齊而歸矣. 2-20 利○國. 2-23 害○燕. 3-1 勺毋惡○齊爲上. 3-3 必害○燕. 3-5 臣止○勺而侍其魚肉. 3-5 臣不利○身. 3-6 自齊獻書○燕王曰. 3-8 臣處○燕齊之交. 3-8 臣循用○齊. 3-9 齊勺遇○阿. 3-15 臣與○遇. 3-16 臣請屬事辭爲臣○齊. 3-17 歸罪○燕. 3-19 以定其封○齊. 3-19 而俱諍王○天下. 3-23 自以爲免○罪矣. 3-23 臣貴○齊. 4-3 將多望○臣. 4-4 將歸罪○臣. 4-4 可以得用○齊. 4-7 期○成事而已. 4-9 王之○臣也. 4-10 臣止○勺. 4-12 窔○骨隨. 4-13 今日愿藉○王前. 4-19 自粱獻書○燕王曰. 5-9 今燕王與羣臣謀破齊○宋而功齊. 5-10 兵率有子循而不知寡人得地○宋. 5-11 足下雖怒○齊. 5-16 自粱獻書○燕王曰. 5-19 薛公未得所欲○晉國. 5-19 非是毋有使○薛公徐之所. 6-1 非○齊. 6-2 言者以臣賤而邈○王矣. 6-4 身率粱王與成陽君北面而朝奉陽君○邯鄲. 6-10 覺逆○高閭. 6-19 而臣不能使王得志○三晉. 6-25 臣諍之○燕王. 7-4 臣賢王○桓[公]. 7-7 燕王難○王之不信己也則有之. 7-13 毋庸發怒○宋魯也. 7-15 自勺獻書○齊王曰. 7-22 所聞○乾粱之功秦. 7-23 臣之所得○奉陽君者. 7-24 臣以好處○齊. 8-4 臣得用○燕. 8-5 其○齊循善. 8-6 乾粱豈能得此○燕戈. 8-9 [請○粱閉關○宋而不許]. 8-10 自勺獻書○齊王曰. 8-14 粱氏留齊兵○觀. 8-15 擇齊兵○熒陽成皋. 8-16 [請○粱閉關○宋而不許]. 8-17 [入兩使陰成○秦]. 8-20 [吾縣免○粱是]. 8-20 乃覺固○齊. 8-25 使人○齊大夫之所而俞語則有之. 8-25 寡人[入兩使陰成○秦]. 9-2 [吾縣免○粱是]. 9-3 將與粱王復遇○圍地. 9-5 王何患○不得所欲. 9-14 王何患○粱. 9-16 [天]下將入地與重摯○秦. 9-19 臣以爲不利○足不下. 9-20 乾覺獻書○齊曰. 9-23 請令楚粱毋敢有尺地○宋. 9-25 以其無禮○王之邊吏也. 10-10 前事愿王之盡加之○豎也. 10-11 此不便○事. 10-14 三晉之交完○齊. 10-17 欲王之縣陶平陵○薛公奉陽君之上以勉之. 11-2 臣有以矜○世矣. 11-13 此臣之所聞○魏也. 11-25 以至○今. 12-8 愿君遝楚趙之兵未至○粱也. 12-9 楚趙怒○魏之先己也. 12-11 此○[親]戚若此而兄仇讎之國乎. 12-22 絶漳鋪[水][與趙兵决○]邯鄲之鄗. 13-5 與楚兵夬○陳鄗. 13-8 而惡安陵是○秦. 13-12 從林軍以至○今. 13-16[又況○使]秦無韓. 13-21 投質○趙. 13-24 其功多○與秦共伐韓. 14-2 通韓上黨○共寧. 14-4 察○見反. 14-17 南陽傷○魯. 14-22 北地歸○燕. 14-23 濟西破○趙. 14-23 餘齊弱○晉國矣. 14-23 一死生○趙. 14-25 備患○秦. 15-3 意齊毀未當○秦心也. 15-4 盧齊齊而生事○[秦]. 15-4 身在○秦. 15-8 求救○齊. 15-12 智○身. 15-20 甚○婦人. 15-25 至○趙之爲趙. 16-5 而不汲今令有功○國. 16-9 長安君何以自託○趙. 16-10 ○氏爲長安君約車百乘. 16-12 質○齊. 16-12 故攻齊之○陶也. 16-18 吳亡○越. 16-24 齊亡○燕. 16-25 挾君之讎以○燕. 17-1 天下之從○君也. 17-2 愿君之剸志○攻齊而毋有它慮也. 17-3 奇質○齊. 17-6 先○燕趙曰. 17-19 立三帝以令○天下. 17-20 今足下功力非數加○秦也. 18-7 非深○齊. 18-8 [臣]以秦之計必出○此. 18-11 市朝未罷過及○趙. 18-13 北至○[榆中]者千五百里. 18-15 臣恐其過出○此也. 18-20 反溫軹高平○魏. 18-23 符逾○趙. 18-23 是一世之命制○王也. 19-2 愿有謁○公. 19-6 今者秦立○門. 19-7 南割○楚. 19-13 [東割○]楚. 19-16 [川][韓]韓是之兵不用而得地[○楚]. 19-18 發○魏. 19-20 秦韓之王劫○韓倗張義而東兵以服魏. 19-22 公常操芥而責○[秦][韓][此其善○]公而[惡張]張義多資矣. 19-23 ○安思危. 20-1 召公奭封○燕. 20-4 若夫越趙魏關甲○燕. 20-10 其○王孰便. 20-12 秦韓戰○蜀潢. 20-14 王不若因張義而和○秦. 20-15 將使西講○秦. 20-17 絶和○秦. 20-23 愿大國肄意○秦. 21-2 遂絶和○秦. 21-8 與韓是戰○岸門. 21-8 過聽○陳軫. 21-10 ○臣也. 21-14 將軍必逐○粱. 21-16 恐誅○秦. 21-16 秦禍案環歸○趙矣. 21-22 誅○秦. 21-24 秦未得志○楚. 21-25 粱未得志○楚. 22-1 秦王怒○楚之緩也. 22-3 見田併○粱南. 22-6 則奚貴○智矣. 22-18 必破秦○粱下矣. 23-1 請使宜信君載先生見不責○臣. 23-16 責○臣. 23-18 則使臣赤敢請其日以復○君乎. 24-4 進兵○楚. 24-5 復令○邯鄲君曰. 24-7 和○魏. 24-7 我必列地以和○魏. 24-13 得地○趙. 24-13 邯鄲君榣○楚人之許己兵而不肯和. 24-16 夫頪然見○左耳. 24-18

【並】 1

○立三王. 17-23

【法】 1

臣以爲燕趙可○. 11-20

【河】 20

終不敢出塞涑○. 6-14 勺必取○內. 9-16 齊取○東. 10-2 夫[越山與○][絶]韓上黨而功强趙. 13-3 若道○內. 13-4 若道○外. 13-7 以臨○內. 13-11 ○內共. 13-11 異日者秦在○西. 13-15 有○山以闌之. 13-16 山南山北○外○內. 13-19 秦乃在○西. 13-20 無[○]山而闌之. 13-21 ○北必安矣. 14-6 以○爲竟. 14-18 利擯○山之間. 14-19 以方○東. 14-21 今燕盡齊之○南. 18-14 以○間十城封秦相文信侯. 21-18

【注】 3

燕將不出屋○. 5-6 則○之西. 18-17 今增○委恆山而守三百里. 18-18

【泣】 1

爲之○. 16-2

【治】 2

○齊燕之交. 3-18 ○官之主. 5-3

【定】 5

循[善]齊秦以○其封. 2-24 愿王之○慮而羽鑽臣也. 3-4 以○其封於齊. 3-19 [君之封]地不可不蚤○. 20-2 以○身封. 20-6

【宜】 2

○正爲上交. 18-24 請使○信君載先生見不責於臣. 23-16

【官】 1

治○之主. 5-3

【戾】 2

貪○之國也. 11-20 貪○好利. 12-18

【居】 2

今粱王○東地. 22-16 粱王有出○單父. 23-8

【屈】 3

秦敗○匀. 19-5 乘○匀之敝. 19-13 乘○匀之敝. 19-16
【承】 2
燕人○. 6-15 [楚]楚人然後舉兵兼○吾國之敝. 24-14
【孟】 3
走○卯. 11-15 今有走○卯. 11-22 今有走○卯. 12-3
【亟】 2
臣何可以不○來. 7-3 ○以小割收魏. 12-10
【降】 2
秦兵不功而魏效○安邑. 12-13 臣聞[甘]洛○. 18-6
【妬】 1
秦不○得. 14-12
【始】 4
○臣甚惡事. 1-4 ○也. 7-2 今功秦之兵方○合. 10-22 臣以爲自天地○分. 12-7
【弩】 1
秦以强○坐羊腸之道. 18-16
【春】 2
胃○申君曰. 20-1 今楚王之○秋高矣. 20-1
【封】 16
今奉陽[君]之使與○秦也. 1-6 循[善]齊秦以定其○. 2-24 以定其○於齊. 3-19 以求卿與○. 4-11 臣舉天下使臣之○不擊. 4-11 以齊○奉陽君. 6-8 以陰○君. 9-8 而○之膏腴之地. 16-9 秦○君以陶. 16-16 [君之○]地不可不蚤定. 20-2 爲君慮○. 20-2 ○近故也. 20-4 大公望○齊. 20-4 召公奭○於燕. 20-4 以定身○. 20-6 以河間十城○秦相文信侯. 21-18
【持】 6
若○我其從徐制事. 1-7 秦毋惡燕粱以自○也. 1-10 秦兩縣齊晉以○大重. 14-14 老婦○連而睘. 15-18 猶不能○無功之尊. 16-13 冶國非可○也. 20-15
【垣】 1
得○癰. 13-11
【城】 11
守七仞之○. 12-6 陵七刃之○. 12-7 ○垝津. 13-10 楊○盡拔. 13-17 拔二○. 21-17 以河間十○封秦相文信侯. 21-18 千丈之○. 22-10 以萬丈之○. 22-24 [○百]丈. 23-6 ○萬丈. 23-6 南必○必危. 24-2
【政】 1
五相蛇○. 5-2
【垝】 1
城○津. 13-10
【某】 2
止○不道. 4-12 臣愿王與下吏羊計○言而竺慮之也. 19-3
【甚】 32
始臣○惡事. 1-4 臣○愿之中重齊欲如齊. 1-9 ○不欲臣之之齊也. 1-14 臣○患趙之不出臣也. 1-16 徐爲之與臣言○惡. 1-20 臣○難之. 1-21 ○善已. 2-2 奉陽君○怒於齊. 2-4 臣○懼. 3-24 ○者. 4-8 臣○懼. 4-10 ○急. 5-11 [齊王]○懼而欲先天下. 5-21 以臣所魯○焉. 7-15 其不欲○. 8-1 燕王○兑. 8-5 燕王○苦之. 8-11 愿王之爲臣○安燕王之心也. 8-12 奉陽君○兑. 9-10 臣○善之. 10-13 薛公○懼. 10-13 臣○惑之. 12-23 所行○遠. 13-7 所攻○難. 13-7 燕齊○卑. 14-7 畏齊大○也. 15-7 ○於婦人. 15-25 婦人異○. 15-25 不若長安君○. 16-1 其爲事○完. 19-6 人許子兵○俞. 24-8 彼其應臣○辨. 24-10
【革】 1
故出兵以割○趙魏. 18-10
【尧】 1
令秦與○[兑]宋不可信. 1-7
【故】 49
○冒趙而欲說丹與得. 1-5 愿王之爲臣○. 1-16 ○臣使辛謁大之. 1-21 ○齊[趙]相倍也. 2-11 臣與不知其○. 2-24 以爲不利國○也. 3-2 ○强臣之齊. 3-20 ○王能材之. 3-21 ○强臣之齊. 4-2 ○獻御書而行. 4-3 是○無不以口齊王而得用焉. 4-9 臣○令遂恐齊王曰. 5-20 則天下○不能謀齊矣. 5-25 是無它○. 6-12 是○當今之時. 6-22 今南方之事齊者多○矣. 7-3 ○敢以聞也. 7-11 且復○事. 9-25 王不可以不○解之. 10-7 是○臣以王令甘薛公. 10-19 是○臣在事中. 11-9 是○事句成. 11-13 拔○國. 11-17 燕人不割而○國復反. 11-18 盡○宋. 12-14 ○大后. 12-20 王欲得○地而今負强秦之禍. 13-1 ○曰. 13-9 是○臣愿以從事王. 14-1 王偃韓之質以存韓而求○地. 14-1 此士民不勞而○地盡反矣. 14-2 ○古之人患利重之奪. 14-16 ○能制天下. 14-17 ○愿望見大后. 15-17 ○以爲其愛也不若燕后. 16-11 ○攻齊之於陶也. 16-18 越○亡吳. 16-24 燕○亡齊. 16-24 ○以齊餌天下. 18-10 ○出兵以割革趙魏. 18-10 ○出摯以爲信. 18-11 ○地必盡. 19-13 封近○也. 20-4 ○韓是之兵非弱也. 21-9 ○曰. 21-11○加君二人之上. 21-21 ○俞許我兵者. 24-13 ○蔓和爲可矣. 24-15 ○應. 24-18
【胡】 3
○爲不可. 4-25 此代馬○狗不東. 18-18 ○不解君之璽以佩蒙敖王齮也. 21-20
【南】 15
燕○方之交完. 5-15 事必○方强. 6-2 今○方之事齊者多故矣. 7-3 ○方之事齊者. 7-4 ○國必危. 13-14 不愛○國. 13-15 山○山北河外河內. 13-19 ○陽傷於魯. 14-22 今燕盡齊之河○. 18-14 ○割於楚. 19-13 與之○伐楚. 20-16 秦韓并兵○鄉楚. 20-19 韓○[交楚]. 20-24 見田併於粱○. 22-6 ○必城必危. 24-2
【相】 18
○橋於宋. 2-3 故齊[趙]○倍也. 2-11 廉如○夷. 4-20 廉如○夷. 4-23 五○蛇政. 5-2 薛公○脊也. 6-7 疾與秦○萃也而不解. 7-19 與國毋○離也. 9-7 今齊勺燕循○善也. 9-13 三晉○豎也而傷秦. 11-4 若三晉○豎也以功秦. 11-7 齊秦○伐. 14-11 齊晉○伐. 14-11 是以秦晉皆倲若計以○笥也. 14-14 燕趙共○. 14-21 子孫○繼爲王也戋. 16-4 侯不使人謂燕○國曰. 16-19 以河間十城封秦○文信侯. 21-18
【柢】 1
乃以○罪取伐. 18-24
【要】 1
臣之出死以○事也. 11-11
【迺】 1
魚信若○齕也. 4-6
【厚】 4
非[所施]○積德也. 12-20 奉○而無勞. 16-8 以○怨韓. 20-24 ○其敝. 21-1
【面】 4
身率粱王與成陽君北○而朝奉陽君於邯鄲. 6-10 老婦必唾其○. 15-14 東○而伐楚. 21-14 秦大舉兵東○而竂趙. 21-23
【皆】 20
○不任子以事. 2-14 齊勺○嘗謀. 3-22 義不與王○立. 4-24 ○以不復其掌. 5-2 此○以不復其常爲進者. 5-7 使粱乾○效地. 6-9 [今燕勺之兵○至矣]. 8-11 [今燕勺之兵○至矣]. 8-19 ○言王之不信薛公. 10-13 天下之兵○去秦而與齊諍宋地. 10-23 ○識秦[之欲無]躬也. 13-25 是以秦晉○倲若計以相笥也. 14-14 三王者○賢矣. 16-21 此○因過爲福. 17-12 下吏○以秦爲夏趙而曽齊. 18-8 且說士之計○曰. 18-12 ○不免. 20-4 將軍○令縣急急爲守備. 22-11 ○令從粱王葆之東地單父. 22-12 粱之羣臣○曰. 22-13
【勁】 3
有粱之○. 21-14 所○吾國. 24-14 吾國○而魏氏敝. 24-14
【昧】 1
○死以聞. 15-22
【是】 66
○王之所與臣期也. 3-10 ○故無不以口齊王而得用焉. 4-9 如○而薛公徐爲不能以天下爲其所欲. 5-24 非○毋有使於薛公徐之所. 6-1 勺○不得. 6-9 ○則王之明也. 6-12 ○無它故. 6-12 ○則王之教也. 6-19 ○故當今之時. 6-22 臣爲○未欲來. 7-2 ○王有懮也. 7-3 臣爲○. 7-5 ○王收秦已. 8-1 [吾縣免於粱○]. 8-20 [○以有溝慮]. 8-22 [吾縣免於粱○]. 9-3 [○以有講慮]. 9-4 ○王破三晉而復臣天下也. 9-19 講亦以○. 9-21 疾以○. 9-21 ○故臣以王令甘薛公. 10-19 ○害功秦也. 10-23 ○故臣在事中. 11-9 ○故事句成. 11-13 ○以天幸自爲常也. 12-4 ○何也. 13-3 而惡安陵○於秦. 13-12 墮安陵○而亡之. 13-13 晉國去粱千里而禍若○矣. 13-20 ○故臣愿以從事王. 14-1 出入賦之○魏重質韓以其上黨也. 14-4 ○韓. 14-5 ○以晉國之慮. 14-11 ○以秦晉皆倲若計以相笥也. 14-14 ○秦重攻齊也. 15-3 非○猶不信齊也. 15-7 ○益齊也. 17-8 ○益二齊也. 17-9 ○國伐也. 17-25 ○名卑也. 18-1 ○一世之命制於王也. 19-2 楚回翁○. 19-5 魏○槫. 19-9 韓○從. 19-10 [川][韓]韓○之兵不用而得地[於楚]. 19-18 魏○不敢不聽. 19-20 魏○魏是[轉]. 19-20 ○敝楚也. 20-11 韓○急. 20-14 ○[秦]韓不和也. 20-22 ○我困秦韓之兵. 20-25 與韓○戰於岸門. 21-8 韓○大敗. 21-9 故韓○之兵非弱也. 21-9 ○將軍兩重. 22-1 ○將軍有重矣. 22-3 ○何也. 22-17 則○非以危爲安. 22-20 ○計一得也. 22-20 ○計二得也. 22-21 ○計三得也. 22-22 ○[何]也. 23-9 ○何也. 23-12 ○粱無東地懮而王粱中. 23-19 若由○觀之. 24-17
【郢】 1
實必利○. 15-2
【則】 68
○臣請爲免於齊而歸矣. 2-20 ○與趙謀齊. 3-12 然○仁義不可爲與. 4-25 人無信○不徹. 4-25 國無義○不王. 4-25 ○天下故不能謀齊矣. 5-25 是○王之明也. 6-12 勺悍○伐之. 6-17 愿○摯而功宋. 6-18 是

○王之教也.6-19 ○大夫之謀齊者大解矣.7-5 ○天下必曰.7-8 燕王難於王之不信己也○有之.7-13 若慮大惡○無之.7-13 ○完天下之交.7-16 使人於齊大夫之所而俞語○有之.8-25 不然○賓之.10-21 不○與齊共講.10-21 ○王事遬夬矣.10-25 ○王多資矣.11-3 ○臣必先智之.11-8 ○國求毋亡.11-24 ○前功有必棄矣.12-9 ○君得所欲矣.12-11 而王弗試○不明.12-23 羣臣莫以[聞]○不忠.12-24 ○秦不能與燕趙爭.14-22 然○韓一年有餘矣.15-6 父母愛子○爲之計深遠.16-1 祭祀○祝之曰.16-3 ○必不善戋.16-8 ○莫若招霸齊而尊之.17-13 然○王何不使辯士以若說說秦王曰.17-16 然○王何不使可信者棲收燕趙.17-18 ○燕趙信秦.17-20　韓魏不聽○秦伐.17-21 齊不聽○燕趙伐.17-21 然○[王]何不使辯士以如說[說]秦.18-3 ○地與王布屬壤芥者七百里.18-16 ○地去邯鄲百廿里.18-16 ○注之西.18-17 然○齊義.19-2 成○爲福.19-6 不成○爲福.19-6 危○慮安.20-1 非齊○魏.20-6 ○有.20-9 ○不然者.20-9 今胃楚强大○有矣.20-10 ○粱必危矣.22-8 多之○危.22-17 少○傷.22-17 ○奚貴於智矣.22-18 ○是非以危爲安.22-20 ○可以轉禍爲福矣.22-22 大臣○有爲守.23-9 士卒○有爲死.23-9　○不能自植士卒.23-12 ○以王在粱中也.23-12 ○如不粱中必亂.23-13○死王更有大慮.23-14 ○兩心.23-14 ○死王有兩心.23-15 ○秦[之]攻粱必急.23-20 ○秦之攻粱必大破臣來獻計王弗用臣.23-20 ○.23-23 然○吾將悉興以救邯[鄲].24-2 ○使臣赤敢請其日以復於君乎.24-4

【昜】　3

弗○攻也.12-6 必就○與利.13-2 就○與利.13-2

【冒】　1

故○趙而欲說丹與得.1-5

【禹】　1

非適○堯.16-20

【星】　2

信如尾○.4-19 信如尾○.4-23

【昭】　1

成○襄王之功.16-22

【畏】　3

愿王之毋以此○三晉也.10-24 韓必德魏重魏○魏.14-5 ○齊大甚也.15-7

【胃】　17

○齊王.1-13 臣聞魏長吏○魏王曰.11-15 ○起賈曰.14-10 大后明○左右曰.15-14 ○穰侯.16-16 ○燕王曰.17-6 ○陳軫曰.19-5 魏王○韓倗張義.19-7 必不○鄭王曰.19-12 必[不]○秦王曰.19-14 ○秦曰.19-17 ○春申君曰.20-1 乃○魏王曰.20-8 今○馬多力.20-9 今○楚强大則有矣.20-10 公中倗○韓王曰.20-14 ○韓王曰.21-2

【思】　2

非弗○也.16-3 於安○危.20-1

【囿】　2

五入○中.13-17 距莎丘巨鹿之○三百里.18-14

【骨】　2

寏於○隨.4-13 ○肉之親也.16-13

【拜】　1

臣秦○辭事.3-14

【臿】　1

臣愿辭而之周負籠操○.5-4

【秋】　1

今楚王之春○高矣.20-1

【重】　34

臣甚愿之中○齊欲如齊.1-9 臣之所處者○卵也.4-5 子以齊大○秦.6-16 臣不敢忘請王誠○御臣.7-7 請貴○之高賢足下.7-11 臣以燕○事齊.7-17 王有使周濕長駟○令挩.9-10 [天]下將入地與○摯於秦.9-19 以其能忍難而○出地也.11-19 出入賦之是魏○質韓以其上黨也.14-4 韓必德魏○魏畏魏.14-5 ○在秦.14-11　以○虞秦.14-11 秦兩縣齊晉以持大○.14-14 立○.14-15 立○者畜人.14-15○立而爲利者卑.14-16 利成而立○者輕.14-16　故古之人患利○之奪.14-16 唯賢者能以○終.14-17 猶○秦也.14-24○楚爲重不在粱西矣.14-25 是秦○攻齊也.15-3 而挾○器多也.16-8 多予之○器.16-9 而守金玉之○也.16-14 天下必○王.19-2 ○其敝.20-21　必○粱.22-1 必○秦.22-1 是將軍兩○.22-1 是將軍有○矣.22-3 彼將○此.24-1

【竽】　1

箬之瓴○.18-21

【便】　8

以○王之大事.3-10 以○事也.3-15 請養之以○事.5-16 以○王之功宋也.9-17 此不○於事.10-14 ○楚.19-6 ○所以言之.20-8 其於王孰○.20-12

【保】　2

臣○燕而事王.6-21 臣○燕而循事王.11-5

【娷】　1

今增注○恆山而守三百里.18-18

【俗】　1

秦與式翟同○.12-18

【信】　37

令秦與茎[兌]宋不可○.1-7 齊必不○趙矣.1-8 奉陽君徐爲不○臣.1-14 ○奉陽君使周納言之曰.2-13 寡人弗○也.2-13 固知必將不○.3-8 齊之○燕也.3-12 王○田代纔去[疾]之言功齊.3-13 使齊大戒而不○燕.3-13 燕大夫將不○臣.4-3 魚○若迺齕也.4-6 可以得○.4-7 以奴自○.4-8 ○如尾星.4-19 ○如尾星.4-23 臣以○不與仁俱徹.4-24 人無○則不徹.4-25 燕王難於王之不○己也則有之.7-13 天下惡燕而王○之.8-7 姢勺○.10-10 反爲王誅勺○.10-10 皆言王之不○薛公.10-13 非薛公之○.10-14 非是猶不○齊也.15-7 以不○秦王也.17-18 然則王何不使可○者棲收燕趙.17-18 則燕趙○秦.17-20 故出摯以爲○.18-11 發○[臣][多]其車.20-21 史○王之救己也.20-21 發○臣.21-1 夫輕絶强秦而强[○]楚之謀臣.21-7 以河間十城封秦相文○侯.21-18 文○侯弗敢受.21-18 視文○侯曰.21-19 文○侯敬若.21-22 請使宜○君載先生見不責於臣.23-16

【侯】　19

齊使宋竅○濡謂臣曰.5-9 王以諸○御臣.7-10　須賈說穰○曰.11-15 燕趙之所以國大兵强而地兼諸○者.11-18 穰○.12-21 趙主之子○者.16-5 諸○有在者乎.16-6 剴人主之子○.16-7 胃穰○.16-16 ○不使人謂燕相國曰.16-19 秦五世伐諸○.17-15 諸○贊齊而王弗從.17-25 諸○伐齊而王從之.17-25 以河間十城封秦相文信○.21-18 文信○弗敢受.21-18 視文信○曰.21-19 文信○敬若.21-22 諸○有爲救粱.23-10 之諸○.23-14

【後】　21

臣使慶報之○.1-20 言臣之○.2-2 恐久而○不可救也.2-5 ○.3-18 之○.3-22 齊改葬其○而召臣.3-25 ○賣秦以取勺而功宋.5-23 秦悔不聽王以先事而○名.9-23 終事然○予之.11-3 王收秦而齊其○.11-6 從已散而君○擇焉.12-12 韓亡之○.13-2 韓亡之○.13-9 ○雖悔之.17-2 其○殘吳.17-12 臣恐○事王者不敢自必也.18-24 師今從子之○.24-6 頪然進其左耳而○其右耳.24-11 台乎其所○者.24-12 [楚]楚人然○舉兵兼承吾國之敝.24-14　楚人然○舉兵.24-17

【俞】　7

[○疾功菑四寡人有聞粱].8-11 [○疾功菑].8-19 使人於齊大夫之所而○語則有之.8-25 人許子兵甚○.24-8 臣之[不足]侍者以其○也.24-9 必其心與○許[我]兵.24-12 故○許我兵者.24-13

【食】　8

宦二萬甲自○以功宋.8-8 二萬甲自○以功秦.8-8 竆○魏氏.11-21 秦○晉以齊.14-12 ○飲得毋衰乎.15-18 老臣間者殊不欲○.15-19 少益耆○.15-20 五年之○.22-24

【胠】　1

燕使蔡鳥股符○璧.21-17

【負】　4

臣愿辭而之周○籠操臿.5-4 臣○齊燕以司薛公.10-15 案以○王而取秦.11-8 王欲得故地而今○强秦之禍.13-1

【勉】　2

欲王之縣陶平陵於薛公奉陽君之上以○之.11-2 東地民有爲○.23-10

【怨】　11

奉陽君○臣.3-1 何可○也.4-1 必○之.9-13 而獨爲秦臣以○王.9-20 齊不以爲○.10-10 王必毋以豎之私○敗齊之德.10-11 不敢○魏.15-1 除○者莫如盡.16-24 ○竺積怒.18-7 以厚○韓.20-24 ○必深.22-3

【急】　9

甚○.5-11 愿王之使勺弘○守徐爲.5-25 令田賢○[守]薛公.6-1 秦○攻之.15-12 韓是○.20-14 將軍皆令縣○急爲守備.22-11 必○.23-11 則秦[之]攻粱必○.23-20

【計】　28

此其上○也.2-24 臣之○曰.3-9 寡人之上○.8-23 王勿○.10-16 非○慮之攻也.12-3 是以秦晉皆倲若○以相笥也.14-14 爲齊○者.14-23 父母愛子則爲之○深遠.16-1 剴非○長久.16-3 老臣以媼爲長安君○之短也.16-10 [臣]以秦之○必出於此.18-11 且說士之○皆曰.18-12 臣愿王與下吏羊○某言而竺慮之也.19-3 此以一爲二之○也.20-16 失○韓倗.21-11 ○聽知順逆.21-11 今臣竊爲將軍私○.21-25 粱○將奈何.22-6 在粱之○.22-7 無自恃○.22-8 爲自恃○奈何.22-9 固秦之上○也.22-16 而秦無所關其○矣.22-18 是○一得也.22-20 是○二得也.22-21 是○三得也.22-22 則秦之攻粱必大

破臣來獻○王弗用臣. 23-20 靡皮已○之矣. 24-19
【哀】 1
亦○矣. 16-3
【音】 1
且曾聞其○以知其心. 24-18
【帝】 8
約功秦去○. 3-16 立○. 6-11 ○立. 6-11 齊秦雖立百○. 10-4 秦爲西○. 17-20 燕爲北○. 17-20 趙爲中○. 17-20 立三○以令於天下. 17-20
【施】 2
非[所○]厚積德也. 12-20 [請與韓地而王以]○三川. 19-18
【美】 4
必且○矣. 1-16 事必○者. 2-9 [將]養勹而○之齊乎. 2-25 壹○壹惡. 3-11
【送】 1
媼之○燕后也. 16-2
【前】 6
今日願藉於王○. 4-19 㒄之所與臣○約者善矣. 6-20 ○事願王之盡加之於豎也. 10-11 則○功有必棄矣. 12-9 今三世以○. 16-5 以東地之兵爲齊楚爲○行. 22-25
【首】 1
燕毋○. 6-3
【逆】 6
㒄○於高閭. 6-19 數月不○. 8-16 過燕陽曲○. 18-18 齊○. 19-2 必不爲○以來. 20-22 計聽知順○. 21-11
【玆】 1
樹德者莫如○. 16-23
【洫】 2
工君奚○曰. 23-25 工君奚○曰. 24-5
【洛】 2
臣聞[甘]○降. 18-6 ○之以一名縣. 20-16
【津】 1
城埦○. 13-10
【恃】 8
臣○之詔. 4-9 寡人○燕勹也. 5-10 粱氏不○寡人. 8-24 [○]楚之虛名. 21-5 必有以自○也. 22-8 無自○計. 22-8 傳○楚之救. 22-8 爲自○計奈何. 22-9
【恆】 1
今增注委○山而守三百里. 18-18
【宦】 1
○二萬甲自食以功宋. 8-8
【室】 2
使明周○而棼秦符. 17-13 欲遠王○也. 20-5
【客】 1
○有言曰. 19-7
【冠】 1
迺免寡人之○也. 4-13
【軍】 16
使齊韓粱[燕]約御○之日無伐齊. 1-10 華○. 11-15 從林○以至於今. 13-16 秦以三○功王之上常而包其北. 18-17 將○必逐於粱. 21-16 將○不見井忌乎. 21-16 今臣竊爲將○私計. 21-25 是將○兩重. 22-1 愿將○之察之也. 22-2 是將○有重矣. 22-3 將○皆令縣急急爲守備. 22-11 愿將○之察也. 22-19 將○必聽臣. 23-1 臣請爲將○言秦之可可破之理. 23-2 愿將○察聽之[也]. 23-2 弗百弗○. 23-7
【祝】 2
祭祀則○之曰. 16-3 屬之○譖. 18-21
【叚】 2
○臣孝如增參. 4-19 齊楚見亡不○. 23-1
【屋】 1
燕將不出○注. 5-6
【韋】 2
[今曰不]與○非約曰. 9-4 ○非以粱王之令. 9-7
【胥】 1
大后盛氣而○之. 15-15
【除】 4
○羣臣之醜. 3-17 ○萬世之害. 16-23 ○怨者莫如盡. 16-24 ○萬世之害. 16-25
【姦】 1
○趙入秦. 21-17
【怒】 13
○於勹之止臣也. 2-3 奉陽君甚○於齊. 2-4 王○而不敢强. 3-14 足下雖○於齊. 5-16 毋庸發○於宋魯也. 7-15 楚趙○而與王爭秦. 11-23 楚趙○於魏之先己也. 12-11 怨竺積○. 18-7 趙之○深. 20-5 [秦]必大○. 20-23 秦因大○. 21-8 有燕之○. 21-24 秦王○於楚之緩也. 22-3
【盈】 3
○愿矣. 4-17 禾谷絳○. 18-6 ○夏路. 20-21
【蚤】 1
[君之封]地不可不○定. 20-2
【矜】 1
臣有以○於世矣. 11-13
【紂】 1
不當桀○. 16-20
【約】 14
今與臣○. 1-10 使齊韓粱[燕]○御軍之日無伐齊. 1-10 ○功秦去帝. 3-16 薛公乾徐爲與王○功齊. 3-18 㒄之所與臣前○者善矣. 6-20 臣以足下之所與臣○者告燕王. 8-4 [今曰不]與韋非○曰. 9-4 以○功秦. 9-5 此寡人之○也. 9-7 秦案不○而應. 9-16 三晉之○散. 10-19 共○而不同慮. 14-10 爲傳棼之○. 15-3 於氏爲長安君○車百乘. 16-12
【泰】 1
晉將不萮○行. 5-6
【秦】 253
今奉陽[君]之使與封○也. 1-6 任○也. 1-7 令○與茺[兑]宋不可信. 1-7 ○毋惡燕粱以自持也. 1-10 入○使. 1-10 趙循合齊○以謀燕. 1-12 欲從韓粱取○以謹勹. 2-10 燕王請毋任蘇○以事. 2-12 必不合齊○以謀燕. 2-20 爲趙擇必趙之不合齊○以謀燕也. 2-20 循[善]齊○以定其封. 2-24 臣○拜辭事. 3-14 約功○去帝. 3-16 ○受兵矣. 3-22 ○將不出商閹. 5-6 天下不能功○. 5-20 道齊以取○. 5-20 慮從楚取○. 5-21 有慮從勹取○. 5-22 齊先鬻勹以取○. 5-23 後賣○以取勹而功宋. 5-23 今有鬻天下以取○. 5-24 功○三年. 6-7 伐○. 6-11 ○伐. 6-11 ○雖强. 6-13 乾粱有○患. 6-15 子以齊大重○. 6-16 ○將以燕事齊. 6-17 而入之○與宋以謀齊. 7-4 有使蘇[○]大貴齊㒄之之車也. 7-8 兄臣能以天下功○. 7-18 疾與○相萃也而不解. 7-19 所聞於乾粱之功○. 7-23 勹氏將悉上黨以功○. 7-25 楚無○事. 7-25 是王收○已. 8-1 以爲齊○復合. 8-2 王取○楚亦從王. 8-6 先爲王絶○. 8-8 二萬甲自食以功○. 8-8 寡人之所爲功○者. 8-15 [入兩使陰成於○]. 8-20 [寡人恐粱氏之棄與國而獨取○也]. 8-21 功○. 8-23 齊道楚取○. 8-24 寡人[入兩使陰成於○]. 9-2 [寡人恐粱氏之棄與國而獨取○也]. 9-3 以約功○. 9-5 收○等遂明功○. 9-5 王不棄與國而先取○. 9-14 ○案不約而應. 9-16 三晉與燕爲王功○. 9-17 今王棄三晉而收○. 9-18 [天]下將入地與重摯於○. 9-19 而獨爲○臣以怨王. 9-20 ○悔不聽王以先事而後名. 9-23 今○王請侍王以三四年. 9-23 齊不收○. 9-24 ○焉受晉國. 9-24 齊○復合. 9-24 ○印曲盡聽王. 9-25 ○取粱之上黨. 10-1 ○取勹之上地. 10-2 ○取乾之上地. 10-2 ○取鄢. 10-3 齊○雖立百帝. 10-4 莫能合三晉以功○. 10-14 功○之事成. 10-16 功○之事敗. 10-18 而靜○. 10-19 以疾功○. 10-20 今功○之兵方始合. 10-22 是害功○也. 10-23 天下之兵皆去○而與齊諍宋地. 10-23 王以和三晉伐○. 10-25 ○必不敢言救宋. 10-25 三晉相豎也而傷○. 11-4 三晉伐○. 11-5 ○未至豸而王已盡宋息民矣. 11-5 王收○而齊其後. 11-6 若三晉相豎也以功○. 11-7 案以負王而取○. 11-8 王收燕循楚而啗○以晉國. 11-8 ○戰勝魏. 11-15 ○. 11-20 夫○何厭之有戋. 11-21 楚趙怒而與王爭○. 11-23 ○必受之. 11-24 ○挾楚趙之兵以復攻. 11-24 ○兵必罷. 12-8 必爭事○. 12-12 ○兵不功而魏效降安邑. 12-13 ○兵苟全而君制之. 12-15 ○與式翟同俗. 12-18 今王與○共伐韓而近秦患. 12-23 外支○魏之兵. 12-25 ○有[鄭]地. 12-25 王欲得故地而今負强○之禍. 13-1 ○非無事之國也. 13-1 ○必弗爲也. 13-4 ○有不敢. 13-6 ○有弗爲也. 13-7 ○有不敢. 13-8 ○必不伐楚與趙矣. 13-9 ○固有壞茅荆丘. 13-10 而惡安陵是於○. 13-12 ○之欲許久矣. 13-12 ○有葉昆陽. 13-13 夫不患○. 13-15 異日者○在河西. 13-15 ○七攻魏. 13-17 所亡○者. 13-19 ○乃在河西. 13-20 [又況於使]○無韓. 13-21 ○撓以講. 13-23 皆識○[之欲無]躬也. 13-25 其功多於與○共伐韓. 14-2 [而]必無與强○鄰之禍. 14-3 天下西舟而馳○. 14-8 齊○相伐. 14-11 重在○. 14-11 奉○. 14-11 以重虞○. 14-11 ○不妬得. 14-12 ○食晉以齊. 14-12 晉國不敢倍○伐齊. 14-13 有不敢倍○收齊. 14-13 ○兩縣齊晉以持大重. 14-14 ○之上也. 14-14 是以○晉皆倈若計以相笥也. 14-14 地不與○攘介. 14-20 則○不能與燕趙爭. 14-22 ○. 14-24 ○[齊]不合. 14-24 莫尊○矣. 14-24 猶重○也. 14-24 備患於○. 15-3 是○重攻齊也. 15-3 意齊毀未當於○心也. 15-4 盧齊齊而生事於[○]. 15-4 ○亦過矣. 15-5 ○兵適敝. 15-6 ○有慮矣. 15-7 身在於○. 15-8 ○急攻之. 15-12 ○封君以陶. 16-16 ○有它事而從齊. 17-1 使明周室而棼○符. 17-13 大上破○. 17-14 ○忠以侍破. 17-15 ○王必患之. 17-15 ○五世伐諸侯. 17-15 ○王之心苟得窮齊.

17-16 然則王何不使辯士以若說說○王曰. 17-16 以不信○王也. 17-18 ○有變. 17-19 則燕趙信○. 17-20 ○爲西帝. 17-20 韓魏不聽則○伐. 17-21 ○王聞若說. 18-2 然則[王]何不使辯士以如說[說]○. 18-3 ○必取. 18-3 夫取○. 18-4 今足下功力非數加於○也. 18-7 下吏皆以○爲夏趙而曾齊. 18-8 ○幾夏趙而曾齊戈. 18-9 [臣]以○之計必出於此. 18-11 ○盡韓魏之上黨. 18-15 ○以强弩坐羊腸之道. 18-16 ○以三軍功王之上常而包其北. 18-17 今從强○久伐齊. 18-19 齊乃西師以唫强○. 18-22 史○廢令. 18-22 ○敗屈匄. 19-5 今者○立於門. 19-7 ○韓之兵毋東. 19-9 ○逐張義. 19-10 必[不]胃○王曰. 19-14 義且以韓○之兵東巨齊宋. 19-15 [使]○制和. 19-17 胃○曰. 19-17 ○兵[不用而得三川]. 19-19 ○韓爭事齊楚. 19-21 公令○韓之兵不[用而得地][有一大]德. 19-22 ○韓之王劫於韓倗張義而東兵以服魏. 19-22 公常操芥而責於[○][韓][此其善於]公而[惡張]張義多資矣. 19-23 ○孝王死. 20-3 ○韓戰於蜀潢. 20-14 今○之心欲伐楚. 20-15 王不若因張義而和於○. 20-15 將使西講於○. 20-17 夫○之欲伐王久矣. 20-18 ○韓并兵南鄉楚. 20-19 此○之所廟祀而求也. 20-19 是[○]韓不和也. 20-22 絶和於○. 20-23 [○]必大怒. 20-23 必輕○. 20-24 輕○. 20-24 是我困○韓之兵. 20-25 愿大國肆意於○. 21-2 夫以實苦我者○也. 21-4 輕絶强○之適. 21-5 有非素謀伐○也. 21-6 夫輕絶强○而强[信]楚之謀臣. 21-7 遂絶和於○. 21-8 ○因大怒. 21-8 兵爲○禽. 21-10 ○使辛梧據粱. 21-13 合○粱而攻楚. 21-13 以○之强. 21-14 ○餘楚爲上交. 21-15 ○禍案環中粱矣. 21-15 恐誅於○. 21-16 爲○據趙而攻燕. 21-17 姦趙入○. 21-17 以河間十城封○相文信侯. 21-18 ○王以君爲賢. 21-20 此非○之地也. 21-21 言之○王. 21-22 ○王令受之. 21-22 ○禍案環歸於趙矣. 21-22 ○大舉兵東面而齎趙. 21-23 以○之强. 21-23 誅於○. 21-24 ○未得志於楚. 21-25 必重○. 22-1 走○必緩. 22-3 ○王怒於楚之緩也. 22-3 ○攻鄢陵. 22-6 ○人無奈粱何也. 22-14 固○之上計也. 22-16 ○必不倍粱而東. 22-17 而○無所關其計矣. 22-18 ○必不攻粱. 22-19 若○拔鄢陵. 22-20 若○拔鄢陵而不能東攻單父. 22-22 以粱餌○. 22-24 必破○於粱下矣. 23-1 臣請爲將軍言○之可可破之理. 23-2 今者○之攻將以行幾二千里. 23-3 ○攻鄢陵. 23-4 ○兵之死傷也. 23-4 ○兵戰勝. 23-5 ○拔鄢陵. 23-8 ○必可破粱下矣. 23-10 ○拔鄢陵. 23-11 ○必攻粱. 23-19 則○[之]攻粱必急. 23-20 則○之攻粱必大破臣來獻計王弗用臣. 23-20

【敖】 1

胡不解君之璽以佩蒙○王齮也. 21-20

【素】 2

敗○也. 17-11 有非○謀伐秦也. 21-6

【馬】 4

此代○胡狗不東. 18-18 今胃○多力. 20-9 千鈞非○之任也. 20-10 割摯○免而西走. 21-15

【振】 1

以○臣之死. 4-13

【挾】 3

秦○楚趙之兵以復攻. 11-24 而○重器多也. 16-8 ○君之讎以於燕. 17-1

【起】 2

胃○賈曰. 14-10 已悉○之矣. 21-2

【採】 1

齊○社稷事王. 19-1

【都】 2

垂○然. 13-17 令粱中○尉大將. 22-12

【耆】 1

少益○食. 15-20

【挩】 3

王有使周濕長駟重令○. 9-10 ○也敬受令. 9-11 兩弟無罪而再○之國. 12-22

【恐】 13

○趙足臣之所惡也. 1-4 ○久而後不可救也. 2-5 臣故令遂○齊王曰. 5-20 [寡人○粱氏之棄與國而獨取秦也]. 8-21 [寡人○粱氏之棄與國而獨取秦也]. 9-3 臣○楚王之勤豎之死也. 10-7 輿○玉體之有所郄也. 15-16 ○事之不誠. 18-10 ○天下之疑己. 18-11 臣○其過出於此也. 18-20 臣○後事王者不敢自必也. 18-24 大○. 20-17 ○誅於秦. 21-16

【華】 1

○軍. 11-15

【莫】 9

○能合三晉以功秦. 10-14 功○多焉. 12-21 羣臣○以[聞]則不忠. 12-24 ○尊秦矣. 14-24 陶爲廉監而○[之]據. 16-17 樹德者○如茲. 16-23 除怨者○如盡. 16-24 則○若招霸齊而尊之. 17-13 ○若遠楚. 20-2

【莎】 1

距○丘巨鹿之囿三百里. 18-14

【桓】 2

[○]公聽之. 7-6 臣賢王於○[公]. 7-7

【索】 1

何○而不得. 12-15

【連】 1

老婦持○而睘. 15-18

【迺】 1

○免寡人之冠也. 4-13

【辱】 2

王○之. 3-24 毋○大王之廷. 5-4

【夏】 7

王毋○事. 1-8 且我○之. 2-1 ○后堅欲爲先薛公得平陵. 11-1 天下齊齊不侍○. 15-5 下吏皆以秦爲○趙而曾齊. 18-8 秦幾○趙而曾齊戈. 18-9 盈○路. 20-21

【破】 16

今燕王與羣臣謀○齊於宋而功齊. 5-10 大上○之. 9-6 是王○三晉而復臣天下也. 9-19 三晉大○. 10-3 必○之. 10-20 三晉必○. 11-9 楚趙大○. 14-7 ○齊. 14-12 濟西○於趙. 14-23 大上○秦. 17-14 秦呰以侍○. 17-15 燕趙○宋肥齊. 17-17 必○秦於粱下矣. 23-1 臣請爲將軍言秦之可可○之理. 23-2 秦必可○粱下矣. 23-10 則秦之攻粱必大○臣來獻計王弗用臣. 23-20

【逐】 5

殺妻○子. 4-1 而諒○之. 12-21 秦○張義. 19-10 將軍必○於粱. 21-16 ○井忌. 21-24

【殊】 1

老臣間者○不欲食. 15-19

【致】 1

公玉丹之勺○蒙. 3-19

【晉】 50

○將不萮泰行. 5-6 薛公未得所欲於○國. 5-19 欲齊之先變以謀○國也. 5-19 言勸○國變矣. 5-23 今三○之敢據薛公與不敢據. 6-21 三○必不敢變. 6-22 三○有變. 6-22 而臣不能使王得志於三○. 6-25 王堅三○亦從王. 8-6 三○與燕爲王功秦. 9-17 今王棄三○而收秦. 9-18 是王破三○而復臣天下也. 9-19 愿王之完三○之交. 9-20 秦焉受○國. 9-24 三○大破. 10-3 莫能合三○以功秦. 10-14 三○之交完於齊. 10-17 三○之約散. 10-19 驕敬三○. 10-20 三○以王爲愛己忠己. 10-21 愿王之毋以此畏三○也. 10-24 王以和三○伐秦. 10-25 三○相豎也而傷秦. 11-4 三○伐秦. 11-5 三○必無變. 11-5 三○若愿乎. 11-6 三○若不愿乎. 11-6 三○豈敢爲王驕. 11-7 若三○相豎也以功秦. 11-7 王收燕循楚而啗秦以○國. 11-8 三○必破. 11-9 三○必不敢反. 11-9 盡○國. 11-21 [割]○國也. 12-13 ○國去粱千里. 13-15 ○國去粱千里而禍若是矣. 13-20 利在○國. 14-11 齊○相伐. 14-11 是以○國之慮. 14-11 ○之上也. 14-12 秦食○以齊. 14-12 ○敝. 14-12 餘齊不足以爲○國主矣. 14-12 ○國不敢倍秦伐齊. 14-13 秦兩縣齊○以持大重. 14-14 是以秦○皆俫若計以相筍也. 14-14 餘齊弱於○國矣. 14-23 不踰强○. 14-23 魏亡○國. 14-24 魏亡○國. 18-12

【時】 13

句得○見. 4-16 事乃○爲也. 6-22 是故當今之○. 6-22 初○者. 11-16 此亦王之大○已. 14-3 此齊之以母質之○也. 15-9 聖人不能爲○. 16-19 ○至亦弗失也. 16-19 不曹○不王. 16-21 此君之大○也. 16-21 非以此○也. 16-25 ○雨至. 18-6 此百世一○也. 20-6

【畢】 3

地未○入而兵復出矣. 11-21 燕○之事. 14-20 一舉而地○. 22-16

【貤】 1

貳周安陵必○. 14-7

【哭】 1

襄安君之不歸○也. 3-25

【豈】 4

臣○敢强王戈. 3-15 乾粱○能得此於燕戈. 8-9 三晉○敢爲王驕. 11-7 ○必以兵戈. 12-13

【鈑】 1

箸之○竽. 18-21

【氣】 1

大后盛○而胥之. 15-15

【造】 2

魚必不聽衆口與○言. 4-6 今王以衆口與○言罪臣. 4-9

【乘】 11

臣以車百五十○入齊. 6-18 王請以百五十○. 7-9 若不欲請以五[十]○來. 7-10 於氏爲長安君約車百○. 16-12 陶爲萬○. 16-17 列在萬

○. 17-6 奉萬○助齊伐宋. 17-7 强萬○之國也. 17-7 强萬○之國也. 17-8 ○屈匃之敝. 19-13 ○屈匃之敝. 19-16
【笑】 1
知爲楚○者. 21-10
【脩】 2
蘇○在齊. 2-16 蘇○在齊矣. 8-24
【俱】 2
而○諍王於天下. 3-23 臣以信不與仁○徹. 4-24
【倗】 7
魏王胃韓○張義. 19-7 韓○之救魏之辭. 19-11 ○以爲魏. 19-12 ○將槫三國之兵. 19-12 秦韓之王劫於韓○張義而東兵以服魏. 19-22 公中○胃韓王曰. 20-14 乃警公中○. 20-17
【倍】 9
故齊[趙]相○也. 2-11 夫輕○楚趙之兵. 12-6 ○鄴朝歌. 13-4 ○大粱. 13-7 晉國不敢○秦伐齊. 14-13 有不敢○秦收齊. 14-13 賈十○. 17-11 秦必不○粱而東. 22-17 今戰勝不能○鄢陵而攻粱者少也. 23-5
【躬】 1
皆識秦[之欲無]○也. 13-25
【息】 4
臣大○士民. 7-15 歸○士民而復之. 10-18 秦未至𠅨而王已盡宋○民矣. 11-5 老臣賤○訏旗最少. 15-21
【師】 13
欲得燕與天下之○. 7-4 燕不應天下以○. 7-8 左○觸龍言願見. 15-15 左○觸龍曰. 15-21 左○觸龍曰. 16-1 左○觸龍曰. 16-5 齊乃西○以唫强秦. 18-22 興○救韓. 20-20 興○. 21-1 因興○言救韓. 21-7 益○. 21-8 其將請○耶. 24-1 ○今從子之後. 24-6
【徐】 13
若持我其從○制事. 1-7 奉陽君○爲不信臣. 1-14 ○爲之與臣言甚惡. 1-20 奉陽君○爲之視臣益善. 2-2 勺以用薛公○爲之謀謹齊. 2-11 所見於薛公○爲. 2-18 薛公乾○爲與王約功齊. 3-18 王謂乾○爲. 4-12 今粱勺韓薛公○爲有辭. 5-22 如是而薛公○爲不能以天下爲其所欲. 5-24 愿王之使勺弘急守○爲. 5-25 非是毋有使於薛公○之所. 6-1 入而○趨. 15-15
【殺】 6
齊○張庫. 3-17 ○妻逐子. 4-1 ○人之母而不爲其子禮. 10-8 ○子之. 11-17 公孫鞅○. 20-3 襄子○. 20-3
【奚】 4
○爲[而不成]. 12-15 則○貴於智矣. 22-18 工君○泚曰. 23-25 工君○泚曰. 24-5
【翁】 1
楚回○是. 19-5
【狼】 1
有[虎○之]心. 12-18
【卿】 1
以求○與封. 4-11
【桀】 1
不當○紂. 16-20
【留】 1
粱氏○齊兵於觀. 8-15
【託】 2
愿及未寘叡谷而○之. 15-24 長安君何以自○於趙. 16-10
【衰】 2
食飲得毋○乎. 15-18 而○. 15-22
【高】 5
賁逆於○閭. 6-19 請貴重之○賢足下. 7-11 如○陵君. 17-19 反溫軹○平於魏. 18-23 今楚王之春秋○矣. 20-1
【病】 2
老臣○足. 15-16 國不大○矣. 20-23
【疾】 14
使田伐若使使孫○召臣. 1-17 其功齊益○. 2-18 王信田代繰去[○]之言功齊. 3-13 臣請○之齊觀之而以報. 5-14 ○與秦相萃也而不解. 7-19 [俞○功菑四寡人有聞粱]. 8-11 [俞○功菑]. 8-19 ○之. 8-23 ○以是. 9-21 以○功秦. 10-20 請爲天[下雁]行頓[刃][楚趙]必○兵. 13-24 曾不能○走. 15-16 餘○不盡也. 16-25 君悉燕兵而○贊之. 17-2
【脊】 1
薛公相○也. 6-7
【效】 4
使粱乾皆○地. 6-9 秦兵不功而魏○降安邑. 12-13 而率○蟬尤. 12-14 韓必○之. 14-2
【部】 1
名○數百. 13-20
【畜】 1
立重者○人. 14-15
【益】 10
奉陽君徐爲之視臣○善. 2-2 齊勺之惡日○. 2-5 其功齊○疾. 2-18 不足而○國. 4-22 不足而○國. 4-23 不足以○國. 4-24 少○耆食. 15-20 是○齊也. 17-8 是○二齊也. 17-9 ○師. 21-8
【兼】 8
將與齊○棄臣. 4-5 燕趙之所以國大兵强而地○諸侯者. 11-18 而齊○之. 17-7 而齊○之. 17-8 如北○邯鄲. 24-1 [楚]楚人然後舉兵○承吾國之敝. 24-14 而○爲楚人禽戈. 24-15 ○爲正乎兩國. 24-17
【涑】 1
終不敢出塞○河. 6-14
【涉】 1
道○谷. 13-6
【海】 1
非盡亡天下之兵而臣○內. 13-25
【悍】 1
勺○則伐之. 6-17
【悔】 3
秦○不聽王以先事而後名. 9-23 後雖○之. 17-2 王必○之. 21-8
【害】 8
○於燕. 3-1 必○於燕. 3-5 天下之欲傷燕者與羣臣之欲○臣者將成之. 5-13 事印曲盡○. 10-19 是○功秦也. 10-23 國先○已. 13-14 除萬世之○. 16-23 除萬世之○. 16-25
【家】 1
萬○之邑. 22-10
【宵】 1
不○. 15-21
【宮】 1
以衛王○. 15-22
【窔】 2
○於骨隨. 4-13 割勺必○. 21-24
【容】 1
必○焉. 3-2
【案】 7
秦○不約而應. 9-16 ○以負王而取秦. 11-8 韓欲地而兵○. 19-20 秦禍○環中粱矣. 21-15 ○其劍. 21-19 秦禍○環歸於趙矣. 21-22 不如少○之. 21-25
【冥】 1
行三千里而攻○戹之塞. 13-6
【書】 12
自趙獻○燕王曰. 1-4 使韓山獻○燕王曰. 1-20 使盛慶獻○於[燕王曰]. 2-9 自齊獻○於燕王曰. 3-8 故獻御○而行. 4-3 自粱獻○於燕王曰. 5-9 自粱獻○於燕王曰. 5-19 自勺獻○於齊王曰. 7-22 自勺獻○於齊王曰. 8-14 乾賁獻○於齊曰. 9-23 周○曰. 12-1 獻○趙王. 18-6
【弱】 6
宋魯○. 6-14 ○宋服. 10-25 今韓氏以一女子奉一○主. 12-24 餘齊○於晉國矣. 14-23 故韓是之兵非○也. 21-9 楚國必○. 24-2
【陵】 21
欲以平○蛇薛. 9-8 平○雖成而已. 9-8 王有欲得兵以功平○. 10-22 夏后堅欲爲先薛公得平○. 11-1 臣欲王以平○予薛公. 11-1 欲王之縣陶平○於薛公奉陽君之上以勉之. 11-2 ○七刃之城. 12-7 而惡安○是於秦. 13-12 墮安○是而亡之. 13-13 不愛安○氏. 13-14 貳周安○必貤. 14-7 山○堋. 16-10 如高○君. 17-19 秦攻鄢○. 22-6 若秦拔鄢○. 22-20 若秦拔鄢○而不能東攻單父. 22-22 秦攻鄢○. 23-4 今戰勝不能倍鄢○而攻粱者少也. 23-5 鄢○之守. 23-6 秦拔鄢○. 23-8 秦拔鄢○. 23-11
【陳】 8
臣將令○臣許翦以韓粱問之齊. 5-15 與楚兵夬於○鄗. 13-8 胃○軫曰. 19-5 ○軫曰. 19-11 召○軫而告之. 20-18 ○軫曰. 20-18 此必○軫之謀也. 21-7 過聽於○軫. 21-10
【孫】 8
使田伐若使使○疾召臣. 1-17 王之賜使使○與弘來. 2-1 公○鞅之欺魏卬也. 15-7 公○鞅之罪也. 15-8 子○相繼爲王也戈. 16-4 遠者及其○. 16-7 公○鞅殺. 20-3 公○央功臣也. 20-3
【陰】 5
○外齊謀齊. 1-14 愿王之○知之而毋有告也. 5-13 [入兩使○成於秦]. 8-20 寡人[入兩使○成於秦]. 9-2 必不能掊粱黃濟陽○睢陽而攻單父. 22-21
【陶】 8

欲王之縣○平陵於薛公奉陽君之上以勉之. 11-2 ○必亡. 12-9 有爲○啓兩幾. 12-14 東至虖○衛之[郊]北至乎]監. 13-18 秦封君以○. 16-16 ○爲萬乘. 16-17 ○爲廉監而莫[之]據. 16-17 故攻齊之於○也. 16-18

【通】 3
與宋○關. 2-4 使毋予蒙而○宋使. 3-21 ○韓上黨於共寧. 14-4

【能】 35
知○免國. 1-16 未○免身. 1-16 故王○材之. 3-21 未○. 5-15 天下不○功秦. 5-20 如是而薛公徐爲不○以天下爲其所欲. 5-24 則天下故不○謀齊矣. 5-25 而臣不○使王得志於三晉. 6-25 不○. 7-14 爲王不○. 7-16 兄臣○以天下功秦. 7-18 乾梁豈○得此於燕戈. 8-9 [不○辭已]. 8-21 [不○辭已]. 9-3 天下孰○禁之. 10-5 莫○合三晉以功秦. 10-14 以其○忍難而重出地也. 11-19 唯賢者○以重終. 14-17 故○制天下. 14-17 則秦不○與燕趙爭. 14-22 曾不○疾走. 15-16 老婦不○. 15-20 猶不○持無功之尊. 16-13 聖人不○爲時. 16-19 燕猶弗○支. 17-9 寡人弗○枝. 19-9 韓爲不○聽我. 20-22 爲○聽我. 20-23 趙不○聽. 21-24 危弗○安. 22-18 亡弗○存. 22-18 必不○掊梁黃濟陽陰睢陽而攻單父. 22-21 若秦拔鄢陵而不○東攻單父. 22-22 今戰勝不○倍鄢陵而攻梁者少也. 23-5 則不○自植士卒. 23-12

【務】 2
○自樂也. 1-9 ○正利. 18-4

【納】 3
奉陽君使周○告寡人曰. 2-12 信奉陽君使周○言之曰. 2-13 周○言. 2-14

【責】 3
公常操芥而○於[秦][韓][此其善於]公而[惡張]張義多資矣. 19-23 請使宜信君載先生見不○於臣. 23-16 ○於臣. 23-18

【理】 2
臣請爲將軍言秦之可可破之○. 23-2 大似有○. 24-10

【規】 1
趙大后○用事. 15-12

【焉】 11
外齊○. 1-12 若以天下○. 2-19 臣將何處○. 3-1 必容○. 3-2 是故無不以口齊王而得用○. 4-9 以臣所魯甚○. 7-15 王何不利○. 9-18 秦○受晉國. 9-24 從已散而君後擇○. 12-12 苟有利○. 12-19 功莫多○. 12-21

【赦】 2
而王以○臣. 4-2 欲王之○梁王而復見之. 8-1

【執】 2
○無齊患. 14-19 燕趙弗利而○爲者. 17-18

【堋】 1
山陵○. 16-10

【教】 2
臣受○任齊交五年. 3-11 是則王之○也. 6-19

【掊】 1
必不能○梁黃濟陽陰睢陽而攻單父. 22-21

【萃】 1
疾與秦相○也而不解. 7-19

【乾】 16
薛公○徐爲與王約功齊. 3-18 王謂○徐爲. 4-12 慮反○量. 5-21 使梁○皆效地. 6-9 ○梁有秦患. 6-15 ○梁必從. 6-17 所聞於○梁之功秦. 7-23 ○梁合. 7-24 ○梁豈能得此於燕戈. 8-9 [雖○亦然]. 8-21 [雖○亦然]. 9-3 將與○梁四遇. 9-4 梁○無變. 9-17 ○量獻書於齊曰. 9-23 ○梁從. 10-1 秦取○之上地. 10-2

【菑】 2
[俞疾功○四寡人有聞梁]. 8-11 [俞疾功○]. 8-19

【梧】 2
秦使辛○據梁. 21-13 謂辛○. 21-14

【救】 23
恐久而後不可○也. 2-5 秦必不敢言○宋. 10-25 求○於齊. 15-12 子來○[寡]人可也. 19-8 不○寡人. 19-8 韓倗之○魏之辭. 19-11 張義之○魏之辭. 19-13 興師○韓. 20-20 史信王之○已也. 20-21 言○韓. 21-1 以虛名○[我]者楚也. 21-4 因興師言○韓. 21-7 楚○不至. 21-9 在楚之○梁. 22-7 傳恃楚之○. 22-8 將以○亡. 22-12 諸侯有爲○梁. 23-10 無以出死○梁. 23-15 無以○東地而王不出梁之禍也. 23-15 然則吾將悉興以○邯[鄲]. 24-2 吾將以○吾. 24-3 興兵以○敝邑. 24-4 大緩○邯鄲. 24-5

【曹】 1
不○時不王. 16-21

【堅】 4
王○三晉亦從王. 8-6 夏后○欲爲先薛公得平陵. 11-1 令之○守. 22-11 守必○. 23-9

【戚】 3
不顧親○弟兄. 12-19 此於[親]○若此而兄仇讎之國乎. 12-22 其有親○父母妻子. 22-12

【帶】 2
如○而已. 10-4 ○長劍. 21-19

【爽】 1
今○也. 10-13

【盛】 2
使○慶獻書於[燕王曰]. 2-9 大后○氣而胥之. 15-15

【虛】 4
○北地[行]其甲. 3-12 以○名救[我]者楚也. 21-4 [恃]楚之○名. 21-5 而攻○梁. 23-8

【虖】 1
東至○陶衛之[郊]北至乎]監. 13-18

【處】 5
臣將何○焉. 3-1 臣○於燕齊之交. 3-8 臣之所○者重卵也. 4-5 臣以好○於齊. 8-4 不自○危. 23-17

【常】 5
此皆以不復其○爲進者. 5-7 唯命不爲○. 12-1 是以天幸自爲○也. 12-4 秦以三軍功王之上○而包其北. 18-17 公○操芥而責於[秦][韓][此其善於]公而[惡張]張義多資矣. 19-23

【敗】 9
它人將非之以○臣. 6-2 王必毋以豎之私怨○齊之德. 10-11 功秦之事○. 10-18 轉○而爲功. 17-11 ○素也. 17-11 轉○而爲功. 17-12 轉○而爲功. 17-13 秦○屈匄. 19-5 韓是大○. 21-9

【閉】 2
[請於梁○關於宋而不許]. 8-10 [請於梁○關於宋而不許]. 8-17

【問】 2
使勺足○之臣. 2-4 臣將令陳臣許翦以韓梁○之齊. 5-15

【異】 4
○日者秦在河西. 13-15 ○日者. 13-22 婦人○甚. 15-25 且物固[有勢]○而患同者. 18-13

【距】 2
○莎丘巨鹿之囿三百里. 18-14 ○麇關. 18-15

【蛇】 2
五相○政. 5-2 欲以平陵○薛. 9-8

【國】 85
知能免○. 1-16 不利於○. 1-21 利於○. 2-23 次循善齊以安其○. 2-25 以爲不利○故也. 3-2 ○不可得而安. 3-4 不之齊危○. 3-18 不足而益○. 4-22 不足而益○. 4-23 不足以益○. 4-24 ○無義則不王. 4-25 薛公未得所欲於晉○. 5-19 欲齊之先變以謀晉○. 5-19 言勸晉○變矣. 5-23 絶中○而功齊. 6-14 [寡人恐梁氏之棄與○而獨取秦也]. 8-21 [寡人恐梁氏之棄與○而獨取秦也]. 9-3 與○毋相離也. 9-7 與○不先反而天下有功之者. 9-12 與○有先反者. 9-13 王不棄與○而先取秦. 9-14 秦焉受晉○. 9-24 齊取東○下蔡. 10-4 使從親之○. 10-4 王收燕循楚而啗秦以晉○. 11-8 拔故○. 11-17 燕人不割而故○復反. 11-18 燕趙之所以○大兵强而地兼諸侯者. 11-18 而○隋以亡. 11-19 貪戾之○也. 11-20 盡晉○. 11-21 則○求毋亡. 11-24 [割]晉○也. 12-13 兩弟無罪而再挩之○. 12-22 此於[親]戚若此而兄仇讎之○乎. 12-22 秦非無事之○也. 13-1 南○必危. 13-14 ○先害已. 13-14 不愛南○. 13-15 晉○去梁千里. 13-15 而○續以圍. 13-18 晉○去梁千里而禍若是矣. 13-20 足以富○. 14-5 利在晉○. 14-11 是以晉○之慮. 14-11 餘齊不足以爲晉○主矣. 14-12 晉○不敢倍秦伐齊. 14-13 二○爲一. 14-21 餘齊弱於晉○矣. 14-23 魏亡晉○. 14-24 魏爲○. 14-25 ○必慮. 15-3 而不汲今令有功於○. 16-9 長小○. 16-17 侯不使人謂燕相○曰. 16-19 伐讎○之齊. 16-22 强萬乘之○也. 17-7 强萬乘之○也. 17-8 不難以○壹棲. 17-16 是○伐也. 17-25 ○安名尊. 18-1 ○危而名卑. 18-1 聲德與○. 18-11 魏亡晉○. 18-12 且五○之主嘗合衡謀伐趙. 18-20 五○之兵出有日矣. 18-21 倗將榑三○之兵. 19-12 義[將]榑三○之兵. 19-15 名存亡[○][實伐三川]而歸. 19-16 淺亂燕○. 20-5 冶○非可持也. 20-15 楚○必伐. 20-20 ○不大病矣. 20-23 免楚○楚國之患也. 20-25 愿大○肆意於秦. 21-2 且楚韓非兄弟之○也. 21-6 ○必大危矣. 22-15 楚○必弱. 24-2 非○之利也. 24-6 所勁吾○. 24-14 吾○勁而魏氏敝. 24-14 [楚]楚人然後舉兵兼承吾○之敝. 24-14 兼爲正乎兩○. 24-17 楚○之口雖. 24-17

【患】 19
臣甚○趙之不出臣也. 1-16 臣之所○. 2-5 齊必爲燕大○. 3-9 毋齊趙之○. 3-16 乾梁有秦○. 6-15 臣必○王之無外○也. 7-17 爲王何○無天下. 8-12 王何○於不得所欲. 9-14 王何○於梁. 9-16 臣之所以備○者百餘. 11-9 今王與秦共伐韓而近秦○. 12-23 夫不○秦. 13-15 故古之人○利重之奪. 14-16 執無齊○. 14-19 備○於秦. 15-3 誠

爲鄰世世無○. 17-3 秦王必○之. 17-15 且物固[有勢]異而○同者. 18-13 免楚國楚國之○也. 20-25

【唾】 1

老婦必○其面. 15-14

【唯】 6

○命不爲常. 12-1 ○賢者能以重終. 14-17 ○然. 17-10 ○欲攻燕. 20-7 不穀○小. 21-2 ○王可. 21-11

【唫】 1

齊乃西師以○强秦. 18-22

【啗】 1

王收燕循楚而○秦以晉國. 11-8

【過】 16

燕之大○. 2-25 今齊有○辭. 3-23 氏知伯之○也. 13-5 王之使者大○. 13-12 秦亦○矣. 15-5 襄子之○也. 15-9 君○矣. 16-1 其○必大. 17-9 因○[而爲]福. 17-10 此皆因○爲福. 17-12 今王若欲因○而爲福. 17-12 市朝未罷○及於趙. 18-13 ○燕陽曲逆. 18-18 臣恐其○出於此也. 18-20 ○聽於陳軫. 21-10 粱之羣臣必大○矣. 22-15

【符】 3

使明周室而棼秦○. 17-13 ○逾於趙. 18-23 燕使蔡鳥股○胠璧. 21-17

【筲】 3

○毋任子. 2-15 是以秦晉皆倲若計以相○也. 14-14 彼○齊守其利矣. 24-10

【偃】 1

王○韓之質以存韓而求故地. 14-1

【進】 9

非○取之道也. 5-1 非○取之路也. 5-3 臣○取之臣也. 5-3 此皆以不復其常爲○者. 5-7 取○北. 6-8 ○北不得. 6-8 齊兵有○. 19-8 ○兵於楚. 24-5 類然○其左耳而後其右耳. 24-11

【倂】 5

見田○於粱南. 22-6 田○曰. 22-7 田○曰. 22-9 田○[曰]. 22-13 田○曰. 23-16

【鳥】 2

燕使蔡○股符胠璧. 21-17 蔡○明日見. 21-19

【假】 1

○君天下數年矣. 16-16

【術】 2

自復之○. 5-1 自復之○也. 5-3

【得】 58

故冒趙而欲說丹與○. 1-5 奉陽[君]丹若○也. 2-14 國不可○而安. 3-4 功不可○而成也. 3-4 可以○用於齊. 4-7 可以○信. 4-7 是故無不以口齊王而○用焉. 4-9 句○時見. 4-16 兵率有子循而不知寡人○地於宋. 5-11 不○地. 5-12 薛公未○所欲於晉國. 5-19 進北不○. 6-8 勺是不○. 6-9 而勺氏不○. 6-10 ○. 6-12 勺氏終不可○已. 6-15 而臣不能使王○志於三晉. 6-25 欲○燕與天下之師. 7-4 未○遫也. 7-24 臣之所○於奉陽君者. 7-24 臣○用於燕. 8-5 乾粱豈能○此於燕戋. 8-9 [乃來諍○]. 8-11 [乃來諍○]. 8-18 王何患於不○所欲. 9-14 强○也. 10-13 王有欲○兵以功平陵. 10-22 夏后堅欲爲先薛公○平陵. 11-1 不可○已. 11-24 魏方疑而○以小割爲和. 12-10 則君○所欲矣. 12-11 且君之○地也. 12-12 何索而不○. 12-15 王欲○故地而今負强秦之禍. 13-1 ○垣瘫. 13-11 從之不[成也][楚]魏疑而韓不[可○也]. 13-22 魏○韓以爲縣. 14-6 秦不妬○. 14-12 亡宋○. 14-22 ○雖近越. 15-2 不○見久矣. 15-16 食飲○毋衰乎. 15-18 愿令○補黑衣之數. 15-22 不可○已. 17-2 秦王之心苟○窮齊. 17-16 夫實○所利. 17-24 尊○所愿. 17-24 [川][韓]韓是之兵不用而○地[於楚]. 19-18 秦兵[不用而○三川]. 19-19 公令秦韓之兵不[用而○地][有一大]德. 19-22 今或○韓一名縣具甲. 20-18 今已○之. 20-19 秦未○志於楚. 21-25 粱未○志於楚. 22-1 是計一○也. 22-20 是計二○也. 22-21 是計三○也. 22-22 ○地於趙. 24-13

【從】 30

若持我其○徐制事. 1-7 欲○韓粱取秦以謹勺. 2-10 齊趙之惡○已. 3-4 而不欲其○已聞也. 5-13 慮○楚取秦. 5-21 有慮○勺取秦. 5-22 乾粱必○. 6-17 臣暨○燕之粱矣. 7-22 事卬曲盡○王. 8-6 王堅三晉亦○王. 8-6 王取秦楚亦○王. 8-6 數月不○. 8-17 請○. 8-23 乾粱○. 10-1 勺○. 10-2 使○親之國. 10-4 齊事○橫盡利. 10-17 ○已散而君後擇焉. 12-12 ○林軍以至於今. 13-16 ○之不[成也][楚]魏疑而韓不[可得也]. 13-22 是故臣愿以○事王. 14-1 且屬○. 15-2 秦有它事而○齊. 17-1 天下之○於君也. 17-2 諸侯贊齊而王弗○. 17-25 諸侯伐齊而王○之. 17-25 今○强秦久伐齊. 18-19 韓是○. 19-10 皆令○粱王葆之東地單父. 22-12 師今○子之後. 24-6

【悉】 5

勺氏將○上黨以功秦. 7-25 臣聞魏氏○其百縣勝甲以上. 12-4 君○燕兵而疾贊之. 17-2 已○起之矣. 21-2 然則吾將○興以救邯[鄲]. 24-2

【欲】 54

故冒趙而○說丹與得. 1-5 臣甚愿之中重齊○如齊. 1-9 今臣○以齊大[惡]而去趙. 1-13 甚不○臣之之齊也. 1-14 有不○臣之之韓粱也. 1-15 ○從韓粱取秦以謹勺. 2-10 ○謀齊. 2-13 奉陽君之所○. 2-24 臣○毋往. 3-25 魚○用所善. 4-15 王苟有所善而○用之. 4-15 王若○剸舍臣而槫任所善. 4-16 而不○其從已聞也. 5-13 天下之○傷燕者與羣臣之○害臣者將成之. 5-13 齊雖○功燕. 5-15 薛公未得所○於晉國. 5-19 ○齊之先變以謀晉國也. 5-19 [齊王]甚懼而○先天下. 5-21 如是而薛公徐爲不能以天下爲其所○. 5-24 ○以殘宋. 6-8 ○以取勺. 6-9 臣爲是未○來. 7-2 ○得燕與天下之師. 7-4 若不○請以五[十]乘來. 7-10 王○復功宋而復之. 7-19 其不○甚. 8-1 ○王之赦粱王而復見之. 8-1 ○以平陵蛇薛. 9-8 王何患於不得所○. 9-14 ○而復之. 10-21 王有○得兵以功平陵. 10-22 夏后堅○爲先薛公得平陵. 11-1 臣○王以平陵予薛公. 11-1 然而不○王之無事與之也. 11-2 ○王之縣陶平陵於薛公奉陽君之上以勉之. 11-2 王若○講. 11-25 必○之. 12-11 則君得所○矣. 12-11 王○得故地而今負强秦之禍. 13-1 秦之○許久矣. 13-12 皆識秦[之○無]躬也. 13-25 老臣間者殊不○食. 15-19 君○成之. 16-18 今王若○因過而爲福. 17-12 ○以亡韓呻兩周. 18-9 韓○地而兵案. 19-20 王○毋予地. 19-21 ○遠王室也. 20-5 唯○攻燕. 20-7 今秦之心○伐楚. 20-15 夫秦之○伐王久矣. 20-18 若○出楚地而東攻單父. 22-22 ○攻粱. 22-23

【貪】 2

○戾之國也. 11-20 ○戾好利. 12-18

【魚】 5

○與子有謀也. 2-17 臣止於勺而侍其○肉. 3-5 ○必不聽衆口與造言. 4-6 ○信若迺齕也. 4-6 ○欲用所善. 4-15

【祭】 1

○祀則祝之曰. 16-3

【許】 10

臣將令陳臣○翦以韓粱問之齊. 5-15 [請於粱閉關於宋而不○]. 8-10 [請於粱閉關於宋而不○]. 8-17 寡人○之已. 9-9 秦之欲○久矣. 13-12 繚舞陽之北以東臨○. 13-14 人○子兵甚俞. 24-8 必其心與俞○[我]兵. 24-12 故俞○我兵者. 24-13 邯鄲君榣於楚人之○己兵而不肯和. 24-16

【訏】 1

老臣賤息○旗最少. 15-21

【孰】 5

天下○能禁之. 10-5 愿[君]之○慮之而毋行危也. 12-15 愿御史之○慮之也. 14-17 天下○敢不聽. 17-21 其於王○便. 20-12

【疵】 1

襄○弗受也. 15-8

【庸】 2

毋○發怒於宋魯也. 7-15 毋○出兵. 21-25

【鹿】 2

麋○盡. 13-18 距莎丘巨○之囿三百里. 18-14

【章】 1

楚將不出雎○. 5-5

【竟】 3

以河爲○. 14-18 警四○之內. 20-20 乃警四○之內. 20-25

【商】 1

秦將不出○閹. 5-6

【望】 4

將多○於臣. 4-4 寡人失○. 8-16 故愿○見大后. 15-17 大公○封齊. 20-4

【率】 5

兵○有子循而不知寡人得地於宋. 5-11 身○粱王與成陽君北面而朝奉陽君於邯鄲. 6-10 而○效蟬尤. 12-14 以○大粱. 14-6 ○以朝. 16-17

【敝】 13

晉○. 14-12 秦兵適○. 15-6 乘屈匄之○. 19-13 乘屈匄之○. 19-16 是○楚也. 20-11 ○楚. 20-12 重其○. 20-21 厚其○. 21-1 興兵以救○邑. 24-4 魏必不○. 24-13 吾國勁而魏氏○. 24-14 [楚]楚人然後舉兵兼承吾國之○. 24-14 主君何爲亡邯鄲以○魏氏. 24-15

【淺】 2

句○棲會稽. 17-11 ○亂燕國. 20-5

【淮】 5

宋以○北與齊講. 10-9 楚割○北. 15-1 夫以宋加之○北. 17-7 歸楚○北. 17-22 歸楚○北. 17-23

【深】 5

父母愛子則爲之計○遠. 16-1 其讎君必○矣. 17-1 非○於齊. 18-8

趙之怒○. 20-5 怨必○. 22-3
【梁】 1
韋非以○王之令. 9-7
【啓】 2
有爲陶○兩幾. 12-14 以爲下蔡○. 15-1
【視】 4
奉陽君徐爲之○臣益善. 2-2 王明○天下以有燕. 6-24 天下必無敢東○. 7-18 ○文信侯曰. 21-19
【敢】 30
臣爲此無○去之. 2-1 王怒而不○强. 3-14 臣豈○强王戈. 3-15 未○. 5-15 終不○出塞涑河. 6-14 今三晉之○據薛公與不○據. 6-21 三晉必不○變. 6-22 臣不○忘請王誠重御臣. 7-7 故○以聞也. 7-11 天下必無○東視. 7-18 不○與齊遇. 7-25 請令楚梁毋○有尺地於宋. 9-25 薛公必不○反王. 10-15 秦必不○言救宋. 10-25 三晉豈○爲王驕. 11-7 三晉必不○反. 11-9 此非○梁也. 11-22 秦有不○. 13-6 秦有不○. 13-8 韓必不○反魏. 14-5 晉國不○倍秦伐齊. 14-13 有不○倍秦收齊. 14-13 不○怨魏. 15-1 天下孰○不聽. 17-21 臣恐後事王者不○自必也. 18-24 魏是不○不聽. 19-20 文信侯弗○受. 21-18 吾非○以爲邯鄲賜也. 24-3 則使臣赤○請其日以復於君乎. 24-4
【尉】 1
令梁中都○大將. 22-12
【張】 8
齊殺○庫. 3-17 魏王胃韓倗○義. 19-7 秦逐○義. 19-10 ○義之救魏之辭. 19-13 秦韓之王劫於韓倗○義而東兵以服魏. 19-22 公常操芥而責於[秦][韓][此其善於]公而[惡○]○義多資矣. 19-23 王不若因○義而和於秦. 20-15
【隋】 1
而國○以亡. 11-19
【將】 59
臣○不歸. 2-21 諸可以惡齊勺[者]○之. 2-22 [○]養勺而美之齊乎. 2-25 臣○何處焉. 3-1 固知必○不信. 3-8 固知必○有口. 4-2 燕大夫○不信臣. 4-3 ○輕臣. 4-4 ○多望於臣. 4-4 ○歸罪於臣. 4-4 ○曰. 4-5 ○與齊兼棄臣. 4-5 楚○不出雎章. 5-5 秦○不出商閹. 5-6 燕○不出屋注. 5-6 晉○不蕭泰行. 5-6 天下之欲傷燕者與羣臣之欲害臣者○成之. 5-13 臣○令陳臣許翦以韓梁問之齊. 5-15 它人○非之以敗臣. 6-2 秦○以燕事齊. 6-17 必○來. 7-6 勺氏○悉上黨以功秦. 7-25 寡人○反量也. 8-25 ○與乾梁四遇. 9-4 ○與梁王復遇於圍地. 9-5 [天]下○入地與重摯於秦. 9-19 必○更事. 13-2 煮棘○榆. 19-8 必○曰. 19-12 倗○槫三國之兵. 19-12 [必○]曰. 19-14 義[○]槫三國之兵. 19-15 ○何道戈. 20-7 ○使西講於秦. 20-17 不穀○以楚隹韓. 21-3 ○軍必逐於梁. 21-16 ○軍不見井忌乎. 21-16 今臣竊爲○軍私計. 21-25 是○軍兩重. 22-1 愿○軍之察之也. 22-2 是○軍有重矣. 22-3 梁計○奈何. 22-6 ○軍皆令縣急急爲守備. 22-11 ○以救亡. 22-12 令梁中都尉大○. 22-12 愿○軍之察也. 22-19 ○軍必聽臣. 23-1 臣請爲○軍言秦之可可破之理. 23-2 愿○軍察聽之[也]. 23-2 今者秦之攻○以行幾二千里. 23-3 ○卒必. 23-12 之○. 23-12 之梁○. 23-15 [邯]鄲未○令也. 23-25 其○請師耶. 24-1 彼○重此. 24-1 然則吾○悉興以救邯[鄲]. 24-2 吾○以救吾. 24-3 未○令也. 24-8
【陽】 37
今奉○[君]之使與封秦也. 1-6 奉○君徐爲不信臣. 1-14 奉○君徐爲之視臣益善. 2-2 且告奉○君. 2-3 奉○君甚怒於齊. 2-4 奉○君盡以爲臣罪. 2-5 奉○君使周納告寡人曰. 2-12 信奉○君使周納言之曰. 2-13 奉○[君]丹若得也. 2-14 奉○君之所欲. 2-24 奉○君怨臣. 3-1 奉○君鬻臣. 3-19 奉○君受之. 3-20 毋與奉○君言事. 6-2 以齊封奉○君. 6-8 身率梁王與成○君北面而朝奉○君於邯鄲. 6-10 臣之所得於奉○君者. 7-24 奉○君謂臣. 7-25 愿王之以毋遇喜奉○君也. 8-3 臣以令告奉○君曰. 8-14 擇齊兵於熒○成皐. 8-16 臣以[告]奉○君. 9-9 奉○君甚兌. 9-10 奉○君合臣曰. 9-11 齊取燕之○地. 10-3 欲王之縣陶平陵於薛公奉○君之上以勉之. 11-2 秦有葉昆○. 13-13 與舞○鄰. 13-13 繚舞○之北以東臨許. 13-14 且使燕盡○地. 14-18 南○傷於魯. 14-22 上黨寧○. 15-6 如經○君. 17-19 過燕○曲逆. 18-18 必不能掊梁黃濟○陰睢○而攻單父. 22-21
【婦】 6
老○必唾其面. 15-14 老○持連而睘. 15-18 老○不能. 15-20 甚於○人. 15-25 ○人異甚. 15-25 老○弗聞. 16-6
【參】 3
叚臣孝如增○. 4-19 孝如增○. 4-22 韓亡○川. 18-12
【鄉】 1
秦韓并兵南○楚. 20-19
【終】 10
今齊王使李○之勺. 2-2 ○不敢出塞涑河. 6-14 勺氏○不可得已. 6-15 齊王○臣之身不謀燕燕. 8-5 ○臣之身不謀齊. 8-5 臣請○事而與. 10-16 愿王之固爲○事也. 10-16 ○事然後予之. 11-3 唯賢者能以重○. 14-17 ○齊事. 15-3
【貳】 1
○周安陵必貤. 14-7
【堯】 1
非適禺○. 16-20
【越】 7
楚○遠. 6-14 夫[○山與河][絶]韓上黨而功强趙. 13-3 得雖近○. 15-2 吳不亡○. 16-24 ○故亡吳. 16-24 吳亡於○. 16-24 若夫○趙魏闘甲於燕. 20-10
【喜】 2
愿王之以毋遇○奉陽君也. 8-3 衆人○之. 18-7
【煮】 1
○棘將榆. 19-8
【報】 6
臣使慶○之後. 1-20 臣未有以○王. 4-11 可以○王. 4-14 臣請疾之齊觀之而以○. 5-14 ○惠王之瑰. 16-22 如○父子之仇. 17-2
【壹】 5
○美壹惡. 3-11 ○合壹離. 3-12 不難以國○棲. 17-16
【惡】 29
始臣甚○事. 1-4 恐趙足臣之所○也. 1-4 秦毋○燕梁以自持也. 1-10 齊趙大○. 1-12 今臣欲以齊大[○]而去趙. 1-13 齊趙必大○矣. 1-14 徐爲之與臣言甚○. 1-20 齊勺之○日益. 2-5 諸可以○齊勺[者]將之. 2-22 以○可[也]. 2-22 ○之齊乎. 3-1 勺毋○於齊爲上. 3-3 齊勺不○. 3-3 齊趙之○從已. 3-4 燕齊之○也久矣. 3-8 次可以○齊勺之交. 3-10 壹美壹○. 3-11 ○齊勺之交. 3-21 節有○臣者. 4-20 若慮大○則無之. 7-13 燕大○. 7-14 必毋聽天下之○燕交者. 7-14 天下○燕而王信之. 8-7 王猶聽○燕者. 8-10 而○安陵是於秦. 13-12 聽使者之○. 13-13 賢君○之. 18-7 公常操芥而責於[秦][韓][此其善於]公而[○張]張義多資矣. 19-23 齊魏新○楚. 20-7
【期】 2
是王之所與臣○也. 3-10 ○於成事而已. 4-9
【欺】 2
不然必○. 11-25 公孫鞅之○魏卬也. 15-7
【黃】 1
必不能掊梁○濟陽陰睢陽而攻單父. 22-21
【葉】 1
秦有○昆陽. 13-13
【散】 2
三晉之約○. 10-19 從已○而君後擇焉. 12-12
【葬】 1
齊改○其後而召臣. 3-25
【萬】 21
宦二○甲自食以功宋. 8-8 二○甲自食以功秦. 8-8 臣以爲不下卅○. 12-5 以卅○之衆. 12-5 犯卅○之衆. 12-7 陶爲○乘. 16-17 除○世之害. 16-23 除○世之害. 16-25 列在○乘. 17-6 奉○乘助齊伐宋. 17-7 强○乘之國也. 17-7 强○乘之國也. 17-8 ○家之邑. 22-10 梁守百○. 22-14 以○丈之城. 22-24 百○之守. 22-24 ○必勝. 22-25 卒一○. 23-6 城○丈. 23-6 卒百○. 23-7 今梁守百○. 23-7
【葆】 2
此三○者. 18-19 皆令從梁王○之東地單父. 22-12
【蕭】 1
晉將不○泰行. 5-6
【敬】 5
捝也○受令. 9-11 驕○三晉. 10-20 ○若. 15-23 其應必不○矣. 20-24 文信侯○若. 21-22
【朝】 5
身率梁王與成陽君北面而○奉陽君於邯鄲. 6-10 倍鄴○歌. 13-4 而入○爲臣不久矣. 14-8 率以○. 16-17 市○未罷過及於趙. 18-13
【植】 1
則不能自○士卒. 23-12
【棼】 2
爲傳○之約. 15-3 使明周室而○秦符. 17-13
【棲】 3
句淺○會稽. 17-11 不難以國壹○. 17-16 然則王何不使可信者○收燕趙. 17-18
【軹】 1
反溫○高平於魏. 18-23
【軫】 6
胃陳○曰. 19-5 陳○曰. 19-11 召陳○而告之. 20-18 陳○曰. 20-18 此必陳○之謀也. 21-7 過聽於陳○. 21-10

【惠】 3
○王伐趙. 11-16 報○王之覵. 16-22 ○王死. 20-3
【惑】 1
臣甚○之. 12-23
【棘】 1
煮○將榆. 19-8
【雁】 1
請爲天[下○]行頓[刃][楚趙]必疾兵. 13-24
【殘】 4
欲以○宋. 6-8 宋不○. 6-8 宋○. 6-12 其後○吳. 17-12
【雲】 1
田○夢. 10-3
【紫】 1
齊○. 17-11
【掌】 2
皆以不復其○. 5-2 若以復其○爲可王. 5-2
【最】 2
○寡人之大下也. 8-23 老臣賤息訏旗○少. 15-21
【間】 5
有周韓而○之. 13-16 無周韓而○之. 13-21 利擯河山之○. 14-19 老臣○者殊不欲食. 15-19 以河○十城封秦相文信侯. 21-18
【遇】 11
齊勹○於阿. 3-15 臣與於○. 3-16 復與粱王○. 7-16 不敢與齊○. 7-25 齊楚果○. 8-1 若楚○不必. 8-3 愿王之以毋○喜奉陽君也. 8-3 若與楚○. 9-4 將與乾粱四○. 9-4 若楚不○. 9-5 將與粱王復○於圍地. 9-5
【貴】 6
臣○於齊. 4-3 賤而○之. 4-10 ○循也. 7-6 有使蘇[秦]大○齊景之之車也. 7-8 請○重之高賢足下. 7-11 則奚○於智矣. 22-18
【單】 6
皆令從粱王葆之東地○父. 22-12 必不能捂粱黃濟陽陰睢陽而攻○父. 22-21 若欲出楚地而東攻○父. 22-22 若秦拔鄢陵而不能東攻○父. 22-22 粱王在○父. 22-24 粱王有出居○父. 23-8
【剴】 2
○非計長久. 16-3 ○人主之子侯. 16-7
【黑】 1
愿令得補○衣之數. 15-22
【圍】 6
臣以死之○. 3-18 將與粱王復遇於○地. 9-5 ○而勿舍. 10-17 乃罷粱○. 12-16 而國續以○. 13-18 兵者弗什弗○. 23-7
【無】 51
使齊韓粱[燕]約御軍之日○伐齊. 1-10 臣爲此○敢去之. 2-1 ○所用. 3-3 臣雖○大功. 3-23 若○不爲也. 4-7 是故○不以口齊王而得用焉. 4-9 人○信則不徹. 4-25 國○義則不王. 4-25 不事○爲之主. 5-4 是○它故. 6-12 雖○燕. 7-6 若慮大惡則○之. 7-13 臣必王之○外患也. 7-17 天下必○敢東視. 7-18 ○變志矣. 7-23 楚○秦事. 7-25 爲王何患○天下. 8-12 寡人○之. 8-25 粱乾○變. 9-17 以其○禮於王之邊吏也. 10-10 以安○薛公之心. 10-12 然而不欲王之○事與之也. 11-2 三晉必○變. 11-5 而○親. 11-20 ○親. 12-19 兩弟○罪而再挩之國. 12-22 秦非○事之國也. 13-1 非魏○攻已. 13-10 [又況於使]秦○韓. 13-21 ○[河]山而闌之. 13-21 ○周韓而間之. 13-21 皆識秦[之欲○]躬也. 13-25 [而]必○與强秦鄰之禍. 14-3 執○齊患. 14-19 ○有. 16-6 位尊而○功. 16-8 奉厚而○勞. 16-8 猶不能持○功之尊. 16-13 誠爲鄰世世○患. 17-3 我○功. 21-18 我○功. 21-20 君○功. 21-20 天下人○不死者. 22-2 ○自恃計. 22-8 秦人○奈粱何也. 22-14 而秦○所關其計矣. 22-18 ○無地. 23-14 ○以出死救粱. 23-15 ○以救東地而王不出粱之禍也. 23-15 是粱○東地憂而王粱中. 23-19
【短】 1
老臣以媪爲長安君計之○也. 16-10
【智】 3
則臣必先○之. 11-8 ○於身. 15-20 則奚貴於○矣. 22-18
【等】 1
收秦○遂明功秦. 9-5
【備】 4
臣之所以○患者百餘. 11-9 ○患於秦. 15-3 將軍皆令縣急急爲守○. 22-11 善爲守○. 22-13
【順】 1
計聽知○逆. 21-11
【臯】 1
擇齊兵於熒陽成○. 8-16
【衆】 6
魚必不聽○口與造言. 4-6 今王以○口與造言罪臣. 4-9 有慎毋非令羣臣○義功齊. 6-3 以卅萬之○. 12-5 犯卅萬之○. 12-7 ○人喜之. 18-7
【御】 5
故獻○書而行. 4-3 身○臣以入. 6-19 臣不敢忘請王誠重○臣. 7-7 王以諸侯○臣. 7-10 愿○史之孰慮之也. 14-17
【復】 29
愿王之使人反○言臣. 2-6 自○之術. 5-1 皆以不○其掌. 5-2 若以○其掌爲可王. 5-2 自○之術也. 5-3 自○不足乎. 5-5 自○而足. 5-5 此皆以不○其常爲進者. 5-7 ○與粱王遇. 7-16 士民句可○用. 7-17 王欲○功宋而○之. 7-19 欲王之赦粱王而○見之. 8-1 以爲齊秦○合. 8-2 將與粱王○遇於圍地. 9-5 是王破三晉而○臣天下也. 9-19 齊秦○合. 9-24 且○故事. 9-25 歸息士民而○之. 10-18 欲而○之. 10-21 趙氏不割而邯戰○歸. 11-17 燕人不割而故國○反. 11-18 地未畢入而兵○出矣. 11-21 秦挾楚趙之兵以○攻. 11-24 臣以爲湯武○生. 12-6 氏○闕輿之事也. 13-4 有○言令長安君質者. 15-14 則使臣赤敢請其日以○於君乎. 24-4 ○令於邯鄲君曰. 24-7
【循】 16
趙○合齊秦以謀燕. 1-12 燕勹○善矣. 2-14 ○[善]齊秦以定其封. 2-24 次○善齊以安其國. 2-25 齊勹○善. 2-25 臣○用於齊. 3-9 兵率有子○而不知寡人得地於宋. 5-11 臣之以燕事王○也. 6-13 在王之○甘燕也. 6-23 貴○也. 7-6 其於齊○善. 8-6 燕齊○善. 8-12 今齊勹燕○相善也. 9-13 臣保燕而○事王. 11-5 王收燕○楚而啗秦以晉國. 11-8 今王○楚趙而講. 11-23
【御】 2
使齊韓粱[燕]約○軍之日無伐齊. 1-10 ○事者必曰. 11-3
【須】 1
○賈說穰侯曰. 11-15
【鈞】 2
勝千○. 20-9 千○非馬之任也. 20-10
【逾】 1
符○於趙. 18-23
【禽】 3
若○守耳. 12-19 兵爲秦○. 21-10 而兼爲楚人○弋. 24-15
【爲】 182
奉陽君徐○不信臣. 1-14 愿王之○臣故. 1-16 ○予趙甲因在粱者. 1-17 徐○之與臣言甚惡. 1-20 臣○此無敢去之. 2-1 奉陽君徐○之視臣益善. 2-2 奉陽君盡以○臣罪. 2-5 勹以用薛公徐○之謀謹齊. 2-11 請以齊○上交. 2-15 所見於薛公徐○. 2-18 則臣請○免於齊而歸矣. 2-20 ○趙擇必趙之不合齊秦以謀燕也. 2-20 以與勹○大仇可也. 2-23 以○不利國故也. 3-2 勹毋惡於齊○上. 3-3 齊必○燕大患. 3-9 臣請屬事辭○臣於齊. 3-17 薛公乾徐○與王約功齊. 3-18 自以○免於罪矣. 3-23 而以○臣罪. 3-24 善○齊謀. 4-5 若無不○也. 4-7 王○臣有之兩. 4-11 王謂乾徐○. 4-12 愿○之. 4-14 臣請○王事之. 4-15 然則仁義不可○與. 4-25 胡○不可. 4-25 仁義所以自○也. 5-1 非所以○人也. 5-1 若以復其掌○可王. 5-2 不事無○之主. 5-4 此皆以不復其常○進者. 5-7 今粱勹韓薛公徐○有辭. 5-22 如是而薛公徐○不能以天下○其所欲. 5-24 愿王之使勹弘急守徐○. 5-25 齊王以燕○必侍其斃而功齊. 6-4 ○之若何. 6-16 齊燕○一. 6-17 景以○善. 6-18 齊燕○一. 6-22 事乃時○也. 6-22 臣之○王守燕. 6-23 臣○是未欲來. 7-2 亦未○王○也. 7-2 臣○是. 7-5 非以自○也. 7-6 ○王不能. 7-16 王○制矣. 7-19 以○齊秦復合. 8-2 必○兩啻以功勹. 8-2 不○功. 8-3 以燕之事齊也○盡矣. 8-7 先○王絶秦. 8-8 盡以○齊. 8-9 愿王之○臣甚安燕王之心也. 8-12 ○王何患無天下. 8-12 寡人之所○功秦者. 8-15 ○粱爲多. 8-15 三晉與燕○王功秦. 9-17 而獨○秦臣以怨王. 9-20 臣以○不利於足下. 9-20 盡以○齊. 10-1 殺人之母而不○其子禮. 10-8 齊不以○怨. 10-10 反○王誅勹信. 10-10 愿王之固○終事也. 10-16 勸之○一. 10-20 三晉以王○愛己忠己. 10-21 此其○禍不難矣. 10-23 夏后堅欲○先薛公得平陵. 11-1 三晉豈敢○王驕. 11-7 王句○臣安燕王之心而毋聽傷事者之言. 11-9 非獨以○王也. 11-11 亦自○也. 11-11 王以不謀燕○臣賜. 11-12 王舉霸王之業而以臣○三公. 11-12 臣以○燕趙可法. 11-20 而宋中山可毋○也. 11-20 唯命不○常. 12-1 夫天幸○多. 12-3 是以天幸自○常也. 12-4 臣以○不下卅萬. 12-5 臣以○湯武復生. 12-6 臣以○自天地始分. 12-7 魏方疑而得以小割○和. 12-10 有○陶啓兩幾. 12-14 奚○[而不成]. 12-15 王以○不亡乎. 12-25 王以○安乎. 13-1 王以○利乎. 13-1 秦必弗○也. 13-4 秦有弗○也. 13-7 請○天[下雁]行頓[刃][楚趙]必疾兵. 13-24 魏得韓以○縣. 14-6 而入朝○臣不久矣. 14-8 私心以公○爲天下伐齊. 14-10 餘齊不足以○晉國主矣. 14-12 古之○利者養人. 14-15 重立而○利者卑. 14-16 以河○竟. 14-18 交以趙○死友. 14-20 二國○一. 14-21 ○齊計者. 14-23 魏○國. 14-25 重楚○重不在粱西矣. 14-25 以○下蔡啓. 15-1 ○傳棼之約.

15-3 老臣竊以○媼之愛燕后賢長安君. 15-25 父母愛子則○之計深遠. 16-1 ○之泣. 16-2 子孫相繼○王也戈. 16-4 至於趙之○趙. 16-5 老臣以媼○長安君計之短也. 16-10 故以○其愛也不若燕后. 16-11 於氏○長安君約車百乘. 16-12 陶○萬乘. 16-17 陶○廉監而莫[之]據. 16-17 聖人不能○時. 16-19 誠○鄰世世無患. 17-3 因過[而○]福. 17-10 轉敗而○功. 17-11 此皆因過○福. 17-12 轉敗而○功. 17-12 今王若欲因過而○福. 17-12 轉敗而○功. 17-13 今○齊下. 17-15 ○之下者. 17-17 燕趙弗利而埶○者. 17-18 因以○質. 17-20 秦○西帝. 17-20 燕○北帝. 17-20 趙○中帝. 17-20 知者弗○. 18-2 下吏皆以秦○夏趙而曾齊. 18-8 故出摯以○信. 18-11 宜正○上交. 18-24 天下必以王○義矣. 19-1 其○事甚完. 19-6 成則○福. 19-6 不成則○福. 19-6 倗以○魏. 19-12 義以○魏. 19-14 ○君慮封. 20-2 非楚之任而○之. 20-11 此以一○二之計也. 20-16 王聽臣之○之. 20-20 韓○不能聽我. 20-22 必不○逆以來. 20-22 ○能聽我. 20-23 兵○秦禽. 21-10 知○楚笑者. 21-10 秦餘楚○上交. 21-15 ○秦據趙而攻燕. 21-17 秦王以君○賢. 21-20 餘燕○上交. 21-22 今臣竊○將軍私計. 21-25 ○自恃計奈何. 22-9 將軍皆令縣急急○守備. 22-11 善○守備. 22-13 所說謀者○之. 22-18 則是非以危○安. 22-20 以亡○存耶. 22-20 則可以轉禍○福矣. 22-22 以東地之兵○齊楚前行. 22-25 ○粱賜矣. 23-1 臣請○將軍言秦之可可破之理. 23-2 大臣則有○守. 23-9 士卒則有○死. 23-9 東地民有○勉. 23-10 諸侯有○救粱. 23-10 吾非敢以○邯鄲賜也. 24-3 何○而不足侍[也]. 24-8 主君何○亡邯鄲以敝魏氏. 24-15 而兼○楚人禽戈. 24-15 故蔓和○可矣. 24-15 兼○正乎兩國. 24-17

【舜】 1

○雖賢. 16-20

【飲】 1

食○得毋衰乎. 15-18

【腴】 1

而封之膏○之地. 16-9

【勝】 10

秦戰○魏. 11-15 戰○三粱. 11-16 ○暴子. 11-21 夫戰○暴子. 12-2 臣聞魏氏悉其百縣○甲以上. 12-4 ○千鈞. 20-9 萬必○. 22-25 楚粱不○. 23-4 秦兵戰○. 23-5 今戰○不能倍鄢陵而攻粱者少也. 23-5

【猶】 6

○𡚁不知變事以功宋也. 6-20 王○聽惡燕者. 8-10 ○重秦也. 14-24 非是○不信齊也. 15-7 ○不能持無功之尊. 16-13 燕○弗能支. 17-9

【然】 33

○則仁義不可爲與. 4-25 不○. 5-16 雖○. 6-12 ○臣亦見其必可也. 6-19 不○. 6-20 雖○. 6-23 ○而燕王亦有苦. 8-7 [雖乾亦○]. 8-21 使天下汹汹○. 8-24 [雖乾亦○]. 9-3 不○則賓之. 10-21 ○而不欲王之無事與之也. 11-2 終事○後予之. 11-3 不○必欺. 11-25 知者不○. 12-4 垂都○. 13-17 ○則韓一年有餘矣. 15-6 魏至今○者. 15-8 ○. 16-4 ○兄人臣乎. 16-14 唯○. 17-10 ○則王何不使辯士以若說說秦王曰. 17-16 ○則王何不使可信者棲收燕趙. 17-18 ○則[王]何不使辯士以如說[說]秦. 18-3 ○則齊義. 19-2 則不○者. 20-9 不○. 22-7 ○則吾將悉興以救邯[鄲]. 24-2 彼非卒○之應也. 24-10 類○進其左耳而後其右耳. 24-11 [楚]楚人○後舉兵兼承吾國之敝. 24-14 楚人○後舉兵. 24-17 夫類○見於左耳. 24-18

【詔】 2

今[齊]王使宋竅○臣曰. 2-16 臣恃之○. 4-9

【就】 4

甘薛公以○事. 10-12 必○易與利. 13-2 ○易與利. 13-2 王以天下○之. 19-2

【鄗】 2

絶漳鋪[水][與趙兵决於]邯鄲之○. 13-5 與楚兵夬於陳○. 13-8

【啻】 1

必爲兩○以功勺. 8-2

【棄】 11

使齊○臣. 3-25 將與齊兼○臣. 4-5 王○薛公. 6-11 [寡人恐粱氏之○與國而獨取秦也]. 8-21 [寡人恐粱氏之○與國而獨取秦也]. 9-3 王不○與國而先取秦. 9-14 不○筞而反𡚁也. 9-14 今王○三晉而收秦. 9-18 則前功有必○矣. 12-9 而武安君之○禍存身之夬也. 15-9 燕趙之○齊. 17-24

【善】 24

甚○已. 2-2 奉陽君徐爲之視臣益○. 2-2 燕勺循○矣. 2-14 必○勺. 2-23 循[○]齊秦以定其封. 2-24 次循○齊以安其國. 2-25 齊勺循○. 2-25 臣以齊○勺. 3-2 齊有不○. 4-4 ○爲齊謀. 4-5 魚欲用所○. 4-15 王苟有所○而欲用之. 4-15 王若欲剸舍臣而槫任所○. 4-16 𡚁以爲○. 6-18 𡚁之所與臣前約者○矣. 6-20 其於齊循○. 8-6 燕齊循○. 8-12 今齊勺燕循相○也. 9-13 臣甚○之. 10-13 ○. 12-16 則必不○戈. 16-8 公常操芥而責於[秦][韓][此其○於]公而[惡張]張義多資矣. 19-23 ○. 20-17 ○爲守備. 22-13

【尊】 11

難聽○矣. 14-21 莫○秦矣. 14-24 位○而無功. 16-8 今媼○長安之位. 16-9 猶不能持無功之○. 16-13 則莫若招霸齊而○之. 17-13 ○之. 17-17 ○得所愿. 17-24 國安名○. 18-1 夫去○安. 18-2 ○上交. 18-4

【道】 11

止某不○. 4-12 非進取之○也. 5-1 ○齊以取秦. 5-20 齊○楚取秦. 8-24 若○河內. 13-4 ○涉谷. 13-6 若○河外. 13-7 使○安成之. 14-4 秦以强弩坐羊腸之○. 18-16 所○攻燕. 20-6 將何○戈. 20-7

【遂】 2

臣故令○恐齊王曰. 5-20 ○絶和於秦. 21-8

【曾】 4

○不能疾走. 15-16 下吏皆以秦爲夏趙而○齊. 18-8 秦幾夏趙而○齊戈. 18-9 且○聞其音以知其心. 24-18

【勞】 4

此士民不○而故地盡反矣. 14-2 奉厚而無○. 16-8 不○之奉. 16-14 民○而實費. 17-7

【湯】 2

臣以爲○武復生. 12-6 ○武雖賢. 16-20

【涅】 1

○子之私也. 10-8

【割】 17

趙氏不○而邯鄲復歸. 11-17 燕人不○而故國復反. 11-18 宋中山數伐數○. 11-19 ○八縣. 11-21 且劫王以多○. 11-23 必小○而有質. 11-25 ○八縣之地. 12-2 可以小○而收也. 12-9 亟以小○收魏. 12-10 魏方疑而得以小○爲和. 12-10 [○]晉國也. 12-13 楚○淮北. 15-1 故出兵以○革趙魏. 18-10 南○於楚. 19-13 [東○於]楚. 19-16 ○摯馬免而西走. 21-15 ○勺必窘. 21-24

【富】 1

足以○國. 14-5

【窘】 1

[伐楚韓以○]魏. 19-19

【補】 1

愿令得○黑衣之數. 15-22

【禍】 11

此其爲○不難矣. 10-23 王欲得故地而今負强秦之○. 13-1 晉國去粱千里而○若是矣. 13-20 [○]必百此矣. 13-22 [而]必無與强秦鄰之○. 14-3 而武安君之棄○存身之夬也. 15-9 ○及其身. 16-7 秦○案環中粱矣. 21-15 秦○案環歸於趙矣. 21-22 則可以轉○爲福矣. 22-22 無以救東地而王不出粱之○也. 23-15

【强】 27

王怒而不敢○. 3-14 臣豈敢○王戈. 3-15 故○臣之齊. 3-20 故○臣之齊. 4-2 事必南方○. 6-2 秦雖○. 6-13 ○得也. 10-13 燕趙之所以國大兵○而地兼諸侯者. 11-18 王欲得故地而今負○秦之禍. 13-1 夫[越山與河][絶]韓上黨而功○趙. 13-3 [而]必無與○秦鄰之禍. 14-3 不踰○晉. 14-23 大臣○之. 15-13 乃自○步. 15-19 ○萬乘之國也. 17-7 ○萬乘之國也. 17-8 夫一齊之○. 17-9 秦以○弩坐羊腸之道. 18-16 今從○秦久伐齊. 18-19 齊乃西師以唫○秦. 18-22 今胃楚○大則有矣. 20-10 ○楚. 20-12 輕絶○秦之適. 21-5 夫輕絶○秦而强[信]楚之謀臣. 21-7 以秦之○. 21-14 以秦之○. 21-23

【費】 2

雖○. 3-16 民勞而實○. 17-7

【疎】 2

○分趙壤. 18-21 ○服而聽. 18-22

【陰】 1

以○封君. 9-8

【發】 4

毋庸○怒於宋魯也. 7-15 ○於魏. 19-20 ○信[臣][多]其車. 20-21 ○信臣. 21-1

【絶】 9

○中國而功齊. 6-14 先爲王○秦. 8-8 臣必○之. 10-16 夫[越山與河][○]韓上黨而功强趙. 13-3 ○漳鋪[水][與趙兵决於]邯鄲之鄗. 13-5 ○和於秦. 20-23 輕○强秦之適. 21-5 夫輕○强秦而强[信]楚之謀臣. 21-7 遂○和於秦. 21-8

【幾】 7

有爲陶啓兩○. 12-14 年○何矣. 15-23 存亡之○也. 16-18 秦○夏趙而曾齊戈. 18-9 ○楚之任戈. 20-11 ○拔矣. 22-6 今者秦之攻將以行○二千里. 23-3

【載】 1

請使宜信君○先生見不責於臣. 23-16

【馳】 1

天下西舟而○秦. 14-8

【鄢】 9

秦取○. 10-3 秦攻○陵. 22-6 若秦拔○陵. 22-20 若秦拔○陵而不能東攻單父. 22-22 秦攻○陵. 23-4 今戰勝不能倍○陵而攻粱者少也. 23-5 ○陵之守. 23-6 秦拔○陵. 23-8 秦拔○陵. 23-11

【遠】 7

楚越○. 6-14 所行甚○. 13-7 父母愛子則爲之計深○. 16-1 念其○也. 16-2 ○者及其孫. 16-7 莫若○楚. 20-2 欲○王室也. 20-5

【勢】 1

且物固[有○]異而患同者. 18-13

【聖】 2

○人不能爲時. 16-19 ○王之事也. 18-4

【勤】 1

臣恐楚王之○豎之死也. 10-7

【蕶】 3

以○可也. 2-22 ○而顯之. 4-10 ○. 4-14

【墓】 1

○必危. 13-11

【夢】 1

田雲○. 10-3

【蒙】 4

公玉丹之勹致○. 3-19 使毋予○而通宋使. 3-21 其民非愚○也. 21-10 胡不解君之璽以佩○敖王齮也. 21-20

【禁】 1

天下孰能○之. 10-5

【楚】 97

○將不出睢章. 5-5 慮從○取秦. 5-21 伐○九歲. 6-7 ○越遠. 6-14 ○無秦事. 7-25 齊○果遇. 8-1 若○遇不必. 8-3 王取秦○亦從王. 8-6 齊道○取秦. 8-24 若與○遇. 9-4 若○不遇. 9-5 請令○粱毋敢有尺地於宋. 9-25 而[攻○]. 10-3 臣恐○王之勤豎之死也. 10-7 臣使蘇厲告○王曰. 10-7 獨以甘○. 10-24 ○雖毋伐宋. 10-24 王收燕循○而啗秦以晉國. 11-8 今王循○趙而講. 11-23 ○趙怒而與王爭秦. 11-23 秦挾○趙之兵以復攻. 11-24 夫輕倍○趙之兵. 12-6 愿君遝○趙之兵未至於粱也. 12-9 ○趙怒於魏之先己也. 12-11 必不伐○與趙矣. 13-3 伐○. 13-6 與○兵夬於陳鄗. 13-8 秦必不伐○與趙矣. 13-9 從之不[成也][○]魏疑而韓不[可得也]. 13-22 請爲天[下雁]行頓[刃][○趙]必疾兵. 13-24 ○趙大破. 14-7 重○爲重不在粱西矣. 14-25 ○割淮北. 15-1 歸○淮北. 17-22 歸○淮北. 17-23 ○久伐. 18-14 ○回翁是. 19-5 便○. 19-6 交臂而事○. 19-10 南割於○. 19-13 [東割於]○. 19-16 公令○[王與韓氏地]. 19-17 [川][韓]韓是之兵不用而得地[於○]. 19-18 [伐○韓以窘]魏. 19-19 秦韓爭事齊○. 19-21 今○王之春秋高矣. 20-1 莫若遠○. 20-2 齊魏新惡○. 20-7 今胃○强大則有矣. 20-10 幾○之任戈. 20-11 非○之任而爲之. 20-11 是敝○也. 20-11 敝○. 20-12 强○. 20-12 今秦之心欲伐○. 20-15 與之南伐○. 20-16 ○王聞之. 20-17 秦韓并兵南鄉○. 20-19 ○國必伐. 20-20 [兵雖]至○. 20-23 韓南[交○]. 20-24 免○國○國之患也. 20-25 ○之若. 20-25 不穀將以○佳韓. 21-3 以虛名救[我]者○也. 21-4 [恃]○之虛名. 21-5 且○韓非兄弟之國也. 21-6 夫輕絕强秦而强[信]○之謀臣. 21-7 ○救不至. 21-9 知爲○笑者. 21-10 合秦粱而攻○. 21-13 東面而伐○. 21-14 ○不侍伐. 21-15 秦餘○爲上交. 21-15 秦未得志於○. 21-25 粱未得志於○. 22-1 ○見粱之未出兵也. 22-2 秦王怒於○之緩也. 22-3 在○之救粱. 22-7 傳恃○之救. 22-8 若欲出○地而東攻單父. 22-22 此粱○齊之大福已. 22-23 以東地之兵爲齊○爲前行. 22-25 齊○見亡不叚. 23-1 與○粱大戰長社. 23-3 ○粱不勝. 23-4 ○國必弱. 24-2 進兵於○. 24-5 ○兵不足侍也. 24-7 非○之利也. 24-13 [○]○人然後舉兵兼承吾國之敝. 24-14 而兼爲○人禽戈. 24-15 邯鄲君榣於○人之許己兵而不肯和. 24-16 ○人然後舉兵. 24-17 ○國之口雖. 24-17

【榆】 2

北至於[○中]者千五百里. 18-15 煮棘將○. 19-8

【剸】 2

王若欲○舍臣而槫任所善. 4-16 愿君之○志於攻齊而毋有它慮也. 17-3

【賈】 3

須○說穰侯曰. 11-15 胃起○曰. 14-10 ○十倍. 17-11

【頓】 1

請爲天[下雁]行○[刃][楚趙]必疾兵. 13-24

【歲】 3

伐楚九○. 6-7 周必半○. 15-5 十五○矣. 15-23

【虞】 1

以重○秦. 14-11

【業】 3

請毋至三月而王不見王天下之○. 11-10 王舉霸王之○而以臣爲三公. 11-12 此王○也. 19-17

【當】 5

事曲○臣之言. 6-19 是故○今之時. 6-22 豎之罪固○死. 10-9 意齊毀未○於秦心也. 15-4 不○桀紂. 16-20

【睢】 1

必不能掊粱黃濟陽陰○陽而攻單父. 22-21

【睢】 1

楚將不出○章. 5-5

【鄙】 1

其○盡入粱氏矣. 9-9

【愚】 1

其民非○蒙也. 21-10

【路】 2

非進取之○也. 5-3 盈夏○. 20-21

【園】 1

李○憂之. 21-13

【遣】 1

有○臣之語矣. 2-2

【睘】 1

老婦持連而○. 15-18

【罪】 12

奉陽君盡以爲臣○. 2-5 歸○於燕. 3-19 自以爲免於○矣. 3-23 而以爲臣○. 3-24 不以其○. 4-1 將歸○於臣. 4-4 今王以衆口與造言○臣. 4-9 豎之○固當死. 10-9 兩弟無○而再挩之國. 12-22 公孫鞅之○也. 15-8 乃以柢○取伐. 18-24 今燕之○大. 20-5

【遝】 1

愿君○楚趙之兵未至於粱也. 12-9

【蜀】 1

秦韓戰於○潢. 20-14

【棄】 2

○有私義. 9-12 不棄○而反量也. 9-14

【節】 2

○有惡臣者. 4-20 百它日之○. 6-23

【與】 88

故冒趙而欲說丹○得. 1-5 今奉陽[君]之使○封秦也. 1-6 令秦○茳[兌]宋不可信. 1-7 今○臣約. 1-10 徐爲之○臣言甚惡. 1-20 王之賜使使孫○弘來. 2-1 ○宋通關. 2-4 魚○子有謀也. 2-17 以○勹爲大仇可也. 2-23 臣○不知其故. 2-24 勹非可○功齊也. 3-2 是王之所○臣期也. 3-10 燕非○齊謀勹. 3-12 則○趙謀齊. 3-12 臣○於遇. 3-16 薛公乾徐爲○王約功齊. 3-18 將○齊兼棄臣. 4-5 魚必不聽衆口○造言. 4-6 ○言去燕之齊. 4-8 ○謀燕. 4-8 今王以衆口○造言罪臣. 4-9 以求卿○封. 4-11 臣以信不○仁俱徹. 4-24 義不○王皆立. 4-24 然則仁義不可爲○. 4-25 寡人○子謀功宋. 5-9 今燕王○羣臣謀破齊於宋而功齊. 5-10 天下之欲傷燕者○羣臣之欲害臣者將成之. 5-13 毋○奉陽君言事. 6-2 身率粱王○成陽君北面而朝奉陽君於邯鄲. 6-10 量之所○臣前約者善矣. 6-20 今三晉之敢據薛公○不敢據. 6-21 欲得燕○天下之師. 7-4 而入之秦○宋以謀齊. 7-4 復○粱王遇. 7-16 疾○秦相萃也而不解. 7-19 不敢○齊遇. 7-25 臣以足下之所○臣約者告燕王. 8-4 [寡人恐粱氏之棄○國而獨取秦也]. 8-21 必先○君謀之. 9-2 [寡人恐粱氏之棄○國而獨取秦也]. 9-3 [今曰不]○韋非約曰. 9-4 若○楚遇. 9-4 將○乾粱四遇. 9-4 將○粱王復遇於圍地. 9-5 ○國毋相離也. 9-7 ○國不先反而天下有功之者. 9-12 ○國有先反者. 9-13 王不棄○國而先取秦. 9-14 三晉○燕爲王功秦. 9-17 [天]下將入地○重摯於秦. 9-19 ○燕也. 9-20 宋以淮北○齊講. 10-9 毋○它人矣. 10-12 王尚○臣言. 10-12 臣請終事而○. 10-16 不則○齊共講. 10-21 天下之兵皆去秦而○齊諍宋地. 10-23 然而不欲王之無事○之也. 11-2 楚趙怒而○王爭秦. 11-23 秦○式翟同俗. 12-18 今王○秦共伐韓而近秦患. 12-23 ○大粱鄰. 12-25 必就易○利. 13-2 就易○利. 13-2 必不伐楚○趙矣. 13-3 夫[越山○河][絕]韓上黨而功强趙. 13-3 絕漳鋪[水][○趙兵決於]邯鄲之鄗. 13-5 ○楚兵夬於陳鄗. 13-8 秦必不伐楚○趙矣. 13-9 有不攻燕○齊矣. 13-9 ○舞陽鄰. 13-13 其功多於○秦共伐韓. 14-2 [而]必無○强秦鄰之禍. 14-3 地不○秦攘介. 14-20 則秦不能○燕趙爭. 14-22 ○之攻齊. 14-24 周○天下交長. 15-4 聲德○國. 18-11 則地○王布屬壤芥者七百里. 18-16 臣愿王○下吏羊計某言而竺慮之也. 19-3 公令楚[王○韓氏地]. 19-17 [請○韓地而王以]施三川. 19-18 ○之南伐楚. 20-16 ○韓是戰於岸門. 21-8 而○粱. 22-10 ○楚粱大戰長社. 23-3 必其心○俞許[我]兵. 24-12

【傳】 2

爲○梦之約. 15-3 ○恃楚之救. 22-8

【毀】 3

齊○. 14-12 ○齊. 15-1 意齊○未當於秦心也. 15-4
【傰】 1
失計韓○. 21-11
【傷】 8
天下之欲○燕者與羣臣之欲害臣者將成之. 5-13 ○齊者. 6-13 ○齊者必勹. 6-15 三晉相豎也而○秦. 11-4 王句爲臣安燕王之心而毋聽○事者之言. 11-9 南陽○於魯. 14-22 少則○. 22-17 秦兵之死○也. 23-4
【微】 1
○獨趙. 16-6
【衔】 1
以○王宮. 15-22
【會】 1
句淺棲○稽. 17-11
【愛】 8
三晉以王爲○己忠己. 10-21 不○安陵氏. 13-14 不○南國. 13-15 竊○憐之. 15-22 丈亦○憐少子乎. 15-24 老臣竊以爲媼之○燕后賢長安君. 15-25 父母○子則爲之計深遠. 16-1 故以爲其○也不若燕后. 16-11
【腸】 1
秦以强弩坐羊○之道. 18-16
【肆】 1
愿大國○意於秦. 21-2
【解】 6
未可○也. 6-4 則大夫之謀齊者大○矣. 7-5 疾與秦相萃也而不○. 7-19 王不可以不故○之. 10-7 大后之色少○. 15-20 胡不○君之璽以佩蒙敖王齮也. 21-20
【試】 3
不○禮義德行. 12-19 此天下之所○也. 12-20 而王弗○則不明. 12-23
【詩】 1
○曰. 16-23
【誠】 3
臣不敢忘請王○重御臣. 7-7 ○爲鄰世世無患. 17-3 恐事之不○. 18-10
【誅】 3
反爲王○勹信. 10-10 恐○於秦. 21-16 ○於秦. 21-24
【諍】 7
燕事小大之○. 1-15 而俱○王於天下. 3-23 臣○之於燕王. 7-4 臣必以死○之. 7-14 [乃來○得]. 8-11 [乃來○得]. 8-18 天下之兵皆去秦而與齊○宋地. 10-23
【庳】 2
齊殺張○. 3-17 ○之死也. 3-24
【廉】 3
○如相夷. 4-20 ○如相夷. 4-23 陶爲○監而莫[之]據. 16-17
【資】 3
臣有三○者以事王. 4-21 則王多○矣. 11-3 公常操芥而責於[秦][韓][此其善於]公而[惡張]張義多○矣. 19-23
【新】 1
齊魏○惡楚. 20-7
【意】 4
不中○. 4-11 ○齊毀未當於秦心也. 15-4 愿大國肆○於秦. 21-2 擊其不○. 22-25
【義】 19
○不與王皆立. 4-24 然則仁○不可爲與. 4-25 國無○則不王. 4-25 仁○所以自爲也. 5-1 有愼毋非令羣臣衆○功齊. 6-3 笶有私○. 9-12 不試禮○德行. 12-19 子○聞之曰. 16-13 天下必以王爲○矣. 19-1 然則齊○. 19-2 魏王胃韓倗張○. 19-7 秦逐張○. 19-10 張○之救魏之辭. 19-13 ○以爲魏. 19-14 ○且以韓秦之兵東巨齊宋. 19-15 ○[將]槫三國之兵. 19-15 秦韓之王劫於韓倗張○而東兵以服魏. 19-22 公常操芥而責於[秦][韓][此其善於]公而[惡張]張○多資矣. 19-23 王不若因張○而和於秦. 20-15
【溝】 1
[是以有○慮]. 8-22
【溫】 1
反○軹高平於魏. 18-23
【粱】 116
秦毋惡燕○以自持也. 1-10 使齊韓○[燕]約御軍之日無伐齊. 1-10 有不欲臣之之韓○也. 1-15 爲予趙甲因在○者. 1-17 欲從韓○取秦以謹勹. 2-10 自○獻書於燕王曰. 5-9 臣將令陳臣許翦以韓○問之齊. 5-15 自○獻書於燕王曰. 5-19 今○勹韓薛公徐爲有辭. 5-22 使○乾皆效地. 6-9 身率○王與成陽君北面而朝奉陽君於邯鄲. 6-10 乾○有秦患. 6-15 乾○必從. 6-17 復與○王遇. 7-16 臣暨從燕之○矣. 7-22 所聞於乾○之功秦. 7-23 乾○合. 7-24 欲王之赦○王而復見之. 8-1 乾○豈能得此於燕戈. 8-9[請於○閉關於宋而不許]. 8-10[俞疾功菑四寡人有聞○]. 8-11 爲○爲多. 8-15 ○氏留齊兵於觀. 8-15 [請於○閉關於宋而不許]. 8-17 [寡人有聞○]. 8-19 [吾縣免於○是]. 8-20 [寡人恐○氏之棄與國而獨取秦也]. 8-21 ○氏不恃寡人. 8-24[吾縣免於○是]. 9-3 [寡人恐○氏之棄與國而獨取秦也]. 9-3 將與乾○四遇. 9-4 將與○王復遇於圍地. 9-5 其鄙盡入○氏矣. 9-9 ○氏先反. 9-15 齊勹功. 9-15 齊必取大○以東. 9-15 王何患於○. 9-16 ○乾無變. 9-17 請令楚○毋敢有尺地於宋. 9-25 秦取○之上黨. 10-1 乾○從. 10-1 攻大○. 11-15 戰勝三○. 11-16 此非敢○也. 11-22 以攻大○. 12-4 以戎大○. 12-5 愿君遝楚趙之兵未至於○也. 12-9 乃罷○圍. 12-16 與大○鄰. 12-25 倍大○. 13-7 大○必亡. 13-11 晉國去○千里. 13-15 有長敺○北. 13-18 晉國去○千里而禍若是矣. 13-20 去○百里. 13-22 以率大○. 14-6 重楚爲重不在○西矣. 14-25 秦使辛梧據○. 21-13 合秦○而攻楚. 21-13 有○之勁. 21-14 秦禍案環中○矣. 21-15 將軍必逐於○. 21-16 必重○. 22-1 ○未得志於楚. 22-1 ○兵未出. 22-2 楚見○之未出兵也. 22-2 ○兵果六月乃出. 22-4 見田儝於○南. 22-6 ○計將奈何. 22-6 在楚之救○. 22-7 在○之計. 22-7 則○必危矣. 22-8 ○之東地. 22-9 而與○. 22-10 令○中都尉大將. 22-12 皆令從○王葆之東地單父. 22-12 ○之羣臣皆曰. 22-13 ○守百萬. 22-14 秦人無奈○何也. 22-14 ○王出. 22-14○之羣臣必大過矣. 22-15 ○王自守. 22-15 今○王居東地. 22-16 秦必不倍○而東. 22-17 ○王出○. 22-19 秦必不攻○. 22-19 必不能掊○黃濟陽陰睢陽而攻單父. 22-21 欲攻○. 22-23 此○楚齊之大福已. 22-23 ○王在單父. 22-24 以○餌秦. 22-24 爲○賜矣. 23-1 必破秦於○下矣. 23-1 與楚○大戰長社. 23-3 楚○不勝. 23-4 今戰勝不能倍鄢陵而攻○者少也. 23-5 今○守. 23-6 今○守百萬. 23-7 ○王有出居單父. 23-8 而攻虛○. 23-8 諸侯有爲救. 23-10 秦必可破○下矣. 23-10 若○王不出○. 23-11 必攻○. 23-11 則以王在○中也. 23-12 則如不○中必亂. 23-13 之○將. 23-15 無以出死救○. 23-15 無以救東地而王不出○之禍也. 23-15 秦必攻○. 23-19 是○無東地慢而王○中. 23-19 則秦[之]攻○必急. 23-20 則秦之攻○必大破臣來獻計王弗用臣. 23-20
【愼】 1
有○毋非令羣臣衆義功齊. 6-3
【塞】 2
終不敢出○涑河. 6-14 行三千里而攻冥戹之○. 13-6
【寘】 1
愿及未○叡谷而託之. 15-24
【福】 7
因過[而爲]○. 17-10 此皆因過爲○. 17-12 今王若欲因過而爲○. 17-12 成則爲○. 19-6 不成則爲○. 19-6 則可以轉禍爲○矣. 22-22 此粱楚齊之大○已. 22-23
【羣】 7
除○臣之醜. 3-17 今燕王與○臣謀破齊於宋而功齊. 5-10 天下之欲傷燕者與○臣之欲害臣者將成之. 5-13 有愼毋非令○臣衆義功齊. 6-3 ○臣莫以[聞]則不忠. 12-24 粱之○臣皆曰. 22-13 粱之○臣必大過矣. 22-15
【媼】 4
老臣竊以爲○之愛燕后賢長安君. 15-25 ○之送燕后也. 16-2 今○尊長安之位. 16-9 老臣以○爲長安君計之短也. 16-10
【經】 1
如○陽君. 17-19
【絳】 1
禾谷○盈. 18-6
【趙】 80
自○獻書燕王曰. 1-4 恐○足臣之所惡也. 1-4 故冒○而欲說丹與得. 1-5 比燕於○. 1-7 齊必不信○矣. 1-8 齊○大惡. 1-12 ○循合齊秦以謀燕. 1-12 今臣欲以齊大[惡]而去○. 1-13 ○之禾也. 1-13 齊○必大惡矣. 1-14 臣甚患○之不出臣也. 1-16 爲予○甲因在粱者. 1-17 故齊[○]相倍也. 2-11 爲○擇必○之不合齊秦以謀燕也. 2-20 齊○之惡從已. 3-4 則與○謀齊. 3-12 毋齊○之患. 3-16 惠王伐○. 11-16 ○氏不割而邯鄲復歸. 11-17 燕○之所以國大兵强而地兼諸侯者. 11-18 臣以爲燕○可法. 11-20 今王循楚○而講. 11-23 楚○怒而與王爭秦. 11-23 秦挾楚○之兵以復攻. 11-24 夫輕倍楚○之兵. 12-6 愿君遝楚○之兵未至於粱也. 12-9 楚○怒於魏之先己也. 12-11 必不伐楚與○矣. 13-3 夫[越山與河][絕]韓上黨而功强○. 13-3 絕漳鋪[水][與○兵決於]邯鄲之鄗. 13-5 秦必不伐楚與○矣. 13-9 投質於○. 13-24 請爲天[下雁]行頓[刃][楚○]必疾兵. 13-24 楚○大破. 14-7 交以○爲死友. 14-20 ○取濟西. 14-21 燕○共相. 14-21 則秦不能與燕○爭. 14-22 濟西破於○. 14-23 一死生於○. 14-25 ○大后規

用事. 15-12 至於○之爲○. 16-5 ○主之子侯者. 16-5 微獨○. 16-6 長安君何以自託於○. 16-10 齊○親. 17-1 燕○破宋肥齊. 17-17 燕○非利之也. 17-17 燕○弗利而執爲者. 17-18 然則王何不使可信者棲收燕○. 17-18 先於燕○曰. 17-19 則燕○信秦. 17-20 ○爲中帝. 17-20 齊不聽則燕○伐. 17-21 燕○之所利也. 17-23 燕○之所愿也. 17-23 燕○之棄齊. 17-24 今不收燕○. 17-25 今收燕○. 18-1 不收燕○. 18-1 獻書○王. 18-6 下吏皆以秦爲夏○而曾齊. 18-8 秦幾夏○而曾齊戋. 18-9 故出兵以割革○魏. 18-10 市朝未罷過及於○. 18-13 且五國之主嘗合衡謀伐○. 18-20 疎分○壤. 18-21 符逾於○. 18-23 夫齊之事○. 18-24 ○之怒深. 20-5 君不如北兵以德○. 20-5 若夫越○魏闢甲於燕. 20-10 爲秦據○而攻燕. 21-17 姦○入秦. 21-17 秦禍案環歸於○矣. 21-22 秦大舉兵東面而齎○. 21-23 ○不能聽. 21-24 得地於○. 24-13

【臺】 1

支○隨. 13-17

【壽】 1

久者○. 22-2

【鞅】 3

公孫○之欺魏卬也. 15-7 公孫○之罪也. 15-8 公孫○殺. 20-3

【蔞】 1

故○和爲可矣. 24-15

【蔡】 5

齊取東國下○. 10-4 右○召. 13-8 以爲下○啓. 15-1 燕使○鳥股符胠璧. 21-17 ○鳥明日見. 21-19

【榣】 1

邯鄲君○於楚人之許己兵而不肯和. 24-16

【輕】 9

將○臣. 4-4 夫○倍楚趙之兵. 12-6 利成而立重者○. 14-16 名卑而權○. 17-6 必○秦. 20-24 ○秦. 20-24 ○絶强秦之適. 21-5 夫○絶强秦而强[信]楚之謀臣. 21-7 必○. 23-13

【歌】 1

倍鄴朝○. 13-4

【遬】 2

未得○也. 7-24 則王事○夬矣. 10-25

【監】 2

東至虖陶衛之[郊]北至乎]○. 13-18 陶爲廉○而莫[之]據. 16-17

【厲】 1

臣使蘇○告楚王曰. 10-7

【厭】 1

夫秦何○之有戋. 11-21

【愿】 42

臣甚○之中重齊欲如齊. 1-9 ○王之爲臣故. 1-16 ○王之使人反復言臣. 2-6 ○王之定慮而羽鑽臣也. 3-4 ○爲之. 4-14 盈○矣. 4-17 今日○藉於王前. 4-19 臣○辭而之周負籠操臿. 5-4 ○王之陰知之而毋有告也. 5-13 ○王之使勺弘急守徐爲. 5-25 ○王之察之也. 6-12 ○則摯而功宋. 6-18 ○王之以毋遇喜奉陽君也. 8-3 ○王之爲臣甚安燕王之心也. 8-12 ○王之完三晉之交. 9-20 前事○王之盡加之於曁也. 10-11 ○王之甘之也. 10-14 ○王之固爲終事也. 10-16 ○王之毋以此畏三晉也. 10-24 ○王之勿聽也. 11-1 ○王之勿聽也. 11-4 三晉若○乎. 11-6 三晉若不○乎. 11-6 ○王之必毋講也. 11-25 ○君之以氏慮事也. 12-1 ○君遝楚趙之兵未至於粱也. 12-9 ○[君]之孰慮之而毋行危也. 12-15 是故臣○以從事王. 14-1 ○御史之孰慮之也. 14-17 左師觸龍言○見. 15-15 故○望見大后. 15-17○令得補黑衣之數. 15-22 ○及未寘叡谷而託之. 15-24 ○君之剸志於攻齊而毋有它慮也. 17-3 燕趙之所○也. 17-23 尊得所○. 17-24 臣○王與下吏羊計某言而竺慮之也. 19-3 ○有謁於公. 19-6 ○大國肄意於秦. 21-2 ○將軍之察之也. 22-2 ○將軍之察也. 22-19 ○將軍察聽之[也]. 23-2

【奪】 1

故古之人患利重之○. 14-16

【叡】 1

愿及未寘○谷而託之. 15-24

【對】 7

臣○以弗知也. 2-4 ○曰. 4-25 ○曰. 5-5 大○也. 9-1 ○曰. 20-7 ○曰. 22-7 ○曰. 22-15

【嘗】 7

未○謀燕. 3-11 齊勺皆○謀. 3-22 齊勺未○謀燕. 3-22 [且君○曰]. 8-20 [且君○曰]. 9-2 未之○有也. 12-8 且五國之主○合衡謀伐趙. 18-20

【聞】 19

臣○王之不安. 1-9 而不欲其從已○也. 5-13 故敢以○也. 7-11 所○於乾粱之功秦. 7-23 [俞疾功菑四寡人有○粱]. 8-11 [寡人有○粱]. 8-19 臣○魏長吏胃魏王曰. 11-15 此臣之所○於魏也. 11-25 臣○魏氏悉其百縣勝甲以上. 12-4 羣臣莫以[○]則不忠. 12-24 昧死以○. 15-22 老婦弗○. 16-6 子義○之曰. 16-13 秦王○若說. 18-2 臣○[甘]洛降. 18-6 臣○之. 20-1 楚王○之. 20-17 臣○之也. 23-7 且曾○其音以知其心. 24-18

【閭】 1

釁逆於高○. 6-19

【鄲】 15

身率粱王與成陽君北面而朝奉陽君於邯○. 6-10 絶漳鋪[水][與趙兵决於]邯○之鄗. 13-5 則地去邯○百廿里. 18-16 [邯]○未將令也. 23-25 如北兼邯○. 24-1 然則吾將悉興以救邯[○]. 24-2 吾非敢以爲邯○賜也. 24-3 大緩救邯○. 24-5 邯○鄲. 24-5 復令於邯○君曰. 24-7 邯○君曰. 24-8 主君何爲亡邯○以敝魏氏. 24-15 邯○君榣於楚人之許己兵而不肯和. 24-16 邯○羸. 24-17

【舞】 2

與○陽鄰. 13-13 繚○陽之北以東臨許. 13-14

【箸】 1

○之飯竿. 18-21

【餌】 3

足以俷先王之○. 14-19 故以齊○天下. 18-10 以粱○秦. 22-24

【疑】 7

勺○燕而不功齊. 3-14 王雖○燕. 6-24 不○. 6-24 今魏方○. 12-9 魏方○而得以小割爲和. 12-10 從之不[成也][楚]魏○而韓不[可得也]. 13-22 恐天下之○己. 18-11

【諫】 1

必如○心. 18-3

【語】 2

有遣臣之○矣. 2-2 使人於齊大夫之所而俞○則有之. 8-25

【說】 11

故冒趙而欲○丹與得. 1-5 須賈○穰侯曰. 11-15 然則王何不使辯士以若○說秦王曰. 17-16 ○沙也. 17-24 秦王聞若○. 18-2 然則[王]何不使辯士以如○[○]秦. 18-3 且○士之計皆曰. 18-12 [韓王]○. 21-3 所○謀者爲之. 22-18

【膏】 1

而封之○腴之地. 16-9

【適】 3

秦兵○敝. 15-6 非○禺堯. 16-20 輕絶强秦之○. 21-5

【齊】 263

○必不信趙矣. 1-8 臣甚愿之中重○欲如○. 1-9 使○韓粱[燕]約御軍之日無伐○. 1-10 外○焉. 1-12 ○趙大惡. 1-12 趙循合○秦以謀燕. 1-12 今臣欲以○大[惡]而去趙. 1-13 胃○王. 1-13 陰外○謀○. 1-14 ○趙必大惡矣. 1-14 甚不欲臣之之○也. 1-14 今○王使李終之勺. 2-2 奉陽君甚怒於○. 2-4 ○勺之惡日益. 2-5 ○王之言臣. 2-6 雖未功○. 2-9 以○之任臣. 2-10 勺以用薛公徐爲之謀謹○. 2-11 故○[趙]相倍也. 2-11 今○王使宋竅謂臣曰. 2-12 欲謀○. 2-13 請以○爲上交. 2-15 天下有謀○者請功之. 2-15 蘇脩在○. 2-16 使予○勺矣. 2-16 今[○]王使宋竅詔臣曰. 2-16 臣之所不功○. 2-17 其功○益疾. 2-18 王必勺之功○. 2-19 外○於禾. 2-19 必不合○秦以謀燕. 2-20 則臣請爲免於○而歸矣. 2-20 爲趙擇必趙之不合○秦以謀燕也. 2-20 ○王雖歸臣. 2-21 諸可以惡○勺[者]將之. 2-22 循[善]○秦以定其封. 2-24 次循善○以安其國. 2-25 ○勺循善. 2-25 [將]養勺而美之○乎. 2-25 惡之○乎. 3-1 臣以○善勺. 3-2 勺非可與功○也. 3-2 勺毋惡於○爲上. 3-3 ○勺不惡. 3-3 ○趙之惡從已. 3-4 勺止臣而它人取○. 3-5 自○獻書於燕王曰. 3-8 燕○之惡也久矣. 3-8 臣處於燕○之交. 3-8 ○必爲燕大患. 3-9 臣循用於○. 3-9 大者可以使○毋謀燕. 3-9 次可以惡○勺之交. 3-10 臣受教任○交五年. 3-11 ○兵數出. 3-11 ○勺之交. 3-11 燕非與○謀勺. 3-12 則與趙謀○. 3-12 ○之信燕也. 3-12 王信田代繰去[疾]之言功○. 3-13 使○大戒而不信燕. 3-13 勺疑燕而不功○. 3-14 ○勺遇於阿. 3-15 毋○趙之患. 3-16 ○殺張庫. 3-17 臣請屬事辭爲臣於○. 3-17 不之○危國. 3-18 治○燕之交. 3-18 薛公乾徐爲與王約功○. 3-18 以定其封於○. 3-19 故强臣之○. 3-20 臣之○. 3-20 惡○勺之交. 3-21 ○勺皆嘗謀. 3-22 ○勺未嘗謀燕. 3-22 今○有過辭. 3-23 王不諭○王多不忠也. 3-24 ○改葬其後而召臣. 3-25 使○棄臣. 3-25 ○王之多不忠也. 4-1 故强臣之○. 4-2 臣貴於○. 4-3 ○有不善. 4-4 天下不功○. 4-4 善爲○謀. 4-5 天下功○. 4-5 將與○兼棄臣. 4-5 可以得用於○. 4-7 與言去燕之○. 4-8 是故無不以口○王而得用焉. 4-9 ○不出呂遂. 5-6 ○使宋竅侯瀛謂臣曰. 5-9 今燕王與羣臣謀破○於宋而功○. 5-10 臣請疾之○觀之而以報. 5-14 ○雖欲功燕. 5-15 臣將令陳臣許翦以韓粱問之○. 5-15 足下雖怒於○. 5-16 臣之苦○王也. 5-16 欲○之先變以謀晉國也. 5-19 臣故令遂恐○王曰. 5-20 道○以取秦. 5-20 [○王]甚懼而欲先天下. 5-21 ○先鬻勺以取秦. 5-23 則天下故不能謀○矣. 5-25 非於○. 6-2 有慎毋非令羣臣衆義功○. 6-

3 ○王以燕爲必侍其鑿而功○. 6-4 謂○王曰. 6-7 以○封奉陽君. 6-8 傷○者. 6-13 絶中國而功○. 6-14 傷○者必勹. 6-15 子以○大重秦. 6-16 秦將以燕事○. 6-17 ○燕爲一. 6-17 臣以車百五十乘入○. 6-18 ○燕爲一. 6-22 謂○王曰. 7-2 今南方之事○者多故矣. 7-3 南方之事○者. 7-4 而入之秦與宋以謀○. 7-4 則大夫之謀○者大解矣. 7-5 有使蘇[秦]大貴○景之之車也. 7-8 謂○王. 7-13 臣以燕重事○. 7-17 自勹獻書於○王曰. 7-22 不敢與○遇. 7-25 ○楚果遇. 8-1 以爲○秦復合. 8-2 臣以好處於○. 8-4 ○王終臣之身不謀燕燕. 8-5 終臣之身不謀○. 8-5 其於○循善. 8-6 以燕之事○也爲盡矣. 8-7 盡以爲○. 8-9 燕○循善. 8-12 自勹獻書於○王曰. 8-14 粱氏留○兵於觀. 8-15 擇○兵於熒陽成皐. 8-16 ○道楚取秦. 8-24 蘇脩在○矣. 8-24 乃景固於○. 8-25 使人於○大夫之所而俞語則有之. 8-25 今○勹燕循相善也. 9-13 ○勹功粱. 9-15 ○必取大粱以東. 9-15 乾景獻書於○曰. 9-23 ○不收秦. 9-24 ○秦復合. 9-24 ○取宋. 9-25 盡以爲○. 10-1 ○取河東. 10-2 ○取燕之陽地. 10-3 ○取東國下蔡. 10-4 ○秦雖立百帝. 10-4 謂○王曰. 10-7 非○之令也. 10-8 宋以淮北與○講. 10-9 ○不以爲怨. 10-10 王必毋以豎之私怨敗○之德. 10-11 臣負○燕以司薛公. 10-15 三晉之交完於○. 10-17 ○事從横盡利. 10-17 不則與○共講. 10-21 天下之兵皆去秦而與○諍宋地. 10-23 王收秦而○其後. 11-6 ○人攻燕. 11-17 有不攻燕與○矣. 13-9 燕○甚卑. 14-7 私心以公爲爲天下伐○. 14-10 ○秦相伐. 14-11 ○晉相伐. 14-11 破○. 14-12 秦食晉以○. 14-12 ○毀. 14-12 餘○不足以爲晉國主矣. 14-12 晉國不敢倍秦伐○. 14-13 有不敢倍秦收○. 14-13 秦兩縣○晉以持大重. 14-14 燕○毋難矣. 14-18 伐○. 14-19 孰無○患. 14-19 兵全以臨○. 14-22 餘○弱於晉國矣. 14-23 爲○計者. 14-23 秦[○]不合. 14-24 與之攻○. 14-24 攻○已. 14-25 毀○. 15-1 天下且功○. 15-2 終○事. 15-3 是秦重攻○也. 15-3 意○毀未當於秦心也. 15-4 盧○齊而生事於[秦]. 15-4 天下○齊不侍夏. 15-5 非是猶不信○也. 15-7 畏○大甚也. 15-7 此○之以母質之時也. 15-9 求救於○. 15-12 ○曰. 15-12 質於○. 16-12 攻○之事成. 16-16 攻○不成. 16-17 故攻○之於陶也. 16-18 今天下攻○. 16-21 伐讎國之○. 16-22 ○不亡燕. 16-24 燕故亡○. 16-24 ○亡於燕. 16-25 秦有它事而從○. 17-1 ○趙親. 17-1 愿君之剸志於攻○而毋有它慮也. 17-3 奇質於○. 17-6 奉萬乘助○伐宋. 17-7 而○兼之. 17-7 是益○也. 17-8 而○兼之. 17-8 是益二○也. 17-9 夫一○之强. 17-9 今以三○臨燕. 17-9 ○紫. 17-11 則莫若招霸○而尊之. 17-13 今爲○下. 17-15 秦王之心苟得窮○. 17-16 燕趙破宋肥○. 17-17 ○不聽則燕趙伐. 17-21 天下服聽因迥韓魏以伐○. 17-22 燕趙之棄○. 17-24 ○伯必成. 17-25 諸侯贊○而王弗從. 17-25 諸侯伐○而王從之. 17-25 ○必伐矣. 18-4 伐○. 18-4 非深於○. 18-8 下吏皆以秦爲夏趙而曾○. 18-8 秦幾夏趙而曾○戋. 18-9 故以○餌天下. 18-10 今燕盡○之河南. 18-14 今從强秦久伐○. 18-19 ○乃西師以唫强秦. 18-22 夫○之事趙. 18-24 今王收○. 19-1 ○探社稷事王. 19-1 然則○義. 19-2 ○逆. 19-2 ○宋攻魏. 19-5 ○兵有進. 19-8 義且以韓秦之兵東巨○宋. 19-15 秦韓爭事○楚. 19-21 大公望封○. 20-4 非○則魏. 20-6 ○魏新惡楚. 20-7 此粱楚○之大福已. 22-23 以東地之兵爲○楚爲前行. 22-25 ○楚見亡不叚. 23-1 彼笥○守其利矣. 24-10

【旗】 1

老臣賤息訏○最少. 15-21

【養】 3

[將]○勹而美之齊乎. 2-25 請○之以便事. 5-16 古之爲利者○人. 14-15

【鄰】 4

與大粱○. 12-25 與舞陽○. 13-13 [而]必無與强秦○之禍. 14-3 誠爲○世世無患. 17-3

【鄭】 5

秦有[○]地. 12-25 有○地. 13-11 有○地. 13-21 實伐○韓. 18-11 必不胃○王曰. 19-12

【熒】 2

擇齊兵於○陽成皐. 8-16 决○澤. 13-11

【潰】 1

秦韓戰於蜀○. 20-14

【漳】 1

絶○鋪[水][與趙兵決於]邯鄲之鄗. 13-5

【賓】 2

其[次]○之. 9-6 不然則○之. 10-21

【寡】 31

奉陽君使周納告○人曰. 2-12 ○人弗信也. 2-13 迺免○人之冠也. 4-13 ○人與子謀功宋. 5-9 ○人恃燕勹也. 5-10 兵率有子循而不知○人得地於宋. 5-11 [○人之或功宋也]. 8-10 [○人已舉宋講矣]. 8-10 [俞疾功菑四○人有聞粱]. 8-11 ○人之所以有講慮者有. 8-14○人之所爲功秦者. 8-15 ○人失望. 8-16 [○人之吶功宋也]. 8-17 [○人已舉宋講矣]. 8-18 [○人有聞粱]. 8-19 [○人恐粱氏之棄與國而獨取秦也]. 8-21 ○人之上計. 8-23 最○人之大下也. 8-23 粱氏不恃○人. 8-24 樹○人曰. 8-24 ○人將反景也. 8-25 ○人無之. 8-25 ○人不見使. 9-1 ○人有反景之慮. 9-2 ○人[入兩使陰成於秦]. 9-2 [○人恐粱氏之棄與國而獨取秦也]. 9-3 此○人之約也. 9-7 ○人許之已. 9-9 子來救[○]人可也. 19-8 不救○人. 19-8 ○人弗能枝. 19-9

【察】 5

愿王之○之也. 6-12 ○於見反. 14-17 愿將軍之○之也. 22-2 愿將軍之○也. 22-19 愿將軍○聽之[也]. 23-2

【寧】 2

通韓上黨於共○. 14-4 上黨○陽. 15-6

【實】 7

○必利郢. 15-2 民勞而○費. 17-7 夫○得所利. 17-24 ○伐鄭韓. 18-11 名存亡[國][○伐三川]而歸. 19-16 夫以○苦我者秦也. 21-4 其○未也. 24-18

【盡】 23

奉陽君○以爲臣罪. 2-5 事印曲○從王. 8-6 以燕之事齊也爲○矣. 8-7 ○以爲齊. 8-9 其鄙○入粱氏矣. 9-9 秦印曲○聽王. 9-25 ○以爲齊. 10-1 前事愿王之○加之於豎也. 10-11 齊事從横○利. 10-17 事印曲○害. 10-19 秦未至旨而王已○宋息民矣. 11-5 ○晉國. 11-21 ○故宋. 12-14 槫城○拔. 13-17 麋鹿○. 13-18 非○亡天下之兵而臣海內. 13-25 此士民不勞而故地○反矣. 14-2 且使燕○陽地. 14-18 除怨者莫如○. 16-24 餘疾不○也. 16-25 今燕○齊之河南. 18-14 秦○韓魏之上黨. 18-15 故地必○. 19-13

【暨】 1

臣○從燕之粱矣. 7-22

【墮】 1

○安陵是而亡之. 13-13

【隨】 2

窔於骨○. 4-13 支臺○. 13-17

【翟】 1

秦與戎○同俗. 12-18

【綸】 1

○山之玉不出. 18-19

【奭】 1

召公○封於燕. 20-4

【撓】 1

秦○以講. 13-23

【驅】 1

王有使周濕長○重令挩. 9-10

【賣】 1

後○秦以取勹而功宋. 5-23

【摯】 6

愿則○而功宋. 6-18 燕纍臣以求○. 7-2 ○子. 8-8 [天]下將入地與重○於秦. 9-19 故出○以爲信. 18-11 割○馬免而西走. 21-15

【搓】 1

收秦等○明功秦. 9-5

【遂】 2

齊不出呂○. 5-6 王○伇之. 11-6

【增】 4

叚臣孝如○參. 4-19 孝如○參. 4-22 夫○韓. 13-14 今○注矮恒山而守三百里. 18-18

【穀】 2

不○唯小. 21-2 不○將以楚隹韓. 21-3

【瑰】 2

除羣臣之○. 3-17 報惠王之○. 16-22

【榑】 5

王若欲剸舍臣而○任所善. 4-16 ○辭也. 19-9 魏是○. 19-9 倗將○三國之兵. 19-12 義[將]○三國之兵. 19-15

【塹】 2

臣舉天下使臣之封不○. 4-11 可毋○乎. 4-20

【毆】 1

有長○粱北. 13-18

【豎】 7

臣恐楚王之勤○之死也. 10-7 ○之死也. 10-8 ○之罪固當死. 10-9 王必毋以○之私怨敗齊之德. 10-11 前事愿王之盡加之於○也. 10-11 三晉相○也而傷秦. 11-4 若三晉相○也以功秦. 11-7

【賢】 12

令田○急[守]薛公. 6-1 臣○王於桓[公]. 7-7 請貴重之高○足下. 7-11 唯○者能以重終. 14-17 以燕王之○. 14-18 老臣竊以爲媪之愛燕后○長安君. 15-25 舜雖○. 16-20 湯武雖○. 16-20 三王者皆○矣.

16-21 〇君惡之. 18-7 秦王以君爲〇. 21-20 譔擇〇者. 22-11

【慮】 24

愿王之定〇而羽鑚臣也. 3-4 〇從楚取秦. 5-21 〇反乾景. 5-21 有〇從勺取秦. 5-22 若〇大惡則無之. 7-13 勺氏之〇. 8-2 寡人之所以有講〇者有. 8-14 [是以有溝〇]. 8-22 寡人有反景之〇. 9-2 [是以有講〇]. 9-4 愿君之以氏〇事也. 12-1 非計〇之攻也. 12-3 愿[君]之孰〇之而毋行危也. 12-15 共約而不同〇. 14-10 是以晉國之〇. 14-11 愿御史之孰〇之也. 14-17 國必〇. 15-3 近〇周. 15-5 秦有〇矣. 15-7 愿君之剸志於攻齊而毋有它〇也. 17-3 臣愿王與下吏羊計某言而竺〇之也. 19-3 危則〇安. 20-1 爲君〇封. 20-2 則死王更有大〇. 23-14

【鄴】 1

倍〇朝歌. 13-4

【暴】 2

勝〇子. 11-21 大戰勝〇子. 12-2

【賦】 2

出入〇之是魏重質韓以其上黨也. 14-4 合有其〇. 14-5

【賤】 4

臣〇. 4-3 〇而貴之. 4-10 言者以臣〇而邈於王矣. 6-4 老臣〇息訏旗最少. 15-21

【賜】 6

王之〇使使孫與弘來. 2-1 臣受〇矣. 4-2 王以不謀燕爲臣〇. 11-12 爲粱〇矣. 23-1 吾非敢以爲邯鄲〇也. 24-3 主君若有〇. 24-3

【數】 11

齊兵〇出. 3-11 〇月不逆. 8-16 〇月不從. 8-17 宋中山〇伐數割. 11-19 此言幸之不可〇也. 12-2 大縣〇十. 13-20 名部〇百. 13-20 愿令得補黑衣之〇. 15-22 假君天下〇年矣. 16-16 今足下功力非〇加於秦也. 18-7

【景】 15

慮反乾〇. 5-21 〇謂臣曰. 6-13 臣謂〇曰. 6-16 〇以爲善. 6-18 〇逆於高間. 6-19 猶〇不知變事以功宋也. 6-20 〇之所與臣前約者善矣. 6-20 有使蘇[秦]大貴齊〇之之車也. 7-8 寡人將反〇也. 8-25 乃〇固於齊. 8-25 寡人有反〇之慮. 9-2 不棄筞而反〇也. 9-14 反〇也. 9-18 乾〇獻書於齊曰. 9-23 使〇反. 9-24

【罷】 3

秦兵必〇. 12-8 乃〇粱圍. 12-16 市朝未〇過及於趙. 18-13

【稽】 1

句淺棲會〇. 17-11

【稷】 1

齊探社〇事王. 19-1

【樂】 2

務自〇也. 1-9 不〇生矣. 5-17

【質】 11

必小割而有〇. 11-25 投〇於趙. 13-24 王偃韓之〇以存韓而求故地. 14-1 出入賦之是魏重〇韓以其上黨也. 14-4 請以其母〇. 15-8 此齊之以母〇之時也. 15-9 必[以]大后少子長安君來〇. 15-12 有復言令長安君〇者. 15-14 〇於齊. 16-12 奇〇於齊. 17-6 因以爲〇. 17-20

【德】 11

臣之〇王. 4-13 王必毋以豎之私怨敗齊之〇. 10-11 臣有以〇燕王矣. 11-12 不試禮義〇行. 12-19 非[所施]厚積〇也. 12-20 韓必〇魏重魏畏魏. 14-5 樹〇者莫如兹. 16-23 聲〇與國. 18-11 公令秦韓之兵不[用而得地][有一大]〇. 19-22 君不如北兵以〇趙. 20-5 韓之〇王也. 20-22

【徹】 2

臣以信不與仁俱〇. 4-24 人無信則不〇. 4-25

【鋪】 1

絶漳〇[水][與趙兵决於]邯鄲之鄗. 13-5

【劍】 2

帶長〇. 21-19 案其〇. 21-19

【餘】 11

必以其〇驕王. 11-4 臣之所以備患者百〇. 11-9 〇齊不足以爲晉國主矣. 14-12 〇齊弱於晉國矣. 14-23 然則韓一年有〇矣. 15-6 〇疾不盡也. 16-25 秦〇楚爲上交. 21-15 〇燕爲上交. 21-22 尙方五百〇里. 22-9 小縣有市者卅有〇. 22-1 今王之東地尙方五百〇里. 23-17

【魯】 5

宋〇弱. 6-14 以臣所〇甚焉. 7-15 毋庸發怒於宋〇也. 7-15 南陽傷於〇. 14-22 加以〇衞. 17-8

【請】 32

燕王〇毋任蘇秦以事. 2-12 〇以齊爲上交. 2-15 天下有謀齊者〇功之. 2-15 則臣〇爲免於齊而歸矣. 2-20 臣〇屬事辭爲臣於齊. 3-17 臣〇爲王事之. 4-15 臣〇歸擇事. 4-16 臣〇疾之齊觀之而以報. 5-14 〇養之以便事. 5-16 〇劫之. 6-16 繵子之〇. 7-6 臣不敢忘〇王誠重御臣. 7-7 王〇以百五十乘. 7-9 若不欲〇以五[十]乘來. 7-10 〇貴重之高賢足下. 7-11 [〇於粱閉關於宋而不許]. 8-10 [〇於粱閉關於宋而不許]. 8-17 〇從. 8-23 今秦王〇侍王以三四年. 9-23 〇令楚粱毋敢有尺地於宋. 9-25 臣〇終事而與. 10-16 〇毋至三月而王不見王天下之業. 11-10 臣〇死. 11-11 此非兵力之〇也. 12-2 〇爲天[下雁]行頓[刃][楚趙]必疾兵. 13-24 〇以其母質. 15-8 [〇與韓地而王以]施三川. 19-18 〇令魏王可. 20-7 臣〇爲將軍言秦之可可破之理. 23-2 〇使宜信君載先生見不責於臣. 23-16 其將〇師耶. 24-1 則使臣赤敢〇其日以復於君乎. 24-4

【諸】 9

〇可以惡齊勺[者]將之. 2-22 王以〇侯御臣. 7-10 燕趙之所以國大兵强而地兼〇侯者. 11-18 〇侯有在者乎. 16-6 秦五世伐〇侯. 17-15 〇侯贊齊而王弗從. 17-25〇侯伐齊而王從之. 17-25 〇侯有爲救粱. 23-10 之〇侯. 23-14

【諳】 1

屬之祝〇. 18-21

【諒】 1

而〇逐之. 12-21

【廟】 1

此秦之所〇祀而求也. 20-19

【慶】 5

臣使〇報之後. 1-20 王使〇謂臣. 1-21 使盛〇獻書於[燕王曰]. 2-9 王使〇謂臣. 3-17 今王使〇令臣曰. 4-14

【廢】 1

史秦〇令. 18-22

【翦】 1

臣將令陳臣許〇以韓粱問之齊. 5-15

【憐】 2

竊愛〇之. 15-22 丈亦愛〇少子乎. 15-24

【窮】 1

秦王之心苟得〇齊. 17-16

【緩】 3

走秦必〇. 22-3 秦王怒於楚之〇也. 22-3 大〇救邯鄲. 24-5

【靜】 1

而〇秦. 10-19

【據】 7

今三晉之敢〇薛公與不敢〇. 6-21 雖使〇之. 6-21 必〇之. 9-13 陶爲廉監而莫[之]〇. 16-17 秦使辛梧〇粱. 21-13 爲秦〇趙而攻燕. 21-17

【操】 2

臣愿辭而之周負籠〇臿. 5-4 公常〇芥而責於[秦][韓][此其善於]公而[惡張]張義多資矣. 19-23

【擇】 6

爲趙〇必趙之不合齊秦以謀燕也. 2-20 臣請歸〇事. 4-16 〇齊兵於熒陽成臯. 8-16 從已散而君後〇焉. 12-12 譔〇賢者. 22-11 子〇其日歸而已矣. 24-6

【燕】 144

自趙獻書〇王曰. 1-4 比〇於趙. 1-7 秦毋惡〇粱以自持也. 1-10 使齊韓粱[〇]約御軍之日無伐齊. 1-10 不外〇. 1-12 趙循合齊秦以謀〇. 1-12 〇事小大之諍. 1-15 使韓山獻書〇王曰. 1-20 使盛慶獻書於[〇王曰]. 2-9 〇王請毋任蘇秦以事. 2-12 〇勺循善矣. 2-14 必不合齊秦以謀〇. 2-20 爲趙擇必趙之不合齊秦以謀〇也. 2-20 〇之大過. 2-25 害於〇. 3-1 必害於〇. 3-5 自齊獻書於〇王曰. 3-8 〇齊之惡也久矣. 3-8 臣處於〇齊之交. 3-8 齊必爲〇大患. 3-9 大者可以使齊毋謀〇. 3-9 未嘗謀〇. 3-11 〇非與齊謀勺. 3-12 齊之信〇也. 3-12 使齊大戒而不信〇. 3-13 勺疑〇而不功齊. 3-14 治齊〇之交. 3-18 歸罪於〇. 3-19 齊勺未嘗謀〇. 3-22 〇大夫將不信臣. 4-3 與言去〇之齊. 4-8 與謀〇. 4-8 謂〇王曰. 4-19 〇將不出屋注. 5-6 自粱獻書於〇王曰. 5-9 寡人恃〇勺也. 5-10 今〇王與羣臣謀破齊於宋而功齊. 5-10 天下之欲傷〇者與羣臣之欲害臣者將成之. 5-13 齊雖欲功〇. 5-15 〇南方之交完. 5-15 自粱獻書於〇王曰. 5-19 〇毋首. 6-3 齊王以〇爲必侍其斃而功齊. 6-4 臣之以〇事王循也. 6-13 〇人承. 6-15 秦將以〇事齊. 6-17 齊〇爲一. 6-17 臣保〇而事王. 6-21 齊〇爲一. 6-22 臣之爲王守〇. 6-23 在王之循甘〇也. 6-23 王雖疑〇. 6-24 王明視天下以有〇. 6-24 〇纍臣以求摯. 7-2 欲得〇與天下之師. 7-4 臣諍之於〇王. 7-4 〇王必弗聽矣. 7-5 雖無〇. 7-6 〇不應天下以師. 7-8 〇王難於王之不信己也則有之. 7-13 〇大惡. 7-14 必毋聽天下之惡〇交者. 7-14 若〇. 7-17 臣以〇重事齊. 7-17 臣暨從〇之粱矣. 7-22 臣以足下之所與臣約者告〇王. 8-4 齊王終臣之身不謀〇燕. 8-5 臣得用於〇. 8-5 〇王甚兌. 8-5 然而〇王亦有苦. 8-7 天下惡〇而王信之. 8-7 以〇之事齊也爲盡矣. 8-7 乾粱豈能得此

於○戈. 8-9 王猶聽惡○者. 8-10 [今○勺之兵皆至矣]. 8-11 ○王甚苦之. 8-11 愿王之爲臣甚安○王之心也. 8-12 ○齊循善. 8-12 [今○勺之兵皆至矣]. 8-19 今齊勺○循相善也. 9-13 三晉與○爲王功秦. 9-17 與○也. 9-20 齊取○之陽地. 10-3 臣負齊○以司薛公. 10-15 臣保○而循事王. 11-5 王收○循楚而啗秦以晉國. 11-8 王句爲臣安○王之心而毋聽傷事者之言. 11-9 王以不謀○爲臣賜. 11-12 臣有以德○王矣. 11-12 齊人攻○. 11-17 ○人不割而故國復反. 11-18 ○趙之所以國大兵强而地兼諸侯者. 11-18 臣以爲○趙可法. 11-20 有不攻○與齊矣. 13-9 ○齊甚卑. 14-7 且使○盡陽地. 14-18 ○齊毋難矣. 14-18 以○王之賢. 14-18 ○畢之事. 14-20 ○趙共相. 14-21 則秦不能與○趙爭. 14-22 北地歸於○. 14-23 老臣竊以爲媪之愛○后賢長安君. 15-25 媪之送○后也. 16-2 故以爲其愛也不若○后. 16-11 侯不使人謂○相國曰. 16-19 此○之利也. 16-23 齊不亡○. 16-24 ○故亡齊. 16-24 齊亡於○. 16-25 挾君之讎以於○. 17-1 君悉○兵而疾贊之. 17-2 胃○王曰. 17-6 ○猶弗能支. 17-9 今以三齊臨○. 17-9 ○趙破宋肥齊. 17-17 ○趙非利之也. 17-17 ○趙弗利而埶爲者. 17-18 然則王何不使可信者棲收○趙. 17-18 先於○趙曰. 17-19 則○趙信秦. 17-20 ○爲北帝. 17-20 齊不聽則○趙伐. 17-21 ○趙之所利也. 17-23 ○趙之所愿也. 17-23 ○趙之棄齊. 17-24 今不收○趙. 17-25 今收○趙. 18-1 不收○趙. 18-1 今○盡齊之河南. 18-14 過○陽曲逆. 18-18 召公奭封於○. 20-4 今○之罪大. 20-5 淺亂○國. 20-5 所道攻○. 20-6 唯欲攻○. 20-7 若夫越趙魏關甲於○. 20-10 爲秦據趙而攻○. 21-17 ○使蔡鳥股符胠璧. 21-17 今○獻地. 21-21 餘○爲上交. 21-22 言毋攻○. 21-23 有○之怒. 21-24

【薛】 26

勺以用○公徐爲之謀謹齊. 2-11 所見於○公徐爲. 2-18 ○公乾徐爲與王約功齊. 3-18 今有告○公之使者田林. 5-12 ○公以告臣. 5-12 ○公未得所欲於晉國. 5-19 今粱勺韓○公徐爲有辭. 5-22 如是而○公徐爲不能以天下爲其所欲. 5-24 令田賢急[守]○公. 6-1 非是毋有使於○公徐之所. 6-1 ○公相脊也. 6-7 王棄○公. 6-11 今三晉之敢據○公與不敢據. 6-21 欲以平陵蛇○. 9-8 以安無○公之心. 10-12 甘○公以就事. 10-12 皆言王之不信○公. 10-13 ○公甚懼. 10-13 非○公之信. 10-14 臣負齊燕以司○公. 10-15 ○公必不敢反王. 10-15 ○公有變. 10-15 是故臣以王令甘○公. 10-19 夏后堅欲爲先○公得平陵. 11-1 臣欲王以平陵予○公. 11-1 欲王之縣陶平陵於○公奉陽君之上以勉之. 11-2

【樹】 2

○寡人曰. 8-24 ○德者莫如茲. 16-23

【橫】 1

齊事從○盡利. 10-17

【橋】 1

相○於宋. 2-3

【鬍】 1

輿恐玉體之有所○也. 15-16

【縣】 15

[吾○免於粱是]. 8-20 [吾○免於粱是]. 9-3 欲王之○陶平陵於薛公奉陽君之上以勉之. 11-2 割八○. 11-21 割八○之地. 12-2 臣聞魏氏悉其百○勝甲以上. 12-4 大○數十. 13-20 魏之○也. 14-6 魏得韓以爲○. 14-6 秦兩○齊晉以持大重. 14-14 洛之以一名○. 20-16 今或得韓一名○具甲. 20-18 大○十七. 22-10 小○有市者卅有餘. 22-10 將軍皆令○急急爲守備. 22-11

【闔】 1

秦將不出商○. 5-6

【閼】 1

氏復○輿之事也. 13-4

【踵】 1

攀其○. 16-2

【踰】 1

不○强晉. 14-23

【器】 2

而挾重○多也. 16-8 多予之重○. 16-9

【戰】 11

秦○勝魏. 11-15 ○勝三粱. 11-16 拔邯○. 11-17 趙氏不割而邯○復歸. 11-17 夫○勝暴子. 12-2 秦韓○於蜀潢. 20-14 名○車. 20-20 與韓是○於岸門. 21-8 與楚粱大○長社. 23-3 秦兵○勝. 23-5 今○勝不能倍鄢陵而攻粱者少也. 23-5

【積】 2

非[所施]厚○德也. 12-20 怨竺○怒. 18-7

【舉】 12

臣○天下使臣之封不塹. 4-11 [寡人已○宋講矣]. 8-10 [寡人已○宋講矣]. 8-18 王○霸王之業而以臣爲三公. 11-12 而志必○之. 12-7 非一○之事也. 15-6 夫知者之[○]事. 17-10 ○其末. 21-19 秦大○兵東面而齎趙. 21-23 一○而地畢. 22-16 [楚]楚人然後○兵兼承吾國之敝. 24-14 楚人然後○兵. 24-17

【興】 5

○師救韓. 20-20 ○師. 21-1 因○師言救韓. 21-7 然則吾將悉○以救邯[鄲]. 24-2 ○兵以救敝邑. 24-4

【衡】 1

且五國之主嘗合○謀伐趙. 18-20

【衞】 2

東至虖陶○之[郊]北至乎]監. 13-18 加以魯○. 17-8

【獨】 6

[寡人恐粱氏之棄與國而○取秦也]. 8-21 [寡人恐粱氏之棄與國而○取秦也]. 9-3 而○爲秦臣以怨王. 9-20 ○以甘楚. 10-24 非○以爲王也. 11-11 微○趙. 16-6

【謀】 32

趙循合齊秦以○燕. 1-12 陰外齊○齊. 1-14 勺以用薛公徐爲之○謹齊. 2-11 欲○齊. 2-13 天下有○齊者請功之. 2-15 魚與子有○也. 2-17 必不合齊秦以○燕. 2-20 爲趙擇必趙之不合齊秦以○燕也. 2-20 大者可以使齊毋○燕. 3-9 未嘗○燕. 3-11 燕非與齊○勺. 3-12 則與趙○齊. 3-12 齊勺皆嘗○. 3-22 齊勺未嘗○燕. 3-22 善爲齊○. 4-5 與○燕. 4-8 寡人與子○功宋. 5-9 今燕王與羣臣○破齊於宋而功齊. 5-10 欲齊之先變以○晉國也. 5-19 則天下故不能○齊矣. 5-25 ○取勺. 6-11 而入之秦與宋以○齊. 7-4 則大夫之○齊者大解矣. 7-5 齊王終臣之身不○燕燕. 8-5 終臣之身不○齊. 8-5 必先與君○之. 9-2 王以不○燕爲臣賜. 11-12 且五國之主嘗合衡○伐趙. 18-20 有非素○伐秦也. 21-6 此必陳軫之○也. 21-7 夫輕絶强秦而强[信]楚之○臣. 21-7 所說○者爲之. 22-18

【謁】 2

故臣使辛○大之. 1-21 愿有○於公. 19-6

【謂】 17

王使慶○臣. 1-21 今齊王使宋竅○臣曰. 2-12 王使慶○臣. 3-17 王○臣曰. 4-6 王○乾徐爲. 4-12 ○燕王曰. 4-19 齊使宋竅侯瀶○臣曰. 5-9 ○齊王曰. 6-7 景○臣曰. 6-13 臣○景曰. 6-16 ○齊王曰. 7-2 ○齊王. 7-13 奉陽君○臣. 7-25 ○齊王曰. 10-7 ○魏王曰. 12-18 侯不使人○燕相國曰. 16-19 ○辛梧. 21-14

【諭】 1

王不○齊王多不忠也. 3-24

【親】 10

乃不離○. 4-22 使從○之國. 10-4 而無○. 11-20 無○. 12-19 不顧○戚弟兄. 12-19 此於[○]戚若此而兄仇讎之國乎. 12-22 骨肉之○也. 16-13 齊趙○. 17-1 襄子○因也. 20-3 其有○戚父母妻子. 22-12

【辨】 1

彼其應臣甚○. 24-10

【龍】 4

左師觸○言愿見. 15-15 左師觸○曰. 15-21 左師觸○曰. 16-1 左師觸○曰. 16-5

【澤】 1

決熒○. 13-11

【謈】 1

侍○䰒耳. 15-19

【環】 2

秦禍案○中粱矣. 21-15 秦禍案○歸於趙矣. 21-22

【趨】 1

入而徐○. 15-15

【聲】 2

○德與國. 18-11 ○. 19-20

【藉】 1

今日愿○於王前. 4-19

【韓】 78

使齊○粱[燕]約御軍之日無伐齊. 1-10 有不欲臣之之○粱也. 1-15 使○山獻書燕王曰. 1-20 欲從○粱取秦以謹勺. 2-10 臣將令陳臣許翦以○粱問之齊. 5-15 今粱勺○薛公徐爲有辭. 5-22 今王與秦共伐○而近秦患. 12-23 今○氏以一女子奉一弱主. 12-24 ○亡. 12-25 ○亡之後. 13-2 夫[越山與河][絶]○上黨而功强趙. 13-3 ○亡之後. 13-9 夫增○. 13-14 有周○而間之. 13-16 [又況於使]秦無○. 13-21 無周○而間之. 13-21 從之不[成也][楚]魏疑而○不[可得也]. 13-22 今○受兵三年. 13-23 王偃○之質以存○而求故地. 14-1 ○必效之. 14-2 其功多於與秦共伐○. 14-2 夫存○安魏而利天下. 14-3 通○上黨於共寧. 14-4 出入賦之是魏重質○以其上黨也. 14-4 ○必德魏重魏畏魏. 14-5 ○必不敢反魏. 14-5 是○. 14-5 魏得○以爲縣. 14-6 今不存○. 14-6 然則○一年有餘矣. 15-6 ○魏不聽則秦伐. 17-21 天下服聽因迿○魏以伐齊. 17-22 欲以亡○呻兩周. 18-9 實伐鄭○. 18

-11 ○亡參川. 18-12 秦盡○魏之上黨. 18-15 魏王胃○倗張義. 19-7 秦○之兵毋東. 19-9 ○是從. 19-10 ○倗之救魏之辭. 19-11 義且以○秦之兵東巨齊宋. 19-15 公令楚[王與○氏地]. 19-17 [請與○地而王以]施三川. 19-18 [川][○]○是之兵不用而得地[於楚]. 19-18 [伐楚○以窘]魏. 19-19 ○欲地而兵案. 19-20 秦○爭事齊楚. 19-21 公令秦○之兵不[用而得地][有一大]德. 19-22 秦○之王劫於○倗張義而東兵以服魏. 19-22 公常操芥而責於[秦][○][此其善於]公而[惡張]張義多資矣. 19-23 秦○戰於蜀潢. 20-14 ○是急. 20-14 公中倗胃○王曰. 20-14 ○王曰. 20-17 今或得○一名縣具甲. 20-18 秦○幷兵南鄉楚. 20-19 興師救○. 20-20 ○爲不能聽我. 20-22 ○之德王也. 20-22 是[秦]○不和也. 20-22 以厚怨○. 20-24 ○南[交楚]. 20-24 是我困秦○之兵. 20-25 言救○. 21-1 使之○. 21-2 胃○王曰. 21-2 不穀將以楚隹○. 21-3 [○王]說. 21-3 且楚○非兄弟之國也. 21-6 因興師言救○. 21-7 ○王弗聽. 21-8 與○是戰於岸門. 21-8 ○是大敗. 21-9 故○是之兵非弱也. 21-9 失計○倗. 21-11

【擊】 1
○其不意. 22-25

【臨】 4
以○河内. 13-11 繚舞陽之北以東○許. 13-14 兵全以○齊. 14-22 今以三齊○燕. 17-9

【闌】 2
有河山以○之. 13-16 無[河]山而○之. 13-21

【雖】 28
○未功齊. 2-9 齊王○歸臣. 2-21 ○費. 3-16 臣○無大功. 3-23 齊○欲功燕. 5-15 足下○怒於齊. 5-16 ○然. 6-12 秦○强. 6-13 ○使據之. 6-21 ○然. 6-23 王○疑燕. 6-24 ○無燕. 7-6 ○必. 8-3 [○乾亦然]. 8-21 [○乾亦然]. 9-3 平陵○成而已. 9-8 ○知不利. 9-12 ○知不利. 9-13 齊秦○立百帝. 10-4 楚○毋伐宋. 10-24 臣○死不丑. 11-13 得○近越. 15-2 ○. 15-23 舜○賢. 16-20 湯武○賢. 16-20 後○悔之. 17-2 [兵○]至楚. 20-23 楚國之口○. 24-17

【魏】 61
秦戰勝○. 11-15 臣聞○長吏胃○王曰. 11-15 蠶食○氏. 11-21 此臣之所聞於○也. 11-25 臣聞○氏悉其百縣勝甲以上. 12-4 今○方疑. 12-9 亟以小割收○. 12-10 ○方疑而得以小割爲和. 12-10 楚趙怒於○之先己也. 12-11 秦兵不功而○效降安邑. 12-13 謂○王曰. 12-18 外支秦○之兵. 12-25 非○無攻已. 13-10 秦七攻○. 13-17 從之不[成也][楚]○疑而韓不[可得也]. 13-22 夫存韓安○而利天下. 14-3 出入賦之是○重質韓以其上黨也. 14-4 韓必德○重魏畏魏. 14-5 韓必不敢反○. 14-5 ○之縣也. 14-6 ○得韓以爲縣. 14-6 ○亡晉國. 14-24 ○爲國. 14-25 不敢怨○. 15-1 ○. 15-1 公之○已. 15-1 公孫鞅之欺○卬也. 15-7 ○至今然者. 15-8 韓○不聽則秦伐. 17-21 天下服聽因迿韓○以伐齊. 17-22 故出兵以割革趙○. 18-10 ○亡晉國. 18-12 秦盡韓○之上黨. 18-15 反溫軹高平於○. 18-23 齊宋攻○. 19-5 ○王胃韓倗張義. 19-7 ○是榑. 19-9 韓倗之救○之辭. 19-11 倗以爲○. 19-12 張義之救○之辭. 19-13 義以爲○. 19-14 [伐楚韓以窘]○. 19-19 ○是不敢不聽. 19-20 發於○. 19-20 ○是魏是[轉]. 19-20 秦韓之王劫於韓倗張義而東兵以服○. 19-22 非齊則○. 20-6 齊○新惡楚. 20-7 請令○王可. 20-7 臣至○. 20-8 乃胃○王曰. 20-8 若夫越趙○闌甲於燕. 20-10 和於○. 24-7 我必列地以和於○. 24-13 ○必不敝. 24-13 吾國勁而○氏敝. 24-14 主君何爲亡邯鄲以敝○氏. 24-15

【輿】 2
氏復閼○之事也. 13-4 ○恐玉體之有所隙也. 15-16

【邈】 1
言者以臣賤而○於王矣. 6-4

【體】 1
輿恐玉○之有所隙也. 15-16

【講】 16
○. 2-15 [寡人已舉宋○矣]. 8-10 寡人之所以有○慮者有. 8-14 [寡人已舉宋○矣]. 8-18 ○. 8-23 [是以有○慮]. 9-4 其下完交而○. 9-7 ○亦以是. 9-21 宋以淮北與齊○. 10-9 ○而歸. 10-17 不則與齊共○. 10-21 今王循楚趙而○. 11-23 愿王之必毋○也. 11-25 王若欲○. 11-25 秦撓以○. 13-23 將使西○於秦. 20-17

【謝】 1
至而自[○]曰. 15-15

【襄】 7
王使○安君東. 3-15 ○安君之不歸哭也. 3-25 ○疵弗受也. 15-8 ○子之過也. 15-9 成昭○王之功. 16-22 ○子殺. 20-3 ○子親因也. 20-3

【應】 6
燕不○天下以師. 7-8 秦案不約而○. 9-16 其○必不敬矣. 20-24 彼其○臣甚辨. 24-10 彼非卒然之○也. 24-10 故○. 24-18

【麐】 3
○皮歸. 24-6 ○皮曰. 24-9 ○皮已計之矣. 24-19

【麇】 2
○鹿盡. 13-18 距○關. 18-15

【鏧】 1
齊王以燕爲必侍其○而功齊. 6-4

【濕】 1
王有使周○長驅重令挩. 9-10

【濟】 3
趙取○西. 14-21 ○西破於趙. 14-23 必不能掊梁黃○陽陰睢陽而攻單父. 22-21

【禮】 3
殺人之母而不爲其子○. 10-8 以其無○於王之邊吏也. 10-10 不試○義德行. 12-19

【臂】 1
交○而事楚. 19-10

【擯】 1
利○河山之間. 14-19

【轉】 5
○敗而爲功. 17-11 ○敗而爲功. 17-12 ○敗而爲功. 17-13 魏是魏是[○]. 19-20 則可以○禍爲福矣. 22-22

【齕】 1
魚信若迺○也. 4-6

【蟬】 1
而率效○尤. 12-14

【邊】 1
以其無禮於王之○吏也. 10-10

【歸】 21
則臣請爲免於齊而○矣. 2-20 齊王雖○臣. 2-21 臣將不○. 2-21 ○罪於燕. 3-19 襄安君之不○哭也. 3-25 將○罪於臣. 4-4 臣請○擇事. 4-16 亦以八月○兵. 5-11 亦以八月○兵. 5-12 講而○. 10-17 ○息士民而復之. 10-18 趙氏不割而邯戰復○. 11-17 北地○於燕. 14-23 ○楚淮北. 17-22 ○楚淮北. 17-23 名存亡[國][實伐三川]而○. 19-16 秦禍案環○於趙矣. 21-22 必○休兵. 22-20 必○休兵. 23-8 子擇其日○而已矣. 24-6 麐皮○. 24-6

【亂】 3
内有大○. 12-24 淺○燕國. 20-5 則如不粱中必○. 23-13

【謹】 2
欲從韓粱取秦以○勺. 2-10 勺以用薛公徐爲之謀○齊. 2-11

【癰】 1
得疽○. 13-11

【離】 3
壹合壹○. 3-12 乃不○親. 4-22 與國毋相○也. 9-7

【懮】 7
王○之. 3-16 王○之. 3-20 王毋○. 5-14 是王有○也. 7-3 而以○死. 12-21 李園○之. 21-13 是粱無東地○而王粱中. 23-19

【竅】 3
今齊王使宋○謂臣曰. 2-12 今[齊]王使宋○詔臣曰. 2-16 齊使宋○侯潚謂臣曰. 5-9

【璧】 1
燕使蔡鳥股符胠○. 21-17

【繚】 1
○舞陽之北以東臨許. 13-14

【斷】 1
身○事. 6-11

【類】 3
○然進其左耳而後其右耳. 24-11 邯鄲○. 24-17 夫○然見於左耳. 24-18

【壞】 1
秦固有○茅荆丘. 13-10

【難】 8
臣甚○之. 1-21 燕王○於王之不信己也則有之. 7-13 此其爲禍不○矣. 10-23 以其能忍○而重出地也. 11-19 所攻甚○. 13-7 燕齊毋○矣. 14-18 ○聽尊矣. 14-21 不○以國壹棲. 17-16

【勸】 2
言○晉國變矣. 5-23 ○之爲一. 10-20

【蘇】 5
燕王請毋任○秦以事. 2-12 ○脩在齊. 2-16 有使○[秦]大貴齊景之之車也. 7-8 ○脩在齊矣. 8-24 臣使○厲告楚王曰. 10-7

【警】 3
乃○公中倗. 20-17 ○四竟之内. 20-20 乃○四竟之内. 20-25

【櫋】 1

○城盡拔. 13-17
【攀】 1
○其踵. 16-2
【璽】 1
胡不解君之○以佩蒙敖王齮也. 21-20
【關】 6
與宋通○. 2-4 [請於粱閉○於宋而不許]. 8-10 [請於粱閉○於宋而不許]. 8-17 距麇○. 18-15 若夫越趙魏○甲於燕. 20-10 而秦無所○其計矣. 22-18
【贊】 2
君悉燕兵而疾○之. 17-2 諸侯○齊而王弗從. 17-25
【辭】 11
自○於臣也. 1-17 臣秦拜○事. 3-14 臣請屬事○爲臣於齊. 3-17 今齊有過○. 3-23 臣愿○而之周負籠操臿. 5-4 今粱勹韓薛公徐爲有○. 5-22 [不能○已]. 8-21 [不能○已]. 9-3 槫○也. 19-9 韓倗之救魏之○. 19-11 張義之救魏之○. 19-13
【識】 3
臣未之○. 6-21 ○亡不聽. 13-24 皆○秦[之欲無]躬也. 13-25
【譔】 1
○擇賢者. 22-11
【廬】 1
○齊齊而生事於[秦]. 15-4
【繰】 1
王信田代○去[疾]之言功齊. 3-13
【壞】 2
則地與王布屬○芥者七百里. 18-16 疎分趙○. 18-21
【攘】 1
地不與秦○介. 14-20
【獻】 13
自趙○書燕王曰. 1-4 使韓山○書燕王曰. 1-20 使盛慶○書於[燕王曰]. 2-9 自齊○書於燕王曰. 3-8 故○御書而行. 4-3 自粱○書於燕王曰. 5-9 自粱○書於燕王曰. 5-19 自勹○書於齊王曰. 7-22 自勹○書於齊王曰. 8-14 乾贔○書於齊曰. 9-23 ○書趙王. 18-6 今燕○地. 21-21 則秦之攻粱必大破臣來○計王弗用臣. 23-20
【黨】 7
勹氏將悉上○以功秦. 7-25 秦取粱之上○. 10-1 夫[越山與河][絕]韓上○而功強趙. 13-3 通韓上○於共寧. 14-4 出入賦之是魏重質韓以其上○也. 14-4 上○寧陽. 15-6 秦盡韓魏之上○. 18-15
【觸】 4
左師○龍言愿見. 15-15 左師○龍曰. 15-21 左師○龍曰. 16-1 左師○龍曰. 16-5
【辟】 2
[○]○皮曰. 24-3
【縉】 1
○子之請. 7-6
【繼】 2
子孫相○爲王也戋. 16-4 其○有在者乎. 16-5
【權】 1
名卑而○輕. 17-6
【霸】 3
王舉○王之業而以臣爲三公. 11-12 ○天下. 17-12 則莫若招○齊而尊之. 17-13
【爨】 1
燕○臣以求摯. 7-2
【辯】 2
然則王何不使○士以若說說秦王曰. 17-16 然則[王]何不使○士以如說[說]秦. 18-3
【齎】 1
秦大舉兵東面而○趙. 21-23
【灕】 1
齊使宋竅侯○謂臣曰. 5-9
【懼】 4
臣甚○. 3-24 臣甚○. 4-10 [齊王]甚○而欲先天下. 5-21 薛公甚○. 10-13
【顧】 2
不○親戚弟兄. 12-19 ○危. 22-15
【屬】 4
臣請○事辭爲臣於齊. 3-17 且○從. 15-2 則地與王布○壞芥者七百里. 18-16 ○之祝譜. 18-21
【續】 1
而國○以圍. 13-18
【驕】 3
○敬三晉. 10-20 必以其餘○王. 11-4 三晉豈敢爲王○. 11-7
【聽】 31
魚必不○衆口與造言. 4-6 燕王必弗○矣. 7-5 [桓]公○之. 7-6 必毋○天下之惡燕交者. 7-14 王猶○惡燕者. 8-10 秦悔不○王以先事而後名. 9-23 秦印曲盡○王. 9-25 宋必○. 10-24 愿王之勿○也. 11-1 愿王之勿○也. 11-4 王句爲臣安燕王之心而毋○傷事者之言. 11-9 王必勿○也. 11-23 ○使者之惡. 13-13 識亡不○. 13-24 難○尊矣. 14-21 天下必○. 16-17 韓魏不○則秦伐. 17-21 齊不○則燕趙伐. 17-21 天下孰敢不○. 17-21 天下服○因迿韓魏以伐齊. 17-22 疎服而○. 18-22 魏是不敢不○. 19-20 王○臣之爲之. 20-20 韓爲不能○我. 20-22 爲能○我. 20-23 韓王弗○. 21-8 過○於陳軫. 21-10 計○知順逆. 21-11 趙不能○. 21-24 將軍必○臣. 23-1 愿將軍察○之[也]. 23-2
【穰】 3
須賈說○侯曰. 11-15 ○侯. 12-21 胃○侯. 16-16
【籠】 1
臣愿辭而之周負○操臿. 5-4
【竊】 6
乃不○. 4-24 ○自老. 15-16 ○愛憐之. 15-22 老臣○以爲媪之愛燕后賢長安君. 15-25 臣○以事觀之. 18-8 今臣○爲將軍私計. 21-25
【鬻】 4
奉陽君○臣. 3-19 齊先○勹以取秦. 5-23 今有○天下以取秦. 5-24 侍鬻○耳. 15-19
【齮】 1
胡不解君之璽以佩蒙敖王○也. 21-20
【顯】 1
辱而○之. 4-10
【讎】 4
此於[親]戚若此而兄仇○之國乎. 12-22 伐○國之齊. 16-22 其○君必深矣. 17-1 挾君之○以於燕. 17-1
【鑽】 1
愿王之定慮而羽○臣也. 3-4
【變】 10
欲齊之先○以謀晉國也. 5-19 言勸晉國○矣. 5-23 猶贔不知○事以功宋也. 6-20 三晉必不敢○. 6-22 三晉有○. 6-22 無○志矣. 7-23 粱乾無○. 9-17 薛公有○. 10-15 三晉必無○. 11-5 秦有○. 17-19
【觀】 4
臣請疾之齊○之而以報. 5-14 粱氏留齊兵於○. 8-15 臣竊以事○之. 18-8 若由是○之. 24-17
【蠶】 1
○食魏氏. 11-21

人名索引

【工君奚洫】2
○曰. 23-25 ○曰. 24-5
【大公望】1
○封齊. 20-4
【勺氏】4
而○不得. 6-10 ○終不可得已. 6-15 ○將悉上黨以功秦. 7-25 ○之慮. 8-2
【勺弘】1
願王之使○急守徐爲. 5-25
【勺是】1
○不得. 6-9
【勺信】2
娟○. 10-10 反爲王誅○. 10-10
【子之】1
殺○. 11-17
【子義】1
○聞之曰. 16-13
【王齮】1
胡不解君之璽以佩蒙敖○也. 21-20
【井忌】2
將軍不見○乎. 21-16 逐○. 21-24
【公】1
[桓]○聽之. 7-6
【公中】2
止○之行. 21-3 ○曰. 21-4
【公中倗】2
○胃韓王曰. 20-14 乃警○. 20-17
【公玉丹】1
○之勺致蒙. 3-19
【公孫央】1
○功臣也. 20-3
【公孫鞅】3
○之欺魏卬也. 15-7 ○之罪也. 15-8 ○殺. 20-3
【丹】2
故冒趙而欲說○與得. 1-5 奉陽[君]○若得也. 2-14
【文信侯】4
以河間十城封秦相○. 21-18 ○弗敢受. 21-18 視○曰. 21-19 ○敬若. 21-22
【田代】1
王信○繰去[疾]之言功齊. 3-13
【田伐】1
使○若使使孫疾召臣. 1-17
【田林】1
今有告薛公之使者○. 5-12
【田儥】5
見○於粱南. 22-6 ○曰. 22-7 ○曰. 22-9 ○[曰]. 22-13 ○曰. 23-16
【田賢】1
令○急[守]薛公. 6-1
【句淺】1
○棲會稽. 17-11
【主君】2
○若有賜. 24-3 ○何爲亡邯鄲以敝魏氏. 24-15
【弘】1
王之賜使使孫與○來. 2-1
【召公奭】1
○封於燕. 20-4
【成陽君】1
身率粱王與○北面而朝奉陽君於邯鄲. 6-10
【安陵氏】1
不愛○. 13-14
【安陵是】2
而惡○於秦. 13-12 墮○而亡之. 13-13
【邯鄲君】3
復令於○曰. 24-7 ○曰. 24-8 ○榣於楚人之許己兵而不肯和. 24-16
【李終】1
今齊王使○之勺. 2-2
【李園】1
○慢之. 21-13
【辛】1
故臣使○謁大之. 1-21
【辛梧】2
秦使○據粱. 21-13 謂○. 21-14
【宋竅】3
今齊王使○謂臣曰. 2-12 今[齊]王使○詔臣曰. 2-16 齊使○侯瀇謂臣曰. 5-9
【尾星】2
信如○. 4-19 信如○. 4-23
【奉陽】2
今○[君]之使與封秦也. 1-6 ○[君]丹若得也. 2-14
【奉陽君】22
○徐爲不信臣. 1-14 ○徐爲之視臣益善. 2-2 且告○. 2-3 ○甚怒於齊. 2-4 ○盡以爲臣罪. 2-5 ○使周納告寡人曰. 2-12 信○使周納言之曰. 2-13 ○之所欲. 2-24 ○怨臣. 3-1 ○鬻臣. 3-19 ○受之. 3-20 毋與○言事. 6-2 以齊封○. 6-8 身率粱王與成陽君北面而朝○於邯鄲. 6-10 臣之所得於○者. 7-24 ○謂臣. 7-25 願王之以毋遇喜○也. 8-3 臣以令告○曰. 8-14 臣以[告]○. 9-9 ○甚兌. 9-10 ○合臣曰. 9-11 欲王之縣陶平陵於薛公○之上以勉之. 11-2
【武】2
臣以爲湯○復生. 12-6 湯○雖賢. 16-20
【武安君】1
而○之棄禍存身之夬也. 15-9
【長安君】7
必[以]大后少子○來質. 15-12 有復言令○質者. 15-14 老臣竊以爲媼之愛燕后賢○. 15-25 不若○甚. 16-1 ○何以自託於趙. 16-10 老臣以媼爲○計之短也. 16-10 於氏爲○約車百乘. 16-12
【長駟】1
王有使周瀇○重令挩. 9-10
【知伯】1
氏○之過也. 13-5
【使孫】2
使田伐若使○疾召臣. 1-17 王之賜使○與弘來. 2-1
【周納】3
奉陽君使○告寡人曰. 2-12 信奉陽君使○言之曰. 2-13 ○言. 2-14
【周瀇】1
王有使○長駟重令挩. 9-10
【宜信君】1
請使○載先生見不責於臣. 23-16
【屈匄】3
秦敗○. 19-5 乘○之敝. 19-13 乘○之敝. 19-16
【孟卯】3
走○. 11-15 今有走○. 11-22 今有走○. 12-3
【春申君】1
胃○曰. 20-1
【茺】1
令秦與○[兌]宋不可信. 1-7
【相夷】2
廉如○. 4-20 廉如○. 4-23
【昭襄王】1
成○之功. 16-22
【侯瀇】1
齊使宋竅○謂臣曰. 5-9
【韋非】2
[今曰不]與○約曰. 9-4 ○以粱王之令. 9-7
【紂】1
不當桀○. 16-20
【秦王】11
今○請侍王以三四年. 9-23 ○必患之. 17-15 ○之心苟得窮齊. 17-16 然則王何不使辯士以若說說○曰. 17-16 以不信○也. 17-18 ○聞若說. 18-2 必[不]胃○曰. 19-14 ○以君爲賢. 21-20 言之○. 21-22 ○令受之. 21-22 ○怒於楚之緩也. 22-3
【秦孝王】1
○死. 20-3
【起賈】1
胃○曰. 14-10
【挩】2
王有使周瀇長駟重令○. 9-10 ○也敬受令. 9-11
【桓】1
臣賢王於○[公]. 7-7
【夏后】1
○堅欲爲先薛公得平陵. 11-1
【倗】2
○以爲魏. 19-12 ○將榑三國之兵. 19-12
【徐】2

若持我其從〇制事. 1-7 非是毋有使於薛公〇之所. 6-1
【徐爲】8
奉陽君〇不信臣. 1-14 〇之與臣言甚惡. 1-20 奉陽君〇之視臣益善. 2-2 勹以用薛公〇之謀謹齊. 2-11 所見於薛公〇. 2-18 今粱勹韓薛公〇有辭. 5-22 如是而薛公〇不能以天下爲其所欲. 5-24 愿王之使勹弘急守〇. 5-25
【桀】1
不當〇紂. 16-20
【高陵君】1
如〇. 17-19
【陳臣】1
臣將令〇許蒴以韓粱問之齊. 5-15
【陳軫】6
胃〇曰. 19-5 〇曰. 19-11 召〇而告之. 20-18 〇曰. 20-18 此必〇之謀也. 21-7 過聽於〇. 21-10
【乾徐爲】2
薛公〇與王約功齊. 3-18 王謂〇. 4-12
【乾㬥】2
慮反〇. 5-21 〇獻書於齊曰. 9-23
【爽】1
今〇也. 10-13
【盛慶】1
使〇獻書於[燕王曰]. 2-9
【得】1
故冒趙而欲說丹與〇. 1-5
【許蒴】1
臣將令陳臣〇以韓粱問之齊. 5-15
【梁王】1
韋非以〇之令. 9-7
【張庳】1
齊殺〇. 3-17
【張義】6
魏王胃韓倗〇. 19-7 秦逐〇. 19-10 〇之救魏之辭. 19-13 秦韓之王劫於韓倗〇而東兵以服魏. 19-22 公常操芥而責於[秦][韓][此其善於]公而[惡張]〇多資矣. 19-23 王不若因〇而和於秦. 20-15
【堯】1
非適禺〇. 16-20
【惠王】3
〇伐趙. 11-16 報〇之瑰. 16-22 〇死. 20-3
【須賈】1
〇說穰侯曰. 11-15
【舜】1
〇雖賢. 16-20
【湯】2
臣以爲〇武復生. 12-6 〇武雖賢. 16-20
【涅子】1
〇之私也. 10-8
【强得】1
〇也. 10-13
【蒙敖】1
胡不解君之璽以佩〇王齮也. 21-20
【楚王】4
臣恐〇之勤豎之死也. 10-7 臣使蘇厲告〇曰. 10-7 今〇之春秋高矣. 20-1 〇聞之. 20-17
【桀】2
〇有私義. 9-12 不棄〇而反㬥也. 9-14
【庳】1
〇之死也. 3-24
【義】3
〇以爲魏. 19-14 〇且以韓秦之兵東巨齊宋. 19-15 〇[將]槫三國之兵. 19-15
【粱王】12
身率〇與成陽君北面而朝奉陽君於邯鄲. 6-10 復與〇遇. 7-16 欲王之赦〇而復見之. 8-1 將與〇復遇於圍地. 9-5 皆令從〇葆之東地單父. 22-12 〇出. 22-14 〇自守. 22-15 今〇居東地. 22-16 〇出粱. 22-19 〇在單父. 22-24 〇有出居單父. 23-8 若〇不出粱. 23-11
【粱氏】4
〇留齊兵於觀. 8-15 〇不恃寡人. 8-24 其鄙盡入〇矣. 9-9 〇先反. 9-15
【經陽君】1
如〇. 17-19
【趙大后】1
〇規用事. 15-12
【趙王】1
獻書〇. 18-6
【趙氏】1
〇不割而邯戰復歸. 11-17
【趙甲】1
爲予〇因在粱者. 1-17
【趙足】1
恐〇臣之所惡也. 1-4
【蔡鳥】2
燕使〇股符胠璧. 21-17 〇明日見. 21-19
【齊王】18
胃〇. 1-13 今〇使李終之勹. 2-2 〇之言臣. 2-6 今〇使宋竅謂臣曰. 2-12 〇雖歸臣. 2-21 王不諭〇多不忠也. 3-24 〇之多不忠也. 4-1 是故無不以口〇而得用焉. 4-9 臣之苦〇也. 5-16 臣故令遂恐〇曰. 5-20 〇以燕爲必侍其斃而功齊. 6-4 謂〇曰. 6-7 謂〇曰. 7-2 謂〇. 7-13 自勹獻書於〇曰. 7-22 〇終臣之身不謀燕燕. 8-5 自勹獻書於〇曰. 8-14 謂〇曰. 10-7
【鄭王】1
必不胃〇曰. 19-12
【增参】2
艮臣孝如〇. 4-19 孝如〇. 4-22
【豎】5
臣恐楚王之勤〇之死也. 10-7 〇之死也. 10-8 〇之罪固當死. 10-9 王必毋以〇之私怨敗齊之德. 10-11 前事愿王之盡加之於〇也. 10-12
【暴子】2
勝〇. 11-21 大戰勝〇. 12-2
【㬥】13
〇謂臣曰. 6-13 臣謂〇曰. 6-16 〇以爲善. 6-18 〇逆於高間. 6-19 猶〇不知變事以功宋也. 6-20 〇之所與臣前約者善矣. 6-20 有使蘇[秦]大貴齊〇之之車也. 7-8 寡人將反〇也. 8-25 乃〇固於齊. 8-25 寡人有反〇之慮. 9-2 不棄桀而反〇也. 9-14 反〇也. 9-18 使〇反. 9-24
【慶】4
臣使〇報之後. 1-20 王使〇謂臣. 1-21 王使〇謂臣. 3-17 今王使〇令臣曰. 4-14
【燕人】1
〇不割而故國復反. 11-18
【燕王】20
自趙獻書〇曰. 1-4 使韓山獻書〇曰. 1-20 〇請毋任蘇秦以事. 2-12 自齊獻書於〇曰. 3-8 謂〇曰. 4-19 自粱獻書於〇曰. 5-9 今〇與羣臣謀破齊於宋而功齊. 5-10 自粱獻書於〇曰. 5-19 臣諍之於〇. 7-4 〇必弗聽矣. 7-5 〇難於王之不信己也則有之. 7-13 臣以足下之所與臣約者告〇. 8-4 〇甚兌. 8-5 然而〇亦有苦. 8-7 〇甚苦之. 8-11 愿王之爲臣甚安〇之心也. 8-12 王句爲臣安〇之心而毋聽傷事者之言. 11-9 臣有以德〇矣. 11-12 以〇之賢. 14-18 胃〇曰. 17-6
【燕后】3
老臣竊以爲媪之愛〇賢長安君. 15-25 媪之送〇也. 16-2 故以爲其愛也不若〇. 16-11
【薛公】25
勹以用〇徐爲之謀謹齊. 2-11 所見於〇徐爲. 2-18 〇乾徐爲與王約功齊. 3-18 今有告〇之使者田林. 5-12 〇以告臣. 5-12 〇未得所欲於晉國. 5-19 今粱勹韓〇徐爲有辭. 5-22 如是而〇徐爲不能以天下爲其所欲. 5-24 令田賢急[守]〇. 6-1 非是毋有使於〇徐之所. 6-1 〇相脊也. 6-7 王棄〇. 6-11 今三晉之敢據〇與不敢據. 6-21 以安無〇之心. 10-12 甘〇以就事. 10-12 皆言王之不信〇. 10-13 〇甚懼. 10-13 非〇之信. 10-14 臣負齊燕以司〇. 10-15 〇必不敢反王. 10-15 〇有變. 10-15 是故臣以王令甘〇. 10-19 夏后堅欲爲先〇得平陵. 11-1 臣欲王以平陵予〇. 11-1 欲王之縣陶平陵於〇奉陽君之上以勉之. 11-2
【橋】1
相〇於宋. 2-3
【韓山】1
使〇獻書燕王曰. 1-20
【韓王】4
公中倗胃〇曰. 20-14 〇曰. 20-17 胃〇曰. 21-2 〇弗聽. 21-8
【韓氏】1
今〇以一女子奉一弱主. 12-24
【韓是】6
〇從. 19-10 [川][韓]〇之兵不用而得地[於楚]. 19-18 〇急. 20-14 與〇戰於岸門. 21-8 〇大敗. 21-9 故〇之兵非弱也. 21-9

【韓倗】3
魏王胃○張義.19-7 ○之救魏之辭.19-11 秦韓之王劫於○張義而東兵以服魏.19-22
【韓傰】1
失計○.21-11
【魏王】5
臣聞魏長吏胃○曰.11-15 謂○曰.12-18 ○胃韓倗張義.19-7 請令○可.20-7 乃胃○曰.20-8
【魏氏】4
蠶食○.11-21 臣聞○悉其百縣勝甲以上.12-4 吾國勁而○敝.24-14 主君何爲亡邯鄲以敝○.24-15
【魏卬】1
公孫鞅之欺○也.15-7
【魏是】4
○槫.19-9 ○不敢不聽.19-20 ○魏是[轉].19-20
【襄子】3
○之過也.15-9 ○殺.20-3 ○親因也.20-3
【襄安君】2
王使○東.3-15 ○之不歸哭也.3-25
【襄疵】1
○弗受也.15-8
【靡皮】3
○歸.24-6 ○曰.24-9 ○已計之矣.24-19
【蟬尤】1
而率效○.12-14
【蘇】1
有使○[秦]大貴齊景之之車也.7-8
【蘇秦】1
燕王請毋任○以事.2-12
【蘇脩】2
○在齊.2-16 ○在齊矣.8-24
【蘇厲】1
臣使○告楚王曰.10-7
【綠去】1
王信田代○[疾]之言功齊.3-13
【觸龍】4
左師○言愿見.15-15 左師○曰.15-21 左師○曰.16-1 左師○曰.16-5
【靡皮】1
[靡]○曰.24-3
【縉子】1
○之請.7-6
【穰侯】3
須賈說○曰.11-15 ○.12-21 胃○.16-16

地 名 索 引

【九夷】1
○方一百里.17-8
【三川】1
[請與韓地而王以]施○.19-18
【三晉】26
今○之敢據薛公與不敢據.6-21 ○必不敢變.6-22 ○有變.6-22 而臣不能使王得志於○.6-25 王堅○亦從王.8-6 ○與燕爲王功秦.9-17 今王棄○而收秦.9-18 是王破○而復臣天下也.9-19 愿王之完○之交.9-20 ○大破.10-3 莫能合○以功秦.10-14 ○之交完於齊.10-17 ○之約散.10-19 驕敬○.10-20 ○以王爲愛己忠己.10-21 愿王之毋以此畏○也.10-24 王以和○伐秦.10-25 ○相豎也而傷秦.11-4 ○伐秦.11-5 ○必無變.11-5 ○若愿乎.11-6 ○若不愿乎.11-6 ○豈敢爲王驕.11-7 若○相豎也以功秦.11-7 ○必破.11-9 ○必不敢反.11-9
【三梁】1
戰勝○.11-16
【下蔡】2
齊取東國○.10-4 以爲○啓.15-1
【大梁】8
齊必取○以東.9-15 攻○.11-15 以攻○.12-4 以戎○.12-5 與○鄰.12-25 倍○.13-7 ○必亡.13-11 以率○.14-6
【上地】2
秦取勺之○.10-2 秦取乾之○.10-2
【上常】1
秦以三軍功王之○而包其北.18-17
【上黨】7
勺氏將悉○以功秦.7-25 秦取梁之○.10-1 夫[越山與河][絶]韓○而功强趙.13-3 通韓○於共寧.14-4 出入賦之是魏重質韓以其○也.14-4 ○寧陽.15-6 秦盡韓魏之○.18-15
【山】2
有河○以闌之.13-16 利擯河○之間.14-19
【山北】1
山南○河外河内.13-19
【山南】1
○山北河外河内.13-19
【勺】52
今齊王使李終之○.2-2 怒於○之止臣也.2-3 使○足問之臣.2-4 齊○之惡日益.2-5 必毋使臣久於○也.2-6 欲從韓梁取秦以謹○.2-10○以用薛公徐爲之謀謹齊.2-11 燕○循善矣.2-14 使予齊○矣.2-16 王必○之功齊.2-19 諸可以惡齊○[者]將之.2-22 以與○爲大仇可也.2-23 必善○.2-23 齊○循善.2-25 [將]養○而美之齊乎.2-25 臣以齊善○.3-2 ○非可與功齊也.3-2 ○毋惡於齊爲上.3-3 齊○不惡.3-3 ○止臣而它人取齊.3-5 臣止於○而侍其魚肉.3-5 次可以惡齊○之交.3-10 齊○之交.3-11 燕非與齊謀○.3-12 ○疑燕而不功齊.3-14 齊○遇於阿.3-15 公玉丹之○致蒙.3-19 惡齊○之交.3-21 齊○皆嘗謀.3-22 齊○未嘗謀燕.3-22 臣止於○.4-12 寡人恃燕○也.5-10 有慮從○取秦.5-22 今梁○韓薛公徐爲有辭.5-22 齊先鬻○以取秦.5-23 後賣秦以取○而功宋.5-23 欲以取○.6-9 謀取○.6-11 必○也.6-13 傷齊者必○.6-15 ○悍則伐之.6-17 自○獻書於齊王曰.7-22 臣之○.7-22 必爲兩啻以功○.8-2 自○獻書於齊王曰.8-14 今齊○燕循相善也.9-13 齊○功粱.9-15 ○必取河内.9-16 以功○.10-1 秦取○之上地.10-2 ○從.10-2 割○必歿.21-24
【王公】1
反○.18-23
【支臺】1
○隨.13-17
【巨鹿】1
距莎丘○之囿三百里.18-14
【中山】4
使如○.10-18 宋○數伐數割.11-19 而宋○可毋爲也.11-20 ○亡.18-14
【平陵】6
欲以○蛇薛.9-8 ○雖成而已.9-8 王有欲得兵以功○.10-22 夏后堅欲爲先薛公得○.11-1 臣欲王以○予薛公.11-1 欲王之縣陶○於薛公奉陽君之上以勉之.11-2
【北地】1
○歸於燕.14-23
【北宅】2
入○.11-22 入○.12-3
【代】1
此○馬胡狗不東.18-18
【召】1
右蔡○.13-8
【式翟】1
秦與○同俗.12-18
【荆丘】1
秦固有壞茅○.13-10
【共】2
河内○.13-11 通韓上黨於○寧.14-4
【成皐】1
擇齊兵於熒陽○.8-16
【曲逆】1
過燕陽○.18-18
【羊腸】1
秦以强弩坐○之道.18-16
【安邑】1
秦兵不功而魏效降○.12-13
【安陵】1
貳周○必貤.14-7
【邯】1
然則吾將悉興以救○[鄲].24-2
【邯鄲】9
身率粱王與成陽君北面而朝奉陽君於○.6-10 絶漳鋪[水][與趙兵决於]○之鄗.13-5 則地去○百廿里.18-16 如北兼○.24-1 吾非敢以爲○賜也.24-3 大緩救○.24-5 ○鄲.24-5 主君何爲亡○以敝魏氏.24-15 ○類.24-17
【邯戰】2
拔○.11-17 趙氏不割而○復歸.11-17
【呂遂】1
齊不出○.5-6
【吴】4
○不亡越.16-24 越故亡○.16-24 ○亡於越.16-24 其後殘○.17-12
【宋】42
令秦與兌[兌]○不可信.1-7 相橋於○.2-3 與○通關.2-4 以不功○.2-10 使毋予蒙而通○使.3-21 寡人與子謀功○.5-9 今燕王與羣臣謀破齊於○而功齊.5-10 兵率有子循而不知寡人得地於○.5-11 後賣秦以取勺而功○.5-23 欲以殘○.6-8 ○不殘.6-8 功○.6-12 ○殘.6-12 ○魯弱.6-14 愿則摯而功○.6-18 猶𡠗不知變事以功○也.6-20 而入之秦與○以謀齊.7-4 毋庸發怒於○魯也.7-15 功○之事.7-16 王欲復功○而復之.7-19 宦二萬甲自食以功○.8-8 以便王之功○也.9-17 齊取○.9-25 請令楚粱毋敢有尺地於○.9-25 ○以淮北與齊講.10-9 天下之兵皆去秦而與齊諍○地.10-23 楚雖毋伐○.10-24 ○必聽.10-24 秦必不敢言救○.10-25 弱○服.10-25 秦未至𨙸而王已盡○息民矣.11-5 ○中山數伐數割.11-19 而○中山可毋爲也.11-20 盡故○.12-14 亡○得.14-22 奉萬乘助齊伐○.17-7 夫以○加之淮北.17-7 燕趙破○肥齊.17-17 必反○.17-22 反○.17-23 齊○攻魏.19-5 義且以韓秦之兵東巨齊○.19-15
【阿】1
齊勺遇於○.3-15
【長安】1
今媪尊○之位.16-9
【長社】1
與楚粱大戰○.23-3
【茅】1
秦固有壞○荆丘.13-10
【東國】1
齊取○下蔡.10-4
【兩周】1
欲以亡韓呻○.18-9
【昆陽】1
秦有葉○.13-13
【岸門】1
與韓是戰於○.21-8
【垂都】1
○然.13-17
【周】7
臣愿辭而之○負籠操臿.5-4 有○韓而間之.13-16 無○韓而間之.13-22 ○與天下交長.15-4 近慮○.15-5 ○必半歲.15-5 使明○室而棼秦符.17-13
【河】9
終不敢出塞涑○.6-14 若道○内.13-4 若道○外.13-7 以臨○内.13-11 ○内共.13-11 有○山以闌之.13-16 以○爲竟.14-18 利擯○山之間.14-19 今燕盡齊之○南.18-14

【河內】 2
勺必取○. 9-16 山南山北河外○. 13-19
【河北】 1
○必安矣. 14-6
【河外】 1
山南山北○河內. 13-19
【河西】 2
異日者秦在○. 13-15 秦乃在○. 13-20
【河東】 2
齊取○. 10-2 以方○. 14-21
【河間】 1
以○十城封秦相文信侯. 21-18
【注】 3
燕將不出屋○. 5-6 則○之西. 18-17 今增○委恆山而守三百里. 18-18
【降】 1
秦兵不功而魏效○安邑. 12-13
【垣雍】 1
得○. 13-11
【垝津】 1
城○. 13-10
【胡】 1
此代馬○狗不東. 18-18
【南陽】 1
○傷於魯. 14-22
【郢】 1
實必利○. 15-2
【恆山】 1
今增注委○而守三百里. 18-18
【屋】 1
燕將不出○注. 5-6
【泰行】 1
晉將不蓊○. 5-6
【秦】 231
今奉陽[君]之使與封○也. 1-6 任○也. 1-7 令○與茓[兑]宋不可信. 1-7 ○毋惡燕粱以自持也. 1-10 入○使. 1-10 趙循合齊○以謀燕. 1-12 欲從韓粱取○以謹勺. 2-10 必不合齊○以謀燕. 2-20 爲趙擇必趙之不合齊○以謀燕也. 2-20 循[善]齊○以定其封. 2-24 臣○拜辭事. 3-14 約功○去帝. 3-16 ○受兵矣. 3-22 ○將不出商閹. 5-6 天下不能功○. 5-20 道齊以取○. 5-20 慮從楚取○. 5-21 有慮從勺取○. 5-22 齊先鬻勺以取○. 5-23 後賣○以取勺而功宋. 5-23 今有鬻天下以取○. 5-24 功○三年. 6-7 伐○. 6-11 ○伐. 6-11 ○雖强. 6-13 乾粱有○患. 6-15 子以齊大重○. 6-16 ○將以燕事齊. 6-17 而入之○與宋以謀齊. 7-4 兄臣能以天下功○. 7-18 疾與○相萃也而不解. 7-19 所聞於乾粱之功○. 7-23 勺氏將悉上黨以功○. 7-25 楚無○事. 7-25 是王收○已. 8-1 以爲齊○復合. 8-2 王取○楚亦從王. 8-6 先爲王絶○. 8-8 二萬甲自食以功○. 8-8 寡人之所爲功○者. 8-15 功○. 8-23 齊道楚取○. 8-24 以約功○. 9-5 收○等遂明功○. 9-5 王不棄與國而先取○. 9-14 ○案不約而應. 9-16 三晉與燕爲王功○. 9-17 今王棄三晉而收○. 9-18 [天]下將入地與重摯於○. 9-19 而獨爲○臣以怨王. 9-20 ○悔不聽王以先事而後名. 9-23 齊不收○. 9-24○焉受晉國. 9-24 齊○復合. 9-24 ○印曲盡聽王. 9-25 ○取粱之上黨. 10-1 ○取勺之上地. 10-2 ○取乾之上地. 10-2 ○取鄢. 10-3 齊○雖立百帝. 10-4 莫能合三晉以功○. 10-14 功○之事成. 10-16 功○之事敗. 10-18 而靜○. 10-19 以疾功○. 10-20 今功○之兵方始合. 10-22 是害功○也. 10-23 天下之兵皆去○而與齊諍宋地. 10-23 王以和三晉伐○. 10-25 ○必不敢言救宋. 10-25 三晉相豎也而傷○. 11-4 三晉伐○. 11-5 ○未至含而王已盡宋息民矣. 11-5 王收○而齊其後. 11-6 若三晉相豎也以功○. 11-7 案以負王而取○. 11-8 王收燕循楚而啗○以晉國. 11-8 ○戰勝魏. 11-15 ○. 11-20 夫○何厭之有戈. 11-21 楚趙怒而與王爭○. 11-23 ○必受之. 11-24 ○挾楚趙之兵以復攻. 11-24 ○兵必罷. 12-8 必爭事○. 12-12 ○兵不功而魏效降安邑. 12-13 ○兵苟全而君制之. 12-15 ○與式翟同俗. 12-18 今王與○共伐韓而近秦患. 12-23 外支○魏之兵. 12-25 ○有[鄭]地. 12-25 王欲得故地而今負强○之禍. 13-1 ○非無事之國也. 13-1 ○必弗爲也. 13-4 ○有不敢. 13-6 ○有弗爲也. 13-7 ○有不敢. 13-8 ○必不伐楚與趙矣. 13-9 ○固有壞茅荆丘. 13-10 而惡安陵是於○. 13-12○之欲許久矣. 13-12 ○有葉昆陽. 13-13 夫不患○. 13-15 異日者○在河西. 13-15 ○七攻魏. 13-17 所亡○者. 13-19 ○乃在河西. 13-20 [又況於使]○無韓. 13-21 ○撓以講. 13-23 皆識○[之欲無]躬也. 13-25 其功多於與○共伐韓. 14-2 [而]必無與强○鄰之禍. 14-3 天下西舟而馳○. 14-8 齊○相伐. 14-11 重在○. 14-11 奉○. 14-11 以重虞○. 14-11 ○不妬得. 14-12 ○食晉以齊. 14-12 晉國不敢倍○伐齊. 14-13 有不敢倍○收齊. 14-13 ○兩縣齊晉以持大重. 14-14 ○之上也. 14-14 ○晉皆倲若計以相笥也. 14-14 地不與○攘介. 14-20 則○不能與燕趙爭. 14-22 ○. 14-24 ○[齊]不合. 14-24 莫尊○矣. 14-24 猶重○也. 14-24 備患於○. 15-3 是○重攻齊也. 15-3 意齊毀未當於○心也. 15-4 ○亦過矣. 15-5 ○兵適敝. 15-6 ○有慮矣. 15-7 身在於○. 15-8 ○急攻之. 15-12 ○封君以陶. 16-16 ○有它事而從齊. 17-1 使明周室而棼○符. 17-13 大上破○. 17-14 ○毙以侍破. 17-15 ○五世伐諸侯. 17-15 ○有變. 17-19 則燕趙信○. 17-20 ○爲西帝. 17-20 韓魏不聽則○伐. 17-21 然則[王]何不使辯士以如說[說]○. 18-3 ○必取. 18-3 夫取○. 18-4 今足下功力非數加於○也. 18-7 下吏皆以○爲夏趙而曾齊. 18-8 ○幾夏趙而曾齊戈. 18-9 [臣]以○之計必出於此. 18-11 ○盡韓魏之上黨. 18-15○以强弩坐羊腸之道. 18-16 ○以三軍功王之上常而包其北. 18-17 今從强○久伐齊. 18-19 齊乃西師以唫强○. 18-22 史○廢令. 18-22 ○敗屈匄. 19-5 今者○立於門. 19-7 ○韓之兵毋東. 19-9 ○逐張義. 19-10 義且以韓○之兵東巨齊宋. 19-15 [使]○制和. 19-17 胃○曰. 19-17 ○兵[不用而得三川]. 19-19 ○韓爭事齊楚. 19-21 公令○韓之兵不[用而得地][有一大]德. 19-22 ○韓之王劫於韓倗張義而東兵以服魏. 19-22 ○韓戰於蜀潢. 20-14 今○之心欲伐楚. 20-15 王不若因張義而和於○. 20-15 將使西講於○. 20-17 夫○之欲伐王久矣. 20-18 ○韓并兵南鄉楚. 20-19 此○之所廟祀而求也. 20-19 絶和於○. 20-23 必輕○. 20-24 輕○. 20-24 是我困○韓之兵. 20-25 愿大國肆意於○. 21-2 夫以實苦我者○也. 21-4 輕絶强○之適. 21-5 有非素謀伐○也. 21-6 夫輕絶强○而强[信]楚之謀臣. 21-7 遂絶和於○. 21-8 ○因大怒. 21-8 兵爲○禽. 21-10 ○使辛梧據粱. 21-13 合○粱而攻楚. 21-13 以○之强. 21-14 ○餘楚爲上交. 21-15 ○禍案環中粱矣. 21-15 恐誅於○. 21-16 爲○據趙而攻燕. 21-17 姦趙入○. 21-17 以河間十城封○相文信侯. 21-18 此非○之地也. 21-21 ○禍案環歸於趙矣. 21-22 ○大舉兵東面而齎趙. 21-23 以○之强. 21-23 誅於○. 21-24 ○未得志於楚. 21-25 必重○. 22-1 走○必緩. 22-3 ○攻鄢陵. 22-6 ○人無奈粱何也. 22-14 固○之上計也. 22-16 ○必不倍粱而東. 22-17 而○無所關其計矣. 22-18 ○必不攻粱. 22-19 若○拔鄢陵. 22-20 若○拔鄢陵而不能東攻單父. 22-22 以粱餌○. 22-24 必破○於粱下矣. 23-1 臣請爲將軍言○之可可破之理. 23-2 今者○之攻將以行幾二千里. 23-3 ○攻鄢陵. 23-4 ○兵之死傷也. 23-4 ○兵戰勝. 23-5 ○拔鄢陵. 23-8 ○必可破粱下矣. 23-10 ○拔鄢陵. 23-11 ○必攻粱. 23-19 則○[之]攻粱必急. 23-20 則○之攻粱必大破臣來獻計王弗用臣. 23-20
【華】 1
○軍. 11-15
【莎丘】 1
距○巨鹿之囿三百里. 18-14
【晉】 8
○將不蓊泰行. 5-6 齊○相伐. 14-11 ○之上也. 14-12 秦食○以齊. 14-12 ○敝. 14-12 秦兩縣齊○以持大重. 14-14 是以秦○皆倲若計以相笥也. 14-14 不踰强○. 14-23
【晉國】 16
薛公未得所欲於○. 5-19 欲齊之先變以謀○也. 5-19 言勸○變矣. 5-23 秦焉受○. 9-24 王收燕循楚而啗秦以○. 11-8 盡○. 11-21 [割]○也. 12-13 ○去粱千里. 13-15 ○去粱千里而禍若是矣. 13-20 利在○. 14-11 是以○之慮. 14-11 餘齊不足以爲○主矣. 14-12 ○不敢倍秦伐齊. 14-13 餘齊弱於○矣. 14-23 魏亡○. 14-24 魏亡○. 18-12
【翁是】 1
楚回○. 19-5
【高平】 1
反溫軹○於魏. 18-23
【脊】 1
薛公相○也. 6-7
【涉谷】 1
道○. 13-6
【冥戹】 1
行三千里而攻○之塞. 13-6
【陳】 1
與楚兵夬於○鄗. 13-8
【陰】 1
必不能棓粱黃濟陽○睢陽而攻單父. 22-21
【陶】 8
欲王之縣○平陵於薛公奉陽君之上以勉之. 11-2 ○必亡. 12-9 有爲○啓兩幾. 12-14 東至虖○衞之[郊]北至乎]監. 13-18 秦封君以○. 16-16 ○爲萬乘. 16-17 ○爲廉監而莫[之]據. 16-17 故攻齊之於○也. 16-18

【乾】 10
使粱○皆效地. 6-9 ○粱有秦患. 6-15 ○粱必從. 6-17 所聞於○粱之功秦. 7-23 ○粱合. 7-24 ○粱豈能得此於燕戈. 8-9 將與○粱四遇. 9-4 粱○無變. 9-17 ○粱從. 10-1 秦取○之上地. 10-2

【符逾】 1
○於趙. 18-23

【進北】 2
取○. 6-8 ○不得. 6-8

【許】 2
秦之欲○久矣. 13-12 繚舞陽之北以東臨○. 13-14

【章】 1
楚將不出睢○. 5-5

【商闔】 1
秦將不出○. 5-6

【淮北】 5
宋以○與齊講. 10-9 楚割○. 15-1 夫以宋加之○. 17-7 歸楚○. 17-22 歸楚○. 17-23

【參川】 1
韓亡○. 18-12

【貳周】 1
○安陵必貤. 14-7

【越】 5
楚○遠. 6-14 得雖近○. 15-2 吳不亡○. 16-24 ○故亡吳. 16-24 吳亡於○. 16-24

【煮棘】 1
○將榆. 19-8

【黃】 1
必不能掊粱○濟陽陰睢陽而攻單父. 22-21

【葉】 1
秦有○昆陽. 13-13

【朝歌】 1
倍鄴○. 13-4

【軹】 1
反溫○高平於魏. 18-23

【雲夢】 1
田○. 10-3

【單父】 6
皆令從粱王葆之東地○. 22-12 必不能掊粱黃濟陽陰睢陽而攻○. 22-21 若欲出楚地而東攻○. 22-22 若秦拔鄢陵而不能東攻○. 22-22 粱王在○. 22-24 粱王有出居○. 23-8

【圍】 1
臣以死之○. 3-18

【陰】 1
以○封君. 9-8

【鄢】 1
秦取○. 10-3

【鄢陵】 8
秦攻○. 22-6 若秦拔○. 22-20 若秦拔○而不能東攻單父. 22-22 秦攻○. 23-4 今戰勝不能倍○而攻粱者少也. 23-5 ○之守. 23-6 秦拔○. 23-8 秦拔○. 23-11

【墓】 1
○必危. 13-11

【蒙】 2
公玉丹之勺致○. 3-19 使毋予○而通宋使. 3-21

【楚】 81
○將不出睢章. 5-5 慮從○取秦. 5-21 伐○九歲. 6-7 ○越遠. 6-14 ○無秦事. 7-25 齊○果遇. 8-1 若○遇不必. 8-3 王取秦○亦從王. 8-6 齊道○取秦. 8-24 若與○遇. 9-4 若○不遇. 9-5 請令○粱毋敢有尺地於宋. 9-25 獨以甘○. 10-24 ○雖毋伐宋. 10-24 王收燕循○而啗秦以晉國. 11-8 今王循○趙而講. 11-23 ○趙怒而與王爭秦. 11-23 秦挾○趙之兵以復攻. 11-24 夫輕倍○趙之兵. 12-6 愿君遝○趙之兵未至於粱也. 12-9 ○趙怒於魏之先己也. 12-11 必不伐○與趙矣. 13-3 伐○. 13-6 與○兵夬於陳鄗. 13-8 秦必不伐○與趙矣. 13-9 ○趙大破. 14-7 重○爲重不在粱西矣. 14-25 ○割淮北. 15-1 歸○淮北. 17-22 歸○淮北. 17-23 ○久伐. 18-14 ○回翁是. 19-5 便○. 19-6 交臂而事○. 19-10 南割於○. 19-13 [東割於]○. 19-16 公令○[王與韓氏地]. 19-17 秦韓爭事齊○. 19-21 莫若遠○. 20-2 齊魏新惡○. 20-7 今胃○強大則有矣. 20-10 幾○之任戈. 20-11 非○之任而爲之. 20-11 是敝○也. 20-11 敝○. 20-12 強○. 20-12 今秦之心欲伐○. 20-15 與之南伐○. 20-16 秦韓并兵南鄉○. 20-19 [兵雖]至○. 20-23 ○之若. 20-25 不穀將以○佳韓. 21-3 以虛名救[我]者○也. 21-4 [恃]○之虛名. 21-5 且○韓非兄弟之國也. 21-6 夫輕絕強秦而強[信]○之謀臣. 21-7 ○救不至. 21-9 知爲○笑者. 21-10 合秦粱而攻○. 21-13 東面而伐○. 21-14 ○不侍伐. 21-15 秦餘○爲上交. 21-15 秦未得志於○. 21-25 粱未得志於○. 22-1 ○見粱之未出兵也. 22-2 秦王怒於○之緩也. 22-3 在○之救粱. 22-7 傳恃○之救. 22-8 若欲出○地而東攻單父. 22-22 此粱○齊之大福已. 22-23 以東地之兵爲齊○爲前行. 22-25 齊○見亡不叚. 23-1 與○粱大戰長社. 23-3 ○粱不勝. 23-4 進兵於○. 24-5 ○兵不足侍也. 24-7 非○之利也. 24-13 而兼爲○人禽戈. 24-15 邯鄲君榣於○人之許己兵而不肯和. 24-16 ○人然後舉兵. 24-17

【楚國】 4
○必伐. 20-20 免○楚國之患也. 20-25 ○必弱. 24-2 ○之口雖. 24-17

【睢陽】 1
必不能掊粱黃濟陽陰○而攻單父. 22-21

【睢】 1
楚將不出○章. 5-5

【蜀潢】 1
秦韓戰於○. 20-14

【會稽】 1
句淺棲○. 17-11

【溫】 1
反○軹高平於魏. 18-23

【粱】 80
秦毋惡燕○以自持也. 1-10 使齊韓○[燕]約御軍之日無伐齊. 1-10 有不欲臣之之韓○也. 1-15 爲予趙甲因在○者. 1-17 欲從韓○取秦以謹勺. 2-10 自○獻書於燕王曰. 5-9 臣將令陳臣許翦以韓○問之齊. 5-15 自○獻書於燕王曰. 5-19 今○勺韓薛公徐爲有辭. 5-22 使○乾皆效地. 6-9 乾○有秦患. 6-15 乾○必從. 6-17 臣暨從燕之○矣. 7-22 所聞於乾○之功秦. 7-23 乾○合. 7-24 乾○豈能得此於燕戈. 8-9 爲○爲多. 8-15 將與乾○四遇. 9-4 齊勺功○. 9-15 王何患於○. 9-16 ○乾無變. 9-17 請令楚○毋敢有尺地於宋. 9-25 秦取○之上黨. 10-1 乾○從. 10-1 此非敢○也. 11-22 愿君遝楚趙之兵未至於○也. 12-9 乃罷○圍. 12-16 晉國去○千里. 13-15 晉國去○千里而禍若是矣. 13-20 去○百里. 13-22 秦使辛梧據○. 21-13 合秦○而攻楚. 21-13 有○之勁. 21-14 秦禍案環中○矣. 21-15 將軍必逐於○. 21-16 必重○. 22-1 ○未得志於楚. 22-1 ○兵未出. 22-2 楚見○之未出兵也. 22-2 ○兵果六月乃出. 22-4 ○計將奈何. 22-6 在楚之救○. 22-7 在○之計. 22-7 則○必危矣. 22-8 ○之東地. 22-9 而與○. 22-10 令○中都尉大將. 22-12 ○之羣臣皆曰. 22-13 ○守百萬. 22-14 秦人無奈○何也. 22-14 ○之羣臣必大過矣. 22-15 秦必不倍○而東. 22-17 ○王出○. 22-19 秦必不攻○. 22-19 必不能掊○黃濟陽陰睢陽而攻單父. 22-21 欲攻○. 22-23 此○楚齊之大福已. 22-23 以○餌秦. 22-24 爲○賜矣. 23-1 必破秦於○下矣. 23-1 與楚○大戰長社. 23-3 楚○不勝. 23-4 今戰勝不能倍鄢陵而攻○者少也. 23-5 今○守. 23-6 今○守百萬. 23-7 而攻虛○. 23-8 諸侯有爲救○. 23-10 秦必可破○下矣. 23-10 若○王不出○. 23-11 必攻○. 23-11 則以王在○中也. 23-12 則如不○中必亂. 23-13 之○將. 23-15 無以出死救○. 23-15 無以救東地而王不出○之禍也. 23-15 秦必攻○. 23-19 是○無東地憂而王○中. 23-19 則秦[之]攻○必急. 23-20 則秦之攻○必大破臣來獻計王弗用臣. 23-20

【粱西】 1
重楚爲重不在○矣. 14-25

【粱南】 1
見田儥於○. 22-6

【塞】 1
終不敢出○涑河. 6-14

【趙】 72
自○獻書燕王曰. 1-4 故冒○而欲說丹與得. 1-5 比燕於○. 1-7 齊必不信○矣. 1-8 齊○大惡. 1-12 ○循合齊秦以謀燕. 1-12 今臣欲以齊大[惡]而去○. 1-13 ○之禾也. 1-13 齊○必大惡矣. 1-14 臣甚患○之不出臣也. 1-16 爲○擇必○之不合齊秦以謀燕也. 2-20 齊○之惡從已. 3-4 則與○謀齊. 3-12 毋齊○之患. 3-16 惠王伐○. 11-16 燕○之所以國大兵強而地兼諸侯者. 11-18 臣以爲燕○可法. 11-20 今王循楚○而講. 11-23 楚○怒而與王爭秦. 11-23 秦挾楚○之兵以復攻. 11-24 夫輕倍楚○之兵. 12-6 愿君遝楚○之兵未至於粱也. 12-9 楚○怒於魏之先己也. 12-11 必不伐楚與○矣. 13-3 夫[越山與河][絕]韓上黨而功強○. 13-3 秦必不伐楚與○矣. 13-9 投質於○. 13-24 楚○大破. 14-7 交以○爲死友. 14-20 ○取濟西. 14-21 燕○共相. 14-21 則秦不能與燕○爭. 14-22 濟西破於○. 14-23 一死生於○. 14-25 至於○之爲○. 16-5○主之子侯者. 16-5 微獨○. 16-6 長安君何以自託於○. 16-10 齊○親. 17-1 燕○破宋肥齊. 17-17 燕○非利之也. 17-17 燕○弗利而執爲者. 17-18 然則王何不使可信者棲收燕

○. 17-18 先於燕○曰. 17-19 則燕○信秦. 17-20 ○爲中帝. 17-20 齊不聽則燕○伐. 17-21 燕○之所利也. 17-23 燕○之所愿也. 17-23 燕○之棄齊. 17-24 今不收燕○. 17-25 今收燕○. 18-1 不收燕○. 18-1 下吏皆以秦爲夏○而曾齊. 18-8 秦幾夏○而曾齊戋. 18-9 故出兵以割革○魏. 18-10 市朝未罷過及於○. 18-13 且五國之主嘗合衡謀伐○. 18-20 疎分○壤. 18-21 符逾於○. 18-23 夫齊之事○. 18-24○之怒深. 20-5 君不如北兵以德○. 20-5 若夫越○魏闌甲於燕. 20-10 爲秦據○而攻燕. 21-17 姦○入秦. 21-17 秦禍案環歸於○矣. 21-22 秦大舉兵東面而齎○. 21-23 ○不能聽. 21-24 得地於○. 24-13

【蔡】 1

右○召. 13-8

【監】 1

東至虖陶衞之[郊]北至乎]○. 13-18

【鄲】 1

[邯]○未將令也. 23-25

【舞陽】 2

與○鄰. 13-13 繚○之北以東臨許. 13-14

【膏腴】 1

而封之○之地. 16-9

【齊】 239

○必不信趙矣. 1-8 臣甚愿之中重○欲如○. 1-9 使○韓粱[燕]約御軍之日無伐○. 1-10 外○焉. 1-12 ○趙大惡. 1-12 趙循合○秦以謀燕. 1-12 今臣欲以○大[惡]而去趙. 1-13 陰外○謀○. 1-14 ○趙必大惡矣. 1-14 甚不欲臣之之○也. 1-14 奉陽君甚怒於○. 2-4 ○勺之惡日益. 2-5 雖未功○. 2-9 以○之任臣. 2-10 勺以用薛公徐爲之謀謹○. 2-11 故○[趙]相倍也. 2-11 欲謀○. 2-13 請以○爲上交. 2-15 天下有謀○者請功之. 2-15 蘇脩在○. 2-16 使予○勺矣. 2-16 臣之所不功○. 2-17 其功○益疾. 2-18 王必勺之功○. 2-19 外○於禾. 2-19 必不合○秦以謀燕. 2-20 則臣請爲免於○而歸矣. 2-20 爲趙擇必趙之不合○秦以謀燕也. 2-20 諸可以惡○勺[者]將之. 2-22 循[善]○秦以定其封. 2-24 次循善○以安其國. 2-25 ○勺循善. 2-25 [將]養勺而美之○乎. 2-25 惡之○乎. 3-1 臣以○善勺. 3-2 勺非可與功○也. 3-2 勺毋惡於○爲上. 3-3 ○勺不惡. 3-3 ○趙之惡從已. 3-4 勺止臣而它人取○. 3-5 自○獻書於燕王曰. 3-8 燕○之惡也久矣. 3-8 臣處於燕○之交. 3-8 ○必爲燕大患. 3-9 臣循用於○. 3-9 大者可以使○毋謀燕. 3-9 次可以惡○勺之交. 3-10 臣受教任○交五年. 3-11 ○兵數出. 3-11 ○勺之交. 3-11 燕非與○謀勺. 3-12 則與趙謀○. 3-12 ○之信燕也. 3-12 王信田代繰去[疾]之言功○. 3-13 使○大戒而不信燕. 3-13 勺疑燕而不功○. 3-14 ○勺遇於阿. 3-15 毋○趙之患. 3-16 ○殺張庫. 3-17 臣請屬事辭爲臣於○. 3-17 不之○危國. 3-18 治○燕之交. 3-18 薛公乾徐爲與王約功○. 3-18 以定其封於○. 3-19 故强臣之○. 3-20 臣之○. 3-20 惡○勺之交. 3-21 ○勺皆嘗謀. 3-22 ○勺未嘗謀燕. 3-22 今○有過辭. 3-23 ○改葬其後而召臣. 3-25 使○棄臣. 3-25 故强臣之○. 4-2 臣貴於○. 4-3 ○有不善. 4-4 天下不功○. 4-4 善爲○謀. 4-5 天下功○. 4-5 將與○兼棄臣. 4-5 可以得用於○. 4-7 與言去燕之○. 4-8 ○不出呂遂. 5-6 ○使宋竅侯澂謂臣曰. 5-9 今燕王與羣臣謀破○於宋而功○. 5-10 臣請疾之○觀之而以報. 5-14 ○雖欲功燕. 5-15 臣將令陳臣許翦以韓粱問之○. 5-15 足下雖怒於○. 5-16 欲○之先變以謀晉國也. 5-19 道○以取秦. 5-20 ○先鬻勺以取秦. 5-23 則天下故不能謀○矣. 5-25 非於○. 6-2 有愼毋非令羣臣衆義功○. 6-3 ○王以燕爲必侍其褩而功○. 6-4 以○封奉陽君. 6-8 傷○者. 6-13 絶中國而功○. 6-14 傷○者必勺. 6-15 子以○大重秦. 6-16 秦將以燕事○. 6-17 ○燕爲一. 6-17 臣以車百五十乘入○. 6-18 ○燕爲一. 6-22 今南方之事○者多故矣. 7-3 南方之事○者. 7-4 而入之秦與宋以謀○. 7-4 則大夫之謀○者大解矣. 7-5 有使蘇[秦]大貴○景之之車也. 7-8 臣以燕重事○. 7-17 不敢與○遇. 7-25 ○楚果遇. 8-1 以爲○秦復合. 8-2 臣以好處於○. 8-4 終臣之身不謀○. 8-5 其於○循善. 8-6 以燕之事○也爲盡矣. 8-7 盡以爲○. 8-9 燕○循善. 8-12 粱氏留○兵於觀. 8-15 擇○兵於熒陽成皐. 8-16 ○道楚取秦. 8-24 蘇脩在○矣. 8-24 乃景固於○. 8-25 使人於○大夫之所而俞語則有之. 8-25 今○勺燕循相善也. 9-13 ○勺功粱. 9-15 ○必取大粱以東. 9-15 乾景獻書於○曰. 9-23 ○不收秦. 9-24 ○秦復合. 9-24 ○取宋. 9-25 盡以爲○. 10-1 ○取河東. 10-2 ○取燕之陽地. 10-3 ○取東國下蔡. 10-4 ○秦雖立百帝. 10-4 非○之令也. 10-8 宋以淮北與○講. 10-9 ○不以爲怨. 10-10 王必毋以豎之私怨敗○之德. 10-11 臣負○燕以司薛公. 10-15 三晉之交完於○. 10-17 ○事從橫盡利. 10-17 不則與○共講. 10-21 天下之兵皆去秦而與○諍宋地. 10-23 ○人攻燕. 11-17 有不攻燕與○矣. 13-9 燕○甚卑. 14-7 私心以公爲爲天下伐○. 14-10 ○秦相伐. 14-11 ○晉相伐. 14-11 破○. 14-12 秦食晉以○. 14-12 ○毀. 14-12 餘○不足以爲晉國主矣. 14-12 晉國不敢倍秦伐○. 14-13 有不敢倍秦收○. 14-13 秦兩縣○晉以持大重. 14-14 燕○毋難矣. 14-18 伐○. 14-19 執無○患. 14-19 兵全以臨○. 14-22 餘○弱於晉國矣. 14-23 爲○計者. 14-23 與之攻○. 14-24 攻○已. 14-25 毀○. 15-1 天下且功○. 15-2 終○事. 15-3 是秦重攻○也. 15-3 意○毀未當於秦心也. 15-4 廬○齊而生事於[秦]. 15-4 天下○齊不侍夏. 15-5 非是猶不信○也. 15-7 畏○大甚也. 15-7 此○之以母質之時也. 15-9 求救於○. 15-12 ○曰. 15-12 質於○. 16-12 攻○之事成. 16-16 攻○不成. 16-17 故攻○之於陶也. 16-18 今天下攻○. 16-21 伐讎國之○. 16-22 ○不亡燕. 16-24 燕故亡○. 16-24 ○亡於燕. 16-25 秦有它事而從○. 17-1 ○趙親. 17-1 愿君之剸志於攻○而毋有它慮也. 17-3 奇質於○. 17-6 奉萬乘助○伐宋. 17-7 而○兼之. 17-7 是益○也. 17-8 而○兼之. 17-8 是益二○也. 17-9 夫一○之强. 17-9 今以三○臨燕. 17-9 ○紫. 17-11 則莫若招霸○而尊之. 17-13 今爲○下. 17-15 秦王之心苟得窮○. 17-16 燕趙破宋肥○. 17-17 ○不聽則燕趙伐. 17-21 天下服聽因迿韓魏以伐○. 17-22 燕趙之棄○. 17-24 ○伯必成. 17-25 諸侯贊○而王弗從. 17-25 諸侯伐○而王從之. 17-25 ○必伐矣. 18-4 伐○. 18-4 非深於○. 18-8 下吏皆以秦爲夏趙而曾○. 18-8 秦幾夏趙而曾○戋. 18-9 故以○餌天下. 18-10 今燕盡○之河南. 18-14 今從强秦久伐○. 18-19 ○乃西師以唫强秦. 18-22 夫○之事趙. 18-24 今王收○. 19-1 ○探社稷事王. 19-1 然則○義. 19-2 ○逆. 19-2 ○宋攻魏. 19-5 ○兵有進. 19-8 義且以韓秦之兵東巨○宋. 19-15 秦韓爭事○楚. 19-21 大公望封○. 20-4 非○則魏. 20-6 ○魏新惡楚. 20-7 此粱楚○之大福已. 22-23 以東地之兵爲○楚爲前行. 22-25 ○楚見亡不叚. 23-1 彼笥○守其利矣. 24-10

【鄭】 3

有○地. 13-11 有○地. 13-21 實伐○韓. 18-11

【熒陽】 1

擇齊兵於○成皐. 8-16

【熒澤】 1

决○. 13-11

【漳】 1

絶○鋪[水][與趙兵决於]邯鄲之鄗. 13-5

【寧】 1

通韓上黨於共○. 14-4

【寧陽】 1

上黨○. 15-6

【綸山】 1

○之玉不出. 18-19

【鄴】 1

倍○朝歌. 13-4

【鋪】 1

絶漳○[水][與趙兵决於]邯鄲之鄗. 13-5

【魯】 5

宋○弱. 6-14 以臣所○甚焉. 7-15 毋庸發怒於宋○也. 7-15 南陽傷於○. 14-22 加以○衞. 17-8

【燕】 113

比○於趙. 1-7 秦毋惡○粱以自持也. 1-10 不外○. 1-12 趙循合齊秦以謀○. 1-12 ○事小大之諍. 1-15 ○勺循善矣. 2-14 必不合齊秦以謀○. 2-20 爲趙擇必趙之不合齊秦以謀○也. 2-20 ○之大過. 2-25 害於○. 3-1 必害於○. 3-5 ○齊之惡也久矣. 3-8 臣處於○齊之交. 3-8 齊必爲○大患. 3-9 大者可以使齊毋謀○. 3-9 未嘗謀○. 3-11 ○非與齊謀勺. 3-12 齊之信○也. 3-12 使齊大戒而不信○. 3-13 勺疑○而不功齊. 3-14 治齊○之交. 3-18 歸罪於○. 3-19 齊勺未嘗謀○. 3-22 ○大夫將不信臣. 4-3 與言去○之齊. 4-8 與謀○. 4-8 ○將不出屋注. 5-6 寡人恃○勺也. 5-10 天下之欲傷○者與羣臣之欲害臣者將成之. 5-13 齊雖欲功○. 5-15 ○南方之交完. 5-15 ○毋首. 6-3 齊王以○爲必侍其褩而功齊. 6-4 臣之以○事王循也. 6-13 ○人承. 6-15 秦將以○事齊. 6-17 齊○爲一. 6-17 臣保○而事王. 6-21 齊○爲一. 6-22 臣之爲王守○. 6-23 在王之循甘○也. 6-23 王雖疑○. 6-24 王明視天下以有○. 6-24 ○纍臣以求摯. 7-2 欲得○與天下之師. 7-4 雖無○. 7-6 ○不應天下以師. 7-8 ○大惡. 7-14 必毋聽天下之惡○交者. 7-14 若○. 7-17 臣以○重事齊. 7-17 臣暨從○之粱矣. 7-22 齊王終臣之身不謀○燕. 8-5 臣得用於○. 8-5 天下惡○而王信之. 8-7 以○之事齊也爲盡矣. 8-7 乾粱豈能得此於○戋. 8-9 王猶聽惡○者. 8-10 ○齊循善. 8-12 今齊勺○循相善也. 9-13 三晉與○爲王功秦. 9-17 與○也. 9-20 齊取○之陽地. 10-3 臣負齊○以司薛公. 10-15 臣保○而循事王. 11-5 王收○循楚而啗秦以晉國. 11-8 王以不謀○爲臣賜. 11-12 齊人攻○. 11-17 ○趙之所以國大兵强而地兼諸侯者. 11-18 臣以爲○趙可法. 11-20 有不攻○與齊矣. 13-9 ○齊甚卑. 14-7 且使○盡陽地. 14-18 ○齊毋難矣. 14-18 ○畢之事. 14-20 ○趙共相. 14-21 則秦不能與○趙爭. 14-22 北地歸於○. 14-23 侯不使人謂○相國曰. 16-19 此○之利也. 16-23 齊不亡○. 16-24 ○

故亡齊. 16-24 齊亡於○. 16-25 挾君之讎以於○. 17-1 君悉○兵而疾贊之. 17-2 ○猶弗能支. 17-9 今以三齊臨○. 17-9 ○趙破宋肥齊. 17-17 ○趙非利之也. 17-17 ○趙弗利而埶爲者. 17-18 然則王何不使可信者棲收○趙. 17-18 先於○趙曰. 17-19 則○趙信秦. 17-20 ○爲北帝. 17-20 齊不聽則○趙伐. 17-21 ○趙之所利也. 17-23 ○趙之所愿也. 17-23 ○趙之棄齊. 17-24 今不收○趙. 17-25 今收○趙. 18-1 不收○趙. 18-1 今○盡齊之河南. 18-14 召公奭封於○. 20-4 今○之罪大. 20-5 所道攻○. 20-6 唯欲攻○. 20-7 若夫越趙魏闢甲於○. 20-10 爲秦據趙而攻○. 21-17 ○使蔡鳥股符胠璧. 21-17 今○獻地. 21-21 餘○爲上交. 21-22 言毋攻○. 21-23 有○之怒. 21-24

【燕國】 1

淺亂○. 20-5

【燕陽】 1

過○曲逆. 18-18

【閼輿】 1

氏復○之事也. 13-4

【衛】 2

東至虖陶○之[郊]北至乎]監. 13-18 加以魯○. 17-8

【韓】 56

使齊○粱[燕]約御軍之日無伐齊. 1-10 有不欲臣之之○粱也. 1-15 欲從○粱取秦以謹勺. 2-10 臣將令陳臣許翦以○粱問之齊. 5-15 今粱勺○薛公徐爲有辭. 5-22 今王與秦共伐○而近秦患. 12-23 ○亡. 12-25 ○亡之後. 13-2 夫[越山與河][絶]○上黨而功强趙. 13-3 ○亡之後. 13-9 夫增○. 13-14 有周○而間之. 13-16 [又况於使]秦無○. 13-21 無周○而間之. 13-21 從之不[成也][楚]魏疑而○不[可得也]. 13-22 今○受兵三年. 13-23 王偃○之質以存○而求故地. 14-1 ○必效之. 14-2 其功多於與秦共伐○. 14-2 夫存○安魏而利天下. 14-3 通○上黨於共寧. 14-4 出入賦之是魏重質○以其上黨也. 14-4 ○必德魏重魏畏魏. 14-5 ○必不敢反魏. 14-5 是○. 14-5 魏得○以爲縣. 14-6 今不存○. 14-6 然則○一年有餘矣. 15-6 ○魏不聽則秦伐. 17-21 天下服聽因迿○魏以伐齊. 17-22 欲以亡○呻兩周. 18-9 實伐鄭○. 18-11 ○亡參川. 18-12 秦盡○魏之上黨. 18-15 秦○之兵毋東. 19-9 義且以○秦之兵東巨齊宋. 19-15 ○欲地而兵案. 19-20 秦○爭事齊楚. 19-21 公令秦○之兵不[用而得地][有一大]德. 19-22 秦○之王劫於○倗張義而東兵以服魏. 19-22 秦○戰於蜀潰. 20-14 今或得○一名縣具甲. 20-18 秦○并兵南鄉楚. 20-19 興師救○. 20-20 ○爲不能聽我. 20-22 ○之德王也. 20-22 是[秦]○不和也. 20-22 以厚怨○. 20-24 ○南[交楚]. 20-24 是我困秦○之兵. 20-25 言救○. 21-1 使之○. 21-2 不轂將以楚隹○. 21-3 且楚○非兄弟之國也. 21-6 因興師言救○. 21-7

【魏】 47

秦戰勝○. 11-15 臣聞○長吏胃○王曰. 11-15 此臣之所聞於○也. 11-25 今○方疑. 12-9 亟以小割收○. 12-10○方疑而得以小割爲和. 12-10 楚趙怒於○之先己也. 12-11 秦兵不功而○效降安邑. 12-13 外支秦○之兵. 12-25 非○無攻已. 13-10 秦七攻○. 13-17 從之不[成也][楚]○疑而韓不[可得也]. 13-22 夫存韓安○而利天下. 14-3 出入賦之是○重質韓以其上黨也. 14-4 韓必德○重魏畏魏. 14-5 韓必不敢反○. 14-5 ○之縣也. 14-6 ○得韓以爲縣. 14-6 ○亡晉國. 14-24 ○爲國. 14-25 不敢怨○. 15-1 ○. 15-1 公之○已. 15-1 ○至今然者. 15-8 韓○不聽則秦伐. 17-21 天下服聽因迿韓○以伐齊. 17-22 故出兵以割革趙○. 18-10 ○亡晉國. 18-12 秦盡韓○之上黨. 18-15 反溫軹高平於○. 18-23 齊宋攻○. 19-5 韓倗之救○之辭. 19-11 倗以爲○. 19-12 張義之救○之辭. 19-13 義以爲○. 19-14 [伐楚韓以窘]○. 19-19 發於○. 19-20 秦韓之王劫於韓倗張義而東兵以服○. 19-22 非齊則○. 20-6 齊○新惡楚. 20-7 臣至○. 20-8 若夫越趙○闢甲於燕. 20-10 和於○. 24-7 我必列地以和於○. 24-13 ○必不敝. 24-13

【麋關】 1

距○. 18-15

【濟西】 2

趙取○. 14-21 ○破於趙. 14-23

【濟陽】 1

必不能掊粱黃○陰睢陽而攻單父. 22-21

【壤】 1

秦固有○茅荆丘. 13-10

戰國縱橫家書

（閱讀本）

李　波　整理

目　録

一　蘇秦自趙獻書燕王章……………………………………1
二　蘇秦使韓山獻書燕王章………………………………1
三　蘇秦使盛慶獻書於燕王章……………………………2
四　蘇秦自齊獻書於燕王章………………………………3
五　蘇秦謂燕王章…………………………………………4
六　蘇秦自梁獻書於燕王章（一）………………………5
七　蘇秦自梁獻書於燕王章（二）………………………5
八　蘇秦謂齊王章（一）…………………………………6
九　蘇秦謂齊王章（二）…………………………………7
十　蘇秦謂齊王章（三）…………………………………7
十一　蘇秦自趙獻書於齊王章（一）……………………7
十二　蘇秦自趙獻書於齊王章（二）……………………8
十三　韓𩏂獻書於齊章……………………………………9
十四　蘇秦謂齊王章（四）………………………………10
十五　須賈說穰侯章………………………………………11
十六　朱己謂魏王章………………………………………12

十七　謂起賈章……………………………………………………14
十八　觸龍見趙太后章………………………………………………15
十九　秦客卿造謂穰侯章……………………………………………16
二十　謂燕王章………………………………………………………17
二十一　蘇秦獻書趙王章……………………………………………18
二十二　蘇秦謂陳軫章………………………………………………19
二十三　虞卿謂春申君章……………………………………………19
二十四　公仲倗謂韓王章……………………………………………20
二十五　李園謂辛梧章………………………………………………21
二十六　見田併於梁南章……………………………………………22
二十七　麛皮對邯鄲君章……………………………………………23

長沙馬王堆三號漢墓出土帛書

《戰國縱横家書》

一 蘇秦自趙獻書燕王章

自趙獻書燕王曰：始臣甚惡事。恐趙足□□□□□□□□□□□□□□□□□□□□□□□□□□□□□臣之所惡也，故冒趙而欲說丹與得，事非□□□□□□□臣也。今奉陽〔君〕之使與□□□□□□□□□□□封秦也，任秦也，比燕於趙。令秦與茓(兌)□□□□□□□宋不可信，若□□□□持我其從徐□□□□□□□制事，齊必不信趙矣。王毋夏（憂）事，務自樂也。臣聞王之不安，臣甚愿□□□□□□之中重齊欲如□□□齊，秦毋惡燕、粱（梁）以自持也。今與臣約，五和，入秦使，使齊、韓、粱（梁）、〔燕〕□□□□□□□□約御（卻）軍之日，無伐齊、外齊焉。事之上，齊趙大惡；中，五和，不外燕；下，趙循合齊、秦以謀燕。今臣欲以齊大〔惡〕而去趙，胃（謂）齊王，趙之禾（和）也，陰外齊、謀齊，齊趙必大惡矣。奉陽君、徐爲不信臣，甚不欲臣之之齊也，有（又）不欲臣之之韓、粱（梁）也。燕事小大之諍（爭），必且美矣。臣甚患趙之不出臣也。知（智）能免國，未能免身，愿王之爲臣故，此也。使田伐若使使孫疾召臣，自辭於臣也。爲予趙甲因在粱（梁）者。

二 蘇秦使韓山獻書燕王章

●使韓山獻書燕王曰：臣使慶報之後，徐爲之與臣言甚惡，死亦大物已，不快於心而死，臣甚難之。故臣使辛謁大之。王使慶謂臣：“不利於國，且我夏（憂）之。”臣爲此無敢去之。王之賜使使孫與弘來，甚善已。言臣之後，奉陽君、徐爲之視臣益善，有遣臣之語矣。今齊王使李終之勺（趙），怒於勺（趙）之止臣也。且告奉陽君，相橋於宋，與宋通關。奉陽君甚怒於齊，使勺（趙）足問之臣，臣對以弗知也。臣之所患，齊勺（趙）之惡日益，奉陽君盡以爲臣罪，恐久而後不可□救也。齊王之言臣，反不如已。愿王之使人反復言臣，必毋使臣久於勺（趙）也。

三 蘇秦使盛慶獻書於燕王章

●使盛慶獻書於〔燕王曰〕：□□□□雖未功（攻）齊，事必美者，以齊之任臣，以不功（攻）宋，欲從韓、粱（梁）取秦以謹勺（趙），勺（趙）以（已）用薛公、徐爲之謀謹齊，故齊〔趙〕相倍（背）也。今齊王使宋竅謂臣曰：“奉陽君使周納告寡人曰：‘燕王請毋任蘇秦以事’，信□□奉陽君使周納言之，曰：‘欲謀齊’，寡人弗信也，周納言：燕勺（趙）循善矣，皆不任子以事。奉陽〔君〕□□丹若得也，曰：笱（苟）毋任子，講，請以齊爲上交。天下有謀齊者請功（攻）之。”蘇脩在齊，使□□□□□□□□□予齊、勺（趙）矣。今〔齊〕王使宋竅詔臣曰：“魚（吾）□與子□有謀也。”臣之所□□□□□□□□不功（攻）齊，全於介（界），所見於薛公、徐爲，其功（攻）齊益疾。王必勺（趙）之功（攻）齊，若以天下□□□□□□□焉。外齊於禾（和），必不合齊、秦以謀燕，則臣請爲免於齊而歸矣。爲趙擇□□□□□□□□必趙之不合齊、秦以謀燕也，齊王雖歸臣，臣將不歸。諸可以惡齊勺（趙）〔者〕將□□之。以惡可〔也〕，以辱（辱）可也，以與勺（趙）爲大仇可也。今王曰：“必善勺（趙），利於國。”臣與不知其故。奉陽君之所欲，循〔善〕齊、秦以定其封，此其上計也。次循善齊以安其國。齊勺（趙）循善，燕之大過（禍）。〔將〕

養勺（趙）而美之齊乎，害於燕，惡之齊乎，奉陽君怨臣，臣將何處焉。臣以齊善勺（趙），必容焉，以爲不利國故也。勺（趙）非可與功（攻）齊也，無所用。勺（趙）毋惡於齊爲上。齊勺（趙）不惡，國不可得而安，功不可得而成也。齊趙之惡從已，愿王之定慮而羽鑚臣也。勺（趙）止臣而它人取齊，必害於燕。臣止於勺（趙）而侍（待）其魚肉，臣□不利於身。

四 蘇秦自齊獻書於燕王章

●自齊獻書於燕王曰：燕齊之惡也久矣。臣處於燕齊之交，固知必將不信。臣之計曰：齊必爲燕大患。臣循用於齊，大者可以使齊毋謀燕，次可以惡齊勺（趙）之交，以便王之大事，是王之所與臣期也。臣受教任齊交五年，齊兵數出，未嘗謀燕。齊勺（趙）之交。壹美壹惡，壹合壹離。燕非與齊謀勺（趙），則與趙謀齊。齊之信燕也，虚北地□〔行〕其甲。王信田代〈伐〉繰去〔疾〕之言功（攻）齊，使齊大戒而不信燕，臣秦拜辭事。王怒而不敢强。勺（趙）疑燕而不功（攻）齊，王使襄安君東，以便事也，臣豈敢强王戈（哉）。齊勺（趙）遇於阿，王憂之。臣與於遇，約功（攻）秦去帝。雖費，毋齊、趙之患，除羣臣之醜（恥）。齊殺張庫，臣請屬事辭爲臣於齊。王使慶謂臣：“不之齊危國。”臣以死之圍，治齊燕之交。後，薛公、乾（韓）徐爲與王約功（攻）齊，奉陽君鬻臣，歸罪於燕，以定其封於齊。公玉丹之勺（趙）致蒙，奉陽君受之。王憂之，故强臣之齊。臣之齊，惡齊勺（趙）之交，使毋予蒙而通宋使。故王能材（裁）之，臣以死任事。之後，秦受兵矣，齊勺（趙）皆嘗謀。齊勺（趙）未嘗謀燕，而俱諍（爭）王於天下。臣雖無大功，自以爲免於罪矣。今齊有過辭，王不諭（喻）齊王多不忠也，而以爲臣罪，臣甚懼。庫之死也，王辱之。襄安君之不歸哭也，王苦之。齊改葬其后而召臣，臣欲毋往，使齊棄臣。王曰：“齊王之多不忠也，殺妻逐子，不以其罪，何可怨也。”故强臣之齊。二者大物也，而王以赦臣，臣受賜矣。臣之行也，固知必將有口，故獻御書而行。曰：“臣貴於齊。燕大夫將不信臣。臣賤，將輕臣。臣用，將多望於臣，齊有不善，將歸罪於臣。天下不功（攻）齊，將曰：善爲齊謀。天下功（攻）齊，將與齊兼棄臣。臣之所處者重卵也。”王謂臣曰：“魚（吾）必不聽衆口與造言，魚（吾）信若迺（猶）齕也。大，可以得用於齊；次，可以得信；下，苟毋死。若無不爲也。以奴（孥）自信，可；與言去燕之齊，可；甚者，與謀燕，可。期於成事而已。”臣恃之詔，是故無不以口齊王而得用焉。今王以衆口與造言罪臣，臣甚懼。王之於臣也，賤而貴之，蓐（辱）而顯之，臣未有以報王。以求卿與封，不中意，王爲臣有之兩，臣舉天下使臣之封不塹（慚）。臣止於勺（趙），王謂乾（韓）徐爲：“止某不道，迺（猶）免寡人之冠也。”以振臣之死。臣之德王，突（深）於骨隨（髓）。臣甘死、蓐（辱），可以報王，愿爲之。今王使慶令（命）臣曰：“魚（吾）欲用所善。”王苟有所善而欲用之，臣請爲王事之。王若欲剸舍臣而槫任所善，臣請歸擇（釋）事，句（苟）得時見，盈愿矣。

五　蘇秦謂燕王章

●謂燕王曰：“今日愿藉於王前。叚（假）臣孝如增（曾）參，信如尾星（生），廉如相〈伯〉夷，節（即）有惡臣者，可毋塹（慚）乎？”王曰：“可矣。”“臣有三資者以事王，足乎？”王曰：“足矣。”“王足之，臣不事王矣。孝如增（曾）參，乃不離親，不足而益國。信如尾星（生），乃不延（誕），不足而益國。廉如相〈伯〉夷，乃不竊，不足以益國。臣以信不與仁俱徹，義不與王皆立。”王曰：“然則仁義不可爲與？”對曰：“胡爲不可。人無信則不徹，國無義則不王。仁義所以自爲也，非所以爲人也。自復之術，非進取之道也。三王代立，五相〈伯〉蛇政，皆以不復其掌（常）。若以復其掌（常）爲可王，治官之主，自復之術也，非進取之路也。臣進取之臣也，不事無爲之主。臣愿辭而之周負籠操臿，毋辱大王之廷。”王曰：“自復不足乎？”對曰：“自復而足，楚將不出雎（沮）、章（漳），秦將不出商閹（於），齊不出呂遂（隧），燕將不出屋、注，晉將不蓊（逾）泰（太）行，此皆以不復其常爲進者。”

六 蘇秦自梁獻書於燕王章（一）

●自粱（梁）獻書於燕王曰：齊使宋竅、侯濡謂臣曰：“寡人與子謀功（攻）宋，寡人恃燕勺（趙）也。今燕王與羣臣謀破齊於宋而功（攻）齊，甚急，兵率有子循而不知寡人得地於宋，亦以八月歸兵，不得地，亦以八月歸兵。”今有（又）告薛公之使者田林，薛公以告臣，而不欲其從已聞也。愿王之陰知之而毋有告也。王告人，天下之欲傷燕者與羣臣之欲害臣者將成之。臣請疾之齊觀之而以報。王毋憂，齊雖欲功（攻）燕，未能，未敢。燕南方之交完，臣將令陳臣、許翦以韓、粱（梁）問之齊。足下雖怒於齊，請養之以便事。不然，臣之苦齊王也，不樂生矣。

七 蘇秦自梁獻書於燕王章（二）

●自粱（梁）獻書於燕王曰：薛公未得所欲於晉國，欲齊之先變以謀晉國也。臣故令遂恐齊王曰：‘天下不能功（攻）秦，□道齊以取秦。’〔齊王〕甚懼而欲先天下，慮從楚取秦，慮反（返）乾（韓）量，有（又）慮從勺（趙）取秦。今粱（梁）、勺（趙）、韓、□□□□□□□薛公、徐爲有辭，言勸晉國變矣。齊先鬻勺（趙）以取秦，後賣秦以取勺（趙）而功（攻）宋，今有（又）鬻天下以取秦，如是而薛公、徐爲不能以天下爲其所欲，則天下故（固）不能謀齊矣。愿王之使勺

（趙）弘急守徐爲，令田賢急〔守〕薛公，非是毋有使於薛公、徐之所，它人將非之以敗臣。毋與奉陽君言事，非於齊，一言毋舍也。事必□□南方强，燕毋首。有（又）慎毋非令羣臣衆義（議）功（攻）齊。齊王以燕爲必侍（待）其　（弊）而功（攻）齊，未可解也。言者以臣□賤而邈於王矣。

八 蘇秦謂齊王章（一）

●謂齊王曰：“薛公相脊〈齊〉也，伐楚九歲，功（攻）秦三年。欲以殘宋，取進〈淮〉北，宋不殘，進〈淮〉北不得。以齊封奉陽君，使粱（梁）、乾（韓）皆效地，欲以取勺（趙），勺（趙）是（氏）不得。身率粱（梁）王與成陽君北面而朝奉陽君於邯鄲，而勺（趙）氏不得。王棄薛公，身斷事。立帝，帝立。伐秦，秦伐。謀取勺（趙），得。功（攻）宋，宋殘。是則王之明也。雖然，愿王之察之也。是無它故，臣之以燕事王循也。量謂臣曰：‘傷齊者，必勺（趙）也。秦雖强，終不敢出塞涑（溯）河，絶中國而功（攻）齊。楚、越遠，宋、魯弱，燕人承，乾（韓）、粱（梁）有秦患，傷齊者必勺（趙）。勺（趙）氏終不可得已，爲之若何？’臣謂量曰：‘請劫之。子以齊大重秦，秦將以燕事齊。齊燕爲一，乾（韓）、粱（梁）必從。勺（趙）悍則伐之，愿則摯而功（攻）宋。’量以爲善。臣以車百五十乘入齊，量逆於高閭，身御臣以入。事曲當臣之言，是則王之教也。然臣亦見其必可也。猶量不知變事以功（攻）宋也，不然，量之所與臣前約者善矣。今三晉之敢據薛公與不敢據，臣未之識。雖使據之，臣保燕而事王，三晉必不敢變。齊燕爲一，三晉有變，事乃時爲也。是故當今之時，臣之爲王守燕，百它日之節。雖然，成臣之事者，在王之循甘燕也。王雖疑燕，亦甘之；不疑，亦甘之。王明視（示）天下以有燕，而臣不能使王得志於三晉，臣亦不足事也。”

九 蘇秦謂齊王章（二）

●謂齊王曰：“始也，燕纍臣以求摯（質），臣爲是未欲來，亦未□爲王爲也。今南方之事齊者多故矣，是王有懮也，臣何可以不亟來。南方之事齊者，欲得燕與天下之師，而入之秦與宋以謀齊，臣静之於燕王，燕王必弗聽矣。臣有（又）來，則大夫之謀齊者大解矣。臣爲是，雖無燕，必將來。縉子之請，貴循也，非以自爲也。□〔桓〕公聽之。臣賢王於桓〔公〕，臣不敢忘（妄）請□□□□王誠重御臣，則天下必曰：燕不應天下以師，有（又）使蘇〔秦〕□□□大貴□□□□□□□□□□□□□□□□□□□□□齊□量之□□□□之車也。王□□□□□□請以百五十乘，王以諸侯御臣。若不欲□□□請以五〔十〕乘來。請貴重之□□□□□□□□□□□高賢足下，故敢以聞也。”

十 蘇秦謂齊王章（三）

●謂齊王：“燕王難於王之不信己也則有之，若慮大惡〇則無之。燕大惡，臣必以死諍之，不能，必令王先知之。必毋聽天下之惡燕交者。以臣所□□□魯甚焉。□臣大□□息士民，毋庸發怒於宋魯也。爲王不能，則完天下之交，復與梁（梁）王遇。□功（攻）宋之事，士民句（苟）可復用，臣必王之無外患也。若燕，臣必以死必之。臣以燕重事齊，天下必無敢東視□□，兄（況）臣能以天下功（攻）秦，疾與秦相萃也而不解，王欲復功（攻）宋而復之，不而舍之，王爲制矣。”

十一 蘇秦自趙獻書於齊王章（一）

●自勺（趙）獻書於齊王曰：臣暨（既）從燕之梁（梁）矣。臣之勺（趙），所聞於乾（韓）、梁（梁）之功（攻）秦，無變志矣。以雨，未得遬（速）也。臣之所得於奉陽君者，乾（韓）、梁（梁）合，勺（趙）氏將悉上黨以功（攻）秦。奉陽君謂臣：“楚無秦事，不敢與齊遇。齊楚果遇，是王收秦已。”其不欲甚。欲王之赦梁（梁）王而復見之。勺（趙）氏之慮，以爲齊秦復合，必爲兩啻（敵）以功（攻）勺（趙），若出一口。若楚遇不必，雖必，不爲功，愿王之以毋遇喜奉陽君也。臣以足下之所與臣約者告燕王：“臣以（已）好處於齊，齊王終臣之身不謀燕燕；臣得用於燕，終臣之身不謀齊。”燕王甚兑（悅），其於齊循善。事印曲盡從王，王堅三晉亦從王，王取秦、楚亦從王。然而燕王亦有苦。天下惡燕而王信之。以燕之事齊也爲盡矣。先爲王絶秦，摯（質）子，宦二萬甲自食以功（攻）宋，二萬甲自食以功（攻）秦，乾（韓）、梁（梁）豈能得此於燕戈（哉）。盡以爲齊，王猶聽惡燕者，{宋再寡人之呖功宋也請於梁閉關於宋而不許寡人已舉宋講矣乃來諍得三今燕勺之兵皆至矣俞疾功菑四寡人有聞梁}，燕王甚苦之。愿王之爲臣甚安燕王之心也。燕齊循善，爲王何患無天下。

十二 蘇秦自趙獻書於齊王章（二）

●自勺（趙）獻書於齊王曰：臣以令告奉陽君曰：“寡人之所以有講慮者有：寡人之所爲功（攻）秦者，爲梁（梁）爲多，梁（梁）氏留齊兵於觀，數月不逆，寡人失望，一。擇（釋）齊兵於熒陽、成皐，數月不從，而功（攻）{宋，再。寡人之呖（仍）功（攻）宋也，請於梁（梁）閉關於宋而不許。寡人已舉（與）宋講矣，乃來諍（爭）得，三。今燕勺（趙）之兵皆至矣，俞（愈）疾功（攻）菑，四。寡人有（又）聞梁（梁）}{入兩使陰成於秦。且君嘗曰：‘吾縣免（勉）於梁（梁）是（氏），不能辭已。’雖乾（韓）亦然。寡人恐梁（梁）氏之棄與國而獨取秦也，是以有溝（講）慮。今曰不}女（如）□之，疾之，請從。功（攻）秦，寡人之上計，講，最寡人之大（太）下也。梁（梁）氏不恃寡人，樹寡人曰：‘齊道楚取秦，蘇脩在齊矣。’使天下汹汹然，曰：寡人將反（返）量也。寡人無之。乃量固於齊，使人於齊大夫之所而俞（偷）語則有之。寡人不見使□，□大對（懟）也。寡人有反（返）景之慮，必先與君謀之。寡人{入兩使陰成於秦且君嘗曰吾縣免於梁是不能辭已雖乾亦然寡人恐梁氏之棄與國而獨取秦也是以有講慮今曰不}與韋非約曰：‘若與楚遇，將與乾（韓）梁（梁）四遇，以約功（攻）秦。若楚不遇，將與梁（梁）王復遇於圍地，收秦等，掾（遂）明（盟）功（攻）秦。大（太）上破之，其〔次〕賓（擯）之，其下完交而□講，與國毋相離也。’此寡人之約也。韋非以梁王之令（命），欲以平陵蛇（貤）薛，以陰〈陶〉封君。平陵雖（唯）成（城）而已，其鄙盡入梁（梁）氏矣。寡人許之已。”臣以〔告〕奉陽君，奉陽君甚兑（悦）。曰：“王有（又）使周濕、長駟重令（命）挩（兑），挩（兑）也敬受令（命）。”奉陽君合（答）臣曰：“箕有私義（議），與國不先反而天下有功（攻）之者，雖知不利，必據之。與國有先反者，雖知不利，必怨之。”今齊、勺（趙）、燕循相善也。王不棄與國而先取秦，不棄箕而反（返）景也，王何患於不得所欲。梁（梁）氏先反，齊、勺（趙）功（攻）梁（梁），齊必取大梁（梁）以東，勺（趙）必取河内，秦案不約而應，王何患於梁（梁）。梁（梁）、乾（韓）無變，三晉與燕爲王功（攻）秦，以便王之功（攻）宋也，王何不利焉。今王棄三晉而收秦、反（返）景也，是王破三晉而復臣天下也。〔天〕下將入地與重摯（質）於秦，而獨爲秦臣以怨王。臣以爲不利於足不下，愿王之完三晉之交，與燕也，講亦以是，疾以是。

十三 韓景獻書於齊章

●乾（韓）景獻書於齊曰：秦悔不聽王以先事而後名。今秦王請侍（待）王以三、四年。齊不收秦，秦焉受晉國。齊秦復合，使景反（返），且復故事，秦印曲盡聽王。齊取宋，請令楚、梁（梁）毋敢有尺地於宋，盡以爲齊。秦取梁（梁）之上黨。乾（韓）梁（梁）從，以功（攻）勺（趙），秦取勺（趙）之上地，齊取河東。勺（趙）從，秦取乾（韓）之上地，齊取燕之陽地。三晉大破，而〔攻楚〕，秦取鄢，田雲夢，齊取東國、下蔡。使從（縱）親之國，如帶而已。齊、秦雖立百帝，天下孰能禁之。

十四 蘇秦謂齊王章（四）

●謂齊王曰："臣恐楚王之勤豎之死也。王不可以不故解之。臣使蘇厲告楚王曰：'豎之死也，非齊之令（命）也，湼子之私也。殺人之母而不爲其子禮，豎之罪○固當死。宋以淮北與齊講，王功（攻）之，毄（擊）勺（趙）信，齊不以爲怨，反爲王誅勺（趙）信，以其無禮於王之邊吏也，王必毋以豎之私怨敗齊之德。'前事愿王之盡加之於豎也，毋與它人矣，以安無薛公之心。王○尙（嘗）與臣言，甘薛公以就事，臣甚善之。今爽也，强得也，皆言王之不信薛公，薛公甚懼，此不便於事。非薛公之信，莫能合三晉以功（攻）秦，愿王之甘之○也，臣負齊、燕以司（伺）薛公，薛公必不敢反王。薛公有變，臣必絶之。臣請終事而與，王勿計，愿王之固爲終事也。功（攻）秦之事成，三晉之交完於齊，齊事從（縱）横盡利：講而歸，亦利；圍而勿舍，亦利；歸息士民而復之，使如中山，亦利。功（攻）秦之事敗，三晉之約散，而静（爭）秦，事卬曲盡害。是故臣以王令（命）甘薛公，驕（矯）敬（檠）三晉，勸之爲一，以疾功（攻）秦，必破之。不然則賓（擯）之，不則與齊共講，欲而復之。三晉以王爲愛己、忠己。今功（攻）秦之兵方始合，王有（又）欲得兵以功（攻）平陵，是害功（攻）秦也。天下之兵皆去秦而與齊諍（爭）宋地，此其爲禍不難矣。愿王之毋以此畏三晉也。獨以甘楚。楚雖毋伐宋，宋必聽。王以（已）和三晉伐秦，秦必不敢言救宋。□弱宋服，則王事遫（速）

夬（決）矣。夏后堅欲爲先薛公得平陵，愿王之勿聽也。臣欲王以平陵予薛公，然而不欲王之無事與之也。欲王之縣（懸）陶、平陵於薛公、奉陽君之上以勉之，終事然後予之，則王多資矣。御〈御〉事者必曰：'三晉相豎〈堅〉也而傷秦，必以其餘驕王。'愿王之勿聽也。三晉伐秦，秦未至𠷎而王已盡宋息民矣。臣保燕而循事王，三晉必無變。三晉若愿乎，王遂（遂）役（役）之。三晉若不愿乎，王收秦而齊（劑）其後，三晉豈敢爲王驕。若三晉相豎〈堅〉也以功（攻）秦，案以負王而取秦，則臣必先智（知）之。王收燕、循楚而啗秦以晉國，三晉必破。是故臣在事中，三晉必不敢反。臣之所以備患者百餘。王句（苟）爲臣安燕王之心而毋聽傷事者之言，請毋至三月而王不見王天下之業，臣請死。臣之出死以要事也，非獨以爲王也，亦自爲也。王以不謀燕爲臣賜，臣有以德燕王矣。王舉霸王之業而以臣爲三公，臣有以矜於世矣。是故事句（苟）成，臣雖死不丑。"

十五 須賈說穰侯章

●華軍，秦戰勝魏，走孟卯，攻大粱（梁）。須賈說穰侯曰："臣聞魏長吏胃（謂）魏王曰：'初時者，惠王伐趙，戰勝三粱（梁），拔邯戰〈鄲〉，趙氏不割而邯戰（鄲）復歸。齊人攻燕，拔故國，殺子之，燕人不割而故國復反（返）。燕，趙之所以國大兵强而地兼諸侯者，以其能忍難而重出地也。宋、中山數伐數割，而國隋（隨）以亡。臣以爲燕、趙可法，而宋、中山可毋爲也。秦，貪戾之國也，而無親，蠶食魏氏，盡晉國，勝暴子，割八縣，地未〇畢入而兵復出矣。夫秦何猒（饜）之有𢦏（哉）。今有（又）走孟卯，入北宅，此非敢粱（梁）也，且劫王以多割，王必勿聽也。今王循楚、趙而講，楚、趙怒而與王爭秦，秦必受之。秦挾楚、趙之兵以復攻，則國求毋亡，不可得已。愿王之必毋講也。王若欲講，必小（少）割而有質，不然必欺。'此臣之所聞於魏也，願君之以氏（是）慮事也。周書曰：‘唯命不爲常。’此言幸之不可數也。夫戰勝暴子，割八縣之地，此非兵力之請（精）也，非計慮之攻（工）也，夫天幸爲多。今有（又）走孟卯，入北宅，以攻大粱（梁），是以天幸自爲常也。知（智）者不然。臣聞魏氏悉其百縣勝甲以上，以戎〈戍〉大粱（梁），臣以爲不下卅萬。以卅萬之衆，守七仞之城，臣以爲湯武復生，弗昜〈易〉攻也。夫輕倍（背）楚、趙之兵，陵七刃（仞）之城，犯卅萬之衆，而志必舉之，臣以爲自天地始分，以至於今，未之嘗有也。攻而弗拔，秦兵必罷（疲），陶必亡，則前功有必棄矣。今魏方疑，可以小（少）割而收也。願君遝（逮）楚、趙之兵未至於粱（梁）也，亟以小（少）割收魏。魏方疑而得以小（少）割爲和，必欲之，則君得所欲矣。〇〇楚、趙怒於魏之先己也，必爭事秦，從（縱）已散而君后（後）擇焉。且君之得地也，豈必以兵弋（哉）。〔割〕晉國也，秦兵不功（攻）而魏效降（絳）、安邑，有（又）爲陶啓兩幾，盡故宋，而率〈衛〉效蟬尤。秦兵苟全而君制之。何索而不得，奚爲〔而不成〕。願〔君〕之孰（熟）慮之而毋行危也。”君曰：“善”，乃罷粱（梁）圍。●五百七十

十六 朱己謂魏王章

●謂魏王曰：“秦與式〈戎〉翟同俗，有〔虎狼之〕心，貪戾好利，無親，不試（識）禮義德行。苟有利焉，不顧親戚弟兄，若禽守（獸）耳。此天下之所試（識）也。非〔所施〕厚積德也。故大（太）后，母也，而以憂死。穰侯，咎（舅）也，功莫多焉，而諒（竟）逐之。兩弟無罪而再挩（奪）之國。此於〔親〕戚若此而兄（况）仇讎之國乎。今王與秦共伐韓而近秦患，臣甚惑之。而王弗試（識）則不明。羣臣莫以〔聞〕則不忠。今韓氏以一女子奉一弱主，内有大亂（亂），外支秦、魏之兵，王以爲不亡乎。韓亡，秦有〔鄭〕地，與大粱（梁）

鄰，王以爲安乎。王欲得故地而今負强秦之禍，王以爲利乎。秦非無事之國也，韓亡之後，必將更事。更事，必就易〈易〉與利，就易〈易〉與利，必不伐楚與趙矣。是何也？夫〔越山與河，絶〕韓上黨而○攻强趙，氏（是）復閼輿之事也，秦必弗爲也。若道河内，倍（背）鄴、朝歌，絶漳、鋪（滏）〔水，與趙兵决於〕邯鄲之鄗（郊），氏（是）知伯之過也，秦有（又）不敢。伐楚，道涉谷，行三千里而攻冥戹之塞，所行甚遠，所攻甚難，秦有（又）弗爲也。若道河外，倍（背）大粱（梁），右蔡、召，與楚兵夬（决）於事无补陳鄗（郊），秦有（又）不敢。故曰：秦必不伐楚與趙矣。有（又）不攻燕與齊矣。韓亡之後，兵出之日，非魏無攻已。秦固有壞（懷）、茅、刑（邢）丘，城垝津，以臨河内，河内共、墓必危。有鄭地，得垣瘫（雍），决熒○澤，大粱（梁）必亡。王之使者大過，而惡安陵是（氏）於秦。秦之欲許久矣。秦有葉、昆陽、與舞陽鄰，聽使者之惡，墮安陵是（氏）而亡之，繚舞陽之北以東臨許，南國必危，國先害已。夫增（憎）韓，不愛安陵氏，可也。夫不患秦，不愛南國，非也。異日者秦在河西，晋國去粱（梁）千里，有河山以闌之，有周、韓而間之。從林軍以至於今，秦七攻魏，五入囿中，櫋（邊）城盡拔，支臺隨（墮），垂都然（燃），林木伐，麋鹿盡，而國續以圍。有（又）長敺（驅）粱（梁）北，東至虖（乎）陶、衛之〔郊，北至乎〕監。所亡秦者，山南、山北、河外、河内，大縣數十，名都數百。秦乃在河西，晋國去粱（梁）千里而禍若是矣。〔又况於使〕秦無韓，有鄭地，無〔河〕山而闌之，無周、韓而間之，去粱（梁）百里，〔禍〕必百此矣。異日者，從（縱）之不〔成也，楚〕魏疑而韓不〔可得也〕。今韓受兵三年，秦撓以講，識亡不聽，投質於趙，請爲天〔下雁〕行頓〔刃，楚、趙〕必疾兵。皆識秦〔之欲無〕躬（窮）也。非盡亡天下之兵而臣海内，必不休。

是故臣愿以從（縱）事王，王□□□□□傶(挾)韓之質以存韓而求故地，韓必效之。此士民不勞而故地盡反（返）矣。其功多於與秦共伐韓，〔而〕必無與强秦鄰之禍。夫存韓、安魏而利天下，此亦王之大時已。通韓上黨於共、寧，使道安成之□，出入賦之是魏重質韓以其上黨也。合有其賦，足以富國。韓必德魏、重魏、畏魏，韓必不敢反魏。是韓，魏之縣也。魏得韓以爲縣，以率（衛）大粱（梁），河北必安矣。今不存韓，貳（二）周、安陵必貤（弛），楚、趙大破，燕、齊甚卑，天下西舟（輈）而馳秦，而入朝爲臣不久矣。”● 八百五十八

十七 謂起賈章

●胃（謂）○起賈曰：“私心以公爲爲天下伐齊，共約而不同慮。齊秦相伐，利在晉國。齊晉相伐，重在秦。是以晉國之慮，奉秦，以重虞秦。破齊，秦不妬得，晉之上也。秦食晉以齊，齊毀，晉敝，餘齊不足以爲晉國主矣。晉國不敢倍（背）秦伐齊，有（又）不敢倍（背）秦收齊，秦兩縣（懸）齊，晉以持大重，秦之上也。是以秦、晉皆俠若計以相笥（伺）也。古之爲利者養人，□□立重。立重者畜人，以利。重立而爲利者卑，利成而立重者輕，故古之人患利重之□奪□□□，唯賢者能以重終。察於見反，故能制天下。愿御史之孰（熟）慮之也。且使燕盡陽地，以河爲竟（境），燕齊毋□難矣。以燕王之賢，伐齊，足以俷（刷）先王之餌（恥），利攢〈擅〉河山之間，執（勢）無齊患，交以趙爲死○友，地不與秦攘（壤）介（界），燕畢□□之事，難聽尊矣。趙取濟西，以方（防）河東，燕趙共相，二國爲一，兵全以臨齊，則秦不能與燕、趙爭。□□□□亡宋得，南陽傷於魯，北地歸於燕，濟西破於趙，餘齊弱於晉國矣。爲齊計者，不踰强晉，□□□□秦，秦〔齊〕不合，莫尊秦矣。魏亡晉國，猶重秦也。與之攻齊，攻齊已，魏爲□國，重楚爲□□□□重不在粱（梁）西矣。一

死生於趙，毀齊，不敢怨魏。魏，公之魏已。楚割淮北，以爲下蔡○啓□，得雖近越，實必利郢。天下○且功（攻）齊，且屬從（縱），爲傳棼（焚）之約。終齊事，備患於秦，□是秦重攻齊也，國必慮，意齊毀未當於秦心也，廬（慮）齊（劑）齊而生事於〔秦〕。周與天下交長，秦亦過矣。天下齊（劑）齊不侍（待）夏。近慮周，周必半歲；上黨、寧陽，非一舉之事也，然則韓□一年有餘矣。天下休，秦兵適敝，秦有慮矣。非是猶不信齊也，畏齊大（太）甚也。公孫鞅之欺魏卬也，公孫鞅之罪也。身在於秦，請以其母質，襄疵弗受也。魏至今然者，襄子之過也。今事來矣，此齊之以母質之時也，而武安君之棄禍存身之夬（訣）也。●五百六十三

十八 觸龍見趙太后章

●趙大（太）后規用事，秦急攻之，求救於齊。齊曰："必〔以〕大（太）后少子長安君來質，兵乃出。"大（太）后不肯，大臣强之。大（太）后明胃（謂）左右曰："有復言令長安君質者，老婦必○唾其面。"左師觸龍言願見，大（太）后盛氣而胥之。入而徐趨，至而自〔謝〕曰："老臣病足，曾不能疾走。不得見久矣。竊自□老，輿（與）恐玉膻（體）之有所郄（郄）也，故願望見大（太）后。"曰："老婦持（恃）連（輦）而睘（還）。"曰："食飲得毋衰乎？"曰："侍（恃）鬻鬻（粥）耳。"曰："老臣間者殊不欲食，乃自强步，日三、四里，少益耆（嗜）食，智於身。"曰："老婦不能。"大（太）后之色少解。左師觸龍曰："老臣賤息　（舒）旗最少，不宵（肖）。而衰，竊愛憐之。願令得補黑衣之數，以衛〈衛〉王宮，昧死以聞。"大（太）后曰："敬若（諾）。年○幾何矣？"曰："十五歲矣。雖少，願及未寘（填）叡（壑）谷而託之。"曰："丈夫亦愛憐少子乎？"曰："甚於婦人。"曰："婦人異甚。"曰："老臣竊以爲媼之愛燕

后賢長安君。”曰：“君過矣，不若長安君甚。”左師觸龍曰：“父母愛子則爲之計深遠。媪之送燕后也，攀其踵，爲之泣，念其遠也，亦哀矣。已行，非弗思也。祭祀則祝之曰：‘必勿使反（返）。’豈（豈）非計長久，子孫相繼爲王也戈（哉）。”大（太）后曰：“然。”左師觸龍曰：“今三世以前，至於趙之爲趙，趙主之子侯者，其繼有在者乎？”曰：“無有。”曰：“微獨趙，諸侯有在者乎？”曰：“老婦弗聞。”曰：“此其近者，禍及其身，遠者及其孫。豈（豈）人主之子侯，則必不善戈（哉），位尊而無功，奉厚而無勞，而挾重器多也。今媪尊長安之位，而封之膏腴之地，多予之重器，而不汲（及）今令有功於國，山陵堋（崩），長安君何以自託於趙？老臣以媪爲長安君計之短也。故以爲其愛也不若燕后。”大（太）后曰：“若（諾）。次（恣）君之所使之。”於氏（是）爲長安君約車百乘，質於齊，兵乃出。子義聞之曰：“人主子也，骨肉之親也，猶不能持無功之尊，不勞之奉，而守金玉之重也，然兄（況）人臣乎。”●五百六十九

十九 秦客卿造謂穰侯章

●胃（謂）穰侯：“秦封君以陶，假君天下數年矣。攻齊之事成，陶爲萬乘，長小國，率以朝，天下必聽，五伯之事也。攻齊不成，陶爲廉監而莫〔之〕據。故攻齊之於陶也，存亡之幾（機）○也。君欲成之，侯（何）不使人謂燕相國曰：‘聖人不能爲時，時至亦弗失也。舜雖賢，非適禺（遇）堯，不王也。湯、武雖賢，不當桀、紂，不王天下。三王者皆賢矣，不曹（遭）時不王。今天下攻齊，此君之大時也。因天下之力，伐讎國之齊，報惠王之醜（恥），成昭襄王之功，除萬世之害，此燕之利也，而君之大名也。詩曰：樹德者莫如兹（滋），除怨者莫如盡。吴不亡越，越故亡吴。齊不亡燕，燕故亡齊。吴亡於越，齊亡於燕，餘（除）疾不盡也。非以此時也，成君之功，除萬世

之害，秦有它事而從齊，齊趙親，其讎君必深矣。挾君之讎以於燕，後雖悔之，不可得已。君悉燕兵而疾贊之，天下之從於君也，如報父子之仇。誠爲鄰世世無患。愿君之剸（專）志於攻齊而毋有它慮也。’”

●三百　●大凡二千八百七十

二十 謂燕王章

●胃（謂）燕王曰：“列在萬乘，奇（寄）質於齊，名卑而權輕。奉萬乘助齊伐宋，民勞而實費。夫以宋加之淮北，强萬乘之國也，而齊兼之，是益齊也。九夷方一百里，加以魯、衛，强萬乘之國也，而齊兼之，是益二齊也。夫一齊之强，燕猶弗能支，今以三齊臨燕，其過（禍）必大。唯（雖）然，夫知（智）者之〔舉〕事，因過（禍）〔而爲〕福，轉敗而爲功。齊紫，敗素也，賈（價）十倍。句淺棲會稽，其後殘吳，霸天下。此皆因過（禍）爲福，轉敗而爲功，今王若欲因過（禍）而爲福，轉敗而爲功，則莫若招霸齊而尊之，使明（盟）周室而棼（焚）秦符，曰：‘大（太）上破秦，其次必長忠（擯）之。’秦囗忠（擯）以侍（待）破，秦王必患之。秦五世伐諸侯，今爲齊下。秦王之心苟得窮齊，不難以國壹棲（接）。然則王何不使辯士以若說說秦王曰：‘燕、趙破宋肥齊，尊之，爲之下者，燕、趙非利之也。燕、趙弗利而埶（勢）爲者，以不信秦王也。然則王何不使可信者棲（接）收燕、趙，如經（涇）陽君，如高陵君，先於燕、趙曰：秦有變。因以爲質。則燕、趙信秦。秦爲西帝，燕爲北帝，趙爲中帝，立三帝以令於天下。韓、魏不聽則秦伐，齊不聽則燕、趙伐，天下孰敢不聽。天下服聽因迿（驅）韓、魏以伐齊，曰：必反（返）宋，歸楚淮北。反（返）宋，歸楚淮北，燕、趙之所利也。並立三王，燕、趙之所愿也。夫實得所利，尊得所愿，燕、趙之棄齊，說（脱）沙（躧）也。今不收燕、趙，齊伯必成。諸侯贊齊而王弗從，是國伐也。諸侯伐齊而王從之，是名卑也。今收燕、趙，國安名尊，不收燕、趙，國危而名卑。夫去尊、安，取卑、危，知（智）者弗爲。’秦王聞若說，必如諫（刺）心。然則〔王〕何不使辯士以如說〔說〕秦，秦必取，齊必伐矣。夫取秦，上交也；伐齊，正利也。尊上交，務正利，聖王之事也。”

二十一 蘇秦獻書趙王章

●獻書趙王：臣聞〔甘〕洛（露）降，時雨至，禾谷絳（豐）盈，衆人喜之，賢君惡之。今足下功力非數加於秦也，怨竺（毒）積怒，非深於齊，下吏皆以秦爲夏（憂）趙而曾（憎）齊。臣竊以事觀之，秦幾（豈）夏（憂）趙而曾（憎）齊戈（哉）。欲以亡韓、呻（吞）兩周，故以齊餌天下。恐事之〇不誠（成），故出兵以割革趙、魏。恐天下之疑己，故出摯（質）以爲信。聲德與國，實伐鄭韓。〔臣〕以秦之計必出於此。且說士之計皆曰：“韓亡參（三）川，魏亡晉國，市〇〇朝未罷過（禍）及於趙。”且物固〔有勢〕異而患同者。昔者，楚久伐，中山亡。今燕盡齊之河南，距莎（沙）丘、巨（鉅）鹿之囿三百里。距麋關，北至於〔榆中〕者千五百里。秦盡韓、魏之上黨，則地與王布屬壤芥者七百里。秦以强弩坐羊腸之道，則地去邯鄲百廿里。秦以三軍功（攻）王之上常（黨）而包其北，則注之西，非王之有也。今增注、茝恆山而守三百里，過燕陽、曲逆，此代馬、胡狗不東，綸（崙）山之玉不出，此三葆（寶）者，或非王之有也。今從强秦久伐齊，臣恐其過（禍）出於此也。且五國之主嘗合衡（橫）謀伐趙，疎分趙壤，箸之皈（盤）竽（盂），屬之祝譜（籍）。五國之兵出有日矣。齊乃西師以唫（禁）强秦。史（使）秦廢令，疎服而聽，反（返）溫、軹、高平於魏，反（返）王公、符逾於趙，此天下所明知也。夫齊之事趙，宜正爲上交，乃以柢（抵）罪取伐，臣恐後事王者不敢自必也。今王收齊，天下必以王爲義矣。齊抱（抱）社稷事王，天下必重王。然則齊義，王以天下就之；齊逆，王以天下□之。是一世之命制於王也。臣愿王與下吏羊（詳）計某言而竺（篤）慮之也。

二十二 蘇秦謂陳軫章

●齊宋攻魏，楚回（圍）翁（雍）是（氏），秦敗屈匄。胃（謂）陳軫曰："愿有謁於公，其爲事甚完，便楚，利公。成則爲福，不成則爲福。今者秦立於門，客有言曰：'魏王胃（謂）韓傰、張義（儀）：煮棘（棗）將榆，齊兵有（又）進，子來救〔寡〕人可也，不救寡人，寡人弗能枝（支）。'榑（轉）辭也。秦、韓之兵毋東，旬余，魏是（氏）榑（轉），韓是（氏）從，秦逐張義（儀），交臂而事楚，此公事成也。"陳軫曰："若何史（使）毋東？"合（答）曰："韓傰之救魏之辭，必不胃（謂）鄭王曰：'傰以爲魏。'必將曰：'傰將榑（摶）三國之兵，乘屈匄之敝，南割於楚，故地必盡。'張義（儀）之救魏之辭，必〔不〕胃（謂）秦王曰：'義（儀）以爲魏。'〔必將〕曰：'義（儀）且以韓、秦之兵東巨（拒）齊、宋，義（儀）〔將〕榑（摶）三國之兵，乘屈匄之敝，〔東割於〕楚，名存亡〔國，實伐三川〕而歸，此王業也。'公令楚〔王與韓氏地，使〕秦制和。胃（謂）秦曰：'〔請與韓地而王以〕施三〔川，韓〕是（氏）之兵不用而得地〔於楚〕，□□□□□何。秦兵〔不用而得三川，伐楚、韓以窘〕魏，魏是（氏）不敢不聽。韓欲地而兵案，聲，□發於魏，魏是（氏）□□□□□□□□魏是（氏）〔轉〕，秦、韓爭事齊楚，王欲毋予地。公令秦、韓之兵不〔用而得地，有一大〕德。秦、韓之王劫於韓傰、張義（儀）而東兵以服魏，公常操□芥（契）而責於〔秦、韓，此其善於〕公而〔惡張〕義（儀）多資矣。'

二十三 虞卿謂春申君章

●胃（謂）春申君曰：“臣聞之：於安思危，危則慮安。今楚王之春秋高矣，〔君之封〕地不可不蚤（早）定。爲君慮封，莫若遠楚。秦孝王死，公孫鞅殺；惠王死，襄子殺。公孫央（鞅）功臣也，襄子親因（姻）也，皆不免，封近故也。大（太）公望封齊，召公奭封於燕，欲遠王室也。今燕之罪大，趙之怒深，君不如北兵以德趙，淺（踐）亂（亂）燕國，以定身封，此百世一時也。”“所道攻燕，非齊則魏，齊魏新惡楚，唯（雖）欲攻燕，將何道戋（哉）？”對曰：“請令魏王可。”君曰：“何？”曰：“臣至魏，便所以言之。”乃胃（謂）魏王曰：“今胃（謂）馬多力，則有。言曰‘勝千鈞’，則不然者，何也？千鈞非馬之任也。今胃（謂）楚强大則有矣，若夫越趙、魏，關甲於燕，幾（豈）楚之任戋（哉）。非楚之任而爲之，是敝楚也。敝楚，强楚，其於王孰便？”

二十四 公仲倗謂韓王章

●秦韓戰於蜀潢，韓是（氏）急。公中（仲）倗胃（謂）韓王曰：“冶（與）國非可持（恃）也。今秦之心欲伐楚，王不若因張義（儀）而和於秦，洛（賂）之以一名縣，與之南伐楚，此以一爲二之計也。”韓王曰：“善。”乃警公中（仲）倗，將使西講於秦。楚王聞之，大恐。召陳軫而告之。陳軫曰：“夫秦之欲伐王久矣。今或得韓一名縣具甲，秦、韓并兵南鄉（向）楚，此秦之所廟祀而求也。今已得之，楚國必伐。王聽臣之爲之，警四竟（境）之内，興師救韓，名（命）戰車，盈夏路；發信〔臣，多〕其車，重其敝（幣），史（使）信王之救己也。韓爲不能聽我，韓之德王也，必不爲逆以來，是〔秦〕韓不和也。〔兵雖〕至楚，國不大病矣。爲能聽我，絶和於秦，〔秦〕必大怒，以厚怨韓。韓南〔交楚〕，必輕秦，輕秦，其應必不敬矣。是我困秦、韓之兵，免楚國楚國之患也。”楚之〈王〉若（諾）。乃警四竞（境）之内，興師，言救韓，發信臣，多車，厚其敝（幣）。使之韓，胃（謂）韓王曰："不穀唯（雖）小，已悉起之矣。愿大國肄（肆）意於秦，不穀將以楚佳〈隼〉韓。"〔韓王〕説（悦），止公中（仲）之行。公中（仲）曰："不可。夫以實苦我者秦也，以虚名救〔我〕者楚也。〔恃〕楚之虚名，輕绝强秦之適（敵），天下必芯〈笑〉王。且楚韓非兄弟之國也，有（又）非素謀伐秦也，已伐刑（形），因興師言救韓，此必陳軫之謀也。夫輕絶强秦而强〔信〕楚之謀臣，王必悔之。"韓王弗聽，遂絶和於秦。秦因大怒，益師，與韓是（氏）戰於岸門。楚救不至，韓是（氏）大敗。故韓是（氏）之兵非弱也，其民非愚蒙也，兵爲秦禽（擒），知（智）爲楚笑者，過聽於陳軫，失計韓倗（倗），故曰："計聽知順逆，唯（雖）王可。"

二十五　李園謂辛梧章

●秦使辛梧據粱（梁），合秦、粱（梁）而攻楚，李園懮之。兵未出，謂辛梧："以秦之强，有粱（梁）之勁，東面而伐楚。於臣也，楚不侍（待）伐，割摯（縶）馬免而西走，秦餘（與）楚爲上交，秦禍案環（還）中粱（梁）矣。將軍必逐於粱（梁），恐誅於秦。將軍不見井忌乎？爲秦據趙而攻燕，拔二城。燕使蔡鳥股符胠璧，姦（間）趙入秦，以河間十城封秦相文信侯。文信侯弗敢受，曰：'我無功。'蔡鳥明日見，帶長劍，案（按）其劍，舉其末，視文信侯曰：'君曰：我無功。君無功，胡不解君之璽以佩蒙敖（驁）、王齮也。秦王以君爲賢，故加君二人之上。今燕獻地，此非秦之地也，君弗受，不忠。'文信侯敬若（諾）。言之秦王，秦王令受之。餘（與）燕爲上交，秦禍案環（還）歸於趙矣。秦大舉兵東面而齎（劑）趙，言毋攻燕。以秦之强，有燕之怒，割勺（趙）必突（深）。趙不能聽，逐井忌，誅於秦。今臣竊爲將軍私計，不如少案（按）之，毋庸出兵。秦未得志於楚，必重梁（梁）；梁（梁）未得志於楚，必重秦，是將軍兩重。天下人無不死者，久者壽，愿將軍之察之也。梁（梁）兵未出，楚見梁（梁）之未出兵也，走秦必緩。秦王怒於楚之緩也，怨必深。是將軍有重矣。”梁（梁）兵果六月乃出。

二十六 見田併於梁南章

●見田併於梁（梁）南，曰：“秦攻鄢陵，幾拔矣。梁（梁）計將奈何？”田併曰：“在楚之救梁（梁）。”對曰：“不然。在梁（梁）之計，必有以自恃也。無自恃計，傳（專）恃楚之救，則梁（梁）必危矣。”田併曰：“爲自恃計奈何？”曰：“梁（梁）之東地。尚方五百餘里，而與梁（梁），千丈之城，萬家之邑，大縣十七，小縣有市者卅有餘，將軍皆令縣急急爲守備，譔（選）擇賢者，令之堅守，將以救亡。令梁（梁）中都尉□□大將，其有親戚父母妻子，皆令從梁（梁）王葆（保）之東地單父，善爲守備。”田併〔曰〕：“梁（梁）之羣臣皆曰：‘梁（梁）守百萬，秦人無奈梁（梁）何也。’梁（梁）王出，顧危。”對曰：“梁（梁）之羣臣必大過矣，國必大危矣。梁（梁）王自守，一舉而地畢，固秦之上計也。今梁（梁）王居東地，其危何也？秦必不倍（背）梁（梁）而東，是何也？多之則危，少則傷。所說謀者爲之，而秦無所關其計矣。危弗能安，亡弗能存，則奚貴於智矣。愿將軍之察也。梁（梁）王出梁（梁），秦必不攻梁（梁），必歸休兵，則是非以危爲安，以亡爲存耶，是計一得也。若秦拔鄢陵，必不能掊（背）梁（梁）、黄、濟陽陰、睢陽而攻單父，是計二得也。若欲出楚地而東攻單父，則可以轉禍爲福矣，是計三得也。若秦拔鄢陵而不能東攻單父，欲攻梁（梁），此梁（梁）、楚、齊之大福已。梁（梁）王在單父，以萬丈之城，百萬之守，五年之食，以梁（梁）餌秦，以東地之兵爲齊、楚爲前行，出之必死，擊其不意，萬必勝。

齊、楚見亡不叚（遐），爲梁（梁）賜矣。將軍必聽臣，必破秦於梁（梁）下矣。臣請爲將軍言秦之可可破之理，愿將軍察聽之〔也〕。今者秦之攻□□□□將□以□行幾二千里，至，與楚、梁（梁）大戰長社，楚、梁（梁）不勝，秦攻鄢陵。秦兵之□□□死傷也，天下之□見也。秦兵戰勝，必收地千里。今戰勝不能倍（背）鄢陵而攻梁（梁）者□少也。鄢陵之守，〔城百〕丈，卒一萬。今梁（梁）守，城萬丈，卒百萬。臣聞之也，兵者弗什弗圍，弗百弗□軍。今梁（梁）守百萬，梁（梁）王有（又）出居單父，秦拔鄢陵，必歸休兵。若不休兵，而攻虚梁（梁），守必堅。是〔何〕也？王在外，大臣則有爲守，士卒則有爲死，東地民有爲勉，諸侯有爲救梁（梁），秦必可破梁（梁）下矣。若梁（梁）王不出梁（梁），秦拔鄢陵，必攻梁（梁），必急，將卒必□□，守必不固。是何也？之王，則不能自植士卒；之將，則以王在梁（梁）中也，必輕；之武，則□□□如不□梁（梁）中必亂（亂）；之東地，則死王更有大慮；之諸侯，則兩心，無□□無□□□地；之梁（梁）將，則死王有兩心，無以出死救梁（梁），無以救東地而□□□□□□□王不出梁（梁）之禍也。”田儥曰：“請使宜信君載先生見□□□□□□□□□□□□不責於臣，不自處危。今王之東地尚方五百餘里，□□□□□□□□□□□□責於臣。若王不□，秦必攻梁（梁），是梁（梁）無東地憂而王□□□□□□□□□□□□□□□梁（梁）中，則秦〔之〕攻梁（梁）必急，王出，則秦之攻梁（梁）必□□□□□□□□□□□□□□□□□□□□□大破□□□□□□□□□□□□□□□□□□□□□□□□臣來獻□計□□□王弗用臣，則□□□□□。”

二十七 麛皮對邯鄲君章

[●]□□□□〔邯〕鄲□□□□□□□□□未將令（命）也。工（江）

君奚洫曰："子之來也，其將請師耶？彼將□□□重此□，如北兼邯鄲，南必□□□□□□□□□城必危，楚國必弱，然則吾將悉興以救邯〔鄲〕，吾非敢以爲邯鄲賜也，吾將以救吾□□。"〔靡〕皮曰："主君若有賜，興□兵以救敝邑，則使臣赤（亦）敢請其日以復於□君乎？"工（江）君奚洫曰："大（太）緩救邯鄲，邯鄲□□□鄲。進兵於楚，非國之利也，子擇其日歸而已矣，師今從子之後。"靡（靡）皮歸，復令（命）於邯鄲君曰："□□□□□和於魏，楚兵不足侍（恃）也。"邯鄲君曰："子使，未將令（命）也。人許子兵甚俞，何爲而不足侍（恃）〔也〕？"靡（靡）皮曰："臣之□□〔不足〕侍（恃）者以其俞也。彼其應臣甚辨，大似有理。彼非卒（猝）然之應也。彼笥（伺）齊□□□□□守其□□□利矣。□□□兵之日不肯告臣。頰然進其左耳而後其右耳，台乎其所後者，必其心與□□□□□俞許〔我〕兵，我必列（裂）地以和於魏，魏必不敝，得地於趙，非楚之利也。故俞許我兵者，所勁吾國，吾國勁而魏氏敝，〔楚〕人然後舉兵兼承吾國之敝。主君何爲亡邯鄲以敝魏氏，而兼爲楚人禽（擒）戈（哉）。故蔞（數）和爲可矣。"邯鄲君榣（搖）於楚人之許己兵而不肯和。三年，邯鄲偻。楚人然後舉兵，兼爲正乎兩國。若由是觀之，楚國之□雖□□，其實未也。故□□應。且曾聞其音以知其心。夫頰然見於左耳，靡（靡）皮已計之矣。

編 後 記

《國語》、《戰國策》兩部索引，2006 年在全國高校古籍整理研究工作委員會立項。爲了把工作做的再完美些，我們對原來的處理軟件做了較大改動，黑龍江大學社會科學處同意我們使用“博士啟動基金”，填補了改造軟件的費用，這是該項目成功的物質基礎。兩部書卷帙都不大，但工作卻因爲新設計變得很複雜：每一部書都要比對十十餘種不同版本作校勘，工作很繁重，很難做，編製這種新設計的索引卻一定得做。我們原來的廣東同事做了大量的基礎工作，索引版本新模式確立后,研究生李静、潘文帝、于飛、張聰、于劍、劉子犍等同学做了一些文字工作,成書過程中幾經計算機檢驗,他們的工作是符合要求的。

在多方的大力支持下，兩部索引得以交稿，而且達到了設計預期。爲此，我們感謝全國高等院校古籍整理研究工作委員會多年來給予的支持，并對下列個人和單位致以誠摯的謝忱：

聯想集團工程師李曉光先生；商務印書館史建橋先生；哈爾濱師範大學古籍所車承瑞先生；黑龍江大學圖書館王錚先生；黑龍江大學文學院、社會科學處；廣東省嘉應大學圖書館；廣東省梅縣黄遵宪紀念館。

李 波

2011 年 12 月于黑龍江大學漢語研究中心